QUINTI SÆCULI

POETARUM

SERIES

CONTINUATUR,

NOVAQUE ET ACCURATISSIMA EDITIONE DONANTUR

AURELII PRUDENTII

NECNON

DRACONTII

CARMINA OMNIA,

JUXTA EDITIONEM AREVALI, GLOSSAS VETERES, LECTIONES VARIAS ERUDITISSIMOSQUE
COMMENTARIOS EXHIBENTEM.

PRUDENTII TOMUS POSTERIOR. — DRACONTII
TOMUS UNICUS.

PRIX : 7 FRANCS.

PARISIIS, VENIT APUD EDITOREM,
IN VIA DICTA D'AMBOISE, PRÈS LA BARRIÈRE D'ENFER,
OU PETIT-MONTROUGE.

—

1847.

CRUCIATUS SANCTORUM MARTYRUM.

TABULA I.

Sancti martyres in crucem, capitibus ad cœlum elevatis, tollebantur.
Appendebantur quandoque brachiis post tergum revinctis : quorum pedibus a diaboli ministris gravia pondera vinciri aliquando solebant.
Item cruci, capitibus in terram versis, affigebantur.
Mulieres christianæ capillis suspendebantur.

TABULA II.

A Martyr pedibus suspendebatur, igne, ut suffocaretur, supposito.
B Martyr laqueo appenditur.
C D Martyres in crucem agebantur.

TABULA III.

A Martyr funibus corpori alligatis appensus, humeros oneratos habens glebis salis, in cujus ore lignum ad majorem pœnam immittebatur.
B Martyr unco suspensus.
C Martyr ambobus pedibus appensus, cujus caput malleis contundebatur.
D Postremus denique, oneribus collo et pedibus ligatis.

TABULA IV.

A Christianis quandoque suspensis lentus ignis supponebatur ut, fumo ex illo proveniente, faucibus premerentur. Hi quidem erant, qui cum sancto Propheta Davide canere poterant : Igne, dulcissime Jesu, nos examinasti, et non est inventa in nobis iniquitas.

CRUCIATUS SANCTORUM MARTYRUM.

TABULA V.

TABULA VII.

A SS. Martyres nonnunquam, ut muscarum et fucorum aculeis excruciarentur, stipitibus erectis, melle delibuti, radiisque solis expositi appendebantur.
B Aliquando vel utroque pede, ingentibus saxis ad eorum cervices alligatis:
C Vel altero pede, fumo supposito:
D Vel etiam apicibus pollicum manuum, eorum pedibus gravibus additis oneribus:
E Vel demum altero quoque pede in genu deflexo, et genu ferreo injecto vinculo, altero deinde pede ferri pondere gravato.

A Martyres quandoque rotis, mucronibus undique affixis, ligati, super cuspides ferreos circumagebantur.
B Aliquando, quibus affixi non erant praenotati mucrones, super cuspides item ferreos.
C Aut saltem, ut misere vitam finirent, super ardentes prunas.
D Demum rotarum convexis alligati, e loco sublimi praecipitabantur.
E Aut rotarum radiis intexti, sic ad plurimos dies, ut interirent, relinquebantur.

TABULA VI.

TABULA VIII.

A Cyphonis supplicium.
B Martyres corio bovis inclusi radiis solis objiciebantur.
C Scaphismi supplicium.
D Martyres quandoque humi positi, radiis item solis ad maximum eorum cruciatum exponebantur.

A Martyres torculari premebantur, eo prorsus modo, quo uvae olivaeque ad vinum oleumque exprimendum premuntur.
B Trochleis extendebantur.
C Iisdem item elevabantur.

CRUCIATUS SANCTORUM MARTYRUM.

TABULA IX.

A Martyr in equuleo.
B Martyr pendens ab equuleo.
C Lampades accensæ.
D Scorpiones. } His torquendi instrumentis qui in equuleum agebantur excruciari aliquando solebant.

TABULA XI.

Duo alii iidem modi quibus pariter SS. Martyres cædebantur.
A Primum ostendit atque demonstrat,
B Alterum : qui modus, in sanctorum Martyrum rebus gestis, his verbis exprimitur: *Cathomo cædatur*.

TABULA X.

Modi sunt hi, quibus sancti Martyres loris, vel flagris, aut consimilibus cædebantur.
A Unum horum indicat,
B Alterum,
C Tertium.

TABULA XII.

A Martyres aliquando hoc modo lapidibus premebantur :
B Pugnis, alapis, calcibus, aliisve modis percutiebantur :
C Lapidibus item quandoque obruebantur.

PATROLOGIÆ

CURSUS COMPLETUS

SIVE

BIBLIOTHECA UNIVERSALIS, INTEGRA, UNIFORMIS, COMMODA, OECONOMICA,

OMNIUM SS. PATRUM, DOCTORUM SCRIPTORUMQUE ECCLESIASTICORUM

QUI

AB ÆVO APOSTOLICO AD INNOCENTII III TEMPORA

FLORUERUNT;

RECUSIO CHRONOLOGICA

OMNIUM QUÆ EXSTITERE MONUMENTORUM CATHOLICÆ TRADITIONIS PER DUODECIM PRIORA
ECCLESIÆ SÆCULA,

JUXTA EDITIONES ACCURATISSIMAS, INTER SE CUMQUE NONNULLIS CODICIBUS MANUSCRIPTIS COLLATAS,
PERQUAM DILIGENTER CASTIGATA;
DISSERTATIONIBUS, COMMENTARIIS LECTIONIBUSQUE VARIANTIBUS CONTINENTER ILLUSTRATA;
OMNIBUS OPERIBUS POST AMPLISSIMAS EDITIONES QUÆ TRIBUS NOVISSIMIS SÆCULIS DEBENTUR ABSOLUTAS
DETECTIS, AUCTA;
INDICIBUS PARTICULARIBUS ANALYTICIS, SINGULOS SIVE TOMOS, SIVE AUCTORES ALICUJUS MOMENTI
SUBSEQUENTIBUS, DONATA;
CAPITULIS INTRA IPSUM TEXTUM RITE DISPOSITIS, NECNON ET TITULIS SINGULARUM PAGINARUM MARGINEM SUPERIOREM
DISTINGUENTIBUS SUBJECTAMQUE MATERIAM SIGNIFICANTIBUS, ADORNATA;
OPERIBUS CUM DUBIIS TUM APOCRYPHIS, ALIQUA VERO AUCTORITATE IN ORDINE AD TRADITIONEM
ECCLESIASTICAM POLLENTIBUS, AMPLIFICATA;
DUOBUS INDICIBUS GENERALIBUS LOCUPLETATA. ALTERO SCILICET RERUM, QUO CONSULTO, QUIDQUID
UNUSQUISQUE PATRUM IN QUODLIBET THEMA SCRIPSERIT UNO INTUITU CONSPICIATUR; ALTERO
SCRIPTURÆ SACRÆ, EX QUO LECTORI COMPERIRE SIT OBVIUM QUINAM PATRES
ET IN QUIBUS OPERUM SUORUM LOCIS SINGULORUM LIBRORUM
SCRIPTURÆ TEXTUS COMMENTATI SINT.
EDITIO ACCURATISSIMA, CÆTERISQUE OMNIBUS FACILE ANTEPONENDA, SI PERPENDANTUR : CHARACTERUM NITIDITAS
CHARTÆ QUALITAS, INTEGRITAS TEXTUS, PERFECTIO CORRECTIONIS, OPERUM RECUSORUM TUM VARIETAS
TUM NUMERUS, FORMA VOLUMINUM PERQUAM COMMODA SIBIQUE IN TOTO OPERIS DECURSU CONSTANTER
SIMILIS, PRETII EXIGUITAS, PRÆSERTIMQUE ISTA COLLECTIO, UNA, METHODICA ET CHRONOLOGICA,
SEXCENTORUM FRAGMENTORUM OPUSCULORUMQUE HACTENUS HIC ILLIC SPARSORUM,
PRIMUM AUTEM IN NOSTRA BIBLIOTHECA, EX OPERIBUS AD OMNES ÆTATES,
LOCOS, LINGUAS FORMASQUE PERTINENTIBUS, COADUNATORUM.

SERIES PRIMA,

IN QUA PRODEUNT PATRES, DOCTORES SCRIPTORESQUE ECCLESIÆ LATINÆ
A TERTULLIANO AD GREGORIUM MAGNUM.

ACCURANTE J.-P. MIGNE,

CURSUUM COMPLETORUM IN SINGULOS SCIENTIÆ ECCLESIASTICÆ RAMOS EDITORE.

PATROLOGIÆ TOMUS LX.

PRUDENTII TOMUS POSTERIOR. — DRACONTII TOMUS UNICUS.

PARISIIS, VENIT APUD EDITOREM,
IN VIA DICTA D'AMBOISE, PRÈS LA BARRIERE D'ENFER,
OU PETIT-MONTROUGE.

1847

ELENCHUS

OPERUM QUÆ IN HOC TOMO CONTINENTUR.

PRUDENTIUS.

Psychomachia. 11
Liber Peristephanon. 275

DRACONTIUS.

Carmen de Deo. 679
Satisfactio ad Guntharium regem. 901

CRUCIATUS SANCTORUM MARTYRUM.

TABULA XXI.

A Martyribus ob Christi fidem vel pellis detrahebatur,
B Vel eisdem adhuc tepentibus cor et viscera extrahebantur:
C Securi quandoque ipsorum capita contundebantur:
D Aliqui gladio obtruncabantur,
E Alii telis configebantur,
F Vel præacutis de aut consimilibus tran-verberabantur:
G Alii ad diarum arborum ramos alligati discerpebantur:
H Aliqui demum acutis calamis sub manuum pedumque unguibus infixis torquebantur.

TABULA XXII.

A Sanctorum Martyrum vultus notis deturpabantur:
B Eisdem crura con'ringebantur.
C Alii vel ferarum pellibus induti, canibus objiciebantur.
D Vel hoc ipsi expressus est modo
E Alii præterea aut in puteos præcipites dabantur:
F Aut culeo in profluentem
G Vel denique lumbeis loculis inclusi projiciebantur:

TABULA XXIII.

A Christianorum aliqui vel muribus redendi, ea, quam hæc figura demonstrat, forma, tradebantur,
B Vel unus super alium perinde ac agmina locustarum in angustioribus custodiis includebantur,
C Vel etiam immissis equitibus obterebantur.

TABULA XXIV.

A Sancti Martyres vestibus denudati vel super ferreos murices premebantur:
B Vel sic alligati per diversa loca ducebantur,
C Aut in calcis fornacem conjiciebantur.
D Vel demum ex altissimis locis præcipites dabantur.

CRUCIATUS SANCTORUM MARTYRUM.

TABULA XXV.

TABULA XXVI.

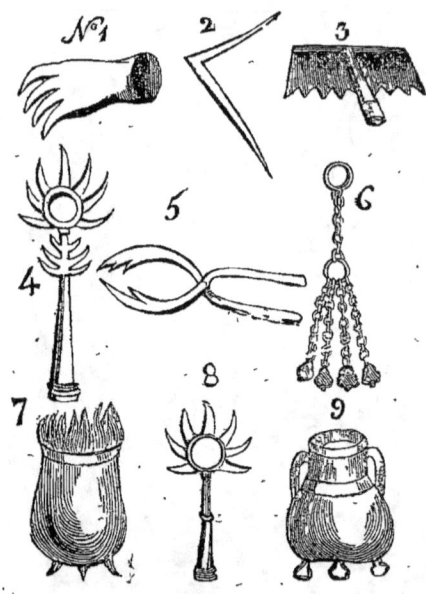

A B Dabantur Sancti Martyres in metalla :
C Quandoque vero, præsertim nobiles, animalium rationis expertium pastores ac custodes constituebantur :
D Alii aut ad arenam fodiendam,
E Aut ad segetes desecandas damnabantur.
F Vel denique camelorum curæ ascribebantur.

Instrumenta Martyrii Romæ in cœmeteriis reperta.

Specimen codicis de quo supra in Prolegomenis Dracontii operum, in fine capitis VII, col. hujus tomi 640.

CRUCIATUS SANCTORUM MARTYRUM.

TABULA XIII.

A Ungulæ.
B Uncus.
C Ferrei pectines.
His instrumentis sancti Martyres discerpebantur.

TABULA XIV.

A Martyres torrebantur,
B Vel tædis,
C Vel funalibus.
D Aut ardentibus lampadibus, quarum figura etiam in equuleo exprimitur. Tabula IX, lit. C.

TABULA XV.

A Martyres de equuleo depositi, divaricatis cruribus, vi ad quartum aut quintum foramen distendebantur.
B Aut viva calce, oleoque ebullienti, et consimilibus perfundebantur.
C Vel denique nudi super testaceis fragmentis premebantur, volvebanturque.

TABULA XVI.

A Martyres in crate ferrea torrebantur,
B Aliquando etiam vel in lecto ferreo,
C Aut in ignita sartagine,
D Aut in olla,
E Vel in tauro æneo,
F Et demum quandoque in lebete.
G Ferro hujus formæ utebantur gentiles in his SS. Martyrum carnificinis.

CRUCIATUS SANCTORUM MARTYRUM.

TABULA XVII.

Igni tradebantur SS. Martyres vel in fossis ardentibus carbonibus refertis.
Vel ad quatuor stipites alligati,
Vel in cupas,
Aut in rogum injecti,
Quandoque vel stipitibus erectis, funibus oleo et consimilibus illitis ligati.
Aut in propriis ædibus, vel carcere inclusi,
Denique vel in fornacem deturbati,
Aut in navim impositi, et in altum devecti

TABULA XVIII.

A Martyres ardentibus prunis impositi volutari in eis solebant.
B Nonnunquam in lectulis ferreis ligati, liquato plumbo, resina ferventi, et pice cruciabantur.
C Aliquando sub axillis, ferris ignitis semiustulabantur.
D Aut etiam nudis pedibus per candentes carbones incedere cogebantur.

TABULA XIX.

A Urgebantur sancti Martyres de carnibus immolatis, deque sacrificii vino degustare. Qui tamen ad hoc sacrilegium perpetrandum nulla vi nullisque minis adduci unquam potuerunt.

TABULA XX.

A Sanctæ Christi Virgines ignominiæ causa vel ad meretricum prostibula vi ducebantur,
B Vel sic ad turpitudinem radebantur.

Inscriptio dedicatoria.

SANCTISSIMO. PATRI
ET. D. N. PIO. VI. PONT. MAX.
QVI. PRO. EXIMIO. ET. SINGVLARI. STVDIO
ECCLESIASTICAE. DOCTRINAE
EXCOLENDAE. AMPLIFICANDAE. COHONESTANDAE
EDITIONI. ROMANAE. CARMINVM
M. AVRELII. CLEMENTIS. PRUDENTII
TITVLVM. SACRATISSIMI. NOMINIS. PRAESCRIBI
BENIGNISSIME. INDVLSIT
VOLVMEN. ALTERVM. QVO. CATHOLICVS. POETA
CONCVLCAT. SACRA. GENTIVM. LABEM. INFERT. IDOLIS
CARMEN. MARTYRIBVS. DEVOVET. LAVDAT. APOSTOLOS
FAVSTINVS. AREVALVS
POST. HVMILLIMA. PEDVM. OSCVLA. BEATORVM
D. D. L. MERITO.

PRÆFATIO.

Habes, L. B., commentarium in Prudentii carmina, quæ supererant excudenda, serius fortasse quam multorum opinio, aut etiam exspectatio ferebat, verum multo citius quam aut res ipsa pati debere videbatur, aut quam destinatum mihi erat ut opus ex animi mei sententia in lucem prodiret. Equidem volumen prius e manibus mihi elabi, atque in vulgus venire, haud ægre tuleram, quod ita mecum constitueram fieri posse ut aliorum qua monitis, qua reprehensionibus doctior factus, aut nonnulla jam dicta retractarem, in meliusque converterem, aut deinceps dicenda ad severiorem judicandi normam exigerem. Hujus mei consilii exstiteritne aliquis fructus, ultro aliis judicandum relinquerem, nisi rem ita esse grati animi causa præstaret profiteri. Verum, si quod aliud scriptionis genus, commentarius certe in doctissimum poetam Christianum diuturni temporis mora indiget ad maturitatem. Nam in varietate et copia argumentorum prope infinita quam multa, etiam dum aliud agimus, tempus et casus offerunt, quæ incassum alias quæreres, ac ne cogitatio quidem quærendi facile excitaretur? Quid in ipsa adeo familiari et quotidiana sermonis communicatione consilia doctorum hominum et cogitata commemorem? Romæ præsertim, ubi tam multi sunt qui in antiquitatibus sacris et profanis investigandis juvare te possint et velint, nusquam ut alibi majora adsint adjumenta ad hujusmodi rerum commentationes perficiendas. Cæterum ne tarditatis et procrastinationis arguar, aut cessasse potius videar quam temporis opportunitatem voluisse exspectare, quoad opus maturesceret, aliorum demum consilio acquievi, moremque voluntati gessi. Illud etiam addebat animos, quod industriam a me in priori volumine positam multi viri graves sibi non solum gratam, verum etiam ratam fuisse haud obscura animi significatione declararunt : viri, inquam, graves, a partium studio semoti, et acri judicio præstantes, quique præterea liberam sententiam omnium maxime proferre possunt. Quanquam de me quis liberrime non judicet? qui liberiores quorumlibet hominum censuras, præjudicatas etiam non legentium castigationes, fastidia eorum qui, cum meliora fortasse facere ipsi possint, nihil tamen extricant, maluntque in republica litteraria judicia ferre quam subire, nec cohibere possim, si velim, neque adeo velim, si possim. Quo majorem gratiam his habere debeo, qui bene de me sunt meriti. Accedebat, quod cum duobus voluminibus carmina Prudentii comprehendere decrevissem, ita eorum moles mihi necopinanti accrevit, ut plura resecare, quædam in aliud opus rejicere coactus sim. Atque id præcipuum illud est, quod ante monere volui, ne sine causa præfari videar. Quippe pollicitus fueram duas me diatribas commentario posterioris hujus voluminis præpositurum, alteram de Eversione aræ Victoriæ, alteram de Fide Prudentii in actis SS. martyrum referendis. Quibus de rebus cum locus non sit uberius disserendi, in commentariis ea dixi quæ necessaria visa sunt, et satis esse debent ad poetam explanandum, ejusque auctoritatem vindicandam. Alia quæ in utroque argumento distinctius et explicatius pertractando addi possunt, ita separato opere complecti est animus, ut ad Prudentii interpretationem absolvendam non supervacanea sint, si accedant, neque, si absint, magnopere desiderentur. Itaque Prudentium perinde nunc edo, ac sua opera absolvere solent nonnulli architecti, qui ædibus quamvis amplissimis, et quibus nihil jam ad perfectionem et absolutionem videatur deesse, ita tamen fastigium imponunt, ut ex aliquo latere projecturas, et crepidines murorum, quasi vestigia continuandi operis, relinquant, unde ædificium possit vel ab ipsis, vel ab aliis, si usus veniat, aliquando amplificari, et in augustiorem formam redigi. Vale.

PRÆFATIO PSYCHOMACHIÆ.

577 Senex fidelis, prima credendi via,
Abram, beati seminis serus pater,
578 Adjecta cujus nomen auxit syllaba,

A
5 Abram parenti d ctus, Abraham Deo.
579 Senile pignus qui dicavit victimæ,
Docens, ad aram cum litare quis velit,

GLOSSÆ VETERES.

Psychomachia, Græce; Latine dicitur animæ certamen, eo quod ibi bella fijurentur, quibus adversus vitia fidelis anima prœliatur, sed textum narrationis de libro Genesis assumpta præcedit præfatio, ut sequens opus divina melius commendet auctoritas, Iso.

Versu 1. Prima, ita recte vocatur Abraham, ut scriptum est : Credidit Abraham Deo, et reputatum est ei ad justitiam; propterea non solum pater est circumcisionis, sed et omnium eorum qui sectantur ejus vestigia fidei, I.

2. Beati, Christi sexus (leg. serus) pater exstitit, ut non tantum dilatione desideria crescerent, sed etiam ut ad excipiendam gratiam multis eruditionibus corda præpararentur, diuque exspectata redemptio tandem adve-

niens gratior haberetur, I.

3. Adjecta, aiunt Hebræi, quod he litteram de nomine suo quod apud eos tetragrammaton est, Abræ Deus dederit; ut, qui prius pater excelsus appellabatur, postea multorum, subauditur populorum sive gentium, pater vocaretur, Iso.

5. Senile, qui in senectute datus ei fuerat; offerens filium, qui fuit senile pignus. — Pignus, pignora filii nuncupantur, eo quod in eis spes habeatur futuræ posteritatis. — Dicavit, consecravit. — Victimæ, ad victimam, Iso.

6. Litare, immolare : lito derivatur a linio, et est frequentativum, licet al ud significare videatur, I.

COMMENTARIUS.

Titulus in codice Marietti est *Incipit præfatio in Christi nomine Psychomachiæ*. In cod. Vat. C, *Incipit ber Prudentii Aurelii Psychomachia*. In Alex., *Incipit Psychomachia liber* iv, sed fortasse est error, nam in fine dicitur *Finit liber* iii *Psychomachia*, nisi liber iv vocetur quia quartus est ordine in eo volumine, qui idem tertius est contra hæreticos.

Versu 1. In codicibus Vaticanis antiquissimis A et B deest Psychomachia; adest vero in aliis compluribus, quibus hoc opus separatim comprehenditur. Cum enim plura contineat, ad vitam spiritualem dirigendam valde opportuna, monachi illud præ cæteris adamarunt, et sæpius exscripserunt; in aliis vero codicibus omnino Psychomachia prætermissa est, quod, ut ego arbitror, hoc carmen nimis jam vulgatum videretur. Itaque neque in Urbinate elegantissimo codice, neque in Florentino comparet. Psychomachiæ codices seorsum exarati in bibliotheca Vaticana sunt ii quos distinximus litteris C, E, F, G, H, L. Cum nonnullis autem operibus Prudentii Psychomachia exstat in codd. O, BB, de quibus omnibus vide proleg. cap. 4, ubi etiam observare poteris, an et quos titulos singuli codices habuerint. De codice Psychomachiæ bibliothecæ Angelicæ egi eod. cap. Alia huc pertinentia dedi in not. ad præfationem Prudentii vers. 59, et in not. ad titulum Hamartigeniæ. In prolegom. num. 216 notavi, divisionem capitum a Barthio judicari ex monachorum ingenio projectam, sive, ut ille ait, monachicam. De versione Psychomachiæ Hispanica consule proleg. num 119, de Græca num. 91 et 121. Psychomachiam quod alii *De Pugna animi*, alii *De Compugnantia animi*, vel *animæ*, alii *De Certamine virtutum et vitiorum* Latine inscribunt, non male audient faciunt; vide tamen an melius possit exponi *Pugna spiritualis*, qua inscriptione celeberrimus editus est liber Italice sine auctoris nomi e sæpius recusus, et in plures linguas conversus, et jam pridem suo auctori vindicatus V. P. Laurentio Scupoli ord. cler. reg. Theatinorum. Conferendi tamen sunt duo alii libri Hispanici ejusdem tituli, alter *Una Lucha y Combate del alma con sos afectos desordenados*, Barcinone, 1640, auctore Ludov co de Vera Carthusiano : alter *De la Perfeccion de la vida Christiana*, auctore Joanne de Castaniza Benedictino : quod opus cum titulo *Pugnæ sp.ritual.s* Latine et Belgice redditum prodit. Quod autem Prudentius virtutes et vitia quasi personas in hoc poemate inducit, novum non est. Vide quæ J. C. Scali-

B

C

D

ger notat lib. iii Poetices, cap. 3, *de Quasi Personis*, ut inopia, fama, luxuria, etc. Illud vero ante Prudentium ab alio factum non memini, totum carmen ex hujusmodi quasi personis componi. Legi dignus est libellus Emmanuelis Martini de animi Affectibus, quo Græca nomina vitiorum et virtutum exponit, post ejus epistolas in editione quam Petrus Wesselingius procuravit. Tractatus de Agone Christiano exstat tom. VI operum S. Augustini, et alius de Conflictu vitiorum et virtutum, qui postremus S. Isidori potius creditur esse. Alii auctorem dicunt fuisse S. Ambrosium, alii S. Leonem, Maurini Ambrosium Autpertum, quod est probabilius. Prudentius, certamen inter virtutes et vitia descripturus, exemplum vincendi nobis proponit Abrahamum senem fidelem. Primas enim partes ac postremas pariter habet fides in hoc triumpho, atque adeo congruenter de Abrahamo præfatur poeta. Sicut enim ille, quamvis senex, quia Deo credidit, hostes debellavit, ita nos, quamvis natura infirmi et debiles, tamen fidei scuto armati, adversarios et vitia superare poterimus. In editis ante Heinsium, Aldo, Torn., Gis., Weitzio legebatur *prima credendi via est*. Heinsius removit *est*, allegans suos codd. Favent illi Bonon., Alex. et al. In Vat. C est abrasum verbum substantivum *est*. Beda de Arte metrica versum hunc exscribit sine *est*. Nihilominus exstat *est* in Mar., Rat., Vienn., Prag, Vatt. G et L, et aliis. Gallandius expunxit *est*, sed non agnoscit epexegesin : putat enim, hæc omnia regi a verbis *suasit, dedit*, in versu 10, quod magis poeticum est, et ad Pindari morem expressum. Totam Abrahami historiam habes cap. xi et seqq. Genesis.

3. Loc. cit., cap. xvii, vers. 9 : *Nec ultra vocabitur nomen tuum Abram, sed appellaberis Abraham, quia patrem multarum gentium constitui te.*

4. Plerique edi i et optimi mss., *parenti*. Aldus, *parente*, cum cod. Ang. et Vatt. O, BB, minus bene.

5. *Dicare victimæ* est *in vicem victimæ*. Quam locutionem confirmans Barthius lib. xxiv Adversar., cap. 5, *elegantium rerum thesaurum* esse Prudentium testatur, et similia dixisse Catullum, Germanicum, Martialem, Claudianum observat. Huc faciunt notanda ad hymn. 5 Peristeph., vers. 118 : *Aut facibus data fumificis*.

6. *Litare* alii a *luo* derivant, alii verius a λιτή, λιτά, id est *preces, supplicatio*.

Quod dulce cordi, quod pium, quod unicum,
Deo libenter offerendum credito.
Pugnare nosmet cum profanis gentibus
10 Suasit, suumque suasor exemplum dedit :
Nec ante prolem conjugalem gignere,
Deo parente, matre virtute editam,
580 Quam strage multa bellicosus spiritus
Portenta cordis servientis vicerit.
15 Victum feroces forte reges ceperant
Loth, immorantem criminosis urbibus
Sodomæ et Gomorrhæ, quas fovebat advena,
Pollens honore patruelis gloriæ.
Abram, sinistris excitatus nuntiis,

A 20 Audit, propinquum, sorte captum bellica,
Servire duris barbarorum vinculis :
Armat trecentos, terque senos vernulas,
Pergant ut hostis terga euntis cædere :
581 Quem gaza dives, ac triumphus nobilis
25 Captis tenebant impeditum copiis.
Quin ipse ferrum stringit, et plenus Deo
Reges superbos mole prædarum graves
Pellit fugatos, sauciatos proterit,
Frangit catenas, et rapinam liberat,
30 Aurum, puellas, parvulos, monilia,
Greges equarum, vasa, vestem, buculas.
Loth ipse ruptis expeditus nexibus

GLOSSÆ VETERES.

7. Quod, *sicut Abraham unigenitum, quem diligebat,* B *involvantur in peccatis eorum,* Iso.
obtulit, sic offerendum Deo credat fidelis, quidquid præcipuum cordis invenerit. — Cordi, *scilicet est.* — Pium, *dilectum,* I.
9. Profanis, *profanæ gentes sunt passiones animæ, et vitia sunt portenta cordis et animæ passiones, quæ cupiditas, lætitia, et ægritudo; unde et Virgilius canebat :* Cupiunt, gaudentque, dolentque, Iso.
10. Exemplum, *sicut ille veros reges perdidit, ita nos exterminare vitia suasit, quibus in quinque sensibus subjugati sumus. Nam Abraham spiritum bellicosum significat; quinque reges quinque sensus corporis; Loth fidem captam a vitiis; quam relaxat spiritus bellicosus;* cccxviii *vernaculi fidem significat quæ in Nicæno concilio est constituta a* cccxviii *episcopis, sed x ad decalogum,* viii *ad octo beatitudines pertinere possunt; qui his omnibus caret, nunquam ad prædictas beatitudines perveniet,* Iso.
11. Prolem, *fructum boni operis,* Iso.
12. Editam, *prolatam, procreatam,* Iso.
13. Strage, *cæde.* — Bellicosus spiritus, *ratio, quæ* C *est in anima, pugnam exercens contra vitia ab harum servitute cum cor bellicosus spiritus liberaverit, erit consequens ut de matre virtute placens Deo proles creetur boni scilicet operis fructus,* I.
14. Portenta, *monstra, vel vitia,* Iso.
15. Ceperant, *merito capitur, qui cum crim;nosis moratur; imo delegerat immorari; contra quod Moyses ad populum, Discedite, inquit, a tabernaculis hominum impiorum; haud dubium quin dicat abire, ne et ipsi*

16. Immorantem, *habitantem,* Iso.
17. Fovebat, *incolebat, diligebat,* Iso.
18. Pollens, *crescens, sive fulgens, vel abundans sicut scriptum est :* Recordatus est Deus Abraham, *e liberavit Loth de subversione urbis.* — Honore, *ob honorem patrui Loth pollebat, sicut scriptum est, etc., vel certe quia apud omnes Abraham propheta Dei habebatur.* — Patruelis, *Abrahæ,* Iso.
19. Sinistris, *contrariis; sinister nuntius erat qui adversa captivitatis nepotemque captum servire barbaris nuntiabat.* — Excitatus, *conturbatus,* Iso.
21. Barbarorum, *gentilium,* Iso.
22. Terque senos, xviii, Iso.
24. Quem, *euntem hostem divitis gazæ copia impeditum fecerat,* Iso.
25. Impeditum, *hostem pro hostibus posuit, singulare pro plurali, ut est illud :* Venit musca gravissima. —Copiis, *divitiis,* Iso.
26. Stringit, *evaginat.* — Plenus Deo, *quoniam plenus Deo erat, ideo adversas acies facile superabat,* Iso.
27. Mole, *magnitudine,* Iso.
28. Pellit, *hic invenitur schema, quod hypozeuxis appellatur; videlicet ubi diversa verba singulis quibusque clausulis proprie junguntur.* — Sauciatos, *vulneratos,* Iso.
30. Monilia, *ornamenta, pro omni ornatu,* Iso.
31. Buculas, *vaccas, greges vaccarum, armenta boum,* Iso.
32. Exoeditus, *liberatus. velox. vel solutus.* Iso.

COMMENTARIUS.

7. In Vat. D, contra metrum, *quod est dulce cordi.* Ald., Gis. et alii vulg., *quod dulce cordi est.* A veteribus libris Heinsianis, a Mar., Rat., Weitz., Vatt., C, F, G, L, et aliis plerisque abest verbum substantivum est per epexegesin, ut in versu primo.
8. Scholiastes Persii ad illud *Lusca sacerdos* satyra 5 ait : Solent mulieres deformes et aliqua corporis parte mancæ ad deorum ministeria se conferre. Contra laciendum exemplo suo docuit Abrahamus.
10. Ald., *mendose, suasit, et suum.*
12. Mar., Rat., Weitz. cum aliis, Gis., *parente.* H insiani omnes, Alex., Vatt. F, G, et plerique alii, *placentem.* Fuldens. male, *placente.* Heinsius ait in suis esse *Deo placentem* cum Aldo; addit Teolius, editiones omnes Heinsio anteriores, Aldina excepta, habere *Deo parente.* At non solum in Aldina editione, sed in aliis etiam antiquis invenio *Deo placentem*, ut in Basileensi anni 1540, Coloniensi 1594, et aliis. Sichardo placet *parente*, quia sequitur *matre virtute,* ut Cicero gloriabatur, se suæ nobilitatis *parentem* habere laborem. Virtus mater dicitur, ut *castitas mater* hymno 11 Cathem. vers. 14.
14. Ald., Gis., Erfurt., Bong., Ang. cum Vatt. C, G, O, R, BB, et aliis, *sævientis.* Put., Oxon., Egm., Widm., Bonon., Alex., Mar., Rat. a prima manu, et alii *servientis*, quo verbo simili ratione sæpe usus est Prudentius. Barthius, lib. xliii, cap. 7 Advers.,

in quodam ms. invenerat *sævientis*, quod optimum putat ; sed fatetur in plerisque codd. esse *servientis*, et explicat, nisi cor redegerit in servitutem, et ita portenta ejus, sive malignas cogitationes vicerit.
15. In Mar. error est *ceperit*, correctum supra *ceperant.* Simile mendum in Vat. C, *ceparat.*
22. Pignorius, de Servis pag. 22 et seqq., de D vernæ et vernulæ appellatione edisserit : ita vocabant antiqui servos domi natos. Sed aliquando *vernæ* vox latiore notione pro quibuslibet servis accipiebatur, ut exemplis confirmat Pignorius.
23. Mar., *pergat;* supra *pergant,* recte.
24. Sichardus, perperam, *triumphator pro triumphus.* Triumphus nobilis dicitur, ut oda 4 Horatii : Palmaque nobilis.
25. Scripti Heinsiani, Alex., Vatt. F, Ald., Bonon., Egm. et alii, *captis tenebant.* Weitzius, Gis., Mar., Rat., Vatt. C, F et alii, *captis tenebat.* Viennensis, *captum tenebat.*
26. Vienn., *tunc ipse;* alii, *quin ipse.* Erfurt. a prima manu, *strinxit* pro *stringit.*
31. Elmenhorstius in Arnobium pag. 16, *buculam* pro bove, juvenca, bacca ex glossis veteribus, Virgilio, Aldhelmo dici comprobat. Ald. et Ang., *vestes;* alii, *vestem.*
32. Mar. et Bonon. cum Heinsianis, præter Puteanum, *exped.tas vinculis*, quos sequi noluit Heinsius.

Attrita bous colla liber erigit.
582 Abram triumphi dissipator hostici.
35 Redit, recepta prole fratris inclytus,
Ne quam fidelis sanguinis prosapiam
Vis pessimorum possideret principum.
Adhuc recentem cæde de tanta virum
583 Donat sacerdos ferculis cœlestibus.
40 Dei sacerdos, rex et idem præpotens,

A Origo cujus fonte inenarrabili
Secreta nullum prodit auctorem sui
Melchisedech, qua stirpe, quæis maioribus
Ignotus, uni cognitus tantum Deo.
45 Mox et triformis angelorum trinitas
Senis revisit hospitis mapalia.
Et jam vieta Sara in alvo fertilis

GLOSSÆ VETERES.

33. Boiis, *boia est apta catena colli*. BACCAS *nominat vincula ob rotunditatem; sed et teretes gemmæ* BACÆ *dicuntur; ut illud :* Oneretque bacis colla rubri littoris : *nam et oleæ fructus, sive lauri bacas vocamus.* BAGA *ferrum dicitur, quo captiva sæpe mancipia strictis collis, et manibus aguntur*, Iso. — Bacis, *catenis*, Vat. T.

34. Hostici, *hostilis*.

36. Quam, *aliquam*. — Sanguinis, *cognationis*. — Prosapiam, *posteritatem, progeniem; indignum quippe erat ut progeniem fidelis sanguinis pessimi possiderent principes*, Ise.

37. Vis, *potestas*, Iso.

39. Ferculis, *cibis; metaphora : escis, vel mensis*, Iso.

40. Sacerdos, *Melchisedech*. — Præpotens, *valde potens*, Iso

42. Secreta, *scriptura, ut Apostolus ait :* Sine patre, sine matre, sine genealogia, neque enim init um dierum, neque finem vitæ habens; nihil enim eorum scriptura refert : assimilatus autem Filio Dei manet sacerdos in perpetuum et figuram Dei tenuit, qui sine initio vel
B principio fuit, Iso.

43. Melchisedech *interpretatur* rex justitæ : *nam Græce* melchos *rex* salech *justitia, et jure, quia ipsé significat Christum, qui est rex justitiæ*. — Queis majoribus, *quibus antecessoribus natus, id est patribus*, Iso.

45. Triformis, *triplex*, Iso.

46. Magalia, *mapalia et magalia idem sunt, id est casæ pastorum, quæ et tugurium*, Iso.

47. Quietam, *a partubus, id est sterilis*. VIETA *dicitur curva; unde et vimina a curvando*. — Sara, *nam*

COMMENTARIUS

Rat., *expeditur vinculis*. Plerique, *expeditus nexibus*.

33. Weitzius amplexus est conjecturam Gruteri *artita*, quasi ab *arto, seu arcto*. Antiqui dicebant quidem *artita* pro *artata* seu *arctata*, *impetrita* pro *impetrata*, *dolita* pro *dolata*. Aliqui sumunt etiam *artitus* pro *bonis artibus instructus*. Sed hoc loco *attrita* ab *attero* verum est, et a pluribus similiter usurpatum. Alcimus lib. 1, Oppressos cophinis humeros, attritaque colla, ut Virgil., Ovid. aliosque præteream. Egm. scribit *adtrila*. Idem dicendum hymno 1 Peristeph., vers. 72 : Et chalybs attrita colla, gravibus ambit circulis. De bacis magna est dissensio. Ita scribunt Ang. Alex., Vat. F, G, L, Egm., Pal., apud Weitzium Aldus (nam is mihi *laccis*), Put., Teol. et vetustiores Heinsiani. In Aldo, Vat. D, BB, *baccis*, quod perinde est, quamvis orthographia *bacis* magis probetur. In Rottendorpio priore est glossa : *Baccæ proprie dicuntur fructus lauri, sive racemi hederarum, sed hic pro nodis catenarum ponuntur. Baccæ vero per duæ cc ministræ Bacchi sunt* Gifanius Ind. Lucret., verbo VESTIS ex veteribus libris legendum ait *bacis* aut, quod perinde est, *bagis*. Et *bagis* quidem habet Vat. O cum Erfurt. Fabricius vero vel *baiis*, vel *boiis*. Sed vocem *baia* præfert ex cod. ms. Borneri, et *baias* interpretatur folia palmarum ex S. Hieronymo, aut ramos palmarum ex veteri interprete apud Joannem evangelistam, e quorum surculis suspicatur facta fuisse vincula, quibus colla captivorum includerentur. Sich.,
D Vienn., *bogis*. Mar., *bois* vel *bois*. Rat., *boiis*. Vat. R, *bois*. Thuan., *boigis*. Weitzius et Giselinus, *boiis*. Giselinus advertit, Jacobum Meyerum in primo hymno Peristeph., ab eo perpurgato, voculam hanc, Plauto in Asinaria non incognitam, Prudentio restituisse : et recte quidem Giselinus rejicit lectionem *baccis*, si intelligatur, colla attrita baccis fuisse, quia monilia baccata, seu gemmata gestabant, antequam caperentur; quæ quidem est interpretatio Nebris æ. Latinius etiam in Bibl. select. pro *baccis*, in Torn. posuit *boiis*. In Glossario Ducangii *boia est compes, aut torques vinc orum ; ex quo conjicitur carnifices boias ab Italis vocari*, quamvis alii dissentiant ; *pro eodem vero sumitur boga, bagia, baga, bodia*. S. Hieronymus lib. v in Jerem. cap. XXVI, ad vers. Fac tibi vincula, et catenas, ait, vincula et catenas illas, seu furcas ligneas, quæ collo imponendæ erant, sermone vulgari boias dici. Et observandum Jeremiam quoque loqui de captivis. Mariettus sine dubio corrigendum ait *bogis*, quod adhuc apud Insubres remaneat vocabulum *boghe* de jugo boum, quo eorum colla atteruntur. Isidorus lib. v, cap. 27 : Boia, inquit, torques damnatorum, quasi jugum boum (al. in bove) ex genere vinculorum est. Agit eo cap. de pœnis in lege constitutis. Aliqui scribunt *boya* in S. Isidoro. Festus docet, boias fuisse tam ligneas, quam ferreas, et vinculorum genus esse. Existimo, rem eamdem diversis nominibus fuisse vocatam, ut assolet, et de *bacis* innuit Hieronymus. Itaque sive *boiis*, sive *bacis*, sive alio quovis modo scribas, intellige catenas collo impositas, tum hoc loco, tum hymno 1 Peristeph., vers. 46 : Carcer illigata duris colla boiis impedit. Mariettus ex hoc versu suspicabatur, legendum Astricta boiis colla liber erigit, scilicet colla antea boiis astricta, impedita et illigata. Nihil mutandum, nam concinnius est *attrita*, ut eodem hymno 1 Peristeph., vers. 71 : Et chalybs attrita colla gravibus ambit circulis. Notandum etiam, versum, quem Iso allegat, Oneretque baccis colla rubri littoris esse, Boethii lib. III de Consolatione, metro 5, ubi legitur *baccis* in editione qua utor, et sermo est de gemmis.

34. Ald., *Abraham*; alii, *Abram*.

36. Mar. a prima manu, Vat. C, F, L, cum Ald., *nequa*, quod approbavit Gifanius ex vet. lib. Idem exstat in Oxon. Sed Alex., Bonon., Vat. G et alii, necnon Heinsiani, Weitz., Gis., *nequam*. Weitzius, *prosapiem* scripsit. Non placet.

D 39. Vocantur panis et vinum *fercula cœlestia*, quia ea obtulit Melchisedech, et sacramentum eucharistiæ eis significabatur, ut intelliges ex glossis seqq.

41. Hic et sequens versus desunt in Put.

43. Vienn., *Melchisech*. Metrum exigit *Melchisedech*. Hoc nomen regem justitiæ significat, ut ait Iso, sed ex origine Hebraica, non Græca ut ille existimat.

44. Bonon. contra carminis leges, *uni tantum Deo cognitus*.

45. Peccat idem Bonon. contra metrum et sensum, *mox et informis* pro *mox et triformis*. De hoc angelorum hospitio vide Dittochæum tit. 4.

46. Mar., Rat., omnes H insiani, Weitz., *magalia*, Alex., Gis., et alii, *mapalia*, cum Ald., et Bonon. Alii scribunt *mappalia*, ut Bong. et Vat. C. Sed a primum breve est apud Virg. et alios. Vide Savaronem de *mapaliis* Afrorum casis, ad Sidonium pag. 120, vel ex correctione 111.

47. Ald., Gis. in contextu, Va', F et alii, Et jam vieta Sara in alvo fertilis Munus ; ventos mater exsanguis stupet. Videlicet, et Sara mater exsanguis stu-

584 Munus juventæ mater exsanguis stupet, A
Hærede gaudens, et cachinni pœnitens.
50 Hæc ad figu am prænotata est linea
Quam nostra recto vita resculpat pede:
Vigilandum in arm s pectorum fidelium,
O nemque nostri portionem corporis,
Quæ capta fœdæ serviat libidini,
55 **585** Domi coactis liberandam viribus.

Nos esse largo vernularum divites,
Si quid trecenti, bis novenis additis,
Possint, figura noverimus mystica.
Mox ipse Christus, qui sacerdos verus e t
60 Parente inenarrabili, atque uno satus,
Cibum beatis offerens victoribus,
Parvam pudici cordis intrabit casam,
586 Monstrans honorem Trinitatis hospitæ.

GLOSSÆ VETERES.

Sarai ante vocabatur, quæ interpretatur princeps mea, id est gentis Judæorum; postea mutato nomine Sara dicta est, id est princeps, absolute subauditur, omnium gentium, Iso.—Quietam scilicet a partubus exsanguis: desierant enim ei et muliebria. Vat. T.

48. Exsanguis, *sicut scriptum est: Desierant Saræ fieri muliebria,* Iso.

49. Cachinni, *de risu patris, non matris, dictus est Isaac, quoniam iste venerat ex dubitatione, propter quod et mulier reprehenditur; ille vero de gaudio,* Iso.

50. Linea, *umbra, figura, forma, ut pictorum est, futuras imagines quibusdam prius lineis adumbrare: ita omnia in figura contingebant illis, scripta autem sunt propter nos; quæ utique rectis gressibus adimplenda sunt,* Iso.

51. Quam, lineam. — Resculpat, renovet. — Pede, tramite, sensu, Iso.

52. In armis, *armis scilicet lucis indui portionem nostri corporis, quæ per Loth, qui interpretatur declinans, accipitur, a fœdæ libidinis servitute cohibeamus, adunatis introrsum viribus, ut illud: Quodcunque invenerit manus tua, constanter operare, quia neque opus, neque ratio, nec sapientia erunt apud inferos, quo tu properas.* — Arma, *arma pectorum virtutes sunt,* Iso.

54. Capta, apprehensa.—Serviat, pro serviebat, Iso.

55. Domi, *in te: domus nostra est mens nostra.* — Coactis, collectis, congregatis, Iso.

56. Nos, *scilicet docet*.—Large, abundanter. Abunde domesticorum divites sumus, *si CCCXVIII fidem Patrum inconcussam tenuerimus.* — Vernularum, *bonarum virtutum*, virtutibus, 1.

57. Trecenti, *isti trecenti mysterium significant, scilicet crucis.* Tau enim, *qui figuram sanctæ crucis, trecentos significa. Si vis scire de decem et octo, lege arithmeticæ minorem numerum intra novem computabis; significat in templo Constantini CCCXVIII episcopos defendisse Ecclesiam Dei contra hæresim Arianorum,* 1.

58. Figura, in figura, Iso.

59. Mox ipse, *per fidem igitur perturbationibus superatis, sensibusque corporis libertate donatis, nihilque de nobis vindicante peccato; tum demum Christus, qui sacerdos verus seipsum obtulit immaculatum Deo, victoribus dignanter occurrens, p nem corporis, vinumque sui sanguinis offert,* 1.

60. Parente, *ut ait propheta: Generationem ejus quis enarravit?* Iso.

61. Cibum, *æ ernam refectionem,* Iso.

62. Pudici, *cordis etiam pudici humilem mentem hospita Trinitas intrare dignabitur juxta illud: Ego et Pater veniemus et mansionem apud eum faciem s.* — Casam, mansuetudinem; justitiam scrutans uniuscujusque cordis, 1.

63. Hospitæ, *si nos bellum contra vitia gesserimus, tunc intrabit Trinitas habitaculis nostris, et fecundabit ea filiis virtutum; hospi'a apud veteres feminini generis; apud nos communis gener's,* 1.

COMMENTARIUS.

pet in alvo jam victa munus fertilis juventæ. Heinsius ex suis scribendum ait, *Et jam vietam Sara in alvum fertilis Munus juventæ mater exsanguis stupet,* quod explicat, Saram esse fertilem in alvum jam vietam, ut præfat. Apotheos. vers. 47, ex quibusdam mss., *fertilis in herbam.* Ego qu'dem ingens discrimen esse puto inter has duas locutiones, *fertilis in herbam,* et *fertilis in alvum vietam,* quarum primam non respuo, alteram non probo. In membranis magna est varietas. Vienn., *Et jam quieta Sara in alvum fertile Munus venire mater exsanguis stupet.* Mar., *Et jam quietam Sara in alvum fertilis Munus venire.* Rat., *Et jam quietam Sara in alvum fertile Munus venire,* quod Weitzius expressit. Alex., *Et jam vieta Sara in alvum fertilis Munus juventæ.* Benon., *Et jam vietam Sara in alvum fertilis;* sed mendose postea, *majus juventæ,* uti etiam perperam Fuld., *Et jam fetam.* Palat. et Oxon. faciunt cum Alex. In Thuan. est quietam; cætera, et in Alexandrino. Fabricius Aldo assentitur. In margine quarumdam editio um, *Et jam quietam Saræ in alvum fertile Munus venire.* Iso quietam et vietam videtur legisse. Munus juventæ pro facultate pariendi ponitur, ut a Paulino in carm. de S. Joan. Baptista: *Et venit effeto munus juvenile sub ævo.* Multi scribunt Sarra.

50. Nebrissa lineam interpretatur semitam angustam, quam vita nostra debet recto pede re-culpere, hoc est, atterendo dilatare. Confer Isonis glossam. Sculpere artis statuariæ proprium verbum est. Resculpo iterum sculpo, seu fingo, et renovo. Eo verbo usi sunt Tertullianus, Augustinus, Ruffinus. Vide Bigaltium ad cap. 5 Tertull. de Jejuniis: *Nam et primus populus primi hominis resculpserat crimen.*

51. Fabr. rescalpit pro resculp t.

52. S. Prosper prope fin. Epigrammat.: *Nunquam tecta bonis, nunquam certamina desunt, Et quocun* certet, mens pia semper habet;

53. Egm., Widm., Pal., Mar., Rat., pecto is. Alii cum editis, corporis. In Viennens., *Omnemque docet nostri portionem corporis.* Deest verbum docet in aliis, ne que stare potest cum metro.

54. Ald. et Weitz. fœde, adverbium. Alii editi, fœdæ libidini. E mss. alii habent diphthongum in ultima, alii non habent. Sed in multis omnino desunt dip thongi.

56. Hunc locum fu e explicuimus ca . 20 proleg. Eis, qui in 318 vernaculis Abraham Patres Nicænos interpretantur, annumerandus est S. Marcus monachus sæculo IV, opusc. 10, num. 8, tom. VIII Bibliothecæ Gollandianæ. Barthius observat mendum esse in suo vet. libro *non esse* pro *nos esse.*

57. Viennens., mendose, trecentis. In nonnullis vulg., *his novenis additis,* non bene. In glossa post verba *figuram sanctæ crucis* supple habet, vel quid aliud simile.

58. Barthius conjicit prosint pro possint. Sed optime pos int, aut si quid velis mutare, possunt, ut Virgilius lib. IX Æneid: *Si quid mea carmina possunt.*

59. In Vat. C trajectio præpostera *Mox ipse Christus, qui verus est sacerdos.* Has non dicimus varietates lectionum, sed exscriptorum errata.

60. Pleriq e, ut Ald., Erfurt., Widm., Bonz., Gisanius Ind. Lucret., *de hiatu,* pag. mihi 437, Putean., Sich., Mar., Rat., Viennens., Vat. D, F, L, O,BB, Parente *natus alto, et ineffabili.* Magis placet Alex., Parente inenarrabili, atque uno satus, cum Gis. et Pal. a prima manu. Vat. G. Fuld., *Pa ente inenarrabili, atque alto satus.* Fabricius, *Parente natus alto, et inenarrabili.* Prima lectio proba est, ut putat Heinsius, et quarius pes tribrachys, exclusa elisione. Giselinus ex hac diversitate duas editiones operum Prudentii arguit.

62. Aug., non bene, *pu ici pectoris.*

Animam deinde spiritus complexibus
65 Pie maritam, prolis expertem diu,
Faciet perenni fertilem de semine.

A

Tunc sera dotem possidens puerpera,
Hærede digno patris implebit domum.

GLOSSÆ VETERES.

64. Animam, *quam Sara significat.* — Spiritus, *per spiritum intelligere vult Abraham, per animam Saram*, I.
65. Maritam, *syncopa, id est conjunctam, quasi maritatam, a verbo, quod est, marito, as.* — Prolis, *virtutum spiritualium.* — Expertem, *ignotam*, I.
66. Fertilem, *fructiferam cum bonis operibus.* — Semine, *si semen est verbum Dei, consequenter et filii opera sunt, quorum utique mercede in fine dominabimur; non feminam, id est non molle quid ac resolutum, sed puerum, id est, forte ac solidum parientes, ut*

illud: *cum autem pepererit puerum,* etc., I.
67. Dotem, *scilicet virtutum, vitam beatam, vel justam vitam; hos sinit intrare quos dignos probat.* — Puerpera, *puerum pariens,* Iso.
68. Hærede digno, *secundum illud: Filii tui, sicut novellæ olivarum, et alibi: Dirige filios eorum; ac paulo post: Et opera manuum nostrarum dirige super nos.* — Patris, *ostenditur per divinitatem et humanitatem; quæ cum sint duo, non tamen duo; sed unus est Christus*, Iso.

COMMENTARIUS.

64. Ald., Gis. in contextu 1 ed., *connexibus*; alii melius *complexibus.*
65. Aldus, *piæ*, minus bene, pro *pie*. In nonnullis vulg., *expertam*; corrige *expertem*. Cauchius ex codice scripto malebat *pie maritans*.

67. Ald., Nebr., et alii vulg., *Sarra*. Plerique editi et mss., *sera*, ut ante vers. 2, *Abraham serus, pater* dicitur. In Vat. C, *sera* a prima manu, *Sarra* supra.
68. Palat., *implevit*; melius *implebit*.

PSYCHOMACHIA.

587 Christe, graves hominum semper miserate labores,

B

Qui patria virtute cluis, propriaque, sed una,
(Unum namque Deum colimus de nomine trino :

GLOSSÆ VETERES.

1. Graves, *magnos.* — Miserate, *participium a verbo miseror, aris, quod regit accusativum; hinc etiam miserans ait: Venite ad me omnes, qui laboratis,* Iso.
2. Patria, *paterna: paterna virtus Christus est substantiva, non accidens; neque secunda qualitas Patris,*

sed *Filius ejus est; quia non a se, sed ab eo ipso genuit se.* — Cluis, *crescis, polles.* — Una, *scilicet substantia*, I.
3. Nomine trino, *Pater, et Filius, et Spiritus sanctus*, I.

COMMENTARIUS.

1. In Rat. hic est titulus, *Incipit Psychomachiæ liber Aurelii Prudentii Clementis de pugna virtutum atque vitiorum*. In Mar., *Invocatio*. In veteribus aliis codd. desunt interdum tituli. Sæpius autem inscriptio libri reperitur in præfationis limine, quam in ejusdem præfationis fine. Primus iste versus ex imitatione Virgilii conformatus est lib. VI Æneid., vers. 56: *Phœbe, graves Trojæ semper miserate labores.*
3. In not. ad præf. Apoth. vers. 31 dixi *de Prudentio aliisque Latinis scriptoribus sæpe esse superfluum; adeoque idem est de nomine trino, ac nomine trino*. Heinsius legit *de nomine utroque* cum suis, Egm., Bonon. et Pal.: quia, inquit, *de Deo Patre et Filio tantum agit*. Barthius lib. L Advers., cap. 11, reperit eamdem lectionem in cod. membr. vetusto, sed conjicit legendum *te nomine trino*, vel potius *te numine trino*. Unum, ait, *Deum nomine tantum trinum dicere ego non satis pium existimo, neque consonum is quæ eo tempore Augustinus, Hilarius, Athanasius, Cyrillus, Hieronymus et alii infiniti de eodem mysterio scripserunt, quorum sane nullus ita loquatur... Si quis autem scriptor circumspectus in mysteriis fidei, is sane, etiamsi poeta, quod genus licent a majore uti dicitur, est Prudentius noster, eo etiam nomine omnium commendatione dignissimus.* Verum illud Barthius errat, quod putet alios SS. Patres, Prudentii æquales, Deum *nomine trino* nunquam dixisse : quod enim addit, *non esse satis pium dicere, Deum esse nomine tantum trino, non repugno*; sed adverbium *tantum* de suo ille adjunxit, quod in Prudentio non legitur. S. Gregorius Nazianzenus in tractatu de Fide, post initium: *Tria, ait, nomina, et tres personas unius esse essentiæ, unius majestatis, atque potentiæ credimus.*
S. Paulinus Natali 9 : *Sic animas steriles in nomine*

C

D

gratia trino, Innoral; et ibid. iterum : *Fassus enim est unum trino sub nomine regem*. Et epistola 12 ad Severum : *Ecce velut trino colit unam nomine mentem, Sic trinum sancta mole sacravit opus*. In versibus qui Claudiani nomine circumferuntur, sed, ut alibi monui, adjudicandi sunt Merobaudi Scholastico Hispano : *Tu solus Patrisque comes, et Spiritus insons, Et toties unus triplicique in nomine simplex*. Sequiori etiam tempore similis locutio erat in usu. Drepanius Florus, poeta supra suum sæculum, in carmine de cereo paschali : *Unum quæ trino celebrant sub nomine numen*, ubi imitatus videtur Prudentium. Instrumentum concessionis Ordonii III anno 955, tom. XXXIV Hispaniæ sacræ. pag. 459, ita incipit : *In nomine triplo, simplo, divino, ego Ordonius nutu Dei rex*, etc. Alia, quæ huc adduci possent, attuli supra Cathem. hymn. 3, vers. 20, et præfat. Apotheos. vers. 1, ubi similes loquendi formulas contra Hincmarum defendi. Porro habent *de nomine trino* codd. Vat., C, D, F, G, L, R, O, BB. In cod. Vat. H, *utroque* a prima manu, supra *trino*. In Alex., *utroque*. Viennens., Mariet., Rat., Ald., Gis., Weitz. et veteres editi, *trino*, quod Chamillardus prætulit. Cellarius, Heinsii auctoritate permotus, *utroque* edidit, quod tenuit etiam Teolius. Confer Petrum Constantium in Vindiciis veterum codicum confirmatis, qui Gottescalcum contra Hincmarum tuetur, et Lamium de recta Nicænorum Patrum Fide cap. 33. num. 10, qui in Missali edito a card. Thomasio *trina veritas* in interrogationibus ad baptizatos dici observat, Berniniumque refellit, quod Hister. sæculi VIII cap. 7 asseruerit, Gottescalcum defendisse hanc locutionem *triplex deitas* : nam Lamius *trina deitas* dici nosse ait, *triplex deitas* negat.

588 Non tamen et solum, quia tu Deus ex
[Patre, Christe)
Dissere, rex noster, quo milite pellere culpas
Mens armata queat nostri de pectoris antro.
Exoritur quoties turbatis sensibus intus
Seditio, atque animam morborum rixa fatigat,
Quod tunc præsidium pro libertate tuenda,
Quæve acies furiis inter præcordia mixtis
Obsistat meliore manu; nec enim, boneductor,
589 Magnarum virtutum inopes, nervisque
[carentes
Christicolas vitiis populantibus exposuisti.
Ipse salutiferas obsesso in corpore turmas
Depugnare jubes : ipse excellentibus armas
Artibus ingenium, quibus ad ludibria cordis
Oppugnanda potens tibi dimicet, et tibi vin-
cat.
Vincendi præsens ratio est, si cominus ipsas
Virtutum facies, et colluctantia contra
Viribus infestis liceat portenta notare.
Prima petit campum dubia sub sorte duelli

GLOSSÆ VETERES.

4. Non tamen, *sic in Deo credamus unitatem, ut solitudinem non admittamus. Unus est enim, non solitarius*, I.
5. Dissere, *ostende, vel dic*. — Milite, *exercitu fugare vitia*, I.
6. Armata, *arma, inquit Apostolus, militiæ nostræ non carnalia, sed potentia Dei*. — Queat, *possit*. — Antro, *cogitatione*, Iso.
7. Exoritur, *excrescit, vel evenit*. — Turbatis, *congregatis*, Iso.
8. Seditio, *discordia. Caro concupiscit adversus spiritum, et retro*. — Animam, *cogitationem*. — Morborum, *vitiorum*. — Rixa, *contentio*. — Fatigat, *tribulat*, I.
9. Præsidium, *auxilium*. — Pro libertate, *quæ est ad protegendum: Absit, ut in se Christus credentes vitiis exposuerit, viribusque reddiderit destitutos, etiamsi maximis virtutibus nequaquam præditi sint, cum dicat: Noli timere, pusillus grex ; benedicatque pusillis cum majoribus, state, et nolite iterum jugo servitutis contineri; alioquin qui facit peccatum, servus est peccati*. — Pro libertate, *bona facere*, I.
10. Acies, *scilicet obsistit*. — Furiis, *vitiis, vel suggestionibus*. — Præcordia, *interiora; integrum mentis ingenium*, I.
11. Obsistat, *contra stet*. — Meliore, *cœlesti multitudine, vel virtute*. — Nec enim, *quia*. — Ductor, *auctor, vel dux*, I.
12. Nervis, *virtutibus, viribus*, I.
13. Christicolas, *Christianos, qui Christum colunt*. — Populantibus, *vastantibus*. — Exposuisti, *contra posuisti, non deposuisti*, I.

14. Ipse, *Induite, inquit, armaturam Dei*. — Salutiferas, *signatas*. — Obsesso, *circumsepta anima*. — Turmas, *virtutes*, I.
15. Depugnare, *contra vitia præcipis pugnare*. — Excellentibus armas artibus, *excellentibus adjuvas virtutibus*, I.
16. Ingenium, *ingenium potens. Christo potius vincat. Unde et Psalmista : Non nobis, Domine, sed nomini tuo da gloriam; itemque: In Deo faciemus virtutes*. — Ludibria, *ad ludos; immunditiem*, I.
17. Potens, *habens cœleste adjutorium*. — Tibi, *ad tuum honorem*. — Et tibi, *ad tuam laudem*. — Vincat, *tunc caro lætatur, cum vitia vincit*, I.
18. Præsens, *omni tempore parata ad prælium*. — Cominus, *contra, sine intermissione, prope; in sequenti siquidem opere contra invicem posita sunt, et repugnantia vitia, ex expugnantes virtutes : unde conjicitur, velut pictis historiis omne carmen ab auctore fuisse distinctum*, I.
19. Colluctantia, *obstantia, repugnantia*, I.
20. Viribus, *suggestionibus*. — Portenta, *jure vitia portenta nuncupantur, non enim secundum naturam sunt, sed naturæ contraria*. — Notare, *componere, scribere*, I.
21. Prima, *rectissime a fide cœpit, quæ, teste Apostolo, et inium bonorum, et virtutum est fundamentum, alioquin quidquid non est ex fide, peccatum est*. — Petit, *intravit*. — Campum, *campus est mundus, in cujus fines prædicatorum sonus exivit; nec apud eos, sed apud incredulos sors dubia videbatur*. — Duelli, *belli. Duellum, quasi duorum hominum bellum*, I.

COMMENTARIUS

4. Cap. LXIV Isaiæ, vers. 24 : *Ego sum Dominus, faciens omnia, extendens cœlos solus, stabiliens terram, et nullus mecum*. A Prudentio dicitur unus Deus, non tamen solus : recte, quia Isaias eo loco, populum ab idolorum cultu revocare contendens, naturæ divinæ unitatem astruit, quod fatetur poeta noster, simul plures personas asserens.
8. Rat., Erfurt., Bong., *animum*.
10. *Vitia non immerito dicuntur furiæ*. Lactantius, lib. VI, cap. 21 : *Tres sunt igitur affectus, qui homines in omnia facinora præcipites agunt, ira, cupiditas, libido. Propterea poetæ tres furias esse dixerunt, q mentes hominum exagitant, ira ultionem desiderat, cupiditas opes, libido voluptates*. Nunc septem vitia principalia sive capitalia numerantur; olim octo recenseri consueverunt ; de quo vide Theodulphum Aurelianensem Capitul. ad presbyteros cap. 31.
13. Erfurt., *spoliantibus*; cæteri, *populantibus*. Hac ratione Simonidis error evertitur, qui Deum nobis invidiose jactabat, quod tot vitiis obnoxios esse permiserit. Nam simul *salutiferas obsesso in corpore turmas depugnare jubet*.
15. Egm., Pal. et Barthii codex, *armis* perperam pro *armas*. Barthius, quem nunc sæpe advocabo, de hoc suo codice et correctionibus loquitur lib. L Advers., cap. 14; item cap. 9, lib. LI; cap. 12 lib LIV; et cap. 18 ejusdem libri. Erant autem Barthii membranæ perveteres, picturisque antiquitatem referentibus exornatæ.
19. Erfurt., *male, acies pro facies*.
20. Vat. G, *infectis*; recte emendatum *infestis*. Post hunc versum titulus in plurimis codicibus ponitur, quanquam Prudentius nullos posuisse videatur. In Mar. et Rat., *Fides*. In Viennen., *De Bello fidei et Culturæ deorum*. Aldus, *Fidei et Idololatriæ pugna*: ipse scribit *idolatriæ*. Chamillardus, *Fides et Idololatria*. Weitzius et Giselinus Aldo adhærent.
21. Poeta virtutes et vitia graphice describit. Multa ad hunc libellum illustrandum peti possent ex Characteribus Theophrasti cum commentariis Casauboni, quos ex mss. Vaticanis nuper auxit cl. Joann. Christophorus Amadutius, et paulo ante in sermonem Hispanum cl. Ignatius Lopez de Ayala converterat. Alia etiam philosophus Seneca pot et suppeditare. Etenim de virtutibus et vitiis philosophi ethnici vere et argute aliquando disseruerunt. Sed ex sacris potissimum Litteris et Ecclesiæ doctoribus doctrinam suam hausit Prudentius : quos ego fontes dum attingo, philosophos gentiles ita laudo, ita verum interdum invenientes mirari soleo, ut homines utroque oculo captos, qui labore et industria, id demum assequuntur, ut certa quadam via recte incedant, quin offendant. Prima inducitur fides *dubia sub sorte duelli*: ubi non credo, poetam solum respexisse ad naturam

590 Pugnatura Fides, agresti turbida cultu,
Nuda humeros, intonsa comas, exerta l certos.
Namque repentinus laudis calor ad nova fervens
25 Prælia, nec telis meminit, nec tegmine cingi :
591 Pectore sed fidens valido, membrisque
[retectis
Provocat insani frangenda pericula belli.
Ecce lacessentem collatis viribus audet
Prima ferire Fidem veterum Cultura deorum.
30 Illa hostile caput, phalerataque tempora vittis
Altior insurgens labefactat, et ora, cruore

De pecudum satiata, solo applicat, et pede cal-
[cat
Elisos in morte oculos : animamque malignam
Fracta intercepti commercia gutturis arctant,
35 Difficilemque obitum suspiria longa fatigant.
Exsultat victrix legio : quam mille coactam
Martyribus regina Fides animarat in hostem.
Tunc fortes socios parta pro laude coronat
592 Floribus, ardentique jubet vestirier ostro.
40 Exin gramineo in campo concurrere prompta
Virgo Pudicitia speciosis fulget in armis :

GLOSSÆ VETERES

22. Agresti, *non enim ad prædicandum philosophos, sed piscatores elegit.* — Turbida, *irata, deformis, non secundum carnem militans.* — Cultu, *habitu*, I.
23. Nuda, *prompta ad bona opera.* — Humeros, *nudos habens humeros.* — Intonsa, *inculta; quæ non colebatur, ut virtus.* — Exerta, *nudata ad prælium. In carne, inquit, ambulantes, non secundum carnem militantes.* — Lacertos, *brachia*, I.
24. Repentinus, *et factus est repente de cœlo sonus*, Iso.
25. Nec telis meminit, *non enim in sapientia verbi syllogismos Aristotelis, sive contorta Chrysippi sancti prædicatores jaculati sunt*, I.
26. Valido, *hujus omnino validum pectus erat, qui dicebat : An experimentum quæritis ejus qui in me loquitur, Christi?* — Membris, *membra etiam retexerat : Nihil, inquit, intulimus in hunc mundum.* — Retectis, *nudatis*, I.
27. Frangenda, *ne idololatria, atque cultura deorum ulterius coleretur.* — Belli, *secli*, I.
28. Lacessentem, *provocantem; fidem prima ferit idololatria, cum fidei prædicatores insequitur.* — Collatis, *collectis*, I.
30. Illa, *fides.* — Hostile, *hostile caput labefactat*,

cum reges, sive philosophi ad cultum curvantur religionis. — Caput, *idololatriæ.* — Phalerata, *ornata*, I.
31. Ora, *aspicientes vana pro n'hilo computantur : nam et moriuntur, cum meditantur, ut videant*, I.
33. Elisos, *confractos*, I.
34. Commercia, *mutuata vicissitudines flatuum; tœniæ.* — Arctant, *constringunt*, I.
36. Legio, *scilicet fidei.* — Coactam, *collectam*, Iso.
37. Animarat, *instigabat, animum dederat*, I.
38. Socios, *virtutes.* — Parta, *syncopa, parta, acquisita, præparata; et venit a verbo parior*, I.
39. Floribus, *flores sunt immarcessibilis viror æternæ mercedis; quia per sanguinis sui undam vitam æternam promeruerunt; voluptatibus.* — Ardente, *pro ardore dilectionis posuit.* — Ostro, *purpura*, I.
40. Exin, *deinde.* — Gramineo, *graminoso.* — Campo, *exercitium continentiæ virore jugi jucundum est.* — Concurrere prompta, *pugnare parata*, I.
41. Pudicitia, *jure post fidem pudicitia ponitur; quoniam sicut integritas fidei virginitas est mentis; ut castitas carnis exordium est sanctæ operationis : hac enim destructa, omnis virtutum fabrica ruit.* — Speciosis, *speciosa sunt utrinque arma lucis, ut illud : Sint lumbi vestri præcincti, et lucernæ ardentes*, I.

COMMENTARIUS.

belli, in qua fortuna plerumque dominari solet, ut Nebrissa, Weitzius et Chamillardus explicant; sed potius ad liberam hominum voluntatem, ut Iso innuit. Sichardus ait, adeo alacrem fidem describi, ut ex primo ejus aspectu facile tibi victoriam pollicearis. Atcimus Avitus de Laude virginitatis vers. 365 : *At tu, virgo Dei, sanctis quam moribus ornant, Hinc pudor, inde fides, internis fortior armis Belli geris... Hæ virtutis opes, hæc sunt solatia belli... Quæ prudenti olim cecinit Prudentius ore.* Ubi Psychomachiæ argumentum repræsentat. Iso Apostoli verba ad Rom. xiv, 23, *Omne autem quod non est ex fide, peccatum est*, accipit de fide qua in Deum credimus : et ita quidem nonnulli SS. Patres eumdem locum explicant. Sed hi ipsi *peccatum* intelligunt hoc loco dici opus inutile ad vitam æternam consequendam. Cæterum plerique melius Apostolum interpretantur de fide, sive conscientia, qua credimus aliquod opus nobis licere, ut ex ipso contextu liquet. Certum quidem est non omnia infidelium opera esse peccata, nec philosophorum virtutes esse vitia.
22. Fuld., *non inepte, vultu* pro *cultu*. Poeticam hanc fidei descriptionem Iso satis feliciter interpretatur. Addam interpretationem Ruperti Tuitiensis, qui lib. vi de Oper. Sp. S., cap. 16, ait : *Fuerunt tamen quam plurimi, qui non ejusmodi stolis (bonorum operum) adornati cucurrerunt ad confessionem sancti nominis, et adhuc recenti baptismo nitentes, nullis operum præculti ornatibus, induerunt aeternam gloriam martyrii. De talium fide quidam ita cecinit : Prima petit campum,* etc. Ubi versu 24 contra metrum legitur *calor laudis...*
23. Exerimus lacertos, seu nudamus brachia, cum operi alicui seu labori maxime expediti et intenti esse volumus. Notat Giselinus, fidem alacritate et con-

stantia communiri; idololatriam phaleris ornari : apposite.
24. Viennens., *jamque;* alii, *namque*. Put., *labor;* cæteri melius *calor;* sed Vat. F. perperam voces trajecit *calor laudis* pro *laudis calor*. Vide vers. 22.
27. Pericula frangenda ait, ut hymno 1 Cath., vers. 43 : *rupto tenebrarum situ.* S c etiam dicitur *frangere audaciam, consilia, sententiam, morbum.* Post hunc versum in Mar. et Rat. titulus est : *Cultura deorum.*
30. Tam in Mar. quam in Rat. exaratum est *tympora* pro *tempora*.
31. Imitatio Maronis, qui non semel lib. xi et xii, *Altior insurgens.*
32. In quibusdam vulg., *e pecudum.* Superfluum sæpe est *de*, ut monui vers. 3
33. Weitzius, Gis., Mar., Vat. R, *in mortem.* Plerique alii nostri et Heinsiani cum Aldo, *in morte;* et Heinsius id confirmat, quia poetæ aiunt, *Oculi in morte natantes.* Ipse edideram *in mortem.*
34. Perperam in editione Weitziana notatum ad oram *arctans* pro *arctant*.
37. Viennens., *armarat.* Fuld., *armabat.* Alii melius *animarat.* In ms. optime notar. collato a Michaele Piccarto apud Weitzium, est *armarat.*
38. Pro *tunc* habet *nunc* Vienn., Mar., Rat., Bong., Torn., Gall. et alii. Carolus Paschalis, de Coronis pag. 115, lib. ii, cap. 15, multa affert, quibus suadeat flores a poetis interdum poni pro coronis, quod e floribus confici soleant.
39. Post hunc versum titulus in Aldo, *Pudicitiæ pugna.* In Mar., et Rat., *Pudicitia;* in Viennens. nullos est titulus.
40. Fabr., Gis., Vat. F, G, *gramineo campo* sive in Nebrissa legit *prona;* alii *prompta.*
41. Omnes virtutes *virgines* dicuntur, præsertim

Quam patrias succincta faces Sodomita Libido A
Aggreditur, piceamque ardenti sulphure pinum
Ingerit in faciem, pudibundaque lumina flammis
45 Appetit, et tetro tentat suffundere fumo.
Sed dextram furiæ flagrantis, et ignea diræ
Tela lupæ saxo ferit imperterrita virgo,
593 Excussasque sacro tædas depellit ab ore.
Tunc exarmatæ jugulum meretricis adacto
50 Transfigit gladio : calidos vomit illa vapores,
Sanguine concretos cœnoso: spiritus inde

Sordidus exhalans vicinas polluit auras.
Hoc habet, exclamat victrix regina, supremus
Hic tibi finis erit, semper prostrata jacebis :
55 **594** Nec jam mortiferas audebis spargere
[flammas
In famulos, famulasve Dei : quibus intima casti
Vena animi sola fervet de lampade Christi.
. Tene, o vexatrix hominum, potuisse resumptis
Viribus exstincti capitis recalescere flatu ?
60 Assyrium postquam thalamum cervix Holofernis

GLOSSÆ VETERES.

43. Piceamque, *omnes adulterantes, quasi clibanus corda eorum, quæ succensa intrinsecus nidore fetent, et lumine carent; sed piceam facem appellat, quia in libidine ardor et fetor est.* — Pinum, *facem*, I.
44. Lumina, *intellectum perspicuæ veritatis immundis cupit delectationibus obscurare*, I.
45. Appetit, *quæsivit*, I.
46. Dextram, *immunditias blandæ persuasionis rigore propositi gravi celeriter ab aspectu depellit*, I.
47. Lupæ, *meretricis*. — Imperterrita, *petra erat Christus*, I.
48. Ore, *scilicet suo*, I.
49. Exarmatæ, *sine armis*. — Jugulum, *pectus, vel*

cervicem, I.
50. Gladio, *repulsis igitur cogitationibus immundis, gladio utitur, quod est verbum Dei; ut illud : Fornica-
B tores enim et adulteros judicabit Deus*, I.
51. Sanguine, *quod non potest a vigilantibus torquere, dormientibus velut invitis molitur; nec ulterius procedere sinitur.* — Concretos, *commixtos*. — Cœnoso, *fœdo, lutulento. Cœnos græce lutum dicitur*, I.
53. Exclamat, *castitas ad suos conversa inquit*, I.
54. Hic, *talis; in hoc loco*. — Semper, *æternum*, I.
58. Tene, *miror*, I.
59. Recalescere, *revivescere*, I.

COMMENTARIUS.

vero pudicitia. De fide in hymno S. Romani vers. 352 : *Foresque primas virgo custodit fides.* De justitia sive Astræa Ovidius et alii. In Mar. et Rat. titulus post hunc versum, *Libido.*
42. Mar., *Sodomita* pro *Sodomita.* In Rat. corrector inep'us, erasis prioribus, apposuit *Sodomitis erimus,* ita enim scripsit : quasi non licuerit Prudentio feminino genere efferre *Sodomita*, ut dicitur femina sa-
cerdos, testis, et similia. Aiunt dici debere *Sodo-* C
mitis, Sodomitidis. Testem veterem afferant qui id
asseverat, ac Prudentii auctoritatem elevet : non enim
grammaticis recentibus fidem præstabo, qui neque
veteribus præsto, cum scriptor pariter antiquus est
arguen us. Furiis faces poetæ tribuunt; libidinis
vero faces magis propriæ sunt, ut tædæ, de quibus
mentio infra occurrit; et dicuntur *patriæ*, quia ipsa
appellatur *Sodomita*. De incendio Sodomitico in Hamartigenia egimus.
44. Luxuriam oculos invadere, et videndi facultatem eripere, probe notat Peveratus ex Chrysost.
homil. 2 ad Cor. 1.
47. *Lupa* antiquis est meretrix, ex quo *lupanar.*
Giselinus observat aptissimam esse antithesim *faces
sulphureas* pro *libidinis armis*, et *saxum* pro *telo pudicitiæ*, neque id a medicorum scitis alienum esse
probat auctoritate Galeni lib. ult. de Conservanda
Valetud. Glossa videtur trajecta e verbo *saxo* ad
imperterrita.
51. Barthius lib. xxxvi, cap. 7, putat, hoc loco
cœnoso esse a *cœna*, non a *cœno*, seu luto : et intelligit sanguinem ex cœna hesterna. Sed verius puto,
esse a *cœno*, ut statim spiritus libidinis *sordidus* dicitur. Quod autem Barthius plura colligit nomina in
osus, quæ oblitterata habentur pro barbaris, nec
auciores habent omnino improbandos, minime id
arguit in his nominibus esse reponendum *cœnosus* a
cœna, aut eo usum fuisse Prudentium hac significatione. Multa vero profert Barthius, quæ, nescio c r
oblitterata aut pro barbaris habe i existimet, ut
*ventosus, verbosus, gratiosus, luminosus, clamosus,
aquosus frondosus.* Scaliger lib. vi Poetic., cap. 7,
congerit nomina in *osus*, quibus usus est, et delectari videbatur Horatius : *æstuosus, obliviosus, peri-
culosus, libidinosus, otiosus, luctuosus, pretiosus, dam-
nosus, vitiosus, sumptuosus, studiosus, speciosus, cali-
ginosus, maculosus, belluosus, siticulosus, imperiosus,
ulcerosus, generosus, ccrebrosus, plagosus laboriosus,*

*injuriosus, formidolosus, dolosus, tumultuosus, fasti-
diosus, operosus, umbrosus, famosus, bellicosus, jo-
cosus, animosus, fabulosus, ventosus, probrosus.*
Heinsius suspicatur *sanioso*, et a manu male feriata
e se *cœnoso*, quia *lutulenta libido* postea dicitur. Non
probo conjecturam. Glossam Isonis ita intellige vel
potius corrige : κοινός Græce est communis, et quia
ea quæ promiscuo omnium usui patent, solent con-
taminari sordesque colligere, idcirco accipitur etiam
pro impuro, impolluto.
52. Weitzius pro *sordibus* advocat Giselinam :
intelligo primam hujus editionem, nam in secunda
correcta *sordidus* cum cæteris omnibus habet.
53. Alex., Vatt. G, H, O, BB, Heinsiani, Erfurt.,
Palat., Mar., Rat., *Hoc habet, exclamat.* Sic Virgilius lib. v, *Hoc habet : hæc melior magnis data victima divis.* Terentius in Andria, *Captus est, habet.*
Proverbium e gladiatorum ludo, quo indicatur habere vulnus lethale, qui victus et vulneratus est.
Alii aliter legunt. Vienn., Gifanius, Vatt. F, L, *Hoc
habe, exclamat*, per hiatum. Aug., *Hac habe, exclamat.* Vat. D, male, *Hoc habeto, exclamat.* Aldus, *Hoc
tibi habe, exclamat*, quod in contextu Giselinus posuit, sed dubius, an præferret *Hoc habe, exclama*,
quod amplexi sunt Sich., Weitz. et alii recentiores.
Lipsius, lib. n Serm. Saturnal, cap. 21, agit de clamore ad vulnus, *Hoc habet*, et Prudentium citans ait,
D Prudentius mrus Psychomachia, *Hoc habet, excla*
mat. Fortasse *suum* Prudentii exemplar laudat
57. Bene habet, quod Giselinum, haud ignobilem
medicum, Prudentii interpretem audire possumus,
cujus auctoritati poetæ doctrina illustretur. Docet
Giselinus quod *cum jecur*, ut alia omnia *viscera*, *fibris suam soliditatem debeant, venarumque omnium fons
sit et origo, recte per metalepsim ex istis omne genus
libidines et cupiditates, ipseque adeo animus intelligitur, tum hic, tum aliis innumeris locis.* Infra vers.
761, quia *scissa voluntas Confundit variis arcana biformia fibris*; et vers. 258, *Anne judicitiæ gelidum
jecur utile bello est?* Opponit vero Prudentius *lampada Christi* lampadi Veneris, seu *Cupidinis*, de qua
passim apud poetas.
60. Weitz. cum Erfurt. et Boug., *cervixque minus*
bene pro *cervix.* Mar., Rat., Vienn. et alii cum Vulgata, *Holofernis*, Heinsiani *Olofernis*, Aldus *Olo-
pherni.* Alii *Oloferni.* Hanc historiam habes in libro
Judith cap. xiii.

Cæsa, cupidineo madefactum sanguine lavit, A
Gemmatumque torum mœchi ducis aspera Judith
Sprevit, et incestos compescuit ense furores,
Famosum mulier referens ex hoste tropæum
65 Non trepidante manu, vindex mea, cœlitus
[audax.
At fortasse parum fortis matrona sub umbra
Legis adhuc pugnans, dum tempora nostra
[figurat,
595 Vera quibus virtus terrena in corpora
[fluxit,
Grande per infirmos caput excisura ministros.
70 Nunquid et intactæ post partum virginis ullum
Fas tibi jam superest? Post partum virginis, ex
[quo
Corporis humani naturam pristina origo

Deseruit, carnemque novam vis ardua sevit.
Atque innupta Deum concepit femina Christum,
75 Mortali de matre hominem, sed cum Patre
[numen.
Inde omnis jam diva caro est, quæ concipit
[illum,
Naturamque Dei consortis fœdere sumit:
Verbum quippe caro factum, non destitit esse,
596 Quod fuerat, Verbum, dum carnis glu-
[tinat usum,
80 Majestate quidem non degenerante per usum
Carnis, sed miseros ad nobiliora trahente.
Ille manet, quod semper erat, quod non erat,
[esse
Incipiens: nos, quod fuimus, jam non sumus,
[aucti

GLOSSÆ VETERES.

61. Cupidineo, *libidinoso, luxurioso.*—Lavit, *humectavit*, 1.
62. Torum, *lectum.*—Mœchi, *adulteri, stupratoris*, 1.
63. Sprevit, *amor carnis amore Christi, tanquam clavus clavo extruditur.*—Incestos, *illicitos.*—Compescuit, *prohibuit*, 1.
64. Tropæum, *sicut etiam ipsa precabatur: Conforta me, omnipotens rex sæculorum*, 1.
65. Cœlitus, *divinitus*, 1.
66. At, *poeta.*—Parum, *parumper.*—Fortis, *scilicet fuit.*—Sub umbra, *legis Moysi, in qua occultabatur ritus Ecclesiæ; in infidelitate cordis. Sensus est: propterea potuisti resurgere, quia sub umbra legis pugnabat, non sub gratia*, 1.
67. Tempora nostra, *qualiter Christiani agere deberent*, 1.
68. Quibus, *in quibus scilicet temporibus*, 1.
69. Caput, *vitiorum: ut nequissimum caput, id est diaboli, a suo corpore, quod erat humanum genus, separaret, fierentque de vasis iræ vasa misericordiæ; diabolum, vel vitia.*—Excisura, *vercussura.*— Ministros, *per virgines; per apostolos, qui infirmi ministri erant*, 1.
72. Origo, *peccatum*, 1.
73. Deseruit, *ut exspoliantes veterem hominem.*—Carnemque, *immortalitatem. Dabo vobis cor carneum*, etc., 1.
75. Numen, *Deum; non amittendo deitatem*, 1.
76. Inde, *verbum Dei, quod Christus est, credendo sive intelligendo concipimus cum dulcedine operando, parimus cum labore, sed mercede cum gaudio fruimur.*—Diva, *divina vel sancta.*—Concipit, *in baptismate*, 1.
78. Destitit, *desinit; nostra, per quæ redimeremur, suscepit, non sua, ad quæ proveheremur, amisit*, 1.
79. Glutinat, *conjungit, in se sumit.*—Usum, *naturam*, 1.
80. Non degenerante, *illi majestati assumpta humanitas nihil contulit, nihil comminuit; neque enim aliquid radiis solis oculus confert*, 1.
81. Trahente, *majestate*, 1.
83. Aucti, *in baptismate*, 1.

COMMENTARIUS.

62. Ald., Weitz., Gis., Vat. C, Mar., Rat., Vienn., et alii *gemmatum*. Heinsius prætulit *gemmantem* cum Put., Thuan., et priori Rott., quibus accedunt Alex., et alii. Utroque modo utitur eo verbo Prudentius, et usi sunt alii.
64. Vienn., *ex hoste triumphum*.
65. Aldus ediderat *mea vindex*, emendavit *vindex mea*. Nebrissa correctionem non advertit, aut neglexit.
68. Ald., Thuan., Oxon., Rott., et unus Vat. apud Teol., *terreno in corpore fluxit*, unde censebat Heinsius *terreno in corpore fulsit*. Sed quid opus est conjectura, cum plerique, Mar., Vienn., Rat., Alex., et alii habeant *terrena in corpora fluxit*?
70. Vienn., *illum*; alii, *ullum*.
72. Ald., Fabr. et Gis. in contextu 2 edit., *prisca propago*. Alii, *pristina origo*, Cauchius, *naturam pristinam origo*.
73. Rott. prior, *carnique novam vis ardua sevit*, hoc est, naturam novam carni insevit. Nebrissa suspicabatur *sumpsit* pro *sevit*; et in Vienn. quidem legitur *sumpsit*.
74. Quod Prudentius *innuptam feminam concepisse* asserit, non intelligit solum Virginem concepisse, antequam desponsaretur, sed potius viri expertem concepisse. Nubere sæpe accipitur pro re venerea, ut notavi ad vers. 571 Apoth.
75. Weitzius cum solo Erfurt, *mortalem de matre hominem*; quod non est contemnendum.
76. Ald., *unde*; alii, *inde*. Chamillardus ait: *Mihi hoc legenti venit in mentem D. Hieronymi locus plane similis lib. II contra Jovinianum: Verbum caro factum est, ut nos transiremus in verbum de carne.* Idem locus in mentem Weitzio venerat, qui illum exscripsit, et alium præterea similiorem ex Athanas. apud Theodoret. dialog. 2 contra Hæret c.: *Quia λόγος assumpsit carnem, ideo ἐθεοποιήθη ὁ ἄνθρωπος.* Cellarius ad Latinitatem cadentem revocat *divus* adjective pro *sanctus*; non persuadet, et hoc exemplum, quod adducit ex Prudentio, non minus recte procedit, quam quæ ipse probat, *diva mater, diva Juno, divi penates*.
77. Put., Egm., Palat., Alex., *consortis*; alii *consorti*. In Viennens. pro *sumit* est *sumpsit*, quod videtur etiam fuisse in Alex.
79. Put., duo Rottendorphii, Alex., *dum carnis glutinat usum.* Alii, *carnis dum glutinat usum.* De verbo *glutino* dictum est supra hymno 11, vers. 52. Chamillardus animadvertit, agere poetam adversus Photinianos et Samosatenos, qui Christum merum esse hominem asserebant; refutare Carpocratem, Ebionem, Cerinthum, qui Jesum ex Josepho et Mariæ conjugio, cæterorum hominum more, progenitum docuerunt; oppugnare Tertullianum et Antidicomarianitas qui credebant Mariam non fuisse post partum virginem. Itaque jure Psychomachiam inter ea carmina reponimus, de quibus Prudentius in prologo: *Pugnet contra hereses, catholicam discutiat fidem.*
82. Ænigma simile theologicum de Christo a Peverato ascribitur: *Sum quod eram, nec eram quod sum, nec dicor utrumque. Mater homo, vater est mi sine fine Deus.*

Nascendo in melius : mihi contulit, et sibi mansit. A
85 Nec Deus ex nostris minuit sua : sed sua nostris
Dum tribuit, nosmet dona ad coelestia vexit.
Dona hæc sunt, quod victa jaces, lutulenta
[Libido,
Nec mea post Mariam potis es perfringere jura.
Tu princeps ad mortis iter, tu janua lethi,
90 **597** Corpora commaculans, animas in tartara
[mergis.
Abde caput tristi jam frigidæ pestis abysso,
Occide, prostibulum, manes pete, claudere
[Averno,
Inque tenebrosum noctis detrudere fundum.

Te vorvant subter vada flammea, te v da nigra,
95 Sulphureusque rotet per stagna sonantia vortex.
Nec jam Christicolas, furiarum maxima, tentes:
Ut purgata suo serventur corpora regi.
Dixerat hæc, et læta Libidinis interfectæ
Morte Pudicitia, gladium Jordanis in undis
100 Abluit infectum : sanies cui rore rubenti
598 Hæserat, et nitidum macularat vulnere
[ferrum.
Expiat ergo aciem fluviali docta lavacro
Victricem victrix, abolens baptismate labem
Hostilis juguli : nec jam contenta piatum
105 Condere vaginæ gladium, ne tecta rubigo

GLOSSÆ VETERES.

84. Contulit, *multa bona; suam divinitatem.*—Mansit, *Deus*, l.
85. Ex nostris, *membris.*—Sua, *ideo nostræ humanitatis factus est particeps, ut nos suæ divinitatis participes faceret*, l.
87. Dona, *quia nemo potest esse continens, nisi Deus det.*—Lutulenta, *polluta : libido semper immunditiis, ac sordibus delectatur*, l.
90. Corpora, *secundum Apostolum : Cætera peccata extra corpus sunt : hoc autem ipsa corpora commaculat, et corrumpit,* l.
91. Abde, *absconde.—* Frig da, *victa*, l.
92. Claudere, *clausa sis*, l.
93. Detrudere, *detrusa sis.—* Fundum, *tartarum*, l.
94. Vada flammea , *merito sulphure torquetur; et igne, qui calores hic fœtidos neglexit contemnere*, l.
95. Rotet, *volvat*, l.
97. Suo, *proprio.—* Regi, *Christo*, l.

99. Gladium, *gladius enim verbum Dei est, ut Apostolus*, l.
100. Abluit, *pœnitentiam agens.—*Infectum, *maculatum. —Sanies, impossibile est ut humanam mentem carnea fragilitas non obscuret; sed inde post solidius assurgit in contemplationem, quo infirmitatis suæ memor nunquam inflatur ex bono opere.—*Rore rubenti, *sanguine rubro*, l.
101. Nitidum, *splendentem,* l.
102. Expiat, *mundat. —*Aciem, *ipsas siquidem maculas cogitationis fletibus abluit piæ compunctionis. —*Lavacro, *baptismo*, l.
103. Abolens, *lavans*, l.
104. Hostilis juguli, *concupiscentiæ*, l.
105. Condere, *abscondere, intentionem scilicet casti propositi non vult celari; non vult sibi committi, sed Deo; ut luceat, et glorificetur. non ivse, sed Deus*, l.

COMMENTARIUS.

87. Heinsiani scripti, Alex., Ang., Weitz., Vienn., C Rat., Mar., Vatt. C, F, G, Sich. et alii, *quod victa jaces*, quam lectionem Barthius ex suis membranis præferebat. Alii queis, vel *quis victa jaces.* In Vat. C mendum est *luculenta* pro *lutulenta.*
88. Ang. et Vat. C, *poteris*; sed in Vat. C abrasa sunt priora. Etiam in Vat. D abrasum est aliquid. Vera lectio est *potis es.* Ald., *perstringere*; alii, *perfringere.*
89. Aldus, Nebrissa aliique veteres editi, *tu præceps, ad mortis iter*, quod explicat Nebrissa, *præceps* active pro *præcipitans*, seu *præcipitanter impellens.* Peveratus eamdem lectionem confirmat, quia magna libidinis et mortis consensio est; quod significabat priscus ille Romanorum ritus vendendi in æde Veneris Libitinæ ea quæ ad sepulcrum spectabant : de quo consule Kirchmanum de Fun. lib. 1, cap. 9. Codd. constanter *tu princeps*, sic e nostris Alex., Ang., Vienn., Rat., Mar. (ubi tamen est *princes*, mendose), Vatt. D, F, G, H, L, ut alios omittam. Eamdem lectionem tuentur Barthius loc. cit., et Becmanus in Manuduct. ad ling. Lat., cap. 6, ex cud. Pal., qui etiam Ciceronis verba de Amicitia producit : *Amor princeps est ad benevolentiam conjungendam.*
90. Uterque Rott., *commaculas.*
91. Ald., *jam fervida*, quod Nebrissensis exponit de Veneris ignea natura. Cæteri melius *jam frigida.* Non tamen probo Chamillardi interpretationem, frigidam vocari, quia crudelius venenum, ac magis præsentaneum frigidum est. Libentius audio Isonem : *Frigida victa*, vel potius *extincta.* Virgilius iv Georg. : *Illa quidem Stygia nabat jam frigida cymba.* Fracastorus Prudentium imitatur in Syphil. : *Abde caput, Benace, tuo et te conde sub amne.*
95. Vat. F, mendose, *sulfineus* pro *sulphureus.* In Put. semper *solporeus* et *vertex* scribitur.
97. Bong. et Sich., *Christo* pro *regi.* In Erfurt. erat *Christo* pro glossa.

98. Beda de Arte metrica hunc versum citat, et docet ita veteres pronuntiare consuevisse *interfectæ*, ut dactylus quinto esset loco. Non assentior : nam antiquiores grammatici diserte tradunt, nonnunquam sede quinta spondæum in versu hexametro collocari.
100. In Vat. C metri error est, *cui sanies* pro *sanies cui.* In cod. Piccarti, *sanies cui ore*, quod defendere videtur Piccartus ratione hiatus; sententia vero poscit *cui rore*, nisi *cui* referatur ad *pudicitiam.* Cur autem Jordanis in undis pudicitia abluerit gladium, patet ex versibus seqq. et ex not. ad vers. 64 hymni 2 Cathem.
103. Ang., *ultricem* pro *victricem*; fortasse vera est lectio *ultricem.*
105. Ald., *vaginæ.* Alii plerique, *vaginæ.* Giselinus D 2 edit. ediderat *vaginæ*, sed in correctionibus supposuit *vagina.* Idem Giselinus, *ne sorde latenti Occupet ablutum rubigo scabra nitorem.* Heinsius non intelligit qua auctoritate id fiat, cum omnes sui scripti et Weitziani constanter cum Aldo habeant, *ne tecta rubigo Occupet ablutum scabrosa sorde nitorem.* Aldus male distinguit ne *tecta rubigo Occupet. Ablutum scabrosa sorde nitorem Catholico in templo divini fontis ad aram Consecrat.* Giselino non placuit hæc lectio, et cum *rubigo* apud ipsum Prudentium alibi et apud alios primam producat, carmen alio modo reformavit, *donec manuscripti*, inquit, *veram lectionem restituerint.* Nostri omnes Mar., Rat., Vienn., Alex., Vatt. C, D, F, G, H, L, Bonon. et Ang. habent *ne tecta rubigo Occupet ablutum scabrosa sorde nitorem.* In so'o Vat. O est lectio quæ Giselino favet, *ne sorde latenti Occupet ablutum rubigo scabrosa nitorem.* Ubi fortasse est mendum *scabrosa* pro *sca ra*, nisi malis utramque corripi *u* et *i* in *rubigo.* Cæterum communis lectio retinenda est. Quid enim prohibet ; primam in *rubigo* esse communem ? A Martiali corripitur lib. II, epigr. 61, *Uteris ore aliter, nimiaque rubigine captus*, et ab Ovidio viii Metam. vers. 803, *Labra incana situ, scabraque rubigine dentes.* Scio alios

Occupet ablutum scabrosa sorde nitorem,
Catholico in templo divini fontis ad aram
599 Consecrat, æterna splendens ubi luce
[coruscet.
600 Ecce modesta gravi stabat Patientia vultu,

A 110 Per medias inimo'a acies, variosque tumultus,
Vulneraque, et rigidis vitalia pervia pilis
Spectabat defixa oculos et lenta manebat.
Hanc procul Ira tumens, spumanti fervida rictu,
Sanguinea intorquens suffuso lumina felle,

GLOSSÆ VETERES.

107. Catholico, *in sancta Ecclesia; pudicitia gladium suum sub latere recondit.*—Divini, *ad confessionem divini baptismatis*, 1.
108. Coruscet, *æterna prædicatione splendens*, I.
109. Ecce, *tres esse partes humanæ animæ, philosophi asserunt; videlicet rationalem, irascibilem et concupiscibilem; et ideo post fidem, qua ratione (forte ratio) regitur, et pudicitiam, qua concupiscentia refrenatur, patientia ponitur, per quam ira frangitur; ut*

homo diligat Deum ex toto corde, tota anima, tota virtute. — Gravi, *maturo*, 1.
111. Vitalia, *cordium penetralia, viscera scilicet hominum.* — Pilis, *telis, spiculis*, 1.
112. Spectabat, *intuebatur.* — Defixa, *inclinata.* — Lenta, *tranquilla, secura*, 1.
113. Procul, *contra*, 1.
114. Sanguinea, *ita Psalmista : Turbatus est*, in-

COMMENTARIUS

aliter legere : sed ita legi posse, nonnihil probat etymon nominis, quod est a *rubeus*, cujus prima brevis est. In ms. Barthii legitur, ut in aliis, sed pro *ablutum* est *ablatum* perperam : legitur etiam *a sinu*, non *vaginâ*.

107. In Rat. audax et ineptus corrector pro *catholico* posuit *consecrat*, et versum sequentem ita penitus erasit, ut nullum omnino supersit vestigium. Poeta narrat pudicitiam gladium consecrasse in templo; quo innuitur consuetudo illorum qui victores aut emeriti arma templis affigebant. Horatius epist. 1 : *Veianius armis Herculis ad postem fixis latet abditus agro.* Virgilius lib XI : *Mezenti ducis exuvias tibi magne tropæum Bellipotens*, etc. De gladio Goliath, quo ipse a Davide percussus est, involuto pallio post Ephod, vide lib. I Reg. XXI, 9. Prudentius vero *templum catholicum* vocat, quia eo tempore templi vocabulo fere idolorum fana intelligebantur, ut liquet ex codice Theodosiano. Christiani loca ubi oratури congregabantur appellabant *ecclesias, conventus ecclesiarum, conventicula, conciliabula, oratoria, dominica, domus Dei, domus orationis*, et similia. Pace Ecclesiæ reddita, et hujusmodi ædibus sacris amplificatis, paulatim templi nomen accessit. Quod autem gentiles primis Christianis objiciebant, eos nulla templa, nullas aras habere, solum arguit Christianos non habuisse templa et altaria ea magnificentia et eo solemni more dedicata, quo ethnici consueverant. Apud Eusebium lib. VIII Hist. eccles., cap. 14, ex interpretatione Rufini Maximianus imperator concessit : *Ut rursum sint Christiani, et conventicula, in quibus orare consueverunt, exstruant et reædificent; ita tamen ut nihil contra disciplinam publicam gerant.* Quis autem primus templi nomenclaturam Christianis ecclesiis attribuisse videatur, incertum est. Aliqui aiunt S. Ambrosium. Apud S. Zenonem Veronens. serm. de psalmo CXXVI, sive potius S. Hilarium, qui verus est auctor, mentio templi de Ecclesia Christiana occurrit, nisi depravatus est locus. Vide Gotholredum in titulum de paganis cod. Theod., et Scipionem Maffeium in not. ad lib. I, tract. 5, S. Zenonis Veronensis, et commentar. ad vers. 215 hymn 3 Peristeph. Basilicarum appellationem libentius Christiani arripuerunt. Suspendit vero pudicitia gladium *divini fontis ad aram* : persistit enim poeta in baptismatis gratia prædicanda. Hoc enim innuunt *Jordanis undæ, fluviale lavacrum, baptisma*, et nunc *divinus fons*. Barthius interpretatur *divinum fontem* baptismum, *aram* baptisterium, quia in eo offertur Deo, qui mundo denascitur. Posset legi *ad aulam*, quæ vox a veteribus de ædificiis sacris satis frequenter usurpabatur. Paulinus Nat. 10 : *Feramur in aulas, Miremurque sacras veterum monumenta figuras.* Et postea : *Est etiam interiore sinu majoris in aulæ Insita cella procul*, etc. Itaque si per mss. liceret, dicerem gladium pudicitiæ affixum fuisse in aula, sive sacello baptisterii. Nam etiam Fortunatus lib. II, carm 12, baptisterium appellat *baptismatis aulam*. Et in in-

B scriptione baptisterii Mediolanensis S. Teclæ apud Gruterum : *Octachorum sanctos templum surrexit in usus, Octagonus fons est munere dignus eo.* Hoc numero decuit sacri baptismatis aulam *Surgere*, quo populis vera salus rediit. De sacris vero baptisteriis digna legi est dissertatio Italica Antonii Mariæ Lupi S. J. cum notis, et continuatione cl. Francisci Antonii Zachariæ : ubi late disseritur de nominibus quibus baptisteria donari solebant, iis scilicet fere omnibus quibus balnea gentilium significabantur : qualia sunt *baptisterium, balneum, piscina, lavacrum, colymbus, nymphæum, fons, concha, lacus, gurges, alveus,* et quædam alia : quanquam de nymphæo certum non est. Alia veterum nomina multis exemplis Lupius egregie confirmat, præsertim *lavacrum, fontem* et *piscinam*, ubi disserit de symbolico nomine IXΘΥΣ hoc est *piscis*, Jesu Christo tribui solito, quia componitur ex primis litteris harum vocum : *Jesus Christus Dei Filius salvator*, Græce scilicet prolatis. Ex
C quo Christiani dicti *pisciculi*; et in fontibus aquæ lustralis adhuc Romæ pisces apparent e marmore efficti. Tomo XLI opusculorum Calogerianorum, pag. 247, exstat dissertatio P. Anselmi Costadoni Camaldulensis : *Sopra il pesce come simbolo di Gesù Cristo presso gli antichi cristiani.*

108. Erfurt., Widm., *sub luce*, minus bene. Ald., Fabr., *nitescat.* Cæteri, *coruscet.* Post hunc versum in Mar. et Rat., *Patientia* pro titulo. In Aldo, *Patientiæ et Iræ pugna.* Weitzius, *Patientiæ et Iræ conflictus.*

109. Joseph Devonius, qui Daretis nomine bellum Trojanum decantavit, lib. 1 de Patientia, hæc habet : *Discite dura pati; sola est quæ conterit hostem Virtutesque regit patientia, sola triumphis Militat innocuis, et honestæ consulit iræ.* Quod Barthius lib. XXII, cap. 11, expressum observat ex Prudentii Psychomachia, *divinissimo*, ut ait, *poemate.* Vide librum Tertulliani de Patientia.

110. Weitzius ridicule edidit *tumultos*, quod in
D solo Widman. cod. reperit; quasi non potuerit exscriptor ejus codicis *o* pro *u* mendose ponere.
112. Vincentius Bellovacensis, lib. XVII Speculi hist., cap. 102, de flosculis Prudentii ita hunc versum legit : *Spectabat defixa oculos, et læta manebat* ; ad oram autem affigitur *lenta* pro diversa lectione. Editi et scripti constanter habent *lenta*, quod epitheton apprime convenit patientiæ. Cicero de Orat. lib. II, *Nimium patiens, et lentus existimor.* Constantiæ signum quoque est, quod spectet *defixa oculos*, ut observat Chamillardus ex Virg. VI Æneid., *Illa solo fixos oculos aversa tenebat.* Post hunc versum Mars. et Rat. habent titulum *Ira.* Descriptiones Iræ passim invenies apud poetas, oratores sacros et profanos, historicos. Hanc descriptionem Prudentianam imitari visus est Galterus lib. V Alexand. vers. 222. De pugna iræ consule Ambrosium lib. de Offic., et Lactantium lib. I, cap. 9.

114. Widm., *contra metrum, sanguineaque involvens.*

115 Ut belli exortem, teroque, et voce lacessit,
Impatiensque moræ conto petit, increpat ore,
Hirsutas quatiens galeato in vertice cristas.
En tibi Martis, ait, spectatrix libera nostri,
601 Excipe mortiferum securo pectore ferrum :
120 Nec doleas, quia turpe tibi gemuisse dolorem.
Sic ait, et stridens sequitur convicia pinus
Per teneros crispata notos, et certa sub ipsum
Defertur stomachum, rectoque illiditur ictu :
Sed resilit duro loricæ excussa repulsu.
125 Provida nam virtus conserto adamante trilicem
Induerat thoraca humeris, squamosaque ferri
Texta per intortos commiserat undique ner-
[vos.
Inde quieta manet Patientia, fortis ad omnes

A Telorum nimbos, et non penetrabile durans :
130 **602** Nec mota est jaculo monstri sine more
[furentis,
Opperiens propriis perituram viribus Iram :
Scilicet indomitos postquam stomachando la-
[certos
Barbara bellatrix impenderat, et jaculorum
Nube supervacuam lassaverat irrita dextram ·
135 Cum ventosa levi cecidissent tela volatu,
Jactibus et vacuis hastilia fracta jacerent :
Vertitur ad capulum manus improba, et ense
[corusco
Connisa in plagam, dextra sublimis ab aure
Erigitur, mediumque ferit librata cerebrum.
140 Ærea sed cocto cassis formata metallo

GLOSSÆ VETERES.

quit, a furore oculus mens. Ut irati solent videre oculis torvis.—Suffuso, *subterfuso*, I.
115. Ut, *quasi*.—Exortem, *expertem*, I.
117. Quatiens, *agitans*. — Cristas, *summa pars cassis*, I.
118. Tibi, *do; ad-tuum interitum*.—Martis, *belli*.— Spectatrix, *ira patientiam increpat*, I.
119. Excipe, *hic est tropus, qui sarcasmus appellatur, id est hostilis in risio*, I.
120. Nec doleas, *ironia*. — Turpe, *est*, I.
121. Stridens pinus, *sagittam intelligi vult*, I.
125. Adamante, *adamans Christus est*. — Trilicem, *triplicem lapidem Christum possumus intelligere*, I.
126. Thoraca, *Græcus accusativus; loricam : lorica fidei nimirum triplex est, ob Trinitatis confessionem, cui adamans invictus confertur; cum in auctorem fidei Jesum, semper aspicitur*. — Squamosa, *splendida, vel*

B *nitentia*, I.
127. Commiserat, *circumdederat, nexaverat, vel succinxerat.* — Nervos, *circulos*, I.
129. Penetrabile, *nomen est pro adverbio positum, id est, impenetrabiliter*, I.
131. Opperiens, *exspectans*, I.
132. Indomitos, *inquietos*. — Stomachando, *irascendo, saviendo*. — Lacertos, *brachia*, I.
133. Impenderat, *fatigaverat*, I.
134. Supervacuam, *mutilem*. — Irrita, *impedita, vel vitiata: impedita, quia nullo t lo eam vulneraverat*, I.
136. Hastilia, *tela*, I.
137. Vertitur, *ira patientiam gladio percutit*, I.
138. Plagam, *vulnus; cædem*. — Aure, *capite*, I.
139. Ferit, *percutit*. — Librata, *mensurata*, I.
140. Cassis, *lorica*. — Metallo, *æs cæteris metallis durabilius fertur; unde etiam pro tolerantia ponitur*, I.

COMMENTARIUS.

117. Rat. et Vienn., *galeato vertice sine m.* Weitzius legit *hirsuto*, neque lectionem discrepantem notat.
119. Ald., Erfurt., Vat. H a secunda manu, *securo in pectore*. In aliis deest *in*.
120. Ald. et Gifanius verbo VESTIS in Indic. Lucret., *gemuisse dolore*; alii, *dolorem*. Vat. C a prima manu., *dolores*. Erfurt., *turpe tibi est*; in aliis deest verbum substantivum, excepto Angel., ubi male legitur *turpe tibi est genuisse dolorem* pro *gemuisse*.
122. Nebrissa suspicatus est *tenues* pro *teneros* haud absurde. Sed Chamillardus non debuit ex sola conjectura hoc nomen in textum intrudere. Neque vero est causa cur notus dici nequeat *tener*, ut dicitur *lenis, mitis*.
123. Rat., *recto*; melius *rectoque*.
124. Seneca lib. III de Ira, cap. 5 : *Ut tela a duro resiliunt, et cum dolore cædentis solida feriuntur : ita nulla magnum animum injuria ad sensum sui abducit, fragilior eo quod petit.*
125. Virgilius lib. v : *Lævibus huic hamis consertam, auroque trilicem Loricam.* Invicta vis patientiæ ostenditur. Peveratus *provida virtus* exponit prudentiam, ut apud Petronium *libera virtus est libertas.* Non displicet hæc interpretatio, sed ita ut Providentia patientiam armaverit.
126. Pro *thoraca* Vienn., Rat., Mar., Vat. C scribunt *thoracem*. In Widm., mendose, *thoracha*. In Bong., *humeros* non male pro *humeris*. Ita etiam Giselinus. Boher., prior, *indurat* pro *induerat*.
127. In nonnullis vulg., *innumeros* pro *intortos*. Texta squamosa ferri sunt ipsa lorica ferrea ex hamis in modum squamarum contexta, quæ primum e loris de corio fiebat, postea ex annulis ferreis, quibus nervi ad majorem securitatem interponebantur, ut ex hoc loco Nebrissa conjicit.
129. Chrysostomus, dialogo 6 de Sacerdotio, elegantissime depingit prælium, pugnæque apparatum,

C ubi etiam occurrit *telorum imber.*
130. Vienn., *tacta est, et sine fine*.
134. Placet magis *supervacuam*, hoc est dextram, cum Vienn., Rat., Mar., Vat. G, H et aliis, quam *supervacua nube*. Aug., *laxaverat*, male, pro *lassaverat*.
136. Potiores Heinsiani et nostri, Sich., Weitz., *jactibus*. Ald., Gis. in contextu, Nebris., Vat., C, F, G, O, *ictibus*. Vat. D scribit *hictibus*. Codex Piccarti, *ictibus et variis*.
137. Vienn., *in capulum*.
138. Præstant ores nostri, *connisa*. Alii scribunt *conisa; alii connixa*. Gifanius Ind. Lucr., verbo NISUS, approbat *connisa*. Egm. pro *plagam* habet *galeam* : sic Virgilius lib. x, *In clypeum assurgit*. His vocibus *conniti, erigi in clypeum, in jaculum, assurgere*, frequenter a poetis exprimitur habitus et conatus militaris.
139. Vienn., *vibrata;* alii, *librata*. Gifanius loc. cit., verbo VOLGATA, ex vet. cod. legit *vibrata*, et, ut putat, rectius quam Vulg. *librata :* nam vibrantur

D gladii, librantur missilia. Existimat autem, vim agendi habere *vibrata*, ut apud Lucretium *vulgata*, et apud Ciceronem epistola ad Partum aut quius poeta quidam, *Usurpata duplex cubile*. Non persuadet : nam hoc loco manus dicitur librata, non eusis, ut observavit etiam Heinsius. *Libratum ab aure* Virgilii est.
140. In Vat. G desideratur *sed* post *ærea*; in Vat. F, *sed cocto formata cassis metallo*, renuente carmine. Gis. 2 ed., Weitz. et alii, *ærea sed cassis cocto formata*. Potiores nostri cum Alex., Ald.; Ang. et aliis, *ærea sed cocto cassis formata*. In Put. error meri est *ærea sed cocto cass's informata metallo*, ex quo opinatur Heinsius Prudentium dedisse *sed cassis cocto informata metallo*, nam *informare* apud Maronem occurrit pari significatione. Ego vero non video cur explorats error Puteani cod. obesse debeat claræ lectioni, tot codicum auctoritate stabilitæ, *sed cocto cassis form ta, aut sed cassis cocto formata :* non enim

603 Tinnitum percussa referi, aciemque re-
[tundit
Dura resultantem : frangit quoque vena rebellis
Illisum chalybem, dum cedere nescia cassos
Excipit assultus, ferienti et tuta resistit.
145 Ira, ubi truncati mucronis fragmina vidit,
Et procul in partes ensem crepuisse minutas,
Jam capulum retinente manu sine pondere ferri
Mentis inops, ebur infelix, decorisque pudendi
Perfida signa abicit, monumentaque tristia
[longe
150 Spernit, et ad proprium succenditur effera
[lethum :
Missile de multis, quæ frustra sparserat, unum
Pulvere de campi perversos sumit in usus,
Rasile figit humi lignum, ac se cuspide versa
Perfodit, et calido pulmonem vulnere transit.
155 **604** Quam super assistens Patientia, Vicimus,
[inquit,
Exsultans vitium, solita virtute, sine ullo
Sanguinis, ac vitæ discrimine : lex habet istud
Nostra genus belli, furias, omnemque malorum

Militiam, et rabidas tolerando exstinguere
[vires.
160 Ipsa sibi est hostis vesania, seque furendo
Interimit, moriturque suis ira ignea telis.
Hæc effata, secat medias impune cohortes,
Egregio comitata viro : nam proximus Iob
Hæserat invictæ dura inter bella magistræ,
165 Fronte severus adhuc, et multo funere anhelus :
Sed jam clausa truci subridens ulcera vultu,
Perque cicatricum numerum sudata recensens
Millia pugnarum, sua præmia, dedecus hostis.
Illum Diva jubet tandem requiescere ab omni
170 Armorum strepitu, captis et perdita quæque
Multiplicare opibus, nec jam peritura referre.
Ipsa globos legionum, et concurrentia rumpit
605 Agmina, vulniferos gradiens intacta per
[imbres,
Omnibus una comes virtutibus associatur,
175 Auxiliumque suum fortis Patientia miscet.
Nulla anceps luctamen init virtute sine ista
Virtus : nam vidua est, quam non Patientia
[firmat.

GLOSSÆ VETERES.

141. Tinnitum, *tinnitum percussa refert patientia, cum injuriis lacessita doctrinæ medicamenta non deserit.* — Aciem, *scilicet ensis*, I.
142. Dura, *cassis*. — Resultantem, *resilientem, vel resistentem.* — Vena, *cassis*, I.
143. Illisum, *percussum*. — Chalybem, *ferrum*, I.
144. Assultus, *ictus, vel sonitus*, I.
145. Ira, *gladius iræ frangitur in capite patientiæ*, I.
147. Capulum, *capulus sine pondere ferri retinetur; cum verba, nullas vires habentia, frustra funduntur*, I.
148. Ebur, *capulum : metonymia*, I.
149. Perfida, *prava arma*. — Longe, *valde*, I.
151. Missile, *a mittendo dictum est, quod manu emittitur*, I.
154. Pulmōnem, *merito pulmonem transfigit, quæ levitati parcere non verebatur : nec defuit exemplum in Saule qui cum mitem David persequeretur, eousque insania ejus excrevit, ut sua furens hasta conciderit*, I.
156. Exsultans vitium, *gaudentem iram*, I.
157. Discrimine, *periculo*. — Istud, *tale*, I.
159. Militiam, *ut Apostolus inquit : Cum infirmor, tunc fortior sum, et potens*, I.

162. Secat, *segregat*, I.
163. Iob, *sicut diversi diversis effulsere virtutibus, ut Noe perseverantia, Abraham obedientia, Jacob tolerantia ; ita sanctus Job patientia claruit*, I.
165. Funere, *infirmitate*, I.
167. Sudata, *elaborata*, I.
168. Pugnarum, *castigationum, vulnerum*. — Dedecus, *nam Job fuit dedecus hostis, id est, vitiis, quia vincebantur ab eo*, I.
169. Illum, *patientia cum Job loquitur*, I.
171. Peritura, *prius perdita flere (forte fuere)*, I.
172. Globos, *exercitus*, I.
173. Vulniferos, *vulnera ferentes.* — Intacta, *quia etsi corpore plerumque læditur, intentione tamen nullo modo superatur.* — Imbres, *per jacula*, I.
174. Una, *patientia, devictis vitiis, virtutibus associatur*, I.
176. Anceps luctamen, *dubium bellum*, I.
177. Vidua est, *sine patientia vero neminem perfici posse, Dominus ostendit, ubi ait : In patientia possidete animas vestras; absque possessione siquidem animæ nulla virtus aliquid efficit,* I.

COMMENTARIUS.

minus bene dicitur *formare* quam *informare*.
142. Vienn., *frangebat vena* non probe, nam supra est *refert, retundit.*
143. Præcipui e nostris, Mar., Rat., Vienn. cum Weitz., Sich., *cassis* : scilicet, cassis ipsa cedere nescia excipit assultus. Alii, *cassos* assultus. Teolius non recte affirmat omnes præter Weitzium et unum Vat. habere *cassos.* Hæret Chamillardus, sed in contextu edidit *cassos.* Clarior procedit sententia cum *cassos*, et *vena* ipsa, sive cassis ex vena æris aut ferri intelligitur *cedere nescia*. In Aldo mendum est *cædere* pro *cedere.*
144. Vat. F, *assaltus*; cæteri, *assultus* : neque *assaltus* Latinum est.
149. Ald. scribit *abjicit*; melius alii, *abicit*. Idem male *munimentaque* pro *monumentaque*, seu *monimentaque.*
150. Gifanius, verbo MOENERA, MUNERA, observat Prudentium antiquitatis studiosissimum fuisse, ut probant verba *densere, vagare, clepere*, et hoc loco *spernere* pro *abjicere*, quod Ennii est.
155. Viennens., *humo*; alii, *humi*.
165. Gis., Rat., Gal., Vienn., *vulnere anhelus.*

Heinsius ediderat *vulnere*, sed in addendis prætulit *funere* cum omnibus suis mss. Teolius mavult *vulnere*, quod ait habere cum edd. omnes Vat., uno excepto. Sed Aldus, et pleræque editiones ante Gislinum constanter habent *funere*, quod exstat etiam in codice Marietti, et in glossa Isonis, neque debuit Gallandio in Aldo displicere.
166. Vienn., *vulnera*; lege *ulcera.*
168. Ald., *quæ sunt ; cæteri quæque*, exceptis veteribus editionibus. Giselinus hoc loco æstuat' et pro *captis* legendum suspicatur *partis*. Sententia est, patientiam effecisse, ut Jobus perdita quæque multiplicaret captis opibus, sive partis. Historiam habes in ejus libro.
172. Weitz., *illa* pro *ipsa*. Fabr. et Bong., *globum* pro *globos.*
177. Ita Ald., Gis., Weitz., Mar., Rat., Vienn., Alex. a prima manu, Aug., Vatt. C, F, O. Ita etiam legit Albertus Eub, vel Eyb in Marga ita poetica edit. anni 1487. Heinsius cum Thuan., et Put., et Vat. H, *Virtus : et vidua est, quam non patientia firmat*. In Vatt. L et BB error est, *Virtus namque vidua est, quam non patientia firmat*. Possumus etiam alio modo dis-

Forte per effusas inflata Superbia turmas
Effreni volitabat equo, quem pelle leonis
180 Texerat, et validos villis oneraverat armos :
Quo se fulta jubis jactantius illa ferinis
Inferret, tumido despectans agmina fastu,
Turritum tortis caput accumularat in altum
606 Crinibus, exstructos augeret ut addita
[cirros
185 Congeries, celsumque apicem frons ardua ferret.
Carbasea ex humeris summo collecta coibat
Palla sinu, teretem nectens a pectore nodum.
A cervice fluens tenui velamine limbus
Concipit ingestas textis turgentibus auras.

A 190 Nec minus instabili sonipes feritate superbit,
Impatiens madidis frenarier ora lupatis.
Huc, illuc frendens obvertit terga, negata
607 Libertate fugæ, pressisque tumescit ha-
[benis.
Hoc sese ostentans habitu ventosa virago,
195 Inter utramque aciem supereminet, et phale-
[ratum
Circumflectit equum, vultuque, et voce minatur,
Adversum spectans cuneum : quem milite raro,
Et paupertinis ad bella coegerat armis
Mens humilis : regina quidem, sed egens alieni
200 Auxilii, proprio nec sat confisa paratu,

GLOSSÆ VETERES.

181. Quo, *ut*. — Fulta, *alta*. — Ferinis, *ferinus superbiæ habitus, ac femineus pariter, et equestris describitur, ut ab humano more, id est, a ratione degenerasse superbos ostenderet, sed neque virtute fortes, nec suimet compotes*, I.
182. Fastu, *superbia*, I.
183. Accumularat, *erexerat*, I.
185. Ardua, *alta*, I.
186. Carbasea, *candida; carbasum, genus optimi lini.* — Summo. *pleno*, I.
189. Ingestas, *immissas*, *vel infestas*. — Textis, *vestimentis*, I.
190. Nec minus, *superbia equitat*. — Sonipes, *equus; quia pedibus sonat*, I.
191. Frenarier, *frenata esse*. — Ora, *quando passivi generis verbo accusativus adjungitur, figurata locu-*

B *tio est, et potest subaudiri, vel habens, participium, vel per, præposito; ut habens ora, per ora.* — Lupatis, *camo*, I.
193. Habenis, *capistris*, I.
194. Hoc, *superbia comminatur turbis*, I.
195. Inter, *humilitatis et superbiæ*. — Phaleratum, *ornatum, et proprie ad equum pertinet*, I.
197. Adversum, *contra positum; contrarium, et hic nomen est adjectivum: id est, contrarium sibi videns superbia cuneum humilitatis*. — Spectans, *circumspiciens*. — Cuneum, *populum*. — Raro, *pauco*, I
198. Coegerat, *collegerat*, I.
199. Mens humilis, *humilitas sine spe caret constantia; et ideo tunc etiam non erit virtus, sed vitium : exit enim pusillanimitas*. — Regina, *erat*, I.

COMMENTARIUS.

tinguere *Nulla anceps luctamen init virtute sine ista*: *Virtus nam vidua est quam non patientia firmat.* Post hunc versum titulus est in Aldo, *Superbiæ et Humilitatis pugna*. In Viennensi, *De duello humilitatis et* C *superbiæ*; In Rat. et Mar., *Superbia*. In aliis, *Superbia et humilitas*.
178. Widm. et in quibusdam vulg. ad marg., *morte*; alii, *forte*, quod verum videtur, magisque elegans.
179. Vienn., *effreno*; alii, *effreni*, quod retinendum est : quamvis enim quædam hujusmodi vocabula utroque modo proferantur, ut *inermus*, *inermis*, *hilarus*, *hilaris*, tamen nihil novum temere est admittendum. Giselinus margini adjecit *effreno*.
180. Gis., *ornaverat*, quod e suo ms. videtur approbare Piccartus, adducto loco Plauti, *Ornamenta Ajacis*. Pulchre superbia equo insidens describitur: nullum enim animal equo elatius.
181. Vienn. et Ang., *jactantibus*. Alii melius, *jactantius*.
183. Vides veterem consuetudinem ornandi capillos, usui nostrorum temporum haud absimilem. Exstant in museis capita et statuæ feminarum in D
hanc formam adornatæ. Apud veteres frequens mentio. Juvenalis, satir. 6, vers. 502, gradus, quibus in fastigium capilli attollebantur, vocat ordines. *Tot premit ordinibus, tot adhuc compagibus altum Ædificat caput, Andromachen a fronte videbis, Post minor est.* Ovidius de ancilla ornatrice lib. II Amor., el. 8 : *Ponendis in mille modos præfecta capillis.* Videri eti in possunt Manlius, Horatius, et alii : e Christianis Gregorius Nazianzenus, Hieronymus in epist. ad Demetriadem, qui *turritum verticem alienis capillis struere* dixit, et Tertullianus de Cultu feminarum cap. 7 : *Affigitis præterea nescio quas enormitates capillamentorum, nunc in galeri modum quasi vaginam capitis, et operculum verticis, nunc in cervicum retro suggestum. Miram, quod contra Domini præcepta contenditur. Ad mensuram neminem sibi adjicere posse pronuntiatum est : vos vero adjicitis ad pondus.* Paulinus etiam dixit *turritum caput.* Conser Carolum Paschalium de Coronis lib. I, cap. 5, et dissertationem Antonii M. Lupi

13, tom. II, de inscriptione, quam ipse explicat, et ita legit : *Gnome, Picrinis ancilla, ornatrix elata est ante diem quintum calendas Februarias, imperatore* C *Cæsare tertium decimum, Marco Plautio Silvano consulibus.* His adde Eugenium Guasco : *Dissertazione tusculana sopra un' antica iscrizione sepolcrale appartenente ad un'ornatrice.* Romæ, 1771, in-8.
187. Fuld., *in pectore*.
188. Vienn., *limbi*, non bene, pro *limbus*. Elmenhorstius, in Arnobium pag. 55 ad verba Arnobii, *Imminuerent frontes limbis*, allegat etiam ex Stat o in Achill., *Gemmatis aut nectunt tempora limbis*.
189. Gis., Mar., Rat., Weitz., *ingestas*. Alex., *infestas* vel *ingestas* cum glossa *immissas*. Ang., *infestas* cum glossa *contrarias*. Ald., Widm. ad oram, Vatt. C, D, G, H, *infestas*, quod non probavit Heinsius, quamvis ita in suis omnibus mss. legeretur. Mihi non adeo displicet *infestas*, nam vestes turgescunt auris contrariis. Sich. et Vienn. pariter habent *infestas*.
190. Vienn., *instabilis*.
192. In Rat. sciolus correxerat *huc illucque fremens*, prioribus erasis.
193. In Vienn. desideratur *que* in *pressisque*.
194. Virtutes vocat *virgines*, superbiam *viraginem*, quod aliud longe diversum est ; et superbiæ quidem opera in viros magis quam in feminas cadunt.
196. Post hunc versum in Mar. et Rat. titulus *Humilitas*.
198. *Paupertinus* verbum Apuleii, Varronis apud Nonium, A. Gellii, Symmachi, Ammiani, Sidonii. Jonas episcopus Aurelianensis, lib. II de Cultu sacr. imag., Prudentium secutus est : *Paupertinæ ejus arma contemnens*, ubi male nonnulli legunt *pauperina*, vel *pauperrima*.
199. Voces hujusmodi *humilis* et *humilitas* pro virtute apud profanos scriptores non inveniuntur. Quod Spartianus ait in vita Juliani cap. 9 : *Objecta est superbia, cum ille etiam in imperio fuerit HUMILLIMUS*, intelligit vitium superbiæ contrarium, non virtutem inter utrumque mediam.

Spem sibi collegam conjunxerat, edita cujus,
Et suspensa ab humo est opulentia divite regno,
608 Ergo humilem postquam malesana su-
[perbia mentem
Vilibus instructam nu lo ostentamine telis
265 Aspicit, in vocem dictis se effundit amaris.
Non pudet, o miseri, plebeio milite claros
Attentare duces, ferroque lacessere gentem
Insignem titulis : veteres cui bellica virtus,
Divitias peperit, lætos et gramine colles
210 Imperio calcare dedit? Nunc advena nudus
Nititur antiquos, si fas est, pellere reges.
En qui nostra suis in prædam cedere dextris
Sceptra volunt! en, qui nostras sulcare no-
[vales,

Arvaque capta manu popularier hospite aratro
215 Contendunt, duros et pellere Marte colonos.
Nempe, o ridiculum vulgus! natalibus horis
609 Totum hominem, et calidos a matre am-
[plectimur artus.
Vimque potestatum per membra recentis alumni
Spargimus, et rudibus dominamur in ossibus.
[omnes.
220 Quis locus in nostra tunc vobis se le dabatur,
Congenitis cum regna simul ditionibus æquo
Robore crescebant? nati nam luce sub una
Et domus, et domini paribus adolevimus annis.
Ex quo plasma novum, de consepto paradisi
225 Limite progrediens, amplum transfugit in orbem,
Pelli o que habitus sumpsit venerabilis Adam,

GLOSSÆ VETERES.

201. Collegam, *sociam*. — Edita, *elevata*. — Cujus, *spei*, I.
202. Opulentia, *opulentia spei ab humo suspensa est, quia non de deorsum repromittitur, sed desursum.* — Divite *cœlesti*, I.
203. Ergo, *superbia iterum*. — Malesana, *vesana*, I.
204. Vilibus, *quoniam stulta et ignobilia, et contemptibilia elegit Deus, per quæ superba quæque destruerat*, I.
206. Non pudet, *per ironiam*. — Plebeio, *rustico, rusticano*, I.
207. Attentare, *aggredi*, I.
208. Titulis, *gladiis*, I.
209. Colles, *dominationes*, I.
211. Si fas est, *si possibile est*, I.

212. En, *per ironiam dicit, id est quales*. — Cedere, *contingere*, I.
213. Sceptra, *regna*. — Qui, *quales*, I.
214. Hospite, *alieno, quos rex superbiæ, id est diabolus vel tyrannus, invaserat aratro prædicationis, per humilitatis prædicatores melius ercoluntur*, I.
215. Duros, *scilicet nos*. — Pellere, *scilicet volunt*. — Marte, *bello*, I.
216. Ridiculum, *est*, Mar.
218. Alumni, *pueri*, I.
219. Rudibus, *novis*, I.
221. Ditionibus, *imperiis nostris*, I.
223. Domus, *familia*. — Adolevimus, *crevimus*, I.
224. Plasma, *Adam*. — Consepto, *angusto*, I.
225. Limite, *margine*. — Transfugit, *ibat*, I.

COMMENTARIUS.

202. Giselinus putat alludere poetam ad etymon humilitatis, cum ait, opulentiam spei ab humo suspensam, neque probat vulgatam interpretationem, spem omnium rerum abundantia procreatam, et e terra sublevatam, eo modo, quo apud Romanos recens nati in terra primum statuuntur, deinde Levanæ deæ auxilio implorato tolluntur. Mihi non displicet Bergii apud Weitzium expositio, locum illum intelligi : *Beati pauperes, quia regnum Dei possidebunt*. Sententia hæc est, spem tantum esse in terra, ejus opulentiam, et dives regnum in cœlo. In edit. Coloniensi Marietus aut alius ad marginem e ms. cod. notaverat, *et suspensa ab hamo* : non patitur versus, neque intelligo quid hic sibi velit *hamus*.
204. Vienn., Vatt. C et O, *extructam*; alii, *instructam*.
205. Barthius, cap. 15, Advers. lib. xxiv, observat verissime id dictum, ut ex ms. apud Boetium : *Debilis heu! mœstos cogor in ire modos* potius quam *inire modos*. Ald. et Vat. C, *se fundit*; plerique, *se effundit*, etiam Barthius. Cell., *se fundit*.
208. Sich., Weitz., Bong., *telis*. Alii rectius, *titulis*. Widm. supra; *gladiis*.
209. Piccarti codex, *germine colles*.
210. Ald. Woitz., Gis. et alii, *nunc advena*. Gis. 1 edit. in contextu, et vetus codex ad marginem editionis Weitzianæ apud cl. præsulem Reggium, *unde advena*, non male, si aliter distinguas.
212. Imitatio Maronis ecl. 1, *Ea queis consevimus agros!* et Æneid. lib. ix, vers. 600, *En qui nostra sibi bello connubia poscunt!*
213. Aldus, Fabr. cum nonnullis ex nostris scribunt *nostros* pro *nostras*. Mar. et plerique alii, *nostras*. Utroque modo dicitur. Virg. eclog. cit., *Culta novalia*.
215. Ang., Vat. C, *duros expellere*.
216. Weitz., Mar., Vienn., Rat., *nempe hoc ridiculum*; et glossa in Mar., *est*. Alii, *nempe, o ridicu-*

lum. Vienn., *non talibus horis*, male. Ald. et Erfurt., *natalibus oris*, puto, quia veteres nonnunquam aspirationem omittebant. Gloriatur superbia hominem ab ipso natali die in sua esse potestate.
217. Juvenalis sat r. 7, vers. 196. *Et adhuc a matre rubentem*.
219. Vienn., perperam, *damnamur in ossibus*. Prudentius pro *novis* sæpe *rudes* usurpat, quanquam ossa hominis recens nati recte rudia seu imperfecta appellantur. Superbia loquitur de suis militibus seu vitiis, ad id genus spectantibus, quæ supra vocavit *antiquos reges*.
221. Vienn., *ditioribus*, non bene.
222. Vienn., non male, *nati cum luce sub una*. Ang., perperam, *natis sub luce*.
223. *Domus* est ipse homo; *domini*, qui *reges* ante dicti, diversa superbiæ vitia, sixe ei affinia.
225. Vienn., *limine progrediens*. Weitzius cum solo Piccarti cod., *transfluxit* pro *transfugit*. Vat. F, male, *urbem* pro *orbem*.
226. Rosweydus, in notis ad Paulinum, pag. 871, ad illa verba, *multo bove pelleatus*, ex hoc loco Prudentii aliisque Hieronymi, Ciceronis et Propertii, observat pelles fuisse vetustissimos habitus primorum Patrum. Weitzium non intelligo, qui alt aliam causam nobis oggerere sacram Genesin cap. III, 21, Cyprianum, Basilium. Nisi valde me omnia fallunt, ex Genesi loc. cit. et SS. Patribus superbia causa fuit cur Adamus e paradiso exsulare fuerit jussus. *Fecit quoque Dominus Deus Adæ et uxori ejus tunicas pelliceas et induit eos. Et ait : Ecce Adam quasi unus ex nobis factus est, sciens bonum et malum : nunc ergo ne forte mitt t manum suam*, etc., et supra vers. 5, serpentis vox, quod ipsum est superbiæ præceptum : *Eritis sicut dii*. Elmenhorstius in Arnobium pag. 61 ex Lucretio illustrat similem locum Arnobii, *Amiciri desierunt pell bus*.

Nudus adhuc, ni nostra foret præcepta secutus. A
Quisnam iste ignotis nunc hostis surgit ab oris
610 Importunus, iners, infelix, degener,
        [amens,
250 Qui sibi tam serum jus vindicat, hactenus exsul?
     Nimirum vacuæ creduntur frivola famæ,
     Quæ miseros optare jubet quandoque futuri
     Spem fortasse boni, læta ut solatia mollem
     Desidiam pigro rerum meditamine palpent.
255 Quidni illos spes palpet iners, quos pulvere in
        [isto
     Tirones Bellona truci non excitat ære,
     Imbellesque animos virtus tepefacta resolvit?
     Anne Pudicitiæ gelidum jecur utile bello est?
     An tenerum pietatis opus sudatur in armis?
240 Quam pudet, o Mavors, et virtus conscia, talem B
     Contra stare aciem, ferroque lacessere nugas,
     Et cum virgineis dextram conferre choreis!
641 Justitia est ubi semper egens, et pauper
        [Honestas :

Arida Sobrietas, albo Jejunia vultu,
245 Sanguine vix tenui Pudor interfusus, aperta
     Simplicitas, et ad omne patens sine tegmine
        [vulnus,
     Et prostrata in humum, nec libera judice sese
     Mens humilis, quam degenerem trepidatio
        [prodit.
     Faxo ego, sub pedibus stipularum more teratur
250 Invalida ista manus : neque enim perfringere
        [duris
     Dignamur gladiis, algenti et sanguine ferrum
     Imbuere, fragilique viros fœdare triumpho.
     Talia vociferans, rapidum calcaribus urget
     Cornipedem, laxisque volat temeraria frenis,
255 Hostem humilem cupiens impulsu umbonis
        [equini
     Sternere, dejectamque supercalcare ruinam.
612 Sed cadit in foveam, præceps quam cal-
        [lida forte
     Fraus interciso suffoderat æquore furtim :

GLOSSÆ VETERES.

228. Oris, finibus, I.
229. Importunus, qui in nulla re propinquus, vel aptus est : humilitatem dicit, I.
230. Hactenus, hucusque. — Exsul, qui extra suum solum est, I.
231. Creduntur, ab illis, I.
232. Futuri, futura contendit evacuare, ut præsentium delectatione decipiat infelices, I.
234. Desidiam, pigritiam. — Palpent, temperent, mulceant, I.
235. Quidni, certe; quid aliud. — Pulvere, terra; in hoc sæculo, I.
236. Bellona, bellatrix, dea belli. — Ære, cornu, I. C
238. Bello, ad bellum, I.
239. Pietatis, pudicitiæ. — Sudatur, laboratur, I.
240. Mavors, deus belli. — Virtus, mea; noster

exercitus, I.
241. Nugas, inutiles, I.
245. Pudor, rubor, I.
246. Tegmine, clypei, I.
247. Prostrata, inclinata. — Sese, seipsa, I.
248. Prodit, manifestat, I.
249. Faxo, facio, I.
250. Manus, multitudo, I.
252. Imbuere, maculare, I.
254. Cornipedem, equum, quia formatos pedes cornibus habet, I.
255. Cupiens, superbia irruere nititur super humilitatem et spem. — Impulsu, pectore equi, I.
257. In foveam, superbia cadit in foveam, I.
258. Æquore, terræ : campo, ab æquitate, I.

COMMENTARIUS

227. Aldus, Vat. C, supra, nisi nostra.
228. Mar. et Rat., horis, cum Weitzio. Alii, oris, quod verum est. Veteres interdum aspirationem adjiciebant, ubi opus non erat, ut honus pro onus. Contra alii faciebant, ut dixi ad vers. 216. Vatt. C, O et alii nonnulli, hostis nunc surgit.
231. Gis. 1 edit., creduntur; in 2 edit., credentur, quod iterum in Animadvertendis et corrigendis mutavit in creduntur. Has auctorum correctiones et secundas curas multi non observant. In Vat. C, Ang., Mar., Vienn., Ald., Weitz., creduntur. Giselinus asserit, poetam mira imo inaudita uti miosi in irridenda spe, in qua tamen comite humilitatis opes omnes paulo ante constituerat. Verum superbiæ sensa nunc exprimit, antea sua et aliorum vera sensa explicuit. D
232. Ald., Vienn., Alex., Vat. F, Pal., Heinsiani scripti, jubet. Mar. Rat., Weitz., Gis. et alii, jubent.
233. Vienn., spem fortasse bonam, minus bene. Ald., Fuld., Put., Oxon., lenta ut solatia. Nostri potiores, Alex. a prima manu, Mar., Rat., Vienn., læta cum Thuan. a prima manu, Weitz., Gis. et aliis.
234. Castigatiores Heinsiani et nostri, Alex., Mar., Rat. cum Weitz., Gis. et aliis, meditamine. In Vat. C, medicamine; supra, meditamine. Aldus cum nonnullis, medicamine.
238. Vide not. ad vers. 57, Vena animi.
242. Aldus, cumque hanc virgineis dextram. Conjiciat aliquis, Et cum virgineis dextram hanc conferre choreis. In nonnullis vulg., ac cum pro et cum.
243. Ald., justitia est nam semper egens. Alii, justi-

tia est ubi semper egens. Justitiam egentem, honestatem pauperem vocat ex his quæ sæpe accidunt.
244. Vienn., Ang., Vat. C a secunda manu, Rat. a manu recenti, jejunamæ; alii, jejunia.
248. Vienn., prodet. Vat. C, abrasis prioribus, trepidatio prodit. Virg. lib. IV Æneid., vers. 13, Degeneres animos timor arguit.
249. Plautus actu I, scena 1 militis gloriosi : Cujus tu legiones difflavisti spiritu, Quasi ventus folia, aut peniculam tectoriam.
250. Ald., Fabr., Vat. C, perstringere, minus bene quam perfringere. Exstat etiam perstringere in Mar. et Rat., aliisque : sed, ut advertit Giselinus, perstringere est leviter tangere : hoc loco aptius cadit perfringere duris gladiis.
252. Ald. et Rat., ex recenti inepta correctione, Imbuere et fragili vires fœdare triumpho. Cellarius hunc eumdem errorem exscripsit; ita certe lego in 2 ejus editione, qui fortasse deceptus est ex mendo in notis 2 editionis Heinsianæ. Gravius errat Gallandius, qui mendose a Chamillardo editum ait imbuere, fragilique viros, et ipse, invitis musis, legit imbuere, fragilique vires.
253. Erfurt., rabidum; alii, rapidum.
255. Aldus male, impulsuum bonis equini. Pariter alii mendose apud Becmanum in Manuduct. ad ling. Lat., impulsum bonis equini, aut impulsum bovis equini. Nebrissensis umbonem equinum intelligit clypeum, sive cetram ex corio equi.
256. Alex., ruinis; alii, ruinam.

Fraus detestandis vitiorum e pestibus una,
260 Fallendi versuta opifex; quæ præscia belli
Planitiem scrobibus violaverat insidiosis,
Hostili de parte latens, ut fossa ruentes
Exciperet cuneos, atque agmina mersa voraret.
Ac ne fallacem puteum deprendere posset
265 Cauta acies, virgis adopertas texerat oras,
Et superimposito simularat cespite campum.
At regina humilis, quamvis ignara, manebat
Ulteriore loco, nec adhuc ad fraudis opertum
Venerat, aut foveæ calcarat furta malignæ.
270 Hunc eques illa dolum, dum fertur præpete
[cursu,
Incidit, et cæcum subito patefecit hiatum :
613 Prona ruentis equi cervice involvitur, ac
[sub
Pectoris impressu fracta inter crura rotatur.
At Virtus placidi moderaminis, ut levitatem
275 Prospicit obtritam monstri sub morte jacentis,
Intendit gressum mediocriter, os quoque parce
Erigit, et comi moderatur gaudia vultu.

A   Cunctanti Spes fida comes succurrit, et offert
Ultorem gladium, laudisque inspirat amorem.
280 Illa cruentatam correptis crinibus hostem
Protrahit, et faciem læva revocante supinat.
Tunc caput orantis flexa cervice resectum
Eripit, ac madido suspendit colla capillo.
Exstinctum Vitium sancto Spes increpat ore.
285 Desine grande loqui : frangit Deus omne su-
[perbum :
Magna cadunt : inflata crepant : tumefacta pre-
[muntur.
Disce supercilium deponere, disce cavere
Ante pedes foveam, quisquis sublime minaris.
614 Pervulgata viget nostri sententia Christi :
290 Scandere celsa humiles, et ad ima redire
B   [feroces.
Vidimus horrendum membris, animisque Go-
[liam
Invalida cecidisse manu : puerilis in illum
Dextera fundali torsit stridore lapillum,
Trajectamque cavo penetravit vulnere frontem.

GLOSSÆ VETERES.

260. Versuta, callida artifex, I.
264. Scrobibus, foveis, I.
263. Cuneos, exercitus. — Agmina, virtutum, I.
264. Deprendere, præscire, I.
265. Cauta, clara. — Oras, summitates, I.
267. Regina, humilitas iterum, I.
270. Illa, scilicet superbia, I.
274. Hiatum, scrobem, I.
274. Levitatem, instabilitatem, I.
276. Os, faciem. — Parce, mediocriter, I.

277. Comi, honesto, severo, ornato, amœno, I.
278. Cunctanti, dubitanti, I.
280. Illa, humilitas amputat caput superbiæ, I.
284. Exstinctum, exstinctam superbiam, I.
287. Supercilium, superbiam, I.
288. Sublime, gloriose, I.
289. Pervulgata, valde, I.
293. Torsit, jecit, I.
294. Trajectam, per trajectam, ı.

COMMENTARIUS.

259. Ald., Ang., Vat. C a prima manu, vitiorum C pestibus sine e, quod necessarium certe est. In Aldo, una est : abundat verbum substantivum.
261. Heinsio placet cum Put. solo vitiaverat, et post Heinsium, Chamillardo aliisque. Sed cur displiceat violaverat cum veteribus editis, cum nostris Mar., Rat., Vienn., Alex., Vatt. C, F, G, O aliisque innumeris? Verbo vitiandi, inquis, usus est aliquando Prudentius : quasi vero verbo violandi sæpius non fuerit usus. Mihi magis placet violare planitiem scrobibus quam vitiare. Ovidius in Met., violare silvam dixit pro securi cædere.
264. Weitz., at ne ; alii, ac ne. In nonnullis vulg., possit.
265. Ald., Widm. supra, Vienn., Vatt. C, L, BB, Ang., clara acies. Rat., Mar. et alii optimi, cauta, quod magis placuit Gallandio.
269. Vienn., Venerat, ut foveæ calcaret furta malignæ. In Vat. C, mendose et contra metrum, Venerat aut foveæ nondum calcarat malignæ. Ad marg. post calcarat est furta, sed nondum semper abundat.
270. Egm., Pal. et Barthius, hinc eques. Vienn., huc eques. Retine hunc.
271. In Vat. F præpostera est trajectio horum versuum : primo legitur Prona, tum Incidit. Dolum incidit, ut initio lib. II Juvenci : Jamque dies prono decedens lumine pontum Inciderat.
272. Vienn., una : lege prona. In Rat. ineptus corrector, de quo sæpe, cervice rotata superque Pectoris impressu quadripes provolvitur ipse.
273. Fabr., vectoris pressu. Ita Giselinus edidit in 2 edit., sed postea in fine correxit pectoris impressu ex mss. : quæ correctio nonnullos latuit. In priore Rott., pectoris impulsu. In Vat. F, inter dura. Communis lectio, Pectoris impressu fracta inter crura rotatur.

274. Bong., et virtus; melius, at virtus. Moderamen pro moderatione : vide Apoth. vers. 47.
275. Vienn., Mar., conspicit obtritam. Rat., Gis., Weitz., perspicit obtritam. Fuld., prospicit obstrictam. Præstantiores cum Aldo., prospicit obtritam.
276. Fuld., parte; lege parce.
280. Vienn., cruentatum, minus bene.
281. Vienn., contrahit; melius, protrahit.
282. Virgilius Æneid. x, Reflexa cervice resectum.
283. Ald. et alii, et madido.
285. Virgilius lib. x, Dixerat ille aliquid magnum. Consule Erasm. Adag., Ne magna loquaris. Corippus, lib. II, vers. 40, imitatus videtur Prudentium : Colla superborum, furiataque pectora frangis.
287. Supercilium sedes superbiæ. Vide Plinium lib. xi, cap. 57. Elmenhorstius, in Arnobium pag. 44, hunc Prudentii versum confert cum verbis Arnobii, Supercilium deponere.
289. Vienn., divulgata viget.
D 291. Pauci hi versus, tanquam opus Prudentii diversum et inscriptum Monomachia Davidis et Goliathi, notantur in indice, alioqui accuratissimo, bibliothecæ Casanatensis. Exstant videlicet in Criticis sacris, Londini, 1660, tom. VIII, col. 277, in fine operis : In historiam monomachiæ Davidis et Goliathi Reg. I, cap. xvii, inquisitio, Matthæo Horstio auctore : ubi legitur : Prudentius monomachiam his versibus in Psychomachia breviter perstringit : Exstinctum vitium, etc.
293. Pro fundali habent funali Thuan., Egm., Pal., Alex. a prima manu, Vat. H et codex Barthii, cui tamen non placuit funali. Heinsio non prorsus displicet et advertit alibi quoque Prudentium hac voce usum fuisse, scilicet infra vers. 866.
294. Alii trajectam, alii transjectam scribunt. Plerique ex optimis, trajectam.

295 Ille minax, rigidus, jactans, truculentus, amarus, **A**
    Dum tumet indomitum, dum formidabile fervet,
    Dum sese ostentat clypeo, dum territat auras :
    Expertus, pueri quid possint ludicra parvi,
    Succubuit teneris bellator turbidus annis.
300 Me tunc ille puer virtutis pube secutus,
    Florentes animos sursum in mea regna tetendit,
    Servatur qua certa mihi domus omnipotentis
    Sub pedibus Domini, meque ad sublime vo-
        [cantem
    615 Victores cæsa culparum labe capessunt.
305 Dixit et auratis præstringens aera pennis,

In cœlum se virgo rapit : mirantur euntem
Virtutes, tolluntque animos in vota, volentes
Ire simul, ni bella duces terrena retardent.
Confligunt vitiis, seque ad sua præmia servant.
310 Venerat occiduis mundi de finibus hostis
    616 Luxuria, exstinctæ jam dudum prodiga
        [famæ,
    Delibuta comas, oculis vaga, languida voce,
    Perdita deliciis : vitæ cui causa voluptas,
    Elumbem mollire animum, petulanter amœnas
315 Haurire illecebras, et fractos solvere sensus.
    Ac tunc pervigilem ructabat marcida cœnam :

GLOSSÆ VETERES.

295. Truculentus, *torvus*, I.   **B**
296. Indomitum, *indomite*. — Formidabile, *adverbium*. — Terret, *fervet*, I.
304. Cæsa, *victa*, I.
305. Et auratis, *humilitas ascendit in cœlum : virtutes mirantur*. — Aera, *accusativus Græcus*, I.

309. Confligunt, *pugnant adhuc*, I.
311. Jam dudum, *statim*. — Prodiga, *ostentatrix*, I.
312. Delibuta, *uncta*.— Comas, *per*, I.
314. Elumbem, *mollem*, I.
315. Illecebras, *delectationes*, I.
316. Ac tunc, *luxuria, auditis tubis, ad bellum currit*, I.

COMMENTARIUS.

295. Vat. G hunc ordinem servat *Ille minax. Dum sese. Dum tumet*. Vat. D, *Ille minax. Dum tumet. Expertus, pueri. Dum sese*. Alii ordinem hic exhibitum retinent.
296. Vienn., *indomite*, quod sapit glossema. Tres vetustiores Heinsiani, Alex., Ald., Widm. supra, Gis., *fervet*. Alii etiam veteres *terret*, nempe Mar., Vienn., Rat. cum Weitzio, et uno Cauchiano.
297. Aliqui distinguunt alio modo, *Dum sese ostentat, clypeo dum territat auras* cum Weitzio. Vat. C, *dum irritat auras*, male. In Pal., *dum territat ense*.
298. Mar. et Rat., *quid possent*.
299. Ald. et alii vulg., armis pro annis. Barthius mendose, *anciis*.
301. Erfurt. a prima manu, *florentes annos*.
302. Weitz. cum Put., *quia certa*.
304. Prior Boher. et Thuan. a secunda manu, *lictores cæsa*.
305. Vat. C, *perfringens* : non placet. Ald. cum aliis, *præstringens*.
309. Post hunc versum Vienn., *De Sobrietate et Luxuria*. Mar. et Rat., *Luxuria*. Aldus, *Luxuriæ, et Sobrietatis pugna*. Giselinus, *Luxuria et Sobrietas*.
310. Lepidus est hoc loco Giselinus. Rejicit interpretationem quam dubitans Nebrissa indicavit, intelligendum id esse de ætate mundi ad occasum vergente, ut Hispaniam suam, inquit Giselinus, et Africam hac ignominia liberaret. Tum probabile existimat, poetam ex his regionibus organa luxuriæ accersivisse, cum eæ, imprimis vero Hispania, auri, argenti, lanæ, aromatum, aliarumque rerum ad effeminandos mores pertinentium, copia mirifice celebres fuerint. Quæ (verba ejus audis) *si suis se finibus continuissent, nunquam fortasse nos Belgæ laudem* **D** *a Jul. Cæsare nobis tributam amisissemus.* Recte, quod Belgas laudem veterem amisisse fatetur; quod autem causam in Hispanos conjicit, fortasse nunc negaret, antiquos dominos Hispanos ab his populis laudari et desiderari observans. Illud vero Giselino assentior, poetam potius respexisse totum Occidentem, quatenus ea mundi pars ab Orientali distinguitur. Etenim ut tradit Sulpicius in Vita S. Martini, luxus immodicus in Occidente magis quam in Oriente dominabatur. In Occidentis vocabulo diabolum significari plures docent. Sed cum imperium Romanum divisum tunc esset, et Orientis et Occidentis mentio passim occurreret, probabilius est Prudentium intelligere imperium Occidentale, et præcipue ejus caput Romam, ubi eo tempore insigni er effervescebat luxuria, ut fuse narrat Ammianus Marcellinus, qui inter alia ait : *Alii summum decus in carrucis solito altioribus, et ambitioso vestium cultu ponentes, sudant sub ponderi-*

bus lacernarum, etc. *Mensarum enim voragines et varias voluptatum illecebras, ne longius progrediar, prætermitto.... Denique pro philosopho cantor, et in locum oratoris doctor artium ludicrarum accitur : et bibliothecis sepulcrorum ritu in perpetuum clausis organa fabricant ut hydraulica*, etc. *Postremo ad id indignitatis est ventum, ut cum peregrini ob formidatam haud ita dudum alimentorum inopiam pellerentur ab Urbe præcipites, sectatoribus disciplinarum liberalium impendio paucis sine respiratione ulla extrusis, tenerentur mimarum asseclæ veri, quive id simularunt ad tempus ; et tria millia saltatricum ne interpellata quidem* **C** *cum choris, totidemque remanerent magistris. Et licet, quocunque oculos flexeris, feminas affatim multas spectare cirratas, quibus, si nupsissent, per ætatem ter jam nixus poterat suppetere liberorum, adusque tædium pedibus pavimenta terentes, jactari volubilibus gyris, dum exprimunt innumera simulacra, quæ finxere fabulæ theatrales*. Quæ omnia Prudentianæ descriptioni luxuriæ apprime conveniunt. Haud equidem negaverim, illo ipso tempore luxum in Oriente effrenum etiam fuisse, ut arguitur ex his vitiis quæ Chrysostomus gravissime et concionatorio stylo reprehendit. Sed sive Antiochia, sive Constantinopolis Romæ conferatur, non dubito quin multo major fuerit licentia et corruptio morum Romæ quam in aliis Orientis urbibus.
311. Cornelius Tacitus Annal. lib. XI : *Infamiæ apud prodigos novissima voluptas est*.
312. Secunda in *delibuta* producitur ob metri necessitatem. Imitatus est Galterus lib. V Alex. vers. 218 : *Saniesque recenti Delibuta comas*. Rott. prior, oculos *vaga, languida vocem*, Græco more, ut *delibuta comas*. Nostri omnes cum aliis, *oculis vaga, lan-* **D** *guida voce*, excepto Cauchiano, qui illud prius habet. Heinsius edidit *oculos.... vocem;* secuti sunt Cham., Gall., et Teol. Barthius cum Prudentio confert Bachiarium nostrum, qui oculos hominis lapsi *vagos* dicit, luxuriam et libidinem indicando.
313. Vienn., *edita;* melius *perdita*. Boher. prior, *cura* pro *causa* minus bene. *Vivendi causa* solent dici virtutes. Juvenalis satyra 8, vers. 84 : *Et propter vitam vivendi perdere causas*. Ratione contraria luxuriosis vitæ causa est voluptas.
314. Persius satyra 1, vers. 104, *Summa delumbe saliva*. Auctor dialogi de Oratore usurpavit *elumbis*.
315. Verbum solemne, cum de luxuria agitur, FRANGERE. Vide quæ notat Gothofredus ad verba FRACTA *mollitier plebe*, cod. Theod. lib. VI ad legem Juliam de adulteris ex nostro poeta et aliis.
316. Rat., Mar., Weitz., Alex., *ac tunc*. Ald., et

Sub lucem quia forte jacens ad fercula, raucos
Audierat lituos, atque inde tepentia linquens
Pocula, lapsanti per vina, et balsama gressu,
320 Ebria calcatis ad bellum floribus ibat.
Non tamen illa pedes, sed curru invecta ve-
[nusto
Saucia mirantum capiebat corda virorum.
O nova pugnandi species! non ales arundo
617 Nervo pulsa fugit, nec stridula lancea
[torto
325 Emicat amento, frameam nec dextra minatur:
Sed violas lasciva jacit, foliisque rosarum
Dimicat, et calathos inimica per agmina fundit.
Inde, eblanditis virtutibus, halitus illex
Inspirat tenerum labefacta per ossa venenum;
330 Et male dulcis odor domat ora, et pectora, et
[arma,
Ferratosque toros obliso robore mulcet.
Dejiciunt animos, ceu victi, et spicula ponunt

A Turpiter, heu! dextris languentibus obstupe-
[facti,
Dum currum varia gemmarum luce micantem
355 Mirantur, dum bracteolis crepitantia lora,
Et solido ex auro pretiosi ponderis axem
618 Defixis inhiant obtutibus, et radiorum
Argento albentem seriem, quam summa rotâ-
[rum
Flexura electri pallentis continet orbe.
340 Et jam cuncta acies in deditionis amorem
Sponte suâ versis transibat perfida signis,
Luxuriæ servire volens, dominæque fluentis
Jura pati, et laxa ganearum lege teneri.
Ingemuit tam triste nefas fortissima virtus
345 Sobrietas, dextro socios decedere cornu,
Invictamque manum quondam sine cæde pe-
[rire.
Vexillum sublime crucis, quod in agmine primo
Dux bona prætulerat, defixa cuspide sistit,

GLOSSÆ VETERES.

317. Sub lucem, *usque ad lucem*. — Jacens, *sedens*. — Fercula, *lectulos*, I.
319. Lapsanti, *nutanti*. — Balsama, *balsamo uncta erat, quia odoris gratia sparsa fuit domus balsamo et floribus*, I.
321. Pedes, *pedestris*, I.
322. Capiebat, *decipiebat*, I.
323. O nova, *luxuria blandimentis virtutes decipit*. — Ales arundo, *velox sagitta, a rectitudine*, I.
325. Emicat, *exsilit*, I.
327. Calathos, *p'enos rosarum spargit*, I.
328. Halitus, *spiritus*. — Illex, *illicita peragens*, I.
331. Ferratosque, *colla loricata*.—Toros, *brachia, vel densitates brachiorum*.—Obliso robore, *fracta fortitudine*, I.
332. Ceu victi, *viri dejectis armis, sequuntur luxu-*
- *riam*, I.
334. Currum, *luxuriæ*, I.
335. Bracteolis, *laminis, vel filis*, I.
340. Et jam, *cuncta acies versis signis ad deditionem transit*. — Deditionis, *potestatis avaritiæ*, Iso.
341. Versis, *positis*, Iso.
343. Ganearum, *scortorum vel cantorum, halluonum vel gulosorum*, I.
344. Ingemuit, *sobrietas increpat acies, suadens eis, ne sequantur luxuriam*. — Virtus, *virgo*, I.
345. Cornu, *de exercitu sobrietatis*, I.
346. Manum, *multitudinem*. — Sine cæde perire, *sine pugna decedere*, I.
347. Agmine, *exercitus*. Iso.
348. Dux, *sobrietas*, I.

COMMENTARIUS.

tunc. Vienn., Gisel., Pal., *at tunc*. Heinsiani cum nostris faciunt *ac tunc*.
321. Vienn., *nec tamen*,
323. Egm., *alis; lege ales*.
324. Ang. minus bene *nervo pulsa fuit*. Put. et Egm. a manu prima *nervum pulsa fugit*. Heinsius suspicatur *nervo impulsa fugit*, quod amplexus est Cellarius. Non mutaverim lectionem communem *nervo pulsa fugit* in Alex., Vatt. C, D, G, L, O, BB, Mar., Rat., Vienn., Ald., et aliis. In Vat. H est *nervum pulsa fugit*.
325. Ald., Gis., Fabr., Vat. G, *framea*. In Vat. C desideratur hic versus. In aliis et in margine Gis., *frameam. Amenta* ex Festo sunt *quibus, ut mitti possint, vinciuntur jacula*. Hinc *amentare* apud Lucanum et Martianum Capellam reperitur.
327. Rat., *per agmina fudit*.
328. Et furt., *inde blanditis*. Ang., *inde eblanditis*. Legendum *inde eblanditis*. Alii *inlex*, alii *illex* scribunt. *Illex* ab *illiciendo, illix*, aut *inlex*, a quo lex non servatur, quod vult Iso.
331. Ald., *oblito;* minus bene, pro *obliso*. Nec melius *choros* alter Rott. cum Bonon. pro *toros :* nam quod in quibusdam mss. exaratur *thoros*, nil moror. Gis. non omnino rejicit *oblito*, ut apud Virgilium, eclog. 9, *Nunc oblita mihi tot carmina*. Post hunc versum in Vienn., Angel., Vatt. C, L, BB leguntur hi duo versus : *Luxuria huc violas curru delata venusto Per populos jacit, ut mala credula corda tepescant.* Giselinus eosdem invenerat in quodam cod. ms. Theodori Pulmanni, et altero Daventriæ excuso, sed effictos recte existimavit. Giselinus vero legit *cre-*

C *dita corda*.
352. Alii, *deiciunt;* alii, *dejiciunt*.
355. *Bracteolis* scribas, an *bratteolis*, controversia orthographica est.
357. Vienn., *dum fixis inhiant*.
358. Palat., *quem*, scilicet axem. Alii, *quam*, nempe seriem.
359. Vienn., *orbem*, non bene.
341. In quibusdam vulg., *perdita* pro *perfida;* quod postremum longe venustius est.
342. Vienn., *jubentis* pro *fluentis*, hoc est fluxæ, quod proprium est luxuriæ.
343. Veterrimi Heinsiani, Vienn., Mar., Rat., Weitz., Gail. et alii, *ganearum*. Aldus cum Torn. et nonnullis aliis, *ganeorum*, quod non improbo, nam *ganeum* fornix est. Giselinus ait, pro voce *ganearum* substituere quosdam *ganeonum*. Quorsum? inquit. Anne eædem leges ganeis et ganeonibus? *Ganea*, et *ganeum* in Græca origine scribuntur per η seu e longum. Becmanus de Origin. ling. Lat., verbo GANEUM, observat Latinos sæpe η in a commutasse, et in e breve; ut *Gynæceum* apud Terentium penultima brevi, *Cyclopeus* apud Maronem, *conopeum* apud Horatium oda 9 Epod. Ganeo est, ut ait Isidorus lib. x, *luxuriosus, et tanquam in occultis locis et subterraneis, quæ Græci ganea vocant*. Post hunc versum Mar. et Rat. pro titul. *Sobrietas*.
347. Gretserus lib. II, cap. 18 de Cruce, alludere Prudentium ait ad morem præferendi imaginem crucis in præliis, quem morem pluribus eo loco confirmat.

Instauratque levem dictis mordacibus alam,
550 Exstimulans animos, nunc probris, nunc prece
[mixta:
619 Quis furor insanas agitat caligine mentes?
Quo ruitis? cui colla datis? quæ vincula tan-
[dem,
Proh pudor, armigeris amor est perferre lacer-
[tis,
Lilia luteolis interlucentia sertis,
555 Et ferrugineo vernantes flore coronas?
His placet assuetas bello jam tradere palmas
Nexibus? his rigidas nodis innectier ulnas?
Ut mitra cæsariem cohibens aurata virilem
Combibat infusum croceo religamine nardum,

A 360 Post inscripta oleo frontis signacula, per quæ
Ungentum regale datum est, et chrisma pe-
[renne:
Ut tener incessus vestigia syrmate verrat,
620 Sericaque in fractis fluitent ut pallia
[membris,
Post immortalem tunicam, quam pollice docto
365 Texuit alma Fides, dans impenetrabile tegmen
Pectoribus lotis, dederat quibus ipsa renasci.
Inde ad nocturnas epulas, ubi cantharus ingens
Despuit effusi spumantia damna Falerni;
In mensam cyathis stillantibus, uda ubi multo
370 Fulcra mero, veterique toreumata rore rigan-
[tur?

GLOSSÆ VETERES.

349. Instaurat, *armat*. — Levem, *velocem*, I.
350. Exstimulans, *hortans*. — Nunc, *interdum*, I.
352. Ruitis, *tenditis*, I.
353. Proh, *interjectio exprobrantis*, I.
354. Luteolis, *rubris*, I.
355. Ferrugineo, *purpureo*. — Vernantes, *florentes*, I.
356. Palmas, *scilicet vestras*, I.
357. Nexibus, *doctrinis*, I.
358. Cohibens, *constringens*, I.

B 359. Nardum, *florem*, I.
362. Syrmate, *longa vestis*, I.
363. Membris, *scilicet tuis*, I.
365. Tegmen, *albam vestem*, I.
367. Inde, *descendisti*, I.
368. Despuit, *effudit, vel efflavit.*—Falerni, *vini*, I.
370. Fulcra, *tripodes, lecti.* — Mero, *vino.* — Toreumata, *cælatura, vel tornatilia; toreuma, id est, cælatura*, I. *Tornata vasa*, Mar. — Rore, *lectorum, id est potu*, I.

COMMENTARIUS.

350. Præcipui Heinsiani cum Aldo et aliis, *instimulans*. Nostri præstantiores, Mar., Rat., Alex., Gis., Weitzius et alii, *exstimulans*.

351. Barthius improbat *insanus* pro *insanas*, quamvis illud in suo ms. invenerit. Egm. quoque, *insanus*.

353. Vienn., *ah -pudor!* alii *pro* aut *proh pudor!* Vienn., *proferre lacertis.* Paschalius, de Coronis lib. II, cap. 15, pag. 124, notat ex hoc loco florum mixturam in coronis imitatione naturæ. Vide Tertullianum de Coron. milit., qui inventos ait flores non capiti ornando, sed naribus oblectandis. C

355. Iso et alii veteres interpretantur *ferrugineo*, hoc est *purpureo*. Mariettus cum ex glossa notasset *purpureo* pro *ferrugineo*, subjunxit, videndum, nunquid purpura cum ferrugine. Est certe *ferrugo* purpura nigrior apud Virgilium 1 Georg.: *Cum caput obscura nitidum ferrugine texit,* et IX Æneid.: *Ferrugine clarus Ibera*, ubi Servius Ponticam ferruginem, non Hispanicam, intelligit: alii contra.

357. Weitz., Erfurt., *acrigidus.*

359. Ang., perperam, *cum bibat* pro *combibat*. Heinsiani et nostri meliores, *infusum*. Vatt. BB et alius apud Teol., Cauchianus codex, Weitz., *infusam*. Egm. pro *religamine* habet *relegamine*, non recte. Sacramentum confirmationis describitur, de quo supra hymn. Cath. 6, vers. 128. Vide Baronium tom. I Annal. pag. 249, et Joann. Laurentium Bertium lib. XXXII de Theol. Disc. cap. 10 *de unctio is Forma,* præter alios qui his Prudentii versibus sacramentum confirmationis explicant. Simul notat Prudentius effeminatos virorum mores, qui utebantur mitra, ornamento meretricum, et reticulo croceo comas involvebant. Juvenalis sat. 3: *Ite, quibus grata est picta lupa barbara mitra.* Sat. 6: *Sed nigrum flavo crinem abscondente galero.* Sat. 2: *Reticulumque comis auratum ingentibus implent.* D

360. Weitz., Erfurt., *postquam*. Ita Widm. a secunda manu, sed a prima manu *post quæ.* Alii *per quæ.*

362. Vienn., *et lever;* melius *ut.* Luxus denotatur, quod vestis ad terram usque efflueret. Cyprianus sive alius, de Jejun. Christ.: *Paludamentis talaribus pavimenta verrentes.*

363. Giselinus explicat *in fractis*, mollibus et effeminatis, ut duæ, inquit, sint dictiones. Si jubeat scribi *in fractis*, necessarium quidem id non est: nam *in-* fractus unica dictio sonat etiam *fractus*. Verbum tamen fluitare poscere videtur *in membris fractis.* Plurimi conjungunt *infractis*. De verbo frangere vide vers. 315.

364. Weitzio placuit cum solo Widm. edere *tonicam*, et prætermittere *tunicam*, quod exstat in aliis omnibus: ridicule. Ang., *dextro* pro *docto*, non ita bene. Sermo est de gratia baptismatis, quam significant stolæ candidæ quibus recens baptizati induuntur.

367. Heinsiani, excepto Oxon., et nostri potiores, Ang., Mar., Rat., Vat. H cum Weitz., *inde.* Multi alii Vatt. C, F, G, L, O, BB cum Oxon., Ald. et Giselino, *ita*, quod tenuit Gifanius ex vet. lib. in Ind. Lucreti. In codice Barthii, *inde:* ubi etiam vers. seq., *dispuit* pro *despuit. Inde* magis placet, et interrogatio tunc protrahitur ad versum 370, *rigantur?* Peveratus putat hunc locum desumptum ex VII Æneid.; fortasse vers. 146 et seq.

369. Ald., *Immensam cyathis stillantibus undam ubi multo Fulcra mero,* quod ex vet. lib. approbat Gifanius loc. cit., et non invenuste id dictum a docto poeta assert, sicut rorem etiam vocat vinum, et in Dittochæo, *Unde meriveteris defundit ur unda,* tetrach. 32 vers. 128. Giselinus restituit *In mensam cyathis stillantibus, uda ubi multo Fulcra mero*, et observat in hoc poeta ex temeraria et falsa præpositionis cum suo casu connexione plura fuisse corrupta. Sane in plerisque codd. antiquis ita inter sese verba quandoque sunt conjuncta, ut judicio acri opus sit ad singulas voces separandas. Non tamen naverim Aldi, Gifanii et Fabricii lectionem in veteribus membranis reperiri, quam exhibent Vatt. C, G, L, BB, nisi malis legere, *In mensam cyathis stillantibus undam, ubi multo Fulcra mero.* In Ang., *mendose, unda.* In Vat. H plane corruptum, *stillantibus daubis multo Fulcra mero.* Vienn., *cyathis stipulantibus*, quod nulli est usui. Ad hunc Prudentii locum videtur respexisse Salvianus lib. IV adversus Avaritiam: *Natant tricliniorum pavimenta vino; Falerno nobili lutum faciunt, mensæ eorum, ac toreumata mero jugiter madent; semper uda sunt.* Ex quibus lectio *uda* confirmatur.

370. Toreumata pro toralibus accipienda monet Sirmondus ad Sidonium, hos versus laudans ad epist. 2 lib. IX. Fabricius tenet, hoc etiam loco toreumata

621 Excidit ergo animis eremi sitis : excidit A
[ille
Fons patribus de rupe datus, quem mystica
[virga
Elicuit, scissi salientem vertice saxi?
Angelicusne cibus prima in tentoria vestris
575 Fluxit avis : quem nunc sero felicior ævo
Vespertinus edit populus de corpore Christi?
His vos imbutos dapibus jam crapula turpis
Luxuriæ ad madidum rapit importuna lupanar:
Quosque viros non ira fremens, non idola bello
580 **622** Cedere compulerant, saltatrix ebria
[flexit.
State, precor, vestri memores, memores quo-
[que Christi.
Quæ sit vestra tribus, quæ gloria, quis Deus, B
[et rex,
Quis dominus, meminisse decet : vos nobile
[Judæ.

Germen ad usque Dei genitricem, qua Deus
[ipse
385 Esset homo, procerum venistis sanguine longo.
Excitet egregias mentes celeberrima David
Gloria, continuis bellorum exercita curis.
Excitet et Samuel, spolium qui divite ab hoste
Attrectare vetat, nec victum vivere regem
590 Incircumcisum patitur : ne præda superstes
Victorem placidum recidiva in prælia poscat,
Parcere jam capto crimen putat ille tyranno :
At vobis contra vinci, et succumbere votum est.
Pœniteat, per siqua movet reverentia summi
595 Numinis, hoc tam dulce malum voluisse ne-
[fanda
Proditione sequi : si pœnitet, haud nocet error.
Pœnituit Jonathan jejunia sobria dulci
623 Conviolasse favo sceptri, mellisque sapore
Heu! male gustato, regni dum blanda voluptas
400 Oblectat juvenem, jurataque sacra resolvit.

GLOSSÆ VETERES.

371. Animis, *vestris*, I.
372. Patribus, *vestris*, I.
373. Elicuit, *extulit*, I.
377. Imbutos, *ductos*, I.
378. Lupanar, *prostibulum*, I.
386. Excitet, *vobis*, I.
389. Attrectare, *manu tangere prohibet*. — Regem, *Agag*, I.

390. Incircumcisum, *crossum*, I.
391. Victorem, *Saulem*, I.
393. Votum, *voluntas*, I.
394. Per siqua, *per reverentiam juro, vel oro*, I.
396. Proditione, *traditione*. — Pœnitet, *vos*, I.
399. Regni, *Philistinorum*, I.
400. Resolvit, *rumpit*; *quia non est occisus*, I.

COMMENTARIUS.

esse opera torno facta, politaque, quod etiam docent glossæ ; sed id minus placet. Relege Salviani verba vers. sup.
371. In Rat. insulsus corrector posuit *Excidit ergo animis sitientibus ille in eremo Fons patribus*, ne scilicet secunda in *eremo* corriperetur. Historiam sacram legere poteris Exodi cap. xvi et xvii.
373. Ald., *e vertice*, I. In aliis abest *e*. In Vat. F, *saliente*, et in nonnullis vulg. *scissis* mendum est.
374. In quibusdam vulg., *angelicusve*. Cauchii codex, *patria in tentoria*. Heinsiani, Mar., Rat., Alex. et Vatt. C, D, G, H, L, O, BB, Weitz., aliique, *vestris*. Ald., Gis., Vat. F, Ang. a prima manu, *nostris*. Ita etiam videtur fuisse in Viennensi.
375. Rat., *feliciter*, minus bene.
376. Erfurt., *de sanguine Christi*. Vides clarum testimonium catholicæ fidei de præsentia corporis Christi in eucharistia, cum similitudine cibi angelici manna a SS. Patribus sæpe indicata. Inter opera Cypriani sermone de Cœna : *Panis iste angelorum omne delectamentum habens virtute mirifica...... omplius quam manna illud eremi implet ; et satiat edentium appetitus*, etc. Fabricius ait mire dictum a Prudentio *vespertinum populum* pro eo qui est extremis temporibus victurus, sumpta sermonis forma ab illis verbis, *Mane nobiscum, quoniam advesperascit*. Nullum est dubium quin populus Christianus intelligatur ; sed hac alia ratione, quod per *vesperam* in sacris Litteris sæpe intelligitur Christus, aut ejus adventus, et septima ætas mundi. Patres, qui has allegorias exponunt, vide indicatos a Laureto in Silva Allegor. Peveratus opinatur populum Christianum a Prudentio *vespertinum* vocari, quia post horam nonam et tempore vespertino in stationibus edebat de corpore Christi. Non ea mens Prudentii esse mihi videtur.
379. In nonnullis vulg., *viris*, male. In Rat. corrector, consuetudinis ævi Prudentiani ignarus, prioribus erasis, scripsit *idolaque bello*. Ald. ediderat recte *non idola bello* ; correxit inepte *idolaque bello*. Giselinus advertit, Aldum Manutium, si usquam alibi, certe in hujus auctoris editione præsertim secunda,

diligentissimum, mediam hujus Græci vocabuli dictionibus transpositis produxisse : quod tamen ab auctore non profectum esse certo constat. Illud vero non probo in Giselino, quod litterarum Græcarum cognitionem in Prudentio desiderare videtur, cum simul fateatur, eum sui sæculi auctoritatem secutum,
C arcentus Latini aliarumque regularum ratione habita, quantitatem genuinam neglexisse. Cur enim non poterat Prudentius scientiam sibi reservare, usum populo concedere?
385. Ald. et vett. edd., *natus homo* pro *esset homo*. Giselinus quoque in contextu *natus homo*, quod magis arridebat Gallandio, quamvis ediderit *esset homo*.
388. Adisis lib. 1 Regum cap. xv.
390. Vienn., *pariter*, non recte, pro *patitur*. Fabr., *neu præda* ; melius *ne præda*. In glossa *crossus* idem est ac *grossus*.
391. Rat., Mar., Heinsiani (excepto priori Rott.) Gis., Weitz., *recidiva*. Ald. cum aliis vulgatis *rediviva*.
393. Ald., *nobis* pro *vobis*; quod postremum verum est. Ang. a prima manu *notum est*, recte correctum per *votum est*.
394. Fuld., contra legem matri, *per siqua moveat*.
396. In Margarita poetica Alberti Eyb. canonici Bambergensis, *si pœnitet, aut nocet error*, ex veteri
D quorumdam scribendi ratione pro *haud* vel *haut*.
397. Vide lib. 1 Reg. cap. xiv.
398. Heinsiani omnes, Pal., Fuld., Widm., Erfurt., Weitz. cum nostris Mar., Rat., Vienn., Alex., Vat. H, O, Bonon., *favo sceptri*. In Mar. glossa *id est virgæ*; in Erfurt., glossa *melle accepto per sceptrum*. Ald., Torn., Gis., *favo sumpto*. Gallandius ait, vocem *gustato* vers. seq. fortasse obstare huic lectioni *favo sumpto*. Ang., Vatt. L, BB, non male, *conviolasse favo, sumpti mellisque sapore*. Vat. D, mendose, *favo cepit*. In Vat. C, desunt hic et sequentes versus usque ad vers. 450, scilicet integro folio avulso.
399. In Vat. D error metri *mala voluptas* pro *blanda*.
400. Vienn., *jura resolvit*. Postrema pars glossæ, *quia non est occisus*, videtur spectare ad versum sequentem, *nec sors lacrymabilis illa est*.

PSYCHOMACHIA.

    Sed quia pœnituit, nec sors lacrymabilis illa est, A
Nec tingit patrias sententia sæva secures.
    En ego Sobrietas, si conspirare paratis,
Pando viam cunctis virtutibus, ut malesuada
405 Luxuries, multo stipata satellite, pœnas
Cum legione sua Christo sub judice pendat.
    Sic effata, crucem Domini ferventibus offert
Obvia quadrigis, lignum venerabile in ipsos
Intentans frenos : quod ut expavere feroces
410 Cornibus oppansis, et summa fronte coruscum,
624 Vertunt præcipitem cæca formidine fusi
Per prærupta fugam : fertur resupina reductis
Nequidquam loris auriga, comamque madentem
Pulvere fœdat humi : tunc et vertigo rotarum
415 Implicat excussam dominam : nam prona sub
                  [axem B
Labitur, et lacero tardat sufflamine currum.

    Addit Sobrietas vulnus lethale jacenti;
Conjiciens silicem rupis de parte molarem.
Hunc vexilliferæ quoniam fors obtulit ictum,
420 Spicula nulla manu, sed belli insigne gerenti,
Casus agit saxum, medii spiramen ut oris
625 Frangeret, et recavo misceret labra pa-
                  [lato.
Dentibus introrsum resolutis, lingua resectam
Dilaniata gulam frustis cum sanguinis implet.
425 Insolitis dapibus crudescit guttur, et ossa
Colliquefacta vorans revomit, quas hauserat,
                    [offas.
Ebibe jam proprium post pocula multa cruorem,
Virgo ait increpitans : sint hæc tibi fercula tan-
                  [dem
Tristia præteriti nimiis pro dulcibus ævi.
430 Lascivas vitæ illecebras gustatus amaræ

GLOSSÆ VETERES.

403. Conspirare, *coadunare*, I.
404. Viam; *præbendo*, I.
405. Stipata, *circumdata*, I.
406. Pendat, *solvat*, I.
407. Crucem, *sobrietas crucem Domini offert currui luxuriæ*, I.
409. Intentans, *impingens*, I.
410. Cornibus, *crucis, id est vexilli.* — Fronte, *contra faciem offert lignum*, I.
415. Axem, *antiptosis*, I.

417. Addit, *sobrietas lapidem jacit, et percussit os luxuriæ*, I.
418. Conjiciens, *jaciens, retinens*, I.
420. Insigne, *vexillum*. — Gerenti, *magnifice regenti*, I.
421. Casus, *eventus*, I.
427. Ebibe, *sobrietas increpat luxuriam exstinctam*, I.
429. Tristia, *acerba*. — Dulcibus, *luxibus*, I.
430. Vitæ, *tuæ*, I.

COMMENTARIUS.

401. Vienn., Fuld., Widm. supra, *ulla est*, cum Barthii codice.
402. Ald., Ang., Fabr., *tinxit*; alii, *tingit, sive*, ut nonnulli scribunt, *tinguit*.
408. Ald., Ang., Gall., Weitziani, excepto Pal., ac nostri præcipui cum Gis. aliisque, *quadrigis*. Recentiores edd. cum Weitz., Put., Rot., *quadrijugis*, quod minus placet Gallandio. Observa potentiam crucis, quam sæpe noster poeta, invitis hæreticis inculcat.
410. Heinsiani omnes, Mar., Rat., Vienn., Vat. O, Weitz., *oppansis* aut *obpansis*. In Egm., *obpannis* emendatum per *obpansis*. Vat. L, Barthii membranæ, Giselinus cum tribus mss. et editione Daventriensi, quæ jure illi instar optimi antiqui, *oppassis*. Aldus cum aliis vulg., *expansis* aut *expassis*, quod minus probatur, præsertim cum Prudentius amet hujusmodi vocabula præpositione *ob* composita, ut *oblidere, obbrutescere, obtrudere, oppallesco*, quod jam pridem observarat Giselinus. Aulus Gellius *passum* a *pando* semper dici contendit lib. xv, cap. 13 a quo dissentit Gifanius Ind. Lucr., verbo DISPANSUS, qui adducit auctoritatem veterum codicum in hoc aliisque Prudentii et aliorum locis. Prudentius non semel *pansus* dixit. In Erfurt., i. a hic cum superiori versu legitur, *quod ut expavere coruscum Cornibus oppansis, et summa fronte renitens;* supra *coruscum* legitur *feroces*; supra *renitens*, *coruscum*. Ac sane *renitens* ratione metri rejiciendum est, si sumatur pro *coruscum*.
413. Ald., *comasque madentes*; alii, *comamque madentem*.
414. Ovidius VIII Metamorph., *Pulvere canitiem genitor, vultusque seniles Fœdat humi fusus.* Quo videtur Prudentius respexisse. Græcismum, quem Heinsius et recentiores amplectuntur cum Put., utroque Rott., et ex nostris Alex., Vat. H a prima manu, necnon cum Barthio, non agnoscunt plerique ex nostris, Mar., Rat., Vienn., Vat. F, G, L, Ald., Gis., Weitzius. Scilicet illi legunt *pulvere fœdatur* pro *pulvere-fœdat humi*. Eum Græcismum respuit etiam Teolius, sed

non debuit affirmare nullum ejus exstare vestigium in suis mss.
415. Ald. cum nonnullis etiam vetustis, *sub axe*.
416. *Sufflamen* est machina quæ rotæ nimio impetu decurrenti supponitur, ut retineatur. De corpore ipso luxuriæ rotis implicito non male locum hunc intelligit Teolius.
418. Vienn., *prima de parte*, non bene.
419. Plerique *fors* scribunt, alii *sors*. Utrumvis elige.
421. Barthius affirmat, in suis membranis diserte legi *medii spiramen odoris*, quod inquit, examinare velim, qui poetam nostrum post nos tractabunt. Quid alii peritiores judicaturi sint, non audeo definire. Mihi quidem nihil certius occurrit, nisi mendum esse *spiramen odoris* pro *spiramen ut oris*, qualia multa passim in codicibus veterrimis inveniuntur. Hoc ipso loco clarus error est in Vat. D, G, O, in quibus scriptum est *spiramen oris sine ut*. Fortasse hæc conjectura Barthio placeret, legendum *Casus agit saxum, medii ut spiramen odoris Frangeret*; ut nasus saxo confractus intelligatur. Sed quæ sequuntur, lectionem communem magis probant : et contra gulam in hoc certamine agitur, non contra odoratum.
422. Erfurt., *frangeret, atra cavo*. Alcimus Avitus lib. i, *Recavo sic lingua palato*.
423. Non satis intelligitur cur gula resecta. Fortasse legere præstabit *lingua retectam dilaniata gulam*.
424. Gis. 1 edit., *frustis et sanguine complet*.
428. Fuld., Erfurt., *pocula pro fercula*. Præcesserat *pocula*. De ferculis hymn. 3 Cathem., vers. 16.
429. Ald., *nimiis sub luxibus*, quod in Widm. glossæ vicem sustinet. Alii, *pro luxibus*, ut Piccarti codex et Vaticani p ures F, G, L, BB cum Ang., et nonnullis Heinsianis. Barthius cum suo ms. veli atem lectionis ait esse *nimiis pro dulcibus ævi* : cui consentiunt præstantiores nostri, Mar., Alex., Rat., Vat. D, H. In Vienn. erat *dolcibus*, quod perverse factum est *doloribus*. Put., Thuan., Cauch., Weitz., Gis. in contextu, pariter *dulcibus*. Præcessit *tristia*, hoc est *amara*,

Mortis, et horrifico sapor ultimus asperet hau-
[stu.
Cæde ducis dispersa fugit trepidante pavore
Nugatrix acies. Jocus, et Petulantia primi
Cymbala projiciunt : bellum nam talibus armis
435 Ludebant resono meditantes vulnera sistro.
626 Dat tergum fugitivus Amor : lita tela ve-
[neno,
Et lapsum ex humeris arcum, pharetramque
[cadentem .
Pallidus ipse metu sua post vestigia linquit.
Pompa ostentatrix vani splendoris, inani
440 Exuitur nudata peplo, discissa trahuntur
Serta Venustatis, collique, ac verticis aurum
Solvitur, et gemmas Discordia dissona turbat.
Non piget attritis pedibus per acuta fruteta

Ire Voluptatem ; quoniam vis major acerbam
445 Compellit tolerare fugam : formido pericli
Prædurat teneras iter ad cruciabile plantas.
627 Qua se cunque fugax trepidis fert cur-
[sibus agmen,
Damna jacent, crinalis acus, redimicula, vittæ,
Fibula, flammeolum, strophium, diadema, monile.
450 His se Sobrietas, et totus Sobrietatis
Abstinet exuviis miles, damnataque castis
Scandala proculcat pedibus, nec fronte severos
Connivente oculos prædarum ad gaudia flectit.
Fertur Avaritia, gremio præcincta capaci,
455 Quidquid Luxus edax pretiosum liquerat, unca
Corripuisse manu, pulchra in ludibria vasto
Ore inhians ; aurique legens fragmenta caduci
Inter arenarum cumulos : nec sufficit amplos

GLOSSÆ VETERES.

431. Horrifico, *amaro potu*, I.
433. Nugatrix, *inutilis*. — Jocus, *jocus cymbala projiciens fugit*, I.
435. Sistro, *tuba, genus symphoniæ*, I.
436. Lita, *arma uncta*, I.
440. Peplo, *pallio*, I.
441. Serta, *ligamenta capitis*, I.
447. Agmen, *exercitus*, I.
448. Redimicula, *ornamenta*, I.

449. Fibula, *virginale pallium*, I.
451. Miles, *exercitus*. — Damnata, *nefanda*, I.
452. Severos, *graves*, I.
454. Avaritia, *philargyria, id est avaritia aurum inter arenas legit*. — Gremio, *sinu*, I.
455. Luxus, *delectatio*. — Unca, *avara*, I.
456. In ludibria, *in risum nobis Christianis sit, vel pecunias*, I.

COMMENTARIUS.

431. Fuld., Widm. supra, Oxon., *horrificos sapor ultimus asperet haustus*. Plerique, *horrifico sapor ultimus asperet haustu*. Sed in Vat. H, Ald., Gis., Weitz. et aliis *asperat*. Sententia nota est, amaros esse voluptatis exitus.
433. In Ang., *locus*, corrige *jocus*. De nugis et acie nugatrice dictum hymn. 2.Cath. vers. 32.
434. Aliqui veteres scribunt *proiciunt*, ut Vienn., Mar. et alii.
435. Erfurt., Fuld., *prælia*. Et Juvenalis quidem dixit *meditari prælia*, satyra 7, vers. 128 : *Statua meditatur prælia lusca*. Sed in Prudentio jam præcessit *bellum*. De sistro vide comment. ad vers. 527 et 528, lib. II contra Symmachum. Virgilius lib. VIII de Cleopatra : *Regina in mediis patrio vocat agmina sistro*.
437. Weitz. cum solo Widm., *et lapsum humeris arcum*. Sed cur hic hiatus admittendus erit, dissentientibus cæteris codicibus ?
438. Erfurt., *liquit*, non ita bene.
439. Rabanus Maurus de sacris Ordinibus cap. 12 : *Pompam ambitionem, sive jactantiam, et his similia intelligi debere propheticus sermo demonstrat, cum dicit : Væ qui opulenti estis in Sion, et confiditis in monte Samariæ : optimates capita populorum ingredientes pompatice domum Israel*. Sed Clemens et Prudentius, disertissimus atque Christianissimus poeta, in hac significatione pompam posuit in libro Psychomachiæ : *Pompa ostentatrix*, etc. Theodulfus episcopus Aurelianensis de Ord. bapt. cap. 12 hæc ipsa verba ante Rabanum perscripserat.
442. Fuld., *concordia dissona*. Heinsiani, nostri præcipui, Alex., Vien., Mar., Vat. D, *turbat*; alii *turpat* cum Aldo.
443. Barthius in suo ms. legit. *artitis pedibus*, quod explicat, contractis ob sensum doloris, et confirmat simili lectione in præfat. Psychom., *artita colla* pro *attrita*, quam eo loco explosimus.
444. Lucretius lib. VI de his qui exercentur in metallis eruendis, et ad id opus damnantur, *Quos opere in tali cohibet vis magna*. Eodem fere modo Prudentium locutum *quoniam vis major*, etc., observat Gisanius

Ind. Lucr. verbo VIS MAGNA, qui addit : *Eum poetam Christianum, quia nunc, ut opinor, fere totum vindicavimus a mendis innumerabilibus, addamus et aliquot, ut ita dicam, manticas*. Intelligit Gifanius menda quæ in cit. Ind. emendare studuit. Qui asserunt Gifanium aliam operam illustrando Prudentio impendisse, fortasse ex hoc loco decepti sunt. Quid sit *vis major*, explicant jurisperiti ad leg. *Ex conducto*; leg. *Si merces*, § *V.s major*, ff. *Locat*.; leg. *fluminum*, § *Servius quoque de damn. infect*. Intelligunt, esse vim divinam, quæ accidit supra omnem hominum custodiam.
446. Ang., Ald., Gifanius Ind. Lucr., Widm. a secunda manu, *perdurat*; alii, *prædurat*. Gifanius verbo PER contendit, hoc articulo juncta fuisse apud veteres plurima quæ hodie vel in *præ*, vel aliter sunt commutata. Sed idem posset dici de articulo *præ*. Vide hymn. S. Vincentii vers. 178, ubi occurrit verbum *præduro*.
447. Mar., *gressibus* pro *cursibus*.
448. Vienn., non bene, *crinialis. Damna* intellige *spolia*. Pignorius, de Servis pag. 195, agit de acu qua sustinebantur et figebantur capilli, quæ ab Apuleio dicitur etiam *acus crinalis* lib. VIII Metam. Calamistrum erat acus major quæ calefacta intorquebat capillos.
452. Fuld., *non fronte*; Weitz., *ne fronte*: neutrum placet.
453. Weitzius, *flectat*, quia supra *ne* posuit. In Mar. ex *conibente* emendatum *conivente*. Huic versui succedit in Mar. et Rat. titulus *Avaritia*; in Aldo *Avaritiæ et Largitatis pugna*; in aliis *Avaritia et Operatio*. In Vienn. hoc loco nullus titulus.
454. Rat., *avarities*. Recte alii, *avaritia*, producta ultima.
456. Mar., Rat., Alex., Vatt. G, H, O, *pulchra in ludibria*. Hoc voluisse credo Vat. C, et codicem Piccarti *pulchra illudibria*, de qua voce amplius quærendum censebat Weitzius. Duo Vatt. L, et BB, *pulchra et ludibria*. Aldus cum aliis, *pulchra ad ludibria*.
457. Heinsius opinatur *aurique legens ramenta*, et agi de auro nondum excocto. Non probo.

Implevisse sinus : juvat infarcire crumenis   A
460 Turpe lucrum, et gravidos furtis distendere
      [fiscos :
   628 Quos læva celante tegit, laterisque sinistri
   Velat oprimento : velox nam dextra rapinas
   Abradit, spoliisque ungues exercet aenos.
   Cura, Fames, Metus, Anxietas, Perjuria, Pallor,
465 Corruptela, Dolus, Commenta, Insomnia,
      [Sordes,
   Eumenides variæ, monstri comitatus aguntur.
   Nec minus interea rabidorum more luporum
   Crimina persultant toto grassantia campo,
   Matris Avaritiæ nigro de lacte creata.
470 Si fratris galeam fulvis radiare ceraunis
   Germanus vidit commilito, non timet ensem
   Exerere, atque caput socio mucrone ferire,
   De consanguineo rapturus vertice gemmas.
   Filius exstinctum belli sub sorte cadaver
475 Aspexit si forte patris, fulgentia bullis

   629 Cingula, et exuvias gaudet rapuisse
      [cruentas :
   Cognatam civilis agit Discordia prædam,
   Nec parcit propriis Amor insatiatus habendi
   Pignoribus, spoliatque suos Fames impia natos.
480 Talia per populos edebat funera victrix
   Orbis Avaritia, sternens centena virorum
   Millia vulneribus variis : hunc lumine adempto,
   Effossisque oculis velut in caligine noctis
   Cæcum errare sinit, perque offensacula multa
485 Ire, nec oppositum baculo tentare periclum.
   Porro alium capit intuitu, fallitque videntem,
   Insigne ostentans aliquid : quod dum petit ille,
   Excipitur telo incautus, cordisque sub ipso
   Saucius occulto ferrum suspirat adactum,
B 490 Multos præcipitans in aperta incendia cogit,
   630 Nec patitur vitare focos, quibus æstuat
      [aurum,
   Quod petit arsurus pariter speculator avarus.

GLOSSÆ VETERES.

459. Juvat, *delectat.* — Crumenis, *marsupiis : crumenia sunt proprie fragmenta auri*, I.
460. Fiscos, *sacculos*, I.
461. Læva, *sinistra*, I.
464. Cura, *multitudo vitiorum, quæ avaritia nigro creat lacte*, I.
468. Crimina, *peccata.* — Grassantia, *vastantia*, I.
469. Creata, *id est ritia, vel culpæ*, I.
470. Fratris, *sui.* — Fulvis ceraunis, *rubris monilibus, vel lapillis : cerauna proprium nomen gemmæ, fulvum habens colorem, nam Græce fulgor*, I.
472. Exerere, *educere, vel eripere*, I.

475. Bullis, *gemmis*, I.
480. Talia, *avaritia plurimos sternit ; alios cæcos errare sinit*, I.
482. Hunc, *quemdam.* — Adempto, *ablato*, I.
485. Baculo, *baculum non permisit portare*, I.
486. Porro, *avaritia, dum aliquid ostendit, jaculo percutere vult ; capit.* — Intuitu, *decipit visu oculorum*, I.
489. Adactum, *infixum*, I.
490. Multos, *avaritia multos præcipitat in incendium*, I.
491. Focos, *ignes, vel tartareas pœnas Stygis.* — Æstuat, *coquitur*, I.

COMMENTARIUS.

459. Fuld., *impliciusse sinus*, minus bene. Pro *infarcire* alii *infercire*, pro *crumenis* vetusti nonnulli *cruminis*. Etymon crumenæ dicitur esse a κρεμάω, quia sit pendula. Glossa non placet.
460. Fuld. pro *fiscos* habet *saccos*.
461. Veteres plerique legunt *laterisque sinistri*. Heinsius edidit *laterisque ministri*, sed cum nullam variantem lectionem promat, dubium est an id casu exciderit. Chamillardus Heinsio adhæsit.
462. Barthius, Heins., *opermento ;* Aur., *adoperto,* quod postremum aperte mendosum est. Plerique nostri *oprimento.*
465. In Rott. priore, *insomnia, sortes.* Alii, *sordes.* Prudentius *sortes* egregie dicere potuit, si ludus iste quem *lotto* vulgo appellant, tunc temporis viguisset : cui non inepte accommodes hos duos versiculos : *Corruptela, dolus, commenta, insomnia, sortes, Eumenides variæ monstri comitatus aguntur.*
466. Ald., *Eumenides furiæ ;* alii, *Eumenides variæ,* et in Mar. *furiæ* est glossema. Pro *variæ* Fabr. et Gis. *varie.* Gallandius edidit *variæ*, sed in notis putat esse vitiosam repetitionem *variæ,* cum eæ singillatim prius recenseantur. Verum id nihili est : nam Eumenides illæ dicuntur esse variæ, hoc est inter se diversæ. Poeta imitatur Virgilium XII Æneid. vers. 336 : *Iræque, insidiæque dei comitatus aguntur.*
467. Boetius, fortasse imitatus Prudentium, avaritiam lupo comparavit lib. IV, prosa 3.
468. In Ald. et Mar. a prima manu error est *crassantia ;* ut in Vat. C, *cessantia* ; lege *grassantia.*
479. Sive *pigneribus,* sive *pignoribus* scribas, antiquos duces sequeris. Idem de *fames,* et *famis* assero. Scribunt *fames* Vatt. C, F, G, L, O, BB. Neque objicias versum non constare : nam Gifanius, qui Ind. Lucr. ex vet. cod. legit *fames,* inde colligit Prudentium in *es* finita sæpe facere brevia. Heinsius *famis*

magis approbat. Contra Giselinus reprehendit Aldum, quod aliquando hujusmodi nomina in *is* terminaverit, ut hymn. S. Hippolyti vers. 190, *omnis adorat Pubis,*
C *eunt, redeunt.* Quippe negat Giselinus, Prudentium ad consuetudinem veterum respexisse, qui istiusmodi nominativos per *es* et *is* aliquando extulerint. Pro *impia* Pal. *improba.* Albertus Eyb., qui in Margarita poetica locum poetæ nostro dedit, legit *fames inopia,* quod mendum est carmini repugnans.
480. Vienn., *generabat* pro *edebat* ex aliquo insulso glossemate.
481. In Rat. ex *avaritia* recenti manu factum *avarities,* frustra.
484. In Put. et Ang., *offendicula.* Alii melius *offensacula :* unam, ut observat Heinsius, lex metri rejicit *offendicula :* quod enim idem putat, Prudentium de his non fuisse valde sollicitum, qui priorem in *mitra* corripuerit, et in *rubigine* primam, id non est satis idonea causa ad lectionem regulis contrariam admittendam, relicta meliori : neque prima in *mitra* necessario est producenda. Cauchianus codex habet *scrum ex rare facit,* non *sinit.*
D 487. In Mar. erat *quod cum petit.*
491. Ang.; male, *auram* pro *aurum.*
492. Heinsius iterum e duobus vetustissimis defendere conatur *peculator* contra carminis leges, asseritque vix locum habere *speculator.* Verum non video cur ei non placeat Nebrissæ interpretatio : *qui videt res pretiosas incendio perire.* Jam pridem Ricciolus in Indic. syllab. controvers. monuit, ex mss. codd., teste Vossio, legendum *speculator,* non *peculator.* Aldus, Gis., Weitz., recentiores præterea cum nostris omnibus codd. Mar., Rat., Vienn., Alex., Ang., Vatt. C, D, F, G, H, L, O, BB, habent *speculator.* Bonon., mendose, *speculatum.*

Omne hominum rapit illa genus, mortalia cuncta A
Occupat interitu : neque enim est violentius ullum
495 Terrarum vitium, quod tantis cladibus ævum
Mundani involvat populi, damnetque gehennæ.
Quin ipsos tentare manu, si credere dignum est,
Ausa sacerdotes Domini : qui prælia forte
631 Ductores primam ante aciem pro laude
[gerebant
500 Virtutum, magnoque implebant classica flatu.
Et fors innocuo tinxisset sanguine ferrum,
Ni Ratio armipotens, gentis Levitidis una
Semper fida comes, clypeum objectasset, et
[atræ
Hostis ab incursu claros texisset alumnos.
505 Stant tuti Rationis ope, stant turbine ab omni

Immunes, fortesque animi : vix in cute summa
Præstringens paucos tenui de vulnere lædit
Cuspis Avaritiæ, stupuit lues improba, castis
Heroum jugulis longe sua tela repelli :
510 Ingemit, et dictis ardens furialibus infit.
632 Vincimur, heu! segnes, nec nostra po-
[tentia perfert
Vim solitam ; languet violentia sæva nocendi,
Sueverat invictis quæ viribus omnia ubique
Rumpere corda hominum : nec enim tam fer-
[rea quemquam
515 Formavit natura virum, cujus rigor æra
Sperneret, aut nostro foret impenetrabilis auro,
Ingenium omne neci dedimus, tenera, aspera,
[dura,

GLOSSÆ VETERES.

493. Mortalia, *homines*, l.
494. Violentius, *fortius*, Iso, Mar.
501. Fors, *forsitan*, Mar.
504. Alumnos, *filios*, I.
505. Tuti, *securi*. — Ope, *adjutorio*, l.
507. Paucos, *de militibus*, Iso.

509. Jugulis, *pectoribus*, l.
510. Ingemit, *stupuit, vel ingemuit*, I.
515. Formavit, *duravit*. — Rigor, *duritia*, l.
517. Ingenium, *hominum*.—Tenera, *omnem ætatem dicit*, l.

COMMENTARIUS.

493. Vienn., *male, omnem hominem rapit*.
494. In vulg., *neque enim est*. Heinsius aliquando putaverat *neque ea violentius ullum*. Postea ex scriptis agnovit hiatum. Giselinus, *neque enim est*, quod placet. Ald. et Weitz. cum mss., *neque est*.
497. *Si credere dignum est* ex Virgilio III Geörgic.
498. Erfurt., *fortes*, non male, pro *forte*. Nescio cur Nebrissa dubitaverit de quibus sacerdotibus veteris legis poeta loquatur : nam clarissimum est de sacerdotibus novæ legis sermonem esse, cum pugna virtutum et vitiorum in anima Christiana describatur. At Chamillardus de ecclesiastico ordine mentionem haberi lubentius autumat, quod Prudentius in luxuriæ pugna objurgaverit Hispanorum fastum, qui consiliis sacerdotum non obtemperabant. Equidem nihil video in eâ pugna ex quo argui possit, Prudentium objurgasse Hispanorum fastum, aut Hispanos sacerdotum consiliis non obtemperasse, nisi forte quod animadversum est ad versum 510. Sed aliud est in Hispania ob regionis ubertatem collocari posse *organa*, ut dicebat Giselinus, *luxuriæ*, aliud quod Prudentius luxuriam Hispanis potissimum exprobraverit, quod non nisi temere affirmabitur. Chamillardus vero cum videret vulgo objici Hispanis fastum, Prudentium, de luxuria loquentem, interpretatus est ad fastum Hispanorum respexisse. Atqui fastus sive superbiæ vitium non eo loco a Prudentio exagitatur, sed luxuria et quæ inde nascuntur vitia, jocus, petulantia, lascivus amor. Nemini autem venerit in mentem, hæc vitia Hispanorum fuisse aut esse propria, cum in omnibus æque terris dominentur. Imo qui geographicas institutiones tradunt, quamvis faciles sint in vitiis virtutibusque pro libitu unicuique genti assignandis, tamen virtutem luxuriæ ejusque vitiis contrariam, nullius gentis propriam esse jactant.
499. Widm. supra, *primi ante aciem*. Neque id displicet.
501. Post hunc versum Mar. et Rat. pro titulo *Ratio*.
502. Weitzius ex M. Bergio observat, fortasse alludere poetam ad rationale Mosaicum, quod erat in pectore pontificis, suo ornatu indui. Ego nihil aliud hoc loco reperio, nisi Prudentium ecclesiasticorum famæ consuluisse, etiam dum avaritiæ crimen eis aliquatenus objicit. Sane de ratione, et mente, quibus sacerdotes sui temporis præstabant, multa vere poterat prædicare, cum nullo tempore doctiores in Ecclesia viri floruerint. Qui hac tempestate nostra

B passim, et licenter adversus ecclesiasticum ordinem debacchantur, Prudentii exemplo moniti, modestiam in ejus ordinis vitiis objurgandis poterant discere. Avaritiam vero sacerdotibus tanquam vitium eorum magis peculiare plures affingunt, certe vehementer reprehendunt. Hieronymus jure suo acrius in avaritiam ecclesiasticorum invehitur epist. 52 ad Nepotianum de vita clericorum et monachorum, quem legere juvabit. Nam quod Ammianus lib. XXVII ostentationem cupiditatemque Romanis pontificibus sæculi IV objicit, id ab homine ethnico confictum liquet, ut detraheret auctoritati, *qua potiuntur æternæ urbis episcopi*, ut loquitur lib. XV.
503. Erfurt., *objectaret*; sed *objectasset* poscit sensus, et postea sequitur *texisset*.
506. Fuld., *fortesque animo*; elegantius est *animi*.
507. Meliores Heinsiani, Barthius, Egm., Fuld., Widm., *præstringens* cum Rat., cujus glossa est *parum vulnerans*, Weitzio, et aliis. Ald., Gis., Aug., C Mariett., Vat. C. aliique, *perstringens*. Utrolibet modo recte dixeris, et fortasse Prudentius alio loco *præstringo*, alio *perstringo* scripsit, ut nihil dicam de exscriptoribus etiam vetustissimis, qui sæpius scribendi rationem arbitratu suo reformabant.
508. Vienn., *cassis* mendum pro *castis*. De *lues* sive *luis* vide vers. 479 in *fames*.
510. Fuld., *inquit*; cæteri, *infit*.
511. Giselinus, cum Ald. et ed. Daventriensi *præfert* melius putat quam *perfert*. Sed Aldus Weitzio, Heinsio, et mihi ait *perfert*. Hoc quoque argumentum est duplicis editionis Aldinæ. Verum Weitzius nunc lectionem eamdem ac nos exhibet, aliis in locis diversam. Sæpe quidem accidit, aliquam lectionem cuidam auctori attribui, cujus vere non est : sed ejus nomen excidit, cum alius esset nominandus. Weitzius habet *refert* cum Widm. In Fuld., *profert*; in Cauch., *præfert*. Heinsiani omnes, Fabr. Widm. supra, nostri plerique, *perfert*, quod bene cum sententia procedit.
D 515. Erfurt., Vat. C a prima manu, *duravit*. In hoc Vat. supra *formavit*. Giselinus ad oram, *duravit*. In Fuld., *vigor æra*. Giselinus ex plerisque mss. præfert *rigor* : nam *dura rigere*, non *vigere* dicuntur.
517. Imitatio Maronis III Georg., *Et genus omne neci pecudum dedit, omne ferarum*. Sententiam eamdem amplexus est Horatius lib. II, sermone 3 : *Omnis enim res, Virtus, fama, decus, divina humanaque pulchris Divitiis parent*.

Docta, indocta simul, bruta, et sapientia, A 530 «Egimus e Scariot? magnus qui discipulorum
[necnon   Et conviva Dei, dum fallit fœdere mensæ
Casta, incesta meæ patuerunt pectora dextræ.   Haudquaquam ignarum, dextramque parapside
520 Sola igitur rapui, quidquid Styx abdit avaris   [jungit,
Gurgitibus: nobis ditissima tartara debent,   **634** Incidit in nostrum flammante cupidine
Quos retinent, populos: quod volvunt sæcula   [telum,
[nostrum est: Infamem mercatus agrum de sanguine amici
Quod miscet mundus, vesana negotia, nostrum. 535 Numinis, obliso luiturus jugera collo.
Qui fit, prævalidas quod pollens gloria vires   Viderat et Jericho propria inter funera, quantum
525 Deserit, et cassos ludit fortuna lacertos?   Posset nostra manus; cum victor concidit
633 Sordet Christicolis rutilantis fulva monetæ   [Achan,
Effigies, sordent argenti emblemata, et omnis   Cædibus insignis, murali et strage superbus,
Thesaurus nigrante oculis vilescit honore.   Succubuit capto victis ex hostibus auro:
Quid sibi docta volunt fastidia? Nonne trium- 540 Dum vetitis insigne legens anathema favillis,
[phum   Mœsta ruinarum spolia insatiabilis haurit.

GLOSSÆ VETERES.

518. Bruta, *stulta*, I. B 526. Fulva, *rubra*, I.
519. Incesta, *immunda*, I.   527. Emblemata, *figuræ, vel abundantiæ*, I.
520. Styx, *infernus, ad infernum vadit*, I.   528. Nigrante, *dispecto*, I.
521. Gurgitibus, *fluminibus*, I.   532. Haudquaquam, *nequaquam*, I.
523. Quod miscet, *quod agit mundus mali*, I.   533. Flammante, *ardente*, I.
524. Vires, *virtutes suas*, I.   534. Infamem, *detestabilem*, I.
525. Cassos, *inutiles*. — Ludit, *delusa est*. — For-   535. Numinis, *deifici*, I.
tuna, *felicitas nostra*, I.   539. Succubuit, *scilicet nostra suggestione*, I.

COMMENTARIUS.

522. In Mar., *retinet*, recenti manu scitè correctum per *retinent*.

525. In Rat. desideratur *est*, ut in plerisque editis et mss. In Ald. et Ang. exstat *nostrum est* eodem modo ac in versu superiori.

524. In Rat. fuit *quid fit*, sed factum est *qui fit*. In Mar., *qui*; ad oram, *vel quid est*. Sich., editi nonnulli, *quid*, cum Bong., ubi *quid sit*. Plerique, *qui fit*. Ang. et Vat., C, *quid fit*.

526. Ang., *forma monetæ*; lege *fulva*.

528. Weitz., *migrante*, ex Piccarti cod.; alii omnes, *nigrante*, quæ verior est lectio.

529. Ang., *fastigia*, non absurde, pro *fastidia*. Ne- C brissensis explicat homines, qui thesauros fastidiunt. Intelligi potest *docta fastidia, docti homines*, scilicet sacerdotes, de quibus nunc agitur, fastu, et superbia ob doctrinam elati, aut etiam pecuniam fastidientes. Ald., Alex., Vatt. E, O, Mar., Rat., Vienn., Weitz., præcipui Heinsiani, aliique, *nonne triumphum Egimus ex Schariot*. In quibusdam *egimus e Scharioth*. Mendose in Vat. G, *egimus Excarioth*; et in Ang., *Ex Scharioth egimus*. Giselinus nescio quo auctore in textu, *nonne triumpho Egimus Ischarioth*. Idem in marg. 2 edit., et in textu 1 edit., *nonne triumphum Egimus e Scharioth*. Gifanius, *triumphos egimus ex Scariot*: nam ita veteres locutos affirmat. Vide Indicem Lucretii verbo VESTIS.

530. Weitz., Vatt. C, G, O, Pal. a secunda manu, *summus*, cum Sich., Vienn.; et Mar. a secunda recenti manu. Cæteri nostri et præstantiores Heinsiani cum Aldo, Giselino et aliis, *magnus*. Casus gignendi cum *magnus*, ut notatum est hymno 12 Cath., vers. D 77. Heinsius observat Judam non fuisse *summum* discipulum Christi, adeoque penitus explodendam lectionem *summus*. Sed cum avaritia hoc loco orationem habeat, fortasse poeta eam inducere voluit falsis laudibus suum præclarum alumnum cumulantem. Ex Weitzii opinione, qui *summus* edidit, id ironice dici, ubi legerit Teolius, non invenio.

531. Vienn., Fuld., Widm., *fœdera mensæ*.

552. Ita habent vetustiores Heinsiani. In Put., *dextraque parabside jungit*; et sic multi scribunt *parabside*. Nostri etiam, Mar., Rat., Alex., Vatt. C, D, G, O; *dextramque parapside jungit*. In Vienn. eodem modo, sed desideratur conjunctio *que post dextram*. Consonant nostris Gifanius Ind. Lucr. in VESTIS, et

Weitzius. Ald. et Fabr., *dextramque parapside tingit*. Giselinus, *dextramque paropside jungit*, ad oram *tingit*. Multa Heinsius de orthographia hujus vocis *parapsis*, quam præfert *paropsidi*, quamvis fateatur quosdam ita distinguere, ut *paropsis* sit scutella escaria, *parapsis* ἐμβάφιον vel ὀξυβάφιον. In glossariis veteribus *parapsis* est acetabulum majus et suffusorium, quod aliqui catinum appellant. Apud S. Isidorum, Etymol. lib. xx, cap. 4, est *quadrangulum et quadrilaterum vas, id est, paribus absidis*. Alii scribunt *absidibus*, et Paulinus dubitabat, *absis* an *absida* dici deberet. Barthius ex suo codice legit *paropside jungit*, ac negat legi posse *tingit*: non enim manum tingebat in patina, sed huic utique jungebat. Sed fortasse argute diceretur, Judam manum ipsam in patina *tinxisse*, ut sordes hominis notarentur.

534. Judæ ascribit, mercatum fuisse agrum de sanguine amici, quod acceptis ab eo argenteis principes sacerdotum, et seniores illum fuerint mercati. Notandum etiam est loqui avaritiam, ex cujus ore non mirum est, si diverso modo, ac evenerunt, res enarrentur. Sed Prudentius potius respexerit locum ex Act. apostol. 1, 18: *Et hic quidem possedit agrum de mercede iniquitatis, et suspensus crepuit medius*. Ubi Judas dicitur figurate possedisse agrum, quia pretio, quod ipsi datum est, emptus est ager.

535. Aldus, *eliso*; alii, *obliso*. Vide supra comm. ad vers. 331.

557. Rat., *decidit*; alii, *concidit*. Pro *Achan* vel *Achar* nonnulli *Acham*.

538. Ang., *murali strage sine et*.

559. Historiam hanc de Achar, sive, ut in Vulgata editione legitur, *Achan*, lege cap. vii Josue, vers. 1 et seqq.

540. De voce *anathema* et quantitate penultimæ magna est controversia. Alii censent semper corripiendam, sive donarium sacrum, sive excommunicationem significet. Alii corripiendam docent, cum accipitur pro excommunicatione, producendam, quando rem quæ Deo consecrata est significet: nam tunc Græce per η scribitur, ut cap. cit. Josue aliisque in locis sacræ Scripturæ. Ricciolius Ind. syllab. controv. cum Carolo Stephano et Suida tenet, utrovis sensu corripi et produci posse, cum utrovis sensu per η et per ε possit scribi.

541. Vienn., *festa*; alii, *mœsta*. Non absurde *festa*

AURELII PRUDENTII CARMINA.

Non illum generosa tribus, non plebis avitæ   A
Juvit Juda parens, Christo quandoque propinquo
Nobilis, et tali felix patriarcha nepote.
545 **635** Queis placet exemplum generis, placeat
[quoque forma
Exitii : sit pœna eadem, quibus et genus unum
[est.
Quid moror aut Judæ populares, aut populares
Sacricolæ summi (summus nam fertur Aaron)
Fallere fraude aliqua, Martis congressibus im-
[par?
550 Nil refert, armis contingat palma, dolisve.
Dixerat, et torvam faciem, furialiaque arma
Exuit, inque habitum sese transformat hone-
[stum.
Fit virtus specie, vultuque, et veste severa, B
Quam memorant frugi, parce cui vivere cordi
[est,
555 Et servare suum : tanquam nil raptet avare,

Artis adumbratæ meruit, ceu sedula, laudem.
636 Hujus se specie mendax Bellona coaptat,
Non ut avara lues, sed virtus parca putetur :
Necnon et tenero pietatis tegmine crines
560 Obtegit anguinos, ut candida palla latentem
Dissimulet rabiem, diroque obtenta furori,
Quod rapere, et clepere est, avideque abscon-
[dere parta,
Natorum curam dulci sub nomine jactet.
Talibus illudens male credula corda virorum
565 Fallit imaginibus ; monstrum ferale sequuntur,
Dum credunt virtutis opus : capit impia Erin-
[nys
Consensu faciles, manicisque tenacibus arctat.
Attonitis ducibus, perturbatisque maniplis,
Nutabat virtutum acies errore biformis
570 Portenti, ignorans, quid amicum credat in illo,
Quidve hostile notet : lethum versatile, et an-
[ceps

GLOSSÆ VETERES.

543. Christo, *adventum Christi dicit*, I.
544. Nepote, *Christo*, Iso.
545. Generis, *male operandi*, I.
546. Exitii, *perditionis.* — Eadem, *una*, I.
549. Fraude, *in fabricatione vituli.* — Impar, *id est, Levita pugnare non debuit*, I.
550. Nil refert, *nulla discretio est*, I.
553. Severa, *gravis*, I.
554. Parce vivere, *vel filiis servare*, I.
556. Artis, *parcitatis*, Iso.
557. Coaptat, *conjungit*, I.

560. Obtegit, *renitens paulisper avaritia.* — Anguinos, *serpentinos.* — Latentem, *sub specie bonitatis*, I.
561. Rabiem, *formam*, I.
562. Clepere, *cleps fur dicitur : inde clepere, id est furari.* — Parta, *parata*, I.
565. Imaginibus, *formis.* — Ferale, *mortale*, Iso.
566. Capit, *decipit*, I.
568. Attonitis, *virtutum acies dubitat, avaritiam non plene cognoscens.* — Ducibus, *virtutibus.* — Maniplis, *vexilliferis*, I.

COMMENTARIUS.

dici possunt spolia quæ tulit *de anathemate*, etc.; C
mœsta vero ex effectu.
543. Fuld., *propinquus*, minus bene. Adnotator edit. Colon. in *Juda* advertit correctum a Sichardo, sed legi non potuisse. In edit. Basil. anni 1527, unde ad oram inveniuntur omnes correctiones Sichardo ascriptæ, invenio *jura* ad marginem pro *Juda*.
545. Vienn., *placet his quoque forma*. Sensus magis postulat *placeat quoque*.
548. Avaritia Christianos sacerdotes vocat populares Aaron eodem jure quo diaconi vocantur levitæ. Confer ea quæ contra avaritiam profert operatio vers. 606 seq.
550. Vienn., *nil distat*; quæ est glossa in Marietti codice. Avaritia, Martis congressibus impar, ad dolum convertitur. Sententia Virgiliana est lib. II Æneid., *Dolus, an virtus, quis in hoste requirat?* Dolus ipse ex eodem Maronis loco adumbratus est, ubi Trojani sua arma cum Græcorum armis commutarunt, ut inter hos admixti facilius stragem ederent. Vitia autem specie virtutum sæpe fallere notius est quam D ut probari debeat. In Vat. C corrige mendum *nil referet*.
553. In Mar. et Rat., *cultuque, et veste severa*. Weitzius cum Erf. et Widm. *vultuque, et voce severa*: sed in Erf. et Widm. supra, *veste severa*. Heinsius putavit Weitzium ex Egmondano protulisse *et voce*, eumque falli, cum in Egm. sit *vultuque, et veste*, cum Aldo et reliquis Heinsianis, excepto priore Rott., in quo est *et voce*. Sed in eo errat Heinsius, quod *Erfurtensem* codicem, a Weitzio laudatum per *E*, crediderit esse *Egmondanum*, qui per *Eg.* a Weitzio laudari solet. Heinsius præfert *vultuque, et voce severa*, quia hæc duo Prudentius amat conjungere, ut in hymno S. Romani, vers. 720. *Vultu, et severis vocibus sic increvat.* Exemplum non placet, quia res est

valde diversa ; et Prudentius videtur præ oculis habuisse Juvenalis locum satyra 14 : *Fallit enim vitium specie virtutis, et umbra, Cum sit triste habitu, vultuque, et veste severum.* Quod cum Weitzius adverterit, non video cur ipse legerit *vultuque, et voce severa*. Cell. et Teol. ab Heinsio recedunt. In margine edition. Colon. ex cod. ms. *voce* est pro diversa lectione.
554. Rat., *memorent*.
555. Juvenalis satyra cit., *Nec dubie tanquam frugi laudatur avarus, Tanquam parcus homo, et rerum tutela suarum.*
556. Ang., mendose, *ceu scedula.*
557. Avaritiam Bellonam vocat tanquam hujus belli deam ; mendacem vero, quia facta est virtus specie.
560. Apud alios *anguineos* reperies, apud alios *anguinos*.
561. Bong. et Erf., *formam* ; supra *rabiem*. Ald., *intenta furori*.
562. Vienn., *et rapere est*. Græcis κλέπτης est *fur*, a quo κλέπτειν, et Latine *clepere*.
563. Vienn., contra legem carminis, *jacit*. Ald. et Vat. C, *jactat*. Mar., Rat., Widm., *lactet*; plerique *jactet*.
565. Vienn., Ang., Vat. C, obsistente metro, *monstrumque ferale* : quod Weitzius edidit secutus solum Bong., ac professus, in reliquis esse *monstrum ferale*.
566. In re simili Hamartig. vers. 427 : *Sub fœdere falso Tristis amicitiæ primum socia agmina credunt*, ex Virg. lib. II Æneid. In Aldo error est *caput* pro *capit*.
571. Ald. et Fabr., *vocet*; alii, *notet*. Vienn., *notet lævum*, non bene. Nebrissa in *anceps* notat *scilicet erat.* Alii cum Giselino aliter distinguunt, ut *lethum lubricet incertos visus.*

Lubricat incertos dubia sub imagine visus. A
637 Cum subito in medium frendens Opera-
[tio campum
Prosilit auxilio sociis, pugnamque capessit
575 Militiæ postrema gradu, sed sola duello
Impositura manum, ne quid jam triste super-
[sit.
Omne onus ex humeris rejecerat, omnibus ibat
Nudata induviis, multo et se fasce levarat :
Olim divitiis gravibusque oppressa talentis ,
580 Libera nunc miserando inopum, quos larga be-
[nigne
Foverat, effundens patrium bene prodiga cen-
[sum.
Jam loculos ditata fide spectabat inanes,
Æternam numerans redituro fenore summam. B

Horruit invictæ vi tutis fulmen, et impos
585 **638** Mentis Avaritia stupefactis sensibus hæsit,
Certa mori : nam quæ fraudis via restet, ut ipsa
Calcatrix mundi, mundanis victa fatiscat
Illecebris, spretoque iterum sese implicet ɛ˙ro ?
Invadit trepidam virtus fortissima duris
590 Ulnarum nodis, obliso et gutture frangit
Exsanguem , siccamque gulam : compressa li-
[gantur
Vincla lacertorum sub mentum, et faucibus arctis
Extorquent animam : nullo quæ vulnere rapta
Palpitat, atque aditu spiraminis intercepto
595 Inclusam patitur venarum carcere mortem.
Illa reluctanti genibusque, et calcibus instans,
Perfodit et costas, atque ilia rumpit anhela.
Mox spolia exstincto de corpore diripit, auri

GLOSSÆ VETERES.

573. Operatio, *largitas pugnat contra avaritiam, et spolia ejus pauperibus erogat*, I.
574. Pugnam, *bellum*, I.
575. Militiæ, *exercitus*, I.
576. Triste, *acerbum*, I.
578. Induviis, *indumentis*, I, Mar.
583. Fenore, *pignore*, I.
584. Virtutis, *operationis*, I. — Impos, *impotens,*

Mar.
585. Hæsit, *dubitavit*, I.
587. Calcatrix, *operatio*. — Fatiscat, *deficit*, I.
590. Nodis, *brachiis*. — Obliso, *arctato*, I.
591. Gulam, *guttur*, I.
593. Rapta, *ruptá*, I.
596. Illa, *largitas avaritiam genibus, et calcibus perfodit*, I.

COMMENTARIUS.

572. Fabr., Egm., Bong., *incertus;* tunc distinctione Nebrissæ utendum est, quanquam ipse Nebrissa intelligit, aciem lubricare incertos visus. Post hunc versum in Mar. et Rat. titulus est *Operatio.*
573. Ald., *dum subito.* Fuld., *tum subito.* In antiquis editis, *miseratio;* in mss., *operatio.* Sichardus ante Gelenium hanc vocem restituit. Alcinius Avitus de Laude virginitatis eadem voce utitur, et alii antiquiores, Tertullianus, Cyprianus, Optatus Milevitanus, Paulinus ; de qua voce confer Rosweydum in not. ad S. Paulinum pag. 763 et seqq. ad verba FIDELIUM OPERATIO. Hinc opera misericordiæ, et titulus libri S. Cypriani de Opere et Eleemosynis. Origo nominis, ut nonnulli putant, ex Marci xiv, 6 : *Bonum opus operata est.*
574. Weitzius cum Bong. et Erf., *capescit.* Scribendum cum cæteris *capessit.*
575. In vetustiore Boh., *prima duello,* quod Gallandius in notis sibi placere ait, quod præcesserit *postrema.*
576. Fabr., *tam triste.* Barthius, lib. xii Advers., cap. 41, ex hoc loco observat, Christianos *manum imponere* simpliciter usurpasse pro absolvere : *Extremam manum imponere* veteres dicebant, vel *summam, aut supremam.*
577. Vienn., *dejecerat;* melius *rejecerat.*
578. Ald., Fuld., Vat. C, *exuviis* pro *induviis,* cujus glossa in Mar. est *indumentis.* Bong., Vat. C, *multo se fasce levarat.* Vat. H, male, *induviis, multo et fasce levarat* ; nec melius Vat. G, *induviis, et multo se fasce levarat.* Imitatio est Maronis ecl. 9, *Ego hoc te fasce levabo.*
580. Ald., Widm. supra, Bong., *miserendo* In nonnullis vulg., *inopes.*
581. Vienn., *male prodiga.* Sensus omnino postulat *bene prodiga.*
582. Put. et Thuan., *ditata fidem,* quem Græcismum nostri præcipui, Alex., Mar., Rat., aliique non agnoscunt : neque agnoverant alii ante Heinsium, qui illum expressit. In Erfurt., *aspectabat inanes.*
583. Rat., *æternam memorans.* Weitz. cum solo Erfurt. a vet. manu, *reddendo,* minus bene. De fenore in cœlis redituro vide Matth. xix, 21 et 29.
584. Ald. et vett. edd., *fulmen inopsque,* quod in Erfurt. glossam refert pro *impos.* In Vat. C et Sich.,

C

D

fulmen et inops, quod respuit ratio carminis. In aliis. *impos,* cujus glossa in Mar. *impotens.*
585. In Rat. corrector aliquis inepte *avara lues* pro *avaritia;* putaverat fortasse, ultimum *a* in *avaritia* carmini obstare.
586. Erfurt., *fraudi,* quod non displicet Heinsio, qui eam lectionem ex Egmondano petit, nisi male intellexerit Weitzium, qui solum Erfurtensem per *E.* allegat. Vid. not. adversus 555 et 593. Aldus, Gis., Bong., Ang., Vat. C, *restat.* Heinsiani, Mar., Rat., Alex., Weitz. aliique, *restet.*
587. *Calcatrix* ut *amatrix,* et similia. Calpurnius usurpavit *calcator.* Apud Weitzium in glossa mendum est *speratio* pro *operatio.*
590. Aldus, *eliso gutture.* Weitzius, *obliso robore,* cum Widm., in quo supra est *gutture.* Legere præstat cum aliis *obliso gutture.*
591. Erfurt., *compressa ligabat Vincla lacertorum sub mentum faucibus arctis.* Bong., Ang., *compressa ligabant.*
593. Vienn., *sanguine rupto ;* Rat., Boher. vetustior, Widm. a secunda manu, *rupta.* Weitz. cum Erfurt. (non Egmond., ut Heinsius putavit) scribere voluit *rumpta,* quod abhorret. Egmondanus et alii Heinsiani, *rapta,* quod habet Mar., Ald., Gis., Vat. C et alii. Pal., Barth., *raptam,* velut dicat (inquit Barthius) *instar talis,* quomodo sæpissime loquitur Apuleius.
594. Veu. Beda, lib. de Arte metrica, asserit veteres exulisse *intercepto,* ut quinta sede dactylus locaretur, quod non persuadet. Vide not. ad vers. 98.
596. Erf., Vienn., *genibus, et calcibus.*
598. Nostri præstantiores, Alex., Mar., Rat., aliique, *exstincto,* probe. In Put., *exuncto,* in Erf., *exuto,* quod in Egm. exstare ait Heinsius, qui fortasse deceptus est Egmondanum accipiens pro Erfurtensi, quem Weitzius laudat. Fallitur etiam Chamillardus, qui *exstincto* legi in ms. regio Parisiensi, sive Put. affirmat. Heinsius putat legendum *exuto,* quia Prudentius eo verbo in re simili usus est, et idem Paulinus, et Tertullianus usurparunt. Sed ea ratio non est satis efficax : siquidem similia exempla in *exstincto* possent proferri. Barthius legit *exuncto.* Cellarius ex Heinsii conjectura *exuto.* Suspicor antiquum esse verbum *exucto,* quod etiam lego in Helpidio : *Curva*

639 Sordida frusta rudis, nec adhuc fornace A
 [recoctam
600 Materiem : tineis etiam marsupia crebris
 Exesa, et virides obducta ærugine nummos
 Dispergit servata diu, victrix et egenis
 Dissipat, ac tenues captivo munere donat.
 Tunc circumfusam vultu exsultante coronam
605 Respiciens, alacris media inter millia clamat.
 Solvite procinctum, justi, et discedite ab armis :
 Causa mali tanti jacet interfecta, lucrandi
 Ingluvie pereunte, licet requiescere sanctis.
 Summa quies nil velle super, quam postulet usus
610 Debitus : ut simplex alimonia, vestis et una
 640 Infirmos tegat, ac recreet mediocriter
 [artus,
 Expletumque modum naturæ non trahat extra. B
 Ingressurus iter peram ne tollito, neve
 De tunicæ alterius gestamine providus ito :
615 Nec te sollicitet res crastina, ne cibus alvo

Defuerit : redeunt escæ cum sole diurnæ.
Nonne vides, ut nulla avium cras cogitet, ac se
Pascendam, præstante Deo, non anxia credat?
Confidunt volucres victum non defore viles,
620 Passeribusque subest modico venalibus asse
Indubitata fides, Dominum curare potentem,
Ne pereant: tu cura Dei, facies quoque Christi,
An dubitas, ne te tuus unquam deserat auctor?
Ne trepidate, homines : vitæ dator, et dator
 [escæ est.
625 Quærite luciferum cœlesti dogmate pastum,
 641 Qui spem multiplicans alatin vitiabilis ævi,
Corporis immemores : memor est, qui condidit
 [illud,
Suppeditare cibos, atque indiga membra fovere.
Illis dictis curæ emotæ, metus, et labor, et vis,
630 Et scelus, et placitæ fidei fraus inficiatrix,
Depulsæ vertere solum. Pax inde fugatis
Hostibus alma abigit bellum, discingitur omnis

GLOSSÆ VETERES.

601. Nummos, *denarios*, I.
603. Tendes, *pauperes*, I.
606. Procinctum, *parationem belli, vel conventum*, I.
609. Postulet, *indiget*, I.
611. Recreet, *sustinet*, I.
614. Tunicæ alterius, *significant igitur duæ tunicæ dubitationem fidei; ut qui Christum induit, vestimenta perfidiæ non attingat*, I.
615. Nec te sollicitet, *sufficit diei sua malitia*, I.

617. Ut, *quomodo*, I.
622. Facies, *imago*, I.
625. Lucifluum, *luciferum*, Iso.
626. Invitiabilis, *inviolabilis vitæ*, Iso.
628. Suppeditare, *dare*. — Indiga, *egentia*. — Fovere, *refocillare*, I.
630. Inficiatrix, *negatrix, corruptrix*, I.
631. Depulsæ, *omnes.*—Solum, *pulverem terræ*, Iso.
632. Discingitur, *discessit*, I.

COMMENTARIUS.

nec exucto sulcabitur ore senectus; et fortasse inde C
Hispani dicunt *enjuto* id quod siccum est, et quasi
sine succo. Fortasse etiam *exucto* est quasi *exsucto*
ab *exsugo*.
599. Erf., Barthii codex, Palat., *recocta*, minus
bene.
600. Put., *materiam*. Idem et Egm., *tiniis*, quod
alias in optimis exemplaribus ita exaratum Heinsius
invenerat. Puteanus etiam scribit *marsuppia*. Nos orthographiam communiorem sequimur. Aldus, mendose, *cinctis*, pro *tineis*. Idem Ald., Gis., Weitzius, *etiam*, neque dissentit Heinsius. Fortasse verior est lectio Vienn. et aliorum, *tineis et jam marsupia;* sæpe in codicibus veteribus dictiones conjunguntur, ut non facile appareat quandoque, sitne una, an duplex.
601. Fuld., Widm. supra, *subducta ærugine*.
604. Bong., Sich., *multum exsultante*, nullo sensu.
Ex Fuld., *tum* pro *tunc* notat Weitzius.
606. Rat., *justi discedite sine et*.
607. Codex Barthii mendosus hoc loco *causa militanti*. D
608. Mar., Sich., Bong., *illuvie* ; rectius, *ingluvie*.
609. Weitz., *supra quam*. Ald., Gis., Ang., alii, *postulat*. Vide Columbanum carmine contra Avaritiam. Sententia aurea est, sed pervulgata, magisque in ore hominum quam in vita conspicua.
610. Ald., *et simplex*. Votum hoc est Pauli epist. I ad Timoth. vi, 8 : *Habentes autem alimenta*, etc. Vestis una etiam exprimitur ex consilio evangelico Matthæi x, 9 et 10.
612. In Fuld., *non trahat ultra*. In edit. Coloniensi ad marginem lego Ald. *naturam*. Explicari potest, Non trahat extra naturam. Sed Aldus meus habet *naturæ*. Rursus duplex editio Aldina conjici potest.
613. Erf., *non tollito*. Fuld., *nec tollito*, non ita bene. Expressa sententia est ex Evangelio Matth. loc. cit.; Marc. vi, 8 et 9; Luc. ix, 3; et xxii, 35.

614. Heinsiani, et nostri præcipui, *ito*, cum Sich., Weitz. et aliis. Ald., Gis. in textu, *esto*, quod est glossema in Erfurt. Weitzius excudit *tonicæ*, quia ita legit in Bong., quod ridiculum est.
615. Æmulatus est nostrum Columbanus : *Nec te sollicitet circumflua copia rerum*. Albertus. Eyb non bene, *ne te sollicitet*, pejus vero vers. seq. *deserit* pro *defuerit*.
616. Egm., Erf., Palat., Barthius, *cum sole diurno*.
619. Oxon., *non defore vitæ*. Vide Matth. vi, 26, et x, 29.
623. Tres vetustiores Heinsiani, Pal., Weitz., Barthius, Vat. H, *addubitas*. Ald., Gis., Aug., Vat. C, F, G, O, et Albertus Eyb., *an dubitas*. Mar., Rat., Alex., Sich., Bong., Widm., *at dubitas*. Fuld., *ast dubitas*. Vienn., *nec te*, male, pro *ne te*. Idem *deseret* pro *deserat*.
624. Ald., Bong., *vitæ dator est dator escæ*. Ita Eyb in Margarita poetica. In Aldo male interpungitur *vitæ dator, est dator escæ*. In Vat. C, *vitæ dator, et dator escæ* deest verbum substantivum *est*.
625. Weitzius cum solo Widm. a prima manu, *quærite lucifluum*. Glossa Isonis diversa est lectio.
626. Erfurt., Ald., alit. Mar., Rat., Alex., Vat. H, Barthius, Put., Weitzius, Heins., Widm. a prima manu *invitiabilis*. Rott. prior. Vienn., Sich., *insatiabilis*. Heinsiani plerique, Ald., Erfurt., Widm. supra, Ang., Vat. G, Eybelius, Torn. *inviolabilis*. In Vat. BB, *inviolabilis orbis*, supra *aliter ævi*. Sententia horum versuum ex Matth. vi, 33 : *Quærite ergo primum regnum Dei, et hæc omnia adjicientur vobis*.
630. Heinsiani meliores, Alex., Mar., Weitz. aliique, *placitæ*. Aldus, Gis., Vat. C alique, *placidæ*.
631. Fuld., *evertere solum*. Legendum *vertere*. Isonis glossa est *pulverem* pro *solum*. Vide quæ notavi ad Cathem. hymnum 3, vers. 129.
632. Ald., Vat., C, Fabr., Bong. a secunda manu *discinditur*. Ita etiam in vet. lib. legit Gifanius : Sed ex versu sequenti patet præferendum *discingitur*.

PSYCHOMACHIA.

  Terror, et avulsis exfibulat ilia zonis,
  Vestis ad usque pedes descendens defluit imos,
635 Temperat et rapidum privata modestia gressum.
  Cornicinum curva æra silent : placabilis implet
  Vaginam gladius : sedato et pulvere campi
  Suda redit facies liquidæ sine nube diei,
  Purpuream videas cœli clarescere lucem.
640 642 Agmina casta super vultum sensere To-
            [nantis
  Arridere hilares, pulso certamine, turmæ,
  Et Christum gaudere suis victoribus arce
  Ætheris, ac patrium famulis aperire profundum.
  Dat signum felix Concordia, reddere castris
645 Victrices aquilas, atque in tentoria cogi.
  Nunquam tanta fuit species, nec par decus ulli
  Militiæ, cum dispositis bifida agmina longe
  Duceret ordinibus, peditum psallente caterva,
  Ast alia de parte equitum resonantibus hymnis.
650 Non aliter cecinit respectans victor hiantem
  Israel rabiem ponti post terga minacis,
  Cum jam progrediens calcaret littora sicco
  Ulteriora pede, stridensque per extima calcis

A

  Mons rueret pendentis aquæ, nigrosque relapso
655 Gurgite Nilicolas fundo deprenderet imo,
  643 Ac refluente sinu jam redderet unda na-
            [tatum
  Piscibus, et nudas præceps operiret arenas.
  Pulsavit resono modulantia tympana plectro
  Turba Dei, celebrans mirum, ac memorabile
            [sæclis
660 Omnipotentis opus, liquidas inter freta ripas
  Fluctibus incisis, et subsistente procella
  Crescere, suspensosque globos potuisse teneri.
  Sic, expugnata vitiorum gente, resultant
  Mystica dulcimodis virtutum carmina psalmis.
665 Ventum erat ad fauces portæ castrensis, ubi ar-
            [ctum
  Liminis introitum bifori dant cardine claustra.
  Nascitur hic inopina mali lacrymabilis astu
  Tempestas, placidæ turbatrix invida Pacis,
  Quæ tantum subita vexaret clade triumphum.
670 Inter confertos cuneos Concordia forte,
  Dum stipata pedem jam tutis mœnibus infert,
  Excipit occultum vitii latitantis ab ictu

B.

GLOSSÆ VETERES.

633. Ilia, *intestina.* — Zonis, *cingulis*, I.
635. Privata, *specialis*, I.
636. Cornicinum, *tubæ silent : gladii reconduntur in vaginas*, I.
638. Suda, *serena.* — Sine nube diei, *perturbationis ; sine vindicta ; dies diei eructat verbum*, L
639. Purpuream, *virtutum legio gaudet, victo certamine*, I.
643. Profundum, *altitudinem*, I. Sublimitatem, Mar.
644. Dat, *concordia jubet reducere vexilla in castra*, I.
645. Aquilas, *vexilla.* — Cogi, *congregari*, I.

646. Nunquam, *turmæ psallentium equitum, ac pedestrium*, I.
647. Bifida, *bina*, I.
651. Ponti, *maris.* — Minacis, *perturbationem semper imminentem significat*, I.
653. Extima, *exteriora*, I.
655. Nilicolas, *Ægyptiacos, qui Nilum colunt. Ægyptii significant diaboli instigationes*, I.
656. Unda, *gratia divina, per quam evaserant*, Iso.
663. Resultant, *exsultant*, I.
667. Astu, *ferro, vel astutia*, I.
668. Tempestas, *persecutio*, I.
671. Stipata, *circumdata*, I.

C

COMMENTARIUS.

633. Pro *exfibulare* solum Prudentium laudat Forcellinus. Otium indicatur.
634. Weitzius cum Gifanio, *vestis et usque non vestis ad usque.* Gifanius verbo Discindo affirmat, *usque* pro *ad usque* eleganter dici ; et verbo Vestis asserit, veteres ita usurpasse cujus ignoratio mendum in Prudentio pepererit. Displicet id Heinsio, nec mihi sane placet.
635. Erfurt., *temperat et rabidum.*
637. Giselinus, *sedato pulvere sine et.*
638. In Erf., *nuda;* ad marg., *suda.*
640. In nonnullis vulg. *agmina casta simul*, cum Egm.
642. Apocalypsis III, 21 : *Qui vicerit dabo ei sedere mecum in throno meo : sicut et ego vici, et sedi cum Patre meo in throno ejus.* In Mar. et Alex., *arce*, cum tribus veterrimis Heinsianis, quod placet : hoc est, in arce ætheris. Heinsius nescio cur suspicatur *arces*, cum habeat *arcem* in plerisque. Barthius, lib. v, cap. 12, legit *arcem*, et affert glossam, id est *imperium.*
643. Ald., Fabr., *portum;* et Nebrissa interpretatur pro regno cœlesti, quia portus quo profundior, eo securior. Vera lectio *patrium profundum,* cujus glossa in Mar., id est *sublimitatem.* Vide Gifanium Ind. Lucret., verbo Profundum. Post hunc versum in Mar. inscriptio *Concordia.*
646. Aldus excuderat *spes;* emendavit recte *species.* Idem, *Deus ulli.* Ang., *decus unquam.* Verior lectio *nec par decus ulli.*
648. In Vat. H, mendose *Duceret hordinibus peditum stupere catervas.*

650. Giselinus monet hunc versum non esse sententiæ superiori annectendum, ut alii inepte fecerant. Historiam sacram habes cap. XIV Exodi.
651. In nonnullis vulg., *minantis.*
653. Erfurt., *callis;* supra, *calcis.*
654. Weitzius cum Erf., Widm., *repulso,* supra *relapso* tam in Erf. quam in Widm. Cæteri, *relapso;* Put., *relaxo.*
655. Erf., *Niliacos;* idem et Barthius, *dependeret imo.*
656. *Natatus* nomine usus est Apoth. vers. 684. Eodem nomine substantive utitur Statius Silv. lib. I, silv. 5 et 5.
662. Actum hac de re hymno 5 Cath., vers. 65 et seqq.
664. Piccarti codex, *multimodis.*
665. Ang., *ad belli fauces castrensis.* Ex his carminibus colligit Barthius, militem fuisse Prudentium, vel certe ab eo scite describi portam castrensem ait, quia in castris militaverat. Confer vitam Prudentii in prolegom. Plures erant portæ in castris; de quibus Turnebus lib. XXX Advers., cap. 24, Lipsius de Militia Rom. lib. V, dial. 5. Post hunc versum in Mar. titulus *Discordia*, et charactere minuto cognomento *hæresis.* Ita etiam in Rat.
667. In quibusdam vulg., *hinc* pro *hic.*
669. Ald., *vexavit;* alii, *vexaret.* Apud Aldum et alios hoc loco titulus *Concordiæ et discordiæ pugna.*
670. Erf., non bene, *inter consertos.*

D

Mucronem lævo in latere, squalentia quamvis A
644 Texta catenato ferri subtemine corpus
675 Ambirent, sutis et acumen vulneris hamis
Respuerent, rigidis nec fila tenacia nodis
Impactum sinerent penetrare in viscera telum.
Rara tamen chalybem tenui transmittere puncto
Commissura dedit, qua sese extrema politæ
680 Squama ligat tunicæ, sinus et sibi conserit oras.
Intulit hoc vulnus pugnatrix subdola victæ
Partis, et incautis victoribus insidiata est.
Nam, pulsa culparum acie, Discordia nostros
Intrarat cuneos, sociam mentita figuram.
685 Scissa procul palla, structum et serpente fla-
[gellum
Multiplici, media camporum in strage jacebant.
Ipsa redimitos olea frondente capillos B
Ostentans, festis respondet læta choreis :
645 Sed sicam sub veste tegit, te, maxima
[virtus,
690 Te solam tanto e numero, Concordia, tristi
Fraude petens, sed non vitalia rumpere sacri
Corporis est licitum : summo tenus extima tactu

Læsa cutis, tenuem signavit sanguine rivum.
Exclamat virtus subito turbata : Quid hoc est?
695 Quæ manus hic inimica latet? quæ prospera
[nostra
Vulnerat, et ferrum tanta inter gaudia vibrat?
Quid juvat indomitos bello sedasse furores,
Et sanctum vitiis pereuntibus omne receptum,
Si virtus sub Pace cadit? Trepida agmina mœstos
700 Convertere oculos : stillabat vulneris index
Ferrata de veste cruor, mox et pavor hostem
Cominus astantem prodit : nam pallor in ore,
Conscius audacis facti, dat signa reatus,
Et deprensa tremunt languens manus, et color
[albens.
705 Circumstat propere strictis mucronibus omnis
Virtutum legio, exquirens fervente tumultu
Et genus, et nomen, patriam, sectamque ,
[Deumque,
646 Quem colat, et missu cujatis venerit. Illa
Exsanguis, turbante metu, Discordia dicor,
710 Cognomento Heresis : Deus est mihi discolor,
[inquit.

GLOSSÆ VETERES.

673. Mucronem, *sicut sicarii habent breves gladios.*
— Squalentia, *nitentia,* Iso. *Splendentia,* Mar.
675. Hamis, *circulis,* I.
676. Tenacia, *firma,* I.
678. Rara, *parva, vel tenuis,* I.
679. Commissura, *conjunctura, vel flexura,* Iso.
689. Sicam, *gladius est, in medio capulum habens, et hinc inde acutus,* I.

691. Vitalia, *viscera,* I.
692. Extima, *extrema,* I.
697. Bello, *ferro,* I.
702. Cominus, *juxta, vel propius.*—Ore, *in facie,* I.
706. Exquirens, *interrogans,* Iso.
707. Sectam, *doctrinam, dogma,* I.
708. Cujatis, *de qua gente missa esset; vel cujus gentis,* I.

COMMENTARIUS.

673. In Rat. corrector poetices ignarus pro *lævo* C
in *latere* posuit *latere in lævo,* non advertens, postremum e recte in *latere* produci posse oh duas consonantes dictionis sequentis, quod familiare est Prudentio.
674. Alii, *subtegmine*; alii, *subtemine.* Vide scriptores rei orthographicæ, sive lexicographos.
675. In Erf., mendum *ambierent.*
679. In edit. Colon. ad oram, Ald. *conjunctura.*
Aldus meus, *commissura.*
681. Mar. a secunda manu, *intulit huc vulnus*; a
prima manu *hoc vulnus.*
685. Fabr., *lætos*; melius *nostros.* Gifanius Fabricio consonat Indic. Lucr.
684. Innuit Prudentius, latenter irrepere interdum
discordiam sub amicitiæ simulatione. Observat Weitzius, poetam attingere morem militiæ, ut diversa diversi milites veste uterentur ; uti alios non paucos
militiæ mores hoc carmine exposuit.
685. Virgilius lib. VIII Æneid., vers. 702 : *Et
scissa gaudens vadit discordia palla, Quam cum san-* D
guineo sequitur Bellona flagello. Petronius in Satyrico :
Et mœrens lacera concordia palla. Heinsiani, Alex.,
Vatt. G, O, Ald., Rat. a prima manu *structum et serpente,* quasi instructum a *struo.* Usus etiam est in
hymno S. Laurentii, vers. 176 : *Structos talentis ordines.* Mar., Rat. a secunda manu, Ang., Weitz., *stri-
ctum et serpente.* Vat. C, *palla structum serpente.* Vat.
BB, *et structum serpente.* Gifanius apud Heinsium, *et
structum.*
686. Mar., *medio,* perperam. Vetustiores Heinsiani,
Alex., Vienn., Rat., Mar., Gis., Weitz., aliique,
jacebant. Aldus, Fuld., Vat. C, *jacebat.*
687. Widm., *oleo*; supra *olea.* Pacis insigne olea est,
qua discordia præcingitur *sociam mentita figuram.* Se-

cunda in *redimitos* producitur, raro, et haud scio, an unico hoc exemplo. Posset legi *coronatos,* nam sæpe alias
Prudentius corripit secundam in *redimire.* Sed nihil
mutandum.
688. Ald., Fabr., Widm., Ang., *respondit.*
690. Ald., *tanto in numero.* Mar., *tanto ex numero.*
Rat., *et solam tanto e numero.* Vienn., *te solam e tanto
numero.* Plerique, *te solam tanto e numero.*
695. Giselinus in vetustis omnibus, quos vidit,
invenit *prospera nostra.* Idem Heinsiani, et nostri.
Ald. et alii vulg., *pectora.* Barthius quoque legit
prospera nostra vulnerat, et observat. *vulnerare* ad res
etiam inanimas trahi, ex Eutropio lib. x de Juliano:
Fuerunt nonnulli, qui vulnera ejus gloriæ inferrent, et
Symmacho lib. II, epist. 30 : *Siciliense negotium vulneratum.* Similia exempla quivis poterit invenire.
697. Mar., *ferro sedasse* fortasse melius, quam *bello.*
Intelligo tamen idem esse *ferro sedasse* ac *bello sedasse*; alioquin bene est *bello*, præsertim cum sequatur *pace.*
699. Widm. supra, *castos* pro *mœstos.* Arator lib.
II : *Sed et acrior hostis Intus erit, graviusque malum
discordia portat, Quæ vulnus sub pace creat.*
704. Vienn., *et deprensa fuit.* Ald., Gis., Weitz.,
Ang., Vat. C, Rat., *et deprensa tremit.* Mar., Ang.
cum tribus vetustioribus Heinsii, *et deprensa tremunt.*
Id tenent recentiores.
708. Ald., *et jussu.* In Vat. C abrasum est unum
verbum, sive *jussu,* sive potius *missu,* quod exstat in
omnibus aliis. Ang., *veneral ipsa*; Mar., Rat., a prima manu, *venerat illa.* Cæteri, *venerit illa.*
709. Vicom., male, *discordia discors.*
710. In R.t. corrector, de quo sæpe, *a Stygæ duco
genus,* prioribus abrasis, ne scilicet prima in *heresis*
corripiatur, quam toties noster corripit.

Nunc minor, aut major: modo duplex, et modo
[simplex:
Cum placet, aerius, et de phantasmate visus,
Aut innata anima est, quoties volo ludere, nu-
[men,
Præceptor Belia mihi, domus, et plaga mundus.
713 Non tulit ulterius capti blasphemia monstri
Virtutum regina Fides: sed verba loquentis
Impedit, et vocis claudit spiramina pilo,
647 Pollutam rigida transfigens cuspide lin-
[guam.

Carpitur innumeris feralis bestia dextris:
720 Frustatim sibi quisque rapit, quod spargat in
[auras.
Quod canibus donet, corvis quod edacibus ultro
Offerat, immundis cœno exhalante cloacis
Quod tradat, monstris quod mandet habere
[marinis.
Discissum fœdis animalibus omne cadaver
725 Dividitur: ruptis Heresis perit horrida mem-
[bris.
Compositis igitur rerum, morumque secundis

GLOSSÆ VETERES.

711. Nunc, *interdum*. — Modo, *interdum*, Iso.
717. Pilo, *mucrone*, Iso.
718. Cuspide, *hasta*, I.
722. Cœno, *luto*. — Exhalante, *fetente*. — Cloacis,

fossis, *lacubus vel latrinis; lacus, excipiens sordes in medio civitatis, cloaca dicitur*, Iso.
726. Secundis, *prosperis*, I.

COMMENTARIUS.

712. Vat. L et Fuld., *complacet*, male; nec melius Vat. D, *Cum placet aerius est, et de phantasmate visus*.
713. Vienn., Fuld., *haut innata*; alii, *aut innata*. Apud Heinsium Thuan. a manu secunda, *animam*, nullo sensu; Rott., *haut innata*. Mar., Rat. a prima manu, *nomen*, minus bene. Discordia argute ait, sibi Deum esse *numen*, hoc est, verum Deum, quoties vult ludere, non cum serio agit. Alii distinguunt *ludere numen*.
714. Ita Mar., Barthius, Put., et Thuan. cum tribus Weitzii, Egm., Erfurt. et Widm., quos ipse sequitur. Aldus, Ang., Vatt. C, G, L, *Præceptor Belial mihi est, domus est plaga mundi*. In priore Rott., *Præceptor Belial mihi sit, domus, et plaga mundus*. In altero, *Præceptor Belial mihi adest, domus, et plaga mundi*. Vat. D cum priore Rott. facit. Vatt. F, O, *Præceptor Belial mihi, domus, et plaga mundi*. In quibusdam vulg., *Præceptor Belial mihi fit, domus est plaga mundi*; in aliis, *Est mihi præceptor Belial, domus est plaga mundi*. Chamillardus edidit, repugnante metro, *Præceptor Belial mihi, domus et plaga mundus*. Idem a Gallandio exscriptum, cui tamen magis placebat telestichium Aldi in hoc versu, *Præceptor Belial mihi est: domus est plaga mundi*. At vitium carminis in principio versus, quem excudit, deprehenditur. In Rat. corrector improbus, *Est mihi præceptor Belial*, abrasis prioribus: tum prisca manu, *domus et plaga mundi*. Giselinus 2 edit. primum excudit, *Est mihi præceptor Belial, domus est plaga mundi*; postea in emendatis ex unico ms. optimum putavit, *Præceptor mihi Belial, domus et plaga mundi*.
715. Fabr., *blasphemica monstri*. Certe *blasphemia* in plurali numero est: formandum ergo erit nomen *blasphemium*. Commodianus dixit etiam *blasphemium*, *ignominium*, *infamium*.
716. Fidei laudes egregias habes toto cap. XII Pauli ad Hebræos. Intellige nihilominus, majorem esse charitatem.
719. Weitzius cum solo Fuld., *furialis bestia*. Habebat hoc omnino Weitzius, ut sæpe lectionem deteriorem eligeret, ex unico codice desumptam.
721. Aldus, *corvisque edacibus*. Alii melius, *corvis quod edacibus*. Barthius, *ultor* pro *ultro*; non placet.
723. Mar. et Widm., *quod trudat*, in Mar. supra charact. minut., *tradat*. In Put. et cæteris Heinsianis, *trudat*, excepto Thuan., ubi *tradat*, quod in plerisque mss. et editis retinetur, nisi quod Teolius quatuor Vatt. pro *trudat* allegat.
724. Vienn., contra metrum, *discissum feris*; in Rat. idem, sed additum recenti manu, *que*; Weitzius temere amplexus est *discissum feris*, nostra lectione prætermissa, aut hac alia non mala *discissumque feris* cum Mar., Rott., Ang. In Vat. C error metri, *discissumque fœdis*.
725. Aldus ediderat *ruptis hæresis perit horrida membris*, recte, nisi quod *hæresis* cum diphthongo scripsit. Correxit male secundis curis *ruptis perit hæresi horrida membris*: quæ correctio Galiandium aliosque fugit, qui contendunt Aldum legisse *heresis perit*. In Rat. eadem correctio recenti manu Giselinus poetam defendit contra Nebrissam, qui eum accusaverat, quod eamdem syllabam nunc longam, nunc faciat brevem: quippe Nebrissa cum Aldo legerat *perit hæresis*. Præposterum verborum ordinem esse cum Giselino consentio ex mss., non ea ratione quam adducit, casuum nominandi suo verbo debuisse præponi. Jost hunc versum Mar. et Rat. pro titulo, *De fide et concordia*.
726. Inter tot varias lectiones quæ hic occurrunt difficile est quænam verior sit definire. Lectionem quam damus tenent Heins., Gis., Chamillardus, aliique vulgati, et magna ex parte consentiunt libri veteres. Aldus, *Compositis igitur rerum, morumque secundis In commune bonis tranquillæ plebis ad unum Contigit hac statione frui, valloque foveri Pacificos sensus, et in otia solvere curas. Exstruitur*. Vienn. cum Aldo, sed postquam intra tuta morari pro *tranquillæ plebis ad unum*. Mar., Ang., *Compositis... in commune bonis tranquillæ plebis ad unum Sensibus in tuta valli statione locatis, Contigit hac statione frui, valloque foveri, Exstruitur*. Ratisbonensis, *Composito tandem postquam requiesse tumultu*, quod est ab inepto correctore, prioribus erasis, ita tamen, ut appareat fuisse prius *compositis*; aliorum nullum vestigium. *In commune bonis postquam intra tuta morari* (corrector hunc versum induxit, non erasit) *Contigit ac statione frui, valloque teneri* (totus versus est a vetere librario, excepta voce *teneri*, quæ est recenti manu), *Pacificas virtutum acies, quas pestis iniqua Turbarat meditata dolos, et solvere curas In commune datum tranquillæ plebis ad unum*; omnia ab inepto correctore, prioribus erasis, præter partem primæ dictionis *pacific*. Nihil aliud notat Mariettus ex hoc codice Rat., in quo, ut puto, sequitur *exstruitur*, etc. Put., Rott., *In commune bonis tranquillæ plebis ad unum Sensibus in tuta valli statione locatis, Exstruitur*. Egmondanus cum Giselino, sed a manu interpolatrice, tum in margine, *Alius liber habet, In commune bonis*, etc. (ut in Put.). Thuan. et Oxon. cum Giselino, sed post *solvere curas* addunt *Sensibus in tuta valli statione locatis*. Weitzius Giselino adhæret, sed ait, *valloque fovere* pro *valloque foveri*. Heinsio placet Græcismus *valloque foveri pacificos sensus*. Widm., *Compositis... In commune bonis tranquillæ plebis ad unum In commune bonis, postquam intra tuta morari Contigit, ac statione frui, valloque fovere Pacificos sensus, et in otia solvere curas Sensibus in tuta valli statione locatis, Exstruitur*. Versus *Sens bus in tuta in Fuldensi* ad oram notatus est. In Erfurth., *In commune bonis postquam intra tuta morari Contigit, ec statione frui,*

648 In commune bonis, postquam intra tuta
    [morari
Contigit, ac statione frui, valloque foveri
Pacificos sensus, et in otia solvere curas:
750 Exstruitur media castrorum sede tribunal
649 Editiore loco : tumulus quem vertice
    [acuto
Excitat in speculam, subjecta unde omnia late
Liber inoffenso circumspiciat aere visus.
Hunc sincera Fides, simul et Concordia, sacro
755 Foedere juratae Christi sub amore sorores,
Conscendunt apicem : mox et sublime tribunal
Par sanctum, carumque sibi supereminet
    [aequo
Jure potestatis : consistunt aggere summo
Conspicuae, populosque jubent astare fre-
    [quentes.
740 Concurrunt alacres castris ex omnibus omnes,

Nulla latet pars mentis iners, quae corporis ullo
Intercepta sinu per conceptacula sese
Degeneri languore tegat : tentoria apertis
Cuncta patent velis : reserantur carbasa, ne
    [quis
745 Marceat obscuro stertens habitator operto.
Auribus intentis exspectat concio, quidnam
Victores post bella vocet Concordia princeps,
650 Quam velit atque Fides virtutibus ad-
    [dere legem.
Erumpit prima in vocem Concordia tali
750 Alloquio : Cumulata quidem jam gloria vobis,
O Patris, o Domini fidissima pignora Christi,
Contigit, exstincta est multo certamine saeva
Barbaries, sanctae quae circumsepserat urbis
Indigenas, ferroque viros, flammaque preme-
    [bat.
755 Publica sed requies privatis rure, foroque

GLOSSAE VETERES.

727. Ad unum, *ad unitatem*, I.
731. Editiore, *excelsiore, vel altiore*, I.
732. Excitat, *exstllit*, I.
744. Carbasa, *pallia*, I.
745. Stertens, *dormiens*, Iso.
746. Auribus, *caritas virtutum turmas alloquitur*.—

Concio, *congregatio*.—Quidnam, *cur*, Iso.
753. Barbaries, *gentilitas*, I.
754. Premebat, *ira et libido*, I.
755. Privatis, *specialibus*.—Rure, foroque, *in villis et civitatibus*, I.

COMMENTARIUS.

valloque fovere Pacificos sensus, et in otia solvere curas, Compositis igitur rerum, morumque secundis, Exstruitur. Codex hic arti, *In commune bonis tranquilla et pace s lutis Sensibus ut tuta valli statione locari Contigit, ac statione frui, valloque foveri, Exstruitur*. Vat. C. *In commune bonis tranquillae plebis ad unum Sensibus in tuta valli statione locatis In commune bonis postquam intra tuta morari*. Reliqua, ut in Giselino. Vatic. D, *In commune bonis tranquillae plebis a l unum* (quod est a secunda manu; sequitur a prima) : *Contigit, ac sta ione frui, valloque foveri Pacificos sensus, et in omnia solvere curas Sensib s locatis valli in tuta s atione* (qui ordo verborum praeposterus est, et contra metrum) *Exstruitur*. Vat. F, *Compositis.....In commune bonis tranquillae plebis ad unum Sensibus in tuta valli statione locatis Contigit, ac statione frui, valloque foveri Pacificos sensus, et in otia solvere curas, Exstruitur*. Vat. G cum Aldo, sed inserit versum *Sensibus in tuta va li statione locat s* inter versus *Pacificos*, et *Exstrui ur*. Vat. L un V it. F, sed *hac statione*, et *curam* pro *curas*, et mendose *sensus in otia*. Val. BB ut Vat. F, sed *curam* pro *curas*. Vat. O cum Giselino, addito versu *Sensibus*, etc., ante *Exstruitur*. Bonon., *tranquillae plebis ad unum Sensibus in tota vallis statione locatis, Exstruitur*, etc. Quis tantam in codicibus varietatem crederet ? Heinsius duplicem editionem operum a Prudentio factam ex hoc loco suspicatur.

727. Glossa aliam lectionem respicit.
730. Fuld., *construito media*, perperam. Mos Romanorum exprimitur exstruendi in castris tribunal imperatoris cespititum : de quo Lipsius de Milit. Rom., Tacitus Annal. 1 : *Simul congerunt cespites, exstruunt tribunal*. Confer Vopiscum in Probo. Alii aggerem vocant, et poeta noster infra vers. 758. Pal. pro *castrorum* habet *camporum*, non ita bene.
731. Vienn., *quod*, id e t, tribunal; alii, *quem* horum.
732. Mar., Angel., *in speculum*, non probo. Uterque, *inde omnia*, non male.
733. Heinsius probat *circuminspicit* ex Put. Sequor reliquos, qui bene referunt *circumspicit* cum Alex., Vat. C, Prag., Rat., Vienn. Teolius ait mss. habere *circuminspicit*, sed non explicat quinam sint, et an omnes ita habeant.

734. In Put. et Egm., *huc* ; in Oxon., *hinc* : neutrum arridebat Heinsio. Barthius etiam legebat in suo ms. *huc*, sed sincerius putabat *hunc*, quod tenent nostri cum Aldo et aliis. Erfurt., *tunc*.
737. Cham., mendose, *per sanctum*.
738. Dictum ad vers. 750 de aggere, et tribunali cespititio. Hujusmodi tribunalium imagines exhibet Montfauconius tom. IV Antiq., pag. 103, qui aliquando pro opportunitate fuisse lapide exis imat.
739. In Vat. O deest *que* in *populosque*. In Fuldensi, *conspicuaeque jubent populos*, quod Weitzio placuit.
740. Rat., *alacres e castris omnibus*.
745. Weitzius, unum Fuldensem secutus, *degenerem*.
746. Heinsius cum Put. et Thuan. praetulit *exspectant*, qualia multa se restituisse ait apud priscos auctores ope membranarum. Sed cum utrumque recte dicatur, et nostri omnes Mar., Rat., Vienn., Alex., Ang., Vatt. C, F, G cum aliis mss. et editis ante Heinsium habeant *exspectat*, nihil mutandum est.
748. Vienn., *victoribus add re*.
749. Vienn., *erupit*. Ald., Fabr., *rimam in vocem*. Ang., *prima se voce*, contra carminis rationem, et insolita phrasi.
750. In priore Boher., *sat gloria* ; alii, *jam gloria*.
752. Heinsius Weitzium arguit, quod pro *contigit* intempestive huc revocaverit *hoc habet*, de quo ad vers. 53. At Wei zius praeter Widm. a prima manu, quem allegat, e nostris habet s bi consentientes Mar., Vienn., Rat. Gifanius Ind. Lucr. pag. 436, *de incisione, sive inciso ex vet. lib. legit*, *Contigit exstincta multo certamine saeva*. Cum G Ianio facit Vat. C. Non placet.
753. In editione Aldi, qua utor, nota est Marietti, u opinor, quod urbs sancta videtur hic intelligi Roma, ex qua fugatam poeta dicit universam barbariem, seu gentilitatem. Confer initium lib. II adversus Symmach., *Credebam vitiis*, etc., et proleg. num. 69 et seqq
755. Fuld., *publica jam requies*. Praeclara sententia, quippe evangelica, ex Matth. xii, 25 : *Omne regnum divisum contra se desolabitur : et omnis civitas vel domus divisa contra se non stabit*.

Constat amicitiis : scissura domestica turbat
Rem populi, titubatque foris, quod dissidet intus.
Ergo cavete, viri, ne sit sententia discors
Sensibus in nostris, ne secta exotica tectis
760. Nascatur conflata odiis : quia fissa voluntas
Confundit variis arcana biformia fibris.
651 Quod sapimus, conjungat amor : quod
  [vivimus, uno
Conspiret studio : nil dissociabile firmum est:
Utque homini, atque Deo medius intervenit
  [Iesus.
765 Qui social mortale Patri, ne carnea distent
Spiritui æterno, sitque ut Deus unus utrumque :
Sic, quidquid gerimus mentis que, et corpòris
  [actu,
Spiritus unimodis texat compagibus unus.
Pax plenum virtutis opus, pax summa labo-
  [rum,
770 Pax belli exacti pretium est, pretiumque peri-
  [cli.
Sidera pace vigent, consistunt terrea pace :

Nil placitum sine pace Deo, non munus, ad aram
Cum cupias offerre, probat, si turbida fratrem
Mens impacati sub pectoris oderit antro :
775 Nec si flammicomis Christi pro nomine martyr
Ignibus insilias, servans inamabile votum
Bile sub obliqua, pretiosam proderit Iesu
652 Impendisse animam : meriti quia clau-
  [sula pax est.
Non inflata tumet, non invidet æmula fratri,
Omnia perpetitur patiens ; atque omnia credit.
780 Nunquam læsa dolet, cuncta offensacula donat.
Occasum lucis venia præcurrere gestit.
Anxia, ne stabilem linquat sol conscius iram.
Quisque litare Deo mactatis vult holocaustis,
Offerat imprimis pacem : nulla hostia Christo
785 Dulcior : hoc solo sancta ad donaria vul um
Munere convertens, liquido oblectatur odore.
Sed tamen et niveis tradit Deus ipse columb s
Pennatum tenera plumarum veste colubrum
Rimante ingenio docte internoscere, mixtum
790 Innocuis avibus : latet et lupus ore cruento

GLOSSÆ VETERES.

756. Domestica, *civilis*, I.
757. Rem, *statum*, I.
759. Exotica, *mortifera.—*Tectis, *coopertis*, I.
760. Fissa, *divisa vel separata*, I.
761. Arcana, *secreta.—*Biformia, *divisa.—*Fibris, *nervis, cogitationibus*, I.
765. Conspiret, *confirmet*, I.
773. Probat, *placet*, I.
776. Servans, *habens contra fratrem.—*Votum, vo-

luntatem, Iso.
777. Bile sub obliqua, *felle sub obscuro*, I.
778. Impendisse, *dare*, I.
781. Donat, *dimittit*, I.
782. Præcurrere gestit, *prævenire festinat*, I.
788. Tradit, *docuit.—*Columbis, *Christianis*, I.
789. Colubrum, *diabolum*, I.
790. Innocuis, *virtutibus, vel columbis*, I.

COMMENTARIUS.

759. Ald., Gis., *in vestris*. Heinsiani et nostri cum Weitzianis, *in nostris*. In Mar., *nec secta ;* alii, *ne secta*. Vox *exotica* Plautina est, ab aliis revocata.
760. Alex., Mar., Vatt. F, G, Giselinus ad marg., Heinsiani, *fissa*, excepto Thuan., in quo a manu prima, *fusa*, et Rott. priore, ubi *fixa*. Barthius quoque et Weitzius, *fissa*. Vat. C. *scisa*. Erfurt., Angel., Ald., Gis. a prima manu, *scissa*. *Fissum* appellabatur jecur cæsæ victimæ, quo fortasse respicit vox *fibris*.
761. Widm. ad oram, *infundit variis*, minus bene.
762. Weitz. cum solo Erfurt., *conjunctet*. Cur non potius cum aliis *conjungat* ?
764. Ald., *medium intervenit*. Legendum *medius intervenit*. Corrector ridiculus codicis Rat. fecit *genus intervenit* : siquidem arbitrabatur carmen non alio modo constare. Fuld., *atque homini, atque Deo medius :* non displicet. Ex hujuscemodi loquendi formula, atque sententia natum est vocabulum *mediator de Christo*. Vide Cath. hymn. 11, vers. 16.
765. *Carneus* nomine usus etiam est in Apoth.
771. Boetius imitatus videtur Prudentium lib. iv , metro 6 : *Si vis celsi jura tonantis Pura solers cernere mente, Aspice summi culmina cœli. Illic justo fœdere rerum Veterem servant sidera pacem.... Hæc concordia temperat æquis Elementa modis*, etc.
773. Testis hujus rei Matthæus, cap. v, vers. 23. Plerique, *probat*. Heinsius cum Thuan. rectus putat, et tenet *probet*.
775. Ald., *flammivomis*. Melius *flammicomis* cum scriptis. Sic Marius Victor lib. II in Genesim : *Crinita incendia late Extendens*. Et Juvencus lib. iv : *Ignicomæque ruent stellæ*, et paulo post : *Ornatu accinctæ tædarum flammicomantium*. In editione Parmensi mendum est *flammicolis*, quod in nota repetitur.
777. Bilis *obliqua* est perfida, dolosa, ut carmen obliquum. Consule lexica. Sententiam vide apud Paulum, I ad Corinth. XIII. 5. In Ald., Fabr. et Rat

manu correctoris improbi, *prosit Iesu*. In not. ad vers. 764 observavi correctoris Ratisbonensis audaciam, qui *genus* pro *medius* invexit, ut *Iesus* esset trisyllabum.
779. Pergit poeta sententiam Apostoli ex eodem cap te complecti.
781. Egm. et Pal., *contra offensacula*. Barthius, qui ita in suis membranis reperit, *Non puto*, inquit, contra *a librariis excogitatum*.
782. Rursus Apostoli expositionem vides ex cap. IV Ephes. vers. 23.
783. Fuld., *concitus* ; rectius, *conscius*.
784. Giselinus hoc loco monet, particulam *quisqui*, ut ipse scribit, *facilioris intelligentiæ causa* ita a se fuisse positam , quamvis putet , Prudentium scriptum reliquisse *qui que* Sane præstitisset non mutare, quod Prudentium scripsisse fatetur Giselinus : et mihi quidem difficiltus intellectu videtur *quisqui*', quam *quisque*. Adisis not. ad hymn. VII Cathem., vers. 216.
786. Giselinus edit. 1 ad oram, *facta ad donaria :* et advertit in Commentariis edit. 2, *donaria* esse vel munera Deo consecrata. vel loca his muneribus destinata : loca dici posse sancta, do a vero non item, quod commendari debeant ab integritate et innocentia offerentis, adeoque hoc sensu *facta ad donaria* legi posse. Nihil moveor ea d stinctione : etiam dona sancta dici valent non per se, sed quia Deo dicata.
787. Put., *puro* pro *liquido*.
789. Gifanius Ind. Lucr., verbo VESTIS. observat Lucretium dixisse *vestis araneæ, vestis anguis*, ut Virgilius mira venustate *exuviæ anguis*, et non minore elegantia Prudentius hoc loco *vestis plumarum :* quam trib at dræ oni , sive serpenti aligero , hoc est dæmoni.
790. Hoc etiam ex Matth. VII, 15 : *Attendite a fal-*

653 Lacteolam mentitus ovem sub vellere
[molli,
Cruda per agninos exercens funera rictus.
Hac sese occultant Photinus, et Arrius arte,
795 Immanes feritate lupi: discrimina produnt
Nostra, recensque cruor, quamvis de corpore
[summo,
Quid possit furtiva manus. Gemitum dedit
[omnis
Virtutum populus, casu concussus acerbo.
Tum generosa Fides hæc subdidit: Imo se-
[cundis
800 In rebus cesset gemitus: Concordia læsa est,

Sed defensa Fides: quin et Concordia sospes,
Germanam comitata Fidem, sua vulnera
[ridet.
654 Hæc mea sola salus: nihil hac mihi
[triste recepta.
Unum opus egregio restat post bella labori,
805 O proceres: regni quod tandem pacifer hæres
Belligeri, armatæ successor inermus et aulæ
Instituit Salomon: quoniam genitoris anheli
Fumarat calido regum de sanguine dextra.
Sanguine nam terso, templum fundatur, et ara
810 Ponitur, auratis Christi domus ardua tectis.
Tunc Jerusalem templo illustrata, quietum

GLOSSÆ VETERES.

795. Produnt, *ostendunt*, I,
796. Recensque, *factus a discordia*, I.
797. Furtiva, *occulta; hoc ideo dixit, quia discoraia latenter cam vulnerabat*, I.
798. Casu, *concordiæ*, I.
799. Secundis, *prosperis*, I.
800. Cesset, *nunc*, I.

B   802. Sua, *propria*, I.
804. Opus, *domus*. — Restat, *nobis faciendum*, I.
805. Proceres, *virtutes*. — Tandem, *olim*, I.
806. Belligeri, *David*, I.
807. Instituit, *carnaliter*. — Genitoris, *David*, I.
808. Regum, *gentilium*, I.

COMMENTARIUS.

sis prophetis, qui veniunt ad vos in vestimentis ovium, intrinsecus autem sunt lupi rapaces. Vide etiam cap. x, 16: *Ecce ego mitto vos sicut oves in medio luporum*, etc. Quod autem Pal. legit *ovibus* pro *avibus*, falso id legit: nam illud pertinet ad sententiam priorem de avibus innocuis, et dracone.

793. Vienn., *anguineos*; Ang. a prima manu, *anguinos*. Legendum *agninos* ab *agno*; qua voce utuntur Horatius, Plautus et alii. Barthius observat, *funera* esse cædes, latrocinia et pestilentiam apud L. Septimium de Bello Trojano. Lactantius, sive alius de Passione dominica: *Sum factus homo, atque horrentia passus Funera.*

794. In Rat., *sese ostentant*: quæ lectio Marietto non displicebat, quia supra etiam vers. 688 de discordia *ostentans*, etc., cum tamen se occultaret. Argutius ista quam verius dicuntur, nisi fallor. Discordia ostentabat capillos olea frondente redimitos, quamvis falsam virtutis speciem induerit. Arius et Photinus *hac arte feritatem suam occultabant.*

798 Virgilius lib. v, vers. 700: *Casu concussus acerbo*, et vers. 869: *Casuque animum concussus amici*. Ut autem ego puto, poeta Hieronymi verba legerat dialog. adv. Lucif. num. 19: *Ingemuit totus orbis, et Arianum se esse miratus est*. Ponitur a Prudentio scite *populus* pro quacumque multitudine. Exempla vide in Lexicis.

799. Vienn. *cum generosa;* Aldus, *tunc cum aliis*. In nonnullis, *tum*.

804. Ex Heinsianis solus Thuan., *sed defensa fide;* cæteri, *fides*. Non in eligo cur recentiores, Chamillardus aliique vulg. amplexi fuerint *fide* : nam concinnior est sententia *Concordia læsa est, sed defensa fides; quin et concordia sospes germanam comitata fidem sua vulnera ridet*. Et fides quidem legitur in Mar., Alex., Weitzio cum suis, Sich., Rat., quamvis non ita clare, aliisque. In Vatt. C, G, *file*, quod exstat in Vat. F a manu secunda. Giselinus, Aldum et Nebrissensem secutus, legit *fide*, etsi alii haberent *sed defensa fides*, quia, inquit, fides jam victrix defensione hic non indigebat, quam rationem arripuit etiam Teolius, putans probationes Vatt. habere *fide*. Sed nihil inde conficiunt: nam asseritur, defensam ab omni vulnere esse fidem, læsa concordia; ideoque sequitur *quin et concordia*, etc.

805. Æmulatus est Maronem lib, IX, vers. 262: *Nihil illo triste receptum.*

804. Præstantiores Heins., Rat. a prima manu,

Fabr., Vat. G, Picc., Alex., *egregio*, cum Gis. et aliis, Rat. supra, Mar., Vienn., Ald., Weitz., Vatt. C, F, et alii *egregium*. Utrumlibet teneas, licet, sive *opus egregium*, sive *egregio labori*.

805. Vienn., *tantum*: melius, *tandem*.

806. Vienn., *belliger*, mendose. Sermo est de Salomone *pacifero* hærede regni sub Davide *belligeri*. In duobus veterrimis Heins., in Egm. et Pal., quos Weitzius est secutus, *inermus*. Idem in Vatt. F, L, et Alex., ubi exaratur *inhermus*; et in codice Barthii, qui *inermus* scitius esse dicit quam *inermis*. Equidem *inermus* libenter ego, ut apud Virgilium *vulgus* et *pectus inermum*, non tamen improbaverim *inermis* in Ald., Mar., Rat., Vienn., plurimis Heinsianis, Gis., Vatt. C, BB.

807. In nonnullis vulg. ad marg., *instruxit Salomon*.

809. Erf., *jam terso*. Vat. C, trajecit verba; metrumque evertit, *fundatur templum, et ara*.

811. Alii scribunt *Jerusales*, alii *Jerusalem*, alii *Hierusalem*, sive *Hierusales*. Cauchius ex suo codice annotarat *Jerusale*, quod probare videbatur; Aldus, *tunc hic Jerusalem*. Giselinus, *tunc et Jerusalem*. Optimi et plerique sine *et*, et sine *hic*. Aldus, *lustrata* pro *illustrata*, Alex., Vat. O, Mar., Rat., Hein-iani, *quietum*, cum Weitzio et Giselino. Alii, *quieto*. Giselinus 4 edit. et ad oram 2 ed., *Hierusalem templo tunc illustrata quieto*. De quantitate syllabarum in *Jerusalem* non disputo. Barthius singularem lectionem ex suis membranis profert, *Tunc templo Hierusalem illustratura quieto Suscepit jam diva Deum*. Fridericus Besselius, Miscellan. syntagm., pag. 51, legit *quietum*, et recte explicat de arca, quæ a Salomone primitus illata templo est, ut sed em ibi fixam haberet, lib. I Reg., cap. 4, vers. 7: *Timuerunt Philisthiim dicentes: Venit Deus in castra*. Arcam, a Jeremia sepultam, nondum inventam esse, neque in secundo templo fuisse, neque a Tito in triumpho portatam, plerique interpretes affirmant. Eam intra arcum Titi esse expressam non solum aliqui interpretes Prudentii docuerunt ad vers. 538 Apoth., sed multi etiam scriptores antiquitatum Romanarum, ut alios omittam. Sed diligentissimus Villalpandus, re accuratius inspecta, deprehendit, arcam in arcu Titi non exhiberi: eos, qui aliter scripserunt, deceptos fuisse aut falsis aliorum narrationibus, aut quia ipsi arcum videntes mensam, quæ ibi cernitur, putarunt esse arcam. Nonnulli non in parte, in qua est mensa, sed in parte adversa arcam collocant. Nihilominus Villalpando as-

PSYCHOMACHIA.

655 Suscepit jam diva Deum, circumvaga
[postquam
Sedit marmoreis fundata altaribus arca.
Surgat et in nostris templum venerabile castris :
815 Omnipotens cujus sanctorum sancta revisat.
Nam quid terrigenas ferro pepulisse phalangas
Culparum prodest, hominis si filius arce
Ætheris illapsus, purgati corporis urbem
Intret inornatam, templi splendentis egenus?
820 Hactenus a'ternis sudatum est cominus armis :
Munia nunc agitet tacitæ toga candida pacis,
Atque sacris sedem properet discincta juventus.
656 Hæc ubi dicta dedit, gradibus regina su-
[perbis

Desiluit, tantique operis Concordia consors,
825 Metatura novum jacto fundamine temp'um.
Aurea planitiem spatiis percurrit arundo
·Dimensis, quadrent ut quatuor undique frontes,
Ne commissuris distantibus angulus impar
Argutam mutilet perdi sona semetra normam.
830 Auroræ de parte tribus plaga lucida portis
Illustrata patet : triplex aperitur ad austrum
Portarum numerus : tres occidualibus offert
657 Janua trina fores, toties aquilonis ad
[axem
Panditur alta domus : nullum illic structile
[saxum ;
835 Sed cava per solidum, multoque forata dolatu

GLOSSÆ VETERES.

812. Diva, *divina*, I.
813. Arca, *quæ signat carnem Christi*, I.
815. Cujus, *templi*. — *Sancta, sanctas animas*, I.
816. Phalangas, *vitia, multitudines*, I.
817. Filius, *Christus*, I.
818. Purgati, *in baptismo*, I.
819. Egenus, *carens*, I.
820. Sudatum, *dimicatum est*. — Cominus, *juxta*, I.
821. Munia, *cantica, officia domus*. — Agitet, *faciat*.
—Tacitæ, *tranquillæ*, I.
822. Sacris, *Christi*.— Properet, *acceleret*.— Discincta, *a bello*, I.
823. Regina, *fides*.—Superbis, *gloriosis, vel pulchris*, I.
824. Desiluit, *a solio*, I.

825. Furdamine, *aliud fundamentum nemo poneie potest*, etc., I.
826. Planitiem, *campum templi*, I.
827. Frontes, *quatuor anguli*, I.
828. Commissuris, *conjunctionibus*. — Distantibus, *imparibus mensuris*, I.
829. Argutam, *subtilem, angustam*. — Mutilet *corrumpat*. — Semetra, *semis mensura ; pendens lapillus*, I. — Dissona, *dissonantia*. — Semetra, *mensuras*, Vat. T.
830. Auroræ, *oriens significat pueros, auster juvenes, occidens maturitatem, aquilo decrepitam*, I.
831. Austrum, *meridiem*, I.
835. Solidum, *soliditatem*. — Multo, *in alto*. — Dolatu, *foramine*, I.

COMMENTARIUS.

sentior : nam in recentioribus imaginibus arcus Titi arca nusquam describitur. Vide Riberam in Haggæum, cap. 1, num. 15 et seqq., qui ipse videns arcum, aliquando deceptus est.
815. Post hunc versum in Erf. collocatur vers. 820 : *Hactenus alternis*, etc., postea *Nam quid terrigenas*.
816. Rat. a prima manu, Egm., *nunquid*. Giselinus ediderat *nunquid*, sed in Emendatis reposuit *nam quid*, quod non videtur advertisse Heinsius. Plerique veteres habent *phalangas*. Nihilominus lego *phalanges* in Alex., Vatt. C, F et aliis. Fuld., *phalanga*.
818. Mendose Vienn., *illapsum*.
819. Rat., *intrat* ; alii, *intret*. Lactantius in Epit. divinar. institut., cap. 8 : *Evacuetur omni labe pectus, ut templum Dei esse possit, quod non auri, nec eboris nitor, sed fidei et castitatis fulgor illustrat*. Confer hymnum S. Romani, vers. 341. Hæretici locis hujusmodi abutuntur, ut ornatum templorum refellant : ineptissime, non enim quia melior est ornatus cordis quam templi, continuo colligas rejiciendum ornatum templi, quem Prudentius noster sæpius laudat.
820. In vulg. nonnullis, *hactenus alterius*.
821. Gifanius Ind. Lucr., pag. 362, in verbo MœNrA, asserit, studiosissimum fuisse antiquitatis Prudentium : et ex quodam vet. lib. legit *mœnia nunc agitet* pro *munia*, ut in Lucretio *mœnera* pro *munera*. Alii melius *munia*. In Vat. F, *Menia nunc agitet*. Egm., *munia nunc agit en*, quod Barthius, in suo ms. repertum, putabat optimum.
822. Ald., Alex., Mar., Rat., Vienn., Vat. F, Ang., Widm., Weitz., duo vetertimi ex Heinsianis, *atque sacris sedem*. Sich., *adque sacri sedem*. Pah., *adque sacris sedem*. Oxon., *atque sacri sedem*. Gis., *atque sacris œdem* ; qui Giselinus asserit, antea legi *adque sacri sedem*. Ridicule (inquit). *Sedes enim nondum erat delecta : ecquo igitur properaretur ?* Pro *discincta* multi veteres apud Heinsium non bene *distincta*. Barthius legit *properat discincta juventus* ; Pru-

dentius, ait, *felicitatem suorum temporum alludit, et indicat..... ipse nullo non nomine, tempore, loco, studio commendabilis*. Intellige felicitatem, de qua mento recurrit contra Symmach., vers. 545 et seqq. Post hunc versum titulus in Mar. et Rat., *Ædificium fidei et concordia* : de quo vide prolog. num. 65. Weitzius eamdem inscriptionem apposuit.
824 Heinsiani, Aldus, Gifanius Ind. Lucret., v rho Dissiluit, Mar., Weitz., *desiluit* vel *dissiluit*. Giselinus, Rat., Cellar., Teol., *desiliit*. Mar., *concors pro consors*, quod postremum verius est.
8 5. Vienn., male, *meditatura novum*. Rat. non melius, *metitura*. Thuan., *læto pro jacto*. Mihi hæc lectio non arridet ; et *lato fundamine* suspicatur Heinsius. Quanto melius *jacto*, quod est in reliquis omnibus? Vide Apocalyps. cap. xii.
827. Vat. D, ridicula trajectione, *frontes undique*.
829. Vienn. et Rat., *mutilet argutam*. Magis congruit metro *argutam mutilet*. Giselinus et Aldus, *symmetra*, quod sequi maluit Gallandius et Fabricius explicat *distantiam eamdem habenti*. Heinsiani fideliores *semetra* : et, ut observat Heinsius, *semetra* videtur poeta symmetris contraria facere. Vocabulum est dimidia ex parte Latinum, ut *primoplastus*. In Fuld., *semeta* ; in Rat., *semetra* ; in Ang., *argutam normam mutilet per dissona*, ubi aliquid desideratur. Mar., Alex., Vatt. C a secunda manu, D, F, L, O, BB, *Argutam mutilet per dissona semetra normam*. Nebrissa docet normam Hispanis esse *el cartabon*, non *carbuton*, ut alicubi mendose editum est.
832. In Rat. imperitissimus corrector pro *occidualibus* posuit *qua sol occidit*.
833. Fabr., *totidemque aquilonis*.
834. In Egm., *strictile saxum*, crediderim mendum. Thuan., *nullum hic cum hiatu*.
835. Chamillardus nomen *dolatus, dolatus*, apud veteres inauditum asserit. Sed audivitne ipse omnes veteres? legitne omnia quæ scripserunt? Apuleius dixit *dolamen* eadem significatione. In Erfurt., *dolata*

Gemma relucenti limen complectitur arcu,
Vestibulumque lapis penetrabile concipit unus.
Portarum summis inscripta in postibus auro
Nomina apostolici fulgent bis sena senatus.
840 Spiritus his titulis arcana recondita men is
Ambit, et electos vocat in præcordia sensus,
Quaque hominis natura viget, quam corpore
[toto
658 Quadrua vis animat, trinis ingressibus
[aram
Cordis adit, castisque colit sacraria votis :
845 Seu pueros sol primus agat, seu fervor ephebos

Incendat nimius, seu consummabilis ævi
Perficiat lux plena viros, sive algida borræ
Ætas decrepitam vocet ad pia sacra senectam :
Occurrit trinum quadrina ad compita nomen,
850 Quod bene discipulis disponit rex duodenis.
Quin etiam totidem gemmarum insignia texis
Parietibus distincta micant, animæsque colorum
Viventes liquido lux evomit alta profundo.
659 Ingens chrysolithus, nativo interlitus auro,
855 Hinc sibi sapphirum sociaverat, inde beryllum,
Distantes que nitor medias variabat honores,
Hic chalcedon hebes perfunditur ex hyacinthi

GLOSSÆ VETERES.

856. Limen, *introitum*. — Arcu, *fornice*, I.
839. Senatus, *nominibus apostolorum; per quorum prædicationem Spiritus sanctus amplectitur arcana cordis*, Iso.
840. Titulis, *nominibus apostolorum*. — Recondita, *occulta hominum*, I.
841. Ambit, *circumdat, intrat*. — Præcordia, *in anima*, I.
842. Natura, *hominis*, I.
843. Quadrua, *quatuor elementa, quæ animant hominem, ignis, aer, terra, aqua : quatuor partes mundi*.
— Vis animæ, *status vitæ*. — Trinis, *sancta Trinitas, vel triplicis naturæ est, id est, rationabilis, concupiscibilis, irascibilis*. — Aram, *sedem*. Iso.

845. Agat, *nutriat : qui in pueritia sunt*. — Ephebos, *juvenes, qui in juventute sunt*, I.
846. Ævi, *qui in senectute sunt*, I.
849. Occurrit, *his singulis*. — Numen, *trinus Deus, per quatuor latera domus*, I.
850. Disponit, *ordinavit*. — Duodenis, *quos in quadratum orbem misit*, I.
851. Insignia, *ornamenta*, I.
852. Animasque, *splendores, qui figurant animas*. — Colorum, *diversorum*, I.
853. Evomit, *emisit*, Iso.
855. Hinc, *ex uno latere*, I.
856. Honores, *sapphiri et berylli*, I.
857. Hebes, *in splendorem*, I.

COMMENTARIUS.

foratu pro *forata dolatu*. In Vat. G a secunda manu, *forata dolatu*, prioribus abrasis.
856. Mar., *lumen;* supra charactere minori, *limen*. Apocalyps. XXI, 11, dicitur : *Et lumen ejus simile lapidi pretioso, tanquam lapidi jaspidis, sicut crystallum :* Giselinus ait, videri poetam legisse : *Et limen ejus simile lapidi pretiosissimo, tanquam jaspidi, crystallizanti;* cæteroqui de suo januæ descriptionem affinxisse. Præmiserat vero Giselinus, vix esse, qui hanc allegoriam rectius et venustius accommodarit. Pro *arcu* Put. *actu*. Non placet *relucenti actu;* et *arcu* habent Mar., Rat., Vienn., Alex., Vatt. C, D, F, aliique præter editiones veteres. Sermo est de duodecim portis cœlestis Hierusalem Apocal. loc. cit., vers. 21 : *Et duodecim portæ duodecim margaritæ sunt per singulas, et singulæ portæ erant ex singulis margaritis. Itaque singulæ portæ ex singulis margaritis ingentibus constabant, quæ margaritas perforatæ aditum præbebant.* Huc respexit Prudentius, non ad vers. 11, ut putavit Giselinus. Vide comment. Ludovici ab Alcazar.
858. In quibusdam vulg., *summus;* legendum *summis*.
840. Hic locus ex Pauli verbis intelligitur ad Ephes. II, 18 et seqq. : *Quoniam per ipsum habemus accessum ambo in uno spiritu ad Patrem. Ergo jam non estis hospites, et advenæ; sed estis cives sanctorum, et domestici Dei ; superædificati super fundamentum apostolorum et prophetarum, ipso summo angulari lapide Christo Jesu. In quo omnis ædificatio constructa crescit in templum sanctum in Domino. In quo et vos coædificamini in habitaculum Dei in spiritu.*
841. Prior B. eh., *intrat, et electos*.
842. Erf., *qua hominis*. Weitzius, *qua corpore*, cum Mar. et Rat.
843. Mar., Rat., Sich., *vis animæ :* ita Weitzius, qui propterea legit *qua corpore toto*. Tunc *quadrua vis animæ* aram cordis adit. Nebrissa quadruam hanc vim interpretatur quatuor hominis ætates.
845. Egm., mendose, *seu pueros sub primus agat.*
847. Erf. a prima manu, *lux alta*, non absurde. Duo vetustiores Heinsiani, Alex. a prima manu, Ald., Mar., Weitz., *borræ :* idem fere est *borrhæ* in Gis..

borreæ in Vat. L et Ang. Alii, *boree*, ut Erf., Fabr., Egm., tres Heinsiani, Vatt. C, F, et alii. In Widm., *borræ* et *boreæ;* in Vat. D, *boræ;* in Vienn. et Rat., *boreæ;* in Mar. *algidæ borræ;* supra bene correctum *algida* Gronovius, Observat. eccles. cap. 5, plorare jubet ne-scio quem codicem, ex quo ostentatur *boreæ algida sive;* Græci et βόῤῥης et ἐορέας dicunt. In Teolio mendum puto *seu pro sive algida borræ*. Idem Teolius videtur sensisse, in nullo ms. Vat. exstare *borreæ*, quod falsum est. Carmini magis consonat *borræ :* et ita legitur apud Paulinum in oda ad Nicetam : *Te patrem dicit plaga tota borræ.*
848. Vienn., *fovet* pro *vocet*.
849. Potiores ex Heinsianis cum Aldo, Vatt. F, L, G, a prima manu, *nomen*. Gis., Weitz., Mar., Rat., Vienn., Alex., Vat. C, *numen*, quod Iso amplectitur. Heinsio rectius videtur *nomen*, quod mihi etiam placet. In Vat. O, *Occurrit numen quadrina ad compita trinum.*
852. Nove et mire dictum' *animæ colorum viventes* pro vivis coloribus.
853. Gifanius Ind. Lucr. ait Prudentium sine dubio Virgilii locum ex lib. II Georg. imitatum : *Si non ingentem foribus domus alta superbis Mane salutantum totis vomit ædibus undam.* Sic *lux evomit*.
854. Weitzius scribit *chrysolitus*, quia ita reperit in Widm. Sed nonne fuisset melius *chrysolithus* cum cæteris?
855. Corrector audacissimus in Rat., abrasis prioribus, substituit *et beryllum*, ne prima in *beryllum* corriperetur. Eam corripuit Fortunatus, et Fridegodus in Vita S. Wilifridi num. 46, *Protinus admisso micuit syntagma beryllo.*
856. Fuld., Pal., *variarat* pro *variabat*. Heinsius edidit *variarat*, sed varias lectiones non adnotavit, ut solet, cum a vett. edd. recedit. Heinsium Chamillardus, et Teolius secuti sunt; Cellarius et Gallandius restituerunt *variabat*.
857. Ratishonensis corrector de quo nuper, iterum inscitiam suam prodit *Chalcedon hebes hinc perfunditur*. Weitz., scripti Heinsiani, Pal., Alex., *hic chalcedon*. Ald., Gis., Mar., Rat., Vienn., Vat. F, Gall. et alii, *hinc chalcedon*. De his gemmis vide interpre-

Lumine vicino : nam forte cyanea propter A
Stagna lapis cohibens ostro fulgebat aquoso.
860 Sardonychen pingunt amethystina : pingit iaspis
Sardonium juxta appositum, pulcherque to-
                       [pazon.
Has inter species smaragdina gramine verno
Prata virent, volvitque vagos lux herbida fluctus.
Te quoque conspicuum structura interserit,
                       [a dens
865 **660** Chrysoprase, et sidus saxis stellantibus
                       [addit.

Stridebat gravidis funalis machina vinclis,
Immensas rapiens alta ad fastigia gemmas.
At domus interior septem subnixa columnis
Crystalli algentis, vitrea de rupe recisis,
870 Construitur, quarum tegit edita calculus al-
                       [bens
In conum cæsus capita, et sinuamine subter
661 Subductus conchæ in speciem, quod mille
                       [talentis
Margaritum ingens, opibusque, et censibus
                       [hastæ

GLOSSÆ VETERES.

858. Propter, *juxta cyaneum stagnum, in quo iste lapis invenitur*, 1.
859. Stagna, *aquas*. — Lapis, *hyacinthus*. — Cohibens, *coagulans*. — Ostro, *nam purpureum colorem habet*, 1.
862. Species, *colores*. — Smaragdina, *smaragdus viret*, 1.
863. Voluit, *facit*. — Fluctus, *splendores*, 1.
864. Structura, *lapidum*, 1.
866. Funalis, *in fune pendens*. — Machina, *domus*, 1.
867. Fastigia, *ad cœlum : nam œdificatam domum aa cœlum trahebant*, 1.
869. Recisis, *sectis*, 1.
870. Quarum, *columnarum*. — Calculus, *corona*, 1.
871. Capita, *summitates*, 1.
873. Margaritum, *calculus*, 1.

COMMENTARIUS.

861. Egm., Pal., Alex., Put., *Sardium*, quod vix hoc loco ferri posse pronunciat Heinsius, qui præfert *Sardoum* cum Thuan., nam a Sardinia *sardous* lapis, et *Sardoa* herba dicuntur. Heinsium ex cod. Regio edidisse *Sardoum* affirmat Teolius ; sed animadvertendum, regii codicis nomine apud Heinsium intelligi Puteanum, ubi est *Sardium*. In Aug., *Sordonium*. Ald., Gis., Weitz. cum Mar., Rat., Vienn. et al.is, *Sardonium*. In altero Rott., *Sardon ibi appositum*. Pro *appositum* Gis. et Fabr. *appositus*. Gifanius ex vet. lib. tuetur *topazion*, per episynalœpham ; posse id stare non nego, sed male in aliis legi *topazon*, non assentior. Apud Venantium Fortunatum lib. 1 de partu Virg., *Quando pavimentis alba topazus inest*. Fortasse Prudentius dixerit masculino genere *topazus*, vel *topazos*.
862. Hic quoque Weitzius singularem unius codicis Egm. lectionem voluit tenere, scilicet *zmaragdina*.
863. Aug., *vomitque vagos*. Metrum rejicit vom t. *Herbidus* pro colore herbeo, seu viridi apud Ovidium, Columellam, Plinium, Plautum, Sidonium, Paulinum et alios.
865. Pal., Vat., C et nonnulli ex vetustioribus Heinsianis, *saxis stillantibus*, quos audiendos non esse, monet Heinsius. Alii *chrisoprase*, alii *crysoprase* scribunt. Venantius Fortunatus lib. 111 Vitæ S. Martini ait : *Quæ palla ex humeris mixto chryso prasoberyllis*. In Glossario Cangii, aucto et illustrato opera Maurinorum, dubitatur an *mixto auro*, seu *chryso cum prasoberyllis*, an vero unica vox *chrysoprasoberyllis*. In codice ms. S. Germani Parisiensis ita legitur : *Quæ palla ex humeris mixto chrysophura beryllis* : quo pacto obscurior est versus. Ego opinor, Venantium loqui de *chrysopraso*, sed ita ut inflectat *chrysoprasis, is :* adeoque verba ita sunt separanda *mixto chrysoprase beryllis*. In quantitate syllabarum discrepant Prudentius et Fortunatus, quod in hujusmodi nominibus Græcis minime est mirandum. In postrema editione Fortunati Romæ procurata legitur *mixto chrysopraso beryllis*. Sed *o* in auferendi casu a Venantio corripi, quis credat ?
866. Post hunc versum nihil est aliud in exemplari bibliothecæ Viennensis, quocum Mariottus superiora contulit : qui asserit, hoc Psychomachiæ fragmentum satis corruptum, et negligenter scriptum, neque alia Prudentii carmina in eo codice inveniri.
868. Virgilius 1 Æn., vers. 641 : *At domus interior*, etc. Cap. IX Proverb., vers. 1 : *Sapientia œdificavit sibi domum ; excidit columnas septem*.
869. Weitzius ridicule, ut solet, *cristalli* edidit, solius Widm. auct ritate permotus, cum in aliis scribatur *crystalli*. In Mar., Rat., Palat., Widm., Egm. supra *albentis*. Aldus cum aliis *algentis :* quod magis placet, nam statim versu proximo *calculus albens*. Crystallus algens, quia ex gelu concrescere dicitur. Vide Cath. hymn. 2, in not. ad vers. 71.
870. Heinsius cum Egm., et Pal., *quadrum pro quarum*, scilicet *quadrum in conum*, uti etiam in cod. vet. legisse Barthium Heinsius affirmat. Barthii locum non invenio : et quamvis Heinsius ex Paschasio Radberto proferat *quadro sub cardine cœli*, et ex Herico Altissiodorensi lib. 11 de Vita S. Germani, *quadrum lignum, quadius orbis*, nihilominus sequor codices optimos, Heinsianos, omnes, Mar., Rat., Alex., Vat. C, F, G, Ald., Gis., Weitz. aliosque ; *quarum tegit*, etc. Sensus vero o ilnus est *quarum* (columnarum) *ed ta capita tegit calculus albens in conum cæsus*. Iso nobiscum facit : QUARUM, *columnarum*. Recentiores, Cham., Cell., Teol. Heinsium ducem sunt secuti. Gallandius vero mendum putavit in Chamillardo *quadrum*.
871. Pal. scribit *in quonum*. *Conus* est cacumen, sive capitellum mavis dicere, ubi silicet ex peripheria in unum punctum plures lineæ assurgunt. Ald. et Vat. C, *sinuamina*.
872. Ald., *subducium conchæ in speciem ;* alter Rott., *ducto concharum in speciem*, Weitzius, *ductus concharum in speciem*, cum Erfurtensi. Communior et ver or lectio, *subductus conchæ in speciem ;* in Vat. C, *in specie*.
873. In Aldo error *margaritarum* pro *margaritum*. *Margaritum* neutro genere recte dici ex Servio, Varrone, fragmento epistolæ Augusti, aliisque probat burmannus tom. 1 Antholog., pag. 413. S. Hieronymus sæpe ita locutus est. Giselinus e duobus Pulmanni apographis restituit *op'busque, et censibus hastæ Addictis*, neque rejiciendam censet aliam lectionem in suo *opibusque, et viribus arcæ Adductis*. Prius illud approbat Heinsius cum Put. et Egm. In cæteris ejus erat *opibusque, et viribus hastæ*, vel *arte*, vel *haustæ :* unde conjiciebat Cauchius *opibusque, et jure sub hastæ Addictis*, merito improbante Heinsio. Weitzius in Fgm. legit *hasta*, non *hastæ*. Fuld. et Widm., *viribus haustæ ;* ita etiam Erf., supra *hausta*, quod exstat in Palat. Fabr., *arte adductis* Ald., *opibus et viribus arte adductis*. In quibusdam apud Weitz., *arcæ adductis*. Mar. et Rat., *opibusque, et viribus hauste addictis*. Alex., *opibusque, et juribus hastæ addictis*, cum glossa JURIBUS, *hoc est belli, vel victoriæ ;* HASTÆ, *scilicet vendition, vel captioni*. Vat. C, *opibusque, et vir.bus arte adductis :* idem subobscure in Vat. D. Notandum enim est, in codicibus mss. veteribus,

Addictis, ani nos1 fides mercata pararat. A
875 Hoc residet solio pollens Sapientia, et omne
Consilium regni celsa disponit ab aula,
Tutandique hominis leges sub corde retractat.
In manibus dominæ sceptrum, non arte poli-
[tum :
662 Sed ligno vivum viridi est, quod sti·pe
[recisum,
880 Quamvis nullus alat terreni cespitis humor,
Fronde tamen viret incolumi : tum sanguine
[tinctis
Intertexta rosis candentia lilia miscet,
Nescia marcenti florem submittere collo.
Hujus forma fuit sceptri gestamen Aaron
885 Floriferum : sicco quod germina cortice trudens,
Explicuit tenerum spe pubescente decorem,

Inque novos subito tumuit virga arida fetus.
663 Reddimus æternas, indulgentissime do-
[ctor,
Grates, Christe, tibi, meritosque sacramus ho-
[nores
890 Ore pio : nam cor vitiorum stercore sordet.
Tu nos corporei latebrosa pericula operti,
Luctantisque animæ voluisti agnoscere casus.
Novimus, ancipites nebuloso in pectore sensus
Sudare alternis conflictibus, et variato
895 Pugnarum eventu, nunc indole crescere dextra,
Nunc inclinatis cervicibus ad juga vitæ
Deteriora trahi, seseque addicere noxis
Turpibus, et propriæ jacturam ferre salutis.
O quoties animam, vitiorum peste repulsa,
900 Sensimus incaluisse Deo : quoties tepefactum

GLOSSÆ VETERES.

875. Solio, *calculo*. — Sapientia, *Deus*, I.   B
878. Dominæ, *sapientiæ*. — Non arte, *non aureum fuit*, I.
882. Miscet, *huic sceptro ad ornamentum affixit*, I.
883. Florem, *proprium*. — Collo, *summitati*, I.
885. Trudens, *emittens*, I.

886. Spe, *florendi*, I.
891. Pericula, *vitia*. — Operti, *occulti*, I
893. Ancipites, *humanos*. — Nebuloso, *obscuro*, I.
895. Indole, *spe vincendi*. — Dextram, *nostram*, Iso
896. Cervicibus, *virtutibus*, I.
900. Tepefactum, *defectum*, I

COMMENTARIUS.

sæpe non satis distingui, legendumne sit *juribus* an *viribus*. Vat. F, *opibusque*, *et juribus arte additis;* ita etiam Vat. G a prima manu. Vatt. L, BB, *opibusque*, *et viribus arte additis.* Ex his omnibus rejici certe debet *additis*, quod metro adversatur. Gifanius ex vet. lib. præfert *opibusque et viribus hastæ addictis*, et *censibus* glossam sapere affirmat. Heinsius contra pulcherrimum putat *censibus*. Mihi non displicet *juribus*. Existimo præterea omnino legendum *hastæ:* in Ang. erat *viribus ..... additis*, et desiderabatur ea vox. In Bonon., *viribus astu et addictis*. De verbo *addicere* pro *vendere* vide comment. ad vers. 77 hymni 2 Perist.
874. Salmasius, qui in Jul. Capit. pag. 90 ex codice Put. legit etiam *opibusque, et censibus hastæ addictis*, explicat deinde, quid sit *animosa fides;* scilicet quæ pretio non parcit, et impensas minime veretur, ut *animosus homo* in cod. Theod., et *animose comparare* apud Suetonium. Weitz., Mar., Rat., *parabat*. Prudentius attingit parabolam ex cap. XIII Matth., vers. 45 et 46 : *Simile est regnum cœlorum homini negotiatori, quærenti bonas margaritas. Inventa autem una pretiosa margarita abiit, et vendidit omnia quæ habuit, et emit eam.* Hinc intelligitur quid sit *opibus, et censibus hastæ addictis*, seu *venditis*, nimirum homo fide animosus vendidit omnia quæ habuit, et emit illud margaritum, sive regnum cœlorum.
876. In altero Rott., *concilium*.
878. Ang., *nec arte*; lege *non arte*. Paschalius, de Coronis cap. 8, lib. III, notat, in sceptris apponi consuevisse lilia, aut rosas, aut utrumque.
879. Ita Heinsiani, Erfurt., Widm., Weitz., Alex., D
Vat., O, Mar., Rat. et Bononiens.s. In Ald., Gis., Vatt. C, L, *Sed lignum vivum est, viridi quod stirpe recisum;* quam lectionem admittendam negat Gallandius, quia vers. 881 dicitur *Fronde tamen viret incolumi*. Fuld., Pal., *Sed lignum vivum, vir.di est quod stirpe recisum*. Vat. C, *Sed lignum vivum viride est, quod stirpe recisum*. Vat. F, *Sed lignum vivum viridi de stirpe recisum*. Ang., *Sed lignum vivum, viridi quod stirpe recisum est*. In Put., mendose, *recisos*; in Thuan. et Oxon., *Sed lignum vivum viridi est, quod stirpe reciso*. Salmasius, teste Heinsio, locum veteris grammatici codici Put. ascripserat, quem opinatur ad hæc ipsa Prudentii allusisse: *Stirps in significatione subolis feminino genere dicitur. Sed cum materiam significat, masculino modo stirpem recisum dixe-*

runt. Quod ego non puto. Quintilianus lib. I, cap. 6, ait poetas metri necessitatem excusare, nisi siquando varian', nihil impediente in utroque modulatione pedum, qualia sunt : *Imo de stirpe recisum.* Locus indicatur Virgilii XII vers. 208 : *Cum semel in silvis imo de stirpe recisum.* Virgilium, qui de sceptro quoque loquitur, æmulatur Prudentius.
881. Ald.,*tunc sanguine;* alii *tum*. Vat.C, perperam, *te*.
882. In Widm. supra, *intertexta*, ut in cæteris; in textu, *intertecta*, quod nescio cur Weitzio arriserit.
884. Crucem Domini (nam hoc est sceptrum hactenus descriptum) virgæ Aaron comparat S. Augu- C
stinus serm. 51 append. : *Omnes ergo principes tribunum habeant necesse est virgas suas; sed unus est solus, sicut Scriptura dicit, verus pontifex ille, cujus Aaron sacerdos præferebat figuram. Hujus ergo virga germinavit. Sicut enim virga Aaron germinavit in populo Judæorum, ita crux Christi floruit in populo gentium.* Plura in eamdem rem egregie Augustinus, sive potius Origenes. De virga Aaron vide Numeror. cap. XXII. In Aaron duas primas ex Hebræo idiomate curripi, plerique aiunt. Ricciolius credit secundam a Prudentio produci, quia Hebraice minus est brevis quam prima ; siquidem secunda est *patach*, sive *a* breve, prima *chatef patach*, scilicet *a* brevissimum. De his uberius in Proleg.
885. Gis., Weitz., Vat. F, *florigerum*. Heinsiani at plerique nostri, *floriferum*. Pro *germina* habent *germen* Thuan., Oxon., Erf., Egm., Fuld.
887. Ald., *viruit virga*, cum nonnullis vulg. Post hunc versum in Mar. et Rat. titulus *Gratiarum actio*.
893. Ang., *nebuloso pectore sine in*.
895. Giselinus suspicabatur *dextra*, quamvis edidisset *dextram;* ac reipsa invenit *dextra* in codice Pulmanni. Confirmant *dextra* Put., Thuan., duo Rott., Cauch., Egm. Sed nostri plerique cum Aldo et Weitzio, *dextram;* sic Mar., Ratt., Alex., Vat. C, F, Ang. Præfero *dextra*, scilicet indole. Iso mavult *dextram*, ut ex glossa colliges.
896. Put., Egm., Palat., Vatt. G. H, L a prima manu, *virtutibus*, quod supra est in Widm., et glossæ v.cem si bit. Ed.ti et plerique mss., *cervicibus*.
897. Fu'd., *flammi-*; cæteri, *noxis*.
899. Weitz., *revulsa*, non male; sed plerique alii, *repulsa*, melius.
900. Egm., mendose, *inclausisse Deo*. Fabr., *tepefactus, male*

Cœleste ingenium post gaudia candida tetro
Cessisse stomacho! fervent bella horrida, fervent
Ossibus inclusa : fremit et discordibus armis
664 Non simplex natura hominis : nam vi-
[scera limo
905 Effigiata premunt animum : contra ille, sereno
Editus afflatu, nigrantis carcere cordis
Æstuat, et sordes arcta inter vincla recusat.

Spiritibus pugnant variis lux, atque tenebræ.
Distantesque animat duplex substantia vires :
910 Donec præsidio Christus Deus adsit, et omnes
Virtutum gemmas componat sede piata.
Atque, ubi peccatum regnaverat, aurea templi
Atria constituens, texat spectamine morum
Ornamenta animæ : quibus oblectata decoro
915 Æternum solio dives Sapientia regnet.

GLOSSÆ VETERES.

902. Bella, *virtutum et vitiorum*, Iso.
903. Ossibus, *humanis*, I.
906. Editus, *emissus vel factus; spiritus hominis.*—Cordis, *carnis*, I.
908. Lux, atque tenebræ, *spiritus et vitia*, I.
910. Præsidio, *ad præsidium*, I.
912. Ubi, *prius*, I.
De 12 lapidibus. — *In jaspide ergo fidei viriditas, in sapphiro spei cœlestis altitudo, in chalcedone flamma charitatis internæ figuratur. In smaragdo autem ejusdem fidei fortis inter adversa confessio, in sardonico sanctorum inter virtutes humilitas, in sardio reverendus martyrum cruor exprimitur. In chrysolitho vox spiritalis inter miracula, in beryllo prædicantium perfecta operatio, in topazio eorumdem ardens contemplatio monstratur. Porro in chrysopraso beatorum martyrum opus pariter et præmium, in hyacintho doctorum cœlestis ad alta sublevatio et propter infirmos humilis ad humana discensio, in amethisto cœlestis semper regni in humilium animo memoria designatur. Singulique lapides pretiosi singulis sunt fundamentis deputati; qui licet omnes perfecti, quibus civitas Dei nostri in monte sancto ejus ornatur atque fundatur, spiritalis gratiæ sunt luce fulgentes : alii tamen per spiritum datur sermo sapientiæ, alii sermo scientiæ, alii gratia sanitatum, alii genera linguarum, alii fides in eodem spiritu, etc.*, Iso.

COMMENTARIUS.

901. Weitzius e ms. Piccarti notat *post gaudia candida retro.*
902. Ald. et nonnulli vulgati cum Picc., *cessisse e stomacho.* Vera lectio est *cessisse stomacho*, neque ullum codicem dissentientem reperimus.
903. Simili ratione Ald., Giselin. et alii, *ossibus, atque inclusa fremit.* Heinsiani, Erf., Egm., Widm., Pal., Mar., Rat., Ang., Alex., Vatt. F, G, H, L, *Ossibus inclusa : fremit et discordibus armis.* Fuld. et Palat. distinguunt, *Ossibus, inclusa fremit et discordibus armis.*
905. De verbo *effigie* vide hymnum 10 Cathem., vers. 4, circa exsequias. Put., *animam*, cui adhæret Vat. C. Alii, *animum*.
906. Aug., male, *nigrantis in carcere cordis.* Vat. C, *nigranti carcere cordis.* Alii, *nigrantis carcere cordis.*
909 Erf., *distantes animo.* In Vatt. L, O, *distantes animat.* In Vat. D est locus vacuus duobus versibus post hunc idoneus; tum sequitur *Donec præsidio.*
910. Paschalius, de Coronis pag. 124, lib. II, cap. 15, intelligit flores mystico sensu esse has gemmas virtutum.
911. Picc., Gis. ad oram, *sede beata.* Vat. O, male, *sede privata.* Confer pulcherrimum hymnum, *Cœlestis urbs Hierusalem.*
915. In Vatt. F, L, *regnat*; alii, *regnet.* In Marietti codice, *Explicit liber Prud. de Psychomachia.* In Vat. C, *Explicit liber Prudentis.* In Vat. F, *Explicit liber Prud. de Sichomachia.* In Vat. D, *Explicit liber.*

DITTOCHÆUM.

TESTAMENTUM VETUS.

665 1. *Adam et Eva.*
Eva columba fuit tum candida, nigra deinde

666 Facta, per anguinum malesuada fraude
[venenum,

GLOSSÆ VETERES

1. Eva columba, *sunt tetrasticha.*—Tum, *primo*, I.

COMMENTARIUS.

1 et 2. Hoc opus Aldus vocat *Dittochæum*; et non video cur alii titulum mutaverint, et de novo inveniendo cogitaverint. In Prag. inscriptio est *Dicta Prudentii Aurelii :* versus omnes sunt continuati absque ullo titulo. In Mar., *Incipiunt tituli historiarum per Adam et Adam* (legendum *per Adam et Evam*). In cod. Vat. A nullus titulus, et negligentissime omnia scripta. In Vat. B, *Tituli historiarum per Adam et Evam*; ita etiam in Rat. In Alex., *Incipiunt tituli historiarum*; ad marginem charactere veteri, sed minutiori, *Iste liber Dirocheum vocatur, id est duplex refectio.* In Urbinate cod., *Incipit liber Ditrocheus, qui continetur in titulis historiarum.* In Vat. I, *Incipiunt tituli historiarum per Adam et Eva.* In Vat. Q desunt tituli. Alia vide proleg. cap. 3, 4 et 5, ubi de operibus Prudentii agitur. In Mar. ponitur *Dittochæum* post odem *Immolat Deo Patri*, quæ est epilogus in Aldo et in nostra editione. In Vat. B ponitur post librum Peristephanωn. Chamillardus cum aliis *Enchiridion* inscribit, et addit nonnullos cum Fabricio hoc poemation tribuere Amœno cuidam ignoto priscis poetæ, aliis cum Sichardo Sedulio, quia scilicet cultius hoc poema est cæteris carminibus Prudentii. Ante Chamillardum Philippus Labbeus aseruerat, hoc carmen cæteris Prudentii præstare, ideoque Prudentio a multis abjudicari. Idem affirmat Bailletus in Judiciis Sapientum de Prudentio. Aldus in Vita Prudentii contrarium testatur : Διττοχαῖον, *duplex cibus*, διττὸς duplex, et ὄχα cibus. Sunt enim tituli historiarum Veteris et Novi Testamenti, atque hinc puto Dittochæum, hoc est, duplicem cibum appellatum hunc librum a Prudentio. Sed quoniam non sic excultus est et elaboratus hic liber, ut cæteri a poeta compositi, sunt qui non esse Prudentii dicunt. Ego vero ipsum a cæteris separare non sum ausus, tum quia Gennadium, qui post divum Hieronymum scripsit de viris illustribus, *Dittochæum a Prudentio compositum* dicit, tum etiam quia in antiquissimo codice cæteris Prudentii operibus insertus et hic erat libellus, et pro DITTOCHÆUM, DIRROCHÆUM titulus, scriptorum culpa, quod conjicio facile, quia interpretatum inibi est antiquissimis characteribus, DUPLEX REFECTIO pro DUPLEX

667 Tinxit et innocuum maculis sordentibus
[Adam.
Dat nudis ficulna draco mox tegmina victor.
2. Abel et Cain.
Fratrum sacra Deus nutu distante duorum

Æstimat, accipiens viva, et terrena refu-
[tans.
Rusticus invidia pastorem sternit. In Abel
Forma animæ exprimitur: caro nostra in mu-
[tere Cain.

GLOSSÆ VETERES.

3. Tinxit, *infecit*. — Maculis, *peccatis*, I.
4. Tegmina, *alias perizomata*, l.
5. Nutu distante, *discretiva potestate*, I.

6. Refutans, *respuens*, I.
7. In Abel, *moraliter*, I.

COMMENTARIUS.

cibus. De hoc titulo antiquissimo in codd. et interpretatione vide proleg., præsertim toto capite quarto. Heinsius ex suis notat: In glossa Oxon., *Iste liber proprie Dirochœum vocatur*: in Oxonio altero codice, *Incipiunt tituli historiarum Aurelii Prudentii Hispaniensis, quod Dirocheum de utroque Testamento vocatur*. In Thuan. sub titulo *Historiarum* citatur initio operis, ubi index poematum Prudentianorum exhibetur. Et sub finem hujus poematis, *Explicit Tituli historiarum*. In Cauch., *Tetrasticha de Veteri et Novo Testamento*. Heinsius *Diptychon* inscribit ex conjectura Gifanii, negatque fetum Prudentii esse: sed quod Aldum idem censuisse affirmat, fallitur, ut ex verbis Aldi patet. Ex Thuan. cod. lemmata tetrastichorum expressit Heinsius, quo vetustius aliud exemplar non viderat. Sichardus ait, se inscriptionem vulgatam hujus libri mutasse, nixum exemplaribus veteribus, quæ non habent *Dittochæum*, sed *Enchiridion*: fatetur vetustissima quæque exemplaria in eo mire convenire, ut Prudentio adjudicent hoc opus, sed suspicatur esse Sedulii, aut Amœni cujusdam, cujus nomen præfixum viderat in vetusto codice Argentoratensi. Hunc codicem fuisse Werneri Wolflini Argentoratensis refert ipse Sichardus in præfatione ad omnia opera. Fabricius non recte ait, Sichardum in ea esse opinione, ut opus sit Sedulii: nam dubius est Sichardus. Quod autem Fabricius in hæsitatione putat sequendum, quod libro antiquo teste probaretur, adeoque carmen Amœno adjudicandum, non satis sibi constat, nam versus Dittochæi passim laudat sub nomine Sedulii, et aliunde fatente Sichardo vetustissima quæque exemplaria Prudentio illud attribuunt. Verum exemplaria nostra vetusta ab exemplaribus Sichardi dissident, nam *Di tochæum* habent, non *Enchiridion*. Existimo etiam, Prudentio nomen *Amœni* adhæsisse, ex ipso opere, quod *amœnum* ab aliquo dictum fuerit. Weitzius ex codice, ut videtur, Goldasti Dittochæum hac inscriptione, et versibus antiquis decoravit: *Prudentii Amœni Diptychon, sive Tituli historiarum Veteris et Novi Testamenti. Incipiunt Tituli libri manualis amœni*. Reliquos versus habes in proleg. num. 244. Non dubito quin auctor vetus horum versuum *Manuale amœnum* vocaverit, sive librum manualem amœnum. Aliquis intellexit *Manuale Amœni*, ut *Facetus* quidam poeta nunc nominatur, quia in principio carminis anonymi vox *facetus* occurrit. Ex Gennadio quidem elogium petitum est, ut cernere licet proleg. cap. 3, ubi eadem sunt verba *Exceptis personis*. Eadem fere ratione Enchiridii appellatio est conficta, quod liber facile manu gestari posset, sive esset manualis; et cum eo lemmata, seu tituli historiarum contineantur, *tituli historiarum* est vocatus. Minus mirum est vocabulum *tetrastichorum*, quod ex genere carminis petitur: solet enim in antiquis codicibus Prudentii genus metri singulis carminibus affigi. In Rat. cod. elogium Prudentii ex Gennadio refertur, et cum in Gennadio plerique *Dittochœum*, nonnulli *Dirocheum* legant, Rat. habet χειροχαῖον, addita glossa, *i. e. manualem librum*. Itaque dubius hæsi aliquandiu, an *Chirochœum* a Prudentio scriptum crederem: sed *Ditochœum* non mutandum decrevi. Hoc opusculum sæpius est seorsum editum, et in Bibliotheca Patrum inter opera Prudentii, et sub

Amœni nomine, ubi carmina esse interpolata, monuit Heinsius. Prisca manu in scriptis nusquam reperi inscriptionem *Diptychon*, seu *Diptychion*, ut restituendum suspicatus est Gifanius Indic. Lucr. pag. 359, verb) MARE MAGNUM, quia in jure occurrit multa mentio *Diptychi* et *Diptychii*, non quod in veteribus membranis hanc lectionem seu ejus vestigium invenerit, ut Cellarius asseruit: ait enim Gifanius, in vet. lib., et in Gennadii Vita Prudentii esse *Dittocheum, Dirocheum, Chirocheum*. Giselinus etiam agnovit in quibusdam vocari *Chirocheum*, quod *manuale* vertebant; sed auctoritate sui cod. et alterius Buslid. prætulit titulum *Tetrasticha de Veteri et Novo Testamento*; cujus similes sunt inscriptiones in Ausonio et aliis. Glossas hujus opusculi deprompsi ex Manuali biblico sacræ Scripturæ edito anno 1610, de quo vide proleg. cap. 4. Quamvis enim Joannes Fabricius Biblioth. Lat. vet. lib. III, cap. 2, num. 20 affirmet, eas glossas in Weitzii Prudentio obvias esse, falsum tamen id est, nam Weitzius ignorans eas glossas, quæ ante prodierant, ex cod. ms. paucas sumpsit, ex conferenti utrasque fiet manifestum. Labbeus, in Nov. Biblioth. mss. pag. 64, codicem ms. hujus operis Prudentiani laudat, qui emendatior erat Tetrastichis Manualis biblici Goldasti. Imagines rerum, quas Prudentius describit, exstare plures depictas in antiquorum Christianorum sepulcris observare potes tom. III Antiq. Christ. doctissimi viri P. Thomæ Mariæ Mamachii, pag. 30 et seqq, ubi explicationes et significationes adducit. Barthius. cap. 12 lib. VIII Adversar, ex multis locis similibus arguit, auctorem Dittochæi esse Prudentium, ex quo nos proficiemus, plura alia addentes. Eva primum candida columba, tum nigra dicitur, ut Psych. vers. 787, *Niveis tradit Deus ipse columbis*: nam quod ait Barthius, alibi Prudentium dixisse de Paulo, *Corvos mutare columbis*, hoc in ipso Dittochæo exstat vers. 192. Vide cap. 2 Genes. Plurimi vers. 2 scribunt *anguinum*, alii *anguineum*. Non semel hoc vocabulo usus est Prudentius. Pro *malesuada* habent *malesuasa* Vatt. N, Y, Z, AA, BB, CC, quos minime sequar.

4. In uno Vat. reperit Teolius *Mox draco dat nudis ficulnea tegmina victor*. In Vall. exstat *dat nudis ficulnea mox draco tegmina victor*. Barthius observat non esse ex textu sacri libri, sed ex interpretatione Judæorum, quod draco, seu Satanas Adamo et Evæ texuerit velamina ficulnea. At pro nostro poeta responderi potest ejus verba esse *dat victor draco tegmina*, non quod texuerit, sed quia causa fuit peccati, ex quo tegmina ficulnea consecuta sunt.

Titulus 2 abest a Vat. B. In Vatt. A, D, Alex., *Abel et Cain*. In Mar., Rat., Vat. J, *Cain et Abel*. Ald., et Thuan. *De Abel et Cain*. In Vallicellano nulli sunt tituli tetrastichis præfixi. Vide Genes. IV.

6. Gold., *occipiens*, mendam puto, pro *accipiens*. De hac historia Prudentius in præfat. Hamartigeniæ, ubi vers. 5: *Hic terrulentis, ille vivis fungitur*. In hymno Exsequiarum caro terrea, spiritus vivus dicitur, et in Hamartigenia caro exemplo Caini exprimitur et exponitur.

Titulus 3 in Vatt. B, I, Mar., Rat., et Thuan., *Arca Noe*. In Vat. A. Ald., *De Noe et diluvio*, cum Alex. In Vat. D, *De arca Noe et diluvio*. Vide Genesis cap. VIII.

3. Arca Noe.

Nuntia diluvii jam decrescentis ad arcam
10 Ore columba refert ramum viridantis olivæ :
668 Corvus enim ingluvie per fœda cadavera
[captus
Hæserat : illa datæ revehit nova gaudia pacis.

4. Ad ilicem Mambre.

Hospitium hoc Domini est, ilex ubi frondea
[Mambre
Armentale senis pertexit culmen : in ista
15 Risit Sara casa, sobolis sibi gaudia sera
Ferri, et decrepitum sic credere posse mari-
[tum.

5. Monumentum Saræ.

Abraham mercatus agrum, quo conderet ossa
Conjugis : in terris, quoniam peregrina mo-
[ratur
669 Justitia, atque fides : hoc illud millibus
[emptum
20 Spelæum, sanctæ requies ubi parta favillæ est.

6. Somnium Pharaonis.

Bis septem spicæ, vaccæ totidem Pharaoni
Per somnum visæ portendunt dispare forma
Uberis, atque famis duo per septennia tempus
Instare : hoc solvit patriarcha, interprete Chri-
[sto.

7. Joseph a fratribus agnitus.

25 Venditus insidiis fratrum puer : ipse vicissim
Cratera in farris sacco clam præcipit abdi,
Utque reos furti Joseph tenet, auctio fallax

GLOSSÆ VETERES.

14. Pertexit, vel protexit, I.
16. Ferri, dari, I.
17. Quo, ut, I.
19. Hoc illud, scilicet est, I.
20. Spelæum, spelunca, I.
22. Portendunt, significant, I.
23. Uberis, ubertatis, I.
26. Cratera, scyphum, I.

COMMENTARIUS.

32. Heinsius lib. I Advers. posth., cap. 6, corrigi vult ratæ pro datæ. Nihil opus est correctione. Teolius in verbo hæserat notat, Prudentium legisse juxta LXX, Qui (corvus) egrediebatur, et non revertebatur. Sed cur non juxta Vulgatam, quæ eodem modo legit?

Tituli 4 in Gisel. et Thuan., Ilex Mambre. Vatt. B, I, Rat., Mar., Weitz., Ad ilicem Mambre. Alex., De Abraham et hospitio ejus. Vat. D, De hospitio Saræ. Aldus, De Abraham et hospitio. Vide Genes. cap. xviii.

13. Vat. A, hæc pro hoc, male. In uno Vat. desiderari hoc advertit Teolius, quod pariter abest a Vallic. Interpretes plures putant Abrahamum Dominum ipsum, non angelos, hospitio excepisse, et SS. Trinitatis mysterium agnoscunt. In eadem sententia est Prudentius Apotheos. vers. 28 et seqq., ubi Abraham hospes Christi, hoc est Verbi dicitur.

14. Vat. A, mendose, armental s enim. Rat., Weitz., Gold. apud Weitzium supra, prætexit. Prag., prætexit. Mar., pertexit. Ald., Gis., Urb., protexit. Goldastus in Manuali biblico, pertexit, quod ex eodem Goldasto in textu indicavit Weitzius. Alexandr. quoquo pertexit, ut alios omittam. Culmen aliquando sumitur pro vili casa, ut apud Virgilium ecloga 1, Pauperis et tugurii congestum cespite culmen. Confer not. hymn. 1 Cath., vers. 14, Stantes sub ipso culmine.

15. In Vall., gaudia tarda, et pro diversa scriptura sera.

Titulus 5. Plerique optimi, Monumentum Saræ pro titulo 5, nisi quod nonnulli scribunt Sarræ. Vat. D, De Abraam et agro empto. Aldus, Abraham agrum emisse. Gene-. xxiii.

17. Weitz., Gis., mercatur, cum Pal. et Goldasto Weitzii. Scripti fere omnes mercatus, sed in nonnullis mendose additur verbum substantivum est, nam mercatus agrum dicitur per epexegesim. Contra metrum vero est mercatus est agrum, quod in uno Vat. invenit Teolius. Heinsius cum Thuan., Egm. et nonnullis aliis, cui conderet, quod Aldus expresserat. Nostri plerique quo, ut Mar., Rat., Prag., Vall., Vatt. I et Y. In Vat. D, in quo. In aliis tamen est cui, ut Alex. et Vat. A. Etiam in nonnullis nostris est mercatur a secunda manu, scilicet in Mar. et Rat. Teolius edidit quo, sed in notis ad hunc versum et ad vers. 165 Psychomachiæ videtur præferre cui.

18. Vat. A et Palat., moratus, perperam.

19. In uno Vat. apud Teol., hoc illi millibus emptum.

20. Vall. contra metrum, sepulcrum pro spelæum. Favilla pro defunctorum, quorum corpora non comburuntur, reliquiis alibi etiam a poeta accipitur. Vide Cath. hymnum Omni ora, vers. 100, et hymn. Exsequiar., vers. 142.

Titulus 6 est Somnium Pharaonis in plerisque. Aldus, Pharao somnium vidisse. Vat. D, De somno Pharaonis. Adisis Genesis cap. LXI et hymnum 6 Cath., vers. 57.

21. In Rat., Prag., Goldasto apud Weitzium, Vat. uno apud Teol., spicæ et vaccæ, quod tenuit Weitzius. In reliquis spicæ, vaccæ. Vall., spicæ et totidem vaccæ.

22. Giselinus ad oram, portendunt visæ per somnum. Ita Sichardus.

23. In Bong. et Vat. I, tum pro duo. In Mar. etiam dum, vel tum, supra duo. Pro uberis Vat. A verberis, mendose.

24. Hoc etiam sæpissime a Prudentio usitatum, ut Christum pro Deo. et Verbo divino ponat. Vide Cath. hymn. 4, vers. 68.

Tituli 7 lemma in plerisque, A fratribus agnitus Joseph, vel Joseph a fratribus agnitus; hoc secundo modo habent Vatt. B, I, Alex., Mar., Rat. In Vat. D, De Josephi venditione a fratribus. Consule Genes. cap. LXIV.

25. Vat. B, venditur.

26. Vat. A, male, in terris sacco. Fabr., Pal., Cratera in fratris sacco. Weitzius crateram cum Urb. Giselinus cum Goldasto in Manuali biblico et multis mss. vett., cratera. Aldus quoque cratera, et a Weitzio allegatur pro fratris sacco; apud nos habet in farris sacco. Codices Vatt. recentiores, ut D, N, AA et alii, in fratris sacco. Alii, farris sacco, ut I, O. I. Vat. D, et Vallic., in sacco fratris. Vat. B, Mar., Rat., Prag., Crateram in farris sacco.

27. Heinsiani, Mar. a prima manu, Urb., Alex., Vatt. A, I, Weitzius, Gisel. ad oram, Vallic., auctio fallax, quam lectionem probant verba sequentis versus veniaque pudescunt, nempe venia a Josepho data ob auctionem seu venditionem ipsius, quæ tunc prodita fuit et manifestata. Legunt actio fallax Vatt. B, D, N, Q, Mar. a secunda manu, Rat., Prag., Widm. et alii, qui intelligunt actionem, qua Josephus fratres, rei gestæ ignaros, aliquandiu fefellit.

670 Proditur, agnoscunt fratrem, veniaque A [pudescunt.

8. *Ignis in rubo.*

Sentibus involitans Deus igneus ore corusco
50 Compellat juvenem, pecoris tunc forte magi- [strum.
Ille capit jussus virgam : fit vipera virga.
Solvit vincla pedum : properat Pharaonis ad [arcem.

9. *Iter per mare.*

Tutus agit vir justus iter, vel per mare ma- [gnum.
Ecce Dei famulis scissim freta Rubra dehi- [scunt,
55 Cum peccatores rabidos eadem freta mergant.
Obruitur Pharao : patuit via libera Mosi. B

10. *Moses accep't legem.*

Fumat montis apex divinis ignibus : in quo

671 Scripta decem verbis saxorum pagina [Mosi
Traditur, ille suos suscepta lege revisit :
40 Forma sed his vituli so'us Deus, et Deus aurum.

11. *Manna et coturnices.*

Panibus angelicis albent tentoria patrum.
Certa fides facti : tenet urceus aureus exin
Servatum manna ; ingratis venit a'tera nubes,
Atque avidos carnis saturat congesta coturnix.

12. *Serpens æneus in eremo.*

45 Fervebat via sicca eremi serpentibus atris,
Jamque venenati per livida vulnera morsus
Carpebant populum : sed prudens ære politum
Dux cruce suspendit, qui virus temperet, an- [guem

13. *Lacus myrrhæ in eremo.*

Aspera gustatu populo sitiente lacuna
50 **672** Tristificos latices stagnanti felle tenebat.

GLOSSÆ VETERES.

35. Tutus agit, *protectus agit.* — Vel per mare, *vel etiam*, l.
37. Montis apex, *Sinai*, l.
38. Saxorum pagina, *tabulæ*, l.

48. Cruce suspendit, *propter figuram mysticam*, l.
49. Lacuna, *fossa aquæ*, l.
50. Tristificos, *amaros*, l.

COMMENTARIUS.

28. Gis. ad marg., *veniaque pudescunt* cum plerisque ; in textu *vanique pudescunt*. Hoc verbo usus est Prudentius Cath. hymn. 2, vers. 26, et Apoth. vers. 776. Teolius ex uno Vat. notat *reniamque petiscunt* pro *petissunt*, vel *petessunt* cum glossa *poscunt*. In Vall., male, *veniamque poscunt*, cujus glossa *petunt cum pudore* videtur facta pro *pudescunt*.

Titulus 8 in fere omnibus *Ignis in rubo*. Aldus C *Mosem rubum vidisse ardentem*. Res narratur cap. iii et iv Exodi.

29. *Deus igneus* Prudentianum est, ut hymn. Cath. Circa exsequias, *Deus, ignee fons animarum*, et sæpe alias. Confer not. in vers. 1 ejus hymni. Hanc camdem historiam poeta noster complexus est hymno 5 Cath., vers. 31 et seqq., ubi similes phrases. Vide etiam Apotheos. vers. 55 et seqq., *Sed tamen et sentiant*, etc.

Titulus 9, *Iter per mare*, ex scriptis et editis. Aldus, *Pharaonem in mari submersum*. Legi potest cap. xiv Exodi.

33. Idem poeta Cath. hymno 4, vers. 46, *O semper pietas, fidesque tuta*. Cyprianus in epistola ad Donatum extrema laudat *mentem in Deum solidam, fidem tutam*, quem locum frustra sollicitat Gronovius Observat. eccles. cap. 3, nam, rectissime fides tuta dicitur. *Mare magnum* passim apud poetas, e Græco sumptum ; de quo Gifanius Indic. Lucr., verbo MARE D MAGNUM. Celebris est hic titulus cujusdam veteris bullæ, et nunc Romæ recentis poematis Italici. In Vall. legitur *vel per mare Rubrum*, quod est glossema.

34. Vat. A, mendose, *scissum* pro *scissim*. Bong., *sensim*. In hymno S. Vincentii, vers. 842, *Rubrum salum dehiscere*.

35. Ald., Prag., Alex., Vallic., *rapidos* ; in aliis, *rabidos*.

In 10 titulo lemma *Moses accepit legem* cum Alex., Vatt. B, 1, Mar., Rat., et Weitzio ; in Giselino et aliis, *accipit*. Aldus, *Mosi legem datam*. Relege cap. Exodi xix et xx, et Cath. hymnum 7, vers. 36 et seqq.

37. Vall., *Montis fumat apex*.
39. Error Vat. A, *rejussit* pro *revisit*.
40. Egm., Vat. A, *vitulis*, male, nam forma vituli Deus erat Hebræis.

Titulus 11. *Manna et coturnices*. Aldus, *Manna in deserto datum*. Habes historiam Exodi cap. xvi, et Psychom. vers. 374, ubi occurrunt eadem fere verba *angelicus cibus* et *tentoria*.

44. Torn., *conjecta coturnix*. Hymno 5 Cath. multi ex his titulis comprehenduntur. In eo hymno, vers. 101 et seqq., de nube coturnicum, quam hic iterum refert.

Lemma tituli 12, *Serpens æneus in eremo*. Alii, *æreus*. Ita in Rat., sed recenti manu, prioribus abrasis. Aldus corrigendus est *in remo* pro *in eremo*. Consule cap. xxi Numerorum.

45. Aldus, *Aspide sicca malo via defervebat eremi ;* eodem prorsus modo Rat. recenti manu, prioribus erasis. Emendationes hujusmodi ineptis illis correctoribus debentur, qui ea quæ non intelligunt, audacter corrigunt. Nolebant, secundam in *eremi* corripi, et eam ob rem novum versum invexerunt. In Vat. B recenti manu factum est *acris* pro *atris*, et interpungitur versus *Fervebat via sicca eremi serpentibus ; acris, Jamque venenati*.

46. In Urb., Pal. ac nonnullis aliis, *per vulnera livida*.

48. In Vat. A, *virus qui temperet*. In Vat., B, *qui verus*, sed factum *qui virus*. Vat. l, Weitz., *virus ut temperet*. Communior lectio, *qui virus temperet.*

Titulus 13, *Lacus myrrhæ in eremo* in Vat. B, Mar., Rat., Weitz., Thuan. In quibusdam scribitur *heremo*, ut in Vat. l. Giselinus habet *Lacus deserti amarus*. Aldus, *Moses aquas amaras per lignum in dulcedinem vertit*. Alex., *Lacus amara in eremo*. Videndum caput xv Exodi, et hymnus 5 Cath. de novo lumine vers. 93. Loco cit. Exod., vers. 23, id habetur : *Et venerunt in Mara, nec poterant bibere aquas de Mara, eo quod essent amaræ : unde et congruum loco nomen imposuit, vocans illum Mara, id est, amaritudinem*. Hinc Alexandrini inscriptio : *Lacus amara*, fortasse *Lacus mara* ; in aliis, *myrrha*, quod ea sit amara. S. Paulinus epist. 27 ad Victricium : *Quibus* (epistolis) *mentem nostram de peccatis amaram, quasi myrrham illam in manu Moysi per lignum mysterii*, etc. Et Natali 8 : *Quo myrrham tristem sacri dulcedine ligni In populi potus crucis immutavit imago ;* et mox, *Quasi tristia myrrhæ Poeta hominem mutat*. Prudentius cum hic, tum alibi usurpat *tristificos, contristare*, ut amarum significet. Vide Roswerdum in not. ad Paulin., pag. 869.

Moses sanctus ait : Lignum date, gurgitem in
[istum
Conjicite: in dulcem vertentur amara saporem.
14. Elim lucus in eremo.
Devenere viri, Mose duce, sex ubi fontes,
Et sex forte alii vitreo de rore rigabant
55 Septenas decies palmas : qui mysticus Elim
Lucus apostolicum numerum libris quoque
[pinxit.
673 15. *Duodecim lapides in Jordane.*
In fontem refluo Jordanis gurgite fertur,
Dum calcanda Dei populus vada sicca reliquit.

Testes bis seni lapides, quos flumine in ipso
60 Constituere patres, in formam discipulorum.
16. Domus Raab meretricis.
Procubuit Jericho : sola stant atria Raab.
Hospita sanctorum meretrix (tanta est fidei vis)
Incolumis secura domus spectabile coccum
674 Ignibus adversis in signum sanguinis
[offert.
17. Samson.
65 Invictum virtute comæ leo frangere Samson
Aggreditur; necat ille feram : sed ab ore leonis
Mella fluunt: maxilla asini fontem vomit ultro.

GLOSSÆ VETERES.

53. Moysi, pro *Moyse*, Iso.
54. Vitreo, *lucido*, Iso.
55. Septenas decies, *septuaginta*, Iso.
56. Pinxit, *figurat*, I.

62. Meretrix, *al. meritrix*. — Tanta fidei vis, *est, vel erat*, I.
64. Offert, *scilicet seipsa*, I.

COMMENTARIUS.

51. Vat. u us apud Teol., *gurgite in isto*, quod reperitur etiam in Vallic.
52. Plerique veteres scribunt *conicite*, non *conjicite*; quæ tamen nunc est orthographia communior. Vat. I, *concite, et* supra *et*, ut sit *concite, et in dulcem*. Bongars., *Concite, et in dulces vertentur amara sapores*. Legendum *conjicite*. Fabr., *Conjicite, in dulces vertentur amara sapores*.

Titulus 14 in Vat. B, *Helim locus in eremo*. Ita Alex., Mar., et Vat. I cum Weitzio et aliis. Rat. et Thuan., *He'im lucus in eremo*. Aldus, *De xii fontibus et* LXXX *palmis* (legendum LXX). Giselinus, *Fontes duodecim, et palmæ septuaginta*. Vide cap. xv Exodi.

53. Aldus, *Mosi duce*; alii, *Mose duce*, aut *Moyse*. Teol., *Moysi duce*, nescio an data opera.

55. Aldus ediderat *qui mysticus ælim*; correxit *qui mysticus olim* : præstitisset non emendare. Scribendum quidem est *Helim* : sed Egm. habet *ælim*; alii *Elim*, quod amplector cum Vulg. edit. sacræ Scripturæ.

56. Egm., *locus*. Ratio metri postulat *lucus*. Apostolicus numerus in duodecim fontibus signatus ; numerus discipulorum, qui quodammodo apostolicus potest appellari, in palmis septuaginta. In Vulgata quidem legitur, septuaginta duos fuisse discipulos : sed in textu græco solum est ἑβδομήκοντα, septuaginta : de qua controversia vide Brugensem ad cap. x Lucæ, vers. 1, et criticos sacros. Nos Vulgatæ lectionem præferimus, et a Prudentio aliisque minorem numerum negligi defendimus. S. Ildefonsus cap. 9 *de liinere deserti*, tomo I PP. Toletanorum, p. 256, *Inde venitur ad duodecim fontes aquarum dulcium, et septuaginta palmarum, quæ nobis ostendunt duodecim apostolos, et septuaginta discipulos*, etc. Alia habet Ildefonsus, quibus Dittochæum possis illustrare. Confer Isidorum, Quæst. in Exod. cap. 21, et quæ ex eo exscribit S. Martinus Legionensis, serm. 2 de Natali Domini, § 20, pag. 297 et seq., t. m. I operum, quæ ex autographo notis illustrata publicavit Segoviæ 1782 eminentissimus D. D. Franciscus Antonius de Lorenzana, archiepiscopus Toletanus, primas Hispaniæ, suis aliorumque scriptis editis de Ecclesia benemerentissimus, nunc ipsum, dum hæc edimus, merito suo ac summo omnium plausu in sacrum cardinalium collegium cooptatus.

In titulo 15 lemma *Duodecim lapides in Jordane*, quod exstat in Vatt. B et I, Alex., Mar., Rat., Thuan. et aliis. Giselinus, *Lapides duodecim in Jordane*. Aldus, *Filii Israel Jordanem transeunt, et ex eo lapides colligunt*. Vide cap. iv Josue, et Cath. hymn. 12, vers. 177, ubi *refluens amnis* dicitur, et Hamartig. vers. 482, *Si ripis reflui Jordanis*.

58. Wid., *populus*, non bene, pro *populis*. Vat. B, Rat., Mar., Prag., Weitz., Urb., Vat. I, *reliquit*.

Aldus, Alex., Gis. et alii, *relinquit*.

60. Sich., Gisel. ad oram, Fabr., Egm., Bong. supra, *ad formam*. Vall., *in forma*.

Titulus 16, *Domus Raab meretricis*, Thuan., *Raab meretrix*. Giselinus, *Domus Rahab*. Aldus, *Raab in Hierico speculatores recepit*. Cap. ii Josue.

61. Ald., Fabr., Gisel. ad marg., *sola astant*; melius reliqui *sola stant*. Giselinus simile hoc putat licentiæ illi *via sicca eremi* supra vers. 45, sed fallitur; nam ob *st* dictionis sequentis vocalis brevis sæpe producitur.

62. Nonnulli antiqui scribunt *meritrix*. Giselinus putat, posse hunc versum contra omnium codicum fidem ita inverti, *vis tanta fidei est*, quamvis Prudentius aliis in locis semper secundam corripuerit. Scripti constanter, *tanta est fidei vis*, excepto Goldasto, qui in manuali biblico legit *tanta fidei vis*. Paulinus non semel secundam produxit, et in re simillima carm. de S. Joanne Bapt. habet : *Auscultat nato genitrix (vis tanta fidei)*. Ita legerem in Prudentio, si aliquando is *e* in *fidei* produxisset, aut si membranæ paterentur. Carolus Cangius Adnotat. in offic. Cicer. laudat hemistichium Prudentii *levisque fidei*, et reprehendit sciolos, qui ausi sint ita mutare *fidei quoque plenus*, in operibus quæ exstant Prudentii hujusmodi hemistichium non compareat. Parrhasius vers. 428 Passionis Romani legit *Aliter precabor*, quam *fidei ut militent* : sed scripti et alii editi quos vidi habent *fidele*. Iso apud Goldastum in glossis legit *tanta fidei-vis*, aut *vis tanta fidei*, nam addit *est*, vel *erat* pro glossa.

63. Weitz., Ald., Gis., Vall., et alii vulg., *incolumi secura domo*, cum Alex. a prima manu, Goldastus, a Weizio laudatus, Vat. B, Urb., Rat., Mar. a prima manu, *incolumis secura domus*, et in Vat. B glossa *domus esse genitivum*, ut intelligamus, Raab esse securam domus incolumis, vel quod domus incolumis esset servanda. In Prag., *Incolumis, secura domo*, quod habet Mar. a secunda manu. *Spectabile coccum vocat* poeta funiculum coccineum, quo speculatores e fenestra suspensi fuerunt : de quo cap. cit. Josue.

Titulus 17. Ald., Vat. B, Mar., Rat., *Samson*. In Thuan., *Samson leonem necat*. Gis., Weitz., *Samson's l o*. In Vat. A desideratur hoc tetras icon, uti etiam in Vat. I. Deerat quoque in Alex., sed subjectum est in fine paginæ. Barthius Prudentio adjudicandum censet, quamvis in suo codice illud non invenerit.— Abest præterea ab Egm. et Palat. aped Weizium. Historia exposita patet cap. xiv et xv Judicum.

67. Ald., Weitz., Heins., Te l., *asinæ*; alii, *asini*, quod verius est : nam sæpe in hoc loco sacra pagina *asinum*, non *asinam* vocat.

Stultitia exundat lymphis, dulcedine virtus.
18. Item Samson.

Ter centum vulpes Samson capit, ignibus ar-
[mat,
70 Pone faces caudis circumligat, in sata mittit
Allophylum, segetesque cremat. Sic callida
[vulpes
Nunc heresis flammas vitiorum spargit in agros.
19. David.

David parvus erat, fratrum ultimus, et modo
[Jesse
675 Cura gregis, citharam formans ad ovile
[paternum :
75 Inde ad delicias regis ; mox horrida bella
Conserit, et funda sternit stridente Goliam.
20. Regnum David.

Regia mitifici fulgent insignia David :
Sceptrum, oleum, cornu, diadema, et purpura,
[et ara.
Omnia conveniunt Christo : chlamys, atque
[corona,

A 80 Virga potestatis, cornu crucis, altar, olivum.
21. Ædificatio templi.

Ædificat templum sapientia per Salomonis
Obsequium : regina Austri grave congerit au-
[rum.
Tempus adest, quo templum homini sub pec-
[tore Christus
Ædificet, quod Graia colant, quod barbara
[ditent.
676 22. Filii prophetarum.

85 Forte prophetarum nati dum ligna recidunt
Fluminis in ripa, cecidit discussa bipennis.
Gurgite submersum est ferrum : sed mox leve
[lignum
B Injectum stagnis, ferrum revocabile fecit.

23. Captivitas Israel.

Gens Hebræorum peccamine capta frequenti,
90 Fleverat exsilium diræ Babylonis ad amnes :
Tum patrios cantare modos præcepta recusat,

GLOSSÆ VETERES.

70. Pone faces, *post, juxta*, I.
71. Vulpis *pro vulpes*, I.
72. Nunc heresis, *scilicet, quæ*. — In agros, *id est, Ecclesiæ*, I.
73. Et modo, *et tantum*, I.
75. Inde ad delicias, *scilicet formans, id est addu-*
ctus, I.
80. Altar, *crucis*, I.
84. Gaza, *bona operatio*. — Barbara, *inculti mo-*
res, I.
90. Exsilium, *scilicet suum*, I.

COMMENTARIUS.

68. Asino stultitiam indicari notum est.
Lemma tetrastichi 18. *Item Samson* in Vat. B, Mar. et Rat. Aldus, *De Samson*. Giselinus *Samsonis vulpes*. Thuan., *Samson vulpes capit*. Alex., *Samson*. Legesis caput xv Judicum.
69. Egm., mendose, *trecentum*.
71. Hac voce *allophylus* usus est Prudentius Hamartig. vers. 500. Vide notas. Hic pro *Philistæis* ponitur. Aldus, ut prima in *heresis* non esset brevis, ita hos versus reformavit : *Allophylum, segetesque cremat, nunc hæresis ignes, Callida quæ vulpes, vitiorum spargit in agros*. Reclamant scripti, et consuetudo Prudentii, qui primam in *heresis* semper corripiunt. Pro *vulpes* alii *vulpis*, ut sæpe dictum est. Fabr., *quæ callida vulpes*.
Titulus 19, *David* in Rat., Mar., Vatt. B et I, Weitzio et aliis. Aldus, *David pastor ovium in regem evadit*, Thuan., *David Goliam sternit*. Giselinus, *David pastor*. Lege lib. I Regum xvi et xvii.
73. Vat. A, *Jessem*; melius *Jesse*.
74. Weitzius ex Egm. notat hanc lectionem variantem *olive* ; ego voco mendum pro *ovile*.
76. Alii *Goltan*, alii *Goliam* scribunt. Pugnam Davidis poeta descripsit Psychom. vers. 291 et seqq., ubi ait *fundali stridore*, quod nunc dicit *funda stridente*.
Tetrastichon 20. *Regnum David* in Mar., Rat., Vatt. B, I, Weitzio et aliis. Aldus, *David rex ungitur*. Thuan., *De regno David*. Giselinus, *David rex*. In Alex. hoc lemma et nonnulla alia sequentia desiderantur.
77. Egm., Vatt. A et Q, Alex., Heinsiani, *mitifici*. Plerique nostri, *mirifici*, ut Vatt. B, Q, Mar., Prag., Rat., Urb., Vall., cum Ald., Weitz., Giselino aliusque multis. Itaque id retineri posset, licet non negem, verbo *mitificus* poetam usum aliquando. Paschatius, de Coronis pag. 47, lib. I, cap. 15, hos versus laudat.
78. Mar., Vat. I, *oleum, et cornu*; alii, *oleum, cornu*, sine *et*.
80. Hoc quoque vocabulum Prudentianum est *altar*

C pro *altare*, hymn. S. Cassiani vers. 100, et hymni S. Eulaliæ vers. 212. In Glossario nomine Isidori *altar* et *altare*. Utuntur hac voce Alcuinus, Beda et alii.
Titulus 21 est *Ædificatio templi* in Vatt. B, I, Mar., Rat., Gis., Thuan., Weitz. Aldus, *Salomon templum ædificat, et regina austri munera affert*. Vide lib. III Regum et x.
- 83. Egm., *sub tempore Christum*. Vat. A, *sub pectore Christum*. Vera lectio, *sub pectore Christus*.
84. Aldus, Gis. in textu, Palat., Alex., *quod Graia colant, quod barbara ditent*, et in Alex. glossa GRAIA, *id est Græca*. Ex Egmondano citat Weitzius, *quod Ia*, fortasse *quod dia*, nam i V it. A est *quo dia colant, quo barbara ditent*, nescio quo sensu. In Vat. N, *Quo Gaza colat, quo barbara ditent*, et glossa *Quo, id est templo*. Urb., Vatt. B, I, Q, Iso et alii cum Weitz., *Quod Gaza colat, quod barbara ditent*. Consonant Mar. et Rat. In Prag. *quod Gaza colit, quod barbara ditent*. Gis. ad marg., Goldastus in Manuali biblico, *quod Gaza colentum barbara ditet*. Hoc ipsum in Aldo esse Weitzius refert ; non tamen sic exstat in mea editione. Schardus habet *quod Gaza colant, quod barbara ditent*. In Vall., *quod Gaza colat, quo*
D *ba bara dicet*, cum glossa *sanctificet*. Sed dicet a verbo *dico, dicas*, repugnat carmini. Gallandius *Gaza* mendum esse putabat.
Tetrastichon 22. Aldus, *De filiis prophetarum ligna cædentibus*. Weitzius, *Filii prophetarum ligna cædunt* ; cæteri, *Filii prophetarum. De quibus agitur* lib. IV Regum vi.
Titulus 23. *Captivitas Israel* in plerisque. Aldus, *De captivitate Hebræorum*. Confer lib. IV Regum xx, et psalmum cxxxvi.
89. Hæc quoque vox *peccamen* Prudentium redolet.
90. Teolius observavit in uno Vat., *ad arces*. Sed *ad amnes* verum est ex psalmo laudato. De hoc hemistichio *diræ Babylonis ad amnes* vide proleg. num. 74, in nota.
91. Sichardus, *dum patrios*. Goldastus apud Weitzium, *Tum patrios cantare modos præcepta, recusat*

Organaque in ramis salicis suspendit amaræ.

24. *Domus Ezechiæ.*

Hic bonus Ezechias meruit ter quinque per
[annos
Præscriptum proferre diem, legemque obeundi
95 Tendere : quod gradibus, quos vespera texerat
[umbra,
677 Lumine perfusis docuit sol versus in or-
[tum.

TESTAMENTUM NOVUM.
25. *Gabriel ad Mariam.*

Adventante Deo descendit nuntius alto
Gabriel Patris ex solio, sedemque repente
Intrat virgineam. Sanctus te Spiritus, inquit,
100 Implebit Maria : Christum paries, sacra virgo.

26. *Civitas Bethlehem.*

Sancta Bethlem caput est orbis : quæ protulit
[Iesum,
Orbis principium, caput ipsum principiorum.

Urbs hominem Christum genuit : qui Christus
[agebat
Ante Deus, quam sol fieret, quam lucifer esset.

678 **27.** *Magorum munera.*

105 Hic pretiosa magi sub virginis ubere Christo
Dona ferunt puero, myrrhæque, et thuris, et
[auri.
Miratur genitrix tot casti ventris honores,
Seque Deum genuisse hominem, regem quoque
[summum.

28. *Ab angelis pastores admoniti.*

Pervigiles pastorum oculos vis luminis implet
110 Angelici, natum celebrans ex virgine Christum.
Inveniunt tectum pannis, præsepe jacenti
Cuna erat, exsultant alacres, et numen ado-
[rant.

29. *Occiduntur infantes in Bethlehem.*

Impius innumeris infantum cædibus hostis

GLOSSÆ VETERES.

93. Hic, *in hac domo*, I.
94. Præscriptum, *ætatis*, I.
95. Tendere, *prolongare*. — Gradibus, *lineis*. —

Vespera, *vel vespere*, I.
101. Bethlem, *het liquida*, I.
103. Agebat, *vivebat*, I., Mar

COMMENTARIUS.

Organa, *quæ in ramis salicis suspendit amaræ.* Idem habet Vat. I. Melius alii distinguunt *præcepta recusat, Organaque.*

92. In uno Vat. apud Teolium *amaris* exstat pro *amaræ.* De salice amara vide quæ notat Savaro ad Sidonium pag. 119 ex Virgilio, *salices carpetis amaras,* ex Vitruvio, Plinio et Columella.

Titulus 24. Weitz., Mar., Vatt. B, I, *Domus Ezechiæ.* Giselinus, *Domus Ezechiæ regis.* Aldus, *De Ezechia rege.* Thuan., *De rege Ezechia.* In Rat. nullus titulus. In Urbinate trajecta sunt hæc duo tetrasticha, primo loco ponitur *Domus Ezechæ,* secundo *Captivitas Israel.* Lege lib. IV Regum xx.

95. Aldus, Alex., Egm., Gisel., *quod gradibus, quos vespera texerat umbra.* Et Giselinus quidem advertit, antea legi *tot gradibus quot,* quasi ipse primus restituisset, quod jam Aldus excuderat. Vatt. B, N, Urb., Mar., Prag., Rat. aliique, *tot gradibus quot.* Alex. cum Giselino facit. Heins., *umbram :* secuti sunt alii.

96. Prag., *lumine profusis,* vel *præfusis.* Alii, *perfusis.* Vall., *lumine perfuso.*

Post hoc tetrastichum in Vat. B, et Mar., *Incipit de Novo Testamento.* Vat. I, Weitz., Rat., *Finit Vetus Testamentum. Incipit Novum Testamentum. Maria et angelus Gabriel.* In Aldo solum id est *Adventus Domini.* In Thuan., *Testamentum Novum. Annuntiatio dominica.* Giselinus, *Testamentum Novum. Gabriel ad Mariam.* Alii aliter. Ea quæ sequuntur, usque ad titulum 39, exposita sunt Cath. hymn. 9, 11, 12, et Apoth. vers. 650 et seqq. Capite Evangeliorum tantum indicabo. Annuntiatio dominica Lucæ cap. I narratur.

100. Etiam hac eadem quantitate Prudentius *Maria* dixit Apoth. vers. 643, et Psych. vers. 88. Pro *implebit* habent *implevit* Ald., Egm., Pal., Thuan., Oxon., Heins., Teol. et alij. *Implebit* mag s congruit verbis Evangelii. In Rat. aliena et recenti manu, prioribus erasis, *O Maria, implebit,* ineptissime. Prudentius in verbis Lucæ videtur accipere *Spiritum sanctum* pro Verbo, ut fusius dicam ad vers. 266 lib. II in Symmach.

Titulus 26 *Civitas Bethlem,* seu *Bethlecm,* seu *Bethlehem* in Mar., Vat. B, Rat., Gis., Thuan., Weitz. ubisque. Aldus, *Bethlem caput orbis.* In Vat. I, *Civitas Bethel* a prima manu, recte emendatum a secunda manu. Consule cap. II Matth., ubi *Bethlehem* scribitur, sed poetis contractione uti licet.

101. Aldus probe ediderat *Sancta Bethlem caput est orbis, quæ protulit Iesum :* secundis curis improbe correxit *quæ protulit ipsum.* Prudentius non semel ex duabus primis *Iesus* unam longam fecit. Pro *Bethlem* alii scribunt *Bethlehem,* quod non reprehendo : nam synæresis fieri potest.

103. Mar., Rat., *hominem Iesum.*

104. Prag., Mar. a prima manu, Gold. in textu, *ante Deum,* male.

Tetrastichon 27. *Magorum munera.* Aldus, *Magi dona ferunt.* In Epiphaniæ hymno et Apotheosi hæc de magis historia simillimis verbis exponitur ex cap. II Matth.

108. Ald., Gis. in textu, *regemque supremum.* Scripti nostri, Heinsiani et Weitziani, *regem quoque summum.*

Titulus 28, *Ab angelis pastores admoniti* in scriptis cum Weitzio. Aldus, *Nuntiat pastoribus natum Christum.* Giselinus, *Angeli ad pastores.* Vide Lucæ cap. II.

110. Ald., Pal. et alii, *De virgine.* Mar., Rat., Vat. I, Weitz. aliique, *Ex virgine.* Giselinus, *E virgine.*

112. Barthius observat, adeo tenacem phraseos esse Prudentium, ut *cuna* in singulari numero repetiverit ex Cath. hymno 11. Sed in eo hymno, vers. 93, legi solet *Et virgo feta, et cunulæ,* ut in notis docuimus.

Lemma tetrastichi 29, *Occiduntur infantes in Bethlehem.* Ita Rat., Ald., Alex., Thuan. In Vat. I et Gold. Manuali biblico, *Occiduntur in Bethlehem infantes.* Giselinus, *Infantum in Bethlehem cædes.* Val. B et Mar., *Occisio infantium in Bethlehem.* Weitzius, *Occiduntur in Bethlehem pueri.* Historiam habes Matth. cap. II.

113. In Thuan., *cædibus noctis,* emendatum *actis.* Alii, *hostis.* Herodes impius hostis dicitur etiam a Sedulio in hymno abecedario, *A solis ortus cardine,* scilicet, *Hostis Herodes impie,* pro quo nunc recitamus, *Crudelis Herodes, Deum Regem venire quid times?* ut metri ratio constet. Sed ut alias in Hymnodia Hispanica monui, doleius restitui posset, *Herodes hostis impie :* atque ita fortasse Sedulius scripserit ; ita certe edidit Fabricius in poetis Christianis, sed, ut puto, ex coniectura Erasmi, non ex fide codicum.

Perfurit Herodes, dum Christum quærit in illis, A
115 Fumant lacteolo parvorum sanguine cunæ,
679 Vulneribusque madent calidis pia pe-
[ctora matrum
30. *Baptizatur Christus*,
Perfundit fluvio pastus Baptista locustis,
Silvarumque favis, et amictus veste cameli,
Tinxerat et Christum : sed Spiritus æthere
[missus
120 Testatur tinctum, qui tinctis crimina donat.

31. *Pinna templi*.
Excidio templi veteris stat pinna superstes.
680 Structus enim lapide ex illo manet an-
[gulus, usque
In sæclum sæcli, quem sprerunt ædificantes;
Nunc caput est templi, et lapidum compago
[novorum.
32. *Ex aqua vinum*.
125 Fœdera conjugii celebrabant auspice cœtu
Forte Galilæi : jam deerant vina ministris

GLOSSÆ VETERES.

117. Perfudit fluvio, *subaudi populum*, I.
121. Pinna, *sancta Ecclesia, vel penna, sicut Maximus, posito exemplo, qui ambulas super pennas*, I.

122. Angulus, *spiritalis sensus ; ipsa Ecclesia, quia in Ecclesia Golgotha, vel potius Christus*, I.
125. Auspice, *felici*, I.

COMMENTARIUS.

115. Sæpe voce *lacteolo* utitur Prudentius; in re B eadem vers. 699 Passionis Romani : *Tenerumque duris ictibus tergum secent, Plus unde lactis, quam cruoris, defluat*. Juvenalis de hædulo satira 11, *Qui plus lactis habet, quam sanguinis*. Ausonius de Ostreis epist. 7, *Carnem lacteoli sanguinis indicat*. Hartmannus Sangallensis in festivitate Innocentium poetam nostrum æmulatus est : *Salve, lacteolo decoratum sanguine festum*.
116. Prag., *udis* pro *calidis*.
Titulus 30, *Baptizatur Christus*, ex Vatt. B, I, Mar., Rat., Alex. In Aldo, *Christus in Jordane baptizatur*. Idem in Giselino. Thuan., *Christus baptizatur*. Lege in caput Matthæi.
117. Mar., Rat., Vallic., Vat. I, Alex. a prima manu, Thuan., *perfudit*, quod eis suis amplexus est Weitzius. Alii, *perfundit*. Et syllabam et rem imitatum esse Prudentium ex hymno Jejunantium, monet Barthius ad hæc verba *pastus Baptista locustis*. Certe ; sed cur alia quantitate *locustis* efferre debuit ? Juvencus pariter lib. I, *Arvis qui solitus ruralibus esse locustas*. In Copa Incerti, sive Virgilii legebatur : *Nunc vero in gelida sede locusta sedet*. Burmannus, tom. I Anthol., pag. 716, cum aliis vult legi *lacerta*, sed rationem non afferunt cur debeat o in *locusta* esse longum. Fabricius. Comment. in poet. Christ., ait eos qui locustas putant esse Hispanorum *ragustas*, nondum probasse. Fabricius fortasse voluit dicere *langostas*, nam Hispanis nihil est *ragustas*.
118. Goldastus in Manuali biblico, *silvarum favis*, sine conjunctione *que*, quam exigit carmen. Male etiam Aldus, *amictu* pro *amictus*, et ridicule Vat. A, *cami li* pro *cameli*.
119. Teolius ex uno Vat. indicavit *tinxit* pro *tinxerat*. At metrum non patitur *tinxit*.
120. Vat. unus apud Teol., *qui cunctis*, quod ego invenio in Vallic.
Titulus 31, *Pinna templi*, magno codicum scriptorum et editorum consensu. Confer Matth. cap. XXI, et psalmum CXVII, vers. 22 : *Lapidem, quem reprobaverunt ædificantes, hic factus est in caput anguli*.
131. In nonnullis vulg. prima mendum pro *pinna*. Barthius late exponit vulgarem traditionem veterum de pinna templi. Christiani quemdam lapidem, qui templi pinna olim fuit, sepositum habebant pro lapide illo angulari, cujus similitudine dixerit de se Dominus, se nimirum ex seposito lapidem factum esse angularem. Unde religio, an superstitio, velut dicti quoddam testimonium lapidem quemdam angulis conspicuum commonstrabat. Quod Barthius colligit ex hoc Prudentii loco, et ex Itinerario vetustissimo Burdigalensi, quod Petrus Pithœus edidit, ubi hæc legere licet : *Ibi est et lapis angularis magnus, de quo dictum est : Lapidem, quem reprobaverunt ædificantes. Item ad caput anguli et sub pinna turris ipsius sunt cubicula plurima, ubi Salomon palatium habebat.*

B Fragmenta ejusdem lapidis, quem *revolutum* dicebant, cum sanctis reliquiis pari veneratione colebantur, referente Gunthero monacho apud Canisium tom. V Antiquit. Eadem traditio usque ad recentiora tempora duravit, ut liquet ex Petro Bellonio, Observat. lib. II, cap. 83. Illud Barthio ultro concedo, verba sacræ paginæ, quibus Christus dicitur lapis angularis, de ipso esse intelligenda, *ut ornamentum domus, vivus lapis*, et similia per figuram dicuntur. Et Prudentius quidem videtur ita de Christo sacra testimonia explicare, ut traditionem illam agnoscat. Cæterum nihil aliunde obstaret, quominus Dominus similitudine ejus lapidis, quem Christiani veteres ostendebant, dixerit Matth. XXI, 42 : *Lapidem, quem reprobaverunt ædificantes, hic factus est in caput anguli*; et vers. 44 : *Et qui ceciderit super lapidem istum, confringetur ; super quem vero ceciderit, conteret eum :* cujus rei fama ad posteros permanaverit. Cæterum si quis malit affirmare, Prudentium in hoc C versu minime agnoscere traditionem illam vulgarem de lapide angulari superstite, neque, me invito, id affirmabit, neque facile revincetur.
123. Aliqui vulg., Vatt., N, Y, Z, AA, *spernunt* ; vetustiores, *sprerunt*. Giselinus ad oram 2 ed., *quem Judæi reprobarunt*. Aliter scripti.
124. Sich., Ald., Rat., Prag. a secunda manu, Mar., Alex., Vatt. A, B, I, Q. Weitz. cum suis mss., *et lapidum compago novorum*. In Prag. a prima manu, *et lapidum compago priorum*. Gisel. in textu, *et laterum compago duorum*. Heinsianii et Gis. ad marg., *et lapidum compago duorum*, quod exstat in Vall, Vatt. N, Y, Z, AA, BB. Barthius præfert *laterum compago duorum*. Faciet enim, inquit, *protuberantem angulum duobus sibi junctis eminentior, unde et lapis offensionis dicitur*. Sed recte procedit *lapidum compago novorum*, nam *Christus caput est novi templi* (Ecclesiæ) et *compago lapidum novorum*, ex quibus templum hoc consurgit, tanquam ex vivis et electis lapidibus. Ad Ephes. II, 19 et seq. : *Estis cives sancto-* D *rum, et domestici Dei : superædificati super fundamentum apostolorum et prophetarum, ipso summo angulari lapide Christo Jesu.*
Titulus 32, *Ex aqua vinum* in Alex., Thuan., Ald., Weitz. In Rat., Vat. I, *Aqua vinum*. Vat. B, Mar., *Aqua in vinum conversa*. Giselinus, *Vinum ex aqua factum*. Vide Joann. cap. II. Angelus M. Baudinius edidit Florentiæ anno 1746 Observationes in antiquam tabulam eburneam sacra quædam D. N. J. C mysteria anaglyphico opere exhibentem. Anterior tabulæ hujus facies miraculum exhibet, quo Christus aquam sex hydriis contentam in vinum convertit.
126. Vatt. B, I, Rat., Weitz., *forte Galilæis jam deerant* ; cæteri, ut edidimus. Prag., *deerant jam*. Gifanius ex vet. cod., pag. 438 tud. Lucr. in *synecphonesi* seu *episynaloepha* communem lectionem tenuit,

Christus vasa jubet properanter aquaria lym-
[phis
681 Impleri; inde meri veteris defunditur
[unda.

33. *Piscina Siloa.*

Morborum medicina latex, quem spiritus horis
130 Eructat variis, fusum ratione latenti,
Siloam vocitant : sputis ubi collita cæci
Lumina Salvator jussit de fonte lavari.

34. *Passio Joannis.*

Præmia saltatrix poscit funebria virgo
Joannis caput, abscissum quod lance reportet
135 Incestæ ad gremium matris : fert regia donum
Psaltria, respersis manibus de sanguine justo.

682 35. *Per mare ambulat Christus.*

It mare per medium Dominus, fluctusque li-
[quentes

Calce terens, jubet instabili descendere cymba.
Discipulum : sed mortalis trepidatio plantas
140 Mergit, at ille manum regit, et vestigia firmat.

36. *Dæmon missus in porcos.*

Vincla sepulcrali sub carcere ferrea dæmon
Fregerat : erumpit, pedibusque advolvitur Iesu.
Ast hominem Dominus sibi vindicat, et jubet
[hostem
Porcorum furiare greges, ac per freta mergi.

37. *Quinque panes et duo pisces.*

145 Quinque Deus panes fregit, piscesque gemellos:
His hominum large saturavit millia quinque.
683 Implentur nimio micarum fragmine
[corbes
Bis seni : æternæ tanta est opulentia mensæ.

38. *Lazarus suscitatus a mortuis.*

Conscius insignis facti locus in Bethania

GLOSSÆ VETERES.

127. Vasa aquaria, *hydrias*, I.
128. Inde, *vel unde*.—Meri veteris, *vini nobilis*, I.
129. Latex, *scilicet erat*.—Spiritus, *scilicet ventus*, *vel flatus*, I.
131. Siloam, *id est missum*, I.
134. Lance, *disco*, I.

135. Incestæ, *maculatæ, vel stupratæ*, I.
136. Saltria, *saltatrix*, I.
138. Calce, *pede*.—Instabili, *vento jactata*.—Cumba, *nave, aliter cymba*, Iso.
139. Discipulum, *Petrum*.—Plantas, *scilicet ejus*, I.
144. Furiare, *in furias agere*, I.

COMMENTARIUS.

127. *Vas aquarium* Varro dixit. Vide Lexicon Forcellini.

128. Gifan. loc. cit., verbo UNDA, legit *unde meri veteris defunditur unda*, et notat, doctum hunc poetam vini undam dixisse, ut Psych. vers. 370 *rorem* vocat vinum. Glossa Rat. interpretatur *undam* copiam magnam. Plerique habent *inde meri*; Giselinus *unde*. Fabr., *perfunditur*, pro quo alii *defunditur*, alii *diffunditur*, alii *difunditur*. In Vat. A mendum insigne ordo pro *unda*.

Titulus 33, *Piscina Siloa*, consentientibus plerisque scriptis, et editis. In cod. Vat. I, *Piscina Syloa*. Legendum cap. IX Joann., et Apoth. vers. 680.

129. Ald., Egm., *latet, quam*. Pal. et Vat. A, *latet, quem*, cum Heinsianis. In Vatt. B, I, Mar., Prag., Rat., Alex., Weitz., Gis. et aliis, *latex, quem*. Teol. in uno Vat. invenit *latet*, quem correctum per *latet, quam*. Aliqui habent *oris*, sed legendum *horis*.

130. Fabr., Ald., *fusam, scilicet medicinam*, quod ex correctione exstat in uno Vat. apud Teol.

132. Alex. a prima manu, *jussi*; Egm., *jussis*, mendose.

Tetrastichon 34, *Passio Joannis* in plerisque. Giselinus, *Cædes Joannis*. Weitzius *Passio Joannis Baptistæ*. Consule cap. XIV Matth.

133. Diligentiam Giselini in secundis curis effugit hoc mendum *salvatrix* corrigendum per *saltatrix*. Prag., *posuit*, male, pro *poscit*.

134. Aldus ita interpungit, *Joannis caput abscissum quod lance reportat. Incestæ gremium ad matris fert regia donum Psaltrix*. Giselinus, Alex., Vat. A, *reportet*. Vat. B, Mar., Prag., Rat., *reportat*.

135. Fabr., Gis., *in gremium*.

136. Rat., Sichardus, Mar., Weitz., Urb., Vatt. B, I, Q, CC, *saltria*. Prag., Gis., *psaltria*. Alex., *psaltaria*, correctum *psaltria*. Aldus, *psaltrix*. Vatt. D, N, *saltatrix sparsis*; Vall., *salta*, et supra *saltria*. Præfero *psaltria*. Macrobius lib. II Saturn., cap. 1 : *Non desuere qui psaltriam intromitti peterent, ut puella excitaret in industria supra naturam mollior, canora dulcedine, et saltationis lubrico exerceat illecebris philosophantes*. Ita etiam vocant Livius et Quintilianus. Vide Bulengerum, de Conviviis.

Titulus 35, *Per mare ambulat Christus*. Aldus, *Per mare ambulasse Christum*. Gis., *Christus per mare ambulat*. Ex Matth. cap. XIV.

138. Pro *cymba* alii *cumba*, alii *cimba* habent.

139. Apud Weitzium Giselinus, *mortales*; sed alium Weitzius voluit indicare, nam Giselinus habet *mortalis*. In Oxon., *plantis*. Vide not. vers. seq.

140. Gifaniùs Ind. Lucr., verbo MARE MAGNUM, legit *mergitat*, non *mergit*, at Giselinus, *mersitat*. In Egm., *plantas mergitur* eleganti Græcismo, ut putat Heinsius. In Oxon., *plantis mergitur*. Apud Weitzium in unis Gold., *mergitat*; in Pal., *mergitur*. Aldus, Weitz., Mar., Rat., Prag., Alex., multique Vat., *mergit, at*. Aldus, *manum tegit*; alii, *manum regit*; nonnulli, *manu regit*, ut Vatt. D, Z, AA, et Rott., quod Heinsius non audet damnare : nam in simili versu Virgilii III Æneid., *Trunca manum pinus regit, et vestigia firmat*, in pervetustis exemplaribus non paucis invenerat *manu* : et Prudentius Virgilium imitatus est.

Tetrastichon 36, *Dæmon missus in porcos*, ex scriptis et editis, Aldus, *Dæmonium missum in porcos*. Vide Matth. VIII, Marci V, Lucæ VIII.

142. In Rat. recenti manu, prioribus crasis, *pedibus revolutus Iesu* : de quo corrigendi vel corrumpendi potius genere sæpius locuti sumus.

144. Vatt. B, I, Mar., Rat. a prima manu, Sich., Gis. in textu, Weitz., *furiare* : quod æmulatus videtur Theodulfus de eadem re, *Das pecorum furiare greges, justissime judex* apud Heinsium. Horatius lib. I, od. 25. *Quæ solet matres furiare equorum*. Heinsiani, Ald., Pal., Vall., Alex., Urb., Vatt. D, Q, Z, *raptare*. Vat. N, *captare*, Vat. A, *reputare*, quæ duo postrema penitus sunt rejicienda. In Mar. glossa GREGES, *id est, per greges*.

Titulus 37, *Quinque panes, et duo pisces*, consentientibus omnibus editis et scriptis quos vidi.

147. Fabr., Gis., *minimo*. Alii, etiam Gifanius Ind. Lucr. verbo VISU, pag. 450, *nimio*. Dicit autem *nimium fragmen*, quod superfuisset, quasi superfluum, ut notat Mariettus. Hæc et alia de Christi miraculis simillimis verbis in hymno *Omni hora* et in Apoth. explicari, ante monui.

148. Egm., mendose, *opitulentia* pro *opulentia*.

Titulus 38, *Lazarus suscitatus a mortuis*, ex præstantioribus mss., Aldo, Weitzio, et aliis. Gis., *Lazarus suscitatus*. Lege Joann. XI. Cætera desunt in Vat. A, qui corruptissimus est in aliis quæ adsunt.

150 Vidit ab inferna te, Lazare, sede reversum.
Apparet scissum fractis foribus monumentum,
Unde putrescentis redierunt membra sepulti.

39. *Ager sanguinis.*

CampusHacheldemachsceleris mercede nefandi
Venditus, exsequias recipit tumulosus humandas.
155 Sanguinis hoc pretium est Christi. Juda emi-
[nus arctat
Infelix collum laqueo pro crimine tanto.

684 40. *Domus Caiphæ.*

Impia blasphemi cecidit domus alta Caiphæ :
In qua pulsata est alapis facies sacra Christi.
Hic peccatores manet exitus : obruta quorum
160 Vita ruinosis tumulis sine fine jacebit.

41. *Columna ad quam flagellatus est Christus*
Vinctus in his Dominus stetit ædibus , atque
[columnæ
Annexus tergum dedit, ut servile , flagellis.
Perstat adhuc, templumque gerit veneranda
[columna,
Nosque docet cunctis immunes vivere flagris.

42. *Passio Salvatoris.*
165 Trajectus per utrumque latus, laticem , atque
[cruorem
685 Christus agit. Sanguis victoria : lympha
[lavacrum est.
Tunc duo discordant crucibus hinc inde latrones
Contiguis : negat ille Deum, fert iste coronam.

43. *Sepulcrum Christi.*
Christum non tenuit saxum, non claustra se-
[pulcri :

GLOSSÆ VETERES.

153. Acheldemach, *aliter Acheldama*, *nomen agri*, *id est*, *ager sanguinis*, Iso.
154. Exsequias, *corpora*, I.
159. Hic peccatores, *hic*; *id est talis*, I.

161. Stetit, *aliter stitit.*— Atque columnis, *scilicet his*, I.
165. Per utrumque latus, *poetica exaggeratione rei*, I.

COMMENTARIUS.

Titulus 39, *Ager sanguinis.* Aldus, *Ager Achelde-mah.* Factum narrat Matthæus cap. xxvii.
153. Aldus, *Acheldemach.* Mar., *Acheldema,* sed ad-ditum *ch*, ut sit *Acheldemach*, quod exstat etiam in Prag. In Rat., *Acheldemac;* in Gis., *Haceldema.* Weitzius, *Hacheldemach.* In Vulgata, *Haceldama;* quod in tex-tum posset induci. Mazochius vol. III Spicileg. Bibl., pag. 53, probat, adhuc medio sæculo xii hunc cam-pum retinuisse nomen *Hacedama*, in 'eoque peregri-nos fuisse tumulatos.
155. Aldus perperam, *Judæ munus arctat Infelix collum laqueus.* Vat. Q, Gis. ad oram, *Judæ nimis arctat Infelix collum laqueus.* Gis. ad marg. pro di-versa lectione, Gifanius in MARE MAGNUM Ind. Lucr., *Juda nimis arctat Infelix collum laqueo.* In Nomsio, *Judæ minus arctat Infelix collum laqueus.* Vatt. D, O, N, *Judas eminus arctat Infelix collum laqueus.* Vatt. Y, AA, CC, BB, *Judas eminus arctat Infelix collum laqueo.* In editione Parmensi male interpun-gitur : *Juda eminus arctat Infelix collum laqueo, pro crimine tanto.* Vera lectio est *Juda eminus arctat In-felix collum laqueo*, quam tenent Alex. (in quo supra est *laqueus*), Mar., Rat., Prag., Vatt. B, I, Z, Urb., Gis., Weitz., Vall. et alii. Frustra conjicit Heinsius *Judæ manus arctat Infelix collum laqueo.* Frustra Gi-fanius putat, Prudentium non ita locutum *Juda;* ut enim dixit *Helia, Belia,* et similia , sic *Juda* dicere potuit. Eleganter *eminus* ponitur ad significandum, Judam suspensum periisse. In passione Romani vers. 109, *Eviscerandum corpus' eculeo eminus Pendere.* Ca-them. hymno 9, vers. 109: *Hunc eminus aere ab alto.* Mariettus pro *eminus* suspicabatur *munus*, id est pre-tium. Sed repugnat metrum.
Titulus 40, *Domus Caiphæ.* Consule Matth. xxvi.
157. Ald., Urb., Alex. a secunda manu, Heins., Teol., *ecce;* alii, *alta*, cum Mar., Vatt. B, I, Rat., Prag.
159. Aldus, mendose, *peccatoris.*
Tetrastichon 41. Giselinus , *Columna, ad quam Christus flagellatus est.* Alii ut posui in textu. Vide Marci xv.
161. Vatt. B, D, I, Prag., Rat., Mar., Weitz., *atque columnis.* Alex., Urb., Gis., Ald., Pal. et alii, *colum-næ* , quod magis placet : nam infra *veneranda co-lumna.*
162. Vat. I, Rat. a prima manu, Mar. a prima manu, Weitz., *annexum tergum.* Pro *servile* in Mar.

erat *servire,* et glossa *scilicet potuisset ;* postea factum *servile.*

163. De templo venerandæ Columnæ lego apud S. Hieronymum epist. 27, de Locis Hierosolymit.: *Ostendebatur illic columna,* ECCLESIÆ PORTICUM SUSTI-NENS, *infecta cruore Domini, ad quam vinctus dicitur et flagellatus.* Hinc intelligis, quid sit *templumque ge-rit.* Beda in medio ecclesiæ suo tempore fuisse te-statur. Meminit quoque columnæ hujus et miraculo-rum Gregorius Turonensis in lib. de Gloria marty-rum. Vide Lipsium lib. II de Cruce cap. 4, ubi pro-bat, *solitos ad columnam verberari.* Ea sacra columna nunc Romæ exstat in templo S. Praxedis. Quippe facile hæc memoria inter pios Christianos ad nos usque potuit et debuit conservari.
164. Egm., *immuneres,* male, pro *immunes.*
Titulus 42 idem in omnibus quos vidi, *Passio Sal-vatoris.*
165. In aliis, *transjectus;* in aliis, *trajectus.* Con-jectura quorumdam, legendum *Trajectusque latus dextrum,* ne scilicet utrumque latus dicatur traje-ctum, explosa est in not. ad hym. Cath. 9, vers. 86, ubi hanc singularem sententiam expendimus. Vel ex hoc solo tetrasticho asseri potest, Prudentium Dittochæi esse auctorem, sibi ubique constantem. In edit. Colon. ad marg. ex vet. lib. notatum est, *lati-cemque cruorem* pro diversa scriptura, sed *laticem, atque cruorem* vera est scriptura. Gaspar Sagittarius edidit dissertationem de lancea, qua perforatum est latus Jesu Christi; de qua locutus sum in comment. loc. cit. Nonnulli eum vocant Carolum Sagittarium, quod nominis ejus sola prima littera exprimi soleat C. Sed ea littera indicat Casparem, pro quo nos fre-quentius Gasparem dicimus.
166. In Gold. glossa AGIT, *fudit.* Aldus, *victoria sanguis.* Alii plerique, *sanguis victoria.* In Aldo deest verbum substantivum *est* post *lavacrum.* Per sangui-nem, qui e latere Salvatoris fluxit, martyrium, per aquam baptismum indicari multi aiunt. Orientius apud Martenium tom. V Anecd. , *Martyrium sanguis sibi vindicat, unda lavacrum.*
Tetrastichon 43 deest in Aldo, Torn. et in multis codd. mss. Vide Matth. xxviii; et de resurrectione sanctorum qui dormierant, cap. xxvii, vers. 53. Ver-sus hi non videntur Prudentiani; sed constat nihilo-minus ex antiquis monumentis , sepulcrum et resur-rectionem pingi et sculpi olim consuevisse. Exemplo

170 **686** Mors illi devicta jacet : calcavit abyssum. A
Sanctorum populus superas simul ivit ad oras,
Seque dedit multis tactuque oculisque pro-
[bandum.

44. Mons Oliveti.

Montis Oliviferi Christus de vertice sursum
Ad Patrem rediit, signans vestigia pacis.
175 Frondibus æternis præpinguis liquitur humor :
Qui probat infusum terris de chrismate donum.

45. Passio Stephani.

Primus init Stephanus mercedem sanguinis,
[imbri
Afflictus lapidum : Christum tamen ille cruentus
Inter saxa rogat, ne sit lapidatio fraudi
180 Hostibus. O primæ pietas miranda coronæ !

687 46. Porta speciosa.

Porta manet templi, Speciosam quam vocita-
[runt,
Egregium Salomonis opus : sed majus in illa
Christi opus enicuit : nam claudus, surgere
[jussus
Ore Petri, stupuit laxatos currere gressus.

47. Visio Petri.

185 Somniat illapsum Petrus alto ex æthere discum

GLOSSÆ VETERES.

175. Frondibus æternis, *semper virentibus*, I.
176. Probat, *confirmat*, I.
177. Imbri, *grandine*, Iso.
179. Fraudi, *crimini*, Iso.

184. Damnatos currere gressus, *debilitatis sibi pedibus*. — Damnatos, *debiles*, Iso, Vat. I. *Laxatos*,
Prag.

COMMENTARIUS.

sit nummus vetus cum Græca epigraphe *Anastasis*, B
sive resurrectio, sepulcro, militibus exterritis, etc.,
quem beneficio eminentissimi Stephani Borgiæ, antiquitatum omnium studiosissimi et peritissimi, hoc
ipso tempore in sacrum cardinalium collegium ascripti, delineatum hoc loco repræsento, ut judicium facilius ferri possit.

Ex ære Vilitris in Museo Borgiano.

De simili nummo diu litigarunt Joannes Tristanus a
S. Amante et Jacobus Sirmondus. Eumdem expendit
Franciscus Vavassorius cap. 2 de Forma Christi, et
parum exacte delineatum e suo museo cl. Victorius
exhibuit in comment. de Nummo æreo, ubi de antiquis imaginibus Christi disputat; et templum rotundum vocat quod nos sepulcrum Christi diximus.
Sirmondus enim existimat, esse templum *Anastasin*
a veteribus dictum, et in loco resurrectionis erectum.
Titulus 44, *Mons Oliveti*. In Aldo, *Mons Olivetum*.
Lege cap. I Actuum apost.

173. Egm. et Gis. ad oram *oliveti* pro *oliviferi*.
Latinius recte *oliviferi* posuit pro *oliferi*, quod reperit
in Torn.

174. Heins., Gif. ex vet. lib. ita interpungunt,
*signans vestigia pacis Frondibus æternis : præpinguis
liquitur humor*. Non placet : nam poeta videtur intel- D
ligere vestigia quæ Christus, ad Patrem ascendens,
dicitur impressa reliquisse : quæ *pacis* vocat, ad montem oliviferum alludens, et effectum ascensionis con-
siderans. Postea frondibus olivarum manasse humorem ait, qui donum chrismatis significaverit. Appellat autem *frondes æternas* olivæ, ut Virgilius lib. II
Georgic., *Palladia gaudent silva vivacis olivæ*, ut mysticum sensum prætereamm. Sic hymno 12 Peristeph.,
vers. 34 : *Frondem perennem chrismatis feracem* de
oliva, melius quam alii *fontem*. De vestigiis in vertice
montis Oliveti impressis plura exstant Patrum testimonia, Augustini, Paulini, Severi Sulpicii, Optati,
Bedæ, quorum loca indicat Calmetus in Dict. Bibl.

175. In Rat. a prima manu, *linquitur*, recte emendatum per *liquitur*.

Titulus 45, *Passio Stephani*. In Vat. B, 1, Mar.,
Rat., Weitzio, *Passio S. Stephani*. Vide cap. VI et VII
Act. apostolorum.

177. Vat. B, 1, Mar., Prag., Rat., *imbre*. Ald.,
Gis., Alex., Urb. et alii, *imbri*, more Lucretii et antiquiorum. Omitto Weitzium, qui, nescio ex quo codice, *ymbre* edidit. In hymno S. Laurentii, vers. 371,
Stephanus per imbrem saxeum:

178. Mar. a prima manu, *cruenta*.

180. Mar., Sich., Vat. B, I a prima manu, Q, AA,
Rat., Weitz., Vall., Gold. a prima manu, *miseranda*.
Multo magis probo *miranda* cum Ald., Gis., Alex.,
Prag. et aliis. Primam coronam vocat protomartyrem
Stephanum, pulchre alludens ad ejus nomen. Bembus
in hymn. ad S. Stephanum falso ait, minores nomen
Stephano ex martyrii corona fecisse : nam ante mar-
tyrium Stephanus vocabatur.

Tetrastichon 46, *Porta speciosa*. Ex cap. III Act.
apost.

181. Prag., minus bene, *speciosa*. C

182. Manebat superstes pars atrii gentium a Salomone constructi. Vide Villalpandum lib. III de Templo, cap. 9. Porta vero illa *Speciosa* ex ære Corinthio
fuisse a Josepho dicitur.

183. In multis antiquis mss., *clodus* ex usu veteri
pro *claudus*.

184. Ald., Gis. in textu, Alex., Torn., Gall., Rat.
pro diversa scriptura, Prag. pro glossa, *laxatos*. Vatt.
B, I, Q, AA, Urb., Mar., Prag., Rat. a prima manu,
Thuan., Weitz., Torn. in margine, Heinsius et alii,
damnatos. In Vat. I glossa, *debiles*. Confer glossam
Isonis. Heinsius non *laxatos*, et apud Egm., *laxatus*,
conjicit *luxatos* : quanquam putat, eleganter et poetice omnino dici posse *damnatos* gressus, ut Hamartig. vers. 650 : *Damna aures, Pater alme, meas*. Teolius conjecturæ Heinsii adhæsit, advertens tantum
duos Vatt. habere *damnatos*.

Lemma tituli 47, *Visio Petri*. In Mar. et Rat.,
Somnium Petri. Lege cap. X Act. apost.

185. Solent mystici visionem etiam claram, in mentis excessu a Deo infusam, *somnium* appellare. Prudentius, semper sui similis, de Apocalypsi Joannis
evangelistæ hymn. 6 Cath., vers. 113 : *Tali sopore
justus Mentem relaxat heros*. Cum enim visiones fere
contingant in ecstasi seu alienatione mentis a sensibus
corporis, congruenti vocabulo visiones per similitudinem *somnia* dicuntur. Somnium Epimenidis Cre-
tensis philosophi ad annos 57 aut 50, ut alii dicunt,
necnon cujusdam pueri apud Plinium lib. VII, cap. 57,
ad annos 57 per mentis excessum explicant, qui eas
historias credunt : ac similiter dicunt, qui tuentur,
septem sanctos Dormientes somno captos in spelunca
ad ducentos fere annos revera dormiisse, quod cl.
Joseph Simonius Assemanius tom. I Bibl. Orient.,

Confertum omnigenis animalibus. Ille recusat A
Mandere : sed Dominus jubet omnia munda
  [putare.
Surgit, et immundas vocat ad mysteria gentes.
688 48. *Vas electionis.*
Hic lupus ante rapax vestitur vellere molli :
190 Saulus qui fuerat, fit adempto lumine Paulus.

Mox recipit visum, fit apostolus, ac populorum
Doctor, et ore potens corvos mutare columbis.
  49. *Apocalypsis Joannis.*
Bis duodena senum sedes pateris, citharisque,
Totque coronarum fulgens insignibus, agnum
195 Cæde cruentatum laudat : qui evolvere librum,
Et septem potuit signacula pandere solus.

GLOSSÆ VETERES.

188. Surgit, *e somno*, I.
192. Et ore potens, *scilicet fit*, Iso.

195. Qui evolvere, *vel quia volvere*, Iso.

COMMENTARIUS.

pag. 335 et seqq., multis rationibus conatus est persuadere. Vide hymnum 10 Cath., not. ad vers. 56. S. Bernardus de sublimi animæ contemplatione explicat somnum sponsæ in Canticis cantic., ut dixi in comment. ad vers. 77 hymn. 6 Cathem.
Titulus 48, *Vas electionis.* Giselinus, *Paulus vas electionis.* Adisis cap. IX Act. apost.
189. Prag. et Rat., *vestitus.* Nomina et adverbia B locum præsentem demonstrantia, ut *hic, in his ædibus*, et similia, ostendunt hos titulos pro picturis quæ in templis exhiberi solebant fuisse compositos, ut dictum est num. 66 proleg. S. Paulinus de hujusmodi pictura Nat. 9 : *Quæ super exprimitur titulis, ut littera monstret Quod manus explicuit.* Ex eodem Paulino intelligitur cur duplicis Testamenti pictura duplex cibus, sive Dittochæum possit appellari : *Qui videt hæc vacuis agnoscens vera figuris, Non vacua fidam ibi pascat imagine mentem.*
190. Prag., *fit dempto.*

191. Vatt. AA, BB, *fit apostolus apostolorum*, per peram et contra metrum. Paulus doctor populorum dicitur, ut in hymn. SS. Apostolor. Petri et Paul, *gentium magister.*
Tetrastichon 49, *Apocalypsis Joannis.* Visio exponitur ex Apocalypsi cap. IV et V.
195. Ald., Mar., Rat., Prag., Vat. B, I, Gis. in textu, Weitz. et alii, *qui evolvere.* Alex., Thuan, Urb., Vat. Q, Egm., *qui volvere.* Gisel. ad marg., *quia volvere.* Diversa lectio in Vall. et Vatt. Y, Z, AA, BB, CC, *qui solvere.* Et placet hæc lectio, quæ propius accedit ad Apocalypsis verba : *Aperire librum, et solvere signacula ejus.* Cæterum gravior est auctoritas codicum, in quibus est *evolvere* : et *evolvere* pro *aperire* recte de *volumine* dicitur. In Vat. I, post ultimum versum, *Expliciunt tituli historiarum.* In Goldasti Manuali biblico hoc ipsum, et postea, *Sequuntur glossæ Isonis.*

PRÆFATIO LIBRI PRIMI
CONTRA SYMMACHUM.

689 Paulus præco Dei, qui fera gentium   C
Primus corda sacro perdomuit stylo,
Christum per populos, ritibus asperis

                     Immanes, placido dogmate seminans,
5   Immansueta suas ut ceremonias
     Gens pagana Deo sperneret agnito,

GLOSSÆ VETERES.

1. Paulus, *quia grande negotium est vincere vipeream linguam tanti oratoris, præmisso exemplo Pauli apostoli, quem vipera momordit, sed non læsit, etiam ipse invocat divinum auxilium contra vipereum documen-*

tum, Prag.
2. Stylo, *prædicatione*, Iso.
4. Immanes, *feroces, vel crudeles.* — Seminans, *docens*, I.

COMMENTARIUS.

Inscriptionem apposui quam habet Mar. In Vat. A, nullus est titulus. In Alex., *Incipit contra orationem Symmachi liber I.* Ald., *contra Symmachum liber I.* Egm., *Contra Symmacon.* Boher. prior, *Contra orationem Symmachi.* In Vat. T, qui glossemata continet, *Contra Symmachum lib. I. Nunc de præfatione.* Alicubi a primo verbo hic liber vocatur *Paulus.* Vide alia cap. 4 proleg. Juretus et Grangæus peculiaribus commentariis hos libros illustrarunt. Ansaldus sermone Italico convertit, de quibus a nobis dictum cap. 3 proleg. Juretus elegantissimos hos libros dicit, eisque Symmachi rationes accurate refelli, atque convelli affirmat. Usus est vetustissimo codice, ex cujus collatione varietates Scripturæ exhibet.
V. 1. Nomen *præco Dei* apostolis a primis Ecclesiæ sæculis tribuebatur, ut cernere licet in Vita S. Petri, quæ S. Clementi attribui solet. Sæculo IV videtur fuisse in nonnullis Ecclesiis præco, qui fideles ad ecclesiam convocaret. B. Eusebius episcopus Alexandrinus in oratione de Die dominico : *Vocat ad ecclesiam præco* (ὁ κῆρυξ), *omnes somnum obtendunt et infirmitatem.* Prudentius Paulum *præconem Dei* nominat.

Petrum vero in præfatione lib. II, *summum discipulum Dei,* ut unicum Ecclesiæ caput innuat.
4. Oxon., *placito dogmate.*
5. Egm., *et*, male, pro *ut.* Ald. et Teol. scribunt *cærimonias*; melius *ceremonias*, aut *cerimonias*, ut metro consulatur. Heinsio non displicet *jam mansue'a* in priori Rott. Potest etiam accipi *immansueta* pro *mansueta*, ut *infractus* pro *fractus.* Giselinus ait, in excusis duo esse verba *in mansueta*, quod vitium putat contigisse ex inepto illo et aspero scribendi modo *inmansueta, industris, intudo, inradio,* et auctoritate Virgilii, Ciceronis, M. Scauri, Prisciani, Servii contrariam scribendi rationem tueri conatur. Nunc ple- D rique aliter sentiunt, *et adpellare,* aliaque asperiora me non rivali libenter scribunt.
6. Mar., *mens pagana.* Melius *gens*, agitur enim de apostolo gentium. *Paganus* pro ethnico et gentili, sive idolorum cultore, accipitur a Christianis scriptoribus. Orosius lib. I, cap. 1 : *Præceperas mihi uti adversus vaniloquam pravitatem eorum qui alieni a civitate Dei, ex locorum agrestium compitis, et pagis pagani vocantur, sive gentiles,* etc. Alii alias rationes hujus signifi-

LIBER 1 CONTRA SYMMACHUM. — PRÆFATIO.

690 Actus turbinibus forte nigerrimis,
Hibernum pelagus jam rate debili
Et vim navifragi pertulerat noti.
10 Sed cum cærulei prælia gurgitis
Jussisset Domini dextra quiescere,
Ad portum fluitans cymba relabitur,
Exponitque solo littoris uvidi
Contractos pluvio frigore remiges.
15 Tunc de littoreis sepibus algidi
Arentum propere brachia palmitum
Convectant, rapidos unde focos struant.
Fascem quisque suum congerit ignibus,
Exspectans calidi luxuriam rogi.
20 Paulus, dum fragiles cogere surculos,
691 Et densere foci congeriem studet.
Incautam cumulis inseruit manum,
Torpebat glacie pigra ubi vipera,
Sarmentis laqueos corporis implicans,
25 Quæ postquam intepuit fomite fumeo,
Laxavitque ferox colla rigentia,

A Jam flecti facilis, rettulit ad manum
Vibrato capite spicula dentium.
Hærentem digiti vulnere mordicus.
30 Pendentemque gerens Paulus inhorruit.
Exclamant alii, quod cute livida
Virus mortiferum serpere crederent.
At non intrepidum terret apostolum
Tristis tam subiti forma periculi.
35 Attollens oculos, sidera suspicit,
Christum sub tacito pectore murmurans,
692 Excussumque procul decutit aspidem.
Abjectus coluber verberat aera,
Atque oris patuli solvit acumina.
40 Mox omnis sanies deserit, et dolor,
Ceu nullo laceram vulnere, dexteram
B Siccatusque perit vipereus liquor
Hydrum præcipitem dum rotat impetus,
Arsurum mediis intulit ignibus.
45 Sic nunc post hiemem, vimque trucis freti,
Quo jactata ratis tunc sapientiæ est,

GLOSSÆ VETERES.

7. Actus, *auctus*. — Turbinibus, *tempestatibus*, I.
8. Hibernum, *tempestuosum*. — Debili, *infirma*, I.
9. Navifragi, *naufragium facientis*. — Pertulerat, *passus est*. — Noti, *venti*, I.
10. Prælia, *tempestatem*, I.
11. Dextra, *potestas*, I.
12. Cymba, *cumba Latine, Græce* CYMBA, I.
14. Contractos, *fatigatos*. — Pluvio, *pluviali*, I.
15. Algidi, *frigidi*, I.
16. Propere, *festinanter*. — Brachia, *sarmenta*, I.
18. Congerit, *comportat*, I.
19. Luxuriam, *abundantiam*, I.
21. Congeriem, *palmitum*, I.
24. Laqueos implicans, *involvens*, I.
25. Intepuit, *incaluit*. — Fomite, *igne*, I.
26. Laxavit, *erexit*. — Rigentia, *ante rigentia frigore*, I.

27. Facilis, *post calorem*, I.
28. Spicula, *acumina*, I.
29. Mordicus, *mordaciter, id est in mordendo; ad verbium*, I.
31. Quod, *eo quod*. — Livida, *nigra, livore plena*, I
32. Mortiferum, *trahendo*. — Serpere, *crescere, inde serpens*, I.
36. Murmurans, *orans*, I.
37. Aspidem, *aspides vocamus omnes serpentes minores*, I.
45. Hiemem, *post persecutionem*, Vat. A. *Post persecutionem regum et imperatorum gravissimam : figura mystica*. — Trucis freti, *asperi mundi*, Iso.
C 46. Ratis, *Ecclesia, vel fides sanctæ Ecclesiæ : allegorizat, quid significaverit illa tempestas, quid dextera manus Pauli, quid morsus serpentis*. — Sapientiæ, *Christi*, I.

COMMENTARIUS.

cationis investigant, et tradunt. Vide comment. ad vers. 448 hujus lib. I, et Gotholredum ad tit. cod. Theod. de Paganis. Quod ait Prudentius *Deo agnito*, fortasse respicit DEUM IGNOTUM Atheniensium, de quo in Actis apostolorum.
7. Historia hæc refertur cap. XXVII et XXVIII Act. apost. Virgilii est *Tempestatibus actus*, et XI Æn., *Nigro circumdata turbine corpus*.
9. Prag., Urb. male *naufragii*. In nonnullis vulg., *naufragi*, contra metrum.
10. Poetice venti in mari *certare*, et *præliari* dicuntur, quod multis exemplis patet.
12. Nonnulli scribunt *cumba*. Portus hic indicatus est insulæ Melitensis.
13. Vat. A, male, *littoris solo*. Nec melius Urb., *exponit solo*.
14. Heinsius sine idonea ratione mavult *contactos*, uti apud Virgilium et Phædrum. Agnovit postea apud Phædrum etiam legi *Musca contracta frigore*. Teol. ex conjectura Heinsii edidit *contactos*. Præcesserat Cellarius. *Pluvium frigus* Maronis est III Georg.
15. Rat., Prag., Mar., *e littoreis*.
16. Brachia vitibus attribuit Virgil. II Georg., *Tunc brachia tende*.
19. Pal., *exspectant*, minus bene.
20. Egm., *congere*, corrupte.
21. Ald., Widm. supra, Bong., Urb., vulg., *densare*.
23. Grangæus notat, proprie viperam feminam hic

vocari, quæ incuriosius postea *coluber, aspis, hydrus*, dicitur. Auctor Act. apost. vocat ἔχιδνα, scilicet viperam feminam.
24. Vat. A a prima manu, *laqueis*, male.
34. Cell. et Teolius, *jam subiti*. Teol. ad marg., *tam subiti*, quod habent plerique edd. et mss.
55. Rat., *at tollens*. Mos hic attollendi lumina in cœlum communis etiam erat ethnicis. Virg. IV Æn., *oculos attollere*.
56. Vat. A, perperam, *substracto pectore*. Chamillardus hanc phrasin *Christum murmurans* ferre non D potest. *Hæc phrasis*, ait, *tam insolens mihi videtur, tam dura et barbara, ut vix credam alium ea usum*. At vero insolens non est accipi verbum *murmuro* hac significatione, scilicet loquendi submissa voce, ita ut sonus aliquis audiatur, non autem verba intelligantur. Ovidius VI Metamorph., *Quodque licet, tacito venerantur murmure numen*; et lib. XI, *Flebile lingua Murmurat exanimis*. Vide Peristeph. hymn. 1, vers. 17, *Voce murmur fuderit*.
57. Vat. A, Egm., Palat., *discutit*. Heinsius mallet *depulit*, vel *dispulit*, quia præcessit jam *excussum*.
38. Vat. A, *objectus coluber*.
41. Mar., contra metrum, *dextram*.
42. Vat. A, vitiose, *vipreus liquor*.
46. Ald., Mar. a prima manu, Rat. pro diversa lect., *sapientia*. Alii, *sapientiæ* ; sed Heins. nullam varietatem animadvertit.

Cum sub sacricolis territa regibus,
Vix panso poterat currere carbaso,
Afflictosque suos turbine sæculi
50 Vectarat, rabidis fluctibus innatans,
Morsum vulnificum lex pia pertulit.
Occultabat enim se prius abditum
693 Virus, nec gravidum protulerat caput,
Contentum involucris, atque cubilibus
55 Subter comprimere clausa silentia.
Sed dum forte latens impietas riget,
Dextram justitiæ pigra momordrat,
Succensi stomacho fellis inæstuans.
Heu, quam catholicam nil prope profuit
60 Puppim nasse sacri remigio styli,
Quem Paulus variis gentibus edidit
Vix portu placido tuta quieverat
Victrix, edomitis mille furoribus :
Vix astricta suis jam retinaculis
65 Vectores stabili condiderat solo :

A Erumpit subito triste periculum.
Nam, dum præcalidos igniculos sibi
Solvendis adolent et senio, et gelu,
694. Dum virgas steriles, atque superfluas
70 Flammis de fidei palmite concremant,
Ut concreta vagis vinea crinibus
Silvosi illuviem poneret idoli,
Palpavit nimius perniciem tepor.
Seps insueta subit serpere flexibus,
75 Et vibrare sagax eloquii caput.
Sed dextra impatiens vulneris irritos
Oris rhetorici depulit halitus,
Effusum ingenii virus inaniter
Summa Christicolis in cute substitit.
80 Salvator generis Romulei, precor,
B Qui cunctis veniam das pereuntibus,
Qui nullum statuis non operis tui
Mortalem, facili quem releves manu,
Hujus, si potis est, jam miserescito

GLOSSÆ VETERES.

47. Sacricolis, *sacrilegis*, I.
48. Carbaso, *doctrina apostolorum*, I.
51. Morsum, *hæreticam doctrinam.* — Pia, *Christiana.* — Pertulit, *passa est*, I.
52. Abditum, *sub Constantino*, I.
54. Involucris, *involutionibus*, I.
56. Impietas, *quæ intelligitur per viperam*, I.
58. Succensi, *invidi.* — Stomacho, *iracundia*, I.
60. Nasse, *natasse.* — Styli, *sacræ prædicationis*, I.
61. Edidit, *scripsit*, I.
62. Tuta, *puppis*, I.
65. Condiderat, *commendaverat.* — Solo, *firmæ fidei*, Iso.
67. Igniculos, *caritatis*, I.
68. Adolent, *incendunt.* — Senio, *mundi, id est idolorum.* — Gelu, *sine caritatis ardore*, I.
69. Superfluas, *frigore infidelitatis*, Iso.
71. Concreta, *nata.* — Crinibus, *virgis*, I.
72. Poneret, *deponeret*, I. — Idoli, *pro idolii*, Mar
73. Palpavit, *invenit.* — Perniciem, *errorem.* — Tepor, *calor, vel negligentia*, I.
74. Serpere, *cœpit*, I.
75. Eloquii, *hæreticorum*, I.
76. Dextra, *justitia.* — Irritos, *vacuos*, I.
77. Rhetorici, *eloquentis*, I.
82. Qui nullum, *qui nullum fecisti, qui non egeat tua gratia*, I.
83. Releves, *a peccatis*, I.
84. Hujus, *Symmachi, si est prædestinatus ad vitam*, Vat. A. — Si potis, *si possibile est*, I.

COMMENTARIUS.

47. Juretus in suo cod. reperit *sacricolis*, sed addit, defendi posse, quod in quibusdam vulg. est *sacrilegis*.
48. In nonnullis vulg., *vix passo*, quod non est ubique rejiciendum. Gifanius contra A. Gellium verbo DISPANSUS contendit, a *pando* non semper dici *passum*, sed vel id, vel *pansum*.
50. Mar. et Rat. pro div. script., minus bene, *vexarat* pro *vectarat*. Prag., Rat., Mar., Weitz., Fabr., Widm., Gis., *rapidis;* melius videtur *rabidis*, quod habent alii.
52. Ait Prudentius fidem Christianam sub imperatoribus ethnicis jactatam, et territam fuisse, et post illam tempestatem periisse morsum vulnificum. Etsi enim occultabat se virus abditum idololatriæ sub principibus Christianis, tamen erupit iterum, videlicet in oratione Symmachi. In Rat. abrasis prioribus, hic et seq. versus ita legebantur, *se prius abdita. Viro nec nec gravidum protulerat caput*, quod totum ineptum est.
54. Vat. A erasis quæ prius fuerant, *Contentum implicitis vipera nexibus*. Id ideo factum, ne tertia in *involucris* corripiatur : de quo vide proleg. Alex. a secunda manu *involucis*.
55. Mar., Rat., Ald., Tornæs., Widm. supra, *quo premeret :* Palat., *cum premeret*. Alii, *subter comprimere*, stylo Prudentiano, ait Heinsius, scilicet producto e postremo in *comprimere* ratione cæsuræ.
59. Vat. A, *catholica*, male. Egm., *quam propero fuit*. Pal., *quam properum fuit*.
60. Alii *puppem*, alii *puppim* scribunt. Gis., *enasse;* Heins. suspicatur *innasse*.
61. Rat. a prima manu *quam*, minus bene.

63. Rat., *laboribus;* eadem manu pro div. lect., *furoribus*. Mar., male, *domitis*. Fortasse legendum *et domitis*.
64. *Retinacula* pro fune navis Propertius, Virgilius et alii.
65. *Vector* dicitur tam qui vehit quam qui vehitur. Heins. conjicit *crediderat solo*.
66. Ald. *erupit subito*.
69. Vat. A, *cum virgas*.
70. Joann. cap. xv, de palmite qui non manet in vite, et in ignem mittitur.
71. *Crines*, ut *comæ* de vineis poetice. Vat. A, male, *et concreta*.
72. In Rat. audax corrector, abrasis prioribus, *idoli illuviem poneret impii*.
73. Rat., Weitz. scribunt *perneciem*.
74. De emendatione hujus versus scilicet *seps pro spes* multa a nobis dicta sunt cap. 22 proleg. Chamillardus interpretatur SEPS INSUETA *sepes nova*. Ceilarius exscribit Isonis glossam SERPERE *cœpit*. Puto intelligi posse *insueta* pro *assueta* : nam Prudentius non semel usurpavit *insuescere* pro *assuescere*.
84. Heins. edidit *si potis est*, sed magis probare videtur *si potis es*, quod vidit in altero Rott., et exstat etiam in Vat. A. Sed pleriqué habent *si potis est*, quod defendit Gifanius in Ind. Lucr. verbo VIRIDANS, et intelligi potest, *si potis est Symmachus relevari*, vel *misericordiam consequi*. Gifanius explicat *si potis est*, ut in Terentio et antiquis, *si potest, si poterit* pro *si fieri potest*. Heinsius putat tunc dicendum *si pote est*, non *si potis est*. At posse etiam dici *si potis est* pro *si fieri potest*, ostendit Forcellinus in Dict.

695 Præruptam in foveam præcipitis viri.   A
Spirat sacrilegis flatibus inscius,
Erroresque suos indocilis fovet.

Obtestor, juneas, ne citus impetus
Arsurum mediis inferat ignibus.

GLOSSÆ VETERES.

85. Præcipitis, *cadentis*, I.
86. Spirat, *pugnat*, I.

87. Fovet, *nutrit*, I.
88. Obtestor, *rogo, ut*, I. *Precor*, Rat.

COMMENTARIUS.

87. Vat. A a prima manu corrupte, *indocibilis*. Diversam vel potius contrariam significationem videtur habere *indocilis* hymn. 3 Cath., vers. 111.
89. Redit ad vers. 44, *Arsurum*, etc. In Mar., *Explicit præfatio*. De causa vero cur Prudentius hos duos libros contra Symmachum scripserit, quanquam animus est uberius olim disserendi, pauca nunc dicam. Augustus post Actiacam pugnam curiam Juliam in honorem Julii Cæsaris exstruxit, in eaque collocavit statuam et aram Victoriæ, ut senatores illuc convenientes thure ac mero supplicarent. Primus Constantius Constantini Magni filius eam aram diruit: non ita multo post reposuit Julianus Apostata, nec Jovianus et Valentinianus Senior, Christiani imperatores, removerunt. Gratianus, Valentiniani Senioris Filius, non solum ejusmodi aram diruit, verum etiam sacerdotibus gentilibus Romanis ac virginibus Vestalibus emolumenta præstari solita negavit. Symmachus anno 382 gentilium senatorum nomine aram Victoriæ et emolumenta sacerdotum restitui a Gratiano postulavit; sed Damasus pontifex Romanus ad Ambrosium Mediolanensem episcopum libellum plurium senatorum Christianorum misit, qui nihil se tale mandare affirmabant. Itaque, agente Ambrosio,

Symmachus ne auditus quidem fuit. Sed post Gratiani obitum Symmachus Valentiniano Juniori, Gratiani fratri, Relationem suam pro ara Victoriæ sacerdotumque privilegiis obtulit; quam Ambrosius, *memor legationis*, biennio ante sibi a Damaso mandatæ, duplici libello refutavit. Valentinianus Ambrosii consilium secutus est, neque aliter profecto fecit Theodosius, cui postea *intimata fuit senatus legatio hujusmodi*, oblata, ut ex his verbis Ambrosii colligitur, eadem Relatione Symmachi vel summa rationum quibus innitebatur. Iterum Valentiniano legatio missa B in Gallias, nihil extorquere potuit, etiam absente Ambrosio. Postea vero Eugenius tyrannus, cum gentilium petitioni semel et iterum restitisset, tamen tertio postulantibus annuit. Theodosius, Eugenio anno 394 profligato, ejus acta pro superstitione pagana rescidit. Sub Honorio sæculo V ineunte cum Gothi Italiam invasissent, Symmachus, occasione hinc arrepta, iisdem rationibus quibus prius usus fuerat, de ara Victoriæ repetenda agere cœpit, cujus conatus Prudentius penitus repressit. Colligitur autem ex Prudentio, statuam Victoriæ tanquam Urbis ornamentum diutius permansisse : quod confirmat Claudianus in Panegyr. de VI consulatu Honorii.

CONTRA SYMMACHUM

LIBER PRIMUS.

696 Credebam vitiis ægram gentilibus Urbem C
Jam satis antiqui pepulisse pericula morbi,
Nec quidquam restare mali, postquam medicina
Principis immodicos sedarat in arce dolores.
5 Sed, quoniam renovata lues turbare salutem
Tentat Romulidum, Patris imploranda medela
[est,

Ne sinat antiquo Romam squalere veterno,
Neve togas procerum fumoque, et sanguine
[tingi.
Inclytus ergo parens patriæ, moderator et orbis
10 Nil egit, prohibendo, vagas ne pristinus error
Crederet esse deum nigrante sub aere formas :
Aut elementorum naturam, quæ Patris ars est

GLOSSÆ VETERES.

1. Ægram, *dicit propter idola*. Urbem, *Romam*, I.
4. Principis, *Constantini*. — Immodicos, *magnos*.
— In arce, *in principatu, in Roma*, I. *Roma*, Vat. A.
6. Patris, *omnipotentis Dei*. — Medela, *auxilium*, Iso.
7. Squalere, *sordescere*. — Veterno, *morbo, veter-*

nus morbus est qui et intercus, I.
8. Tingi, *pollui*, I.
9. Parens, *Constantinus*. Rat. *Constantinus, propter nimiam pietatem vocat eum parentem*, I.
10. Egit, *profuit*. — Error, *cultura deorum*, I.
11. Formas, *idola, dæmones*, I.

COMMENTARIUS.

In Mar. et Rat. exstat titulus quem ascripsi. In D arguens veteres errores. Isoni non assentior, quanUrb., *Explicit prologus. Incipit liber* I. Prudentius libro primo idololatriam impugnat, altero Symmachi rationes diluit.
3. Prag. scribit *nec quitquam*, et sic semper. Alii, *nec quicquam*.
4. Cellarius cum Isone intelligit Constantinum. Ex tota carminis serie clare colligitur hunc principem esse Theodosium. Vide vers. 529 et seq. hujus libri.
5. Innuit poeta, post Theodosium novos exstitisse conatus pro idololatria.
6. *Patrem* hic intelligo Deum cum Isone.
7. Veternus sumi solet pro somno nimio, sive inexpugnabili fere dormiendi necessitate. A *vetus* fit *veternus*, et argute ait Prudentius antiquum veternum,

quam aquam intercutem *veternosam* recte dixit Arnobius lib. I, id est veterem.
9. Iterum redit sermo de Theodosio non de Constantino.
10. Vat. A., Egm., Pal., *vagus*, minus bene. Vocat formas *vagas*. Ritus gentilitius vocatur *error veterum* leg. 17, tit. 10, lib. XV de Paganis cod. Theod.
11. Egm., Pal., *credent*, male.
12. Aldus, mendose, *natura*. Recte dictum *Patris ars est*, quia etsi Deus arti alligandus non sit, tamen mirabili artificio operatur. Paulinus Nat. 7, *Arte creatoris, qua totum perficit orbem*. Hinc Deus *artifex* mundi solet vocari.

697 Omnigeni, summa pro majestate sacraret ? A
Vir solus, cui cura fuit, ne publica morum
15 Plaga cicatricem summa leviter cute clausam
Duceret, et latebram tabentis vulneris alte
Impressam, penitusque putri de pure peresam,
Juncta superficies, medico fallente, foveret.
Sed studuit, quo pars hominis generosior intus
20 Viveret, atque animam lethali peste piatam
Nosset ab interno tutam servare veneno.
Illa tyrannorum fuerat medicina, videre,
Qui status ante oculos præsentibus, ac perituris
Competeret rebus, nec curam adhibere futuris.
25 Heu, male de populo meriti, male patribus
[ipsis
Blanditi! quos præcipites in tartara mergi
Cum Jove siverunt, multa et cum plebe deorum. B
Ast hic imperium protendit latius ævo
698 Posteriore, suis cupiens sancire salutem.
50 Nimirum pulchre quidam doctissimus, Esset

Publica res, inquit, tunc fortunata satis, si
Vel reges saperent, vel regnarent sapientes.
Estne ille e numero paucorum, qui diadema
Sortiti, ætheriæ coluerunt dogma sophiæ?
35 Contigit ecce hominum generi, gentique togatæ
Dux sapiens; felix nostræ res publica Romæ
Justitia regnante viget : parete magistro
Sceptra gubernanti : monet, ut deterrimus
[error,
Utque superstitio veterum procul absit avorum,
40 Nec putet esse deum, nisi qui super omnia sum-
[mus
Emineat, magnique immensa creaverit orbis.
Num melius Saturnus avos rexisse Latinos
699 Creditur, edictis qui talibus informavit
Agrestes animos, et barbara corda virorum?
45 Sum deus, advenio fugiens, præbete latebras,
Occultate senem, nati feritate tyranni
Dejectum solio : placet, hic fugitivus, et exsul

GLOSSÆ VETERES.

14. Solus, *primus*, I.
17. Pure, *putredine*, I.
19. Studuit, *Constantinus*. — Quo, *ut*. — Generosior, *nobilior*, I.
20. Lethali, *mortali*, I.
22. Tyrannorum, *antiquorum regum*.— Videre, *ut videretur*, I.
24. Competeret, *conveniret*. — Futuris, *animæ*, I.
28. Hic, *Constantinus*, I.
29. Suis, *Romanis*. — Sancire, *constituere*, I.
30. Quidam, *Plato*, I.
32. Sapientes, *scilicet reges*, I.

33. Ille, *Constantinus*, I, Rat. — Diadema, *regiam potestatem*.
34. Sortiti, *consecuti*. — Ætheriæ, *cælestis*, I.
35. Togatæ, *pacificatæ*, I. *Prudentius contemporaneus fuit Theodosii et Valentiniani. Potest autem credi, durasse usque ad mortem Theodosii, cujus duo filii, Honorius et Arcadius, successerunt in imperio : incertum quem horum nominet ubi ait, Contigit*, Vat. A.
39. Avorum, *Arianorum*, I.
43. Informavit, *instruxit*, I.
46. Tyranni, *Jovis*, I

COMMENTARIUS.

15. Perstat in eadem metaphora morbi et medicinæ, qua eo tempore auctores frequenter utebantur.
18. Egm., Pal. contra metrum, *medico favente*. Laudat Theodosium, quod radicitus idololatriam exstirpare studuerit.
21. Vat. A, *Posset ab*. Rat., *servare veterno*. Barthius lib. xII Advers., cap. 8, hunc Prudentii locum confert cum simili alio Claudiani lib. II in Eutropium, *Ulcera possessis alte suffusa medullis*, etc.
22. Chamillardus tyrannos interpretatur esse Constantium, Julianum, Valentem, Valentinianum Seniorem, rituum veterum fautorem. Teolius addit Magnentium. Sed probabilius Prudentius tantum loquitur de tyrannis quos Theodosius superavit, Maximo et Eugenio, et quos iterum *tyrannos* appellat vers. 410 et 463. Et Constantii quidem plures ac gravissimæ leges exstant cod. Theod. De paganis contra ethnicorum sacrificia, templa et simulacrorum cultum. Facilius credam Magnentium hoc loco una cum Eugenio et Maximo tyrannum appellari.
23. Egm., Pal., *quis status*.
25. Vat. A, *ceu male*; melius *heu*.
27. Capella lib. v, *Vulgusque minorum Cœlicolum trepidat*.
28. Videtur loqui de vita æterna. Prag., *minus bene, prætendit*.
30. Celeberrima Platonis sententia, de qua vide Barthium lib. xx, cap. 18. Sed caute Prudentius loquitur de his qui *ætheriæ coluerunt dogma sophiæ*.
31. Post hunc versum in Prag. deest una pagina usque ad vers. 116.
34. Vat. A, *ætheria*, minus bene.
35. Sich. et Gis. I ed. ad oram, *est operæ pretium pro contigit ecce hominum*.
36. Romam vocat *nostram*, quia patria erat communis. Sed potest id trahi ad eludendas rationes pro C Cæsaraugusta, vel Calagurri, de Prudentii patria certantibus.
37. In Rat., *fidet*, sed videtur fuisse *fiet*. Manu recentiori, *viget*.
38. Boug. a prima manu, Rat., *teterrimus*. Ald. aliique edd. et mss., etiam tres codd. Gifanii, et unus Jureti, *deterrimus*, quod rectius putat Gifanius. Gis. 1 ed. etiam *deterrimus*, sed in ed. 2, *teterrimus*, quod expresserunt Fabr. et Heins., quamvis hic ex mss. nihil adnotaverit. Idololatria dicitur deterrima superstitio leg. 20 cod. Theod. de Paganis.
39. Vat. A, *atque superstitio*. Isonis glossa non placet. *Avos* aio esse Romanos veteres, vel Italos, idolorum cultores. Infra vers. 180. *Hæc Italos induxit avos*.
41. Post hunc versum inscriptio est in Mar., Rat. et aliis, *De Saturno*. Deest in Vat. A. Alii ad marg. notant *Saturnus*, sive *De Saturno*, et ita in titulis seqq.
42. Egm., *avus* pro *avos*. De hac fabula aliisque D quas Prudentius memorat et gentilibus objicit, videri possunt præter poetas et poetarum interpretes antiqui mythologi Hyginus, Palæphatus, Fulgentius Placiades, Phornutus, Albricus philosophus, Aratus, Apollodorus. E recentioribus in hoc argumento elaborarunt Lilius Gyraldus, Natalis Comes, Joannes Seldenus, Joannes Gerardus Vossius, Banierus in opere Gallice edito Parisiis 1738, aliique innumeri. Isonis explicationes minime sunt contemnendæ. Discrepant sæpe auctores in eadem fabula exponenda : quod mirum videri non debet, cum in narrationibus historicis hoc ipsum frequenter accidat. Saturni schemata pauca supersunt. Ejus imaginem integram exhibet Montfauconius lib. I tom. II Antiq., pag. 30. In nummis quoque consularibus senili capite conspicitur cum falce a tergo posita.
45. Vat. A, *cum Deus*, non bene.

Ut lateam : genti, atque loco Latium dabo no-
[men.
Vitibus incurvum, si qua est ea cura, putandis
50 Procudam chalybem, necnon et mœnia vestri
Fluminis in ripa statuam Saturnia vobis.
Vos nemus, appositasque meo sub honore sa-
[crantes
(Sum quia nam cœlo genitus) celebrabitis aras.
Inde deos, quorum patrias, peccata, sepulcra

700 Scimus, in ære hebetes informavere mi-
[nores :
Advena quos profugus gignens, et equina libido
Intulit Italiæ. Tuscis namque ille puellis
Primus adhinnivit simulato numine mœchus.
Mox patre deterior silvosi habitator Olympi
60 **701** Juppiter incesta spurcavit labe lacænas :
Nunc bove subvectam rapiens ad crimen ama-
[tam :

GLOSSÆ VETERES.

49. Putandis, *amputandis*, Iso.
50. Procudam, *excudam, fabrico falcem*. — Chalybem, *falciculam ad secandas vites*, I.
52. Nemus, *scilicet meum*, I.
53. Cœlo genitus, *cœli filius*, I.
55. Minores, *posteri*, Vat. A.
56. Profugus, Saturnum *dicit*. — Equina libido, *Saturnus concubuit cum Philyra nympha; quibus Opis supervenit, qui, ne deprehenderetur, convertit se in equum : ideo dicitur Tuscis adhinire puellis*, I.
59. Olympi, *Olympus, quasi Ololampus, totus in-*

census, I.
60. Spurcavit, *stupravit*. — Lacænas, *Græcas mulieres. Lacæna civitas est Græciæ, ex qua fuit Leda. Jovis, versus in cygnum, vitiavit Ledam matrem Helenæ, quæ ovum peperit, unde nati sunt Pollux et Castor et Helena*, I.
61. Nunc bove, *Jovis voluit concumbere cum Europa; ideo convertit se in bovem pulchrum; et sic vitiavit eam*. — Subvectam, *Europam, quæ uxor Phœnicis*. — Crimen, *stuprum*, Iso.

COMMENTARIUS.

48. Virgilius lib. vIII totam hanc fabulam enarrat : *Latiumque vocari Maluit, his quoniam latuisset tutus in oris*. Minucius in Octavio : *Itaque latebram suam, quod tuto latuisset, vocari maluit Latium, et urbem Saturniam de suo nomine*. Arnobius lib. IV, Lactantius lib. I, cap. 14, Tertullianus Apologet. cap. 10 hoc ipsum gentilibus exprobrant.
49. Egm., Pal., male, *cura potandis*.
51. Oxon., perperam, *Saturnia nobis*.
53. Vat. A, *tum quia*; lege *sum quia*. Gallandius notat, *quianam* interrogative usurpari apud veteres. Ita quidem plerumque accidit ; sed sine interrogatione per pleonasmum recte dicitur *quia nam* : Sic Plautus Amph. act. II, sc. 2, vers. 54 : *Quia enim sero adveniunus*. Saturnus Cœli et Terræ filius putabatur. Hinc veteres dicebant, cœlo eos descendisse, qui improviso apparebant, et *terræ filios* vocabant ignotos homines. Auctor est Minucius. *Terræ enim et cœli filius, quod apud Italos esset ignotis parentibus proditus : ut in hodiernum inopinato visos cœlo missos, ignobiles et ignotos terræ filios nominamus*. Vide Muretum lib. XIII Var., cap. 7; Tertullianum Apologet. cap. 10, cum notis Heraldi ; et Lactantium lib. I, cap. 2.
54. Heinsius ait, potiores habere *patria spectata*, *sepulcra*, quod alii perperam interpolarunt, nec recte Cauchium *in patria*. Juretus in suo libro invenit *quorum patrias, peccata, sepulcra*, quam lectionem veram esse defendit, quia Prudentius ridiculos deos esse arguit, de quorum patria, sive ortu, vita scelerata et obitu, sive sepulcris constat, ut arguit etiam Lactantius lib. I Divin. instit. Weitzius legit *quorum patrias spectare sepulcra*. Mar., *patrias, patrias spectare sepulcra*. Rat., *patriam, spectata sepulcra*. Urb., *patria spectare sepulcra*, quod videtur fuisse in Egm. et Palat. In Widm. et Bong., *patria*, sed non explicat Weitzius an sequatur *spectare*, an aliud. Lectio codicis Jureti mihi videtur præferenda. Pro *inde* Vat. A *unde*. A Saturno origo deorum in Italia repetitur. Tertullianus Apolog. cap. 10 : *Ante Saturnum deus penes vos nemo, ab illo census totius vel potioris vel notioris divinitatis*.
55. In ora codicis Jureti pro div. lect., *minore*, quod vitiosum est. *Minores* pro *posteris* accipiunt Lucretius, Plinius et alii. In re nostra Arnobius lib. v : *Falciferum vetustas edidit prisca, et minorum transmisit ætati*. De usu æris in statuis fuse Juretus ex Plinio, Isidoro, Cassiodorio et aliis. Adde Bulengerum, *de Pictur. et Statuar*. lib. II, cap. 11, quod est *De statuis æreis fusis*.
56. *Equinam libidinem* et *adhinire* de immodica li-

bidine usurpari observant Barthius, Turnebus aliique critici. Sed præterea Prudentius respicit fabulam, de qua Iso et Hyginus fabul. 138 : *Saturnus... in Thracia cum Philyra Oceani filia in equum conversus concubuit, quæ ex eo peperit Chironem centaurum*. Propius ad Prudentium Virgilius III Georg. : *Talis et ipse jubam cervice effudit equina Conjugis adventu pernix Saturnus, et altum Pelion hinnitu fugiens implevit acuto*. Valerius Flaccus lib. v, vers. 152 : *Philyræque a nomine dicta Littora, quæ cornu pepulit Saturnus equino*.
58. Egm., minus bene, *simulato nomine mœchus*. His quæ de Saturno narrantur contrarium videtur esse quod ait Juvenalis sat. 6 : *Credo pudicitiam, Saturno rege, moratam in terris, visamque diu*. Certe parum sibi constant poetæ in sæculi aurei felicitate describenda. Ovidius I Fast. : *Vix ego Saturno quemquam regnante videbam, Cujus non animo dulcia furta forent*. Post hunc versum in Rat., Mar. et aliis titulus est *De Jove*.
59. Heinsius ait, pessimo exemplo Weitzium Becmani conjecturam *sinuosi* admisisse in contextum pro *silvosi*, quod dē Olympo recte dicitur, ut *frondosus* et *opacus*. Hoc monitum sequi debuerunt, qui Heinsii conjecturas nonnunquam sine ulla causa adoptarunt. Ex glossa Isonis emendari potest Isidorus lib. xiv, cap. 8 : *Dictus autem Olympus, quasi ololampus, id est, quasi cœlum*. Melius glossa, *id est, totius incensus*, vel potius *lucidus* aut *splendidus*. Isidorus ex Virgilio citat *nubes excedit Olympus*, quod in Virgilio non reperiri notat Grialius. In Lucano hoc hemistichium invenio lib. II. Jovem in monte Olympo habitasse, docet historia · hinc fabula de Jove in cœlo regnante. Vide Lactantium lib. I Divin. Instit., cap. 11.
60. Heinsius in Gis. improbat *incestas*, quia potiores habent *incesta*. Ald. et Urb., *incestas*. In Rat. est *incesta*, sed glossa *pollutas*. In glossā pro *Lacæna civitas est Græciæ* lege vel intellige *Lacedæmon*, vel, ut in nonnullis dictionariis hæc urbs nominatur *Lacon*, nam *lacæna* est mulier Spartana. Leda, Helena, Hermione, feminæ Lacedæmoniæ, infamia impudicitiæ laborarunt.
61. Vat. A, *tunc* pro *nunc*. Pro *bove* scribunt *bœ* Rat., Mar. a prima manu, Widm. a prima manu. Weitzius expressit etiam *boe*, quia Colerius ad Valer. Max. pag. 568 in suis membranis ita scribi affirmat. Adverte, has membranas easdem esse quas sub Mar. nomine laudamus. Pro *subvectam* habent *subjectam* Widm., Bong., Mar., Rat., Gis. 1 ed. ad marg. In editione Parmensi mendum est *ad crinem* pro *ad cri-*

Nunc tenera pluma levior, blandosque susurros
In morem recinens suave immorientis oloris:
Capta quibus volucrem virguncula ferret amo-
  [rem.
65 Nunc foribus surdis, sera quas, vel pessulus
  [arctis
702 Firmarat cuneis, per tectum dives amator
Imbricibus ruptis, undantis desuper auri
Infundens pluviam gremio excipientis amicæ:
Armigero modo sordidulam curante rapinam,
70 Compressu immundo miserum afficiens cata-
  [mitum,
Pellice jam puero magis indignante sorore.

A Hæc causa est, et origo mali, quod sæcla vetusto
Hospite regnante crudus stupor aurea finxit,
Quodque novo ingenio versutus Juppiter, astus
75 Multiplices, variosque dolos texebat, ut illum,
Vertere cum vellet pellem, faciemque, putarent
Esse bovem, prædari aquilam, concumbere
  [cygnum,
703 Et nummos fieri, et gremium penetrare
  [puellæ.
Nam quid rusticitas non crederet indomitorum
80 Stulta virum, pecudes inter, ritusque ferinos
Dedere sueta animum, diæ rationis egenum?
In quamcunque fidem nebulonis callida traxit

GLOSSÆ VETERES.

62. Tenera, *cygnea*, l.
63. Immorientis, *olor, dum moritur, dulces dat sonos; vel perpetui et immortalis, quia sidus in cœlo est*, I.
64. Capta, *decepta*. — Quibus, *susurris*. — Virguncula, *Leda uxor Thesei*, I.
65. Surdis, *clausis*. — Pessulus, *vectis*, I.
66. Dives amator, *Jovis*, I.
67. Imbricibus, *tectis*, I.
68. Amicæ, *Danaæ uxoris Acrisii*, I.
69. Modo, *nunc*, I.
70. Miserum, *stupratum*. — Afficiens, *comprimens*. — Catamitum, *Ganymedem : catamitus et succuba unum sunt*, I.
71. Pellice, *concubina*. — Indignante sorore, *indignabatur Juno, soror Jovis, Heben sororem suam de*

B *ministerio depositam, et Ganymedem loco ejus suscepisse*, I.
73. Hospite, *Saturno*. — Crudus, *incultus, novus, indigestus*. — Stupor, *stultitia*. — Finxit, *sub Saturno aurea sæcula fuerunt, quia pax optima fuit*, I.
76. Pellem, *suam transferendo*. — Faciemque, *suam*, I.
77. Esse bovem, *cum vitiavit Europam*. — Prædari, *cum rapuit Ganymedem*. — Concumbere, *Alcmenam*. — Cygnum, *per cygnum*, I.
78. Et nummos, *imbrem aureum nummos vocat, vel pecuniam quam dedit custodibus*, I.
81. Dedere, *sponte sua tradere*. — Diæ, *divinæ: dia, nobilis, eugenes unum sunt*, I.
82. Nebulonis, *deceptoris*, I.

COMMENTARIUS.

men. Jovis imagines, quibus hæc fabula, aliæque repræsentantur, exhibet Montfauconius lib. II Antiquit. tom. I.

62. Heinsius cum suis scriptis, codex Jureti, Egm., Palat., *nunc tener, ac pluma levior*. Ald., Mar., Rat., Gis., Weitz., Fabr. et alii, *nunc tenera pluma levior*. Vat. A, *tunc tener, ac*. Arnobius lib. IV, *Juppiter ipse rex mundi nonne a vobis infamis est isse per innumeras species, et petulantis amoris flammis servilibus obumbravisse fallaciis? Nunquid a nobis aliquando conscriptus est, libidinosa ut perficeret furta, modo esse in aurum versus, modo in satyrum ludicrum, in draconem, in alitem, in taurum?* Vide quæ notat Elmenhorstius ad Arnobium pag. 91. Tertullianus in Apolog. Jovem vocat *plumatum amatorem*, quia in cygnum conversus ob amores Ledæ, et in aquilam, ut Ganymedem raperet. Alia est sententia Chamillardo, qui hunc versum referri mavult ad Jovem conversum in cuculum, ut Junonem potiretur, aut in aquilam, ut Asteriem comprimeret. Quod plerique de Leda narrant, alii de Nemesi referunt. Nonnulli Ledam post mortem nomen Nemesis accepisse tradunt.

64. Vat. A, minus bene, *rapta* pro *capta*. Fabr., *volucrum*, quod merito rejicit Heinsius. Gronovius conjiciebat *volucrem amantem*. Gis. 2 ed., *volucrum*, sed correxit *volucrem* de solo olore, ut explicat.

65. Vat. A, *Tunc foribus surdis sura quas ve*, perperam.

66. Thuan., Vat. A, codex Jureti *firmarant*, quod tenuit Heinsius. Ald. et nostri alii, *firmarat*. Tertullianus in Apolog. hanc etiam fabulam tangit. Julius Firmicus de Errore prof. relig.: *Adulterio delectatur aliquis, Jovem respicit, et inde cupiditatis suæ fomenta conquirit, probat, imitatur, et laudat, quod deus suus in cygno fallit, in tauro rapit, ludit in satyro, et ut liberalis in flagitiis esse consuescat, quod inclusam auro largiter fluente corruperit*. Hinc nata fabula est. Quod custodes Danaes auro corrupti fuerint, in imbrem aureum conversum Jovem poetæ finxerunt.

69. Egm., Pal., Vat. A, *causante rapinam*. Notum est, armigerum Jovis esse aquilam.

C 70. Rat., cod. Vat. A, Mar., meliores Heinsiani, Sich., Gis., Fabr., Widm., Pal., Bong., *afficiens*. Ald., Gis. in contextu 1 ed., *cupiens*. Gifanius, verbo AFFIGERE sive ADFIGERE, ex optimo vet. lib. *affigens*, quod placuit Weitzio. Vat. A scribit *Catamintum;* idem nomen in Julio Firmico legebatur corrupte *Cantamitus*. Ald., *Catamytum;* plerique *Catamitum;* aliqui *Catamithum*. Cicero Philip. 2: *Ego ut te catamitum ostenderem*, etc. De catamitis sive mollibus plura Barthius lib. XXIII Advers., cap. 7.

71. Vat. A, mendose, *quam puero*. Rat. scribit *pelice* cum uno *l*.

74. Vat. A, male, *quoique novo*.

75. In Cell. edit. 2, *illam*, mendose.

77. Vat. A, Weitz., *concumbere*. Heinsius cum recentioribus hoc ipsum, sed non explicant quorum codicum auctoritate. Gis., Fabr., Mar., Colerus loc. cit., Rat., *concingere;* in Rat. Glossa addita, *pro concinere causa metri*, quod ridiculum est, supra pro div. Scriptura, *concumbere*. Marietlus retinendum putat *concingere*, hoc est, quasi alis complecti. Ovi-

D dius lib. VI Metamorph.: *Fecit olorinis Ledam recubare sub alis*. Aldus a Weitzio laudatur pro *concingere;* sed ego in Aldo, Gis. 1 ed., aliisque vulg. invenio *confingere*, quæ non est spernenda lectio.

78. Mar., apud Heinsium alter Rottend., Rat. a prima manu, Weitz., Gifanius verbo NINGUERE ex tribus vett. lib., *serere*, quod elegantissime dictum, ait Gifanius. Malo *fieri* cum aliis.

79. Rat., *vitiose, rusticitans*.

80. Heinsius cum Thuan., *ritusque*, quod perperam in *rictus* mutasse Gifanium affirmat. Juretus quoque in suo cod. reperit *ritus*. Exstat nihilominus *rictus* in Mar., Rat., Urb., et, ut videtur, in Alex. a secunda manu, et in vulgatis exstabat ante Gifanium. Imo Gifanius referens hunc versum ait: *pecudes inter rictusque* (hic in 2 vers. legi RITUSQUE).

81. Gif., verbo DIVA, legit *degere*, et *divæ*. Ald., Mar., Weitz., Torn, et alii, *divæ rationis*. Codex Jureti pro div. lect., *diæ*, quod tenent plerique.

82. Vat. A, Pal., inepte, *callida struxit*.

Nequitia, infelix facilem gens præbuit aurem. A
Successit Jovis imperio corruptior ætas :
85 Quæ docuit rigidos vitiis servire colonos,
Expertes furandi homines : hac imbuit arte
Mercurius, Maia genitus : nunc magnus habetur
Ille deus, cujus dedit experientia fures :
Nec non Thessalicæ doctissimus ille magiæ
90 **704** Traditur exstinctas sumptæ moderamine
[virgæ
In lucem revocasse animas, Cocytia lethi
Jura resignasse, sursum revolantibus umbris .
Ast alias damnasse neci, penitusque latenti
Immersisse chao : facit hoc, ad utrumque pe-
[ritus
95 Ut fuerit, geminoque armarit crimine vitam ; B

Murmure nam magico tenues excire figuras ;
Atque sepulcrales scite incantare favillas,
Vita itidem spoliare alios, ars hoxia novit.
Artificem scelerum simplex mirata vetustas
100 Supra hominem coluit, simulans per nubila ferri,
Aligerisque leves pedibus transcurrere ventos.
705 Ecce deum in numero formatus, et
[æneus astat
Graius homo, augustaque Numæ præfulget in
[arce.
Strenuus exculti dominus quidam fuit agri,
105 Hortorumque opibus memorabilis ; hic tamen
[idem
Scortator nimius, multaque libidine suetus
Rusticulas vexare lupas, interque salicta ,

GLOSSÆ VETERES.

85. Rigidos, *stuitos, fortes*, I.
87. Mercurius, *magus fuit astutissimus ; qui magicos thesauros inveniebat ; propter thesauros enim homines fures sunt.* — Maia, *mater Mercurii. Maia et Electra sorores fuerunt filiæ Atlantis : ex Maia Græci venerunt, ex Electra Trojani*, I.
89. Thessalicæ, *quia ibi magica ars abundabat in qua iste valde peritus.* — Magiæ, *magicæ artis*, I.
90. Virgæ, *caduceo : per virgam et serpentem homines magicis artibus suis resuscitasse dicitur, atque necasse*, I.
91. Lucem, *hanc vitam*. — Cocytia, *infernalia*, I.
92. Resignasse, *resolvisse*. — Umbris, *animabus* I.
94. Ad utrumque, *ad vitam et mortem*, I.
95. Gemino, *mortificandi et vivificandi*, I.

96. Excire, *huc vocare*, I.
97. Scite, *docte, vel sapienter*, I.
101. Aligeris, *quia pennas in pedibus habere dicitur, quæ petasi nomine vocantur : petasum est volatile, nam peto volo dicitur*. — Leves, *veloces*, I.
103. Graius, *Græcus enim fuit*. —Augustaque, *pulchra*, I.
104. Strenuus, *de Priapo dicit, qui fuit Deus hortorum; qui ob nimiam magnitudinem virilis membri de numero deorum est ejectus*. — Fuit; *scilicet ille*, I.
105. Hortorum, *dicitur Priapus præesse hortis ob eorum fecunditatem, cum enim alia terra aliquid ferat in anno, horti nunquam sine fructu sunt*, I.
107. Lupas, *meretrices*, I.

C

COMMENTARIUS.

83. Post hunc versum Mar., Rat. et alii pro titulo *De Mercurio*.
86. Lact. lib. I Divin. Instit., cap. 10, *Fur ac nebulo Mercurius quid ad famam sui reliquit, nisi memoriam fraudum suarum?* Confer Elmenhorstium in Arnobium pag. 89 et 98.
89. In Rat. sciolus aliquis, abrasis prioribus, *Thessalicæ magiæ doctissimus ille*. Heinsius edidit *Thessalicæ*, sed notavit in Thuan. esse *Thessaliæ*, ut *Arcadius* pro *Arcadicus*, et talia complura. Cellar. et Teol. tenuerunt *Thessaliæ*. Liberius a Jesu tom. I Posthum., col. 764, affirmat, necromantiæ artem apud Hispanos in pretio fuisse ob clarum auctoris nomen, Mercurii scilicet Trismegisti, teste Prudentio lib. I contra Symmachum. Arbitror , non alium locum , nisi hunc, a Liberio indicari. At Prudentius hoc loco nihil de Hispanis, nihil de Mercurio Trismegistio. S. Isidorus lib. VIII Etym., cap. 9 : *Prudentius quoque de Mercurio sic ait : Traditur exstinctas*, etc. Eosdem versus ex Isidoro desumit S. Martinus Legionensis tom. II, pag. 23. Sed in hoc mendum est *Traditur* HINC *exstinctas* ASSUMPTO *moderamine*. In Abraxæis a superstitiosis hæreticis sæculi II exhibebatur Mercurius cum inscriptione *Michael*. Vide Montfauconium tom. II Antiq., pag. 366.
92. Ratione cæsuræ *e* postremum in *resignasse* producitur. De his legendus Virgilius IV Æneid., et Horat. od. 10 lib. I.
93. Pal., Egm., *atia*, male, pro *alias*. Editor operum S. Martini Legionensis notavit, in ms. esse *alios*.
94. Vat. A, *ad utrumque paratus;* et fortasse imitatio est Virgilii II Æneid. *Atque in utrumque paratus*.
96. In S. Martino Legionensi mendum *excitare* pro *excire;* quod proprie de re magica dici, notatum alibi est, ac multis constat exemplis. Juretus recte rejicit *murmure nam magno* in quodam cod. De murmure magico vide Apoth. vers. 477. Consule etiam Lactantium, lib. VII, cap. 13, et quæ multa ejus adnotatores

D

congerunt. Nimium essem longus, si vel nominare tantum vellem criticos omnes qui hos Prudentii versus laudant.
98. Vat. A, Pal., *vita idem*, male.
101. Vat. A, mendose, *aligeres*. Post hunc versum titulus *De Priapo* in Rat., Mar. aliisque.
102. Oxon., corrupte, *foratus* pro *formatus*. Heinsius inde arguit fortasse scribendum *tornatus*, ut ita conjungantur æneus et ligneus, sive saxeus. Tornari enim non ligna tantum, sed etiam saxa dicebantur. Chamillardo placet conjectura. Non video cur lectio codicum debeat sollicitari. Nam in Oxonio *foratus* error est ex *formatus*, non ex *tornatus*. Hos versus et historiam de Priapo illustrat Vulpius ad carm. 18 Catulli.
103. Vat. A et codex Jureti, *angusta* pro *augusta*, quod verum est. Inter hujusmodi affinia nomina sæpe mutatio accidit. Chamillardus Numæ arcem intelligit Janiculum, ubi Numa sepultus est, vel domum Numæ, quæ in Vestæ templum mutata fuit. Malo accipere de Roma ipsa ; ac docte mentio facta Numæ, qui, ut ait Lactantius lib. I Divin. Instit., cap. 22, *harum vanitatum apud Romanos auctor et constitutor fuit*. Cæterum interpretationi de templo Vestæ favet, quod fascinus a Vestalibus colebatur.
104. Ald. et nonnulli vulg., *quondam* pro *quidam*. Juretus *quidam* dictum ait quasi in contemptum. Veteres in summum odium alicujus ne nominandum quidem censebant. De Hellespontiaco Priapo videndus Arnobius, lib. III.
107. Barthius, lib. X Adv., cap. 2, legit ex aliquo codice *ruricolas*, sed cum in antiquioribus invenisset *rusticolas* , conjecit *lustricolas :* nam lustra densa et obscura ferarum latibula sunt, ubi scorta initio habitabant, dicta propterea lupæ. Postea urbanæ earumdem speluncæ appellatæ etiam sunt *lustra*. Heinsius non videtur legisse aut intellexisse Barthium : ait enim, Barthio arridere *ruricolas* Juretus etiam alicubi invenit *ruricolas*, sed ex suo codice emendavit

Et densas sepes obscena cubilia inire :
706 Indomitum intendens animum, semper-
[que paratum
110 Ad facinus, nunquam calidis dabat otia venis.
Hic deus e patrio prænobilis Hellesponto
Venit adusque Italos sacris cum turpibus hor-
[tos :
Sinum lactis, et hæc votorum liba quotannis
Accipit, ac ruris servat vineta Sabini,
115 Turpiter affixo pudeat quem visere ramo
Herculeus mollis pueri famosus amore

A. Ardor, et in transtris jactata efferbuit Argo.
707 Nec maris erubuit Nemea sub pelle fo-
[vere
Concubitus, et Hylan pereuntem quærere cæ-
[lebs.
120 Nunc Saliis, cantuque domus Pinaria templum
Collis Aventini convexa in sede frequentat.
Thebanus juvenis superatis fit deus Indis,
Successu dum victor ovans lascivit, et aurum
Captivæ gentis revehit, spoliisque superbus
125 Diffluit in luxum cum semiviro comitatu,

GLOSSÆ VETERES.

110. *Otia, securitatem*, I.
111. *Hic, talis : per ironiam dicit.* — Hellesponto, *Hellespontus est civitas in Lampsaco insula*, I.
113. *Sinum, vas in quo mulgetur.* — Quotannis, *singulis*, I.
114. *Vineta, a vinea, viteta a vite, dumeta a dumis.* — Sabini, *Italici, oppidum Italiæ*, I.
115. *Turpiter, ramum enim gerit in manu, unde videtur vineas defendere et hortos sibi commissos.* — Pudeat, *unumquemque*, I.
116. *Mollis, stuprati*, I.
117. *Ardor, amor, minna.* — Jactata, *pro in jactatione fatigata; naufragio.* — Efferbuit, *arsit.* — Argo, *nave*, I.
118. *Maris, masculini.* — Nemea sub pelle, *Colshida : nam Nemea, filia regis Colchorum, quam illa Herculi dedit. Hercules cum Pallantea, Evandri filia, concubuit sub pelle leonis, qui in Nemea silva captus*

est, Iso.
119. Hylan, *nec erubuit ille cœlebs, id est cœlestem* (forte *cœlibem*) *vitam ducens.* — cælebs, *abstinens*, I.
120. Saliis, *saltationibus : salii dicuntur, qui tripudiantes aram circumeunt Herculis : require fabulam in Virgilio : dicti ab exsiliendo.* — Domus, *familia.* — Pinaria, *Pinarius et Potitius sacerdotes Herculis fuerunt*, I. — Saliis, *saltationibus*, Rat.
121. — Aventini, *mons dictus ab adventu avium : nam ex Tiberi fluvio emergentes, excelsa ipsius montis petunt*, I.
122. Thebanus juvenis, *Liber pater*, I.
123. Successu, *prosperitate.* — Lascivit, *luxuriose egit*, I.
125. Diffluit, *dissolvitur in luxuriam.* — Semiviro, *castrato : nam castratum habuit secum quemdam, mollem et enervem*, I.

COMMENTARIUS.

rusticulas. In nonnullis vulg. est *rusticolas*, et erat etiam in Aldo, sed is correxit *rusticulas*. Ex editis solum invenio *ruricolas* in Fabricio. Codd. mss. alii, *rusticolas*, ut Alex. et Urb.; alii *rusticulas*, quod præferendum videtur, et exstat etiam in Cicerone, Martiali, Ausonio, quasi diminutivum a *rusticus*. Teolius edidit *rusticolas*, et existimat, a Prudentio *rusticolas* lupas fortasse accipi pro puellis quæ pecorum pastui invigilant. Lactantius lib. I Divin. Instit., cap. 20, de Lupa nutrice Romuli : *Fuit Faustuli uxor, et propter vulgati corporis vilitatem Lupa inter pastores, id est meretrix, nuncupata est, unde etiam lupanar, dicitur.* Vat. A, *male, salictas*.
108. S. Paulus fornicem seu lupanar videtur appellare simpliciter *cubilia* ad Rom. XIII, 13 : *Non in cubilibus, et impudicitiis*, etc.
109. Cum recte procedat sensus, nescio cur Heinsius lectionem codd. sollicitare voluerit, conjiciens Indomito intendens animo, semperque parato. Gronovius *nervum* pro *animum* reponi malebat.
111. Sich., Mar., Weitz., *et patrio*. Lampsacus urbs est sita e regione Callipolis in Chersoneso Thraciæ ad Hellespontum fretum, quo Chersonesus ab Asia sejungitur. Glossa plane corrupta est, ut fere omnibus aliis descriptionibus geographicis.
112. Vat. A, *sacros*, a prima manu. Codex Jureti, Egm., Pal., Vat. A, *cultoribus* pro *cum turpibus*, quod postremum retineri debet. Sacra turpia sunt Priapeia, de quibus Meursius lib. v de Festis Græcorum, et Montfauconius lib. I Antiquit. tomo I, part. 2.
113. Weitzius scribit *quodannis*, quia ita invenit in Egm. Cur non *quotannis*, cum ita alii scribant? Versus hic Virgilii est éclog. 7 : *Sinum lactis, et hæc te liba, Priape, quotannis Exspectare sat est, custos es pauperis horti.*
114. Intelligo rus Sabinum Horatii.
115. Egm., Pal., vitiose, *puderat* pro *pudeat*. Grangæus et Heinsius *ramum* intelligunt partem obscenam. Iso de ramo, quem gerit in manu, exponit. Horatius lib. 1, satira 8, de Priapo sui ruris : *Nam fures dextra coercet . . . . . Ast importunas volucres*

in vertice arundo Terret fixa. Virgilius lib. IV Georg.: *Et custos furum, atque avium cum falce saligna.* Huic versui in Rat. et Mar. subjicitur inscriptio *De Hercule.*
116. Barthius, lib. XXI, cap. 15, Adv., ait, pulchre Prudentium Herculis Græcum nomen Latinitate donasse, ut Horatius *Ulysseum*, Virgilius *Achilleum*. At hoc loco *Herculeus* adjectivum esse debet, scilicet *ardor Herculeus*, nisi pro *ardor* legatur *arsit*. Sensus est : Ardor Herculeus fuit famosus amore mollis pueri. Horatius lib. 1, od. 3, *Herculeus labor.*
117. Thuan., *jactata ferbuit Argo.* Vat. A, *jacta, mendose*, et *efferbuit Argo.* Mar., Prag., Rat. a prima manu, *jactata efferbuit Argo.* Alii, *jactatæ efferbuit*, vel *ferbuit Argo.* Heinsius opinatur *jactatæ efferbuit Argus*; Barthius contendit, legendum *jactatæ efferbuit Argo*, ita ut Argo non declinaverit. Urb., male, *ardor in transtris.* In glossa nescio quid sit *minna*, nisi forte intelligatur *migma*, aut *mimax*, hoc est, mixtura ignea adeo violenta, ut etiam sub aqua arderet. Vide Macri Hierolex.
118. Vat. A, corrupte, *nec mea suppelle.* Ald. et Vulg., *Nemœa pelle.* Mar., *Nemœa sub pelle.* Rat., Prag., Jureti codex, *Nemea sub pelle*, ut castigarunt Gifanius et Heinsius. Sic VIII Æneid.; *Nemea sub rupe*, ex codd. emendatis. In Vat. A error metri *efferbuit* pro *erubuit.*
119. Nonnulli scribunt *Hilan*, et *cœleps.* Arnobius lib. IV, *Hylam nescio quis diligit.* Firmicus de Error. prof. relig., Valerius Flaccus lib. III Argon., Hyginus fab. 207.
120. Salii sacerdotes erant Herculis et Martis. Virg. VIII Æneid. : *Tum Salii ad cantus incensa altaria circum Populeis adsunt evincti tempora ramis.* De domo Pinaria idem Virg. : *Et domus Herculei custos Pinaria sacri.* Vide Macrobium, Servium, et Allatium.
121. Post hunc versum in Mar. et Rat. inscriptio *De Libero, qui et Bacchus.* Deest in Aldo et nonnullis aliis.
125. Rat., *defluit.* Codex Jureti, *in lusum*, ex veteri more scribendi. Lactantius lib. I, cap. 10 : *De-*

Atque avidus vini, multo se proluit haustu,
Gemmantis pateræ spumis, mustoque Falerno
708 Perfundens bijugum rorantia terga ferarum.
His nunc pro meritis Baccho caper omnibus aris
150 Cæditur, et virides discindunt ore chelydros,
Qui Bromium placare volunt : quod et ebria
[jam tunc
Ante oculos regis satyrorum insania fecit,
Et fecisse reor stimulis furialibus ipsas
Mænadas, inflammante mero in scelus omne
[rotatas.

A 135 **709** Hoc circumsaltante choro, temulentus
[adulter
Invenit expositum secreti in littoris acta
Corporis egregii scortum: quod perfidus illic
Liquerat incesto juvenis satiatus amore.
Hanc jubet assumptam fervens post vina Neæ-
[ram
140 Secum in deliciis fluitantis stare triumphi,
Regalemque decus capitis gestare coronam.
Mox Ariadnæus stellis cœlestibus ignis
Additur : hoc pretium noctis persolvit honore

GLOSSÆ VETERES.

127. Musto, *novo.* — Falerno, *mons vini optimi ferax,* I.
128. Perfundens, *jactabat vinum in equos.* — Ferarum, *nam tigrides in curru ejus esse feruntur,* I.
129. Caper, *quia contrarius est vitibus,* I.
130. Discindunt, *mordent.* — Chelydros, *serpentes,* I.
131. Bromium, *Bromius minister fuit Liberi. Bromius, id est Bacchus, a bromo, id est cellario; vel a bruma, in qua multum comeditur; cui etiam caper immolatur, quia vineis valde nocet,* I.
132. Satyrorum, *satyri rustici sunt, eo quod saturari libidine nequeunt; vel poetæ, qui nunquam sapientia saturantur,* I.
134. Mænadas, *feminas, quæ et Bacchæ, id est insanientes.* — Rotatas, *præcipitatas,* I.
135. Temulentus, *a temeto, id est vino antiquo.* I.

136. Acta, *in viriditate; amœnitas littorum; acta, loca arenosa, vel amœna :* nam ΑΚΤΕ *Græci dicunt littus,*I. *amœnitate,* Rat.
137. Scortum, Neæram, I. Ariadnem, *filiam Minois, quam Theseus reliquerat,* Vat. A.
138. Incesto, *illicito, vel polluto,* Iso.
139. Neæram, *pellicem vel concubinam,* I. *Neæram dixit, quasi communem amicam,* Rat.
142. Ariadnæus, Ariadnem, *natam Minois regis Cretæ, Liber pater in conjugium accepit; propter cujus honorem inter astra locata est, vel uxor Liberi fuit; quam cum accepisset, attulit Vulcanus coronam, in qua erant septem lapides : quam Liber ob amorem Ariadnæ in cœlo collocavit : quam modo coronam dicunt.*—Ignis, *amor, minna,* I.
143. Honore, *propter honorem,* I.

COMMENTARIUS.

latus enim Cretam cum semiviro comitatu, nactus est impudicam mulierem in littore. Imitatio Maronis IV Æneid, : *At nunc ille Paris cum semiviro comitatu.*
126. Vat. A a prima manu, *hastum,* corrupte.
127. Becmanus, in Manuduct. ad ling. Lat. cap. 6, correxit *pateræ* pro *patere,* quod in nonnullis vulg. exstabat. Ald., Bong., Torn., Widm., et alii veteres, *multo.* Sed verius videtur *musto* Heinsio cum Egm., Cauch., quia præcesserat *multo haustu.* In Alex. etiam et Jureti codice est *musto,* et in Widm. supra *novo,* ut *musto* respondean. Mihi non displicet *multo,* nam sæpe Prudentius hujusmodi repetitionibus utitur. Imitatio Virgilii lib. I : *Ille impiger hausit Spumantem pateram, et pleno se proluit auro.*
128. Rat. a prima manu, *injugum* pro *bijugum.* Tigrides et lynces currui Bacchi tribui solent.
130. Prag., minus probe, *creditur* pro *cæditur.* Prag., Widm. supra, Rat. a secunda manu, *chelindros.* Bong., Widm., *celindros.* Rat. a prima manu, *chelidris.* Legendum cum aliis *chelydros.* Ita etiam habet Mar., sed supra *chelyndros* cum glossa *pilos.* Martinus Roa lib. II Sing., part. 2, cap. 10, ostendit vini et colubri similitudinem, et explicat Proverbiorum locum : *Vinum mordebit, ut coluber.* Hinc Baccho dicatus est draco; caper vero illi cædebatur, quia nocet vitibus. Virgilius lib. II Georg. : *Non aliam ob culpam Baccho caper omnibus aris Cæditur, et veteres ineunt proscenia ludi.* Arnobius lib. v : *Bacchanalia etiam prætermittamus immania, quibus nomen omophagiis Græcum est : in quibus furore mentito, et sequestrata pectoris sanitate, circumplicatis vos anguibus, atque, ut vos plenos dei numine ac majestate doceatis, caprorum reclamantium viscera cruentatis oris dissipatis.* Vide etiam S. Augustinum de Civit. Dei lib. VII, cap. 21, et Julium Firmicum de Error. prof. relig. Prudentius hoc peculiare narrat, quod mænades non solum colubris coronarentur, verum etiam eos ore comprimerent : hoc enim est *discindunt,* sive, ut in codice Jureti legitur, *descindunt,* quasi colubros lacerarent dentibus. Barthius lib. XI Advers., cap. 15, putat legendum in Arnobio *ophophagiis,* uti etiam in Clemente Alexandrino, cujus verba traduxit Ar-

nobius. Sic Prudentius recte ait *ore discindunt,* nam ophiophagia sonant dilacerationes seu devorationes serpentium : qualia non pauca hodie quoque a præstigiatoribus fieri videmus. Etsi autem chelydri virides dicantur etiam racemi in speciem serpentium circumpendentes, aliud tamen arguunt verba Prudentii.
131. Mar. a prima manu, itemque Rat. a prima manu, *placere;* recte emendatum *placare,* quod metrum et Latinitas exposcit.
134. Nonnulli scribunt *menadas.* Pal., mendose, *rotatus.* De his vide Catulli carmen Nupt. Pelei et Thetidos.
135. Prag., *hic* pro *hoc.* Ricciolius in Indice syllab. controvers. multis probat, primam et secundam in *temulentus* esse communem. Barthius loc. cit. contendit legendum *merulentus,* quod mihi non persuasit.
136. Juretus rejicit *arca* pro *acta;* nescio autem ubi invenerit *arca.* Notat, *actam* esse *secretum* et amœnum littus, et olim lupanaria in littoribus fuisse constituta, unde videri potest defluxisse nomen Gallicum, *bordeau.*
137. Vat. A, vitiose, *cortum* et *illis* pro *scortum* et *illic.* Perfidus hic juvenis fuit Theseus.
138. Egm., *liquerat ingesto.*
139. Vat. A, *male,* Neærem. Bong., mendose, Neætram. Antonius Delrius Comm. in Herculem Oet. Senecæ observat, hoc loco Ariadnem a Prudentio vocari Neæram, quia meretrices bene habitas, et succi plenas, quas Attici *pugiles,* Romani vocabant Neæras. Tibullus, Horatius aliique passim hoc appellant nomine meretrices, aut suas amicas.
142. Rat. scribit *Ariadneus;* Prag. *ariagneus.* De corona Ariadnes plura ac varia Hyginus Poetic. Astronom. lib. II, cap. 5. Paschalius de Coronis cap. 9, lib. I, de hac ipsa corona Ariadnes astris addita fuse disserit. De voce *minna* in glossa vide comment. ad vers. 117.
143. Heinsius conjicit *honoræ,* scilicet noctis; Gronovius, *hunc... honorem* per epexegesin, *persolvit hunc honorem, pretium noctis.* Mihi clarior videtur lectio codicum, *hoc honore persolvit pretium noctis.*

Liber, ut ætherium meretrix illuminet axem.
145 Tantum posse omnes illo sub tempore reges,
710 Indocilis fatui ducebat ineptia vulgi,
Ut transire suis cum sordibus induperator
Posset in æternum cœli super ardua regnum.
Regia tunc omnis vim majestatis, et omnis,
150 Parva licet, cœli imperium retinere potestas
Credita; thure etiam ducibus, parvoque sacello
Impertitus honos: quem dum metus, aut amor,
[aut spes
Accumulant, longum miseris processit in ævum
Mos patrius. Cœpit falsæ pietatis imago
155 Ire per ignaros nebuloso errore nepotes.
Tum quoque, quæ vivis veneratio regibus ante
Contigerat, functis eadem jam munere lucis
Cessit, et ad nigras altaria transtulit urnas.
Inde puellarum ludibria, pignora, partus,
160 Et furtivus amor juvenum, et deprensa jugalis

711 Corruptela tori: quoniam regalibus aula
Fervere tunc vitiis solita est, nec perdita luxu
Divorum soboles sancti meminisse pudoris.
Atque ut, Roma, tuos cœlesti ex sede pa-
[rentes,
165 Queis te semideam jactant auctoribus ortam,
Præstringam breviter, Gradivum, vel Cytheream,
Ille sacerdotem violat: contra illa marito
Succubuit Phrygio: coitus fuit impar utrique.
Nec terrestre deam decuit mortale subire
170 Conjugium, nec cœlicolam descendere ephebum
Virginis ad vitium, furtivoque igne calere.
712 Sed Venus, augusto de sanguine femina, vili,
Privatoque viro vetitum per dedecus hæsit.
Et, si Rhea sacram lascivi Martis amore
B 175 Lusa pudicitiam fluviali amisit in ulva,
Crediderim generosæ aliquem stirpis, sed eum
[dem

GLOSSÆ VETERES.

146. Ducebat, æstimabat. — Ineptia, stultitia, I.
149. Regia, aula, I.
154. Mos patrius, fuit, cum dicebant: Hos coluerunt patres nostri, et ideo nos similiter, I.
155. Nebuloso, mendaci, I.
157. Lucis, vitæ, I.
158. Cessit, contigit, I. — Urnas, sepulcra, I, Rat.
159. Ludibria, erant: puellæ, cum audissent it i
egisse, ludebant, et ad libidinem magis excitabantur, I.
160. Furtivus, stuprum. — Jugalis, matrimonialis,
vel legalis, I.
163. Meminisse, scilicet solita est, Iso.
166. Præstringam, commemorabo. — Gradivum,

Martem. — Cytheream, Venerem, I.
167. Ille, Mars. — Sacerdotem, Rheam Silviam,
sacerdotem Palladis, de qua nati sunt Remus et Romulus. — Illa, Venus, I.
168. Phrygio, Anchisæ, I. Trojano Anchisæ,
Vat. A, I.
169. Deam, Venerem, I.
170. Cœlicolam, Martem, I.
172. Augusto, nobili. — Sanguine, Jovis, I.
173. Privato, pauperi, Anchisæ, I.
175. Ulva, herba, I.
176. Crediderim, ego Prudentius. — Generosæ,
nobilis, I.

COMMENTARIUS.

144. Prag., non male, arcem pro axem.
145. Thuan., illo sed tempore.
146. Prag., dicebat ineptia; Palat., fatuique docebat. Utrumque potest defendi. Muretus lib. xviii Var.
Lect., cap. 9, laudat ineptia, ineptiæ ex Terentio et
Prudentio contra grammaticos, qui inepte ineptiam
dici vetant, ineptias jubent.
147. Induperator pro imperator Ennius, Lucretius,
Juvenalis aliique.
148. Rat., possit; melius posset.
151. Urb., thura; Egm., Widm. supra, tura; alicubi turæ, et cura et ducibus, vitiose. Egm., Pal.,
Widm. supra, Rottend. prior, parvusque. Opinatur
Heinsius parilisque. Jureti codex, thura, et ducibus
parvusque.
152. In nonnullis vulg. mendose, imperitus honor.
Vat. A et Jureti codex, non bene, aut honor pro
aut amor.
156. Ald., Bong., Gis., Heins. et recentiores, tum
quia. Weitzius cum plerisque suis, Mar. a secunda
manu, Rat., tum quoque. Prag. hoc ipsum voluit in tu
quoque. Rectior videtur sensus tum quoque. Sententia est Lactantii lib. i, cap. 15.
159. Gronovius volebat pignora, raptus. quæ conjungi ita possunt (ait Heinsius), ut raptus sit secundus casus. Prudentius intelligit filios et partus puellarum non nuptarum. In plurimis vett. codd. scribitur pignera, cum sermo est de liberis et affectibus:
quod Juretus confirmat his Agrœtii verbis: Pignora
rerum, pignera liberorum et affectionum.
160. Gronovius conjiciebat defensa jugalis. Sed melius est deprensa. Alii scribunt deprehensa.
162. Barthius, lib. lvi, cap. 9, ait, fervere vitiis
summa elegantia a Prudentio dici, quæ parum tamen
attendiur a plerisque, quia frequentissime usurpatur. Utuntur fervo, is Propertius, Valerius Flaccus,
Petronius et alii. Illa differentia statuitur inter fervit

et fervet, quod fervit est quod nunc æstuat, fervet
quod diu tenet fervorem. Lucilius apud Quintilianum
lib. i, cap. 6, al. 10: Fervit aqua, et fervet, fervit nunc,
fervet ad annum
163. Huic versui in Rat., Mar. et aliis subjicitur
inscriptio De Marte, et Venere, Junone, et Cybele, aut
Cybelle, ut in quibusdam scribitur.
164. Mar. a prima manu, ut Romanos; recte emendatum ut, Roma, tuos.
165. Weitz., Widm. supra, Gifanius loc. cit.,
verbo Auctus, ex vet. lib. emendatissimo nuctam pro
ortam.
166. Ald., Gis., Alex., Urb., et alii, perstringam.
Weitz., Heins. cum suis, codex Jureti, Mar., præstringam, quod Heinsius putat esse Prudentianum.
Alii Cytheream, alii Cytherean, alii Citheream scribunt.
168. Ald., Gis., Widm. supra, Bong., Mar. et
alii, succumbit.
169. Duo Rottendorph., Widm. supra, Bong. a
secunda manu, codex Jureti, mortalis obire, quod
tenuit Heinsius, quia terrestre et mortale idem sonant.
Cham., Cell. et Teol. cum Heinsio faciunt. Gis. et
nonnulli vulg., mortalis inire. Ald., Sich., Weitz.
cum suis, Fabr., Urb., Mar., Thuan. aliique Hen-
siani et nostri, mortale subire. Gifanius loc. cit., verbo
Epitheta geminata, ex vet. lib. legit mortale subire,
et Servium aliosque grammaticos reprehendit quod
vitiosum in versu esse docuerint, duo uni nomini attribui epitheta, cum sæpe Virgilius et Lucretius id fecerint, Ennius et antiquissimi sæpissime, quod tamen non est probandum. Exempla ipse congerit, et
videri alia possunt apud Vulpium in Comment. Catulli vers. 1 præfat., ut alios omittam.
171. Mar., Prag., furtitove igne.
174. Prag., male, Citherea sacram.
175. Widm. supra, mendose, nisa pro lusa. Vat.
A, minus bene. misit, et a prima manu, in ulvam.

Moribus infamem, compressa virgine per vim, A
Se dixisse deum, ne stuprum numinis ullus
Objicere auderet turpi, miseræque puellæ.
180 Hæc Italos induxit avos vel fama, vel error,
Martia Romuleo celebrarent ut sacra campo,
Utque Palatinis Capitolia condita saxis
Signarent titulo proavi Jovis, atque Pelasgæ
713 Palladis, et Libyca Junonem ex arce vo-
[carent,
185 Cognatos de Marte deos, Veneris quoque nudum
Accirent proceres Erycino e vertice signum.
Utque deum mater Phrygia veheretur ab Ida,

Bacchica de viridi peterentur ut orgia Naxo :
Facta est terrigenæ domus unica majestatis,
190 Et tot templa deum Romæ, quot in orbe sepulcra
714 Heroum, numerare licet : quos fabula
[Manes
Nobilitat, noster populus veneratus adorat.
Hos habuere deos Ancus, Numitor, Numa,
[Tullus,
Talia Pergameas fugerunt numina flammas.
195 Sic Vesta est, sic Palladium, sic umbra Pena-
[tum
Talis et antiquum servavit terror asylum.

GLOSSÆ VETERES.

180. Induxit, *decepit*, I.
181. Martia, *campus Martis Romæ*. — Sacra, *sacrificia*, I.
182. Capitolia, *templa*. — Condita, *constructa*, Iso.
183. Titulo, *memoriæ*. — Pelasgæ, *græcensis, græcæ. Pelasgi dicuntur Græci, a Pelasgo ductore Græco nominati*, I.
184. Palladis, *Minervæ*. — Libyca, *Africana*, I.
185. Cognatos, *parentes Martis*. — Nudum, *clarum, vel purum, quia nuda Venus pingebatur*, I.
186. Accirent, *vocarent*. — Erycino, *Eryx mons*.
— Vertice, *de vertice*, I.
187. Mater, *Opis, quæ in Ida monte colebatur*, I.
188. Viridi, *quia viret olivis, vel vitibus*. — Orgia, B *sacrificia*. — Naxo, *mons, vel insula, ubi Bacchus colebatur*, I.
191. Manes, *deos inferni*, I.
193. Ancus, etc., *hi fuerunt principes Romanorum*, I.
195. Sic Vesta, *talis*. — Sic Palladium, *tale est templum Minervæ*, I.
196. Terror, *divinitas*. — Asylum, *domum refugii*, I.

COMMENTARIUS.

180. Tertullianus cap. 4 de Idolol. : *Omnia igitur colit humanus error præter ipsum omnium conditorem.* Minucius pariter tradit Romanos omnia omnium falsa numina coluisse, quem ad locum plura disserunt Elmenhorstius, Ouzelius, Wowerus, Rigaltius. Sententia hæc erat Romanorum, *omnes deos colendos esse sapienti:* idcirco verum Deum et religionem Christianam aversabantur, quod hic cultus cultui falsorum deorum esset contrarius. Hinc intelliges, imbecillum esse argumentum nonnullorum qui putant exaggeratas esse persecutiones Romanorum in Christianos, quia Romanorum religio omnes religiones admittebat. Siquidem aliæ gentes ita deos suos venerabantur, ut non negarent alios coli debere. Contra Christiana religio bellum omnibus idolis indixit. Accedebat inplacabile Judæorum in Christianos odium, quo sæpe ethnicos instigatos compertum est.

181. Hæc sacra *equiria* dicebantur, quæ erant ludi in honorem Martis, in campo Martio per cursum equorum celebrati. Ovidius in Fastis lib. III.

182. Cellar. et Teol. notant, montem Palatinum diversum esse a Capitolino, adeoque laxe sumi pro quolibet colle Romano. Pro Jove Capitolino sumi, *Capitolia* observatum est vers. 444 Apoth. Chamillardus ait accipi *Capitolia* pro quovis templo sublimi et insigni, maxime Jovi dicato. Sed recte addit templum Jovis Capitolini posse dici conditum saxis Palatinis, quia montis Palatini saxis fuerit exstructum. In templo Capitolino tria erant delubra, medium Jovis, dextrum Minervæ, lævum Junonis, ut comprobat Donatus lib. II de Urbe Roma, cap. 4.

183. Juppiter pater Martis fuit; hinc proavus Romanorum. Chamillardus proavum vocari ait, quia Veneris fuit parens. Sed sermo hic est de diis cognatis ex Marte, ut vers. 185.

184. Juno a Carthaginiensibus maxime culta. Virgilius lib. I Æneid.

185. Displicet Heinsio quod Barthius curis secundis ad Claudianum castigare voluerit *cognatos det Sparta deos*. Giselinus explicat, deos contingentes sese mutuo, quod sorte bellica victi similiter Romam traducti essent. Sed suspicatur legendum *cognatos de matre deos*, hoc est Castorem et Pollucem, natos ex eodem ovo, quod Leda, a Jove compressa, peperit. Hæc conjectura multum arridet Chamillardo. Ego puto, a Prudentio clare vocari Jovem, Palladem et Junonem deos Romanorum cognatos de Marte, sive ex parte Martis.

186. Celeberrimum Veneris templum erat in monte Eryce in Sicilia.

187. Vide Ovidium lib. IV Fastor.

188. Alter Rott., *Bacchia*. Vat. A, mendose, *Bacchida*. Naxus insula Baccho dicata.

189. S. Leo in serm. 1 de SS. Petro et Paulo. *Diligentissima superstitione habebatur collectum* (Romæ) *quidquid usquam fuerat vanis erroribus institutum*.

190. Weitzius cum suis, Thuan., alter Rott., Prag., Rat., Gif., verbo AUCTUS, ex vet. lib., *quot in orbe se-* C *pulcra*: quod omnino verum esse ait Heinsius. Ald., Gis., Mar., Vat. A, Urb., Teol. et alii, *in urbe*. Juretus approbat *in urbe sepulcra Heroum*. Sed falso putat omnes libros et vulgatos et veteres ita habere, excepto quodam deterioris notæ, ubi legit *quot in urbe sepultos Heroes*. Advertit, templa paganorum primum fuisse sepulcra, ut docent Clemens Alexandrinus, S. Cyrillus Alexandrinus, Julius Firmicus, Arnobius et alii. Kirchmannus lib. II, cap. 16 de Funer. Rom., hinc confirmat plurima olim sepulcra intra Urbem exstitisse, præsertim clarissimorum virorum et virginum Vestalium. Eutropius fortasse de sepulcris imperatorum loquitur, cum ait de Trajano : *Solus omnium intra Urbem sepultus est. Ossa collata in urnam aureum in foro quod ædificavit sub columna sita sunt.* Inanis quorumdam opinio est urnam illam auream supra columnam fuisse collocatam; neque dubito quin adhuc sub columna sit. Cæterum mihi multo magis placet *in orbe*. Id enim objicit poeta Romanis, quod Heroes omnes, quorum in orbe exsta- D rent sepulcra, templis venerarentur.

191. In Prag. pro *manes* videtur esse *inanes*; Egm., *manens*, lege *manes*. Conjicio quot *fabula manes* : ita enim procedit sententia Romanos colere quotquot fabula jam mortuos nobilitaverit. Horatius lib. I, Od. 4 : *Jam te premet nox, fabulæque manes.*

192. Prudentius populum Romanum vocat *nostrum populum*, quamvis Romæ natus non fuerit. Non ergo ratio hæc satis est efficax, ut Cæsaraugustanus, aut Calagurritanus censeatur.

193. Vat., corrupte, *Tellus*, pro *Tullus*.

194. Prag., vitiose, *fugierunt*.

195. De Palladio vide vers. 544 lib. II; de Penatibus vers. 965 ejusdem lib. II in Symmach.

196. Ald. et nonnulli alii, *terra asservavit asylum*. Heinsius aliquando putabat *reservavit terror* : Grono-

AURELII PRUDENTII CARMINA.

Ut semel obsedit gentilia pectora patrum
Vana superstitio, non interrupta cucurrit
Ætatum per mille gradus. Tener horruit hæres,
200 Et coluit, quidquid sibimet venerabile cani
Monstrarant atavi : puerorum infantia primo
Errorem cum lacte bibit : gustaverat inter
Vagitus de farre molæ : saxa illita ceris,
Viderat, unguentoque Lares humescere nigros.
205 **715** Formatum fortunæ habitum cum divite
[cornu,
Sacratumque domi lapidem consistere parvus
Spectarat, matremque illic pallere precantem.
Mox, humeris positus nutricis, trivit et ipse

A   Impressis silicem labris, puerilia vota
210 Fudit, opesque sibi cæca de rupe poposcit,
Persuasumque habuit, quod quis velit, inde
[petendum.
716 Nunquam oculos, animumque levans ra-
[tionis ad arcem
Rettulit : insulsum tenuit sed credulus usum
Privatos celebrans agnorum sanguine divos.
215 Jamque domo egrediens, ut publica festa, diesque
Et ludos stupuit, celsa et Capitolia vidit,
Laurigerosque deum templis astare ministros,
Ac Sacram resonare viam mugitibus ante
Delubrum Romæ (colitur nam sanguine et ipsa

GLOSSÆ VETERES.

203. Molæ, *mola genus sacrificii de farre et sale.* — B
Illita, *polita,* I.
204. Unguento, *cum oleo.* — Lares, *ignes,* I.
205. Fortunæ, *deæ.* — Divite cornu, *id est aureo.
Fortuna fertur habere in dextra manu cornu, quod nymphæ omnibus bonis repleverint,* I.
208. Trivit, *osculatus est*, Rat.
211. Persuasum, *certum, speratum,* I.
213. Insulsum, *stultum, imprudentem,* I.

214. Privatos, *pauperes*, I.
216. Capitolia, *templa*, I.
218. Sacram viam, *Sacra via est Romæ, sicut et Latina : in ea via reconciliati sunt Sabini et Romani.*
— Mugitibus, *a mugitibus scilicet boum vel ovium.* —
Ante, *coram se*, I.
219. Delubrum, *templum Veneris et Romæ deæ pari altitudine se extollebant.* — Et ipsa, *ironia.* I.

COMMENTARIUS.

vius, *sacravit terror.* Non est sollicitanda lectio communis *antiquum servavit terror asylum;* in Oxon. *antiquam*, minus bene. Virgilius lib. VIII : *Hinc lucum ingentem, quem Romulus acer asylum Rettulit.* Post hunc versum Mar., Rat. et alii pro titulo : *Unde error invaluit.*
198. Vat. A et Prag., *una superstitio*.
199. Juretus notat, passim ab optimis scriptoribus horrorem et venerationem simul conjungi.
201. Rat., *monstrarent*. Ald., Weitz., Palat., Gis., C
Heins. et alii, *primo*. Mar., Prag., Rat. et alii Weitziani, *prima*.
204. Mar. scribit *ungento*. De consuetudine veterum ungendi terminos, ceu lapides qui pro terminis erant, dicam ad lib. II. Hoc eodem sensu explicari valet *saxa illita ceris* vers. super., ut alibi ostendi : quanquam intelligi etiam potest, statuas ipsas ceris versicoloribus, quod ab antiquis usitatum est, fuisse pictas. Janus Rutgersius Var. Lect. lib. V, cap. 4, multa affert, quibus suadet, *genua incerare deorum* nihil aliud esse nisi vota affigere cera in femore, ex Apuleio et Juvenali, satira 9 : *Quando ego figam aliquid ?* Satis in hanc rem evidentia sunt verba Luciani in Philopseude de quadam statua : *Multi ante pedes ejus oboli jacebant, ac alia quoque numismata, nonnulla argentea cera ejus cruri affixa; laminæque ex argento, vota alicujus.* Potest igitur ita etiam exponi hic locus, præsertim quia sæpe vota votis superaddebantur. Lucretius lib. VI, *Nec votis nectere vota.* D
Olearius ad Philostrati Heroica, cap. 2, not. 45, pag. 673, hunc Prudentii locum explicat, et distinguit eos qui deos inungebant honoris causa, et qui genua deorum incerabant, sive saxa ceris illinebant, scilicet cera tabulam affigebant quæ vota contineret. Philostrati verba de statua hæc sunt : *Atterendoque eam et tempus, et illi, ita me amet Juppiter, qui inungere solent, aut vota cera affigunt, speciem immutarunt ejusdem.*
205. Arnobius lib. VI sæpe *habitum* usurpat de forma statuarum : *Mulciber fabrili cum habitu : aut fortuna cum cornu, pomis, ficis, aut frugibus autumnalibus pleno.*
206. *Lapidem* pro simulacro Arnobius, Minucius, etiam Livius accipiunt. Primis temporibus lapides et stipites pro simulacris deorum habitos, multi opinantur. Sed stipites, lapides et columnæ, quæ pro diis colebantur, ut ego quidem existimo, plerumque aliqua rudia lineamenta humanæ formæ præferebant

209. Egm., Pal., Vat. A, codex Jureti, *impressit*: quæ lectio defendi potest simili loco Propertii lib. I, eleg. 16 : *Osculaque impressis nixa dedi genibus.* Pro alia lectione facit S. Hieronymus epist. 3. ad Rufinum : *Quam illud os, quod mecum vel erravit aliquando, vel sapuit impressis figerem labiis ?* Confer notationes Woweri, Elmenhorstii, Heraldi, Rigaltii et Ouzelii ad hæc Minucii verba : *Manum ori admovens, osculum labiis pressit.*
210. Heinsius conjecit *cæsa* pro *cæca*. Hanc conjecturam secutus est Cellarius. Teolius etiam *cæsa* expressit, et utrumque in Vatt. esse confirmavit. Mariettus solum vidit *cæca* in suis, et id mihi magis placet; quia scilicet cæca et surda simulacra solent dici. Rat. et Weitz. cum suis, *opemque*, non male.
211. Fabr. Boug., *quid quis*. Egregie probat Prudentius, ethnicos eos errore cœpisse deos colere, ex præjudicatis, et præconceptis a tenera ætate opinionibus in eodem cultu perstitisse. Simili arguendi ratione nonnulli impii homines veritatem religionis Christianæ infirmare conantur : sed ineptissime. Nam Prudentius prius ostendit cultum deorum aperto mendacio et errore cœpisse : tum addit vers. seqq., gentiles nunquam rationes sui cultus ad trutinam revocasse, sed solum ob usum et consuetudinem in superstitione perstitisse. At religio Christiana illico qualis esset, patuit, neque erroribus invalescentibus aucta est. Eam, quamvis multa obscura tradentem et difficilia præcipientem, homines jam adulti aliisque religionibus innutriti susceperunt. Nunc quidem plerique in ea nati educatique sunt; sed nihilominus argumenta quibus ejus veritas demonstratur obvia passim sunt, et omnem dubitationem valent expellere.
212. Ald., Torn., mendose, *non qui*, pro *nunquam*. Egm., Palat., Vat. A, codex Jureti, *animamque*.
215. Mar. a prima manu, *namque domo*.
216. Virgilius, Cassiodorius et alii, *Capitolia celsa*. Confer glossas.
217. Rat. a secunda manu, *lanigeros*. Retine *laurigeros*.
218. Ald., *at Sacram*; alii, *ac Sacram*. In Mar. et Rat. post hunc versum lemma *De simulacro Romæ, et variis simulacris*. Alii solum, *De simulacro Romæ*.
219. Smyrnei primi templum urbis Romæ tanquam deæ statuerunt. Alabaudenses secuti sunt exemplum, et ludos anniversarios addiderunt. Adrianus in Urbe jusa struxit Veneris et Romæ templum. Vide Lip-

220 **717** More deæ, nomenque loci, ceu numen,
[habetur,
Atque Urbis, Venerisque pari se culmine tollunt
Templa : simul geminis adolentur thura dea-
[bus),
Vera ratus, quæcunque fiant auctore senatu,
Contulit ad simulacra fidem, dominosque pu-
[tavit

225 Ætheris, horrifico qui stant ex ordine vultu.
Illic Alcides, spoliatis Gadibus, hospes
Arcadiæ fulvo ære riget : gemini quoque fra-
[tres
Corrupta de matre nothi, Ledeia proles,
Nocturnique equites, celsæ duo numina Romæ,
230 **718** Impendent, retinente veru, magnique
[triumphi

GLOSSÆ VETERES.

222. Deabus, *Romæ et Veneri*, 1.
223. Vera ratus, *infantia puerorum, vel omnis paganus*, 1. Scilicet *puer, de quo supra*, Vat. A.
226. Illic, *in templo Romæ.* — Alcides, *Hercules. ab Alcæo patre.* — Gadibus, *Gades sunt insulæ juxta Britanniam, quas Hercules spoliavit, ibique Geryonem interfecit.* — Hospes, *Evandri*, 1.
227. Riget, *illic stat.* — Gemini, *Castor et Pollux, scilicet stant*, 1.

228. Corrupta, *ignobili.* — Ledeia, *epexegesis, filii Ledæ*, 1.
229. Nocturni, *quia in nocte splendent, et quia domitores equorum erant. Equites, quia forte adhuc vivi nocte equitabant; vel propter duas stellas dicit, quæ, dum moventur, equitare videntur*, 1, Vat. T.
230. Impendent, *scilicet curvi.* — Retinente, *scilicet cursum, quo utebantur*, Vat. T. — Retinente veru, *id est sagitta*, Vat. S.

COMMENTARIUS.

sium lib. III de Magnit. Rom. imp., cap. 6, et Patinum imper. Roman., numism. pag. 5, ubi exhibet numismata cum inscriptione ΘΕΑ ΡΩΜΗ, et plura addit de cultu Romæ exhibito a Synnadensibus, Temenothuritanis, Amorianis, Ancyranis. Prudentius loquitur de templo quod Adrianus Veneri, Æneadum matri; et Romæ, quasi ejus proli, statuit. Donatus, de Urbe Roma lib. III, cap. 5, putat idem fuisse templum cum duabus ædiculis : Teolius cum Ciampinio tenet fuisse duo diversa, sed simul juncta, et postea in ecclesiam SS. Cosmæ et Damiani conversa. Claudianus alio in loco templum Romæ videtur collocare lib. II Stilic., videlicet in monte Palat. : *Conveniunt ad tecta deæ, quæ candida lucet Monte Palatino.* Sermo est de Romæ templo. In hortis S. Mariæ Novæ, sive monasterii S. Franciscæ Romanæ exstant adhuc muri duorum templorum quæ inter se unita erant, quæ alii putarunt esse Isidis et Serapidis, alii Solis et Lunæ. Famianus Nardinus lib. III, cap. 12, Romæ antiquæ, pro certo habuit hæc esse templa Veneris et Romæ. Cl. Carolus Fea, qui in eadem erat opinione, hæc cum mihi commonstravit, remque ita se habere plane persuasit. Ut enim adhuc apparet, pari culmine hæc duo templa se tollebant, et ita inter se postica parte adhuc conspiciuntur unita, ut in ipso medio muro, quo conjunguntur magnum pateat ostium arcuatum; ac fortasse in hoc ostio ara communis erecta erat, qua geminis simul deabus thura adolebantur. Exstant hæc duo templa in monte Palatino, unde in viam Sacram prospectus erat : non enim via Sacra arcum Titi intercurrebat, ut nonnulli putant, sed eo fere loco procedebat quo nunc est ecclesia S. Mariæ Novæ : qui locus olim multo erat humilior et depressior, nunc ruderibus ædificiorum congestis sublimis apparet. Clare igitur jam intelligitur cur dicat Prudentius : *Sacram resonare viam mugitibus ante delubrum Romæ.* Huic vero sententiæ comprobandæ maxime favent verba Xiphilini e Dione Cassio in Adriano, de quo ait : *Formam templi Veneris, quod Romæ fecit, ad eum* (Apollodorum architectum) *misit, ut magnum opus absque opera ejus fieri posse ostenderet : tum quæsivit ex eo, num id templum bene et ratione ædificatum esse videretur. Is rescripsit altius ampliusque multo fieri oportuisse, quo magis et propter altitudinem suam in viam Sacram emineret, et propter amplitudinem machinas reciperet, quæ clam in eo compactæ de improviso in theatrum perducerentur. Porro simulacra majora esse dicebat, quam ratio altitudinis amplitudinisque templi pateretur. Etenim, inquit, si deæ surgere atque inde exire voluerint, non poterunt.* Confer comment. ad vers. 765 lib. II. In numis plurium imperatorum cernere licet templum sex columnarum cum inscriptione *Romæ Æternæ*: de qua appellatione fuse disserit Juretus ad lib. II Symmach.

B epist. 55. Consuli possunt de Romæ templo Ammianus Marcellinus, Spartianus, Tacitus, Cassiodorius, Xiphilinus.
213. Ald., Torn., Gall., *Vera ratus quæcunque senatu auctore probentur.* Ita Vat. A, sed *probantur*, non *probentur*. Cum Vat. A faciunt Alex., Egm., Pal., Widm. supra, codex Jureti. Heinsius ait, Thuan. et alios tam suos quam Weitzianos habere *quæcunque senatu auctore probentur*. Sed Weitzius habet *probantur*; quanquam affirmat, ita Aldum edidisse, in quo ego solum invenio *probentur*. Idem Weitzius innuit in Widm. a prima manu esse *quæcunque fiant auctore senatu*; ad oram, *fuant*. Colerus etiam invenit *fuant*, Cauchius *cluant*, et ita emendandum censet quoties in Prudentio occurrit *fiat*, prima correpta. Prag., Mar., unus Rott., Weitz., Gis. alliqué recentiores, *quæcunque fiant auctore senatu*. Rat., recenti manu, *fiant quæcunque*, abrasis prioribus. In Mar., mendum est *senatu*. Notum est, senatum Romanum C de religionibus judicasse. Tertullianus, cap. 5 Apolog., *Vetus erat decretum, ne qui deus ab imperatore consecraretur, nisi a senatu probatus.*
224. Vat. A *error est putabit*.
226. Vat. A, Rat. a prima manu, Mar. a prima manu, Urb. vitiose, *spoliatis gradibus*. Existimat Grangæus, Prudentium loqui de foro quod construxit Augustus, in cujus altera porticu erant statuæ regum Latinorum, in altera Romanorum. Hercules dictus est Alcides ab Alcæo avo, non patre, ut ait Iso; qui male *Gades* exponit.
227. Ald., Weitz., Widm., Bong., scribunt *Archadiæ*. Rat., Mar., *Arcadia*. Prag., *Archadio*. Heinsio videtur durus et insolens loquendi modus *hospes Arcadiæ* pro *hospes Arcadis*, hoc est Evandri. Gronovius opinabatur *Arcadii*, Heinsius *Arcadis e fulvo*. Fortasse Prudentius vult, Alcidis statuam ex ære Arcadiæ esse, quasi ab Evandro jam olim positam. Scilicet *riget ære Arcadiæ*.
228. Prag. pro *nothi* habet *riget*, et supra glossa D *in statuis aureis.* Imitatur illud *Supposita de matre nothos* lib. VII Æn.
229. Vat. A, depravate, *avo* pro *duo*. Lactantius, lib. II, cap. 8 : *Deinde illud, quod Castor et Pollux bello Latino apud lacum Juturnæ visi sunt equorum sudorem abluere, cum ædes eorum, quæ juncta fonti erat, sua sponte patuisset, iidem bello Macedonico equis albis insidentes P. Vatinio Romam* NOCTE *venienti, se obtulisse dicuntur, nuntiantes, eo die regem Persen victum atque captum.* Iso aliter explicat *nocturni equites*.
230. Fabr., Gis., Weitz. cum suis, Mar., Rat., Prag., alter Rott., vulg., *retinentque veru*, et Prag. addit glossam *hastam*, quam lectionem et explicationem approbat Mariettes. Ald., Vat. A, Jureti ms., *impendent retinente solo*; unus Rott., *dependent reti*

Nuntia suffuso figunt vestigia plumbo.
Assistunt etiam priscorum insignia regum,
719 Dux Italus, Janusque bifrons, genitorque
[Sabinus,
Saturnusque senex, maculoso et corpore Picus,
235 Conjugis epotum sparsus per membra venenum.
Omnibus ante pedes posita est sua cuique sordens
Arula. Jano etiam celebri de mense litatur
Auspiciis, epulisque sacris, quas inveterato,
Heu! miseri sub honore agitant, et gaudia ducunt

A 240 Festa Calendarum. Sic observatio crevit.
Ex atavis quondam male coepta : deinde se-
[cutis
Tradita temporibus, serisque nepotibus aucta.
Traxerunt-longam corda inconsulta catenam,
720 Mosque tenebrosus vitiosa in sæcula fluxit.
245 . Hunc morem veterum docili jam ætate secuta
Posteritas, mense, atque adytis, et flamine, et
[aris
Augustum coluit, vitulo placavit, et agno.

GLOSSÆ VETERES.

232. Insignia, *statuæ*, I.
234. Picus, *filius Saturni, de quo Virgilius : Fecit avem Circe, sparsitque coloribus alas*, I.
235. Epotum, *syncope pro epotatum; datum a conjuge.* — Sparsus, *sparsum habens*, I.
237. Mense, *Januario*, I.
238. Auspiciis, *ominibus, auguriis*, Iso.
239. Agitant, *frequentant*, I.

240. Calendarum, *vocationum*, I.
243. Catenam, *malam consuetudinem quæ ligat hominem*, I.
246. Mense, *quia in honorem ejus octavus mensis appellatus est*. — Adytis, *templis, sacrificiis*. — Flamine, *sacerdote*, I.
247. Augustum, *Octavianum*, I.

COMMENTARIUS.

nente solo. Thuan., Oxon., Alex., Urb., Heins. et recentiores, *impendent retinente veru*. Sed Chamillardus et Heinsius putant, *veru* esse hastam sive instrumentum bellicum, ut *veru sabellum* apud Virgilium, et ita vertit versu Italico Ansaldus : *Sono appoggiati alle lor' aste, e fatti Di fuso piombo arrestano i lor passi*. Holstenius in epist. de Fulcris seu Verubus Dianæ Ephesiæ, ex glossario Latino optime notæ, in tribus codicibus Vatt. tradit, verua esse virgas aut virgulas ferreas. Exponit autem Prudentius de hujuscemodi fulmentis ferreis oblongis, quibus statuæ solent retineri, ac putat errorem vulgi notari, eas statuas impendentes, et jam jam casuras admirantis. Hac lectione, quam Holstenius in codice Urbinate viderat, tuetur aliam similem lectionem editionis principis Romanæ Minucii : *Diana interim est alte succincta venatrix; et Ephesia mammis multis, et verubus exstructa ; et Trivia trinis capitibus, et multis manibus horrifica*. Scilicet verubus tota mammo si pectoris moles sustinebatur : nam illud signum instar Ægyptiorum simulacrorum pedibus erat arcte compressis. Holstenius affirmat, Georgium Fabricium, cum in suis exemplaribus constanter reperisset *retinente veru*, perperam correxisse *retinentque veru*. Nescio quo loco Fabricius id fassus fuerit, nisi quod in Comment. in poetas Christ. verbo GEMINI FRATRES affirmat lectionem hactenus depravatam fuisse; sed constat in veteribus edd. et mss. varias fuisse lectiones. Lectio et explicatio Holstenii mihi admodum placet; sed alia etiam defendi potest. Etsi enim legas *retinente veru*, adhuc intelligere licebit retinente ipsa hasta, cui innituntur.

231. Vat. A, vitiose, *suffusa*. Egm. et Pal., *suffosso*. Antiquus est mos infundendi plumbum basi, ut statuæ firmius hæreant. Christiani scriptores occasionem inde sumebant irridendi numina gentilium. Arnobius, lib. vi : *Jam dudum istos videretis deos..... a ruinarum casibus et dissolutionis metu, subscudibus et catenis, uncis, atque ansulis retentari : interque omnes sinus, commissurarumque juncturas plumbum ire suffusum, et salutares moras signorum diuturnitatibus commodare. Et postea : Si permanendi necessitatem patiuntur, quid miserius his esse, aut quid infelicius poteris?, quam si eos in basibus ita unci retinent et plumbeæ unctiones?* Juretus multis probat ethnicos solitos aliquando vincula statuis injicere, ne dei aufugerent. Arguit etiam impertius scioli cujusdam, qui ad oram sui codicis adjecerat, Prudentii verba designare statuas fusiles et plumbeas. Tertullianus, cap. 12 Apolog., meminit plumbi in statuis : *Ante plum-*

B *bum, et glutinum, et gomphos sine capite sunt dii vestri*.

233. Gis., Rat., Egm., Cauch., Widm. supra, *Tros Italus* : quod etiam volunt Oxon., *Dros Italus*, et Vat. A, *Ros Italus*, corrupte , vel quia in Vat. A. primæ litteræ versuum nonnunquam desiderantur. Mar. et Widm. iterum supra , *dux Salius*. Alii , *dux Italus*. Heinsius ita legit et distinguit *Tros* , *Italus*, ut *Tros* significet Æneam. De Italo , Sabino, Jano , Saturno vide Virgilium lib. vii, ad quem respicere videtur Prudentius. Itaque assentior Gifanio verbo *strata viarum*, qui ex v lib. legit *dux Italus*, quem ducem appellat, quia princeps auctor fuit nominis Italiæ.

236. Rat. ex correctione alicujus scioli *sua sordida cuique*. Ald., Mar. a secunda manu, Gis. et alii, *sua cuique vetusta*. Vat. A, *sua cuique vetusto*. Egm., Palat., *sua cuique vetustas. Agna Jano etiam*. Prag., Mar a prima manu, Oxon., Widm., Fabr., *sua cuique sordens*, ut *cuique* sit dactylus : de quo jam dixi. Molinæus , in tractatu de Altaribus, putat multitudinem altarium, quam gentilibus exprobrat Prudentius, catholicos a paganis hausisse : at impudenter. Nam poeta irridet arulas sanguine sordidas, ante pedes hominibus monstrisque ubique locorum consecratas. Quid isthæc cum altaribus catholicorum?

237. Vat. A, male a prima manu, *de mense ligatur*. Celeberrimæ erant calendæ Januariæ, contra quas sermo exstat S. Maximi. Vide Binghamum , Orig. Christ. tom. IX, lib. xx, cap. 1, § 5, qui has ferias sine ritibus idololatricis sub imperatoribus Christianis continuatas docet, sed ita ut concilia et Patres adversus eas inveherentur.

C 240. Ald. male legit ac interpungit *gaudia ducunt. Festa Calendarum sic observantia crevit*. In collect. Canonum S. Martini Brachar., cap. 73 ita habet : *Non liceat iniquas observationes agere calendarum, et otia vacare gentilibus, neque lauro aut viriditate arborum cingere domos. Omnis hæc observatio paganismi est*.

244. Huic versui in Mar., Rat. et aliis succedit D lemma *De simulacro Augusti*.

246. Prag., Pal. et nonnulli alii, *mensa*, quod probat Cauchius, quia mensæ in sacrificiis pro aris erant. Heinsius ait in vetustioribus esse *mensæ*; s d ipse scripserit *mense*, nam id edidit in contextu , et ita legunt plerique. Hic mensis est sextilis , *Augustus* nuncupatus in honorem Augusti. De honoribus Augusto etiam viventi exhibitis, passim scriptores. Vide Horatium lib. ii, ep. 1. Ejus caput in nummis radiis coronatum cernitur. Constat etiam feminas fuisse ejus flamines seu sacerdotes.

Strata ad pulvinar jacuit, responsa poposcit.
Testantur tituli, produnt consulta senatus,
250 Cæsareum Jovis ad speciem statuentia templum.
Adjecere sacrum, fieret quo Livia Juno,
Non minus infamis thalami sortita cubile,
Quam cum fraterno caluit Saturnia lecto.
Nondum maternam partu vacuaverat alvum,
255 **721** Conceptamque viri sobolem paritura ge-
[rebat
Pronuba; jam gravidæ fulcrum geniale pa-
[ratur,
Jam sponsus, saliente utero nubentis, amicos
Advocat, haud sterilem certus fore jam sibi
[pactam.

Vitricus antevenit tardum præfervidus ortum
260 Privigni nondum geniti; mox editur inter
Fescennina novo proles aliena marito.
Idque deum sortes, id Apollinis aulra dede-
[runt
722 Consilium: nunquam melius nam cedere
[tædas
Responsum est, quam cum prægnans nova
[nupta jugatur.
265 Hanc tibi, Roma, deam titulis, et honore sa-
[cratam
Perpetuo Floras inter, Veneresque creasti.
Nec mirum: quis enim sapiens dubitaverat,
[illas

GLOSSÆ VETERES.

248. Strata, *posteritas.* — Pulvinar, *lectus deorum,* lectisternium altare,* I.
249. Tituli, *inscriptiones, honores,* I.
250. Cæsareum, *Octaviani,* I.
251. Quo, *ut.* — Livia, *uxor Octaviani,* I.
255. Viri, *alterius, quam Octaviani,* Iso.
256. Geniale, *nuptiale,* I.
257. Sponsus, *adhuc,* I.

258. Pactam, *conjunctam, sponsam,* Iso.
259: Ortum, *nativitatem,* I.
261. Fescennina, *nuptialia carmina dicta ab urbe Fescenna; sive quia fascinum pellunt. Item Fescenninus deus nuptiarum dicitur,* Iso. *Nuptialia carmina,* Mar.
262. Deum sortes, *deorum responsa,* I.
263. Tædas, *nuptias,* I.
266. Floras, *inde floralia.*— Creasti, *deputasti,* I.

COMMENTARIUS.

250. Tacitus lib. 1 Annal.: *Cæterum sepultura more perfecta, templum et cœlestes religiones decernuntur:* Quod ait poeta *Jovis ad speciem,* intelligo templum Augusto decretum, perinde ac Jovi solebant templa erigi. Chamillardus aliique probabili ratione putant, imaginem Augusti specie Jovis fuisse exhibitam. Post hunc versum in Mar., Rat. et aliis, *De simulacro Liviæ, uxoris Augusti.*

251. Ald., *mendose, adjacere.* Ouzelius ad verba Minucii, *Et divi cæteri reges, qui consecrantur,* plura disputat de apotheosi Liviæ, quam habitu et nomine Junonis consecratam fuisse, ex his versibus colligit. Accedit Chamillardus. Mihi id non clare liquet. Nam verba poetæ solum innuere videntur, Liviam deam esse factam more gentilium, et honores consecutam qui Junoni tribuebantur. Livia etiam vivens per adulationem vocabatur Juno, ut Augustus Jupiter. Grangæus affirmat veteres libros habere *quo Julia Juno,* et bene, si adoptionem spectas. Nam Livia ab Augusto marito fuit adoptata, adeoque nomen Juliæ obtinuit. Exstant nummi in quibus *diva Julia Augusti filia* vocatur. Nescio autem quinam illi sint libri veteres. Giselinus quidem conjiciebat legendum *Julia pro Livia,* quia Augustus Juliam *filiam* Agrippæ obtrusit, a se, ut suspicio erat, corruptam. Sed dubium non est quin de Livia sit sermo.

254. Suetonius de Augusto cap. 62: *Liviam Drusillam matrimonio Tiberii Neronis, et quidem prægnantem abduxit.*

256. Ald. legit et distinguit *gerebat, Pronuba jam gravidæ fulcrum, et geniale parantur.* Ita etiam videtur legisse Mariettus in suis, excepto Prag., ubi est *paratur.* Adhæret Weitzius cum suis, ed in Bong. deest *et post fulcrum.* In Oxon., Alex., Urb., *fulcrum et geniale parantur.* Vera videtur lectio Giselini et aliorum, *gerebat Pronuba: jam gravidæ fulcrum geniale paratur.* Sic *lectus genialis* apud Horatium; et lib. II in Sym., vers. 615, *genialia fulcra;* vers. 1085, *fulcra jugalia.* Pro jam Widm. *tam,* minus bene. Colerus, pag. 568 ad cap. 1 lib. VI Valerii Maximi, putat, Prudentium dehiscere in lectum genialem, de quo Valerius: *Sanctissimumque Juliæ genialem torum.* Liviam hic intelligi Lipsius docuit. Colerus hoc loco laudat suum codicem ms. Prudentii, quem nos sub Marietti nomine allegamus: ipsum vero Prudentium vocat *ardentem, et piissimi zeli plenum poetam.*

257. Juvenalis satir. 6, vers. 599: *Et vexare uterum pueris salientibus.*

259. Augustus est vitricus, Drusus privignus; quia Livia erat uxor Augusti, mater Drusi.

261. Livia intra tertium mensem peperit: adeoque quodammodo inter nuptialia carmina. Giselinus objicit Liviam ex adulterio cum Augusto concepisse, et Suetonium testem allegat. Verum Suetonius solum ait suspicionem ejus rei fuisse. A Fescennio Etruriæ oppido, versus nuptiales, obscenitate pleni, Romam allati dicuntur. Hinc *Fescennina licentia* apud Horatium. *Fescennina* minus bene in nonnullis vulg.

262. Gifanius, verbo FAC, contendit legendum *Utque deum sortes, sic Apollinis antra dederunt,* ex vett. libris, in quibus tamen erat *atque deum,* et in uno cum litura *idque deum.* Heinsio displicet quod Gifanius pessimo exemplo ita castigare voluerit, nihil legem metricam moratus. Verum ipse Heinsius sæpe ita peccat. Weitz., ut videtur, cum suis, Thuan., alter Rott., Mar., Prag., Rat., Alex., *id Apollinis.* Ald., Gis., Urb., *et Apollinis.* Balthus, de Silentio oraculorum part. 2, cap. 5, hos versus intelligit de responsis haruspicum, non de oraculis, quæ jam cessaverant; negat vero ex his versibus argui, vetera oracula meras fuisse sacerdotum imposturas, etiamsi intelligantur de oraculis. Revera Dio non Apollinem, sed pontifices consultos narrat. Id tamen non prohibet quominus etiam Apollinis aliquod oraculum aut verum, aut confictum fuerit divulgatum. Juvenalis, sat. 6, vers. 553: *Quidquid Dixerit astrologus, credent a fronte relatum Ammonis, quoniam Delphis oracula cessant, Et genus humanum damnat caligo futuri.* Van Daleus, dissert. 2 de Oraculis, ex toto hoc Prudentii loco arguit Augustum post mortem reddidisse oracula (conficta scilicet), et dum viveret oracula in vulgus fuisse sparsa, sive per ipsum, sive per ipsius et Tiberii adulatores.

263. Ald., perperam, *cederet ædes.* Pal., Vat. A, *credere thedas.* Mar., Prag., *cedere tedas.* Egm.,Widm. supra, *credere tædas.* Alii probe, *cedere tædas.*

264. Mar., Widm. supra, *nupta vocatur.* Mar., aliena manu, *jugatur.*

266. Ald., Mar., *flores inter, Veneresque,* minus bene. Prag., *Veneremque.* Circus, et templum Floræ inter Quirinalem, et Pincium montem collocantur.

267. In Vat. A, desideratur *sapiens.* Prag., contra

Mortali de stirpe satas vixisse, et easdem
Laude venustatis claras, in amoribus usque
270 Ad famæ excidium formæ nituisse decore?
Quid loquar Antinoum cœlesti in sede loca-
[tum?
Illum delicias nunc divi principis, illum
723 Purpureo in gremio spoliatum sorte vi-
[rili,
Hadrianique dei Ganymedem, non cyathos diis
275 Porgere : sed medio recubantem cum Jove
[fulcro,
Nectaris ambrosii sacrum potare lyæum,
Cumque suo in templis vota exaudire marito?
Ergo his auspicibus, Trajanus, Nerva, Severus,
Et Titus, et fortes gesserunt bella Nerones :

280 Quos terrena viros illustres gloria fecit,
Et virtus fragilis provexit in ardua famæ
Ascita e terris sub relligione jacentes.
724 Quam pudet, hoc illis persuasum, tali-
[bus ut se,
Romanasque acies censerent Martis amore
285 Posse regi, dum se Paphiæ male blandus
[adulter
Venditat, Æneadasque suos successibus auget?
Felices, si cuncta Deo sua prospera Christo
Principe disposita scissent, qui currere regna
Certis ducta modis, Romanorumque trium-
[phos
290 Crescere, et impletis voluit se infundere sæ-
[clis.

GLOSSÆ VETERES.

272. Divi, *omnes imperatores Romanorum divi vo-cantur.* — Principis, *Hadriani*, I.
273. Gremio, *lecto, lectulo.* — Spoliatum, *castratum*, I.
274. Hadrianique, *bonus propter hoc tantum.* — Ganymedem, *amasium.* — Cyathos, *vascula*, I.
275. Porgere, *pro porrigere.* — Jove, *Hadriano*, I.
276. Ambrosii, *liquidi, divini.* — Lyæum, *vinum, quia leniter intrat*, I.
277. Vota, *preces.* — Marito, *Antinoum, quia sic propter turpitudinem maritum dicit. Ganymedes fuit* amasius *Jovis; ita Antinous Hadriani*, I.
279. Nerones, *reges*, I.
282. Ascitæ, *evocatæ*, I.
285. Persuasum, *placitum*, I.
285. Paphiæ, *Veneri, a Papho insula, ubi colebatur.* — Adulter, *Vulcanus*, I.
286. Successibus, *prosperitatibus, felicitatibus.* — Suos, *suos dicit Æneadas, quia ex genere Veneris Romani venerunt per Æneam*, I.
290. Impletis, *quando venit plenitudo temporis*, I.

COMMENTARIUS.

metrum, *nec mirum, si quis enim sapiens.* Cauch., Orb., bini Rott., *dubitaverit*, quod tenuit Heinsius.
270. Cauch., Weitz., *enituisse.* Sed Weitzius nullam discrepantem scripturam advertit, cum plerique habeant *nituisse.* Post hunc versum in Mar., Rat. aliisque multis exstat hæc inscriptio : *De cultu Hadriani, et Catamiti ejus.*
271. Jureti codex, Weitz., Mar., Prag., Rat. et alii, *in sede.* Gis. in contextu, et plures vulg. cum Ald., *cœlesti sede.* Hunc locum explicat Picus Mirandulanus, lib. IV de rerum Prænotione, cap. 4 : *Nec Hadriani Cæsaris exemplum longe abest, quando fœdo est Antinoi captus amore; ob idque mortuo illi et divini honores designati, et cognomina urbs parata, compositis etiam, et ementitis oraculis, ut Spartianus, et ex nostris Athanasius, Aur. Prudentius, Eusebius, alii prodiderunt. Sed et in ipso lunæ circulo ementita sedes excogitata, ut scribit Tatianus Adversus gentes, et innuit Prudentius quando ait illum* CŒLESTI SEDE LOCATUM. Athenagoras scribit Græcos novum sidus Antinoum inter cœlestes imagines confinxisse. De Antinoo videri etiam possunt Pausanias, Aurelius Victor, Tertullianus in Apolog., Casaubonus ad Spartianum, Bulengerus de Rom. Imp., Pignorius de Servis pag. 223, Baronius tom. II Annal. pag. 81, et Franciscus Mediobarbus Biragus Imper. Roman. numism. pag. 187, ubi multa affert. de Antinoi statuis per universum orbem terrarum, templo apud Mantineam et numismatibus.
272. Romani pueros procaces et quibus ad nefariam impudicitiam uterentur, *delicias* et *deïcia* appellabant, ut ex Virgilio et Statio colligi potest. Catullus idem nomen transtulit ad passerem et amicas, Martialis ad columbam. Vide Pignorium loc. cit., pag. 95 et 96.
273. Fabr., *morte virili;* mendum puto.
274. Ald., *non erat os dis Pergere.* Legendum *cyathos diis Porgere.*
275. Medio in lecto amici discumbebant in conviviis, ut facile amatoris gremio incumberent, ut notat Chamillardus. Alioquin si tres in eodem lecto accumberent, in medio erat dignissimus. Feminæ

per initia assidebant, post etiam in sinu aut gremio virorum accubuerunt. Huc opinor respexisse Prudentium; quasi Antinous uxor fuerit Hadriani. Consule Bulengerum, de Conviviis lib. 1, cap. 32.
276. Ald. et vulg. nonnulli, *portare;* melius *potare. Ganymedes Jovi pocula ministrabat, Antinous cum Hadriano simul potabat. Quamvis ambrosia fuerit deorum cibus, nectar potus, recte poeta nectar vocat ambrosium, quia ambrosius sonat immortalem.* Vide vers. 22 et seqq. hymn. 3 Cath.
277. In glossa, MARITO, *Antinoum,* corrigendum est *Hadriano.*
281. Thuan., *fragiles* pro *fragilis.* Nonnemo ad hunc locum id adnotat : *Paganorum virtutes veras virtutes non fuisse, ostendit S. Augustinus contra Pelag. innumeris locis.* Nihil magis invitus ago quam ut odiosis hujusmodi quæstionibus respondeam. Itaque solum dicam, S. Augustinum quovis alio sensu potius exponendum esse, quam ut videatur docuisse theses in Baio damnatas, scilicet 22 : *Cum Pelagio sentiunt qui textum Apostoli ad Rom.* II, *Gentes quæ legem non habent,* etc., *intelligunt de gentibus fidei gratiam non habentibus.* 25 : *Omnia infidelium opera sunt peccata, et philosophorum virtutes sunt vitia.* 27 : *Liberum arbitrium sine gratiæ adjutorio non nisi ad peccandum valet.* Prudentio *virtus fragilis* est, quæ nihil conducit ad gratiam et gloriam æternam.
282. Mar., Egm., Widm., Weitz., *jacentis.* Heinsius conjiciebat *Ascita terris sub relligione jacentes.* Secutus id est Teolius cum uno Vat. probatissimo. Fortasse intelligit Alex., ubi tamen est *Ascita e terris sub relligione jacentes*, cum glossa illos. Alii, *asciæ*, scilicet *famæ*, quod fortasse factum est *ex ascita e terris.*
284. Alicubi, *censerunt,* et vers. seq., *blandes adulter,* vitiose.
285. Rat., Weitz., Bong., *cum se.* In glossa legendum *Mars,* non *Vulcanus.*
289. Ald., Prag., Gis., *triumphis.*
290. In Vat. A desideratur *se.* Apostolus vocat *plenitudinem temporis* ad Gal. IV, 4.

Sed caligantes animas, et luce carentes,
In Jovis, Augustique adytis, templisque dua-
[rum
Junonum, Martisque etiam, Venerisque sa-
[cellis
Mactatas, tetro lethi immersere barathro,
295 Supremum regimen crassis in partibus orbis
Esse rati, mersoque poli consistere fundo.
Quidquid humus, quidquid pelagus mirabile
[gignit,
725 Id duxere deos : colles, freta, flumin',
[flammas,
Hæc sibi per varias formata elementa figuras
500 Constituere patres, hominumque vocabula mutis
Scripserunt statuis, vel Neptunum vocitantes
Oceanum, vel Cyaneas cava flumina nymphas,
Vel silvas Dryadas, vel devia rura Napæas.
Ipse ignis, nostrum factus qui servit ad usum,

A 505 Vulcanus perhibetur, et in virtute superna
Fingitur, ac delubra deus et nomine, et ore
Assimilatus habet, necnon regnare caminis
Fertur, et Æoliæ summus faber esse, vel
[Ætnæ.
Est, qui conspicuis superos quæsivit in astris,
310 Ausus habere deum solem : cui tramite certo
726 Conditio imposita est, vigilem tolerare
[laborem,
Visibus objectum mortalibus, orbe rotundo
Præcipitem, teretique globo per inane volan-
[tem,
Et quod nemo negat, mundo, cœloque minorem.
315 Area major enim, quam qui percurrit in illa,
Et longe campi spatium diffusius, in quo
Emicat, ac volucri fervens rota volvitur axe.
Quamvis nonnullis placeat, terram breviorem
Dicere circuitu, quam sit pulcherrimus ille

GLOSSÆ VETERES.

291. Luce, *sapientia*, I.
292. Adytis, *templis*, I.
293. Junonum, *Junonis et Liviæ*, I.
295. Crassis, *stultis*, I.
298. Id duxere, *Romani in religiōnem suam*, I.
299. Figuras, *deorum*, I.
301. Statuis, *imaginibus vel columnis*. — Neptunum, *deum maris*, I.
302. Cyaneas, *aquosas*, I, Vat. A.
303. Dryadas, *deas sylvarum*. — Napæas, *deas montium*, I.
305. Perhibetur, *vocatur*, I.
307. Regnare, *dominari*, I.

308. Æoliæ, *octo insulæ sunt Siciliæ, Vulcano propter ignis emissionem deputatæ.*—Ætnæ, *montis Siciliæ, qui semper ardet*, I.
309. Conspicuis, *claris, lucidis.* — Superos, *cœlestes deos*, I.
311. Conditio, *lex.* — Vigilem, *continuum*, I.
312. Orbe, *circuitu*, I.
313. Præcipitem, *velocem.*—Per inane, *quia neasol, neque planetæ cæteri septem fixi sunt in firmamento; sed per inane discurrunt*, I.
315. Area, *spatium campi*, I.
316. Diffusius, *latius*, I. *Latius est*, Mar.
317. Emicat, *salit*, I.

COMMENTARIUS.

292. Vat. A, male, *angustique adytis.*
293. Giselinus alteram Junonem intelligit Proserpinam. Alii Liviam : quo confirmatur conjectura, Liviam specie Junonis consecratam fuisse, ut alii imperatores et eorum uxores forma deorum dearumque exprimebantur.
294. Prag., *barathri,* perperam.
295. Ald., mendose, *orbem.*
296. Mar., *hæserat,* eadem manu correctum *esse rati.* Idem Mar., *immersoque.* Scilicet ex *esse rati, mersoque* factum est *hæserat, immersoque.* Post hunc versum, Rut., Mar., *De cultura elementorum sub specie quorumdam non deorum, sed dæmonum.*
297. Ald., Gis. in contextu, et nonnulli vulg. : *Quidquid humus, pelagus, cœlum mirabile gignunt.* Alii, *Quidquid humus, quidquid pelagus mirabile gignit.* Codex Jureti, *gignunt,* cum Widm. supra, Pal., Bong., Alex. a prima manu. Gallandius Aldi lectionem improbat, quia agit poeta de cultu elementorum, neque cœlum quis diverit *gignere;* et mox in seqq. de sole et luna sermo instituitur. Ego puto, in Aldi scriptura *cœlum* pro *aere* recte accipi posse.
298. Weitz. cum suis, Rott. alter, Ox., Prag., Rat., Colerus ad Valerium Maximum pag. 568, *induxere deos.* Vat. A. Mar., *adduxere deos.* Rottend. prior, *id dixere deos.* Potiores Heinsiani, *id duxere deos.* Suspicatur Heinsius *induxere deo,* vel *deis.* Cassiodorus, lib. x Tripart. Hist., cap. 30, id dixit *deificare elementa.* Hanc insaniam exagitant S. Athanasius in orat. advers. gentes, et Lactantius lib. II, cap. 5 et 6.
299. Ald., Jureti codex, Pal., Egm., Widm. supra, *formant elementa.*
302. Cyane in fluvium conversa fingitur a poetis.
303. Ald., *silvam.* Aliqui scribunt *Napheas,* alii

C *Napeas,* alii *Napæas.*
305. Ald., *perhibetur qui virtute.* Pal., *qui in virtute.*
306. Heinsius conjicit *deis et nomine, et ore Assimulatus :* idque in nonnullis editionibus exstat. Alex., *deus nomine,* supra recto *et nomine.*
307. Prag., Mar., Bong., Gis., Heins., *assimulatus.* Ald., Weitz., Teol. cum aliis, *assimilatus.* Weitz., Prag., Mar. a prima manu, Rat. a veteri manu, *nec jam regnare.* Melius *necnon.*
308. Huic versui subjicitur lemma *De cultura solis,* quem putant Apollinem.
309. Vat. A, minus bene, *conspicuus.* Hic versus et duo sequentes leguntur lib. IV Astron. poet. Hygini, cap. 13 de Sole, in fine, ab impudenti sciolo inserti, quod multi non adverterunt, etiam præmonente Delrio Comment. in Med. Senecæ, pag. 72 et 73, qui notat priores duos citari a Calpurnio Basso Comment. in Germanici Phainom. simili flagitio, nisi Bassus hic ignobilis quispiam, et tanto recentior Prudentio sit, aut imponant qui eos Commentarios illi imputant. Vide infra notanda ad vers. 565. Romani solem præcipuo honore colebant. Templum Solis et Lunæ exstabat prope amphitheatrum. Augustus soli obeliscum horarium in campo Martio dedicavit, qui nunc augustea Pii VI P. M. munificentia ante curiam Innocentianam erigitur. De hoc obelisco exstat integer liber Angeli Bandinii.
313. Heinsius suspicatur *procurrit*
317. Prag., male, *hic volucri.*
318. Heins. cum Thuan., Mar., Prag., Weitz., Gis, in contextu, *breviorem.* Alii *breviore.* Nunc quidem omnibus placet terram breviorem sole dicere. Olim dissentiebant Stoici, Lucretius, Lactantius, alii.

320 Circulus, et flammas immensi sideris ultra
Telluris normam porrecto extendere gyro.
Numine etiam cœli minor, et contractior orbis,
Cujus planitiem longo transmittere tractu
Circinus excurrens meta interiore laborat?
325 Ille Deus verus, quo non est grandior ulla
Materies, qui fine caret, qui præsidet omni
Naturæ, qui cuncta simul concludit, et implet.
Solem certa tenet regio, plaga certa coercet.
727 Temporibus variis distinguitur : aut subit
[ortu,
350 Aut ruit occasu, latet aut sub nocte recurrens :
Nec torquere facem potis est ad signa trionum,
Orbe nec obliquo portas aquilonis adire,
Nec solitum conversus iter revocare retrorsum.
Hic erit ergo Deus, præscriptis lege sub una
335 Deditus officiis? Libertas laxior ipsi
Concessa est homini : formam cui flectere vitæ,
Atque voluntatis licitum est, seu tramite dextro
Scandere, seu lævo malit decurrere campo,

Sumere seu requiem, seu continuare laborem,
340 Seu parere Deo, sive in contraria verti.
Ista ministranti regimen solemne dierum
Haudquaquam Soli datur a factore potestas :
Sed famulus subjectus agit, quodcunque ne-
[cesse est.
Hoc sidus currum, rapidasque agitare quadrigas
345 Commenti, et radios capitis, et verbera dextræ,
728 Et frenos, phalerasque, et equorum pe-
[ctora anhela
Ær s inaurati, vel marmoris, aut orichalci,
Jusserunt nitido fulgere polita metallo.
Post trabeas, et eburnam aquilam, sellamque
[curulem
550 Cernuat ora senex barbatus, et oscula figit
Cruribus ænipedum, si fas est credere, equorum :
Immotasque rotas, et flecti nescia lora
Aut ornat redimita rosis, aut thure vaporat.
Hoc tamen utcunque est tolerabile, quid, quod
[et ipsæ

GLOSSÆ VETERES.

320. Sideris, *solis*, I.
322. Contractior, *brevior*. — Orbis, *circulus*, I.
324. Circinus, *circulus solis, sol*.—Meta, *fine*, I.
329. Subit ortu, *ascendit, crescit, surgit*, I.
331. Facem, *splendorem*. — Trionum, *septentrionum ad septentrionalem plagam*, I.
334. Hic erit, *ironice*, I.
341. Solemne, *solitum*, Vat. A.
342. Haudquaquam, *nequaquam*, I.
343. Agit, *facit*, I.
344. Agitare, *ducere*, I.
345. Commenti, *arbitrantur*. — Radios, *coronam auream*. — Verbera, *flagello utitur*, I.
346. Anhela, *fatigabunda*, I.

547. Inaurati, *deaurati*.—Orichalci, *aurichalcum dicitur quasi auri æs, nam calchos Græce, æs vocatur Latine. Vel si dicas orichalcus, montis æs interpretabitur; ori enim mons*, I.
348. Jusserunt, *ludendo pinxerunt*, Iso.
349. Trabeas, *genus vestimenti, vel vestem regalem*. — Curulem, *sedem curulem, sedes curialis*, I.
350. Cernuat, *humiliat, inclinat*, I.
351. Ænipedum, *quia æneos pedes habent*. — Equorum, *tanta stultitia, ut homo crura equorum oscularetur*, Iso.
554. Hoc tamen utcunque, *quod solem et lunam et stellas adorabant, utcunque dicit tolerabile; quod tamen deos inferorum colebant, hoc pejus multo judicat*, Iso.

COMMENTARIUS.

320. Pal. a prima manu, *circinus*. Legendum *circulus*.
322. Vat. A, *nonne*. Cauch., *cœlo minor*.
323. Rat., *cursu*. Pro div. lect. supra minuto charactere *tractu*.
324. Vat. A, mendose, *interiora*. Prag., *laboret*, minus bene.
328. Vat. A, corrupte, *molem* pro *solem*. Aldi error *regia* pro *regio*. Vide quæ Elmenhorstius et Ouzelius notant ad Minucii verba pag. 238 : *Sol demergit et nascitur*.
329. Prag. minus bene, *ortus*.
331. Ald., *non torquere*.
334. Prag., *Ergo erit ille deus, præscriptus lege sub una*. Non probo.
335. Petavius, tom. I, lib. v, cap. 3, de libertate agendi et non agendi disputans, *Hoc*, inquit, *veterum illa omnia persuadent testimonia, quæ hactenus adduximus : quæque nos disertissimis ad idem institutum versibus concludemus*. Tum profert hunc versum et seqq., *Libertas laxior ipsi*, etc. Confer vers. 695 Hamart.
338. Juvenalis sat. 1 : *Cur tamen hoc potius libeat decurrere campo*.
342. Prudentium imitatus videtur Corippus vers.
344 : *Sed factor solis, postquam sub sole videri Se voluit*.
343. Ald., non bene, *subjectus ait*.
344. De curru solis aliisque adjunctis Ovidius lib. II Metamorph., soli quadrigæ, lunæ bigæ attribui solent.
345. Vat. A, vitiose, *rapidos capitis*, Urb., Gis., *et cavitis radios*; id factum ab iis qui vim cæsuræ in pro-

ducenda syllaba, et consuetudinem Prudentii ignorabant. Juretus fuse hic disserit de radiis quibus ornari solebant capita, ex Velleio, Suetonio et aliis; arguitque morem formandi in templis simulacra sanctorum ex simili consuetudine in statuis Cæsarum videri profluxisse. Consule de hoc cœlitum nimbo Comment. Antonii Francisci Gorii de Mitrato Jesu Christi Capite. In Aldo mendum est *verbere*.
346. Vat. A, *ut frenos*.
347. Vat. A, Ald., *inaurata*, minus bene.
349. Inter insignia consulatus erat scipio eburneus, cui insidebat aquila. Juvenalis sat. 10 : *Da et volucrem, sceptro quæ surgit eburno*. Vide Hymnum S. Romani, vers. 148 et seqq. Grangæus solos eos putat designari qui triumphum adepti fuerant. Trabea est toga virgis purpureis instar trabium distincta. Sella curulis propria erat dictatoris, consulis, censoris, ædilis curulis.
350. Ald., Mar. a prima manu, Gis., *cernuaque ora*. Plerique, *cernuat*, etiam Gifan. et Jur. codd.
351. Ald., codex Jureti et Gis. ad oram, *æripedum*, quod malebat Cauchius, et rectissimum dicit Gifanius ex vet. lib., improbante Heinsio.
353. Vat. A, depravate, *tura* pro *thure*. Virg. IX Æn., *Et templum thure vaporat*. Paschalius. de Coronis lib. III, cap. 6, lora currus quo sol vehitur, rosis operta ex hoc loco notat, et pluribus confirmat roseum colorem a poetis in cœlum invectum. Post hunc versum inscriptio in Rat. et Mar. hæc exstat : *De lunæ cultura, quam et Dianam dicunt*.
354. Lib. XIII Sapient., vers. 6, de his qui elementa, solem et lunam deos putaverunt : *Sed tamen adhuc in his minor est querela*. In Mar. a prima manu,

555 Dant tibi, Roma, deos inferni gurgitis umbræ? A 570 Tartareus colitur : qui te modo raptat ad
    Eumenidum domina Stygio caput exerit antro,   [æthram,
729 Rapta ad tartarei thalamum Proserpina   Sidereoque deum venerandum suadet in astro :
                            [regis,   Per silvas modo mortiferi discurrere mundi,
    Et, siquando suos dignatur adire Quirites,   Erroresque sequi subigit, nemorumque putare
    Placatur vaccæ sterilis cervice resecta,   Esse deam, quæ corda hominum pavitantia figat,
560 Et regnare simul cœloque, Ereboque putatur : 575 Quæque feras perimat lethali vulnere mentes :
    Nunc bigas frenare boves, nunc sæva sororum   Depressos modo subter humum formidine sensus
    Agmina vipereo superis immittere flagro,   Obruit, implorent ut numina lucis egena,
    Nunc etiam volucres capteárum in terga sagittas   Seque potestati committant noctis opertæ.
    Spargere, terque suas eadem variare figuras.   Respice terrifici scelerata sacraria Ditis,
565 Denique cum Luna est, sublustri splendet ami- 580 Cui cadit infausta fusus gladiator arena,
                            [ctu :   Heu ! male lustratæ Phlegethontia victima
    Cum succincta jacit calamos, Latonia virgo est :   [Romæ.
    Cum subnixa sedet solio, Plutonia conjux **731** Nam quid vesani sibi vult ars impia ludi !
730 Imperitat furiis, et dictat jura Megæræ. B   Quid mortes juvenum? quid sanguine pasta
    Si verum quæris : Triviæ sub nomine dæmon   [voluptas?

GLOSSÆ VETERES.

555. Eumenidum, *furiarum*. — Stygio, *infernal*. —   568. Megæræ, *illius furiæ : nomen furiæ*, I.
Exerit, *elevat*, I.   569. Triviæ, *tribus viis*, I.
558. Adire, *cum responso*. — Quirites, *Romanos*, I.   573. Subigit, *compellit*, Mar. *Compellit ipse dæ-*
564. Spargere, *quia venatrix erat*, I.   *mon*, I.
565. Sublustri, *sublucido, parum lucenti*, I.   574. Figat, *sagittat*, I.
566. Calamos, *sagittas*. — Latonia, *a Latona matre*.   579. Sacraria, *templa*. — Ditis, *Plutonis*, I.
Lucina vel Luna in cœlo, Diana vel Latonia in terris,   580. Infausta, *infelici*. — Fusus, *interfectus*. —
Proserpina vel Hecate apud inferos, id est centum po-   Arena, *metonymia, id est in theatro*, Iso.
testatum, I.   581. Lustratæ, *purgatæ*. — Phlegethontia, *inferna-*
567. Solio, *barathro*, I.   *lis*. — Romæ, *homines diis infernalibus immolabantur*, I.

COMMENTARIUS.

est colorabile, mendose. Ald., Torn., *quid? quod et istos*. Pal., Rat., *et ipse*; quod defendi nequit. Apud Gall. aliqui, *tolerabile quidquid et istos*, perperam.
556. In Rat., prioribus abrasis, inepte subrogatum est *Regina Eumenidum Stygio* ab sciolo, qui metricæ legis ignarus metrum voluit reformare. De Proserpina et ejus cultu Minucius Felix : *Diana interim est alte succincta venatrix*, etc. Ubi commentatores ex Prudentio aliisque rem totam illustrant.
559. Virgilius, lib. vi, *Sterilemque tibi Proserpina vaccam*.
560. Ibid. Virgilius, *Voce vocans Hecatem cœloque, Eroboque potentem*.
561. Gis., *nunc bijugas*. Alii constanter *bigas*. Ausonius et Claudianus juvencos et juvencas tribuunt lunæ. Ovidius et vetera anaglypta Capitolina et musei Pio-Clementini equos, Festus mulos. Hic etiam imitator Virgilium, lib. vi, *Vocat agmina sæva sororum*.
562. Oxon., *super his*, ut boves œstratos, quos vocat Columella, designet. Id notat Heinsius. Lectio vulgata unice vera est.
563. Egm., *splendit*. Hic versus cum duobus seqq. ab inepto aliquo s iolo insertus est libro IV Astron. Hygini, cap. de Luna : qui propterea in editionibus recentioribus Hygini omissi sunt. Delrius jam olim id observavit. Vide supra comment. ad vers. 509. In Commentariis in Arati Phænomena sub nomine Cæsaris Germanici legeritur hic et vers. seq. in prognosticis, ubi de Luna. *Luna eadem Diana, eadem Proserpina vocata, id est cœlestis, terrestris et infernalis. De qua quidam : Denique*, etc. In vers. seq. male, *jacet calamis*. Meursius, lib. IV, cap. 3, Crit. Arnob., suspicatur librarium festinantem omisisse, vers. 567, *Cum subnixa sedet*, etc.
566. Palat., *calamis*, perperam. Succinctæ *crura Dianæ* in statuis veteribus adhuc cernere licet. Hac de causa Æneas, cum se illi conspiciendam præbuisset Venus *Nuda genu, nodoque sinus collecta fluentes*, dubitavit *An Phœbi soror, an Nympharum sanguinis una esset*. Virgil. lib. i Æn.
567. Prag., *dum subnixa*. Ald. aliique scribunt con-

junx. Post hunc versum Weitz., Widm., Boug., Mar. a prima manu, Prag., Rat., Urb. et alii inserunt hunc alium, *Cum rapitur, furia est, et torvi Plutonis uxor*. In Prag., *Dum rapitur*. Deest in Alex., optimis Heinsianis aliisque. Heinsius ait, alibi quoque a Prudentio corripi secundam in *Plutonis*. Falsum puto. Non enim invenio in Prudentio *Plutonis*, aut alium casum obliquum, nisi infra vers. 598, *Plutonis fera vota sui*, ubi secunda producitur. Ita etiam o in *Plutonia* longa effertur. Quod autem vers. 99 hymni 5 Peristeph. Weitzius legit *Illos reorum Plutones*, alter esse legendum ostendam ad eum locum. Versus aperte superfluus est ; posset autem ad rationem metri legi, *Cum rapitur, furia est, torvi Plutonis et uxor*.
569. Mar., Weitz. cum suis, Prag., Rat., *quæras*.
573. Egm., *erroremque*.
575. Prag., *lethali funere*, minus bene.
576. Mar. a prisca manu, *deprensos*; Prag., *depressas*, male.
577. Prag., *obruat*.
578. Huic versui in Mar. et Rat. succedit titulus, *Quod venerabatur in spectaculis*.
579. Lipsius Saturnal. serm. lib. I, cap. 3, ostendit, gladiatores Marti vel Saturno potius fuisse dicatos : et hæc Prudentii verba intelligi posse ait de D Saturno, ut poeta Ditem pro Saturno posuerit, aut etiam gladiatores Diti sacros fuisse, quia Manibus placandis dabantur. Tertullianus et Salvianus affirmant gladiatorum spectacula sacra fuisse Marti ; Lactantius, Ausonius et Plutarchus Saturno. Prudentius ita explicari potest, ut hæc spectacula *sacraria Ditis* appellet, quia his homines pereunt, et ad inferos detruduntur. Eadem difficultas iterum occurrit vers. 597 seq., *Ad aram Plutonis*.
581. Prag., *lustrante*, perperam.
582. In Vat. A videtur esse *sed quid*, ut revera est in Egm. et Pal.
583. Ald., minus bene, *quid mores juvenum*. In plurali numero alii etiam dixerunt *mortes*, ut Manilius, Seneca, sive quis alius in lib. Controvers., et Lactantius, qui librum edidit *de Mortibus persecuto-*

Quid pulvis caveæ semper funebris, et illa   A 395
385 Amphitheatralis spectacula tristia pompæ?
    Ne npeCharon, jugalis miserorum se duce dignas
    Accipit inferias, placatus crimine sacro.
    Hæ sunt deliciæ Jovis infernalis : in istis
    Arbiter obscuri placidus requiescit Averni.
390 Nonne pudet regem populum, sceptrisque po-
                                              [tentem,
    Talia pro patriæ censere litanda salute?
    Relligionis opem subternis poscere ab antris?
    Evocat, heu! pœnis tenebrosa ex sede mini-
                                              [strum
    Interitus, speciosa hominum cui funera solvat.

732 Incassum arguere jam Taurica sacra so-
                                              [lemus :
    Funditur humanus Latiari in munere sanguis,
    Concessusque ille spectantum solvit ad aram
    Plutonis fera vota sui. Quid sanctius ara,
    Quæ bibit egestum per mystica tela cruorem?
400 An ne fides dubia est tibi, sub caligine cæca
    Esse deum, quem tu tacitis rimeris in umbris?
    Ecce deos Manes cur inficiaris haberi?
    Ipsa patrum monumenta probant : Dis Manibus
                                              [illic
733 Marmora secta lego, quacunque Latina
                                              [vetustos

GLOSSÆ VETERES.

384. Caveæ, *arenæ, theatri*, Mar. — Funebris, B *nis infernalibus*, I.
mortal's, I.
385. Amphitheatralis, *circulus ; vel luxuriose amphitheatrum, muro circumdatus locus theatri : theatrum
est spectaculum ubicunque positum*, Iso.
386. Charon, *diabolus*, I.
387. Inferias, *exsequias mortuorum*. — Sacro, *ex-
secrabili, ut auri sacra fames ; vel secundum eos qui ita
putabant*, I.
388. Jovis infernalis, *orci*, I.
389. Arbiter, *index, judex*, Iso.
390. Regem, *regnantem*, I.
391. Censere, *construere*. — Litanda, *sacrificia*, I.
392. Relligionis, *divinitatis*. — Subternis, *subterre-*

393. Ministrum, *diabolum*, I.
395. Taurica sacra, *Taurica regio, in qua Junoni peregrini immolabantur, quod Romani reprehendebant ;
quod tamen ipsi novissime fecerunt*, I.
396. Latiari, *Romano a Latio*, I.
398. Quid sanctius, *ironice*, I, Vat. A.
399. Egestum, *effusum*, I.
401. Rimeris, *scruteris*, I.
402. Inficiaris, *negas*, I.
403. Manibus, *infernalibus*, I.
404. Marmora secta, *scripta*, Va'. A. *In quibus
scriptum erat* Dis Manibus. — Lego, *video*. — Latina,
via, I.

COMMENTARIUS.

rum. Lipsius, loc. cit., cap. 14, refert Prudentii verba
pasta voluptas, et ad marginem addit *Malo* parta.
Vat. A est *parta*. Prudentius dixit *sanguine pasta* de
aquila hymn. 5 Cath. vers. 167. Grangæus ait
alios legere *pacta*. Frequenter de hoc spectaculo *voluptas* usurpatur. Vide quæ Brosseus congessit ad
lib. v Cassiodori, ep. 42, *Voluptatem præstat san- C
guine suo*.
387. Prior Rott. pro div. script., Cauch., *munere
sacro*, ut ad munera arenæ alludat. Vat. A, *sanguine
sacro*.
389. Ald., prior Rott., *obscuro placidus requiescit
Averno. Et distinguit Ald. in istis. Arbiter*. Non placet.
390. Gifanius, verbo Promerita in vet. lib. observavit *regem populum*, cum antea in vulg. legeretur
regem populis. Sententia non cadit in imperatorem
vel imperatores, quos Prudentius alloquitur in hoc
opere. Imitatio Virgilii est i Æn., *Hinc populum late
regem, belloque superbum*. Exstat etiam *populum* in
Thuan. Urb., Alex. a prima manu. Intellige populum
Romanum.
392. Weitz. pro div. script., *sub terris*. Vide comment. ad vers. 922 Hamart., et vers. 443 hujus libri.
394. Vat. A, Cauch., Jureti codex, *funera donet*,
cum Egm., Pal.
395. Prag., *manutaurica*, corrupte, pro *jam Taurica*. Mar. a prisca manu, *jam turica* ; male. Nonnulli,
qui hunc versum allegant, trajiciunt ita verba Ar-
guere incassum jam Taurica sacra solemus. Legendum
cum mss. *Incassum arguere jam*. Producitur e postremum in *arguere* ratione cæsuræ. Colerus, ad Valer.
Max. pag. 568, sacra Taurica intelligit esse suovitau-
rilia. Weitzius exponit de sacrificiis quæ Plutoni
tauris et nigra pecude fiebant. Nullus est dubitandi
locus, quin sermo sit de sacrificiis Tauricæ insulæ,
sive, ut frequentius et verius loquimur, peninsulæ.
Hyginus fabula 120 : *Quorum* (Tauricorum) *fuit institutum, ut qui intra fines eorum hospes venisset, templo
Dianæ immolaretur*. De Diana Taurica et victimis humanis illi cæsis agunt Tertullianus, Athanasius, Augustinus, Lactantius, Cassiodorus, Eusebius Cæsariensis, ut plures ethnicos prætereann. In glossa pro
Junoni legam libentius *Dianæ*.

596. Ald., *Latiali* ; Vat. A. *Luciari* ; Plerique, *Latiari*. Prag., *Funditur humanum Latiari in sanguine
munus*. Prudentius loquitur de ludo gladiatorio in honorem Jovis Latiaris. Lipsius, de Amphitheatro, monet *Latiari* esse in dandi casu, scilicet *Latiari Jovi*.
Ex hoc ac similibus locis nonnulli arguunt victimas
humanas Jovi Latiari solitas immolari. Verum intelligendum est, Jovem sanguine humano eorum coli,
qui aut in certamine gladiatorio occidebantur, aut
damnati ad bestias peribant. Tertullianus, cap. 9 Apolog. : *Remitto Tauricas fabulas theatris suis. Ecce in
illa religiosissima urbe Æneadum piorum est Juppiter
quidam, quem ludis suis humano proluunt sanguine.
Sed bestiarii, inquitis. Hoc, opinor, minus quam hominis*. Videri possunt notæ Pamelii, Minucius, Julius
Firmicus, Lactantius, Tatianus et alii, qui hujuscemodi immanitatem Romanis exprobrabant. Eam a
religione Christiana tandem abolitam, inter maxima
beneficia hominibus a Christo collata reponimus.
597. Ineptus corrector in Rat., abrasis prioribus,
supposuit *Illeque consessus spectantum*. Pal., *conces-
susque*. Egm. a prima manu, *consessusque*, male. In
ed. 2 Cell. mendum puto *consessus ille*. De consessu
in amphitheatro vide comment. ad vers. 572 Hamart.
404. Mar. a prima manu et Weitz. cum suis, *quæ- D
cunque*. Longe melius est *quacunque*. In viis publicis
sepulcra olim Romani collocabant, et, ut videtur,
etiam Judæi. Genes. xxxv, 19 : *Mortua est ergo Ra-
chel, et sepulta est in via quæ ducit Ephratam*. De via
Latina Juvenalis satir. 1 : *Quorum Flaminia tegitur
cinis, atque Latina*. Et sat. 5 : *Clivosæ veheris dum per
monumenta Latinæ*. In via Salaria *monumenta* erat
pretiosi operis Licinii tonsoris et liberti Augusti, ut
tradit Cornutus sat. 2 in Persium. Viæ aliæ sepulcris celebres fuerunt Appia, Aurelia, Lavicana, Laurentina, Ostiensis, Prænestina, Tiburtina. Dissertationem de Viis publicis anno 1786 Romæ edidit cl.
Vincentius Bartoluccius, primi subsellii jureconsultus. An autem hæc sigla D. M. aut D. MA., quæ in
sepulcris Christianis nonnunquam apparent, significent *Diis Manibus*, an aliud, inter Fabrettum et Mabillonium certatum est, quorum hic inscriptionem illam semper profanam esse contendebat, ille negabat.

405 Custodit cineres, densisque Salaria bustis.
     Dic, quibus hunc scribis titulum : nisi quod
                              [trucis Orci
     Imperium, veræ ceu majestatis, adoras?
     En quibus implicita squalebat regi summi
     Imperii, tractis majorum ab origine sacris.
410 Cum princeps, gemini bis victor cæde tyranni,
     734 Pulchra triumphali respexit mœnia vultu:
     Nubibus obsessam nigrantibus aspicit Urbem,
     Noctis obumbratæ caligine : turbidus aer
     Arcebat liquidum septena ex arce serenum.
415 Ingemuit miserans, et sic ait : Exue tristes,
     Fida parens, habitus : equidem prædivite cultu
     Illustrata cluis, spoliisque insigne superbis
     Attollis caput, et multo circumfluis auro.
     Sed nebulis propter volitantibus obsitus alti
420 Verticis horret apex : ipsas quoque livida gem-
                                            [mas
     Lux hebetat, spissusque dies, et fumus ob ora

     Suffusus rutilum frontis diadema retundit.
     Obscuras video tibi circumferrier umbras,
     Cæruleasque animas, atque idola nigra volare.
425 Censeo, sublimem tollas super aera vultum,
     Sub pedibusque tuis nimbosa elementa relin-
                                          [quas.
     Omne, quod ex mundo est, tibi subjacet, hoc
                                          [deus ipse
     Constituit : cujus nutu dominaris, et orbi
     Imperitas, et cuncta potens mortalia calcas.
430 **735** Non decet, ut submissa oculos 'regina
                                          [caducum
     Contemplere solum, majestatemque requiras
     Circa humiles rerum partes, quibus ipsa su-
                                          [perstas.
     Non patiar, veteres teneas ut me duce nugas,
     Ut cariosorum venereris monstra deorum.
435 Si lapis est, senio dissolvitur, aut crepat ictu
     Percussus tenui : mollis si bractea gypsum

GLOSSÆ VETERES.

405. Salaria, *via : salarium est cibus qui sepulcra mortuorum custodientibus datur; sed pro omni præbenda ponitur*, I. — Bustis, *sepulcris*, Vat. A.
406. Orci, *Orco juro : inde Orcus, eo quod jurat, neminem se sine morte dimittere*, I.
408. Regia, *aula*, I.
410. Princeps, *Constantinus*. — Gemini tyranni, *Maxentii et Licinii*, I.
414. Arcebat, *expellebat*. — Septena ex arce, *ex septem collibus qui sunt in Roma. Septenam arcem dicit quia in septem colliculis constat Roma*, I.
415. Ingemuit, *Constantinus*, I.
416. Equidem, *certe*, Iso.
417. Cluis, *abundas, præcelles*, I.

418. Circumfluis, *abundas*, I.
419. Propter, *juxta*, Iso.
420. Livida, *obscura*, Iso.
421. Hebetat, *obumbrat*. — Ob, *circum*, I.
424. Cæruleas, *nigras*, I.
425. Tollas, *ut*, I.
426. Nimbosa, *tenebrosa*, Iso.
430. Submissa, *inclinata*. — Regina, *Roma*, I.
432. Superstas, *superior es*, Vat. A.
433. Nugas, *ineptias*, I.
434. Cariosorum, *putidorum, deficientium ; caries, putredo, quam teredines faciunt in ligno*, I.
436. Bractea, *lamina auri*. — Gypsum, *genus terræ es*, *de qua imagines faciunt*, I.

COMMENTARIUS.

Lupius, in dissert. de Baptisteriis, num. 158 et 159, inscriptionem profert, quam Christianam esse censet, et *Diis Manibus* ab ignaro aliquo neophyto positum, et a presbytero qui cœmeterio præerat non animadversum ; quod interdum accidisse satis est verisimile. Inscriptio est hujusmodi :

DIS MANIBVS PRINCI
PIO FILIO DVLCISSIMO SVO PO
SVIT QVI VIXIT ANNIS VI. DIE
XXVII. IN PACAE

Ct. Cajetani Migli re erudita de Diis Manibus exstat dissertatio, de qua rursus pag. 1172.
405. Cornutus in Persium ait salarium proprie esse victum unius diei, cui sal imprimis inseruit. Iso minus placet. Post hunc versum Rat. et Mor. apponunt lemma *Romam alloquitur*.
406. Prag., *hic quibus hunc titulum scribis*. Ald., *dic, quibus hinc scribis titulum*. Vat. A et nonnulli Heins., *dic, quibus inscribis titulum*. Plerique, *dic, quibus hunc scribis titulum*.
407. Vat. A, vitiose, *verito ceu*.
410. Pal., Vat. A, *gemini victor de cæde*. Egm., male, *gemini victor cæde* : a secunda manu, *gemini victor de cæde*, aut *gemini devictor cæde* : non enim clare explicat Weitzius lectionem hanc Egm. et Pal. Principem hunc esse Theodosium, certum est. Tyrannos intellige Maximum et Eugenium. Grangæus objicit Prudentio, quod in hac historia enarranda paululum a vero deflectit : siquidem Theodosius, victo Maximo, triumphavit anno 389, nec, devicto multis annis postea Eugenio, Romam rediit. At vero etsi concederem ordinem narrationis aliquatenus esse turbatum, non tamen esset propterea falsitatis arguendus poeta qui non ait aperte Theodosium trium-

phasse, postquam duos tyrannos vicerat. Cæterum in ipsa quæ sequitur oratione Theodosii mentio iterum fit gemini tyranni a Theodosio victi.
413. Ald., *noctis adumbratæ*.
414. Vat. A, mendose, *arcebit*. De hac loquendi ratione *liquidum serenum, superum serenum* et similibus, Dausqueius in Comment. ad Silium, lib. xv, vers. 4.
417. Egm., Joreti membranæ, *clues*. Mar. a prima manu, *superbum*.
421. Heins., Cham., Teol., mendose, *ab ora*. Egm. scribit *hebitat*. Prag., *obumbrat* pro *ob ora*, Rutilius, lib. i Itin., vers. 193, puritatem cœli Romani laudans, ait : *Nec locus ille mihi cognoscitur indice fumo*.
423. Prag., *obfusas video*. Widm. et Bong. a prima manu scribunt *circumferier*.
424. Ald., *et nigra idola volare*, Rat., prioribus erasis, *idolaque nigra volare*. Neutrum est ab auctoris manu. Grangæus Aldo adhæsit.
430. Scriptores Prudentii æqua'es passim Romam *reginam* appellant.
432. Rat., *superstes*, lego *superstas*.
433. Nugas vocat idolorum cultum et fabellas aniles a Numa inventas. Aliqui ipsa idola *nugas* vocari decunt, ut *nænia*, alibi.
434. Prudentius non seguel monstra, et portenta deos gentilium vocat. Minucius : *Tot sunt Jovis monstra quot nomina*. Virgilius viii Æn., *Omnigeni mque deum monstra, et latrator Anubis*.
435. In cod. Theod., tit. de Paganis, leg. 12, quæ lex a Theodosio lata est anno 392 : *Si quis vero mortali opere facta, et ævum passura simulacra imposito thure venerabitur*, etc.
436. In Rat. ex *gypsus* factum *gypsum*. Prag., male, *gupsea*. De gypseis veterum imaginibus Arnobius lib.

Texerat, inlido rarescit glutine sensim.
Si formam statuæ laminis commisit aenis
Lima terens, aut in partem cava membra gra-
[vato
440 **736** Pondere curvantur, scabra aut ærugo per-
[esam
Conficit effigiem, crebroque foramine rumpit :
Nec tibi terra deus, cœli nec sit deus astrum,
Nec deus oceanus, nec vis, quæ subter operta
[est,
Infernis triste ob meritum damnata tenebris.
443 Sed nec virtutes hominum deus, aut ani-
[marum,
Spirituumve vagæ tenui sub imagine formæ.
Absit ut umbra deus tibi sit, geniusve, lo-
[cusve,
Aut deus aereas volitans phantasma per auras.
Sint hæc barbaricis gentilia numina pagis :

A 450 **737** Quos penes, omne sacrum est, quidquid
[formido tremendum
Suaserit : horrificos quos prodigialia cogunt
Credere monstra deos, quos sanguinolentus
[edendi
Mos juvat, ut pinguis luco lanietur in alto
Victima, visceribus multa inter vina vorandis.
455 At te, quæ domitis leges, ac jura dedisti
Gentibus, instituens, magnus qua tenditur or-
[bis,
Armorum morumque feros mansuescere ritus,
Indignum, ac miserum est, in relligione te-
[nenda
Hoc sapere, immanes populi de more ferino
460 Quod sapiunt, nullaque rudes ratione sequun-
[tur.
Seu nos procinctus maneat, seu pace quietas
Dictemus leges, seu debellata duorum

GLOSSÆ VETERES.

437. Rarescit, *deficit.* — Sensim, *paulatim,* Iso.
439. Terens, *planans,* I.
441. Conficit, *corrumpit.* — Crebro, *multiplici*, I.
442. Astrum, *sol, vel luna,* I.
447. Geniusve, *deus loci,* I.
449. Pagis, *villaticis :* Pige *Græce fons : inde pagani, villani, quia circa fontes antiqui villas ponebant, et ideo villani dicuntur, quia longe remoti sunt a civitate Dei,* I.

450. Penes, *juxta,* I.
453. Lanietur, *sacrificetur,* I.
455. Te, *o Roma,* I.
459. Immanes, *crudeles,* I.
460. Rudes, *stulti,* I.
461. Procinctus, *apparatus bellicus, vel bellica præparatio,* I.
462. Dictemus, *constituamus,* I.

COMMENTARIUS.

vi, Firmicus, Capitolinus in Gordiano. Imagines gypseæ nonnunquam bracteis metalli inducebantur. Confer versionem Italicam operis Joannis Winkelmann, *Storia delle arti del disegno*, cum eruditis adnotationibus Caroli Fea I. C. lib. vii, cap. 1.
437. Vat. A, Mar., Rat., Prag., Egm., Pal., Bong., Weitz. aliique, *texerat.* Ald., Gis., vulg. nonnulli, *texerit*, quod nescio an sit melius. Alicubi *texeris*, mendose. Notanda est efficacia verbi *rarescit.*
438. Ald., Bong., Widm., Mar., *laminis.* Rat., *lamminis.* Vat. A, Weitz., Gifanius ex vet. cod., *lammis.* Egm., *lammis commisit avenis*, male. Verior est lectio *lamnis* tam in Prudentio quam in Horatio, lib. ii, oda 2. Gifanius contendit veteres extulisse *lamna* pro *lamm na.*
439. Vat. A, *in parte.* Egm., corrupte, *impartæ*, apud Weitzium. Heinsius in eodem Egm. invenit *in parte*, et a secunda manu, *impacta.* Ald., Torn., *gravata.* Weitz. cum Bong. et Widm. a prima manu, *cavato.* Mariettus innuit ex his verbis *lima terens* corrigi posse Isidorum in *scobina.* Puto, indicari caput 19 lib. xix : *Taratrum quasi teratrum. Scofina dicta, quod hærendo scophen jaciat*; ubi fortasse legendum *quod terendo.*
441. Codex Jureti, Vat. A, Oxon., *contegit.* Pal., Egm. a secunda manu, *contiguam effigiem.* Egm. a prima manu *contigiem*, *effigiem.* Heinsius huc conjicit *contigit effigiem.* Plerique, *conficit effigiem.*
443. Supra vers. 392, *subternis antris de inferis*, et hac vi quæ *subter* operta est.
444. Prag., Widm. a prima manu, *inferni*, minus bene.
445. Aldus ediderat *Sed nec virtutes Deus hominum, aut animarum.* Emendavit *Sed nec virtutes Deus aut hominum, aut animarum.* Alii habent *Sed nec virtutes hominum Deus, aut animarum.* Prag., *aut tenebrarum.* Sententia est, Deum non esse virtutes hominum, ut pudicitiam, fidem, neque vagas formas animarum et spirituum, ut dæmonum et angelorum, tenui sub imagine.
446. Ald., mendose, *vagi.* Virgilius vi : *Et ni docta comes tenues sine corpore vitas Admoneat volitare cava sub imagine formæ.*

447. Juretus advertit, alias legi *tibi sit lucus, geniusve*, et defendi posse hanc scripturam, cum maximam religionem pagani lucis tribuerint. Prudentius idola sæpe vocat umbras : sic supra vers. 195, *Umbra Penatum.*
449. Cur ethnici a pagis dicti fuerint pagani, plures afferri solent causæ, ut indicavi ad vers. 6 præfationis hujus libri. Vide etiam infra ad vers. 621. Mihi vera hæc esse videtur, quæ ex his versibus depromitur, quia scilicet in pagis superstitio maxime vigebat, adeoque illi omnes qui superstitiose idolorum cultui post religionem Christianam ubique disseminatam adhæserunt, jure pagani vocati sunt. Heraldus, in Arnobium pag. 4, intelligit *paganos* idololatras dictos, quia non amplius terrarum orbem occupabant, sed in angustum coarctati et quasi pagis quibusdam conclusi erant. Putat, obscuram fuisse etiam olim originem hujus appellationis, sicut nec nos adhuc satis liquido scimus unde *Huguenoti* appellati fuerint. Gothofredus ad leg. 13 de Paganis cod. Theod. appellationem paganorum sub Christianis imperatoribus cæpisse affirmat, cujus antiquissima, quæ ipsi occurrerit, mentio exstat in leg. 18 de Episcopis anno 365 : *Gentiles, quos vulgo paganos appellant.* Existimat autem vulgus Christianorum, qui variis olim dicteriis a gentilibus fuerant appellati, nomen paganorum gentilibus reposuisse, quasi simplices, rusticos et agrestes dicerent.
450. Mar. a prima manu, *quis penes*, perperam. Aldi etiam error est *penes omnes.*
451. Mar. a prima manu contra metrum et sensu ii, *honorificos quos.*
452. De *monstris diis* jam dixi. Vide Heraldum ad Tertullianum, cap. 22 Apolog., et ad Minucii verba : *Ut nidore altarium vel hostiis pecudum saginati.*
453. Egm. scribit *lucu* pro *luco.*
455. Prag., *et jura.*
458. Prag., *tenendum*, non ita bene.
459. Aldus, *id sapere.*
460. Prag., *nulla fidei ratione.*
461. Ald. *seu vos*, lege *seu nos.*

Colla tyrannorum media calcemus in Urbe :
Agnoscas, regina, libens mea signa, necesse
[est :
465 In quibus effigies crucis aut gemmata refulget,
738 Aut longis solido ex auro præfertur in
[hastis.
Hoc signo invictus transmissis Alpibus ultor
Servitium solvit miserabile Constantinus.
Cum te pestifera premeret Maxentius aula,
470 Lugebas longo damnatos carcere centum,
Ut scis ipsa, patres : aut sponsus fœdera pa-
[ctæ
Intercepta gemens, diroque satellite rapta,
Immersus tenebris dura inter vincula flebat :
Aut si nupta, torum regis conscendere jussa,
475 Cœperat impurum domini oblectare furorem,
739 Morte maritalis dabat indignatio pœnas.
Plena puellarum patribus ergastula sævi
Principis : abducta genitor si virgine mussans
Tristius ingemuit : non ille impune dolorem
480 Prodidit, aut confessa animis suspiria traxit
Vim libertatis nimiæ, patriumque dolorem.
Testis Christicolæ ducis adventantis ad Urbem
Milvius, exceptum Tiberina in stagna tyrannum
Præcipitans, quanam victricia viderit arma
485 Majestate regi, quod signum dextera vindex

GLOSSÆ VETERES.

463. Tyrannorum, *Maxentii et Licinii*, I.
467. Signo, *crucis*, I.
469. Te, *o Roma*, I.
471. Pactæ, *sponsæ*, I.
472. Intercepta, *ablata*, I.
473. Tenebris, *carcereis*, Iso.
474. Nupta, *virum habens*. — Regis, *regem dicit quemcunque dominum*, I.
475. Furorem, *amorem*, I.
476. Dabat, *sustinebat*, I.
477. Ergastula, *ergastron operatorium*; ergon enim

B opus, vel erga pluraliter, unde synergus cooperator, I.
478. Mussans, *murmurans*, Iso.
480. Prodidit, *manifestavit*. — Convexa, *curva*, I.
482. Christicolæ, *Christicolam ducem se vocat Constantinus*. I. *Constantini*, Vat. A.
483. Milvius, *pons dicitur in Tiberi, ubi Constantinus Maxentium interfecit*, I.
Tyrannum, *Maxentium*, Vat. A.
484. Quanam, *cur*. — Victricia, *ita crucem Christi vocat, quam in vexillis gerebant*, I.

COMMENTARIUS.

463. Vide Demsterum, pag. 66 ad vers. Corippi :
Regnaque sub vestris venient fortissima plantis. Prudentius poetice loquitur : non enim Theodosius triumphavit aut Romam venit post victum Eugenium.
464. Prag., *agnoscat*. Retine *agnoscas*.
465. Muretus lib. xiii Var. Lect., cap. 8, Petrum Crinitum egregie refellit quod Theodosio hanc impiam C legem affingere non dubitaverit lib. ix de Honesta Disciplina, cap. 9 : *Cum sit nobis cura diligens in rebus omnibus superni numinis religionem tueri, signum Salvatoris Christi nemini quidem concedimus coloribus, lapide, aliave materia fingere, insculpere, aut pingere. Sed quodcunque reperitur, tolli jubemus, gravissima pœna eos multando, qui contrarium decretis nostris et imperio quidquam tentaverint.* Verba legis cod. Justin. lib. i, tit. 8 sunt : *Signum Salvatoris Christi nemini licere vel in solo, vel in silice, vel in marmoribus humi positis insculpere vel pingere : sed quodcunque reperitur, tolli, gravissima pœna multando eo qui contrarium statutis nostris tentaverit, specialiter imperamus.* In versibus Prudentii *crux gemmata* intelligi potest in vexillorum purpura, gemmis intexta, solido ex auro in vertice hastarum. Confer Baronium ad annum 312, ac plures alios qui triumphos crucis prædicant.
466. Post hunc versum in Aldo, Mar., Rat. et aliis D titulus est *De potentia crucis.* In Urb., *De laudibus crucis, et ejus potentia.* Hujusmodi lemmata in multis desunt.
467. Vat. A, mendose, *vinctus* pro *invictus*. Ald., Egm., Pal., *ultro*, minus bene, pro *ultor*. Theodosius exemplum Constantini allegat, ut Romanis potentiam crucis persuadeat. Non ergo loquitur Constantinus, ut vult Chamillardus et cum eo nonnulli recentiores. Nam qui loquitur vers. 422 ait, *Obscuras video*, etc., postea *Censeo.... Non patiar... Me duce... Dictemus... Calcemus.* Et post expositum exemplum Constantini, *Ergo cave, egregium caput orbis..... Deponas jam festa velim*, etc. Et Constantini quidem victoria, ut jam antiqua, narratur : *Scis ipsa.... Meminit clarissimus ordo, qui tunc*, etc. Historiam narrat Eusebius in Vita Constantini.
468. Egm., *solvit mirabile*. Non probo.
469. Prag., male, *pestiferam*.

471. Vat. A, mendose, *ut sis*.
472. Mar. scribit *dyroque*. Gallandius malebat *raptæ*, ut ad *pactæ* referatur. Sed bene est *rapta*, hoc est fœdera intercepta et rapta.
473. Heins. cum Thuan., *inter vincula flebat*; secuti eum sunt recentiores. Prag., *inter vincula gemebat*. Mar., *lugebat*, repugnante metro. Plerique, *inter vincla luebat*. Constructio est : Sponsus immersus tenebris dura inter vincula luebat fœdera sponsæ intercepta, diroque satellite rapta. Sed non satis concinnum est *luere fœdera intercepta*, et sponsus melius dicitur *gemens fœdera intercepta*.
475. Mar. a prima manu, *domino*, male.
476. Hæc non esse a Prudentio exaggerata, ex Eusebio aliisque antiquis historicis constat. In Mar. a prima manu, Bong. a prima manu, *maritales*; melius *maritalis*.
477. Ald., Gis., *puellarum, patrumque*. Scripti plerique, *puellarum patribus*. Pal., male, *patribusque*.
480. Mar., Weitz., Prag., Rat., Colerius ad Valerium Max. pag. 568, Widm., *convexa animis*. Potiores Heinsiani, Ald., Gis., Heinsius, *confessa nimiis*. Ita Alex. cum glossa publicata. Alii, *connexa animis*. Opinatur Heinsius *confessa animos suspiria*.
481. Abest hic versus ab Egm., Boherio veterrimo, priore Rott., Vat. A, Pal. Adest in aliis. Aldus habet *nimiam* pro *nimiæ*, et distinguit *traxit. Vim*, cum intelligi potius debeant *suspiria confessa vim libertatis*, Gallandio placet *nimiam*: cum Aldo, non *nimia* cum Chamillardo. Ego in Chamillardo lego *nimiæ*, nempe *libertatis*, quod melius est.
482. Vat. A a prima manu, *Christicolis*, male. Non loquitur Constantinus, ut vult Iso, sed Theodosius. Æmulatur Horatium lib. iv, od. 4 : *Testis Metaurum flumen, et Asdrubal Devictus*.
483. Heinsius contendit legendum *Mulvius*, non *Molvius*, aut *Milvius*. Alii præterea scribunt *Mylvius*, alii *Molbius*. Aldus ediderat *Mulvius*, et correxit *Milvius*, quod etiam observavit Gallandius, ut intelligas: non aliam præ manibus ipsum habuisse Aldinam editionem, nisi eam qua ego utor et unicam credo. Nunc *Milvii* nomen est *Ponte Molle*. Maxentius simpliciter *tyrannus* dicitur ter in panegyri Nazarii ad Constantinum et in aliis monumentis et scriptoribus antiquis.

Prætulerit, quali radiarint stemmate pila.
Christus purpureum gemmanti textus in auro
740 Signabat labarum, clypeorum insignia
                                [Christus
Scripserat, ardebat summis crux addita cristis.
490 Ipse senatorum meminit clarissimus ordo :
Qui tunc concreto processit crine, catenis
Squalens carcereis, aut nexus compede vasta,
Complexusque pedes victoris, ad inclyta flendo
Procubuit vexilla jacens ; tunc ille senatus
495 Militiæ ultricis titulum, Christique verendum

A
741 Nomen adoravit, quod collucebat in
                                [armis.
Ergo cave, egregium caput orbis, inania post hæc
Prodigia, et larvas stolido tibi fingere cultu,
Atque experta Dei virtutem spernere veri.
500 Deponas jam festa velim puerilia, ritus
Ridiculos, tantoque indigna sacraria regno.
Marmora tabenti respergine tincta lavate,
O proceres : liceat statuas consistere puras,
Artificum magnorum opera, hæc pulcherrima,
                                [malim,

GLOSSÆ VETERES.

486. Stemmate, *figura*. — Pila, *lanceæ*, l. *Hastæ*, Vat. A.
487. Gemmanti, pro *gemmato*, Rat.
488. Labarum, *vexillum, vel frenum*. — Insignia, *ornamenta*, l.
489. Ardebat, *fulgebat*, l. *Splendebat*. — Cristis, *galeis*, Vat A.
494. Jacens, *prosternens*, Iso.

495. Titulum, *crucem*, l.
497. Caput, *o Roma*, Vat. A.
499. Spernere, *cave, spernas*, l.
500. Deponas, *ut*, l.
501. Sacraria, *templa*, l.
502. Marmora, *marmoreas statuas*. — Tabenti, *sordida*. — Respergine, *sanguinis*, l.

B

COMMENTARIUS.

486. Mar. a prima manu, perperam, *radiarit*. Prag., *radiarunt*.
487. Egm., corrupte, *gemmati*.
488. Egm., Pal., *lavacrum* male pro *labarum*. Turnebus, Advers. num. 459, testatur in vetusto lexico dici *laborum* pro *labarum*. Gyraldus dialog. 25 gloriatur, se primum aperuisse hunc Prudentii versum, et explicat labarum esse signum bellicum pretiosissimum, quod Constantinus in crucis signum convertit. Utuntur hac voce *labarum* Tertullianus, Ambrosius et alii. Rabanus Maurus in carmine de Cruce mutavit quantitatem: *Hinc signant cherubin hæc labara sancta triumphum*. Nonnulli affirmant id nomen sub Constantino demum inventum, et in Tertulliano legunt *cantabra*, uti etiam in Minucio : *Nam et signa ipsa, et cantabra, et vexilla castrorum*. Rigaltius ad hunc locum ait cantabra fuisse quoddam genus vexillorum, quæ carmine inscripta aliquid grati et jucundi militibus significabant. Aliqui originem ex Cantabria repetunt, nescio an mel ori jure. Bulengerus, de Rom. Imper. lib. v, cap. 5, plura habet de labaro. Innumeri sunt critici aliique auctores qui hos Prudentii versus laudant. Descriptionem labari vide apud Aringhum, Rom. Subterr. lib. vi, cap. 23.
489. S. Hieronymus, epist. 107 ad Lætam, *Vexilla militum crucis in ignia sunt. Regum purpuras et ardentes diadematum gemmas patibuli salutaris pictura condecorat*. S. Augustinus in psalmum xxxvi : *Funica est (crux) in pœna, manet in gloria. A locis suppliciorum fecit transitum ad frontes imperatorum*.
491. Dicit concreto crine ex more reorum apud Romanos. Eadem proprietate hymno 11 Peristeph. : *Carcereo crinita situ stare agmina contra Jusserat*.
493. Antea dixit *ultor, vindex*, nunc *militiæ ultricis*. Hoc ipsum exprimit inscriptio arcus triumphalis Constantini.

IMP. CAES. FL. CONSTANTINO . MAXIMO
P. . F. AVGVSTO . S. P. Q. R.
QVOD . INSTINCTV . DIVINITATIS . MENTIS
MAGNITVDINE . CVM . EXERCITV . SVO
TAM. DE. TYRANNO. QVAM. DE. OMNI. EIVS
FACTIONE . VNO . TEMPORE . IVSTIS
REMPVBLICAM . VLTVS . EST . ARMIS
ARCVM . TRIVMPHIS . INSIGNEM . DICAVIT

Inscriptio ex ipso archetypo descripta est : nam exemplaria edita aliquantum variant. Intra arcum majorem ad latera legitur :

FVNDATORI QVIETIS
LIBERATORI VRBIS

Supra minores utrinque arcus :

C

D

VOTIS X
VOTIS XX
Et in aversa parte supra eosdem arcus-minores :
SIC X
SIC XX

Constat ex Prudentio, non solum crucem in labaro fuisse expressam, verum etiam Christi nomen, scilicet monogramma Christi ☧, quæ sunt duæ litteræ Græcæ nominis Christi X et P, neque significant pro *Christo*, ut multi putant, martyrii signum esse credentes. Itaque cum Christi nomen esset labaro impressum, et mos esset ut labarum a militibus adoraretur, quod semper imperatorem antecederet, recte ait Prudentius, senatum adorasse nomen Christi, quod collucebat in armis.
497. Ald., Gis., Heins., *posthac*. Weitziani, et plerique nostri *post hæc*.
498. Heinsius Weitzium rejicit, quod legerit *Prodigia esse deos stolido tibi fingere cultu*. Atqui ita legunt Rat., Mar., Prag., Urb. et alii. Ald., Tornæs., *solito* pro *stolido*. Thuan., *olido*. Alii cum Vat. A, Gis., probante Heinsio, *Prodigia, et larvas solito tibi fingere cultu*. Apud Weitzium Ald., Gis., Palat., *Prodigia, et larvas stolido confingere cultu*. Verum Ald. et Gis. legunt ut modo exposui.
500. Egm., vitiose, *vel in puerilia*.
502. Ald., Egm., Palat., *lavare*, melius *lavate*. Ex Festo *respersum* vinum dicebatur, quia sacris novendialibus mortui sepulcrum vino spargebatur. Sed Prudentius potius loquitur de tabo et sanguine victimarum quibus simulacra deorum erant respersa. Cl. Fea tom. III oper. Winkelm., pag. 279, apposite refellit Bandinium, qui id de statuis virorum illustrium, non deorum, accipi voluerat.
503. Lib. xvi cod. Theod., tit. 10 de Pag., permittuntur simulacra *artis pretio, non divinitate metienda*, ut colligitur ex leg. 8 cum commentariis Gothofredi. Ea lex 5 a Theodosio Magno lata est anno 382. Postea Honorius anno 399 tulit legem 15 ejusdem tituli : *Sicut sacrificia prohibemus, ita volumus publicorum operum ornamenta servari*. Hoc loco atque adeo apud Prudentium *ornamenta* sunt simulacra deorum publicis operibus affixa, ut lavacris, foro, plateis, compitis, porticibus, de quibus Tertullianus cap. 8 de Spectaculis, et Ambrosius adversus Symmach. Hæc ipsa publica ornamenta ab Honorio prohibita fuerunt per Africam anno 399 leg. 18, et universe anno 408 et 415 leg. 19 et 20 : *Ne illecebram errantibus præstent*.
504. Mar., Rat., Prag., *pulcherrima, malim*, quod placet, quamvis in edd. omnibus sit *pulcherrima no-*

505 **742** Ornamenta fiant patriæ nec decolor usus
In vitium versæ monumenta coinquinet artis.
Talibus edictis Urbs informata refugit
Errores veteres, et turbida ab ore victo
Nubila discussit, jam nobilitate parata
510 Æternas tentare vias, Christumque vocantem
Magnanimo ductore sequi, et spem mittere in
[ævum.
Tunc primum senio docilis sua sæcula Roma
Erubuit: pudet exacti jam temporis, odit
Præteritos fœdis cum relligionibus annos.
515 **743** Mox, ubi, contiguos fossis muralibus
[agros
Sanguine justorum innocuo maduisse recordans,
Invidiosa videt tumulorum millia circum:
Tristis judicii mage pœnitet, ac ditionis
Effrenis, nimiæque sacris pro turpibus iræ.

520 Compensare cupit teterrima vulnera læsæ
Justitiæ sero obsequio, veniaque petenda,
Ne tanto imperio maneat pietate repulsa
Crimen sævitiæ, monstrata piacula quærit,
Inque fidem Christi pleno transfertur amore.
525 Laurea victoris Marii minus utilis Urbi,
Cum traheret Numidam populo plaudente Ju-
[gurtham,
Nec tantum Arpinas consul tibi, Roma, medelæ
Contulit, exstincto justa inter vincla Cethego,
Quantum præcipuus nostro sub tempore prin-
[ceps
550 Prospexit, tribuitque boni; multos Catilinas
744 Ille domo pepulit, non sæva incendia
[tectis,
Aut sicas patribus, sed tartara nigra animabus,
Internoque hominum statui tormenta paran'es.

GLOSSÆ VETERES.

507. In'ormata, *docta vel instructa*, I.
508. Vieto, *senili, veteri*, I. *Vigetum dicitur corpus humanum, dum vis et ætas in eo valet: sic Roma hic valida fuit, cum imperante Constantino idololatriam refutavit*, Vat. A.
509. Nobilitate, *ex nobilitate*, I.
512. Senio, *in senectute*, I.
514. Relligionibus, *dæmonibus*, I.
515. Contiguos, *vicinos, propinquos*, I.
519. Nimiæ, *intemperatæ*, I.
520. Compensare, *restaurare*, I. *Emendare*, Mar.
521. Petenda, *quæ erat ad petendum*, I.
522. Imperio, *in Roma*. — Pietate, *sanctitate*, I.

523. Piacula, *purgationes*, Iso.
525. Laurea, *corona, victoria; lauro enim coronabantur victores*, I.
527. Arpinas, *ex oppido Cicero Arpinas dicitur*, I.
528. Cethego, *Cethegus, et Lentulus et alii conjura'ores fuerunt ut exurerent Romam et senatores interficerent*, I.
529. Præcipuus, *maximus*. — Princeps, *Constantinus*, Iso.
530. Catilinas, *dæmonas, hostes, perversos, ut fuit Catilina, qui hostis fuit Romanorum*, I.
532. Sicas, *prælia*, I.
533. Interno, *animæ, quæ est interior homo*, I.

COMMENTARIUS.

stræ. Heinsius cum Thuan., *hæ* pro *hæc*, et ad statuas refert. Recentiores Heinsium sequuntur. Plerique veteres, *hæc ornamenta*, æque bene.
505. Codex Jureti, Ald., Mar., Rat., Weitz., Widm. supra, Egm., Coleri codex et alii, *fuant*, quod non displicet Gallandio. Vat. A, Prag., Widm. iterum a secunda manu, Thuan., Cauch., Urb., *fiant*. Boug., Gis., Widm., *cluant*, quod placuit Heinsio et recentioribus. In Egm. interpre'amentum verbi *fuant* est *erunt*. Illæ omnes lectiones admitti possunt, non vero *fugant* in Ox., et *fluant* in priore Rott. In Alex., *fiant* a prima manu, *fuant* a manu secunda.
506. Gis. ad oram, *arcis*, minus bene. Vera lectio *artis*. Ex hac postrema orationis parte colligo, post eversam Victoriæ aram adhuc in curia Julia statuam ejusdem deæ permansisse, sed sine ullo cultu et solum ornatus gratia. De hac statua intelligo Claudianum in VI consulatu Honorii: *Jure paludatæ jam curia militat aulæ. Adfuit ipsa suis ales Victoria templis, Romanæ tutela togæ, quæ divite penna Patricii reverenda fovet sacraria cœtus*. Vide comment. ad vers. 28 et 29 lib. II.
508. Multi, etiam veteres et probati, scribunt *vigeto* pro *vieto*. Glossa Vat. A videtur accipere *vieto* pro *vegeto*. At *vietus* hic significat languidum, rugosum: neque sermo est de Constantino, sed de Theodosio, ejusque edictis jam olim promulgatis, et post superatum Maximum confirmatis et ampliatis. Non autem negat Prudentius, ante Theodosii edicta fuisse plures senatores Romanos Christianæ religioni addictos, sed affirmat solum Theodosii exemplo et persuasione factum ut Roma in fidem Christi pleno transferretur amore, ut ait vers. 524. Ac notandum, a Prudentio v cari etiam *edicta* vers. 41 orationem qua Saturnus idololatriam antiquis Latinis persuasit.
540. Ald. et plerique mss., *vocante*. Bong. a prima manu, et nonnulli vulg., *vocantem*.
511. In Ald. mendum puto *magnanimo doctore*;

legendum *ductore*.
512. Aldi error *prima n* pro *primum*.
514. Barthius, lib. XL Advers., cap. 7, cum his versibus confert Lucretii verba: *Quod contra sæpius olim Relligio peperit scelerosa atque imp'a facta*.
515. In Mar. erat hæc scriptura, *Mox ubi contiguit fossis muralibus, agros*, etc., quæ sane depravata est.
517. Notandus est hic locus adversus eos qui jactant, exiguum fuisse martyrum numerum.
518. Vat. A, *corrupte, magne pœnitet, ac editionis*.
520. Vat. A, *mendose, vulnere*.
521. Vat. A, Egm., *petendæ, male*; nec melius Alex., *venia quæ petenda*.
523. Egm. apud Weitz., *solvit*, pro *quærit*. Heinsius nihil tale reperit in Egm., sed expressum id ait a Gis. ex suis. In prima quidem Giselini editione exstat *solvit*, at in secunda clare *quærit*.
524. Mar., *veri transfertur amore*; supra pro div. script., *pleno transfertur amore*. Mariettus primam lectionem præfert: sensus enim est *transfertur in fidem Christi amore veritatis*, quod confirmat glossula Ratisbonensis ad marg., *id est*, pro *veritatis*, quæ apposita certe est nomini *veri*, non *pleno*.
528. Ald., *contigit*; corrige *contulit*. In Rat. glossa est ineptissima: CETHEGO *rege quodam*.
530. Ald., Gis. 1 ed. in textu, *præscripsit* pro *prospexit*. Sermo est de Theodosio, non de Constantino, qui anno 557 obiit. Hinc colligitur Prudentius illa Theodosii oratione comprehendere omnia ejus acta contra paganismum, etiamsi ad diversa tempora pertineant.
533. Prag., *Internaque hominum strage tormenta parantes*, et glossa, secundum aliquos produci *ge* in ablativo. Mar. a secunda manu, Weitz., *Internoque hominum stravit*: scilicet *stravit parantes tormenta interno hominum*. Mar. a prima manu, *internaque hominum stravit*. Rat. a secunda manu, *internaque ho-*

Errabant hostes per templa, per atria passim,
555 Romanunque forum, et Capitolia celsa tene-
                                            [bant :
       Qui conjuratas ipsa ad vitalia plebis
       Moliti insidias, intus serpente veneno,
       Consuerant tacitis pestem miscere medullis.
       Ergo triumphator latitanti ex hoste togatus
540 Clara tropæa refert sine sanguine, remque
                                            [Quirini
       Assuescit supero pollere in sæcula regno.
       Denique nec metus statuit, nec tempora
                                            [ponit :

Imperium sine fine docet, ne Romula virtus
  Jam sit anus, norit ne gloria parta senectam :
545 **745** Exsultare patres videas, pulcherrima
                                            [mundi
      Lumina, conciliumque senum gestire Catonum,
      Candidiore toga niveum pietatis amictum
      Sumere, et exuvias deponere pontificales.
      Jamque ruit, paucis Tarpeia in rupe relictis,
550 Ad sincera virum penetralia Nazareorum,
      Atque ad apostolicos Evandria curia fontes,
      Anniadum soboles, et pignora clara Proborum :
      Fertur enim ante alios generosus Anicius Urbis

GLOSSÆ VETERES.

534. Hostes, *dæmones*. — Passim, *ubique*, I.
536. Vitalia, *animas*, Iso.
537. Serpente, *nato*, Iso.
539. Triumphator, *Constantinus*, I.
540. Tropæa, *victoriam*. — Quirini, *Romani*, I.
544. Anus, *senex*, I.
545. Videas, *o Symmache*, I.
546. Gestire, *gaudere*. — Catonum, *principum Romanorum, consiliariorum*, I. — *Sapientum Romanorum propter Catonis sapientiam*, Vat. A.
547. Toga, *consiliariorum*, Vat. A. — Pietatis,

sanctitatis, I.
548. Pontificales, *idolis consecratas*, Vat. A.
549. Ruit, *festinat*, I.
550. Nazareorum, *Christianorum*, I.
551. Evandria, *ab Evandro, qui primus fertur struxisse curiam*, I.
552. Proborum, *electorum*, I.
553. Generosus, *nobilis*. — Anicius, *nobilissimus fuit, de cujus genere Boetius fuit, et a quo familia Anniadum dicitur*, I.

COMMENTARIUS.

minum statui : sic interna refertur ad *tormenta*. Communior lectio, *Internoque hominum statui tormenta parantes*.
535. Supra, vers. 216, *celsa ad Capitolia*.
536. Egm. a secunda manu, *quin conjuratas*. Idem, *vitalia, plebes*, male.
539. Mar., Rat., *latitante*. Egm., *cogator*, supra *negator*; corrige *togatus*. *Triumphator* vocabulum est Apuleii, Cypriani, et in inscriptionibus ævi inferioris frequens.
540. Egm. supra, *resque Quirini*.
541. *Assuescit pollere*, ut hymno 9 Cath., vers. 95, *redire insuesceret mortuos*.
542. Ex Virgilio I Æneid., *His ego nec metas rerum, nec tempora pono, Imperium sine fine dedi*. Nescio qua ratione Heinsius contra fidem codd. velit conjicere *Denique nec metas statui, nec tempora poni*. Et illico addit : *docet nimirum*, quod sequitur. Chamillardus ita intelligit conjecturam Heinsii, ut *statui* nec *poni* referatur ad *docet*. Lectio codd. clara est, nec sollicitari debet.
544. Post hunc versum in Rat., Mar., titulus *De senatus conversione*, qui exstat in Alex. ad marg. In Urb., *De conversione senatus*. Aldus habet *Romanorum senatum conversum ad Christum*.
545. De hujuscemodi elogiis senatus Romani testimonia veterum plena manu affert Juretus ad verba Symmachi epist. 46, lib. I : *Pars melior humani generis senatus*.
547. Alter Rott., *candidiora togæ*, quod haud inelegans visum est Heinsio. Ego nihil aliud hic video nisi mendum *candidiora* pro *candidiore*. De toga candida ac de his ipsis versibus Prudentii, critici et antiquarii innumeri agunt. Accipe summam. Toga Romanorum semper erat alba ; sed cum diebus festis vestibus recentibus, et non sordidis, uterentur, *albati* peculiari ratione his in diebus dicebantur et erant. Præterea candidati togas creta candidiores reddebant : unde illis *candidatorum* nomen hæsit. Intelligitur ergo quid velit Prudentius, scilicet Romanos tanquam in die festo candidiorem togam sumere. Sic hymno 11 Peristeph., vers. 205 : *Nec minus Albanis acies se candida portis Explicat, et longis ducitur ordinibus*. Videtur autem Prudentius hoc loco etiam significationem mysticam denotare, videlicet pietatis et innocentiæ candorem. Nec mihi displicet quod ait Dominicus Macrus in Hierolex., verbo BAPTISMUS,

alludere Prudentium ad vestes albas recens baptizatorum.
549. Ald., *in rupe retectis :* intelligo *latentibus* sive *tectis*.
550. In codice Jureti hic versus ita erat interpolatus, *penetralia noxa reorum*, nullo sensu aut contrario. In Egm. erat *noxa virorum*, ex quo factum *noxa reorum*.
552. Fabr., Widm., Bong. a secunda manu, Mar., Rat., *Æneadum* mendose. Vat. A, Prag., *Anniadum :* in hoc versu duæ familiæ, quæ in unam coaluerint, memorantur, *Annii* et *Probi*. Tertia his addita, scilicet *Anicii*, ut ex vers. seq. liquet. Glossa *electorum* inepta est.
553. Conjiciat recte aliquis legendum *orbis Illustrasse caput*. Supra vers. 497, *Ergo cave, egregium caput orbis*. Sed Prudentius senatum fortasse vocat *caput Urbis*. Hic Anicius Anniorum et Proborum soboles erat. Nonnulli hæc nomina quærunt sub Constantino. At Prudentius clare loquitur de his qui post edicta Theodosii, vel certe sub ejus imperio, ejurata superstitione pagana, fidem catholicam amplexi sunt. Non ergo audiendus est Baronius, qui putat hunc Anicium esse Anicium Julianum, qui consul fuit cum Petronio Probiano anno Domini 322. Chamillardus putat esse Sextum Petronium Probum, præfectum prætorio Valentiniani principis, consulem cum Gratiano anno 371. Is certe dicitur *Anicianæ domus culmen* in inscriptione cujusdam monumenti, quod filius ejus Anicius Hermogenianus Olybrius, consul ordinarius, et Anicia Juliana dedicarunt. Ego vero non video cur non potius filius Sexti Petronii Probi, qui in ea inscriptione Anicius Hermogenianus vocatur, sit is Anicius qui primus Christo nomen dederit post leges de religione Christiana et eversione idolorum a Theodosio promulgatas. De his familiis, earumque nobilitate legi possunt Claudianus, Marcellinus, Zosimus, Ausonius et alii. S. Hieronymus epist. ad Demetriadem : *Scilicet non mihi Proborum et Olybriorum clara repetenda sunt nomina, et illustre Anicii sanguinis genus .... Aut proferendus Olybrius virginis nostræ pater, quem immatura morte subtractum Roma congemuit*. In notis dicitur hunc Olybrium consulatum egisse anno 395; sed legendum fortasse 395. In Fastis consulum hos reperio descriptos, qui ad has familias possint pertinere : Anno 322, Petronius Probianus et Anicius Julianus. Anno 341 : Probinus cum Marcellino.

746 Illustrasse caput : sic se Roma inclyta A
[jactat.
555 Quin et Olybriaci generisque et nominis hæres
Adjectus fastis, palmata insignis abolla,

747 Martyris ante fores Bruti submittere fa-
[sces
Ambit, et Ausoniam Christo inclinare securim.
Non Paulinorum, non Bassorum dubitavit

GLOSSÆ VETERES.

556. Fastis, *libris, quod fecit libros potestatibus.* — Palmata, *victrici*, I.
557. Martyris, *cujuscunque.* — Fasces, *dignitates*

quas habuit Brutus consul, Iso.
558. Ambit, *desiderat.* — Ausoniam, *Italicam.* — Christo, *propter Christum.* — Securim, *potestatem*, I.

COMMENTARIUS.

Anno 571 : Sextus Anicius Probus cum Gratiano.
Anno 579 : Hermogenianus Olybrius cum Ausonio.
Anno 595 : Sex. Anicius Olybrius et Sex. Anicius Probinus. Anno 406 : Sex. Anicius Petronius Probus cum Arcadio. Anno 408 : Anicius Bassus cum Philippo.

555. Weitz. in Var. Lect. ait *numinis Pal. nominis;* sed in contextu edidit *nominis*, quod unice verum est. Becmanus videtur legisse in aliquo vulg. *numinis hæres;* nam corrigit ex suo ms. *nominis.* Duo fuere Prudentii tempore Olybrii celeberrimi : alter Olybrius præfectus Urbis, Valentiniano et Valente iterum coss. ; alter ejus filius Olybrius, qui cum fratre Probino consulatum gessit. De filio libentius intelligo Prudentium, qui certo est *Olybriaci generisque et* NOMINIS *hæres.* Olybrius pater uxorem duxerat Probam filiam Sexti Petronii Probi, de quo paulo ante dixi. De his nobilibus Romanis plura affert Gothofredus ad cod. Theod.

556. Sich., Widm., Bong., Weitz., Rat., Mar., *ab aula*, Prag., *ab olla*, quod perinde est, nam *au* in *o* sæpe commutabatur. Ald., Gis., *abolla :* id exscripsit Heinsius, et secuti sunt recentiores, nulla tamen indicata varietate lectionum. Atqui lectio illa prima sustineri posset. Nam vestes consulum *palmatæ* dicebantur, quin aliud adderetur. Cassiodorius, lib. vi, epist. 4 : *Nos habemus labores consulum, et vos gaudia dignitatum : palmatæ siquidem vestræ nostræ probantur esse victoriæ* .... *Pinge vastos humeros vario colore palmatæ.* Olybrius igitur adjectus fastis consulum, palmata insignis, ambibat ab aula submittere fasces consulares ante fores martyris, ut puto, principis apostolorum. Ita etiam Grangæus *martyrem* interpretatur. Fabricius *abolla* in Aldino exemplari recte legi comprobat, quia abolla vestis senatorum, ut toga equitum, fuit : et utraque *palmata* dicebatur. Abolla imperatorum fortasse dicta fuit *palmata* a *palma*, seu victoria. Abolla consulum et toga equitum *palmata* videtur dicta a latitudine clavi, hoc est a *palmo. Palmatæ* nomen ad ecclesiasticam vestem translatum notat Teolius cum Hugone Menardo : nam in Missa, ab Illyrico edita, fit mentio vestis quæ *palmatica* dicitur, et in epist. 66, lib. 1, S. Gregorii Magni memorantur vestes *palmatianæ*. Illud vellem clarioribus testimoniis a Teolio confirmatum, quod Christiani ejus temporis simul ac præturam et consulatum erant adepti, ad ædes apostolorum accurrere solebant, ac pauperibus pecuniam ac vestes largiri. Quod enim (ut putat Teolius) a gentilibus id postremum factitatum docet Ammianus lib. xxvii de Symmacho, hujus quem Prudentius impugnat patre, scilicet : *Accitos e Vaticano quosdam egentes opibus ditaverat magnis;* non liquet id accipiendum de ædibus apostolorum aut de pauperibus Christianis. Ammianus ita refert, non de Symmacho, sed de Lampadio : *Hic cum magnificos prætor ederet ludos, et uberrime largiretur, plebis nequiens tolerare tumultum, indignis multa donari sæpe urgentis, ut liberalem se, et multitudinis ostenderet contemptorem, accitos a Vaticano quosdam egentes opibus ditaverat magnis.* Valesius, qui ad hunc locum opinionem Teolii expresserat, quædam in eamdem sententiam expromit, sed verbis Prudentii obscurioris. Ammianus intelligit pauperes qui in Vaticano habitabant. Ut enim probat Olaus Borrichius cap. 16

B Dissert. Compend. de antiqua Urbis facie, contemptus olim erat Quiritibus Vaticanus ob gravius ibi cœlum, aquas otiosas et stagnantes, halitus impuros, fetorem e cadaveribus. Prudentium simplicius ita intelligo, ut Olybrius consul seipsum, suamque adeo dignitatem Christo subjecerit; non repugnabo tamen, si quis addat ritum aliquem jam tum invectum submittendi fasces et inclinandi securem, dum consul Christianus ecclesiam ingrederetur : qualia venerationis signa in militibus ad sacra stantibus cernere licet.

558. Heinsio magis Prudentianum videtur *securem* quam *securim.*

559. Laudatur hoc loco S. Paulinus, Nolanus episcopus, de cujus conversione et sanctis moribus plura Ambrosius, Augustinus, Hieronymus et alii æquales. Gesta enarrant Sacchinus, Le Brunius et Muratorius. E nobilissima illa Romana in Aquitania ortus est : maximis honoribus, etiam consulatu auctus, Hispaniam adiit, ubi uxorem duxit Therasiam, ut videtur, Hispanam, ex qua Compluti suscepit filium, ibique defunctum ad sepulcrum SS. martyrum Justi et Pastoris sepelivit. A Delphino Burdigalensi antistite

C baptizatus est, a Lampio episcopo Barcinonensi presbyter ordinatus, *in sacerdotium*, ut ipse ait, *tantum Domini, non etiam in locum ecclesiæ dedicatus.* Conversio Paulini ascribitur anno circiter 380. An autem Bassus, cujus mentio hic occurrit, sit Junius Bassus qui præfectus Urbis ac neophytus decessit anno 558, ut constat ex inscriptione apud Sirmondum in notis ad Ennodium, dubitari potest. Plerique affirmant, quibus adhæret Philippus Laurentius Dionysius Vatic. basilic. Monument. tab. LXXXI. Sed cum Prudentius videatur eos tantum recensere proceres qui sub Theodosio Christi fidem amplexi sunt, album intelligo. Ad hanc Bassorum familiam pertinere puto Bassulam, piam feminam, Severi Sulpicii socrum, cujus mentio exstat in epistolis Paulini et Severi. Anicius Bassus consulatum egit anno 408, ut paulo ante dixi. Nonnulli negant *Bassum* familiæ nomen esse. Parum id nostra interest, neque ipsi, quod volunt, probant. Tom. I Musei Pio-Clementini exstat inscriptio vetus, repetita ex præfatione cl. Petri Francisci Fogginii ad Fastos Romanos Verrii Flacci, quæ ad hunc Anicium Bassum spectat, adeoque hoc loco omittenda

D non est.

BASSI
ANICIO AVCHENIO
BASSO VC. PROCONS
CAMP. PROVISORI EIVS
DEM PROVINCIAE RES
TITVTORI GENERIS
ANICIORVM
OB MERITA
EIVS INLVSTRIA
ORDO PVPVLVSQVE CIVITA
TIS PRAENESTINAE
PON. CENS

Reperta fuit hæc inscriptio Præneste anno circiter 1779, ex eaque colligi ait Fogginius cur Bassus appellatus fuerit Anicii nomine : quod vellem enucleatius explicuisset.

560   **748** Prompta fides dare se Christo, stirpem- A
             -[que superbam
      Gentis patriciæ venturo attollere sæclo.
      Jam quid plebicolas percurram carmine Grac-
             [chos,
      Jure potestatis fultos, et in arce senatus
      Præcipuos, simulacra deum jussisse revelli,
565   Cumque suis pariter lictoribus omnipotenti
      749 Suppliciter Christo se consecrasse regen-
             [dos?
      Sexcentas numerare domos de sanguine prisco
      Nobilium licet ad Christi signacula versas,
      Turpis ab idolii vasto emersisse profundo.
570   Si persona aliqua est, aut si status Urbis in his est,

      Si formam patriæ facit excellentior ordo,
      Hi faciunt, juncta est quoties sententia plebis,
      Atque unum sapiunt plures, simul ac potiores.
      Respice ad illustrem, lux est ubi publica, cel-
             [lam,
575   Vix pauca invenies gentilibus obsita nugis
      Ingenia, obtritos ægre retinentia cultus,
      Et quibus exactas placeat servare tenebra-,
      750 Splendentemque die medio non cernere
             [solem.
      Post hinc ad populum converte oculos, quota
             [pars est,
580   Quæ Jovis infectam sanie non despuat aram?
      Omnis qui celsa scandit cœnacula vulgus,

GLOSSÆ VETERES.

560. Superbam, *nobilem*, l.
561. Patriciæ, *patricii erant consules qui more patrum populum regebant*, l.
562. Plebicolas, *plebem amantes*, l.
564. Præcipuos, *principes*, l, Vat. A.
565. Lictoribus, *ministris vel militibus*, l.
567. Domos, *familias*, l.
568. Placet, *licet*, l.
569. Idolii, *paganismi. Idolium est locus in quo idolis immo'abatur. Idolothytum sacrificium; idolum, res ipsa cui immolatur.* — Emersisse, *exisse*, l.
570. Si persona, *id est, si dignitas temporalis ali-*

B *quid valet apud Deum*, l.
571. Formam, *pulchritudinem*, l.
573. Potiores, *excellentiores, meliores*, l.
574. Cellam, *ecclesiam, templum, ubi congregabantur nobiles Romanorum*, l. *Ecclesiam S. Petri*, Rat.
576. Obtritos, *consumptos*. — Ægre, *difficile*, l.
577. Exactas, *præteritas*, lso.
578. Solem, *Christum*, l.
579. Quota, *quam magna*, l.
580. Infectam, *pollutam*. — Sanie, *putredine*, l.
581. Cœnacula, *Capitolia*, l.

COMMENTARIUS.

562. Jureti codex, vitiose, *Græcos* pro *Gracchos*, sive, ut nonnulli scribere malunt, *Graccos*. In ora ejusdem codicis nugator quispiam magistellus interpretationis causa ascripserat, *Græcos*, utpote viciniores Romanis, jungi solitos nuptiarum et dignitatum pignoribus. In nonnullis vulg., *poplicolas*, quod non male prætulit Weitzius auctoritate codicis Egm..., in C quo tamen Heinsius invenit *plebicolas*. Vocat *plebicolas* Gracchos, quia eorum majores C. et Tib. Gracchi plebi in lege agraria propugnanda consuluerant. Gracchus vero, quem Prudentius innuit, fuit Lætæ consanguineus, quem laudat S. Hieronymus epist. 107 : *Ante paucos annos propinquus vester Gracchus nobilitatem patriciam nomine sonans, cum præfecturam gereret Urbanam, nonne specum Mithræ, et omnia portentuosa simulacra quibus corax, nymphus, miles, leo, perses, helios, Bromius pater (al. Dromo pater) initiantur, subvertit, fregit, exussit, et his quasi obsidibus ante præmissis, impetravit baptismum Christi?* Id accidisse anno Domini 383 vult Baronius, Gothofredus et Pagius anno 376, probabilius Philippus a Turre de Mithra (cap. ulum. non ante annum 378 a Graccho præfecturam Urbanam initam existimat. In antro Mithræ colebantur symbola astrorum et planetarum, quorum aliqua recenset Hieronymus. Vide notas Vallarsii.

564. Bong. a prima manu, *jussisse repelli*.
566. Ald., Egm., Pal., *se congregasse*, contra rationem metri.
567. Mar., Prag., Rat., *domus*.
568. Glossa contrario modo legenda est : LICET, *placet*, nisi *placet* sit diversa scriptura apud Isonem.
569. Ald., *idoli*, contra consuetudinem Prudentii, qui corripit secundam. Vat. A, Egm., Pal., *profano* pro *profundo*, quod postremum retineri debet. Prag., male, *mersisse*.
572. Prag. semper scribit *hii* pro *hi*. Alter Rott., *juncta quoties*, quod Prudentiano more factum putat Heinsius.
574. In Mar. desiderabatur *est*. Glossæ *cellam* explicant *ecclesiam*; malim curi m. Sic supra *lumina mundi* senatores vocavit. Senatus in templis aliisve in locis consecratis congregari solebat; et in templis diversæ erant cellæ, sive ædiculæ, et sacel'a. Pru-

dentius ergo cellam, in qua habebatur senatus intelligit. Cl. Antoninus Valsecchius ord. Præd., scriptis pro religione Christiana editis laudatissimus, hos versus Prudentii, ut alios aliis in locis, carmine Italico reddidit in opere *la Religione vincitrice*, part. 2, cap. 2, contra inanem et sophisticam philosophiam Freretii, qui verbis Symmachi, nec satis fideliter descriptis, permotus, in suo Critico Examine contendit illustriorem senatus partem cum Symmacho sensisse. Valsecchius eum refutat auctoritate Ambrosii et Prudentii : *Poeta*, add t argute, *ben degno d'essere udito ed apprezzato anche da un segretario perpetuo dell' accademia reale delle iscrizioni e belle lettere.*

576. Jureti membranæ obstrictos cum Ald. et Gis. ad oram. Plerique, etiam Gifanius et Colerus ad Val. Max., *obtritos*, id est rejectos et omnino contemptos.

578. Aldus, *nec cernere*; alii, *non cernere* : ex proverbio id sumptum. Post hunc versum titulus in Mar. et Rat., *De credulitate plebis*, qui etiam exstat in Urb. et Alex. ad marginem. Aldus habet *Plebem Romanam in Christum credidisse*.

579. Ald. et Gis. in contextu 1 ed., *qu's in Urbe est, Qui*. Alii, *quota pers est, Quæ*. In Vat. A desideratur *est*.

580. Egm., Thuan., Pal., corrupte, *disputat*; Weitz., D *dispuit*. Rat., Gis., *despuit*. Plerique, *despuat*. Tertullianus lib. de Idololatr. cap. 11 : *Quo ore Christianus thurarius, si per templa transibit, quo ore fumantes aras despuet et exsufflabit, quibus ipse prospexit?* et cap. 15 de Spectac. : *Nec minus templa quam monumenta despuimus*. Minucius in Octavio : *Templa ut busta despiciunt, deos despuunt, rident sacra*; etc. Vide quæ notant ad hunc locum Heraldus, Elmenhorstius, Wowerus, Ouzelius. Origenes, lib. vu contra Celsum, id in Christianis videtur improbare. *Quis*, inquit, *nostrum adeo stultus est ut hæc dicat, nec videat nihil ejusmodi valere ad tollendam de d is persuasionem?* Distinguenda autem sunt tempora. Nam sub imperatoribus gentilibus id sine peculiari aliquo instinctu a Deo immisso palam fieri non posset nisi imprudenter; sub imperatoribus Christianis jam licebat. Confer comment. ad hymni S. Eulaliæ vers. 128.

581. Prag., *celso* : lege *celsa*. Heinsius putat *vulgus* ex glossemate irrepsisse : nam vulgus manifeste de-

Quique terit silicem variis discursibus atram,
Et quem panis alit gradibus dispensus ab altis :
751 Aut Vaticano tumulum, sud monte fre-
[quentat,
585 Quo cinis ille latet genitoris amabilis obses :
Cœtibus aut magnis Lateranas currit ad ædes,
Unde sacrum referat regali chrismate signum.
Et dubitamus adhuc, Romam tibi, Christe, di-
[catam
In leges transisse tuas? omnique volentem
590 Cum populo, et summis cum civibus ardua ma-
[gni
Jam super astra poli terrenum extendere re-
[gnum?
Nec moveor, quod pars hominum rarissima
[clausos
Non aperit sub luce oculos, et gressibus errat.

Quamlibet illustres meritis, et sanguine clari
595 Præmia virtutum titulis, et honoribus aucti
Ardua rettulerint, fastorumque arce politi
Annales proprio signarint nomine chartas,
Atque inter veteres cera numerentur et ære :
752 Attamen in paucis, jam deficiente ca-
[terva,
600 Nec persona sita est patriæ, nec curia constat,
Et quodcunque fovet studii privata voluntas,
Hoc jam rara tenet : sed publica vota reclā-
[mant,
Dissensu celebri trepidum damnantia murmur.
Si consulta Patrum subsistere conscriptorum,
605 Non aliter licitum prisco sub tempore, quam si
Tercentum sensisse senes legerentur in unum :
Servemus leges patrias : infirma minoris
Vox cedat numeri, parvaque in parte silescat.

GLOSSÆ VETERES.

582. Terit, *pedites,* I.
583. Et quem, *pauperes.* — Dispensus, *dispensatus,* I.
584. Vaticano, *ubi requiescit corpus S. Petri.* — Tumulum, *sepulcrum,* Iso.
585. Quo, *ubi.* — Genitoris, *Petri.* — Obses, *dicitur, qui loco pacis datur, et obses B. Petrus fuit Romanis, qui pacem eis attulit,* I.
586. Lateranas, *ad basilicam S. Joannis baptizantis, ubi ecclesia est in honore duodecim apostolorum,* I.
591. Extendere, *protelare,* I.

593. Luce, *fide Evangelii,* I.
594. Meritis, *bellorum virtutibus.* — Sanguine, *genere, nobilitate,* I.
595. Titulis, *inscriptionibus,* I.
596. Fastorum, *annorum librorum,* I.
598. Veteres, *principes.* — Cera, *quia statuas cereas et æreas antiqui nobilissimi faciebant.* — Ære, *æreis tabulis,* I.
599. Caterva, *multitudine,* I.
604. Si consulta, *non aliter licitum servare fidem Christi, quam Patres constituerunt, quam eam quam trecenti constituerunt,* I.

COMMENTARIUS.

signatur per hanc circumscriptionem, et conjicit, a manu Prudentii fuisse *Omnis qui celsa scandit cœnacula scalis,* vel *Omnis qui scandit cœnacula celsa domorum.* Mihi non videtur superfluum esse *vulgus.* Nam *vulgus* nominatur, simulque ejus descriptio poetice exprimitur, quod haud inconcinnum est. In cœnaculis pauperes habitabant, ut ex Juvenali, Martiali et aliis ostenditur.

582. Ald., Egm., *variis d'scussibus.* Silicis Romanæ color ater est. Juvenalis sat. 6 : *Nec melior, pedibus silicem quæ conterit atrum.* Anno 1784 Romæ prodiit dissertatio Italica *Del selce Romano,* auctore Joanne Hieronymo Lapio, qui negat silicem Romanum e massa incendiis antiquis montium liquefacta et postea in lapidem congelatam fuisse formatum, contra quam multi opinantur.

583. Gifanius verbo VERTERE, monet, veteres originis et non junctis verbis usos sæpenumero, ut *vertere* pro *evertere. Tale,* inquit, *est illud Prudentii admirabile sane* DISPENSUS pro DISPENSATUS. Titulus est lib. XLV cod. Theod. *De annonis civicis et pane gradili.* Panis civibus distribui solebat e grad bus, ne qui distribuebant a populo premerentur. Hinc *gradilis* dictus. Alii aiunt, in gradibus distribui panem solitum. Lib. II in Symm., vers. 498 : *Quæ regio gradibus vacuis jejunia dira Sustinet?* Lipsius, Elect. lib. I, cap. 8, ex Prudentio colligit, videri in singulis regionibus Urbis gradus erectos fuisse, ubi hæc divisio fieret.

584. S. Hieronymus epist. 107 ad Lætam anno 403 : *Auratum squalet Capitolium. Fuligine et aranearum telis omnia Romæ templa cooperta sunt. Movetur Urbs sedibus suis, et inundans populus ante delubra semiruta accurrit ad martyrum tumulos..... Solitudinem patitur et in Urbe gentilitas.*

586. Ald., Gis., Egm., Pal., Alex., Urb., *Laterani accurrit.* Vat. A, *magni Laterani accurrit.* Optimi plerique, *magnis Lateranas currit ad ædes.* Nonnulli his

versibus confirmant, jam Prudentii ætate in ædibus Lateranis exstitisse baptisterium a Constantino scilicet constructum.
587. Vat. A, *regale.*
588. Virgilii imitatio vi lib. : *Et dubitamus adhuc virtutem extendere factis?*
593. Oxon., *non aperit sublime oculos.* Teolius ita etiam edidit, et ita edidisse Heinsium innuit. At Heinsius in contextu edidit *sub luce oculos,* et in notis solum refert discrepantiam lectionis in Oxonio, et quædam similia exempla profert.
594. Ald., *quamvis illustres.*
596. Fasti nominibus consulum signabantur, ut notum est.
597. Rat., *signarent,* minus bene.
598. Widm. supra, *charta;* lege *cera.*
600. Rat., *nec curia constat,* male.
601. Ald., Mar. a prima manu, Thuan., Egm., Ox., Pal., Alex. a prima manu, Urb., *fovent.* Tum ita est distinguendum, *et quodcunque fovent* (pauci illi) *studii privata voluntas, Ac jam rara tenet.*
602. Ald., *ac publica.* In aliis, *sed publica.* Prag., Mar. ad marg., Rat., *hoc jam rara tenet.* Alii, *ac jam.* Si legatur *fovet,* tunc melius est *hoc jam rara tenet.*
604. Ald., Weitz., Heins., *sic consulta Patrum.* Heinsio consonant de more recentiores. At Heinsius contra morem a Giselino recessit, quin varietatem lectionis indicaret. Gis., Rat., Prag., Mar. et alii, *si consulta,* quod magis probo.
606. Prag., *tunc centum;* lege *tercentum.*
608. Rat., *numeri, et partita in parte;* supra, *et parva.* Retine *parvaque.* Symmachus huic argumento nihil objicere poterat : qui lib. IV, epist. 27, ait : *Facit autem lex curiæ nostræ, ut majoris apud me numeri antistet auctoritas.* Hinc formula hæc erat in curia : *Numera senatum.* Post hunc versum lemma Mar., Rat., Alex., *Symmachum alloquitur.* In Urb., *De senatus fide sequitur.*

Aspice, quam pleno subsellia nostra senatu
610 Decernant infame Jovis pulvinar, et omne
753 Idolium longe purgata ex Urbe fugandum.
Qua vocat egregii sententia principis, illuc
Libera cum pedibus, tum corde frequentia transit.
Nec locus invidiæ est, nullum vis aspera terret,
615 Ante oculos sic velle patet, cunctique probatum,
Non jussum, sola capti ratione sequuntur.
Denique pro meritis terrestribus æqua repen-
[dens
Munera, sacricolis summos impertit honores
Dux bonus, et certare sinit cum laude suorum :

A 620 Nec pago implicitos per debita culmina mundi
Ire viros prohibet : quoniam cœlestia nunquam
Terrenis solitum per iter gradientibus obstant.
Ipse magistratum tibi consulis, ipse tribunal
Contulit, auratumque togæ donavit amictum,
625 **754** Cujus relligio tibi displicet, o pereuntum
Assertor divum : solus qui restituendos
Vulcani, Martisque dolos, Venerisque peroras,
Saturnique senis lapides, Phœbique furores :
Iliacæ matris Megalesia, Bacchica Nisi,
630 Isidis, amissum semper plangentis Osirim,
Mimica, ridendaque suis solemnia calvis,

GLOSSÆ VETERES.

609. Subsellia, *judicia*, Iso.
610. Infame, *detestabile*. — Pulvinar, *templum; a pulvinariis, id est lectisterniis quæ in templis deorum faciebant, ubi responsa accipiebant a diis*, I.
612. Principis, *Theodosii*, I.
613. Frequentia, *multitudo*, I.
614. Terret, *ut in Christum cogeret credere : unusquæsque sua sponte Christum credebat*, I.
616. Ratione, *prædicatione*, I.
618. Sacricolis, *paganis*, I.
620. Pago, *paganismo*, Vat. A.

B 622. Obstant, *cogendo*, I.
623. Ipse, *deus, imperator*, I. — Tibi, *o Symmache*, Vat. A.
626. Assertor, *o Symmache*, I.
628. Furores, *minna*, I.
629. Iliacæ, *Opis*. — Megalesia, *sacrificia solemnia*. — Bacchica, *sacra Liberi patris*. — Nisi, *a civitate Nisa, in qua colebatur Liber*, I. —
631. Mimica, *stulta, scurrilia*. — Calvis, *deceptoribus*, I.

COMMENTARIUS.

609. Mar. a prima manu, *plena*, perperam. Errorem Fabricii, qui ex his versibus collegerat plures fuisse senatores gentiles, cum hæc scriberet Prudentius, notavi in proleg. num. 70, in nota *c (Col.* 615 *Patrol. tom. LIX, n.* a). Prudentio concinit Paulinus Natali 11: *Tota pio Christi censetur nomine Roma*. Cæterum nonnulli viri principes adhuc Romæ paganismum retinebant, ut ex carmine ejusdem Paulini ad Licentium manifesto liquet : *Nec tibi nobilitas videatur libera,* C *quam nunc Sublimem attonita conspicis Urbe vehi, Quam cernis tanta sibi libertate videri, Ut dedignetur flectere corda Deo.*
610. Ald., Egm., Pal., *discernant;* longe melius est *decernant.*
611. Ald., Rat., non bene, *idolum* pro *idolium;* pejus Vat. A, *furandum* pro *fugandum.*
612. Prag., Rat. a secunda manu, *quo vocat.* Vat. A, *male, qui vocat.* Hoc loco recte procedit glossa de Theodosio principe, sed non satis sibi constat aliis in locis, ubi intelligit Constantinum pro Theodosio.
613. Vat. A, corrupte, *libera compedibus.* Ald., Teol., *tum pedibus*; alii, *cum pedibus*. Freretus in Examine Critico (ut vocat ipse) auctorum qui apologias pro religione Christiana scripserunt, impudenter affirmat Christianorum imperatorum violentia factum ut religio Christiana propagaretur. His Prudentii versibus et facto ipso quod narrat ea calumnia refellitur. Et religionem Christianam martyrum sanguine crevisse quis ignorat ?
615. Ald., *cunctique probatu, Non jussu.*
616. In Rat. videtur esse *capiti ratione,* quod mendum est, uti in Palat., *capitis ratione.*
617. Rat., *promeritis,* atque ita semper in Prudentio legi jubet Gifanius verbo PROMERITA, quia Prudentius, etsi recentior, libenter antiquiores imitatur. Ita autem distinguendum cen-et hunc locum : *Denique pro meritis terrestribus æqua rependens Munera, sacricolis summos impertit honores Dux bonus.* Alii interpungebant *munera sacricolis, summos,* etc.
620. Vat. A, mendose, *nec pago illicitos.* Barthius, lib. XVII, cap. 1, notat, *pagum* apud Prudentium in Romano et hoc loco idololatriam sonare, quia stupidior gens habitans pagos, ineptiores deos, et cruda ligna colebat. Severus Sulpicius gentiles vocat *rusticos* et Aldhelmus de Laude Virg., *Ruricolas mutans ad cœli regna phalanges.* Vide supra ad vers. 449.

626. Ald., *mare, assertor regum.* In Romano vers. 1, *Romane, Christi fortis assertor Dei.* Egm., *solis pro solus.* Mihi non displicet hæc scriptura, quamvis postea sequatur *Phœbique furores :* nam poeta videtur notare Veneris et Martis adulterium, quod Sol manifestavit, Vulcanus vindicavit.
627. Virgilius lib. IV Georg., *Vulcani, Martisque dolos, et dulcia furta.*
628. Egm., *Fybique furores.* Saturnus cum filium suum Jovem comedere vellet, Opis conjux pro Jove obtrusit lapidem, quem protinus ille devoravit, credens suum esse filium. *Phœbi furores* indicant insaniam qua vates Apollinis agebantur, dum aliquid prænuntiabant. Virgilius lib. VI de Sibylla : *Ea frena furenti Concutit, et stimulos sub pectore vertit Apolio. Ut primum cessit furor, et rabida ora quierunt.* Iso exponit *minna;* de quo vocabulo vide supra comment. ad vers. 117.
629. Alter Rott., *Bacchia Nisi.* Heinsius lib. I Advers. posth., cap. 19, legendum putat *Nisei.* vel *Nisæ,* non *Nisi.* Niseus est Bacchus : alii scribunt *Nyseus.* Nisus fuit nutritius Bacchi. Igitur quolibet ex his modis festa Bacchi intelliguntur. Prag. pro *Megalesia* habet *Magalesia. Megalesia* sunt ludi in honorem Cybeles, quæ Iliaca dicitur ab Ilio, ubi præcipue colebatur. De his vide Livium lib. II, et Ovidium IV Fast., *Protinus incœpto Berecynthia tibia cornu,* etc. Adde quæ notat Fogginius in Fastos Verrii Flacci, D pag. 42 et seqq. Verum de his ludis iterum nos in Romano.
630. Mar. scribit *Osirin.* De his sacris Minucius : *Isis perditum filium cum Cynocephalo suo et calvis sacerdotibus lugit, plangit, inquirit, et Isiaci miseri cædunt pectora, et dolorem infelicissimæ matris imitantur : mox invento parvulo, gaudet Isis, exsultant sacerdotes, Cynocephalus inventor gloriatur : nec desinunt annis omnibus vel perdere quod inveniunt, vel invenire quod perdunt. Nonne ridiculum est vel lugere quod colas, vel colere quod lugeas ?* Eadem fere repetunt Lactantius lib. I, cap. 21, Athanasius Adv. gentes, Firmicus de Error. prof. relig., Origenes, Cyprianus, Eusebius, Augustinus, Paulinus, aliique Christiani scriptores, ut de gentilibus taceam.
631. Gis. et nonnulli vulg., *mimicaque et ridenda suis.* Ita etiam Rat., sed abrasis prioribus. Codd. mss., Ald., Weitz. aliique, *mimica, ridendaque suis,* probe. In *ridenda a* producitur, non ea ratione qua

Et, quascunque solent Capitolia claudere, larvas.
O linguam miro verborum fonte fluentem,
755 Romani decus eloquii, cui cedat et ipse
635 Tullius, has fundit dives facundia gemmas!
Os dignum, æterno tinctum quod fulgeat auro,
Si mallet laudare Deum: cui sordida monstra
Prætulit, et liquidam temeravit crimine vocem.
Haud aliter, quam si rastris quis tentet eburnis
640 Cœnosum versare solum, limoque madentes
Excolere aureolis si forte ligonibus ulvas,
Splendorem dentis nitidi scrobis inquinat atra,
Et pretiosa acies squalenti sordet in arvo.
Non vereor, ne me nimium confidere quisquam
645 Arguat, ingeniique putet luctamen inire.

Sum memor ipse mei, satis et mea frivola novi:
756 Non ausim conferre pedem, nec spicula
[tanta
Indocilis fandi conjecta lacessere linguæ.
Illæsus maneat liber, excellensque volumen
650 Obtineat partam dicendi fulmine famam:
Sed liceat tectum servare a vulnere pectus,
Oppositaque volans jaculum depellere parma.
Nam si nostra fides, sæclo jam tuta quieto,
Viribus infestis, hostilique arte petita est:
655 Cur mihi fas non sit, lateris sinuamine flexi
Ludere ventosas jactu pereunte sagittas?
Sed jam tempus iter longi cohibere libelli,
Ne tractum sine fine ferat fastidia carmen.

GLOSSÆ VETERES.

638. Liqui !am, *nitidam, pulchram*, Iso.
645. Pretiosa acies, *splendor auri.* — Acies, *acumen*, I.
646. Frivola, *ineptias*, Iso.

B 648. Indocilis, *ego.* — Lacessere, *provocare*, I.
649. Liber, *Symmachi*, I.
650. Partam, *paratam.*—Fulmine, *cum tonitru*, Iso.

COMMENTARIUS.

ait Gifanius in *A*, quia scilicet *a* a veteribus contra vulgatos grammatices canones sæpe producitur; sed potius ob encliticam *que*: facit enim hæc dictio enclitica, ut accentus in *a* collocetur. Vide proleg., ubi ejusmodi regulam explicuimus.

636. Nisi opera Symmachi ad nos pervenissent, ex laudibus quas Prudentius, Ambrosius, Ausonius, Prosper Aquitanicus, Macrobius aliique veteres in eum contulerunt, divina quadam eloquentia viguisse hominem, judicandum esset. Nunc quoniam aliud dicendi genus placet, ejus epistolæ tantum non despiciuntur.

638. Prag, *liquido*; melius *liquidam*.
639. Vat. A, mendose, *ut aliter.* Ald., *quam cum rastris quis tentat.* Ita etiam quatuor vetustiores apud Heinsium, Alex., Urb. Heinsio magis placet *quam si rastris quis tentet.* Sed lib. 1 Advers. posth. conjecit *rustris* pro *rastris*, quia *rustrum* est species ligonis. At vero *rastra* inter instrumenta rustica ab Isidoro lib. xx, cap. 14, recensentur, ita dicta, ut ait ex Servio, *aut a radendo terram, aut a raritate dentium.* Pro instrumento fossorio accipi dicam etiam ad vers. 283 lib. ii. Clemens Alexandrinus, notante Chamillardo, tale aliquid dixit: *Nemo ligonem argenteum facit, nemo falcem auream; nam utendum apta materia ad agriculturam, non divite.* Et Tertullianus lib. de Habitu muliebri: *Certe nec ager auri opere paratur, nec navis argenti vigore contexitur. Nullus b deus aurum demergit in terram.* Inter adagia recensentur: *Eburneis rastris solum vertere, Ligonibus aureis terram fodere, Aureo hamo piscari pro re insigni et præclara*

male abuti. Judæi vero cum sub Juliano Apostata templum instaurare vellent, ligones, palas et corbes ex argento confecerunt. Vide Theodoret. lib. ix Hist., cap. 20.

640. Egm., corrupte, *verrare solum*.
642. Posset etiam scribi *scrobes*, ut *lues*, *fames*, Joannes, correpta ultima.
646. Aldus distinguit *Sum memor ipse mei satis, et mea frivola novi.* Symposius: *Sed frivola multa locuta.* Ausonius: *Misi itaque ad te frivola gerris Siculis vaniora.* Juvenalis sat. 3: *Jam frivola transfert Ucalegon.* Sidonius lib. iv, epist. 3, imitari videtur Prudentium.
649. Aldi error manet pro *maneat*.
655. Ald., *cur mi fas.* Cicero in Catilinam: *Quot ego tuas petitiones ita conjectas, ut vitari nullo modo possent, parva quadam declinatione, et, ut aiunt, corpore excessi?* Catullus carm. 114: *Contra nos tela ista tua evitamus amictu.* Vide Comment. Vulpii.
656. Lipsius Saturn. lib. ii, cap. 20, conjicit *sarissas* pro *sagittas*, quia hastæ jaciuntur, non sagittæ. Heinsius non placet hæc conjectura. Sagittæ *ventosæ* dicuntur ob eloquentiam ventosam, ut in præf. lib. ii: *Ventisque eloquii tumet.* Petronius dixit *ventosa loquacitas.*
657. Imitatio Virgilii eclog. 1: *Et jam summa procul;* et ii Georg.: *Et jam tempus equum fumantia solvere colla.*
658. Ald., *Finit contra Symmachum liber primus.* Alex., *Explicit contra Symm. lib. 1:* Urb., *Explicit lib. 1 contra Symmachum.*

PRÆFATIO LIBRI SECUNDI
CONTRA SYMMACHUM.

757 Simon, quem vocitant Petrum,

Summus discipulus Dei,

COMMENTARIUS.

In Vat. A nullus est titulus. In Rat. et Mar., *Præfatio libri ii adversus eumdem.* In Alex., *Incipit liber ii feliciter amen.* In Urb. *Incipit prologus in librum ii.*
1. Ex phrasi sacræ paginæ Matth. iv, 18: *Simonem, qui vocatur Petrus;* et x, 2: *Simon, qui dicitur Petrus.*
2. Barthius, lib. xliii Advers., cap. 8 hunc locum

D illustrat, et post plures SS. Patrum similes auctoritates addit: *Infinita alia sunt a disceptatoribus eventilata, quibus infinita totidem alia addi possint quæ auctoritatem Petri inter apostolos vel primariam astruant.* Vide vers. 1 præfat. lib. i.

Lucis forte sub exitu,
Cum vesper croceus rubet,
5 Curvam avulserat anchoram,
Captans flamina linteis,
Et transnare volens fretum.
Nox ventum movet obvium,
Fundo qui mare misceat,
10 Jactatam quatiat ratem.
Clamor nauticus æthera
Plangens, atque ululans ferit
Cum stridore rudentium :
Nec quidquam suberat spei
15 **758** Mergendis prope naufragis,
Cum Christum procul aspicit
Pallens turba periculis,
Calcantem pedibus mare,
Ac si per solidam viam
20 Siccum littus obambulet.
Hæc miracula cæteri
Vectores pavidi stupent.
Solus non trepidus Petrus
Agnoscit Dominum poli,
25 Terræque, et maris invii :
Cujus omnipotentiæ est
Plantis æquora subdere.
Tendit suppliciter manus,
Notum subsidium rogat.

A 30 Ast ille placide annuens,
Puppi ut desiliat, jubet.
Jussis obsequitur Petrus :
Sed vestigia fluctibus
Summis tingere cœperat.
35 Et lapsante gradu pedes
Pessum mergere lubricos.
759 Mortalem Deus increpat,
Quod sit non stabili fide,
Nec calcare fluentia,
40 Nec Christum valeat sequi.
Tum dextra famulum levat,
Sistitque, et docet ingredi
Tergum per tumidum freti.
Sic me, tuta silentia
B 45 Egressum, dubiis loquax
Infert lingua periculis :
Non ut discipulum Petrum
Fidentem et merito, et fide,
Sed quem culpa frequens levem
50 Volvat per freta naufragum.
Sum plane temerarius,
Qui noctis mihi conscius,
760 Quam vitæ in tenebris ago
Puppim credère fluctibus
55 Tanti non timeam viri :
Quo nunc nemo disertior

GLOSSÆ VETERES.

3. *Exitu, recedente die*, I.
6. *Flamina, ventos*, I.
10. *Jactatam, fatigatam*, I.
19. *Ac si, quasi*, I.
20. *Obambulet, circumambulet*, Iso.
36. *Pessum, deorsum, perditioni, pessime, vel male*, I.

40. *Nec, scilicet ideo*, I.
44. *Sic me, figura mystica*, I.
49. *Quem, me*, I.
51. *Plane, certe.* — *Temerarius, præsumptor*, I.
52. *Noctis, ignorantiæ, peccati*, l.
53. *Ago, duco*, I.
56. *Disertior, doctior, eloquentior*, I.

COMMENTARIUS.

4. Virgilius lib. 1 Georg.: *Illic sera rubens accendit lumina vesper.*
5. Weitz., Ald., Heinsius cum suis codd., *vulserat*. Mar., Rat., Prag., Gis. alliique, *avulserat*.
6. Hæc historia narratur cap. xiv Matth. et ab aliis evangelisis.
8. Mar., *mox*; bene correctum *nox*. In Rat. pro div. script. Prag. *mox ventum videt*. In Rat., ex *obviam* eadem manu factum *obvium*.
9. Ald., contra metrum, *qui misceat mare*.
11. Virg. v Æneid.: *Ferit æthera clamor Nauticus*, et I Æn.: *Insequitur clamorque virum, stridorque rudentum*.
14. Rat., Prag., *nec quidquam superat*, quod omnino rectum Marietto visum est.
17. Prag., *spaliens turba*, male.
18. Hujus miraculi sæpius meminit Prudentius.
20. Rat., *obambulat*; supra, *obambulet*.
26. Gis. 1 ed., *Cujusque omnipotentiæ est*; 2 ed., *Cujus cunctipotentiæ est*. Metuebat ne pes primus esset choreus. Sed exemplum exstat apud Horatium lib. I, od. 15, *Ignis Iliacas domos*. Catullus ita fere semper. Apud Ducangium occurrit *cunctipotentia* ex prologo Vitæ S. Turiani.
30. Jureti codex, *ast illi*.
33. *Vestigia* pro pedibus passim apud poetas; ut etiam *vestigia tingere*, sive malis scribere *linguere*.
36. *Pessum* est adverbium, aut adverbii simile, scilicet in profundum. Silius lib. VIII, *Labi mergente sinistro Consule res, pessumque dari*. Plautus in Truculento I, 1, 15 : *Quando abiit rete pessum, tum adducit sirum*. Vide Barthium cap. 12. Advers. lib. xxxIII.

58. Ald., Gis., *qui sit*; plerique, *quod sit*. Egm., Pal., *quid sit*, quod elegans et Prudentianum censet Heinsius. In Egm. ait Heinsius esse interpretamentum *cur*; in Pal. Weitzius affirmat supra esse *cur*, quæ non tam est glossa quam diversa lectio : et hæc quidem elegans, et Prudentiana mihi videtur. Vide comment. ad vers. 81 hymni 4 Cath., *Cur te, summe Deus, precemur unum*.
41. Mar., *dum*; a secunda manu, *tum :* probe.
42. Prag., perperam, *sistit et, docetque*.
43. Poetis frequens est *tergum æquoris* dicere, ut Græcis νῶτα θαλάσσης. Adisis Wowerum, Elmenhorstium, Ouzelium in Comment. ad verba Minucii *Vel dorsum maris raderet*, atque iterum Elmenhorstium ad Arnobium lib. I, pag. 27 : *Calcabat* (Christus) *ponti terga undis ipsis stupentibus*.
48. Ald., Prag., Gis., Weitz. et alii, *fidentem merito sine et*; Mar., alter Rott., Ox., Bong., Fabr., Heins. et alii, *et merito*.
D 49. En rursus præclaram animi demissionem qua Prudentius se peccatorem fatetur eo etiam tempore quo inter omnes constat vitam illum Christianis moribus præditam egisse; quo defensio in prolegomenis a nobis suscepta confirmatur, scilicet ex præfatione operum humilitatis ipsius potius argui quam ante actæ vitæ gravissima scelera quæ illi vulgo imputantur.
50. Prag., mendose, *solvat per freta naufragium*.
53. Prag., *vitæ tenebris sine in*.
54. Alii *puppem*, alii *puppim* scribunt : Simili metaphora vel potius allegoria utitur Sidonius lib. IX, epist. 16 : *Jam per alternum pelagus loquendi*, etc

Exsultat, fremit, intonat,
Ventisque eloquii tumet :
Cui mersare facillimum est
60 Tractandæ indocilem ratis :
Ni tu, Christe potens, manum

A Dextro numine porrigas,
Facundi oris ut impetus
Non me fluctibus obruat :
65 Sed sensim gradiens, vadis
Insistam fluitantibus.

GLOSSÆ VETERES.

57. Exsultat, *suadendo*. — Fremit, *indignando*.— Intonat, *minando*, Vat. A.

60. Tractandæ, *gubernandæ*.— Indocilem, *me*, I.
65. Sensim, *paulatim*, I.

COMMENTARIUS.

57. *Tonare* de eloquentibus dicunt Cicero, Propertius et alii.
58. Vat. A, *ventis eloquii* sine que.
59. Ald., *cui versare*; lege *mersare*.
63. In Prag. videtur esse *ni impetus*, quod nec metro nec sententiæ congruit.
64. Vat. A, vitiose, *nomine* pro *non me*. Imitatur id Arator lib. II : *Sed non ego linguam Tam fragilem committo vadis, rapidasque procellas Aufugiam tentare diu, ne forte canenti Obruat exiguam violentior unda loquelam.*
65. Vat. A, depravate, *sed sim gradiens*.
66. Animadvertit Grangæus ex Virgilio *insistere* esse firmo gradu inhærere. In Aldo, *Finit præfatio;* in Alex., *Explicit præfatio.*

CONTRA SYMMACHUM
LIBER SECUNDUS.

761 Hactenus et veterum cunabala prima deo-
[rum,
Et causas, quibus error hebes conflatus in orbe
[est,
Diximus, et nostro Romam jam credere Christo.
Nunc objecta legam, nunc dictis dicta refellam.

B 5 Unde igitur cœpisse ferunt, aut ex quibus or-
[sum,
Quo mage sancta ducum corda illice flecteret
[arte ?
Armorum dominos, vernantes flore juventæ,
762 Inter castra patris genitos, sub imagine
[avita
Eductos, exempla domi congesta calentes,

GLOSSÆ VETERES.

1. Cunabula, *initia*, Iso, Vat. A.
2. Hebes, *stultus*, I.
4. Objecta, *mihi a Symmacho*. — Legam, *colligam*, I.
5. Unde, *dicam*, Vat. A. — Cœpisse, *hanc hæresim colere*. — Quibus, *causis*. — Orsum, *incœptum*, I. *Scilicet esse*, Vat. A.

6. Quo, *ut*. — Illice, *suasoria arte, deceptibili, deceptrice*, I.
7. Armorum, *prœliorum*. —Dominos, *Romanos*, I
8. Patris, *patrum*.—Genitos, *nutritos*.—Imagine filio, qui est imago patris. — Avita, *antiqua*, I.
9. Exempla, *per*. — Congesta, *cumulata*, I.

COMMENTARIUS.

In Rat. est titulus *Adversus Symmachum liber* II incipit. In Mar., *Aurelii Prudentii Clementis;* nihil præterea. In aliis nulla inscriptio.
3. Jureti codex, *cedere Christo*, quod nescio, cur a Cellario præferatur, tanquam dignius poeta.
5. Widm. ad oram, *inde;* melius *unde*.
6. Vat. A scribit *inlice*. Post hunc versum inseruntur in multis codicibus verba hæc ex Symmachi relatione. *Quis ita familiaris est barbaris, ut aram Victoriæ non requirat? Cauti in posterum simus; et talium rerum ostenta vitemus. Reddatur saltem nomini honor, qui numini denegatus est. Multa Victoriæ debet æternitas vestra, et adhuc plura debebit. Aversentur hanc potestatem, quibus nihil profuit. Vos amicum triumphis patrocinium nolite deserere. Cunctis potentia ista votiva est. Nemo colendam neget, quam profitetur optandam.* Nonnullæ occurrunt varietates lectionum in codicibus. In Vat. A, *arma Victoriæ* pro *aram Victoriæ.* In Aldo, *non quærat* pro *non requirat.* Vat. A, mendose, *aut in posterum* pro *cauti in posterum.* Plerique, etiam Heinsius, *sumus,* et postea *vitamus :* mihi magis placet cum Aldo *simus, vitemus.* Vat. A, *ostentavimus;* Mar. a prima manu, *ostentamus;* Prag., *ostenta videmus;* alii recte, *ostenta vitemus* aut *vitamus.* In Mar., abrasis prioribus, *dignitas vestra.* Etiam Rat. a prima manu, et Sich., *dignitas* pro *æternitas.* Mar., *arceant hanc.* Prag., corrupte, *nociva* pro *votiva,* cujus glossa in Vat. A est *chara.* Ante verba Symmachi nonnulli

C inscribunt *Symmachus,* et post ea *Prudentius*.
7. In Prag. et Ald. mendum *venerantes* pro *vernantes :* Heinsius mallet *vernantis.* Becmanus in Manuduct. ad ling. Lat. correxit etiam hunc errorem *venerantes,* et ex suo ms. reposuit *vernantes.* Putarunt aliqui armorum hos dominos esse Constantini filios; alii Valentinianum II et Arcadium, qui fratres postea dicantur, quod Theodosius Valentiniano loco patris fuerit. At dubium non est quin de Arcadio et Honorio Prudentius loquatur. Quod enim vers. 10 ait, *Orator catus instigat,* id intelligi potest, vel quia Symmachus fortasse obtulerat his imperatoribus suam relationem, vel quia ex ea relatione, ad alios imperatores habita, juvenum imperatorum animi, aliis instigantibus, permoveri poterant, nisi valida responsione refelleretur.
8. Mar., *patres,* a prima manu; Prag., *patrum :* legendum *patris.* Vat. A, Prag. et Rat. a secunda manu, *vitæ male,* pro *avita.* Mariettus hoc loco quærendum

D ait quænam uxores maritos sequerentur in castra, et ibi susciperent liberos. Ego puto, *inter castra patris* intelligi posse, dum pater militaret, non ita ut in ipsis castris nati fuerint. Vide etiam glossam, ubi *patrum* diversa et lectio, sed non bona.
9. Vat. A. Weitz cum suis, *edoctos;* sed in Bong. supra erat *eductos,* quod habent reliqui et recte pro *educatos,* uti apud Plautum, Terentium, Juvenalem et alios. Mar., Alex., Urb., Weitz, Sich., Ox.,

10 Orator catus instigat, ceu classica belli
Clangeret, exacuitque animos, et talia jactat.
Si vobis vel parta, viri, Victoria cordi est,
Vel parienda dehinc, templum dea virgo sacra-
[tum
Obtineat, vobis regnantibus. Et quis amicus
15 Hostibus hanc vestro sancte negat esse colen-
[dam
763 Imperio, cui semper adest, quod laudi-
[bus implet?
Hæc ubi legatus : reddunt placidissima fra-
[trum
Ora ducum : Scimus, quam sit victoria dulcis

A Fortibus, Ausoniæ vir facundissime linguæ :
20 Sed quibus illa modis, qua sit ratione vocanda,
Novimus : hac primum pueros pater imbuit
[arte;
Hanc genitore suo didicit puer ipse magistro.
Non aris, non farre molæ victoria felix
Exorata venit : labor impiger, aspera virtus,
25 Vis animi, excellens ardor, violentia, curæ,
764 Hanc tribuunt, durum tractandis robur
[in armis :
Quæ si defuerint bellantibus, aurea quamvis
Marmoreo in templo rutilas Victoria pennas
Explicet, et multis surgat formata talentis :

GLOSSÆ VETERES.

10. Catus, *doctus* : Symmachus, I.
11. Jactat, *ad senatum dicit*, I.
15. Sancte, *religiose*, I.
17. Reddunt, *respondent*, I.
19. Ausoniæ, *Romanæ*. — Vir, *Symmache*, I.

B 21. Pater, *Romulus*, I.
22. Hanc, *artem, victoriam*, I.
23. Aris, *sacris*. — Farre, *sacrificio farris*, I.
26. Hanc, *victoriam*, I.
29. Explicet, *expandat*. — Talentis, *metallis*, I.

COMMENTARIUS.

Cauch., et a manu prima Thuan., Rat. a secunda manu, Torn. ad oram, *calentes*. Pal., Widm. supra, Prag., Rat. a prima manu, Ald., Torn. in textu, Gis., *tenentes*. Gis. ad marg., *colentes*. Heinsius et recentiores, *calentes*, quod Prudentianum Heinsio videtur, cum amet Prudentius verba cum quarto casu conjuncta, ut *æstuare*, *sudare*, *flere*, *vivere*, *anhelare*, *arietare*, *currere*, *suspirare*, *credere*, *sitire*, *spirare*, *pluere*, *prurire*, *ludere*, *mendicare*, *glorificare*, *resultare*, *ruere*, *spumare*, *sufflare*, *susurrare*, *sapere*, *tumere*, *triumphare*, *strepere*, *cogitare*, *ardere*.

10. Egm. supra, *ortator catus*, hoc est, *hortator*. Retine *orator*.

13. Dionysius Halicarnasseus lib. 1 de monte Palatino agens : *In vertice vero tumuli* Victoriæ *fano exstruct* , *rem divinam ei alternis annis fieri instituerunt* (Arcades), *quod et nostra ætate Romani faciunt*. Cicero vero, lib. II. de Nat. deorum, cap. 61, et Livius, lib. XXIX, testantur, in Palatino fuisse templum ejusdem deæ. Dio lib. XLV memorat templum Victoriæ in quo erat cella sive ædicula Jovis Capitolini. 'P. Victor in descriptione Urbis regione octava recenset templum Victoriæ in Foro. Livius lib. XXXV, cap. 9 : *Iisdem diebus ædiculam* Victoriæ Virginis *prope ædem* Victoriæ M. Porcius Cato *dedicavit*.

14. Fabr., Gis., *ecquis*; alii, *et quis*. Ald., *et quis magnus* : melius *et quis amicus*.

15. Vat. A, *hanc vestro sancto*. Ald. et alii, *hanc sancte vestro*. Prag., *neget*. Hoc ipsum est quod aiebat Cæcina lib. VI Ep. fam. Ciceron. : *Nemo nostrum est, ut opinor, quin vota Victoriæ suæ fecerit : nemo quin, etiam cum de alia re immolaret, tamen eo quidem ipso tempore, ut quamprimum Cæsar superaretur, optaret*.

16. Vat. A, *quid*; legendum *quod*.

17. Ald., Gis. ad oram 4 ed., *hæc ubi dicta dedit*, quod passim a Virgilio usurpari observat Grangæus. Idem notat recte *reddunt* pro *respondent* adhiberi, quoniam *dare* aliquando est dicere.

18. Mar. a prima manu, *victoria ducis*, male.

19. Ald., *fortibus Ausoniæ, vir facundissime lingua*, minus bene.

22. Teolius in not. ad vers. 8 colligit ex hoc versu 22, avum Arcadii et Honorii fuisse religioni Christianæ addictum, quod clare liquere non puto : nam ratio parandi victoriam, quæ subjicitur, etiam in ethnicis valet. Illud constat ex Orosio, eorum avum, antequam occideretur, baptizari voluisse. Post hunc versum cætera in Pragensi codice desiderabantur.

23. Ald., *non farre sale*. Lege *non farre molæ*. Barthius ex charta, manu veteri probeque extrata, diversas scripturas ad hunc et seqq. versus adnotat lib.

xx, cap. 8. Hic versus ita ibi legebatur, *Non arris, non farre, mola* Victoria *velox*. Mendose *arris*. At *farre*, *mola*, optime disjungi arbitratur Barthius, ut *copia major sit poeticæ eloquentiæ*. *Velox* non illi displicet : cui enim non ales Victoria ?

24. In ms. Barthii, *labor, impigra et aspera virtus*, quæ lectio ab eo negligitur.

25. Teolius ait, bene omnes Vaticanos et Heinsii plerosque habere *violentia. cura*; sed Heinsio in notis magis arridere lectionem *vigilantia, curæ*, quæ Chamillardo unice probatur. Nescio quinam codices habeant *vigilantia, curæ*. Heinsius ad verba *violentia, cura*, id tantum notat : *Ita codices* : VIGILANTIA CURÆ *nihilominus videtur castigandum*. Neque aliud addit C Chamillardus, qui edidit *violentia, cura*, et in nota solum ait : *Ita codices*, inquit *Heinsus, nihilominus* VIGILANTIA *videtur castigandum*. Heinsius conjecturam fortasse sumpsit ex Barthio, qui in suo ms. legit. *Vis animi excellens, ardens violentia, curæ*; et præferendum putat *curæ* ; tum existimat, *violentia* commutandum in *vigilantia*. Verum, dissentientibus codd. mss., nihil mutandum, cum *violentia* hic etiam locum habeat pro *audacia* ; aut eo sensu quo in sacra pagina dicitur, *violentos* rapere regnum Dei. Catullus in carm. Nupt. ait : *Amat victoria curam*.

26. In ms. Barthii legitur *Hanc tribuunt*, durum et tractandis robur in armis. Sed Barthius mavult *durum tractandis robur in armis* sine *et*, ut hæc verba sint definitio quædam victoriæ, quæ *nihil aliud est, nisi invictum robur, inscium cedere in armis*. Mihi id non placet : nam potius accipio *durum robur* in nominativo, ut etiam robur intelligatur tribuere victoriam. Tota hæc sententia expressa est apud Sallustium in Catilina, et Arnobium lib. VII, quod notavit Chamillardus.

D 28. Turnebus, num. 390 Advers., *rutilas Victoriæ pennas* explicat Ciceronis verbis III de Natura deorum, ubi *Victoriolas aureas* memorat, quod scilicet ex auro eas facere solerent. Claudianus, Panegyr. de sexto consulatu Honorii de Victoria in curia Julia : *Romanæ tutela togæ, quæ divite penna Patricii reverenda fovet sacraria cœtus*. Apud Romanos plerumque ales effingebatur Victoria : in quodam tamen nummo Titi sine alis exhibetur. Lacedæmonii etiam et Athenienses Victoriam involucrem repræsentabant, tanquam semper apud eos mansuram.

29. Ald., Tornæs. in textu, Galland., Gis. in textu e ed., et ad marg. 2 ed., *formata metallis*. Apud Isonem *metallis* videtur diversa lectio, non glossa. Prudentius videtur potissimum loqui de Victoria quæ in curia Julia exstabat, vere formata multis talentis. Dio l b. LI de Augusto post victoriam Actiacam : *His per-*

LIBER II CONTRA SYMMACHUM.

30 Non aderit, versisque offensa videbitur hastis. A
Quid, miles, propriis diffisus viribus, aptas
765 Irrita femineæ tibimet solatia formæ?
Nunquam pennigeram legio ferrata puellam
Vidit, anhelantum regeret quæ tela virorum.
35 Vin eadi quæris dominam? sua cuique dextra
[est,

Et Deus omnipotens : non pexo crine virago,
Nec nudo suspensa pede, strophioque recincta,
766 Nec tumidas fluitante sinu vestita papillas.
Aut vos pictorum docuit manus assimilatis
40 Jure poetarum numen componere monstris :
Aut lepida ex vestro sumpsit pictura sacello,
Quod variis imitata notis, ceraque liquenti

GLOSSÆ VETERES.

30. Versis, *Cum in fugam vertuntur homines*, I.
32. Formæ, *Victoriæ deæ, quæ formam feminæ habet*, I.
34. Anhelantum, *sudantium bello*, I.
36. Pexo, *ornato*. — Virago, *fortis femina, Victoria*, I.

37. Suspensa, *elevata*. — Strophio, *cingulo*, I.
38. Tumidas, *per tumidas*, I.
40. Jure, *quia hoc lex poetarum est*, I.
41. Lepida, *aperta, eloquens, pulchra*. — Sacello, *templo*, I.
42. Notis, *figuris, coloribus*, I.

COMMENTARIUS.

actis, Minervæ templum, et quod Chalcidicum vocatur, B *tum curiam Juliam, in honorem patris sui factam. dedicavit : in eaque imaginem Victoriæ posuit, quæ hodie quoque exstat, Tarento olim Romam advecta, ac a Cæsare tum in curia posita et spoliis Ægyptiis decorata : quo Cæsar nimirum ostendebat imperium se ex Victoria esse adeptum.* In veteri Romano Maffeiorum Calendario *Ara Victoriæ in curia dedicata* legitur v cal. Sept. De hac Victoria aurea pondo 320 ab Hierone missa vide Livium lib. xii, cap. 37 qui refert in Capitolio et in templo Jovis fuisse locatam. De Victoriarum aureis simulacris, Valentiniano a Tripolitanis oblatis, agit Ammianus lib. xxvii.

30. Pal., *non aderint*, male. Juretus testatur, in quibusdam schedis pro *hastis* legi *alis*, et utrumque ait rectissime dici : nam Victoria ales fingitur, et hastas vertit, cum vim omnem alio converit : adeoque putat, a vetere et recepta lectione non temere discedendum, quæ suas habet veneres.

31. Ald., Pal., Mar. a prima manu, codices Heins. præter alterum Rott., et nostri plerique, *aptas*, et in C Alex. glossa *id est, associas*. Jureto etiam concinnius videtur *aptas*, quod in suo ms. exstabat. Urb., Weitz., Gis., *optas*. Barthius ita legi et distingui in suo ms. affirmat : *Quid miles propriis diffisus viribus; optas Irrita femineæ tibimet solatia formæ?* ut videatur abruptus quidam sensus velut indignantis esse Victoriæ.

34. Ald., Mar. a prima manu *Vidit anhelantem, regeret quæ tela virorum*, minus bene.

35. Ald., Mar., Weitz., Gis., *sua dextera cuique est*. Vat. A, Egm., Jureti codex, Pal., Widm. supra, *sua dextera forti est*, quod præfert Juretus, quia non cujusvis, sed fortium virorum est victoriam adipisci : idque exstat in Alex. pro diversa scriptura. Fabr., Gifan. in *e breve*, Thuan., Urb., Alex., *sua cuique dextra est*, quod placet Heinsio, quia superiora satis evincunt hoc ipsum de fortibus esse accipiendum. Heinsius pro hac ipsa lectione allegat codicem Pal., qui a Weitzio affertur pro alia, ut vidimus. Confer Comment. ad vers. 105 Hamartigeniæ *sua cuique jura*. D Barthius legit *sua dextera cuique est*, et hoc versu vult confirmare, victoriam esse *durum tractandis robur in armis*, de quo vers. 26, sed non persuadet : nam ibi mentio erat de victoria tanquam jam obtenta, hic de causa ipsa victoriæ, quam deam fingebant veteres. Arnobius lib. iv : *Victoria, pax, æquitas, et cætera quæ in superioribus dicta sunt, quanam ratione, qua via, intelligi possunt dii esse, atque ad superiorum contilium pertinere? nos eu m nihil horum sentimus et cerninus habere vim numinis, neque in aliqua contineri sui forma, sed esse virtutem viri, salutem salvi, victoris victoriam.*

36. Schulzius, in dissertatione de Ara Victoriæ, ex hac descriptione et monumentis Græcis Latinisque colligit, his signis simulacrum Victoriæ cognosci posse : *Figura muliebris stans, rarius sedens, capite nudo vel operto, revincta strophio et tunica muliebri usque ad talos dependente, vel astricti magis, vel latiore et fluente, pedibus nudis insistens terræ, vel globo,*

vel galeæ, vel proræ navis, alas binas humeris affixas gerens, mox ad terram dependentes, mox explicatas ad utrumque latus, aliquando sursum sublatas, dextra coronam oleaginam, quercinam vel ex lauro confectam tenens, sinistra vero palmam vel tropæum; sæpius ambabus manibus arma ad tropæum suspendens, vel clypeo litteras inscribens.

37. Ald., Rat. a prima manu, Mar., Vat. A, Bong, Alex., Urb., Gis., Cell., Teol., Galland. cum Tornæs., *recincta*. Heinsius cum Cauchiano, Weitzio et plerisque Weitzianis, *revincta*, quod præstare ait Heinsius, quia aliud quid designat *recingi*, et Cauchius confirmat in veteribus nummis Victoriam exprimi strophio *revinctam*. Cellarius contra ait, Prudentii quoque esse *recincta veste* in Romano vers. 236, ex Æn. iv, vers. 518. Fortasse poterit intelligi, *strophio recincta* idem esse ac *corona*, seu *strophio cincta caput*. Alio sensu *recingi* est *discingi*. Sic etiam *revincio* duplicem contrariam significationem habet. Victoria suspensa pede interdum effingebatur, ut instabilem eam esse constaret.

38. Bong., Widm., *fluitantes investita* supra *fluitante sinu investita*, quod tenuit Weitzius. Alii, *fluitante sinu vestita*. In museo Pio-Clementino statua marmorea Victoriæ asservatur, ubi prorsus nudæ ostenduntur papillæ. Fortasse si legatur *investita*, verbum hoc vim negandi habebit. *Investis* Tertulliano *nudus est de Pallio* cap. 3, *Nudus et investis* (Adamus) *figulo suo consistit*. Pueri imberbes dicebantur etiam *investes*.

39. Ald., Mar. a prima manu, *at vos*. Ald.,Weitz., *assimilatis*, quod Heinsio non placet pro *assimulatis*.

40. Egm., Pal., Bong. supra, *nomen* pro *numen*, minus bene. Weitz., Mar., Widm. a prima manu, Bong. a prima manu, *numen imponere*. In Barthii codice *manus, assimilatis Jure poetarum monstris, componere numen*.

41. Barthii codex a prima manu, *ex vestro prompsit*. Giselinus putat libros poetarum a Prudentio vocari ironice *sacellum*, sive sacrarium gentilium. Ego intelligo sacellum esse fanum, templum, et superstitionem gentilium, quam pictura socii poematis arte auxerit. Ut enim ex tota serie orationis patet, in habitu Victoriæ confingendo poesin, picturam et superstitionem suas habuisse partes Prudentius confirmat. De pictura egregius est locus Sap. xv, 4 : *Non enim in errorem induxit nos hominum malæ artis excogitatio, nec umbra picturæ, labor sine fructu, effigies sculpta per varios colores.*

42. Veteres solebant ceris pingere et picturam cera liquenti inurere, ut docet Plinius lib. xxxv, cap. 11, et lib. xxi, cap. 14. Eam ob causam antiqui scriptores, tum profani tum ecclesiastici, cum de pictura verba faciunt, passim ceram simul commemorant. S. Paulinus epist. 8 ad Severum : *Non in tabulis putribilibus, neque ceris liquentibus, sed in tabulis cornalibus cordis tui pinxit*. Vide novam Frontonis Ducæi ad hæc Paulini verba. Ut alios omittam qui de veterum pingendi ratione scripserunt, Joannes de Fonseca et

767 Duceret in faciem, sociique poematis arte
Aucta, coloratis auderet ludere fucis.
45 Sic unum sectantur iter, et inania rerum
Somnia concipiunt et Homerus, et acer Apelles,

Et Numa, cognatumque malum, pigmenta, ca-
[mœnæ,
768 'dola, convaluit fallendi trina potestas.
Hæc si non ita sunt, edatur, cur sacra vobis

GLOSSÆ VETERES.

44. Ludere, pingere. — Fucis, mendaciis, I.
46. Homerus, poeta magister. — Acer, fortis, sagax. — Apelles, pictor, I.
47. Numa, cultor idolorum, et ædificator templorum. — Cognatum, cognatam vocat rem, ex his tribus scilicet, pictore, poeta et mago coadunatam. — Ca-

mœnæ, poetarum, Iso.
48. Idola, id est magorum. — Docta, in pictura et in poemate, I.
49. Edatur, dicatur, proferatur a nobis. — Cur sacra, verba senatus, I.

COMMENTARIUS.

Figueroa librum ms. de veteri Pictura reliquit, quem laudat Nic. Antonius. Cl. Requenus non multis ante annis veterem pingendi rationem, et cera pro oleo utendi, jam pridem deperditam, feliciter invenit, aut aliam novam similem excogitavit; quam Petrus Garcia de la Huerta, multis adhibitis experimentis et doctis observationibus, quas in vulgus edere cogitat, feliciter promovit. Id opportune monere volui, ut melius intelligantur cl. Stephani Antonii Morcelli verba in commentariis elegantissimis ad calend. Constantinop. tom. I, pag. 116 : Tabulas encausto pictas aqua non lædit, ut nuper encaustica rursum inventa, pictores in Urbe verissimum experimento deprehenderunt. Recte ostendit Morcellus ex concilio Nicæno II, adhuc sæculo VIII hanc pingendi rationem pictoribus fuisse familiarem : Non tabulam cera perfusam honorantes, sed regem.... Quanquam imago nihil aliud est quam lignum, et colores cera commixti et temperati. In Ephemeridibus Romanis anni 1781, pag. 119, exponitur opusculum Anglicum domini R. E. Raspe, Londini 1780, quo probat verisimile esse, apud Ægyptios, Græcos et Romanos consuetudinem oleo pingendi fuisse, aut veteres pictores proxime ad eam accessisse : certum esse ait sæculo X aut XI eam consuetudinem viguisse. Inserit duos tractatus sæculi X aut circiter, alterum Theophili presbyteri, alterum Heraclii De coloribus et artibus Romanorum. Carmen Hispanicum de Pictura cum notis Segoviæ editum, auctore D. Didaco Antonio Rejon de Silva, in eisdem Ephemeridibus Romanis anno 1786, num. 47, summis laudibus commendatur; eum novis edendis libris ad liberales artes illustrandas egregie incumbere, compertum nobis est.

45. Heinsius cum altero Rott., Fabr., Widm., Bong., Teol., Cham., Gis. ad marg., Sich., Vat. A, Rat., Torn. ad oram, Mar. sic cassa figuris. Urb., sic segnia rerum. Alex. a prima manu, Weitz., Widm. ad oram, Bongars. ad oram, G fanius ex tribus vett. libris, Oxon., Thuan., Egm., sic inania rerum, Contendit Gifanius, sic posse corripi, ut fac. Repugnat Heinsius, quod non bene Aldum citat pro hac lectione sic inania : nam Aldus ita quidem ediderat, sed emendavit et inania rerum, quæ lectio mihi probatur, et exstat in Alex. pro div. script., et in textu Giselini recepta est. Gallandius ait, in Tornæs. esse cum Aldo inania rerum in textu ; sed non explicat an sit et inania, an sic inania. Sæpe accidit ut in Prudentio veram lectionem corruperint inepti correctores, qui syllabam brevem ratione cæsuræ ab eo frequenter produci ignorabant.

46. Gifanius, qui verbo Fac totum hunc locum laborat explicare, acrem sonare ingeniosum advertit. In Vat. A mendum est acer Apellas. Indicatur poesis in Homero, pictura in Apelle, et superstitio in Numa.

47. Ald., Gifanius loc. cit., Weitz., Widm. supra, Alex., Urb., Gis. ad oram, Thuan., Boher. vetustior, cognatumque volunt. Vat. A, codex Jureti et Thuan. a secunda manu, cognatumque vocant. Mar., Rat., alter Rott., Ox., Fabr., G s., Bong., Widm., Heins., Teol., cognatumque malum per epexegesin, ut pigmenta, camœnæ, idola sint cognatum malum. Pro piq-

menta Bong., Widm. a prima manu, Gifanius, figmenta. Retine pigmenta, et intellige picturam. Heinsius præterea scribit et scribendum ait camœnas, repugnantibus membranis; quem tamen secutus est tacitus Teolius. Mihi certe non displicet lectio Heinsii, et in mentem etiam antea venerat : sed videndum est an lectio codicum defendi valeat. Gifanius legit cognatumque volunt figmenta camœnæ, et explicat acri cognatum volunt, hoc est, idem volunt figmenta camœnæ Egeriæ. Scilicet Egeriam camœnam vocari putat, quia grata fuit camœnis, ut ait Ovidius III Fastorum. Eodem ergo, inquit, pertinet figmentum illud Numæ de Egeria. Quæ explicatio mihi non probatur. Puto ergo legendum cognatumque malum, pigmenta, camœnæ, Idola, convaluit fallendi trina potestas : ut cognatum malum convaluerit, scilicet pigmenta, camœnæ, idola, quod malum est trina fallendi potestas : et favet huic lectioni, quod in nonnullis post idola est comma. Vide vers. seq.

48. In Rat. pro idola sciolus apposuerat spectacæ. Aldus quoque cum edidisset Idola conflavit fallendi trina potestas, inepte voluit emendare Trinaque conflavit fallendi idola potestas, ne scilicet o in idolum, corriperetur. Ald., Gis., Heins., conflavit. Plerique scripti, convaluit, ut Vat. A, Mar., Rat., Urb., Gifanii et Jureti codices, Weitzins cum suis. Alex., conflarunt a prima manu, conflavit a manu secunda. Heinsius rejecit docta potestas, quod hactenus, inquit, circumferebatur. At jam ante Heinsium trina potestas ediderant Aldus et Weitzius, neque contemnendum est docta potestas, quod reperitur in Mar., Rat., Bong., Gifanii codice, Fabr., Gis. Barthius quoque lib. VI, cap. 26 Advers., legit docta potestas, et id relerciendum putat ad eloquentiam eorum qui idola invexerunt : ubi notat, Prudentium eadem verbo usum quod in Varronis satyra Nosce teipsum Nonius explanat. Nihil sunt musæ? Poesis vestra quas artifici duxit. Sic enim legit verba i ta : Nihil sunt musæ policis vestræ quas ærifice duxit, quæ Janus Rutgersius aliter, aliter Lipsius emaculant. Sensus tunc erit, Cognatum malum conflavit idola; hoc autem cognatum malum sunt pigmenta (pictura, Apelles), camœnæ (musæ, Homerus), fallendi docta potestas (superstitio, Numa). Melius tamen est trina potestas, ut pictura, poesis et superstitio comprehendantur. Poesin autem cum pictura quamdam inter se cognationem et similitudinem habere nihil est cur probemus, cum satis pateat. Hoc proprium est Prudentii, quod superstitionem his fingendi artibus ingeniose conjunxerit. Heinsii explicatio est quod trina fallendi potestas conflavit (ita enim legit) pigmenta, camœnas et idola, quæ sunt cognatum malum. Nostra magis ad codd. mss. et ad mentem Prudentii accedit, quod cognatum malum, trina fallendi potestas, videlicet pigmenta, camœnæ, idola, convaluit, hoc est simul valuit, viresque mutua ope accepit : hoc enim pugnat Prudentius.

49. Hæc si negent gentiles, respondeant, inquit Prudentius, rationemque reddant cur sacra ipsi sumant ex pictura fabulisque poeticis? Exempli loco cur sacerdotes Cybeles seipsos castrant, nisi quia fabula poetica Attin fingit exsectum sive castratum,

LIBER II CONTRA SYMMACHUM.

50 Ex tabulis, cerisque poetica, fabula præstat? A Idque etiam paries tibi versicolorus adumbret?
    Cur Berecynthiacus perdit truncata sacerdos   Desine, si pudor est, gentilis ineptia, tandem
769 Inguina, cum pulchrum poesis castrave-   Res incorporeas simulatis fingere membris.
         [rit Attin?   **770** Desine, terga hominis plumis obducere: fru-
    Cur etiam templo Triviæ, lucisque sacratis   [stra
    Cornipedes arcentur equi, cum musa pudicum   60 Fertur avis mulier, magnusque eadem dea vul-
55 Raptarit juvenem volucri per littora curru,   [tur.

GLOSSÆ VETERES.

50. Tabulis, *imaginibus, ex pictura.* — Præstet, *antestet*, I.
51. Berecynthiacus, *a Berecyntho, Opis monte.* — Perdit, *adhuc*, I.
52. Inguina, *vitilia*. — Poesis, *fictio poetica: poesis est materia uniuscujusque carminis.* — Castraverit, *castratum narraverit*, I.
53. Triviæ, *Dianæ, vel Proserpinæ*, I.

55. Raptarit, *raptatum dixerit.* — Juvenem, *Hippolytum*, I.
56. Adumbret, *figuret, imaginet*, I.
57. Si, *pro siquidem*. — Ineptia, *stultitia*, I.
58. Simulatis, *in*, I.
59. Plumis, *cum*, Iso.
60. Fertur avis, *multos et viros, et mulieres legimus in fabulis versos in aves, unde commemorat*, I.

COMMENTARIUS.

idque etiam picturæ exhibent? Simile est in aliis sacris, quibus equi a templo Dianæ arcentur. Quid, inquam, hæc innuunt, nisi quod poesi et pictura idolorum cultus coaluerit?

50. Vat. A, mendose, *ex fabulis*. Rat., Weitz., Widm., Bong., *præstet*; alii *præstat*, ut postea *perdit*.

51. Mar. a secunda manu, *perdat*. Imitatur Prudentius Minuc'u m in Octavio: *Cybelæ Dindyma pudet dicere, quæ adulterium suum infeliciter placitum, quoniam et ipsa deformis et vetula, ut multorum deorum mater, ad stuprum illicere non poterat, exsecuit, ut deum scilicet faceret eunuchum.* Propter hanc fabulam Galli eam, et semiviri sui corporis supplicio colunt. Catullus et Arnobius narrant Attidem sibi genitalia desecuisse. Qui plura de his velit, legere poterit commentatores Minucii, ut mythologos præteream.

52. Ald., Gis., *cum pulcher sese castraverit Attis*. Plerique et potiores, *cum pulchrum poesis castraverit Attin*. Teolius ait locum antea corruptum ita restituisse Heinsium. At Weitzius cum suis omnibus mss. jam ediderat *cum pulchrum poesis castraverit Attin*; et ita antea restituerant Sich. et Gifanius, et legerat in suo codice Juretus, et in margine vett. edd. exstare confirmat Gallandius. Hic præterea invenit *cur pulchrum*; sed alii habent constanter *cum*, et Gifanius monet observandum usum particulæ *cùm*: *Cur Galli Cybeles se excidunt, cum ex fabulis poeticis cognoscatur Attin fuisse castratum*: hoc est, cur se excidunt, nisi quia cognoscitur, etc. Cur a templo Dianæ arcentur equi, nisi quod musa, seu poesis Hippolytum raptatum faciat, etc. Nonnulli scribunt *Atys*; sed hoc loco melius est *Attis*, ut prima producatur, quæ corripi solet in *Atys*.

53. Ex Virgilio lib. vii: *Unde etiam templo Triviæ, lucisque sacratis Cornipedes arcentur equi.*

54. Ald., Widm. supra, Pal., Vat. A, Gis., Alex. a secunda manu, et apud Gallandium vett. edd., *cum Phædra pudicum*. Jureti codex *cur Phædra*. Grangæus interpretatur Phædram fuisse causam cur raptaretur Hippolytus, ut narrat Hyginus fabula 47. In Egu. mendum est *pudicam*. Verior et communior lectio *cum musa pudicum*, de qua Gronovius in Diatribe Statianâ, quem adeundum suadet Heinsius.

55. Gifanius, Gis. ad oram, *littora cursu*.

58. Rat., *similatis*, minus bene, pro *simulatis*. Cudworthus System. intellect. cap. 4 observat Prudentium, Græcos imitatum, vocare *res incorporeas* rerum affectiones, et eventus, qualis erat victoria: et ex vers. 236 hujus libri et 191 Apoth. colligit, Symmachum et alios gentiles credidisse, multa veterum numina fuisse perfectiores unius Dei, nomine personarum indutas, neque aliud fuisse Victoriam deam n si virtutem unam e multis unius Dei. Verum frustra laborat Cudworthus: etsi enim certum sit, gentiles in suorum numinum vi et potestate

B explicanda non satis sibi constitisse, tamen ex Prudentii versibus mox afferendis solum constat Divinitatem a Symmacho in varias partes fuisse divisam: quem ideo arguit Prudentius, quod cum Deus unus sit neque dividi possit, ipse numina mille inducere voluerit. Vide Comm. ad eum vers. 236. Valsecchius ad Cudworthi interpretationem accedere videtur: nam ex Apotheosis loc. cit., colligit lib. 1 de Fundamentis relig., cap. 9, idololatras unum Deum credidisse, diversa vero numina aut unius Dei perfectiones, aut virtutes homine superiores, sed ministras Dei fuisse.

59. Aldus aliique male distinguunt *plumis obducere frustrâ*. Heinsius monuit interpungendum *obducere: frustra Fertur avis*.

60. Mar., *ab his*; supra eadem manu *avis* cum reliquis. Marietus primam sui codicis lectionem approbat, et *avis* ait esse glossam imperite translatam a verbo *vultur* ad verba *ab his*; exponit autem:
C *Fertur eadem victoria ab his plumis, dum fingitur volare, et mulier, et vultur magnus*; id est, *monstrum ridiculum eam efficits, dum illam et mulierem simul et avem facitis.* Heinsius opinabatur *magicusque*: nam id vocabulum sæpe in *magnus* degenerare ob cognationem litterarum ad Nasonem compluribus exemplis pervicerat: quanquam vel sic versus hic cum proxime præcedenti suspectus illi est. Iso interpretatur de fabula qua mul.er in avem, exempli loco, in vulturem conversa dicatur. Chamillardus ait Victoriam magnum vulturem dici, vel quod alia vulturum more exercitus supervolet, vel quod omnis avis magna dici possit vultur. Grangæus notat Ægyptios vulturis imagine matrem, et cœlum, quod feminam putant, Palladaetiam et Junonem repræsentare, quod nullum marem credant esse inter vultures, cu.æ vento concipere dicuntur. Addit, fortasse per vulturem hic intelligi Is dem. Baronius enim tom. III Annal. in vita Juliani numismatis meminit, cujus prima parte Deus est Serapis vultu Juliani exsculptus,
D altera duæ Isides cum aspidum sertis in capite, gladiis in manibus, vulturum alis in dorso: adeoque avis illa mulier vultur deæ Isidi sacra est. Federicus Morellus a Gro gæro hac de re consultus sic rescripsit. Confirmari id potest, quia Ælianus lib. x de Animalibus, cap. 22, refert Ægyptios Isidis statuam pennis vulturinis ornare; et multi putant ab Ægyptiis coli vultures. Sed ut verum fatear, magis placet interpretatio Chamillardi, quod frustra fingatur Victoria mulier, dea et vultur, sive magnis alis tanquam vultur instructa. Huc trahi potest, quod vultures Marti erant sacri, et quod veteres imperatores accurate explorare soliti essent in quam belli partem spectarent vultures, inde victoriam sperantes, vel profligationem: de quibus adsis Rhodiginum Lect. antiq. lib. viii, cap. 18, Ægyptios, Persas, Græcos Victoriam sibi imagine accipitris repræsentasse lute-

Vis decorare tuum, ditissima Roma, senatum? A
Suspende exuvias, armis, et sanguine captas,
Congere cæsorum victrix diademata regum,
Frange repulsorum fœda ornamenta deorum : 80
65 **771** Tunc tibi non terris tantum victoria
[parta,
Sed super astra etiam media servabitur æde.
Talia principibus dicta interfantibus, ille
Prosequitur, magnisque tubam concentibus in-
[flat : 85
Allegat morem veterum : nil dulcius esse
70 Affirmat solitis, populosque, hominesque teneri
Lege sua. Sicut variæ nascentibus, inquit,
Contingunt pueris animæ : sic urbibus affert
Hora, diesque suum, cum primum mœnia sur-
[gunt, B
Aut fatum, aut genium, cujus moderamine re-
[gnent,
75 Addit et arcanum rerum, verique latebras
Prosperitate aliqua deprendi posse secundi

Per documenta boni : si sint felicia, quæ quis
Experiendo probet : cessisse parentibus omne
Idolium semper feliciter, et pede dextro.
772 Enumerat longi vim temporis : excitat
[ipsam
Crinibus albentem niveis, et fronte vietam,
Ore reposcentem querulo sua numina Romam.
Libera sum, liceat proprio mihi vivere more.
Et quis erit qui mille meos reprehenderit annos?
Uno omnes sub sole siti, vegetamur eodem
Aere : communis cunctis viventibus aura.
Sed, qui sit, qualisque deus, diversa secuti,
Quærimus, atque viis longe distantibus, unum
Imus ad occultum. Suus est mos cuique genti :
90 Per quod iter properans eat ad tam grande
[profundum.
His tam magnificis, tantaque fluentibus arte,
Respondet vel sola fides, doctissima primum
Pandere vestibulum veræ ad penetralia sectæ.
Nam, cum divinis agimus de rebus, et illum,

GLOSSÆ VETERES.

62. Exuvias, *spolia*.—Armis, *cum*, l.
63. Congere, *collige tu*.—Victrix, *Roma*.—Diademata, *coronas*, l.
64. Repulsorum, *abjectorum*, l.
66. Æde, *in cœlo*, l.
68. Prosequitur, *Symmachus respondet*.—Tubam, *guttur, vocem*, l.
69. Allegat, *nuntiat, ratiocinabatur, vel instruebat*.—Dulcius, *beatius*. l.
70. Solitis, *legibus*, l.
74. Genium, *naturalem loci genium*, l.
75. Addit, *ille, Symmachus*.—Arcanum rerum, *sensus est, arcanum rerum, et latebras varii boni posse* C *deprehendi aliqua prosperitate*, l.

76. Secundi, *prosperi*, l.
79. Idolium, *gentilitatem*.—Dextro, *secundo*, l.
81. Vietam, *antiquam*, l.
83. Libera, *Roma dicit ; vox Romæ*, l.
85. Siti, *scilicet sumus*.—Eodem, *uno*, l.
87. Diversa, *idola*, l.
88. Distantibus, *dissimilibus*, Iso.
89. Occultum, *Deum, omnipotentem*.—Suus, *proprius*, l.
90. Grande, *quod Deus est summus*, l.
92. Respondet, *fides Symmacho*.—Vel, *etiam*.—Fides, *fideles homines*, l.
93. Penetralia, *secreta*.—Sectæ, *doctrinæ, fidei*, l.

COMMENTARIUS.

ris traditum est. Ægypti vero accipitrem et aquilam videntur coluisse, tanquam numini, a quibus victoriam orarent. Fortasse inde ales Victoria pingitur.
62. Egm., Gis. ad oram, *sanguine raptas*.
64. Cauchius malebat *vetera ornamenta deorum*. Nihil est causæ cur sollicitetur lectio codicum *fœda ornamenta*, quamvis Juvenalis dixerit *vetera ornamenta deorum*, et alibi Prudentius *veteres dei*. Hoc enim loco concinnius est *fœda ornamenta deorum*, cum præcesserit descriptio ridiculorum numinum, sive monstrorum.
65. In editione Parmensi mendum puto *nunc tibi* pro *tunc tibi*, quod exigit sensus.
67. Ald., *in te fantibus*, Alex. a prima manu mendose, *interfuntibus*.
68. Thuan., *persequitur*, quod Heinsio et Teolio placuit. De eloquentia *tubam* Sidonius, Claudianus Mamertus aliique dixerunt.
69. Mar. a prisca manu, Pal., *more, male*, Thuan., D Egm., Bohor. antiquior, Heins. et recentiores, *morem veterem*. Alii *veteres* mss. et edd., *morem ve erum*.
73. Ald., Egm., Pal., Heinsiani p'erique, Jureti codex, *suus*; Thuan., *suis*, quod placuit Heinsio; sed præstat *suum*, scilicet *fatum, aut genium*, cum Mar., Rat., Weitz., Gis. et aliis. *Mœnia surgunt* ex Virg. 1 Æn.
74. Vat. A, *regnent*. Weitzius pro *regnet* allegat Ald. et Egm., sed Aldus meus habet *regnent*.
76. Egm. et Pa., *secundis Per documenta bonis*. Weitzius Aldum etiam allegat pro hac scriptura : *et si quidem secundis* in Aldo, sed postea *boni*; quod utrumque simul defendi nequit.

79. Aldus *idolum*, ne videlicet o corripiatur. Rat. etiam *idolum*, sed, ut conjicio, a recenti manu.
81. Ald., *fronte vieta*. Widm., *vigetam*.
82. Mar. a prima manu, *queruloso* : correctum *querulo sua*.
84. Nonnulli conjungunt *ecquis* : utroque modo dicitur. Vide Gifanium, verbo ET QUANTIS.
86. Heinsius edidit *communis cunctis viventibus aura*, sed in notis monuit omnino scribendum *communi aura*, quidquid obnituntur membranæ, et ad præcedens proxime *vegetamur* referendum. Sed non video cur non ita possit scriptura vetus explicari : *Vegetamur eodem aere, communis est cunctis viventibus aura*: nam Prudentius sæpe omittit verbum substantivum *est*, ut Heinsius ipse notavit ad vers. 26 hymni 1 Cath.
87. Vat. A, Urb., *sed quis sit*.
89. Gif. in *e* breve, Mar., Weitz., Sich., Alex. a prima manu, Heinsiani fere omnes, *suus est mos cuique genti*, quod puto fuisse in Rat., ubi, abrasis prioribus, nunc legitur *nam genti est cuique suus mos*. Egm., Alex. a secunda manu, Ald., Gis., Pal., Vat. A, *proprius genti cuique est mos*. Giselinus fatetur, in plerisque antiquis esse *suus est mos cuique genti*: sed fallitur, quod affirmat alibi semper primam in *cuique* a Prudentio corripi ex fide mss. Vide Commert. ad vers. 105 Hamart., *sua cuique jura*.
94. Apposite contra Bailium hos versus profert Valsecchius lib. II de Fundam. relig., cap. 6. Cum enim Deus, quippe infinitus a nobis comprehendi nequeat, non est exigendum ut clare natura ejus explicetur.

773 Qui vel principio caruit, vel fine carebit,
Quique chao anterior fuerit, mundumque
[crearit,
Conjectare animo contendimus, exigua est vis
Humani ingenii, tantoque angusta labori':
Quippe minor natura aciem si intendere tentet
100 Acrius, ac penetrare Dei secreta supremi,
Quis dubitet victo fragilem lassescere visu,
Vimque fatigatæ mentis sub pectore parvo
Turbari, invalidisque hebetem succumbere
[curis?
Sed facilis fidei via provocat Omnipotentem
105 Credere: qui bona non tantum præsentia donat,
Sed ventura etiam, longisque intermina sæclis
Promittit, ne totus eam resolutus inane
In nihilum, pereamque brevem post luminis
[usum.
Muneris auctores ipso de munere pendas,
110 Æterna æternus tribuit, mortalia conferí
774 Mortalis: divina Deus, peritura caducus.
Omnia, quæ tempus peragit, quæque exitus
[aufert,
Vilia sunt brevitate sui, nec digna perenni
Largitore: cui propria est opulentia, nunquam

A 115 Desinere, idque homini dare, quod non desi-
[nat unquam.
Nam si corruptum, corrumpendumve Deus quid
Præstat, habetque nihil, quod sit pretiosius
[istis:
Pauper, et infirmus, et summo indignus honore,
Et non omnipotens, sed inanis numinis umbra
[est.
120 Hac ratione fides sapienter conjicit, imo
Non dubitat, verum esse Deum: qui, quod su-
[mus, et quod
Vivimus, illæsum semper fore, si mereamur,
Nos sperare jubet. Cœlestia si placet, inquit,
Scandere, terrenas animo depellite curas.
125 Nam quantum subjecta polo tellus jacet infra,
B Dividiturque ab humo convexi regia cœli,
Tantum vestra meis distant mundana futuris,
Dira bonis, scelerata piis, tenebrosa serenis.
775 Quidquid obire potest, fugiatis, censeo:
[quidquid
130 Naturæ ratione capit vitium, atque senescit,
Pro nihilo, in nihilum quia sunt reditura, putetis.
Cuncta quidem, quæ gignit humus, quæ continet,
[ipse

GLOSSÆ VETERES.

96. Chao, *mundo, initio*, I.
99. Natura, *homines*, I.
100. Supremi, *altissimi*, I.
101. Visum, *mentem, acumen intellectus*, I.
103. Hebetem, *pigram*, I.
106. Intermina, *interminabilia, infinibilia in æternitate*, I.
107. Eam, *transeam*, I.
108. Luminis, *istius vitæ*, Iso.
109. Pendas, *æstimes*, Iso.

110. Æternus, *Deus*, Iso.
111. Mortalis, *mundus, homo*, I.
115. Desinere, *finiri*, I.
116. Quid, *aliquid*, Iso.
117. Istis. *præsentibus bonis*, I.
120. Conjicit, *narrat*, I.
C 123. Inquit, *Deus*, Iso.
129. Obire, *transire, vel finiri: verba Dei.*— Censeo,
judico, præcipio, I.

COMMENTARIUS.

96. Hymno 12 Cath., vers. 40, *Antiquius cœlo, et chao*.
97. Vat. A, *animo concedimus*, non bene. Sententia ex sacris Litteris petita est, Proverb. xxv, 27; Eccles. III, 22, et aliis in locis.
98. Mar. a prima manu, *ingeni*, male.
99. Mar. a prima manu, *naturæ*: legendum *naturâ*.
101. In editione Parmensi error contra metrum et sensum, *lacessere visu*. Ald. et Oxon. *lassescere visum* pro *visu*.
102. Thuan., *sub tempore parvo*, quod Salmasio placebat, quamvis *sub* redundet; nam alibi etiam Prudentius, Alcimus Avitus et Dracontius *sub tempore* simili modo dixerunt. Præfero communem lectionem *sub pectore parvo*.
106. Non semel Prudentius utitur voce *interminus*: usus ea est Ausonius epist. 16: *Felicitate intermina*. Avienus in Periergesi: *Musis intermina vita*. Sidonius et Salvianus etiam *interminabilis* dixerunt.
107. Ald., *nec totus*, non bene.
109. Ald., Weitz., Gif., præstantiores Heinsiani, Egm., Pal., Alex., *auctorem*, quod sequuntur He ns. et Cham. Teneo *auctores* cum Mar., Rat., Urb., Widm., Bong., Fabr., Gis., aliis. Gifanius præfert *auctorem*, quia sequitur *æternus, mortalis*, et ibi est *muneris*. Non satis intelligo quid sibi velit. Cur enim non recte dicatur, *Pende auctores muneris ipso de munere. Æterna æternus tribuit, mortalia confert mortalis*, ubi auctores diversorum munerum inter se conferuntur.
114. Vat. A, mendose, *largitor*. Alter Rott., cui

proprium est opulentia.
115. Aldi error *desinerem*. Gis. ad oram, *atque homini*. Weitz., Gis., Mar., *non desinet*. Rat., *desinit*. Codex Jureti, Alex., Urb., Vat. A, Ald., Egm.; Pal. potiores Heinsiani, *desinat unquam*.
116. Weitzius cum nonnullis, *corrumpendumque Deus quid*.
117. Vat. A, *præstet*; alii, *præstat*.
118. Fabr., *summoque*. Gis. 1 ed., *et summo*; 2 ed., *summoque*. Codices potiores, *infirmus et summo*: nam familiare est Prudentio brevem ratione cæsuræ producere. Vide Gifanium verbo INCISIO.
119. Alex. a prima manu, Urb., Mar., *et inanis*, non male. Rat., *nominis umbra est*, minus bene.
121. Eadem sententia iisdem fere verbis hymni 4, Cath. vers. 13.
125. Mar., Rat., Weitz. cum suis, Sich., Gis., alter Rott., *subjecta polo*. Heinsiani plerique, Gis. 1 ed. in textu, Ald., Urb., Alex., Vat. A., *subjecta situ*. Teolius ita edidit, sed non bene allegat Aldum pro *polo*: nam Aldus Weitzio, Heinsio, et mihi dat *situ*, quod tenuit Heinsius. Sententia desumpta est ex Isaia, cap. LV, vers. 9: *Quia sicut exaltantur cœli a terra, sic exaltatæ sunt viæ meæ a viis vestris, et cogitationes meæ a cogitationibus vestris*.
126. Lucretius lib. IV: *A terris quantum cœli patet altus hiatus*.
131. Widm. supra, Mar., *quæ sunt*.
132. Heinsius cum suis præstantioribus, *cuncta equidem, et continet ipsa* cum iisdem, Ald., Vat. A, Alex. a secunda manu. Alii plerique nostri mss., et edd., *cuncta quidem, et continet, ipse Principio insti-*

Principio institui, nitidoque insignia mundo
Ornamenta dedi, speciosaque semina finxi.
135 Sed tamen esse modum volui, parcisque fruenda
Moribus indulsi, quantum moribundus, et æger
Corporis, ac vitæ volucris sibi posceret usus :
Non ut captus homo studiis, et inaniter ardens,
Duceret omne bonum positum in dulcedine
    [rerum,
140 Et specie tenui, quas currere tempore jussi,
776 Atque ævum statui, sub quo generosa
    [probarem
Pectora, ne torpens, et non exorcita virtus,
Robur enervatum gereret sine laude palæstræ.
Illecebrosus enim sapor est, et pestifer horum,
145 Quæ, dum prætereunt, miro oblectamine mentes

Implicitas, inctasque tenent : vincenda vo-
    [luptas,
Elaqueanda animi constantia, ne retinaclis
Mollibus, ac lentis nexa, et captiva prematur.
Luctandum summis conatibus : inter acerba -
150 Sectandum virtutis iter : ne suavia fluxæ
Conditionis amet, nimium nec congerat aurum,
777 Nec varios lapidum cupide spectare
    [colores
Ambitiosa velit : nec se popularibus auris
Ostentet, pulchroque inflata tumescat honore.
155 Ne natale solum, patrii ne jugera ruris.
Tendat, et externos animum diffundat in agros,
Et ne corporeis addicat sens'bus omne,
Quod vult, aut quod agit : ne præferat utile justo,

GLOSSÆ VETERES.

135. Parcis moribus, *frugalitatibus*, l.
137. Volucris, *quæ cito transit*, l.
138. Non, *non ideo distribuit*, Iso.
139. Duceret, *æstimaret*, l.
143. Enervatum, *infirmum*. — Palæstra, *certaminis, luctaminis*, l.
144. Illecebrosus, *illicitus*. — Horum, *delectamentorum*, l.
147. Constantia, *ligata a diabolo*, Iso.

148. Lentis, *flexibilibus*, l.
149. Acerba, *supplicia*, l.
153. Auris, *favoribus*, l.
154. Ostentet, *glorietur, jactet*. — Pulchroque, *sicut hominibus videtur*, l.
156. Tendat, *dilatet, ad se trahat*, l.
157. Addicat, *tribuat*, l.
158. Utile justo, *utilitatem justitiæ, vel terrenum*, l.

COMMENTARIUS.

tut. Teolius cum Heinsio facit, sed non bene distinguit *quæ continet, ipsa Principio institui*, nisi fortasse Theolius intelligat *ipsa cuncta quæ gignit humus*. Heinsius intelligit, *quæ continet ipsa humus*. Alii, *ipse ego,* institui.

134. Nonnulli vulg., male, *spatiosaque semina*.

135. Vat. A, vitiose, *parcique*. In Heinsio difficultatem parit depravata hoc loco scribendi ratio *volvi* pro *volui*. Chamillardus quoque edidit *volvi*.

136. Ald., *ægri;* melius *æger*. Alex. a prima manu vitiose, *ager*.

138. Gis. in quodam codice invenit *captus humo*. Thuan., *inaniter usus*.

140. Gis., Bong. in textu, Mar. a prima manu, Gis. in textu, *et species tenues*. Jureti codex, Sich., Alex., Vat. A, Weitzius cum plerisque suis, Thuan., Egm., Boher. et Rott. priores, *et specie tenui*. Urb. legit et distinguit *et species, tenui quas currere tempore jussi.* Gifanius, verbo Vis MAGNA, cum alium locum Prudentii adduxisset, *Eum*, inquit, *poetam Christianum quia nunc, ut opinor, fere totum vindicavimus a mendis innumerabilibus, addamus et aliquot, ut ita dicam, manticas, et hanc imprimis e lib.* II. *in Symmachum :* tum hos versus exscribit, et explicat. Sed opportune antea monebo, fortasse ex his verbis deceptos, qui Gifanium notas mss. in Prudentium reliquisse affirmant, Gifanius quidem nihil aliud hoc loco ait, nisi Prudentium fere totum a se in illo ipso indice Lucretiano a mendis vindicatum. Explicatio autem Gifani innititur verbis *et tenui specie* : et ait : *Vetat nos bonum omne collocare in voluptate, quæ ex rebus-et earum tenui specie seu nitore capitur*. Putat nullo sensu dici *et species tenues*. Giselinus cum suo ms. legendum contendit *et species tenues*, quia respicit ad illud *speciosaque semina finxi*, quibus parce et certo modo utendum est. Mariettus etiam hanc lectionem approbat et confirmat ex vers. 755 : *Exiguas rerum species*. Tunc sensus erit : *Duceret, esse bonum omne positum in dulcedine rerum, et esse bonum species tenues, quas currere tempore jussi.* Verior mihi, et clarior videtur alia lectio, quæ etiam est Aldi, Heinsii et recentiorum.

143. Post hunc versum Fab., Bong., alter Rott. inducunt alios duos, *Enervare suum corrupta per otia robur Posset, et in nullo luctamine pigra jaceret*. Alii omittunt hunc versum *Robur enervatum*, etc., et illos duos ejus loco apponunt, ut Jureti codex, prior Rott.,

Ox., Vat. A, prior Boher., Egm., ut se legisse affirmat Heinsius, quamvis Weitzius id neget. Alii solum agnoscunt versum *Robur enervatum*, ut Widm. et Mar. In Rat. videtur hic solus versus fuisse, et recenti manu additi sunt duo illi a Giselino et ab aliis merito omissi. In Urb. et Alex. exstant hi duo versus, sed pro diversa lectione, non ut tres illi simul recipi debeant. Weitzius putavit Aldum tribus his versibus locum dedisse : et ita quidem fecerat, sed monuit postea delendum primum versum *Robur enervatum gereret sine laude palestræ*. Perspicuum est duos istos versus additos ab aliquo, qui primum *e* in *enervatum* nollet corripi : de quo dixi satis ad vers. 64 hymni 8 Cath. In Alex. scribitur *inervatum*, uti etiam in Thuan.

146. Lactantius cap. 22, lib. VI : *Cavenda sunt igitur oblectamenta ista, tanquam laquei, et plagæ, ne suavitatum mollitie capti, sub ditionem mortis cum ipso corpore redigamur, cui nos mancipamus*. Agit Lactantius de saporis et odoris voluptatibus.

147. *Elaqueare* laqueis exsolvere apud Sidonium ; *elaqueatus* apud Ammianum.

149. Ald., Gis., Jureti codex, Oxon., Egm., Vat. A, *nitendum summis*. Heinsius hanc lectionem prætulit in brevi indiculo erratorum aut mutandorum, ut dicam ad vers. 719 in Romano ; in textu edidit *luctandum*, etc. Teolius Heinsio imputat *nitendum;* sed Heinsius clare edidit *luctandum* cum plerisque suis et nostris : neque aliud in notis advertit nisi *nitendum* habere Oxon., Egm. et Ald.

151. Ald., Pal., *ne congerat*. Gis. legit et distinguit *amet nimium : ne congerat aurum :* ita in textu, sed in indiculo de quo paulo ante, *amet; nimium ne congerat aurum*. Plerique *amet, nimium nec congerat aurum*. Mar. male, *nec congeret*. Fabricius, *ne congerere aurum*, scilicet *velit*, quod mox sequitur.

153. Virg. lib. VI. *Nunc quoque jam nimium gaudens popularibus auris*. De auris popularibus vide comment. ad vers. 22 hymni 1 Cath.

154. Mar. a prima manu, *tumescit* male.

156. Salvianus lib. I ad Eccles. cath. adversus avaritiam : *Videtis, quas parari opes a parentibus filiis Deus jubeat, non pecuniarios thesauros..... non fundos interminabiles, et notitiam possessoris sui excedentes, qui consortes pati indignum æstiment, et vicinitatem injuriam putent*. Eadem sententia passim ab ethnicis ipsis repetitur, Horatio, Juvenale et aliis:

LIBER II CONTRA SYMMACHUM.

Spemque suam in me omnem statuat, nunquam A
  [peritura,
160 Quæ dedero, longoque die mea dona trahenda.
Hæc igitur spondente Deo, quis fortis, et acer,
Virtutisque capax breve quidque perennibus in se
Prætulerit? vel quis sapiens potiora putarit
Gaudia membrorum, quam vivæ præmia mentis?
165 Nonne hominem, ac pecudem distantia separat
  [una,
Quod bona quadrupedum ante oculos sita sunt?
  [ego contra
778 Spero, quod extra aciem longum servatur
  [in ævum?
Nam, si tota mihi cum corpore vita peribit,
Nec poterit superesse meum post funera quid-
  [quam,
170 Quis mihi regnator cœli? quis conditor orbis?
Quis Deus? aut quæ jam merito metuenda
  [potestas?

Ibo per impuros ferven!e libid ne luxus :
Incestabo toros : sacrum calcabo pudorem :
Inficiabor habens al quod sine teste propinqui
175 Depositum : tenues avidus spoliabo clientes :
Longævam perimam magico cantamine matrem.
Tardat anus dominum dilata morte secundum.
Nec formido malum : falluntur publica jura.
Lex armata sedet, sed nescit crimen opertum,
180 Aut, si res pateat, judex corrumpitur auro.
779 Rara reos justa percellit pœna securi.
Sed quid ego hæc meditor? revocat Deus ecce
  [severa
Majestate minax : negat interitura meorum
Per mortem momenta operum. Non occidet,
  [inquit,
B 185 Interior, qui spirat, homo : luet ille perenne
Supplicium, quod subjectos male rexerit artus.
Nec mihi difficile est liquidam circumdare
  [flammis

GLOSSÆ VETERES.

159. Me, *in Deum.* — Peritura, *scilicet sunt*, Iso.
160. Trahenda, *scilicet sunt,* 1.
161. Acer, *ingeniosus*, I,
162. Breve, *transitorium aliquid,* I.
164. Mentis, *acuminis, animæ,* I.
165. Nonne, *affirmando,* I.
166. Ante oculos, *in præsentia,* I.
167. Aciem, *visum oculorum, invisibiliter.* — Servatur, *mihi,* I.
169. Funera, *mortem,* I.
173. Incestabo, *polluam.* — Toros, *legitimos,* I.
174. Inficiabor, *negabo,* I.
175. Depositum, *commendatum.* — Tenues, *pauperes.* — Clientes, *parentes, socios, servos, vel socios* C *minores,* I.

176. Longævam, *vetulam.* — Magico, *veneno,* I.
177. Tardat, *quoniam.* — Anus, *vetula ma er.* — Dominum, *hæredem, id est filium vel vitricum.* — Dilata, *diu vivendo,* Iso.
178. Formido, *timeo facere.* — Falluntur, *mea fraude,* I.
179. Armata, *ad puniendum,* I.
180. Si, *scilicet contigerit, ut,* I.
181. Percellit, *interficit.* I.
182. Meditor, *narro.* — Revocat, *ab hoc facto prohibet me.* — Severa, *aspera,* I.
184. Monimenta, *memorias,* I.
185. Luet, *persolvet,* I.
186. Quod, *eo quod,* I.

COMMENTARIUS.

159. Ald., Mar., Pal., Widm., Gifanius ex vet. lib., Alex., Heinsius cum plerisque suis, Weitzius, Sich. et alii, *spemque in me omnem statuat,* admisso hiatu, quem Prudentio familiarem putat Heinsius. Confer Gifanium verbo HIATUS. Hunc hiatum cum hoc loco, tum alibi nonnulli codices fugiunt. Alter Rott., Urb., *spemque in me statuat omnem.* Vat. A, Gis. in textu, *spemque suam in me omnem statuat;* ad marg., *spemque in me omnem.* Fabr., *omnem spemque in me statuat.* Gis. 1 ed., *in me spemque omnem statuat.*

160. Ald., Gis. 1 ed., *sunt : æternum mea dona manebunt.* Alii plerique, *longoque die mea dona trahenda.* Fabr., Gis. 2 ed., *longoque die mea dona manebunt.*

161. Egm., *qui fortis.* Mar., *et acris;* supra, *acer.*
162. Rat., *breve quidve.*
168. Vide Apost. I Cor. xv, 19 et 32. Cicero 1 De legibus. *Nam quid faciet is homo in tenebris, qui nihil timet, nisi testem et judicem?* Vide quæ contra Bailium disputat Valsecchius lib. III de Fundamentis relig., part. 1, cap. 3, ubi hos Prudentii versus carmine Italico reddit.
172. Mar., *fluxus;* Alex. a prima manu, *luxos;* lege *luxus.*
174. Egm., *habens aliquid.*
175. Rat., *avidis* a prisca manu, *male.*
178. Weitzius et post eum Chamillardus citant Bernardum alicubi de corrupto judiciorum usu sui temporis simili modo edisserentem. *Incisæ sint leges xII tabulis, et publico ære præfixo jura præscripta sint :* inter ipsa jura peccatur, etc.; qui locus quærenti mihi non occurrit. Incidi postea in hæc ipsa verba, non apud Bernardum, sed apud Cyprianum epist. 1 ad Donatum, ubi ita ait : *Incisæ sint leges duodecim ta-*

bulis, et publice ære præfixo jura præscripta sint : inter leges ipsas delinquitur, inter jura peccatur. Weitzius pro Cypriano Bernardum appellavit, quod non semel illi accidit. Chamillardus Weitzium sine ullo examine in hujusmodi auctoritatibus exscribendis sequi solet, quæ mihi causa fuit, ut alias nunc omittam, cur inopportunum judicaverim editionem ad usum Delphini recudere.

179. Barthius, lib. II Advers., cap. 17, ad hunc versum illustrandum notat, Trebellium Pollionem in præfatione dixisse, *Imperatoriam majestatem non solum armis decoratam, sed et legibus oportet esse armatam.* Juretus, in notis ad epist. 13 lib. II Symmachi, multa in eamdem sententiam congerit, quod *minari leges* sæpe dicuntur, tanquam affectu moveantur. Inde *terrores legum,* et apud Prudentium in Romano vers. 203, *Laqueis minacis implicatus Juliæ.* Constantinus in l. 31 ad leg. Juliam de Adult. *insurgere D leges, et armari jura gladio ultore* scripsit; Marius Victor eodem respicit lib. II Comm. in Genes., *Armatæ leges gladiis, et vindice ferro.*

184. Rat., Mar., Weitz., Gis. cum aliis, *monimenta* vel *monumenta,* quod in Tornæs. repertum unice verum visum est Gallandio. Alex., Urb., Egm., Pal., Thuan., prior Boher., Ald. et Heins., *momenta.* Ald., Weitz., Mar., Rat., Vat. A, *occidit.* Gis. et plerique Heinsiani *occidet.*

185. Ald., Vat. A a prima manu mendose, *qui sperat.* Mar. a prima manu *luat,* recte correctum per *luet.* Vide Matth. III et v.

187. Cur anima voceatur *liquida* et quo sensu, dictum abunde in prolegom. cap. 15 contra nugas canoras Bailii.

Naturam, quamvis perflabilis illa feratur
More noti : capiam tamen, et tormenta adhi-
[bebo
190 Ipse incorporeus, ac spirituum sator unus.
Quin et corporibus parilis consortia pœnæ
Decernam : possum quoniam renovare favillas
Antiquam in faciem; nec desperanda potestas.
Qui potui formare novum, reparabo perem-
[ptum.
195 **780** Non desunt exempla meæ virtutis : in
[ipsis
Seminibus natura docet revirescere cuncta
Post obitum : siccantur enim pereunte vigore,
Quo vixere prius, tunc sicca, et mortua sulcis,
Aut foveis mandata latent, et more sepulcri
200 Obruta, de tumulis redivivo germine surgunt.
Nunquid nosse potes, vel conjectare, quis istud
Tam solers opifex struat? aut quæ vis agat in-
[tus?
Nil vos, o miseri, physicorum dogmata fallant.
En ego gignendi dominus, ac restituendi,
205 Quod periit, fluxitque, potens : arentia quæque
In veteres formas aut flore, aut fronde reduco.

Idque ipsum quandoque homini facturus, inani
Surgat ut ex cinere, structuraque pristina con-
[stet :
Quæ mihi pro meritis vel per tormenta repen-
[dat
210 Crimina, vel summæ virtutis in arce coruscet,
Non peritura dehinc, quacunque in sorte ma-
[nebit.
Interea, dum mixta viget substantia in unum,
Sit memor auctoris proprii, veneretur, et oret
781 Artificem submissa suum; non condidit
[alter
215 Halantis animæ figmentum, et corporis alter :
Nec bona præsentis vitæ numerosa gubernant
Numina. Non alius segetes, et spicca farra
Suppeditat Deus : aut alius dat musta racemis,
Purpureumque gravi fundit de palmite succum.
220 Ipse ego sum, virides oleas pinguescere baccis
Qui facio, Graia quas Pallade fingitis ortas,
Et qui lucinas tribuo nascentibus horas.
Duplex lege mea per mutua fœdera sexus
Gignere amat sobolem, generisque propagine
[gaudet :

GLOSSÆ VETERES.

188. Naturam, *animam*, Iso.
189. Noti, *venti*, I.
194. Peremptum, *mortuum*, I
197. Siccantur, *semina*. — Vigore, *humore*, I.
198. Quo, *vigore*, I.
202. Solers, *sapiens*. — Agat, *vivat*, *ducat*, I.
203. Physicorum, *naturas rerum tractantium*, I.
209. Mihi, *a me*. — Rependat, *persolvat*, I.
211. Quacunque, *aut ad bonum*, *aut ad malum*, I.
212. Viget, *vivit*. — Substantia, *corporis et animæ*, I.
215. Halantis, *spirantis*, I.
216. Numerosa, *multa*, I.
218. Suppeditat, *subministrat*, I.
219. Gravi, *onerato*, I.
221. Graia, *Græca*. — Pallade, *Minerva*, I.
222. Lucinas, *natales*, *a luce*, *in lucem venientes*, I.
Lucidas, Mar.
224. Sobolem, *filios*, I.

COMMENTARIUS.

188. Alicubi, *perstabilis*, perperam, pro *perflabilis*.
189. In Rat. videtur fuisse *adhibentur*, recenti manu
factum *adhibebo*.
190. In Thuan., *spirituus*, quod Heinsius affirmat esse pro *spiritibus*. Ego puto mendum pro *spirituum*.
191. Ald., *parili consortia pœna*.
192. Advertit Mariettus sumi *favillas* pro *cinere*,
in quo permixtæ latere solent : nam infra ait poeta
surgat et ex cinere. Alibi a nobis notatum, cinerem
et favillam accipi pro quovis minuto pulvere, in
quem corpora defunctorum etiam non combusta rediguntur.
193. Mar. scribit *disperanda*.
194. Aldus male distinguit : *Qui potui formare*,
novum reparabo peremptum. De resurrectione consi-
milia alii dixerunt. Lactantius lib. VII, cap. 23 : *Si a
principio Deus hominem nescio quo inenarrabili modo
instituit : credamus, ab eodem restitui veterem posse,
qui novum fecit*. Minucius in Octavio : *Cæterum quis
tam stultus aut brutus est ut audeat repugnare, hominem a Deo, ut primum potuisse fingi, ita posse denuo
reformari? nihil esse post obitum, et ante obitum nihil
fuisse : sicut de nihilo nasci licuit, ita de nihilo licere
reparari? Exemplum etiam seminum, quæ non nisi
corrupta revirescunt*, profert Minucius. Innumeri
alii idem argumentum versant. Vide Cath. hymn. 10,
vers. 121.
203. Ald., Alex., *ne vos*. Alii, *nil vos*. Egm. et
Pat., *ad vos* : opinatur Heinsius *at vos*. Teolius ita
distinguit, *nil vos, o miseri; physicorum dogmata fallant*, nisi forte erravit typographus, quod libenter
credo, Barthius lib. XI Adv., cap. 21, admonuit a

Prudentio *physicos* vocari gnaros scientiæ naturalium rerum, medicos ad extremum hoc nomine vocatos.
205. Ald., Gis. 1 ed., Gall. cum vett. edd., *siccis-
sima quæque*.
206. Ald. contra metrum, *aut flores*.
209. Gifan. in PROMERITA, ut jam dixi, Alex.,
Urb., *promeritis*, conjunctim. Egm. depravate, *re-
prendat*.
213. Sich. ita verba in hoc et seq. versu trajicit,
*Sit memor artificis proprii, veneretur, et oret Auctorem
submissa suum*.
216. Mar. perperam a prima manu, *gubernat*.
218. Mar., *ast :* ita Rat., sed pro div. script. *aut*.
Weitzius etiam *ast*, quod tenent Alex. et Urb.; sed
in Alex. videtur præterea esse *aut*. Gis., Hems. et
recentiores, *aut*. Ald., Torn. et alii vulgati, *haud*,
quod solum probat Gallandius.
220. Oseæ II, 8 : *Et hæc nescivit, quia ego dedi ei
frumentum, et vinum, et oleum*, etc.
222. Juno *Lucina* dicebatur, quia partui præesse
credebatur, a *luce vitali*. Diana quoque *Lucina* simili
de causa vocabatur. Turnebus, Advers. num. 590,
horas lucis et vitæ a Prudentio *lucinas* appellatas ait
esse ipsa novitate admirandum et insigne. Salmasius,
pag. 66 in Ælium Spartianum, ait *lucinas* dici, ut
colossum pro *colosseum*, *aurus* pro *aureus*, *electrum*
pro *electreum*, et similia. Sicut non Pallas, sed Deus
oleum hominibus præstat, sic Deus ipse, non Juno,
nascentibus horas lucis tribuit.
224. Rat., Mar. a prima manu, Widm. a prima
manu, Bong. a secunda manu, Weitz., *gignere habet*. Ald., Gis., Heinsiani, Alex., Urb., Vat. A, *gignere amat*.

225 Quem vos lascivis violatis amoribus ignem,
Et stupra vestra deæ Veneris prætexitis umbra.
Unus ego hæc elementa rego, nec mole labo-
[ris,
782 Ut miser, infirmusve aliquis fragilisve
[fatigor.
Lux immensa mihi est, et non resolubilis ætas,
250 Sensibus et vestris haud intellecta vetustas.
Inde ministeriis ad tot moderamina mundi
Non egeo, nec participes, sociosve requiro.
Porro autem angelicas legiones, quas mea fecit
Dextera, nosse meum est, et quæ natura crea-
[tis
255 Subsistat, qualesque mihi serventur ad usus.
Tu, me præterito, meditaris numina mille,
Quæ simules parere meis virtutibus, ut me

783 Per varias partes minuas : cui nulla re-
[cidi
Pars, aut forma potest : quia sum substantia
[simplex,
240 Nec pars esse queo. Solis divisio rebus
Compositis, factisque subest : me nemo creavit,
Ut scindi valeam, cunctorum Conditor unus.
Crede, quod ex nihilo formavi, pars mea non est,
Quare age, mortalis, soli mihi construe templum,
245 Meque unum venerare Deum, cæmenta remitto,
Et quæ saxa Paros secat, et quæ Punica rupes,
Quæ viridis Lacedæmon habet, maculosaque
[Synna.
Nativum nemo scopuli mihi dedicet ostrum.
Templum mentis amo, non marmoris : aurea
[in illo

GLOSSÆ VETERES.

225. Ignem, *amorem; minna*, I.
226. Umbra, *adumbratione*, I.
230. Vetustas, *æternitas*, I.
231. Inde, *deinde*, I.
234. Creatis, *rebus*, I.
236. Tu, o Symmache.—Prætcrito, *neglecto, prætermisso, derelicto*. — Numina mille, *dicebant namque hæretici, Symmachus et alii, unum tantum esse summum Deum, qui imperat terræ, mari et cæteris elementis*, I.

237. Parere, *splendere : pareo, ex quo appareo*, I.
238. Cui, *mihi*, I.
244. Age, *adverbium, o homo*, I.
246. Paros, *insula, ubi invenitur purius lapis candidissimus*. — Punica, *Africana*, I.
247. Lacedæmon, *mons*. — Synna, *civitas, ubi nascitur marmor varii coloris*, I.
248. Ostrum, *purpuram*, Iso.
249. Aurea, *colorem auri habentia*, I.

COMMENTARIUS.

225. De voce glossæ *minna* dictum ad vers. 117, lib. I.
227. Alex., Egm., Widm., Bong., Weitz., scripti Heinsiani, Sich., Vat. A, Mar., Rat., *Unus ego elementa*. Gis. 1 ed., Urb., Cauch., *Unus ego hæc elementa*. Gis. in textu 2 ed., Fabr. *unus ego ipse elementa*. Weitzius non bene allegat Aldum pro sua lectione : ediderat quidem Aldus *unus ego elementa*, sed emendavit *unus ego hæc elementa*. Non placet hiatum cum Heinsio et recentioribus toties admittere.
228. In vulg., *aut miser*, male.
229. Jureti codex, Ald , Egm., Pal., scripti apud Heinsium, excepto altero Rott., Alex., Urb., Vat. A, *et non resolubilis ætas*. Mar., Rat., Gis., Weitz., *nec morte solubilis ætas*.
231. Ministeria pro ipsis ministris.
234. Oxon., *et quam natura creatis*.
235. Vat. A, *servatur ad usus*.
236. Jureti codex *nomina mille* minus bene. Isonis interpretatio non placet : nam Prudentius ait, a Symmacho unum verum Deum præteriri, et numina mille fingi, in quæ virtutes Dei divideret, adeoque Deum ipsum per varias partes minueret. Non ergo Symmachus aiebat plura illa numina uni Deo esse subjecta, aut unius simplicis Dei esse virtutes, quod putare videtur Cudworthus, de quo supra ad vers. 58. Sed Prudentius arguit omnia illa commentitia numina non esse vere numina, sed esse virtutes unius Dei, qui simplex est, neque in varias partes scindi potest. Virtutes autem Dei non sunt reipsa plures, sed, ut cum theologis loquar, virtualiter tantum aut formaliter inter se distinguuntur. Summa argumenti hæc est : Divinitas una est, simplex, indivisibilis, non ergo plura sunt numina inter se divisa, adeoque virtutes illæ quas deas vocant gentiles non debent coli tanquam numina diversa, sed unus colendus est Deus, qui virtutum omnium caput et fons est. Petavius tom. I, lib. II, cap. 2, paulo aliter errorem gentilium explicat, dum simplicitatem divinæ naturæ ex hoc loco astruit : *Prudentius hanc ipsam theologicam rationem poetico lepore condivit in secundo libro contra Symmachum, ubi gentilium castigat inscitiam, qui virtutes Dei varias*

minutatim ac separatim colebant, quasi partes il ius : Tu me præterito, etc.
237. Widm. supra, *simulas*. Hoc loco *parere* non est obedire, subjici, quæ secunda est significatio verbi *pareo*. Iso ait *splendere* ; sed proprie est inesse, adesse, præsto esse, ex qua prima signficatione verbi *pareo* oritur altera obediendi. Symmachus ergo simulabat seu fingebat, numina inter se distincta virtutibus divinis, quæ vere distinctæ non sunt, inesse, sive eis divinitatem divisam inhærere Sed, ut dixi, varia erat gentilium theologia.
242. Rat. perperam, *valeat*, a prima manu.
243. In Rat. hic versus et tres alii seqq. recenti manu sunt descripti.
245. Jureti codex *cæmenta remitte*.
246. Egm., Jureti codex, *rupis*, more antiquo, ut alibi *famis, luis*. De luxuria veterum in marmoribus vide Savaronem ad Sidonium, pag. 109. Prudentius quinque marmorum genera recenset, *Parium* candidum, *Punicum* flavum, *Synnadicum* maculis distinctum, *Lacedæmonium* viride, et *Ægyptium* purpureum, quod poetice vocat *nativum scopuli ostrum* : quo intelligitur porphyrites, cujus nominis causa, quod *rubeat ut purpura*, ait Isidorus lib. XVI Orig., cap. 5, quem vide, uti etiam Plinium lib XXXVI, a cap. 5 usque ad 8. Diversa marmorum genera Statius in Silvis passim describit. Easdem marmorum species exstare adhuc in templorum ornamentis Romæ et Senis jam pridem observavit Fabricius, et mirantur exteri.
247. Aldus, ne postrema in *Lacedæmon* brevis efferretur, versum licenter mutavit, *Quæ maculosa tenet Synna, et viridis Lacedæmon*. In Urb., *Et quæ viridis Lacedæmon habet*, abundat *et*. Rat., *quæ viridis Lacedæmon habes*. Alii scribunt *Synna*, alii *Sinna*. Heinsius ait, omnino scribendum *Synnas*, ut habet cum Cauchio pro div. script. Thuan. Martialis quidem, et Juvenalis *Synnas* dicunt, sed non video cur non possit utroque modo dici, ut in aliis nominibus propriis, præsertim e Græco petitis, accidit. Iso ait Lacedæmonem. *Lacedæmon mons* : cur non potius urbs Peloponnesi, Menelai regia ?
248. Vat. A, corrupte *decidet ostrum*.
249. Hæretici hæc aliaque similia verba avide ar-

250 **784** Fundamenta manent fidei : structura nivali A
Consurgit pietate nitens ; tegit ardua culmen
Justitia interius : spargit sola picta rubenti
Flore pudicitia : pudor almus et atria servat.
Hæc domus apta mihi est, hæc me pulcherrima
[sedes
255 Accipit, æterno, cœlestique hospite digna.
Nec novus hic locus est : fluxit mea gloria in
[artus,
Et lux vera Dei : Deus illustravit alumnam
Materiem, corpusque parens habitabile fecit
Ipse sibi, placito ut posset requiescere templo.
260 Condideram perfectum hominem, spectare su-
[perna
Mandaram, totis conversum sensibus in me
Recto habitu, celsoque situ, et sublime tuentem : B
Sed despexit humum, seque inclinavit ad orbis
785 Divitias, pepulitque meum de pectore
[numen.

A 265 Restituendus erat mihimet : submissus in illum
Spiritus ipse meus descendit, et edita limo
Viscera divinis virtutibus informavit.
Jamque hominem assumptum summus Deus in
[deitatem
Transtulit, ac nostro docuit recalescere cultu.
270 Scire velim, præcepta Patris quibus auribus
[hæc tu
Accipias, Italæ censor doctissime gentis.
An veterem tantum morem ratione relicta
Eligis, et dici id patitur sapientis acumen,
Ingeniumque viri? Potior mihi pristinus est
[mos,
275 Quam via justitiæ ; pietas quam prodita cœlo,
Quamque fides veri, rectæ quam regula sectæ.
786 Si, quidquid rudibus mundi nascentis
[in annis
Mos habuit, sancte colere, ac servare necesse
[est,

GLOSSÆ VETERES.

251. Consurgit, in illo. — Pietate, sanctitate, l.
252. Sola, pavimenta, l.
253. Pudor, castitas, l.
256. Gloria, divinitas, filius Mariæ virginis, l.
257. Alumnam, nutricem, l.
258. Parens, pater, creator, l.
261. Viribus, sensibus, l.

267. Informavit, docuit, l.
270. Tu, apostrophe ad Symmachum, l.
271. Censor, judex, l.
274. Potior, ex persona Symmachi, Rat.
275. Pietas, deitas. — Prodita, manifestata, l.
277. Rudibus, novis, l.

COMMENTARIUS.

ripiunt, ut contra ornatum cultumque templorum declament. At quam inepte? Ex Prudentio enim potius arguitur, bene hæc duo cohærere, quod præcipue templom mentis amet Deus, et quod nihilominus honestum sanctumque sit templa marmoribus auroque ornare, siquidem Prudentius idem sæpius meminit cum laude marmorum et divitiarum, quibus templa Christianorum splendebant, ut cernere licet in hymnis S. Eulaliæ, S. Hippolyti, et SS. Apostolorum Petri et Pauli.

252. Ald. male interpungit Justitia : interius spargit : sola picta rubenti, etc. Gifanius in e breve legit, et distinguit interius spargit sola picta rubenti Flore pudicitia : pudor almus et atria servat ex vet. cod. opt., quod elegantissimum dicit. Et in Alex. quidem est pudicitia, et Prudentianum est brevem sæpe ratione cæsuræ producere. Alii plerique legunt et distinguunt interius spargit sola picta rubenti Flore pudicitiæ pudor almus, et atria servat. Concinnior est lectio Gif. et Alex. Multi d stinguunt justitia : interius.

257. Ald., Fabr. ut lux ; melius et lux.
258. Ald., Vat. A, Mar. et, ut videtur, factum a secunda manu, Alex., corpusque parans. Vat. A, Egm., Widm. ad oram, dubitabile, minus bene pro habitabile.
259. Rat. a prima manu male, poscit. Idem supra, Alex., Urb., possit, quod Weitz., Heins. aliique recentiores tenuerunt. Alii, etiam Gicelinus, posset, neque discrepantiam scripturæ Heinsius observavit. Quod Teolius placido pro placito ediderit, mendum puto, non lectionis varietatem.
260. Eamdem sententiam præter Ovidium et Juvenalem Minucius in Octavio exponit.
261. Weitzius cum Widm. ad oram, Gis., Fabr., viribus pro sensibus, minus bene. Glossa potius est diversa lectio.
262. Widm. supra, sublime tuendum.
263. Fabr., respexit humum. Alii, despexit vel dispexit, ut scribunt Egm., Pal., Oxon. Hucusque habet Marietti exemplar, Omnium, inquit ipse, optimum, et correctissimum, quæ hucusque viderim.
265. De homine loquitur, ad quem reparandum missus est Filius Dei.

266. Exprimit verba angeli ad Mariam Lucæ 1, 35 : Spiritus sanctus superveniet in te, et virtus Altissimi C obumbrabit tibi. Iso exponit : INFORMAVIT, docuit. At hic sermo est de visceribus limo editis, seu de corpore, quod Filius Dei assumpsit ; vel intelligi etiam potest poni a Prudentio pro illis verbis : Et virtus Altissimi obumbrabit tibi. Verbum Dei a Prudentio aliisque interdum Spritum vocari, quia emanat a Patre, alibi a nobis notatum. Explicatio verborum Lucæ similis huic Prudentianæ a multis veteribus traditur, ut a Justino martyre, Tertulliano, Ambrosio, Hilario, quos nonnulli recentiores sequuntur. Aiunt hæc verba Virtus Altissimi obumbrabit tibi repetitionem esse præcedentium, et utrisque significari, Spiritum, Dei Filium, in Virginem descendisse eamque obumbrasse. Consule Comment. Calmeti. Prudentius in Dittoch. vers. 99 simili modo : Sanctus te Spiritus, inquit, Implebit, Maria : Christum paries, sacra virgo.
268. Hanc locutionem hominem assumptum alibi defendimus.
270. In Vat. A desideratur vox Patris.
272. Ald., Alex., veterum tantum morem. Antea, D vers. 69, similis occurrit varietas : Allegat morem veterum seu veterem. Bong. et Widm. a prima manu tantummodo rem, minus bene, pro tantum morem. In editione Basileensi 1540 lego etiam tantummodo rem, neque Sichardus aliam scripturam margini apposuit, ut solet. Becmanus, cap. 6 Manuduct. ad ling. Lat., non videtur aliam lectionem in editis observasse : nam ex ms. suo verius corrigendum ait an veterem tantum morem.
273. Heinsius cum Thuan. omittit et omittendum ait id post dici. Mihi non videtur supervacaneum esse dici id patitur, quamvis recentior is Heinsio adhæreant.
276. Post hunc versum verba Symmachi hæc solent interseri : Suus cuique mos, suus cuique ritus est. Jam si longa ætas auctoritatem religionibus faciat, servanda est tot sæculis fides, et sequenti sunt nobis parentes, qui feliciter secuti sunt suos. Vat. A incipit Jam si longa ætas. Rat., Suus cuique mos, suum cuique jus est. Ita etiam Sichardus. Vat. A, sunt nobis feliciter parentes. Rat., sunt parentes.

Omne revolvamus sua per vestigia sæclum
280 Usque ad principium: placeat damnare gradatim,
Quidquid posterius successor repperit usus.
Orbe novo nulli subigebant arva coloni.
Quid sibi aratra volunt? quid cura superflua
[rastri?
Ilignis melius saturatur glandibus alvus.
285 Primi homines cuneis scindebant fissile lignum:
Decoquat in massam fervens strictura secures
Rursus, et ad proprium restillet vena metallum.
Induvias cæsæ pecudes, et frigida parvas

787 Præbebat spelunca domos: redeamus
[ad antra,
290 Pellibus insutis hirtos sumamus amictus.
Immanes quondam populi, feritate subacta
Edomiti, jam triste fremant, iterumque ferinos
In mores redeant, atque ad sua prisca recur-
[rant.
Præcipitet Scythica juvenis pietate vietum.
295 788 Votivo de ponte patrem: sic mos fuit
[olim.
Cædibus infantum fument Saturnia sacra,

GLOSSÆ VETERES.

279. Vestigia, *per singula*, I.
280. Damnare, *derelinquere*. — Gradatim, *per ordinem, paulatim*, Iso.
281. Posterius, *postea*. — Repperit, *usque huc*, I. B
282. Subigebant, *fodiebant, arabant*, I.
284. Ilignis, *quernis, ab ilice*, I.
286. Strictura, *massa ferri calidi*, I.
287. Restillet, *reliquetur*, I.
288. Induvias, *indumenta*. — Cæsæ pecudes, *pelles*, I.
291. Immanes, *feroces*. — Feritate, *populi*. —

Subacta, *superata*, I.
292. Triste, *adverbium*. — Ferinos, *quia singuli sicut feræ tunc habitabant*, I.
293. Prisca, *opera*, I.
294. Scythica, *Scythia regio est in qua filii patres de collibus vel de pontibus altis in mare præcipitabant, præveniendo mortem illorum, puta (forte putando) pietatem esse; vel etiam comedebant, præstando eis tam pia sepulcra*. — Vietum, *senem unumquemque, viribus privatum*, I.
295. Votivo, *quia voluntas patris erat*, I.

COMMENTARIUS.

279. Ex Virgilio Georg. II, vers. 402: *Atque in se sua per vestigia vo·vitur annus.*
281. Cicero I Acad. Quæst., *Recentissima quæque sunt correcta et emendata maxime*. Virgilius, II Georg., vers. 22, *Ipse via sibi repperit usus.*
282. Itidem ex Virgilio I Georg., *Ante Jovem nulli subigebant arva coloni*. Vocat orbem novum, ut vers. 338 et seq., *terras recentes, vacuum orbem.*
283. Chamillardus advertit poetas hoc vocabulo *rastrum* uti pro instrumento fossorio, imo Plinium et alios. Sic etiam Suetonius in Nerone: *Primus rastello humum effodit*. Vide comment. ad vers. 639 lib. 1.
284. Glandes dicuntur *quernæ* a *quercu*, *ilignæ* ab C ilice. De quernis Virgilius, de *ilignis* Horatius satira 4, lib. I, *Umber et iligna nutritus glande*. Glandibus primos homines vesci solitos, passim veteres narrant.
285. Hoc etiam ex Virgilio I Georg., *Nam primi cuneis scindebant fissile lignum*. Prudentius Symmachum coarguit adducta narratione moris veteris, qualem gentiles ipsi describebant; cum tamen constaret, prudenter homines ab illo recessisse.
286. Virgilius lib. VIII, *Stricturæ chalybum*. Vide glossas. Vat. A et Jureti codex, *securim* pro *secures*.
288. Egm., *indubias*; corrige *induvias*. E Lucretio lib. V et Juvenali sat. 6 hæc repetita sunt. Lucretius: *Sic odium cepit glandis, sic illa relicta Strata cubilia sunt herbis et frondibus aucta. Pellis item occidit, vestis contempta ferina est.* Juvenalis: *Cum frigida parvas Præberet spelunca domos.* Arnobius contra gentiles hoc idem argumentum promovebat lib. II: *Quid enim si hac modo culpam velimus infigere prioribus illis, atque antiquissimis sæculis, quod inventis frugi-* D *bus glandes-spreverint et repudiaverint arbuta, quod corticibus contegi et amiciri desierint pellibus, postquam vestis excogitata est textilis, usu et commoditate succinctior, aut quod structis domibus et lautioribus successibus institutis, non antiquas adamaverint casulas, nec sub rupibus et cavernis præoptaverint, ut belluæ, permanere?* Vide Elmenhorstium ad hunc locum pag. 61.
290. Bong. *hirsutis*, sed adfuisse aliud, demonstrat rasura. Vat. A, *hircos* pro *hirtos*, mendose.
293. Vat. A, corrupte, *immemores redeant*.
294. Juretus monet lectionem cujusdam schedæ *Scythica juvenis feritate* deteriorem esse: nam ironice pietas hic nominatur, ut in fine libri Vestalium *pudor almus et expers sanguinis*. Vat. A scribit *Scythyca*, Rat. *Scithica*. Idem Rat., *vigetum* pro *vietum*, cum Bong., Widm., de quo alibi. Crudelitas Scytha-

rum nota est: a parentibus vix, ac ne vix quidem abstinebant; eos certe jam defunctos devorabant. Duo hic quæri possunt, an vere Scythæ patres suos senes e ponte præcipitarent, et an hic mos aliquando apud Romanos invaluerit. De Scythis affirmat Fortunatianus lib. II Artis rhetoricæ: *Mos ait, apud Scythas fuit, ut sexagenarii per pontem mitterentur. Scytha Athenis sexagenarium patrem per pontem dejecit: reus est parricidii.* Hic enim se dicit gentis suæ more fecisse. Romanis proverbium erat *Sexagenarios de ponte dejicere*. Festus narrat ex Manilio, sexagenarios olim e ponte dejici, quod aborigines, qui primi Romam incoluerint, hominem sexagenarium immolare quotannis Diti patri soliti fuerint; postea institutum, ut scirpeæ hominum effigies de ponte in Tiberim mitterentur. Addit ex aliis, post Urbem a Gallis captam ob inopiam cibatus, cœptos sexaginta annorum homines jaci in Tiberim. Sed exploratissimum, inquit, *illud est causæ, quo tempore primum per pontem cœperunt comitiis suffragium ferre, juniores conclamaverunt, ut de ponte dejicerentur sexagenarii, qui jam nullo publico munere fungerentur, ut ipsi potius sibi quam illi deligerent imperatorem: cujus sententiæ est etiam Sinnius Capito; vanam autem opinionem de ponte Tiberino confirmavit Afranius in Repudiato.* Videtur Festus negare vere e ponte in flumen sexagenarios fuisse dejectos: quod confirmant alii ex Varrone apud Nonium Marcellum. Prudentius innuit sexagenarios e ponte, in quo ferebantur suffragia (nam ab ecclesiasticis scriptoribus suffragia *vota* dicuntur, unde *pons votivus*) in fluvium fuisse præcipitatos, et respexit ad illud Ovidii V Fast.: *Pars putat, ut ferrent juvenes suffragia soli, Pontibus infirmos præcipitasse senes*. Ovidius aliam refert et sequitur opinionem.
296. De infantibus, qui Saturno propter odium Jovis immolabantur, legendus est Lactantius lib. I, cap. 21, Tertullianus in Apolog., aliique. Arnobius lib. II: *Ante adventum in Italiam Herculis cum ex Apollinis monitu patri Diti ac Saturno humanis capitibus supplicaretur, et hunc similiter morem non fraude callidula, et nominum ambiguitate mutastis?* Hoc sacrificium in nonnullis Africæ partibus peragi solitum plerique tradunt, nominatim Minucius, cujus commentatores plura de eo congerunt, Idolum Moloch, de quo sæpe mentio occurrit in sacris Litteris, et cui Ammonitæ filios filiasque cremabant, idem est ac Saturnus, si Saturnus est sol, ut Servius et Macro-

AURELII PRUDENTII CARMINA.

Flebilibusque truces resonent vagitibus arœ.
Ipsa casas fragili texat gens Romula culmo :
Sic tradunt habitasse Remum. Regalia feno
300 789 Fulcra supersternant, aut pelle Libysti-
[dis ursæ
Compositam chlamydem villoso corpore gestent :
Talia Trinacrius ductor, vel Tuscus habebant.
Roma antiqua sibi non constat versa per ævum,
Et mutata sacris, ornatu, legibus, armis;

A 305 Multa colit, quæ non coluit sub rege Quirino :
730 Instituit quædam melius, nonnulla re-
[fugit,
Et morem variare suum non destitit, et, quæ
Pridem condiderat jura, in contraria vertit.
Quid mihi tu ritus solitos, Romane senator,
310 Objectas, cum scita patrum, populique fre-
[quenter
Instabilis placiti sententia flexa novarit ?

GLOSSÆ VETERES.

298. Texat, *legat*, I.
300. Fulcra, *sedilia*. — Libystidis, *Africanæ*, I.
301. Villoso, *intonso*, I.
302. Talia, *scilicet indumenta*. — Trinacrius, *Siciliensis, vel Sicilius Acestes*. — Tuscus, *Evander*, I.
303. Constat, *non stabilis est*. — Ævum, *ætatem*, I.

304. Sacris, *cum sacris*, I.
305. Quirino, *Romulo, a Quirino monte*, I.
306. Nonnulla, *multa*. — Refugit, *vitavit*, I.
309. Ritus, *mores*. — Senator, *Symmache*, I.
310. Scita, *constituta, vel constitutiones*, I.

COMMENTARIUS.

bius docent : quanquam volunt aliqui, infantes in honorem Moloch non combustos, sed per ignem tantum traductos.
299. Prior Rott., *habuisse Remum :* et notat Heinsius *habuisse* esse pro *habitasse*. Potest etiam intelligi, Sic tradunt Remum habuisse casam. Remus pro Romulo ponitur, ut apud Propertium lib. II, el. 1 : *Quo gradibus domus ista Remi se sustulit, olim Unus erat fratrum maxima regna focus*. Certe apud poetas non raro Remus pro Romulo accipitur, et alii qui soluta oratione scribunt, non Remi, sed Romuli casam dicunt. Veteres de hac *Romuli casa* sæpe mentionem injiciunt. Valerius Max. lib. IV, cap. 4 : *Per Romuli casam, perque veteris Capitolii humilia tecta, et æternos Vestæ focos, fictilibus etiamnum vasis contentos, juro*, etc. In Controversiis sub Senecæ Patris nomine lib. I, contr. 6 : *Inter hæc tam effusa mœnia nihil est humili casa nobilius*. Gothofredus legendum putat *Romuli casa nobilius*. Ejusdem meminerunt Ovidius lib. III Fast., Vitruvius lib. II, Seneca filius in Consol. ad Helviam cap. 9, Macrobius I Saturnal., Martialis lib. VIII. Barthius lib. XXII Advers., cap. 4, Prudentium ad Romuli casam allusisse confirmat, et S. Hieronymi verba e præfatione ad libros Didymi de Spiritu sancto profert : *Illico ego velut postliminio Hierosolymam sum reversus, et post Romuli casam, et ludorum Lupercalia diversorium Mariæ, et Salvatoris speluncam aspexi*. Allegat idem Barthius Tacitum Annalium XV de eadem casa : *Numæque regia, et delubrum Vestæ cum penatibus populi Romani exusta*. Verum quæram a Barthio, quo pacto Romuli casa tempore S. Hieronymi visebatur, si Neroniano incendio fuit combusta ; nam *penates populi Romani* explicat casam Romuli. Verius igitur puto, a Tacito intelligi templum penatium deorum, quos aiunt ab Ænea olim in Italiam advectos, nisi malis intelligere ipsos deos penates in templo Vestæ asservatos. Halicarnasseus lib. I de casa Romuli sic ait : *Vita autem erat eis* (Remo et Romulo) *pastoralis et operosa ; in montibus sæpe ex lignis et arundinibus tuguria figentes, seipsos contegebant ; quorum etiam ætate mea unum superat in angulo ex palatio ad circum divertente* CASA ROMULI *dictum : quod adhuc custodiunt sacrum ii, quibus est horum cura, nihil illi magnificentius addentes, sed si laboret aliquid aut per hiemem, aut vetustate, quod reliquum est, munientes, et diruta, quantum possint, similia prioribus restituentes.*
300. Widm. scribit *Lybistridis*, Egm. *Libytidis*, Bong. *Lybistidis*. Virgilius lib. VIII : *Stratisque locavit Effultum foliis, et pelle Libystidis ursæ* ; et lib. V : *Horridus in jaculis, et pelle Libystidis ursæ*. Plinius lib. VIII, cap. 36, in Africa gigni ursos negat ; multi, etiam veteres, affirmant, sed nonnulli putant, *ursos Libycos et Numidicos* dictos a Romanis *leones*. Vide Ruæum ad lib. V Virgilii, vers. 37.
301. Ald., Pal., *villosam*. Egm., *vestent*, Pal.,

B *vestant*, mendose, pro *gestent*.
302. Rat., Gis., *habebat ;* plerique, *habebant*. Cella rius suspicatur hunc Tuscum esse Tyrrenum Ira trem Lydi, de quo Velleius cap. 1. Melius Iso Evandrum intelligit : videtur enim Prudentius duos illos Virgilii versus comprehendere voluisse, quorum alter ad Evandrum, alter ad Acestem refertur. Cellarius ait, Evandrum cis Tiberim condidisse Pallanteum. Vere id quidem ; sed Tuscia vel Hetruria proxime trans Tiberim extendebatur, et ipse Tiberis Tuscus et Tyrrenus sæpe dicitur. Virgilius lib. x de militibus quos Æneæ Evander dedit, ait : *Quæ manus interea Tuscis comitetur ab oris Ænean, armetque rates*, etc. Evander inter alia Æneæ ostendit Janiculum lib. VIII : *Hanc Janus pater, hanc Saturnus condidit urbem : Janiculum huic, illi fuerat Saturnia nomen*. Mons autem Janiculus jam exstat in vetere Hetruria. Ex hujusce rei ignoratione doctissimi scriptores Historiæ litterariæ Hisp. fratres Mohedani difficultatem, quam in Vita Columellæ ipsi creaverant, non satis feliciter

C explicuerunt. Tomo VIII, qui totus est de Columella, pag. 40 et seqq., quærunt cur Columella prædium Ceretanum in Hetruria, ubi nunc est oppidum *Cervetere*, possederit, cum ipse præscribat prædia debere esse vicina. Respondent Columellam duorum aut trium dierum itinere potuisse ad agrum Ceretanum se conferre. Putabant scilicet Hetruriam olim iisdem terminis contineri, quibus nunc duo magni Hetruriæ ducis continetur. Alioquin Cere, sive sit *Cervetere*, aut *Cervetri*, sive, quod probabilius puto, *Ceri* (nam *Cervetri* Agyllam fuisse existimo), in Hetruria quidem veteri situm est, sed ab Urbe tantum viginti quinque millia passuum circiter distat.
303. Prior Rott., *Roma sibi antiqua :* suspicatur Heinsius *Roma sibi antiquum non constat versa per ævum*. Arnobius, lib. II : *Nam si mutare sententiam culpa est ulla vel crimen, et a veteribus institutis in alias res novas voluntatesque migrare, criminatio ista et ad vos spectat, qui toties vitam consuetudinemque

D *mutastis, qui in mores alios atque alios ritus priorum condemnatione transistis.*
307. Vat. A, male, *morem servare.*
311. Rat., Weitz., Gis. ad marg. 1 ed., et in textu 2 ed., Sich., *in tabulis*, quod secutus est Heinsius, quin ullam variantem lectionem adnotaverit. Heinsio consonant recentiores. Ast Jureti codex, Alex., Urb., Ald. ahique, *instabilis placiti*, quod Jureto arridet : exprimitur enim inconstantia senatus populique Romani in retractandis legibus ac moribus. Simili modo Tertullianus in Apolog. cap. 4 : *Nonne et vos quotidie experimentis illuminantibus tenebras antiquitatis, totam illam veterem et squalentem silvam legum novis principalium rescriptorum et edictorum securibus truncatis et cæditis ?* Vide Theodosii novellam 2 de Invasoribus, et A. Gell. lib. ult. c. 1. In Egm., et Pal. est *novarat* pro *novarit*, in Alex. a prima manu mendose, *noveit*.

Nunc etiam, quoties solitis decedere prodest,
Præteritosque habitus cultu damnare recenti,
Gaudemus compertum aliquid, tandemque re-
[tectum,
515 Quod latuit. Tardis semper processibus aucta
Crescit vita hominis, et longo proficit usu.
Sic ævi mortalis habet se mobilis ordo :
Sic variat natura vices. Infantia repit,
Infirmus titubat pueri gressusque, animusque :
520 Sanguine præcalido fervet nervosa juventa :
Mox stabilita venit maturi roboris ætas :
791 Ultima consiliis melior, sed viribus ægra,
Corpore succumbit mentem purgata senectus.
His genus humanum per dissona tempora duxit
525 Curriculis ævum mutabile : sic hebes inter
Primitias, mersumque solo, ceu quadrupes,
[egit.
Mox tenerum docili ingenio, jamque artibus
[aptum
Noscendis, varia rerum novitate politum est.

Inde tumens vitiis, calidos adolevit in annos,
530 Donec decocto solidaret robore vires.
Tempus adest, ut jam sapiat divina serenæ
Mentis consilio, vivacius abdita solers
Quærere, et æternæ tandem invigilare saluti.
Quanquam si tantus amor est, et cura vetusti
535 **792** Moris, et a prisco placet haud discedere
[ritu,
Exstat in antiquis exemplum nobile libris,
Jam tunc diluvii sub tempore, vel prius, uni
Inseruisse Deo gentem, quæ prima recentes
Incoluit terras, vacuoque habitavit in orbe.
540 Unde genus ducit nostræ porrecta propago
Stirpis, et indigenæ pietatis jura reformat.
Sed, quia Romanis loquimur de cultibus, ipsum
Sanguinis Hectorei populum probo tempore
[longo
Non multos coluisse deos, rarisque sacellis
545 Contentum, paucas posuisse in collibus aras.
Innumeros post deinde deos, virtute subactis

GLOSSÆ VETERES.

514. Retectum, *manifestum*, I.
518. Repit, *quia rectius non potest ambulare*, I.
520. Nervosa, *fortis*, I.
521. Maturi, *perfecti*, I.
523. Purgata, *purgatam habens mentem*, I.
524. His, *talibus*, I.
525. Curriculis, *volutionibus*.—Hebes, *imprudens*, I.
526. Primitias, *initia, in infantia*. — Ceu quadrupes, *quando et manibus, et pedibus repit, non rectus incedere valens*. — Egit, *ducit vivit*, I.
527. Jamque, *deinde*, I.

328. Politum, *nutritum*, I.
329. Calidos, *in juventute*. — Adolevit, *crevit*, I.
530. Decocto, *perfecto*. — Robore, *fortitudine*, I.
532. Vivacius, *perspicacius*. — Solers, *sagax*, I.
534. Si tantus, *tantum studium est*, I.
539. Vacuo, *lato*, I.
540. Porrecta, *extenta*, I.
541. Stirpis, *naturalis*, I.
543. Hectorei, *Romani*, I.
544. Sacellis, *templis*, I.
546. Virtute, *Romanorum*, I.

COMMENTARIUS.

515. Juretus videtur non observasse emendationem Giselini, qui ediderat quidem *damnare retenti*, sed in addendis correxit *damnare recenti*. Heinsius simili errore edidit *retenti*, nec correxit.
516. Elmenhorstius in Arnobium pag. 45 plura de his ad verba Arnobii *Pauperrimæ necessitatis inventa* ex Columella, Virgilio, Lucretio.
518. Hæc omnia mutuatus videtur Prudentius a Lucretio lib. III, vers. 446 et seqq.
522. Prior Rott., *consilii melior*, quod eleganter dictum ait Heinsius, quomodo sæpe utitur Silius Italicus. Mihi elegantius videtur *consiliis melior, sed viribus ægra*.
524. Rat., Gis. ad oram, Weitz., *fluxit*. Alex., Urb., Vat. A et plerique alii, *duxit*, scilicet *ævum*.
525. Ita Alex., Urb., Widm., Weitz., Gis., uterque Boher., Heins. et alii. Aldus, Vat. A, Bong. a prima manu, Fabr., Rat. a manu recenti, erasis prioribus, *sic hebes inter Primitias, mersumque solo titubavit, et instar Quadrupedis pueri lactantia viscera traxit*. In Aldo est *versumque* pro *mersumque*. Teolius ait Heinsium hæc ut superflua resecuisse; sed resecuerat antea Giselinus, et post Giselinum Weitzius. Giselinus vero prolixius, sed non omnino male in impressis ita legi monuit. Egmondanum pro nostra lectione stare affirmat Weitzius, negat Heinsius, qui melius inspexit.
526. Alludit ad ænigma Sphingis, quod solvit Œdipus. Vide Hyginum fab. 77, et Palæphatum lib. I, cap. de Sphinge. Ænigma quod nam esset animal mane quadrupes, meridie bipes, vespere tripes. Œdipus hominem esse interpretatus est.
527. Ald., perperam, *artibus aptus*.
530. Virgilius II Æneid., *Solidæque suo stant robore vires*.
534. Sich., Gis. ad oram in utraque editione, Widm. a prima manu, Bong., Weitz., Alex., Urb., Heinsius cum plerisque suis, *si tantus amor est*. Et

videtur ex Virgilio II Æn. sumptum, *Sed si tantus amor casus cognoscere nostros*. Ald., Torn., princeps Boher., prior Rott., Egm., *si tantum studium est*, quæ est Isonis glossa. Gronovius, cap. 5 Observat. eccles. in mss., legi fatetur *quanquam si tantus amor est, sed suspicator legendum si tibi tantus amor*, quia aliud est vitium metri inexcusabile, et nunquam a Prudentio profectum. Verum jam observavi et aliis poetis frequens esse brevem syllabam ob cæsuram producere, et hoc ipsum Prudentio esse valde familiare : neque oportuit Gronovium hujus rei esse inscium.
535. Thuan., *ut a prisco*, male.
539. Virgilius I Georg., vers. 62 : *Deucalion vacuum lapides jactavit in orbem*.
540. Ald., *nostræ ducit*.
541. In Rat. a prima manu, *indigæ*; sed glossa *inde genitæ* indicat mendum.
543. Tertullianus Apolog. cap. 25 : *Nam etsi a Numa concepta est curiositas superstitiosa, nondum tamen aut simulacris, aut templis res divina apud Romanos constabat. Frugi religio, et pauperes ritus, et nulla Capitolia certantia cælo, sed temeraria de cespite altaria, et vasa adhuc samia, et nidor ex illis, et deus ipse nusquam. Nondum enim tunc ingenia Græcorum atque Tuscorum fingendis simulacris Urbem inundaverant*. Adde S. Augustinum de Civit. Dei cap. 12, lib. III, et cap. 51, lib. IV.
545. Rat., *concentum*; recte supra, *contentum*. Gis. ad oram, *paucis*. Observat Chamillardus ex Melanthe et Apollonio veteres solitos suis numinibus, præsertim Jovi, templa in sublimibus locis exstruere. Jovis Latiaris templum in monte Albano fuit collocatum : cujus adhuc vidimus. Mazochius tom. I Spicil., pag. 67. *excelsa* in sacris Litteris Idola appellari ait ab excelsa statura excelsoque loco, et originem repetit a turri Babel.
546. Ald., *post inde*. Minucius : *Inde adeo per uni-*

793 Urbibus, et claris peperit sibi Roma
[triumphis,
Inter fumantes templorum armata ruinas
Dextera victoris simulacra hostilia cepit,
550 Et captiva domum, venerans ceu numina, vexit.
Hoc signum rapuit bimaris de strage Corinthi :
Illud ab incensis in prædam sumpsit Athenis.
Quasdam victa dedit capitis Cleopatra canini
Effigies : quasdam, domitis Ammonis arenis,
555 Syrtica cornutas facies habuere tropæa.
Roma triumphantis quoties ducis inclyta cur-
[rum
Plausibus excepit, toties altaria divum
Addidit, et spoliis sibimet nova numina fecit :

794 Numina, quæ, patriis cum mœnibus eruta,
[nullum
560 Præsidium pòtuere suis afferre sacellis.
Cernis, ut antiqui semper vestigia moris
Gressibus incertis varie titubasse probentur,
Asciscendo deos majoribus incompertos,
Seque peregrina sub relligione dicasse,
565 Nec ritus servasse suos ? Quodcunque sacro-
[rum est,
Exsulat, externumque inimicam venit in Urbem.
795 Frustra igitur solitis, prava observatio,
[inhæres.
Non est mos patrius, quem diligis, improba: non est.
At solers orator ait, ıatafiter Urbem

GLOSSÆ VETERES.

551. Signum, *simulacrum*. — Bimaris, *propter duo maria, quibus cingitur*. — De strage, *sicut Numenius fecit*, I.
552. Athenis, *Græcis*, I.
553. Canini, *Anubis, Mercurii. Mercurius capite canino depingitur propter prudentiam sermonis, et cane*

nihil est sagacius, I.
554. Ammonis, *Jovis*, I.
555. Syrtica, *arenosa*. — Cornutás, *propter Jovem, qui cornutus erat*, I.
561. Ut, *quomodo*, I.
565. Majoribus, *patribus*. — Incompertos, *ignotos*, I.

COMMENTARIUS.

versa imperia, provincias, oppida videmus singulos sacrorum ritus gentiles habere, et deus colere municipes, ut Eleusinios Cererem, Phrygas Martem, Epidaurios Æsculapium, Chaldæos Belum, Astartem Syros, Dianam Taurios, Gallos Mercurium, universa Romanos. Tertullianus cap. 10 Apolog. : *Nec ego per singulos decurram, tot ac tantos, novos, veteres, barbaros, Græcos, Romanos, peregrinos. captivos, adoptivos, proprios; communes, masculos, femmas, rusticos, urbanos, nauticos, militares.* Vide lib. I, vers. 180 seqq., et de iis qui texunt catalogos deorum municipalium, Sirmondum ad Sidonium pag. 138.

547. Egm., Widm. supra, *viribus*, non bene, pro *urbibus*. Ald., Egm., Widm. supra, Gis., Rat., *ex claris*; melius et *claris*.

551. Corinthum *bimarem* appellant Horatius, Ovidius, Sidonius et alii, quod inter duo maria, Ionium et Ægeum, sita sit : quod epitheton ex simili alio Græcorum Mureto in libris Var. lect. videtur factum. L. Mummius Corinthum evertit : de qua strage Florus lib. II, cap. 26, ubi narrat, Corinthium æs inde evectum et nominatum : *Quia incendio permixtis plurimis statuis atque simulacris, æris, auri, argentique venæ in commune fluxere.* Isidorus lib. XVI Orig., cap. 20, id evenisse ait cum Corinthum Hannibal cepit : sed μνημονικὸν ἁμάρτημα, id est Hannibalem pro L. Mummio posuit. In glossa *Numenius* mendum pro *Mummius*.

552. Sylla Athenas expugnavit, unde columnas templi Jovis Olympii Capitolinis ædibus advexit. Plinius lib. XXXVI, cap. 6, Plutarchus in ejus Vita.

555. De Nasamonibus, gente Syrtica, id intelligi vult Chamillardus, de quibus Curtius lib. IV, sect. 29 : *Incolæ nemoris, quos Ammonios vocant, dispersis tuguriis habitant.*

558. Hæc *nova* numina videntur esse dii *novensiles* ex Cincii sententia apud Arnobium lib. III : *Novensiles Piso deos esse credit novem in Sabinis..... Cincius numina peregrina* NOVITATE EX IPSA *appellata pronuntiat. Nam solere Romanos deos omnes urbium superatarum partim privatim per familias spargere, partim publice consecrare ; ac ne aliquid deorum multitudine aut ignorantia præteriretur, brevitatis et compendii causa uno pariter nomine cunctos Novensiles invocari.* Alias aliorum de Novensilibus opiniones refert et irridet Arnobius. Tertullianus, laudatus ad vers. 346, etiam *deos novos* commemorat. Tullius lib. II de Legibus ait : *Separatim nemo habessit deos, neve novos, sed ne advenas, nisi publice ascitos, privatim colunto.*

559. S. Augustinus lib. III, cap. 12, de Civit. Dei, et lib. IV, cap. 31, hac eadem ratione deorum gentilium impotentiam ostendit.

564. Notat hoc loco Mariettus (neque a nobis omittendum est) in Rat. semper scribi *relligione* duplici *ll*. Nonnulli putant non rite id fieri, etiamsi syllaba alio quin brevis producenda sit. Ego autem censeo veteres poetas, ut syllabam brevem producerent, sæpe geminasse consonantem sequentem, et pronuntiasse atque scripsisse *repperit, reccidit, relligio*, et similia.

565. Tertullianus cap. 6 Apolog. *Ubi religio ? ubi veneratio majoribus debita a vobis ? Habitu, victu, instructu, sensu, ipso denique sermone proavis renuntiastis. Laudatis semper antiquitatem, et novæ de die vivitis.*

566. Vat. A, prior Rott., Cauch., Gis. ad oram, Urb., *externumque migrans devenit in orbem*, ex quo conjicit Heinsius *externamque migrans devenit in urbem* ; quanquam non illi displicet *externum orbem*, cum *urbem* paulo post habeamus. Addit, Possis et EMIGRANS VENIT. *Certe in Egmondano* EXSULTAT, EXTERNUMQUE MICAM VENIT IN URBEM, *in quo veræ scripturæ manifesta apparent vestigia.* Quod ego non satis intelligo. Weitzius citat Egmondanum *ex externumque migrans devenit in orbem.* Heinsius cum plerisque suis scriptis, Weitz., Widm., Bong., Alex., Rat., *externumque inimicam venit in urbem:* Weitzius pro hac scriptura citat Giselinum, qui tamen legit *æternumque inimicam venit in urbem.* Gifanius in verbo *vestire* ex vet. lib. legendum ait *externumque* pro *externorum.* Fortasse simili figura Fabricius edidit *externa aique inimicum venit in urbem*, hoc est, *inimicum pro inimicorum.* Gallandius sequitur communiorem lectionem Heinsii, sed in Ald., Tornæs. laudat *æternumque inimicam*, tanquam satis apte ad mentem Prudentii, qui hæc omnia a Tertulliano cap. 25 Apolog. mutuatus est. Recte Tertullianus ibid. : *Tot igitur sacrilegia Romanorum, quot tropæa ; tot de dis, quot de gentibus triumphi; tot manubiæ, quot manent adhuc simulacra captivorum deorum, et ab hostibus ergo suis sustinent adorari, et illis imperium sine fine dederunt, quorum magis injurias quam adulationes remunerasse debuerant. Sed qui nihil sentiunt, tam impune læduntur, quam frustra coluntur.* Verrius Flaccus narrat in oppugnationibus ante omnia solitum a Romanis sacerdotibus evocari deum, cujus tutelæ ea urbs commissa esset, atque illi eumdem aut majorem locum apud Romanos promitti, ut in ejus fragmentis legitur apud Plinium lib. XXVIII, cap. 2.

569. Ald., Egm., Pal., Widm. supra, Jureti codex et Rat., *sed solers*. Alii, *at solers*. Heinsius edidit *sed solers*, nihil tamen animadvertens, quamvis a Giselino discesserit.

570 Sortitam, quonam genio proprium exigat
[ævum.
Cunctis nam populis, seu mœnibus inditur, in-
[quit,
Aut fatum, aut genius, nostrarum more ani-
[marum,
Quæ sub disparili subeunt nova corpora sorte.
Jam primum, qui sit genius, vel qui status illi
575 Competat, ignoro : quid possit, et unde oriatur
Spiritus informis, sine corpore, formave, et
[ulla
Sit species, et quid sapiat, quæ munera curet.
Contra, animas hominum venis vitalibus intus
Sic interfusas intelligo, sanguis ut ex his
580 Accipiat motumque levem, tenerumque va-
[porem.
Unde pererratis vegetet præcordia membris,
Frigida succendat, riget arida, dura relaxet.
796 Sic hominis vitam sibi temperat, atque
[gubernat
Vivida mens : quam tu ficto componere tentas
585 Membrorum genio, qui nusquam est, nec fuit
[unquam.
Quin et corporibus versat mens viva regendis

Summum consilium, fida ut tutacula nudis,
Invalidisque paret, metuenda pericula vitet,
Utile prospiciat, varias agitetur ad artes,
590 Consultet, cui se domino submittat, et orbis
Quem putet auctorem, quem rerum summa
[sequatur.
At tuus hic Urbis genius, dicas, volo, quando
Cœpit adhuc parvæ primum se infundere Romæ,
Fluxit ab uberibus nemorosa in valle lupinis,
595 Infantesque aluit, dum nascitur ipse, gemellos?
An cum vulturibus volitans ignota per auras
Umbra, repentinam traxit de nube figuram?
Culminibus summis sedet, an penetralia servat
797 Instituit mores, et jura forensia condit?
400 An castrorum etiam fossis intervenit? acres
Cogit ad arma viros, lituis ciet, urget in -ho-
[stem?
Quæ quis non videat sapientum digna cachinno?
Fingamus tamen, esse aliquam, quæ tali
[curet,
Umbram, sive animam : per quam respublica
[fatum
405 Hauserit, et calidis animetur tota medullis.
Cur non hæc eadem de relligione colenda

GLOSSÆ VETERES.

367. Solitis, *moribus, rebus,* I.
570. Sortitam, *accipientem,* I.
575. Competat, *congruat,* I.
376. Spiritus, *utrum sit, an sit,* I.
377. Munera, *officia,* I.
379. His, *animabus,* I.
381. Vegetet, *confirmet, sustentet, roboret,* I.
382. Succendat, *calore, calefaciat.* — Riget, *mobilitate infundat.* — Relaxet, *molliat,* I.
384. Componere, *regere, comparare,* I.
387. Tutacula, *defensacula.* —Nudis, *membris : nudam rem dicimus, quæ omni parte consilio indiget,* I.
389. Agitetur, *commoveatur,* I.
390. Consultet, *provideat,* I.
395. Gemellos, *nota fabula de vulturibus quos illi*

duo fratres Remus et Romulus in initio, cum regnare cœpissent, de monte Aventino volare viderunt, et fingit poeta, simul cum ipsis venire genium : deridendo dicit, puto, tunc primum genium se parvæ Romæ infundere, cum Remum et Romulum lupa nutrivit in valle nemorosa ; tunc etiam simul genium nutrivit cum illis, I.
398. Penetralia, *interiora, habitacula,* I.
399. Forensia, *civilia, publica,* I.
400. Acres, *fortes,* I.
401. Urget, *compellit Romanos,* I.
402. Digna, *esse,* I.
403. Fingamus, *componamus,* I.
405. Hauserit, *sumpserit, acceperit.* — Animetur, *firmetur, vel vivificetur.* — Medullis, *in interioribus,* I.

COMMENTARIUS.

573. Post hunc versum ingeruntur in multis codd. hæc Symmachi verba : *Varios custodes urbibus mens divina distribuit. Ut animæ nascentibus ita populis fatales genii dividuntur.* Vat. A, *Custodes urbibus mens divina varios distribuit.* Aldus, *induntur* pro *dividuntur.*
374. Vat. A, *quid sit genius.*
375. Ald., *et possit.* Gis. ita edidit, sed correxit *ignoro : quid possit,* quod non videtur advertisse Heinsius.
376. Ald., *formane, an ulla.* Gis., Weitz., *formave, an ulla.* Vat. A, Rat., Alex., Urb., Jureti codex, Heinsius cum suis *formave, et ulla Sit species.* Gallandius minus rectum id judicat, et cum Aldo præfert *formane, an ulla.* Sed lectio communior codicum retinenda est, scilicet hoc sensu, *ignoro etiam, sit forma, et ulla species.* Elmenhorstius ad verba Arnobii lib. I, *Civitatumque genios,* rem his versibus exponit.
377. Vat. A, *munere,* minus recte.
378. Vat. A, *inde pererratis;* melius *unde.* Aldus mendose, *viget* et pro *vegetet.*
384. Vat. A, *mens ficto quam tu componere tentas.*
385. Alex., Ald., Gis. et alii, *membrorum.* Plerique *murorum,* quod genuinum Prudentii videtur Heinsio. Nihilominus vers. 446. occurrit *perque omnia membra, Urbis.*
386. Vat. A, *qui nec corporibus,* male.

387. Bong., Wid., *consilium fit, ut aut tutacula,* quod obscurum est.
390. Widm., Bong., Rat., Sich., *consulet et cui.* Weitzius allegat Aldum pro *consulte cui se;* non ergo advertit Aldi correctionem *consultet cui se.*
391. Ald., *quem putat.* Idem et Thuan. a prima manu *quæ rerum summa sequatur.*
396. Vat. A, scribit *innota.* Romulus et Remus de condenda urbe augurium cepisse dicuntur, quorum hic sex vultures in Aventino monte vidit, ille duodecim in Palatino : *Statur et arbitrium Romulus urbis habet,* ait Ovidius, qui lib. IV Fast. historiam narrat, ut alios prætereundum. In numismatibus antiquis Roma cum vulturibus interdum exhibetur.
397. Thuan., prior Boher., alter Rott., *repentina de nube.* Egm. mendose, *repentini.* Alii mss. et edd., *repentinam.*
398. Alex., Ald., potiores Heins., *servat,* quod placet. Rat., Torn., Gall., Weitz., *servans.* Gis., *servat*; ad marg., *servans*; et pro div. script., *curans.*
401. Prior Rott., Cauch., *lituo ciet.* Egm., Ox., Jureti codex, *lituos ciet.* Plerique *lituis ciet.*
405. Gis. ad oram, *et calidas animet curata medullas.*
406. Rat. Weitz. cum suis, excepto Bong., *de relligione tenenda.*

Consultat? cur non suspectat libera cœlum?
Cur sibi præscriptum non commutabile fatum,
Ut captiva, putat? genesis cur vincula fingit?
410 Cui jam nolle licet, quod tunc voluisse licebat,
Erroresque abolere suos, ac flectere sensus?
Sic septingentis erravit circiter annis,
Lubricaque, et semper dubitans, quæ forma
[placeret
Imperii, quæ regnandi foret æqua potestas.
415 798 Regius exortam jam tunc habuit status
[Urbem,
Non sine grandævis curarum in parte locatis.
Mox proceres de stirpe senum tractasse vide-
[mus
Clavum consilii : plebeias inde catervas,
Collatas patribus mixtim ditionibus æquis,
420 Imperitasse diu, belloque, et pace regendis.
Consule nobilitas viguit : plebs fisa tribuno est.
Displicet hic subito status, et bis quina creantur
Summorum procerum fastigia : quos duodeni

A Circumstant fasces, simul et sua quemque se-
[curis.
425 Rursus se geminis reddit ductoribus omnis
Publica res, et consulibus dat condere fastos.
Ultima sanguineus turbavit sæcla triumvir.
Fluctibus his olim fatum, geniusve, animusve
798 Publicus erravit : tandem deprendere re-
[ctum
430 Doctus iter, caput augustum diademate cinxit,
Appellans patrem patriæ, populi, atque senatus
Rectorem, qui militiæ sit ductor, et idem
Dictator, censorque bonus, morumque magi-
[ster,
Tutor opum, vindex scelerum, largitor ho-
[norum,
B 435 Quod si tot rerum gradibus, toties variatis
Consiliis, ægre tandem pervenit ad illud,
Quod probet, ac sancto reverentia publica
[servet
Fœdere : quid dubitat divina agnoscere jura.

GLOSSÆ VETERES.

407. Consultat, *providet interrogat*, I.
409. Fingit, *componit*, I,
410. Licet, *licitum est*, Iso.
412. Erravit, *pene*, I.
413. Lubrica, *instabilis*, I.
414. Æqua, *justa*, I.
416. Grandævis, *senatoribus, consulibus*, I.
417. Proceres, *juniores et nepotes*, Iso.
418. Clavum, *regimen, dignitatem*, Iso.
419. Collatas, *conjunctas*, I.
421. Consule, *sub consule*, I.
422. Creantur, *constituuntur*, I.

423. Procerum, *dictatorum*, Iso.
424. Fasces, *honores*. — Sua, *propria*. — Securis, *potestas, vindicta*, I.
426. Fastos, *libros*, I.
428. Fluctibus, *erroribus, instabilitatibus*, I.
430. Augustum, *nobile*. — Diademate, *corona*, I.
433. Dictator, *imperator*. — Censor, *judex*, I.
434. Tutor, *qui rempublicam tuebatur*. — Largitor honorum, *retributor dignitatum*, I.
436. Ægre, *difficulter, vix*, I.
437. Probet, *laudet*, I.

COMMENTARIUS.

407. Ald., Gis. in textu, Jureti codex, *prospectat*. Widm., Bong., Gis. ad oram, *aspectat*. Plerique alii, etiam Gis. ad oram pro div. lect., Gifanii et Becmani codices, *suspectat*. Virgilius lib. I vers. 375 Georg. *Bucula cœlum Suspiciens, patulis captavit naribus auras*.
408. Ald., *cur tibi*; alii *cur sibi*.
409. Juvenalis sat. 14, vers. 246, *Nota mathematicis genesis tua*.
410. Ald., Gis., *cur jam*. Plerique, *cui jam*, et glossa ad oram Widm., *cui genio licet nolle*. Tertullianus cap. 6 Apolog : *Nunc religiosissimi legum, et paternorum institutorum protectores, et ultores respondeant, velim, de sua fide, et honore, et obsequio erga majorum consulta, si a nullo desciverunt?*
412. Florus a rege Romulo in Cæsarem Augustum septingentos annos numerat; alii septingentos octo annos circiter recensent.
414. Ald. Gis., Weitz., *imperii et quæ*. Abest *et a* codd. Heinsianis et nostris.
416. Ald. mendose, *curatum in parte*. De his imperii Romani mutationibus lege Florum et Joannis Camertis adnotationes, qui breviter alios historicos, aut consentientes aut dissentientes, indicat.
417. Reges anno Urbis conditæ 243 vel 254 exacti sunt, consulesque tunc creati.
418. Anno 387 lex lata est, ut alter consul e plebe crearetur, quæ anno 309 rogata fuerat. De primo consule, homine novo, L. Sextio id intelligit Grangæus; de tribunis plebis anno 259 ob secessionem plebis creatis Chamillardus, quod verius est ut ex seqq. patet, *Displicet hic subito status*, etc.
421. Hic versus a Vat. A, Egm., Oxon., Rottend. rejicitur post versum *Publica res*. Ald. male distinguit *plebs, fisa*.
422. Decemviri anno Urbis 304 circiter pro con-

C sulibus legum ferendarum causa creati, qui sunt bis quina fastigia, etc. De insignibus, fascibus et securibus Livius lib. III, cap. 56 : *Cum ita priores decemviri servassent, ut unus fasces haberet, et hoc insigne regium in orbem suam cujusque vicem per omnes iret, subito omnes cum duodenis fascibus prodiere. Centum viginti lictores forum impleverant, et fasciibus secures illigatas præferebant*.
425. Egm. corrupte, *doctoris* pro *ductoribus*. Anno Urbis 504 iterum duobus consulibus imperium mandatum est.
426. Post hunc versum a nonnullis collocatur versus 421, *Consule nobilitas*.
427. Triumviratus Cæsaris, Lepidi et Antonii, cujus atrocitas nihil in se minus habet quam numerum centum quadraginta senatorum (proscriptorum). *Exitus fœdi, truces, miserabiles*, etc. Florus lib. IV, cap. 5.
429. Prior Rott., *reprendere rectum*.
430. Gis. ad marg., *diademate texit*. Item Giselinus ita catalogum harum mutationum ordinavit : D *Primum reges regnarunt. Post eos cœpere consules anno ab Urbe condita* CCXLV. *Consules et senatores cum tribunis plebis* CCLXI. *Decemviri soli* CCCIII. *Consules etiam e plebe* CCCVI. *Triumviri post Cæsaris necem* DCCXII. *Solus Octavius* DCCXXIII. Concludit, recte illum versum *Consule nobilitas* eo loco poni quo a nobis est insertus.
431. Suetonius cap. 58 in Augusto : *Senatus te consentiens cum populo Romano consalutat patriæ Patrem*.
433. Augustus ob facta ingentia dictator perpetuus, et Pater patriæ dictus. Tractatum etiam in senatu, an quia condidisset imperium, Romulus vocaretur. Sed sanctius et reverentius visum est nomen Augusti, ut scilicet jam tum, dum colit terras, ipso nomine et titulo consecraretur. Vide Florum in fine Hist.
436. Aldus, *ægræ*; lege *ægre*.

LIBER II CONTRA SYMMACHUM.

Ignorata prius sibimet, tandemque retecta?
440 Gratemur, jam non dubitat: nam subdita
                               [Christo
Servit Roma Deo, cultus exosa priores,
800 Romam dico viros, quos mentem credi-
                               [mus Urbis
Non genium, cujus frustra simulatur imago.
Quanquam cur genium Romæ mihi fingitis
                               [unum?
445 Cum portis, domibus, thermis, stabulis soleatis
Assignare suos genios? perque omnia membra
Urbis, perque locos, geniorum millia multa
 Fingere, ne propria vacet angulus ullus ab
                               [umbra?
 Restat, ut et fatum similis dementia cunctis
450 Ædibus imponat : paries ut quisque sub astro

Fundatus, structusque suo, qua sorte maneret,
801 Quando autem rueret, primis acceperit
                               [horis.
Ascribunt saxis Lachesis male fortia fila,
Tectorumque trabes fusis pendere rotatis
455 Credunt, atque ipsis tribuunt decreta tigillis :
Ceu distet, cujus stellæ sit fraxinus ortu
Eruta, quæ summum conscenderet ardua
                               [culmen.
Denique nulla hominum res est, nulla actio
                               [mundi,
Cui non fatalem memorent incumbere sortem.
460 Quæ quia constituunt, dicant, cur condita sit lex
Bis sex in tabulis : aut cur rubrica minetur,
Quæ prohibet peccare reos, quos ferrea fata
Cogunt ad facinus, et inevitabile mergunt.

GLOSSÆ VETERES.

440. Gratemur, *pro gratulemur*, I.
445. Thermis, *balneis*. — Tabulis, *tabernis, loca tabularia*, I.
446. Membra, *mœnia*, I.
452. Acceperit, *quando natus fuit*, Iso.
453. Lachesis, *Lachesis, Cloto, Atropos, nomina sunt Fatorum : una colum tenet, alia trahit, tertia rumpit*, I.

457. Eruta, *diruta*, I.
460. Constituunt, *docent*, Iso.
461. Rubrica, *nomen legis, lex, linea cœmentariorum, quibus aspiciunt an sit recta ipsa maceries, an non; sed pro lege ponitur, aut judicio*, I.
462. Ferrea, *dura*, I.
463. Inevitabile, *scilicet supplicium*, I.

COMMENTARIUS.

441. Veteres sæpe hæc duo conjungebant *Christus Deus*, et sæpius id occurrit apud nostrum. Militare Christianorum sacramentum id refertur a Vegetio lib. II, cap. 5 : *Jurant autem per Deum, et per Christum, et per Spiritum sanctum, et per majestatem imperatoriam, quæ secundum Deum generi humano diligenda et colenda est.* Quæ verba nonnulli male ita referunt : *Per Deum Christum, et Spiritum sanctum*, ut ad Prudentii verba accommodent. In inscriptionibus antiquis reperitur etiam hoc argumentum divinitatis Christi adversus Arianorum hæresim. Lupius epitaph. S. Severæ inscriptionem Græcam e museo Kirkeriano profert, ubi legitur *in Deo Domino Christo*. Vide etiam Gasparem Aloysium Odericum Syllog. Inscript. pag. 263 et seq., ubi tamen non bene huc trahit hunc titulum ex cœmeterio S. Saturnini : ☧ PRIMA. VIVIS. IN. GLORIA. DEI. ET. IN. PACE. DOMINI. NOSTRI. ☧ Nam hic *Christus* non conjungitur cum *Deo*. Opportuniores sunt aliæ inscriptiones apud Georgium de Monogramm. Christi Domini cap. 4 OLYMPIODORE VIVAS IN DEO ☧. — HILARI VIVAS IN DEO ☧. — HIC IACET PERPETVVS IN CHRISTO DEO SVO.
444. De geniis veterum multi scripserunt : de quo argumento librum ab Emmanuele Navarro editum laudat Emmanuel Martinus lib. IV, epist. 10. Elmenhorstius in Arnobium pag. 14, Heraldus in Arnob um pag. 40, Lactantius lib. II, cap. 15, et ejus interpretes plura habent de geniis. Barthius lib. LII Adv., cap. 12 copiose disserit de geniis veterum, de horum in iis colendis religione, cultu, superstitione, de geniorum etymo, frequentia, habitibus, de geniis urbium, locorum, domorum, regionum, hominum, aliarum rerum. Affirmat gentilium opinionem qui omnibus locis et operibus suos tales dæmonas inesse autumabant, neminem scitius Prudentio confutasse luculento hoc carmine. Petavius tom. III, lib. II, cap. 6, theologice disserit de tutela et custodia, quam tum publice universorum, tum singulorum privatim suscipiunt angeli : quod de geniis ethnici communi consensu prædicabant. Genius Romæ in nummis sæpe dicitur *genius populi Romani*, et apud Ammianum *genius publicus*. Martialis lib. VI, epigr. mihi 41, acute dixit : *Victurus genium debet habere liber* : nunc dicere possumus *angelum custodem*. Vide

Censorinum de Die natali.
445. Rat. et Iso minus bene, *tabulis soleatis*.
446. Membra *Urbis* etiam dixit Ammianus lib. XVI : *Deinde intra septem montium culmina per acclivitates planitiemque posita urbis membra collustrans*, etc. Non autem sunt mœnia, ut ait Iso, sed partes Urbis.
447. Mariettus hoc loco advertit in Rat. semper scribi *milia* uno *l*, quæ recta est scribendi ratio, et multis magis placet quam *millia*.
449. Ald., non recte, *similis clementia*.
452. Pal. scribit *oris* pro *horis*.
453. In glossa hexametrum invenio, si verba recte legantur et trajiciantur : *Una colum retinet, trahit altera, tertia rumpit*.
454. Ald. non bene, *rectoiumque trabes*.
455. Tigillum, a *tego* et *tignum*, est trabs cui tectum imponitur.
456. Vat. A, corrupte, *cujus stille*. Ald., Alex., *hortu* : scribendum *ortu*.
458. Petavius lib. III de Opif., cap. 7, optime a Prudentio his versibus expressum ait, quod sati necessitas libertati humanæ voluntatis adversetur, etsi hanc ad volendum adigat. Nam voluntatem ad volendum necessitate compelli, gentiles affirmabant.
461. Leges *rubricas* appellari, jam multi notarunt vel ex hoc Prudentii versu. Persius sat. 5, vers. 90 : *Excepto si quid Masuri rubrica notavit*. Juvenalis sat. 14, vers. 191 : *Perlege rubras Majorum leges*. Scilicet rubrica, quæ herba est minio proxima, leges scribebantur. Hinc rubricarum nomen in libris ritualibus. Hermanus Hugo de prima Origine scribendi pag. 103, cap. 12, docet imperatoribus valde familiare fuisse encausto scribere, et ob hanc causam fere omnia juris capita fuisse miniata, id quod fiebat cum majestatis tum etiam terroris causa, ut nempe legibus sinopide, aut cinnabari notatis, et sanguineum quiddam ac cruentam minantibus majestas accresceret : quod his versibus insinuat Prudentius. Cur autem *minari* lex dicatur, vide comment. ad vers. 179, *Lex armata sedet*. De sanctione qua pœna irrogatur, vide Ant. Augustinum de Legib.
463. Vat. A, Gis., *ad facinus cogunt*. Scripti Heinsiani et nostri cum Weitzio et Aldo, *cogunt ad facinus*.

AURELII PRUDENTII CARMINA.

Quin et velle adigunt, pravum insinuantia votum, A
465 **802** Ne liceat miseris vetitum committere
  [nolle.
Cedite, si pudor est, gladiumque retundite
  [vestrum,
Aspera nil meritos pœnis plectentia jura :
Antrum carcereum dissolvite, corpora sub quo
Agminis innocui fato peccante tenetis.
470 Nemo nocens, si fata regunt, quod vivitur, ac fit :
Imo nocens, quicunque volens, quod non licet,
  [audet.
Alterutrum quia velle suum est, nec fata reatum
Imponunt homini : sed fit reus ipse suopte
Arbitrio, placitumque nefas, et facta rependit
475 Impia suppliciis, merito, non sorte peremptus.
Quisque putat, fato esse locum, sciat, omnipa- B
  [rentem

803 Esse Deum, nulli vetitum fatalibus astris,
Nec mathesis præscripto aliquo pia vota repelli,
Spirat enim majora animus, seque altius effert
480 Sideribus, transitque vias : et nubila fati,
Et momenta premit pedibus, quæcunque pu-
  [tantur
Figere propositam natali tempore sortem.
Huc ades, omne hominum genus, huc concurrite
  [et urbes :
Lux immensa vocat : factorem noscite vestrum .
485 Libera secta patet : nil sunt fatalia, vel si
Sunt aliqua, opposito vanescunt irrita Christo.
Sed multi duxere dei per prospera Romam :
Quos colit ob meritum magnis donata triumphis.
804 Ergo age, bellatrix, quæ vis subjecerit,
  [ede,

GLOSSÆ VETERES.

464. Adigunt, *cogunt, compellunt*. — Insinuantia, *ostendentia*. I.
467. Plectentia, *punientia*, I.
472. Alterutrum, *bonum vel malum*. — Suum, *proprium*, I.
476. Sciat, *quin tantummodo in Dominum credat, et nulla fata nocent*, I.
477. Vetitum, *scilicet esse*, I.
478. Mathesis *siderum cursu*. — Præscripto, *constituto, impedimento*. — Repelli, *scilicet posse*, Iso.

479. Effert, *exerit, elevat*, Iso.
481. Momenta, *récordationes*. — Premit, *spernit cogitationibus*, I.
482. Sortem, *fatum*, I.
484. Lux, *Christus*, I.
485. Secta, *doctrina*, I.
488. Donata, *ornata*, I.
489. Age, *vox orantis*. — Bellatrix, *Roma*. — Ede, *dic, sicut alibi : Ede Martialem, id est, dic, vel canta*, I.

COMMENTARIUS.

466. Heinsius mallet *gladiumque recondite*. Verum ad poetæ mentem melius est *retundite*. Vult enim gladium justitiæ omnino retundi, tanquam jam superfluum, si homines non libere peccant. Ita postea non ait, carcerem claudi, sed dissolvi.
468. *Antrum carcereum* est inferior carceris custodia : Hispani vocant *calabozo*. Describitur a Prudentio in hymno S. Vincentii, ubi plura afferam, et a Sallustio de Bello Catil. : *Est locus in carcere, quod* TULLIANUM *appellatur : ubi paululum descenderis ad lævam circiter viginti pedes humi depressus; eum muniunt undique parietes, atque insuper camera lapideis fornicibus juncta, sed inculta tenebris, odore fœda, atque terribilis ejus facies est*. Si carcer Mamertinus ad radices montis Capitolini, quo SS. apostolos Petrum et Paulum detentos fuisse acta narrant, non est is ipse locus *Tullianum* dictus, certe admodum similis illi est. Cl. Cancellierius multis rationibus carcerem Tullianum ac Mamertinum eumdem fuisse egregie confirmat in opere : *Notizie del carcere Tulliano detto poi Mamertino*, etc., Romæ, 1788.
473. Alex., Urb., Ald., Widm. supra, Pal., Ox., Egm. a secunda manu, veteri scriptura prorsus erasa, *sed fit reus ipse suapte Arbitrio*. Rat., Widm. a prima manu, Bong., Fabr., Gis. ad oram, Cauch., *sed fit reus ipse per amplum Ingenium*. Gis. in textu, codex Jureti, *suopte Arbitrio*. Thuan., *suopte Ingenio*. Prior Rott., *suapte Ingenio*; alter, *suopte Ingenium*. Heinsius edidit *suopte Arbitrio*. Sed ait scribi oporteret *sed fit reus ipse suapte. Ingenium placitumque nefas*. Scilicet suapte, sua sponte. Intelligit autem, *ingenitum nefas* esse peccatum originale, ut vers. 913 Apoth., *Et tenet ingenitas animarum infantia in ortu Primi hominis maculas*. Neque Heinsio displicet *suopte ingenio*. Sic *ingenium* pro ingenita animi vi, aut pro natura poni Apuleius nonnunquam. Mihi verum videtur *suopte* vel *suapte arbitrio*, ut homo intelligatur peccare suo arbitrio et sponte sua.
475. Ald., *suppliciis et merito* : contra metrum intruditur *et*. Urb., *ne sorte*; lege *non sorte*.
476. Plerique, *quisque putat fato esse locum*. Urb., *putet*. Ald. : *quis putat esse locum fato*, scilicet in

emendatis, nam, repugnante metro, ediderat *quis putat esse fato locum*. Ponitur *quisque* pro *quisquis* : de quo jam dictum, et videri potest Burmannus in Anthalog. Ald., minus bene, *omnipatentem*.
477. Ald., duo Boher., Thuan., Egm., Oxon., Pal., Gis. in textu, *nosse Deum*, quod exstat etiam in Alex. C Alii, *esse deum*, cum Rat., Urb., Weitz., altero Rott., Heinsio. Prior Rott., *posse Deum*. Deinde omnes Heinsiani, Jureti codex, Ald., Gis. ad oram, Fabr., Bong., Pal., Rat., Alex., Urb., *fatalibus*; nonnulli, *fallacibus*. In Rat. videtur esse *veritum*, male, pro *vetitum*. Sententia est, nec bona nec mala opera necessario fieri.
478. Ald. et Rat. recenti manu, prioribus aliis omnino abrasis, *Nec præscripto aliquo pellit pia vota mathesis*. Voluerunt recentes correctores, *mathesis* a Prudentio secunda producta efferri, quia ipsi ita efferebant. In Egm. *perscripto* est pro *præscripto*. Astrologia præcipue *mathesis* nomine solebat a veteribus intelligi.
482. Rat., Widm., Bong., Alex. a prima manu, Thuan., uterque Rott., Gis. ad oram, Sich., *fingere*. Alii, *figere*, quod arripuit Heinsius, quia verbum est mathematicum.
483. *Huc ades*, genus loquendi Virgilio aliisque D frequentissimum.
484. Rat., *vacat*; supra, *vocat*.
486. Post hunc versum verba hæc sunt Symmachi : *Accedit utilitas, quæ maxime homini credos asserit. Nam cum ratio omnis in operto sit, unde rectius quam de memoria atque documentis rerum secundarum cognitio venit numinum?* In Rat., *deos esse asserit*. Ald., *quam memoria*.
487. Rat., *si multi duxere dei*. Alex., *sed multi*. Urb., *sed multa duxere dii*, quod Placuit Aldo, neque mihi displicet. Recte enim *prospera multa* : nam agitur de utilitate, quam deos attulisse Symmachus affirmabat.
489. Rat., *subjecerat*, recenti manu; non bene. De hac superstitione Romanorum, qui auxilio deorum se orbem subegisse jactabant, legi etiam possunt Minucius et Tertullianus cap. 25 Apolog. Iso indicat

LIBER II CONTRA SYMMACHUM.

490 Europam, Libyamque tibi : dic nomina divum.
Juppiter, ut Cretæ domineris, Pallas, ut Argis,
Cynthius, ut Delphis, tribuerunt omine dextro.
Isis Nilicolas, Rhodios Cytherea reliquit.
Venatrix Ephesum virgo, Mars dedidit Hebrum.
495 Destituit Thebas Bromius, concessit et ipsa
Juno suos Phrygiis servire nepotibus Afros.
Et quam subjectis dominam dea gentibus esse,
Si qua fata sinant, jam tum tenditque, fovetque,
Jussit Romuleis addictam vivere frenis.
500 Perfidiane deum indigenum cecidere tot ur-
[bes?
Destructæque jacent, ipsis prodentibus, aræ?
505 O pietas, o sancta fides ! traduxit alumnos

Majestas infida locos, et creditur istis
Numinibus, qui transfugio meruere sacrari?.
505 An voluit servare suos, luctataque multum
Relligio, infestas tentavit pellere turmas
Romanis obnisa globis, sed fortior illam
Virtus luctifico camporum in pulvere fregit?
Imo ita id est: armis et viribus indiga veri
510 Victa superstitio est, et inanem gloria fugit.
Sed nec difficilis fuit, aut satis ardua genti
Natæ ad procinctus victoria, frangere inertes,
505 Molliaque omnigenum colla inclinare
[deorum.
Nunc cum Dictæis bellum corybantibus asper
515 Samnitis, Marsusque levi sudore gerebat.

GLOSSÆ VETERES.

491. Cretæ, *insulæ*. — Pallas, *Minerva*. — Arg s, *Græcis*, I.
492. Cynthius, *Apollo, a Cyntho monte, ubi nutritus est*.—Delphis, *Delphos locus, ubi ara Apollinis fuit*, I.
493. Isis, *dea Ægypti*. — Nilicolas, *Ægyptios*. — Rhodios, *populos*. — Cytherea, *Venus*, I.
494. Venatrix, *Diana*. — Ephesum, *civitatem*. — Dedidit, *sponte dedit*. — Hebrum, *fluvium Thraciæ*, I.
495. Destituit, *dereliquit*. — Thebas, *populos*. — Bromius, *Bacchus*, I.
496. Phrygiis, *Trojanis, Romanis*, I.
497. Dominam, *Africam, civitatem Carthaginem*, I.
498. Fovetque, *animo*, I.
499. Romuleis, *sub Romuleis*. — Addictam, *gentem:* — Frenis, *legibus*, I.
501. Prodentibus, *concedentibus, tradentibus*, I.

502. Alumnos, *nutritos ministeriales*, *famulos*, I.
504. Transfugio, *fuga*, I.
506. Infestas, *inquietas*, I.
507. Obnisa, *contra posita, resistens ; reluctans*. — Globis, *exercitibus*. — Illam, *religionem*, I.
508. Virtus, *Romana*, I.
509. Est, *ut prædixi*. — Indiga, *indigens*. — Veri, *veritatis*, I.
510. Superstitio, *religio, inanis cultus*, I.
511. Genti, *Romanorum*, I.
512. Procinctus, *ad præparationes bellicas, ad expeditionem bellicam*, I.
514. Nunc, *aliquando*, *vel tunc fuit hoc*. — Dictæis, Creticis. — Corybantibus, *illis populis*, I.
515. Samnitis, *dux de Samnia provincia. Samnitis et Marsus populi fuerunt Beneventani*, I.

COMMENTARIUS.

versum 144 hymni 4 Per. SS. octodecim martyrum Cæsaraugust., qui sic habet : *Ede Successum , cane Martialem*. Pro *dic* ponitur *ede*. Juvenalis sat. 3, vers. 296, *Ede, ubi consistas*.
491. Pallas Argiva hæc est quæ Argis colebatur Σάλπιγξ dicta, de qua Eustathius lib. vi Iliados. Vide Priapeia : *Dodona est tibi, Juppiter, sacrata*, etc.
493. Latinius videtur reperisse in Tornæs. *Nicolas*, quod recte emendat per *Nilicolas*. Ald., Nebr., *Venus alma*; alii, *Cytherea*. Urb. , vitiose, *Citharea*.
494. Urb. , Alex. a prima manu , *dedit*. Metri lex postulat *dedidit*. In Alex. perperam scribitur *Effesum* pro *Ephesum*.
496. Vat. A, *suis*; corrige *suos*.
497. Virgilius I Æneid., *Hoc regnum dea gentibus esse, Si qua fata sinant, jam tum tenditque, fovetque*. Tertullianus cap. 25 Apol. hoc ipsum Romanis objicit, ut dicam ad vers. 510.
500. Heinsius cum Cauchio censet, legendum *indigetum* vel sine auctoritate codicum. Sed defendi potest lectio codicum , *indigenum* , ut *omnigenumque deum monstra*, et supra vers. 341. *Indigenæ pietatis jura reformat*. Significatio eadem est.
501. Rat., *distructæque jacent*.
502. Virg. VI, *Heu pietas, heu prisca fides !*
504. Alex., scripti Heinsiani et Gifanius ex vet. lib., *qui transfugio*. Perspicuum est unde manarit *quæ*, scilicet quia præcessit *numinibus*, et exscriptores hanc figuram, quæ mutatio generis dicitur , ignorabant. *Dei vi et notione conveniunt cum numinibus :* itaque mutatur genus *numinum* in genus *deorum*. Exempla vide apud Gifanium verbo *generis mutatio*, et in addendis ejusdem Gifanii. Ludovicus Cavallus in opere ms. contra correctionem hymnorum Breviarii Romani sub Urbano VIII, de quo egi in proleg. cap. 23, in hymno ad Matut. dominicæ adventus, reprehendit quod corrector hymni illius a genere neutro ad masculinum transierit : *Verbum supernum prodiens E Patris æterni sinu; Qui natus orbi subvenis;* etc. Verum hac mutatione generis ; quam veteres sæpe adhibe-

bant, hymnus ille defendi potest : ponitur enim *Verbum* pro *Filio Dei*.
507. *Globum* pro multitudine conglobata Virgilius, Livius, Nepos, aliique.
508. Heinsius, *fregit*., cum puncto; melius cum interrogatione *fregit ?*
509. Gis., *imo ita id est*. Codices cum hiatu, de quo sæpe locuti sumus, *imo ita est*.
510. Vat. A, contra metrum et sensum, *gloria fugat*. Egm., *fugat*; supra, *inanis gloria fugit*. Tertullianus cap. 25 Apolog., *Vellet Juno Punicam urbem posthabita Samo dilectam ab Æneadum utique gente deleri? Quod sciam , hic illius arma, hic currus fuit, hoc regnum dea gentibus esse, si qua fata sinant jam tum tenditque, fovetque, misera illa conjux Jovis, et soror adversus fata non valuit. Plane fato stat Juppiter ipse*.
512. Rat., *latæ procinctus*; et supra glossa, *procinctus* esse numeri pluralis. Weitzius edidit *late procinctus*, sed in lectionibus variantibus scribit *nate procinctus* cum Widm. et Bong. Puto *nate* excidisse pro *late*. Rott. alter etiam *late procinctus*. In Thuan., utroque Boher., Egm., Ald., Oxon., Alex., Jureti et Gifanii codd., *natæ ad procinctus*. In priore Rott., Cauch., Urb., Vat. A, Teol., *natæ ad procinctum*, quod Heinsio concinnius videtur, quamvis ediderit *natæ ad procinctus*. Heinsius et Juretus non videntur animadvertisse mendum Giselini *natæ procinctus* ab eodem Giselino fuisse emendatum per *natæ ad procinctus*. Mariettus putat lectionem Ratisbonensis *latæ procinctus* veram esse, et *procinctus* esse accusativum verbi *latæ*, hoc est, *amplas habenti copias*. Verior lectio *genti natæ ad procinctus*, vel *procinctum*, hoc est ad bella.
514. Vat. A, corrupte, *nunc cum dicta eis*. Ald., Widm. supra, Pal., Teol., Jureti codex, Urb., *tunc* vel *tum cum Dictæis*. Rat., Weitz., Gis. aliique, *nunc cum Dictæis*. Dicte mons est insulæ Cretæ, ubi nutritus est Jupiter.
515. Vat. A, Urb., *Samnites*. Vat. A, Urb., Alex., Rat. aliique, *gerebat*. Ald., *gerebant*. Egmond., aliis

Nunc Mastigophoris. oleoque, et gymnadis arte
807 Unctis pugilibus, miles pugnabat He-
[truscus :
Nec petaso insignis poterat, Lacedæmone capta,
Mercurius servare suas de clade palæstras.
520 Apenninicolam peditem Cybeleius hostis
Congressu excipiens, Asiam defendere, et Idam

Qui potuit, cogente acies in prælia Gallo?
Idalias nisi forte rosas, laurum citharœdi
Vatis, silvicolæ calamos, arcumque puellæ
525 Dedere servitio, calcataque sacra domare
Difficilis operis fuit, immensique laboris.
808 Fluctibus Actiacis signum symphonia
[belli

GLOSSÆ VETERES.

516. Marrucophoris, *populis Asiæ*. — Gymnadis, *exercitii*, Iso.
517. Pugilibus, *gladiis, brevibus armis*. — Hetruscus, *Latinus, Italicus*, I.
518. Petaso, *petasum calceamentum Mercurii, quo volare solebat : et petasum volatile dicimus. Petasum a petendo sursum dictum est, videlicet talaria et calcaria Mercurii*, Iso.
519. Palæstras, *luctationes, vel ludos suos*, I.

520. Apenninicolam, *Apennini montes sunt*. — Peditem, *exercitum*. — Cybeleius, *Asiaticus*, I.
521. Congressu, *cum pugna, bello*, I.
522. Qui, *quomodo*. — Cogente, *congregante*. — Gallo, *duce*, I.
523. Idalias, *ab Ida*. — Citharœdi, *Apollinis*, Iso.
524. Calamos, *sagittas*. — Puellæ, *Dianæ*, I.
525. Calcataque, *superata*, Iso.
527. Actiacis, *acteis*. — Symphonia, *tuba*, I.

COMMENTARIUS.

omissis, *levi sudoris oleoque et gymnadis arte*, quod vitiosum est. Facile fuit Romano exercitui (ait Prudentius), qui Marsis, Samnitibus, Hetruscis constabat, Phrygios in Asia (quos ironice Corybantes seu Gallos, id est Cybeles sacerdotes, nominat) uti etiam Lacedæmonios, oleo tanquam pugiles madentes et mastigophoros, seu pugilum ministros bello superare. Ita fere Giselinus, qui observat poni *Samnitis* pro *Samnis*, ut in hymno S. Hippolyti, et in *pugil* primam produci, cum in *pugillaris* corripiatur hymno 9 Peristeph., vers. 15, *quanquam*, ut addit, *illud a pugno, hoc a pungere deducunt*. Verum in *pugilibus* prima produci poterit ob necessitatem illam quam dicunt cum tres quatuorve breves concurrunt, ut in *catholicus*, *strigilibus*, aliisque hujus generis. In *pugillar* nescio cur nonnulli dicant, primam esse necessario longam. Quod autem ait Giselinus, *Dictæos corybantes* vocari Phrygas, fortasse melius explicabitur de Cretensibus : nam in Creta proprie erant corybantes Dictæi, ut diversi hi sint ab eis corybantibus, qui vers. 522 memorantur.

516. Ald., Weitz., Gis., Jureti codex et alii, *mastigophoris*, quo respicit Alex. *mastigoforis*: quod vocabulum sonat *flagriferos*. Rat., Sich., Widm., Bong., alter Rott., *marrucophoris*, sive *marrucoforis*; Urb., *masucoforis*: utrumque videtur positum pro *mastrucophoris*, quod, ait Heinsius, in margine unius Weitziani pro diversa occurrebat scriptura. Ne vero quem Heinsius fallat, monendum Heinsium sæpe editiones quas laudat Weitzius accipere, ut videtur, pro codd. mss. Weitzianis ; ut hoc loco citatur G. ad oram, videlicet editio Giselini ad oram. Tunc *mastrucophori* intelligi possunt qui cæstibus pugnabant ; nam mastruca seu mastruga est vestis scortea, ut paulo post dicetur. Non dubito quin verum sit *mastigophoris*, quod verbum occurrit in lib. ult. Aicad., § 1 de Muner. et Honor. : *Mastigophori quoque, qui agonothetas in certaminibus comitantur, et scribæ magistratus personali muneri serviunt*. Quinam autem hoc nomine vocarentur, non una est omnium sententia. Alii interpretantur gymnasiarchas, qui pugilibus præerant, et exemplo Mercurii, palæstritarum dei, virgam in manu tenebant, qua luctantium procaces gestus compescerent nexusque dissolverent; alii flagriferos ad submovendam turbam ; alii gladiatores ipsos, quod verberari solerent; alii eos qui præibant agonothetas seu athlothetas. Videri potest Savaro pag. 109 ad Sidonium.

518. Pal. supra, *pegaso*; lege *petaso*. Glossæ in hujus verbi explicatione a vero aberrant, ut in *pugilibus*. Petasus est a Græco πετάζω, quod est extendo, et est pileus ita extentus, ut solem defendat. Apuleius vocat pilei umbraculum, et Hispani ab *umbra* sombrero. Vide Becmanum de Orig.

519. Arnobius lib. III, *Mercurius ceroma pugillatibus et luctationibus præstat*.

520. Rat., *Appenninicolem*, minus bene.

521. Chamillardus non ad Asiam, tertiam orbis partem, id refert, sed ad regionem Trojanam, quæ Asia dicta fuit ab Asio philosopho : non enim Cybele per totam Asiam singulari honore colebatur. Mæonia, seu Lydia Asia etiam dicta fuit, unde *palus Asia*. Troja in Asia Minore sita erat : et non procul mons Ida, ubi præcipue Cybele colebatur.

522. Sacerdotes Cybeles *Galli* sunt dicti, et eorum princeps *Archigallus*, a Gallo flumine Phrygiæ, vel a viro quodam nomine Gallo, qui primus fortasse sacerdos Cybeles fuerit. Hieronymus, comment. in Osee cap. IV, aliam adhibet causam : *Hi sunt, quos hodie Romæ matri non deorum, sed dæmoniorum servientes Gallos vocant, eo quod de hac gente Romani truncatos libidine in honorem Atys, quem eunuchum dea meretrix fecerat, sacerdotes illius manciparint: propterea autem Gallorum gentis homines effeminantur, ut qui urbem Romam ceperint, hac feriantur ignominia.* Quæ historia mihi falsa videtur, aliis etiam ridicula. Nec deest, qui hæc verba operibus S. Hieronymi assuta suspicetur.

525. *Idalias* non ab Ida monte intellige, ut exponit glossa, sed ab Idalio monte et nemore Cypri. Sermo enim est de Venere. Neque poetæ ab *Ida* deducunt *Idalius*, sed *Idæus*, ut alibi etiam Prudentius dixit. Præterea magis consentaneum est, Idalio et Veneri tribuere rosas, quam Idæ et Cybele, aut Epheso et Dianæ. In lauro Apollinis intelligi possunt Delos et Delphi, in arcu vero Dianæ Delos et Ephesus.

526. Urb., Gis., *difficilisque operis fuit*. Veteres et optimi codd., etiam Jureti et Gifanii cum Weitzio, *difficilis operis*. Gifanius verbo Incisio multa similia loca adducit, quæ fere depravata sunt in libris pervulgatis, propterea quod Correctores vim incisionis, seu cæsuræ, et poetarum consuetudinem non considerarent sæpenumero.

527. Vat. A scribit *Acciacis*. Propertius et Virgilius sistro in bello Actiaco Antonium et Cleopatram usos ajunt. Prudentius vocat symphoniam, quod genus quoddam instrumenti musici est, et non bene tuba ab Isone dicitur. Isidorus lib. III Orig., cap. 22 : *Symphonia vulgo appellatur lignum cavum, ex utraque parte pelle extenta, quam virgulis hinc et inde musici feriunt. Fitque in ea ex concordia gravis et acuti suavissimus cantus.* Hieronymus epist. 21, al. 146 ad Damas., ait, male quosdam Latinorum putare symphoniam esse genus organi, cum concors in Dei laudibus concentus hoc vocabulo significetur : *Symphonia quippe*, ait, *consonantia exprimitur in Latino*. Verum etsi hæc sit prima et propria symphoniæ significatio, consuetudo tamen invaluit ut pro quodam instrumento musico acciperetur. Et hoc sensu explicandum puto locum Daniel. III, 10 : *Qui audierit sonitum tubæ, fistulæ et citharæ, sambucæ et psalterii, et symphoniæ, et universi generis musicorum*. Isidorus autem sistrum a symphonia distinguit, quamvis non explicet quale

LIBER II CONTRA SYMMACHUM.

Ægypto dederat: clangebat buccina contra. **A**
Institerant tenues cymbæ, fragilesque phaseli
550 Inter turritas Memphitica rostra liburnas:
809 Nil potuit Serapis deus, et latrator Anubis.
Stirpis Juleæ ductore exercitus ardens
Prævaluit, gelido quem miserat Algidus axe.

810 Non armata Venus, non tunc clypeata
 [Minerva
535 Venere auxilio, non divum degener ordo,
Et patria extorris, Romanis adfuit armis,
Victus et ipse prius, inimica nec agmina juvit,
Si tamen antiquum norat retinere dolorem.

GLOSSÆ VETERES.

528. Buccina, *Romanorum*, I.
529. Phaseli, *naviculæ*, Iso.
530. Memphitica, *Ægyptiaca*. — Liburnas, *hæ sunt maximæ naves*, I.
531. Potuit, *defendere*. — Serapis, *dii Ægyptiorum*, I.

532. Ductore, *Octaviano*, I.
536. Patria, *a patria*.—Extorris, *exsul.*—Adfuit, *ad auxilium fuit*, I.

COMMENTARIUS.

instrumenti musici genus sit sistrum. Videri potest dissertatio Francisci Bianchini Veronensis de tribus Generibus instrumentorum musicæ veterum organicæ Romæ 1742, ubi cap. 3 de Genere instrumentorum **B** musicorum pulsatili, disserit ad quod genus symphonia et sistrum pertinent. Tabula VIII, fig. 12, æreum crepitaculum quadrichorde, quæ est sistri species, describitur. Fig. 7; tab. VII, tympanum bellicum, quod symphonia Isidori videtur esse, exprimitur. Confer peculiarem dissertationem Benedicti Bacchinii de Sistris eorumque figuris, ac differentia cum dissertatiuncula, et notulis adjectis Jacobi Tollii. Mazochius tom. 1 Specim. Bibl., pag. 508 et seqq., fuse disputat de symphonia in Danielis libro expressa, et contendit esse tibiam seu fistulam, quæ *ambubaja* etiam dicebatur. Probabile est eodem nomine diversa instrumenta diversis temporibus et locis fuisse significata.

528. Propertius de eadem pugna Actiaca lib. III, eleg. 8, *Romanamque tubam crepitanti pellere sistro.*
529. Ald., Widm. ad oram, Jureti codex, Egm., Oxon., Urb., prior Rott., *Institerant tenues cymbæ, fragilesque phaseli*, quod verum putat Heinsius, quia Prudentius per ironiam cymbas Ægyptiacas cum liburnis Romanis componit. Alex. ita habet, sed scribit *tenuis*, et a prima manu *fragilis*, tum *instabant* ex correctione pro *institerant*. Weltzius, Giselinus, Sichardus et nonnulli alii, *Instar erant tenuis cymbæ, fragilisque phaseli*, quod eodem sensu exponi potest.

530. Liburnæ seu liburnicæ erant genus navis velocissimæ, a Liburnis Illyrici populis nomen adeptæ. Augustum contra Antonium liburnis usum fuisse narrant Horatius, Propertius et Suetonius. Dio et Florus naves Antonii longe majores navibus Augusti fuisse commemorant. Cur autem Prudentius turritas vocat liburnas? Turnebus lib. XII Advers., cap. 14, quærit, in his versibus Horatii oda 1 Epod., *Ibis liburnis inter alta navium, Amice, propugnacula*, utrumne inter al arum navium propugnacula et turres Mæcenas iret, an inter alta ipsarum liburnarum propugnacula et turritas moles. Respondet verba Horatii priorem sensum recipere ex Dione et Floro, qui magnitudinem navium Antonii celebrant, posteriorem vero ex **D** hoc versu Prudentii, et aliis Propertii lib. III, eleg. 9 : *Ausa Jovi nostro latrantem opponere Anubin. Et Tiberim Nili cogere ferre minas : Romanamque tubam crepitanti pellere sistro, Baridos et contis rostra liburna sequi.* At Grangæus in versu Prudentii hypallagen agnoscit, quasi voluerit dicere Prudentius, naves turritas Memphiticas respectu liburnarum Augusti fuisse instar phaseli, vel levissimæ alicujus cymbæ. Eodem modo interpretatur Propertium, quasi omnia Antonii armamenta fuissent veluti conti exiguæ alicujus cymbæ. Ego opinor duplex fuisse liburnarum genus, alterum exigua mole, alterum magna, utrumque velocitate commendatum. In Horatio intelligo ipsarum liburnarum alta propugnacula, et in Prudentio easdem liburnas turritas fuisse Non tamen propterea Antonii naves exiguæ erant ; sed a Prudentio cymbis tenuibus, fragilibusque phaselis, et a Propertio baridibus, hoc est, naviolis Ægyptiacis comparantur,

quod maxima facilitate a classe Augusti fuerint dejectæ. Imo Dioni Floroque non invitus assentiar, Antonii naves fuisse majores. Virgilius tam naves Augusti quam Antonii turritas appellat lib. VIII: *Pelago credas innare revulsas Cycladas, aut montes concurrere montibus altos : Tanta mole viri turritis puppibus instant.* Verum ne quid dissimulem, Prudentius videtur affirmare Augusti liburnas majores fuisse navibus Ægyptiacis Antonii : quærit enim causas cur Augustus sine auxilio deorum Antonium vicerit. Consule Schefferum de navium Variet., et Vossium de trirem. et liburn. Construct.

531. Vide Propertium nuper laudatum, Virgilium loco indicato, et S. Augustinum lib. VIII Confess., cap. 2 : *Omnigenum deum monstra, et Anubem latratorem, quæ aliquando contra Neptunum, et Venerem, contraque Minervam tela tenuerant, et a se victis jam Roma supplicabat*, etc. Agit eo loco Augustinus de Victorino rhetore ad fidem in senectute converso, qui antea cum tota fere Romana nobilitate ea monstra defenderat.

532. Urb., Sich., nonnulli Heinsiani, *ductor exercitus*. Suspicatur Heinsius *ductorem exercitus ardens*, **C** quod non probo.

533. Alex., *miserat Alcidus*: pro qua scriptura Weitzius Aldum appellat : quia scilicet non advertit, in emendatis Aldum substituisse *Alg dus*. Heinsius Aldum habere ait *gelido quam miserat Alcidus axe*: ego in Aldo invenio *quem miserat Algidus*. Cauchius in suis libris reperit *gelido quem miserat arctos ab axe*, et de Maximo tyranno accepit, qui adversus Theodosium ex Occidente expeditionem infeliciter suscepit. At nemo non videt adhuc sermonem continuari de pugna Actiaca. Alter Rott., *boreæ quem miserat algidus axis*, quod secutus est Heinsius, quia de Algido monte nugæ sunt. Eodem fortasse respicit Sich., *gelido quem miserat algidus axis*. Heinsio adhærent Cham., Cell., Teol. Verum Rat., Urb., Ald., Weitz., Gis., aliique, *gelido quem miserat Algidus axe*, ut intelligatur mons Algidus XX lapidibus ab Urbe distans: et Grangæus conjecturam addit liburnas Augusti ex ligno hujus montis fuisse ædificatas : nam Horatius lib. III, oda 23, ait : *Nam quæ nivali pascitur Algido Devota, quercus inter et ilices.* Idem Horatius lib. I, oda 21 : *Et nemorum coma Quæcunque aut gelido prominet Algido.* Gronovius, cap. 5 Observat. eccles., lectionem Rottendorphii præfert, *boreæ quem miserat algidus axis*, quia Italia Ægypto opposita in septentrionem spectat. Mihi magis arridet communior codicum lectio, *gelido quem miserat Algidus axe.* Ut enim supra Samnites et Marsos nominavit, sic nunc Algidum, montem nivalem et gelidum appellat, ut gentem robustam significet, quam molli exercitui Antonii opponat.

554. Arnobius lib. VI : *Militari sub galea puellula delitescens*, Lacedæmonios Venerem pinxisse armatam refert Lactantius lib. I, cap. 20, schemata Veneris armatæ et victricis exhibet Montfauconius.

535. Sich., Gis. ad oram, Weitz., *vexere auxilium*. Alii, *venere auxilio*.

536. Vat. A, Pal., *ex patria*.

Sed dicis, legisse deos, ubi sanctior usus
540 Templorum cultu celebri sine fine maneret,
Æneadumque ultro victricia signa virorum
Regis amore Numæ, nullo cogente, seculos.
Num Diomedis item tentoria, et acris Ulyssi
Castra volens Pallas, cæsis custodibus arcis,
545 Legit, ubi humenti sudaret mœsta sigillo?
811 Aut quoties ductor Macedum fortissimus
[altos
Templorum cineres victis cumulavit Amyclis:
Optarunt prædis domini se numina capta
Misceri, Assyriæque vehi Babylonis ad arcem?
550 Non fero, Romanum nomen, sudataque bella,
Et titulos, tanto quæsitos sanguine, carpi.

Detrahit invictis legionibus, et sua Romæ
Præmia diminuit,qui,quidquid fortiter actum est,
Ascribit Veneri: palmam victoribus aufert.
555 Frustra igitur currus summo miramur in arcu
812 Quadrijugos, stantesque duces in curri-
[bus altis,
Fabricios, Curios, hinc Drusos, inde Camillos,
Sub pedibusque ducum captivos poplite flexo
Ad juga depressos, manibusque in terga re-
[tortis,
560 Et suspensa gravi telorum fragmina trunco:
Si Brennum, Antiochum, Persen, Pyrrhum,
[Mithridatem,
Flora, Ceres, Matuta et Larentina subegit.

GLOSSÆ VETERES.

539. Dicis, *o Symmache*, I.
540. Celebri, *venerabili*, I.
542. Numæ, *imperator fuit Romanorum, qui primus culturam deorum invenit, ut populum revocaret ab amore belli*, I.
543. Diomedis, *fabula nota est in Virgilio; cum Diomedes et Ulysses rapuerunt Palladium, ascendentes murum per funiculos, et detulerunt id in castris suis, ubi gutta sanguinis sudabat; quod erat signum tristitiæ*, Iso.
545. Legit, *elegit.*—Sigillo, *simulacro*, I.
546. Ductor, *Alexander.*—Macedum; *pro Macedonum*, I.
548. Optarunt, *obtulerunt, elegerunt*, I.

550. Non fero, *non sustineo, non patior.*—Sudata, *elaborata*, I.
551. Titulos, *honores.*—Carpi, *vituperari*, I.
552. Detrahit, *o Symmache.*—Legionibus, *Romanorum*, I.
553. Diminuit, *scilicet qui talia dicit*, I.
555. In arcu, *in fornice, in cujus summitate quadrijugos currus sculpebant*, I.
557. Fabricios, *duces Romanorum nobilissimos commemorat hic*, I.
561. Brennum, *ducem Gallorum.*—Antiochum, *regem Syriæ.*— Persen, *regem Macedonum.*—Pyrrhum, *regem Epiri.*—Mithridatem, *regem Ponti*, I.
562. Flora, *dea*, I.

COMMENTARIUS.

540. Rat., Fabr., *cultu celebris*.
544. Jureti codex, Ald., Vat. A, Alex., Urb., Cauch., Heinsiani plerique, Pal., *custodibus arcis*. Rat., *custodibus ultro: Legit*. Gis., Weitz., alter Rott., et Boher *cæsis custodibus, ultro Legit*. Primam lectionem confirmat locus, et versus Virgilii, quem Prudentius imitatur, lib. II Æneid., *Palladium cæsis summæ custodibus arcis*.
545. Ald., Fab., Thuan. et vetustiores Heinsii, Alex., Urb., Vat. A, *legit, ubi*. Sich., Gis. ad oram 1 ed., Rat., Weitz. cum suis *legit, ut*. Vat. A, vitiose, *sugillo* pro *sigillo*. Prudentius alibi etiam *sigillo* pro statua usus est; hic autem omnino proprie pro Palladio, de quo Apollodorus Biblioth. lib. III. A cœlo hoc delapsum est, et Ilo regi traditum. Erat autem magnitudine tricubitale, habitu quasi ingredientis, dextra hastam sublatam præferebat, sinistra fusum et colum; cujus historiam fuse narrat Apollodorus. Prudentius respicit Virgilii locum cit.: *Vix positum castris simulacrum, arsere coruscæ Luminibus flammæ arrectis, salsusque per artus Sudor iit*.
546. Vat. A, *altus*, non bene, pro *altos*. Vetustiores Heinsiani cum Oxon., Rott. priore, *ductor Macetum*, quod tenent recentiores, non male, quandoquidem *Macedo* et *Maceta* eadem gens est.
547. Sich., Gis. 1 cd. ad oram, Fabr., Bong., Cauch., *cumulavit ab Indis*. Heinsius suspicabatur *Aphidnis*, quæ Lacedæmoniæ ditionis; agit enim de bello quod Alexander Magnus cum Lacedæmoniis gessit. Agnovit autem, sic etiam *Amyclis* esse locum. Revera ita plerique legunt, et, ut Lacedæmon urbs est Peloponnesi regia Menelai, ita Amyclæ urbs etiam Peloponnesi. Tindari regia, Castoris et Pollucis patria. Aphidnarum obscurius apud veteres scriptores est nomen.
548. Egm., *dominis*, non ita bene.
549. Fabr., Gis. ad marg., *Assyriaque vehi Babylonis ab arce*. Bong., *Assyriæque vehi Babylonis ab arce*. Melius *ad arcem*. Babylone exstinctus est Alexander.
550. De hac phrasi *sudataque bella* vide hymn. 2 Cath., vers. 76.

553. Alii *deminuit*, alii *diminuit* scribunt. Quærat aliquis annon eadem ratione præmia diminuant, qui, quidquid fortiter actum est a Christianis militibus, ascribunt peculiari auxilio Dei. Verum Christiani, qui ultro fatentur nihil se habere quod a Deo non acceperint, multo magis ejusdem beneficentiæ libenter attribuunt quidquid peculiari ejus auxilio factum esse constiterit. Neque tamen idcirco bona hominum opera, quæ libere ab ipsis efficiuntur, gloria ac præmio carent.
554. Quod ait de Venere, de aliis quoque diis intellige: quanquam Veneris victricis templum Romæ a Pompeio dedicatum fuit, et imperatores Veneri victrici suas victorias passim ascribebant, cujus rei memoria exstat in nummis veteribus.
555. Rat., alter Rott., Weitz., *summa miramur in arce*. Plerique, *summo miramur in arcu*. Jureti codex, *mirantur*. Heinsius ait *arce* de Capitolio posse intelligi, *arcu* arcus triumphales designare. Vide etiam quæ de *arcu* et *arce* notavi ad vers. 525 Apoth.
556. Pal., Egm., *quadrijugo*, mendose. Juvenalis sat. 8, vers. 3: *Et stantes in curribus Æmilianos*.
558. Statuæ triumphales fingebantur, hostibus ad pedes jacentibus, et prostratis, ut adhuc cernere licet. Statius in Equo Maximo: *Vacuæ pro cespite terræ Ænea captivi crinem terit ungula Rheni*. Propertius lib. IV, eleg. ultima: *Sub quorum titulis, Africa tonsa, jaces*. Tituli sunt inscriptiones basis.
559. Jureti codex, *depressis*, minus bene.
560. Tropæa proprie erant corpora trunca cum spoliis, qualia hodieque exstant Romæ ante Capitolium, et Mario erecta dicuntur. Turres etiam, aras et columnas pro tropæis antiqui adhibebant, imo truncos rudes arborum, quibus spolia suspendebant: quæ omnia fuse explicata vide in notis Ouzelii ad Minucium, pag. 229, ubi explicat Minucii verba: *Tot de diis spolia, quot de gentibus et tropæa*.
562. Vat. A, *Flora, Ceres, Matuta*. Alii, *Flora, Matuta, Ceres*. Egm., Alex. a prima manu, *Larentina*, quod melius Heinsio videtur quam *Laurentina*. Weitzius Egmondano imputat *Larventina*; rectius

His tamen auspicibus successus dextra dederunt **A**
Omina lætificos, et felix affuit ales.
565 Quid sibi vult virtus, quid gloria, si Corvinum
813 Corvus Apollineus penna, vel gutture
 [juvit?
Sed tamen hic corvus cur defuit exitiali.
Forte die, infaustas tegerent cum funera Can-
 [nas,
Oppeteretque super congesta cadavera consul?
570 Cur Cremeræ in campis cornice, vel oscine
 [parra
Nemo deum monuit perituros Marte sinistro
Tercentum Fabios, vix stirpe superstite in
 [uno?

814 Nullane tristificis tritonia noctua Carris
Advolitans, præsto esse deam prænuntia
 [Crasso
575 Prodidit? aut Paphiam niveæ vexere columbæ,
Cujus inauratum tremeret gens Persica lim-
 [bum?
Sed video, quæ te moveant exempla vetustæ
Virtutis : dicis, domitum terraque, marique
Orbem : res lætas, et prospera quæque retexis :
580 Mille triumphorum memoras ex ordine pompas,
Ductaque per mediam spoliorum fercula Ro-
 [mam.
Vis dicam, quæ causa tuos, Romane, labores
In tantum extulerit? queis gloria fotibus aucta

GLOSSÆ VETERES.

563. His, *o Symmache*.—Successus, *prosperitates,*I. **B**
564. Lætificos, *jucundos*.—Ales, *aquila, quia in auspicio felix erat*, Iso.
565. Si, *pro non*.—Corvinum, *dux Romanorum fuit, qui, cum hostibus premeretur, Apollo misit ei corvum in adjutorium, quo liberatus est*, I.
566. Apollineus, *qui Appollini consecratus est*. — Penna, *volatu*. — Gutture, *voce*. — Juvit, *in bello*, I.
568. Cannas, *ignobilis vicus Apuliæ, sed magnitudine cladis famosus emersit, ubi famosissimum bellum illud fuit, quando Hannibal nobilitatem Romanorum interfecit*, I.
569. Oppeteret, *moreretur*. Cadavera, *corpora*. — Consul, *Paulus*, I.
570. Cremeræ, *civitas Italiæ*. — Oscine, *augurio, ab ore et cano ; avis augurium quærebat, quando cum Hannibale pugnavit*. — Parra, *avis malo omine*, I.

571. Sinistro, *adverso*, I.
572. Fabios, *qui omnes interfecti sunt, uno tantummodo superstite, qui postea magnus Fabius dictus est*.
— Superstite, *remanente*, Iso.
573. Tritonia, *quia Minervæ est consecrata*. — Noctua, *ideo Palladi est consecrata, quia nocte videt ; et Pallas, quæ sapientia dicitur, nullis tenebris offuscatur*. — Carris, *populis*, I.
574. Crasso, *duci, consuli*, I.
575. Paphiam, *Venerem*. — Columbæ, *sub tutela Veneris erant*, I.
576. Tremeret, *timeret*.–Limbum, *ora vestimenti*, Iso.
578. Domitum, *subjugatum*, Iso.
581. Fercula, *mensas, sustentacula*, Iso.
582. Romane, *o Symmache*, I.
583. Fotibus, *nutrimentis*. — Fortibus, *principibus, nutrimentis, vel auxiliis*, I.

COMMENTARIUS.

Heinsius legerit *Larentina*. Hæc fuit uxor Faustuli, **C** nutrix Remi et Romuli, cujus in honorem *Larentalia* sunt instituta. *Matuta* dea, quæ præest tempori matutino. Hanc lectio Vat. A magis accedit ad rationem metri, ideoque a nobis præferenda est.
564. Meursius in nonnullis vulg. invenit *omnia*, ac recte monuit in notis ad Arnob. corrigendum *omina*. Prævenerat Aldus, quem secutus est Weitzius. *Omina* confirmant nostri, meliores Heinsiani, et codex Jureti.
566. Livius lib. vii, cap. 25, historiam hanc narrat. Corvus pro Marco Valerio pugnans Gallum hostem rostro, unguibus alisque turbabat : cur autem Prudentius dicat *vel gutture*, ratio peti poterit ex cantu augurioque corvi, quasi crocitans in Gallum insiluerit. Virgilius I Georg. vers. 410 : *Corvi presso ter gutture voces, Aut quater ingeminant* ; et vers. 423 : *Et ovantes gutture corvi*.
568. *Funera* pro corporibus defunctorum nonnunquam sumuntur.
569. Florus de hac strage lib. ii, cap. 6 : *Paulum puduit, Varro non desperavit*.
570. Rat., Urb., Widm., Bong., *partha*. Fabr., *parta*. Latinius etiam videtur invenisse *parta* in Tornæs., pro quo substituit *parra*, ut plerique scribunt. Nonnulli habent *parrha*, quod perinde est. Juretus, nescio ubi invenerit, *parca*. Cantus parræ injucundissimus est. Horatius lib. iii, od. 27 : *Impios parræ recinentis omen Ducat*. Aves *oscines* dicuntur, quæ ore augurium faciunt, ut *alites*, quæ alis. Glossa ait *Cremeram* esse civitatem; fluvium Tusciæ plerique dicunt esse, et fortasse et fontem et oppidum hujus nominis fuerit. Fabios, qui perierunt, alii tercentum sex numerant : sed plerumque numerus rotundus ponitur etiam ab iis qui diversitatem aliquam inesse sciunt. Ovidius aliquando trecentos dixit, aliquando trecentos sex. Poetarum in his major est licentia : serviunt enim ipsi suis numeris. Juvenalis utramque

hanc cladem conjunxit sat. 2 lib. i : *Quid Cremeræ* **G** *legio, et Cannis consumpta juventus?* Romæ anno 1784 prodiit *Lettera sopra l' uccisione dei 306 Fabj*. Auctor anonymus conjecturis probat non omnes fuisse e familia Fabiorum, sed pleros que ad eam tantum pertinuisse aut ob consanguinitatem, aut ob clientelam, aut quavis alia ratione.
571. Jureti codex, *novit*, Vat. A, *juvit* : lege *monuit*. Nullus deorum monuit, cornice vel parra oscine, tercentum perituros. Aldus male interpungit *parra. Nemo deum*. Notanda est phrasis *nemo deum* : de homine solet dici *nemo*, scilicet *ne homo*. Prudentius etiam dixit *nemo dies* in Romano vers. 744, quod non reperio ab alio usurpatum. Virgilius lib. IX, vers. 6 : *Turne, quod optanti divum promittere nemo Auderet*.
573. Alex. scribit *Carrhis*, Urb. et Ald. *Carris*, Rat. *Charris*. Ad Carras Crassus a Parthis disjectus fugatusque est : de qua strage obvii sunt historicorum libri. Carræ vero non sunt populi, ut ait glossa, **D** sed urbs Mesopotamiæ a fluvio cognomine nuncupata. Nonnulli *Carras* urbem Arabiæ esse dicunt.
576. Ald., Urb., *lembum*, et Grangæus interpretatur baltheum. Cauchius exponit de Veneris cæsto : invenerat autem in suis membranis *libum*. Fabr. legit *nimbum*, scilicet splendorem, qui cum numinibus semper est, ut ait Servius. Vetustiores codices nostri, et Heinsiani, *limbum*. Rat. scribit *lymbum*. Pro *Persica* fortasse legendum *Parthica*, quanquam Parthi eo tempore Persarum imperio potiebantur.
578. Urb., Weitz., *dices* ; Rat., *dicens* ; Alex. e aliis edd. et mss., *dicis*.
579. Rat. recenti manu, prioribus abrasis, *cuncta* pro *quæque*. Idem, *retexit* ; supra, *retexis*.
581. *Fercula* solent dici missus carnium ; aliquando pegmata ; ubi feruntur spolia ad triumphi pompam. Hac eadem significatione *fercula* posuit Plinius in Panegyrico Trajani, ubi triumphum graphice describit.
583. Ald., Alex., Gis. et alii, *fortibus*. Rat., Urb.,

Sic cluat impositis, ut munqum frenet habenis? A
585 Discordes linguis populos, et dissona cultu
§15 Regna volens sociare Deus, subjungier
[uni
Imperio, quidquid tractabile moribus esset,
Concordique jugo retinacula mollia ferre
Constituit, quo corda hominum conjuncta te-
[neret
590 Relligionis amor : nec enim fit copula Christo
Digna, nisi implicitas societ mens unica gentes.
Sola Deum novit concordia, sola benignum
Rite-colit tranquilla Patrem : placidissimus il-
[lum
Fœderis humani consensus prosperat orbi,
595 Seditione fugat, sævis exasperat armis,
Munere pacis alit, retinet pietate quieta.   B
Omnibus in terris, quas continet occidualis
Oceanus, roseoque aurora illuminat ortu,
Miscebat Bellona furens mortalia cuncta,
600 Armabatque feras in vulnera mutua dextras.

Hanc frenaturus rabiem Deus, undique gentes
Inclinare caput docuit sub legibus iisdem,
Romanosque omnes fieri, quos Rhenus et Ister,
Quos Tagus aurifluus, quos magnus inundat
[Iberus,
605 **§16** Corniger Hesperidum quos interlabitur,
[et quos
Ganges alit, tepidique lavant septem ostia Nili.
Jus fecit commune pares, et nomine eodem
Nexuit, et domitos fraterna in vincla redegit.
Vivitur omnigenis in partibus haud secus, ac si
610 Cives congenitos concludat mœnibus unis
Urbs patria, atque omnes lare concilieniur avito.
Distantes regione plagæ, divisaque ponto
Littora conveniunt nunc per vadimonia ad
[unum,
Et commune forum, nunc per commercia, et
[artes
615 Ad cœtum celebrem, nunc per genialia fulcra
Externi ad jus connubii : nam sanguine mixto

GLOSSÆ VETERES.

584. Habenis, *legibus*, l.
589. Quo, *ut*, l.
590. Copula, *amicitia*, l.
594. Prosperat, *placat*, l.
596. Alit, *nutrit*, Iso.
599. Bellona, *dea belli*, Iso.
602. Iisdem, *unis scilicet Romanorum*, I.
603. Ister, *Danubius*, I.
604. Tagus, *fluvius Thraciæ in quo aurum sumitur*.
— Aurifluus, *aureus arenas habens*. — Iberus, *fluvius*

Hispaniæ, l.
605. Corniger, *Eridanus, vel Padus*, I.
609. Haud secus, *non aliter*. — Ac , *quam*, I.
610. Congenitos, *simul genitos*, l;
611. Lare, *igne, vel domo*. — Concilienur, *congregemur*. — Avito, *patrio, antiquo*, I.
613. Vadimonia, *mercimonia*, I.
615. Genialia, *voluptuosa, vel nuptialia*. — Fulcra *lectos*, l.

COMMENTARIUS.

Widm., alter Rott., duo Boher., *fotibus*, quod Weitzius aliique postea in edd. secuti sunt. Iso utramque lectionem agnoscit. Rittershusius ad oram libri sui adjecerat *fontibus*; tum alius suspicetur *fontibus* orta. De phrasi *in tantum* dictum est ad vers. 153 Hamartig.

584. Rat., *sic cluet*. Bong. et Widm., *quis valet*; supra, *cluat*. Sich., *sic valet*.

591. Arator lib. I Hist. apost. : *Ecce tot egregiis unum cor inesse catervis Cernitis, utque animam populus nanciscitur unam*. Eamdem sententiam Prudentius promovet in hymno S. Laurentii, neque video quid melius possit excogitari ad religionis sub uno capite unitatem persuadendam.

593. Vat. A, mendose, *placidissimum*.

594. Widm. supra, Gis. 1 ed. ad oram, Urb., *seminis humani*, non ita probe. Codex Jureti Vat. A, Egm., Pal., *orbem*. Alii, *orbi*.

597. Rat. recenti manu, prioribus erasis, *in terris, occasu quas vagus ambit*. Alex., Oxon., Thuan., prior Boher., *quas distinet occidualis*. Ald., Vat. A, Rat., Urb. et vett. edd., *quas continet occidualis*. Heinsius et recentiores, *destinet*.

598. In Vat. A, desideratur conjunctio *que* post *roseo*.

600. Alex., Vat. A, Ald., Weitz. cum plerisque suis, *armabatque*. Bong., Gis., Urb., Fabr., *armaratque*. Heinsius Giselino adhæsit, sed varietatem lectionis non indicavit. Rat., *armaratque ferens*; supra, *feras*. Sed Marietto placebat *ferens*, ut ibi sit sine ulla litura, non *feras*, quod aliena manu superpositum.

604. Iso Tagum accipit pro fluvio Thraciæ. Fortasse legendum *Lusitaniæ*. Tagum aurifluum Hispaniæ flumen esse omnes consentiunt, neque de alio Tago flumine quidquam audivi.

605. Rat., corrupte, *coniger Hesperidum*. In eodem sciolus recens, prioribus erasis, hæc e sua penu ad-

C jecit, *Hesperidum quos labitur inter aquarum Regnator, tepidique lavant septem ostia Nili. Quos alit et Ganges, solus qui tendit ad ortum Fontibus incertis patulum diffusus in amnem*. In Widm. male est *et quas* pro *et quos*. Videtur indicari Tiberis, de quo Virgilius lib. VIII, *Corniger Hesperidum fluvius regnator aquarum*. Fluvii a poetis *cornigeri* dicuntur. Cornua fluminum apud Virgilium, Lucretium, Ovidium et alios sunt flexus et cursus obliqui. Alii aliter explicant, nec desunt qui opinentur vim aquarum cornibus indicari, ut potentiam in sacris Litteris.

606. Alex. scribit *Ganges*, alii *Gangis*, ut Joannis, famis. Gis. in 2 ed., *trepidique* : rectius in 1, *tepidique*, cum aliis edd. et mss., et Nilus quidem *tepidus* dicitur a Juvenale, Propertio et aliis, quia nivibus æstu dissolutis Ægyptum inundat.

611. Gis. in textu, *concilientur*; ad oram, *concilemur*, cum scriptis. Egm., *conciliamur*. Roma communis patria dicitur a Cicerone, Seneca Philosopho, Claudiano, Symmacho et aliis. Ita etiam appellatur lege 33, D, ad mun cip., et lege 4, D, de exc. tut. : et hæc est ratio cur Ulpianus scribat in lege 7, D, de interd. et releg., *constitutum fuisse eum cui patria interdictum erat etiam Urbe abstinere debere*. Cludianus, in de Laudibus Stiliconis, plura his versibus consona effert.

615. Geniales lecti proprie dicebantur, qui puellis nubentibus sternebantur.

616. Juretus in quadam scheda invenerat *æterni ad jus connubii*, quam lectionem merito rejicit. Ulpianus lib. Regularum, tit. 5, scribit *cives Romanos cum civibus Romanis habere connubium, cum Latinis autem et peregrinis, si concessum esset. Idem antiquus mos constat ex Seneca lib. IV de Benef.*, cap. 35, *Promisi tibi filiam in matrimonium, postea peregrinus apparuisti. Non est mihi cum extraneo connuvium. Eadem me lex defendit, quæ vetat*. Exstant

LIBER II CONTRA SYMMACHUM.

817 Texitur alternis ex gentibus una propago.
Hoc actum est tantis successibus atque trium-
[phis
Romani imperii : Christo jam tum venienti,
620 Crede, parata via est ; quam dudum publica
[nostræ
Pacis amicitia struxit moderamine Romæ.
Nam locus esse Deo quis posset in orbe feroci,
Pectoribusque hominum discordibus, et sua
[jura
Dissimili ratione tuentibus, ut fuit olim ?
625 Sic incompositos humano in pectore sensus,
Disjunctasque animi turbato fœdere partes
Nec liquida invisit sapientia, nec Deus intrat.
818 At si mentis apex, regnandi jure potitus,
Pugnacis stomachi pulsus, fibrasque rebelles
630 Frenet, et omne jecur ratione cœrceat una,
Fit stabilis vitæ status, et sententia certa
Haurit corde Deum, domino et subjungitur uni.

En ades, Omnipotens, concordibus influe terris:
Jam mundus te, Christe, capit, quem congrege
[nexu
635 Pax, et Roma tenent : capita hæc, et culmina
[rerum
Esse jubes, nec Roma tibi sine pace probatur.
Et pax ut placeat, facit excellentia Romæ,
Quæ motus varios simul et ditione coercet,
Et terrore premit : nec enim spoliata prioris
640 Robore virtutis senuit, nec sæcula sensit,
Nec tremulis, cum bella vocant, capit arma la-
[certis,
Nec tam degeneri venerandis supplicat ore
Principibus, quam vult prænobilis ille senator,
Orandi arte potens, et callida fingere doctus,
B 645 Mentitumque gravis personæ inducere pondus:
Ut tragicus cantor ligno tegit ora cavato,
Grande aliquod cujus per hiatum crimen an-
[helet.

GLOSSÆ VETERES.

621. Moderamine Romæ, *Roma hoc moderante*, I.
624. Ut fuit, *præterito tempore, nam ante feroces homines erant*, I.
625. Incompositos, *turbatos*, I.
628. Mentis apex, *nus græce*, Iso.
632. Haurit, *sumit*, I.
633. En, *invocat Christum*, I.
634. Congrege, *conjuncto*, I.

635. Capita, *principatum*, I.
636. Probatur, *placet*, I.
642. Supplicat, *adulat*, I.
645. Inducere, *scilicet sibi*, I.
646. Ut tragicus, *quando enim aliquid blasphemiæ dicebant, largius ora tegebant, ne agnoscerentur.* — Ligno, *quod vulgo schema dicitur*, I.

COMMENTARIUS.

autem monumenta connubii civibus Romanis cum barbaris et exteris concessi : quæ concessio nunc *dispensatio* diceretur. E verbis Prudentii colliguut interpretes ætate Prudentii exolevisse priscum morem quo peregrini a jure connubii Romani arcebantur, atque ita affirmat Juretus ad hunc locum. Verum distinctione opus est : nam Macrobius, qui eodem ævo scribebat, tradit cum Romanis nullam peregrinos habere consuetudinem. Et in cod. Theod. lib. III, tit. 14, exstat constitutio Valentiniani qua statuit. nulli provincialium, cujuscunque ordinis aut loci fuerit, cum barbara uxore esse conjugium, nec ulli gentilium provincialem feminam copulari oportere; quod si tales nuptiæ exstiterint, capitale minatur supplicium : quæ est lex unica ejus tituli lata anno 370. Ubi gentiles non sunt infideles aut pagani, sed barbari et speciatim ii qui ex variis gentibus se ad Romanum imperium contulerant. Gothofredus rejicit opinionem eorum qui putant ex famosa Antonini constitutione, quæ memoratur in l. orbe Romano 17, D, de statu hom., barbaros omnes qui in exercitus Romanos recepti fuissent, civium Romanorum numero habendos fuisse. Prudentius externi jus connubii, tanquam aliquid novum et Evangelii recepti fructum, commemorat. Post Valentinianum ejusmodi nuptiæ ex rescripto peti et indulgeri cœperunt; et lex ipsa Valentiniani, utpote abolita, a Triboniano omissa est.

621. In editione Parmensi *paci* pro *pacis* error est contra metri legem.

622. Heinsius edidit *possit;* sed cum alii edd. et mss. habeant *posset* et id magis sententiæ congruat, puto excidisse *possit* pro *posset*. Chamillardus, Heinsium secutus, edidit *possit*.

623. Aldus edidit *rectoribusque hominum*, quod cum esset metro repugnans, correxit *principibusque*. Vera lectio est *pectoribusque*.

627. Sapient. I, 4 : *Quoniam in malevolam animam non introibit sapientia, nec habitabit in corpore subdito peccatis.*

628. Egm., Vat. A a prisca manu, *ut si*.

633. Ald., *una ades*. Alii, *en ades*.

635. Rat., *pax, et Roma tenet*.

644. Florus, lib. I, cap. 1, de Roma : *Inertia Cæsa-*
C *rum quasi consenuit, atque decoxit, nisi quod sub Trajano principe virtus laceriss.*

646. Vat. A, mendose, *ora caveto*. Virgilius, lib. II Georg.: *Oraque corticibus sumunt horrenda cavatis.* Vide Bulengerum, de Theatro lib. I, cap. 45. Tragicus cantor est histrio tragœdus : cantor pro histrione ponitur, ut aliqui pu ant, ab Horatio in Arte poetica: *Donec cantor*, Vos plaudite, *dicat*. Æschylus primus introduxit personam in theatro, sive vultum fictum e ligno cavato, cujus per hiatum verba audiri possent. Vide Ficoronum de Larvis scen.

647. *Hiatus* de tragœdis a Juvenale, Persio et aliis dicitur, et propr'e de h atu personæ. Juvenalis sat. 3: *Cum personæ pallentis hiatum In gremio matris formidat rusticus infans*. Personas et cætera histrionum ornamenta describit Lucianus lib. de Saltat. Grangæus ait alios habere *carmen anhelet*; sed melius esse *crimen*, quia in tragœdiis gentilium quot carmina, tot sunt crimina, ita ut eleganter dixerit tragicos cantores non tam carmina quam crimina anhelasse. Ego libenter
D adoptarem *carmen*, si idoneos auctores haberem; et favet Juvenalis similis locus sat. 6, vers. 635 : *Grande Sophocleo carmen bacchamur hiatu*. Quod vetus scholiastes interpretatur, *Tragœdiam scribimus*. Vide *carmen, grande, hiatu*, quæ voies in versu Prudentii videntur transcribtæ : nam pro *bacchamur* recte positum est *anhelet*. Neque video cur omnia tragœdiarum gentilium carmina dicenda sint crimina. Imo retenta communi lectione, *crimen* accipio non de carmine, sed materia ipsa tragœdiæ, quæ plerumque in grandi aliquo crimine versatur. Post hunc versum verba succedunt Sym achi : *Romam nunc putemus assistere, atque his vobiscum agere sermonibus. Optimi principes, patres patriæ, reveremini annos meos, in quos me prus ritus adduxit. Utar cæremoniis avitis : neque enim pœnitet. Vivam more meo : quia libera sum. Hic cultus in leges meas orbem redegit. Hæc sacra Annibalem a mœnibus, a Capitolio Senonas repulerunt.* (Ad hoc ego servata sum, ut longæva reprehendar? videam, quod instituendum

819 Si vocem simulare licet, nempe aptior
[ista
Vox Romæ est, quam nunc ejus sub nomine
[promam.
650 Quæ, quia turpe putat templorum flere repul-
[sam,
Ægidaque in dubiis pro se pugnasse periclis
Dicere, seque gravem senio inclinante fateri,
Ductores complexa suos, sic læta profatur :
O clari salvete duces, generosa propago
655 Principis invicti, sub quo senium omne rena-
[scens
Deposui, vidique meam flavescere rursus
Canitiem : nam cum mortalia cuncta vetustas
820 Imminuat, mihi longa dies aliud parit
[ævum.
Quæ vivendo diu didici contemnere finem.
660 Nunc nunc justa meis reverentia competit an-
[nis :
Nunc merito dicor venerabilis, et caput orbis,
Cum galeam sub fronde oleæ, cristasque rubentes

Concutio, viridi velans fera cingula serto,
Atque armata Deum sine crimine cædis adoro.
665 Crimen enim, piget heu! crimen persuaserat
[atrox
Juppiter, ut sacro justorum sanguine tincta,
Assuetum bellis scelerarem funere ferrum.
Illius instinctu primus Nero, matre perempta
Sanguinem apostolicum bibit, ac me strage pio-
[rum
670 Polluit, et proprium facinus mihi sævus inus-
[sit.
Post hunc et Decius, jugulis bacchatus apertis,
Insanam pavit rabiem : mox et sitis arsit
821 Multorum similis, per vulnera tristia
[flagrans,
Extrahere insignes animas, ac ludere pœnis.
675 Undantesque meum in gremium diffundere
[mortes,
Et sub jure fori non noxia colla secare.
Hac me labe ream modo tempora vestra pia-
[runt.

GLOSSÆ VETERES.

649. Promam, *proferam*, I.
650. Repulsam, *repulsionem*, I.
651. Ægida, *capra nutrix Jovis, cujus pellem postea pro scuto habuit brevi*, I.
654. Generosa, *nobilis*, I.
655. Principis, *Constantini*. — Renascens, *per baptismum*, I.
656. Flavescere, *juvenescere, albescere*, I.
659. Finem, *mortem*, I.
662. Fronde oleæ, *sub pace*, I.
663. Fera, *bellica*. — Cingula, *arma*. — Serto, *corona*, I.
664. Armata, *signo crucis*, I.
666. Tincta, *maculata*, I.

667. Scelerarem, *polluerem*. — Funere, *morte*, I.
668. Illius, *Jovis*. — Istinctu, *suasione*, I.
669. Apostolicum, *Petri et Pauli*, I.
670. Inussit, *in me convertit : inurere est culpam propriam in alium transferere*, I.
671. Hunc, *Neronem*. — Jugulis, *interfectionibus martyrum*, I.
674. Ludere, *id est ludebant*.— Pœnis, *Christianorum*, I.
675. Diffundere, *diffundebant*, I.
676. Jure, *lege publica*. — Non noxia, *innoxia*. — Secare, *secabant*, I.
677. Piarunt, *purgabant*, I.

COMMENTARIUS.

putatur? Sera tamen et contumeliosa est emendatio senectu is. Ergo diis patriis, diis indigetibus pacem rogamus.) Verba uncis inclusa desunt in Aldo et aliis, exstant apud Giselinum et Heinsium. Codex Vat. A corruptissimus est in his aliisque Symmachi verbis. Scribit *reverimini* pro *reveremini*; et post *in quos* omittit *me*. Alter Rott. habet *reveremini canos meos*.
651. Jupiter ægida scutum suum Palladi donavit, cui illa caput Medusæ imposuit. Hic intellige Jovem et Palladam, vel potius deos omnes.
655. Vat. A, Rat. a prima manu, *fatetur*. Cauch., *profetur*; lege *profatur*.
655. Theodosius Magnus hic laudatur, non Constantinus : nam hujus filii non erant Honorius et Arcadius. Huic etiam arguitur, principem qui libro I Romam alloquitur fuisse Theodosium.
658. Rat., *aliud parat ævum*
659. Vat. A, *quæ videndo*, recenti manu recte factum *vivendo*.
661. S. Leo serm. 1 in natali SS. apostolorum Petri et Pauli : *Per sacram beati Petri sedem caput orbis effecta, latius præsideres religione divina quam dominatione terrena*. Prosper Carm. de Ingratis in princ.: *Sedes Roma Petri quæ pastoralis honoris Facta caput mundo, quidquid non continet armis, Religione tenet*.
665. Rat., *persuaserit*, non recte.
667. Ald., *belli*. Vat. A, *scelerare*. Pal., *sceleraret*. Alex. a prima manu, *fenere;* a secunda manu, *funere*. Ald., Gis. ad oram, *in funere*. Legendum *bellis scelerarem funere*. Ferri potest *in funere* et *belli*.
670. Fortasse Prudentius alludit ad incendium Neronianum.

671. Weitzius Aldum allegat pro *post hæc*; alium fortasse voluit indicare, nam in Aldo lego *post hunc*. Decius septimam persecutionem, ut vulgo numerant, excitavit, sed plane crudelem et Neron anæ simili mam. De persecutionibus Christianorum sub imperatoribus paganis acri judicio multaque doctrina disseruit cl. Franciscus Maria Luchinius in præfatione ad Acta martyrum Ruinartii Italice a se conversa. Undecim persecutiones distinguit et explicat, primam sub Nerone, secundam sub Domitiano, tertiam sub Trajano, quartam sub M. Aurelio, quintam sub Severo, sextam sub Maximino, se ptimam sub Decio, octavam sub Valeriano, nonam sub Aureliano, decimam sub Diocletiano, undecimam sub Juliano Apostata.
672. Ald., *mox hæc sitis*.
674. Egm., Gis. ad oram, *et trahere*. Giselinus in notis ait tolerari posse *extrahere*, se tamen malle lectionem sui codicis et editionis Daventriensis, ut per vulnera tristia animas trahere idem sit quod ludere pœnis. Vat. A, mendose, *extraxere*. Ludere pœnis quibusdam cruciatibus Christianorum satis apte congruit. Tacitus lib. xv Annal. cap. 44 : *Et pereuntibus addita ludibria, ut ferarum tergis contecti laniatu canum interirent, aut crucibus affixi, aut flammandi, atque ubi defecisset dies, in usum nocturni luminis urerentur*.
675. Alex. cum aliis, *defundere*. Urb. aliique, *diffundere*. Virg. x Æneid. in fine : *Undantique animam diffundit in arma cruore*. Hic etiam locus est animadvertendi audaciam illorum qui magnum fuisse SS. martyrum numerum negant.

Vivo pie vobis auctoribus, impia pridem
Arte Jovis fateor : quid enim non ille cruentum
680 Tradidit, aut quid mite sibi, placidumve po-
 [poscit?
Qui, dum præmetuit cultus inolescere Christi,
Sæviit, ac miserum fœdavit sanguine sæclum.
Et sunt, qui nobis bella exprobrare sinistra
Non dubitent, postquam templorum sprevimus
 [aras,
685 Affirmentque Libyn Collinæ a cardine portæ
Annibalem Jovis imperio, Martisque repulsum :
822 Victores Senonas Capitoli ex arce fuga-
 [tos,
Cum super excelso pugnarent numina saxo ?
Qui mihi præteritam cladem veteresque dolores
690 Inculcant iterum, videant, me tempore vestro
Jam nil tale pati : nullus mea barbarus hostis

Cuspide claustra quatit : non armis, veste, co-
 [misque
Ignotus capta passim vagus errat in urbe,
Transalpina meam rapiens in vincula pubem.
695 Tentavit Geticus nuper delere tyrannus
Italiam, patrio veniens juratus ab Istro,
Has arces æquare solo, tecta aurea flammis
Solvere, mastrucis proceres vestire togatos.
823 Jamque ruens, Venetos turmis protriverat
 [agros,
700 Et Ligurum vastarat opes, et amœna profundi
Rura Padi, Tuscumque solum victo amne pre-
 [mebat.
Depulit hos equitum nimbos non pervigil anser,
Proditor occulti tenebrosa nocte pericli :
Sed vis cruda virum, præfractaque congre-
 [dientum

GLOSSÆ VETERES.

680. Tradidit, *docuit*, I.
681. Inolescere, *crescere dies festos*, I.
685. Libyn, *Africanum*, I.
688. Saxo, *in Capitolio*, I.
690. Inculcant, *imputant*, I.
695. Geticus, *Radagisus, vel Alaricus*, I.
696. Istro, *Danubio*, I.
698. Mastrugis, *mastruga quasi monstruosa vestis*,

de pellibus facta : vocamus etiam mastrugas renones, quæ rustice crotina vocantur, I.
699. Venetos, *Venetiæ*, I.
700. Ligurum, *Liguria regio maritima et amœna*, I.
701. Victo amne, *transito Tiberi*, I.
704. Cruda, *fortis.* — Congredientum, *pugnantium*, I.

COMMENTARIUS.

678. Vat. A, Pal., Egm. vitiose, *vobis aucta mihi impia*.
682. Vat. A, *sæviit*; lege *sæviit*.
683. Ald., *qui vobis*. Hæc vetus fuit ethnicorum querela adversus Christianos. Arnobius, lib. I : *Nam quod nobis objectare consuestis bellorum frequentiam, causas, vastationes urbium, Germanorum et Scythicas irruptiones, cum pace hoc vestra et cum bona venia dixerim, quale sit istud quod dicitis, calumniarum libidine non videtis.* Etiam cum nulla jam ipsis supererat spes veterem idolorum cultum recuperandi, hujusmodi querimonias instaurabant, quas ut retunderet, S. Augustinus libros de Civit. Dei scripsit, Orosioque auctor fuit, ut libros historiarum conficeret, et calamitates quæ ante Christianismum obvenerant, singillatim notaret.
686. Prudentius Symmachi verba refellit, Annibalem fulminibus deterritum, cum Romam oppugnaret, traditum est. Seu cœlum, seu Roma tonat, ait Claudianus de Bello Getico.
688. Urb., Egm., Widm., Bong., scribunt *ecelso*, quod expressit Weitzius. Heinsius ait in scriptis esse *e celso*. At Alex., Rat., *excelso*, cum Ald., Gis. et aliis, et hoc ipsum puto esse *ecelso*, quamvis etiam possit dividi *e celso*. Virgil us lib. ix Æn., *Dum domus Æneæ Capitoli immobile saxum Accolet*.
691. Vat. A, *nullis*; emenda *nullus*.
692. Virgilius et Juvenalis *claustra portarum* dicunt : ac fere simili modo Catullus, Ovidius, Seneca. Savaro ad epist. 2, lib. I Sidonii de Gothis hunc locum interpretatur. Grangæus ait pro certo debere intelligi de Gallis, qui armis, veste com sque erant Romanis dissimiles, scilicet, Nullus barbarus hostis, ut Annibal cuspide claustra mea quatit; nullus armis, veste comisque ignotus, ut Brenni miles et Senonum exercitus, capta arce in urbe. Id magis probo.
695. Geticus tyrannus est Alaricus. Gothi *Getæ* dicebantur. Inscriptio poematis Claudiani est : *De Bello Getico, vel Pollentiaco*.
696. Etsi Gothi e septentrione venerant, tamen diu apud Istrum consederant : hinc *patrium* Istrum vocat. Imuit autem morem barbarorum, qui flumina jurabant. De eodem Alarico Claudianus carm. de Bello Getico : *Patrii numen juraverat Istri.* Fluvius

698. Alex., astrucis; supra, *mastrucis*. Rat., *mastrugis*, quod tenuit Weitzius; alii scribunt *mastrucis*, seu *mastrucis*. Mastruca vestis erat e pellibus ferarum, quam Sardis tribuit Cicero. Quintilianus lib. I, cap. 5 : *Mastruca, quod Sardum est, illudens Cicero ex industria dixit*. Ciceronis verba conservavit Isidorus. Hieronymus dialog. 1 contra Luciferian. : *Defendebat, non sine causa Christum mortuum fuisse, nec ob Sardorum tantum mastrucam Dei Filium descendisse.* Gothi hujusmodi vestibus induebantur, qui propterea *pelliti* appellantur a Rutilio et a S. Hieronymo. Turnebus, num. 312 Advers., ait mastrugam esse vestem scorteam gravissime et pessime olentem. Glossæ verbum huc trahi potest *crotina*. *Rhenones* in eadem glossa sunt vestis Germanorum propria, ut patet ex S. Isidoro, lib. xix Etymol., cap. 23. Quamvis autem mastruca dicatur vestis propria Sardorum, rhenones sive renones Germanorum, tamen cum utraque sit e pellibus, recte hoc loco a Prudentio mastruca usurpatur. Apud S. Isidorum nonnulli legunt *Mastruca vestis Germanica*; sed non est dubium quin sit legendum *vestis Sarda*, ut arguitur ex verbis subjunctis Ciceronis, et numero 1 cap. cit. Ut au em glossa Isonis intelligatur, addam etymologiam *mastrucæ* ex Isidoro : *Mastruca autem dicta, quasi monstruosa.* De vestibus pellitis S. Paulinus carm. de Reditu Nicetæ : *Et Getæ currunt, et uterque Dacus : Qui colit terræ medio, vel ille Divitis mullo bove pelleatus Accola ripæ*. Ubi in notis multa Rosweydus affert de hoc vetustissimo habitu primorum populorum.
699. Rat., Weitz., Bong., Widm., *prostraverat*. Alii, etiam Widm. supra, *protriverat*.
701. Iso Tiberim amnem intelligit : an recte, vide comment. ad vers. 719.
702. Ald., male, *hos equitum nimbus*. Alii, *hos nimbos equitum*. Claudianus in prim. consul. Stilicons vers. 352 : *Sed didicit,... non fusum crebris hastilibus imbrem, Non equitum nimbos latiis obsistere pilis*. De ansere pervigili; cujus clangore excitati Romani Gallos, nocte subeuntes, dejecerunt, agunt fere omnes poetæ historicique Romani.
704. Ald., scripti Heinsiani, Alex., Urb., Egm.,

705 Pectora, nec trepidans animus succumbere le- A
    [tho
Pro patria, et pulchram per vulnera quærere
    [laudem.
Nunquid et ille dies Jove contulit auspice tan-
    [tum
Virtutis pretium? Dux agminis, imperiique

824 Christipotens nobis juvenis fuit, et co-
    [mes ejus,
710 825 Atque parens Stilico : Deus unus Chri-
    [stus utrique :
Hujus adoratis altaribus, et cruce fronti
Inscripta, cecinere tubæ : prima hasta dra-
    [cones

GLOSSÆ VETERES.

708. Dux, *Constantinus*, I.
709. Christipotens, *Theodosius Arcadii filius, consul et socer Honorii.* — Juvenis, *qui juvenis erat adhuc*, I.

710. Utrique, *Constantino et Stiliconi*, I.
712. Draconis, *crucis : vox illa Romana caput draconis habens*, I.

COMMENTARIUS.

Palat., Widm., Bong., *perfractaque*. Fabr., Gis., *præfractaque*. Rat., *perfectaque*. Videtur præferendum, *præfractaque* : nam ita Virgilius xi Æneid., *Præfractaque quadrupedantum Pectora pectoribus rumpunt.*

706. Rat. a prima manu, *quærere mortem*. Virgilius lib. ix : *Et pulchram properet per vulnera mortem*; et lib. xi : *Pulchramque petunt per vulnera mortem.*

708. Glossæ de Constantino, Theodosio Arcadii filio, Honorii socero, anachronismis et erroribus scatent. Honorius *dux agminis imperiique* dicitur, non quod ipse præsens prælio Pollentino adfuerit, sed quod ejus auspicio et imperio a Stilicone, vel p tius a Sacto duce, ut dicam ad vers. 719, gestum fuerit. Neque longe Honorius aberat, quippe degens Ravennæ.

709. Stilico dicitur comes Honorii non tam ratione illius dignitatis, quæ ævo medio *comitatus* nuncupabatur, quam ob munus tutoris Honorii, quod Theodosius morti proximus Stiliconi commendavit, et quia Stilico du is filias, quas ex Serena Theodosii fratre genita susceperat, Mariam primo, et subinde, ea mortua, Thermantiam Honorio in matrimonium copulaverat. Iis pariter de caus s *parens* appellatur. S. Ambrosius orat. in funere Theodosii : *De filiis enim nil habebat novum, quod conderet, quibus totum dederat, nisi ut eos præsenti commendaret parenti.* Claudianus de Tertio Consul. Honorii Theodosium morti propinquum Stiliconi ita dixisse cecinit : *Ergo age, me quoniam cœlestis gloria poscit, Tu curis succede meis, tu pignora solus Nostra fove, geminos dextra tu protege fratres..... Indue mente patren.* Giselinus ex hoc loco conjicit Prudentium non visisse usque ad Stiliconis proditionem et necem, quæ accidit circa annum 415, ut ipse ait, vel potius 408, ut ex historia constat. Alioqui nomen Stiliconis, quod postea e marmoribus eradebatur, in suo opere induxisset, quomodo pro *Nota* subsituit *ora* Virgilius, Nolanis iratus. At neque ex omnibus marmoribus nomen Stil conis eradi potuit, et longe difficilius est in aliquo scripto jam evulgato quidquam inducere aut mutare. Virgilius Æneidem nondum publicaverat cum decessit, adeoque membranis intus positis delere illi licuit quod non placuit. Teolius temporum rationem turbat, *Hinc*, ait, *aperte patet, ante annum* 405, *quo Stiliconis casus contigit, poetam hæc cecinisse.* Rei vere rationem falsam allegat : nam Stiliconis casus ante annum 408 non contigit. Quod autem dixi, Stiliconis nomen non ex omnibus marmoribus erasum, ex hac inscriptione patet :

FL. STILICHONI. V. C.
FLAVIO STILICHONI INLVSTRISSIMO VIRO
MAGISTRO EQVITVM PEDITVMQVE
COMITI DOMESTICORVM TRIBVNO PRAETORIANO
ET AB INEVNTE AETATE PER GRADVS CLARIS
SIMAE MILITIAE AD COLVMEN GLORIAE
SEMPITERNAE ET REGIAE ADFINITATIS EVECTO
PROGENERO DIVI THEODOSI COMITI DIVI

THEODOSI AVGVSTI IN OMNIBVS BELLIS
ADQVE VICTORIIS ET AB EO IN ADFINITATEM
REGIAM COOPTATO ITEMQVE SOCERO D N
B HONORI AVGVSTI AFRICA CONSILIIS EIVS
ET PROVISIONE LIBERATA EX S C

Exstat hæc inscriptio Romæ in area palatii posterioris De la Valle, quam Smetius et Manutius viderunt, et refert Gruterus pag. cccclii. Smetius scribit *progeneri*, Gruterus *progenero*, ut revera est in marmore quod vidi et contuli. Nunc abest primus versus, qui fortasse olim fuit in capite basis. Quædam ad archetypum correxi; nonnulla erasa sunt, vix ut legi possint. Ad eumdem Stiliconem pertinere videtur inscriptio Christiana apud Gruterum pag. mliii, quæ incipit, C N VLATV. M. F. STILICONIS SECVNDO CC DEPOSITVS PVER. Stilico quidem Christianum nomen profitebatur; sed ejus filius Eucherius, quem in imperio substituere conatus est pater, jam inde a puero, privatoque persecutionem Christianorum meditabatur. Alias inscriptiones ubi Stiliconis mentio occurrit, vide apud Guascum tom. III Inscript. Capitol., num. 1246, 1247, ubi nomen aliquando exaratur *Stilico*, aliquando *Stilicho*, aliquando *Stiliko*. Adeo difficile est e lapidibus veram orthographiam resti-
C tuere.

712. Rat., Weitz., *draconis* : ita etiam Fabr., quem male Weitzius appellat pro *dracones*. Plerique, *dracones*; et Giselinus male *draconis* in singulari nonnullos habere ait : nam *prima hasta* labarum imperatorium intelligitur, in quo erat Christi monogramma, et nemo credet Christi apicem cum draconis effigie conjunctum fuisse. Contra Grangæus defendit et explicat lectionem *draconis*, quia mos ferendi effigies draconum in exercitu sub Christianis retentus est, sed ita ut supra ipsos dracones Christi monogramma exstaret : et ideo subjungit Prudentius *quæ Christi apicem sublimior effert*. Utraque explicatio probabilis : non autem probo rationem Giselini : cur enim non potuerit vexillis, in quibus draco esset pictus, Chris i apex desuper imponi? Glossa Isonis fortasse ita poterit emendari : *Vexilla Romana caput draconis habent*. De militibus draconariis hujus hymnum I Perist phanon. Præclarum argumentum pietatis veterum militum Christianorum ex his versibus eruitur : non enim solum altaria adorabant, scilicet Deum coram altaribus, verum etiam pugnam inituri cruce frontem
D signabant. S. Augustinus in psal. LXIII : *Quid times fronti tuæ, quam signo crucis armasti?* Fortasse eodem respexit Sedulius lib. i : *Aurea perpetuæ capietis præmia vitæ, Arma quibus domini tota virtute geruntur, Et fixum est in fronte decus, decus, armaque porto, Militiæque tuæ, bone rex, pars ultima resto.* Solitos Christianos ab ipso nascentis Ecclesiæ initio os, pectus, præcipue vero frontem sæpius crucis signo munire, res non est omnibus et alibi etiam a nobis exposita. Tertullianus egregie dixit de Corona milit. cap. 3, *Frontem crucis signaculo terimus, ut frequentiam denotaret.* Sagittarius, cap. 16 de Cruciat., hunc locum intelligit vel de signo crucis, saltem digito in aerem facto, vel de signaculo crucis quod Christiani veteres

LIBER II CONTRA SYMMACHUM.

826 Præcurrit, quæ Christi apicem sublimior A 720
[effert.
Illic ter denis gens exitiabilis annis
715 Pannoniæ pœnas tandem deleta pependit.
Corpora famosis olim ditata rapinis
In cumulos congesta jacent. Mirabere seris,
Posteritas, sæclis inhumata cadavera late,
Quæ Pollentinos texerunt ossibus agros.

827 Si potui manibus Gallorum excisa levare
De cinerum squalore caput, redeunte Camillo
Signa renidenti fumans si fronte recepi :
Si potui miseras sertis redimire ruinas
Et male pendentes lauro præcingere turres :
725 Quo te suscipiam gremio, fortissime princeps,
Quos spargam flores, quibus insertabo coronis
Atria, quæ festis suspendam pallia portis,

GLOSSÆ VETERES

713. Effert, *elevat*, l.
715. Pependit, *persolvit*. l.
717. Mirabere, *apostrophe*, l.
718. Inhumata, *dispersa*, l.
720. Manibus, *de manibus*. — Excisa, *perempta*, l.
721. Redeunte, *Romam*, l.
722. Fumans, *adhuc*, l.
723. Redimire, *ornare*, l.
724. Lauro, *victoria*, l.
725. Princeps, *Theodosi, vel Stilico, vel Constantine*, l.
726. Insertabo, *ornabo*, l.

COMMENTARIUS.

Inscriptum frontibus circumferebant : ac multa unde colligit quibus utramque hanc consuetudinem confirmet. Quibus addere juvat verba Orosii lib. vii, cap. 35, ubi Theodosii contra Eugenium pugnam describit : *Sciens vero* (Theodosius) *se esse non solum signo crucis tuendum, sed et victoriam adepturum, signo crucis se muniens, signum victoriæ dedit, ac signo crucis signum prælio dedit, ac se in bellum, etiam si nemo sequeretur, victor futurus immisit.*

713. Gis., *sublimior effert*, ad oram *sublimiter effert*. Alii, *sublimior effert*.

714. Claudianus de bello Getico, *Unoque die Romana rependit Quidquid terdenis acies amisimus annis*. Gothi a Stilicone cæsi sunt anno 403, cum 30 ante annos imperium Romanum invasissent. Cassiodorius in Chronico perperam ad consulatum quintum Arcadii et Honorii, qui incidit in annum 402, bellum Pollentinum rejecit.

715. In Rat. hic versus postponitur sequenti *Corpora*. Sensus aliud poscit. Intelligitur *gens Pannoniæ*; erat autem duplex Pannonia, altera superior, ubi C nunc pars orientalis Austriæ est, altera inferior, ubi nunc magna pars Hungariæ inferioris cum parte Sclavoniæ. Pannoniam Sirmiensem Gothorum sedem nominat Cassiodorius lib. iii Variarum ad Colosseum.

716. Rat., *dicata rapinis*, contra metrum.

717. Gis. ad oram, *conjecta jacent*.

719. Claudianus loc. cit., *O celebranda mihi cunctis Pollentia sæclis*. Pollentia Liguriæ urbs nunc *Polenzo* apud Tanarum. Multi scribunt *Polentia*. Alia est Pollentia in Piceno, nunc *Monte Melone*. Omitto aliam Pollentiam in Baleari majori, nunc *Pollenza*. De Pollentia Liguriæ bellum Pollentinum intelligitur. Et Claudianus quidem de Bello Getico Pollentiam fusum *Ligurum regione suprema*. Sed cur Prudentius vers. 701 dixit, *Tuscumque solum victo amne premebat* ? Puto Alaricum ad Tusciam et Tiberim pervenisse, et postquam inde excessisset, ad Pollentiam victum. Vide comment. ad vers. 729. Cassiodorius et D Jornandes narrant Stiliconem cum exercitu Romano a Gothis Pollentiæ victum fugatumque fuisse. Verum potius fides præstanda est scriptoribus æqualibus Prudentio, Claudiano et Orosio. Et Orosius quidem post Stiliconis scelus et obitum scribebat, neque gesta apud Pollentiam laudat, vicisse tamen Romanos concedit. Ita scribit lib. vii, cap. 37 de Rufino et Stilicone : *Gentes barbaras ille immisit, hic fovit. Taceo de Alarico rege cum Gothis suis sæpe victo, sæpe concluso, semperque dimisso. Taceo de infelicibus illis apud Pollentiam gestis, cum barbaro et pagano duci, hoc est Sauli, summa belli commissa est : cujus improbitate reverendissimi dies et sanctum Pascha violatum est, cedentique hosti propter religionem, ut pugnaret, exortum est : cum quidem ostendente in brevi judicio Dei, et quid favor ejus nosset, et quid ultio exigeret,*

B *pugnantes vicimus, victores victi sumus. Taceo de ipsorum inter se barbarorum dilacerationibus, cum se invicem Gothorum cunei duo, deinde Alani atque Hunni variis cædibus populabantur. Rhadagaisus*, etc. Pergit narrare stragem Rhadagaisi ejusque exercitus. Existimo Orosium in illis verbis *victores victi sumus* innuere, Romanos, fovente Gothos Stilicone, ab ipso Alarico victos fuisse, cum Urbem obsedit et irrupit ; nisi malis accipere de aliqua levi victoria, quam Gothi victi contra Romanos victores, et post prælium Pollentinum negligentes, obtinuerint, quod narrationi Claudiani minime consonat. Nam is in panegyr. de Sexto Consul. Honorii aliam victoriam post Pollentinum prælium a Stilicone prope Veronam partam commemorat : *Ubi Roma periclo jam procul, et belli medius Padus arbiter ibat*. Cassiodorius et Jornandes sive, ut alii vocant, Jordanus fortasse decepti sunt, quod Orosium non bene intellexerint. Hi certe Prudentii versus aperte ostendunt ita fuisse Pollentiæ Gothos disjectos, ut Roma jam secura censeretur. Ex Orosio colligitur et am non ipsum Stiliconem prælio Pollentino adfuisse, sed Saulem ducem, cui summa belli commissa fuit.

721. Aldus inserit *et post caput*, quod tamen lex carminis respuit. Camillus Gallos Capitolium obsidentes ejecit.

722. Ald., Fab., *signa renitenti*; renuit metrum : *renidenti* est pro *ridenti*.

723. Egm., *misera*; Vat. A. *miserans*; alii, *miseras*.

724. Thuan., *lauru* pro *lauro*.

725. Ex hoc loco recte arguitur Prudentium hæc scripsisse antequam Honorius triumphasset, adeoque inter victoriam Pollentinam et triumphum Honorii, qui accidit anno 403 exeunte, ut ait Tillemontius. Grangæus ex Claudiano de Sexto Consul. Honorii arguit fuisse annum 404, cum Honorius et Aristenætus consulatum tenerent;

727. Colligit Prudentius ea omnia quæ in triumpho aliquo celebrando a populo fieri solebant, sertis D redimire muros, lauro præcingere turres, spargere flores, atria coronis decorare, portis suspendere pallia. Quæ omnia multis possent confirmari ; sed res est certa, nec minus obvia et clarissima adhuc exstant, Romæ præsertim, vestigia. Victorius in Dissert. philolog. probat, olim in usu fuisse vela ex serico et auro ad ornatum, cultum et decorem alicujus ædis sacræ, arcubus, zophorisque accommodata ad modum encarpi : de quibus hoc loco Prudentius. At Prudentius de ornatu templorum nunc minime agit. Illum autem morem in ecclesiis servatum Paulinus non semel significavit, de quo videri possunt Ciampinius in opere de Sacris ædificiis, et Buonarrotius in Observation. ad sacra diptycha. Grangæus dubitat an tantum portæ triumphali, an cæteris Urbis portis pallia in triumpho suspenderentur. Conjicit tamen portas hic sumi pro januis, quod mihi exploratum

828 Immunis tanti belli, ac te stante sub ar-
[mis
Libera, et aure tenus Geticos experta tumultus?
730 Scande triumphalem currum, spoliisque re-
[ceptis
Huc, Christo comitante, veni : date, vincula
[demam
Captivis gregibus : manicas deponite, longo
Tritas servitio, matrum, juvenumque catervæ.
Dediscat servire senex, laris exsul aviti,
735 Discat et ad patrium limen genitrice reversa
Ingenuum se nosse puer : timor omnis abesto.
Vicimus : exsultare libet. Quid tale, repulso
Pœnorum quondam duce, contigit? Ille petitæ
Postquam perculerat tremefacta repagula portæ,
740 Baianis resolutus aquis durissima luxu
829 Robora destituit, ferrumque libidine fre-
[git.
At noster Stilico congressus cominus, ipsa
Ex acie ferrata virum dare terga coegit.

Illic Christus nobis Deus adfuit, et mera virtus :
745 Illic lascivum, Campania fertilis, hostem
Deliciæ vicere tuæ, non Juppiter aciem
Protexit Fabium : sed juvit amœna Tarentus,
Quæ dedit illecebris domitum calcare tyran-
[num.
His ego pro meritis quæ præmia digna repen-
[dam,
750 Non habeo : membra statuis'effingere vile est.
Virtutem nil vile decet : nam vile, quod ætas
Eripit : æra cadunt, aut fulvum defluit aurum,
Aut candor perit argenti, si desuit usus :
Et fuscata situ corrumpit vena colorem.
755 Viva tibi, princeps, debetur gloria, vivum
Virtutis pretium, decus immortale secuto.
830 Regnator mundi Christo sociabere in
[ævum :
Quo ductore meum trahis ad cœlestia regnum.
Nil te permoveat magni vox rhetoris, oro :
760 Qui sub legati specie sacra mortua plorans,

GLOSSÆ VETERES.

728. Immunis, *secura*, I.
731. Date, *permittite.* — Demam, *ut tollam ego Roma*, I.
732. Manicas, *ligamina manuum*, Iso.
734. Laris, *domus*, I.
738. Pœnorum, *Africanorum.* — Duce, *Annibale*, I.
739. Repagula, *vectes, pessulos*, I.
740. Baianis, *campanis.* — Luxu, *luxuria*, I.
742. At, *longe postea.* — Stilico, *socius Constantini.*

— Cominus, *statim*, I.
745. Hostem, *Annibalem*, I.
746. Acrem, *fortem*, I.
747. Fabium, *unus ex tercentis*, I.
750. Statuis, *imaginibus*, I.
754. Situ, *negligentia vel vetustate*, I.
757. Regnator, *Constantine*, I.
758. Quo, *illo*, I.
759. Te, *o Symmache*, I.

COMMENTARIUS.

videtur. Etiam hæc consuetudo adhuc permanet, ut diebus solemnioribus, ecclesiarum et domorum januæ et fenestræ peristromatis et palliis ornentur.
728. Vat. A, corrupte, *accestante sub armis.*
729. Rat., Egm., Widm. a prima manu, Gis., *Alpe tenus.* Ald., Alex.; Urb, Vat. A, Weitz., Thuan, præstantiores Heinsiani, Jureti codex, *aure tenus,* quod longe melius est. Vat. A, *tumultos :* corrige *tumultus.* Alaricum non procul ab Urbe fuisse ex hoc versu colligitur, uti etiam ex versu 701, *Tuscumque solum victo amne premebat.* Et Claudianus refert, mœnia Romæ, audito rumore, fuisse reparata, vi consul. Honor., *Addebant pulchrum nova mœnia vultum Audito perfecta recens rumore Getarum.* Ac revera Jordanus de Rebus Getic. narrat Alaricum ad pontem applicuisse Condiniani, qui tertio milliario a Ravenna aberat, ubi degebat tunc Honorius : a quo cum Alaricus sibi suoque exercitui Gallias Hispaniasque obtinuisset, Italia discessit, et in Alpibus Cottiis apud Pollentiam pugnare coactus est : quod videtur confirmare Orosius ad vers. 719 laudatus. Fortasse *Tuscum solum* recte intelligitur de Tuscia Circumpadana, ut ita Alaricus nulla ex parte Hetruriam ac Tiberim attigerit, et Roma aure tenus experta fuerit Geticos tumultus, quia Alaricus ad pontem Condiniani applicuerat, non ultra progressus.
730. Rat., Weitz., *spoliisque repertis.*
731. Gis. et alii vulg., *data vincula demam.* Aldus cum scriptis jam ediderat *date*, monuitque Gifanius, verbo Vestire, eleganter id dici *date, vincula demam.* Virgilius IV Æn., *Date, vulnera lymphis Abluam.* Prudentius ipse Apoth. vers. 594, *Date, pandite librum.*
733. Egm. a manu prima, *caterva.*
736. Vat. A, male *ingenium se nosse.* Ex Virgilio XI Æn., *timor omnis abesto.* Imitatus etiam id est Juvencus lib. III, *Tum pavidis Christus loquitur, timor omnis abesto.*
739. Aldi error *postquam pertulerat.* Ante Prudentius dixit *claustra,* quæ nunc *repagula portæ.*

742. Heinsius cum suis scriptis, Rat., Weitz., Gis ad oram, *congressus.* Ald. Vat. A, Urb., Alex. et alii *congressum.* Melius *congressus.* — Quamvis prælii Pollentino Stilico non adfuerit, dicitur tamen *congressus cominus,* quia ejus consiliis et providentia omnia gerebantur, et prælio alteri trans Padum præsens videtur adfuisse.
743. Gis. in textu, *virum*; ad oram, *virûm.* Claudianus, vi Consul. Honorii : *Ut chalybe indutos equites, et in ære latentes Vidit cornipedes : Quanam de gente, rogabat, Ferrati venere viri?* Si versu superiori legas *congressum,* constructio erit, Coegit virum, congressum cominus, dare ex ipsa acie terga ferrata. Non assequor quem sensum reddat *virûm* seu *tirorum* ad marginem Giselini, et in aliis edd.
744. Gis. 2 ed., *et mea virtus.* Melius in 1 ed. cum scriptis et aliis edd., *et mera virtus.* De hac voce *mera* iterum loqui nihil est necesse.
747. Rat., Alex., Urb. aliique, *juvit amœna,* et glossa Alex. scilicet *illum.* Ald., Weitz, *vicit,* nempe Annibalem. Melius *juvit,* quod tenuit Heinsius, quamvis codicum discrepantiam non adverterit. Fabius h c est Cunctator ille celeberrimus, *Unus qui nobis cunctando restituit rem.*
749. Gifanium legere *promeritis* n n semel monui et ita quidem repeditur in Alex. et Urb.
750. Vat. A, *statui*; lege *statuis.*
751. Vat. A, *nil tale decet.*
752. Heinsius ait in scriptis esse *eripit*, non *eruit* Nescio quis *eruit* ediderit.
753. Vat. A a prima manu *defluit usus.*
756. Ald., Gis., *secuto,* cum Alex., Urb, et aliis. Id tenuit Heinsius, sed nihil ex mss. monuit. Weitzius cum suis, Rat., *secutum.* Melius est *secuto.*
759. Vat. A, *rhetoris oris.* Alex., *ore.* Alii melius *rhetoris, oro.* Mariettus hinc arguit Symmachi novam hanc fuisse legationem ad Honorium, ob quam ut responderet, hos libros ad Honorium scripsit Prudentius.

Ingenii telis, et fandi viribus audet
Heu! nostram tentare fidem : nec te videt, ac
　　　　　　　　　　　　　　　　　[me
Devotos, Auguste, Deo : cui sordida templa
Clausimus, et madidas sanie dejecimus aras.
765 Unus nostra regat, servetque palatia Christus,

Ne quis Romuleas dæmon jam noverit arces :
Sed soli pacis domino mea serviat aula.
Sic affata pios Roma exoravit alumnos,
Spernere legatum, non admittenda petentem :
770 Legatum Jovis ex adytis ab haruspice missum,
At non a patria : patriæ nam gloria Christus.

GLOSSÆ VETERES.

769. Non admittenda, *non recipienda*, I.
770. Ab haruspice, *ab Apolline, a magis*, I.

771. Patria, *Roma*, I.

COMMENTARIUS.

765. *Palatia* dicta sunt domus superbæ et ampæ, quales in monte Romæ Palatino primum structæ sunt. Ipse mons Palatium quoque vocatum est. Ce..seo Prudentium alludere ad templum Romæ deæ, de quo (gi ad vers. 219 lib. I, quod in monte Palatino fui se ex Claudiano colligitur. De eodem templo accipio verba mox legenda, *Mea serviat aula :* nam aulam pro templo sumi fusius alibi ostendi. Nihil tamen prohibet quominus de tota Roma ejusque ædibus intelligatur.

768. Rat., Gis., *sic effata*. Concinnius est *affata* cum aliis.

771. Aldus male distinguit *a patria patriæ, nam.* Oxon., *patriæ sua gloria.* Prudentius Symmachum legatum a patria missum negat, quia plerique nobiles Romani jam ad fidem conversi erant cum ipse Symmacho respondebat, et quia etiam olim, cum Symmachus relationem suam Valentiniano secundo obtulit, multi Christiani senatores dissentiebant. Alioquin exploratum est ex ejus Relatione et ex Ambrosii Responsionibus, revera Symmachum hujusmodi legationibus pro restituenda ara Victoriæ functum fuisse, a senatu missum. Quo loco quærendum et expendendum a nobis est an inscriptio quædam vetus quæ circumfertur, ad eum pertineat : nam Weitzius et Chamulardus, qui eam proferunt atque huic Symma ho attribuunt, nul am rationem dubitandi adverterunt, quamvis jam olim Juretus contenderit ad Symmachum hunc epistolographum inscriptionem hanc non spectare. Profecto de patre Symmachi epistolographi plerique accipiunt verba Ammiani lib. xxvii : *Multo tamen antequam hoc contingeret, Symmachus Aproniano succes it* (in Urbis præfectura) *inter præcipua nominandus exempla doctrinarum atque modestiæ, quo instante Urbs sacratissima ot o copiisque abundant us so ito fruebatur, et ambitioso ponte exsultabat, atque firmissimo, quem condidit ip e, et magna civium lætitia dedicavit, ingratorum, ut res docuit apertissima : qui consumptis aliquot annis domum ejus in transtiberino tractu pulcherrimam incenderunt.* Inscriptio vero hæc e t :

PHOSPHORII
L. AVR... AVIANO. SYMMACHO. V. C.
PRAEFECTO. VRBI. CONSVLI. PROPRAEFECTIS
PRAETORIO. IN. VRBE. ROMA. FINITIMISQVE
PROVINCIIS. PRAEFECTO. ANNONAE. VR
BIS. ROMAE PONTIFICI. MAIORI. QVINDE
CEMVIRO. S. F. MVLTIS. LEGATIONIBVS
PRO. AMPLISSIMI. ORDINIS. DESIDERIIS
APVD. DIVOS. PRINCIPES. FVNCTO. QVI
PRIMVS. IN. SENATV. SENTENTIAM. ROGA
RI. SOLITVS. AVCTORITATE. PRVDENTIA. ATQ
ELOQVENTIA. PRO. DIGNITATE. TANTI. ORDI
NIS. MAGNITVDINEM. LOCI. EIVS. IMPLEVE
RIT. AVRO. INLVSTREM. STATVAM. QVAM
A. DOMINIS. AVGVSTISQ. NOSTRIS. SENATVS
AMPLISSIMVS. DECRETIS. FREQENTIB. IN
PETRABIT. IDEM. TRIVMFATORES. PRINCIPES
NOSTRI. CONSTITVI. ADPOSITA. ORATIONE. IVS
SERVNT. QVAE. MERITORVM. EIVS. ORDINEM
AC SERIEM. CONTINERE I. QVORVM. PERENNE

IVDICIVM. TANTO. MVNERI. HOC. QVOQVE. AD
DIDIT. VT. ALTERAM. STATVAM. PARI. SPLEN
DORE. ETIAM. APVD. CONSTANTINOPOLIM
COLLOCARET

Hanc inscriptionem, cum conferre vellem, non reperi. Eam refert Gruterus pag. ccclxx, num. 3, ex Smetio et Boissardo. In ea describenda Smetium potius secutus sum, qui testatur a se visam in basi sub Capitolio, sed certum locum non designat. Boissardus, 5 part. Antiq. monum., pag. 53, apud Franciscum Lisca exstare inscriptionem affirmat. A dextro latere basis legebatur :

DEDICATA. III. KAL. MAIAS
D. N. GRATIANO. IIII ET MEROBAVDE COS

Gratianus et Merobaudes consules fuerunt anno 377. Hinc ratio Jureti petitur, quia Symmachus auctor epistolarum consulatum non gessit ante annum 391, et præterea Symmachus, qui ea inscriptione laudatur, Lucius dicitur, Symmachus vero epistolographus Quinti prænomen in vett. codd. et apud Macrobium et Sidonium habet. Cæterum cum omnia inscriptionis elogia optime in Symmachum epistolographum cadant, cum nullus alius tunc floruerit Symmachus quem tantam nominis celebritatem habuisse constet, cum in fastis consularibus Lucii prænomen Symmacho epistolographo attribuatur, valde probabile judico huic eidem Symmacho inscriptionem convenire. Prænomen Quinti fortasse illi in codd. hæsit, quia filius ejus Quintus epistolas post obitum patris edidit. Neque satis liquet an patrem an filium Macrobius nominet. Quod si titulus consulis in inscriptione expressus de consulatu ordinario intelligendus est, nullus in fastis consularibus apparet Symmachus cui statua adjudicari possit, nisi forte Symmachus ille qui cum Gallicano consul fuit anno 330 hoc est 47 annis antequam statua dedicaretur. Quid autem prohibet quominus Symmachus epistolographus consul suffectus fuerit ante annum 377? Imo vestigia ejus dignitatis non obscura deprehendo in epist. 1, lib. 1, ubi de se ait : *Hos inter juvenile decus, sed honore senili Bis seno celsus, Symmache, fasce cluis.* Juretus id intelligit de consulatu ordinario Symmachi anno 391 atque inde arguit Symmachum juvenem consulem renuntiatum. At parum congruit ratio temporum. Compertum est Symmachum jam anno 382 fuisse senatus legatum ad Gratianum pro repetenda ara Victoriæ. Præterea cum Symmachus præfecturam Urbis accepit, ita gratias Valentiniano juniori egit epist. 15, lib. x : *Quieto mihi, et jam pridem a desideriis honorum remoto præfecturam, multis cupitam, sponte tribuistis ;* et Theodosio epist. seq. : *Me dudum proconsularem virum, cedentem jam diu potentium moribus, ante capere magistratum quam expectare voluistis.* Minime ergo consentaneum est dicere hunc Symmachum adhuc anno 391 juvenem fuisse. Quin etiam hunc ipsum a Marcellino verbis quæ supra ascripsi laudatum fuisse suspicor. Majorem difficultatem creat alia inscriptio, quam proferam et expendam ad vers. 909, ubi de pontificatu Symmachi disseram.

831 Persistit tamen affirmans, iter esse viandi
832 Multifidum, variumque, Deus cum quæ-
[ritur unus.
Hinc alios, ast inde alios properare seorsum,
775 Quemque per anfractus proprios : sed compi'a
[eodem
833 Fine coarctari, simul et concurrere in
[unum.
Quin etiam cœlum, atque solum, ven os, mare,
[nubes
Omnibus in commune dari, vel qui colimus te,
Christe, vel exta litant sculptis qui tabida saxis.
780 Non nego communem cunctis viventibus usum
Aeris, astrorum, pelagi, telluris, et imbris.
Imo etiam injustus pariter, justusque sub uno
Axe habitant : unas capit impius, et pius auras :
Castus, et incestus : meretrix, et nupta : nec
[alter
785 Ore sacerdotis, quam mirmillonis anhelat
Spiritus, aerio vitam qui temperat haustu.
Nubes verna pluit zephyro impellente : sed æque
Foris, et innocui fecundat rura coloni.
Gurgitis æstivi sic pura fluenta viator,
790 Ut latro fessus, adit : sic piratis mare servit,

A
B

Ut mercatori : nec fluctus secius hosti
834 Obsequitur, quam cum licitæ fert transtra
[carinæ.
Ergo capax utriusque rei natura creandis
Se præbet populis, nec habet discernere dispar
795 Viventum meritum, quos tantum pascere jussa
[est.
Servit enim mundus, non judicat : hoc sibi
[summus
Naturæ dominus præscripta in tempora servat.
Nunc adsunt homini data munera legibus
[iisdem,
Queis concessa semel : fons liquitur, amnis
[inundat,
800 Velivolum ratibus mare finditur, influit imber,
Aura volat tenuis, vegetatur mobilis aer,
Et res naturæ fit publica, promptaque cunctis.
Dum servant elementa suum famulantia cur-
[sum.
Sic probus, atque reus capitalis criminis iisdem
805 Sideribus, facilisque poli bonitate fruuntur.
Vivere commune est : sed non commune mereri.
Denique Romanus, Daha, Sarmata, Vandalus,
| Hunnus,
Gætulus, Garamans, Alamannus, Saxo, Galaulas,

GLOSSÆ VETERES.

772. Viandi, *ad veritatem*, I.
775. Compita, *competum dicitur, ubi multæ viæ competuntur, id est junguntur.* — Eodem, *uno*, I.
779. Litant, *sacrificant*, I.
780. Cunctis, *esse*, I.
783. Axe, *cœlo*, I.
784. Incestus, *pollutus*, I.
785. Ore, *de ore* — Mirmillonis, *scurræ. Mirmillo gladiator fuit, et ponitur pro omni homicida*, I.

787. Verna, *vernalis*, I.
790. Piratis, *marinis latronibus*, I.
795. Utriusque, *boni et mali*, I.
797. Servat, *in die judicii*, I.
802. Promptaque, *quia servit omnibus*. Iso.
804. Capitalis, *quo reus capite plecti debet*, I.
808. Garamans, *populi Siciliæ*. — Galaulas, *populi in Oriente*, I.

C

COMMENTARIUS.

772 et 773. Vat. A, *esse vocandi*, minus bene. Videtur Prudentius agnoscere Symmachum unum Deum fateri. Non tamen ita est : nam argumentum Symmachi in eo versatur, quod multæ sunt viæ quærendi Divinitatem; nam æque eam quærunt qui unum ac qui plures Deos astruunt. Vide vers. 879.
774. Ald., Alex., Urb., Weitz., *seorsum*. Heins., Gis., Rat., *seorsim*.
775. Alex., Rat., *anfractos*. Alii, *anfractus*. Vat. A, Rat. Widm. scribunt *competa*. Weitzius, qui Aldum allegat pro *competa*, non viderat hujus correctionem *compita*. Vide comment. ad vers. 7 præf. 2 Apoth., ubi plura dixi de orthographia vocis *compitum*.
779. Huic versui verba Symmachi subjiciuntur : *Æquum est, quidquid omnes colunt, unum putari. Eadem spectamus astra : commune cœlum est : idem nos mundus involvit. Quid interest, qua quisque prudentia verum requirat? Uno itinere non potest perveniri ad tam grande secretum.*
780 Ald., *commune cunctis viventibus ipsum*, perperam. In Torn. etiam erat *ipsum*, quod Latinius correxit.
786. Egm., Vat. A, *hausto*. Alex., *austu*; supra, *haustu*, quod verum est.
787. Nubis Vat. A, more antiquo.
789. *Æstiva* sunt loca umbrosa in quibus per æstatem pecora vitant calorem solis, ex Servio ad III Georg., ubi addit ex Statio, *Et umbrosi patuere æstiva lycæi.* Prudentius gurgitem æstivum dicit, non tam quod umbrosus esse possit, quam quia per æstatem ejus aqua vitatur calor.

790. Vat. A, *mare fervet*; melius alii *servit*. Rat. a prima manu, *servat*; supra, *servit*. Seneca lib. IV de Benef., cap. 26, *Si deos imitaris, da et ingratis beneficia. Sceleratis sol oritur, et piratis patent maria.*
791. In Vat. A desiderantur hæc verba, *nec fluctus secius hosti.* Egm., mendose, *sedius*, pro *secius*.
792. Ald., Tornæs., Galland., Gis. in textu, *dominæ*. Rat., Weitz., Widm., Palat., Heinsiani et recentiores, *licitæ*.
800. Heinsius mallet *impluit imber*.
804. Arnobius lib. IV, *Fervorem genitalem solis Deus, noctis et tempora, ventos, pluvias, fruges cunctis subministrat æqualiter, bonis, malis, injustis, servis, pauperibus, divitibus.* Matth. v, 45 : *Ut sitis filii Patris vestri, qui solem suum oriri facit super bonos et malos, et pluit super justos et injustos.*
807. Urb., Widm., Rat., *Dana*; Vat. A, *Deba*; Ald., Heins., Weitz., Egm., Alex., *Daha*; Gis., *Daa*;

D

Fabr., Den. Rat. scribit *Wandalus*, Fabr. *Vandulus*, al. i *Vandalus*. Alex., *unus*, emenda *Hunnus*.
88. Heinsiani scripti et alii, *Garamans*, et *Alamannus* : Heinsius tamen edidit *Garamas*, *Alamanus*. Glossa inepte *Garamantas* populos Siciliæ dicit, ut *Galaulas* populos in Oriente. Nonnulli scribunt *Alemannus*. Rat., Thuan., *Galaula* : fortasse *Galaules*. Orosius lib. I, cap. 2, in Africæ descriptione : *A meridie gentes Aulolum* (al. *Autolum*) *quas nunc Gaulales* (sic) *vocant, usque ad oceanum Hesperium contingentes. Hic est terminus universæ Africæ.* Autoles sive Autoles a Lucano lib. IV vocantur *Autololes*, et sunt populi Numidis ac Getulis finitimi. Grangæus ait se apud geographos non legisse quis ille sit populus, et

835 Una omnes gradiuntur humo, cœlum om-
[nibus unum est.
Unus et oceanus, nostrum qui continet orbem.
Addo aliud, nostros potant animalia fontes.
Ipso rore mihi seges est, quo gramen onagris,
Spurca sues nostro amne natat, nostra intrat
[et ipsos
Aura canes, animatque levi fera corpora flatu.
Sed tantum distat Romana, et barbara, quan-
[tum
Quadrupes abjuncta est bipedi, vel muta lo-
[quenti ;
Quantum etiam qui rite Dei præcepta sequun-
[tur,
Cultibus a stolidis, et eorum erroribus absunt.
Non facit ergo pares in religione tenenda
836 Aeris, et cœli communio : corpora tantum
Gignit, alit, reparat, recidivaque semina servat;
Nec refert, cujus generis, cujusve figuræ,
Aut cujus meriti : modo sint, ut corpora terra

Edita, terrenis quibus est vigor ex elementis,
825 Artificis quia Patris opus discrimine nullo
Influit in medium, nec avaro munere currit,
Ante datum, quam primus homo sordesceret
[Adam.
Nec vitio utentum restrictum deficit, aut se
Subtrahit indignis, nec fœda, aut turpia vitat.
830 Haud aliter solis radius columinat omnes
Diffuso splendore locos : ferit aurea tecta :
Sed ferit et nigro sordentia culmina fumo.
Intrat marmoribus Capitolia clara : sed intrat
Carceris et rimas, et tetra foramina clausi
835 Stercoris, et spurcam redolenti fornice cellam.
Sed non illud erunt obscura erga tula, quod sunt
837 Regia gemmato laquearia fulva metallo.
Nempe magis non illud erunt, qui numen in
[urnis
Quærunt, ac tumulis, et larvas sanguine placant;
840 Quod sunt, qui summum cœli dominum vene-
[rantur,

GLOSSÆ VETERES.

811. Nostros, *quos nos potamus*, I.
812. Onagris, *onos asinus ; inde onager, asinus agrestis*, I.
813. Suis, *nominativus*. — Nostro, *quo nos natamus*, I.
814. Fera, *fortia*, I.
815. Romana, et barbara, *Christiana, et gentilia*, I.
816. Bipedi, *homini*, I.

819. Tenenda, *quæ est servanda*, I.
822. Refert, *distat, vel interest, nulla distantia est*, I.
823. Terra, *de terra*, Iso.
825. Discrimine, *discretione*, I.
826. In medium, *in commune*, I.
827. Sordesceret, *peccaret*, I.
838. Magis, *dicam*. — Erunt, *vana res*, I.

COMMENTARIUS.

dubi at n m transpositione dictum fuerit *Galaulas* pro *Gaulalas,* cujus gentis meminit Orosius. Suspicatur etiam legendum *Galaudas :* nam in Æthici Cosmographia invenerat *A meridie gentes Aulolum, quas nunc Galaudas vocant, usque ad oceanum Hesperium contingentes.* Verum hæc ipsissima sunt Orosii verba, nisi quod *Galaudas* scribitur p o *Gaulalas.* Hæc nomina propria facile ab exscriptoribus corrumpuntur, neque difficile est ut auctores alii alio modo ea enuntient. Cæterum in nonnullis Orosii editionibus revera legitur *Galaules.*
812. Gis. ad marg., Widm., Rat. a prima manu, n *agris* pro *onagris.* Glossa Widm. etiam stat pro *onagris,* et in Rat. aliena manu est *onagris.* Urbin. scribit *honagr s.*
813. Ald., Rat. aliena manu, Egm., Widm. supra, Fabr., Gis. ad oram, *sordida sus.* Gis in textu *spurcaq e sus.* Urb., Rat. a prima manu, Widm. a prima manu, duo Boher., *spurca suis.* Heins., Alex., Thuan., *spurca sues,* Rectus casus *sues,* vel *suis,* ut *plebs, plebes, plebis,* et am in nominativo more antiquo. Thuan., *et ipsas Aura canes.* Canes femineo genere passim a poetis usurpari animadvertit Heinsius.
816. Rat. recenti manu, prioribus erasis, *Abjuncta est quadrupes,* sequitur deinde antiqua librarii manu *lipedi vel muta loquenti.* Ald., Fabr., Tornæs., *Quadrupedes bipedi abjunctæ, mutæve loquenti,* quod exstat pariter in Egm. et Oxon., ne quis recentem correctionem esse putet. Heinsius non videtur notasse, mendum typographicum in textu 2 ed. Giselini *adjuncta* ab hoc fuisse correctum pèr *abjuncta.* Idem Giselinus in notis monet, numeri æquabilitatem servandam esse ex mss. *quadrupes, non quadrupedes.* Gifanius quoque verbo INCEDERE legit ex vet. lib. *Quadrupes abjuncta est,* etc. In Hymno 2 Peristeph., *abjunctas plagas.* Ut supra *distant,* in eodem sensu *abjuncta est.* Apud Avitum *abjunctæ partes, abjuncta elementa.* Apud Hericum Altissiodorensem *abjuncto corpore.*

817. Ald., Alex., Gis., Heins. et recentiores, *quantum etiam.* Rat., Weitzius cum suis scriptis, et Urb., *tantum etiam.*
818. Heinsius corrupte, *errotibus absunt.*
819. Vat. A male, *nos facit.* Rat., *in religione tuenda.* Widm. supra id exxressit, Weitzium secutus, nam Gis. et plerique alii, *in religione tenenda.*
821. Ald., Heinsius cum suis membranis, Weitz., Widm. supra, *recidivaque.* Gis., Fabr., Widm. a prima manu, Rat., *redivivaque.* Præstat *recidivaque,* quod exstat etiam in Alex., Urb., Jureti codice, et Gifanii vet lib. in verbo VICTUS.
826. Barthius lib. LX Adv., cap. 15, monet *in medium venire dici,* quod omnium usibus datur, ex hoc versu Prudentii, et Virgilio 1 Georg., *In medium quærebant, ipsaque tellus Omnia liberius, nullo poscente, ferebat.* Ovidius lib. XV Metam., *In medium discenda dabat.*
828. Rat., *ac se ;* alii, *aut se.*
830. Lat., Urb., Alex. a prima manu, Gis., Weitz., *colluminat.* Ald., Rat., Tornæs., Vat. A, *cum luminat.* Magis sensui congruit *colluminat.* Alioqui verbum Prudentianum est *luminat.*
832. Tertullianus, de Spectaculis cap. XX : *Sol, imo ipse deus de cœlo spectat, nec contaminatur. Plane sol et in cloacam radios suos defert, nec inquinatur.*
833. Vat. A, vitiose, *Capitoli ut lara.* Duo erant Capitolia Romæ, et alia alibi. Sed Prudentius ædes superbas intelligit.
835. Ald., Egm., Alex., Torn. mendose, *redolent in fornice.* Urb., Rat., potiores Hein iani, Weitz., *redolenti fornice.* Gis. ad oram, *redolentes in fornice.*
836. Giselinus in emendatis monuit quod esse particulam referentem, ut intra etiam *quod sunt, qui summum.*
838. In glossa legerem *una res.*
840. Rat., Torn., *quot sunt,* minus bene. Idem, qui *celsi dominum venerantur Olympi,* sed duæ voces ce si

Justitiamque litant, et templum pectoris ornant. A 855 Et tot sunt ejus divortia, quot templorum
Secretum sed grande nequit rationis opertæ   Signa, quot aeriis volitant phantasmata mon-
Quæri aliter, quam si sparsis via multiplicetur   [stris.
Tramitibus, et centenos terat orbita callas,   Aut hos thyrsigeri rapit ad Dionysia Bacchi,
845 Quæsitura Deum variata indage latentem.   Illicit aut alios ad Saturnalia festa,
Longe aliud verum est : nam multa ambago   Aut docet, occultus quæ sacra Diespiter infans
                                        [viarum 860 Inter tinnitus solvi sibi poscat ahenos.
Anfractus dubios habet, et perplexius errat :   Jamque lupercales ferulæ; nudique petuntur
Sola errore caret simplex via, nescia flecti   Discursus juvenum. Megalesius hinc spado, d.ris
In diverticulum, biviis nec pluribus anceps.   Incensus furiis, cæca ad responsa vocatur.
850 Non tamen inficior, duplex occurrere nobis   Sunt, qui quadriviis brevioribus ire parati
Semper iter, geminis mortalia partibus ire, 865 **839** Vilia Niliacis venerantur oluscula in hor-
838 Cum dubitant, quonam ferat ignorantia   [tis :
                                      [gressum. Porrum, et cepe deos imponere nubibus ausi,
Altera multifida est : at simplex altera, et una. Alliaque, et Serapin cœli super astra locare.
Una Deum sequitur, divós colit altera plures, B Isis enim, et Serapis, et grandi simia cauda.

GLOSSÆ VETERES.

842. Nequit, *non valet*, I.
843. Sparsis, *divisis*, I.
845. Indage, *investigatione*. *Utrumque facit : indago ndaginis, et indago indagis ; indagatione*, I.
846. Longe, *valde, pro verius est quam tu dicis*, I.
847. Anfractus, *circuitus*, I.
850. Inficior, *nego, infiteus, negator rationis meæ*, I.
851. Geminis, *in bonum et malum*, I.
852. Dubitant, *ipsi mali*, I.
857. Thyrsigeri, *thyrsum gerentis*. — Rapit, *via*. —

Dionysia, *ad servitia, sacrificia, vel festa; nam Dionysius est Bacchus*, I.
858. Illicit, *seducit*. — Saturnalia, *Saturni*, I.
859. Diespiter, *Juppiter ideo vocabatur, quia dierum pater apud eos credebatur; pater diei*, I.
861. Lupercales, *festa Panis, quæ ita celebrabantur, ut nudi per plateas cucurrissent homines*, I.
862. Megalesius, *sacerdos Opis a Megala civitate, in qua colebatur Berecynthia*, I.
865. Cæca, *occulta*, I.
868. Isis, *quæ et Inachi filia*. — Serapis, *deus*

COMMENTARIUS.

dominum sunt a recenti manu, prioribus erasis, reliquæ eadem manu veteris librarii.
841. Argumentum Symmach.
844. Vat. A, mendose, *obita calles*. Gis., Fabr., *tramitibus si centenos*. Heinsius in notis, *tramitibus si centenis* correxit e suis potioribus per *tramitibus et centenis* : puto excidisse mendum, ac legi in ejus notis C debere TRAMITIBUS SI CENTENOS, *tramitibus et centenos*. Ita enim edidit *tramitibus et centenos*, quod habent alii edd., et mss. cum Jureti codice.
845. Rat., *latenter*; alii, *latentem*.
846. Heins.; Cham. male, *multa ambage*. Hoc ipsum Prudentii argumentum adversus eos hæreticos promovere potest qui salutem æternam in qualibet secta esse jactant : quod egregie, his laudatis versibus, præstitit Joannes Hessels de Officio pii et Christianæ pacis vere amantis viri, exsurgente aut vigente hæresi, cap. 54.
847. Rat., *anfractos*; supra, *anfractus*.
848. Ex Proverb. x, 9 : *Qui ambulat simpliciter, ambulat confidenter*.
849. Potiores Heinsiani, *in deverticulum* : quo respicit Alex. *indeverticulum*.
850. Egm., Wahn. ad oram, *infiteus* : ex quo suspicatur Weitzius *infiteor*.
851. Lactantius lib. vi, cap. 3 : *Omnis ergo hæc de D duabus viis disputatio ad frugalitatem ac luxuriam spectat. Dicunt enim humanæ vitæ cursum Y literæ esse similem, quod unusquisque hominum, cum primum adolescentiæ limen attigerit et in eum locum venerit, partes ubi se via findit in ambas, hæreat nutabundus, ac nesciat in quam se partem potius inclinet*. De hoc bivio. virtutis et vitii vide comment. ad vers. 789 Hamartigeniæ.
853. Rat., *multifidi*; supra recte, *multifida*. Weitzius cum suis, Gis. ad oram, et Heinsius cum altero Rott., *altera et unum Una Deum* quod concinnius videtur Heinsio quam *altera et una*, quod exstat in plerisque aliis. Mihi magis placet *et una*, ut versu seq. iterum occurrit *una*, quæ eadem simplex est.
854. Hinc liquet, plures deos a Symmacho affirigari, non unum, cui plures virtutes obediant.

860. Rat., *tinnitos*; non bene. Minucius, *Corybantum cymbalis, ne pater audiat vagitus, tinnitus editur*. Ovidius iv Fast., *Ardua jam dudum resonat tinnitibus Ide, Tutus ut infanti vagiat ore puer*. Scilicet Corybantes pulsabant æribus æra, ut ait Lucretius.
861. Hæ ferulæ lupercorum erant hircinæ pelles, quarum ictus *catomus* dicebatur, ut colligi videtur ex Juvenalis Scholiaste ad vers. 142, sat. 2, *Nec prodest agili palmas præbere luperco*. Lupercorum iterum mentio recurrit in Laurentio vers. 518, et Romano vers 162. De voce *catomus* v. de comment. ad vers. 697 in Romano.
862. Rat., *magalesius*; alii, *megalesius*. Nota hypallagen *discursus nudi* pro *discursus nudorum juvenum*.
863. Oracula responsa dicebantur, ut *responsa sibyllæ, responsa deorum*.
865. Rat. scribit *holuscula*. Juvenalis sat. 15, *O sanctas gentes, quibus hæc nascuntur in hortis Numina*. Ibidem Juvenalis plura de ridicula superstitione Ægyptiorum, ut *Porrum, et cepe nefas violare, et frangere morsu*.
867. Vat. A et potiores Heinsiani, *Serapen*, non *Serapin*. Rat. etiam *Serapen*, quantum poterat vestigiis veteris scripturæ conjici : nam corrector ineptus abrasit, et sic versum concinnavit, *Alliaque, et cœli super astra locare Serapin*, et post hunc versum, abrasis etiam prioribus, *Et pastam colubris* 1 bin : redeunt sed eodem. Deinde in margine, *Ista, Serapis enim, et præ grandi simia cauda*. Omnino volebat secundam in *Serapis* produci. Intellige versum margini additum connecti versui præcedenti hoc sensu, *redeunt sed eodem ista*. Martialis quidem secundam in *Serapis* produxit, eamdem tamen corripuit Martianus Capella lib. ii, *Te Serapim Nilus, Memphis veneratur Osirim*. In nominibus propriis, præsertim barbaris, permissa est hæc licentia poetis, ut ea quolibet intervallo efferant. Advertendum *Serapin* fuisse m ritum Isidis, et hoc innuit glossa, ubi fortasse post *maritus* nomen Isidis intercidit.
868. Vat. A corrupto, *et grandissima cauda*. Juvenalis loc. cit., *Effigies sacri nitet aurea cercopitheci*.

Et crocodilus idem, quod Juno, Laverna, Pria-
                        [pus.
870 Hos tu, Nile, colis, illos tu, Tibris, adoras.
Una superstitio est, quamvis non concolor error.
840 Hinc alia exoritur, tenebrosis tecta fru-
                        [tetis,
Semita : quam pecudes, et muta animalia car-
                        [punt,
Quæque latent silvis : operitur nescia cœli
875 Mens hominum, sævo vivens captiva tyranno.
Hæc putat, esse deum nullum : namque omn'a
                        [verti
Casibus, et nullo sub præside sæcla rotari.
Hoc iter haudquaquam magno discrimine distat
Iisce viis, quas vos teritis, qui numina multa,
880 Et portenta, Deum summum, numerosa putatis.
Simplicis ergo viæ dux est Deus : ille per unam
Ire jubet mortale genus : quam dirigit ipse
Sublimem dextro celsa ad fastigia clivo.

Prima viæ facies inculta, subhorrida, tristis,
885 Difficilis : sed fine sui pulcherrima, et amplis
Prædita divitiis, et abundans luce perenni,
Et quæ præteritos possit pensare labores.
Multiplici dux dæmon adest, qui parte sinistra
Centifidum confundit iter, trahit inde sophistas.
890 **841** Barbatos, trahit hinc opibus, vel honore
                        [potentes,
Illicit et volucrum linguis, et haruspice fallit :
Instigat bacchantis anus ambage sibyllæ,
Involvit mathesi, magicas impellit in artes,
Omine sollicitat, capit augure, territat extis.
895 Cernis, ut una via est, multis anfractibus errans,
Talem passa ducem, qui non sinat ire salutis
Ad dominum, sed mortis iter per devia mon-
                        [stret ?
Devia, picta bonis brevibus, sed fine sub ipso
Tristia, et in subitam præceps immersa Cha-
                        [rybdim.

GLOSSÆ VETERES.

Ægyptiorum; maritus. — Grandi cauda, *quia genus simiorum est, qui magnas habent caudas, et ipsi cercopitheci dicuntur ; et aliud genus spina dicitur, quod est villosum ; et tertium genus est sine cauda,* l.
869. Crocodilus, *monstrum Ægypti.* — Laverna, *a lavando.* — Priapus, *deus hortorum,* l.
872. Hinc, *post hæc.* — Frutetis, *erroribus,* l.
875. Carpunt, *incedunt,* l.
874. Cœli, *veritatis,* l.
875. Sævo, *sub diabolo,* l.
878. Discrimine, *discretione,* l.

881. Unam, *viam,* I.
883. Clivo, *veritate,* I.
884. Prima, *quæ ducit ad vitam.* — Facies, *qualitas* — Tristis, *in præsenti,* l.
887. Pensare, *recompensare,* I.
888. Multiplici, *scilicet viæ, de via sinistra dicit,* l.
890. Barbatos, *fortes,* l.
891. Illicit, *scilicet illos decipit,* I.
8 2. Ambage, *circuitu,* l.
896. Talem, *id est diabolum, vel Symmachum,* l.
899. Charybdim, *voraginem,* l.

COMMENTARIUS.

De cercopitheco Martialis lib. xiv, epigr. 202 : *Callidus emissas eludere simius hastas, Si mihi cauda foret, cercopithecus eram.*

869. Widm. scribit crocodrillus, Alex. *crocodillus*, alii, *crocodilus.* Oxon., *Idem est.* Thuan. et alii fere omnes Heinsiani, Alex., Urb. cum Aldo, *idem, quod.* Weitz. cum suis, Gis., Rat., *id est, quod.* Ald. mendose, *Lavena.* Becmanus, Manud. ad ling. Lat., nescio ubi invenit *Laurena*, quod recte emendat per *Laverna*, seu *Laberna*, quæ est dea furum.

870. Ald., Gis., *Hos tu, Nile, deos colis, et tu, Tibris, adoras.* Rat., *Hos tu, Tibri, colis ; illos Nilus adorat.* Sed hæc verba *Tibri, deos colis, illos Nilus* sunt ab audaci correctore, prioribus erasis : Gifanius recte ex vet. lib. I git *Hos tu, Nile, colis, illos tu, Tibris, adoras,* quod secutus est Weitzius cum suis, et adhærent nostri et Heinsiani. In colis ultima producitur ratione cæsuræ, quod familiare esse Prudentio sæpe diximus.

871. Juretus monet, recte *una superstitio* esse in omnibus, non *vana superstitio,* et eodem fere modo locutus Honorium et Theodosium in lege 60 de Hæreticis, cod. Theod. lib. I xvi : *Quorum sectas ptissimæ sanctioni tædet inserere, quibus cunctis diversa sunt nomina, sed una perfidia.*

874. Ald., Fabr., Alex., Rat., Vat. A, *Quæque latent silvis : operitur nescia cœli.* Urb., *latet.* Gis., Weitz. cum Widm. a prima manu, *Quæque latens silvis operitur : nescia cœli.* Heinsius nullam discrepantiam agnovit, Giselinum secutus. Fortasse legendum erit, et distinguendum *Quæque latens silvis operitur nescia cœli.* Heinsius admirationis punctum adjecit verbo *tyranno* versu seq. Scilicet *Quæque latens silvis operitur : nescia cœli Mens hominum, sævo vivens captiva tyranno !*

880. Portenta, ut alibi *monstra deum.* Hic etiam Prudentius numina multa, quibus inesset summa divinitas, ab ethnicis agnosci confirmat.

883. Ald., *celsam,* minus bene ; nec melius Teolius *Sublime dextro celsam ad fastigia clivo.* Lege *sublimen et celsa.*

888. Ald., Fabr., *multiplici dæmon sed adest.* Gis., *multiplicis dux dæmon at est.* Rat., *Multiplicis dæmor dux est ;* sed tria verba *dæmon dux est* sunt ab audacissimo correctore, prioribus erasis. Widm., Weitz., *multiplicis dux dæmon adest.* Pal., codices Jureti, et Gifanii verbo VESTIS, Heins. cum priore Rott., Oxon., *multiplici dux dæmon adest.* Weitzius, Egmondanum allegat pro *multiplicis*, Heinsius pro *multiplici*. Cum Heinsio faciunt Alex. et Urb., sed in Alex. scribitur *demon*, non *dæmon.* Dici autem potest *dux alicui,* et *alicujus.* Ald. et Fabr., *morte sinister ;* alii, *parte sinistra.*

890. Juvenalis sat. 14, vers. 12, *Barbatos licet admoveas mille inde magistros.* Vat. A, male, *barbatus.*

891. Gifanius verbo MARE ex vet. lib. optimo *illicitat volucrum linguis.* Non approbat Mariettus, quia Prudentius intelligit cantus avium, sive augurium vel haruspicinam, qu bus multi decipiebantur. Heinsius vero eamdem lectionem rejicit, quia *illicitat* parum Latinum est : dicendum enim esset *illectat.* Mariettus fortasse illa sua ratione refellebat *haruspide*, quod legit in Gifanio, ac revera in eo exstat. Sed *haruspide* puto esse mendum pro *haruspice.*

892. Weitz. cum Widm. a prima manu, *bacchatus.* Alii, *bacchantis.* Vat. A, male, *sibylla.*

893. Ald., Rat. ab ignaro correctore, qui priora erasit, Fabr., vett. edd. apud Gall., *In magicas artes trahit, involvitque mathesi.* Ita factum ab iis qui secundam in *mathesi* produci sciebant, et veterem consuetudinem contrariam ignorabant.

897. Ald., Alex., Urb., Fabr., Egm., *monstrat.* Vat. A, Rat., Weitz., Gis., Heins., *monstret.*

899. Vat. A, *iristitia et subita præceps.* Urb. *tristis, et in subitam,* quod non displicet. Alii *Charybdim,* alii *Charybdem* scribunt. Sententia desumpta est ex Matth. vii, Lucæ xiii, Eccles. xvi.

930 Ite procul, gentes : consortia nulla viarum
Sunt vobis cum plebe Dei : discedite longe,
Et vestrum penetrate chaos, quo vos vocat ille
Prævius infernæ perplexa per avia noctis.
842 At nobis, vitæ Dominum quærentibus,
[unum

A 905 Lux iter est, et clara dies, et gratia simplex.
Spe sequimur, gradimurque fide, fruimurque
[futuris :
Ad quæ non veniunt præsentis gaudia vitæ,
Nec currunt pariter capta, et capienda voluptas.
Ultima legati defleta dolore querela est,

GLOSSÆ VETERES.

903. Perplexa, *difficilia*, Iso.

909. Ultima, *in novissimo*, I.

COMMENTARIUS.

903. Rat., *prævius infelix*.
904. Rursus multitudinem deorum ab ethnicis assertam indicat.
905. Rat., *lux est iter*: non patitur metrum.
906. Jureti codex, *spem sequimur, gradimurque fides*. Sed non tam recte ut videtur, ait Juretus. Imo *gradimurque fides* non recte dici puto. *Spe sequimur* etiam Paulinus ad Ausonium scribens dixit. Minucius in Octavio *Securi spe futuræ felicitatis, fide præsentis ejus majestatis animamur*. Ad quem locum Elmenhorstius laudat cum pluribus aliis SS. Patribus hunc versum Prudentii, et legit *Spem sequimur, gradimurque fide*.
908. Post hunc versum hæc solent apponi verba orationis Symmachi : *Quanto commodo ærarii vestri Vestalium virginum prærogativa detracta est ? Sub largissimis imperatoribus denegatur, quod parcissimi præstiterunt. Honor solus est in illo velut stipendio castitatis. Ut vittæ earum capiti decus faciunt : ita insigne ducitur sacerdotii vacare muneribus. Nemo me putet tueri solam causam religionum. Ex hujusmodi facinoribus orta sunt cuncta Romani generis incommoda. Honoraverat lex parentum vestales virgines, ac ministros deorum victu modico, justisque privilegiis. Stetit muneris hujus integritas usque ad degeneres trapezitas, qui ad mercedem vilium bajulorum sacræ castitatis alimenta verterunt. Secuta est hoc fames publica, et spem provinciarum omnium messis ægra decepit. Non sunt hæc vitia terrarum. Nihil imputemus austris. Nec rubigo segetibus obfuit, nec avena fruges necavit. Sacrilegio annus exaruit. Necesse enim fuit perire omnibus, quod religionibus negabatur. Quid tale provinciæ pertulerunt, cum religionum ministros honor publicus pasceret ? (Commendabat enim terrarum proventus victus antistitum, et remedium magis quam largitas erat. An dubium est, pro copia omnium datum, quod nunc inopia omnium vindicavit ?)* Heinsius legit *sacri ærarii*. Aldus edidit *prærogativa detracta est, sub largissimis*. Correxit *detracta, sub*. Ratsb.; *in illud velut stipendium*. Ald. et Rat., *ex ejusmodi facinoribus orta sunt cuncta humani generis*. Aldus, *privilegiis stetit*, sine puncto. Idem, *trapezetas*. Idem, *falimenta, male, pro alimenta*. Heinsius, *austris*: Rat., *astris*. Ald. edidit *imputemus austris*, emendavit *astris*. Rat., *fruges necavit*. Prior Rott., Egm. cum Aldo, *quid tale proavi pertulerunt*. Codices vetusti, etiam latente Heinsio, deficiunt post illa verba *publicus pasceret*. Igitur verba uncis inclusa ex Heinsio petita sunt.
909. Vat. A, *deleta dolore*, non recte. Agros, quos vestalibus et sacerdotibus Numa tribuerat, alii etiam privati auxerant, sub Valentiniano et Theodosio anno 383 fiscus occupavit : quo anno fames publica secuta est. Hinc Symmachus in Relatione anni 384 sacrilegio annum exaruisse Christianis exprobrat. Ex hac ultima Symmachi querela arguitur eum pontificem fuisse, quod ex ejus etiam epistolis colligitur, ubi de vestalibus loquitur, tanquam si earum causa ad se pertineret. In inscriptione, quam retuli ad vers. 771 et huic Symmacho convenire posse censui, L. Aur. Avianius Symmachus *pontifex major* dicitur. In hortis Cœlimontanis-Casaliorum prope S. Stephanum Rotundum, ut vocant, exstant duo lapides a Q. Fab. Memmio Symmacho dicati, quorum inscriptiones juvat proferre. Exstat autem prima a manu dextra legenti-, altera a sinistra

I.
EVSEBII
Q. AVR. SYMMACHO. V̄C̄.
QVAEST. PRAET. PONTIFICI
MAIORI . CORRECTORI
LVCANIAE ET BRITTIORVM
COMITI ORDINIS TERTII
PROCONS. AFRICAE. PRAEF
VRB. CŌS. ORDINARIO
ORATORI . DISERTISSIMO
Q. FAB. MEM. SYMMACHVS
V̄C̄ .   PATRI OPTIMO

II.
VIRIO NICHOMACHO FLAVIANO V̄C̄
QVAEST PRAET. PONTIF. MAIORI
CONSVLARI .   SICILIAE
VICARIO . AFRICAE
QVAESTORI. INTRA PALATIVM
PRAEF. PRAET. ITERVM. CŌS. ORD
HISTORICO DISERTISSIMO
Q. FAB. MEMMIVS. SYMMACHVS. V̄C̄
PROSOCERO . OPTIMO.

Utramque hanc inscriptionem protulit Corsinius de præfect. Urbis, primam ex Sponio, alteram ex Reinesio. Eas ad archetypum emendavi. Q. Fabius Memmius Symmachus filius creditur esse Symmachi epistolographi, adeoque ejus pater Q. Aur. Symmachus is ipse est, quem oppugnat Prudentius. Igitur diversus videtur fuisse L. Aur. Avianius Symmachus, de quo ad vers. 771, si fideliter descriptum est elogium ibi exhibitum ex marmore. Sirmondus in præfat. notarum ad Sidonium et in nota ad primam epistolam observat, post reipublicæ casum magnam fuisse in nominibus et prænominibus varietatem, et sæpe unum eumdem hominem quinque nominibus fuisse appellatum. In veteribus inscriptionibus non raro hæc duo nomina conjunguntur, *Lucius Quintus*, aut *Quintus Lucius*. Itaque adhuc dubitandi locus est an idem Symmachus in utraque inscriptione laudetur, qui scilicet vocatus fuerit Q. Luc. Aur. Avianius Symmachus. Corsinius ex cod. Theod. colligit Q. Aur. Symmachum anno 368 fuisse Lucaniæ et Bruttiorum correctorem anno 370 sive 373 proconsulem Africæ. Secunda inscriptio, hoc loco a nobis allata, ad nos etiam aliquatenus pertinet, non solum quia monumentum a Memmio Symmacho positum est, cujus prosocer erat Nicomachus, sed quia is ipse Nicomachus pro idolorum cultu reparando vehementissime laboravit, eaque de causa auctor fuit Eugenio, ut tyrannidem arriperet. Nicephorus lib. xii, cap. 50, vocat eum virum in disciplinis præclarum: inscriptio eumdem appellat consularem Siciliæ, historicum disertissimum. Non ergo dubium est, quin ad hunc Nicomachum referendæ sint subscriptiones, quæ in multis codd. mss. Titi Livii apparent, quarum plures e membranis Vaticanis cl. Giovenazzus collegit, mihique exhibuit. Sed duo sunt Nicomachi, alter Nicomachus Dexter, qui codicem Titi Livii emendavit ad exemplum Clementiani parentis sui, alter Nicomachus Flavianus, cujus est hæc subscriptio in fine lib. vii cod. Vat. signato num. 1840: *Emendavi Nicomachus Flavianus Titi Livii ter præfect. urbis apud Hennam ab urbe condita Victorian' VC emendabam dominis Symmachis. explicit liber septi-

910 **843** Palladiis quod farra focis, vel quod stipis A
[ipsis,
844 Virginibus, castisque choris alimenta ne-
[gentur:
Vestales solitis fraudentur sumptibus ignes.
Hinc ait et steriles frugescere rarius agros,
845 Et tristem sævire famem, totumque per
[orbem
915 Mortales pallere inopes, ac panis egenos.

Quæ tanta exstiterit præsenti tempore, tamque
Invidiosa fames, quam Triptolemi, Cererisque
Moverit ira penu pro virginis ulciscendo,
Non memini: nec tale aliquid vel fama susurrat.
920 **846** Audio, per Pharios Nilum discurrere
[campos
More suo, viridisque sata stagnare Canopi.
Aut veniat, sicco qui flumine nuntius affert
Jejunam squalere siti sub pulvere Memphim.

GLOSSÆ VETERES.

910. Palladiis, *sacrificiis Minervæ*, 1.
915. Ait, *legatus*. — Rarius, *minus*, I.
917. Triptolemi, *inventor frugum*. — Cereris, *dea frumenti*, I.
918. Penu, *stipem*, I.

920. Pharios, *Ægyptios*, ..
921. Stagnare, *irrigare*. — Canopi, *oppidum Ægypti*, I.
922. Affert, *nuntiat*, I.
923. Memphim, *Ægyptum, civitatem Ægypti*, I.

COMMENTARIUS.

mus. Hujusmodi subscriptiones a Sirmondo in notis ad Sidonium, a Petro Burmanno juniore in not. ad Critic. Valesii aliisque doctissimis hominibus ita exarantur, ut emendatio ab Urbe condita intelligatur facta; neque ipsi distinctionem notant, aut aliis notandam exponunt. Ita enim fere scribunt : *Emendavi Nicomachus Flavianus ab Urbe condita.* Victorianus V͞C *emendabam dominis Symmachis.* At correctores illi antiqui inter lineas codicis suam subscriptionem inserebant; exscriptores veró posteriores omnia verba a se reperta uno ductu continuabant, ut a nobis in ea subscriptione factum est, quæ tamen ita legi distinguique debet : *Titi Livii ab Urbe condita explicit liber septimus.* Tum quasi supra, et inter lineas : *Emendavi Nicomachus Flavianus. ter. præfect.*

Urbis apud Hennam. Victorianus V͞C *emendabam dominis Symmachis.* Intelligitur autem *iterum* præfectus, nam *ter* mendosum est pro *iter.* aut *iterum.* Henna civitas Siciliæ erat; ubi Nicomachus consularis fuit. Præfectura urbana Nicomachi subscriptionibus indicatis codicum Titi Livii a Corsinio potuisset illustrari.

910 et 911. Ald., vetusti codices Heinsiani, *stipis*, cum Alex., Urb., Rat. et aliis. Weitz. cum Widm., *stipes.* Utroque modo dici potest in recto casu more veteri. *Stips* usus recentior poscit. In versu vero mox sequenti Rat., Vat. A, Jureti codex, Weitz, Widm., Egm., Pal., Heinsiani veteres codd., Gis. ad oram, Alex., Urb., *castisque choris.* Ald., Gis. et alii vulg., *castisque toris*, quod non displicet. Gifanius tamen verbo VESTIS ex suo vet. lib. præferendum ait *choris.*

913. Alex., Jureti codex, Ald., Egm., Fabr., Heinsiani, excepto altero Rott., *rarius agros.* Rat., Urb., Weitz., Gis., *parcius agros.* Frugescere Tertullianus etiam dixit. De verbis in *escere* vide Hispaniolum in Apolog., ubi ait Furium Antiatem hujusmodi vocabulis delectatum, ut *lapidescere, serescere, diescere, noctescere, caulescere, virescere* (pro *vires assumere*) *opulescere, lutescere.*

914. Ald., Alex., Urb., Rat., Jureti codex, omnes Heinsiani, *sævire famem.* Gis. et alii Vulg., male, *servire famem.*

917. Aldus omiserat hunc versum, et ita eum in emendatis adjecit *invidiosa fames, qua Triptolemi, Cererisque.* Cæteri, *fames, quam Triptolemi; Cererisque.* Triptolemus a Virgilio lib. I Georg. dicitur *Uncique puer monstrator aratri.* A Cerere fruges serere didicit.

918. Thuan. *peno* pro *penu.*

919. De fame quæ anno 583 contigerit mentio occurrit apud Ammianum, cujus verba ascripsi ad vers. 310 Psychomachiæ et apud S. Ambrosium lib. III Officior., cap. 7. De hac enim fame loqui videtur : *Quanto hoc utilius quam illud, quod proxime Romæ factum est, ejectos esse urbe amplissima, qui jam plurimam illic ætatem transegerant?... et certe arriserat*

B *anni fecunditas, invectitio Urbs sola egebat frumento, etc.* Symmachus lib. II, epist. 7 ad Flavianum fratrem : *Dii facite gratiam neglectorum sacrorum. Miseram famem peltite:* Cur igitur Prudentius negat hujusmodi famem ? Responderi potest Prudentium disertis verbis loqui de tempore quo scribebat, *præsenti tempore.* At cum Symmachi oratio anno 584 exhibita fuerit, quid juvat respondere non esse famem, cum scribebat Prudentius, si vere fuerit, cum Symmachus fuisse affirmat? Aliqui aiunt, Prudentium oblitum fuisse quod jam plures anni ab illa fame effluxissent : addi potest quod probabiliter Prudentius ab Urbe tempore famis longe aberat, adeoque non est mirum si nihil resciverit. Profecto S. Ambrosius, qui famem anno 583 fuisse fatetur, addit in Responsione : *Et tamen etiam superiore anno plerasque novimus provincias redundasse fructibus. De Galliis quid loquar solito ditioribus?* Præterea existimo, orationem eamdem Symmachi, quam anno 584 Valentiniano obtulit, vel a Symmacho vel ab aliis ejus amicis paganis Honorio traditam fuisse, ut eam legeret. Multa enim quæ Prudentius affert hujusmodi novum aliquem gentilium conatum suadent, et cum Prudentius veterem orationem refellat, puto eamdem a gentilibus avide retentam, denuo fuisse in vulgus emissam et imperatori oblatam. Itaque Prudent us recte ex his quæ suo tempore fieri videbat, argumenta Symmachi convellit. Symmachus ipse inania hæc argumenta fuisse aliquando fassus est : it enim interpretor ejus epistolam 82 ad Rufinum lib. III : *Tantum de ripa Tiberis* (nam per fines meos fluvius elabitur) *onusta specto navigia, non jam sollicitus, ut ante, de fame civium. Ex inopia namque publicus metus versus est in gaudium, postquam venerabilis pater patriæ Macedonicis commentibus Africæ damna pensavit : quem nunc omnes ut a'torem generis humani deum diligunt. Nihil enim passus est austris contumacibus adversus Romam licere.* In relatione ait, *Nihil austris imputemus.*

D 920. Widm., *varios*, supra, *Pharios*, sive, ut nonnulli scribunt, *Farios.*

922. Giselinus invenerat *aut veniat sicco*, ex conjectura correxit *haud venit a sicco*, quod postea vidit a codice Buslidiano probatum. Id amplexus est Heinsius, nihil peculiare ex suis animadvertens; et Heinsium secuti sunt recentiores. Weitzius cum Egm., Widm., Gifanio, legerat *aut veniat sicco.* Quod autem Weitzius Aldum pro se allegat, fallitur : nam Aldus ediderat quidem *aut veniat*, sed emendavit *haud veniat*, quod Fabricium non fugit. Certe is edidit *haut veniat sicco.* Nihilominus teneo lectionem Weitzii, quam confirmant Rat., Vat. A, Alex., Urb., et explicat Gifanius verbo VESTIS. Legendam sine controversia ex vet. lib. ait *aut veniat sicco*, etc. Scilicet, si falsa commemoro, prodeat aliquis qui dicat, *sicco* jam Nilo Ægyptum fame perire.

923. Rat., Weitz. cum suis, *sitis*, Ald., Alex., Urb., Gis. et alii, *siti.*

Nec Pelusiacæ limum sudare paludis.
925 Num fons arcano naturæ tectus operto
    Aruit, et tenuem vix stillat vena liquorem?
    Num refugus nostras odit præstringere ripas
    Amnis, et exustos cursum deflectit ad Indos?
    Num tractu in medio bibulus vorat alveus un-
                                    [dam
930. Fluminis, et subito stagna absorbentur hiatu :
    Ne sulcos operire vadis, neve arida possint
    Ægypti per plana trahi, glebasque rigentes
    Infusis ad pingue lutum mollire fluentis:
    Unde seges late crinitis fluctuet agris,
935. **847** Densius et gravidis se vestiat æquor
                                    [aristis ?
    Respice, num Libyci desistat ruris arator
    Frumentis onerare rates, et ad ostia Tibris

A   Mittere triticeos in pastum plebis acervos?
    Numne Leontini sulcator solvere campi
940 Cesset frugiferas Lilybæo ex littore cymbas?
    Nec det vela fretis, Romana nec horrea rum-
                                    [pat
    Sardorum congesta vehens granaria classis?
    Ergo pyris mensas silvestribus imp'et arator
    Pœnus, et avulsas Siculus depascitur herbas?
945 **848** Jamque Remi populo quernas Sardinia
                                    [glandes
    Suppeditat, jam corna cibus lapidosa Quiri-
                                    [tum ?
    Quis venit esuriens magni ad spectacula circi?
    Quæ regio gradibus vacuis jejunia dira
    Sustinet : aut quæ Januculi mola muta quie
B   [scit ?

GLOSSÆ VETERES.

924. Pelusiacæ, *Pelusium promontorium Ægypti*, I.
925. Fons, *Nilus*, I.
927. Nostras, *proprias*, I.
935. Æquor, *campos*, I.
936. Libyci, *Africani*, I.
938. Acervos, *cumulos*, Iso.
939. Leontini, *Siculi*.—Sulcator, *arator*, I.
940. Lilybæo, *Siciliæ promon orium, ubi abundat plurima annona*, I.
941. Rumpat, *dissipet pro multitudine frugum*, I.

942. Sardorum, *populorum*, I.
943. Ergo, *ironice*, I.
944. Pœnus, *Africanus*, I.
945. Remi, *Romano*, I.
946. Suppeditat, *subministrat*, Iso.
947. Circi, *theatri*, I.
948. Regio, *pars*.—Gradibus, *scenæ*, I.
949. Sustinet, *patitur*.—Januculi, *Janiculus mons est ubi templum Jani erat et multæ molæ constructæ*.—Muta, *prius*, I.

COMMENTARIUS.

924. De Pelusio Ammianus audiendus est potius quam Iso.,lib. xxii, cap. 16: *In Augustamnica oppidum Pelusium est nobile, quod Peleus Achillis pater dicitur condidisse, lustrari deorum monitu jussus in lacu, qui ejusdem civitat s alluit mœnia*.
925. Fons Nili, ignotus olim, jam pridem detectus est in Lunæ montibus Goyami Abyssinorum regni.
926. Arnobius lib. 1, *Cum enim flumina cognoverimus ingentia limis inaruisse siccatis*. Virgilius eclog. 7, *Videas et flumina sicca, Aret ager*. Plura Elmenhorstius ad Arnobium.
927. Scripti potiores Heinsiani et nostri scribunt præstringere, non perstringere.
928. Egm., *exustus*; melius *exustos*.
930. Rat., Urb., *obsorbentur*.
931. Vat., A., Alex. a prima manu, Urb., *nec sulcos*; melius *ne sulcos*.
933. Vat. A, *ad pingue solum*.
934. Seges *fluctuat*, phrasis poetica ex Virgilio et aliis. Sic *crinui agri, ut coma arborum*. Salvianus, lib. vii de Gubern. Dei, Aquitaniam vocat *ci eumdatam messibus*.
935. Mire dictum ait Gifanius verbo VESTIS Indic. I ucr., Æquor se vestiat aristis. Sic Columella dixit *ripas graminevestitas*, et Virgilius lib. viii, *Tum mihi prima genas vestibat flore juventas*, ut legit Gifanius ex v lib., vel *juventus*, ut alii: Cicero ii de Natura deor., *ves ita terra floribus*, Ovidius iv Fast., *vestitos messibus agros*; Propertius lib. iii, *vestitas frondibus vvas*.
936. Horatius, Seneca in Thyeste, Claudianus, Lucanus, Petronius, Apollinaris, Juvenalis, Rutilius aliique passim confirmant annonam frumentorum Romam ex Africa potissimum advectam.
937. Notat Grangæus ad historiam id pertinere : nam Ægyptus Constantinopolim sua frumenta mittebat, Africa Romam. Claudianus de Bello Gildonico vers. 62, *Ægyptia rura In partem cessere novam ; spes unica nobis Restabat Libye*. Frumentum ex Africa aliisque regionibus Romam per ostia Tiberis adveniebat. Symmachus lib. v, epist. 22 ad Theodosium et Arcadium Ægypti frumenti meminit :— *Mittetis etiam regiam classem : quæ annonariis copiis augeat*

C

D

devotæ plebis alimoniam. Hanc ergo in Tiberinis ostii mixtus populo senatus excipiet. Venerabuntur tanquam sacras puppes, quæ felicia onera Ægyptæ frugis invexerint.
939. In re frumentaria Leontini agri laudantur a Cicerone, Plinio, Apollinari et aliis. Ita dicti sunt a Leontio Siciliæ civitate. Vide Lexic. Ferrarii.
940. Egm., *frugigeras*; alii. *frugiferas*.
941. Rat., *horrea frangat*; cæteri, *rumpat*. Virg. i Georg. *Illius immensæ ruperunt horrea messes*. Sidonius lib. 1 epist. 6, *Esto, multiplicatis tibi spumabunt musta vinetis, innumeros quoque cumulos frugibus rupta congestis horrea dabunt*.Teoliis putat id, nisi s t hyperbole, ad horrea pensilia esse referendum. Ad hyperbolen magis refero.
942. Rat., *Sardorum*; lege *Sardorum*. E Sardinia etiam frumentum Romam deferebatur ex Strabone, Horatio, Floro, Valesio, Salviano, Symmacho et aliis. Loca indicat Gothofredus ad lib. ix cod. Theod., tit. 40, leg. 3.
944. Virgilius iii Æn., vers. 649, *Victum infelicem, baccas, lapidosaque corna Dant rami; et vulsis pascunt radicibus herbæ*. S. Ambrosius, Symmacho respondens, similia habet.
945. In Rat. ineptus corrector recenti manu prioribus erasis substituit *quernas*, et aliam vocem quæ nec legi quidem potuit a Marietto ; abrasterat vero *quernas Sardinia*, ne v delicet secunda in *Sardinia* producatur, quæ corripi solet. Verum in hujusmodi nominibus propriis majori quadam licentia veteres poetæ utebantur ; neque licet nobis eorum consuetudinem improbare.
946. Prior Rott., Heins., *cibos*, ut a superioribus hæc dependeant. Virgilius ii Georg., *Prunis lapidosa rubescere corna*.
948. De pane gradili vide comment. ad vers. 583 lib. i.
949. Ald., Gis., Fabr., *Janiculo mola nota*. Ald. ediderat *mota*, sed in emendatis posuit *nota*. Rat., Urb., Vat. A, Weitz. et plerique Heinsiani, *Janiculi mola mota*. Heinsius cum Thuan. priore Rott. et utroque Boher., *Janiculi mola muta* verum putat : cui accedit Alex. Procopius lib. i de Bello Goth. tradit. omnes

LIBER II CONTRA SYMMACHUM.

950 Quantos quæque ferat fructus provincia, quam-
[que
Ubere fecundo large fluat orbis opimus,
Indicio est annona, tuæ quæ publica plebi,
Roma, datur, tantæque manus longa otia
[pascit.
Sit fortasse aliquis paulo infecundior annus:
955 **849** Nil mirum, nec in orbe novum didicere
[priores,
Perpessi plerumque famem, si tabidus aer
Siccavit tenues ardenti sidere nubes,
Nec vernas infudit aquas creberrimus imber,
Fruge nova, et viridi si messis adulta, prius-
[quam
960 Conceptas tenero solidaret lacte medullas,
Afflatum calido succum contraxit ab Euro,
Jejunosque tulit calamos, atque irrita vota
Agricolæ sterilis stipularum silva fefellit.

Illis, ni fallor, ager vitiis corruptus et ante
965 Subjacuit, quam Palladium, quam Vesta Pe-
[nates
Sub lare Pergameo servarent igne reposto,
Quam Priami genitor conductis mœnia fabris
Exstrueret, quam virgo suas fundaret Athenas
850 Pallas: in his quoniam vestalis origo
[favillæ
970 Urbibus, ut memorant, primo de fomite sumpta
[est,
Sacrarontque focos aut Phryx, aut Graius
[alumnos.
Antiquis elementa labant erroribus, ac de
Legitimo discussa modo plerumque feruntur
In casus alios, quam lex habet, aut iter anni.
B 975 Nunc consumit edax segetem rubigo maligni
Aeris ex vitio, nunc culpam vere tepenti
Post zephyros gelidi glacies aquilonis inurit,

GLOSSÆ VETERES.

953. Manus, *multitudines*, I.
956. Tabidus, *corruptus*, I.
957. Sidere, *sole*, I.
959. Adulta, *nata*, I.
962. Jejunos, *steriles*, I.
966. Lare Pergameo, *domo Pergamea, Trojano*, I.
967. Genitor. *Laomedon pater Priami conduxit Neptunum, et ei primum promisit, ut ei Trojam ædificaret; sed non dato pretio, illius instinctu iterum*

Græcis destruxit. — Mœnia, *Trojæ*. — Fabris, *Apolline et Neptuno*, I.
971. Phryx, *Trojanus*. — Graius, *Græcus*, I.
972. Labant, *vacillant*. — Erroribus, *de peccatis*, I.
973. Legitimo, *a recto*. — Discussa, *acta, compulsa*, I.
975. Maligni, *corrupti*, I
976. Culpam, *corruptionem*. — Vere tepenti, *si po t ver tepens, et post zephyros glacies aquilonis venit, tunc sterilitas venit*, I.

COMMENTARIUS.

molas ad Janiculi radices fuisse. Vide Lipsium, Elect. cap. 8, lib. 1, ubi hunc locum illustrat. Procopii verba sunt: *Ad cujus* (Janiculi) *radices et ipso in Tiberi civitatis molæ omnes constructæ antiquitus fuerant, quia in angustum ibi primo aquarum ingens vis cogitur, et per canalem deinde in præceps deducta, ut in declivi violentissimo cursu defertur.*

952. In editione Parmensi mendum est *tua quæ* pro *tuæ quæ*.

953. Ald., Alex., Vat. A, Heinsiani, præter Thuan. et alterum Rott., Gis. in textu, *tantæque manus longa otia pascit.* Rat., Weitzius cum suis, Urb. et nonnulli alii, *tantasque manus longa otia pascunt.* Quo glossa respicit.

954. Heinsius suspicatur *si fortasse*, quod sequentia, ait, confirmant. Verum æque bene sequentibus cohæret *sit fortasse*. Fac, fortasse aliquem esse annum paulo infecundiorem. Nil mirum. Arnobius lib. 1: *Quod si ad credendum difficilis res esset, testimoniis agere possemus auctorum, quantæ, quoties et quæ gentes famem senserint horridam.* Fateri videtur Prudentius famem quæ anno 383 contigit.

955. Rat., Urb., Weitz., Gis. in Emendatis, Heinsiani scripti *nec in orbe novum*, quod verum puto. Ald. et nonnulli alii, *nec in orbe novo*. Alex., *nec orbe novum*; supra recte, *nec in orbe novum*.

959. Thuan., *et viridi*, recte, inquit Heinsius, si distinctione locus adjuvetur, scilicet *fruge nova, et viridi: si messis adulta*, quod tenuit ipse Heinsius. In Egm. omittitur *si*, quod tamen necessarium est metro. Urb. *Fruge nova, et viridis messis sed adulta.* Puto, distingui debere, *Nec vernas infudit aquas creberrimus imber, Fruge nova, et viridi si messis adulta,* etc.

960. Virgilius 1 Georg., vers. 315: *Frumenta in viridi stipula lactentia turgent.* Passim apud poetas *lac* per translationem de succo plantarum dicitur.

961. Statius, Silv. 1, lib. v: *Plena maligno Afflantur vineta noto.*

965. Plerique interpungunt Vesta, Penates. Palladium, Vestam et Penates conjunxit etiam poeta vers. 195 lib. 1: *Sic Vesta est, sic Palladium, sic umbra*

Penatum. In foro Romano prope Vestæ templum erat templum Penatum, ubi, ut refert Halicarnasseus lib. 1 erant duo juvenes viri, sedentes, hastis armati, veterique more sculpti. Hi erant Penates, quos secum advexisse dicitur Æneas. Idem Halicarnasseus narrat, in antiquis templis alias fuisse statuas eorumdem deorum, omnes militari cultu. Nonnulli opinantur magnos deos, Jovem, Neptunum, Plutonem, Vestam, Apollinem, et alios Geniorum, Larium Penatumque loco fuisse.

966. Virgilius v Æn., vers. 743: *Cinerem, et sopitos suscitat ignes, Pergameumque larem, et canæ penetralia Vestæ.*

969. Gis. ait, in quibusdam mss. esse *quonam*, in aliis *quomodo*, inepte. Aldus habet *quonam*. Vera lectio *quoniam*. Lipsius in Syntagm. de Vesta et Vestalibus cap. 2 ait, Athenis quidem ignem cultum, sed certiorem originem vestalis ignis a Trojanis et ab Alba sumi, ubi mansit sacrum. Pallas Ἀθήνη Græce dicitur, adeoque ab ea et fundatæ et nuncupatæ sunt Athenæ.

970. Disputat Chamillardus, utrum Vesta a terra, seu a vi stando, an ab igne vim suam et originem habeat. Utrumque ex antiquis scriptoribus, et nummis videri r colligi. Consule Lipsium, cap. 1 de Vesta, et Ovidium, lib. vi Fast. Putarunt etiam aliqui, Vestæ nullum fuisse simulacrum, quia, ut ait Ovidius, l b. vi Fast., *Ignis inexstinctus templo celatur in illo; Effigiem nullam Vesta, nec ignis habet.* Sed id intelligendum est de simulacro in templo Vestæ, ubi tantum erat ara ad sacrificandum. Vestæ imago passim in nummis, et statuis expressa est, ut videre licet apud Lipsium de Vesta.

971. Lipsius loc. cit. legit *sucravitque*.

974. Vat. A, *alias*; lege *alios*. Legem vocat propensionem naturæ, quæ phrasis philosophis satis familiaris est. Minucius in Octavio: *Mari intende, lege littoris stringitur.*

975. Virgilius lib. DI Georg., *Nunc et frumenti labor additus, ut mala culmos Esset rubigo.* Servius: *Rubigo est genus vitii, quo culmi pereant... Ex nebula nasci solet.*

976. Rat., *culpam in vere*

Ambustum que caput culmi fuligine tingit. A
Seminis aut teneri turgens dum germinat herba,
980 **851** Continuis, nimiisque perit constricta
[pruinis,
Nec potis est tenuem telluri affigere fibram :
Mox ejecta solo glacie sidente superfit,
Nudaque subducto radix avellitur arvo.
Ancipites tribuli subeunt, et carduus horrens.
985 Hos fert sicca sitis : hunc ebrius educat humor.
Temperies, effusa minus, vel plus, agit istos
Terrarum morbos, et mundum vulnerat ægrum.
Non aliter nostri corruptus corporis usus
In vitium plerumque cadit, nec in ordine recto
990 Perstat, et excessu moderaminis afficit artus :
Unus enim status est mundique, et corporis
[hujus,

Quod gerimus : natura eadem sustentat utrum-
[que.
Edita de nihilo crescunt, nihilumque futura
Aut titubant morbis, aut tempore victa sene-
[scunt.
995 Nec natura caret vitio, cui terminus instat,
Semper, crede, polus variis proventibus annos
Texuit : hos multa ditavit fruge fluentes:
852 Quosdam infelices astris damnavit iniquis,
Spe cassa, et sterili curam frustratus agrestem.
1000 Sed, si vestales ulciscitur ista puellas
Pestis ab infido quæ gignitur improba mundo,
Cur non Christicolum tantum populatur agellos,
Per quos virginibus vestris stata dona negantur ?
Utimur et ruris reditu, et ratione colendi :
1005 Exercere manus non pœnitet, et, lapis illic

GLOSSÆ VETERES.

978. Ambustum, *exustum.*—Caput, *spicam*, *pro* B
initio ponitur.—Fuligine, *nigredine*, I.
981. Fibram, *radicem*, l.
982 Residente, *remanente*, I.
984. Ancipites, *acuti.*— Subeunt, *crescunt*, I.
985. Educat, *nutrit*, l.
986. Temperies, *scilicet acris*, I.
990. Excessu, *prævaricatione*, l.
993. Edita, *prolata.*— Futura, *sunt*, I.

996. Proventibus, *utilitatibus, fructibus,* l.
997. Texu.t, *ordinavit.*— Fluentes, *abundantes, venientes,* l.
998. Astris iniquis, *auris nequis.*— Damnavit, *claudit*, I.
999. Cassa, *inutili.*— Frustratus, *decipiens, scilicet
populus,* Iso.
1001. Infido, *quia numquam in uno statu permanet,* l.
1004. Reditu, *fructu, quia labor post laborem venit,* l.

COMMENTARIUS.

977. Virgilius l Georg., vers. 95, *Aut boreæ penetrabile frigus adurit.* Frigus, gelu, nives, glaciem
urere passim apud scriptores invenies. Id cur ita dicatur, nonnulli quærunt, et rationem philosophicam
invenire student. Vera illa est ratio, quod in corporis membris satis plures effectus æque a nimio frigore proveniunt, atque ab igne aut nimio calore.
978. Cham., Cell., Teol. post Heinsium, nescio
quorum mss. fidem secuti, *fuligine tingunt.*
980. Vat. A, male, *continuisque minus perit.* Nec me- C
lius Aldus, *continuis, nimiisque parit.*
981. Error Aldi *affligere fibram.*
982. Weitz., *mox erecta solo;* Ald., Gis., scripti
Heinsiani et nostri constanter *mox ejecta.* Rat., *glacie
residente :* perperam autem scribit *glaciæ.*
984. Cathem. hymn. 8. Post jejunium vers. 44, *Carduus horrens.*
985. Prior Rott., *crebrior eaucat.*
990. Egm., *præstat.* Alex. a prima manu, *pestat,*
correctum per *perstat.*
993. Teolius monet commodam interpretationem
adhibendam, ut *nihilumque futura* significet quamcunque dissolutionem : nam corpora etiam in æternum
perennatura alibi Prudentius docuit. Certe ita docuit,
corpora post resurrectionem æternum victura. Nunc
autem comparatione mundi, et corporis instituta,
morbis, senectutem, et obitum cum variis mundi
casibus, et extremo excidio componit.
995. Egm., *carit, corrupte, pro caret.*
996. Egm., *semper, credo, polus.*
997. Ex hoc loco confirmatur, legendum vers. 71
Hamart., *Texit sol unicus annum,* a *texo, texis,* non
rexit.
998. Iso videtur legisse *austris,* non *astris.* Confer
verba Symmachi.
999. Rat., *frustravit agrestem.*
1000. Ald., *vestalis :* Alex. a prima manu, *vetales :*
lege *vestales.*
1002. Alter Rott., *Chisticolas.* Et Heinsio concinnius omnino videtur *Christicolas agellos.* Cæterum ipse
edidit *Christicolum,* quod ego quidem concinnius esse
arbitror.
1003. Egm., *statuta* pro *stata;* sed non explicat
Weitzius an omittat *dona,* an legat *vestris statuta* ne-

D

gantur, an *vestris statuta dona negantur.* Utrumque
metri legibus adversatur. Urb., *vestris hæc dona.*
1005. Plurimi critici hos Prudentii versus de Termino et ritibus, quibus eum pagani venerabuntur,
illustrant. Videri potest Petrus Pithœus p nte 2 Advers. subseciv or., cap. 14. Qui ritus in terminis defi-
gendis servarentur, Siculus Flaccus lib. de Condit.
agrorum exponit : *Cum terminos disponerent, ipsos
quidem lapides in solidam terram rectos collocabant
proxime ea loca quibus fossis factis defixuri eos erant,
et unguento velaminibusque et coronis eos coronabant.
In fossis autem, in quibus posituri eos erant, sacrificio
facto hostiaque immaculata cæsa, facibus ardentibus
injec is in fossa cooperti* (al. *cooperati*) *sanguinem in-
stillabant, eoque thura et fruges jactabant : favos quoque
et vinum, aliaque quibus consuetudo est terminus sacrum
fieri, in fossa adjiciebant, consumptisque omnibus dapibus igne, super calentes reliquias lapides collocabant,
atque ita diligenti cura confirmabant, adjectis etiam
quibusdam saxorum fragmentibus, circumcalcabant, qui
firmius starent.* Hæc, aliaque Siculus Flaccus. Antiquis vero temporibus Numa vetuerat, quidquam animarum sacrificari Termino, præsidi pacis, et amicitiæ custodi. Ex hoc Prudentii loco arguitur non
solum, cum terminus primum defigebatur, sed etiam
aliis diebus, et fortasse quotannis die aliquo definito
terminalia festa celebrari, de quibus accipio Horatii
verba Epod. 1, *Vel agna festis cæsa terminalibus.* Erat
autem terminus vel lapis, vel stipes, aut arbor. Ovidius II Fast. : *Termine, sive lapis, sive es desertus in
agris Stipes, ab antiquis tu quoque numen habes.* Ubi
desertus est quasi *satus, defixus.* Alii legunt *defossus,*
nonnulli *desectus :* nam termini sive lapides, sive
stipites plerumque effigiabantur. Minucius in Octavio :
*Ut tam luculento die in lapides eum patiaris impingere,
effigiatos sane, et unctos, et coronatos.* Prudentius in
Romano vers. 881, *Deasciato supplicare stipiti.* Apuleius in Florid., *Truncus dolamine effigiatus.* Puto autem nonnumquam arbores ipsas vicem terminorum
supplevisse. Paulus l. C. lib. v Receptar. sent., tit. 22,
dicit *arbores terminales.* Ita etiam in leg. 1, § 3, D. de
Term. moto, appellantur indiscriminatim *arbores, la-
pidesve terminales.* Aliquando etiam acervi lapidum
pro terminis erant, qui Mercurii acervi dicebantur.

853 Si stetit antiquus, quem cingere sueve-
[rat error
Fasciolis, vel gallinæ pulmone rigare,
Frangitur, et nullis violatur terminus extis,
Et, quæ fumificas arbor vittata lucernas
1010 **854** Servabat, cadit ultrici succisa bipenni.
Nec tamen idcirco minor est aut fructus agelli,
Aut tempestatis clementia læta serenæ,
Temperet aut pluvius qui culta novalia ventus.
Sed nec magno opus est frugi viventibus, et cum
1015 Maxima proveniunt, non amplo in gaudia censu

Solvimur, inque lucrum studio exsultamus avaro.
Nam quibus æternum spes informatur in ævum,
Omne bonum tenue est, quod præsens ingerit
[ætas.
O felix nimium sapiens, et rusticus idem,
1020 Qui terras animumque colens, impendit utrisque
Curam pervigilem : quales, quos imbuit auctor
855 Christus, et assumptis dedit hæc præce-
[pta colonis.
Semina cum sulcis committitis, arva cavete
Dura lapillorum macie, ne decidat illic

GLOSSÆ VETERES.

1007. Rigare, *placare*, I.
1008. Terminus, *limes*. — Extis, *in sacrificando*, I.
1010. Bipenni, *dolatura*, I.
1012. Tempestatis, *auræ*. — Serenæ, *puræ*, Iso.
1014. Magno, *alimento*, re. — Frugi, *abstinenter*,
vel parce, I.
1020. Utrisque, *terrenis et cœlestibus*, I.
1022. Assumptis, *elec is*. — Colonis, *apostolis*, I.
1023. Cavete, *vitate*, I.

COMMENTARIUS.

ac fortasse sunt illi ipsi acervi de quibus Proverb. XXVI, 8 : *Sicut qui mittit lapidem in acervum Mercurii, ita qui tribuit insipienti honorem.* Nonnullum vestigium hujus superstitionis memini me videre in Hispania. Variam fuisse consuetudinem celebrandi terminalia, vel ex ipso Siculo Flacco patet : *Favos quoque, et vinum, aliaque, quibus erat consuetudo terminis sacrum fieri, in fossa adjiciebant.* Solus Prudentius, quod sciam, meminit pulmonis gallinæ, quo videlicet Terminus rigabatur, sive ungebatur : nam *rigare*, non *rogare* censeo legendum vers. 1007. Terminus, aliosque omnes veterum deos, sertis et coronis fuisse decoratos, res nota est omnibus; quo fortasse pertinet illud Lucretii lib. v : *Non pietas ulla est velatum sæpe videri Vertier ad lapidem.* Confer Paschalium, de Coronis lib. IV, cap. 4.

1007. Ald., Alex., Thuan., Ox., *fasceolis*; alii, *fasciolis*. Gifanius, verbo LAPIS, putat legendum *rigare*, et Juretus affirmat nonnullos profiteri in suis veteribus membranis legi *rigare*. Weitz. cum plerisque suis, ut videtur, *rigare*. Id mihi apprime placet, et respondet versus sequens *et nullis violatur terminus extis*, hoc est, nullis ungitur extis, quod ab ethnicis fieri solebat, ut ex Siculo Flacco et Minucio constat; quibus adde Arnobium lib. I : *Siquando conspexeram lubricatum lapidem, et ex olivi unguine sordidatum.* Apuleius lib. I Florid : *Neque enim justius religiosam moram viatori objecerit aut ara floribus redimita, aut spelunca frondibus inumbrata, aut quercus cornibus onerata, aut fagus pellibus coronata; vel etiam colliculus sepimine consecratus, vel truncus dolamine effigiatus, vel cespes libamine humigatus, vel lapis unguine delibutus.* Non vero assentior Teolio, qui existimat, *gallinæ pulmone rogare* significare consuetum auspicia captandi ritum per aves, et pecorum viscerum inspectionem. Victimarum intestina in sacrificium ab ethnicis offerri consuevisse exploratum est Persius sat. 2 : *Aut quidnam est, qua tu mercede deorum Emeris auriculas? pulmone et lactibus unctis?*

1009. Lipsius, lib. I Elect., cap. 3, ex hoc loco notat arboribus sacris veteres appendisse lucernas : quia scilicet res sacra erat lucerna, adeoque sacrificuli et vates lucernam et laurum præferebant ex Seneca de Vita beata cap. 27. *Arborem vittatam* dicit Prudentius, quia, ut paulo ante vidimus, arbores etiam coronabantur : de quo videri possunt hymnus 10 Peristeph., ve s. 502, et quæ notat Winkelmannus tom. I laudati operis, pag. 57, ex Philostrato, Statio et Æliano, ubi vetus monumentum existens in villa Romana excellentissimæ domus Albaniæ, et arborem tæniis ornatam, quæ in eo repræsentatur, explicat. Existimo in singulis agris fuisse aliquam veterem et insignem arborem, quam possessores colerent, qualis

illa est quercus a Lucano descripta, et cui Pompeius comparatur lib. I : *Stat magni nominis umbra. Qualis frugifero quercus sublimis in agro Exuvias veteres populi, sacrataque gestans Dona ducum : nec jam validis radicibus hærens, Pondere fixa suo est : nudosque per aera ramos Effundens, trunco, non frondibus, efficit umbram : At quamvis primo nutet casura sub Euro, Tot circum silvæ firmo se robore tollant, Sola tamen colitur.* Virgilius VII : *Laurus erat... Sacra comam, multosque metu servata per annos.* Ad consuetudinem appendendi lucernas arboribus referri potest Martialis lib. x, epigr. 6 : *Quando erit ille dies quo campus, et arbor, et omnis Lucebit latia culta fenestra nuru?* Tænias seu vittas arboris, quas *discoloram lanam* vocat Prudentius loc. cit. Romani, exprimit Statius lib. II Thebaid. : *Ab arbore casta Nectent purpureus niveo discrimine vittas.* Arnobius lib. v : *Quid compti violaceis coronis, et redimiti arboris ramuli?* In cod. Theod. tit. de Paganis, leg. 12, *Redimita vittis arbore*, ubi probat Gothofredus, hujusmodi superstitionem diu perseverasse.

1010. Widm., *servebat*: lege *servabat*.
1013. Ald., Weitz., Gis., *temperat*. Heinsiani scripti, Rat., Alex., Urb. et alii, *temperet*. Ald., Heins., Gis. in textu, Alex., Rat., Fabr., *aut pluvius*, rectius quam *aut pluviis* Weitz., Gis. ad oram.
1014. Widm., *venientibus*; ad oram recte positum *viventibus*.
1015. Gronovius cap. 5 Observat. eccles. conjecit *censu* pro *sensu* : quam conjecturam satis confirmat correcto alio loco S. Cypriani ex lib. de discipl. Cauchius etiam malebat *censu*, quod in Boher. priore repertum arripuit Heinsius, et cum eo recentiores. Gallandius addit in vet. edd. mendose esse *sensu* pro *censu*. Mihi non displicet lectio codd. *sensu* : ut enim vers. seq. ait poeta, Christianos *non exsult re studio avaro in lucrum*, ita nunc affirmat eos *non solvi ampio sensu in gaudia*. Non tamen dissimulabo, epitheton *amplo* magis congruere *censui* quam *sensui*.
1021. Giselinus enallagen numeri agnoscit in *quales, quos*, ut in illo Terentii Phorm. act. V, sc. 11 : *Qui mihi, ubi ad uxores ventum est, tum fiunt senes.* Parabola Christi hic indicata exstat Matth. XIII.
1023. Virgilius I Georg. vers. 223 : *Debita quam sulcis committes semina.*
1024. Weitz. cum Vat. A, Egm., Fabr., Widm. supra *dura lapillorum acie*, minus bene. Alii *macie*, etiam Aldus, quem perperam Weitzius allegat pro *aciem* : nam id, quod primum posuerat, in emendatis mutavit in *m cie*. Rat. scribit *maciæ*, mendose. *Macies lapillorum* est *glarea tenuis*, quæ occurrit vers. 1045. Vat. A, *decidit*, corrigendum *decidat*. Urb., *n c decidat*.

1025 Quod ser:t r : primo quo .iam præfertile ger-
  [men
Luxuriat; succo mox deficiente, sub æstu
Sideris igniferi sitiens torretur, et aret.
Neve in spinosos incurrant semina vepres :
Aspera nam segetem surgentem vincula texunt,
1030 Ac fragiles calamos nodis rubus arctat acutis.
Et ne jacta viæ spargantur in aggere grana :
Hæc avibus quia nuda patent, pas-imque vo-
  [rantur,
Immundisque jacent fœda ad ludibria corvis.
Illis Deus agricolam confirmat legibus ; ille
1035 Jus cœleste Patris non summa intelligit aure :
Sed simul et cordis segetem disponit et agri,
Ne minus interno niteant præcordia cultu,
856 Quam cum læta suas ostentant jugera
  [messes.
Exstirpamus enim sentos de pectore vepres,

A 1040 Ne vitiosa necent germen vitale flagella,
Ne frugem, segetemque animæ spinosa malo-
  [rum
Impediat sentix scelerum peccamine crebro:
Glarea ne tenuis jejunis siccet arenis
Marcentem sub corde fidem, ne pectoris æstus
1045 Flagret, et effetis urat charismata venis.
Denique ne jecoris detrita in parte relinquat
Vilis cura Deum, ne spem, qua vescimur intus,
Deserat, obscenisque avibus permittat eden-
  [dam,
Et projecta fides hosti sit præda volucri.
1050 Talis nostrorum solertia centuplicatos
857 Agrorum redigit fructus : quibus acrius
  [instat,
Nec metuit, ne congestum populetur acervum
Curculio, vel nigra cavis formica recondat.
Sunt et virginibus pulcherrima præmia nostris,

GLOSSÆ VETERES.

1026. Luxuriat, *abundat*, I.
1027. Sideris, *solis*, I.
1029. Surgentem, *crescentem*, I.
1031. Aggere, *itinere*, I.
1032. Hæc, *præcepta dedit*, I.
1036. Cordis sege.em, *verbum prædicationis.* — Disp nit, *statunt*, I.
1039. Exstirpamus, *evellimus*, I.
1043. Glarea, *terra petrosa, vel arenosa*, I.
1045. Effetis, *infecundis, vacuatis.* — Charis-

mata, *dona Dei*, I.
1046. Detrita, *conculcata a dæmonibus*, I.
1047. Intus, *quasi semine*, I.
1048. Deserat, *in via, sed in bona terra*, I.
1050. Solertia, *studium, si ita studiose hæc facta fuerint*, I.
1051. Redigit, *restituit.* — Acrius, *fortius vel fortiter*, I.
1052. Metuit, *nostra fides*, I.
1053. Curculio, *vermis pro diabolo*, I.

COMMENTARIUS.

1025. Urb., Rat., Weitz., *primum*. Ald., Alex., Widm. supra, Gis., Heins., *primo*.
1026. Vat. A, *deficientis ab æstu* non probe.
1029. Notanda est novitas phrasis de spinis, *Aspera vincula texunt segetem surgentem*.
1030. Vat. A contra metrum et sensum, *robur arctat*.
1031. Viæ publicæ, ut imber deflueret, aggeribus muniebantur. Hinc *agger* pro via aliquando usurpatur. Agger viæ frequenter dicitur. Virgilius v Æn. *Qualis sæpe viæ deprensus in aggere serpens*.
1034. Meursius lib. 1, cap. 10. Critic. Arnob. mallet *conformat* pro *confirmat*.
1035. Thuan. pro div. script., *non surda intelligit aure*. At *summa aure* Prudentianum est, ut *summum corpus*, *summus tactus* in Psych. vers. 798, 692, et Cicero *summiam aquam* dixit de aquæ superficie.
1039. Rat., alter Rott., *exstirpemus*. Widm., Rat., *nostro de pectore*. Alii *sentos, scilicet vepres.* Non semel Prudentius dixit *sentus* pro *senticosus*, Terentium imitatus.
1041. Hanc parabolam ad vitia animi, quæ spinis significantur, passim SS. Patres et interpretes egregie transferunt, ab ipso Christo edocti : et Prudentius ipse idem argumentum versat Apoth. vers. 59 et seqq., ubi plures similes phrases occurrunt. Ubique enim sui similis est.
1042. Ald., Urb., Thuan., Gis., prior Rott., Heins., *sentis*. Alex., prioribus erasis, *sentix*. Ita etiam Rat., Egm., Widm., Weitzius. Gilanius in *lateramina* ait, mire dixisse Prudentium *sentix* pro *sentis*, nam *sentix* habebant tres vet. libri p'aniss.me, et in margine adnotatum ut rarius verbum. *hæc sentix* : sic *junix* pro *juvenca*, dixit Plautus et Persius; sic et *pistrix*, et *pistris* fortasse dixerunt veteres : sic *curax*, et *vigilax* dixit Caius I. C. Mariettus, qui exemplar Lucretii viderat notis mss. Gifanii illustratum, affirmat Gifanium ad marginem hujus loci manu notavisse sibi magis placere *sentis*, quod in meliori veteri libro repererat. Gifanius observat Lucretium amare verba

hujuscemodi *lateramen, augmen, momen, vocamen, conamen, glomeramen, duramen*, et Prudentium hoc versu *peccamen*.
1043. Virgilius in Georg., vers. 212 : *Nam jejuna quidem clivosi glarea ruris*, ubi Servius jejunam explicat *siccam et sterilem terram*; unde vers. 1024, *macies lapillorum*.
1045. Ald. *affectis*; alii *effetis*. In *charisma* primam produxit etiam præf. 1, Apoth. vers. 11.
1048. Ald., Urb., Alex. supra, *edendum*.
1050. Vide hymn. 7 Cath., vers. 220, *Ditatque fructus fenerantem centuplex*.
1051. Ald. Urb., *rediget*. Rat., Alex., scripti Heinsiani, Weitz., *redigit*, Fab., Gis., *reddit*; Widm. supra, *redit*. Verius videtur *redigit*, ut vers. 1059, *rediguntur in horrea fructus*. Weitzius, *acriter*; sed *acrius* habent Ald., Gis. et nostri sr p i.
1052. *Acervum* simpliciter posuit pro tritici acervo etiam Cath. 5, vers. 68, *Clausis cavere acervis*. Virg: 1 Georg., *Populatque ingentem farris acervum Curculio*.
1054. E parabola fructus centuplicis in regno cœlorum transit ad virgines Christianas, quibus hoc promissum est præmium, ut exprimit vers. 1059, *Hinc decies deni*. Luculentissimum vero hoc exstat antiquitatis testimonium de perpetua castitate ac vita sanctissima nostrarum virginum, quas Prudentius confert, et longe præfert virginibus vestalibus. Nostræ illæ virgines *Deo devotæ* dicebantur, et virginitas Deo promissa *devota* pariter nuncupabatur. Ausonius, quamvis non Christianus, aut ex Christiano iterum ethnicus, certe non valde pius, ut ex ejus scriptis patet, tamen virgines Deo devotas laudat; sic Parent. 6, titulus : *Æmilia Hilaria matertera, virgo Deo devota*. Tum hoc epigrammà : *Feminei sexus odium tibi semper, et inde Crevit devotæ virginitatis amor. Quæ tibi septenos novies est culta per annos : Quinque ævi finis, ipse pudicitiæ*. Hoc ipsum mox Prudentius, *Lexque pudicitiæ vitæ cum fine peracta*. Ausonius vero iterum de Julia Cataphronia amita : *Innuba devotæ quæ virginitatis amorem Parcæque colui*.

1055 **858** Et pudor, et sancto tectus velamine vul-
[tus,
Et privatus honos, nec nota, et publica forma,
Et raræ tenuesque epulæ, et mens sobria sem-
Lexque pudicitiæ vitæ cum fine peracta. [per,
Hinc decies deni rediguntur in horrea fructus,

1060 Horrea nocturno non unquam obnoxia furi.
Nam cœlum fur nullus adit: cœlestia nunquam
Fraude resignantur: fraus terris volvitur imis.
Quæ nunc vestalis sit virginitatis honestas,
Discutiam, qua lege regat decus omne pudoris.
1065 Ac primum parvæ teneris capiuntur in annis,

GLOSSÆ VETERES.

1055. *Pudor, castitas*, 1.
1057. *Tenues, viles vel parvæ*, 1.
1059. Hinc, *post hæc.* — Decies, *de viduis dicit modo: decies seni sexaginta faciunt, et sex sexagena-rius numerus viduis pertinet*, Isd.
1060. Horrea, *scilicet dico*, 1.
1064. Pudoris, *castitatis*, 1.

COMMENTARIUS.

Ex his licet perspicere virginitatem perpetuam Deo olim fuisse promissam etiam in ætate non admodum adulta: imo ex argumento quo Prudentius vestalium virginitatem refellit, satis evincitur virgines Christianas in juventute Deo fuisse consecratas, *Tandem virgineam fastidit Vesta senectam*. Si virgines Christianæ solum senectuti proximæ vovere virginitatem potuissent, reponi contra Prudentium posset: Vesta fastidit virgineam senectam, at religio vestra fastidit virgineam juventutem. Adverte etiam, Æmiliam, quam Ausonius laudat, virginitatem devotam coluisse septenos novies per annos. Quis autem satis mirari valeat intolerandam Pawii, impii hominis, impudentiam, qui declamationem Prudentii contra vestales mox proferendam ad nostras moniales ita accommodaverit, quasi Prudentius crimini vestalibus verterit quod virginitatem conservaverint? En verba ex opere *Recherches philosophiques sur les Américains, par M. de Paw, tome* II, *à Berlin*, 1777, pag. 95:
« Prudence a fait une satire chrétienne contre les Vestales qui étaient encore à Rome de son temps, à qui il fait un crime d'avoir conservé leur virginité: si ce pieux déclamateur avait pu prévoir alors que la chrétienté serait un jour surchargée de religieuses, il se serait tu. »
Si Pawius prævidisset aliquando hæc verba subjicienda fore elogio quo Prudentius perpetuam virginitatem Christianam prosequitur, atque illi ipsi declamationi qua tantum damnat coactam, temporariam, ac mille vitiis expositam virginitatem vestalium, nescio sane an sibi manus intulisset; sed certe ex hominum conspectu aufugere debuisset, si frontis quidquam habuisset. Qui enim fieri potuit ut Prudentius virginitatem conservatam esse pluraverit, cum ex lege pudicitiæ, vitæ cum fine peractæ, colligat, *Hinc decies deni rediguntur in horrea fructus?* Verum de Pawio paulo post redibit sermo.

1055. Tertullianus, de Virginibus velandis præsertim cap. 16, probat Scripturam legem de velando mulieris capite condidisse, naturam contestari, consuetudinem exigere, maxime in virgine, quæ Christo nupsit. Tertulliano concinit Cyprianus in lib. de Disciplina et habitu virginum.

1059. Ald., Alex., Jureti codex, *decies seni*. Rat., Urb., Gis., Weitz., Heins., *decies deni*: quod magis placet; nam videtur Prudentius iterum commemorare fructus centuplicatos, quanquam primum illud displicet. Vide comm. ad vers. 121 hymn. S. Agnes. Interpretationes de fructu tricesimo, sexagesimo, centesimo diversæ proferuntur, et prout diversi vitæ status inter se comparantur, ita alii aliter judicant. Theodulfus Aurelianensis, lib. VI, carm. 71: *Terdena in nuptu, in viduis sexdena coruscat. Ista duo superat tertius ordo boni. Et data virginibus centeni gloria fructus, Martyrioque sacer congruit hic numerus.* Glossa non placet.

1060. Alex. male, *nonnunquam*. Urb., *Orrea non unquam nocturno obnoxia furi.*

1065. Discat hinc Pawius quid in virginitate vestalium Prudentius reprehendat: primum quod teneris in annis capiuntur etiam invitæ et reluctantes. Tum quod cæcum vulnus, et amissas suspirant tædas, non solum quia in eum cœtum coactæ sunt ingredi, antequam libera secta voluntatis propriæ condemnaret vincula justa maritandi sexus, sed etiam quia non totum spes salva interficit ignem, quandoquidem tempore præscripto resides flammas adolere licebit. Præterea vestalibus exprobrat quod ad spectacula publica, etiam ad sanguinolentum gladiatorium ludum convenirent, cædesque hominum non tantum viderent, sed etiam imperarent, et voluptatem ex eis caperent. Hæc clara sunt in Prudentio; at Pawius fingit quod ille vestalibus *fait un crime d'avoir conservé leur virginité*. Juretus ait omnino legendum esse ex veteri codice et melioribus excusis *capiuntur*, non *rapiuntur*, quanquam et hoc postremum non sine colore defendi possit, quia adhibita vi et extorta voluntate ut plurimum, virgines tenellæ sacris addicebantur. Proprie autem *capi* vestales dicebantur. Ulpianus lib. regularum tit. 10: *In potestate parentum esse desinunt et hi, qui flamines diales inaugurantur, et quæ Vestæ virgines capiuntur.* Aulus Gellius, lib. 1, cap. 12: *Qui de vestali virgine capienda scripserunt... minorem quam annos sex, majorem quam annos decem natam negaverunt capi fas esse.* Suetonius, cap. 31, in Augusto: *Sacerdotum et numerum, et dignitatem, sed et commoda auxit, præcipue vestalium virginum. Cumque in demortuæ locum aliam capi oporteret, ambirentque multi ne filias in sortem darent, adjuravit, si cujusquam neptium suarum competeret ætas, oblaturum se eam.* Tacitus lib. XV Annal., *Defunctaque virgo vestalis Lælia, in cujus locum Cornelia ex familia Cossorum capta est.* Ita etiam loquitur S. Ambrosius, Symmacho respondens. A. Gellius loc. cit. rationem hujus vocabuli tradit: *Capi virgo propterea dici videtur, quia pontificis maximi manu prehensa ab eo parente in cujus potestate est, veluti bello capta abducitur.* Paulo post Prudentius, *Captivus pudor ingratis addicitur aris.* Hac autem formula pontifex maximus utebatur: SACERDOTEM. VESTALEM. QVAE. SACRA. FACIAT. QVAE. IOVS. SIET. SACERDOTEM. VESTALEM. FACERE. PRO. PO-POLO. ROMANO. QVIRITIBVS. Q. VTI I. QVAE. OPTIMA. LEGE. FOVIT. ITA. TE. AMATA. CAPIO. Quibus in verbis nonnulli cum A. Gellio lib. I, cap. 12, putant *Amatam* virginem captam vocari, quia prima virgo vestalis Amata dicta fuit. Addunt alii Virgilium ea de causa matri Laviniæ nomen Amatæ fecisse. Mihi verius videtur *amatam* hic significare electam. Quæ ita a me fuse exposuit sunt, ut discriment inter nostras moniales et virgines vestales evidentius pateat. Longe enim a Teolio dissentio, qui ex his versibus recte colligi affirmat, *nonnisi matura ætate tum temporis nostras virgines Deo sacrari consuevisse: quod enim receptum apud nos esset, id in gentibus damnare nunquam sibi noster sumpsisset. Et sane eodem quo Prudentius ævo, ne virgines ante quadragesimum annum consecrarentur veli susceptione, sancitum a S. Leone Magno fuit.* Dissentio, inquam, si intelligat Christianas virgines nonnisi matura ætate virginitatem suam Deo vovisse: nam aliud erat velum consecrationis, velut præmium virginitatis probatæ tunc collatum; Prudentius damnat in gentilibus quod puellæ ante annum decimum, vel eo non majores, tanquam bello

859 Ante voluntatis;propriæ quam libera seota A
860 Laude pudicitiæ fervens, et amore deo-
  [rum,
Justa maritandi condemnet vincula sexus.
Captivus pudor ingratis addicitur aris,
1070 Nec contempta perit miseris, sed adempta vo-
  [luptas
Corporis intacti; non mens intacta tenetur,
Nec requies datur ulla toris : quibus innuba
  [cæcum
Vulnus, et amissas suspirat femina tædas.

Tum quia non totum spes salva interficit ignem :
1075 Nam resides quandoque faces adolere licebit,
  Festaque decrepitis obtendere flammea canis.
  Tempore præscripto membra intemerata requi-
  [rens,
Tandem virgineam fastidit Vesta senectam.
Dum thalamis habilis tumuit vigor, irrita nullus
1080 Fecundavit amor materno viscera partu.
Nubit anus veterana, sacro perfuncta labore,
861 Desertisque focis, quibus est famulata
  [juventas,

GLOSSÆ VETERES.

1068. Vincula, connubia, I.
1070. Contempta, despecta.—perit, sponte, I.
1072. Cæcum, occultum, I.
1074. Ignem, amorem, minna, I.
1075. Resides, pigras.—Faces, amoris.—Adolere,

incendere, Iso.
1076. Obtendere, operire. —Flammea, libidinosa, l.
1077. Præscripto, in quinquagesimo anno, in anno octogesimo. — Requirens, Vesta, I.

COMMENTARIUS.

captantur, quin vel in ea ætate libera ipsis sit voluntas damnandi matrimonii. Non ergo recte colligitur solum matura ætate virgines nostras Deo consuevisse consecrari, nisi maturam ætatem intelligas cum jam per ætatem virgines possent matrimonii vinculum aut eligere, aut respuere. S. Damasus de sorore sua Irene : *Voverat hæc sese Christo, cum vita maneret, Virginis ut meritum sanctus pudor ipse probaret, Bis denas hyemes necdum compleverat ætas*; ubi plerique intelliguit mortuam Irenem anno vicesimo ætatis, alii eo anno virginitatem vovisse. De veli autem susceptione varia olim fuit disciplina. Concil. Carthagin. II, can. 4, *Placuit ut ante viginti quinque annos ætatis nec diaconi ordinentur, nec virgines consecrentur*. Concil. Agath. can. 19, *Sanctimoniales, quamlibet vita earum et mores probati sint, ante annum ætatis suæ quadragesimum non velentur*. Concil. Cæsaraugust. anno 380, can. 8, *Item lectum est, non velandas esse virgines quæ se Deo voverint, nisi quadraginta annorum probata ætate, quam sacerdos comprobaverit*. Basilius epist. canonic. can. 18, ætatem supra sexdecim aut septemdecim annos postulat, ut in sacrarum virginum catalogum virgo referatur.

1068. Ald., Fabr., Urb., Alex. a prima manu, *condemnat*, Gis. ad oram, *contemnat*; Rat., *contemnet*; Weitz., *condemnet*, quod ex Giselino sumpsit Heinsius, quia nihil ex suis scriptis notaverit. Concinnius aliis videtur *condemnat*, ut apud Virgilium II Æneid., *Ante, pudor, quam te violo, aut tua jura resolvo*. Ita enim legendum esse, non *violem, resolvam*, multi jam monuerunt; sic etiam eleganter *Antequam ea dico*. Corradus, lib. VI de Ling. Lat., aliter sentit, et appositam adhibet distinctionem.

1070. Ald., *contenta* : lege *contempta*.
1071. Imo neque oculi intacti erant : nam de fascino ait Plinius lib. XXVIII, cap. 4, *Qui deus inter sacra Romana a vestalibus colitur*.
1076. *Flammeum* pro velo quo novæ nuptæ velabantur accipe, quamvis aliter Iso sentiat.
1079. Ald., Heinsiani scripti, Widm. ad oram, Alex., Urb., Rat., et alii, *dum thalamis*. Bong., Fabr., Gis., *tum*. Weitzius, *cum*. Aldus male, *timuit vigor*.
1081. Nonnulla difficultas hinc oritur, cur Prudentius anum veteranam vocet vestalem, quæ suo perfuncta labore nuberet : quam difficultatem mendacis exaggerat Pawius in nota loc. cit. *Après vingt-trois ans de service, elle était réputée émérite, et acquérait la liberté de se marier, comme on peut s'en convaincre en lisant dans les poésies de Prudence la satire qu'on vient de citer : il est assez surprenant que cet écrivain dise dans son libelle, que les ex-vestales qui entraient dans le lit conjugal n'y apportaient plus une seule étincelle du feu de l'amour, que les désirs et la vieillesse avaient éteint dans leur cœur usé. Une

B ex-vestale qui se mariait à trente ans n'encourait certainement pas ce reproche. Quid ab hoc scriptore, cum de Americanis rebus loquitur, sperare possis, cum tam impudenter commentitiam vestalium historiam repræsentet, Prudentiique carmina in eamdem rem alleget?* Ait vestales post viginti tres annos ministerii emeritas censeri et nubere potuisse, adeoque anno tricesimo ætatis licuisse vestalibus matrimonium contrahere. Verum ubinam id docuit Prudentius? Imo quis rem ita se habere tradidit? Dionysius lib. I aperte ait : *Tempus tricennale manere eas oportet castas, et a nuptiis vacuas, sacra ex more facientes. Quo tempore decem annos discere debent, decem sacris operari, decem docere*. Vides triginta annos sacerdotio vestalium destinatos, post quos nuptias celebrare poterant, scilicet anno ætatis trigesimo septimo, aut post eum annum, non ante. Neque item verum est Prudentium affirmare, penitus amoris ignem in vestalibus, quo anno nubere ipsis permissum erat, jam fuisse exstinctum : addit enim, *Discit et in gelido* C *nova nupta tepescere lecto*. Cæterum si vestales anno circiter quadragesimo ætatis matrimonio poterant copulari, merito quæri poterit, cur *anus veterana* vestalis tunc nupta dicatur. Puto id ita a Prudentio dictum, ut significet vestales in juventute, aut in meliore juventutis parte, cum thalamis magis habiles erant, a matrimonio fuisse repulsas, quod tandem ipsis concedebatur in senectute, aut in ætate proxima senectuti. Nemo enim negaverit feminam in ætate annorum circiter 40 minus jam esse aptam ad nuptias contrahendas. Certe Statius lib. II vestalem sacerdotem longævam vocat : *Pervigilemque focis ignem longæva sacerdos Nutriet*. Alii putant, Prudentium respexisse ad vestales Albanas, quæ quinquaginta annos serviebant, ut docet Dionysius lib. I, apud quem nonnulli male legerant πεντετεῖς pro πεντηκονταετεῖς, nempe quinquennio pro quinquagin-ta annos, ut observavit Lipsius Syntagm. de Vesta et Vestalib. Cæterum in verbis Prudentii nulla major inest D difficultas quam in verbis Ambrosii cap. 4, lib. I de Virginib. : *Quis mihi prætendit Vestæ virgines, et Palladis sacerdotes? Qualis ista est non morum pudicitia, sed annorum, quæ non perpetuitate, sed ætate præscribitur? Petulantior est talis integritas, cujus corruptela seniori servatur ætati. Ipsi docent, virgines suas non debere perseverare, nec posse, qui virginitati finem dederunt. Qualis autem est illa religio, ubi pudicæ adolescentes jubentur esse impudicæ anus?*

1082. Alex., Egm., Fabr., unus Rott., Heins., Gis. in textu, *juventas*. Weitz., Thuan. et alter Rott., *juventa*. Heinsius pro *juventas* citat scriptum Rottendorphium, et iterum pro *juventa* priorem Rottendorphium : fortasse voluit dicere *alterum* aut *posteriorem*, sed rem satis distinguere non valeo. Idem

LIBER II CONTRA SYMMACHUM.

Transfert emeritas ad fulcra jugalia rugas,
862 Discit et in gelido nova nupta tepescere
[lecto,
1085 Interea dum torta vagos ligat infula crines,

Fatalesque adolet prunas inupta sacerdos,
Fertur per medias, ut publica pompa, plateas,
863 Pilento residens molli, seque ore retecto
Imputat attonitæ virgo spectabilis Urbi.

GLOSSÆ VETERES.

1083. Emeritas, *veteranas, senio plenas. emeriti dicuntur milites, quia (fortasse qui) cessant mereri, id est militare*, I.
1086. Adolet, *incendit*, I.

1088. Pilento, *pilentum, et esseda et petorritum genus vehiculi sunt, et una eademque* (forte *eademque res*), I.
1089. Attonitæ, *stupenti*. — Exspectabilis, *desiderabilis*, I.

COMMENTARIUS.

Heinsius, et Weitzius Aldum allegant pro *juventas*: adeoque non adverterunt, *juventas* ab Aldo in emendatis mutatum fuisse in *juventus*. Gis. ad oram, Widm., Bong. supra, Urb. legunt *juventus*. Gifanius, verbo INVALIDUS, legendum putat *juventa*, id est in *juventa*; cum esset puella. In vett. tamen fere invenerat *juventus*, in aliis *juventas*: *Quod*, inquit, *nescio quid sibi velit*. Atqui idem Gifanius, verbo VESTIRE, in Virgilio lib. VIII legit: *Tum mihi prima genas vestibat flore juventas*. Idem est *juventas* ac *juventus*; et etiamsi legas *juventa*, non intelligo cum Gifanio et Jureto in *juventa*, sed juventam ipsam fuisse famulatam focis.

1084. Gifanius, verbo INVALIDUS, ait se reperisse in quodam veteri *ingelido* pro valde ge'ido, ut *indurus* pro valde duro, et apud Lucretium *invalidus* pro valde valido. De voce *indocilis* eadem significatione dixi ad hymnum 3 Cath., vers. 111. In alio vet. vidit Gifanius *in gelido*, *quod*, ait, *fortasse sit rectius*; et est certe rectius, quanquam etiam in Urb. et Alex. est *ingelido*. Sæpe tamen in codd. vett. et in Alex. sæpius verba inter se uniuntur vitio exscriptorum: Juretus quoque in suo cod. legit conjunctim *ingelido*, sed non assequor interpretationem: *id est, valde frigido et tepido*. Nam illa particula *in* auget vim dictionis. Sic Penelope Ulyssi: *Non ego deserto jacuissem frigida lecto*. Fortasse in Jureto legendum *valde frigido et gelido*.

1085. Prudentius in vestalium ornatu describendo memorat infulam, vittas, tæniolas, licia crinibus addita. Hæc omnia sæpe pro eadem re sumuntur; sed distinguebantur tamen inter sese. De infula sacerdotum propria v de comment. ad vers. 5 hymni 9 Cath. Vitta erat redimiculum capitis magis commune, et erant vittæ virgineæ, quibus scilicet utebantur virgines a vittis matronarum distinctæ. Fabretius, de Columna Trajan. cap. 6, putat vittas ab infula ita fuisse distinctas, ut vittæ fluitaverint, infula caput præcinxerit, quod ostendit in duabus virginum vestalium imaginibus, ubi vittæ ad infulas se habent, ut lemnisci ad corollas, de quibus Festus: *Lemnisci, id est fasciolæ coloriæ dependentes ex coronis*. Iso infra ait tæniolas esse summitatem vittæ. Vittarum simul et infulæ meminit S. Ambrosius in responsione ad Symmachum: *Infulæ vittati capitis, purpuratarum vestium matrices*. Dionysius vittas potius nominavit: *Licet nubere post annos impletos, sed depositis vittis, et quæ alia sunt sacerdotii insignia*. Ovidius, ut significaret Idam, virginitate amissa, dignam jam non esse sacerdotalibus insignibus, dixit lib. III Fast.: *Ignibus Iliacis aderam, cum lapsa capillis Decidit ante sacros lanea vitta focos*. Contra Juvenalis, ut scelus vestalis apertius indicaret sat. 4: *Cum quo nuper vittata jacebat Sanguine adhuc vivo terram subitura sacerdos*. Nam incesti rea vestalis ex instituto Numæ terra vivens obrui deberet.

1086. Credebant Romani, igne Vestæ exstincto, mali aliquid imperio portendi Livius lib. XXVI, cap. 27.

1087. Vat. A, *ut publica pompa sacerdos*. Corrige *pompa plateas*, cum Barthius lib. XLII, cap. 17, censet Prudentius respexisse ad morem deducendi mulierculas ad lupanar cum symphoniacis, turba et pompa. Melius tamen idem Barthius lib. XXXV, cap. 14, exponit de pompa qua statuæ deorum circumferebantur. Sic Plautus in Milite: *Ut te hodie quasi pompam illuc præterducerem*, hoc est velut deum ministris

suis et mundo omni instructum. Horat. 1, serm. 3, *Persæpe velut qui Junonis sacra ferret*. Huc spectant verba Isidori vers. seq. afferenda: *Ferre sacra, et ducere sacra*, ut ait Virgilius, est supellectilem ad sacrificia necessariam portare.

1088. Lipsius, syntagm. de Vesta cap. 12, docet vestales lectica ferri solitas, etiam pilento ex hoc loco Prudentii et Tacito Annal. XII. Prudentius expressit illud Virgilii lib. VIII: *Castæ ducebant sacra per urbem Pilentis matres in mollibus*. Servius pilentum molle interpretatur pensile: fortasse dictum est pilentum a πῖλος lana coacta, quæ adhibebatur, ut mollius sederent. Chamillardus improprie S. Ambrosium et Prudentium locutos ait, quorum alter lectica vehi vestales, alter pilento scripsit, siquidem constat ex Tacito lib. XII, carpento usas fuisse: *Suum quoque fastigium Agrippina altius tollere, carpento Capitolium ingredi: qui mos sacerdotibus et sacris antiquitus concessus, venerationem augebat feminæ*. Verum ex versu Virgilii patet sacra pilentis etiam duci. Deinde etsi mos sacerdotibus concessus fuerit *carpento Capitolium ingredi*, tamen id non prohibet, quominus per plateas vestales lectica aut pilento veherentur. Lipsius ex eodem Taciti libro pilento usas fuisse vestales concludit. Isidorus lib. XX, cap. 12, carpentum definit esse *pompaticum vehiculi genus quasi carrum pompaticum*. Itaque p lentum, ad pompam ornatum et instructum, vocari potest carpentum. Pyrrhus Ligorius, de Vehiculis cap. 23, docet pilentum, carpentum et vehiculum unum pro altero accipi posse, quia omnia hæc matronæ usurpabant ad deambulationes et sacrificia. Joannes Schefferus in notis affirmat auctores, si accurati sint, distinguere: sed in opere de Re vehiculari cap. 25 probat pilento carpento honoratius fuisse, et pilento matronas ad ludos et sacrificia vehi solitas, ac simili modo vestales, quibus jura omnia, matronarum propria, erant concessa. Livius lib. V, cap. 25, de auro a matronis in ærarium collato, ait: *Grata ea res, ut quæ maxime fuit, honoremque ob eam magnificentiam ferunt matronis habitum, ut pilento ad sacra ludosque uterentur*.

1089. Barthius lib. XLII, cap. 17, legit *spectabilis*, neque consulte agere criticos ait, qui *exspectabilis* reponunt. Legunt etiam *spectabilis* Ald., Gis. et alii vulg. cum Heinsio. Alex., Urb. At Weitzius cum suis et Rat. reposuerat *exspectabilis*, quod exstabat etiam in Sich. et Gis. 4 ed. ad oram. Pro *imputat* Giselinus margini apposuit *implicat* ex codice Pulmanni; sed non approbavit. Quonam enim modo se vestalis implicat, et immiscet urbi, si pilento molli residet, si spectabilis est, ut publica pompa, si in meliore podii parte sedet? Explicat ergo Giselinus IMPUTAT, *objicit, ostenditque ignominiose, et quasi eo ipso urbem impensæ perditæ coarguens*. Verbo imputandi eodem sensu usus est Suetonius in Tiberio ca. 53. Teolius ex cod. Vat. Alex. adjicit glossam IMPUTAT, *exprobrat, sibi, suæque virginitati reipublicæ salutem deberi*. Fortasse nihil aliud voluerit Prudentius, nisi quod vestalis se ostentat spectabilis ore retecto. Nam antem in nostris virginibus laudaverat *sancto tectum velamine vultum*, et vestales velamine capitis non fuisse usas ex numnis veteribus perspicitur. Quamvis autem pilentum superne esset tectum, et in cameræ modum constructum, tamen ex hoc versu colligitur patuisse ad latera, quibus sese conspiciendas vestales præbe-

1090 Inde ad consessum caveæ pudor almus, et expers
  864 Sanguinis it pietas, hominum visura
     [cruentos
  Congressus, mortesque, et vulnera vendita pastu
  Spectatura sacris oculis : sedet illa verendis
  Vittarum insignis phaleris, fruiturque lanistis.
1095 O tenerum, mitemque animum! consurgit ad
     [ictus,
  Et, quoties victor ferrum jugulo inserit, illa

Delicias ait esse suas, pectusque jacentis
Virgo modesta jubet converso pollice rumpi :
  865 Ne lateat pars ulla animæ vitalibus imis,
1100 Altius impresso dum palpitat ense secutor.
  Hoc illud meritum est, quod continuare feruntur
  Excubias Latii pro majestate palati,   [lutem?
  Quod redimunt vitam populi, procerumque sa-
  Perfundunt quia colla comis bene, vel bene
     [cingunt

GLOSSÆ VETERES.

1090. Caveæ, *theatri*, I.
1091. Sanguinis, *generationis*, I.
1092. Congressus, *certamina*.—Vendita, *empta, quia ad hoc visebantur, ut in theatro ludis interficerentur*, I.
1094. Phaleris, *muliebribus ornamentis; phalera proprie ornamenta equorum, et phaleratum sermonem vocamus valde ornatum*.—Lanistis, *gladiatoribus*, Iso.

1095. O, *ironice*, Iso.
1097. Ait, *dicit*, I.
1099. Vitalibus, *præcordiis*, I.
1100. Secutor, *gladiator*, I.
1102. Latii, *Italici*, I.
1104. Bene, *male, vel bene dicit, quia aliquando ornate cingebant, aliquando turpiter*, I.

COMMENTARIUS.

bant. Aldus nullo sensu interrogationis notam post hunc versum affixit.
1090. Heraldus in Arnobium pag. 274, et Elmenhorstius in eumdem pag. 54, hos versus illustrant. Cyprianus ep. 2 ad Donatum : *Paratur gladiatorius ludus, ut libidinem crudelium luminum sanguis oblectet. Impletur in succum cibis fortioribus corpus, et arvinæ toris membrorum moles robusta pinguescit, ut saginatus in pœnam carius pereat : homo occiditur in hominis voluptatem, et, ut quis possit occidere, peritia est; scelus non tantum geritur, sed et docetur. Quid potest inhumanius, quid acerbius dici?... Quid illud, oro te, ubi se feris objiciunt, quos nemo damnavit?*
1092. Gladiatores suam artem exercebant, ut alerentur : hinc *vulnera vendita pastu* vocat. Propertius eleg. 8 lib. IV : *Qui dabit immundæ venalia fata saginæ*. Vide notas Vulpii.
1093. Ald., Tornæs., *sed et;* lege *sedet*. Verbum *sedet* videtur proprium ad exprimendam arrogantiam feminæ. Sic Juvenalis sat. 10, *Sedet illa parato Flammeolo.*
1094. De vittis paulo ante. Lipsius lib. I Saturn. serm., cap. 15, Prudentium quasi bardum aliquem nostri ævi hominem, aut puerum de schola traducit, et tantum non vapulare jubet. *Lanista*, ait, *carnificem* designat ex Isidoro. Pro gladiatoribus Prudentius usurpat : parum proprie, imo imperite. Primum a Lipsio quæram cur Prudentium Isidoro non præferat, si forte de vocis alicujus significatione inter se dissideant? Præterea apud Isidorum lib. x Etym., lit. L, ita lego : *Lanista gladiator, id est carnifex Tusca lingua appellatus, a laniando scilicet corpora*. Donatus in Eunucho act. II, scen. 2, *lanios* ait esse qui laniant pecora, unde et lanistas dictos qui laniandis præsunt gladiatoribus. Janus Gruterus ad Senecæ lib. VI de Benef., cap. 12, fuse exponit quinam fuerint lanistæ. Aliqui docent fuisse magistros et institutores gladiatorum. Juvenalis sat. 3, vers. 157: *Hic plaudat nitidi præconis filius inter Pinniraps cultos juvenes, juvenesque lanistæ*. Ubi alii exponunt filios principis gladiatorum qui gladiatores instruebat ; alii filios magistri gladiatorum qui artem armorum tractandorum docebat. Prudentius primæ significationi vocis *laniare* inhæret.
1095. In editione Parmensi mendose, *adictus*, conjunctim.
1097. Rat., *agit esse* cum glossa *æstimat.*
1098. Juretus testatur, in quibusdam codd. legi *virgo molesta* facili lapsu. *Modesta* ironice vera est lectio : ut antea *pudor almus*, et *expers sanguinis.* Veteres pollicem vertebant cum favorem denegabant, et in spectaculis, cum mortem imperabant. Juvenalis sat. 3, vers. 36, *Verso pollice vulgi, Quemlibet occidunt populariter*. Contra *pollices, cum faveamus, premere etiam proverbio jubemur*, aiebat Plinius lib. XXVIII,

cap. 2. Hunc ritum illustrat Angelus Politianus Miscel. syllog. cap. 42. Romani plerumque gladiatores qui vitam in certamine impetrare cupiebant occidi imperabant, illisque favebant, qui libenter moreren- tur, aut ferociter gladium insererent jugulo. Ejus rei testimonia sunt apud Senecam lib. I de Tranquillit. vitæ cap. 11, et lib. I de Ira, cap. 2. Nostri nanc crudelitatem gentilibus exprobrabant, ut Tertullianus in lib. de Spectac., et Lactantius lib. VI, cap. 20: *Quæro nunc an pii possint et justi homines esse, qui constitutos sub ictu mortis ac misericordiam deprecantes, non tantum patiuntur occidi, sed efflagitant, feruntque ad mortem crudelia et inhumana suffragia, nec vulneribus satiati, nec cruore contenti : quin etiam percussos jacentesque repeti jubent, et cadavera ictibus dissipari, ne quis illos simulata morte deludat.* Ab hujusmodi cruentis spectaculis semper abhorruisse Christianos, multo vero magis eos qui inter Christianos sacrorum ministerio vacarent, notum est.
1100. De secutore hæc Isidorus lib. XVIII Etym., cap. 55. *Secutor ab insequendo retiarium dictus. Gestabat enim cuspidem, et massam plumbeam, quæ adversarii jaculum impediret, ut antequam ille feriret reti, hic exsuperaret. Hæc armatura sacrata erat Vulcano: ignis enim semper aquam insequitur; ideoque cum retiario componebatur, quia ignis et aqua semper inter se inimica sunt.* De retiario autem idem Isidorus cap. præced.: *Retiarius ab armaturæ genere in gladiatorio ludo contra alterum pugnantem occulte ferebat rete* (quod JACULUM *appellatur*) *ut adversarium cuspide insequente* (forte *insequentem*) *operiret, implicitumque v ribus superaret. Quæ armatura pugnabat Neptuno tridentis causa.*
1102. Vat. A corrupte *alatii* pro *latii*. Ald. minus bene, *palatii.* Intelligo *palatium* ipsam Romam, ut ante vers. 765 *palatia;* aut etiam imperii pignus, de quo Livius lib. XXVI, cap. 27, *Vestæ ædem petitam, et æternos ignes, et conditum in penetrali fatale pignus imperii Romani*. Quod pignus esse Palladium, nonnulli putant.
1103. Vestales dicebantur vitam populi redimere, vel quia sacra pro eo faciebant, vel quia, ut tradit Plutarchus in Numa, *Si reo ad supplicium qui ducitur fortuitu factæ sint obviæ, is pœna liberatur. Oportet autem jurare, a casu, non a consilio, fuisse hunc occursum.* Rualdus in Animadvers. opponit verba prætoris ex edicto perpetuo apud A. Gellium lib. x, cap. 15 : *Sacerdotem vestalem, et flaminem dialem in omni mea jurisdictione jurare non cogam*.
1104. Iso videtur legisse *bene, vel male;* sed verum est *bene, vel bene*. Plinius, lib. XVI, cap. 44, ita scribit: *Antiquior illa est* (lotos), *sed incerta ejus ætas, quæ capillata dicitur, quoniam vestalium virginum capillus ad eam defertur*. Fabrettus, de Column. Trajan. cap. 6, vestalibus comam attonsam et astrictam fuisse con-

LIBER II CONTRA SYMMACHUM.

1105 **866** Tempora tæniolis, et licia crinibus ad-
[dunt?
Et quia subter humum lustrales testibus umbris
In flammam jugulant pecudes, et murmura
[miscent?
An quoniam podii meliore in parte sedentes

867 Spectant, æratam faciem quam crebra tridenti
1110 Impacto quatiant hastilia, saucius et quam
Vulneribus patulis partem perfundat arenæ,
Cum fugit, et quanto vestigia sanguine signet?
Quod genus ut sceleris jam nesciat aurea Roma,
Te precor, Ausonii dux augustissime regni,

GLOSSÆ VETERES.

1105. Tæniolis, *summitas vittæ, sed hic pro tota tunica*, I.
1106. Lustrales, *quæ lustrant, id est, purgant*, I.
1108. Podii, *circi, vel theatri*, I.
1109. Faciem, *gladiatoris*, I.

1110. Impacto, *immisso*, Iso.
1113. Quod, *hoc*, Iso.
1114. Dux, *o Theodosi : Ad Constantinum loquitur, filium Constantini. Theodosius*, I.

COMMENTARIUS.

tendit. Melius Lipsius distinguit, et in ingressu religionis semel tonsas fuisse, postea comam aluisse tradit, quam etiam ad colla diffusam hic Prudentii locus evidenter convincit; quod contra Fabrettum confirmat Montfauconius tom. III Antiquit. pag. 217. Nam ex Festo novæ nuptæ senis crinibus caput ornabant, quo ornatu vestales utebantur. Ovidius, lib. III Fast. de Sylvia vestali, matre Remi et Romuli : *Fessa resedit humo, ventosque accepit aperto Pectore, turbatas restituitque comas; et mox : Cum lapsa capillis Decidit ante sacros lanea vitta focos*.

1105. Aldus scribit *litia*. In glossa legam libenter *pro tota vitta*, non *pro tota tunica*.

1106. Fabr., et Gis. ad oram, *tristibus umbris*. Urb. male, *tectibus umbris*. *Subter humum* sacra faciebant Vestæ, quia eam terram esse credebant. Fortasse eam ob causam *testibus umbris* ait Prudentius : vel, ut putat Chamillardus, quia veteres credebant manes aris et focis adesse.

1107. Murmur sæpe a Prudentio adhibetur pro voce submissa orantium. Vide præf. lib. I, vers. 56.

1108. Suetonius cap. 44 in Augusto : *Virginibus vestalibus locum in theatro separatim, et contra prætoris tribunal dedit*. Meminit etiam *podii* Juvenalis sat. 2: *Omnibus ad podium spectantibus*. Est autem podium in amphitheatro mœnianum supra zonam muri, qui campum ambibat, quod simul ornatus, simul spondæ obtinebat locum, eratque aliquanto capacius cæteris gradibus. In podio considebant senatores, aliique dignitate præstantes. Jos. Emmanuel Miniana, vir laudatissimus, in dialog. de theatro Saguntino quærit qua ratione in theatro podium in fronte scenæ esse potuerit, cum constet ex Suetonio et Prudentio, vestalibus concessum fuisse locum in podio contra prætoris tribunal. Qua de re cum Emmanuelem Martinum consuluisset, is nodum non aliter dissolvit, nisi correcto Suetonio, ut legatur *in amphitheatro* pro *in theatro*, aut *juxta prætoris tribunal* pro *contra prætoris tribunal*. Sed, ut ego puto, podium in theatro contra scenam quidem erat, sed hemicyclum ita formabat, ut locus vestalibus assignatus contra prætoris tribunal esse potuerit, si scilicet ex una parte hemicyclus ab hoc tribunali inciperet, et ex alia in vestalium sedem desineret. Miniana acute observat, recte Prudentium dixisse *podii meliore in parte*, quia Tiberius decrevit ut quoties Augusta *theatrum introisset, sedes inter vestalium consideret*, ex Tacito IV Annal. Fortasse lux aliqua major huic rei accedet ex verbis Bulengeri lib. I de Theatro, cap. 9 : *Theatrum non constitisse solo hemicyclo figura ejus, quod Romæ est, M. Marcelli ostendit. Cum enim flexis post semicirculum lineis uterentur, ex integro circuli ambitu quartam partem adimentes, quod reliquum erat, theatro dabant*. Arnobius lib. IV pariter objicit gentilibus quod sacerdotes et vestales sederent in spectaculis publicis. *Sedent in spectaculis publicis sacerdotum omnium magistratuumque collegia, pontifices maximi, et maximi curiones; sedent quindecimviri laureati, et diales cum apicibus flamines; sedent augures interpretes divinæ mentis et voluntatis; necnon et castæ virgines, perpetui nutrices et conservatrices ignis*. Illud animadverto,

videri jam ævo Prudentii cessasse ludum athletarum : nam Nero, ut in ejus Vita refert Suetonius cap. 12, *ad athletarum spectaculum invitavit et vestales : quia Olympiæ quoque Cereris sacerdotibus spectare conceditur*. Si autem Prudentii ætate vestales athletarum ludo adfuissent, Prudentius non præterimisset argumentum inde petere contra earumdem pudicitiam.

1109. Ald., Gis., *tridente*. Alii, *tridenti*. Ald. male distinguit *spectant æratam faciem* ? Mirmillo ferro faciem tegebat : hic est secutor, de quo ante dixi, qui cum retiario componebatur. Retiarius *tridenti*, seu fuscina, et reti armatus erat.

1110. Widm., *quatiunt*. Ald. male distinguit *hastilia saucius, et quam*.

1111. Vat. A perperam, *arenis*. Urb. et Alex. scribunt *harenis*.

1112. Rat., *quando*, supra recte, *quanto*. Ex his versibus Prudentii colligitur vestales suo tempore nondum abolitas fuisse. Lipsius quærit quo tempore desierint, et respondet sub Theodosio seniore id accidisse, et hoc ipsum plerique affirmant. Verum solum constat a Theodosio aliisque antiquioribus imperatoribus Christianis redditus et privilegia vestalibus negata fuisse : sed permanebant ipsæ nihilominus post hujusmodi edicta, et privilegia etiam nonnulla aut conservabant, aut connivente magistratu, iterum sibi arrogabant. Sic per Orientem anno 396 privilegia sacerdotum penitus ab Arcadio abolita sunt lege 14 cod. Theod. de pag. *Nec gratulentur*, ait, *se privilegio esse munitos, quorum professio per legem cognoscitur esse damnata*. Tamen nonnulla privilegia remansisse observat Gothofredus, puta, Alytarchæ urbis Antiochenæ privilegium, cupressi videlicet unius ex luco Daphnensi exscindendæ, quod tandem a Justiniano abolitum fuit. Igitur vestales virgines, subtractis redditibus, et diminutis aut abolitis privilegiis, sensim evanuerunt, ut conjicere licet. Ac fortasse huc respicit epistola Symmachi 99, lib. IX, ad virginem vestalem : *Diceris ante annos legibus definitos vestali secreto velle decedere. Nondum credo rumori, sed assertionem tuæ vocis exspecto*. In inscriptionibus quas ad vers. 909 exaravi, Symmachus et Nicomachus *pontifices majores* multo pôst abolita privilegia vestalium appellati sunt.

1114. Honorium intelligi dubium non est, quidquid glossæ dicunt, quæ inter se contrariæ sunt, neque ulla ex parte verum attingunt. Lipsius, lib. I Saturn. serm., cap. 12, de ludo gladiatorio hæc fere refert : Nervam sumptus numerumque gladiatorum minuisse, non penitus sustulisse, quod falso dixit Zonaras; Constantinum ex Sozomeno, Eusebio, Callisto lib. VII, eos ludos vetuisse; sub Constantio iterum ludos irrupisse, ut colligitur ex cod. Theod., Augustino, et Prudentio. Lex Constantini hæc est lib. XI, tit. 43 cod. Just. : *Cruenta spectacula in otio civili et domestica quiete non placent : quapropter omnino gladiatores esse prohibemus* : quæ lata fuit Paulino et Juliano conss., anno Christi 325. Guillelmus Pyrrho in notis Claudiani ad usum Delphini Paneg. Mallii Theodori ait, inter alios ludos a Claudiano non

1115. **868**. Et, tam triste sacrum jubeas, ut cætera, [A tolli.
Perspice, nonne vacat meriti locus iste paterni,
Quem tibi supplendum Deus, et genitoris amica
Servavit pietas? solus ne præmia tantæ
Virtutis caperet, Partem tibi, nate, reservo,
1120 Dixit, et integrum decus intactumque reliquit.
Arripe dilatam tua, dux, in tempora famam,
Quodque patri superest, successor laudis habeto.

Ille Urbem vetuit taurorum sanguine tingi :
Tu mortes miserorum hominum prohibeto litari.
1125 Nullus in Urbe cadat, cujus sit pœna volu-
Nec sua virginitas oblectet cædibus ora. [ptas;
Jam solis contenta feris infamis arena,
Nulla cruentatis homicidia ludat in armis.
869 Sit devota Deo, sit tanto principe digna,
1130 Et virtute potens, et criminis inscia Roma,
Quemque ducem bellis sequitur, pietate sequatur.

GLOSSÆ VETERES.

1116. Vacat, *residuus est*. — Paterni, *Arcadii*, I.
1121. Dux, *o Theodosi*, I.
1123. Tingi, *maculari*, *immolari*, I.
1124. Litari, *sacrificari*, I.

1125. Voluptas, *delectatio aliorum*, I.
1126. Cædibus, *miserorum*, I.
1127. Arena, *theatrum*, I.

B COMMENTARIUS.

recenseri gladiatorios, quia sublati erant a Constantino. Melius dixisset *ab Honorio*.
1113. Lipsius loc. cit. notat bene *sacrum* dici,
quia diis inferis placandis ludus gladiatorius erat sacer. Arma ipsa diis erant sacra. Vide comment. ad
vers. 1100. Isidorus, de Spectaculis lib. xviii, cap. 16 :
*Igitur in Hetruria inter cæteros ritus superstitionum
suarum spectacula quoque religionis nomine* (Lydi) *instituerunt. Inde Romani accersitos artifices mutuati sunt*.
1118. Ald. mendose, *servabit pietas*.
1122. Fabr., Boug., Gis., Alex. a prima manu, *patris*. Alii, *patri*, melius.
1125. Scriptores veteres passim spectacula vocant *voluptates*; et Isidorus loco citato ait : *Spectacula, ut opinor, generaliter nominantur. voluptates,
quæ non per semetipsa inquinant; sed per ea quæ illic
geruntur*. Symmachus ad Theodosium et Arcadium
scribens ep. 19, lib. x, de Populo Romano, ait : *Orat igi-*

*tur clementiam vestram, ut post illa subsidia quæ victui
nostro largitas vestra præstabit, etiam curules ac sceni-
cas voluptates circo et Pompeianæ caveæ suggeratis*. Apud
Cassiodorium aliquoties mentio fit tribuni voluptatum.
1128. Recte *homicidia ludat*, quia ut notat Grangæus, ars ipsa gladiatorum *ludus* dicitur.
1131. Ald., Urb., Weitz., Gis. et alii, *belli*. Oxon.,
prior Rott., Heins., Alex., a prima manu, recentiores, etiam Gallandius, *bellis*. Heinsius præterea laudat pro *bellis* nonnullos Weitzianos ; sed Weitzius
edidit *belli*, neque ullam discrepantem scripturam
adnotavit. Concinnius certe et congruentius est *bellis
sequitur*, ut illico *pietate sequatur*.
Aldus post versum ultimum addit *Finit contra Symmachum*; Rat., *Explicit liber secundus*; Vat. A nihil;
quem codicem in secundo libro contra Symmachum
esse corruptissimum, nec in priori valde bonum mo-
C nuit hoc loco Mariettus.

LIBER
PERISTEPHANON.

870 I. HYMNUS IN HONOREM SS. MARTYRUM HEMETERII ET CELEDONII.
Scripta sunt cœlo duorum martyrum vocabula.

COMMENTARIUS.

Libro Peristephanωn plerique odam *Immolat Deo
Patri*, tanquam præfationem apponunt, quam auctoritate optimorum codicum ad finem operum nos re-
jicimus. Titulus in fere omnibus est *Liber Peristephanωn*, aut *Incipit liber Peristephanωn*, ut habet
Vat. A, et Egm. In Vat. S. inscriptio *De coronatis*.
Melius S. Gregorius Turonens., lib. I de Gloria martyrum, cap. 93, *Præbet hujus rei testimonium Aurelius Clemens in libro Coronarum his versibus dicens :
Illa laus occulta non est*, etc. Nam liber Peristephanωn Latine inscribendus esset *de Coronis*, scilicet
SS. martyrum. Etsi autem hic liber commendatione
non egeat, tamen juvat audire Petrum Crinitum lib.
v de Poetis Lat. *Præcipuam laudem consecutus est
(Prudentius) judicio doctiorum ex eo poemate, quo
prosequitur illorum probitatem atque constantiam qui
seipsos devoverunt pro Christiana religione*. Giselinus
observat, eorum maxime SS. martyrum laudes celebrari qui in Hispaniæ regno oppetierunt, *tum ut
haberent posteri quorum vestigia insistere firmiterque
persequi possent, tum ut eadem opera scirent quibus
auctoribus summum illud fidei bonum acceptum ferendum esset*. Non dissimili studio Io. Ignatius de Larralde S. J. an. 1749 Matriti edidit in-8° opus inscriptum : *Annus sanctus poetice concinnatus :* quod ante
a me quæsitum, ut in Hymnodia Hispanica ejus
mentionem facerem, postea indicavit cl. Raymun-
dus Diosdado a se repertum, dum librorum cogni-

D

tionem ad bibliothecam Hispanam, quam aliquando
edere optamus, diligenter comparat undecunque.
Vers. 1. Inscriptio primi hymni apud Aldum est
*Hymnus SS. martyrum Hemeterii, et Cheledonii Cala-
guritanorum*. Ita enim correxit, cum prius edidisset
Emiterii et Chaledonii; correctionem non vidit Heinsius, qui Aldum scripsisse affirmat *Emiterii et Chaledonii*. Codex Ambrosianus, *Incipit Aur. Prudentii
Clementis hymnus in laudem SS. martyrum Emeteri,
et Chelidoni Calagorritanorum*. In quo codice Ambr.,
ut in Aldo, hic hymnus proxime subsequitur martyrium Romani, quod libro separato in multis codd.
continetur. Thuan. scribit *Emateri et Cheledoni Ca-
leguerritanorum*. Rot., *Passio Hemiterii et Celedonii*.
Metrum trochaicum. Alt., *Hymnus in honorem SS.
martyrum Hemiterii*, etc. Egm., *Hymnus SS. martyrum Emeteri et Cheledoni Calagurritanorum*. Heinsius
cum Put., *Hymnus in honorem SS. martyrum Emeterii et Chelidonii Calagurritanorum*. Vat. A, *Hymnus SS. martyrum Emetri et Chelidoni Cæsarauguʃta-
norum* [lege *Calagurritanorum*]. Vat. B, *Hymnus
in honorem martyrum....* (lacera est pagina hoc loco,
et Celedonii Calagurritanorum. Alex., *Hymnus in honore SS. Emiterii, et Chilodonii*, (a secunda manu)
in honorem. In aliis codicibus nullus est titulus. Equidem hæc nomina in tanta veterum codicum varietate
ita scribo, ut in breviariis nostris invenio : quamvis
antiquitatem redolere videatur *Chelidonius*. Lesleus

871 Aureis quæ Christus illic adnotavit litteris,
Sanguinis notis eadem scripta terris tradidit.
Pollet hoc felix per orbem terra Ibera
[stemmate.
872 Hic locus dignus tenendis ossibus visus Deo,
Qui beatorum pudicus esset hospes corporum.
Hic calentes hausit undas cæde tinctus duplici.

Illitas cruore sancto nunc arenas incolæ
Confrequentant obsecrantes voce, votis, munere.
Exteri nec non et orbis huc colonus advenit:
Fama nam terras in omnes percucurrit proditrix,
Hic patronos esse mundi, quos precantes ambiant,
873 Nemo puras hic rogando frustra con-
[gessit preces :

GLOSSÆ VETERES.

Vers. 3. Notis, *characteribus*, Iso.
4. Pollet, *splendet*. — Ibera, *Hispanica*, I.
8. Arenas, *sepulcra*, I.

10. Exteri orbis, *alienæ provinciæ*, I.
12. Ambiant, *desiderant*, I.
13. Congessit, *cumulavit*, Iso.

COMMENTARIUS.

in not. ad Missale mozarab. advertit, Acta horum martyrum antiquissima, quæ olim in Hispania legebantur, omnino consentire cum Missali mozarabico et hymno Prudentii. An autem fuerint Calagurritani hi duo martyres, dicam in fine hymni. Nam in lemmate Calagurritani martyres dicuntur, quia Calagurri passi sunt; nec constat a Prudentii manu ita scriptum. Hi versus in codice Marietti, terni, et terni distinguuntur per characteres majusculos et rubros. Aldus hanc distinctionem neglexit. Alii ita singulos versus dividunt. *Scripta sunt cœlo duorum Martyrum vocabula.* Giselinus in comment. ad hymnum Cathem. *Omni hora* hos versus omnino, per integros trochaicos scribendos esse contendit, et Jacobum Meyerum laudat, quod elegantissime illum hymnum et hunc primum Peristephanon mutata carminis forma restituerit, cum antea essent, secti in Alcmanios et Euripidios. Revera Alcmanius et Euripidius integrum versum tetrametrum catalecticum faciunt. Verum non solum in multis veteribus membranis, sed etiam in editis ante Meyerum integri trochaici horum hymnorum descripti reperiuntur. Initium hujus hymni venustissime petitum est ex Lucæ x, 20 : *Gaudete autem, quod nomina vestra scripta sunt in cœlis.* Neque semel Prudentius de hoc libro vitæ locutus est. *Cœlo* pro *in cœlo* Paulinus Nat. 11.

2. Egm., *aureisque*, minus bene.
3. Gis., *notis et idem :* Bollandiani etiam ita ediderunt; nescio an ex suis codd., an quia ita in Giselino invenerunt. Giselinus metro consulere voluit : sed scripti habent *eadem*, et hæc erat tunc consuetudo ut in accusativo et nominativo plurali *utraque*, eadem secunda produceretur. Etiam in breviario mozarabico legitur *eadem*. Exstat autem hic hymnus in eo breviario ad diem 3 Martii, ex quo lectiones discrepantes adnotabo. Becmanus, in Manuductione ad ling. Lat., cap. 11, affirmat, in hoc hymno, ut tunc vulgo imprimebatur, vicies, aut ultra, sententiam pendere, et implexam esse, quod distinctiones per commata, cola, puncta vel omitterentur, vel non suo loco figerentur. Initium ejusdem hymni ex ms. Palatino emendavit et distinxit. Hunc autem versum ita legit, *Sanguinis notis ea idem scripta terris tradidit.* Recte quod attinet ad metrum; sed, ut puto, non ex fide veterum mss. Weitzius, qui codicem hunc ipsum Palatinum, ut ego arbitror, consulverat, hanc varietatem non indicavit. In Urb. reperi *notis eorum*. Ut autem in cœlo aureis litteris nomina adnotata dicit Prudentius, ita eadem in terris scripta ait notis sanguinis per martyrium fusi. Sunt enim notæ velut compendia litterarum, ut ad hymnum S. Cassiani explicabimus.

4. Hoc loco *terra Ibera* pro regione peculiari Hispaniæ *Iberia* dicta, conguentius accipitur quam pro tota Hispania. Barthius, lib. XL Advers., cap. 1, notat *stemma* scriptoribus ævi cadentis esse pro corona : qua voce Ennodius uti amavit, sed a Sirmondo et Schotto, qui Ennodio vindices uno eodemque anno contigerunt, *stemmata* in *schemata* mutata sunt : quod Barthio displicet, quia stemmata pro ornamentis sequior ætas mille locis dixit. Ego puto Prudentium ad inscriptionem ipsam sui libri respexisse : inscripsit

librum *Peristephanon*, et statim canit, *hoc stemmate* pollere terram Iberam. Qui Græce sciat, *stemma* et *stephanos* eadem esse origine et significatione, facile norit. Hericus Altissiodorensis verba hujus versus expressit lib. II, *Virgineo plane pollebit stemmate felix.* Pro corona etiam videtur accipere Paulinus de Obitu Celsi : *At quos cœlesti pietas eveverit actu Participata gerent stemmata rege deo.* Vide Comment. ad vers. 81, hymn. 7. Cathem. Gifanius verbo POLLERE miratur hoc verbum vix hodie notum esse, quod antiquioribus hominibus tam fuit familiare, ipsi etiam Ciceroni, pro *valere*.

7. Egm. vitiose, *hicalentes* pro *hic calentes*. Brev. Moz. corrupte *hauxit undas cædit ictu*.

8. Vat. A male, *arenæ*. Gretzerus, de Sacr. Peregrin. lib. I, cap. 18, egregie hos versus ad suum argumentum comprobandum producit. Baronius in martyr. Rom. ad diem 3 Martii eosdem versus laudat ad pium fidelium cultum ostendendum. Peveratus prudenter observat quanta veneratione primi Christiani sanguinem SS. martyrum prosecuti fuerint, quandoquidem *illitas cruore arenas confrequentaverint obsecrantes*. Posthinc notis mss. doctissimi hominis commodum, suisque in locis utar, quas a cl. Antonio Polop singulari studio ac diligentia descriptas, atque e Ferraria missas penes me habeo.

10. Brev. Moz., *Exter hic nec non et urbis ut colonus*, quod indiget correctione. Notandus est concursus non solum Hispanorum, sed aliarum etiam gentium ad sepulcra martyrum. Hospinianus, de Orig. fest. Christ. pag. 12 et 13, agens de memoriis martyrum, innuit solum; post S. Augustinum peregrinationes ad sepulcra martyrum originem sumpsisse : quod non solum Prudentii carminibus, sed innumeris etiam Augustini locis refellitur.

11. Fabr., Gis., Ald., Brev. Moz., *præcucurrit*. Plerique etiam Bollandiani, *percucurrit*. Gifanius in Prælegit. ex vet. lib. *percucurrit*, et affirmat vocabula articulo *per* juncta apud veteres fuisse plurima, quæ hodie vel in *præ* vel aliter sunt commutata ; ut *perdurat teneras* in Psychomachia. Petavius, tom. IV, lib. XIV, cap. 11, ex hoc aliisque locis Prudentii observat, eum, in triumphis martyrum elegantì carmine describendis sæpius eorumdem reliquias et sepulcra, ac tam his cultum, et honorem tributum quam indidem repensa beneficia commemorare. Patres Latinos Græcosque consentientes adducit Petavius.

12. Brev. Moz., *ambiunt*. Cellarius, non infelix grammaticus, hoc loco theologum infeliciter agit. PATRONOS MUNDI. At hic, inquit, *unus est Christus*. Ne sutor ultra crepidam. Pace non solum grammatici heterodoxi, verum etiam omnium theologorum reformatorum liceat Prudentio, liceat nobis SS. martyres *patronos mundi* dicere ea phrasi ac significatione, quam jam ætate Prudentii fama proditrix in omnes terras percurrens annuntiavit, *Hic patronos esse mundi, quos precantes ambiant*. S. Augustinus non semel martyres *patronos*, et martyrum *patrocinium* dixit, præsertim in lib. de Cura pro mortuis.

13. Cellarius ait, ultimam in *frustra* insolenter correptam esse. Dubium mihi non est, quin ultima in

Lætus hinc tersis revertit supplicator fletibus,
15 Omne, quod justum poposcit, impetratum sen-
[tiens.
Tanta pro nostris periclis cura suffragan-
[tium est,
Non sinunt, inane ut ullus voce murmur fuderit:
Audiunt, statimque ad aurem regis æterni ferunt.
Inde larga fonte ab ipso dona terris influunt :
20 Supplicum causas petitis quæ medelis irrigant.
874 Nil suis bonus negavit Christus unquam
[testibus :
Testibus, quos nec catenæ, dura nec mors terruit

Unicum Deum fateri sanguinis dispendio :
Sanguinis sed tale damnum lux rependit lon-
[gior.
25 Hoc genus mortis decorum est : hoc probis
[dignum viris,
Membra morbis exedenda, texta venis lan-
[guidis,
Hostico donare ferro, morte et hostem vincere.
Pulchra res ictum sub ense persecutoris pati
875 Nobilis per vulnus amplum porta justis
[panditur :
30 Lota mens in fonte rubro sede cordis exsilit.

GLOSSÆ VETERES.

17. Murmur, *precem*, I.
21. Testibus, *martyribus, nam martyres testes inter-pretantur*, I.
23. Dispendio, *in dispendio*, I.

25. Probis, *probatis, bonis ; et dicitur probus, quasi probitate, vel bonitate probatus*, I.
27. Hostico, *hosticus, et hostilis unum sunt*, I.
30. In fonte rubro, *sanguinis*, I.

COMMENTARIUS.

frustra communis sit, quamvis sæpius producta invenitur. Avienus in Arateis corripuit.
15. Egm., *justum est poposcit*, male.
16. Ald., Brev. Moz., *suffragantum :* lege *suffragantium.*
17. Ald., Gis., Noms., Rott., Bollandiani, *sinant;* alii, *sinunt.* Nebrissensis legit *sinant,* et ait ordinem esse, *Audiunt, et statim ferunt preces ad Deum, ut non sinant inane murmur, (subaudi quod) fuderit ullus voce.* Obscura sane constructio. Lege *non sinunt,* et sententia clare procedet. Cham. mendose, *murmure* pro *murmur.* De hac voce vide præf. lib. I contra Symm. vers. 36, quæ hoc loco Chamillardo displicere non videtur. Hic iterum Cellarius notulam impiam apponit : NON SINUNT.... AUDIUNT : *Ex mysterio iniquitatis operari tum incipiente.* Quid ineptius ? Prudentius sancte affirmat hanc persuasionem et consuetudinem in omnes terras permanasse, et Cellarius docere nos vult mysterium id esse iniquitatis, deinde id mysterium jam tum incipere. Verius possumus dicere religionem et pietatem; qua sanctos colere et invocare decet, primis Ecclesiæ sæculis viguisse, nunc refrigescere. Vide proleg. cap. 7.
18. Vide, non mysterium iniquitatis, sed catholicam doctrinam de invocatione sanctorum : *Ad aurem Regis æterni ferunt. Inde largâ fonte ab ipso dona terris influunt.* Deus igitur, fons bonorum omnium, terris dona immittit intercedentibus sanctis; quos proinde æquum est rogare et venerari.
19. Gis. ad oram, *unde larga.* Brev. Moz. corrupte, *inde largo fonte abyssi.* Deum fontem esse omnium bonorum, noster sæpissime profitetur.
20. Vat. A mendose, *supplicium.* Nebrissa acute animadvertit *causas* hic esse morbos; unde *causarii* dicuntur valetudinarii, et *causaria missio* quæ propter valetudinem laboribus militiæ solvit. Giselinus in libris suis, hoc est medicis, hanc significationem non videtur invenisse : exponit enim ; *Efficiunt, ut quarumcunque rerum causa venere, exoratores abeant.* Prudentius verbo jurisconsultorum et militum usus est ad morbos indicandos : quanquam jureconsulti Dig. lib. XLIX, tit. 16, leg. 13, definiunt, missionem causariam esse, cum quis *vitio animi, vel corporis minus idoneus militiæ* renuntiatur. Simili significatione valetudinarium, sive infirma valetudine utentem Itali dicunt *cagionevole,* et Hispani *achacoso.* Etsi enim in Diction. academ. Hisp. prima significatio vocis *achaque* dicatur esse infirma valetudo, unde postea accipitur pro prætextu sive excusatione, diligentius tamen quærendum esset an res contrario modo se habeat.
21. Hailsbr., Widm. supra, *suis bonis.* Melius *bonus.* Martyres Latine sunt testes : hinc *suis testibus.*
22. Brev. Moz. contra metrum, *isti sint, quos.* Rat. et Brev. Moz. non male, *quos nec catena dura,*

nec mors terruit. Alii, *quos nec catenæ, dura nec mors terruit.* Pro *dura* multi habent *dira* cum Bolland., Ald., Weitz., Gis., Vat. A et B. Verum Gifanius cum veteri lib. *dura* omnino legendum contendit : nam de horrore mortis agitur, ideoque *dura* dicit, non de genere mortis, quod *dira* postularet. Exstat *dura* in Alex., Put., Thuan., duobus Torrentianis, Heinsio, et aliis. Catenas, quibus martyres vinciri solebant, sæpe memorat Prudentius, ut paulo post in hoc hymno, in S. Fructuoso, in Cypriano, Augustinus in psalmum CXXXVI : *Gaudet iniquus in pompa, gaudet martyr in catena.* Plura ex Tertulliano, Lactantio, Cypriano, Hieronymo, et Actis martyrum proferunt Gallonius cap. 3 de Cruciatibus SS. martyrum, et Gaspar Sagittarius in opere de eodem argumento cap. 2.
23. Ald. male distinguit *fateri, sanguinis dispendio Sanguinis sed.* Nec bene Teolius, *sanguinis dispendio : Sanguinis ; sed tale.*
24. Gis. ad oram utriusque editionis, *rependit largior* non male ; cæteri, *longior.*
25. In Vat. A, Egm., Palat., Alt., Rott., Noms. omittitur *est* post *decorum.* Melius addetur, ne hujusmodi hiatus magis familiares Prudentio faciamus quam Prudentius ipse voluerit. Cauch. pro *probis* in cod. vet. invenit *probum,* ex quo conjiciebat *probrum* non inconcinne, ut putat Heinsius.
26. Vat. A, *membra mortis :* emenda *morbis.* Ita in Brev. Moz. pro *exedenda* legendum *exedenda.* Hic etiam *membra texta* dicuntur, ut in hymno Exseq., *Et dissona texta retexi.* Alibi *crates lutea corporis.*
27. Egm. corrupte, *histico* pro *hostico.* Vat. B, Prag., Rat., Weitz., Gis., Bollandiani *domare.* Ald., Alex., scripti Heinsiani *donare,* quod eleganti esse Heinsius existimat : et ita etiam legitur in Brev. Moz. Teolius cum ait, non aliter habere Vaticanos codices, non omnes, puto, intelligit. Weitz., Egm., Widm., *mortem, et hostem.* Burmannus in Anthologia testatur, in Egm. ita legi, quamvis ab Heinsio hæc varietas animadversa non fuerit. Heinsiani cum Brev. Moz., Bollandianis legunt *morte et hostem vincere.* Sed Alex., Vat., A et B, Rat., *mortem, et hostem.* Aliud magis placet.
28. Brev. Moz. contra metrum et sensum, *patitur.* Arnobius lib. I adversus gentes : *Nemo unquam innocens male interemptus, infamis est : nec turpitudinis alicujus commaculatur nota, qui non suo merito pœnas graves, sed cruciatoris perpetitur sævitiam.*
29. Hymno 10 Cathem., vers. 90 : *Quod per cruciamina lethi Via panditur ardua justis.*
30. Brev. Moz. mendose, *rubrosi decoris* pro *rubro sede cordis.* Martyrium dicitur *baptismus sanguinis,* et baptisterium appellatur fons. Hinc ethnici S. Pudentem sanguine perfusum irridebant : *Salvum lotum,*

Nec rudem crudi laboris ante vitam duxerant
Milites, quos ad perenne cingulum Christus vocat,
Sueta virtus bello, et armis, militat sacrariis.
   Cæsaris vexilla linquunt, eligunt signum crucis, 40
55 Proque ventosis draconum, quos gerebant, palliis,
876 Præferunt insigne lignum, quod draconem
[subdidit.

A   Vile censent expeditis ferre dextris spicula,
Machinis murum ferire, castra fossis cingere,
Impias manus cruentis inquinare stragibus.
877 Forte tunc atrox secundos Israelis posteros
Ductor aulæ mundialis ire ad aram jusserat,
Idolis litare nigris, esse Christi defugas.
Liberam succincta ferro pestis urgebat fidem:

GLOSSÆ VETERES.

31. Rudem, *inconsuetam*.— Laboris, *qui antea bene vixerant, sed excocti diversis suppliciis*, l.
32. Perenne, *milites cingulo utebantur*. — Cingulum, *coronam*, l.
33. Sueta, *antea, quondam.* — Militat, *nunc, gladio spiritus.* — Sacrariis, *Christi templis*, l.

35. Draconum, *quia vexilla regum erant in modum draconum, vento in se recepto*, Iso.
37. Vile, *scilicet esse.* — Expeditis, *in paratis, vel porrectis*, l.
42. Defugas, *defuga, vel refuga, vel perfuga vocatur qui unum reliquit, et ad alium confugit*, l.

COMMENTARIUS.

salvum lotum, ut in Actis S. Perpetuæ legitur. Adisis Ruinartium.
31. Ald. contra metrum, *ante viam*.
32. Ald. probe ediderat *Milites, quos ad perenne cingulum Christus vocat*. Nescio, cur male correxerit *Milites, quos ad perenne cinguli Christus vocat*. Iso *cingulum* exponit *coronam* : melius diceret *militiam*, qua perennis corona acquiritur.
33. Brev. Moz. corrupte, *bello ense armis militat sacratis*. In Put., *nunc fidei militat* pro *militat sacrariis*. Tunc producenda esset secunda in *fidei*, ut revera producitur a Lucretio, et sæpius a Paulino. Sed cum Prudentius sæpissime eam corripuerit, Puteani lectionem non admitto. Vide comment. ad vers. 62 Dittochæi. Dubitare aliquis posset an hi SS. martyres, relicta militia Cæsaris, inter clericos militaverint ex his verbis *militant sacrariis*. Et trahi huc possent voces infra referendæ, *orarium* et *annulus*, quæ ornamenta etiam erant ad clericos spectantia. Sacrarium plerumque accipiebatur pro altari. Vide hymn. S. Vincentii vers. 517, *Subjecta nam sacrario*, et hymnum S. Laurentii vers. 51, *Talenta sub sacrariis*. Cæterum cum Prudentius clare locutus non fuerit, eos inter clericos recensens, solum intelligitur eos militiam Christianam fuisse amplexos, ut ex versu seq. liquet.
34. Brev. Moz. trajicit verba et metrum corrumpit, *signum crucis eligunt*. Christiani interdum militiam Cæsaris abjiciebant, quia, ut ait Ruinartius de Maximiliano martyre, sub imperatoribus ethnicis, qui milites sæpius sacrificare diis jubebant, frequentes erant militibus occasiones peccandi. Itaque Dioni interroganti, *Qui militant, quæ mala faciunt?* respondit Maximilianus: *Tu enim scis quæ faciunt*. Vide ejus et S. Marcelli Acta.
35. Vat. A mendose, *draconem*. Fabr. male, *quod gerebant*. Conjici potest *quæ gerebant*. Lipsius de Milit. Rom. lib. IV, dialogismo 5, multa disserit de draconibus, signis militaribus, et quærit an in velo sic depicti fuerint, aut acu texti, an potius totum corpus solidum fuerit e pannis. Putat autem Prudentium in primam sententiam inducere. Grangæus in Comment. ad lib. II Symmach., vers. 713, censet Prudentium his duobus versibus respexisse ad effigiem Constantini, quæ picta erat in tabula ante vestibulum palatii, in qua erat draco medio ventre cruce transfixus, ut docet Eusebius in Vita Constantini, lib. III, cap. 3. Accipe Eusebii verba: *Quin etiam in sublimi quadam tabula ante vestibulum palatii posita, cunctis spectandum proposuit salutare quidem signum capiti suo superpositum: infra vero hostem illum et inimicum, qui impiorum tyrannorum opera Ecclesiam Dei oppugnaverat, sub draconis forma in præceps ruentem... Idcirco imperator draconem telis per medium ventrem confixum, et in profundois maris gurgites projectum, sub suis suorumque liberorum pedibus cera igne resoluta depingi, præponique omnibus voluit.* Ubi notanda est ratio pingendi cera igne resoluta διὰ τῆς κηροχύτου γραφῆς. Hæc quidem tabula nummis plu-

B ribus expressa fuit, quorum figuram exhibet Baronius tom. III Annal., ad an. 325, num. 206. Hoc ait Prudentius, duos hos martyres, cum antea fuissent draconarii, prætulisse crucem, quæ draconem subdidit; sive quia respexit ad effigiem Constantini, ut non immerito suspicatur Grangæus, sive quia vere draco, hoc est dæmon, virtute crucis subactus est. Ammianus signorum quibus draco exhibebatur, vivam imaginem ob oculos ponit lib. XVI: *Alternumque potestatis gressus multiplices alios purpureis subtegminibus texti circumdedere dracones, hastarum aureis, gemmatisque summitatibus illigati, hiatu vasto perflatiles, et ideo velut ira perciti sibilantes, caudarumque volumina relinquentes in ventum*. Quod autem Chamillardus cum Nebrissensi *ventosa pallia* interpretatur vana et superba potius quam vento agitata vel tumentia, non assentior. Peveratus explicat ventosis *ita textis draconibus per rotunditatem et inanitatem, ut vento turgescerent, quem per guttur admittebant*. Postea vero

C ad verbum PALLIIS colligit, ex mente Prudentii dracones solum fuisse depictos, aut acu textos in velo, non ut vento per guttur concepto sibilarent, quod nonnulli affirmant ex Claudiani versibus. Ego puto pallia dici ventosa, quia vento agitata tumescunt, et dracones eodem sensu sibilasse, quod pallia vento impulsa sonum sibilo similem edunt. Claudiani versus sunt de tertio consul. Honorii : *Hi volucres tollunt aquilas, hi picta dracomum Colla levant, multusque tumet per nubila serpens Iratus, stimulante noto, vivitque receptis Flatibus, et vario mentitur sibila tractu*. Dracones per singulas cohortes a draconariis ferebantur ad bellum, aquilæ per legiones : adeoque aquila erat militiæ princeps signum.
36. Thuan. male, *in signo lignum*. Suspicabatur Heinsius *insigne ligni*.
37. Brev. Moz., *spiculum*. Vegetius lib. 1: *Quid ipsi draconarii atque signiferi, qui sinistra manu hastas gubernant*. Quæ verba a Chamillardo adnotata sunt et exstant cap. 20 ejus lib. 1. Sed cur Prudentius ait

D *dextris?* Opinor, quia Prudentius enumerat ea fere omnia quæ milites solent facere, etiam draconarii, si res postulet, depositis interea signis.
38. Brev. Moz., *castra forte*, male.
39. In Vat. A erat hæc vox *manus* addita supra minutioribus characteribus.
40. Christianos vocat secundos Israelis posteros, quia, primis Israelitis rejectis, illi successerunt.
41. Brev. Moz. minus bene, *auctor aulæ*.
42. Brev. Moz., Fabr., *refugas*, non ita bene ac *defugas*. Latinius, *perfugas*. In Alex. est *defugas*, sed *g* videtur factum recentiori manu. Hoc vocabulum *defuga* etiam reperitur lib. XII cod. Theod. tit. et lege ult., *Curiæ vel collegii defugas*. Barthius, lib. XLI. Advers. cap. 15, asseruit *refugas* esse mendum, et in vett. codd. et edd. legi *transfugas*; quod ego nusquam vidi. Existimat autem Barthius utrumque esse vitiosum, et *apostatas* olim fuisse : quod minime persuadet. Nebrissa ait *litare* esse sacrificare improprie; nam proprie est sacrificio impetrare. Giselinus

Illa, virgas, et secures, et bisulcas ungulas **A**
45 **878** Ultro fortis expetebat, Christi amore in-

|territa.
Carcer illigata duris colla boiis impedit,

GLOSSÆ VETERES.

44. Illa, *fides*.— Ungulas, *genus tormenti quo corium martyribus detrahebatur*, I.
45. Expetebat, *desiderabat*, I.

46. Boiis, *boia et baga unum sunt; buccæ in plurali sunt catenæ*, I. — Bagis, *id est bouga*, Vat. S.

COMMENTARIUS.

hanc differentiam perpetuam et constantem esse negat, et aliquando *litare* sumi pro sacrificare contendit. Non autem probat id proprie fieri. Cæterum aliorum consuetudo in ea significatione adhibenda Prudentium tuetur, sive propria illa dicatur, sive impropria. Nescio tamen cur Giselinus fidenter affirmet, *nostri poetæ auctoritatem nullam esse*: nam quod addit *præsertim in quo illum critici uno ore damnarunt*, videndum id est, quinam hi sint critici, et cur damneat.

44. Brev. Moz. male scribit *bisulcas*. SS. martyres **B** interdum securi, sæpius gladio fuisse percussos, quia gladio occidi major erat ignominia, probat Gallonius cap. ult. de Cruciat., ubi etiam confirmat gladio percutiendos virgis primum cædi consuevisse. S. Ambrosius de securi pulchre cl ss. 1, epist. 25 : *Scio plerosque gentilium gloriari solitos, quod incruentam de administratione provinciali securim revexerint*. Aringhus dubitat an artis, an martyrii insigne fuerit securis in duobus lapidibus sepulcralibus insculpta, quam exhibet tom. II Romæ Subterr., lib. vi. cap. 50. In imagine SS. septem Dormientium, quam ex vetusto monumento exhibui tom. I, pag. 586, cernere licet duas secures, alteram prope S. Malcum, alteram prope S. Martinianum, quæ martyrii eorum sunt instrumenta, ut clavæ nodosæ prope Maximianum et Joannem, clavi prope Constantinum et Danesium, fax ardens prope Sarapionem, et uncus ad ejusdem pedes quo scilicet corpora defunctorum martyrum ad scalas Gemonias, aut ad cloacas publicas, aut ad **C** flumina trahi solebant. Diversa alia forma erat uncus quo martyrum corpora discerpebantur, de quo agam ad vers. 175 hymni S. Vincentii. Ungulæ erant forcipes ferreæ quibus discerpebantur et sulcabantur corpora martyrum. S. Hieronymus, S. Augustinus, aliique, ungulis sulcari corpora tradiderunt: *bisulcas* vocat Prudentius hoc aliisque locis, quia duplices sulcos imprimebant, ut figuram ungularum tabula 13 cruciatuum SS. martyrum lit. A consideranti patebit. Descriptæ autem sunt a Gallonio ex ungulis asservatis in basilica Vaticana, et sub Paulo III inventis, quas scorpiones fuisse male aliqui opinabantur. Scorpiones expressi sunt tabula 9, lit. D. Comprehenduntur scorpiones *virgarum* nomine, et erant virgæ nodosæ et aculeatæ, *scorpiones dictæ*, quod arcuato vulnere in corpus infligerentur, ut ait Isidorus. Virgæ erant aut ex ulmo, aut ex betula arbore Gallica, aut ex quercu, aut ex fraxino, aut ex salice, aut ex vite. Virgæ quæ non erant nodosæ, *lenes* dicebantur. Aliæ virgæ fiebant ex ferro, quod interdum ignitum corpori applicabatur, aut ex plumbo. **D** De modis quibus SS. martyres cædebantur, vide tab. 10 et 11. Forma scorpionum, quam Sagittarius cap. 17 exhibet, Gallonianæ imagini similis est. Magis differt ectypum ungulæ bisulcæ, quod ibidem Sagittarius profert, ab ectypo Gallonii: nam in ectypo Sagittarii tres ferrei mucrones tantum capiti affiguntur; in ectypo Galloni tum hi, tum alii tres in medietate; et fortasse ob hanc rationem bisulcæ dicuntur, quod mucrones capitis duo adversus unum sulcum imprimebant, ac similiter mucrones medietatis alterum sulcum. Fallitur autem Sagittarius, quod ait ungulas quas Gallonius describit, suam ingenio scriptoris magis quam antiquis monumentis formam debere: nam vere ungulæ quales Gallonius describit, in basilica Vaticana exstant, ut tradit etiam Aringhus pluribus in locis, qui non semel ectypum

earum profert. Aliud genus est ungulæ instar chirothecæ ferreæ tribus digitis, quæ reperta fuit in cœmeterio Calepodii. Vide tabulam 26, et Aringhum tom. II, pag. 687. An autem fidiculæ sint idem quod ungulæ, disputatum est inter viros doctos, quorum aliqui putarunt esse vincula nervea, quibus membra reorum equuleo adhærebant: plerique ungulas ferreas esse confirmant, quibus clare favent Isidorus et Prudentius in Romano. Dicebantur autem *fidiculæ* a *findendo*, vel *fodicando*, ut nonnullis placet; *ungulæ* vero, quod imitarentur ungulas ferarum, quæ propterea in cod. Theod. ix, tit. 12, lege 1, diserte nominantur *vestigia ferarum, ungulæ ferarum*. Vide vers. 481, in Romano.

45. Brev. Moz., *fortis exspectabat*, renuente metro.
46. De carceribus antiquis vide comment. ad lib. II contra Symmach., vers. 468, et tab. 23. Rat. pro *duris* habet *furvis*. In Brev. Moz. mendum est *baccis impedit*. De diversa scriptura vocis *boiis* dictum ad præfat. Psychomachiæ, vers. 33. Eadem hic occurrit varietas. Vat. A, Alex., Ald., Egm., Torrentianus unus et Heinsiani, *bacis*, sive *baccis*. Id fere placuit recentioribus. Hailsbr., Vat. B, *bagis*. Idem Hailsbr. supra, Prag., Rat., *bogis*. Fabr., *baiis*. Weitz., Gis., Bollandiani, nonnulli alii, *boiis*, ut legendum esse suspicatus est Nebrissensis. Iso videtur agnovisse *boia, baga et baca*. Mihi placet scriptura hæc *boia* pro instrumento quo martyrum colla illigabantur, dum carceri inclusi erant : quale postea Prudentius describit, *Et chalybs attrita colla gravibus ambit circulis*. Insigne antiquitatis monumentum ab eminentissimo cardinali Stephano Borgia e celeberrimo suo museo Velitris nobiscum liberaliter communicatum exhibemus æri incisum.

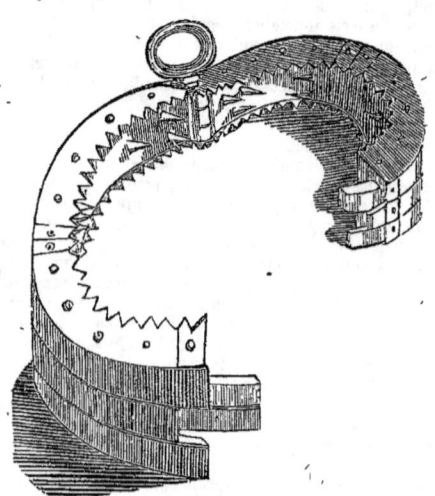

Ex ære Velitris in Museo Borgiano.

879 Barbaras forum per omne tortor exercet A 55
[manus:
Veritas crimen putatur : vox fidelis plectitur.
Tunc et ense cæsa virtus triste percussit
[solum,
50 Et rogis ingesta mœstis, ore flammas sorbuit :
Dulce tunc justis cremari, dulce ferrum perpeti.
Hic duorum cara fratrum concalescunt
[pectora :
Fida quos per omne tempus junxerat sodalitas.
Stant parati ferre quidquid sors tulisset ultima.

Seu foret præbenda cervix ad bipennem pu-
[blicam :
Verberum post vim crepantum, post catastas
[igneas,
880 Sive pardis offerendum pectus, aut leo-
[nibus.
Nosne Christo procreati mammonæ dicabimur,
Et Dei formam gerentes serviemus sæculo ?
60 Absit ut cœlestis ignis se tenebris misceat.
Sit satis quod capta primo vita sub chiro-
[grapho,

GLOSSÆ VETERES.

48. Plectitur, *punitur, condemnatur*, Iso.
50. Ingesta, *facie*, I.
51. Dulce, *dulcis res fuit*, I.
53. Sodalitas, *sodales dicuntur, quasi simul edales, id est, simul comedentes*, I, Vat. A.

56. Catastas, *genus tormenti, id est lecti ferrei quibus impositi martyres, ignis supponebatur*, I.
58. Mammonæ, *dæmoni, vel divitiis mundanis*, I.
60. Cœlestis ignis, *anima*, I.
61. Chirographo, *manualis conscriptio*, I.

COMMENTARIUS.

Videri etiam possunt vincula S. Petri, quæ in ecclesia hujus nominis religiose asservantur, et a cl. cancellierio in suo erudito opere de Carcere Mamertino, ejusdem eminentissimi cardinalis Borgiæ cura pariter delineata, æri incisa proferuntur, in quorum extremitate boiam, sive circulum ferreum observare licet. Ad majorem cruciatum in parte interna circuli interdum acumina ferrea eminebant, ut colla aut immota permanerent, aut, si flecterentur, in aculeos impingerent, ut apparet in boia quam nos exhibemus. De bois agunt Gallonius cap. 3, Sagittarius cap. 2, ubi de variis vinculorum generibus disserunt.

47. Weitz., *barbarus*, qui solum agnovit, in Vulg. et Widm. supra esse *barbaras*. Plerique tamen legunt *barbaras*. Notandum est ex Actis martyrum, in foro hujusmodi carnificinas exerceri solitas. Interdum autem fiebant extra urbem, et carnifices ipsos extra urbem habitasse probat Kirchmannus de Funer. Rom., cap. 24, libr. II, cujus consuetudinis nonnullum Romæ exstat vestigium.

49. Gis. ad oram *perculit solum*. Ense martyrem cæsum exprimit tabula 21, lit. D.

50. Diversos modos quibus martyres igni tradebantur, vide in tab. 16 et 17.

51. In Thuan. et Boher. priore, vetustissimis codicibus, *jussit* pro *justis*. Conjicit Heinsius *jus fit*. Melior est scriptura pervulgata, *Dulce tunc justis cremari*; et in Heinsii notis legendum *est dulce tunc, non dulce nunc*.

52. Ald., Fabr., Weitz., Bollandiani, *convalescunt* pro *concalescunt*, quod magis est Prudentianum. Gifanius a Weitzio et Heinsio citatur pro *convalescunt*. Vat. A, Rat., *corpora* quod alicubi invenit Weitzius. Retine *pectora*.

53. Prag., *vinxerat sodalitas*.

55. Bipennis est securis, ita dicta a duabus pinnis seu pennis, hoc est fastigiis, quæ utrinque acuta erant. Peveratus ex Baronio ad martyr. Rom. 9x cal. Aprilis dubitat an eo tempore securis in usu fuerit. Verum etsi credibile sit majorem Christianorum partem gladio potius quam securi fuisse percussam, ut nuper ex Gallonio aiebam, dubitandum minime est quin aliquando securi cæsi fuerint, ut vel ex solo Prudentio demonstratur, et pluribus confirmat Sagittarius cap. 7 de Cruciat. Savaro ad Sidonium, pag. 88, hanc phrasin notat, *præbere cervices*, ex Apollinari et ex Adone Trevirensi : *Ita ut sponte cervices suas securibus darent*. Martyres ultro præbuisse cervices carnifici secandas, sexcentis exemplis in eorum actis et martyrologiis constat.

56. Vat. A, *crepantem*, minus bene. Nebrissa pro *igneas* conjiciebat *lignea*; neque hæc conjectura Sagittario, cap. 10, displicebat : qui addit, de pe-

gmate editiori in quo rogus accenderetur, per tropum dici posse *catastas igneas*, scilicet multo igne radiantes. Advertit nihilominus apud Isonem et vetus aliud glossarium catastam esse lectum ferreum. Giselinus *ligneas* reperit in ed. Daventr.; sed, ut ipse observat, cum in hymno S. Laurentii vers. 399, crates ferrea, quæ jam ignita erat, *catasta* d catur, nihil est causæ quamobrem *igneas* mutetur in *ligneas*. Apud Christianos scriptores sæpe catasta significat locum eminentiorem ubi de reis sumebatur supplicium. Putant aliqui inde dictum Hispanis *cadahalso*, et Italis *catafalco*.

57. Vulgaris erat gentilium acclamatio : *Christianos ad leonem*, ut Tertullianus, Cyprianus, et alii referunt. Nonnunquam : *Christianos ad bestias*. Hieronymus utrumque conjungit lib. VII in Isaiam, cap. 18. De pardis, quorum laniatui exponebantur Christiani, meminit Eusebius lib. I Hist., cap. 16. In martyrio S. Ignatii pro leonibus nonnulli leopardos C memorant.

58. Ex Matth. VI, 24 : *Non potestis Deo servire et mammonæ*. Barthius lib. LV, cap. 4, Advers., ait Isonem non debuisse disjungere *diabolo*, *vel divitiis mundanis*. Mammon enim non aliter idolum est opum et divitiarum, quam belli Mars. Alius glossator apud eumdem Barthium exponit , *mammoneam fidem, pecuniosam, sæcularem, avaram*. Plura ibi Barthius, et cap. seq. de mammona pro dæmone, pro avaritia, pro divitiis. Scripsit autem hunc versum : *Nosne Christo procreati serviemus mammonæ?* puto, errore memoriæ.

59. Cauchius malebat *serviemus idolo*. Nihil est necesse, ait Heinsius.

60. Aldus recte ediderat *absit ut*. Non intelligo quid sibi voluerit, cum, renuente metro, correxit *absit ne*. Probe emendavit *ignis* pro *igni*. Sententia petita est ex II Cor. VI, 14 : *Quæ societas luci ad tenebras ?*

61. In Aldo error *capra* pro *capta*. Nebriss. suspi- D catur *cæpta*. Chirographum esse militare sacramentum, inutile sit monere. Ex Ambrosio Morales Peveratus notavit ecclesiam Toletanam codicem pervetustum habere quo vita martyrum continetur, ubi verba ab Eulogio de his martyribus adducta habentur, scilicet tanquam prolata a Celedonio Hemeterium hortante. Addit magnopere esse animadvertendum quam ea historia sit antiqua, quæ tempore Eulogii fuerit conscripta. Verum Eulogio longe antiquior est Prudentius. Eulogius lib. I Memor. mart. ita habet : *Sic nimirum beati martyres Hemeterius et Celedonius, cum tradere pro Domino animas anhelarent, tali sese invicem ad passionem astantes hortatu impellunt : Feriat ubique hostem missilibus suis vibrata*

881 Debitum persolvit omne functa rebus. A 70
— [Cæsaris.
Tempus est Deo rependi quidquid est proprium
[Dei.
Ite,signorum magistri:et vos, tribuni, absistite.
65 Aureos auferte torques, sauciorum præmia :
Clara nos hinc angelorum jam vocant stipendia.
Christus illic candidatis præsidet cohortibus.
Et throno regnans ab alto, damnat infames deos,
Vosque, qui ridenda vobis monstra divos fingitis.

Hæc loquentes obruuntur mille pœnis mar-
[tyres,
Nexibus manus utrasque flexus involvit rigor,
Et chalybs attrita colla gravibus ambit circulis.
882 O vetustatis silentis obsoleta oblivio !
Invidentur ista nobis, fama et ipsa exstinguitur.
75 Chartulas blasphemus olim nam satelles abstulit;
Ne tenacibus libellis erudita sæcula
Ordinem, tempus, modumque passionis pro-
[ditum

GLOSSÆ VETERES.

64. Tribuni, *super mille.* — Absistite, *discedite*, I.
65. Torques, *circulos.* — Sauciorum, *infirmorum.*
— Præmia, *quæ sunt*, I.
68. Infames, *sine bona fama, ingloriosos,* I.

71. Rigor, *duritia*, I.
72. Chalybs, *ferrum*, *chalybs Græce sideros*, I.
75. Obsoleta, *inveterata*, I.

COMMENTARIUS.

confessio, et latentem fidei inimicum ubicunque fuerit inquiramus. Eminentissimus archiepiscopus Toletanus Franc. Lorenzana in pereruditis notis tom. II SS. Patrum Toletanorum ait, in Actis martyrum a Joanne Tamaio Salazar primum editis, postea ab Antuerpiensibus ad diem 3 Martii, ac postremo ab Emmanuele Risco tom. XXXIII. Hisp. Sacr., Append. 2, videri, esse verba unius e duobus martyribus, *Feriat ubique hostem missilibus suis vibrata confessio,* et juxta nonnullos mss. codd. Hemeterii, reliqua vero alterius, nempe Celedonii.

62. Matth. xxii, 21 : *Reddite ergo quæ sunt Cæsaris Cæsari, et quæ sunt Dei Deo.*

63. Rat. et duo Heinsiani contra legem metri, *quidquid proprium est Dei.* Vat. B, Weitz., Cauch., Widm. a prima manu, *quidquid est suum Dei.* Alii bene, *quidquid est proprium Dei.*

64. Brev. Moz. mendose, *adsistite.* Bollandiani, *assistite.* Scripti Heinsiani, Ald., Weitziani, nostri, *et vos.* Giselinus omisit *et.* Sermo est de tribunis militum, sive præfectis legionum, non de tribunis plebis. Confer glossam Isonis.

65. Aldus ediderat *aureos auferte torquens;* in emendatis novo errore posuit *aureos auferre torques.* Vat. A, *afferte*, recte emendatum supra, *auferte.* Idem Vat. A, *aureas;* alii, *aureos.* Brev. Moz. perperam, *aureos offerte.* Vegetius lib. ii, cap. 7, *Torquarii duplares, torquarii simplares, quibus torques aureus solidæ virtutis præmium fuit.* Stewechius in Comment. ait, auxiliares milites aureis torquibus a Romanis donatos, at cives non nisi argenteis. Iso *sauciorum* explicat *infirmorum :* melius intelliges eos indicari qui vulnera bello acceperunt.

66. Brev. Moz. male, *clara vox angelorum vocant stipendia.*

67. Exercitus martyrum *candidatus* dicitur in hymno *Te Deum laudamus.* Vide Comment. ad vers. 157 hymn. 3 Cath.

69. Brev. Moz. non male, *Quæque deridenda nobis monstra divos fingitis.*

71. *Rigor* pro duritie ponitur, ut *rigor ferri* apud Virgilium i Georg., *rigor auri* apud Lucretium, in cujus indice vide notata a Gifanio in rigor *auri.* Paulinus Natali 4, *Stat manibus colloque chalybs.*

72. Ald. recte impresserat *circulis*, quod non recte mutavit in *cyclis.* Vide quæ disserui in notis ad Hymnodiam Hispanicam die 3 Martii de hoc eodem versu, et intelliges contra metri rationem esse *gravis ambit circulis*, ut edidit Weitzius cum Hailsbr. et Widm. Nec melius Vat. Q, *gravis ambit circulus.* Male etiam Vat. P, *circuit* pro *circulis.* Weitz. cum Hailsbr. scribit *calyps;* Alex. et Widm., *calips.* Gruterus volebat *artita*, quod secutus est Weitzius. Hailsbr. *atrita.* Widm. ad oram, Vatt. A , B , Prag., Rat., *astricta;* alii *attrita*, quod unice probat Heinsius ex

B suis scriptis. Confer præfat. Psychomachiæ vers. 35, *Attrita boiis colla liber erigit.* In Brev. Moz. hæc est discrepantia, *colla duriter ambit* pro *gravibus.*

75. Arnobius lib. iv, prope finem : *Quod si haberet vos aliqua vestris pro religionibus indignatio, has potius litteras, hos exurere debuistis olim libros, istos demoliri* .... *Nam nostra quidem scripta cur ignibus meruerint damnari ? cur conventicula dirui ?* Eusebius lib. viii, cap. 2 meminit edicti quo Diocletianus sacros Christianæ religionis codices cremari, et ecclesias ad solum usque dirui jussit. Ejuscemodi rei mentio exstat apud Optatum, S. Augustinum, et plurima Acta SS. martyrum. Id anno 303 circiter contigit. S. Hieronymus, lib. ii. Comment. in Zachariam, cap. 8, *Hæc persecutionis tempore in Ecclesia Christi expleta conspeximus, quando in tantam rabiem persecutorum feritas excitata est, ut etiam conciliabula nostra destruerent, divinos libros ignibus traderent.* Adisis Ruinartium præfat. in Act. martyr. De hac consuetudine comburendi scripta, ejusque origine apud Ro-

C manos non satis inter se conveniunt Tacitus, et auctor Controversiarum et Suasoriarum sub nomine Senecæ Patris. Hic in procemio lib. v, Controvers., de Labieno loquens ait : *In hunc primum excogitata est nova pœna. Effectum est enim per inimicos, ut omnes ejus libri incenderentur. Res nova et insueta, supplicia de studiis sumi. Bono hercule publico ista in pœnas ingeniosa crudelitas post Ciceronem inventa est* .... *Ejus qui hanc in scripta Labieni sententiam dixerat, postea viventis scripta combusta sunt : jam non malo exemplo, quia suo .... Cassii Severi, hominis Labieno junctissimi belle dicta res ferebatur. Illo tempore quo libri Labieni ex senatusconsulto urebantur : Nunc me, inquit, vivum uri oportet, qui illos edidici.* Audi nunc Tacitum lib. iv. Annal., cap. 5, ubi causam de Annalibus Cordi Cremutii in senatu anno Urbis 778, imperii Tiberii 10, ita exponit : *Cornelio Cosso, Asinio Agrippa coss., Cremutius Cordus postulatur novo; ac tunc primum audito crimine, quod editis*

D *annalibus, laudatoque M. Bruto, C. Cassium Romanorum ultimum dixisset* .... *Cremutius relinquendæ vitæ certus, in hunc modum exorsus est : Verba mea, patres conscripti, arguuntur, adeo factorum innocens, sum* ... *Antonii epistolæ, Bruti conciones, falsa quidem in Augustum, sed multum cum acerbitate habent carmina Bibaculi et Catulli referta contumeliis Cæsarum* (forte *Cæsaris*) *leguntur, sed ipse divus Julius, ipse divus Augustus et tulere ista, et reliquere.* Alia addit Tacitus, e quibus colligas tunc primum libros ex senatusconsulto combustos fuisse. Equidem magis Tacito assentior ; nodum fortasse alio tempore dissolvam.

77. Hos SS. martyres sæculo iv ineunte, aut paulo ante martyrium subiisse, multi recentiores affirmant. Sed melius est cum Prudentio et auctore Actorum apud Bollandianos, fateri tempus passionis ignorari.

883 Dulcibus linguis per aures posterorum
[spargerent.
Hoc tamen solum vetusta subtrahunt silentia,
Jugibus longum catenis an capillum paverint :
Quo viros dolore tortor, quave pœna ornaverit.

Illa laus occulta non est, nec senescit tempore,
Missa quod sursum per auras evolarunt mu-
[nera,
Quæ viam patere cœli præmicando ostenderent.
Illius fidem figurans, nube fertur annulus :
Hic sui dat pignus oris, ut ferunt, orarium :
884 Quæ superno rapta flatu lucis intrant in-
[timum.

Per poli liquentis axem fulgor auri absconditur,
Ac diu visum sequacem textilis candor fugit :
Subvehuntur usque in astra, nec videntur am-
[plius.

Vidit hoc conventus astans : ipse vidit carnifex,
Et manum repressit hærens, ac stupore oppal-
[luit :
Sed tamen peregit ictum, ne periret gloria.
Jamne credis, bruta quondam Vasconum gen-
[tilitas,
885 Quam sacrum crudelis error immolarit
[sanguinem?
Credis, in Deum relatos hostiarum spiritus?

GLOSSÆ VETERES.

84. Patere, *illis*, I.
85. Annulus, *qui signat fidem sine fine figurans*, I.
86. Orarium, *ab ore, id est sudarium*, I.
87. Intimum, *secretum*, I.

88. Liquentis, *liquidi, vel sereni*, I.
89. Visum, *hominum*, I.
92. Hærens, *dubitans*, I.
96. In, *pro ad*. — Spiritus, *animas*, I.

COMMENTARIUS.

80. Brev. Moz. corrupte, *catenis ad capillum tracti*. Nebrissensis id notat : *Non constat quo mortis genere sint affecti ; mortui sint in catenis, et nutrierint longum capillum et barbam :* restituimus autem ordinem versuum, qui erant confusi, et turbabant sensum. Ita autem disponit : *Dulcibus, Quo viros, Jugibus, Hoc tamen, Illa laus.* Verum ordo quem codices præferunt, rectum sensum efficit. Apud Romanos rei comam nutriebant, adeoque juges catenæ, sive longum carceris tempus ex longo capillo dignosci poterant. Vide vers. 53 hymni 11 Peristeph, ubi *crinita agmina* vocantur martyres carceribus detenti.

81. Hailsbr., Widm. supra, Brev. Moz., Gis. ad marg., Vatt. A, P, Q, *quave pompa*, quod placet Heinsio, tanquam de victimis agatur. Gallandius putabat contextum respuere *pompa*, et pro *pœna*, allegat præstantem Aldinam editionem anni 1501, nimirum hanc ipsam qua nos utimur. Thuan., Alex., *quave pompa*, Vat. B, Urb., Weitz., Bollandiani, aliique, *quave pœna*. Mihi id non displicet, nam præcedit *dolore tortor ;* pro *ornaverit* autem mallem *affecerit*, aut aliud similis significationis. Verum poetice et figurate recte id dicetur.

85. Aldi error *nubæ*. Teolius, cum fateatur quæcunque de his duobus martyribus scimus ea nos debere Prudentio, nihilominus affirmat post Chamillardum, annulum esse Hemeterii, orarium Celedonii : quod ita distinctum in Prudentio non invenio. Bene tamen ex hoc loco arguit Teolius consuevisse veteres Christianos annulos gestare, quorum aliqui asservantur in museo Vaticano ab equite Victorio illustrati. Cur autem annulus fidem figuret, si quærat aliquis, dicam etiam ab sponso sponsæ annulum dari ad fidem conjugalem significandam. Itaque Innocentius III, annulum Fulconi abbati Corbeiensi concedens, his verbis scripsit : *Inter cæteros ornatus prælatis Ecclesiarum conceditur annulus, qui est signaculum fidei, juxta quod pater filio revertenti dare annulum in manu præcepit, ut videlicet Ecclesiam sibi commissam prælatus ipsius intemerata fide custodiat, ad quam fideliter observandam per visibilem speciem jugiter admonetur.* Vide Macrum in Hierolex. verbo *annulus*, ubi Innocentii verba exponit.

86. Orarium usu ecclesiastico olim sumebatur pro stola, ut notum est. Hæc appellatio aliquatenus conservata apparet in Latinitate corrupta sæculi x cujusdam instrumenti donationis, quod exstat tom. XXXIV Hispaniæ sacræ, pag. 455, ubi Ovecus episcopus legionensis circa annum 951 inter alia donabat *albas cum easdem amictis* 10, *orales* 10, *quod scripturas dicunt stolas.* Hac significatione orarium hic accipi non puto. Pro sudario, quo os abstergitur, orarium dixerunt Ambrosius et alii ; et in glossa legam *a tergendo sudore oris*, vel *a tergendo ore*. Chamillardus existimat orarium ab *os oris* posse accipi pro operculo capitis quo utebantur antiqui dum invocabant Deum : quo sensu orarium erit signum pietatis Celedonii. Sed nullum illius significationis adducit testem. Itaque adhæreo glossæ. Peculiarem etymologiam orarii ab *aurariis* et *auris* explicui ad hymn. 1 Cath., vers. 22. Animadvertendum etiam est, nonnunquam oculos martyrum qui gladio erant feriendi, linteo sive oratio fuisse ligatos. Ado, vi cal. Junii : *Sic accepto orario, ligans* (S. Julius) *sibi oculos martyrii palmam gladio cædente percepit*. Et vi cal. Decembris : *Beatus Alexander cum duceretur, obviavit ei quædam vidua, quam beatus martyr rogavit dicens : Commoda mihi orarium. At illa præstitit ei. Officiales autem dixerunt mulieri : Perdidisti orarium tuum. Facto itaque signo crucis, exspoliavit se beatus martyr tunica, et in linea stans, texit sibi de oratio oculos, dein positis genibus suscepit gladium.*

88. In Prag. desideratur *per ante poli.*

89. Vat. A a prima manu, *visus* ; a secunda manu, *visu*. Lege *visum*.

92. Vat. A, *et manus*. Gis. ad oram, *palluit*, et pro alia scriptura, *expalluit*. Vatt. P, Q, Urb. scribunt *obpalluit*, Alex. *oppalluit*.

93. Nebrissensis *peregit ictum* exponit *percussit truncavitque martyres :* sed addit id contrarium esse ei quod supra dixerat. Mihi non videtur contrarium, non solum si attendantur tormenta citra mortem, ut Nebrissensis interpretatur, sed etiam si præ oculis habeatur mortis genus. Prudentius ante dixit, satellitem chartulas abstulisse, ne posteri modum passionis, ordinem, tempus scirent, et ignorari qua pœna fuerint affecti. Nunc ait, carnificem peregisse ictum, ex quo nec modus passionis, nec pœna liquido perspicitur. Hæc ratio *ne periret gloria* ab aliis etiam adhibetur in martyrum passionibus enarrandis. Thomas Hurtado, in opere de Vero martyrio resolut. 35, digress. 2, ubi fuse agit de aliquibus instrumentis quibus tyranni martyres torquebant, sect. 10 quærit, *cur martyres fere semper gladio cesserunt, gladius vero raro martyribus cessit*, et rejectis aliis rationibus cum Delrio respondet, rationem esse, quia gladius est præcipuum et maxime legitimum ordinariumque justitiæ ultricis instrumentum. Censeo addi posse martyres cessisse mitissimo mortis generi, interdum vero superstites fuisse aliis, in quibus tormenta doloresque incredibiles sustineri debent, ut eorum constantia soli virtuti divinæ ascriberetur.

95. Rat., *immolaret*. Brev. Moz., *heroum* pro *error*, male.

96. Brev. Moz., *relatum hostiarum spiritum*.

Cerne, quam palam feroces hic domentur A
[dæmones:
Qui lupino capta rictu devorant præcordia,
Strangulant mentes et ipsas, seque miscent
[sensibus.
100 Tunc suo jam plenus hoste sistitur furens
[homo,
Spumeas efflans salivas, cruda torquens lumina,
Expiandus quæstione non suorum criminum.
Audias, nec tortor astat, ejulatus flebiles :
Scinditur per flagra corpus, nec flagellum cer-
[nitur,
105 886 Crescit et suspensus ipse vinculis laten-
[tibus.
His modis spurcum latronem martyrum vir-
[tus quatit; B
Hæc coercet, torquet, urit; hæc catenas incutit;
Prædo vexatus relictis se medullis exuit.

Linquit illæsam rapinam : faucibus siccis
[fugit :
110 Ungue ab imo usque ad capillum salva reddit
[omnia,
Confitens, ardere sese: nam gehennæ est incola.
Quid loquar purgata longis alba morbis cor-
[pora?
Algidus cum decoloros horror artus concutit :
Hic tumor vultum relinquit, hic color verus
[redit.
115 Hoc bonum Salvator ipse, quo fruamur,
[præstitit,
Martyrum cum membra nostro consecravit
[oppido:
887 Sospitant quæ nunc colonos, quos Ibe-
[rus alluit.
State nunc, hymnite, matres, pro receptis
[parvulis.

GLOSSÆ VETERES.

102. Quæstione, *examinatione*, Iso.
105. Crescit, *tumescit*, I.
113. Algidus, *febris*, I.

117. Iberus, *fluvius Hispaniæ*. — Alluit, *influit*, I.
118. Hymnite, *canite*, I. *Hymnizantes*, Vat. A.

COMMENTARIUS.

97. Ald., Vat. B, Alex., Urb., Bollandiani, *domantur*. Vatt. A, P, et plerique edd., *domentur*. Vat. Q. *mendose*, *domuntur*. De miraculis ad sepulcra martyrum patratis superfluum est dicere : plena enim sunt Acta SS. martyrum.
98. Vatt. A, B, P, Alex. a secunda manu, Hailsbr., Widm. supra, Bollandiani, *rictu*. Vat. Q, Urb. et plerique edd., *ritu*. Pro *devorant* perperam Breviar. Mozarab., *deformant*.
99. Vat. A. corrupte, *stragulant*.
100. Gis. ad oram, *nunc suo nam*. Fabricius verbo *pœnæ* ait : *Pœnæ Christianorum persecutoribus Dei judicio sæpe horrendæ sunt inflictæ, ut de Hispano quodam Steph*. primo scribit Prudentius, *qui in furorem actus, et a Satana flagellis cæsus, ligatus, atque suspensus est*. Prudentium Fabricius non intellexit : non enim hic qui a dæmone torquetur, persecutor Christianorum a Prudentio dicitur.
101. Breviar. Mozarab., *spumans*, contra metrum.
102. Nebrissa, *non suorum criminum* interpretatur, quia illud crimen non est hominis, sed dæmonis. Chamillardus ait posse fieri ut homines innocentes a dæmone vexentur; additque dæmoniacos non peccare dum verba proferunt, aut turpia facinora patrant inviti. Teolius plane Chamillardo consonat. Existimo Prudentium *quæstionem non suorum criminum* posuisse pro formula exorcismi, quæ jam tum in usu erat, et videri potest quodammodo descripta in Apoth. vers.
406. *Fuge, callide serpens*, etc., ubi multa a Prudentio et a nobis dicta sunt quæ totum hunc locum de D dæmoniacis et exorcismis possint illustrare.
403. Brev. Moz. versum hunc vitiose exhibet *Audiens hæc tortor adest ejulatu flebili*. Teolius edidit *nec tortor instat*; nescio an suorum codicum auctoritate permotus, an quia in notis Heinsii legerit, *instat* esse in Nomsio et sched s Cauchianis, et *astat* jam præcessisse. Cellarius etiam hac nota Heinsii impulsus edidit *instat*. Cæterum Heinsius in textu posuit *astat*, et quod ait, jam præcessisse *astat*, falsum est, nisi intelligat *astans*, quod legitur vers. 91. Nonnulli scribunt *hejulatus*.
104. Brev. Moz. male, *latentibus est*.
106. Cellarius reponit in notis : *Vis divina torquet diabolum*. Videtur improbare phrasim *virtus martyrum*. At SS. Patres ita locuti sunt, et theologi nostri scite distinguunt inter virtutem propriam faciendi miracula, quæ Deo soli convenit, et virtutem seu facultatem

patrandi eadem miracula, a Deo communicatam, de qua Matth. x, 8 : *Infirmos curate, mortuos suscitate, leprosos mundate, dæmones ejicite*.
107. Vat. A male, *cohercit*. Ab hoc versu incipit codex Marietti.
108. Brev. Moz. non inepte, *e medullis exilit*.
109. Imitatio Virgilii Æn., *Catulique relicti Faucibus exspectant siccis*. Nebrissa ait translationem esse sumptam ex lupis qui relinquunt prædam incruentam, et abeunt faucibus siccis. At Virgilius loquitur de catulis qui exspectant : nam de lupis præmiserat, *Lupi ceu Raptores atra in nebula, quos improba ventris Exegit cæcos rabies, catulique relicti*, etc.
110. Cum aut *ungue ab imo*, satis exprimit unguem pedum.
111. Brev. Moz., *nec gehennæ*, quod aliqua ratione defendi posset.
113. Ald., Mar., Weitz., vetustiores Heinsiani, *decoloros*. pro qua scriptura Heinsius allegat Egmondanum Weitzii, qui a Weitzio videtur mihi citatus pro *decolores*. Habent etiam *decoloros* Vatt. B, P, Q, Urb., et Alex. a secunda manu, Brev. Moz. In Prag. Vat. A, Bollandianis et aliis, *decotores*. Giselino magis placet *decolores*, quia alibi Prudentius usus est *decolor*; neque hæc ratio non placet Chamillardo. Verum hujusmodi vocabula *unicolor, multicolor, decolor*, ad secundam declinationem etiam inflecti possunt; et Prudentius ipse alibi dixit *multicolor fucus*, alibi *multicolora prata*, et tam hoc quam illud a metro illis in locis exigitur. Aliis in locis discrepantia non obest, sive *decolores* sive *decoloros* dicatur. Algidum horrorem vocat horripilium sive frigus quod febrim præcedit.
114. Egm., Vatt. A, Q, *reliquit*; alii, *relinquit*. Widm. supra, *color versus*. Brev. Moz., *hinc tumor... hinc color*.
116. Brev. Moz., *quod membra*.
117. Mar., *sospitansque*, et ad oram pro div. script. *sospitantque*. Alex., *sospitantque*; melius *sospitant quæ*.
118. Vat. B mendose, *martyres* pro *matres*. Rat., Vatt. B, Q, Mar., Prag., Weitz., præstantiores Heinsiani, Alex., Urb., Bollandiani, et alii, *hymnite*. Ald. Nebr., Fabr., Sich., Egm., Gis. ad oram, Gall., *hymnitæ*. Pal. et, ut videtur, Vat. Q, *hymnitæ*. Cauchius conjiciebat *Clara nunc hymnistiarum pro receptis parvulis*. Brev. Moz., *invictæ matres*. Vera lectio est *hymnite* a Græco ὑμνεῖτε. Vossius de Vitis ser-

Conjugum salute læta vox maritarum strepat : A
120 Sit dies hæc festa nobis, sit sacratum gaudium.

II HYMNUS. INCIPIT PASSIO S. LAURENTII.
888 Antiqua fanorum parens,

GLOSSÆ VETERES.

Vers. 1. *Fanorum, idolorum. Fana dicta templa ab eo, quod est fano, id est vox, id est a responsis.* — Pa-

rens, *mater*, 1.

COMMENTARIUS.

monis Latini lib. III, cap. 14, contendit legendum *hymnistæ*, quia, ut ait, ævo Prudentii æ sonabat ut e, neque tamen ullum simile exemplum e Prudentio profert. Imo ipse affirmat, hymnistam tantum generis esse virilis, neque de hymnoscanente hymnistam, sed hymnetem recte dici. Cur igitur lectionem optimorum codicum *hymnite* rejicit? Atqui in mss. glossarii sui antiqui idem Wossius invenit *innio pro hymnum cano*, ut refert lib. IV, cap. 10. Neque Teolius recte asserit verbum hoc *hymnio* singulare esse Prudentio, et apud alium Latinum scriptorem non inveniri. In veteri hymno S. Æmiliani officii Mozar. ad diem 12 Novembr. legitur, *Hymnite mecum consonante carmine.* Vide quæ animadverti ad diem 3 Martii in Hymnodia Hispanica. Cur autem Prudentius dicat *state*, et an hinc colligatur hymnos a stantibus cani solitos, merito quærat aliquis. Arbitror Prudentius respexisse ad vocabulum *stationis*, quæ in vigiliis sabbati, diei dominicæ, et anniversariis martyrum solemnitatibus habebatur. Chrysostomus, hom. 1 de verbis Isaiæ in principio : *Unde perspicio sermones ad opus proficere? Nimirum ex hoc concursu... ex hac pernocte perpetuaque statione, ex eo quod angelicorum ordinum stationem imitantes, sine cessatione laudes et hymnos offertis Conditori.* De stationibus dixi ad hymn. 8 Cathem., vers. 9.

119. Ald., Mar. a prima manu, Gis. in textu, Weitz., Alex., Bollandiani, Heinsius, *maritarum*. Prag., Rat., Wildm. et alii, *maritorum*. Ald., Fabr., Sich., Gis. prima ed., *strepet*. Gis. ad oram utriusque ed., *crepet*. Mellius *strepat*.

120. Brev. Moz. non male, *sit sacrata gaudiis*. Post hunc hymnum in Vatt. A, B, Mar., sequitur passio S. Vincentii martyris; in Aldo et aliis hymnus S. Laurentii. De patria horum martyrum dissident eruditi scriptores. Ex hoc hymno Prudentii tantum colligitur eos martyrium subiisse in oppido Vasconum, quod Iberus alluit. Ex alio vero hymno SS. octodecim martyrum Cæsaraugustanorum arguitur hoc oppidum esse Calagurrim : *Nostra gestabit Calagurris ambos, Quos veneratur.* Dubium non est quin in utroque hymno sermo sit de SS. Hemeterio et Celedonio, quamvis eorum nomina non exprimantur. In hujus hymni inscriptione diserte statuitur hymnum esse in laudem horum martyrum qui in multis antiquissimis codicibus dicuntur Calagurritani. Non autem constat an hæc appellatio a Prudentii manu sit, et an ea tantum indicet martyres Calagurri passos. Traditio et sententia communis eos fuisse e civitate Legione in Hispania, filios S. Marcelli centurionis, cujus duodecim filii martyres recensentur. Riscus, tom. XXXIV Hispan. sacr., pag. 315, refert in quodam codice ecclesiæ Legionensis ab Aria, viro erudito, notam anno 1069 ascriptam fuisse, qua filii S. Marcelli Legionensis nominantur : *Hæc sunt nomina sanctorum quæ in archivo Toletano reperta sunt. Emeterium et Celedonium Calahorritana ecclesia suscepit,* etc. Videri etiam idem potest tom. XXXIII, pag. 276. Nebrissa eosdem SS. martyres Calagurritanos fuisse, confirmare vult ex hymno 18 martyrum Cæsaraugustanorum; et putat dictos fuisse e Legione, quia milites legionarii fuerunt, scilicet ex quadam legione imperatoria; sed non persuadet. Teolius tamen pro certo tradit fuisse Calagurritanos; sed contra faciunt Acta antiqua apud Bollandianos ad diem 3 Martii, et martyrologium Romanum, Usuardi, et pleraque alia, in quibus hi martyres Legionenses, et clarius ex civitate Legione in Hispania fuisse dicuntur. Ex Actis quidem anti-

quis nonnulli solum colligunt eos in hac urbe Legione militasse ; sed aperte mihi Legionarii dici videntur quia in ea nati sunt. Illud tamen nobis liceat observare, patriam eorum a Prudentio non fuisse expressam, ut jam rationem cl. Perezii de Bayer illustrare incipiamus, qui in dissertatione de S. Laurentio Hispanis asserto et vindicato, negat Prudentium solitum SS. martyrum patriam designare. Teolius diffidenter reponit, *id demum esse lectorum credulitate nimis abuti, cum ex quatuordecim SS. MM. hymnis quibus hic Peristephanon liber constat, tribus vel quatuor B demptis, cæteri omnes martyris patriam disertis verbis prodant, imo et prædicent.* In hoc primo hymno vidimus neque Calagurrim, quæ a Teolio patria SS. horum martyrum creditur, esse proditam aut prædicatam tanquam patriam, neque Legionem, quæ verius fuit eorumdem patria. Sermo autem est de Calagurri Vasconum, quæ nunc *Calahorra* dicitur, non de alia veteri Calagurri prope Oscam, ubi nunc est *Loharre*. Olim plerique Calagurrim, quæ munic exsistit, et vocatur *Calahorra*, putabant a Romanis dictam fuisse *Fibulariam* sive *Fibularensem*; aliam Calagurrim prope Oscam *Nassicam*. Cl. Riscus, tom. XXXIII Hisp. sacr., tract. 69, cap. 3, erudite opinionem Marcæ, Cellarii, et Wesselingii confirmat, quod Calagurris Vasconum sit ipsa *Julia Nassica*, cujus plures antiquos nummos profert Florezius in opere de Nummis ant. Hisp.; altera vero Calagurris Oscæ vicina fuit Fibularia : quæ sententia satis est probabilis, ut ad hymn. 4, vers. 13, comprobabo. Bartholomæus Leonardus de Argensola, in epistola ad Joannem Marianam, quam laudavi cap. 2 Prolegom., dubitat etiam C an Calagurri, an Tudelæ, an in oppido Tauste, aut in alio Cæsaraugustæ vicinori, SS. martyres martyrium subierint. Verum hæc dubitatio satis refellitur antiqua et constanti traditione, ac certissimis monumentis, quæ Prudentium de Calagurri esse intelligendum omnino confirmant. Quod autem opponit, Calagurrim fuisse coloniam nobilissimam, et *oppidum inferius* esse urbe aut civitate, neque apposite de Calagurri dici posse, id plane falsum esse demonstrabo ad vers. 535 hymni S. Vincentii, *Coire toto ex oppido.* Obiter notabo ejusdem Bartholomæi alium errorem esse, quod Aldus Romæ Prudentii opera ediderit.

Vers. 1. Titulum excripsi ex Vat. B, ubi ponitur hic hymnus post hymnum S. Vincentii, ut etiam in codice Marietti. In Vat. A, *Passio beatissimi Laurentii*, et ponitur post hymnum S. Agnetis, quod notandum est, ne D quis firmum argumentum ex ordine hymnorum confici putet ad S. Laurentium Hispanis asserendum, et vindicandum. Variant enim codices in hoc ordine statuendo, neque facile demonstrari potest ordo a Prudentio observatus. Alex., Thuan., *Incipit passio Laurentii beatissimi martyris.* Ald., Put., Ox., *Hymnus in honorem passionis Laurentii beatissimi martyris.* Janus Parrhasius, *Passio beatissimi martyris Laurentii.* Hac editione Parrhasii mihi antea ignota, neque ab aliis indicata, nunc uti incipiam. Libellus est in-8, ita inscriptus : *Sedulii carmen paschale. Aurelii Prudentii poemata.* Absoluto carmine paschali Sedulii, ponitur elogium Prudentii a Gennadio conscriptum, quod falso S. Hieronymo ascribitur : *Divus Hieronymus de viris illustribus :* ubi hæc peculiaris lectio animadvertenda est, *agnoscitur palatinus simul fuisse* pro *miles fuisse.* Post elogium, *Aurelii Prudentii Clementis Christiani poetæ περι στεφάνων, id est, de coronis liber.* Solum autem hoc libello conti-

889 Jam Roma Christo dedita,
Laurentio victrix duce
890 Ritum triumphas barbarum.
5 Reges superbos viceras,
Populosque frenis presseras :
Nunc monstruosis idolis
Imponis imperii jugum.
Haec sola deerat gloria
10 Urbis togatae insignibus,
Feritate capta gentium,
Domaret ut spurcum Jovem.

A Non turbulentis viribus,
Cossi, Camilli, aut Caesaris :
15 Sed martyris Laurentii
Non incruento praelio.
Armata pugnavit fides.
891 Proprii cruoris prodiga :
Nam morte mortem diruit,
20 Ac semet impendit sibi.
Fore hoc sacerdos dixerat
Jam Xystus affixus cruci,

GLOSSÆ VETERES.

2. Roma, *tu*. — Dedita, *tradita*, I.
4. Triumphas, *vincis*. — Barbarum, *gentilem*, I.
6. Frenis, *legibus*, I.
7. Monstruosis, *terribilibus*, I.
10. Togatae, *nobili, pacificatae*. — Insignibus, *ornamentis, eum absolutum est; cum adjectivum, gloriosis*, I.
14. Cossi, Camilli, *duorum ducum. Cossus Afrorum lingua rugosus, Camillus ingenuus. Cossi ducis, Camilli consulis*, I.
18. Prodiga, *perditrix; prodigus, qui porro adiens*,

B *id est, porro distribuens*, I.
21. Fore, *futurum esse*, I.
22. Cruci, *Gesta non habent, Xystum crucifixum, sed gladio jugulatum : quia crucem suam bajulat quisquis pro Christo animam ponit, quamlibet Xysti passionem vocamus crucifixionem. In hoc sensu potest accipi, quod hic dicitur : Jam Xystus affixus cruci : item crucis sub ipso stipite, id est, imminentis passionis agone*, Prag.

COMMENTARIUS.

nentur hymni S. Romani, SS. Petri et Pauli, S. Laurentii, S. Hippolyti, S. Cassiani, S. Agnetis, SS. octodecim martyrum Caesaraugustanorum, SS. Fructuosi et sociorum, et ex libro Cathemerinon *Hymnus divi Prudentii sumpto cibo*, sic enim inscribitur, et *Hymnus divi Prudentii post jejunium*. Post hymnos exstat epistola Jani Parrhasii ad Franciscum Medullam Atellanum, Mediolanensem Vicarium : in qua Sedulium et Prudentium multis in locis illustrat, et exponit, et nonnullas emendationes adjicit. In fine : *Impressum Mediolani, sumptibus Jani, et Catelliani Cottae, dexteritate Guillelmorum le Signerre fratrum.* Annus editionis colligitur ex privilegio Ludovici Francorum regis, ac Mediolani ducis die 1 Julii 1501, ex quo constat, *Sedulium atque Prudentium praestantissimos religionis nostrae poetas suis impensis (Jani) et industria nuper in lucem datos*, ubi etiam Janus dicitur *de vero Dei cultu benemeritus*. Hanc editionem ignorasse videtur Argelatus, qui in bibliotheca Mediolanensi editiones ante annum 1501 factas aggressus recensere, alias antiques anni incerti, et editionem Claudiani anno 1501, opera Parrhasii procuratam, commemoravit, hanc Sedulii et Prudentii penitus omisit. Cum rarissima hac editione, casu inventa, uti jam coepissem, humanissimis litteris cl. Jacobi Morelli, custodis selectissimae bibliothecae S. Marci Venetiis, ad me datis accepi, eamdem editionem nuper bibliothecam S. Marci acquisivisse. Parrhasius codicem veterem videtur nactus, quo Sedulii carmen, et pauci hi hymni Prudentii tantum continebantur : in quo tamen sunt non paucae discrepantes lectiones minime temnendae, et fama ipsa celeberrimi editoris magnopere commendandae, quas accurate tanquam ex vet. cod. describam. Unum e praeclaris Blanchini argumentis pro Romano natali S. Laurentii est, quod Roma a Prudentio versu primo vocatur *fanorum parens*. Vim conclusionis ipse viderit. Nisi codicem illum suum vetustum Sacramentarii in tabulario Capituli Veronensis invenisset, ubi haec nova opinio tot saeculis quot jam malit, consepulta jacuerat, opinor, etiam isthaec arguendi ratio periisset. Certe Rupertus Tuitiensis non tam fuit acutus, qui lib. VI de Oper. Spiritus S., cap. 18, initium hujus hymni excripsit, et id collegit quod mox proferam. In Breviario Moz. festum S. Laurentii celebratur paucis strophis ex hoc hymno desumptis, quod propterea minus frequenter laudabimus.

2. Aldus contra metrum, *Christo dicata*.
4. Ald., Put., Ambr., Heinsius, Vat. A, Gis.,

C Bong., Fabr., *triumphas*. Vatt. B, P, Q, Urb., Alex., Mar., Weitz. et alii, *triumphans*. Rupertus legit *Ritus triumphas barbaros*.
6. Ald. et Rupertus mendose, *populos frenis*.
9. Weitz. cum Hailsbr., *derat*. Alex. *aberat*; ad oram, *deerat*.
10. Virgilius *gentem togatam* dixerat.
12. Infra vers. 248, *spurca stupra*.
13. Vat. A dividit et scribit *turbo lentis*. Weitz. cum Hailsbr., Widm., Vat. B, Mar. edidit *turbolentis*.
14. De his ducibus ejusque victoriis passim historici Romani. In codice Marietti supra charactere minuto additur diversa scriptura, sed inepta *Classica millia ut Caesaris*. Merenda, § 3 de Damasi Operib., evidenter hinc colligi ait Laurentium non minus Romae natum quam Cossum, Camillum et Caesarem. Contra Rupertus Tuitiensis loc. cit. cum hos ipsos versus retulisset, *Et quidem* (ait) *hoc de omnibus dici potuisset sanctae Romanae Ecclesiae martyribus, quia ducibus illis ritus Roma triumphavit barbaros, sed hic triumphi illius dux praecipuus est, quippe cujus mors insolita, sive inusitata, quasi totius belli tuba maxima universo mundo audita est, et jugiter personat.* Error vero metri est apud Rupertum *Camilli, atque Caesaris*.
16. Gifanius in vet. lib. invenit *incruente*, quasi Prudentius dixerit *incruens, ut opulens, suaviloquens*. Vide indicem Lucretii verbo *suaviloquens*. Facile ex *incruento*, quod alii omnes habent, exscriptor aliquis errans posuerit *incruente* : quanquam in Alex. etiam

D est *incruente*.
17. Ald., Brev. Moz., *pugnabat fides*.
18. Egm., Hailsbr. male, *cruoris prodita*. Horatius lib. I. ode 12, *Animaeque magnae Prodigum Paulum*.
21. Fabr., Bong., Hailsbr. supra, Gis. *fore haec*, Alii, *fore hoc*.
22. Alii scribunt *Xistus*, alii *Xystus*, alii *Sixtus*. Nebrissa scribendum ait *Xistus*, non, ut vulgus scribit litteris inversis, *Sixtus*. Fortasse alii homines *Sixti*, alii *Xysti* dicebantur, aut idem nomen utroque modo efferebatur. *Xystus* Graece est porticus, in qua athletae per hiemem exercebantur. Sichardus aliique putarunt hunc Xystum esse Xystum primum, qui Alexandro successit tempore Adriani Caesaris anno 116. Verum Xystus de quo in hoc hymno agitur est Xystus secundus, qui post Stephanum I pontificatum tenuit anno 257 sub Valeriano imperatore. Plerique affirmant Xystum capite truncatum fuisse.

Laurentium flentem videns
Crucis sub ipso stipite.
25 Desiste discessu meo
892 Fletum dolenter fundere :
Præcedo, frater, tu quoque
Post hoc sequeris triduum.
Extrema vox episcopi
30 Prænuntiatrix gloriæ
Nihil fefellit : nam dies
Prædicta palmam præstitit.
Qua voce, quantis laudibus
Celebrabo mortis ordinem ?
35 Quo passionem carmine

A Digne retexens concinam ?
Hic primus e septemviris,
Qui stant ad aram proximi,
Levita sublimis gradu,
40 Et cæteris præstantior,
Claustris sacrorum præerat,
893 Cœlestis arcanum domus
Fidis gubernans clavibus,
Votasque dispensans opes.
45 Versat tamen pecuniæ
Præfectus Urbi regiæ,
Minister insani ducis,
Exactor auri, et sanguinis.

GLOSSÆ VETERES.

32. *Palmam, coronam*, l.
39. *Levita, levita interpretatur assumptus, sicut diaconus minister.* — *Gradu, in ministerio*, l.
40. *Præstantior, nobilior, sublimior, quia præstat*, l.
44. *Votasque, oblatas*, Mar. *D. votas, votivas, oblatas.* l.

B 45. *Versat, cogitabat.* — *Famem, cupiditatem, desiderium*, l.
48. *Exactor, quæsitor*, l.

COMMENTARIUS.

Cyprianus epist. 82, al. 80, *in cœmeterio animadversum* ait, non vero *gladio animadversum*, ut multi jactant : quinquam gladii mentio in martyrologiis fit, ubi mors S. Xysti annuntiatur. Pamelius in notis ad Cyprian. Prudentii hunc locum exponit de cruce in genere pro quovis cruciatu, aut cujuslibet generis supplicio, et ita quidem explicat glossa Pragensis. Marcellus hanc ipsam interpretationem comprobat, qua Prudentius in hymno S. Vincentii vocat Vincentium collegam propriæ crucis Christi, cum constet Vincentium non fuisse cruci affixum. Favet etiam versus 234 in eodem hymno Vincentii, *Crucis peritus artifex*. Gallonius, de Cruciat. SS. martyr. pag. 65 et 66 probat equuleum et alia torquendi instrumenta cruces olim fuisse appellata. Cæterum, etsi interpretes communi consensu tradant solum Prudentium narrasse Xystum fuisse crucifixum, tamen in Hymnario Ven. Thomasii exstat hymnus in honorem S. Laurentii sine auctoris nomine ubi hæc lego : *Pontifex Xystus monuit ministrum Fixos in ligno crucis, Exsequeris Me cito.* Exstat in eodem Hymnario alius hymnus in Lonetem S. Laurentii sub S. Ambrosii nomine, et alius ex hoc Prudentii hymno confectus. Bollandiani non audent temeritatis notam ei inurere, qui verbum Cypriani *animadversum* cum Prudentio determinet ad mortem crucis.
25. Recte notavit Barthius lib. XLI Advers., cap. 11, *discessu* et *discedere* a veteribus Christianis pro *morte* et *mori* usurpari, ex Prudentio et Cassiano. In editione Weitzii ad hunc versum nota hæc Nebrissæ apponitur DISCESSU MEO, *quo a te divellor per mortem*: *Qua voce poeta dicit se imparem ad describendam tam grandem materiam.* Quid hæc sibi v lint ? D Disjunge hæc verba, et ad vers. 33 differ notam, QUA VOCE, *Poeta dicit*, etc. Ita enim in editione Hispana hæ notæ disjunguntur.
26. Weitzius, *fletus ;* alii, *fl. tum.*
30. Hymn. ven. Thom., *pronunciatrix.*
32. Vat. A perperam, *prædictam.* Thom. *palam*, repugnante metro. Put., Noms., *pratulit*, hoc est præ se tulit, ut Heinsius explicat.
34. Parrhasius, *celbrabo*, nescio an consulto, nihil enim in hoc versu correxit, ut fecit in aliis. Metri lex *celebrabo* admittit.
37. Parrhasius scribit bene *septemviris*. Sozomenus lib. VII, cap. 19 : *Apud Romanos diaconi non plures sunt hactenus quam septem instar eorum qui ab apostolis primum ordinati sunt. Apud alios vero haudquaquam definitus est diaconorum numerus.* Adhuc in Ecclesia Romana idem numerus constat in septem

C diaconis cardinalibus. Officia primi diaconi sive archidiaconi egregie a Prudentio describuntur. Alii edunt *septem viris.*
39. Ald. distinguit *Levita sublimis gradu Et cæteris præstantior.* Dicitur *sublimis gradu*, quia primus erat et cæteris præstantior, et fortasse, dum diaconi ad aram proximi astabant, primus diaconus sublimiori gradu eminebat. Isidorus lib. II de Eccles. Offic., cap. 8 : *Ex hinc jam decreverunt apostoli, vel successores apostolorum per omnes Ecclesias septem diaconos, qui sublimiori gradu cæteris proximi circa aram Christi, quasi columnæ altaris assisterent.*
41. *Thesauro ecclesiæ*, ubi sacra supellex asservabatur, præerat primus diaconus. In S. Laurentio id agnoscunt Ambros us, Augustinus, Maximus, Leo, Petrus Chrysologus. De diaconorum cardinalium origine vide Panvinium in libro, qui est de Septem Urbis ecclesiis, cap. 5.
44. Chamillardus ait id esse ex sententia eorum dictum qui affirmant veteres Christianos etiam conjugatos paupertatem vovisse. Opes de quibus Prudentius erant certe oblatæ a Christianis. Verum etiamsi credamus, per votum paupertatis fuisse oblatas, non dum consequitur, omnes Christianos etiam conjugatos vovisse paupertatem.
45. *Fames pecuniæ*, ut apud Virgilium *Auri sacra fames*, et mox *Aurum*, quod ardenter sitis.
46. Ald., Weitz., Heinsiani minus antiqui, Vat. P, Q, Urb. et alii, *Urb's.* Duo vetustiores Heinsiani, Alex., Gis., Fabr., Parrh. et alii *Urbi.* De præfectus Urbis videri possunt Contelerius et Corsinius. Anno 258, quo B. Laurentius martyrii palmam adeptus est, præfectus Urbi dicitur fuisse Cornelius Secularis sub Valeriano imperatore. Errat Chronici Eusebiani, quo asseritur Laurentium sub Decio imperatore passum multos decepit. Simul cum prælecto Urbis imperatorem martyrio præsentem adfuisse, sine idoneis testibus Ignatius Comus affirmavit.
48. Aldus ediderat *Exactor hauriet sanguinis*, in emendatis correxit *Exactor auri, et sanguinis.* Nebrissensis correctionem non vidit, et censuit legendum *Exactor hausti sanguinis.* Neque Giselinus ad Aldi correctionem advertisse videtur, nam ex mss. emendatum locum exhibet. Parrhasius quoque jam ediderat *auri, et sanguinis.* In nonnullis vett. edd. legitur *Exactor haurit sanguinis.* Hoc minus eisdem verbis expressum *exactor auri* reperitur in antiquis inscriptionibus, ut apud Muratorium class. 9, pag. 1029, num. 8 : *Ex ctor auri et argenti trium provinciarum.* Unde apparet acumen Prudentii *Exact r auri,*

Q ia vi latentes eruat
50 Nummos, operta existimans
894 Talenta sub sacrariis,
Cumulosque congestos tegi.
Laurentium sisti jubet:
Exquirit aream ditibus,
55 Massis refertam, et fulgidæ
Montes monetæ conditos.
Soletis, inquit, conqueri,
Sævire nos justo amplius,
Cum Christiana corpora
60 Plusquam cruente scindimus.

A - Abest atrocioribus
Censura fervens motibus :
Blande, et quiete efflagito,
Quod sponte obire debeas.
65 Hunc esse vestris orgiis
Moremque, et artem proditum est :
895 Hanc disciplinam fœderis,
Libent ut auro antistites.
Argenteis scyphis ferunt
70 Fumare sacrum sanguinem,
Auroque nocturnis sacris
896 Astare fixos cereos.

GLOSSÆ VETERES.

50. Nummos, *a Numa Cæsare* (Lege *rege*), l.
54. Arcam, *ab arcendo visum*. — Ditibus, *aureis*, l.
55. Refertam, *plenam*, l.
56. Monetæ, *moneta dicitur, eo quod monet mentem inscriptione nomin's regis ne paracaraximi, id est falsi nummi fiant*. — Conditos, *absconditos*, l.
57. Conqueri, *causari, deplorare*, l.
61. Abest, *absit*, l.
65. Orgiis, *officiis, orgia ministeria; ministeriis vel*

B sacrificiis, l. *Orgia dicebantur sacrificia Baccho dicata: translato itaque nomine a sacrificiis ad sacrificia deridet impius judex Christi mysteria, in quibus vinum offerri prodiderat jam fama*, Prag.
66. Proditum est, *dictum est*, l.
68. Libent, *sacrificent*, l.
69. Scyphis, *vasculis*. — Ferunt, *dicunt homines*, l.
71. Sacris, *officiis*, l.

COMMENTARIUS.

et sanguinis. In museo Pio-Clementino inscriptionem his verbis conceptam, *Exactor auri*, in quadam basi memini me olim legere.
50. Etymologia *nummi* vel, ut alii malunt scribere, *numi*, a Numa, quæ a glossa asseritur, ridicula quidem videtur, sed auctorem habet Suetonium; quod tamen ineptum videtur Scaligero in Conject., et Becmano de Orig. ling. Lat., qui Græcam originem repetunt a νόμος, a quo est *nomisma*, de quo paulo post. Alii cum Varrone vocem Siculam affirmant esse.
55. *Sisti* proprie de reo, qui ad tribunal judicis trahitur, quod notavit Peveralus ex Actis martyrum, Apuleio, et veteris inscriptionis versiculo. SISTI . QVAE
C EVACTOS . IVBET . AD . VADIMONIA . MORTI.
56. Nebrissa *montes* monetæ Hispanice explicuit *montones*. Respicit fortasse Prudentius ad proverbium *aureos montes polliceri*.
60. Weitz. cum solo Hailsbr., *scidimus*. Retine *scindimus*.
63. Rat., Vat. B, *afflagito*.
64. Ald., *quos*; Egin., *quo*. Verum est *quod*. In Vat. A abest *obire*. Vat. B, Prag., *adire*; Mar., *obire*, ad oram *obedire*, vel *adire*; sed *obedire* non congruit metro.
65. *Orgia* peculiari significatione ea sacra sunt in quibus mysteria et sacramenta peragebantur: et hac de causa nocturna Christianorum sacra orgiis comparantur ab ethnicis, qui sæpius suis in orgiis ad nefanda facinora initiabantur. Si de vino, quod in Christi sanguinem convertitur, ethnicis aliquid subobluerat, hac ratione nocturna Christianorum sacra *orgia* fortasse appellabant, tanquam sacra Bacchi seu Liberi. Cum autem orgia simpliciter accipiantur pro quibusvis cæremoniis, ut auctor est Servius ad IV Æneid., etiam hoc sensu orgia hic locum habent. Etymologia ab aliis diciour ἀπὸ τῆς ὀργῆς, id est furore vel ira, ab aliis ἀπὸ τῶν ὀρῶν, id est montibus, quod in montibus fierent. Virgilius lib. IV, vers. 302 : *Ubi audito stimulant trieterica Baccho Orgia, nocturnusque vocat clamore Cithæron*. Ab aliis ἀπὸ τῶν ὀργάδων, scil.cet a locis deo alicui consecratis.
67. Rat., *Hanc esse disciplinam fœderis:* sed *esse* ex glossa aliqua contra metrum immissum est.
68. In Mar. codice abest *ut*, recte additum supra. Calices aliquando ligneos, vitreos, marmoreos, corneos fuisse in nonnullis ecclesiis, vel ob penuriam earum, vel ob incuriam ministrorum, vel quod gentilium cupiditatem et avaritiam vellent Christiani ef-

fugere, satis certum videtur. Fuisse autem plerumque ejusmodi vasa sacra aurea et argentea non obscure ex hoc loco colligitur; quod confirmat S. Ambrosius, lib. II de Officiis, cap. 28 : *Nunquid dictum est S. Laurentio : Non debuisti erogare thesauros Ecclesiæ; vasa sacramentorum vendere?... In his tribus generibus vasa ecclesiæ etiam initiata confringere, conflare, vendere licet*. Tempore S. Augustini qualis esset hac de re fidelium persuasio, luculenter comprobatur paucis ejus verbis, in alium usum prolatis, epist. 26: *Si calicem aureum invenisses in terra, donares illum ecclesiæ Dei*. Confer prolegom. cap. 13.
69. Weitz. scribit *scyfis* cum Hailsbronnensi, In Widm. est *sciphis*.
70. Vat. A, *libare sacrum*. Alludit præfectus ad fabulam de qua Minucius in Octavio : *Jam de initiandis tirunculis fabula tam detestanda quam nota est. Infans farre contectus, ut decipiat incautos, apponitur ei qui sacris imbuatur. Is infans a tirunculo farris superficie, quasi ad innoxios ictus provocato, cæcis, occultisque vulneribus occiditur : hujus proh nefas! sitienter sanguinem lambunt, hujus certatim membra dispertiunt, hac fœderantur hostia, hac conscientia sceleris ad silentium mutuum pignerantur*. Huic calumniæ Simon Magus, Menander, Carpocrates, Nicolaitæ et Gnostici occasionem præbuisse dicuntur, quod similia flagitiosa facta in suis sacris perpetrarent. Heraldus in notis ad Minucium ait calumniam istam omnibus Christianorum apologiis confutatam, neque inventum esse aliquem, qui ejus immanitatis uncum ullam hæreticorum vel levissima suspicione aspererit,
D adeoque existimat quæ de Gnosticis et Quintilianis Epiphanius, et nonnulli alii postea tradiderunt, ea omnia falsa esse et conficta. Confer etiam Elmenhorstium in notis ad eumdem Minucium. Gis. ait, ethnicos nonnullos *teste August*. Cereris et Bacchi adorationes Christianis malitiose impegisse. Fortasse hoc intelligit præfectus *fumare sacrum sanguinem*, scilicet vinum conversum in sanguinem. In Giselinoteste August. explicandum est *teste Augustino*. Chamillardus *teste Augusto* scripsit.
71. Cum tyranni in Christianos sævirent, non alio tempore hi poterant convenire ad sacra celebranda, nisi nocte. Tertullianus lib. de Fuga, cap. 14 : *Sed quomodo colligemus, inquis, quomodo dominica solemnia celebrabimus?... Si colligere interdiu non potes, habes noctem*.
72. De cereorum usu in ecclesia lege proleg. cap. 11.

Tum summa cura est fratribus,
Ut sermo testatur loquax,
75 Offerre fundis venditis
Sestertiorum millia.
Addicta avorum prædia
897 Fœdis sub auctionibus
Successor exhæres gemit,
80 Sanctis egens parentibus.
Hæc occuluntur abditis
Ecclesiarum in angulis,
Et summa pietas creditur
Nudare dulces liberos.
85 Deprome thesauros, malis
Suadendo quos præstigiis

Exaggeratos obtines :
Nigrante quos claudis specu.
Hoc poscit usus publicus,
90 Hoc fiscus, hoc ærarium,
Ut dedita stipendiis
Ducem juvet pecunia.
Sic dogma vestrum est, audio.
Suum quibusque reddito.
95 En Cæsar agnoscit suum
898 Nomisma nummis inditum.
Quod Cæsaris scis, Cæsari
Da : nempe justum postulo.
Ni fallor, haud ullam tuns

GLOSSÆ VETERES.

73. Tum, *insuper*. — Fratribus, *vobis*, Iso.
75. Fundis, *possessionibus, agris*, I.
76. Sestertiorum, *talentorum : sestertium quinque sextarii, id est duo scrupuli et semis.* I. *Sestertius, ut quidam aiunt, quinque stateres valet, st·ter autem 2 didragmas, didragma autem 2 dragmas, una autem dragma 3 denarios facit*, Mar.
77. Addicta, *assignata, id est ab avis addictà hæredibus, vel deputata, tradita*, Iso.
78. Fœdis, *quibus vobis fœde augetis.* — Auctionibus, *venditionibus*, I.
79. Exhæres, *carens hæreditate*, I.
80. Sanctis, *ironice*, I.

81. Occuluntur, *absconduntur, occultantur*, I.
86. Præstigiis, *maleficiis, doctrinis, præstrigia dicuntur a præstringendo, eo quod præmoneant hominem, et constringant timere suis demonstrationibus*, I.
87. Exaggeratos, *accumulatos*, I.
89. Poscit *indiget*, I.
90. Fiscus, *sacculus in quo publica pecunia portabatur.* — Ærarium, *gazophylacium*, I.
91. Dedita, *tradita.* — Stipendiis, *publicis*, I.
94. Suum, *proprium*, I.
96. Nomisma, *imaginem*, I.
98. Nempe, *quippe*, I.

COMMENTARIUS.

73. Weitzius inaptissime edidit *Tum summa est cura fratribus*, cum notaverit in Bong. esse *Tum summa cura est fratribus*, quod et metrum poscit et alii habent. Nam Aldus etsi ediderit *Tum summa est cura*, id in emendatis correxit. Notandum olim passim omnes Christianos vocatos fuisse *fratres*, ut etiam e sacris Litteris constat. Hinc gentiles nostris illudebant. Minucius: *Ac se promiscue appellant fratres et sorores*. Animadvertendum sacra hæc nomina gentilibus fuisse inter lasciva et amatoria : hoc ergo per calumniam innuere volebant gentiles apud Minucium.

75. Ex prima Ecclesiæ disciplina Act. apost. iv, 34, 35: *Quotquot enim possessores agrorum aut domorum erant, vendentes afferebant pretia eorum quæ vendebant, et ponebant ante pedes apostolorum.* Qui nostro ævo antiquæ Ecclesiæ paupertatem vulgo jactant, si ad hanc consuetudinem revocarentur, potius nostros mores laudarent, quibus ecclesiasticis ministris non tam nova dona offeruntur, quam vetera auferuntur.

76. Sestertius appellatus fuit quasi semistertius, quia valebat asses tres dempto semisse. Sestertium neutro genere valebat mille sestertios. In veteribus libris pro *sestertius* scribitur *IIS.*, vel *IIS.*, quia duæ lineolæ asses binos notant, S. vero semissem. Vossius in Etymologico ait sestertium genere virili esse nummum argenteum quatuor assium, sive quartam partem denarii, qui sexdecim valebat assibus. Prudentius speciem pro genere ponit.

77. Rat. male a prima manu, *addita* pro *addicta*. Pro *addita* apud jurisconsultos *addicta* usurpatur : exstatque titulus in D. de in diem Addictione, ubi Paulus: *In diem addictio ita fit : Ille fundus centum esto tibi emptus, nisi si quis intra calendas Januarias proximas meliorem conditionem fecerit, quo res a domino abeat*. Weitzius ex Rudolpho Forner. lib. v Rer. quotid., cap. 23, observat juris auctores non facile permittendum credidisse, ut quis majorum prædiis, laribus, sepulcris carere cogeretur. *Inde prædia paterna, vel avita abalienare minus honestum, contraque distracta recuperare laudabile semper habitum est.* Id tamen ita est accipiendum, ut honesta præsertim religionis causa interveniente laudabile sit abalienare, quod nulla lege debet retineri, aut ad posteros transmitti. Calumnia vero est, quod parentes Christiani liberos exhæredare consueverint, ut objicit præfectus.

78. In glossa non satis liquet an *quibus*, an aliud legi debeat.

80. Vat. A, Prag., *satis*: lege *sanctis*. Ironice loquitur præfectus, et ut vocabulum Christianorum ipsis exprobret : nam *sancti* hi dicebantur, ut liquet in epistolis S. Pauli : *Dilectis Dei, vocatis sanctis*.

86. Scribunt *præstrigiis* Weitzius, Wilm., Parrhasius, Put., et nonnulli alii. Vide Comment. ad vers. 160 hymn. 4 Cath. In *præstringere* est etiam quædam scribendi varietas : nam aliqui malunt exarare *præstinguere*.

87. Vat. A, *exaggerandos*, minus bene.

90. Nebrissa recte ita distinguit, ut fiscus sit principis ærarium reipublicæ.

91. Heinsius cum Put., *ut didita*, quomodo Cauchium restituisse innuebat Torrentius. Schedæ Catchii et Parrhasius, *debita*. Alii, *dedita*. Vat. Q. mendose, *suspendiis* pro *stipendiis*.

94. Hailsbr. supra, *reddite*.

96. Ald. Weitz., aliique edd. et mss. constanter *nomisma*, nisi quod in Alex. scribitur *numisma*, in editione Parrhasii *numismia*, in Vat. Q videtur esse *nommisma*, in nonnullis Vulg. *numisma*. Heinsius ait non esse audiendum Wowerum, qui ad Minucium castigabat *Ænigma nummis inditum*, etsi consentientem habuerit Joannem Gerardum Vossium. Wowerus quidem dicit fortasse rectius esse *œnigma*. Sed (addit) νόμισμα et χάραγμα et *nummum notat*. De nomismate vide supra comment. ad vers. 50, et Glossarium Ducangii.

97. Matth. xxii, 19, et seqq.: *Ostendite mihi numisma census. At illi obtulerunt ei denarium. Et ait illis Jesus : Cujus est imago hæc et superscriptio ? Dicunt ei : Cæsaris. Tunc ait illis : Reddite ergo quæ sunt Cæsaris Cæsari, et quæ sunt Dei Deo.*

98. Parrhas., *Da. Nempe justum postulo ?*

99. Hailsbr., *aut*, ex quorumdam veterum scribendi ratione, pro *haud* vel *haut*, ut scribit Weitz. Romarius edidit *aut*.

100 Signat Deus pecuniam.	A Habetque nostra ecclesia
Nec cum veniret, aureos	115 Opumque et auri plurimum,
Secum Philippos detulit :	Nec quisquam in orbe est ditior.
Præcepta sed verbis dedit,	Is ipse tantum non habet
Inanis a marsupio.	Argenteorum ænigmatum
105 Implete dictorum fidem.	Augustus, arcem possidens,
Quam vos per orbem venditis :	120 900 Cui nummus omnis scribitur.
899 Nummos libenter reddite :	Sed nec recuso prodere
Estote verbis divi es.	Locupletis arcam Numinis :
Nil asperum Laurentius	Vulgabo cuncta, et proferam
110 Refert ad ista, aut turbidum.	Pretiosa quæ Christus tenet.
Sed ut paratus obsequi,	125 Unum sed orans flagito,
Obtemperanter annuit.	Induciarum paululum,
Est dives, inquit, non nego	

GLOSSÆ VETERES.

100. Signat, *vindicat, curat*, I. — *Nomen illius non scribitur in nummis*. Vat. A.

101. *Aureos, Mancusa, Philippei Mancosi; sed hic Philippos metri causa. Mancuosa Philipp's est civitas de qua in Evangelio : Venit Jesus in partes Cæsareæ Philippi*, I. — *Philippeos, id est, Bizan eos, vel Mancosos, alio modo Mancones, vel denarios aureos*. Vat. A.

106. Venditis, *sparg tis*, I.

110. Refert ad ista, *respondet*, I.

112. Annuit, *consentit*, I.

117. Tantum, *tam multum*, I.

118. Ænigmatum , *figuras , denariorum. Ænigma obscura parabola; inde ænigma dicit nummorum; nam metallis insensat s, obscuris, nomen regis capitur et imponitur*, I. — *Denariorum*. Mar.

119. Augustus, *Octavianus*, I.

122. Locupletis, *divitis , locuples talentis*. — Arcam Numinis *thesaurum Dei*, I. — Numinis, *id est D.i*. Vat. A.

COMMENTARIUS.

100. Tertullianus cap. 10 Apolog., *Ab ipso Saturno primum tabulæ, et imagine signatus nummus*. Minucius Jano attribuit, quod Italos docuerit *nummos signare*. Id Lampridius in Alexandro Severo dixit *nummos figurare*. Ducangius alique putant Justinianum anno 685 circiter Christi signo nummos primum figurasse. Illi quidem Prudentius versus probare possunt tempore S. Laurentii non fuisse nummos Christi imagine aut nomine signatos; non autem recte allegantur ad probandum id ætate Prudentii non accidisse. Nam Prudentius ex persona præfecti accommodate ad hujus tempora loquitur.

102. Egm., Hailsbronnens., Vat. P, male, *Philippus*. Vat. A, Urb., *Philippeos*, Alex. *Filippos;* lege *Philippos* a Philippo rege ita dictos. Horatius *regale numisma Philippos*. Glossæ exponunt *Bizanteos*, seu *Mancosos*. Gloss de Mancuosa civ tate Philippi aut corrupta est, aut inepta, aut utrumque.

104. Parrhasius scribit *marsyppio*.

106. Ald., Vat. A a prima manu, Oxon., Gis. in textu, Vat. Q, Urb., *quæ vos*, scilicet *dicta :* plerique *quam*, nempe *fidem*. Put., *qua;* etiam Alex., *quæ; sed* supra, *quæ* cum Vat. P et aliis.

113. Gis. ad marg., *Prædives, inquit*.

115. Gis. ad oram, *opesque et auri*.

116. Ald., Mar. a prima manu, Bong., omittunt *est* post *orbe*.

118. Nebrissa legendum ait *emblema um*, et intelligit vasa emblematis insignita. Revera ita legit Parrhasius, et Weitzius testatur quædam exemplaria habere *emblematum*. Vera tamen est lectio *ænigmatum*. Giselinus ex Huberto Goltzio observavit aversas numismatum epigraphas, quæ summorum virorum officia et munera, sæpe etiam propria symbola centis signis ostendebant, vulgo, exteris posterisque vere ænigmata fuisse. Argumento sunt in eum usum scripta a Joanne Pierio hieroglyphica. In glossariis Latino-Barbaris ænigma moneta dicitur. Gothofredus, lib. ix cod. Theod., tit.22,lege 1, opinatur Prudentium *ænigmata* vocare numismata Cæsarum effigie cusa, et in veteri glossario *ænigma* monetam exponi confirmat. Addit Arabes numismata Christianorum quæ caput humanum præferunt, vocare *methalia*, quod verbum proprie significat εἰκόνας. Hinc Hispani et Itali vocant *medallas* et *m_daglie*, vel potius a *metallo*.

119. Io ridicule Augustum exponit Octavianum Omnes imperat res Augusti appellabantur. Suspicabar legendum Augustus, arcam possidens, *Cui nummus omnis scribitur*. Neque refert quod paulo post occurrat *Locupletis arcam Numinis*, nam Prudentius sæpe idem verbum in brevi orationis periodo repetit, et hoc loco concinnum est comparare locupletis Numinis arcam arcæ, *cui nummus omnis scribitur*, sive in qua nummi undique congerantur. Veteres arcam fisci, publicam, vel populi pro ærario interdum usurparunt, ut ex inscriptionibus veteribus patet. Erant etiam arcæ pontificum, collegiorum, privatorum : unde arcarii dicti qui eas administrabant. Erant præterea arca vinaria, olearia, frumentaria, quæstoria, de quibus vide Gothofredum lib. xii cod. Theod., tit. 6, lege 14, et Salmasium not. in Ælium Lampridium; et de arcis ecclesiarum Ducangium. Si legatur *arcem*, simpliciter arx ponitur pro imperio, ut notavit Barthius lib. v Adv., cap. 12, ex glossa veteri in codice prisco ad vers. Prudentii in Psychomachia, *Et Christum gaudere suis victoribus arcem*.

120. Nebrissa et alii interpretantur imaginem Augusti in omni nummo scribi. Sic Juvenalis dixit sat. 6, vers. 204 : *Scripto radiat Germanicus auro*. Potest etiam intelligi cui *Augusto*, sive arci, aut arcæ *nummus omnis scribitur, sive penditur*. Scribere nummos alicui dicitur, qui pro iis in certiam diem solvendis creditori cavet chirographo. Vide Plautum Asin. 2, 4, 34, et Horatium ii, sat. 3, vers. 69.

122. Vat. B, Prag., Mar. a prima manu, *minis*, ma e, pro *nummis*. Tertullianus et Augustinus vocant etiam arcam, Paulinus mensam, Cyprianus corbonam, alii gazophylacium, secretarium, sacrarium, ubi scilicet opes ecclesiæ servabantur. Prudentius ante vers. 42, *cœlest s arcanum domus*. Vide Rosweydum ad Paulini epist. 34, et Binghamum tom. I. pag. 333, lib. ii, cap. 21, ubi probat archidiaconum vocari *arcæ custodem*. Paulinus Petricordius, lib. iv de Vita S. Martini, *Protinus astanti diacono, quem more priorum Antistes sanctæ custodem legerat arcæ*.

123. Prag. scribit *volyabo*.

124. Ald., *quæ Christi*, minus bene.

126. Nebrissa recte notat vocem i*nduciarum :* quia scilicet Laurentius post triduum bellum cum præfecto gesturus erat.

Quo fungar efficacius
Promissionis munere.
Dum tota digestim mihi
150 Christi supellex scribitur :
Nam calculanda primitus,
901 Tum subnotanda est summula.
Lætus tumescit gaudio
Præfectus, ac spe devorat
155 Aurum, velut jam conditum
Domi maneret, gestiens.
Pepigere tempus tridui :
Laudatus inde absolvitur
Laurentius, sponsor sui,
140 Et sponsor ingentis lucri.
Tribus per Urbem cursitat
Diebus : infirma agmina,
Omnesque qui poscunt stipem,
Cogens in unum et congregans.

A 145 Illic utrisque obtutibus
Orbes cavatos præferens
Baculo regebat prævio
Errore nutantem gradum.
Et claudus infracto genu,
150 **902** Vel crure trunco semipes,
Breviorve planta ex altera,
Gressum trahebat imparem
Est ulcerosis artubus
Qui tabe corrupta fluat ;
155 Est cujus arens dextera
Nervos in ulnam contrahat.
Tales plateis omnibus
Exquirit, assuetos ali
Ecc'esiæ matris penu,
B 160 Quos ipse promus noverat.
Recenset exin singulos,
903 Scribens viritim nomina,

GLOSSÆ VETERES.

127. Fungar, utar. — Efficacius, operosius, melius, perfectius, I.
128. Munere, officio, I.
129. Digestim, ordinatim, ordinabiliter, rationabiliter, I.
130. Supellex, substantia, thesaurus, I.
131. Calculanda, numeranda, ordinanda, I.
132. Summula, numerus. Stipendium dicitur summula a sumendo, I.
136. Gestiens, gaudens, exsultans, Iso.
139. Sponsor, promissor, I.
143. Stipem, eleemosynam, I.
144. Cogens, colligens, I.

145. Illic, scilicet fuit. — Obtutibus, visibus, I.
146. Orbes, orbes dicunt vestigia aratri, sed non hic, nam scilicet sunt cavati oculi, I.
149. Infracto, valde fracto : genuh habens, sed non utitur, I.
150. Trunco, syncope, I.
153. Est, scilicet illic, Iso.
154. Tabe, a tabe, Iso.
155. Arens, arida, Iso.
159. Penu, ærario, cellario, I.
161. Exin, mox, deinde, unde, exinde, I.
162. Viritim, sigillatim, per singulos, ordinatim, singulariter, per singulos viros, I.

COMMENTARIUS.

130. In editione secunda Cellarii et in Parmensi scribitur suppellex, quod non patitur lex carminis.
131. Parrhasius, Nam calculandum primitus. Calculare occurrit apud Sidonium et alios non veteres ; calculator apud Martialem, Ulpianum et vett. inscriptiones.
132. Alii habent tum, alii tunc.
134. Ald., Mar., Rat., Ambr., et alii antiquissimi Heinsiani, Parrhasius, Gis. spem devorat. Weitz. cum Pal. restituit spe devorat, ut legitur in Vatt. A, B, Alex., Rott., et conjectaverat Cauchius. Peveratus etiam legerat spe devorat, ac similem phrasim ex Cicerone pro Flacco allegaverat : Amissum enim est præter spem, quod erat spe devoratum. Veteres legebant et distinguebant ac spem devorat, Aurum, etc.
136. Fortasse præ oculis habuit locum Ciceronis in Pisonem : Nummus interea mihi, Cæsar, neglectis ferculis triumphalibus, domi manet, et manebit.
138. Rat., Laudatur, inde absolvitur.
141. Hailsbr. inepte, per orbem.
143. Nonnulli scribunt omnisque.
144. Ald., Parrhasius, Gis. ad oram, Weitz. scripti Heinsiani et nostri, Cogens in unum, et congregans. Fahr., Gis. in contextu, Cogens in unum congregat.
149. Parrhasius, est claudus pro et. Vat. B, gradu ; supra, genu.
150. Mar., truncus semipes, supra trunco. Rat., truncus, semipes.
151. Tria claudorum genera de cribr, fracto genu, trunco crure, breviore planta altera,
156. Rott., in unum contrahat. Egm., in ulnam contrahit. Ulna est os brachii.
158. Weitz. scribit asuetos, quia ita invenit in Widm. Sæpe dixi ineptissimum esse ex unius vel alterius codicis errore certam scribendi rationem sequi.
159. Laudabilis olim hæc erat consuetudo, ut ec-

clesiarum penu pauperes alerentur ; quæ maxime viguit in Ecclesia Romana omnium Ecclesiarum matre ac magistra ; quamvis quævis Ecclesia mater eorum qui in ea educantur recte etiam dicatur. Ante fores ecclesiæ pauperes consistebant, ut eleemosynas acciperent. Vide vers. 178.
160. Omnes vett. edd., etiam Parrhasius, ediderant ipse primus. Ile usius ex Put. restituit promus, quod in Boher. pervetusto confirmatum reperit. Teollus in uno Vat. invenit promus, qui fortasse est Alex., ubi id videtur esse pro divilect. In Vat. P est primos. Recentiores omnes sine ulla dubitatione arripiunt promus. Et sane promus convenienter dicitur, quia præcess t penu, et diaconi arcæ ecclesiæ præerant, ut notat Heinsius. Addo ex S. Paulino epist. 12 ad Severum inscripti : nem a dextra apsidis : Hic locus est, veneranda penus, qua conditur, et quia Promitur alma sacri pompa ministerii. Itaque primus diaconus, qui penum fidis gubernabat clavibus, ut ante dicebat
D Prudentius (nam cœlestis arcanum domus est hæc penus) non immerito promus, et promus condus vocabitur. Nihilominus non penitus damno communem tot codicum lectionem primus, quæ etiam exstabat in antiquissimo codice Bollandianorum sæculi vIII aut IX. Potest enim intelligi Laurentium novisse pauperes, quia primus erat e septemviris seu diaconibus, ut vers. 37 expressum est, et ad primum diaconum cura pauperum spectabat, ut ex vers. 44 patet, Votasque dispensans opes, et colligitur ex concil. IV Carth. can. 47 : Ut episcopus gubernationem viduarum, pupillorum, ac peregrinorum non per se ipsum, sed per archipresbyterum, aut per archidiaconum agat. In comment. Ezechiel. cap. 48, Hieronymus ait : Qui primus fuerit ministrorum, quia per singula concionatur in populos, et a pontificis latere non recedit, injuriam putat, si presbyter ordinetur.

Longo et locatos ordine
Astare pro templo jubet.
165 Præscriptus et jam fluxerat
Dies : furebat fervido
Judex avarus spiritu,
Promissa solvi efflagitans.
Tum martyr : Assistas velim,
170 **904** Coramque dispostas opes
Mirere, quas noster Deus
Prædives in sanctis habet.
Videbis ingens atrium
Fulgere vasis aureis,
175 Et per patentes porticus
Structos talentis ordines.
It ille, nec pudet sequi.
Ventum ad sacratam januam :
Stabant catervæ pauperum,

A 180 Inculta visu examina.
Fragor rogantum tollitur :
Præfectus horrescit stupens
Conversus in Laurentium,
Oculisque turbatis minax.
185 Contra ille, Quid frendens, ait,
Minitaris? aut quid displicet?
Num sordida hæc, aut vilia?
Num despuenda existimas?
905 Aurum, quod ardenter sitis,
190 Effossa gignunt rudera
Et de metallis squalidis
Pœnalis excudit labor.
Torrens vel amnis turbidis
Volvens arenis implicat,
B 195 Quod terrulentum ac sordidum
Flammis necesse est decoqui.

GLOSSÆ VETERES.

164. Pro templo, *coram*, I.
165. Præscriptus, *a judice, deputatus.* — Fluxerat, *venerat, præteriit*, I.
168. Efflagitans, *postulans.* I.
169. Tum martyr, *ait.* — Assistas, *ut*, I.
170. Coramque, *palam*, I.
175. Patentes, *amplas*, I.
176. Structos, *cumulatos*, Mar.
181. Fragor, *clamor*, I.

183. In Laurentium, *contra Laurentium*, I.
188. Despuenda, *contemnenda*, I.
189. Sitis, *desideras*, I.
190. Rudera, *arizzi, vel stercora. Rudera dicunt maceriam ruinæ*, I.
192. Pœnalis, *durus.* — Excudit, *fabricat, excoquit*, I.
194. Arenis, *sicut Pactolus et alii*, I.

COMMENTARIUS.

163. Teolius Ignatium Comum impugnat, quod affirmaverit Prudentium in his rerum adjunctis enarrandis paulo aliter ac in Actis referuntur, aut poetica licentia abusum, aut longe ab Urbe binis remotum Alpibus rem, uti accidit, non bene didicisse. Etsi autem descriptiones poeticæ amœniores narrationibus historicis esse debeant, tamen si qua sit in re ipsa varietas, fides potius adhibenda est Prudentio quam Actis anonymis. Nam quod ait Comus, Prudentium hunc hymnum fecisse juvenem, et antequam Romam venisset, et poeta palatinus fuisset renuntiatus, nugæ hæ sunt sine ullo idoneo auctore prolatæ.

164. Nunc ait *pro templo*, postea vers. 175, *ingens atrium*; vers. 175, *per patentes porticus*; vers. 178, *sacratam januam* : quæ omnia probant Romæ domum amplam fuisse in quam Christiani ætate S. Laurentii conveniebant; et quæ tunc saltem a præfecto Urbis fuerit cognita. Hujusmodi ædes sacræ a primis Christianis non appellabantur *templum*, quod hæc vox nescio quid consecrationis paganæ indicaret. De re plane constat. Ad I sæculum pertinet quod auctor Recognition. in fin. refert : *Theophilus, qui erat cunctis potentibus in civitate sublimior, domus suæ ingentem basilicam ecclesiæ nomine consecravit.* Eusebius, lib. VIII, cap. 1, narrat Christianorum numerum inter Valeriani et Diocletiani persecutionem adeo crevisse, *ut priscis ædificiis jam non contenti, in singulis urbibus spatiosas ab ipsis fundamentis exstruerent ecclesias.* Optatus Milevitanus lib. I testatur ante persecutionem Diocletiani basilicas plures fuisse quæ Christianis ablatæ sunt, postea restitutæ. De ecclesiis in ultima persecutione Diocletianea solo æquatis passim loquuntur Arnobius, Lactantius, Eusebius, Hieronymus, Augustinus, Theodoretus, Gildas, et alii.

165. Gis. *en jam* : in prima ed., *et jam*, quod reliqui habent.
166. Ald., Put., Oxon., *fervidus Judex avaro* : plerique, etiam Heinsius, et Parrhasius, *fervido Judex avarus*.
170. Ald., Sich., Mar., et nonnulli alii cum Gis., Weitz., *dispostas.* Castigatiores Heinsiani, Alex., *dispositas, quod a metro minime respuitur.* Parrhasius edidit *dispositas*, in emendationibus subrogavit *dispostas*, quod aures magis probant.

172. Utitur Laurentius voce ambigua *sanctis*, qua intelligi possent sacraria et secretaria ecclesiæ, seu arca, vel etiam ipsum templum, et simul significantur pauperes Christiani : nam, ut constitit ad vers. 80, sanctorum appellatio Christianis omnibus tribuebatur : *Sanctum* pro templo non est vox solum ad Latinitatem inscriptionum referenda, quod nonnulli putarunt. Persius pro templo posuit *sanctum* sat. 2, vers. 69 : *D cite, pontifices, in sancto quid facit aurum*.
181. Hailsbr., *fragor, supra clamor*.
183. Prag., *conversus ad*.
184. In Mar., Vatt. A, B, Rat. desideratur *que* post *oculis*.
185. Mar. a prima manu, Widm., *quid furens*.
186. Parrhasius emendavit *minaris* : sed probum est *minitaris*.
188. Parrhasius scribit *dispuenda*.
189. De siti auri vide vers. 43.
190. Sich. *stercora*. Retine *rudera*, Codex Ambr. scribit *offossa*, quod damnare non audet Heinsius; nam in veterrimis Maronis exemplaribus occurrunt *offugere, offulgere, offore, obvolvi aris*, et similia. Vide Comment. ad vers. 410. Psychomachiæ. In glossa *arizzi* vocabulum est quod solum Isonem habet auctorem apud Ducangium.
192. Mar. a prima manu, Prag., Rott., *excludit*. Vox *pœnalis* Paulini, Prosperi, Sedulii, Aviti et similium est. Tertullianus etiam de eadem re cap. 27 Apolog. : *Itaque cum vice rebellantium ergastulorum, sive carcerum, vel metallorum, vel hoc genus pœnalis servitutis erumpunt adversus nos.* De quo genere pœnæ agunt Gallonius et Sagittarius.
193. Rat., Bong., Widm., *et amnis* pro *vel amnis*. Vat. A, Egm., Hailsbr. a prima manu, *turbidus*.
195. Hac voce *terrulentus* usus etiam est in præf. Hamart., vers. 5.
196. Weitzius scribit *dequoqui* cum Hailsbr. Alii recte, *decoqui*.

Pudor per aurum solvitur,
Violatur auro integritas,
Pax occidit, fides perit,
200 Leges et ipsæ intercidunt.
Quid tu venenum gloriæ
Extollis et magni putas?
Si quæris aurum verius,
906 Lux est, et humanum genus.
205 Hi sunt alumni luminis,
Quos corpus arctat debile,
Ne per salutem viscerum
Mens insolescat turgida.
Cum membra morbus disjicit,
210 Animus viget robustior :
Membris vicissim fortibus
Vis sauciatur sensuum.
Nam sanguis in culpam calens
Minus ministrat virium,
215 **907** Si fervor effetus malis

A   Elumbe virus contrahat.
Si forte detur optio,
Malim dolore asperrimo
Fragmenta membrorum pati,
220 Et pulcher intus vivere.
Committe formas pestium
Et confer alternas lues,
Carnisne morbus fœdior,
An mentis et morum ulcera?
225 Nostri per artus debiles,
Intus decoris integri,
Sensum venusti innoxium
Languoris expertes gerunt.
Vestros valentes corpore
230 Interna corrumpit lepra,
Errorque mancum claudicat,
Et cæca fraus nihil videt.
Quemvis tuorum divitum,
B   Qui veste et ore prænitent,

GLOSSÆ VETERES.

197. Pudor, *castitas, verecunda*, I.
198. Integritas, *virginitas*, I.
199. Occidit, *deficit*, Iso.
201. Quid, *quare*. — Venenum, *avaris*. — Gloriæ, *aurum dicit*, I.
202. Magni, *pretii esse*, I.
204. Et, *etiam*. — Humanum, *scilicet aurum*, I.
205. Hi, *mendici*. — Alumni, *socii, vel filii*. — Luminis, *regni cœlorum*, I.
206. Arctat, *affligit*, I.
208. Insolescat, *superbiat, sine consuetudine vivat; intumescat*. — Turgida, *superba*, I.
209. Cum, *quando*. — Disjicit, *secat, consumit, lacerat; disperdo, disjicio*, I.
210. Viget, *interius*, I.

211. Vicissim, *mutuatim*, Iso.
212. Sensuum, *mentium*, I.
213. Nam, *quoniam*. — In, *ad*, I.
215. Effetus, *infructuosus, vacuatus*, I.
216. Elumbe, *infirmam libidinem, quia sine viribus facit, infirmum, debile, infirmam libidinem*. — Contrahat, *colligat*, I.
221. Committe, *compara*. — Pestium, *vitiorum*, I.
223. Carnisne, *utrum*, Iso.
227. Venusti, *pulchri*, I.
229. Valentes, *robustos*, I.
231. Mancum, *curve*, I. Adverbium. Prag.
233. Quemvis, *quemcunque affer*, I.
234. Ore, *facie*, I.

COMMENTARIUS.

200. Lucanus lib. III, vers. 118 : *Usque adeo solus ferrum mortemque timere Auri nescit amor: pereunt discrimine nullo Amissæ leges.* Virgilius, lib. VI, vers. 652, *Fixit leges pretio, atque refixit.* Verum de avaritia, radice omnium malorum, hujusmodi sententiæ passim sese offerunt.

201. Nebrissa explicat aurum esse venenum gloriæ, quia eo vera gloria perit, aut quia more christiano gloria accipitur pro vita æterna. Prima interpretatio magis placet : sic *pudor per aurum solvitur, violatur auro integritas*, etc.

204. Teolius ita hunc versum exponi posse arbitratur : *Si quæris aurum, illius splendore raptus, scias humanum genus esse lucem, et pauperes esse alumnos seu participes lucis.* Verius et simplicius Nebrissensis : *Christus, qui est lux mundi, et homines ab eo redempti.* Unde subdit : *Hi sunt alumni luminis; de quo lumine Joannes præbuit testimonium cap.* I. Sane Laurentius occasione auri, quod præfectus cupiebat, Christum verum aurum et lucem opportune illi prædicavit. Totus in cap. I Joannis, *Magno consilio utraque locutione Joannes in præsenti usus est : dixit enim : In ipso vita erat, ubi vita pro ea quam Verbum efficit et dat nobis, ponitur. Postea subjunxit : Et vita erat lux, ubi vita pro ipso Verbo, quod est causa vitæ, accipitur.*

209. De hoc verbo *disjicit, aut dissice,* ut plerique codd. scribunt, aut uno s *disicit,* ut habet Rat., dictum jam est ad hymn. 1 Cath., vers. 97. Ald., Fabr., Gis. in contextu, *dissecat.* Parrhasius, Gis. ad oram, Sich. et alii, *dissicit.* Gifanius in PROLEGG ait se in Ovidii et Prudentii mss. invenisse *dissicit*, et in quodam vet. Prudentii *disicit;* et apud Virgilium in vet. l.b. *dissice* constanter exaratum, monuisse. Pierium. Cæterum (adjit) *ut ingenue dicam quod sentio, de his*

C locis mihi non liquere profiteor, sed mutationes odi... Quærendum ergo amplius. Weitzius et Heinsius amplexi sunt *dissicit.*

210. Ep. II ad Cor., cap. XII, v 10 : *Cum enim infirmor, tunc potens sum.* Ludovicus a Ponte egregium librum edidit de Thesauro ægritudinum corporis.

211. Ald., *mentis.* Sich. cum id invenisset, recte restituit *membris.* Parrhasius jam ediderat *membris.*
213. Parrhasius *in culpam cordis*, quod metri lex non patitur.
215. Mar. scribit *fervos.* Hailsbr., *effectus malis.* Lege *effetus.*
222. Parrhasius primum scripsit *luces*; quod metro adversatur, correxit *vices* : sed melius est *lues.* Hailsbr., *alteras lues.*
228. Ald., Vat. A supra, Put., Oxon. et alii edd. atque mss., *laboris.* Urb., Vatt. B,Q, Weitz., Mar., Rat., Sich., *languoris,* quod rectius est. Alex., Parrhasius ser bunt *langoris.* Vat. O, mendose, *langores experti.* Weitzius edidit *languoris experti.* Lege *experies.*

D 231. Parrhasius, *errorque mancus.* Mar. pro div. scipt. *mance.*
233. Ald., Vat. A supra, Wiqm. supra, Fabr., Gis. prima ed., *principum.* Melius alii, *divitum,* ut respondeat mox *pauperum.*
234. Vat. A, *prænitet,* quod pro diversa scriptura a Weitzio indicatur, et exstat in Fabricio. Giselinus mendose edidit *pœnitent,* et correxit *prœnitent;* Heinsius et Chamillardus mendose etiam *pœnitent.* Ruinartius ex ms. S. Michaelis restituit *prænitent.* Verum *prænitent* jam olim exstabat in editione Aldina, et Tornæsiana an. 1553. Parrhasiana alibique. Suspicatur Ruinartius legendum *et auro:* quo fortasse alludit Alex., *Qui veste et oro prænient.*

235 **908** Magis probabo debilem,
Quam quis meorum est pauperum.
Hunc, qui superbit serico,
909 Quem currus inflatum vehit,
Hydrops aquosus lucido
240 Tendit veneno intrinsecus.
Ast hic avarus contrahit
Manus recurvas in volam,

A Plicans et uncis unguibus,
Laxare nervos non valet.
245 Istum libido fetida
Per scorta tractum publica
Luto, et cloacis inquinat,
Dum spurca mendicat stupra.
Quid ille fervens ambitu,
250 **910** Sitimque honoris aestuans,

GLOSSAE VETERES.

236. Pauperum, *scilicet sit*, I.
237. Serico, *purpura*, I.
239. Hydrops, *hunc*, I.
242. Volam, *in mediam palmam, med etas palmae*, Iso.
243. Uncis unguibus, *ungulis curris*, I.
246. Scorta, *scortum, quasi sortum. Sortum est solea: sicut enim solea maceratur in manu sutoris, sic pellicula meretricis ab adulteris*, I.
247. Cloacis, *lacubus, sordibus. Cloacae sunt loca in quibus adunatur stercus civitatis*, I.
249. Fervens, *ardens desiderio.* — Ambitum, *cupiditatem, honorem*, Iso.
250. Aestuans, *desiderans*, I.

COMMENTARIUS.

236. Ald., Bong., *meorum pauperum*, sine *est*.
237. Teolius ex Mazochio tom. I Specim. Biblic., dissert. 8, part. 2, etymon *serici* refert ad arborem *sorek*, cujus mentio fit Genes. XLIX, 11. De eidem origine jam disseruerat Bochmanus de Orig. Lat. ling. verbo SER ex Buxtorfio et Kimchio, qui tamen *sorek* proprie interpretantur surculus. Accipitur plerumque *sorek* pro vinea. Communis opinio etiam antiquissimorum scriptorum etymologiam repetit a *seribus*, quod nomen est animalium nentium metaxam, sive rude sericum, et populorum ubi haec animalia nutriuntur. Nonnulli ex arboribus sericum sine bombycum opere fieri putant: sed verius videtur, antiquos scriptores arborum mentionem facere, quod in arboribus vermiculi seres lanam, sive sericum texunt. De comparationibus morborum corporis cum vitiis animi videri possunt Chrysostomus, Basilius aliique SS. Patres, qui in eis explicandis frequentes sunt. Giselinus, quoniam medicum agebat, diligentius, et peritius, quantum quidem ad rem medicam pertinet, hos versus illustrat, cujus explicationem juvat proferre. Elatos homines ac superbos hydropicis similes facit Prudentius, quibus crudorum humorum copia vitiatae sanguinis massae affusa, cutim praetumidam reddidit. Ambitiosos, et honorum cupidos κενόσω laborantibus; his enim, cum a curis, vigiliis intensisque cogitationibus morbus oriatur, perpetua frigidae sitis, ampla et frequens exspiratio, bilis vomitus, immensus ac mordicans totius corporis calor fere adsunt. Avaros, et ὀξύχειρος, quod iis manus tenaces sint, et ad rapiendum paratae, chiragricis comparat: tales, ne dolo eam ab humore maligno in digitorum vincula, et articulos impacto excitatum augeant, neque manus adducunt omnino, neque etiam explicant: sed in medio quodam situ continent, qui et maxime doloris sit expers, et naturae consentaneus. Sic etiam malevolos obtrectatores h paucis seu splenetices: fortasse quod cum his omnia membra sint arida et prae inedia consumpta, tamen cibum fastidiant, bilis vomitione prorumpat, ungues denique a scalpendo non contineant: quae omnia ad calumniatores non illepide quis traduxerit. Invidos praeterea cum strumosis, seu χοιραδώδεσι confert, nec male, quoniam hujusmodi morbi genus adipem carni circumsitam, ipsamque adeo cutim exedit, et ulcus in dies serpendo ulterius reddit malignius. Postremo idolatras regio morbo laborantibus non dissimiles esse ait, quod quemadmodum isti, ut valetudinem recuperent, lectis mollioribus, ludis, lascivia que demulceri debent: ita infelices daemonum cultores, cum religio iis pro ludo et inani plebeculae terriculamento sit, ex impotenti fere mollitie, insolentia, et dissolutione oc caecitatis abripiantur. Rude et incultum quid iis Deus sonat. Dii immortales dicendi sunt eis sua fata, coeli cursus, orbiumque coelestium genios affingunt, idque animi causa, caeteroquin ἄθεοι, et nihil minus, quam immortalitatem somniantes. Quod ad ganeones attinet, qui se ad putidissima usque scorta complectenda abjiciunt, eos non aegrotis, sed infimae sortis hominibus foricas, latrinas, et cloacas everrentibus pares facit.

239. Ald., Heinsiani omnes, Fabr., Weitzius, nostri, Sich., *lucido*, et notat Nebr. ex Horatio, *Turgescit vitrea bilis*; ex Persio, *splendida bilis*; Heinsius vero ex Horatio, *Aquosus albo corpore languor*. Gis. ad oram, *lurido*, quod Heinsio non displicebat. Parrhasius, *livido*. Teolius ait *lucido* habere mss. omnes. *I rido* editiones. At pleraeque editiones clare *lucido* praeferunt.

240. Heraldus in Arnobium lib. II, pag. 149, plura de avarorum moribus habet, et hos ipsos versus ex Prudentio, quos tamen ex martyrio Vincentii desumptos per memoriae errorem dicit.

242. Gronovius, cap. 5 Observat. eccles, ex Widm. Weitzii legit *Manus recurvas in volam*, et cum in vulg. sit *Manus recurvas, et volam*, ipse restitui vult *Manus recurvas in volam, et Plicans*. Heinsius cum vulg. facit, et cum Heinsio Teolius, qui Heinsio favere melioris notae codices Vaticanos affirmat. Cellarius secutus est codicem Widmanianum, cui revera astipulantur Vat. B, Mar., Rat., Prag. Recte dicitur *contrahere manus recurvas in volam*, ut ver. 156, *Nervos in ulnam contrahat*. De avaris Psyc om. vers. 465, *Spoliisque ungues exercet aenos*.

243. Quod Gronovius volebat *in volam*, et *plicans aduncis unguibus*, conciunius ex nostris codicibus Mar., Rat., Prag., Vat. B, restituimus, scilicet *Plicans et uncis unguibus*, non *plicans aduncis*, ut hactenus editum est. Egm., Pal., Widman. supra minus recte, *ungulis* pro *unguibus*. Ungula dici solet de animalibus, quae digitos non habent. In Is one *ungulis* fortasse est diversa lectio.

246. In glossa corrigendum videtur *corium pro sortum*: nam etymon *scorti* trahitur a *corio*; et scortum proprie est pellis crassior.

248. Plautus Amph. act. IV, sc. 2, vers. 12: *Quia senecta aetate a me mendicas malum.*

249. Widm., Bong., Sich., Mar., Vat. B, Rat., *ambitum*, *Sitimque*, quod tenuit Teolius, quia ab Heinsio haec lectio commendatur. Ipse Heinsius edidit *ambitu*, *Sitimque*, ut exstat in Ald. et multis mss. Miratur Teolius Chamillardum adhuc habere cum vett. edd. *ambitu*, *Sitique*. At in Chamillardo idem lego quod in Heinsio, *ambitu*, *sitimque*, nisi quod Heinsius scribit *sitem* cum Egm. Becmannus verbo eo ex Pal. ms. legit *ambita*, et mendosum *ambitum* in aliis esse putat. Notat vero ambitum pro ambitione poni. De hac phrasi *aestuare sitim* vide comment. ad vers. 9, lib. I contra Symmachum.

250. Parrhasius cum aliis vett. edd., ut dictum est vers. sup., legit *ambitu*, *Sitique*.

PERISTEPHANON HYMN. II.

    Mersisne anhelat febribus,
    Atqué igne venarum furit?
    Quisquis tacendi intemperans
    Silenda prurit prodere,
255 Vexatur, et scalpit jecur,
    Scabiemque cordis sustinet.
    Quid invidorum pectorum
    Strumas retexam turgidas?
    Quid purulenta et livida
260 Malignitatum vulnera?
    Tute ipse, qui Romam regis,
    Contemptor æterni Dei,
    Dum dæmonum sordes colis,
    Morbo laboras regio.
265 Hi, quos superbus despicis,
    911 Quos exsecrandos judicas,
    Brevi ulcerosos exuent
    Artus, et incolumes erunt
    Cum carne corruptissima
270 Tandem soluti ac liberi,
    Pulcherrimo vitæ statu
    In arce lucebunt Patris:

A   Non sordidati, aut debiles,
    Sicut videntur interim;
275 Sed purpurantibus stolis
    Clari, et coronis aureis.
    Tum si facultas suppetat,
    Coram tuis obtutibus
    Istos potentes sæculi
280 Velim recensendos dari.
    Pannis videres obsitos,
    Et mucculentis naribus,
    Mentum salivis uvidum,
    Lipposque palpebra putri.
285 Peccante nil est tetrius.
    912 Nil tam leprosum aut putridum:
    Cruda est cicatrix criminum,
B   Oletque ut antrum tartari.
    Animabus inversa vice
290 Corrupta forma infligitur,
    Quas pulcher aspectus prius
    In corpore oblectaverat.
    En ergo nummos aureos,
    Quos proxime spoponderam,

GLOSSÆ VETERES.

251. Mersis, *occultis, in mentem mersis*, I.
254. Prurit, *quasi perurit, ardet. Prurigo ex ardore nimio venit*, I.
255. Vexatur, *se cœdit.* — Scalpit, *scabit*, I.
258. Strumas, *tumores, chelen.* — Retexam, *referam*, I.
259. Purulenta, *putrida, venenosa, a pus, puris*, I.
264. Morbo regio, *elephantico. Regius morbus, et arcuatus, et ictericus, et elephanticus. Regius ideo dicitur, quia non potest curari nisi regiis cibis; aut quod rationem mortis pandat; elephantinus, eo quod elephantino osse curetur: arcuatus, eo quod colorem arcus cœlestis habet*, I., Vat. A.

267. Brevi *tempore, statim*, I.
274. Interim, *nunc usque dum, hic est*, I.
277. Facultas, *possibilitas.* — Suppetat, *abundat*, I
280. Recensendos, *numerandos*, Iso.
282. Mucculentis, *sordidis. Murcus, qui præcisum habet nasum*, I.
284. Lipposque, *scilicet oculos.* — Putri, *humida*, I
285. Tetrius, *nigrius*, I.
286. Leprosum, *leprosus a laterum pruritu*, I.
289. Animabus, *vacat.* — Inversa vice, *una pars*, I
290. Forma, *imago*, I.
293. En ergo, *scilicet habes, præsentatim*, I.
294. Proxime, *nuperrime*, I.

C

COMMENTARIUS.

251. Parrhasius, *mersusne*, quod melius fortasse est quam *mersisne*. Hailsbr., habebat, male, pro *anhelat*.
256. Vat. A, *sordis*, supra recte *cordis*.
261. Ald., Pal., Parrhasius, Heinsius, cum aliis edd., *tute ipse*. Weitzius, *tu et ipse*, quod confirmant Vatt. A, B, Mar., Rat., Prag.
263. Heinsius cum Put., *colis*. Alii edd. et mss., *coles*, nisi quod Cellarius et Chamillardus Heinsio adhærent.
269. Weitz., *quin carne*. Alii, *cum*.
273. Mar., Rat., *ac debiles*.
276. Weitzius explicat coronas aureas martyribus donari ad similitudinem militum. Verum hic sermo est de Christianis pauperibus, qui in arce lucebunt Patris, si recte vixerint, sive martyres fuerint, sive secus. Omnes igitur qui vitam æternam consequentur, coronis aureis, quas vers. 926 Hamartigeniæ *rutilas* Prudentius vocat, donabuntur. Paschalius, de Coronis lib. VIII, cap. 5, ostendit ex Prudentio martyres Christi ad similitudinem militum, sicuti triumphatores tyrannicæ impietatis, coronis aureis insigniri.
277. Ald. et alii scribunt *tunc si*.
281. Terentius Heaut. II, 3, 53, *Pannis obsita, neglecta, immunda illuvie*.
285. Ald., *nihil*; ita edidit Parrhasi s. sed emendavit *nil*. Posset retineri *nihil* mono yl'abum, aut recepto tribrachy secundo loco.
286. Pro *aut*, Mar., Rat., Vat. P, habent *ac*. Egm.,

Hailsbr., Palat., Vat. A, Heinsiani potiores, *putidum* Ald., vett. edd., etiam Parrhasius, Vat. P, Q, Alex. Urb., Mar., Rat., aliique multi, *putridum*; neque video cur Teolius Vaticanos pene omnes pro *putidum* allegaverit. Heinsius quidem legit *putidum*, sed duabus manibus rationibus permotus, quia *putri* jam præcessit, et quia Prudentius primam in *putris* solet corripere. Nollem id ab Heinsio dictum. Nam præcessit *putris*, non *putridus*, et sensu nonnihil diverso. Quod autem Prudentius primam in *putris* corripere solitus sit, quid vetat quominus syllabam certo communem vel in *putris*, vel in *putridus* aliquando produxerit? Imo produxit in *putris* hymn. 7 Cath., vers. 9. *Arvina putrem ne resudans crapulam*.
288. Virgilius VI Æn., *Quam super haud ullæ poterant impune volantes Tendere iter pennis: talis sese* *halitus atris Faucibus effundens supera ad convexa ferebat. Unde locum Graii dixerunt nomine Avernum. Hinc fauces graveolentis Averni.*
289. Scriptores posterioris ætatis ita sæpe sunt locuti; et præponebant quidem participium *versa vice*, non *vice versa*: Prudentius metri causa *inversa vice*. In glossa *vacat* mendum cubare videtur. Prudentius ait, animabus quas olim pulcher aspectus delectaverat in corpore, econtrario corruptam formam infligi, quod explicat Nebrissa verbis Aristotelis in Ethic.: *Pœnæ medicinæ quædam sunt, ut quæ per contraria fieri debent, ut qui dum viverent erant ornatus studiosi, in morte sint deformati*

D

295 Quos nec favillis obruat,
     Ruina, nec fur subtrahat.
     Nunc addo gemmas nobiles,
     Ne pauperem Christum putes :
     Gemmas corusci luminis,
300 **913** Ornatur hoc templum quibus.
     Cernis sacratas virgines,
     Miraris intactas anus,
     Primique post damnum tori
     Ignis secundi nescias.
305 Hoc est monile Ecclesiæ :
     His illa gemmis comitur,
     Dotata sic Christo placet,
     Sic ornat altum verticem.

A   Eccum talenta suscipe,
310 **914** Ornabis urbem Romulam,
     Ditabis et rem principis,
     Fies et ipse ditior.
     Ridemur, exclamat fremens
     Præfectus, ac miris modis
315 Per tot figuras ludimur,
     Et vivit insanum caput !
     Impune tantas, furcifer,
     Strophas cavillo mimico
     Te nexuisse existimas,
320 Dum scurra saltas fabulam?
     Concinna visa urbanitas
     915 Tractare nosmet ludicris?

GLOSSÆ VETERES.

303. Damnum, *amissionem*, I.
304. Ignis, *amoris*. — Nescias, *viduas*, I.
305. Monile, *ornamentum*, I.
306. Comitur, *ornatur*, I.
307. Dotata, *ornata*, I.
309. Eccum, *ecce*, I.
317. Furcifer, *exclamative, succensor ignis*, I.
318. Strophas, *versutias, fraudes; versutias, stropha fraus quæ techna vocatur, unde strophosus fraudulentus vocatur.* — Cavillo, *derisione, vel deceptione. Ca-*

B *villum convicium cum joco; illusione vel deceptions derisoria*. — Mimico, *scurrili*, I.
319. Nexuisse, *involvisse*, I.
320. Saltas, *saltare facis, vel saltando dicis*, I.
321. Concinna, *composita*. — Visa, *scilicet est.* — Urbanitas, *eloquentia. Conveniens urbanitas, id est pulchritudo. Cinnum genus potionis ex diversis mixturis compositæ; inde concinna res, ex diversis composita sententiis*, Iso.

COMMENTARIUS.

295. Hailsbr., quod *nec*. Ex Luc. xii, 33 : *Facite vobis sacculos qui non veterascunt, thesaurum non deficientem in cœlis : quo fur non appropiat, neque tinea corrumpit.*
299. Ald., Gis. prima ed. in textu, *numinis*; melius alii *luminis*. Sic vers. 205, *Hi sunt alumni luminis :* quanquam hoc loco gemmarum splendor intelligi poterit.
300. Singulare hoc notandum, quod relativo *quibus* absolvatur stropha, raro trajectionis exemplo.
301. Mar. a prima manu, Prag., Widm., *cerne;* Hailsbr., *cernes*. Alii, *cernis*.
302. Bong., Fabr., Pal., Gis. prima ed., *mireris*, alii, *miraris*. Nebrissensis et Chamillardus *anus intactas* intelligunt esse viduas *ignis secundi nescias* post damnum primi tori, quamvis alias a Virgilio *intacta* virgo dicatur. Existimo hic etiam ipsas sacratas virgines vocari *intactas anus*, quod virginitatem ad senectutem conservaverint; tum his addi viduas *ignis secundi nescias*. Scilicet aliæ sunt intactæ, aliæ ignis secundi nesciæ. Aldus quidem et Parrhasius ita distinguunt, ut interrogationis notam post *intactas anus* apponant, et Iso glossam *viduas* apponit post *nescias*. Gothofredus, in lege 2 cod. Theod., lib. ix, tit. 25, suspicatur legendum *inv ras*, quasi univiras, seu viduas pro *vel inv tas*, quia a Prudentio hoc loco aliisque Patribus viduæ et virgines junguntur, raptusque earum exæquantur. Verba ejus legis, a Joviano latæ anno 364, ita habent : *Si quis non dicam rapere, sed vel attentare matrimonii jungendi causa sacratas virgines, vel invitas ausus fuerit, capitali sententia feriatur.* Conjicit præterea legi posse *vel non invitas*. Sed mihi sententia legis recte procedere videtur; scilicet prohibetur attentari matrimonii jungendi causa virgines sacratas, etiam non invitas, aliasque non sacratas invitas : quod pluribus confirmare possem, sed non vacat.
305. Hoc elogium virginum et viduarum addi poterit innumeris aliis quibus Christiana castitas merito celebratur. S. Cyprianus in libr. de Disciplina et Habitu virginum : *Flos est ille ecclesiastici germinis, decus atque ornamentum gratiæ spiritalis, læta indoles, laudis et honoris opus integrum atque incorruptum, Dei imago respondens ad sanctimoniam Domini, illustrior portio gregis Christi. Gaudet per illas, atque in illis largiter floret Ecclesiæ matris gloriosa fecunditas :*

quantoque pius copiosa virginitas numero suo addit, tanto plus gaudium matris augescit.
307. Ecclesia comparatur sponsæ ornatæ viro suo Apocalyps. cap. xxi. In hymno Dedicationis ecclesiæ ad vesperas, *Sponsæque ritu cingeris... Dotata Patris gloria*.
C 509. Sichardus, *talentum*. Alex., *alenta*, supra *talenta*. Parrhasius, *Hæc tu talenta suscipe*, quod Latinius est. Alioquin *eccum* erit purum adverbium.
511. Horat., ep. 1, lib. i, *Ut rem facias, rem Si possis recte, si non, quocunque mo o rem. Patrimonium res significat*.
513. Parrhasius, Rat. a prima manu, Vat. A a prima manu, Mar., Vat. B, Egm., Pal., Hailsbr., Ambr., Thuan., Alt., Rott., tres Torrent., Heinsius, Gis. ad oram, *fremens*. Weitzius cum aliis, *furens*
514. Ald., *et miris*; alii, *ac miris*.
517. Isonis glossam non intelligo. Notum est *furciferum* vocatum servum qui ignominiæ magis quam supplicii causa furcam, circa viciniam, aut per urbem ferre cogebatur. De furca tam veteri quam nova Lipsius lib. iii de Cruce.
518. Thuan., *capillo*, male. Apud Sedulium lib. v perperam circumferri *labellis*, et *favillis* pro *cavillis*, notavit Heinsius : *Jam jamque volant mendacia mille In Dominum vanis hominum conflata cavillis.* Mimus
D ab imitatione rerum vilium et personarum dicitur : hinc pantomimus omnium rerum imitator. Solebant autem mimi jocos et sententias in illa sua repræsentatione miscere, ac celebres sunt sententiæ Publii Mimi. Lactantius, lib. vii, cap. 12. *Sententia deliri hominis ridicula mimo dignior quam schola fuit quod sumpsisse videtur ex Minucio : Non philosophi sane studio, sed mimico vitio digna ista sententia visa es'.* Alii legunt *mimico officio*, alii *mimi convicio*. Heraldus vero suspicatur legendum *mimi cavillo, vel cavillitio, vel mimico cavillitio*, quia *cavillari* proprium est *mimorum*.
519. Recte *strophas nectere* dicitur. Ammianus lib. xv, *Et Paulo quidem* CATENÆ *inditum est cognomen, eo quod in complicandis calumniarum nexibus erat indissolubilis.*
520. Saltabantur etiam fabulæ et carmina, hoc est, saltu repræsentabantur, de quo plura ad Romanum. Ovidius, lib. v Trist., eleg. 7 : *Carmina quod pleno saltari nostra theatro.*

Egon' cachinnis venditus
Acroma festivum fui?
525 Adeone nulla austeritas,
Censura nulla est fascibus?
Adeon' securim publicam
Mollis retundit lenitas?
Dicis: Libenter oppetam:
530 Votiva mors est martyri.
Est ista vobis, novimus,
Persuasionis vanitas.
916 Sed non volenti impertiam,
Præstetur ut mortis citæ
535 Compendiosus exitus:
Perire raptim n n dabo.
Vitam tenebo, et differam

A Pœnis morarum jugibus,
Et mors inextricabilis
540 Longos dolores protrahet.
Prunas tepentes sternite,
Ne fervor ignitus nimis
Os contumacis occupet,
Et cordis intret abdita.
545 **917** Vapor senescens languea',
Qui fusus afflatu levi
Tormenta sensim temperet
Semustulati corporis.
Bene est, quod ipse ex omnibus
550 Mysteriarches incidit:
Hic solus exemplum dabit,
Quid mox timere debeant.

GLOSSÆ VETERES.

324. Acroma, *gloriosus ludus*. Acroma *proprie lyrarum auditio; hic autem jocus accipitur, vel carmen scenicum*, I,
525. Adeone, *nonne adeo*, I. — Austeritas, *severitas*, Mar. — Severitas, *asperitas*, I.
526. Fascibus, *honoribus*, I.
527. Adeon', *in tantum*, I.
529. Oppetam, *moriar. Oppetere quasi terram petere; nam viri fortes, dum moriuntur, terram more* (forte morsu) *petunt, ne vox audiatur*, I.
530. Votiva, *desiderabilis*, I. — Cara, Mar.
533. Impertiam, *sinam*, Mar.

B 335. Compendiosus, *brevis, difficilior*, I.
539. Inextricabilis, *infinibilis, vel insolubilis, indissolubilis*, I. — *Infinalis, indissolubilis*, Mar.
344. Abdita, *occulta, secreta*, I.
545. Senescens, *deficiens*, I.
547. Sensim, *leniter*.
548. Semustulati, *semiusti: semustulatus et semiustus unum sunt*, I.
550. Mysteriarches, *princeps mysteriorum*, Mar. — Princeps minister, mysterii princeps; et Græcum est. — Incidit, *scilicet in pœnam*, I.
552. Debeant, *scilicet alii*, I.

COMMENTARIUS.

523. Parrhasius, Heinsius cum Ambr., Ruinartius, ergon' *cachinnis*; Hailsbron., ego; alii, etiam codex Bolland., egon' *cachinnis*. Bong. male, chachinnus.
524. Vat. A, Parrhasius, ac Romæ festivum, renuente metro et sensu. Heinsiani scripti, Ald., Vat. B, Mar., acroma; alii, acroama, quod defendi potest. Acroama, sive malis scribere acroma, Latine est auditio, sed accipitur pro festiva jucundaque narratione, et interdum pro homine qui eam recitat. Prudentius fortasse imitatus est Ciceronem 6 in Verrem: *Hic quasi festivum acroama, ne sine corollario discederet*; et pro Sextio: *Ille ipse ludius non solum spectator, sed etiam actor et acroama.* Ruinartius auditionem seu auditorem etiam ejuscemodi narrationis acroamatis nomine aliquando designari putat, quod ego dubium esse de auditore judico.
525. Parrhasius, adeo nulla; Ald., adeone ulla. Utrumque male.
526. Heinsius non assentitur Salmasio, qui hoc loco censuram capit pro dignitate: sic censura oris, ut ait, et vir censorius sumitur pro pulchro. Chamillardus favet Salmasio. Melius tamen intelligitur censuram esse severitatem, cui mox respondet lenitas. Nihil enim obest quod præcesserit austeritas; nam eadem sententia amplificatur.
527. Mar., adeone securim, quod non ausim damnare. Vocat *securim publicam*, ut hymn. super. vers. 55, bipennem publicam. Parrhasius scribit securem.
528. Ald., Parrhas., retudit, male.
529. Glossæ etymon non accipio. Oppetere dicitur qui rem sibi contrariam petit: sic oppetere mortem, et simpliciter oppetere dicitur de viro forti qui mortem petit, quamvis contra naturam sit.
532. Vanum et ineptum credebant ethnici in Christianis velle spe futuræ vitæ. Minucius: *Proh! mira stultitia et incredibili audacia spernunt tormenta præsentia, dum incerta metuunt et futura; et dum mori post mortem timent, interim mori non timent.* Lactantius, lib. vii, cap. 5: *Ita necesse est sapientem pro stulto haberi, qui dum appetit bona quæ non cernuntur, dimittit e manibus quæ videntur.... Quod accidit nobis cum neque cruciatum neque mortem pro fide recusamus.* Nota vocem *persuasionis*, quæ pro opinatione vana et inepta sumi solebat, et præsumptio etiam dicebatur. Minucius: *Audio eos turpissimæ pecudis caput asini consecratum inepta nescio qua persuasione venerari.* Ammianus, quamvis ethnicus, hanc constantiam in Christianis laudare videtur lib. xxii: *Qui deviare a religione compulsi, pertulere cruciabiles pœnas adusque gloriosam mortem intemerata fide progressi, et nunc martyres appellantur.*
533. Parrhasius perperam, sed jam.
C
536. Arnobius lib. ii, in fine: *Itidem et vos flammis, exsiliis, cruciatibus, belluis, quibus corpora lancinatis et diu vexatis nostra.* Alii paulo aliter legunt.
537. S. Augustinus, tract. 27 in Joann., de S. Laurentio: *Non enim occisus est cito, sed cruciatus est in igne. Diu vivere permissus est: imo non diu vivere permissus est, sed tarde mori compulsus est.* S. Cyprianus ad Demetrianum: *Nec saltem contentus es dolorum nostrorum compendio, et simplici, ac veloci brevitate pœnarum: admoves laniandis corporibus longa tormenta, multiplicas lacerandis visceribus numerosa supplicia.*
538. Petrus Faber, lib. iii Semestrium, cap. 8 mallet moratam. Sed nihil est necesse, ut monet Heinsius.
539. Prag., Mar. a prima manu, ut videtur, ut mors; alii, et mors. Mors inextricabilis sumitur pro
D morte lenta, et quæ finem invenire nesciat, ut notavit Mariettus.
540. Mar., Prag., Rat., Widm. supra, Urb. a prima manu protrahat. Sic melius, ut... mors protrahat. Alii, protrahet.
545. Vapor pro calore apud optimos quosque scriptores, Lucretium, Virgilium, Horatium, etc., sæpe ponitur. Virgilius lib. v, *Lentusque carinas Est vapor.* Vide Gifanium verbo Vapor indic. Lucr.
548. Ald., et codex Bolland., semustulati: Parrhasius et alii, semiustulati.
550. Mysteriarches dicitur, quia primus et princeps erat diaconorum, quibus cura incumbebat erudiendi fideles de mysteriis fidei: Vide comment. ad vers. 160.
552. Weitz., Gis. ad oram, quod mox; ita etiam Mar., Prag.

	Conscende constratum rogum ;	A		Stephanus, per imbrem saxeum
	Decumbe digno lectulo;			Cœlos apertos intuens.
555	Tunc, si libebit, disputa,			Illuminatum hoc eminus
	Nil esse Vulcanum meum.			Recens piatis fratribus,
	918 Hæc fante præfecto, truces		575	**919** Baptisma quos nuper datum
	Hinc inde tortores parant			Christi capaces fecerat :
	Nudare amictu martyrem,			Ast impiorum cæcitas,
560	Vincire membra, et tendere.			Os oblitum noctis situ
	Illi os decore splenduit,			Nigrante sub velamine
	Fulgorque circumfusus est.		580	Obducta, clarum non videt.
	Talem revertens legifer			Ægyptiæ plagæ in modum,
	De monte vultum detulit :			Quæ, cum tenebris barbaros
565	Judæa quem plebs, aureo			Damnaret, Hebræis diem
	Bove inquinata, et decolor			Sudo exhibebat lumine.
	Expavit, et faciem retro		585	Quin ipsa odoris qualitas,
	Detorsit impatiens Dei.		B	Adusta quam reddit cutis,
	Talemque et ille prætulit			Diversa utrosque permovet :
570	Oris corusci gloriam			Ilis nidor, illis nectar est.

GLOSSÆ VETERES.

556. Volcanum, *ignem*, I.
559. Nudare, *despoliare*, I.
560. Vincire, *ligare*, I.
561. Os, *facies*, I.
565. Legifer, *Moyses*, I.
568. Impatiens, *non sustinens*, I.
571. Per imbrem, *per densitatem*, I.
573. Illuminatum, *manifestatum*, *manifestum*. — Hoc, *genus fuit*. — Eminus, *elonge*, l.
574. Recens, *recenter*. — Piatis, *baptizatis*, l.

578. Os, *faciem*. — Oblitum, *circumdatum*. — Situ tenebris, l.
579. Nigrante, *nigro*, I.
580. Clarum, *claritatem*, I.
584. Sudo, *sereno*. Sudum dicimus, quasi sub udum serenitas quæ post pluvias fit, l.
585. Quin, *insuper*. — Qualitas, scilicet *Laurentii*, l.
588. Nidor, *fetor*. — Nectar, *dulcedo*. Omnis suavitas-odoris dicitur nectar, odor suavis, I.

COMMENTARIUS.

553. Gis. ad oram, Weitzius cum plerisque suis, *constructum*. Melius, *constratum*, ut supra, *Prunas tepentes sternite*.

554. Gallonius, cap. 7, tabula 17, describit craticulam ferream qua assatus est S. Laurentius, quæ religiose asservatur partim in ecclesia S. Laurentii in Lucina, partim in Paneperna. Sagittarius descriptionem Gallonianam in dubium vert t cap. 10, cum non possimus, ut ait, Laurentianæ craticulæ Romæ asservatæ reliquiis tuto præstare fidem. At præter venerabilem antiquitatem, eo majorem fidem his reliquiis præstare possumus, quod tribus costis cratis illa constet. Ado ita lectulum sive cratem ferream describit : *Allatus est autem lectus cum tribus costis, et cæspoliatus Laurentius vestimentis suis, extentus est in cratem ferream : et allati sunt batuli cum prunis, et miserunt sub cratem ferream. Qui cum furcis ferreis coarctaretur desuper, dixit*, etc. A batulo, qui est pala ferrea, fit diminutivum batillus, Hispanis, *badil*. Gallonius inter cratem et lectum ferreum distinguit, quod lectus ferreus esset instar veri strati, craticula pluribus costis ad longum inter se distantibus esset fabricata. Vide tabulam 17. Sagittarius de hac distinctione dubitat. Hoc quidem loco, lectulus pro crate ferrea ponitur. De veneratione qua S. Laurentii craticula jam a Justiniani imperatoris et a S. Gregorii Magni temporibus colebatur, videri possunt Bollandiani.

555. Rat.,Vat. B, Mar., Prag., *tunc si libebit*. Alii, *libebit*.

556. Prag. scribit *Volcanum*. Intelligitur de deo et de igne. Nam Laurentius deos irridebat : sic vers. 405 : *Et fac periclum, quid tuus Vulcanus ardens egerit*.

558. Hailsbr. male, *torrentes parant*.

559. Mar., Panrbasius, Rat.,*amictum*. Melius *amictu*.

560. Alex. a prima manu, *vincere*; Vat. A, *vinciri*. Utromque corrigendum.

565. Vide Exod. xxxii et xxxiv

566. Male nonnulli vulg., *et die color* pro *et decolor*
569. Vide Act. apost. vi et vii.
572. *Cœlos*, numero plurali Lucretius dixit, vix alius e profanis. Apud Christianos usitatissimum id est e sacris Litteris et Hebraico stylo.

573. Nebrissa suspicatus est aliter esse legendum ; exponit autem *illuminatum* de fulgore, quem videbant baptizati, et non pagani : sed hæret dubius an sermo sit de fulgore Stephani an de Laurentii; nam huic etiam *os decore splenduit*. Giselinus Ægyptiis cæciores esse pronuntiat, qui mediam subesse putant; eosque affirmat in media luce cæcutire : rem tamen sibi claram cæteris non explicuit. Cellarius ait sensum esse Christianos omnes qui astabant, cœlum apertum vidisse : non autem paganos, indignos tanta luce. Videtur ergo id accipere de cœlo aperto, dum Stephanus lapidibus obrueretur. Certum tamen mihi est Prudentium de fulgore S. Laurentii loqui : de cujus odore simile miraculum pergit narrare vers. 585, *Quin ipsa odoris qualitas*.

575. Heinsius, lib. 2 Adv., cap. 6, conjicit *baptisma ratum*. Nihil est necesse mutare. Hi videntur esse Patres, qui postea laudantur vers. 490.

579. Cath. hymn. 7, vers. 154, *Nigrante vultum con egit velamine*.

586. Virgilius lib. xii : *Nidoremque ambusta dedi*. Vide Elmenhorstium ad Arnobium lib. vii, pag. 116.

587. Rat., *diverse*, non male.

588. De nidore vide comm. ad vers. 759 Apoth. *Nectar* sumitur pro odore ex nectare effluente. Ovidius Metam. lib. iv : *Nectare odorato spargit corpusque locumque*. Lucretius lib ii : *Et nardi florum, nectar qui naribus halat*. Prudentius, hymn. S. Vincentii, vers. 280, *Redolente nectar carcere*. Gifanius advertit translationes ex uno sensu in alium sumi solere, ideoque poni nectar pro odore suavissimo. Sed melius diceret causam poni pro effectu : ut si quis vinum pro odore vini suavissimo usurpet.

Idemque sensus, di-pari
390 variatus aura, aut afficit
     Horrore nares vindice,
     920 Aut mulcet oblectamine.
     Sic ignis æternus Deus:
     Nam Christus ignis verus est:
395 Is ipse complet lumine
     Justos, et urit noxios.
     Postquam vapor diutinus
     Decoxit exustum latus,
     Ultro e catasta judicem
400 Compellat affatu brevi.
     Converte partem corporis
     Satis crematam jugiter,
     Et fac periclum quid tuus
     Vulcanus ardens egerit.
405 Præfectus inverti jubet.
     Tunc ille: Coctum est, aevora,
     Et experimentum cape,
     Sit crudum an assum suavius.
     Hæc ludibundus dixerat:
410 **921** Cœlum deinde suspicit,
     Et congemiscens obsecrat.
     Miseratus urbem Romulam.
     O Christe, Numen unicum,

A   O splendor, o virtus Patris,
415 O factor orbis et poli,
     Atque auctor horum moenium,
     Qui sceptra Romæ in vertice
     Rerum locasti, sanciens
     Mundum Quirinali togæ
420 Servire, et armis cedere:
     Ut discrepantum gentium
     Mores, et observantiam,
     Linguasque, et ingenia, et sacra,
     Unis domares legibus·
425 En omne sub regnum Remi
     Mortale concessit genus:
     Idem loquuntur dissoni
     922 Ritus, id ipsum sentiunt.
B   Hoc destinatum, quo magis
430 Jus Christiani nominis,
     Quodcunque terrarum jacet,
     Uno illigaret vinculo.
     Da, Christe, Romanis tuis,
     Sit Christiana ut civitas:
435 Per quam dedisti ut cæteris
     Mens una sacrorum foret.
     Confœderentur omnia

GLOSSÆ VETERES.

390. Aura, *odore*. — Afficit, *affligit*, *afflixit*, I.
391. Vindice, *vindicante*, I.
392. Oblectamine, *delectatione*, I.
397. Diutinus, *longus*, I.
399. Ultro, *sponte*. — E catasta, *e craticula : qui 'n catasta erat*, I. *E craticula*, Mar.
403. Periclum, *inquisitionem, separationem*, I.
404. Vulcanus, *dicitur ignis*, I.
406. Tunc ille, *scilicet ait*, I.

409. Ludibundus, *similis ludenti*, I.
419. Quirinali, *Romanæ*, I.
425. Remi, *imperatoris Romanorum*, I.
426. Concessit, *convenit, scilicet Dominus*, I.
430. Jus, *lex*, Mar.
435. Cæteris, *gentibus*, I.
436. Mens, *fides*, I.
437. Confœderentur, *conjungantur*, I.

COMMENTARIUS.

390. Aldus, *variatur*: melius *variatus*.
392. Rupertus Tuitiensis, lib. viii de Divin. Offic., cap. 10, de S. Laurentio: *Cujus assatura suaviter in tota Christi fragrat Ecclesia*.
393. Cur Deus vocetur ignis, vide Hamartig. vers. 71.
396. Egm., Palat., *uret*; alii, *urit*.
399. Parrhasius scribit *cathasta*. Josephus lib. de Machab. memorat *catastas frixorias*, et ait igni in catasta martyrem objici. Suspicor a Prudentio hoc loco catastam sumi pro crate ferrea. Vide comment. ad vers. 56 hymn. 1 Peristeph. Sagittarius cap. 10 ait id explicari posse de editiori pegmate, in quo excruciatum esse Laurentium verisimile est.
400. Hailsbr., *affectu brevi*; supra *affatu*, probe.
407. Bong., *experimento* non ita bene. Antepenultima in *experimentum* brevis solet indicari; a Prudentio producitur per diastolen vel necessitate metri.
408. Hailsbr., *sic crudum*: lege *sit*.
409. Quærat aliquis an hic jocus in martyre Laurentio debeat laudari. Quæstionem resolvent SS. Patres, qui laudarunt. Augustinus serm. 303, alias 123 de Diversis: *Quid pluribus? Craticula admota est, et tostus est. Et cum ex uno latere arsisset, dicitur tanta tranquillitate illa tormenta tolerasse, ut impleretur in eo quod modo in Evangelio audivimus: In patientia vestra possidebitis animas vestras. Denique flamma ustus, sed patientia tranquillus: Jam, inquit, coctum est: quod superest, versate me, et manducate. Tale duxit martyrium, ista gloria coronatus est.*
413. Put., Ambr., *nomen unicum*, quam lectionem Heinsius fulcire conatur, quia vers. 159 hymni seq. legitur: *Nomen et ipsa sacrum loquitur purpura san-*

D

guinis elicili. Verum longe diversum est cruorem quodammodo loqui nomen Christi, ac Christum vocari *nomen unicum*, dum invocatur. Melius fortasse allusio fieret ad *nomen super omne nomen*.
414. In Romano vers. 468, *Christus paternæ gloriæ splendor*. Ep. ad Hebr., cap. 1, v. 3: *Qui cum sit splendor gloriæ, et figura substantiæ ejus*.
419. Mar. perperam, *et mundum*.
421. Vide Prologom. cap. 8.
423. S. Augustinus, lib. xix de Civit. Dei, cap. 7: *At enim opera data est, ut imperiosa civitas non solum jugum, verum etiam linguam suam domitis gentibus per pacem societatis imponeret; per quam non deesset, imo et abundaret etiam interpretum copia*.
428. Ald., *ad ipsum*; melius *id ipsum*.
429. Ald. Weitz., Parrhasius et alii, *quo magis*. Nonnulli *quod*.
431. Gis. ad oram, Rat. a secunda manu *quocunque*; Oxon., *quacunque*; præstantiores, *quodcunque*.
432. Bong., Fabr., Rat., Gis. ad oram, Teol. ad oram. *illigares*.
434. Ald. mendose, *Christiani*.
437. Ald., Parrhasius, Put., Oxon., Heins., *confœderantur*, et postea *mansuescit*. Ita etiam Cellarius, qui pro hac lectione mss. codd. citat; et Teolius, qui probatiores pro eadem allegat. Nihilominus *confœderentur* exstat in Vat. A, Mar., Prag., Rit., Weitzianis, plerisque Heinsianis, cod. Boiland., et aliis. Gallandius prætulit *confœderentur*, et *mansuescat* cum emendatissima editione Tornæsiana, S. Leo Magnus serm. 88 non solum sententiam hanc expressit, sed etiam verba ipsa Prudentii sumpsisse videtur: *Dis-*

Hinc inde membra in symbolum :
Mansuescat orbis subditus,
440 Mansuescat et summum caput.
Advertat abjunctas plagas
923 Coire in unam gratiam :
Fiat fidelis Romulus,
Et ipse jam credat Numa.
445 Confundit error Troicus
Adhuc Catonum curiam,
Veneratus occultis focis
Phrygum penates exsules.
Janum bifrontem, et Sterculum
450 Colit senatus (horreo
Tot monstra patrum dicere),
Et festa Saturni senis.
Absterge, Christe, hoc dedecus.

924 Emitte Gabriel tuum,
455 Agnoscat ut verum Deum
Errans Iuli cæcitas.
Et jam tenemus obsides
Fidissimos hujus spei :
Hic nempe jam regnant duo
460 Apostolorum principes.
Alter vocator gentium,
Alter cathedram possidens
Primam, recludit creditas
Æternitatis januas.
465 Discede, adulter Juppiter,
Stupro sororis oblite,
Relinque Romam liberam
Plebemque jam Christi fug .
925 Te Paulus hinc exterminat,

GLOSSÆ VETERES.

438. In symbolum, *unitatem, fidem catholicam, concilium, unam fidem*, I.— *In unitatem*, Mar.
439. Mansuescat, *mitis fiat*, I.
441. Advertat, *sentiat, intelligat*. — Abjunctas, *separatas*, I.
443. Fidelis, *credulus*, I.
444. Numa, *consul, id est Sabini*, I.
446. Catonum, *consulum, consiliariorum, vel sapientum, legis doctorum*. — Curiam, *familiam*, Iso.
448. Phrygum, *Trojanorum*, I.

449. Sterculum, *adjectivum, id est cloacinum*, Iso.
454. Gabriel, *fortitudinem tuam*, Iso.
456. Errans Iuli cæcitas, *Roma, Romana Ascanii, — Ascanii*, Mar.
461. Alter, *unus*. — Vocator, *prædicator*, I.
463. Recludit, *aperit*. — Creditas, *scilicet sibi*, Iso.
466. Oblite, *vocativi casus*, I.
468. Plebemque, *Christianitatem*, I.
469. Exterminat, *depellit, extra terminum minat*, I.

COMMENTARIUS.

posito namque divinitus operi maxime congruebat, ut multa regna uno confœderarentur imperio, et cito pervios haberet populos prædicatio generalis, quos unius teneret regimen civitatis. In eamdem sententiam disserunt Hieronymus in Isaiam; Eusebius lib. I, cap. 4, Præpar. evang. ; Origenes lib. II contra Celsum, Ambrosius in psalm. XLV. Verbo *confœderare* utuntur Hieronymus, Orosius, et Tertullianus Apologet. cap. 2: ubi tamen alii legunt *ad confœderandum*.
438. Ald., *hic ide membra*, vitiose.
439. Vat., A, *mansuescat et orbi* non bene. Marietti codex *mansuescit*, quamvis vers. 457 habeat *confœderentur*.
440. In Romano vers.167 Roma vocatur *sæculi summum caput*; ab Orosio lib. II, c. 12, *caput gentium*.
441. Heinsiani omni, Ald., Mar., Parrhasius, Sich., Weitz., Gis. ad marg., Vat. Q et alii, *abjunctas*, quod ex vet. lib. probavit Gifanius in INCEDERE. Vatt. A, B, P, Fabr., Egm., Pal., Hailsbr., Bong., et Widm. a secunda manu, *adjunctas*, non ita bene. De verbo *abjunctus* pro *diviso*, *disjuncto*, vide vers. 816 lib. II in Symmachum.
443. Parrhasius, *fiatque fidelis*, quod sustineri potest.
445. Troius Æneas deos suos Latio intulit, ut ait Virgilius init. Æneid.
446. Libr. I in Symm., vers. 546, *Conciliumque senum gestire Catonum*. Duo præcipue Catones Romæ sapientes habiti sunt. Juvenalis sat. 2, vers. 40, *Tertius e cœlo cecidit Cato*. Vide Ruæum ad vers. 841 Æn. lib. VI.
447. Vatt. B, P, Mar., Bong., Parrhasius, *veneratur*, Plerique, *veneratus*. Sermo est de igne vestalium, qui in locis abditis ardebat. Virgilius, II Æn., vers. 296 : *Sic ait : et manibus vittas Vestamque potentem, Æternumque adytis effert penetralibus ignem*.
448. Weitzius maluit scribere *Frigum* cum Widm., et Bong., quam cum aliis optimis codd., *Phrygum*. Penates exsules secum Æneam advexisse notum est ex Virgilio. De eorum templo egi in comment. ad vers. 965 lib. II in Symm.
449. Iso non videtur agnovisse deum *Sterculum*, sive is fuerit ipse Saturnus, ut explicat Macrobius, aut quispiam Fauni filius, Italiæ rex, stercorationis

inventor. Stercutium vocat Plinius, alii Stercutium : cum irrident Lactantius lib. I, cap. 10; Tertullianus Apologet. cap. 25.
451. Apud Teolium Vat. unus, *referens*, minus bene, pro *dicere*. De monstris portentisque deum gentilium, ac de festis Saturnalibus, dictum jam est in libris contra Symmach.
452. Ruinartius, *lenis*; Bollandiani hoc ipsum cum Ruinartio. sed ad marg. notant in ms. eorum *esse senis*. Addere potuissent *lenis* esse contra metrum, neque Saturno congruere.
454. Barthius, lib. VIII Adv., cap. 12, ait Prudentium, sibi constantem, eamdem syllabarum quantitatem in *Gabriel* secutum hoc loco, et vers. 98 dittochæi, ubi ait : *Gabriel Patris ex solio, sedemque reponte*. At secunda in eo versu dittochæi necessario est longa in *Gabriel* : in hoc vero *Emitte Gabriel tuum* brevis esse posset, facto iambo in tertia sede.
456. Ald., Parrhasius, Palat., plerique nostri, et Heinsiani, Gis. in contextu, et quidam ms. quem is vidit, Iuli. Gis. prima ed., unus Rott., Bong., *Iulica*, male; neque melius Weitz. cum Widm., *Iulia*. Gis. ad oram ex suo ms., unus Rott., *Iula*, quod placuit Cauchio. In Vat. P. *Iulii* valet *Iuli*. Virgilius I Æn. *Iulius, a magno demissum nomen Iulo*. Widm. supra, *civitas* pro *cæcitas*.
460. De his versibus egi in Proleg.
463. Sive *primus* legatur, sive *primam*, eadem est sententia de principatu Petri apostoli, rejecto errore Ecclesiæ bicipitis. Hæ vero sunt lectionis varietates. Ald., Widm. supra Put., Thuan., Oxon., Rott., Nonis., Gis. in textu, Fabr., Rat. a prima manu, Vat. B a secunda manu, Mar. a prima manu, et clare ad marginem, *primam*. Weitz., codex Bolland., tres Torr. Alt., Palat., Hailsbr., Parrhasius, Sich., *primus*. In Ambr. videtur esse *primas*, et in eodem *creditus*.
465. Baronius, tom. I Annal. ad annum 69, his Prudentius versibus de religionis in melius mutatione explicat quædam oracula et prodigia quæ finem Romani imperii imminere portendebant.
466. Juno Jovis *et soror, et conjux*.
468. Aliqui interpungunt *Plebemque jam Christi: fuge*.

470 Te sanguis exturbat Petri.
     Tibi id, quod ipse armaveras
     Factum Neronis officit.
     Video futurum principem
     Quandoque, qui servus Dei
475 Tetris sacrorum sordibus
     Servire Romam non sinat.
     Qui templa claudat vectibus,
     926 Valvas eburnas obstruat,
     Nefanda damnet limina,
480 Obdens aenos pessulos.
     Tunc pura ab omni sanguine

     A Tandem nitebunt marmora,
        Stabunt et aera innoxia,
        Quae nunc habentur idola.
485 Hic finis orandi fuit,
     Et finis idem vinculi
     Carnalis: erupit volens
     Vocem secutus spiritus.
     Vexere corpus subditis
490 Cervicibus quidam patres,
     927 Quos mira libertas viri
     Ambire Christum suaserat.
     Repens medullas indoles

GLOSSÆ VETERES.

472. Officit, *valde nocet, obest*, I.
475. Principem, *Constantinum*, Mar. *Constantinum vult dicere*, I.
476. Sinat, *non consentit*, I.
478. Valvas, *fenestras, seras*, I.
479. Damnet, *claudat Constantinus*, I.
480. Obdens, *opponens, contra dans*. — Pessulos, *sectes*, I.
481. Pura, *Deo dicata*. — Sanguine, *inquinamento*, I.
483. Ærа, *idola*, I.
485. Hic, *tunc*. — Orand, *scilicet S. Laurentii*.
486. Vinculi, *corporis*, I.
491. Libertas, *fiducia Laurentii*, I.
B 492. Ambire, *desiderare*, I.
493. Recens, *repentina*. — Medullas, *viros*. — Indoles, *nobilitas*, I.

COMMENTARIUS.

471. In Vat. B. ex *armaveras*, factum est *amaveras*, non ita bene.
472. Tertullianus cap. 50 Apologet.: *Nec quidquam tamen proficit exquisitior quaeque crudelitas vestra, illecebra est magis sectae. Plures efficimur, quoties metimur a vob s. Semen est sanguis Christianorum.... Inde est quod ibidem sententiis vestris gratias agimus, ut praefecit aemulatio divinae rei et humanae.*
473. Interpretes omnes, cum veteres tum recentes, hunc principem affirmant esse Constantinum. Equidem magis credo, a Prudentio suum vel potius nostrum Theodosium laudari. Theodosius enim vere ille fuit qui Romam servire idolis vetuit, templa clausit vectibus, et fecit ut aera innoxia starent, quae olim habebantur idola, dum permisit, stare simulacra *artis pretio, non divinitate, merenda*. Vide lib. I in Symm., vers. 503. De eodem Theodosio post Pruden-
C tium ita scribit Orosius lib. vii, cap. 34 : *Cum afflictum ac pene collapsum reipublicae statum videret* (Gratianus), *eadem provisione qua quondam legerat Nerva Hispanum virum Trajanum, per quem respublica reparata est, legit et ipse Theodosium, aeque Hispanum virum et restituendae reipublicae necessitate apud Syrmium purpuram induit, Orientisque et Thraciae simul praefecit imperio, in hoc perfectiore judicio; quia cum in omnibus humanae vitae virtutibus iste par fuerit, in fidei sacramento religionisque cultu sine ulla comparatione praecessit : siquidem ille persecutor, hic propagator Ecclesiae*. Animadvertendum est, usque ad Theodosii imperium praecipuam nobilitatem Romanam idolorum cultui fuisse addictam. Augustinus Confess. lib. vii, cap. 2, de Victorino loquens ait : *Statuam in Romano foro meruerat et acceperat usque ad illam aetatem venerator idolorum sacrorumque sacrilegorum particeps, quibus tunc tota fere Romana nobilitas spirabat*.
474. Ald., Mar. supra aliena manu, nonnulli vulg., servos. Lege *servus*. Idem Theodosius *princeps bonus* vocatur hymn. 12 Peristephan., vers. 47.
477. Hoc loco templa accipit pro *fanis idolorum*, quae a primis Christianis proprie templa dicebantur. Hieronymus ad Riparium ep. 109, al. 53, de Vigilantio : *Et cum Juliano persecutore sanctorum basilicas aut destrueret, aut in templa converteret*. Zeno Veronensis serm. de continent. lib. i tract. 5 : *Tibi ecclesia, illi adeunda sint templa*. Supra autem Prudentius, vers. 164, basilicam sive conventiculum Christianorum, ut appellant Arnobius, Lactantius , Orosius, Ammianus, *templum* dixit. Vide vers. 107 Psycho-
machi. Theodosius anno 391 legem tulit cod. Theod., de Paganis l. xi : *Nulli sacrificandi tribuatur potestas, nemo templa circumeat, nemo delubra suscipiat, interclusos sibi nostrae legis obstaculo profanos aditus recognoscant*. Quod uberius confirmavit anno et leg. seq.
479. Ald., Parrhasius, Pal., omnes Heinsiani, et nonnulli alii, *nefasta*. Vat. B, Mariettus, Rat., Prag., Weitz., Gis. et alii *nefanda*.
480. Gis. 2. ed., *aeno*, in prima ed., *aenos* cum caeteris, excepto Parrhasio, qui habet *aenis pessulis*. Alii *ahenos*, alii *aenos* scribunt. Alex. mendose; *aenos*.
485. Ald., *Stabunt et vera innoxia* ; Parrhasius, *Et stabunt aera innoxia* : utrumque contra metrum. Alt., Noms., Rott., *Stabunt ut aera innoxia*. Vera lectio, *stabunt et aera innoxia*. Theodosius lib. i in Symm. ita Romanos alloquitur : *Marmora tabenti respergine tincta lavate, O proceres; liceat statuas consistere puras, Artificum magnorum opera*.
486. Sich., *et finis item* : repugnat lex metri. In Ald. pro *vincula* lege *vinculi*.
487. Gallandius cum Ruinartio rescripsit *volans* pro *volens*. At *volens* verum est ex fide mss. et concinnum hoc loco : sic vers. 329, *Dicis, Libenter oppetam*. Vide comment. ad vers. 22 praefat. carminum. Non tamen spernendum est *volans*. Et ita legit Latinius.
489. A loco martyrii, scilicet a colle Viminali, ut fama refert, ubi nunc ecclesia est S. Laurentii in Panisperna, corpus delatum fuit in alium locum, nempe in praedium Cyriacae in agro Verano , via Tiburtina, ubi alia est ecclesia S. Laurentii, quam fuse describit Montfauconius in Diario Italico, et Ciampinius de Ædific.
D 490. In Actis vulgatis S. Laurentii et apud Adonem, Patres qui corpus S. Laurentii vexerunt dicuntur Justinus et Hippolytus. Verum hi jam pridem erant Christiani, et Prudentius nominat Patres, quo nomine senatores videntur designari, recens ad fidem conversi ob admirabilem libertatem et constantiam martyris. Igitur praeter Hippolytum et Justinum, quorum mentio fit apud Adonem, alii ad deferendum corpus convenerunt. Teobus Comum redarguit, quod per Patres a Prudentio indicatos Justinum et Hippolytum intelligi commode posse affirmaverit. Bollandiani eosdem Justinum et Hippolytum intelligi censuerunt. Fortasse quod mox ait Prudentius, *Ambire Christum*, explicari poterit de desiderio martyrii. Sed aliud suadent versus seqq. et 375.
493. Ambr., tres Torrentiani, Rottendorphius, Cauchianus, *replens*, quod exstat etiam in Parrhasio, ubi mendose *indole*. Cellario placuit *replens*; plerique

Afflarat, et coegerat
Amore sublimis Dei
Odisse nugas pristinas.
Refrixit ex illo die
Cultus deorum turpium :
Plebs in sacellis rarior;
500 Christi ad tribunal curritur.
928 Sic dimicans Laurentius,
Non ense præcinxit latus :

A   Hostile sed ferrum retro
Torquens in auctorem tulit.
505 Tum dæmon invictum Dei
Testem lacessit prælio,
Perfossus ipse concidit,
Et stratus æternum jacet.
Mors illa sancti martyris
510 Mors vera templorum fuit :
Tunc Vesta Palladios lares

GLOSSÆ VETERES.

496. Nugas. *idola*, I.
497. Refrixit, *gelavit*, I.
499. Sacellis, *templis deorum*, I.
500. Tribunal, *ad ecclesiam*, I.
501. Dimicans, *pugnans*, I.
502. Ense, *gladio*, I.

501. Auctorem, *diabolum*, I.
505. Tum, *usque*, I.
506. Lacessit, *provocat cum prælio*, I.
508. Æternum, *æterna'iter, in æternum*. I.
511. Vesta, *dea ignis*, I. — Lares, *ignes*, I, Mat.

COMMENTARIUS.

legunt *repens*, hoc est repentina indoles, quæ a Giselino exponitur *libera quædam, et nobilis generositas*. Poterit etiam intelligi *repens* tanquam adverbium pro *repente* ut in Eulalia vers. 161, *Emicat inde columba repens*.

496. Nugæ pristinæ sunt aniles fabulæ de cultu deorum. Aliqui putant *nugas, nænias*, accipi etiam pro larvis et idolis. Res in idem recidit, sive idola intelligas, sive fabulosam doctrinam de idolis. Vide comment. ad vers. 54 hymni 11 Cath., *Venerans inanes nœnias*.

497. Huc faciunt quæ de multitudine Christianorum, ante Diocletianeam persecutionem crescente, dixi ad vers. 164. Plinius etiam ante S. Laurentii martyrium epist. 97, lib. x, querebatur *prope jam desolata templa fuisse*, quod multi ex omni ordine Christiani fierent. Cicero simili significatione dixit ep. 1 lib. 1 ad Atticum : *Cum Romæ a judiciis forum refrixerit*. Vulpius ad carmen Catulli 62 putat id imitatum Prudentium, *veterum*, ut ait, *elegantiarum studiosissimum*, et eodem sensu accipit Catulli verba : *Tepida limina*.

500. Cauchius conjiciebat *cursitat* : sed bene est *curritur*. Hos duos versus ita legit Latinius, cum in Torn. invenisset *Plebs ad tribunal curritur Christi in sacellis rarior*. Ad tribunalia basilicarum respicit a poeta, monet idem Cauchius. De hoc tribunali Prudentius hymn. 11 Perist. vers. 225 : *Fronte sub adversa gradibus sublime tribunal Tollitur, antistes prædicat unde deum*. P. Franciscus a Puteo ex recenti nostra loquendi ratione rem voluit explicare : *Nempe ad sacra bap isteria, et ad ecclesiarum tribunalia, in quibus Christiani sacerdotes resident, ut reos a peccatis abluant, absolvantque juxta ritus a Christo institutos, et potestatem sibi divinitus collatam*. Videris intelligere confessionalia, ut nunc loquimur, quæ tribunalia pœnitentiæ solent appellari. Vereor ne id irrideant hæretici.

505. In Mar. videtur esse *tum demum*; male.

511. Vat. A, *Palladis*; Egm., *Pallidios*; Vat. B, *Palladeus*; Weitz., *Palidios*. Verum est *Palladios*. Quid autem s bi volunt *Palladii lares?* Nebrissa ait *templum*, ubi erat Palladium. Chamillardus vult intelligi *lares seu deos domesticos*, Palladios dictos ob Palladium, illam scilicet Palladis statuam quæ urbem in qua erat inexpugnabilem reddere dicebatur. In interpretatione vero ait nec Vestam nec Palladium jam a Romanis adorari. Cellarius ex Herodiano lib. 1, cap. 14, notat in Vestæ templo Palladium custoditum. Marietti Glossa cum Isone *lares* interpretatur *ignes* : quod recentes interpretes an madvertisse non videntur. Aliorum interpretatio mihi non placet : haud scio, an mea si placebit. Sermo hic est de igne vestalium, de quo vers. 447 : *Veneratus occultis focis Phrygum penates exsules*. Postea narrat vestales ad Christum conversas, vers. 527, *Vestalis in-

B *trat Claudia*. Ait, *impune descri ignem vestalem, quia flagris verberari debebant virgines vestales, quarum negligentia ille ignis exstingueretur*. Ignis autem Vestæ Palladus dicitur, tum quia apud vestales Palladium conservabatur, tum quia Atheniis, urbe a Pallade condita, hic ignis aut originem habuit aut singulari honore colebatur. Prudentius lib. II in Symm., vers. 164 et seqq. : *His, ni fallor, ager vittis corruptus, et ante Subjacuit, quam Palladium, quam Vesta Penates Sub lare Pergameo servarent igne reposito, Quam Priami genitor conduclis mœn a fabris Exstrueret, quam virgo suas fundaret Athenas Pallas : in his quoniam Vestalis origo facile Urbibus, ut memorant*. Etsi autem Prudentius dicat, *Tum Vesta*, tamen de suo tempore loquitur, ut ex versibus mox liquido patet. Denique Lares esse ignes, aut pro eis accipi, docet glossæ Isonis et Marietti. Ignis sacer erat Laribus : et ut ego puto, instrumentis ipsa f rrea quæ ad ignem alendum, conservandum, et ad ejusdem usum circa focum erant, quibusdam imaguncilis erant ornata, quæ pro diis Laribus colebantur. De his Laribus sive diis, sive instrumentis in deorum formam effictis, accipio illud Horatii Epod. 2, *Positosque vernas, Ditis examen domus, Circum renidentes Lares*; et vers. 204 lib. II in Symm., *Unguentoque Lares humescere nigros*. Prudentius, qui Lares irridet, vocat eos *nigros* ob fumum culinæ; Horatius *renidentes*, ut significet curam eos expolivendi, nisi mavis *renidentes* explicare oleo quo ungebantur nitentes. Hoc quod ait Isidorus lib. xx Etym. cap. 2, *lardum* dictum quia in *laribus*, hoc est domibus conservatur, non ita videtur probabile, ac *lardum* dictum a Laribus, a quibus pendebat, vel prope quos conservabatur, vel quod eo Lares religionis causa ungerentur. Hispani *illares* vocant catenam ferream ex qua ad ignem lebetes pendent : eam vocem ex laribus trahere originem, verum fortasse non erit, sed est certe verisimile : quod etiam Covarrubiæ nostro placuisse videtur. Recte enim Barthius de Hispano sermone, qui *romanze* dicitur, mihi prætulisse videtur libr. XLVI Adv., cap. 15 : *Romanæ vero linguæ titulum sibi vindicant hodieque Hispani, et certe puto nullum idiotismum illi propiorem esse, nec ullus magis integra servavit verba* ; itaque magna nos delectatione cepit Castilianismus hodiernus. Quod eo vel maxime confirmare posset, quia in Hispanorum lingua tot sunt verba Latina simul et Hispanica, ut et oratione soluta, et metro Hispano plura exstent opuscula verbis Hispano Latinis composita a Joanne de Mena Ferdinando Perez de Oliva, Ambrosio Morales, Ludovico Gonzalez, Francisco de Castilla, Joanne de Gusman, Magistro Martinez, Didaco de Aguiar, Joanne Rodriguez de Leon, Joanna Agnete de la Cruz, aliisque multis. Sed, ut ad Lares redeam, non est omittendum Larium mentionem, uti etiam Penatum sæpe occurrere in describendo igne vestali. Virgilius lib. v, vers.

929 Impune sensit deseri.
Quidquid Quiritum sueverat
Orare simpuvium Numæ,
515 **930** Christi frequentans atria,
Hymnis resultat martyrem.
Ipsa et senatus lumina,
Quondam luperci, aut flamines,
Apostolorum et martyrum

A 520 Exosculantur limina.
931 Videmus illustres domos
Sexu ex utroque nobiles
Offerre votis pignora
Clarissimorum liberum.
525 Vittatus olim pontifex
Ascitur in signum crucis,
Ædemque, Laurenti, tuam

GLOSSÆ VETERES.

513. Quiritum, *Romanorum*, I.
514. Simpuvium, *imbarbationem; nam simulacrum illius barbatum fuit. Barbati in pictura.* — Numæ, *consulis,¡Cæsaris*, I. — *Vas cum quo sacrificabatur Numæ*. Vat. A. — Simbuvium, *id est barbatum simulacrum*, Vat. S.
516. Resultat, *laudat*, I.
517. Lumina, *principes, principalia,*
518. Luperci, *idoli. Sacerdotes Panis dicti, quod lupos ab ovibus arceant. Hi vere pastores sunt. Lupercal vero templum Panis, ita appellatum, quod ei solemnia ludicra celebrantur, unde lupercalia prostibula dicuntur.* — Flamines, *sacerdotes deorum. Flamen est dictum, quasi filamen, eo quod filo caput cingebant antiqui*, I.
521. Domos, *familias*, I.
522. Sexu ex utroque, *virorum, et mulierum*, Iso.
523. Pignora, *pueros*, I.
524. Liberum, *hominum*, I.
B 525. Pontifex, *sacerdos*, I.
526. Ascitur, *acquiritur*, I.
527. Ædem, *ecclesiam*, I.

COMMENTARIUS.

744, *Pergameumque larem, et canæ penetralia Vestæ*. De Prudentio in hoc eodem hymno, et lib. ii contra Symmachum jam vidimus. Nec mirum : nam ipsam Vestam Macrobius lib. iii Saturnal., cap. 4, *inter deos penates*, aut certe eorum comitem recenset.
512. Hailsbroun., *deleri* : corrige *deseri*.
514. Put., Noms., Torrentiani duo, Oxon. a secunda manu, Thuan., Widm., Weitz., Vat. A a secunda manu, Vat. Q, Alex., a prima manu, Rat., Mar. a prima manu, Prag., *Orare simpuvium Numæ*. Ruinartius, Gallandius cum ms. S. Michaelis in Periculo maris, Hailsbr. supra, Egm. ad oram, Gisanius verbo MOENERA, ex vet. lib., *Ornare simpubium Numæ*. Ald., Torn., Fabr., Sich., *Ornare res vanas Numæ*. Vat. A, a prima manu, Hailsbr. a prima manu, Egm. a prima manu, Oxon. a prima manu, Alex. ad oram pro div. script., Vat. P., *Ornare res impias Numæ*; quam lectionem Aldo non jure affingit Teolius. Urb. *Ornare res Numæ impias*. Gis. ex ms., Hailsbr. ad oram, *Ornare res nænias Numæ;* quam lectionem confirmat Giselinus ex vers. 34 hymni 11 Cath. : *Venerans inanes nænias*. Affirmat Giselinus in aliis esse, *ornare res sacras Numæ*. Parrhasius legit, *Orare in pulvinar Numæ :* non patitur metrum. Sustineri posset *Ornare pulvinar Numæ*. Sic Horatius lib. i, oda 57, *Ornare pulvinar deorum*. Verum Weitzius, .aliique recentiores editores Prudentii merito præferunt *Orare simpuvium Numæ*, quod placebat etiam Cauchio. Alii scribunt *simpuvium*, alii *sinpuvium*, alii *simpubium*, alii *simpulum*, alii *simpullum*. Id erat vas sacrificiis aptum, quia omnes sacerdotes simul inde bibebant, sive a *sumendo* ita dictum, sive aliam originem id vocabulum habuerit. Simpuvium quo Numa usus fuerat, posteri summo in honore habebant. Cicero Paradoxo 1, *Quid autem. Numa Pompilius? minusne gratas diis immortalibus capedines ac fictiles urnulas fuisse, quam delicatas aliorum pateras arbitramur?* Persius sat. 2, *Aurum, vasa Numæ*. Apuleius in apol. 1 eodem respicit : *Paupertas etiam populo Romano imperium a primordio funduvit proque eo in hodiernum diis immortalibus simpulo et catino sacrificat*. Juven. sat. 6, *Simpuvium ridere Numæ, nigrumque catinum*. Quod expressit Prudentius. Ait autem *orare simpuvium*, quia pagani illud venerabantur, et ad illud orabant. Quam interpretationem ex lib. i in Sym. confirmari, monuit Mariettus, sed locum non indicavit. Plura de simpuvio vide apud Meursium in lib. iv Arnobii, c. 9.
516. Nonnulli Vulg., *martyrum;* quod fortasse verius.
517. Senatores *lumina senatus, curiæ* passim dicunt Cicero, Lactantius et alii.
518. Ald., Törn., Gall., Parrnasius, *aut flamines*. Ita etiam in multis mss. Sed Heinsius mutavit in *et flamines* cum Geselino. Tria erant Romæ lupercorum collegia, duo antiquissima Fabianorum et Quintilianorum; tertium Julianorum a C. Julio Cæsare additum.
519. Parrhasius, *aut martyrum*.
520. Exstat *de Liminibus apostolorum disquisitio historica habita a Petro Salomoni Romæ* 1777. Auctor dissertationis est Petrus Lazzeri, qui nuper Romæ obiit, cum magna singularis doctrinæ opinione diu floruisset : probat limina hæc in basilica Vaticana fuisse non limina exterioris ambitus, sed confessionis, quam vocant; quæ scilicet est solium sive locus ubi recondita sunt corpora SS. apostolorum Petri et Pauli. Etsi autem id verum sit, ritus tamen osculandi limina in ipsis januis templorum videtur hic indicari : sane antiquissimus ille ritus est, S. Paulinus Natali 6 : *Ingressusque sacram magnis cum fletibus aulam, Sternitur ante fores, et postibus oscula figit, Et lacrymis rigat omne solum, pro limine sancto Fusus humi.*
C Chrysostomus homil. 30 in Epist. II ad Corinth. : *Templum Christi sumus. Itaque templi vestibula et aditum osculamur cum alii alios osculamur, An non cernitis quotnam homines etiam hujusce templi vestibuli osculum figunt, partim inclinato capite, partim manu tenentes, atque ori manum admoventes. Ac per has portas et januas ingressus est Christus; et ad nos ingreditur, cum communicamus*. Etiam nunc pia hæc consuetudo a multis religiose observatur. V. plura ad hunc ritum pertinentia apud Rosw. in not. ad carm. 18 et 21 Paulini, et apud Murator. in not. ad Nat. 12, ubi minus bene dubitat an Chrysostomi verba de templo Dei mystico, quod nos sumus, liceat interpretari : nam exploratum est Chrysostomum e veneratione, quæ templorum vestibulis exhibebatur, argumentum ad nos petere. Opus Martini Kempii de Osculis, ubi de osculis Christianorum agit, multa indiget correctione.
521. Parrhasius, *illustres domo*.
523. Hanc consuetudinem offerendi liberos Deo confirmat Paulinus Natali 13, vers. 64 : *Et simul*
D *Eunomia æternis jam pacta virago.* — *In cœlo thalamis, quam matris ab ubere raptam Festino placitam sibi Christus amore dicavit*. Et vers. 261, de Asterio : *Quem simul unanimes vera pietate parentes Infantem Christo constituere sacrum*. Muratorius in notis ad hunc versum heterodoxos recte redarguit, quod in monachismum, et religiosorum vota invehantur, cum veteres Christiani ab ipsis incunabulis Deo liberos consecrarent. Vide comm. ad vers. 154 lib. ii in Sym.
524. Latinius legit *Clarissimorum*, quod omnino præferendum videtur, præsertim si faveant mss.
526. Vat. A scribit *ascitur*. Nescio cur moueat Giselinus *adscitur* esse in libris calamo exaratis : nam ita etiam est in Aldo aliisque libris impressis, quanquam alii scribunt *ascitur*. Tractam metaphoram ab iis qui in aliquod collegium sive societatem asciscuntur, non immerito opinatur Gis. Cham. edidit *accitur*.
527, 528. Mar. non bene, *Eademque ad Lauren-*

932 Vestalis intrat Claudia. **A** **933** O ter, quaterque, et septies

GLOSSÆ VETERES.

528. *Vestalis, quæ fuit sacra in vestibus.* — *Claudia, virgo Vestæ. Quædam famula Vestæ Claudii filia fuit; familia,* I.

COMMENTARIUS.

tium : quanquam aliquo pacto defendi posset. Pro quavis virgine vestali nominat Claudiam, quia familia Claudia erat nobilissima, de qua uberrime agit Suetonius in Tiberio cap. 1, ex qua virgo vestalis fratrem injussu populi triumphantem, ascenso simul curru, usque in Capitolium prosecuta est, ne vetare aut intercedere fas cuiquam tribunorum esset. Ejusdem etiam gentis Claudia fuit quæ navem cum sacris matris deum deæ obhærentem Tiberino vado extraxit, precata propalam, *ut ita demum se sequeretur, si sibi pudicitia constaret.* Montfauconius in Antiq. Explic. tom. I, lib. II, imagines exhibet Belliciæ, Modestæ, Neratiæ, et Tucciæ vestalium. De Tuccia Valerius Max. lib. VIII, cap. 2. Lipsius e memoriis priscis plures inscriptiones de vestalibus in Syntagm. de Vest. exscribit. Ex hoc loco conjicit Victorius Prudentium loqui de æde S. Laurentii nuncupata *Palis pernæ,* seu *Panis pernæ,* quæ a monialibus Franciscanis nunc tenetur. Verum hæc ratio exigui roboris est : nam quod vestales ædem S. Laurentii ingrederentur, probat eas ex vestalibus factas Christianas, ut antea ait Prudentius, senatores quondam Lupercos aut flamines, exosculari limina apostolorum. Nullum autem vel levissimum argumentum petitur ex hoc versu, *Vestalis intrat Claudia,* jam tempore Prudentii eam ecclesiam annexam fuisse monasterio sanctimonialium. Gravior conjectura pro æde S. Laurentii in Palisperna duci potest ex consuetudine adhuc permanente, quod populi Romani Conservatores quotannis S. Laurentio ad ejus ædem Palispernæ argenteum calicem et patenam argenteam cum cereis funalibus quatuor offerunt. Oblatio cerei ad altare S. Laurentii exprimitur in antiqua Victorii lamina ex plumbo, cujus hoc est ectypum :

Prodiit in lucem *Dissertatio philologica, qua nonnulla monimenta sacræ vetustatis ex museo Victorio deprompta æri incisa tabula vulgantur, expenduntur, illustrantur Romæ,* 1751, *in-4, ex typ. Palladis.* Auctor est ipse Victorius. Quod attinet ad S. Laurentium, explicat gemmam annularis moduli, in qua visitur S. Laurentius super craticulam. Hanc gemmam exhibe-

bimus ad vers. 563, simul cum aliis quinque monumentis veteribus, quibus antiquus cultus S. Laurentio Romæ præstitus illustratur. Deinde Victorius exponit antiquam, ut dicebam, ex plumbo laminam rotundam, quæ ab aliquo Christiano, ut credere æquum est, deferebatur collo appensa, veluti sacrum amuletum ad ejusdem apud Deum obtinendam intercessionem, de quibus sacris amuletis multa ibi Victorius. In ea lamina seu numismate post martyrem stare videtur femina, vel in aera non nihil sublata, vel loco a terra edito cœlum oculis respiciens, ad mamillas succincta, manibusque orantis in modum **B** apertis elatisque; quæ fortasse Laurentii animam designat. Apud ethnicos etiam animæ forma feminea effingi consueverunt. De anima Laurentii Prudentius vers. 487, *Erupit volens Cœlum secutus spiritus.* In altera numismatis parte cælatum est altare quatuor columnis teretibus, cui nomen vetus est *confessio;* et in Cæremoniali episcoporum lib. I, cap. 12, § 4, legitur : *Locus qui in plerisque ecclesiis sub altari majori esse solet, ubi SS. martyrum corpora requiescunt, martyrium seu confessio appellatur.* Anastasius Bibliothecarius in vita Sixti III loquitur de confessione, transenna, altari S. Laurentii, ut videtur, in basilica agri Verani, ac deinde de alia basilica S. Laurentii, quæ probabiliter est ecclesia S. Laurentii in Lucina. Plura addit Victorius de templis S. Laurentii quæ Romæ exstant, et de ejusdem martyris cultu. Ignatius Como in opere de S. Laurentio, ubi agit de gloria posthuma, deque præcipuas ejus ecclesiis Romæ existentes ita enumerat, ut prima ab eo pona- **C** tur basilica in agro Verano, de qua Prudentium locutum existimat, cum in ea jaceat corpus S. martyris, secunda ecclesia S. Laurentii in Lucina, tertia in Damaso, quarta in Panisperna, quinta in fonte ad radices Exquilini montis, sexta parochia, ubi ad montem Capitolinum ascenditur ab orientali parte, septima in Miranda apud antiquum forum Romanum, octava in Burgo, aliter in Piscibus, nona SS. Benedicti et Laurentii in Piscinula, decima Lateranense pontificium oratorium, sive Sancta Sanctorum. De hoc sacello pontificio vidi libellum eruditum *dell' Oratorio di S. Lorenzo nel Laterano, hoggi detto Sancta Sanctorum, discorso di Benedetto Millino.* Romæ 1666. De aliis celeberrimis templis S. Laurentii, præsertim F orentino et Scorialensi agunt Bollandiani § 4 de Gloria posthuma S. Laurentii, et idem Ignatius Como, ubi cap. 3 crambem ab exteris centies repetitam, ac millies ab Hispanis rejectam, profert, scilicet Foxio architecto Parisiensi constructionem ejus fabricæ deberi. Monumentis certissimis constat primum archi- **D** tectum fuisse Joann. Baptistam de Toledo, Joannem Herrera ejus discipulum magnum operis partem perfecisse. De aliis vero ecclesiis S. Laurentii, quæ olim Romæ exstabant, videri potest Martinellius. Excepta enim Deipara, nullus videtur fuisse sanctus cui tot Romæ consecrata fuerint templa.

529. *Fabr., Gis., quaterque o septies.* Virgilius Æn. *O terque quaterque beati.* Hujusmodi invocationum pleni sunt hymni Prudentii, uti etiam carmina Damasi, Paulini et aliorum. Neque vero hæc parvi sunt facienda, quasi a poetis dicantur; sed potius in exemplum adduci debent, quod in ecclesiis publicis ecclesiarum cani solerent. Responsio hæreticorum quam sit inepta et impudens, collige ex Sagittarii verbis de Martyrum Natalitiis cap. 5, num. 42; siquidem non erubescit affirmare, quod *His ecclesiis nulli essent qui superstitiosas illas et erroneas invocationes cum auctoritate corrigerent vel reprimerent.* Quasi vero tot sanctissimis ac doctissimis viris, qui sæculo IV floruerunt, ad superstitiones et errores corrigen-

530 Beatus Urbis incola :
Qui te ac tuorum cominus
Sedem celebrat ossuum.
934 Cui propter advolvi licet,
Qui fletibus spargit locum,
535 Qui pectus in terram premit,
Qui vota fundit murmure.
Nos Vasco Iberus dividit
Binis remotos Alpibus,
Trans Cottianorum juga,
540 **935** Trans et Pyrenas ninguidos.
Vix fama nota est, abditis
Quam plena sanctis Roma sit,

A
Quam dives urbanum solum
Sacris sepulcris floreat,
545 Sed qui caremus his bonis,
Nec sanguinis vestigia
Videre coram possumus,
Cœlum intuemur eminus.
Sic, sancte Laurenti, tuam
550 Nos passionem quærimus :
Est aula nam duplex tibi,
Hic corporis, mentis polo.
Illic inenarrabili
Allectus urbi municeps,
555 **936** Æternæ in arce curiæ
Gestas coronam civicam.

GLOSSÆ VETERES.

530. Incola, *Romani cives*, I.
531. Cominus, *prope*, I.
532. Sedem ossuum, *sepulcrum*, I.
533. Propter, *juxta*.— Advolvi, *prosternere*, I.
534. Fletibus spargit, *plorat*, I.
536. Murmure, *oratione, susurratione*, I.
537. Iberus, *fluvius Hispanicus*, I.
538. Alpibus, *montibus*, I.
539. Cottianorum, *Alpium. Duœ Alpes, Cottianœ, et Pirenœœ. Cottianorum, Scottorum*, I.

540. Ninguidos, *a nive*, I.
545. Urbanum, *civile*, I.
547. Coram, *præsentialiter, manifeste*, I.
B 548. Cœlum, *ad Deum.* — Intuemur, *operibus propinquamus.*— Eminus, *longius*, I.
550. Passionem, *passionis diem*, I.
554. Allectus, *electus, advocatus.*— Municeps, *telonearius minister, vel civis*, I.
556. Civicam, *angelicam, vel domesticam, cœlestium civium, cœlestem*, I.

COMMENTARIUS.

dos auctoritas aut voluntas defuerit : imo ipsi ejusmodi corruptelas foverent.
531. Vat. A a prima manu, Egm., Pal. a prima manu, cod. Bolland., *qui te præsentem*, contra metrum.
532. Egm., vetustiores Heins., Vat. A, Bong., Hailsb. *ossuum*, quod placet Heinsio ; et certe *ossua* pro *ossa* sæpe in antiquis inscript. occurrit. Hailsb. male, *sede*.
533. Veterum fuit hic mos complectendi tumulos eorum quos sibi caros haberent. Leo, novella 53, *Quorum dolori atque orbitati magnum sane solatium est, si amici sui sepulcrum amplexari ac in id lacrymas profundere possint.* At Christiani religionis et venerationis causa tumulis martyrum advolvebantur. C Testis est Prudentius multis in locis, testes alii scriptores ecclesiastici.
534. Hailsbr., *spargat*, minus recte.
535. Vat. A, *aspectus* : supra, *qui pectus*, quod est retinendum.
536. In Put. *murmuræ*, mendose. Heinsius contra fidem mss. legit *murmura:* sic supra, ut ait, *Votasque dispensat opes*, quod et ibi perperam immutarant. Ignoro quinam illum versum 44 immutarint, nisi quod ibi omnes legunt *Votasque dispensans opes*, Heinsius in hac nota *Votasque dispensat opes* errore typographico. Teolius Heinsium secutus est, et addit in nonnullis editionibus legi *murmure*, sed hic esse *murmura vota*, hoc est votiva, sive S. Laurentio nuncupata. Idem Gallandio cum Chamillardo placuerat. At ante Heinsium omnes editiones habebant *murmure*, neque ullus ms. citatur pro *murmura*. Nihil ergo muto. Imo si inter se codices mss. dissiderent, præferrem *murmure*. Prudentius enim ait vota fundi submissa voce , quod sæpius explicat hoc vocabulo *murmure*. Atque ita exponit Iso. Quod si mutationi locus esset, rescriberem potius *Qui voce fundit murmura :* nam simili phrasi usus est Prudentius hymno 1, vers. 17, *Voce murmur fuderit.*
537. Alt., Vulg. nonnulli, Cauch. ex conjectura, *Iberos :* melius *Iberus*, sive *Hiberus*, qui fluvius *Vasco* dicitur, quod Vascones alluit, non quod in Vasconia ortum ducat, ut affirmavit Nebrissensis. Vide Prolegom. num. 35 et 36, et confer Wesselingium ad Vet. Rom. Itin. pag. 593. Teolius exponit *nos Hispanos fluvius Iber separat.* At non omnes Hispanos Iber separat a Roma, sed eos tantum qui trans flumen siti sunt. Virgil. ecl. 1, *Toto divisos orbe Britannos.* Ovid. eleg. 9 Pont., lib. I, *Atque tuis toto dividor orbe rogis.*

538. In editione Teolii peccat metrum *Nos binis remotos Alpibus :* dele *nos.* Binas has Alpes esse Cottianas et Pyrenæas, monuit Nebrissa. Gellius de Catone loquens ita ait : *cum de Hispanis Alpinis scriberet, qui circa Iberum colunt.* Et Ausonius ad Paulinum in Hispania degentem *Nunc tibi trans Alpes et marmoream Pyrenen :* quod Scaliger, lib. II Auson. lect., cap. 16, intelligit de Pyrenæis montibus, qui Alpes dicantur. Isidor. lib. XIV Orig. cap. 8, *Gallorum lingua Alpes montes alti vocantur.* De Alpibus Cottianis vide comm. ad v. 216 Apoth. Ald. scribit *Cotianorum.* In glossa *Scottorum* mendose vel imperite scriptum est.
540. In nonnullis vulg. scribitur *ningidos.* Bollandiani et Franciscus a Puteo post Ruinartium pro diversa scriptura , aut pro glossa ad oram adjecerunt *nividos*, quod neque Latinum est, et metro adversatur. *Ninguidus* ab antiquo *ninguis*, a quo etiam *ninguere.* Utitur *ninguidus* Ausonius epist. 22, *Barcino, me bimaris juga ninguida Pyrenei.*
541. De multitudine SS. martyrum dicam ad vers. 4 hymni S. Hippolyti.
544. Servius ad Ennium , Lucretium , Virgilium verbo *florendi* usos variis omnino in rebus. Lucretius dixit : *Florent flumina flammis, Florent urbes pueris, Floret mare navibus.* Sed elegantissimum est hoc Prudentii, *Solum urbanum floret sepulcris martyrum.* Quod aperte imitatus est Isidorus lib. XV Etym., cap. 1, *Cæsaraugusta . . . . florens SS. martyrum sepulturis.* Fortasse Isidorus scripserit *sepulcris :* nam phrasim desumit ex Prudentio.
545. Parrhasius, *sed quia*, non bene.
546. In vasis , in linteolis , in spongiis sanguinem D SS. martyrum accurate conservatum, vel ex hoc loco discas. Confer in Hippolyto vers. 140 et seqq.
548. Parrhasius, *cœlum tuemur.*
551. Bayerius, in dissert. de S. Laurentii patria, cap. 4, argute excogitavit Prudentius hanc sententiam ex Cicerone expressisse, qui de M. Porcio Catone Tusculi nato loquens , ait lib. II de Legib., sub initium : *Ego mehercule et illi, et omnibus municipibus duas esse censeo patrias, unam naturæ, alteram civitatis.*
554. De cœlesti Jerusalem Apocalyps. cap. XXI.
555. Weitz. cum Egm., Hailsbr., Widm., *æterne.* Alii, *æternæ*, probe.
556. Weitz., Egm., *gestis* pro *gestas.* Mariettus glossam vel suam, vel alterius apponit : *Civicam, civium, quod Laurentius cives ab idolis liberaverit. Civica enim*

Videor videre illustribus
Gemmis coruscantem virum,
Quem Roma coelestis sibi
560 Legit perennem consulem.
Quæ sit potestas credita,
Et muneris quantum datum,

A Probant Quiritum gaudia,
937 Quibus rogatus annuis.
565 Quod quisque supplex postulat.
Fert impetratum prospere :
Poscunt, litantur, indicant,
938 Et tristis haud ullus redit.

GLOSSÆ VETERES.

557. Videor videre, *mihi cernitur*, I.
558. Virum, *Laurentium*, I.
559. Roma coelestis, *Hierusalem*, I.
560. Legit, *elegit*, I.
561. Credita, *scilicet tibi illi*, I.
562. Datum, *scilicet illi*, I.
563. Quiritum, *militum*, I.
564. Annuis, *subvenis, vel consentis, adjuvas*, I.
565. Postulat, *orat*, I.
568. Ullus, *scilicet hominum*, I.

COMMENTARIUS.

dabatur ei qui civem liberasset. Teolius vult *civicam* dici, quod Laurentius *cives suos* liberaverit : scilicet præludit suæ opinioni de Roma, natali solo S. Laurentii. At quis unquam somniavit eum qui civica corona donaretur intelligi natum Romæ? Aulus Gellius, lib. v, cap. 6 : *Civica corona appellatur, quam civis civi a quo servatus est in prælio, testem vitæ, salutisque perceptæ dat. Ea fit e fronde querna*..*Hac corona civica L. Gellius, vir censorius, in senatu Ciceronem consulem donari e republica censuit*. Paschalius, de Coronis lib. vii, cap. 8, putat Prudentium ex omnibus coronis elegisse civicam, qua Laurentium donaret in coelo degentem, ob solam hujus præmii dignitatem.

557. Vulpius ad carmen 60 Catulli ex hoc loco Prudentii conjicit in Catullo legendum *Flammeum videor videre*, non *venire*.

561. Weitzius hoc loco allegat Lessium de Justitia et jure lib. II, cap. 36, et Chemnitium in Exam. part. 3, pag. 352. Verum, ut Lessii doctrinam de veneratione sanctorum ambabus ulnis excipimus, sic Chemnitii aliorumque novatorum hæreses auctoritate Prudentii ac SS. Patrum unanimi suffragio abominamur.

563. S. Augustinus serm. 304, alias de diversis 57, *Quam gloriosa enim, et quanta virtutum multitudine, quasi florum varietate, distincta Laurentii martyris sit corona, universa testis est Roma*. Ac revera præter ea quæ ad vers. 528 attuli, ex pluribus antiquissimis monumentis liquet quam singulari cultu Romani S. Laurentium prosecuti sint. In tabula ærea annexa

ostenduntur quatuor hujusmodi monumenta e vitro in coemeteriis Romanis reperta, ac quatuor primis numeris distincta; quæ omnia Constantini ætatem videntur præcessisse, ut ex præfatione Buonarrotii ad opus de Vitris coemet. colligitur. Sex autem hæc monumenta, quæ repræsentamus, exstant etiam simul collecta apud virum pium doctumque Franciscum a Puteo in opusculo anonymo : *Memorie della vita, del martirio, de' miracoli, del culto, etc., di S. Lorenzo. Romæ* 1766. Primo numero exhibetur fragmentum vitri quod asservatur in museo Vallicellano, jam ab Aringho et Victorio editum. Laurentii nomen litteris aureis inscriptum est : in capite apparet monogramma Christi, et ex uno latere o mega, cui ex altero respondebat, ut recte arguitur, alpha. Circum hæc verba tantum supersunt ANE VIVAS IN CR. Crux quæ tergo S. Laurentii supereminet, indicat S. martyrem crucem Domini ad martyrium usque portasse, vel etiam fuisse diaconum, cujus munus erat proprium crucem in sacris officiis portare : quæ fortasse est causa cur S. Laurentius in antiquissimis picturis musivis crucem manu ferens exhibeatur. In altero vitro num. 2, inter SS. apostolos Petrum et Paulum S. Laurentius depingitur, tanquam si ab ipsis in coelesti solio fuerit collocatus. Manu sinistra Evangelium Laurentius tenet, quod ad diaconum legere Evangelium pertineat : adeoque similes Laurentii imagines antiquæ plures exstant apud Aringhum, Ciampinium, Bolland. Propyl. pag. 918. In vitro num. 3 volumen Evangelii aliquantum explicatum S. Laurentius ostendit; circum autem inscriptum est litteris aureis : VICTOR VIVAS IN NOMINE LAURETI. Ubi in nomine Laurentii litera N omissa est ex veterum Græcorum et Latinorum usu, aut fortasse ex imperitia vel incuria artificis. In vitro num. 4 Christus duos sanctos, qui nominati non sunt, coronat ; circum autem repræsentantur Petrus, Paulus, Laurentius, Sustus (Sixtus), Ciprianus (Cyprianus), Epolitus (Hippolytus). Num. 5 ejusdem tabulæ S. Laurentius in craticula, igne supposito, torquetur : duo carnifices ignem palis admovent, tertius carbones in sacco videtur afferre, quibus ignem augeat. In 6 num. martyrium etiam S. Laurentii in vitro expressum est, vivis flammis subjectis : in S. Laurentio limbum coelestem, et tonsuram clericorum propriam licet observare. Hoc postremum monumentum Panormi in museo Martiniano exstabat. Joannes Fellus, qui in not. ad epist. 80 Cypriani affirmat, ad passionem Laurentii confirmandam *auctorem aliquem martyrologiis vulgatis fide digniorem desiderari*, parum legerat : siquidem non solum tot veterrima monumenta, verum etiam innumera Patrum antiquissimorum testimonia, quibus martyrium idem comprobatur, ignorabat, aut martyrologiis recentiora censebat.

567. Heinsiani plerique, etiam Ambr., et tres Torrent., Parrhasius, Bong., Vat. B., Alex., Prag., Rat., Sich., *poscunt, jocantur :* neque ausus est obniti Heinsius, et ad oram expressit id ipsum Giselinus, quamvis in contextu cum Ald. ediderit *litantur*. Id tenuit Nebrissensis, qui exponit *litantur* pro *litant*,

Ceu praesto semper adsies, A 570 Tuosque alumnos urbicos

GLOSSÆ VETERES.

569. Adsies, *pro adsis*, I.

570. Alumnos, *filios*, I.

COMMENTARIUS.

scilicet impetrant quod poscunt. Vat. A, Alt., Egm., Palat., *lætantur*, contra metrum. Widm., *jocantur*; supra, *lætantur*. Hailsbr., *latenter*, quod non est absurdum, ut murmura et vota occulta indicentur; supra *lætanter*. Weitzius scripsit *licenter* ex Fabricio, qui habet *licentur*, quod pariter Giselinus pro diversa scriptura margini apposuit. Heinsius putavit a Weitzio allegari codicem Fuldensem, deceptus nota F, quæ me etiam semel ac bis decepit in primis hymnis libri Cathemerinωn. Sed certum est hac littera Fabricium a Weitzio indicari : nam Fuldensi codice solum in Psychomachia usus est Weitzius ; quem codicem solet appellare *Fuld*. Chamillardus Weitzii conjecturam fidenter secutus est : *Nec litantur, nec jocantur legendum esse, quis non videt?* Ita ille : cujus opinioni adhæsit etiam Gallandius. At si a codd. mss. licet recedere, restituendum putarem *Poscunt, litant et indicant*.

569. Ald. scribit *assies*, Vat. A, *adsias*, alii *adsies*, quod pro *adsis* a Terentio etiam positum est. Pro *ceu* suspicor *tu præsto*.

570. Sicut Roma antonomastice *Urbs* dicitur, ita Romani *Urbici*. Simili modo Ambrosius in epist. ad Valentinianum contra Symmachum *Urbicorum sacerdotum dispendia*, quod de sacerdotibus ethnicis Romanis intelligitur. Paulinus *papam Urbicum* Siricium vocavit ep. 1 ad Severum. Quia vero Romanis tanquam patronus favet Laurentius, illi alumni vocantur. Sic in inscriptionibus veteribus reperitur : *Patronus alumno posuit*. Sensum horum versuum nemo ignoraret, nisi studio partium abriperetur. *Tu, o Laurenti, complexus lactante sinu Romanos, qui tui sunt alumni, eos tanquam pater, sive amore paterno nutri.* Quis contra hiscere ausit ? At quoniam ea nunc libido invaluit, ut argumenta undique conquirantur quibus suadeatur S. Laurentium natum Romæ, etiam ex his versibus fanc opinionem recentiores quidam Itali confirmare laborant. Possem illico eludere eorum conatus, si cum præstantissimo codice Alexandrino a prisca et prima manu legerem *orbicos* : quasi omnes, qui per totum orbem Laurentii opem implorant et sentiunt, intelligantur. In eamdem rem adducerem vers. 573, HOS INTER, *o Christi decus, Audi et poetam rusticum*. Sed legamus *urbicos*. S. Leo serm. 2 in nat. SS. Apost. Romanos vocat *alumnos* S. Petri. In Prudentio *tuos cives* interpretatur Teolius, *Quos; nisi Romanos?.... Hoc unum dicam, qui in ea adhuc sententia permanent, ut S. levitam Hispanis accensendum velint, eos ad argumentum ex Prudentii silentio petitum, nihil habere quod respondeant; nam regerere, uti faciunt P. Perez et novus auctor de Sanctitate S. Laurentii, Prudentium solitum non esse martyrum patriam designare, id demum est lectorum credulitate nimis abuti, cum ex quatuordecim SS. martyrum hymnis quibus hic Peristephanon liber constat, tribus vel quatuor demptis, cæteri omnes martyris patriam disertis verbis prodant, imo et prædicent.* Quisnam sit is P. Perez, quem pro diobolari aliquo fratre aut monacho Teolius traducere videtur, dixi cap. 5 Proleg., num. 106, in nota. Hymnus Prudentii quid probet, Pinius in comment. prævio § 4 declarat : *De patria* (S. Laurentii) *ac parentibus nihil novi memoriæ proditum a Patribus, uti nec a Prudentio in hymno quem is de Sancto pertexit*. Et 11 : *Ad urbem Romanam quod attinet, quasi in ea natales hauserit Prudentius, adeo omni probabilitatis specie videtur destitui opinio quæ hoc asserit, ut ne proponi quidem, nedum refutari mereatur.* Neque silentium Prudentii obstitit quominus Bollandiani Prudentium Hispanis adjudicarent. Breviter nunc rationes doctissimi et laudatissimi viri Perezii de Bayer, bibliothecæ Hisp. reg. præfecti, contra Teolium exponam. Ait Perezius Prudentium solitum non esse martyrum patriam designare. Id verissimum est, ac clarius intelligitur, si idonea distinctio adhibeatur et explicetur. Ut duplex est martyrum natalis, alter quo terris, alter quo cœlo nascuntur, ita duplex est patria huic duplici natali respondens, altera ubi huic mortali vitæ, altera ubi æternæ vitæ nascuntur. Simili ratione sicut in martyribus aliisque sanctis ille natalis præcipue celebratur, quo vitam æternam consecuti sunt, ita non tam eorum patria qua in hanc miseram lucem prodierunt, prædicari solet, quam locus ille (sive patriam alteram voces, sive id nomen dare renuas) quo ad cœlum evolarunt, et quo eorum cineres conservantur. Prudentius hunc secutus est morem : laudat sæpe urbes in quibus martyres coronati sunt, et in quibus eorum ossa requiescunt ; de loco ubi nati sunt, in plerisque hymnis nihil sollicitus. Vide vers. 176 hymni 4 Perist. Exemplo sit hic ipse hymnus quem præ manibus habemus. Nusquam dicit Romæ natum Laurentium, aut Romam hoc alumno et germine gloriari posse. Quid enim ait Romanos celebrare ? *Beatus Urbis incola, Qui te ac tuorum cominus Sedem celebrat ossuum*. Locus hic erat indicandi Romæ etiam primam lucem vidisse Laurentium. Quid ergo est quod Teolius affirmat in plerisque Prudentii hymnis patriam martyrum disertis verbis prodi, imo et prædicari ? In primo hymno adeo non proditur patria SS. martyrum, ut Teolius putaverit eos fuisse Calagurritanos, cum potius fuerint Legionenses. In Eulalia Emeritam ejus patriam prædicari facile concedo, quamvis nonnulli dubitent. Vide comment. ad vers. 4. De octodecim martyribus Cæsaraugustanis vide vers. 15, 107, 113, hymni 4. Neque Paulus, qui in eo hymno Narboni tribuitur, patria fuit Narbonensis, neque de aliis ibidem laudatis constat an in eis urbibus nati fuerint quæ eorum reliquiis aut patrocinio gloriantur. Succedit hymnus 5 de S. Vincentio, ubi patria ejus nullo modo memoratur, ut dicam ad hymni inscriptionem. Pariter ad titulum hymni 6 observabo, de patria S. Fructuosi et sociorum non constare ex hymno Prudentii. Sequitur hymnus 7 S. Quirini, ubi ad vers. 5 dicam dubium esse an hæc verba, *Complexu patrio fovent*, Sisciam patriam ejus fuisse indicent. In hymno autem 8 versus ad ornatum baptisterii alicujus proferuntur, quin rescri possit ubinam exstiterit illud baptisterium, et quinam fuerint illi duo sancti martyres qui eo loco passi dicuntur. Neque ex hymno 9 constat S. Cassianum, qui eo laudatur, in Foro Cornelii natum fuisse, ut ad titulum ejus hymni notabo. In hymno 10 nihil est ex quo argui possit S. Romanum genere fuisse Palæstinum. Vide comment. ad inscriptionem hymni. Quænam fuerit S. Hippolyti patria, neque Prudentius hymno 11 indicavit, neque aliunde nobis liquido constat. In hymno 12 patria SS. apostolorum Petri et Pauli nullo modo memorata est, nedum prædicata. Punicam terram S. Cyprianum tulisse, ex hymno 13 scimus, nihil aliud ex eo certo exsculpimus. Sepulcrum S. Agnes Romæ esse hymnus 14 expresse declarat ; de natali solo hujus virginis nihil in eo exprimitur. Quo ergo jure Teolius infert, ex quatuordecim his hymnis, tribus vel quatuor demptis, cæteros omnes martyris patriam disertis verbis prodere, imo et prædicare ? Argumenta Blanchini Bayerius

939 Lactante complexus sinu
940 Paterno amore nutrias.
Hos inter, o Christi decus,
Audi et poetam rusticum,
575 Cordis fatentem crimina,
Et facta prodentem sua.
Indignus agnosco et scio
Quem Christus ipse exaudiat :
Sed per patronos martyres

A 580 Potest medelam consequi.
Audi, benignus, supplicem
Christi reum Prudentium :
Et servientem corpori
Absolve vinclis sæculi.

III HYMNUS. IN HONOREM B. EULALIÆ MARTYRIS.

941 Germine nobilis Eulalia,

GLOSSÆ VETERES.

571. Lactante, *satiante*, I.
583. Corpori, *peccato*, I.
1. Germine, *generatione*. — Eulalia, *interpretatur boniloqua. B. Eulalia, boniloqua. Eusebia bona, cultura. Theosebia, Dei cultura,* I.

COMMENTARIUS.

egregie refellit, præsertim verba petita ex Sacramentario veteri sub S. Leonis nomine commoda explicatione excipit. Sane periodus illa, si mendosa non est, obscura certe est; ita enim habet : *Quamvis enim Sanctorum tuorum, propagante te, Domine, toto orbe clara sit gloria, de beati tamen solemnitate Laurentii peculiarius præ cæteris Roma lætatur, cujus nascendo civis; sacer minister, et dicatum nomini tuo munus est proprium.*
571. Vat. A, B, P, Q, Alex. Mar. pro div. script., Prag. pro div. script., Parrhasius, Rat., Gis., Weitz., Heins., *lactante*, neque in aliquo codicum discrepantiam Weitzius et Heinsius notant. Ald., Prag. a prima manu, *jactante*, quod prætulit Gallandius, quia *jactare* sumitur pro in aliquem se corpore inclinare. Ego vero de hujusmodi significatione valde dubito; nisi *jactor* passive, aut *jactare se* dicatur. Mar. a prima manu, *laxante*. Alex. a prima manu, *lactente*. Prag. pro *complexus*, non bene, *complexos* cum Mar. a prima manu.
573. P. Franciscus a Puteo luculentissimum hoc, ut vocat, IV sæculi auctoris docti, maximeque orthodoxi testimonium de invocatione sanctorum multis aliis allatis testimoniis eruditissime confirmat. Qua de re nos plura diximus cap. 7 Prolegom. Weitzius lectorem remittit ad Camerarium in lib: de piis Precibus: At noverint tandem heterodoxi Camerario non auctore uti ad Plautum explanandum, minime vero ad fidei Christianæ doctrinam explicandam.
574. Ald., Weitz., Parrhasius, Heins. et alii, *audi poetam*. Mar., Prag., Rat., Bong., *audi et poetam*.
579. Heinsius, Parrhasius, Alex., et alii, *martyras*. Ald. cum aliis, *martyres*. Martyres *patronos* Prudentius sæpe dicit; quod nos sæpius, invitis hæreticis, repetere juvat. Ambrosius, ep. 22, class. 1, de SS. Gervasio et Protasio : *Patronos habebamus, et nesciebamus.*
580. Vatt. A, B, Mar., Rat., Prag., *medela*. Melius *medelam*.
582. Reus Christi dicitur, ut apud Ciceronem Clodius *reus Milonis*, quia a Milone accusatus est.
584. *Ablue* error Aldi est, ab ipso emendatus, quod non videtur advertisse Becmanus cap. 6 Manuduct. Correxit enim *absolve* ex ms. Pal. Sæculum ab ecclesiasticis scriptoribus sumitur pro mundo rebusque mundanis. Sic Hieronymus ep. 22 dixit *codices sæculares*. In Vat. B, post hunc hymnum sequitur hymnus S. Hippolyti, uti etiam in Parrhasio.
1. In Vat. B. est hic titulus; *Aurelii Prudentii Clementis V. C. ymnus in honore Eulaliæ martyris*. In etiam Mar., sed addit *Incipit hymnus in honore beatæ Eulaliæ*, etc. Rat., *Incipit ymnus in honore Eulaliæ B. martyris*. Vat. A, *Hymnus in honore passionis Eulaliæ beatissimæ virginis*. Aldus, *Ode in laudem Eulaliæ martyris*. Heinsius, qui Put. et Oxon. sequitur in titulis hymnorum hujus libri adnotandis; *In honorem passionis Eulaliæ beatissimæ martyris*. Nostri co-

B dices hic, et alibi sæpius scribunt *in honore*, non *in honorem*, perinde quasi *in festo* dicerent. Osiander, Epitom. hist. eccles. cent. 4, lib. 1, cap. 9, martyrium Eulaliæ a Prudentio eleganti carmine descriptum observat. Ruinartius hymnum hunc Prudentii aliis actis vulgatis merito prætulit, martyrium S. Eulaliæ ad annum 304 revocandum censuit. Ad Prudentii fidem in hujus martyrii narratione vindicandam plura disserui in Hymnodia Hispanica ad diem 9 Decembris. Putarunt nonnulli Prudentium acta S. Eulaliæ Barcinonensis ad S. Eulaliam Emeritensem per errorem transtulisse. Cæterum cum Prudentius eodem sæculo vixerit quo Eulalia Emeritensis martyrium subiit, cum in provincia Tarraconensi scripserit, ubi potius Eulaliæ Barcinonensis laudes rescire et prædicare potuit, quam Eulaliæ Emeritensis, cum de Eulalia Emeritensi luculenta proferant testimonia Idatius, Isidorus, auctor vitæ S. Fructuosi Bracarensis antistitis sæculo VII, codex
C Veronensi officii Gothici plusquam millenarius a Josepho Blanchinio editus, Gregorius Turonensis, Fortunatus, aliique veteres : contra ex antiquis primus certus auctor Eulogius sæculo IX clare mentionem fecerit; ut dubium Quirici hymnum et acta anonyma prætermittam; quæ certe non majoris sunt ponderis quam acta Eulaliæ Emeritensis; cum, inquam, hæc omnia ita se habeant, jure verba Lucii Andreæ Resendii repetere hoc loco possum ex epistola ad Bartholomæum Quevedo : *De Emeritensi exstant et acta, et sacer ille Prudentius. De altera viderint cives Barcinonenses, et solertius investigent*. In martyrologio ecclesiæ Germanicæ, quod per septingentos annos latuerat, et in publicum prodiit e bibliotheca Friderici Beckii anno 1687, mense Decembri IV id.; fit mentio *Eulaliæ virg. Melciadis papæ*. Mense vero Februario nulla Eulalia nominatur. Nuper magno animorum æstu hujusmodi controversia in Hispania agitabatur, ut vel ex inscriptione hujus operis arguere poteris. *Justa repulsa del argumento*
D *negativo, y equivocaciones, en que cimentaba la defensa de su censura, que dio a luz el M. R. P. M. Fr. Agustin Sala a fin de impugnar algunos hechos del martirio de la insigne virgen y protomartir S. Eulalia Barcelonesa. Por D. Josef Pedros y Riera*. In 4 pp. 256. *Madrid por Hilario Santos Alonso* 1787. Vidi opuscula quædam, quæ præcesserant, tum Boriæ; tum Salæ, quorum hic ut suas opiniones tueatur, Prudentii fidem debilitare, ille corroborare studet. Et Sala quidem eo usque progressus est, ut affirmaverit, ipsi etiam Prudentio suos errores fuisse cognitos, siquidem fassus est acta martyrii SS. Hemeterii et Celedonii perisse. Cujus argumenti vim plane non percipio. Quod autem addit, Prudentium in Romano, in Hippolyto, in Cypriano errasse, id cujusmodi sit, suis in locis videbimus. Neque vero si viro cuiquam docto errasse aliquando Prudentius visus est, ita etiam judicare Salæ licebit, levioribus rationum momentis permoto.

942 Mortis et indole nobilior,
Emeritam sacra virgo suam,
Cujus ab ubere progenita est,
5 Ossibus ornat, amore colit.
Proximus occiduo locus est,
943 Qui tulit hoc decus egregium,
Urbe potens, populis locuples :
Sed mage sanguine martyrii,
10 Virgineoque potens titulo.
Curriculis tribus atque novem

A Tres hyemes quater attigerat,
Cum crepitante pyra trepidos
Terruit aspera carnifices,
15 Supplicium sibi dulce rata.
Jam dederat prius indicium,
Tendere se Patris ad solium,
Nec sua membra dicata toro :
944 Ipsa crepundia reppulerat,
20 Ludere nescia pusiola,
Spernere succina, flare rosas,

GLOSSÆ VETERES.

2. Indole, *ingeniosa, vel bona spe : spe, vel virtute. Indoles est imago quædam propriæ virtutis*, l.
3. Emeritam, *Emérita, civitas Hispaniæ dicta, quod ibi emeriti, id est veterani milites erant*, l.
6. Occiduo, *in fine*, l.
7. Tulit, *genuit, detulit*, l.
10. Titulo, *sepulcro*, l.
11. Curriculis, *annis*, l.
13. Crepitante, *sonante.*—Pyra, *pyra ignis dicitur genus qui antequam succendatur rogus vocatur*, l.
14. Aspera, *fortis*, Vat. A.
15. Rata, *arbitratā*, l.
17. Patris, *omnipotentis*, l.
18. Toro, *conjugio*, l.

19. Crepundia, *monilia, ornamenta, gemmas, insignia, vel indicia, quæ expositis infantibus adhibentur : jocalia ornamenta*, l.—Lusus, *pueriles jocos*, Mar.
20. Pusiola, *parvula, juvencula puella. Diminutivum a pusione, qui est communis generis, et significat puerum vel puellam fortiorem jam : inde pusiolus et pusiola diminutiva pusiola, pusilla. Pusio dicitur* B *primus natu*, l.
21. Spernere, *scilicet cœpit. Spernebat, id est abominabatur.*—Succina, *gemmæ fulvicolores, quæ ex lacrymis arborum fluunt, et in lapidem durescunt. Et sunt succina a succo dicta. Oscula in ore infantum.* —Flare, *flabat.*—Rosas, *jucunditates mundanas*, l.

COMMENTARIUS.

Multo vero minus ei liceat affirmare, sæculo IV, quo doctrina et religio Christiana maxime floruit, exactam judicandi rationem defuisse. Omissa vellem hæc ejus verba, Prudentium sæpius in rebus historicis sanctorum errasse *por ser aquellos tiempos tan calamitosos, las memorias, y actas de los martires muy raras y escasas, la critica poco exacta, y la credulidad sobrada.* S. Eulaliæ Barcinonensis acta quovis modo defendantur, per me licet : dummodo sua fides Prudentio ejusque æqualibus constet.

2. *Indoles* vocari solet spes quam ex vultu colligimus, futuræ virtutis in pueris, et a Græcis dicitur χαρακτήρ. Hic ergo sumitur pro charactere, aut genere mortis. Nebrissensis exponit *virtute* ut ponatur effectus pro causa; quia indoles præcedit virtutem. Heinsius monet in scriptis esse *mortis et*, non *mortis at*, aut *mentis ei* pro *mortis et*. Gis. et Weitz. ediderant *mortis at*. Cauchius conjiciebat *moris at* : sed ex Statio observat Heinsius *Ingenium crudele necis*. In Romano vers. 668, *Lactentis oris indolem*. Cath. 12, 68, *Puer o cui trinam Pater Prædestinavit indolem*.

4. *Patriam* S. Eulaliæ Emeritam hic declarari, nullus dubito. Riscus, tom. XXX Hisp. Sacr. cap. 10, modeste rejicit virum clarissimum Hispanum, qui affirmaverat Prudentium nunquam designasse patriam martyrum quos celebravit. Certe Bayerius in dissert. de S. Laurent. aperte profitetur Prudentium dixisse, sed obiter tantum, Emeritæ in lucem editam fuisse Eulaliam. Ego non video qui possit intelligi, *Cujus ab ubere progenita est*, nisi dicamus Emeritæ ortam S. Eulaliam. Giselinus tamen, de hac nostra Eulalia loquens, in civitate Barcinonensi a Donato presbytero catechizatam puellam dicit ; quod narrationi Prudentianæ parum congruit. Florezius tom. XIII Hisp. Sacr., tract. 64, cap. 6, plures alias opiniones de patria S. Eulaliæ in examen vocat, meritoque rejicit, Prudentii auctoritate fretus. At notandum est etiam hoc loco Prudentium illud præcipue in Emeritæ laudem vertere, quod martyrio et sepulcro S. Eulaliæ claruerit, ut in fine hymni superioris monebam, et ex versibus 186 et seqq. hujus hymni manifestius patet. De Emerita ad eos versus nonnihil commentabor. Illud nunc præmonebo, Schelstratum in append. ad opus geographic. antiq. Eccles. parum caute affirmasse Emeritæ civitatis nihil modo nisi ruinas superesse.

5. Brev. Mozarabicum totum hunc hymnum in of-

ficio S. Eulaliæ inserit. Ex quo lectiones variantes ascribam. Hoc loco male ibi legitur *amoreque colit*.

6. Barthius, lib. V Advers. cap. 21, ex scheda ms. in qua hymnus Eulaliæ erat descriptus, nonnullos versus illustrat, et scripturam diversam adnotat. Ait *occiduum* non addito solis nomine plagam occidentalem designare, ut apud Calpurnium : *Dicitur occiduas impellere Bœtis arenas*. Addi vel præferri possunt, Ovidius, Claudianus, et alii. Hoc autem peculiare est Prudentio, quod *occiduum* sine sole, sine orbe, sine aqua aut simili aliquo substantivo ponat pro *occidenti*.

7. Prag., *qui attulit*. Scheda Barthii, *Qui tulit egre-*
C *gium decus hoc*. Etiam ex hoc versu liquet Eulaliam Emeritæ progenitam. Nam idem locus qui tulit Eulaliam, martyrio hujus et sepulcro illustrior dicitur.

8. Brev. Moz. perperam, *urbs potens*. Idem scribit minus bene *locuplex*. Chamillardus in contextu et in nota legit *orbe potens*. Nescio an consulto; non enim monet se ab aliis omnibus recedere. Si lectio cod. esset deserenda, libentius legerem *arce potens*. Sic Auson. in epigr., quod mox in examen vocabo : *Corduba non, non arce potens tibi Tarraco certant*.

9. Prag. contra metrum, *martyris*.

10. *Titulus* pro sepulcro, ut sæpe Prudentius uti solet, quanquam hic etiam basilica cum sepulcro intelligi potest.

11. Annorum duodecim ætas his duobus versibus exprimitur. Monuit id Barthius, ne quis annos viginti quatuor intelligeret. Siquidem postea puellula, e thalamo proxima dicitur.

13. Mox vers. 156, *Flamma crepans volat in fa-*
D *ciem*. Virg. 1 Georg. 85, *Crepitantibus urere flammis*.

14. Nebrissa et Teolius exponunt *aspera in semetipsam*. Magis probo glossam *fortis*. Et voces *trepidos terruit* aliquo sensu in carnifices *asperam*, sive eis terribilem innuunt. Adde orationem martyris ad tyrannum, et vers. 127 et seqq., *Infremit, inque tyranni oculos Sputa jacit*.

15. Brev. Moz. perperam, *subit* pro *sibi*.

18. Brev. Moz., *et sua : lege nec sua*. Prag., *dicare toro*.

19. Plerique codices nostri unico *p* scribunt *repulerat* : sed cum prima sit longa, hoc loco recte scribetur *reppulerat*.

20. Brev. Moz., *pusilla* : corrige *pusiola*.

21. *Sucina* unico *c* scribunt aliqui codices. Sich., Weitz., Bong., Iso, *flare*, quod Salmasio placebat, et

Fulva monilia respuere :
Ore severa, modesta gradu,
Moribus et nimium teneris
25 Canitiem meditata senum.
Ast ubi se furiata lues
945 Excitat in famulos Domini,
Christicolasque cruenta jubet
Thura cremare, jecur pecudis
30 Mortiferis adolere deis,
Infremuit sacer Eulaliæ
Spiritus, ingeniique ferox
Turbida frangere bella parat,
Et, rude pectus anhela deo,
35 Femina provocat arma virum.
Sed pia cura parentis agit,
Virgo animosa domi ut lateat,
Abdita rure, et ab urbe procul :
Ne fera sanguinis in pretium
40 Mortis amore puella ruat.
Illa perosa quietis opem

A

Degeneri tolerare mora,
Nocte fores sine teste movet,
946 Septaque claustra fugax aperit,
45 Inde per invia carpit iter.
Ingreditur pedibus laceris
Per loca senta situ, et vepribus,
Angelico comitata choro :
Et licet horrida nox sileat,
50 Lucis habet tamen illa ducem.
Sic habuit generosa patrum
Turba columniferum radium :
Scindere qui tenebrosa potens
Nocte viam face perspicua
55 Præstitit, intereunte chao.
Non aliter pia virgo, viam

B

Nocte secuta, diem meruit,
Nec tenebris adoperta fuit,
Regna Canopica cum fugeret,
60 Et super astra pararet iter.
Illa gradu cita pervigili,

GLOSSÆ VETERES.

22. Fulva, *aurea.*—Monilia, *splendida ornamenta in vertice mulierum.*—Respuere, *respuebat,* I.
23. Ore severa, *facie stricta, sobria.* — Modesta, *quieta,* I.
25. Canitiem meditata, *morem imitata est,* I.
26. Furiata lues, *persecutio, mortalitas, vel morbus,* I.
30. Adolere, *incendere; aliter crescere,* I.
32. Ferox, *fertilis,* I.
34. Anhela, *spirans,* I.
35. Virum, *syncope pro virorum,* I.
36. Parentis, *matris.* — Agit, *operatur,* I.

38. Rure, *in pago,* I.
43. Teste, *vidente.* — Movet, *aperit,* I.
45. Invia, *loca sine via,* I.
46. Laceris, *laceratis,* I.
53. Qui, *radius,* I.
54. Face, *luce,* I.
55. Chao, *chaos, confusio rerum,* I. *Confusione noctis,* Vat. A.
57. Secuta, *dum sequebatur,* I.
59. Canopica, *Ægyptiaca, id est mundana,* I.
61. Cita, *velox,* I.

COMMENTARIUS.

verum putavit Heinsius in notis, et ita demum correxit. Cellarius quoque expressit *flare,* et confirmavit auctoritate Suetonii Calig. cap. 38 : *Julii et Augusti diplomata, ut vetera, et obsoleta deflabat.* Apud scriptores ecclesiasticos *exsufflare* pro indicio spernendi passim sumitur : sic etiam *insufflare* in Romano vers. 920, *Insufflat, ipsos ceu videret dæmonas.* Ambr. et Oxon., *flore rosas,* quod Chamillardo placebat, id est, nascentes in flore rosas. In Brev. Moz. legitur *succina flores rosas;* sed id metro repugnat. Quod autem miratur Chamillardus, *quod nullus hujus loci mendum tollere ausus fuerit,* et putat legendum *flare* aut *flore,* parum diligenter Heinsium legisse arguitur, a quo discere potuit Weitzium ex Bongarsiano edidisse *flare,* præter Sichardum, qui ad marginem idem ascripsit. Cæterum nostri codices, et Heinsiani plerique legunt *flere rosas,* quod explicat Nebrissensis *cum flatu abjicere.* Et Gallandio aptius contextui visum est *flere,* scilicet *spernere, flere, respuere.* Mihi verius videtur *flare,* et contextui aptius : nam flare et respuere simili fere ratione contemptum indicant. Editor postremæ editionis Parisiensis Patrum idem judicium tulit ac Chamillardus.

23. Nonnulli Vulg., *serena :* corrige *severa.* Noms., Rott., *modesta gradum* quod tenuit Heins., noto, ut ait, Græcismo. Sed perpendendum an contra auctoritatem optimorum codd. tot Græcismos liceat admittere quot vult Heins. Ego quidem non faciam.
25. Barthius interpretatur *Fovens canitiem proximam declarationi.* De significatione hujus verbi *meditor* plura dixi ad vers. 124 hymn. 10 Cath.
26. Vat. B, Mar., Prag., Rat., a prisca manu, *furiata dies.*
28. Rat., *Christicolas cruenta,* a prima manu ; sed a secunda manu recte *Christicolasque.*
29. Jecur in sacrificiis adhiberi solitum fuisse, no-

C tum est. Symm. II, vers. 1007, *Gallinæ pulmone rigare.* Et hymno S. Cypriani, vers. 82, *Salis aut micam, jecur aut suis litarent.*
30. Alii *deis,* alii *diis,* scribunt.
32. In Barthii scheda *ingeniique ferax* cum glossa *fertilis.* Idem videtur legisse Iso, cujus eadem est glossa. Thuan., Ruinartii ms., nisi fortasse est idem Thuan., *ingeniumque ferox;* non placet Heinsio. *Ferox* pro *forti, terribili,* recte. Nebrissa ita verba ordinat ad constructionem : *Et rude pectus, et ferox ingenio parat frangere, id est superare,* etc. At non male procedit hic ordo : *Spiritus ingenio ferox parat frangere bella, et rudi pectore ipsa scilicet femina anhela deo, provocat arma virum.*
34. Pectus *rude* pro inexperto. *Rudis* pro novo, recenti, sæpe a Prudentio usurpatur.
38. An *rus,* ubi virgo Eulalia latebat, fuerit *Porceiana,* an alius locus, inutili labore a nonnullis quæritur, cum vetera desint monumenta.
39. *Efferata amore martyrii,* ait Nebr. ad voc., *fera.*

D 41. Prudentius non jungit *perosus* cum gignendi casu, ut affirmant Cellarius et Teolius, sed ait Eulaliam perosam tolerare opem quietis.
47. Ex Virg. VI Æn. vid. com. ad v. 43 hym. 1 Cath.
48. Prag., contra metri legem, *comitatu,* pro *comitata.*
50. Ruinartius, *lucis tamen habet,* male.
51. Exod. XIII. Vide hymn. 5 Cath., ubi fuse historia hæc narratur.
56. Manifestam versuum trajectionem ex suo ms. corrigere voluit Barthius. Dixi jam proleg. cap. 22.
58. Ipsa virgo Eulalia non tenebris adoperta fuit, cum mundum, per regna Ægyptiaca significatum, fugeret. Hanc difficultatem ope suæ schedæ vitare voluit Barthius.
59. Vat. A perperam trajicit voces *Regna cum fu-*

Millia multa prius peragit,
Quam plaga pandat eoa polum :
947 Mane superba tribunal adit,
Fascibus astat et in mediis.
Vociferans : Rogo, quis furor est
Perdere præcipites animas,
Et male prodiga corda sui
Sternere rasilibus scopulis,
Omnipatremque negare deum?
Quæritis, o miseranda manus,
Christicolum genus? En ego sum
948 Dæmonicis inimica sacris :
Idola protero sub pedibus :

A 75 Pectore, et ore Deum fateor.
Isis, Apollo, Venus nihil est,
Maximianus et ipse nihil :
Illa nihil, quia facta manu :
Hic, manuum quia facta colit :
80 Frivola utraque, et utraque nihil.
Maximianus opum dominus,
Et tamen ipse cliens lapidum,
Prostituat, voveatque suis
Numinibus caput ipse suum :
85 Pectora cur generosa quatit?
949 Dux bonus, arbiter egregius
Sanguine pascitur innocuo :

GLOSSÆ VETERES.

62. Peragit, *percucurrit*, I.
63. Eoa, *orientalis*, I.
64. Superba, *nobilis*, I.
65. Fascibus, *honoribus, potestatibus, vel pompis*, I.
66. Rogo, *interrogo : ad paganos dicit*, I.
69. Sternere, *flectere ad orationem.* — Rasilibus scopulis, *rasis lapidibus, id est dolatis per imagines*, I. *Idolis dolatis in lapidibus*, Rat.
71. Manus, *multitudo*, I.

B 72. Christicolum, *Christicolarum*, I.
76. Isis, *dea Ægyptiorum*, I.
80. Frivola, *vana, vel mendacia*, I
82. Cliens, *servus, vel socius, servitor, amicus minor*, I. *Servus, vel amicus*, Mar.
83. Prostituat, *tradat, vel turpiter se inclinet*, I.
85. Generosa, *Christiana.* — Quatit, *persequitur*, I.
86. Dux bonus, *per ironiam*, I.

COMMENTARIUS.

geret Canopica. Thuan., Mar. a prima manu *Canopia.* S. Damasus de sorore sua Irene : *Cum fugeret mundum, dederat mihi pignus honestum, Quam sibi cum raperet melior tum regia cœli.* Alii legunt, *quem sibi.*

64. Breviar. Moz., *tribunalia.* Metrum poscit *tribunal.* Sæpius *superbus* in malam partem accipitur, nonnunquam in bonam, ut a Prudentio hoc et aliis in locis. In censura hymnorum Santolii Victorini scripsi mihi non placere de S. Barbara dici *Christo superba conjuge.* Posset hoc exemplum Prudentii allegari. Responderem, non tam dedecere hoc epitheton in S. Eulalia forti et intrepido animo adversus tyrannum pugnatura, quam in S. Barbara, quæ ea solum ratione superba videtur appellari, quod Christum haberet sponsum. Sala, in opusculo de S. Eulalia Barcinonensi, ait, pag. 129, S. Eulogium lib. I Mem. SS. negare, Eulaliam Emeritensem non quæsitam se judici obtulisse. Verum neque Eulogius id negat, neque, si negaret, major ei fides quam Prudentio, fere æquali Eulaliæ, esset præstanda. Ac fortasse ea jam tum opinio irrepserat, eamdem esse S. Eulaliam Barcinonensem et Emeritensem. Illud constat ex operibus Eulogii, maximam tunc fuisse Cordubæ librorum ecclesiastic. inopiam, quod advertit etiam Amb. Morales. Certe si Eulogius Prudentii librum Perist. legisset in Memoriali martyrum ejus auctoritate usus fuisset.

65. Lictores fasces et securim magistratibus præferebant, fasces ad quædam leviora supplicia, securim ad mortem irrogandam.

66. Breviar. Moz., *Vociferans ita : Quis pudor est.* Ald., Urb., *Vociferans : Rogo, quis pudor est.* Alex., *quid furor est.*

67. Animas paganorum intelligit.

68. Breviar. Moz., omittit *sui.*

69. Nebrissa *rasilibus* explicat *viscera vestra radentibus.* Videtur id totum accipere de morte paganorum, qui ad inferos detruduntur. At sermo certe est de cultu idolorum, quæ vocat *scopulos rasiles.* Consule glossas. Ex hoc loco posset confirmari scriptura nonnullorum v. 210 lib. I in Sym., *Cæsa de rupe poposcit.*

70. Helpidius in carmine de Christo *omniparis* voce usus est : *Illic omniparis succrevit gloria Verbi.* Prudentius non semel *omniparens* dixit. Fortasse hic etiam præstaret *omniparemque.* *Cunctipater* exstat apud Teodulfum carm. 1, vers. 69 : *Cui tria cunctipater voluit superaddere lustra.*

72. Teolius *Christicolarum genus* : metri lex obstat. Alia apud hunc prætereo, quæ etiamsi metro repugnare videantur, tamen vitium tollitur, si recta scribendi ratio adhibeatur, ut ante vers. 39, *sanguinis in prœtium*, et vers. 42, *tollerare mora.* Nam cuivis in promptu est legere *pretium* et *tolerare*, et tunc recte procedit metrum. Post hunc vers. 72 in Aldo irrepserunt duo alii, qui sunt ordine vers. 110 et 111 : *Proxima dotibus, et thalamo. Non movet aurea pompa tori :* qui suo loco iterum ab Aldo immittuntur.

73. Tertullianus, et Sedulius utuntur etiam vocabulo *dæmonicus.*

74. Rat., abrasis prioribus, *Et simulacra terens pedibus*, scilicet manu recentis correctoris, qui secundam in *idola* corripi nolebat.

77. Estne hic Maximianus Herculeus an Galerius Maximianus? Gifanius hujus potius jussu Eulaliam mortuam ait verbo *viridans.* Cellarius intelligit Maximianum Herculeum, qui anno 303 imperator erat, quamvis fax et concitator fuerit Galerius Maximianus tunc Cæsar. In eadem sententia est Ruinartius : quia anno 304 in Hispania, quæ Maximiano Herculeo parebat, Datianum sæviisse certum est. Actis, quæ Eulaliam sub Calphurniano præside passam referunt, auctoritatem Prudentii merito præfert.

78. Sapient. xv, 16 et 17 : *Homo enim fecit illos... Cum enim sit mortalis, mortuum fingit manibus iniquis. Melior enim est ipse his, quos colit, quia ipse quidem vixit, cum esset mortalis, illi autem nunquam.*

80. Rat., prioribus abrasis, recenti manu, *utraque frivola* pro *frivola utraque.* Cauchius malebat *Frivolum utrumque, et utrumque nihil.* Nihil est necesse. Alibi etiam in *utraque* nominandi casu a produxit Prudentius.

82. Christiani scriptores idola per contemptum vocant lapides. Arnobius lib. 1, *Si quando conspexeram lubricatum lapidem.* Minucius, *lapides... effigiatos sane, unctos, et coronatos.* Nebrissa notat, *clientem* esse cultorem, quia cliens a colendo dicitur.

87. Inscript. Hispaniensem Gruterus pag. 280 profert ex Schotti aliorumque schedis, si tamen vera est.

DIOCLETIANVS. IOVIVS. ET
MAXIMIAN. HERCVLEVS
CAES. AVGG.
AMPLIFICATO. PER. ORIEN
TEM. ET. OCCIDENTEM
IMP. ROM
ET
NOMINE. CHRISTIANORVM
DELETO. QVI. REMP. EVER
TEBANT

Corporibusque piis inhians,
Viscera sobria dilacerat,
90 Gaudet et excruciare fidem.
Ergo age, tortor, adure, seca,
Divide membra coacta luto.
Solvere rem fragilem facile est:
Non penetrabitur interior
95 Exagitante dolore animus.
Talibus excitus in furias
Praetor, ait: Rape praecipitem,
Lictor, et obrue suppliciis:
Sentiat, esse deos patrios,
100 Nec leve principis imperium.
Quam cuperem tamen ante necem,
950 Si potis est, revocare tuam,
Torva puellula, nequitiam!

A Respice, gaudia quanta metas,
105 Quae tibi fert genialis honor.
Te lacrymis labefacta domus
Prosequitur, generisque tui
Ingemit anxia nobilitas,
Flore quod occidis in tenero,
110 Proxima dotibus, et thalamo.
Non movet aurea pompa tori,
Non pietas veneranda senum,
Quos temeraria debilitas?
951 Ecce parata ministeria
115 Excruciabilis exitii.
Aut gladio feriere caput,
Aut laniabere membra feris,
Aut facibus data fumificis,

GLOSSAE VETERES.

88. Inhians, *appetens, vel nimis cupiens*, I.
90. Excruciare, *extorquere*, I.
92. Coacta, *conjuncta*, I.
94. Penetrabitur, *interficitur*, I.
95. Exagitante, *fatigante*, I.
96. Talibus, *verbis.* — Excitus, *commotus.* Exiliabi-
lis, I.
98. Lictor, *carnifex a ligando*, I.
101. Quam, *in quantum*, I.

B 102. Si potis est, *si possibile est*, I.
103. Torva, *aspera vel minax, vel contumax*, I.
105. Genialis, *nuptialis, lectus nuptialis, vel honor
gratus*, I.
110. Thalamo, *conjugio*, I.
113. Temeraria, *praesumptrix.* — Debilitas, *delu-
dis, excrucias, foedas; infirmitas* (forte *infirmas*), I.
114. Ecce, *aspice.* — Parata, *scilicet sunt*, I.
115. Exitii, *periculi vel mortis*, Iso.

COMMENTARIUS.

Quae inscriptio Cluniae in Hispania exstabat in pulchra columna. Ibidem ex schedis Schotti similis haec inscriptio Cluniae.

DIOCLETIAN. CAES
AVG. GALERIO. IN ORI
ENTE. ADOPT. SVPERST
TITIONE. CHRIST.
VBIQ. DELETA. ET CVL
TV. DEOR. PROPAGATO

Vide Baronium ad an. 304, n. 9 et 10.
88. Prag. omittit *que*, quod desideratur ad metri C rationem.
93. Ovidius III Trist., eleg. 11, *Et minimae vires frangere quassa solent*.
99. Caligulae illud traditur fuisse praeceptum: *Ita feri, ut se mori sentiat*.
100. Breviar. Moz., *ne tenneat*: emenda *hec leve*.
102. Ald., Breviar. Moz., Heinsius cum suis vetustioribus, Fabr., Hailsbr., Bong., Ruinartius aliique, *si potis es*. Urb., Vatt. P, Q, Weitz., Egm., Wldm., *si potis est*, quod videtur exstare in Alex., et ex vet. lib. defenditur a Gifanio in *viridans*, quod venuste dici putat, ut apud Terentium, et antiquos *si potest, si poterit*. Id non placet Heinsio, quia ex antiquorum imitatione dici deberet *si pote est*, non *si potis est*. Vide comment. ad vers. 84 praef. lib. I in Symmach. Etsi autem Gifanius hoc carmen de S. Eulalia vocet sordidissimum, tamen satis sordide protulisse Prudentium ait *revocare nequitiam*. Fortasse hoc vitare voluit Giselinus, qui in contextu edidit D *Si potis es, revocare viam Torva puellula, nequitiae:* quod eodem fere tempore expressit Fabricius. Repugnant scripti codices. Et Ovidius simili sensu dixit IX Met.: *Si facta mihi revocare liceret*; et Seneca de Benef. lib. IV: *Revocare promissum.* Sic etiam *revocare se pro mutare sententiam* apud Ciceronem.
103. Quod Eulalia duodecennis *puellula* non immerito vocetur, ostendi in Hymnodia Hispanica in nota ad hymnum S. Eulaliae et pluribus aliis exemplis posset confirmari.
104. Vat. B, *petas*: melius *metas*.
105. *Genialis honor* pro nuptiis a Genio deo generationis: hinc *lectus genialis*.

109. Put. *sole* pro *flore*, quod non esse ex nihilo, ait Heinsius: siquidem Salmasius similem ex Hamartigenia ascripserat locum, *Ut pueros sol primus agit*. Verum epitheton *tenero* exigit *flore*, et locus ex Psychomachia (non ex Hamartigenia), vers. 845: *Seu pueros sol primus agat, seu fervor ephebos Incendat nimius*, etc., non valde similis est huic phrasi *occidere in sole tenero*. Heinsius cum Put. et Oxon., *thalamis*, ex quo suspicatur *thalami*. Alii probe, *thalamo*. Recentiores, *thalamis*, cum Heinsio.
114. *Ministeria* pro *ministris* et instrumentis supplicii. Apuleius III Met.: *Tunc me per proscenium medium velut quamdam victimam publice ministeria perducunt*. Adde utrumque Plinium, Tacitum, alios.
115. Oxon., *Excruciatilis exitii*, minus bene: sed pejus Breviar. Moz., *Ex cruciavilibus exitiis*.
116. Notat Peveratus *gladio feriatur* esse formulam qua interdum rei damnabantur, ut in eos gladio animadverteretur. Pontius diaconus in Vita S. Cypriani: *Sententia ex tabella recitata est in haec verba: Cyprianus gladio feriatur*. Plura alia addit Sagittarius cap. 7 de Cruciat. de hac formula *feriatur*, *gladio feriatur*, *securi feriatur*, ex jure civili, SS. Patribus, Martyrologiis. Vide tabulam XXI.
117. Intelligi potest de supplicio crucis, in qua relinquebantur rei dilaniandi a canibus et rapacibus volucribus; de quo Horatius, *Non pasces in cruce corvos*. Vide Lipsium de Cruce lib. III, cap. 11, et tabulam I et II, ubi martyres in crucem acti exprimuntur. Gifanius tamen putat, accipi posse *feros* pro equis, ut accipiuntur in hymno S. Hippolyti, qui ab equis distractus est.
118. Barthius affirmat id elegantissime dictum, quod vulgo aliquis diceret: *In usum faculae accensa*. Catullus, *Et non pistrino traderis, atque asino*: hoc est ad molam vice asini. Vide comment. ad praefat. Psych., vers. 5. Hujus generis supplicii in Christianos Tacitus meminit XV Annalium: *Pereuntibus addita ludibria, ut ferarum tergis contecti laniatu canum interirent, aut crucibus affixi, aut flammandi; atque ubi defecisset dies, in usum nocturni luminis urerentur*. Quod fere totidem verbis narrat Sulpicius Hist. sacr. lib. II. Vide tabulam XVII. Cellarius consuetam com-

PERISTEPHANON HYMN. III.

      Flebiliterque ululanda tuis
120 In cineres resoluta flues.
      Hæc, rogo, quis labor est fugere?
      952 Si modicum salis eminulis
      Thuris et exiguum digitis
      Tangere, virgo, benigna velis;
125 Pœna gravis procul abfuerit.
      Martyr ad ista nihil : sed enim
      Infremit, inque tyranni oculos

A   Sputa jacit : simulacra dehinc
      953 Dissipat, impositamque molam
130 Thuribulis pede prosubigit.
      Nec mora, carnifices gemini
      Juncea pectora dilacerant,
      Et latus ungula virgineum
      Pulsat utrinque, et ad ossa secat,
135 Eulalia numerante notas.
      Scriberis ecce mihi, Domine,

GLOSSÆ VETERES.

121. Rogo, *interrogo*, I.
122. Eminulis, *longe præeminentibus; ab eminus diminutivum*, I. *Valde parvis*, Mar.
126. Nihil, *respondit*, I.
129. Mola, *mola est quoddam genus sacrificii ex farre et sale, quo hostia ei cultri, atque ipsi ignes aspergebantur*, Vat. A.

130. Prosubigit, *suvvertit. Subigo multa significat :* 1° *acuo, ut* Subigunt in cute secures; 2° *compello, ut* Subigitque fateri; 3° *fodio vel conculco, ut* Pede subigit terram, I.
132. Juncea, *tenera, juvenilia propter viriditatem*, I.
134. Ad ossa, *usque ad ossa*, I.
135. Notas, *figuras, maculas vel cicatrices*, I.

COMMENTARIUS.

bustionem tantum intelligit. Sagittarius, cap. 10, credibile putat Prudentium respexisse ad supplicii genus quo Nero Christianos affecit, sed posse etiam explicari de facibus quibus martyres nonnunquam ustulati sunt. Vestem, qua martyres comburendi involvebantur, vocabant tunicam molestam et ardentem : de qua Seneca epist. 14 : *Cogita hoc loco carcerem, et cruces, et eculeos, et uncum, et adactum per medium hominem, qui per os emergat, stipitem. et distracta in diversum actis curribus membra, illam tunicam alimentis ignium et illitam, et intextam, et quidquid aliud præter hæc commenta sævitia est.* Barthius legit *Aut facibus data funificis*, nescio an ex sua scheda, an *funificis* exciderit pro *fumificis* : nam *fumificis* exstat in aliis.

121. Videtur judex verbis S. Eulaliæ vers. 66 : *Rogo, quis furor est?* aliis similibus respondere.

122. Ald: non bene disjungit *e minulis*. *Digitis eminulis* est summis digitis, quasi prominentibus sive eminentibus: Lactantius lib. I, cap. 20 : *Coluit enim thure, ac summis digitis, quæ sensibus intimis horrere debuerunt.* Et lib. v, cap. 19 : *Docui, ut opinor, cui populus noster apud stultos stultus habeatur. Nam cruciari atque interfici malle quam thus a tribus digitis comprehensa in focis jactare tam ineptum videtur, quam in periculo vitæ, alterius animam magis curare quam suam: Nesciunt enim quantum sit nefas adorare aliud, præterquam Deum.* Hieronymus epist. ad Heliodor. *Non est in eo tantum servitus idoli, si quis duobus digitulis thura compressa in bustum aræ jaciat.* Hinc mica thuris apud Ovidium, Columellam, Plinium. Confer Brissonium de Formulis lib. I, et vers. 82 hymni S. Cypriani. Voce *eminulus* utuntur Varro et Apuleius. Peveratus observat locupletes solitos focis acervos thuris ingerere, pauperes vero grana aliquot summis digitis injicere. Fit autem salis mentio ob salsam molam, de qua paulo post. Teolius probabiliter censet, usum salis in sacrificiis ex Hebræis ad ethnicos permanasse. Calmetus autem ad cap. II Levit., vers. 13, tradit temporibus heroicis sal in sacrificiis minime fuisse adhibitum. Recentiores vero Græci et Latini nulla sacrificia conficiebant sine salsa mola.

125. Breviar. Moz., corrupte, *pœnam gravem procul aufugeris*. Urb., Vat. P, Aldus et alii, *abfuerit*, quod magis placet quam *affuerit*, cum Vat. Q, aut *afuerit*, ut scribunt Alex., Weitz., Egm., Hailsbr., Bong., Heinsius, qui pro hac lectione allegat duos veterrimos codices, et sic legi affirmat apud Maronem, Gellium, alios passim in antiquissimis exemplaribus. Teolius Heinsium sequitur; quamvis fateatur, in uno tantum Vat. codice esse *afuerit*, in cæteris *abfuerit*. Sed excipiendus est Vat. Q, ut dixi.

126. Baronius II Annal., pág. 734, ad ann. 303; censet hinc permotos Patres concilii Eliberitani, ut statuerent, in numerum martyrum non recipi qui

B idola fregerit et ibidem fuerit occisus. At Gabriel Vasquez tom. I, in 3 part., quæst. 25, art. 3, disp. 105, cap. 2, id probabile non putat, quia Eulaliam non solum laudare, sed et imitari quisque deberet, cum ea tempestate Christiani ad sacrificandum idolis cogerentur : qua occasione conculcare idola non solum licet, sed gloriosum quoque est. Damnat tamen temeritatem nonnullorum qui intempestive martyrio se objecerunt.

128. Benedictus pontifex XIV. lib. III de Beatific., cap. 16 et 17, late hanc quæstionem agitat, an liceat se ultro offerre ad martyrium, tyrannum provocare ad mortem inferendam, idola despuere et confringere, ex quo mors certo sit secutura. Summa omnium est, hujusmodi actiones sæpius non licere, nisi peculiari impulsu Spiritus sancti exerceantur. Vide comment. ad vers. 580 lib. I contra Symmach. In Eulalia hunc impulsum fuisse ex ejus constantia in perferendis tormentis et ex miraculis consecutis, aperte C colligitur. Putabam legi posse *inque tyranni oculis*, quasi coram tyranno despueret idola. Certe exemplum simile non legi : quamvis multa alia sint in Actis martyrum de iis qui idola conspuerunt aut simulacra flatu contempserunt. Neque tamen aliud ab Eulalia factum intelligo, nisi ut hunc contemptum sufflans, vel leviter exspuens indicaret. Videndus loc. cit. Gabriel Vasquez.

130. Breviar. Moz., *pede prosiliit*: Rectum est *prosubigit*, sumptum ex III Georgic., *et pede prosubigit terram*.

132. Breviar. Moz., *vitidæ*; *lancea* pro *juncea*. Boria in opusculo de S. Eulalia Barcinonensi deceptus est, existimans *juncea* esse in ablativo; et significare instrumentum quo pectora dilacerata sunt. Explicat Hispanice *con juncos*. Prudentius pectora vocat *juncea*, Terentius, Eunuch. act. II, scen. 3, de tenui femina : *Deducunt cibum, tametsi bona est natura, reddunt curatura junceas.* Huc respexit Prudentius. Catullus simili metaphora *laneum thusculum* pro *molli* D dixit, et idem atque Lucretius contraria significatione feminas atido et exsucco corpore vocant *ligneas*: Quod Chamillardus opinatur, Prudentium intelligere pulchre deducta et composita membra, ut sunt opera ex junco facta, id mihi non persuasit, quamvis Nebrissensem videatur secutus, qui pectora juncea exponit *pulchre deducta et composita*. Magis nihil probatur Isonis glossa. Terentii verba a Donato ita exponuntur : Bona, *plena, magna et pinguis*; Junceas, *tenues et pallidas*.

134. Breviar. Moz.; Et nonnulli vulg., *pulsat utrumque.*

135. Propfie notæ erant compendia litterarum; ut fusius dicam ad hymnum Cassiani. Ex hac significatione sequitur in stropha seq. *scriberis*; *apices*; etc.

Quam juvat hos apices legere,
Qui tua, Christe, tropæa notant!
954 Nomen et ipsa sacrum loquitur
140 Purpura sanguinis eliciti.
Hæc sine fletibus et gemitu
Læta canebat, et intrepida.
Dirus abest dolor ex animo,
Membraque picta cruore novo
145 Fonte cutem recalente lavant.
Ultima carnificina dehinc,
Non laceratio vulnifica,
Crate tenus nec arata cutis :
Flamma sed undique lampadibus
150 In latera stomachumque furit.
Crinis odorus et in jugulos
Fluxerat, involitans humeris,
955 Quo pudibunda pudicitia,
Virgineusque lateret honos,

A 155 Tegmine verticis opposito.
Flamma crepans volat in faciem,
Perque comas vegetata, caput
Occupat, exsuperatque apicem :
Virgo, citum cupiens obitum,
160 Appetit et bibit ore rogum.
Emicat inde columba repens,
Martyris os nive candidior
Visa relinquere, et astra sequi :
Spiritus hic erat Eulaliæ
165 Lacteolus, celer, innocuus.
Colla fluunt, abeunte anima,
Et rogus igneus emoritur :
956 Pax datur artubus exanimis,
Flatus in æthere plaudit ovans,
B 170 Templaque celsa petit volucer.
Vidit et ipse satelles, avem
Feminæ ab ore meare palam,

GLOSSÆ VETERES.

137. Quam juvat, *in quantum jucundum est.* — Hos, *martyrii*, I.
140. Eliciti, *expressi vel extracti*, Iso.
146. Carnificina, *locus vel excruciatio*, I.
151. In jugulos, *in pectora.* Mar.

161. Emicat, *salit.* — Repens, *subita*, I.
165. Innocuus, *sicut columba est.* I.
169. Plaudit, *ludit, jocatur*, I.
171. Satelles, *minister ; vel sequax*, I.

COMMENTARIUS.

144. Breviar. Moz., *tincta*, fortasse melius quam *picta :* nam sequitur *lavant.*
145. Widm., *recalente levant ;* supra, *lavant*, probe.
148. Vat. A, Hailsbr., Egm., Pal., Bong. a prima manu, *ore tenus.* Alii melius *cratetenus* vel *crate tenus.* Breviar. Moz., male, *cratis tenus.* Non semel Prudentius *cratem* pro *costis* usurpavit, uti Virgilius aliique poetæ. Boria loc. cit., *cratem* videtur accepisse pro eculeo, quod defendi nequit.
149. De hoc supplicio inspice tabulam ix et xiv. An alia supplicia quæ de Emeritensi Eulalia in ejus actis referuntur, pro certis habenda sint, disputant nonnulli. Narratio Prudentii certa mihi est ; alia, quæ adduntur, aut falsa aut minus certa sunt.
151. Breviar. Moz., corrupte, *Crinis et odor ut in jugulos.* Ald., Put., Thuan., Alt., Rott., *Crinis odorus ut in jugulos :* neque id immutari debuisse, ait Heinsius. Nihilominus Vat. B, Mar., Rat., Piag., Weitz. et alii habent *et in jugulos.* Giselinus etiam *et*, sed in emendandis monuit in plerisque libris legi *ut* pro *et*, et orationem esse suspendendam usque ad alterum quinionem sive stropham. *Crinem odorum* vocat, quod divino miraculo suaviter fragraverit, ut Virgilius ad i Æneid. vers. 403, *Ambrosiæque comæ divinum vertice odorem Spiravere.* Nebrissa hunc versum Virgilii laudat ; sed *odorus* explicat *non tunc, sed qui solebat odoribus suffiri.* Recte ab aliis interpretibus rejicitur. Suspicabar *crinis honorus.* Puto autem crinem odorum dici, quia cum per comas vegetaretur flamma, ut postea narrat, crinis fetorem emittere debebat, sed odorem suavem emittebat. Simile miraculum in odore qui e corpore S. Laurentii emanabat, expositum fuit vers. 385 et seqq. Adde *odorum posse capi pro bene vel male olente.*
152. Palat., *humeros*, non male. Alex. scribit *umeris.*
153. In passione Agnetis, vers. 42, vocat *verendum locum.*
154. Breviar. Moz., *lateat :* legendum *lateret* ad regulas metri.
158. Mar. a prima manu, *exsuperat apicem.*
159. Nonnulli vulg., *cito cupiens.*
161. Mar. ad marg. pro diversa lect., *columba re-*

cens. Breviar. Moz., *replens.* Latinius ex ingenio, u puto, sed acute, *columba tepens.* Petrus Lazzeri, in dissertat. de regulis critices, § 6, affirmat in actis S. Polycarpi verba illa. *Egressa est columba*, solum significare animam exivisse : nam, ut ex Aringho aliisque constat, in cœmeterialibus Christianorum C monumentis, certe in sepulcralibus eorumdem titulis frequenter deprehenditur columba ad indicandas animas justorum. Recenset alias historias quibus egressa columba dicitur, ut hanc S. Eulaliæ in Prudentio et in missali Mozarabico de utraque Eulalia Emeritensi et Barcinonensi, S. Potiti, S. Quintini, S. Reparatæ, S. Devotæ, S. Spei abbatis, S. Felicis Trevirensis, S. Meningi Fullonis, S. Blasii Armentarii, SS. Viti, Modesti. et Crescentiæ, S. Olivæ, S. Amatoris, S. Scholasticæ. Lazzerus suspicatur aliquos ex simplici phrasi, *Egressa est columba*, miraculum adornasse. Quidquid autem sit de aliis historiis, Prudentius clarissime narrat columbam emicuisse nive candidiorem, quæ os martyris visa fuit relinquere, et astra sequi : quam spiritum esse Eulaliæ interpretatur. Vide infra vers. 171. De columbis earumque significatione confer comment. ad hymn. 3 Cathem., vers. 165.
165. Barthius, lib. vi, cap. 28, Advers., ait *lacteum* D a Latinis dici, quod est ab omni labe alienum atque remotum, ut *lacteolus* a Prudentio hoc loco, et a Chalcidio in Empedoclis versuum interpretatione, *Et tali sexu inde animal, tum lactea virgo.*
168. Pax datur corpori, tanquam si bellum cum tyranno et tormentis gesserit.
170. In Vat. A desideratur *que* post *templa.* Prudentium credidisse puras animas hinc decedentes ad cœlum evolare, quin in secreta aliqua sede detineantur, resurrectionis diem exspectantes, manifeste ex hoc loco atque aliis similibus in hoc libro de Coronis ostenditur.
171. Heinsius edidit *vidit et ipse ;* sed in notis videtur velle *vidit ut ipse*, nisi mendum irrepserit. Teolius etiam *vidit ut ipse*, nescio quorum mss. fide : nam plerique cum editi tum mss. habent *vidit et ipse.*
172. Aldus mendose, *femina.*

Obstupefactus, et attonitus
Prosilit, et sua gesta fugit,
175 Lictor et ipse fugit pavidus.
Ecce nivem glacialis hyems
Ingerit, et tegit omne forum :
Membra tegit simul Eulaliæ,
Axe jacentia sub gelido,
180 Pallioli vice linteoli.

A Cedat amor lacrymantum hominum,
Qui celebrare suprema solent,
Flebile cedat et officium :
Ipsa elementa, jubente Deo,
185 Exsequias tibi, virgo, ferunt.
Nunc locus Emerita est tumulo
957 Clara colonia Vettoniæ :
958 Quam memorabilis amnis Ana

GLOSSÆ VETERES.

180. Vice, *in similitudine*, I.
187. Vettoniæ, *provinciæ Hispaniæ*, I.

188. Ana, *fluvius*, I.

COMMENTARIUS.

174. Mar., et Rat. pro divers. lectione, *sua facta.*
177. In comment. ad vers. 47 hymni 1 observatum est plerumque in foro martyres martyrium passos.
178. Breviar. Moz., *membraque tegit* contra metrum.
179. Breviar. Moz. corrupte, *ossa jacent sub gelido.*
182. Prag., *suprema solet.*
186. Prag., *hunc locum*, mendose. Vat. P male, *non locus.* Ald., Heins., Mar. a secunda manu, Alex., Vat. Q, Urb., Weitz. et alii, *nunc locus*. Rat., Widm., *hic locus*. Florezius, tom. XIII Hisp. sacr., tract. 41, cap. 6, putavit voce *tumulo* declarari locum eminentem ubi sita est Emerita. Mihi exploratum est, credo etiam aliis, sermonem esse de sepulcro Eulaliæ, quod suo tempore Emeritæ esse ait Prudentius. Ubi autem nunc sint reliquiæ hujus sanctæ virginis, erudite ediserit Florezius.
187. Lucanus lib. iv producit *o* in *Vettones*, aut *Vectones* ; *Vettonesque leves, profugique a gente vetusta Gallorum*. *Vettonia*, non *Vectonia* scribunt vetustiores Heinsiani et nostri ; in Alex. tamen *Vectoniæ*, in Vat. Q *Vetoniæ*. Prudentius corripit secundam in *Vettonia* licentia in nominibus propriis valde communi. Vettones a Ruinartio, Chamillardo et Teolio locantur inter Durium et Tagum. At tunc Emerita extra Vettoniam esset, cum inter Durium et Tagum sita non sit, sed potius ejus mœnia præterfluat et lavet Anas. Cellarius Vettoniam collocat inter Durium et Anam, præsertim posteriori ævo, et veterem inscriptionem producit ex Grutero pag. 383.

PROC. PROVINCIAE LUSITAN
ET . VETTONIAE

Quam inscriptionem Gruterus exstare ait in Hispali nova e Fabricio et Morali. Similem inscriptionem e Resendio adducit Gruterus pag. 591, quæ Emeritæ in domo Petri Mexiæ visebatur. A Prudentio hymno seq., vers. 37, Emerita dicitur *Lusitanorum caput oppidorum :* adeoque Vettonia ad Lusitaniam pertinere videtur. Non ergo satis intelligitur qua ratione in veteri inscriptione Lusitania et Vettonia distinguantur : nisi dicas Emeritam coloniam Vettoniæ fuisse, et simul caput Lusitaniæ, quod rationi communi loquendi non satis congruit. Nebrissa etiam putat Vettones populos esse Lusitaniæ. Florezius, ut quæstionem solvat, loc. cit. advertit Emeritam a Prudentio in Vettonia collocari, a Strabone in Turdulis, a Mela, Dione Cassio, Aggeno, in Lusitania, ab Hygino in Bæturia. Rem ita explicat, ut alii provinciam intellexerint, alii regiones : scilicet Emerita caput erat provinciæ Lusitaniæ, exstabat in regione Turdulorum, et in confinibus Vettonum et Bæturiæ. Scaliger, in Lection. Auson. cap. 30, ex Prudentii verbis colligit Emeritam dici *Emeritam Augustam Vectonicæ*, ubi intelligendum *Vectonicæ*, id est civitatis : nam Vectones sunt populi Lusitaniæ : in quibus Emerita fuit princeps ac matrix totius provinciæ Lusitaniæ. At vero cum Prudentius dicat Emeritam esse claram coloniam Vettoniæ, magis videtur con-

B sentaneum judicare Vettoniam esse regionem populorum Vettonum, quam esse aliud nomen Emeritæ Augustæ. Contendit etiam Scaliger epigramma Ausonii 8 de urbibus Emeritæ convenire, ut lectio vulgata habebat, non Hispali, cujus nomen exstat in mss. vett. Sic enim olim legebatur : *Jure mihi posthac memorabere, nomen Iberum, Hispalis æquoreus quam præterlabitur amnis. Summittit cui tota suos Hispania fasces, Corduba non, non arce potens tibi Tarraco certant, Quæque sinu pelagi jactat se Bracara dives.* Scaliger legit *Emerita* pro *Hispalis*, quia Hispalim non præterfluit æquoreus amnis, sed Emeritam, testemque producit Prudentium. Ana enim fluvius hanc alluit ; quod disertissime, ut ait, a Prudentio his versibus explicatur. Contra ego existimo æquoreum amnem Hispalim præterlabi, non Emeritam. Scaliger explicat æquoreos amnes dici quorum ostia, quia in Oceanum exonerantur, æstum Oceani patiuntur. Ego addo æquoreum amnem, qui aliquam alluit urbem, intelligi de amne qui in ea parte ubi æstum Oceani patitur, urbem præterlabitur : nam alioquin de omnibus fluviis qui in Oceanum se exonerant id promiscue dici posset. Jam Bætis Hispalim præterfluit, et, ubi
C eam alluit, æstus maris percipitur. Emerita vero ita amni Anæ apposita est, ut ab æstu maris longe sit remota. Accedit *nomen Iberum*, quod ait Ausonius, de Hispali recte dici, minus recte de Emerita, quæ potius est nomen Latinum sive Italum, ut de suo nomine dixit Ausonius epist. 16 : *Apologos en misit tibi Ab usque Rheni limite Ausonius, nomen Italum, Præceptor Augusti tui*. Et erat quidem etiam tum celeberrima urbs Hispalis, Colonia Romula, apud Florezium tab. 29 in veteribus nummis dicta. Hæc cum ita ego cogitassem de Ausonii loco restituendo, incidi postea in commentarios Gothofredi ad cod. Theod. lege 5, tit. de sponsal., ubi Constantini lex exponitur ad Tiberianum vicarium Hispaniarum data et accepta Hispali anno Christi 336. Ait Gothofredus ex hac lege colligi sedem vicarii Hispaniarum fuisse Hispalim, et in Ausonii epigrammate legi Hispalis in veter. libro, et Hispali congruere laudes quas ibi tribuit Ausonius. Addit Ausonii verbis, *Summittit cui tota*
D *suos Hispania fasces*, non innui in ea urbe fuisse proconsulis tribunal, qui eo tempore nullus erat, sed eam primam urbem totius Hispaniæ esse.
188. Teolius scribit *Anas*, plerique *Ana* : utrolibet modo licet. Marietti codex conjungit, et scribit *Amnisana* : ita prorsus ediderat Aldus, sed correxit *amnis Ana*. Neque ratione caret *Amnisana*, ut civitates quædam ex communi civitatis nomine, et alio peculiari simul conjunctis appellantur. Nunc flumen hoc vocatur *Guadiana* composito nomine ex *guad*, lingua Arabica *amnis*, et Ana veteri nomine Latino fluminis : ut aliæ similes appellationes ex Arabico idiomate sunt in Hispania *Guadalquibir* (Bætis), *Guadalupe* (Aquæ Lupiæ). Heinsius ex Vossiano codice corrigendum monet in epistola Ausonii ad Paulinum quæ incipit *Excutimus*, etc., versum illum, *Emeritæque amnes, latæque fluenta Garumnæ*, ac legendum, *Emeritensis Anæ, latæque fluenta Garumnæ*.

Præterit, et viridante rapax
190 Gurgite mœnia pulchra lavit.
     Illic, ubi marmore perspicuo
     Atria luminat alma nitor
     959 Et peregrinus, et indigena,
     Relliquias cineresque sacros
195 Servat humus veneranda sinu.
     Tecta corusca super rutilant
     De laquearibus aureolis,
     Saxaque cæsa solum variant,
     Floribus ut rosulenta putes
200 Prata rubescere multimodis.
     Carpite purpureas violas,

     Sanguineosque crocos metite :
     Non caret his genialis hyems,
     Laxat et arva tepens glacies,
205 Floribus ut cumulet calathos.
     Ista comantibus e foliis
     Munera, virgo, puerque, date :
     Ast ego serta choro in medio
     960 Texta feram pede dactylico,
210 Vilia, marcida, festa tamen.
     Sic venerarier ossa libet,
     Ossibus altar et impositum
     Illa Dei sita sub pedibus

GLOSSÆ VETERES.

189. Viridante, *irrigante*. — Rapax, *velox turbiter*, I.
190. Luit, *lavit*, I.
192. Nitor, *scilicet marmorum*, Mar.
196. Super, *desuper*, I.
198. Solum, *pavimentum*, I., Vat. A.
199. Rosulenta, *a rosa, sicut rorulenta a rore*, I.

203. Non caret, *quia et in hyeme ibi sunt*. — Genialis, *nobilis*, I.
206. Comantibus, *constantibus*, I.
210. Festa, *festiva*, I.
213. Sita, *posita*, I.

COMMENTARIUS.

189. Gurgitem Anæ vocat *viridantem* propter arbores, ait Nebrissa, vel herbas adjacentes, quod illius fluminis est proprium. Herbæ scilicet in pratis Anæ celeberrimæ sunt, ad quas hyeme depascendas pecora e montibus Asturum longissimo quamvis itinere aguntur. Quod autem ait Nebrissa, Anam dividere Bæticam a Lusitania, recenti more ita est explicandum, ut Anas Extremaduram interfluat, tum Portugalliam extremo Algarvios a Bætica dividat.

190. Ald., Urb., Vat. P, et alii, *lavat*. Mar., Rat., Weitz., Widm. a secunda manu, *luit*. Vatt. B, Q, Hailsbr. supra, Alex. a prima manu, Heinsius cum Noms., et duobus vetustissimis suis, *lavit* ab antiquo *lavo*, *lavis*, ut Virgilius, Horatius et alii utuntur. Breviar. Mozar., *pluit*, non recte.

191. Vat. A, *præspicuo*.

192. Vat. B, Sich., Fabr., Bong., Gis., in contextu, *alta*, quod ex conjectura placebat Gallandio. Plerique et vetustiores cum Aldo, *alma*. Breviar. Mozar. corrupte, *Atria luminant alma viator Et peregrinus*, etc. Notandi sunt hi et sequentes versus ad ornatum cultumque templorum, de quo in prolegom. cap. 13.

198. Pavimenta marmoribus sectis vermiculata, arte musiva distincta, in templis Emeritæ etiam nunc conspici, testis est Nebrissa. De Romanis antiquissimis templis res nota est.

199. Breviar. Moz., *rorulenta* : lege *rosulenta* a rosis et floribus in pavimento formatis. *Rosulenta* dixit per analogiam, ut *rorulenta* hymni 7, vers. 168. *Rosatus* et *rosulatus* voces sunt sequioris ævi apud Ducangium.

201. De floribus quibus sepulcra ornari solebant, dictum cap. 14 prolegom.

202. Rat., *sanguineos;* recenti manu, *sanguineosque*, quod metrum poscit.

203. Breviar. Moz., *gemellis* : corrige *genialis*. Apud Virgilium lib. I Georg., vers. 302, *Invitat genialis hyems*. Ait Prudentius Emeritæ propter aeris clementiam flores provenire; aut etiam innuit ante diem florere annum, ut sepulcrum Eulaliæ decoretur. Paulinus Natali 5, *Purpureum ver spirat hyems, sit floreus annus Ante diem, sancto cedat natura diei. Martyris ad tumulum debes et terra coronas*.

204. Prag. a prima manu, *aura tepens*, quod mihi non displicet, ut *glacies* sit in accusativo plurali. Breviar. Moz. male *laxat et arctat tepens glacies*.

208. Breviar. Moz. mendose, *choro et in medio*. Poetæ sua carmina *serta et coronas* vulgo appellant quibus caput illius quem laudant aiunt ornari.

209. Exprimit metri genus quo utitur carmen dactylicum, ut sæpe alias. Blanchinium male correxisse *dactylo* pro *dactylico*, notavi proleg. num. 217.

211. Breviar. Moz. contra metrum *venerari* pro *venerarier*, ut vers. seq., *altare* pro *altar*. Vide vers. 80 Dittochæi.

212. Consuetudo hæc vetus fuit, ut ossa martyrum sub altari reconderentur, vel potius, ut ubi corpora martyrum sepulta jacebant, ibi altaria superextruerentur. Hoc ipsum iterum docet Prudentius hymn. seq., vers. 189 : *Hæc sub altari sita sempiterno*; in passione Vincentii vers. 517, *Subjecta nam sacrario*; et in Hippolyto vers. 169, *Talibus Hippolyti corpus mandatur opertis, Propter ubi apposita est ara dicata Deo*. Etiam nunc hæc consuetudo in multis altaribus observatur, ut corpus alicujus sancti sub altari positum sit : et quoniam olim altaria erigi non solebant, nisi reliquiæ sanctorum supponerentur, adhuc sacerdos ad altare accedens orat sanctos *quorum reliquiæ*, inquit, *hic sunt*. Advertendum tamen est consuetudinem recentem non valde a veteri differre. Non enim nunc licet arcam ubi corpus alicujus sancti reconditum est, super altare collocare, et venerationi fidelium exponere ; quamvis partes aliquæ corporis hierothecis decentibus inclusæ supra altare exponi possint. Vide cap. 2 prolegom., num. 27. Cardinalis Baronius, ex verbis, quæ ibi exscribit, Eunapii, religionis Christianæ sub Juliano Apostata acerrimi hostis, ad an. 389, num. 82, id vere colligit : *Sed et ille veteris observantiæ usus attendendus ex verbis Eunapii, non solum sub altaribus claudi martyrum reliquias, sed et foris relinqui præcipua eorumdem membra certis diebus cunctis perspicua et adoranda*.

213. Prudentius Eulaliam *Dei sub pedibus* sitam ait, quia supra erat eucharistiæ sacramentum, aut sacrificium missæ peragebatur, ut apertius explicat in Hippolyto loc. cit. S. Felix Romanus pontifex, qui anno 274 decessit, apud Anastasium Bibliothecarium constituisse dicitur supra sepulcra martyrum missas celebrari. Hieronymus, adversus Vigilantium tom. II operum, pag. 395 : *Male facit ergo Romanus episcopus, qui super mortuorum hominum Petri et Pauli secundum nos ossa veneranda, secundum te vile pulvisculum, offert Domino sacrificia, et tumulos eorum Christi arbitratur altaria? Et non solum unius Urbis, sed totius orbis errantì episcopi, etc.* Ambrosius, epist. 22, tom. II operum, de reliquiis SS. Gervasii et Protasii : *Succedant*, inquit, *victimæ triumphales in locum ubi Christus hostia est : sed ille super altare, qui pro omnibus passus est; isti sub altari, qui*

961 Prospicit hæc, populosque suos
215 Carmine propitiata fovet.

IV HYMNUS. IN HONOREM XVIII MARTYRUM CÆSARAUGUSTANORUM.

Bis novem noster populus sub uno

962 Martyrum servat cineres sepulcro
Cæsaraugustam vocitamus urbem,
Res cui tanta est.
5 Plena magnorum domus angelorum
Non timet mundi fragilis ruinam,

GLOSSÆ VETERES.

215. Propitiata, *placata*. — Fovet, *nutrit*, I.
3. Cæsaraugustam, *una civitas a Cæsare Augusto*
ipsius conditore, I.
4. Res cui, *scilicet credita*, I.

COMMENTARIUS.

illius redempti sunt passione. Nonnulli putant, ethnicis interrogantibus cur Christiani nullas aras, nulla templa haberent, Minutium, Origenem, Clementem Alexandrinum, Arnobium, Lactantium ideo respondisse, aram nullam anima justi gratiorem Deo posse dicari, quia tabulæ sive opercula sub quibus condita erant martyrum corpora, primis Christianis pro aris erant. Quod ego subtiliter magis quam vere excogitatum censeo. Profecto ethnici quærebant de aris et templis qualia ipsi habebant: et talia apud se esse Christiani negabant, quamvis et ecclesias haberent et sacra peragerent. Nullum pura anima sanctius templum, nullam aram gratiorem esse addebant, ut innuerent religionem internam præcipue esse laudandam. An vero corpora sanctorum non solum sub altari, sed etiam sub ara olim collocarentur, quandoquidem inter aram et altare nonnulli distinguunt, dicam ad hymnum S. Hippolyti loc. cit. Alia quæstio hinc etiam oritur, an Prudentius existimaverit animas martyrum et sanctorum sub altari requiescere, exspectantes beatam spem resurrectionis. Prudentius quidem minime in ea fuit sententia : nam vers. 169 diserte affirmavit : *Flatus in æthere plaudit ovans*. Et in Vincentio cum de ossibus sacrario subjectis esset locutus, vers. 521 ait : *Sic corpus : ast ipsum Dei Sedes receptum continet*. Syxtus Senensis Biblioth. sanct. lib. vi adducit plurium Patrum opiniones, qui verba Apocalypsis vi : *Vidi sub altari Dei animas interfectorum*, ita videntur interpretari, ut negent animas sanctorum ante resurrectionem corporis divinæ visionis gloria frui, Prudentiumque recenset, quasi hymn. seq., *Hæc sub altari sita sempiterno*, animas martyrum sub altari collocaverit. Sed ut de aliis taceam, Prudentius quidem ad verba Apocalypsis alludit, sed ita ut sententiam catholicam de animabus justis in cœlum ante corporis resurrectionem recipiendis sæpius expresserit. Neque aliud innuit, nisi cineres sanctorum sub altari terreno esse, eamque consuetudinem tumulandi ossa martyrum sub altari ex verbis Apocalypsis permanasse : quæ multorum est probabilis opinio. Respicit etiam thronum Dei in cœlis, sub quo sunt animæ sanctæ.

215. Breviar. Moz. corrupte, *Carmine propitio tali foveat!* Mendose pariter Ruinartius, *propitiata foret*. Post hunc hymnum in Vat. B et Mar. ponitur hymnus Fructuosi episcopi, etc. In Vat. A, *Liber de beato Romano martyre*. In Alex. sequitur hymnus S. Vincentii, et post hunc hymnus SS. octodecim martyrum. Weitzius cum Vat. B et Mar. facit : reliqui editi cum Aldo hunc, quem sequimur, ordinem tenent. Equidem tantæ varietatis codicum in hymnis Peristeph. collocandis nullam satis idoneam causam invenio.

1. Inscriptionem exhibui quæ exstat in Vat. A, nisi quod in eo, ut in plerisque aliis, legitur *in honore*, ut dixi ad hymnum præcedentem. Vat. B, *Incipit hymnus in honore martyrum Cæsaraugustanorum*. Mar., *Incipit hymnus in honore xxiii martyrum Cæsaraugustanorum*. Rat., *Incipit hymnus in honore xviii martyrum Cæsaraugustanorum*. Ald. *Ode in laudem SS. xviii martyrum Cæsaraugustanorum*. Heinsius, *Hymnus in honorem SS. xviii martyrum Cæsaraugustanorum*. In Vat. A. ponitur post passionem S. Vincentii; in Vat. B. et Mar. post passionem SS. apostolorum Petri et Pauli. Verior videtur titulus *In honorem xviii martyrum Cæsaraugustanorum* : nam alii martyres qui recensentur videntur huc tanquam in episodio adducti, scilicet Vincentius, Encratis, Caius, Crementius, qui cum xviii sunt xxii; adeoque nescio cur Marietti codex habeat *In honore xxiii*. De martyribus octodecim Cæsaraugustanis martyrologium Romanum ad diem 16 Aprilis : *Cæsaraugustæ in Hispania natalis SS. decem et octo martyrum*, *Optati*, *Luperci*, *Successi*, *Martialis*, *Urbani*, *Juliæ*, *Quinctiliani*, *Publii*, *Frontonis*, *Felicis*, *Cæciliani*, *Eventii*, *Primitivi*, *Apodemii et aliorum quatuor*, *qui Saturnini vocati esse referuntur*. Hi omnes sub Datiano Hispaniarum præside simul pœnis affecti atque interempti sunt : *quorum illustre martyrium Prudentius versibus exornavit*. Ordo ipse nominum ex Prudentio petitus est, non ex aliis actis antiquioribus : nam Prudentius, ut metro consuleret, ita ea disponere debuit; neque facile quis dicet ita casu in vetustioribus actis fuisse collocata. Martyrium horum SS. martyrum contigit circa annum 304, in Maximiani persecutione sub Datiano præside. Eorum festum alii die 15 Aprilis, alii diei 16 ejusdem mensis consignant. Hymnum Prudentii inter Acta sincera Ruinartius profert pag. 516 edit. Parisin. 1689. Eumdem ex scripserant Bollandiani ad diem 16 Aprilis.

2. Rodriguez. de Castro in Biblioth. Hisp. ait Prudentium sepulcri unius nomine fortasse comprehendisse omnia sepulcra SS. martyrum qui in conventu Cæsaraugustano exstabant : siquidem scopus Prudentii fuit de aliis etiam martyribus qui Cæsaraugustæ sepulti non erant loqui. Sic Lucretius terram *commune sepulcrum* dixit. Ego vero puto Prudentium clare loqui de uno sepulcro Cæsaraugustæ existente, cum addat, *Cæsaraugustam vocitamus urbem, res cui tanta est*. Intelligo autem hos octodecim martyres sub uno altari conditos, quod jure a Prudentio vocatur sepulcrum, ut ab aliis *confessio*, *martyrium*, *memoria martyrum*. Confer vers. 189 et seqq., *Hæc sub altari sita sempiterno*. Advertendum etiam sæpe Prudentius verbum *servare* de reliquiis martyrum usurpare, ut hymn. sup., *Servat humus veneranda sinu*, et rursus in hoc hymno vers. 191, *Turba quam servat procerum creatrix Purpureorum*. In Hippolyto vers. 173, *Servat ad æterni spem judicis ossa sepulcro*. Ex initio autem et fine hymni liquido constat scopum Prudentii esse laudare octodecim martyres Cæsaraugustanos, quamvis in laudem Cæsaraugustæ occasione ex hoc magno numero sumpta alios martyres adjungat.

4. Latinius, *res ubi*; bene et vere est *res cui*. Parrhasius ait ignoscendum quidem Prudentio, sed ferendum non esse, quod *cui* fiat bisyllabum, et ultima consonans vertatur in vocalem. Qua ego de voce dixi proleg. num. 209, 212, in nota, Martialis simili prorsus modo *cui* dissyllabum protulit.

6. Chamillardus ex hoc alii quoque loci Prudentii colligit poetam nostrum in ea fuisse opinione, terram in fine mundi penitus destructum iri. Mihi non ita clarum videtur id sensisse Prudentium; nam ejus verba, sicut alia similia sacræ Scripturæ, de magna mundi commutatione apte possunt intelligi. Porro post resurrectionem cœlum et terram, et elementa omnino alia ab his quæ nunc existunt esse instituenda, multi opinantur. Plerique mundum non prorsus in nihilum esse redigendum, sed in melius commutandum, defendunt. Vide dissert. Calmeti de fine et mundi statu post judicium, ante epist. Pauli ad Galat.

963 Tot sinu gestans simul offerenda
Munera Christo.
Cum Deus dextram quatiens coruscam
10 Nube subnixus veniet rubente,
Gentibus justam positurus æquo
Pondere libram:
Orbe de magno caput excitata

A Obviam Christo properanter ibit
15 Civitas quæque pretiosa portans
964 Dona canistris.
Afra Carthago tua promet ossa,
Ore facundo Cypriane doctor;
Corduba Acisclum dabit, et Zoellum,
20 **965** Tresque coronas.

GLOSSÆ VETERES

7. Gestans, *dum gestat*, I.
9. Cum, *quando*, I.
10. Nube, *in nube enim in qua cœlum ascendit, credimus venire ad judicium.* — Rubente, *ignea*, I., Mar.
13. Excitata, *elevata, erigens caput*, I. — Caput, *per caput*, Mar.

14. Properanter, *celeriter*, I.
16. Canistris, *sarcophagis*, I., Mar.
17. Afra, *Africana*, I.
20. Tresque coronas, *scilicet aliorum martyrum. Tres martyres, id est, Faustum, Januarium, Martialem*, I.— *Tres martyres*, Mar.

COMMENTARIUS.

9. Breviar. Moz. corrupte, *quem Dei dextram.*
10. Breviar. Moz. mendose, *rubentem*. Vide hymn. 11 Cathem., vers. 101 et seqq., cum comment.
11. Breviar. Moz., *posituros*, male. Quod Deus describatur extremi judicii die altera lance bona opera, altera mala appendens, originem trahere potest ex Job VI, 2: *Utinam appenderentur peccata mea, quibus iram merui, et calamitas quam patior in statera :* et ex Danielis v, 27 : *Appensus es in statera, et inventus es minus habens.* Vide Mazochium Spicileg. Biblic., vol. II, pag. 285. Cæterum ut unicuique æquo pondere jus veluti appendatur, Græci veteri proverbio dicunt *libram tenere*, cujus meminit Eustathius ad lib. VII Iliad., Ζυγοῦ πρὸς δίκην εὐθύστερος. Consule notata ab Elmenhorstio et Heraldo ad Minucii verba, *Ut libram teneas æquissimi judicis, nec in alteram partem propensus incumbas.* Homerum imitatus est Virgilius lib. XII, vers. 725, *Jupiter ipse duas æquato examine lances Sustinet.*
13. In Alex. cod. omissa erat tota hæc stropha, quæ a veteri manu ad marginem est addita. Aberat etiam a cod. Thuan. Ait Prudentius *caput excitatas civitates*, sive earum caput excitari, ut in hymno Fructuosi de Tarracone : *Attollit caput ignibus coruscum*, et *Quo nostræ caput excitatur urbis.*
15. Ald., Tornæs. et nonnulli vulgat., *civitas omnis*, quod non satis Latinum esse ait Gifanius in *E longum*. Scripti *civitas quæque*, ut e postremum sit longum ob *pr* dictionis sequentis ; quod familiare est Prudentio, et nullo modo reprehendendum. Breviar. Mox., *civitas quoque*, vitiose. Teolius, *pretiosa dona* explicat martyres INDIGENOS, *quos decem et octo offeret Christo Cesaraugusta.* Teolius adhuc cogitat de patria S. Laurentii. Prudentius certe hoc loco intelligit martyres qui in singulis civitatibus sunt sepulti, ac præcipue qui earum civitatum sunt patroni, sive indigenæ sint, sive secus. Neque vero evidens est omnes et singulos martyres octodecim Cæsaraugustanos Cæsaraugustæ natos esse. Contra constat Felicem, quem Gerundæ ascribit, et Cucufatem, quem Barcinoni tribuit, in Hispania natos non fuisse.
16. Glossæ *canistris* exponunt SARCOPHAGIS. Prudentius fortasse huc respexerit, quod et dona canistris ferri soleant, et marmora sepulcrorum nonnulla sint in canistrorum formam sculpta.
17. Weitzius cum Widm. scribit *Kartago*, et ex Hailsbr. notat *Chartago*. Dicit *Afra Carthago*, ut discernat a Carthagine nova, quæ Spartariæ etiam nomen habet, nunc *Cartagena* in Hispania, cujus nominis alia recentior in America condita est. Nebrissensis ait solam Carthaginem Africæ ex urbibus peregrinis a Prudentio poni; cum cæteræ omnes sint in Hispania. Non video qua ratione dici possit in Hispania esse Arelatem et Narbonem, quo tempore scribebat Prudentius, neque adhuc Gallia Narbonensis a Gothis erat occupata.
18. De S. Cypriano hymnus exstat in hoc libro decimus tertius : ubi Prudentius eum *amore nostrum*, id

B est Hispanum vocat. In Vat. B hi versus ita leguntur, *Afra Carthago, Cypriane doctor Ore facundo, tua promet ossa.*
19. Vat. A, Rat., *Acisdum.* Prag., *Ascisclum.* Widm., *Asclisclum*, Egm., Pâl., *Aclisdum.* Alii, *Acisclum* cum Aldo et nonnullis martyrologiis. Vetustiores Heinsiani, *Aclisclum*, vel *Aclisdum*, nisi quod Put., *Ascicum.* In Ox., *Ascisdum* pro *Ascisclum*, quomodo in martyrologio Adonis. Heinsio *Acisclus* genuinum martyris nomen videtur : ex *Acisculo* fit per contractionem *Acisclus*, et in familia Valeria nonnulli Acisculi dicti sunt ab instrumento latomico. Philippus a Turre, in Monum. vet Antii, cap. 2, fuse de Acisculo cognomine gentis Valeriæ disserit ex ‘nummis ejusdem gentis : et hunc nostrum martyrem genti Valeriæ ascribi posse monet. Mazochius de Dedicatione sub ascia id minime posse colligi confirmat. Pro *Zoellum* Vat. A *Zoelum*, supra minutiori charactere *Zolutum*; Rat., *Zoelum*, Mar. a prima manu, Vat.
C A, *Encellum*, Prag. *Enetellum.* De Acisclo martyrologium Rom. die 17 Nov. de Zoello, sive Zoilo idem martyrologium die 27 Junii : *Cordubæ sanctorum martyrum Zoili et aliorum decem et octo.* Ecclesiam ab eo denominatam S. Eulogius in Memor. sanct. libr. II, cap. 6, refert. In Breviario Mozarabico die 17 Novembris fit officium S. *Aciscli et comitum ejus*. In orationibus plerumque nominantur *Acisclus et Victoria*, nonnunquam *Acisclus et socii ejus.* In eodem Breviario die 27 Junii fit officium S. Zoili cum hymno proprio, versibus ex præsenti hymno Prudentii hinc inde sumptis ac male consutis. Sepulcrum Aciscli Cordubæ exstitisse constat etiam ex S. Isidoro in Chronico ad æram 587, ubi de Agila : *Iste adversus Cordubensem urbem prælium movens, dum in contemptum catholicæ religionis, beatissimi martyris Aciscli injuriam inferret, hostiumque ac jumentorum cruore sacrum sepulcri ejus locum ut profanator pollueret, inito adversus Cordubenses cives certamine, pœnas dignas, sanctis inferentibus, meruit.*
D 20. Chamillardus quærit cur *tres coronas* dicat Prudentius, cum ex Martyrologio Romano constet alios undeviginti cum Zoilo fuisse martyrii palma donatos. Respondet, apud Surium in vita S. Anastasiæ, corpus Chrysogoni martyris fluctibus delatum fuisse ad littus maris, ubi Zoilus, vir pius, et presbyter, diversabatur apud Agapen, Chioniam et Irenem sorores: cui Chrysogonus in somnis apparens prædixit illum brevi pro Christo vitam finiturum, ac pariter tres illas Christi ancillas. Has igitur colligit Chamillardus esse tres coronas a Prudentio indicatas. Bollandiani vero putant per tres coronas intelligi Victoriam, quæ totidem coronas cœlo delabi vidit, ideoque duobus istis tertiam se adjunxit. Iso autem verius ait esse tres martyres *Faustum, Januarium et Martialem.* Horum trium festus dies agitur in officio Mozarabico die 13 Octobris. Gallandius cum Ruinartio de his intelligit Prudentium, cum hi Cordubæ passi fuerint ac monet Ruinartius, in codice

Tu tribus gemmis diadema pulchrum
Offeres Christo genitrix piorum.
Tarraco : intexit cui Fructuosus
966 Sutile vinclum.
25 Nomen hoc gemmæ strophio illigatum est :
Emicant juxta lapides gemelli,

A Ardet et splendor parilis duorum
Igne corusco
Parva Felicis decus exhibebit
30 **967** Artubus sanctis locuples Gerunda,
Nostra gestabit Calagurris ambos,
Quos veneramur.

GLOSSÆ VETERES.

25. Strophio, *Ornamento, cingulo. Strophium cingulum ab eo quod est strophæ, id est convertere,* I.
26. Gemelli, *duo diaconi,* I., Mar.

31. Ambos, *duos,* I.
32. Quos veneramur, *scilicet martyres quos supra dixit, Hemeterium et Celedonium,* I.

COMMENTARIUS.

Regio annorum 800 glossam esse *martyres*. Horum trium martyrum Cordubensium missa habetur in missali Mozarab. Leslei pag. 387, iv cal. Octobr. Acta ex quatuor codd. mss. Ruinartius protulit. Martyrologia in eorum die festo designando dissentiunt.

21. Weitzius censet Prudentium alludere ad morem eo ævo usitatum, quo virgines nomina sua monilibus intexta gestabant: de quo Aristenætus lib. I, epist. 1, et Meursius Exercit. crit. part. 2, lib. II, cap. 16. Paschalius, de Coronis lib. ix, cap. 11, observat Prudentium in diademate agnovisse tres gemmas, non quod ibi solæ sint, sed quod oculos primæ feriant. Intelligit autem esse gemmas de quibus Capella : *Quippe tres fuerant a fronte gemmæ, lychnis, astrites et ceraunos* : quod non puto cogitasse Prudentium. S. Leo Magnus, cum aliis in locis, tum in hoc satis clare imitatus videtur Prudentium serm. 1 SS. apostolorum Petri et Pauli : *Non minuitur persecutionibus Ecclesia, sed augetur; et semper dominicus ager segete ditiori vestitur, dum grana, quæ singula cadunt, multiplicata nascuntur. Unde duo ista præclara divini germina seminis* (SS. Petrus et Paulus) *in quantam sobolem germinarint, beatorum millia martyrum protestantur, qui apostolicorum æmuli triumphorum urbem nostram purpuratis et longe lateque rutilantibus populis ambierunt, et quasi ex multarum honore gemmarum conserto uno diademate coronarunt.*

23. Tarraco a Ptolomæo et veteribus monumentis in Cosetanis collocatur, ad oram maris Mediterranei. Vide Cellarium Geogr. ant. lib. II, cap. 1. Chamillardus monet vina Tarraconensia olim in pretio habita ex Martiali lib. XIII, *Tarraco Campano tantum cessura lyæo.* Idem confirmant Plinius et Silius Italicus. Addi potest etiamnum ea vina in pretio esse : nisi quod nunc tot sunt diversi generis vina in Hispania, quæ ubique maximo in pretio habentur, ut multa alia Tarraconensibus debeant præferri. Ac mirari subit cur aut Romani olim ea vina ignoraverint, aut contempserint, aut, quod magis credo, Hispani suas vineas diligentius excolere non curaverint. Non enim apud veteres vini Hispani tam frequens occurrit mentio quam aliorum. Video tamen, ejus usum ab Ovidio præscribi ad custodes aut fallendos, aut deliniendos, aut consopiendos : *Fallitur et multo custodis cura lyæo : Illa vel Hispano lecta sit uva jugo.* De Fructuoso et sociis hymnum 6 hujus libri habemus.

24. Paschalius ait *sutile vinclum* esse gemmam laminæ assutam, qua diadema clauditur et subnectitur sicuti fibula. Quod Virgilio est aurea fibula in hoc versu : *Aurea purpuream subnectit fibula vestem,* Prudentio est in diademate *fibula gemmea* sive *sutile vinclum.* Prudentius *lapillos sutiles* Cathem. 7, vers. 158; et *hyacinthos sutiles* dixit Hamart. vers. 268, qui in coronam consuuntur, vel diademati assuuntur.

25. Ald. contra metrum, *hoc nomen gemmæ.* Aldus, Weitzius, Giselinus, edd. vett., *illigatum est,* quod exstat in plerisque codicibus nostris, Thuan., Noms., Ambr., Put., Parrhasius, *illigatæ,* quod tenent recentiores, et rectius putat Heinsius. Verum S. Isidorus jam legerat *illigatum est* lib. XIX Etym., cap. 23. *Strophium est cingulum aureum cum gemmis,* de quo ait Cinna : *Strophio lactentes cincta papillas.* Et Prudentius : *Nomen hoc gemmæ strophio illigatum est.* Hemistichium primum Catulli est in Nuptiis Pelei, sed potu't illi esse commune cum Cinna, ut observat adnotator Isidori. Paschalius suspicabatur *Nomine hoc gemma est strophio illigata.* Nebrissensis conjiciebat *Hoc novæ gemmæ strophio illigatum est.*

B At recte procedit lectio codicum, sive quam Heinsius sequitur, sive quam nos utpote antiquiorem cum S. Isidoro retinuimus.

27. Theolius, *ardet splendor* : corruptum est metrum omisso *et.*

29. Martyrologium Rom. 1 Augusti : *Gerundæ in Hispania natalis S. Felicis martyris; qui post diversa tormentorum genera a Datiano tandin jussus est laniari, donec invictum Christo spiritum redderet.* In Breviario Mozarabico ad diem 1 Augusti ejus festum celebratur, exsistque hymnus trochaicus, quem facile Prudentio adjudicarem, nisi quod nonnulli versus injuria temporum et negligentia exscriptorum corrupti apparent, ut factum esse constat in aliis hymnis eidem breviario insertis, qui certo sunt Prudentii. De nonnullis aliis hymnis Breviarii Mozarabici idem judicium fero : fortasse aliquando eos ex mss. et conjecturis suo auctori suoque nitori restituam. Ita incipit hymnus S. Felicis : *Fons Deus vitæ peren-*

C *nis, lux origo luminis, Aspice plebem canentem festa summi martyris.* Vides stylum Prudentianum, evactam que metri legem : hæc turbatur vers. seq. *Excipe vota precantum, sume laudum cantica :* quanquam sustineri id potest ratione cæsuræ. Auctor fortasse *Sume vota teprecantum, sume laudum cantica.* Felix Cæsarea Mauritaniæ Gerundam usque martyrii cupidus perrexit, ut ex hymno cit., et S. Eulogio colligitur lib. 1 Memorial. martyrum : *Sic namque et felicissimus Felix, cum fideli relatu persecutionem catholicorum quæ apud Gerundam, Hispaniæ urbem confinem Galliæ, gerebatur, comperiret, crudeliterque Ecclesiam Dei ibidem a paganis infestari cognosceret, extemplo litteraturæ liberalis studium derelinquens, quod in Cæsarea Mauritaniæ positus excolebat, præpeti navigatione æquore transmisso, prædictum oppidum adiit, ibique martyrium, quod patriæ suæ deerat, devotus miles Christi triumphabiliter consummavit.* De hoc S. Felice S. Gregorius Turonensis lib. I, cap.

D 92. Ruinartius acta S. Felicis in nonnullis mss. viderat, sed aliquatenus, ut putabat, depravata.

30. Gerunda, nunc *Girona,* dicitur urbs in Ausetanis, olim conventus Tarraconensis.

31. Vat. A, Mar. scribunt *Galagurris*: Gis. in contextu, *Cellirius, præstabit.* Scripti nostri et Heinsiani cum Aldo, *gestabit.* Weitzius in nonnullis suis vidétur legisse *præstabit.* Gregorius Turonensis, lib. 1 de Gloria martyr., cap. 93 : *Calagurris urbs Hispaniæ Hemeterium Celedoniumque martyres gestat,* etc. Alludit ad hos versus Prudentii, ex quo elogium eorum martyrum sumit. Parrhasius scribit *Calaguris,* atque ita etiam in aliis monumentis legitur, ut in fragmento anecdoto Titi Livii, quod e pervetustis membranis rescriptis, ut vocant, bibliothecæ Vaticanæ primus publicavit

52. Alicubi legi *veneratur.* Sed scripti et editi plerique *veneramur.*

Barcinon claro Cucufate freta A 40 Porriget ipsam.
968 Surget, et Paulo speciosa Narbo, Sanguinem Justi, cui Pastor hæret,
35 Teque præpollens Arelas habebit, Ferculum duplex, geminumque donum
Sancte Genesi. Ferre Comp'utum gremio juvabit
Lusitanorum caput oppidorum **969** Membra duorum.
Urbs adoratæ cineres puellæ 45 Ingeret Tingis sua Cassianum,
Obviam Christo rapiens, ad aram Festa Massylum monumenta regum :

GLOSSÆ VETERES.

33. Barcinon, *civitas*. — Cucufate, *martyre*. — Freta, *confisa*, I.
34. Narbo, *c'vitas*, I.
35. Arelas, *civitas*, I.
37. Lusitanorum, *Lusitania regio est Indiæ, dicta a lusibus faunorum et satyrorum, qui Libero patri saltantes occurrerunt*, Val. A. — *A patria Lusitania provincia*. — *Caput, quæ est caput*, I.
42. Ferculum, *sarcophagum*, Mar.
43. Complutum, *civitas, oppidum*. — Juvabit, *delectat ferre*, I.
44. Duorum, *martyrum*, I.
45. Tingis, *civitas Cotiæ*. — Sua, *propria*, I.
46. Monumenta, *recordationes*, I.

COMMENTARIUS.

publicavit, scholiisque illustravit cl. Vitus M. Giovenazzius. Quæ Livii verba ad Calagurris situm investigandum plurimum conferunt. *Profectus* (Sertorius) *inde in Bursaonum, et Casuantinorum* (leg. *Cascantinorum*) *et Graccuritanorum fines, evastatis omnibus, procul atisque segetibus, ad Calagurim Nasicam sociorum urbem venit ; transgressusque amnem propinquum urbi, ponte facto, castra posuit*. Ex quo loco Giovenazzius sententiam de Calagurri Vasconum, quæ eadem sit Nasica, sive Nassica, ut alii scribunt, egregie confirmavit. Cum enim Livius dicat Sertorium ex Graccuritanorum finibus ad Calagurim venisse, tum ponte facto, amnem propinquum urbi fuisse transgressum, id certe efficitur, Calagurim cognomento Nasicam ultra Iberum fuisse sitam. Quare quæ cis flumen erat, quid relinquitur, nisi ut Fibulariensis et esset, et cognominaretur ? Graccuris Vasconum etiam urbs est ex Ptolomæo.

33. Vat. B, Mar., Prag., Weitz., Widm., Hailsbr., Bong.. Sich., *Barcilon*. Rat., *Parcilon*. Fabr., *Barcinon*. Vetustiores Heinsiani cum Aldo, *Barchinon*. Unus Torrenti, *fœta pro freta*. In breviario Mozarabico die 30 Julii hymnus incipit *Barchinon læto Cucufate vernans*. Corpus S. Cucufatis olim Barcinone, aut non procul in monasterio S. Cucufatis *Sant Colgat del Valles* exstabat, nunc in Parisiensi monasterio S. Dionysii asservari dicitur. Baronius, martyr. Rom. pag. 309, ad diem 25 Julii, hymnum qui in breviario Toletano canitur, aliis actis vulgatis hujus martyris præfert : intelligit, opinor, hymnum breviarii Mozarabici, ubi ex urbe Scillitana Hispaniam venisse narratur. Plura de eo Bollandiani ad diem 25 Julii.

34. *Narbo* masculino etiam genere solet efferri. De S. Paulo Martyrologium Romanum 22 Martii : *Narbonæ in Gallia natalis sancti Pauli episcopi, apostolorum discipuli, quem tradunt fuisse Sergium Paulum proconsulem, qui a beato apostolo Paulo baptizatus, et cum in Hispaniam pergeret, apud Narbonam relictus, ibidem episcopali dignitate donatus est. Ubi prædicationis officio non segniter expleto, clarus miraculis migravit in cœlum*. Confer Bollandianos.

35. Arelas, nobis *Arles*, civitas est in Gallia Narbonensi sita.

36. Diversus est hic Genesius ab alio ejusdem nominis, mimo, et postea martyre. Vide Baronium ad Martyr. Rom. viii cal. Septem., et Rosweydum in notis ad homiliam martyrii Genesii Arelatensis sub Paulino Nolani nomine vulgatam.

37. Glossa Vat. A contemnenda est.

38. Ald., *Urbs adoratæ et cineres puellæ*. Widm., *Urbs adorata et cineres piorum*. Urb., *Urbs adorate : et cineres puellæ*. Vat. Q, Rat., *Urbs adorata cineres puellæ*. Mar., *Urbs adoratas cineres puellæ* ; recentiori manu, *adoratos*, quod non displicet. Verior est lectio Vatt. A, B, Rat., Parthasii, Alex., Gis., Weitz., Heins. et aliorum, *Urbs adoratæ cineres puellæ*. Ser-

mo est de Eulalia, quam Emerita caput Lusitaniæ colebat, ut vidimus hymn. 3.

- 39. Heinsius conjicit *obvia Christo*. Rat., Mar. a prima manu, *radians*. Melius *rapiens*.

40. Prag., *porrigit*, non ita bene.

41. SS. martyrum Complutensium Justi et Pastor's festum celebratur die 6 Augusti in officio Mozarabico cum hymno de quo disserui in Hymnodia Hispanica : quem ab Asturio antistite Toletano, qui corpora reperit, compositum aiunt. Paulinus Nolanus in panegyri de obitu Celsi, Justum et Pastorem intelligit cum de filiolo suo loquens ait : *Quem Complutensi mandavimus urbe, propinquis Conjunctum tumuli fœdere martyribus : Ut de vicino sanctorum sanguine ducat, Quo nostras illo purget in igne animas*.

43. Nebrissensis ait Complutum civitatem esse Hispaniæ Tarraconensis, *fortasse Alcala ; nam id omnes opinantur*. Cellarius in Geograph. ant. ait neminem dubitare quin Complutum sit *Alcala de Henares*. Nihilominus nonnulli graves scriptores id negant, quorum rationes videri possunt in Historia oppidi *Guadalaxara*, cap. 5 et 6, auctore Alfonso Nunez de Castro. Nescio an aliquid huic opinioni communi adversetur, qua Complutum *Alcala de Henares* esse dicitur.

- 45. Prag., *ingerit* : melius *ingeret*. Iso Tingim vocat civitatem Cotiæ, fortasse quia in Mauritania, ubi Tingis (*Tanger*) sita est, mons est dictus eo nomine. Vide comment. ad vers. 216 Apoth. Alius est Cassianus, quem peculiari hymno hujus libri ix laudat Prudentius. Martyrologium Romanum : *Tingi in Mauritania passio sancti Cassiani martyris, qui exceptoris diu gerens officium, tandem cœlitus inspiratus, exsecrabile duxit neci Christianorum deservire : unde renuntians eidem officio sub Christiana confessione triumphum meruit obtinere martyrii, tertio nonas Decembris anno Christi 303. Ejus acta sincera profert Ruinartius*. Ado ad diem 3 Decembris Tingim vocat *metropolim*.

46. Weitz. scribit *Massilum*, Hailsbr. *Massellum*, supra *Masilum*. Alii *Massylum*, scilicet pro *Massylorum*. De his Virgilius lib. iv, *Massylique ruunt equites*. Ubinam hæc gens sita esset, non omnium eadem est opinio. Ab aliis prope Barcæos, ab aliis apud Getulos, ab aliis ad occidentem in Numidia collocatur. His favet Prudentius. Papebrochius, tom. II, Aprilis die 16, pag. 409, conjicit legendum *Fessa*, seu *Fezza* pro *festa*, et intelligit Fezam (*Fez*) urbem nobilissimam Mauritaniæ Tingitanæ. Wesselingius, ad Vet. Rom. Itiner., pag. 58, ait optimum esse *festa, Et quis*, inquit, *veterum Fessæ, seu potius Fezæ meminit ?* Bernardus Aldrete, lib. iii Antiquit. Hisp., cap. 7 et 8, ostendit a Særacenis primum eam urbem conditam. Poterit autem hic esse sensus : Tingis ingeret suum Cassianum, qui est festum monumentum Massylorum regum, quod in Massylia ejus memoria celebretur : quo alludit Teolius. Aut cum Chamillardo : Tingis,

PERISTEPHANON HYMN. IV.

Qui cinis gentes domitas coegit
 Ad juga Christi.
Singulis paucæ, tribus, aut duobus,
50 Forsan et quinis aliquæ placebunt
Testibus Christi, prius hostiarum
 Pignore functæ.
970 Tu decem sanctos revehes, et octo,
Cæsaraugusta studiosa Christi,
55 Verticem flavis oleis revincta
 Pacis honore.
Sola in occursum numerosiores
Martyrum turbas Domino parasti:
Sola prædives pietate multa
60 Luce frueris.
Vix parens orbis populosa-Pœni,
Ipsa vix Roma in solio locata,
Te, decus nostrum, superare in isto

A

 Munere digna est
65 Omnibus portis sacer immolatus
Sanguis exclusit genus invidorum
Dæmonum, et nigras pepulit tenebras
 971 Uri e piata.
Nullus umbrarum latet intus horror :
70 Pulsa nam pestis populum refugit.
Christus in totis habitat plateis :
 Christus ubique est.
Martyrum credas patriam coronis
Debitam sacris, chorus unde surgens
75 Tendit in cœlum niveus togatæ
 Nobilitatis
Inde, Vincenti, tua palma nata est,
Clerus hic tantum peperit triumphum :
Hic sacerdotum domus infulata

B

GLOSSÆ VETERES.

48. Juga, *fidem*, I.
49. Paucæ, *urbes, civitates*, I. — *Scilicet urbes*, Mar.
52. Functæ, *usæ*, I.
55. Revehes, *referes*, I.
57. Numerosiores, *pluriores*, I.
61. Parens orbis, *Carthago*, Vat. A. — *Carthago*,

mater. — Pœni, *Africani*, I.
69. Umbrarum, *dæmonum*, I.
77. Inde, *scilicet Cæsaraugustæ*, I.
78. Clerus, *cohors clericorum, id est Cæsaraugusta*, I
79. Infulata, *ornata*, I.

COMMENTARIUS.

ubi Massylorum reges mandant r sepulturæ, ingeret suum Cassianum, qui nunc cinis est, sed olim gentes domitas ad juga Christi coegit. Ruinartius ait incertum esse quid *Massylum* nomine intelligi debeat, et in ms. S. Michaelis legi *Maxillum*. Mihi locus nonnihil obcurus est; sed poetæ mens satis in elligitur.

49. Ex urbibus quas memoravit Prudentius, Calagurris duos martyres, Tarraco tres, Corduba quinque offert. Cæsaraugustam numero martyrum præferendam ait.

51. Vat. B, *Christo* ; alii *Christi*, quod tenendum est. Sæpe Prudentius *testes* pro martyribus ponit. Paulinus, Natali 15, vers. 85 et 86 : *Hinc ergo sanctis sive confessoribus, Seu consecratis passione testibus*. Muratorius male, *sive consecratis*.

53. Rat., Widm., *revehis*.

54. Vat. A, Pal., Put., Oxon., Alt., tres Torrentiani, *Christo*.

55. Ald., *vertice* : melius *verticem*. Cæsaraugusta caput oleis redimita describitur, quia oleis abundat, quæ sunt pacis insigne et honor. Vide epigramma Nebrissensis ad suam Prudentii editionem proleg. num. 107, in nota.

56. Heinsius cum scriptis edidit *honore*; sed suspicatur legendum *honoræ*. Teolius in textu *honoræ*, sed in nota habet : *Sic Heinsius; nostri pene omnes* HONORE : *nec aliter Ruinartius*.

57. Hæ numerosiores turbæ martyrum intelliguntur esse innumerabiles martyres Cæsaraugustani, quorum festum agitur die 3 Novembris. In breviario Mozarabico non fit eorum mentio. Quod si Prudentio dubitare aliquis possit an ipsos octodecim martyres Cæs raugustanos vocet turbas numerosiores, quam sint martyres ab aliis urbibus Christo offerendi. At ea quæ sequuntur rem distinctam, et innumerabiles martyres satis demonstrant. Martyrologium Romanum, Flori, Usuardi, Galesini, sub innumerabilium martyrum nomine eos celebrant. Massam candidam appellari, quia eorum cineres ab alienis candore discreti, ac simul congesti reperti sunt, plurimi confirmant. Ruinartius ait id miraculum in mss. vetustioribus desiderari.

61. Breviar. Moz. male, *Penis* pro *Pœni*. Vocem *populosus* nonnulli suspectam habuerunt : ea usi sunt

C

D

Apuleius, Solinus, Ammianus, Vegetius, et alii, quorum verba in lexicis indicantur.

66. Mar., *excludit*, ut videtur.

68. Mar., *orbe piato*. sed supra *orbe* gloss\, *id es urbe*. Aliquis etiam ibidem correxit *urbe piata*.

69. Parrhasius mendose, et contra metrum, *lato tinctus horror*.

72. Mar., *ubique sine est*, quod recentiori manu est additum.

73. Nebrissensis recte explicat *martyrum patriam, ubi martyres nimia fertilitate proveniunt*.

75. Martyres candidatos vocat ob stolas albas, de quibus Apocalyps. vii. *Nobilitatem togatam* eodem sensu accipio potius quam ut gens togata, id est Romana, intelligatur. Infra vers. 191 eosdem martyres vocat purpureos proceres ob fusum sanguinem.

77. Riscus tom. XXX. Hisp. sacr. hinc colligit Vincentium Cæsaraugustanum fuisse, ac jure refutat Doddwellum in dissert. 19 Cyprianica, et Joannem Morinum lib. ix, cap. 19, de Administr. sacram. pœnitent., qui negant persecutionem Diocletiani et Maximiani ad Hispanos pervenisse. Existimant nonnulli primum martyrio coronatum Vincentium, tum octodecim martyres, ac postremo innumerabiles. At contrarius est Prudentius vers. 105, *Noverat templo celebres in isto Octies partas, deciesque palmas*.

78. Vat. A, Fabr., Bing., Gis., *clerus hinc*, ut vers. seq. iidem *hinc sacerdotum*. Heinsius a Giselino recessit, et edidit utrobique *hic*, neque tamen varietatem lectionis advertit. Heinsio concinit Teolius, quamvis ex duobus Vatt. melius fortasse dicat *hinc*. In plerisque est *hic*, etiam in Parrhasio.

79. Prag., *sic sacerdotum*. Peveratus putat unum eumdemque fuisse Valerium Cæsaraugustanum episcopum, qui interfuit concilio Eliberitano, et cujus diaconus fuit S. Vincentius, quamvis Prudentius numero plurali Valerios nominet : quam sententiam tenuit Baronius ad ann. 505. Chamillardus ad hunc locum ait : *Quia Ecclesia Cæsaraugustana unum tantum agnoscit Valerium episcopum, hanc sequor opinionem, licet Prudentius alia esse videatur*. Sed cum Ecclesia Cæsaraugustana exactum et perpetuum catalogum suorum episcoporum non habeat, potuerunt duo vel plures esse Valerii episcopi, quin eos nunc agno-

80 **972** Valeriorum:
Sævus antiquis quoties procellis
Turbo vexatum tremefecit orbem,
Tristior templum rabies in istud
Intulit iras.
85 Nec furor quisquam sine laude nostrum
Cessit, aut clari vacuus cruoris.
Martyrum semper numerus sub omni
Grandine crevit.
Nonne, Vincenti, peregre necandus
90 **973** Martyr, his terris tenui notasti

A Sanguinis rore speciem futuri
Morte propinqua?
Hoc colunt cives, velut ipsa membra
Cespes includat suus, et paterno
95 Servet amplectens tumulo beati
Martyris ossa.
Noster est, quamvis procul hinc in urbe
Passus ignota dederit sepulcri
Gloriam victor prope littus altæ
100 **974** Forte Sagunti.
Noster, et nostra puer in palæstra

GLOSSÆ VETERES.

80. Valeriorum, *episcopi erant*, I.
85. Nostrum, *pro nostrorum*, I.
88. Grandine, *persecutione*, I.
89. Peregre, *in peregrinatione*, I.
91. Futuri, *temporis*, I.

99. Prope littus, *promontorium maris*, I.
100. Sagunti, *civitatis Hispaniæ, civitas Hispaniæ, fida Romanis, et est generis feminini*, I.
B 101. Palæstra, *luctatione*, I. *Certamine*, Mar.

COMMENTARIUS.

scat; adeoque imbecilla est isthæc ratio, ut Prudentii opinionem, imo historicam narrationem deseramus. An autem ex Prudentii verbis certo argui valeat ipsum plures Valerios episcopos agnovisse, affirmare non ausim; sed certe id innuit, in familia Valeria plures floruisse episcopos. Vide proleg. num. 51, 52, 53, et Baron. ad Martyrol. Rom. 28 Januarii. Possit dubitari an Prudentium domum infulatam Valeriorum vocet etiam quia in ea familia sæpe erat unus aliquis flamen apud Romanos : in cujus nummis insigne cernitur apex sacerdotalis in egregia collectione nummorum reipublicæ Romanæ apud cl. baronem Alminusæ Alexandrum Recuperum Catanensem, qui novum de asse Romano systema proferet in lucem.

80. Parrhasius scribit *Valleriorum*. Apud Florezium Valeriorum nomine multi nummi Cæsaraugustani et Calagurritani inscripti apparent tab. 4 et tab. 9. Bollandiani ad diem 23 Januarii hæc verba breviarii Cæsaraugust. ed. an. 1572 proferunt : *Et pietate et doctrina insignis Valerius ex consulari Valeriorum turba, teste Prudentio, Cæsaraugustæ ortus est*.

83. Nebrissa *templum* intelligit Christianos, qui templum Dei sunt. Melius intelliges ecclesiam, sive urbem Cæsaraugustanam, ut infra vers. 105, *Noverat templo celebres in isto*.

85. Henschenius legerat *Nec furori quis sine laude nostrum*; sed postea in appendice tom. II Aprilis correxit *Nec furor quisquam sine laude nostrum*. Sensus est, Cæsaraugustæ in omnibus persecutionibus plurimos martyrium subiisse.

87. Numerum Christianorum crevisse, quo plures martyrio coronabantur, certum est, et id voluisse Prudentium plerique interpretes affirmant. Sed fortasse Prudentius hoc loco solum innuit Cæsaraugustæ numerum martyrum in singulis persecutionibus fuisse semper majorem, ac plures passos in extrema persecutione quam in præcedentibus.

88. Grandinem pro adversa fortuna sumi monuit Barthius lib. IV Adv., cap. 9, ut apud Ovidium, *Cum Deus intonuit*.

89. Ald., Vat. P., Urb., Gis. ad oram, *necatus*; alii *necandus*. Alex. supra, Vat. P., Urb., Ald., Gis., aliique edd., et scripti, *peregre*. Gifanius ex vet. lib. in indice Lucr. verbo COLLI scribit *peregri*, quod ex suis scriptis amplexus est Heinsius, et cum Heinsio Teolus : qui nihilominus omnes Vatt. allegat pro *peregre*. Ego in Vat. Q et Alex. a prima manu reperi *peregri*. Versus cum *peregre* etiam recte procedit. Parrhasii lectio peculiaris est, *peregrine quamvis*.

90. Nebrissensis ad verba *tenui rore sanguinis hoc notati* : *Forte propterea dicit, quod ibi didicit, quo pacto deberet esse martyr, cum videret cives suos martyrium pati*. Chamillardus interpretatur : *Nonne, o Vincenti, qui altera in regione morti debebas occumbere, hic tenui quidem cruoris tui effusione notasti, quam,*

dum mors immineret, dolores patereris toleranter? Rem proferam, quæ levis fortasse videatur, sed cujus habeo auctorem gravissimum S. Eugenium, Toletanum episcopum. Antequam S. Vincentius Cæsaraugusta ad martyrium educeretur, sanguis ex ejus naribus effluxit, qui Cæsaraugustæ religiose asservabatur. Huc respexit Prudentius. Audi epigramma Eugenii *De Basilica S. Vincentii in Cæsaraugusta, ubi dicitur cruor ejus effluxisse*, tom. I Operum PP. Toletanorum, pag. 23 : *Macte decus proprium, Vincenti martyr alumne, Unica spes nobis, macte decus proprium. Purpureus niveum meruisti sanguine cœlum, Et sequeris Agnum purpureus niveum. Passio sacra tuum provexit ad æthera nomen, Conservet populum passio sacra tuum. Hic jacet ille cruor, quem das pro corpore pignus, Nare fluente, tuus hic jacet ille cruor. H.c tua nunc tunica, quod Christi fimbria præstat, Tactu nam salvat hic tua nunc tunica. Hic veniam culpæ mereantur, vota favorem; Gaudia summa ferat, qui petit hic veniam*. Incertum mihi, an sponte ille sanguis fluxerit, an sive a Vincentio ipso evocatus, sive ab aliquo percutiente.

91. Bayerius in dissert. de S. Laur. acute suspicatus est legendum *specimen futuri*. Pronum est conjicere hoc specimen esse stolam S. Vincentii Cæsaraugustæ asservatam, cujus portionem Childebertus rex Galliæ Parisios detulit, de qua Ado in Chron. ad annum 527, Gregorius Turonensis lib. III Hist. Franc., cap. 29, et alii.

93. Nebrissensis ait legi posse *hunc colunt cives*. Exponit autem *hoc*, scilicet quod Cæsaraugustæ natus et institutus est ad fidem. Mihi videtur *hoc* esse *specimen*, de quo paulo ante dixi, scilicet cruorem e naribus ejus effusum, sive tunica, sive stola, sive linteolo exceptum. Ruinartius mendose, *velut ipso*.

94. Breviar. Moz. in festo S. Zoili contra metrum legit, *suos et paternos*.

98. Gis. in contextu, Fabr., Bong. a prima manu D *sepulcro*.

99. Vat. A, *gloria* : lege *gloriam*.

100. Vat. A, *Sagonti*; Egm., *Saginti*, Saguntus, nunc *Monvedro*, condita fuit, ut dicitur, a Zacynthiis, et fortasse hoc sensu *alta* sive antiqua vocatur. A Valentia, ubi passus est Vincentius, non procul distat. Forte ejus littus dicitur, quod cives Hannibali acriter restiterint, a quo demum urbs deleta est. Opinionem nonnullius, qui *forte* adverbium esse putat, quasi Prudentius de loco martyrii dubitaverit, non probo. Vocat autem Prudentius Valentiam urbem ignotam ipsi Vincentio, hoc est externam. Livius scripsit, Saguntum a mari distare passus mille ferme, Plinius tria millia passuum; nunc magis distat, quod mare recessisse arguit. Vide Florezium tom. VIII Hisp. sacr., tract. 25, cap. 4.

101. Petrus Mantuanus, *nostra in palæstra* inter-

PERISTEPHANON HYMN. IV.

Arte virtutis, fideique olivo
Unctus horrendum didicit domare
Viribus hostem.
105 Noverat templo celebres in isto
Octies partas, deciesque palmas
Laureis doctus patriis, eadem
Laude cucurrit.
975 Hic et, Encrate, recubant tuarum
110 Ossa virtutum : quibus efferati
Spiritum mundi violenta virgo

A Dedecorasti.
Martyrum nulli remanente vita
Contigit terris habitare nostris :
115 Sola tu morti propriæ superstes
Vivis in orbe.
976 Vivis, ac pœnæ seriem retexis,
Carnis et cæsæ spolium retentans,
Tetra quam sulcos habeant amaros
120 Vulnera, narras.
Barbarus tortor latus omne carpsit,

GLOSSÆ VETERES.

105. Templo, *scilicet Vincentis*, I,
106. Partas, *syncope*. — Palmas, *martyres*, Iso.
107. Laureis, *coronis*, Iso.
108. Cucurrit, *coronatus est*, I.
109. Encrate, *proprium nomen mulieris. Encrates abstinens Græce dicitur. Hinc Encratici hæretici vocantur, qui creaturas Dei damnant. Dicunt non esse bonum manducare carnem et bibere vinum*, I. — *Encrates Latine abstinens. Hinc Encratici hæretici, qui a cibis quos Deus creaverat abstinebant*, Vat A.—*Encrate Græcum nomen positum in vocativo : sic Socrate alicubi*, Prag.
110. Ossa virtutum, *id est fortia opera : nam vi a erat quando hæc fuerunt scrip'a*. — Quibus efferati, *ossibus sævi*, 1.
112. Dedecorasti, *deturbasti* —(forte *deturpasti*), I.
115. Tu morti, *tu sola post martyrium viva fuisti*, I.
117. Seriem, *or..inem*, I.
118. Carnis et cæsæ, *abscisa carne, frusta est*, 1.
121. Barbarus, *durus*, I.

COMMENTARIUS.

pretatur de Valentia prope Saguntum; quod absurdum esse jam multi observarunt. Palæstra hic est Christiana religio vel militia, ut explicat Nebrissa, vel locus certaminis, ut innuit glossa. Hymn. seq. vers. 213 : *Ventum ad palæstram gloriæ, Spes certa, et crudelitas*. Quod autem dicitur *nostra*, aperte id significat esse palæstram Cæsaraugustanam. In Breviario Mozarabico hæc stropha applicatur etiam S. Zoilo.
102. Hic et tres seqq. versus absunt in Put. codice. In breviar. Moz. ad festum S. Zoili corrupte legitur *fidei collybo* pro *fideique olivo*. Cum poeta nominaverit palæstram, apposite addit *fidei olivo* : nam et oleum chrismatis innuitur, et athletarum mos indicatur, qui oleo inungebantur. Observat Peveratus, hinc olei nomine impensam significari sumptunive, qui fit ad scientiam, artemve aliquam perdi-cendam, unde natum proverbium, *Oleum et operam perdidi*, ducta scilicet metaphora ab athletis, quos aliptæ et pædotribæ inungere solebant.
103. Al. male, *vinctus* pro *unctus*. Breviar. Moz. in festo S. Zoili, *cunctis*, repugnante metro.
107. Ald., Weitz., Egm., Oxon., *doctas*, quod non audet damnare Heinsius ; scilicet *cucurrit palmas doctas*. Confer comment. ad vers. 53 hymni 12. Riscus ex his verbis *laureis patriis*, et ex vers. 191, *Turba, quam servat procerum creatrix Purpureorum*, arguit, hos octodecim martyres patria fuisse Cæsaraugustanos, et satis quidem probabiliter. Bollandiani etiam ita opinantur, adeoque sententiam Lusitanis martyres illos octodecim adjudicantem rejiciunt. Non tamen propterea certo affirmabo, omnes et singulos tam ex octodecim martyribus quam ex innumerabilibus Cæsaraugustæ fuisse natos, cum Prudentio satis sit, quod plerique in ea urbe ortum habuerint, et cæteri in ea vixerint, palmamque martyrii obtinuerint. Eapropter vers. 175 et seq. ait octodecim martyres *Urbis unius regimen tenere jure sepulcri*. Hic ipse conatus quo multis rationibus persuadet Vincentium annumerari debere Cæsaraugustanis, probat a Prudentio in aliis civitatibus præcipue laudari gloriam sepulcri et martyrii.
109. Ald. edidit *Encrati* : emendavit *Encratis*, quod Heinsius non animadvertit, qui Put., Ambr. cum Aldo pro *Encrati* allegat. Mar., Rat., Prag., Rot., Weitz., et alii, *Encrate* ; Gis., *Encrates* ; Parrhasius, *Eucrate* ; Oxon., *Encratia* ; breviar. Moz., *Engrati*. Nunc Hispanice hæc sancta virgo En-

gracia nuncupatur. Heinsius et recentiores habent *Encrati*, quod exstat etiam in Alex. codice. Martyrologium Romanum xvi , ca¹. Maii : *Ibidem* (Cæsaraugustæ) *natalis* S. *Encratidis virginis et martyris, quæ laniato corpore, mamilla abscissa, et jecore avulso, adhuc superstes, in carcere inclusa est, donec ulceratum corpus putresceret*. Quod ex hymno Prudentii videtur esse dopromptum.
110. Isoni non assentior, quod vivam Encratidem dicit cum hæc sunt scripta. Confer comment. vers. 137.
111. Breviar. Moz., *spiritu* : lege *spiritum*. Hailsbr., *violata* ; supra recte, *violenta*. Ex Evangelii verbis videtur id sumptum Matth. xi, 12 : *Regnum cœlorum vim patitur, et violenti rapiunt illud*.
113. Breviar. Moz., *remeante vita*, et ita etiam legitur ibidem in festo S. Zoili, cui hæc stropha canitur. Ex hoc et seq. versu probat V. C. Bayerius patriam octodecim martyrum Cæsaraugustanorum non fuisse Cæsaraugustam, quasi martyrum nullus, dum viveret , Cæsaraugustæ habitasset. Dissentit Riscus, quia Prudentius solum refert S. Encratidem post tormenta superstitem, Cæsaraugustæ vixisse, quod aliis martyribus Cæsaraugustanis non contigit. Ita prorsus existimo.
115. Breviar. Moz. vitiose, *solus*, et *subprestes*. In festo S. Zoili etiam *solus*, sed *superstes* ; et de S. Zoilo *solus* non quidem metrice, sed grammatice recte dicitur ; de S. Encratide neque metrice, neque grammatice.
116. Breviar. Moz., *Vivis in orbem*. Vat. A, *Vivis in urbe*, quod non abhorret.
117. *Retexere* proprie est quod textum, infectum reddere. Sic Prudentius hymno 10 Cath., vers. 16, *Et dissona texta retexi*. Alios est renarrare, ut hic, et vers. 81 hymni 5 Cath. : *Quæ tandem poterit lingua retexere Laudes, Christe, tuas ?*
118. Ald., *recentans*, quod interpretatur Nebrissa *renovans, et quasi exulcerans*, quod jam in cicatricem coierat. Alii , *retentans*. Breviar. Moz. scribit *retemtans*. Mihi non displicet *recentans* : nam *recento* eos recens facio , ut observare licet apud Nonium et A. Gellium. Fortasse etiam trahi poterit a *canto* , quasi recanto , sive recino. Isonis glossa videtur corrupta. Fortasse legendum *frustata* est a verbo *frusto*, in frusta concido , quod nonnulli Floro tribuunt.
119. Breviar. Moz. male, *Terra quam sulcos habeat amaros Vulnera narrans*.

Sanguis impensus, lacerata membra ;
Pectus abscisa patuit papilla
Corde sub ipso.
125 Jam minus mortis pretium peractum est :
Quæ venenatos abolens dolores,
Concitam membris tribuit quietem
977 Fine soporo.
Cruda te longum tenuit çicatrix,
130 Et diu venis dolor hæsit ardens,
Dum putrescentes tenuat medullas
Tabidus humor.

A Invidus quamvis obitum supremum
Persecutoris gladius negarit :
135 Plena te, martyr, tamen, ut peremptam,
Pœna coronat.
Vidimus, partem jecoris revulsam-
Ungulis longe jacuisse pressis,
Mors habet pallens aliquid tuorum,
140 **978** Te quoque viva.
Hunc novum nostræ titulum fruendum
Cæsaraugustæ dedit ipse Christus,
Juge viventis domus ut dicata

GLOSSÆ VETERES.

122. Impensus, *effusus est, redditus*, I.
125. Minus, *id est non*, I.
126. Abolens, *delens*, I.
128. So oro, *soporifero*, I.
129. Cruda, *recens.*—Longum, *diu, longe*, I.

140. Viva, *vivente*, Mar.
141. Titulum, *hoc decus.* — Fruendum, *habendum*
Iso.
B 143. Juge, *diu*, I.

COMMENTARIUS.

122. Gifanius docet *impensus* veteribus idem sonare quod magnus, ingens ; quod Lucretii et Cæsaris auctoritate confirmat , adducitque hunc Prudentii versum. Verum *sanguis impensus* hic significat sanguinem effusum, et quia *impensus* sonat effusus, profusus, idcirco nonnunquam idem valet ac magnus, ingens : ut impensa libido, impensum pretium.

123. Nonnulli scribunt *abscissa* cum duplici *s*, vetustiores *abscisa* cum uno. Martyrologium Romanum fortasse ex Prudentio sumpsit , *Mamilla abscisa*, *et jecore avulso*. In basilica SS. octodecim martyrum a servabatur papilla abscisa, ut constat ex epigrammate S. Eugenii, quod exscribam ad vers. 145.

125. Ald., Oxon., Urb., *peractæ* sine est. Ambr., vetusti Heinsiani; Mar., Rat., Prag., Bong., *peractæ est*. Vatt. A, B, P, Q, Widman. a prima manu, *peractum est*. In Alex. est *pa*, et reliqua obscura. Weitzius citat Fabricium pro *per ictum* : sed alium voluit dicere; nam Fabricius legit *peractum est*. Breviar. Moz. mendose *peractu est*. Nebrissensis explicat, *Non multi æstimandum*. PRETIUM *namque aliquando pœnam significat.* Certe hoc loco non significat, nam Prudentius ait minori laude videri dignos martyres qui occubuerunt, quam Encratidem, quæ martyrio fuit superstes.

127. Breviar. Mozar. vitiose, *concita membra*.
128. Ald., Breviar. Moz., *fine supremo*. Plerique et vetustiores, *soporo*. Utrumque agnoscunt Gis., Prag., Palat., Widm., Sich. et alii.
129. Hailsbr., *te longe*. Alicubi *tenuat*, male, pro *tenuit*.
131. Vat. B, Rat. supra, Weitz., *tenuit ;* melius est *tenuat*.
133. S. Cyprianus epist. 53 de iis qui per tormenta superantur : *Cum cupientibus mori non permittebatur occidi, sed tandiu fessos tormenta laniarent, quandiu non fidem, quæ invicta est, vincerent, sed carnem, quæ infirma est, fatigarent*.
134. Egm., Hailsbr., Vat. A a secunda manu, *negaret*. Vat. A a prima manu, *necaret ;* Prag., *necarit ;* utrumque male.
135. Breviar. Moz. perperam, *perempta*.
137. Hinc fortasse nonnulli putarunt Prudentium martyrio Encratidis præsentem adfuisse. Sed Prudentio illud videre per ætatem non licuit. Lupercius Leonardus in epist. ad Marianam impugnat Ambrosium Morales quod ex hoc versu collegerit Prudentium affirmare se partem jecoris Encratidis vidisse. Reponit Lupercius Prudentium poetice loqui quasi præsens martyrio fuisset. Bartholomæus Leonardus in altera epist. ad Marianam idem argumentum confirmat ; sed videtur esse mendum, quod Encratis *tres minimum* annos ante Prudentium passa fuerit. Nebrissa in hunc fere modum interpretatur, *Videre*

potuimus, si adfuissemus. Accedit, in hujuscemodi hymnis multa a Prudentio dici ex persona civitatis, seu populi, qui præsens fuerit aut esse potuerit, quas non multo post mortem hæ laudes canerentur a populo. Opinor, partem illam jecoris Prudentii ætate conservatam fuisse, et ejus mentem esse, videri et ostendi partem jecoris quæ longe jacuerat. Confer epigramma S. Eugenii infra ad vers. 145.

138. Vat. A pro diversa lect., *late jacuisse*. Breviar. Moz. contra sensum et metrum, *jacuisset*. Nebrissa *pressis* explicat *in ipsa thoracis penetralia impressis :* ut scilicet simplex *premo* accipiatur pro composito *imprimo*. Sic *verto* pro *everto* poetæ usurpant.

139. Breviar. Moz., Sichardus et nonnulli alii vulg., *pellens*. Legendum *pallens* epitheto proprio mortis : *Pallida mors* passim occurrit. In *tuorum* interpretes subaudiunt *membrorum*. Sed poterit sumi *tuorum* pro *tuarum rerum* neutro genere, et quasi substantive.
C Sententia est, partem jecoris avulsam mortuam fuisse, dum adhuc Encratis esset superstes.

140. Mariettus notavit *quoque* videri valere *adhuc*.
141. Cum martyrum sepulcra ab epitaphiis inscriptis, quibus nomen est titulus, tituli dicerentur, acute dixit poeta hunc novum titulum Cæsaraugustæ Christum dedisse, ut esset domus dicata, ac veluti sacellum, et martyrium martyris Encratidis adhuc viventis.

143. Ald., Parrhasius, Rat., Weitz., omnes Heinsiani, et plerique alii, *juge viventis*. Ita Gis. 1 ed., sed in ed. 2, in contextu, *tumba*, cum Fabr., Bong. supra, Vat. B, Sich., et obscure Mar. In Vat. A est *jure*, Vat. B pro divers. script. *luge :* vera lectio *juge*. Bivarius contendit episcopos olim nonnunquam templa consecrasse in honorem martyrum, qui suppliciis superstites vivebant, et adducit vers. 113, *Martyrum nulli*, etc., et hanc stropham. Eum jure refellit Riscus, quippe cum Prudentius versus non ita debeant intelligi, neque ullum sit in tota antiquitate vestigium
D tam absurdæ consuetudinis. Apud commentatorem Marcum Maximum exstat hic de S. Encratide versiculus : *Templa dicata sibi vidit hæc in corpore degens.* Verum nemo non videt, hujusmodi versum a recenti aliquo sycophanta confictum, ut sinistra interpretatio versuum Prudentii corroboraretur. Prudentius, ut supra Cæsaraugustam appellavit *domum plenam angelorum*, et *templum*, sic nunc vocat domum dicatam martyris juge viventis. Non tamen vehementer repugnabo, si quis ex epigrammate S. Eugenii mox exhibendo colligat, reliquias S. Encratidis adhuc viventis, scilicet *pallam cruore rubentem, papillam fibris sectam* in aliqua basilica fuisse custoditas, aut etiam post Encratidis obitum domum ejus in ecclesiam fuisse consecratam.

Martyris esset.
145   Ergo ter senis sacra candidatis,
      979 Dives Optato, simul et Luperco,
      Perge conscriptum tibimet senatum
      Pangere psalmis.
      Ede Successum, cane Mart'alem,
150   Mors et Urbani tibi concina'ur,
      Julium cantus resonet, simulque
      Quintilianum.
      Publium pangat chorus, et revolvat,

A   980 Quale Frontonis fuerit tropæum,
155   Quid bonus Felix tulerit, quid acer
      Cæcilianus.
      Quantus, Eventi, tua bella sanguis
      Tinxerit; quantus tua, Primitive,
      Tum tuos vivax recolat triumphos
160   Laus, Apodemi.
      Quatuor posthinc superest virorum
      Nomen extolli, renuente metro:
      Quos Saturninos memorat vocatos

GLOSSÆ VETERES.

145. Sacra, *civitas*. — Candidatis, *martyrizatis*, I.
147. Conscriptum, *deputatum*, I.
148. Pangere, *laudare*, I.
149. Ede, *profer, compone, vel canta*, I.
150. Tibi, *a te*. — Concinatur, *canatur*, I.
155. Tulerit, *sustinuerit*, I.

157. Bella, *scilicet martyrum*, I.
158. Quantus tua, *scilicet sanguis bella*, I.
161. Posthinc, *postea*, I.
162. Renuente, *respuente*, I.
163. Saturninos, *nam barbara nomina erant; ideo in metro vonere nequibat*, I.

COMMENTARIUS.

145. Ter seni candidati sunt octodecim martyres, quos supra vers. 74 vocavit *chorum niveum togatæ nobilitatis*. Eorum nomina, ait Teolius, singulatim recenset, præter quatuor Saturninos, quos simul conjungit, quia, ut ait vers. 162, respuebat eos metrum, cum prima in his syllaba produceretur. Non satis intelligo an ex mente Teolii prima syllaba in nominibus quæ Prudentius omisit producatur, et cur id metrum respuat, an in nomine *Saturninos* ea dicatur a Teolio produci. Si hoc tantum velit, *Saturninos*, quamvis renuente metro, tandem nominavit Prudentius. Explicanda ergo est ratio cur peculiaria nomina quatuor Saturninorum, si alia nomina hi habuerunt, tacuerit. Nonnulli negarunt quatuor Saturninos propriis suis nominibus singulos fuisse insignitos: habuerunt tamen sua nomina, et ea exprimit S. Eugenius epigrammate *de Basilica sanctorum decem et octo*, tom. I operum PP. Toletanorum, pag. 22, quod hoc loco exhibebo: *Incolit hoc templum sat felix turba piorum, Quorum promeruit sors benedicta polum. Hic montes sacros virtutum culmine celsos, Unica ter senos continet urna viros. Fumea cænosi liquerunt gaudia mundi, Proque fide Domini membra dedere neci. Hic etiam compar meritis Encratia martyr. Sorte sepulcrali dissociata jacet. Hujus inexhaustum testantur sancta triumphum Palla cruore rubens, secta papilla fibris. Nomina sanctorum si mavis nosse virorum, Edicet cursim subdita summa tibi. Sed quia cuncta simul metrum non suscipit unum, Accipe diversis hæc variata metris. Quintilianus adest, Eventius, atque Cassianus, Felix, Lupercus, Januariusque, Julius, Urbanus, Apodemius, inde Primitivus, Optatus, Publius, Cæcilianus. Hic Successus inest, hic Matutinus habetur. Ecce Faustus, ecce Fronto, postque Martialis. Hæc tibi turba potens concedat prospera, lector, Et veniam præstet hæc tibi turba potens*. Ad marginem diversæ hæ scripturæ indicantur *nomina magnorum* pro *sanctorum*, et *Evotius* pro *Eventius*. Nomina Saturninorum a Prudentio non expressa hæc sunt *Cassianus, Januarius, Matutinus, Faustus*. Ex his *Faustus* metro sapphico nomen aptissimum est, *Cassianus* non minus quam *Martialis*, et *Primitivus*, eodem metro alligari potest. *Januarius* et *Matutinus* non ita facile, sed aliquo tamen modo in eodem carminis genere sonare possunt.

146. Aldus scribit *optato* et *luperco*, perinde quasi nomina propria non essent. Error clarus est glossæ Mar., *luperco, sacerdote*. Ambr. scribit *et Tæpecro*, Pal. *Oblato*. Parrhasius *et Nepæo*. In nummis Cæsaraugustanis apud Florezium non semel mentio fit *Luperci*. Peveratus notat ex Baronio Lupercum passum fuisse in Novempopulonia, ex Scaligero in Ausonium, passum sub Decio. Citat Scaliger vitas quasdam veteres martyrum Aquitanorum. Verum Lupercus ille

B a nostro diversus esse debet, ut probant Bollandiani ad diem 28 Junii.

147. Martyres Cæsaraugustanos antea vers. 75 vocavit *togatam nobilitatem*, nunc senatum conscriptum. Sic Laurentium in ejus hymno vers. 560, *consulem perennem* appellavit.

151. In edd. et plerisque mss., etiam martyrologio Romano legitur *Julium*: sed restituere oportet *Julium* ex monumentis pervetustis domesticis, videlicet epigrammate Eugenii, Actis S. Braulioni ascriptis, et breviario Mozarabico. Consentiunt Usuardus, Ado, codex ms. S. Michaelis apud Ruinartium, et unus Vat. apud Teolium. Widm., *resonat*, pro *resonet*.

152. Prag., *Quintilianam*.

153. Prag., Breviar. Moz., Fabr., Gis., Vatt. A, B, et alii, *pangat*, Heinsius cum tribus scriptis, Aldum secutus, *pandat*, ut apud Valerium Flaccum initio operis: *Versa proles tua pandat, Idume, Namque potest, Solymo nigrantem pulvere fratrem*. Mariett. etiam,
C et Rat. a prisca manu, *pandat*.

157. Breviar. Moz., Rat., Vat. B, Widm. a prima manu, Mar., Thuan., Noms., *Euvoti*. Vat. A, Prag.; *Evanti*. Put., *Evovoti*. Alt., Weitz., codex S. Michaelis apud Ruinartium, *Euvánti*; Ambr., *Eunoti*; Boug., Sich., *Heuvanti*. Ald., pleraque martyrologia, et multi scripti, *Erenti*. Parrhasius, *Eugori*. Rott., et unus Torrent., *Evoti*: quod aliis præferendum acriter pugnat Heinsius adducto testimonio ex martyrologii Usuardi libro pervetusto, et ad ipsius Usuardi ætatem propius accedente, quod scilicet Lutetiæ Parisiorum ad S. Germani asservabatur, ubi recensentur nomina octodecim martyrum eo modo quo ab Eugenio describi diximus, nisi quod *Evoti* nomen, non *Eventii* profertur. Allegat itidem martyrologium Adonis vetustissimum ejusdem bibliothecæ, ejusdem Adonis martyrologium a Rosweydo editum, Usuardi martyrologium in bibliotheca Bigotiana, pervetusta
D manu exaratum, et editionem ejusdem Usuardi Lutetiæ per Joannem Capellam collegii Navarræi concentorem anno 1490 procuratam. Quibus propositis, Heinsius Eventium posthac e martyrologis exsulare jubet. Huic sententiæ nondum acquiesco, cum tot veterrima stent contra monumenta. Recentiores, etiam Gallandius cum Ruinartio et Papebrochio, reddunt *Evoti*.

159. Aldus, Sichardus, et nonnulli Vulg., *cum tuos*.

163. Cur metrum repuat *Saturninorum* nomen carmine sapphico exprimi dixi in proleg. num. 211. Iso etiam putavit barbara illa nomina fuisse, quod falsum esse constat ex epigrammate S. Eugenii supra ad vers. 145, et Actis nomine S. Braulionis. In opere Hispanico eruditissimi Florezii de Nummis mentio Saturnini occurrit inter nummos Calagurritanos. Notandum est in martyrologio Romano id referri ex

981 Prisca vetustas.
165 Carminis leges amor aureorum
   Nominum parvi facit, et loquendi
   Cura de sanctis vitiosa non est,
      Nec rudis unquam.
   Plenus est artis modus, adnotatas
170 Nominum formas recitare Christo :
   Quas tenet cœli liber, explicandus
      Tempore justo.
   Octo tunc sanctos recolet decemque
   Angelus coram Patre, Filioque,
175 Urbis unius regimen tenentes
      Jure sepulcri.
   Quin ad antiquum numerum trahentur

A **982** Viva post pœnæ specimen puella,
   Morsque Vincenti, cui sanguis hinc est,
180   Fons et honoris.
   Additis Caio (nec enim silendi),
   Teque, Crementi : quibus incruentum
   Ferre provenit decus ex secundo
      Laudis agone.
185 Ambo confessi Dominum, steterunt
   Acriter contra fremitum latronum :
   Ambo gustarunt leviter saporem
      Martyriorum.
   983 Hæc sub altari sita sempiterno,
190 Lapsibus nostris veniam precatur
   Turba, quam servat procerum creatrix

GLOSSÆ VETERES.

166. Parvi facit, *contemnit*, I.
168. Rudis, *nova*, I. — *Indocta*, Mar.
171. Explicandus, *pronuntiandus*, I.
173. Recolet, *numeret*, I.
176. Jure, *lege*, I.
177. Ad antiquum numerum, *decem et septem* (forte *et octo*), I.
178. Specimen puellæ, *pulchritudinem Encrate*, I.

B 179. Sanguis, *genus*, Mar.
180. Fons, *origo*, I.
181. Silendi, *scilicet estis*, I.
183. Secundo, *prospero*, I.
184. Agone, *certamine*, I.
189. Sub altari, *sub secreto Dei*, Mar.
191. Creatrix, *parens*, I., Mar.

COMMENTARIUS.

Prudentio, *Et aliorum quatuor, qui Saturnini vocati esse referuntur*. Usuardus quatuor propria nomina ex Eugenio aut Braulione videtur hausisse. Quæram tamen cur Prudentius *priscam* vetustatem ad commune Saturninorum nomen proferendum testem advocet, siquidem sæculo iv ineunte hi martyres coronam adepti sunt? Alibi etiam eodem fere modo loquitur : nimirum tempus ante actum, quamvis non longissime distans, vocat vetustatem.

165. Hinc patet nullum omissum fuisse a Prudentio nomen martyrum quia illud metro adversaretur : sed contra carminis leges positum vocabulum *Saturninos*. Dicit *nomina aurea*, ut initio hymn. 1 Peristeph., *Aureis quæ Christus illic adnotavit litteris*.

167. Aldus, *otiosa*. Sichardus restituit *vitiosa* ad fidem codd., et carminis leges, quod jam ediderat Parrhasius.

168. Ald., *hæc rudis* : lege *nec rudis*.

169. Egm., *modus adnotator*.

171. Mar., Prag., Rat., Heinsius cum suis, præter Oxon., Sich., Gis. Parrhasius aliique, *explicandus*. Ald., Oxon., et nonnulli alii scripti, *explicandas*. Egm., Hailsbr., *explicandos* apud Weitzium. De hoc vitæ libro vide Apocalypsin Joannis cap. III, xx et xxI. Fortunatus, lib. VIII, carm. 4, *Felices, quarum Christi contingit amore Vivere perpetuo nomina fixa libro*.

174. Prudentius de extremo die judicii loquitur, et de angelis qui separabunt malos de medio justorum. Chamillardus intelligit angelum custodem ecclesiæ Cæsaraugustanæ : nam SS. Patres angelos adesse tradunt non solum populis et nationibus, sed multo magis ecclesiis et oratoriis, ubi sacra Christiana celebrantur. Non repugno; et fortasse hac de causa Prudentius vers. 5 Cæsaraugustam dixit *plenam magnorum domum angelorum*.

176. Prudentius clare præfert in martyribus jus sepulcri juri patriæ.

177. Ald., Parrhasius, Vat. B, Mar., Weitz., *trahentur*. Vat. A a secunda manu, *tracentur*, vitiose. Giselinus edidit *trahetur*; adhæsit Heinsius, quin varietates scripturæ notaret. Heinsium recentiores plerumque sine ullo examine exscribunt. Riscus ex hoc versu arguit martyrium S. Encratidis fuisse posterius martyrio SS. octodecim martyrum Cæsaraugustanorum : sed cum Prudentius simul adjungat Vincentium, cujus martyrium in Actis Braulionis prius enarratur quam Encratidis passio, probabile quidem

est quod ex hoc hymno petitur argumentum, sed non omnino certum. Acta vero Braulfoni ascripta quantam mereantur fidem, alii judicent.

179. Put. et Ox. pro div. script., *Tuque, Vincenti*. Vat. P mendose, *morse Vincenti*.

180. Parrhasius, *Pons et honoris :* in emendatis pro div. script., *fons*.

181. Ald. scribit *Gagio*, Weitz., Rat., *Gaio*. Plerique *Caio*. Hi octo versus sequentes absunt a Put. Idem de Tiliano codice testabatur Salmasius. Martyrologium Romanum xvi cal. Maii ex his Prudentii
C versibus, ut clarum est : *Caius et Crementius secundo confessi, et in fide perseverantes, martyrii calicem gustaverunt* xvi cal. Maii anno 303. Bollandiani suspicantur primum agonem fuisse sub Ruffino præside, secundum sub Datiano.

182. Nonnulli Vulg. contra metrum et sensum, *quibus incrementum*.

183. Id est, quod ait martyrologum Romanum, *secundo confessi*. Dubito autem an non potius *secundus agon laudis* a Prudentio dicatur confessio : nam primus et præcipuus martyrium est. Scilicet Caius et Crementius incruentum decus tulerunt ex confessione, quæ est secundus, minusque gloriosus agon, sive certamen laudis.

185. Confessores olim vocabantur qui coram tyrannis Christum confessi sunt, non tamen palmam martyrii obtinuerunt. S. Paulinus, Natali 13, de S. Felice, vers. 94 : *Confessionis ante functus prælia, Sed incruento consecratus exitu*.

187. Ald., *leniter :* metrum poscit *leviter*. Riscus
D opinatur hos versus non excludere martyrium, sed indicare mortem minus fuisse acerbam. Non ita quidem judico : nam *incruentum decus* et *ambo confessi* verba sunt quæ confessores, non martyres, significant. Eodem, ut ego opinor, pertinet *secundus laudis agon*.

189. De corporibus martyrum, sub altari conditis, sæpius occurrit mentio. Sed hoc loco observanda est glossa Marietti. Altare sempiternum dicitur, ut apud S. Paulinum epist. 12 ad Severum : *Sancta sub æternis altaribus ossa quiescunt*. Scilicet quia Christus sacerdos est in æternum, neque unquam nostra altaria deficient.

190. Breviar. Moz. mendose, *lapsisque nostris*. Ambr., Parrhasius, *precantur*.

191. An ex hoc loco certo colligatur, omnium oc-

Purpureorum.
Nos pio fletu, date, perluamus
Marmorum sulcos, quibus est operta
195   Spes, ut absolvam retinaculorum
Vincla meorum.
Sterne te totam generosa sanctis
Civitas mecum tumulis : deinde
Mox resurgentes animas, et artus
200   Tota sequeris.

A V HYMNUS. PASSIO S. VINCENTII MARTYRIS.

984 Beate martyr, prospera
985 Diem triumphalem tuum,
Quo sanguinis merces tibi
Corona, Vincenti, datur.
5   Hic te ex tenebris sæculi,
Tortore victo, et judice,
Evexit ad cœlum dies,
Christoque ovantem reddid:'
Nunc angelorum particeps,
10   Collucis insigni stola :

GLOSSÆ VETERES.

192. Purpureorum, *pro purpuratorum*, I.
193. Date, *sinite, ut*, I.
194. Sulcos, *litteras; epitaphia*, Mar.
197. Generosa, *nobilis*, I.
1. Prospera, *prosperum age*, I.

10. Collucis insigni stola. *Quando sanctus a præsenti vita transit, quasi una stola lucet; cum vero dies judicii venerit, et animo et corpore remunerabitur, tunc duabus stolis collucet*, I.

COMMENTARIUS.

todecim martyrum natale solum fuisse Cæsaraugustam, vide comment. ad vers. 107.
193. Pal., *hos pio*. De verbo *date* consule comment. ad vers. 594 Apoth. Idem sonat ac *age*.
194. Nebrissa et Cellarius interpretantur, in cineribus spem resurgendi opertam esse. Planius est quod etiam Teolio visum, intercessione martyrum, quorum cineres illis marmoribus tegebantur, veniam peccatorum sperasse Prudentium.
195. Breviar. Moz., Parrhasius, *ut absolvat*, scilicet *spes*, non ita bene.
196. Alex. a prima manu, *vincla eorum*, male.
197. Breviar. Moz. perperam, *te toga*. Parrhasius corrupte, *Sternet et o tam generosa sanctis Civitas mecum : tumulis deinde Mox resurgentes animas, et artus Tota sequestris.*
199. Breviar. Moz., *resurgentis :* lege *resurgentes animas.*
200. Prag. pro hoc versiculo *Tota sequeris* habet hæc verba *Tot si quæris, inter dispersa reperies.* Mariettus ad hæc, *Quid sit*, ait, *nescio.* Neque ego quidem aliud cogito esse, nisi exscriptoris alicujus aut ignari, aut inepti errorem. In Vat. A, post hunc hymnum sequitur *Hymnus in honore beatissimorum martyrum Fructuosi episcopi, Augorii et Eulogii.* In Vat. B et Mar., *Passio S. Agnetis.*
In hoc titulo plerique codices consentiunt : in quorum nonnullis hic hymnus ponitur post hymnum 4, ut ad finem jam dixi. Fabricius habet *Hymnus v Divo Vincentio martyri Cæsaraugustano.* Aldus, *Ode in laudem S. Vincentii martyris.* In codice pervetusto ecclesiæ Veliternæ, de quo dixi in Proleg. num. 212, in nota, exstat hymnus de S. Vincentio, quem, quoniam nondum editum puto, hoc loco transcribere non pigebit : *Præcelsa sæclis colitur dies omnibus fidelibus clara, In honore martyris Christi Vincentii rite dicata, In cujus hodie natali solvimus laudes debitas. Insignis olim fulsisti, levita, gemina sub Valerio gliscens dogmata. Flagrans amore divino calcasti lubrica mundi gaudia fortis athleta. Tempsisti sæva pœnarum genera, risisti sereno corde plurima, vincla, verbera, furias, faculas, catenas, ungulas, ac craticulam. Carcer te teter nil terruit, aut ulla tortoris crudelitas, nec torrida ferri machina..... Flammas testularum aspera fragmina ultro subisti impavidus. Septus cuneis mox sidereis ymnihabas mystica lætus carmina. Sonant organa permirifica modulatis vocibus concrepantia. Victis victor hostibus victorem cernebas comminus angelorum psallebas caterva voce tinnula..... Eya, miles invicte, posita caduca sarcina arce poli florida necteris nos. Post tot tormentorum supplicia feliciter peracta, atque devicta penetrasti cœli sidera. Stola laureatus perspicua agnum sequens fulgida inter lilia agonista jam trivudias. Jam jam sancta*

B *anima funde pia precamina pro nostro fœdo facinore prece sedula. Fove, o martyr, immeritos famulos tuos noxa pellens, et commoda præbens omnia. Cœterna una tecum in gloria jocundemur cantantes alleluia.* Ubi puncta sunt addita, annotatur in codice, tanquam [diversa lectio, primo loco *teterrima trusus pelea*, secundo *ter collega*, quæ duo equidem non intelligo. Aliis in locis facilius intelligitur mendum cub.re, quam vera lectio reperitur : nec tanti est eam investigare. Epigramma S. Eugenii de Basilica S. Vincentii exhibui hymn. super. ad vers. 90. In Prudentii hymno nulla fit mentio patriæ S. Vincentii, neque oppidum, in quo passus est, nominatur; quamvis nomine populi, ut sæpe in aliis, loquatur vers. 556, *Exosculamur lectulum*, et 565, *Si sub tuorum gaudio Vestigiorum sternimur*. Locum, ubi passus est, vocat oppidum vers. 333, *Coire*

C *toto ex oppido;* quod fuisse Valentiam prope littus Sagunti, ex Actis apud Ruinartium et Bollandianos constat. Esse autem hunc hymnum factum, ut die emortuali S. Vincentii caneretur, prima et secunda stropha aperte ostendunt. Ruinartius putat Prudentium ex Actis antiquis, quæ ipse profert, hymnum maxima ex parte concinnasse. Id satis est verisimile, cum Prudentii hymnus interdum etiam in verbis cum Actis consentiat, et Acta videantur esse antiquiora et fortasse statim post Diocletiani persecutionem confecta : quæ in ecclesiis lecta fuisse ex S. Augustini sermonibus perspicitur. Cæterum nonnullæ sunt conjecturæ, ut Acta quæ nunc exstant post Prudentium concinnata fuisse credamus. Ruinartius plura habet de cultu S. Vincentii, præsertim in Gallia, et quædam nos quoque animadvertimus in notis ad Hymnodiam Hispanicam. Vide etiam tom. V Actor. SS. ordin. Benedict., et Florezium tom. VIII. Hisp. sacr., tract. 25, cap. 7. Nicolaus Antonius, Bibl. Hisp. tom. II, pag. 109, laudat ineditam dissertationem Michaelis Joannis Vimbodini, et Queralt de S. Vincentii levitæ Hispani martyris sacri corporis translatione. Apud Boldettum lib. I, cap. 59, Ob-

D serv. exstat monumentum vetus expressum e cœmeterio Callixti, quo SS. martyres *Vincentius, Agnes, Poltus* (Hippolytus) in vitro repræsentantur.
4. Sententia desumpta est ex II ad Timoth. II, 5 : *Nam et qui certat in agone, non coronabitur, nisi legitime certaverit.* Etsi autem poeta fortasse id non cogitaverit, notandum est dici posse *tibi vincenti*, et *tibi, o Vincenti.* Non dubito quin Prudentius nomen Vincentii ad coronam quæ vincenti datur ultro applicuerit. Paschalius, lib. I de Coronis, cap. 6, pag. 19, de corona quæ præmium est martyrii copiose disseruit.
10. Ald., Weitz. cum suis, scripti plerique Heinsiani, Vatt. omnes, excepto Alex., *colluces*, vel *conluces.* Put., Alex. a prima manu, Cauch. codex, sche-

Quam testis indomabilis
Rivis cruoris laveras.
Cum te satelles idoli,
Præcinctus atris legibus,
15 **986** Litare divis gentium
Ferro et catenis cogeret.
Ac verba primum mollia
Suadendo blande effuderat:
Captator ut vitulum lupus
20 Rapturus, alludit prius.
Rex, inquit, orbis maximus,
Qui sceptra gestat Romula,
Servire sanxit omnia
Priscis deorum cultibus.
25 Vos, Nazareni, assistite,

A
Rudemque ritum spernite,
Hæc saxa, quæ princeps colit,
Placate fumo, et victima.
Exclamat hic Vincentius,
30 **987** Levita de tribu sacra,
Minister altaris Dei,
Septem e columnis lacteis.
Tibi ista præsint numina;
Tu saxa, tu lignum colas :
35 Tu mortuorum mortuus
Fias deorum pontifex.
Nos lucis auctorem Patrem,
Ejusque Christum Filium,
Qui solus, ac verus Deus,
40 Datiane, confitebimur.

GLOSSÆ VETERES.

11. Quam, *scilicet tu*, I.
13. Idoli, *species doli ab idea*, I.
21. Maximus, *ille*, I.
23. Sanxit, *decrevit*, I.
24. Priscis, *prioribus*, Mar.
25. Nazareni, *Nazareni vocabantur prius qui nunc Christiani, quod nomen prius repertum est apud Alexandriam, ubi beatus Petrus episcopus factus est,*

B Vat. A.
26. Rudem, *novum*, Mar.
28. Fumo, *thuris*, Mar.
30. Levita, *in templo additus*, I. — Sacra, *Ecclesia*, I. *De sancta Ecclesia*, Mar.
52. Columnis, *septem donis Spiritus sancti*, I. — Columnas septem appellat septem ministros Ecclesiæ: to enim prius ab apostolis fuerant ordinati, Vat. A.

COMMENTARIUS.

dæ Grævianæ, *collucis*. Gifanius legit *colluces*, et a t Prudentium *es* sæpe corripere, ut in *fames*. Barthius, lib. iv Advers., cap. 9, putat *colluces* crassius omnino erratum esse, quam ut poetæ tanto concedi possit : adeoque ex conjectura corrigit *Luces coinsigni stola*. Giselinus pariter, ut idem vitium effugeret, edidit *Luces in insigni stola*, quod cur non observavit Barthius, in commentariis Giselini alias versatus? At vero cum multi nobiles codices habeant *collucis*, et plurima sint hujusmodi verba quæ ad secundam et tertiam conjugationem spectant, de quibus agit Priscianus lib. x, et cum Prudentius id etiam observaverit in *percensee, extorqueo*, omnino legendum est *collucis*.

13. Glossa de *idolo* contemnenda est : vel lege *species*. *Idolum ab idea*.

14. Conjiciat aliquis *arctis* pro *atris*.

15. Thuan., *divis gentibus :* fortasse fuerit *dis gentilibus*, ut conjicit Heinsius.

18. Vat. A, *effuderet*, male.

20. Vat. A, *prius ;* supra, *pius*.

22. Put., et pro diversa script. Oxon., *publica* pro *Romula*, quod non displicet Heinsio. Weitz. cum Hailsbr., et Widm. a prima manu, *gestit* pro *gestat*, minus bene.

25. Put., *Nazoreni*. Pro *assistite* conjici posset *absistite*, quasi desistite a vestra religione. Sic absistere bello, incœpto, et simpliciter Virgilius lib. 1 Æn., 496. *Nec prius absisti*. Christiani olim a gentibus et Judæis contumeliose vulgo Nazaræi, seu Nazareni vocabantur, quo de nomine plura scriptores antiquitatum Christianarum, Mamachius, Binghamus, alii. In glossa legendum *Antiochiam*, non *Alexandriam*. Fortasse etiam legendum erit *receptum*, non *repertum* : nam scriptura ambigua est. Sed bene est repertum. In aliis verbis *factus est* intellige, vel corrige *fuit*.

26. Vat. B, corrupte, *rudumque*.

27. Giselinus fatetur omnes libros formis editos habere *hæc saxa :* nihil dicit de mss., in quibus idem observatur. Nihilominus legit *hæc sacra*, ut infra vers. 105 et seq. *Tibi ergo soli, contumax, Tarpeia calcentur sacra ?* Non enim, addit, Datianus fateretur *saxa* a se coli pro numinibus quæ saxis repræsentabantur. Vera tamen lectio est *saxa*, quibus divinitatem inesse putabant gentiles, ut ex responsione Vin-

centii colligitur, et fusius ostendi in comment. ad hymn. 11 Cath., vers. 35. Neque apposite diceretur *sacra placare fumo, et victima*. Colebant autem gentiles saxa, quia intus habitare spiritus credebant. Vide vers. 77.

30 Ad rem S. Isidorus lib. vii Etym., cap. 12 : *Levitæ ex nomine auctoris vocati : de Levi enim levitæ exorti sunt, a quibus in templo Dei mystici sacramenti ministeria explebantur. Hi Græce diaconi, Latine ministri dicuntur, quia sicut in sacerdote consecratio, ita in diacono mysterii dispensatio habetur*.

32. Apud Hispanos videtur viguisse eadem consuetudo quæ in Ecclesia Romana de septem diaconorum numero, quem apostoli statuerunt, dum diaconos eligerent Act. cap. vi. Cur autem dicantur *columnæ lacteæ*, Iso septem dona Spiritus sancti commemorat, Chamillardus innocentiam et castitatem qua præditi esse debebant, et quod inde Ecclesiam veluti sustentarent. Existimo Prudentium alludere ad stolam, cujus supra meminit, et ad morem standi ante altare. Canon 4 concilii Barcinonensis : *Ut diaconus in consessu presbyteri non sedeat*. Et cap. 60 collect. Martini Bracar. : *Non licet diaconum ante presbyterum sedere, nisi cum jussione presbyteri*. Vide vers. 38 hymni S. Laurentii : *Qui stant ad aram proximi*.

35. Acta : *Nam quos jubes deos confiteri, idola sunt lignea et lapidea. Tu illorum testis, tuque mortuorum fias mortuus pontifex.* Ubi clare perspicitur convenientia inter acta et Prudentium.

37. In proleg. cap. 22, exposui conjecturam V. C. Giovenazzii legendum *Nos lucis auctorem Patrem, Qui solus, ac verus Deus, Ejusque Christum Filium, Datiane, confitebimur.* Quam ille multis gravissimisque rationibus ex theologia et antiquitate ecclesiastica petitis corroboratam servat in suo ms. commentario in Hymnum S. Hilarii, *Hymnum dicat turba fratrum*, quod jam diu votis et utilitati litteratorum hominum debet.

39. Rat., *qui est solus*. In Actis : *Profitemur nos Christianæ religionis esse cultores, et unius ac veri Dei permanentis in sæcula famulos ac testes*.

40. Rat., *fatebimur*, contra metrum. Hujus Datiani memoria exstat in inscriptione Hispanica apud Gruterum, pag. cxcix. Scilicet Datianus præses Hispaniarum lapidem poni curavit terminum inter Eborenses et Pacenses, imperantibus Diocletiano et Maxi-

988 Hic ille jam commotior :
Audesne, non felix, ait,
Jus hoc deorum, et principum
Violare verbis asperis?
45 Jus et sacratum, et publicum,
Cui cedit humanum genus?
Nec te juventæ fervidæ
Instans periclum permovet?
Hoc namque decretum cape :
50 Aut ara thure, et cespite
989 Precanda jam nunc est tibi,
Aut mors luenda est sanguine.
Respondit ille altrinsecus :
Age ergo, quidquid virium,
55 Quidquid potestatis tibi est,
Palam reluctor, exere.
Vox nostra quæ sit accipe :
Est Christus, et Pater Deus :

A Servi hujus ac testes sumus :
60 Extorque, si potes, fidem.
Tormenta, carcer, ungulæ,
Stridensque flammis lamina,
Atque ipsa pœnarum ultima,
Mors Christianis ludus est.
65 O vestra inanis vanitas,
Scitumque brutum Cæsaris !
Condigna vestris sensibus
Coli jubetis numina :
Excisa fabrili manu,
70 **990** Cavis recocta et follibus :
Quæ voce, quæ gressu carent,
Immota, cæca, elinguia.
His sumptuosa splendido
B Delubra crescunt marmore
75 Illis colla mugientium
Percussa taurorum cadunt.

GLOSSÆ VETERES.

41. Hic ille, *tunc ipse*.
42. Non felix, *infelix*, I.
43. Jus, *conditio, vel imperium*, I.
47. Juventæ fervidæ, *tuæ juventutis*, I.
49. Cape, *intellige*, I.
50. Cespite, *sicut tunc mos erat*, I.
52. Luenda, *persolvenda*, I.

55. Altrinsecus, *econtra*, I., Mar.
56. Reluctor, *ego*, I.
66. Scitumque brutum, *imprudens*, Mar. — *Decretum stultum*, I.
72. Elinguia, *sine lingua*, I.
73. His, *talibus diis*, I.

COMMENTARIUS.

miano Herculeo, ut initio inscriptionis fusius declaratur. Tum legitur :

TERMINVS. INTER
PACENS. ET. EBORENS
CVRANTE. P. DATIANO
V. P. PRAESIDE. H. H.

41. Prag., *hic* ; supra, *hinc*.
47. Ald. et alii vett., *Nec te jubente fervide*. Giselinus restituit *Nec te juventæ fervidæ*, faventibus mss. Becmanus in Manuduct. ad ling. Lat. ex cod. Pal. restituebat *Nec te juventa fervide*, quam scripturam ex eodem, ut puto, Pal. allegat Weitzius, qui tamen præfert *juventæ fervidæ*.
48. Aldi error *periculum*.
50. Ald. xxv, cap. 7, Advers., ita legit hos versus : *Aut ara thure e cespite Precanda jam nunc est tibi, Aut mora luenda est sanguine*. Intelligit aram *e cespite*. Burmanno in Anthologia pag. 734, tom. I, displicet hæc emendatio, quam Sagittarius cap. 10 de Cruciat. non solum adoptavit, verum etiam affirmavit hunc locum vulgo parum emendate legi. Barthius suæ correctioni hæc addiderat : *Talia multa in divino poeta a nobis observata sunt : a cujus spiritu etiam poetico reliqui Christiani vates longe absunt*. PRECOR ita etiam usurpat Ausonius Ephemer. : *Deus precandus est mihi, Ac Filius summi Dei*. De ara cespititia, quæ *graminea* a Virgilio dicitur, videndus est Petrus Berthaldus, de Ara, edit. 1636, in-8, pag. 57 et 58, cap. 6. Veteres non solum aras cespititias ex tempore et in castris exstruebant, sed etiam sæpe alias cespite ad aram exstruendam utebantur, vel in ea jam exstructa cespite ad sacrificium utebantur. Cur Prudentius thus cum cespite conjungat, fortasse patebit ex Horatio lib. III, od. 8 : *Quid velint flores et acerra thuris, Plena, miraris, positusque carbo in Cespite vivo*, et lib. I, od. 19 : *Hic vivum mihi cespitem, hic Verbenas, pueri, ponite, thuraque*. Accedit Ausonius in Ephemer. : *Nec liba crusti mellei. Foculumque vivi cespitis Vanis relinquo altaribus*. Teolius observat

Mazochium Specim. Biblic. tom. II, dissert. 3 de Mosaico altari cespititio, plura hac de re habere et juniores castigare, quod *cæspes* cum diphthongo scribant. Cellarius cum Festo, et aliis *cæspes* a *cædendo* dictum, et cum diphthongo scribendum contendit. In hujusmodi controversiis orthographicis nihil fere firmum stabiliri potest : nam plerumque veteres ipsi inter se dissentiunt.
51. *Placanda* malebat Cauchius : sed recte *precanda*. Vide vers. superiorem.
52. Ald., *tuenda*, male. Ab Hailsbr. et Rott. abest verbum *est*. Vide vers. 50.
53. Nonnulli vulg., *respondet*. Plautus etiam usurpavit *altrinsecus*.
56. Gifanius Ind. Lucr. verbo CONATA PATRARE fortasse hunc locum Prudentii intelligit cum ait eum dicere *exerere* pro *instituta perficere, conata patrare*. Idem verbum legitur in Actis : *Siquid malignitatis viribus potueris, exere*.
57. In Vat. A a prima manu abest *nostra*.
60. *Extorque* in tertia conjugatione.
62. De laminis ardentibus Horatius, Plautus, Cicero aliique profani, et passim scriptores Christiani. Vide Gallonium cap. 6, Sagittarium cap. 10, et Baronium ad diem 18 Maii de S. Dioscoro, qui *novissime laminis ardentibus adustus, martyrium consummavit*.
63. Put, *quæque ipsa*. Thuan., *aut ipsa*.
66. Vat. B corrupte, *socrumque brutum*.
68. Gis. in contextu, *jubentis*, scilicet Cæsaris : sed monet in notis *jubetis* esse in aliis, et sic orationem vehementem esse et concitatam magis.
69. Confer quæ notat Elmenhorstius ad Minucii verba de Deo gentium : *Funditur, fabricatur, sculpitur, tunditur malleis* ; et Arnob. lib. VI, *Simulacra ista, quæ vos terrent, quæque templis in omnibus prostrati atque humiles adoratis, ossa, lapides, æra sunt*, etc.
70. Barthius loc. cit. distinguit *Cavis recocta, et follibus*, et intelligit *cavum* fornacem. Sed videtur *cavis* epitheton esse pro ventosis seu inanibus, et ventum recipientibus ; quamvis certum sit *cavum* substantive etiam dici.

Adsunt et illic spiritus :
Sunt sed magistri criminum,
Vestræ et salutis aucupes,
80 Vagi, impotentes, sordidi :
991 Qui vos latenter incitos
In omne compellunt nefas,
Vastare justos cædibus,
Plebem piorum carpere.
85 Norunt et ipsi, ac sentiunt,
Pollere Christum, et vivere,
Ejusque jam jamque affore
Regnum tremendum perfidis.
Clamant fatentes denique,
90 Pulsi e latebris corporum
Virtute Christi et nomine,
Divique, et iidem dæmones.
Ilis intonantem martyrem

A   Judex profanus non tulit,
95 Conclamat : Os obtrudite,
Ne plura jactet improbus.
Vocem loquentis claudite,
Raptimque lictores date,
992 Illos reorum carnibus
100 Pastos, manuque exercitos.
Jam faxo, jus prætorium
Conviciator sentiat,
Impune ne nostris sibi
Diis destruendis luserit.
105 Tibi ergo soli, contumax,
Tarpeia calcentur sacra ?
Tu porro solus obteras
B   Romam, senatum, Cæsarem ?
Vinctum retortis brachiis,

GLOSSÆ VETERES.

79. Aucupes, *venatores, vel captores*, I.
87. Affore, *futurum esse*, I.
93. Intonantem, *loquentem*, I.
95. Obtrudite, *claudite*, I.
98. Lictores, *carnifices*, I.
101. Faxo, *facere volo*. — Jus prætorium, *regalem*

potestatem, I.
103. Tibi, *a te*, I.
106. Tarpeia, *Romana, ubi idolorum maxima pars fuit, quod in Tarpeio monte cuncta idola congregata fuerunt*, I.
107. Obteras, *contemnis*, I.

COMMENTARIUS.

77. Put., *at sunt* pro *adsunt*, quod ab aliis scriptis confirmari ait Heinsius, in quibus est vers. seq. *Sunt; sed magistri criminum*, quasi hic versus respondeat primo, *At sunt et illic spiritus*, quod aiunt gentiles. Eam lectionem amplexus est Heinsius, et cum eo plerique recentiores, etiam Ruinartius. Gallandius scr pturam veterem retinuit, neque sibi aliam probari ostendit. Sententia eadem est, in statuis idolorum latere dæmones, qui dii esse non possunt, cum magistri sint criminum, ad quæ, impuram religionem docentes, provocant. Alludit Prudentius ad deos gentilium, qui erant ipsi dæmones; et cum ex statuis aut corporibus obsessorum expellebantur, nomina illa se habere affirmabant sub quibus in templis colebantur. Vide comment. ad vers. 402 Apoth. Ii autem *divique, et iidem dæmones*, ut ait vers. 92, etiam exemplo suo magistri erant criminum.

78. Gis., *sed sunt*. Plerique, *sunt sed*.

79. Rat., Vat. B, Mar., Prag., Alex. a secunda manu, Gis., *aucupes*. Alex. a prima manu, et vetustiores Heinsiani scribunt *aucipes*. Ald., Fabr., Egm., *auspices*, Hailsbr., *aucupes*; supra, *auspices*; infra, *capaces*, quod neque metro, neque sensui convenit.

80. Minucius de oraculis gentilium loquens, ait : *Spiritus sunt insinceri, vagi, a cœlesti vigore terrenis labibus et cupiditatibus degravati. Isti igitur spiritus, posteaquam simplicitatem substantiæ suæ, onusti, et immersi vitiis, perdiderunt, ad solatium calamitatis suæ non desinunt perditi*, etc. Chamillardus ait ex his quæ de dæmonibus scripsit Prudentius, facile colligi eos meros esse spiritus, ac corporis expertes existimasse. Addit Chamillardus : *Constare tamen possent corporibus æthereis ac subtilibus, quæ nihil quominus spiritus appellarentur prohiberent*. Nescio an id ex Prudentii sententia disserat, ex qua nihil hujusmodi certe colligitur. Barthius, lib. IV, cap. 9 Advers., notat, *sordidus* apud Christianos epitheton esse proprium diaboli.

81. Vat. A mendose, *latentes*. Incitus significat percitum, incitatum. Catullus in Galliambo, sive carmine in Atyn : *Alios age incitatos, alios age rabidos*.

82. Vat. A, *compellant*, et pro div. script., *compellunt*.

86. Vat. B et Mar., *ac* pro *et*.

87. Vat. B, *ejus jam*, sine *que*, quod necessarium

est. Rott., *jam, jam affore*, ut hiatus relinquatur, qui tamen minime tam solemnis est Prudentio quam vult Heinsius. Fabr. et Gis. in contextu, *jam mox affore*. Elegantius est *jam jamque*.

88. *Perfidus* pro *infideli*, vox a scriptoribus Christianis usurpata.

89. De his clamoribus dæmonum dictum ad vers. 413 Apoth. Hæc stropha deerat in ms. S. Michaelis.

90. Vat. A, Q, Hailsbr., *pulsi ex*. Pro *corporum* habent *viscerum* Put. et Oxon., non male. Ita edidit Heinsius.

92. Peveratus nescio ubi invenerit *denique* pro *divique* : neque *denique* cohæret metro. Alii scribunt *idem*, alii *iidem*.

95. Nebrissa oblitus est quid metrum exigeret, cum affirmavit puriorem esse lectionem *obstruite* quam *obtrudite*, aut, ut scribit Weitz. cum Widm., *obstrudite*. Melius tamen *obtrudite*.

99. Egm., Widm. ad oram, Put., *Illos reorum Plutones, Pastos resectis carnibus*. Hanc lectionem præ oculis habuit Heinsius ad vers. 562 lib. I contra Symmachum, ut ibi diximus. Cellarius notat, lucrum ex reorum suppliciis facere carnifices, qui plerumque lacertosi sunt, tanquam carnibus pasti.

103. Heinsius cum Put., *Ne impune, ne nostris sibi*: putat enim Heinsius hanc repetitionem vim egregiam addere orationi. Recentiores Heinsio adhærent, Gallandio excepto.

107. Egm., Hailsbr., Vat. A, *tu modo*. Non constat ratio metri.

109. Describitur tormentum eculei, de quo vide tabulam IX, et Gallonium de Cruciat. SS. mart. cap. 3, et Sagittarium, qui cap. 17 non dissimilem imaginem eculei exhibet, et eculeum definit esse ligneam machinam ad equi similitudinem fabricatam, in quam levati homines eidemque alligati sursum ac deorsum tendebantur ac variis modis torquebantur. Hinc phrases illæ, *levari in eculeo*, *suspendi in eculeo*. Corrigit autem Sagittarius locum lib. V Etym. S. Isidori cap. 27, *Eculeus autem dictus, quod extendatur*; et hoc modo suppleri posse existimat : *Eculeus autem dictus, quod ei tanquam equo reus impositus extendatur*. Verum in editione postrema Matritensi ita legitur, *Eculeus autem dictus quod extendat*, et pro diversa scriptura *quod extendatur*. S. Hieronymus epist. ad

PERISTEPHANON HYMN. V.

110 Sursum ac deorsum extendite,
993 Compago donec ossuum
Divulsa membratim crepet.
Posthinc hiulcis ictibus
Nudate costarum abdita,
115 Ut per lacunas vulnerum
Jecur retectum palpitet.
Ridebat hæc miles Dei,
Manus cruentas increpans,
Quod fixa non profundius
120 Intraret artus ungula.
Ac jam omne robur fortium
Eviscerando cesserat,
Nisusque anhelus solverat
Fessos lacertorum toros
125 Ast ille tanto lætior

A **994** Omni vacantem nubilo
Frontem serenam luminat,
Te, Christe, præsentem videns.
Quis vultus iste? proh pudor!
130 Datianus aiebat furens:
Gaudet, renidet, provocat
Tortore tortus acrior.
Nil illa vis exercita
Tot noxiorum mortibus
135 Agone in isto proficit,
Ars et dolorum vincitur.
Sed vos, alumni carceris,
995 Par semper invictum mihi,
Cohibete paulum dexteras,
140 Respiret ut lassus vigor.
B Præsicca rursus ulcera,

GLOSSÆ VETERES.

112. Membratim, *per singula membra*, Mar.
113. Hiulcis, *apertis, fissis.* — Ictibus, *ungulis*, I
122. Eviscerando, *lacerando*, I.
126. Nubilo, *caligine*, I.

129. Proh pudor! *cum pudore loquor*, I.
131. Renidet, *splendet lætitia, a nidore renidet*, I.
137. Alumni, *ministri*, Mar.
138. Par, *consortium, vel sodalitas*, I.

COMMENTARIUS.

Innocentium 1, al. 49, *At vero mulier..... cum eculeus corpus extenderet et sordidas fetore carceris manus post tergum vincula cohiberent, oculis, quos tantum tortor alligare non poterat, suspexit in cœlum.* Vide etiam in Romano, vers. 110, ubi aliam Barthii opinionem de eculeo exponam. In eculeo corpus extendebatur, dum ipse eculeus cochleis extenderetur. Præterea jacentes in eculeo torquebantur ungulis, sive fidiculis, ut stropha seq. explicat Prudentius, et nonnunquam etiam lampadibus accensis. S. Cyprianus de Lapsis: *Nunc eculeus extenderet, nunc ungula effoderet, nunc flamma torreret.*

110. Extensio corporis eculeo tribuitur, tanquam vis propria hujus tormenti. Cyprianus ep. 1 ad Donatum : *Et carnifex præsto est, ungula effodiens, eculeus extendens, ignis exurens.* Cæterum hæc descriptio convenire etiam potest tormento frequentatæ elevationis corporis trochleis factæ, quam Hispani *trato de cuerda*, Itali similiter *tratto di corda* appellant. De hoc supplicio Victor Vitensis lib. III de Persec. Vand.: *Qui post cædes innumerabilium fustium trochleis frequentibus eculeus dum tota præ urbe penderet, nunc in sublime ictu se tollente celeri, dimissis iterum cannabinis, super silices platearum pondere corporis veniens, ut lapis super lapide corruebat. Sed et sæpius tractum, et lapidibus acutissimis defricatum, et cutibus separatis, pelles corporis lateribus, dorsoque videres, et ventre pendere.* Vide tabulam VIII, et Nicolaum Agnellum de Pœna funis, seu de funis ictuum atrocitate, Ferrariæ, 1786. Sed notandum, in Actis S. Vincentii mentionem eculei fieri; et plerique ita explicant Prudentium.

111. Plerique libri vett., *ossuum*.
113. Alex., *iulcis ictibus*, quod expressit Teolius in contextu, nescio an consulto, nam in notis habet *hiulcis*. Ox., *bisulcis*, non male, nam de ungulis est sermo, quas *bisulcas* dixit vers. 44 hymni 1 Peristeph. De eisdem *ungulis* in Romano vers. 452, *Mucrone hiulco*, ut multi interpretantur.
115. Put., Ox., *latebras vulnerum*. Apotheos. vers. 221 etiam dixit *lacunas*, loquens de Jesu Christi vulneribus.
117. Prag., *ridebat hic*, minus bene.
119. Rat., *quo; recenti manu, quod*.
121. Vatt. A, *sic jam*. In editione 1 Giselini, Coloniæ repetita, ad marg. est *satellitum*, veluti glossa verbi *fortium*.
123. Ald., *ankelos* : lege *anhelus*. Hæc fere omnia similiter in Actis : *Defatigata lictorum manus, dum

per sancti latera pendet, victa defecit..... fortium robur emarcuit..... anhelum pectus fessis intremuit..... Rimetur acrior ungula intima costarum..... Tunc denuo subridens Vincentius*, etc.
126. *Mæroris nubilum, dolorum, mentis nubila* apud Sidonium, Cassiodorium et alios æquales passim. Tempora nubila apud Ovidium et alios. Nubem pro tristitia ipse Ovidius posuit vers. Trist., el. 5 : *Pars vitæ tristi cætera nube vacet;* et alibi sæpius.
127. Fabr., Gis., Widm. supra, *illuminat*. Heinsius ait suos habere constanter et vere *luminat*, quia ita etiam dixit in hymno S. Eulaliæ, vers. 192, *Atria luminat alma nitor*. Chamillardus ulterius addidit Fabricium et Giselinum cum Weitzio (cum uno Weitzii dicere debuit, ut Heinsius dixit, intell genes codicem Widmani) habere *illuminat*, sed male. Mihi placet *luminat*; sed non ausim damnare *illuminat*, quod exstat in pervetustis membranis Vat. B, Rat. et Mar. Sæpius etiam Prudentius dixit *illuminat* quam *luminal*. Vossius in notis ad Velleium Pateiculum lib. II, cap. 55, confirmat legendum in Velleio *In altissimo luminavit*, quia *luminat* legerat hoc loco in suo codice Prudentii; sed melius allegasset vers. cit. hymn. S. Eulaliæ : nam illic metro necessarium est *luminat*, nec variant codices. Hic stare etiam potest *illuminat*. Cælius Aurelianus sæpius usus est hoc verbo *lumino*. Dicit autem Prudentius *frontem serenam*, ut opponat *nubilo*.
131. Hailsbronn. perperam, *gaudet, renitet. Renidere* est ridere, ut apud Catullum et alios; supra Prudentius ait *ridebat*.
D 132. Aldus, *Tortor, et tortus;* Vat. A, *Tortorem tortor* : utrumque mendose. S. Cyprianus epist. 8, *Steterunt torti torquentibus fortiores*. Et de Laude martyrii : *Nam prædurantibus licet guttis resultans ungula recurrat in vulnus, exeuntibus flagellis cum avulsa corporis parte rediens habena ducatur, stat immobilis tamen pœnis suis fortior*, etc. Inter opera Cypriano ascripta id opus collocatur.
134. Prag., *noxiarum;* lege *noxiorum*.
138. Vat. Q, Ald., Sich., *Pars semper invictam mihi*. Urb., Widm. ad oram, *Invicta pars semper mihi*. Fabr., *Pars semper, invictam mihi Cohibete paulum dexteram*. Giselinus fortasse primus veram lectionem restituit.
139. In Actis : *Sed vos continete paulisper dexteras, vires resumite, ut improbum hostem innovatus miles ad pœnam durius coerceat*.

Dum se cicatrix colligit
Refrigerati sanguinis,
Manus resulcans diruet.
145 Ilis contra Levites refert ;
Si jam tuorum perspicis
Languere virtutem canum :
Age ipse, major carnifex.
Ostende, quo pacto queant
150 Imos recessus scindere,
996 Manus et ipse intersere,
Rivosque ferventes bibe.
Erras, cruente, si meam
Te rere poenam sumere
155 Cum membra morti obnoxia
Dilancinata interficis.
Est alter, est intrinsecus,

A Violare quem nullus potest,
Liber, quietus, integer,
160 Exsors dolorum tristium.
Hoc, quod laboras perdere
Tantis furoris viribus,
Vas est solutum, ac fictile,
Quocunque frangendum modo
165 Quin imo nunc enitere
Illum secare, ac plectere :
997 Qui perstat intus, qui tuam
Calcat, tyranne, insaniam.
Hunc hunc lacesse, hunc discute
170 Invictum, et insuperabilem,
Nullis procellis subditum,
Solique subjectum Deo.
Haec fatur, et stridentibus

GLOSSÆ VETERES.

149. Quo pacto, *quomodo, quemadmodum, qua* B
ratione, qua virtute, I.
150. Recessus, *profunditates,* I.
154. Rere, *reris, arbitrare,* I.
156. Dilancinata, *laniata, dilaniata, dilacerata,* I.

160. Exsors, *expers,* I.
165. Quin imo, *quin potius.* — Enitere, *stude,* I.
169. Lacesse, *irrita.* — Discute, *perquire,* I.
171. Procellis, *laboribus,* I.

COMMENTARIUS.

142. Hic deficit codex Puteanus.
144. Noms. et schedæ Græ\ianæ, *diluet.* Vat. A, *diruat ;* alii, *diruet.*
146. Ald., Weitz., *suam tuorum,* quod parum Latinum Becmano videbatur. Cauchius conjiciebat *satin' tuorum.* Plerique scripti, etiam Pal. apud Becmanum, *si jam,* pro qua lectione non bene Weitzius allegat Aldum. Pro perspicis Vat. A, *præspicis.*
147. Paulinus, Natali 5, de satellitibus quærentibus S. Felicem : *Illudente canes Domino frustratus hiantes.* Barthius lib. VIII, cap. 14 Advers., notat hoc loco satellites vocari canes, quod convicium hodieque acerrimum est apud Turcas, Ungaros, Polonos, C alios : addo ego nominatim Hispanos, Italos, et, ut ex Veteri Testamento liquet, Hebræos. Æschylus in Prometheo vincto Jovis aquilam, quæ hujus imperatis præsto erat, vocat canem. Apud Homerum et Quintum Calabrum valde usitatum convicium id est. Furias et Harpyas nominatas etiam canes ex Æschylo et Hygino tradit idem Barthius lib. XI, cap. 1, qui rursus lib. XLI, cap. 9, advertit proverbium esse *Cane pejor,* et vers. 216 Apoth. allegat *Semifer et Gothus sentit cane milite pejor :* ita enim legit et colligit, canes a Gothis in aciem ductos. Existimo peculiare fuisse satellites canes appellare, ut ex hoc versu Prudentii et loc. cit. Paulini colligi potest, quibus mirifice consonat Cicero 1 in Verr.: *Debere eum aiebat* (Verres) *suam quoque rationem ducere : multa sibi opus esse, multa canibus suis, quos circa se haberet.*
149. Vat. A, *ostendo,* non ita bene.
153. Sumere pœnam *meam* pro *me durum,* et D plane insolens videtur Giselino aliisque post eum. Sed quid facias, addit Giselinus, *ubi aliena sunt in manibus, non nostra.* Non intelligo quid sibi hæc velint. Hailsbr. legit, *si novam* pro *si meam.* Falsus animi fuit Chamillardus, cum affirmavit, omnes ad unum habere *si meam,* et Weitzius jam Hailsbronnensem allegaverat. Possessivum *meus* vim camdem habet ac *de me,* sive *a me :* est enim mirus, ac varius ejus usus.
154. Widm., *vitam* pro *pœnam.*—Latinius in Torn. recte emendavit *te rere* pro *terere.*
156. Seneca eadem significatione usurpat *lancino.* Arnobius lib. II, *Corpora lancinatis,* et *diu vexatis nostra.* Catullus dixit *bona lancinata,* et Plinius aures *lancinare,* metaphorice.
157. Vat. B, Mar., Prag., Rat., Weitz., Gis. aliique,

Est alter, est intrinsecus. Gis. 1 ed., *Est alter hic intrinsecus.* Fabr., *Homo alter est intrinsecus.* Ald., Torn., Galland., *Est alter homo intrinsecus.* Hoc prætulit Cellarius, et inter vitia metrica Prudentii objecit *homo* prima longa. Vide quæ contra disputavi proleg. num. 208 in nota. Heinsius Giselino adhæsit, nullamque discrepantiam codicum ascripsit. Prudentius respicit illud Apostoli II Corinth. IV, 16 : *Propter quod non deficimus : sed licet is qui foris est noster homo corrumpatur, tamen is qui intus est renovatur de die in diem.*
159. Vat. A, *lætus* pro *liber.*
160. Rat., *expers,* et quidem sine litura, supra pro div. script. *exsors.*
163. Ex Apostolo corpus vas dicitur. Vide comment. vers. 190 hymni 7 Cath.
164. Apostolus loc. cit. vers. 7 : *Habemus tnesaurum istum in vasis fictilibus.*
169. Widm., *hunc lacesse,* pro quo Weitzius Aldum appellat ;. sed Aldus emendavit *hunc tu lacesse.* Alii, *hunc, hunc lacesse.*
170. Ald., Weitz., Vat. P, *Invictum, insuperabilem,* quod cum hiatu defendi posset : adeoque non tam apertus est hic error, quam vult Chamillardus, qui hiatus in Prudentio alias agnoscit. Heinsius etiam, qui sæpe testatur, hiatum Prudentio esse familiarem, immerito nunc pronuntiat, versum hoc modo claudicare. Thuan. et tres Torr., Alex., Urb. *Invictum, inexsuperabilem.* Heinsius hinc jubet legi *Invictum, inexsuprabilem,* quas contractiones litterarum Prudentium amare ait. Heinsio concinit Teolius. Sed cur hujusmodi contractionem (qualem vix aliam in Prudentio invenias) contra codicum fidem admittemus ? Nam versus recto stat talo *Invictum, et insuperabilem,* recepto anapæsto tertia sede, quod et licet, et Prudentio solemne est. Chamillardus jure lectionem Heinsii *inexsuprabilem* (non *inexsuperabilem,* ut ait Gallandius) rejecit. Idem Chamillardus legit *Invictum, et insuperabilem,* quod exstat in Fabricio. Giselinus ita in contextu, sed ad oram *Invictum, et inexpugnabilem.*
173. Egm., *et tridentibus,* quod non displicet, ut unci fuerint tridentes, ut patet in monumento veteri SS. septem Dormientium exhibito tom. I, pag. 356, de quo dixi etiam ad vers. 447 hymni 1 Peristeph. Cæterum alii unci, quibus martyrum corpora laniabantur, erant clavi incurvi, ut eos repræsentat tabula XIII Gallonii, et tabula XXVI a nobis addita, in

Laniatur uncis denuo :
175 Cui prætor ore subdol
Anguina verba exsibilat.
993 Si tanta callum pectoris
Prædurat obstinatio,
Pulvinar ut nostrum manu
180 Abomineris tangere :
Saltem latentes paginas,
Librosque opertos detege,
Quo secta pravum seminans
Justis cremetur ignibus.
185 His martyr auditis, ait,
Quem tu, maligne, mysticis
Minitaris ignem litteris,
Flagrabis ipse hoc justius.
Romphæa nam cœlestium
190 Vindex erit voluminum,

A
Tanti veneni interpretem
Linguam perurens fulmine.
Vides favillas indices
Gomorrheorum criminum.
195 Sodomita nec latet cinis,
999 Testis perennis funeris.
Exemplar hoc, serpens, tuum est:
Fuligo quem mox sulfuris,
Bitumen et mixtum pice
200 Imo implicabunt tartaro.
His persecutor saucius
Pallet, rubescit, æstuat,
Insana torquens lumina,
Spumasque frendens egerit.
205 Tum deinde cunctatus diu,
B
Decernit, extrema omnium
Igni, grabato, et laminis

GLOSSÆ VETERES.

174. Denuo, *iterum,* iso.
175. Prætor, *præses,* Iso.
176. Anguina, *serpentina,* I.
177. Callum, *duritia in pedibus rusticanis,* I.
179. Pulvinar, *lectum deorum, res divina, cæremoniæ, sacra,* I.
185. Secta, *dogma,* I.

189. Romphæa, *ultio divina, igneus gladius,* I.
198. Quem mox, *te cito,* I.
201. His, *cum,* I.
204. Egerit, *exportat,* I.
205. Cunctatus, *dubitans, vel moratus,* I.
206. Extrema, *supplicia,* I.
207. Grabato, *craticula,* I., Mar

COMMENTARIUS.

qua exhibetur uncus, olim repertus in cœmeterio S. Agnetis, cujusdam martyris capiti affixus. Figuram ejus exhibet Sagittarius cap. 17, num. 18 ; quæ simili est unco tabulæ XIII Gallonii lit. B. Cl. Mamachius in opere *De' costumi de' primitivi Cristiani,* cap. 6 , pag. 506, formam ejusdem unci aliquantulum diversam repræsentat. Aringhus tom. II Romæ subterr., lib. ult., cap. 4 , ita uncum in cœmeterio S. Agnetis repertum delineavit, ut a nobis tabula XXVI producitur. Erant autem unci tam ad suspendendum quam ad trahendum, discerpendum et laniandum apti. Horatius lib. I, ode 35, *Nec severus uncus abest, liquidumque plumbum.* Ammianus lib. VII, *Intendebantur eculei, uncosque parabat carnifex.* Elmenhorstius ad lib. I Arnobii, pag. 38, de uncis carnificum egit. Vide vers. 65 Peristeph. 11.

176. Mox vers. 197 Prætor vocatur *serpens.* Nunc recte *anguina verba exsibilat.*

177. Hæc metaphora *calli* de animo occupata a Cicerone aliisque est.

179. Arnobius lib. VII adversus gentes : *Lectisternium Cereris erit idibus proximis : habent enim dii lectos, atque ut stratis possint mollioribus incubare, pulvinorum tollitur, atque excitatur impressio.*

180. Mar. scribit, *abhomineris.*

181. Rat., *saltim.* Ethnicos diligenter quæsivisse libros Christianorum, ut eos igni traderent, expositum est hymn. 4 Peristeph. In persecutione Diocletiani hic furor maxime viguit, unde *traditorum* nomen iis inhæsit, qui libros tradiderunt. Vide Optatum lib. I. Elmenhorstius in Arnobium , pag. 69 libri III, plura habet de more in bene constitutis rebuspublicis libros, qui religionibus derogabant, igne comburendi. In Actis S. Vincentii hujus rei mentio non exstat.

187. Mar., Rat., Widm., Weitz., *minaris* pro *minitaris.*

189. Alex., Hailsbr. scribunt *romfea* ; Weitz., Heins., *rhomphea;* alii, *rhompæa.* Gis. ad oram *jam* pro *nam.*

195. Vat. B, Widm. a prima manu, Rat., Mar. a veteri manu, *Sodomæ nec.* Vat. Q, *Sodomite.* Sichardus, *Sodomus.* Latinius, *Sodomius.* Recte *Sodomita cinis :* nam sicut Sodomita de cive Sodomæ dicitur, cur de cinere Sodomæ dici non possit? In Psychoma-

chia etiam dixit *Sodomita libido.* Hoc loco etiam intelligi potest Sodomita in cinerem conversus. In hymno octodecimo martyrum S. Cassiano : *Quæ cinis gentes domitas coegit Ad juga Christi.*

197. Egm., Palat., Hailsbr. a prima manu *semper* pro *serpens ;* quod postremum probum est. Vide ante C vers. 176, *Anguina verba exsibilat.*

198. Weitz., *sulphoris,* et Aldum pro hac scriptura allegat, apud quem invenio *sulphuris.*

202. Elmenhorstius in notis ad Arnobium, pag. 9 libri I, verba similia Arnobii illustrat : *Flammæ æstuent, anhelum pectus spiritum jaciat ex ore :* et lib. V : *Ardescit..... spumat, anhelat, exæstuat.*

204. Egmond. apud Burmannum tom.. I Anthol., pag. 736, pro div. lectione, *digerit,* quod non probat Burmannus pro *egerit.* Hæc varietas lectionis in Egmondano codice, a Burmanno notata, Weitzium, Heinsiumque fugerat.

205. Heraldus ad Arnobium, pag. 37 libri I, advertit recte ab Arnobio ignem ultimum tormentum numerari, *Torquetis, dilaceratis, exuritis,* ut in his etiam Prudentii versibus observare licet. Seneca lib. I de Ira, cap. 19 : *Torserat per omnia, quæ in rerum natura tristissima sunt, fidiculis, tabularibus, eculeo, igni, vultu suo.* Apuleius Miles. x : *Nec rota, vel eculeus* D *more Græcorum tormentis ejus apparata jam deerant. Sed obfirmatus mira præsumptione , nullis verberibus, ac ne ipsi quidem succubuit igni. Post ignem extremus agon feræ, aut gladius sequebantur.*

206. Pal., *discernit :* legendum est *decernit.* Ita interpunxi. Alii, *Decernit extrema omnium : Igni,* etc.

207. Fabr., *ignis grabato.* Ox., *igni ut grabato.* Rott., *ligno, grabato.* Gifanius in *vemens* pro *vehemens* præfert *lamminis,* et ita in vet. lib. scribi ait, quoties ea voce Prudentius utitur. In aliis est *laminis.* An lectus ferreus a craticula ferrea fuerit distinctus, inter Gallonium et Sagittarium disputari, dixi ad vers. 354 in Laurentio. S. Vincentium in crate ferrea ustulatum in Martyrologio Romano traditur. Prudentius, Ado, Beda lectum et grabatum ferreum vocant. Existimo craticulam sæpe vocatam lectum, quia in ea martyres recumbebant; sed fuisse nihilominus lectos ferreos, qui craticulæ formam non referrent : nam in martyrologiis hæc distinctio sæpe clare exprimitur. Beda XIV cal. Maii : *Eleutherius primum vicit lectum*

1000 Exerceatur quæstio.
Hæc ille sese ad munera
210 Gradu citato proripit,
Ipsosque pernix gaudio
Pœnæ ministros prævenit.
Ventum ad palæstram gloriæ :
Spes certat, et crudelitas
215 Luctamen anceps conserunt
Illinc martyr, illinc carnifex.
Serrata lectum regula
Dente in frequenti exasperat :
Cui multa carbonum strues
220 Vivum vaporat halitum.
Hunc sponte conscendit rogum
1001 Vir sanctus ore interrito :
Ceu jam coronæ conscius
Celsum tribunal scanderet.

A 225 Subter crepante asp rgine|
Scintillat excussus salis,
Punctisque fervens stridulis
Sparsim per artus figitur
Arvina posthinc igneum
250 Impressa cauterem lavit.
Vis unde roris fumidi
In membra sensim liquitur.
Hæc inter immotus manet
1002 Tanquam dolorum nescius,
235 Tenditque in altum lumina :
Nam vincla palmas presserant.
Sublatus inde fortior,
Lugubre in antrum truditur :
Ne liber usus luminis
B 240 Animaret altum spiritum
Est intus imo ergastulo

GLOSSÆ VETERES.

208. Exerceatur, *imperativus.* — Quæstio, *pœna, examinatio,* I.
209. Munera, *officia,* I.
211. Pernix, *velox,* I.
213. Palæstram, *ad certamen,* I.
214. Spes, *in Vincentio.* — Crudelitas, *in tyranno,* I.
215. Anceps, *duplex,* I.
217. Serrata, *serra vocatur lima,* I.
222. Ore, *facie,* I.
226. Excussus, *excussio,* I., Rat.
227. Punctis, *guttis,* Vat. A.

229. Igneum, *ignitum,* I.
230. Cauterem, *lectum ferreum,* Vat. A. *Torrem* Mar. *Cauter et cauterium dictum, quod urat; quod interdum pro signo, interdum pro cura adhibetur, ut vis morbi ignis ardore siccetur. Cauteriata caro ; id est incensa cauterio. Inde Paulus : Cauteriatam conscientiam habentes, id est corruptam ; quia sicut caro cauterio, ita mens prava doctrina corrumpitur.* — Lavit, *humectavit,* I.
238. Lugubre, *flebile,* I.

COMMENTARIUS.

ferrum, deinde craticulam, et ignem suppositum, postea sartaginem cum pice, et adipe ferventem. Vide etiam Martyr. Rom. ad diem 18 Aprilis.
209. Vat. B, *illi :* corrige *ille.*
211. In editione Teolii erratum est *pernox* pro *pernix.*
212. Alex., Widm., *pœne :* lege *pœnæ.*
214. In glossa mendum erat *in Laurentio* pro *in Vincentio.*
216. Ald., *hic martyr :* lege *hinc.*
217. Nebrissa ait commodius dici potuisse *lamina* pro *regula,* ut apud Virgilium I Georg., vers. 143 : *Argutæ lamina serræ.* Acta habent : *Jam enim truculenius minister proferri lectum cum ferreis jusserat costis, et addita subter carbonum congerie exurendum Dei martyrem applicare.*
218. Ald., Weitz. cum Vat. Q, Urb. et plerisque aliis mss., *dente infrequenti,* quod Nebrissa exponit *valde frequenti,* nam in sæpe auget. Giselinus testatur in nonnullis esse *dente frequenti,* quod amplexi sunt Cauchius, Salmasius, Heinsius et recentiores, producta ultima in *dente* ob mutam et liquidam dictionis sequentis, quod defendi quidem potest. Giselinus edidit *dente in frequenti,* quod revera confirmatum reperi in Vat. P, et satis clare in Alex. Errores hujusmodi ex dictionum diversarum conjunctione sæpe in Prudentio occurrunt, ut infra vers. 557, plerique legebant *obis* pro *o bis.*
224. Putat Peveratus alludere Prudentium ad priscum morem quo victores coronas ipsi assumerent, sed non aliter quam interposito prius Hellenodicarum judicio, ad quorum tribunal athletæ post peractum certamen accedebant. Paschalius, lib. VI de Coron., cap. 22, ostendit coronam ipsis judicum manibus illius capiti imponi consuevisse, quem præco victorem renuntiasset.
226. Mariettus ex suo codice notat pro diversa lectione *excussio,* quæ est glossa, ut puto, tum in eo codice, tum in Rat. Heinsius accepit *salis* in nominativo. Id displicet Chamillardo, qui suspicatur, *excus-*

sum sale, quo nominativo usus est Ennius, Gallandius conjicit *rogus excussus aspergine salis,* ut ex vers. 224 sublimelligatur *rogus.* Quod additur *Punctisque fervens stridulis,* arguit intelligi excussum salem. Nebrissa recte putat cum auctoribus glossarum, *excussus* esse substantivum pro *excussione.* Sic hymno 5 Cath., vers. 7, *Incussu silicis* Giselinus, editionem Daventriensem secutus, edidit *excussus cinis,* aliamque lectionem ineptam putat. In Actis id ita explicatur : *Salis ignibus sparsi crepitantes minutiæ per membra dissiliunt.* In sermone olim S. Augustino et S. Leoni ascripto, qui verius est S. Leandri, ut probat Florezius tom. VIII Hisp. sacr. append. 4, *Strepentis in patentibus visceribus salis injectio.* Non invenio apud Gallonium et Sagittarium distinctam hujus tormenti mentionem.
227. Puncta Mariettus explicat guttas salis, ex glossa veteri, opinor.
228. Cauchius conjiciebat, *frigitur :* sed melius *figitur,* scilicet sal.
229. Gis. prima ed., *post hæc ;* alii, *posthinc.*
230. Widm. scribit *chauterem.*
C 231. Vat. B, *vis inde ;* alii, *vis unde.*
D 232. Rat., Widm. supra, Mar. ad oram, *immersa ;* melius *in membra.*
233. Virgilius II Æneid., *Ad cœlum tendens arden ia lumina frustra : Lumina, nam teneras arcebant vincula palmas.* S. Hieronymus : *Oculis, quos tantum tortor alligare non poterat, suspexit in cœlum.* Vide alia in Comment. ad vers. 109.
238. Pal., *traditur,* Egm., *Lugubræ in antrum traditur.* Vat. A, *Lugubre in antra truditur.* Peveratus ait, describi hoc loco carcerem Tullianum : fortasse intelligit carcerem similem Tulliano ; non enim Vincentius Romæ carceri inclusus fuit.
241. Augustinus in Joann., *Et in ipso carcere non omnes, sed pro meritis causarum in ima carceris detruduntur.* De carcerum differentiis consule Sagittarium de Cruciat. cap. 3.

Locus tenebris nigrior,
Quem saxa mersi fornicis
Angusta clausum strangulant.
245 Æterna nox illic latet,
Expers diurni sideris:
Hic carcer horrendus suos
Habere fertur inferos.
In hoc barathrum conjicit
250 Truculentus hostis martyrem,
1003 Lignoque plantas inserit,
Divaricatis cruribus.
Quin addit et pœnam novam
Crucis peritus artifex,
255 Nulli tyranno cognitam,
Nec fando compertam retro.

A   Fragmenta testarum jubet
    Hirta impolitis angulis,
    1004 Acuminata, informia,
260 Tergo jacentis sternerent.
    Totum cubile spiculis
    Armant dolores anxii:
    Insomne qui subter latus
    Mucrone pulsent obvio.
265 Hæc ille versutus, vafra
    Meditatus arte, struxerat;
    Sed Belzebulis callida
    Commenta Christus destruit.
    Nam carceralis cæcitas
270 Splendore lucis fulgurat,
    Duplexque morsus stipitis

GLOSSÆ VETERES.

244 Strangulant, *claudant*, Vat. A.
246. Diurni sideris, *solis*, I.
249. Barathrum, *nomen immensæ profunditatis*, I.
252. Divaricatis, *separatis, disjunctis, vel commutatis*, I.
254. Crucis, *supplicii*, I.
265. Vafra, *callida*, I.

B   268. Commenta, *commentor excogito. Commentum liber, qui ab aliquo doctore excogitatur, sicut commentum Servii liber, quem excogitavit super Virgilium; et facit præteritum commentus sum, non commentatus*, Iso.
    270. Fulgurat, *splendet*, I.
    271. Morsus, *punctos dicit, id est foramina nervi, quæ appellantur in Scriptura puncti*, I.

COMMENTARIUS.

247. Hailsbr., *horrendos*. Concinne hoc dictum, ut suos inferos, hoc est, interiorem tutioremque custodiam subter humum carcer habere intelligatur. In Actis SS. Chrysanthi et Dariæ: *Erat ima custodia in carcere Tulliano, unde putor horribilis ascendebat, quia cloacarum cuniculis digesta domorum stercora illic jugiter decurrebant. Et in hoc decursorio erat ima, et lutea, et tenebrosa custodia, ut penitus lucifluus aer nec signum ibi diei, nec vestigium aliquod lucis ostenderet.* In martyrio S. Ignatii: *Tollite eum, imponite ei ferrea vincula, et in ligno pedes ejus concludite, et custodite eum in imo carceris, et nemo eum neque per foramen videat.* Vide comment. ad vers. 468 lib. II in Symmachum.

251. De hoc supplicio Eusebius, lib. v, cap. 1, Hist. eccles., *Cum in carcerem conjecti in locis horrida caligine obsitis, et plenis molestiarum jacerent, et illorum pedes in crassas compedes impositi dis inhærerent, et ad quintum usque foramen longa intercapedine interposita distenderentur.* S. Paulinus Natali 4, *Nervoque rigescunt Diducente pedes:* Ruffinus etiam hanc ligneam compedem *nervum* vocavit; puto, nomine tracto a nervis, quibus pedes in foramina tanquam in ocreas, inserti astringebantur. Sed nervus accipitur etiam pro quovis vinculo quo pedes aut colla vinciuntur. In Actis SS. martyrum sæpe lignea illa compes *cippus* appellatur, mansitque nomen apud Hispanos *cepo*. Cap. XVI Act. apost., vers. 24, *lignum dicitur: Misit eos in interiorem carcerem, et pedes eorum strinxit ligno.* Græci κατ' ἐξοχὴν vocant etiam *lignum*, Ξύλον. Henricus Valesius ad loc. e t Eusebii it i illud describit: *Truncus fuit ligneus, quinis hinc, et inde foraminibus certo invicem spatio divisis excavatus. In*

D   *hæc foramina, tanquam in ocreas quasdam, pedes inserebantur noxiorum, et vinculis seu nervis astringebantur.* Vide plura apud Sagittarium cap. 2.

252. In Actis: *Divaricatis præterea, et distentis cruribus, ligno pedes ejus constringite.*

256. Fando dicitur vel passive, vel active. Virgilius II Æneid., *Fando aliquid si forte tuas perven't ad aures.* Idem lib. cit., *Quis talia fando.* Quærit aliquis an ante S. Vincent um alii fragmenta testarum suppositis cruciati fuerint. De S. Felice hoc ipsum tradidit S. Paulinus Natal. 4, *Sternuntur fragmina testæ, Arceat ad somnum pœnalis acumine lectus.* Pari supplicio affectus est Eustratius apud Nicephorum lib. VI, cap. 14; quanquam Nicephorus potius in-

nuit fragmentis testarum corpus Eustratii fuisse confricatum. S. Damasus de Eutychio martyre: *Testarum fragmenta parant, ne somnus adiret.* Novam pœnam vocavit et am S. Damasus: *Carceris illuviem sequitur nova pœna per artus.* Prudentius fortasse solum intelligit novam hanc, et inauditam fuisse pœnam in oppido aut provincia ubi Vincentius torquebatur. Sagittarius cap. 2 hunc cruciatum expendit, neque solum in carcere, sed etiam extra eum hanc volutationem in testulis aliisque rebus acutis locum habuisse ostendit. Constat præterea testaceis hujusmodi fragmentis corpora martyrum defricuisse tortores, ex Eusebio Cæsariensi, Socrate et Martyrologiis.

C   257. Vat. A scribit, *fracmenta*. Mar. male pro div. script., *testarum præbet*.
    258. Hailsbr. scribit *herta*. Mar., *un alis*; supra recenti manu pro div. lect., *angulis*, quod verum est.
    259. Acuminare verbum est Plinii et Lactantii.
    260. Tornæs., nonnulli Weitziani, *jacenti*. Rott., Gis. ad oram, *sternere*. Conjicit Heinsius *jacentis sternier*. Sed non male procedit lectio vulgata.
    264. Cellarius ait interpretes non attigisse hunc locum, quia aliquid dissonum est in sententia, nisi forte legendum, *Totum cubile spiculis Armant dolores anxios.* At Prudentius videtur, metonymiæ usus, ponere *dolores anxii* pro fragmentis ipsis testularum, quibus dolores anxii efficiuntur.
    263. Prag. mendose, *insoumo*. Widm. supra, Prag., *subtus latus*.
    266. Vat. B, Rat., Mar. supra, Weitz, *meditator*. Melius *meditatus*.
    267. Weitz. cum. Egin., Hailsbr., *Beelabulis*. Widm., *Beelzab*. Alex. a prima manu, *Belzebolis*. Vide comment. ad vers. 78 hymni 12 Cath. ubi dixi Drusium præferre *Belzebulis*.
    268. Weitz. scribere maluit *comenta* cum Hailsbr. Glossa a vero longe aberrat, nam *commentus* est præteritum verbi *comminiscor*. Præterea *commentor* facit *commentatus*.
    269. Carceralis, *carcereus*, vocabula sunt v-x ab antiquioribus Prudentio usitata.
    270. Ald., Vat. A a prima manu, Weitz., Hailsbr., Wdm., Gifanius ex vet. lib., in *fulgere* legunt *fulgorat*.
    271. *Morsus stipitis* non sunt ligni foramina, quasi lignum plantas mordiret, sed est morsus ille quo

1005 Ruptis cavernis dissilit.
Agnoscit hic Vincentius
Adesse, quod speraverat,
275 Tanti laboris præmium,
Christum datorem luminis.
Cernit deinde, fragmina
Jam testularum mollibus
Vestire se net floribus,
280 Redolente nectar carcere.
Quin et frequentes angeli
Stant ac loquuntur cominus :
Quorum unus ore augustior
Compellat his dictis virum.
285 Exsurge, martyr inclyte,
Exsurge securus tui,
Exsurge, et almis cœtibus
Noster sodalis addere.
Decursa jam satis tibi
290 Pœnæ minacis munia,
Pulchroque mortis exitu
Omnis peracta est passio.
1006 O miles invictissime,
Fortissimorum fortior,
295 Jam te ipsa sæva, et aspera
Tormenta victorem tremunt.
Spectator hæc Christus Deus

A Compensat ævo intermino,
Propriæque collegam crucis
300 Larga coronat dextera.
Pone hoc caducum vasculum,
Compage textum terrea,
Quod dissipatum solvitur,
Et liber in cœlum veni.
305 Hæc ille, sed clausas fores
Interna rumpunt lumina,
Tenuisque per rimas nitor
Lucis latentis proditur.
Hoc cum stuperet territus
310 Obsessor atri liminis,
1007 Quem cura pernox manserat
Servare feralem domum :
B · Psallentis audit insuper
Prædulce carmen martyris,
315 Cui vocis instar æmulæ
Conclave reddit concavum.
Pavens deinde introspicit,
Admota quantum postibus
Acies per arctas cardinum
320 Intrare juncturas potest.
Vernaræ multis floribus
Stramenta testarum videt,

GLOSSÆ VETERES.

273. Hic, *tunc*, I.
280. Nectar, *omnem suavitatem*, I.
282. Cominus, *prope*, I.
283. Augustior, *excellentior, nobilior*, I.
284. Compellat, *nominat*, I.
290. Munia, *ministeria, vel officia*, I.
298. Compensat, *retributionem reddit*. — Intermino, *interminato, infinito*, Iso.
299. Collegam, *collega : leqo, legas, legatione fungor : inde collega, qui simul legatione jungitur; et collega, socius crucis. Potest appellari omnis passio*

quæ in martyribus pote t inferri, I.
301. Pone, *pro depone*, I.
305. Hæc ille, *aiebat angelus*, I.
309. Hoc, *lumen*, I.
310. Obsessor, *custos*, I.
312. Feralem, *asperam*, I.
314. Prædulce *valde dulce*, I.
C 315. Æmulæ, *imitatricis*, Iso.
316. Reddit, *imitatrix per echo respondit; nam æmula vox imit trix dicitur*, Iso.
318. Admota, *adjuncta*, I.

COMMENTARIUS.

duo ligna compedis incastrantur. Ducangius docet apud scriptores infimæ ætatis præsertim *puncta dici* ea quæ in singularum linearum initio et fine describuntur, vel subula punguntur, intra quæ exarantur ipsarum linearum ductus quos sulcos vocant, quod maxime in codicibus e pergamenis confectis observatum. Id Ducangius verbis Isonis in glossa confirmat.
272. Giselinus in suo ms. et editione Daventriensi invenit *ruptis catenis*, et intelligit ferrea vincula quibus ligna ἑμικυκλικῶς certis locis excavata committebantur, arcteque vinciebantur, adeoque existimat sententiæ auctoris magis convenire *catenis* quam *cavernis*; sed ad marg. apposuit *catenis*. Foramina ipsa cippi intelliguntur esse *cavernæ*, si *cavernis* legatur, ut habent plerique.
273. Rat. contra metrum, *agnoscit tunc*.
279. Widm., *vestiri*, perperam.
280. Nebrissa ait *nectar* poni pro ambrosia, *quæ divinum spirat odorem*. Verum etiam *nectar divinum* spirat odorem. Vide comment. ad vers. 588 hymni 2 Peristephanon.
284. Egm., Hailsbr., *hic :* lege *his*.
289. Ald. mendose, *decussa jam*.
294. Ald., Torn., Gall., *Fortissimisque fortior*.
Vera lectio *Fortissimorum fortior*, de qua loquendi ratione dictum ad vers. 77 hymni 12 Cath. In Rat. recens corrector, abrasis prioribus, scripserat *Et fortium fortissime*.
299. Ald., *proprieque*, minus recte. In glossa for-

tasse legendum *collega-crucis socius crucis. Crux potest appellari*.
301. Abest *hoc* a Rat. et Mar., quod tamen addi necesse est. *Vas* pro *corpore* mire et nove a Lucretio, et hoc loco venustissime a Prudentio dictum, observat Gifanius : de quo nos plura alibi. Prudentius in conclusione operum vers. 26, *Ut obsoletum vasculum caducis Christus aptat us bus*.
304. Animas ab omni labe puras statim post obitum in cœlum abire, rursus fatetur Prudentius.
308. Hailsbr., *proditor*, quod Heinsio non displiceret, si alii codices assentirentur. Melius tamen est *proditur*, quod in plerisque codd. legitur.
310. In Rat. videtur fuisse *luminis*; sed recte factum est *liminis*.
D 313. Psalmos hymnosque sacros inter tormenta sæpe martyres concinebant. Vide Romanum vers. 837 et seq., et Agnem vers. 53 et seq.
315. *Instar* loco nominis ponitur.
316. *Conclave* pro *cubiculo secretiori* Terentius et Plautus posuerunt.
318. Heumannus in Pœcil. tom. II, lib. III, pag. 564, monet legendum *admota* pro *admonitu*. At *admota*, ut observat Gallandius, jam legebatur : neque ego scio quis legerit *admonita*.
321. Chamillardus *vernare* exponit *splendere*, sicut Plinius lib. VIII, cap. 27, ait de angue, *Nitidusque vernat*. Melius tamen propria significatione tam apud Plinium quam apud Prudentium *vernare* accipetur pro *novo quasi vere renidere, et pullulare*.

PERISTEPHANON HYMN. V.

Ipsumque vulsis nexibus
Obambulantem pangere.
325 Implentur aures turbidi
Prætoris hoc miraculo :
Flet victus, et volvit gemens
Iram, dolorem, dedecus.
Exemptus, inquit, carceri,
330 Paulum benignis fotibus
1008 Recreetur, ut pastum novum
Pœnis refectus præbeat.
Coire toto ex oppido
Turbam fidelem cerneres,
335 Mollire præfultum torum,
Siccare cruda vulnera.
Ille ungularum duplices
Sulcos pererrat osculis :
Hic purpurantem corporis
340 Gaudet cruorem lambere.

A Plerique vestem linteam
1009 Stillante tingunt sanguine,
Tutamen ut sacrum suis
Domi reservent posteris.
345 Tunc ipse manceps carceris,
Et vinculorum janitor,
Ut fert vetustas conscia,
Repente Christum credidit.
Hic obseratis vectibus
350 Densæ specum caliginis
Splendore lucis advenæ
Micuisse clausum viderat.
At vero postquam lectuli
Martyr quietem contigit :
355 Æger morarum tædio,
B Et mortis incensus siti :
Si mors habenda ejusmodi est.
1010 Quæ corporali ergastulo

GLOSSÆ VETERES.

327. Volvit, cogitat, l.
330. Benignis fotibus, blandis, mitibus nutrimentis, l.
334. Cerneres, si adesses, l.
335. Præfultum, stratum, l.
336. Siccare, tergere, l.

341. Linteam, ad reliquias faciendas, l
343. Tutamen, firmamentum, protectionem, l.
345. Manceps, custos, manu capiens; manceps, qui mancipat, et qui mancipatur, servus inde emancipatus liber a servitio nec mancipi, id est, liber, indeclinabile, l.

COMMENTARIUS.

329. Duo Heinsiani cum Thuan., Vat. Q, Alex. recentiores, exemptus carceri ; alii , carcere.
333. Cellarius ex oppido interpretatur Saguntum. At certum est ex Actis e se Valentiam. Hymn. 1 Per Calagurris dicta est oppidum, et quævis urbs recte oppidum dicitur. Cod. Theod., leg. 2 de Monachis, civitas et op idum pro eodem ponuntur. Diaconi præ-C c pue ad visitandos martyres in carceribus detentos videntur fuisse destinati. Sed dubium non est quin alii etiam Christiani viri et feminæ id fecerint, ut ex historiis Actisque martyrum liquet.
335. Gis., perfultum; alii , præfultum. Giselinus et Chamillardus explicant durum et asperum quomodo solent esse distenta et farta : a quibus longe dissentio. Nam cum fulcrum sumatur pro lecto, quod fulcris lectus erigatur et fulciatur, et fulcrum dictum sit a fultum, hinc præfultum torum vocat ab ipsis fulcris, quasi bene erectum et fultum. In sermone S. Leandri , de quo supra : Jubet invida mens, lentoris strati fulcra substitui.
337. Duplices sulci dicuntur, quia ungulis bisulcis excarnificatus martyr fuerat. Vide hymn. 1 Per., vers. 44.
338. Notanda est consuetudo veterum Christianorum, qui catenas et vulnera martyrum religiose deosculabantur. Tertullianus lib. II ad Uxorem : Quis D (paganus) a l osculanda vincula martyris reptare (uxorem Christianam) patietur ? Confer Martyrologium Adonis nonis Junii, vi idus Septembris, et Martyrologium Romanum IX cal. Julii. Constantinum cicatricibus eorum qui Christum confessi fuerant et tormenta subierant, labra admovisse refert Theodoretus lib. I, cap. 2. Optatus lib. I contra Parmenianum ad hanc consuetudinem respicere videtur : Os nescio cujus martyris, si tamen martyris, libare dicebatur : quod ait de Lucilla Donatistarum patrona.
341. Ald., Gis., lineam ; potiores, linteam. Mirabile fuit veterum Christianorum studium in reliquiis martyrum conservandis, præsertim in sanguine colligendo, quod a nemine clarius quam a Prudentio descriptum est : cui aperte concinunt Acta : Videres circumstantium frequentiam sancti vestigia certatim deosculando prolambere, vulnera totius laceri corporis pia

curiositate palpare, sanguinem linteis excipere, sacra veneratione posteris profuturum. Hæretici, qui venerationem sacrarum reliquiarum insectantur, vellem, adverterent, hæc ipsa Acta in ecclesia S. Augustini tempore legi consuevisse, et sæpius a S. Augustino laudari.
345. Chamillardus mancipem intelligit præfectum carceris, ut in cod. Theod. dicitur manceps thermarum, manceps salinarum ; quin necessarium sit ut manceps carceris illi ministerio fuerit mancipatus, quod vult Nebrissensis. Proprie autem manceps est qui manu capit. Turnebus Adversar. lib. I, cap. 43, mancipem in Prudentio explicat custodem carceri, quem optionem carceris ab Ambrosio appellari observat.
347. Hic etiam Prudentius vetustatem consciam appellat ut in hymno octodecim martyrum, vers. 164, priscam vetustatem. Atqui sæculo IV res isthæc accidit.
348. Prag., Christo. Alex., reddidit; supra, credidit, quod retineri debet.
350. Rat., Vat. B a prima manu . densum. Mar., densæ, sed sæ factum, abrasis prioribus litteris.
354. Mar., contulit ; ad marg., contigit, cum aliis. Nebrissensis qu'etem explicat, quia obdormivit paululum. Acta ita habent : Delatus namque Dei martyr ad lectulum, ac piis sanctorum manibus in strati mollitie repositus, mox pretiosam resolutus in mortem cœlo sp ritum reddidit.
356. Gis. 1 ed., est mortis ; in 2 ed., et mortis, sed emendavit est mortis, quod non displicet. Alii plerique et, ut suspendatur oratio ad vers. 367. Et tunc victor spiritus est oppositio : quasi dicatur, Vincentius, hoc est victor ejus spiritus cœlum capessit.
357. Ald., Weitz., Gis. in contextu, hujusmodi. Plerique, ejusmodi.
358. S. Fulgentius in sermone de S. Stephano : Hodie miles egressus est de ergastulo carnis. Cum ergastulum sit pœnarum locus in quo vincti operantur, belle id corpori convenire observat Chamillardus, cui tamen barbarum et insolens verbum videtur corporalis. At Seneca ep. 58 et 78 non semel eo usus est, etiam composito incorporalis.

Mentem resolvit liberam, **A** Baptista Joannes vocat.
560 Et reddit auctori Deo : 'At Christiani nominis
Mentem piatam sanguine, Hostem coquebant, irrita
Mortis lavacris erutam, Fellis venena, et lividum
Quæ semet, ac vitam suam 580 Cor efferata exusserant.
Christo immolandam præbuit : Sævire inermem crederes
565 Ergo, ut recline mollibus Fractis draconem dentibus.
Rejecit aulæis caput, Evasit exsultans, ait,
Victor relictis artubus Rebellis, et palmam tulit?
Cœlum capessit spiritus : 585 Sed restat illud ultimum,
Cui recta celso tramite Inferre pœnam mortuo :
570 Reseratur ad Patrem via, Feris cadaver tradere,
Quam fratre cæsus impio Canibusve carpendum dare.
Abel beatus scanderat. Jam nunc et ossa exstinxero,
Stipant euntem candidi 590 Ne sit sepulcrum funeris,
1011 Hinc inde sanctorum chori, **B** Quod pleb. gregalis excolat,
575 Parique missus carcere **1012** Titulumque figat martyris.

GLOSSÆ VETERES.

552. Eruta n, *ablutam*, 1.
566. Rejecit, *degit.* — Aulæis, *palliis lecluli : aulæa proprie ab aula Attali regis dicta proprie cortinæ; sed hic pro vestimentis lectuli ponitur*, 1.
569. Tramite, *a transmittendo*, 1.
575. Stipant, *circumstant*, 1.
578. Irrita, *provocata*, 1.

579. Lividum, *invidum*, 1
580. Efferata, *ferina*, 1.
591. Gregalis, *collec a : plebs est rustica, et proprie gregales vel gregarii vocamur qui equitum greges proficiscentium in hostem minant*, 1
592. Titulumque, *epitaphium, memoriam.* — Figat, *scribat*, 1.

COMMENTARIUS.

563. Ald., Tornæs., Gis., et nonnulli vulg., *inclytam.* Egm., Pal., Ambr., Thuan, Altin.; Oxon., Rott., *elutam*, quod tenent recentiores, etiam Ruinartius cum Heinsio; et id placebat Gallandio ob vocem *larac is*, quamvis ediderit *inolytam*. Exstat etiam *e'uta n* in Vatt. A, P, Alex., ubi glossa *ablutam*, in Urb. *ablutam* in contextu. Weitz. cum nonnullis suis, Vatt. B et Q, Mar., Prag., Rat., *erutam*, et in Mar. supra *lavacris*, recentiori manu pro div. lect. *periclis*. Cum tot veterrimi sint codices pro *erutam*, et id metri lex postulare videatur, præfero *erutam*, nam *inclytam* in mss. non reperitur, et ex Aldi ingenio profluxisse jure existimat Heinsius. Quod si *elutam* legas, tunc secunda corripienda erit, et vel solius Prudentii auctoritate id fieri posse sustinebo. Posset conjici *elitam* ab *elino*, purgo, quod verbum Lucetio tribuitur.
565. Aldus ediderat *recline*, probe : correxit *reclive :* nihil erat necesse mutare. Vide comment. ad vers. 150 hymni 4 Cath., *Jaceat recline*.
566. Rat., Mar. a prisca manu, *redegit :* melius rejecit. In glossa legam *redegit*.
570. Vat. A', *servatur :* lege *reseratur*.
571. Prag., *cæsus ab impio*, non male.
575. Vat. A., et a secunda manu B, Mar. ad oram, Pal., omnes Heinsiani, et alii, *missum*. Ald., Weitz., Gis. cum multis mss., *missus*, quod mihi magis arridet. Cellarius et Teolhus aiunt mss. habere *missum*, non *missus*. At mss. variant, et vett. edd. nobiscum faciunt.
583. Ald. male distinguit *exsultans ait Rebellis*.
590. Romani sceleratos homines morte affectos honore sepulcri privabant, eorumque corpora aut in Tiberim unco protrahebant, aut avibus et canibus discerpenda relinquebant. Christianos vero hac ignominia afficiebant, ne fideles ad eorum sepulcra confluerent. Eleganter Lactantius, libr. v, cap. 11, de crudelitate adversus Christianos : *Nemo hujus tantæ belluæ immanitatem potest pro merito describere, quæ uno loco recubans, tamen per totum orbem ferreis dentibus sævit, et non tantum artus hominum dissipat, sed et ossa ipsa comminuit, et in cineres furit, ne quis exstet sepulturæ locus. Quasi vero id afficient qui Deum contentur, ut ad eorum sepulcra veniatur, ac non ut ipsi*

ad Deum perveniant? Plura ex historiis et Martyrologiis congesta Gallonius et Sagittarius proferunt.
591. *Gregalis* de contubernalibus, aut sociis, præsertim vilibus hominibus, quasi per contemptum dici solet.
592. Vatt. A, P, Alex., Oxon. Alt., Thuan., duo Torrent., scripti Couchiani, Heinsius, *fingat*, Ald., Vatt. B, Q, Mar., Weitz., Gis., *figat :* quod magis placet. Sermo est de sepulcri epitaphio, quod titulus dicebatur : et a titulo seu inscriptione sepulcrum ipsum dictum est titulus. Chamillardus affirmat Nebrissensem non inte lexisse hunc locum, quia de epitaphio explicuit, et provocat ad vers. 45 hymni 12 Perist., *Parte alia titulum Pauli via servat Ostiensis*. Verum hoc ipso loco quid prohibet intelligi sepulcri inscriptionem, quæ portice ponatur pro ipso sepulcro? Præterea ab inscriptione sepulcrum dictum est titulus, ut dixi, et poterit titulus pro epitaphio hic sumi, alibi pro sepulcro. Martinus Roa, de Die natali sacro et profano, cap. 21, de titulis erudite disserit. A t vela olim ante aras fuisse posita, interdum pura, interdum picta, quæ tituli dicebantur : quæ cortinas regias appellavit Ambrosius ad Marcellinam scribens. Ad it titulum etiam accipi pro ecclesia, quod in loco ubi erat erigenda, crux in titulum poneretur, ita explicat Prudentii versum, *Titulumque figat martyris*, id est titulum in crucem statuat, ut sacer locus significetur ecclesiæ designatus. Sed redit iterum ad vela : nam hæc cum depictis martyrum imaginibus, aut sola nominis inscriptione tituli martyrum dicebantur. Conjectatur etiam ex Paulino, et consuetudine Romana etiam nunc vigente, eos titulos pro foribus ecclesiæ collocari solitos. Nunc enim Romæ Jesus adhibetur ornatus, id est ramorum ac frondium serta, quæ *festones* vocant. In his orbes, aut quadra ex intervallo relicta, quibus tituli sive vela depicti sanctorum imaginibus includuntur. Paulinus : *Sanctaque præfixis obducant lumina lamnis*. De quibus titulis Roa Prudentium accepit in Hippolyto vers. 185, *Ipsa; illas animæ exuvias quæ continet intus, Ædicula argento fulgurat ex solido*. Verum ut rem ad sua principia revocemus, a titulo sive epitaphio sepulcri, ut aiebant, nomen tituli translatum est ad sepulcrum, memoriam, confessionem, basilicam martyrum, ac, si vis,

1013 Sic frendit, et corpus sacrum
Profanus, ah! dirum nefas
595 Nudum, negato tegmine,
Exponit inter carices.
Sed nulla dirarum fames
Aut bestiarum, aut alitum
Audet tropæum gloriæ
400 Fœdare tactu squalido.
Quin si qua clangens improba
Circumvolaret eminus,
Trucis volucris impetu
Depulsa vertebat fugam.
405 Nam corvus, Eliæ datus
Olim, ciborum portitor,
Hoc munus implet sedulo,
1014 Et irremotus excubat.
Hic ex frutetis proximis
410 Infestus alarum sono,
Oculosque pennis verberans,
Exegit immanem lupum.
Quis perfidorum credere

A
Ausit, rapacem belluam
415 Tauris paratam congredi,
Cessisse plumis mollibus?
Ibat malignum murmurans,
Levi volatu exterritus:
Prædamque visam fugerat
420 Custodis imbellis minis.
Quis audienti talia,
Datiane, tunc sensus tibi?
Quantis gementem spiculis
Figebat occultus dolor?
425 Cum te perempti corporis
Virtute victum cerneres,
Ipsis et impar ossibus,
Vacuisque jam membris minor?

B
Sed quis, tyranne pertinax,
430 Hunc impotentem spiritum
1015 Determinabit exitus?
Nullusne te franget modus?
Nullus: nec unquam desinam.
Nam, si ferina immanitas

GLOSSÆ VETERES.

394. Ah! *interjectio*, I.
396. Exponit, *projecit*. — Carices, *carectum locus, ubi carices nascuntur; carix vero herba similis citario crescens in locis palustribus; unde etiam carex herba vilissima similis cibaria; quæ lixa dicitur*, I.
401. Clangens, *ales canens*, I.
403. Impetu, *de*, I.
408. Excubat, *vigilat*, I.
410. Infestus, *non fessus*, I.
411. Oculosque, *scilicet lupi*, I.

412. Exegit, *pellit corvus*, I.
414. Ausit, *possit*, I.
417. M lignum, *adverbium*, I. Maligne, Mar.
423. Spiculis, *angustiis*, I.
424. Figebat, *perdurat*, I.
428. Vacuisque, *ab anima, id est mortuis*, I.
430. Hunc, *tuum*, I.
433. Nullus, *respondet ille*, I.
434. Immanitas, *feritas*, I.

COMMENTARIUS.

ad illa vela de quibus Roa disserit, et quibus, ut ego conjicio, imagines, quæ nunc al aribus imponuntur, originem debent suam. Consuetudo vero illa erigendi crucem in titulum antiquissima est, ut videri potest in notis Baronii ad Martyrologium Romanum, et in libro Sagittarii de martyr. Natal. cap. 3. Ac notandum sæpius occurrere phrasin *crucem figere*, ut in Prudentio, *Titulumque figat martyris*: adeoque probabile est Prudentium eam consuetudinem innuere. In Ecclesia Romana antonomastice tituli appellatio hærsit iis ecclesiis quæ cardinalibus in titulum concedunttur. Verisimile etiam est titulum qui pro quolibet sacerdote ordinando requiritur, inde traxisse nomen, quod olim plerumque non admitterentur ad sacros ordines, nisi alicui titulo, sive basilicæ, aut ecclesiæ addicti essent. Quod autem Roa aliique aiunt, quoties ecclesia olim esset erigenda, crucem erectam in titulum, id inde profluxisse opinor, quod cum primis temporibus ecclesiæ erigi consuevissent ubi titulus sive sepulcrum martyrum esset; postea erectæ etiam fuerunt sub nullum erat hujusmodi sepulcrum, et crux erigebatur, quæ pro titulo esset. Mazochius ex cap. xxviii Genes., vers. 18. originem repetit: *Surgens ergo Jacob mane, tulit lapidem quem supposuerat capiti suo, et erexit in titulum*, etc. Ait Mazochius titulum esse quemvis etiam mutum lapidem, modo ad transmittendam memoriam valeat.
593. Widm., *frendet*; supra, *frendit*.
594. Vat. A, *addirum*. Vat. B, *ac dirum*. Mar., Rat., *a dirum*. Alex., *adirum*; supra, *ah! dirum*, quod verum est.
597. Ambr., Thuan., Vat. A scribunt *famis*; alii, etiam veteres, *fames*.
400. Hailsbr., *tractu*: melius *tactu*.
401. Chamillardus ad solam aquilam. id refert,

C
quia clangere proprie aquilarum est. Sed cum it Actis dicatur: *Cum adventantes aves reliquas, ac pernicibus metuendas alis quodam impetu eminus fugaret*, et aquilæ non nominentur, nihil prohibet quominus *si qua clangens* de quavis ave accipiatur. Et clangor non minus ad grues aliasque aves, quam ad aquilas referri potest, quamvis auctor carminis Philomelæ aquilis *clangorem tribuat*. Est enim *clango*- verbum expressum ad similitudinem soni. Itaque *clangor* ab antiquis ascribitur fulicæ, accipitri, anseri, gru bus, passeri, phœnici, gallinis. Exempla exhibent lexicographi. Etiam de latratu canum, clangor dicitur.
402. Alex., Ambr., Thuan., *circumvolarat*, quod He n io rectius videtur. Plerique *circumvolaret*.
404. Hailsbr., *fuga*: legendum *fugam*.
405. Vide lib. III Regum, cap. xvii.
406. Notat Teolius *portitor muneris* occurrere apud Arnobium, et *portitores* apud Sidonium: addere potuit Virgilium, Statium et alios qui ea voce utuntur.
407. Plerique Heinsiani, Vat. A., Hailsbr. a prima manu, Alex. et alii, *sedule*, quod minus obvium est quam *sedulo*. Ald., Mar., Weitz., et alii, *sedulo*.

D
Egm. perperam, *sedulæ*.
408. *Irremotus* pro *non remotus* ex solo Prudentio a Forcellini recensetur.
410. Iso fortasse legit *infessus*, aut exposuit *non fessus*.
413. *Perfidi* pro *infidelibus* sumitur a scriptoribus ecclesiasticis, ut dictum est.
415. Virg. I Æn., *Impar congressus Achilli*. Catullus in Epithal, *Pugnare duobus*.
416. Vat. A corrupte, *cessisce*.
421. Ald. mendose, *audiendi*. Virgilius lib. iv Æneid. *Quis tibi nunc, Dido, cernenti talia sensus?*
432. Weitz cum suis, Rat., *frangit*.

435   Mansuescit, et clementia
        Corvos voraces mitigat,
      Mergam cadaver fluctibus:
        Insana nunquam naufragis
        Ignoscit unda, et spumeum
440   Nescit profundum parcere.
        Aut semper illic mobilis
        Incerta per ludibria
        Vagis feretur flatibus,
        Squamosa pascens agmina:
445   Aut sub fragosis rupibus
        Scabri petrarum murices
        1016 Inter recessus scrupeos
        Discissa rumpent viscera.
        Ecquis virorum strenue
450   Cymbam peritus pellere
        Remo, rudente, et carbaso,
        Secare qui pontum queas?
        Rapias palustri e cespite
        Corpus, quod intactum jacet,

A 455   Levique vectum lembulo
        Amplum per æquor auferas.
      Sed complicatum sparteus
        Claudat cadaver culleus.
        Quem fune connexus lapis
460   Præceps in altum deprimat.
        At tu per undas emices
        Rorante præpes palmula,
        1017 Donec relictum longior
        Abscondat aspectus solum.
465   Hæc jussa quidam militum
        (Eumorphio nomen fuit),
        Violentus, audax, barbarus,
        Furore fervens arripit.
        Funale textum conserit,
B 470   Suto quod implet corpore.
        Emensus et multum freti
        Inter procellas excutit.
        O præpotens virtus Dei,
        Virtus creatrix omnium:

GLOSSÆ VETERES.

439. Ignoscit, *mitescit, parcit*, I.
446. Scabri, *sævi*. — Murices, *Petrarum summitates*, I. — *Murices sunt summitates altissimæ petræ; aliter murex ponitur pro purpura*, Vat. A.
447. Recessus, *secreta*. —Scrupeos, *asperos, id est lapideos*, I.
450. Cymbam, *navis*, I.
455. Lembulo: *lembus navicula piratica, vel extrema pars inauratæ vestis*, I.
457. Sparteus, *spartus est frutex spinosa, vel juncus*, Mar. *De sparto follis, id est de palma; unde et sportulana: et Romani parricidas cum gallo, et simia, et serpente in culleum, id est in tergum bovis undique consutum in mare præcipitabant*, I.
458. Culleus, *fasciola assuta intrinsecus, culleus tunica ex sparto: spartus est frutex sine foliis ab asperitate vocatus; culleus saccus in quo rei inclusi mittebantur in mare*, I. *Culleus est corbis ex viminibus contexta, sive follis ex corio factus*, Mar.
461. Emices, *vadas, exibas*, I.
462. Præpes, *velox*. — Palmula, *remo*, I.
466. Nomen, *scilicet cui*, I.
467. Barbarus, *rusticus*. I.
469. Funale, *funerale*, I.
471. Emensus, *navigans*, I.

COMMENTARIUS.

457. Ammianus, lib. xxii, de Georgio et sociis sub Juliano: *Quo non contenta multitudo immanis dilaniata cadavera peremptorum camelis imposita vexit ad lacus: iisdemque subito igne crematis, cineres projecit in mare, id metuens, ut clamabat, ne collectis supremis, ædes illis exstruerentur, ut reliquis qui, deviare a religione compulsi, pertulere cruciabiles pœnas adusque gloriosam mortem intemerata fide progressi, et nunc martyres appellantur*. Rittershusius in comment. ad epist. Plinii de Christianis legit *vexit ad litus*, et subdito *igne*. Epiphanius hæresi 76 cineres Georgii in ventos dispersos narrat: negat autem inter martyres recipi debere, quia non ob Christiani nominis professionem, sed ob violentiam qua civitatem et populum oppresserat, a gentilibus fuerat peremptus. Erat autem Georgius episcopus Arianus intrusus, exturbato Athanasio.
441. Hailsbr., *mobile*, non *male*.
442. De motu in aqua Virgilius, lib. i Georg. vers. 369, *Aut summa nantes in aqua colludere plumas*. Idem Virgilius de agitatione ventorum lib. vi Æneid., *Foliis ne carmina manda, Ne turbata volent rapidis ludibria ventis*. Horatius, de Navi lib. i oda 14, *Ventis Debes ludibrium*.
443. Ald., Tornæs., et nonnulli vulg., *Austris feretur flatibus*, ex quo conjiciebam *Cauchius Austris feretur flatibus, vel Austri feretur flatibus*. Plerique, *Vagis feretur flatibus*, nisi quod in Thuan., Gis. ad oram, et Fabr. est *fluctibus pro flatibus*.
445. Widm. vitiose, *aut suffragosis*.
447. Virg ius lib. vi, *Spelunca alta fuit, vastoque immanis hiatu Scrupea*.
449. Ald., Mar. a prima manu, Weitz., *et quis*.

C Eadem varietas alibi occurrit.
450. Mar., *paratus*, et loco glossæ, *peritus*. Plerique scribunt *cumbam*. Equidem nescio quo pacto scripserit Prudentius, et communior est scriptura *cymba*.
455. Widm., Mar., *palustri cespite*.
458. Uxoricidæ in Hispania post strangulationem, in vase ligneo cum gallo, angue, cane, fele inclusi in flumen projiciuntur, idque Hispanice dicitur *cucubar*. Confer Hurtadum de Martyr. res. 35, digr. 2, qui id ita refert; sed, ut audio, gallus, anguis, canis, felis non vivi cum occisi rei corpore includuntur, sed solum supra culleum, sive dolium humanitatis simul, et infamiæ causa depinguntur. Fortasse temporum et locorum varia fuit, et est consuetudo. In Actis: *Insuatur*, inquit, *complicatum cadaver in culleo parricidæ*.
459. Weitz. cum Widm. et Hailsbr. scribere voluit *conexus*.
461. Virgilius lib. vi Æn., *Juvenum manus emicat ardens*.

D 462. Giselinus indicat *rotante* tanquam diversam lectionem pro *rorante*. Vat. A pro div. script. *præpes* pro *præceps*. Heinsius prætulit *præpes* cum Ambr., Thuan., Rott., tribus Torr., præsertim cum paulo ante *præceps* præcesserit. Certe sententiæ magis convenit *præpes*.
469. Mar., *funalem*, recte supra correctum per *funale*. Glossa Isonis ridicula est, quasi *funalis* sit a *funere*, et non potius a *fune*. De *texto* substantivo vide exempla apud Gisanium, et comment. ad vers. 16 hymni 10 Cathemerinωn.
470. Vat. A, *suto*, cum aliis, sed supra pro div. lect., *sancto*. Prag., *scuto*, male.

PERISTEPHANON HYMN. V.

75 Quæ turgidum quondam mare
 Gradiente Christo straverat,
 Ut terga calcans æquoris
 Siccis mearet passibus,
 Plantas nec undis tingeret
480 Vasti viator gurgitis.
 Hæc ipsa virtus jusserat,
 Rubrum salum dehiscere,
 Patente dum fundo aridum
 1018 Secura plebs iter legit.
485 Nec non et ipsa nunc jubet,
 Servire sancto corpori
 Pontum quietis lapsibus
 Ad curva pronum littora,
 Saxum molaris ponderis,
490 Ut spuma candens, innatat,
 Tantique custos pignoris
 Fiscella fertur fluctibus.
 Cernunt stupentes navitæ,
 Vectam remenso marmore,

A 495 Labi retrorsum leniter
 Æstu secundo, et flamine.
 Certant et ipsi concito
 Pontum phaselo scindere:
 Longe sed artus prævolant
500 **1019** Telluris ad mollem sinum.
 Prius relatos denique
 Humus quieta suscipit,
 Quam pulsa summis nisibus
 Carina portum tangeret.
505 Felix amœni littoris
 Secessus ille, qui sacra
 Fovens arenis viscera
 Vicem sepulcri præbuit:
B   Dum cura sanctorum pia
510 Deflens adornat aggerem,
 Tumuloque corpus creditum
 Vitæ reservat posteræ.
 Sed mox subactis hostibus,

GLOSSÆ VETERES.

476. Straverat *compescuerat*, I.
480. Vasti, *ampli*, I.
482. Dehiscere, *dividi*, I.
483. Dum, *usque dum*, I.
485. Ipsa, *virtus*, I.

491. Pignoris, *commendationis*, I.
494. Vectam, *scilicet fiscellam*.— Marmore, *mari*, I
498. Phaselo scindere, *navi sulcare*, I.
501. Relatos, *artus*, I.
504. Carina, *ima navis*, I.

COMMENTARIUS.

475. Narrat id Matthæus cap. xiv.
478. Virgilius in fine lib. vii : *Celeres nec tingeret æquore plantas.*
483. Ald., Sich., et alii ante Giselinum contra metrum, *dum profundo aridum.* Vat. A, Hailbr. a prima manu, *dum fundo crido*, quod non displicet. Hamartig. vers. 474, *Arnit et medio sitiens sub gurgite limus.* Vide comment. ad hunc versum.
484. Ald., Torna s., Galland., Sich., *Secura plebs incesserit.* Mar. a prima manu, Rat. a prima manu, Vat. B, Alex., nonnulli Heinsiani, Weitz., Hailsbr. supra, *iter terit*, quod etiam invenit Giselinus in quodam codice emendatissime exarata canonicorum B. Catharinæ Noviomagensium. Ipse præfert *iter legit* cum suo ms., et alii Buslidiensi; utpote mollius et poeticum magis. Thuan., *Secunda plebs iter legit.* Unus Torr., *Secura plebs iter terat;* Rat., *iter gerat.* Mar. a secunda manu, Egm., Pal., Vat. A, *iter gerit.* Rat. aliena manu, *iter tulit.* Plerique recentiores cum Giselino, *iter legit.*
485. Vat. A pro div. script., *et ipse.* De S. Quirino in ejus hymno eadem fere commemorantur.
487. Prag., Vat. Q, Urb., *passibus.* Alex. cum aliis, *lapsibus; supra, cursibus.*
490. Vat. A, *spuma cadens*, male.
494. Virgilius lib. II Æn., *Pelagoque remenso.* Pro mari *marmor* apud Virgilium, aliosque passim.
496. Æstus maris hic intelligi poterit pro agitatione ex vento orta, et non pro fluxu, ut hic refluxui opponitur. Nebrissa de fluxu id accipit, quod, ut opinor, voluit Teolius, qui tamen scripsit, *Undarum refluxu sequente, et vento.* Chamillardus sentiunt am viri peritissimi et, ut ait, mathematicorum facile principis, profert, qui putabat in profundo maris fieri eodem modo quo in corporibus febriculosorum, fermentationem cujusdam materiæ, qua fermentatione inflatur mare ut massa dum fermentescit. Addebat æstus periodos non esse magis supra captum intelligentiamque nostram, quam periodos febris tertianæ aut quartanæ.
501. Vat. A, *delatos*: corrige *relatos.*
506. Mar. a prima manu, *successus*, sed factum

cum plerisque *secessus.* Aldus et nonnulli vulg., *recessus.*
509. Widm., Mar., tum cura Victorius, Dissert. philolog., pag. 16, hinc ostendit difficultatem qua persecutionum tempore erat sepeliendi corpora SS. martyrum, adducitque hæc verba ex epitaphio S.
C Alexandri martyris sub Antonino Pio : *O tempora infausta, quibus inter sacra et vota ne in cavernis quidem salvari possimus. Quid, miseris vita? Sed quid miserius in morte, cum ab amicis et parentibus sepeliri nequeant?* Vide Aringhum Rom. subterr. lib. I, cap. 3 et seqq., ubi certiora ad eam difficultatem confirmandam invenies monumenta : nam inscriptionem S. Alexandri non esse confictam frustra nonnulli laborant persuadere. Pietas vero Christianorum in corporibus defunctorum, etiam non martyrum, sepeliendis insignis erat, ut ex hymno Exsequiarum liquet; neque ethnicis ignota : eam enim laudat Julianus Apostata, etiam cum impiam religionem Christianam vocat, epist. 49 ad Arsacium pontificem : *Convertamus oculos ad ea quibus impia Christianorum religio creverit, id est, ad benignitatem in peregrinos, ad curam ab illis in mortuis sepeliendis præstitam, et ad sanctimoniam vitæ quam simulant.*
512. Horatius, lib. III, oda 30, dixit *laudem* posteD ram. Nebrissa vitam posteram intelligit diem judicii satis apposite, quod confirmari potest hymn. S. Fructuosi vers. 136, *Sed ne relliquias resuscitandas, Et mox cum Domino simul futuras, Discretis loca dividant sepulcris,* etc. Sed fortasse Prudentius intelligit corpus S. Vincentii a fidelibus fuisse reservatum posteris, sive in posterorum beneficium. Sic ante veis 513, de ejusdem martyris cruore : *Tutamen ut sacrum suis Domi reservent posteris.*
513. Steph. Antonius Morcellus, in elegantibus et pereruditis commentariis ad calendarium Ecclesiæ Constantinopolitanæ, tom. I, pag. 134 et seq., his versibus confirmare nititur veterem fuisse consuetudinem, quod olim Christiani solemnem martyrum cultum a translatione maxime auspicari fuerint : Quippe putat apud nostrates idem plane fuisse *levare corpora martyrum*, atque honores cœlestes martyri-

1020 Jam pace justis reddita,
515 · Altar quietem debitam
Præstat beatis ossibus.
Subjecta nam sacrario,
Imamque ad aram condita,
Cœlestis auram muneris
520 **1021** Perfusa subtus hauriunt.
Sic corpus : ast ipsum Dei
Sedes receptum continet,
Cum Machabæis fratribus,
Sectoque Isaiæ proximum.

A 525 Simplex sed illis contigit
Corona pœnarum : quibus
Finem malorum præstitit
Mortis supremus exitus.
Quid tale sector ausus est?
530 Truncata nunquid corporis
1022 Segmenta post sceram feris
Objecit, aut undis dedit?
Num Machabæi martyris
Linguam tyrannus erutam,
535 Raptamve pellem verticis

GLOSSÆ VETERES.

515. Altar, *recessus*, I.
517. Subjecta, *membra*, I.
519. Auram, *gratiam*, I.
520. Perfusa, *scilicet cœlesti gratia*, I.
521. Corpus, *locus*, I.
523. Libs, *Machabæis*, I.

527. Malorum, *laborum*, I.
528. Supremus, *novissimus*, I.
529. Sector, *Isaiæ*, I.
531. Segmenta, *partes : proprie sunt vestes muliebres, sed non in hoc loco*, I., Vat. A.

COMMENTARIUS.

bus rite decernere. Advertit sic a Prudentio utramque sepulturam memorari, ut priore justa mortuo persoluta, posteriore summum honorem martyri habitum facile intelligatur. Quam interpretationem libens exposui, ut eam teneant quibus probetur : acute enim excogitata ea est. Sed Prudentius nihil, ut puto, aliud vult, nisi S. Vincentio non potuisse honorificum erigi altare persecutionis tempore, quod, pace reddita, erectum fuerit : cum interea eum Christiani pro martyre haberent et colerent, cujus reliquias, etiam dum viveret, reservarunt, ut suis posteris essent tutamen. In Actis id luculenter expressum est : *Itaque propter gentilium furorem non valentes cum digno venerationis tumulare cultu, ad quamdam parvulam detulerunt basilicam sepeliendum. Tandem autem cessante perfidorum crudelitate, ac fidelium crescente devotione, beatissimus martyr ad sepulturæ honorificentiam inde levatus, digna cum reverentia deportatur, et sub sacro altari extra muros ejusdem civitatis Valentiæ ad quietem reponitur.* In actis S. Saturnini : *Tumulariam (al. tumultuariam) eo tempore meruit sepulturam,* scilicet propter furorem gentilium. S. Valerium, qui non diu post S. Vincentium obiit, templum S. Vincentii sui diaconi nomine erigi in oppidulo Aneto curasse lectiones officii proprii II spanici referunt : quod monumentis antiquis non confirmatur.

515. Rat., *quietam*, sed correctum *quietem*. Ald., *debitum*, videlicet *altar debitum*. Giselinus ita ediderat, sed correxit *debitam*, quod habent codd. vetustiores nostri et Heinsiani.

517. Chamillardus ait Prudentium accepisse *sacrarium* pro pastophorio seu secretario, nempe illa templi parte ubi sacra reponuntur, et ubi sunt sancta sanctorum. Sed cum sacrarium significet etiam altare, de altari potius id accipio, de quo paulo ante Prudentius, et cui ossa SS. martyrum subjici, testatur in fine Eulaliæ et octodecim martyrum Cæsaraugustanorum.

518. Vatt. A, B, Mar., Rat., Prag., *jam jamque ad aram.* Melius *imamque ad aram.* Alex. a prima manu, *imamque ad oram*, minus apposite. Videtur innuere Prudentius distinctionem inter aram et altare, et corpora sanctorum fuisse condita sub altari, et non sub ara, sed ad aram subter humum. Vide comment. ad vers. 170 Passionis Hippolyti.

519. Nebrissensis, Chamillardus, Cellarius explicant ossa martyrum integra manere conservata divino munere. Teolius multo melius intelligit de sacramento eucharistiæ, quod in altari et super ossa martyrum peragebatur. Vide comment. ad hymn. S. Eulaliæ vers. 213. Existimo etiam Prudentium a ludere ad foramen vel foramina quæ in superiore parte sepulcrorum SS. martyrum aperiebantur, per quæ

oraria, nardus, et oleum immittebantur, ut per contactum tumuli virtus miraculorum manifestior redderetur : quasi vellet Prudentius eam virtutem e cœlestis muneris, sive eucharistiæ aura effluere. S. Paulinus in fragm. Natalis incerti, sive 9 : *Et licet a veteri tumulis absconditus ævo, Viva tamen, vegetante Deo, membrisque superstes Gratia divinum spirantia martyris ossa Clarificat populis, merito vivente sepulti ;* et Natali 13, de sepulcro S. Felicis : *Ista superficies tabulæ gemino patet ore, Præbens infusæ subjecta foramina nardo. Quæ cineris sancti veniens a sede reposta Sanctificat medicans arcana spiritus aura.* In hymno S. Hippolyti de ejus sepulcro, *Balsama diffundunt, fletibus ora rigant.*

520. Ald., Gis., *subter*. Weitz. cum plerisque mss., *subtus*. Cellarius ad vocem Pinrusa allegat vers. 151 Fructuosi, *Et perfusa mero leguntur ossa :* quod jam indicaverat Barthius lib. LXI, cap. 9 Adv. At in eo hymno sermo est de ossibus nondum sepultis : nunc de ossibus sacrario subjectis.

523. Lib. II Machab., cap. VII, historia, et mors septem horum fratrum describitur qui Machabæi dicti sunt, quod in eo libro narratio de eorum tormentis et obitu contineatur. Confer in Romano vers. 751 et seqq.

524. Alex. scribit *Esaiæ* cum Weitzio et aliis. Ald., Gis. prima ed., *Falir.*, *secto sine que*. Isaiam prophetam serra lignea dissectum fuisse, constantissima est Judæorum traditio, quæ pluribus auctoritatibus Justini, Origenis, Lactantii, Basilii, Hilarii, Ambrosii, Hieronymi, et aliorum Patrum confirmatur. Adsis interpretes ad vers. 37 cap. XI. Epist. Apostoli ad Hebræos : *Lapidati sunt, secti sunt*, etc. Hoc notatur discrimen inter proximum et vicinum, quod proximus is dicitur quo nemo est vicinior, vicinus vero potest non esse proximus, si alius sit vicinior. Plautus, Terentius, Cicero, et alii eleganter conjungunt *vicinus proximus*; potest enim aliquis esse proximus, et non vicinus, ut apud Virgilium lib. v, *Proximus huic, longo sed proximus intervallo.* Interdum hoc discrimen non observatur, et *proximus* ponitur pro vicino proximo.

525. Ald. vitiose, *contingit.*

532. Giselinus ait receptam scripturam esse *aut vinclis dedit*, sed non sine gravi mendo : fortasse ita erat in editione Daventriensi, quam non vidimus ; ita certe est in Sich. et Fabr., sed in Aldo clare legitur *aut undis dedit.*

533. Ald., Gis. prima ed., *nam* pro *num*. Weitzius pro *nam* citat Fabricium, qui tamen legit *num*. Id unice verum est.

535. Widm. supra, Gis. ad oram, *ruptamve.* Melius *raptamve.* Pellis *rapta* proprie est viventi adhuc

Avibus cruentis obtulit?
Tu solus, o bis inclyte,
Solus brabii duplicis
Palmam tulisti: tu duas
540 Simul parasti laureas.
In morte victor aspera,
Tum deinde post mortem pari
Victor triumpho proteris
Solo latronem corpore.
545 Adesto nunc, et percipe
1023 Voces precantum supplices,
Nostri reatus efficax
Orator ad thronum Patris.
Per te, per illum carcerem,
550 Honoris augmentum tui,
Per vincla, flammas, ungulas,
Per carceralem stipitem.
Per fragmen illud testeum,
Quo parta crevit gloria,

A 555 Per quem, trementes posteri
Exosculamur, lectulum :
M serere nostrarum precum,
Placatus ut Christus suis
Inclinet aurem prosperam,
560 Noxas nec omnes imputet.
Si rite solemnem diem
1024 Veneramur ore et pecto-
Si sub tuorum gaudio
Vestigiorum sternimur :
565 Paulisper huc illabere,
Christi favorem deferens,
Sensus gravati ut sentiant
Levamen indulgentiæ
Sic nulla jam restet mora,
B 570 Quin excitatam nobilis
Carnem resumat spiritu,
Virtute perfunctam pari.
Ut, quæ laborum particeps

GLOSSÆ VETERES

538. Brabii, *muneris vel mercedis*, I.
540. Laureas, *coronas, vel victorias; laurus enim pro corona ponitur*, I.
541. Victor, *scilicet tu*,
552. Stipitem, *per nervum, cippum*, I.
553. Testeum, *testæ enim confringebantur subtus martyrem, ut durius jaceret*, I.

554. Part), *syncope*, I.
561. Diem, *suum diem*, I.
562. Ore et pectore, *laude et voto*, I.
566. Favorem, *auxilium*, I.
572. Perfunctam, *servitutem*, I.
573. Quæ, *caro*, I.

COMMENTARIUS.

detracta, ut apud Senecam, *Fibra vivis rapta pectoribus*; apud Virgilium, *Viscera vivis eripuit*. Vide Brissonium de Formulis, pag. 25, qui plura veterum exempla profert, et monet ideo rapi exta, ut exspirantia adhuc et palpitantia consuli possent.

557. In nonnullis vulg. irrepsit error *obis pro o bis*: ansam dedit Aldus, qui aut sic edidit, aut non satis clare divisit. Nebrissensis jam legit *o bis*, et legerant etiam alii ante Barthium, qui hujus correctionis ignarus aliam aggressus est lib. LXI, cap. 9 Advers. Sic ergo legit: *Solus tu obis bis inclyte*. Lecto codicum retinenda est.

558. *Brabium* est victoriæ præmium. *Braveium* malunt recentiores, et Chamillardus ait corrupte dici *bravium*: ita tamen in vulgata legitur, neque tam corrupte quam videtur Chamillardo. Alii scribunt brab um, alii *bravium*, sed a Græcis, a quibus ad ecclesiasticos scriptores ea vox devenit, scribitur βραβεῖον.

544. *Latronem* intelligo Datianum potius quam dæmonem, ut nonnulli interpretantur. In hymno octodecim martyrum, vers. 186, *Ambo confessi Dominum steterunt Acriter contra fremitum latronum*.

548. Cellarius opponit, soli Christo id convenire. Verum doctrina de intercessione sanctorum non a grammaticis, non a Cellario e usque gregalibus, petenda est, sed a Prudentio ejusque æqualibus SS. Patribus, qui uno omnes ore ita loquuntur.

549. Precandi formula poetis oratoribusque valde familiaris.

552. Gifanius verbo ROBUR putat carceris stipitem a Prudentio vocari eculeum. Sed ex epitheto *carceralis*, et ordine narrandi supplicia constat, carceralem stipitem esse lignum vel cippum, ut ait glossa, cui pedes fuerunt inserti. Vide supra comment. ad vers. 231.

555. Heinsius cum Ald., Oxon., Sich., *per quem*: quod a Weitzio non debuisse mutari, definit Heinsius. At Weitzius fidem potiorum codicum secutus est: nam legunt *et quem* Vatt. A, B, P, Q, Alex., Mar., Rat., Prag., aliique; neque Heinsius codicem ullum ms. allegat, excepto Oxonio. Elegantius tamen est *per quem*, magisque superioribus cohærens.

556. *Lectulum in quo S. Vincentius jacuit*, religionis causa conservatum fuisse, non leve argumentum est curæ veterum Christianorum in reliquiis martyrum comparandis et caute custodiendis. Ex quo facile respondetur quærentibus qui fieri potuit ut tot et ex tam priscis temporibus reliquiæ martyrum ad nos continua successione devenerint.

561. Formula similis precandi apud Græco-Latinosque sæpe occurrit. Terentius in prolog. Hecyr., *Si nunquam avare statui pretium arti meæ..... Sinite impetrare me*.

562. Breviar. Moz., *veneremur*: lege *reneramur*, ut postea *sternimur*.

563. Vat. A, Mar., Rat., Weitz., *gaudia*. Plerique, et alii vett. res, *gaudio*.

565. Fabr., Sich. Gis., *huc tu illabere*. Concinnius, Aldus et mss., *huc illabere*.

567. Vat. B, Rat., Mar., a prima manu, et nonnulli apud Weitz., *sensu*.

568. Mar. pro div. script., *solamen indulgentiæ*.

569. Mar., Rat., Weitz. cum suis, *restat*. Ald., Gis., et plerique scripti, *restet*, quod probum est. Nam particula *sic*, cum post preces ponitur, optativum modum importat. Idem Prudentius in Hippolyto, postquam Valerianum episcopum rogaverat ut festum Hippolyti diem in sua diœcesi celebraret, vers. 239 et seqq. ait: *Sic te pro populo, cujus tibi credita rita est Orantem Christus audiat omnipotens*. Ac vide felicissimam poetæ venam, et nota quid Valeriano optet, quid Vincentio. Nam ex unione corporis cum anima in die judicii completam hominis gloriam consurgere certum est, et ipsi animæ gloria aliqua accidentalis, ut theologi loquuntur, in resurrectione corporis accedet. Mariettus, qui in suo codice legerat *restat*, colligebat Prudentium in ea fuisse opinione, in qua multi alii Patres, adventum Domini et diem extremi judicii proximum esse.

570. Breviar. Moz., *cum excitatam*.

571. Pragensis trajicit hos versus, primum ponit *Virtute*, tum *Carnem*.

572. Nonnulli vulg. male, *perfuncta*.

573. De resurrectione corporis vide hymnum Ex-

Commune discrimen tulit,
575 Sit et cohæres gloriæ
Cunctis in ævum sæculis.

VI HYMNUS.

BEATISSIMORUM MARTYRUM FRUCTUOSI EPISCOPI ECCLE-
SIÆ TARRACONENSIS, ET AUGURII, EULOGII QUE DIACO-
NORUM.

1025 Felix Tarraco, Fructuose, vestris
1026 Attollit caput ignibus coruscum
Levitis geminis procul relucens.
Hispanos Deus aspicit benignus,
5 Arcem quandoquidem potens Iberam
Trino martyre Trinitas coronat.

A Ardens Augurius capessit æthram :
Nec non Eulogius simul supernum
Christi lucidus ad sedile tendit.
10 Dux et prævius, et magister illis
Ad tantum decus ex episcopali
Clarus nomine Fructuosus ibat.
Accitus quia præsidis repente
Jussu venerat ad forum sacerdos
15 Levitis comitantibus duobus.
Inde ad carceream viros catenam
Pastus sanguine carnifex trahebat :
1027 Gaudet currere Fructuosus ultro.
Ac ne quis socios timor feriret,

GLOSSÆ VETERES.

574. Tulit, *passa est*, I.
1. Tarraco, *civitas.* — Fructuose, *vocativus*, I.
5. Quandoquidem, *quia, quoniam*, I.
7. Æthram, *cœlum*, I.
8. Superbum, *nobile*, I.

B 10. Prævius, *ostendens viam*, I.
13. Accitus, *vocatus*, I.
14. Forum, *concilium : pro loco judiciali posuit*, I.
18. Ultro, *sponte*, I.
19. Quis, *aliquis*, I.

COMMENTARIUS.

seqularum. Post hunc S. Vincentii hymnum in Vat. A sequitur hymnus in honorem decem et octo martyrum Cæsaraugustanorum, in Vat. B. Passio S. Laurentii.

Inscriptio desumpta est ex Mar. et Rat., in quibus hic hymnus ponitur post hymnum S. Eulaliæ. In Vat. A *Hymnus in honore beatissimorum martyrum Fructuosi episcopi, Augurii, et Eulogii* : ubi ponitur post hymnum octodecim martyrum. Aldus, *Ode in laudem beatissimorum martyrum Fructuosi episcopi Ecclesiæ Terraconensis, et Augurii, et Eulogii diaconi.* Aldus scribit *Terraconensis*, et mox vers. 1, *Terraco.* Heinsius, *Hymnus in honorem beatissimorum martyrum Fructuosi episcopi Ecclesiæ Tarraconensis, et Augurii, et Eulogii diaconorum*, et notat pro *Augurio* in Ambr. legi *Angorii*, in Ox. *Aucorii*. Weitzius nobiscum fere facit. In Alex., post passionem Agnetis, *Fuit Passio Agnetis. Incipit hymnus in I onorem*, etc., ut in Heinsio. Parrhasius, *Hymnus in laudem beatissimorum martyrum Fructuosi episcopi Tarraconensis, et Eugorii, et Eulogii diaconorum. Et deinde etiam scribit Eugorius; sed in emendatis ait quosdam legere Augori.* Heinsius monet in martyrologiis xii cal. Septembr. celebrari natalem SS. Julii, Juliani, Vincentii, Auguri, et Eulodi ex codice vetustissimo, teste Holstenio in adnotationibus ad eum locum. Verum hi diversi videntur esse a S. Fructuoso et sociis, quorum festum agitur die 21 Januarii. Acta ad eum diem a Bollandian s tiscripta pro authenticis habuit Ruinartius, et S. Augustini Prudentique auctoritate confirmavit. Ruinartius ea edidit aliquanto auctiora ex codd. mss. Neque alia sunt martyrum Hispanorum antiquiora aut sinceriora Acta. Martyrium eorum refertur ad ann. 259 diem 21 Januarii, quæ in feriam 6 incidit. De his sanctis eorumque reliquiis dixi in Hymnodia Hispanica ad diem 21 Januarii. Eos Tarraconenses fuisse Nebrissa et Chamillardus affirmant; sed neque ex hymno Prudentii id colligitur, neque ex Actis sinceris constat. Florezius, tom. XXV Hisp. sacr., tract. 63, cap. 2, arguit eos fuisse Tarraconenses ex quibusdam verbis officii Gothici, ubi satis clare id exprimitur, et quia Prudentius hym. 4 Perist. dixit: *Tu tribus gemmis diadema pulchrum Offeres Christo, genitrix p orum Tarraco*, etc. Certe ii sancti inter illos recensendi sunt quorum patriam Prudentius in eorum hymno non expressit: neque alia de causa Tarraconem celebrat, quam ob martyrium, ut ex primis versibus liquet. In Breviario Mozarabico die 21 Januarii totus hic hymnus legitur, ubi versus quaterni, et quaterni per strophas distinguuntur. Prima stropha quam sit depravata facile perspicies, si cum Prudentio conferas ; ita enim in eo breviario est de-

D scripta : *Felix Tarraco, Fructuoso vestris, Attolit caput ignibus chorus Cum levitis geminis procul relucens. His piis nos Deus aspicit benignus.* Vides unam dictionem *coruscum* corruptam esse, et divisam in duos versus *chorus Cum* et ex *Hispanos* tres voces factas *His piis nos*, ut alia omittam.

1. Egm. vitiose *ventris* pro *vestris*.
2. Egm. mendose, *coruscam*. Urbes caput habere a poetis dicuntur. Virgilius ecloga I, *Verum hæc tantum alias inter caput extulit urbes*. Vide infra vers. 145, *Quo nostræ caput excutatur urb.s*. Pulchre autem caput coruscum ignibus, et relucens geminis levitis, quandoquidem de martyrio perigneum agitur.

7. Ald. et Breviar. Moz., *capescit*: Videtur innuere Prudentius, Augurium veluti vi ignis capessere æthram; quoniam ea virtus olim igni tribuebatur, ut in æthram tenderet.

8. Parrhasius, Thuan., Egm., Heins., Weitz., Pal., Hailsbr., Bong., Alex., Vatt. A, P, Q, *superbum*, quod approbant recentiores, quia apud Virgilium exstat *fores, et sedes superba*, et apud eumdem Prudentium vers. 823 Psych., *Gradibus regina superbis Desinat.* Mihi magis e re videtur esse *tendere ad supernum sedile*. Et *supernum* quidem legunt Vat. B., Urb, Mar., Ald., Breviar. Mozar., Gis., Fabr. et alii. Mox vers. 26, *Ad superna cœli* ; et ver. 97, *Celsa scandere contigit Tonantis.*

10. Mar., *minister*, ad oram pro div. script., *magister*: sed utraque vox *prævius* et *minister* facta recentiori manu, abrasis prioribus.

12. Tria epitheta ex igne desumpsii *ardens Augurius, lucidus Eulogius, clarus Fructuosus*.

13. Weitzius cum aliis, *ascitus*. Vat. A, *qui a :* legendum *quia*.

16. Ald., *inde et carceream*, male.

17. Ald. corrupte, *carnis extrahebat*.-Hymno super., vers. 99 et 100, lictores dicuntur carnibus pasti; hymn. 4 Cath., vers. 167, de aquila, *Sanguine pasta cui cedit avis*; lib. 1 in Sym. vers. 585, *Sanguine pasta voluptas*. Claudianus, lib. ii Stilic. vers. 14, *Pœnis hominum, vel sanguine pasci*. Cicero ii Phil., *Versatus in bello est, saturavit se sanguine*. Chamillardus nomina carnificum recenset ex Martyrologio Hispano. In Actis hi recensentur beneficiarii, sive apparitores, ut exponunt Bollandiani : Aurelius, Festucius, Elius, Pollentius, Donatus, et Maximus. *Beneficiarii* ex ies o dicebantur milites qui vacabant muneris beneficio, ex aliis imperiales ministri, ex aliis satellites prætoris, qui a muneribus plebis vacabant.

19. Ald. mendose, *socio*. Vat. A supra pro div. script., *socios subiret*. Sed melius est *feriret*, ut cum dicitur, *Magno perculsus timore*. Becmanus in intro-

PERISTEPHANON HYMN. VI

20 Præceptor veuemens eundo firmat,
Incenditque fidem calore Christi.
Mecum state, viri, vocat cruentus
Ad pœnam coluber Dei ministros:
Ne mors terreat, est parata palma.
25 Carcer Christicolis gradus coronæ est,
Carcer provehit ad superna cœli,
Carcer conciliat Deum beatis.
His dictis, adeunt specum reorum.
Exercent ibi mysticum lavacrum, .
30 Et purgamen aquæ stupent tenebræ.
1028 Sex hic continuis latent diebus,
Tandem stant trucis ad tribunal hostis,
Fratres tergeminos tremunt catastæ.
Judex Æmilianus imminebat,
35 Atrox, turbidus, insolens, profanus,

A   Aras dæmonicas coli jubebat.
Tu, qui doctor, ait, seris novellum
Commenti genus, ut leves puellæ
Lucos destituant, Jovem relinquant,
40 Damnes, si sapias, anile dogma.
Jussum est Cæsaris ore Gallieni,
Quod princeps colit, ut colamus omnes.
1029 Hæc fanti placidus refert sacerdos:
Æternum colo principem, dierum
45 Factorem, dominumque Gallieni:
Et Christum Patre prosatum perenni,
Cujus sum famulus, gregisque pastor.
Subridens ait ille: Jam fuisti.
Nec differt furor, aut refrenat iram,
50 Sævis destinat ignibus cremandos:
Exsultant, prohibentque flere vulgum.

GLOSSÆ VETERES.

20. Præceptor, *magister.* — Vehemens, *sævus con-*
tra vitia, l.
21. Calore, *amore,* l.
24. Palma, *remuneratio,* l.
25. Coronæ, *decoris,* l.
28. Specum, *Ubi fures et alii mali includebantur,* Rat.
29. Exercent, *populos baptizant,* l.
30. Purgamen, *peccatorum,* l.

B 33. Catastæ, *eculei ardentes, lectus ferreus,* l.
35. Insolens, *superbus,* l.
40. Damnes, *necesse est : pro damna, id est, desere*
— Si sapias, *si aliquid sapias.* —Anile, *vetus, inane,* l
43. Refert, *respondet,* Mar.
46. Prosatum, *natum,* l.
50. Destinat, *adjudicat, deputat : distinat est re-*
pellit; sed destinat, deputat, l.

COMMENTARIUS.

duct. ad ling. Lat., pro *minor feriret* ex cod. Pal.
timor feriret, Torn., Sich. habebant *minor* : Latinius corrigebat *minis.*
24. Vat. A, Egm., Hailsbr., Pal., *nec mors.* Plerique *ne mors.* Breviar. Mozar., *en* pro *est,* non inconcinne.
25. Carcerem martyres læto et alacri animo adibant. Damasus de S. Agatha, *Deliciæ cui carcer erat.*
30. Ald., Hailsbr., Vat. Q, et, ut videtur, Alex., *et purgamen aquæ* cum Noms., Ox., Alt., Thuan., Gis., Heins., Brev. Moz., et aliis. Vat. P. repetit mendose *et purgamen aquæ aquæ.* Urb., Parrhasius, Vat. B, Mar., Rat., Weitz., *et purgamina quæ,* Egm., Pal., Vat. A, *expurgamen aquæ.* De baptismate et sacramento pœnitentiæ id intelligit Chamillardus. Rogatianum in carcere baptizatum Acta referunt : de sacramento alio pœnitentiæ non nisi divinando quis conjiciet. De carceris tenebris antea Prudentius in Vincentio vers. 257 et seqq., et in Cypriano vers. 51 et seqq. Vide Sagittarium de Cruciatibus, cap. 2, ubi ostendit a tenebris dici consuevisse carceres *antra, specum, barathrum.*
33. Christiani olim *fratres* vocabantur, ut dixi ad vers. 73 hymni S. Laurentii. Aliæ conjecturæ, ut hi tres martyres fratres dicantur, inanes sunt. Hoc etiam loco *catasta* sumitur pro patibulo in quo martyres erant comburendi, ut hymno 1 Peristeph. vers. 56, *Post catastas igneas.*
34. Vat. A a prima manu, et Rat. scribunt *Emelianus.* Alii *Emilianus,* alii *Æmilianus.* Hic Æmilianus præfecturam in Hispania gerebat anno 259, adeoque diversus est ab imperatore Æmiliano, qui anno 253 occisus est.
36. Breviar. Moz. male, *dæmoniacas.*
37. Gentiles id Christianis objiciebant et exprobrabant, quod mulieres et imperitos ad religionem Christianam pellicerent. Minucius : *Qui de ultima fæce collectis imperitioribus et mulieribus credulis, sexus sui facilitate labentibus, plebem profanæ conjurationis instituunt.* Vide quæ ad hunc locum notant Heraldus, Elmenhorstius, Wowerus.
39. Weitz. cum Hailsbr. scribit *distituant.* Lucos et montes præcipue ad deos suos adorandos ethnici eligebant; idque innuitur Deuter. II, 2 : *Subvertite omnia loca in quibus coluerunt gentes quas possessuri*

C *estis, deos suos super montes excelsos, et colles, et subter omne lignum frondosum.*
40. Rat. a prima manu. Mar. supra pro div. script., Parrhasius, *damna,* quod conjecerat Bigotius ex *damnas* in Ambros., quomodo etiam in Rat. supra. Plerique, *damnes.* Breviar. Moz. corrupte, *Augusti dogma* pro *anile dogma.* Lactantius, l b. I, cap. 13 : *Si enim feminæ sexus infirmitate labuntur (nam interdum isti muliebrem et anilem superstitionem vocant), viri certe sapiunt.* Et cap. 20 : *Jam profecto ab aniculis, quas contemnunt, et a pueris nostratibus error illorum, ac stultitia irridebitur.*
42. Vat. A, P, Alex., Egm., Hailsbr., Pal., Widm. supra, Gis., *ut colamus,* quod tenuit Heinsius cum Giselino, nihil ex suis scriptis adveriens. Vatt. B, Q, Urb., Mar., Ald., Torn., Galland., Weitz., *hoc colamus.* Weitzius ait Aldum habere *omne* pro *omnes.* Mihi Aldus cum aliis *omnes.* Fabricius a Weitzio etiam citatur pro *ut.* Fabricius utrumque affert *ut et hoc;* videlicet *Jussum est Cæsaris ore Gallieni, ut Quod princeps colit, hoc colamus omnes.*
44. Nebrissensis nihil mutandum censuit, sed suspicabatur *deorum* pro *dierum,* quod Chamillardo non displicebat, quasi diceret *deum deorum.*
46. Prag., Parrhasius, *satum,* contra metrum.
48. Ex Actis : *Æmilianus præses Fructuoso episcopo dixit : Episcopus es? Fructuosus episcopus dixit : Sum. Æmilianus dixit : Fuisti.* Verbum energicum, *fuisti,* ut apud Virgilium *Fuimus Troes, fuit Ilium, et ingens Gloria Teucrorum. Vixi, virimus.* Prudentius in præfatione carminum *Per quinquennia jam decem, Ni fallor, fuimus.* Plutarchus in Alexandro, refert veterem gymnosophistam Alexandro interroganti, vivine an mortui plures essent, respondisse, *Vivos : nam mortui ne sunt quidem.* Hic gymnosophista irrideret phrasin *abiit ad plures* pro *mortuus est.* His loquendi modis *fuisti, viximus, fuimus,* finem vitæ instare significatur. Hericus Altissiodorensis, lib. V, *Viximus, et jussas ævi decurrimus horas.*
49. Rat., Parrhasius, repugnante metro, *furorem* pro *furor.* Prag., *ut refrenet,* non male.
51. Rat., *vulgus.* Acta narrant ab ipsis quoque ethnicis amatum fuisse Fructuosum : *Quia talem amorem habebat non tantum a fratribus, sed etiam ab ethnicis.*

Quosdam de populo videt sacerdos
Libandum sibi poculum offerentes :
Jejunamus, ait; recuso potum.
1030 Nondum nona diem resignat hora :
Nunquam conviolabo jus dicatum,
Nec mors ipsa meum sacrum resolvet :
Sic Christus sitiens crucis sub hora
Oblatum sibi poculum recusans,
60 Nec libare volens, sitim peregit.

A Intrant interea locum rotunda
1031 Conclusum cavea : madeus ferarum
Multo sanguine quem furor frequentat :
Cum spectacula perstrepunt cruenta,
65 Ac vilis gladiator ense duro
Percussus cadit, et fremit voluptas.
Hic flammante pyra niger minister
Ardens supplicium parare jussus,
Construxit facibus rogum supremis.

GLOSSÆ VETERES.

53. Libandum, *gustandum*, I.
55. Resignat, *aperit*, I.
56. Jus dicatum, *jejunium*, I.
57. Sacrum, *jejunium*, I., Mar.
58. Crucis, *passionis*, I.
61. Locum, *amphitheatrum*, Mar.

62. Cavea, *amphitheatro*, I.
64. Perstrepunt, *personant*, I.
66. Fremit, *gaudet*.—Voluptas, *aspiciendo, delectatio videntium talia*, I.
69. Supremis, *altis*, I. *Maximis*, Mar.

COMMENTARIUS.

53. Mar., Weitz. cum nonnullis suis, *poculum ferentes*. Baronius t Annal. ann. 34 ostendit veteres consuevisse eis qui ad mortem damnati erant, potum aliquem exhibere, qua a mente abalienati sensu doloris carerent, ubi de myrrhato vino Salvatori oblato agit, et hos versus allegat. Plura de hoc eodem argumento Joannes Tamaius de Salazar in Martyrologio Hispano.

54. Cum hi SS. Martyres die 21 Januarii passi fuerint, non aliud jejunium tunc occurrere potuit, nisi id quod veteres Christiani observabant feria 4, 6 et sabbato, ut dixi ad hymnum Jejunantium, et Post jejunium. Erat certe jejunium, quod hora nona solvi poterat, ut vers. seq. exprimitur. Notandum est etiam veteres Christianos, dum jejunabant, abstinuisse a potu vini.

55. De semijejunio, quod in die stationis celebrabatur, hoc loco agi satis constat ex hora *non* i, quæ nominatur, tanquam tempus aptum ad solvendum jejunium. Hic enim erat mos catholicorum, cum Montanistæ stationem protraherent ad vesperam usque, de quibus Tertullianus, lib. de Jejuniis, sive adversus Psychicos (ita vocat Catholicos), cap. 10 : *Æque stationes nostras, ut indignas, quasdam vero et in serum constitutas novi atis nomine incusant; hoc quoque munus et ex arbitrio obeundum esse dicentes, et non ultra nonam detinendum, de suo scilicet more.... De ipsis prius expostulandum unde hanc formam nona dirimendis s ationibus præscribant*. Riga tius leg ndum putat *stationes nostras, ut indicta*: Prorius existimat Montani fas hoc loco impugnari a Tertulliano, non catholicos: quod nulla ratione confirmat De hora nona, qua statio solvi poterat, plura habet Binghamus lib. xxi, cap. 5, § 3. Cassianus collatione 2, cap. 26 : *Commodum satis et utile hora nona refectionis tempus indultum est*. Alardus Gazæus in notis advertit hoc refectionis tempus quasi ex gratia et indulgentia quadam fuisse indultum, eo quod primi monachi ad vesperam usque jejunarent. Hoc ipsum innuit Prudentius Cathem. 8, vers. 65 : *Larus ac liber modus abstinendi Ponitur cunctis*. SS. Basilius et Benedictus horam etiam nonam solvendi jejunii præscribunt.

56. Baronius ad ann. 262, num. 65, putat Fructuosum his verbis non innuere consuetum jejunium, sed arctius et diuturnius nempe a feria 4 ad feriam 6; quia, ut constat ex Tertulliano, ep scopi persecutionum tempore, et urgente aliqua gravi necessitate, jejunia strictiora indicebant. Verum Prudentius satis clare jejunium stationis describit, et SS. martyres jejunium servasse non tam ex voto aliquo quam ex lege consuetudinis ecclesiasticæ, ostenditur ex nominibus quibus jejunium appellat, scilicet *jus dicatum, sacrum*: similiter in hymno Jejunantium, et Post jejunium vocavit *festum, victimam*. Idem confirmant Acta : *Cumque multi ex fraterna caritate eis of-*

B *ferrent, uti conditi permixti poculum sumerent, ait: Nondum est hora solvendi jejunii. Agebatur enim hora diei quarta*. Siquidem in carcere quarta feria solemniter celebraverant. *Igitur sexta feria lætus atque securus festinabat, ut cum martyribus et prophetis in paradiso, quem Dominus præparavit amantibus se, solveret stationem*.

57. Sic hymno 8 Cath. Post jejunium : *Nona submissum rotat hora solem..... Solvimus festum*.

58. Prag., *crucis sub ara*.

61. Amphitheatrum describitur, quod veluti e duobus theatris constabat; et ea de causa dicitur *locus rotunda cavea conclusus*. Cavea dicebatur area quæ etiam arena appellari solebat, quod arena spargebatur, ne gladiatores facile laberentur. Caveæ etiam nomen habebat carcer, ubi feræ detinebantur, et in circo gradus, unde populus spectabat, in quibus gradibus erat summa, media, et infima cavea. Cavea prima, seu ima, senatui et equitibus ; media plebi ; summa et ultima, feminis attributa, ut colligitur ex Seneca lib. xi de Tranquill. Antiquiores caveam de theatro dicebant. Lipsius lib. de Amphitheatro, cap. 2, auctoritatibus Tertulliani, Prudentii et similium, probat de amphitheatro etiam caveam dici. Ruinæ amphitheatri Tarraconensis adhuc exstant, sed ruinæ tantum.

C 64. Chamillardus notat spectacula gladiatorum a rege Theodorico omnino prohibita. At prohibita multo ante ab Honorio constat, ut dixi in comment. ad finem lib. II contra Symm.

65. Latinius, *ense duro*.

66. *Voluptatem* peculiari significatione de spectaculis dici, notavimus et in comm. ad lib. II in Symm. vers: 1125. Illud nunc occurrit, Horatii versum in arte poetica, *Ficta voluptatis causa sint proxima veris*, intelligi posse de his quæ finguntur, ut in theatro repræsententur : nam de poema is theatralibus eo loci agit Horatius.

D 67. Aliam descriptionem pyræ ad martyres comburendos vide in Romano vers. 816 et seqq. Celeriter hujusmodi rogi exstruebantur : ut enim refert Eusebius lib. IV, cap. 11, ex epistola Smyrnensium de S. Polycarpi martyrio : *Populus confestim ligna e sarmenta partim ex officinis, partim ex balneis incredibili celeritate comportabant; præcipue vero Judæis alacri animo, ut solent, operam suam in id conferentibus*.

69. Breviar. Moz., *facibus* metri lex postulat *facibus*. Nebrissensis faces supremas intelligit ultimas in ordine apparandi. Cellarius ait posse *supremis* sumi pro *ferialibus, funestis*. In rogo faces, quæ corpori cremando proximiores erant, et ultimæ cum corpore ardebant, dici poterant ultimæ, et quia pyra in altum erigebatur, summæ, et supremæ. Sed hoc loco Cellarii interpretatio magis arridet.

70 Qui dum corpora concremanda solvit,
1032 Ferventes animas amore lucis
Fracto carceris expediret antro.
Certant officiis pii sodales :
Plantis calceamenta dissolutis,
75 Pronus detrahere studebat unus :
Sed sanctus vetat ora Fructuosus
Inclinata premi. Facessite, inquit,
Ne nostram gravet obsequela mortem.
Atquin ipse meos pedes resolvam,
80 Ne vestigia præpedita vinclis
Tardis gressibus irruant in ignem.
Cur lamenta rigant genas madentes?
Cur vestri memor ut fiam, rogatis?
1033 Cunctis pro populis rogabo Christum.
85 Vix hæc ediderat, relaxat ipse

A
Indumenta pedum : velut Moyses
Quondam fecerat ad rubum propinquans.
Non calcare sacram cremationem,
Aut astare Deo prius licebat,
90 Quam vestigia pura figerentur.
Stabat calce mera, resultat ecce
Cœlo spiritus, et serit loquelam,
Quæ cunctos tremefecit audientes.
Non est, credite, pœna, quam videtis,
95 Quæ puncto tenui citata transit :
Nec vitam rapit illa, sed reformat.
Felices animæ : quibus per ignem
Celsa scandere contigit Tonantis,
1034 Quas olim fugiet perennis ignis !
100 Hæc inter rapidis focos crepantes

B Intrant passibus, et minantur ipsis

GLOSSÆ VETERES.

70. Qui, *rogus*. — Solvit, *destruxit : per ignem in favillas*, I.
71. Lucis, *cœli*, I.
72. Carceris, *corporis*. — Antro, *corpore*, I.
75. Sodales, *scilicet sui*, I.
77. Facessite, *recessite*, I.
78. Gravet, *impediat*. — Obsequela, *hoc obsequium dicimus et hæc obsequela feminino genere, sicut suasio et suadela sub una significatione*, I.

79. Atquin, *certe*, I.
85. Ediderat, *protulerat*, I.
88. Cremationem, *rubum*, I.
90. Pura, *nuda*, Vat. A.
91. Calce mera, *pede puro, vel nudo*,
94. Credite, *cuncti*, I.
95. Citata, *velox*, I.
98. Contigit, *evenit*, I.
99. Olim, *in futuro*, I., Mar.

COMMENTARIUS.

70. Ald. mendose, *contremenda solvi*. Vat. B, Alex., Mar., Parrhasius, *concremata solvit*. Heinsius ita etiam edidit cum Oxon., Thuan., Ambr. Recentiores Heinsium sequuntur, excepto Gallandio, cui non placet *concremata*. Legunt *concremanda* Vatt. A, P, Q, Urb., Breviar. Moz., Weitz. cum suis, Prag., aliique vett. In Rat. ex *concremenda* correctum *concremanda*. C Prag., *solum* pro *solvit*, quod nullus est sensus.
72. Vat. A, B, Alex. a prima manu, Mar., Prag. a prima manu, Rat., Widm., Hailsbr., Boug. a prima manu, Thuan., Heins., *expediret*. Vatt. P, Q, Urb., plerique Heinsiani, Ald., Parrhasius, Breviar. Moz., Weitz. aliique; *expedivit*, quod tenuit Gallandius, quamvis non ei displiceret *expediret*.
73. Alex., Vat. Q, Mar., Prag., Rat., *pii* cum plerisque edd. Aldus, Breviar. Moz., Parrhasius, Vat. P, Urb. aliique, *piis*.
74. Ald., Parrhasius, Breviar. Moz. scribunt *calciamenta*.
75. Is in Actis Augustalis dicitur Lector Fructuosi.
76. In Mar. videtur prius fuisse *ora*, sed factum deinde *ore*, et in margine pro div. script., *ora*, quod solum verum est.
77. Ald. mendose, *premit*. Parrhasius corrupte; *sat est, si te*, inquit, et ita quidem in plurimis exemplaribus legi affirmavit in emendatis, sed scribendum censuit, *facessi e, inquit*.
78 Mar., Prag., Vat. A, *ne nostram*.
79. Breviar. Moz. non recte separat *at quin*. Judæi ad adorationem nudis pedibus incedere solebant. Eadem fuit aliarum gentium consuetudo. Vide Broverium de Adorat. cap. 16, ubi probare contendit nulli pedalia Hebræorum proprium festum non fuisse ; et Christianos nonnullos in processionibus et crucis adoratione nudis pedibus incedere consuevisse ostendit. Videtur Fructuosus non coartus, sed libere id fecisse, fortasse exemplo Moysis permotus, quod postea refertur.
83. Ald., *ut sem*. In Alex. videtur fuisse *ut siam*. Vera lectio, certe communior codicum, est *ut fiam*, correpta prima in *fiam*. Ali bi etiam corripunt Prudentius : ac simili modo fecerunt Arator, Tertullianus et alii. Gis. in 1 ed. posuit *siem*, quod in 2 ed. mutavit in *fiam*, sciolos correctores arguens quod codicum

lectionem pervertissent. Cellarius notat quod *superstitem, et vivum rogant, non mortuum*.... *Nerdum illo ævo mortuorum invocatio invaluerat*. Quis non rideat plumbeum hominis acumen? Semel occurrit quod vivum rogaverint, et inep e colligit, necdum illo ævo mortuorum invocationem invaluisse. Centies ait Prudentius rogari martyres vita functos a provinciis integris, et non proptetea credit, invaluisse illo ævo invocationem mortuorum, ac vix fatetur, tunc cœpisse. In hoc ipso hymno, vers. 145, nu clara sunt hæc verba, *Exsultare tribus libet patronis, Quorum præsidio fovemur omnes Terrarum populi Pyrenæorum*. Invaluerat ne illo ævo invocatio mortuorum? Erat quidem tunc in usu, ut nunc etiam es, ut Christiani sese p ecibus viventium commendarent. Sed invocatio hæc viventium, sicut nostro ævo invocationi mortuorum non opponitur, ita neque ævo Prudentii, aut ante illud opponebatur.
87. Egm., *rubrum : emenda rubum*. Adisis comment. ad hymn. 5 Cath.
91. Ald., Gis., Urb., Alex. supra, Parrhasius, Breviar. Moz., *mero*. Plerique *mera*. Juvenalis satyr. 6 : *Observant ubi festa mero pede sabbata reges*. Bioverius loc. cit. ait Juvenalem nugas de Judæis prodere, qui potius quam ut nudipedes incederent omnibus vestibus sabbatinis sese induebant, ut sabbatum D vestium luxu honorarent. De hac voce *merus* vide comment. ad vers. 26 Apoth.
94. In Thu m., *credita pœna*.
95. Mariettus monet videndum an legi debeat *punctu*; nam in suo codice ita legitur diserte sine litura, in R t. *puncto*, sed sub litura, et omnino videbatur fuisse *punctu*.
99. *Olim* de futuro tempore Virgilius lib. iv Æn. : *Nunc, olim, quocunque dabunt se tempore vires*. Et I.h. i : *Hunc tu olim cœlo spoliis Orientis onustum Accipies*.
100. Prag. mendose, *nec inter*. Mar., *cremantes*, et ad oram eadem manu, *crepantes*, pro div. script.
101. Mar., Gis., Alex. *ipsi* Plerique, *ipsis* : ut supra *tremunt catastæ*. sic nunc *minantur caminis* ad robur animi demonstrandum : quod, ut Prudentius poetice, ita oratorie describit Hilarius in psalmum LXV, num. 21 : *Alii enim in vinculis carcerum glorian-*

Flammarum trepidantibus caminis.
Nexus denique, qui manus retrorsus
In tergum revocaverant revinctas,
105   Intacta cute decidunt adusti.
Non ausa est cohibere pœna palmas,
In morem crucis ad Patrem levandas :
1035 Solvit brachia, quæ Deum precentur.
Priscorum specimen trium putares :
110   Quos olim Babylonicum per ignem
Cantantes stupuit tremens tyrannus.
Illis sed pia flamma tum pepercit,
Nondum tempore passionis apto,
Nec mortis decus inchoante Christo.
115   Hos cum defugeret vaporus ardor,

A   Orant, ut celer ignis advolaret,
Et finem daret anxiis periclis.
Exorata suos obire tandem
Majestas famulos jubet, caducis
120   Missos corporibus, sibique reddi.
Vidit præsidis ex domo satelles
1036 Cœlum martyribus patere apertum,
Insignesque viros per astra ferri.
Quin et filiolæ monens herili
125   Ostendit sceler's notam paterni :
Cœlo vivere, quos forum peremit.
Hæc tum virginitas palam videre
Per sudum meruit, parente cæco,

GLOSSÆ VETERES.

107. Nexus, *ugamina*, 1.
106. Cohibere, *constringere*, I.
109. Specimen, *figuram*, I.
111. Stupuit, *obstupuit*, I.
115. Vaporus, *calidus*, I.
116. Orant, *sancti*, I.

B   120. Missos, *pro dimissos*, I.
121. Domo, *familia*, Mar.
123. Insignesque, *gloriosos*, I.
125. Notam, *signum*, Iso.
126. Forum, *concilium*, Iso.
128. Sudum, *serenitatem*, I.

COMMENTARIUS.

tur, alii cœsi in verberibus gratulantur, alii potestati irreligiosorum desecanda felicium colla submittunt, plures in exstructos rogos currunt, et, trepidantibus pœnæ ministris, ignem saltu devotæ festinationis insiliunt; alii in profundum demergendi non in aquas necaturas, sed in refrigerium æternæ beatitudinis decidunt. In Actis dicitur stipites, quibus martyres ligati fuerant, permansisse: adeoque Florezius poetice locutum Prudentium censet, cum eos in ignem insiluisse narrat. Verum Acta exponi possunt de furca, quæ sæpe collo inserebatur, retortis in tergum brachiis eorum, qui in rogum injiciendi erant. Vide comment. ad vers. 851 in Romano.

102. Hailsbr., Bong. a prima manu, Gis. ad oram, *crepitantibus* : melius *trepidantibus*.

103. Breviar. Moz., Teol., *retrorsum*. Martyres comburendi stipiti, vel funibus alligabantur, vel clavis affigebantur. Hinc Christiani dicti *semaxii* ab *axe*, vel *stipite*. *Licet nunc sarmentitios, et semaxios appelletis, qui ad stipitem dimidii axis revincti sarmentorum ambitu exurimur*, ut ait Tertullianus in Apologet. cap. 50. Vide tabulam XVII. Hoc loco intelliguntur brachia in tergum retorta, antequam pyram ingrederentur.

104. Brev. Moz. male, *renovaverant*.

106. Vatt. B, Q, Prag., *pœna cohibere*, sed lex metri poscit *cohibere pœna palmas*.

107. Veteres Christiani, dum orarent, brachia levabant et extendebant in morem crucis. Usitatum id quoque fuit ab Hebræis, ut ipse Prudentius cecinit hymno 12 Cath. vers. 170, de Moyse : *Pansis in altum brachiis.... Crucis quod instar tunc fuit*. Vide etiam vers. 52 hymni 4 Cath. Victorius edidit Romæ 1760 veteris gemmæ ad Christianum usum excalptæ explanationem, ubi exhibet Deiparæ imaginem, quæ a non pœnitendo artifice sculpta in excalpta Victorio videtur in sardonyche bicolore manibus, ita ut dixi, in formam crucis expansis, in speciem orantis, seu Deum deprecantis. Plures vetustissimas similes picturas, et marmorea toreumata Bosius, Aringhus, Ciampinius, Buonarrotius, Boldettus, Blanchinus, Bottarius, Broverius aliique illus rant.

110. Parrhasius *Babylonium* minus bene. De hac historia trium puerorum dictum in Apoth.

114. Ald. scribit *inchoante*.

115. Breviar. Moz. contra metrum, *vaporeus*. Gis. 1 ed. *vaporis*. Chamillardus durum et barbarum esse pronuntiat *vaporus ardor*, neque apud alium occurrere *vaporus* pro *vaporifero*, nisi apud Prudentium. Verum ante Prudentium *vaporus* dixit Arnobius lib.

C

VI, *Illud in rigoribus algidum, hoc vaporum*, ubi aliqui minus bene legunt *vaporeum*. Nemesianus clare eclog. 4, vers. 63 : *Ter vittis, ter fronde sacra, ter thure vaporo Lustravit*. Et *vapor* pro *calore* apud optimos scriptores sonat, jam monui in hymn. S. Laurentii ad v. 345.

116. Vatt. A, B., *orant sancti ut* : non patitur metrum. Vat. Q, *advocaret*; supra recte, *advolaret*.

117. Brev. Moz., *periculis*, contra metrum.

120. Prag., Gis. ad orant, Bong., Fabr., *missis*; alii, *missos*. Nebrissensis exponit *sibi*, hoc est *sibi ipsis*. Melius tamen *sibi*, scilicet *ip.i Deo*. Confer hymnum Exsequiarum.

121. Egm. scribit *satellis*. Hinc etiam patet animas piorum ex Prudentii sententia ad cœlum evehi, cum nihil purgandum remanet. Chamillardus ait, hoc in loco nonnulla mutavisse Prudentium, quia in Actis legitur, Babylonium et Mygdonium vidisse cœlum apertum, necnon ex familia Æmiliani filiam, quæ matri suæ Fructuosum et socios in cœlum euntes ostendebat. Verum optime Prudentio convenit cum Actis, quæ ita habent : *Apertumque est cœlum, videntibus Babylan et Mygdonio fratribus nostris ex familia Æmiliani præsidis, qui etiam filiæ ejusdem Æmiliani, dominæ eorum carnali, ostendebant sanctum Fructuosum ep scopum cum diaconibus, adhuc stipitibus, quibus ligati fuerant, permanentibus, in cœlum ascendentes coronatos. Cumque Æmilianum vocarent, d centes, Veni, et vide..... Cum Æmilianus venisset, videre eos non potuit*.

D 126. Ambr., *quo foro, ex quo* Heinsius conjiciebat *quos foro*. Hoc loco *forum* accipi potest pro *loco in quo rei suppliciis afficiuntur* : quod solebat fieri in foro ipso, in amphitheatris, in circis.

127. Mar. a prima manu, Prag., *hæc dum*, minus recte. Virginitas pro virgine, ut apud Claudianum, carm. 18, lib. 1 in Eutrop., *Virgini as vestalis adit*.

128. Ald., Vatt. B, Q, Urb., Mar., Prag., Rat., Hailsbr. a secunda manu, Sich., Gis., Ald., Widm. a prima manu, Weitz., *patente cœlo*. Ambr., Alt., Thuan., Vat. A a prima manu, Vat. P, Hailsbr. a prima manu, *parente cœco*. Alex., Widm. supra, *parente cœlo*. Vat. A supra, *patendo cœlo*. Breviar. Moz. corrupte, *Perfidum meruit parentem cæcum*. In Actis legitur : *Æmilianus veniens videre eos non fuit dignus*. Si Acta hæc Prudentium certe præcessissent, non dubium est, quin hinc Prudentius respexisset. Alioquin *patente cœlo* non est lectio contemnenda. *Per sudum* Virgilianum est lib. VIII, *Per sudum rutilare vident*.

Ut crimen domini domus timeret.
130 Tum de corporibus sacris favillæ
Et perfusa mero leguntur ossa,
1037 Quæ raptim sibi quisque vindica-
[bat.
Fratrum tantus amor domum referre
Sanctorum cinerum dicata dona,
135 Aut gestare sinu fidele pignus.

Sed ne relliquias resuscitandas,
Et mox cum Domino simul futuras,
Discretis loca dividant sepulcris,
Cernuntur niveis stolis amicti,
140 **1038** Mandant restitui, cavoque claudi
Mixtim marmore pulverem sacrandum.
O triplex honor, o triforme culmen,
Quo nostræ caput excitatur urbis,

GLOSSÆ VETERES.

129. Domus, *familia*, I.
131. Mero, *puro vino*, I.
132. Raptim, *velociter.*—Vindicabat, *acquirebat*, I.

139. Cernuntur, *quidam viri*, I.
142. Honor, *martyrum*, I.
143. Excitatur, *erigitur*, I.

COMMENTARIUS.

129. Tibullus lib. III, eleg. 7 : *Felix, quicunque dolore Alterius disces posse carere tuo*:
130. In Breviar. Moz. desideratur *de*.
131. In proleg. num. 159 de hoc versu egi. In Actis : *Superveniente autem nocte ad amphitheatrum cum vino festinanter pervenerunt, quo semiusta corpora exstinguerent.* Veteres reliquias corporum crematorum vino lavabant. Virgilius lib. VI, *Relliquias vino, et bibulas lavere favillas.* Rogus ipse exstinguebatur vino, et tunc amici aut propinqui ossa et cineres legebant. Vino veteri nonnullos usos probat versus Tibulli lib. III, eleg. 2, *de suis ossibus post obitum. Et primum annoso spargant collecta Lyæo.* Legere ossa phrasis propria in funere : hinc *oss legium*; et Martialis sensu ambiguo : *Edent hæredes, inquis, mea carmina : quando? Tempus erat jam te, Sosibiane, legi.* Confer Tibullum lib. III, eleg. 2. Ut autem cineres corporis combusti cum aliis rogi cineribus non permiscerentur, ita corpus in pheretro componebatur, ut exstincto rogo reliquiæ illius discretæ essent ab aliis cineribus. Constat etiam, adhibitum in funeribus nobilium genus lini quod non absumebatur, de quo Plinius lib. XIX, cap. 1 : *Regum inde funebres tunicæ corporis favillam a reliquo separant cinere.* Desiderius Heraldus Adv ers. 1, cap. 7, Kirchmannus lib. III, cap. 6, la Cerda, Comment. in Virg., aliique plura de hoc ritu congerunt. Exstat Joann. Ciampinii Dissertatio de incombustibili lino, sive de lapide amianto, deque illius filandi modo. Romæ 1691. Kirchmannus lib. III, cap. 7, usum ejus lini non credit fuisse, et nugis similiora putat, quæ alii de amianto lapide narrant. At certum est, Romæ adhuc in urna quæ in bibliotheca Vaticana exstat, hujusmodi sindonem amianti miræ magnitudinis asservari. Ante hos quinque annos Romæ etiam ad portam Capenam e regione monumenti Scipionum reperta est sindon asbestina, ossa humana continens.

132. Parrhasius ita distinguit *quisque vindicabat Fratrum : tantus amor.* Agobardus in carmine post obitum Caroli et Leidradi Prudentium imitatur : *Necnon Pantaleonis ossa raptim Tollunt cuncta simul, liganique pannis.* In Martyrologiis rapere corpora martyrum sæpe occurrit : quo festinantium fidelium sedulitas declaratur. In Actis nostris, *festinanter*, et mox, *Eorumdem martyrum cineres collectos, prout quisque potuit, sibi vindicavit.*

134. Gis. 1 ed., *cinerem*, perperam.
135. De hac consuetudine colligendi ossa sæpius in sinum vide Heraldum et Kirchmannum locis cit. Imo urnulam, qua ossa claudebantur, ad tumulum sinu exportabant. Tertullianus de Agrippina in funere Germanici lib. II, *Tunc ferales reliquias sinu ferret.*
136. Breviar. Moz. male, *sed et.*
137. Idem, *futuros*; melius *futuras.*
138. Idem, *loco*; corrige *loca.*
139. Vat. A contra metrum, *stolis niveis.* Breviar. Moz. corrupte, *cernui* pro *cernuntur.* Chamillardus probabiliter putat ipsos tres martyres apparuisse. Prudentius sæpe martyres candidatos vocat. In Actis ita legitur : *Apparuit* (Fructuosus) *fratribus, et monuit ut quod unusquisque per charitatem de cineribus usurpaverat restituerent sine mora, unoquoque* (forte *unoque*) *in loco simul condendos curarent. Æmiliano etiam, qui eos damnaverat, Fructuosus pariter cum diaconibus suis ostendit se in stolis repromissionis, increpans*, etc. In codd. nonnullis mss. hæc adduntur : *Et mane facto mox Christiani omnes, qui reliquias sanctorum abstulerant, deferentes cum magno metu, ac summa lætitia singuli narrantes visionem similem, in sacrosancta ecclesia sub altari sancto, exsultantes in Domino honorifice sepelierunt.*

140. Breviar. Moz. male, *cadaveraque* pro *cavoque claudi.* Florezius id dictum putat per prolepsin, quia eo ipso die martyrii vix fieri poterat, ut marmor secaretur. Verum hujusmodi urnæ sepulcrales apud artifices factæ paratæque in promptu erant, ut qui vellent, eas emerent. Hinc interdum accidit, ut in Christianorum sepulcris signa ethnicorum propria appareant.

141. Brev. Moz. mendose, *Mixto marmori pulvere sa randa.* Vat. B, *mixtum* pro *mixtim.* In sepulcrorum monumentis occurrit interdum *mixtis cineribus.* De reliquiis copiose agit Florezius.

142. In Vat. A desideratur *o* post *honor.* Parrhasius *lumen* pro *culmen*; et notanda est hæc varietas scripturæ, nam in principio ait Prudentius, attolli caput Tarraconis coruscare ignibus horum martyrum, nunc idem caput hoc lumine triformi excitari. Itaque, si mss. faveant, legam libenter *lumen.*

143. In hymno octodecim martyrum de quavis civitate, quæ martyre patrono gaudeat; vers. 15, *Olbe de magno caput excitata.* Chamillardus *nostræ urbis* intelligit Cæsaraugustam, quia Cæsaraugusta erat in provincia Tarraconensi, cujus caput erat Tarraco. Hoc ipsum voluerat Bartholomæus Leonardus Argensola in epist. ad Marianam. Non placet hæc interpretatio, neque placuit Nebrissensi, Cellario, Peverato, Teolio, innumerisque aliis, qui Tarraconem a Prudentio urbem nostram vocari dicunt, quamvis negent Tarraconem fuisse Prudentii patriam. Et Prudentius quidem redit ad sententiam primæ strophæ, et caput Tarraconis excitari intelligit. Paulinus ep. 4 ad Ausonium, *Et capite insigni despectans Tarraco pontum.* Et quamvis Tarraco fuerit caput provinciæ Tarraconensis, dubito an apposite dicatur caput uniuscujuslibet urbis in ea provincia contentæ, puta, Cæsaraugustæ, Calagurris. Nam caput dicitur caput corporis, non caput pedis aut brachii. Ab iis qui aliter sentiunt exempla proferri desidero quibus Roma dicta fuerit caput Bononiæ vel Ferrariæ, aut Matritum caput Cæsaraugustæ vel Calagurris. Prudentius in versione Italica libri Peristeph. veram sententiam assecutus, ita reddidit : *O triplicato onor, triforme cima, Per cui la città nostra erge la fronte Sublime più d' ogni città d' Iberia!* Illius versionis memini in proleg. num. 121. Postea nactus sum exemplar ms. editioni paratum, ubi præmittitur Vita Mozzii, et de hoc opere id enuntiatur : *Come persona ecclesiastica gli piacque di tradurre in verso sciolto nella più forbita Toscana favella gl' inni intitolati* LE CORONE *di Prudenzio insigne poeta cristia-*

Cunctis urbibus eminens Iberis!
145 Exsultare tribus libet patronis :
1039 Quorum præsidio fovemur omnes
Terrarum populi Pyrenearum.
Circumstet chorus ex utroque sexu,
Heros, virgo, puer, senex, anicla :
150 Vestrum psallite rite Fructuosum.
Laudans Augurium resultet hymnus,
Mixtis Eulogium modis coæquans,
Reddamus paribus pares camœnas.
Huc aurata sonent in arce tecta :
155 Blandum littoris exstet inde murmur,

A Et carmen freta feriata pangant.
Olim tempus erit, ruente mundo,
Cum te, Tarraco, Fructuosus aeri
Solvet supplicio tegens ab igni.
160 Fors dignabitur et meis medelam
1040 Tormentis dare, prosperante Christo,
Dulces hendecasyllabos revolvens.

VII HYMNUS.

IN HONOREM QUIRINI BEATISSIMI MARTYRIS EPISCOPI
ECCLESIÆ SISCIANÆ.

Insignem meriti virum

GLOSSÆ VETERES.

144. Iberis, *Hispanicis*, I.
153. Camœnas, *laudes*, I.
154. Hinc, *ex una parte*, I.—Arce, *templo*, Vat. A.
155. Inde, *ex altera parte*, I.
156. Freta, *mare*.—Feriata, *otiosa, repercussa*, l.

157. Olim, *quandoque*, I
160. Fors, *forte*, I.
161. Prosperante, *propitiante*, I
162. Revolvens, *relegens*, I.

COMMENTARIUS.

no, che si danno ora alle stampe, i quali avea non poche volte fatti udire nelle accademie della sua patria con universale soddisfazione; e se morte non si fosse interposta, avea pensiero di continuarne la traduzione degli altri libri.

145. Bartholomæus Argensola loc. cit. videtur legisse *liber* pro *libet*, et ex verbo activo infinitivi modi *exsultare* verbum deponens modi imperativi : ita enim vertit Hispanice, *Alegrate pues, o ciudad libre, por tres patrones*; quanquam non video cui substantivo voluerit applicare adjectivum *liber* : nam si intelligatur civitas, deberet efferri *libera*.

146. Galland., Tornæs., Bong., Fabr., *foventur*. Sed plerique mss. et edd. *fovemur*, quod præferendum est.

147. Parrhasius male, *Pyrenea per arva* pro *Pyrenearum*.

149. Weitzius alicubi invenit *heres* pro *heros*. Widm., Bong., Vat. B, Mar., Prag., Rat., Thuan., *anula*. Parrhasius, Heins., Ambr., Teol., *anulla*, quod in alio etiam codice reperit Heinsius. Schedæ Grœvianæ *aninla* mendose. Ab *anu* aiunt fieri *anula* et *anulla*. Sed usitatius et melius est *anicla* ab *ancula*; et *anicla* habent Vat. A, Alex., Breviar. Moz., Ald., Weitz., Gis. et alii plurimi.

151. Mar., *hymnis*; supra recte, *hymnus*.

153. Alex., *amœnas*; supra, *camœnas*, probe. Non enim audiendus est Weitzius, qui cum Widm. a prima manu edidit *canenas*. Pro versibus camœnæ ponuntur.

154. Mar. a prima manu, *in acta*. Parrhasius corrupte; *inarchitecta*. Olim templorum tecta inaurata esse solebant: etiamnum Romæ præsertim hæc consuetudo obtinet.

156. De imagine vocis id accipitur. Cellarius advocat hoc illud Ciceronis, *Parietes gratias agere gestiunt*. Prudentius nauticæ gentis cantus videtur innuere.

158. In Prag. ex *acri* non bene factum *acris*.

159. Verius, ait Cellarius; *hoc Christo tribuisset*. At hæretici nolunt animum advertere ad explicationem, et mentem catholicorum. Prudentius addit, *Prosperante Christo*.

161. Parrhasius inter verba Prudentii propria numerat *prosperare* pro *favere*: sed ita locuti sunt Livius, Plautus, Tacitus et alii.

162. Nonnulli vulg., *hendecasyllabas*. Hi versus phaleucii per antonomasiam vocantur hendecasyllabi. De sententia hujus conclusionis vide p olegom. cap. 19. Breviarium Mozarabicum alios versus addit, qui minime sunt Prudentiani.

Inscriptionem exhibui quam habet Alex. In Vat. A eodem modo, sed in *honore, et Ecclesiæ Sesclanæ*.

B Mar., *Incipit hymnus in honore sancti Quirini martyris, et episcopi Ecclesiæ Susclanæ*. Rat. ita, sed *Ecclesiæ Suscianæ*. Aldus, *Ode in laudem Quirini martyris episcopi Ecclesiæ Siscianæ*. Weitzius *in honorem Quirini martyris et episcopi Ecclesiæ Suscianæ*. Pr., *Quirino martyri et episcopo Sisciano Illyrico*. Heinsius facit cum Alex. 3. In Egm., Rott., Ox., Torr. duobus et Alt. scribitur *Sescia* pro *Siscia*. In Vat. Q, *Sicitia*. In Widm., *Suscia*. Prag., *Sescia*; Vatt. A, B, Rat., *Susciæ*; Mar., *Sisciæ*. Nomen *Sisciæ* aut *Sysciæ* confirmatur ex Ptolemæo, Strabone, Paterculo, Plinio, Antonini Itinerario, Ambrosiano codice, Eusebii Chronico, et ex martyrologiis multis in locis. Siscia civitas erat Pannoniæ superioris ad Colapis, et Savi confluentem, de qua Plinius lib. III, cap. 25. Nunc vicus est *Sisek* sive *Sisseg* dictus prope Zagrabiam sedem episcopalem. Vide Geograph. ant. Cellarii. De Quirino ita Martyrologium Romanum die 4 Junii ex Prudentii hymno: *Sisciæ in Illyrico S. Quirini episcopi, qui sub Galerio præside pro fide Christi,*

C *ut Prudentius scribit, molari saxo ad collum ligato, in flumen præcipitatus est; sed lapide supernatante, cum circumstantes Christianos, ne ejus torrerentur supplicio, neve titubarent in fide, diu fuisset hortatus, ipse ut martyrii gloriam assequeretur, precibus a Deo, ut mergeretur, obtinuit*. Idem fere in Chronico Eusebii narratur a S. Hieronymo ad annum 310 : *Quirinus, episcopus Siscianus pro Christo gloriose interficitur. Nam manuali mola ad collum ligata, e ponte præcipitatus in fluvium, diutissime supernatavit, et cum spectantibus collocutus, de suo terrerentur exemplo, vix orans ut mergeretur, obtinuit*. Vide notas Vallarsii et aliorum. Gregorius Turonensis, Beda, Usuardus, Ado, idem martyrium referunt, sed narratione et fide Prudentii nituntur. Bollandiani ad diem 4 Junii membrana compendium Actorum, ex Prudentio fere acceptum, trium lectionum gloriæ præbens in die festo S. Quirini pro basilica S. Mariæ Trans Tiberim. Quisnam sit Galerius, sub quo duce Quirinus martyrii palmam consecu-

D tus a Prudentio dicitur, quam inter atque inter se dissident auctores. Acta quædam exstant apud Mombritium in quibus narratur Quirinum a Maximo præside sustibus cæsum, ad Amantium Pannoniæ præsidem missum, a quo capitalis pœnæ sententiam subiit. Huic Baronius et Chamillardus Galerium Prudentii intelligunt esse Galerium Maximinum cæsarem, qui Maximinus Daza est appellatus, et a G lerio Maximiano imperatore Orienti erat præfectus. Ruinartius opponit Maximum in Actis memoratum non fuisse cæsarem: misit enim martyrem ad Amantium, quod ipse jus gladii non haberet. Cellarius et T olius addunt Maximinum illum Dazam nullo præsidatu insignem fuisse, cum cæsar, quod omnes mi-

PERISTEPHANON HYMN. VII.

1041 Quirinum placitum Deo,
Urbis mœnia Siscæ
Concessum sibi martyrem
5 **1042** Complexu patrio fovent.
Illic sub Galerio duce,
Qui tunc Illyricos sinus
Urgebat ditionibus,
Fertur catholicam fidem
10 Illustrasse per exitum.
Non illum gladii rigor,
Non incendia, non feræ
Crudeli interitu necant :

A Sed lymphis fluvialibus
15 Gurges dum rapit, abluit.
Nil refert vitreo æquore,
An de flumine sanguinis
Tingat passio martyrem.
Æque gloria provenit
20 **1043** Fluctu quolibet uvida.
Summo pontis ab ardui
Sanctæ plebis episcopus
In præceps fluvio datur,
Suspensum laqueo gerens
25 Ingentis lapidem molæ.

GLOSSÆ VETERES.

5. Fovent, *colligunt*, I.
10. Exitum, *mortem*, I.
15. Abluit, *penitus*, I.
16. Refert, *distat, vel differt*, I.

17. An, *utrum*, I.
20. Quolibet, *utroque*, I.
21. Summo, *summitate*, I.
23. Datur, *jacitur*, I.

COMMENTARIUS.

rabantur, renuntiatus est, neque Illyricum post, sed Orientem rexisse. Sed notandum Chamillardum statuere, sub Maximino Daza jam Cæsare passum Quirinum, non antequam Cæsar fieret. Mihi placet sententia Giselini, qui a Prudentio ait designari Galerium Maximianum, qui in Diocletiani locum allectus, Illyricum, Asiam et Orientem obtinebat, tabulisque æreis de interitu Christianorum edicta proponebat. *Maximus* autem ille et *Amantius* de quibus Acta, præsides fuerunt sub Galerio Maximiano, ut aperte innuunt Acta a Bollandianis ad cod. ms. correcta : *Prementibus itaque Maximiani imperatoris legibus*, *Christianus infestabatur exercitus : per Illyricum vero Diocletianus sacrilegis præceptis in Christi populum hostiliter sæviebat, addito tyrannidi suæ alio Maximiano, in regno participe, qui et suam rabiem, et Diocletiani per omnem Illyricum ostenderet. Fere tamen ad omnes provinciarum judices nefandorum principum sacrilegi apices mittebantur, ut in templis dæmonum immolare cogerent Christianos. . . . . . . B. Quirinus episcopus Siscianus a Maximo præside jussus est comprehendi. . . Post triduum autem Maximus Quirinum episcopum jussit ad Amantium præsidem ad primam Pannoniam duci.* Antea legebatur *addito tyrannidi suæ Maximiano* : Bollandiani ex ms. Vat. restituerunt *alio Maximiano*, quo Maximianus Galerius certo intelligitur. Ruinartius et Bollandiani ea acta pro sinceris habent ; sed tam hi quam ille hymnum Prudentii addunt. In martyrologio Romano verba illa *sub Galerio præside*, fortasse melius in hæc mutarentur *sub Galero imperatore*, nam Prudentius *ducem* appellavit, ut imperatorem designaret, ut Honorium lib. II in Sym., vers. 1114, *Te precor, Ausonii dux augustissime regni*, et duos fratres imperatores Honorium et Arcadium ibid. vers. 14, *Hæc ubi legatus: Reddunt placidissima fratrum Ora ducum*. Et in Romano de eodem Galerio vers. 31, *Galerius orbis forte Romani statum Ductor regebat*. Ruinartius, quem alii sequuntur, existimat Maximum præsidem vocari potuisse Galerium Maximum, adeoque apte cohærere, quod Quirinus sub Galerio duce, ut ait Prudentius , et sub Maximo præside passus fuerit, ut Acta referunt. Id mihi minus probatur. Versu 1. Ald., Alex., Vatt. B, Q, Hailsbr., Thuan., Noms., Rat., Prag., Heins, et recentiores, *meriti*, ut cum secundo casu conjugatur adjectivum *insignis*. Alii, *meritis*, et nescio an melius, ut *insignis pietate vel armis*.

2. Mar., Widm., Vat. B, Prag., *placidum* : melius *placitum*.

3. Vat. B mendose, *mœniæ*. De diversa ratione scribendi nomen *Sisciæ* dictum jam est ad vers. 1.

4. Alicubi inveni notatum *confessum* ex vet. cod.

5. An hæc verba *complexu patrio* innuant Sisciam patriam esse Quirini, merito dubitari potest. Ex Actis

B nihil constat. Ejus corpus, ut referunt Acta, in basilica ad Scarabetensem portam fuit depositum. Sed cum Acta narrent non Sisciæ, sed in civitate Sabariensi passum Quirinum, hæc porta Scarabetensis ad Sabariam videtur pertinere. Chamillardus narrat, postea, cum barbari Pannonias devastarent, Romam translatum fuisse, et inde Mediolanum per Angilbertum Mediolanensem episcopum. Ruinartius, ex Rudolpho scholastico in vita B. Rabani sæculo IV Benedict., part. II, pag. 12, affirmat Roma in Germaniam translatum, et in celebri Fuldensi monasterio reconditum. Plura addunt Bollandiani.

7. Ex Virgilio I Æneid., *Illyricos penetrare sinus*.

11. Sagittarius cap. 6, de Cruciat. curiose observat sæpius conjungi a SS. Patribus in martyriis recensendis gladium, crucem, bestias, ignem, aliquando tamen unum, vel alterum ex hoc quaternario numero omitti, ut crucem a multis aliis, et hoc loco a Prudentio. Plures ipse auctoritates complectitur.

C 15. Ablutus est Quirinus tanquam lavacro martyrii, quod baptismus sanguinis dici solet, et , ut explicat Prudentius, nihil refert, sive vero flumine sanguinis quis abluatur, effuso scilicet sanguine pro Christo, sive alio modo mortem subeat. In officio ecclesiastico Martyrum sæpe fit mentio effusionis sanguinis, quamvis vere non fuerit effusus : quia perinde est, dummodo vitam pro fide martyr impenderit.

16. Vat. A, *nihil*.

20. Glossa unius Vat. apud Teolium, *Sanguine, an aqua humefacta*.

25. In editione Veronensi Ruinartii ex cod. Germanico ad oram *ingenti lapidum mole*, quod depravatum est. De hoc martyrio Lactantius, cap. 15 de Mortibus persecut. de Diocletiano : *Domestici, alligatis ad collum molaribus lapidibus, mari mergebantur*. Gallonius cap. 1 agit de ponderibus quibus martyres cruciabantur, et advertit Romæ adhuc asservari in

D basilicis SS. Apostolorum, atque Apollinaris et Anastasii ad Aquas Salvias maximi ponderis lapides, nigræque coloris, rotundos, vel oblongos, ferreum annulum saxo impactum habentes, quo funiculus ad ligandum et suspendendum ad pedes vel manus sublime pendentium immittebatur : qui lapides *orbicularia* dicuntur a Josepho lib. de Machab. ad Polybium. Eorum forma exprimitur tabula 5, lit. D. Probat etiam Gallonius post Baronium in notis ad martyr. logium, hujusmodi globos lapideos inventos fuisse inferendorum cruciamentorum causa, non æstimandorum onerum gratia, ac diversos etiam fuisse ab illis ponderibus quæ lege 12 tabul. debitoribus exhibebantur. Ut autem vera hæc omnia esse concedam, illud quærendum superest an hæc ipsa

Dejectum placidissimo
Amnis vortice suscipit,
Nec mergi patitur sibi,
Miris vasta natatibus
30   Saxi pondera sustinens.
Spectant eminus e solo
Doctorem pavidi greges :
Nam Christi populus frequens
1044 Riparum sinuamina
35   Stipato agmine sepserat.
Sed Quirinus, ut eminens
Os circumtulit, heu ! suos
Exemplo trepidos videt,
Nil ipse proprii memor
40   Inter stagna periculi.
Confirmat pia pectora,
Verbis mitificis rogans,
Ne quem talia terreant,
Neu constans titubet fides,
45   Aut pœnam putet emori,
Dicentem fluitantibus
Amnis terga vehunt vadis :

A
Nec substrata profunditas
Saxoque, et laqueo, et viro
50   Audet sponte dehiscere.
1045 Sensit martyr episcopus,
Jam partam sibi prœripi
Palmam mortis, et exitus,
Ascensumque negarier
55   Æterni ad solium Patris.
Jesu cunctipotens, ait,
Haudquaquam tibi gloria
Hæc est insolita, aut nova,
Calcare fremitum maris,
60   Prona et flumina sistere.
Scimus discipulum Petrum
Cum vestigia tingeret

B
Mortali trepidus pede,
Dextræ subsidio tuæ
65   Subjecisse salum solo.
Jordanem quoque novimus,
Tortis vorticibus vagum,
1046 Dum fertur rapido impetu,
Ad fontem refluis retro

GLOSSÆ VETERES.

46. D.centem, *scilicet hæc, prædicantem*, I.
52. Partam, *paratam*, I.
59. Fremitum, *sonitum*, I.

60. Prona, *currentia*. — Sistere, *retro fluere*, I.
65. Salum, *mare*. — Solo, *pede*, I.
67. Vagum, *velocem*, I.

COMMENTARIUS.

pondera quæ nunc in basilicis Romæ, aliisque in partibus asservantur, instrumenta martyrii reipsa olim fuerint. Neque tamen inficior argumentum non leve peti vel ex hoc solo, quod cum epigraphe id indicante ea pondera asserventur : præsertim si ostendatur hujusmodi inscriptiones idoneo antiquitatis testimonio fuisse appositas.

27. Aldus edidit *vertice*, sed correxit *vortice*. Heinsius notat in suis esse *vertice*, et infra vers. 67 *verticibus*.

31. Teolius contra metri rationem, *suspectant*.

32. Rott., *ductorem*, quod non displicebat Gallandio, cum sequatur *greges*.

34. *Sinuamen* vox Prudentii propria, ut *peccamen*, et alia nomina similia, de quibus alibi.

36. Ald. minus bene, *ut eminus*.

37. Ald., Bong., Widm., Vatt. B, P, Q, Alex., Mar., Prag., Rat., Thuan., *suos exemplo*. Cellarius et Teolius affirmant mss. habere *suo exemplo*, non *suos exemplo : de exemplo* pro *extemplo* assentior ipsis. Heinsius solum ait magnum Scaligerum ad Eusebii Chronicon legisse *suo exemplo*, nam in Chronico dicitur *ne suo terrerentur exemplo ;* in Aldo et Ambrosiano esse *tuos exemplo* (Aldus mutavit *tuos* in *suos*). ac veram scripturam in margine editionis Giselinianæ comparere. Giselinus certe edidit *suos extemplo*, et ad oram *suo exemplo*. Non video cur lectio codd. mss. deserenda sit *suos exemplo*, quæ plus dicit quam *suo exemplo :* exemplum enim intelligitur Quirini, etiamsi non exprimatur, et *suos* energice indicat *pavidos greges* Quirini. Itaque Gallandius retinuit *suos exemplo trepidos*. Alia lectio *suo* exstat in Vat. A. Chamillardus mendose edidit *hos* pro *os*, quem incautè secutus est Ruinartius.

42. Vett. edd., et multi mss. habent *mirificis*. Heinsius ex suis scriptis, et in his Ambrosiano restituit *mitificis*, quo vocabulo alibi etiam utitur Prudentius. Ex optimis membranis idem Heinsius in Silio Italico lib. xii legit *mitificus* pro *horrificus*. In hoc hymno *mitificis* confirmant duo codd. quos Ruinartius, et quinque quos Teolius consuluit.

44. Nonnulli vulg., *ne constans*.

53. In martyrologiis et apud quosvis ecclesiasticos scriptores sæpissime palma tribuitur martyribus : quia apud Græcos et Romanos palma erat victoriæ insigne, et cap. vii Apocal., vers. 9, describuntur martyres *amicti stolis albis, et palmæ in manibus eorum*. Sacra congregatio indulgentiis et sacris reliquiis præposita, anno 1668 decrevit, *palmam et vas illorum* (martyrum) *sanguine tinctum pro signis certissimis* (martyrii) *habenda esse*. Disputatum diu est an sola palma sit idoneum martyrii signum : nunc vero fere pro certo habetur solam palmam non constituere certum martyrii indicium.

57. Nonnulli vulg., *gloriæ*, mendose.

59. Gis., *calcare et fremitum*. Alii, etiam ipse Gis. prima ed. sine *ct*. Ultima in *calcare* producitur ratione cæsuræ, et ob *fr* dictionis sequentis.

63. Nebrissa ait, *In quo posset ingredi, quasi in solo*. At solum hic accipitur pro solea seu planta pedis. Vide Cathem. 5 hymn. vers. 129.

67. Teolius explicat, *Instabilem ob frequentes vortices*, et ita putat accipi posse Ammiani Marcellini verba de Druentia flumine, *vorticibus vagis intortum* lib. xv, cap. 10, quin necesse sit cum Valesio hanc lectionem sollicitare. Quæ quidem acute excogitata esse, non diffiteor. Sed puto Prudentium ex Horatii imitatione *vortices tortos* dixisse undas repulsas a loco in quem feruntur, ut refluentem Jordanem describat. Horatius, lib. I, ola 2, de Tiberis inundatione : *Vidimus flavum Tiberim, retortis Littora Hetrusco violenter undis, Ire dejectum monumenta regis, Templaque Vestæ*. Bene *flavum Tiberim*, nunquam enim magis est arena flavus et turbidus Tiberis (quanquam semper est turbidus) quam cum hujuscemodi inundat ones contingunt : quæ tum solent accidere cum, plurimis collectis aquis ex imbribus aut nivibus resolutis, præterea ventus ita ostiis fluminis est oppositus, ut undasejus repellat ac retorqueat. Hinc intelligitur quid sit *retortis littore Hetrusco violenter undis*, et in Prudentio *tortis vorticibus*.

70	Confugisse meatibus.
	Hæc miracula sunt tuæ
	Virtutis, Domine, ut modo
	Suspendor, leve prænatans,
	Summo gurgite fluminis,
75	Cum collo scopulum traham.
	Jam plenus titulus tui est,
	Et vis prodita nominis,
	Quam gentilis habet stupor.
	Absolvas, precor, optime,
80	Hujus nunc animæ moras.
	Quid possis probat amnicus
1047	Qui vectat silicem liquor.
	Hoc jam, quod superest, cedo,

A	Quo nil est pretiosius,
85	Pro te, Christe Deus, mori.
	Orantem simul halitus,
	Et vox deserit, et calor;
	Scandit spiritus ardua;
	Fit pondus grave saxeum :
90	Corpus suscipiunt aquæ.

VIII HYMNUS

DE LOCO IN QUO MARTYRES PASSI SUNT, NUNC BAPTISTERIUM EST.

Electus Christo locus est ubi corda probata
1048 Provehat ad cœ'um sanguine, purg t
[aqua.

GLOSSÆ VETERES.

B

70. Meatibus, *transitibus, vel viis*, Iso.
73. Leve, *leviter*, I.
76. Titulus, *gloria*, I.

78. Hebet, *stupet, timet, vel mollescit, ut non audeant, sicut prius*, I.
85. Cedo, *da, precor*, I.

COMMENTARIUS.

72. Heinsius distinguit *Domine. Ut modo*, et post, vers. 75, *traham!* cum admirationis nota. Melius intelligitur *ut* significare *sicut*, scilicet *sicut miraculum est hoc, quod modo*, etc.

73. Rat., Mar., Vat. B, Q, Gis.,Weitz., *suspendar*. Vat. A, Alex., Thuan., Noms., Ambr., Heins., *suspendor*.

75. Mariett. mendose *scopum traham*. Acta habent: *Jussit, sancto Dei sacerdoti, vel famulo molam ad collum alligari*. Usuardus : *Qui pro fide Christi* (ut Prudentius scribit) *ligato ad manum molari saxo in flumen præcipitatus*, etc., quod alii etiam expresserunt. Fortasse hic error ex verbis S. Hieronymi natus est, qui *manualem* molam ad collum ligatam scribit. Nam *ad manum molari saxo* factum videtur ex *manuali mola*, sive, ut alii loquuntur, *manuaria*.

76. Mar., *cum;* supra, *jam*.

77. Oxon., *jam vis pro et vis*.

78. Vat. A, Rat., Mar., Sich., Iso, Weitz., Gis., *hebet stupor*. Scripti omnes Heinsiani, et alii nostri, *habet*. Tcolius solum vidit unum Vat. ubi est *Qua gentilis hebet stupor*, quod fecit suum Weitzius. In Vat. Q est *habet*, et supra glossa *id est, debet*. Isonis glossa facta est pro *hebet*.

81. *Amnicus* vox Plinii, Apuleii et aliorum.

85. Terentius, Plautus, Persius et alii usurpant *cedo* pro *da*.

84. Aliqui codd. *nihil* pro *nil* scribunt. Vat. P, *quod nil est;* Vat. Q, *quo nil pretiosius:* utrumque mendose. Post hymnum S. Quirini in Alex., Vat. B et Mar. sequitur passio Cassiani, et post hanc *De loco Baptisterii*.

1. Ascripsi titulum ex Mar. et Rat. Ita etiam Vat. A, sed post *est* addit *Calagorræ*. Aldus, *Locus ubi martyres passi sunt, quod nunc baptisterium appellatur*. Alex., *Incipit de loco*, et alia, ut in Mar. Heinsius etiam consonat Marietto, sed post *est* adjungit *Calagurri ex Oxonio*. Egm. addit *Calagorra*, Hailsbr. *Calagurra*. Fabricius, *Hymnus imperfectus de loco duorum martyrum ubi nunc baptisterium est*. Mihi perfectum videtur hoc poemation : sunt enim versus facti ut in aliquo baptisterio affigerentur, ut ego quidem puto, et innuit inscriptio in codice Florentino de quo dixi prolegom. num. 85 et seqq., *Versus in laudem baptisterii duorum martyrum sanguine illustrati*, vel, ut legitur in Urb., *illustris*. Quodnam fuerit hoc baptisterium quærunt interpretes. Giselinus, Weitzius, Chamillardus putant esse baptisterium in carcere Mamertino ubi SS. Processus et Martinianus baptizati sunt. Parum tamen id probabile videtur : nam Prudentius diserte ait eo ipso in loco duos martyrium tulisse, et in carcere Mamertino neque apostoli Petrus et Paulus, neque

D

Processus et Martinianus occisi sunt. Præterea in hoc carmine sermo est de baptisterio quod omnibus esset apertum dum scribebat Prudentius. At Romæ baptisterium publicum erat ad S. Joannis in Laterano, in carcere Mamertino fuisse non constat. Weitzius ignorabat quam longe a Vaticano custodia Mamertina distet, cum affirmet baptisterium hoc fuisse locum Romæ in Vaticano prope custodiam Mamertinam. Fortasse voluit scribere *in Capitolio*. Cancellierius in dissertatione Italica de hoc carcere, jam ante a me laudata, cap. 17 testatur se carceris Mamertini, ad ecclesiæ usum consecrati, mentionem non invenisse antiquiorem ea quæ fit a Maphæo Vegio in historia antiquæ basilicæ Vaticanæ Eugenio IV dicata, ubi ait : *E regione ædiculæ B. Petri in carceribus sub arce Capitolii*. C. Riscus affirmat nullum dubitandi locum jam esse quin de Calagurri sit sermo, postquam Heinsius ex Oxon. Calagurrim in lemmate posuit; adeoque opinatur hos versus statim post hymnum SS. Hemeterii et Celedonii esse reponendos. Verum jam ante Heinsium similem titulum in Egm. et Hailsbr. Weitzius notaverat; neque satis firmum est quod ex hujusmodi inscriptionibus petitur argumentum, præsertim ubi variant codices veteres. Non enim liquet quæ et qualia lemmata Prudentius ascripserit. Adde in nullo codice hos versus cum hymno SS. Hemeterii et Celedonii conjungi. Baptisterium igitur quod laudat Prudentius, exstitisse Calagurri veterum codicum inscriptiones suadent, sed non persuadent, siquidem non ab auctoris manu, sed ex alterius opinione, qui ita existimaverit, videntur esse appositæ. Neque exploratum habeo an Calagurri eo ipso in loco ubi SS. Hemeterius et Celedonius passi sunt, baptisterium fuerit erectum. Itaque illud tantum affirmari potest hos versus factos in laudem baptisterii alicujus sive Romæ, sive Calagurri, sive quovis alio in oppido erecti ubi prius duo martyres pro Christo passi fuerant. Hujusmodi epigrammata ad ornanda baptisteria fieri solebant. Apud Ennodium lib. 11, epigr. 20, *In baptisterio Agello, ubi picti sunt martyres quorum reliquiæ conditæ sunt*. S. Paulinus ep. 12 mittit ad Severum tria epigrammata quæ possent apponi baptisterio, a Severo duabus basilicis interposito, duo scilicet de picturis baptisterii, et tertium de ipso baptisterio, quod cum hoc nostro Prudentii conferri potest : est enim simillimum. Jam in 1 versu Egm. et Palat., Vat. P, Weitz., *locus hic*, *ubi*. Weitzius nullas glossas e suis codicibus huic hymno adjecit. Desunt etiam in Vatt. plerisque glossæ veteres. Mariettus e suo codice adnotavit ad vers. 2, *provehat — id est, Christus*.

Hic duo purpureum, Domini pro nomine cæsi,
Martyrium pulchra morte tulere viri.
1049 Illic etiam liquido fluit indulgentia fonte,
Ac veteres maculas diluit amne novo.
Qui cupit æternum cœli conscendere regnum,
Huc veniat sitiens : ecce parata via est.
Ante coronati scandebant ardua testes
Atria, nunc lætæ celsa petunt animæ.
Spiritus ætherio solitus descendere lapsu,
Ut dederat palmam, sic tribuit veniam.
Haurit terra sacros aut fonte, aut sanguine ro-
[res,

Exundatque suo jugiter uda Deo.
Ipse loci est dominus, laterum cui vulnere utro-
[que
1050 Hinc cruor effusus fluxit, et inde la-
[tex.
Ibitis hinc, ut quisque potest, per vulnera Chri-
[sti,
Evectus gladiis alter, et alter aquis.

IX HYMNUS.

PASSIO S. CASSIANI FOROCORNELIENSIS.

Sylla forum statuit Cornelius : hoc Itali urbem

GLOSSÆ VETERES.

1. Forum, civitas.—Hoc, forum, 1.

COMMENTARIUS.

3. In Aldo desideratur hic versus, quem se restituisse gloriatur Fabricius; sed jam exstabat in præcedentibus multis editionibus. Gisl. et Fabr. legunt *Christi* pro *Domini*.

4. Liquet in loco baptisterii martyres fuisse passos. Barthius in aliam interpretationem abiit, cui Cellarius videtur adhærere : scilicet lib. XLIV, cap. 2, tradit veteres Christianos baptisteriis reliquias supposuisse, et hanc putat esse interpretationem Apostoli I Corinth., cap. xv, vers. 29: *Alioquin quid faciunt qui baptizantur pro mortuis, si omnino mortui non resurgunt? ut quid et baptizantur pro illis?* Affertque hos Prudentii versus. et epigramma, quod nuper dixi, Ennodii. Et versus quidem Ennodii clare affirmant in baptisteriis condita corpora martyrum : *Conditor Armenius, superum qui dignus honore est, Hic peperit fontem vivificantis aquæ. Rapta sepulturis animavit corpora pictor. Funera viva videns mors eat in tumulum. Illorum tamen iste locus complectitur artus. Quas paries facies, mens tenet alma fide.* Addit Barthius : *Multa alia huc cumulari possint; sed nos contenti sumus ex solis poetis illustrare locum Apostoli, quos alioquin spernunt non pauci theologosophistæ, primum quia non intelligunt, deinde quia talia scire non quærunt, e.c.,* concludit, *ex hoc divino scriptore* (Prudentio) *plurima ad Ecclesiæ veteris mores observari posse.* Duo tamen contra Barthium dici possunt; primum, quo tempore Apostolus de baptismo pro mortuis ea verba protulit, nondum videri fuisse baptisteria quibus reliquiæ seu corpora martyrum fuissent supposita. Alterum, in Prudentii his versibus nihil omnino exprimi ex quo arguatur corpora duorum martyrum certo esse in eo baptisterio condita : nam Prudentius solum ait eo in loco martyrium tulisse. Et, ut ego arbitror, si corpora etiam ibi fuissent sepulta, non id tacuisset Prudentius.

6. Fortunatus æmulatus est Prudentium in hymno de Resurrectione Domini : *Candidus egreditur nitidis exercitus undis, Atque vetus vitium purgat in amne novo.* Notavit jam pridem Giselinus, et post Giselinum alii. Dicitur *amne novo*, ut opponatur veteribus maculis, et quia baptismus hominem renovat. Sic de gratia baptismatis Apoth. vers. 880, *Christique inopem nova gratia mundat:* nam Christi gratiam veteres Christiani interdum antonomastice pro baptismo dicebant, quod breviter innui in comment. ad eum vers., et veteribus inscriptionibus atque Actis martyrum uberrime postest confirmari.

10. Halsbr. a prima manu, *tunc lætæ*; melius *nunc lotæ*.

11. Ald., Mar. a prima manu, Vatt. A, P, Alex., Urb., Gis., plures Heinsiani, *æterno*. Vat. B, Rat., Prag., Weitz., nonnulli Heinsiani, *æthereo* vel *ætherio*, quod Giselinus etiam in nonnullis viderat, et rectius putavit Heinsius. Defendi potest *æterno*, quia postea eodem sensu dicitur *jugiter*.

12. Mar. a prima manu, Rat., Vat., *tribuat*. Melius est *tribuit*.

13. Rat., Mar. a prima manu, contra metrum, *alit*. Mar. supra, *haurit;* ad oram, *hausit*. Alex. scribit *aurit*.

14. Heinsius ex Thuan. restituit *uda* pro *unda*. Favet Alex., ubi etiam est *uda*. Sic etiam Cathem. v, vers. 116, de humo, *Fundit fonticulis uda fugacibus,* rectius et concinnius quam *unda.* Miratur aliquis Chamillardum dixisse *Hactenus jugiter unda Deo,* cum præcessisset Heinsius. At Chamillardus sæpe ita loquitur, verba Heinsii transcribens, quem in lectionibus variantibus indicandis se secutum, in præfatione clare monuit.

15. De duplici vulnere lateris abunde disseruimus ad vers. 86 hymni IX Cath. Addere juvat locum a Teolio indicatum, ex Actis S. Genesii inter opera S. Paulini : *Cui unius baptismatis duplex gratia ex utroque scilicet Christi latere et aqua, et sanguis parabatur.* Rosweydus suspicatur hanc homiliam esse Paulini Biterrensis episcopi, qui Paulino Nolano aliquanto anterior. Papyrius Massonus in descriptione fluminum Galliæ eam tribuit Patienti Lugdunensi episcopo. Ab eadem opinione de duplici vulnere abhorrere non videtur Thomas Hurtado de Vero Martyr. resolut. 55, digress. 2, sect. 8, ubi ait S. Augustinum innuere utrumque Christi latus lancea perfossum fuisse, de Temp. Barbar. cap. 8, *Per has angustas portas pene jam totus mundus intravit.*

17. Weitz., *prout quisque:* plerique alii, *ut quisque.*
18. Ald., Galland., Torn., *devectus.* Alii, *erectus.* Gis. prima ed., *devectus;* secunda ed., *enectus* mendo typographico, quod correxit in emendatis, sed non observavit Heinsius, qui contra sensum edidit *enectus.* Agitur enim de martyribus qui gladiis evehuntur in cœlum, et de baptizatis qui aquis *atria celsa petunt.* De baptisteriis Christianorum præter alios videri possunt Lupius alias laudatus, et Annibal degli abbati Olivieri-Giordani, *Dell' antico battistero della S. Chiesa Pesarese. In Pesaro* 1777. Post hos versus in Rat. et Mar. sequitur passio S. Romani.

1. Ita inscribitur hic hymnus apud Parrhasium. Alex. similiter, *Finit Passio Quirini. Incipit passio,* etc. Vat. A addit *ad Valerianum episcopum,* quod mendose ex hymno Hippolyti ad hunc est translatum. Rat. *Passio S. Cassiani martyrs Forocorneliensis.* Vat. B, Mar. *Passio S. Cassiani Forocorneliensi* (sic). Aldus, *Passio Cassiani martyris.* Heinsius cum Alex. facit. In Mar., Alex. et aliis hæc passio ponitur statim post hymnum S. Quirini. Duas hujus hymni versiones carmine Italico factas et editas recensui in proleg. num. 121 ubi indicavi episcopatum Forocorneliensem S. Cassiani mihi non probari : neque nunc aliter sentio, quamvis sciam apud Forum Cornelii et traditionem vigere, et picturam exstare, qua hic episcopatus exhibetur : nam utramque recentem puto,

1051 Vocant ab ipso conditoris nomine.
Illic mihi, cum peterem te, rerum maxima Roma,
Spes est oborta, prosperum Christum fore.
5 Stratus humi, tumulo advolvebar, quem sacer
[ornat
Martyr dicato Cassianus corpore.
Dum lacrymans mecum reputo mea vulnera,
[et omnes
1052 Vitæ labores, ac dolorum acumina,
Erexi ad cœlum faciem; stetit obvia contra

A 10 Fucis colorum picta imago martyris,
Plagas mille gerens, totos lacerata per artus,
Ruptam minutis præferens punctis cutem.
Innumeri circum pueri, miserabile visu,
Confossa parvis membra figebant stylis:
15 Unde pugillares soliti percurrere ceras,
Scholare murmur adnotantes scripserant.
Ædituus consultus ait: Quod prospicis, hos-
[pes,
1053 Non est inanis aut anilis fabula.

GLOSSÆ VETERES.

4. Prosperum, *propitium*, Vat. A.
7. Reputo, *pro reputavi*, I.
10. Fucis, *nigris coloribus, aromatibus*, l.
14. Stylis, *graphiis*, l.

15. Pugillares, *tabulas*. — Percurrere, *scribere*, l.
— Ceras, *cereas tabulas*, Vat. A.
17. Consultus, *interrogatus*, l.

COMMENTARIUS.

nullisque antiquis monumentis confirmatam. Cassiani patrum fuisse Forum Cornelii innuunt nonnullæ inscriptiones hymni; sed Prudentius minime id affirmat, et inscriptiones, utpote ab aliis additæ, exiguum habent robur ad persuadendum, ut dixi ad hymnum SS. Hemet. et Celed. De hoc martyre alia certa non sunt præter id quod tradit Prudentius, ex quo alii Acta concinnarunt. Dubia sunt, et, ut ego opinor, falsa alia Acta, in quibus Cassianus episcopus Brixinensis dicitur a qua diœcesi pulsus Imolam advenerit. Antonium Roschmannum, qui episcopatum Brixinensem, seu Subionensem S. Cassiani asserere conatus est, Hieronymus Tartarottus confutavit in epist. ad eundem, edita Venetiis 1750: Corpus S. Cassiani Imolæ (sic enim nunc Forum Cornelii appellamus) sub ara principe ecclesiæ cathedralis asservatur. Videri possunt Bollandiani ad diem 13 Augusti. De legenda hujus martyris, quæ in codice Vat. x exstat, dixi cap. 4 prolegom., num. 79. Ad hujus hymni explanationem conferunt epistola 8, lib. v, Bembi, et epistola Lipsii 32, cent. 1, ad Belgas. Uterque artem veterum notariorum restitui desiderant, Bembus etiam librum antiquum Hygini de sideribus his notis scriptum vidit. Joann. Clericus de Stylis veterum, variisque chartarum generibus, Hermannus Hugo de Origine scribendi, pluresque alii multa ad hunc hymnum spectantia exponunt. In catalogo codicum mss. bibliothecæ Bernensis I. R. Sinner meminit codicis Bongarsiani, quo usus est Weitzius, de quo vide proleg. num. 99 et not. *b* (col. 658 not. *d*). Sinnerus eum codicem distinctus describit, et in præfatione sui catalogi narrat ad hunc hymnum exhiberi pictam historiam S. Cassiani, duabus tabulis carmini appositis, quarum prima Cassianus ad pulpitum sedens pueros docet: hi scamnis insidentes stylos una manu, altera libros gestant; in secunda tabula pueri Cassianum stylis confodiunt. Forma librorum quos pueri gestant nostris est similis: ex quo arguit Sinnerus, jam Cassiani sæculo hunc morem in locum voluminum obtinuisse. Non assentior: pictor sæculo ix, quo codex exaratus dicitur, sui sæculi; non sæculi Cassiani, morem videtur effinxisse. Sæculo v libros nostris similes cœpisse verior est sententia.

2. Heinsius cum Ambr., *vocitant*, quod rectius esse ait quam *vocant*. Adhæret Parrhasius, qui ita pariter legit; et Prudentius, hymn. 18 martyrum, vers. 3, etiam dixit: *Cæsaraugustam vocitamus urbem*. Sed illic metrum exigebat *vocitamus*, hic sive *vocant*, sive *vocitant* dicatur, constat versus. Gallandius prætulit *vocant*: *Et recte*, inquit, *quia est versus senarius iambicus*. Hac ratione non minus recte dicetur *vocitant*. Cum hoc Prudentii hymno conferri possunt vetera Acta; sed ex hoc eodem hymno desumpta: de quibus Beda in prologo ad Vitam S. Felicis apud Bollandianos tom. I Januar. ad diem 14, ubi ait placuisse sibi ex

B carminibus S. Paulini Vitam S. Felicis presbyteri Nolani concinnare, *ejusque imitari industriam qui martyrium B. Cassiani de metrico opere Prudentii in commune apertumque omnibus eloquium protulit*. Exstant ea Cassiani Acta apud Mombritium. Fide etiam et auctoritate Prudentii nituntur quotquot veteres de Cassiano scripserunt, Gregorius Turonensis lib. 1 de Glor. mart., Ado, Usuardus, Notkerus, Petrus Damiani et alii.

4. Gis. prima edit., *propitium*, quæ est glossa pro *prosperum*.

5. In Eulalia vers. 5, *Ossibus ornat*.

7. *Vulnera*. Cellarius et Teolius crimina, peccata exponunt. Non abnuo; sed intelligi etiam possunt adversæ fortunæ casus. Vide vers. 401 et seqq.

9. Mar. pro div. script., *obviam*. Retine *obvia*. Imaginem Cassiani in ipso altari positam fuisse perspicuum est: neque tam claro exemplo hæretici habent quid opponant, nisi gerras vel nugas. Jam enim tunc ad eam imaginem Christiani preces fundebant: vers. 97, *Audit, crede, preces martyr prosperrimus omnes*, *Ratasque reddit quas videt probabiles*. Exemplum hoc imaginis in altari collocatæ, et aliud Romæ in ecclesia S. Hippolyti, ejusmodi erant quæ neque a multis sanctissimis episcopis ignorari poterant, neque tolerari si hæc eis inesset idolatria quam sibi fingunt heterodoxi, aliisque volunt persuadere.

10. *Fucus* in pictura passim dicebatur. In cod. Theod. lege 17, de pœnis: *Omnia simulacra* (Eutropii) *tam ex ære quam ex marmore, seu ex fucis, quam ex quacunque materia quæ apta est effingendis... præcipimus aboleri*. Vide Gotholredum ad hunc locum.

14. Thuan., *concessa* pro *confossa*, quod mallet amplecti Chamillardus, et Teolius ex nonnullorum codd. fide fortasse rectum dicit. Casaubonus, in Julio Cæsare, pag. 42, ad verba Suetonii, *Arreptum graphio trajecit*, de martyribus aliisque agit qui stylis vel calamis confossi obierunt.

15. Ald., *præcurrere*. Bollandiani notant *unde sumi* D pro *quibus*, scilicet stylis. Chamillardus ait tabellas cereas dictas *pugillares*, quia stylo in eis pungendo scribebatur; Teolius a pugno seu pugillo, quo circumferri solebant assidue. Putant enim aliqui pugillare esse quod ad pugillum pertinet, seu pugillum implet. In hymno 10 Cath., ad vers. 144, dixi pugnum et pugillum genus esse mensuræ apud coquos et medicos; et apud coquos quidem id significari videtur, quod pugno potest comprehendi; apud medicos vero pugillum esse quantum quinque summis digitis pugni levari aut apprehendi potest, monuit me cl. Franciscus Petraglia, non solum artis suæ medicæ cognitionibus instructus, scriptisque notus, verum etiam amœnioribus litteris ornatus.

16. Vat. A mendose, *annotante*. Mar., *scripserunt*; supra rectius, *scripserant*. Chamillardus interpretatur: *Scholare pensum annotarant, scripserant*.

Historiam pictura refert; quæ tradita libris,
20   Veram vetusti temporis monstrat fidem.
Præfuerat studiis puerilibus, et grege multo
Septus magister litterarum sederat.
Verba notis brevibus comprendere cuncta pe-
[ritus,
1054 Raptimque punctis dicta præpetibus
[sequi.

A 25   Aspera nonnunquam præcepta, et tristia visa
Impube vulgus moverant ira et metu.
Doctor amarus enim discenti semper ephebo,
Nec dulcis ulli disciplina infantiæ est.
Ecce, fidem quatiens tempestas sæva, preme-
[bat
30   Plebem d'eatam Christianæ gloriæ.
Extrahitur cœtu e medio moderator alumni

GLOSSÆ VETERES.

24. Præpetibus, velocibus, I.
27. Ephebo, imberbi juveni, I.

29. Tempestas, persecutio, I., Mar.
31. Modetator, magister. — Alumni, juvenilis, Mar.

COMMENTARIUS.

19. Hæc advertant velim, qui putant Prudentium ex solis picturis non bene intellectis Acta martyrum interdum adornasse. Imo ego existimo, præter peritiorum narrationem, ipsum Acta sincera quæ tunc erant consuluisse, sed ad poeticum quemdam gustum res exposuisse, tanquam ex alterius referentis ore, aut quia audita primum ab æditno postea ipse diligentius perlegit. Non erat autem hic æedituus, quod aliqui putant, homo aliquis illitteratus : nam oportebat illum esse clericum ordinatum, ut colligitur ex epistola S. Cornelii papæ. Vide Thomassinum tom. I, lib., ii, cap. 30 ; de Discipl. eccles.

20. Etsi tempus vetustum Prudentius appellet, tamen res potuit eodem sæculo iv contigisse. Sic in Romano vers. 32, *Ut refert antiquitas*, et tamen de Galerio imperatore loquitur. Verum etiamsi hæc antiquitas, et vetustas commode possit referri ad initium sæculi iv, tamen inopportunum est eam exponere de tempore Juliani Apostatæ, qui anno 363, post breve imperium, exstinctus est. Vide vers. 31.

22. Sessio plerumque auctoritatem indicat. Sic jurisconsulti apud Ciceronem sæpius sedentes, aut in solio consulentibus respondere dicuntur. Judices etiam sedebant, cum sententiam proferebant. Notum est de Pilato ; pro tribunali sedente. Jos. Ant. Gonsalus. de Salas ad Petronii verba, *Atque eques, in causa qui sedet*, pag. 36 alia exempla profert. Magistri litterarum, quibus res erat cum parvulis, sellæ non nimis altæ insidebant. Plautus in Bacchid. iii, 3, 28, *In sella apud magistrum assideres*. Docebant vero Christiani etiam ethnicorum filios, ut ex hoc hymno liquet, et colligitur ex Actis SS. Montani, Lucii, Flaviani et aliorum apud Ruinartium, ubi Flavianum discipuli hortabantur ut sacrificaret, quod dicerent, *ultimi furoris esse magis mala mortis timere, quam vivere* : quæ verba alii aliter legunt. Sed paulo ante § 12, *Cum Flaviani adjutorium reclamaret amore perverso*, recte cl. Giovenazzius corrigendum censet *auditorium pro adjutorium*, cum sermo sit de discipulis.

23. Locus hic postulat ut de notariis quædam expliceumus, quorum artem docebat Cassianus. Dominicus Aulisius, lib. i delle Scuole sacre, cap. 17 et 18, hac de re disputat. Ex Cosma monacho Ægyptio circa annum 540 refert scribas templi Hierosolymitani ex munere scripsisse sermones prophetarum, prout eos ab ipsis excipiebant, unde in prophetis apparet quædam confusio, de qua videri potest Daniel Huetius in Præpar. evang., propos. 4, cap. 14, et S. Hieronymus in prologo ad prophetiam Hieremiæ. Cum notari in foro Romano similes scribis templi Hierosolymitani fuerint, colligi potest hinc natam confusionem nonnullam in Actis SS. martyrum. Celeritatem scribendi in notariis veteres ipsi, qui ei rei inspiciendæ assueti erant, valde mirantur. Martialis, lib. xiv, epigr. 208, *Currant verba licet, manus est velocior illis : Nondum lingua suum, dextra peregit opus*. Legi etiam potest epigramma Ausonii 137 ad notariorum velocissime excipientem : *Puer notarum præpetum*, etc. Videntur autem fuisse nonnulli exceptores qui tanta velocitate scriberent, ut verba omnia redderent. Nam in homilia de martyrio S. Genesii inter

B opera S. Paulini ita legitur : *Sanctus itaque Genesius in juventutis flore primævo, provincialis militiæ tirocinium suscepit, eam officii partem studio et arte complexus, quæ patronorum verba vel nova signorum velocitate, vel dexteræ sonum vocis æquaret*. De notis Isidorus, lib. i Etym., cap. 22, *Notarum usus erat, ut quidquid pro concione aut in judiciis diceretur, librarii scriberent complures simul astantes, divisis inter se partibus, quot quisque verba, et quo ordine exciperent. Romæ primus Tullius Tiro Ciceronis libertus commentatus est notas ... Notæ autem dictæ eo quod verba vel syllabas præfixis characteribus notent, et ad notitiam legentium revocent, quas qui didicerunt, proprie jam notarii appellantur*. Peveratus aiebat apud se exstare notas mss. Tironis, et censet supposititias esse notas quas Gruterus Tironi ascripsit. Hinc colliges aliud fuisse litteris, aliud notis scribere. Notæ erant puncta, seu signa, seu singula in parvis et brevibus figuris vim multarum litterarum continentia, aliquantulum similia compendiis litterarum, quæ nunc *abbreviaturas* et *cifras* dicimus, sed magis simplicia, ut videtur. Confer. epigramma de ludimagistro, et notas Burmanni Anthologr. pag. 463 tom. I.

C 24. Puncta sunt notæ, ut diximus. Ausonius. loc. cit., *Punctis peracta singulis Ut una vox absolvitur* : conjunxit utrumque nomen *puncta singula*. Barthius, lib. xvii, cap. 9, advertit Prudentium eleganter usum verbo *sequi*, quod notat facilitatem in cera facili flexu. Plinius junior lib. vii, epist. 9, *Ut laus est ceræ, mollis, cedensque sequatur Si doctos digitos, jussaque fiat opus*. Lucanus lib. ix, *Solem cera sequetur*.

25. Mar., Rat., Weitz., Bong. a secunda manu, Vatt. B, P, X, Gifanius Ind. Lucr. verbo JUSSA ex vet. lib., Parrhasius, plerique Heinsiani, *jussa*. Ald., Bong. a prima manu, Fabr., Ambr., Noms., Heins., Ruinartius ex codice S. Michaelis, *visa*, scilicet præcepta, quæ aspera et tristia discipulis videbantur. Giselinus edidit *visa*, sed in aliis invenit *jussa* : quod, inquit, adeo allubescit, ut, quid debeam præferre non videam.

26. Mar., *moverat*; supra, *moverant*.

27. His similia S. Ambrosius lib. vi Hexaem. cap.
D 6 : *Nam quæ ignavis, aut infirmis, aut impiis plerumque offensioni atque terrori sunt, aliis usui ita sunt hæc, ut pædagogi parvulis. Amari videntur, acerbi et molesti, formidabiles verbere, libertatem lasciviendi negant, necessitatem disciplinæ exigunt, pueriles animos, ne luxu diffluant, terrore constringunt*. Nec dissimilia alii passim.

28. Teolius, *ulla*, mendose, ut puto.

31. Nonnulli ex his versibus colligunt Cassianum sub Juliano Apostata passum ; perinde quasi Prudentius dicat eum comprehensum fuisse, quod pueros doceret, cum idolis sacrificare nollet, quod Juliani edicto vetitum erat ; sed vetustius tempus videtur indicare Prudentius vers. 20, et causam martyrii clare innuit fuisse, quod Christianum nomen profiteretur, minime vero quod pueros doceret. Consule Bollandianos. Neque vero laudabilis Cassianus videretur, si contra imperatoris edictum pueros docere pergeret. Sic de Victorino Augustinus lib. viii Confess., cap. 5,

1055 Gregis, quod aris supplicare spreverat. A
Pœnarum artifici quærenti, quod genus artis
Vir nosset, alto tam rebellis spiritu;
35 Respondent : Agmen tenerum, ac puerile gu-
[bernat,
Fictis notare verba signis imbuens.
Ducite, conclamat, captivum : ducite, et ultro
Donetur ipsis verberator parvulis.
Ut libet, illudant, lacerent impune, manusque
40 Tingant magistri feriatas sanguine.
Ludum discipulis, volupe est, ut præbeat ipse

Doctor severus, quos nimis coercuit.
Vinctur post terga manus, spoliatus amictu,
Adest acutis agmen armatum stylis.
45 **1056** Quantum quisque odii tacita conceperat
[ira,
Effundit ardens felle tandem libero.
Conjiciunt alii fragiles inque ora tabellas
Frangunt : relisa fronte lignum dissilit.
Buxa crepant cerata, genis impacta cruentis,
50 Rubetque ab ictu curva, et humens pagina.
1057 Inde alii stimulos, et acumina ferrea vi-
[brant,

GLOSSÆ VETERES.

36. Fictis, *formatis.* — Imbuens, *docens,* Mar.
37. Ultro, *cito, statim,* I.
40. Feriatas, *armatas, vel otium habentes,* I.
42. Coercuit, *strinxit,* I.

43. Vincitur, *ligatur,* I. — Manus, *per manus,* Mar.
46. Felle, *furore,* Iso.
49. Impacta, *immissa, ingesta,* I.
51. Vibrant, *quatiunt,* 1.

COMMENTARIUS.

narrat eum Juliani legem amplexum, loquacem scholam deserere maluisse quam verbum Domini : idem
refert de Musonio Eunapius, et de Proæresio Hieronymus in Chronico : *Proæresius, sophista Atheniensis,
lege data, ne Christiani liberalium artium doctores
essent, cum sibi s·ecialiter Julianus concederet, ut
Christianos doceret, scholam sponte deseruit.*
34. Parrhasius, *rebelli,* non recte.
35. Parrhasius, *respondit,* male.
36. Rott., tres Torr., *strictis,* pro *fictis,* nec male,
aiebat Chamillardus. Ficta signa sunt notæ, de quibus supra.
38. Scriptor, Prudentio antiquior, non occurrit
qui dixerit *verberator.* Apud Ciceronem exstat *verberatio.*
40. *Feriatas* est ferias celebrantes. Postea vers.
75 : *Non petimus toties te præceptore negatas, Avare
doctor, jam scholarum ferias.*
41. Vat. B, Weitz., *volo sese.* Hailsbr., Bong.,
Widm. ad oram, *volo per se.* Probum est *volupe est
pro jucundum est,* auctoribus Terentio et Plauto.
42. Ald., Cellar., Thuan., Gis. ad oram, *minis :*
alii plerique, *nimis.*
43. Rat., *amictum* minus bene. In non ullis vulg.,
spoliatur; melius *spoliatus.*
44. Simile martyrium refertur de S. Felice in Pincis, qui Romæ passus est xix cal. Febr., quod tamen
merito rejiciunt Bollandiani die 14 Jan. in comm.
prævio ad Vitam S. Felicis Nolani, § 6. Nicephorus,
lib. xv, cap. 18, narrat Stephanum Antiochiæ episcopum a pueris interfectum calami instar teloru n
præacutis. Theodoretus lib. iii Histor., Sozomenus
lib. v, et ante hos S. Gregorius Nazianzenus orat. in
Julian. Marcum Arethusiorum episcopum cultris
pennariis a pueris vexatum commemorant : de cujus
recta fide et cultu apud catholicos videri possunt
Bollandiani ad diem 21 Martii.
46. Ald., Weitz., *effudit.* Ald., Vat. X, *tantum;*
alii, *tandem.*
47. Multi scribunt *coniciunt.* Ald., vetus codex ad
marg. edit. Weitz. apud cl. præsulem Reggium,
Torn. in contextu, *lapides* pro *fragiles,* quod exstat
in plerisque. Pro *ora* habent *ore* Vat. A, Bong.,
Weitzius. Sed concinnius est *in ora.* S. Gregorius
Turonensis de Gloria martyrum lib. i, cap. 45, ex
Prudentio, ut puto, idem fere exprimit : *Ceratas in
caput illidunt tabellas.* Plautus Bacchid. iii, 3, 56 :
*At nunc, priusquam septuennis est, si attingas eum
manu, Extemplo puer pædagogo tabula dirumpit caput.*
48. Scribebant veteres in corticibus, papyro, per-
gameno corio, frondibus arboreis, sed præcipue in
tabulis ceratis. Fieri autem solebant pugillares, sive
hujusmodi tabulæ ceratæ e ligno, fago, acere, citro,
ebore, aliquando crystallo et onyche, plerumque e
buxo. S. Ambrosius lib. iii Hexaem., cap. 13 : *Buxus*

*quoque elementorum apicibus utilis exprimendis, levi
materia, usum manus puerilis informat. Unde ait Scriptura : Scribe in buxo.* Locus exstat cap. ii Habacuc, vers. 2, ubi Vulgata habet : *Scribe visum, et ex-
plana eum super tabulas, ut percurrat, qui legerit eum.*
S. Ambrosius cum LXX vertit *in buxo,* aut *super buxum.* Dicitur autem *buxus, buxi,* et *buxum, buxi.*
Pulchra est elegia Propertii lib. iii de Amissis Pugillaribus, ubi inter alia ait : *Non illas fixum varas effe-
cerat aurum, Vulgari buxo sordida cera fuit.*
50. Vat. B, Mar., Rat., Weitzius, *curva tumens.*
Ald., Widman. supra, plerique Heinsiani, Vatt. P,
Q, codex unus Bolland., *curta tumens.* Vat. X, *curvo
tumens.* Hailsbr., *curve tumens.* Pal., *custe tumens.*
Cauchius *curva, et humens.* Ambr., *chartæ et humens*
Parrhasius, *Rubentque ab ictu chartæ, et humens pagina.* Gronovius, cap. 5 Observat. eccles., conjecerat
curta, et humens pagina. Scilicet curta mutilata, truncata, recisa : humens, *cruore martyris.* Ita etiam ca-
stigaverat Heinsius ad Claudianum, et in textum admisit cum Thuan. Giselinus agnoverat varietates
lectionum, in pervulgatis *curva tumens,* in Ganda-
vensi *curta tumens,* in Daventriensi *curve turgens,* in
alio *curva tundens* (ita edidit Fabricius). Sed suam
lectionem *curva humens* in plerisque antiquis exstare
affirmat, eamque defendit auctoritate Bedæ, qui docet in poetarum arbitrio olim fuisse, utrum *h* aspiratio instar fortium consonantium synalœpham arceret,
an pro modo suæ fragilitatis nihil valeret; adducitque exemplum Fortunati, quem tamen Prudentio
pene æqualem perperam dicit. Fatetur vero Giselinus mollius esse *curva et humens.* Quod attinet ad
legem metri, Heinsius non deberet recusare *curta
humens;* admisso illo hiatu, quem toties in Prudentio
agnoscit. Teolius ait lectionem *curta tumens* commodam admittere interpretationem, et omnium codicum
Vaticanorum esse. Verum etsi concedam aliquam
excogitari posse commodam interpretationem, tamen
ea lectio metro refragatur, neque vero est omnium
codicum Vaticanorum, ut vidimus. Imo Alex. et
Urb. diserte habent *curva, et humens;* quod proinde
videtur præferendum. Heumannus in Pœcil. tom. II,
lib. iii, pag. 364, putat Prudentium scripsisse *nuda,
et humens.*
51. Althelmus in ænigmate de pugillaribus : *Nunc
ferri stimulus faciem proscindit amœnam Flexibus, et
sulcis obliquat ad instar aratri.* In stylo stimulus et
acumen est pars acuta ferri aut æris quæ scribebant.
Cicero de Orat. : *Omnia sub styli acumen subeant, necesse est.* Altera erat styli pars plana quæ scripta delebantur. Hinc *stylum vertere, stylo depascere* pro
corrigere, mutare. S. Hieronymus ep. 50 vel 51 ad
Domnionem : *Stultus ego, qui me putaverim hæc absque philosophis scire non posse; qui meliorem styli
partem cam legerim, quæ deleret, quam quæ scriberet.*

Qua parte aratis cera sulcis scribitur :
Et qua secti apices abolentur, et æquoris hirti
  Rursus nitescens innovatur area.
55 Hinc foditur Christi confessor, et inde secatur :
1058 Pars viscus intrat molle, pars scin-
  [dit cutem.
Omnia membra manus pariter fixere ducentæ,
  Totidemque guttæ vulnerum stillant simul.
Major tortor erat, qui summa pupugerat, infans,
60 Quam qui profunda perforarat viscera.
Ille levis, quoniam percussor morte negata
  Sævire solis scit dolorum spiculis.
Hic quanto interius vitalia condita pulsat,
  Plus dat medelæ, dum necem prope applicat.
65 Este, precor, fortes, et vincite viribus annos :

Quod defit ævo, suppleat crudelitas.
Sed male conatus tener, infirmusque laborat :
  Tormenta crescunt, dum fatiscit carnifex.
Quid gemis? exclamat quidam, tute ipse magi-
  [ster
70 Istud dedisti ferrum, et armasti manus.
Reddimus ecce tibi tam millia multa notarum,
  Quam stando, flendo, te docente, excepimus.
1059 Non potes irasci, quod scribimus :
  [ipse jubebas,
Nunquam quietum dextera ut ferret stylum.
75 Non petimus toties te præceptore negatas,
  Avare doctor, jam scholarum ferias.
Pangere puncta libet, sulcisque intexere sul-
  [cos.

GLOSSÆ VETERES.

53. Æquoris, *planitiei*, l.
54. Area, *planities*, l.
56. Viscus, *viscera*, l.
59. Summa pupugerat, *extrema, scilicet cutis ; id est, parum læserat*, l.

63. Condita, *abscondia*, l.
65. Este, *estote*, l.
76. Ferias, *cessationes*, l.
77. Pangere, *infigere*, l.

COMMENTARIUS.

Symposius in ænigmate de graphio sive stylo : *De summo planus, sed non ego planus in imo, Versor utrinque manu, diverso et munere fungor. Altera pars revocat quidquid pars altera fecit.* Verum hæc omnia a nullo clarius quam a nostro poeta explicantur, quod plures jam notarunt. Formam styli veteris exhibet Pignorius de Servis, pag. 112, ubi præmittit Prudentium antiquam scribendi rationem adamussim explicuisse. Similem imaginem styli profert Hermannus Hugo cap. 9, ubi stylum ferreum in Vulgata editione cap. xix Job cœtem vel cæltem vocari affirmat. Quam lectionem, inquit, omnium accuratissime defendit et explicavit Ludovicus Molina in prima parte S. Thomæ, q. 26, art. 1, disp. 2, ubi probat ex Lexicis et Orthographia Manutii, cæltem esse ferrum sculptorium, sic dictum a *cælo*, vel antiquo verbo *cællo*, quod significat *cædo*. In Orthographia Manutii verbo *cloaca* inscriptio sepulcralis Servii aut Sergii Polensis legitur, ubi hæc sunt verba : *Malleolo, et celte litteratus silex*. Plurimos hoc monumentum decepit, quod sæculo xv conflictum inter eruditiores constat.

52. In nonnullis vulg. male, *cerea*. In Torn. deest *cera*. Latinius ascripsit *charta*. Hoc versu acumen styli describitur.

53. Hæc est planities sive latitudo styli qua characteres scripti delebantur, et innovabatur cerea tabula, ut iterum scribi posset. Ausonius tabulam *æquor* dixit loc. cit. : *Et mota parce dextera Volat per æquor cereum*. De hac voce *æquor* rursus in hymno S. Hippolyti.

55. Acumine styli foditur, secatur vero planities seu parte lata. Hinc discimus, ita planitiem styli aut semper aut interdum fuisse factam, ut ad secandum ea utilis esset. Gregorius Turonensis loc. cit. : *Secantes latitudinibus stylorum, punctisque minutis transverberantes membra magistri, dignum Deo martyrem effecerunt :* quod a Prudentio mutuatur.

56. Ex Servio notat Giselinus, *viscus* non tantum intestina, sed quidquid sub corio est, significare. Ab initio hujus hymni hucusque desideratur in Prag.

57. Ald., Sich., et Gall., *cruentæ* pro *ducentæ*, quæ est codicum lectio, et confirmatur adverbio *pariter*, et *totidem*.

58. Prag., *per vulnera*; melius *vulnerum*.

59. Secunda in *pupugerat* producitur. Vide proleg. num. 205.

60. In nonnullis vulg., *perforata*, male. Vat. B,

Mar. a veteri manu, *perfoderat*, Prag., *perfoderit*. Legendum *perforarat*.

61. Bong., *præcursor*, non bene.

62. Vat. B, Mar., Rat., Pragens., Widm., Bong., Hailsbr. supra, Sich., *solescit*: melius *solis scit*.

63. Cellarius et Teolius has voces martyris esse dicunt. Sed possunt etiam esse narrantis, qui, quasi præsens adesset, in eas voces eruperit. Parrhasius edidit *esto*, et in notis ait, *esto* hic non esse verbum, aut affirmandi particulam, sed hortandi adverbium. Cæterum merito censet legendum *este*.

66. Vulg. nonnulli, *desit* pro *defit*.

69. Vat. B, Rat., Mar. a prisca manu, *Ut quid jam gemis, exclamant, tute ipse magister*.

71. Ald., *tibi nunc*, et vers. seq. quæ Fabr., *tibi jam*, et postea quæ. Gall. cum Torn. et ed. Paris. Patrum adhæret Fabricio. Plerique, etiam Parrhasius, habent ut edidimus.

72. Parrhasius, *quam stando, et flendo*. Mar., *excidimus*; supra rectius, *excepimus*.

73. Prag., *scripsimus*: melius *scribimus*. Ms. codex S. Michaelis apud Ruinartium, *rivebas*, vitiose, pro *jubebas*.

74. Vat. A, Pal., Alt., Cauch., *dextera ferre stylum*. Ambr., *dextera fere*. Heinsius suspicabatur *dextera ferri stylum*, quamvis agnoscat etiam in *ferre e postremum posse produci ob st dictionis sequentis*. Verum lectio communis codicum non est sollicitanda. Apud Ruinartium metrum vitiatum est *quietum ut dextera ferret. Jubeo* cum *u* sæpe Prudentius, sæpe alii usurpant. Notatum a nobis jam alibi est.

77. Ald., Gis. in textu, codex Buslidiensis apud Giselinum, *pungere*, quod Gise ino placet ob elegantem agnominationem *pungere puncta*, quæ durat etiam in phrasi sequenti, *sulcisque intexere sulcos*. Ad marginem apposuit *pingere*, et agnovit alios legere *pangere*, sed neutrum tam venustum esse videbatur quam *pungere*. Plerique nostri legunt *pingere* Vatt. A, B, Alex., Mar., Rat., Prag. cum Weitz, Widm. a prima manu, et aliis. Parrhasius, Ambros., tres Heinsiani, Widm. supra, Pal., *pangere*, quod etiam habent Bong., Fabr., et sequuntur recentiores. Siquidem *pangere* Festo est *figere*, sic *pangere clavum, pangere plantam*, hoc est, in terram defigere. His addo, Columellam eodem verbo in eadem re sæpius esse usum, et eadem metaphora, lib. x, *Ccu littera proxima primæ Pangitur in cera docti mucrone magistri*. Pro *intexere* Hailsbr. minus recte *intendere*.

Flexas catenis impedire virgulas.
Emendes licet inspectos longo ordine versus,
80 Mendosa forte siquid erravit manus.
1060 Exerce imperium : jus est tibi plectere
[culpam,
Siquis tuorum te notavit segnius.
Talia ludebant pueri per membra magistri :
Nec longa fessum pœna solvebat virum.
85 Tandem luctantis miseratus ab æthere Christus,
Jubet resolvi pectoris ligamina :
Difficilesque moras animæ, ac retinacula vitæ
Relaxat, arctas et latebras expedit.
Sanguis, ab interno venarum fonte patentes
90 Vias secutus, deserit præcordia,
Totque foraminibus penetrati corporis exit

Fibrarum anhelans ille vitalis calor.
Hæc sunt quæ liquidis expressa coloribus,
[hospes,
Miraris : ista est Cassiani gloria.
95 Suggere, siquod habes justum vel amabile votum,
Tibi siqua spes est, siquid intus æstuas.
Audit, crede, preces martyr prosperrimus
[omnes,
1061 Ratasque reddit quas videt probabiles.
Pareo, complector tumulum, lacrymas quoque
100 Altar tepescit ore, saxum pectore. [fundo :
Tunc arcana mei percenseo cuncta laboris :
Tunc, quod petebam, quod timebam, mur-
[muro,
Et post terga domum dubia sub sorte relictam,

GLOSSÆ VETERES.

78. Impedire, *volvere*, I.
80. Quid, *aliquid*, I.
82. Quis, *aliquis discipulorum*, I.
88. Expedit, *exolvit, vacuavit*, I.
93. Expressa, *imaginata*, I.
95. Suggere, *indica illi, pete.* — Quod, *aliquid*. —

96. Votum, *precem*, I.
96. Æstuas, *cupias*, I.
99. Pareo, *obedio*. — Fundo, *abtempero*, I.
100. Saxum, *pavimentum*, I., Mar.
101. Percenseo, *præteritum pro præsenti*, I.
103. Domum, *uxorem*, I.

COMMENTARIUS.

Notandum in Eulalia plagas et verbera vocari *notas*, et *scriptionem* metaphorice vers. 35, *Eulalia numerante notas, Scriberis ecce mihi, Domine*. Hac eadem metaphora Plautus aliique usi sunt, et nunc pueri illudentes magistro Cassiano. Catullus carm. 25 : *Ne laneum latusculum, natesque mollicellas Inusta turpiter tibi flagella conscribillent*. Ubi obiter noto corripi a Catullo primum *i* in *conscribillent* : quod peccatum si admisisset Prudentius, quot grammatici in eum insurrexissent? Cæterum hæc ipsa metaphora sub sermone Ital co celebratur *graffiare*, quod est ungulis conscribillare, et dicitur a *graphio*, ut advertit Vulpius ad Catulli carmen 25. Vide in Romano vers. 557, *Characat ambas ungulis scribentibus Genas*.

78. Chamillardus id intelligi ait aut de notis quas diximus, aut de scriptura Runica, qua Gothi utebantur antequam Ulfilas litteras eis invenisset, aut de scribendi ratione singulari qua Galli usi sunt usque ad Chlodovei tempora. Specimina illarum veterum scripturarum Mabillonius in præclaro opere de Re diplomatica exhibuit, ubi observare licet flexas virgulas catenis colligatas, sive impeditas. Vide lib. i, cap. 9; et lib. v, tab. ii. Cæterum Prudentius de notis Romanorum, quas docebat Cassianus, non de aliis barbarorum litteris loquitur.

85. Genitivum verbo miserand junctum alibi Bollandiani non legerant : sed ita eo verbo u-i sunt Silius lib. xi, vers. 381, Minucius, Accius apud Nonium, et alii.

87. Mar. a prima manu, *difficilisque*.
88. Ald., Gis. prima ed., *Relaxat artus, et latebras expedit*. Pal., *istas pro arctas*.
89. Mariettus, *patescens*; supra, *patentes*, melius.
93. Horatius, lib. iv, ode 8, *Liquidis ille coloribus Solers nunc hominem ponere, nunc Deum*.
94. Vat. B, *ita* : corrige *ista*.
95. Prag., Rat. a prima manu, Mar. a prima manu *siquid habes*, nou ita bene.
96. Scripti constanter cum Aldo et Parrhasio, *spes siqua tibi est*, quod cum hiatu sustineri potest. Giselinus, fortasse ut id vitaret, *tibi siqua spes est*. Fabricius, *spes si tibi est qua*. Weitzius conjiciebat *siqua tibi spes, siquid*.
97. Alex., *audi*; supra, *audit*, probe. Vat. B, *credo* : retinendum crede. Cellarius rursus, e grammatico theologus factus, hujusmodi invocationem labem fidei vocat, quæ ævo Prudentii fuit, aut esse cœpit. *Nec enim*, ait, *omnium ejusdem ætatis hæc opinio, vel error fuit*. Allegatque Ambrosium in Roman. 1 comm.

21, et Hieronymum epist. 53 ad Riparium. Verum auctor Commentariorum in Epist. ad Roman. (neque enim Ambrosius verus est auctor) nihil eo loco affert, quod Prudentio, quod vero Ambrosio, quod doctrinæ catholicæ de invocatione sanctorum opponatur. Hieronymus ad Riparium scribit contra Vigilantium, qui ausus est *os fœtidum aperire, et putorem spurcissimum contra sanctorum martyrum reliquias, et nos, qui eas suscipimus, appellare cinerarios, et idololatras, qui mortuorum hominum ossa veneremur..... Honoramus autem reliquias martyrum, ut eum cujus sunt martyres adoremus. Honoramus servos, ut honor servorum redundet ad Dominum*. Quid hæc contra invocationem sanctorum? Negat quidem Hieronymus reliquias sanctorum martyrum colendas et adorandas esse. Sed legant etiam catholici, qui solum hujusmodi vocabula, a multis SS. Patribus usurpata, adhiberi posse concedunt, exposita commoda distinctione de cultu aut adoratione latriæ et duliæ.

98. Prag., *redde*, perperam. Mar., Rat., Weitz., *reddet*, minus bene. Hailsbr., *vidit*. Metrum exigit *videt*. Vat. X mendose, *ratasque Deo reddet*.

99. Glossa Isonis *fundo*, *abtempero*, videtur applicanda verbo *pareo*, scilicet *pareo*, *obedio*, *obtempero*.

100. Latinius correxit *altare* : probum est *altar*. Vat. X corrupte, *Altare posco ore*. Alex., *tepessit*, correctum per *tepescit*. Hujuscemodi pietatis exemplum præcesserat in S. Gregorio Nysseno orat. 3 in Quadraginta martyres : *Ipsamque sacrarum reliquiarum thecam lacrymis amaris aspersi*. Lacrymæ gentilium ad aras deorum, de quibus Broverius cap. 23 de Adorat., a piis Christianorum lacrymis, pœnitentiæ causa fusis, immane quantum differunt.

102. Latinius in Torn. correxit *timebam* pro *timebo*. Parrhasii singularis est lectio, *Tum quod petebam, quodque avebam, murmuro*. De significatione hujus vocis *murmuro* dixi ad vers. 36 præfat. lib. i in Symmach. Adde Broverium de Adorat. cap. 8, qui precantes solitos murmurare, seu voce submissa loqui, multis exemplis probat.

103. Iso *domum* intelligit uxorem, et postea *futuri, filios*. Fortasse hæ duæ glossæ pertinent ad *domum, uxorem, filios* : perinde quasi domus totum id significet. Ex hoc loco, ut puto, aliqui collegerunt Prudentium fuisse conjugatum, ut legitur in codice Vat. F, num. 77 proleg., in nota. Verum etiamsi uxorem non duxerit, recte nihilominus domum vel familiam habuisse dicetur. Siquidem domus et familia, cum

Et spem futuri forte nutantem boni. **A**
105 **1062** Audior, Urbem adeo, dextris successi-
[bus utor :
Domum revertor, Cassianum prædico.

X HYMNUS.
INCIP T PASSIO S. ROMANI MARTYRIS.
Romane, Christi fortis assertor Dei,
1063 Elinguis oris organum fautor move :

GLOSSÆ VETERES.

104. Futuri, *scilicet filii*, I.
105. Urbem, *Romam*, Mar.
1. Assertor, *sicut Nazarene*, I.

2. Elinguis, *infacundi*. — Organum, *sonum*, I. — Fautor, *adjutor*, Mar., I.

COMMENTARIUS.

ad personas refertur, accipitur pro corpore personarum, quod jure proprio ipsarum, aut communi cognationis nomine continetur.
104. Mar., Prag., Gis. secunda ed., *sorte*. Ald., Weitz., et plerique codd., *forte*. Heinsius notavit in scriptis esse *forte*, sed edidit *sorte*, fortasse nolens, aut quia typographus vocem Gisellii sumpsit. Recentiores textum Heinsii exscribunt. **B**
105. Rotiend., *urbe adeo*, ex quo conjicit Heinsius *urbe abeo*, Foro Cornelii. Verum lectio aliorum omnium codicum longe melior est. Nam Prudentius urbem Romam petebat, ubi dextris successibus usus est. Relege vers. 3. Post hunc hymnum in Mar., et Rat. sequitur, *De loco in quo martyres passi sunt.*
Hæc est inscriptio in codice Marietti, ubi hic hymnus ponitur post versus *De loco in quo martyres passi sunt*. In Vat. A, *Liber de beato Romano martyre*, et ponitur post hymnum S. Eulaliæ. Aldus statim post Hamartigeniam, *Romanus martyr*. Alex., *Aurelii Prudentii Clementis V. C. Finit contra Symmachum liber* II. *Incipit ejusdem Romanus contra gentiles.* Parrhasius, *De Coronis liber*, et sine alio titulo incipit primus versus *Romane*. In Ambr. cod., *Sancti Romani martyris contra gentiles dicta. Opuscula Aurelii Prudentii Clementis, metro iambico senario.* Et in fine, *Finit sancti Romani liber Peristephanon*. *Incipit Aurelii Prudentii Clementis hymnus in laudem SS. martyrum Emeterii,* etc. In Thuan. post libros adversus Symmachum legitur cum titulo *Incipit ejusdem Romanus contra gentiles :* qui locus fortasse etiam in Puteano huic hymno obtigerat. Ambrosianus codex hunc hymnum fere integrum habet, et versus 50 primos præfationis loco notat. In Oxon. sub titulo *Passionis Romani* inter Hamartigeniam et Psychomachiam inseritur. Et in vita Prudentii, quam is codex exhibebat, novem ejus recensentur libri, Cathemerinon, Apotheosis, Psychomachia, Hamartigenia, contra Symmachum, item contra Symmachum, Romanus, Peristephanon. In Rott. hoc poema ultimum est inter hymnos Peristephanon. In Egm., *Incipit Romanus.* Fabr. *Hymnus D. Romano martyri Antiocheno.* In editione Lotteri anno 1513, *Aurelii Prudentii liber, in quo scribitur passio beati Romani martyris, et in eodem contra omnes gentilium deos, sectasque, et sacra disputatur.* Weitzius, qui post versus de loco baptisterii hoc carmen collocat, inscribit, *Incipit Romanus Prudentii Cl. contra gentiles.* Fabricius in commentario peculiari ad hunc hymnum tradit a Nebrissensi inscribi, *Agon Romani,* ab Aldo Manutio *Tragœdia* ex versu 1113, *Seriemque tantæ digerens tragœdiæ.* Addi potest carmen et materiam esse tragica. Cæterum Aldus apud me solum ait *Romanus*, et Nebrissensis *Romani martyris supplicium*. Fortasse Fabricius voluit dicere Murmellium.
1. Nonnulli putarunt hunc Romanum esse illum ipsum quem S. Laurentius ad fidem convertit. Nebrissensis narrat Romanum fuisse monachum Antiochenum. Chamillardus censet duos fuisse Romanos marty es Antiochiæ pass s anno 303, eodem die xiv. cal. Decembris, Prudentius vero utrumque permiscuisse, unum cumdemque esse putavisse. Cellarius hac de re dubitat; etsi enim Eusebius cum Prudentio non omnino consentiat (qua ratione ductus est Chamillardus post Baronium, ut duos Roma-

n s astrueret), tamen unus potuit esse Romanus, in cujus passionis circumstantiis quibusdam vel Eusebius, vel Prudentius decepti fuerint. Martyrologium Rom. plane sequitur Prudentium : de eodem Romano agunt Beda, Usuardus, Ado ; et Græci in menologio iisdem pene verbis, ut fatetur Baronius ad diem 18. Nov., quamvis Græci hunc Romanum distinguant a Romano diacono ecclesiæ Cæsariensis, quem laudat Eusebius. Ruinartius Acta S. Romani apud Mombritium pro sinceris non habuit, et ea tantum profert quæ Eusebius narrat lib. II de Resurrectione et Ascensione Domini : ex quibus et ex aliis quæ idem Eusebius tradit lib. de Martyr. Palæst , cap. 2, colligit Romanum genere Palæstinum fuisse, Cæsariensis ecclesiæ diaconum et exorcistam, et extra patriam Antiochiæ passum anno 303. Ex Prudentio vero ea assumit quæ ad infantis martyrium pertinent, de quo Eusebius non meminit. Hoc Eusebii silentium ratio nulla est ut duo Romani eodem die eodemque in loco martyres admittantur. Quod autem Eusebius innuit, martyrium contigisse sub Diocletiano imperatore, Prudentius vero nominat Galerium, id nihil refert : nam Galerius Cæsar eodem tempore erat, et persecutionem adversus Christianos ipse maxime urgebat. Fronto Ducæus, in not. ad 1 homil. Chrysostomi de S. Romano, prudentissime judicat unum eumdemque esse Romanum quem Eusebius, Prudentius et Chrysostomus celebrant : *Non video tamen*, inquit, *quid obstet quominus utrumque contigisse dicamus... Sæpe enim fit ut dum eamdem pugnam duo narrant historici, quædam ejus partes ab uno attingantur, quædam ab alio prætermittantur.* Profecto cum Eusebius martyrium Romani in lib. de Martyr. Palæst., et in lib. de Resurrect. enarraverit, magis sibi ipsi adversari videtur Eusebius, quam Eusebio adversetur Prudentius, ut postea explicabo. Baronius aliique veteres librum Eusebii de Resurrect., a Sirmondo primum editum, non videant, adeoque facilius duos Romanos distinguebant : quia Prudentius quædam de Romano dixit quæ Eusebius in lib. de Martyr. Palæst. omisit. Quod si Baronius vidisset, multa alia de Eusebio in lib. de Resurr. in martyrio Romani enarrando proferri, quæ penitus in lib. de Mart. Palæst. tacuerat, fortasse **D** aliam sententiam tulisset. Recentiores, quia illam distinctionem Romanorum a Baronio admissam legunt, fere sine alio examine a Prudentio Romanos confusos fuisse pronuntiant. In hoc hymno ita magnifice pleraque exponi ait Fabricius, *ut solos Christianos sapere, solos facundos esse dixeris.* Ejusdem elogium ex Barthio lege proleg. num 216. De commentario Murmellii vide ibid. num. 105. Fabricius nihil in hoc hymno id desiderari posse, nisi quod parum pia est invocatio et conclusio. At quanto magis id est pium quam si Phœbum aut musas more aliorum poetarum invocaret? Dixi jam sæpe quam inaniter hæretici invocationem Sanctorum evertere conentur. Glossam Isonis in hoc versu non intelligo.
2. *Elinguis* dici solet qui non est eloquens, ut paulo post *lingua* sumitur pro eloquentia, et contra *infantia* opponitur facundiæ. Exempla congessit similia Barthius lib. x Adv., cap. 14, lib. XLI, cap. 20 ; lib. XLIII. cap. 16, ut hæc ipsa Prudentii loca illustraret.

C

Largire comptum carmen infantissimo : A
1064 Fac ut tuarum mira laudum concinam :
Nam scis et ipse posse mutos eloqui.
Plectrum palati, et faucium sævus tibi
Tortor revulsit, nec tamen silentium
Indixit ori, quo fatebaris Deum.
Vox veritatis testis exstingui nequit,
Nec si recisis palpitet meatibus.
Sic noster hærens sermo lingua debili
Balbutit, et modis laborat absonis :
Sed si superno rore respergas jecur,
Et spiritali lacte pectus irriges,
Vox impeditos rauca laxabit sonos.

1065 Evangelista scripsit, ipsum talia
Præcepta Messian dedisse apostolis :
Nolite verba, cum sacramentum meum
Erit canendum, providenter quærere :
Ego imparatis, quæ loquantur, suggeram.
Sum mutus ipse, sed potens facundiæ
Mea lingua Christus luculenter disseret :
Ipse explicabit, quos supremo spiritu
Dæmon tumultus, dum domatur, moverit,
Furore pestis pejor in novissimo.
Sic vulneratus anguis ictu spiculi
1066 Ferrum remordet, et dolore sævior
Quassando pressis immoratur dentibus.

GLOSSÆ VETERES.

3. Comptum, *ornatum.*—Infantissimo, *ineloquentis-* B
simo, I.
4. Mira, pro *miracula*, I.
5. Nam, *quia*. — Mutos, *alalos*, Græce *mutus*, I.
8. Indixit, *imposuit*, I.
10. Palpitet, *vacillet.*—Meatibus, *transitilus vel
viis*, I.
11. Hærens, *tardans*, I.
12. Absonis, *turpibus, inhonestis*, I.

15. Laxabit, *solvet*, I.
17. Messian, *Christum*, I.
20. Suggeram, *sumministrando, ministrabo, summi-*
nistro, I.
22. Luculente, *manifeste, aperte loquetur*, I.
23. Explicabit, *solvet scilicet illos*, I.
24. Moverit, *dederit*, I.
26. Ictu, *percussione*, I.

COMMENTARIUS.

3. In officio Mozarabico colitur S. Romanus die 18
Novembris, et nonnullæ strophæ ex hoc hymno de-
sumuntur. Hic versus ita in eo breviario legitur :
Largire comptum carmen, et faustissimum.
5. Breviar. Moz., *Qui scis et ipse.* Parrhasius, *nam
scis ipse*, desideratur *et.* In emendatis ait Parrhasius,
ut versus bene servari possit, rectius fortasse esse
scribere *Nam tu scis ipse posse mutos eloqui.* Verum
neque ita recte procedit metrum. Pro *mutos* Widm.
supra, Vat. B, Mar. a prima manu, Prag., *mutum*,
fortasse ut intelligatur non duos martyres, quos hic C
celebrat, sed unum S. Romanum, exsecta lingua,
fuisse locutum. In Rat. erat *mutos*, sed apparebat
indicium litura. Marietus conjiciebat *mutum os.* Advertendum est, *eloqui* esse *eleganter loqui*, ut explicat
Isidorus in Differentiis ; et hoc ipsum vult Prudentius,
mutos, volente Deo, non solum loqui, sed etiam eloqui.
6. Cicero, de Natura deorum cap. 59, *Plectri similem linguam nostri solent dicere, chordarum dentes.*
Infra iterum Prudentius vers. 988, *Titubante plectro
fatus esset debilis.* Suetonium multi allegant, quasi
dixerit in Claud. cap. 30, *plectra linguæ titubantia*,
sed legendum est *præterea*, non *plectra.*
7. Revellit, seu *revulsit*, est a *revello.*
10. Mar., Vat. A, Rat., *etsi recisis* ; alii, *nec si recisis.*
11. Tedius *hic*, nescio an data opera, nam alii
habent *sic. Linguam adhærere faucibus* phrasis est e
Psalmis petita. Virgilianum est *Vox faucibus hæsit.*
Pro *lingua* Ald., Fabr., Egm., Bong., Hail-br., et D
nonnulli alii, *linguæ.*
12. Parrhasius contra metrum, *balbutit modis et.*
Heinsius mallet *et laborat absonis modis*, si per mss.
liceret, quia id concinnius est. Mihi lectio codicum
non videtur sollicitanda.
13. Egm. mendose, *respersas.* Weitzio placuit cum
Hailsbr. scribere *respergas.* Pro gratia cœlesti ros
supernus ponitur ex stylo sacræ Scripturæ.
15. Parrhasius, *balabit*, minus bene, pro *laxabit.*
Eamdem varietatem lectionis ex Ambros. ascripsit
Heinsius, et In nonnullis quidem peculiaribus scripturis Parrhasius cum Ambrosiano consentit, et fortasse Parrhasius Ambrosianum consuluerat ; alioquin
diverso codice usus est Parrhasius, nam in aliis differt ab Ambrosiano.
16. Parrhasius, Ambr., Rott. tres Torrentiani,

scribit ; alii, *scripsit.* Matthæi locus exstat cap. x,
vers. 19.
19. Vat. B, Mar., Rat., Prag., *providentes quærere.*
21. Rat., *facundia.*
22. Vat. A, male, *me lingua.* Idem, *luculente disserit.* Mar., Rat., *luculenter.*; plerique, *luculente.*
Vatt. P, Q, Alex. a secunda manu, *disserit* ; alii,
disseret. Nebrissensis ait non posse legi *Christus*, sed
Christo, quia *mea lingua* est nominandi casus. Murmellius vult *mea signa Christus*, id est, mei animi
sensa : quamvis fateatur in quibusdam exemplaribus
esse *mea lingua* ; quod metricæ rationi non quadrare
perperam affirmat. Non videntur hi auctores assecuti
Prudentii mentem, et venustam appositionem *Christus, qui est mea lingua.*
23. In his verbis *supremo spiritu* intelligi potest
Romanum in ultima persecutione passum, quæ persecutio cæteris fuerit atrocior. Giselinus simpliciter
id intelligendum ait quomodo illa in Laurentio vers.
505, *Dum dæmon invictum Dei Testem lacessit prælio,
Perfossus ipse concidit.* Irridet autem Murmellium,
quod totam hanc periodum ad historiam quæ est
Matth. xvii, Lucæ ix, conatur detorquere : ubi scilicet
narratio de puero lunatico exponitur.
24. Vat. A, *dæmonum*, sed factum *dæmon.* Vat B,
dederit, recte etiam correctum per *moverit*, quod est
in margine pro div. script.
26. In margine Vat. A notatur ad hunc versum
Æsopi fabula de lima et serpente. Fortasse indicatur
fabula 7 lib. vii Phædri : *Mordaciorem qui improbo
dente appetit. Hoc argumento se describi sentiat. In
officinam fabri venit vipera, Hæc cum tentaret, siqua
res esset cibi, Limam momordit. Illa contra contumax :
Quid me, inquit, stulta, dente captas lædere, Omne
assuevi ferrum quæ corrodere ?* Similem de mustela
fabellam Æsopus et Camerarius conscripserunt.
27. Florus, lib. ii, cap. 15, *Quam maxime mortiferi
morsus esse solent morientium bestiarum.* Lib. ix Controv. Senec., 6 ; *Concitatissima est rabies in desperatione, et morte ultima in furorem animus impellitur.
Quædam feræ ipsa tela commordent, et in mortis
auctorem pro vulnere ruunt.*
28. Scilicet fera quassans ferrum compressis dentibus immoratur spiculo, adeoque vulnus reddit gravius. Dicit *immoratur* ; ut postea vers. 832, *Nec
immorata fletibus.*

Hastile fixum sed manet profundius,
50 Nec cassa sentit morsuum pericula.
Galerius orbis forte Romani statum
Ductor regebat, ut refert antiquitas.
Immitis, atrox, asper, implacabilis :
Edicta late mundum in omnem miserat,
55 Christum negaret, quisque mallet vivere.
Hæc ille serpens ore dictat regio,
1067 Qui mortuorum de sepulcris exiens,
Clamat : Quid ante tempus adventu cito
Mea regna solvis ? Parce, fili Altissimi,

A 40 Vel possidere corda porcorum jube.
Præfectus istis imminens negotiis
Asclepiades, ire mandat milites
Ecclesia tenus, atque de sacrariis
Raptare plebem, mancipandam vinculis,
45 Ni disciplinam Nazarenam respuat
Mox ipse, templum cogitans irrumpere,
1068 Et dissipare sancta sanctorum stu-
[dens,
Armis profanus præparabat impiis
Altaris aram funditus pessumdare,

GLOSSÆ VETERES.

29. Hastile, *gladius*, I.
50. Cassa, *inania*, I.
32. Refert, *narrat*, I.
36. Legio, *quæ sic vocatur*, Mar. — *De legione dæmonum nunc dicit, quæ invaserat homines duos, qui non in domibus, sed in sepulcris morabantur. Alia illud dæmonium, quod vocatur Legio*, Vat. A.
40. Vel, *saltem*, I.

B 43. Ecclesia tenus, *usque ad ecclesiam*, I.
44. Mancipandam, *ligandam*, I.
45. Nazarenam, *Christianam*, I., Mar.
46. Ipse, *præfectus*, I.
49. Altaris, *sacramenti*. — Pessumdare, *perditur tradere, vel perdere, una pars est sicut circumdare pessumdo, id est perdo, vel dissipo*, I.

COMMENTARIUS.

29. Parrhasius, *manat*. Metrum exigit *manet*.
30. Prag., *hæc cassa*; melius *nec*. Virgilius XII Æn., *Non cassa in vota vocavit*. Elmenhorstius, pag. 38 in Arnobium lib. I, similia profert ut illustret Arnobii verba : *Periculi nihil est, si, quod dicitur imminere, cassum fiat et vacuum*.
31. Prag., *Valerius* : Egm., *Calerius*. Legendum *Galerius*, qui tunc Cæsar erat. Vide hymnum S. Quirini vers. 6. Aldus edidit *Galerius urbis forte Romanæ statum* : ita etiam Teolius, quin discrepantiam lectionum adnotaverit. Plerique, *orbis Romani* : et hic sensus est Prudentii, qui comprobatur vers. 34, *Edicta late mundum in omnem miserat*. Apud Gruterum pag. 280, de Galerio exstat inscriptio, quam retuli ad hymn. S. Eulaliæ vers. 87. In Rat. ad hunc versum *Explicit præfatio : Incipit passio* : qui titulus ante eumdem versum in Altr. exstat, et simili modo apud Parrhasium *Passio S. Romani*.
34. Galerii edictum est illud ipsum de quo Eusebius lib. VIII Hist., cap. 2 : *Mandabatur ut omnes ubicunque Ecclesiarum antistites primum quidem conjicerentur in vincula, deinde vero diis sacrificare omnibus modis cogerentur*. Et lib. II Vitæ Const., cap. 51: *Sanguinolenta edicta cruentis, ut ita dixerim, mucronibus scripsit ; et judicibus præcepit ut ingeni solertia sibi a natura insitam ad acerbiora supplicia excogitanda intenderent*.
36. Teolius mendose, *dicta* pro *dictat*. Widm., Bong. a prima manu, Mar., Vat. B, Prag., Rat., *legio* : de qua voce vide glossas. Lex metri non patitur *legio*. Os regium intelligitur os imperatoris, aut Cæsaris, et fortasse Prudentius respicit etiam ad vocem *basiliscus*, quæ sonat *regulum*.
37. Vide cap. v Marci, et hymnum 9 Cathemer. num.
38. Aldus contra metrum, *clamabat*. Vatt. A, B, *advento* : lege *adventu*.
41. *Imminere* conatum quemdam et efficaciam indicat.
42. Prag., *judices*; supra, *milites*.
43. Ald., Torn., *Ecclesiatenus quæ de sacrariis*. Vat. A, Hailsbr., duo vel tres apud Heinsium, *Ecclesiatenus, ac de*. Rat., *Ecclesiatenusque, ac de*. Vat. B, Weitz., Mar., *Ecclesiatenusque de*. Prag., *Ecclesia tenus usque de*. Egm., Pal., *Ecclesiam tenus, ac de*. Ambr., Thuan., *Ecclesias tenusque de*. Editio Melchioris Lotteri anno 1513, curante Hermanno Tulichio, *Ecclesia tenusque de sacrificiis*. Heinsius suo periculo scribi jubet *Ecclesiasten usque de sacrariis Raptare plebem* : quia ecclesiastes apud Græcos est, tam qui audit conciones, quam qui concionatur, atque ita exstare in Thuaneo ex schedis Salmasianis

didicit. Fortasse alius est hic codex Thuaneus; nam aliam lectionem ex Thuaneo Heinsius jam indicaverat. Heinsio recentiores adhærent, etiam Gallandius Parrhasius ita legerat, et distinxerat, *ire mandat milites Ecclesias per, usque de sacrariis Raptare plebem* Giselinus cum Murmellio ediderat *Ecclesiatenusque de sacrariis* : sed in notis monuit malle se legere *Ecclesi tenus, atque de sacrariis*, ut sententia sit jussos fuisse milites in ipsam usque ecclesiam irrumpere, atque raptare plebem de sacrariis. Hæc mihi lectio præ cæteris placet, et exstat in Alt., et in Vat. P. Phrasi est Prudentiana *Ecclesia tenus*, ut *crate tenus* Perist. 3
C vers. 148; *aure tenus* Symm. 2, vers. 729 ; *fund tenus* Peristeph. 13, vers. 85; *summo tenus extim tactu* Psych. vers. 692; et fortasse ex aliqua glossa *usque ad* pro *tenus* postea turbata est vera lectio, ad missa glossa in textu. In Alex. tamen videtur fuisse *Ecclesiasten usque de sacrariis*, sed factum poste *Ecclesia tenusque de*, quod in Urb. est ita unitum *Ecclesiatenusque*. *Tenus* pro *usque ad* cum verbis motus ab aliis etiam usurpatum est. Vide lexica.
45. Judæi contumeliose Christianos *Nazarenos* vocabant, a quibus fortasse gentiles id vocabulum contra Christianos mutuati sunt. Vide vers. 25 Vincenti Nihilominus Prudentius ipse ita loquitur I in Symm vers. 550, *Ad sincera virum penetralia Nazareorum* nisi etiam tum intelligit hoc nomen per contumeliam olim Christianis datum.
47. *Sancta sanctorum* ex phrasi Hebraica pro sacrario. Psychom. vers. 815, *Sanctorum sancta revisat* Eusebius lib. de Martyr. Palæst. ait comprehensum
D Romanum, quia quosdam Christianos templa deorum adeuntes increpabat : et lib. II de Resurr. narrat eum ad judicem objurgandum aggressum. Vera hæc omnia esse potuerunt.
48. Ald., *profanis*, minus recte.
49. Thuan., *arcam* : lege *aram*. Distinguit Prudentius aram ab altari, ut hymn. 7 Cath., vers. 205 *Altaris aram quod facit placabilem*. Murmellius summam altaris partem *aram* vocat. Alii altare divi erigi, aram Deo poni docent. Nonnulli altare dictum quasi aram altam existimant. Giselinus simpliciter locum oblationibus dicatum, sive in summo altari positum, sive alibi, aram vocari censet. Altare vere ait esse ædificium e terra exaltatum, hominibusque convenientibus ad martyrum tumulos recipiendi destinatum. Nunc certe ara ab altari ita distinguitur ut ara sit pars sacratior altaris, et in qua sacramentum eucharistiæ perficitur et collocatur. Hæc nostra consuetudo cum Prudentii verbis cohæret, ut in Hippolyto iterum dicemus. Berthaldus, de Ara cap. 2

50 Foresque et ipsas in ruinam solvere.
    Præcurrit index his repente cognitis
    Romanus, acris heros excellentiæ,
    Venire in armis perduelles nuntiat,
    1069 Animos paventum præstruens horta-
    [tibus,
55 Stent ut parati, neve cedant turbini.
    Conspirat uno fœderatus spiritu
    Grex Christianus, agmen imperterritum
    Matrum, virorum, parvulorum, virginum :
    Fixa et statuta est omnibus sententia
60 Fidem tueri, vel libenter emori.
    Refert repulsus miles ad subsellia,
    Plebis rebellis esse Romanum ducem,
    Flagrare cunctos pervicaci audacia,
    Jugulos retectos obstinate opponere,

A 65 Quo gloriosa morte fortes oppetant.
    Præceps jubetur inde Romanus rapi,
    Solusque, ut incitator, et fax omnium.
    Pro contumaci plebe causam dicere.
    It non resistens, seque vinciri petit,
70 Flexas et ultro torquet in tergum manus.
    1070 Amor coronæ pene prævenit trucem
    Lictoris artem, sponte nudas offerens
    Costas, bisulcis exsecandas ungulis.
    Irrumpit altum limen, et præconibus
75 Stupore mutis, ipse tortorem trahit.
    Astanti ob ora sic tyrannus incipit :
    Infame monstrum, vilis, intestabilis,
    Tu ventilator urbis, et vulgi levis
    Procella, mentes inquietas mobiles,
80 Ne se imperita turba dedat legibus.

GLOSSÆ VETERES.

50. Solvere, *vertere*, I.
52. Acris, *fortis, prudens*. — Excellentiæ, *constantiæ*, I.
53. Perduelles, *pugnaces: duelles, id est rebelles. Duellio et duellis est homo rebellis; duellum et duellium res ipsa, id est, rixa. Pugnantes*, I.
54. Præstruens, *præmonens*, I.
55. Turbini, *tentationi*, I. Persecutioni, Mar.
60. Libenter emori, *sponte mori*, I.
61. Refert, *renuntiat*. — Ad subsellia, *ad tribunalia, ad senatum, ad loca judicii*, I.
63. Pervicaci, *pertinaci*. — Audacia, *duritia*, I.
64. Jugulos, *colla*. — Obstinate, *perseveranter*,

B dure, I.
65. Quo, *ut*. — Oppetant, *moriantur*, I.
66. Præceps, *velox*, I.
67. Fax, *incensor ad hoc*, I.
68. Contumaci, *pertinaci, vel pervicaci*, I.
69. Vinciri petit, *ligari desiderat*, I.
71. Pene, *vel pone, id est juxta*, I.
76. Astanti, *martyri*: — Ob ora, *contra faciem*, I. Contra ora, Mar.
77. Intestabilis, *indignus testimonio, sine teste bonitatis, vel detestabilis*, I.
79. Inquietas, *commoves*, I.
80. Dedat, *sponte tradat*, I.

COMMENTARIUS.

monet Prudentium ea imprimis calluisse quæ ethnicorum erant, et hoc loco declarare altare aræ impositum fuisse, aramque ipsius altaris penitus disjectam ac dirutam, velut eversum aliquod fundamentum. In hac significatione altaris ara erit fundamentum altaris. Sed cum Berthaldus ipse ex hymno S. Hippolyti colligat aram ab altari distingui, quia reliquiæ C martyrum altari supponebantur, et propter aram apponebantur, non satis intelligitur quo pacto ara sit fundamentum altaris.
50. Vat. B, Prag., *vertere* pro *solvere*.
51. Hailsbr., *præcucurrit*, perperam. In nonnullis vulg. mendum est *judex* pro *index*.
52. Ald., Hailsbr., *Romanus sacræ heros excellentiæ*; in marg. Vat. A pro div. lect., *Romanæ sacræ heros excellentiæ*. Fabricius, *Romanus heros excellentiæ sacræ*: quæ omnia sunt contra metrum, uti etiam *Romanus sacris heros excellentiæ* in quibusdam minus vetustis. Cauchius conjiciebat *Heros sacræ Romanus excellentiæ*, atque ita habet Vat. P; neque mul um abludit Urbinas, *Sacræ Romanus heros excellentiæ*. Sed verior et communior scriptura est *Romanus, acris heros excellentiæ*, quæ etiam exstat in veteri editione Lotteri, in Thuan. vero *acræ* a manu prima. Ex postrema littera *Romanus*, et *acris* factum *sacris* in nonnullis. In *heros* postrema corripitur a D Prudentio, ut in *dæmon*: quod in catalogis syllabarum quæ male ab eo vel producuntur, vel corripiuntur, a Chamillardo, Cellario et Teolio animadversum non est. In hoc eodem hymno vers. 457, *Cum sit quietus heros in quem sæviunt.*
54. Prag. mendose; *præstruens hostibus.*
60. Vat. A corrupte, *ut pro vel*. Parrhasius, *fidem tenere*.
61. *Subsellia* sunt judicum tribunalia, et pro ipsis judicibus a Martiali ponuntur lib. I, epigr. 27. *Sextiliane, bibis quantum subsellia quinque.*
63. Vat. B, Prag., *pertinaci audacia.*
64. Id Cicero ita dicit, *Jugulum ostentare*.

65. Ammianus lib. xxii, *Pertulere cruciabiles pœnas adusque gloriosam mortem intemerata fide progressi, et nunc martyres appellantur*. Ita homo ethnicus de Christianis, ut fusius exposui in Vincentio ad vers. 407.
67. Hailsbr., *solus ut*. Ald., *solusque et:* lege *solusque, ut.*
71. Parrhasius male, *pœnas*. In Mar. videtur esse *pone.* Retine *pene.*
73. Gis. in textu, Lotteri ed., *exarandas* pro *exsecandas.* Murmellius etiam *exarandas:* sed monet alios habere *exsecandas.* De ungulis bisulcis vide hymn. 1 Peristeph. ad vers. 44. Baronius in not. ad M rtyr. Rom. ad diem 16 Martii, pag. 122, multis collatis Prudentii locis, ungulas ferreas describit.
74. Fabricius ait denotari templi magnificentiam a liminis sublimitate. Nescio an Christianorum an paganorum intelligat templum. Melius Nebrissensis, *prætorium judicis* exponit.
75. Statius 12 Theb., 463, *Et ad reg m qui deprendere trahuntur.* Ubi alii legunt *trahebant.* Juvenalis sat. 3, *Tunc te sacra od delubra vocantem Præcedit, trahere imo ultro, ac vexare paratus.*
77. *Intestabiles* dicebantur qui vel testimonium perhibere non poterant, vel testamentum condere. In notis mss. editionis Lotteri falso dicitur hoc vocabulum raro apud auctores reperiri. *Intestabilis* pro scelerato legitur apud Horatium, Sallus ium, Tacitum aliosque.
78. Egm. vitiose, *tuentilator*, et editio Lotteri, *tu ventilator* pro *tu ventilator.* Id gentiles vulgo Christianis exprobrabant. Dictum jam ad passionem Fructuosi.
79. In nonnullis vulg. male distinguitur *mentes inquietas, mobiles:* nam *inquietas* est verbum quo Columella multique alii usi sunt.
80. Imperitia passim objecta Christianis, ut constat ex Minucio, Arnobio, Tertulliano, Luciano, Theodoreto, Justino.

Populare quiddam sub colore gloriæ
Illitterata credidit frequentia,
Ut se per ævum consecrandos autumnent,
Si bella divis, ceu gigantes, inferant,
85 **1071** Victique flammis obruantur montium.
Hoc tu parasti, perdite, spectaculum
Cladis cruentæ de necapdis civibus :
Quos ut profanos, impiati et sæculi
Reos, necesse est te magistro interfici :
90 Tu causa mortis, tu malorum signifer.
Ni fallor, æquum est, ut, quod auctor improbus
Tolerare multos compulisti, carnifex,
In te recurrat, proque tantis cædibus,
Quæ mox futuræ, primus exitium luas,
95 Feras et ipse, quod ferendum suaseras,
His ille contra reddit ore libero :

A   Amplector, o præfecte, nec me subtraho,
Ut pro fideli plebe solus immoler,
Dignus subire cuncta, si me consulis,
100 Quæcunque vestra jusserit crudelitas.
1072 Intrare servis idolorum ac dæmonum
Sanctam salutis non licet nostræ domum,
Ne polluatur purus orandi locus :
Confido sancto in Spiritu, nunquam tibi
105 Dandum, ut beatum limen attingas pede.
Ni forte noster factus, in nostrum gregem
Mereare sumi : quod Pater faxit Deus.
Incensus his Asclepiades jusserat,
Eviscerandum corpus eculeo eminus
110 Pendere, et uncis, vinculisque crescere.
1073 Apparitores sed furenti suggerunt,
B   Illum vetusta nobilem prosapia,

GLOSSÆ VETERES.

81. Populare, *venerabile, vel gloriosum*, I.
82. Illitterata, *indocta.*— Frequentia, *agmen, multitudo*, I.
83. Autument, *æstiment*, I.
85. Flammis, *flammeis montibus*, Mar. — Montium, *principium; nam dii, in montibus stantes, fulmina mittebant*, I.
88. Impiati, *corrupti*, I.
91. Æquum est, *justum est*, I.
94. Futuræ, *scilicet erunt.* — Exitium luas, *periculum persolvas*, I.
96. His, *verbis*, I.

97. Amplector, *tua jussa libens suscipio*, I.
99. Cuncta, *tormenta.* — Consulis, *scilicet respondebo*, I.
100. Crudelitas, *scilicet patiar*, I.
106. Gregem, *consortium*, I.
107. Faxit, *faciat : optando dicit*, I.
109. Eculeo, *patibulo.* — Eminus, *longe*, I. Alte, Mar.
110. Crescere, *tumescere*, I., Mar.
111. Apparitores, *tortores.*—Suggerunt, *indicant*, I.
112. Prosapia, *in suo genere*, I.

COMMENTARIUS.

83. Ald., Alex. supra, *autumans*.
85. Iso *montium* interpretatur *principum*. Præfectus alludit ad fabulam de gigantibus, adversus quos Jupiter montes jaculatus est.
86. Prag., *o perdite*.
88. Pal., Egm., Vatt. A, P, Q, quatuor Heinsiani, *impiati sæculi sine et*. In Vat. B est factum *impiati*, abrasis quibusdam characteribus. Hoc etiam convicium Christianis illatum, profanos, impios, sacrilegos eos esse. Suetonius in Nerone : *Christiani, genus hominum superstitionis novæ ac maleficæ*. Id demonstratur etiam ex Arnobio, Tertulliano, Justino aliisque. Vide notas Heraldi et Woweri ad Minucii verba : *Plebem profanæ conjurationis instituunt;* ubi plura his Prudentianis similia invenies.
92. In Prag., Vat. P, Rott. deest *ut* ante *carnifex;* et in Alex. deletum est, quod secutus est Heinsius, et cum eo recentiores. Gallandius cum antiquis edidit, *ut carnifex.* Sed melius *ut* omittetur.
94. Prag. a prima manu male, *primo* pro *primus.* Aldus, *exitum* : melius *exitium*.
96. Egm. corrupte, *redduntur e lib. ro.* Reddere pro *respondere* poetis usitatum.
99. Prag. contra metrum, *dignus sum subire*, Mar. a prima manu, Rat., nonnulli Vulg., *si me consulas*:
101. Recens corrector in Rat. pro *idolorum*, quod videtur erasum, posuit *pessimorum*, quod non est ferendum. Servus idolorum et dæmonum phrasi ecclesiastica pro Dei hoste ponitur. Infidelibus olim non licebat in ecclesiam ingredi; sed in narthece interiori consistebant, non ultra progressi, ut liquet ex concil. Carthag. IV, Chrysostomo, Augustino, aliisque. Vide Jul. Laur. Selvaggium Antiq. Christ. instit. tom. III, lib. II, part. 1, § 5.
102. Ecclesia inter alia nomina vocabatur etiam *oratorium, domus orationis*, et, ut patet ex hoc versu, *domus salutis*: quanquam fortasse hæc non erat peculiaris auctoritate ecclesiæ; sed ita a Prudentio ecclesia circumscribitur. Non enim nunc occurrit similis ab aliis usitata appellatio.
104. Ald., Mar., Widm., Pal., Urb., et scripti plerique apud Heinsium, *confido in sancto Spiritu.* Vatt. B, Q, *confido in Spiritu sancto.* Ambr., Thuan., Alex., editio Lotteri, Parrhasius ad metri rationem, *confido sancto in Spiritu.* Giselinus *confido in almo spiritu*, ad marginem cum Aldo. Nonnulli vulg., *confido sancto Spiritu.*
106. Ald. et nonnulli vett. codd., *nisi forte.* Virgilius lib. II, *Noster eris*.
107. Egm. depravate, *merearis uni.* Rat. perperam, *merearis sumi.* Vat. B. corrupte, *faxat Deus.*
110. Weitz., Fabr., Hailsbr., Bong., *ungulisque crescere*, minus bene. Parrhasius, *Pendere; et uncis, ungulis decrescere.* Vera lectio *vinculisque crescere.* Sermo est de uncis quibus vincula alligabantur, et de ipsis vinculis quibus torquendi in eculeo extendebantur, adeoque crescebant. Seneca epist. 66 a Sagittario laudatus : *Aut eculeo longior factus:* Silius, lib. I, vers. 175, *Per artem Sævitiæ extenti, quantum tormenta jubebant, Creverunt artus.* De eculeo egi in Vincentio ad vers. 109. Thomas Hurtado, de Vero Martyrio, resolut. 35, digress. 2, sect. 3, existimat eculeum esse tormentum illud quod Hispani vocant *potro*, quæ vox significat eculeum, sive equuleum, aut parvum equum : quo scilicet membra fidibus usque ad sulcos contringuntur, et usque ad ossium fracturam, si nimis fidiculæ intorqueantur. Approbat e im explicationem Colepini, fidiculas Hispanis esse *trato de cuerda.* Verum Hispani hoc nomine vocatat elevationem illam corporis per trochleas, de qua dixi in Vincentio ad vers. 110, ut ipse Hurtadus videtur a novisse in Anacephalæosi. Ibidem amplectitur Barthi sententiam lib. XLII, cap. 27 Advers, qui tenet, omne tormentorum genus, cui imposito rei extenderentur, a similitudine ascensionis equestris *eculeum* fuisse appellatum, neque ab hoc nomine abhorrere *caballe'tum*, quod Thomas Segetus Mirandulæ superesse scripsit. Italis *cavalletti* vox hoc ipsum quodammodo indicat : quæ Latine eculeus est.
112. Weitzius cum solo Widm. edidit *genitum prosapia*, repugnante metro lib. VII, cap. de Malefic. *Excepta tormentis sunt corpora honoribus præditorum;*

PERISTEPHANON HYMN. X.

Meritisque multis esse primum civium.
Jubet amoveri noxialem stipitem,
115 Plebeia clarum pœna ne damnet virum.
Tundatur, inquit, terga crebris ictibus,
Plumboque cervix verberata extuberet :
1074 Persona quæque competenter ple-
[ctitur,
Magnique refert, vi is, an sit nobilis :
120 Gradu reorum forma tormentis datur.
Pulsatus ergo martyr illa grandine,
Postquam inter ictus dixit hymnum plumbeos,

A

Erectus infit : Absit, ut me nobilem
Sanguis parentum præstet, aut lex curiæ :
125 Generosa Christi secta nobilitat viros.
Si prima nostris quæ sit incunabulis
Origo, textu stemmatis recenseas,
Dei parentis esse ab ore cœpimus :
1075 Cui quisque servit, ille vere est
[nobilis :
130 Pati rebellis, invenitur degener.
Honos deinde stemmati accedit novus,
Et splendor ingens, ut magistratus, venit :

GLOSSÆ VETERES.

113. Primum, principem, I.
115. Plebeia, rustica, vilis. — Clarum, nobilem, I.
116. Tergum, per tergum, Iso.
117. Extuberet, tumescat, vel crescat, strumosa fiat; inflatur, I.
118. Persona quæque, omnis homo. — Competenter, secundum suam naturam. — Plectitur, punitur, I.
119. Magnique, pretii; magna distantia, I.
120. Gradu, natura. — Datur, competenter, I.
121. Grandine, persecutione, vel ictuum, I.
124. Præstet, faciat; sublimem faciat, I.

125. Secta, doctrina. I.
126. Incunabulis, incunabula, cunæ, crepundia et crepitacula idem sunt, I.
127. Textu, ordine. — Stemmatis, generis, nobilitatis, generationis, I.
128. Parentis, patris. — Ab ore, quando primo parenti insufflavit spiritum vitæ, I.
130. Degener, dicitur, qui factis depravatis non respondet nobilitati parentum, I.
131. Stemmati, nobilitati, I.
132. Ut magistratus, sicut dignitas, I.

B

COMMENTARIUS.

præter illa videlicet crimina quæ legibus demonstrantur. Cod. Theod. de Quæst. lib. IX, tit. 55, leg. 1, agitur etiam de exemptione nobilium à quæstione sive tormentis ; ubi plura explicat Gothofredus, qui obser-, vat, in hac lege tantum sermonem esse de fidiculis.
116. Ald., Mar., Rat., Vatt. B, Q, Urb., Weitz., Bong., Widm., Gis. in contextu, Sich., tundatur, inquit, tergum. Alex., Vat. P, Alt., Rott., Thuan., Ald., aliique recte, tundatur, inquit, terga, ut sit græcismus. Monuit Gifanius in vas, ita habere vett. lib. et metri rationem postulare : Namque in eo carmine præstantissimus Clemens hoc servavit perpetuo, ut quarta sedes haberet iambum. Comparem tribrachym. quarto loco nonnunquam Prudentius admisit : non autem spondæum, qualis esset si legeretur tergum crebris. Parrhasius et Lotterus non ita concinne, Tundatur, inquit, terga crebris ictibus. In Ambr., tendatur, inquit, terga, ex quo Heinsius conjicit Tendatur, - inquit : terga crebris ictibus, Plumboque cervix verberata extuberent. Baronius in notis ad Martyr. 11 Junii ex legibus cod. Theod. colligit, plumbatarum verberibus viles tantum personas fuisse vexatas. Sed illæ leges potius Prudentio favent, cum inde pateat plumbatarum ictus ante eas leges latas supplicium fuisse personarum etiam non vilium. Gothofredus ad leg. 2 loc. cit. docet hac lege curiales a fidiculis immunes esse, non item a plumbatis.
117. Hailsbr. mendose, exuberet pro extuberet. Per synecdochen plumbum ab Hilario, Ambrosio, et hoc loco a Prudentio usurpatum pro plumbatis, quæ, ut multi explicant, erant flagella ex funiculis aut loris, in quorum summitatibus glandes plumbeæ alligabantur : quæ descriptio parum placet. Alii aiunt plumbatas fuisse pilas plumbeas corio consutas. Doctissimus Lupius in Dissert. 12 agit de plumbatis quæ Romæ in sepulcro cujusdam martyris repertæ fuerant, Benedicto XIII pontifice. Erant autem illæ glandes ex ære, non ex plumbo, et catenulis, non funiculis aut loris, alligatæ. Suspicatur Lupius, initio ex plumbo factas fuisse glandes, unde plumbatarum nomen manserit : neque enim audieral usquam asservari plumbatas ex plumbo. Ex ære etiam sunt plumbatæ, quarum ectypum exhibemus tab. XXVI. Exstant in museo sacro Vaticano, et catenulis ferreis vel æneis, ut mihi inspicienti visum est, g'andes sunt colligatæ.
121. Parrhasius, ille ; rectius, illa. Plumbatarum

C

D

mentio sæpe fit in cod. Theod. diversis formulis, plumbatarum ictus, cruciatus, verbera, plumbi verbera, plumbo affici, plumbo, coerceri, plumbo conjundi, plumbatis coerceri : quas omnes comprehendit Prudentius : Tundatur ictibus, plumbo verberata, pulsatus grandine, ictus plumbeos. Libanius etiam orat. 7 pro Aristoph. plumbatarum verbera vocavit grandinem.
124. Suspicor legendum lex Curia. Nota ms. in editione Lotteri exponit lex Portia. Sed leges curiæ, et curiatæ dictæ sunt, quas Romulus, postquam in triginta curias populum Romanum divisit, ad reipublicæ regimen tulit. Alii etiam reges leges curiatas tulerunt: S. Ambrosius in cap. III Lucæ similia quædam habet de curiis.
125. Vide Ouzelium ad Minucii verba : Nobilitate generosus es ? parentes tuos laudas ? Omnes tamen pari sorte nascimur, sola virtute distinguimur.
126. Parrhasius, Si prima nostri quæ sit incunabulis. Widm., Si prima quæ sit nostris in cunabulis, contra metrum. Perique, Si prima nostris quæ sit. Sed Urb., Vat. Q, Alex., incunabulis ; alii, in cunabulis. Heinsius cum Ambr. prætulit nostri quæ sit in cunabulis, sed conjiciebat nostris quæ sit incunabulis, quod reipsa in emendatis ediderat Giselinius.
128. Chrysostomus egregie probat, æque homines esse nobiles, qui Deum Patrem vocant in oratione dominica Pater noster, homil. in Matth. 19, al. 20 : Omnibus quippe unam largitus est nobilitatem cum omnium similiter Pater vocari dignatus sit.
129. Parrhasius et Lotterus, quisquis : metrum exigit quisque. Dixi jam alibi de hac voce quisque pro quisquis, et plura videri possunt in Anthologia Burmanni, pag. 556. Aliquis volebat scribi quique pro quisque, aut quisquis : nihil mutaverim, invitis codicibus.
131. Parrhasius, dein : metrum vult deinde.
132. Fabricius censet, magistratum hic poni pro magisterio, sive magistri officio, ut contrario modo potestas pro prætore apud Ciceronem, et Juvenalem. Exponit scilicet, ut magistratus venit, id est, postquam fidei periculum faciendum est. Mihi id obscurum videtur : neque puto, Prudentium aliud voluisse, nisi splendorem ingentem, qualis e magistratibus provenit, Christianis accedere a martyrio : periude quasi dicat omnes Christianos esse nobiles, martyres vero veluti honoribus magistratuum gaudere. Sic in hymno S. Laurentii hunc perennem consulem vocavit.

Si confitendi nominis testem probum
Signent inusta ferri, et ignis vulnera,
135 .Et vim dolorum mors sequatur inclyta.
Cave, benignus esse perverse velis,
Nec mi remissus leniter peperceris:
Incumbe membris, tortor, ut sim nobilis.
1076 His ampliatus si fruar successibus,
140 Genus patris, matrisque flocci fecero.

A Hæc ipsa vestra dignitatum culmina
Quid esse censes? nonne cursim transeunt
Fasces, secures, sella, prætextæ togæ,
Lictor, tribunal, et trecenta insignia,
145 Quibus tumetis, moxque detumescitis?
Cum consulatum initis, ut vernæ solent,
1077 Pudet fateri, farre pullos pascitis:
Aquila ex eburna sumit arrogantiam

GLOSSÆ VETERES.

133. Probum, *bonum*, I.
134. Inusta, *valde usta*, I.
136. Cave, *cave, velis simul jungendum : cave enim abnegativum est nec eget aliqua abnegatione, sicut Cave, facias debemus dicere; non Cave, ne facias*, I.
137. Mi, *pro mihi.* — Remissus, *ad misericordiam, mollefactus*, I.
139. Ampliatus, *dilatatus, prosperitatibus, auctus*, I.
140. Flocci fecero, *pro nihilo duco, parvipendam, parvipendo; ductus sermo a flocco, quod homines, in re vilissima utentes, a vestimentis extrahunt et projiciunt, quasi pro nihilo reputantes*, I.
142. Cursim, *velociter*, I.
143. Fasces, *honores, summæ dignitates.* — Sellæ,

B

quæ in curia ponebantur. — Prætextæ togæ, *genus vestimenti : prætexta vestis est qua utebantur pueri usque ad sextum decimum annum, et dicta prætexta eo quod latior purpura ei intexebatur in capitio; postea toga utebantur*, I.
144. Lictor, *virgifer.* — Trecenta, *finitum pro infinito.* — Insignia, *ornamenta*, I.
146. Initis, *intratis.* — Vernæ, *juvenes, servi; vernaculus, ut dicit Isidorus, dictus est, quasi bonus hæreditarius natus; qui et domigena dicitur, id est domi natus*, I.
148. Ex eburna, *eburneæ aquilæ ferebantur in vexillis Romanorum propter aquilam, quæ armiger Jovis est*, I.

COMMENTARIUS

133. Nomen Christianum, nomen Christi; et simpliciter nomen pro eadem re vetere Christiani passim usurpabant. Mazochius Spicil. Bibl. part. 2, pag. 90, putat Christianos veteres imitatos religionem Judæorum in nomine tetragrammato, adeoque nomen simpliciter dixisse, cum nomen Christi vellent indicare. Certe sæpe videtur nomen Christi significari, ut apud Cyprianum de Laude martyrii : *Per hoc et testimonium nomini redditur, et majestas nominis redamplificatur.* Sed interdum clarum est, sermonem esse de nomine Christiano, ob cujus solius confessionem vel professionem sine alio crimine supplicio Christiani afficiebantur : quia scilicet illud nomen erat nota religionis.
135. Prag. mendose *et inde dolorum.* Rat., Vat. B, Mar. a prisca manu, *finem dolorum.*
136. Vat. B, Mar., Rat., Sich., Weitz., Hailsbr., Bong., Widm. a prima manu, *perversibilis*, quod metro non cohæret. Ali, *perverse velis.* Fabricius, *perverse ut velis.*
138. Vat. B a veteri manu, *tortor jam tum nobilis*, contra metrum et sententiam. In Prag. etiam mendose *jam tamen* ; supra *jam tum*, vel *jam sum.*
139. Ampliari ad nobilitatem refertur, ut *amplitudo.* Exempla vide in lexicis.
143. Mar., Rat., Prag. non bene, *sellæ* pro *sella* : nam quarto loco spondæus esse nequit, adeoque Weitzius erravit, cum edidit *sellæ*. Aldus, Vat. B, *prætexta, togæ.* Ox., *prætexta togæ.* Fabr., *prætextæ, toga.* Hailsbr., *prætextæ toga.* Ambr., *prætexta et togæ*, et sic etiam Parrhasius. Heinsius vult *prætexta et toga.* Weitzius, Gifanius in *flere* ex vet. lib., Vat. A, Alex., *prætextæ togæ*, quod probum est. Toga communis erat omnibus, prætexta toga propria magistratuum. Heinsio recentiores consonant : Gallandius vero edidit *prætexta et toga*, et ex aliis adnotat *sellæ, prætextæ, togæ.* Fasces et secures consulum erant insignia, sellæ ædilium, prætextæ togæ imperatorum. Lictor ad consules etiam pertinebat, tribunal ad judices. Juvenalis sat. 10 : *Prætexta, et trabeæ, fasces, lectica, tribunal.*
144. Egm., Hailsbr., *tribunal, hæc trecenta.* Gis. ad oram, *et cruenta.*
145. Detumescere legitur etiam apud Petronium et Statium. *Tumoris* nomine Christiani scriptores passim superbiam significant, quod ex Euripidis Hecuba et Horatio sumptum censet Barthius lib. xxx Adv. cap. 19 : ego ex ipsa rei natura magis credo. Wipertus, Prudentii amator et imitator, lib. I, cap. 11 : *Ingenii*

C

D

excellentia, qua solent carnales super modum tumescere, moxque detumescere.
146. Vat. B, *ut vermes solent*, quod Colerus in suis membranis exstare ait ad Valerium Maximum, pag. 548. Codex Marietti, de quo loquitur Colerus, habet certe *vermes*, et supra pro diversa scriptura *verres*, demum ad oram *vernæ.* In eodem Mar. videtur esse *dum* pro *cum.* Interpretatio horum versuum hæc circumfertur, Romanos, cum consulatum inibant; farre pullos pascere (quod munus est servorum), quoniam ominosum habebatur, si pulli farre abstinerent, et Romani nihil inauspicato agere solebant. Pignorius, de Servis pag. 270, agit de aviario, altiliario, qui ab Horatio *fartor* appellatur, cujus officium, inquit, erat aves opimare et obesare in gratiam lautarum epularum. Et hinc arripuit occasionem apud Prudentium Romanus martyr deridendi prælectum Asclepiadem. Itaque existimo ipsos qui consulatum inibant pullos per se pascere, ut auspicia capturent; et idcirco ait Prudentius : *ut vernæ solent, farre pullos pascitis.* Giselinus ait, id factum per pullarios, quia Romani, teste Hal carnasseo, nec magistratus, nec magni aliquid inchoabant, priusquam eos consu'erent. Parum hæc explicatio Prudentio congruit. Salvianus, lib. vi de Gubern., eam superstitionem in Christianis merito reprehendit : *Quid enim nunquid non in consulibus designandis et pulli adhuc sacrilegiorum more pascuntur, et volantis pennæ auguria quæruntur, ac pene omnia fiunt, quæ etiam illi quondam pagani veteres frivola et irridenda duxerunt? Et cum hæc omnia ipsi agant, qui annis nomina tribuunt*, etc.
148. Vat. B mendose, *sumpti* pro *sumit.* De h c aqui a eburna dictum jam ad vers. 349 lib. I contra Symmachum. Chamillardus ait, aut errasse Prudentium, aut diversum morem fuisse temporibus Livii : qui hic affirmat scipionem eburneum cum aquila exsulante in summitate ex eadem materia triumphantibus fuisse prælatum. Verum hoc nihili est : siquidem scipio gestabatur nomine triumphantis, et erat sceptrum, sive gestamen consulare. Valerius Maximus lib. IV, cap. 4 de C. Attilio Serrano : *Sed illæ rustico opere attritæ manus salutem publicam stabilierunt : ingentes hostium copias pessumdederunt; quæque modo arantium boum jugum rexerant, triumphalis currus habenas retinuerunt : nec fuit iis rubori, eburneo scipione deposito, agrestem stivam arati repetere.* Fabricius narrat talem aquilam eburneam crista rubea insignem repertam Romæ, et talem exsculptam esse in fornice arcus Vespasiani, in quo manu eam tenet

Gestator ejus, ac superbit belluæ
150 Inflatus osse, cui figura est alitis
Jam si sub aris ad sigillorum pedes
Jaceatis, infra sectilem quercum siti,
Quid esse vobis æstimem projectius?
Nudare plantas ante carpentum scio
155 1078 Proceres togatos metris Ideæ sa-
[cris.
Lapis nigellus evehendus essedo

A
Muliebris oris clausus argento sedet:
Quem dum ad lavacrum præeundo ducitis
1079 Pedes remotis atterentes calceis,
160 Almonis usque pervenitis rivulum.
Quid illa turpis pompa? nempe ignobiles
Vos esse monstrat, cum luperci curritis.
Quem servulorum non rear vilissimum,
Nudus plateas si per omnes cursitans,
165 Pulset puellas verbere ictas ludicro?

GLOSSÆ VETERES.

149. Ejus, *aquilæ*. — Belluæ, *elephanti*, l.
150. Cui, *ossi*. — Alitis, *aquilæ*, l.
151. Sigillorum, *simulacrorum, vel signorum; idolorum*, l.
152. Siti, *positi*, l.
153. Projectius, *despectius*, l.
154. Carpentum, *vehiculum, currum*, l.
155. Proceres, *nobiles: proceres proprie mutuli trabium eminentes e maceriis; inde proceres dicuntur eminentiores in populis*, l.
158. Lapis, *gagathes, in quo pingebatur*, Vat. A.

B
Gagathes, l. — Gemellus, *ideo potest dici gemellus, quia in vehiculo ipsa cum filio suo Cupidine solebat sculpi vel pingi*, Prag. — Essedo, *essedum genus vehiculi Gallicani, id est, quasi assedum ab assidendo dictum; genus vehiculi*, l.
160. Almonis, *fluvius*, l.
162. Luperci, *nudi: luperci dicebantur qui lupercalia celebrabant, id est festa Panis dei; in quibus omnia immunda fiebant*, l.
165. Verbere, *percutiendo nates illarum*, l.

COMMENTARIUS.

Vespasianus. In delineatione arcus et in ipso arcu solum invenio Titum aquilæ insidentem in cœlum ferri, veteri superstitione inter divos relatum, in arcus fornice. In quatuor angulis aquilæ cum fulmine triumphum exornant.

150. Ebur dentem elephanti esse norunt omnes. Prudentius *os belluæ* vocat.

151. Ald. perperam, *suberis* pro *sub aris*. De *sigillis* pro statuis vide comment. ad vers. 543 lib. II contra Symmachum.

152. Vat. B, Mar., Widm., *intra*; alii, *infra*. Vocat *sectilem quercum* statuam; ideoque *infra* legendum est.

154. Baldunus, de Calceo antiquo cap. 3 et 33, agit de hoc ritu antiquorum nudandi plantas in quibusdam sacris functionibus. Eques Victorius dissertationem edidit anno 1753, qua illustravit exiguam Cybelis statuam quæ nunc in museo Victorio Vaticano asservatur, ut Teclus notavit.

155. Etymologiam glossæ, quod proceres sint *capita trabium*, ducet etiam Servius ad I Æn. ex Varrone. Alii *proceres* a *primus* derivant.

156. Vat. B. Prag., Mar. a prima manu, *gemellus*; alii, *ngellus*. Ald., Alex. a secunda manu, Vatt. P, Q, Urb., *esseda*; plerique melius *essedo*. Murmellius et Lottierus, *evekundus*. Arnobius, lib. VI: *Videtis, Arabas informem lapidem coluisse, lignum indolatum Carios pro Diana, Pessinuntium silicem de cœlo lapsum pro deum Matre*. Gisbertus Cuperus in notis ad Lactantium, cap. 11 de Mort. persecut., ait vel hunc lapidem lineamenta faciei muliebris habuisse, vel inclusum fuisse capsa argentea faciei muliebris: quod tamen aliis examinandum re'inquit. Mihi vix dubium est quin ipse lapis lineamenta muliebris oris habuerit: et id ex verbo *sedet* confirmari potest. Nihilominus Bulengerus, lib. I, cap. 18, de Pict., probare contendit, columnas per initia pro statuis fuisse, et stipites, et lapides. In glossis *lapis nigellus* dicitur, *gagathes*: posset intelligi achates, nam achates lapis est nigellus, ut ex Plinio, Solino et Isidoro patet, quanquam *gagathes* celebratur etiam a Plinio et Eugenio Toletano. Verior scriptura est *gagates* ex Græco vocabulo. Joannes Fridericus Hervartius, de Admirandis theologiæ ethnicæ Mysteriis cap. 52, ostendere conatur primum simulacrum, e Pessinunte Romam advectum, fuisse e magnete, et acum illam decantatam Magnæ deorum Matris, qua Romanum imperium sustentatum Servius prodit, fuisse acum magneticam, cujus notus jam esset usus. Joannes Winckelmannus in opere de Monumentis antiquis ineditis, tom. II:

C

sect. 2, cap. 1, de Cybelis statuis agit. In Calendario Romano Maffeiano ita indicantur ludi Megalenses die 4 Aprilis: *Ludi Matr. Mag.* In Vindobonensi: *Ludi Megalesini*. In Prænestino: LVDI. M. D. M. I. MEGALENSIA. VOCANTVR. QVOD. EA. DEA. MIGALE. APPELLATVR. NOBILIVM. MVTITATIONES. CENARVM. SOLITAE. SVNT. FREQVENTER. FIERI. QVOD. MATER. MAGNA. EX. LIBRIS. SIBVLLINIS. ARCESSITA. LOCVM. MVTAVIT. EX. PHRYGIA. ROMAM. Vide nota Petri Franc. Fogginii.

157. Arnobius lib. VII de eodem lapide coloris fulvi atque atri, angulis prominentibus inæqualis, *quem omnes hodie illo ipso videmus in signo oris (forte insigniori) loco positum, indolatum, et asperum, et simulacro faciem minus expressam simulatione præbente*.

158. Prima in præeundo hoc loco intervallo longo efferatur, vimque diphthongi retinet. Ammianus lib. XXIII de Juliano Apostata: *Ubi ad diem VI cal.* (Apriles) *quo Romæ Matri deorum pompæ celebrantur annales, et carpentum quo vehitur simulacrum, Almonis undis ablui perhibetur, sacrorum solemnitate prisco more completis somno per otium capto, exsultans pernoctavit, et lætus*. Conler S. Ambrosium, lib. III, ep. 48; Augustinum, lib. II de Civit. Dei, cap. 4; Arnobium, Ovidium, Valerium Flaccum, Lucanum, et alios.

D
160. Thuan. contra metrum *perventuri*, Hailsbr. *prævenitis*. Rivulus Almo extra portam Capenam, sive S. Sebastiani via Appia fluit: ejus nomen nunc *Acquataccio*, quasi aqua corrupta, ut puto. Origo ejus est fons aquæ salutaris, qua multi Romæ ad curandos morbos utuntur. Ea vocatur *acqua santa* Italice, et ad capitulum S. Lateranensis basilicæ spectat, exstatque prope viam Latinam.

161. De hujusmodi superstitionibus ethnicorum abunde dictum est ad libros contra Symmachum et ad hymnum S. Laurentii, quod indicasse semel sufficiat.

162. Baronius ad annum 496 refert S. Gelasium lupercalia prohibuisse, et Andromachum senatorem, qui ea defendebat, scripto refutasse. Epistola Gelasii exstat inter alias pontificum. Andromachus imaginem quamdam lupercalium retinendam contendebat. Gelasius neque ita quidem a Christianis celebrari posse lupercalia demonstrat.

164. Servorum erat proprium currere et festinare. In prologo Heautont. Terentius: *Ne semper servus currens, iratus senex.... assidue agendi sint mihi*.

165. Parrhasius, *pulte*, quod in notis confirmat, dum probat, Prudentium tentasse lastiditis gratiam

Miseret tuorum me sacrorum, et principum,
Morumque, Roma, sæculi summum caput.
1080 Age explicemus, si placet, mysteria,
Præfecte, vestra : jam necesse est, audias,
170 Nolis velisne, quid colatis sordium.
Nec terret ista qua tumes vesania,
Quod vultuosus, quod supinus, quod rigens,
Tormenta lethi comminaris asperi :
Si me movere rebus ullis niteris,
175 Ratione mecum, non furore, dimica.
Jubes, relictis Patris, et Christi sacris,

A

Ut tecum adorem feminas mille, ac mares,
1081 Deos, deasque, deque sexu duplici
Natos, nepotes, abnepotes editos,
180 Et tot stuprorum sordidam prosapiam.
Nubunt puellæ, sæpe luduntur dolis,
Amasionum comprimuntur fraudibus.
Incesta fervent : furta mœchorum calent :
Fallit maritus : odit uxor pellicem :
185 Deos catenæ colligant adulteros.
Ostende, quæso, quas ad aras præcipis,
Vervece cæso fumet ut cespes meus?

GLOSSÆ VETERES.

166. Sacrorum, *idolorum*, I.
172. Vultuosus, *terribilis, vel tristis*, I
177. Mares, *masculos*, I.
178. Sexu duplici, *de mare et femina*, I.
179. Abnepotes, *natos de nepotibus*. — Editos, *pronatos*. I.
181. Luduntur, *decipiuntur*, I.
182. Amasionum, *amātorum : amasii et amasiones unum sunt.* — Comprimuntur, *stuprantur*, I.
183. Incesta, *stupra, non casta. Distat inter fornicationem, et adulterium, et incestum; nam fornicatio cum puellis et viduis; adulterium cum uxoribus alio-*

B

rum, incestum cum sororibus et sanctimonialibus; et dicitur incestum, quasi non castum, I. *Jovis et Junonis*, Mar. — Mœchorum, *Martis et Veneris*, Mar.
184. Fallit, *uxorem*. — Maritus, *Saturnus Opim*, Mar. *Vulcanus*, I. — Pellicem, *pellex dicitur quasi pelle illiciens, id est decipiens; nam pulchritudine deputantur homines. Concubinam*, I.
185. Deos, *Martem et Venerem, quos Vulcanus alligavit*, I.
187. Vervece, *vervix vocatur a verme quem habet in fronte, qui commovens incitat eum ad prælium*, I.

COMMENTARIUS.

reddere; scilicet dixisse *volupe est* ex Ennio et Plauto, *ninguidos* ex Lucretio, *pultet* pro *pulset*. Ald., Torn. et nonnulli vulg., *actas* pro *ictas*. Luperci scuticæ, virgave e pelle hircina mulieres obvias feriebant, quæ manus ultro præbebant, quasi ita feliciores puerperæ essent futuræ, ut ex Ovidio, Juvenali et aliis colligitur. Vide lib. II in Symm., vers. 864. Iso notes verbere ictas docet, quod ex Choulio fusius refert Joan. Saubertus de Sacr. vet. cap. 6. Sed, ut hic ritus perageretur, mulieres ipsæ ad lupercos se conferebant.
166. Rat., Vat. B., Mar. a pr. m. *et* pro *me* non ita probe.
167. Vat. B., Mar., *secli :* metrum postulat *seculi*. Roma dicitur summum sæculi caput, ut *imperii domina* Apoth. vers. 507. *Sæculum* pro *mundo*, aut orbe accipitur, ut in hymno Sedulii : *Beatus auctor seculi*, et S. Petrus, Chrysologus serm. CLX, *Universo sæculo non capacem concludi corpore perpusillo*. Vide vers. 584. In Laurentio.
170. Mar., *velis, nolisne*. Rat., *velis, no'isque :* utrumque contra metri regulam. Nec melius Parrhasius, *nolis velis, nequid*. Gis., Lotterus , *nolis velisve*. Scripti plerique, *nolis velisne*. Pro idolis sordes posuit. In Laurentio, vers. 263, *Dum dæmonum sordes colis.* Sic Ennodius in Natali Epiphanii, *Numina fallaci finxerunt sordida cantu*.
171. Vat. A, *ne terret*.
172. Vultuosus *et vultuose* usurpant Apuleius, Donatus, Capella, Quintilianus, Sidonius. Innuitur vultus asper, terribilis. *Supinus* pro *superbo* Juvenalis sat. 1, *Et multum referens Mæcenate supino :* quanquam hic pro molli potius accipitur. Pro arroganti vero Persius sat. 1, *Seque aliquem credens, Italo quod honore supinus Fregerit heminas Areti ædilis iniquas*.
173. Vat. B et Mar. non bene scribunt *læti* pro *lethi* aut *leti*.
174. Hailsbr., *moveri* ; Egm., *ullus*.
175. Ad hanc sententiam pertinet illud Minucii : *Cum non disputantis auctoritas, sed disputationis ipsius veritas requiratur*. Ubi interpretes plura similia adnodant.
177. Aldus, Vat. Q, *feminas, ac mille mares*. Ita Vat. B a secunda manu, nam a priori manu videtur fuisse, ut est in Mar., *matres* pro *mares*. Vat. A, Alex., Giselinus in emendatis. Heinsius et alii, *feminas mille*,

C

ac mares, quod magis metro et consuetudini Prudentii congruit. Besselius, pag. 24 Miscellan. syntagm., legendum conjicit *Ut tecum adorem feminas, molles mares*, ut Ganymedes, Hebe, aliique molles mares intelligantur. At vero lectio codicum recte procedit: neque Hebe inter mares recensenda est, dea scilicet juventutis, non deus. Sexum deorum diversum gentilibus Lactantius, Arnobius, multique alii Christiani scriptores exprobrarunt. Arnobius, lib. III : *Adduci enim primum hoc ut credamus non possumus, immortalem illam præstantissimamque naturam divisam esse per sexus, et esse partem unam mares, partem esse alteram feminas* ..... *Nam consuestis in precibus, Sive, tu Deus es, sive tu dea, dicere : quæ dubitationis exceptio dare vos diis seaum disjunctione ex ipsa declarat*. Preces quas Arnobius indicat legi possunt apud Macrobium lib. III Saturn., cap. 9 : *Si deus, si dea est, cui populus civitasque Carthaginensis est in tutela*, etc. A. Gellius lib. I, cap. 28 : *Eas ferias si quis polluisset, piaculoque ob hanc rem opus esset, hostiam si. DEO. SI. DEÆ. immolabat. Idque ex decreto pontificum observatum esse*, M. Varro dicit : *quoniam et qua vi, et per quem deorum dearumve terra tremeret, incertum esset*. In veteribus inscriptionibus eadem formula occurrit *Sive deo, sive deæ. Si deus, si dea est*. Huc spectat quod in precibus interdum dicebant, *Quisquis es deus*. Vide Broverium, de Adorat. cap. 7, præter Catonem et alios.
180. Ald., Weitz., et plerique scripti , *et tot*. Gis., *ac tot*. Heinsius cum Thuan., *ut tot*, quod habet etiam

D

Alex. In Ald. et Oxon., *prosapiem*.
181. Exempla habes in Proserpina, quæ Plutoni; Hebe, quæ Herculi; Minerva, quæ Vulcano nupta est. Deceptæ sunt a Jove Europa, Ægina, Leda, Danae et aliæ.
182. Utitur voce *amasionum* Apuleius lib. VII de Asino aureo.
183. *Furta* concubitus illicitos poetæ libenter vocant.
184. In Jove hæc omnia crimina in promptu est reperire. Ejus stupra novem recenset Ovidius VI Metamorphos., filios illegitimos supra viginti enumerat Hyginus fab. 155.
185. Prag., *duos* pro *deos*, minus bene.
186. Vat. A, *adoras :* lege *ad aras*.
187. Weitzius, nihil metrum curans, edidit *verbecæ* cum Widm. et Bong. In Vat. B ex *verbice* fac-

1082 Delphosne pergam? sed vetat palæs-
[trici
Corrupta ephebi fama, quem vester deus
190 Effeminavit gymnadis licentia.
Mox flevit impuratus occisum gravi
Disco, et dicavit florulentum succubam.
Conductus idem pavit alienum pecus:
Furem deinde perditi passus gregis
195 Segnis bubulcus, tela et ipsa perdidit.

An ad Cybebes ibo lucum pineum?
1083 Puer sed obstat Gallus ob libidinem
Per triste vulnus, perque sectum dedecus
Ab impudicæ tutus amplexu deæ:
200 Per multa Matri sacra plorandus spado.
Sed, credo, magni limen amplectar Jovis:
Qui si citetur legibus vestris reus,
Laqueis minacis implicatus Juliæ,
Luat severam vinctus et Scantiniam,

GLOSSÆ VETERES

188. Palæstrici, *palæstrici*, qui, in theatro saltantes, turpia deorum canebant, I.
189. Ephebi, *imberbis*, I.
190. Effeminavit, *castravit*. — Gymnadis, *nuditatis, vel exercitii licentia rustici*, I.
191. Impuratus, *commaculatus*: impuratus et impurus ita distinguuntur, quod impurus in seipso immundus; impuratus autem ab alio contaminatus dicitur, I.
192. Disco, *discus genus ludi qui super discum agebatur, quem ille ephebus ludens a Borea vento occisus est*. — Florulentum, *in florem sui nominis*, Mar. — Subcubam, *vel succubam. Succuba dicitur qui g!ii in patienda libidine succumbit, a succumbendo dictus: a succumbendo ad turpes usus, qui et amasio*, I. — Cucubam, *cucuba heiba est dicata ab Apolline Hyacintho, cujus flos hyacinthus est secundum nomen pueri*, Prag.
194. Furem, *latronem*. — Passus, *sustinens*, I.
195. Tela, *arcum et pharetram*, I.

196. Cybebes, *Cybele, et Cubele, quæ Mater deorum dicebatur, quæ et Berecynthia*, I.
197. Puer, *Atys*, Mar. — Gallus, *scilicet castratus. Atys omnes eviratos Gallos vocabant, postquam Galli Senones Romam ceperunt, et postea quicunque Gallum ceperunt, evirabant, ne illud semen cresceret; et Gallos castratos omnes vocabant*. — Ob, *propter*, I.
199. Impudicæ, *inverecundæ*, I.
200. Matris, *Cybeleæ*. — Spado, *eunuchus*, I.
201. Credo, *ironice*, I.
202. Citetur, *judicaretur, vel commoveatur; judicetur secundum scita*, I.
203. Implicatus, *damnatus*. — Juliæ, *Romanæ legis: Julia lex a Julia repertrice, quæ adulteras damnabat*, I.
204. Scantiniam, *a Scantinia inventore, quæ utique judicabat adulero: legem Romanorum, id est, iram; ea est nomen deæ*, I.

COMMENTARIUS.

tum recentiori manu *verbece*. Mar. a prima manu, *verbice*. Rat., et Prag. a prima manu, ut videtur, *verbece*; alii scribunt *vervece*. *Verbex*, seu *vervex*, est mas inter oves, sed castratus: de quo Isidorus lib. XII Etym., cap. 1, consentit glossæ: *Vervex, vel a viribus dictus, quod cæteris ovibus sit fortior; vel quod sit vir, id est masculus; vel quod vermes in capite habeant: quorum excitati pruritu, invicem se concutiunt, et pugnantes cum magno impetu feriunt.* Varro a natura *versa* vervecem dictum existimat. De ara cæspititia vide hymnum S. Eulaliæ.
188. Vatt. A, Q, *vetant*, quod videtur etiam fuisse in Alex. Indicatur fabula Hyacinthi, de qua Ovidius lib. X Metamorph.
189. Mar. a prima manu, *quàm*, male.
190. In palæstra nudi luctabantur: hinc apud veteres *gymnasii licentia* in proverbium abiit.
192. In Vat. A recentior corrector, prioribus erasis, fecit *florulentum*, et *sucubam*. Videtur fuisse *cucubam*; ad oram legitur *cucubum*, et *sucubum* pro diversis lectionibus. Vat. B., Widm., *florulentum cucubam*. Prag., Mar., *florulentum cucubam*; sed in Mar. recenti manu factum *florulentam*. Alex., Ald., Weitz., Vat. Q. Urb., Lotter., Heinsius et alii, *florulentum succubam*, vel *subcubam*. Boug., *florulentum subcubum*; supra, *florulentam succubam*. *Florulentus* vox est auctoris Pervigilii Veneris et Solini.
193. Fabula Apollinis, qui armenta regis Admeti pavit, a quo boves et arma furatus est Mercurius. Videtur quarta sede tribrachys collocari. Posset aliquo pacto id negari; sed vers. 978 sine ulla controversia pes quartus tribrachys est.
195. Horatius, lib. I, oda 10, *Viduus pharetra Risit Apollo*.
196. Ald., Torn., Gall., *Cybellis*, Mar., *Cibiles*; Vatt. A, Q, Urb., *Cybelis*; alii *Cybæbis*; Hailsbr., *Cibelis*; Alex., *Cybeles*; Parrhasius, *Cybelles*; Thuan., Egm., Alt., *Cybebis*. Heinsius scripsit *Cybebes*, aliisque scribendum persuasit ex vett. exemplaribus Virgilii, Phædri, Lucani, et ex antiquis marmoribus. Græce Cybele et Cybebe dicitur. Nihilominus Chamillardus edidit *Cybeles*. Sacra Cybeles in montibus

ubi lucus pineus erat celebrari solebant: et pinus ipsa arbor est Cybele sacra; ejusque imago corona e duobus ramis pineis insignita in nummis pingebatur. Monfaucon us tom. I Ant. plures imagines Cybeles exhibet, ac de ejus gestis sive fabulis copiose disserit cap. 1 et seqq.
197. De Gallis vide lib. II in Symm. vers. 522.
200. Vat. B, Mar., Prag., Weitz., Ambr., Thuan., Oxon., *motri*, quod exstat etiam in Alex., Gis. in textu, Heinsio. In aliis, *matris*. In Rott. supra *sacra pro div. script. erat æra*. Ex quo Heinsius et Chamillardus suspicantur a manu Prudentii esse *Per multa ma'ris æra plorandus spado*. Referunt videlicet ad corybantia æra.
201. Juvenalis, sat. 6, vers. 47, *Tarpeium limen adora*. Ex Arnobio, Ovidio, Tibullo et aliis patet hunc fuisse ethnicorum morem, ut templorum limina exoscularentur. Neque propterea accusandi sunt Christiani quod eadem venerationis signa suis templis exhibeant. Adisis prolegom. cap. 14.
202. Widm. corrupte, *scitetur* pro *citetur*. Idem error est in Mar. et Prag. In Vat. B, qui *siscitetur*. Latinius in Torn. correxit *vestris* pro *vestri*. En rationem cur Prudentius, qui tumulos martyrum amplectebatur, negat licere amplecti limen Jovis.
205. Lege Julia mœchi puniebantur. Juvenalis, sat. 2, vers. 37, *Ubi nunc lex Julia? dormis?* De hac lege Cujacius observat. 2), cap. 18 et 19. Ab Augusto lata ea lex est: neque glossæ aliter disserentis habenda est ratio. Leges *minari*, dictum ad vers. 179 lib. II contra Symmachum. Hoc argumento deos gentilium Athanasius exagitat: *Num dignum est ut is (Jupiter) qui designat talia, quique ejusmodi flagitiis famosus est, quæ ne communes quidem leges Romanorum in mere hominibus impunita velint, pro numine habeatur? Quis ipsum non vituperet? quis non mulctandum morte judicet?*
204. Ald., Fabr. et nonnulli, *luet* pro *luat*. Vat. B, Mar., Prag., Rat., *Luat severum victus, et Scantiniam*. Vat. A, *Luet severam vinctus et Scatiniam*. Thuan., Alt., Noms., Rott., *Luat severam vinctus et Scantiniam*, quod tenent Alex., Reins., et alii. Lati-

205 **1084** Te cognitore dignus ire in carcerem. A 215   **1085** Signo aut sacello consecrarit Her-
Quid autem eorum conditorem temporum   [culem.
Censes colendum? quem fugacem non ne-   Dicis licenter hæc poetas fingere:
                                       [gas   Sed sunt et ipsi talibus mysteriis
Latuisse furtim, dum reformidat malum: Tecum dicati: quodque describunt colunt.
Quem si beate vivere audit Juppiter,   Tu cur piaclum tam libenter lectitas?
210 Plectat necesse est occulendi conscios.   220 Cur in theatris, te vidente, id plauditur?
Quid inter aras dissidentum numinum   Cygnus stuprator peccat inter pulpita,
Putas agendum? Martis indignabitur   Saltat Tonantem tauricornem Lydius:
Offensa virtus, si colatur Lemnius,   **1086** Spectator horum pontifex summus
Junonis iram sentiet quisque, ut deum   [sedes,

GLOSSÆ VETERES.

205. Cognitore, *te sciente, vel judice: cognitor, qui causas cognoscit judicii*, I.
206. Conditorem, *constitutorem, id est Saturnum*; I.
207. Censes, *judicas*, I.
208. Reformidat, *reformido et formido unum sunt*, I.
210. Occulendi, *occulta di*, I.
211. Dissidentum, *discordantium*, I.
213. Lemnius, *Vulcanus a Lemno insula: quia Vulcanus prodidit adulterium Veneris et Martis, ideo inter se dissident; et dicitur Lemnius Vulcanus, quasi lutosus, a Græco quidem λῖνος, id est lutum: nam sordidato luxuriæ ex colore fit, qui est Vulcanus.*

ex pellice natus fuit, I.
215. Signo, *imagine, sigillo*, I.
219. Piaclum, *facinus. Iso. Peccatum*, Mar.
221. Cygnus, *Jovis in forma. Joris in cygnum conversus stupravit Dianam.* — Stuprator, *de Jove et Leda, vel de Jove et Pasiphae.* — Pulpita, *lectus deorum, gradus sc næ*, I.
222. Saltat, *canit.* — Taur cornem, *proprium nomen, m milogus quidam qui cantabat Jovem versum in taurum v tiasse Europam.* — Lydius, *Jovis, vel nomen toni musici: musicus*, I.

COMMENTARIUS.

...nius in Torn. invenit *Cantiniam*, correxit *Scatiniam*. Parrhasius videtur duas in hoc versu leges distinguere: ita enim habet, *Luat severam victus, et Scantiniam*. Unica tamen lex *Scantinia* nominatur, quæ erat de impudicis, a Scantinio Aricino *lata contra eos qui muliebria patiebantur*, ut ait scholiastes ad Juvenalis sat. 2, vers 43. *Citari Ante omnes debet Scantinia*. Nonnulli putarunt nomen eam legem accepisse a C. Scantinio, qui M. Claudii Marcelli filium de stupro appellavit, et accusante patre condemnatus est, ut refert Valerius Maximus lib. vi, cap. 1. Etsi enim leges plerumque nomen ab iis qui eas tulerant accipiebant, non raro tamen a damnatis, ut Lulia a Laio.

205. In Ambrosiano multa hic desiderabantur usque ad vers. 454. Heins. post *carcerem* interrogationis notam adjicit.

206. Prag. male, *quod aureorum*. Sermo est de Saturno, aurei sæculi conditore, in cujus templo propterea Romani ærarium esse voluerunt.

208. Thuan., *furem: melius furtim*. Gis. ad oram, *dum pavesceret malum*: quod in aliis exemplaribus esse ait Murmellius.

209. Pal., *audet*; recte supra, *audit*.

210. Mar. a prima manu, *colendi conscius*; supra, *occulendi conscius*. Prag., *oculendi conscius*. Legendum *occulendi conscios*.

211. Widm., *dissidentium*. Alex., *discidentum*. Vat. Q, *dissidendum*. Vera lectio *dissidentum*. Bella deorum inter se pugnantium gentilibus plures e nostris objecerunt, Athanasius, Augustinus et alii. Arnobius, lib. iv, *Vulnerari, vexari, bella inter se gerere furialium memorantur ardore discriminum*. Lactantius, lib. i, cap. 5, *Homerus bellantes inter se deos finxit*.

214. Peveratus ait plurimis in locis a Prudentio *quique* usurpari pro *quicunque*, seu *quisquis*, quod hodie fere contra fidem vett. lib. et Prudentii consuetudinem in *quisque* mutatum est. Sed fallitur: nam vett. codices habent *quisque*, non *quique*, et consuetudo æqualium *Prudenti* fuit, ut *quisque* pro *quisquis* usurparent. Vide comment. ad vers. 216 hymn. 7 Cathem. Illud vero facilius mutarem, si per membranas liceret *ut deum*: nam legendum puto *Junonis iram sentiet, quisque aut deum,S gno aut sacello consecrarit Herculem.* Porro Hercules Jovis filius, Junonis privignus fuit ex Alcmena pellice.

215. Latinius in Torn. emendavit *aut* pro *et*.

216. Ald., Urb., Gis., Oxon., *dices*: plerique, *dicis*. Hanc responsionem simili arguendi ratione ejecerunt Augustinus, Theodoretus et alii. Arnobius, lib. iv, *Sed poet s tantummodo licere voluistis indignas de diis fabulas, et flagitiosa lulibria commisisci. Quid pantomimi vestri, quid histriones, quid illa mimorum, atque exoleti generis multitudo? Nonne ad usum quæstus sui abutuntur diis vestris, et lenocinia voluptatum ex injuriis attrahunt, coatumeliisque divinis? Sedent et in spectaculis publicis sacerdotum omnium magistratuumque collegia*, etc.

219. Vat. A, *tu turpia dum*. Vat. B, Mar., Lotteri editio, *tu cur piaclum*, male.

221. Alii scribunt *cycnus*, alii *cygnus*. Martinus Roa, lib. i.i Singularium, part. 4, cap. 16, agens de cynedica saltatione in theatro vulgo *zarabanda*, hos versus in medium profert ut rem illustret. Saltabatur fabula Jovis, qui in cygnum conversus Ledam compressit. In theatris nostri sæculi non absimilia scelera, vel hæc ipsa saltatione repræsentantur. De saltatione cygni stupratoris intelligendus est etiam Juvenalis sat. 6 vers. 63, *Ledum molli saltante Bathyllo*. Spurcitiam veterum pantomimorum exagitant Clemens Alexandrinus lib. ii Pædag., cap. 10, et Cyprianus epist. 103: *Superinducitur homo fractus omnibus membris, et vir ultra muliebrem mollitiem di solutus, cui, ars sit verba manibus expedire, ut desaltentur fabulosæ antiquitatis libidines*. Plura affert eruditus Bulengerus lib. i de Theatro, cap. 42 et 43, et Meursius in Orche-tra, sive de Saltationibus veterum.

222. Vat. B, Rat., Prag., Mar. a prima manu, Widm., Bong. supra, *comantem* pro *tonantem*, quo i unice verum est. Ald., Urb., Gis., Heins., et alii *Lydius*; quæ scribendi ratio placuit Murmelho, quia istiusmodi saltandi ars ex Hetruria Romam delata est, et Hetrusci e Lydis originem ducunt. Alii scribunt *ludius*, alii *lidius*. Glossa Isonis quæ verbo tauricornem apposita est, potius convenit voci *Lydiu*. Lydium pro histrione saltante Ovidius aliique posuerunt. Ornatum quo Plancus Glaucum saltavit, describit Velleius lib ii, *Cum cæru'eatus ei nudus, caputque redimitus arundine, et caudam trahens, genibus innixus Glaucum saltasset*.

223. Cuperus, ad Lactantium cap. 56 de Moribus persecut., censet h c loco *pontificem summum* vocari

	Ridesque et ipse, nec negando diluis,
225	Cum fama tanti polluatur numinis.
	Cur tu, sacrate, per cachinnos solveris,
	Cum se maritum fingit Alcmenæ deus?
	Meretrix Adonin vulneratum scenica
	Libidinoso plangit affectu palam,
230	Nec te lupanar Cypridis sanctæ movet?
	Quid, quod sub ipsis veritas signis patet,
	1087 Forma a in aere criminum vestigiis?
	Quid vult sigi lum semper affixum Jovi
	Avis ministræ? nempe velox armiger
235	Leno, exoletum qui tyranno pertulit.

	F: cem recincta ' este prætendit Ceres.
	Cur, si deorum nemo rapuit virginem .
	Quam nocte quærens mater errat pervigil?
	Fusos rotantem cernimus Tirynthium
240	Cur, si Neæræ non fuit ludibrio?
	1088 Quid rusticorum monstra detesterdeum?
	Faunos, Priapos, fistularum præsides,
	Nymphas natantes, incolasque aquatiles
	Setas sub alto, more ranarum, lacu.
245	Divinitatis jus in algis vilibus?
	Ad hæc colenda me vocas, censor bone?
	Potesne quidquam tale, si sanum sap's.

GLOSSÆ VETERES.

224. Diluis, *purgas talia convicia: deluo, purgo: diluo, permisceo: inde diluvium, eo quod omnia permisceat*, I.

227. Alcmenæ, *Ledæ: dicitur Alcmene uxor Amphitryonis, quam vitiavit Jovis, vertens se in faciem illius dum ipse expugnabat quamdam civitatem.—Deus, Jovis*, I.

228. Meretrix, *Venus.—Adonin, Ado amasius Veneris, quem aper interfecit: unde nimium flevit Venus. Hoc ideo fingitur, quia Ado est sol, aper hiems, et aper interfecit Adonem, id est, veniente hieme, sol a calore deficit, et moritur; et flet Venus, id est terra, quia tunc terra nihil parit, obnubilata hieme. Priapum eunuchum. — Scenica, theatralis*, I.

230. Cypridis, *Veneris a Cypro insula, ubi colitur*, I.

231. Quid, *scilicet est*, I.

233. Sigillum, *idolum, vexillum*, I.

235. Leno, *machinator stupri: aut conciliat stuprum. — Exoletum, juvenem Ganymedem: exoletum, quod jam adolescere, id est crescere, desiit. Adultum, obsoletus, et exoletus sordidus; sed exoletus excretum aliquando significat, sicut excretum pullum dicimus, id est adultum. — Qui, qualiter*, I.

236. Ceres, *quærens Proserpinam vi raptam*, I.

237. Virginem, *Proserpinam*, I.

239. Tirynthium, *Herculem. quem Umfala (Omphala) faciebat, ut fusos rotaret. Umfala concubina ejus erat: umphala nubilicus, in umbilico enim est luxuria. Per Herculem fortes et sapientes; quia luxuria etiam sapientes decipit et deludit*, I.

240. Cur, *fecit hoc?* Mar

241. Deum, *deorum*, I.

242. Priapos, *deos hortorum*, I.

245. Jus, *scilicet est. — Algis, herbis marinis*, I.

246. Censor, *judicator:-ironicos dixit; judex*, I.

COMMENTARIUS.

pontificem provinciæ. Cellarius ait intelligi Galerium sive præsentem, ut sentit Eusebius, sive absentem per apostrophem. Hoc postremum satis est probabile, quamvis Romanus alias Asclepiadem alloquatur.

224. Thuan., *ridensque*. Ald., Heins., Cham., Gall., Alex. a secunda manu, Urb., Gis., *deluis*; plerique *diluis*, etiam Tcolius. De hoc plausu vide notata ex Arnobio ad vers. 1108 lib. II contra Symm.

226. Vat. B, mendose, *sacratæ*. Alcmenæ fabulam scripserunt apud Latinos Actius, Cæcilius, Plautus; apud Græcos Æschylus et Archippus, ut notat Fabricius.

228. Rat. scribit *meritrix*. Vat. A, Weitz., Heins., et Alex., *Adonem;* alii, *Adonin;* pro quo Vat. B, Mar., Prag., Rat. sine ulla litura, Parrhasius, habent *spadonem*. Arnobius lib. VII, *Oblit rabit offensam Venus, si Adonis in habitu gestum agere viderit saltatoriis in motibus pantomimum*. Adonin scripsisse dicuntur Aratus tragicus et Plato comicus: De Adoni dente apri vulnerato Ovidius lib. x Metamorph., Lactantius lib. I de Falsa Religione, cap. 7. Exstat etiam idyllium Theocriti de eodem argumento, quod simul cum aliis ejusdem auctoris idyliis amicus noster Joannes Franciscus Sandoval e Græco in sermonem Hispanum plane venusto et eleganti carmine convertit, typisque paratum habet.

251. Ald., et, ut videtur, Alex., *quidquid*. Alii apud Gallandium, *quia quod*; plerique, *quid quod*.

254. Plinius, lib. x, cap. 5, *Negant unquam solam hanc alitem* (aquilam) *fulmine exanimatam: ideo armigeram Jovis consuetudo indicavit*. Alia significatione *armiger* accipitur pro stipatore, et corporis regis custode, ut dixi ad vers. 493 Apoth.

255. Mar. a secunda manu, *quod tyranno*. Jupiter inter alia cognomina *regis* nomen habuit, et merito a Prudentio *tyrannus* dic tur.

256. Egm., mendose, *prætendit*. Peveratus cum Nebrissensi malebat *præcincta* quam *recincta*, quia *recincta* est soluta, ut apud Virgilium lib. IV Æneid.,

In veste recincta, et Ceres quærebat filiam Proserpinam a Plutone raptam. Verum metrum non patitur *præcincta*; et Fabricius recte explicat *recincta*, id est fluxa, ut tunc vestem forte gerebat; sic enim indicatur summopere turbatam deam fuisse. Cæterum hujusmodi pleraque vocabula duas contrarias habent significationes, ut *revincio*. Notatum jam id est ad vers. 37 lib. II in Symm. Ruæus ad vers. cit. Virgilii vestem *recinctam* interpretatur succinctam et collectam, quia *re* in plerisque verbis non negat, sed auget, in aliis vero utramque vim habet, ut in *recanto*, et *recino*.

237. Parrhasius male, *quod si deorum*.

259. Fabula Herculis cum servivit Iolæ.

240. Ald., Mar., Alex., Lotterus, *cur sine aere:* sed in nota Alex. est *Neæra*. Prag., *cur si enercide*. Vat. Q, *cur sineore*. Rat., *cur si neere*. Parrhasius, *cur sibi nere*. Murmellius legit, *cur sine ære*, sed ast legendum *quare*, vel *cur hic sine ære*, id est sine statua sic re deformata. Vera lectio *cur si Neæræ*. Neæra commune nomen est meretricularum formosarum, ut apud Tibullum, Horatium, Virgilium et plures alios. De Neæra meretrice, quæ plures amicos habuit, Athenæus lib. XIII Deipnosoph. Pausanias Autolyci uxorem, quæ *Metra* proprio nomine dicebatur, vocavit Neæram, quia aliis se prostituit. Neæram scripsit Licinius Imbrex. Vide comment. ad vers. 159 lib. I contra Symmach.

241. Vat. B, Bong., Fabr., Gis., *detestor;* plerique, *detester*.

242. Nonnulli Faunos etiam et Priapos vocari putant *fistularum præsides*. Melius alii intelligunt Pana, qui fistularum creditus est inventor.

245. Parrhasius, *in ulvis*, male. Ald. et plerique scripti, *jus*. Fabr., Lotterus, Gis., *vis*, quod verius esse conatur persuadere Giselinus contra Murmelhum. Neque ego negaverim d.ci posse *vim divinitatis*, ut *vim majestatis* apud eumdem Prudentium, et alia similia. Sed præferenda est codicum auctoritas.

Sanctum putare? nonne pulmonem movet A
Derisus, istas intuens ineptias,
250 Quas vinolentæ somniis fingunt anus?
Aut, siquod usquam vanitatis mysticæ
Nobis colendum est, ipse primus incipe :
Promisce adora, quidquid in terris sacri est:
1089 Deos Latinos, et deos Ægyptios,
255 Quis Roma libat, quis Canopus supplicat.
Venerem precaris? comprecare et simiam.

Placet sacratus asp's Æsculapii?
Crocodilus, ibis, et canis cur displicent?
Appone porris religiosas arulas,
260 Venerare acerbum cepe, mordax allium.
Fuliginosi thure placantur lares,
1090 Et respuuntur consecrata olusculu?
Aut unde major esse majestas focis,
Quam nata in hortis sarculatis creditur?
265 Si numen ollis, numen et porris inest.

GLOSSÆ VETERES.

18. Pulmonem, *pulmo enim concipit ventum et emittit, cum ridet homo et loquitur*, I.
249. Derisus, *derisio*. — Ineptias, *vanitates*, I.
250. Vinolentæ, *vino plenæ. Lentum dicimus plenum : inde vinolentus dicitur vino plenus, temulentus temeto plenus*, I.
251. Mysticæ, *secretæ, vel figuratæ*, I.
253. Promisce, *metri causa, vel promiscue*, I.
255. Canopus, *Ægyptius a stella sic dicta*, I.
256. Comprecare, *similiter*. — Simiam, *dea Ægyptia*, I.
257. Aspis, *serpens quem venerabatur Æsculapius medicus*, I.
258. Crocodilus, *deus Ægyptiorum : animal et in aquis, et in arboribus ascendens*. — Ibis, *ciconia Ægyptia : genus avis*, I. *Meridiana pars ibices aves vocat, qua Nili fluentis inhabitant. Orientalis vero occidentalisque plaga parva quadrupedia ibices nominat quibus est moris in petris parere, quæ neque sciunt nisi in petris habitare.* Cod. Biblioth. Bernens.
260. Cepe, *cephal Græce caput; inde cephe accepit nomen, quia tantum caput utile est; cæterum corpus fulciens*, I.
262. Oluscula, *multiplex ista idololotria qua colebantur etiam olera, ex hac occasione cœpit in Ægypto, quod cum exiret Pharao cum curribus et equitibus suis persequendo filios Israel, et mersus fuisset in mari Rubro cum toto exercitu, cæteri Ægyptii qui domi remanserant occupati circa varia negotia, sibi postea formabant simulacra, tanquam liberati essent per illa : verbi gratia, qui porrum eo tempore plantavit, porrum deinceps quasi liberatorem suum coluit, ut in cæteris fecerunt, colendo ea per quæ se liberatos putaverant*, Prag.

COMMENTARIUS.

248. Juvenalis sat. 10, *Perpetuo risu pulmonem agitare solebat Democritus.*
250. Ald. mendose, *vino lentæ.* Mar., et Rat. scribunt *vinulentæ.*
251. Aldus, *aut siquid;* multi, *aut siquod.* Ita veteres interdum locutos pro *siquid* ostendit Gifanius C
verbo QUOD : scribit *at.* Heinsius, *at siquid* cum Giselino. Nostri plerique, *aut siquod.*
252. Ald., et Urb., *primum :* lege *primus,* ut metri ratio constet.
253. Alex., Vat. Q, Alt., Thuan., *promisce adora,* quod bene e se ait Heinsius : puto, *promisce, adora.* Weitzius adverbii more edidit *promisce adora* cum Egm., Widm. supra, Fabr., Hailsbr., Palat., Bong., Widm. At Sich., Gis. in textu, Vat. B, Mar., Prag., Rat., *promiscue adora.* Ald., G.s. ad oram, pronusque *adora,* quod Heinsius in contextu edidit, et recentiores tenuerunt. In Urb., *permisce, adora.*
254. In deos Ægyptios comici et satirici Romani luserunt. Narrat Tertullianus Apolog. cap. 7, Serapim, Isidem, Harpocratem cum suo Cynocephalo esse Capitolio prohibitos, id est curia deorum pulsos, et ipsorum aras apud Romanos fuisse eversas, postea vero restitutum eorum cultum. De diis Ægyptiis vide lib. II adversum Symmach., vers. 864 et seqq., et D
Apoth. vers. 194.
256. Vide interpretes Minucii de diis Ægyptiis, ubi hæc aliaque Prudentii loca expenduntur.
257. Mar. scribit *Æscolapii.*
258. Weitz. cum Widm., Bong., scribit *Ybis.* Ald., Gis., *canes;* plerique, et castigatiores scripti Heinsiani et nostri, *canis,* probe, quia de Anubi est sermo. Juvenalis sat. 15, vers. 8, ubi hæc numina irridet, *Oppida tota canem venerantur.* Glossam de ibice desumpsi ex codice bibliothecæ Bernensis, quem Sinnerus describit in catalogo pag. 170 et seqq., et ad sæculum IX refert. Ordo librorum Prudentii idem fere ac in Weitzio : hymni Natalis et Epiphaniæ ponuntur post librum Peristephanon. Titulus est, *Incipit proœmium Aurelii Prudentii Clementis viri liberali peritia disertissimi.* Prima littera versus primi *Per quinquennium* exhibet effigiem Prudentii, cujus capiti nimbus cærulei coloris impositus est. Hunc catalogum cl.
Fea J. C. mecum voluit communicatum, in quo certe gavisus sum hæc legere. In eodem catalogo referuntur nonnulli hymni Prudentii pag. 160.
259. Pal., *portis,* mendose. Juvenalis *Porrum, et cepe nefas violare, et frangere morsu.* C
260. Mar. a prima manu, *acervum;* recte supra, *acerbum.* Giselinus hoc loco mendosus est, *cepe, et mordax halium.* Pro *allium* nonnulli scribunt *alium unico l.*
261. Juvenalis sat. 9, vers. 137, *O parvi, nostrique lares, quos thure minuto, Aut farre, et tenui soleo exornare corona.* Et sat. 12, vers. 89, *Laribusque paternis Thura dabo, atque omnes violæ jactabo colores.*
Lares a Prudentio *fuliginosos* dici aiunt, quia illis sacrificabatur ex fumum exhalantibus. Veriorem illam rationem puto quod Lares essent prope focum. Vide comment. ad vers. 511 Passionis S. Laurentii.
262. Ald., Mar., Rat., Cham. scribunt *holuscula.*
263. Egm., *at unde.* Giselinus edidit *aut unde,* sed in notis prætulit *at.* Plerique, et potiores, *aut.*
264. Fabr., *quam plantæ.* Vera lectio *nata,* et ex illo Juvenalis sat. 15, *O sanctas gentes, quibus hæc nascuntur in hortis Numina.*
265. Aldus edidit *Si numen ignivus ollis numen et porris inest.* Correxit non melius *Si numen ignibus,* D
ollis, et porris inest. Murmellius ex exemplaribus in Germania impressis recte præthlit *Si numen ollis, numen et porris inest.* Non placet multis explicatio glossæ Rat. *ollis* pro *illis.* Hic possunt intelligi *ollæ,* quibus numen tribuitur, quia, ut ait Cellarius, *ollæ* in focis sunt, et foci erant sacri, vel potius, ut ego arbitror, quia in ipsis ollis erant quædam expressæ imagunculæ quibus Lares colebantur, de aliis rebus quæ erant prope focum dixi in comment. ad cit. hymn. S. Laurentii. Et Prudentii quidem ratio hæc mihi esse videtur : Si ollæ quibus porri coquuntur divinitate gaudent, cur eam porris ipsis negabitis? Ex responsione quæ sequitur conjectari verum aliquam in ollis æreis sculptam pro deo habitam. Cæterum explicatio glossæ fortasse verior est. Cicero, de diis loquens lib. II de Legibus : *Et ollos, quos in cælum merita vocaverint, Herculem,* etc. Et mox, *Ollos numina,* pro *illos, illa.*

Sed pulchra res est torma in ære sculptilis.
Quid imprecabor officinis Græciæ,
Quæ condiderunt gentibus stultis deos ?
Forceps Myronis, malleus Polycleti
270 **1091** Natura vestrum est, atque origo
[cœlitum.
Ars seminandis efficax erroribus,
Barbam rigentem dum Jovis circumplicat,
Dum defluentem leniter flectens comam,
Limat capillos,. et corymbos Liberi,
275 Et dum Minervæ pectus hydris asperat :
Injecit atram territis formidinem,
Ut fulmen æris, ceu Tonantis, horreant
Tremant venenum sibilantis Gorgonæ ;
Putent ephebum post triumphos Indicos
280 Ferire thyrso posse, cum sit ebrius.

Tum quod Dianam molle succinctam vident,
Venantis arcum pertimescunt virginis :
1092 Si forte vultum tristioris Herculis,
Liquore crispo massa finxit fusilis,
285 Clavam minari, ni colatur, creditur.
Jam quis paventum corda terror occupat?
Junonis iram si polite expresserit,
Velut retortis intuens obtutibus,
Avertat ora de litantis hostia,
290 Lapis severa fronte mentitur minas.
Miror quod ipsum non sacrastis Mentorem,
Nec templum et aras ipse Phidias habet,
Fabri deorum, vel parentes numinum :
Qui si caminis institissent segnius,
295 Non esset ullus Juppiter conflatilis.

GLOSSÆ VETERES.

267. Quid imprecabor, *in quantum maledicam*. — Officinis, *vel templis*, I.
270. Vestrum, *vestrorum*. — Cœlitum, *deorum* , I.
271. Efficax, *potens*, I.
272. Circumplicat, *deflectit*, I.
274. Corymbos, *racemos, annulos, circulos*, I.
275. Hydris, *serpentibus*. — Asperat, *asperum facit*, I.
279. Ephebum, *juvenem*, *id est Bacchum : Liberum patrem*, I.
280. Thyrso, *trunco vitis*, I.

281. Molle, *adverbium pro mollite*, *delicate*, I.
285. Clava, *lancea hasta Herculis, baculus Herculis*, I.
287. Polite, *ornate*, I,
289. Litantis, *sacrificantis*, I
290. Mentitur, *fingit*, I.
291. Mentorem, *dei mendacem*, I.
292. Phidias, *fidis chorda, unde fidius, qui fidibus canit* I.

COMMENTARIUS.

266. Mar., *inæris;* supra, *inære* : Prag., *in ere*. Lege *in ære*.
267. Vat. A, *gratiæ*. Vat. B, *Gretiæ*. Corrige *Græciæ*.
268. Weitz., *stultos ;* melius *stultis*.
269. Giselinus Murmellium arguit quod ordinem verborum immutaverit *Polycleti malleus* pro *malleus Polycleti*. At ante Murmellium immutaverat jam Aldus, qui scribit *Pollicleti*. Penultima in *Polycleti* longa est, sed a Prudentio ratione accentus Græci corripitur, ut in *Paraclitus*. Rat. et Heinsius cum suis scribunt *Polycliti*. Myron et Polycletus celeberrimi statuarii, æquales et condiscipuli.
270. Ald., mendose, *verorum est*. Scripti', *vestrum est*. Gifanius in *Ecthlipsis*, *et* DEM *non extrita*, pag. 437, alias 464, vellet tolli verbum substantivum *est* ex vet. lib. Sed obnituntur codices Heinsiani et nostri.
272. Arnobius lib. VI, *Riciniatus Juppiter*, *atque barbatus*, etc. In *rigentem* exprimitur rigor barbæ, quæ parte adhæret mento, in *circumpʻicat* extrema pars barbæ circumplicatæ, mox in *defluentem leniter* majestas et artificium, ut Horatius in Arte poet., *Et molles imitabitur ære capillos*.
273. Palat., *defluentes*, scilicet *capillos*.
274. Bacchi, ut Apollinis, comæ laudari solent a poetis.
275. Refert ad ægida Minervæ, in qua erat caput Medusæ, sive Gorgonæ, connexique angues, de quibus Virgilius lib. VIII, et Servius in Comm. Cicero 6 in Verrem : *Gorgonis os pulcherrimum crinitum anguibus*. Jupiter ægida, scutum suum, dono dederat Palladi. De his plura poetæ et mythologi. Utitur verbo *asperat*, ut *serpentum naturam et artificis curam exprimat*.
277. Alicubi editum est *acris* : at non *aer*, sed *æs* materia fulminis effecti indicatur.
278. Gis. ad marg., *Gorgonis*. Hæc ipsa est Medusa, quæ Gorgon et Gorgona dicitur.
279. Alii *ephebum*, alii *ephæbum*, alii *ephibum* scribunt. Baccho a poetis inconsumpta juventus adscribitur.
280. Thyrsum multi aiunt fuisse telum cujus mucro hedera tegebatur. Iso aliter. Thyrso percussos in furorem rapi putabant gentiles.
281. Alii *tum*, alii *tunc* habent. Egm. scribit *succintam*. De Diana alte succincta adisis comment. ad vers. 366 lib. 1 contra Symmach.
282. Egm., *virgines :* melius *virginis*.
283. Rat. a prima manu, *tristiores*, male.
284. Hercules in nummis apparet cum cæsarie crispa fusus.
285. Ald., Vat. Q, Egm., Hailsbr., Heins., Fabr., Cham., *clavam*. Alii et Nebris. pro div. script. *clava*. Latinius in Torn. pro *clavam* substituit *clava*.
287. Thuan., *iras*. Junonis ira in proverbium abiit apud Græcos et Romanos. Virgilius lib. v, vers. 781, *Junonis gravis ira, et inexsaturabile pectus*.
288. Weitzio cum Hailshr. placuit scribere *velud*. Vat. B, *vel ut*. Idem, Mar. a prima manu, Prag., *detort s*. Repugnat metrum. Oculus *retortus* est obliquus, ut *irretortus* apud Horatium rectus.
289. Vat. B, Mar., *avertit*. Weitzius conjunxit verba *delitantis*, et ex Egm. indicat *dilitantis*. Corrige de *litantis*, ut correxit etiam Aldus, qui ediderat *delitantis*.
290. In Cellarii editione 2, *minus* pro *minas* mendum puto, ut plura alia in ea editione quæ ultro prætereo.
291. Ald., Widm., Bong., et nonnulli alii, *sacratis*. Weitz., Heins. cum cæteris, *sacrastis*. Mentor cœlando argento clarus.
292. Vatic. B, Mar., Rat., Prag., Hailsbr., Widm., *Fidius*. Lege *Phidias*. Alex., Urb., Vat. Q, scribunt *Fidias*, quod Weitzius edidit. Phidias fuit pictor, statuarius, sculptor nobilissimus. Iso longe aberrat.
293. De hoc versu dicam ad vers. seq.
294. Post hunc versum in Vat. B, Urb , Mar., Ald., inseritur hic *Cum condiderunt gentibus stultis deos*, quem in Torn. et ed. Paris. Patrum exstare ait Gallandius, repetitum ex vers. 268, sed , ut ipse putat, mendose. Fortasse a manu Prudentii non est iste versus sic repetitus : alioqui sine ullo incommodo posset retineri. Fabricius ait hunc versum poni in nonnullis exemplaribus , in quibus deest versus 293 *Fabri deorum :* qui merito præfertur.
295. Vide Minucium et commentatores ad illius verba , *Deus enim*......*conflatur, tunditur malleis; et incudibus figuratur*.

1093 Non erubescis, stulte, pago dedite,   A   Ignosco fatuis hæc tamen vulgaribus :
To tanta semper perdidisse obsonia :   Quos lana terret discolore in stipite,
Quæ diis ineptus obtulisti talibus,   Quos sæpe falsus circulator decipit :
Quos trulla, pelvis, cantharus, sartagines,   Quibus omne sanctum est, quod pavendum
500   **1094** Fracta, et liquata contulerunt vas-   [raucidæ
                                    [cula?   505   **1095** Edentularum cantilenæ suaserint

GLOSSÆ VETERES.

296. Pago, vico, vel paganismo. *Pagi, ut Isidorus dicit, sunt apta ædificiis loca inter agros habitantibus : unde pago dedite, sine urbium disciplina. Villa. Page Græce villa ; inde villanos paganos, quasi a civitate Dei remotos, dicimus,* I. *Pagus hic ponitur pro stultitia,* Vat. A.

297. Obsonia, *negotia, viles res, id est carnes, et similia ad esum pertinentia, ad operandum proposita ; servitia, vrandia ; obsonor, prandeo ; inde obsonium, prandium,* I.

299. Pelvis, *vas pedum.* — Cantharus, *ansatus calix, vas vinarium,* I.

303. Circulator, *deceptor, quia alios quodam circulo erroris involvit et decipit,* I.

304. Raucidæ, *rauce canentes : raucidum iratum ex vitio nuncupatum, quod raucos efficiat,* I.

505. Edentularum, *anuum, quasi sine dentibus,* I

COMMENTARIUS

296. Locus Isidori ab Isone indicatus exstat lib. xv Etym., cap. 2. De hac voce *pagus*, et cur idololatræ pago dediti et impliciti a Prudentio dicantur, vide comment. ad vers. 449 lib. I contra Symmachum. Weitzius advertit in pagis et villis cultum superstitionis fuisse frequentem, ut liquet ex Cicerone lib. II de Legib. ; ex quo paganalia festa et feriæ paganicæ ortum duxerunt. Censorinus lib. I de Natali Die tradit gentiles in suis agris habuisse partem aliquam diis sacratam ubi eos colerent. Invalescente Christiana religione, cum publice in urbibus idola venerari non liceret, ad pagos secedebant, ut I bere cultum suis numinibus exhiberent. S. Augustinus, serm. 62, olim 6, de verbis Domini : *Multi pagani habent istas abominationes in fundis suis. Nunquid accedimus et confringimus? Præst us enim-aginius ut idola in ipsorum cordibus confringamus.* Mazochius, tom. III Spic. bibl., pag. 295, in hujus vocabuli *Paganus* etymologia investiganda elaborat. Videri etiam potest Baronius in notis ad Martyr. Rom. die 34 Januarii. Nonnulli Prudentium reprehendunt quod hoc loc et vers. 1009 *paganum* præfectum a Romano vocatum dixerit, cum ea vox ad idololatram significandum solum post Constantini tempora adhibita fuerit. Verum, ut alia nunc omittam, ex his ipsis versibus colligi potest etiam ante Constantinum, vocabulum *paganis* adhibitum fuisse ad hominem denotandum superstitioni ac ridiculis r tibus, et diis, quales in pagis colebantur, deditum.

297. Nebrissensis *obsonia* intelligit liba quæ offerebantur diis Manibus. Sed Prudentius loquitur de omnibus oblationibus et epulis quæ in honorem quorumcunque deorum fieri solebant. Et liba quidem in aliis sacris etiam offerebantur, aliquando cruda, aliquando cocta. Obsonium vero proprie est quidquid præter panem et vinum paratur et coquitur cibi gratia.

298. Alii *dis*, alii *diis* scribunt.

299. Mar. scribit *cantarus*. In hoc eodem argumento plurimi versantur. Minucius : *Deus enim ligneus, rogi fortasse, vel infel.cis stipitis portio ..... et deus æreus vel argenteus de immundo vasculo,* etc. Tertullianus, Apologet. cap. 12 : *Quantum autem de simulacris ipsis, nihil aliud deprehendo quam materias sorores esse vasculorum instrumentorumque communium vel ex iisdem vasculis et instrumentis,* etc. Arnobius lib. VI : *Simulacra ista, quæ vos terrent, ...ossa, lapides, æra sunt, aurum, testa, lignum sumptum ex arbore, aut commixtum glutinum gypso : ex ornatibus fortasse meretriciis. aut ex muliebri mundo, camelinis exe o sibus, aut ex Indici animalis dente, ex cacabulis, ollulis, ex candelabris, ex lucernis, aut ex aliis obscenioribus vasculis congesta.* Adisis Joann. Ludovicum de la Cerda in not. ad loc. cit. Tertulliani.

302. In Egm., Pal., Hailsbr., Alt., Noms., Watt. A, I, Q, Alex., ita legitur huc versus, *Quos verum* B *latet, qui fidunt in stipite.* Ita etiam in Bong ad oram, et in Rat. ad marg. inter duos versus *quos lana*, et *quos sæpe*, sed aliena manu, neque omnino antiqua Teolius in tribus Vatt. esse hunc versum testatur, et a Prudentio potuisse esse censet ; non tamen Addenda Heinsii hoc loco consuluit, cum affirmet nec verbum quidem de hoc versu habere Heinsium ; qui in tribus suis codicibus exstare eum aperte dixit. Cæterum nemo qui senarii iambici regulas noverit, et consuetudinem Prudentii animadverterit, tam exlegem versum Prudentio affinget. Ald., Urb., Thuan, Oxon., tres Torr., Heins. et alii, *discolora* a nomine *discolorus*, *discolora*, *discolorum*, ut *multicolorus*, *versicolorus*. Vide comment. ad vers. 821. Hamartig. Weitz, Mar., Vat. B, Prag., Parrhasius, Torn., Rat., *discolor*, mitus bene. Egm., Gls., *discolore*. Fabr., *discolori*. Latinius, *discolore*. Alt., *discolos*. Non placet. Givanus, ubi agit de *desinentibus in r*, ex vet. lib. prætulit *discolor*, quia putat veteres interdum desinentia in r longa fecisse : sed non persuadet. Nebrissensis existimat præstigias circulatoris al cujus ex colorum mutatione significari. Neque ab hac interpretatione longe dissideo ; sed vellem eam veteri aliquo testimonio de hujusmodi præstigiis corroborari. Buleugerus, qui in lib. de Theatro artes veterum præstigiatorum et fallacias diligenter exposuit, nihil tale retulit. Giselinus affert versum Virgilii e Pharmaceutria : *Terna tibi hæc primum triplici diversa colore Licia circumdo.* Aliam explicationem de arboribus vittatis vide ad vers. 1009 lib. II in Symmach., cui Arnobius lib. I maxime favet : *Venerabar elephantorum ossa, picturatas veternosis in arboribus tænias.* Simulacra ex ebore vocat ossa elephantorum. Dicitur vero lana terrere ob metum et horrorem illum qui religionum omnium quodammodo proprius est. Weitzius addit stemma, teste Sophoclis interprete in OEdipode tyranno, fuisse lanam ramo (sive stipiti) circumvolutam, quo stemmate simulacra coronari consuevisse colligitur ex Julio Obsequente. Affirmat D item Weitzius olim circulatores lanam in picto scipione gestasse, ut pueris et fatuis imponerent ; sed ejus rei testem non profert. Itaque congruentius hic locus accipitur de arbore vittata, de qua plura ad vers. cit. lib. II in Symm. Plinius, lib. XII, cap. 1, de arboribus : *Hæc fuerunt numinum templa, priscoque ritu simplicia rura etiamnum deo præcellentem arborem dicant : nec magis auro fulgentia, atque ebore simulacra, quam lucos et in iis silentia ipsa adoramus.*

505. Weitz. cum Egm., *falsos*. Heinsius cum Thuan. et Alt., *salsus*, ut passim apud scriptores homo salsus pro ridiculo. Mihi hoc loco *falsus* probum videtur, quamvis Hensio recentiores adhæreant.

304. Ald., Urb, Hailsb. a prima manu, Bong, supra, *vanulæ* ; vetustiores, *rancidæ* ; Alex. *rancide.* Heinsius minime probat *ranulæ*, quia apud Martialem *rancido ore loqui*, et apud Persium *raucidulum*

Vos eruditos miror et doctos viros
   Perpensa vitæ quos gubernat regula,
   Nescire vel divina, vel mortalia
   Quo jure constent : quanta majestas regat,
510 Quidquid creatum est, quæ creavit omnia.
Deus perennis, res inæstimabilis,
   Non cogitando, non videndo clauditur :
   Excedit omnem mentis humanæ modum,
   Nec comprehendi visibus nostris valet,
515 Extraque et intus implet, ac superfluit,
1096 Intemporalis ante, quam primus dies :
   Esse et fuisse semper unus obtinet :
   Lux ipse vera, veri et auctor luminis
   Cum lumen esset, lumen effudit suum :
520 Ex luce fulgor natus hic est Filius.
Vis una Patris, vis et una est Filii,
   Unusque ab uno lumine splendor satus,
   Pleno refulsit claritatis lumine.

A
   Natura simplex pollet unius Dei,
525 Et quidquid usquam est, una virtus condidit.
Cœlum solumque, vim marini gurgitis,
   Globos, dierum noctiumque præsides,
   Ventos, procellas, fulgura, imbres, nubila,
   Septentriones, hesperos, æstus, nives,
530 Fontes, pruinas, et metalla, et flumina :
   Prærupta, plana, montium convallia,
   Feras, volucres, reptiles, natatiles,
   Jumenta, pecudes, subjugales belluas,
1097 Flores, fruteta, germina, herbas, ar
       [bores,
535 Quæ sunt odori, quæque vernant esui.
Hæc non labore et arte molitus Deus,
   Sed jussione, quam potestas protulit,
B
   Mandavit esse, facta sunt quæ non erant.
   Verbo creavit omniformem machinam :
540 Virtus paterna semper in Verbo fuit :

GLOSSÆ VETERES.

307. Perpensa, *temperata : perpensa res, id est æquo pondere repensa; æqua reddita.* I.
324. Pollet, *pollere proprie exercere ; sed hic pro excellit,* I.
327. Globos, *stellas : lunam et stellas dicit,* I.
329. Septentriones, *ursi,* I.
331. Prærupta, *aspera,* I

533. Subjugales, *equos, boves, et quidquid sub jugo mittitur,* I.
534. Fruteta, *virgulta humilia,* I.
535. Vernant, *florescunt, virescunt,* I.
536. Molitus, *conatus,* I.
539. Verbo. *Filio.* I.
540. In Verbo, *in Filio,* I.

COMMENTARIUS.

parva de nare loqui dicitur. Nonnulli veteres habent raucide, et id tenet Iso. Gis. prima ed., *vanulæ,* ad oram *rancidæ.* Parrhasius, *quis omne,* scilicet *quis.*
306. Christianos ethnici imperitos et ignaros vocabant : et Christiani per derisum ethnicos peritos et doctos. Sic Arnobius l. b. II : *Vos soli sapientia conditi, atque intelligentiæ vi mera, nescio quid aliud videtis, et profundum....... Dicite, o festivi, et meraca sapientiæ tincti et saturi potu.* Respondet Romanus congruenter ad ea quæ præfectus objecerat : *Populare quiddam sub colore gloriæ Illitterata credidit frequentia.* Verum de pluribus Heraldus, Wowerus, Elmenhorstius, Rigaltius, et præcipue Ouzelius ad verba Minucii, *Studiorum rudes, litterarum profanos, expertes,* etc. Adde Elmenhorstium ad Arnobium pag. 58. Nobis enim longiores esse non licet, et digitum in fontes intendere satis fuerit.
308. Ald., *moral a :* lege *mortalia.*
309. Egm., *quod.* Vat. A, *qui.* Alii, *quo.* Ald., *edat.,* male, pro *regat.*
310. Ald., *creatum, quæ,* sine *est.* Vat. B, Alex. Mar., Rat., Prag, et alii, *creatum est, quæ,* quod expressit Heinsius. Weitz., Sich., Egm., Hailsbr., Pal., *creatum est, qui.*
311. Joannes Filesacus, cap. 1, lib. 1 Select.; hunc locum illustrat aliis similibus Ambrosii, Clementis Alexandrini, Paulini et aliorum. Elmenhorstius pag. 17 ad Arnobium similiter in hoc argumento versatur. *Inæstimabilis* est pretium omne excedens apud Livium et Valerium Maximum. Cicero dixit *inæstimabile* quod nullius est pretii.
312. Sich., *vivendo.* Metrum exigit *videndo.*
315. Gis. ad oram, *extraque, et intra complet.* Hilarius, de Trinit. III, *Ipse extra omnia, in omnibusque:* Paschalius, de Spiritu sancto : *Quem præsto esse per omnia, id est intra, extraque, non ambigo.* Petavius, tom. I, lib. III, cap. 9, multis allatis testimoniis, eamdem sententiam confirmat.
316. *Intemporalis* vox est Cælii Aureliani, Apuleii, quanquam ab Aureliano pro inopportuno sumitur.
517. Significatur æternitas Dei, quæ in ejus nomine, *Ego sum qui sum,* indicata est. Circumscribi

solet æternitas hac explicatione : *Interminabilis vitæ tota simul et perfecta possessio :* quæ est definitio Boetii lib. V de Cons. pros. 6, communi omnium consensu probata. Hinc Deus *esse et fuisse semper unus obtinet :* et idem est in eo esse, fuisse, ac futurum esse.
C
518. Filius Dei est, et dicitur lumen de lumine. Vide Apoth. vers. 278.
520. Gis, *huic;* ad oram, *hic.* Hoc ret nendum cum scriptis.
521. Noms., *una Filii* sine *est.*
525. Alex., Pal., Vat. B, *claritatis numine.* Alii, *lumine.*
527. Globus lunæ apud Virgilium, *globus solis* paulo post vers. 557. Respicit ad illud Genes. I, 16, *luminare majus, ut præesset diei ; et luminare minus, ut præesset nocti.*
535. Vat. B, Widm. a secunda manu, Mar., Rat., Prag., Gis. in textu secundæ ed., *pecudes.* Parrhasius, Ald., Sich., et alii plures, *pecua,* quo vocabulo usi sunt Cicero, Livius, Plinius et antiquiores. Vide Nonium in *pecua.* Fabr. edidit, *pecora.*
D
534. Alex., Parrhasius, *fructeta.* Giselinus ita etiam edidit, sed emendavit *frutecta :* quod miror ab Heinsio non esse animadversum, nam error typographicus Giselini in Heinsii editione receptus est. Atqui neque versus constat cum *fructeta,* et *frutetum,* aut *frutectum,* ut alii scribunt ; a *frutex* originem trahit, non a *fructus.* Chamillardus ab Heinsii errore non cavit.
535. Lectio Parrhasii, ab aliis multum dissidet, *Quæ sunt odoræ : quæque vernantes comæ.* Aldus contra metrum, *Quæ sunt odori, quæque vernantes esui.*
536. Parrhasius molitur. Theodoretus, Græcar. affect. lib. IV : *His itaque verbis manifeste ostendit Deum non ex subjecta materia res omnes procreasse.... At rerum omnium Deus opifex nec instrumentis, nec materia indiget,* etc.
538. Vide hymn. Cath. 9. *Omni hora.*
539. De hujusmodi vocabulis *omniformis* vide hymn. 5 Cath., vers. 1 et 2.

Cognostis ipsum, nunc colendi agnoscite
Ritum modumque : quale sit templi genus,
Quæ dedicari sanxerit donaria,
Quæ vota poscat, quos sacerdotes velit,
345 Quod mandet illic nectar immolarier.
Ædem sibi ipse mente in hominis condidit
1098 Vivam, serenam, sensualem, flabilem,
Solvi incapacem posse, nec destructilem :
Pulchram, venustam, præminentem culmine,
550 Discriminatis illitam coloribus.
Illic sacerdos stat sacrato in limine,
Foresque primas virgo custodit Fides,
Innexa crines vinculis regalibus,
Poscit litari victimas Christo, et Patri,
555 Quas scit placere, candidatas, simplices :
Frontis pudorem, cordis innocentiam,
Pacis quietem, castitatem corporis,
1099 Dei timorem, regulam scientiæ,

A

360 Spem non jacentem, semper et largam manum.
Ex his amœnus hostiis surgit vapor,
Vincens odorem balsami, thuris, croci.
Auras madentes Persicorum aromatum :
Sublatus inde cœlum adusque tollitur,
365 Et prosperatum dulce delectat Deum.
Hanc disciplinam quisquis infensus vetat,
Vetat probatum vivere, et sanctum sequi.
Vetat vigorem mentis alte intendere,
Nostrique acumen ignis ad terram vocat,
370 Nec excitari vim sinit prudentiæ.
O mersa limo cæcitas gentilium !
O carnulenta nationum pectora !

B

O spissus error ! o tenebrosum genus,
Terris amicum, deditum cadaveri,
375 Subjecta semper intuens, nunquam supra !

Jejuniorum parcitatem sobriam,

GLOSSÆ VETERES.

341. Cognostis, *noscitis*, pro *cognovistis*, I.
343. Sanxerit, *statuerit*. — Donaria, *dona*, I.
346. Ipse, *Deus*, I.
348. Incapacem, *qui non capit solutionem*, I.
350. Discriminatis, *discretis, divisis, separatis, variis*. — Illitam, *pictam*. — Coloribus, *scilicet virtutum*, I.
354. Litari, *sacrificari*, I.
355. Placere, *scilicet illi*, I.
359. Parcitatem, *abstinentiam*, I
360. Spem, *spes non debet jacere : sed se erigit*, I.

361. Amœnus, *delectabilis*. — Vapor, *fumus*, I.
362. Croci, *genus pigmenti*, I.
363. Persicorum, *Persia regio est ubi abundant aromata*, I.
365. Prosperatum, *benignum*, I. *Propitiatum*, Vat. A
366. Infensus, *molestus*, I.
367. Probatum, *probabiliter*, *nomen pro adverbio*, I
369. Ignis, *animæ, quæ est igneæ naturæ*, I.
374. Cadaveri, *corpori, quod resolvendum est in cadaver*, I.
375. Supra, *cœlestia* Vat. A.

COMMENTARIUS

341. Hailsb., *cognoscis* : melius *cognostis*.
342. Prag. perperam, *tempus genus*.
343. Mar. *quæ dicari*, Vat. A, *dedicari auxerit*. Egm., *quæ dedicaris auxerit*. Depravata sunt hæc omnia.
345. Vat. B, Mar., Rat., *mandat* ; melius *mandet*, ut *poscat, velit*
346. Giselinus in suo codice invenit *sedem* pro *ædem*. Murmellio magis placet *Ædem sibi ipse mentem hominis condidit*, ut consona non absorbeatur. Neque id displicet Giselino, qui hanc etiam lectionem e veteribus libris depromptam esse testatur. Ita certe edidit Lotterus. Cæterum hanc sententiam de templo mystico in corde hominis sæpius Prudentius noster adornavit, sed hoc in loco elegantissime. *Quam rem*, inquit Barthius lib. LV, cap. 5, *nemo unquam gratius et suavius quam..... suavissimus augur, et olor Christi Prudentius in Romano : Ædem sibi ipse*, etc. In Epist. I Petri, II, 5, *Et ipsi tanquam lapides vivi superædificamini, domus spiritualis, sacerdotium sanctum, offerre spirituales hostias, acceptabiles Deo per Jesum Christum*. Non solum sacrarum Litterarum sanctorumque Patrum testimoniis eadem sententia comprobatur, verum etiam ethnicorum dictis. Plinius, Panegyr. in Trajan., *Animadverto enim etiam deos ipsos non tam accuratis adorantium precibus quam innocentia et castitate lætari ; gratioremque existimari qui delubris eorum puram castamque mentem, quam qui præmeditatum carmen intulerit*. De templo et ara in corde vide etiam Berthaldum de Ara cap. 29.
347. Parrhasius, Ald., *flebilem* ; alii, *flabilem*. Nebrissensis recte *flabilem* exponit *spiritualem*. Sed cum rogat, *Quid si legas* STABILEM? ad carminis hujus leges non attendit. Natura animæ nostræ his versibus declaratur.
350. Per colores discriminatos virtutes intelligo, quæ naturales sunt animis : nam supernaturales postea refert. Lactantius, lib. de Ira Dei, sub finem, etiam utitur voce *destructilis* : ubi tamen alii legunt *destructibilibus*, non *destructilibus*.

C

551. Parrhasius, Alex. a secunda manu. Hailsbr, *sacrata in limine*. Vat. A, Alex. a prima manu, *sacrata limine*. Alii *sacrato in limine*, sed in Thuan. deest *in*.
552. Fabricius id explicat, quia *sola fides victimas gratas et legitimas adducit* : hæretice, quasi sola fides placeat Deo. Primas ergo fores custodit fides, quia *sine fide impossibile est placere Deo*, et quia *accedentem ad Deum oportet credere, quia est*, etc. Eadem sententia exstat lib II in Symmach., vers. 92, *Respondet vel sola fides, doctissima primum Pandere vestibulum vere ad penetralia sectæ*.
555. Victimæ candidatæ sunt immaculatæ, ut præscribit Moyses cap. III Levitici.
357. Fabricius et Giselinus, *oris quietem*. Scripti Heinsiani, Weitzani et nostri, *pacis quietem*. Fabricius in jejunia, flagellationes, vota religiosa importune invehitur. Nam si tantum velit sine fide has victimas Deo non placere, nobiscum facit ; sed ille

D

aperte vult tum unius fidei virtutem ultra quam par est extollere, tum aliorum bonorum operum utilitatem imminuere : quam hæresin sæpissime in commentariis inculcat.
361. Vat. B, vitiose, *hostigiis* pro *hostiis*, uti ibi correctum est. Prag., *amænis hostiis*.
363. E Persia aromata afferri solent. Nebrissensis *madentes* interpretatur *sparsas*, scilicet per quas aromata sparguntur. Sed bene etiam est *madentes* pro *madidis* : nam auræ aromatibus madefiunt.
367. Alicubi, *probate* : quæ est glossa ad *probatum* adverbii more.
369. *Ignem* de animi vigore, uti etiam de Deo sæpe Prudentius dixit, et nos explicuimus.
372. *Nationes* pro gentibus et gentilibus. *Carnulentus* dixit Solinus.
375. Lotterus, mendose, *nunquam summa*. Fabricius ait *supra* esse enallagen pro *superna*, ut constet sermonis ordo. Posset conjici *supera*, et eo alludit glossa. Sed *supra* probum est.

Furorne summus, ultima et dementia est,
1100 Deos putare qui creantur nuptiis?
Rem spiritalem terrulenter quærere:
Elementa mundi consecrare altaribus:
580 Id, quod creatum est, conditorem credere?
Deasciato supplicare stipiti:
Verris cruore scripta saxa spargere:
Aras ofellis obsecrare bubulis,
Homines fuisse cum scias, quos consecras,
585 Urnas reorum morticinas lambere?
1101 Desiste, judex sæculi, tantum nefas
Viris jubere fortibusque et liberis;
Nil est amore veritatis celsius.

A
Dei perennis numen asserentibus
590 Nihil est pavori, mors et ipsa subjacet.
Dudum coquebat, disserente martyre,
Asclepiades intus iram subdolam,
Stomachatus alto felle, dum longum silet,
Bilemque tectis concipit præcordiis,
595 Tandem latentis vim furoris evomit
Pro Juppiter, quid est quod ex hoc audio!
Stat inter aras, et deorum imagines,
Et, quod fateri cogor, in medio foro,
1102 Tacente memet, hic perorat perditus,
400 Quidquid sacrorum est, ore fœdans impio?
O fas priorum, moris o prisci status,

GLOSSÆ VETERES.

578. Terrulenter, *in terra*, I.
381. Deasciato, *cum ascia inciso: ascia planato, vel formato. Ascia genus instrumenti quo formantur res,* I.
383. Ofellis, *diminutivum ab offa, quod fructum significat,* I. *Particulis præcisis*, Mar.
585. Urnas, *sepulcra*, Mar.
387. Liberis, *a servitio diaboli,* I.
389. Asserentibus, *affirmantibus,* I.
390. Est, *scilicet illis,* I.

B
591. Coquebat, *parabat.*—Disserente, *hæc dicente,* I.
392. Subdolam, *fraudulentam,* I.
393. Stomachatus, *iratus: stomachor, irascor,* I.
394. Bilemque, *fel, invidiam, vel iram bilis; nigredo fellis, unde ira procedit,* I.
596. Pro! *exclamative: ah Deus!* I.
399. Perorat, *loquitur,* I.
401. Fas, *lex,* I.

COMMENTARIUS.

578. Vat. A a prima manu, Gis., Parrhasius, Vat. Q, Alex., plerique Heinsiani, Bong., Widm. a secunda manu, *terrulente*. Ald., Weitz., Mar., Rat., *terrulenter*. Antiquior Prudentio scriptor qui *terrulentus* et *terrulenter* dixerit, nullus occurrit.
379. Contra elementorum consecrationem disputavit etiam lib. I contra Simmach., vers. 297 et seqq.
581. Ald., Mar. a prima manu, Alex., Vat. Q, scribunt *deasceato*. Urb., mendose, *dissecato. Deascio* est ascia lævigo. Exstat hæc vox in Plauto et in vett. inscriptionibus. Ascia proprie est instrumentum ferreum quo fabri lignarii ad polienda ligna utuntur: Hispanis *hacha*, ut ego puto: nam runcina videtur esse *cepillo*, scobina genus limæ ad abradendum. Vide epistolam Mazochii de dedicatione sub ascia. Tertullianus, Apologetic. cap. 12: *In deos vestros per omnia membra incumbunt asciæ, et runcinæ, et scobinæ.* Minucius: *Deus enim ligneus, rogi fortasse, vel infelicis stipitis portio, suspenditur, cæditur, dolatur, runcinatur.* Barthius hunc Prudentii versum confert lib. IV, cap. 12, cum versu Tibulli eleg. IV lib. II, *Seu stipes habet desectus in agris.* Ita enim legit pro *desertus* ex uno codicum Palatinorum. Nam utcunque rudis stipes, aliquo tamen modo cultus erat, ut qui numen aliquod inter cæteros crederetur habere solus. Qua de re dixi ad vers. 1005 lib. II in Symm., in simili Ovidii versu. Sed verior videtur lectio quam ibi indicavi, *desertus* a *desero*, a quo est *desevi* et *deserui, desitus* et *desertus*, hoc est plantatus. Alii scribunt *dissero, disseri, disserui, dissertus, dissitus,* eadem significatione. Macrobius, lib. III Sat., cap. 18, hos Suevii versus ex cribit: *Hoc genus arboris in prælatis finibus Graiis Disserere, novos fructus mortalibus dantes.*
382. Simulacra olim in basi inscribi solebant: hinc *saxa inscripta*. Sues immolabantur Cereri, Cybele, Bonæ Deæ, Marti, Termino. Eos sues non fuisse proprie verres, sed maiales, aut, ut Varro appellat, *nefrendes*, notat Fabricius. Differt autem a verre maialis, ut ab ariete vervex, ab equo cantherius, et ab hirco caper.
585. Ald., Widm., Bong., Vat. Q, scribunt *offellis*; sed ab *offa* fieri *ofellam* extrito uno *f*, probat quantitas primæ vocalis, quæ est brevis. In glossa pro *fructum* fortasse legendum *frustum*.
385. Nebrissensis legit *deorum*, non male. In his versibus sermo est ut ego opinor, de Imperatoribus

C
in deos relatis, quorum urnas Romani osculabantur. *Morticinus* proprie est *ab se mortuus*, non ab alio occisus. Vocantur ergo urnæ morticinæ sepulcra in quibus corpora defunctorum jacebant. Nonnulli interpungunt *Urnas reorum morticinas lambere*, hoc est sepulcra et carnes morticinas. Fabricius hanc superstitionem, ut vocat, Italis objicit, quod urnas in quibus corpora sanctorum jacent exosculentur. Verum hæc religionis veræque pietatis, non superstitionis, signa, apud omnes catholicos vigent, et viguerunt semper, ut ex ipso Prudentio liquet. Quid ergo Prudentius ethnicis exprobrat? Quod homines et sceleratos quidem, pro deis colerent. Non enim ea venerationis obsequia illis exhibebant, tanquam hominibus sanctis, verique Dei amicis, sed tanquam propria divinitate præditis.
387. Weitz. cum nonnullis suis, *fortibus, et liberis*. Metrum postulat *fortibusque et. Jubeo tibi Græcismus* est posterioris ævi, quam aurei sæculi scriptoribus familiarior. Scioppius tanquam maxime Latinum id defendebat ex Cicerone, Livio et aliis.
388. Aliqui habent *nihil*. In Vat. B. ita hi versus disponuntur: 1. *Nihil pavori*; 2. *Nil est amore*; 5. *Dei perennis.*
389. Vat. A, B, Q, Weitz., Widm. supra, et alii vel a prima, vel a secunda manu, *numen*. Alex., Urb., Mar, a prima manu, Rat. a veteri manu, Ald., Parrhasius, *nomen*.

D
390. Vat. B., Mar., Rat., *nil pavori est*. Non constat versus. Fabr., Gis., Heins., *nihil est pavori*. Parrhasius, Ald., Hailsbr., Alex., et alii, *nihil pavori est*. Ald., repugnante carminis lege, trajecit verba *est*, *et mors pro est, mors et*.
398. Ald., mendose, *phoro* pro *foro*.
399. Ald., Mar., Prag., Weitz., Rat., Parrhasius, Tornæs. et alii, *hic perorat*. Gallandius secutus id est, ac putavit mendum esse in Chamillardo *ac perorat*. At Heinsius prætulit *ac perorat* cum Egm., Pal., Thuan., Noms., Vat. A, Alex. et aliis. Pro *perditus*, Prag. habet *perditos* cum hac glossa, *id est orando suadet perditos sibi credere*. Verum parum Latine id diceretur.
401. Ald., Hailsbr., *O fas piorum*. Melius *priorum*. In nonnullis vulg., *motis*, perperam, pro *moris*. Nebrissensis, qui cum Aldo legit *o fas piorum*, exponit, *heu pietas, o fas!* Dici autem solet *fas* de his quæ per religionem licent.

Inventa regum pro salu e publica
Pompiliorum nostra carpiunt saecula.
Quis hos sophistas error invexit novus,
405   Qui non colendos esse divos disputent?
Nunc dogma nobis Christianum nascitur
Post evolutos mille demum consules
Ab urbe Roma, ne retexam Nestoras.
Quidquid novellum surgit, olim non fuit.
410   Vis summa rerum nosse? Pyrrham con-
                                    [sule.
1103 Ubi iste vester tunc erat summus
                                    [Deus,
Divum favore cum puer Mavortius
Fundaret arcem septicollem Romulus?
Quod Roma pollet auspicato condita,

A 415   Jovi Statori debet, et diis cæteris.
Hoc sanctum ab ævo est, hoc ab atavis tradi-
                                    [tum
Placanda nobis pro triumphis principis
Delubra, faustus ut secundet gloriam
Procinctu-, atque subjugatis hostibus
420   **1104** Ductor quietum frenet orbem legi-
                                    [bus
Accingere ergo, quisquis es, nequissime,
Pro principali rite nobiscum deos
Orare vita : vel, quod hostem publicum
Pati necesse est, solve poenam sanguine.
425   Sprevisse templa, respuisse est principem.
Tunc ille : Nunquam pro salute, et maximis,
Fortissimisque principis cohortibus

GLOSSÆ VETERES

403. Pompiliorum, *patronymicum. Pompilius primus invenit culturam deorum, ut populum a furore belli revocaret. Pompilius Numa, qui ferociam populi ad sacra convertit.* — Carpunt, *dirumpunt : carpere est minutatim rem distrahi ; inde carpunt, id est disrumpunt et vituperant.* — Sæcula, *tempora,* I.
404. Sophistas, *id est callidos : sophos sapiens, sophista callidus et ingeniosus argumentator ; falsos conclusores,* I.
407. Consules, *qui is!os coluere deos,* I.
408. Retexam, *ne computem proferam.* — Nestoras, *antiquos reges. Nestor rex Græcorum antiquissimus qui coluit deos ; et inde excrevit illa nefanda consuetudo,* I.
410. Pyrrham, *uxor fuit Deucalionis,* I.
412. Divum favore, *in honore deum.* — Mavortius,

B bellicosus, vel filius Martis, I.
413. Septicollem, *quia septem monticulos Roma cingit,* I.
414. Auspicato, *adverorum pro auspicio,* I.
415. Statori, *Romulus etiam, cum quadam vice insequeretur ab hostibus, fugiente exercitu, vocavit Jovem ; tunc stetit exercitus fugiens ; unde Jovis Stator dicitur,* I.
416. Ab ævo, *ab ini io,* I.
418. Delubra, *templa.* — Faustus, *felix, beatus.* — Secundet, *prosperet.* — Gloriam, *principis,* I.
419. Procinctus, *paratus, apparatus bellicus,* I.
420. Frenet, *regat,* I.
421. Accingere, *præparare,* I.
422. Rite, *recte,* I.
426. Tunc ille, *scilicet ait,* I.

COMMENTARIUS.

403. Intelligit superstitiosas nugas Numæ Pompilii.
404. Christiani ab ethnicis sophistæ dicebantur ; etiam Salvator noster a Luciano crucifixus sophista, scilicet hoc vocabulo sumpto pro homine qui captiosis argumentationibus alios deciperet. Rationem addit Prudentius, quia 'deos coleudos esse negabant. Hinc pariter athei, impii, profani, sacrilegi nuncupati.
407. Mille consules sunt mille anni.
408. Per Nestoras intelligit tempora heroica. Sæpe Prudentius plurali num ro effert nomina singularia alicujus hominis, ut Pompilios, Deucaliones, Nestoras, et inter numina Junones, Cythereas, Priapos.
409. De novitate religionis, Christianis objecta, vide lib. II contra Symmach., Lactantium de Mort. persecut. cap. 2, Arnobium lib. I et II.
410. Ald., Vat. Q, *Vis summam rerum nosse? Pyrrham consule.* Non patitur lex carminis. In Mar. videtur fuisse *summa*, sed factum postea *summam*, et deinde *consulem ;* sed induc.um erat m. Rat., Vat. B, *consulem,* hoc videlicet sensu, *Vis summa rerum, nosse Pyrrham consulem.* In Alex. deest interrogationis nota post *nosse.* Vera tamen lectio est ea quam exhibui, et tenent plerique.
414. Vat. B mendose, *pollet auspicio.*
415. Rat. contra metrum, *debetur.* Nonnulli scribunt *dis* pro *diis.* Jovis Statoris imago exstat apud Montfauconium, Antiquit. Rom. explic. tom. I, pag. 39, cum epigraphe Iov1 Statori. Cicero contra Catilinam ad equites Romanos : *Jupiter Stator, quem vere hujus imperii Statorem majores nostri nominaverunt : cujus templum a Romulo, victis Sabinis, in Palatii radice cum Victoria est collocatum.* Dictum ita volunt, quod milites Romanos adversus Sabinos pugnantes stare fecerit. Seneca vero aliam rationem affert, quod ejus beneficio starent omnia. Vide lib.

C IV de Benef., cap. 7. In vet. inscript. legitur : I. J. M. STATORI.
416. Ald., Parrhasius et nonnulli vulg., *ab avis,* Repone *ab atavis* ad metricam rationem. Apud Minucium : *Quanto venerabilius ac melius antistitem veritatis majorum excipere disciplinum ? religiones traditas colere? Deos, quos a parentibus ante imbutus es, timere, quam nosse familiarius, adorare?* Similia Symmachus, ut in libris contra eum potes observare.
418. Delubra notat Fabricius esse e lignis deasciatis sacella, in quibus plures dii sub uno coluntur tecto. Alii aliam significationem tradunt, et delubrum esse dicunt fustem delibratum, sive dedolatum, quem venerabantur pro deo. De omni sacra æde delubrum passim et sine ullo discrimine dicitur.
419. Rat. vitiose, *utique* pro *utque.* Barthius hinc colligit lib. XLI Adv., cap. 12, *procinctum* Christiano etiam ævo exercitum significare. Proprie procinctus est apparatus militaris ad pugnam ineundam, sive

D exercitus ipse expeditus ac paratus ad bellum.
420. Virgilius I Æn. 527, *Gentes frenare superbas.*
421. Virgilius lib. II : *Quisquis es, amissos hinc jam obliviscere Graios.* Fabricius advertit superbum esse, et de ignotis vulgo dici, *Quisquis es.* Confer comment. ad vers. 31 præfationis Carminum : *Dicendum mihi : Quisquis es.*
422. Prag., *ritu :* emenda *rite.* Imperatoris vitam vocat *principalem.*
425. Egm. male , *principum* pro *principem.* Codex Marietti sic legit, et distinguit *Sprevisse templa, respuisse principem :* quod melius videtur Marietto, ut sensus sit, Solve poenam quod templa spreveris et respueris principem. Mihi minus id placet. In eodem Mar. videtur fuisse pro div. script. *templum* pro *principem ;* sed resistit metrum.

Anter precabor, quam fidele ut militent,
Christique lymphis ut renascantur Patri,
430 Capiant et ipsum cœlitus Paraclitum :
1105 Ut idolorum respuant caliginem,
Cernant ut illud lumen æternæ spei,
Non succulentis influens obtutibus,
Nec corporales per fenestras emicans,
435 Puris sed intus quod relucet mentibus.
Pupilla carnis crassa crassum perspicit,
Et res caduca, quod resolvendum est, vi-
[det :
Liquidis videndis aptus est animæ liquor :
Natura fervens sola ferventissimæ
440 Divinitatis vim coruscantem capit.
Hoc, opto, lumen imperator noverit
Tuus, meusque, si velit fieri meus
Nam si resistit Christiano nomini,
Meus ille talis imperator non erit :
445 Scelus jubenti, crede, nunquam serviam.

A Statis, ministri, clamitans judex alt,
Status, manusque continetis vindices ?
Non rupta sulcis dissecatis viscera ?
Animam nec intus abditam rimamini,
450 Erumpit unde vox profana in principem ?
1106 Scindunt utrumque milites teterrimi
Mucrone hiulco pensilis latos viri,
Sulcant per artus longa tractim vulnera,
Obliqua rectis, recta transversis secant,
455 Et jam retectis pectus albet ossibus.
Nitendo anhelant, diffluunt sudoribus,
Cum sit quietus heros in quem sæviunt.
Hæc inter addit sponte Romanus loqui,
Si quæris, o præfecte, verum noscere,
460 Hoc omne quidquid lancinamur non dolet :
B Dolet quod error pectori insedit tuo,
Populos quod istos perditus tecum trahis :
Currunt frequentes undique ad spectaculum
Gentile vulgus, heu ! gemenda corpora :

GLOSSÆ VETERES.

428. Fidele, *fideliter*, I.
433. Succulentis, *udis fletibus, nebulosis*. — Influens, *scilicet illud lumen*, I.
436. Crassum, *pro crasse*, I.
438. Liquidis, *puris*. — Liquor, *puritas*, I.
439. Natura fervens, *anima*. — Ferventissimæ, *avi-
dissimæ*, I.
442. Si, *si tamen*, I.
445. Crede, *mihi*, I.

447. Vindices, *quæ debent vindicare nos a talibus*, I.
449. Abditam rimamini, *absconditam scrutamini*, I.
450. In principem, *contra*, I.
452. Hiulco, *fissili, eraginato*. — Pensilis, *pendentis*, I.
453. Tractim, *trahendo, ut major esset cruciatus, ideo
tractim secabant*, I. Continuatim, Vat. A.
456. Nitendo, *insistendo, vel incumbendo*, I.

COMMENTARIUS.

428. Parrhasius legit *quam fidei ut militent*, ut
longa sit secunda in *fidei*. Contra consuetudinem
Prudentii id est, et membranæ obnituntur. Vide comment. ad. vers. 62 Dittochæi. In allocutionibus imperatorum ad exercitum præcipue laudabatur fides
militum : et in nummis vett. occurrunt hujusmodi
verba, *Fides militum, fides exercitus, fides exercituum*.
Vide Anselmum Bandurium de Numism. Similiter in
vett. inscriptionibus, *Legiones fideles*. De hac fide
sermo nunc est ; in vers. seq. de fide Christiana.
Justinus ad Antoninum Pium, ut notat Chamillardus :
*Nos solum Deum adoramus, et vobis in rebus aliis læ-
tum præstamus obsequium, imperatores ac duces hominum esse fatentes, et simul rogantes ut cum imperii
potestate sanam quoque mentem obtinere comperiamini.*
Arnobius, lib. IV, sub finem : *Nostra quidem scripta
cur ignibus meruerunt dari ? cur immaniter conven-
cuta dirui ? In quibus summus oratur Deus, pax cunctis, et venia postulatur magistratibus, exercitibus, regibus, etc.* Athenagoras in fine Apologiæ similia habet, ubi videri possunt notæ Maurinorum..
430. In Rat. scolus aliquis propter vocem *Paraclitum*, et *idolorum*, ita mutavit hos versus, erasis
prioribus, *Ipsumque flamen cœlitus cap ant sacrum,
Cacodæmonumque respuant caliginem*. Satis intelligitur ineptum hunc correctorem artem metricam ita
percepisse, ut ipse versus faceret, non ut Prudent i
versus emendaret. In Mar., *Paraclytum*, minus bene ;
pro *Paraclitum*.
431. Aldus videtur data opera edidisse *uti dolorum*, ut secunda in *idolorum* corriperetur. At nulla
opus est correctione, et scripti jubent legi *ut idolorum*.
432. Ald., mendose, *illum* pro *illud*. Gis., Weitz.,
cernant et ; plerique alii *cernant ut*.
433. Oculos succulentos dicit ob humorem et succum immodicum quo hebetes fiunt. Simili significatione in præf. Hamart. *furores succulentos*, et Paulinus ad Cyther. *succulenti corporis*. Utitur etiam hac

voce Apuleius.
438. In nonnullis vulg., *liquidus*, male, pro *liquidis*.
De hoc vocabulo *liquidus* pro spirituali consule proleg. cap. 15.
443. Ald., Urb., Cauch., Oxon., Rot., unus Tor-
rent., et alii, *resistat*. Plerique, *resistit*. Hailsbr., *re-
sistis*.
445. Gauchius malebat *nunquam inserviam*. Cur,
invitis scriptis ?
450. Thuan., Heins., *erupit* pro *erumpit*.
451. Vat. B, Mar., supra, duo Torrentiani, Gis.
ad oram, *utrinque* pro *utrumque*. Pro *teterrimi* Prag.,
Mar. a prima manu, *deterrimi*. Viva imago horrendi
tormenti his versibus exprimitur. Sagittarius cap. 5
censet hos versus capiendos esse de scorpionibus,
quod genus erat flagelli a scorpionis cauda dicti,
quia arcuato vulnere corpori infigebatur. Vide cap. 4
Galoni, et tabulam IX. An autem in eculeo Romanus
mar yr ita cæsus fuerit, dicam ad vers. 491.
454. Mar., *transversi*, et pro div. script. *transversis*.
455. Fabricius hypallagen agnoscit pro *ossa albent
retecto pectore*.
457. In *heros* corripitur o, quamvis it o mega,
quod neque a Chamillardo, neque a Cellario, neque
a Teolio in suis indiculis est animadversum, ut
ostendi ad vers. 52.
458. Nonnulli vulg., *audet sponte*.
460. Weitz. cum fgm., Hailsbr. scripsit *lacinamur*.
Re inendum *lancinamur*. In Vat. A est *laniamur* ; in
Vat. B *lanzinamur*.
461. Ald., Gis., *insidet*. Scripti potiores, *insedit*.
Galland. cum Ald., Torn., et Paris. ed. Patrum, *insidet*.
462. Ald., Torn., Galland., Widm., Bong., contra
metri rationem, *Populos quod istos tecum trahis perditos*. Ambr., Thuan., a manu secunda, Parrhasius,
perditus tecum trahis. Thuan. a manu prima, *perditum*, quod verum putat Heinsius. Sic apud Terentium,
Cur te is perditum ? Teolius in uno Vat. eamdem scri-

465 **1107** Crudumque nostræ sortis exemplum
[tremunt.
Audite, cuncti, clamo longe, ac prædico :
Emitto vocem de catasta celsior :
Christus paternæ gloriæ splendor, Deus
Rerum creator, noster idem particeps,
470 Spondet salutem perpetem credentibus;
Animæ salutem, sola quæ non occidit,
Sed juge durans, dispares casus subit,
Aut luce fulget, aut tenebris mergitur,
Christum secuta, Patris intrat gloriam :
475 Disjuncta Christo mancipatur tartaro.
Curanda mercis qualitas, quænam mihi

Contingat olim perpetis substantiæ :
Nam membra parvipendo quo pacto cadant,
1108 Cæsura certe lege naturæ suæ.
480 Instat ruina : quod resolvendum est ruat.
Nec distat, ignis et fidiculæ sæviant,
An corpus ægrum languor asper torqueat,
Cum sæpe morbos major armet sævitas.
Non ungularum tanta vis latus fodit,
485 Mucrone quanto dira pulsat pleurisis.
Nec sic inusta laminis ardet cutis,
1109 Ut febris atro felle venas exedit,
Vel summa pellis ignis obductus coquit,
Papulasque fervor æstuosus excitat :

GLOSSÆ VETERES.

465. Crudum, *crudele*, 1.
470. Perpetem, *perpes, perpetis, permanens*, 1.
472. Juge, *diu, pro jugiter*, 1.
475. Disjuncta, *separata*. — Mancipatur. *capitur*, 1.
477. Olim, *in futuro*, 1.
478. Pacto, *lege*, 1.
481. Fidiculæ, *funes ad flagellandum. Quamvis fi-
d'cula a fidibus dicatur, in hoc tamen loco significat
ungulas, vel genus tormenti quo rei in eculeo suspensi*

B *torquentur, ut fides et veritas inveniatur. Fidicula genus tormenti, vel ferri subtilissimi, quo incidebantur
martyres*, 1.
485. Pleurisis, *morbus, vel dolor laterum*; 1.
486. Inusta, *valde usta*, 1.
488. Summa pellis, *summitatem papularum*, 1. —
Ignis, *sacer ignis*, Mar. — Obductus, *latens*, 1.
489. Papulas, *pustulas*, Vat. A.

COMMENTARIUS.

pturam invenit; sed non bene ait majoris momenti codices apud Heinsium habere *perditum*. Fab., *Populos trahis tecum quod istos perditos*. Gis., *Populos quod istos perditus tecum trahis*. Hæc placet scriptura; nec displicet *Populos quod istos perditos tecum trahis*. Illud Terentii, *Cur te is perditum?* dissimile est, n m aliud est *trahere*, aliud *ire*.
465. Parrhasius, *crudum quæ :* corrige *crudumque.* Vat. B, Mar., Rat. a prima manu, Widm., Bong., *exemplum trahunt :* rectius alii *tremunt.*
467. De catasta dictum ad vers. 56 hymni 1 Peristeph. Apud exteros scriptores catasta est pegma ligneum quo servi venales præstabant. Hic denotat locum eminentiorem ubi de reis supplicium sumebatur. S, Cyprianus epist. 38, alias 33; sive epist. 5, libr. II de Aurelio, qui in catasta Christum confessus fuerat, ait eum in catasta in pulpitum venisse, quod lector ab ipso fuerat ordinatus. De catasta videri possunt Gallonius et Sagittarius, qui aliorum errores corrigunt. In homilia 2 S. Chrysostomi, sive alterius Chrysostomo æqualis, de S. Romano mentio fit eculei : *Suspendentes in eculeo lacerabant; ille vero tanquam vitæ arborem eculeum amplexabatur.* Sed Græce solum est τὸ ξύλον, lignum, nec certum puto Romanum in eculeo suspensum, ut postmodum dicam.
468. Parrhasius ita legit hos versus, *Christus paterna e gloria splendor : Deus Rerum creator : nostri et idem particeps.* Christus splendor gloriæ Patris dicitur in Epist. ad Hebræos, 1, 3.
469. Prag., Lotterus, *nostri idem :* fortasse *nostri et idem*, ut Parrhasius.
470. Hailsbr., *perpetim.*
474. Nonnulli vulg., *intret.*
476. Mar. pro div. script., *curandum.* Sed metrum et sensus exigunt *curanda.* Cauchius castigabat *Curanda merces qualis, et quænam mihi*; addique Heinsius propius ad vulgatam accedere *qualis, ac quænam mihi.*
478. Lucifer Calaritanus in libro, *Moriendum esse pro Dei Filio : Quantum ad exitum, nihil interest, clavo per te, an lancea moriar, restrictis post terga manibus, an porrectis sparsisque*, etc.
479. Weitz. cum suis, *certa.* Alii concinnius, *certe.*
480. Sich., Bong. a primi manu, *cadat pro ruat.*
481. Vat. B, Urb., Prag., Mar. supra, Weitz., Gis., *ignes*. Probatiores cum Ald., *ignis.* Pro et Fabr. ap. Ald., Weitz., Gis., Parrhasius. Alex., Vat. Q, Urb.,

Lotterus, et alii, *fidiculæ.* Prag., *fidiclæ*, quod expressit Heinsius, quamvis varietatem lectionis non indicaverit. Multi putant fidiculas esse flagella; alii instrumenta quibus rei alligantur ut veritas ab eis extorqueatur; alii ungulas ferreas, ut dictum est ad vers. 44 Per. 1. Minus probabilis est sententia Magii, idem tormenti genus fuisse ac eculeum; aut Laurentii Vallæ, qui instrumentum ex duobus obliquatis
C lignis fuisse opinatur. Pro ungulis, Isidorus, lib. V Orig., cap. 27, clare fidiculas accipit : *Unguæ dictæ, quod effodiant. Hæ et fidiculæ, quia iis rei in eculeo torquentur, ut fides inveniatur.* Eodem sensu *fidiculas* usurpare videtur Prudentius vers. 550 hujus hymni. Nihilominus alii fidiculas pro nervis seu funiculis quibus rei alligabantur et distendebantur, sumunt, auctoritate præsertim Suetonii et Valerii Maximi. Nihil prohibet quominus eadem vox duplicem significationem, aut aliam alio tempore habuerit.
482. Nonnulli scribunt *langor.*
483. Weitz. cum Egm., *sævitas :* id conjecerat Cauchius, et tenuit Heinsius cum aliis. Giselinus etiam in emendatis monuit ad marginem ascribendum *sævitas* pro div. script. Plerique habent *sævitia.* Sed Murmellius notat in sexta regione hujus carminis vix alium pedem inveniri quam iambum; adeoque mavult *sævitas*, quod verbum reperitur apud Gellium. Alii tamen in Gellio legunt *scævitas*, uti etiam in Apuleio. Certius hoc vocabulo usus est Firmicus. Parrhasius legit *Cum sæpe morbus major, ac*
D *sævitas.* Sed deest sensus, et metrum obstat. Fabricius in Poetis Christianis edidit *sævitia*, sed in comment. peculiari ad hunc hymn. observat *sævitas* esse vocem antiquam pro *sævitia.*
484. Egm., *fodet*, non bene.
485. Weitz., Vat. A, B, Q, Mar., Alex., *pleurisis*, quam veram scripturam esse affirmat Heinsius. Multi tamen, etiam veteres, habent *pleuresis*. Nonnulli vulg., male, *quanta pro quanto*; nec melius ali distinguunt *fodit Mucrone, quanto.* De pleurisi recte mucro dicitur : qui morbus Italice *puntura* appellatur.
486. De laminis quibus corpora martyrum inurebantur, vide Gallonium cap. 6.
488. Ald. mendose, *summam*.
489. Virgilius, III Georg.., in fine : *Ardentes papulæ, atque immundus olentia sudor Membra sequebatur.*

490 Credas cremari stridulis cauteribus.
Miserum putatis, quod retortis pendeo
Extentus ulnis, quod revelluntur pedes,
Compago nervis quod sonat crepantibus :
Sic ejulantes ossa clamant dividi,
495 Nodosa torquet quos podagra et arthrisis.
1110 Horretis omnes hasce carnificum ma-
[nus.
Num mitiores sunt manus medentium,
Laniena quando saevit Hippocratica?

A Vivum secatur viscus, et recens cruor
500 Scalpella tingit, dum putredo abraditur.
Putate, ferrum triste chirurgos meis
1111 Inferre costis, quod secat salubriter.
Non est amarum quo reformatur salus.
Videntur isti carpere arius tabidos :
505 Sed dant medelam rebus intus vividis.
Quis nescit autem quanta corruptela sit
Contaminatae carnis, ac solubilis ?
Sordet, tumescit, liquitur, fetet, dolet,

GLOSSAE VETERES.

490. Cauteribus, *hic, et haec cauterium facit sub secunda et tertia declinatione; et dictum cauterium a caute tenendum ne se homo coquatur*, 1.

495. Nodosa, *quae nodis inest.* — Arthrisis, *arthesis, vel artisis dentium dolor, vel communiter omnium articulorum; et sumpsit nomen a passione articulorum*, 1.

498. Laniena, *ferrum medicabile, vel locus ubi animalia mactantur, vel ipse pecudum laniator et hominum carnifex a laniatura dictus. Laniola locus ubi medici faciunt medicinas, et laniant carnes infirmorum.* — Hippocratica. *Hippocrates medicus; inde Hippocratica dicitur medicina, a principe medicorum dicta. Hippo-*

B *cras summus medicus; inde adjectivum Hippocraticus*, 1.
499. Viscus, *caro*, 1.
500. Scalpella, *id est ferrum, quibus abraditur putredo ab ossibus*, 1.
501. Chirurgos, *medicus dicitur, qui homines incidere solet; chirurgus a manuum operatione dictus :* χείρ *enim Graece manus dicitur. Chirurgi medici manu medicinam operantes; chira enim Graece manus : empirici vero, tantum intellectu morbum cognoscentes, salutem corporum tantum voce indicant, manibus nihil operantes*, 1.
504. Isti, *chirurgi*, 1.

COMMENTARIUS

90. Widm. supra, *cremari ut stridulis.* Ald. ediderat *cauteribus*, correxit *cauteriis*. Sed *cauteribus* verum est : quo vocabulo alias etiam utitur Prudentius. Glossa ridicula est. Quanquam omnes hujuscemodi glossarum ineptias notare non fuit animus : quod si ante non monui, nunc moneo.

491. Neminem vidi qui non hos versus de supplicio eculei accipiat. Ac revera in Vincentio vers. 109 ei seqq. eodem modo describi videtur eculeus. Verum in Romano id obstat, quod judex jusserat quidem Romanum eculeo torqueri, sed admonitus nobilem esse virum, *Jubet amoveri noxialem stipitem, Plebeia clarum poena ne damnet virum.* Vide vers. 108 et seqq. Praeterea certum est martyres extra eculeum suspensos, interdum fuisse ungulis excarnificatos : nam suspendebantur, ut carnifices commodius ungulis corpora exararent. Itaque probabile est Romanum suspensum fuisse brachiis post tergum revinctis, atque ejus pedibus gravia pondera alligata fuisse. Vide tabulam I, lit. B, et tabulam XIII, lit. A. Fulvius Cardulus in not. ad hist. SS. martyrum Abundii et soc. tradit a nonnullis definiri eculeum , *genus tormenti quo vinctis superne manibus, et appensis utrique pedi gravissimis ponderibus, homo pendens immaniter torquetur.* Sed ipse in aliam videtur abire sententiam, et Prudentius eculeum *noxialem stipitem* vocavit.

492. Prag., *extensus ulnis.*

493. Weitzius Aldo affingit *crepitantibus;* et ita quidem Aldus edidit, sed in emendatis mutavit in *crepantibus.* Fulvius Cardulus loc. cit. intelligit nerveas funes quibus membra devincta erant, *crepare.* At Prudentius clare loquitur de nervis corporis, qui crepabant, dum nimium membra extenderentur.

494. Vat. A scribit *hejulantes.*

495. *Arthrisis* vera scriptura ab Heinsio dicitur; quam tamen vix invenias in codicibus. Ald., Fabr., Gis., *arthresis.* Alex., Prag., *artesis.* Urb., Vat. B, Mar., Rat., *arthesis.* Vat. Q, *atresis.* Pal., *artresis.* Parrhasius, *artisis*, et id vocabulum Prudentii proprium esse ait pro morbo articulari quem chiragram Graeci vocant. Nescio quis, vulgata hujus loci scriptura nixus , *artesin* Latinis lexicis inseruit. Eum refellit Giselinus, quia cum hic morbus articulorum Graecis dicatur ἀρθρῖτις, tempore Prudentii eum *arthresin* nuncuparunt. Sic ex pleuritide *pleuresin*, ex phrenitide *phrenesin* fecerunt. Inaniter vero Giselinus

C laborat ut persuadeat inscitiâ Graecae linguae hujusmodi vocibus ita formatis usum fuisse Prudentium, et mediam in eis corripuisse. Nam primum jam concedit tertiam Latinis esse sic satis notam ; sed ita ut (addit) Juvenalis, Martialis et alii Graece docti ejus mediam produxerint, solus Prudentius corripuerit. Deinde cum Prudentius jam sua aetate videret eas voces in usu esse, et ita vulgo pronuntiari (quis enim hoc neget?) ut ab ipso efferuntur, cur, quamvis Graece esset doctissimus, contra ecclesiasticum usum et sui temporis consuetudinem agere deberet? Praeterea constat ante ipsum mediam in *phrenesis* a Sereno fuisse correptam. Denique Ausonium Graece peritum fuisse nequit verti in dubium; et tamen haec ipsa quae in Prudentio reprehenduntur, vel alia prorsus similia, aut explicatu difficiliora; in Ausonio passim occurrere compertum est. Verum de his uberius diximus in prolegom. Podagra et arthrisis conjunguntur etiam a Lucilio apud Nonium pag. 166, *Quod deformis senex, arthriticus ac podagrosus.* Alii legunt *poedidus*, alii *perditus* pro *arthriticus.*

496. Parrhasius, *has* : lege *hasce.*

498. Mar. a prima manu, Vat. B, Prag., *lammina*, vel *lamina;* Lotterus *lamiena* pro *laniena*, sed corrupte. In Rat. recens corrector, abrasis prioribus, *At quando saevit lamina accensa Hippocratis.* Hoc ultimum verbum prius ita erat. In *Hippocratica*

D paenultima producitur eadem licentia qua in *idolium* corripitur, ratione accentus Graeci in *Hippocrates*. Laniena Hippocratica est pars medicinae quae chirurgice dicitur ; aut tota medicina appellatur laniena ab ea parte.

499. Boher. prior, *exsecatur.* Quid sit *viscus*, vide ad hymn. S. Cassiani vers. 56. *Visceratio* dicta, cum carnes distribuebantur viritim. Livius, lib. VIII, cap. 22, *Populo visceratio data a M. Flavio in funere matris.*
500. Ald. vitiose, *scalpellam.*
501. In nonnullis vulg., *putatur*, male et contra metrum. Torn., *chirugos*, mendose.
506. Ex Epist. ad Galat., v, 17, *Caro concupiscit adversus spiritum.*
508. Gifanius, *de intervallis vocalium rarioribus* in Ind. Lucr., ex vet. cod. legit *corde tumescit*, eleganter, ut putat ; neque probat *sordet*, *tumescit.* Notat vero ex Prisciano lib. VII, in quibusdam Latinis quae nominativum in *es* productum terminant, paresque cum genitivo habent syllabas, in tertia declinatione s fere

Inflatur ira, solvitur ...ndine :
510 Plerumque felle tincta livores trahit.
   Aurum regestum nonne carni acquiritur?
   Illusa vestis, gemma, bombyx, purpura
   In carnis usum mille q æruntur dolis ·
   Luxus vorandi carnis arvinam fovet ·
515 Carnis voluptas omne per nefas ruit.
   Medere, quæso, carnifex, tantis malis :
   Concide, carpe fomitem peccaminum.
   1112 Fac ut, resecto debilis carnis situ,
   Dolore ab omni mens super-it libera,
520 Nec gestet ultra quod tyrannus amputet.
   Nec terrearis, turba circumstantium :
      Hoc perdo solum quod peribit omnibus,
      Regi, clienti, pauperique, et diviti.
      Sic vernularum, sic senatorum caro

A 525 Tabescit, imo cum sepulcro condita est
   Jactura vilis mordet, et damnum leve ;
      Si quo carendum est perdere extimescimus:
      Cur quod necesse est non voluntas occupat?
      Natura cur non vertit in rem gloriæ?
530 Legale damnum deputemus præmiis.
   Sed præmiorum forma quæ sit fortibus
      1113 Videamus: illa nempe quæ nunquam
                                         perit.
   Cœlo refusus subvolabit spiritus,
   Dei parentis perfruetur lumine,
535 Regnante Christo stans in arce regia.
   Quandoque cœlum, ceu liber, plicabitur,
   Cadet rotati solis in terram globus,
   Sphæram ruina menstrualem destruet :
   Deus superstes solus, et justi simul

GLOSSÆ VETERES.

510. Livores, *colores pallidos de nigra cholera dicit*, I.
511. Regestum, *absconditum*, *a terra abstractum*, I.
512. Illusa, *picta*. — Bombyx, *sericum: vermis de cujus sanguine purpura tingitur*, I.
514. Luxus, *dulcedo, superfluitas*. — Arvinam, *pinguedinem*, I.
515. Voluptas, *aelectatio*, I.
517. Fomitem, *incendium*, I.
518. Situ, *situs hic ponitur pro vetustate*, Vat. A.
519. Supersit, *ut remaneat*, I.
521. Turba, *o mea*, I.
523. Clienti, *minori, lasso, vassallo, serventi*, I.

524. Vernularum, *servorum*, I.
526. Jactura, *perditio, damnum, proprie est damnum quod navigantes in mari patiuntur; sed ponitur pro omni damno*.— Mordet, *punit, constringit*, I.
528. Occupat, *scilicet mori*, I.
529. Natura, *naturalis res est mors*. — Vertit pro *vertitur*, I.
530. Damnum, *mortem*.—Præmiis, *sempiternis*, I.
531. Fortibus, *martyribus*, I.
533. Subvolabit, *ascendet*, I.
536. Plicabitur, *involvetur, cum non cadet, sed præ nim o timore ita videbitur*, I.
538. Sphæram, *lunam*.—Menstrualem, *quæ singulis mensibus crescit*, I.

COMMENTARIUS.

produci ablativum, ut *a mole, fame, tabe, sorde.* Weitzius id secutus est cum Egm. et Hailsbr. Scripti nostri et Heinsiani habent *sordet*, quod non debet displicere. Mar. a prima manu, *liquitur*, supra *liquatur*, contra metrum. Parrhasius, *fetet*: retine *fetet*. Nebrissensis *sordet* ad avaritiam referri posse opinatur, quia sordes pro avaritia legimus. Horatius, lib. II sat. 5, *Sepulcrum Permissum arbitrio sine sordibus exstrue.*
509. De libidine proprie dicitur *solvi* et *diffluere.* Vide comment. ad vers. 87 hymni 7 Cath.
510. Weitzius, Ald., *intincta* pro *tincta*. Parrhas us, *felle tacta*, minus bene. Mar., *labores*; supra, *recte*, *livores*.
512. Virgilius II Georg., *Illusasque auro vestes.*
514. *Carnes* pro *carnis* in Teolio error est metri.
517. Prag., *rape*, ad marg., *probe, carpe.*
518. Parrhasius corrumpit metrum *carnis usu* pro *carnis situ.*
520. Ald., Weitz., alii, *ne gestet.* Ald., *tyrannos*, mendose.
522. Egm., Pal., et codex Beemani, si diversus est a Palatino Weitzii, *hoc perdolosum*. Vat. A, *hoc per dolosum*. Lege *hoc perdo solum*. In Aldo et nonnullis vulg. error irrepsit *prædo* pro *perdo.*
527. Egm., Pal., *quod carendum est*: atque ita legendum esse asseverat Gifanius in *Utor quarto casui junctum*, etsi etiam in libris vett. hic locus es et in litura partim demersus. Pro *extimescimus* Vat. B, Rat., Mar. a prima manu, *exgemiscimus.* Prag., minus recte, *pertimescimus.*
529. In Rat., perperam, *naturam* a recenti manu. Fabricius ait Prudentium loqui admirantis animo, quia hoc a natura præstari non potest: munus enim Dei est, siquis mortem judicat esse gloriam. Cæterum natura sumitur pro ipso homine, seu natura humana, quæ gratiæ munere mortem pro Christo judicat

C gloriosam. Potest etiam sumi *vertit* pro *vertitur*, scilicet cur natura, sive necessitas moriendi non vertitur in rem gloriæ? Justinus martyr ad Romanos : *Nec vero occideremur, nec potentiores nobis essent iniqui homines, nisi omnino cuilibet homini genito etiam mori constitutum esset. Id igitur debitum (mortis) nos persolventes, gratias agimus.*
530. Cauch., Rott. *regale damnum.* Rectius *legale*, quia sermo est de lege moriendi.
552. Vat. A, *qui*: emenda *quæ.*
553. Cauch. et Ambr., *cœlo refulsus.* Parrhasius edidit *cœlo revulsus.* Neutrum probo.
534. Prag., *Dei perennis.*
535. Ald., *regente*; alii, *regnante.*
536. Weizio libuit exarare *plicabitur*, quia ita invenit in Egm. Isaiæ XXXIV, 4, *Et tabescet omnis militia cœlorum et complicabuntur sicut liber cœli.* Justinus, sive quis alius, in respons. ad quæst. 94 : *Quemadmodum cœli creationem divinæ litteræ per similitudinem*
D *conferunt aliquando cum pellis extensione, dicentes, Qui extendit cœlum sicut pellem; aliquando cum firmato fumo, Cœlum, inquit, ceu fumus, firmatum est; aliquando cum rotunditate cameræ, Qui extendit, inquit, cœ'um velut cameram; sic e diverso cœli dissolutionem per comparationem conferunt cum aliis rebus, ut cum volumine involvendo et implicando.* In Apocalyps. phrasi simili eadem sententia exponitur cap. VI, vers. 13 et 14, *Et stellæ de cœlo ceciderunt.... Et cœlum recessit, sicut liber involutus.* Vide Ludov. cum Alcazar ad loc. cit. Apocalyps.
537. Parrhasius, *rotatus.*
538. Alii *spheram*, alii *speram*, alii *spœram*, alii *sphæram* scribunt. Il ce loco potest stare *sphœram.* Alibi cum prima corripitur, scribendum est *sphera.*
539. Egm., Hailsbr., *superstis.* In nonnull s vulg. mendose *soles* pro *solus.* Quod autem *Deus solus* dicitur, intelligitur Deum cum justis et angelis permanere

540 Cum sempiternis permanebunt angelis.
   Contemne præsens utile, o prudens homo,
   Quod terminandum, quod relinquendum est
      [tibi :
   Omitte corpus, rem sepulcri et funeris :
   Tende ad futuram gloriam : perge ad Deum :
545 **1114** Agnosce qui sis, vince mundum et
      [sæculum.
   Vixdum elocutus martyr hanc peregerat
   Orationem, cum furens interserit
   Asclepiades : Vertat ictum carnifex
   In os loquentis, inque maxillas manum,
550 Sulcosque acutos, et fidiculas transferat
   Verbositatis ipse rumpatur locus,
   Scaturientes perdat ut loquacitas

   Sermonis auras, perforatis follibus,
   Quibus sonandi nulla lex ponit modum,
555 Ipsa et loquentis verba torqueri volo.
   Implet jubentis dicta lictor improbus,
   Charaxat ambas ungulis scribentibus
      1115 Genas, cruentis et secat faciem notis,
   Hirsuta barbis solvitur carptim cutis,
560 Et mentum adusque vultus omnis scinditur.
   Martyr fluentem fatur inter sanguinem :
   Grates tibi, o præfecte, magnas debeo,
   Quod multa pandens ora, jam Christum lo-
      [quor.
   Arctabat ampli nominis præconium
565 Meatus unus, impar ad laudes Dei.
   Rimas patentes invenit vox edita,

GLOSSÆ VETERES.

541. Contemne, *respue.* — Præsens, *præsentem utilitatem*, I.
546. Dum, *adjectio syllabica*, I.
547. Interserit, *interrumpit sermonem*, I.
552. Scaturientes, *ebullientes*, I.
553. Follibus, *faucibus*, Vat. A.

555. Verba, *labra*, I.
557. Charaxat, *scribit : charaxo Græce est scribo*; *inde charaxavit, id est scripsit*, I. *Charaxare dicimus scribere : inde character*, Vat. A.
559. Carptim, *minuatim*, I.
564. Nominis, *scilicet Dei.* — Præconium, *laudem*, I.

COMMENTARIUS.

nere, exclusis damnatis, et in ignem æternum rejectis. Nam damnatos æternum puniendos, in fine Hamartigeniæ Prudentius fatetur. Sed id non est permanere *simul* cum Deo.
540. Prag., *permanebit*, non bene.
541. Parrhasius, *vile o prudens*, quod ratione aliqua sustineri posset, admisso hiatu, quem multi volunt familiarem esse Prudentio.
545. Gis. ad oram, *quid sis.* Vide comment. ad vers. 419 Apoth.
546. Vat. B, Mar., *vix tum.*
549. Ald., Mar. a secunda manu, *manus :* Parrhasius *malleum* et *maxillas* mutavit in *malas* in emendatis. Legit ergo *inque malas malleum.*
550. Heinsius, *fidiclas.* Scripti et edd. vett., *fidiculas.* Vide vers. 481. Ex hoc loco patet fidiculas potius esse *ungulas* quibus fodiebatur martyr, quam funes quibus eculeo alligatus erat. Nebrissensis volebat speciem sumi pro specie. *Quid enim,* inquit, *fidiculæ ori nocere poterant ?* Poterant certe ungulæ. Mox vers. 557, *Charaxat ambas ungulis scribentibus Genas,* etc. Verba Suetonii in Tiberii Vita, et Valerii Maximi lib. III, cap. 3, non magis clara sunt pro opinione affirmante fidiculas esse funiculos nerveos quibus sontes eculeo torquebantur, quam hic Prudentii locus pro explicatione quam exhibui. Nemo autem veterum tam clare dixit fidiculas esse funes, quam Isidorus esse ungulas. Cl. Zacharias, in Histor. litter. Ital. tom. V, pag. 596, et tom. IX, pag. 325, multa dixit, ut probaret fidiculas esse nerveas funes
551. Prag. depravate., *interrumpatur*; Vat. A, *ipse transferetur* non male si bacchium quinto loco admittere velis. Verbositatem pro enormi loquacitate non sine felle poni, monet Peveratus.
552. Heinsius scribit *scaturrientes.* Cauchius conjectabat *ebullientes*, non probante Heinsio. Arnobius, lib. V, prope finem : *Scaturiginem istam vocis, et strepitum fœdæ loquacitatis amittere.*
554. Prag., *modum tenet.* Melius retinebitur *ponit modum.*
555. Hailsbr., *labia*, supra : retine *verba.*
556. Heinsiani, Parrhasius, Vat. A, Alex., Egm., Hailsbr., Gis. ad oram, *impius.* Ambr., *livor impius.* Recentiores cum Heinsio, *lictor impius.* Verius videtur *lictor improbus* ea significatione qua dicitur *labor*

improbus. Et ita habent Ald., Weitz., Gis., Vat B, Mar., Prag.
557. Vat. A, Egm., Hailsbr. scribunt *caraxat.* Fabr. *charassat.* Murmellius *carattat.* Hoc verbo pro *scribere* utuntur Anianus corrector sententiarum Julii Pauli, Isidorus in glossis, Gregorius Turonensis, Marculfus monachus, Adamannus Scotus, Aldhelmus, Eckherardus Junior, Hincmarus, Barthius, lib. XLV, cap. 19, observat ætatem sequiorem a Prudentio auctoritatem sumpsisse. Sic Wipertus, lib. I, cap. 2, *Totum ejus corpus invenitur charaxatum quasi cruciculorum stigmatibus.* Wipertus clare Prudentium æmulatur, ut vers. 145 observavi. Giselinus diversam aliquam lectionem indicat : nam cum minus bene dixisset Prudentius charaxo derivasse a χαράξω, futuro verbi χαράττειν, quod valet sculpere, arare, scarificare, addit : *Quæ huc ab aliis afferuntur, et scriptis libris adversantur, et poetæ nostri genio.* Parrhasius inter alienigena quæ Prudentius usurpavit, refert *charaxat* ; et charaxat explicat, *Calamorum, sudiumque fastigatis, atque subtilibus spiculis corpus infigit : quod pœnæ genus adhuc Hispani retinent.* Verum Prudentio *charaxat* solum est *conscribillat.* De hac metaphora *ungulæ charaxant, scribunt*, vide comm. ad vers. 77 hymni S. Cassiani.
558. Prag., *siccat* pro *secat*, et suspicatur Mar. *sicnat* pro *signat.* Sed obstat lex metri. In nonnullis vulg., *faciem rotis*, minus bene, pro *notis.*
559. Vat. A et Pal., *captim.* Legendum *carptim.* In Mar. corrumpitur metrum, verbis ita transpositis, *Hirsuta barbis carptim solvitur cutis.*
562. Notanda est consuetudo veterum Christianorum, qui ab impiis judicibus condemnati, gratias illis agebant. Justinus, apolog. 1 et 2 ; Eusebius, lib. IV Hist., cap. 17 : *Quo audito, Lucius illi gratias egit, quod hac ratione a malis dominis liberaretur, et ad bonum Patrem regemque Deum proficisceretur.* Tertullianus in fine Apologet. : *Inde est quod ibidem sententiis vestris gratias agimus, ut est æmulatio divinæ rei et humanæ ; cum damnamur a vobis, a Deo absolvimur.* Alia ex Actis martyrum profert Sagittarius, cap. 7. Philosopho Senecæ ignotum id erat : *Neminem*, ait epist. 66, *adhuc scio eo nomine votum solvisse, quod flagellis cæsus esset, aut podagra distortus, aut eculeo longior factus.*
564. Mar. scribit *ariabat* pro *arctabat.*
565. Prag. *ad laudem Dei.*

Multisque fusa rictibus reddit sonos A
Hinc inde plures, et profatur undique
1116 Christi Patrisque sempiternam glo-
[riam.
570 Tot ecce laudant ora quot sunt vulnera.
Tali repressus cognitor constantia,
Cessare pœnam præcipit : tunc sic ait ·
Per solis ignem juro, qui nostros dies
Reciprocatis administrat circulis :
575 Cujus recursu lux et annus ducitur,
Ignes parandos jam tibi tristis rogi,
Qui fine digno corpus istud devorent,
Quod perseverans tam resistit nequiter
Sacris vetustis, nec dolorum spiculis
580 Victum fatiscit, fitque pœnis fortius.
Quis hunc rigorem pectori injecit stupor? B
Mens obstinata est : corpus omne occalluit.
Tantus novelli dogmatis regnat furor !
Hic nempe vester Christus haud olim fuit,
585 Quem tu fateris ipse suffixum cruci?

Hæc illa crux est omnium nostrum salus,
Romanus inquit : hominis hæc redemptio est.
1117 Scio incapacem te sacramenti, impie,
Non posse cæcis sensibus mysterium
590 Haurire nostrum : nil diurnum nox capit :
Tamen in tenebris proferam claram facem.
Sanus videbit, lippus oculos obteget.
Removete lumen, dicet insanabilis :
Injuriosa est nil videnti claritas.
595 Audi, profane, quod gravatus oderis.
Regem perennem rex perennis protulit,
In se manentem, nec minorem tempore,
Quia tempus illum non tenet : nam fons retro
Exordiorum est, et dierum, et temporum,
600 Ex Patre Christus : hoc Pater quod Filius.
1118 Hic se videndum præstitit mortalibus :
Mortale corpus sumpsit immortalitas,
Ut dum caducum portat æternus Deus,
Transire nostrum posset ad cœlestia :
605 Homo est peremptus, et resurrexit Deus.

GLOSSÆ VETERES.

567. Rictibus, *apertionibus*. Ringo, *os aperio*; inde *rictus, apertio*, I.
574. Reciprocatis, *revocatis, iteratis*, I.
578. Nequiter, *crudeliter*, I.
580. Victum, *corpus*, I.
584. Rigorem, *fortitudinem*, I.

582. Obstinata, *dura*. — Occalluit, *obduruit, obduravit*, I.
590. Diurnum, *Christum*. — Nox, *peccatores*, I.
595. Gravatus, *iratus*, I.
598. Retro, *ante*, I.
604. Nostrum, *corpus*, I.

COMMENTARIUS.

567. Mariettus e suo codice notaverat *multis fusa*, et conjecerat *multis refusa*.
570. Egm., Hailsbr., *quod* : lege *quot*. In homilia 2 Chrysostomi sive Flaviani de S. Romano : *Ille vero quasi plura tum ora recepisset, orationem habebat*.
572. Fabricius advertit veteri verbo juris pœnam carnifices ipsos significare. Apud poetas certe pœnæ vocantur Furiæ, quia scelerum sunt vindices.
573. Vat. B, Mar., Prag., Ald., Weitz., *ignes*. Alii venustius, *ignem*. Juvenalis, sat. 13, vers. 75, *Per solis radios, Tarpeiaque fulmina jurat*. Virgilius, lib. vi, *Per sidera juro, Per superos*.
574. Virgilius, lib. II Georg., *Atque in se sua per vestigia volvitur annus*.
575. Prag., *et annus reducitur*. Resistit metrum.
576. Rat. vitiat metrum, trajectis verbis, *tibi jam*. Weitz., Gis., Urb., Rat., *ignis parandus*. Vat. A, B, *ignis parandus*. Plerique *ignes parandos*, et vers. seq., *devorent*.
577. Ald., Gis., Weitz. et alii, *devoret* : intelligi potest *rogus*.
583. Suetonius in Nerone, cap. 16, *Afflicti suppliciis Christiani, genus hominum superstitionis novæ et maleficæ*.
584. Mar., *jam fuit* : recte supra *haud*.
586. Parrhasius perperam omittit *est*, et vers. seq. *hæc*.
588. I ad Corinth. II, 14 : *Animalis autem homo non percipit ea quæ sunt Spiritus Dei : stultitia enim est illi, et non potest intelligere*.
590. Ex cap. I Joannis, vers. 5 et seq., *Et lux in tenebris lucet, et tenebræ eam non comprehenderunt*.
591. Rat., Vat. Q, Torn., Mar., omittunt *in*, quod aliena manu in codice Mar. est appictum.
592. In quibusdam edd. *lippos, male*, pro *lippus*. Weitz. cum Aldo, *oclos*, ut sit iambus quarta sede; et Nebrissensis advertit esse syncopam. Lotterus, Giselinus, Heinsius, et recentiores, excepto Gallandio, *oculos*, quia, ut ait Teofius, duæ breves unam longam faciunt. Hac eadem ratione, et hoc exemplo

C supra vers. 484 et 550 cum scriptis reponendum erit *fidiculæ* et *fidiculas*, non *fidiclæ* et *fidiclas*. Quouta sede Prudentius aliique in senariis nonnunquam tribrachyn, pedem tribus brevibus constantem, admittunt. Latinius etiam, qui in Torn. invenit *lippos oclos*, emendavit *lippus oculos*. Pro *obteget* Prag. *obtegit*. Nebrissensis exponit, *Qui credit, statim intelliget, juxta illud : Nisi credideritis, non intelligetis*. Addit Fabricius non abiter hunc locum citare Prosperum Aquitanicum, qui solet in suis operibus Græcorum Septuaginta versionem sequi.
593. Alex. a prima manu, Vat. Q, Prag., Egm., Pal., Haisbr., *dicit*; alii, *dicet*. In Parrhasio error est metri *remove* pro *removete*, uti vers. seq., *videntibus claritas* pro *videnti*.
594. Lotterus, *Invidiosa est nil videnti claritas*. Repone *injuriosa*.
595. Parrhasius probe ediderat *gravatus*; correxit contra metricam rationem *ingratus*.
599. In nonnullis vulg. mendose *exordierium*. Vat. D B non recte omittit *est*. Vat. Q a prima manu vitiose, *est et temporum, et dierum*.
600. *Hoc est Pater quod Filius* significat eamdem esse naturam. Non autem recte diceretur : Hic est Pater, qui Filius, quia id innuit eamdem esse personam. Sic Pater, et Filius, sunt alius et alius , non aliud et aliud; hæc enim est theologorum regula, quod masculina nomina vel pronomina distincte proferamus de singulis personis : neutra vero non plura, sed unum commune accommodemus tribus personis : quia scilicet masculina personas, neutra essentiam indicant.
602. In eamdem sententiam Fabricius hos Prosperi versus profert : *Sed mortale meum subit, ut quia vita teneri Morte nequit, pereat mihi mors : et non ego jam in me Vivam, sed Christus, qui se mihi miscuit in se*.
604. Ald., Vat. Q, Heins., *possit*.
605. Vat. B, Prag., *surrexit*, male.

PERISTEPHANON HYMN. X.

    Congressa mors est membra gestanti Deo :   A
    Dum nostra tentat, cessit immortalibus.
    Stultum putatis hoc, sophistæ sæculi :
    Sed stulta mundi summus elegit Pater,
610 Ut stultus esset sæculi, prudens Dei.
    Antiquitatem Romuli, et Mavortiam.
    Lupam renarras, primum et omen vulturum.
    1119 Si res novellas respuis, nil tam re-
        [cens.
    Vix mille fastis implet hanc ætatulam
613 Cursus dierum conditore ab augure.
    Sexcenta possum regna pridem condita

    Proferre toto in orbe, si sit otium,
    Multo ante clara, quam capellam Gnossiam
    Suxisse fertur Juppiter, Martis pater,
620 Sed illa non sunt, hæc et olim non erunt.
    Crux ista Christi, quam novellam dicitis,
    Nascente mundo factus ut primum est homo,
    Expressa signis, expedita est litteris :
    Adventus ejus mille per miracula
625 **1120** Prænuntiatus ore vatum consono.
    Reges, prophetæ, judices, et principes,
    Virtute, bellis, cultibus, sacris, stylo
    Non destiterunt pingere figuram crucis

GLOSSÆ VETERES.

606: Congressa, *pugnavit. Congredior tibi, id est pugno contra te,* I.
608. Sophistæ, *sapientes*, I.
614. Fastis, *libris, vel consulibus*, I.
617. Otium, *tempus*, I.

618. Capellam, *Amaltheam capram, quæ fertur nutrisse Jovem.* — Gnossiam, *Creticam*, I.
620. Olim, *in futuro, futuro tempore; quæ colitis*, I.
623. Expedita, *prodita*, I.
625. Consono, *convenienti*, I

COMMENTARIUS

606. Ald. corrupte, *membra gestant ideo*.
607. In Rat. fuit *tentant* non bene. Vat. B, *cessat*; supra, *cessit*, probe. Murmellius edidit *cessat*, quod exstat etiam in Lotteri editióne. Nebrissensis suspicatur *immortalitas* pro *immortalibus*, ut sit sensus, quod immortalitas cessit morti, quia dicimus ex communicatione idiomatum, quod Deus passus est. Heinsius scribit hic et alibi *temptat* pro *tentat*. Teolius expressit etiam *temptat*, sed putavit esse frequentativum a *temno*, atque ita exponit : *Dum mors Christum carne nostra induium contemnit, divinæ postmodum cedere debuit virtuti*. Manet in edd. plerisque esse *tentat* sensu non admodum diverso. Verum sive *temptat*, sive *tentat* scribatur, non est verbum frequentativum a *temno*. Sententia satis percipitur : Dum mors membra Christi mortalia qualia sunt nostra, tentat, aggreditur, seu perimit, cessit Deo resurgenti, sive membris immortalitate in resurrectione donatis.
609. Ald., Fabr., Lotterus, Torn., *eligit* : melius *elegit*. Ex Epist. I ad Corinth. cap. I, quem locum simili modo Paulinus in carmine ad Cytherium versibus complexus est.
611. Peveratus censet Prudentium innuere veram bellum Romuli nutricem fuisse. Mihi non satis id liquet. Nam Prudentius feminas prostitutas, vocavit etiam *lupas* lib. I in Symm. vers. 107. Vide comment. in eum locum.
612. Ald. ita distinguit *Lupam renarras primum, et omen vulturum*. De hoc omine vide comment. ad vers. 596 lib. II contra Symmach.
613. Hailsbr., Pal., *respues*. In Rat. fuit *tamen*, recte emendatum *tam*.
614. Diminutivum *ætatis* in Vita Urbani III, apud Muratorium tom. III, pag. 476, est *ætatuncula*. Apud Ciceronem, Suetonium et Plautum *ætatula*. Asclepiades dixerat vers. 407, *Post evolutos mille demum consules*. Scilicet ab Urbe condita mille quinquaginta anni circiter numerantur ad initium sæculi IV, quo passus est Romanus. Fabricius male numerat annos mille et ducentos circiter. Neque id congruit verbis Asclepiadis et Romani. Etsi enim ante consules Romæ reges annos circiter 244 regnaverint, tamen ab eo tempore ad annum Christi 503 non fuerunt mill : consulatus, sed ab Asclepiade et Romano mille consules, et mille fasti dicuntur, ut totidem anni intelligantur.
615. Ald. male, *condiore ab augure*.
616. Egm., Widm. a secunda manu, Mar. a prima manu, Vat. B, *cognita* : melius *condita*. Prag., *prius*, errore metri, pro *pridem* : imitatio est Plauti in Aulul. II, 4, 41, *Sexcenta sunt quæ memorem, si sit otium*.
618. Minucius, *Et quæ Jovis sacra sunt? Nutrix capella est*, etc. Vide quæ Eſmenhorstius et Ouzelius in hunc locum commentantur. Obvii præterea sunt mythologici libri.
620. Parrhasius non sine venustate, *Sed illa nunc sunt? Hæc et olim non erant*. Negat quippe interrogatio. Sed *erunt* rectius, quam *erant*. In emendatis ait Parrhasius quosdam legere, *Nunc ista sed: sunt : hæc et olim non erant*.
622. Prag., *primus* : corrige *primum*.
623. Crux expressa fuit in ligno vitæ, et multis aliis figuris in Veteri Testamento expositis, quas enumerat Gretzerus lib. I de Cruce, cap. 42 et seq. Per sibyllas etiam prænuntiata fuit. Cellarius ita distinguit, ut signa crucis intelligat Prudentius sacrificia veteris legis, vel potius signa naturalia, de quibus Minucius, *Signum sane crucis naturaliter visimus in navi*, etc. Litteras vero quibus crux expedita dicitur, idem Cellarius exponit vaticinia sacræ Scripturæ. De signis naturalibus crucis videri potest Tertullianus in Apologet., et Heraldus in notis, præter Justinum et alios.
625. Vat. B, Mar., Alex., *prænuntiatur ore*.
626. Fabr., *judices et principes* cum plerisque. Ald. cum aliis, *judicesque, et principes*.
628. Ald., Weitz., Widm., Hailsbr., Egm., Heinsius cum suis, *Non destiterunt pingere formam crucis;* favent huic lectioni plerique nostri. Fabr., Gis. secunda ed., *Non destiterunt pingere hanc formam crucis*, quod propius accedit ad rationem carminis. Ita etiam legebat Latinius, quamvis in vet. cod. invenerit *Non destiterunt crucis umbram pingere*. Gis. prima ed. non male, *Formam crucis non destiterunt pingere*. Urb., Boug., *Non destiterunt formam pingere crucis*, quæ lectio, cum aperte sit mendosa et metro repugnans, fortasse errore typographico in edit one Parmensi admissa est. Teolius enim nullam lectionum diversitatem indicat. Equidem suspicor Giselinum et Fabricium non tam fidem codicum secutos, quam metro consulere voluisse: Non autem video qui defendi possit lectio fere omnium codicum, et Heinsii : neque enim in quarta sede pyrrichius locum habet, imo neque in toto senario. Itaque amplector *pingere figuram crucis*, quod invenio in veteri editione Lotteri : nam tribrachyn quarta regione non semel posuit Prudentius. *Figura mystica* crucis et nominis Jesu vocantur 318 vernaculi Abrahami in præf. Psych. ; qua de re plura eo loco.

Crux praenotata, crux adumbrata est prius, A
63) Crucem vetusta combiberunt saecula.
Tandem retectis vocibus propheticis,
Aetate nostra comprobata antiquitas
Coram refulsit ore conspicabili,
Ne fluctuaret veritas dubia fide,
635 Si non pateret teste visu cominus.
Hinc nos et ipsum non perire credimus
1121 Corpus, sepulcro quod vorandum
[traditur :
Quia Christus in se mortuum corpus cruc'
Secum excitatum vexit ad solium Patris',
640 Viamque cunctis ad resurgendum dedit.
Crux illa nostra est, nos patibulum ascendi-
[mus :
Nobis peremptus Christus, et nobis Deus B
Christus reversus, ipse qui moriens homo
[est ;
Natura duplex : moritur, et mortem domat,
645 Reditque in illud, quod perire nesciat.
Dixisse pauca sit satis de mysticis

Nostrae salutis, deque processu spei.
Jam jam silebo : margarita spargere
Christi vetamur inter immundos sues,
650 Lutulenta sanctum ne terant animalia.
Sed, quia profunda non licet luctarier
1122 Ratione tecum, consulamus proxima :
Interrogetur ipsa naturalium
Simplex sine arte sensuum sententia :
655 Fuci imperitus fac ut adsit arbiter.
Da septuennem circiter puerum, aut minus,
Qui sit favoris liber, et non oderit
Quemquam, nec ullum mentis in vitium ca-
| dat :
Periclitemur quid recens infantia
660 Dicat sequendum, quid novus sapiat vigor.
Hanc ille sancti martyris vocem libens
Amplexus, unum de caterva infantium
Parvum, nec olim lacte depulsum, capi,
Captumque adesse praecipit. Quidvis roga,
665 Inquit, sequamur, quod probarit pusio.
Romanus ardens experiri innoxiam

GLOSSAE VETERES.

629. Praenotata, *praescripta*. — Adumbrata, *figurata*, I.
630. Combiberunt, *graviter senserunt, perceperunt*, I.
633. Coram, *manifeste*. — Conspicabili, *veneranti, vel lucido*, I.
634. Fluctuaret, *titubaret*, I.
635. Cominus, *praesentialiter, vel prope*, I.
636. Nos, *nostra caro*, I.

647. Processu, *incremento*, I.
651. Luctarier, *pro luctari*, I.
655. Fuci, *mendacii, vel fraudis : nigredine peccati, vel mendacii ; omnes enim qui in judicio labuntur, aut labentur odio, aut timore, aut amore*, I.
657. Favoris, *tumoris, vel adulationis : jactantiae*, I.
659. Periclitemur, *probemus : vericliari est probare*, I.
C 663. Nec olim, *nuper*, I.

COMMENTARIUS.

630. Peveratus venustam hanc esse expressionem dicit : nam ardenti quadam siti et cupiditate ferebantur in crucem, ut qui vehementi siti aestuant, avide feruntur in aquam.
633. Vigilius Tapsensis, lib. VI, de Trinitate, utitur hac voce *conspicabilis*. Quod multifarie a patribus in conspicabili materia visum fuit. Eadem vox legitur in oratione pro martyribus inter opera Cypriano ascripta.
634. Thuan., *nec fluctuaret*.
636. Vide epist. I ad Corinth. XIV, 15 et seqq. *Si autem resurrectio mortuorum non est, neque Christus resurrexit*, etc. Confer finem Apoth., *Nosco meum in Christo corpus consurgere*, etc.
641. Sic aiebat Apostolus ad Gal. II, 19, *Christo confixus sum cruci*. Lipsius, lib. II de Cruce, cap. 6, ex Plauto, Nonno, Nazianzeno confirmat hanc phrasin *excurrere, ascendere, salire in crucem*, scilicet erectam. Quarta sede hujus versus recipitur tribrachys.
644. Bong. a prima manu, Sich., *natura simplex*. Rat. perperam, *in natura duplex*. Heinsius ita distinguit, *Et nobis Deus Christus reversus, ipse qui moriens homo est : Natura duplex moritur, et mortem domat*. Et hanc distinctionem Ambrosiano codici deberi profitetur. Sed non male distingues cum Parrhasio *Natura duplex : moritur, et mortem domat :* ut intelligatur in Christo esse duas naturas, quarum una moritur, altera mortem domat. Alioquin ex communicatione idiomatum Deus etiam mortuus dicitur.
648. Giselinus conjecerat *margarita spargere*, quia in Psychomachia dicitur *margaritum ingens*. Revera in Hailsbr. exstat *margarita spargere*, et Burmannus, Antholog. tom. I, pag. 413, testatur, in Egm. pro *margarita spargere* esse *margaritas*, sed a secunda manu. Heinsius edidit *margarita*, cui consonant recentiores. In Psychomachia vers. 873 producitur *a* secundum in *margaritum* necessitate metri ; hic corripitur, quamvis in antiquioribus fortasse desint exempla. Praeceptum hoc exstat Matth. VII, 6.
650. In Parrhasio turbatur metrum e trajectione verborum *animalia ne terant*. Nec melius correxit in emendatis *Animalia sanctum lutulenta ne terant*.
651. Ad marginem Vat. A notatur *Passio S. Bararae pueri* ; ad marg. Vat. I, *Passio S. Barari pueri*. Mombritius in Actis S. Romani puerum vocat *Barulam* ; ita etiam Iso ad vers. 671. Eucherius, sive Eusebius Emissenus, aut, ut alii volunt, Gallicanus in homilia de S. Romano martyrium pueri narrat, sed nomen non profert. Supprimitur etiam nomen in secunda homilia S. Chrysostomi, sive Flaviani. In orationibus officii Mozarabici hic puer vocatur *parvus Theodulus*. Fortasse cum ignoraretur nomen, Theoduli nomen Graecum, quod servus Dei esset, impositum illi est. Nam in officio Mozarabico S. Romani
D ex solo Prudentii hymno historia videtur desumpta. In Egm. et Hailsbr., *luctuarier*, mendum. Cicero, de Oratore, *Non luctabor tecum* ; ac simili modo alibi.
652. Supra vers. 175, *Ratione mecum, non furore, dimica*.
654. Fabr., Gis., *sensuum scientia*.
655. Plures censent *fac* semper corripi : Prudentius producit.
656. Vat. A, Prag., Torn., Ruinartius, *septennem*. Corrige *septuennem* ratione metri.
663. Horatius, lib. IV, ode 4, *Jam lacte depulsum leonem*.
664. Hailsbr., Alex., Urb., Vat. B, *praecepit*, quod vitiosum in metro est. Vat. B, *quodvis roga*. Prag., *quidvis rogo*.
665. Vat. B, *in quo* recentiori manu, et fortasse fuit *inque* a prima manu, ut putat Marietius, id est, *dic*. Mar. a prisca manu, *in quo*. Lege *inquit*. Apud Ciceronem Socrates pusionem etiam interrogat in Tuscul

Lactent's oris indolem, Filiole, ait, A
1123 Dic, quid videtur esse verum et con-
 |gruens,
Unumne Christum colere, et in Christo Pa-
 |trem,
670 An comprecari mille formarum deos?
Arrisit infans, nec moratus rettulit;
Est quidquid illud, quod ferunt homines Deum,
Unum esse oportet, et quod uni est unicum.
Cum Christus hoc sit, Christus est verus Deus.
675 Genera deorum multa nec pueri putant.
Stupuit tyrannus, sub pudore fluctuans,
Nec vim decebat innocenti ætatulæ
Inferre leges, nec loquenti talia
Furor sinebat efferatus parcere.
680 Quis auctor, inquit, vocis est hujus tibi? B

1124 Respondit ille : Mater, et matri Deus.
Illa ex parente Spiritu docta imbibit,
Quo me inter ipsa pasceret cunabu'a :
Ego, ut gemellis uberum de fontibus
685 Lac parvus hausi, Christum et hausi credere.
Ergo ipsa mater adsit, exclamat, cedo,
Asclepiades, disciplinæ et exitum
Tristem suæ magistra spectet impia,
Male eruditi torqueatur funere
690 Infantis orbá, quemque corrupit, fleat.
Absit, ministros vilis ut muliercula
Nostros fatiget; quantulos autem dolor
1125 Vexabit artus, mortis auxilio brevis!
Oculi parentis punientur acrius,
695 Quam si cruentæ membra carpant ungulæ
Vix hæc profatus, pusionem præcipit

GLOSSÆ VETERES.

671. Arrisit, *consentit*. — Infans, *Barulas*. — Rettulit, *respondit*, I.
676. Sub pudore, *sub verecundia; dubitans quid faceret*, I
685. Hausi, *potavi*, I.

686. Cedo, *consentio; impero*, I.
690. Orba, *vidua*. — Corrupit, *sua doctrina*, I.
692. Quantus, *quam parvus*, Mar.
693. Mortis, *quia cito moritur infans*, I
694. Acrius, *videndo dolorem filii*, I.

COMMENTARIUS.

667. Ald., Mar., Vat. Q, Alex., lactantis. Giselinus edidit *lactantis*, sed in emendatis correxit *lactentis*, quod non videtur observasse Heinsius.
668. Prag., *verum, et congruum*.
670. Minucius : *Quid formæ ipsæ et habitus ? nonne arguunt ludibria, et dedecora deorum vestrorum? Vulcanus claudus deus et debilis ; Apollo tot ætatibus lævis; Esculapius bene barbatus, etsi semper adolescentis Apollinis filius ; Neptunus glaucis oculis*, etc. Fabricius ex Prospero id addit : *Ille per innumeros vultus, et mille* C *per aras, Barbatos, lævesque deos, juvenesque, senesque, Ut quondam fecere, colunt.*
673. Ald., Tornæs., omittunt *et*, quod metro necessarium est. Cauchius conjiciebat *quod cuique est unicum*, forte sine *et*, hoc pacto, *Unum esse oportet, quod cuique est unicum*. Sententia est eadem quæ exprimitur Hamartig. vers. 39, *Cui filius unicus uni est*. Itaque etsi vulgo distinguunt *et quod uni, est unicum*, tamen puto ita debere distingui *et quod uni est unicum*, quasi dicat Deum esse unum, qui est Pater, et Filius, qui uni est unicus : et ita clare legit Lotterus. Parrhasius edidit *Unum esse oportet : quod uni est unicum*. Emendavit *Unum esse oportet, quod unius est unicum*. Neutrum lex metri patitur. Latinius in vet. cod. invenit *Unum esse oportet undequaque quod unicum est.* Sed *undequaque* pro *undecunque* parum Latinum est.
674. Scilicet Christus est id, quod est uni unicum.
675. Parrhasius *milia*, emenda *multa*. Proverbium D est *nec pueri putant*. Juvenalis sat. 2, *Nec pucri credunt, nisi qui nondum ære lavantur*. Prudentius argutius e persona pueri.
677. Pharrhasius, *docebant*, scilicet leges. Puerorum ætatem *innoxiam* dixit Tacitus lib. iii Hist., Minucius *annos innocentes* ; Lactantius, lib. i, cap. 24, *innocentes animas* ; Tertullianus, ad versus Marcionem lib. iv, cap. 23, *innocentem ætatem*. Ita alii et olim locuti sunt, et nostris temporibus loquuntur.
678. Rat., Torn., Prag., Weitz., *legis*. Lotterus Gis., *lege*. Gis. in marg., *leges*.
680. Vat. B., *Quis, inquit, auctor*.
682. Pal., Hailsbr., *spiritus*, male.
683. Parrh., *quom* pro *quo*. Retine *quo*.
684. Ubera, *quæ aliquando sororiantia dicuntur*, concinne vocat *gemellos fontes*.
685. Haurire cum lacte proverbiale esse, notat

Fabricius. Cicero 3. Tusculán. : *Ut pene cum lacte nutricis errorem suxisse videamur*. Barthius, lib. xxxi Adv. cap. 21, advertit *Christum credere* pro *credere in Christum* non barbare a Prudentio dici.
686 Prag. semper scribit *assit*.
687. Egm. alia manu, *ut exitum*.
688. *In magistra* brevis manet postrema, quamvis sp sequatur. Vide Proleg. num. 213, in nota.
689. Matres æque, vel magis torqueri in liberis quam in seipsis, docent jureconsulti, aliique consentiunt. Vide P. Fabrum 3 semestr. cap. 8.
690. Ald., *corrumpit* : rectius, *corrupit*.
691. Nebrissensis legit *adsit*, et hanc esse veram lectionem, non *absit*, asseverat. Longissime ab eo d'ssentio : et codicum lectio est *absit*.
692. Ald., Prag., Torn., Parrhasius, Egm., Hailsbr., Bong., Widm., Alex., Vat. Q, *quantulus autem dolor*. Mar., *quantum autem dolor*. Fabr., *quantulus est autem dolor? Vexabit artus, mortis auxilio brevis*. Gis. cum suo ms., *tantulos at si dolor Vexavit artus*, Murmellius, Lotterus *tantulos autem dolor*. Codex Latinii, *Nostros fatiget tantulos, at si dolor Vexabit*. Thuan., Rott., Urb., *quantulos autem dolor Vexabit artus*, quod Heinsius secutus est. Teolius cum Weitzio, et Ruinartio et plerisque Vatt. codd., *quantulus autem dolor*. Heinsius notarat id esse contra metrum. Respondere posset Teolius non magis contra metrum esse quam *Non destiterunt pingere formam crucis* vers. 628, prout Heinsius expressit. Mihi placet Hensii lectio, quia et metro congruit, neque a sententia abludit, imo magis cum ea cohæret : non enim dolor erat parvus, sed artus erant parvi, ideoque brevi morte erant afficiendi. Fabricius in commentario peculiari videtur edidisse *tantulos at si dolor*, nam vocem *tantulos* exponit *tam teneros, et adhuc lactentes*. Fortasse melius intelligetur, sermonem esse de matris artubus, ut ex versibus sequentibus arguitur.
693. Ald. et nonnulli vulg., *vexabat*. Cauchius reponebat *vexarit*. Fabr. suspicatur *mortis aspectu*. Nihil muto.
594. Alex. a prima manu, Egm., *parentes*. Widm. a prima manu, Mar., *parentum*. Prag. *puniantur*. Rectius *parentis punien'ur*.
696. Torn., *profanus*, mendose. Prag., *profatur*; minus bene. Alex. a prima manu, *præcepit*, male.

Sublime tollant, et manu pulsent nates,
Mox et remota veste virgis verberent,
Tenerumque duris ictibus tergum secent,
700 Plus unde lactis quam cruoris defluat.
Quæ cautes illud perpeti spectaculum,
Quis ferre possit æris, aut ferri rigor?
Impacta quoties corpus attigerat salix,
1126 Tenui rubebant sanguine uda vimina,
705 Quem plaga flerat roscidis livoribus.
Ferunt minaces verberantium genas
Illacrymasse, sponte demanantibus
Guttis per ora barbarum frementia,
Scribas et ipsos, et coronam plebium,
710 Proceresque siccis non stetisse visibus.

A At sola mater hisce lamentis caret,
Soli sereno frons renidet gaudio :
Stat in piorum corde pietas fortior,
Amore Christi, contumax doloribus,
715 Firmatque sensum mollis indulgentiæ.
Sitire sese parvus exclamaverat :
1127 Animæ æstuantis ardor in cruciatibus
Hoc exigebat, lymphæ ut haustum posceret :
Quem torva mater eminus tristi intuens
720 Vultu, et severis vocibus sic increpat :
Puto, imbecillo, nate, turbaris metu,
Et te doloris horror afflictum domat:
Non hanc meorum viscerum stirpem fore
Deo spopondi, non in hanc spem gloriæ

GLOSSÆ VETERES

703. Impacta, *immissa*. Impingo, *id est mitto; inde impacta*, I.
707. Illacrymasse, *valde lacrymasse*. — Demanantibus, *effluentibus*, I.
709. Scribas, *exceptores, qui dicta judicis et re-*

B sponsa martyris excipiebant. — Coronam, *multitudinem*, I.
711. Hisce, pro *his*, I.
712. Soli, *illi*. — Renidet, *resplendet*, I.

COMMENTARIUS.

697. *Sublime* pro *in sublime*. Lucretius, Virgilius, Nemesianus et alii. Pueri solebant virgis cædi. Beda et Ado de hoc puero aiunt xix cal. Decembris : *Cumque puer unum Deum solum credendum dixisset, indignatus Asclepiades, catomo suspendi eum, ac verberari jussit.* Sæpe in martyrologiis et Actis martyrum occurrit *catomo*, sive *cathomo suspendi, catomis cædi, in catomo levari*, ex quo verbum *catomidiare* apud Spartianum in Adriano. Quid autem hæ phrases significent, diversæ sunt auctorum sententiæ. Alii aiunt *catomum* fuisse flagrum quo martyres cædebantur ; alii *catomo cædi* esse virgis aut plumbatis in vertice, aut in humeris cædi. Plerique probabilius affirmant, alicujus humeris suspendi, et verberari more puerorum hoc ipsum esse *catomo cædi* aut *suspendi*, ex Græcis κατὰ et ὦμος *humerus*. Plura de his Gallonius, Sagittarius, et Ducangius in Dict. Vide tabulam ix Cruciat.
699. Weitz., Egm., Vat. A a prima manu, *ductis ictibus*.
700. Vat. B, Prag., Rat., Mar. a prima manu, Widm., *plus inde*. Juvenalis Sat. 11, de hædo, *Qui plus lactis habet quam sanguinis*. In Ditlochæo de innocentibus martyribus, *Fundunt lacteolo parvorum sanguine cunæ*.
701. Rat., Prag., Vatt. B a secunda manu, Q., Alex., Weitz., Widm., Egm., Hailsbr., Parrhasius, *caulis*. Ald., Gis., Urb., et alii, *cautes*.
702. Vat. A, *qui ferre possit*. Vat. B, Mar., Alex., *posset*.
703. Weitzius cum Egm. scribit *salex*. Alii *salix*. De virgis quibus rei cædi solebant, vide comm., ad vers. 44 hymn. 1 Perist., Gallonium de Cruciat. SS. mart. cap. 4, et tabulam x et xi.
705. Egm., Hailsbr., Pal., *plaga fecerat*; Prag., *fecerat e roscidis*. Bong., Wid., Rat., *feret*. Fabr., Murmellius. Lotterus, *ferret*. Mar., Torn., Vat. B, *ferat*. Parrhasius, *flebat* : quæ vera est lectio, aut propius accedit ad veram lectionem *flerat*, quam exhibent Ald., Gis., Alex., et tuetur Gifanius in FLERE pro *stillare, rorare*. Lucretius lib. 1, *In saxis ac speluncis permanat aquarum Liquidus humor, et uberibus flent omnia guttis*. Vide hymn. 5 Cath. vers. 24. Giselinus ait hanc esse lepidissimam translationem : summa enim cute perstricta stillatim cruor, non confertim effunditur.
707. Mar., *denatantibus*; supra pro div. script., *demanantibus*. Rat., *denatantibus*. Nonnulli dividunt *de manantibus*.

711. Valsecchius, pro religione Christiana contra Freretum part. 2, cap. 8, his versibus utitur, in carmen Italicum conversis.
712. Ald., Prag., Widm., *frons renitet*, quod metro repugnat.
713. Ald., Egm., Fabr., Hailsbr., Widm., Bong., et alii, *stat impiorum*, quod in editione Lotteri nota ms. explicatur, scilicet *tortorum*. Sed non dubium est quin separanda sint verba *stat in piorum :* sermo enim est de matre, in cujus corde pietas stabat fortior. Fabricius hoc ipsum tenuit in commentario peculiari. In secunda ed., Giselinus errore typogra-
C phico scriptum est *impiorum* quem in emendatis Giselinus correxit. Id non animadvertit Heinsius, adeoque edidit *impiorum*, quod incaute recentiores secuti sunt Cell., Teol., Cham. Sed Chamillardus, cum in textu appareat *impiorum*, in nota legit *in piorum*, et Cypriani verba adducit quæ hanc ipsam lectionem videntur confirmare.
716. Nebrissensis id explicat, quia tristitia et dolor exsiccant ossa : quo affectu nec Salvator noster caruit, dicens in cruce Joan. cap. xix, *Sitio*. Quanquam illud *sitio* aliud significabat. Fabricius ait, æstuante sanguine, et corde laborante, hominem quærere refrigerium.
719. Ambr., Ox., Noms., Bong., Egm., Hailsbr., Widm. supra, Alex. a prima manu, Mar. a secunda manu, Parrhasius, Vat. Q, Urb., Boh. r. vetustus, *triste intuens*, Rott., tres Torr., *tristem tuens*. Cauchii codex *tristem intuens*. Ald., Weitz., Cauchius, Prag., Lotterus, et nonnulli alii cum Gis., *tristi*. Teo-
D lius hoc ipsum edidit, sed non vere ait, omnes ita habere, excepto uno cod. Vat., ubi a manu posteriori est *triste*, nisi si forte intelligit omnes editiones. Heinsius in textu *tristi*, sed in notis, sive potius in addendis, et in erratis, aut mutandis in contextu præfert *triste*, et distinguit *triste intuens*, *Vultu et severis*. In hoc brevi indiculo erratorum Heinsius mutavit in lib. II contra Symm. vers. 148 et 149, *prematur*. *Luctandum* in *prematur*, *Nitendum*, et vers. 151 distinxit *Conditionis amet ; nimium ne congerat aurum*. Quod tunc ego non adverti.
720. Ald. omittit *et* post *vultu*.
721. Rat., *imbecilli*, non male.
722. Vat. A, *Et te doloribus horror afflictum domat*. Ad marg., *et te doloris*.
723. Vat. A omittit *hanc*, quod supra appictum exstat.
724. In Vat. A desideratur vox *spem*.

PERISTEPHANON HYMN. X.

725　Te procreavi, cedere ut letho scias
　　Aquam bibendam postulas, cum sit tibi
　　Fons ille vivus præsto, qui semper fluit,
　　Et cuncta solus irrigat viventia,
　　Intus, forisque, spiritum, et corpus simul,
730　Æternitatem largiens potantibus.
　　Venies ad illud mox fluentum, si modo
　　Animo ac medullis solus ardor æstuet
　　1128 Videre Christum : quod semel potum
　　　　　　　　　　　　　　　　　　　　　[affatim
　　Sic sedat omnem pectoris flagrantiam,
735　Vita ut beata jam sitire nesciat.
　　Hic hic bibendus, nate, nunc tibi est calix,
　　Mille in Bethlehem quem biberunt parvuli :
　　Oblita lactis, et papillarum immemor
　　Ætas amaris, mox deinde dulcibus
740　Refecta poclis, mella sumpsit sanguinis,
　　Exemplum ad istud nitere, o fortis puer,
　　Generosa proles, matris et potentia,
　　Omnes capaces esse virtutum Pater

A　　Mandavit annos ; neminem excepit diem,
745　Ipsis triumphos annuens vagitibus.
　　Scis, sæpe dixi, cum docenti alluderes,
　　Et garrulorum signa verborum dares,
　　Isac fuisse parvulum patri unicum :
　　1129 Qui, cum immolandus, aram, et en-
　　　　　　　　　　　　　　　　　　　[sem cerneret,
750　Ultro sacranti colla præbuerit seni.
　　Narravi et illud nobile ac memorabile
　　Certamen, una matre quod septem editi
　　Gessere pueri, sed tamen factis viri,
　　Hortante eadem matre in ancipiti exitu
755　Pœnæ et coronæ, sanguini ut ne parcerent,
　　Videbat ipsos apparatus funerum
　　Præsens suorum, nec movebatur parens,
B　　Lætata quoties aut olivo stridula
　　Sartago frixum torruisset puberem,
760　Dira aut cremasset laminarum impressio.
　　Comam, cutemque verticis revulserat
　　A fronte tortor, nuda testa ut tegmine

GLOSSÆ VETERES.

754. Sedat, *quiescat*, l.
740. Mella, *dulcedines*, I.
741. Nitere, *conare*, I.
745. Vagitibus, *adhuc vagientibus*, l.

752. Editi, *formati*, I.
759. Puberem, *puerum. Pubis æt puber, puberis fa cit · de puero*, I.

COMMENTARIUS.

726. In quibusdam Vulg., *bibendum*, non recte. Nebrissensis vult interrogative scribi *postulas?* Neque id mihi displicet. Ac revera interrogative edidit etiam Parrhasius.

727. Parrhasius *Fons ille vivus præsto qui cum perfluit*. Psalm. xxxv, *Apud te est fons vitæ.* Joan. iv, 14, *Sed aqua quam ego dabo ei, fiet in eo fons aquæ salientis in vitam æternam*.

731. Vat. A corrupte, *fluetem*, et supra, *fluentem*. Lege *fluentum*.

732. Vat. A, Hailsbr., *solis*. Parrhasius, *amor*. Corrige *solus ardor*. In Psalmis et in Apocalypsi fit mentio hujus fontis, quem sitit anima.

734. Vox Gellii est *flagrantia* pro ardore. Cicero etiam non dissimili significatione dixit *flagrantia oculorum*.

736. Matth. xx, 22, *Potestis bibere calicem quem ego bibiturus sum?*

737. Ald., Parrhasius, *Bethlem*. Non constat versus. Mariett., *Betheleem*. Eos qui de hac historia dubitant, Ansaldus rejecit edito libro tituli ambigui, *Herodiani infanticidii vindiciæ*.

739. Vat. A, *ætas prius amaris*, sed recte abrasum est *prius*, quod adhuc apparet. Mar., *amara;* melius *amaris*.

740. Rat., Weitz., *referta poclis*. Lotterus male *refecta poculis :* Gis. ad oram, *sanguine pro sanguinis*.

741. Virgilius, Æneid. xii, *Disce, puer*.

742. Virgilius, lib. i Æneid., *Nate, meæ vires, mea magna potentia solus*. Genes. xlix, 3, *Ruben primogenitus meus, tu fortitudo mea*.

744. *Neminem diem* pro *nullum* Teolius licentia poetica dictum putat. Certe vix exemplum simile reperies, et *nemo* est quasi *ne homo.* Cicero dixit *nemo hominum*, Virgilius *Nemo divum*.

746. Weitz., *dum*, pro *cum*. In nonnullis vulg., *sic sæpe dixi*. Servius illud Virgilii vii Æneid., *Nec plura alludens*, exponit : *Aut vacat* ad, *et ludentem significat; aut certe* alluden-, *ad responsi fidem verba componens.*

747. Ita vocat dimidiata verba pueri balbutientis, et acute : nam ut in scriptione signa non sunt litteræ, sed notæ quibus litteræ significantur, ita in locutione

C

D

pueri balbutientes non tam verba proferunt quam signa verborum.

748. Nonnulli scribunt *Isaac*.

750. Teolius cum interrogationis nota *seni?* nescio an consulto.

752. Prag., *una cum matre*. Vitiatur metrum. De his septem fratribus Machabæis vulgo nuncupatis vide comment. ad vers. 525 Passionis Vincentii.

756. Bong. a prima manu, *videbat :* supra, *videbat* Prag., *videbat et ipsos*. De tormentis quibus Machabæi fratres vexati sunt videri possunt Victorinus Afer et Jason Cyrenæus. His quæ sacra Scriptura narrat alia addunt, et Prudentius adjungit laminarum impressionem.

758. Lotterus, *autem :* corrige *aut.* Mar., *oliva:* supra *olivo*, recte.

760. Vat. A, Pal., Hailsbr. supra, Bong. supra, Gis. in textu ed. 2, Heinsius, Teol., *crepasset*, quod explicat Cellarius *crepitum edidisset*. Gallandius cum Ald., et vett. edd., *cremasset*, qui in Cham. *crepasset* mendum putavit. Cellarius tuetur *crepasset*, quia verba primæ formæ, quæ in *ui* præteritum habent, sæpe etiam antiquum casum resumunt, quod Vossius, iii de Analogia, cap. 20, exemplis *cubo, domo, frico, seco, veto* probavit. Cæterum *cremasset* exstat in Vat. B, Mar., Prag., Parrhasio, ac pluribus aliis, quod non displicet, et a Murmellio editum est.

761. Hoc supplicii genere Christianos etiam ethnici affecerunt, ac peculiari ratione permoti, quod non aliter crucis signum quo frons Christianorum in baptismo et confirmationis sacramento notabatur, eripere se posse existimabant. Julianus Apostata, cum fidem Christianam ejuravit, impuro et nefario sanguine signum crucis in fronte sibi inscriptum eluere conatus est, ut colligitur ex Gregorio Nazianzeno orat. 1 in Julianum.

762. Parrhasius, *A fronte tortor : quem nudatum tegmine.* Non patitur metrum. Ald. non bene interpungit *A fronte tortor nuda testa, ut tegmine*. Barthius, lib. xxxix, cap. 1, et lib. xliv, cap. 12, observat, eleganter *testam* sphæram cranii sonare. Dicitur enim a medicis et poet s *testa cavum, convexumque os quo

1130 Cervicem adusque dehonestaret caput.
Clamabat illa : Patere, gemmis vestiet
Apicem hunc corona regio ex diademate.
Linguam tyrannus amputari jusserat
Uni ex ephebis. Mater aiebat: Satis
Jam parta nobis gloria est: pars optima
Deo immolatur ecce nostri corporis :
Digna est fidelis lingua quæ sit hostia.
Interpres animi, enuntiatrix sensuum,
Cordis ministra, præco operti pectoris,
Prima offeratur in sacramentum necis,
Et sit redemptrix prima membrorum omnium,
Ducem dicatam mox sequentur cætera.
His Machabæos incitans stimulis parens,
Hostem subegit subjugatum septies.
1131 Quot feta natis, tot triumphis inclyta :
Me partus unus ut feracem gloriæ,

A 780 Mea vita, præstet, in tua est situm manu.
Per hujus alvi fida conceptacula,
Per hospitalem mense bis quino larem,
Si dulce nostri pectoris nectar tibi,
Si molle gremium, grata si crepundia,
785 Persiste, et horum munerum auctorem
[assere.
Quanam arte nobis vivere intus cœperis,
Nihilumque et illud, unde corpus, nescio :
Novit animator solus, et factor tui.
Impendere ipsi, cujus ortus munere es :
790 **1132** Bene in datorem, quod dedit, refu-
[deris.
Talia canente matre, jam lætus puer
Virgas strepentes, et dolorem vulnerum
B Ridebat. Hic tum cognitor pronuntiat :
Claudatur infans carcere, et tanti mali

GLOSSÆ VETERES.

765. Dehonestaret, *deturparet*, I.
765. Hunc, *decoratum*, I.
767. Satis, *multum*, I.
775. Dicata, *consecrata*, I.
777. Septies, *pro martyrio septem filiorum*, I.
779. Feracem, *fecundam et portatricem*, I.

785. Assere, *affirma*, I.
787. Nihilumque, *quia ex nihilo Deus corpus for-
mat*, I.
790. Refuderis, *pro refunde*, I.
793. Ridebat, *deridebat*. — Cognitor, *judex, qui res
cognoscendo dijudicat*, I.

COMMENTARIUS.

cerebrum continetur. Hinc Gallis Italisque *testa* pro capite. Sic *cara* Hispanis ex II lib. Corippi vers. 415, *Postquam venere verendam Cæsaris ante caram:* quod est Græcum vocabulum. Imo *testa* pro capite ignotum non est Hispanis.

763. *Dehonestare* usurparunt Tacitus, Suetonius, Trebellius Pollio in Gallieno. Prima longa remanet ob aspirationem.

764. Mar., Rat., Sich., *pater.* Prag., *pateret.* Corrigendum *patere.*

765. Alex., Vatt. A, B, Mar., Heinsiani, Gis., *apicem hunc.* Ald., Urb., Prag., Parrhasius, Weitzius, *apicem corona* sine *hunc.* Vat. Q, mendose, *aspice hunc corona,* Egm., *et* pro *ex.*

768. Parrhasius corrupte, *Jam paratum nobis gloriæ pars optima.* Mariettus glossam adjicit sive suam, sive alicujus codicis : *Pars optima boni viri, contra mali pessima,* Juvenalis, sat. 19, *Nam lingua mali pars pessima servi.*

771. *Enuntiatrix* dixerunt interpretes Theodori Gadarei apud Quintilianum lib. II, cap. 15.

772. Utitur vocabulo *præco,* tanquam si esset generis communis, masculini et feminini.

774. Ald., *primo:* cæteri, *prima.*

775. Mar., *dicata mox sequentur corpora.* in marg. : At. *cætera.* In Rat., *corpora,* supra aliena manu, *cætera.* Iso, *dicata.*

776. Heinsius in addendis ait in Egm. ac aliis nonnullis scribi *Maccabæos,* recte, quia Græcis sunt Μακκαβαῖοι, quæ tamen non est ratio efficax.

777. *Subjugare* meminit Asconii Pediani, de quo Cellarius in Cur. Poster. Utuntur eodem Arnobius, Claudianus, Lactantius et alii.

779. In Aldo claudicat versus *Me partus ut feracem gloriæ.* Vat. A, Egm., *unus et,* non ita bene.

781. Thuan. a prima manu, *contemtacula,* id est *contentucula.* Quo respicit Alex. a manu prima *contetacula.*

782. Pragens. contra legem metricam, *menses bis quinos.* In sacris litteris novem menses nominantur : sed decem menses inchoati dici possunt et decem, et novem. Sic Virgilius eclog. 4 : *Matri longa decem tulerunt fastidia menses.* A. Gellius, lib. III, cap. 16, medicorum et philosophorum opiniones exponit :

Gigni hominem septimo rarenter, nunquam octavo, sæpe nono, sæpius numero decimo mense : eumque esse hominem gignendi summum finem, decem menses non inceptos, sed exactos.

783. Ovidius de ovibus Met. 15, *Pleno quæ fertis in ubere nectar.*

784. Parrhasius, *data si crepundia,* quod metro adversatur. Virgilius lib. IV, *Si bene quid de te merui, fuit aut tibi quidquam Dulce meum :* quanquam in materno id amore dictum.

785. *Asserere* Deum pro testari, fateri, aut tueri, vindicare.

786. Digna hæc sunt quæ cum verbis ipsis sacræ Scripturæ conferantur, lib. II Mach., cap. VII, vers. 22 : *Dixit ad eos* (mater) : *Nescio qualiter in utero meo apparuistis; neque enim ego spiritum et animam donavi vobis, et vitam, et singulorum membra non ego ipsa compegi. Sed enim mundi creator, qui formavit hominis nativitatem, quique omnium invenit originem, et spiritum vobis iterum cum misericordia reddet et vitam, sicut nunc vosmetipsos despicitis propter leges ejus.*

787. Nebrissa ait non esse *nihilum,* unde est corpus. Heumannus in Poecil. t. II, pag. 364, lib. II, sine ulla dubitatione reponit *animusque, et illud :* quod Gallandio placebat. Verum proba est lectio codicum : sumit enim poeta *nihilum* pro exiguo, quod D hoc ipsum in rerum initio ex nihilo creatum est.

788. Vatt. B, Q, Mar., Prag. a prima manu, Widm., *amator,* male, pro *animator.*

789. Weitzius ex Fabricio citat *impende et ipsi.* At Fabricius in Poetis Christianis cum cæteris legit *impendere ipsi.* Fortasse in comment. peculiari scripsit *impende et ipsi.* Nebrissensis subaudit *decet.* Sed hoc loco *impendere* potius est imperativus modus vocis passivæ.

792. Parrhasius minus bene *virgas stupentes.* Weitz., Widm., Bong., Hailsbr. supra, Vat. A, Rat., Sich., Mar., Prag., Gis. ad oram, *vulnerum.* Ald., Parrh., Heinsiani, Alex., *verberum.* Nonnulli, *dolores.*

793. Rat., Mar., Wdm., Bong., *actum.* Vat. B, ac *tum,* quod conjecerat Weitzius in *actum.* Ita in Egm. Hailsbr., Pal., *ictum* factum ex *hic tum,* quæ verior est lectio, et exstat in plerisque. Prag., *actum,* postea divisum *ac tum.*

PERISTEPHANON HYMN. X.

795 Romanus auctor torqueatur acrius.
Illum recentes per cicatricum vias
Denuo exarabant, quaque acutum traxerant
Paulo ante ferrum, mox recrudescentibus
Plagis apertas persequebantur notas,
800 Quos jam superbus victor ignavos vocat.
O non virile robur, o molles manus!
Unam labantis dissipare tandiu
Vos non potesse fabricam corpusculi!
Vix jam cohæret; nec tamen penitus cadit
805 Vincens lacertos dexterarum inertium.
Citius cadaver dentibus carpunt canes,
Longeque morsus vulturum efficacior
1133 Ad devorandas carnis offas mortuæ.
Languetis imbelli fame, ac fatiscitis :
810 Gula est ferina, sed socors edacitas.
Exarsit istis turbida ira judicis,
Seque in supremam concitat sententiam.
Si te morarum pœnitet, finem citum
Subeas licebit, ignibus vorabere
815 Damnatus, et favilla jam tenuis fies.

Abiens at ille, cum foro abriperent virum
Truces ministri, pone respectans ait
Appello ab ista, perfide, ad Christum meum
Crudelitate, non metu mortis tremens,
820 Sed ut probetur esse nil quod judicas.
1134 Quid differo, inquit ille, utrosque perdere,
Puerum, ac magistrum, complices sectæ impiæ?
Gladius recidat vile vix hominis caput
Infantis : istum flamma vindex concremet.
825 Sit his sub uno fine dispar exitus.
Perventum ad ipsum cædis implendæ locum,
Natum gerebat mater amplexu et sinu,
Ut primitivum crederes fetum geri,
Deo offerendum sancti Abelis ferculo,
850 Lectum ex ovili, puriorem cæteris.
Puerum poposcit carnifex : mater dedit,
Nec immorata est fletibus : tantum osculum
Impressit unum. Vale, ait, dulcissime,
Et cum beatus regna Christi intraveris

GLOSSÆ VETERES.

800. Superbus_victor, *fortis Romanus*. — Ignavos, *vigros*, I.
805. Lacertos, *brachia*, I.
807. Efficacior, *valentior*, I.
808. Offas, *morsus*, I.
809. Fatiscitis, *lassatis*, I.
810. Socors, *socordia dicitur pigritia*. — Edacitas, *voluntas edendi*, I.
811. Istis, *verbis*, I.

812. Concitat, *commovet*, I.
815. Damnatus, *morte scilicet, ut eum morti traderet*, I.
817. Pone, *retro*, I.
818. Appello, *voco : homines in judicio positi, quibus violentia infertur, solent dicere, Appello sedem apostolicam, vel regem*, I.
821. Differo, *moror*, I

COMMENTARIUS.

799. Parrhasius, Vatt. A, B, *prosequebantur notas*.
802. Hailsbr., *labentis*. Rat., *labentem*, supra aliena manu, *labentis*. Legendum omnino *labantis*.
803. Parrhasius, *potuisse*; ita etiam Alex., et accedit Urb. *potisse*. Verum Parrhasius in emendatis monet *vos* pronomen redundare. Vatt. A, B a secunda manu, Q, Prag., Sich., Hailsbr., Palat., Bong., Gis. ad oram, *potestis*. Ald., Vat. B supra Weitz., Gis., Heins. et alii, *potesse* : quod probum est pro *posse* antique apud Lucretium, Lucilium, Arnobium.
807. Parrhasius, *morsus est vulturum*; redundat ad metro officiat *est*.
809. Vat. A, *in belli fame*. Prag., Rat., *imbecilli famæ*. Parrhasius, *atque*, nonnulli vulg., *at* pro *ac*. Legendum ut hic editum est, aut cum Widm., *Languetis imbelli fame fatiscitis*; aut cum Lottero, *et fatiscitis*.
810. Torn., *ferina, socors* : Latinius corrigebat *ferina, et socors*, non ita bene. Prima in *socors* alibi etiam a Prudentio corripitur.
814. Vat. B, Rat., Mar. a prima manu, *comburere*. Retine *vorabere*.
815. Rat., *ut* pro *et*, sed a recenti correctore videtur factum. Parrhasius corrupte, *et favillæ jam termes fies*. Pro *fies* legunt *eris* Vat. A, Egm., Pal. apud Weitzium et Becmanum, Hailsbr. supra, Widm. ad oram, Alt., Rott., Cauch., quod approbat Becmanus, quia extremo loco iambus poni debet. Sed cum Prudentius alibi priorem corripuerit in *fies*, hæc videtur vera lectio quæ in plerisque vetustioribus mss. reperitur. In nonnullis videtur esse *sies*, ut editum est a Lottero, quod non displicet pro *sis*. In Vat. Q, *et favilla jam fumans*, et desideratur postrema vox. In aliis etiam, in quibus est *eris*, est *fumans* pro *tenuis*.
816. Vat. B, Sich., *arriperent*.
817. Nebrissensis ait *pone* superfluere, quia respecto significat *retro asvicio*. Sed plura sunt hujus-

modi quæ per pleonasmum dicuntur, ut *quia nam, quia enim*.
818. In Vat. A abest *ad*, et abesse quidem potest : nam veteres dicebant, *Appello Cæsarem* sine præpositione : posteriores sæpius cum ea.
819. Vat. B, Mar., Widm., *metum*.
820. Vat. A, *nihil esse quod*, vitiose. In Vat. B deletum est *nil*, et charact. minuto additum *nihil*; similiter videtur factum in Mar. Utrumlibet stare potest.
822. Heraldus in Arnobium pag. 221, et Elmenhorstius ibid. pag. 12, de convicio agunt, quo gentiles *impios* vocabant Christianos. Arnobius lib. IV, *Quoniam nos impios, irreligiosos vocatis*. Tertullianus, Eusebius, Lactantius, Justinus martyr, aliique similia proferunt.
823. Minucius : *Ut quisquam illum rudem sanguinem novelli, et vix dum hominis cædat* : ubi etiam sermo est de infante.
824. Mar., *infamis*; bene ad oram, *infantis*
828. Conjeceram *gregis* pro *geri*, quod etiam ex *gregi* in Thuan. Heinsius putabat.
829. Vat. B a prima manu, Mar. in textu depravate, *sanctiali* pro *sancti Abelis*.
850. Vat. A, *et puriorem*. Vide cap. IV Gen. Etiam gentilium mos erat *grege de intacto*, ut ait Virgilius lib. VI, vers. 58, hostias offerre, ubi de juvencis loquitur.
831. Vat. A, *poscit* : metrum exigit *poposcit*.
832. Minucius : *Osculum labiis impressit*, al. *pressit*. Vide vers. 209 lib. I in Symmachum.
833. Rott., tres Torr., Cauchii excerpta, *udum* pro *unum*. Sic apud Martialem lib. VIII, epigr. 44, *Osculis udus*. Cellarius edidit *udum*, alii *unum*. Certe aliud est *osculis udus*, et aliud *osculum udum*. Fabr., *vale, vale, dulcissime, et affectuosam repetitionem* hanc vocat. Rejicit autem verbum *ait* ad vers. 835. Pru-

835	Memento matris, jam patrone ex filio,
	Dixit : deinde, dum ferit cerviculam
	1135 Percussor ense, docta mulier psallere,
	Hymnum canebat carminis Davidici :
	Pretiosa sancti mors sub aspectu Dei;
840	Tuus ille servus, proles ancillæ tuæ.
	Talia retexens explicabat pallium,
	Manusque tendebat sub ictu et sanguine,
	Venarum ut undam profluam manantium,
	Et palpitantis oris exciperet globum.
845	Excepit, et caro applicavit pectori.
	At parte campi ex alterà, immanem pyram
	Texebat ustor fumidus pinu arida,

A

	Sarmenta mixtim subdita, et feni struem
	1136 Spargens, liquato rore ferventis picis,
850	Quo flamma pastu cresceret ferocius.
	Et jam retortis brachiis furca eminus
	Romanus actus ingerebatur rogo.
	Scio, inquit ille, non futurum ut concremer,
	Nec passionis hoc genus datum est mihi :
855	Sed restat ingens, quod fiat, miraculum;
	Hæc ejus orsa sequitur immensus fragor
	1137 Nubis ruentis, nimbus undatim nigri,
	Præceps aquarum flumine ignes obruit.
	Aiunt olivo semicombustas faces,
860	Sed vincit imber jam madentem fomitem.

GLOSSÆ VETERES.

837. Psallere, *Deo laudes*, I.
841. Explicabat, *resolvebat*, I.
842. Sub ictu, *ictu et sanguine*, I.
844. Globum, *quasi spiritum volens recipere filii*, I.

B

850. Ferocius, *acrius*, I
852. Ingerebatur, *immittebatur*, I.
860. Fomitem, *nutrimentum quo ignis incendebatur*, I.

COMMENTARIUS

dentius imitatur phrasin et natum Virgilii eclog. 3, *Vale, vale, inquit, Iota.*
835. Fabr., *ait* pro *jam*. Raynaudus in lib. de Titulis cultus specialis sanctorum, tom. XVIII oper., puncto 9, multis probat communionem sanguinis, nationis, patriæ idoneum titulum esse specialis cultus quo sanctos venerari debeamus.
838. Ald. scribit *Davitici*. Psalmus est ordine cxv ubi v. 15, *Pretiosa in conspectu Domini mors sanctorum ejus.*
840. Vat. A, *tuus ergo servus*. Pal. mendose, *tuus ego servus* pro *ergo*, quod legitur etiam in Alex., et Vat. Q. Pro *proles* scribunt *prolis* Alex., Ambr., Thuan. cum aliis. Nihilominus Heinsius edidit *proles*, quamvis ultima debeat corripi. Sententia videtur deprompta ex psalmo cxxii, v. 2 et 3 : *Ecce sicut oculi servorum in manibus dominorum suorum. Sicut oculi ancillæ in manibus dominæ suæ.*
841. Vat. A pro div. script., *et plicabat.*
842. Gis. ad oram, Vat. A, Alex. in marg., *sub ictum vulneris.* Vat. Q mendose *subictam vulneris.* Egm. non melius, *tenebat sub ictum.* Pal., *sanguine* ; supra, *vulneris.* Latinius, partim ex conjectura, ut videtur, partim ex vet. cod., legit *Manusque subtendebat ictu vulneris.*
843. *Undam* pro copia et affluentia posuit, ut alibi *unda meri.*
844. Egm., Hailsbr. in textu, *orbis* pro *oris*. Nebriscensis interpretatur sanguinis undam conglobatam ; adnotator editionis Lotteri, et Teolius, *abscissum infantis caput*, quod magis placet : vide vers. seq. Weitzius glossam Isonis cum glossa versus 242 continuavit. Non dubito quin duæ sint glossæ, atque inter se separandæ. Itaque separavi. Prima est diversa lectio.
845. Parrhasius contra metrum, *excipit*. Weitzius apposite conjicit, more quodam peculiari matrem applicuisse pectori filii caput. Et fortasse Prudentius præ oculis habuit illud Valerii Maximi libr. iv, cap. 7, in T. Volumnio, qui Marci Lucutli, ab Antonio interempti, *caput*, quod abscissum jacebat, *sublevatum corpori suo applicavit.* Post hunc versum in margine Vat. A et I erat ascriptum *Explicit*, scilicet martyrium infantis.
846. De ratione qua hujusmodi pyræ celeriter exstruerentur, vide comment. ad vers. 67 Peristeph. 6, et tabulam xvii.
847. Hailsbr., *fimida* ; puto *fumida* pro *fumidus.*
848. Urb., corrupto metro, *et struem feni*. A sarmentis quibus accensis vivi comburebantur, Christianos dictos fuisse *sarmentitios* notare potes in verbis Tertulliani ad vers. 105 Perist. 6.
849. Ald., *liquata* ; alii, *liquato*. Parrhasius, *liquato rore* : frumenti spicas.

850. Egm. mendose, *quos* et *ferocibus* pro *quo* et *ferocius.*
851. Ald., Nebr., Torn., *etiam* pro *et jam*, quod præstat. In Mar. ex *minis* videbatur factum *eminus.* Parrhasius, *furcæ nimis Romanus aptus*, quod exstat etiam in Mar., ubi legitur a prima manu *et nimis*, a secunda manu, *eminus.* Teolius *furcam* interpretatur fuscinulam. Verum Scaliger, in Manil., pag. 462, ad vers. *Accensisque rogis*, lib. v, docet *patibulatos*, ut Plautus loquitur, hoc est brachiis districtis ad furcam per urbem circumlatos, ita tandem in rogum conjectos, aut retortis in tergum brachiis, furca collo inserta : quo respicit Prudentius. Et idcirco, ut opinor, ait *eminus*, quasi furca e collo eminuerit. Hac ratione in hymno S. Fructuosi conciliari potest quod martyres in rogum insiluerint, ut refert Prudentius, et stipites quibus illi erant alligati remanserint, ut narrant Acta. Romanus quidem, ut memorat Eusebius, vivus in ignem jam accensum conjectus est *portans in humeris crucem*, quod de furca potest exponi.
853. Thuan., *ut nunc cremer.*
854. Ald., Oxon., *dictum est mihi.* Vocabulum *passionis* theologis usitatum pro quovis supplicii genere, neque aliud esse in hac significatione expressius S. Augustini sententia, monuit Fabricius. Usus ea voce fuit Tertullianus, e. Cornelius Gallus, sive quis alius auctor elegiarum sub ejus nomine.
855. Vatt. A, Q, Parrhasius, Ambr., Thuan., duo Torrent., Alex., Egm., Pal., et alii, *et restat*, quod tenent recentiores, excepto Gallandio, q i cum Ald., Torn. edidit *sed*. Plerique edd. et scripti, *sed restat.* In Rat., *fiat ut*. sed a recenti correctore, ne si legatur *quod fiat*, prima in *fiat* corripiatur. Lotterus etiam, *fiat ut.* Eusebius lib. de Martyr. Palæst. ita rem narrat : *Cum ministri qui rogum accensuri erant imperatoris tum forte præsentis judicium exspectarent : Ubinam, inquit, mihi ignis? Quibus dictis accitus coram imperatore sistitur novo quodam supplicii genere plectendus, linguæ scilicet abscissione.* Tacet miraculum ignis qui non potuit accendi. Atqui ipse Eusebius idem miraculum fuse exponit in lib. de Resurr. Vide ergo quam parum fidendum argumento neganti.
856. Torn. mendose, *ossa sequitur.* Fragorem nimbi ruentis ita descriptum *cataractam* a nonnullis existimari, notat Fabricius. Sed *cataracta* proprie est in fluminibus locus præruptus, angustus, et præceps, ubi aqua magno impetu et fragore ruit. Fabricius fortasse loquitur de cataractis cœli, de quibus in Genesi.
858. Vat. A, *flumine ignes.* Alex. corrupte, *flaminæ ignes.* Parrhasius, *Præceps aquarum flumine : et ignis obruit.*

Trepidare teter carnifex rebus novis
Turbatus, et, qua posset, arte insistere,
Versare torres cum favillis humidis,
Prunas maniplis confovere stuppeis,
865 Et semen ignis inter undas quærere.
Quod cum tumenti nuntiatum judici
Movisset iram fellis implacabilis,
Quousque tandem summus hic nobis magus
Illudit, inquit, Thessalorum carmine,
870 **1133** Pœnam peritus vertere in ludibrium?
Fortasse cervix, si secandam jussero
Flecti sub ensem, non patebit vulneri :
Vel amputatum plaga collum dividens

A Rursus coibit, ac reglutinabitur,
875 Humerisque vertex eminebit additus.
Tentemus igitur ante partem quampiam
Truncare ferro corporis superstitis,
Ne morte simpla criminosus multiplex
Cadat, vel una perfidus cæde oppetat :
880 Quot membra gestat, tot modis pereat,
[volo.
Libet experiri, Lerna sicut traditur,
1159 Utrum renatis pullulascat artubus,
Ac se imminuti corporis damnis novum
Instauret : ipse præsto erit tunc Hercules,
885 Hydrina suetus ustuire vulnera.

GLOSSÆ VETERES

861. Trepidare, *trepidabat*, 1.
863. Versare, *versabat*, 1.
865. Semen, *scintillam*, 1.
869. Thessalorum. *Thessalia abundans est venenis et herbis quibus magicam faciunt magici ; et sibi multi sunt magici et incantatores, e quibus Erichtho fuit*, ut

B *refert Lucanus*, 1.
870. Peritus, *doctus*, 1.
874. Coibit, *coadunatur*, 1.
875. Vertex, *caput*, 1.
876. Quampiam, *aliquam*, 1.
879. Oppetat, *moriatur*, 1.

COMMENTARIUS

861. Vat. B, *trepidabat ether*, sed aliud fuerat prius. Rat., *trepidabat æther*, sed inductum *æther*, et factum supra *teter*. Prag., *trepidabat ater*. Mar., *trepidat æther*: supra tamen recentiori manu factum *trepidare teter*, quod unice verum est, scilicet *trepidare cœpit*, neto schemate.
862. Egm., Hailsbr., *possit*.
863. Mar., *humidis*; supra : Al. *aridis*.
865. Homericum est semen ignis, σπέρματα πυρός. Notat etiam Fabricius proverbiale esse *ignem in undis quærere* de re quæ frustra tentatur. In re nostra aptissime cadit proverbium.
866. Ambr., Thuan., Gauch., duo Torr., Rat., Vat. B, Parrhasius, Mar., *Quod cum tumenti nuntiatum judici Movisset iram*, quod amplexus est Heinsius, et cum eo recentiores; non tamen Gallandius, qui lectionem Aldi, Torn., et aliorum secutus, se ignorare ait unde Chamillardus aliud hauserit. Prag., *nuntiatum est judici, Movessat*, et glossa in margine, *movesso esse verbum desiderativum a moveo*, ut *capesso a capio*. Urb., Vatt. A, Q, Aldus, Lotterus et alii, *nuntiatum est judici Commovit iram*. Alex., *nuntiatum est judici, Movisset*, et ad marg., *commovit*.
868. Cum Christiani olim divino auxilio a tormentis interdum liberarentur, convicium illis objectum id est, ut magi appellarentur. Relege ad vers. 585 verba Suetonii de Christianis sub Nerone.
869. Vat. A, Hailsbr., Pal., Alex., duo vetustiores Heinsiani, Heinsius, *illudet*. Ald. cum plerisque, *illudit*. Gis. prima ed., *illudet*; secunda ed., *illudit*. Heinsius cum Ambr., *Thessalarum*, quia Thessalides ob artem magicam erant infames. Infames etiam erant Thessali, et plerique habent *Thessalorum*, etiam Parrhasius, qui cum Ambrosiano solet consentire. Cellarius inepte pro Thessalide saga adducit Horatii odam 27 lib. 1, *Quæ saga, quis te solvere Thessalis Magus venenis ...... poterit*. Nam hic venena ipsa vorantur Thessala. Alii sane Thessalides veneficas diserte et frequenter nominant : neque est cur Gallandius putet *Thessalarum* in Chamillardo typothetæ errorem fuisse. Erichtho, cujus meminit glossa, est saga Thessalis apud Lucanum lib. VI. Idem nomen sive huic ipsi, sive cuivis alteri sagæ tribuit Ovidius.
872. Vat. A, Pal., Hailsbr., *ense*; alii *ensem*. Alex. scribit *hensem*.
873. In Vat. B, *amputatu*; sed fuit *amputatum* a prima manu.
874. Barthius, lib. xiv Advers., cap. 4, ex hoc aliisque locis ostendit *vulnera coire* dici, cum summa

cute conglutinantur. Videtur indicare Barthius *coire semper dici de vulneribus quæ intus non sanantur*: quod non puto verum, nisi addatur *male coeunt vulnera*, aut aliquid simile.
876. Pagani, ut sæpe dictum, Christianos diutine torquebant, ut miserabiliter perirent, ac mori se sentirent.
877. Ald., *truncate*, minus recte.
878. Ethnici nolebant Christianos simpla, vel simplici morte perire. Vide notata in Laurentio ad vers. 536 et 337. Adjectivo *simplus* usus est Plautus. Fabricius ait *simplum* referri ad quantitatem, et esse numeri; *simplex* vero ad qualitatem, et esse habitus. Alii hoc discrimen non agnoscunt.
879. Ambr., *cadat velat una*, ex quo Heinsius conjectat *cada que et una*.
880. Chamillardus mendose, *quod membra*. Alii nescio qui apud Gallandium *quin* : lege *quot*.
881. Parrhasius vitiose, *Libet experiri, Lernæa sicut traditur Hydra, an renatis pullulet hic artubus*. Giselinus affirmat locum hunc ab aliis fuisse corruptum, et perperam explicatum. Aldus vero, et alii jam legerant, ut legit Giselinus. Neque difficilis est aut obscura explicatio. Ad Asclepiades se experiri velle ait, amputata parte aliqua Romani, aliæ renascantur, ut in Hydræ Lernææ capite accidebat. Quod si id fiat, addit, non deerit aliquis Hercules qui hanc hydram interficiat.
882. Ald., *pululescat* pro *pullulescat*, ut habent multi; sed plerique *pullulascat*, ut Rat., Mar., Urb., D Vatt. B, Q. Alex. a prima manu, Lotterus.
883. Ald., Mar., *imminutis* : lege *imminuti*. Nebrissensis corrigebat *imminutus*. Nihil est necesse.
884. Rat., *tunc erit*, quod edidit Gis. et Weitz. Melius *erit tunc*. Apud Anselmum Bandurium, tom. II, pag. 55, exprimitur numisma Maximiani Herculei, in cujus aversa parte Hercules repræsentatur clava Hydram oppugnans, cum epigraphe : HERCULI DEBELLATORI. Id viri docti existimant innuere, Maximianum sibi arrogasse, quod Christianorum nomen delevisset, ut constat ex veteri inscriptione, quam vide in Eulalia ad vers. 100.
885. Ald., Teol., Urb., Vat. Q, Weitz., et alii, *ustum ire*, admisso hiatu. Pal., Egm., Hailsbr., Sich., Alex., Ambr., Thuan., *ustuire*, ut *hymnire* et *iquire*, et Heinsius putat esse pro *ustumire*, ut *circuire* pro *circumire*. Duo Torrent., Alt., Fabr., Parrhasius, *ustulare*, quod Cauchio arrisit ex conjectura. Salma-

Jam nunc secandi doctus adsit artifex :
Qui cuncta norit viscerum confinia
Vel nexa nervis disparare vincula.
Date hunc, revulsis qui medetur ossibus,
890   **1140** Aut fracta nodis sarciens compaginat.
Linguam priorem detrahat radicitus,
Quæ corpore omni sola vivit nequior.
Illa et procaci pessima in nostros deos
Invecta motu, fas profanavit vetus,
895   Audax et ipsi non pepercit principi.
Aristo quidam medicus accitus venit,
Proferre linguam præcipit : profert statim
Martyr retectam, pandit ima et faucium.

A Ille et palatum tractat, et digito exitum
900   Vocis pererrans, vulneri explorat locum.
Linguam deinde longe ab ore protrahens,
1141 Scalpellum in usque guttur insertans
[agit.
Illo secante fila sensim singula,
Nunquam momordit martyr, aut os den-
[tibus
905   Compressit arctis, nec cruorem sorbuit.
Immotus et patente rictu constitit,
Dum sanguis extra defluit scaturiens:
Perfusa pulcher menta russo stemmate
Fert, et cruenti pectoris spectat decus,

GLOSSÆ VETERES

888. Disparare, *separare*, Vat. A.
889. Hunc, *talem*, Vat. A.
894. Fas, *legem*, Vat. A. — Prophanav't, *corrupit*, I.
896. Accitus, *aavocatus*, I
902. Scalpellum, *genus ferri quo medici utuntur.* — Insertans, *immittens: insertare est immittere cum ali-*

B *qua violentia*, I.
905. Sensim, *tractim*, I.
906. Rictu, *rictus apertio oris*, I.
907. Scaturiens, *ebulliens*, I.
908. Russo stemmate, *rubeo sanguine*, I.
909. Fert, *suffert*, I,

COMMENTARIUS.

-sius *usturire*, vel *ustulare*. Hailsbr. supra, *ustuare*. Lotterus, Latinius, Gis. prima ed., *ire inustum;* secunda ed., *ustulare*, ad oram *ire inustum*. Gifanius in indice Lucretii, ubi de ECTHLIPSI agit, legit *ustum ire* pro *urere*, ex vet. lib., et ex alio vet. *ustuire*, rectius, ut in jure civili *credituiri, debituiri*, etc., de quibus Antonius Augustinus lib. II Emendat, cap. 2. Existimat Gifanius *ustulare* irrepsisse ex glossa. Heumannus in Poecil., tom. I, lib. III, pag. 564, corrigebat *Hydrina suetus is coire vulnera*. Galland. præfert *ustuire*. Hydriam ab Alcide ustam tradunt veteres. Vide Burmannum Antholog. pag. 569. Albricus de Deorum Imaginibus ita rem narrat : *Fuit autem hydra juxta fabulam in Lerna palude, cui uno cæso capite, duo excrescebant; igne circa eam apposito illam exussit*. Prudentius innuit Herculem exussisse vulnera capitum quæ abscindebat, ne ex eo vulnere alia pullularent: quod Apollodorus lib. III narrat : *Qui cum proximæ silvæ partem succendisset, ignitis torribus renascentia hydræ capita inurens, eum in modum renascentium capitum ortus suboriri prohibebat*.
886. Giselinus perite observat elegantissimam hanc esse veri chirurgi periphrasin, desumptam a proximis adjunctis, peritia scilicet anatomicæ artis, et proba luxationum ac vulnerum curatione. Dolet autem partes nobilissimæ artis pessimo exemplo ab eo usque tempore discerpi, ac laniari cœpisse. Hic enim Aristo chirurgus tantum fuisse videtur.
888. Widm., Bong., Vat. B, Mar., Prag., Rat., *discrepare*. Sich., Bong. supra, *dissipare*, quo alladit in textu Hailsbr., *dissiparare*. Plerique, *disparare*.
890. Vat. B, Mar. pro div. script., *novis*, contra metrum, pro *nodis*. Mar., Widm., *compagina*: lege *compaginat*. In Thuan. erat *Sarcians*, ex quo Heinsius conjiciebat *sarcians*, quod Salmasio quoque visum fuerat. Sed non facile mutaverim *sarciens* cum *sarcinans*.
891. Ovidius lib. VI Metamorph., *Comprensam forcipe linguam Abstulit ense fero; radix micat ultima linguæ*. Plautus Aulul. II, 5, 72, *Si hercle-ego te non elinguandam dedero usque ab radicibus*. Contra immane istiusmodi supplicium gravissime declamavit Cicero pro A. Cluentio num. 66 : *Nam Stratonem quidem, judices, in crucem actum esse exsecta sciote lingua: quod nemo est Larinatium qui nesciat. Timuit mulier amens non suam conscientiam, non odium municipum, non famam omnium ; sed quasi non omnes ejus sceleris testes essent futuri, s'c metuit, ne condemnaretur extrema servuli voce morientis. Quod hoc portentum, dii immortales? quod tantum monstrum in ullis*

locis? quod tam infestum scelus et immane, aut unde natum esse dicamus?
892. Vat. B, *corpori*, minus recte. Vide quæ contra linguam, nempe malam, habentur in epist. cathol. Jacobi cap. III, et supra comment. ad vers. 768.
893. Ald., Mar. a prima manu, Vat. B, *illa procaci*, quod videtur Prudentianum, ut producatur *a* in *illa* ob *pr* dictionis sequentis , ut alibi ex probabili plurium scriptura : *Dente frequenti exasperat*. Prag. corrupte, *illa pessima et procaci*.
894. Pal., *motus*, male. *Fas* ad Deum et religionem pertinere, *jura* ad homines, notavit Servius I Georgic., *Quin etiam festis quædam exercere diebus Fas et jura sinunt*.
896. Ambr., *quondam medicus*. Weitzius scribit *ascitus*. Chirurgi medici vulnerum dicebantur, aut medici chirurgi.
898. Ald. distinguit *Martyr retectam pandit, ima et faucium*. Fabr., Gis., *et pandit ima faucium*. Alii *pandit ima et faucium*. Teollius omnino omisit *et*, nescio an consulto. In nonnullis vulg. male, *ima et pandit faucium*.
901. Alex., *ab ore protrahat*, supra *protrahet*. Lege *protrahens;* Prag. corruptissime, *trahens ab ore*.
902. *Inusque*, aut *in usque* divisim pro *usque in* usurpatur a Statio et Avieno. Simile est *inante*.
904. Arnobius lib. VI dixit simili phrasi, *Malam dentibus comprimens*.
905. Hailsbr. a prima manu, *Egm.*, *ictis*. Weitzius scribit *artis*. Sich., Gis. in textu, Fabr., *aut cruorem*. Alii, *nec*.
907. Weitz., Egm., Widm., Heins., scribunt *scaturriens*. In Rott. et Cauchiano, *defluat* pro *defluit*. Cauchius conjecerat *defluens ebulliit*, merito improbante Heinsio.
908. Lotterus et Parrhasius, *ruffo*. Gis. prima ed., *rufo*, Fabr., *rubro*. Cellarius rejicit glossam Isonis, et censet verius ex Seneca et Plinio describi signa generis et nobilitatis, imaginibus per lineam successionis alligatæ, quæ et ipsæ parvæ imagunculæ. At dubium vix est quin sermo hoc loco sit de sanguine, qui russum stemma dicitur, quia eo fuso martyres vere nobilitantur. Salmasius in not. ad Lampridium in vita Heliogabali affirmat, legendum *stammate* pro *stagmate*, ut apud Lampridium *simma* pro *sigma*, apud Juvenalem *stemma* pro *stegma*. Est autem Græce *stagma* gutta, stilla, aut liquor. Acuta est hæc conjectura.

910 Fruiturque et ostro vestis ut jam regiæ.
     Ergo ratus præfectus, elinguem virum
     Cogi ad sacrandum posse, cum verbis carens
     Nil in deorum obblateraret dedecus:
     1142 Jubet reduci jam tacentem, ac de-
                                           [bilem,
915 Multo loquentis turbine olim territus.
     Reponit aras ad tribunal denuo,
     Et thus, et ignem vividum in carbonibus,
     Taurina et exta, vel suilla abdomina :
     Ingressus ille, ut hos paratus perspicit,
920 Insufflat, ipsos ceu videret dæmonas.
     Irridet hoc Asclepiades lætior :
     Addit deinde : Nunquid inclementius,

     Sicut solebas, es paratus dicere?
     Effare, quod vis, ac perora, et dissere.
925 **1143** Permitto vocem libere ut exerceas.
     Romanus alto corde suspirans diu,
     Gemitu querelam traxit, et sic orsus est :
     Christum loquenti lingua nunquam defuit :
     Nec verba quæras quo regantur organo,
930 Cum prædicatur ipse verborum dator.
     Qui fecit ut vis vocis expressa intimo
     Pulmone, et oris torta sub testudine,
     Nunc ex palato det repercussos sonos,
     Nunc temperetur dentium de pectine,
935 Sitque his agendis lingua plectrum mo-
                                           [bile :

GLOSSÆ VETERES.

913. Oblataret, *latraret*, I.
916. Reponit, *repromittit*. — Ad, *ante*, I.
918. Abdomina, *pinguedines, de folliculo suis*, I.
919. Hos, *tales*, I.
922. Inclementius, *durius, furiosius*, I.

932. Testudine, *Curvatura : testudo curvatura. Sub testudine ideo dicit, quia uranon Græce, Latine palatum dicitur, eo quod curvum est in similitudine cœli, qui et uranon dicitur. Cavitate*, I.

COMMENTARIUS.

910. Vat. A, Rat. a secunda manu, *fruiturque ostro:* melius *fruiturque et ostro*. Parrhasius, *fucatus ostro*.
911. Scripti et vett. edd., ut Ald., Parrhasius et alii, constanter *præfectus ergo ratus*, obnitente metro; in Alex. mendose *erga* pro *ergo*. Giselinus ausus est ordinem verborum mutare *Ergo ratus præfectus*, aliis exemplis adductus in quibus Prudentius corripit primam in *ratus*. Secutus est Heinsius et alii. Vossius, de Arte grammat. lib. II, cap. 22, pronuntiat a Prudentio *a* in *ratus* produci, nec mutari debere ordinem verborum. Vide proleg. num. 216.
912. *Sacrare* hic et alibi est sacrificiis colere, ac deos venerari.
913. Alex., Vat. A, Thuan., Rott., tres Torr., Alt., Pal., *blateraret*, quod probat Heinsius, quia primam in *blaterat* produxit etiam auctor Philomelæ. Ald., Fabr., Lotterus, *obblacteraret*. Plerique *oblataret*, quod tuetur Gifanius in indice de Ecthlipsi ex tribus vett. lib. Giselinus in textu, *obblacteraret*; ad oram, *Nil oblataret in deorum dedecus*. Potest scribi *obblacteraret* a *blatero* : nam et *deblacterare* apud Festum scribitur pro *deblaterare*. Et Prudentius quidem amat hujusmodi verba composita ab *ob*. Hoc vult Nebrissensis, qui ex Festo notat, *blaterare* esse stulte, et percupide loqui. Ex *obblateraret* factum puto *oblataret*, quod cum hiatu retineri posset. Fabricius *obblacterare* explicat ovis in morem *contra blacterare*, ut in cognata significatione *obgannire*.
914. Ald., *et ; alii, ac*.
915. Parrhasius, *multi loquentis*: lege *multo loquentis*.
919. Teolius apponit punctum post *perspicit*, nisi erravit typographus.
920. Aldus interpungit *Insufflat ipsos, ceu videret dæmonas*. Barthius, lib. IV, cap. 7, ostendit, *exsufflare* usitatum Christianis scriptoribus verbum significare per contemptum flando abominari, et detestari, atque adeo irridere, ex Severo : *Vidit post tergum ipsius dæmonem miræ magnitudinis assidentem, quem eminus, ut verbo, quia ita necesse est, parum Latino loquamur, exsufflans*, etc. Barthius addit : *Utitur eadem voce Tertullianus, de Idololatr., et, nisi fallor, Prudentius*. S. Hieronymus, cap. 17 Vitæ Pachomii : *Qui signo crucis frontem suam muniens exsufflavit in eum (dæmonem), moxque fugatus est. Intelligebat enim cunctas inimici versutias; et timore divino præditus illusiones ejus pro nihilo computabat*. Vide Onomasticon Rosweydi. Certe nihil aliud in Prudentio legerat Barthius, nisi hoc *insufflat*, quod ejusdem est significationis. Vide comment. ad vers. 24 hymni S. Eulaliæ.
921. Sich., Bong., *arridet hoc*.

922. In quibusdam vulg., *nunquid insolentius*, quod sententiæ congruit.
924. Pal., Vat. A, Heinsiani, et alii, *quidvis*. Ald. cum aliis, *quod vis*. Ald., Weitz., Gis. prima ed., *ac per ora edissere*. Parrhasius, Lotterus, Gis. secunda ed., Heinsiani, et nonnulli Vatt., *perora, et dissere*. Gallandius cum Torn., *Effare quod vis, ac per ora edissere*.
925. Vat. A, *liber ut*, minus recte. Fabr., Gis., *libere exercere te*. Scripti aliter. Tribrachys est quarto loco, admisso hiatu.
927. Vat. B, Rat., *sic exorsus* Widm., Mar., *sic exorsus est*. Metrum exigit *et sic orsus est*.
928. Breviar. Moz., *loquendi* non ita bene. Fabricius præclaram hanc sententiam dicit, et miraculis confirmatam : nam Christianos homines quibus Vandali linguas exciderant, locutos circa annum 530 tradit Gemblacensis. Exstat hujus rei testimonium minime dubium imperatoris Justiniani lib. I, tit. 27, cod., lege 1 : *Vidimus venerabiles viros qui, abscissis radicitus linguis, pœnas suas miserabiliter (forte mirabiliter) loquebantur*. Alia exempla plena manu congerit Sagittarius, cap. 16. De Romano idem miraculum confirmant Chrysostomus et Eusebius, qui tradit Romanum, dum linguam carneam haberet, balbum fuisse, postea ea abscissa, rectissime locutum. Fuse id exaggerat Eusebius in lib. de Resurr., qui tamen idem in lib. de Martyr. Palæst. nullum de tanto miraculo fecit verbum. Imbecillum est igitur argumentum negans.
929. Nonnulli vulg., *quæ*. Rectius, *quo*.
932. Glossam confirmat Isidorus lib. XI, cap. 1: *Palatum nostrum sicut cœlum est positum, et inde palatum a polo per derivationem; sed et Græci similiter palatum* οὐρανὸν *appellant, eo quod pro sui concavitate cœli similitudinem habeat*. Gis Griales locum Ciceronis de Epicuro adnotat : *Sed dum palato quid sit optimum judicat, cœli palatium, ut ait Ennius, non suspexit*. Hispani similiter palatum vocant *el cielo de la boca* : quam linguæ nostræ proprietatem vellem illustratam in Diction. Acad. Hisp., origine ex Græco Latinoque sermone indicata.
933. Ald., Ox., *repercusso*. Nebrissensis etiam *repercusso, et palato repercusso*, exponit *ex testudine oris*. Non autem probo ejus conjecturam, legendum *nec ex palato, et* vers. seq., *nec temperetur* : quasi Romanus de se, abscissa lingua, hæc intelligat.
934. Inter linguam et dentes plures litteræ formantur, ut notum est.
935. Ald. mendose, *his augendis*. De plectro lin-

1144 Si mandet idem, faucium sic fistulas
Spirare flatu concinentes consono,
Ut verba in ipsis explicent meatibus,
Vel exitu oris cymbalis profarier,
940 Nunc pressa parce labra, nunc hiantia :
Dubitasne verti posse naturæ statum,
Cui facta forma est, qualis esset primitus?
Hanc nempe factor vertere, ut libet, potest,
Positasque leges texere, ac retexere,
945 Linguam loquela ne ministram postulet.
Vis scire nostri numinis potentiam ?
Fluctus liquentis æquoris pressit pede,
Natura fluxa ac tenuis in solidum coit,
Quam dispar illis legibus, queis condita est!
950 **1145** Solet natatus ferre, fert vestigia.
Habet usitatum munus hoc Divinitas,
Quæ vera nobis colitur in Christo, et Patre,
Mutis loquelam, percitum claudis gradum,
Surdis fruendam reddere audientiam,

A 955 Donare cæcis lucis insuetæ diem,
Hæc si quis amens fabulosa existimat,
Vel ipse tute si parum fidelia
Rebare pridem, vera cognoscas licet :
Habes loquentem, cujus amputaveras
960 Linguam : probatis cede jam miraculis
Horror stupentem persecutorem subit :
Timorque, et ira pectus in caliginem
Vertere : nescit, vigilet, anne somniet :
Miratur hærens, quod sit ostenti genus.
965 Formido frangit, armat indignatio.
Nec vim domare mentis effrenæ potest,
Nec, quo furoris tela vertat, invenit.
Postremo medicum sævus insontem, jubet
Reum citari ; nundinatum hunc arguit
B 970 **1146** Mercede certa pactus ut collu-
[deret.
Aut ferrum in ore nil agens, et irritum.
Versasse frustra se retusis tactibus.

GLOSSÆ VETERES.

936. Idem, *Deus.* — Fistulas, *sicut lingua*, l. Ar-e-
rius, Vat. A.
937. Consono, *convenienti*, l.
939. Exitum, *sonitum.* — Profarier, *loqui*, l. —
Cymbalis, *labris*, Mar.
940. Parce, *moderate*, l.
942. Cui, *a quo*, l.
943. Nempe, *certe*, l.
944. Texere, *ordinare*, l.
945. Postulet, *indigeat*, l.
948. Coit, *coadunatur*, l.

949. Dispar, *multum.* — Queis, *quibus*, l.
950. Solet, *mare*, l.
953. Percitum, *percitus dicitur velox :* — Gradum, *gressum*, l.
958. Rebare, *pro rebaris*, l.
964. Hærens, *stupens, dubitans.* — Ostenti, *monstri, miraculi*, l.
966. Effrenæ, *indomitæ*, l.
969. Citari, *vocari*, l. — Nundinatum, *mercede con-
ductum*, Mar. *Mercatum, locatum pretio, nundinor, mercor.* — Arguit, *nunc*, l.

COMMENTARIUS.

guæ dictum initio hujus hymni. Chrysostomus homil. 1 de S. Romano : *Os enim erat cithara, lingua
plectrum : artifex anima, ars vero confessio ; plectro
tamen ablato, lingua, inquam, neque artifex, neque
ars, neque instrumentum inutile evasit.* Et in hymi).
2 : *Velut enim cithara quædam plectro destituta, Crea-
torem collaudat.*
936. Parrhasius, *fauces, sicut fistulas,* qui error
est in metro. Nebrissensis interpretatur Romanum
loqui, ut, si Deus vellet, loqueretur fistula et cymbalum, quamvis hæc non habeant voces articulatas.
Non hæc poetæ mens est ; describit enim vocis organa, et formationem in his qui lingua bene valent,
ut concludat, Deum, qui hæc omnia fecit, pariter
posse facere ut sine his vox formetur. Vocat autem
faucium fistulas, et cymbalum, oris, quia fauces in
fistularum formam, os in cymbali similitudinem factum est.
937. Rat., *continentes,* recte emendatum per *concinentes.*
939. Mar. pro div. lect., *exitum.* Ox., *vel in exitu.*
940. Rat. contra metrum transponit *pressa labra
parce.*
944. In Vat. A abest hic versus, sed in fine paginæ est ascriptus cum hujusmodi nota, qua indicietur
hoc loco esse reponendum. Virgilius vi Æn., *Leges
fixit pretio, atque refixit.*
945. Vat. B, Mar., Rat. a prisca manu, *loquelæ.*
Widm., *postules;* supra, *postulat;* Lege *postulet, et
loquela* potius quam *loquelæ.*
948. Natura pro creatura ponitur; ut apud Arnobium et alios. Vide Meursium lib. i Critic. Arnob.
cap. 11.
949. Ald., Vat. A ad oram, *quæ dispar.* Fabr.,
Sich., *qui dispar.* Alii, *quam dispar.* Parrhasius depravate, *quam disparilis legibus.*
951. Prag., *usuatum*, recte supra alieno quamvis
charactere *usitatum.*

C 953. Prag., *concitum* pro *percitum.*
954. Meursius, in Critico Arnobii cap. 10, lib. 1,
ex Cicerone, Plauto, Arnobio, Tertulliano, Cypriano et
aliis, probat *audientiam* esse probam vocem Latinam. Sed notandum hic poni pro auditu, apud alios
alia gaudere significatione ; neque pro auditu alium
scriptorem Forcellinus allegat, nisi Prudentium.
955. Weitz., Urb., Vat. A, B, Mar., Rat., *insuetam.*
Alex., Vat. Q, Ald., Bong., Gis., *insuetæ.* Quod tenuit
Heinsius, quamvis discrepantiam lectionum non adverterit.
957. Meursius, loc. cit. cap. 3, lib. ii, *fidelia* pro
fide digna, et *credibilia* recte accipit. Alia significatione *fidelis* est Christianus.
960. Prag., *linguam : et probatis.* Meursius loc. cit.
mendum putat *cede,* et scribit *crede.* At concinnius
videtur *cede,* et nulla est causa cur mendum id dicatur.
963. Rat., Mar., Parrhasius, Widm., *an somniet.*
Ratio metri poscit *anne.*
D 969. Torn. corrupte, *nunc arguit.* Weitz. cum Bong.,
nundinatum argui : quod non placet. *Nundinari,* ait
Fabricius, est opera quæ in nundinis fiunt exercere,
ut licitari, indicare, vendere, poscere, emere, addicere.
970. Vat. A a prima manu, *concluderet,* sed factum
colluderet, vel, ut alii scribunt, *conluderet.*
971. Parrhasius, *Aut ferrum in os nihil agens irritum,* vitiato metro.
972. Parrhasius, *seu retonsis tactibus.* Vat. A, *se
retusis tactibus.* Alex., *se retunsis actibus,* et pro div.
script., *tactibus.* Vat. Q., *retusis tactibus.* Urb., Weitz.,
seu retonsis tactibus. Ita Vat. B, Mar. a prima manu,
Prag., ubi est *se* pro *seu.* Fabricium et Aldum citat
Weitzius pro *seu retonsis actibus,* sed illi habent *tactibus.* Hailsbr., *seu retusis tractibus.* Egm., Thuan. a
manu prima, Heinsius in notis., *se retunsis actibus.*
Widm., *seu retusis tactibus.* Gis., *ceu retusis ictibus.*

PERISTEPHANON HYMN. X.

Aut arte quadam vulnus illatum breve,
Quod sauciata parte linguam læderet,
975 Nervos nec omnes usquequaque abscideret.
Manere salvam vocis harmoniam probe,
Non posse inani concavo verba exprimi,
Quæ concrepare lingua moderatrix facit.
1147 Esto, ut resultet spiritus vacuo specu :
980 Echo sed exstat inde, non oratio.
Veris refutat medicus hanc calumniam,
Scrutare vel tu nunc latebras faucium,
Intraque dentes curiosum pollicem
Circumfer, haustus vel patentes inspice,
985 Lateatne quidquam, quod regat spiramina.
Quanquam forassem forte si puncto levi,

A

Tenuive unguam contigissem vulnere
Titubante plectro fatus esset debilis.
Nam cum magistra vocis in vitium cadit,
990 Usus, necesse est, et loquendi intercidat.
Fiat periclum, si placet, cujusmodi
Edat querelam quadrupes, lingua eruta,
1148 Elinguis et quem porca grunnitum
[strepat,
Cui vox fragosa, clamor est inconditus :
995 Probabo, mutam nil sonare stridulum.
Testor salutem principis, me simplici
Functum secantis arte, judex optime,
Servisse jussis absque fraude publicis.
Sciat hic, quis illi verba suggillet Deus :

GLOSSÆ VETERES.

975. Usquequaque, *omnimodis*, *ex omni parte*. — B
Abscideret, *occideret*, l.
976. Harmoniam, *consonantiam*. — Probæ, bonæ, l.
977. Non, *scilicet putabat ille*, l.
978. Concrepare, *sonare*, l.
979. Specu *antro, eo quod ibi lateat lingua, veluti in specu,* l.
981. Veris, *verbis: probamentis.*—Refutat, *abnegat*, l.
982. Scrutare, *o judex*, l.
984. Haustus, *hiatus oris.* Vat. A.
985. Lateatne, *utrum*, l.

986. Quanquam, *quamvis*, l.
989. Magistra, *lingua*, l., Mar. — In vitium cadit, *læsa fuerit.* Vat. A.
991. Periclum, *inquisitio, fac probamentum,* l.
992. Edat, *proferat*, l.
994. Cui, *a qua.* — Fragosa, *scilicet clamat.* — Incondius, *inarticulatus*, l.
995. Stridulum, *pro stridule,* l.
996. Salutem, *per salutem,* Mar.
999. Suggillet, *pro subministret,* l. Suggerat, Mar.

COMMENTARIUS.

Lotterus, *seu retusis ictibus.* Alt., Heinsius in textu, Pal., *se retunsis tactibus.* Mar. pro div. script., *seu retunsis ictibus*. Gifanius in Dispansus ex tribus mss. præfert *se retunsis actibus*, ubi se pro *eum* ponitur. Latinius, *ceu retusis ictibus*, et pro div. lect., *ceu retunsum tactibus*,
973. Suspicabatur aliquis *leve pro breve :* sed *breve* C vulnus recte dicitur.
974. Hailsbr., *sauciatam*, minus recte.
975. Vat. A, Egm., Wid. ad marginem, *occideret.* Ald., Cell., *abscideret.* Vat. Q, *occiderat.* Plerique *abscideret*, pro qua scriptura tres alios codd. laudat Gifanius in *vitalia rerum*.
976. Ambr., Ald., Hailsbr., Bong., Widm., *armoniam*. Egm. corrupte, *arimoniam*, Mar., Iso, *probæ* pro *probe.*
978. Vatt. A, Q, Alex. supra, Weitz., Hailsbr., Pal., *lingula.* Heinsius cum Ambr. et Thuan., *ligula,* quia diminutivum a *lingua* est *lingula* et *ligula*. Alex., *ligula* a prima manu. Teolius tres, Vatt. pro eadem scriptura indicat, et notat *ligulam* a Sidonio vocari etiam *legulam*, et apud Josue vii, 21, pro *regula* reponendum *legula*, ut animadvertit Sidonii commentator Savaro : nam Hebraica vox non regulam, sed linguam sonat. Verum etiamsi vox Hebraica linguam significet, tamen multi adhuc exponunt regulam, sive laminam auream in linguæ formam cusam; adeoque retineri potest vox *regula*. Præterea apposite multi legunt *lingua*, ut Ald., Urb., Vat. B, Mar., Gis., et alii. Qu rta sede hujus versus tribrachys recipitur. Hoc, aliisque similibus exemplis communis lectio vers. 481 et 550, *fidiculæ*, et *fidiculas* sustineri debet.
980. Ald., Hailsbr., Gis. ad oram, Heinsius cum suis mss., *exstat*, quod amplexus est Teolius. Sed quod hic addit, in probatioribus mss. non esse *exit*, non omnino verum est : nam *exit* habent Vat. B, Mar., Bat., Prag. et alii, præter edd. Weitz., Gis.
981. Eusebius lib. de Resurr. tradit medicum hunc luisse Christianum, sed infirmitate carnis, non proposito, cecidisse : adeoque linguam abscissam ad satiatem illius delicti quod admiserat abnegando, domi recondidisse, *ut consueruut infirmiores*, *fide'es*

tamen, honorare, si quid a martyribus sumpserint. Addit Eusebius medicum produxisse corum judice linguam quam inciderat, et facto simili experimento in quodam damnatorum, hunc statim obiisse.
985. Parrhasius, *latetne.* Widm., *quidquid* ; ad oram, *quidquam*, probe.
987. Vat. A perperam, *tenui vel linguam contigissem*.
988. Mar. *factu*, supra *factus*, Parrhasius, Weitz.; *factus*. Melius *fatus*, scilicet loquela.
989. Prag., *ministra vocis.*
990. Mar., obnitente metro, *necesse est loquendi.* Potiores, est et *loquendi.* Vat. A, Weitz., Hailsbr., Pal., Alt., *est*, *eloquendi:* id conjiciebat Chamillardus, mendosum judicabat Teolius in non paucis mss. Certe rectius est *est, et loquendi* cum Ald., Parrhasio, et aliis. Gis., *necesse est, ut loquendi.*
991. Prag., *fac* pro *fiat*, et *hujusmodi* pro *cujusmodi*, utrumque male. Parrhasius bene edidit *periclum*, correxit perperam *periculum.*
992. Prag., *edat loquelam*, minus bene.
993. Ald. scribit *grunitum*.
995. Parrhasius, *probabo mutum.*
996. Sichard., *nec :* retine *me.* Veteres jurare solebant salutem, vel genium principis. Vide legem 33
D D, de jurejurando, et interpretes, et Tertullianum lib. ad Scapulam, et Apologet. cap. 28 et 32 : *Sed et juramus, sicut non per genios Cæsarum, ita per salutem eorum, quæ est augustior omnibus geniis.* Etiam Joseph cap. xlii Genes. v. 15. *Per salutem Pharaonis non egrediemini hinc, donec veniat frater vester minimus.* Vide notas Cerdæ ad cit. loc. Tertulliani.
999. Vat. A, *sciat*, et supra *scit* pro div. scriptura. Ambr., Gis. ad oram, Parrhasius, Nebrissensis, et Cauchius ex conjectura, *suggerat;* quæ est glossa. Chamillardus ignota significatione *suggillo* a Prudentio poni affirmat. Joseph Scaliger apud Beemannum de Orig. ling. Lat. ait ex Verrii opinione *suggillare* dictum a *gula*. Teolius exponit *gulam arctando extorqueat verba.* Prudentius pro *suggerat* verbum hoc adhibet, et fortasse a *suggero* deducit. In sacris Litteris *suggillo* est strangulo.

AURELII PRUDENTII CARMINA

1000 Ego, unde mutus sit disertus, nescio.
His sese Aristo purgat. At contra impium
Nil hæc latronem Christianorum movent:
Magis, magisque fertur in vesaniam;
Quærit, alienus sanguis ille asperserit
1005 Virum, suone fluxerit de vulnere.
1149 Respondit his Romanus: Eccum,
[præsto sum:
Meus iste sanguis verus est, non bubulus:

A Agnoscis illum, quem loquor, miserrime
Pagane, vestri sanguinem sacrum bovis,
1010 Cujus litata cæde permadescitis?
Summus sacerdos nempe sub terram
[scrobe-
1150 Acta in profundum consecrandus
[mergitur,
Mire infulatus, festa vittis tempora
Nectens, corona tum repexus aurea,

GLOSSÆ VETERES.

1000. Disertus, *distincte loquens*, I.
1001. His se, *scilicet ubi*, I.
1003. Vesaniam, *pertinaciam*, I.
1006. Eccum, *pro ecce*, I.

1010. Permadescitis, *humefactatis*, ..
1013. Infulatus, *infula est proprie redimiculum coronæ sacerdotalis, sed abusive pro omni vestimento sacerdotali ponitur*, Vat. A.

COMMENTARIUS.

1000. Vat. B, Mar., *ergo unde*, melius *ego*: Vat. A B male. *sit hic disertus*.

1001. Ald., Mar. a prisca manu, Torn., Sich., Bong., Widm., *his se Aristo*, quod Weitzius edere non debuit, siquidem metro consulere voluit.

1002. Sæpe persecutores Christianorum *latrones* vocat Prudentius.

1004. Ambr., Parrh., Thuan., Alt., Cauch., Rott., Heins., *quærit, alienus* cum Vat. A, Alex., Rat., Egm., Hailsbr. Sed Ald., Fabr., Gis., Galland., et alii vulg., *quærit num alienus*. Weitz., Vat. B, Mar., Prag., Rat. aliena manu, *quærit an alienus*. Ald., Hailsbr., Heinsius cum Ambr., Thuan., Alt., Cauch., Rott., *ille*. Weitz., Fabr., Vat. B, Mar., Prag., *illum*. Parrhasius omittit utrumque, et legit *sanguis an asperserit*.

1005. Gis., Fabr., *effluxerit*.

1006. Gis., Fabr., *ecce*; alii, *eccum*. Simili modo in Laurentio vers. 309, *Eccum talenta, suscipe*: quanquam hoc loco recte procedit *eccum, præsto sum*: scilicet *ecce me*. In Laurentio *eccum* pro *ecce* simpliciter positum est, nisi etiam ibi intelligas *ecce me, talenta suscipe*.

1007. Hailsbr., *bubuli*: ita Vat. A. Præferendum *bubulus*.

1010. In Thuan., *promadescitis*. Heinsius putat scribendum *pro madescitis*: nam veteres *pro*, non *pron' scribebant*.

1011. Vix jam dubium est quin de taurobolio loquatur Prudentius. Veteres interpretes aliud sacrificium intelligebant. Nebrissensis existimabat describi Terentina sacra, quæ fiebant Romæ in campo Martio, in loco qui dicebatur Terentos, in quo erat ara Diti patri sacra, pedibus viginti sub terra defossa: et sacrificabatur bos nigra. Ita fere Giselinus et Fabricius, qui addit hæc sacra facta mensibus Septembris, Octobri, Novembri, singulis semel, sed noctibus tribus continuis. Nebrissensi et Fabricio accedit Weitzius: nec dissentit Chamillardus, qui tamen hæc ipsa sacra Terentina *Tauropolia* dicta affirmat. Peveratus putat describi sacrificium, et ritus profanos, ac risu dignos, D quibus Julianus Apostata, ut more majorum imperatorum una cum imperio summum pontificatum acciperet, ut baptismatis chrisma deleret, et Christi signum abstergeret, tauri sanguine prolui voluit. Sed, ut dixi, de taurobolio sermo est. Antonius Van Dale, de Antiquit., in prima dissertat. de origine ac ritibus hujus sacrificii agit. Præmittit gentiles quædam e Christianis ad sua sacra sumpsisse; inter hæc taurobolium, quo æmulabantur veram per Christi sanguinem expiationem. Cœpit taurobolium anno Christi 175, aut paulo ante: deletum est Valentiniano IV et Neoterico coss. Van Dalius ritus explicat ex Prudentio, quos Baronius, Bulengerus, et abi de consecratione pontificis maximi intellexerunt. Distinguebatur in hoc sacrificio *vires tauri exceptæ, consecratæ, conditæ*. Vires exceptæ erant sanguis, consecratæ corB nua, conditæ testiculi. Alii aliter explicant. Et, ut inter Christianos corruptela invaluit, ut alii pro aliis baptizarentur, ita etiam gentiles pro aliis etiam tauroboliabantur: nam hoc quoque verbum invexerunt. Gisbertus Cuperus epist. 4 ad Van Dalium confirmat, ethnicos imitatos fuisse cæremonias Christianorum et formulas loquendi. Apuleius ait, *per sacra renasci homines*, et exstat inscriptio vetustissima RENATVS TAVROBOLIO IN AETERNVM. De taurobolio videri potest V. C. Zacharias in utilissima sua Institutione Lapidaria pag. 42., ex Montfauconio, Grutero, Salmasio in Vita Heliogabali pag. 804., et inscriptione Ulpii Egnatii Faventini: *Iterato viginti annis ex perceptis tauroboliis aram constituit*, quo significabatur tauroboliatos per annos 20 puros manere, neque posse tauroboliari, nisi exacto eo tempore. De taurobolio etiam agit Julius Firmicus: *Taurilolium, vel criobolium scelerata te sanguinis labe perfundit. Laventur itaque sordes istæ, quas colligis. Quære fontes*
C *ingenuos, quære puros liquores, ut illic te post multas maculas cum Spiritu sancto Christi sanguis incandidat*. Wowerius in notis duas veteres inscriptiones profert ex quarum altera coll gi posse videtur taurobolia instituta fuisse in honorem Cybelis et Attidis. Itaque summus sacerdos intelligetur esse sacerdos Cybelis, qui fortasse pro aliis tauroboliari solebat Philippi a [illegible] dunensi exstat tom. III Thes. antiq. Sallengre. In præfatione ad Vitas pontificum Anastasii plures inscriptiones de taurobolio, criobolioque Blanchinus profert, explicationemque nonnullam addit ex commentario Dominici de Colonia S. I. de hoc argumento. Exstant hujusmodi inscriptiones in hortis Burghesianis via Salaria, in quibus occurrit Lucius Ragonius Venustus *pontifex major*; et Q. Clodius Flavianus anno 383, *pontifex major...... pontifex dei Solis*; et eodem anno 383 V. C. T. *sacerdos maxima...... taurobolio, criobolioque repetito*. Anno vero 374 Clodius Hermogenianus Casarius V. C. proconsul Africæ, præfectus Urbis, *taurobolio, criobolioque percepto*. Consule Montfauconium tom. II Antiq., pag. 171.

1013. Gis. ad oram, tres Torrent., Cauch., Rott., *mitra infulatus*, quod amplectitur Heinsius, improbante Teolio, quia Romani mitra non utebantur, multo vero minus pontifices. Gallandius mendum putabat in vett. edd. *mire* pro *mitra*. Paschalius, de Coronis lib. IV, cap. 13 et 22, hos versus exscribit, et multa addit de sacerdotibus coronatis, vittatis, infulatis; et cap. 24 ostendit sacerdotes gentilium mitratos fuisse: nam mitræ genus erat pileus sacerdotalis, sive apex, et flamen, aut filamen. Communi usu mitra est diadema episcopale et pontificium Christianorum.

1014. Gis. ad oram, *nexus*, et *replexus* pro *nectens*, et *repexus*. Mar., Vat. B, Prag., Rat., Sich., Weitz.,

1015 Cinctu gabino sericam fultus togam.
1151 Tabulis superne strata texunt pul-
[pita,
Rimosa rari pegmatis compagibus :
Scindunt subinde, vel terebrant aream.
Crebroque lignum perforant acumine,
1020 Pateat minutis ut frequens hiatibus.
Huc taurus ingens fronte torva, et hispida,
Sertis revinctus aut per armos floreis,
Aut im, editus cornibus deducitur :
Nec non et auro frons coruscat hostiæ,

A 1025 **1152** Setasque fulgor bractealis inficit.
Illic, ut statuta est immolanda bellua,
Pectus sacrato dividunt venabulo,
Eructat amplum vulnus undam sanguinis
Ferventis, inque texta pontis subditi
1030 Fundit vaporum flumen, et late æstuat.
Tum per frequentes mille rimarum vias,
Illapsus imber, tabidum rorem pluit,
Defossus intus quem sacerdos excipit,
Guttas ad omnes turpe subjectans caput,
1035 Et veste, et omni putrefactus corpore.

GLOSSÆ VETERES.

1015. Gabino, *Gabis civitas est cujus sacerdotes se-minudis corporibus immolare solebant. Ergo sacrificantibus eis, affuere lupi, et tulere carnes quas ipsi immolabant; hinc ipsi, sicut erant impediti, cœpere eos persequi, et revocavere prædam. Proinde consuetudo venit ut ibi homines nudis litarent corporibus*, Vat. A. *Genus vestimenti. Gabini Romanis vicini °werunt, a quibus magnam partem cæremoni rum sumpserunt.—Fultus, fultam habens,* I.

1016. Super, desuper.—*Pulpita, gradus scenæ: sedes, vel lectuli deorum,* I.

1017. Pegmatis, juncturis. *Pegma hoc loco pro juncturæ; alias ferrum rotundum quo scenici ludunt, id est theatrales. Conglutinationis et compaginationis. Pegma genus machinamenti quo luditur in theatris*, I.

1018. Subinde, deinde.—Aream, *planitiem tabularum*, I.

1023. Impeditus, coronatus, I.

1025. Bract alis, laminis aureis.—Inficit, miscet, I.

1027. Pectus, *scilicet tauro*.—Venabulo, *ferrum quo dividitur pecus, aptum venatoribus, id est minor se uris; lancea,* I.

1035. Putrefactus, sordidus, I.

COMMENTARIUS.

Widm., Bong., Hailsbr., supr ., *nexus*. Weitz., Egm., Hailsbr., Pal., Bong., Gifanius in PLEXUS ex tribus mss., et alii, *replexus*. Vat. Q mendose, *coronatum pro corona tum*. Ambr., *coronatum repexus auream*, ex quo Heinsius in notis scribi jubet *coronam tum repexus auream*, ut sit Græcismus. De corona aurea vice Burmannum Anthol. pag. 54 tom. I. Nebrissensis *repexus* exponit aut nimium *pexus*, aut ita *depexus*, ut turbarentur capilli. Sed in Oxon. bene explicatur, *id est, bene ornatus*, ut refert Heinsius.

1015. Vat. A. scribit s *ricam*. Codex Laznii, Gis. in textu, *russeam*; ad oram melius *sericam*. In quibusdam vulg. mendose *seriam*. Cinctus gabinus est, cum toga exerto brachio dextro s e in tergum rejicitur, ut ima ejus lacinia a tergo in pectus sinistrorsum revocata hom nem cingit. In columna Trajana imperator, ejusque milites hoc more induti conspiciuntur. Sed non propterea Fabretto in ejus explanatione licuit inferre, hunc habitum militarium virorum et magistratus tantum proprium fuisse, et Prudentium poetica licentia illum summo sacerdoti attribuisse, uti Lucanum aliis lib. I Pharsal., *Turba minor ritu gradit r succincta gabino*. Etenim vel alii etiam hujuscemodi habitu utebantur, ut multi docent, vel Prudentius taurobolium describit ab ipso imperatore, aut a vero primario perfectum, ut sacrificium magis risu dignum ostendat. Origo verior cinctus gabini inde petitur, quod incursione repentina hostium Gabii, cum non esset spatium sumendi saga, togas subductas et retro rejectas circa corpus complicaverunt.

1017. Egm., Alex. a prima manu, *pigmatis*: scribe *pegmatis*.

1022. Boves in sacrificiis coronari solitos constat etiam ex Act. apost. xiv, 12 : *Sacerdos quoque Jovis, qui erat ante civitatem, tauros et coronas ante januas afferens, cum populis volebat sacrificare.* Delrius comment. in Œdip. Seneca docet victimarum auro quasi jugari et vinciri consuevisse, item coronari. Trebellius Pollio in Vita Gallienorum pag. 178: *Processerunt etiam altrinsecus centeni albi boves, cornibus auro jugatis, et dorsualibus sericis discoloribus præfulgentes*. In antiquo lapide Romæ insculptum est de voto vicennali : *Vota Faventinus bis deni suscipit orbis, Ut mactet repetens aurata fronte bicornes*. Utrumque morem his Prudentii versibus confirmari notat

Delrius. Advertendum est illa Faventini vota de taurobolio esse intelligenda. *Auratam frontem* Virgilius dixit, *inaurato cornu* Tibullus : quod mult. explicant de cornibus auro li is. Sed aliud præterea in Prudentio indicat versus 1025, *Setasque fulgor bractealis inficit.*

1023. Weitz., Iso, Gis., *impeditus*. Aldus., Parrhasius et scripti Heinsiani, *impeditus*. E nos.ris Vat. B, Mar., Prag., Rat., *impeditus*. In Egm. mendum perspicuum, *impenditis*.

1024. Parrhasius vi iose *nec non et tauro*. De hoc more Plinius, lib. xxxii, cap. 3 : *Deorum vero honori in sacris nihil aliud excogitatum est quam ut auratis cornibus hostiæ, majores duntaxat, immolarentur*.

1025. Ald. scribit *blattealis*; alii *bratteatis*, alii *bracteatis*. In Mar., et, ut videtur, in Rat. erat prius *bratteolis*. Alex. etiam scribit *brattealis*.

1026. Vat. B, *stimulando*; supra aliena et recentiori manu, *est immolanda*. In Mar. pariter, *stimulando*; ad oram vera lectio descripta est.

1027. Ald., Alex., Urb., Parrhasius, Mar. supra, Gis., Weitz., et alii, *sacrato dividunt venabulo*. Vat. B, Q, Mar. a prima manu, Rat., Prag., Thuan., Nonns, Heins., *sacrata dividunt venabula*. Heinsius in duobus invenit *sacratum dividunt venabula* : scilicet *pectus sacratum*.

1029. Rat., *su'dita*. Substantive *textum* ponitur apud Catullum, Lucretium et alios. Vide Gifanium.

1030. Mar. in textu, Widm. supra, Hailsbr., *vaporem*: lege *vaporum*. Chanilladus in indice notat esse substantivum. Sed poterit etiam esse adjectivum a *vaporus*, ut in hymno S. Fructuosi vers. 115, *Vaporus ardor*.

1031. Prag., sequentes : rectius *frequentes*. Imo id unice verum videtur.

1034. Vat. A, Q, Hailsbr., Pal., Fgm., *turpe objectans*. In Alex. videtur factum *turpes objectans*. Retinendum *tur, e subjectans*. Fabr. *turpe* adverbium esse putat, et in parenthesi per indignationem legi mallet.

1035. Ald. mendose, *omne* pro *omni*. Heinsius cum solo Thuan, pu efactus : quia apud Prudentium, inquit, prima in *putrefactus*, et *putris* semper occurrit brevis. Ineptam hanc et falsam esse rationem, liquet ex vers. 9 hymni 7 Cathem., *Arvina putrem ne resudans crapulam*. Teolius et Cellarius Heinsio

Quin os supinat, obvias offert genas,
1153 Supponit aures, labra, nares objicit,
Oculos et ipsos perluit liquoribus :
Nec jam palato parcit, et linguam rigat,
1040 Donec cruorem totus atrum combibat.
Postquam cadaver sanguine egesto rigens
Compage ab illa flamines retraxerint,
Procedit inde pontifex, visu horridus,
Ostentat udum verticem, barbam gravem,
1045 Vittas madentes, atque amictus ebrios.
Hunc inquinatum talibus contagiis,
Tabo recentis sordidum piaculi,
Omnes salutant atque adorant eminus :
Vilis quod illum sanguis, et bos mortuus
1050 Fœdis latentem sub cavernis laverint.

Addamus illam, vis, hecatomben tuam ?
Centena ferro cum cadunt animalia,
1154 Variaque abundans cæde restagnat
[cruor,
Vix ut cruen'is augures natatibus
1055 Possint meare per profundum sanguinis.
Sed quid macellum pingue pulvinarium,
Quid maximorum lanciuatores gregum,
Eviscerata carne crudos, criminor?
Sunt sacra, quando vosmet ipsi exciditis
1060 Votivus et cum membra detruncat dolor.
Cultrum in lacertos exerit fanaticus,
Sectisque matrem brachiis placat deam.
Furere, ac rotari jus putatur mysticum :
1155 Parca ad secandum dextra fertur impia :

GLOSSÆ VETERES.

1041. Egesto, *emisso*, I.
1042. Compage, *tabula*, I.
1047. Piaculi, *purgationis*, I.
1051. Hecatomben, *centum; inde hechatontam, id est centum potestates habentem; et ideo centum hostiæ ei immolabantur*, I.
1056. Pulvinarium, *lectisternium vocat pulvinarium qui in templo ponebatur quando augurium quærebant per sacrificium*, I.
1058. Crudos, *rusticos, pingues*, I.

1059. Quando , *siquidem*, I.
1060. Votivus, *qui per votum venit*, I. *Voluntarius*, Vat. A.
1061. Fanaticus, *sacerdos qui in fano moratur*, I.
1062. Deam, *Berecynthiam*, I.
1063. Rotari, *scilicet objectans caput.—*Mysticum, *figuratum*, I.
1064. Parca, *quæ parcit, non se incidendo. — Fertur, dicitur esse*, I.

COMMENTARIUS.

adhærent: sed scripti et vett. edd. constanter et probe habent *putrefactus*. Chamillardus in textu, *putefactus*, in indice solum adnotat *putrefactus*.
1036. Ald., Torn., *qui nos*. Meliores libri nostri, et Heinsiani cum Caurhio, Latinius, Parrhasius, Gis., *qun os*. Weitzius, *quinos*. Scaliger, lib. II, cap. 1, Lect. Auson., cum invenisset alicubi *quinos*, correxit *cimos*, vel *cinos*. Glossarium *cinum ἐπισκύνιον*. Cinnus νεῦμα. Et Italica lingua, et vetus Gallica usurpint *cenno, accennare, accener*. Scaligero accedit Gattackerus ad Antoninum de Vita sua. Heinsio tamen minime id placet, neque aliis debet placere.
1046. Egui., Palat., Hailsbr. in textu, *hinc* pro *hunc*. Pro *contagiis* alios legere *contactibus* testis est Fabricius. Salmasius pag. 180 in Ælium Lampridium luculentam hanc descriptionem tauroboli dicit, et multa profert de taurobolio ac tauroboliatis ad hunc gentilium ritum illustrandum aptissima.
1047. In Prag. hic versus rejicitur post versum 1050, *Fœdis*, etc.
1050. Egm., Lat., Hailsbr., Vat. A, *laverit*, non male.
1051. Vat A, corrupte, *illam vis hæc ad opem tuam*. Vat. B, Mar., Prag. scribunt *echatontem tuam*. Egm., Widm., *eccatontem*. Plerique *hecatombem*, aut *hecatomben*. Cauchius conjiciebat *si vis hecatomben*, ut metro consulatur. At Prudentius nunquam quarto loco dactylum immisit. Producit secundam in *hecatombem* necessitate quadam metrica : non enim alio modo facile hoc vocabulum adhibere potuisset, nec prudens ab eo abstinere debuit. Isonis glos a ita emendari potest: *hecaton centum, inde hecatombem*, etc. Hecatombe est sacrificium centum boum; a Lacombus primum institutum dicitur, qui cum olim centum præessent urbibus, centenos quotannis boves pro centum civitatibus immolabant. Alii alia. Vide Eustathium in Homeri Iliad.
1052. Vat. A, *fere*; supra videtur esse *ferro*. Prag., *fere*. Rott., Prag., Hailsbr., Vat. B, Mar. supra, Gis. ad oram, Sich., *cui cadunt*. Alii, *cum cadunt*. Widm. et Parrhasius omittunt *cum*, vel *cui* : sed corrumpitur metrum.
1055. Ald., Vat. B in textu, Mar., Bong., Widm.,

Sich., Gis. prima ed., *profundum sanguinem*. Alex., Urb., Vatt. A, B, supra, Q, Hailsbr., Pal., Fair., Gis. secunda ed., Heins., *profundum sanguinis*. Weitz., Egm., *profunda sanguinis*.
1056. In Vat. B videtur fuisse *pluinarium*, aut certe *plumarium*, sed male. Vocat autem pulvinarium deorum macellum pingue, quia cruore hosti arum templa redundabant.
1059. Vat. A, *vosmetipsos*. Prag., *cum vosmetipsos*, supra *quando*. Lex carminis poscit *quando vosmet ipsi*. Recenset nunc poeta ritus gentium quibus in deorum honorem sibi vulnera inferebant.
1061. Prag., *cultros*, repugnante metro. Mar. *in certis*, supra *lacertos* rectius. Bellonæ sacerdotes lacertos sibi et brachia cruentabant, et fanatici dicebantur. Lactantius, lib. I, cap. 21 ; *Bellonæ sacerdotes non alieno, sed suo cruore sacrificant. Sectis namque humeris, et utraque manu districtos gladios exerentes currunt, efferuntur, insaniunt*. De his fanaticis Horatius, Lucanus, Juvenalis et alii. Sub Commodi tempora consuetudo invaluerat ut cruentationem fanatici simularent, non vere lacertos exsecarent. Nam Lampridius in ejus Vita ait : *Bellonæ servientes vere exsecare brachium præcepit studio crudelitatis*. Apud Montauconium, tom, I Antiq., lib. IV, pag. 262, repræsentatur Fanaticus Bellonæ, Isidis, et Serapidis duos cultros manibus tenens.
1062. Nebrissensis vult legi *deum* pro *deam*, ut intelligatur Cybele mater deorum ex sententia Apuleii, qui Bellonam, Cybelem, Isidem idem numen esse putat. Ac revera *deum* legitur in editione Lottei. In Actis S. Symphoriani sæpe Cybele mater dea dicitur. Sed fortasse tam in his Actis quam in Prudentio præstabit legere *mater deum*, ut in veteribus inscriptionibus passim occurrit.
1063. Ald., *ac rotare*. Melius *ac rotari*. Rat., et *rotari*. Lottenus mendose *ejus* pro *jus*. Minucius : *Hi sunt et furentes quos in publicum videtis concurrere, vates et ipsi absque templo, sic insaniunt, sic bacchantur, sic rotantur*, etc. Confer notas Heraldi et aliorum ad Minucium, et Elmenhorstii ad lib. I Arnobii pag. 1.
1064. Ald., Vat. B in contextu, Torn., Mar.,

1065 Coelum meretur vulnerum crudelitas.
    Ast hic metenda dedicat genitalia,
    Numen reciso mitigans ab inguine :
    Offert pudendum semivir donum deæ:
    Illam revulsa masculini germinis
1070 Vena effluenti pascit auctam sanguine.
    Uterque sexus sanctitati displicet.
    Medium retentat inter alternum genus:
    Mas esse cessat ille, nec fit femina.
    Felix deorum mater imberbes sibi
1075 Parat ministros lenibus novaculis.
    Quid. cum sacrandus accipit sphragitidas ?

1156 Acus minutas ingerunt fornacibus-
    Ilis membra pergunt urere, utque ignive-
    [rint:
    Quamcunque partem corporis fervens nota
1080 Stigmarit, hanc sic consecratam prædi-
    [can.
    Functum deinde cum reliquit spiritus,
    Et ad sepulcrum pompa fertur funeris :
    Partes per ipsas imprimuntur bracteæ,
    Insignis auri lamina obducit cutem,
1085 **1157** Tegitur metallo, quod perustum est
    [ignibus.

GLOSSÆ VETERES.

1066. Metenda, *abscidenda*, 1.
1070. Auctam, *accumulatam, vel placatam*, I.
1071. Uterque, ironicos dicit.—Sanctitati, *illi.*—Displicet, *eviratus utrumque genus despicit, et masculinum, et femininum*, 1.
1076. Fragitidas, *fragis Græce dicitur missile : hinc fragitidæ spicula, vel acus majores*, Vat. A. No-

tas a frangendo, Mar.
1078. Igniverint, *pinxerint*, 1.
1081. Functum, *defunctum. Funqi dicimus officium implere ; defungi ab officio cessire ; defunctus dicitur ab officio vitæ cessans*, 1.
1083. Bracteæ, *laminæ auri*

COMMENTARIUS.

Weitz., *parta*. Meliores Heinsiani, et nostri cum Parrhasio, Latinio, *parca*. Neque aliter Giselinus: etsi enim ediderit *parta*, tamen in emendatis correxit *parca* cu u explicatione scilicet : *Impius est qui parce secat, pius qui crudeliter*. Nebrissensis exponit *parata*, quia legit *parta ;* sed id est contra sententiam poetæ, nec pro *parata* recte diceiur *parta*.
1066. Parrhasii error in metro *dicat* pro *dedicat*. Nunc arguuntur sacerdotes Cybelis, de quibus non semel dictum.
1070. Prag., *vena defluenti*, contra metrum. Thuan. pro *effluenti* scribit *efluenti*, ex quo Heinsus conjicit *vena et fluenti*. Salmasius, *vena fluenti*. Parrhasius corruptissime edidit hos duos versus: *Illam revulsam masculini germinis Venam: effluenti Pasitheæ sanguine*. In emendatis monuit quosdam codices habere *Venam effluenti pascens auctam sanguine*.
1075. Ald., Parrhasius, et nonnulli vulg., *levibus*, seu *lævibus*. Scripti plerique, *lenibus*. Heinsius edidit *lævibus*.
1076. Vat. A, *sacrandos*: lege *sacrandus*. Parrhasius ita legit hunc versum, *Quid cum sacrandus occidit Phryx Atidi ?* Nescio quo sensu. Ald., Gis. scribunt *sphragitidas*, et Giselinus deducit a σφραγίζειν, signare, et insignire. Inde σφραγίς, et σφραγίσμα. Derivativum σφραγίτις pro stigmatis et punctionibus vix alibi legi putat Gise.inus. In scriptis Weitzianis, Heinsianis et nostris legitur *fragitidas*. Nihilominus Heinsius edidit *sphragitidas*. Nebrissensis *sphragitidas* exponit *medicamenta e terra sphragitide*, seu *sigillata, quæ valet ad cicatricanda vulnera*. Ex Celso lib. v, cap. 20 et 26, pastillus ad glutinandum vulnus *sphragis* nuncupatur. Melius Fabricius interpretatur *ustiones aut notas impressas, vel memoriæ causa, ut fit annuto; vel religionis, ut fit ferro ignito*. Ii etiam qui nomen militiæ dabant, ignito ferro pungi et stigmati solebant: unde sacramentum militare dictum, quia milites quasi sacrabantur. Lipsius, de Militia Romana, lib. 1 dialogismo 9, agit de militibus in cute punctis. Raynaudus, de Stigmatismo s cro et profano, sect. 2, cap. 7, de hoc ritu copiose disserit: non autem probat quod Primasius locum Apostoli ad Rom. I ita explicet, ut intelligatur ethnicos contumeliis affecisse corpora sua, *dum sibi characteres et ustiones infligunt in consecrationibus idolorum*; nam Apostolus clare agit de contumeliis per libidines et impudicitiam.
1077. Prag., *ingegit*, fortasse *ingerit*.
1078. Prag., mendose, *pergunt perurere, 'cum igniverint*. Egm., corrupte, *verauntur aere*. Ald., Parrha-

sius, scripti Heinsiani, Gifaniani, nostri, *pergunt urere, ut igniverint*. Id secuti sunt Weitzius, Heinsius et alii. Et Heinsius agnoscit quarta sede tribrachyn admitti cum hiatu. Gis. et nonnulli vulg., *utque igniverint*; ita enim postrema in *urere* eliditur, et fit iambus. Gifanius legit quidem *urerĕ, ut igniverint*, sed quarta sede iambum, non tribrachyn, agnoscit. Defendit enim ex Martiani sententia, ea quæ int finiuntur ancipiti intervallo habita esse: itaque producit *ut*. Hermanus. Hugo, cap. 19, de Prim., scrib. Rat., ubi probat non solum servis et reis, sed etiam militibus aliquando et sacris hominibus notas et litteras fuisse inustas, legit etiam, *urere, utque igniverint*. Vossius de Vitiis sermonis inter barbara rejecit verbum *ignio*, quod Hincmaro tribuit. Paulinus epist. 4 ad Ausonium usus est *ignitus*, quam vocem usurpat etiam Gellius, Barthius, lib. IX, cap. 18, notat Arnulfum *ignire* a Prudentio sumpsisse. Arnulfus ait: *Sublimes oculos. et acuti luminis ignit Excellens sensus, ingeniique vigor*.
1079. Egm., *Quacunque partem corporis fervens nota Stigmaret*.
1080. In Vat. A aliena manu videtur factum *stagnarit*, ad marg. *stigmart*: incertum quid prius in contextu fuerit. Ald., Roit., *hanc si consecratam*, Egm., Vat. A, *hanc sacratam*, claudicante versu. Hinc Heinsius conjectabat *hancce sic sacra'am*, vel *hancce consecratam*. Parrhasius *hanc conse ratam*; sed neque ita versus constat. Plerique, *hanc sic consecratam*.
1081. Ald., Bong., *relinquit spiritus*.
1084. Prag., *insignis auro lamina*.
1085. Fabricus ait eam partem auro aut argento includi, et quasi sacram post mortem asservari. Prudentius solum innuit partes quæ perustæ et notatæ sunt ignibus, obduci lamina auri impressa, atque adeo tegi. Hujus ritus quis al us meminerit, non occurrit. Raynaudus loc. cit. Fabricium impugnat quod crediderit ex hoc gentilium ritu morem pervasisse in Ecclesiam, ut digiti, brachia, articuli sanctorum includerentur vasis, et osculanda exhiberentur. Prudentii mentem esse ait Raynaudus, *inter efferendum funus honestata ad modum præd ctum fuisse membra stigmate notata, sive consepultis, sive post funeris pompam detractis ante illationem in tumulum hujusmodi ornamentis*. Puto autem sermonem esse non de solis sacerdotibus Cybelis, neque de solis sacerdotibus Isidis, sed de quovis sacerdote, qui se numini alieni notis corpori inustis consecraret. An autem omnes sacerdotes id facere deberent, an solum alicujus nu-

Has ferre pœnas cogitur gentilitas.
　Hac dii coercent lege cultores suos :
　Sic dæmon ipse ludit hos quos ceperit,
　Docet exsecrandas ferre contumelias.
4090　Tormenta inuri mandat infelicibus.
　At noster iste sanguis ex vestra fluit
　　Crudelitate : vos tyrannide impia
　　Exulceratis innocentum corpora.
　　Si vos sinatis, incruente vivimus :
4095　At si cruente puniamur, vincimus.
　Sed jam silebo : finis instat debitus,
　　Finis malorum, passionis gloria :
　　Jam non licebit, improbe, ut licuit modo,
　　Torquere nostra, vel secare viscera :
4100　Cedas, necesse est, victus, et jam desinas.

1158 Cessabit equidem tortor, et sector de-
[hinc :
　Judex minatur : sed peremptoris manus
　Succedet illis strangulatrix faucium :
　Aliter silere nescit oris garruli
4105　Vox inquieta, quam tubam si fregero.

Dixit, foroque protrahi jussit virum,
　Trudi in tenebras noxialis carceris :
　Elidit illic fune collum martyris
　Lictor nefandus. Sic peracta est passio :
4110　Anima absoluta vinculis cœlum petit.
　Gesta intimasse cuncta fertur principi
　　Præfectus, addens ordinem voluminum,
　　Seriemque tantæ digerens tragœdiæ :
　　Lætatus omne crimen in fasces refert.
4115　**1159** Suum tyrannus chartulis vivaci-
[bus.
　Illas sed ætas conficit diutina,
　　Fuligo fuscat, pulvis obducit situ,
　　Carpit senectus, aut ruinis obruit :
　　Inscripta Christo pagina immortalis est,
4120　Nec obsolescit ullus in cœlis apex.
　Excepit astans angelus coram Deo,
　　Et quæ locutus martyr, et quæ pertulit :
　　Nec verba solum disserentis condidit ;
　　Sed ipsa pingens vulnera expressit styl.
4125　Laterum genarum, pectorisque, et faucium

GLOSSÆ VETERES.

4089. Contumelias, *contumeliæ proprie sunt verbera et illatæ alicui injuriæ*, l.
4103. Illis, *tortoribus et sectoribus*.
4105. Quam, *nisi*, Vat. A.
4114. Fasces, *potestates*, Mar.

4115. Vivacibus, *diu durantibus*, l.
4116. Diutina, *longæva*, l.
4117. Situ, *vetustate*, l.
4120. Obsolescit, *deletur*. — Apex, *littera*, l.

COMMENTARIUS.

minis sacerdotes, et cujus numinis, nondum satis mihi liquet. Raynaudus loc. cit. recenset sacerdotes Cybelis, Bellonæ, Dianæ, Deæ Syriæ, Mithriacos, et diversos singulorum ritis magno doctrinæ apparatu exponit.
4086. Minucius recte de Cybelilustrio : *Hæc jam non sunt sacra, tormenta sunt.*
4087. Parrhasius corrupte, *cohærant lege;* quamvis ipse contendat *cohærant esse* proprium Prudentii vocabulum *pro addicunt ab aere*, interjec a aspiratione hiatus causa. Longe enim melius dicitur *coercere lege*, quam *addicere lege*.
4092. Prag. male, *tyrannide cum impia.*
4096. Prag. minus bene, *debitis.*
4100. Vat. A, *desines.* Aldus non bene interpungit, *desinas, Cessabit equidem tortor, et sector dehinc. Judex minatur.* Verba *cessabit equidem tortor* non Romani, sed judicis sunt.
4101. Adverbium *equidem* Latinissime adhiberi posse etiam cum tertia aut secunda persona, multi jam docuerunt, nonnullis reclamantibus.
4103. Parrhasius, Egm., Rat., Hailsbr., Ambr., *succedit.* Ox., Rott., Urb., Vat. Q, Pal., *succedat,* Gis. ad oram, *succedat illi.* Plerique edd. et mss., *succedet illis.* Eusebius, cap. 2 de Martyr. Palæst., ita factum narrat : *Cum imperatoris vicennalia jam adessent, et ex solemni more universis qui in custodia tenebantur indulgentia publice per præconem annuntiata esset, solus ad quatuor usque puncta distentus habens pedes, in ipso jacens nervo, fractis laqueo faucibus, martyrio, sicut optaverat, exornatur. Igitur Eusebius refert Romanum diu superstitem in carcere fuisse, et, cum vicennalia imperatoris adessent, strangulatum in carcere, scilicet ad publicos tumores vitandos.*
4105. Supra dixit *faucium fistulas, cymbalum oris, plectrum linguæ; nunc tubam vocat instrumentum vocis.*
4107. Vat. A, Egm., *mendose, nox illis* pro *noxialis.*
4108. Strangulari in carcere infame mortis genus putat Teolius. Non assentiar, nisi testem veterem videro.

4111. *Intimare* pro *indica e verbum est Cypriani*, Vopisci, Spartiani, Symmachi, non Livii, ut Fabricius putavit, mendosa aliqua editione deceptus : nam lib. IV, cap. 46, non *intimasse filio*, sed *instituisse filio* legendum est.
4112. Ex veteri consuetudine id factum observat Teolius, auctoritate Eusebii in Chronico, qui ait veterem hanc fuisse consuetudinem provinciarum rectoribus, *ut quidquid novi apud ipsos contigisset, imperatori nuntiarent, ne quid ipsum lateret.*
4114. Prag., *tyrannus omne*, et vers. seq., *suum lætatus :* sed hoc postremum metro non congruit. Cauchius ex conjectura, et Latinius in *fastos refert Suos tyrannus :* quod tenuit Gi-elinus, et cum eo Heinsius : sed uterque *suum*, non *suos* : et ita ediderant olim Murmellius et Lot erus. Refraguntur plerique edd., et mss. Fabricius *fasces* interpretatur scytalas et lateracula quæ in aulis imperatorum solebant convoluta aut deposita asservari. Nebrissa intelligit fasces librorum, ut potius annales, qui a consulibus nomen accipiebant, quorum insignia erant fasces.
4116. In nonnullis vulg., male, *illa sed ætas pro illas.*
4117. Cauch., Thuan., Parrhasius, Sich., Vat. A, B, Mar., Rat., Weitz., et alii, *uligo*. Plerique cum Aldo, *fuligo*.
4119. Mar., *inscripto ;* supra *inscripta*, probe. Isaias XLIX, 16 : *Ecce in manibus meis descripsi te.* Vide vers. 1 hymni 1 Per., *Scripta sunt cœlo duorum martyrum vocabula*, et hymn. 4, vers. 171.
4120. Ald., *obsolescet*.
4121. Ex Evangelio Matth. XVIII, 10, *Angeli eorum in cœlis semper vident faciem Patris mei, qui in cœlis est.* Fabricius, quamvis heterodoxus, tamen fatetur non poetice id fictum, sed veram esse narrationem viri rerum divinarum scientissimi. Nam angelos Dei nobis adesse tanquam custodes, comites, defensores, spectatores, sacræ historiæ testantur et experiuntur pii homines.
4124. In Vat. A supra *pingens* erat additum *u*, ut esset *pinguens*, inepte.

Omnis notata est sanguinis dimensio,
Ut quamque plagam sulcus exaraverit,
Aliam, patentem, proximam, longam, brevem:
Quæ vis doloris, quive segmenti modus,
1130 Guttam cruoris ille nullam perdidit.
Hic in regestis est liber cœlestibus,
1160 Monumenta servans laudis indelebilis,
Relegendus olim sempiterno judici :
Libramine æquo qui malorum pondera,
1135 Et præmiorum comparabit copias.

Vellem, sinister inter hædorum greges
Ut sum futurus, eminus dignoscerer,
1161 Atque, hoc precante, diceret rex op-
[timus :
Romanus orat : transfer hunc hædum mihi :
1140 Sit dexter agnus, induatur vellere.

XI HYMNUS.
INCIPIT AD VALERIANUM EPISCOPUM DE PASSIONE S. HIP-
POLYTI M.

Innumeros cineres sanctorum Romula in urbe-

GLOSSÆ VETERES.

1131. Regestis, *occultis. Regestum vocatur liber continens memorias aliorum librorum, et epistolas in unum collectas ; et dictum regestum, quasi iterum gestum. Joannes Scotus registron dicebat*, I.
1132. Monumenta, *monumentum, et monimentum, et monimen, sed uno sensu semper ponuntur*, I.
1133. Olim, *in futuro tempore*, I.
1134. Libramine, *pondere*, I.
1138. Rex, *Christus*, I.
1140. Vellere, *innocentia*, I.
1. Romula, *debuisset dicere in Romulea; sed propter metrum Romula dicitur*, I.

COMMENTARIUS.

1131. Aldus edidit male *hic intregestis*, nec melius correxit *hic iter gestis*. Scripti *hic in regestis*. Regesta etiam dixit Vopiscus in Probo. Joannes Scotus, qui, ut ait glossa, *registron* dicebat, videtur esse Joannes Scotus Erigena, qui floruit primum in Anglia, deinde in Gallia sub Carolo Calvo, qui regnavit ab anno 840 ad annum 877. Æqualis fuit Isoni, qui obiit anno 871, ut confirmatur ex Mabillonio in observationibus præviis ad vitam S. Othmari. De hujus S. Othmari miraculis Iso libros duos scripsit, qui exstant etiam tom. I Scriptorum rerum Alamannicarum, ubi tom. II aliud opus ejusdem Isonis inseritur quod inscriptum est Formulæ chartarum.
1132. Plerique *monimenta*; alii *monumenta* scribunt.
1133. Weitz. cum Egm. et Hailsbr. maluit scribere *religendus*.
1135. Egm., Hailsbr. male, *comparavit*.
1136. Totum hunc locum abunde explicuimus cap. 19 prolegom. Dudo Decanus S. Quintini, lib. III de Moribus Norman. Prudentium æmulatus, ut captus erat illorum temporum, ita lusit : *Et me olidis vincam cum spexeris eminus hædis, Hic mihi nam spondent heu monimenta mei. Candidulos memet quamprimum transfer in agnos, Coagnus dexter eam velleris almiflui*. In simili loco Herici Alti-siodorensis loc. cit. proleg., *vinctum diversa est scri tura pro junctum*.
1137. Latinius ex conjectura, opinor, *si sum futurus*. Non male Cellarius, *Ut sum futurus*, id est *ut omnino merui peccatis meis, qui inter hædos statuar*. Fabricius in Com. Poet. Christ., pag. 118, *Quid est*, ait, *Prudenti Clemens, quod inter hædos te futurum dicis? an oblitus tui es, qui ante scripsisti : Crux nostra Christi est, nos patibulum ascendimus, Nobis peremptus Christus?* Tum in Romani invocationem invehitur. Ita homines isti, hæretico ac pravo judicio superbi, non solum veterum Patrum sententias licenter spernunt, verum etiam eosdem tanquam ineptos scriptores, et in eodem opere sibi ipsis aperte contrarios objurgant. Hunc Fabricii locum, uti alia plura quæ nos identidem notavimus, deleri jussit index expurgatorius Belgi, ubi post censuram in Christianos poetas G. Fabricii Chemnicensis excusos Basileæ, per Joannem Oporinum, anno 1564, illico additur : *Atqui editiones illæ, sive Germanicæ, ut Basileæ, aut Francofurti, aut alibi excusæ, sive Parisiensis apud eumdem Jacobum du Puys anno circiter 1560, quæ additas habent præterea præfationes, seu additiones Lutheri, aut Melanchthonis, multo magis suspectæ sunt; habent et appendices suspectissimas. Quod restat, et hæc, et reliquæ editiones tam Latinæ quam Germanicæ, Gallicæ, et Theutonicæ, interdicantur in universum omnes*. Quæ verba, non satis intelligo an plures alias editiones Poetarum Christianorum, an aliud innuant. De hoc indice plures tragœdias hæretici

excitarunt, et quasi ab auctoribus in ipso initio compressus fuisset, eumdem ipsi anno 1599 recuderunt. Schelhornius, tom. II Amœnit. lit., pag. 571, eum inter libros rariores recenset. Exemplar primæ editionis Antuerpiæ 1574 exstat in bibliotheca Collegii Romani, hoc titulo : *Index expurgatorius librorum qui hoc sæculo prodierunt, vel doctrinæ non sanæ erroribus inspersis, vel inutilis, et offensivæ maledicentiæ fetibus permixtis juxta sacri concilii Tridentini decretum, Philippi II regis catholici jussu et auctoritate, atque Albani ducis consilio ac ministerio in Belgia* (sic) *concinnatus anno 1571 Antuerpiæ ex officina Christophori Plantini prototypographi regii*. 1571. Præfatur Arias Montanus.
1138. In Vat. B desideratur *hoc*. Vat. B a prima manu, *precanti*, non bene.
1139. Teolius et Chamillardus secuti sunt Heinsium, qui cum solo Rott. ediderat *huc hædum*. Sed et Heinsius in Addendis aliter sentire videatur, et codd. plerique habeant *hunc hædum*, retinendum id est. Confer proleg. num. 186. Post hoc carmen in Vat. A sequitur hymnus Natalis Domini. In Vat. B, Mar., *Finit Romanus Aurelii Prudentii Clementis. Incipit hymnus* VIII *cal. Januarii*. In Aldo *Finit Romanus. Aurelii Prudentii Clementis Peristephanon. Et illico ponitur hymnus SS. Hemeterii et Celedonii*. In codice Bongarsiano, de quo egi in comment. ad hymn. Cassiani in titulo, post Passionem Romani hæc leguntur : *Finit Kathemerinon Prudentii Aurelii Clementis. Huc est liber Hymnorum in honorem martyrum*. Hinc colligit Sinnerus, videri hymnos martyrum olim non sub Peristephanon nomine venisse. Rectius inscitiam exscriptoris collegisset. Idem Sinnerus notat in eo codice ad Romani martyrium picturas fuisse additas. Codex iste fuit olim ecclesiæ Argentinensis, tum Friderici Casimiri comitis palatini ad Rhenum Bipontini, deinde ex hujus dono Jacobi Bongarsii, demum bibliothecæ Bernensis.
1. Ita hic hymnus inscribitur in Vat. B., Mar., Rat. In Heinsio, *De passione sancti Hippolyti beatissimi martyris. Ad Valerianum episcopum*. In Aldo, *Passio Hippolyti martyris ad Valerianum episcopum*. In Alex., *Ad Valerianum episcopum. De passione Hippolyti beatissimi martyris*. In Vat. A, *Passio Hippolyti beatissimi martyris*; ubi omittitur *Ad Valerianum episcopum*, quod præposere titulo hymni S. Cassiani appositum est. Weitzius cum Aldo tacit, nisi quod scribit *Yppoliti*, ut in quibusdam vett. codd. legitur. Jo. Albertus Fabricius duobus tomis in-fol. edidit *Opera S. Hippolyti episcopi et martyris cum virorum doctorum notis et dissertationibus*. Hamburgi 1716, ubi hymnus hic Prudentii, et plura testimonia de Hippolytis exstant. Eadem opera majori apparatu doctrinæ cl. Simon de Magistris edere jam pridem

1162 Vidimus, o Christi Valeriane sacer. A
1163 Incisos tumulis titulos, et singula quæris

Nomina? difficile est ut replicare queam.
5 Tantos justorum populos furor impius hausit,
  Cum coleret patrios Troja Roma deos.

GLOSSÆ VETERES.

2. Sacer, *sacerdos*, I.
3. Incisos, *sculptos vidimus.* — Singula, *scilicet si*, I.
4. Replicare, *explanare, numerare originem*, I.
5. Hausit, *consumpsit, quasi devoravit*, I.

6. Cum, *quando*, — Coleret, *colebat*, I. Troja, *a Trojanis exstructa*, Vat. A. *Quia a Trojanis ducunt originem*, I.

COMMENTARIUS.

meditatur, qui controversiæ de Hippolytis novam lucem addet : et jam in præfat. ad Danielem secundum LXX, etc., num. 7, de eodem S. Hippolyto quædam nova atque ab aliis non observata protulit. Hospinianus de Festis, in festo S. Hippolyti, Reinoldum par ter heterodoxum lib. I, cap. 1. de Ecclesia Romanæ idolo atria secutus, censet talem Hippolytum sanctum nemi¡em exstitisse. *Prudentius enim*, ait, *antiquus, atque haud scio an primus auctor hujus martyris videtur poetico more lusisse.... Videtur, inquam, figmentum Ovidii lib.* xv *Metamorphoseos ex nominis etymologia ad Hippolytum martyrem accommodasse.* Quæ ego verba ita retuli, ut hymnus cum eis collatus impudentissimi hominis temeritatem coarguat. Quippe Prudentius non solum cultum S Hippolyti celeberrimum fuisse testatur, sed etiam ad ejus sepulcrum se sæpius orasse, et picturam in qua martyrium erat descriptum, vidisse asseverat, et ejus martyrium se cognovisse affirmat, dum rerum apices veterum per monumenta sequitur. Quisnam ergo locus fictioni poeticæ esse potest? Alia nobis est controver ia cum catholicis, qui dicunt Prudentium tres martyres Hippolytos in unum confudisse, scilicet Hippolytum militem, qui ab equis d scerptus est; Hippolytum presbyterum Antiochiæ, qui schisma Novati amplexus est, et Hippolytum episcopum : contra quos auctores ube ius disputare esset animus, sed non est otium. Breviter dicam Prudentii narrationem præferendam esse narrationibus illorum, quos longe post Prud ntium scripsisse constat, neque tantam diligentiam in act s hujus martyris investigandis adhibuisse, quantam a Prudentio adhi itam vel ex hoc hymno liquet. Constantinus Ruggerius, infausta morte præreptus, dissertationem imperfectam reliquit de Portuensi S. Hippolyti episcopi et m rty is sede, quam absolutam et multis adnotationibus auctam Achilles Ruschius Romæ 1771 publicavit. Ruggerius Prudentium de Hippolyto episcopo Portuensi, atque insigni scriptore, locutum contend t, sed ita ut gesta martyrii Hippolyti militis, et hæresin Novatianam Hippolyti presbyteri simul confundat. Quoniam vero auctores qui Prudentii fidem tuentur, varias addunt conjecturas de Hippolyto unico, quem Prudentius celebrat, Ruggerius multis rationibus hujusmodi conjecturas oppugnat : sed rem acu non tangit. Nam Prudentius sua auctoritate sustinetur, donec contraria monumento æqualis ponderis non proferantur. Illud autem ex Prudentio liquet, Hippolytum presbyterum, olim sectæ Novatianæ fautorem, martyrium subiisse, ab equis discerptum, ejusque reliquias ad cœmeterium Romanum fuisse translatas. An autem idem fuerit episcopus, non ita clare patet, minus vero, an fuerit auctor operum quæ sub Hippolyti nomine exstant. Martyrologia, in quibus plurimi errores et correcti jam sunt, et, nisi fallor, adhuc corrigentur, ad fidem Prudent i, qui certe multo ante scripsit quam h æc martyrologia, ut ad nos quidem pervenerunt, concinnata sunt, revocari debent, et cum Prudentio, si fieri possit, conciliari, ubi autem id non possit, rejici. In re præsenti de martyrio S. Hippolyti auctoritatem Prudentii tuentur Ruinartius, Tillemontius, Ceillerius, Basnagius, Fronto Ducæus, Plinius, Petrus Lazzeri in Thesibus de historia ecclesiastica Romæ 1747, et recens interpres Prudentii cl. Teolius, qui tamen Ruggerium pro eadem sententia immerito allegat.

2. Gis. et nonnulli vulg., *Christo*. Sic Alex. a secunda manu. Plerique scripti cum Aldo, Torn., *Christi*, elegantius ut aliis similibus exemplis probat Heinsius, Ciceronis Verrina 5, *Illa insula horum deorum sacra putatur;* Plinii lib. VIII, cap. 21, *Feram nomine axim sacram Liberi patris;* Nasonis, *Isse sacros Martis sub juga panda boves.* Harduinus in notis ad loc. cit. Plinii ¡.ou probat dici *sacer* cum genitivo. Sed multæ elegantiæ sermonis Latini perirent, si Harduini judicium in pretio h¡beretur. Itaque *sacer* hoc loco non tam est *sacerdos,* ut ait Iso, et putavit etiam Parrhasius, qui id Prudentii proprium esse dixit, quam *Christo consecratus.* Adisis proleg. num. 31 et 52, de hoc Valeriano, in cujus diœcesi satis probabiliter conjicitur natum Prudentium. Fontaninus, Hist. Aquileiens, pag. 123, recte Magdeburgenses coarguit quod cent. 4, cap. 10, p. 974, Valerianum Aquileiensem cum ejusdem nominis antistite, quem laudat Prudentius, male conflaverint. Nostrum hunc Valerianum Fontaninus Calagurritanum dicit. Parrhasius scribit *Valleriane.* Castus innocens Ansaldus edidit opusculum in-8°, de Causis inopiæ veterum monumentorum pro copia martyrum dignoscenda adversus Dodwellum dissertatio. Mediolani 1747. Solus Prudentius, quem impudentissime pro se allegat Dodwellus, ad ejus refellendam temerariam opinionem sufficeret. Testis enim est oculatus, qui ea scriptis tradebat, quæ palam nota erant; et, ut ex libris adversus Symmachum patet, crudelitatem gentilibus objiciebat, qui innumeros martyres occidissent : quod minime auderet, nisi tantum crimen in comperto esset. Primis octo distichis hujus hymni hanc martyrum multitudinem Prudentius prædicat. A versu 43 ad versum 77 idem argumentum fuse persequitur. In hymno S. Laurentii legimus vers. 541, *Vix fama nota est, abditis Quam plena sanctis Roma sit : Quam dives urbanum solum Sacris sepulcris floreat.* Lib. II contra Symmach. vers. 671 : *Post hunc et Decius jugulis Iacchatus apertis Insanam pavit rabiem. Mox hæc sitis arsit Multorum similis per vulnera tristia flagrans Extrahere in ignes animas, ac ludere pœnis, Undantesque meum in gremium diffundere mortes.* Et lib. I, vers. 515, pariter de Roma : *Mox ubi contiguos fossis muralibus agros Sanguine justorum innocuo maduisse recordans, Invidiosa videt tumulorum millia circum. Tristis judicii mage pœnitet.* Prudentio concinit Paulinus Nat. 15 : *Hic Pe rus, hic Paulus proceres, hic martyres omnes, Quos simul innumeros magnæ tenet ambitus Urbis.*

5. *Illinc* puto *titulum* quod sæpe dixi, sumi pro elogio sepulcrali. Colligo præterea Prudentium vidisse etiam titulum Hippolyti, adeoque non ex sola pictura acta ejus enarrasse. Giselinus in emendatis pro *tu* correxit *et singula*, quod Heinsius non animadvertit. De inscriptionibus tumulorum consulendus Kirckmannus lib. III, cap. 19 et 20 de Funer. Roman.

5. *Populus* quamvis multitudinem significat. Observavit id Barthius, qui lib. IV Advers., cap. 15, et lib. XLI, cap. 5, fere totum hunc hymnum notis illustrat. Idem Prudentius Cath. hymn. V, vers. 135, *Umbrarum populus.* Psychom. vers. 798, *Virtutum populus.* Apuleius lib. V Metam., *Sive illa de nympharum populo.*

6. Parrha¡ s, *maxima Roma.*

PERISTEPHANON HYMN. XI.

Plurima litterulis signata sepulcra loquuntur
1164 Martyris aut nomen, aut epigramma
[aliquod.
Sunt et muta tamen tacitas claudentia tumbas
10 Marmora, quæ solum significant numerum.
Quanta virum jaceant congestis corpora acervis,
Nosse licet, quorum nomina nulla legas?
Sexaginta illic, defossas mole sub una,
Relliquias memini me didicisse hominum:
15 Quorum solus habet comperta vocabula Chri-
[stus,
Utpote quos propriæ junxit amicitiæ.
Hæc dum lustro oculis, et sicubi forte latentes
Rerum apices veterum per monumenta sequor,
1165 Invenio Hippolytum, qui quondam schi-
[sma Novati
20 Presbyteri attigerat, nostra sequenda negans,
Usque ad martyrii provectum insigne, tulisse
Lucida sanguinei præmia supplicii.
Nec mirere senem, perversi dogmatis olim,
Munere ditatum catholicæ fidei.
25 Cum jam vesano victor raperetur ab hoste,

GLOSSÆ VETERES.

7. Signata, *clausa*, I.
8. Epigramma, *superscriptio*, I.
9. Tumbas, *sepulcra*, I.
10. Significant, *indicant*, I.
11. Virum, *virorum*, I.
15. Comperta, *recitata*, I.
17. Sicubi, *ubique*, I.
18. Rerum, *martyrii*, I.
19. Schisma, *dogma, discussio, hæresim.* — Novati. Novatus iste schismaticus, nam distat inter schismaticum et hæreticum. Schisma, id est scissio; inde schismaticus, qui a corpore Ecclesiæ aliqua novitate, sicut iste, qui dicebat hominem semel prolapsum criminali peccato, nunquam posse resurgere. Hæreticus namque qui sectam suam colit; hæresis enim secta, videlicet non credens unum Deum esse Patrem, et Filium, et Spiritum sanctum, sicut Arius, I. Novatus iste monachus fuit et episcopus, qui dicebat hominem baptizatum, si semel peccasset, non posse postea veniam mereri. Vat. A.
20. Nostra, *dogmata*, Mar. *Ecclesiastica, catholicam Ecclesiam*, I.
21. Provectum, *scilicet inveni*. — Insigne, *ornamentum.* — Tulisse, *accepisse*, I.
23. Mirere, *mireris.* — Senem, *Hippolytum*, I.
24. Ditatum, *scilicet esse*, I.
25. Victor, *ipse*, I.

COMMENTARIUS.

7. Weitz. cum Widm. scribit *locuntur.*
8. Parrhasius, *aliquid:* lege *aliquod.*
9. Gis. in contextu, *Sunt et multa tamen tacitas claudentia turbas.* Ad oram, *muta*, et *tumbas.* Scripti castigatiores, *muta*; plerique *tumbas.* Parrhasius, Vat. A, a secunda manu, B. Egm., Pal., Widm., supra, *multa.* Valsecchius, qui lib. II, cap. 2, de Fundam. Relig. pro copia martyrum auctoritate Prudentii pugnat, existimat, veriorem esse lectionem *turbas.* Parrhasius, qui legit *tumbas*, id verbum numerat inter alienigena quibus usus est Prudentius. Græcum est τύμβος, bustum, tumulus; unde factum opinor *catacumbas* euphoniæ gratia pro *catatumbas*, ut revera apud nonnullos veteres legitur. Alii *catacumbas* a *cumbis*, vel *cymbis*, navibus, et alia significatione calvariis. deducunt. Vocabulo *tumba* pro sepulcro utuntur Hieronymus, Alcuinus, Rathbertus, aliique plures Christiani scriptores. In inscriptionibus Christianis eadem significatione legitur tumbus. Vide Ducangium.
11. Mar, male, *acerbis* pro *acervis.* Torn., minus bene, *conjectis* pro *congestis.*
13. Alicubi, *defossa*, perperam. *Moles* de sepulcro apte dicitur: sic moles Hadriani.
15. In officio eccles astico canitur, *Quorum nomina nota sunt in cælis.* Vide vers. 1 hymni 1 Per., et vers. 1119 hymn. 10.
16. Gis. ad marg., *quos proprie junxit amicitia.* Justos amicos vocari, et esse Dei, notum est ex sacris litteris.
17. Notanda diligentia Prudentii, qui inscriptiones investigabat, ut de actis martyrum certus fieret. Et quod addit *Invenio, Hippolytum*, etc., aperte innuit se e certis monumentis inscriptis historiam comperisse; neque enim ex sola pictura cujus postea meminit, tam accuratam narrationem haurire potuit; neque credibile est historian veram S. Hippolyti in tam magnifico ejus templo aut ignoratam, aut falso fuisse descriptam. Qui affirmant Prudentium, vulgari narratione deceptum, e tribus Hippolytis unum fecisse, advertere debent neque esse verisimile, ut Romæ historia S. Hippolyti eo tempore in ejusdem ecclesia ignoraretur, neque Prudentium eum esse qui aures vulgo facile præberet, cum in promptu illi esset doctiores interrogare, et vetera monumenta inspicere. Quod si ejus rei veritas tunc Prudentio non patuit, cur credemus eam martyrologiorum auctoribus multa post sæcula patuisse?
19. Mar., Rat., *inveni*; plerique, *invenio*. Videtur innuere Prudentius se in titulo sive epitaphio Hippolyti legisse id quod de hæresi Novati refert. Certe ex sola pictura, ut dixi, narrationem adornare non potuit. Novatus presbyter fuit Carthaginensis, qui potestatem in Ecclesia esse negabat veniam concedendi gravioribus criminibus, quamvis lapsi pœnitentiam egissent. Novatus Romam veniens Novatiano antipapæ, qui schisma adversus Cornelium pontificem Romanum conflavit, sese adjunxit, et in suam hæresim Hippolytum aut solum presbyterum, aut e iam episcopum pertraxit, ut ex Prudentio constat. In martyrologio Romano post Baronii recensionem ad III cal. Febr. refertur Hippolytum presbyterum Antiochenum Novati doctrinæ prius faventem, postea ad fidem catholicam regressum pro Christo jugulum præbuisse. Sed diversus videtur fuisse hic Hippolytus. qui vere etiam Novato faverit, aut cui affictum fuerit quod de Hippolyto suo narrat Prudentius. Sollerius, Act. sanct. tom. VI Junii, in not. ad martyrologium Usuardi die 30 Jan., censet rem solum implicuisse Adonem, qui elogium illud Antiocheni Hippolyti adjunxit, quod inde cæteri transcripserunt. Martyrologos nostros, addit, *maximi sane facimus, non tanti tamen ut ubique Prudentio tot sæculis anteriori præferendos putemus.* In glossa supplendum est *qui discessit a corpore.*
20. Egm., Hailsbr. supra, *sequere*, perperam, pro *sequenda.* Ald. et alii editi, *presbyter.* Widman. corrupte, *prespyter.* Mihi verius videtur *presbyteri* cum Vat. B, Prag. et Mar., ubi aliena manu ex *presbyter* factum *presbyteri.* Et fortasse Prudentius Novatianum antipapam vocat Novatum: fuit autem Novatianus presbyter Romanus, a tribus episcopis postea schismatice episcopus consecratus: Novatus autem hæreticus presbyter Carthaginensis, qui a Baronio et Chamillardo male creditur episcopus Afer fuisse.
23. Ald., *ne mirere.* Quod hic ait Prudentius de Hippolyti senectute, et replicant vers. 78, 109, 137, arguit diversum hunc esse Hippolytum ab Hippolyto milite, ut clarius postea patebit.

1166 Exsultante anima carnis ad exitium,
Plebis amore suæ multis comitantibus ibat:
Consultus, quænam secta foret melior,
Respondit: Fugite, o miseri, exsecranda Novati
Schismata: catholicis reddite vos populis.
Una fides vigeat, prisco quæ condita templo est:
Quam Paulus retinet, quamque cathedra Petri.
Quæ docui, docuisse piget: venerabile martyr
Cerno, quod a cultu rebar abesse Dei.
His ubi detorsit lævo de tramite plebem,
Monstravitque sequi, qua via dextra vocat,

Seque ducem recti, spretis anfractibus, idem
1167 Præbuit, erroris qui prius auctor
[erat:
Sistitur insano rectori, Christicolas tunc
Ostia vexanti per Tiberina viros.
Illo namque die Roma secesserat, ipsos
Peste suburbanos ut quateret populos.
Non contentus humum celsæ intra mœnia Romæ
Tingere justorum cædibus assiduis.
Janiculum cum jam madidum, fora, Rostra,
[Suburram

GLOSSÆ VETERES.

26. Exitium, *periculum*, I.
28. Consultus, *interrogatus.* — Secta, *fides*, I.
2 !. Exsecranda, *odiosa, respuenda*, I.
31. Vigeat, *crescat in vobis.* — Prisco, *Christi.* — Templo, *familia*, I.
32. Cathedra, *doctrina*, I.
33. Docui, *antea.* — Piget, *pudet.* — Venerabile, *dignum esse.* — Martyr, *scilicet ego, reciprocum*, I.
34. Cerno, *scilicet modo.* — Cultu, *religione.* — Rebar, *æstimabam, sperabam, vel dicebam*, I.
35. His, *scil cet verbis.* — Detorsit lævo, *avertit sinistro*, I.
36. Dextra, *recta*, I.
37. Spretis, *contemptis.* — Anfractibus, *dubietates errorum*, I.
39. Sistitur, *præsentatur ipse Hippolytus.* — Insano, *contra insanum rectorem*, I.

40. Tiberina, *ubi mare intrat Tiberis*, I.
42. Peste, *persecutione.* — Quateret, *puniret*, I.
44. Tingere, *fluxu*, I.
45. Janiculum, *illum montem. Domum, id est montem.* — Fora, *loca: fora, fori, forum, et fures ita distinguuntur: fora, exercendarum litium locus, a fundo dicta; forum, mercatorum, quod foris habeatur: fori, latera navium concava, a ferendis oneribus dicta; vel fori, loca ubi uva calcatur; fores, januæ quæ foras revolvuntur, sicut valvæ quæ intus.* — Rostra, *loca ubi rostra de ære Antoniarum navium Romæ posita sunt; dicta quod bello Punico captis navibus Carthaginensium rostra ablata sunt, et in foro Romano præfica, ut essent hujus insigne.* — Suburram, *loci nomen in Roma ubi nova coria parantur; vel Suburra regio Romæ u'i publicus conventus fieri solebat*, I. *Suburra, proprium nomen loci Romæ ubi nunc coria parantur*, Vat. S.

COMMENTARIUS.

27. Rat. a prima manu, *comitatibus*. Teolius cum Ruinartio ex his verbis negat colligi posse Hippolytum fuisse episcopu*m*, sed tantum presbyterum cujus curæ aliqua p'ebis pars fuerit commissa, quales sunt no tri parochi, sive curiones, quos olim quoque obtinuisse po t Sozomenum tradunt Petavius et Mabillonius. Mihi verius videtur hic describi episcopum sive Portuensem, sive Ho tiensem: utrumlibet enim ex Prudentio argui potest. Infra, vers. 80, *Ipsum Christicolis esse caput populus*. Ruggerius Ruinartii sententiam convellere conatur, sed non tam valdis rationibus quam ipse putat. In n artyrologio Romano hæc notantur: *In Portu Romano S. Hippolyti episcopi, eruditione claris imi, qui sub Alexand o imperatore ob præclaram fidei confessionem, manibus pedibusque ligatis, in altam foveam aquis plenam præcipitatus martyrii palmam accepit.* Diversum martyrii genus narrat Pruden ius; sed vel fides Prudentio potius est adhibenda, vel tenendum duos fuisse Hippolytos martyres episcopos, alterum operum quæ Hippolyti nomine circumferuntur, auctorem; alterum de quo Prudentius in hoc hymno: quod factu facilius est quam quod Prudentius, in ecclesia ipsa S. Hippolyti gesta hujus investigans, allucinatus fuerit.

28. Multi aiunt Hippolytum tunc primum hæresin, vel schi sma Novati ejurasse. Sed id ex Prudentio non colligitur. Potuit enim Hippolytus jam antea ab schismate rece sisse, et martyrio proximus suam sententiam de recta fide consulentibus exponere.

30 De his versibus vide proleg. cap. 21.

33. Ruinartius legit *piget et venerabile cerno*, repugnante metro. Exponit autem, *Testis sum hæc esse t neranda: vel, Nunc ego martyr,* etc.

35. Ald. mendose, *his ubi detersit*.

37. In Vat. A e rectis factum *recti* probe. Scilicet *ducem recti*.

39. Cellarius a t Alexandrum imperatorem principem mitem fuisse et causæ Christianæ faventem, adeoque solum per tumultum plebis Hippolytum pati potuisse. Addit Prudentium, qui diversos Hippolytos commiscet, etiam alium hoc loco principem finxisse. Chamil ordus putat Prudentium loqui de Ulpiano,

qui Christianis infensissimus erat, cui præfecturam prætorii Alexander contulerat, et quem scriniorum magistrum creaverat. Hi auctores pro vero ponunt id quod falsum est, aut quod in quæstione esset ponendum. Iterum dico, vel duos esse Hippolytos, vel narrationem martyrologii Romani narratione Prudentii debilitatam vacillare, non contra. Hippolytum quem Prudentius celebrat, martyrio coronatum in acerbissima persecutione Decii, aut Galli, aut postea Valeriani, probabilissimum mihi est. Et cum Prudentius de Hippolyto schismatis Novatiani fautore sermonem habeat, intolerandus anachronismus esset ejus martyrium imperio Alexandri Severi adjudicare. Difficultas ergo a Cellario excitata contra martyrologum Romanum, ubi A'exandri Severi fit mentio, valere fortasse poterit, Prudentium certe minime tangit. Cæterum sub Alexandro plures martyres vel Ulpiani J. C., vel aliorum adversus Christian is odio passos fuisse, ex martyrologiis et historia ecclesiastica perspicuum est.

40. Duo sunt ostia per quæ Tiberis in mare influit. Duæ urbes hinc inde conditæ olim exstabant, *Ostia Tiberina* altera dicta, in orientali parte, altera *Portus Romanus*, sive *Portus Augusti*, in occidentali. Urbes fuerunt; et adhuc celebrantur illustria nomina, titulis duorum cardinalium insignia, quorum Ostiensis decanus est sacri collegii. Ex hoc versu colligi potest Hippolytum Prudentii fuisse episcopum Ostiensem: nam *Ostia Tiberina* nomen proprium erat civitatis quæ simpliciter *Ostii* nominata est. Fabricius et Wei zius hanc tenent sententiam; quæ confirmatur ex vers. 151, *Ostia linquunt*, quod vix de Portu Romano dici possit. Nomen Ostiæ feminino genere antiquissimum est. De martyribus Ostiensibus præsertim sub A'exandro Severo, instigante Ulpiano, agit Piazza Hier. Card. pag. 16.

41. Cauchius conjiciebat *ipso* pro *ipsos*, scilicet *secesserat illo ipso die*.

43. Ald., Rat. a prima manu, Hailsbr., Heins cum suis castigatioribus, *celsa*. Parrhasius, Vatt. A, B, Mar., Prag., Weitz., Gis., et alii, *celsæ*.

45. In Glossa ad vocem *rostra* pro *Antoniarum* lege

1168 Cerneret eluvie sanguinis affluere : A
Protulerat rabiem Tyrrheni ad littoris oram,
Quæque loca æquoreus proxima portus habet.
Inter carnifices, et constipata sedebat
50 Officia, exstructo celsior in solio.
Discipulos fidei, detestandique rebelles
Idolii, ardebat dedere perfidiæ.

Carcereo crinita situ stare agmina contra
Jusserat, horrendis excrucianda modis.
55 Inde catenarum tractus, hinc lorea flagra
1169 Stridere, virgarum concrepitare
[fragor.
Ungula fixa cavis costarum cratibus altos
1170 Pandere secessus, et lacerare jecur.

GLOSSÆ VETERES.

46. Eluvie, *sorde, vel putredine*. — Affluere, *abundare*, l.
47. Tyrrheni, *Tuscani, Tiberini*. — Oram, *finem*, l.
52. Idolii, *idolium est templum idolis consecratum, idolothytum vero sacrificium idolis immolatum*, Vat. A. Servitus idolorum : *officium idolorum*. — Ardebat, *furebat*. — Perfidia, *idolicæ*, l.
53. Situ, *squalore*, l.
54. Excrucianda, *vexanda*, l.

55. Inde, *postea*. — Lorea, *ex loris facta*. — Flagra, *flagella*, l.
56. Stridere. pro *stridebant*. — Concrepitare pro *concrepitabat*, l.
57. Ungula, *genus tormentorum*. — Costarum cratibus, *costis, vel juncturis*, l.
58. Pandere, pro *pandebat : scilicet cœpit.*—Lacerare, pro *lacerabat*, l.

COMMENTARIUS.

Antiatium. Parrhasius scribit *Suburam* cum Rat., Mar. et aliis.
46. Ald., Vatt. A, P, Alex., G.s., Heins. cum suis castigationibus, *affluere*. Vatt. B, Q, Urb., Parrhasius, Mar., Rat., Prag., Weitz us cum suis scriptis, *effluere*.
47. Widm., *horam : lege oram*.
48. Portum Romanum hic indicari probabile est. Sed cum supra *Ostia Tiberina* nominata fuerint, semper dubitandi locus relinquitur an in Portu Romano, qui minus proprie *Ostia Tiberina* dictus antea fuerit, an in Ostiis Tiberinis, quæ nunc *Æquoreus Portus* appellentur, Hippolytus martyrio fuerit coronatus. Verius tamen vide ur Ostia Tiberina etiam hoc loco intelligi : nam infra vers. 151 simpliciter dicitur de loco martyrii : *Ostia loquunt.*
50. Parrhasius, *stucto*; Egm., mendose, *extratto*. Ut *ministeria* pro manu suis, ita *officia* pro illis qui officio funguntur, et apud Suetonium, Plinium Juniorem, jureconsultos veteres pro prætore, pro apparitore, pro comitatu prætoris.
51. *Rebelles* eum patrio casu notabat Barthius, u i *perfidiam* pro vitio fidei opposito vers. seq. In hymno S. Quirini vers. 4, *Insignis* cum pario casu occurrit, et quamvis varient codices, elegantius multis videt r dicere Quirinum *insignem meriti*, quam *meritis*. *Perfidas* p.o infidelibus alibi quoque usurpavit Prudentius.
52. Par hasius, minus bene, *idoli.-*
53. Ald., *crinata* : lege *crinita*. Dictum ad vers. 80 hymni 4 Peristeph., reos comam apud Romanos nutrire consuevisse : hinc *crinita agmina*.
54. Rott., *horrificis*. Parrhasius, *excruciata*, non ita recte.
55. De diversis instrumentis et modis quibus SS. martyres cædebantur, vide tabulas cruciatuum x et xi.
57. Instrumenta quibus corpora martyrum discerpebant, tria numerat Ruinartius, ungulas, uncos, pectines : quæ in Gallonii figuris melius exponi et videri possunt. Confer tabulam xxvi a nobis additam, et ex veris instrumentis expressam : ubi num. 1 exhibetur chirotheca ferrea digitis incurvis, et extrema parte acutis, quæ ungularum species est, in cœmeterio Callepodii reperta. Vide Aringhum tom. II Rom. subterr., pag. 687, et Mamachium *De' Costumi de' primi.* Crist., tom. II., pag. 506. Num. 2 repræsentat uncus ferreus qui in cœmeterio S. Agnetis repertus est capiti cujusdam martyris infixus : de quo Mamachius loc. cit. Num. 5 describitur pecten ferreus qui exstat inter sacras reliquias monasterii sanctimonialium ordinis Dominicani S. M. Magdalenæ in monte Quirinali, de quo agunt Boldettus pag. 519 et Mamach us loc. cit., et

pag. 509, et tom. III Antiq., pag. 205. Num. 4 et 8 ex museo sacro Vaticano duo instrumenta deprompsi quibus corpora martyrum lacerabantur, et videntur inter ungulas vel ungues esse referenda : nam sunt similia unguibus avium rapacium. Num. 5 exhibentur ungulæ bisulcæ quæ asservantur in basilica S. Petri, de quibus agit Gallonius, et nos jam an ea locuti sumus. Num 6 expressæ sunt plumbatæ ex museo sacro Vaticano, de quibus vide comment. ad vers. 117 in Romano. Num. 7 et 9 repræsentantur duo lebetes qua es insculpti sunt in sepulcris Victorinæ, et Exuperantii, et a Mamachio inter alia martyrii instrumenta descripti tom. II *de' Costumi* pag. 506. V de etiam tom. III Ant. Christ. pag. 206. Hæc omnia martyrum instrumenta addere visum est tabulis Gallonianis, quas cum P. Per-grinus Chiesa editioni C quam meditabatur, operum Prudentii parat-s-expeditasque haberet, liberaliter concessit, ut in usum cui destinatæ erant cederent. Diversæ sunt, neque ita accurate descriptæ imagines martyriorum quas Gallonius in opere Italico de Cruciatibus SS. martyrum exuderat. Differunt etiam a nostris picturæ quis, jubente Gregorio XIII, hortante ac consilium præben e Michaele Lauretano S. J., Pomarantius et Matthæus Senensis in ecclesia S. Stephani Cœlii montis, sive, ut vocant, Rotundi expresserunt, ærique Tempesta incidit. Libellum vidi inscriptum : *Triumphus martyrum in templo D. Stephani Cœlii montis expressus. Julio Roxcio Hortino auctore. Opera et industria Joannis Baptistæ de Cavalleriis.* Romæ, ut puto, editus est hic libellus : cujus nonnullæ tabulæ ad martyres libri Peristephanon spectant; scilicet tabula III, SS. apostoli Petrus et Paulus ; tabula xvii, S. Laurentius cum Hippolyto equis raptato ; tabula xxii, S. Agnes ; tabula xxiv, S. Vincentius in craticula. Consule etiam Marc. Ant. Boldettum lib. 1, cap. 60, qui de his picturis agit, et quædam instrumenta martyrii a se visa repræsentat, ut cultros ferreos, lanceam, forcipem ferreum, præter pectinem ferreum cœmeterii Callepodii, quem exhibemus, et lebetes inscu'ptos in sepulcris S. Victorinæ et S. Exuperantii : rationesque affert cur existimandum sit his lebetibus significari instrumenta martyrii. De hujusmodi instrumentis insignis exstat locus S. Leonis in natali S. Laurentii : *Sævisti, persecutor, in martyrem ; sævisti, et auxisti palmam, dum aggeras pœnam. Nam quid non ad victoris gloriam ingenium tuum reperit, quando in honorem transierunt triumphi etiam instrumenta martyrii ?* Ubi censeo sermonem omissum esse de craticula S. Laurentii, quæ religiose Romæ asservatur, sempreque magno in honore habita est, ut dixi ad hymnum S. Laurentii contra Sagittarium.

Ac jam lassatis judex tortoribus ibat
60 In furias, cassa cognitione fremens.
    Nullus enim Christi ex famulis per tanta re-
    [pertus
    Supplicia, auderet qui vitiare animam.
    Inde furens quæsitor ait : Jam, tortor, ab unco
    Desine : si vana est quæstio, morte agito.
65 Huic abscide caput, crux istum tollat in auras,
    Viventesque oculos offerat alitibus.
    1171 Hos rape præcipites, et vinctos conjice
    [in ignem :
    Sit pyra, quæ multos devoret una reos.
    En tibi, quos properes rimosæ impon*ere*,
    [cymbæ,

A 70 Pellere et in medii stagna profunda freti.
    Quos ubi susceptos rabidum male suta per
    [æquor
    Vexerit, et tumidis cæsa labarit aquis.
    Dissociata putrem laxent tabulata carinam,
    Conceptumque bibant undique naufragium.
75 Squamea cœnoso præstabit ventre sepulcrum
    Bellua, consumptis cruda cadaveribus.
    Hæc persultanti celsum subito ante tribunal
    1172 Offertur senior nexibus implici-
    [tus.
    Stipati circum juvenes clamore ferebant,
    Ipsum Christicolis esse caput po*p*ulis :
80 Si foret exstinctum propere caput, omnia vulgi

GLOSSÆ VETERES.

60. Cassa, *in vanum.* — Cognitione, *pœna,* l.
63. Quæsitor, *judex.* — Unco, *ungula,* l.
64. Quæstio, *tormentum ;* hinc quæstionarii dicuntur *tortores,* Vat. A. *pœna, judicium, castigatio.* — Agito, *facito, imperativus,* l.
65. Tollat, *elevet,* l.
66. Viventesque, *opertos* (forte *apertos*), l.
67. Conjice, *projice,* l.

B 68. Pyra, *rogus,* l.
69. En tibi, *scilicet sint,* l.
71. Male suta, *carina : male vincta,* l,
72. Vexerit, *navigator.* — Cæsa, *percussa.* — Labarit, *natat,* l.
77. Persultanti, *cum quadam arrogantia dicenti,* l.
78. Senior, *Hippolytus.* — Nexibus implicitus, *ligaminibus ligatus,* l.

COMMENTARIUS.

60. Sich., et in nonnullis vulg. ad oram, *conditione :* melius *cognitione.*
61. Ald. omittit *ex* perperam.
62. Parrhasius, *vitiare animum.*
63. Ald., Alex., Vatt. A, P, Q, Urb., Egm., *ab uno.* Alii, *ab unco.* Heinsius hoc expressit ex Giselino, sed varietatem lectionum non adnotavit. Uncis ferreis laniabantur martyres, eculeo etiam, et uncinis suspendebantur. Vide comment. ad. vers. 173 Peristeph. 5, Arnobium lib. II, Gallonium, Sagittarium, et tabulam XIII et XXVI.
64. Noms., *morte agita,* minus bene. Quæstio præcedebat tormenta ; sed sumitur etiam pro tormentis, quia inter ipsa tormenta continuabatur. S. Cyprianus epist. 69 ad Florentinum : *Tot confessores quæstionati, et torti, et insignium vulnerum et cicatricum memoria gloriosi.* Ubi Rigaltius notat, cognitione data, haberi quæstionem primum, dein adhiberi tormenta. Sed gentium hæc erat insania, ut Christianos quæstione et tormentis cogere vellent ad fidem Christianam negandam, non ad veritatem proferendam.
65. Ald., Gis., *abscinde.* Heinsius cum aliis, *abscide.* Parrhasius, Vat. B, Prag., Mar., Rat., *excide.* Peveratus putat Prudentium in his verbis *crux istum tollat in auras* respexisse ad etymon vocabuli Græci σταυρός, *crux,* de quo Hesychius : *Stauri defixi stipites sunt, valli, et omnia ligna recte stantia : ab eo quod stent, stauri, vel quod ad auram consistant.*
66. Vat. A, *viventisque.* Cathem. hymn. 6, vers. 65, *Astute'um rapaces Fixum vorant volucres.* Horatius, lib. I, epist. 16, *Non pasces in cruce corvos.* Juvenalis sat. 14. *Vultur, jumento, et canibus, crucibusque relictis, Ad fetus properat, partemque cadaveris affert.* Apuleius lib. VI de Asino, *Patibuli cruciatum, cum canes et vultures intima protrahunt viscera.* Ex quo notat Lipsius lib. II de Cruce, cap. 13, cruces non semper fuisse præaltas, quandoque dum canes viscera cruci affixorum protrahere poterant. Vide tabul. cruciat. I, II. Nonnulli SS. martyres in cruce plures dies vitam duxerunt, ut constat ex Eusebio lib. VIII Hist., cap. 8, et martyrologio Romano. De martyribus quorum corpora avium et bestiarum laniatui relicta fuerunt, Sagittarium cap. 8.
67. Ald. cum nonnullis, *hos cape.* De more ligandi martyres, qui rogo injiciebantur, vide vers. 103 Perist. 6, et tabulam XVII.

C 69 : Eusebius, lib. VIII, cap. 6, plurimos martyres ita exstinctos narrat. Confer Gallonium de Cruciat. SS. martyr. cap. 9, et Sagittarium cap. 11, qui plura exempla profert. Supplicium hoc veteribus Romanis non fuisse inauditum, colligitur ex verbis Cæsaris apud Suetonium cap. 66 : *Vetustissima navi impositos, quocunque vento, in quascunque terras jubebo avehi.*
71. Ald., Pal., Thuan., Ox., Rott., Gis., Heins., *rapidum,* Vatt. A, B, Alex., Prag., Rat., Sich., Weitz., *rabidum.* Parrhasius, Mar. a prima manu *gravidum ;* in Mar. aliena manu factum *rabidum* pro div. script. Gifanius in VICTUS, et VINCTUS, ex vet. lib. legit, *Quos ubi susceptos rabidum male suta per æquor Vexerit, et tumidis cæsa labarit aquis,* et explicat : *Tralatio a re militari : navis icta a tumidis undis* (tum autem *rabidum* est mare) *labat ; ut Virgilius, labat ariete crebro Janua. Labat ergo, deficit, dissolvitur. Cæsa etiam tecta ibi consimili fere modo dixit.* Barthius notat Prudentium dixisse *male sutam* cymbam, ut Virgilius *sutilem.*
72. Gis., *cæsa lavarit ;* ad oram, *celsa labarit,* al. *levarit.* Parrhasius corrupte, *cæsa libarit.* Vat. Q, *equis ;* supra recte, *aquis.* Cauchii codex, Hailsbr., a prima manu, *cæsa levarit.* Fabr., *cæsa lavarit.* Pal., *celsa lava it.* Bong., Sich, *celsa lavarit.* Potiores, *cæsa labarit* cum Aldo, cui tamen Weitzius affingit *celsa labarit.* Barthius ait, eleganter cymbam dici cæsam, quia videntur hiatus velut ferro facti. Vetus

D poeta : *Cæsaque abra tument,* hoc est, velut *incisa.* Vide Nonium.
75. Parrhasius, *cetoso* pro *cœnoso,* magis acute quam vere. *Cœnosos* mendum est in nonnullis vulg.
77. Vat. A, *Hæc præsul : stanti.* Non placet. Consimili significatione vers. 10 præfat. Hamart., *Vox ecce summo missa persultat throno ;* et vers. 86, hymn. 5 Cath., *persultare* pontum. Apuleius et Ammianus ita sæpe locuti sunt.
78. Egm., Pal., Vat. A, a prima manu, *implicitis :* verius *implicitus.*
79. Prag., Widm., supra, Mar., supra, aliena manu, Gis., Cham., Heins., *fremebant.* Plerique, *ferebant.*
80. Ruggerius aliique evidentissimum putant Hippolytum Prudentii fuisse episcopum, quia ethnici ipsum Christianorum caput esse dicebant. Quæ ratio probabilis quidem est, sed non plane efficax. Quid enim prohibet ethnicos caput Christianorum vocasse

Pectora Romanis sponte sacranda deis. A
Insolitum lethi poscunt genus, et nova pœnæ
Inventa, exemplo quo trepident alii.
85 Ile supinata residens cervice, Quis, inquit,
Dicitur? affirmant, dicier Hippolytum.
Ergo sit Hippolytus, quatiat, turbetque jugales,
Intereatque feris dilaceratus equis.
1173 Vix hæc ille : duo cogunt animalia,
[freni
90 Ignara, insueto subdere colla jugo :
Non stabulis, blandive manu palpata magistri,
Imperiumque equitis ante subacta pati :
Sed campestre vago nuper pecus e grege ca-
[ptum,
Quod pavor indomito corde ferinus agit.
95 Jamque reluctantes sociarant vincula bigas, B
Oraque discordi fœdere nexuerant.

Temonis vice funis inest, qui terga duorum
Dividit, et medius tangit utrumque latus,
Deque jugo in longum se post vestigia retro
100 Protendens trahitur, transit et ima pedum.
Hujus ad extremum, sequitur qua pulvere
[summo
Cornipedum refugas orbita trita vias,
Crura viri innectit laqueus, nodoque tenaci
Astringit plantas, cumque rudente ligat.
105 **1174** Postquam composito satis instruxere
[paratu
Martyris ad pœnam verbera, vincla, feros,
Instigant subitis clamoribus, atque flagellis,
Iliaque infestis perfodiunt stimulis.
Ultima vox audita senis venerabilis hæc est :
110 Hi rapiant artus, tu rape, Christe, animam.
Prorumpunt alacres, cæco et terrore feruntur,

GLOSSÆ VETERES.

86. Affirmant, *respondent*, I
87. Hippolytus, *id est equinus*. — Jugales, *equos*, l.
95. Bigas, *equos*. l., Vat. A.
96. Nexuerant, *ligaverant*, l.
99. Jugo, *fune*, l.
100. Ima pedum, *summitatem pedum*, l.
101. Hujus, *scilicet funis*. — Ad extremum, *ad ex-
t emitatem*, l.

102. Orbita, *rota*, I.
104. Plantas, *pedes*. — Rudente, *fune novo*, l.
106. Feros. *equos*, l.
108. Iliaque, *latera*, l.
109. Senis, *Hippolyti*. l.
110. Hi, *scilicet equi*, l.
111. Alacres, *læti*, l.

COMMENTARIUS.

presbyterum cujus auctoritas plurimum apud Christianos valeret? Confer Cajetani Migliore commentarium in Neophyti presbyteri titulum.
82. Parrhasius non ita bene, *Romani*.
85. Ald., Alex., Urb., Vatt. P, Q, Mar., *et nova* C *pœna Inventa*. Gis., Weitzius, Vat. B, Prag., *et nova pœna est Inventa*. Heinsius cum duobus Torrent., *et nova pœna Inventa*, quod jam ediderat Parrhasius. Id magis sententiæ congruit.
84. Par h sius, *repedent*. Widm. a prima manu, *trepidant*.
86. Hymn. 10 Peristeph. vers. 172, *Quod vultuosus, quod supinus, quod rigens*.
87. Vat. B, Widm. ad marg., Mar., Prag., *Hippolytus fiat : e go agitet*, quod editum est a Weitzio. Parrhasius, *Hippolytus fiat ergo ; agitet*. Rat. ita etiam. In Prag. eadem manu erat in margine scriptum, *superfluum esse ergo, cum fiat habeat primam longam*. Additur, *alios codices habere Ergo sic Hippolytus agitet :* quam lectionem vidi in Urb., sed in hoc *quatiat*, non *agitet*. Heins us cum suis castigationibus, Ald., Bong., Hailsbr., Gis., Vatt. A, P, Q, Mar. a recenti manu, *Ergo sit Hippolytus : quatiat*, Alex., *Ergo Hippolytus : quatiat* ; supra recte, *Ergo* D *s't*. Widm. in textu, *Hippolytus sit ergo : agitet*. Gifanius ex vet. lib., *Ergo sit Hippolytus : agitet*; neque putat satis Latine d ci *quatiat*. Vide indicem Lucretii pag. 456, ubi de incisione agit. Fabula Hippolyti ab equis discerpti, quod ejus nomen Græce indicat, nota est ex Metamorphos. Ovidii et aliis mythologis. Glossæ etymologia imperfecta est.
88. Ex Actis mss. Vallicellanis et Vaticanis id pro ert Peveratus : *Jussit ergo Valerianus in conspectu Hippolyti, ut omnes capite truncare tur, et decollati sunt promiscui sexus decem et novem. B. vero Hippolytum jussit ut pedes ejus ligarentur ad colla equorum indomitorum, et sic per cardeta et tribulos trahi ; qui, cum traheretur, emisit spiritum*. Verum hæc, opinor, acta sunt S. Hippolyti militis, quæ nullo in pretio apud eruditos habentur.
89. *Animal* ait Barthius significare equum, jumentum in sacris litteris, quas imitatur Prudentius. De

hoc supplicii genere fuse Gallonius cap 9, et Sagittarius cap. 12.
90. Hailsbr., Vat. A, Mar., Prag., Rat., Gis. ad or im, *insueta*.
91. Cauch., *blandave manu*. Barthius pro *non stabulis* legit *non stabilis*, et addit, equum aut blanda palpatione, aut pertinacia regi.
95. Vat. B, Mar., Rat., Prag., Hailsbr., Widm., Bong., *sociarunt*.
97. Barthius censet stv'ùm Prudentii, cum annexio martyris describitur, difficiliorem esse, *nisi*, inquit, est et *aliqua commaculatio*.
100. Widm., corrupte. *traitur. Transire ima pedum* dicitur *funis*. quod fuerit longior, et in terra tractus, qui, antequam innecteretur crura Hippolyti, procedebat largius. Ita explicabat Barthius.
101. Mar., *cujus ad extremum*. Vat. A, *quia*; alii, *qua*.
102. Sulcus quem currus rota imprimit dicitur *orbita*. Hinc *exorbitare* verbum Tertulliani, Firmici et aliorum. *Refugæ viæ* sunt contrariæ.
104. Ald., Gis. prima ed., *atque rudente*.
106. Ald., Rat., a secunda manu, Bong., Hailsbr., Gis., Alex, a prima manu, Urb., Vat. P, Gall., Torn., *feras*. Melius *feros* cum quinque Heinsianis scriptis, Vat. B, Mar., Rat. a prima manu, Prag., Weitz., Widm. et aliis. Vat. Q, mendose, *ferox* pro *feros*. Gifanius in Vitricus ex vet. lib. amplexus est *feros*, quia ferarum nomen est nimis generale, et quia sequitur *Hi rapiant*. Parrhasius jam olim ediderat *feros*, sed aliter distinxerat, neque male, *verbera, vincla : feros Instigant. Feros* non addito alio nomine pro equis accipi, auctoritate Catulli, Horatii, Virgilii, confirmatur. Peveratus observat hac de causa Hippocentauros semiferos dictos, quasi semiequos : nam equos dimidiata sui forma assimilasse dicuntur.
108. In quibusdam vulg., *infectis* : legendum *infestis*.
110. Ald., Mar. aliena manu, Heins., Prag., *rapiunt* ; alii, *rapiant*.
111. Alex., Vat. Q, Hailsbr., Bong., Fabr., *cæco et terrore*. Vetustiores Heinsiani ita prorsus. Becma-

Qua sonus, atque tremor, qua furor exagi- A
    [tant.
Incendit feritas, rapit impetus, et fragor, ur-
    [get:
Nec cursus volucer mobile sentit onus.
115 Per silvas, per saxa ruunt : non ripa retardat
   Fluminis, aut torrens oppositus cohibet.
Prosternunt sæpes, et cuncta obstacula rum-
    [punt :
Prona, fragosa petunt, ardua transiliunt.
Scissa minutatim labefacto corpore frusa
120 **1175** Carpit spinigeris stirpibus hirtus
    [ager.
Pars summis pendet scopulis, pars sentibus
    [hæret :
Parte rubent frondes, parte madescit humus. B

Exemplar sceleris paries habet illitus, in quo
   Multicolor fucus digerit omne nefas.
125 Picta super tumulum species liquidis viget um-
    [bris,
Effigians tracti membra cruenta viri.
Rorantes saxorum apices vidi, optime papa,
Purpureasque notas vepribus impositas.
Docta manus virides imitando effingere dumos,
130 **1176** Luserat e minio russeolam saniem.
Cernere erat, ruptis compagibus, ordine nullo
Membra per incertos sparsa jacere situs.
Addiderat caros, gressu, lacrymisque sequen-
    [tes,
Devia qua fractum semita monstrat iter.
135 Mœrore attoniti, atque oculis rimantibus ibant,
Implebantque sinus visceribus laceris.

GLOSSÆ VETERES.

112. Exagitant, *agunt*, I.
113. Incendit. *scilicet eos*, I.
114. M bile onus, *corpus martyris*, I.
118. Prona, *humilia*. — Fragosa, *aspera*. — Ardua, *montes*, I.
119. Minutatim, *pa ticulatim*. — Frusta, *particulas*, I.
120. Hirtus *horridus*, I.
122. Parie, *sanguinis illius*, I.
123. Exemplar, *depictum*. — Habet, *retinet*. — Illitus, *pictus*, I.
124. Fucus, *malitiæ, color, hic pictura. Fucus herba unde tinguntur vestes : unde in omnibus rebus ubi rei veritas obducitur, fucus dici potest. Pictura*. — Digerit, *ordinat, componit*, I.

126. Effigians, *significans, conformans*. — Viri, *Hippolyti*, I.
127. Rorantes, *scilicet quasi; laus picturæ*. — Apices, *summitates*. — Saxorum. *in pictura*, I.
129. Manus, *pictoris*. — Effingere dumos, *depingere spinas*, I.
130. Luserat, *ludendo depinxerat, pinxerat*. — Russeolam, *rubicundam*, I.
131. Cernere erat, *cerni poterat scilicet in pictura*, I.
132. Situs, *loca aspera*, I.
133. Addiderat, *pictura*. — Caros, *propinquos*, I.
134. Fractum, *curvum*, I.
135. Rimantibus, *investigantibus*, I.
136. Laceris, *laceratis*, I.

COMMENTARIUS.

nus rectius putabat cum suo ms. Pal *cæcoque errore*, C quod exstat in Ald., Egm., Pal. apud Weitzium. Urb., Vat. P, Gis. ad oram : hic in contextu habet *cæco et terrore*. Gisanius, ex vet. cod., ubi agit de desinentibus in *t*, legit *cæco et errore*, et rejicit *terrore*, quia error est cæcus, non terror. Verum etiam terror cæcus recte dicitur ab effectu. Weitzius cum Widm., *et cæco errore;* ita Prag., sed *alacris* pro *alacres*. Parrhasius quoque *alacris*, sed *cæcoque errore*.

112. Parrhasius ita legit, *Qua sonus, atque timor, qua furor exagitat*.

116. Rat., *oppositos*, supra correctum.

121. Cham. mendose, *per sentibus hæret*.

123. Existimant nonnulli Prudentium martyrium Hippolyti militis quod Romæ pictura expressum vidit, alteri Hippolyto affinxisse. Sed primum quæram quis, nisi multa post Prudentium sæcula, Hippolytum militem hujusmodi martyrium subiisse affirmavit ? Deinde ecclesiarum picturæ appositis versibus et inscriptionibus solebant illustrari, ut ex operibus Damasi et Paulini colligitur. Præterea Prudentius non erat ita rusticus ut in pictura aliud pro alio acciperet, neque ita imprudens ut rei veritatem ex doctioribus non exquireret. Postremo præter picturam aliis monumentis Prudentium innitit, totus ejus hymnus ostendit. D

124. *Fucus* illo ævo pigmentum et colorem designabat. Testes Paulinus, Ausonius, alii.

125. Sub imperatoribus Romanis, ut notat Peveratus, pictores nativis coloribus, non per umbram ac recessum, sed in clarissima luce delinearunt; sed interdum ambras addiderunt ut ex hoc loco colligitur. Barthius tamen *liquidas umbras* interpretatur perspicuas assimilationes et expressiones veritatis. Vide hymn. 9 Peristeph. vers. 95.

126. M r. aliena manu, Parrhasius, Rat. a prima manu, *tractim :* rectius *tracti*.

127. Olim omnes episcopos papas appellatos fuisse constat ex Cypriano, Hieronymo, Augustino, Rufino, Sulpicio Se e o et aliis. Cœpit postea id nomen peculiarius Romano pontifici attribui; adhuc autem apud Venantium Fortunatum, et Eulogium Cordubensem, qui sæculo IX floruit, alii episcopi papæ dicuntur. Gregorius VII, anno 1073, in synodo Romana statuit nemini licere seipsum vel alium nomine papæ appellare, quod proprium esset Romani pontificis. De quo nomine fuse agit Baronius in not. mart. Rom. ad diem 10 Januar.

129. Aliqui putant fide non esse dignum quod hic narrat Prudentius, quia pictor potuit prout magis ipsi libuit tabulam effingere. Verum quis credet aut aliis persuadere poterit, historiam martyrii quod post dimidiatum sæculum III accidit, paulo post indocti alicujus pictoris licentia, videntibus et tacentibus cæteris, fuisse fabulis deformatam ?

130. Parrhasius, male, *et nimio rufficolam saniem*. Thuan., *e nimio russeolam*. Vat. P, *ex minio roseolam*. Mar. a prisca manu, Rat., Prag., Bong., Vat. Q, Urb., *et nimio roseolam*. Fabr., *rosseolam*. Alex., Ald., Mar. a correctoris manu, Ald., Weitz., Gis. et plerique editi, *russeolam. Russeolus est a russus :* verbum vetus et egregium, ait Gisanius, pro *ruber*. Barthius, lib. XXXV Adv., cap. 13, contendit legendum *roseolam*, quia *roseum* prima extenta Christiani poetæ non raro usurpant. At Prudentius *rosa et roseus* a rosa semper corripuit.

133. *Caros* substantive pro amicis. Pro liberis posuit Lactantius lib. VI, cap. 12, *Cum sciat se caros suos Deo relinquere*.

134. Ald., Alex., Vat. P, Urb., Egm., Alt., duo Torr., *quo*. Alii plures, *qua*.

135. Torrentiani bini cum Cauchiano, *lacryman-*

Ille caput niveum complectitur, ac reverendam
1177 Canitiem molli confovet in gremio.
Hic humeros, truncasque manus, et brachia et
[ulnas,
140 Et genua, et crurum fragmina nuda legit.
Palliolis etiam bibulæ siccantur arenæ,
Nequis in infecto pulvere ros maneat.
Siquis et in sudibus recalenti aspergine sanguis
Insidet, hunc omnem spongia pressa rapit.

A 145 Nec jam densa sacro quidquam de corpore silva
Obtinet, aut plenis fraudat ab exsequiis.
Cumque recensitis constaret partibus ille
Corporis integri qui fuerat numerus :
Nec purgata aliquid deberent avia toto
150 **1178** Ex homine, extersis frondibus et sco-
[puls :
Metando eligitur tumulo locus; Ostia linquunt :
Roma placet, sanctos quæ teneat cineres.

GLOSSÆ VETERES.

137. Ille, scilicet sinus. — Reverendam, venerabilem, I.
138. Confovet, nutrit, vel protegit, I.
139. Hic, alter, I.
140. Legit, colligit, I.
141. Bibulæ, a bibendo — Arenæ, ab ariditate, I. B
142. Infecto, corrupto, sordido, mixto, interso — Ros, sanguis, I.
143. Quis, aliquis — Sudibus, spinis, palis, I.
144. Omnem, sanguinem, I.

145. Corpore, Hippoly i, I.
146. Fraudat ab exsequiis, non humaretur corpus, I
147. Recensitis, renumeratis, inventis, I.
151. Metando, exquirendo, ponendo, I. — Ostia, civitas, Mar. Tiberina, portas, januas, I.
152. Placet, eligitur, I.
153. Haud procul, non longe a Roma. —Ad pomœria, prope murum : pomœrium hic pro viridario; alio loco locus secretus muro cinc us; et dicitur pomœrium, quia post murum, I.

COMMENTARIUS.

tibus, non rimantibus. Veterum Christianorum præcipuum studium fu t in SS. martyrum membris diligenter conquirendis, atque inter sese officiose et perite componendis et coaptandis,ut in his Prudentii versibus perspicue cernitur. Adhuc Romæ corpora SS. martyrum co lectis ossibus simili arte et industria rite coaptantur, ut publicæ venerationi exponantur. Blanchinus in præf. ad Ana t. Biblioth. rom. 26, ex narratione sacerdotis præpositi ecclesiæ S. Paulini Nolensis refert reperta ibi fuisse ossa integra S. Justæ virginis, deposita manibus cancellariis. At Romæ corpora martyrum quæ reperiuntur, ita solent esse composita, ut brachia et manus ad latera deorsum protendantur. Incertum ergo est an sacerdos ille rem liquido sibi compertam narraverit. Illud mihi certius est, inscriptiones ejus ecclesiæ, quas Blanchinus profert, non esse satis fideliter exaratas.
137. Pictura exhibebat (et vidit Prudentius) caput niveum et reverendam canitiem. Quis id m liti Hippolyto tribuat, cujus nutrix Concordia simul cum ipso martyrio est coronata ? Novum est ætatem militarem a decimo septimo ad quadragesimum quintum aut quadragesimum sextum annum fuisse computatam, et solum periculosis temporibus ad annum quinquagesimum. Paulinus epithal. in Julianum episcop) Memori juniori canitiem apostolicam pectore, ut ait, ascribit : Posterius natus, senior; quia sede sacerdos Gestat apostolicam pectore canitiem : perinde quasi reverenda, sive apostolica canities propria sit episcopi senioris.
138. Ret., molle ; corrige molli.
139. Ulnæ sunt cubiti.
141. Pa liola intelligit Barthius esse tenues insitas, tenero, ut putat, lino factas.
142. Ald., duo Torr., Ox., Cauch., Gall., in intecto. Vat. B., Mar. a prima manu, Prag., Parrh., Rzs, in contextu, in intacto. Plerique, in infecto. Alex., res maneat; supra ros. In nonnullis vulg. editum est in intacto.
144. Pal., insidit : lege insidet. De hac cura ac diligentia Christianorum in colligendo sanguine martyrum præclarum est hoc testimonium Prudentii : de quo plura Boldettus in Observationibus de cœmeteriis, Aringhus, Marangonus, Muratorius, Lupius, Fabrettus et alii. Exstant adhuc plura vasa in quibus sanguis concretus cernitur, et fragmenta spongiæ qua colligebatur apparent. Plura ejuscemodi vasa exhibet Boldettus.
146. Vat. A, haut pro aut ex diversa scribendi ratione. Sæpe Prudentius docet quanta sedulitate Chris-

tiani veteres corpora defunctorum sepelienda curarent, his scilicet rationibus permoti, quas in hymno Exsequiarum uberius expl cat. Profecto pervulgata illa Lucani sententia, Cœlo tegitur, qui non habet urnam, non magis prudens mihi solet videri, quam si quis hominem nudum solaretur, quia Cœlo tegitur qui non habet vestem.
147. Ald., Urb , Parrhasius, Gis., recensitis. Weitz., Heins. cum plerisque scri. tis, recensgetis. Mariettus notat, recenseo facere recensetus, vel recensus : recensitus nihil esse. Dissentiunt alii.
148. Numerus perfectum opus et omnibus partiC bus integrum designat.
149. Parrhasius, retinerent invia. Plerique deberent avia eadem significatione.[Ital., Weitz., invia pro avia.
151. Weitz. cum Egm., eligetur.
153. Egm., Hailsbr., cultu ; lege culta ; Ral., pomaria a prisca manu, quod vult una ex glossis. Binghamus, lib. xviii, cap. 1, tom. X. probare contendit tribus primis Ecclesiæ sæculis ex legibus Romanis nulla loca sepulturæ in oppidis fuisse, neque per subsecuta aliquot sæcula per leges Christianorum imperatorum intra civitates et ecclesias sepelire licuisse. Si legatur pomeria, potest intelligi esse idem ac pomaria, sive locum pomis consitum. Alioquin pomœria est locus pone muros, qui antiquitus mœri dicebantur, et multi pomœria post mœnia interpretantur. Igitur extra civitates cœmeteria, sive catacumbæ martyrum erant : sed in ipsis catacumbis sui se altaria sub quibus corpora martyrum quiescebant, ex hoc hymno satis liquet. Quod autem aiunt aliqui, non in D cœmeteriis sepultos martyres, quod isthæc revera ecclesiæ essent, sed potius in cœmeteri fideles convenisse, quod reliquiis martyrum sacra essent, et ab hominum frequentia remota, id rei veritatem non debilitat, scilicet martyres, imo alios in ecclesiis cœmeterialibus tribus primis Ecclesiæ sæculis fuisse sepultos. Et ex veteri quidem consuetudine id ita usitatum puto, ut vicissim, ubi corpora martyrum essent, ibi sacra peragerentur, et ubi altare ad sacrificandum erigeretur, ibi corpora sive reliquiæ martyrum supponerentur. Itaque quod in ecclesiis post tria prima sæcula mortuos sepeliri non liceret, non inde originem traxit, quod consuetudini ecclesiasticæ id repugnaret, sed quia leges Romanæ vetabant intra Urbem loca esse sepulturis, et ecclesiæ tunc intra Urbem erigebantur. In quibusdam autem locis earum legum nonnullæ erant exceptiones sive ob leges municipales, sive ratione person ru n-scil cet nobilium et episcoporum. Quod attinet ad hanc descriptionem

Haud procul extremo culta ad pomœria vallo
1179 Mersa latebrosis crypta patet foveis.
155 Hujus in occultum gradibus via prona reflexis
Ire per anfractus luce latente docet.
Primas namque fores summo tenus intrat hiatu,
Illustratque dies limina vestibuli.
Inde, ubi progressu facili nigrescere visa est
160 Nox obscura, loci per specus ambiguum,
Occurrunt cæsis immissa foramina tectis,
Quæ jaciunt claros antra super radios.

1180 Quamlibet ancipites texant hinc inde recessus
Arcta sub umbrosis atria porticibus :
165 Attamen excisi subter cava viscera montis
Crebra terebrato fornice lux penetrat.
Sic datur absentis per subterranea solis
Cernere fulgorem, luminibus que frui.
Talibus Hippolyti corpus mandatur opertis,
170 Propter ubi apposita est ara dicata Deo.

GLOSSÆ VETERES

155. Hujus, *cryptæ*, l.
156. Anfractus, *cochleas*, l.
157. Summo tenus, *a summo*. — Intrat, *lux*. — Hiatu, *apertione*, l.
158. Lumina vestibuli, *introitum porticus, vel cryptæ*, l.
159. Inde, *deinde*. — Ubi, *scilicet itur*, l.
160. Nox obscura, *tenebræ*, l.

163. Quamlibet, *quamvis*. — Ancipites, *dubii*, l.
166. Crebra, *multa*. — terebrato fornice, *perforata crypta*, l.
167. Sic datur, *tali modo permittitur ; estque laus picturæ*, l.
169. Mandatur, *commendatur* — Opertis, *secretis, claustris*, l.
170. Propter, *juxta illum locum*, l.

COMMENTARIUS.

cryptæ, Barthius affirmat elegantissimam esse, et quovis summo poeta dignissimam, numeros etiam esse aptissimos. Baron us ad annum 226 recenset circiter quadraginta hujusmodi cœmeteria in Romæ suburbanis. Neapolitanas catacumbas Romanis nobiliores et spatiosiores esse multi tradunt. Apud cl. Mamachium tom. III Orig. Christ., et tom. II *de' Costumi de' primitivi Cristiani*, videri potest ichnographia unius e cœmeteriis Romanis. S. Hieronym. in Ezech. cap. LX. : *Dum essem Romæ puer, et liberalibus studiis erudirer, solebam cum cæteris ejusdem ætatis et propositi diebus dominicis sepulcra apostolorum et martyrum circuire : crebroque cryptas ingredi, quæ in terrarum profunda defossæ ex utraque parte ingredientibus per parietes habent corpora sepultorum : et ita obscura sunt omnia, ut propemodum illud propheticum compleatur : Descendant ad infernum viventes : et raro desuper lumen admissum horrorem temperet tenebrarum, ut non tam fenestram quam foramen demissi luminis putes : rursumque pedetentim acceditur, et cæca nocte circumdatis illud Virgilianum proponitur : Horror ubique animos, simul ipsa silentia terrent*. De cœmeteriis Romanis præter Aringhum, Boldettum et alios, videri potest Marianus Parthenius, sive vero nomine Joseph Mazzolarius in opusculis piis quæ paulo ante mortem conscripsit.

154. Ald., Parrhasius et plerique scripti, *patet*, quod rectum putat Heinsius, cum mox subsequatur *luce latente*. Infra, ampla, fauce licet pateat. Nec mele Rott., *cavernosis crypta patet foveis*. Gis., *latet*; ad oram, *patet*. Egm., *pavet*. Bong., *fovet*, minus recte. Plinius Act. Sanct. ad diem 15 Augusti suspicatur cœmeterium S. Hippolyti exstitisse ad Tiberinum Urbis tractum, non in agro Verano, ut plerique opinantur. Rationem petit ex versu 174, *Pascit item sanctis Tibricolas dapibus*. Ratio suspicandi imbecilla certe est. Verum cum ipse prope S. Laurentium in agro Verano cœmeterium Hippolyti militis collocet, rei falsitas ostendi non potest. Nam quod ait Prudentius, *Culta ad pomœria*, et *Excisi subter cava viscera montis*, congruentius quidem cœme erio in agro Verano id convenit, sed aliquo tamen pacto applicari etiam potest cœmeterio via Ostiensi, si in eo Hippolytus, a Prudentio laudatus, fuisset sepultus. Aringhus tom. II Prudentium explicat de cœmeterio Cyriacæ in agro Verano. Baronius to m. II Annal. ad ann. 226 eamdem sententiam tenuerat. Fabricius verbo *cryptæ* profert epistolam Cornelii papæ, qui sub Decio vixit, ad Lupicinum Viennensem, ubi ait : *Unde neque publice, neque in cryptis notioribus missas agere Christianis licet*. Supposititia hæc epistola est.

155. Mar., *cujus*, a correctore factum *hujus*. Prag., *hujus ad occultum*.

156. Iso *anfractus* exponit *cochleas*, et Teolius magis explicat *scalas coclides, quæ ita dicuntur, quod anfractuosæ sint in modum coclearis testæ*. Verum anfractus, scilicet flexus, circuitus, et ambages etiam sine scalis intelliguntur.

157. Prag., *Primas namque fores im summo tenus intrat Illustratque*, quod non intelligo.

161. Ald., Vat. B., Widm. a prima manu, *decurrunt* pro *occurrunt*. Ald., Rat., Pal., Bong., Torn., cod. S. Mich. apud Ruinartium, et nonnulli vulg., *celsis*, Mar., *cæcis*, supra *cæsis*, quod exstat in plerisque. Heinsius suspicatus fuerat *cæcis*, sed recte se habere *cæsis* fassus est : Ald., Pal., Torn. in contextu, *immensa* ; alii, *immissa*. Parrhasius, *Decurrunt celsis immissa foramina tectis*.

162. Pal., Bong., Var. A, Thuan., Alt., Noms., Cauch., Ox., *jac ant*. Heinsius amplexus est *jaciant*, et cum eo recentiores ; sed Gallandius cum aliis et vett. edd. retinuit *jaciunt*. In cryptis erant quædam loca majori lumine desuper immisso illustrata. In Libro pontificali : *Marcellus presbyter noctu collegit corpora* (SS. Marcellini papæ et aliorum)... *et sepelivit ea in via Salaria in cœmeterio Priscillæ in cubiculo cluro, quod patet usque in hodiernum diem.... in crypta juxta corpus S. Crescentionis*.

163. Parrh., *ancipitis* : lege *ancipites*

165. Mar., Parrhasius, *cava subter viscera*. Virgilius in Æneid. *Interdum scopulos, antisque viscera montis*.

167. Mar., *subter terranea* : ita etiam Rat., sed abrasum est aliquid ante *subter*. Plerique, *per subterranea*. Postrema pars glossæ ex versibus superioribus, ubi pictura describitur, in hunc locum videtur esse trajecta.

169. *Operta* pro *locis tenebrosis*. Psycnom. vers. 745, *Marceat obscuro, stertens habitator operto*. Paulinus fragm. Natal. incerti : *Qua mortalis erat, latuit telluris operto*. Pro mysteriis etiam sumi solent *operta*. Greizerus, lib. II, cap. 18, de Sacr. Peregr., argumentum suum confirmat his versibus : *Hæc*, ait, *pulcherrime doctissimus vates Prudentius*:

170. De consuetudine veteri exstruendi aras super martyrum sepulcra vide hymnum S. Eulaliæ in fine. Aliqui, distinguentes altare ab ara, dicunt corpora sanctorum sub altari fuisse recondita, sed ad aram, sive propeaeram, non sub ara, et hunc versum Prudentii laudant ubi ara dicitur *apposita* corpori B. Hippolyti, non imposita. Berthaldus de Ara cap. 2 ait hanc rem multorum ingenia exercuisse et torsisse ; per aram nonnullos summam altaris partem intelligere, alios infimam, et quasi fundamentum ac basim totius ædificii, alios locum oblationibus dicatum, sive in summo ædificii loco, sive alibi fuerit. Hæc postrema sententia probabilior cæteris mihi videtur : præsertim quia noster usus lo-

1181 Illa sacramenti donatrix mensa, eadem- A
  [que
  Custos fida sui martyris apposita,
  Servat ad æterni spem judicis ossa sepulcro,
  Pascit item sanctis Tibricolas dapibus.
175 Mira loci pietas, et prompta precantibus ara
  Spes hominum placida prosperitate juvat.
  Hic corruptelis animique et corporis æger
  Oravi quoties stratus, opem merui
  Quod lætor reditu, quod te, venerande sacerdos,
180 Complecti licitum est, scribo quod hæc eadem.
  Hippolyto scio me debere : Deus cui Christus

  Posse dedit, quod quis postulet, annuere.
  Ipsa, illas animæ exuvias quæ continet intus,
  Ædicula, argento fulgurat ex solido.
185 **1182** Præfixit tabulas dives manus æquore
  [lævi
  Candentes, recavum quale nitet speculum.
  Nec Pariis contenta aditus obducere saxis,
  Addidit ornando clara talenta operi.
  Mane salutatum concurritur : omnis adorat
190 Pubes : eunt, redeunt solis adusque obitum.
  Conglobat in cuneum Latios simul ac peregrinos
  Permixtim populos relligionis amor.

GLOSSÆ VETERES.

171. Sacramenti, *corporis vel sanguinis Domini*. — Donatrix, *scilicet est*, l.
174. Tibricolas, *Romanos*, I., Mar.
176. Spes, *æstimationes*. — Juvat, *adjuvat*, I.
177. Corruptelis, *pestibus*, I
178. Opem, *auxilium*, I.
179. Reditu, *reversione*, I
182. Quis, *aliquis*. — Annuere, *adjuvare, tribuere, concedere*, I.
183. Exuvias, *de corpore dicit*, I.

184. Fulgurat, *splendet*, I.
185. Dives, *docta : artificis*. — Æquore, *planitie* : B *æquor omnis æqualitas dicitur*. — Lævi, *plano*, I.
187. Pariis, *candidis. Parus, insula abundans candido marmore.* — Contenta, *sufficiens*. — Aditus, *fores cooperire*, I.
188. Ornando, *ad ornandum*, I.
189. Salutatum, *ad salutandum, id est adorandum; ad salutem.* — Adorat, *ipsum martyrem*, I
191. Latios, *Latinos vel Romanos*, I.

COMMENTARIUS.

quendi ex veteri consuetudine facile originem duxerit. Cæterum Rosweydus in Addendis ad notas S. Paulini ex his versibus tradit corporibus SS. martyrum altaria imponi vel apponi consuevisse. S. Paulinus epist. 12 ad Severum corpus Clari sub ara positum clare docet : *Casta tuum digne velant altaria Christi, ut templum Christi contegat ara Dei.* Tom. XXXIV Hisp. sacr., pag. 445, exscribitur instrumentum Frumini II episcopi Legionensis, ubi hæc de S Christophoro : *Cujus reliquiæ reconditæ sunt in civitate Legione juxta portam* C (*sic*) *Dni episcopi, sub ara S. Cypriani et S. Mariæ ante al ares sedis antiquæ*.

171. Oxon. pro div. script., *illa dicamenti*. Idem, *mensa sub antro*. Egm., *mens eademque* : retinendum *mensa*. Cauchius in S. Paulino Natal. 9 melius conjecit *mensa Petri* pro *mensque Petri*, ut apud eumdem Paulinum paulo post *Mensa, domusque Dei*. Etiam ethnici mensam pro altari usurparunt, ut Ovidius, Virgilius et alii plures. Similiter Græcis Christianis τραπέζα est ara.

172. Mensa *custos* martyris dicitur, quia *servat ossa*, etc. *Martyrarii* seu *cubicularii* appellantur etiam in antiquis monumentis custodes martyrum. Sepulcra ipsa martyrum *cubicula* vocari solebant : unde natum nomen *cubiculariorum*, qui cubicula martyrum in Domino dormientium custodiebant. Vide comment. ad hymnum 10 Cathem. vers. 56. De cubicularis loquitur Juvenalis sat. 5, *Sed quis custodiet ipsos Custodes;* et verbum *servandi* adhibet Ovidius lib. II D Amor., eleg. 2, *Quem penes est dominam servandi cura Bagoe;* et eleg. 3, *Hei mihi quod dominam nec vir, nec femina servas*.

173. Alex. Urb.., Pal., Ald., Vat. P., Oxon., Cauch., Alt., *spem vindicis*. Alii *spem judicis* cum plerisque edd.

177. Vat. A, *corruptibilis;* supra *corruptelis* pro liv. lect.

178. Iterum consuetudo orandi ad martyrum sepulcra confirmatur. Adisis Dungali librum contra Claudium Taurinensem. Cellarius impudentissime ait : *Poeta morem suum aut errorem sequitur de invocatione*. Poeta et suum, et Ecclesiæ catholicæ morem suo tempore vigentem exponit.

184. Mar., Prag., *et pro ex*. Martinus Roa, de Die natali sacr. et prof., cap. 21, *ædiculam fulgurare ex argento ex solido* intelligit de his orbibus sive quadris in quibus tituli sive vela depictis sanctorum imagini-

bus includuntur, cum his ramorum et frondium sertis quæ pro foribus templorum in præcipuis diebus festis Romæ ostentantur, et *festones* dicuntur, ubi nunc cernere licet bracteolas orichalci fulgurantes. Ego potius id accipio de argento sol do quo altare ornaretur, aut etiam arca sepulcri constaret. Nam id innuunt tabulæ et talenta de quibus poeta pergit dicere. Et vers. 193, *Oscula perspicuo figunt impressa metallo*.

185. Barthius ait *tabulas* scriptoribus rusticis esse æquas planities, ut in hoc versu Prudentii. Intelligo autem tabulas sive laminas argenteas æquore lævi expolitas. Æquor proprie est ubi omnia æqua, plana, ut confirmat Becmanus verbis Ciceronis 2 de academ. quæst., *Quid tam planum quam mare, ex quo et æquor illud poetæ vocant?* Lucretius, lib. IV, *Rejectæ reddunt spæculorum ex æquore visum*. Huc allusit Prudentius. Vide vers. 53 hymni S. Cassiani. Teolius Muratorii lapsum notavit, qui in Paulini vers. 557, *Seque latere putans exstabat in æquore claro*, mendum exscripsoris esse dixit, et positum pro *æthere*, aut *aere claro*. Paulinus intellexit planitiem apertam.

186. Macrus in Hierolexico *recavum* hoc loco exponit cælatum, incisum ; et inde Italice *ricamo* dictam opinatur acus picturam quæ a fundo elevatur : quæ omnino absurde est explicatio. Nam Prudentius *recavum* speculum dicit, ut *recavum palatum* Psych. vers. 422. A voce Hebræa *racam* Hispanice *recamo* dici putat Covarruvias.

188. Talentum ponitur pro materia ipsa argentea ex qua fit talentum.

189. Veteres solebant deos salutando compellare, ut in multis scriptoribus antiquis passim cernitur. Martialis, lib. XII, epigr. 78, *Mult s dum precibus Jovem salutat*. Salutatio hujusmodi propre matutinis horis. exercebatur ; et a Romana salutandi patronos consuetudine nomen habet. Martialis, lib. II, epigr. 18, *Mane salutatum venio*. Sic Virgilius mox laudandus. Vide Matthæum Broverium de Veter. ac recent. Adorat, cap. 6 et 9, qui multa veterum testimonia profert.

190. Parrhasius, *puppis*, mendose, pro *pubis* vel *pubes*. Heinsius mavult *pubis* cum Thuan., Ald., Egm., Pal., ut *vulpis et gruis* in veterrimis Phædri exemplaribus. Multi, etiam veteres, scribunt *pubes*, ut Mar., Prag., Vat. B. In duobus Torrent., *plebis*. Widm. non bene distinguit *omnis adorat : Pubes eunt*.

1183 Oscula perspicuo figunt impressa me-
[tallo
Balsama diffundunt : fletibus ora rigant.
195 Jam cum se renovat decursis mensibus annus,
Natalemque diem passio festa refert,
Quanta putas studiis certantibus agmina cogi,
Quæve celebrando vota coire Deo?
Urbs Augusta suos vomit effunditque Quirites,
200 **1184** Una et patricios ambitione par

Confundit plebeia phalanx umbonibus æquis
Discrimen procerum, præcipitante fide.
Nec minus albanis acies se candida portis
Explicat, et longis ducitur ordinibus.
205 Exsultant fremitus variarum hinc inde viarum,
Indigena, et Picens, plebs et Hetrusca venit.
Concurrit Samnitis atrox, habitator et altæ
1185 Campanus Capuæ, jamque Nolanus
[adest.

GLOSSÆ VETERES.

193. Perspicuo, *nitido, præclaro*, l.
198. Celebrando, *ad celebrandum*, l.
199. Augusta, *Roma, nobilis*. — Quirites, *Romanos*. — *Romanos principes*, l.
200. Ambitione, *cupiditate*, l. *Desiderio*, Mar.
201. Plebeia, *rustica, vilis exercitus, plebeii milites*. — Umbonibus *humeris*, l.

202. Discrimen, *discretionem*. — Præcipitante, *incitante, impellente ad hoc*, l.
2 6. Picens, *gentile nomen, sicut Romanus, a Piceno urbe*. — Hetrusca, *Italica*, l.
207. Samnitis, *civis, a Samnia provincia*, l.
208. Nolanus, *a Nola civitate*, l.

COMMENTARIUS.

193. Barthius quærit cur Prudentius dixerit *perspicuum metallum*, cum supra dixerit *argento ex solido*? nam argentum in perspicuas laminas duci nequaquam potest, non magis quam ebur, de quo Macrobius in Somnium memorat. Facilis est et expedita responsio. Tabulæ argenteæ ita erant expolitæ, ut æquore lævi niterent, quale recavum nitet speculum. Id significat perspicuum metallum, hoc est *nitidum*, et in quo tanquam in speculo homo se possit inspicere : nam *perspicuum* non solum pro diaphano, verum etiam pro nitido et lucido accipitur, ut exponunt glossæ.

194. Alt., *balsama desudant*. Heins. cum aliis scribit *defundunt*. Ita Alex. a prima manu; supra, *diffandunt*, quod reperitur in multis. Weitzius, *difundunt*. Mos tunc erat afferendi unguenta ad sepulcra martyrum. S. Gregorius scribens ad Secundinum indict. 2, lib. vii, epist. 54 : *Aloem, thymiama, styracem et balsamum, sanctorum martyrum corporibus offerenda, latore præsentium deferente, transmisimus*. Vide comment. ad vers. 519 hymni S. Vincentii.

195. Prag., *nam cum se*. Parrhasius *divisim*, et in emendatis *divisis* pro *decursis*, non ita bene.

196. Diem quo SS. martyres martyrio coronati sunt, stylo ecclesiastico *natalem* dici res est notissima. Videri potest Martinus Bon de D e natali sacro et profano. Imperatores imperii sui ortum seu natalem celebrabant. Ad natalem cathedræ sive episcopatus Romani pontificis celebrandum plures episcopi congregari solebant, ut constat ex epistola Xysti pontificis ad Cyrillum episcopum Alexandrinum Theodosio xiii et Maximo coss., ut in actis concilii Ephesini legitur; sed legendum videtur Theodosio xiv, scilicet anno 433, et ex alia ejusdem Xysti ad Joannem episcopum Antiochenum. Hilarius papa in epistola ad episcopos Tarraconensis provinciæ : *Lectis ergo in conventu fratrum quos natalis mei festivitas congregarat, litteris vestris*. Anastasius Bibliothecarius in Vita Hadriani 1 : *Denique ejus beatitudo fecit et pharum majorem in eadem B. Petri ecclesia in typum crucis qui pendet ante presbyterium, habentem candelas mille trecentas et septuaginta. Et constituit ut quatuor vicibus in anno ipsum pharum accenderent, id est in nativitate Domini, in Pascha, in natali Apostolorum, et in natali Pontificis*. Hujusmodi phari in typum crucis vestigia exstant in cruce quæ in basilica Vaticana S. Petri plurimis lucernis ardentibus ornata ostendigur nocte feriæ 5 majoris hebdomadæ. Natalem sui episcopatus etiam alii privati episcopi celebrabant : de quo legi potest Binghamus lib. iv, cap. 6, vol. II, pag. 188.

199. Parrhasius, *urbs augusta* : legendum *Augusta* : qui titulus Romæ tribuitur in cod. Theod., item apud Paulinum, Apollonium, Ammianum et alios. *Vomere de magna copia*. Virgilius ii Georg. vers. 462, *Mane salutantum totis vomit ædibus undam*.

201. Isonis glossam vides : accipe Barthii explicationem. *Pari cultu, pari festinatione*. Proceres habebant vestitum quo dignoscerentur, sed omnis tum vestitus æqualis habebatur festinatione nimia. Idem dicit Papinius in *Violantilla* : *Omnis plebeio teritur prætexta tumultu*. Cellarius addit : *Studio pietatis et festinatione inornati exibant proceres et plebeii*. Chamillardus, *umbones æquos* putat esse scuta pura et alba : nam nobiles insignia familiæ suæ, aut factorum suorum præferebant descripta in clypeis. Mens Prudentii hæc mihi esse videtur. Ut Quirites Urbe effusi, et ambitione pari patricii properabant, ita plebeii æque fide armati præcipites ibant, neque hac in re ullum erat discrimen. Dixit vero pöeta *umbonibus æquis* pro æqual bus armis, allegorice, quoniam agmina et plebeiam phalangem dixerat, et mox acies.

203. Fabricius primum id explicat de porta Romæ Albana, nunc Exquilina, vulgo Taurina, quam Procopius Prænestinam, antiquissimi Metiam nominaverunt. Mavult tamen intelligere portas Romam deducentes ex oppido Alba. Ac revera ita est intelligendum. Alba vetus, sive Alba Longa anno Urbis 86 eversa est. Sæculo iv Romæ eveunte, in loco non procul distante Alba, aliud oppidum veteri nomine florere cœpit, ubi nunc est Albanum. Via Appia, regina viarum dicta, hoc oppidum intercurrebat : hinc via Appia, sive Albanæ portæ prius a Prudentio memorantur. Romæ anno 1787 prodierunt *Memorie storiche di Alba Longa, e dell' Albano moderno*, auctore Joanne Antonio Riccy. *Acies candida* significat toga recenti ornatos. Vide comment. ad vers. 547 lib. i in Symmachum, *Candidiore toga*. Ut infausta et tristia *atra* dicimus, sic læta, fausta et festiva, *candida*. Horatius od. 7 lib. iii favonios dixit *candidos*, quia Romæ præsertim hic est præ cæteris lætus placidusque ventus. Virgilius eclog. 5 : *Candidus insuetum miratur limen Olympi*.

204. Prag., perperam, *longis dulciter*. Egm., Hailsbr., *dicitur*, non melius.

206. Parrhasius edidit *Peligna*, et *picens*, non male.

207. Plerique ita distinguunt, *Concurrit Samnitis atrox habitator, et altæ*, etc. Cellarius ac Teolius aiunt in *Samnitis* intelligi *terræ*, regionis in patrio casu. Parrhasius recte distinguit, *Concurrit Samnitis atrox, habitator et altæ Campanus Capuæ*. In nominandi casu est *Samnitis*, ut lib. ii in Symm. vers. 515, *Samnitis, Marsusque*; et apud Catonem ex Prisciano lib. vii, *Ager Gallicus, Samnitis, Apulus, Bruttus*. Plerique efferunt *Samnis*. Dicuntur autem atroces, quia erant bellicosissimi, aut quia ludo gladiatorio ita erant dediti, ut eorum nomen pro gladiatoribus ipsis accipiatur. Vide Ciceronem pro Sextio.

208. Prima syllaba produci solet in *Nolanus* : hic corripitur, quod in indicibus Chamillardi, Cellarii et Teolii notatum non est. Parrhasius refert nonnullos

Quisque sua lætus cum conjuge, dulcibus et
[cum
210 Pignoribus rapidum carpere gestit iter.
Vix capiunt patuli populorum gaudia campi,
Hæret et in magnis densa cohors spatiis.
Angustum tantis illud specus esse catervis,
Haud dubium est, ampla fauce licet pateat.
215 Stat sed juxta aliud, quod tanta frequentia tem-
[plum
Tunc adeat, cultu nobile regifico,
Parietibus celsum sublimibus, atque superba
Majestate potens, muneribusque opulens.

Ordo columnarum geminus laquearia tecti
220 Sustinet, auratis suppositus trabibus :
Adduntur graciles tecto breviore recessus,
Qui laterum seriem jugiter exsinuent.
1186 At medios aperit tractus via latior alti
Culminis exsurgens editiore apice.
225 Fronte sub adversa gradibus sublime tribunal
1187 Tollitur, antistes prædicat unde Deum.
Plena laborantes ægre domus accipit undas,
Arctaque confertis æstuat in foribus,
Maternum pandens gremium, quo condat alu-
[mnos,

GLOSSÆ VETERES.

210. Pignoribus, *hoc interest: pignora rerum, pignera filiorum.* — Gestit, *gaudet, cupit*, I.
216. Nobile, *regale*, I.
217. Superba, *nobili*, I.
218. Opulens, *dives, pro opulentum*, I.
220. Auratis, *auro pictis*, I.
221. Breviore, *strictiore*, I.

224. Editiore apice, *altiore celsitudine*, I.
226. Tollitur, *elevatur*, I.
227. Ægre, *vix.* — Undas, *catervas, frequentias populorum*, I.
228. Confertis, *plenis*, I.
229. Alumnos, *filios*, I.

COMMENTARIUS.

confuso locorum ordine scribere *janicolanus* pro *jamque Nolanus.* Cauchio arridebat *jamque bolanus.*
212. Præclare dictum ad immensam multitudinem hominum significandam.
214. Prag. semper scribit *haut.*
215. Multi pro certo ponunt hoc templum eidem S. Hippolyto fuisse consecratum. Sed Ruggerius loc. cit. num. 18 existimat cum aliis Prudentium his versibus basilicam S. Laurentii in agro Verano descripsisse, quæ vere *juxta* S. Hippolyti cœmeterium et ædiculam apposita erat, et in quam Prudentius descriptio optime cadit. Anastasius Bibliothecarius de Hadriano I ait : *Simul et cœmeterium B. Hippolyti martyris* JUXTA *S. Laurentium, quod a priscis marcuerat temporibus, renovavit.* Vide Aringhum lib. IV, cap. 16, ubi de templo S. Laurentii agit.
220. Parrhasius, mendose, *suppositas.* Veteres inaurabant trabes ædificiorum. De templis Christianis confer hymnum seq. et hymn. S. Fructuosi.
221. Hæc forma ædificiorum in ecclesiis pervetustis adhuc cernitur.
222. Teolius apud Vat. unum, et alterum invenit *extenuent* pro *exsinuent.* Putat Teolius *extenuent* esse glossema verbi *exsinuent.* Sed Giselinus aliter explicat *Exsinuent : Sinuum seu laciniarum in morem explicent, latiusque extendant.* Addit Giselinus nostra templa hodie non aliter exædificari. In duobus autem mss. invenit æque novum vocabulum *eximient*, et lectori optionem præbet. Fabricius legit *exinient*, et in comment. ait *exinire* esse in spatium brevius contrahere, ut in ordinibus fit columnarum, cum primum latæ porticus, deinde contractiores fiunt. Verum proba lectio est *exsinuent* : quo verbo utitur Ausonius idyll. 14, vers. 29, *Collectosque illa exsinuabat amictus;* et Paulinus epist. 56 ad Macarium, al. 49, *Cum velum videret jam exsinuatum*, id est expansum, sive e sinu quasi emissum et explicatum. Hoc vult Prudentius.
225. Hanc cathedræ descriptionem elegantissimam esse Barthius pronuntiat. Idem, lib. XXXII, cap. 2, ex his versibus colligit, in meditullio sacrarum domuum fuisse cathedras unde mysteria sacerdotes profitebantur. Dominicus Aulisius, lib. II *delle Scuole sacre*, cap. 6, diversum morem ab hoc quem Prudentius describit, fuisse in Gallia arguit ex versibus Sidonii ad Faustum episcopum : *Seu te conspicuis gradibus venerabilis aræ Concionatorum plebs sedula circumsistit.* Sirmondus ad Sidonium pag. 151 nullum discrimen agnoscit : *Inde enim*, ait, *sedentes in cathedra tribunali concionari solebant ;* adducitque hæc ipsa Prudentii verba. Distinguit scilicet Sirmondus

tribunal sive cathedram pro gradibus aræ intra cancellos exstantem, ab ambone in quem conscendisse Chrysostomum, ut a pluribus audiretur, Socrates, aliique, ut peculiare narrant. Sozomenus, lib. VII, cap. 19, refert ætate sua nullum Romæ verba in ecclesia-fecisse ad populum : *In eadem urbe neque episcopus, neque alius quisquam in ecclesia populum docet.* Valesius Sozomeno assentitur in notis, præsertim quia Cassiodorius verba Sozomeni repetit. Sed cum Cassiodorius eo tempore verba Sozomeni transcripserit quo apud omnes constat Romanos pontifices homilias ad populum habere consuevisse, Cassiodorii testimonio parum aut nihil juvatur Sozomenus. Quidquid autem sit de tempore Sozomeni, Prudentio testi oculato omnino fides est præstanda. *Gradibus sublime tribunal* non erant ipsi gradus altaris, ut nonnulli contendunt, sed pulpitum, aut etiam cathedra ipsa episcopalis. Concionabantur similiter Græci intra cancellos quibus sacrarium a capso, quod illi ναόν appellabant, dirimebatur. Ambo autem non in sacrario, sed in navi ecclesiæ erat constitutus, in quem episcopi aliquando, ut facilius ab omnibus audirentur, ascendebant. In sacratiori bematis, sive sanctuarii, aut presbyterii parte intra cancellos erigebatur cathedra, sive thronus, ac sedes episcopi, juxta quem presbyteri utrinque demissioribus subselliis sedebant. Etsi autem totum sanctuarium, quia gradibus in illud ascendebatur, bema aut tribunal dici posset, et interdum diceretur, tamen gradibus sublime tribunal de quo Prudentius, sedem episcopalem denotat ex peculiari expresso munere prædicandi Deum. Et sanctuarium quidem hujus ecclesiæ non in hoc templo magnifico, sed in ædicula supra descripta collocatum videtur, ubi scilicet erat *mensa sacramenti donatrix.* Sed advertendum illud est, ex unius vel alterius ecclesiæ more non statim esse arguendum eam consuetudinem in omnibus ecclesiis viguisse; qua in re sæpe decipiuntur aut decipiunt qui antiquitates ecclesiasticas explanant : nam olim usurpatum in ecclesia simpliciter affirmant, quod fortasse in una tantum aut in paucis ecclesiis obtinuerit, neque tamen constat an omni tempore hujusmodi consuetudo viguerit.
228. Vat. B, *consertis ;* lege *confertis.* Ex Lucretio lib. VI, *Omnia complebant loca tectaque, quo magis æstus Confertos ita acervatim mors accumulabat.* Barthius, lib. I, cap. 9, recte observat in libris legi *æstu*, ex quo Lambinus eos tum fecit invitis musis. Alii legunt in eodem Lucretio *confectos* pro *confertos.*
229. Parrhasius, *condit.*

250   Ac foveat fetos accumulata sinus.
       Si bene commemini, colit hunc pulcherrima
                                              [Roma
       Idibus Augusti mensis, ut ipsa vocat
       Prisco more diem, quem te quoque, sancte ma-
                                              [gister,
       Annua festa inter dinumerare velim.
255   Crede, salutigeros feret hic venerantibus ortus,
       Lucis honoratæ præmia restituens.
       Inter solemnes Cypriani, vel Celedoni,
       1188 Eulaliæque dies currat et iste tibi.
       Sic te pro populo cujus tibi credita vita est,
240   Orantem Christus audiat omnipotens.
       Sic tibi de pleno lupus excludatur ovili,
       Agna nec ulla tuum capta gregem minuat.

A   Sic me gramineo remanentem denique campo
       Sedulus ægrotam pastor ovem referas.
245   Sic, cum lacteolis caulas compleveris agnis,
       Raptus et ipse sacro sis comes Hippolyto.

XII HYMNUS.
INCIPIT PASSIO APOSTOLORUM PETRI ET PAULI.

       Plus solito coeunt ad gaudia : dic, amice, quid
                                              [sit.
       1189 Romam per omnem cursitant, ovant-
                                              [que.
       Festus apostolici nobis redit hic dies triumphi,
       Pauli atque Petri nobilis cruore.
5   Unus utrumque dies, pleno tamen innovatus
                                              [anno,

GLOSSÆ VETERES.

250. Fetos, *impletos*, I.
255. Crede, *scilicet mihi*, I.
256. Lucis, *diei*, I. — *Festi diei celebrati*, Mar.
241. Sic tibi, *optando*, I.
244. Sedulus, *studiosus*, I.
245. Lacteolis, *candidis*. — Compleveris, *pro compleas*, I.

B   1. Coeunt, *scilicet quid*, I.
       2. Ovantque, *lætantur ; nam tractum est a triumphantibus, qui albam ovem immolabant*, I.
       3. Festus, *quasi respondet interrogatus*, I.
       5. Innovatus, *veraciora gesta habent, quod non anno revoluto, sed prorsus uno eodemque die sunt ambo isti principes apostolorum passi*, Prag.

COMMENTARIUS.

250. Gis. ad oram, *fetus accumulata suos* cum Vat. A a secunda manu. In Mar., Urb., Prag, Vat. B a prima manu, *fetus*. Alex., *fetas*; supra, *fetos*.
251. Quod ait Prudentius, *Si bene commemini*, non dubitat, sed considerate loquitur, et caute affirmat. Sic vers. 1 præf. carminum, *Per quinquennia jam decem, Ni fallor, fuimus*. Cicero pro M. Fonteio : *Qui primum illud verbum consideratissimum nostræ consuetudinis* ARBITROR, *quo non etiam tunc utimur, cum ea dicimus jurati, quæ comperta habemus, quæ ipsi vidimus, ex toto testimonio suo sustulit atque omnia se scire dixit*. Nonnulli putant Hippolytum, quem idibus Augusti celebrari ait Prudentius, esse solum Hippolytum militem. Sed cum Prudentius de alio Hippolyto certissime loquatur, hujus Hippolyti, quem laudat Prudentius, diem festum olim in idus Augusti incidisse judicandum est.
252. Rat. ex *ipse* recte *ipsa*. Ald., non bene, punctum post *vocat* adhibet.
255. Gis. ad marg., *annos* pro *ortus*.
256. Præmia diei festi celebrati videntur esse *salutigeri ortus*, sive anni. Barthius addit *præmia de cœlo*; nec repugno.
257. Alex., Ald., *Chelidoni*. Vat. B, Mar., *Celedoni*. Parrhasius, corrupte, *Celeboni*. Notandum festum diem S. Cypriani jam tum in Hispania celebratum.
259. Ald., *tradita vita est*. Teolius glossam unius Vat. ascribit : *Adjuvantis est, id est, si hoc feceris, tunc te Christus audiet*. Minime dubito quin sit legendum *adjuvantis est*.
242. Barthius scribendum putat *rapta* pro *capta*. Sed membranæ constanter habent *capta*, et paulo post occurrit *raptus*. Neque male est *capta*, ut *bello captus, dolis captus, pisces jaculo aut hamo capti*. Torn., mendose, *captum*.
245. Psych. vers. 792, *Lacteolam mentitus orem*. Vide comment. ad vers. 165 hymni S. Eulaliæ. Stabula ovium vocantur *caulæ* ex Græco nomine, *c* detracto : nam Græci αὐλας dicunt. Fortasse Paulinus hoc etymon respexit de Reditu Nicetæ : *Nunc oves facti duce te gregantur Pacis in aulam*.
246. Hæc valida mihi videtur conjectura ut credamus Hippolytum fuisse episcopum, quod scilicet Valerianus, Christi sacer, sacro Hippolyto esset futurus comes in cœlo, sacerdotii sive episcopatus, ut ego puto, ratione. *Raptus* pro *defunctus* verbum est

sacræ paginæ, ut denotetur aliquem e periculis hujus mundi in cœlum eripi. Post hunc hymnum in Vat. B et Mar. ponitur passio S. Cypriani.
Exscripsi titulum ex Mar. et Rat. In Vat. A et Weitzio, *Passio apostolorum Petri et Pauli*. Ald. et Heins. addunt *beatorum apostolorum*. Hæc passio in Mar. et Vat. B sequitur post passionem S. Cypriani, ut in Weitzio.
1. Heinsius conjectabat, *quid sic Romam per omnem cursitant, ovantque*? Cellarius secutus est hanc conjecturam : quæ mihi etiam placet, quamvis lectio C codicum recte procedat, neque careat elegantia. Ad festum diem apostolorum celebrandum multi olim undique conveniebant, etiam episcopi. Vide ep. Paulini 13 ad Severum, et 16 ad Delphinum.
2. Etymologiam verbi *ovare*, a glossa indicatam, comprobant Servius et Plutarchus. Alii cum Festo *ovare* deducunt a clamore quem edere solent victores, geminata littera *o*; alii ab *evoe*, bacchantium voce. Adsis Becmanum de Origin.
5. Hæc Prudentii aliorumque opinio fuit, SS. Petrum et Paulum eodem anni die, sed non eodem anno martyrium subiisse. Prudentius hanc suam opinionem clarius explicat vers. 21, *Ut teres orbis iter*, etc. Joannes M. Brassichellensis in Indice librorum expurgandorum, quem num. 184 in not. proleg. laudavi, hanc sententiam censura perstringit, quod contraria sit communiori opinioni, quamvis fateatur illam defendi ab Augustino et Aratore. Vide pag. 257 D et 262 ejus Indicis. Eminentissimus card. Stephanus Borgia in celeberrimo suo opere, Vaticana Confessio beati Petri, multa affert quibus tum aliæ antiquitates ecclesiasticæ illustrari possint, tum fere totus hic Prudentii hymnus facilius intelligi. Hanc ipsam quæstionem ad examen revocat, et fatetur S. Augustinum idem sensisse ac Prudentium, serm. 295 in natali apostolorum Petri et Pauli, et serm. 581 de eod. natal., ubi ait : *Natalitio ergo Petri passus est Paulus*. Neminem alium ex antiquis Latinis scriptoribus ejusdem sententiæ assertorem reperit, excepto Aratore subdiacono, qui sæculo VI floruit, et lib. II Hist. Apost. ita cecinit : *Geminos, quos edidit astris, Non eadem, tamen una dies, annique voluto Tempore sacravit repetitam passio lucem*. E Græcis Photius in Bibliot. cod. 276 locum S. Nili discipuli S. Joannis Chrysostomi profert ubi affirmatur Petrum ante Paulum occu-

1190 Vidit superba morte laureatum. **A**
Scit Tiberina palus, quae flumine lambitur pro-
[pinquo,

1191 Binis dicatum cespitem tropæis,
Et crucis, et gladii testis : quibus irrigans eas-
[dem

GLOSSÆ VETERES.

6. Super*ba*, *nobili.* — Laureatum, *coronatum*, I.
9. Crucis et gladii, *Petri et Pauli.* — Testis, *Tibe-*
ris. — Quibus, *tropæis*, I.

COMMENTARIUS.

buisse. Justinum martyrem et Irenæum memoriæ mandasse Paulum quinque annis post Petrum annis martyrio coronatum, refert Metaphrastes, approbantibus Colomesio et Junio in notis ad epist. 1 S. Clem. ad Cor. Rupertus Tuitiensis, qui anno 1124 sub Lotario III obiit, lib. VI de Operib. Spiritus sancti, cap. 10, ita habet : *Creditur ambos* (SS. Petrum et Paulum), *uno eodemque unius ejusdemque diei anno, inclyto cœlos decorasse martyrio; non tamen desunt qui putent eodem quidem die, sed non eodem martyrium complevisse anno. Unde idem, qui supra, Unus utrumque dies,* etc. Communiori sententiæ de eodem anno et die martyrii SS. apostolorum magnum pondus adjecit celebre Gelasii I decretum de libris apocryphis in concilio Romano anni 494, quod sub Damaso celebratum falso dixit Chamillardus, et, ut opinor, voluit dicere sub Gelasio : *Cui data est etiam societas beatissimi Pauli apostoli, vas electionis, qui non diverso, sicut hæretici* (al. *hæresi*) *garriunt, sed uno tempore, uno eodemque die gloriosam mortem cum Petro in urbe Roma sub Cæsare Nerone agonizans coronatus est.* Nihilominus anno 544 Arator subdiaconus Ecclesiæ Romanæ eamdem sententiam, ut vidimus, expressit, cujus carmina ut publice recitari juberet, Vigilium papam litterati omnes doctissimique rogaverunt, ac revera summo plausu in ecclesia S. Petri ad Vincula recitata sunt. Eodem Aratore recitante, distinctis diebus ambo libri septem vicibus sunt auditi, cum unius medietas libri tantummodo legeretur propter repetitiones assiduas, quas cum favore multiplici postulabant. Vide Labbeum tom. I Biblioth. mss. pag. 668. Igitur sententia Prudentii non tam male audiebat tunc Romæ quam videri possit, si solum decretum Gelasii consideretur. Accedit S. Gregorius Turonensis de Gloria martyrum cap. 29 lib. I : *Paulus vero apostolus post revolutum anni circulum ipsa die qua Petrus apostolus passus est, apud urbem Romam gladio vercussus occubuit.* Ruinartius in notis ait deesse hæc verba *post revolutum anni circulum* in quodam codice : quæ lectio, etsi conformior veritati videatur, incertum tamen illi est an sit sincerior.

6. Prag., *mente :* lege *morte.* Paschalius, de Coronis lib. VIII, cap. 10, probat *laureatum* significare victorem, et interdum pro triumphante poni, ut hoc loco a Prudentio.

7. In editione Parmensi vitiatum est metrum, transpositis ita verbis, *quæ lambitur flumine;* in nota recte *quæ flumine lambitur.* Teolius ait in omnibus mss. Vatt. esse *lambitur*, non *labitur.* Sed dubium non est quin in Vat. Q et aliis sit *labitur;* quod legit Marietus in Vatt. A, B, Rat., Prag. In Vat. P, Oxon., Thuan. a manu prima, Egm., Pal., Fabr., Parrh., *lambitur.* Heinsius edidit *labitur,* sed putat castigandum *Scit Tiberina palus, qui flumine lambitur propinquo, Binis dicatum cespitem tropæis.* Scilicet cespes *lambitur*, non palus, ut infra de eodem Tiberi : *Qua stringit amnis cespitem sinistrum.* Addi potest similis loquendi ratio ex Ammiano lib. XXVI, *Ister, qua Romanum cespitem lambit.* Mihi non displicet conjectura, quamvis Teolio nimis dura et coacta hæc videatur constructio. Cæterum nihil mutaverim, repugnantibus mss. Cellarius insigniter allucinatus est, qui non solum edidit *qui lambitur,* verum etiam falsissimam notam subjecit : *Ita mss.* Vulgo, *quæ labitur.* Giselinus affirmat in quodam ms. esse *quæ lambitur*, in Daventriensi *quæ lambit ex propinquo.* Sed addit utrumque de Rhodano Lemanum allambente, similibusque fluminibus recte dici posse; de paludibus

autem ad montium radices scaturientibus, ac in vicinos amnes perenniter sese exonerantibus, non item. Nihilominus mihi arridet *quæ lambitur*, ita ut palus Tiberina intelligatur esse campus Tiberi proximus, quem idcirco paludem vocat, quia *stagnantibus aquis vel ob pluvias immodicas, vel ob fluminis inundationes frequenter operiebatur*, ut egregie explicat laudatus Em. card. Borgia. Ex quibus verbis recte colligit locum in quo S. Petrus martyrium subiit non fuisse montem Janiculum, ut recentiorum tenet opinio, sed planitiem eam quæ Tiberim inter et montis Vaticani B radices excurrit : quod allatis aliis antiquitatis monumentis uberius confirmat. Hanc sententiam ita explicatam non satis intellexisse videtur Teolius, nisi fortasse novam aliquam ipse excogitavit. Ita enim ait in admonitione ad hunc hymnum : *De loco autem par ratio non est. Quantumvis enim speciosæ sint recentiorum conjecturæ, qui sanctos apostolos diversis in locis animadversos fuisse contendunt, conjecturæ tamen sunt, quibus nemo prudens rerum æstimator testem antiquum sane, ac sinceritate, et eruditione ubique commendatum præferendum esse non fateatur. Cum itaque Prudentius aperte dicat vers.* 9 *eamdem paludem, quæcunque illa fuerit, utrorumque apostolorum sanguine imbutam fuisse, uno eodemque loco sanctos apostolos martyrium complevisse in dubium revocare non audemus : uti nec, certis deficientibus monumentis, quisnam fuerit locus ille definire. Rem totam accurate discussam, ac summa eruditione pertractatam vide apud illustriss. præs. Stephanum Borgia,* etc. Verum aperte doctissimus card. Borgia pag. 84 et 85 assertionem Petri Comestoris tuetur, Paulum gladio occisum in catacumbis versus occidentem, Petrum crucifixum in Vaticano, in vico scilicet qui est extra civitatem, ubi fiebant dolia; et pag. 89 ait : *Locum ubi doctor gentium gladio percussus occubuit, nemo clarius quam S. Gregorius Magnus expressit, cum basilicæ S. Pauli massam ad Aquas Salvias donaret.* De qua massa sive possessione *ad Aquas Salvias* ait S. Gregorius : *In qua palmam sumens martyrii capite est truncatus*, ut videri potest apud cl. præsulem Gallettium antiquitatis cultorem eximium, Inscription. Rom. infimi ævi, t. I, p. 5.

8. Per *cespitem* intellige gramen, campum. Infra vers. 46, *Qua stringit amnis cespitem sinistrum.* Weitzius ad vers. 50 hymni S. Vincentii putaverat cespitem hoc loco sumi pro ara. Cespes campi Tiberini binis tropæis dicatus dicitur. Caius, sive Gaius presbyter Romanæ Ecclesiæ sub Zephyrino Romano pontifice sæculo II, apud Eusebium Hist. eccles. lib. D II, cap. 25 : *Ego autem apostolorum tropæa possum ostendere. Nam sive in Vaticanum, sive ad Ostiensem viam pergere velis, invenies tropæa eorum qui ecclesiam hanc fundaverunt.* Hæc apud Prudentium et Caium sunt sepulcra martyrum cum palmam martyrii consecuti sunt. S. Hieronymus. epist. ad Marcellam : *Est ibi* (Romæ) *sancta ecclesia, sunt tropæa apostolorum, ad hæc et tituli.* Fortasse tropæi nomen magis proprie apostolorum Petri et Pauli sepulcris tribuebatur; tituli etiam alia sepulcra, eisque inædificatæ ecclesiæ vocari solebant. Fortunatus ipse tropæa propugnacula appellavit lib. III, carm. 7. *A facie hostili duo propugnacula præsunt, Quos fidei turres Urbs caput orbis habet.* Supra, vers. 2, occurrit *triumphus apostolicus.* S. Ambrosius similiter de SS. Gervasio et Protasio epist. 22 : *Eruuntur nobiles reliquiæ e sepulcro ignobili, ostenduntur cœlo tropæa.*

9. Egm., *et crucis, et gladii testes.* Heinsius parum hic vidit; ait enim ita in Egm. legi, ut *ad herbas,* non

10   **1192** Bis fluxit imber sanguinis per herbas. A
    Prima Petrum rapuit sententia, legibus Neronis
    Pendere jussum præminente ligno.
    Ille tamen veritus celsæ decus æmulando
    [mortis
    Ambire tanti gloriam magistri,
15   Exigit ut pedibus mersum caput imprimant su-
    [pinis,
    Quo spectet imum stipitem cerebro.
    Figitur ergo manus subter, sola versus in ca-
    [cumen :

1193 Hoc mente major, quod minor figura,
    Noverat ex humili cœlum citius solere adiri :
20   Dejecit ora, spiritum daturus.
    Ut teres orbis iter flexi rota percucurrit anni,
    Diemque eumdem sol reduxit ortus,
    Evomit in jugulum Pauli Nero fervidum furo-
    [rem,
    Jubet feriri gentium magistrum.
25   Ipse prius sibimet finem cito dixerat futurum,
    Ad Christum eundum est, jam resolvor,
    [inquit.

GLOSSÆ VETERES.

12. Præminente, *eminente, alto patibulo*, I.
13. Veritus, *timens*. — Celsæ, *quæ est illa gloria*. — Æmulando, *imitando*, I.
14. Ambire, *desiderare*, I.
15. Exigit, *rogat, exegit, petiit*. — Supinis, *elevatis*, I.
16. Quo, *ut*, I.

7. Subter, *ad terram*. — Sola, *plantas*, I.
8. Mente major, *humilior*. — Minor, *despectior*. — Figura, *honore*, I.
21. Ut teres, *sicut rotunda; circulus*, I.
23. Evomit, *emittit*, I.
24. Feriri, *puniri*, I.
26. Eundum. *contendendum*, I.

COMMENTARIUS

ad *imbrem sanguinis* referatur *testes*. Vera lectio est *testis*, et refertur ad Tiberinam paludem, non ad imbrem sanguinis. Sententia est : Scit Tiberina palus testis crucis et gladii, quibus, scilicet cruce et gladio imber irrigans sanguinis bis fluxit per easdem herbas. Teolius ex hoc versu arguit eodem in loco Petrum et Paulum passos. At Prudentii mens est in eisdem campis Tiberinis utrumque martyrium contigisse, non in eodem omnino loco paludis Tiberinæ : designat enim locum martyrii, sed non locum loci, ut cum jureconsultis loquar. Sic ait, Tiberinam paludem scire, cespitem dicatum binis sepulcris; et postea clare distinguit et separat hæc ipsa sepulcra : *Dividit ossa duum Tibris*. Sic etiam ait, easdem per *herbas*, cum non eodem anno martyrium astruat : et *bis fluxisse sanguinem*, cum Petrum affirmet cruci affixum. Hæc enim omnia aliud sonant, aliud significant : quanquam fortasse etiam sanguis Petri fluxit. Hieronymus epist. 23 ad Castrutium plus dixit : *Quid Petro, quid Paulo sublimius? Neronianum gladium cruentarunt*. Sagittarius cap. 6 de Cruciat. plures Patres allegat qui geminum hoc mortis genus de Petro et Paulo sub Nerone confirmant.

11. Weitzius ait a nonnullis dubitari Romæne an apud Hierosolymam Petrus cruci sit affixus. Scio a nonnullis dubitari, sed hæreticis. At quid respondent toti antiquitati, in qua tot sunt qui affirmant Petrum Romæ martyrium subiisse, nullus qui neget? Videri possunt testimonia apud em. cardinalem Borgiam collecta.

13. Egm., Widm., supra, Vat. P, *æmulandæ* : metrum *æmulando* poscit. Cur Petrus inversis vestigiis cruci affigi postulaverit, hanc eamdem rationem reddunt Egesippus, Hieronymus, Chrysostomus, Augustinus, Eutychius Ægyptius, Maximus et alii. De hac inversa Petri crucifixione concinnum exstat Petri Labbei elogium, quod Sagittarius cap. 8 de Cruciat. exscripsit.

14. Hailsbr., *tantam*. Egm., *tangi, male*; pro *tanti*.
15. Gis. ad oram, *pedibus versum*. Ald. *imprimat* : melius *imprimant*.

17. Parrhasius male, *solo* pro *sola* : quod est a *solum soli*, non a *solea*, sublato *e*, ut ait glossa. Diversa crucifigendi genera exponit Seneca in Consolat. ad Marciam cap. 20 : *Video isthic cruces, non unius quidem generis, sed aliter ab aliis fabricatas. Alii capite conversos in terram suspendere; alii per obscena stipitem egerunt; alii patibulo brachia explicuerunt*. S. Petrum capite deorsum demisso fuisse affixum cruci Origenes narrat apud Eusebium lib. III Hist. eccles., cap. 1 : *Qui ad extremum Romam veniens, cruci suf-*

fixus est capite deorsum demisso : sic enim ut in cruce collocaretur oraverat. Consentiunt Egesippus de Excidio Hierosolym. cap. 2, lib. III; Abdias (quisquis est) auctor Historiæ Apostolorum, quamvis apocryphæ; Palladius in dialogo de Vita Chrysostomi; Augustinus serm. 28 et 29 de Sanctis; Eutychius Ægyptius patriarcha Alexandrinus in Originibus Ecclesiæ suæ; S. Maximus serm. 1 Natal. apostolorum Petri et Palui ; Hieronymus cap. 1 de Script. eccles.; S. Ambrosius lib. 1 de Interpellat. Job et David., cap. 1 ; S. Gaudentius episcopus Brixiensis in serm. de SS. apost. Petro et Paulo; S. Joannes Chrysostomus homil. in princip. apost.; S. Gregorius Nyssenus in orat. 8 de beatit., aliique innumeri : ut temere nonnulli hac de re dubitare visi sint. In Breviar. Mozarab. exstat hymnus qui S. Ambrosio tribuitur, ubi id clare affirmatur : *Verso crucis vestigio*, etc., et in orationibus ad matutinum : *Cum et Paulus dissolvi cupiens gladio necatus interiit, et Petrus inversis se poscit vestigiis crucifigi*. Rupertus Tuitiensis, lib. VI de Operib. Spiritus sancti, cap. 10, hos ipsos Prudentii versus allegat : *Super hoc quidam fidelis, et in fide laudabilis metrice canens ita dixit : Figitur ergo manus*, etc.

20. In nonnullis vulg., *defecit*; in aliis, *hora*. Corrige *dejecit ora*.

21. Vat. B, Q, Mar., Prag., Rat., Weitz. cum suis, Thuan., Ox. pro div. script., Parrhasius, *retro*. Ald., Vat. P. et alii, *rota*. In Alex. hic et sequens versus desiderantur.

23. Vat. A, *cruorem*; supra, *furorem*

24. Intellige *feriri gladio*, quod supra indicavit. S. Augustinus sæpe *feriri* simpliciter dixit, ut epist. 260 : *Si non solum subito feriri juberentur, verum etiam in loco proximo ferirentur*. Vide Sagittarium cap. 7 de hac formula *gladio feriri*. Cum gladius communis esset omni populo, securis vero propria Romanorum, gladio quam securi feriri magis erat ignominiosum. Victimæ immolandæ securi cædebantur. Vide Baronium ad annum 226, num. 3. Chamillardus hoc discrimen non advertit, cum non semel affirmet Paulum securi percussum, quod nemini ignotum esse dicit. Prudentius, ut potestatem primam Petro libens concedit, ita præcipuam laudem docendi gentes Paulo. Hanc distinctionem recte exprimit Breviarium Mozarabicum in capitulis ad Benedictus in hoc festo : *Cum potius tendentes ad regna cœlestia, quo Pauli docentis adduxerit pietas, intromittat Petri potestas*.

25. Prag., inepte, *Cato*, et supra glossa, *sapiens*. Lege *cito*.

26. Parrhasius distinguit *Ad Christum eundum est*

Nec mora : protrahitur, pœnæ datur, immola- A
[tur ense,
Non hora vatem, non dies fefellit.
1194 Dividit ossa duum Tibris, sacer ex utra-
[que ripa,
50   Inter sacrata dum fluit sepulcra.

Dextra Petrum regio tectis tenet aureis rece-
[ptum,
Canens oliva, murmurans fluento.
Namque supercilio saxi liquor ortus excitavit
1195 Frondem perennem chrismatis fera-
[cem,

GLOSSÆ VETERES.

31. Dextra regio, *aquilonaris plaga*. — Aureis, *nobilibus*, I.
32. Canens, *albescens, candens, a canitie dicta, albens et venit a caneo canes*. — Fluento, *orta aqua*, I.

34. Fontem, *baptisterium*. — Chrismatis, *unctionis oleo baptizati unguntur*, Vat. A. — Fontem, *baptisterium perpetuum*. — Feracem, *fertilem*, I.

COMMENTARIUS.

jam, resolvor, inquit. Epist. II ad Tim. II, 6 : *Ego enim jam delibor, et tempus resolutionis meæ instat*. Confer etiam epist. ad Philipp. I, 23, *Desiderium habens dissolvi*.

27. Parrhasius, depravate, *Hæc mora quæ trahitur, pœnæ datur. Immolatur ense*. Ald. et nonnulli vulg. male distinguunt *nec mora protrahitur*.

28. Vat. A, *autem*. Emenda *vatem*.

29. S. Petrum sepultum fuisse in Vaticano, et S. Paulum in via Ostiensi certior est sententia. Nonnulli e catacumbis eorum corpora in hæc loca ubi nunc sunt, a Cornelio pontifice Romano translata fuisse non satis idoneis auctoribus affirmant. Vide S. Isidorum de Vita et Morte sanctorum cap. 68 et 69. Negari tamen nequit aliquandiu corpora beatorum apostolorum in catacumbis occultata fuisse : quod S. Damasi et S. Gregorii Magni testimoniis demonstratur.

31. Prag., *perceptum* : corrigendum *receptum*. Hic etiam tecta aurea templi Vaticani memorantur, ut infra de basilica S. Pauli. Peveratus ad hunc versum exscribit hæc verba Pomp. Ugonii ex scheda ms. quam apud se habebat : *Aug. Constantinus basilicam B. Petro apostolo ex rogatu Silvestri episcopi in templo Apollinis inclusit in loculo corpus S. Petri. Ipsum loculum undique ære Cyprio conclusit, quod est immobile. Ornavit supra ex columnis porphyreticis. Hæ columnæ steterunt sub ciborio usque ad tempora nostra, nunc sunt in altaribus S....... et alias columnas vitineas, quas de Græcia perduxerat, et exstant hodie. Fecit auream crucem lib. 150.* Quæ verba mendis inquinata esse facile intelliges : sed tanti non est ea emendare.

32. Mar., *canans*; supra, recte, *canens*. Prag., Weitz., Vatt. B, Q, *olivo*. Rat., *olivæ*. Ald., *oliva, et murmurans*. Plerique, ut editum est. Etiamnum olivæ in Vaticano virescunt. Weitzius ait prope templum Vaticanum ortum fontem ex quo S. Petrus sui carceris custodes baptizaverit, de quo loquitur Prudentius. Hunc errorem animadverti et correxi ad hymn. De loco in quo martyres passi sunt, etc. A Giselino errorem hausit Weitzius.

33. Baronius ad an. 384, num. 24, in his Prudentii versibus baptismalem ecclesiæ Vaticanæ fontem agnoscit. Eodem respiciunt glossæ veteres. At ego existimo a Prudentio describi fontem magnifice exstructum ante fores templi Vaticani, quo ora manusque lavarent fideles antequam ecclesiam ingrederentur. De hoc fonte Paulinus epist. 33 ad Alethium, sive 13 ad Pamachium ed. postr., qui epulum præbuerat omnibus Romæ pauperibus in basilica apostolorum principis : *Quanto ipsum apostolum attollebas gaudio cum totam ejus basilicam densis inopum cœtibus stipavisses, vel qua sub alto sui culminis mediis ampla laquearibus longum patet, et apostolico eminus solio coruscans ingredientium lumina stringit, et corda lætificat; vel qua sub eadem mole tectorum geminis utrinque porticibus latera diffundit; quave prætento nitens atrio fusa vestibulo est, ubi cantharum ministra manibus, et oribus nostris fluenta ructantem fastigiatus solido ære tholus ornat, et inumbrat, non sine mystica* specie quatuor columnis salientes aquas ambiens. *Decet enim ingressum ecclesiæ talis ornatus, ut quod intus mysterio salutari geritur, spectabili pro foribus opere signetur*. Similem fontem postea Leo Magnus ante Ostiensem S. Pauli basilicam condidit, quem Ennodius celebrat : *Unda lavat carnis maculas, sed crimina purgat Purificatque animas mundior amne fides. Quisque suis meritis veneranda sacraria Pauli Ingrederis, supplex ablue fonte manus. Perdiderat laticum longæva incuria cursus, Quos tibi nunc pleno cantharus ore vomit. Provida p~storis per totum cura Leonis. Hæc ovibus Christi larga fluenta dedit*. Hunc morem veterum Christianorum lavandi manus et ora ante fores ecclesiæ, aut interius sacrarium, confirmat Eusebius lib. x, cap. 4, et indicat Tertullianus lib. de Oratione, cap. 11 : *Quæ ratio est, manibus quidem ablutis, spiritu vero sordente orationem obire?* Apud ethnicos eadem fuit consuetudo. In Christianorum ecclesiis vas aquæ lustralis ad expianda peccata venialia, quod nunc cernitur, his quos dixi fontibus successit. Et fortasse sacratioribus diebus majoris hebdomadæ Christiani veteres ecclesiam ingressuri manus et ora non lavabant, ad doloris sensum de passione Domini indicandum : unde originem traxerit consuetudo non adhibendi aquam lustralem feria 5 et 6 ejus hebdomadis. Matriti anno 1786 prodiit opusculum quo hæc consuetudo improbatur. Jam anno 1782 editum fuerat Perusiæ volumen in 8 quo quatuor opuscula Italice scripta continentur, quorum primo auctore G. C. hujusmodi usus refellitur, tribus aliis prorsus anonymis defenditur. Jam si Prudentii versus cum veteri illa consuetudine, cum Paulini et Ennodii verbis conferantur, planum fiet non de fonte baptismali illum locutum, sed de fonte ante fores templi collocato. Ait igitur Prudentius regionem in qua sepultus erat S. Petrus aureis sub tectis, olivis et fluento esse conspicuam : nam aqua in monte scaturiens frondem (ita enim lego) oleæ excitat et alit : inde per marmora et clivum ad viridem natationem sive receptaculum confluit. In interiori parte tumuli sive ædificii e cantharo labuntur aquæ, in stagno volvuntur. Pictura tholi tingit undas, et vicissim musci ab auro relucent, et aurum a muscis virescit; aqua cærulea a rubro colore supernæ picturæ trahit umbram sive imaginem, et lacunar fluctibus videtur moveri. Pastor sive pontifex Romanus suis ovibus exhibet hæc fluenta.

34. Dixi vers. sup. legendum esse *frondem*; et ita revera legunt Vat. B, Alex., Mar., Prag., Rat, Weitz. cum plerisque suis, Gis. ad marg., Sich., Thuan., duo Torrent., Heins., Cham. Et, ut Prudentius dicit nunc *frondem perennem*, ita vers. 175 Dittochæi de monte Oliveti, *Frondibus æternis præpinguis liquitur humor*. Janningus tom. VII Junii etiam legit *frondem perennem*, et interpretatur oleam. Nihilominus Parrhasius, Ald. ac multi mss. legunt *fontem*, quod expresserunt Cellarius et Teolius; quanquam hic non vere affirmat omnes Vatt. præter unum habere *fontem*. Chamillardus etsi legat *frondem*, tamen in *liquore orto*; de quo vers. super., intelligit ex mente Prudentii erupisse aliquem fontem in morte S Petri, ut

1196 Nunc pretiosa ruit per marmora, lubri-
  [catque clivum,
Donec virenti fluctuet colymbo.
Interior tumuli pars est, ubi lapsibus sonoris
Stagnum nivali volvitur profundo.
1197 Omnicolor vitreas pictura superne tin-
  [git undas,

40 Musci relucent, et virescit aurum.
Cyaneusque latex umbram trahit imminentis
  [ostri :
Credas moveri fluctibus lacunar.
Pastor oves alit ipse illic gelidi rigore fontis,
Videt sitire quas fluenta Christi.
45 Parte alia titulum Pauli via servat Ostiensis,

GLOSSÆ VETERES.

35. Ruit, *oleum*, — Lubricatque, *flectit*. — Clivum, *devexitas montis*, I.
36. Colymbo, *natatu*, Mar. Prag., *natatu; nam Græce colymbin natare dicitur. Natatu : fructu olivæ. Corymbi racemi hederarum; colymbi tubi per quos currit aqua per loca occulta*, I. *Colymbi tubi dicuntur*, Vat. A.
38. Nivali, *candido*, I.
39. Superne, *desuper, adverbium.*—Tingit, *colorat; pictura*, I.
40. Musci, *viriditates*, Vat. A. *Qui ibi picti erant.* — Relucent, *ex auro*, I. — Aurum, *ex musco*, I. La-

minæ aureæ affixæ laquearibus, Vat. A.
41. Cyaneusque, *viridis, vitreus; viridis; Cyane gemma est Scythiæ coruscans; interdum nitore pura est, et punctalis; interdum micantibus auratis varians punctulis.* — Ostri, *rubei coloris : ostrum purpuræ liquor ab ostrea, quæ Græce testa dicitur. Genus muricis bene olentis*, I. *Lazureus, vel purpureus*, Vat., A. Albus lapis, Mar. — Umbram, *imaginem*, Vat. A.
43. Pastor, *Petrus*, I., Vat. A.— Rigore, *algore*, I.
44. Fluenta, *doctrinam*, I.
45. Ostiensis, *Portuensis, ab Ostia : proprium nomen loci*, I.

COMMENTARIUS.

tres erupisse in morte S. Pauli memoriæ proditum est. At Prudentius loquitur de fonte qui in monte vicino scaturiebat. Peveratus, qui cum Baronio putat sermonem esse de fonte baptismali, legit *fontem*, et putat eum cum ipso cœmeterio omnino destructum, ita ut nullæ supersint reliquiæ, nisi forte quod circa posterioris crepidinem apsidis, et sub areæ Vaticanæ porticibus etiamnum aquarum scaturigines conspiciuntur quarum aliquot in limpidissimum fontem corrivavit Urbanus VIII, versibusque exornavit, et postea fons Liberii papæ, ac Damasi in aream Vaticani palatii ab Innocentio X deductus ac instauratus est, qui historiam Liberii pontificis sacro populum abluentis baptismate marmori exsculpendam curavit. Verum hic ipse fons Liberii et Damasi, et non alius baptismalis a Prudentio est descriptus. Versus Damasi legi possunt in ejus operibus et apud Baronium; nihil enim habent ex quo argui possit ad fontem baptismalem describendum fuisse compositos. Baronius ipse assentitur a Paulino Nolano descriptum fuisse fontem atrii basilicæ Vaticanæ. Paulinus autem cum Prudentio mire consentit. Addit Baronius aliam inscriptionem Damasi, ubi clarior fit mentio baptismatis; sed minime constat eam ad basilicam Vaticanam pertinere. Imo existimo tempore Damasi non aliud exstitisse Romæ publicum baptisterium nisi ad S. Joannem Lateranum, quod unum nominat Prudentius lib. I contra Symm., vers. 586 et seq.

35. Ald., Mar. a prima manu, *murmura : lege marmora*. Ox., *lubricatque clivo*; id est liquor fluit lubricus per clivum. Aliud *lubricat clivum* significat, scilicet ab humore clivum lubricum reddi.
36. Urb., mendose, *fluctu et colymbo*. Alex. a prima manu, Thuan., Gis. ad oram, *corymbo*. In notis ait Giselinus se expressisse Daventriensem his de causis. Primum quod κολυμβός inter vocabula ecclesiastica usitata non sit numerandum, deinde quod natatui inepte rivulo affingatur; postremo quod paulo ante regionem ubi sepeliebatur B. Petrus, dixerit *canere oliva*. Hic igitur idem repetens ait, rivulum ubi per pretiosa marmora ruerit, clivumque lubricarit, fluctuare virentibus corymbis, id est ramulis et foliis olearum. Heinsio non arridet *corymbo*, quia id ad olivam referri posse non videtur; et colymbades olivæ apud Plinium, Columellam, alios occurrunt : quæ ita dicebantur, quod muriæ, qua erant conditæ innatarent. Muli alii *colymbades olivas in colymbo* cogitant; sed non video qua ratione *colymbus* poni possit pro oleis, quamvis olivæ a colymbo, sive natatione *colymbades* dicantur. Parrhasius scribit *colymbo*, et ait colymbum esse labrum quo defluens unda excipitur. Janningus colymbum explicat cana-

lem sive aquæductum. Ugutioni colymbus est herba crescens in aqua, vel thyrsus virens, vel aquæductus. Mihi videtur colymbus esse natatio, sive locus aut stagnum natationi aptum; et consentiunt glossæ Isidori : *Colymbus, Locus ubi vestes mundantur*. Lampridius in Vita Heliogabali : *Marinæ aquæ colymbos exhibuit in mediterraneis locis :* hoc est piscinam et natationem, ut explicat Salmasius. Lupius in dissertatione de baptisteriis Christianis, etsi Prudentii verba intelligat de baptisterio Vaticano, tamen multa affert ex quibus arguit *colymbos* et *colymbethras*, seu natatorias promiscue de lavacris sacris et profanis dici consuevisse. Pro *colymbus* nonnulli scribunt *columbus*.

37. In medio illo stagno, seu concha, et colymbo erigebatur moles cum cantharo, ex quo aquæ labebantur in stagnum ipsum : nisi si forte cantharus de quo loquitur Paulinus, in aliquo angulo ad usum lavandi manus erat expositus. Conjiciebam *interior tubuli pars est*.

38. Mar. a prima manu, Hailsbr., Prag., Rat., Parrhasius, *nivale* : melius, *nivali*. Teolius *nivali* interpretatur *candido*. Verius, ut puto, *gelido*, ut mox *gelidi rigore fontis*.

39. Cauchius perperam, *pictura superba*. In superne postrema rite corripitur, ut ostendit Gifanius in e breve.

41. Paulinus aiebat *Fastigiatus solido ære tholus ornat et inumbrat.*

43. Nonnulli vulg., *adit :* lege *alit*. Glossæ *pastorem* intelligunt S. Petrum in verbis *pastor alit*, fortasse ex veteri nomenclatura qua S. Petrus *nutritor* in antiquis monumentis appellatur, ut ex lib. Pontificali constat. Prudentius lib. I in Symm. vers. 585, *Quo cinis ille latet genitoris amabilis obses*. Ita vocat S. Petrum. Eminentissimus cardinalis Garampius singulari doctrina et eruditione ubique notus, dum nuntium apostolicum ad Cæsarem ageret, in diplomate dato Varsaviæ 14 Februarii 1774, antiquitatem imitatus, principem apostolorum *pastorem ac nutritorem nostrum* opportune nuncupavit. Prudentius autem hoc in loco Romanum pontificem designat, et probabiliter ipsum Damasum, qui fontem construxit. Ennodius in versibus quos ante retuli, Prudentium æmulatus videtur : *Provida pastoris per totum cura Leonis Hæc ovibus Christi larga fluenta dedit*. In Prudentio *gelidi rigore fontis* accipitur rigor pro magno frigore.

44. Parrhasius, Vatt. B, Q, Mar., Prag., Rat., Weitz., Gis., Heins., *videt*. Alex., Urb., Egm., Vat. Q, Ald., *vidit*.

45. Ald., *Pauli titulum ;* lege *titulum Pauli*, Pru-

Qua stringit amnis cespitem sinistrum.
1198 Regia pompa loci est : princeps bonus
[has sacravit arces,
Lusitque magnis ambitum talentis.
Bracteolas trabibus sublevit, ut omnis auru-
[lenta

A 50 Lux esset intus, ceu jubar sub ortu.
1199 Subdidit et parias fulvis laquearibus
[columnas,
Distinguit illic quas quaternus ordo.
Tum camuros hyalo insigni varie cucurrit
[arcus :

GLOSSÆ VETERES.

46. Cespitem sinistrum, *meridianum, versa vice ad occidentem civitatis. Sinistram ripam dicit, id est meridianum, versa vice ad occidentem*, I.
47. Princeps, *Constantinus*, I.; Vat. A. — Arces, *templa Petri et Pauli*, Vat. A.
48. Lusitque, *ornavit, quasi ludendo fecit*. — Ambitum, *circuitum*, I.
49. Bracteolas, *trabes cum bracteolis, laminas*. — Sublevit, *circumdedit, junxit, a liniendo*. — Aurulenta, *auro plena*. I.

51. Parias, *candidas,marmoreas*. — Fulvis, *rubeis, auratis*, I.
53. Camuros, *curvos*, Vat. A. Recurvos, Prag. Curvos, *introrsum respicientes; curvos*. *Camurum Græce curvum; inde camerata domus cujus testudo curva est; inde camelum animal tortuosum.* — Hyalo, *vitro*. *Hyalum Latine vitrum dicitur*. — Cucurrit, *ornando; pinxit*. — Arcus, *fornices*, I. — Hyalo, *vitro*, Vat. A., Rat. — Cucurrit, *pinxit*, Rat.

COMMENTARIUS.

dentius tertium pedem semper facit spondæum, duos B primos et quartum dactylos. Cellarius titulum exponit inscriptionem sepulcri, plerique basilicam ipsam Ostiensem S. Pauli. Proprie Prudentius titulum hic vocat sepulcrum, et peculiarius ossa sepulcro condita, utitur enim verbo sibi familiari ad significandum ossa in via Ostiensi esse condita, *servat*, quo denotatur corpora sanctorum exspectare resurrectionem. In Hippolyto, vers. 175, *Servat ad æterni spem judicis ossa sepulcro*; quod pluribus prosequitur in hymno Exsequiarum, vers. 125 et seqq., *Nunc suscipe, terra, fovendum*, etc. Vide alia ad vers. 2 hymni 18 martyrum.

47. Egm. male, *hac* pro *has*. Describitur basilica Ostiensis S. Pauli ; neque enim *arces* sunt templa Petri et Pauli, ut in glossa dicitur, sed solum templum Pauli : siquidem templum Ostiense soli S. Paulo consecratum est, templum Vaticanum soli S. Petro. Nonnulli viri, alioquin doctissimi, et qui Romæ scribebant, affirmarunt templum Vaticanum in C honorem SS. apostolorum Petri et Pauli esse erectum ; qui inscriptione ipsa, quæ litteris enormibus ante fores templi Vaticani patet, satis refelluntur. *Sacrare arces* de imperatore qui templum construxit recte dicitur, ut apud S. Damasum de Constantina : *Sacravit templum victricis virginis Agnes*. De quo autem imperatore Prudentius sit intelligendus, non convenit inter auctores. Plerique Constantinum putant esse ; alii Valentinianum. At ex veteri inscriptione quæ etiamnum exstat in arcu majori basilicæ, de Theodosio id explicandum esse aperte demonstratur : *Teodosius cepit, perfecit Onorius aulam Doctoris mundi sacratam corpore Pauli Placidiæ pia mens operis decus homne paterni Gaudet pontificis studio splendere Leonis*. Edita olim hæc fuit inscriptio in opere *Inscriptiones antiquæ* basilicæ S. Pauli Romæ 1654 in-fol., et in multis aliis operibus repetita est. Theodosius Sallustio præfecto Urbis præcepit ut curam basilicæ S. Pauli apostoli magnifice construendæ susciperet ; Baronius ad ann. 386 litteras Valentiniani, Theo- D dosii et Arcadii nomine ad Sallustium datas ex cod. Vaticano descripsit, ex quibus compertum est veterem basilicam a Constantino erectam debuisse destrui, novamque ampliorem construi.

48. Vat. A, mendose, *elusit*. Fabr., Gis., *clausitque*. Sed Giselinus in nota ait *lusitque*, et explicat, adeo liberaliter erexit, ut sumptibus pepercisse non videatur. Et in prima quidem editione Giselinus amplexus fuerat *lusitque*; sed ejus explicatio inepta est. *Ludere* pro *pingere* a Prudentio dicitur lib. II in Symm. vers. 44, *Aucta coloratis auderet ludere fucis*. In Hippol. vers 130, *Luseratque e minio russeolam saniem*. Melius fortasse leges *clusit* pro *clausit* : quo spectat glossa ad *sublevit*, quæ transposita videtur, et favet Vat. A, et in cœteris *lusit*.

49. Widm., Vatt. A, Q, Mar., Prag., Rat., *supplevit* pro *sublevit*. Teolius glossam in duobus Vatt. invenit *substravit*, quasi laqueare non tantum auro illitum fuisset, sed etiam laminis solidis substratum. In Egm. glossa est apud Burmannum in Anthol., pag. 517, *Bracteolas, laminas tenuissimas auri*. Pro aurulenta Aldus cum Urb. scribit *aurolenta*. Dicit *aurulenta*, ut alibi *rorulenta* et *rosulenta*. Pro *aurulentus* solum Prudentium allegat Forcellinus. De hac consuetudine inaurandi trabes tectorum Lipsius de Magnit. Rom. lib. III, cap. 14. Arnobius lib. VI : *Sint ergo hæc licet aut ex molibus marmoreis structa,* LAQUEARIBUS AUT RENIDEANT AUREIS; *splendeant hic gemmæ et sidereos evomant variata intersitione* (alit. *interstinctione*) *fulgores : terra hæc sunt omnia*.

50. Browerus ad Fortunat. pag. 60 ait Fortunatum, quod a radiis solaribus infusis, bonoque lumine templa sæpe collaudat, Sidonii exemplo id fecisse. Sed uterque Prudentius auctorem habet. Sidonius, lib. II, epist. 10 : *Intus lux micat, atque bracteatum sol sic sollicitatur ad lacunar, Fulvo ut concolor erret in metallo*. Fortunatus, lib. III, carm. 7 : *Ire, redire vides, radio crispante, figuras, Atque lacunar agit, quod majis unda solet*.

51. Adhuc exstat in basilica S. Pauli quaternus ordo columnarum. Non esse *parias*, ut eas vocat Prudentius, recte notavit cl. Fea ad Vink. lib. I, cap. 2, qui opinatur eas in aliis antiquioribus ædificiis prius fuisse collocatas, non vero in mole Hadriani, ut vulgi fert opinio. Dicuntur vero pariæ a Prudentio per metonymiam, qua una species pro alia ponitur, vel quia *parium* in sacris Litteris sumitur pro marmore pretioso. Paralip. I, XXIX, 2, *Et marmor parium abundantissime*, ubi textus Hebraicus habet *lapides de Sais*.

53. Ald., Mar. a prima manu, Alex., Widm,, *camyros*. Mar. a secunda manu, Hallsbr., *cameros*. Vat. A, Rat., Prag., Parrhasius, *camiros*. Vat. Q, Urb., mendose, *carros*. Weitz., Gis., Heins., Vat. P et alii, *camuros*. Pro *hyalo*, Prag. *hiala;* pro *varie*, Ald. *variæ;* pro *cucurrit*, Mar., Rat., *percucurrit :* quæ omnia mendose sunt scripta. Cauchius pro *cucurrit* malebat *recurvat;* sed *cucurrit* verum est. Salmasius et aliquando Heinsius putabant *camurus cucurrit arcus*, ut arcus ipse cucurrerit, atque ita ediderat Fabricius. Sed *princeps bonus* est qui *cucurrit camuros arcus*, id est continenter ornavit *hyalo insigni*. *Currere* pro *percurrere* cum accusandi casu exstat apud S. Damasum de S. Agatha. Veteres verbis simplicibus sæpe pro compositis utebantur, ut *vertere* pro *evertere*. Camuros esse curvos glossæ docent, et confirmat Servius ad vers. 55 lib. III Georg. : *Camuris hirtæ sub cornibus aures*, id est *curvis, unde et cameræ appellantur*. Quid autem significet quod imperator curvos arcus *hyalo insigni varie percurrerit*, non satis adhuc

1200 Sic prata vernis floribus renident.
55 Ecce duas fidei summo Patre conferente dotes,
Urbi colendas quas dedit togatæ.
Aspice, per bifidas plebs Romula funditur pla-
[teas,
Lux in duobus fervet una festis.
Nos ad utrumque tamen gressu properemus
[incitato,

A 60 Et his et illis perfruamur hymnis.
1201 Ibimus ulterius, qua fert via pontis Ha-
[driani,
Lævam deinde fluminis petemus.
Transtiberina prius solvit sacra pervigil sa-
[cerdos.
Mox huc recurrit, duplicatque vota.

GLOSSÆ VETERES.

54. Sic, *sicuti*. — Vernis, *vernalibus*. — Renident, *splendent, vel refragrant* (forte *reflagrant*), I.
55. Conferente, *tribuente*. — Dotes, *ornamenta ; dos potest dici quidquid honorifice datur*, I. *Obsides*, Mar.
56. Togatæ, *ornatæ, nobili, pacificatæ*, I.
58. Lux, *lætitia, gloria*. — Una, *communis*, I.

59. Incitato, *veloci*, I.
61. Pontis Hadriani, *Hadrianus fuit rex qui pontem ædificavit in Roma ad ecclesiam Pauli*, I.
62. Lævam, *Petri*, I.
63. Solvit sacra, *ad ecclesiam Petri*. — Sacerdos, *apostolicus*, I.

COMMENTARIUS.

explicatum est. Giselinus ait : *Nunc vitreas fenestras intelligit, quæ fornicatis arcubus includi solent ? an pótius arcus illos camuros columnis pariis innixos vitreo colore, seu lumine fuisse perfusos?* Sententiam de vitreis fenestris, quæ fornicatis arcubus includi solent, amplexus est Fea in notis ad Winkelmannum lib. XII, cap. 3, et rursus tom. III, pag. 208, 209, qui Janningi explicationem ab em. card. Borgia adoptatam rejicit. Janningus ait in notis mss. veteribus tum codicis esse glossam pinxit pro cucurrit, et ita versum exponit : *Princeps bonus Constantinus, qui utriusque basilicæ ambitum magnis lusit, illusit, seu pinxit talentis.... ita etiam arcus camuros, id est curvos aut cui vatos, varie cucurrit, percurrit, distinxit, aut pinxit hyalo, seu vitro insigni.* Peveratus solum adnotat, in arcu triumphali exsculpi solitas varias rerum imagines in triumphi pompam, ferculorum ordinem, cæteraque id genus in marmore exprimi hyalo distincta. Vera explicatio desumenda est ex his quæ adhuc in quibusdam veteribus templis videmus, ubi cameræ et arcus musivo opere ornati apparent. De pictura musiva Plinius lib. xxxvi, cap. 25 : *Pulsa deinde ex humo pavimenta in ansiere est origo : novitium et hoc inventum. Agrippa certe in thermis quas Romæ fecit, figlinum opus encausto pinxit ; in reliquis albaria adornavit : non dubie vitreas facturus cameras, si prius inventum id fuisset, aut a parietibus scenæ, ut diximus, Scauri pervenisset in cameras.* Seneca, epist. 86, *Vitro absconditur camera.* Statius, lib. I, silv. 5, vers. 42, *Effulgent cameræ, vario fastigia vitro. In species, animosque nitent.* Symmachus, lib. VIII epist. 41. *Novum quippe musivi genus, et intentatum superioribus reperisti, quod etiam nostra rusticitas ornandis cameris tentabit affigere, si vel in tabulis, vel in tegulis exemplum de te præmeditati operis sumpserimus.* Consule Bulengerum de Pictura lib. I, cap. 8, et laudatum Fea lib. I, cap. 2. *Hyalus*, sive, ut alii scribunt, *hialus* est vitrum aut crystallum : hoc autem loco sumitur pro tessellis vitreis, e quibus picturæ veteres musivæ fiebant. Hadrianus I in epist. data anno 787 ad Carolum regem, qua cultum sacrarum imaginum tuetur, sic ait cap. 19 : *Itemque de sancto quarto concilio egregius atque mirificus prædicator S. Leo papa et ipse fecii ecclesias, quas in musivo et diversis historiis seu imaginibus pingens decoravit. Magis autem in basilica B. Pauli apostoli arcum ibidem majorem faciens, et musivo depingens, Salvatorem D. N. J. C, seu viginti quatuor seniores nomine suo versibus decoravit.* Confer Ciampinium tom. I Vet. Monum. cap. 24. S. Paulinus de basilica S. Felicis a se condita in epist. 12, ad Severum : *Absidem solem et parietibus marmoratam camera musivo illusa clarificat.* Gregorius Turonensis lib. v Hist., cap. 45, *Ecclesiam fabricavit, quam columnis fulcivit, variavit marmore, musivo depinxit.* Hinc musivarii, de quibus cod. Theod. lege 2, de excusationib. artific., et Ciampinius loc. cit., ubi cap.

B 10 explicat musivum opus ex vitro colorato, quod parietibus ecclesiarum Urbis accommodabatur.
54. Prag., *renitent*; corrige *renident*. Horatius, lib. II, oda 8, *Neque aureum Mea renidet in domo lacunar*.
57. Ald. mendose, *funditus*: Parrhasius, *per fidas*: lege *per bifidas*.
58. S. Gregorius Magnus commemorationem S. Pauli apostoli invexit, cum antea non nisi uno eodemque die festum SS. apostolorum Petri et Pauli celebraretur.
60. Mar. et Prag., *his, et illis*; metrum poscit *et his, et illis*. Egm., *profruamur*.
61. Pons juxta molem sive sepulcrum Hadriani Ælius dicitur a Dione, quod Ælius Hadrianus imperator hic vocaretur. Cellarius, *Ubi*, inquit, *Paulum apostolum tradunt sepultum esse in via Ostiensi*. Fallitur egregie. Nam via Ostiensis non in ponte Ælio, aut ultra eum exstat, neque hoc in loco Paulus sepultus est. Cellarium fortasse decepit glossa, paucis verbis multos errores comprehendens. Prudentius prius festum Vaticanum memorat, tum alterum viæ Ostiensis vers. seq.
64. Ald., *hic*; alii, *huc*. Testimonium hoc antiquissimum est de duabus missis in uno die ab eodem sacerdote celebratis. Revera in sacramentario Gelasiano duæ missæ peculiares in festo SS. apostolorum Petri et Pauli describuntur, altera *In natali S. Petri proprie*, altera *In natali S. Pauli proprie*. Tertia est missa communis, ut extra basilicas SS. Apostolorum celebraretur. Hi dies in quibus plures missæ dicebantur, ut nunc in die Nativitatis Domini, *polyturgici* appellari solebant: de quibus videri potest Walafridus Strabo cap. 24 de Reb. Eccles. Olim plures hujusmodi polyturgici dies erant : nunc tantum in die Natalis Domini tres missæ celebrantur, et in Hispania tres in die Commemorationis omnium fidelium defunctorum. S. Ambrosius in hymno SS. apostolorum Petri et Pauli tribus in locis diversis eorum festum celebratum indicat: *Tantæ per urbis ambitum Stipata tendunt agmina : Trinis celebratur viis Festum sacrorum martyrum*. Fortasse missa quæ in sacramentario Gelasiano nocte celebranda præscribitur, in alia ecclesia peragebatur. Cancellierius, in opere de Carcere Tulliano, cap. 17, Torrigium et Constantium rejicit, qui in laudato hymno indicari putarunt locum carceris Tulliani ; existimat enim tertiam ecclesiam, sive locum quo fideles in die festo SS. apostolorum Petri et Pauli confluebant, fuisse Vaticanum, sive sepulcrum S. Petri: nam duas alias ecclesias fuisse affirmat Aquas Salvias, ubi gladio cæsus est Paulus ; et Janiculum, ubi opinio erat Petrum cruci fuisse affixum. Negat autem Cancellierius hymnum illum inter opera S. Ambrosii a se repertum. At de antiquitate ejus hymni dubitari nequit: exstat enim in Breviario Mozarabico. Et quamvis Maurini inter hymnos Ambrosianos hymnum de apostolo Petro et Paulo non

XIII HYMNUS.
PASSIO S. CYPRIANI MARTYRIS.

1202 Punica terra tulit, quo splendeat omne
[quidquid usquam est:
65 Hæc didicisse sat est Romæ tibi : tu domum
Diem bifestum sic colas memento. [reversus,

1203 Inde domo Cyprianum, sed decvs orbis
[et magistrum.
Est proprius patriæ martyr, sed amore et ore
[noster,

GLOSSÆ VETERES.

65. Hæc didicisse, *nam interrogavit, Dic,amice, quid sit concursus populi? modo respondet*, I.
1. Punica, *Africana*.— Tulit, *genuit*.—Quo, *unde*, I.

2. Inde domo, *de illa patria, ex illa*.— Cyprianum, *scilicet tulit*, I.
3. Ore, *doctrina*, I.

COMMENTARIUS.

recenseant, ut multos alios omiserunt, qui certo sunt Ambrosiani, tamen hic hymnus legitur in editione Parisina operum Ambrosii 1661, tom. V, col. 558. Depravata vero est lectio hujus strophæ : *Tanta per orbis ambitum Stipata pendent agmina, Trinis celebrantur viis Festa sanctorum martyrum*. Emendatius legitur in Hymnario V. Thomasii, ubi etiam hic hymnus S. Ambrosio adjudicatur.

66. Ald., Parrhasius, *bis festum* contra metri leges. In nonnullis vulg., *si colas : legendum sic colas*. In Vat. B et Mar., post hunc hymnum sequitur hymnus martyrum Cæsaraugustanorum.

1. Ita inscribitur hic hymnus in Alex., Mar., Vat. B. in Aldo, *Passio Cypriani martyris*. Heins., *Passio beati Cypriani martyris*. Weitz., *Passio beati Cypriani martyris et episcopi Carthaginensis*. In Vat. A bini junguntur hi versus, ut superiores. In Mar. metrum ita describitur: *Metrum Archiloicum constans tetrametro bucolico, et tribus trocheis*. De vita Cypriani ante baptismum, quamvis taceat Pontius, credamus Augustino. qui serm. 311 ait : *Ipse* (Cyprianus) *scribit, ipse testatur, cujus vitæ fuerit aliquando, quam nefariæ, quam impiæ, quam improbandæ ac detestandæ*. Prudentius affirmat S. Cyprianum magicis artibus deditum fuisse, antequam nomen Christo dedisset. Plerique putant Prudentium ambiguitate nominis deceptum, id de Cypriano Carthaginensi episcopo narrasse, quod de altero Cypriano mago, qui postea etiam episcopus passus est cum Justina virgine refertur. Hanc proferunt rationem quod de hujusmodi magia Cypriani Africani tacent et ejus acta, et Pontius diaconus, qui hujus vitam litteris consignavit. Si reponas etiam S. Gregorium Nazianzenum, Metaphrastem et alios de S. Cypriani magia testimonium perhibuisse, eadem facilitate respondent hos etiam fuisse deceptos. Ego, ut ingenue dicam quod sentio, argumentum negans contra plurium et gravissimorum scriptorum auctoritatem cum aliis in rebus, tum præcipue in hac ipsa quæstione nullius esse roboris existimo. Cypriani Africani nomen in Hispania præsertim celeberrimum erat, neque ejus acta sincera ignorari poterant a Prudentio, qui ejus elogium texere voluit. Quippe notandum valde est Prudentium in hymnis S. Vincentii et SS. Fructuosi et sociorum, omnino consonare actis eorum, et ita ut verba ipsa interdum in Prudentio et in actis legantur. Vix autem alia acta SS. martyrum magis aut æque sincera ad nos pervenerunt. Quamobrem judicium idem de hymnis aliorum martyrum ferre æquum est, videlicet eos ad fidem actorum quæ tunc sincera legebantur, a Prudentio fuisse compositos, quamvis acta aut perierint, aut interpolata nunc sint. In præsenti hymno peculiaris militat ratio : nam in diœcesi Valeriani festus dies S. Cypriani agebatur, ut testis et Prudentius in hymno S. Hippolyti vers. 237, *Inter solemnes Cypriani, vel Celedoni, Eulaliæque dies currat et iste tibi*. Minime ergo probabile videtur ut res gestas Cypriani e falsis monumentis descripserit. Pontius diaconus ita Cypriani vitam concinnavit, ut ea quæ ante baptismum gessit, potius silentio præterire quam enarrare velle videatur. *Unde igitur*, ait, *incipiam? Unde exordium bonorum ejus aggrediar, nisi a principio fidei et nativitate cœlesti?*

siquidem hominis Dei facta non debent aliunde numerari, nisi ex quo Deo natus est. Elogium ergo Cypriani, non vitam scribit Pontius. Non autem probo quod nonnulli dubitant an Vita Cypriani quæ nunc exstat, Pontium diaconum habeat auctorem, quia non est tam egregium volumen, ac de Pontii opere prædicavit Hieronymus. In actis quæ nunc de ejus martyrio circumferuntur, ea tantum quæ ad gloriosum ejus obitum pertinent commemorantur. Cyprianus ipse in epist. 1 ad Donatum multa de suis ante baptismum erroribus et peccatis commemorat, quæ ego libens prætereo, quod de paganismo possint intelligi, et ad Christianam Cypriani humilitatem referri. Hanc magicam artem plurimum olim valuisse etiam apud viros aliis scientiis instructos, colligitur ex Isidoro lib. VIII Etymol., cap. 9 de Magis ; Lactantio lib. II, cap. 17 ; Tertulliano in Apologetic., et in lib. de Anima cap. 57: *Publica jam litteratura est, quæ animas etiam justa ætate sopitas, etiam proba morte disjunctas, etiam prompta humatione dispunctas evocaturam se ab inferum incolatu pollicetur*. Xiphilinus ex Dione tradit Caracallam magis et præstigiatoribus adeo delectari solitum, ut Apollonium honoribus et monumento etiam, qualia consecrantur heroibus, coluerit. S. Gregorius Nazianzenus, qui Cypriani scientiam ac nobilitatem omnium maxime commendat, minime absurdum putavit credere eumdem magicis artibus fuisse deditum. Alloquebatur autem Constantinopolitanos vel, ut alii putant, Nazianzenos, qui *annuis honoribus festisque* Cyprianum celebrabant: apud quos proinde simile veri non est rumorem falsum de illius magia fuisse divulgatum. Cl. Aug. Ant. Georgius in approbatione dissertationis Bayerianæ pro patria SS. Laurentii et Damasi, qua *jura Hispaniæ redintegrata, immota, et firma consistere*, ingenue fassus est, affirmat S. Gregorium Nazianzenum in eo fuisse errore, ut Cyprianum, in proxima Orientis regione sub ejusdem sæculi initium insigni martyrio functum, genere fecerit Carthaginiensem, a quo errore, addit, *nec sanctus ipse Prudentius sese alienum exhibuit*. Annumerandus ergo est Georgius iis quos *sancti* titulo nostrum Prudentium ornasse tradidi num. 56 proleg. in nota a. Res vera ipso explicatione indiget : non enim Gregorius Nazianzenus et Prudentius Cyprianum, qui in Oriente martyrium subiit, genere Carthaginiensem faciunt, sed Cyprianum doctorem, qui genere Afer fuit, ante conversionem magicis artibus deditum narrant, quod unice alteri Cypriano Antiocheno convenire plerique nunc opinantur. Et fortasse uterque Cyprianus magus fuit: sed de Antiocheno minus id constat.

2. In nonnullis vulg., *inde domum*, male. S. Cyprianum Carthagine ortum affirmant multi ; sed dissentiunt Maurini in Vita ejusdem præfixa operibus. Prudentius Maran ejus vitæ auctor affirmat Prudentium et Suidam Carthaginem patriam Cypriani dicere, sed probabilius esse, quod Cyprianus alibi natus fuerit. Bollandiani ad diem 14 Sept. opinantur Cyprianum patria esse Carthaginiensem, sed negant id colligi ex hymno Prudentii. Phrasis *Inde domo respondet* alteri communiori qua interrogatur, *Unde domo?*

3. Cyprianum ore et amore nostrum, hoc est Hispanum vocat, quia in Hispania peculiaris est memo-

Incubat in Lybia sanguis, sed ubique lingua
[pollet:
1204 Sola superstes agit de corpore, sola
[obire nescit.
Dum genus esse hominum Christus sinet et vi-
[gere mundum,
Dum liber ullus erit, dum scrinia sacra litte-
[rarum,
Te leget omnis amans Christum, tua, Cypriane,
[discet.
Spiritus ille Dei qui fluxerat auctor in prophetas,
Fontibus eloquii te cœlitus actus irrigavit.
O nive candidius linguæ genus, o novum sapo-
[rem!
Ut liquor ambrosius cor mitigat, imbuit pa-
[latum,
Sedem animæ penetrat, mentem fovet, et per-
[errat artus:

Sic Deus interius sentitur, et inditur medullis.
Unde bonum subitum terris dederis, Pater,
[revela.
Deerat apostolicis scriptis opulentus exsecutor;
1205 Eligitur locuples facundia quæ doce-
[ret orbem,
Quæque voluminibus Pauli famulata disputaret;
Quo mage cruda hominum præcordia perpolita
[nossent
Sive timoris opus, seu mystica, vel profunda
[Christi.
Unus erat juvenum doctissimus artibus sini-
[stris,
Fraude pudicitiam perfringere, nil sacrum pu-
[tare:
Sæpe etiam magicum cantamen inire per se-
[pulcra,
Quo geniale tori jus solveret, æstuante nupta.

GLOSSÆ VETERES.

4. Lybia, *Africa*, I.
5. Agit, *disputat, loquitur*, I. *Vivit*, Mar.
10. Actus, *missus*, I., Mar., Vat. A.
11. Novum, *mirabilem*, I.
12. Ut, *quasi*. — Ambrosius, *divinus, fidelis, vel purus*, I.
16. Opulentus, *dives*, I. — Exsecutor, *assertor*, Vat. B., *Tractator*, Mar.; *Expositor vel tractator*; *assertor, vel prædicator apostolicus*, I.
19. Quo mage, *ut magis*. — Cruda, *stulta*, I.

21. Unus, *Cyprianus*. — Sinistris, *malignis, magicis*; I. *Hic fallitur Prudentius æquivocatione nominis Cypriani: non enim iste Cyprianus, sed alius artibus magicis deditus erat. Sic etiam de Hippolyto æquivocatione nominis deceptus est, putans Romanum Hippolytum in hæresim lapsum, cum non ille; sed alius fuerit*, Prag.
23. Cantamen, *carmen*. — Inire, *scilicet consuevera*, *inibat*, I.
24. Quo, *ut*. — Geniale, *nuptiale*; *voluptuosum*; *naturale*: *hic pro* nuptia (forte *nuptiale*), I. -

COMMENTARIUS.

ria S. Cypriani ob celeberrimam epistolam ad Legionem Asturicam et Emeritam. Ecclesia et sedes episcopalis Legionensis titulo S. Mariæ et S. Cypriani jam olim erat insignita. Vide comment. ad vers. 170 hymni S. Hippolyti, et tom. XXXIV. Hisp. sacr. pag. 89. In officio Mozarabico celebratur etiam festum S. Cypriani: sed alius recitatur hymnus ab hoc Prudentii diversus: et observatur jejunium dictum calendarum Novembrium tribus diebus ante festum S. Cypriani. Confer hymnum S. Hippolyti vers. 237.

4. Duplex basilica sub nomine Cypriani prope Carthaginem ædificata fuit: una, ubi martyrio coronatus est, de qua S. Augustinus serm. 310; altera ubi sacrum ejus corpus sepultum erat, in loco qui *Mappalia* dicebatur. S. Cypriani ossa postea translata sunt ad monasterium Compendiense, de qua translatione agit Ado Viennensis. Adisis Bollandianos die 14 Sept., et Ruinartium in præf. ad Acta S. Cypriani, qui de utraque basilica et de translatione disserit.

5. Vat. A., Alex., Egm., Pal., Hailsbr., Widm., supra, uterque Boher., Alt., *illa superstes*. Alii, *sola*.
6. Widm., *sinit*: melius *sinet*. Vat. B, Mar., ac pro *et*. In Rat. desiderantur *et*, vel *ac*. Codex Cauchii, *vigere mundo*, non male.
7. Vat. B, *scripturarum*; supra, recte, *litterarum*.
8. Mar., Rat., *legit*: melius *leget*.
10. Ald., Hailsbr., *nuctus* pro *actus*. De eloquentia Cypriani tam multa alii dixerunt, ut supervacaneum sit quidquam addere. Confer comment. ad vers. 16.
11. *Linguam* pro eloquentia sumi notum est. Vide comment. ad vers. 2 Romani, *Elinquis oris*.
12. Ald., Pal., Thuan., Alt., *ó liquor*. Heinsius suspicatur *quo liquor*. Vat. B, Mar., Rat., duo Torr., Cauch., Bong., Widm. a manu prima, *irrigat*. Alii, *imbuit*.
13. Vat. A semper scribit *penitrat*.
16. Widm., *opulenter*; supra, *opulentus*. Barthius, lib. XLI, cap. 20, quædam hujus hymni explicat, et *exsecutor* exponit *explanator*. Glossæ veteres non sunt

contemnendæ. In quodam Vat. Teolius invenit *prædicator*. Opulentus *exsecutor* est copiosus, eloquens assertor. Lactantius, lib. v, cap. 1: *Et siqui forte litteratorum se ad eam* (sapientiam) *contulerunt, defensioni ejus nos suffecerunt... Unus igitur præcipuus et clarus Cyprianus exstitit, quoniam et magnam sibi gloriam ex artis oratoriæ professione quæsierat, et admodum multa conscripsit in suo genere miranda.* Chamillardus non recte interpretatur hunc versum, *Deerat aliquis, qui redigeret ad praxim Evangelium.* Quamvis enim *exsecutor* apud veteres Latinos, Velleium, Suetonium is solum sit qui exsequitur, tamen aperta Prudentii mens est, deesse doctorem qui opulenta et locuplete facundia doceret orbem: quod ante Prudentium dixerat Lactantius.

17. In Vat. A videtur prius fuisse, *urbem*, recentiori manu factum *orbem*.

20. Teolius putat *timoris opus* vocari Vetus Testamentum: sub quo Judæi sæpius timore ducti legem exsequebantur. Giselinus ait intelligi posse eorum affectus quos suorum criminum pœnitere incipit, cum metu divini judicii et gehennæ ad meliorem mentem revocantur, vel constantem sui abjectionem, vel sanctum et filiis dignum timorem Dei, qui sapientiæ initium statuitur. Mihi non displicet interpretatio Chamillardi, qui opera salutis et scientiam mysteriorum hoc versu comprehendi innuit. Scilicet ut homines nossent cum timore et tremore salutem suam operari, et religionis mysteria intelligerent.

21. Mar., *ditissimus*, recte correctum *doctissimus* recenti manu.

23. Vat. B corrupte, *contamen* pro *cantamen*, quod vocari etiam solet cantus magicus, potentia carminum, murmur magicum. Genus autem incantationis valde usitatum erat e sepulcris manes excire. Lib. I in Symmach., vers. 96, *Murmure nam magico tenues excire figuras, Atque sepulcrales scite incantare favillas.*

24. Prag., Rat., *quo geniale*: melius *geniale*. Ald., *jusso lueret*: corrige *jus solveret*.

25 Luxuriæ rabiem tantæ cohibet repente Christus,
Discutit et tenebras de pectore, pellit et fu-
[rorem :
Implet amore sui, dat credére, dat pudere
[facti,
Jamque figura alia est quam quæ fuit, oris, et
[nitoris :
Exuitur tenui vultus cute, transit in severam,
30 **1206** Deflua cæsaries compescitur ad breves
[capillos,
Ipse modesta loqui, spem quærere, regulam
[tenere,
Vivere justitiam Christi, penetrare dogma no-
[strum.
His igitur meritis dignissimus usque episcopale
Provehitur solium doctor, capit et sedile sum-
[mum.
35 Valerianus opum princeps erat, atque Gal
[lienus;

1207 Constituere simul pœnam capitis Deum
[fatenti.
Millia terrigenum spurcissima jusserant sacrari.
Contra animos populi doctor Cyprianus incita-
[bat,
Nequis ab egregiæ virtutis honore discreparet,
40 Neu fidei pretium quis sumere degener timeret,
Esse levem cruciatum, si modo conferas fu-
[tura
Quæ Deus ipse viris intermina fortibus spopon-
[dit :
Merce doloris emi spem luminis, et diem pe-
[rennem :
Omne malum volucri cum tempore transvolare
[cursim.
45 Nil grave quod peragi finis facit et quiete do-
[nat:
Se fore principium pulchræ necis, et ducem
[cruoris,

GLOSSÆ VETERES.

28. Oris, *faciei.* — N toris, *habitus,* I., Mar.
30. Compescitur, *tondetur,* I.
31. Modesta, *modeste.* — Loqui, *loquebatur.* — Quærere, *quærebat,* I.
32. Vivere, *vivebat; penetrabat;* l.
35. Gallienus, *ejus filius,* l.
36. Fatenti, *Cypriano,* I.
37. Terrigenum, *gentilium, vel idolorum,* l.

39. Quis, *aliquis.*—Ab egregiæ, *a Christianitate,* I.
40. Neu, *ne.* — Pretium, *mortem, martyrium,* l.
41. Modo, *tantum, tantummodo.* — Conferat, *computet, vel comparet,* I.
44. Cursim, *velociter,* I.
45. Grave, *scilicet est.* — Quiete donat, *dat requiem,* I.
46. Necis, *mortis.*— Furoris, *cruoris, martyrii,* I.

COMMENTARIUS.

29. Vat. B, Mar., Rat., Gis., Weitz, *severum.* Alex., Urb., Vatt. P, Q, Rott., Noms., *severam,* quod placuit Heinsio et aliis. Eo alludit Ox., in quo *severa.* Aldus male scribit *sæveram.*

30. Indicatur vetus consuetudo, cujus adhuc vestigia restant in nomine et ritu quo prima, tonsura clericis confertur. Canon 44 concilii IV Carthaginensis præscribit : *Clericus nec comam nutriat, nec barbam* : ubi aliqui addunt *radat; vel tondeat;* alii id omittunt, ut canonis sensus sit, nec comam nec barbam nutriendam. In cod. canon. Eccles. Hisp. apud Lopezium, de cujus auctoritate nihil definio, canon 66 : *Non oportet clericos comam nutrire, et sic ministrare, sed attonso capite, patentibus auribus : et secundum Aaron talarem vestem induere, ut sint in habitu ordinato.* Huc, opinor, spectat quod Marcellinus lib. XXII narrat, Diodorum quemdam Christianum ab ethnicis Alexandriæ sub Juliano Apostata occisum, *quod; dum ædificandæ præesset ecclesiæ, cirros puerorum licentius detondebat; id quoque ad deorum cultum existimans pertinere.* Consule Sirmondum in notis ad Sidonium pag. 52, ad verba Sidonii : *Coma brevis, barba prolixa.* In barba radenda vel promittenda varia fuit consuetudo. In concilio Barcinonensi anno circiter 540 clerici barbam radere prohibentur ; in concilio Cojacensi in Hispania anno 1050 presbyteri et diacones semper coronas apertas habere, et barbam radere jubentur.

52. Alex., *Vivere justitiam Christi, penetrare dogma nostrum :* quod Heinsius conjecerat, et Teolius addit probatiores Vatt. hoc ipsum confirmare. Sed Urb., Vat. P habent *justitia*, neque lectionem discrepantem ex Vatt. A, B, Prag., ac suo cod. notavit Mariettus. Vat. Q, Rat., Wei z., Gis., ad oram, *vivere justitiæ Christi.* Ald., Hailsbr., Ox., Alt., Rott., tres Torr.; *vivere justitiæ Christi.* In Egm., *ubere justitiam bibere Christi.* Thuan., *bibere justitiam Chris i.* Gis. edidit *justitiam bibere Christi.* Heinsius suspicabatur *justitiam imbibere Christi;* sed verius putat *vivere justitiam Christi,* hoc est, legem divinam vita et moribus exprimere, ut Cath. 2, vers. 35, *vivere se-*

verum. Apud Tertullianum *vivere mortem,* apud Paulinum *vivere pabula mortis,* apud Juvenalem *vivere bacchanalia;* apud Solinum *vivere hominem.* Ald., Gis., et plures scripti habent et post Christi; Alex., Weitz., Mar., Rat. et alii omittunt. In Bong. *nostrorum* est contra metrum pro *nostrum.*

34. Sedes episcopi in sacratiori bematis seu sanctuarii parte altior erat cæteris sedibus presbyterorum. Gregorius Nazianzenus carm. Insomnii de Anastasiæ templo : *Sede alta haud alta consistere mente videbar : Nam neque per somnum mente superbus eram. Presbyterique graves sellis utrinque sedebant Demissis, ætas lecta, ducesque gregis. Vestibus in niveis astabat turba ministra, Splendorem referens agminis angelici.*

35. Ald. scribit *Galienus.* Imperavit Gallienus ab anno Christi 254 septem circiter annos cum patre Valeriano, deinde solus. Similis phrasis in Eulalia vers. 81, *Maximianus opum dominus:*

36. Ald., male, *pœna capitis dominum fatenti.* Weitz., Vat. A, *capiti,* quod etiam exstat in Prag. et Rat. cum glossa *omni;* ut pœna constituta sit capiti fatenti Deum. Sed proba est lectio *pœnam capitis.*

37. Sacrari, coli, ut in Romano vers. 912, *Cogi ad sacrandum.* Idola vocat *spurcissima millia terrigenum,* ut alibi *sordes et spurcum Jovem.*

40. Ald., *qui sumere; lege quis.*

41. Ald., Alt., Oxon., Thuan., Heins., Sich., Vatt. A, P, Alex., Urb., *conferas.* Vat. B, Q, Mar., Prag., Rat., Weitz., Gis., *conferat.* Concinnius est *conferas.* Sententia Apo toli est ad Rom. VIII, 18. Cyprianus ipse, lib. III ad Quirin., cap. 17.: *Minora esse quæ in sæculo patimur, quam sit præmium quod promissum est.*

44. Aldus edidit *volucri tempore* : correxit *volucri dat tempore;* sed legendum *volucri cum tempore.* In nonnullis vulg., *nam tempore pro cum.*

45. Widm., Bong. Vatt. B, Q, Mar., Prag., Rat., *quietem.* Metrum poscit *quiete.*

46. Widm. a prima manu; Iso, Mar. ad oram, Rat. supra, *furoris* pro *cruoris,* quod postremum unice verum est.

Seque caput gladio submittere, sanguinem dica- **A**
[re:
Qui sociare animam Christo velit, ut comes
[sequatur.
His ubi corda virum Christo calefacta præpara-
[vit,
50 Ducitur ante alios, proconsule perfurente, vin-
[ctus.
1208 Antra latent Tyriæ Carthaginis, altius
[reposta,
Conscia tartareæ caliginis, abdicata soli.
Clausus in his specubus sanctus Cyprianus, et
[catena
Nexus utramque manum, nomen Patris invo-
[cat supremi:
55 Omnipotens genitor Christi, Deus et creator **B**
[orbis,
Christe, parens hominis, quem diligis, et vetas
[perire:
Ille ego, vipereis quem tu bonus oblitum vene-
[nis,
Criminibus variis tinctum, miseratus abluisti,
Jamque tuum fieri mandas, fio Cyrianus alter,
60 Et novus ex veteri, nec jam reus, aut nocens,
[ut ante,

Si luteum facili charismate pectus expiasti.
Vise libens tenebris ergastula cæca dissipatis:
Eripe corporeo de carcere, vinculisque mundi
Hanc animam; liceat fuso tibi sanguine immo-
[lari,
65 **1209** Nequa ferum reprimat clementia judi-
[cem, tyranni
Neu sciat invidia mitescere, gloriam negare.
Da quoque, nequis iners sit de grege quem
[tuum regebam:
Ne cadat impatiens pœnæ, titubetve quis tuo-
[rum,
Incolumen ut numerum reddam tibi, debitum-
[que solvam.
70 Vocibus his Dominum permoverat: influebat
[inde
Spiritus in populum Carthaginis, auctor acrio-
[ris
Ingenii, stimulis ut pectora subditis calerent
Ad decus egregium discrimine sanguinis peten-
[dum,
Non trepidare docens, nec cedere, nec dolore
[vinci,
75 Laudis amore rapi, Christum sapere, et fidem
[tueri.

GLOSSÆ VETERES.

47. Dicare, *offerre*, I.
49. His, *scilicet dictis*. — Virum, *virorum*. — Calefacta, *amore Christi accensa*, I.
50. Proconsule, *proconsul est qui vice consulis judicat, sicut vicarius, qui vice comitis judicat*, I. **C**
52. Abdicata, *a luce separata, vel semota. Semota.* —Soli, *luci*, I.
53. Specubus, *speluncis*, I.
54. Supremi, *altissimi, summi. Supremus, quando venit a supremo, significat ultimum; quando a supra præpositione, vel adverbio, primum*, I.
58. Tinctum, *fucatum*, I.

61. Si luteum, *si quid est*. — Charismate, *gratia Spiritus sancti, gratia vel dono*.—Expiasti, *purgasti*, I.
62. Vise, *visita, invise*, I.
64. Liceat, *licitum sit*, I.
65. Nequa, *aliqua*, I.
67. Iners, *infidelis*, I.
68. Titubetve, *scilicet in fide sua*, I.
70. Permoverat, *ad hoc quod petebat*, I.
71. Acrioris, *firmioris*, I.
73. Discrimine, *discrimen hic pro periculo; alias pro separatione*, I.
75. Rapi, *ut rapiantur*, I.

COMMENTARIUS.

47. Teolius, mendose et contra metrum, *seque gladio caput submittere*. Prag., *sanguine*: retine *sanguinem*.
48. Ald., non bene, *quis pro qui*.
49. Pal., *is ubi corda*. Alii, *bis*.
51. Vat. A., Egm., Rott., Pal., Bong., Sich., Gis., *altius*. Weitz., Ald. et plerique scripti, *abditis*.
52. Vatt. A, B, mendose, *abdita soli* pro *abdicata* **D** *soli*.
54. Vat. B, Mar. a prisca manu, Rat., Prag., Widm., Bong., Teol., *utraque manu*. Eleganius alii *utramque manum*. Vat. B, Mar. in contextu, Prag., Rat., perperam, *invocabat summi*. Alex., *invocat summi*; secunda manu, *supremi*, quod verum est: nam aliud rationi metricæ repugnat. Rott., *invocat superni*.
55. Ald., Vat. P, Widm., supra, Egm. a manu prima, Gis. ad oram, *Christi decus*. Vat. Q, depravate, *Christi decet*. Vat. B, Mar., Widm., *Christe Deus*. Plerique, *genitor Christi, Deus, et*. Weitzius cum Bong., *Christus Deus*. Ita etiam Sichardus.
56. Barthius, lib. cit. xli, cap. 20, vellet *Christi parens hominis*, ob alteram, inquit, generationem. Sed cum sequatur *quem diligis, et vetas perire*, retinendum est *Christe, parens hominis*. Ep. II Petri; iii, 9, *Nolens aliquos perire*.
57. Ald., mendose, *quæ* pro *quem*.

59. In editione Teolii error est *jamque tuus*; et in Prag. *fit* pro *fio*.
60. Ald., Alex., Vat. Q, *at novus*. Alii, *et novus ex veteri*.
61. Vat. B mendose, *chrismate*, ut *chrismate* in quibusdam vulgatis. Rat. scribit *carismate*. Widm. supra, Pal., Alex., Vat. P, Ox., tres Torrent., Rott., *corpus*; plerique, *pectus*.
63. Prag., *eripe carcereo de corpore*.
64. Hanc animam, ait Barthius loc. cit., *sponte offerentis magnanima vox*: quod multis Virgilianis exemplis probat, ut i Æn., *Non potuisse, tuaque animam hanc effundere dextra*; iii Æn., *Vos potius quocunque animam hanc absumite letho*.
66. Postrema in *invidia* producitur ratione solius incisi.
68. Vat. A, Mar. a prima manu, Rat., *titubetne*, non recte, quod in Egm., Pal., Bong. invenit Weitzius; sive malis legere *titubet nequis tuorum*. Ex Ald. et Hailsb. citat Weitz. *titubetque nequis*; sed Aldus meus habet *titubetque quis*. Alii *titubetve*. Heinsius cum Oxon., Rott., tribus Torr., *neu cadat* pro *ne cadat*.
69. Ald. mendose, *incolumen*. Apud Adonem : *Et cum duceretur, populus fratrum plangens dicebat : Et nos cum eo decollemur*: quod ex Actis petitum est.
73. Egm., Hailsbr., *at i* lege *ad*.

Fama refert, foveam campi in medio patere
  jussam,
Calce vaporifera summos prope margines refertam.
Saxa recocta vomunt ignem, niveusque pulvis
  ardet.
Urere tacta potens, et mortifer ex odore flatus.
80 Appositam memorant aram fovea stetisse summa
Lege sub hac, salis aut micam, jecur aut suis
  litarent
1210 Christicolæ, aut mediæ sponte irruerent in ima fossæ.
Prosiluere alacres cursu rapido simul trecenti,
85 Gurgite pulvereo mersos liquor aridus voravit,
Præcipitemque globum fundo tenus implicavit
  imo.
Corpora candor habet, candor vehit ad superna
  mentes.
Candida massa dehinc dici meruit per omne
  sæclum.
Lætior interea jam Thascius ob diem suorum
1211 Sistitur indomiti proconsulis eminus
  furori.
90 Edere jussus erat quid viveret: Unicultor, inquit,
Servo salutiferi mysteria consecrata Christi.
Ille sub hæc: Satis est jam criminis, ipse confitetur

GLOSSÆ VETERES.

77. *Prope, juxta.* — *Margines, fines.* — *Refertam, repletam,* I.
79. *Mortifer, ex odore calcis mortuus est Hadrianus imperator,* Vat. A.
87. *Candida massa, id est trecenti martyres massa Cypriani dicuntur,* I.

88. *Thascius, Cyprianus a loco,* I. *Cyprianus a loco sic dictus,* Vat. A, Mar.
89. *Indomiti furori, contra indomitum furorem.* — *Eminus, elonge,* I.
90. *Jussus, interrogatus,* Mar.
92. *Ille, imperator ad hæc ait,* I.

COMMENTARIUS.

76. Jure hi versus, quibus graphice tercentum martyrum triumphus describitur, lectissimi visi sunt Sagittario, cap. 40, ubi agit de martyrum constantia in igne.
78. Gis. ad oram, et vetus codex in editione Weitziana apud cl. præsulem Reggium, *exit* pro *ardet.*
79. Flatum calcis mortiferum vocat ex odore, quia aura calcis etiam conclavibus tectorio inductis solet esse lethalis, ut accidit Joviniano. Ita Barthius et glossæ, ubi Hadrianus pro Joviniano ponitur.
80. Egm. scribit *stitisse.*
81. Rat. a secunda manu, *salis ut micam.* Egm., Gis., Heins., *aut suis.* Weitz., Ald. cum aliis, *et suis.* Legesis vers. 142 Eulaliæ: *Si modicum salis eminulis*; et ibid. vers. 29, *Thura cremare, jecur pecudis.*
82. Ald., *sponte ruerent.* Mar., *corruerent.*, supra cum plerisque, *sponte irruerent.* Hæc historia ita ab Adone refertur: *Nono cal. Septembris apud Carthaginem natalis sanctorum martyrum massæ candidæ qui passi sunt tempore Valeriani et Gallieni. Ferunt enim, inter alia supplicia tunc a præside clibanum calcis accensum, et in ora illius prunas cum thure exhibitas, et dixisse præsidem Christianis: Eliyite e duobus unum, aut thura super his carbonibus offerte Jovi, aut in calcem demergimini. Tunc trecenti viri fide armati se ictu rapidissimo, Christum Dei Filium Deum fatentes, jecerunt in ignem, et inter vapores calcis pulveri sunt demersi.* De eisdem martyribus agitur in martyrologiis Romano, Bedæ, et Usuardi. Ruinartius in præfat. ad Acta S. Cypriani verius putat hos martyres Uticæ fuisse passos, quamvis martyrologia quibus favere videtur Prudentius, prope Carthaginem eos martyrium consummasse narrent. Auctor sermonis 72 Append. Augustin. eosdem gladio percussos affirmat. Sed Prudentii aliorumque auctoritas longe prævalet.
83. Vat. A., *prosiliere.*
84. Barthius acutum dicit, quod calcem instar aquæ suffocantem Prudentius *aridum liquorem* vocet. Et lib. LVI, cap. 42, confert hoc ipsum cum versu 78, ubi calx viva eleganter *niveus pulvis* dicitur.
86. Vat. B, Mar., Prag., *candor venit ad superna mentis.* Rat., *candor venit ad superna mentes.* In Prag., Mar., *vehit,* pro diversa scriptura; in Rat., *vehit* factum ex *venit.* Vat. Q, *vehit ad superna mentis.* Hailsbr., *vehat.* Egm. apud Weitzium, *ardos vetat superna*; apud Heinsium idem Egm. a manu secunda, *ardor vehit.* In Alex. desideratur *ad,* quod in Vat. A additum est recentiori manu.

87. Barthius suspicatur hunc versum ab aliquo monacho intrusum. *Et cupiam,* inquit, *docere quid sibi velit, aut quid isthic sit loci?* Verum et locus idoneus illi est, et *massæ candidæ* nomenclatura ab antiquis non ignorata opportune eo exprimitur. S. Augustinus in honorem horum martyrum sermonem 306, al. 112 de Diversis, habuit, ubi ait: *Massa enim dicta est de numeri multitudine; candida de causæ fulgore.* Et serm. 311 appellat etiam *massam candidam Uticensem.* De numero eorum tract. in psalm. XLIX ait fuisse plus quam centum quinquaginta tres martyres. Plerique trecentos numerant. In Actis innumerabilium martyrum Cæsaraugustanorum mentio etiam occurrit *massæ candidæ,* ut ad hymnum octodecim martyrum Cæsaraugust. adverti.
88. Cauchius volebat *ob fidem suorum*; sed probum est *ob diem.* Valerius Flaccus, *Dies simul et suus* admonet omnes. Tale et illud est, *Hic meus est,* dixere, *dies.* De prænomine *Thascius* vide notas Pamelii ad epist. 69: *Cyprianus, qui et Thascius, Florentio, cui et Papiano, fratri salutem.* Dubitant aliqui *Tatius* an *Thascius* scribendum sit. Pro *Thascius* facit, quod in *Tatius* prima corripitur. In glossis *Cyprianum Thascium a loco dictum* affirmatur. Adhæret hymnus Breviarii Mozarabici: *Urbis magister Tasciæ.* Verum libentius legam: *Orbis magister Thascie,* in vocativo, ut egregie.
90. Ald., *Dogmatis, atque loci jussus genus edere: Christianus,* inquit. Longior est versus uno pede; itaque in Mar., Vat. B, Rat., Alt., Fabr., Gis. prima ed., Widm., Bong., abest vox *edere*: sed carminis ratio non constat. In Urb. abest vox *jussus*; sed sententiæ deest hoc verbum, aut aliud simile. In Oxon., tribus Torr., *Dogmatis, atque loci jussus genus edere Cyprianus,* omisso inquit. In Rott., *jussus genus Cyprianus,* inquit. Giselinus e pervetusto codice et Daventriensi editione restituit *Edere jussus erat, quid viveret: Unicultor,* inquit; quod secutus est Weitz., Heins. et alii; et exstat in Egm., Pal., Alex., Vatt. A, P, Q, Alt., ubi hic versus alteri *Dogmatis* subjungitur, in Rat. ad marg. recenti manu. Eo respicit Thuan. *Tradere jussus erat quid viveret: Unicultor,* inquit. Teolius Aldo attribuit *Cyprianus,* inquit, sed mihi Aldus exhibet *Christianus,* inquit.
91. Ald., Alex., Thuan. *trado* pro *servo.* Vat. P, mendose, *tradere.*
92. Vetus codex in Weitziana editione apud cl. præsulem Reggium non male, *sat, ait, jam criminis.*

Thascius : ipse Jovis fulmen negat. Expedite
[ferrum,
Carnifices; gladio pœnam luat hostis idolo-
[rum.
95 Ille Deo meritas grates agit, et canit trium-
[phans.
Flevit obire virum mœsta Africa : quo docente,
[facta est
1212 Cultior, eloquio cujus sibi docta gloria-
[tur.
Mox tumulum lacrymans struxit, cineresque
[consecravit.
Desine flere bonum tantum. Tenet ille regna
[cœli.
100 Nec minus involitat terris, nec ab hoc recedit
[orbe :

Disserit, eloquitur, tractat, docet, instruit, pro-
[phetat.
Nec Lybiæ populos tantum regit, exit usque in
[ortum
Solis, et usque obitum. Gallos fovet, imbuit
[Britannos,
Præsidet Hesperiæ, Christum serit ultimis Ibe-
[ris.
105 Denique doctor humi est, idem quoque martyr
[in supernis.
Instruit hic homines, illinc pia dona dat patro-
[nus.

XIV HYMNUS.

PASSIO S. AGNETIS VIRGINIS.

1213 Agnes sepulcrum est Romulea in domo,
Fortis puellæ, martyris inclytæ.

GLOSSÆ VETERES.

93. Fulmen, *potestatem*. — Expedite, *proferte, evaginate,* I.

97. Cultior, *pulchrior,*
103. Imbuit, *edocet,* I.

COMMENTARIUS.

94. Egm., Pal., Fab., Vat. P, Gis., *carnificis gladio.* Ald., Weitz., Heins. cum plerisque scriptis, *carnifices; gladio.* Sagittarius cap. 7 de Cruciat. plures laudat Patres qui Cyprianum gladio occisum tradunt : ubi expendit formulam qua judices utebantur in reis manui carnificis tradendis, *Gladio animadverti placet,* aut *gladio feriatur.*

95. Ado ex Actis : *Et his dictis, decretum ex tabella recitavit.* Thascium Cyprianum gladio animadverti placet. S. Cyprianus hoc audiens, dixit : *Deo gratias ago.* Eadem formula exstat in Augustini sermone de S. Cypriano; ac multis confirmat Sagittarius cap. 7 de Cruciat., martyres, audita capitali sententia, solitos fuisse dicere : *Deo gratias.* Apud Ruinartium in actis S. Crispinæ : *Crispina respondit : Christo laudes ago,* etc.

96. Editio Parmensis mendose contra metrum et sententiam, *abire Christum pro abire virum.* Ald., Egm., Pal., Urb., Vatt. P, Q, Heins. et alii, *abire virum,* non male. Alex., *abiræ,* corrupte.

97. Vat. B, Mar., Prag., Rat., Weitz., Widm. a prima manu, *dogma.* Alex., Urb., Vatt. A, P, Q, Heinsiani, *docta,* quod Heinsio concinnius videtur.

99. Heinsius *boni tantum* mallet, si per libros liceret. Vide Baronium tom. II Annal. ad ann. 265, qui hoc utitur elogio ad scripta Cypriani commendanda. Prudentius videtur legisse Gregorii Nazianzeni verba : *Neque enim Carthaginensi tantum Ecclesiæ, nec Africæ, ab eo et propter eum etiamnum claræ et celebri, præficitur, verum etiam occiduis omnibus regionibus, ac prope etiam orientali omni, atque australi et septentrionali oræ, quocunque illius fama et admiratio pervagata est. Sic Cyprianus noster efficitur.*

101. Barthius *prophetare* verbum aptum esse ait ad exprimenda dona Spiritus sancti, quæ a Paulo apostolo memorantur, nec Latinis ut accedat indignum : quo etiam utuntur Hieronymus, Adamannus Scotus, Julianus lib. I contra Judæos, et alii. Ante hos usus est Juvencus lib. IV, *Christe, prophetabis, cujus te palma cecidit.* Addit Barthius hunc Prudentii versum attentiore speculatione dignum esse : plurimum enim ecclesiasticæ Latinitatis habet. *Disserere* est persuadere, vel argumentis uti. *Eloqui* eleganter loqui. *Tractare* episcopale verbum est, quorum sermones *tractatus* peculiariter vocantur. *Docet* ad nationes pertinet, *instruit* ad discipulos, ut habemus Eucherii libros *Instructionum,* etc.

102. Ald., Vat. Q, *exitusque.* Alex., *exitque* : lege *exit usque.*

103. Chamillardus cum interrogationis puncto *Gallos fovet ?* Crediderim esse mendum.

104. Plerique, *Hesperiam* hic intelligunt It liam, et *Iberos* Hispanos. Auctor hymni S. Cypriani in B eviario Mozarabico, qui, ut puto, hunc Prudentii hymnum legerat, sic ait : *Ditans cruore Africam Verbo docens Hesperiam,* ubi Hispaniam certo intelligit. Vide vers. 3, supra.

106. Ald., Urb., *illic* pro *illinc.* Vat. A, ma'e, *patronis.* In Vat. B et Mar. sequitur passio SS. apostolorum Petri et Pauli, quem ordinem in sua editione tenuit Weitzius.

In Vat. A et Weitz. est inscriptio quam exhibui. In Aldo, *Passio Agnetis martyris.* In Heinsio, *Passio Agnetis virginis.* In Ambr., *Incipit passio Agnes.* In Thuan., *Passio Agnes.* Parrh., *Passio beatæ Agnetis.* Alex., *Finit passio SS. XVIII. Incipit passio Agnes.* In Vat. B ponitur post passionem martyrum Cæsaraugustanorum, ut in Mar. et Weitz. In Vat. A hi versus junguntur bini et bini; in Mar. terni et terni. S. Agnetem maximis laudibus celebrarunt S. Ambrosius, S. Augustinus, S. Hieronymus, S. Damasus, S. Martinus apud Severum Sulpicium, S. Maximus episcopus Taurinensis, S. Gregorius Magnus, martyrologia Latina, menæa Græca, de quibus vide Bollandianos et Ruinartium. In Breviario Mozarabico legitur hymnus Prudentii, sed multis in locis depravatus. In Hymnario Ven. Thomasii exstat hymnus in honorem S. Agnetis a S. Ambrosio compositus. Hildebertus martyrium illius descripsit versu elegiaco. Poema vetus de eadem edidit Barthius lib. XXXI, cap. 13 Advers. Nonnulli putant martyrium B. Agnen subiisse circa annum 310, cum præfectus Urbis esset Symphronius, vel Symphorianus, vel Sempronius, de quo vide Corsinum de Præfect. Urbis. Ruinartius explodit Acta vulgata, et Ambrosio ascripta, ubi dicitur eamdem virginem in ignem præcipitatam, Aspasio vicario jubente, sub Valeriano et Gallieno; et verosimilius censet martyrium contigisse anno circiter 304.

1. Vat. A, Breviar. Moz., Oxon., Cell., Cham., *Agnæ.* Ald., Heins., Weitz., *Agnes,* cum plerisque scriptis. Gis., *Agnis,* quod Stephanus Claverius volebat, et exstat in cod. S. Michaelis apud Ruinartium. Ego non dubito quin quolibet ex his modis dici possit *Agnæ* ab *Agna, æ,* ut allusio sit in nomine, et ad originem Græcam, qua castitas virginis designatur. *Agnes* ab *Agne, es,* ut *grammatice, es; Agnis* ab *Agnes, is; Agnetis* ab *Agnes, etis.* In antiquis inscriptionibus reperitur *Hagnes,* cum aspiratione, et ita scribi debere, si origo Græca attenderetur, nonnulli opinantur ; sed aliud jubet usus, quem penes arbitrium est, et jus, et norma loquendi, nec minus scribendi. Et

Conspectu in ipso condita turrium
1214 Servat salutem virgo Quiritium :
Nec non et ipsos protegit advenas,
Puro ac fideli pectore supplices.
Duplex corona est praestita martyri,
Intactum ab omni crimine virginal,
1215 Mortis deinde gloria liberae.
Aiunt, jugali vix habilem toro

A Primis in annis forte puellulam,
Christo calentem, fortiter impiis
Jussis renisam, quo minus idolis
Addicta, sacram deseferet fidem.
15 Tentata multis nam prius artibus,
Nunc ore blandi judicis illice,
Nunc saevientis carnificis minis,
Stabat feroci robore pertinax,

GLOSSÆ VETERES.

3. Condita, *sepulta, abscondita*, I.
4. Quiritium, *Romanorum. Quirites dicebantur Romani a Quirino, id est Romulo, qui semper hasta utebatur; nam quiris lingua Sabinorum hasta dicitur*, I.
6. Supplices, *humiles*, I.
8. Virginal, *locus in quo devirginantur virgines*, I.

Virginitas, Prag.
9. Liberae, *gloriosae*, I.
13. Renisam, *resistentem*, I.
16. Illice, *decipiente*, I.
18. Pertinax, *dura*, I.

COMMENTARIUS.

fortasse hic usus coepit cum in aliis vocibus aspiratio omittebatur, ut in *ymnus, Ippolytus*, et similibus. In Vat. Q et Egm. mendum est *Agnen*, ut in Aldo *Romuli*. Barthius, lib. iv, cap. 13 Advers., advertit, *Romulea in domo* dici pro Romae, ut apud Horatium, *domus Albuneae resonantis* pro fonte nymphae Albuneae, et ex emendatione ejusdem Barthii, *Nec domus exsilii Plutonia*. Itaque etsi concedendum sit ex aliis monumentis S. Agnetem fuisse Romae natam, tamen ex hymno Prudentii id non colligitur; multo vero minus Roma tanquam illius patria in hoc hymno praedicatur, cum solum affirmetur Romae esse sepulcrum Agnetis. Correctionem vero Barthii in Horatii versu *exilii* pro *exilis*, non facile admittent qui curiose observarunt Horatium hujusmodi patrios casus semper unice *i* extulisse, ut *favoni*.

3. Peveratus ait poetam meminisse turrium quarum nomen adhuc viget, et *sanguineas turres* Romani indigitant fortasse a gladiatorum sanguine. Addit sepulcrum S. Agnetis nunc esse ubi quondam circus agonalis erat, et Ciceronem turres istas orat. 3 in Catil. memorasse : *Profecto memoria tenetis*, *Cotta et Torquato coss., complures in Capitolio turres de coelo esse percussas*. Verum haec explanatione et correctione indigent. Romae prope circum agonalem exstat locus *Tor sanguigna*, Turris sanguinea nuncupatus. Hic locus a Capitolio longe distat. Alia similia sunt nomina Romae a turribus dicta, ut *Tor di specchio, Tor di Nona*, et in agro Romano 45 loca enumerat Eschinardus quibus a *turri* nomen est inditum. In circo agonali, nunc *Piazza Navona*, celebris ecclesia est S. Agnetis, quae locus lupanaris creditur fuisse ubi Agnes prostituta fuit. Sepulcrum ejus visitur in alia ecclesia sub ipsius nomine in via Nomentana non longe ab Urbe. De hac ecclesia intelligo Prudentius : quae quidem posita est in conspectu turrium et palatiorum Romae. Domus altae turres a poetis vocantur : hinc *urbes turrigerae, turrita moenia*. Notat vero Peveratus S. Agnetem in via Nomentana a parentibus sepultam, ubi coemeterium Agnetis dictum : puellas Romanas hanc basilicam frequentasse : duos agnos candidos duci solitos ad aram, ut benedicerentur, ex quorum vellere creditur texta fuisse palli novi pontificis : fortasse Christianos hunc morem invexisse, ut alium superstitionem abolerent cujus meminit Festus verbo ALBOGALERUS, qui erat pileus ex hostia alba Jovi caesa factus, cui affigebatur apex virgulae oleaginae. Hoc albogalero flamines diales, id est sacerdotes Jovis utebantur. Caeterum vera historia haec est, quod pallium archiepiscopale conficitur e lana agnorum candidorum, qui a canonicis regularibus Sancti Salvatoris nuncupatis, in die festo S. Agnetis, in ejus ecclesia via Nomentana pro canone (duo quotannis) basilicae Lateranensi contribuuntur. Hos benedicit summus pontifex, et sanctimonialium alicui monasterio arbitratu suo nutriendos mittit. Plura de

B pallio et de hac consuetudine vide apud Macrum in Hierolex., et doctissimum Zachariam in Onomastico rituali selecto.

5. In universa Ecclesia celeberrimum erat nomen S. Agnetis, de qua Hieronymus epist. 8 ad Demetriadem, et ex eo martyrologium Romanum : *Omnium gentium litteris atque linguis praecipue in ecclesiis Agnes vita laudata est, quae et aetatem vicit, et tyrannum, et titulum castitatis martyrio consecravit*.

6. Gregorius de Valentia, Comment. theolog., disp. 6, quaest. 2, punct. 7, valide confirmat sanctos in coelo Deum nobis precantibus reddere propitium ex miraculis, et gratiis quas obtinent, et hos Prudentii versus similesque alios Paulini in medium profert.

7. Hic accipi videtur corona non tam pro praemio quam pro ipso martyrio et virginitate. Hanc distinctionem explicat Paschalius lib. i de Coronis, cap. 6.

8. In nonnullis vulg., mendose, *virginali* pro *virginal*. Barthius, lib. xxvi, cap. 12, elegantissime id circa C affirmat. Quam vocem, inquit, pessime interpretati sunt, Iso pro loco ubi feminae devirginantur, et Georgius Fabricius pro eo ubi virgines versantur. Prudentius posuit pro parte verenda virginei corporis, uti Solinus, Apuleius, et ex correctione Barthii glossae Isidori. In Macri Hierolexico *virginal* exp nitur virginitas, et ex sententia Caroli Widmani *lupanar*, omnino male. Giselinus explicat ὑμήν, seu virgineum vinculum, de quo Joannes Wyerus medicus. Ausus est, addit Giselinus, Prudentius, quod Augustinus atque alii efferunt in plurali numero, efferre in singulari, quomodo antea nomen *altar*. Idem Giselinus plane rejicit ut spurium, neque cum sequentibus cohaerens *Intactum ab omni crimine corpus est*, quod in quibusdam legerat, sed aliena manu, ut videbatur, scriptum. Quod autem Giselinus *virginal* tanquam Prudentii proprium in singulari notat, facile refellitur auctoritate Apuleii, Solini et aliorum. Apuleius ii Metam. etiam dixit *feminal*.

D 10. Brev. Moz., *maritali* : lege *jugali*. Vat. B, Mar. a prima manu, Rat. in contextu, *habitam*, minus bene, pro *habilem*. Rat., supra, *habilem*, vel *aptam*, quod postremum est glossa.

12. Rat. recentiori manu pro *impiis* habet *improbis*. Brev. Moz., *impii*.

13. Rat. recentiori manu, *quo minus impiis*. Retine *idolis*.

14. Vat. B, contra metrum, *addita*. In Rat. corrector idem ineptus, *addicta sacris*, ut sit *imp is addicta sacris*.

15. Breviar. Moz., *binis*, pro *multis*.

16. Parrhasius, mendose, *judices*. Brev. Moz., *illicis* : melius *illice*. Non solum in epistola pseudo-Ambrosii, sed etiam a S. Maximo Taurinensi narratur, a filio praefecti Agnen in uxorem expetitam. Hinc judex illam illecebris tentabat.

Corpusque duris excruciatibus
20 Ultro offerebat, non renuens mori.
Tum trux tyrannus : Si facile est, ait,
1216 Pœnam subactis ferre doloribus,
Et vita vilis spernitur : at pudor
Carus dicatæ virginitatis est.
25 Hanc in lupanar trudere publicum
Certum est, ad aram ni caput applicat,
Ac de Minerva jam veniam rogat,
Quam virgo pergit temnere virginem.
Omnis juventus irruat, et novum
30 Ludibriorum mancipium petat.
Haud, inquit Agnes, immemor est ita

A Christus suorum, perdat ut aureum
Nobis pudorem, nos quoque deserat.
Præsto est pudicis, nec patitur sacræ
35 Integritatis munera pollui.
Ferrum impiabis sanguine, si voles :
Non inquinabis membra libidine.
1217 Sic elocutam publicitus jubet
Flexu in plateæ sistere virginem.
40 Stantem refugit mœsta frequentia,
Aversa vultus, ne petulantius
Quisquam verendum conspiceret locum.
Intendit unus forte procaciter
1218 Os in puellam, nec trepidat sacram

GLOSSÆ VETERES.

19. Excruciatibus, *pœnis*, I.
21. Trux, *severus*, I.
22. Subactis, *superatis*, I.
24. Dicatæ, *scilicet Deo*, I.
25. Lupanar, *dicitur a lupis, id est, meretricibus; quia sicut lupi devorant prædam, sic illæ avidissime devorant amatores suos.* — Trudere, *pro trudi*, I.
26. Applicat, *inclinat*, I.
28. Temnere, *despicere*, I.
29. Irruat, *cum impetu veniat*, I.
30. Mancipium, *mancipium, quasi manu captum*, I.

B 32. Aureum, *nobilem*, I.
35. Integritatis, *virginitatis*, I.
36. Impiabis, *maculabis*, I.
38. Publicitus, *publice, manifeste*, I.
39. Flexu, in plateæ, *in via; in biviis*. — Sistere, *præsentare*, I.
40. Frequentia, *multitudo*, I.
42. Verendum, *pudibundum*, Rat.
43. Forte, *casu*. — Procaciter, *irreverenter, luxuriose*, I.
44. Os, *faciem*, I.

COMMENTARIUS.

19. In quibusdam vulg., *exercitatibus* : in aliis *excruciantibus*. Corrigendum omnino est *excruciatibus*.
21. Brev. Moz., *tunc atrox tyrannus* : lege *tum trux*.
23. Nonnulli vulg., *aut pudor*, non recte. Breviar. Moz., corrupte, *at pudor ejus Dicatæ virginitatis impetendus est*.
24. Prag., *clarus* : lege *carus*. Parrhasius, minus bene, *dicatæ virginitati erit*. Olim virgines Christianas a teneris annis virginitatem Deo consecrasse, tum ex hoc hymno, tum ex aliis monumentis liquido patet. Tertullianus egregie Apologet. cap. 50 : *Proxime ad lenonem damnando Christianam potius quam ad leonem, confessi estis, labem pudicitiæ apud nos atrociorem omni pœna et omni morte reputari*.
25. In hoc lupanari erectam nunc S. Agnetis esse ecclesiam, dixi ad vers. 3. Cl. Cancellierius in suo opere De Sacello pontificio, pag. 132, pollicetur aliud ita inscriptum : *Descrizione del circo agonale, e della chiesa di S. Agnese ivi eretta con un appendice di documenti degli Atti del martirio, e delle omilie de' SS. Padri in onore della medesima V. e M.*
26. In Mar. desideratur *est*. Fabr., Gis., Prag., Rat., Brev. Moz., *applicet*, et vers. seq. *roget*. Plerique cum Aldo, *applicat, rogat*. Ethnici deorum suorum statuas amplexari et osculari solebant.
27. Weitzius mendum Egmondani exprimere voluit *Menerva*. Idem Weitzius Fabricio et Giselino affingit *regit*, in quibus *roget* pro *rogat*.
29. Vatt. B, P, Weitz., Gis., Torn., *irruat*. Parrhasius, Brev. Moz., *applicet*, et vers. prima manu, Cham., *irruet*. Plurimi alii habent *irruit* cum Aldo.
30. Eadem occurrit varietas *petat, petet*, et *petit*.
36. Brev. Moz., corrupte, *Ferro, impia soboles, poles servire*.
38. Ambr., *jubent* : melius *jubet*. Innuitur mos, quem pseudo-Ambrosius explicat : *Adhæc insanus judex jussit eam exspoliari, et nudam ad lupanar duci sub voce præconis dicentis : Agnetem sacrilegam virginem, diis blasphemiam inferentem, scortum lupanaribus datam*. Vide ep. 1 inter segregatas a Maurinis.
39. Burmannus secundus in Addend. ad Claud., pag. 1012, e duobus antiquis libris Leodiensibus legit *fluxu in plateæ*, et interpretatur confluxum populi per plateas. Vide Gronov. ad Liv., pag. 343. In Mar. et Rat.

ex *flexus* factum *flexu*. Prag., Vat. Q, male *flexus in plateæ*. Ald., vetus codex in editione Weitz. apud cl. præsulem Reggium, *flexu in plateas*. Brea., Moz., *flexam in plateas*. Verior lectio *flexu in plateæ*. Iso interpretatur in bivio, in quo lupanaria construi erat. Miratur Peveratus cur non dixerit *flexu in theatri* : siquidem fornices illi erant in circo agonali. Constat publica scorta in fornicibus spectaculorum manere consuevisse. S. Cyprianus, sive quis alius vetus scriptor, lib. de Spectac. : *Si rursum perrogem, quo ad illud spectaculum itinere pervenerit, confitebitur per lupanarium, per prostitutarum nuda corpora..... qui festinans ad spectaculum, dimissus et adhuc gerens secum, ut assolet, eucharistiam inter corpora obscena meretricum tulit*. Cum autem postea occurrat etiam *plateæ* vers. 49, retinendum est *flexu in plateæ* ; et, ut ego puto, flexus plateæ solum indicat angiportum, aut vicum angustum et flexuosum, ad quem e platea ingressus esset. Petronius de Lupanari : *Per anfractus deinde obscurissimos egressus in hunc locum me perduxit*.
40. Vat. B, Mar., *stantum*, minus bene; Hailsbr., male, *statum*. Verbum proprium est *stare* de feminis prostitutis, quæ ante fornices quæstus gratia stabant. Hinc meritorium ipsum *stabulum* dicebatur, et a Tertulliano appellatur lib. II ad Uxorem *consistorium libidinum publicarum* : ipsæ meretrices *prostitutæ*, et *prostibula* audiebant. Horatius, sat. 1, *Nullam nisi olenti in fornice stantem*. In II Controvers. Senecæ, *Meretrix vocata es, in communi loco stetisti*.
41. Vat. A, Egm., Pal., *adversa* ; alii, *aversa*, quod retinendum est.
42. Peveratus exponit, *hoc est templum*. Ita quidem ait Damasus in versibus quos post hymnum proferam ; sed alia explicatione opus est. Barthius notat lib. VIII, cap. 19, locos mulierum in libris medicorum genitalia membra designare, uti etiam sæpe apud Columellam. Quod autem cap. 5 lib. cit. ex hoc loco infert, quod dum publicitus nudæ mulieres prostabant (sive Christianæ, sive aliæ), avertebant oculos qui aderant, morum pristinorum reverentia, non puto universe verum : nam id in Agnete veluti ex peculiari Dei providentia narratur. Quod de *locis* mulierum dicit, graviori Lucretii testimonio posset confirmari. Vide Gifanii indicem in Loca et Loci.

45   Spectare formam lumine lubrico.
     En ales ignis fulminis in modum
     Vibratur ardens, atque oculos ferit :
     Cæcus corusco lumine corruit,
     Atque in plateæ pulvere palpitat.
50   Tollunt sodales seminecem solo,
     Verbisque deflent exsequialibus.
     Ibat triumphans virgo, Deum Patrem,
     Christumque sacro carmine concinens,
     Quod sub profani labe periculi
55   Castum lupanar, nec violabile
     Experta victrix virginitas foret.
     Sunt qui rogatam rettulerint preces
     Fudisse Christo, redderet ut reo
     1219 Lucem jacenti : tum juveni halitum
60   Vitæ innovatum visibus integris.

A   Primum sed Agnes hunc habuit gradum
    Cœlestis aulæ, mox alius datur.
    Accensus iram nam furor incitat
    Hostis cruenti. Vincor, ait gemens,
65 I, stringe ferrum, miles, et exerc
    Præcepta summi regia principis.
    Ut vidit Agnes stare trucem virum
    Mucrone nudo, lætior hæc ait :
    Exsulto, talis quod potius venit
70 Vesanus, atrox, turbidus, armiger,
    Quam si veniret languidus, ac tener,
    Mollisque ephebus tinctus aromate,
    Qui me pudoris funere perderet.
    Hic, hic amator jam, fateor, placet :
75 Ibo irruentis gressibus obviam,
B

GLOSSÆ VETERES.

46. En ales, *ecce velox*, I.
50. Tollunt, *elevant*. — Sodales, *Sodales dicuntur, quasi simul edales, id est, simul manducantes*, I.
51. Exsequialibus, *qui in exsequiis conveniunt*, I.
54. Quod, *eo quod*, I.
60. Innovatum, *scilicet referunt*. — Visibus integris, *virginitatis custodia*, I.
61. Gradum, *miraculum*, I.

63. Ascensus, *martyrii gradus*, I.
65. Astringe, *evagina*. — Exere, *perfice, profer, ci exerce*, I.
70. Vesanus, *transvectus a sanitate*, I.
72. Ephebus, *juvenis, imberbis*. — Tinctus aromate, *unctus unguento*, I.
73. Funere, *morte, luctu*, I.
74. Hic, hic, *talis*, I.

COMMENTARIUS.

45. Ald. male, *exspectare formam*; nec melius vetus codex in editione Weitziana, *formam exspectare*; aut Torn., *exspectans formam*; aut Latinius, *despectas formam*. Dicit *lumine lubrico*, ut in hymn. 2 Cath., vers. 103, *Oculive peccent lubrici*. Cicero, lib. II de Nat. deor., *Sed lubricos oculos fecit* (natura) *et mobiles*.

46. Breviar. Moz. depravate, *gehennalis ignis flaminis in modum*. Angelum sub alitis specie vibratum intelligi posse, censet Ruinartius. Certe Agneti aderat angelus qui ejus virginitatem defenderet : sed nihil prohibet ignem volucrem, sive celerem (non avem) de cœlo missum, qui oculos impudici juvenis perstringeret. Ita enim ego hunc locum accipio; et hæc explicatio confirmatur vers. 48, *Cæcus corusco lumine corruit* : nam lumen coruscum est hic ipse ignis ales et ardens quo cæcus corruit juvenis. Juvenis, inquam : etenim filium hunc fuisse præfecti Urbis Acta docent, et vers. 29 ait judex : *Omnis juventus irruat*, etc.

50. Imitatio Virgilii lib. v, *Ast illum fidi æquales genua ægra trahentem*, etc.

52. Videtur e lupanari virgo extracta, ut per vias duceretur; vel *ibat triumphans* ponitur pro triumphabat.

54. Vat. B, *pericli* : emenda *periculi*.

55. Prag., *ne violabile*, et supra glossa *ne* pro *non*. Melius *nec*.

56. Brev., Moz. *aspecta* : lege *experta*.

57. Vat. A, *precem* pro *preces*. Alii *retulerint*, alii *rettulerint* scribunt : utrisque sua adest ratio, Precibus S. Agnetis hunc juvenem ad vitam revocatum narratur etiam in sermone 48 inter sermones S. Ambrosio ascriptos, quem e tribus mss. Maurini ediderunt.

59. Ald., Brev. Moz., *tum invenit*. Legendum *tum juveni*.

60. Brev. Moz., *usibus*. Cauchii codex *jussibus*, unde ille conjiciebat *sensibus*. Sed bene est *visibus*. Glossa non placet.

61. Brev. Moz. ita distinguit, *usibus integris Primum; sed Agnes*, non probe.

63. Sich., Vatt. A, Q, Alex., Prag., Rat., Weitz. cum suis, Gall. cum Torn., editione Parisiensi Biblioth. Patrum, ms. S. Michaelis apud Ruinartium,

C

mox alius datur Ascensus : iram nam furor incitat. Heinsius nullam lectionis varietatem advertit, sed Giselinum secutus, edidit *mox alius datur. Accensus iram nam furor incitat*, quod tenent Ald., Parrhasius, Vatt. B, P, Urb., recentiores : quanquam Teolio altera lectio magis videtur arridere. Nonnulli tradunt Symphorianum, ne in odium Romanorum incurreret, substituisse alium judicem Aspasium nomine, qui virginem Agnetem primum igni tradi, tum igne illæsam gladio percuti jussit. In comment. ad 1 hymn. Perist., vers. 93, quæstionem agitavi, cur martyres alia tormenta interdum superarent, gladio vero vix unquam cederent. Postea vidi dissertationem Baruffaldi : *Del colpo di spada, o di qualunque ferro tagliente, non mai vano, o fallace nel decapitare, o dar la morte ai martiri di Christo*, tom. III Nov. Collect. Calogeran. Venet. 1757. Baruffaldus iisdem rationibus quæstionem resolvit. Nam quod addit, ictum gladii insuperabilem fuisse, quia Deus martyrium hoc mortis genere complere, et per ictum gladii martyres coronare decreverat, hoc ipsum est, quod quæritur, cur Deus id potius quam aliud decreverit. Negat præterea Baruffaldus gladium martyribus unquam cessisse, ac veteres historias quibus id affirmatur, aut in dubium revocat, aut sine miraculo rem

D evenisse contendit.

65. Vatt. B, Mar., Rat., Weitz., *astringe ferrum*. Rott., Thuan., Ald., Brev. Moz., Alex., Vat. Q, *stringe*. Ita in Vat. P, sed deest prima littera. Heinsius restituit *i*, *stringe* cum Ambr., tribus Torr., Cauchiano. Adhæret Vat. A., et in Vat. B videtur id indicari ad oram. Parrhasius olim jam ediderat *i, stringe*, sed mendose illico *miles exsequere*. Urb. habet *jam stringe*, quod fuit a Giselino editum. Vide comment. ad vers. 199 hymn. 11 Cath.

72. Weitz. cum Widm. scribit *ephebus*. In Egm., Hailsbr., *efybus*. Chamillardus existimabat *aromata* tantum plurale apud Latinos reperiri, quamvis apud Græcos etiam in singulari dicatur ἄρωμα. Verum Marclanus *aroma Indicum* dixit D. lib. xxxix tit. 4, leg. ult. Prudentius *aroma* in singulari dixit etiam Cath. 5, vers. 22, Apoth. vers. 750.

74. Parrh., *hic amor*, contra metrum.

75. Alex., Vatt. A P, *obvia*

Nec demorabor vota calentia :
Ferrum in papillas omne recepero,
Pectusque ad imum vim gladii traham.
Sic nupta Christo transiliam poli
80 Omnes tenebras æthere celsior.
Æterne rector, divide januas
Cœli, obseratas terrigenis prius,
Ac te sequentem, Christe, animam voca,
Cum virginalem, tum Patris hostiam.
85 Sic fata, Christum vertice cernuo
Supplex adorat, vulnus ut imminens
Cervix subiret prona paratius.
1221 Ast ille tantam spem peragit manu :
Uno sub ictu nam caput amputat.
90 Sensum doloris mors cita prævenit.
Exutus inde spiritus emicat,
Liberque in auras exilit; angeli
Sepsere euntem tramite candido.
Miratur orbem sub pedibus situm,
95 Spectat tenebras ardua subditas,
Ridetque, solis quod rota circuit,
Quod mundus omnis volvit et implicat,
Rerum quod atro turbine vivitur,

A
100 Quod vana sæcli mobilitas rapit :
Reges, tyrannos, imperia, et gradus,
Pompasque honorum stulta tumentium.
Argenti et auri vim, rabida siti
Cunctis petitam per varium nefas,
Splendore multo structa habitacula,
105 **1222** Illusa pictæ vestis inania,
Iram, timorem, vota, pericula :
Nunc triste longum, nunc breve gaudium,
Livoris atri fumificas faces,
Nigrescit unde spes hominum et decus,
110 Et, quod malorum tetrius omnium est,
Gentilitatis sordida nubila.
Hæc calcat Agnes, hæc pede preterit,
Stans, et draconis calce premens caput :
B Terrena mundi qui ferus omnia
115 Spargit venenis, mergit et inferis,
Nunc virginali perdomitus solo,
Cristas cerebri deprimit ignei,
Nec victus audet tollere verticem
Cingit coronis interea Deus
120 Frontem duabus martyris innubæ :

GLOSSÆ VETERES.

76. Demorabor, *detineam*. — Vota, *quæ habent me ad interficiendum*. — Calentia, *iracunda, furentia*, 1.
77. Recepero, *recipiam*, I.
79. Sic, *taliter*. — Poli, *aeris*, I.
81. Divide, *aperi*, I., Mar.
82. Prius, *in primo parente*, I.
84. Cum, *pridem, vel modo, quando*. — Tum, *deinde*. — Hostiam, *martyrium*, I.
85. Vertice cernuo, *inclinato capite*, 1.
86. Vulnus imminens, *imminentem gladium*, I.
87. Subiret, *sufferret*, I.
88. Ille, *carnifex*, I.
91. Spiritus emicat, *anima splendet, salit*, I.
94. Situm, *positum*, I.

95. Ardua, *excelsa*, I.
97. Implicat, *colligit*, I.
100. Gradus, *honores*, I.
101. Stulta, *stulte*, I., Mar.
102. Siti, *cupiditatis*, I.
105. Cunctis, *populis*. — Petitam, *quæsitam, ipsam rabiem cupiditatis*, l.
C 106. Vota, *optiones*, I.
110. Tetrius, *pessimum*, I.
113. Calce, *pede*, I.
114. Terrena, *scilicet corpora*. — Ferus, *sævus*, I.
116. Solo, *planta*, l.
117. Cerebri, *capitis*, Mar. — Deprimit, *deponit*, l.
118. Verticem, *caput*, l., Mar.

COMMENTARIUS.

78. Vat. A non bene omittit *que*. Brev. Moz., *Pectusque adimet vim, gladii traham*, quod reformandum est.
80. Vel intelligit *poli æthere celsior*, vel tenebras poli vocat, ut vers. 95, *Spectat tenebras ardua subditas* : quia tenebræ sunt omnia quæ sub pedibus cœlitum jacent, quamvis clara videantur.
81. Ald. mendose, *æternæ*.
82. Parrhasius, *terriginis*, male.
84. Brev. Moz., *Cum virginali tunc Patris hostia*, minus recte.
88. Prag., *peregit manu* : metrum poscit *peragit*.
89. Ald., *unum sub ictu*. Plerique, *uno sub ictu*. In Bong. reperitur conjuncto *subictu*; et Gifanius ita legendum contendit ex vet. suo lib., ut alibi dixit Prudentius *subtacitus*, et Lucretius *subcavus* : in vulg., *uno sub ictu*, male et barbare scribi affirmat; sed hactenus viris doctis qui Prudentium ediderunt, id non persuasit.
91. In Eulalia vers. 161, *Emicat inde columba repens*.
94. Æmulatur Virgilium ecloga 5, vers. 56, *Candidus insuetum miratur limen Olympi; Sub pedibusque videt nubes et sidera Daphnis*.
96. Alex., Ald., *videtque solis*. Vatt. A, Q, *rota circumit*, non male.
98. In hymno superiori S. Cypriani vers. 90, *Quid viveret*.
99. Vat. B, Mar., *nobilitas*, non absurde, nam dicitur *vana*, et sermo est de regibus et honoribus.

101. Brev. Moz., *stulte* : lege *stulta*.
102. In Vatt. A, P, desideratur *vim*. Aldus, Vatt A, P, Q, Hailsbr., Pal., *rabidam sitem*. Widm. in contextu, *vim rabidam sitis*. Weitz., Widm. supra, Alex., Parrh., Prag., Gis., Heins., *vim rabida siti*, adhærent Rat. et recentiores. Mar., Vat. B, *vim rabidam siti*. Urb. minus bene, *et aurum* : *vim rabidam sitim*.
105. Ex Virgilio II Georg. vers. 464, *Illusasque* D *auro vestes*. Vide comment. ad vers. 48 hymn. 12 Peristeph.
106. In Brev. Moz., *irati, mortem*; corrige *iram, timorem*.
107. Seneca in Thyeste act. IV, *Nulla sors longa est; dolor et voluptas Invicem cedunt : brevior voluptas*.
110. Vat. A perperam omittit *quod*. *Tetrius malorum omnium* pro *malis omnibus*. Vide comment. ad vers. 77 et 78 hymni 12 Cath.
112. Concinnius est *hæc pede* cum Mar., Prag., Rat.; quam *ac* cum aliis edd. et mss. In Brev. Moz. mendum *proculcat* pro *proterit*. In nonnullis edd. ad oram excusum est *crepasset* : quod non intelligo quid sit, aut quo pertineat.
116. Sæpius dictum *solum* pro imo pede accipi. Confer Frontonem Ducæum ad Paulinum pag. 766, *Sola sancta tergere* epist. 2 ad Severum et Sirmondum ad Sidonium pag. 113.
118. Vat. B, *vinctus* : melius *victus*.

PERISTEPHANON HYMN. XIV.

    Unam decemplex edita sexies
1223 Merces perenni lumine conficit :
Centenus exstat fructus in altera.
O virgo felix, o nova gloria,
125 Cœlestis arcis nobilis incola,
Intende nostris colluvionibus
Vultum gemello cum diademate :

    Cui posse soli Cunctiparens dedit
Castum vel ipsum reddere fornicem.
130 Purgabor oris propitiabilis
1224 Fulgore, nostrum si jecur impleas.
Nil non pudicum est, quod pia visere
Dignaris, almo vel pede tangere.

GLOSSÆ VETERES.

121. Unam, *coronam*. — Edita, *de martyrio, oblita de martyrio dedit*. — Sexies, *sexies decies fiunt sexaginta; et sexagenarius numerus significat continentiam vidualem : quæ una corona illi erat propter laborem quem sustinent viduæ; nam laborem sustinent maximum, quod ipsa complexa digitorum significat*, I.
123. In altera, *de virginitate*, I., Mar.
126. Colluvionibus *maculis, pollutionibus, immun-*

ditiis, I. *Pollutionibus*, mar.
127. Diademate, *corona*, I
128. Cui, *id est tibi*, I.
129. Vel, *etiam*. —Fornicem, *lupanar : locum dicit in theatro ubi devirginantur virgines*, I.
130. Purgabor, *ego*. — Oris, *vultus*, I
132. Pia, *pia visitatione*. — Visere, *videre*, *visitare*, I.

COMMENTARIUS.

121. Vat. A male, *una*. Alii scribunt *decimplex*, alii *decemplex*. Æmulatur Cyprianum epist. 70 : *Cujus numero nec virgines desunt*, *quibus ad sexagenarium fructum centenus accessit, quasque ad cœlestem coronam gloria geminata provexit*. Plerique fructum sexagesimum virginitati, fructum centesimum martyrio in parabola Matth. xiii, 8, promissum esse autumant. Et cum hoc loco Prudentius ipse virginitati fructum sexagesimum assignare videatur, in lib. ii. adv. Symmach., vers. 1059, legi poterit *Hinc decies seni :* ubi etiam de præmio virginitatis disseritur. In glossis diversæ sunt opiniones; apud Isonem quid sit, *Quod ipsa complexa digitorum significat*, intelliges ex Hieronymi verbis lib. 1 in Jovinianum sub initium : *Centesimus, et sexagesimus, et tricesimus fructus, quanquam de una terra et de una semente nascatur, tamen multum differt in numero. Triginta referuntur ad nuptias : nam et ipsa digitorum conjunctio, quasi molli se complexans osculo, et fœderans, maritum pingit et conjugem. Sexaginta vero ad viduas, eo quod in angustia et tribulatione sunt positæ. Unde et superiori digito deprimuntur, quantoque major est difficultas expertæ quondam voluptatis illecebris abstinere, tanto majus est præmium. Porro centesimus numerus (diligenter, quæso, lector, attende) de sinistra transfertur ad dexteram, et eisdem quidem digitis, sed non eadem manu, quibus in lævâ nuptæ significantur et viduæ, circulum faciens exprimit virginitatis coronam*. Veterem hanc consuetudinem numerandi per digitos explicatius tradit Beda in lib. de Computo, vel Loquela per gestum digitorum. Vide etiam Gazæum in not. ad Cassian. collat. 24, cap. ult., qui rem hanc enucleate exponit.
122. Egm., Pal., *mercis* pro *merces*.
124. Sic in versibus nunc exscribendis S. Damasi · *O felix virgo*.
128. Prag., *solus Cunctiparens* pro *soli*.
129. Brev. Moz. male, *redde fornicem*. Fornices erant arcuatæ domus ubi prostabant meretrices ; loca abdita et occulta quæ ab Apostolo *cubilia* vocantur : *Non in cubilibus*, etc. Vide comment. ad vers. 108 lib. 1 in Symm.
130. Ald., Vat. P, et nonnulli vulg. corrupte, *purgabo roris*. Brev. Moz. non leviori mendo, *Purga jam corda propitiabili*. Parrhasius recte jam olim ediderat *purgabor oris*. Giselinus observat errata pleraque quæ Prudentium miserrime fœdarunt, librariorum inscitia contigisse, qui modo in unam dictionem diversissima conglutinarunt, modo cohærentia separarunt ; et hæc exempla profert. *Secernere* scriptum erat vers. 35 Apoth., pro *se cernere*. *Consulet et* vers. 590, lib. 11 in Symm., pro *consultet*. *In acie* ib. vers. 1024, pro *macie*. Sed lib. vers. 193, pro *sedet*. *Suam* in hymno S. Vincentii vers. 146, pro *si jam*. *Obis* ibid. vers. 557, pro *o bis*. *Quinos* in Romano vers. 1056, pro

quin os. *Fluctu et* in passione SS. apostolorum Petri et Pauli vers. 36, pro *fluctuet*. *Exitusque* in Cypriano vers. 102, pro *exit usque*. *Purgabo roris* hoc loco, pro *purgabor oris*. Quibus alia similia addi possent.
131. Christi et divini Spiritus hoc esse Cellarius opponit. Deberet ipsum pudere toties fateri Prudentium tam doctum, tam pium vatem, et in omni antiquitate tam venerandum, suæ hæresi tam aperte esse contrarium.
132. In Brev. Moz. mendum est *quam pia viscera* pro *quod pia visere*. In eodem breviario adduntur quidam versus quos Prudentii non esse, ut nunc quidem leguntur, certo possum confirmare.
133. Barthius, lib. xxxvi, cap. 4 Advers., ait deorum tactum efficacem habitum, ut apud Horatium de Venere : *Tange Chloen semel arrogantem*. Id quod, inquit, allusit eruditissimus poeta Prudentius, *Dignaris almo vel pede tangere*. Sed Prudentius, ut ego existimo, nihil aliud vult nisi pudicum id omne esse quod Agnes ingreditur : ut castum reddidit ipsum fornicem. Post hunc hymnum in Vat. A sequitur passio beatissimi Laurentii. In aliis sunt versus S. Damasi in laudem S. Agnetis, in quibus sanctissimi hujus pontificis pietas non minus quam in cæteris ejus carminibus elucet. Apologiam pro Damaso aliisque pontificibus Romanis iv sæculi contra apertas calumnias Ammiani Marcellini nondum dedita opera contectam fuisse puto ; neque operæ nullum esset pretium. Carmina ipsa Damasi, edente Merenda, typographi negligentia corruptissime impressa sunt, ut editoris nævos prætereant. Versus quos dicebam in laudem S. Agnetis correctos nunc exhibebo. Igitur post hymnum S. Agnetis in Vat. B, Mar., Prag., Rat., in Widm. codice apud Weitz., in codice Florentino, de quo in proleg. num. 86, qui cum Urb. consentit, inseruntur versus sequentes. *Versus Constantinæ, Constantini filiæ, scripti in absida basilicæ quam condidit in honorem S. Agnæ virginis. Constantina Deum venerans, Christoque dicata, Omnibus impensis devota mente paratis, Numine divino multum, Christoque juvante, Sacravit templum victricis virginis Agnes. Templorum quod vincit opus, terrenaque cuncta, Aurea quæ rutilant summi fastigia templi. Nomen enim Christi celebratur sedibus istis, Tartaream solus potuit qui vincere mortem. Invectus cœlo solus inferre triumphum. Nomen Adæ referens retro ciet omnia membra, A mortis tenebris, et cæca nocte levata. Dignum igitur munus, martyr, devotaque Christo, Ex opibus nostris per sæcula longa tenebis, O felix virgo memorandi nominis Agnes.* Plerique filiam hanc Constantini vocant Constantiam ex actis non authenticis. Sed vel utrumque nomen habuit, vel vocanda potius est Constantina, ut ex primo versu liquet : *Constantina Deum*. Idemque nomen legitur in primis litteris versuum primorum undecim : est enim carmen acrostichum. Ac for-

EPILOGUS.

1225 Immolat Deo Patri
Pius, fidelis, innocens, pudicus,

1226 Dona conscientiæ,
Quibus beata mens abundat intus.

COMMENTARIUS.

fasse legendum erit *Constantina Deo venerans, Christoque dicata.* Nam primæ litteræ trium versuum extremorum faciunt *Deo.* De hac ecclesia S. Agnetis in via Nomentana agit Ciampinius de Sacr. Ædif. cap. 9. Lectiones variæ codicum sunt. In titulo Widm. *in honore S. Agnes virginis.* Vers. 1 Vat. B, *Dei*, pro *Deum.* Vers. 5 Widm., *opes* pro *opus.* Merenda, *terrenaque junctu.* Vers. 6, Merenda in textu, *aurea nam.* Vers. 7, Merenda, *fastigia tecti.* Vers. 9, Widm., Prag., Mar. recenti manu, Merenda, *solusque* pro *solus.* Urb., *solus qui.* Rat. non bene pro diversa scriptura, *vectus;* supra, *invectus.* Vers. 10. Corrupte Vat. B, *Nomen ferens retorquet et omnia membra.* Rat., *Numina vera ferens retro ciet omnia membra,* quod videtur esse supra in Vat. B. In eod. Rat. charactere minutiori subscribitur: *Nomen Adœ referens detorquet et omnia membra:* et ita edidit Weitzius ex Widm. In Prag., *Numen ad œthra ferens post se ciet omnia membra* cum glossa *Ciet, id est vocabit.* In Mar. a correctore erat factum supra *Numen ad ethra ferens retro ciet omnia membra.* Merenda, Urb., *Nomen adhuc referens, et corpus, et omnia membra.* Ita etiam in Florentino codice. In nonnullis editionibus hi duo versus *Nomen,* et *A mortis* desiderantur. Vers. 11, Vat. B, depravate, *amo tenebris* pro *a mortis tenebris.* Vers. 12, Merenda in textu, *dignum Agnes munus.* Sequuntur versus S. Damasi hoc titulo in Mar. et Rat.: *Item Damasi Papœ versus de eadem:* quos tamen ego exscribam ad ectypum æri incisum in dissertatione Bayeriana de S. Damaso ex archetypo in ecclesia S. Agnetis via Nomentana: *Fama refert sanctos dudum retulisse parentes Agnen, cum lugubres cantus tuba concrepuisset. Nutricis gremium subito liquisse puellam, Sponte trucis calcasse minas, rabiemque tyranni, Urere cum flammis voluisset nobile corpus, Viribus immensum parvis superasse timorem, Nudaque profusum crinem per membra dedisse. Ne Domini templum facies peritura videret. O veneranda mihi, sanctum decus, alma pudoris, Ut Damasi precibus faveas, precor, inclyta martyr.* Vers. 1, Prag., Widm., *flevisse pro retulisse.* Urb. male, *sanctos dudum regulis reparantes.* Vers. 2, Urb. mendose, *Agmen,* et *concrepavisset.* Vers. 4, Mar., *rabiesque.* Mar. et alii, *truces.* Vers. 7, Widm., *diffusum* pro *profusum.* Merenda in operib. S. Damasi, *profusos crines.* Vers. 9, Prag. contra metrum, *Agnes tu decus;* Rat., *Agnes mihimet decus,* supra tu. Mar., *Agnes mihi decus,* supra *mihi tu decus,* et ad oram, *columenque,* et *palma pudoris.* Alii, *O venerandum Agnes mihi tu decus alma pudoris.* In Urb. hic versus corruptus est, *O veneranda m Dens alma pudoris.* Merenda et alii, *inclyta virgo.* Porro vix dubium est quin versus superiores non minus quam hi auctorem habeant Damasum. De voce *lugubres,* primis duabus correptis, dixi in Comment. ad vers. 79 hymni 9 Cath. Apud profanos scriptores occurrit etiam *salubris* secunda correpta, ut videri potest in Anthologia Burmanni. In Vat. B, Mar., Weitz. post hos versus sequitur hymnus S. Eulaliæ. In aliis Epilogus.

Vers. 1. In Alexandr. titulus est, *Epilogus, id est clausula vel finis libri.* In Vat. B, *Incipit de opusculis, Patri Deo immolat.* per trocheum et trimetrum endecasyllabum. Ponitur ante Dittochæum, sed tanquam conclusio libri Peristephanωn, qui præcesserat, siquidem in fine legitur *Finit Peristephanωn. Incipiunt Tituli historiarum.* In Mar., *Incipit de opusculis suis. Trocheum trimetrum endecasyllabum.* Ponitur ante Dittochæum, et post hymnum de Epiphania: sed hymnus de Epiphania in hoc codice, ut in aliis, ultimus est in libro Peristephanωn. Fortasse hinc occasionem ali-

A qui sumpserunt ut hanc odam, quæ in nonnullis codicibus hymnum Epiphaniæ sequitur, tanquam præfationem libri Peristephanωn huic libro præfigerent; sed notandum est hoc discrimen, quod hymnus de Epiphania in quibusdam codicibus claudit librum Cathemerinωn, in aliis librum Peristephanωn. Giselinus diserte affirmat in suo codice et in Daventriensi libro Peristephanωn hos versus præfigi: quam collocationem probat, quia Prudentius ait trochæos et iambos se Christo consecrare, et liber Peristephanωn ex trochæis et iambis maxime constat. Sed, ut dicam ad vers. 7, Prudentius versus quibus hæc oda constat nominat, non autem alios libri Peristephanωn intelligit. Addit Giselinus nullum esse aliud opus cui proœmium non dederit suum. Sed præterquam quod Dittochæo nullus est prologus, Cathemerinωn non est alia præfatio nisi ea quæ reliquis operibus communis est. Et sicut liber ille primus prologo communi incipit, ita liber hic ultimus, qui est de Coronis, congruentem epilogo communi concludetur. Heinsius

B fassus est nullum suorum codicum martyribus dicato libro hanc oden præponere, neque Puteanum, neque Ambrosianum, in quibus initium libri Peristephanωn erat; sed hæc ode non comparebat. In Oxonio, uti apud Aldum, claudebat agmen poematum omnium. In Rottendorphio inter libros adversus Symmachum, et Dittochæum, legebatur: ex duo editiones nonnullæ, uti etiam vetus codex Nomsianus præfationem Dittochæi faciunt hanc odem. In Addendis confirmavit Heinsius plerosque vetustos codices epilogum voluminis hanc ipsam oden facere, et ad pristinum locum, unde exsulabat immerito, esse postliminii jure revocandam. Inscriptio in Egm. erat, *Incipit de opusculis suis Prudentius.* In Thuan. ac priore Boher., *De opusculis suis Prudentius.* In Rott., *Incipit de opusculis suis.* In Thuan. carmen dicitur *iambicum mixtum.* Ab Aldo inscribitur *Ode, in qua poeta de se loquitur.* In codice Florentino, ubi hi versus post librum Peristephanωn collocantur, hic est titulus, *Immolat opuscula*

C *sua Deo Prudentius,* et primus versus est *Pius, fidelis.* De epilogis poetarum agit Scaliger lib. I Poetic., cap. 55. Ait clausiones sive separasse Horatium, *Exegi monumentum ære perennius;* et Ovidium, *Jamque opus exegi:* non separasse Virgilium in Georg., *Illo Virgilium.* At inter Ovidium et Virgilium vix ullum discrimen agnoscitur. Aliud pii epilogi exemplum præbet Juvencus noster, quem libenter describerem, nisi jam ad finem ipse properarem. Nonnulli scriptores Hispani sæculi xiv, in operibus vulgari lingua conscriptis epilogum vocabant *ultilogum,* rationemque hanc reddebant, quia præfatio vocatur prologus: quam putidam elegantiam merito posteri non sunt imitati. In plerisque deest hic primus versus *Immolat Deo Patri,* ut in aliis postremus, *Quo regente vivimus,* Giselinus versum primum e ms. descripsit, quod ad sententiam omnino desiderari crederet, et necessum esset, carmen iambicum orationem semper finiens posteriore loco poni, ad illius Horatiani for-

D mam: *Non ebur, neque aureum Mea renidet in domo lacunar.* Ultimum versum exemplo Manutii, ut spurium, rejecit. Exstat versus ille primus in Rott., Weitz., et plerisque edd. Goldastus legit *Immolat Patri Deo.* Existimo in multis codicibus deesse, quia in titulum ipsum invectus est, ut in Vat. B, *Incipit de opusculis Patri Deo immolat,* etc. Fortunatus hos versus, ut puto, legerat post lib. Peristeph., et in his versum *Immolat Deo Patri:* hoc enim innuit, cum ait in præf. Vitæ S. Martini: *Martyribusque piis sacra hæc donaria mittens Prudens prudentius immolat actus.*

EPILOGUS.

5   **1227** Alter et pecuniam
    Recidit, unde victitent egeni :
    Nos citos iambicos
    Sacramus, et rotatiles trochæos,
    Sanctitatis indigi,
10 Nec ad levamen pauperum potentes.
    Approbat tamen Deus
    Pedestre carmen, et benignus audit.
    Multa divitis domo
    Sita est per omnes angulos supellex.
15 Fulget aureus scyphus,
    Nec ære defit expolita pelvis :
    1228 Est et olla fictilis,
    Gravisque, et ampla argentea est parapsis.
    Sunt eburna quæpiam,
20 Nonnulla quercu sunt cavata, et ulmo.

A   Omne vas fit utile
    Quod est ad usum congruens herilem :
    Instruunt enim domum,
    Ut empta magno, sic parata ligno.
25 Me paterno in atrio,
    Ut obsoletum vasculum, caducis
    Christus aptat usibus,
    Sinitque parte in anguli manere.
    Munus ecce fictile
30 Inimus intra regiam salutis
    Attamen vel infimam
    Deo obsequelam præstitisse prodest.
    1229 Quidquid illud accidit,
    Juvabit ore personasse Christum,
35 Quo regente vivimus.

B

GLOSSÆ VETERES.

11. Approbat, *laudat*, I.
24. Magno, *scilicet pretio*, I.
25. In atrio. *intra Ecclesiam*. I.

26. Obsoletum, *vitiis*. —Caducis, *vilibus*, I.
31. Vel, *etiam*, I.

COMMENTARIUS.

7. Ald. contra metrum, *iambos* pro *iambicos*. In nonnullis editionibus scribitur *iambicos* cum *j* consonante, quod carminis lex respuit. His duobus versibus explicat Prudentius, quo metri genere nunc scribat, ut hymno 5 Cath., vers. 28, *Sertaque mystica dactylico;* hymno S. Eulaliæ vers. 209, *Texta feram pede dactylico;* hymno S. Fructuosi in fine, *Dulces hendecasyllabos revolvens*. Vocat vero iambicos *citos*, ut Horatius in Arte poetica, *Syllaba longa, brevi subjecta, vocatur iambus, Pes citus*. Et ibidem, ut corrigit Barthius lib. XVII, cap. 4, *Archilochum propero rabies armavit iambo*. Alii legunt proprio. Ausonius epist. 21, *Iambe, Parthis, et Cydonum spiculis, Iambe, pinnis alitum velocior, Padi ruentis impetu torrentior, Magna sonoræ grandinis vi densior, Flammis corusci fulminis vibratior*.

8. Trochæi recte dicuntur *rotatiles*, quia nomen habent a trocho, sive rota. Cicero lib. III de Oratore : *Iambum et trochæum frequentem segregat ab oratore Aristoteles, Catule, vester : qui natura tamen incurrunt ipsi in orationem, sermonemque nostrum; sed sunt insignes percussiones eorum numerorum, et minuti pedes.*

10. Ex hoc versu colligunt aliqui Prudentium divitiis non abundasse : et satis verisimile est, eum, cum ad severiorem vitam animum applicuit, ut honoribus, ita etiam divitiis, si quas habebat, renuntiasse. Cæterum in hac oda imitari videtur Horatium lib. IV, oda 8, *Donarem pateras, grataque commodus,* etc.

11. Vat. B, *approbet*, non ita bene.

15. Ex Apostoli Epist. II ad Timoth. cap. II, vers. 20, *In magna autem domo non solum sunt vasa aurea et argentea, sed et lignea et fictilia; et quædam quidem in honorem, quædam autem in contumeliam*. Eadem Apostoli similitudine multi alii usi sunt. Walafridus Strabo Prudentium certe legerat : *Ditis heri locupletes capit aurea vasa supellex, Argenti species annumerans varias. Hæc eadem non ficta luto, non lignea spernit Vascula, sed propriis mancipat officiis.*

16. In Mar. prius erat, *Nec non ære fit expedita pelvis*, quod recte emendatum est supra. Goldastus pro div. script., *Nec edere fit expedita pelvis;* supra, *expolita*. Tene quod a nobis editum est. *Defit* pro *deest* usurpavit etiam Prudentius Cathem. 4, vers. 85, et Apoth. vers. 812.

17. Mar., *aula;* supra, *olla*, probe. Weitzius perperam excudit *aula*.

18. Vat. B, *paripsis*. Mar., Rat., Rott., *parabsis*. Plerique, *parapsis*, ut Ox., Thuan., Bong., Weitz., Heinsius. Giselinus, *paropsis*. Vide comment. ad vers.

D

552 Psych., *Dextramque parapside jungit*.

23. In Vat. B ex *inferunt* recte factum *instruunt* quod verbum aptissimum est.

24. Vat. B mendose, *parato*.

25. Bivarius suspicari voluit *me materno*, inepte, et nescio quid meditans nugarum de Ecclesia Cæsar e augustana B. Virginis de Columna nuncupatæ, quam hoc loco a Prudentio laudari somniabat. Qua de re dixi num. 58 proleg.

26. Gis. et nonnulli vulg., *vasculis*, mendose. De humilitate Christiana Prudentii ex hoc aliisque locis satis in prolegomenis locuti sumus. Vide ibi num. 46 in not. *a (huj. ed. col.* 597, *n.* a), verba Barthii, qui hanc oden summis laudibus evehit.

27. Rat., *abdat* pro *aptat;* et vers. seq., *sinatque* pro *sinitque*. Utrumque probabat et præferebat Mariettus.

29. Fideles illustres caritate sunt vasa argentea et aurea; fragiles infirmique in fide et justitia sunt vasa fictilia.

32. *Obsequela*, sive scribere malis *obsequella*, ponitur pro *obsequium*. Sic Lucretius carcerem vocavit *luelam* sceleris pro luitione. Vide Gifanium in indice, qui alia exempla exhibet in CUSTODELA, CONFUGELA, etc.

33. Heinsius prætulit cum Thuan., *Quidquid illud accidit* pro *accidit*, quod exstat in plerisque. Barthius loc. cit. non intelligit quid velit sibi *Quidquid illud accidit*, et legendum putat, *Quidquid illi ut accidat* : nam *quidquid* significat quodcumque. Nemesianus ecloga 1, *Te quidquid carminis Echo Respondent silvæ*. Ita autem ordinat versus : *Inimus intra regiam salutis, Quidquid illi ut accidat, Juvabit ora personasse Christum, Quo regente vivimus : Attamen vel infimam Deo obsequelam præstitisse prodest*. Quocumque loco vilitas nostrorum carminum in Ecclesia Dei collocabitur, nos tamen ipsos, nostra ora ea composuisse et cecinisse juvabit. Dubitat an melius legendum sit *ora* quam *ore*. Verum, ut tanta Scripturæ varietas invehatur, nulla idonea causa ostenditur. Nam sententia hujus versus est, *Quidquid sit id, quod accidet*, cum regiam salutis iniero. De versu vero Nemesiani, qui obscurus est, et fortasse corruptus, vide notas Petri Burmanni in edit. Poetar. Latin. minorum, qui diversam explicationem affert.

34. Rat., *personare;* supra, *personasse*, quod probum est. Sic Horatius dixit *sonaturum*, Plinius Junior *juvaturi*. Vide comment. ad vers. 760 hymn. 10 Peristeph., ubi aliqui legunt *crepasset*, alii *cremasset*.

55. Hunc versum omittunt Ald., Gis., Heins., Teol.

COMMENTARIUS.

et alii. Sed cum exstet in Vat. B, Mar., Rat., Sich., Alex. et aliis, juvat illum proferre. In uno Vat. vidit Teolius *Quo regnante vivimus;* sed metrum poscit *regente.* Heinsius, cum in Rott. et Ox. hunc versum invenisset, putavit nonnulla hujus carminis deesse. Certum quidem est Horatianam hujus generis odam 8 lib. II ita esse dispositam, ut a versu breviore incipiat, et desinat in longiorem. Sed cur alio modo versus ordinari non poterunt, si malit poeta? Barthius affirmat hunc versum plane Prudentio dignissimum esse. Sic alibi ait, ut sui perpetuo similis oranatissimus poeta, vers. 1 hymn. 8 Cathem., *Christe, servorum regimen tuorum.* Et est sensus, qui rex simul es et vita nostra. Denique animadvertendum est Prudentium carminibus suis fastigium imponere eadem fere sententia quam in præfatione expressit : *Hæc dum scribo, vel eloquor, Vinclis o utinam corporis emicem Liber, quo tulerit lingua sono mobilis ultimo:* S. Hieronymus epist. ad Demetriad. in fine simili sententia ait: *Nihil aliud noverit lingua, nisi Christum Nihil possit sonare, nisi quod sanctum est.*

ANNO DOMINI CCCCXL.

DRACONTIUS.

(Juxta editionem Arevali.)

Epistola dedicatoria.

Eminentissimo et reverendissimo principi, et D. D. Francisco Antonio de Lorenzana et Butron, S. R. E. presbytero cardinali, archiepiscopo Toletano, Hispaniarum primati, cancellario majori Castellæ, præclari regii ordinis Hispanici Caroli III magna cruce insignito, etc., Faustinus Arevalus.

1. *Veterem Christianum poetam Dracontium, quem inter Patrum Toletanorum opera typis elegantissimis recusum a te, eminentissime princeps, superioribus annis acceperam, libens merito nunc tibi reddo ad codices manuscriptos bibliothecæ Vaticanæ, ut tibi morem gererem, diligenter recognitum. Percommodum vero, perque jucundum mihi accidit, ut hoc ipso tempore Gregorius Alfonsus Villagomez, et Lorenzana, tuus ex sorore nepos, archidiaconus Calatravensis, Romam accesserit, vir ornatissimus, atque iis animi virtutibus, iis ingenii dotibus, et doctrinarum præsidiis instructus, quæ ut tibi maxime carus sit efficiunt : in cujus ego manum Dracontium de manu trado, ut hac etiam ex parte meus qualiscunque in poetam doctum et ingeniosum labor gratus tibi adveniat, quem alioqui jure tuo a me posses repetere. Ac tametsi Dracontium ita, ut vides, a me recensitum tibi non deberem, ut multis equidem debeo nominibus, tamen cui alteri potius luce denuo publica donatum offerrem? Utinam ea opera quam in eximio poeta illustrando collocavi, ut tibi debita est, ita etiam te tuoque singulari merito, doctrina, integritate morum, digna esset!*

II. *Cum enim priscæ illi avitæ Legionensi nobilitati quæ Maurorum jugum ab Hispanorum cervicibus in primis excussit, reliquas virtutes amplissimæ tuæ dignitati consentaneas cumulatissime adjunxeris, divinarum Litterarum adeo diligens cultor, et munificus patronus existis, ut decessoribus tuis, Montanis, Helladiis, Eugeniis, Ildefonsis, Julianis, Cisneriis, te vel conferre, vel præferre etiam possimus, cæteris præsulibus qui sunt quique futuri sunt, ad imitandum, vel certe ad admirandum proponere. Longum profecto est, et in re perspicua non necessarium, immortalia tua merita in ecclesiasticæ doctrinæ studiosos commemorare, omnino vero de iis tacere, quando hic mihi locus opportunus oblatus est, nefas esse arbitror.*

III. *Etenim in præstantissimo sublimiorum disciplinarum curriculo ecquæ pars est aliquanto illustrior quam tu, eminentissime princeps, non dico ingenii acumine, judicii gravitate, industria constantia gloriose non decurreris, verum etiam monumentis edendis qua antiquis, qua recentibus, qua tuis, qua alienis, non nobilitaveris, provexeris, auxeris? Atque ut prætereant sacrorum Bibliorum studium, ad quod pertinet non solum Analogia Veteris et Novi Testamenti auctore Martino Becano, tuis sumptibus bono publico recusa, sed et multa alia ex iis quæ indicabo prima mihi ante oculos obversatur Rerum Liturgicarum Scientia, qua fides catholica maxima ex parte continetur, consensu veterum Patrum, et ipsa non interrupta sæculorum successione stabilita, vel potius unanimi omnium Christianorum voce decantata.*

IV. *Magno exterarum etiam gentium plausu celebratur politicus ille, sed multo magis Christianus heros, cardinalis Franciscus Ximenez de Cisneros, quod Liturgiam Isidorianam, quam Gothicam alii, alii Mozarabicam vocitant, non tam typis quam æternitati commiserit. Ejus tu vestigiis insistere dum voluisti, longius etiam progressus es; sive missæ Mozarabicæ Explicationem a te elaboratam, exemplarque absolutum totius missæ et Horariarum precum hujuscemodi liturgiæ Angelopoli typis expressa perpendamus, sive nitorem, elegantiam, magnificentiam Breviarii Mozarabici, quod Matrici recudendum curasti, tabularum præterea æri incisarum artificium consideremus, sive, quod magis tuum est, prolegomena ad novam hujus*

Breviarii editionem inspiciamus, quibus de veteri divino officio Ecclesiæ Hispanæ tam docte disseris, ut nihil supra.

V. *Dicerem hoc quidem loco de academicis consessibus a te, princeps eminentissime, ad illustrandam liturgiam constitutis aut promotis, nisi properantem me ad sese vocaret sumptuosa et magnificentissima editio Patrum qui sedem tuam pontificalem antiquis temporibus obtinuerunt. Quorum scriptis singularem splendorem, et lumen non solum doctis et opportunis præfationibus attulisti, verum etiam subjectis adnotationibus ex intima theologia, ex multiplici antiquitatum ecclesiasticarum notitia, atque exquisita artium reconditarum intelligentia profectis. Quo in genere studiorum silentio prætereundum mihi non est quod opera conterranei tui sancti Martini Legionensis, viri theodidacti, quorum editionem litterati homines jam diu expetebant, nonnulli incassum tentaverant, tu primus ad exemplar ex chirographo auctoris descriptum quatuor magnis voluminibus in publicam lucem emiseris.*

VI. *Neque vero prætermittere licet antiquissima novi orbis Concilia, quæ, dum archiepiscopatus Mexicani infulis ornatus esses, maxima diligentia summoque studio collecta, catalogis antistitum singularum ecclesiarum provinciæ Mexicanæ, aliisque insignibus monumentis illustrata, typis mandasti: neque illos egregios duos doctrinæ Christianæ populo explicandæ libros, quos catechismos dicimus, jussu et auctoritate concilii IV Mexicani, cui etiam ipse præfuisti, tua potissimum opera juvante, Mexici divulgatos. Nobiliora ubique sunt, multoque gravioris ponderis vetusta Ecclesiæ Hispanæ concilia, quæ modo in summam redacta, modo perinde disposita et distributa, ut corpus juris canonici digestum est, te nimirum præclaro auspice, in communem utilitatem prodierunt. Huc etiam referri potest quod tot tamque flagitiosis libris in vulgus contra religionis vel decora, vel fundamenta disseminatis sacrum Tridentinum concilium Hispanice conversum, tuoque patrocinio decoratum peropportune opposueris.*

VII. *Illis vero munificam tuam dexteram porrigere nunquam destitisti, qui tuta via ad graviora hæc studia adolescentium ingenia amœnioribus politioris litteraturæ præceptis, aut philosophicis institutionibus deducunt. Quanquam hoc in argumento præcipuam laudem merentur illa ipsa quæ tu in volumine Epistolarum, aliorumque operum tuorum Toleti formis expresso prudentissime tradidisti, dum scilicet novam editionem Rhetorices sacræ incomparabilis viri Ludovici Granatensis commendas, aut de recta studiorum ratione verba facis, ad majorum utique normam, quoad ejus fieri possit, accommodanda.*

VIII. *His omnibus libenter adderem, princeps optime, singularem beneficentiam qua meas, quamvis exigui aut nullius pretii, lucubrationes largissime prosecutus es, si id nunc agerem, ut fidelem grati animi memoriam et testificationem, quæ sane a pectore aut ore meo nunquam aberit, ostentarem, ac non potius ut egregia tua in sacras Litteras merita aliqua tantum ex parte ostenderem. Verum hoc etiam est bonitatis tuæ, quod in divinis his scientiis vel ipsos conatus proficiendi præmiis afficiendos esse censeas, nec modo scriptores re et maturitate commendatos, sed eos etiam qui spem et exspectationem aliquam præ se ferunt, benignissime excipias.*

IX. *Illud vero neque tacere debeo, neque satis pro dignitate eloqui possum, te in ecclesiasticis studiis promovendis, in publicandis et per Europam liberaliter spargendis tot ecclesiasticæ doctrinæ monumentis, ut bibliothecam archiepiscopalem Toletanam insigniter a te auctam, aliamque privatam selectam et locupletem tibi comparatam omittam, sumptu et magnificentia in eum modum prodiisse, ut siquis solum oculos in hæc tua benefacta conjecerit, facile sibi persuadeat tuam largitatem ultra hos terminos progredi non potuisse: cum tamen ea multo magis excelluerit in sustentanda multorum inopia, in calamitatibus populorum relevandis, in viis publicis muniendis, in pontibus ædificandis, in xenodochiis erigendis, in aliis ædibus constituendis, aut a fundamentis excitandis, quibus ægri curentur, amentibus provideatur, uno verbo in publica hominum felicitate longe provehenda. In volumine tuorum operum, de quo paulo ante mentionem feci, plures sunt epistolæ, quibus vera ratio traditur prospiciendi saluti et commodis egenorum; sed illa maxime digna est quæ legatur ac palam celebretur epistola, qua germanum fratrem tuum Thomam, antistitem Gerundensem, eisdem quibus tu studiis gratificandi incensum, bene de multis meritum ac merentem, ad hospitalem caritatis domum aliaque publica pietatis opera absolvenda, quamvis currentem, impellis et gravissime cohortaris, allatis in medium exemplis episcoporum præsertim Hispaniæ qui non insanis et invidiosis substructionibus, multoque minus sumptibus effusis cum probro ac dedecore, sed ædificiis commodo publico construendis ac domibus piis fundandis quibus pauperibus utriusque sexus provideatur, pueri et puellæ, viri et feminæ seorsum artibus vitæ hominum necessariis et opificiis exerceantur, sempiternam sibi nominis famam pepererunt.*

X. *His et similibus aliis tuis præceptis et cohortationibus, princeps eminentissime, expressam cernere licet tuæ benignitatis imaginem. Tot enim exstant tuæ piæ liberalitatis perennia monumenta in amplissima diœceseos tuæ provincia partim ab aliis inchoata, sed a te perfecta, partim a fundamentis ad fastigium a te ipso per nobilissimos architectos perducta et perducenda; tam effusa providentia cum annona ingravescit, populis pastorali tuæ curæ commissis prospicis; sic artes liberales, earum etiam academica schola rite instituta, in melius provehis; sic alia opificia ad vitæ usum necessaria auges, ut te uno in exemplar proposito facile ostendatur quantum Christiani cultus disciplina, et clerici catholici institutio inanibus impiorum quorumdam hominum commentationibus præstet ad universæ reipublicæ commoda procuranda.*

XI. *Intelligo, princeps optime, tantam dignitatem et magnificentiam in publicis pietatis operibus quæ summatim perstrinxi, consistere non posse sine privata illa continentia cæterisque virtutum præsidiis quibus episcopum instructum esse oportet, cum potissimum qui summum honoris gradum in Ecclesia Hispana tenet, et quem potentissimus rex catholicus Carolus IV, æquissimus meritorum æstimator, inter ipsa suscepti regni initia SS. D. N. Pio VI commendavit, ut in sacrum collegium eminentissimorum S. R. E. cardinalium cooptaretur. Verum tantarum laudum præconium, de quibus nec breviter dicere propositum mihi est, dum aliquis vigebit humanitatis sensus, Hispania celebrare non desistet, et per universum orbem Christianum. dum stabunt sacræ Litteræ, tuum dulcissimum et immortale nomen personabit.*

XII. *Hoc unum a te, eminentissime princeps, dum ad sacræ purpuræ osculum venerabundus accedo, pro tua mihi cognitissima humanitate non solum exspecto, verum etiam postulo, et, si pateris, omni studio contendo, ut in Dracontii tui gratiam ejus editorem in tuam fidem et clientelam velis recipere. Ex quo profecto fiet ut hic meus quantuluscunque conatus aliquando, si tantum sperare licet, inter argumenta singularis amoris tui, et benevolentiæ erga ecclesiasticarum disciplinarum cultores, possit aliquem vel extremum locum nancisci.*

PROLEGOMENA IN CARMINA DRACONTII.

CAPUT PRIMUM.

Dracontii apud veteres prima memoria. S. Isidori de eo testimonium. S. Columbanus plures versus a Dracontio mutuatus est.

1 Excellentium operum scriptores in scriptis suis potissimum vivere, atque ex eis solis interdum in publicam hominum notitiam venire, multis exemplis ac diversis temporibus repetitis, est confirmatum. Hoc ipsum de Dracontio magna ex parte licet affirmare: de quo pauca, neque satis dilucide exposita, veteres nobis reliquerunt; recentiores conjecturis rem agentes alia quædam addiderunt, sed quæ ex mss. membranis carminum Dracontii a me nuper repertis partim corrigi possint, partim illustrari. Dum enim carmina veterum poetarum Christianorum undique perquiro, diligenter perlustro, et ad veteres codices sedulo recenseo, forte fortuna incidi in Carmen de Deo sub Aurelii Augustini nomine in membranis exaratum, ac tres in libros divisum, in quorum primo Hexaemeron Dracontii jam pridem editum continebatur: initium ejusdem libri primi, et duos reliquos libros Dracontium quoque habere auctorem pro certo nunc statuo, ne ue dubitabunt qui argumenta mox afferenda expendent, aut integrum opus legent. Ex **2** hoc poemate nonnulla lux vitæ ac conditioni Dracontii affulget; sed multo major splendor accedit ex epistola ad Guntharium regem Vandalorum, quam valde imminutam, et tanquam ad Theodosium Juniorem Augustum scriptam Sirmondus aliique typis evulgarunt.

2. Non patiar igitur, quantum in me est, ut tam insignia Dracontii carmina diutius jaceant in tenebris, gratum, ut opinor, facturus iis qui, religiosi antiquitatis amatores, veterum scriptorum, præsertim ecclesiasticorum, opera renovari et illustrari malunt, quam nova aliqua cudi et in lucem emitti. Profecto sæpe mecum animo cogitavi quid causæ esse possit cur tantopere priscos scriptores recentibus præferamus, cum tamen illi ipsi et sua ætate fuerint novi, et antiquiores alios unice amaverint. Pervulgatum illud est de comœdiis quod Muretus lib. XVII, cap. 11 Var. A lect. profert, ut veterum scriptorum lectionem commendet, ex prologo ad Casinam Plauti:

Vino qui utuntur veteri sapientes puto,
Et qui veteres spectant libenter fabulas.
Nam nunc novæ quæ fiunt comœdiæ
Multo sunt nequiores quam nummi novi.

Cæterum querela hæc fuit omnium ætatum, omnium nationum, quam Horatius, Martialis aliique egregie refutarunt.

3. Neque tamen propterea jure quisquam negabit maximo in honore et pretio habenda esse ea fere omnia monumenta quæ per longam sæculorum seriem ad nos transmissa pervenerunt. Cum enim antiquis temporibus scripta non sine magno exscriptorum labore divulgarentur, judicandum certe est eos codices, qui post multos ab auctorum obitu annos transcribebantur, aliquid præ se et in se ferre quod laudes posteritatis possit obtinere. Certe multa quæ nunc typis facile edita et magnificentissime quidem excusa, æternitati quodammodo commendantur, vereor ut post duodecim aut quindecim sæcula patienter quisquam legere sustineat, cum gratia et favor cessabit, cum judicare libere licebit. Huic autem præjudicio, quod antiquis omnibus scriptoribus quorum exstant opera favet, **3** ad Dracontium commendandum accedit præclara de eo existimatio ex imperfecto ejus poemate jam dudum concepta.

4. Cum vero ineunte sæculo V floruerit Dracontius, quo tempore et bonæ litteræ vigebant, et Latinitatis non contemnendæ peculiaris quidam gustus, præsertim in poetis, supererat, et doctrina ecclesiasticarum rerum summum apicem attigerat, non dubito quin tam sacræ quam profanæ litteraturæ studiosi ambabus ulnis meum excipiant Dracontium. De cujus laudibus plura non dicam, ne forte aliquis ex Lucilio apud A. Gellium lib. III, cap. 14, opponat:

Quidni? et scruta quidem ut vendat scrutarius laudat,
Præfractam strigilem, soleam improbus dimidiatam.

Quod in Dracontium multis locis adhuc mutilum, multis corruptum possit convenire. Qua in re si defensione opus sit, advocabo antiquarios, qui prolixas dissertationes, ac justa volumina de semissis cerrosæ alicujus inscriptionis veteris verbis conficiunt; excitabo auctores conjecturarum, probabilium, variarum lectionum, adversariorum, qui loca scriptorum obscura invenire cupiunt, ac plerumque obscuritatem ipsi sibi fingunt, ut ingenii acumen ostentent. Præsto mihi erit auxilio omnis hæc manus, ac, quod aiebat Horatius sat. 4, lib. 1:

       Veluti te
  Judæi cogemus in hanc concedere turbam.

5. Sed, ut id quod in his prolegomenis explanandum suscepi exsequar, videndum est quid veteres olim de Dracontio scriptum reliquerint, quid recentes alii excogitaverint, ut ex scriptis ejus tandem concludam et ostendam quid in his narrationibus tenendum sit, quid rejiciendum. Qui Dracontium proprio nomine appellaverit, antiquiorem Isidoro reperi neminem. Exstat quidem Dracontii nomen in codice Theodosiano, ubi plures apparent leges ad eum directæ anno 364, 365, 367, cum vicarius Africæ esset, de quo videri potest commentarius Gothofredi ad leg. 16 de ann. et trib. Verum antiquior hic est quam ut illi carmina sub Dracontii nomine edenda tribui possent, nisi si forte in extrema senectute constitutus ea conscripserit. Quod tamen ut negem illa me impellit ratio, quod cum Dracontius de ærumnis quas patiebatur multa dixerit, nihil de senio locutus est; quod minime oportuit omittere, ut ita facilius veniam a rege Vandalorum impetraret, et liber e carcere dimitteretur. Julianus archipresbyter in suppositio opere Advers. 498 Dracontium poetam, et Africæ vicarium eumdem hominem facit: sed illius auctoritas nulla est, opinio omni probabili fundamento caret, ut dixi.

6. Alius certe a nostro est Dracontius monetæ præpositus sub Juliano imperatore, cujus meminit Ammianus lib. XXII, qui narrat eum a gentilibus Alexandriæ fuisse occisum, quia aram in moneta quam regebat, recens locatam evertit. Assentior etiam Fabricio, qui in Bibl. med. et inf. Lat. a poeta hoc Dracontio distinguit tum Dracontium episcopum ad quem data est epistola S. Athanasii tom. I, pag. 63, edit. Montfauc., de quo confer infra num. 32; tum episcopum Dracontium ab Acacianis et Arianis in concilio Constantinopolitano depositum, de quo agunt Socrates lib. II, cap. 42, et Sozomenus lib. IV, cap. 24. In epistola synodica concilii Alexandrini anno 362, quam Eusebio, Lucifero, etc., scripserunt Athanasius cæterique episcopi qui Alexandriæ ex Italia, Arabia, Ægypto et Libya aderant, inter eos qui cum Athanasio scribunt nominatur Dracontius. In Vita S. Hilarionis auctore S. Hieronymo cap. 25, mentio fit Dracontii episcopi et confessoris, qui jussu Constantii ad castrum Thebatum exsulabat. Ab his omnibus, si tamen omnes inter se sunt distincti, Dracontium nostrum et tempora, et rationes vitæ ab eo institutæ, quantum quidem ex poemate de Deo et ex Elegia colligitur, satis aperte discernunt. Propius ad Dracontii nostri ætatem accessit Dracontius discipulus Pambonis abbatis, qui vir admirabilis dicitur in historia Lausiaca Palladii cap. 10, et in Heraclidis Paradiso pag. 940, in Vitis Patrum Rosweydi. Sed neque hic monachus cum nostro Dracontio confundendus est. In epistolis S. Nili interprete Leone Allatio lib. I, epistola 314, dicitur missa Dracontio; lib. II, epistola 327, Dracontio Vindici; eodem lib. II, epistola 94, Dracontio monacho; lib. III, epistola 36, rursus Dracontio monacho. Hæc postrema epistola a Montfauconio in Catal. biblioth. Coislian. cod. 363 inscribitur *Dracontio Diacono*. Nilus quidem, S. Joannis Chrysostomi discipulus, Theodosio Juniore imperatore vivebat; sed hos Dracontios a nostro diversos videri ex ejus carminibus ostenditur.

7. Igitur primus S. Isidorus Dracontii meminit, inter ecclesiasticos scriptores eum recensens cap. 57, his verbis: *Dracontius composuit heroicis versibus Hexaemeron creationis mundi, et luculenter quidem composuit et scripsit*. Cum hæc scribebat Isidorus, non alia carmina Dracontii videtur agnovisse præter librum primum carminis de Deo, qui a reliquo corpore separatus jam tunc erat, et Hexaemeron inscriptus; et quidem valde corruptus, ut ex alio loco Isidori potest demonstrari. Siquidem lib. XII Etym., cap. 2, ita habet: *Ichneumon Græce vocatus eo quod odore suo et salubria ciborum, et venenosa prodantur. De quo Dracontius ait: Prædicit suillus vim cujuscunque veneni*. *Suillus autem a setis est nuncupatus*. Quo in loco adnotator Grialius observat aliter legi *præcidit* pro *prædicit*. Gallandius in editione Dracontii veram scripturam esse *præcidit* ex contextu colligit; sed ex contextu ipso præferam *prædicit*. In *suillus* error manifestus est, quem neque Isidorus ipse deprehendit. Non enim de ichneumone Dracontius, sed de Psyllis Africæ populis loquitur:

 Inspecta tellure semel, sine flatibus ullis,
 Sibila dum reticent, necdum serpente notato,
 Prædicit Psyllus vim cujuscunque veneni
 Signa videt medicus mortis, *etc*.

Et postea concludit:

 Ecce genus hominum ventura scire probatur.

8. Tacito Dracontii nomine verba ex ejus elegia protulit Isidorus lib. VI Etym., cap. 9: *Ceræ litterarum materies, parvulorum nutrices, Ipsæ dant ingenium pueris primordia sensus*. Grialius in notis animadvertit versum hunc esse Dracontii lib. II de Machina mundi: ita enim vocat ille elegiam Dracontii. Legit autem ex ms. cod. Dracontii:

 Cera dat ingenium pueris primordia sensus,
 Inde fit ut præstet littera vel noceat.

Atque ita postea editum fuit in editione Sirmondiana et Matritensi Patrum Toletanorum. Nec displicet quidem *præstet*, sed præferam *prosit* cum membranis antiquissimis Vaticanis. Ex eadem elegia Dracontii plures versus reperio a S. Columbano, ante S. Isidorum nominando, acceptos, qui, ut a Prudentio, et ab Octaviano Romano (quod putat Goldastus), et ut aliis alios, ita hos mutuatus est a Dracontio in epistola ad Hunaldum, quam nonnulli setho inscribunt:

 Omnia tempus agit, cum tempore cuncta trahuntur.
 Alternant elementa vices, et tempora mutant.

Accipiunt augmenta dies, noctesque vicissim.
Tempora sunt florum, retinet sua tempora messis.
Tempora gaudendi, sunt tempora certa dolendi.
Ver, æstas, autumnus, hiems, redit annus in annum.
Omnia cum redeant, homini sua non redit ætas.

Horum versiculorum nonnulli jam exstant typis editi in editione Matritensi elegiæ Dracontii : alios leges in extrema ejusdem elegiæ parte, quam ex veteri codice Vat. evanescentibus jam litteris exarato ab interitu vindicabo. Sirmondus quidem in sua Dracontii editione hos omnes versus omisit : imo cum ad primum versum pervenisset, *Omnia tempus agit*, locum penitus vacuum reliquit, et ad pentametrum scribendum progressus est, *Tempora sunt vitæ*, etc.; et cum quinque alia disticha addidisset, finem epistolæ imposuit : sive quia in suo codice ita factum invenit, sive, ut ego magis credo, quia cum simul carmen S. Columbani cum Dracontio et Eugenio ederet, versus quos in Columbano esse animadvertit, in Dracontio prætermittendos censuit. Quod autem Columbanus a Dracontio eos versus sumpserit, non vero Dracontius a Columbano, præter rationem temporis quo uterque floruit, persuadet etiam ipse Columbanus, qui in editione Goldasti ante eam epistolam ita lectorem alloquitur :

Quæ facere meliora nequii, utor pro meis,
Nam dicta vetera invertere impletas mera est.

Confer notam ad vers. 219 Elegiæ, *Omnia tempus agit*, et ad lib. II, vers. 44; lib. III, vers. 526, 545, ubi alii sunt versus quos Columbanus ex carmine Dracontii de Deo sumpsit. Goldastus et Patricius Flemingus, qui Columbani carmina ediderunt, fatentur multos in eo versus et quidem integros priscorum poetarum reperiri.

9. Nihilominus Columbanum inter eos non numero qui Dracontium aperte laudaverint, uti neque episcopum Constantiensem Salomonem II, exscriptorem Papiæ et Isidori, ut ait Rivinus ad vers. 57 epistolæ Dracontii suæ editionis : qui Salomon locum Isidori ub exstant Dracontii versus de cera, transcripsit vocab. *cera*. Salomonem istum non vidi. Papias vocabularista verbo CERA solum affert ex Isidoro hæc verba : *Cera materies fuit litterarum quæ parvulorum nutrices fuerunt*. Rivinus in Isidoro conjiciebat *ceræ litterarum matrices*. Nihil mutaverim. Alios etiam nunc prætereo qui eumdem Dracontium imitati sunt aliquando, quos suis locis indicabo. Illud vero admonebo, ipsum S. Isidorum videri ignorasse de Dracontio, an diaconus, an presbyter, an episcopus, an vir sæcularis fuerit : nihil enim horum expressit, ut solet in aliis. Tacuit etiam hominis patriam , locum ubi scripserit, tempus in quo vixerit : nam quod nonnulli Dracontium ad sæculum VI rejiciunt, ut dicam num. 30, quia ab Isidoro inter Avitum et Victorem Tunnensem collocatus est, næ illi vehementer errant; neque enim Isidorus ordinem chronologicum servare potuit, ubi scriptorum ætates nescivit, neque reipsa voluit, ubi quo quisque tempore vixerit non ignorabat, nisi dicamus etiam ordinem capitum libri de Vir. illustrib. librariorum negligentia

aut audacia inversum in mss. coad. inveniri. Sed certe veteres auctores, qui catalogos scriptorum concinnarunt, de certo ætatis ordine servando solliciti non fuerunt.

CAPUT II.

S. *Eugenius Toletanus Hexaemeron Dracontii emendavit.*

10. Post S. Isidorum memoria Dracontii exstat apud S. Eugenium Toletanum hujus nominis, ut plerique exteri vocant, secundum, ut nostri malunt, tertium; et est ille quidem tertius, nam duobus Eugeniis qui Gothorum tempore Ecclesiam Toletanam rexerunt, primus Eugenius adjungendus est a S. Dionysio Parisiis Toletum missus, cujus martyrium Ecclesia Toletana et Parisiensis celebrat, et de quo Ildumus abbas, et auctor Vitæ S. Gerardi meminerunt, quamvis, Gothis in Hispania regnantibus, ejus memoria et celebritas intermissa fuisse videatur. Eugenius igitur tertius Toletanus præsul Dracontii Hexaemeron, fortasse ipsum quod Isidorus habuerat, vel ex eo exemplar descriptum emendare conatus est. Quanam vero ratione permotus id egerit, melius ex ejus epistola, quam subjicio, intelligi poterit.

EUGENII EPISTOLA AD CHINDASUINTHUM REGEM.

Inclyto, glorioso rerum domino Chindasuintho, principi summo, et maximo regum, Eugenius vestrorum fidelium servulus.

Clementiæ vestræ jussis, serenissime princeps, plus volendo deserviens quam valendo, Dracontii cujusdam libellos multis videns erroribus involutos, Christo Domino tribuente valorem pro tenuitate mei sensuli subcorrexi. Hoc videlicet moderamine custodito, quo superflua demerem, semiplena supplerem, fracta constabilirem, et crebro repetita mutarem. Versiculi sane, quos huic operi detrahendos esse putavi, et sensu tepidi, et verbis illepidi, et nulla probantur ratione subnixi : nec in eis aliquid reperitur quo lectoris animus animetur, aut mulceatur doctus, aut doceatur indoctus. Et quonium de die septimo præfatus auctor omnino reticuit, semum mihi opusculum videbatur, si non in le a'iquid in hoc codiculo haberetur. Idcirco in fine libelli, quamvis pedestri sermone, sex dierum recapitulationem singulis versiculis quos olim condidi, denotavi; de die vero septimo quæ visa sunt dicenda subnexui; decretumque divale ac si non ut volui, velut valui, consummavi, implorans vestri solii prælargissimam pietatem, ut vile servuli fidelis oblatum vestra sibi gloria efficere dignetur acceptum, fiatque mihi misero repensio fructuosa laboris placida respectus vestri contributio gratiæ vel favoris.

11. Huic epistolæ ita a Sirmondo in prima editione Parisiensi promulgatæ plane consonat exemplar codicis Toletani, nisi quod in hoc non exprimitur nomen regis cujus jussu Eugenius correctionem Dracontii fuit aggressus. Duplex alia, eaque levis discrepantia notatur; nam in codice Toletano legitur *multis hactenus videns*, et paulo post *et crebrius repetita*. In editione Lugdunensi Biblioth. Patrum 1677 postrema verba ita leguntur *contribu.... vel favoris*.

In editione Parisiensi omnium operum Sirmondi contributa gratia vel favoris. In exemplari primæ editionis, quo utor, vitio typorum non clare verba hæc apparent. Rivinus, qui solum Sirmondi editionem vidit, edidit *contributio amoris vel favoris.* Henricus Florez, Hispaniæ sacræ egregius primusque auctor, qui excerptum eorum quæ eo codice Toletano continentur, manu Joannis Vazquez del Marmol descriptum penes se habebat, cum videret nomen regis initio epistolæ deesse, conjecit eum fuisse Reccesvinthum, qui studio sacrarum litterarum delectabatur. Hanc conjecturam eminentissimus cardinalis Lorenzana, quem honoris causa nomino, ac sæpius in hoc opere nominare debeo, in eruditis adnotationibus ad Patres Toletanos præclare et nervose refellit : tum quia studium sacrarum litterarum Chindasuintho cum filio Reccesvintho communefuit, tum quia Sirmondus in ms. codice nomen Chindasvinthi reperit, quod proinde retinendum est. Equidem puto Florezium editionem Dracontii Sirmondianam aut non vidisse unquam, aut non expendisse, non solum quia non advertit Chindasuinthi nomen expressum in ea esse, verum etiam quia affirmat Dracontii opus quod a Sirmondo editum fuit, non esse Hexaemeron, ut ab Eugenio correctum est, sed aliud diversum ab illo carmine quod in codice Azagrensi existit; allegatque auctoritatem Joannis Baptistæ Perez in nota ad cap. 14 Ildefonsi de Vir. illustrib.

12. Sed primo loco quæram a Florezio qui fieri potuit ut Perezius de editione Sirmondiana loqueretur, cum ille anno 1597 obierit, Sirmondus vero Dracontium anno tandem 1619 typis vulgaverit? 10 Deinde utramque editionem consideranti, Sirmondianam scilicet et eam quam ex cod. Azagrensi eminentissimus cardinalis Lorenzana procuravit, manifesto liquet Dracontium a Sirmondo editum vere fuisse, ut ab Eugenio fuerat correctus. Itaque cum Perezius ad caput 14 S. Ildefonsi de Vir. illustr., caput 37, Isidori de Dracontio laudasset, et addidisset : *Dracontius porro poeta, cujus hic fit mentio, jam diu fertur impressus, non tamen ut fuerat ab Eugenio emendatus; sed hanc Eugenii emendationem vidi in illo vetusto codice Ruizii Azagrii, cujus supra mentionem feci;* laudatus cardinalis Lorenzana subjecit : *Et hic Dracontius, ut ab Eugenio emendatus, editus sæpius est, primum a doctissimo Sirmondo, deinde in PP. Biblioth., tandem a nobis hic inter cætera S. Eugenii opera supra recusus.* Florezius quidem fortasse ex eo deceptus est quod Nic. Antonius Bibl. vet. tom. 1, lib. v, cap. 5, non satis clare explicuit, in editionibus quæ Sirmondianam præcesserant deesse epistolam, prologum metricum, et recapitulationem Eugenii ad opus Dracontii; et lib. III, cap. 3, cum ex Ildefonso narrasset Dracontii Hexaemeron ab Eugenio correctum fuisse, et recapitulationem atque appendice septimi diei auctum, subjunxit : *Hoc ita curatum opus primum prodiit Parisiis ex bibliotheca S. Victoris.* Ipse cardinalis Aguirrius, qui editionem Bibliothecæ veteris curavit, notam margini lib. v, cap.

5, apposuit, qua ait penes se esse ex ms. codice Toletano epistolam Eugenii ad regem (*Reccesvinthum forsan,* inquit, *aut Chindasvinthum*), præfationem ad idem opus versibus scriptam, et recapitulationem ad finem libri Dracontii appensam, quo satis innuit visam a se Sirmondi editionem non fuisse, in qua hæc omnia reperiuntur, et Chindasvinthi regis nomen epistolæ præmittitur. Quod attinet quidem ad temporum rationem, utrique regi epistola data esse potuit; sed de Chindasvinthi nomine, quod ex veteri cod. Sirmondi eruitur, dubium nullum esse debet; nisi forte dubium aliquod nascatur an vere illud nomen in aliquo codice antiquis litteris exaratum legatur.

13. Dicam hoc loco de Sirmondo quod de eo ac de multis aliis viris criticis sæculi proximi ac superioris sentio; sed dicam 11 prius me Sirmondum tanti facere quanti paucos alios; cui in judicii exacti maturitate, et hac sacra amœniori doctrina neminem præfero. Vehementer etiam me oblectat placidum et æquabile dicendi genus etiam in contentionibus, ex quo, si aliunde nescirem, animo eum miti et tranquillo fuisse comprehenderem. Sed non propterea sine examine illico recipiendum est quidquid ab eo ita profertur, ut ex aliquo veteri ms. videri possit desumptum. Mitto oscitationes quasdam tolerabiles, quas omnino cavere humana natura non potest. Illud non probo, quod sæpe Sirmondus aliique in lucem scripta vetera proferebant, quin explicatius traderent quid in membranis exstaret, quid ab ipsis additum fuisset, sive ut corrigerent, sive ut supplerent, sive ut declararent; ac nonnunquam neque indicarent quo in loco codices asservarentur. Et illi quidem securi posteritatis bona fide agebant; at nos sæpe in eas difficultates incidimus, a quibus expediri non possumus, quia illi, cum possent, viam non explanarunt. Itaque Ruinartii diligentia laudanda est, qui cum nactus fuisset codicem ms. quo Sirmondus in edenda Notitia provinciarum et civitatum Africæ usus fuerat, non solum titulum veterem restituit, verum etiam scripturam codicis alicubi adhibuit, omissa interpretatione seu restitutione Sirmondi, quamvis probabilis ipsi videretur.

14. Nonnulli asserunt Sirmondum eos scriptores edidisse ex cod. ms. bibliothecæ Parisiensis S. Victoris. Hoc ipsum innuere videtur Nic. Antonius loc. cit. Bibl. vet., vel saltem ansam errandi præbere potest. Andreas Rivinus in sua Dracontii editione dubius hæsit : *Sirmondus,* ait, *Dracontium.... haud dubie ex Azagrii istius Hispanico exemplari, nisi fortassis ipsius Vaticanæ.... publicavit.* Putabat, ut opinor, Rivinus Dracontium curis Michaelis Ruizii de Azagra typis editum fuisse. Ex Sirmondo ipso nihil horum colligitur; nam in indice operum quæ simul edebat anno 1619, post nomina Eugenii, Dracontii, Martini Dumiensis et Columbani, quos unde promat distincte non exprimit, solum addit : *Severini episcopi doctrina ex bibliotheca regia et monasterii Theologiensis. Tironis Prosperi Aquitani confessio ex Vaticana.* Hoc ip-

sum ita repetitur in **12** editione Parisiensi omnium operum Sirmondi cura Jacobi de la Baune anno 1697, tom. II, ac solum editor ad verbum *Theologiensis* notat : *Nunc Tholeia, cœnobium ordinis S. Benedicti ad Sarram fluvium in finibus Lotharingiæ, et diœcesis Trevirensis.* Nihil aliud expiscari potui aut ex Bibliotheca Patrum Lugdunensi anni 1677, ubi opera Dracontii ex editione Sirmondiana recuduntur, aut ex Veneta editione omnium operum Sirmondi anno 1728 publicata.

15. In bibliotheca Parisiensi S. Victoris Montfauconius recenset *Draconicium*, qui est noster Dracontius ; sed cum ex ea bibliotheca prodierit Dracontius anno 1560 mutilus, et sine epistola, et prologo metrico, et recapitulatione Eugenii, illum codicem imperfectum in ea bibliotheca adhuc servari credendum est, non alium, ad quem Sirmondus suam editionem conformaverit. De bibliotheca monasterii Theologiensis nihil habeo quod in medium afferam. Magis exploratum mihi est Sirmondum editionem suam Eugenii et Dracontii adornasse ex codice bibliothecæ regiæ Parisiensis, quem num. 46 describam; hoc enim innuit, aut clare etiam affirmat auctor Catalogi codicum mss. ejus bibliothecæ. Sed adhuc quærendum superest an veteri charactere in eo codice scriptum fuerit, *Eugenii epistola ad Chindasuinthum regem*, an ex conjectura ab aliquo recentiori ita appositum, aut declarationis causa a Sirmondo adjunctum. Quippe animadvertendum est nullam in toto opere inveniri Sirmondi adnotationem qua sciri possit an aliquod verbum obscurum aut corruptum mutaverit aut correxerit. Quis autem sibi persuadeat codicem ita omnino esse scriptum, ut a Sirmondo editus est? Crediderim facile Sirmondum nihil ausum nisi ex justa causa aut probabili conjectura. Sed nostra interest scire quid certo ex fide mss. tenendum sit, quid congruenter recipiendum ex conjecturis editorum. Quam multa passim proferimus tanquam explorata veteris alicujus scriptoris verba, quæ fortasse ejus non sunt, sed primi editoris, qui locum mutilum, difficilem, vitiatum suo marte supplevit, declaravit, emendavit? Neque tamen plerique hujuscemodi editores cum Sirmondo sunt comparandi. Quæ a me ita sunt disputata, **13** non ut Chindasvinthi nomen rejiciam, sed ut illud caute, et donec aliud constet, retinendum esse concludam : tum ut ad codices Dracontii diligentius quærendos et conferendos, si qui alii adhuc sint, Hispanorum industriam excitem.

16. Ex epistola Eugenii patet quid in Dracontio emendando ab ipso præstitum fuerit. Putant enim nonnulli nihil aliud egisse Eugenium, nisi ut codicem, vetustate et librariorum negligentia vitiatum, corrigeret. Sed aliud sibi volunt ea verba : *Superflua demerem, semiplena supplerem, fracta constabilirem, et crebro repetita mutarem* : tum etiam quod addit de versiculis, quos subtraxit, quia *et sensu tepidi, et verbis illepidi, et nulla probantur ratione subnixi, nec in eis aliquid reperitur, quo lectoris animus animetur, aut mulceatur doctus, aut doceatur indoctus.* Quod judicium Eugenii an ab omnibus fuerit probatum, paulo post videbimus. Non ignorabat ipse, in aliquorum reprehensionem posse hanc agendi rationem incurrere : adeoque in secunda præfatione, ut sese excuset, satagit. Solebant enim veteres duas præfationes libris interdum præponere, præsertim carminibus. In Martiali id cernere licet, ex quo ad Prudentium pag. 232 notavi, præfationem hujusmodi simpliciter *epistolam* appellari. Id confirmatur ex Statio, lib. II Silvar. in præfat. Inter poetas Christianos Prudentius Apotheosin duobus prologis carmine conscriptis ornavit. Juvencus cum uno tantum prologo editur : sed in veterrimo codice ms. Vaticano reg. Suec., num. 333, duas præfationes hexametris confectas, ac clare distinctas inveni. Ante primam legitur *Incipit præfatio*, eaque absoluta *item præfatio*. Hunc codicem sequar in ea quam molior editione Juvenci ad veteres codices atque editiones recogniti, perpetuisque notis illustrati. Arator duas elegias Actibus apostolorum præfixit : sed cum altera data sit ad Florianum abbatem, altera ad Vigilium pontificem, et utraque sit pro epistola dedicatoria, existimo Aratorem unum exemplar Vigilio cum epistola ad eum dedisse, alterum Floriano cum epistola ad ipsum. Nunc certe nonnulli duabus epistolis dedicatoriis sua opera muniunt, vel morem veterum secuti, vel qualibet alia ratione permoti. Sedulio tres præfationes aliqui imputant, **14** primam oratione soluta ad Bonifacium, alteram versibus elegiacis, quibus de suo Opere Paschali loquitur, tertiam, quæ dicitur Dedicatio ad Theodosium Augustum. Verum hæc Dedicatio in nullo codicum Vaticanorum, qui Sedulii et de Sedulio non pauci sunt, ut a me reperta est, et Sedulius diversa ratione metri leges sequebatur.

17. His veterum poetarum exemplis ductus Eugenius primæ præfationi alteram subjunxit, qua sese excusat quod Dracontii poema emendaverit. Ea autem ita habet in utraque editione Sirmondiana, et Matritensi sine ulla discrepantia, ut a nobis hoc loco repræsentatur.

Principis insignem faciem visure, libelle,
Cujus ad imperium meruisti sorde carere
Et capere nitidam longo post tempore pallam,
Cœperis ut limen aulæ regalis adire,
Atque auro rutilo radiantem cernere sedem,
Incipe quam primum largas persolvere grates,
Errorum quod nube carens correctus haberis.
Dein prostratus humi veniam deposce precatu,
Latorisque tui solers patronus adesto ;
Ignoscat placidus, ignoscat mente benignus,
Quod te sordidulum dum conor rite lavare,
Asperius impressa manus tenuando polivit.
At si de plebe quisquam livore perustus
Dixerit : Et quis est, veterum qui carmina mutat?
Scribit qui levibus epigrammata vana libellis?
Noverit hoc ipse, quod nusquam culpa putatur,
Quam non velle videt, sed major jussio cogit
Denique jussa bona dum promulgantur agenda,
Qui complet, sapiens, qui vult contemnere, demens.
Quod si Virgilius, et vatum summus Homerus
Censuram meruere novam post fata subire,
Cur Aristarchus, Tucca, Varinsque, Probusque,
Cur dedignetur, quod jussus principe magno
Parvula præcrui Draconti carmina libri
Parvulus Eugenius nugarum mole piavi?

18. **15** In versu 17 obscurum est quam *non velle*

videt; et fortasse Eugenius scripsit *velle meum*, aut *velle suum*, aut *velle jubet*. Poetæ Christiani *velle* pro voluntate, *posse* pro potestate usurpant. Vide vers. 567 lib. I Dracontii, *Velle pares, et nolle pares*. Cætera commode procedunt, nisi quod sæpius ratione solius cæsuræ brevem producit. Rivinus in emendatis, nescio cur vers. 3 correxerit *Et nitidum capere longo*, pro *Et capere nitidam longo*. Idem, ibid. vers. 14, pro *et quis est* posuit *et quisnam est;* sed in Eugenio mirum videri non debet quod produxerit *quis*, et frigidum est *quisnam est* hoc loco. In Rivino *nitidum* mendum videtur pro *nitidam*. Prima in *Draconti* corripienda esset, si ratio nominis inspiciatur : sed poetæ Christiani in nominibus propriis magnam licentiam sibi arrogabant. Observanda est etiam phrasis *summus vatum*, ut apud Prudentium Psychom. vers. 530 *magnus discipulorum*, vel, ut multi legunt, *summus discipulorum*. Virgilii Æneidem Tuccam, et Varium jussu Augusti leviter correxisse, atque ita ut nihil addiderint, neque versus imperfectos compleverint, in Virgilii Vita, quæ auctore Donato circumfertur, traditum est. M. Valerius Probus notas in Bucolica et in Georgica Virgilii scripsit. Rivinus in emendatis pro *Tucca, Variusque, Probusque* correxit *Variusque et Tucca probusque :* videtur enim velle, *probus* accipi pro adjectivo, quod cum *Tucca* cohæreat. At quid sibi tunc vellent duæ illæ conjunctiones *et Tucca probusque*? Aristarchus ita Homeri versus corrigebat, ut Homeri esse negaret quos non probabat. Apertius alii censuram in Homerum exercuerunt : nec desunt qui tot in eum aliorum emendationes confectas putent, ut opus multorum potius quam unius auctoris censendum sit. In percelebri controversia de veterum libris corruptis non levis difficultas ex hac parte creari potest, quod multi sibi licere putarent aliorum opera in meliorem formam redigere, hoc est, si loqui simpliciter volumus, corrumpere. Neque vero credendum est, omnes qui antiquorum scripta emendabant eo animo ingenuo fuisse quo fuit Eugenius, nec tam probabili ratione permotos, ut ausum suum fateri non erubescerent. Verum ex hac ipsa præfatione recte arguitur, **16** etiam tunc vitio datum fuisse veterum scriptorum codices sine justa causa interpolare :

Et quis est veterum qui carmina mutat?

Intolerandum certe esset, si ita veterum scripta mutarentur, ut codex sub alicujus certi auctoris nomine proferretur, quin de correctione ab alio adhibita constaret.

19. Eugenius non solum poema Dracontii emendavit, verum etiam recapitulationem et supplementum de die septimo addidit, quoniam sine aliqua diei septimi commemoratione opus *semum*, ut ipse loquitur, vel *semiplenum*, ut ait Ildefonsus in Eugenii elogio, illi videbatur. Revera in Dracontii poemate integro, ut a me editur, nulla ratio diei septimi haberi debuit : cum enim Dracontii scopus esset bonitatem Dei erga homines et justitiam, sed bonitatem maxime, prædicare, in libro primo hominis creationem, atque ea omnia quæ propter homines sex illis primis diebus Deus fecit, diligenter exposuit, quoniam ex opificio sex dierum argumentum suum insigniter illustrare poterat : tum duobus reliquis libris alia Dei opera ex Veteri Novoque Testamento in eamdem sententiam persecutus est. In ipso libro primo, atque in ipsa hujus libri parte, quam Eugenius recensuit, ultra sextum diem Dracontius longe progressus fuit. Describit enim primos parentes in paradiso jam collocatos, eorumdem peccatum, sententiam Dei misericordia et justitia temperatam, qua e paradiso sunt ejecti, sed simul in eorum usum natura jussa est opera sua exercere per miras ac varias rerum vicissitudines ; qua occasione de resurrectione corporis humani exemplis e natura petitis ediderit.

20. Recapitulationem Dracontii Eugenius sua sponte conscripserat, priusquam rex negotium Dracontii emendandi illi injunxisset. Hujusmodi recapitulationes poematum veterum plurimæ exstant, scilicet argumenta rerum paucis versibus comprehensa. Græci periochas vocant quales in Homeri Iliadem scripsit Ausonius, in Terentii comœdias Sulpicius Apollinaris, in Virgilii Georgica et Æneidem plures, ut videri potest in Collect. Pisaur. vet. Poet., tom. IV, pag. 472 seqq., et in Anthol. Burmanni. In poetis Christianis non sunt ita frequentes periochæ. **17** In bibliotheca Vaticana codex Palatinus num. 1717 habet Aratoris opera, quæ cum aliis mss. contuli, in quo leguntur duo versiculi rhythmici initio uniuscujusque capitis, quibus argumentum exponitur. Aurora etiam Petri Rigensis suas habet recapitulationes utriusque Testamenti, quas ex mss. edidit Leyserus histor. Poet. med. ævi pag. 703. Is est Petrus ille de Riga ab opere Aurorarius dictus, qui magna ex parte adhuc ineditus est, quamvis plenam ejus editionem multi sint polliciti. Romæ ea egregie ad exitum perduci posset ; sunt enim multi codices mss. ejus operis non solum in bibliotheca Vaticana, sed etiam in tabulario basilicæ Vaticanæ S. Petri. in aliisque Urbis bibliothecis. Ad meas manus, dum aliud quæro, venit codex bibliothecæ Vaticanæ, quem multo auctiorem deprehendi quam sint codices a Fabricio in Bibl. Lat. med. et inf. ævi laudati. Ex eo clare colligitur carmina in Novum Testamentum ejusdem Petri opus esse, quod multi in dubium revocaverant.

21. Igitur recapitulationem Eugenii cum supplemento ad Dracontium nunc adjiciam; decrevi enim omnia quæ de Dracontio Eugenius scripsit, in his prolegomenis producere, et his locus non videtur esse alienus, ac fortasse alius opportunior non occurret. Nam diversæ lectiones quæ in opere Dracontii ab Eugenio emendato, et in membranis Vaticanis observantur, melius sub ipsis versibus proferentur.

Primus in orbe dies lucis primordia sumpsit,
Alter splendifluis cœlum firmavit in oris;
Tertius undivagum mare dat cum germine terræ,
Quartus habet Phœbum, lunamque, et sidera cœli;
Quintus plumigeras volucres, piscesque natantes;
Sextus quadrupedes, reptans, hominesque sagaces;
Septimus est Domino requies his rite peractis.

Non quia Cunctipotens humano more laboret
Actibus, aut fessus quærat requiescere tandem,
Qui semper requietus agit, faciensque quiescit.
Sed quod sacra quies typicis adoperta figuris
Multa gerat signis et pandat mystica nobis.
Dicta Dei requies, quod rebus jure creandis
18 Ipsa modus fuerat, cunctis et maxima finis :
Nam nova quæque fiunt, jam tunc ordita probantur.
Dicta Dei requies, quod nostra redemptio Christus
In carne veniens, et carnis vincla resolvens,
Hoc redeunte die, felici morte quievit.
Dicta Dei requies, quod nos post mille labores
Solus ubique fovens in se requiescere cogit :
Nec datur ulla quies miseris, nisi suscipit ipse.
Dicta quoque est requies, mundana quod actio præsens
Post sex ætates quas mundus in ordine currit,
Otia percipiens æterna pace quiescit.
Dicta quoque est requies, quæ nobis ultima sors est.
Nam vitæ cursus mundanæ molis ad instar.
Sex sunt ætates homini, sed septima mors est.
Prima tenet ortum generis infantia simplex,
Altera deinde loco pueritia mollis habetur,
Tertia quæ sequitur, ipsa vocitatur adulta,
Quarta gerit virtutis opem speciosa juventa,
Quinta senecta gravis, et in ultima tempora vergens;
Sexta venit senium, quod vitæ terminat ævum.
Hæc tibi, rex summe, jussu compulsus herili
Servulus Eugenius devota mente dicavit.

22. Sirmondus hos versus post epistolam Dracontii posuit, quibus hunc titulum præfixit : *Monosticha recapitulationis septimi diei, a B. Eugenio, in fine libri Dracontii adjicienda.* Prima verba *Monosticha recapitulationis septimi diei* ex codice sumpta sunt, ut colligi videtur ex catalogo biblioth. reg. Paris. In codice Azagrensi pro *septimi diei* rectius legitur *septem dierum*, nisi forte legendum sit *Monosticha recapitulationis sex dierum, et supplementum septimi diei.* Hujusmodi inscriptiones pleræque librariorum sunt, non auctorum. Eugenius ipse in epistola ad regem ita ait : *Sex dierum recapitulationem singulis versiculis, quos olim condidi, denotavi, de die vero septimo quæ visa sunt dicenda subnexui.* Ex quibus hic titulus erui poterat : *Recapitulatio sex dierum, et appendix septimi.* Etsi autem Sirmondus, fortasse suum codicem secutus, recapitulationem epistolæ 19 Dracontii subjecerit, tamen illius locus ab Eugenio designatus mihi videtur fuisse post finem Hexaemeri, sive libri primi carminis Dracontii de Deo : nam epistolam Dracontii cum poemate de opificio sex dierum non est dicendus confudisse, nisi forte in aliquem codicem valde corruptum et depravatum inciderit. In codice bibliothecæ Parisiensis, quem num. 47 recensebo, indicatur solum Hexaemeron, sive liber primus versibus heroicis, cui accedit Eugenii supplementum sine illa epistolæ mentione. Epistola ipsa, ut edita est a Sirmondo et in Collectione Patrum Toletanorum, si attente inspicias, non obscure demonstrat nihil ipsi esse cum carmine de sex diebus. Certum illud est, recapitulationem ab Eugenio adjectam *in fine libelli* quo Dracontius Hexaemeron complexus est. Et hæc est ratio cur *recapitulatio* dicatur. Recapitulatio enim in sacris Litteris appellatur, cum scriptura redit ad illud cujus narratio jam transierat, ut post Ticonium et Augustinum explicat Isidorus lib. I Sentent., cap. 109, et hoc fere sensu verbo *recapitulandi* utitur Tertullianus lib. V advers. Marcion., cap. 17, et Commodianus carm. 41. Sed cum Eugenius dicat libellos Dracontii a se correctos, idque confirmet Ilde-

A fonsus, certum videtur non solum Hexaemeron, sed epistolam etiam Dracontii fuisse emendatam, servata tamen opportuna distinctione inter Hexaemeron et Elegiam. Imo quod ait Eugenius de versibus quibusdam detractis, magis in epistola quam in Hexaemero locum habet, ut conferenti constabit.

23. Affirmat Eugenius se olim versiculos quibus recapitulatio continetur composuisse; sed non constat an eos ad argumentum Dracontii indicandum conscripserit, an solum ad mundi creationem ex Genesi paucis versibus comprehendendam. Hoc postremum magis arridet : nam inter cætera Eugenii carmina lib. I, num. 19, exstat *Heptametrum de primordio mundi,* videlicet primi septem versus recapitulationis. In codice Vaticano Alexandrino num. 2078, B sæculi IX, post alia opera exscribuntur nonnulla carmina Eugenii hoc titulo : *Incipit opusculum B. Eugenii episcopi.* Sextum carmen est hoc ipsum *Heptametron de primordio mundi.* In catalogo codd. mss. bibliothecæ Florentinæ 20 Laurentianæ, tom. II, col. 752, inter miscellanea sæculo X aut XI, perscripta indicantur a Bandinio *Versus septem dierum, sive Monosticha de VII diebus hebdomadis.* Diversi hi sunt a versibus Eugenii, ut ex illorum primo patet, *Prima dies Phœbo sacratus numine fulget,* et clarius hæc discrepantia animadvertitur in codice Vaticano Urbinate 584, olim 828 , ubi post multos alios versus inserta sunt carmina diversorum de anno, mensibus, hebdomadibus, etc., et primum est *De VII diebus hebdomadis,* et primus versus correctior quam in codice Florentino, *Prima dies Phœbi sacrato nomine fulget.* Sermo enim est de hebdomadis diebus, qui a gentilium diis nomen retinent.

24. In versibus Eugenii hæc notanda occurrunt. Vers. 6, Sirmondus edidit *hominesque fugaces.* Sed *hominesque sagaces* ipse ediderat inter carmina Eugenii in heptametro de VII diebus et in codice Toletano, in Vaticano, et a Brideferto Ramesiensi ad Bedæ tom. II, pag. 70, ubi septem primos versus profert legitur *hominesque sagaces,* quæ vera est scriptura : nam *sagax* pro rationis participe et perspicaci sumitur. Helpidius in carmine de Jesu Christi Benef. :

Contentus nostrumque genus ratione sagaci,
Et forti munisse manu.

Cicero II de Finib., cap. 14, *Homines hoc a bestiis* D *plurimum differunt, quod rationem habeant a natura datam, mentemque et acrem, et vigentem, celerrimeque multa agitantem, et, ut ita dicam, sagacem.* Vers. 8 et 9, distinguendum puto *laboret, Actibus aut fessus.* Post vers. 12, *Multa gerat,* tres qui sequuntur desunt in Sirmondo, sed ex cod. Tolet. additi sunt in editione Matritensi. Vers. 24, in cod. Tolet., *otia præcipiens.* Vers. 26, Rivinus ex conjectura legit , *Nam vitæ cursu mundanæ molis ad instar, Sex sunt ætales,* etc. Sed lectio codicum retinenda est. Vers. 27, cod. Tolet., *ætates hominum.* Vers. 29, Sirmondus edidit, *Altera deinde pueritia mollis habetur.* Rivinus, *Altera deinde hominis pueritia mollis habetur,* sed in erratis correxit *Altera deinde ætas pueritia mollis habetur,* quia, ut ait, deerat talis aliqua vocula. Codex Tolet. habet *loco*. Vers. 51, pro *opem* libentius legam *opus*. Dracontius lib. ii, vers. 114, *Ut faceret* **21** *virtutis opus*, et lib. iii, vers. 211, *Exegit virtutis opus*. Vers. 52, Sirmondus, *gravis ad ultima;* melius cod. Tolet., *gravis et in ultima:* posset etiam *gravis et ad ultima*. Vers. 53, recte Eugenius senium a senectute distinguit. Isidorus lib. i Different., *Senectus est gravior œtas post juventutem succedens. Senium autem ultima œtas post gravitatem veniens.* Nihilominus Isidorus lib. xi Origin., cap. 2, aliter sex ætates hominis enumerat: nam sextam statuit senectutem, cujus ultima pars est senium. Confer notam ad vers. 225 eleg. Cæterum comparatio sex dierum cum sex ætatibus mundi desumpta est ex S. Augustino lib. i de Genesi contra Manich. Versu ultimo mallem *dicavi*.

CAPUT III.

S. Ildefonsi judicium de Dracontio opera S. Eugenii emendato. Dracontii opus in Catalogo librorum sæculi x indicatum.

25. Ad S. Ildefonsum nunc progredior, qui in elogio S. Eugenii emendationem Dracontii ab eo factam laudavit. Neque injucundum erit totum elogium audire. Ita ergo habet cap. 14 de Vir. illustr.: *Item Eugenius alter post Eugenium pontifex subrogatur. Hic cum ecclesiæ regiæ clericus esset egregius, vita monachi delectatus est. Qui sagaci fuga urbem Cæsaraugustanam petens, illic martyrum sepulcris inhæsit, ibique studia sapientiæ, et propositum monachi decenter incoluit: unde principali violentia reductus, atque in pontificatum ascitus, vitam plus virtutum meritis quam viribus egit. Fuit namque corpore tenuis, parvus robore, sed valide fervescens spiritus virtute, studiorum bonorum vim persequens, cantus pessimis usibus vitiatos melodiæ cognitione correxit, officiorum omissos ordines curamque discrevit. Scripsit de S. Trinitate libellum et eloquio nitidum, et rei veritate perspicuum, qui Libyæ et Orientis partibus mitti quantocius poterat, nisi procellis resultantia freta incertum pavidis iter viatoribus distulissent. Scripsit et duos libellos, unum diversi carminis metro, alium diversi operis prosa* **22** *concretos, qui ad multorum industriam ejus ex hoc tenaciter sanctam valuerunt commendare memoriam. Libellos quoque Dracontii de Creatione mundi conscriptos, quos antiquitas protulerat vitiatos, ea quæ inconvenientia reperit subtrahendo, immutando, vel meliora conjiciendo, ita in pulchritudinis formam coegit, ut pulchriores de artificio corrigentis, quam de manu processisse videantur auctoris; Et quia de die septimo idem Dracontius omnino reticendo semiplenum opus visus est reliquisse, iste et sex dierum recapitulationem singulis versiculis renotavit, et de die septimo, quæ illi visa sunt eleganter dicta subjunxit. Clarus habitus fuit temporibus Chindasvinthi, et Reccesvinthi regum, fere duodecim annis tenens dignitatem, simul et gloriam sacerdotis, sicque post lucis mundialis occasum in basilica S. Leocadiæ tenet habitatione sepulcrum.*

26. Huic elogio ad vitam Eugenii illustrandam multa addi possunt ex ejus Vita, quam eminentissimus Lorenzana opusculis illius præposuit. De sepulcris martyrum Cæsaraugustanorum dixi ad hymnum Prudentii Peristeph. 4, qui est de octodecim martyribus Cæsaraugustanis. Quod ait Ildefonsus *principali violentia*, intelligit principis seu regis imperium; *decretum divale* dixit Eugenius, et in concilio Toletano viii verba legis editæ a Reccesvintho sunt: *Decretum divalis observantiæ promulgamus*. Ita *principalis* accipiunt Velleius, Tacitus, Plinius, Prudentius, alii. Quædam leves discrepantiæ in editione Sirmondiana notari possunt, ut hæc in fine tenet *habitationem sepulcri*. Nicol. Antonius suspicatur legendum *meliora conficiendo* pro *meliora conjiciendo*. Judicium vero Ildefonsi, quod libelli Dracontii *pulchriores de artificio corrigentis, quam de manu processisse videantur auctoris*, Nic. Antonio non placuit, qui tom. I Biblioth. vet., lib. v, cap. 5, de Ildefonso loquens, *Cujus viri*, inquit, *sanctissimi judicio de utroque poeta non parum detrahit* αὐτοψία *ipsa, quæ docet affatim, quantum valuerit unusquisque eorum facultate pangendi carminis, œtatisque barbaræ sub qua natus Eugenius fuit consideratio*. Hæc eadem totidem verbis lib. iii, cap. 5, dixerat, sed quædam addidit, scilicet *ætatisque, et convictus barbaræ gentis sub qua natus*, etc. Nam **23** Dracontius felicioribus temporibus sub Romanorum imperio in lucem venerat. Liberiorem fortasse hanc censuram aliquis dixerit, nemo falsam. Barthius quidem, Advers. lib. lv, cap. 11, de Eugenii emendatione ita habet: *Utinam vero publicasset integros etiam ipsos* (libellos Dracontii) *Eugenius, ut posteritati constaret modo ratio mutationum ejus; quæ enim ille tepida et illepida, et nulla ratione subnixa conviciatur forte nunc nobis pulchra et amœna, et docta viderentur, licet non astricta, vitiosa, et exsanguia, anxia, et omnino nihil essent, nisi quod iniquus omnium æstimator planorum et facilium irrecuperabili nostro damno esse voluit et coegit*. Facit etiam contra Ildefonsi judicium quod S. Isidorus testatur, Dracontium Hexaemeron *eleganter* composuisse et scripsisse. Quis enim Isidori auctoritatem censuræ Ildefonsi non præferat? Mihi dubium minime est quin Dracontius longe sit Eugenio anteferendus, sive Hexaemeron inspiciamus ab Eugenio interpolatum, sive Dracontii poema, ut in mss. Vaticanis legitur, multoque magis epistolam, quæ minus est librariorum negligentia corrupta, sedulo consideremus.

27. Post S. Ildefonsum nullus veterum mihi venit in mentem qui Dracontii meminerit, uno excepto Honorio Augustodunensi, qui ex Isidoro, ut solet, cap. 28, lib. ii, id descripsit: *Dracontius composuit heroicis versibus Hexaemeron creationis mundi*. Huc tamen pertinet, quod apud Muratorium tom. III Antiquit. Italic. med. ævi, pag. 818, exstat catalogus codicum mss. qui in monasterio Bobiensi asservabantur, sæculo x, ut videtur, descriptus. In hoc catalogo recensentur libri quos Dungalus aliique beatissimo Columbano, hoc est monasterio ipsi Bobiensi, a S. Columbano fundato, donaverant. Sed ante hos alii codices memorantur, qui ad antiquiorem mona-

steril bibliothecam, et fortasse plerique ab eo tempore quo fundatum est, videntur pertinuisse. Inter hos vetustiores libros catalogus refert, *Librum Lucretii I; Librum Dracontii I; Librum Ennodii I, in quo et alia continentur opuscula; Libros Donati tres*, etc. Liber unus Dracontii, sicut liber unus Lucretii, est unus codex, sive carmina in plures sint libros divisa, sive uno comprehendantur. Sic etiam tres libri Donati sunt tres codices operis Donati. Animadverti jam num. 8, S. Columbanum a Dracontio plures versus fuisse mutuatum, ac paulo post num. seq. referam, sæculo xv exeunte, Dracontii opus in monasterio Bobiensi fuisse repertum. Mire hæc cum antiquo codice bibliothecæ ejus monasterii conveniunt. Quid de Dracontio in Dextri, Maximi et Hauberti chronicis, et in Adversariis Juliani archipresbyteri scriptum sit, hujus loci non est enarrare : nam etsi nomina sint antiqua, auctores tamen qui opera confinxerunt sunt recentes, ac proinde ad caput seq. pertinent.

CAPUT IV.

Dracontii memoria apud recentes scriptores renovata, et diversæ de eo opiniones.

28. Sæculo xv, cum litteræ restitui cœpissent, undique libri veteres conquirebantur; atque ad hujus sæculi finem spectat id quod nuper indicavi de Dracontio, et refert Raphael Volaterranus lib. iv Commentar., ubi de Bobiensi monasterio, ad Apennini juga sito, a Theodelinda regina Longobardorum exstructo, ait: *Hic anno 1494 hujuscemodi libri reperti sunt, Rutilius.... Dracontii varium opus. Prudentii hymni*, etc., *quorum bona pars his annis proximis a meo municipe Thoma Phædro* (Inghirami) *bonarum artium professore est advecta in Urbem*. Optandum maxime ut hoc Dracontii varium opus, si adhuc alicubi latet sive Mediolani, sive Romæ, in publicam lucem veniret ; nam hic videtur esse antiquissimus ille codex cujus fit mentio in catalogo sæculi x bibliothecæ monasterii Bobiensis, et fortasse est ille ipse quo usus est S. Columbanus. Titulus innuit non esse solum Hexaemeron ab Eugenio interpolatum ; et inter versus quos ex Dracontio Columbanus sumpsit nonnulli sunt qui in codice Toletano desiderantur, et a nobis e membranis Vaticanis proferentur.

29. Guilielmus Morelius, qui primus Hexaemeron Dracontii edidit, in epistola dedicatoria hæc tantum habet: *Quæ Hilarii, Cypriani, et Dracontii subsequuntur, ea nobis S. Victoris Parisiensis libraria suppeditavit... Exemplar quo usi sumus unico, multis suis partibus perturbatum atque confusum erat, ut haud mirum videri queat, si qui loci labe non careant; quo carerent autem, omnem, quam potui, diligentiam adhibui: malui tamen locos integros et quales liber habebat, aliis dijudicandos, quam mea emendatione ulla contaminatos exhibere*. Inscripsit autem Morelius : *Dracontii de opere sex dierum*. Deerat, ut videtur, in hoc codice charta aliqua : nam desiderantur omnino 58 versus, quibus describitur peccatum primorum parentum. Exstitisse autem hos versus ante S. Eugenium demonstratur ex S. Isidoro, qui lib. xii Etym., cap. 2, unum ex his in editione Parisiensi Morelii omissis laudat. Quæritur autem an poema de Opere sex dierum, Parisiis a Morelio editum, sit illud ipsum quod interpolatum est ab Eugenio, an potius primigenium opus quale a Dracontio prodiit, cum solis his erroribus qui a librariorum incuria accesserunt. Goldastus in epistola ad Weitzium Hexaemeron hoc Morelii, quod ipse Weitzius editurus erat, putat esse ipsum Ἀρχέτυπον Dracontii. Hac ille ratione permovetur, quod in eo Hexaemero de sex dierum anacephalæosi et septimi diei supplemento nec vola nec vestigium est. Censet hæc desiderari ante versum 449, *Vomere non tellus*, ubi incipit horti Edeni descriptio: nam cæteri poetæ Hexaemeri, Cyprianus (quem nunc alii volunt Juvencum), Hilarius, Victor, Alcimus, Gregorius Magnus, Ambrosius Junior, Pisides, Theodulfus Aurelianensis, Nicephorus Callistus, Petrus Rigensis, alii de septimo die ad eamdem faciem exsequuntur. (Confer notam ad vers. 116 lib. i). Dissentit Barthius Advers. lib. vii, cap. 20, qui ex stylo universi hujus libelli duos auctores arguit. *Certe*, ait, ταυτόλογον *hoc opusculum , et minime narrationibus detexendis sibi constans, extendit jam fini proximas, et abruptis aliis alias non suis locis inserit*. Verum hæc aiebat Barthius, qui Dracontii libellos olim ab Eugenio reformatos noverat. Vellem scire quid alius sentiret ab hac præjudicata opinione omnino liber, et ignorans quid factum fuisset. Barthii opinionem tenuit etiam Nic. Antonius Bibl. vet. lib. v, cap. 5, et Gallandius tom. IX Bibl. Ut hæc controversia definiatur inter se conferri debent variantes lectiones editionis Morelianæ, Sirmondianæ, et nostræ ex codice Vaticano. Mihi sane codicem Vaticanum, et omnia Dracontii opera consideranti Goldasti sententia placet ; sed mirum simul accidit quod tam paucæ ac leves mutationes inter opus Hexaemeri archetypum Dracontii, et idem opus ab Eugenio interpolatum appareant. Itaque censeo non solum Hexaemeron , sed etiam Elegiam Dracontii fuisse ab Eugenio recognitam, in qua versus aliqui additi fuerunt ab Eugenio, plures detracti, ut ex editione nostra patebit. Goldastus, qui præfationem Eugenii non viderat, supplementum diei septimi ante paradisi descriptionem desiderari aiebat. Sed cum Eugenius ad libelli finem recapitulationem et supplementum adjicere voluerit, ratio Goldasti ita refingi debebit. In fine exemplaris Moreliani nulla est recapitulatio, nullum supplementum Eugenii ; exemplar igitur hoc primigenium Dracontii opus existimandum est.

50. Editionem Morelii secutus est Fabricius in Collectione poetarum Christianorum, qui etsi alios poetas cum libris veteribus soleret conferre, tamen id in Dracontio, codicibus mss. destitutus, non præstitit. *Dracontius*, inquit in Comment. pag. 45, *poeta Christianus, qua gente aut patria fuerit, ignotum. Ejus carmen Hexaemeron, id est, de Opere creationis sex dierum, eruditum atque insigne est : quod Parisiis editum e bibliotheca D. Victoris huic operi adjecimus, tribus*

quatuorve emendatis erroribus, quos typographus admiserat. Revera de patria et gente Dracontii altum apud veteres silentium. Joannes Vasæus in Chronico ad an. 651, ubi de S. Eugenio sermonem injicit, videri ait Dracontium fuisse Hispanum, quantum ex S. Isidoro colligi potest, et floruisse temporibus Justiniani imperatoris et Athanagildi regis Gothorum. Sed ex Isidori verbis, quæ num. 7 habes, nescio qui colligi possit, Dracontium fuisse Hispanum, aut floruisse sæculo vi. Et cum ipse Vasæus confirmet, Eugenium Hexaemeron Dracontii *jam vetustate vitiatum* suo nitori restituisse, oporteret, ut aliquantulum antiquiorem crederet Dracontium : nam Eugenius sæculo vii, anno circiter 645, Dracontium emendabat. Vasæi opinionem multi alii amplexi sunt, etiam **27** Joannes Grialius in editione Matritensi S. Isidori 1599 ad lib. xii Etym. cap. 2, ubi diserte ait : *Dracontius opus sex Dierum carmine composuit, Athanagildo regnante, quod poema Eugenius III Tolet. antistes sub Chindasuintho et Reccesuintho, et emendavit, et septimi diei versibus auxit.* Quod vero ad tempus attinet quo Dracontius vixit, insignis est error Gerardi Joannis Vossii cap. 9 libri de Poet. Lat., ubi inter poetas incertæ ætatis Dracontium recenset, et post Carolum Magnum ad annum 800 relegat : qui non solum operibus Dracontii, verum etiam Isidori Ildefonsique testimoniis evidenter refellitur. Funcius de Veget. Lat. ling. Senect., cap. 3, § 97, merito rejicit Matthiam Kœnig, qui in Bibl. vet. et nov. Dracontium sub Justiniano floruisse ait ; sed nullo ipse fundamento certum annum 450 designat, quo Dracontius rebus humanis valedixerit.

51. Dracontii patria non tantum G. Fabricio, verum etiam Nic. Antonio incerta erat, qui tom. I Bibl. vet., lib. v, cap. 5, ita pronuntiat : *Dracontium temere aiunt gente Hispanum nonnulli auctoribus conficlis credentes.* Atque ille quidem partim silentio veterum permotus ita judicabat, partim odio quodam suo adversus auctores falsorum chronicorum incensus, ex quo fortasse in contrariam partem nonnunquam nimium se abripi passus est. Vidimus enim quid Vasæus, qui anno circiter 1562 decessit, et quem multi secuti sunt, longe ante chronica conficta senserit, quorum inventio ad annum 1594 refertur, prima editio anno 1619 peracta est. Eadem opinio etiam post editam Bibliothecam Nic. Antonii valuit fere apud omnes, quamvis nemo jam commentitiis chronicis fidem præstet ; sive rationem Vasæi inde roborent, quod S. Eugenius jussu regis in Dracontii emendationem incubuerit, quod hunc auctorem Hispanum indicare potest, sive, ut ego magis arbitror, ex aliqua traditione aut ms. codice ortum hæc sententia duxerit, quæ deinde ad reliquos permanaverit. Gallandius, qui ex editione Sirmondiana Dracontium tom. IX suæ Biblioth. inseruit, hanc rationem probabilis hujus sententiæ adjungit, quod *illustrium virorum qui res sacras carmine cecinerunt, Juvenci, Prudentii, Merobaudis,* **28** *aliorum ferax antea exstiterat natio Hispana, ut propterea eos æmulatus suum Hexaemeron panxerit quoque Dracontius.*

52. Videamus nunc quod ait Nic. Antonius, auctoribus confictis nonnullos credidisse Dracontium fuisse gente Hispanum. Famosum imprimis est Dextri Chronicon. In notis ad recentissimam editionem Matritensem Bibliothecæ veteris Hispanæ Nic. Antonii lib. iii, cap. 3, doctissimus editor mirandum ait nihil de Dracontio apud pseudo-Dextrum legi non solum in Chronici fragmento, quod post Bibl. vet. Nic. Antonius protulit, sed neque in pleniori exemplo Regiæ bibliothecæ. At minime dubium est quin in Dextri Chronico cum Commentariis Bivarii typis edito aliqua mentio Dracontii occurrat : ex qua tamen Hispanum fuisse Dracontium nequaquam colligitur, imo contrarium collegit commentator Bivarius. Cum enim ad annum 582 narretur in Chronico, Dracontium et Adelphum episcopos in Hispania exsulasse, Bivarius hunc affirmat esse Dracontium poetam, nec diversum credit a Dracuntio vel Dracontio, ad quem exstat epistola Athanasii. Nec fuerat nemo cui hæc ipsa opinio antea in mentem venisset, ut ex his verbis Goldasti in epistola ad Weitzium intelliges : *Ad hunc Dracontium, quæ ex Baronio suggesta sunt nihil attinent. Ille enim Orientalis, hic Occidentalis ; ille Asiaticus, hic Europeus ; ille Græcus, hic Hispanus ; ille episcopus, hic palatinus ; ille Constantino Magno, hic Justiniano Magno imperatoribus ; ille a Christo nato 330, hic 540 viguere.* Errat cum Vasæo in ætate Dracontii Goldastus ; sed mirari subit unde sumpserit palatinum fuisse Dracontium, nam plerique alii presbyterum vocant. Goldasti veriorem esse sententiam ex membranis Vaticanis, num. 122, demonstrabo. Ex Baronio vero hæc, opinor, Weitzio suggesta erant, quod ad annum 328, num. 23, meminerit Dracontii monachi, quem Athanasius per epistolam hortatus est ut episcopatum non recusaret, et rursus ad annum 356, num. 47, 48, 52, Dracontium episcopum in Ægypto exsulem ex S. Athanasio de Fuga sua et ad Solitar., et ex Vita S. Hilarionis a S. Hieronymo conscripta commemoraverit, quem unum eumdemque esse putat ac Dracontium monachum, ad quem Athanasius litteras **29** dedit. De diversis Dracontiis antea num. 5 et 6 a nobis disputatum est. Non omittenda sunt Goldasti verba quibus Dracontium, aliorum opinionibus rejectis, Hispaniæ adjudicavit : *In comperto est gente fuisse litterarum alumna, studiorum nutrice, Musarum colona, et ipsius Parnassi atque Heliconis æmula, gentilesque habuisse ex priscis illis ethnicorum poetis Sextilium Heminam, Senecam, Lucanum, Victorinum Statorium, Columellam, Silium Italicum, Decianum, Licinianum, Caninium Rufum, Martialem, Hadrianum imperatorem, Festum Avienum, Aquilium Severum ; et, ex Christianorum grege, Metronianum, Tiberianum, Juvencum, Prudentium tuum, Damasum, Leandrum, Fulgentium, Isidorum, et quem nuper nobilis et eleganti ingenio adolescens Laurentius Ramiresius princeps vulgavit, Orontium.*

53. Profert Nic. Antonius verba commentitii Hauberti Hispalensis ex chronico ad annum 433, num. 24, *Sanctus vir Dracontius Oscæ Celtiberorum obiit,*

ubi erat presbyter. Sed præterquam quod Haubertus iste sæculo XVII elabente confictus fuit, neminem leges qui Dracontium presbyterum Oscensem faciat, ex iis saltem qui inter viros criticos aliquo in loco habeantur. Multo vero ante hunc Haubertum reperio qui Dracontium poetam *divum* vocaverit. In Indice libr. expurg. per Joannem M. Brasichellensem, 1607, pag. 85, jubetur titulum divi Dracontii in Bibliotheca Patrum per Margarinum de la Bigne, edit. 1589, deleri, uti etiam pag. 256 titulum divi Belisarii poetæ, divi Liberii poetæ, D. Venantii, D. Dracontii, D. Theodulphi, et alibi divi Prudentii. Vide num. 55. Itigius, cap. 3 de Biblioth., affirmat rarissima esse exemplaria hujus Indicis, quem neque ipse viderat, quia scilicet Romana editio suppressa fuerat, et nova quæ in Belgio parabatur suffocata. Quod ait de Romanæ editionis suppressione, falsum puto, nisi intelligat alterum tomum qui parabatur non fuisse editum. Animadvertendum est in eo Indice etiam iis qui pro sanctis habentur, vocem divi denegari ex eorum scilicet sententia qui hoc vocabulo divinitatem significari opinantur; neque enim omnes ita censent, aut usui contrario piorum et doctorum hominum repugnandum **30** existimant. Dracontii vero memoria in nullo martyrologio exstat : imo nullum alium sanctum qui hoc nomine appellatus fuerit, in primis sex anni mensibus apud Bollandianos inveni.

34. Cæterum Nic. Antonius, etsi loc. cit. Bibl. vet. dum de S. Eugenio disserit, Dracontium a nonnullis Hispanum temere dici affirmaverit, tamen locum inter scriptores Hispanos eidem dedit tom. I, lib. III, cap. 3, ubi cautius loquitur. Ait enim se nescire unde moti Miræus in notis ad Isidorum, Labbeus dissert. ad Bellarm. de Script. eccles., Bigneus in Biblioth. Patrum, Dracontium Hispanum aperte vocaverint. Qua illi ratione permoti fuerint videri potest supra num. 31. Bigneus vero non ipse Hispanum vocat Dracontium, sed in aliqua posteriori editione Bibl. Patrum, ut in editione Lugdunensi 1677 conformata ad eam quam fecit Sirmondus, ab editore presbyter Hispanus vocatus est Dracontius. Addit Nic. Antonius notum sibi esse ad partes quis traxerit Bivarium, nempe pseudo-Maximus ad annum 430, *Dracontius presbyter moritur Oscæ*; et ad ann. 412, *Dracontius alter poeta Hispanus mirus habetur* : qui an duo sint, hariolari non audet Bivarius. De Bivarii opinione in comment. ad pseudo-Dextrum dixi num. 32. Nunc addo, in pseudo-Maximi chronico, quod Nic. Antonius in fine Biblioth. vet. adjecit, alium Dracontium recenseri ad annum 600, *Dracontius poeta Complutensis floret*; et ad ann. 603, *Dracontius poeta Cæsaraugustæ moritur*. Qui hoc chronicon confinxit, fortasse præ oculis sententiam illorum habuit qui Dracontium Athanagildo regnante vixisse tradiderant; nam ex Athanagildi tempore illius ætas ad annum 603 facile potuit prorogari. Illi vero qui deinde Maximi chronicon ex ingenio auxerunt, uti etiam auctor pseudo-Hauberti, cum intellexissent in Dracontii operibus prout a Sirmondo edita sunt, referri elegiam ad Theo-dosium Juniorem, Dracontium anno 412 et 430 floruisse, anno 433 decessisse, scripserunt. Ex Sirmondo etiam, qui anno 1617 editionem libri Bellarmini de Script. eccles. curavit, ortum duxit, ut opinor, caput ejus libri de Dracontio, quod in prima editione deest, et in quo ætas Dracontii anno 440 adjudicatur.

31 35. Ex his colligere licet, in assignanda Dracontii patria et ætate non alios chronicis falsis, sed auctores hujusmodi chronicorum opinionibus aliorum qui præcesserant, adhæsisse, ut propterea sæpe variaverint; neque has varietates defensores conciliare poterant, nisi plures Dracontios comminiscerentur. Neque mihi videre hactenus licuit quinam Dracontium presbyterum Oscensem, aut Complutensem, aut Cæsaraugustanum, aut vicarium Africæ, quod volebat pseudo-Julianus, nominent, cum a multis presbyter Toletanus, quod in falsis chronicis non reperitur, vocetur. Ita nimirum Dracontium appellant Joann. Gottefridus Olearius in Bibl. eccles., auctor indicis mss. bibliothecæ regiæ Parisiensis, et alii. Nonnulli, non expresso presbyteri nomine, Toletanum appellant Dracontium, ut Weitzius in ejus editione, Rivinus pariter in ejus editione, Fabricius in Bibl. Lat. med. ævi. Multi presbyterum Hispanum eumdem Dracontium nominant, quin oppidum natale, aut in quo commoratus fuerit, designent, ut Syxtus Senensis in Bibliotheca sancta edita anno 1575; Possevinus in Apparatu sacro tom. I, qui sæculi XVII initio scribebat; Miræus in not. ad S. Isidorum; Labbeus in dissert. ad Bellarm. de Script. eccles.; editor Biblioth. Patrum Lugd. 1677; Remigius Ceillierius tom. XV de Script. eccles., cap. 29; Joann. Nicolaus Funcius de Veget. Lat. ling. senect. cap. 3, num. 97; auctor catalogi bibliothecæ Casanatensis; Natalis Alexander Hist. Eccl. sæculo V. Verum quo loco natus aut vitam egerit Dracontius, aut quod munus obierit, nullo modo ex veteribus constat, ac solum probabiliter ex illis argui potest fuisse Hispanum, ut dixi num. 31.

36. Postquam Sirmondus Dracontium edidit, de ætate qua is vixit certius aliquid definitum fuit. Post carmen de opificio sex dierum addita est a Sirmondo Elegia ejusdem Dracontii ad Theodosium Juniorem Augustum : ita enim inscribitur, et in argumento rursus mentio Theodosii Junioris Augusti occurrit. Sic enim argumentum elegiæ explicatur : *Hoc sequenti libello auctoris satisfactio continetur, qua ab omnipotente Deo veniam petit ne præcedenti carmine aliquid incautus errasset. Dein Theodosio Juniori Augusto precem defert cur de triumphis illius eodem opere tacuisset.* Hæc totidem verbis in editione Matritensi Patrum **32** Toletanorum referuntur, et in lib. Bellarmini de Script. eccles. indicantur, sed, ut arbitror, et dixi num. 34, ex codice ms. Sirmondi. Et videtur quidem inscriptio ex codice ipso desumpta, cum verba antiquitatem redoleant; sed scire vellem an eadem veteri manu qua versus ipsi hæc inscriptio exarata sit. Nam eam falsam esse et elegiæ non convenire ex membranis antiquis Vaticanis et ipsa

elegia postmodum ostendam. Interea illud monebo, mirum esse quod hæc inscriptio, siquidem in codice Azagrensi exstat, a Grialio non fuerit observata : nam Grialius in not. ad lib. vi Etym. S. Isidori, cap. 9, duos ejus versus profert in codice Azagrensi repertos, et in not. ad lib. xii, cap. 2, ejusdem codicis meminit, ac simul affirmat Dracontium opus sex dierum Athanagildo regnante composuisse. Igitur aut inscriptio Elegiæ ad Theodosium tunc in eo codice non erat, aut Grialius, cum hæc scripsit, animum ad eam non advertit. Neque vero negare est animus Dracontium Theodosio Juniore imperatore claruisse ; sed id aliis rationibus probandum esse contendo, ac demum probabo, postquam de codicibus mss. Dracontii et de editionibus hactenus factis verba fecero.

CAPUT V.
Codices mss. Dracontii.

37. De codice Dracontii quem sæculo x circiter bibliotheca monasterii Bobiensis asservabat, deque alio codice, aut fortasse eodem, qui in laudato monasterio sæculo xv exeunte repertus est, dixi num. 27 et 28.

38. Exposui etiam num. 29 quo codice usus fuerit Morelius in editione prima Parisiensi Dracontii conficienda. Montfauconius in Bibl. biblioth. mss., pag. 1370, inter libros bibliothecæ S. Victoris Parisiensis, col. 2, sic refert : *Draconicius, de Opere sex dierum*. Hic est Dracontius, et hic, opinor, est codex ex quo primum prodiit Dracontius.

39. Idem Montfauconius pag. 133 profert catalogum repertum in mss. D. Claudii Etiennot, sive Stephanotii, quo 33 diversa opera recensentur tanquam in bibliotheca Vaticana existentia, et in hoc catalogo memoratur *Dracontii Hexaemeron*. Sed quibusdam operibus additur numerus sub quo quærenda sunt, quibusdam non additur : et fortasse ab Stephanotio adnotata in suo catalogo erant, ut ea inquireret. Dracontio in eo catalogo nullus certus numerus assignatur : neque ejus Hexaemeron in bibliotheca veteri Vaticana invenitur. In schedis mss. Laurentii Zaccagnii, bibliothecæ Vaticanæ olim præfecti, inter opera inedita, quæ ipse vulgare cogitabat, Dracontii nomen similiter exstat, non indicato codicis numero. Quod magis magisque confirmat suspicionem meam latere in bibliotheca Vaticana aliquem codicem Dracontii qui ex monasterio Bobiensi a Thoma Phædro Inghiramio fuerit allatus, neque diversus sit ab illo ipso quo S. Columbanus utebatur. In indice Montfauconii hic Dracontius vocatur Stratonicæus ; verum hoc cognomen proprium est Dracontis Stratonicæi, cujus est codex Græcus *De metris poeticis* in biblioth. regia Parisiensi apud eumdem Montfauconium, pag. 946, et cum titulo *De mensura carminum Græce in papyro* inter libros præsidis de Mesne, ibid., pag. 1326, col. 2.

40. In bibliotheca cathedralis Laudunensis a Montfauconio, pag. 1297 refertur hic codex num. 276. *Metrum S. Hilarii Pictaviensis. Alcimi Aviti de Origi-* *nali peccato, de Sententia Dei.* EPISTOLA DRACONTII. *Liber Quæstionum in Genesin ex Augustino, Hieronymo, Ambrosio, Hilario, Isidoro, Eucherio.* Dicitur hic codex esse antiquissimus. Epistolam Dracontii existimo esse Elegiam ad Guntharium regem, de qua postea. Nihil aliud in Montfauconio reperio quod ad Dracontium nostrum pertinere possit.

41. De celeberrimo codice Michaelis Ruizii Azagræ agendum nunc est. Primam ejus mentionem invenio apud Ambrosium Morales lib. xi, cap. 34, deinde apud eumdem Azagram in editione Corippi, quæ, quoniam rara est, hoc loco describetur. *Corippi Africani grammatici De laudibus Justini Augusti minoris heroico carmine libri IV, nunc primum e tenebris in lucem asserti : scholiis etiam et observationibus illustrati per Michaelem Ruizium Azagrium Celtiberum ad Albertum cardinalem archiducem* 34 *Austriæ. Antuerpiæ ex officina Christophori Plantini* 1581, *in*-8. Epistola dedicatoria data erat Matriti 1579, in qua Azagra se olim servitio Ferdinandi imperatoris et Maximiliani Cæsaris, tunc Rudolfi Cæsaris, addictum commemorat. Post carmina Corippi additur votiva gratulatio heroico carmine per eumdem Azagram ad Maximilianum II designatum imperatorem Francfordiæ ad Mœnum cantata anno 1562. In observationibus igitur ad Corippum, paulo post initium pag. 74, hæc habet Azagra : *In nostro exemplari, quod, ut alibi ad opus Dracontii poetæ de Fabrica mundi et ad carmina simul D. Eugenii episcopi Toletani diffuse præfati sumus, non ex conjecturis, sed fide plane certissima, constat ante septingentos et eo amplius annos fuisse descriptum, semper* TOTIENS *et* QUOTIENS .... *leguntur*. Descriptus ergo fuerat codex sæculo ix ante. Hoc codice, simul cum Dracontio et Eugenio, continebantur carmina Corippi mutila, multisque in locis corrupta, quæ ut suo nitori restituerentur, post Azagram multi viri critici operam contulerunt suam : nullus enim alius adhuc repertus est codex carminum Corippi, nisi quod idem Azagra pag. 89 notat, plures variantes lectiones, ad marginem lib. iii versus finem appositas, ex antiquissimo volumine Ovetensis Ecclesiæ esse collectas, ubi duæ orationes legati regis Avarum et Justini imperatoris ex Corippo desumptæ cum aliis variis operibus legebantur : quibus adde 18 versus orationis Avarum, qui inter Sidonii aliorumque carmina pro Sidoniis editi sunt ab Elia Vineto anno 1552 ex codice Santonensi. Quo majores Azagræ habendæ sunt gratiæ, qui eum scriptorem a tenebris vindicavit : nec decuit certe Petrum Franciscum Fogginium, qui cum notis Azagræ, aliorum ac suis, bis edidit Corippum, acrem hanc, nec veram, de Azagra ferre censuram in not. ad carmen panegyr. in laudem Athanasii : *Parcant mihi ejus manes : satis hinc patet quanti valeret in legendis et corrigendis mss. Magno sane ingenii acumine opus non erat, ut legeret* TROPICIS [in *trepicis*], *suppleret* VERSIBUS. At Azagra mendum agnovit in *trepicis*, sed non tentavit corrigere verbum, quod nec Corippi est. Nec Fogginii conjecturam omnibus placituram puto ;

quod si vacaret, ostenderem, **35** Fogginium sæpius judicio et ingenio editori primo Corippi cedere, ut cum lib. IV, vers. 266, *Imperium, Christoque vovens sua vota dicarat*, restituit *volens* tum metri causa, ut ait, tum quia poeta exprimere intendebat, imperatorem consulto voluisse Sophiæ nomine Christum intelligi. Sed ut secunda ratio invalida est, ita aperte falsa est prima. Confer verba Barthii num. seq.

42. Laudatus quoque est codex Azagræ a doctissimo viro Joanne Baptista Perez, cujus sunt notæ ad lib. S. Isidori et S. Ildefonsi de Vir. illustrib., qui episcopus Segobricensis obiit ann. 1597. In not. ad cap. 14 S. Ildefonsi ita ait Perezius : *Hanc Eugenii emendationem vidi in illo vetusto codice Ruizii Azagrii, cujus supra mentionem feci.* Intelligit notam ad caput 7 Isidori de Vir. illustr. de Verecundo : *Vidi porro hujus Verecundi ipsum libellum de Pœnitentia hexametris scriptum, cujus hoc est initium : Quis mihi mæsta dabit lacrymosis imbribus ora? Is liber, Gothicis litteris descriptus, fuit olim Ecclesiæ Ovetensis, postea apud Michaelem Ruizium Azagrium amicum meum.* Meminit etiam in nota ad caput 47 libri S. Isidori de Vir. illustr., quo refertur prænotatio librorum S. Isidori a Braulione Cæsaraugustano episcopo scripta. Ibi Perezius ad vocem DESTINA ait : *Utitur ea voce Corippus, poeta Afer, libro de Laudibus Justini Junioris nuper edito a doctissimo Ruizio Azagrio.* His inter se collatis liquido patet verba Azagræ ad Corippum, *Ut alibi ad opus Dracontii... præfati sumus*, non esse ita intelligenda, ut Dracontium typis vulgaverit, sed solum editionem paratam habuerit. Barthius lib. LV Advers., cap. 14, hanc editionem videre summopere expetebat : *Illud monere etiam doctos volumus... etiam ante Jacobum Sirmondum, quem tam hujus quam plurium aliorum auctorum restitutionis gratia merito semper laudamus, Dracontium hunc ab Eugenio contractum et interpolatum, edidisse in Hispania Michaelem Ruisium Assagrium, cujus beneficio Corippum habemus ; nos vero magnopere quæsitam eam editionem indipisci nulla diligentia valuisse ; rogare autem, si qui sit qui usum ejus nobis facere possit, magno nos officio demeriturum.* Adeo Barthius Azagræ operam et studium non contemnebat : qui lib. XXI, cap. 2, disertius de ejus notis in Corippum ait : *Assagrio* **36** *non possumus non dare testimonium boni judicii, quod certe e singulis paginis apparet. Utinam Dracontius quoque ejus, et Eugenius, qui Dracontii epitomen fecit, in manus nostras venissent.* Quid ad hæc reponeret Fogginius ?

43. Sed quam putabat Barthius, nulla typis ab Azagra facta fuerat Dracontii et Eugenii editio. Barthius enim, verbis Azagræ quæ nuper retuli deceptus, id affirmavit quod alii postea auctoritate Barthii confirmarunt : eaque opinio late pervagata est, quam Fabricius Bibl. vet. Lat. adoptavit, sed in Bibl. medii ævi cautius locutus ait, interpolatum Dracontium ab Eugenio Toletano edere instituisse Michaelem Ruiz de Azagra, sed hanc editionem nec Barthium nec Nic. Antonium vidisse. Nic. Antonius in Biblioth. vet. bis nec perfunctorie de Dracontio locutus est et ut in opere posthumo, neque ad limam revocato, interdum eadem verba, easdem repetit rationes, nonnunquam sibi ipsi contrarius est. Sirmondus, inquit lib. III, cap. 3, *collectis versibus Eugenii Dracontium cum iis edidit, Dracontii nempe utrumque librum, cum secundum, seu posteriorem primus Michael Azagra publicaverit, ut ipse in notulis ad Corippum ait.* Idem Nic. Antonius lib. V, cap. 5, verius scripsit : *Michael Ruiz Azagra ex codice Gothico ante septingentos annos, ut ipse credebat, scripto carmina Eugenii et Dracontii edere parabat.* Quæ carmina ita editioni parata cum epistola Azagræ ad decanum et capitulum Toletanæ Ecclesiæ cal. Aprilis 1577 data vidit ipse Nic. Antonius in mss. bibliothecæ Vill-Umbrosanæ, tom. VII Miscellaneorum. Joseph Rodriguez de Castro, qui Hispanice scriptores Hispanos recensere cœpit, sed morte interceptus opus non absolvit, fortasse primum locum Nicolai Antonii, non secundum legit, cum scripsit, Hexaemeron Dracontii ab Eugenio correctum exstare tom. IX. Bibliothecæ Patrum Lugduni 1677 ex codice Petri Ruiz de Azagra, qui in notis ad Corippum se primum Dracontium edidisse affirmat : quæ editio, addit, antiquior censeri debet editionibus Weitzii et Sirmondi eodem anno 1619 factis.

44. Præterea nunc editiones Sirmondi et Weitzii non eodem anno fuisse factas, ut mox constabit. In Bibliotheca Patrum Lugdunensi anni 1677, tom. IX, aperte expressum est Dracontii **37** carmina e Sirmondiana editione depromi. Et cum Rodrieguezius solum verba Azagræ in notis ad Corippum alleget, quæ de editione parata, non ad exitum perducta intelliguntur, ejus testimonium nihil nos movere debet. Quod autem Michaelem nostrum vocat *Petrum*, non proprius ejus error est, sed communis cum aliis. In Indice librorum expurgandorum per Joannem M. Brassichellensem anno 1607, pag. 269, quædam de Dracontio exponuntur, ut in Bibliotheca Patrum adjungantur; ubi de emendatione a S. Eugenio facta hæc leguntur : *Quam emendationem vidisse se in perpetusto ms. codice Petri Ruizii Azagræ scholiastes S. Ildefonsi affirmat.* Sermo est de Perezio, qui libro S. Ildefonsi de Script. eccles. notas adjecit. Verum Perezius ad cap. 14 S. Ildefonsi nomen Ruizii Azagræ tacuit, ad caput 7 Isidori de Vir. illustr. clare nominat *Michaelem*. Auctor illius notæ ad Dracontium in Bibliotheca Patrum addendæ fuit eruditissimus Thomas Malvenda, ut ex his colligi potest quæ de eo Indice dixi in prolegom. ad Prudentium, pag. 159. Verba illa Indicis in Bibliotheca Patrum Coloniæ Agrippinæ 1618, tom. VI, et Lugduni 1677, ascripta sunt ; ex quo Petri nomen Michaeli nostro affictum apud alios scriptores legitur, ut apud Rivinum in editione Dracontii, apud Leyserum in Histor. poet. med. ævi. Nomen etiam Joannis a Nic. Antonio in Bibl. nov. eidem Michaeli datum fuerat ; sed in emendatis agnovit Michaelem esse appellandum, cum bis eumdem hominem recensuisset, primum Joannis no-

mine ab Hieronymo Romano de la Higuera deceptus, deinde Michaelis vero vocabulo. In recentissima editione Matritensi Bibliothecæ Azagra sub solo Michaelis nomine laudatur; sed in Indice utrumque nomen quasi duorum scriptorum mansit. In Censura Historiarum fabulos., quam hoc sæculo publicavit Mayansius, errorem quo Joannes Ruizius Azagra vocatus est, Nic. Antonius non deleverat, sed illum in Vita Nic. Antonii Censuræ præmissa animadvertit Mayansius. Aliud nomen cognomenque Azagræ reperio in notis Grialis ad cap. 2 lib. xii Etym. S. Isidori, ubi de codice Azagrensi ait : *Hunc librum Gothicis characteribus scriptum bibliotheca Martini Roderici Azagræ nunc servat.* Quibus in verbis Rivinus ad Dracontium **38** eumdem agnoscit Azagram, quem alii Petrum Ruizium, alii Michaelem Ruizium appellarunt. Sed fortasse Grialius hominem alium innuit, ad quem bibliotheca Michaelis Ruizii Azagræ, hæreditatis jure aut alia ratione, pervenisset.

45. At vero sive Grialius Michaelem intelligat, sive alium a Michaele diversum, in re ipsa videtur falli. Ipse enim opera S. Isidori edebat anno 1599, et ante id tempus codicem Azagrensem in bibliotheca ecclesiæ Toletanæ asservatum fuisse testatur cl. Bayerius, qui in notis ad cap. 3 lib. iii Biblioth. vet. Nic. Antonii codicem Azagrensem exstare ait in bibliotheca Toletana Pluteo 15, num. 15, *beneficio cl. viri Joannis Baptistæ Perezii.... episcopi Segobricensis.* Cum ergo Perezius obierit anno 1597, aut bibliotheca Toletana non beneficio ejus librum possidet, aut anno 1599 bibliotheca Azagræ eum non servabat. Nunc certe exstat hic codex in bibliotheca Toletana, atque ita describitur in editione Matritensi Patrum Toletanorum post præfationem primi tomi : *Codex Gothicus dictus de Azagra, continens præter alia aliorum opuscula, non solum epigrammata antea edita S. Eugenii III, una cum emendatione Dracontii et epistola ad regem Ervigium, sed etiam alia quamplurima carmina ejusdem, quæ a nobis nunc primum emittuntur in lucem. Antiquissimus est codex, quantum ex scripturæ charactere colligitur, sæculo x haud posteriori. Asservatur in bibliotheca Toletana Pluteo 31, num. 18.* Facile mihi persuaserim, hunc codicem ante Maurorum in Hispaniam irruptionem fuisse descriptum, qui e communi illa Hispaniæ calamitate cum paucis aliis ereptus fuerit, et in Ecclesia Ovetensi conservatus. Sed cum codicem non viderim, nihil certi audeo definire, præsertim dissentiente Bayerio, qui ad sæculum xi ætatem illius differt, nisi error est in numeris. Sane pretiosissimus est non solum ob antiquitatem, sed etiam quia in eo solo quædam adhuc latent quæ lucem publicare merentur, ut libellus Verecundi de Pœnitentia, de quo num. 42. Carmina etiam Corippi diligentius cum hoc unico codice essent conferenda : nam Azagra nonnunquam hanc licentiam sibi arrogavit, ut versus corruptos ex ingenio suo restitueret, quin verba codicis aliis videnda ostenderet. Illud **39** tamen notandum est, ait Barthius cap. 1 lib. viii Advers., *Michaelem illum Assagrium impudentiuscule fecisse, quod suam nobis septem integrorum versuum correctionem obtrusit, veteri lectione codicis, quem unum solumque exstare hactenus non ignorabat, dissimulata, cum se eos corruptissimos invenisse fateatur.* Adsis num. 13.

46. Jam vero quo codice in sua editione usus fuerit Sirmondus, dubitari posset, ac revera in eo assignando nonnulli inter sese dissentiunt, ut dixi num. 14. Sed omnem dubitationem plane tollit editor catalogi librorum mss. bibliothecæ regiæ Parisiensis, qui codicem 2832 membranaceum, olim Bigotianum, sæculo ix circiter exaratum, ita recenset : 1° *Eugenii Toletani poematia* 31, eadem quæ a Sirmondo edita fuerunt ; 2° *Dracontii presbyteri carmen de Fabrica mundi, sive Hexameron : præmittitur Eugenii ad Chindasuinthum regem epistola*, qua, nonnulla in eo Dracontii opere suppressa, nonnulla aucta a se et perpolita testatur ; 3° *ejusdem ad Theodosium Juniorem Augustum carmen elegiacum, cujus hic est titulus : Satisfactio, qua a Deo omnipotenti veniam petit, ne præcedenti carmine aliquid incautus errasset* ; dein Theodosio Juniori Augusto precem defert, cur de triumphis illius in eodem opere tacuisset ; 4° *Eugenii Toletani monosticha recapitulationis septimi diei* ; 5° *S. Cypriani versus ad quemdam senatorem*, etc. In codice Dracontium vocari presbyterum non credo, sed id explicationis gratia ex præjudicata opinione ab editore additum existimo. Ex codice ipso videtur deprompta inscriptio elegiæ Dracontii, *Satisfactio*, etc., de qua vide num. 36, et dicenda num. 92 seq. Non omittendum in hoc codice inter alia opera loco 22 reponi *Eugenii episcopi hymnum de S. Dionysio*. Sirmondus hunc hymnum aut non vidit, aut ad S. Eugenium Toletanum non pertinere judicavit. Alii scriptores Galli acerrime pro hoc hymno pugnant, quem Eugenio Toletano adjudicandum contendunt. De qua controversia videri possunt Menardus in dissert. de unico Dionysio, Natalis Alexander dissert. 16 sæculi i, et, qui his resistit, Franciscus Pagius dissert. de S. Dionysio Paris. episcopo. Mihi exploratum est, versus, qui certo sunt Eugenii Toletani, **40** plane dissimiles esse iambicis dimetris hujus hymni, qui omnino abnormes sunt et exleges. Præcipue autem in iambicis et trochaicis peritia et elegantia Eugenii commendatur.

47. In eodem catalogo bibliothecæ regiæ Parisiensis codex 8093 membranaceus, partim sæculo ix, partim x, partim xiv, scriptus, qui olim Colbertinus fuit, inter alia continet 5° *loco Eugenii Toletani carmina* ; 6° *loco Dracontii Toletani Hexameron liber primus versibus heroicis ; accedit Eugenii III Toletani antistitis supplementum ad Hexameron Dracontii* ; 7° *loco Martini Dumiensis carmina.* Deest in hoc codice Elegia Dracontii, quæ ad Hexameron quidem minime pertinet. Supplementum Eugenii, etsi non est necessarium, tamen minus alieno loco ponitur. Nam post Elegiam, in qua nihil de fabrica mundi disseritur, quis locus esse potest supplemento septimi diei ? Vide num. 22. Sirmondus, qui simul cum Eugenio et

Dracontio carmina Martini Dumiensis edidit, hoc eodem codice usus videtur.

48. Codex alius in eodem catalogo refertur num. 8521, partim membranaceus, partim chartaceus, olim Colbertinus, sæculo xv exaratus, in quo 6° loco ponitur *Dracontii Toletani carmen de Opere sex dierum*. Fortasse apographum est ex codice S. Victoris Parisiensis, aut illi simile: nam inscriptio *de Opere sex dierum* eadem est utrobique, et cum mentio Eugenii non occurrat, credendum est emendatum hoc exemplar ab Eugenio non fuisse. Vide num. 29.

49. Ex Philippo Labbeo Nov. Bibliot. mss., sive Specim. antiq. lect. In Coronide poetica, ubi plura veterum carmina suo tempore nondum edita commemorat, pag. 58 hæc profero: *Dracontii nonnulla carmina, nisi forte mentitur inscriptio, iis superaddemus quæ pridem emisit in publicum cum nonnullis aliis Eugenii Toletani Jacobus Sirmondus*. Codex, ut arbitror, apud ipsum Labbeum exstabat: nam alibi bibliothecam solet indicare, ubi codices asserventur. Cum autem in codice carmina Dracontio tribuantur, nisi idonea aliqua adsit dubitandi ratio, auctor Dracontius censeri debet. Ex stylo id conjici posset; sed ubinam gentium eum codicem nunc latere existimem? si tamen latet, et non potius infortunio aliquo assumptus periit.

50. Eidem eruditissimo Labbeo loc. cit., pag. 59, hanc Dracontii memoriam debeo: *Gisleberti Aureæ Vallis abbatis ordinis Cisterciensis versus in sanctissimam eucharistiam addi poterant ex Petaviano indice cum centonibus de pœnitentia ex Dracontio, oratione ad Christum versibus Adonicis, de missæ significationibus elegiaco carmine, præceptis moralibus heroico, et pluribus aliis*. Scriptum erat *Diacontio*, sed legendum *Dracontio* constat ex indice, qui verbo DRACONTIUS eum locum demonstrat. Multa sunt in Dracontii poemate de Deo, potissimum vero in elegia ad regem Gunthamirium, ex quibus centones de pœnitentia confici possint: ut carmen S. Columbani, de quo confer num. 8, ex Dracontii aliorumque versibus magna ex parte coalescit. Centones in rebus sacris ex poetis profanis a Faltonia Proba Sedulioque collecti exstant. In argumento profano poemata Hippodamia et Alcesta tom. IV Collect. Pisaur. sine auctorum nomine, centones sunt ex Virgilio, ut mihi quidem legenti videbatur. Poetarum sacrorum præter Dracontium nemo alius nunc occurrit ex cujus versibus centones fuerint confecti. Index Petavianus, a Labbeo laudatus, est catalogus bibliothecæ Alexandri Petavii, quæ ad reginam Sueciæ Christinam devenit, inde ad bibliothecam Vaticanam. Montfauconius, pag. 64 Biblioth. biblioth. mss.; ex ea bibliotheca Alexandri Petavii refert inter mss. bibliothecæ Vaticanæ *Gisleberti Aureæ Vallis abbatis carmen de Eucharistia*. Sed id nunc non reperitur in bibliotheca Vaticana, uti plures alii Petaviani codices desiderantur.

51. Codices alios Dracontii, quamvis in multis catalogis codicum mss. diligenter quæsitos, invenire non potui. De notis mss. in Dracontium pauca supersunt dicenda. Nam de Azagræ brevibus notis plura dixi num. 41 seq. Nic. Antonius, lib. v Bibl. vet., cap. 5, putat editionem Sirmondianam Dracontii correctiorem esse quam fuisset illa ab Azagra promissa et parata, neque magni interesse quod Eugenii et Dracontii carmina post editionem Sirmondi ex mss. Azagræ publicentur. Dissentit Florezius tom. V Hisp. sacr., tract. 5, cap. 3, quia, ut putat, Hexaemeron Dracontii, prout ab Eugenio fuit emendatum, in mss. Azagræ exstat, non in editione Sirmondiana. Hæc ratio falsa est, ut probavi num. 12. Alioquin etiam post Sirmondi editionem e re litteraria publica esset, ut adnotationes et conjecturæ Azagræ in publicam lucem prodirent, quas Barthius maximopere videre cupiebat. Nam Sirmondus nuda carmina typis vulgavit, quin ullam notationem subjiceret; neque enim audiendus est Rodrigueziuz de Castro, qui in Bibl. Hisp. Sirmondo novas et eruditas notas in Dracontium ab aliquo deceptus affingit. Omitto codicem Azagrensem aliquantum auctiorem esse codice Sirmondiano: certe auctior ex illo codice prodiit Elegia Dracontii in editione Matritensi Toletanorum Patrum, additusque est liber carminum Eugenii non antea editorum. Ipsum Nicol. Antonium in opera Eugenii et Dracontii brevissimas notas seu lectiones variantes scripsisse auctor mihi est Mayansius, qui eas mss. penes se habebat, atque edere aliquando cogitabat, ut affirmat in Vita Nic. Antonii præmissa ad Censuram Histor. fabulos.; sed fortasse hæ sunt breves illæ notæ et lectiones variantes quas Azagra mss. reliquit, et se vidisse testatur Nic. Antonius, qui in hujusmodi veterum monumentis conquirendis, sibique comparandis curiosissimus erat et diligentissimus. Mihi ignotum omnino est an Mayansius eas breves notas typis commiserit.

52. Andream Marcum Burriel editionem Sirmondi cum Azagrensi codice contulisse, lectionisque discrepantiam adnotasse ex Bayerio didici. Et quamvis Burrielus communi omnium plausu celebretur, non ingratum erit tamen ejus laudes ab eruditissimo Bayerio audire in not. ad Biblioth. vet. Nic. Antonii lib. III, cap. 5: *Dracontium Sirmondi cum Toletano Michaelis Ruizii Azagræ sæculi XI codice contulit, et variantes lectiones adnotavit Andreas Marcus Burriel Soc. Jesu presbyter, magno rei litterariæ damno ante annos aliquot præmatura morte abreptus: quas cum plurimis ejusdem stupendi plane laboris atque industriæ fetibus, in regiam bibliothecam Matritensem postea delatas autographasque ad manum habeo*. De codicis ætate confer dicta num. 45. De Burrieli quidem diligentia omnia mihi polliceri debeo; sed si solum varietatem scripturæ inter codicem Azagrensem et editionem Sirmondianam animadvertit, et peculiares suas conjecturas non adjecit, ejus lectiones variantes minus nunc sunt necessariæ, cum in editione Matritensi Dracontius prodierit cum Azagrensi codice, et Sirmondiana editione diligentissime collatus. Animadverto præterea diversum a Dracontio esse Ceponium, cujus Hexaemeron ms. asservabat

Barthius, illud publicaturus lib. CIX Advers., si vixisset. Hunc Ceponium monachum vocat Barthius, sed Nic. Antonius lib. III Bibl. vet., tom. I, cap. 4, putat fuisse episcopum Hispanum sæculi v, ad quem et ad Idacium scripsit episcopi Turibii epistola. Barthius ad lib. II, Silv. 4 Statii, vers. 24 : *Vide*, inquit, *Ceponium in Hexaemero, quem nos auctorem Vitæ asserimus suo loco, hactenus nemini nec fando perceptum.* Bayerius in notis ad Bibliot. vet. Nic. Antonii ad hæc Barthii verba reponit : *At quis sit Vitæ auctor, aut quid sibi velit adjunctum* VITÆ, *plane non capio.* Scilicet quod prima littera in *vitæ* apud Barthium majuscula sit, doctissimus vir in has ambages conjectus est. Barthius hoc tantum vult, quod Ceponium asserturus, sive restituturus vitæ erat, cum in tenebris jaceret. De Ceponio consule Fabricium Bibl. med. et inf. Lat.

CAPUT VI.
Editiones Dracontii.

53. Prima editio Dracontii anno 1560, sic inscripta est: *Cl. Marii Victoris* ΑΛΗΘΕΙΑΣ, *seu Commentationum in Genesin lib.* III ; *Epigrammata varia vetusti cujusdam auctoris, inter quæ sunt et aliquot psalmi versibus redditi. Hilarii Pictaviensis episc. Genesis. Cypriani Genesis, et Sodoma. Dracontii de opere sex dierum. Omnia versibus nunc primum e vetustis codicibus expressa. Parisiis M. D. LX. Apud Guil. Morelium.* In-8. De codice ex quo extractum est opus Dracontii, vide num. 29 et 38. In fine sunt quædam breves notæ ad Victorem, qui in initio et fine lib. III Victorius appellatur. Genesis quæ Cypriani dicitur, est fragmentum poematis in Genesin quod ab aliis Tertulliano adjudicatur, ab aliis Juvenco ; ego post sæculum V natum puto, invitis musis et Apolline : de quo pluru dixi 44 in prolegom. ad Prudentium pag. 196, et quædam addam cum Juvencum recognoscam, et publicæ luci committam.

54. Secunda editio anno 1564. Hæc est collectio poetarum Christianorum a Georg. Fabricio procurata Basileæ hoc anno in-4 majoris formæ : ex quo alii decepti in-fol. dicunt. Verum de hac editione disserui in proleg. ad Prudentium pag. 88 et seq. Quod attinet ad Dracontium, Fabricius in eo edendo exemplar a Morelio publicatum secutus est, *tribus quatuorve emendatis erroribus*, ut jam exposui num. 30. Joannes Albertus Fabricius in Bibliot. vet. Lat. cap. 4, lib. II, ait in hac collectione G. Fabricii solum librum primum Dracontii exstare, eumque in fine mutilum. Sed advertendum mutilum quidem esse librum hunc Dracontii in editione Moreliana et Fabriciana, sed non in fine : nam 58 versus qui desiderantur pertinent ad narrationem peccati primi parentis, post versum, *Nec circumscriptor.* In suis commentariis, qui posterior est tomus priori rarior, rationem carminum Dracontii habet Fabricius. Titulus hujus secundæ partis est : *In poetarum veterum ecclesiasticorum Christiana opera, et operum reliquias, atque fragmenta Georgii Fabricii Chemnicensis com-*

mentarius : in quo non solum res et verba obscuriora explicantur, sed et, historica quædam non vulgaria, ipsorumque auctorum vitæ, et ad carminum genera quædam spectantia singulari studio elaborata inseruntur. Basileæ per Joannem Oporinum. Hoc Fabricii opus ordine alphabetico concinnatum est, utile certe futurum, si post novam uberiorem poetarum Christianorum collectionem auctius correctiusque edatur, notatis præsertim iis quæ censura perstricta sunt in indice expurgatorio Philippi II, jussu auctoritate juxta sacri concilii Tridentini decretum Antuerpiæ 1571 promulgato.

55. Tertia editio anno 1589, tomo VIII secundæ editionis Bibliothecæ Patrum Parisiis per Margarinum de la Bigne ; quæ cum aliis operibus ejusdem Bibliothecæ in indice expurgatorio anni 1607, per Joann. M. Brasichellensem recognita est ; nihil vero a censoribus in Dracontii poemate de opere sex dierum notatur quod aut censura dignum, aut caute legendum dicatur, 45 ut in plurimis aliorum operibus factum fuit. Solum deleri jussum *D*, aut *divi* in his verbis *D. Dracontii Hexaemeron.* Quod in editione anni 1644 Parisiis præstitum non fuit, in qua tom. VIII, hæc ipsa verba adhuc leguntur initio in catalogo scriptorum. Thomas Itigius in lib. de Biblioth. in Bibliotheca Patrum et doctorum, Lipsiæ 1602, cura M. Joachimi Zehneri, inter alios scriptores veteres ecclesiasticos editos refert Dracontium ; sed in ea Bibliotheca non integra Patrum opera, sed fragmenta quædam videntur inserta.

56. Quarta editio anno 1610, scilicet : *Dracontii Toletani Hispani Hexaemeron, seu de Opere sex dierum et creatione mundi liber singularis cum M. Joannis Weitzii indice glossario, et notis quæ justi commentarii vicem esse possunt, collatis inter se veterum scriptorum maxime SS. Patrum de conditione rerum universalium sententiis. Francofurti typis Wolffgangi, sumptibus vero Petri Kopffii anno* M. DC. X. In-8. Fabricius in Bibl. vet. Lat., lib. IV, cap. 2, annum editionis Weitzianæ assignat 1619, a quo fortasse deceptus est Rodrigueziu de Castro, qui in Bibl. Hisp. eodem anno 1619, editionem Sirmondianam et Weitzianam factas affirmat. Cæterum Fabricius in Bibl. medii ævi annum 1610, editioni Weitzianæ recte ascribit. Præmittit Weitzius epistolam Goldasti de Dracontio, quam nonnullis in locis laudavi. Rara est hæc editio Romæ, unumque solum exemplar in Bibliotheca Angelica servari scio. Index glossarius et notæ utiles sunt ; post notas nonnullæ sunt correctiones versuum ex Weitzii aliorumque ingenio excogitatæ, quarum nonnullus mihi erit usus.

57. Quinta editio anno 1616 in Choro poetarum part. 2, in-4, Lugduni, studio Alexandri Fichetti, quod manu in quodam exemplari scriptum vidi : nam editoris nomen typis expressum non est.

58. Sexta editio anno 1618 in Bibliotheca Patrum Coloniæ Agrippinæ tom. IV, pag. 500.

59. Septima editio anno 1619, Sirmondi opera, hoc titulo : *Beati Eugenii episcopi Toletani opuscula,*

Quibus inserti sunt Dracontii libelli duo ab Eugenio eodem olim recogniti. Adjecta **46** *itidem aliorum aliquot veterum scriptorum varia. Parisiis ex officina Nivelliana apud Sebastianum Cramoisy* M. DC. XIX. In-8. Jacobus Sirmondus opuscula hæc Henrico Borbonio, regis filio, episcopo Metensi, dedicat. Præter Eugenium et Dracontium sunt Martini episcopi Dumiensis quædam, Columbani abbatis epistola parænetica ad Hunaldum, Severini episcopi Doctrina, Tironis Prosperi Aquitani Confessio. Michaël a S. Josepho in Bibliograph. editionem Sirmondianam ad annum 1617 refert: qui fortasse error est typographicus, nisi hunc annum ille ex Dictionario Moreri, ubi pariter indicatur, exscripserit. De hac editione vide num. 46 et seq. Ante Sirmondum editionem Morelianam omnes secuti sunt, paucis emendatis. Sirmondus ex mss. Hexaemeron auctius et correctius edidit, et Elegiam Dracontii primus publicavit; quem mirifice ob hujusmodi veterum scriptorum editiones celebrat Barthius, cujus hæc sunt lib. XXIX Advers., cap. 2 : *Plurimos inferioris ævi scriptores luci vitæque dedit hoc sæculo Jacobus Sirmondus, judicii eximii, lectionis certæ homo, nec nisi bene de antiquitate meritis accensendus.* Et prolixe lib. LI, cap. 4 : *Quantain patientia hæc, et liberalissima studia merita exstent Jacobi Sirmondi, prædicavi hactenus non semel, non potero autem satis extollere, aut æquare verbis, si sæpissime post etiam prædicavero. Tot ille bonis proximos scriptores e tenebris eruit, tot sagaci ingenio, judicio exquisito, certa lectione, industria fideli, monumenta tineis erepta meritæ laudi posterorum restituit, ut cum nomen ejus hominis præferentes ego, quos quotannis bis accipimus, catalogos videam librarios, non possim non exsultare gaudio, et novam animo meo lætitiam de adhuc incogniti alicujus scriptoris lectione polliceri. Non turbent nos in laude et commendatione hujus viri ingenia malivola, quæ pueritiam aliquando nostram, cum ad præconia debuissent, detorquere voluerunt ad insectationes hominum, doctorum licet, non tamen id in religionis nostræ circumstantiis sentientium, quod ipsis videbatur defendendum; non deerimus nos mori candoris nostro, et virtutem clarissimam summis plausibus prosequamur, sic fiet, ut ad nos etiam de bonitate nostra fructus non contemnendus redeat, incitatis* **47** *nimirum illis præclaris viris ad persistendum in instituto suo, quod non frustrari meritis videant præconiis.* Hæc, quamvis longiora, vel in Sirmondi gratiam, vel in nonnullam nostri laboris commendationem libens attuli.

60. Octava editio anno 1624, in appendice Bibliothecæ Patrum per Margarinum de la Bigne, Parisiis, pag. 857, quæ quamvis post Sirmondum facta, adhuc tamen Dracontium mutilum ex editione Moreliana repræsentat. Eodem modo recusus est Dracontius in Bibliotheca Patrum Parisiis 1644, tom. VIII, et rursus ibid. 1654, tom. VIII, si tamen diversæ hæ sunt editiones, et non sola prima frons discrimen præfert. Primum exemplar vidi ego, alterum Itigius lib. de Bibliothecis.

61. Nona editio anno 1651 per Andream Rivinum, qui longissimam hanc inscriptionem apposuit : *Dracontii Hispani libellorum biga : quorum prior de opere sex dierum, et creatione mundi Hexaemeri titulo pridem, sed* CXI *versibus mutilus editus fuit, scriptus heroico metro; alter vero posterior elegiaco postfatio quasi quædam est, et præcedanei illius pariter, atque sui ipsius ad Deum, et ad regem Theodosium Juniorem Augustum excusatio primum vigesimo* [corrige trigesimo] *abhinc anno Parisiis prodiit, nusquam alibi excusus : nunc vero utrumque, et in primis Hexaemeron illud, sive de machina mundi post Eugenium Toletanum episcopum* [*cujus simul hic apposita est Septidui recapitulatio, ut et epigrammata reliqua, aliaque poematia subjuncta reperies*], *item post Georg. Fabricium, Joann. Weitzium, Jac. Sirmondum, Casp. Barthium, Sim. Toelmannum, Wolf. Seberum,* etc., *restitutum integre emendavit, in eoque confusa distinxit, et commodiorem, atque faciliorem ad sensum obscura redegit, notisque prioribus aliorum selectis, novis quoque auxit et illustravit Andr. Rivinus D. et PP. Lipsiæ. Æra Dionysiana* MDCLI. In-8. Videtur esse error in numero versuum qui in primis editionibus deesse dicuntur : solum enim desiderantur 58 versus, cum Adami peccatum describitur, et unus versus cum formatio Evæ narratur. Scilicet in editione Moreliana sunt versus 575, in Sirmondiana 634 præter Eugenii præfationem. Leyserus in Histor. poet. medii ævi **48** hunc errorem castigavit, qui simul notat admitti non posse quod in eadem fronte libri dicitur, anno vicesimo ab anno 1651 primum prodiisse Dracontium, opera Sirmondi posteriori libro auctum. Verum id ipse Rivinus animadvertit, et *trigesimo* pro *vigesimo* correxit in fine libri : melius correxisset *trigesimo secundo*. In libello exiguo multi nec leves hujusmodi typographici errores irrepserunt, quod libris in Germania editis satis frequens est. Editores quidem causam in nundinas proximas et bibliopolas urgentes solent rejicere; sed non sine magno emptorum damno morem venditoribus gerunt : ut enim recte ait Dracontius lib. I, vers. 615,

Damna aliena solent aliorum lucra parare.

Rivinus tamen magna ex parte eos errores in fine libri emendavit. Sed in hac ipsa serie errorum quos corrigit, plures alii novi occurrunt, ut serio inspexerim an alius esset index qui de his erroribus moneret. Conjecturas Rivini in Dracontium suis locis indicabo; quas interdum probabiles esse, sed plerumque non necessarias, facile quivis animadvertet. Leyserus, qui collectionem poetarum medii ævi parabat, ut refert in hist. eorum, Dracontium quarto loco ex editione Rivini recudere constituerat. Sed effectu caruit ille apparatus.

62. Decima editio anno 1677, in Bibliotheca Patrum Lugduni tom. IX, ex ea quam Sirmondus adornaverat.

63. Undecima editio 1696, inter alia Sirmondi opera in-fol. tom. II, cura Jacobi de la Baune, qui in præfatione et ad marginem Dracontii quædam adno-

tavit. Repetita est hæc editio Venetiis 1728 cum nonnullis notis ad Dracontium ex Adversariis Barthii typis Bartholomæi Gavarina; et rursus ibid. 1778, quod alicubi notatum legi.

64. Duodecima editio anno 1773, in Bibliotheca Patrum Gallandii cura et studio, Venetiis ab anno 1765 et seqq. publicata, tomo IX hoc anno 1773 excuso. Gallandius breves notationes addidit Dracontio ex Barthio, Baunio editore operum Sirmondi, et Heumanno.

65. Decima tertia editio anno 1782, inter opera Patrum Toletanorum ad codices mss. recognita, et nonnullis notis illustrata 49 opera, auctoritate, et expensis eminentissimi cardinalis Francisci de Lorenzana archiepiscopi Toletani, Hispaniarum primatis, Matriti, apud Joachimum Ibarra, in-fol. Tomo I, pag. 54, exstant Dracontii libelli ad codicem Azagrensem recogniti, variantibus lectionibus margini ascriptis. Tomus II prodiit ibidem anno 1785. Elegantissima est hæc editio Patrum Toletanorum, ex qua singularem editoris eminentissimi doctrinam, meritaque plane eximia in ecclesiasticas litteras facile possis agnoscere: qui nos etiam exemplo, ope, libris, quos plures ipse suos, aliorumque in publica commoda typis vulgavit, ac litteratis hominibus dono dedit, ad hæc veterum Patrum monumenta illustranda excitavit. Dracontii carmina edita simul sunt cum carminibus aliisque operibus B. Eugenii: utraque auctiora hic sunt, quam apud Sirmondum, præcipue Eugenii opera.

66. Bayerius in not. ad Bibl. vet. Nic. Antonii quædam indicat, quibus editio operum Eugenii adhuc augeri posset, inter quæ refert, recenseri in Historia bibliothecæ Cottonianæ, pag. 55, col. 2, codicem Psalterii Davidici ante mille et amplius annos exaratum, cui assutus quinternio satis antiquus cum epigraphe, *Oratio Eugenii Toletani versibus*: quæ incipit, *Rex Deus immense, quo constat machina mundi, Quod miser imploro, tu Christe perfice clemens*. Addit Bayerius hæc non abludere ab Eugenii Toletani genio. Vere judicat, nisi quod Eugenius potius dixisset, *Christe tu perfice clemens*, vel alio modo, ne ultimam in *Christe* nulla ratione produceret. Sed Bayerius observare potuit hanc ipsam orationem legi inter carmina Eugenii tam in editione hac Matritensi, quam in Sirmondiana; imo esse primum Eugenii carmen post præfationem. Hæc tamen est discrepantia, quod primus versus in his editionibus ita habet: *Rex Deus, immensi quo constat machina mundi*: secundus versus: *Quod miser Eugenius posco, tu perfice clemens*. Quod reformatum opinor ad usum ecclesiarum, in quibus ea oratio canebatur, neque oportebat Eugenium nominari, cum alius pro se oraret. Aliter reformatum est apud Browerum in fine notarum ad Venantium Fortunatum, *Quod miser imploro, per Christum perfice mitis*. Quasdam alias varietates in reliqua oratione 50 observare licet apud Browerum. In primo versu verius puto *Rex Deus immense, quo*. Epistola Dracontii, ut in mss. Vaticanis legitur, incipit, *Rex immense Deus*: in editis nunc legitur, *Rex æterne Deus*. Illa ipsa oratio Eugenii episcopi Toletani in catalogo mss. bibliothecæ regiæ Parisiensis indicatur codice 528, cod. 2085, cod. 5371. In codice Vaticano Alexandrino 1360 aut 2078 exstant quædam Eugenii carmina, et inter alia *Oratio ejusdem Eugenii*, quæ in nonnullis verbis discrepat ab editione Matritensi, sed in duobus primis versibus cum ea consentit. Ven. cardinalis Thomasius in suo Hymnario eamdem orationem edidit sub Eugenii Toletani nomine, cui ab Alcuino in officiis per ferias ascribi animadvertit: legit autem, *Rex Deus, immensi quo constat machina mundi, Quod miser imploro, tu Christe perfice clemens*.

CAPUT VII.

Dracontii duo codices mss. bibliothecæ Vaticanæ, cæteris auctiores, quorum nulla mentio apud alios.

67. Hactenus de Dracontio quæ alii docuerunt exposui: sequitur ut codices duos Vaticanos, a nemine antea collatos, nunc describam. Primus est bibliothecæ Urbinatis num. 352, membranaceus in-fol. maximo, elegantissime et multis versicoloribus litteris exaratus. Opera in eo varia continentur, quæ in pulcherrimo circulo initio libri præfixo circum undique indicata sunt. In fine ætas codicis et nomen exscriptoris adnotatur his verbis: *Federicus Veteranus Urbinas transcripsit anno salutis* MCCCCLXXXI *id. Aug.* Pulcherrime litteras formabat Veteranus: neque tamen ejus nomen video inter exscriptores codicum bibliothecæ Laurentianæ a Bandinio diligenter recensitos. Operum quæ codex complectitur non tantum ordinem referam, verum etiam notitiam aliquam exhibebo.

68. Primo loco occurrit *Anticlaudianus de beato Puero*, nullo auctoris indicato nomine in codice; sed constat esse Alanum Magnum, de quo agunt Bailletus in libro de Scriptis 51 *Anti*, et Fabricius in Bibl. med. et inf. Lat. Novem sunt libri, quos sub hoc titulo *de beato Puero* a nemine laudatos vidi. Etsi autem alii aliter putant, tamen assentior his qui affirmant carmen ab auctore *Anticlaudianus* fuisse inscriptum, quia Claudianum imitari, ejus scilicet stylum exprimere conatus est, ut vel ex primis versibus colligi potest:

Auctoris mendico stylum, phalerasque poetæ,
Ne mea segnitie Clio dejecta senescat.

Neque enim *anti* semper *contra* in compositiones significat: sic ἀντιβασιλεὺς non est contra regem, sed prorex, vel qui regis locum obtinet.

69. Anticlaudiano succedit Arator. Sed cum hujus carmina cum hoc et aliis codicibus contulerim, de eo disserendi locus opportunior non deerit, ut spero. Tantum monebo {duorum librorum distinctionem, quæ in aliis codicibus expressa est, in hoc codice non apparere.

70. Post Aratorem exstant Æsopi apologi hoc titulo: *Esopi Phrygii Fabulæ, dictæ apologi, traductæ in linguam Latinam incipiunt*. Laurentius Zaccagnius manu sua hanc notam margini adjecit: *Versio aucto-*

ris antiqui a Phædro diversi, quæ exstat etiam in codice Vaticano num. 2868, fol. 33. Neque id sane in dubium cadere po erat : nam versus hujus operis sunt elegiaci, versus Phædri iambici liberiores. Illud potius quærendum fuisset, an auctor harum fabularum esset Avienus. Verum mihi utrasque conferenti discrimen illico patuit. Auctorem esse Christianum ex his prologi versibus colligo :

. Ut messis pretium de vili surgat agello,
Verbula sicca, Deus, complue rore novo.

Neque enim poetæ ethnici ita loqui solebant. Obiter verbum unum in vers. seq. emendabo :

Verborum lenitas morum feri pondus honestum.

Pro *lenitas* legam *levitas*, ut metro consulam. Philippus Labbeus in Nov. Bibl. mss., sive Specim. antiq. lect., dum recenset poetas quorum carmina nondum edita vulgare conabatur, pag. 66 memorat Æsopi Fabulas versibus elegiacis ex codice regio 893, quarum initium erat :

52 Ut juvet, ut prosit, conatur pagina præsens,
Dulcius arrident seria picta jocis.

Eæ sunt certe fabulæ quæ reperiuntur in hoc codice Vaticano : nam initium idem est utrobique. Labbeus nondum inquisierat, an fabulæ codicis regii eædem essent ac fabulæ codicis cujusdam Vignerani inscripti *Liber Hisopi*, in quo erat fabula sat longa de lupo et opilione. In codice Vaticano postrema est fabula de lupo et pastore, sed satis longa non est. Inter Marbodi carmina col. 1169 legitur fabula de fraude a lupo opilioni facta, quæ ita quidem longa est, ut hac ex parte eadem ipsa esse possit quam Labbeus laudat. Leyserus in Hist. poet. med. æv. ad ann. 1314, pag. 2007, profert fabulas cujusdam Adolphi contra mulieres, quæ distinctæ longeque diversæ sunt a fabulis codicis Vaticani.

71. Post fabulas in codice sunt *Epigrammata Prosperi ex S. Augustino* : quæ sæpius edita sunt, sed hæc cum editis conferri debent, et a me, si vacabit, conferentur. Præmittitur epigramma quod ab editis abest, sed a Mansio in Additionibus ad Bibl. med. et inf. ævi Fabricii productum fuit ex codice Francisci Mariæ Florentinii. Versus ultimus in Mansio mendosus est, *Si demum cœli cupiunt qui scandere regnum*. Noster codex habet, *Sidereum cœli*, etc.

72. Sequitur carmen inscriptum *Evax rex Arabum, De virtutibus lapidum*, quod incipit :

Evax rex Arabum fertur scripsisse Neroni,
Qui post Augustum regnavit in orbe secundus.

Auctor in codice non nominatur, sed est Marbodus; qui ait, se Evacis libros in compendium redegisse. Adisis Fabricium in Bibl. med. et inf. Latin. et opera Hildeberti et Marbodi Parisiis 1708 edita.

73. Succedit poema de judicio extremo, cujus apud alios mentio nulla mihi occurrit. Inscriptio est *Crisias*. Libri sunt tres. Primo præmittitur titulus hic : *Incipit liber primus Crisiados de signis præcedentibus judicium*. Initium:

Huc age, Calliope, cœtu comitata sororum,
Huc propera, plectrumque tene, citharamque sonantem.

53 Liber secundus est *de Adventu Antichristi*, quem *Antitheon* vocat poeta. Liber tertius *de Morte Antichristi, resurrectione mortuorum, et forma judicii*. In catalogis codicum mss. quædam indicantur carmina *de Judicio;* sed quæ ab hoc poemate diversa esse facile sit arguere. Montfauconius inter codices reginæ Sueciæ enumerat anonymi carmina *de signis judicii* num. 1360, simul cum Theodulfo, Avito et aliis. Vidi hunc codicem, qui nunc est Alexandrinus num. 2078. Versus illi de judicio solum sunt 25 hexametri, quorum mentio fit apud Saresberiensem de Nug. curial. lib. II, cap. 5, sed in hoc codice mutili et imperfecti sunt; primus ita habet :

Judicii signum, tellus sudore madescit.

Idem Montfauconius pag. 1436 ex bibliotheca Germanensi indicat Sibyllæ versus *de Die judicii* cod. 675, qui videntur esse versus de judicio codicis Vaticani nuper laudati. Nam Antonius Beaugendre congregationis S. Mauri in editione operum Hildeberti et Marbodi ante memorata col. 1630 inter carmina varia Marbodi edidit eos versus velut ineditos cum titulo, *Versus sibyllæ de Die judicii*. In primo versu recte habet *madescet*, in ultimo *Decidet e cœlo ignisque et sulphureus amnis*, mallem *e cœlis ignis, et sulphuris amnis*. Occurrunt hi versus inter opera Bedæ, tom. II, Basileæ, 1563, pag. 353, et diversis verbis in libris Sibyllinis. Veteres Christiani hujusmodi sibyllinos versus ad judicium extremum probandum proferebant : ex quo in prosam, sive sequentiam Defunctorum permanavit :

Dies iræ, dies illa
Solvet sæclum in favilla,
Teste David cum sibylla.

Multo magis ab hoc poemate differunt quidam versus ametri, inscripti *de Extremo Judicio*, quos affert Leyserus in Hist. poet. med. æv., pag. 2091, sive ex correctione 1191. Initium est :

Quatnor de partes mundi sunt angeli missi.

Inter carmina Tertulliani legitur etiam liber unus de judicio Domini, diversus tamen a poemate hujus codicis Vaticani. Auctor antiquus mihi videtur multis de causis, quas exponere in aliud tempus differo. Conjicere autem licet auctorem esse Verecundum **54** Africanum episcopum, quem duos modicos brevesque libellos carmine dactylico edidisse, primum de resurrectione et judicio, alterum de pœnitentia, Isidorus cap. 7 de Vir. illustrib. testatur. Liber Verecundi de pœnitentia exstat Toleti in celebri illo codice Azagræ de quo dixi num. 41, cujus si nactus fuero apographum, tutius de re tota judicium proferre potero. Non desunt qui Verecundi carmen de Judicio illud ipsum dicant esse quod Tertulliano affingitur.

74. Ignotus alius poeta sequitur in eodem codice; sed peculiaria quædam de eo commemorantur, a nobis non omittenda, ex quibus alii fortasse verum auctorem deprehendent. *Quidam Calaber de* raptu Proserpinæ. *Cujusdam nobilis viri militis et poetæ clarissimi liber incipit ad Vespasianum Surrentinum ejus* *socium et amicum.* Post hanc inscriptionem incipit elegia ad Vespasianum :

> O custos animi Pylades nunc alter Oresti
> Cognate sæpe mihi Vespasiane vale.

Scribitur *Pilades* et *Horesti.* Post elegiam, quæ vices prologi gerit, incipit carmen :

> Ille ego, qui tenui modulatus carmina culmo,
> Eurydices cecini quondam grave vulnus, et iram,
> Infernosque lacus linquens ni ore cothurno
> Punica bella simul, et mutua vulnera gentis
> Ausoniæ, Pœnique ducis cum dira paravit
> Pessima Tesiphone bellorum semina : sed nunc
> Immensos a stus Cereris, longosque labores...

Ita porro pergit argumentum proponens. In fine epitaphium hoc legitur :

> Sicula me genuit tellus, nutrivit amica
> Terra suis Calabris, Roma cadaver habet.
> Exsulat a patria corpus, non exsulet, ora,
> Lector, ab auctore spiritus ipse suo.
> Spiritus in varias auræ dum prosilit umbras,
> Tristitias liquit, hospita terra, tuas.
> Sed repetit, lector, quod terris abdidit arcto
> Tempore, quo totum me fore, quæso, roga.

55 Ita hos versiculos scripsi, quædam verba corrigens : nam scriptum erat vers. 3 *non exsulat ora,* vers. *4 ab actore,* quod tamen retineri posset, vers. 5, *Spiritus in auras varias dum præfuit umbras,* et vers. 7, *arto pro arcto.*

75. Anonymo isti poetæ sive Siculo, sive Calabro succedit in codice *Bonini Mombritii ad sanctissimum dominum Syxtum quartum summum pontificem de Dominica passione liber primus.* Elegia ad pontificem prologi loco est : sequitur carmen heroicum, constans sex libris, de quo, uti de auctore ipso videri potest Sassius Histor. typogr. Mediolan. pag. 146. Carmen de passione dominica ad Xyxtum IV editum fuit Mediolani anno 1481. Præcipuum Mombritii opus sunt Vitæ sanctorum, cujus editio, ab ipso duobus voluminibus in-fol. vulgata, splendida est, rara, magnoque nunc opere quæsita.

76. Postremum locum in hoc codice occupat Dracontius, sed sub alio nomine. Sic enim carmen ejus inscribitur fol. 260 : *Augustini de Deo. Aurelii Augustini de Deo liber incipit feliciter.* Et in fine : *Finis. A. Augustini de Deo.* Et illico adnotatur exscriptoris nomen, ut dixi num. 67, neque aliud in hoc codice occurrit. Cum totum hoc carmen de Deo Dracontium auctorem certo habeat, ut mox ostendam, supervacaneum sit quærere cur nomen Augustini, non Dracontii præferat. Passim enim in mss. codicibus id evenit, ut unius opus alteri affingatur; cujus rei illa sæpissime causa est, quod librarii antiqui multa opera in unum volumen compingebant et commiscebant. Hinc factum fuit ut plerumque auctor, qui primus apparebat, cætera sequentia omnia opera ab aliis crederetur confecisse, præsertim quia interdum auctoris nomen aut omissum fuerat, aut temporis injuria aliove casu deletum. Fortasse etiam Dracontio nomen fuit Aurelius, quod ab aliquo librario solum operi præfixum occasionem aliis dederit, ut Aurelium Augustinum esse existimarent. Quod enim Dracontius alia etiam nomina habuerit, ex more ejus temporis arguitur, quo viros nobiles quatuor aut quinque nominibus appellatos fuisse compertum est.

Contingere etiam potuit ut carmen Dracontii, ex Hispania in Africam delatum, inter Augustini 56 schedas repertum alicui causam inscribendi nominis Augustini præbuerit. Ob similes casus plura opera Patribus, quorum vere non erant, attributa sæpe sunt.

77. Multo vero magis est mirandum, Dracontii poema, sub Aurelii Augustini nomine descriptum, diligentiam editorum S. Augustini, præsertim Maurinorum ita fugisse, ut nullum de eo verbum fecerint. Oportebat enim moneri lectores, exstare quidem hujuscemodi carmen sic inscriptum, sed Augustinum auctorem non esse. Neque in ipsa Bibliotheca bibliothecarum mss. Montfauconii, aut in aliis similibus catalogis vestigium hujus poematis invenio aut Dracontio, aut Aurelio Augustino ascripti. Montfauconius in bibliotheca Vaticana reginæ Sueciæ cod. 1536 commemorat *Versus Augustini et Hieronymi,* et rursus cod. 1587, *Carmina nonnulla Augustini, Platonis, Aviti, Juvenci et Fortunati.* Verum hi pauci quidam versiculi videntur esse qui sub Augustini nomine in aliis etiam catalogis indicantur. Liber ejusdem S. Augustini de orando Deo ad Probam, Hexaemeron ejus, et excerpta ex hoc opere ad Dracontii poema nullo modo attinent. In bibliotheca San-Germanensi Montfauconius pag. 1125 codicem 125 enuntiat, ubi sunt S. Ambrosii opus *de Sacramentis,* S. *Augustini quædam,* Hildeberti Cenomanensis episcopi *versus de Deo.* Neque in his versibus carmen Dracontii intelligi debet : nam inter Hildeberti carmina edita multi sunt versus, qui eo titulo insigniri possent. Istiusmodi inscriptiones *de Deo* apud poetas Christianos plures invenies, ut versus Victorini Pictaviensis, sive Fabii Marii Victorini Afri, cui rectius tribuuntur, *de Jesu Christo Deo et homine.* Carmen *de Deo homine* inscriptum edidit etiam Joannes Baptista Mantuanus. Simili titulo Didaci Josephi Abadii Mexicani Cesenæ 1780 poema prodiit *de Deo, Deoque homine Heroica :* quæ tertia est editio operis multorum laudibus celebrati.

78. Jam vero Dracontii carmen de Deo in tres partes divisum est : etsi enim trium librorum aut partium mentio non sit in codice expressa, quemadmodum in eodem Aratoris duo libri nullo modo distinguuntur, ut dixi num. 69, ea tamen distinctio et separatio partium Dracontii adhibetur, litteris etiam 57 initio cujusque libri maximis descriptis, et peculiari artificio elaboratis, ut tres libros distincte enumerare opportunum visum fuerit : cui divisioni series ipsius argumenti, et cujuslibet partis exordium favet. In primo libro post versus 116 eodem orationis filo connectitur narratio de opere sex dierum, *Prima dies nam lucis erat,* etc., quæ edita pridem est sub titulo *Hexaemeron Dracontii,* sive *de Opere sex dierum,* hoc initio : *Prima dies lux est terris,* etc. Sic deinde liber progreditur usque ad versum 755, *Quo te promittis,* etc., cui etiam adjungitur hemistichium, *Omnipotens æterne Deus,* tanquam versus extremus primi libri. Post hoc hemistichium, intercapedine et distinctione quam dixi adhibita, in-

cipit liber secun$\overline{\text{dus}}$, *Inventor, genitor*, etc. Verum satis per se liquet hemistichium *Omnipotens æterne Deus* initium esse libri secundi, non finem libri primi : quod fortasse ab ignaro librario cum fine libri primi conjunctum est, ne versu, quem mutilum et imperfectum invenerat, librum secundum inchoaret, eoque modo initium hujus libri minus venustum atque elegans redderet. Liber secundus, comprehenso hoc hemistichio, procedit usque ad versum 808, *Agmina condemnant*, etc. Tum alia divisione interposita, liber tertius incipit, *Luminis æterni*, etc., usque ad versum ultimum, *Additus insonti populo*, etc., qui est 682. Ubi animadvertendum est utrumque librum secundum et tertium a Dei invocatione exordium habere.

79. Etsi autem codicis ætas recens sit, tamen ex antiquissimo volumine eum transcriptum esse, non levia sunt indicia. Hoc enim innuunt lacunæ, quæ præsertim paulo post initium occurrunt, et versus inchoati, nonnunquam a prima sola littera, quod ideo factum apparet, quia temporis vetustate aliæ litteræ jam evanuerant. Fortasse hinc etiam frequentes errores qui in codice notantur profecti sunt, quod librarius characterum formam et vim non satis assequeretur. Locum autem vacuum relinquebat, ubi versus aliquis aut verba deerant, ut ex alio codice, si alicubi compareret, possent suppleri. Quod si ea omnia vitia, quæ nunc in codice cernuntur, in antiquiore volumine exstabant, censendum est Augustini nomen, quod titulus præferebat, eruditum aliquem virum impulisse ne hoc 58 poema penitus perire permitteret. Ac fortasse nunc hoc qualicunque Dracontii opere careremus, nisi falso titulo aliquando fuisset ornatum. Ratio scribendi in hoc codice hæc fere est, *herebus, hyatus, cohercens, cathena, catherva, temptotor, totiens*. Cætera nihil aut non multum differunt a communi orthographia. Interpunctio nulla est, ac solum duo puncta aliquando apponuntur, sed temere, et ubi nihil illis opus erat, aut etiam ubi sensus ea omnino respuit.

80. Secundus Dracontii codex, quo usi sumus, multo majoris est pretii, si antiquitatem ejus diligentiamque qua exaratus est, sine mendis aut sane cum paucis consideremus ; alioqui Dracontii in eo nihil est aliud, nisi Elegia, sive Satisfactio ad regem Wandalorum. Codex hic Vaticanus est bibliothecæ reginæ Sueciæ num. 508 aut 1267 membranaceus, quo varia opera continentur, ut Euclidis Elementorum libri sex, Boethii de Arithmetica 37 capita, Algebra incerto auctore, tractatus de Sphæra incerto auctore, Practica Quadrantis incerto auctore, Kalendarii Elucidatio, versus Marci poetæ de S. Benedicto, qui conferendi sunt cum editis a Mabillonio Act. SS. ord. S. Benedicti tom. I.

81. Post hos versus Marci legitur Elegia Dracontii, quod ultimum est in hoc codice opus. Titulus nullus præponitur, sed locus relictus est vacuus, quo posset ascribi. Elegia in hoc codice integra est, exceptis paucis verbis quæ desiderantur : constat distichis 158. Apud Sirmondum solum sunt 99, post quæ Rivinus adnotavit : *Cætera desiderantur*. In editione Matritensi ex codice Azagræ addita sunt 11 disticha. In nostro codice finita elegia, eadem antiqua manu additur : *Explicit satisfactio Dracontii ad Guthamndum regem Guandalorum, dum esset in vinculis*, quod litteris majoribus scriptum est. Alia opera hujus codicis diversam manum atque ætatem præferunt. Versus Marci de S. Benedicto, et Satisfactio Dracontii eodem charactere sunt scripta, qui peculiaris est, multumque aliis qui vulgo noti sunt dissimilis. Trombellius, in opusculo de Arte cognoscendi ætatem codicum, cap. 14, hujus characteris nonnullas litteras exhibet : cujus generis paucos codices in Italia 59 viderat, sed in bibliotheca Vallicellana Romæ plures asservari audierat, quos ex Hispania allatos Joseph Blanchinius ipsi asseruerat. Postea etiam rescivit hunc eumdem esse characterem qui Italice dicitur *gothico cordellato*, et cujus adhuc usus est in quibusdam bullis pontificiis. Statuit Trombellius hunc characterem in codicibus proprium fuisse sæculi XI circiter. Equidem in bibliotheca Vallicellana nonnulla lectionaria ad usum ecclesiarum vidi hoc charactere exarata, quæ ad sæculum X aut XI videntur pertinere, et fortasse sunt illi ipsi codices quos ex Hispania huc advectos Blanchinius affirmabat. Membranæ Vaticanæ quibus Satisfactio Dracontii descripta est, mihi certe sæculo XI posteriores non videntur. Exemplar simile hujus characteris habemus in præfatione commendatissimi cardinali Francisci Lorenzana ad Breviarium Isidorianum pag. 26, ex codicibus gothicis ejus Breviarii qui in bibliotheca Toletana asservantur. Interpungendi ratio valde singularis est in hoc Dracontii codice : unum punctum apponitur in fine cujuslibet hexametri, unum punctum et aliud cum virgula in fine pentametri. Illud vero magis observandum interrogationis notam quamdam verbo ubi incipit interrogatio semper affigi. Hispani nunc hunc morem invehere conantur, ut interrogationis consuetam notam relinquant quidem post ultimum interrogationis verbum, sed eamdem notam inversam verbo unde incipit interrogatio, præfigant, quo legentium commodo consulant. Ex laudato codice Vaticano specimen characteris æri incisum exhibemus.

CAPUT VIII.
Dracontius carminis de Deo, et Satisfactionis auctor.

82. Cum in codice Vaticano poema de Deo Aurelio Augustino tribuatur, Dracontii vero nomen non compareat, quæret fortasse aliquis primum, cur illud S. Augustino abjudicemus, deinde cur Dracontium auctorem 60 esse certo statuamus. De Satisfactione minor est dubitandi ratio ; nam codex Vaticanus differt quidem a cæteris codicibus in exponendo argumento, sed de auctore Dracontio cum eis plane consentit. Nonnullus tamen scrupulus eximendus est, quod Barthius ad Claudianum pag. 507 dubitet, ut ait Rivinus, an eam epistolam correctori potius Dracontii quam ipsi Dracontio adjudicet ; quanquam

Barthius non dubitat an Dracontius hanc elegiam scripserit, sed an versus quos ipse laudat ad vers. 87 in III consul. Honorii ex elegia, *Quod pereunt hostes*, etc., Dracontii sint, an potius Eugenii, qui Dracontii epistolam correxit. Eadem igitur opera conficiemus Dracontium, ac neminem alium, auctorem esse poematis de Deo et Satisfactionis, scilicet ex connexione partium poematis inter se, convenientia argumenti, sententiarum, phrasium, verborum carminis de Deo cum Elegia, et versuum qui nunc primum prodeunt, cum aliis jam editis, et quos Dracontii esse constat.

83. Versus *Hexaemeron*, sive *de opere sex dierum* inscripti, qui sæpius jam typis impressi, sub Dracontii nomine prodierunt, quin ejus sint nemo dubitat. Quod si quis nunc dubitaret, quia in codice Vaticano poemati, quod Aurelio Augustino ascribitur inserti sunt, levi negotio revinci posset auctoritate Isidori, qui non solum Hexaemeron Dracontio attribuit, verum etiam versum ex hoc opere, auctoris Dracontii nomine laudato, profert; Eugenii etiam et Ildefonsi, quorum ille Dracontii hoc quod exstat Hexaemeron reformavit, hic emendationem Dracontii ab Eugenio factam in hujus elogio retulit, ut supra capitibus 1, 2 et 3, fuse explicuimus. Omitto Augustinum multis in locis docuisse mundum eodem temporis momento conditum fuisse, distinctionem sex dierum allegoricam esse, cum Dracontius contrariam magisque communem sententiam de opificio mundi revera sex dierum spatio peracto teneat et exponat. Quod autem epistolæ auctor Dracontius sit, non Eugenius, colligitur ex Isidoro, qui multo ante Eugenium versum unum ex ea episto'a, sine auctoris tamen nomine, excitavit, ut dixi num. 8. Etsi, ut verum fatear, non tam efficax est hæc ratio quam multis videri possit : nam si poeta aliquis Isidoro antiquior, sive Dracontius is fuerit, sive alius, ejusmodi versum inter alios suos fecisset, potuit is versus ab Isidoro commemorari, et deinde ab Eugenio in epistolam inseri, ut solebant veteres Christiani poetæ ab aliis antiquioribus hemistichia nonnulla versusque integros mutuari, quod in Dracontio etiam observabimus. Attamen dum aliud non constat, probabilis est per se hæc ratio, ne Eugenium auctorem epistolæ dicamus, multoque probabilior redditur, si cum codicibus mss. conferatur, qui mirifice consentiunt in auctore epistolæ designando Dracontio. Quo pertinet supplementum Eugenii de die septimo non statim post Hexaemeron, sed post epistolam collocari, ne lib. II Dracontii (ita enim vocatur in his codicibus epistola) a libro I separaretur, interposito Eugenii supplemento.

84. Sed quid opus est conjecturis? In codice nostro Vaticano epistola scripta dicitur ad regem Vandalorum, quod ita esse verum, ex versibus ipsis postea confirmabo. Non ergo eam composuit Eugenius, qui post excisum Vandalorum imperium floruit. Alia multa sunt in epistola quæ Eugenio minime convenire possunt, ut postea patebit. Itaque Dracontius certus ejus auctor habendus est. Quo posito, inspicienda nunc est connexio utriusque operis. Carmen de Deo in codice Vaticano cum versibus jam editis Hexaemeri adeo connexum est, ut hos partem ejusdem operis esse evidentissimum sit. Enimvero si hos versus de opere sex dierum attente consideres, facile percipies eos ab uno quodam longiori poemate esse avulsos. Primus versus in editis hic est :

Prima dies lux est terris, mors una tenebris.

Quis non videat hoc non esse exordium ejus qui de opificio sex dierum scribere instituisset? Ineptum enim est, cum argumentum non sit propositum, exordiri, *Prima dies lux est terris*. Rivinus, etsi id non animadverterit, tamen mendum in hoc primo versu deprehendit. Non enim recte mentio terræ prima die fit, cum hæc tertia die apparuerit aut creata fuerit, ut etiam ipse Dracontius exponit paulo post in tertia die vers. 150 lib. I :

Ipsa dies terram meruit de fluctibus actam :
Eruitur tellus vasto demersa profundo.

Rivinus hoc mendum ita emendare voluit :

Prima dies lux est tetris mors una tenebris.

Sed vera lectio petitur ex conjunctione hujus versus cum his qui præcedunt in carmine de Deo vers. 115 lib. I :

Per tot facta Deus quod sexta luce creavit,
Prima dies nam lucis erat, mors una tenebris.

85. Ex fine etiam versuum de opere sex dierum simili modo colligitur poema nondum esse finitum. Ita ait Dracontius lib. I, vers. 747 :

Aspice despectum, dejectum attolle parumper,
Confusumque juva, quia pœnitet esse nocentem,
Ut valeam memorare tuas hoc carmine laudes,
Quas potero.

Adhuc igitur Dracontius in laudibus Domini carmine hoc prædicandis vult immorari, quod libris duobus sequentibus egregie præstitit. Confer nunc versus 665 seq. libri III, prope finem :

Servatum reparare jube pietate sueta,
Ut merear cantare tuas per carmina laudes.

Agnoscitur idem auctor utriusque libri, sed qui in primo libro laudes Dei celebrare eodem carmine ulterius procedere constituerat, in extremo libro gratiam sibi a Deo ad alia carmina et ad aliud tempus postulabat. Ac propterea addit vers. 670 lib. III :

Sed quis opus narrare tuum sermone valebit?
Suspexisse Deum s .tis est de corde trementer,
Et lacrymis precibusque piis veneranter adire.

86. Inscriptio ipsa *Hexaemeron*, sive *de Opere sex dierum*, quamvis vetus sit, et S. Isidoro antiquior, tamen minus apte tribuitur collectioni versuum qui hoc titulo vulgati sunt. Maxima enim pars eorum ultra sex dies progreditur. Ut enim concedamus Evam die sexto fuisse conditam, solum 299 versus a versu 116, *Prima dies* usque ad versum 416, *Dixerat ista Deus*, in opificio sex dierum enarrando versantur; reliqui 338 usque ad finem lib. I, peccatum primorum parentum sententiamque Dei exponunt; et quoniam argumentum auctori propositum est Dei laudes ex rebus creatis prosequi, præcipue vero ejus adversus homines benignitatem extollere, multa

in rem suam congerit de miti sententia qua pietas Dei non minus quam justitia eluxit, de bonis quibus homines e paradiso ejectos frui permisit, et de resurrectione mortuorum, quam multis argumentis probat, ut magis magisque de misericordia Dei certos nos reddat : ita enim Deus hominem morte mulctavit, ut immortalitati ejus per resurrectionem corporum provideret. Imo vero etiam illis versibus quibus opus sex dierum Dracontius enarrat, id unum agit, (quod Sirmondus quoque agnovit), ut Dei sapientiam et bonitatem erga homines commendet, in suo argumento semper insistens. Ita enim ad hanc narrationem aggreditur :

Quis genus humanum nescit servare volentem
Auctorem dominumque Deum, cui contulit orbem,
Per tot facta Deus quod sexta luce creavit.
Prima dies nam lucis erat.

Post narrationem vero vers. 427 ita concludit :

Tot bona facta Deus non obliviscitur unquam,
Quæ propter homines fecit, sanxitque manere.

Et prius vers. 339 de animantibus dixerat :

Terrigenis factura cibos post cuncta creandis.

S. Eugenio opus Dracontii *semum*, ut ipse loquitur, vel *semiplenum*, ut exponit Ildefonsus, videbatur, quia de die septimo tacuerat. Sed vera ejus rei ratio est quod Dracontius carmen de opere sex dierum non texebat, sed aliud amplioris argumenti de Deo, sive de Dei laudibus ex ejus operibus ; adeoque opportunum non erat ut de otio diei septimi verba faceret, quod uberius num. 49 confirmavi.

87. Præterea multa alia sunt in versibus qui a me nunc primum eduntur et in aliis olim vulgatis inter sese partim simillima, partim connexa : quorum nonnulla nunc indicabo, alia in notis ad carmina animadvertam. Lib. I, vers. 2 :

Agnoscent quod templa poli, quod mœnia cœli
Auctorem confessa suum veneranter adorent.

hæc et alia quæ sequuntur, similibus verbis in Elegia pridem edita vers. 5 repetuntur :

64 Sidera, flamma, dies, quem, so', nox, luna fatentur
Auctorem, dominum sæcula cuncta probant.

Lib. II, vers. 256 :

Vipera quid præstet, cauda et cervice recisa,
Quid serpens maculosa juvet, medicina fatetur,
Aspidis, etc.

Lib. I respondent versus editi 288 :

Et maculosa repit squamis per viscera serpens,
Atra venena nocens missura e flatibus oris,
Et subito sparsura graves per sibila mortes,
Atque eadem membris impertitura medelas.

Consonat etiam Elegia vers. 65 :

Aspis habet mortes, habet et medicamina serpens,
Vipera sæpe juvat, vipera sæpe nocet.

Lib. III, vers. 610 et seqq., describuntur ossa arida quæ vitæ restituta sunt, de quibus Ezechiel cap. XXXVII, ubi eædem phrases occurrunt ac in narratione primi hominis conditi lib. I, vers. 336. Pietas Dei eisdem fere verbis ac sententiis commendatur lib. I, vers. 81, 100, 429, 544, 556, 690, 726, 754 ; lib. II, vers. 96, 670, 684, 693 seqq., 800 ; lib. III, vers.

185, 210, 533, 658, 665 ; Eleg. vers. 288 seqq. Ex libro II versus 246 scilicet ,

Ver, æstas, autumnus, hiems, redeuntibus annis,

fere integer repetitur in Elegia vers. 253,

Ver, æstas, autumnus, hiems, redit annus in annum ;

qui versus deest quidem in hactenus editis, sed exstat in codice antiquissimo Vaticano, ex quo integram elegiam proferemus in lucem, a S. Columbano etiam usurpatus.

88. Et, ut omittam plures alias sententias in libris suis a Dracontio repetitas, uti etiam locutiones quasdam ejus peculiares, ut *ignis anhelus*, *virtute*, *pietate modestus*, *placidus* pro clementi, illud imprimis observandum est, eum, ut Deum placet, ita orare lib. III, vers. 597 :

Aspice, quæso satis, precibus ne clauseris aures
Nostris, sancte, tuas, qui das præcepta benignus ;
Ira hominis cum sole cadat de corde furentis,
Et veniam nox ipsa ferat : qui præcipis ut sit,
65 Fac fieri quod et ipse jubes ; miserere rogantis.

Ac paulo post vers. 646 hoc exemplum producit :

Persarum dominus timuit post regna bubulcum
Inter prata pecus, qui post regnavit in arce :
Me, rogo, jam repara sub libertate solutum.

In Elegia primum se regi Nabuchodonosor comparat vers. 31 :

Persarum regem Babylone regna tenentem
Post decus imperii quis negat esse bovem ?
Et diademalem turparunt cornua frontem :
Mugitus pecudis verba fuere duci.
Agricolam timuit post Parthica regna bubulcum,
Submisitque pavens regia colla jugo.
Erravit per prata vagus mala gramina pastus,
Et qui homo bos fuerat, de bove factus homo est.

Deinde, ut veniam a rege sibi offenso impetret, præceptum Christi proponit vers. 155 :

Nonne Dei præcepta jubent ne sol cadat intrans,
Irascente alio, sed pius exstet homo?

Ex quo alia ratio oritur ad demonstrandum Dracontium totum carmen de Deo, non minus quam Elegiam composuisse, ut explicatius nunc ostendam.

CAPUT IX.

Dracontius carmen de Deo, et Satisfactionem ad regem Vandalorum composuit dum esset in vinculis.

89. Quod nemo hactenus suspicatus fuerat, Dracontium in vincula fuisse conjectum , et , dum carcere detineretur, elegiam scripsisse ut sibi regem suum propitium redderet, id in ipsa elegia, ut ab aliis antea vulgata est, non obscure innuitur, et nunc ex utroque codice Vaticano apertissime convincitur. Hic elegiæ titulus a Sirmondi tempore ubique fertur impressus : *Hoc sequenti libello auctoris Satisfactio continetur, qua ab omnipotente Deo veniam petit ne præcedenti carmine aliquid incautus errasset. Dein Theudosio Juniori Augusto* 66 *precem defert cur de triumphis illius eodem opere tacuisset*. Permirum autem mihi est de hujus tituli falsitate neminem dubitationem aliquam excitasse. Atqui in ipsa epistola Sirmondiana multa sunt quæ demonstrant Dracontium de præcedenti carmine, hoc est de versibus Hexaemeri titulo editis, minime sermonem habere. Alio

enim diverso modo veniam a Deo petiisset Dracontius, ac fere ut petit Marius Victor in prolog. carminis in Genesin :

> Ne damnes tantum, quod nunc reus audeo, munus;
> Criminibusque meis connive, et parce benignus.
> Quod si lege metri quidquam peccaverit ordo,
> Peccarit sermo improprius, sensusque vacillans,
> Hinc nullum fidei subeat mensura periclum.

At Dracontius fatetur grave aliquod crimen a se reipsa commissum fuisse; neque id crimen in eo collocat quod in aliquo carmine de triumphis sui principis tacuerit, sed quod, cum laudes hujus potuisset celebrare, ex quo præmia fuisset consecutus, alium ignotum sibi et, ut ego opinor, principis sui hostem, celebrasset.

90. Ita apud Sirmondum loquitur Dracontius :

> Sic me lingua, Deus, lingua patrante reatum
> Noxia culpa ligans traxit ad illicita.

Ubi in editione Matritensi ex codice Azagræ legitur, *Sic mea corda Deus*. Pergit Dracontius :

> Ut qui facta ducum possem narrare tuorum,
> Unde mihi possent dona venire simul.

Melius in codice Azagr., *narrare meorum*. Addit illico Dracontius :

> Præmia despicerem, tacitis tot regibus almis,
> Et peterem subito certa pericla miser.

Minus bene codex Azagr., *tactis* pro *tacitis*. Iterum Dracontius culpam suam in linguam rejicit :

> Heu me! quippe mihi vulnera lingua dedit.

Paulo post adjungit, *Ipse meis parcet erratis*, scilicet Deus, et *Culpa quidem gravis est*. Et clarius infra :

> Culpa mihi fuerat dominos reticere modestos,
> **67** Ignotumque mihi scribere, nec dominum.

In codice Azagr. perperam *molestos* pro *modestos*. Culpam suam subinde Dracontius pulchro exemplo exponit :

> Qualis et ingratos sequitur, qui mente profana,
> Cum Dominum norit, idola vana colunt.
> Israelitarum populum sic culpa tenebat,
> Quando oblita Deum plebs vitulum coluit.

Hic rogo, quo pacto ad poema sacrum de opificio sex dierum hæc trahi possunt? Cur culpa fuit in eo de principe non loqui? aut cur is irasci ob hoc silentium debuit? aut cur ille, qui Dei laudes canit, et de suo principe silet, comparatur ei qui, *cum Dominum norit, idola vana colit*? Non ergo de Dracontii poemate quod habemus, sed de alio, quo ejus rex offensus fuit, quia in laudem alicujus sui hostis erat compositum, intelligendi sunt versus seqq. :

> Coram te primum me, carminis illius orsa
> Quod male disposui, pœnitet, en fateor.
> Post te, summe Deus, regi dominoque reus sum,
> Cujus ab imperio posco gemens veniam.

Quæ omnia, et plura alia quæ sequuntur, id efficiunt quod dixi, in hac epistola non illud agere Dracontium, ut a Deo veniam petat siquid carmine de opere sex dierum incautus errasset, et a Theodosio Juniore, quod eodem opere de illius triumphis tacuisset.

91. Revera cum codicem Vaticanum, ubi carmen de Deo exstat, perlustrassem, et in III hujus poematis libro legissem quibus ærumnis oppressus Dracontius hoc opus composuit, sine ulla dubitatione collegi eum veniam a rege suo petere, quem ita graviter offenderat, ut in vincula fuisset conjectus, et metuebat etiam ne vita privaretur. Sic enim ait Dracontius eo lib., vers. 576 seqq. :

> Hei mihi ! quod facinus non uno tempore gestum,
> Ut mea facta luam, tempus convenit in unum.
> . . . . Gravor undique pressus,
> Vincla ligant, tormenta domant, consumit egestas.
> Ludibrium generis, dolor omnibus, atque inimicis
> **68** Factus, et exutus magna de parte bonorum,
> Crinibus intonsus, pannis squallentibus usus.
> Notus et ignotus desunt, abiere parentes,
> Me quibus impendi, mox dedidicere propinqui,
> Vel quicunque fuit, subito discessit amicus.
> Agmina servorum fugiunt, tempsere clientes,
> Nec doluere meam tanta sub clade ruinam.
> Irascente Deo, solatia cuncta negantur.
> Hoc superest ut vita cadat, nisi parcere mitis
> Jusseris afflicto, quem sic fregere dolores.

Hæc et alia ibi Dracontius, et catenas præsertim memorat vers. 648 :

> Me, rogo, jam repara sub libertate solutum,
> Clade catenarum ferrato pondere pressum.

Quo fortasse respicit vers. 602 seq.,

> Et lacrymas intende meas, quas fundo diurne
> Tristis, et extenso prostratus corpore plango ;

nisi hoc loco innuit lignum aut nervum quo reorum pedes includi solebant et crura extendi, aut, ut loquitur Prudentius in Vincentio, *divaricari*.

92. Clara hæc sunt, sed clariora quæ in alio codice Vaticano inveni, ubi elegia Dracontii legitur nondum ab Eugenio aut ab aliis interpolata. Quippe in elegia genuina ea ipsa quæ ex Sirmondo protuli, distinctius explicantur, et alia adduntur quæ rem totam aperte declarant. Sic vers. 17 ait Dracontius :

> Hoc tua verba probant Moysi dicta prophetæ,
> Quod duraturus cor Pharaonis eras.
> Sic mea corda Deus, nostro peccante reatu
> Temporis immodici, pellit ad illicita.
> Ut qui facta ducum possem narrare mearum,
> Nominis Asdingui bella triumphigera,
> Unde mihi merces posset cum laude salutis
> Munere regnantis magna venire simul,
> Præmia despicerem, *etc*.

Deinde vers. 49 sic habet :

> **69** Ipse meo domino Deus imperat, atque jubebit
> Ut me restituat respiciatque pius.

Dominum vocat suum regem, de quo pergit dicere :

> Servet, avi ut laudes dicam, patriasque, suasque,
> Perque suas proles regia vota canam.

Postea vero vers. 285 :

> Si ipse ego peccavi, quænam est rogo, culpa meorum,
> Quos simul exagitat frigus inopsque fames ?

Et rursus vers. 311 :

> Da veniam, miserere, precor, succurre roganti ;
> Pristina sufficiant verbera, vincla, fames.

Quibus omnibus accedit nota in fine elegiæ eadem veteri manu addita : *Explicit Satisfactio Dracontii ad Guthamndum regem Guandalorum, dum esset in vinculis*.

93. Hinc etiam constat, non ad Theodosium Juniorem Augustum, ut codex Sirmondi habet, sed ad regem Vandalorum, sive, ut alii scribunt, Wandalorum, directam fuisse Dracontii Satisfactionem. Quod autem rex *Guandalorum* in codice Vaticano dicatur, nihil refert : nam etsi hoc mendum esset, leve tamen esset. Sed reperio Wandalos olim vocatos etiam fuisse *Guandalos* : ita certe vocantur in glossis ad Aratorem cod. Vat. Reginæ num. 500, sæculi II, ad vers. 2 præf. 2, ubi glossator ait : TUNC, *id est quando*

Roma obsessa fuit, et tempore quo Guandali obsederant Romam et devastabant totam regionem, orta est contentio de eligendo apostolico, sed postea electo papa Vigilio recesserunt hostes, et de hoc loquitur modo. Falsum quidem est Romam tunc fuisse obsessam a Vandalis, quorum opes in Africa paulo ante a Belisario fuerant penitus excisæ. Sed minime dubito quin glossator Wandalos in *Guandalis* intellexerit, aut saltem librarius pro Wandalis *Guandalos* scripserit. Neque deest ratio cur Wandali dici possint *Guandali*: nam *w* eamdem vim habet ac *gu* in multis nominibus, ut *Wlphilas*, et *Gulphilas*, *Wilielmus*, et *Guilielmus*; notatque Hugo Grotius in indice nominum Gothicorum, Vandalicorum, etc., post Jornandem et alios historicos a se editos, *w* in *gu* frequenter ab Italis et Gallis mutari. Potuisset addere Hispanos: qui si ad hanc **70** aliasque hujusmodi observationes animum adverterent, facilius plurium vocum sui idiomatis originem invenirent. In Dictionario Academiæ Hisp, nihil definitur unde dictum sit *guante*, quæ est chirotheca, nisi quod refertur opinio Brocensis, qui censebat a civitate Gandavo, unde afferri solebant chirothecæ, appellatum *guante*. Stephanus Terreros, qui paucis ante annis Forolivii decessit, laboriosum et eruditum Dictionarium Hispanicum nominum artium et scientiarum ms. in Hispania reliquerat, quod post ejus obitum publicam lucem vidit Matriti: sed nulla inde lux vocabulo *guante* illustrando affulget. Vera nominis origo est a *Wanto*, et *w* in *gu* mutato, *guanto*. Beda in Vita S. Columbani cap. 14, *Tegumenta manuum, quæ Galli* WANTOS, *id est chirothecas vocant*. Papias in vocabul., *Chirotheca*, *vanti*, *id est manus theca. Manicæ, quas vulgo wantos appellamus.* In Vita S. Philiberti abbatis lib. 1, cap. 12, *Latro guantos illius illicita præsumptione furatus est*. Videsis Ducangium verbo WANTUS.

94. Aliud est in versibus elegiæ a nobis relatis nomen, ex quo omnino convincitur Dracontio rem fuisse cum rege Vandalorum. Cum enim duces suos nominasset, cujus gentis illi sint duces aperte declarat:

Ut qui facta ducum possem narrare meorum,
Nominis Asdingui bella triumphigera.

Ex gente igitur Asdinguorum illi duces erant. Quinam autem alii sunt Asdingui, nisi Vandali? Apud alios scriptores in hoc nomine exprimendo codices et edita exemplaria nonnihil variant: sed gens eadem est, sive *Astingi*, sive *Astringi*, sive *Asdingi*, sive *Asdingui* vocentur. Primam hujus nationis mentionem apud Dionem Cassium invenio lib. LXXI, ubi agit de bello Marcomannico sub Antonino Philosopho: *Astingui vero, qui Rhaum*, *Rhaumque duces habebant, venere quidem et illi, ut Daciam incolerent.* Postea narrat eos pacem ab Antonino impetrasse hac conditione, si nationibus tunc bellum cum eo gerentibus cladem intulissent. Ac præstiterunt sane nonnihil eorum quæ pollicebantur. Tomo I Hist. Byzant., pag. 24 edit. Paris., in Excerptis de legation. Petri Patricii et Magistri, hoc **71** ipsum breviter narratur: *Venerunt et Astingi, et Lacoragi in auxilium Marci.* Pro hoc eodem nomine *Asdingorum* Grotius excitat Priscum Patricium, sed fortasse voluit dicere Petrum Patricium. Jornandes, de Reb. Getic. cap. 16, de Ostrogotha rege Gothorum sub Philippo imperatore loquens ait: *Triginta millia virorum armata produxit ad prælium, adhibitis sibi Thaphilis et Astringis.* Bonaventura Vulcanius in notis pro diversa lectione scribit *Thaifalis* et *Asdingis*. Idem Jornandes, de Reb. Getic. cap. 22, de rege Gothorum Geberiche sub Constantino: *Gloriam generis sui factis illustribus exæquavit, primitias regni sui mox in Wandalica gente extendere cupiens contra Visumar eorum regem Asdingorum e stirpe, quæ inter eos eminet, genusque indicat bellicosissimum, Dexippo historico referente.* Itaque Grotius in præfatione ad Jornandem aliosque historicos, primos Vandalorum reges recenset Rhaum, Rhatum, Wisimarem, Crocum, Fridilalum. Idem Grotius in indice verborum Gothicorum, Vandalicorum, etc., verbum *Asdingi* dicit esse ab *Haist-dingen*, quod est *celer in judicio publico*. Jornandes alio modo explicat.

CAPUT X.
Sub Gunthario Vandalorum rege in Hispania scribebat Dracontius.

95. Nomen regis ad quem Satisfactio Dracontii scripta est, in codice Vaticano dicitur *Guthamndus*. Quærendum ergo superest cur hunc regem Guntharium fuisse pro certo habeamus, cum nomen illud corruptum ad alium Vandalorum regem possit detorqueri. Hæc quæstio viam nobis aperit ad historiam regni Vandalici in Hispania explicandam, quæ contrariis scriptorum inter se dissidentium narrationibus mirum quantum implicata est et involuta. Et ex Dracontio quidem nonnullum lumen hæc historia accipiet, vicissim vero ea ex Dracontio aliisque monumentis illustrata magnopere juvabit, ut certa Dracontii ætas suis terminis definiatur. Alani, Suevi, Vandali aliique populi a Stilicone, qui Vandalus ipse erat, excitati **72** sunt ut Rhenum transirent imperiumque Romanum turbarent: qui per Gallias debacchati Pyrenæum usque pervenerunt, cujus obice per Didymum et Verinianum ad tempus repulsi, mox anno 409 Hispanias ingressi sunt, ut narrant Orosius lib. VII; cap. 40, Idacius in Chronico olymp. 297, et Isidorus in Hist. Vandalorum, qui Didymum et Verinianum, ut ipse vocat, nobilissimos Romanos fratresque potentissimos ait fuisse. Quo duce tunc uterentur Vandali non satis certum est. Grotius in præfat. ad Historias Vandal. Godigisclum Vandalorum regem fuisse, dum hi Hispanias invaserunt, narrat, cui successit in Gallæcia Guntharius. Ruinartius, in Histor. Persecut. Vandal. cap. 1, refert Francos primos omnium conatibus Vandalorum obstitisse, Godigisclo eorum rege occiso, postea Vandalos simul cum Alanis conjunctos, substituto in Godigiscli locum Gunthario, Rhenum transiisse.

96. Verior videtur Grotii narratio, quæ Procopii verbis lib. 1, cap. 3, innititur: *Inde Godigisclo duce in Hispania consederunt* (Vandali), *quæ prima est ab*

Oceano Romanorum provincia. Cum hoc Godigisclo paciscitur Honorius, ut sine populorum damno eam sedem tenerent. Hæc verba cum Ruinartius cap. 2 indicasset, censuit scribendum esse sub *Gunderico duce* pro sub *Godigisclo duce :* nam Gunlharius a multis *Gundericus* dicitur, ut ab aliis alio modo nominatur. Sed Ruinartio aperte repugnat Procopius : nam paulo post repetit Vandalos sedem in Hispania prope Africam posuisse, *ubi*, inquit, *jam mortuo Godigisclo, dominatum susceperant ejus duo filii, Gontharis* [hic est Guntharius sive Gundericus], *ex justa ipsi uxore natus, et Gizericus nothus* [hic a plerisque Gensericus vocatur]. *Verum ille adhuc puer*, etc. Isidorus in Chronico de Gunthario hæc habet : *Primus autem in Hispania Gundericus rex Vandalorum successit regnans Gallæciæ partibus annis* XIIX. Quæ verba obscura sunt, sed ob vocem *successit* magis Procopii sententiam quam contrariam innuere videntur. Idacius in Chronico non explicat cujus ductu Vandali Hispaniam invaserint : sed cum narrasset quatuor plagas quibus Hispaniæ vastatæ fuerunt, ferri, famis, pestilentiæ, bestiarum, ita pergit : *Subversis* 73 *memorata plagarum grassatione Hispaniæ provinciis, barbari ad pacem ineundam, Domino miserante conversi, sorte ad habitandum sibi provinciarum dividunt regiones : Gallæciam Vandali occupant et Suevi, sitam in extremitate Oceani maris occidua ; Alani Lusitaniam et Carthaginiensem provinciam, et Vandali cognomine Silingi Bæticam sortiuntur.* Isidorus in Histor. Goth. hos vocat Vandalos *Selinguos,* ubi de Wallia rege Gothorum ait : *Vandalos Selinguos in Bætica omnes bello exstinxit ;* non enim interpungendum est, ut aliqui faciunt, *Vandalos, Selinguos.* In Historia vero Vandalorum idem Isidorus *Vandalos, Silingos* appellat : quamvis autem ex Idacio pleraque sumat, tamen rem hanc longe diverso modo exponit : *Gallæciam enim Vandali et Suevi occupant, Alani Lusitaniam et Carthaginiensem provinciam ; Vandali autem cognomine Silingi, relicta Gallæcia, et postquam Tarraconensis provinciæ insulas devastarunt, Bæticam sortiuntur.* At major fides habenda est Idacio, qui præsens adfuit ; sic vero ait olymp. 299 : *Vandali Silingi in Bætica per Walliam regem omnes exstincti. Alani, qui Vandalis et Suevis potentiabantur, adeo cæsi sunt a Gothis, ut . . . . Gunderici regis Vandalorum, qui in Gallæcia resederat, se patrocinio subjugarent.* Postea refert Suevos a Vandalis obsessos fuisse ; hos, relicta obsidione, instante Asterio Hispaniarum comite, dimissa Gallæcia ad Bæticam transiisse ; Castinum magistrum militum, qui bellum in Bætica, adjuvantibus Gothis, intulerat, auxiliorum fraude deceptum, ad Tarraconam victum effugisse. Deinde olympiade 301 narrat Vandalos Balearicas insulas deprædatos fuisse, et Carthaginem Spartariam evertisse.

97. Natio igitur Vandalorum in duas tribus videtur fuisse divisa cum Hispaniam ingressi sunt, sed ita ut tam Vandali simpliciter dicti, quam Vandali Silingui eodem Vandalorum nomine appellarentur : non enim Silinguorum nominis distinctio apparet ante provinciarum divisionem. Siquidem vocabulum *Asdingorum* diversum est a *Silinguis :* Dracontius enim, post exstinctos Silinguos, Guntharium, qui rex Vandalorum non Silinguorum erat, ex *Asdingui* nominis gloria commendat. Nec video quo jure Ambrosius Morales, lib. XI, cap. 22, post transitum 74 Vandalorum in Africam Silinguos in Bætica permansisse affirmet. Quod autem Wolfgangus Lazius de Gent. aliq. Migration. lib. XI narrat, Godogestum Vandalos in Hispaniam duxisse, eos ibi Modogisclum gubernasse ; hujus liberos fuisse Guntharium et Gensericum ; fortasse in duobus illis nominibus corruptis duo diversi duces latent, quorum alter Silinguis præfuerit, alter reliquis Vandalis. Sed a quo auctore narrationem suam hauserit Wolfgangus, neque ipse explicat, neque ego invenio. Gestorum ergo series ex Idacio præsertim et Procopio ita ordinari potest. Vandali Godigisclo duce Hispanias invaserunt ; hi qui Vandali Silingui nominabantur Bæticam incoluerunt ; cæteri Vandali non Silingui in Gallæcia sedes fixerunt, ubi Guntharius, sive Gundericus, ut alii vocant, patri Godigisclo succedens pluribus annis regnavit, sociumque sibi ascivit fratrem Gensericum, qui præcipua rei bellicæ curam gereret. Post plura barbarorum inter se bella, post Vandalos Silinguos a Wallia exstinctos Guntharius cum suis ad Bæticam transiit, unde Vandali cum Romanis, cum aliis barbaris, terra marique bella gesserunt. Hic erat rerum status anno circiter 425, cum Dracontius in Bætica sub Vandalorum ditione vivebat, et carmina quæ nunc habemus, dum vinculis detineretur conscribebat. In hoc tempus et in hunc regem Guntharium mire conveniunt omnia quæ Dracontius in epistola profert, neque alteri Vandalorum regi facile possunt accommodari.

98. Nomen regis quod in fine epistolæ expressum est, *Guthamndus,* vel unum est e multis nominibus quibus diverso modo appellari solet Guntharius, vel corrupte a librario positum est pro Gunthario : quanquam *Gontharis* , *Guntharis* , *Guntharius* , *Gundericus* non sunt vere distincta nomina ejusdem hominis, sed unum et idem diverso modo, ut in barbarorum nominibus fieri solet, ab scriptoribus usurpatum, ut Gensericus ejus frater ab aliis Gizericus, ab aliis Gisericus, ab aliis Gaizericus, ab aliis Gantzrichus nominatur. Sane e Vandalorum regibus qui post Guntharium regnarunt, qui fuerunt Gensericus, Hunericus, 75 Guntabundus, sive, ut alii scribunt, Guntamundus, Trasamundus, Hildericus, Gelimer, solum ad Guntabundum nomen *Guthamudus* ob aliquam similitudinem posset referri. Sed aliæ rationes præsto sunt, cur ad Guntharium, non ad Guntabundum epistola scripta esse dicatur. Dracontius enim, ut sui regis clementiam prædicet, canit vers. 211 :

Te Deus aspiciens effundere nolle cruorem,
 Ut sine peccato, non sine laude daret,
Contulit absenti terræ pelagique triumphos :
 Ansila testatur, Maurus ubique jacet.

Ex quo liquet regem quem laudat Dracontius, per alios bella gessisse et triumphos obtinuisse, quin ipse præsens adfuerit.

99. Id autem in Guntharium optime cadere, ex Procopio lib. I Hi tor. Vandal. clare colligitur: *Bonifacius, cum nec resistere se posse imperatori videret, nec, si Romam peteret, salutis ulla spes oboriretur, statuit omni ope eniti ut societatem coiret cum Vandalis, quos supra dixi in Hispania prope Africam sedes fixisse, ubi jam mortuo Godigiselo dominatum susceperant ejus duo filii Gontharis ex justa ipsi uxore natus, et Gizericus nothus: verum ille adhuc puer, et natura parum industrius; hic in armis optime exercitatus, ac mortalium omnium solertissimus.* Igitur cum Guntharius ætate minor esset Genserico, ac natura parum industrius, contra Gensericus solertissimus, et in armis exercita us, non alteri aptius Dracontii versus convenire possunt quam Gunthario. Ac revera Dracontius dominos et *duces* suos bis dicit, quos scilicet ipse laudare potuisset, ut vers. 21:

Ut qui facta ducum possem narrare meorum,

Et rursus vers. 93:

Culpa mihi fuerat dominos reticere modestos.

Quo innuit ipsum regem Guntharium, a quo in vincula erat conjectus, et Gensericum, qui, quod bellum administraret, alter veluti rex habebatur.

100. Ex triumphis terra marique reportatis certius argumentum peti posset, si clare constaret quinam et quales hujusmodi triumphi fuerint. Sed Dracontius solum ait:

Ansila testatur, Maurus ubique jacet.

In editione Parisiensi omnium operum Sirmondi ad oram hujus **76** versus hæc nota legitur: *Vir doctus suspicatur legendum* ATTILA, *quem Thraciæ imminentem pecunia Theodosius avertit. Theophanes in Chronogr. ad annum Theodosii Junioris postremum.* Verum cum nobis jam pateat ad Theodosium Juniorem hanc elegiam scriptam non fuisse, sed ad unum e Vandalorum regibus, nihil est causæ cur de Attila Thraciæ imminente cogitemus. Quod si mendum in *Ansila* esset, conjici posset Amsagha, quod flumen est ad littus Numidiæ, ut Mela et Plinius docent; alii scribunt Ampsaga, alii Ausaga, nunc *Suffegmar* ab aliis *Rumel* vocatur: quod, interjecta aliqua ex parte Numidia, Africam propriam a Mauritania dividit. Hujus fluvii exstat etiam mentio apud Victorem Vitensem lib. II Hist. persecut. Vandal., cap. 5, ubi Hunerici regis Vandalorum crudelitatem in suos narrans ait: *Imitator existens Geiserici patris, qui sui fratris (Guntharii) uxorem ligato pondere lapidum, in Ampsagam fluvium Cirtensem famosum jactando demersit, et post necem matris etiam filios interfecit.* Posset etiam conjici *Antala,* quem alii *An'altam* vocant. De hoc Procopius l.b. II Histor. Vandal.: *Antalas Maurorum solus Byzacium incoluit, so'us per hæc tempora Romanis fidus,* scilicet sub Gelimere; et lib. I. cap. 9, narrat a Mauris Byzacenis, qui parebant Antalæ, prælio fusos Vandalos, regnante Ilderico. Sed etiamsi velimus legere *Ampsaga testatur,* aut *Antala testatur,* certum tamen tempus prælii a Dracontio indicati erui inde non posset. Gensericus enim, ante quam in Africam omnes suos Vandalos post obitum fratris Guntharii transtulisset, bellum in Mauritania gessit, ut mox dicam; adeoque potuit victoriam aliquam ad Ampsagam obtinere, et contra Maurum aliquem Antalam dimicare, eumque vincere.

101. Verum cum codex Azagræ ac Vaticanus in hoc nomine *Ansila* exprimendo cum codice Sirmondi omnino consentiant, retinendum id est; eoque etiam magis, quia Grotius in indice nominum propriorum Gothicorum, Vandalicorum, etc., recenset etiam ANSILA ab *ans ile,* id est ad gratiam *festinans: festinatione ilunge in diction.,* et *manet in usu festinare,* ut ibidem observat. Quare probabilissimum est Ansilam fuisse ducem aliquem e Gothis aut Suevis quibuscum bella gerere **77** Vandali in Hispania consueverant. Orosius, enim lib. VII, cap. 43, cum retulisset Gothos pro Romanis adversus cæteras gentes quæ per Hispanias consederant pugnasse, subjicit: *Quamvis et cæteri Alanorum, Vandalorum, Suevorumque reges eodem nobiscum placito depacti forent, mandantes imperatori Honorio: Tu cum omnibus pacem habe, omniumque obsides accipe; nos nobiscum confligimus, nobis perimus.* Neque vero absurdum erit affirmare Ansilam quem Dracontius memorat illum fuisse quem Gothi inter suos *anses* recensent: illi enim proceres quosdam suos vocabant *anses,* quasi semideos, ex qua voce *Anseaticarum* civitatum originem peti posse suspicatur Grotius. Inter alios autem anses, sive proceres Gothorum hos enumerat Jornandes de Reb. Getic. cap. 14: *Ostrogotha genuit Unilt. Unilt genuit Athal. Athal genuit Achiulf. Achiulf genuit* ANSILAM, *et Ediulf. Vuldulf, et Hermeric.* Cum Ostrogotha floruerit sub Philippo imperatore, ratio temporum patitur ut Ansilam ætate Guntharii vixisse credamus. Idacius olymp. 306 meminit Aiulfi, qui Hispali Censorium jugulavit. Nomen Aiulfi videtur esse idem ac Achiulf, qui Ansilam genuit. Prælium autem quo Ansila victus est navale fuisse inde colligi potest, quod Dracontius versu superiori triumphos pelagi et terræ conjungit, exemplumque in hoc versu profert in Ansila et in Mauris, qui ubique jacebant. Victoria contra Mauros terrestris videtur, prima igitur contra Ansilam navalis. Etiam id temporibus de quibus loquor et Gunthario apprime convenit: nam Gothos plures naves hoc tempore sibi comparasse ex Orosio aliisque constat, nec minus certum est Vandalos navibus usos fuisse. Idacius enim postquam retulit in Chronico Vandalos jam in Bætica sub Gunthario rege commorantes a Castino magistro militum victoriam reportasse, addit olympiade 301, eos Balearicas insulas deprædatos fuisse; qua occasione contra Gothos mari pugnasse, vel ex his solis Dracontii versibus argui potest.

102. De viribus maritimis Vandalorum dum in Bætica constiterunt loquitur Wolfgangus Lazius de Gent. Migr. lib. XI, qui plures versus ex Sidonii panegyrico ad Anthemium Augustum, et alio ad socerum ejusdem Sidonii in suam sententiam **78** allegat. At Sidonius clare Genserici in Africa potentiam maritimam describit:

Hinc Vandalus hostis
Urget, et in nostrum numerosa classe quotannis
Militat excidium, conversoque ordine fati
Torrida Caucaseos infert mihi Byrsa furores.

Ubi *Byrsam* pro Carthagine ponit. Verius adduci poterit Prosper in Chronico, qui merito queritur ad ann. 427: *Exinde gentibus quæ uti navibus nesciebant, dum a concertantibus in auxilium vocantur, mare pervium factum est, bellique contra Bonifacium cœpti in Sigisvultum comitem cura translata est. Gens Vandalorum ab Hispania ad Africam transit.* Quod autem Vandali sub Gunthario triumphum de Mauris egerint, nonnullis fortasse probatu difficile videbitur. Hæc enim est communis scriptorum opinio, Vandalos non transiisse in Africam nisi post obitum Guntharii; quod verum quidem est si id de omnium simul Vandalorum transitu, relicta penitus Hispania, intelligatur, non ita vero ut nullas fuisse antea Vandalorum ex Hispania in Africam incursiones credamus. Duobus autem modis explicari potest Mauros a Vandalis victos antequam tota Vandalorum natio Africam invaderet, scilicet vel ante initam societatem cum Bonifacio comite, vel post initam.

103. Bonifacius hic, amicitia S. Augustini satis notus, Aetii fraude et proditione in offensionem imperatoris incurrens, et hostis publicus dictus, cum imparem se imperatoris potentiæ sentiret, Vandalos socios sibi adjunxit, ut fuse narrat Procopius lib. I Histor. Vandal. *Missis igitur*, ait, *in Hispaniam Bonifacius de amicorum numero potissimis, cum ambobus Godigisclis filiis æquum iniit fœdus, ut cuique ipsorum tertia pars Africæ cederet; quod si quis bello impeteretur, commune periculum esset. Hæc Pacti Vandali, fretum ad Gades transvecti in Africam venere.* Alii ipsum Bonifacium Hispaniam adiisse narrant, ut cum Gunthario et Genserico amicitiam contraheret. Vivebat igitur Guntharius cum Bonifacius Vandalos in auxilium sibi advocavit, neque simile vero est Vandalos auxilium distulisse. Atque hæc est ratio cur alii ab aliis in anno 79 transitus Vandalorum in Africam dissentiant, quia nonnulli incursionem aliquam eorum a transitu totius nationis non distinxerunt. Ruinartio cap. 3 Hist. Persecut. Vandal. certior videtur consulum nota in Prosperi Chronico, quod Gensericus ex Hispania in Africam transierit Hierio et Ardabure consulibus, scilicet anno 427. Cassiodorius etiam in Chronico scribit Vandalos a Gothis ex Hispania pulsos in Africam transmisisse Hierio et Ardabure consulibus. At vero cum Idacius hoc ipso tempore in Hispania vixerit, et totius gentis Vandalorum migrationem in Africam distinctius referat, et ad annum 429 differat, hujus potius sententia tenenda est. Ita enim ait olympiade 302 anno 1, scilicet 429, ut Pagius supputat: *Gaisericus rex de Bæticæ provinciæ littore cum Vandalis omnibus eorumque familiis mense Maio ad Mauritaniam et Africam relictis transit Hispaniis. Qui, priusquam pertransiret, admonitus Hermigarium Suevum vicinas in transitu suo provincias deprædari, recursu cum aliquantis suis facto, prædantem in Lusitania consequitur. Qui haud procul de Emerita,*

A *quam cum S. martyris Eulaliæ injuria preverat, multis per Gaisericum cæsis ex his quos habebat arrepto, ut putavit, Euro velocius* [fortasse *arrepto equo, ut putavit, Euro velociori*] *fugæ subsidio, in flumine Ana divino brachio præcipitatus interiit. Quo ita exst'ncto, mox quo cœperat Gaisericus enavigavit.* Non ergo pulsi a Gothis, quod Cassiodorius fidenter scribit, sed sponte, et, uti diximus, a Bonifacio invitati in Africam Vandali trajecerunt. Neque de anno 429 dubitare nos sint Idacius, qui mensem etiam Maium designat, et peculiaria adjuncta narrat de recursu facto contra Suevos.

104. Itaque si Dracontium velimus exponere de triumphis quos Vandali e Mauris retulerint postquam a Bonifacio in societatem vocati fuerant, tenendum
B est Dracontium elegiam composuisse cum nondum Guntharius e vivis excessisset, neque Vandalorum natio Hispaniam reliquisset, quamvis jam bellum contra Mauros, et pro Bonifacio fuisset susceptum. Etenim defectionis Bonifacii initium Idacius ad annum 423 revocat, ubi ait : *Bonifacius palatium deserens Africam* 80 *invadit,* quamvis defectio annis sequentibus clarius eruperit, et societas inter Bonifacium et Vandalos stabilita fortasse ad annum 426 circiter referenda sit. Verum nihil est necesse pugnam inter Vandalos et Mauros differre ad tempus apertæ defectionis Bonifacii, et initæ inter hunc et Vandalos societatis. Idacius, quo in his rebus et temporibus locupletior alius testis nobis non est, anno 425 narrat : *Vandali Balearicas insulas deprædantur ;*
C *deinde Carthaginem Spartaria et Hispali eversa, et Hispaniis deprædatis, Mauritaniam invadunt.* Hæc omnia eodem anno 425, cui ab Idacio ascribuntur, contigisse cur negemus ? Quam apte convenit Idacio cum Dracontio ?

Contulit absenti terræ pelagicum triumphos,
Ansila testatur, Maurus ubique jacet.

Vandalos jam tum cum Hispanias ingressi fuissent, Africæ inhiasse, piraticamque in mari Atlantico Mediterraneoque exercuisse, ex Sidonio probare contendit Wolfgangus Lazius Lib. xi de Gent. Migrat. Sed Sidonius aperte loquitur de tempore quo Gensericus in Africa regnum Vandalicum obtinebat, ut paulo ante num. 102 observavi. Nobis perspicue favet satisque est Idacius.

CAPUT XI.

Nonnullæ rationes quibus Dracontius in Africa scripsisse dicatur, proponuntur et expenduntur.

105. Dracontius in sua elegia quoddam aliud factum indicat ex quo argumentum peti possit ad ejus ætatem inveniendam. Sic enim regem Vandalorum alloquitur vers. 299 :

, Inclytus armipotens, vestræ pietatis origo,
Et doctus, genio pronior ad veniam,
Non homini ignosco, dixit, sed lingua meretur.
Hic reus et doctus Vincomalus fuerat.

Quisnam fuerit hic reus et doctus Vincomalus, si scire possemus, etiam regem ad quem Dracontius scribit, facile esset designare. Sed primum in codice ms. ipsum nomen *Vincomalus* 81 corrupte ita scriptum est *vinco malos.* Posset igitur aliquis suspicari legendum *Victovalus* aut *Victovales*, quasi sermo esset de antiquioribus temporibus quibus Vandali cum Victovalis fœdus icerunt sub M. Aurelio et L. Vero. Alii forsasse conjicient *Winodamus*, qui sæculo v procedente gratia et amicitia apud Childericum Francorum regem plurimum valebat, de quo Petavius in Rationar. tempor. part. 1, lib. VI, cap. 15. Sed vera lectio est quam expressi, *Vincomalus*, aut, si vis, Græco more *Vincomalos* : cum enim constet hujus nominis homines circa hæc tempora vixisse, ex *vinco malos* recte Vincomalus eruitur. Anno enim 453 consules fuerunt Vincomalus et Opilio ; et Marcellinus in Chronico refert caput S. Joannis Baptistæ inventum *Vincomalo et Opilione consulibus*, mense Februario. In Notitia provinciarum et civitatum Africæ tempore persecutionis Vandalicæ, inter episcopos Mauritaniæ Cæsariensis num. 93 ponitur *Vincemalus Baparensis*, ubi notat Ruinartius in codice Laudunensi legi *Vincemalos Baparensis*. Concilio Toletano XIII, anno 683, subscripsit *Vnicomalus* diaconus, agens vicem Atilani episcopi Pampilonensis, in quo nomine levi duarum litterarum trajectione *Vincomalus* fortasse erit legendum. Sed hic, sive Vnicomalus, sive Vincomalus, ad consequentia tempora pertinet.

106. Quamvis autem alii Vincomali aut Vincemali mihi nunc non occurrant, plures tamen potuerunt esse ita appellati, et probabiliter fuerunt. Ex his vero duobus si de Vincomalo consule intelligere Dracontium velimus, potuit res accidisse sub Godigisclo patre Guntharii, dum viam sibi ad Hispaniam per Pyrenæos montes contra Romanos repugnantes aperiret, aut postquam in Gallæcia cum Vandalis suis consedit : scilicet si Vincomalo adhuc juveni ignovit Godigisclus, et idem Vincomalus jam senex consulatum fuerit adeptus, siquidem ab ingressu Vandalorum in Hispaniam ad consulatum Vincomali solum anni 44 effluxerunt. De Vincomalo aut Vincemalo episcopo in Africa si quis Dracontium explicare conetur, id certe vix intelligi poterit, nisi Dracontium in Africa vixisse et scripsisse teneamus. Atque hinc conjecturam petet aliquis, ut Dracontii 82 Satisfactionem ad Guntabundum Vandalorum in Africa regem directam esse contendat. Nam nomen regis in codice Vaticano expressum *Guthamndus* æque facile ad Guntabundum vel Guntamundum detorqueri potest, ac ad Guntharium. Præterea ubi Dracontius ait :

Inclytus armipotens, vestræ pietatis origo,
Et doctus, genio pronior ad veniam,

innuit Gensericum conditorem imperii Vandalici in Africa, et avum Guntabundi : nam hujus pater Genzo non regnavit. Et recte quidem Gensericus *armipotens* vocatur et *doctus*, qui magnum sibi nomen armis comparavit, et ingenio pollebat, doctrinæque laudem affectabat.

107. Aliud Dracontii distichon, quod illico subjicit, videlicet,

Non ignosco homini, dixit, sed lingua meretur :
Hic reus et doctus Vincomalus fuerat,

egregie cadit in Vincemalum episcopum Baparensem in Mauritania Cæsariensi, qui unus ex episcopis catholicis fuit qui Carthaginem pro reddenda ratione fidei anno 8 regis Hunerici venerunt. Hunericus successerat Genserico, Hunerico successit Guntabundus. Optime igitur cohæret quod Vincemalus reus fuerit habitus a Genserico, et doctrinæ causa, qua illum ut episcopum carere non oportuit, venia dimissus : quod avi exemplum Guntabundo Dracontius veniam rogans in memoriam revocaverit. Nonnulli qui diversarum nationum et temporum etiam non valde inter se distantium stylos distinguere se posse arbitrantur, addent in Dracontio quamdam *Africanitatem* apparere, et phrases ac verba invenire quæ magis propria sæculi v exeuntis quam ineuntis esse videantur. De hac styli diversitate breviter dicam, difficillimum esse inter duos scriptores qui eodem sæculo v vixerint, quorum alter Hispanus, alter Afer fuerit, discrimen invenire in ipsa sola dicendi ratione. Accedit Dracontium in carcerem conjectum ærumnisque oppressum hæc carmina composuisse, ut mirum non sit si ejus sermo aliquando fluat lutulentus, etsi multa ejusmodi quæ displicere 83 possint, librariis et interpolatoribus, a quibus male habitus est Dracontius, omnino tribuenda sunt.

108. Quod attinet ad alteram conjecturam de Vincemalo episcopo, haud equidem negaverim ordinem narrationis apposite procedere. Sed cum de Vincomalo consule aut de alio ejusdem nominis sub Gunthario Dracontius possit exponi, argumentum quod inde petitur parum efficax est, ac plane refellitur ex triumphis terra marique reportatis quos memorat Dracontius. Etenim de Guntabundo hæc pauca narrat Procopius lib. 1 Histor. Vandal. : *Hic Gundemundus multis in Mauros præliis factis, tractatisque pessime Christianis, ægro corpore interiit.* Quod præelia cum Mauris absens gesserit, nihil est unde colligi possit ; multo vero minus quod ejus tempore navales pugnæ confectæ fuerint ; aut quod contra Gothos, quorum dux fuerit Ansila, Vandali pugnaverint. His adde, Guntabundum Vandalorum in Africa regnum adeptum fuisse exeunte anno 484, interiisse vero anno 496 aut sequenti, ut alii voluit. Eugenius vero qui libellos Dracontii ante annum 650 corrigebat, majorem vetustatem illis tribuere videtur, dum eos ait *capere nitidam longo post tempore pallam;* ac rursus sibi objicit : *Et quis est veterum qui carmina mutat?* quod Ildefonsus in Eugenii elogio confirmat, ubi refert eum libellos Dracontii emendasse, *quos antiquitas protulerat vitiatos*. Hæc certe magis favent ætati Dracontii initio sæculi v consignandæ quam ejusdem sæculi fini. Columbanus etiam, qui sæculo v exeunte et VI ineunte claruit, Dracontii carmina inter vetera dicta referebat, ut dixi num. 8.

109. Ex laudibus quibus Dracontius regem prosequitur, conjectura etiam duci potest ne hunc Guntabundum fuisse existimemus. Guntabundus enim, etsi in catholicos Genserico et Hunerico indulgentior fuerit, nihilominus Arianus erat et catholicorum perse-

cutor, ut Procopius aliique affirmant, vel certe Arianos in catholicos furentes non cohibebat. Dracontius autem catholicam de SS. Trinitate doctrinam tenebat, passimque in suo poemate de Deo profitetur: quod supervacaneum non est hoc loco ostendere. Lib. I, vers. 562:

84 Solus in æternum Deus est regnator et auctor,
Virtus trina Deus, triplex Deus omnis et unus,
De quo speratum conceditur omne benignum.

Sirmondus legit *Virtus una Deus, trinus Deus.* Sed unitas naturæ satis exprimitur his vocibus *solus Deus, Deus omnis et unus*; aliæ *virtus trina Deus, trinus Deus* ad trinitatem personarum explicandam a poetis Christianis antiquis adhiberi solent. Claudius Marius Victor, seu Victorinus initio lib. I in Genes. eisdem verbis usus est: *Virtus trina Deus*; neque in indice libror. expurg. Brasichellensis quidquam adversus eum notatur dum ejus opus recensetur. Sic apud alios reperitur *trina majestas, trina pietas, trina potestas, trinum specimen, trinum numen, trinum nomen*; quodque gravius videtur, *trina deitas* canitur in Ecclesia: de quibus phrasibus plura dixi comment. ad Prudent. pag. 259, 596, 587 (*Pat. ol. t. LIX, col.* 797, *comment. ad. vers.* 20; *ejusd. tom. col.* 915, *comment. ad vers.* 1; *hujus tomi col.* 19, *comment. ad vers.* 3 *Psychom.*). In carmine 4 S. Eugenii de Bono pacis Sirmondus edidit:

Pax pia summa Deus peccatis præmia præstat,
Jurgantes perimit pax pia summa Deus.

In editione Matritensi nulla discrepantia adnotatur ex codice Azagræ. In codice Vaticano Alexandrino, quem alibi laudavi, in utroque versu legitur, *Pax trina summa Deus*, quod verum videtur, et eodem modo dicitur ac *virtus trina Deus*, nisi malis metro consulere hoc pacto, *Pax tria summa Deus*, ut Prudentius vers. I Apoth., *Est tria summa Deus.*

110. Alia habet Dracontius de Trinitate catholico dogmati apprime consentientia. Sic lib. II de Christo, quem *Deum* vocaverat, pergit dicere vers. 68:

Et consors cum Patre manens, et Spiritus unus,
Trina mente Deus, Deus auctor, temporis expers.

Eodem sensu quo lib. I dixit, *Virtus trina Deus*, nunc ait, *unus trina mente Deus*, et paulo ante vers. 65 dixerat de mente divina Patris:

Vivida, cunctiparens mens, innumerabilis, una.

Deinde vero vers. 80 de Filio:

Fitque Deus post templa poli sub carne figura
Passibilis, mortalis homo sine fine perennis.

85 Et rursus vers. 89:

Qualiter aure Deus, verbo fœtante marito,
Virgineos intrasse sinus dignatur et alvum.

Pergit vers. 50:

Nam quicunque sapit, novit quia se tulit artus,
Et fuit in terris, ut nec cœleste tribunal
Linqueret Omnipotens; nunquam sine Patre probatus
Filius et Genitor nunquam sine pignore dictus,
Spiritus immensus, sanctus, bonus, arbiter, index,
Tertius unus idem, primus, medius que perennis.

Eodem lib. de Filio Dei:

Solus ubique Deus, rerum fons, conditor et spes,
Idem semper eris quod et es, quod et ante fuisti...
Cum te non caperent cœli, terræque, fretumque,
Aeris et spatium, modico te corde reponis

Pectoris humani, conceptus mente fideli...
Christus enim datus est nobis spes una salutis.

Similia plura habet de Christo Deo, æterno, et uno cum Patre, quæ aperte repugnant hæresi Arianorum, ac nominatim Gothorum, a quibus eam hæresim Vandali hausisse dicuntur. Tenebant enim Gothi, ut refert Isidorus in eorum Historia, *Filium Patri majestate esse minorem, et æternitate posteriorem. Spiritum autem sanctum nec Deum esse, neque substantiam Patris existere, sed per Filium creatum esse, utriusque ministerio deditum, et amborum obsequio subditum.*

111. Itaque credibile non est Dracontium, qui Antiarianum se profiletur, et magna animi demissione peccatorum suorum veniam a Deo et in poemate de Deo, et in Elegia petit, Guntabundi regis Ariani, ac Genserici catholicorum crudelissimi persecutoris, laudes tantopere celebrasse, imo petiisse ut vita sibi superesset ad Gensericum aliosque hæreticos carminibus suis prædicandos. Ita enim orat in Elegia vers. 49:

Ipse meo domno Deus imperat, atque jubebit
Ut me res situat respiciatque pius.
Servet avi ut laudes dicam, patriasque, suasque,
Perque suas proles regia vota canam.

86 Fortasse reponet aliquis Dracontium minime posse excusari, sive in Africa, sive in Hispania scripserit; nam Guntharius Arianus erat, adeoque non debuit a catholico viro tot ac talibus elogiis cumulari. Examine res hæc digna est, an, et quando Vandali in Hispania Arianam hæresim amplexi fuerint. Mihi sane tempora et auctorum æqualium scripta expendenti Vandali in Hispania catholici fuisse videntur; qui fortasse solum sub extremo tempore Arianorum Gothorum fraude decepti fuerunt; si tamen in Hispania decepti fuerunt, et non potius in Africa, ubi Gothi Ariani quos Bonifacius secum duxerat, vivente adhuc S. Augustino, hæresim suam late spargere cœperant. Orosius in Africa quidem degens, sed Hispanus ipse, et anno 416 circiter describens quæ in Hispania gererentur, de barbarorum clementia et religione, exceptis Gothis, quos non nominat, hoc reddit testimonium: *Quanquam et post hoc quoque continuo barbari exsecrati gladios suos ad aratra conversi sunt, residuosque Romanos ut socios modo et amicos fovent, ut inveniantur jam inter eos quidam Romani qui malint inter barbaros pauperem libertatem, quam inter Romanos tributariam sollicitudinem sustinere. Quanquam si ob hoc solum barbari Romanis finibus immissi forent, quod vulgo per Orientem et Occidentem Ecclesiæ Christi Hunnis, Suevis, Vandalis et Burgundionibus, diversisque et innumeris credentium populis replentur; laudanda et attollenda Dei misericordia videretur: quandoquidem etsi cum labefactione nostri tantæ gentes agnitionem veritatis acciperent, quam invenire utique nisi hac occasione non possent.* Id ita ab Orosio expositum catholicam fidem Vandalorum saltem maxima ex parte indicat.

112. Eodem tempore in Hispania vivebat Idacius, et in Gallæcia quidem, ubi diu commorati fuerunt Vandali sub Gunthario rege. Is cum Guntharii infe-

licem obitum narrasset, subinde Gensericum successisse retulit his verbis, olymp. 501 : *Cui Gaisericus frater succedit in regno : qui, ut aliquorum relatio habet, effectus apostata de fide catholica in Arianam dictus est transisse perfidiam.* Quod ergo ait, Gensericum *apostatam de fide catholica* in Arianam transisse perfidiam, idque narrat 87 post obitum Guntharii, cui sectam Arianam non exprobrat, et *ex aliquorum relatione* tantum Genserico apostasiam a fide catholica imputat, evidenter arguit Vandalos in Hispania aut nunquam Arianis adhæsisse, aut solum pau'o antequam in Africam trajicerent. Clarius hoc ipsum asseruit Isidorus in Historia Vandal. : *Gisericus frater Gunderici succedit in regnum annis* 40, *qui ex catholico effectus apostata in Arianam* PRIMUS *fertur trans'sse perfidiam.* Albertus Krantzius in sua Vandalia lib. 1, cap. 27, tradit Gensericum, infelici exitu fratris Guntharii territum, in primis modestiorem apparuisse, post alium inventum. Fides sit penes ipsum, non enim ullo auctore se tuetur.

115. Opponet aliquis contra quod Bonifacius uxorem Vandalicam duxerat, quæ prius Ariana fuerat, sed illi nupsit post ejuratam Arianam hæresim, ut discimus ex S. Augustino epist. ad Bonifac. 220, al. 70. Ita vulgo scriptores referunt, et diserte Ruinartius cap. 5 Histor. Persecut. Vandal. At apud S. Augustinum solum invenio : *Navigasti, uxorem duxisti... Audivi te illam ducere noluisse, nisi prius catholica fuisset facta; et tamen hæresis eorum, qui verum Filium Dei negant, tantum prævaluit in domo tua, ut ab ipsis filia tua baptizaretur.* Non explicat Augustinus quo Bonifacius navigaverit, multo vero minus ex qua gente uxorem duxerit; quæ si Ariana hæresi infecta fuerat, ut verba Augustini innuunt, et ex Hispania ducta, potuit esse e Gothorum genere. Nam Bonifacius cum Castino et Gothis adversus Vandalos pugnaturus Hispaniam adierat, et Castini superbiam ferre non valens, in Africam reversus est. Deinde Gothi in Africa sub Bonifacio militantes Arianum episcopum Maximinum secum duxerunt, qui S. Augustinum ad certamen provocare ausus est : adeo enim jam tum Ariani in Africa invalescebant, ut etiam Pascentius comes, Auxentii Mediolanensis olim episcopi Ariani discipulus, cum eodem S. Augustino de fide disputationem inire voluerit, ut ex hujus operibus et Vita a Possidio scripta demonstratur. Quid si nuptiæ Bonifacii, ab Augustino reprehensæ ea epistola, quæ annis 427 exeunte missa creditur, eo tempore acciderint quo inter Vandalos errores Arianorum disseminari cœpisse non diffitemur? 88 Neque colligi potest regem Guntharium, aut maximam gentis Vandalorum partem jam tum hæresi Arianæ adhæsisse, etiamsi femina aliqua Vandala a Bonifacio in matrimonium ducta Arianorum erroribus imbuta fuisse dicatur.

114. Gravissimam persecutionem eo tempore adversus catholicos in Hispania a Vandalis motam commemorat Ruinartius cap. 2 Hist. Vandal., auctoritate Gregorii Turonensis lib. 11 Histor. Francor., cap 2.

Quamvis enim Gregorius Turonensis Trasimundum regem hujus persecutionis auctorem dicat, tamen Ruinartius colligit, hoc nomine a Gregorio designari Gensericum. Nonnulli scriptores Hispani hujus persecutionis tempus assignant circa annum 424. Sed eos, præterquam quod supposititiis chronicis innituntur, recte refellit Ruinartius ex ipsa ratione temporum : Gensericus enim regnavit post Guntharium, qui anno 427 aut 428 exstinctus est. Quare si Gensericus religionis causa catholicos in Hispania unquam vexavit, id accidit paulo antequam cum Vandalis in Africam migraret. Similius tamen vero mihi videtur Gensericum non nisi post ingressum in Africam in orthodoxos sævire cœpisse. Prosper in Chronico ad ann. 437 eum in Africa catholicam fidem Ariana impietate subvertere voluisse narrat, additque : *Per idem tempus quatuor Hispani viri Arcadius, Probus, Paschasius, et Eutychianus dudum apud Gensericum merito sapientiæ ac fidelis obsequii clari carique habebantur : quos rex ut copulatiores sibi faceret, in Arianam perfidiam transire præcepit... illustri martyrio mirabiliter occubuerunt.* Gensericus Carthagine regnare cœpit ann. 439, et hac in urbe potissimum persecutio Vandalica vires suas exeruit. Quod si in Hispania nonnulli jussu Genserici regis martyrium subierunt, id potuit accidere dum Vandali jam in Africa commorantes, in Hispaniam navibus advecti, aliquam irruptionem fecerunt, ut Idacius refert ad ann. 449 : *Vandali navibus Turonio in littore Galleciæ repente advecti familias capiunt plurimorum.*

CAPUT XII.

Carmina Dracontii ab antiquis de industria interpolata. Conjectura de statua Dracontio Romæ erecta.

89 115. Guntharius quo tempore a Dracontio laudatus fuit, fortasse ea laudes meritus erat, aut his non indignus habebatur ; certe nullum exstat monumentum quo eum in odio apud catholicos fuisse credamus. Post id tempus accidit quod narrat Idacius ad annum 428 : *Gundericus rex Vandalorum capta Hispali, cum impie elatus manus in ecclesiam civitatis ipsius extendisset, mox Dei judicio dæmone correptus interiit.* Cui adhæret Isidorus in Histor. Vand., ubi de Gunderico sive Gunthario loquens, ait : *Hispalim diruit, actaque cæde in direptionem mittit. Qui cum auctoritate regiæ potestatis irreverenter manus in basilicam Vincentii martyris civitatis ipsius extendisset, mox Dei judicio in foribus templi dæmonio correptus interiit.* Hic locus maxime idoneus fuisset ut uterque, Idacius et Isidorus, de hæresi Ariana Guntharii loquerentur, quam illico fratri Genserico exprobrant. Itaque Guntharii nomen odiosum fuit non ob Arianismum, sed ob impietatem qua manus in basilicam S. Vincentii extendit, funestamque mortem inde consecutam. Procopius quidem, lib. 1 Hist. Vand., famam fuisse ait Gensericum mortis fratris Guntharii auctorem fuisse ; se autem a Vandalis accepisse Guntharium in Hispania a Germanis captum in prælio fuisse crucique affixum. Verum auctoritas Idacii hac in re

longe major est, præsertim accedente Isidoro, qui Idacio aliquid addit, ex aliis scilicet monumentis, aut ex traditione Hispali, ubi episcopus ipse erat vigente.

116. Infamiæ Guntharii a dæmone correpti, et Infeliciter exstincti accessit crudelitas Genserici in Africa catholicos vexantis, et plures alias provincias, Hispaniam etiam ac Romam ipsam deprædantis. His de causis Hispani Vandalos abominari odioque prosequi debuerunt. Quamobrem mirari subit qui fieri potuit ut nobilissima Hispaniæ provincia Bætica **90** cum aliquo nempe finium veterum et recentium discrimine a Vandalis nomen *Vandalusiæ* conservari : si tamen hoc nomen unquam habuit. Pervulgata est hæc opinio hominum etiam doctissimorum, Bæticam nunc dici *Andaluzia*, quia olim a Vandalis *Vandalusiæ* nomen accepit : quanquam alii *Vandaliam* eam appellant, alii *Vandalitiam*, alii *Vandalosiam*. Videri hac de re possunt Rodericus archiepiscopus Toleta us Hist. Vandal. cap. 12, et qui eum secuti videntur, Rodericus Sanctius de Arevalo Hist. Hisp. part. I, cap. 7; Nebrissensis in prolegom. ad Decad. rer. gest. Ferdin. et Elisab.; Vasæus in Chron. cap. 8; Mariana lib. I Hist. Hisp., cap. 4; Ambrosius Morales lib. XI Hist., cap. 13, ut Volfgangum Lazium, Grotium aliosque omittam. Equidem veteres scriptores dum perlustro qui a Vandalorum tempore ad plura deinceps consequentia sæcula vixerunt, semper invenio hanc provinciam Bæticam ab eis vocari, nunquam *Vandalusiam*, aut alio nomine a Vandalis repetito. Scribebant illi quidem Latine, sed cum alia multa e vulgari sermone vocabula sumerent, difficile est ut nunquam *Vandalusiam* nominarent, siquidem ea appellatio usu recepta erat. Et Rodericus quidem archiepiscopus Toletanus loc. cit. a Vandalis Silinguis originem nominis repetit : *Quæ regio*, inquit, *a Silinguis Vandalis adhuc hodie Vandalia nuncupatur, quam Andaluziam corrupto vocabulo vulgariter appellamus*. Vocabulum ergo *Andaluzia* vulgare jam erat sæculo XIII, quo scribebat Rodericus, sumptum, ut non male conjicit Florezius tom. IX Hisp. sacr., tract. 28, cap. 4, a voce Arabica *Andalos*, quæ rem occidentalem significat. Et, ut videtur, primum *Andaluzia* dicebatur tota Hispania, vel omnes illæ provinciæ quæ a Mauris tenebantur ; deinde hoc nomen hæsit i'li provinciæ quæ olim fere Bætica erat, et in qua Mauri diuti s constiterunt. Abunazarii exstat *de Studiis populi Andaluziæ*, hoc est Hispaniæ Arabicæ, rarum et inventu difficile opus. Consule Nic. Antonium in præf. ad Bibl., et in Biblioth. Arabico-Hisp. verbo ABU CUATIM ANDALUSIUS, ubi plura de hoc nomine disputat, et opinionem vulgarem rejicit, quod *Andaluzia* a Vandalis dicta fuerit.

91 117. Utut id est, Hispanis Gothisque, qui Vandalorum hostes fuerant, præsertim postquam hi impietatem Arianam ejuraverant, minime placere poterant laudes quibus Guntharius a Dracontio fuerat cumulatus. Et, nisi nimium fallor, hæc causa fuit nonnullis cur Draco ii poemata, potissimum vero Satisfactionem, licentius corrigerent et interpolarent. Id an ab aliis aliqua ex parte factum fuerit ante Eugenium Toletanum, definire non ausim. Certe jam S. Isidori tempore pars primi libri, quæ de Opere sex dierum inscripta fuit, a reliquo corpore separata erat, et ab eodem Isidoro corruptissime legebatur versus quidam primi hujus libri, ut notavi num. 7. Eugenius Chindasuinthi regis jussu libellos Dracontii *de Creatione mundi* conscriptos, ut loquitur S. Ildefonsus, suscepit emendandos. In versibus qui ad primum librum de Deo pertinent, nonnullæ mutationes factæ sunt, sed non admodum frequentes, neque ita magni momenti, ut nostrum codicem cum Sirmondiano conferenti patebit. In epistola præsertim Eugenius ea videtur fecisse quæ in sua præfatione ad regem Chindasuinthum narrat, *superflua se dempsisse* (ut ipse putabat), *semiplena supplevisse, fracta constabilivisse, crebro repetita mutasse, versiculos detraxisse, qui et sensu tepidi, et verbis illepidi, et nulla erant ratione subnixi, in quibus nihil reperiebatur quo lectoris animus aut mulceretur doctus, aut doceretur indoctus*. Nihil autem prius habuit Eugenius, sive alius (nam f. rtasse ante vel post Eugenium alius fuit interpolator), quam ut memoriam omnem regis Vandalorum penitus aboleret, versusque illos omitteret ex quibus occasio qua scripta fuit Satisfactio percipi posset. Hinc prætermissi omnino sunt hi versus :

> Nominis Asdingui bella triumphigera..
> Servet, avi ut laudes dicam, patrisque, tuasque,
> Perque suas proles regia vota canam.

118. Dedita etiam opera postremi Satisfactionis versus omissi videntur, quibus ærumnæ Dracontii clarius describuntur, factumque illud narratur ex quo veteres regem, qui laudabatur possent agnoscere :

> Inclytus armipotens, vestræ pietatis origo,
> **92** Et doctus, genio pronior ad veniam,
> Non homini ignosco, dixit, sed lingua meretur :
> Hic reus et doctus Vincomalus fuerat.

Non tamen Eugenio imputaverim quod titulum Satisfactionis, quasi ad Theodosium Juniorem scriptæ, ipse supposuerit, priori inscriptione deleta qua regis Vandalorum nomen expressum erat ; neque enim credam virum probum veritatisque studiosum tantum sibi arrogasse. Aut igitur ipse ignoravit cuinam laudes epistolæ dicerentur, et ex temporum ratione conjecit Satisfactionem ad imperatorem Theodosium Juniorem referri, aut, quod verius puto, elegiam sine inscriptione ipse dimisit, cui alii postea eum quem nunc apud Sirmondum legimus, ex conjectura addiderunt titulum. Aliarum mutationum quæ in sententiis aliter ac ipse auctor voluit explicandis factæ sunt, unum vel alterum proferam exemplum.

119. Dracontius providentiam Dei de bonis, quæ donat, ac de malis, quæ permittit, hoc uno disticho complexus est vers. 15 :

> Quidquid agunt homines, bona, tristia, prospera, [prava,
> Hoc fieri admittunt ira favorque Dei.

Ut simili modo dixerat lib. 1, vers. 18, carm. de Deo:

> Omnia quæ veniunt, bona, gaudia, tristia, acerba
> Descendunt ex arce Dei, de sede Tonantis.

Interpolatori sententia elegiæ dura visa est: hæc ergo ille duo disticha supposuit:

> Quidquid agunt homines, bona, prospera, sancta, mo-
> [desta,
> Te faciente, fiunt, quo bona cuncta fiunt,
> Econtra adversa, probrosa, maligna, inhonesta
> Tu fieri pateris, qui mala nulla facis.

Et, ut apertius videas quid interpolatori in disticho Dracontii displicuerit, animadvertas, quæso, mutationem distichi sequentis, quod Dracontius ita ediderat:

> Hoc tua verba probant Moseo dicta prophetæ,
> Quod duraturus cor Pharaonis eras.

Corrector noluit dictum quod Dominus cor Pharaonis obduraverit; ita igitur ille:

93 Hæc tua lex docuit Moyse præscripta notante,
Cum perjuratum cor Pharaonis ait.

Atqui Dracontius Exodi verba cap. VII, v. 3, expressit. Sed hic locus non est ut Dracontium tueamur; tantum nunc discrepantiam inter Dracontium ejusque correctorem ostendimus, quæ in eadem fere sententia paulo post rursus occurrit vers. 27:

> Quis nisi cœlesti demens compulsus ab ira,
> Aspera cuncta petat, prospera cuncta neget?

In codice Sirmondi hoc distichon ita effertur:

> Quo nisi cœlestis Domini conspectus ad æthram
> Aspera cuncta premunt, prospera nulla juvant

Codex Azagræ in editione Matritensi sic habet:

> Quo nisi cœlestis Domini conceptus ab æthra
> Aspera cuncta premat, prospera nulla juvant.

Rivinus scripturam Sirmondi antea sollicitaverat, et legerat:

> Quem nisi salvasset Domini conspectus ab æthra,
> Aspera cuncta premunt, prospera nulla juvant.

Mendum viderat, sed veram lectionem non vidit, quæ exstat in elegia non interpolata. Absurdum putabat corrector quod aliquis *cœlesti compulsus ab ira* aspera cuncta peteret, prospera cuncta negaret. At Dracontius hoc voluit, hoc de seipso affirmavit, ut ex tota orationis serie liquet. In levi unius verbi mutatione studiosam correctoris diligentiam licet observare. Dracontius ex persona Commodi Augusti hoc præceptum posuit vers. 189:

> Nobile præceptum, rectores, discite post me:
> Sit bonus in vita qui volet esse deus.

Hoc postremum verbum interpolator aut mendum putavit esse, aut tolerari non posse. Igitur emendavit:

> Sit bonus in vita qui volet esse Dei.

At Commodus, qui hæc verba profert, intelligit apotheosin gentilium, qua imperatores post obitum in deorum numerum referebantur.

120. Plura alia nunc omitto, quæ melius patebunt cum Elegia ex codice Vaticano edita cum variantibus lectionibus **94** codicum Sirmondiani et Azagrensis conferetur. Sed cum tantum studium adhibitum fuerit ut Dracontii carmina ad posteros interpolata pervenirent, quærat aliquis qua via extra Hispaniam et in Italia hæc ipsa integra asservari potuerint; nam ea quæ in Gallia sunt, ex emendatione Eugenii videntur processisse, excepto codice Parisiensi S. Victoris, quem ego puto exaratum ex aliquo antiquiori, solos versus de Opere sex dierum continente, qualem etiam ante Eugenium vidit Isidorus. Verum difficile non fuit ut ante S. Isidori tempora codex aliquis ex Hispania in Italiam adveheretur, qui integrum poema de Deo, et Satisfactionem ad regem Guntharium comprehenderet: nisi vel mus etiam suspicari ipsum Dracontium, carcere tandem liberatum, in Italiam venisse. Hanc enim habeo conjecturam, quam nunc proponam.

121. Sidonius in Excusator. ad Felicem, carm. 9, tres poetas laudat qui patribus suo et Felicis fuerant sodales, quorum tertium non nominat, sed in Bætica natum dicit, et alia de eo narrat his versibus:

> Ne qui jam patribus fuere nostris
> Primo tempore maximi sodales...
> Sed nec tertius ille nunc legetur,
> Bætim qui patrium semel relinquens
> Undosæ petiit sitim Ravennæ,
> Plausores cui fulgidam Quirites,
> Et carus popularitate princeps
> Trajano statuam foro locarunt.

Suspicatur Sirmondus in notis ad Sidonium hunc poetam Hispanum esse Merobaudem, de quo Idacius ad annum 443: *Asturio magistro utriusque militiæ gener ipsius successor ipsi mittitur* (ad Hispanias) *Merobaudis, natu nobilis, et eloquentiæ merito vel maxime in poematis studio veteribus comparandus, testimonio etiam provehitur statuarum. Brevi tempore potestatis suæ Aracellitanorum frangit insolentiam Bacaudarum. Mox nonnullorum invidia perurgente, ad urbem Romam sacra præceptione revocatur.* Addit Sirmondus hunc esse Merobaudem cujus exstat carmen de Deo. Acute hæc excogitata sunt. **95** Verum idem Sirmondus observat eo tempore statuas in foro Trajano multis fuisse collocatas, quod etiam antiquis inscriptionibus probat. Locus igitur adhuc relinquitur dubitandi an de alio Hispano poeta aptius intelligi possit Sidonius. Notandum ergo est Sidonium natum fuisse circa annum 428, et affirmare poetam illum Bæticum sodalem fuisse sui patris *primo tempore*, quod ego interpretor in ipsa sui patris juventute. Ait præterea Sidonius eum poetam Bætim patrium semel reliquisse, et Ravennam venisse: quo innuit Ravennæ cum patre suo amicitiam contraxisse. Intelligo etiam poetam Hispanum Sidonii Bætim in perpetuum reliquisse; id enim significat hoc loco adverbium *semel*. His ita positis consequitur Sidonium minus congruenter exponi de Merobaude, qui anno 443 dux sive magister utriusque militiæ missus est in Hispanias, mox sacra præceptione Romam revocatus. Contra Dracontio omnia Sidonii verba apte conveniunt: nam et Bæticus erat, et circa annum 427 Ravennæ jam potuit commorari, postquam patrium Bætim semel reliquisset. Huic conjecturæ favet quod S. Columbanus Elegiam Dracontii integram legerat, ut ex versibus illius num. 8 allatis arguitur, et quod codex Dracontii in catalogo antiquissimo monasterii Bobiensis ab eodem S. Columbano fundati reperitur descriptus. Id enim simul cum Sidonii versibus nonnullam causam præbet suspicandi Dracontium in Italia vixisse.

122. Dracontius enim, si libertatem adeptus fuit, ut sibi consuleret ac se calamitatibus quibus vexabatur Hispania subtraheret, otium honestumque secessum amare debuit : imo hoc Deum precatus est lib. III de Deo, vers. 647 :

Me, rogo, jam repara sub libertate solutum,
Clade catenarum ferrato pondere pressum.
Sit vitæ requies, animæ siut otia fessæ,
Sit secura quies, sit nox cum munere noctis.

Quod enim pergit, *Sit fortuna redux*, etc., ea tantum fortunæ bona videtur postulare quæ otio animæ fessæ, ac securæ quieti minime adversantur. Fuerat enim palatinus, ut conjici potest ex suis versibus, et plane affirmavit supra num. 32 Goldastus **96** nescio quo auctore : ad minimum erat dives et nobilis, ut ex vers. 589 lib. III colligere licet :

Agmina servorum fugiunt, tempsere clientes.

Id enim recenset inter alias molestias quibus affligebatur.

CAPUT XIII.
Confessio et pœnitentia Dracontii.

123. Hoc discrimen interest inter carmen de Deo et Elegiam, quod in Elegia Dracontius regem alloquens, ejusque gratiam demereri cupiens, petit vitam sibi prorogari ut laudes Vandalorum canat; in carmine post humillimam criminum suorum confessionem sic Deum precatur vers. 663 lib. III :

Servatum reparare jube pietate sueta,
Ut merear cantare tuas per carmina laudes.

124. Præterea animadvertendum est Dracontium in Elegia innuere crimen suum non aliud fuisse nisi quod hostem aliquem regis Vandalorum carmine celebrasset. Et, ut conjecturis indulgeamus, fortasse Castinus fuit ille quem laudaverat Dracontius. Sic enim habet Idacius ad ann. 422 : *Castinus magister militum cum magna manu et auxiliis Gothorum bellum in Bætica Vandalis infert; quos cum ad inopiam vi obsidionis arctaret, adeo ut se tradere jam pararent, inconsulte publico certamine confligens, auxiliorum fraude deceptus, ad Tarraconam victus effugit.* Dum Vandali vi obsidionis ad inopiam redacti erant, tempus potuit videri opportunum ut aliquis qui nondum corde societatem Romanorum expulerat, Castinum ducem versibus extolleret. Quamvis autem nullum vestigium carminis quod tunc Dracontius composuit ad nos pervenerit, ejus tamen testimonio certum est editum ab illo fuisse carmen quo rex offensus fuit. Nec mirandum est hoc non superesse carmen, quod Vandali, qui in Bætica tunc rerum potiebantur, supprimere debuerunt.

125. Dracontius in carmine de Deo, ubi ex animi sententia peccata sua fatetur coram Deo, de hoc carmine omnino **97** silet, fortasse quia putabat alia sibi esse crimina graviora quæ ut puniret Deus, eum in has quas patiebatur calamitates incidere permiserat. In Elegia vers. 105 ait :

Te coram primum me carminis illius ausu,
Quod male disposui, pœnitet et fateor.

In carmine vero lib. III, vers. 576, post multa alia :

Hei mihi ! quod facinus non uno tempore gestum,
Ut mea facta luam, tempus convenit in unum.

Quot autem et qualia fuerint hæc scelera quorum se reum accusat Dracontius, non explicat distincte; sed innumera et horribilia fuisse, ex versibus qui præcedunt nonnulli colligent. Sic enim ait :

Quorum primus ego plusquam peccator habendus.
Quando fatebor enim scelerum numerum, atque reatus
Pectoris et carnis ? non si mihi ferrea vox sit,
Ora tot exsurgant quot dentes ossibus albent,
Aut mihi sint linguæ quantos caput omne capillos
Pectinat, explebo numerum sine fraude fidelem.
Sed satis est dixisse reum sub crimine cuncto.
Quod tua jussa vetant, solus peccasse fatebor,
Omne quod horrescis non me fecisse negabo...
Ergo ego confiteor miseranda mente reatum
Plenum, grande malum non uno crimine partum.
Nam scelus omne meum numeros superabit arenæ
Littoris, et pelagi vincent mala nostra liquores.
Non puto diluvium tantos punisse reatus
Quantos ipse gero culparum pondere pressus.
Flumina me scelerum rapiunt, quatiuntque procellæ,
Et peccatorum torrens simul obruit unda.
Me delictorum merserunt fluctibus amnes,
Usque animam venit unda meam, gravis horror aqua-
[rum.

Hæc omnia nisi exaggerata a Dracontio esse censeamus, sceleratiorem eo neminem fuisse credemus.

126. In prolegomenis ad Prudentium cap. 2, num. 44 et seqq. probare conatus sum verba quibus sua crimina Prudentius in præfatione accusat, a modestia et humilitate **98** Christianis justis usitata posse intelligi profecta, neque innuere hominem insigniter sceleratum et perditum, ut alii vulgo interpretabantur. Neque nunc quidem aliter sentio : imo hæc ipsa Dracontii verba, quæ graviora plerisque videbuntur, eodem sensu accipio. Sed quod de Prudentio tunc satis aperte indicavi, nunc clare profiteor, non ita me hanc causam agere, quasi aut de Prudentii aut de Dracontii innocentia liqueat, sed id unum asserere, ex humili eorum confessione argumentum peti non debere ad gravissima de eis scelera affirmanda. Luculentum exemplum nunc afferam ex S. Eugenii Toletani versibus in Lamento de adventu propriæ senectutis, lib. I, carm. 12 :

Oppressi, rapui, nudavi, crimina finxi,
Pauperis ad vocem mens mea surda fuit.
Corrupi proprium lascivo vulnere corpus,
Hinc miser, hinc pavidus, hinc temulentus eo.
Nulla meas unquam venia compescuit iras,
Nec sine felle furens, nec sine cæde fui.

Ac ne quis de auctore dubitet, nomen in postremo pentametro exprimit :

Eugenio misero sit, rogo, pœna levis.

Nemo negaverit difficilius esse hæc verba Eugenii benigne interpretari, quam quæ a Dracontio in genere tantum proferuntur : nam Eugenius ad species ipsas horrendæ cujusdam iniquitatis descendere videtur.

127. Profecto Barthius, qui lib. LV Advers., cap. 11, hoc carmen Eugenii interpretatur, conceptis verbis ait : *Corrupisse se proprium corpus scortationibus dicit... Fuisse autem ad hæc delicta proniorem Eugenium ex epigrammate etiam tertio doceri possumus, ubi ait :*

Nunc rectum sequimur, nunc pravum corde tenemus;
Nunc saucii castique sumus, nunc scorta fovemus.

Etsi enim eo loco generatim loquatur de mentis apud omnes homines inconstantia et futilitate, sua tamen ex propria conscientia et vitæ anteactæ experientia ista omnia recenset atque detestatur; fatetur autem eodem 12 carmine etiam cæde 99 se purum non fuisse. Non enim aliter quam uti sonant, simpliciter ea verba sunt intelligenda... Juventutem se per libidinum omnia genera decurrisse fassus est. Hæc Barthius, qui si vidisset alia carmina Eugenii ex codice Azagrensi Matriti edita, uberius opinionem suam confirmasset carmine 1 lib. II, quod incipit :

Mole culparum graviter onustus,
Crimine summus, vitiis abundans.

128. Barthio ex sola Eugenii confessione assentiri non auderem, etiamsi alia deessent monumenta quæ ejusmodi scelera ab Eugenio repellerent : nunc cum hæc adsint, plane dissentio. Audi locupletiss mum testem Ildefonsum in Eugenii Vita : *Hic cum ecclesiæ regiæ clericus esset egregius, vita monachi delectatus est. Qui sagaci fuga urbem Cæsaraugustanam petens, illic martyrum sepulcris inhæsit, ibique studia sapientiæ et propositum monachi decenter incoluit : unde principali violentia reductus atque in pontificatum ascitus, vitam plus virtutum meritis quam viribus egit. Fuit enim corpore tenuis, parvus robore, sed valide ferrescens spiritus virtute.* Caditne id elogium in eum hominem qualem nobis describit Barthius? Neque opponas Eugenium juventutis suæ crimina accusare; nam Ildefonsi testimonium vitam in adolescentia integre et pie actam confirmat, et ipse Eugenius in epitaphio totum suæ vitæ tempus comprehendit, perinde quasi ad obitum usque sceleribus fuerit involutus. Quid igitur restat, nisi ut dicamus Eugenium quodam sensu minus proprio, sed vero et humili loqui, ut veritas in ejus dictis cum humilitate cohæreat, neque verba ut sonant aut sonare videntur, simpliciter intelligantur?

129. Eugenius autem non se solum verbis ex humilitate Christiana profectis, verum etiam, quod mireris, Chindasuinthum regem simili modo, tanquam improbum et nefarium hominem descripsit. In libro II carminum Eugenii ex codice Azagræ, in editione Matritensi, carmen 75 est *Epitaphium Chindasuintho regi conscriptum,* ubi inter alia Eugenius hæc ait :

100 Chindasuinthus ego noxarum semper amicus,
Patrator scelerum Chindas nuthus ego.
Impius, obscenus, probrosus, turpis, iniquus,
Optima nulla volens, pessima cuncta valens.
Quidquid agit, qui prava cupit, qui noxia quærit,
Omnia commisi, pejor et inde fui.
Nulla fuit culpa quam non committere vellem,
Maximus in vitiis, et prior ipse fui.

Restitui *pejor* pro *pejus,* quod legitur in editione Matritensi. In his versibus primum agnosco humilem exaggerationem vitiorum Chindasuinthi; deinde arguo, non ab Eugenio, sed ab ipso Chindasuintho epitaphium fuisse compositum. Qui enim fieri potuit ut Eugenius aut vivente Chindasuintho, aut post ejus obitum tot tamque gravia crimina illi imputaret?

130. *Prælargissimam pietatem* Chindasuinthi Eugenius ipse in epistola qua Dracontium a se emenda-

tum mittit, celebrat; eumdem Chindasuinthum religionis pietatisque laude floruisse constat, qui etiam Taionem Romam legatum misit, ut varia S. Gregorii opera, quæ in Hispania desiderabantur, asportaret, et Eugenio mandatum dedit ut Dracontii libellos corrigeret. Unum in eo vitium, cujus distincta mentio in epitaphio non est, Mariana lib. VI Hist. Hisp., cap. 8, notat, reliquam vitam laudat : *Regnum per tyrannidem occupatum bene gessit, inaugurationis vitium totius vitæ probitate atque constantia compensare satagens.* Non ergo Eugenio, sed ipsi Chindasuintho tribuendum est hoc epitaphium. Neque immerito solertissimus editor cardinalis Lorenzana ante librum secundum monuit non omnes versus qui in eo proferuntur, repræsentari tanquam germanos fetus Eugenii, quamvis in codice Azagrensi omnes sub uno Eugenii nomine ordine continuo reperiantur scripti, et permixti illis quos jam ante Sirmondus ediderat. Inter illos ipsos quos Sirmondus vulgaverat, plures esse qui Eugenium non habent auctorem, facile esset ostendere, ut carmen 21 de Inventoribus litterarum, quod in Anthologia Latina reperitur. Et quoniam epitaphium Chindasuinthi huic ascripsimus, carmen 31 libri I *de Morte* 101 *conjugis Chindasuinthi regis,* quo rex alloquitur reginam, nihil prohibet quominus eidem regi adjudicemus. Quod si Chindasuinthus auctor sui epitaphii creditur, pro uno exemplo Eugenii quod proposueram, jam duo erunt distinguenda : ex quo magis confirmabitur humilem peccatorum confessionem Dracontii sine improbæ vitæ infamia stare posse, et cum exempla hæc humilitatis Christianæ ex Hispanis sint petita, nova conjectura accedet, si tamen res non obscura conjecturis comprobanda est, ut ex simili modestia Hispanis potissimum usitata Hispaniam Dracontii patriam esse confirmemus.

CAPUT XIV.
Stylus, latinitas, et prosodia Dracontii.

131. Ut de aliis omnibus scriptoribus, ita de Dracontio diversa sunt inter se doctorum hominum judicia. Dupinius, Biblioth. Nov. tom. IV, pag. 210, barbarum et inconditum dicendi genus in Dracontio taxat. Ceillierius, tom. XV de Script. eccles., cap. 29, nihil in Dracontii poemate consideratione dignum esse arbitratur. Goldastus in epistola ad Weitzium ait : *Dracontius probus auctor est, concinnus, et ipsa brevitate commendabilis, sed ab ævo sequiori: in quo tamen consimiliter ut in Prudentio elegantiarum flosculi ceu purpuræ quædam insitæ interlucent ac scintillant.* Fabricius, comm. in Poet. Christ., verbo DRACONTIUS : *Ejus carmen eruditum atque insigne est.* Cunradus Rittershusius in oda ad Weitzium :

Huic jam it comes Dracontius,
Sublimique canit versu primordia rerum.
Multis diu ignorabilis,
Non bene qui latuit, tua donec cura sub oras
Ipsum reduxit luminis
Ex tenebris, monstrans clare quot via reperta
Pugno ille concludat brevi.

Mendum videtur *quot via* : forte Rittershusius scripsit *quot dia reperta* Barthius sæpe elegantiarum Draconti flosculos indicat, **102** ingenium vero prædicat lib. VII Advers., cap. 20 : *Plurimum ingenii fuit in Christianis veteribus vatibus, et quidem sæpe adeo excellentis, ut dum illustrare volunt quædam, omnia confundant. Sane Dracontius Hispanus adeo acute et nervose de plerisque incidentibus loquitur, ut vix seipsum satis intellexisse videatur, tantum abest ut ab iis potuerit sententia ejus percipi qui nostra ætate in ea re studuerunt.* Nonnullis hoc laudandi genus obscurum et ambiguum videri possit, sed quid voluerit Barthius dicere satis intelligitur: esse scilicet quoddam ingenii acumen, quod dum subtilius in rebus versatur, nonnullam obscuritatem parit apud eos præsertim qui parum ingenio valent. Paulo post ait Barthius Dracontium acute conciseque loquendi artificem fuisse, et natura ævoque eo inclinasse.

132. Jure animadvertit idem Barthius loc. cit., omnino Dracontium mendis adhuc plurimis scatere, quæ nisi tollantur, frustra notha pro legitimis, supposita pro genuinis interpretari labores. *Et in acutis* (addit) *his concisisque scriptoribus multa infercire præsumpserunt transcriptores sequentium temporum, cum nemo non paulo litteris imbutior hoc genere scribendi delectaretur, usque adeo quidem improbe, ut universa tandem eloquentia his argutiis intercisa sit.* Quod autem idem Barthius, lib. LIV, cap. 9, Dracontium vocat *poetam sensu et eruditione, quam eloquentia longe meliorem et instructiorem*, atque alibi phrasin ejus intricatiorem dicit, id eodem pertinet, ut Dracontius partim natura, partim sui sæculi more, partim transcriptorum culpa nimium sit acutus et ingeniosus, atque hac parte a vera eloquentia declinaverit. Minime autem dubito quin diverso modo judicasset Barthius, si Dracontium qualis a nobis exhibetur vidisset. Nam primum Barthius putabat Hexaemeron quod tunc exstabat, epitomen esse carminis Dracontii de Opere sex dierum, duosque auctores ex stylo colligebat, ut dixi num. 29. Cum vero nunc constet Dracontium non sibi proposuisse argumentum operis sex dierum, sed majestatis divinæ e rebus creatis laudandæ, ad **103** hujus scopi rationem de poemate judicandum est: et recte quidem in eo omnia procedunt.

133. Deinde etsi Dracontius nondum tam correctus prodeat quam esset optandum, tamen multa in eo jam apparent lumina eloquentiæ non vulgaris, in Elegia præsertim, ubi emendatiorem codicem nacti sumus. In carmine vero de Deo sæpe orationis tractus ita æquabilis fluit, ut evidentissimum sit in aliis locis ubi intricatior est sermo, non auctoris, sed exscriptorum aut interpolatorum culpam esse. Non tamen iverim inficias e barbarorum commercio aliquam labeculam stylo Dracontii adhæsisse; sententias et sæpe verba eadem frequenter esse repetita, et fortasse rerum ordinem parum accurate dispositum. Sed recte aiebat Ovidius, etiam leviori ca'amitate oppressus, lib. I Trist. eleg. 1 :

Hæc quoque quæ facio judex mirabitur æquus,
Scripta que cum venia qualiacunque leget.

Da mihi Mæonidem, et tot circumspice casus,
Ingenium tantis excidet omne malis.

Dracontius in catenis et vinculis scribebat. Quid ergo mirum si Dei benignitatem et clementiam passim imploret, etiam ubi res id non postulare videatur? aut si varietatem phrasium verborumque negligat? aut si perturbato nonnunquam argumenti ordine procedat? Interea negari nequit gravissimas et ad pietatem Christianam maxime conformatas sententias in ejus carminibus emicare, e sacris Litteris sanctisque Patribus petitas, ut vere Sirmondus, qui minimam partem eorum viderat, dixerit in epistola dedicatoria ad Henricum Borbonium regis filium, episc. Metens.: *Ad Dei laudes admirabilium ejus operum contemplatione subvehet Dracontius.* Omitto nunc singularem Dracontii doctrinam, et eruditionem non solum sacram, verum etiam profanam, quæ versus illius legentibus ipsa sine indice se prodit.

134. Quod attinet ad nitorem sermonis Latini, multa occurrunt in Dracontio pure et venuste dicta, multa etiam, ex optimorum poetarum imitatione, quos ipse, ut patet, sedulo legerat, et Christiane loqui quodammodo cogit. Quædam tamen **104** sunt alia quæ non barbara quidem censenda sunt, sed minime proponenda ut ea imitentur ii qui ad aureæ ætatis gustum velint sermonem suum conformare. Sed habenda est etiam ratio argumenti, quod a veteribus profanis poetis intactum voces quasdam admittit ab eis non usurpatas, præsertim quæ ecclesiasticum quemdam saporem habent, quod e sacris Litteris et usu Ecclesiæ profectæ sint. Sane qui sermonis Latini terminos qua late patent nosse velint, poetas æquales Dracontii minime ignorare debent, cum ii e pura Latinitate plurima vocabula nobis conservaverint, alia adjecerint quæ suo tempore erant in usu, neque indigna sunt ut etiam nostro usurpentur. Quamvis autem in notis animadvertemus quæ sint voces phrasesque propriæ Dracontii, aut paucis cum ipso communes, juvabit tamen nunc quædam observare.

135. Lib. I de Deo, vers. 4, usus est adverbio *veneranter*, atque iterum lib. III, vers. 672, quo etiam Tertullianus, sive quicunque alius auctor carminum sub hujus nomine, et Sedulius, usi sunt. Alia similia adverbia formavit Dracontius, ut lib. I, vers. 94, *moderanter*; ibid. vers. 351, *dominanter*; ibid. vers. 609, *incessanter*. Lib. III, vers. 225, *tonanter*; ibid. vers. 671, *trementer*.

136. Nomine *modestus* mirum quantum delectatus sit Dracontius. Lib. I, vers. 29, de pietate Dei *virtute modesta est.* Ibid. vers. 435, de Deo, *virtute modestus.* Lib. II, vers. 70, de Deo, *pietate modestus;* ibid. vers. 308, *non jure modesto;* ibid. vers. 758, de Tabitha *modesta.* Lib. III, vers. 579, *vultus modestos.* Eleg. vers. 93, *dominos reticere modestos.* De voce *placidus* vide num. 148.

137. Sæpe etiam Dracontius adjectivum *anhelus* igni aut soli tribuit, ut lib. I, vers. 26, *solis anheli*; ibid. vers. 187, iterum *solis anheli;* ibid. vers. 659,

ignis anheli; lib. II, vers. 91, *ignis anheli*; lib. III, vers. 70, *anhelantes flammas*; vers. 169, *non fervor anhelat*; vers. 308, *anhelantis vaporis*.

138. Weitzius in initio indicis sui in Dracontium monet bina epitheta sive adjectiva ab eo uniri uni substantivo, ut vers. 180 lib. I, *odoriferis nunquam marcentibus herbis*, atque alibi. Exemplum complosionis profert ex vers. 596 lib. I : *Omnia pulchra gerens, oculos, os*. Ad hyphen refert vers. cit. 180, *nunquam-marcentibus*, et similia, ut *male viventi, semper-vestita*. Ad ὀξύμωρα, oxymora revocat *funera viva, vivax cadaver* lib. I, vers. 648, quibus verbis oxymoris, hoc est quasi *acutistultis*, quia stulta videntur primo aspectu, sed sunt acuta, plenus est Dracontius.

139. Denique ut de prosodia Dracontii nonnihil dicamus, raro a metri legibus quibus severiores poetæ optimi se obstrinxerunt, recedit. Quod *idolum* secunda brevi effert, commune hoc vitium illi est, si tamen est vitium, cum Prudentio aliisque multis poetis Christianis : cujus syllabæ corripiendæ rationem reddidi in prolegom. ad Prudentium cap. 24 et seqq. Peculiare Dracontio est, quod primam in *thronus* producat; sed etiam id defendi potest ex his quæ loc. cit. disserui : nisi fortasse codex corruptus est duobus in locis quibus hoc verbum adhibetur. In verbo *fiant* varius est Dracontius : aliquando producit cum antiquis poetis, aliquando corripit cum Prudentio et aliis : quanquam mendum aliquod suspicari licet ubi a Dracontio corripitur. Vide notam ad vers. 82 lib. I, et 191 lib. II. Paucas alias voces, quas Dracontius diverso intervallo, atque alii, profert, suis locis adnotabo. Solemne quoque est Dracontio, ut aliis poetis sequioris ævi, vocalem brevem ratione solius cæsuræ producere, ut lib. I, vers. 430, *Projicere nec plasma suum*. Alicubi etiam ob solam aspirationem brevis a Dracontio producitur, quod et ratione, et veterum exemplo sustineri potest.

140. In nominibus propriis magnam licentiam poetæ Christiani atque illi etiam profani qui eodem tempore scribebant, sibi sumebant. Dracontius, simili libertate usus, nomina propria ut collibitum illi est metro alligat, et idem nomen modo brevi intervallo, modo longo pronuntiat. Sic lib. II, vers. 572, primam rite corripit in *Stephanus*,

Martyrium Stephano qui fecerat, inde recepit,

in Elegia vero eamdem producit vers. 171,

Stephanus ante alios lapidum sub grandine martyr,

nisi contra auctoritatem codicum malis trajicere, *Ante alios Stephanus lapidum*, etc. Verum idem Dracontius in *Isac* primam corripuit lib. III, vers. 139,

Quid pater Abraham, quid Isac meruisse leguntur?

et produxit paulo post vers. 155,

Omnia perpetuo generi manifestius Isac.

Barthius, lib. IX Advers., cap. 7, ut quemdam versum Dracontii restituat, ita præfatur : *Poetarum Christianorum mos velut est, consuetudo certe, nominibus quæ propria appellant grammatici, uti in versu ut libet, modo correptis videlicet syllabis, modo productis. Inde illustre mendum video in eodem Dracontio,* etc. An de hoc mendo vere judicaverit Barthius, suo loco dicam.

141. Non est tamen silentio prætereundum ipsos etiam poetas Christianos agnovisse nomina propria quantitate certa syllabarum gaudere, quam servare oportet. Multa sunt exempla poetarum Christianorum veterum qui nominibus his propriis contra metrum uti non audebant, aut veniam præfabantur, siquando aliter fieri non poterat. Sed adducam exemplum e sæculis barbaris. Galfridus de Vino Salvo, qui anno 1216 vivebat, in Poetria sic Innocentium summum pontificem allo,ultur :

Papa, stupor mundi, si dixero, Papa NocENTI,
Acephalum nomen tribuam tibi ; si caput addam,
Hostis eris metri Nomen tibi vult similari.
Nec nomen metro, nec vult tua maxima virtus
Claudi mensura. Nihil est, quo metiar illam.
Transit mensuras hominum. Sed divide nomen.
.... In præfer, et adde NocENTI,
Efficiturque co nes metri : sic et tua virtus
Pluribus æquatur divisa, sed integra nulli.

Ita Galfridus delicias facit in nomine *Innocentii*, quod versu hexametro concludi nequit. Nihilominus pauli post in *Gregorii* nomine leges metri contempsit :

Desine; Gregori, subsiste ; quid eloquar omnes!

Et potuit tamen alio modo versum ordinare, ut secundam non produceret. Concludam igitur Christianos poetas nominibus propriis, præsertim quæ ex alio idiomate originem trahunt, libere usos in versu, partim quod vulgarem consuetudinem ea efferendi sequerentur, partim quod facilius in his quam in aliis licentiam poeticam locum habere existimarent. Verum de his omnibus quæ ad peculiarem Christianæ veteris poeseos prosodiam pertinent, fuse et dedita opera egi in prolegomenis ad Prudentium, quæ nunc repetere necesse non est; plura autem alia illis addere, etiamsi id fieri nullo labore possit, opportunum non videtur.

CAPUT XV.
Methodus in editione Dracontii observata.

142. Weitzius in prologo editionis Dracontii judicium hoc viri cujusdam clarissimi exponit : *Polito scriptori, qualis hic noster est, omnia jure meritoque integra esse debere, levissimumque etiam mendum ei molestiam exhibere*. Nihil igitur mihi magis elaborandum fuit, quam ut Dracontium integrum, et quoad ejus fieri posset, ab omni mendo purum repræsentarem. Vere enim Muretus dixit lib. VIII Var. lect., cap. 4 : *Quotidie magis intelligo nullam esse mendam ita pusillam, quam non permagni intersit e veterum monumentis tolli ac corrigi; neque ullum hominum genus magis prodesse studiis, quam eos qui accurate et fideliter operam in illis purgandis et emendandis ponunt. Unius enim litterulæ erratum interdum eas etiam hominibus eruditissimus offundit tenebras, ut tanquam in illuni nocte errantes quovis potius perveniant, quam quo volunt*. Idem eruditus et elegans scriptor lib. I, cap. 16, affirmat vix ullum esse codicem tam imperite scriptum, ex quo eruditus proficere non possit.

143. His rationibus testimoniisque innixus e mss. codicibus praecipue versus Dracontii exhibeo. Sed quoniam alter e duobus codicibus Vaticanis mendis pluribus scatet, errata quae talia mihi certo aut valde probabiliter visa sunt correxi, 108 et lectionem quam veram aut ad veram proxime accedentem putabam restitui. Nihilominus liberam facultatem aliter judicandi et corrigendi aliis reliqui, subjectis verbis mendosis quae in codice leguntur; qua in re nimia quadam, et quae obscura videri possit, diligentia usus sum, cum errata librarii minime dubia passim ascripserim. Inutilis tamen non est hic labor censendus: primum quia saepe accidit ut unum idemque verbum aliis clare mendosum, aliis contra verum videatur; tum quia aliquando e voce aliqua depravate scripta vera lectio eruitur, et fortasse quod a me restitutum est, aliis non placebit, et ex menda codicis ipsi aliud invenient; praeterea quia prodest librarii manum quodammodo nosse, et ex erratis quae solet admittere, veram scripturam in aliis locis obscuris conjectare.

144. In libro 1 carminis de Deo usque ad vers. 116, *Prima dies*, solus codex Vaticanus adhibetur. Ab hoc versu 116 usque ad ultimum libri versum 754, *Quo te promittis*, lectiones variantes e quatuor codicibus proferuntur, scilicet primo e codice S. Victoris Parisiensis, sive ex editione prima Dracontii Parisiis ad hunc codicem conformata; secundo e codice Parisiensis bibliothecae Regiae, sive ex editione Dracontii quam Sirmondus, eo codice usus, procuravit; tertio e codice Azagrae, sive ex editione Matritensi PP. Toletanorum, in qua ad marginem carminum Dracontii, aut in fine paginae varietas scripturae codicis Azagrae adnotatur; quarto denique e nostro Vaticano codice. Notae quibus hos codices designamus faciles sunt intellectu; nam *Vict.* significat primum codicem S. Victoris, *Sirm.* secundum codicem, quem Sirmondus adhibuit; *Azagr.* tertium codicem, qui fuit Azagrae; *Vat.* codicem quartum, qui est Vaticanus. In libro secundo et tertio carminis de Deo nullus alius nobis est allegandus codex, nisi Vaticanus. In Elegia sive Satisfactione tres codices laudantur, Sirmondianus, Azagrensis et Vaticanus. Cum autem primigenia Dracontii carmina propositum sit nobis promulgare, caeteris omnibus codices Vaticanos praeferimus, quippe qui ab Eugenii emendatione vel interpolatione omnino 109 immunes sunt conservati. Maculas vero quae exscriptorum negligentia et temporum injuria in codicibus Vaticanis irrepserunt, aliorum codicum ope, quotiescunque commodo id fieri potuit, detersimus.

145. Possent etiam inter variantes lectiones aliae tres editiones annumerari, videlicet quas Georg. Fabricius, Weitzius et Rivinus adornarunt. Verum satius duxi ad notas quae variantibus lectionibus subjiciuntur, horum editorum conjecturas rejicere: conjecturas, inquam: cum enim illi nullum codicem manu exaratum prae oculis habuerint, ubi a veteribus editionibus discrepant, id tantum conjiciendo faciunt. Adnotationibus igitur in Dracontium non solum ea comprehendimus quae ad historiam sacram et profanam, ad philosophiam, ad sacram Scripturam et theologiam spectant, verum etiam criticas observationes de proprietate et significatione verborum, atque adeo conjecturas aliorum, et nostras de varia versuum lectione admittenda vel rejicienda. Nam interdum accidit ut scriptura quae auctoritate codicis retinetur non valde placeat, quae proinde conjectura aliqua sollicitatur; interdum, ut vox aliqua restituta sit ob mendum codicis perspicuum, sed fortasse alia vox melius, aut aeque bene posset substitui, quod sine aliqua explicatione intelligi non posset. Ratio praeterea reddenda est cur aliorum conjecturae aliquando non placeant, quod in notis opportune fiet.

146. Lacunas quae in carmine de Deo occurrunt, satiusne fuerit ita ut sunt, relinquere, an aliquo pacto supplere, poterat in controversiam vocari. Equidem rationem aliorumque exemplum secutus, hujusmodi supplementa adjicere malui. Plurimum enim juvari potest lector, si eodem orationis filo sententiam non interruptam legat, atque ita praecedentia cum sequentibus conjungat. Etenim si deficiente versu aliquo aut hemistichio sensus omnino imperfectus relinquatur, immorari, et secum conferre debebit quid auctor dixerit, et cur alia quae sequuntur addiderit. Provisum tamen est ut haec supplementa a verbis Dracontii clare distinguantur: sic nemo quereretur fucum sibi fieri. Non me praeterit male audire 110 nonnullos grammaticos, qui versus quos Virgilius inchoatos reliquerat, supplere conati sunt. Sed praeterquam quod discrimen est magnum inter versus Dracontii, qui vitio codicum imperfecti sunt, et Virgilii versus, quos ipse nondum compleverat, neque a Vario et Tucca completi voluerat, grammatici illi hac potissimum de causa reprehensi sunt, quod non solum audacter, sed etiam temere et inepte Virgilianae purpurae vilissimum suum pannum admiscuerunt, ut qui versum a Virgilio ita inchoatum, *Quem tibi jam Troja*, ita absolvit, *Quem tibi jam Troja peperit fumante Creusa*. Nescio vero an magis risu dignum sit, quod nonnulli his versibus imperfectis Virgilii mysterium quoddam artis poeticae inesse crediderint, quod etiam sibi imitandum proposuerint. Aonius Palearius, cujus opera minus fortasse quaererentur, si tam infami morte non obiisset, in suo poemate de Immortalitate animae hoc etiam vitio delectatus est, ut quosdam versus tantum inchoatos ediderit, perinde quasi nihil in mentem venire potuisset quod praecedentium consequentiumque majestatem exaequaret. Praetermissum hoc caput est a Jo. Burch. Menckenio in suo libello de Charlataneria eruditorum.

147. Aliorum plurium qui veterum scripta emacularunt industria a plerisque laudata est. Cicero, si fides habenda sit Chronico Eusebiano, Lucretii poema emendavit. Aristarchi, Leogorae Syracusani, et Zenodoti Ephesii, qui operam suam in versibus

Homeri corrigendis collocarunt, meminit Isidorus lib. 1 Orig., cap. 21. E recentioribus Franciscus Namsius commendatur a Lipsio cent. 2, epist. 60, quod Nonnum Panopolitanum a mendis purgaverit. Propius ad rem nostram pertinet quod in Corippo Azagra quædam loca plane corrupta ex ingenio restituit, Demsterus lacunas supplevit, suamque hanc agendi rationem tuetur, ac postremo Fogginius novas conjecturas castigationesque apposuit. Joannis Freinshemii nota sunt supplementa ad Tacitum, Curtium, et Livium. In Miscellaneis Lipsiens. tom. I, ann. 1716, insertum est supplementum fabularum Phædri, auctore M. Christophoro Hauptio. Hujusmodi **111** conjecturæ et emendationes in his scriptoribus solent esse magis necessariæ, quorum opera in uno tantum codice ms. reperta sunt, aut in pluribus quidem codicibus, sed qui omnes ex uno exemplari descripti sint : ut in Velleio Paterculo, quem beatus Rhenanus ex uno exemplari mutilo, prodigiose corrupto et fœdissime depravato, primus vulgavit, et in Catullo, cujus multi sunt codices mss., sed omnes a quodam exemplari in Galliis reperto propagati. Verum de iis suum cuique judicium. Mihi satis fuerit iterum monuisse supplementa ita dispositum iri, ut nemo fucum sibi factum jure queri possit.

CAPUT XVI.

Argumentum et synopsis trium librorum de Deo.

148. Ad Dei laudes admirabilium ejus operum contemplatione subvehere Dracontium, recte pronuntiavit Sirmondus. Et id sane posset statui argumentum carminis de Deo, non dissimile titulo egregii libelli cardinalis Bellarmini qui inscribitur Ascensio mentis ad Deum. Hoc ipsum innuit inscriptio carminis in codice Vaticano *de Deo*. Explicatius vero argumentum poematis Dracontii comprehendit cognitionem et laudes Dei ex ejus operibus misericordiæ et justitiæ, sed præcipue misericordiæ, clementiæ, aut pietatis erga homines, quæ in toto carmine maxime emicat. A primo versu sic orditur Dracontius :

   Qui cupiunt animis placidum rescire Tonantem,
   Hoc carmen præ mente legant, *etc.*

Perquam familiare illi est vocabulum *placidus* pro miti, clementi, pio ; quin etiam definitionem hujus nominis quodammodo ipse nos docuit in Elegia vers. 287 et seqq. :

   Si non humani generis peccata fuissent,
     Unde pium nomen posset habere Deus ?
   Sed quia dat veniam populis peccata relaxans,
     Per pietatis opus nomen habet placidum.

112. Quod autem opera etiam justitiæ divinæ velit Dracontius commemorare, ex procemio lib. 1, vers. 10 et seqq., colligitur :

   Hoc agit, et sequitur variis sub casibus iras,
   Et pia vota Dei miseris hinc, inde beatis,
   Pro meritis morum, pro certo tramite vitæ.

Justitiam vero iramque Dei ita Dracontius exponit, ut semper præ oculis habuerit quod de Deo ipse dixit lib. 1, vers. 691 :

   Et nulla virtute minor, nisi verberis ira.

Et clarius lib. II, vers. 693, *Plus pius es quam justus*, ubi multa alia in eamdem sententiam disputat. Ex ipsa adeo ira occasionem laudandæ pietatis sumit, ut lib. 1, vers. 556 :

   Magna Dei pietas, semper qui temperat iras.

Et in fine lib. III, vers. 658 :

   Quod vivus sum, mortis inops pietate reservor,
   Non ira ; nam si Domini gravis ira fuisset,
   Non me differres, subita sed morte necares,
   Ne peterem veniam, quam nunquam, sancte, negasti,
   Aut ut non essem prorsus, cui parcere posses.
   Servatum reparare jube pietate sueta,
   Ut merear cantare tuas per carmina laudes.

Venio nunc ad singulos libros summatim explicandos.

SYNOPSIS LIBRI I.

149. Res omnes creatæ Deum agnoscunt, laudant et prædicant. A Deo sunt omnia quæ accidunt, prospera et adversa ; peccatores tamen non subito punit, sed portentis præmonet, ut veniam petant. Prognostica plura describuntur quibus homo læta et tristia prænoscit. Deus dum terret, amat, veniamque roganti non denegat, nec nisi perseverantes in criminibus supplicio afflicit. Deus quippe vult omnes homines salutem æternam consequi ; idque ostenditur ex tot rebus propter homines creatis. Prima enim die lux creata est, ex qua plurima homini beneficia proveniunt. Altera die cœlum, ignis, et aqua creantur ; tertia die mare, terra, herba, arbores, flores, pigmenta. Paradisi terrestris descriptio. Quarta **113** die cœlum sole, luna et sideribus ornatur ; quæ omnia lumina Deo obediunt et hominibus serviunt. Quinta die pisces in aquis producuntur, cibi hominibus futuri, et ex eisdem aquis aves prodeunt. Sexta die animantia terrestria creantur, et diversa diversis terris addicuntur, ut munera alia per orbem dispersa sunt. His omnibus ut dominaretur, creatus est homo ad Dei imaginem ; qui ne esset solus, particeps generis data illi est uxor, ex ejus costa formata, ut amor mutuus eorum perfectus esset. Arbitrio igitur eorum Deus omnia creata commisit, negotiumque illis dedit ut propagationi generis studerent. Cum paradisi deliciis fruerentur, serpens feminam decepit, ut fructum ex arbore quæ una tantum prohibita fuerat, comederet. Femina decepta virum decepit ; qui tum demum pudore suffusi fugere cœperunt, quasi Deum increpantem latere possent. Sed cum homines tot habeant signa quibus res occultas scire valeant, quo pacto primi parentes crimen suum, ac seipsos Deo occultare potuissent ? Post confessionem igitur Deus sententiam pietate temperatam tulit, qua mors ipsa pro pœna inflicta illis est, simulque pro pœnæ quodam levamine, ne homines in ærumnis hujus vitæ perpetuo viverent. Memor autem Deus operis sui ita primos parentes e paradiso ejecit, ut dominium orbis rerumque quæ in orbe sunt, illis concesserit, decrevitque ut omnia ordine suo et constanti lege procederent, atque alia aliis succederent, ut homini primo, et qui ex primo homine continua successione propagandi erant subjecta essent et servitium præstarent. Neque id solum Deus clemens providit, ut hominibus defunctis alii denuo nati succederent, verum etiam, ut ii qui mortui sunt, vitæ post multa sæcula restituerentur. Hanc resurrectionem corporum natura ipsa probabilem reddit multis exemplis rerum; quæ quodammodo moriuntur et reviviscunt. Multo enim magis corpora hominum resurgent virtute Dei, qua cuncta creata sunt et vigent, cum ejus clementia erga homines tanta sit, quanta decet Omnipotentem. Laudes Dei ab ejus infinita majestate, potentia, scientia ac præsertim benignitate. **114** Dracontius ad Dei laudes carmine celebrandas ejus opem implorat.

SYNOPSIS LIBRI II.

150. Deus auctor et rector omnium rerum: cui stellæ, luna, sol, omnia elementa obediunt. Dei immensitas. Ab ejus nutu omnia pendent, cujus verbo creata sunt. Trinitatis divinæ confessio. Verbum caro factum ut homines salvaret. Filius Patri consubstantialis, Spiritus sanctus idem quod Pater et Filius. Verum corpus Deus assumpsit. Christi miracula ut homines in eum credant. Discipuli ejus gratia miraculorum donati. Imperium Dei in res creatas. Transitus Israelitarum per mare Rubrum. Israelitis cibus et potus in desertis divina ope suppeditantur. Rursus Dei laudes e rebus creatis et concordia elementorum. Deum omnia fatentur et laudant, etiam animalia, quæ perniciosa aliquando sunt. Cur Deus hæc creavit. Primum Adami peccatum. Posterorum ejus crimina quam gravia sint. Etiam pernicio a animalia nonnunquam prosunt. Homo feris pejor. Ejus audacia et perversitas. Cætera omnia divinis parent legibus. Homines neque ira, neque pietate Dei coercentur. Diluvium universale ad homines plectendos; qui post diluvium scelera resumunt. Sodomitarum pœna incendio percuntium. Clementia Dei in utroque supplicio. Loth ab igne liberatur; ut Noe a diluvio. Pœnas homines incurrunt, quia a Deo moniti non corripiuntur. Felicitas hominum, si non peccassent. Peccatum angelorum hominibus excusationi esse non potest, pœna terrori esse debet. Dei clementia erga homines, quos Christus redemit. Perfidia Judæorum. Christi passio, mors, resurrectio, ascensio in cœlos, judicium futurum. Fructus passionis Christi, quæ etiam Judæ profuisset, nisi desperasset. Conversio Pauli. Fides in Deum multa obtinet. Gratia Dei omnibus oblata. Exempla fidei in Abrahamo, Tobia, Davide, Ezechiele, Anna Samuelis matre. Precum apud Deum vis et efficacia. Zacharias pater S. Joannis Baptistæ punitus quod credere distulisset. Dei misericordia major **115** quam justitia. Cur Deus sceleratos homines ad senectutem non perducit, ut convertantur ad eum. Sacrificium Deo cor contritum. Eleemosyna commendata. Pauperum orationes plurimum apud D um valent. Exemplum Tabithæ a morte revocatæ. Avari objurgantur. Dei justitia et misericordia in transitu Israelitarum per mare Rubrum Ægyptiis submersis.

SYNOPSIS LIBRI III.

Dei laudes, infinita scientia, justitia, clementia, bonitas, largitas, liberalitas in annona subministranda. Captatores annonæ et avari objurgantur. Exemplum divitis damnati, qui ex inferis refrigerium a Lazaro paupere postulabat. Multo magis damnandi qui aliena rapiunt. Nec divitiæ, nec quævis alia bona præferenda sunt Deo, omnium datori. Peritura contemnenda sunt, ut æterna acquirantur. Id exemplo suo nos docuit Abraham, qui filium suum jussus ad sacrificium duxit. Deus arietem pro Isaac subrogari voluit. At non ita Saturnus, falsum numen, cui pueri quotannis immolabantur. Deus Abrahamum voluit cæteris exemplo esse, ut nihil quantumvis carum Domino præponatur. Præmium obedientiæ Abrahami posteritas ejus ad omnia tempora et regiones propagata. Aliud exemplum trium puerorum qui in fornace accensa illæsi permanserunt. Daniel inter leones. Descriptio venationis amphitheatralis ferarum. Herculis fabulosa virtus cedit Danieli. Crudelitas Dianæ Tauricæ. Petri apostolorum principis primatus. Ejus precibus Romæ Simon Magus præcipitatus est. Hæc aliaque hujusmodi ex fide, spe et orationibus ad Deum processerunt. Ethnici vero plura audaciæ facinora aggressi sunt non spe vitæ æternæ permoti, sed solo amore laudis aut patriæ. Menœceus, filius Creontis, ne pater regnum amitteret, seipsum occidit. Thebanorum regnum tragicum. Codrus pro patria ab hostibus volens interemptus est. Leonidæ cum paucis Lacedæmoniis audax prœlium ad Therm pylas. Phileni fratres Carthaginienses se vivos comburi passi sunt, ut patriæ fines latius extenderentur. Brutus læsæ pudicitiæ ultor, libertatis **116** assertor, liberos suos securi percuti jussit. Virginius, ne Virginiæ filiæ libertatem et pudorem rapi cerneret, eam cultro confodit. Torquatus filium victorem, quod contra edictum pugnaverat, morti adjudicavit, ingemiscentibus omnibus. Curtius in lacum se præcipitem dedit. Regulus, ne fidem datam frangeret, ultro Carthaginem rediit ad sæva tormenta et crudelissimam mortem. Sagunti fides et constantia. Feminæ etiam, ut ad scelera audaces sunt, ita egregia facinora sæpe aggrediuntur. Judith, Holoferne occiso, patriam liberavit. Thomyris Cyrum subegit. Evadne rogum quo mariti corpus ardebat conscendit. Dido sibi ipsi pyram construxit. Lucretia sibi manus intulit. Plures aliæ scelera aut ardua facinora perfecerunt amore laudis, aut pro numine vano deorum, ex quibus nihil boni oriri potest, cum solus sit unus verus Deus, immensus, æternus, qui parens noster est, cujus nos filii sumus. Cui cum omnes res creatæ famulentur, audax et sceleratus homo est, si ejus jussis parere negligat. Confessio et pœnitentia Dracontii. Enumerat ærumnas in quas ob crimina inciderat. Petit veniam a Deo. Exemplum Jobi proponit, et resurrectionem aridorum ossuum apud Ezechielem, quam graphice depingit. Nabuchodonosoris pœnitentia. Preces Dracontii ad Deum pro liberatione a vinculis, et pro bonis hujus atque æternæ vitæ consequendis.

DRACONTII
CARMEN DE DEO.

LIBER PRIMUS.

117 Qui cupiunt animis placidum rescire To- A Auctorem confessa suum veneranter ado-
  [nantem, [rent,
Hoc carmen præ mente legant, dum voce re- 5 Quinque plagæ, septemque poli, sol, lunaque,
  [censent. [et astra,
118 Agnoscent quod templa poli, quod mœ- **119** Sidera, signa, noti, nix, imber, grando,
  [nia cœli [pruinæ,

VARIÆ LECTIONES.

Versu 1. Vat., *Placidum nescire Tonantem.*
2. Vat., *Carmen premente legant dum voce recenset.*
3. Vat., *forte quem templa poli, quem mœnia.*
4. Vat., *conversa suum venerantur adorent.*

5. Vat., *quemque plagæ septemque poli, sol, lumen et omnis.*
6. Vat., *Signa, nothi, nix.*

NOTÆ.

Versu 1. Pro *nescire*, quod mendum est clarum, restitui *rescire*. Posset etiam legi *præscire*, et fortasse melius *sentire* : nam hoc verbum, apte et frequenter ad majestatem divinam indicandam usurpatur. Sic B Martialis ad Domitianum, qui se deum vocabat, lib. Spectacul., epigr. 16, al. 17, *Crede mihi, numen sentit et ille tuum.* Marius Victor in præfat. vers. 100 : *In quo te, Deus alme, precor, qui numine prono Das sentire animis.* Dracontius infra lib. 1, vers. 225 : *Concepta virtute Dei, quem sphæra polorum Sustinet, et sentit Dominum per cuncta tonantem.* Arator lib. 11, vers. 232, *Quæ meruit sentire Deum,* ubi glossa cujusdam codicis Vaticani habet : *Sentire, per fidem.* De voce *placidus* pro miti, clementi, dixi prolegom. num. 148. Prosper eadem significatione epigr. 12, *Nec scelerum vindex ira movet placidum;* et 105, *Iratus sineret, quod prohibet placidus :* quod utrumque de Deo dictum. Dracontius aliique poetæ Christiani veterum imitatione Deum simpliciter *Tonantem* vocant. Arator, lib. 1, vers. 103, *Nec cessant elementa suo servire Tonanti.* Sed hoc loco fortasse aliquid amplius vult Dracontius, scilicet Dei etiam irati, et dum tonat, clementiam agnosci, ut lib. 11, vers. 696, *Et quoties commotus eris, placidissimus exstas.*

2. In *præ mente legant* agnosco tmesin *prælegant mente.* Hæc figura familiaris fuit multis poetis Christianis, et nonnullis quidem usque ad nauseam vel risum; sic in Abbone notat Barthius lib. XXXVI Advers., cap. 7 : *Inque sulas penetrant, Unque gulis facies secuerunt, Ocque cidens, Burgin adiere diones;* in Agobardo *Febru migravit quinto ari ex orbe calendas.* Sunt et apud antiquos similia quædam; ut illud Ennii *Cere comminuit brum;* Sempronii Gracchi, *Medi spernere cinam.* Eugenius Toletanus epigramma composuit, quod est carmen 25 lib. 1, ad Joannem, verbis i a divisis refertum : *O Jo versiculos nexos quia despicis annes,* et Sed hoc ille fecit ut immoderatim hujus figuræ usum irrideret, quod Rivinus in notis animadvertit. Revera Eugenius epigramma sic concludit : *Instar Lucili cogor disrumpere versus,* quod ex Ausonio sumpsit epist. 5 ad Theonem : *Villa Lucani mox potieris aco. Rescisso disce componere nomine versum, Lucili vatis sic imitator eris.* Cæterum parcus usus ejus D figuræ, et præsertim ubi duæ partes componentes uuum verbum dividuntur, venustatem habet. Elegans etiam est mutatio verborum *prælegendi,* et *recensen-*

di : nam *recensere* magis proprie menti conveniret. Sensus porro est, attento animo legendum esse carmen, atque ita ut mens quodammodo verba prævéniat.

3. Utrolibet modo legi potest in nexu vocis *quem* vel *quod;* nec dissimili erit sententia, sive *quod,* sive *quem* legas. Tertullianus de Judicio : *Omnia nosse bonum quæ sint miracula rerum, Ut Dominum licet per cuncta agnoscere verum, Qui lucem, maria; et cœlum, terramque paravit.* Dracontius utrumque hoc carmine exsequitur, ut agnoscamus quem res creatæ adorant, et quod hæ Deum adorant, eique famulantur. *Templa, mœnia, atria, palatia, tecta cœli,* et hujusmodi alia passim occurrunt in Dracontio cæterisque poetis Christianis, quæ alii in ethnicis solent similibus exemplis illustrare : nobis satis sit eas elegantias indicare. Quod autem Dracontius rem eamdem multis nominibus quæ videri possint synonyma amplificat, sacram Scripturam imitatur, in qua simili modo res creatæ solent singillatim enumerari, dum Dei laudes ex eis repetuntur.

4. Non dubium quin legendum sit *confessa* pro C *conversa.* Etsi enim *conversa* aliquem sensum habet, tamen *confessa* et *sententiæ* et poetæ stylo maxime congruit. Sic lib. 11 idem Dracontius vers. 205, 206, *Te signa et sidera laudant Auctorem confessa suum, te fulmen adorat.* Ecl. vers 3, *Sidera, flamma, dies, quem sol , nox , luna fatentur Auctorem , dominum sæcula cuncta probant.* Prosper epigr. 4, *Rectoremque suum condita quæque canunt.* Posset legi *venerantur, adorant,* vel *venerentur, adorent;* sed melius videtur *veneranter adorent.* Placet adverbium *veneranter,* quo etiam utitur Dracontius lib. 111, vers. 672, *Et lacrymis precibusque piis veneranter adire.* Vide prolegom. num. 135. Tertullianus lib. de Judicio : *Summissique omnes genibus veneranter adorant.* Sedulius in fin. lib. v, *Veneranter adorant.* Quod res rationis expertes Deum adorant, phrasis est Ecclesiæ usu consecrata. In officio B. Mariæ Virginis in sabbato ad matutinum : *Quem terra, pontus, sidera Colunt, adorant, prædicant.* Fortunatus hujus ejus hymni scripserat, *Quem terra, pontus, æthera* D scilicet *æthera æthere,* ex quo *æthra* magis in usu est. In neutro etiam genere *æther* non nemo usurpavit.

5. Si versu 3 legas *quem,* poteris etiam hic retinere *quemque plagæ,* videlicet quemque adorant pla-

Fulmina, nimbus, hiems, tonitrus, lux, flamma, A 10
    [procella,
Cœlum, terra, jubar, chaos, axis, flumina, pon-
    [tus,
Vel quidquid natura dedit præcepta creare.

Hoc agit, et sequitur variis sub casibus iras,
120 Et pia vota Dei miseris hinc, inde beatis
Pro meritis morum, pro certo tramite vitæ.
Paupertas, mors, vita, salus, opulentia, lan-
    [guor,

VARIÆ LECTIONES.

11. Vat., *hinc atque beatis*.

13. Vat., *vita, scelus, opulentia*.

NOTÆ.

gæ. Sed multo magis arridet *quinque plagæ*, quam simpliciter *plagæ* : nam postea sequitur *septemque poli*, et quinque plagarum mentio expressa apud poetas obvia est, quas zonas etiam vocant. Virgilius lib. VII, vers. 226, *Et siquem extenta plagarum Quatuor in medio dirimit plaga solis iniqui*, et Georg. lib. I, vers. 233 seqq., eas pulchre describit : *Quinque tenent cœlum zonæ*, etc.. ut Ovidius lib. I Met. vers. 45 seqq. Dracontius Eleg. vers. 89 seq., *Temperies cœli medium nec possidet orbem, Nam de quinque plagis vix habet ipsa duas*. Veteres septem polos seu cœlos distinguebant, nonnulli plures, alii pauciores. Paulinus poem. ult., *Hoc etiam cœlum, quod nos sublime videmus, Sex aliis infra est spatio surgentibus æquo, Postque thronos septem*, etc. Alia protuli in comment. ad Prudentium hymn. 7 Cath., vers. 36, *Non ante cœli principem septemplicis*. In mendo codicis ms. *lunaque et omnis*, vel *omnes* conjici potest *lunaque, et æther*, vel *et ignis*, nam sæpe de igne cœlesti mentio occurrit apud Dracontium ; vel *et orbis*, vel *et omnia Sidera, signa*, per synæresin *omnia*, ut initio lib. VI Virgilii, *Quin protinus omnia Perlegerent oculis*; vel *lunaque, cœli Sidera*, vel aliquid hujusmodi. Præfero autem *lunaque, et astra* : nam etiam lib. II, vers. 205, simili enumeratione usus est : *Agmina te astrorum, te signa et sidera laudant*. Isidorus, Orig. lib. III, cap. 60, *Stellæ, et sidera, et astra inter se differunt. Nam stella est quælibet singularis. Sidera vero sunt stellis plurimis facta, ut hyades, pleiades. Astra autem sunt stellæ grandes, ut Orion, Bootes*. Et in lib. I Differ. addit, *signum* esse *quo animantis imago formatur*, ut *taurus, scorpius*. Stellas vero hic dicit esse *multijuges, ut hyades*; sidera autem *illa quibus navigantes considerant, quod ad cursum dirigant consilium*, ubi forte legendum *quæ navigantes*.

8. Supra vers. 5 dicit *mœnia cœli*, quo singulas partes enumerat ; nunc *cœlum* totum intelligit. Repetitiones ejusdem vocabuli frequentes sunt Dracontio, ut aliis poetis Christianis. In Paulino Petrocorio id advertit Thomas Wopkensius in Advers. crit. ad Paulin. vers. 27 lib. III. Inter res creatas quæ Deum laudant, recensetur *chaos*, ut vers. 5 Elegiæ, *Nox, luna fatentur*, et in Cantico trium puerorum *noctes* et *tenebræ*. Pro *axis* fortasse legere præstabit *aer* aut *aura*, quamvis jam supra *noti* occurrat.

9. Suspicor mendosum esse hunc versum. Si ita eum legas ut est in ms., intelliges, *præcepta creare* idem esse ac *jussa creare*; lib. I, vers. 402, *His datur omnis humus, et quidquid jussa creavit* : lib. II, vers. 76, *Quidquid natura creavit*, et lib. vers. 260, *Et quodcunque malum vindex natura creavit*. Avitus, lib. I, vers. 26, *Accepere genus sine germine jussa creari*. Mar. Victor lib. I Gen. vers. 118, *Formavit natura modis, educere jussa E toto partes, formasque e corpore inani*; et post vers. 339, *Omne animal, quod adhuc tellus dare jussa crearit*. Verbo *creandi* utuntur hi auctores in sensu minus proprio pro *educere, producere* e materia jam existente : nam producere ex nihilo, quod proprie est creare, soli Deo convenit ; quod tamen intelligo ad usum scholasticum, ut dicam ad vers. 2 Elegiæ. Posset hic versus ita restitui, *dedit per cuncta creatrix*; paulo post, vers. 27, occurrit *natura creatrix*, et *per cuncta* dixit Tertullianus laudatus ad vers. 3, et Dracontius lib. I, vers. 226, *Dominum per cuncta tonantem*; et vers. 292, *per cuncta fuissent*. Poterit etiam hic versus connecti cum seq., *Vel quidquid natura dedit. Præcepta creandi Hæc agit, et sequitur*, etc.

10. Intelligo carmen agere hoc, ut homines in rebus creatis Deum agnoscant, et præterea sequi, seu narrare opera iræ et clementiæ Dei : ut cum Juvenalis, sat. I, vers. 86, argumentum proponit : *Quidquid agunt homines, votum, timor, ira, voluptas, Gaudia, discursus nostri est farrago libelli*. Non male *sequor* pro narro usurpatur : sic Seneca in Troad. vers. 236, *Inclytas laudes juvat, Et clara magni facta genitoris sequi*. Non vero mihi displiceat sic restituere, *Hæc etenim exsequitur*, vel *Hæc namque*, aut quid simile, ut intelligatur natura, quæ exsequitur iras et pia vota Dei. In hanc sententiam Prosper epigr. 5, *Principium mundi Deus est, quo cuncta moventur, Et quæ permittit, vel jubet auctor, agunt. Hinc mutabilium rerum immutabilis ordo Æterni servit legibus artificis. Inque suos fines procedit quæque voluntas, Nec variis meritis arbiter æquus abest, Corda regens, vires tribuens, peccata remittens, Mitis subjectis, implacidus tumidis. Ut nec pœna malum quemquam, nec gloria justum Suscipiat, nisi cum laude et honore Dei*. Dracontius, Eleg. vers. 15, *Quidquid agunt homines, bona, tristia, prospera, prava, Hoc fieri admittunt ira favorque Dei*.

11. *Pia vota Dei* innuunt clementiam et favorem Dei. Lib. II, vers. 609, iterum de Deo : *Oderunt pia vota moras*. Pietas Latinis antiquioribus plerumque dicebatur virtus justitiæ propria, qua majores colimus ; aut etiam religio, qua Deum veneramur. Christiani scriptores pro clementia, lenitate, benignitate et misericordia, passim *pietatem* ponunt : quæ vox eadem sensu in precibus ecclesiasticis frequentissima est. Eamdem significationem vocabulis *pius* et *pietas* tribuunt nonnulli ethnici, ut Suetonius, Claudianus, Statius, Justinus ; neque aliter accipio Virgilium lib. V, vers. 687, *Juppiter omnipotens, si nondum exosus ad unum Trojanos, siquid pietas antiqua labores Respicit humanos, da flammam evadere classi*. Notanda etiam est significatio vocis *miseris*, quæ certe opponitur *beatis*, de quo nomine vide notam ad vers. 150 lib. II. Cicero in Partit. cap. 17, *Nihil est enim tam miserabile quam ex beato misero*. Sed Christiani scriptores solent, ut homines sanctos *beatos*, sic improbos *miseros* vocare. Animadvertit id Wopkensius ad Paulinum Petrocorium lib. II, vers. 195, *Dignentur juges, miserorum incendia, flammas*. Ejusdem Paulini est lib. III, vers. 259, *Non hæc de miseris Domini sententia Christi*. Sic viri pii præ animi modestia se *miseros* et peccatores præscribebant. Vide epitaphium Eugenii Toletani lib. I, carm. 14, in quo primæ litteræ versuum efficiunt *Eugenius*, postremæ *misellus*.

12. Postea, lib. II, vers. 448, *Segregat Omnipotens merita pro moribus orbis*. Et lib. III, vers. 244, *Vivere quos libuit sub tali tramite vitæ*.

13. Pro *scelus* restitui *salus* : etsi enim scelus ab homine fiat permittente Deo, et hic enumerentur etiam *virtus* et *prudentia*, tamen nimis durum videretur dicere scelus descendere ex arce Dei, et post *vita* congruenter *salus* ponitur. Sic in epigrammate S. Damasi de Cognomentis Salvatoris carm. 6 edit. postremæ Rom., *Spes, via, vita, salus, ratio, sapientia, lumen* : quo in versu male in hac editione omissum est *via*, quod in præcedentibus clare legitur. Illi Damasi versus sub diverso nomine in nonnullis mss. reperiuntur,

121 Taedia, tristitiae, splendor, compendia, A
[damnum,
15 Gaudia, nobilitas, virtus, prudentia, laudes,
Affectus, moeror, gemitus, successus, egestas,
Ira potestatum, trux indignatio regum,
Omnia quae veniunt, bona, gaudia, tristia,
[acerba,
Descendunt ex arce Dei, de sede Tonantis,
20 **122** Cui pietas aeterna manet, lux, spiritus,
[ardor,

Et cui dicuntur laudes sine fine perennes;
Et merito, quia fine carens primordia nes-
[cit.
Rerum causa Deus tetrum chaos igne resol-
[vens,
Igne creata fovet, nam totum flamma vapo-
[rat,
25 Et flammae pascuntur aquis, quibus omnia con-
[stant,

VARIAE LECTIONES.

17. Vat., *crux, indignatio.*
18. Vat., *gaudia, tristitia sed.*
20. Vat., *ut pietas.*

21. Vat., *arcem ubi dicuntur.*
24. Vat., *flamma vapore.*

NOTAE.

14. Conjici posset *taedia, tristitia, splendor*, vel distingui *taedia tristitia*, ut *tristitiae* sit in gignendi casu singularis numeri. Sed melius videtur *tristitiae* in plurali numero. Eodem modo interpunxit Rivinus in posteriori carmine Ratberti Corbeiensis : *Taedia, tristitiae, curae, tormenta, ruinae*, ubi Ratbertus Dracontium videtur imitari. *Compendium* proprie est lucrum ex parcimonia, et opponitur *dispendio*; sed hic et alibi a Dracontio aliisque optimis scriptoribus pro quolibet lucro et quaestu ponitur.

15. *Laudes* proprie sunt *praeconia, commendatio virtutis*; sed quandoque metonymice ponitur hoc vocabulum pro recte factis, quorum praemium est laus. Frequentissimus est hujus significationis usus in sacris litteris, ut observat Martinus Roa lib. 1 Singul., cap. 13, qui exempla etiam ex Virgilio producit. Plura addunt lexicographi ex Cicerone ac probatis aliis scriptoribus. Dracontius hac voce *laudes* metonymice uti videtur.

16. *Affectus* significat quemlibet motum animi sive malum, sive bonum. Sed hoc loco fortasse sumitur pro aliquo corporis morbo, sive male affecta valetudine, ut apud Celsum lib. III, cap. 18, *Supersunt vero alii corporis affectus, qui huic* (febri, al. *his, febribus*) *superveniunt;* et lib. II, cap. 15, *In quibus affectibus ea quoque genera exercitationum necessaria sunt.* *Successus* simpliciter usurpatur pro eventu felici : exemplorum plena sunt lexica. Ratbertus loc. cit. adhibuit *casus* in malam partem : *Angor, paupertas, moeror, mors, casus, egestas.* Cum Dracontius hunc versum versui praecedenti *Gaudia* videatur opponere, rectius *affectus* intelligetur de animi aegritudine; sed remanet dubium de *successus*, quod pro adverso casu nunquam vidi positum. Suspicor *successus*.

17. Conjiciat aliquis *Dira potestatum crux, indignatio regum.* Sed in hoc codice alibi etiam mutatum est *trux* in *crux*, ut lib. II, vers. 422, *Eripitur de morte crucis sine crimine visus*; et lib. III, vers. 106, *Exsilium sine morte crucis.* Utrobique legam *morte truci.* Vide etiam an sic distingui possit *Ira, potestatum crux, indignatio regum.*

18. In mendo aperto codicis sententia clara est, sive legas *tristia, amara*, sive *tristia, acerba*, sive *tristia, prava*, sive *tristia, saeva.* In Elegia vers. 15, *Bona, tristia, prospera, prava*, et vers. 55, *Nam Deus omnipotens potuit, dum conderet orbem, Tristibus amotis gaudia sola dare.* Et lib. II, vers. 456, *Dulcia subducunt mores, et amara ministrant.*

19. Non male interpungeres *Descendunt ex arce, Dei de sede tonantis.* Sic lib. II, vers. 894, *Misit ab arce pium coeli per sidera Christum*, ubi arx absolute pro coelo ponitur, nam coeli refertur ad *sidera*, et *arx* proprie est locus excelsus. In distinctione vero quam sequor, *ex arce Dei, de sede Tonantis* intelligi potest opera clementiae divinae ex arce Dei, opera justitiae de sede Tonantis descendere. Prosper hanc sententiam complectitur epigr. 10 : *Omnibus in rebus gemi-*

B *num est opus Omnipotentis, Totum aut justitia est, quod gerit, aut pietas. Quae simul in terras descendunt lucis ab arce. Ne cuiquam parti desit utrumque bonum.* In editione Pisaurensi Collect. poet. in primo vers deest verbum *opus*, et in primo epigrammate Prosperi omnino desideratur quartus versus. Erroribus scatet ea editio, quod monendum est, ut alii caute ea utantur, ac ne mirentur tot in codicibus mss. maculas occurrere.

20. Alius corriget *Qua pietas*, et vers. seq., *Atque ubi dicuntur.* Praefero *Cui pietas.* Deo tribuitur *ardor*, ut passim in sacris Litteris *ignis.* Vide comment. ad Prudentium hymn. 10 Cath., vers. 1, *Deus, ignee fons animarum.*

21. Non male esset. *Et cui debentur laudes*; sed probum est *dicuntur.* Avitus, lib. IV, vers. 191, *Angelicus sine fine chorus, qui laude perenni Conclamat, celebratque Deum.* Dracontius lib. II, vers. 73, *Angelico de more preces sine fine canentes.* Phrasis haec *sine fine* valde familiaris est Christianis scriptoribus, et saepius occurrit apud Dracontium, ut lib. II, vers. 81, *sine fine perennis*; quod alii dicunt *nullo fine, dempto fine.* Martialis lib. III, ep. 46, *Operam sine fine togatam.* Ovidius ep. 3 Heroid. Briseid., vers. 13, *At lacrymas sine fine dedi, rupique capillos.*

22. Sic etiam vers. 501, *Et merito, quia cuncta facit.* Paucis verbis aeternitatem complectitur, *Fine carens primordia nescit.*

23. Fortasse melius erit *terrae chaos* quam *tetrum chaos.* Videtur aliquis versus hic deesse, vel hic et quinque alii sequentes alio pertinent. Eorum sedes non inopportuna esset post vers. 146 lib. I, *Nec discreta quidem, sed nec permixta morantur.* Dici etiam potest in laudis divinae argumentum conjungi hoc loco creationem mundi cum Dei aeternitate. Tribuit Dracontius igni, quod Deus ejus virtute tetrum chaos resolverit, quod, ut opinor, intelligit, cum Deus secundo die creationis mundi fecit firmamentum, divisitque aquas quae erant sub firmamento, ab his quae

D erant super firmamentum. Ignis quidem virtus est propria solvere et resolvere. Exponi etiam id potest de tenebris noctis, quae igne solis resurgentis resolvuntur, quod ex versibus seqq. confirmatur.

24. Lib. I, vers. 224, *Qui fovet igne pio coelum, mare, sidera, terras.* Eleg. vers. 2, *Qui regis igne polum*, et vers. 82, *De sole, Cuncta creando parans, cuncta creata fovens.* Horatius lib. I, epist. 16, vers. 6, *Veniens dextrum latus aspiciet sol, Laevum decedens curru fugiente vaporet.* Designe Isidorus lib. XX Orig., cap. 10, *Focus, quia φῶς Graece, Latine ignis est, unde juxta philosophos quosdam cuncta procreantur. Et rursus calore nihil nascitur, adeo ut de Septentrione poeta* (Lucanus, lib. IV) *dicat, Scythi non quidquam frigore gigni.*

25. Forte *At flammae.* Ad hanc sententiam pertinet quod lib. I, vers. 675, ait Dracontius : *Cujus ab immensis tanguescunt sidera flammis, Ni gelidis animen-*

123 Nubibus, et radiis solis pascentia anheli.
Inde potens gěnerare manet natura creatrix,
Inter se retinens, quidquid per sæcla refundit.
At pietas quia sancta Dei virtute modesta est,
124 Clade repentina nunquam punire no-
[centes
Assumit, cohibet pœnam, pœnamque minatur,
Conscia quo Dominum possit mens nostra pre-
[cari,
Et peccatorum veniam non læsa mereri.
Sic impune reis licuit peccasse fatendo.

Ante prophetarum dictis patuere futura,
Sed postquam Christus descendit ab æthere, cul-
[pam
125 *Dissolvens nostram, ne esset ignara, juvatur*
Gens hominum, natura docet, quæcunque propin-
[quant,
Ne lateat mortale genus, quod cuncta pericla
40 Præmonet ante Deus pius, atque elementa fatigat,
Prodigiis, signisque creent ut monstra timorem.
Nam sibi dissimiles sæpe expavere vel ipsæ
Quadrupedes partus, steriles fecundior artus

VARIÆ LECTIONES.

27. Vat., *potens generata manet.*
31. Vat., *assumat, cohibet.*
32. Vat., *contrita quo.*
35. Vat., *dictis senuere futura.*
36. Vat., *Sed postquam Christus....* Deest reliquum.
37. Vat., *Dei solvens nostra futuri, et ne ignara natura.*

B 38. Vat., *jubetur gens hominum dare cumque propinquet.*
40. Vat., *Præmovet ante dies pius quam e. f.*
41. Vat., *Prodigiis, signisque creantur...*
42. Vat., *Namque recohitus similiter...*
43. Vat., *Partus quadrupedes, et steriles facundior aut.*

NOTÆ.

tur aquis per cærula ponti. S. Ambrosius in hymn. ad diem secundum, *Firmans locum cœlestibus, Simulque terræ rivulis, Ut unda flammas temperet, Terræ solum ne dissipet.* Forte dissipent; sed *dissipet* habent editi, etiam Hymnarium V. Thomasii. Et lib. II, cap. 5, Hexaem., *Unde frequenter et solem videmus madidum atque rorantem : in quo evidens dat indicium quod alimentum sibi aquarum ad temperiem sui sumpserit.* Quod ex Phænomenis Arati petitum est : *Sol interea dum igneus sit, præ nimio motu conversionis suæ amplius incalescit : cujus ignem dicunt philosophi aqua nutriri, et econtrario elemento virtutem luminis et caloris accipere : unde videmus eum sæpius madidum atque rorantem.* Eodem spectat quod Glycas Siculus aquas in cœlo positas censet ob ardentissimum solis motum et calorem (Annal. part. 1, die 2). Mar. Victor hanc rationem in medio relinquit lib. I Gen., vers. 71, *Forsitan hic aliquis sic secum errore perito Disserat : ætheriis ne desint pabula fiammis, Et nimius calor ima petens, alimenta sequendo, Exurat mortale genus, cœlumque coruscum Non possint terrena pati, subjecta deorsum et Machina firma poli : quæ dum nos protegit umbra, Interea super impositis frigescit ab undis. Numinis at vero divini quærere causas Mens fuge monitor procul.* Ita edidit Fabricius, sed in editione Paris. 1560 legitur : *Quæ dum nos protegit umbra, Sed velatur aquis : tales sed quærere causas,* etc. Quod autem ait Dracontius, *Quibus omnia constant, aquam et ignem intelligit.* De aqua Isidorus lib. XIII Orig., cap. 12, *Aquarum elementum cæteris omnibus imperat. Aquæ enim cœlum temperant, terram fecundant... Omnium in terra nascentium causa fiunt. Fruges gignunt, arbores, frutices, herbasque producunt.* De utroque ibid., *Duo autem sunt validissima vitæ humanæ elementa, ignis et aqua : unde graviter damiantur quibus ignis* (forte *ign.*) *et aqua interdicitur.*

26. Venustius esset *et radiis pascentia solis anheli.* De hoc epitheto *ignis,* quo *anhelus* dicitur, vide Proleg. num. 157. Virgilius lib. VIII, vers. 420, *Stridunque caveriis Stricturæ chalybum; et fornacibus ignis anhel t.* In *pascentia* subintelligitur accusativus *se* : sic enim verbum *pasco* sæpe usurpatur præsertim in participio præsenti.

27. Ovidius, lib. XV Metam., vers. 252, *Nec species sua cuique manet, rerumque novatrix Ex aliis alias reparat natura figuras.*

28. Fortasse *per sæcla refudit.* Ut *fundo* accipitur pro *gigno,* et copiam significat, ita *refundo* pro *iterum gignere,* vel quasi reddere per generationem, quod acceptum est. Cicero, lib. II de Nat. deor.; cap. 46, *Quibus* (vaporibus) *aliæ, renovatæque stellæ, at-*

que omnis æther refundunt eadem, et rursum trahunt indidem. Alii habent *refundunt eodem.*

29. De voce *modestus* adisis prolegom. num. 156. Apud Plautum Trin. IV, 1, 12, *modestus esse alicui est modeste se gerere parcendo aut adjuvando* : *Hoc dis dignum est, semper mendicis modesti sunt,* vel, ut alii legunt, *sint,* subintellecto *ut,* scilicet *ut semper propitii sint indigentibus.*

30. Hæc eadem sententia multis in locis occurrit, ut lib. II, vers. 689, *Nescius irarum monitis, non elada coerces,* etc.; lib. III, vers. 121, *Non cupit insontum mortes, vitasque nocentum Non cito consumit, veniæ* C *dum cuncta reservat;* et lib. eod., vers. 655 seqq.

31. Forte *Assumens,* vel *Assurgens* pro *assumat.* Lib. II, vers. 486, *Sed quia cœlestis pietas veniale minatur,* etc. Salvianus lib. V de Gubern. Dei : *Tanta est misericordia Dei, ut etsi nos pati vult aliqua de piaculis nostris, nolit tamen cuncta tolerare : quia castigat malos, non reddit mala, et agnoscere nos peccata mavult quam sustinere, scilicet ut piis ac salubribus flagellis ostendat nobis quæ ferre mereamur, sed tamen non inferat quæ meremur.* Prudentius, Cath. 7, vers. 105, *Sed nosset ille cum minacem judicem Servare malle quam ferire ac plectere.*

32. Emendari potest versus hic vel ita, *Conscia quo Dominum,* vel ita, *Quo contrita Deum :* et hoc secundum magis probatur. Nam eo spectant minæ Domini, ut corda conterantur. S. Gregorius, initio hom. 1 in Evang., *Ut si Deum metuere in tranquillitate nolumus, saltem vicinum ejus judicium vel percussionibus attriti timeamus.* Sed prior lectio retinenda D est, quia propius accedit ad scripturam codicis, et rectum sensum habet.

34. Sic de rege David lib. II, vers. 655, *Sed scelus agnoscens culpas impune fatetur;* ac rursus de eodem Eleg. vers. 159, *Confessus facinus veniam pro clade meretur Noxius impune vel sine morte reus.* Paulinus poem. ultim., *Amplius hoc tribuit, majus dedit hoc quoque munus, Quod peccatorem quem pœnitet, antea lapsum Non facit in numero turbæ peccantis haberi. Quippe satis pœna est; cum sit sua culpa dolori, Supplicium proprium timor est, tormenta reatus, Tum veluti patitur, qui se meruisse fatetur.*

36. Explevi hanc lacunam ex mente, ut arbitror. Dracontii, qui innuit iram Dei in lege veteri prophetarum dictis fuisse prænuntiatam, post adventum Christi prodigiis portentisque declarari. In exponendis vero monstris Dracontius fortasse imitatus est Juvenalem, cujus versus alibi exprimit, et cujus sunt hi sat. 13, vers. 65, *Egregium, sanctumque virum si cerno, bimembri Hoc monstrum puero, et mihanti jam*

DRACONTII CARMINA.

   Accendit vapor, et pariturae viscera mulae.
45 *Nec modo quadrupedes : mulier quae protulit,*
                         [horret,
   Et pavet infelix enixa puerpera partus.
   Sic peccata parant casus inferre sinistros.
   Quid jam peccantes vita mereantur iniqua,
   Significat damnans hominis natura reatum.
50   *Quid fera, quid pecudes, quid peccavere*
                         [volucres?
   Quid coelum, quid terra, polus, quid pontus
                         [et astra,

   Quid solis radii, quid lunae frigidus orbis?
126 *Nonne fatigantur dantes per tempora si-*
                         [gna?
   Nam ventura monet per tot praesagia corvus
55 *Proditor, et sit quid post tempora certa futu-*
                         [rum
   Cornix effatur; pecudes volucresque loquun-
                         [tur,
   Quod hominis mala lingua tacet, fera bellua;
                         [pisces
   Prospiciunt proprii generis servare figuras,

VARIAE LECTIONES.

44. In Vat. desunt omnino verba.
45. Vat., *Quomodo quae protulit...*
46. Vat., *Et pavet infelix enixa pueri germania partus.*
47. Vat., *Sic peccata parant...*
48. Vat., *Quid jam peccata...*

49. Vat., *Sian reatum...*
54. Vat., *ventura movet per tot praesagia somnus.*
56. Vat., *cornipes et fatur; pecudes.*
57. Vat., *quodque hominis.*
58. Vat., *despiciunt proprii generis.*

NOTAE.

sub aratro Piscibus inventis, et setae comparo mulae Sollicitus, tanquam lapides effuderit imber, etc. Ita etiam Claudianus lib. I in Eutropium : *Semiferos partus, metuendaque pignora matri,* etc.

50. Ferae etiam sunt pecudes: sed saepe inter se distinguuntur, ut a Lucretio lib. IV, vers. 1190, *Nec ratione alia volucres, armenta feraeque, Et pecudes, et equae.* Dracontius lib. I, vers. 284, *Gignitur omne genus pecudum, genus omne ferarum.* Vide Gifanium Ind. Lucr.

52. Libr. I, vers. 666, *Lux frigida, solis imago.* Lib. II, vers. 10, *Quod calor est solis, quo splendet frigida luna.* Ut sol ardens dicitur, quia igneus aut calidus est, et proprio lumine splendens, ita luna frigida, quia lumine a sole accepto fulget, et lux inde ad nos reflexa nihil aut parum calefacit. Simili ratione Saturni stella *frigida* a Virgilio dicitur lib. I Georg., vers. 336, cui consonat Claudianus de Laud. Stil. lib. I, vers. 178.

53. Genes. cap. I, vers. 14, *Sint in signa et tempora.* Vide lib. II, vers. 11.

54. Pro *somnus,* quod non patitur hic locus, ubi sermo est de signis quae ex animantibus petuntur, posui *corvus.* Postea vers. 527, *Bucula, rana, grues, formicae, corvus, hirundo, Praedicunt pluvias, nec jam praesagia fallunt.* Et Virgilius lib. I Georg., vers. 381, *Et e pastu decedens agmine magno Corvorum increpuit densis exercitus alis,* quod imbris signum esse dicit.

55. *Proditor* est index apud Horatium, Ovidium et alios. Non male pro *sit quid* legetur *quid sit,* aut *siquid.*

56. Fortasse *Cornices fantur.* De cornice Isidorus, lib. XII Orig., cap. 7 : *Huic inter multa auspicia tribuunt etiam pluvias portendere vocibus, unde est illud : Tunc cornix plena pluviam vocat improba voce.* Versus hic est Virgilii lib. cit. Georg. Similia passim habent alii poetae. Cicero, ad Att. lib. XV, ep. 16, *Equidem etiam pluvias metuo, si prognostica nostra vera sunt :* *ranae enim ῥητορεύουσιν,* rhetorum more declamant, seu vociferantur.

57. Lego *Quod hominis,* nam conjunctio *que* videtur intrusa ab aliquo, qui ita metro consulere voluit. Sed *quod* ob aspirationem sequentis vocis recte producitur. Lingua mala hominis fera bellua dicitur: non enim puto distinguendum esse *tacet. Fera bellua pisces.* Mox hoc lib. V, vers. 487, *Omnibus ex membris pars mundior ipsa putatur, Noxia sola magis fuerat quae in corpore toto, etc.* Vide alia contra hominis linguam malam lib. III, vers. 629 et seqq., et Eleg. vers. 44, et Prudentius hymn. 10 Perist., vers. 892, *Quae corpore omni sola vivit nequior.* Linguam bonam partem optimam esse corporis idem Prudentius dixerat loc. cit. vers. 768.

58. Mar. Victor lib. I Gen., 141, *Pignora quaeque sui generis sortita figuras.* Quid autem sibi hoc loco velit Dracontius, non facile est hariolari. Potest intelligi quod pisces despiciunt genus suum aut vitam conservare, dum turpia vel propria membra contra naturam rebellant, ut cum micat cometes, qui inortes et monstra creat, undam inficit cruore, etc. Nam tota haec narratio concludi potest vers. 79, *Piscibus Oceani proprias sitientibus undas.* Sed apud scriptores veteres nihil invenio quo haec portenta confirmentur. Oppianus quidem lib. I Halieut. ait : *Quoniam prae aliis Pisculenta genera carum* (alias) *pertimescunt mare Furens.* Nescio an id ad Dracontium trahi possit. Propius ad hujus verba accedit quod refert Isidorus de Natura rer. cap. 38, *In austrum venti mutatio est cum lulligines* (loligines) *hirundinesve volant, aut cum delphini totos se saltibus ostendunt , et caudis aquam feriunt. Nam semper inde ventus oritur quo illi feruntur. Nec mirum est muta animalia divinare sub gurgite. Semper enim incipientis aurae motu aquae inclinantur, quam permutationem maris primi undarum incolae sentiunt. Itaque propter impetum pugnant, sive metu ne deferantur in littora, sive natura, ne aversorum cervices unda praecipitet. Quid ergo ? Delphini tantum hanc injuriam timent? Imo et caeteri pisces. Sed hi tantum apparent, quia exsiliunt.* Quod si velis sententiam et sensum concludi vers. 59, *Contra naturam,* etc., suspicio oriri poterit, an de piscium castitate sermo sit, de qua Ambrosius lib. V Hexaem., cap. 5: *Tum denique quam pura et inviolata successio ! Nullus alteri, sed generi suo miscetur, thymallus thymallo, lupus lupo. Scorpaena quoque castitatem immaculati connubii generi suo servat ; itaque habet pudicitiam generis sui, sed venenum generis sui non habet : non enim percutit scorpaena, sed reficit. Nesciunt igitur alienigenarum genera piscium adulterina contagia, sicut sunt ea quae coeunt asinorum,* etc., *quae sunt vera adulteria naturae... Et homo ista procuras interpres adulterii jumentalis... spadonem efficis, ut quod negavit natura in hominibus, impleret audacia.* Ex his aliqua commoda interpretatio versuum Dracontii erui potest, si tamen legatur *prospiciunt* pro *despiciunt.* Advertendum est autem non esse perpetuam, et communem castitatem illam piscium quam ait Ambrosius, ut observat Basilius hom. 7 Hexaem., qui muraenae viperaeque complexum vocat *adulterium quoddam naturae.* Ex eodem Basilio certior alia explicatio Dracontii expromitur : sic enim ait loc. cit. : *Si rationis expertia excogitare conservareque salutem suam soleant, atque piscis id sciat quid expetendum sit sibi, quid fugiendum, quid nos ipsi dixerimus, qui... res eas quae ad nos pertinent, longe rudius et a ratione alienius quam ipsi pisces disponimus ? si illi quidem de futuro prospiciant atque provideant, nos autem de spe*

127 Contra naturam dum turpia membra
[rebellant.
Jam micat unde polo veniens quicunque co-
[metes,
Hinc mortes et monstra creat, hinc unda cruorem
128 Inficit, et spumis rubicundior alveus exit,
Hinc calidas pluit imber aquas, et roscida tellus
Sanguine puniceas spicis producit aristas,
Et viola est mentita rosam pallore fugato,
e rubor infelix et candida lilia tinxit.

Tertia sors erebi terræ prærumpit hiatum,
Et discit perferre diem, violare serenum
Audet, et exsangues cœlo producere manes,
129 Vivida funereis admiscens ora sepultis
Pestibus, Herculeos mundo mentita furores;
Cum niger umbrarum veniens exercitus orbem
Appetit, invadens non humida tempora lunæ.
Auditum mugire solum, solisque tenebras
Quis neget, et stellas alieno tempore visas,
Cæruleum pallore diem, roseumve colore,

VARIÆ LECTIONES.

60. Vat., *nam micat.*
64. Vat., *hinc mortes et monstra creant.*
66. Vat., *ac ruber infelix.*
67. In Vat. prius videtur fuisse *hiatus.*

72. Vat., *exercitus orbe.*
74. Vat., *auditur mugire.*
75. Vat., *tempore visas.*
76. Vat., *roseumve colorem.*

NOTÆ.

futurarum rerum vacui vitam nostram voluptati pecudum accommodatæ deditam conficiamus ac consumamus? Basilium sequitur Glycas lib. I Annal. die 5. Adde Plinium lib. IX, cap. 19, sect. 35 : *In stagna et amnes transeundi plerisque* (piscibus) *evidens ratio est, ut tutos fetus edant, quia non sint ibi qui* (al. *quæ*) *devorent partus, fluctusque minus sæviant.* Legam igitur *prospiciunt*, et post vers. 60; *Jam micat*, vel *Tum micat* pro *Nam micat.* Est autem *prospicio* hoc loco *provideo*, ut apud Livium lib. IV, cap. 49, *Qui vos urbe agrisque donatos in colonias mittunt, qui sedem senectuti vestræ prospiciunt.* Pro accusativo ponitur infinitivus *servare.*

59. Vide an pro *turpia* legi debeat *propria*. Sensus esse potest quod homines contra naturam rebellant, dum pisces suum genus conservare satagunt : vel quod pisces sibi prospiciunt dum maret urbatur; vel quod pisces negligunt (si legatur *despiciunt*) conservare genus suum, dum natura commovetur his prodigiis quæ versibus seqq. referuntur.

60. Dixi modo præstare legere *Jam micat* pro *Nam micat.* Sæpe in mss. confunduntur *tum* et *jam*, et *tam* et *tum*; neque abhorret ab hoc loco *tum.*

61. Pro *creant* vel *creat*, ut correxi, fortasse melius erit *ruunt.* Hæc fuit veterum opinio de cometis. Seneca, Natur. quæst. lib. VII, cap. 17, *Cruenti quidam* (cometæ) *minaces, qui omen post se futuri sanguinis ferunt.* Putabant cometam bella, pestilentias, aliaque mala portendere, quæ Manilius recenset in fine lib. I: *Seu Deus instantis fati miseratus in orbem Signa per effectus, cælique incendia mittit. Nunquam futilibus excanduit ignibus æther,* etc. Dracontius peculiaria quædam monstra explicat. Virgilius in fine lib. I Georg. : *Nec tempore eodem... Aut puteis manare cruor cessavit... nec diri toties arsere cometæ.*

63. Virgilius lib. V, vers. 695, *Ruit æthere toto Turbidus imber aquam;* alii habent *aqua.* Sed pluo cum accusativo probum est. De prodigiosis imbribus Cicero I de Divin., cap. 43 : *Quid ortus androgyni? nonne fatale quoddam monstrum fuit? Quid quod fluvius atratus sanguine fluxit? Quid cum sæpe lapidum, sanguinis nonnumquam, terræ interdum, quondam etiam lactis imber effluxit?* Livius hæc prodigia passim memorat. Plinius lib. II, cap. 56, carnis etiam, ferri, lanæ, laterum coctorum pluviam refert. Dracontius calidas aquas videtur intelligere pluviam sanguinis: nam addit, *Roscida tellus sanguine*, scilicet humore sanguineo perfusa. Virgilius lib. VII, vers. 683, *Gelidumque Anienem, et roscida rivis Hernica saxa colunt.*

65. Non omnes violæ sunt pallidæ, aut, ut ait Virgilius, pallentes; sunt quædam purpureæ, quædam albæ. Dracontius ergo ait violam quæ natura erat lutea, pallore fugato, rosæ colorem induisse. Et videntur quidem frequentiores fuisse apud Romanos violæ luteæ; nam Horatius etiam, lib. III, od. 10, pallorem violæ tribuit : *Nec tinctus viola pallor amantium.*

66. Ex imbri sanguinis quo tellus irrigata est, omnes flores diversi coloris rubore illo infelici sunt tincti.

67. Lib. III, vers. 404, *Tertia sors, quæ lucis inops.* Erebus tertia sors dicitur, quia, ut tabulæ narrant, imperium cœli Jovi obtigit, maris Neptuno, inferorum Plutoni fratri natu minori. Seneca, Hercul. fur. act. III, sc. 1, *Et si placerent tertiæ sortis loca, Regnare potui;* et postea vers. 831, *Deerat hoc solum numero laborum, Tertiæ regem spoliare sortis.* Tibullus lib. III, eleg. 5, *Tertia regna dei.* Claudianus de Raptu Pros. lib. II, vers. 167. Sic tertius heres Saturni. Manilius lib. I, vers. 155 de mari, *Tertia sors undas stravit fluctusque natantes.*

68. *Serenum* substantive : vide notam ad vers. 586.

69. Avitus de tenebris Ægypti lib. V, vers. 203, *Squalentes pariter viventia milia credas Infernas intiasse domos, aut forte revulso Objice terrarum patriam sordentis abyssi Migrasse in superos, ac mundum luce fugata Sub leges misisse suas.*

70. Apud Claudianum lib. II, de Raptu Pros., vers. 220, Pallas sic Plutonem, dum Proserpinam raperet, alloquitur : *Fratris linque domos, alienam desere sortem, Nocte tua contentus abi : quid viva sepultis Admisces?*

71. Hercules Alcestin ab inferis revocavit (Hyginus fab. 51). Apollodorus lib. II narrat Theseum ab Hercule ex inferis excitatum, ipsumque Cerberum captum, et ad Eurystheum adductum. Ovidius, 7 Met., vers. 410, *Tirynthius heros Restantem, contraque diem radiosque micantes Obliquantem oculos, nexis adamante catenis, Cerberon attraxit.*

73. Lib. II, vers. 11, *Partita cum fratre vices, sua tempora lustrans.* In plurali numero *tempora* accipitur aliquando pro vultu et facie : et hoc sensu vultum lunæ Dracontium intelligere, exponi posset, nisi locus ex lib. II indicatus tempus innueret quo luna suum cursum peragit. Sed cur luna dicitur *non humida?* Quia cum luna præcipue nocte sit, ac dicatur humida, et hic describantur tenebræ diurnæ, et quasi ex inferis erumpentes, consequens est lunam his in tenebris non esse humidam. Poterit etiam legi *non lucida*, quia postea globus lunæ fuscata lampade tectus dicitur.

74. Virgilius, lib. VI, vers. 256, *Sub pedibus mugire solum, et juga cœpta moveri Silvarum.* Lucanus lib. III, vers. 418, *Sæpe cavas terræmotu mugire cavernas.*

76. Fort. *roseove colore*, ut dies sit cæruleus pallore, seu roseo colore : nam color roseus non opponitur noctis tenebris, cum nocte soleat in cœlo apparere, et color cæruleus potest ex roseo et luteo formari.

Lunaremque globum fuscata lampade tec-
[tum,
Et mare purpureum nudato littore siccum,
130 Piscibus Oceani proprias sitientibus
[undas?
80 Nescia mentiri rerum cognata fidelis
Conservat natura fidem pietate parentis,
Participans, quæcunque fient, mundoque mi-
[nentur,
Ostentis ventura monens, ut pectore læto,

Si bona sunt ventura, bonis nos ante fruamur,
85 Si mala portendant, liceat pacare precando
131 Naturæ cœlique Deum post sæcla ma-
[nentem.
Nemo ferire volens se præmonet inde caven-
[dum :
Sed qui terret, amat. Sic indulgentia pœnam
Prævenit, et nullos cupiunt tormenta reatus.
90 Non negat Omnipotens veniam cuicunque ro-
[ganti,

VARIÆ LECTIONES.

77. Vat.. *lampade texunt.*
82. Vat., *quæcunque forem mundoque.*

88. Vat., *se qui terret.*

NOTÆ.

77. Lib. II, vers. 49, *Lunaresque amplexa globos.* Claudianus lib. II, de rapt. Proserp., vers. 298, *Lunari subjecta globo.* Plures alii *lunarem globum, lunæ globum, solis globum* dicunt.

78. Describit mare non omnino siccum, quod nunquam accidit, sed tantum aliqua ex parte, quod sæpe evenit. Si quæras cur mare vocet *purpureum,* responderi potest, ex roseo colore de quo paulo ante, mare purpureum etiam factum. Cæterum jam multi notarunt *purpureum* a poetis sumi pro quovis pulchro colore; sic olores dicti purpurei, nix purpurea. Roa, lib. IV, Singul., cap. 8, tenet, *mare purpureum dici, quasi igneo nigrore collucens, quanquam et turbatum, et fluctuans, ventisque vehementius agitatum significare possit, si ad Græcæ vocis vim et potestatem spectemus.* Huic postremæ interpretationi favet Dracontius, qui a Græcis hoc epitheton mutuatus est. A. Gellius, lib. XVIII, cap. 11, approbat in Furio, veteri poeta, quod dixerit, *spiritus purpurat undas;* sed explicat quod *ventus mare cœruleum crispicans nitefacit.* Cicero in fragmentis apud Nonium cap. 2, num. 717, *Quid mare, nonne cœruleum? aut ejus unda cum est pulsa remis, purpurascit? Et quidem aqua tinctum quodammodo et infectum.* Propertius, lib. II, eleg. 20, vers. 5, *Qualem purpureis agitatam fluctibus Hellen.* Ambrosius *purpurascentem colorem maris dixit,* cujus verba leges ad vers. 149.

80. Eleg. vers. 61, *Littera doctiloquax apibus cognata,* scilicet conveniens; et fortasse legendum est *rebus cognata.*

81. Claudianus, lib. I, vers. 42, de Raptu Pros., *Pene reluctatis iterum pugnantia rebus Rupissent elementa fidem.* Dracontius præterea innuit naturam non fallere in quibusdam suis prognosticis. Notanda est phrasis *pietate parentis* : sic mox vers. 726, *Qui pascit, quodcunque creat, pietate parentis.* Mar. Victor lib. I Genes., vers. 462, *Sed sancta parentis Desperare vetat pietas.* Hilarius, lib. I Genes., vers. 52, *Condere quæ genitor patria pietate parabas;* et iterum vers. 142, *Impendens patria pignus pietate colendo.* Dracontius lib. III, vers. 529, *Qui cum sit dominus, se vult tamen esse parentem.* Hinc est quod ethnici nonnunquam eos qui liberalitate præstabant ac bene de aliis merebantur, parentes et deos vocabant, ut Cicero post reditum ad Quirites cap. 5, *P. Lentulus consul, parens, deus, salus* (al. *salutis*) *nostræ vitæ,* etc. Christiani vero, a Jesu Christo edocti orare, Deum præcipue patrem nostrum appellamus.

82. In *forem* legi potest *forent* pro *erunt* per enallagem. In nonnullis codicibus mss. in venio scriptum *furent* pro *forent.* Nec perperam legetur *quæcunque sient* pro *erunt;* nam olim dicebant *sies* pro *sis.* Lucretius, lib. II, vers. 1078, *Quin cujusque sient sæcli.* Tempus autem proprium rei esset futurum, ut *quæcunque fient,* quod sustineri potest ex dictis proleg. num. 139. *Participare* hoc loco est certos homines reddere, ut apud Plautum Stich. I, 1, 21 : *Cum ipsi interea vivant, Valeant, ubi sint, quid agant, neque

participant nos, neque redeunt.* Alioquin *participo* est *particeps fio,* interdum *partem tribuo,* aut *participem facio.*

85. Nescio an tolerari possit *portendant,* quasi *immineant;* melius certe est *portendant* ipsa ostenta. Placare etiam huic loco multo magis congruit quam pacare. Solent longe gravius afficere, quæ præter exspectationem accidunt, ut ait Josephus lib. V Antiq., cap. ultim. Contra ex Seneca epist. 76, *Præcogitati mali mollis ictus venit.* De hac sententia vide S. Gregorium Magnum homilia 1 et 35 in Evang., et Alcuinum carm. 179. Hispano etiam proverbio dicitur, *Ni dano quando es previsto, Que no ayude a moderarse.* Alfonsus Barros Proverb. moral. 26.

86. Lib. II, vers. 24, *Imperii per sæcla tui sine fine manentis.* Melius fortasse legetur hic per *sæcla manentem.* Sic etiam lib. II, vers. 97, de mundo, *Quem fecit sanxitque, regens per sæcla manere.* In hoc codice non semel inter se mutata sunt *post* et *per.* Sed retinendum est *post sæcla,* quod innuit imperium Dei post mundi sæcula manere; lib. II, vers. 51, *Deus dicitur rerum princeps, mundique superstes.*

87. Confer lib. II, vers. 490, *Ut terrore domet potius quam clade profanos,* et vers. 689 seqq., et vers. 775 seqq.

88. Apocal. cap. III, vers. 19, *Ego quos amo, arguo et castigo.* Proverb. cap. III, vers. 11, 12. Epist. ad Hebr. cap. XII, vers. 6, Tertullianus de Jona : *At bonus, et nostri patiens, et plectere serus Omnipotens Dominus nullam jaculabitur iram, Ni prius admoneat, duratæque pectora pulset.* Prosper epigr. 66, *Utile prudenti est mundana adversa cavere, Et quod vitandum prospiciat fugere;* et post alia in eamdem sententiam : *Qui terret, parcit; qui percutit, ipse medetur. Vivere vis? illi subdere quem metuis.* Mar. Victor lib. I Genes., vers. 465, *Nec tam te voce severa Corripiens, ubi sis,... Terret, quam recreat.* In editis est *me voce,* sed sensus postulat *te,* cum sermo referatur ad Adamum.

89. Lib. II, vers. 598, *Indulgentia prompta reatum Prævenit, et facinus venia præcedit iniquum.* In scriptura codicis aliquis subest sensus, quod scilicet Deus, qui tormenta immittit, nullos reatus invenire cupit. Non nemo conjiciet *et nulli capiunt tormenta reatus,* nempe nulli reatus puniuntur, aut nulli incurrunt in tormenta reatus. Probabile est *reatus* esse in gignendi casu, ut apud Paulinum poem. ult., *Tormenta reatus Tum veluti patitur qui se meruisse fatetur.* Sensus ergo hic erit, quod tormenta reatus neminem capiunt, hoc est assequuntur, quia pœnitentia prævenit pœnam. Sed prima explicatio in scriptura veteri magis placet, ut per metonymiam intelligatur Deum, qui tormenta minitatur, cupere nullos esse reatus quos puniat.

90. Paulinus poem. 6 de S. Joanne Baptista : *Quot gradibus parcit pietas tua? quis pater unquam Sustinet erranti toties ignoscere nato?... Quanquam jam nimius longe processerit error, Desinat et redeat, cum se dam-

Supplicium cum sæpe neget, licet inde minetur
132 Omnibus, et nullum feriat censura To-
[nantis,
Ni vitium peccantis agat perstando malignæ.
Et quemcunque ferit, moderanter temperat
[ictus,
95 Corrigit errantem, nec punit morte repente,
Si peccare diu parcat quicunque profanus.
Sed cum perstat homo semper delicta sequendo
Sentiet iratum pœna plectente furorem.
Nemo Deum sentit, quoties irascitur ulli,
100 Indulget, cohibetque minas pietatis amore,
Donec ab excelsis veniat vindicta coercens :
Impete terribili gravis irruit ira repente,
Sensim rursus adest nullo terrore juvante,
Et non agnoscit Dominum quicunque furentem, B

A 105 Donec in extremos gemitus recidente ruina
133 Ingravat incautum graviori pondere fran-
[gens,
Sed non est omnis manus exstirpanda reorum ;
Solos quippe necat, quos cernit nolle reverti,
Addere sed gravibus peccatis crimina dura.
110 Nam mox tempus adest veniens, quo vota re-
[currant
Ad meliora semel, sed non reditura secundo,
Ac scelus abjiciant lacrymis, et corde reatum.
Quis genus humanum nescit servare volen-
[tem
Auctorem, dominumque Deum ? cui contulit
[orbem,
115 **134** Per tot facta Deus quod sexta luce crea-
[vit.

VARIÆ LECTIONES.

91. Vat., *sæpe nitet licet.*
95. Vat., *corrigat errantem.*
96. Vat., *diu pareat quicunque prophanus.*
100. Vat., *Ni fulget preclare minas.*
102. Vat., *impetu terribili.*
103. Vat., *sensum rursus adest nullo terrore juvantes.*

104. Vat., *nec non agnoscit.*
107. Vat., *si non est.*
110. Vat., *vota recur't.*
112. Vat., *Ad scelus adjectum lacrymis p-corde reatum.*
114. Vat., *cui contulit index.*
115. Vat., *facta dies quem sexta.*

NOTÆ.

naverit ipse, Absolvi meruit ; si pœnitet, irrita culpa est. Vide etiam lib. II Dracontii, vers. 95 et seq.

91. Ex *nitet licet* posset fieri *videlicet* : posset etiam legi *vitet* pro *nitet*, sed prima in *vitet* producitur. Conjicio *neget, licet ipse minetur.*

93. Lib. II, vers. 417, *Nos nobis facimus peccando sponte malignæ.* Perstare est perseverare.

94. Prosper epigr. 8, *Verbere nonnunquam castigans corde paterno, Ne cito consumant sæva flagella reos.* Sic lego. Fabricius edidit (epigr. 4 apud ipsum), *Verbere nonunquam castigans corda paterno.* Editio Pisaurons. Poetar., *Verbere nonunquam castigans corde paterno.*

95. Lib. II, vers. 694, *Errantes punis, sed mitis corrigis omnes.*

96. S. Petrus Epist. II, cap. III, vers. 9, *Patienter agit* (Dominus) *propter vos, nolens aliquos perire, sed omnes ad pœnitentiam reverti.* Vide Eleg. vers. 102.

97. Genes. XVIII, 21, *Dominus de criminibus Sodomorum : Descendam, et videbo utrum clamorem qui venit ad me opere compleverint.*

100. Satis commode restituitur *Indulget* pro *Ni fulget;* sed pro *preclare* forte legendum *præfertque minas*, aut aliquid aliud similis sententiæ.

101. Lib. II, vers. 473, *Superum vindicta coercet. Excelsa* pro *cœlo*, ut dicam ad vers. 204 lib. II.

102. *Impete* occurrit etiam infra vers. 557, *Subducitur impete mortis.* Tertullianus de Jud. Domini habet : *Impetu tartareo frendent, incendia mundo;* sed in hoc auctore ferri id potest, cum sæpe spiritu dactylum faciat.

103. Pro *juvantes* vel *juvante* aliud mallem. Fortasse *nullo terrore minante vel monente.*

105. Lib. II, vers. 156, *Recidentibus euris,* et ib., vers. 624, *Spes generis recidens.* Livius, lib. XXIV, cap. 29, *Quo mox in graviorem morbum recideret.*

107. Lib. II, vers. 405, *Rursus ne perderet orbem, Aut impune reos passim dimitteret omnes, Eligit e cunctis, quos plus peccare videbat.*

109. Forte *crimina dira.*

110. Id pertinere videtur ad sententiam Apocal. III, 3, *Pœnitentiam age. Si ergo non vigilaveris, veniam ad te tanquam fur, quæ repetitur cap. XVI, vers. 15, et in II epist. Petri III, 10, et Pauli I ad Thess. V, 2.

Et clarius ad rem nostram Ecclesiastic. XIV, 12 : *Memor esto quoniam mors non tardat ;* et paulo post : *Ante obitum tuum operare justitiam, quoniam non est apud inferos invenire cibum.* Apostolus ad Galat. VI, 10, *Ergo dum tempus habemus, operemur bonum ad omnes.* Joann. IX, 4, *Venit nox, quando nemo potest C operari.* In nexu litterarum dubio lego *recurrant,* scilicet rei.

111. *Redire secundo* est pleonasmus a Dracontio aliisque usitatus, ut *rursus redire* apud eumdem Dracontium, et lib. II, vers. 163, *Rursus aquæ reduces repetunt loca prisca; rursum reddere,* apud Terentium; *rursus referre,* apud Ovidium; *rursus redire,* apud Marcellinum; *rursus repetere,* apud Suetonium. De votis Dracontius, lib. I, vers. 694, *mala vota reorum;* et lib. II, vers. 405, *hominum pessima vota.*

112. Versus hic sanandus est; sed non alia occurrit medicina, nisi quam adhibui; aut si mavis *lacrymis purgando reatum*, vel *lacrymis delendo reatum.* Vide lib. I, vers. 694, *Ut se pœniteant sceleris,* etc.

114. Abest sensus a codicis lectione *cui contulit index.* Non dedecet *cui contulit orbem,* vel *cui condidit orbem.* Sed a Dracontii manu videtur esse *index,* quo verbo usus est lib. I, vers. 434, *Spes, opifex, dominus, rector, dux, arbiter, index.* Sic lux ab eo- D dem dicitur *temporis index,* sol *luminis index,* Petrus *veri dogmatis index.* Ut Deus vocatur *dux*, quia ad rectam viam nos ducit, sic idem appellatur *index,* quia nobis indicat quid agendum fugiendumve sit. Cornelius Valerius Vonk Lection. Latin. lib. II, cap. 2, in Sedulio lib. II, vers. 232 (al. 236), pro *judexque benignus* legit *indexque benignus.* Revera melius ita procedit sententia : *Orandi præcepta dedit, indexque benignus Indulgenda peti breviter jubet,* etc. Ab ethnicis colebatur Hercules Index, quod furtum quoddam Sophocli in somniis indicasset : *quo facto fanum illud Indicis Herculis nominatum est,* ut refert Cicero lib. I de Divin. Apud Statium in fin. lib. I Achill., *Partus index Lucina resolvit,* innuitur Lucinam uterum diu occultatum indicare, vel pueros indicare et in lucem mittere. Ita ergo emendari potest Dracontii versus, *cui consulit index, Post tot facta Deus quod sexta luce creavit,* vel *cui consulit index Per tot facta Deus, quod sexta luce creavit.*

115. Pro *dies* certum videtur legendum *Deus.* Pro

Prima dies nam lucis erat, mors una tenebris : A
135 Lux datur ante polos, lux clari causa
[diei,
Lux jubar æthereum, lux noctis limes, et um-
[bræ,
Lux facies rebus cunctis, et lux elementis,

120 Lux genitis factisque calor, lux gratia solis,
136 Lux decus astrorum, lux aurea cornua
[lunæ,
Lux fulgor cœli, lux et primordia mundi,
Lux splendor flammæ, lux magni temporis in-
[dex,

VARIÆ LECTIONES.

116. Vat., *dies nam lucis erat mox una;* alii editi, *dies lux est terris mors una.*
117. Vat., *polos;* alii, *polum.* Parisiensis S. Victoris codex, *claræ;* alii, *clari.*

118. Vat., Vict., *et umbris.*
119. Vat., *Lux facies rerum, lux lux cunctisque trementes.*
120. Vat., *Lux genus percuncta so ... lux gratia solis.*

NOTÆ.

per *tot* fortasse melius *post tot,* ut vers. 259, *Terrigenis factura cibos post cuncta creandis,* ubi tamen Vict. legit etiam *per cuncta,* forte ut significetur propter hominem cuncta creata, ut postea vers. 428. Confer proleg. num. 86. Etsi autem sermo sit de genere humano, retineri tamen posset *quem scilicet per mutationem generis :* nam intelligitur *quem hominem.* Vide Comment. ad Prudent. lib. II contra Symm., vers. 504, et Gifanium Indic. Lucr. verbo GENERIS NUTATIO. De connexione vero hujus partis poematis cum reliquo corpore dixi loc. cit. Prolegom.
116. Ab hoc versu incipiunt editiones hactenus factæ cum titulo *Hexaemeron,* sive *de Opere sex dierum,* et progrediuntur usque ad versum ultimum hujus libri; quarum varias lectiones nunc appono. Rivinus, cum primum versum mendosum agnovisset, emendavit : *Prima dies lux est, tetris mors una tenebris,* vel *mors ima,* id est prima; vel *mors viva,* vel *mors sana.* Barthius apud eumdem Rivinum *Prima dies lux est terris, mors unde tenebris.* Sic auctor Moreti : *Et jam concepto tenebræ splendore recedunt.* Perspicuum est nullum hic esse locum voci *terris.* Etsi enim verba prima Genesis, *In principio creavit Deus cœlum et terram,* ita intelligi possint, ut prima die cœlum cum terra elementari productum fuerit, Dracontius tamen aliam videtur sequi sententiam, quod scilicet his verbis Moyses creationem mundi in tempore factam complexus fuerit, quam postea per partes et dies explicat : de qua sententia videri potest Petavius De opific. sex dierum lib. I, cap. 2 qui huic opinioni adhæret, ac SS. Patrum testimonis eam, rejectis aliis explicationibus, confirmat. Itaque ut Dracontius vers. seq. ait, *Lux datur ante polos,* ita dicere potuit, *Lux datur ante solum,* vel *terras.* Adhuc autem conjecturæ locus est, an pro *mors una tenebris* legi debeat *nox unde tenebræ :* nam in codice Vaticano est *mox,* quod pro *nox* alibi etiam positum invenio; et poetæ alii qui opus sex dierum narrant, noctis meminerunt, ut diem unum compleant et Moysis sententiam exprimant. Cæterum lucem tenebrarum esse mortem metaphora est ab aliis etiam usurpata. Plautus Men. I, 2, 45 : *Dies quidem jam ad umbilicum est dimidiatus mortuus.* Statius, lib. IV, silv. 6, vers. 5, *Jam moriente die rapuit me cœna.* Dracontius hoc lib., vers : 663, *Mortua nox sub luce cadit :* sic enim legunt editi; sed in Vatic. cod., *mortua lux,* ut mox dicam. Clarius vers. 672, *Ducit ubique diem, perituum noctis ab umbris.* Hæc autem omnia quæ Dracontius in opificio sex dierum exponendo commemorat, fuse disputant theologi et interpretes, illi præsertim qui dedita opera de opere sex dierum scripserunt. Poetas nonnullos ex Goldasto recensitos vide num. 29 prolegom., ubi Gregorius Magnus et Ambrosius junior commemorantur; sed fortasse Goldastus solos hymnos Hexaemeri ab Ambrosio Mediolanensi conscriptos innuit, qui a nonnullis ascripti fuerint Gregorio, ab aliis Ambrosio juniori. Hippolyti Africani et Prudentii nostri Hexaemeron intercidit. Leyserus Histor. poet. med. æv., pag. 594, ad ann. 1156, edidit Hexaemeron Hildeberti Turonensis, sive Cenomanensis, quod in edi-

B tione Parisina hujus operum reperitur. Hexaemeron Ceponii Hispani episcopi sæculi v, versibus hexametris ms., asservabat Barthius, ut dixi num. 52 prolegom. Alios scriptores sive interpretes in Hexaemeron refert Calmetus in Bibliotheca sacra ante Dictionarium Biblie.
117. Mar. Victor initio lib. I : *Ante polos, cœlique diem :* quo lectio codicis Vat. *ante polos* roboratur. Elogio hoc lucis nullum aliud legas locupletius : colligit enim Dracontius quidquid ab aliis in lucis commendationem dictum est. Augustinus, lib. I de Genesi ad litter., cap. 17, lucem spiritualem, non corpoream, a Deo prima die conditam censuit : quam opinionem Rupertus abbas lib. I, in Genes., cap. 10, confirmat, quia *unus hic dies omnium dierum pauperrimus esset,* si solum lux corporea in eo condita fuisset. Non ergo attendit Rupertus ad veras lucis laudes eminentemque naturam. S. Ambrosius, lib. I Hexaem., cap. 9 : *Erat quidem Deus ipse in lumine,* etc., sed eam

C *lucem fieri voluit quæ oculis corporalibus comprehenderetur. Qui ædificium aliquod dignum habitaculo patrisfamilias struere desiderat, antequam fundamenta ponat, unde lucem ei infundat explorat; et ea prima est gratia, quæ si desit, tota domus deformi horret incultu. Lux est quæ reliquos domus commendat ornatus.*
118. Non male esset *nocti limes et umbris;* sed Dracontius, lib. II, vers. 707, dixit etiam cum casu gignendi, *Criminis, et pœnæ limes.* Ambrosius, lib. I, cap. 9, Hexaem. : *Advertimus itaque quod lucis ortus, antequam sol, diem videatur aperire : principia enim diei noctis exitum claudunt finisque temporis, et status limes nocti et diei videatur esse præscriptus.* Sed advertendum quoque est ex Basilio homil. 2 Hexaem., quod *Prior ille mundi status, nimirum ante primigeniam lucem exortam non nox dicebatur, sed tenebræ : nox enim ea temporis portio dicta est quæ distincte se habet et opposite ad diem, quæ quidem diei succedanea novam hanc appellationem inepta est.* Dracontius igitur ait lucem esse limitem tenebrarum, quæ non erant

D nox, et harum quæ deinde nox vocatæ sunt.
119. Mendosus est codex Vaticanus : sed etiam in vulgata lectione suspicor inesse mendum.
120. Rivinus ex conjectura legit *factisque color,* et laudat Drepanium Florum, *Atque dies varios distinguens luce colores.* Nihil muto : nam lux etiam e t *factis calor,* ut est *gratia solis,* et *splendor flammæ,* et versu superiori jam dictum est *lux facies rebus cunctis,* quod amplius est quam *lux factis color.*
122. Rursus vers. 127, *mundi primordia.* Ambrosius hymno ad diem primum, *Primordiis lucis novæ Mundi parans originem.* Eodem vocabulo in eadem re utuntur Tertullianus, Mar. Victor et alii. Paulinus poem. 19, *Nosse moves causas rerum et primordia mundi?* Rivino hic versus nothus videtur, aut saltem superfluus, si cum versu 118, *Lux jubar æthereum,* et vers. 127, *mundi primordia lucent,* conferatur. Verum Dracontius aliique poetæ Christiani istiusmodi repetitionibus delectantur : quanquam discrimen aliquod inter *jubar æthereum* et *fulgorem cœli* reperitur, et diversa res est lucem esse primordia mundi, et reliqua omnia mundi primordia a luce splendorem

Lux opus auctoris primum, lux cardo pudoris,
125 Lux honor agricolis, requies lux omnibus ægris,
Lux ævi meta, lux quæ dat tempora metis,
Qua bene constructa mundi primordia lucent.
Clarus ubique Deus, nunquam maculabilis au-
[ctor,
Quem non obscurant quacunque ex parte tene-
[bræ,
130 137 Nec celantur ei quæcunque obscura ge-
runtur.
Initium factis lucem dat lucis origo.
Quanta spes mundi præmissa est principe luce?

Quæ totum præcessit opus quod continet orbis,
Quæ solis prærenit iter, lumenque coruscum,
135 Cujus jussit ope clarescere cuncta creata.
Altera quippe dies cœli convexa meretur,
Et supra cœlos ingentia flumina dantur,
Ac dominatur aqua glomeratis fontibus alma,
138 Ignibus æthereis cœlesti sede locatis.
140 Unda beata nimis, meruit quæ tecta polorum,
Celsa favore Dei, jussu suspensa Tonantis.
Limitibus contenta suis elementa morantur,
Nec flammas restinguit aqua, glaciemve tepo-
[rat

VARIÆ LECTIONES.

124. Vat., *primum lux cardo pudoris.* Sirmondianus codex et Vict., *candorque pudoris.* In Vict. primum, *Lux honor*; postea, *Lux opus.*
126. Vat., *Lux cui mediā est, lux quæ dat tempora mœstis.* Vict., *Lux ævi, mediis dat lux quoque tempora metis.*
127. Vat., *Et bene constituat mundi primordia lucem.*
128. Editi, *mutabilis.* Vat., *maculabilis.*
129, 130. Vat., *Quem non obscurant, quæcunque obscura geruntur.* E duobus versibus fit unus.
131. Sirm., *principium.* Vat., Vict., *initium.*
132. Sic Vat. in editis, *Qua mundo vita præmissa est principe luce.*

133. Vat., *totum prætexit opus.*
134. Vict., *iter lunamque coruscam.*
136. Vat., *de cœlo conversa meretur.*
137. Vict., *ac supra.*
138. Vict., *dominatum.* Vict., *dominantur aquæ glomeratis fontibus almæ.*
139. Vict., *ætheriis.* Vat., *cœlesti a sede.*
140. Vat., *quæ texta pilorum,* supra *polorum.* Vict., *Unde beata.*
141. Vict., *Celsa Dei, fabor,* etc.
142. Vat., *suis elementa ferantur.*
143. Vat., *Nec flammas restringit aqua glaciemque reponit.*

NOTÆ.

accipere. Weitzius legit *lux est primordia mundi:* quod fortasse mendum est, nam cæteri habent *lux et.*
124. Rivinus conjicit; *candorque prioris Lux ævi: mediis dat lux quoque tempora metis. Lux honor agricolis.*
127. Hoc fere est quod ait Paulinus poëm. ult., *Cosmon ab ornatu, mundum de lumine dixit,* ex Plinio lib. II, cap. 4, *Quem* κόσμον *Græci nomine ornamenti appellavere, eum nos a perfecta absolutaque elegantia mundum.*
128. Præferenda omnino est scriptura codicis Vat. *maculabilis,* quam sensus exigit, licet ea vox desideretur in Lexicis Forcellini et aliorum.
129. Fortasse etiam a manu Dracontii est lectio codicis Vat., ubi ex duobus versibus fit unus; posset etiam legi *Quem non obscurant, quæcunque obscura geruntur, Nec celantur ei quacunque ex parte tenebræ.* Verum lectio vulgata recto stat pede. Sententiam hanc ipsam multi exponunt, Basilius hom. 2 Hexaem., Macarius hom. 16, Cyprianus, Clemens Alexandrinus, Isidorus Pelusiota, Minucius Felix, Justinus Martyr, alii. Vide comment. ad Prudentium hymno 2 Cath., vers. 105, *speculator astat desuper.*
130. Rivinus suspicatur *Nec celantur eum.* Nihil mutes: nam *celo* cum dativo personæ apud bonos auctores invenitur, Nepotem, Ovidium, Hirtium, Paulinum: quanquam apud Ovidium et Hirtium nonnulli accusativum reponunt.
131. Retineo *initium,* prima producta, quia tres breves concurrunt, quod a poetis probis in similibus verbis fieri solet. Dracontius iterum lib. II, vers. 516, *Nec fuit initium nasci.* Deus *lucis origo* dicitur ab eodem Dracontio lib. III, vers. 1. Vide ibi notanda.
132. Rivinus melius putat *Qua mundo vita promissa est.* Weitzius cum Parisiensi S. Victoris codice legit *Quæ mundo vita præmissa est.* Teneo scripturam codicis Vaticani. In *quanta* producitur ultima ob *sp* dictionis sequentis, cujus rei ignoratio fortasse mutationem invexit.
135. Prudentius hymn. Cathem. 5, vers. 151, *Lucem, qua tribuis nil pretiosius, Lucem qua reliqua præmia cernimus.*
136. Rivinus conjicit *convexa tuetur,* quod com-

probari posset scriptura Vat. vers. 232, *Vidit quinta dies. Cœli convexa* hoc loco sunt totum cœlum; *meretur* idem est ac *consequitur, obtinet,* ut meruit vers. 140 et 150. Mar. Victor, lib. I Gen., vers. 50, *Excelsi convexa poli, terræque jacentes Pars prima est operis.* Quid autem proprie sint convexa cœli, explicat Isidorus lib. III Orig., cap. 39, quocum lexicographi sunt conferendi; nam diversæ sunt scriptorum inter se opiniones de ea voce.
137. Rivinus legit *hac pro ac,* hoc est *hac die.* Notanda est vis verbi *dantur,* quod potest significare *existunt;* sed proprie hic accipi debet pro *locantur a Deo.* Aquas supra cœlos esse, Moyses diserte affirmat, ac multis aliis in locis sacræ Litteræ confirmant. Negant autem nonnulli veras esse aquas, idque aut de angelis, aut de cœlo crystallino interpretantur, aut aquas pluvias intelligunt. Aperte hujusmodi opiniones sacræ Scripturæ repugnant, et a SS. Patribus et interpretibus catholicis unanimi consensu refelluntur. Vide not. ad vers. 2ii.
138. Rivinus confidenter legit *Hac donantur aquæ glomeratis fontibus almæ,* scilicet *hac die.* Sed non persuadet, ac vix admittam *Hac dominantur aquæ,* vel *Hac dominatur aqua:* nam *dominatur* videtur innuere rationem jam allatam vers. 25, quod aqua flammas cœli temperat.
139. Sermo est de igne elementari. Rivinus recte Weitzium castigat, quod in indice hos ignes æthereos de stellis explicuerit: nam stellæ tertia die creatæ sunt, ut postea narratur.
140. Fabricius cum prima Dracontii editione, *unde;* Weitzius restituit *unda.*
141. Weitzius cum M. Wolff. Sebero correxit *Celsa Dei fabri jussu suspensa tonantis,* ut *suspensa* referatur ad *unda,* et post *tonantis* punctum sit, non comma: quæ correctio Rivino non displicet. Barthius lib. XXIII Advers., cap. 19, non dubitat quin legendum sit *Dei fabre jussu,* id est artificiose. Sed unice verum est quod ex mss. codicibus constat, *Celsa favore Dei, jussu,* etc. Sæpe *favor* mutatur in *fabor,* et universim *v* in *b* in veteribus monumentis.
143. Rivinus vult parenthesi concludi hæc verba (*Nec flammas restringit aqua, glaciemve teporat Flammeus ignis aquæ*); *servant.* Observat Rivinus inusitate

Flammeus ignis aquæ. Servant sub lege teno-
[rem
145 Incorrupta suum, non impugnata vicissim :
Nec discreta quidem, sed nec permixta moran-
[tur.
139 Tertia cæruleum ponti lux edidit æquor,
Fluctibus immensis pelagi freta glauca lique-
[scunt,
Et mare navigerum quatitur spumantibus undis.

A 150 Ipsa dies terram meruit de fluctibus actam.
Eruitur tellus vasto demersa profundo,
Et solidante globo gravior per inane pependit,
140 Axe ferente solum, sunt pro radicibus
[undæ:
Quam molles portant, ceu fundamenta, liquores,
155 Arida materies rapitur de corde fluenti
Nondum mater humus, cujus pars solvit are-
[nas,

VARIÆ LECTIONES.

144. Vict.; *ignis : aquæ servant*. Vat., *aquæ servat*.
146. Vat., *nec discreta*, Editi, *non discreta*.
148. Vat., *glauca reponunt* ; ad marg., *liquescunt*.
149. In Vat. hic versus. *Et mare* deest hoc loco, et inseritur post vers. 162, *Cingitur, et volles*.
150. Editi, *auctam*. Vat., *actam*.
151. Vat., *tellus*. Sirm., Vict., *terra*. Vict., *terra* B

injusto demersa.
152. Vat., *Et solidante globo gravior per mane pependit.*
153. Ita Vat. In aliis editis, *Sustentant solidam fluidis radicibus undæ.*
154. Vat., *portant seu fundamenta.*
156. Editi, *arenam*, Vat., *arenas*.

NOTÆ.

poni teporat pro *calefacit* ; quo tamen verbo usus sit Plinius lib. xxxvi, cap. 26, qui dixit *teporatus*. In *teporatus* verba Plinii protulit Forcellinus, sed verbum ipsum *teporo* penitus omisit. *Reponit* in Vat. non est contemnendum pro *aufert, deponit*, aut *efficit, ut aqua deponat glaciem*. Rursus in eodem cod. Vat. vers. 148, *reponunt.*

144. Male Weitzius cum veteribus editionibus interpungit *ignis : aquæ*, vel *ignis. Aquæ* ; nam *aquæ* refertur ad *glaciem*. Virgilius eodem sensu vocabulo *tenor* usus est Georg. lib. II, vers. 336 : *Non alios primâ crescentis origine mundi Illuxisse, dies, aliumne habuisse tenorem Crediderim*. Arnobius dixit *tenor rerum*, Petronius *tenor sensuum*, Guntherus *tenor veli, belli, legum*. Commodianus carm. 80, *Vertitur interea cœlum tenore mutato*. Alia dabunt lexicographi.

145. Rivinus legit *licet* pro *non*. Utraque lectio- C rectum sensum habet : nam partim sese vicissim impugnant elementa, partim non impugnant.

146. Paulinus poem. ultim., *Nexuit hæc diversa licet, discretaque junxit, Junctaque discrevit, quæ nunc divisa cohærent*. Mar. Victor in præfat. ad Genes., *Contraria nempe, Quæ putat humanæ solers ignavia mentis, Dum certant, plus pacis habent*. Sic Fabricius. Alii solum hæc : *Contraria quædam Si certent, plus pacis habent*. Adeo variant poetarum Christianorum editiones. De hac discordia et concordia elementorum iterum Dracontius Eleg. vers. 59, *Sic elementa potens contraria miscuit auctor, Humida cum siccis, Ignea cum gelidis*. Vide Isidorum de Natura rerum, cap. 11, ut innumeros alios profanos et ecclesiasticos scriptores omittam.

147. *Æquor ponti* non est tautologia : nam proprie *æquor* non est *pontus*, sed æqualitas. *Cæruleum* vero a colore dicitur, unde *cærula* pro *mari*. Vide Wopkensium ad vers. 122 lib. 1 Sedulii, ubi observat ex fertilitate sæpe poetas jungere *mare, pelagus, æquor, marmor*, etc.

148. Posset ex codice Vat. conjici *freta glauca reponit*, nempe tertia dies Valerius Flaccus, lib. I, vers. 652, *Hæc ait, et pontum pater, et turbata reponit Littora, depellitque notos*. Sic ponere *freta* apud Horatium lib. 1, od. 3. Sed probum est *liquescunt* : sic mare dicitur *campi liquentes.*

149. *Mare navigerum* Lucretii est lib. I, vers. 3. Ambrosius, 3 Hexaem., cap. 5 : *Etsi pulchra sit species hujus elementi, vel cum surgentibus albescit cumulis ac verticibus undarum, et cautes nivea rorant aspergine ; vel cum æquore crispanti clementioribus auris, et blando serenæ tranquillitatis purpurascentem præfert colorem*, etc.

150. Rivinus legit *Ipse dies terram cernit de fluctibus actam*, ut vers. 136, *convexa tuetur*. Retine meruit, ut ibi *meretur*. *Actam* melius est quam *auctam* : nam mox tellus *demersa* dicitur et *eruta*. Aquæ enim

operiebant terram, quibus in locum suum congregatis, illa apparuit. Ambrosius ad diem 3 : *Telluris ingens Conditor, Mundi solum qui detegens, Pulsis aquæ molestiis. Terram dedisti immobilem.*

151. Rivinus refingit *Eluitur torra infuso demersa profundo*. Scriptura nostra vera est.

152. Tertullianus de Judic., *Et solidam verbo potuit suspendere terram*. Rivinus *solidante globo* exponit *solidato globo*, ut *luna minuente, anno vertente*, et similia dicuntur. Nihil prohibet quin intelligas *globo solidante ipsam terram*, aut legas, si mavis, *Et solidata globo*. *Inane* pro spatio inani elegantia est veterum a Christianis adoptata. Mar. Victor, lib. I Genes. vers. 86 : *Cum Deus, impulsis reliqui jam gurgitis undis, Aeriis magnam spatiis patefecit inane.* Vide Barthium lib. xxxv Advers., cap. 16, qui etiam Dracontium cum pluribus aliis laudat.

153. Amplector lectionem codicis Vat., quæ venusta est : quasi terra axe suo teneatur. Vel lege *Sustentata salo ; stant pro radicibus undæ*. Hilarius Genes. vers. 42, *Ac semel defixa, salo fundata, resedit*. Pisides in Hexaemero, quod notat Weitzius, *Fundamen undas tu rotundasti soli, Variabili at fulcro gravatum sustines*. Alii mare terra altius dicunt, quod cum philosophis et astrologis rejiciendum docet Pererius ad Genes. cap. I, vers. 9.

154. Psalm. cxxxv, vers. 6, *Qui firmavit terram super aquas.*

155. Barthius, lib. xxi Advers., cap. 8, *materiem* exponit elementum terræ. Mar. Victor, lib. I Genes. vers. 88, *Arida tunc primum mundi pars ima retectam Ostendit faciem*. Isidorus, lib. xiv Orig., cap. I : *Proprie autem terra ad distinctionem aquæ arida nuncupatur ; sicut Scriptura ait, Quod vocaverit Deus terram* ARIDAM. *Naturalis enim proprietas siccitas est terræ.*

D *Mare* dicitur *cor fluens*, vel etiam intelligitur *cor fluenti*, sive aquarum, ut *viscera terræ*, et sol ex physicorum sententia *cor cæli* apud Macrobium lib. 1 in Somn. Scip., cap. 20. Rivinus suspicatur *Arida mater iis*, scilicet liquoribus, quod vix sensum aliquem commodum habere potest.

156. Terra mater est communis, sed nondum mater erat cum rapta sive extracta est de corde fluenti. Plinius, lib. II, cap. 63 : *Sequitur terra, cui uni rerum naturæ partium, eximia propter merita, cognomen dicimus maternæ venerationis..... Quæ coacta generat ? quæ sponte fundit ? quos odores, saporesque ? quos succos ? qua bona fide creditum reddit ? quæ nostri causa alit ?* Vide quæ notat Balthasar Corderius ad cap. I Job. vers. 21, *Nudus egressus sum de utero matris meæ*. In codice Vaticano legitur *arenas*, ut alibi etiam dixit Dracontius. Negarunt aliqui in plurali num. *arenas* inveniri ; sed exstant exempla in Virgilio, Ovidio, Horatio, Valerio Flacco, Suetonio et aliis.

CARMEN DE DEO. LIB. I.

In glebas pars membra ligat, pars saxea tur-
[get,
Et cautes stat montis apex, pars flumina mer-
[git,
141 Planitie pars tensa jacet, pars littora cur-
[vat,
160 Pars datur in tumulos, pars aspera rupibus
[horret,
In scopulos pars certa riget, pars valle pro-
[funda
Cingitur, et colles tumidi juga celsa supinant,

Atque humiles campos spatiis æqualibus aptant,
Pars data dulcifluis undantis fontibus agri.
165 Promitur herba virens, it surculus omnis in
[auras,
Et semper vestita comis frondescit oliva.
Omnia poma virens profert, nec parturit ar-
[bor,
142 Linguæ laurus honos solvit donanda
[poetis.
Torta per obliquos it vitis in orbe corymbos,
170 Verberat et palmes ramos fluitante flagello;

VARIÆ LECTIONES.

157. Vat., *In glebam pars membra ligat, pars saxa tumescunt.* Vict., *pars saxea tangit.*
158. Ita Vat. in Sirm., *Cautibus exstat montis*, etc. In Vict., *Cautibus exstat montis apex, pars flumina jungit.*
159. Vat., *pars litorat curvat.*
160. Vat., *rupibus hæret.*
161, 162. Vat. ita. Sirm., Vict., *Pars riget inculta, residet pars valle profunda, Et colles tumidi cumulis juga celsa supinant.* Vict. distinguit riget, *inculta residet.* Post vers. 162. *Cingitur*, in Vat. ponitur vers.

149. *Et mare navigerum.*
163. Vat., *æqualibus aptat.*
164. Vat., *undantes fontibus.*
165. Sic Sirm. In Vict. et pro *it*. Vat., *Herba virens prodest ferculus omnis in auras.*
167. Vat., *nec parturit.* Editi, *non parturit.*
168. Vat., *linquæ laurus.*
169. Vict., *tetra per.* Vat., *obliquos sit vitis.*
170. Vat. ita. Sirm., *Verberat et palmæ calamos fluitante flagello.* Sic Vict., sed *non ante* pro *fluitante.*

NOTÆ.

157. Confer Ovidium lib. I Met., vers. 43 seq. Rivinus advertit male antea legi *saxea tangit*; vel *tinget pro turget*, et suspicatur *saxea jungit*, et vers. seq. *pars flumina tangit.*

158. Ex Vat. recte scribes *Et cautes stat montis apex.* Rivinus malebat *Cautibus exstat apex montis*, quam *Cautibus exstat montis apex.* Prudentius quoque dixit *apicem montis* Cath. 7, vers. 136.

161. Rivinus restituebat *Pars riget incultu, residet.* Ita in Erratis. Lectio codicis S. Victoris cum interpunctione *Pars riget, inculta residet*, ut vallis inculta dicatur, minus est probabilis quam Sirmondi scriptura. Sed utraque melior est lectio codicis Vaticani. *Rigere in scopulos*, ut Tibullus dixit lib. IV, carm. 1, vers. 156, *Sed durata riget densam in glaciemque, nivemque*, scilicet aqua.

162. Post hunc versum in Vat. legitur versus 148, *Et mare navigerum.* Neque omnino alienus est hic locus, dummodo legatur postea *aptat*, non *aptant*; ac sensus erit quod mare montibus illiditur, et spatiis æqualibus camporum aptatur.

163. Postea v. 218, *Cursibus aptavit*, scilicet stellas.

164. *Undantis* significat copiam et multitudinem, quod multis exemplis probat Weitzius in Indice. *Dulcifluus* ad barbara rejectum est a Forcellino; sed immerito, cum agnoscat a Dracontio usurpari, et verbum *auroresco* solius Adelhelmi auctoritate inter Latina collocaverit.

165. Ex lectione codicis Vatic. conjici posset et *flosculus.* In *prodest* lego *prodit*; sed non displicet scriptura Sirmondi. Rursus vers. 169, *it vitis*, ut hic apud Sirmondum, *it surculus.*

166. Lib. II, vers. 221. *Et nunquam caritura comis frondescit oliva.* Plinius, lib. XVI, cap. 19, *Arborum aliis decidunt folia, aliæ sempiterna coma virent; et cap.* 20, *Harum generi non decidunt, oleæ, lauro, palmæ, myrto, cupresso*, etc. Glycas lib. I Annal., die 3 : *Ex his quæ semper florent, quædam* (arbores) *abjiciunt folia, quædam ea perpetuo retinent. Abjiciunt verbi gratia olea et pinus : nam tacite quasi ac latenter folia pro aliis alia sic consequuntur, ut nunquam comis suis denudari videantur.*

167. Barthius explicabat *profert :* Hoc est, sine labore ; *non parturit* ob eamdem rationem quia sine labore profert, et *parturit* laborem et nisum arguit. Rivinus castigandum censet *virens*, pro *semine parturit arbor*, ex Genes. I, vers. 11 et 12,

et quia idem Dracontius vers. 574 ait, *Quod spicat messis, quod ramis parturit arbor.* Verum ille versus jam loquitur de fructu arborum, postquam Adam ejectus est de paradiso, et Dracontius tenere videtur faciliùs fructus in paradiso prodiisse quam extra post peccatum Adami. Mar. Victor, lib. II de Adamo et Eva e paradiso ejectis, vers. 8: *Mirabile quali Ore rudes stupeant tam barbara rura coloni; Quæ non frugifera, distinctaque arbore vernant.* Sic Fabricius. In editione Parisiens. 1560, *Miserabile, quali .... Quæ non frugifero distincta stipite vernant*, quod ex fide mss. est. Vel etiam Dracontius loquitur de primo die quo illico prodierunt fructus ex Gen. I, 4 seq. : *In die quo fecit Dominus cœlum et terram, et omne virgultum agri antequam oriretur in terra, omnemque herbam regionis priusquam germinaret.* Quod si retinere velis *parturit*, leviori mutatione possis *profert*, vel *parturit arbor.* Moyses ait : *Lignum pomiferum faciens fructum juxta genus suum, cujus semen in semetipso sit super terram.* S. Augustinus lib. V, cap. 4, de Genes. ad litt., ita id explicat : *Causaliter ergo tunc dictum est produxisse terram herbam et lignum, id est producendi accepisse virtutem.* Dracontius cum plerisque Patribus et interpretibus asserit reipsa herbas, et arbores, maturosque fructus, tertia die fuisse producta. Pomum de omni genere fructuum qui ex arboribus proveniunt dicitur. Præstaret hos versus transjicere, et prius legere *Omnia poma*, et deinde *Et semper vestita*, aut etiam rejicere hunc versum post *Linguæ laurus honos.*

168. Conjectura probabilis est legendum *Linguæ laurus honos surgit donanda poetis*, quia clarior est sententia et similibus verbis in productione aliarum rerum enarranda utitur Dracontius. In scriptura libri veteris *solvit donanda*, intelligitur *donanda* esse in accusativo. Poetæ lauro coronabantur. Horatius lib. IV, od. 2, de Pindaro : *Laurea donandus Apollinari.* Quod autem Cicero dixit et approbavit lib. I Offic., cap. 22, *Cedant arma togæ, concedat laurea linguæ*, intelligebat de laurea quam triumphantes gestabant : quo respexit Plinius lib. VII, cap. 30, de eodem Cicerone loquens : *Salve primus in toga triumphum, linguæque lauream merite*; quod alii explicant *principatum eloquentiæ merite.*

169. Rivinus pro *tetra* correxit *læta*, sed agnovit melius esse *torta.*

170. Christianus Daumius pro *non ante* in veteri-

143 Vinea pampineos - subarundinat ebria A
[campos,
Munera lætitiæ spondens pendentibus uvis,
Fructibus et variis redolent florentia rura.
Una parens tellus non unum fundit odorem,
175 Sed quot sunt herbæ, tot permiscentur odores.
India tunc primum generans pigmenta per her-
[bas

144 Eduxit sub sole novo, rudibusque race-
[mis.
Est locus in terra diffundens quatuor amnes,
Floribus ambrosiis gemmato cespite pictus,
180 Plenūs odoriferis nunquam marcentibus her-
[bis,
Hortus in orbe Dei cunctis felicior hortis.

VARIÆ LECTIONES.

171. Vat., *pampineos sub arundine tenebra campos.*
172. Vat., *munera lecise spondens.* Ad marg., *numera pro munera.*
173. Codex Azagrensis, *fructibus ex variis.*
174. Vat., *unum fudit odorem.*
175. Vat., *Si quod sunt herbæ tot permiscentur honores.*

176. Vat., *India mundus erat geminans pigmenta per herbas.*
177. Vat., *producunt sub.*
178. Editi, *interea.* Vat., *in terra.*
179. Vat., *ambrosus geminato cespite.* Vict., *ambrosiis geminato cespite,*
181. Vat., *cunctis feliciter oris.*

NOTÆ.

bus editionibus scripserat *motante*, Rivinus *nutante*, codices mss. habent *fluitante*. Sed nemo hactenus advertit errorem *et palmæ calamos;* nam sine ulla dubitatione legendum est *et palmes*, ut exstat in Vat. lib. II, vers. 220, iterum *Palmite gemmato*, etc. Isidorus lib. XVII Orig., cap. 5 : *Summitates vitium, et fruticum flagella nuncupantur, eo quod flatu agitentur. Palmes vitis materia mollis, qui per novella brachia emissus fructum affert..... Corymbi sunt annuli qui proxima quæque ligant et comprehendunt, ne longius laxati palmites ventorum flatibus dissipentur.* Melius etiam est *ramos* quam *calamos :* nam palmes ipse est ramus vitis, et intelligi potest de ramis arborum quibus vitis innectitur. Neque absurdum esset rescribere *auras* pro *ramos* aut *calamos.*

171. Inter barbara reposuit Forcellinus *subarundinare*, et explicat *arundine fulcire :* allegatque Dracontium. In codice Vat. depravatus est hic locus, neque aliorum scriptura plane mihi probatur. Augurabar *Vinea pampineas sub arundine porrigit umbras.* Virgilius, eclog. 7, vers. 58, *Liber pampineas invidit collibus umbras.* Et II Georg., vers. 410, *Bis vitibus ingruit umbra*, ex pampinis scilicet. *Ebria vinea* elegans metaphora dicitur a Weitzio pro *plena :* sed poterit dici ebria ab effectu.

172. Vinum vocat lætitiæ munera, ut Bacchus a Virgilio dicitur lætitiæ dator. Juvencus, lib. I, vers. 133, *Cernis lætitiæ jam defecisse liquorem?* Obvia sunt quæ multa congerit Weitzius de lætitia ex vini haustu.

174. *Fundere* pro *producere copiose et abundanter* sæpe occurrit. *Odor* hic sumitur pro specie, seu re ipsa ex qua bonus odor emanat. Horatius, lib. II, epist. 1, in fine : *Deferar in vicum vendentem thus et odores.* Tertullianus de Jud., *Dulcores, potus varios, pingues et odores.* Mitto alios. Hic jam tellus parens dicitur, quæ vers. 156 *nondum mater* dicta est.

175. Mar. Victor., lib. I Gen., vers. 246, *Unum ex diverso nectar permiscet odore.*

176. *Pigmenta* quæ sint, ex versibus qui Isidoro tribuuntur tanquam ejus bibliothecæ inscripti, colligitur : nam in titulo Pigmentarii recenset auctor *Cinnamomum, myrrham, folium, casiamque nitentem, Balsama, thus, calamum, Coryciumque crocum.* Hi versus sub S. Isidori nom ne editi jam pridem fuerunt a Moratorio, et maxima ex parte multo ante Muratorium a Joanne Tamayo de Salazar. in Martyr. Hisp., postea a Florezio auctiores in Hispania sacr. recusi sunt, et post Florezium in editione Matritensi operum S. Isidori anno 1778, tom. II, pag. 67, append. In prolegom. ad Prudentium num. 242, aliquantulum dubitavi an vere Isidorus auctor esset horum versuum. Nuper Eugenius de Levis, tom. I Anecdot., pag. 18, primos sex versus oro ineditis vulgavit tanquam a S. Damaso in epistolas Pauli conscriptos. Sed non pro solis episto-

lis Pauli, sed pro aliqua bibliotheca exarati illi sunt, ut legenti liquido patet, et ab ætate Damasi longissime distant, ut duo alia carmina, quæ eidem Damaso Levisius affingit. Leyserus in Hist. Poet. med. æv. ad sæculum v observat Dracontium paradisum in India quæsivisse, quod, inquit, iis opponi potest qui hanc sententiam nimis habent paradoxam. Verum hanc ipsam sententiam amplexus est Malvenda, qui de paradiso diligentissime scripsit; eique favent Hieronymus, Alcimus Avitus, Anastasius Nicænus, et Moses Bar-Cepha. Auctor Quæstionum ad Antiochum, quæ sub S. Athanasii nomine editæ sunt, quæst. 47 hanc rationem addit : *Quod hujus rei gratia omnia aromata suavissimi odoris circa orientaliora loca, seu Indiæ fines proveniunt, utpote quæ sint vicina paradiso.*

177. Rivinus suspicatur *sub sole novo* mendum esse, ac legendum *Eduxit fulgore novo;* nondum enim sol erat conditus. Sed ego opinor Dracontium *sub sole novo* dixisse per prolepsin , ut orientem explicaret. Sic Avitus, lib. I de Initio mundi, vers. 196 : *Est locus Eoo mundi servatus in axe Secretis, natura, tuis, ubi solis ab ortu Vicinos nascens aurora repercutit Indos.* Si correctio aliqua sit adhibenda , præferam *sub vere novo.* Vide vers. 197 et 230, *Ostentat sub vere novo.* Conjiciebam melius *sub flore novo.* Rudes racemi sunt fructus novi cujuslibet arboris, similes racemis uvarum; ac fortasse Dracontius racemos accipit pro granis et fructu cujuslibet herbæ ex qua unguenta et pigmenta proveniunt. Nonnullæ arbores aromaticæ fructum seu semen botruosum habent , ut amomum, de quo Plinius lib. XII, cap. 13; Dioscorides lib. I, cap. 14; et Isidorus lib. XVII Orig., cap. 8, ubi scribitur *botrosum semen.* Etsi autem Harduinus in Plinio legat *frutice myrtuoso*, non *botruoso*, sententia tamen eadem ex Plinio colligitur, qui ait : *Amomi uva in usu est, Indica vite labrusca.*

178. Conjectura est Rivini, legendum *in terra* pro *interea*, quæ nostro codice confirmatur.

179. Rivinus ait quosdam legisse *gemmato vertice pictus.* Mar. Victor, lib. I, Genes., vers. 235 : *Hic fragiles solvunt calamos animata vigore Muneris ambrosii spirantia cinnama odores.* Ita Fabricius; alii, *Quæque arida tegmine sicco, Jam fragiles solvunt calamos, animata vigore, Muneris ambrosii spirantia cinnama fundunt. Pingere terram floribus* pro *ornare, variare , distinguere* invenies apud Lucretium, Virgilium et optimos quosque auctores. Vide Gifanium Ind. Lucr. *Cespes* dicitur *gemmatus*, quia flores ipsi sunt tanquam gemmæ. Lucretius, lib. II, vers. 319, *Invitant herbæ gemmantes rore recenti;* Manilius lib. v, vers. 256, *Ille colit nitidis gemmantem floribus hortum.*

180. Putat Rivinus respexisse Dracontium ad Gen. XXVII, 27, *Ecce odor filii mei sicut odor agri pleni, cui benedixit Dominus.*

181. Rivinus legit *Hortus ab ore Dei.* Conjiciat

CARMEN DE DEO. LIB. I.

145 Fructus inest anni, cum tempora nesciat A [anni.
Illic floret humus semper sub vere perenni,
Arboreis hinc inde comis vestitur amœne,
185 Frondibus intextis ramorum murus opacus
Stringitur, atque omni pendent ex arbore fru- [ctus,
Et passim per prata jacent : non solis anheli
Flammatur radiis, quatitur nec flatibus ullis,
Nec conjuratis furit illic turbo procellis.
190 Non glacies districta domat, non grandinis ictus
Verberat, aut gelidis canescunt prata pruinis.

Sunt ibi sed placidi flatus, quos mollior aura
146 Edidit exsurgens nitidis de fontibus horti.
Arboribus movet illa comas, de flamine molli
195 Frondibus impulsis, immobilis umbra vagatur;
Fluctuat omne nemus, et nutant pendula poma.
Ver ibi perpetuum communes temperat auras,
Ne lædat flores, et ut omnia poma coquantur.
Non apibus labor est ceris formare cicutas :
200 **147** Nectaris ætherei sudani ex arbore mella,
Et pendent foliis jam pocula blanda futura,
Pendet et optatæ vivax medicina salutis :
Cætera depingit variis natura figuris.

VARIÆ LECTIONES.

182. Vict., *f. in annos est, cum.*
184. Vat., *Arboreus hinc inde chorus vestitur amœne.*
Editi, *Arboreis hinc inde comis vestitur amœnis.* B
185. Vict., *f. intortis* r. In Vat. desideratur hic versus *Frondibus.*
186. Vict., *arbore poma.*
187. Vict., *non fructus anhelis.* Sirm., *non solis anhelis.* Vat., *non solis anheli.*
188. Vat., *flatibus illic.*
190. Editi, *domat, non.* Vat., *nec.*
192. Azagr., Vict., *sed placidi fructus.* Sirm., *sed*

placiti fructus. Vat., *sed placidi flatus.*
193. Vict., *addidit exsurgens.*
194. Sirm. distinguit *comas de flamine molli, Frondibus impulsis immobilis* u. v.
196. Sirm. ita. In Vat., *F. omnis honos, et mutat p. p.* In Vict., *F. hic onus omne, et nutant p. p.*
198. Vat., *n. l. frondes et.*
202. Vat., *pendet exoplatæ* v.
203. Vict., *v. pictura f.* Vat., *Litora dependent solers pictura figuras.*

NOTÆ.

aliquis *in orbe datus*, quia non consitus, vel *Hortus in ora Eden*, vel *Hortus Eden*, *orbis cunctis.* Lectio codicum comprobatur ex Isaiæ LI, 3, *Ponet desertum ejus quasi delicias, et solitudinem ejus quasi hortum Domini,* id est paradisum.

184. Rivinus pro *amœnis* conjiciebat *amœne*, quod noster codex exhibet. *Vestiri comis* de arboribus metaphora usitata : sic vers. 166 : *Et semper vestita comis frondescit oliva :* sic terra gramine vestiri dicitur, aves pennis.

186. Rivinus melius putat *fructus* quam *poma*, quia illud latius patet. Dracontius v. 167, 196 et 198, *pomum* de quolibet fructu arboris dicere videtur ; ac sane vix certa, et clara distinctio poterit inveniri.

189. Claudianus de III Consul. Honorii v. 98, *Et conjurati veniunt ad classica venti*, et de Bello Getic. v. 49, *Aut conjuratum querimur splendere serenum.*

190. Fabricius mendose edidit *grandinis ictu*, quod expressit etiam Weitzius. In prima editione jam legebatur *ictus*, quod restituit Sirmondus. *Districta* proprie est valde stricta : sed aliud latet ; dicitur enim glacies districta, ut *ensis districtus*, vel potius *destricius*, quia scilicet glacies etiam secat. Virgilius, eclog. 10, v. 49. *Ah! tibi ne teneras glacies secet aspera plantas.*

191. *Grandinem verberare* pervulgata metaphora est. Vide notam Broukusii ad Tibull. l. 1, el. 2, v. 7, *Te verberet imber.* Weitzius elegantissimam translationem vocat *canescunt prata pruinis.* Avitus l. 1, v. D 223, *Vel densante gelu canescunt arva pruinis.* Contra canities ab Horatio et Prudentio ita exprimitur, ut *nix capitis* dicatur. Rivinus animadvertit male aliquos legere *calescunt*, vel *calvescunt* pro *canescunt*. Quinam hi sint, non novi : nam in Weitzio *calescunt* mendum est, cum in Indice *canescunt* clare legat.

192. Vera est scriptura *placidi flatus.* Nam de fructibus dictum jam supra est, et hoc loco de aura suavi et placidis flatibus sermo instituitur contra procellas, glaciem, grandinem, gelu. Etsi autem vers. 188 dixerit, hortum *non quati flatibus ullis*, tamen hoc intelligendum est de vehementibus flatibus, ut innuit verbum *quatitur*, et ex vers. seq. *Nec conjuratis* colligitur.

194. *De* sæpe superfluum est, ut multi jam monuerunt. In Pervigilio Veneris *De favoni spiritu.* Non placet interpunctio Sirmondi, neque antiquiorum edi-

tionum. Nam *de flamine molli Frondibus impulsis* est veluti ratio, cur immobilis umbra vagetur, ut nunc ad vers. seq. explicabo.

195. Umbra est immobilis, quia in nemore semper est umbra : vagatur vero, quia frondes arborum moventur. Fortasse scripsit Dracontius *impulsis*, *et mobilis umbra vagatur.*

196. Scriptura codicis S. Victoris *Fluctuat hic onus omne, et* facit, ut suspicer, primigeniam esse lectionem codicis Vat. *Fluctuat omnis honos, et.* Siquidem fructus honor est arboris.

197. Boetius carm. 2 lib. 1, *Quis veris placidas temperet horas Ut terras roseis floribus ornet.* Fortasse innuit Dracontius, mundum vere primo conditum fuisse, quod clarius v. 230 asserit. Alii autumno mundum creatum docent, et multis rationibus confirmant.

198. Non displicet *frondes* in Vat. Sed flores scilicet arborum melius videtur. Rivinus corrigit *Ne lædant*, hoc est auræ, quod in Indice videtur agnovisse Weitzius. Scriptura codicum sustineri potest, nempe *Ver temperat, ne lædat*, quod perinde est, ac *Ut illæsos servet flores.* Poma seu fructus *coqui* dicuntur, dum maturescunt. Vide Plin. l. xv, c. 24, Senec. Trag., Varronem, Virgilium, Martialem.

199. Weitzius *cicutas* exponit cellas apium, seu cannas, ac quasi fistulas, quibus mel continetur. Haud equidem repugno. Sed videndum an ex Isidoro l. xvii Orig., cap. 7, num. 61, alia interpretatio erui possit : *Cicuta*, ait, *est, quod est inter cannarum nodos, dicta, quod lateat. In Indicis stagnis nasci arundines, calamique dicuntur, ex quorum radicibus expressum suavissimum succum bibunt, unde et Varro ait : Indica non magnum in arbore crescit arundo, Illius et lentis premitur radicibus humor, Dulcia cui nequeant succo concedere mella.* Primus horum trium versuum corruptus est in editionibus Isidori, quas vidi. Lege *Indica non magna nimis arbore crescit arundo.* In secundo etiam melius leges *Illius e lentis.*

202. Loquitur, ut puto, de ligno vitæ in medio paradisi ex Gen. II, 9, quanquam et de aliis foliis, ex quibus medicina paratur, explicari valet.

203. Rivinus in veteribus editionibus conjungebat et legebat ita hos versus : *Cætera depingit variis natura figuris, Auroræ cum quarta dies emerserat undis*, ut in vers. 202 absolvatur tertia dies, et a vers. 203 inci-

Auroram jam quarta dies præmiserat undis,
205 Et rutilante polo compresserat astra rubore.
Mox solis radiare globum jubet igne salutis :
Flamma salutaris perfundit lumine mundum,
148 Cuncta salutifero rident elementa vapore,
Cujus ab igne suo lunam jubet ire secun-
[dam;
210 Nigra tenebrarum corrumpere tempora noctis,
Et trepidum proferre diem comitante quiete :
Candida somnigeris collustrat cornibus axes,

Quæ numero est crescente brevis, sed plena
[minore.
Flammeus ornatus cœli per sidera fulsit :
215 149 Officia et stellis, numeros, et nomina jus-
[sit,
Tempora distribuit, loca contulit, ignibus git,
Limitibus fixit, jubar induit, axe rotavit,
Cursibus aptavit, cœli regionibus addit.
Agminis innumeri nec flammea sidera cœlum
220 Destituunt quæcunque die, sed luce premuntur

VARIÆ LECTIONES.

204. Vict., *Auroræ i. q. d. permanserat u.* In Vat. deest hic versus, sed locus vacuus relictus est.
205. Vat., *Et r. die c. ora r.*
207. Vict., *salutari perfundi.*
208. Vat., *c. salutifera.*
211. Vict., *tepidam.* Sirm., *trepidam.* Vat., *trepidum.* Vict., *minante q.*
212. Vict., *c. somniferis.* Vat., *c. somnigerunt collustrans c.*

213. Ita Vat. In aliis, *Quæ numero est majore brevis, et plena minore.*
215. Sirm., *officia stellis.* Vict., Vat., *officia et stellis.*
218. Vat., *curribus aptavit.* Vict. distinguit *addit Agminis innumeri, nec.*
220. Sic Vat. in Sirm., *destituunt quocunque die, sed.* Vict., *destituunt, quocunque dies et l.*

NOTÆ.

piat quarta. *Depingere* pro *ornare*, variare, ut supra v. 179 dictum.
204. Ex vers. sequent. colligitur, diversam fuisse lectionem in codicibus antiquis ab ea quæ nunc exstat : nam codex Vat. v. seq. habet *compresserat ora*, quod verius videtur, quam *compresserat astra*. Ex Vict. conjicere licet, legendum *Auroræ jam quarta dies processerat undis, Et rutilante die* (vel *polo*) *compresserat ora rubore.* Etenim de astris postea occurrit mentio. Dicitur autem *Auroræ quarta dies*, ut prima dies lucis. Poterit etiam legi *Auroræ jam quarta dies præmiserat ortum, Et rutilante polo compresserat ora rubore.* Sed dum clarius lumen non affulget, Sirmondi scripturam retineamus.
205. Ambrosius hymn. ad diem 4, *Qui lucidum centrum poli Candore pingis igneo.*
206. *Globus* solis et lunæ passim a poetis et non semel a Dracontio dicitur Mar., Victor lib. 1, Gen. v. 97, *In flammas, ignisque globum se cogere jussa est, Solis prima dies.* De igne salutari solis quo cuncta foventur vide v. 24 seq., et Eleg. v. 81 seqq.
207. Rivinus existimat hunc versum esse Eugenii Toletani, aut alius cujusvis, et, ut sit sensus, pro *perfundi* legit *perfundit* cum Sirmondo et Weitzio in Indice. At Weitzius in textu etiam ediderat *perfundit*. Fabricius quidem habet *perfundi* cum prima editione. Esse autem Eugenio antiquiorem hunc versum ex codicibus Vict. et Vatic. satis colligitur. Neque hujusmodi repetitiones, quod sæpe dicendum est, a Dracontii stylo sunt alienæ, scilicet *ignis salutis, flamma salutaris, vapor salutifer. Perfundere lumine mundum* pulchra metaphora, de qua Gifanius Ind. Lucr. verbo *fundo*. Vict. non male, *salutari.*
208. *Salutifer* dicunt Ovidius, Statius, Martialis, *salutiger* Ausonius, Prudentius. Translatio quoque venusta est *rident elementa*, de qua idem Gifanius verbo *ridere.* Rivinus suspicatur *elementa tepore*, sed approbat *vapore* pro *calore.* Sæpe Dracontius, sæpe alii *vaporem* pro *calore* usurpant.
209. Rivinus conjicit *Cujus ab igne suam :* sed vix locum habet hic *suam.* Aut quærendum est aliud, aut retinendum *suo* per pleonasmum non inusitatum. Forte *pio* pro *suo*, ut v. 224, *Qui fovet igne pio cœlum, mare, sidera, terras.*
210. Rivinus mallet *Nigra tenebrosæ corrumpere tempora noctis.*
211. Rivinus rejicit in Weitzio *minitante quiete*, et in Sirmondo *comitante quiete.* Legit autem et distinguit *Et tepidam proferre diem : invitante quiete Candida*, etc. Fabricius edidit (et cum Fabricio Weitzius)

Et tepidam proferre diem minitante quiete. Sirm. et Vat. consentiunt, nc solum in *trepidum*, et *trepidam* variant. Sed quid est *dies trepidus* ? dubius, opinor, et incertus, quia nec verus dies, cum luna ipsa solum sit solis imago. *Trepidum* hac significatione gaudere notum est, ut *in rebus trepidis*, et aliis similibus locutionibus quæ notæ sunt.
212. Veteres fere dicebant *somnifer* non *somniger*, ut Ovidius, Plinius, Lucanus. Etsi autem exemplum in antiquioribus non occurrat, tamen improbandum non est *somniger* in Dracontio, nisi malis sequi codicem Vict. Ex mendo codicis Vat. *somnigeris* colligitur.
213. Weitzius plures qui de luna agunt scriptores laudat, ut solet; sed non explicat quid hoc loco velit Dracontius, ut observat Rivinus, qui ait, *numero majore et minore* forte intelligi numerum majorem et minorem dierum. Nos cum Vat. legimus *crescente* pro *majore.* Plin. lib. xxxvii, cap. 9, sect. 63, *Selenitis .... imaginem lunæ continens, redditque eam in dies singulos, crescentis, minuentisque numeris.* Certe luna primo die est parva et incipiens, die decimo quinto est plena : sed iterum decrescit eodem ordine usque ad extremum diem. Sed id non satis, aut non bene explicatur Dracontii versu : nam luna est major die 15 quam die primo. Dicitur ergo luna brevis numero crescente, considerata diebus extremis, et comparata ad diem decimum quintum, aut circiter.
214. Prudentius Cath. hymn. 5, v. 145, *Credas, stelligeram desuper aream Ornatam geminis stare trionibus.*
215. Virgilius 1 Georg. 137, *Navita tum stellis numeros, et nomina fecit.* Rivinus pro *jussit* corrigit *cessit.* Melius est *jussit.* Statius lib. vii Thebaid, vers. 32, *Jus erit, aspiciam terras, pacemque jubebo Omnibus.* Tacitus iv Annal., cap. 72, *Tributum iis Drusus jusserat.*
217. Præfert Rivinus *jubare induit.* Sed usitatius est *induere* cum accusativo, et ut in *loca contulit* intelligitur *stellis*, ita in *jubar induit.*
218. Lib. iii, vers. 5, *Nomina dans astris, et stellæ cursibus aptans.* Rivinus conjicit *auxit* pro *addit.*
219. Lib. iii, vers. 4, *Sideris innumeri numerus quem non latet omnis.* Fabricius interpunctionem editionis primæ Vict., secutus est, quam ante Sirmondum Severus et Weitzius emendarunt.
220. Fabricius edidit *Destituunt, quacunque dies et luce premuntur.* Weitzius *Destituunt quacunque die, sed luce premuntur.* Teneo lectionem Vat., ut *quacunque* referatur ad *sidera*, nempe *quævis sidera.* Vide vers. 667.

CARMEN DE DEO. LIB. I.

Luminis immensi radiato vertice fusi.
Nec mirum, si clara latent sub sole corusco
Sidera, quo mundum monstrat mensura mino-
[rem,
150 Qui fovet igne pio coelum, mare, sidera,
[terras,
225 Concepta virtute Dei, quem sphæra polorum
Sustinet, et sentit dominum per cuncta tonan-
[tem,
Cujus ab imperio veniunt, quæcunque mini-
[strant,
Omnia : jussus agit totum, sub lege laborat.
Miles et ipse Dei, cum lunam, et sidera cuncta
230 Ostentat, sub vere novo, sub tempore primo,
Sub tirone die veterana in sæcla paratus.
Vidit quinta dies animalia cuncta profundi.
151 In corpus solidantur aquæ, nervique li-
[gantur.
Musculus humor erat, fluctus durescit in ossa,
235 Atque oculi gemmantur aquis humore gelato :
Et quot sunt fluctus, tot forsan in æquore pisces
Luserunt fluido per cærula vasta natatu,

VARIÆ LECTIONES.

221. Vat., *vertice fusi.* Alii, *v. phœbi.*
222. Vat., *nec murum si.*
225. Vat., *s. quæ mundum.*
225. Vat., *concepta v.* Alii, *conceptum v.*
227. Vict., *quæcunque ministrant, Omnia : jussus agit totum, sub lege laborant.* Vat., Sirm., *ministrat Omnia j. a.*
229. Vat., *cum lunæ et sidera cuncto Ostentans s.*

232. Editi, *addit quinta.* Vat., *vidit q.* Vict., interpungit *cuncta, profundi In corpus.*
233. Vat., *solidantur que n.*
234. Vat., *masculus humor.*
235. Vict., *o. geminantur a.*
236. Vat., *f. tot forsitan æquore.* Vict., *f. quot forsan in æquore pisces Incedunt fluido.*
237. Vat., *notato;* ad marg., *natatu.*

NOTÆ.

221. Magis placet *fusi* quam *phœbi. Vertex radiatus* pro *sole* hic accipitur. Ennius apud Ciceronem III de Orat., cap. 40, *Oculis postremum lumen radiatum rape.* Solis verticem, sive caput radiis ornatum veteres fingebant, ut notum est. Clarius legam *fusa,* scilicet luce fusa vertice radiato luminis immensi. Lib. III, vers. 1, *Luminis æterni, lunæ lux, lucis origo.*
223. Videtur rationem assignare cur lateant sidera sub sole. Sed quænam est hæc ratio? Aut si ratio nulla hic exhibetur præter immensum lumen solis, quid sibi vult, *Quo mundum monstrat mensura minorem?* In Vat. est *quæ* pro *quo :* sed eadem remanet difficultas. Legam igitur *Sidera; quem mundo monstrat.* Prudentius lib. I Symm., vers. 314, de sole : *Et quod nemo negat mundo, cœloque minorem. Area major enim, quam qui percurrit in illa.* Si ita legere velis, supra rescribes *Non mirum,* aut in *nec intell-* ges *non,* ut apud Sedulium in præfat. ad Carm. paschale, *Quorum multiplices nec numerantur opes :* de qua significatione adverbii *nec* pro *non* vide ibi Wopkensium. Quod si retineatur lectio vulgata, in *mundum* intellige terram solam, non universitatem hanc rerum; nam *mundum* pro terra, et mortalibus dixerunt etiam ethnici scriptores, et Dracontius vers. 705 hujus libri. Si hæc videtur reddi ratio, non mirum esse si sub sole sidera lateant, cum sol major sit terra. Alia explicatio ex astronomia petita hæc est, eo magis latere sub sole corusco sidera quo sol nostro conspectui minor apparet : scilicet diameter solis quo magis ad zenith accedit, eo magis decrescere nobis videtur.
224. Confer versum 24 et seq. Incertum est an Dracontius teneat stellas etiam quæ fixæ dicuntur a sole lumen accipere, quod indicat hic versus an solum planetas intelligat. Res isthæc olim valde obscura erat, neque nunc quidem satis liquet, ac vix affirmare possumus, nullam ostendi rationem qua stellas fixas suam a sole lucem mutuari asseramus.
225. Fortasse melior est lectio Vat., *Concepta virtute Dei, quem,* vel legendum *Conceptus virtute Dei, quem.* Sirmondus non solum ipsum solem conceptum intelligit, sed eumdem agnoscit esse quem sphæra sustinet, non Deum. Sed quo pacto sol vocari potest *dominus per cuncta tonans?* Conjici licet *Conceptum virtute Dei quem sphæra polorum Sustinet, et sentit dominum per signa volantem.* Sed præstat retinere scripturam Vat.
227. *Cujus,* scilicet Dei. Hinc rectius *ministrant* quam *ministrat* cum Vat. et Sirm. Nec placet distin-
ctio Sirmondi *ministrat. Omnia jussus agit, totum sub lege laborat. Miles et ipse Dei :* quanquam post *laborat* virgula non obest. Sententia Dracontii est ab imperio Dei venire omnia quæcunque ministrant sive inserviunt. Propertius lib. II, el. 18, *Aspice, uti cœlo modo sol, modo luna ministret.*
228. Mallem *agit cursum,* quæ phrasis est Plinii lib. V, cap. 24. Prudentius I contra Symm., vers. 334 de sole : *Præscriptis lege sub una Deditus officiis.*
229. Lib. II, vers. 25, *Militia famulante sua servire fidelis :* vide notam.
230. Dracontius innuit sententiam quorumdam veterum, qui stellas lumine a sole accepto fulgere asserebant, de qua vide Isidorum cap. 24 de Natur. rer. Vide etiam vers. 224. Poteris etiam explicare : *cum Deus lunam et sidera cuncta ostentat :* nam vers. 216 et 217 ignes, et jubar proprium stellis concedentur.
231. *Tiro* adjective etiam dicitur, ut *tiro exercitus, tiro miles. Tironi* opponitur *veteranus,* quod militibus convenit, sed aliis quoque rebus veteribus tribuitur.
232. Interpunctio Vict. inepta est. *Vidit* an *addit* legas, perinde est. Vide vers. 136.
233. Forte *nervisque ligantur.* Lib. III, vers. 614, *Jam nervis membra ligantur.*
235. Scribendum potius *gemmantur* quam *geminantur,* quamvis hoc non sit prorsus contemnendum; cum oculi sint gemini. Versu 345 utrumque expressum est, *Orbe micant gemino gemmantia lumina visus.* Vide lib. III, vers. 618. Gemmant oculi, quia in modum gemmæ splendent : iidem gemmantur, cum fiunt instar gemmæ : et quamvis active plerumque hoc verbum usurpetur, ex participio *gemmatus* patet posse etiam dici *gemmari.* Rivinus pro *gelato* conjicit *palatum :* cui minime subscribam. Nam oculi gemmantur aquis, dum humor gelatur, sive astringitur instar gelu. Mar. Victor. lib. III Genes., *Herba virens, flavas cum duravisset aristas, Solis ob ardores in frugem lacte gelato.* Quod in aliis editionibus vers. 66 aliter profertur; *Herba sibi, et calamis in frugem lacte gelato.*
236. Editiones veteres distinguunt *pisces Incedunt,* etc. Sirmondus *pisces. Luserunt,* etc., quod fortasse ab eo factum, ut *luserunt* referatur ad *animalia* vers. 252, et *factura* vers. 239, sint eadem animalia. Posset versus 239 statim post versum 232 poni, et sic hæc difficultas evanesceret. Verum etiam si nullum s t comma vel punctum post *pisces,* ut ipsi sint, qui *luserunt,* tamen *factura* referri debet ad *animalia,* vel ad *pisces,* qui sunt animalia profundi.
237. Concinnius est *Luserunt* quam *Incedunt.* Lib.

Et crispante freto perflabant naribus undas, **A**
Terrigenis factura cibos post cuncta creandis.
240 **152** Exsilit inde volans gens plumea læta
[per auras,
Aera concutiens pennis crepitante volatu :
Ac varias fundunt voces modulamine blando,
Et, puto, collaudant Dominum meruisse creari.
Hæ niveo candore nitent, has purpura vestit,
245 His croceus plumæ color est, has aureus ornat,
Albentes aliis pennæ solidantur ocellis.
Atque hyacinthus adest per colla et pectora
[fulgens.

153 Eminet his cristatus apex, has lingua de-
[corat,
Et brevitas formæ pensatur voce canora.
250 Has virides pennæ reddunt, has discolor ornat
Pluma, per innumeras currens pictura volu-
[cres :
Et rudibus tenuem subtexunt aera pennis.
Ipsa dies folium ramis, et floribus herbas
Evomit, et spicis acuit seges omnis aristas.
255 Silva comis vestita viret, nidosque loquaces
154 Exhibet, et varias decantat garrula voces,

VARIÆ LECTIONES.

238. Vict., *f. perlabant n.*
239. Vict., *per cuncta.*
242. Hic versus sic exstat in Vat. et Vict. In Sirm. **B**
deest omnino.
245, 246. Vat., *Est croceos* (supra *croceus*) *hic pluma color, has aureus ornat Lalbanus : ast aliis plumæ solidantur ocellis.*
247. Vat., *pectora fulgor.*

249. Abest hic versus ab editis, exstat in Vat.
250. Vat., *E studiis his pluma color, h. d. o.*
251. Vat., *pluma per.* Alii, *multa per.*
252. Sirm., *et levibus t.* Sirm., Vict., *plumis.* Vat., *pennis.*
253. Vat., *sexta dies f.*
254. Vat., *et spicans a.*

NOTÆ.

II, v. 158, *Ludant super æquora pisces.* Terentius Adelph. III, 5, 23, *Congrum istum maximum in aqua sinito ludere.* Pro mari *cærula* dicunt Virgilius, Statius et alii.
238. Vers. 578, *Murmure quod venti-flantes vaga marmora crispant.* Valer. Flaccus, l. I, v. 311, *Alma novo crispans pelagus Tithonia phœbo.* Hic *crispante* ponitur absolute, ut *luna minuente*, et potest subintelligi *sc.* Persius sat. 5, v. 87, *Ingeminat tremulos naso crispante cachinnos.* Plinius Senior non semel. Rivinus mallet *proflabant naribus*, quod mihi etiam magis arridet.
239. *Terrigenæ* sunt homines e limo terræ facti. **C** Lucretius primos homines *terrigenas* vocat l. v, v. 1425, *Frigus enim nudos sine pellibus excruciabat Terrigenas.* Ita alii pariter usurpant. Vide not. ad v. 115 et 236.
240. Mar. Victor l. I, v. 126, *Hinc volucres quoque molle genus traxere vigorem* : qui descriptionem volu- crum concludit, *Ergo materies avibusque et piscibus una est;* sed hic versus a Fabricio allatus abest ab aliis editionibus. Prætereo Basilium, Ambrosium et alios.
242. Cum hic versus exstet in Vict. et Vat., desit vero in Sirm. et, ut videtur, in Azagr., colligere licet eum ab Eugenio Toletano omissum fuisse.
243. Nota Græcismum *collaudant-meruisse creari* pro *quod meruerint creari.* Ambrosius lib. v Hexaem., cap. 12 et seqq. avium creationem et genera late prosequitur. Rivinus *alaudas* a laude Domini ex quo- rumdam opinione dici refert. Melius alii vocabulum Gallicum esse aiunt.
245. Color croceus et aureus non multum inter se differunt, sed differunt tamen nonnihil.
246. Rivinus pro *solidantur* conjicit *stellantur*, et advertit Barthium legere *hyalis* pro *aliis.* Utramque conjecturam respuo. Vers. 253 etiam est *solidantur*, et cum præcedat *his* et *has*, non male est nunc *aliis*, quamvis libentius legerem *alis.* Explicandum solum superest, quid sint *ocelli*, quos nonnulli de diversis pennarum coloribus interpretantur. Sed, ut ego puto, ocelli hoc loco sunt radices pennarum, sive calami, quibus infixæ sunt pennæ. Sic in arbo- ribus *Oculi nodi sunt*, ex quibus frondes exeunt, ut exponit Isidorus lib. XVII Orig., cap. 6, num. 15. Sic in radicibus arundinum est oculus, qui *bul- bus* etiam dicitur, et a Plinio *ocellus* lib. XXI, cap. 4. Scriptura codicis Vaticani ansam conjecturis præbet, an legendum sit *has aureus ornat Galbanus, ast aliis pennæ solidantur ocellis :* nam *galbanum* et *galbanus* erat vestis delicatior coloris viridis, et glauci, aut flavi, et lutei, et nonnunquam aurei, ut apud Vopiscum in Aureliano cap. 54 *tunica galbana imperatoris.* Vide

Salmasium ad hunc locum, et ad Lampridium in Alexandro Severo cap. 41, qui tamen contendit, *gal- binum* legendum : notat etiam *galbeam*, *galbinam* et *galbulam* genus esse avis viridis. Si legas *has aureus ornat Galbanus*, opportunior erit conjectura Rivini, *ast aliis pennæ stellantur ocellis*, vel *variantur ocellis.*
248. *Decorat* media producta rarum est. Silius lib. XII, vers. 743, *Tarpeii clamant Jovis, ac delubra decorant*, ubi multi legunt *coronant*, fortasse quia *decorant* media brevi solet efferri. Exstat etiam in- scriptio incertæ ætatis tom. I Inscript. Muratorii pag. 54, num. 4, ubi producitur : *Exuviisque ejus te ipsam, templumque decoro.* Auctoritas Dracontii certa est, eaque lectio Silii confirmatur non minus quam inscriptione Muratoriana. Et favet ratio : nam a *decus decoris* est *decoro decoras* penultima correpta, a *decor decoris* eadem producta. Martialis lib. XIV epigr. ult. gallos gallinaceos vocat *cristatas lucis aves;* Ovidius l. I Fast. vers. 455, *cristatum alitem*, Plinius lib. XI, c. 37, cristas in capite avium *apices.*
250. Tertullianus lib. I de Pallio sic de pavone ait cap. 3 : *Quanquam et pavo pluma vestis . . . . mul- ticolor, et discolor, et versicolor,* etc. Adisis notas Cerdæ in hunc loc. Aves diversorum colorum dicun- tur *discolores* a Plinio et aliis. Alia significatione *discolor* est diversi coloris, seu colore differens, ut apud Ovidium v Trist., el. 16, vers. 8, *Sumatur satis discolor alba meis.*
252. Iterum vers. 264 repetit, ut solet, *rudibus pennis* pro *novis, recentibus. Subtexere* pro *operire*, **D** et *subtexere aera* de avibus Statius, aliique dicunt.
253. Die tertia arbores et herbæ cum ramis, foliis et floribus productæ fuerant. Sed cum hic mentio fiat volucrum, repetitur ea narratio, perinde quasi die qua volucres creatæ sunt, majori copia folia et flores prodierint, quibus scilicet aves uterentur.
254. *Evomit*, ut *undare* et similia abundantiam significant. Scriptura codicis Vat. probabilis est, aut ex ea legendum *et spicas acuit seges omnis aristis.* Confer vers. 25 l. III, *Sic calamos nutrita seges stans armat aristis.* De verbo *spicare* alibi.
255. Frequens usus apud Dracontium hujusmodi metaphorarum, *Vestita comis, pennis*, etc. Lib. III, vers. 24, *Sic plumis vestitur avis, sic frondibus herbæ.* Vide vers. 166, lib. I, *Et semper vestita comis.* Vir- gilius lib. XII, vers. 475, *Pabula parva legens, nidis- que loquacibus escas ;* quod Dracontius imitatur.
256. Ut nidi *loquaces*, sic silva *garrula decantare* dicitur. *Decanto* significat recitare et repetere ab alio dictata. Sed hic sumi etiam potest pro *cano sim-*

Cum vagabunda volat commotis plausibus ales,
Frondibus insidens vento cum fronde moveatur,
Unguibus ad ramos infixa tenacibus hærens,
260 Pennigerum vernare nemus vapor urget in
[usus
Pignoris, et molli durescunt ova tepore:
Pennantur membrata globis, animantur, anhe-
[lant,
155 Rumpuntur, confracta sonant, nutrita
[volatus
Tentant, et rudibus librantur in aera pennis.
265 Sed cum discordent inter se elementa coacta,

Fetibus educt's concordant un 'a, vel ignis.
Unda creat volucres, producit flamma volu-
[cres.
Pabula montis erant, sed non qui pasceret
[herbas,
Affuit: intactæ senuissent floribus herbæ,
270 Ni pascenda daret tellus jumenta per agros.
Sexta dies phœbi rutilo processerat ortu,
Cum natura parens gignit animantia terris.
Cornibus erumpunt armata fronte juvenci.
156 Et per prata vagum sequitur sua bucula
[taurum.

VARIÆ LECTIONES.

257. Vat., *Cum natabunda volat nec mox q'plausibus ales*. Vict., *Cum vacuanda v. c. p. a.*
259. Vat., *tenacibus erret.*
260. Vat., *P. venerare n. v. unget i. u.*
261. Vat., *molli curescunt o.*
262. Sic Vat. in Sirm., *Pennantur tunc membra globis, animantur, anhelant.* Vict., *Pennantur tum membra, globis animataque anhelant.*
264. Vat., *aera plumis.*

266. Vict., *fœcibus eductis.*
268. Vat., *parvula mundus erat, sed.*
269. Vat., *Affuit intactus.*
270. Ilic et duo seqq. versus desunt in Vat.
272. Vict., *n. parit, gignitque a.*
274. Vat. ita, sed scribit *buccula*. Sirm., *E. p. p. vagos s. s. b. tauros.* Azagr. ita, sed *raccula* pro *bucula*. Vict., *E. p. p. vagus s. s. vincula taurus.*

NOTÆ.

pliciter, et quamvis levi mutatione scribi posset *et varia decantat garrula voce*, tamen eleganter est *et varias decantat garrula voces*, ut *vivo vitam infelicem*, et similia.

257. Rivinus cum veteribus editionibus tuetur *Cum vacuanda volat*, et affirmat Sirmondum pro *vacuanda* posuisse vitium manifestum *vagabunda*, cum in *vagabunda*, quod est a *vagari*, secunda sit longa. Explicat autem *vacuanda volat*, per *vacuum volat*. Obscurum id est, et Dracontius potius dixisset, *Cum per inane volat*. Neque vero facile preferentur exempla, quibus constet, secundam in *vagabunda* necessario esse corripiendam. Lectio Vat., *natabunda*, non est spernenda: etsi enim verbum novum sit *natabunda*, tamen ex analogia defendi potest, et eleganter de avibus diceretur, quæ habent hoc etiam ab aquis, ex quibus sunt ortæ, ut instar natantium piscium aera secent pennis. Quod si scripturam sollicitare velis, non inepte rescribes *Cum vagat, atque volat* a verbo *vago, vagas*, quo multi usi sunt. De plausu avium, dum volant, supervacaneum est dicere. Supra vers. 241, *Aera concutiens pennis crepitante volatu*.

258. *Insidens* media producta ab *insido*, quod magno est in usu præcipue apud poetas pro *insideo*. Ac forte legendum erit *Floribus insidit, vento cum fronde moretur.*

259. *Ad ramos infixa*, ut l. II, vers. 264, *ad colla pependit.*

260. Rivinus pessimum esse dicit *nemus* pro *genus*. Sed cum omnes codices habeant *nemus*, non facile id mutaverim in *genus*, primum quia proprie de nemore videtur esse sermo, quod vernat in usus pignoris avium, tum quia etiamsi velis intelligere aves in *nemus pennigerum*, poteris sane per metonymiam, qua continens poniur pro contento. Simili fere modo vers. 256 *silva varias decantat garrula voces.*

261. Notandum est *molli durescunt*, qualia oxymora passim occurrunt apud Dracontium. Foventur autem ova, ut pulli formentur. Ovidius Fast. I, vers. 445, *Quæ facitis nidos, quæ plumis ova fovetis*. De hoc tepore sermo est, qui mollis dicitur, quia in molli ovo fit et molle ovum efficit.

262. Non dubium quin scriptura Vat. vera sit, reliquæ falsæ. Ipsa ova quæ durescunt pennantur membrata glob s, animantur, anhelant, rumpuntur, confracta sonant, Columella l. VIII, c. 5, *Luna crescat diebus, quibus animantur ova, et in speciem volucrum conformantur*. De verbo *membrare* iterum fiet mentio ad vers. 356, *Membratur in artus*. Novum est verbum *penno*, *pennas*, sed *pennatus* in usu est. *Pennesco* Cassiodorii est l. I, ep. 58, *Donec paulatim a molli pluma recedentes adulta ætate pennescant. Pennantur* est quod Columella ait, *in speciem volucrum conformantur*, seu pennis vestiuntur.

263. *Confracta sonant* pro *confringuntur cum sonitu.*

264. *Librari in aere*, et *in aera* passim dicuntur aves a poetis aliisque scriptoribus.

265. Elementa *coacta* sunt elementa connexa, et compulsa, ut duas significationes habeat verbum *coacta*.

266. *Vel* pro *et*, ut Virgilius *Pietate, vel armis*; Livium, aliosque veteres omitto, nam scriptores sequioris ævi hac loquendi ratione nimium abutuntur. Concordant vero unda et ignis in educendis fetibus volucrum, tum quia volucres ex aquis ortum ducunt, et earum fetus tepentibus ovis producuntur, tum quia ex aqua et igni maxime omnia constant, ut dictum est vers. 24 et 25, et ex humore ovi et calore volucres animantur. Weitzius cum prima editione legit *fœcibus eductis*, et in Indice exponit *fæces elementorum educere:* merito cum rejicit Rivinus.

269. Non errabit qui legat *intactis*, cum varient codices. Plinius l. XVII, c. 25, *Sene cunt prata*. Sic Ovidius et alii *senium* agri et herbarum dicunt.

270. *Jumenta*, species pro genere.

273. Arma-ferarum sunt cornua, ungues, dentes. Mar. Victor l. I Gen., vers. 353, *Armavitque manu, cornu, pede, dente, veneno, Atque aliis*. Legam *alis*, quamvis diversæ editiones referant *aliis*.

274. Paulo post vers. 285, *Inter prata vagum*. Eleg. vers. 37, *Erravit per prata vagus*. Weitzius sequitur primam editionem *vagus sequitur sua vincu'a taurus*, et interpretatur de vinculis amatoriis. Rivinus ait quod legit Sirmondus *vagos sequitur sua bucula tauros*, inversum videri, non enim bucula tauros, sed taurus buculas sequitur. Non tamen illi displicet Sirmondi scriptura, quia vers. præcedenti Dracontius juvencos dixit. Aliquanto venustior videtur lectio Vat. Potest autem intelligi, quod bucula taurum tanquam ducem et patrem gregis sequatur, vel etiam amoris causa. Est enim vitula symbolum impudicitiæ: adeoque cum Oseas propheta cap. II Israel meretrici comparasset, vers. 5, *Quia dixit: Vadam post amatores meos, qui dant panes mihi*, etc., iterum cap. X, Ephraim vitulæ confert vers. 11, *Ephraim vitula docta diligere trituram*, ut exponit Roa Sing. lib. III, cap. 13,

275 Cervus in arva fugax palmatis cornibus errat,
Et velox prorumpit equus, pecus utile bellis.
Impia terribiles producit terra leones.
Simplicitas ovium fraudes passura luporum,
157 Et raucos timuit discurrens dama mo-
[lossos.
280 Spumat aper, mortes lunato dente minatus,
Et latus obliquans meditatur prælia torvus.
Nec massyla fames duros descendat in armos,

Aut aper alter eat spumantia bella movere.
Gignitur omne genus pecudum, genus omne
[ferarum
285 Inter prata vagum nullo custode per herbas.
158 Instar montis habens incedit bestia mole.
Promitur anguis hians, quatiens sub dente ve-
[nenum,
Et maculosa repit squamis per viscera, ser-
[pens

VARIÆ LECTIONES.

276. Vat., *E. v. prerumpit e. p. u. belli.*
278. Vict., *fraudem passura laborum.*
280. Vict., *mortem limato dente.* Vat., *minatus;* alii, *minatur.*
281. Vat.. *p. turbus.*
282. Sic Vat., sed scribit *marsyla.* Sirm. Vict., *Ac maxilla ferox duros desævit in armos.* Ita Azagr., sed *destituit* pro *desævit.*

283. Ita Vat.; in aliis, *Audacter certans s. b. m.*
284. Vat., *Promitur o. g. p. g. esse f.*
285. Abest hic versus a. Vat.
286. Vat., *Instat mortis habet intendit bestia moles.* Vict. interpung t *Instar montis habens, incedit bestia, mole Promitur, anguis.*
287. Vat., *h. quatitur s.*
288. Vict. *ravit squamas.*

NOTÆ.

qui plura in eamdem rem profert. Verbum, quod a libet Dracontius, huic explicationi favet ; nam feminæ quæ amoris causa viros sectabantur *secutuleias* antiqui dicebant a verbo *sequi*, quod eadem in re frequenter adhibebant, ut Virgilius, Propertius, Valerius Flaccus, Sabinus, alii. Ovidius Heroid. ep. 16 Parid., vers. 523, *Si pudet, et metuis, ne me videare secuta,* etc. Dracontius præ oculis fortasse habuit Horatium, qui l. ii, od. 5, cum Lalagen juvencæ comparasset, addidit : *Jam de sequetur..... jam protera Fronte petet Lalaye maritum.* Adde Catonem in Di is : *Vaccula,* etc.
275. Ovidius iii Trist., el. 11, vers. 11, *Utque fugax avidis cervus deprensus ab ursis.* Weitzius *palma*a cornua explicat in indice *insignia, et erecta, quibus cervi ornantur, ut victores palma.* Vera interpretatio petitur ex Plinio l. xi, cap. 37, sect. 45, *Nec alibi major naturæ lascivia. Lusit animalium armis. Sparsit hæc in ramos, ut cervorum .... Aliorum* (cornua) *finxit in palmas, digitosque emisit ex iis : unde platycerotas vocant.* Capitolinus in Gordiano cap. 3 ad fin. *palmatos cervos* memorat. Dracontius rursus vers. 640 *cornua palmata* dixit. Cornua cervi palmata in effigie exhibet Aldrovandus lib. i de Quadrup. bisulc., cap. 28.
276. Ut vers. 273, *erumpunt* de juvencis, sic nunc *prorumpunt* de equis : et utrobique significatur, creari animalia, quæ vi et impetu feruntur et irruunt. Equus propter usum belli Marti dicatus erat, *bellator* a Virgili , Valerio Flacco, aliis dicitur.
277. *Impia* pro *immitis,* ut pius pro miti. Et dicitur impia terra, quia leones, quos producit, sunt impii.
278. *Simplex* et *simplicitas* pro *innocuus* et *innocentia* sæpe a Dracontio usurpantur. Weitzius cum prima editione vel potius cum Fabricio, *fraudem passura laborum,* in indice vero *passura luporum* reuæ edidit. Rivinus neque errorem correxit, neque veram scripturam *luporum* in Sirmondo advertit. Ut oves placidum, et simplex genus est, ita lupi ovili insidiari passim dicuntur.
279. Ovidius, *Sic damæ fug'unt, pugnant virtute leones.* Virgilius, ecl. 8, vers. 28, *Cum canibus timidi venient ad pocula damæ;* et Georg. iii, v. 539, *Timidi damæ, cerviqué fugaces.* Sic *imbelles* et *pavidæ* dici solent damæ, nam et a Græca voce, quæ timorem significat, nomen habent. Adverte etiam epitheton *raucos* de molossis, qui latratores a Martiali dicuntur libr. xii, ep. 1, et verbum *discurrens,* huc illuc currens, quod trepidantibus e regie congruit. Construct i ipsa figurata est pro *discurrit timens.*
280. Rivinus cum editionibus antiquis præfert *mortem limato dente.* Sirm., Vat., *mortes lunato d.* Recte *limato* dicitur, quia apri acuunt dentes, ut Vir-

gilius, Horatius, Seneca et alii loquuntur. Verum bene etiam est *lunato,* instar lunæ, cujus figuram dentes apri referunt. Auctor carminis de laudibus Herculis inter Claudiani opera : *Indomitus regnabat aper, soloque tremendus Corpore lunatis fundebat dentibus ornos.* Statius etiam de apro libr. xi, v. 532, *Igne tremunt oculi, lunataque dentibus uncis Ora sonant.* Paulo post Dracontius v. 285, *spumantia bella* de apro, de quo *spumare* apte dicitur, ut a Claudiano l. ii de rapt. Pros. 242, *Securus ubique Spumet aper, sævique fremant impune leones.*
281. *Oblique ruere* etiam convenit apro. Ovidius Metam. lib. viii, fab. 4, v. 344, *Et obliquo latrantes dissipat ictu.*
282. Scriptura codicis Vat. vulgatæ lectioni longe præstat. *Massyla fames* pro feris Mauritaniæ, quas s imulat fames. Statius l. ii Achill., v. 188, de leone domito, iras colligente : *Ejurata fides, domitorque inimicus, in illum Prima fames, timidoque pudet servisse magistro.* Et Dracontius in eleg. v. 269, *Quando fames rabidi quamvis jejuna leonis.* Duri armi sunt ipsorum aprorum, nisi malis legere *duris descendat in armis.* Ovidius l. cit., v. 419, de apro : *Splendidaque adversos venabula condit in armos.* De voce *Massyla* vide libr. iii, v. 189.
283. Sententia est, Apro meditanti prælia neque ali e feræ, neque alius aper sese opponant.
284. Fortasse melius est *promitur* cum Vat. quam *gignitur* cum aliis, quamvis v. 287 rursus occurrat *promitur.*
286. Weitzius edidit *bestia,* sed in indice posuit *bellua,* quod Rivinus videtur præferre. Ex Vat. suspicari possis *Instar montis habens intendit bestia molem.* Isidorus l. xii Orig., cap. 2, n. 9, *Elephantum Græci a magnitudine corporis vocatum putant, quod formam montis præferat. Græce enim mons λόφος dicitur.* Joannes Lud. de la Cerda, Advers. sacr. cap. 117, num. 21, hunc locum Isidori illustrat.
287. Versu 638, *Rep'at hians anguis.* Oppianus, Halieut. libr. i, sic de serpente : *In quo exitiale virus evomit, omnemque e dentibus Expuit funestam vehementem bilem, thesaurum interitus.* Apuleius Apol., *Viperæ ritu niveo denticulo atrum venenum inspirare.* Lucanus l. ix, v. 628, *Morsu virus habent, et fatum dente minantur, alii fatum in dente minantur. Quatere venenum* pro ejicere cum violentia. Terentius Eun. ii, 3, 66, *Homo quatietur certe cum dono foras.*
288. Libr. ii, v. 257, *Quid serpens maculosa juvet, medicinā fatetur.* In editione prima ex codice Vict. consultum est metro *rapit squamas :* nam prima in *repit* producitur. Barthius malebat *redi*, quod acutissimum ait Rivinus. Sed genuina lectio videtur *repit.* Isidorus l. xii Orig., c. 4, *Serpens autem nomen*

Atra venena nocens missura e flatibus oris,
290 Et subito sparsura graves per sibila mortes,
Atque eadem membris impertitura medelas.
159 Sed ne cuncta simul passim per cuncta
[fuissent,
Distribuit loca certa Deus, et tempora fixit.
Tempore non uno veniunt, quæ sæva vocantur.
295 Non semper movet arma leo, nec scorpius ictus
Semper habet, nec semper agit fera vipera
[morsus,
Nec semper tollunt ad vulnera colla cerastæ,

Nec semper furit unda maris, nec semper adurit
160 Solis ubique calor, pro tempore tempe-
[rat ignes
500 Pro regione plagæ, pro tempore temperat undas,
Et modo bellantes fluctus freta pigra jacebunt.
Ipse polus, qui grande tonat, sine nube se-
[renus
Jam tacet, et puro redeunt sua lumina cœlo.
Multa locis data sunt variis dispersa per or-
[bem.
505 Arida vipereos angues suscepit arena.

VARIÆ LECTIONES.

289. Vat., *missuraque flatibus*. Vict., *missura affla-tibus*.
290. Vat., *e. subitas passura gravis p.*
291. Vat., *Atque eadem membris vitæ peritura me-dullis*.
292. Vat., *s. pars impar cuncta f*. Azagr., *s. pas-sim per prata f*. Vict., *s. passim ver cuncta f*.
294. Vat., *veniunt quo s.*

295. Vat. Vict., *ictus*. Sirm., *ictum*.
296. Vat., *vipera mortes*.
298. Sirm., *non semper adurit*. Sic Vict. in Vat.; et Azagr., *nec s. a.*
500. Editi, *Pro regione plagæ contemperat unda vaporem*. Vat., *Pro regione plagæ pro .... temperat undas*. Ex conjectura pro tempore.
503. Azagr., Vict., *et pura*.

NOTÆ.

accepit, quia occultis accessibus serpit : non enim apertis passibus, sed squamarum minutissimis nisibus repit .... *Serpentes autem reptilia sunt, quia ventre et pectore reptant*. Po-set legi per gramina; sed ventre et pectore reptare hoc ait Dracontius *per viscera*. Quod autem primam in *repit* corripiat, mirum videri non debet : siquidem ejus tempore quædam vocabula non eodem intervallo efferebantur, ac apud veteres quædam etiam communem quantitatem habebant. Accedit verbum *repo*, si ejus origo inspiciatu, primam brevem habere : est enim a verbo Græco ἔρπω per metathesim, in quo prima natura est brevis.

289. Libr. III, v. 503, *Aut si vipereis non esset noxia tellus Flatibus et nullas mandarent sibila mortes.* Confer etiam l. II, vers. 223 seq., et El. v. 65 seq. Forte legendum *missura flatibus* producto *a* in *missura* ob *fl* vocis sequentis.

291. Intellige *membrorum de parte sua*, ut ait libr. II, v. 255. Isidorus l. XII Orig., cap. 4, *Ex vipera pastilli fiunt, qui* θηριακοί *vocantur a Græcis*. De hac medicina e serpentibus extracta rursus l. II, v. 257 et loc. cit. Elegiæ. Cum Isidoro conferendus est Saresberiensis, qui l. VII, cap. 10, legit *qui* θηριακὴ *vocantur a Græcis*. Plinius l. XXIX, cap. 4, sect. 21, ita habet : *Fiunt ex vipera pastilli, qui* THERIACI *vocantur a Græcis, ternis digitis utrimque amputatis,* etc. Scilicet a capite, et a cauda ternis digitis amputatis. Alia remed'a e serpentibus contra ipsa venena eo cap. refert Plinius.

292. Ita editio princeps ex codice Vict., cui favet Vat., nam *pars impar corruptum est ex passim per.* Fabricius mendum putavit *Sed ne cuncta simul*, cum sequatur *passim per cuncta*, et correxit *Sed ne mixta simul passim per cuncta fuissent*. Weitzius Fabricium transcripsit; Sirmondus retinuit *Sed ne cuncta simul*, sed ex suo codice, ut æquum est credere, mutavit sequentia verba in *passim permixta fuissent*. Azagrensis codex, *Sed ne cuncta simul passim per prata fuissent*. Primigenia lectio venustissima est, ac sensus est, Ne omnia simul essent in omnibus. Nam *fuissent* poni pro *essent*, tempus pro tempore, ex more sæculi v observavit Barthius ad Rigor ium. *Per cuncta* dixit Dracontius v. 226, et Tertullianus, ut adverti ad v. 9. Vide infra v. 348.

293. Consule notam ad v. 315.

294. Ea quæ sæva sunt, aut non omni tempore veniunt, aut non semper nocent. In hoc eodem argumento versatur Dracontius in Eleg. a vers. 55 ad vers. 92.

295. Virgilius l. XII, v. 6, *Tum demum movet arma*

leo. Scorpius non semper certe ferit, sed ad feriendum semper paratus est. Plinius lib. XI, cap. 25, sect. 30, *Semper cauda in ictu est : nulloque momento meditari cessat, nequando desit occasioni*. Observandum tamen scorpios extra Africam non esse venenatos, quod multis experimentis a recentioribus dicitur comprobatum.

296. Alio sensu *habere ictum* est esse percussum. — Sed *habere* etiam sumitur pro facere, afferre, ut *habere dialogum, sermonem, iter*. Cicero de Provinc. Consul., cap. 4, *Equitatus habuit interitum*, hoc est attulit, ut nonnulli interpretantur; sed ita distinguendum videtur, *Deinde adventus in Syriam primus equitatus habuit interitum*, ut equitatus s t in gignendi casu.

298. Vide Lucanum Paneg. ad Pison. *Ipsa vices natura subit,* etc., et Ovidium l. IV, eleg. 4 de Ponto, v. 1, *Nulla dies adeo est australibus humida nimbis*, etc., et Alcuinum carm. 178, *Nil manet æternum celso sub vertice cœli, Omnia vertuntur temporibus variis,* etc.

500. Ex Vat. ita lego : quia sententia videtur esse, solem temperare ignes, et undas pro diverso tempore, et pro diversis regionibus. Epist. v. 81, *Sol dat temperies species grassima mundi.*

501. Rivinus scribendum ait *bellantis fluctus*, sive *bullantis*, hoc est, ebullientis. Plinius lib. IX, c. 7, *Bullantium aquarum sufflatio*. Verum de mari quod tranquillum redditur hic sermo est. Sic Horatius l. IV, od. 12, v. 1, *Jam veris comites, quæ mare temperant*. Ait ergo Dracontius fluctus qui modo inquieti erant et veluti bellanes, placidos reddi, et quodammodo jacere. Vide Prudentium præf. 1 contra Symm. v. 10, *Sed cum cœrulei prælia gurgitis*. Weitzius ex Statio in Theb. producit, *Imbelli recubant ubi littora somno, et Jacent exhausti solibus amnes.* Prior loc. s magis ad Dracontium pertinet.

502. *Grande* adverbii loco Statius l. XII, v. 685. *Sed bella ciet, bellumque minatur, Grande fremens.* Ovidius l b. II Trist., v. 35, *Nunc ubi detonuit, strepituque exterruit orbem, Purum discussis aera reddit aquis*.

505. *Vipereos angues*, viperas, species pro genere. Rivinus corrigendum censet *Africa vipereos*, et vers. seq. *Numida sortitur tellus*. Sed, ut omittam, primam in *Numida* corripi debere, ipsa Africa leonibus abundat. Solinus, cap. 40, de Africa Minori agens ait : *Interna ejus plurima quidem bestiæ, sed principaliter leones tenent*. Præterea multo majorem venustatem habet *Arida arena suscepit angues, humida tellus leo-*

Humida sortitur tenus fera colla leonum,
India cum gemmis et eburnea monstra minatur.
161 Bellua divinos inter generatur odores,
Ambrosiasque rapit male frangens bestia messes,
510 Incertusque color tigris per mille colores
Montibus Hyrcanis venit, atque effeta marito
Mittitur, ut vincat currens orbata procellas.

162 Cornibus erectis sortita est Africa damas,
Concava suscipiunt per montes saxa dracones.
315 Cœtera distribuit diversis semina terris,
Plurima conjunxit, sed cespite multa diremit.
Munera præterea funduntur divitis auri,
Protulit eximias et ditior India gemmas,
Producunt niveos et littora rubra lapillos;

VARIÆ LECTIONES.

507. Vat., *gemmis eburnea.*
509. Vat., *Ambrosiasque rapit male flagrans besaa messes.* Vict. et Sirm., ut editum est; sed Sirm., sapit pro rapit; Vict., *mensas* pro *messes.*
510. Vat., *inceptusque color.*
511. Azagr., *venit ac e.* Vat., *M. H. judeo* (vel *video*) *setata marito.* Vict., *M. archanis v.*

314. Vict., *per montem.*
315. Vat., *C. distribuit distribuit diversis.*
316. Vat., *s. c. mente d.*
317. Vat., *divitis agri.*
318. Vat., *eximias et ditior I.* Azagr., *eximias industrior I.* Sirm., Vict., *eximias illustrior I.*

NOTÆ

nes. Ac revera feræ præcipue educantur in silvis, in quibus certe humida est tellus. Solinus cap. 39, al. 26, de Numidia ait : *Qua parte silvestris est, feras educat, qua jugis ardua, equos alit.* Lucanus, libr. ix, postquam narravit exercitum Catonis arenas Africæ serpentibus plenas peragrasse, addidit v. 945 : *Jamque illis magis atque magis durescere pulvis Cœpit, et in terram Libye spissata redire : Jamque procul nemorum raræ se attollere frondes, Surgere congesto non culta mapalia culmo. Quan'a dedit miseris melioris gaudia terræ, Cum primum sævos contra videre leones!*
506. Nota *fera colla leonum* pro *leones,* ut vers. sup. *vipereos angues* pro *viperas.*
507. Vers. 286, *Instar montis habens* de elephanto. Tertullianus de jud. Domini, *Et genus æquoreum, et deformia monstra natantum.* Alcimus Avitus lib. 1, v. 40, *Et quæ monstra solet raros producere pontus,* de balænis et aliis belluis marinis. Virgilius l. 1 Georg. v. 56, *Nonne vides, croceos ut Tmolus odores, India mittit ebur?*
508. Rivinus opinatur loqui Dracontium de animalibus venenatis quæ ex corruptis odoribus producuntur. Sed vix dubium est quin de elephanto loquatur, qui frequenter bellua vocari solet, ut bellua Getula, bellua Inda, quod notatum a Weitzio est in indice. Et sententia ipsa id exigit. Cum enim dixisset Dracontius, Indiam cum gemmis etiam elephantos producere, addidit illico elephantos inter divinos odores generari. Nam Indiæ odores Dracontius tribuit v. 176 seqq., ut gemmas v. sup. et v. 318. Dicuntur vero divini odores, quia ad Dei cultum destinantur.
509. Fortas e sapit *male fragrans bestia messes.* Ex Vat. conjecturæ locus est, an legendum sit *frangens balsama,* nam balsamum est arbor, ex qua succus, balsamum etiam dictus, prodit. Ambrosia est etiam quædam herba, sed hoc loco ambrosiæ messes sunt herbæ odoriferæ, suaves, jucundæ, ut ambrosii succi apud Columellam et Silium, et paulo post v. 325 hæc eadem in re : *Et nimis ambrosium lacrymæ dant munus odoris.*
510. Figurata constructio pro *Tigris incerti ac varii coloris,* quæ proinde varia et maculosa dicitur. Suspicabar *Incertoque colore tigris.*
511. Fabricius errorem editionis primæ Vict. expressit *Montibus arcanis,* quam recte emendavit Weitzius *Montibus Hyrcanis.* Virgilius l. iv Æn., *Hyrcanæque admorunt ubera tigres.* Plura de tigribus Hyrcanis ex hoc loco Dracontii et aliis congessit Barthius ad Statium Theb. l. iv, v. 678. Suspicor esse mendum in *effeta marito,* nam effetæ tigris est, quæ fetum edidit; sed quid sibi vult verbum, quod additur *marito?* An *mittitur a marito?* Non puto. At codex Vat. clare habet *marito,* in præcedentibus verbis corruptus est. Fortasse pro *effeta* aliud scribere oportet, ut *venit, ac sectante marito,* etc.
512. Tigris describitur orbata catulis, adeoque effeta, seu feta, nam *feta* pro *effeta* ponitur aliquando.

Lucanus l. v, v. 405, *Ocior et cœli flammis, et tigride feta Transcurrit.* Ovidius xiii Met., v. 677, *Feta truculentior ursa.* Sed velocitas tigridis propria est quæ a sagitta lingua Persarum nomen habere dicitur. Solinus cap. 27, *Ac maxime earum potentia probatur, cum maternis curis incitantur, cum catulorum insistunt raptoribus : succedant sibi equites licet, et astu quantolibet amoliri prædam velint, nisi in præsidio maria fuerint, frustra est ausum omne.* Tentabam totum hunc locum ita restituere *Incertoque colore tigris per mille colores Montibus Hyrcanis vario sectata marito Mittitur.* Passiva significatione *sectata,* qua usus e t Varro libr. 11 de Re rust., c. 9, *Qui vellet, se a cane sectari;* vel si mavis *valido sectante marito.* Recte *vincat procellas.* Horatius l. 11, od. 16, *Ocior cervis, et agente nimbos Ocior euro.*
514. Rivinus in verbis *per montes,* ut legitur in Vat., seu *per montem,* ut habent veteres editiones, aliquid latere putat, fortasse *suscipiunt Garamantum saxa,* Sed Dracontius loquitur potius de monte Æthiopiæ, in quo dracones gignuntur. Solinus cap. 43 de Æthiopia : *A meridiana parte mons editus mari imminet, ingenuo igne per æternum fervidus, et inquiete jugis flagrantibus, inter quæ incendia jugis æstus draconum magna copia est.* Postea loquitur de foveis draconum. Confer Isidorum, qui eiam speluncas draconum memorat l. xii Orig., c. 4, et addit : *Gignitur autem in Æthiopia et India in ipso incendio jugis æstus :* ubi fortasse legendum erit *in Æthiopia, et inter ipsa incendia jugis æstus;* exscribit enim Solinum. Verum etiam l. xiv, c. 3, de India loquens ait : *Ibi sunt et montes aurei, quos adire propter dracones, et gryphas, et immensorum hominum monstra impossibile est: quod fabulam sapit,* vel certe fabulosum est.
515. Distribuit *Deus* ex v. 293. Virgilius l. i Georg. cum explicuisset, *Et quid quæque ferat regio, et quid quæque recuset,* subjunxit v. 60, *Continuo has leges æternaque fœdera certis Imposuit natura locis.*
516. Rivinus ex Avieno et Barthio *cespite multa diremit* explicat *interposita spatiosa terra.* Avienus cespes pro regione usurpat in Perieg. v. 227, *Cespite Paphiaco prodit saxosa Charambis;* et v. 388, *Istius extenti sola cespitis undique sulcant Innumeræ gentes.* Alii legant *sala cespitis.* Nihilominus mallem *Plurima conjunxit, sed semina multa diremit, aut et semina;* amat enim Dracontius similes repetitiones, quæ elegantia non carent.
517. Fortasse melius videatur *divitis agri* quam *auri,* ut comprehendantur omnes divitiæ, quæ postea referuntur. Sed cum nulla mentio alibi occurrat auri, retineo *divitis auri.* Broukusius ad l. 1 Tibulli eleg. 10, v. 31, *Nullo te divitis auri Pondere pulchrum epitheton ait esse divitis auri,* alibi etiam a Tibullo usitatum, et hoc loco a Dracontio.
518. Versu 507, *India cum gemmis.* Vide Isidorum l. xiv Or., c. 3.
519. De gemmis maris Rubri Plinius, Solinus innu-

320 **163** Flammantes, viridesque tulit Babylonia A [crustas, Persida nobilitant pretiosis littora gemmis, Frigidus et roseo carbunculus ardet honore; Seres fila trahunt nullo sub pollice ducta,	Balsama Cæsareos plorant virgulta per agros, 325 **164** Et nimis ambrosium lacrymæ dant mu- [nus odoris. Cinnamon interior profert sub Phœnice tellus, Solis amica nimis : nam non de sole perusta

VARIÆ LECTIONES.

321. Ed'ti, *Persida.* Vat., *Persica.* Sirm., Vict., Vat., *nobilitat.*

323. Vat., *Serus fila trahit n. s. polluce d.*

324, 325. Sic Azagr., Vat., Sirm. ; sed Sirm., *munus odores.* Vict., *Et nimis ambrosia plorant virgulta*

per agros Balsama, Cæsareos lacrymæ dant munus odores.

326. Sic Azagr.; in Vat. i. *præfert sub finice tellus.* Sirm., Vict., *profert Phœnicia tellus.*

327. Hic versus et sequens, *Hæc nardi*, desunt in Vat., pro *non* Vict. *nunc.*

NOTÆ.

merique alii scribunt. *Nivei* lapil'i sunt margaritæ, *virides* smaragdi. Seneca in Hippol., v. 588, act. ii, sc. 1, *Nec niveus lapis Deducat aures, Indici donum maris.*

320. Babylonia pro parte Mesopotamiæ, cujus caput fuit Babylon, et pro ipsa urbe Babylone accipi solet. Barthius *flammantes viridesque crustas* intelligit laminas marmoreas quæ ædificiis aliisque magnis molibus inducebantur. Sed de gemmis adhuc sermo est; suspicari quis posset legendum *baccas*, aut *conchas* pro *crustas*, nisi etiam de gemmis *crusta* diceretur, ut apud Sidonium a Barthio ipso allegatum ex epist. 7, libr. ix, *Crystallinas, aut onychinas crustas,* quod Barthius Advers. libr. ix, cap. 7, exponit de crustis, quæ fiebant ex lapidibus pretiosis. Adde Plinium l. xxxvii, c. 4, *Adamas in tam parvas frangitur crustas, ut cerni vix possint:* De Chaldæis, quorum regia erat Babylon, Solinus cap. 50, *Quæcunque Euphratem bibunt gentes, diverso nitent lapide.... Sagda a Chaldæis ad nos usque profluxit.... jucundissime vitens.* Plinius libr. xxxvii, c. 10, sect. 67, *Sagdam Chaldæi adhærescentem navibus inveniunt prasini coloris.*

321. Fabricius correxit *nobilitant* pro *nobilitat* in Vict. Sirmondus edidit *nobilitat;* sed vix commodus sensus erui potest. Legerem, si per mss. liceret, *Persica nobilitant pretiosæ littora gemmæ*, quo Vat. ducit. Sed retinendum est *Persida.* Claudianus de iii Consul. Hon., v. 204, *Gemmatosque humilem dispergere Persida cultus*, etc.

322. Mar. Victor l. i Genes., v. 282, *Hic ubi fulmineo rutilans carbunculus igne;* alii, *Fulmineo rutilans carbunculus igne coruscat.* Tertullianus de Judic. Dom., *Inde nitet prasinus, illinc carbunculus ardet.* Cyprianus in Genes., *Prasinus huic nomen, illi est carbunculus ardens.* Drepanius carm. ult., *Sic rutilus rutilum vomit et carbunculus ignem*, ubi alii legunt *vomitat carbunculus.* Cur igitur frigidus a Dracontio dicitur? quia etsi ardere videatur, non urit tamen, et frigidus manet. Quid si pro *frigidus* legas *Et Phrygius roseo*, seu *rutilo?* aut *Et Libycus rutilo?* Isidorus l. xvi, c. 14, *Omnium ardentium gemmarum principatum Carbunculus habet.... Gignitur in Libya.*

323. Rivinus pro *nullo sub pollice* conjicit *molli de stipite*, ut apud Claudianum consul. Prob. et Olybr. v. 179, *Stamine, quod molli tondent de stipite Seres.* Verum acutius multo est *nullo sub pollice ducta*, ut indicetur, fila trahi non eo modo quo apud nos, sed nullo sub pollice ducta. Loquitur nimirum Dracontius de suo tempore quo opificium sericum peculiare Seribus aut paucis commune erat. Filum autem proprie id dicebatur quod ex lino, aut lana, aut simili materia sub pollice trahebatur. De Seribus Plinius, Solinus, Isidorus, alii.

324. Barthius l. xxxiv, cap. 10, cum Vict. legit hunc et seq. versum, sed in seq. pro *Cæsareos* legit *cæsa sacros*, quia arbor balsami testa inciditur ad nobilissimum illum liquorem provocandum. Quid enim, ait, *Cæsareos odores potius quam regios aut alios dixit?* Sed oblitus erat suæ ipsius correctionis l. ix, cap. 7,

scilicet *Idumæ Ambrosia plorant virgulta per agros Balsama Cæsareos. Lacrymæ dant munus odores:* Iduma est Judæa princeps balsamiferarum regionum, et vel sola. Cæsarei agri sunt prope Cæsaream civitatem Palæstinæ, cujus civitatis mentio non uno loco apud Josephum, Stephanum, Plinium, alios. *Idumæ Cæsareos* ad differentiam plurium ejusdem nominis urbium. Hæc fere Barthius, qui addit, solere Dracontium confertim, ut maxime potest, multa paucis verbis dicere. Ex his interpretatio vocis *Cæsareos* per *agros* eruitur.

325. Posses ex Barthii conjectura scribere *per agros Idumæ. Ambrosium*, etc., aut *per agros : Idume ambrosium*, etc. Possis etiam alia conjectura *Erminus ambrosium*, aut *Nec minus ambrosium*. Pro humore, qui e plantis remittitur *lacrymæ* ponuntur ut plantæ ipsæ humore manantes *plorare* et *lacrymari* dicuntur : atque ita loqui solent non tantum poetæ, verum etiam Plinius, Columella in oratione soluta, et alii plurimi.

326. Rivinus, lectionem vulgatam secutus, ait, *Phœnicia tellus* dici, ut *nix Gallia.* Vat. non obscure consentit cum Azagr. sub *Phœnice*, quam scripturam, ut videtur, non nemo invertit, ut metri rationem haberet : nam media in *Phœnice* produci debet. Sed syllabarum quantitatem etiam in incrementis nominum proprium parum curarunt poetæ Christiani : et rursus v. 653 occurrit *Phœnicis* correpta secunda, *Phœnicis exactam*, vel *exhaustam*, ut etiam Sirmondus legit, quamvis alii ediderint *Phœnici exactam.* Nomen proprium regionis est *Phœnice, Phœnices*, et in ablativo *Phœnice.* Eadem *Phœnicia*, sed rarius dicitur. *Phœnicius* est adjectivum ad *Phœnicen* pertinens : neque erat causa, cur Rivinus excogitaret, *Phœn'cia tellus* dici, ut *Gallia nix*, nam Phœnicia adjectivum esse potest cohærens cum *tellus.* Avem Phœnicem ex surculis cinnami rogum sibi struere narrant Solinus, Ovidius, Statius, Claudianus. Cinnamum veterum esse hoc ipsum cinnamomum, quod nunc *cannella*, seu *canela* dicimus, colligitur ex descriptione cinnamomi, quam affert Isidorus l. xvii, cap. 8, *Interior sub Phœnice tellus* innuit partem Phœnices quæ Arabiæ proxima est, aut etiam Arabiam ipsam, ut solent poetæ regiones conterminas alias pro aliis nominare. De Arabia Solinus cap. 33, al: 46, *Cinnamolgos perinde Arabiæ avis in excellentissimis lucis texit nidos e fructicibus cinnamorum, ad quos quoniam non est pervenire propter ramorum altitudinem et fragilitatem, accolæ illas congeries plumbatis petunt jaculis, dejectasque pretiis vendunt amplioribus, quod hoc cinnamum magis quam alia mercatores probent.* In nonnullis in insulis Philippinis, ut Mindanao, Xolo et aliis, quæ cinnami sunt feracissimæ, nidi a quadam ave texuntur, qui in Europam advecti principum raræ et pretiosæ sunt epulæ. Nondum liquet ex quibus fructicibus texantur, sed non videntur multum dissimiles iis quos Solinus describit.

327. Sententia est, partem interiorem Phœnices solis ardori magis obnoxiam cinnamum proferre, alias partes magis ab æstu solis remotas nardum et amomum. Hæc autem ita intelligo, si vera sit scriptura;

165 Hæc nardi flores, hæc portio fundit amo-
[mum.
Omnibus his genitis, animal rationis amicum
330 Formatur virtute Dei, limatur in artus,
Ut dominanter eat moderatior omnibus unus,
Naturæ jussu quæ protulit omnia princeps.
Ast hominem non terra parit, non pontus ab-
[fundis,
Non cœlum, non astra creant, non purior aer :
335 Sed dominaturum cunctis dominator, et auctor
Plasmavit per membra virum de pulvere factum.

166 Limus adhuc deformis erat, membratur
[in artus
Corporeos species hominis, cœlestis imago.
Conspicitur nova forma viri, sine mente pa-
[rumper.
340 Spiritus infusus subito per membra cucurrit,
Et calefacta rubens tenuit præcordia sanguis.
Mox rubuere genæ, totos rubor inficit artus,
Jam cutis est, qui pulvis erat, jam terra me-
[dullas
Ossibus includit, surgunt in messe capilli,

VARIÆ LECTIONES.

330. Vat., *Forma Dei virtute Dei lunatur in arctus.*
331. Vict., *Ut dominator eat moderantior omnibus istis.* Sirm., Vat., Azagr., *Ut dominanter eat moderatior omnibus unus;* sed in Sirm. *dominator,* in Azagr. *dominanter,* in Vat. *dominantur.*
332. Sirm., *Naturæ jussu quæ.* Azagr., *Natura jussit quæ.* Vat., *Natus ac jussit quæ.*
333. Vat., *t. prodit n.*
334. Vat., *purior ver.*
335. Editi, *Sed dominatorum dominator summus, et*

auctor. Vat. ut hic editur
336. Vat., *plasmatur per;* cæteri, *limavit per;* ex mendo Vat. per conjecturam, *plasmavit.*
338. Sic Vat. et Vict.; in Sirm., *corporea species..*
339. Vat., *Conspicit unda sine forma viri mente parumper.*
340. Abest hic versus a Vat.
343. Vict., *medullam.*
344. Vict., *s. immensa c.* Vat., *s. immerse c.* Sirm., *s. in messe e.*

NOTÆ.

nam in Vat. hi duo versus desunt, neque certe valde sunt necessarii : alii codices variant : adeoque libentius legam *Solis amica nimis,* necnon de *sole perusta Hæc nardi flores,* etc., ut intelligatur, vel ipsam Phœnicen, vel quamvis aliam regionem de sole perustam nardum et amomum producere. Rivinus in erratis legit *Solis amica nimis, nondum de sole perusta.*
328. De amomo Plinius l. xii, c. 15. Virgilius, ecl. 4, *Assyrium* vocat amomum, quia in Assyria vel solum vel imprimis nascitur.
329. Ovidius Met. lib. i, vers. 76, *Sanctius his animal, mentisque capacius altæ Deerat adhuc, et quod dominari in cætera posset.*
330. *Limatur* denotat hominem perfecte conditum, veluti lima politum.
331. Eligo *dominanter,* quia similibus adverbiis delectatur Dracontius. Vide proleg. n. 135. *Moderatior* hoc loco est perfectior, meliori modo conditus.
332. Rivinus distinguit et legit *moderatior omnibus istis Naturæ, jussu quæ protulit omnia princeps,* hoc est Deus. Barthius l. xxxii, cap. 21, legit cum Vict. sed explicat *princeps* pro *primus* nullo sensu. Varietis codicum innuit mendum subesse. Vide num legendum sit *Naturæ jussu nam protulit omnia princeps. Ast hominem,* etc. In scriptura Sirmondi potest intelligi, *Naturæ princeps jussu protulit,* etc. Lib. ii, v. 31, *Spes hominum, rerum princeps.*
333. Lib. ii, v. 250 et seqq., eamdem sententiam pluribus persequitur. Prudentius Apotheos. v. 1032, *Omnia jussu Imperitante novas traxerunt edita formas. Solus homo emeruit Domini formidabile dextra Os capere.*
336. R. tineri posset *Limavit,* ut supra v. 330, *Limatur in artus,* Rivinus observat *limavit* posse deduci a *limo,* sed melius a *lima.* Hanc originem a *lima* magis probo. Verbum *plasmare* in creatione hominis referenda frequenter adhibent SS. Patres. Dracontius l. ii, v. 87, ubi formationem corporis Christi refert, *Et caro plasmatur.* Confer etiam lib. iii, v. 620 et seqq., et Dracontium sui similem ubique invenies.
337. Censorinus de Die Natali cap. 11, num. 7, *Quinque et triginta diebus infans membratur.* Supra v. 262, *Pennantur membrata globis,* et lib. ii, v. 78, *Qui nasci dignatus homo membratur in alvum,* vel, ut legam potius, *in artus.* Jac. Mosantus Briosius inter vocabula Censorino soli usurpata recensebat *membrari.*
338. Lib. ii, v. 98, *Ergo ubi corporeos artus domi-*

nator, et auctor Induit : et v. 236 de homine, *Ingratus, quia factus erat cœlestis imago,* et l. iii, v. 532, *Factoris imago.*
339. Rivinus ait hoc esse vitium expressum : cum enim jam homo *cœlestis imago* esset, mente carere non poterat. Corrigit *viri, cum mente suprema* (scilicet Deo) *Spiritus infusus,* etc. Nihil muto, neque vitium ullum agnosco. Etsi enim homo secundum animam, non secundum corpus, sit factus ad imaginem Dei, tamen totus homo dicitur in sacris litteris factus ad imaginem Dei, et Dracontius v. præced. narrat in artus corporeos formatum fuisse hominem, qui cœlestis imago est. Homo autem non ex solo corpore constat, sed ex anima etiam, cujus creationem nunc refert. Relucet autem quodammodo in corpore imago Dei, cum corpus ipsum dicatur imago animæ. Sic Tertullianus, qui imaginem Dei corpore hominis non circumscribebat, tamen cap. 6 de Resurr. ait : *Ita limus ille jam tunc imaginem induens Christi futuri in carne, non tantum Dei opus erat, sed etiam pignus.*
342. Vers. 395 de Eva : *gena pulchra rubore.* Lib. iii, v. 624, *Et geminæ rubuere genæ.*
344. Veteres editiones cum Vict., *surgunt immensa capilli,* et Weitzius in indice notat esse adverbium *immensa,* ut *transversa, sera,* et similia, quæ more adverbii ponuntur. Rivinus *immensa* accipit pro immenso numero capillorum : mallem pro capillis, qui sine mensura certa, ut reliquæ partes corporis, crescunt. Neque repugnarem, si quis legeret *immense postrema brevi,* ut *inferne, superne.* In editione Poëtar. Christian. Fabricii penes cl. præsulem Reggium ad marg. invenio ms. hanc lectionem *in summa* pro *immensa.* Scriptura Sirmondi probabilis est, sed nonnihil obscura, scilicet pro *surgit messis capillorum,* potest conjici *surgunt in vertice crines,* vel *surgunt in fronte capilli,* aut *a fronte :* sic lib. iii, v. 620, dum resurrectio corporis describitur, *Scena capillorum fundens a fronte coronam;* vel *surgunt in veste capilli.* Ambrosius de Noe et Arca cap. 7, num. 21, *Capilli capitis quam grato amictu caput vestiunt,* et lib. vi Hexaem., c. 9, n. 73, de ossibus capitis, *capillis densioribus vestiuntur,* et Dracontius loc. cit. v. 621, *Tempus et omne caput vestit de crine decorum.* Addo aliam conjecturam, *surgunt in merce capilli,* hoc est venales. Plinius l. xii, cap. 25, *Sarmenta quoque in* MERCE *sunt.* Ovidius l. iii de Art., v. 165, *Femina procedit densissima crinibus emptis, Proque suis alios efficit ære suos. Nec rubor est emisse palam*

345 **167** Orbe micant gemino gemmantia lumina
[visus,
Et vocem compago dedit, nova machina surgens
Auctorem laudare suum, gavisa, quod esset.
Tunc oculos per cuncta jacit, miratur amoe-
[num
Sic florere locum, sic puros fontibus amnes
350 Quatuor undisonas stringenti gurgite ripas
Ire per arboreos saltus, camposque virentes
Miratur: sed quid sit homo, quos factus ad usus,
168 Scire cupit simplex, et non habet unde
requirat:

Quo merito sibimet data sit possessio mundus,
355 Et domus alma nemus per florea regna paratum;
Ac procul exspectat virides jumenta per agros,
Et de se tacitus, quæ sint hæc cuncta requirit,
Et quare secum non sint hæc ipsa, volutat
169 Nam consorte carens, cum quo conferret,
[egebat.
360 Viderat Omnipotens hæc illum corde moven-
[tem,
Et miseratus ait : Demus adjutoria facto,
Participem generis : tanquam si diceret auctor,
Non solum decet esse virum, consortia blanda

VARIÆ LECTIONES.

345. Editi, visu. Vat., visus.
346. Vat., atque oculos.
350. Sic Vat.; cæteri, Q. undifluo stringentes g. r.
352. Vat., miratur: sed quid. Editi, miratur se: quid.
353. Vict., simplex est, non. Sirm. distinguit cupit, simplex et.
354. Vat., q. meritos s. Sirm., p. mundi. Vict., Azagr., Vat., p. mundus.
355. Ita Vat.: in Azagr., Atque domus alterna nemus per florea rura. Sirm., Vict., Atque æterna domus

nemoris per florea rura.
356. Sic Vat.; in aliis Parva procul spectat v. j. p. a.; sed Vict., vineta pro jumenta.
357. Ita Vat.; cæteri, Hoc de re tacitus volvitque, et corde requirit; sed Azagr., angit, et Vict., cogitatque pro volvitque.
358. Sirm., vel quare. Vat., Et quare non secum quæ sint hæc cuncta requirit. Vict. ut hic editur.
361. Sirm., Vict., demus solatia facto. Vat., demus adjuctoria f. Azagr., d. adjutorio f.

NOTÆ.

545. Vide v. 235, et l. ii, v. 652, et l. iii, v. 618, Inde duces oculi gemmato lumine vibrant. Oculos ultimos formari ex Plinio notat Rivinus; sed Dracontius postremo loco linguam commemorat.

346. Rivinus melius putat, Et vocem compage dedit nova machina, surgens Auctorem laudare suum. Huic conjecturæ favet lib. ii, versus 84, Induitur compage Deus, structura ligatur. Confer l. iii, v. 644. Post surgens non bene virgula in editis ponitur : intelligitur enim surgens ad laudandum.

347. Vers. 243 de avibus, Et, puto, collaudait Dominum meruisse creari.

348. Mar., Victor l. i Genes., v. 155, Nec spectator adest, quem tantæ gloria motis Impleat, atque oculis avidum per singula ducat. Fabricius hunc locum, ut pleraque alia Victoris, longe aliter edidit. Dracontius pro per omnia solet dicere per cuncta. Vide v. 292 cum nota. Virgilius l. iv, v. 570, Passimque oculos per cuncta ferenti. Alii dicunt conjicere, trajicere oculos. Rivinus suspicatur miratur amomis, quo nomine in l turali usus est Persius. Sed amænum adeo bene est, ut nihil melius.

350. Stringere ripas de fluminibus, ut mordere, lambere, elegantiæ notæ. Undisonus Propertii, Val. Flacci, Statii verbum est.

351. Ire de aqua poeticum est : nam et pedes aquæ a poetis tribuuntur. Vide notam Broukusii ad Tibullum l. i, eleg. 10, v. 36, Et puras fluminis isse vias.

352. Scriptura Vat. venusta est et verior videtur.

354. Lectio Sirmondi defendi potest; sed melius videtur mundus, ut v. seq., Et domus alma nemus.

355. Cyprianus in Genes., Ædibus in mediis de paradiso. Domus, ædes pro mansione et quacunque sede, ut domus avium, pecorum.

356. Vers. 270, Jumenta per agros. Pro exspectat substitui posset aspectat; sed exspecto pro simplici specto adhibetur a Plauto Aulul. iv, 8, 7, Petronio in Satyr. c. 17, Paulo in Digest. l. xli, tit. 1, leg. 26. Et quamvis his in locis lectionem nonnulli sollicitent, tamen ea probata est : nam hi mutant, quia censent exspecto significationem spectandi non habere, quæ ratio idonea non est, et in probatis editionibus invenii exspecto, non specto. Præterea Statius l. v, silv. 2, v. 22, Exspectatur equus. Ovidius l. xiv Met., v. 418, Exspectatus erat. Uterque pro specto compositum exspecto usurpat. Scriptura vulgata tolerabilis

non est. Quid enim est parva jumenta? Neque scriptura Vict., parva vineta, huic loco congruit.

357. Forte quid sint. In lectione Vict. est cogitatque, quod metro adversatur. Fabricius correxit ex ingenio voluitque. Hoc ipsum edidit Sirmondus, sed cum codex Azagr. variet, merito dubitare possis an ex codice suo Sirmondus ita scripserit an ex Fabricii correctione. Requirit de se pro a se, vel ex se : neque magnopere obstabo, si velis rescribere Et a se, nam hujusmodi monosyllaba sæpe vidi producta, præcipue in principio versus, ut It eques. Alio loco ostendam sit etiam esse commune.

358. Weitzius, non sint hæc, ipse volutat, quod minus probat Rivinus. Hic etiam suspicor Sirmondum ex Fabricio magis quam ex suo ms. edidisse Vel quare : cum enim editio prima Vict. habeat Et quare, cui consentit Vat., Fabricius vel casu, vel de industria edidit Vel quare. Non erant animantia cætera cum Adamo in paradiso ex v. 356, Ac procul exspectat, et v. 454, Præterea solis datus est locus ille duobus. Atque ita quidem sentiunt nonnulli cum Damasceno l. ii de Fide orth., cap. 11, neque sane in sacris l tteris liquido affirmatur animalia fuisse in paradiso, cum mentio solum arborum et fluminum fiat. Pererius in comment. a l Genes. cap. ii, v, 9, similius vero existimat fuisse animalia in paradiso, rationesque et scriptores ita sentientes producit.

359. Fortasse Nec, consorte carens, cum quo conferret, habebat. Hic conferre est colloqui, communicare consilia.

361. Sic Vat., cui favet Azagr. Cæteri editores fortasse ex ingenio, ut metro consulerent, posuerunt solatia pro adjutoria. Genes. cap. ii, v. 18, Non est bonum esse hominem solum : faciamus ei adjutorium simile sibi. Cap. xvii Ecclesiastic., v. 5, Creavit ex ipso adjutorium simile sibi. Columella l. xii. c. 1, in præfat. ex Œconom. Ciceronis : Ut ex hac eadem societate mortalibus adjutoria senectutis, nec minus propugnacula præpararentur. Quod autem prima in demus hoc loco corripiatur, nihil obest : nam etiam l. iii, v. 678, corripitur : Judicio, Deus alme, tuo detur inde triumphus. Aut ergo ea syllaba communis erat, aut Dracontii tempore mutata fuit ejus quantitas. Tertullianus l. i contra Marcionem : Dum spatium detur, et patiens pietate perennis nisi hic etiam legat datur.

363. Ex loc. cit. Genes.

Noverit, uxor erit, cum sit tamen ille maritus,
365 Conjugium se quisque vocet, dulcedo recurrat
Cordibus innocuis, et sit sibi pignus uterque,
Velle pares, et nolle pares, stans una voluntas,
Par animi concors, paribus concurrere votis,
170 Ambo sibi requies cordis sint, ambo fideles,
370 Et quicunque datur casus, sit causa duorum.

Nec mora, jam venit alta quies, oculosque
[supinat
Somnus, et in dulcem solvuntur membra so-
[porem.

Sed cum jure Deus, nullo prohibente, valeret
Demere particulam, de qua pius ipse pararat,
375 Ne vi ablata daret juveni sua costa dolorem,
Redderet et tristem subito, quem lædere nollet,
Fur opifex vult esse suus : nam posset et illam
171 Pulvere de simili princeps formare
[puellam.
Sed quo plenus amor toto de corde veniret,
380 Noscere in uxore voluit sua membra maritum.
Dividitur contexta cutis, subducitur una
Sensim costa viro, sed mox reditura marito.

VARIÆ LECTIONES.

364. Vat. ita Sirm., *uxor erit cujus tamen*. Deest hic versus in Vict.
366. Sic. Vat., alii, *et sint sibi*.
368. Vict., *par animi*; alii, *pars animi*. Vat., *paribus concurrere voces*. Editi, p. *decurrere votis*.
370. Vat., *fit* pro *sit*.
374. Sic. Vat.; in Sirm., Vict. *p. de quo prius i*. Azagr., *p. de quo pius i*.
375. Sirm., *Attamen ablata juveni ne costa doleret*.

Vict., *ablato*. Vat., *Sed si ablata daret juveni sua costa dolorem*
376. Vict., *et testem, subito*.
377. Vict., *Cur. o. v. e. suus?* Vat., *posset et illam*. Alii, *posset alumnam*.
379. Vat., *sed quia plenus*.
380. Sirm., *in uxore*. Vat., Vict., *in uxorem*.
381. Azagr., *d. contecta c*.
382. Vat., *censim costa*. In Vict. desideratur hic versus.

NOTÆ.

364. Hic versus omissus fuerat a Vict., Fabricio, Wei zio. Rivinus, ut sensum veteri lectioni redderet, scribebat *conso tia blanda Conjugium sed quosque vocet*. Verus sensus ex Sirm. et Vat. constat. Pro *uxor erit* forte melius *Noverit uxoris, cum sit*, vel *Noverit uxo is, cujus*.
367. Ovidius IV Trist., el. 4, *Qui duo corporibus, mentibus unus erant*. Corippus l. II, v. 59, *Velle tuum fac posse meum*. Rivinus ex Persio, Capella, Juvenco, Eugenio illustrat, quod *velle* pro *voluntate* dicatur. *Par* cum infinitivo Virgilii est eclog. 7. *Et cantare pares*. Pro *conjuge par* et *compar* al quando usurpantur. Ovidius IV Fast., v. 97, *Illa rudes animos hominum conjunxit in unum. Et docuit jungi cum pare quemque sua*. Alii, *contraxit in unum*.
368. Par est duo, ut par fratrum, gladiatorum, columbarum. Fortasse *Par animus concors*, vel *Par animis concors*. In Vat. *concurrere* melius est quam *decurrere* in aliis.
369. Sic distinguit Fabricius cum Vict. Sirmondus, *cordis, sint ambo*. Venustus esset hiatus, *Ambo sibi requies cordis, sibi ambo fideles*.
370. Cur non *Et quicunque detur*? Vide notam ad v. 364.
371. Somni per varias phrases descriptio. Somnus, *supinat oculos*, qu a supini jacent qui alte dormiunt et stertunt.
372. Membra in soporem solvuntur, quia sopor ea solvit, seu reddit languida.
374. Intelligi potest *de qua* particula, aut subintelligi *de qua costa*.
375. Ex Vat. elici potest hæc lectio, *Sed ne ablata daret juveni sua costa dolorem*, vel *At ne ablata*, vel, ut edidi, *Ne vi ablata, quod comprobatur ex* v. 377, *Fur opifex vult esse suus*. Mar. Victor l. I Genes. v. 361, *Ergo opus aggreditur notum Deus, ictaque raptim Corda viri, tanto dissolvit languida somno, Mentis ut experti costam subduceret unam*; vel ut alii habent, *Mentis ut experti pollens subducere costam... Illæsis raperet membris*. Alcimus l. I Genes., *Cui pater omnipotens pressum per corda soporem Misit, et immenso tardavit pondere sensus, Vis ut nulla queat sopitas solvere men es; Non si forte fragor securas verberet aures, Nec si commoto cœlum tunc intonet axe. Quin nec pressa manu rupissem membra quietem*. Quos versus alii aliter legunt. Opinio Cajetani, ad metaphoricum et parabolicum sensum formationem Evæ ex Adami costa detorquentis, a theologis jure merito que explod.tur.

Ratio vero quæ a Dracontio redditur, cur Deus Adamo soporem immiserit, S. Augustino non placet, qui somnum illum Adami internam quamdam animi contemplationem et quasi raptum aut ecstasin fuisse existimat libr. IX de Genes. ad lit., c. 29, et Enarrat. in psalm. LVI, num. 11. S. Joan. Chrysostomus, hom. 15 in Genes., non solum corporalem somnum in Adamo agnoscit, sed etiam rationem affert ne ablata costa dolorem afferret. Notat vero Suarius in tract. de Oper. sex dier., libr. III, cap. 2, Chrysostomum revelationem Adamo factam non negare, sed differre ad tempus quo e somno jam excitatus erat. Dracontius v. 392 in ipso somno spiritualem contemplationem evenisse non obscure tradit.
377. Forte *suus*. At *posset et illam*, vel *et ille*. Rivinus cum editionibus antiquis *Cur opifex*, sed addit : Sirmondus mire *Cur opifex :.scribere*, opinor, voluit *Fur opifex*. Conjicere libet *Fur operis vult esse sui: nam p...*
378. Rursus v. 397, *formare*. Etsi recte Deus simpliciter *princeps* dicatur, tamen suspicor scriptum *primam*.
379. Barthius libr. XXI Advers., cap. 2, *plenus amor* exponit *perfectus*, *nactusque florem suum*, ut *plena quies* apud Corippum.
380. Barthius loc. cit. legit *in uxoris*, fortasse intelligit, maritum noscere sua membra in membris uxoris. Scriptura Sirm. clarior est. In Vat. sensus erit, maritum noscere sua membra in uxorem transiisse aut esse destinata.
381. Rivinus scripturam veterem Vict., ubi deest versus seq., ita reformabat : *Dividitur cortex, costis subducitur una. Nam juvenis*.
382. Rivinus advertit hunc versum coincidere cum vers. 400, *Et teneat sua costa viro, sua membra recepit*. Sed non propterea rejiciendus est : nam faciendum nunc proponitur quod factum postea narratur. Mar. Victor hanc ipsam rationem complectitur lib. I Genes., *Hoc nunc turba loco stolidissima desine tandem Quæsitis animum vanis torquere, nec isthic Quærere, cur hominis confecta est femina membris, Cum jam a principio molli de pulvere fingi Posset et ex nihilo. Causas desiste latentes Scrutari : quanquam si conjectare licebit, Ex homine effecta est mulier, cognatio quædam Mutuum, et alternum inter se ut misceret amor m.., Semet in alternis cogens agnoscere membris*. Scio diverso modo hos versus ab aliis editos; sed ratio eadem utrobi que ostenditur, neque vacat nunc in

Nam juvenis de parte brevi formatur adulta
Virgo, decora, rudis, matura tumentibus annis,
385 **172** Conjugii, sobolisque capax, quibus apta
[probatur,
Et sine lacte pio crescit infantia pubes.

Excutitur somno juvenis, videt ipse puellam
Ante oculos astare suos, pater, inde maritus,
Non tamen ex coitu genitor, sed conjugis auctor.
390 Somnus erat partus, conceptus semine nullo,
Materiem sopita quies produxit amoris
Affectusque novos blandi genuere sopores.
Const tit ante oculos nullo velamine tecta,

Corpore nuda simul niveo, quasi nympha pro-
[fundi.
395 **173** Cæsaries intonsa comis, gena pulchra
[rubore,
Omnia pulchra gerens, oculos, os, colla ma-
[nusque,
Vel qualem possent digiti formare Tonantis.
Nescia mens illis, fieri quæ causa fuisset:
Tunc Deus et princeps amt os conjunxit in
[unum,
400 Et remeat sua costa viro; sua membra recepit,
Accipit et fœnus, cum non sit debitor ullus.

VARIÆ LECTIONES.

385. Vat, *capax quod na'a p.*
386. Vict., *crescit jam infantia.* Vat., *pio fecit mox infantia.* Sirm., *crescit infantia.*
387. Vat., *ipse puellas.*
388. Vat., *an oculos tunc stare suos.* Vict., *suos patet inde.*
389. Vat., Azagr., *non tamen.* Sirm., Vict., *non tantum.*

390. Vict., *erat parcus.*
391. Vict., *materiam s.*
394. Vat., *niveo quasi n.* Sirm., *niveo ceu n.* Vict., *nivei ceu n.*
397. Vat. *vel qua'em.* alii *ut q.*
399. Azagr. *a. conjungit i.*

NOTÆ.

hujuscemodi varietatibus, quæ in poetis Christianis plurimæ occurrunt, inter se conferendis diutius immorari.

385. Fabricius et Weitzius cum prima editione Vict. male distinguunt *formatu adulta.* Adulta virgo a Cicerone, aliisque dicitur virgo in flore ætatis, ut nubere possit. Hac significatione ep. 1 ad Cor., c. vii, v. 36, *Si quis autem turpem se videri existimat super virgine sua, quod sit superadulta, et ita oportet fieri, quod vult facia': non peccat, si nubat.* Græce pro *superadulta* est ὑπέρακμος, superans tempus opportunum.

384. Oppositio in *rudis, matura :* erat enim *recens nata,* simulque matura. Anni tumentes sunt ætas qua virgines tument ac conjugio aptæ fiunt. Cyprianus de Sodoma : *Sunt intus natæ bijuges mihi, nubilis ætas, Virginitas in flore tumet, jam dedita messi.* Forte jam deb.ta messi. Virgilius l. vii, v. 53, *jam matura viro, jam plenis nubilis annis.* Statius lib. i Achill., v. 292 : *Virginitas matura toris, annique tumentes,* et l. ii Theb., v. 202, *Deiphilen tumida jam virginitate jugari.* Claudianus Epithal. Pall. et Celer., v. 125, *Detraxit matris gremio : matura tumescit Virginitas.*

386. Rivinus melius ait esse cum Weitzio *infantia pubis* quam cum Fabricio *infantia pubes.* In editione principe Vict. legitur *infa tia, pubes.* Weitz'us in textu edidit *pub's,* in indice *pubes;* in emendationibus conjicit *pubis.* An autem *pubes* scribi etiam possit per *pubis,* quæstio orthographica est. Barthius libr. xxiii Advers., cap. 19, nihil mutandum censet, quia *infantia jam pubes* acumen affectat, nam modo nata jam pubes una erat. Legit autem *crevit,* non *crescit,* quia non aucta u ique corpore, sed velut jam excrevisset, justa statura condita est. Melius ex Vat. restituitur hic locus *fit mox infantia pubes,* hoc est, statim senhescit infantia, sive prima ætas Evæ. Idem erit sensus, si legas *fecit infantia pubem.* Notandum etiam est *lacte pio,* ut v. 224, *Qui fovet igne pio.*

388. Vide num rectius legatur *pater ipse maritus.*
389. Barthius loc. cit. emendavit *Non tamen ex coitu,* cum antea legeretur *Non tantum ex coitu.* Rivinus quidem affirmat, Barthium post Sirmondum ita legisse, sed in Sirmondo solum invenio *Non tantum ex c itu.* Barthii restitutionem Vat. et Azagr. confirmant.

390. Barthius loc. cit. explicat : *Somnus erat instar puerperii, conceptio seminis nullius.* Sed legendum putat *conceptum est semine nullo :* ac subjungit : *Quod repetit mox mire placens sibi in constipatione acuminum;* scilicet in v. seq. Rivinus edidit *erat parcus,* in Er-

ratis correxit *erat parvus :* nisi hoc ipsum mendum est pro *partus.* Vide l. ii, v. 316.

391. Barthius loc. cit. legit *concepit ;* sed cum varietatem lectionis non animadvertat, fortasse *concepit* excidit pro *produxit,* quod cæteri habent.

394. Weitzius cum Vict., *simul, nivei ceu nympha profundi,* et intelligit Venerem, quæ orta mari est. *Profundum* pro *mari,* ut Lucretius l. v dixit, *Fundarit cœlum, ac terram, pontique profunda.* Dicitur mare niveum, ut canum, spumans, spumosum, quod multis confirmat Weitzius. Lectio Vat. retineri posset *simul, niveo quasi nympha profundo.* Vox *simul* redundare videtur, nisi significet *omnino,* qua significatione melius legam *semel.* Cicero pro Dejotaro, cap. 3, *Cum facile exorari, Cæsar, tum semel exorari soles,* id est penitus. Raderus ad spectacula Martialis p. 62, epigr. 24, al. 26, ait a Dracontio pulchritudinem Evæ comparari Nereidi, et legendum *Corpore nuda simul nivei ceu nympha profundi,* non *Corpora nuda,* quod nescio ubi invenerit.

395. Barthius ad Claudianum rapt. Proserpinæ demonstravit contra Julium Scaligerum, *cæsariem* a Virgilio et aliis recte de muliebri coma dici, et libr. xxi Advers., cap. 8, hoc ipsum confirmat exemplumque Dracontii profert, et Apuleii libr. de Mundo post med., ubi humum *cæsariatam* esse dicit *viridantibus comis.* Servius I Æn., 594, aliter censet.

397. Potest *vel* accipi pro *et :* sed elegantius est disjunctive, scilicet Evam ita fuisse conditam. ut descripta est, vel qualem divina manus potuit formare, nec lingua valet dicere.

398. Rivinus censet hunc versum cum sequenti combinandum esse, nec a posteriori novam periodum auspicandam. Sirmondus omnino eos separavit, et hunc versum cum præcedenti conjunxit *Ut qualem digiti possent formare Tonantis, Nescia mens illis fieri quæ causa fuisset.* Non placet. Barthius libr. xxiii Advers., cap. 19, vellet *mens illi est fieri,* quia, inquit, de solo Adamo loquitur. Fortasse voluit dicere de sola Eva : nihil enim est cur de solo Adamo sermonem hoc loco haberi dicamus, cum versibus præcedentibus, a versu 393. Evæ pulchritudo tantum exprimatur.

399. Ovidius ad vers. 567 laudatus : *Illa rudes animos hominum conjunxit in unum.* Rivinus edidit *Deus ut princeps,* nescio an casu : nam alii habent *et.*

401. Deus quamvis debitor non esset, reddidit tamen cum fœnero costam Adamo, scilicet uxorem ipsam, participem generis. quam i'li subdid t.

His datur omnis humus, et quidquid jussa crea-
[vit,
Aeris, et pelagi fœtus, elementa duorum
Arbitrio commissa manent. His, Crescite, dixit
405 **174** Omnipotens, replete solum de semine
[vestro,
Sanguinis ingeniti natis nutrite nepotes,
Et de prole novos iterum copulate jugales,
Et dum terra fretum, dum cœlum sublevat
[aer,
Dum solis micat axe jubar, dum luna tenebras
410 Dissipat, et puro lucent mea sidera cœlo,
Sumere, quidquid habent pomaria nostra,
[licebit :
Nam totum quod terra creat, quod pontus, et
[aer
175 Protulit, addictum vestro suo jure ma-
[nebit,

Deliciæque manent vobis, et honesta voluptas :
415 Arboris unius tantum nescite saporem.
Dixerat ista Deus : sanxit natura, quod in-
[quit
Omnipotens. Mirata diem, discedere solem,
Nec lumen rea eare putat terrena propago;
Solanturque graves lunari luce tenebras,
420 Sidera cuncta notant cœlo radiare sereno.
Ast ubi purpureum surgentem ex æquore cer-
[nunt
Luciferum vibrare jubar, flammasque ciere,
Et reducem super astra diem de sole ruben-
[tem,
Mox revocata fovent hesterna in gaudia mentes,
425 Temporis esse vices noscentes, luce diurna
Cœperunt sperare dies, ridere tenebras.
176 Tot bona facta Deus non obliviscitur
[unquam.

VARIÆ LECTIONES.

402. Vat., *humos cum quidquid creavit.*
404. Vat., *m. hic. c.*
405. Vat., *Et replete solum omnipotens de semine vestro.*
406. Edit., *natos.* Vat., *natis.*
407. Sirm., *reparate.* Vat., Vict., Azagr., *copulate.*
408. Sirm., *Dumque fretum terra, dum cœlum s. a.* Vict., *D. f. terra. et dum cœlum s. a.* Vat., *Et dum terra fretum, dum terram s. a.*
412. Iii duo versus, *Nam totum* et *Protulit*, desiderantur in editis, exstant in Vat.
415. Vat., *t. nescire s.*
417. Sirm., Vict., *O. migrare d.* Vat., *O. mirata d.*

418. Vat., *lumen;* alii, *lucem.*
419. Vat. ita, sed *glabes* pro *graves* Sirm., Vict., *Subductisque nigris collucet luna tenebris.* Azagr., *Subductisque nigris lunari luce tenebris.*
421. Vat., *p. fugientem e. ae. gemunt.*
422. Vat., *f. tiere.*
423. Vat., *s. rubente.*
424. Vat., *nox revocata fovet h.*
425. Sic Vat., sed *divina* pro *diurna;* alii, *Temporis et requiem noscentes, luce diurna.*
426. Vat., *dies ridere.* Sirm., Vict., *diem ridere.* Azagr., *diem redire.*

NOTÆ.

402. Vide notam ad v. 9, *Vel quidquid.*
405. Fortasse melius *Et replete solum omniparens de semine vestro* cum Vat., ubi est *omnipotens* pro *omniparens.* Virgilius libr. vi, v. 595, *Terræ omniparentis alumnum.* Lucretius l. ii, v. 705, *Per terras omniparentes.* Apuleius de mundo, *Omniparentis mundi amœnitas.* Neque vero necessaria est vox Omni- *potens* : Deus enim et princeps, qui ambos conjunxit in unum, his dixit, *Crescite, et replete solum*, etc.
406. Weitzius *ingeniti* explicat *non generati, sed a Deo creati.* Rivinus scribit *Sanguinis ingeniti natos,* et explicat in consanguineam posteritatem. Lectio vulgata *natos nutrite nepotes* vix commodum sensum accipere potest. In Vat. recte præcedit sententia : Na is vestris ex eodem sanguine nutrite nepotes, et novas deinde generationes reparate. Exponitur enim verbum Moysis *Multiplicamini.*
407. Hoc etiam loco Sirmondus Fabricium secutus videtur, non suum exemplar ms., nam Fabricius deseruit editionem Vict., ubi est *copulate*, ut metro consuleret per *reparate.* Vat. et Azagr. habent etiam *copulate.* Sirmondus edidit *reparate.* Copula primam habet longam apud veteres poetas; sed Licentius æqualis S. Augustini eam corripuit, *Ancet amor, copulamque tenet communis honesti.* Exstat ejus carmen inter opera Augustini in hujus ad illum epistola 26, al. 59. Erat autem Licentius ethnicus, ne hujusmodi vitia Christianorum poetarum propria esse credamus, sed ætatis potius, aut etiam ut ne vitium quidem scriptorum probabilium consuetudinem appellemus.
408. In editione Matritensi *Dumque fretum terra, dum cœ'o sublevat aer;* sed cum discrepantia editionis Sirmondianæ non animadvertatur, par est credere, *cœlo* pro *cœlum* excidisse. Rivinus vult *Dumque fretum terras, dum cœlum sublevat aer* ex vers. 155 et

seq., ubi aqua sustinere terram dicitur. Ex Vat. conjicio *Et dum terra fretum, dum terram subvolat aer.* Interea die, terram partim a freto sustineri, partim sustinere ipsum. Lucanus l. i, v. 89, *Dum terra fretum, terramque levabit Aer, et longi volvent Titana labores :* quod ita exponitur, ut terra inferior aquas sublevet, aer undique contineat, et coerceat terram quasi centrum. Hunc locum fortasse respexit Dracontius.
416. Exprimit verba Moysis, *Dixit Deus, Fiat lux, et facta est.* Statius l. 1 Theb., v. 213, *Et vocem fata sequuntur. Sanxit* hic est firmavit, effectu ipso confirmavit.
418. *Terrena propago* homines, qui v. 259 terrigenæ dicuntur. In paradiso primi parentes ante peccatum nonnullis diebus commorati sunt, ut Pererius et alii conjiciunt. Putant alii, paucis horis eos paradisum habitasse. Vide Suarium de oper. sex dier. l. iv, c. 8, qui probat Evam plus quam per unum diem naturalem fuisse in paradiso.
420. Imitatio Virgilii l. iii Æn., v. 515, *Sidera cuncta notat tacito labentia cœlo :* et l. eod., v. 518, *Postquam cuncta videt cœlo constare sereno.*
425. Etsi fortasse bono sensu procedat scriptura, tamen juvat nonnullas conjecturas diversæ lectionis proponere. *Temporis esse vices noscentes, lucis, et umbræ, Cœperunt ridere die, sperare tenebris.* Vel *luce diurna Cœperunt ridere, diem sperare tenebris.* Vel *lucis, et umbræ, Cœperunt sperare dies, ridere tenebras.* Certe obscurum est, quod luce diurna cœperint sperare dies.
426. *Ridere* pro temnere, non curare. Tibullus l. iii, el. 6, v. 49, *Perjuria ridet amantum Juppiter.* Paulinus Petrocorius l. ii, v. 45 *Ridentes gaudenda sibi.*

Quæ propter hominem fec't, sanxitque manere.
Huic Dominus pietatis opem subducere non vult,
430 Projicere nec plasma suum. Scit conditor ævi,
Esse nihil prorsus se præter ubique rogandum,
Et nisi subveniat, succurrens non erit ullus.
Inde malo bonus est homini Deus, omnibus
[auctor.
Spes, opifex, dominus, rector, dux, arbiter,
[index,
435 Continua bonitate pius, virtute modestus,
Simplicitate bonus, et culmine celsior omni.
Ibant per flores, et tota rosaria bini
Inter odoratas messes lucosque virentes

Simpliciter pecudum ritu, vel more ferarum,
440 Corporibus nudis, sed nescia corda ruboris,
177 Quæ pars membrorum secretior esset
[habenda.
Unde rudes scirent, quid moribus esset hone-
[stum?
Quod digitos, oculosque putant, hoc quæque
[pudenda.
Publica jungebant affectibus oscula passim,
445 Nec rubor ullus erat, cum staret origo pudoris,
Illicitumque sibi prorsus nihil esse putabant.
Et bene credebant, quibus omnia jussit ad
[usum,

VARIÆ LECTIONES.

428. Sirm., *homines*. Vat., *hominem*. Vict., *Qua-propter fecitque homines, sanxitque manere*.
429. Sirm., *his*. Vict., Azagr., *hic*. Vat., *huic*.
430. Sirm., Vict., *vult*. Azagr., *scit c*. Vat., *Addicet ne plasma suum sit conditor ævi*.
431. Vat., *p. præter se u*.
432. Vat., *subveniat succurres n.* : videtur prius fuisse *subveniet*.
434. Sirm., Vict., *ipse opifex, d*. Azagr., *spes, opifex, d*. Vat., *spes opis, et d*.
435. Vat., *c. pietate bonus, v*.

436. Vat., *b. sed c*. Vict., *b. qui c*.
437. Vict., *f. per t*. Vat., *bini*. Alii, *r. læti*.
438. Vat., *lucesque v*.
440. Sic Vat.; in Sirm. *n. et nescia c. pudoris. Quæ p*. Azagr., *n. et n. c. livoris*. Ita Vict., sed *livoris?* cum interrogationis nota.
441. Vat., *quid pars*.
443. Sic Vat.; in aliis, *hoc membra p*.
444. Vat., *j. arrectibus o*.
447. Vict., *jussit ad unum*.

NOTÆ.

428. Scriptura Vict. ab iis invecta est, qui metro obesse putaverint *Quæ propter hominem*, cum tamen ultima in *propter* tum ratione cæsuræ, tum ob aspirationem sequentis dictionis recte produci possit. Tertullianus l. III contra Marcionem, *Hæc homini Deus ante oculos revocata reformat, Propter quem locuples primus large omnia fecit*. Lege primum. Vide notam ad v. 115.

429. Rivinus cum Weitzio et aliis edidit *pietatis opem*; sed in nota scripsit *opus* pro *opem*, forte per errorem.

430. In editis nullus est sensus *Projicere nec plasma suum vult conditor ævi, Esse nihil prorsus,* etc. Ex Vat et Azagr. sumo *scit* pro *vult*.

434. Deus *index*, ut dixi ad vers. 114.

435. Libr. II, v. 695, Deus dicitur *sub pietate bonus*, et posset etiam hic legi cum Vat. *Continua pietate bonus*, ut in oratione dominicæ 21 post Pentecosten, *Continua pietate custodi*. Sed cum vers. seq. occurrat *Simplicitate bonus*, non mulo hic *bonitate pius*.

436. Libr. III, v. 17, *Celsior excelsis*.

437. Forte *et læta rosaria bini*. Elegans est *ibant bini*, scilicet duo conjuncti.

440. Rivinus vult scribi *Corporibus nudis, ut nescia corda pudoris. Quæ pars*, etc. Videlicet unde scirent, quæ pars membrorum secre ior esset habenda, quid moribus esset honestum? Possis etiam conjectare *sed nescia corda, rubore Quæ pars membrorum secretior esset habenda*. Sive autem legas *ruboris*, sive *pudoris*, eadem res innuitur. Candor, ut Rivinus notat, sapit divinitatem, pudor, et rubor opera tenebrarum consequitur.

441. Scriptura Vat, *Quid pars*, potest habere hunc sensum; cur pars aliqua corporis secretior esset habenda.

444. Lectio Vat., *arrectibus*, confirmare potest explicationem Weitzii ad v. seq. Sed supra v. 392 legitur, *Affectusque novos blandi genuere sopores*. Avitus l. II, vers. 238, *Adam diffusi lætus per gramina campi Conjugis amplexus atque oscula casta petebat*.

445. Rivinus suspicatur *Nec rubor ullus erat, cessabat origo pudoris*. Facilius esset *erat, cum deesset origo pudoris*. Weitzius *cum staret origo pudoris* exponit de motibus corporis, qui post culpam obsceni

sunt, antea non erant. Barthius libr. VII Advers., cap. 20, ita explicat: STARET ORIGO *traductione a fontibus dixit, quorum origine stante nullus fluor*, quæ explicatio, nisi aliud addas, obscura est. Dracontius solum videtur voluisse comprehendere sententiam Moysis Genes. cap. II, v. 25, *Erat autem uterque nudus, Adam scilicet et uxor ejus, et non erubescebant*. Itaque *cum staret origo pudoris* recte interpretaberis, cum essent nudi : quæ nuditas nunc origo est pudoris. Vel dicam potius honestatem ipsam vocari originem pudoris: nam pudor, ut impudentiæ opponitur, bonus est, et ab honestate proficiscitur, quæ tamen pudorem non produxisset, nisi culpa præcessisset. Alcimus v. 21 libr. II, *Corpora nuda videre, et mutua cernere membra Non pudet, atque rudis fœdum nil sentit honestas. Non natura hominis, vitium sed causa pudori est*. Et postea v. 274, *Nam culpa rebellis Fulsit, et obscenos senserunt corpora motus. Tunc primum nudos, dubium, quid dicere possim, Exstinctus, natusne pudor circumspicit artus. Erubuit propriæ jam mens sibi conscia culpæ*. De modo autem quo in statu integræ naturæ propagarentur homines, theologi inter se dissentiunt : et nonnulli quidem Patres decuerunt, in statu innocentiæ propagationem hominum futuram per creationem, non per naturalem generationis viam. Sed scholastici cum S. Thoma pro certo ponunt, futuras fuisse etiam in eo statu nuptias, et conjunctionem maris et feminæ. Addunt, defuturam motuum corporis inordinationem, non vero jucunditatem et delectationem. Pudor autem ex inordinatione oritur. Ita fere plerique Patres.

447. Barthius l. VII Advers., cap. 20, affirmat, Dracontium citra controversiam scripsisse *quibus omnia jussit Adonai*, quia in scriptura vulgata abest ille qui jussit. Ad marginem vero notaverat Barthius *jus dat ad unum*. Neutrum Rivino placet, etiamsi legas *jusserit unus*, vel *unum*, hoc est Deus. Præfert cum Sirmondo *jussit ad usum*, sed pro *jussit* melius putat *cessit*. Certe si mutatio invehenda est, malim *quibus omnia cessa fuerunt*, vel *quibus omnia cessera auctor* : nam revera a versu 437, *Ibant per flores*, nulla mentio Dei occurrit. *Cedere* pro *concedere* mult Christiani poetæ dixerunt, quod etiam apud Ciceronem et alios veteres scriptores reperies. De hac si

178 Arboris unius fructu sub lege negato.
Vomere non tellus, non rastro jussa domari,
150 Quærere nec sudor fructus quocunque labore
Cogitur, aut campos aliquo de fonte rigare,
Imbriferis semper pluviis absentibus uber
Cespes, et arbitrio crescit fetura marito.
179 Præterea solis datus est locus ille duobus,
455 Deliciis hominum tantum constructus opacis.
Non placidas sustentat aves, non ore cruentas,
Unguibus armatas nescit perferre volucres,
Omne genus pecudum nescit, genus omne fe-
[rarum.
Solus ibi irrepsit squamoso corpore serpens,

A 460 Fraudibus imbutus mortis, caput omne ma-
[lorum,
Pectore viperco mellitum ex ore venenum
Funereo sub dente parans spumante palato.
180 Ergo ibi livor edax contusum dente ve-
[nenum
Invidiæ mordacis habens sub fronte modesta,
465 Quærit opem sceleri, per quam fallatur ho-
[nestas,
Simplicitasque cadat, vel credula corda reatum
Incurrant non fraude sua, sed clade perenni.
Fortia corda viri non expugnanda per anguem
Præsensit pietatis inops, et conjugis aures

VARIÆ LECTIONES.

449. Vat., *rastro*; alii, *rastris*.
450. Vat., *nec sudos fructos*.
452. Vict., *a. imber Cespes et*. Vat., *Imbre ferat
nullo pluviis absentibus aer Cespes arbitrio*.
453. Vict., *c. fortuna m*.
454. Vat., *l. iste d*.
455. Vat., *d. ovium t*.
456. Vat., *Nec placidas sustentata naves non ore
cruentas*.
457. Vat., *n. ferire v*.

B 460. Vat., *f. indutus m*.
461. Vict., *v. mollitum ex*.
462. Vict., *munera jam sub d*. Azagr., *fundere sub d*.
463. Omnes, *ubi;* ex conjectura, *ibi*. Vat., *edax
coctum d*.
465. Sirm., *sceleris*. Vat., Vict., *sceleri*.
466. Vat., *cadit*. Sirm., Vict., *reatus*. Azagr. et,
ut videtur, Vat., *reatum*.
469. Sirm., *i. sed c*. Vict., *f. i. at c*. Vat., *i. et c*.

NOTÆ.

gnificatione verbi *cedo* videri potest Schroderus Observat. jur. civil. 3, 4, et Arntzenius in Miscellan. cap. 5. Sed cum codices mss. constanter exhibeant *jussit*, tentari potest *quibus omnia jus erat uti*, cum accusativo *uti*, ut apud Ciceronem, Lucretium, Catonem, vel *jus erat esse*, hoc est comedere, vel *quibus omnit jus erat unum*, vel *jussa subesse*, vel *jure licebant*: sic enim hic versus respondet superiori, *Illicitumque sibi*.
448. Supra v. 415, *Arboris unius tantum nescite saporem*.
449. Lectio Vat. confirmatur simili Ovidii versu I Met., v. 101, *Ipsa quoque immunis, rastroque intacta, nec ullis Saucia vomeribus per se dabat omnia tellus*. Virgilius vero l. IX, v. 608, dixit terram *domare rastris*.
452. Weitzius in emendationibus refert, Hoescherium secum communicasse conjecturam Simonis Toelmani, qui legebat et interpungebat: *Imbriferis semper pluviis absentibus: imber Cespes, et arbitrio crescit fortuna marito*. Scilicet in paradiso pluviæ non ceciderant: loco pluviæ ipse cespes suo succo imber sibi erat, ejusque velut marini arbitrio crescebat fortuna, hoc est feronia, ut Varro loquitur, aut fertilitas terræ, unde insulæ Fortunatæ dictæ, quod fertiles suapte natura ac feraces sint. Verum scriptura Sirmondi proba est, quæ etiam ante editionem Sirmondi Barthio se probaverat. *Imbriferæ pluviæ* dicitur per hendiadyn, unum per duo, ut l. III, v. 21. Sententia desumpta est ex Genes. cap. II, v. 5: *Non enim pluerat Dominus Deus super terram*. Alcimus l. I, v. 227, *Nec poscit natura loci, quos non habet, imbres, Sed contenta suo dotantur germina rore*.
453. Rivinus conjicit *uber Cespes, et a genio crescit natura marito*. Sed bene est *et arbitrio crescit fetura marito*, quod Barthius l. VII, cap. 20, exponit: ARBITRIO MARITO, *lubentia naturali, voluptate nativa*. Facere aliquid arbitrio est facere sponte, non jussu aut coacte. *Fetura* pro fetu, qui non solum est partus animalium, verum etiam fructus arborum et plantarum. Plinius l. XVII, c. 22, *Vitis in macro (solo) etiamsi tires habebit, recisa intra jugum moretur, omnis fetura sub eo exeat*. Iterum v. 616 occurrit *fetura, Nec carnale genus minuit fetura creando*. Dicit autem Dracontius *arbitrio marito*, quia alii solent dicere, terram producere germina maritis imbribus, seu imbre

marito. Vide Pervig. Vener., *De maritis imbribus*. Mar. Victor, lib. II Gen., v. 166: *Tum se decoctis tellus pinguissima glebis In fetus movit varios, quos imbre marito Parturiens putri dissolvit rura meatu*. Alii, *putrido*.
454. Quod solis Adamo et Evæ paradisus datus fuerit, exclusis aliis animantibus, ostensum est supra C v. 358 ex sententia scilicet nonnullorum: nam plerique aliter sentiunt.
456. Rivinus in erratis pro *placidas* substituit *rapidas*, inepte: excluduntur enim aves tam placidæ quam ore cruentæ. Libr. II, v. 735, *Qui placidis sævisque juvet*, etc.
458. Supra v. 284, *Gignitur omne genus pecudum, genus omne ferarum*.
460. Mar. Victor, lib. II, *Ille caput scelerum, mundi infensissimus hostis*, quem versum repetit lib. III Prudentius Hamart. v. 205, *Hinc natale caput vitiorum: principe ab illo Fluxit origo mali*. Deum caput virtutum antea dixerat Prudentius.
461. Tertullianus l. I contra Marcionem: *Circumfert miseris mixtum cum melle venenum*. Rivinus rejicit *mollitum* in Weitzio pro *mellitum*, et addit Barthium pag. 353 Advers. malle *exire* pro *ex ore*, quod non probat. In Barthio id non invenio. Fortasse Rivinus notam illius ms. vidit, qua ea conjectura D tineretur.
462. Barthius loc. cit. certo certius legendum ait *Funera jam sub dente parans*, quod Rivino placet. *Munera* in veteribus editionibus aperte falsum est. Ex Azagr. plausibilis scriptura erui potest *Fundere de sub dente parans*. Non adeo insolens est Latiniduas propositiones conjungere. Exempla *de sub* profert Cangius in Dict. ex veteribus Act. martyr., Gregorio Magno, aliisque. Similia habet verb. *depost* aut *de post*. Nec dissimile est *in ante* et *ex ante*. Consule Holstenium ad acta S. Perpetuæ. De veneno sub dente vide v. 287. Spumat palatum serpentis, quia venenum saniemque vomit.
463. Ut sensus constet, legendum est *Ergo ibi livor*, aut v. seq. *habet* pro *habens*, aut periodus continuanda est usque ad vers. 469. *Præsensit*, etc. Pro *contusum* fortasse melius est *concussum*, ut v. 287, *Promitur anguis hians quatiens sub dente venenum*.
469. Libr. III, v. 404, *Tertia sors, quæ lucis inops*. Hilarius Genes. de Deo: *Qui natalis inops*. Mar.

470 Aggreditur sub voce pia, sermone maligno
Insidiosus adit heu! mollia corda puellæ,
Ingerit ore cibos crudeli funere plenos.
Illis semel assumptis reserantur lumina cordis,
Ac permixta bonis patuit doctrina malorum.
475 Pœnituit nescisse dapes, et damna putantur
Temporis exacta spatia : procedere pejus
181 Ausum quippe nefas. Tentat seducta ma-
[ritum,
Et capit insontem jam noxia femina victum.
Circumventa perit, sed circumscripta fefellit,

480 Nec circumscriptor serpens impune trium
[phat.
Nam postquam juvenis violata mente comedit
Funereos sine lege cibos in morte futuros,
182 Mox sapit infelix, quid pravum, quid sit
[honestum :
Cognita simplicitas, sed mox est corde fu-
[gata.
485 Membra pudenda putat partem, quæ est prolis
[origo,
Et qua ventris erat digestio, turpis habetur.

VARIÆ LECTIONES.

471. Vict. interpungit *corda: puellæ Ingerit o*
473. Vat., Vict., Azagr., *semel.* Sirm., *simul.*
475. Vict., *p. rescisse d.*
476. Sic Sirm.; in Vat., *e. spa.... procedere pejus
Ausum quippe nefas tentat s. m.*
477. Vat., *aut suum quippe.*
478. Vat., *f. vinctum.* Vict. distinguit *insontem jam
i. f. victum Circumventa perit.*
480. Vat. sic.; Vict., *circumscriptum s.* Sirm., *circumscripta s.*
481. Hic versus et seqq. usque ad v. 539 *Ad scelus* desunt in Vict., sunt autem versus 58, qui repetiuntur apud Sirm., Vat., Azagr.
482. Vat., *m. futuros.*
484. Sirm., *s. et m.* Vat., *sed m.*
485. Vat., *putant patremque et prolis o.*
486. Sic Vat., ubi *digesti* pro *digestio.* Sirm., *Et qua ventris erat pridem digestio turpis.*

NOTÆ

Victor l. 1 Genes., *Casus mentis inops.* Sic *inops rationis, consilii, humanitatis.*
470. Posset cum Silio l. VII, v. 260, dici *Fraudisque veneno Aggreditur mentes.*
471. Barthius l. VII Advers., cap. 20, *a lit* accipit, ut *adire manum* apud Plautum. Sed hoc loco pro *convenire, aggredi* recte *adire* usurpatur. Legit autem et interpungit Barthius *Insidiosus adit heu! mollia corda: puella Ingerit ore cibos.*
475. Weitzius cum Vict. *Pœnituit rescisse* (hoc est gustasse, gustando cognovisse) *dapes, et damna putantur Temporis exacti spatio procedere pejus. Ausa quippe nefas tentat seducta maritum.* Ubi *quippe* trisyllabum est ex Barthii opinione, qui hoc et nonnullis aliis locis versus trajectos esse affirmat, quorum restitutio peculiares notas desiderat. Rivinus lectionem nostram præfert, et explicat *Nefas ausum est procedere pejus.* Sed non exponit quid sit *damna putantur Temporis exacta spatia.* Fortasse Draconitii sententia est, Evam damnum putasse, quod antea abstinuerit, adeoque ultro in pejus processisse.
477. Mar. Victor l. I, v. 413 Genes., *Experti jam docta mali consortia culpæ Quærit, et incautum fraudis male gnara maritum, Qua periit prior, arte petit.*
478. Prudentius ¡Dittoch. v. 3, *Tinxit et innocuum maculis sordentibus Adam.* Barthius legit *victum, Circumventa premit, spe circumscripta fefellit.* Putabat enim Eva, si conjugem invitasset ad peccatum, suum ipsius allevaturam. Rivinus notam ms. ad marginem vidit, qua Barthius conjecerat *femina rictum Circumventa aperit.* Ipse autem Rivinus distinguit et legit *Et capit insonte n. Jam noxia femina victum Circumventa petit, sed circumscripta fefellit.* Sed minus bene dicitur *petit victum,* non enim victus erat, cum illum petiit.
479. Pro *sed. melius esset et.* Libenter etiam legerem *Circumscripta perit, et circumscripta fefellit :* aut *Circumventa perit, circumscribensque fefellit.* Orentius v. 540 de Eva : *Tu cito decepta, tu cito decipiens.* Hujus Orentii, sive Orientii, sive Orontii poetæ pariter Hispani Commonitorium carmen est eruditum et venustum, sed multis locis depravatum et corruptum. Hispanicis versibus illud reddidit Emmanuel Joseph Fernandez Vinjoy, Matriti, in-4, anno 1790, qui Orentium in nostro operis sanctum appellat, nescio quo jure. Sententia Orentii et Draconitii quod Eva Adamum deceperit, insontem ceperit, fefellerit, non adversatur Apostolo ep. I ad Timoth., cap. II, vers. 14 : *Et Adam non est seductus, mulier autem seducta in prævaricatione fuit.* Plerique enim Patres et interpretes fatentur Adamum aliquo sensu ab Eva fuisse deceptum, quamvis non uno modo verba Apostoli interpretentur, ne huic deceptioni Adami contraria videantur. Probabile mihi est S. Paulum ostendere Adamum minus deceptionibus fuisse obnoxium quam Evam, quia hæc prior a serpente decepta fuit, illa a femina jam decepta. Ambrosius lib. IV de paradiso : *Mulier prior decepta est, et virum ipsa decepit.*
480. Tertullianus l. II adversus Marcion., cap. 7, *Denique puta, intercessisse* (Deum), *puta rescidisse illum arbitrii libertatem, dum revocat ab arbore, dum ipsum circumscriptorem colubrum a congressu feminæ arcet.* Rivinus in vulgata lectione hærebat, quia hi versiculi male et inter sese et cum seqq. cohærent : scribebat ergo *Jam noxia femina victum, Ac circumscriptum serpens impune triumphat,* passive *triumpho,* et omnino prætermisso versu præcedenti *Circumventa.* Sed scriptura a nobis restituta plana est ac facilis. Solum objici posset, quod vers. seq. redditur ratio, cur serpens impune non triumphet, et nihil postea de serpente dicitur. Hæc difficultas utrique scripturæ obest, adeoque potius versus hic, ubi sermo est de serpente, loco movendus esset, quam versus præcedens *Circumventa perit.* Cæterum versus sequens *Nam postquam* narrationem pœnæ Adamo et Evæ inflictæ inchoat, de quibus serpens non impune triumphavit, quia Deus iram venia temperavit et resurrectionem etiam eorum post mortem decrevit.
483. *Sapit* sumitur pro *scit;* exponitur enim quid in Adamo arbor scientiæ boni et mali effecerit. Barthius l. LVI Advers., cap. 5, notat *sapere* pro *sentire, scire,* existimare proprium esse scriptorum Romæ inclinantis, et Augustinum in eam rem allegat. Verum idem verbum *sapere* nonnunquam a veteribus ita usurpatur, ut, si sciendi significationem non habet, certe non longe ab ea sit. Nunc quædam vulgares linguæ a *sapere* dicunt scire, ut Hispana *saber,* Itala *sapere.*
484. *Simplicitas* pro innocentia occurrit l. II, v. 804. In eo temporis puncto, quo Adamus simplicitatem sive bonum et honestum cognovit, gratia excidit, bonumque amisit. Sed quid? Ignorabatne antea quid esset honestum? Non ignorabat certe; sed per peccatum experimento cognovit bonum quod amisit, et malum in quod incidit, ut plerique Patres et theologi exponunt. De cognitione etiam, qua præditus fuit Adamus, mysteriorum supernaturalium, non levis est quæstio : quam veram fidem supernaturalem fuisse probabilius est.
486. Scripturam Sirmondi falsam esse agnovit

Omnibus ex membris pars mundior illa puta-
 [tur,
Noxia sola magis fuerat quæ in corpore toto,
Os, aditus mortis, quam protulit, atque recepit,
490 **183** Lingua suada mali: sed et aures limina
 [mortis.
Viderat Omnipotens, homines didicisse pudo-
 [rem,
Perdiderant quem fraude truci, dapibusque
 [comesis,
Errantes per prata reos, foliisque tegentes
Fecundos artus: dant agnita membra reatum.
495 Illicitum fas ante putant, licitumque profecto
Creditur esse nefas. Hos increpat ore tonanti
Sacrilegos, qui jura Dei calcando profanant,

Dum quærunt ullas foliis, vel rupe latebras;
Tunc magis obtunsi, cum credunt posse latere
500 Omne suum quodcunque Deum, cui cuncta pa-
 [tescunt,
184 Et merito, quia cuncta facit, fecitque ju-
 [bendo.
Non fugit artificem, chalybis quæ massa ca-
 [minos
Sustineat, rubigo latens quæ viscera ferri
Corrodat, quæ missa semel fornace liquescat.
505 Hic non defossa prodit tellure metalla,
Promittit saxis, et non de pulvere gemmas.
Scit, quibus immittat mordaces fluctibus hamos,
Retibus aut pisces fallat scrutator aquarum;
Et male venturas sperat sibi nauta procellas.

VARIÆ LECTIONES.

487. Sirm., *ipsa*. Vat., *illa*.
489. Sic Vat., sed *nos* pro *os*. Sirm., *Os aditum mortis tunc protulit atque rejecit*. In Azagr. est *aditus*. Cætera cum Sirm. consentiunt, ut videtur.
490. Ita Vat., sed *lumina* pro *limina*. Sirm., *Lingua malisuada, s. e. a. limina mortis*.
491. Sirm., *omnem*. Azagr., *hominem*; sic Vat. Ex conjectura *homines*.
492. Azagr., *perdiderat*. Sirm., Vat., *perdiderunt*. Vat., *comessit*.
494. Sirm., *jam fœdos artus*. Vat., *Azagr*., *fecundos artus*.
495. Sic Vat.; in Azagr., *illicitum justum reputant l*. Sirm., *illicitum licitum reputant, l*.
497. Vat., *s. quos j*.

499. Vat., *Tunc m. o., cum quærunt p. l.* Sirm., *Hinc m. o., quod credunt p. l*.
500. Ita Vat., sed *tuum quocunque* pro *suum quodcunque*. Sirm., *Tunc quodcunque Deum, cui cuncta creata patescunt*.
501. Vat., *Et merito quia cuncta facit...* deest reliquum.
502. Sirm., *a. calidos q. m.* Vat., *a, calybs quem m.* Hinc *chalybis quæ*.
503. Sirm. ita; Azagr. *r. labens quæ*. Vat., *r. latens quod v*.
504. Vat., *excedat quod missa*.
505. Azagr., *hinc non*.
506. Sirm., *promittens*, Vat., *promittit*.
509. Sirm., *v. spondet s.* Vat., *v. sperat sibi*.

NOTÆ.

Rivinus, qui ex ingenio restituebat *Et partem, quæ ventris erat egestio, turpem*. Ac revera egestio proprie huic loco conveniret. Cælius Aurelianus l. v Tardar., c. 10, al. 8, *egestionem per ventrem* pro emissione posuit. Sed digestio ventris pro ipsa egestione, quæ effectus illius est, non inepte usurpatur. Macrobius l. vii Saturnalium, c. 4, *Ergo in ventre fit prima digestio, virtute alicica in succum vertente quidquid acceptum est, cujus fæx retrimenta sunt, quæ per intestina inferiore orificio tradente labuntur, et officio quartæ virtutis, cui* ἀποκριτική *nomen est, procuratur egestio*
488. De lingua mala vide notam ad v. 57, *Quod hominis mala lingua tacet*.
489. Rivinus in scriptura Sirmondi suspicabatur *Os aditum mortis tunc protulit, atque recepit*. Lectio Vat. verior est: intelligo autem partem noxiam esse os, aditum mortis, quam mortem os protulit atque recepit, necnon linguam et aures: vel etiam partem noxiam esse linguam, quam os (quod ipsum est aditus mortis) protulit atque recepit. Peccatum enim primum ore magis quam lingua perpetratum fuit: aures autem fuerunt limina mortis, quia Eva vocem serpentis auscultavit, Adamus Evæ persuasione deceptus est.
490. Melius consulimus metro cum Vat., *Lingua suada, mali*, quam cum Sirm., *Lingua malisuada*. Fortasse Sirmondus dividere voluit *mali suada*. Ut *suetus* non semel trisyllabum fecit Dracontius, sic nunc *suada*. Apuleius sub fin. l. vi Metam., *Divini somnii suada majestas*.
492. Pecca o Adami pudor quodam sensu natus, quodam exstinctus dicitur. Vide notam ad v. 445. Perdiderant igitur virtutem, quæ effectrix est pudoris, et nihilominus pudore naturali afficiebantur, qui tamen bonus non est, nisi a virtute pudicitiæ procedat. *Perdiderant fraude truci*, quia v. 467 dixit, *Incurrant non fraude sua*.

494. Lectio Sirmondi non displicet. Sed *Fecundos artus* pro *fecundantes*, ut antea dixit *prolis origo*, verior est scriptura. *Dant agnita membra reatum*, hoc est reatus est, et culpa agnoscere, videre membra nuda.
495. Quod fas antea erat, illicitum putant, et quod revera licitum esset, nisi culpa præcessisset, credunt esse nefas, ut est nuditas. Insaniebant Adamitæ, qui pro nuditate exemplum Adami proferebant.
497. Confer l. iii, v. 561, *Sacrilega quasi mente putent non omnia nosse*.
499. Sententia eadem est in utraque scriptura: sed ex lectione Vat. aliud eruo quod multo magis mihi placet, scilicet *Tunc magis ostensi, cum credunt posse latere Obtentu quocunque Deum*. De obtentu Virgilius l. xi, v. 66, *Exstructosque toros obtentu frondis inumbrant*. De ostensus Lucanus l. ii, v. 192, *Ut scelus hoc Syllæ, cædeque ostensa placeret*. Mar. Victor lib. i Gen., *Tunc potes Dominum fugiens evadere? tunc Omnia cernentem sperasti posse latere? Ut tastis jaceas tenebris, celabere nunquam*. Vide Alcimum l. iii Genes.
501. Sirmondus interpungit *jubendo, Non fugit*. Rivinus notat in *jubendo* sensum omnino absolutum esse. Hæc ratio infinitæ scientiæ divinæ redditur etiam l. iii, v. 10.
504. Ex Vat. conjicio *Exedat, et quæ massa semel, vel quæ missa semel fornace liquescant*.
505. De his est sermo qui cognoscunt ubi sint metalli ante defossam terram, et gemmas in rupibus quærunt.
507. Statius l. iii silv. 1, v. 84, *Fluctivagos nautas, scrutatoresque profundi*. Piscatores vocat *scrutatores profundi*.
509. *Sperare* accipitur etiam pro metuere mala quæ cogitamus, vel etiam pro credere futurum id quod nolumus. *Spondet*, quod habet Sirmondus, dicitur etiam de vaticinantibus et oraculis; sed non

510 Si pluvialis hiems, aut saxeus urgeat imber,
    Non latet agricolam. Sub terris providus undæ
    Promittit fontes designans ante saporem,
    185 Inspecta tellure semel. Sine flatibus ullis,
    Sibila dum reticent, needum serpente notato,
515 Prædicit Psyllus vim cujuscunque veneni.
    Signa videt mortis medicus, reducisque salutis,
    Et negat, aut spondet victurum judice visu,
    Tædia lætitiæ, vel gaudia luctibus indens.
    Cur exempla damus homines præscire futura,
520 Cum, testante Deo, doceantur nosse, quod in-
    [stat?

Natio viperea, clamans, mortalibus loquit,
Signa poli nostis, prædicitis : Imminet imber,
Et veniet, nec fallit hiems, nec tardat adesse.
186 Ecce genus hominum ventura scire pro-
    [batur.
525 Nec mirum, Christi si sentit imago futurum,
    Cum nos venturum moneant animalia multa.
    Bucula, rana, grues, formicæ, curvus, hirundo
    Prædicunt p'uvias, nec jam præsagia fallunt.
    Quid res exanimes? testis ardente lucer a
530 **187** Scintillare oleum, fungis crescentibus
    [imbre?

VARIÆ LECTIONES.

510. In Vat. desunt verba *aut saxeus urgeat imber.*
511. In Vat, *undæ;* obscure.
512. Vat., Azagr., *ante.* Sirm., *arte.*
513. Hi duo versus *Inspecta* et *S.bila* non leguntur
in Vat.
515. Vat., *præd'x't sibilis vim.*
516. Ita Vat.; in Sirm., *s. v. medicus mortis*, r.
518. Vat., *Tæda læti vel gaudia fluctibus index.*
519. Sic Vat.; in Sirm., *populi* pro *homines.*
521. Ita Vat., sed *nate* pro *natio.* Sirm., *Natio v.*

clamat, m. *inquit:*
522. Vat., *poli noscis*, et obscure *prædicitis.*
523. Vat., *adesset*, correctum per *adesse.*
524. Vat., *probatum.* Sirm., *probatur.*
526. Vat., *quam nos.*
527. Vat., *bucula, rana, sues*, sed scribit *buccula.*
Sirm. *ardea, rana, sues.* Ex conjectura *grues.*
528. Vat.. *Prædicant p. n. j. præsapia f.*
529, 530. Sic ex conjectura : ms., *Quid res exanimes testas ardente lucerna Scintillare oleum fungis crescentibus ignem.*

NOTÆ.

invenio exempla in rebus malis futuris quæ prædi-
cuntur.
512. Cum in Azagr. et Vat. sit *ante*, hoc retineo :
et fortasse vers. super. legendum est *undas*, nam
obscurum est id verbum in nexu litterarum codicis
Vaticani. Sensus erit : Providus promittit undas
designans fontes ante saporem, vel in scriptura vulgata *undæ*, providus undæ promittit fontes, designans
antea saporem aquarum. Editi distinguunt *saporem.
Inspecta tellure semel sine flatibus*, etc. Sed melius
distinguendum videtur *designans ante saporem, Inspecta tellure semel. Sine flatibus ullis*, ut *inspecta.
tellure semel* referatur ad *providum undæ*, et nova
periodus inchoetur a vocibus *Sine flatibus :* quæ
distinctio Rivino in erratis etiam placuit. Providus
undæ, sive peritus scrutandi venas aquarum dicebatur *aquilex.* Plinus xxvi, c. 6, *Tussilago silvestris ubi
nascitur, subesse aquas creaunt : et hoc habent signum
aquileges.*
515. De hoc versu vide num. 7 prolegom., ubi
Isidori locus de eo expenditur. Ex toto contextu
liquet legendum *Prædicit*, non *Prœcidit*, ut volebat Galladius : nam exempla proferuntur eorum
qui virtute *prædicendi* pollent, tam in præcedentibus versibus quam in sequentibus. De Psyllis
multa affert Lucanus l. ix, a v. 893, et de hac arte
prædicendi solum id habet : *Tum superincumbens
pallentia vulnera lambit, Ore venena trahens, et siccat
dentibus artus, Extractamque tenens gelido de corpore
mortem Exspuit : et cujus morsus superaverit anguis,
Jam promptum Psyllis vel gustu nosse veneni.* Alii nosse
venenum. Plinius l. vii, c. 2, præter Psyllos tradit
fuisse etiam in Hellesponto circa Parium genus hominum qui serpentium ictus contactu levare solebant
et manu imposita venena extrahere corpori. Nonnulli
putant Psyllorum non vim propriam aut scientiam,
sed audaciam fuisse, quoniam venenum serpentum
non gustu, sed in vulnere nocet, quod jam olim docuit Celsus libr. v, cap. 27, et recentes medici pluribus confirmant. Psyllis comparantur Marsi, de quibus Alcimus I, ii, *Hinc est, laudato quod possunt carmine Marsi, Cum tacita sævos producunt arte dracones
Absentes*, e.c. Adde Plinium loc. cit.
520. Matthæi cap. xvi, v. 2 seqq.
521. *Natio viperea* desumptum est ex Matth. c. xii,
v. 34, *progenies viperarum.*

524. Posset cum Vat. legi *probatum*, scilicet probatum est, homines scire ventura. Sed *probatur* videtur
magis Dracontianum, ut v. 385, *Quibus apta probatur.*
Vide notam ad v. 26 libr. ii.
525. Rivinus rectius putat, si legatur *Nec mirum,
Chri ti si sentit imago futurum Nimbum, cum moneant
venturum animalia multa :* nihil enim hic de adventu
Christi. At vero in scriptura vulgata sententia sibi
constat, quin de adventu Christi quidquam cogitemus. Dracontius ait : homo ventura prædicit, nec
mirum si homo, qui est imago Christi, prævideat
quod futurum est, cum animalia multa moneant nos
quid sit venturum. Homo *Christi imago*, ut v. 538,
cœlestis imago.
527. Præstat legere *Bucula, rana* cum Vat. quam
cum Sirm. et ceteris, *Ardea, rana.* Virgilius libr. i
Georg., v. 363, ex ardea signa ventorum surgentium
peti docet : *Notasque paludes Deserit, atque altam supra volat ardea nubem.* Sed paulo post de prognosticis
imbris, de quibus agit etiam Dracontius, ita Virgilius:
*Nunquam imprudentibus imber Obfuit; aut illum sur-
gentem vallibus imis Aeriæ fugere grues, aut bucula
cœlum Suspiciens, patulis captavit naribus auras, Aut
arguta lacus circumvolitavit hirundo, Et veterem in limo
ranæ cecinere que etam, Sæpius et tectis penetralibus
ex ulit ova Angustum formica terens iter, et bibit ingens
Arcus, et e pastu decedens agmine magno Corvorum
increpuit densis exercitus alis.* Hæc omnia unico hoc
versu complexus est Dracontius : itaque *sues*, quod
in omnibus editis et mss. reperitur, confidenter mutavi in *grues*, quas primo loco Virgilius memorat.
Habebat autem præ oculis Dracontius totam Virgilii
de prognosticis doctrinam, ut ex versibus, qui præcedunt, quique consequuntur, liquido patet. Nam
etiamsi Christi nomine signa priora enuntiet, quædam tamen a Virgilio mutuatur, ut quod ait Virgilius
v. 424, *Si vero solem ad rapidum, lunasque sequentes
Ordine respicies, nunquam te crastina fallet Hora,* etc.
Dracontius *Nec fallit hiems.* De bucula consentit etiam
Cicero in prognosticis l. i de Div. nat., *Mollipedesque
boves spectantes lumina cœli Naribus humiferum duxere ex aere succum.* Confer notas ad v. 54 et seqq.
hujus libr. i.
529. Quidam apud Rivinum attentaverat *Quid res
exanimes testor, ardente lucerna Scintillare viden fungis crescentibus ignem?* Et ita sententia planior Ri-

An Deus omnipotens posset ne cire latebras
Rupis, et ex foliis vestis contexta caducis
Aspectanti obstare Deo ? Tunc voce retractus
Crimine femineo semet peccasse fatetur
555 Infelix conjux, in conjuge facta redundat,
188 Et reus accusat, sed non purgandus age-
[bat.
Et sic participem propter solatia cladis
Conscius ascivit socius ; ceu femina possit,
Ad scelus horrendum, vel sæva piacula mortis
540 Supplicio sociante duos, relevare reatum.
Credidit infelix : sed par sententia damnat,

Quos par culpa tenet : gradus illhc temporis in-
[ter
Est tantum, nam causa ligat communis utrum-
[que.
Exsurgit censura Dei pietate severa,
545 Et vitæ, mortisque simul sententia fertur.
Supplicium infelix, quo mors datur, atque ne-
[gatur,
189 Ultio vitalis cohibetur limine mortis.
Pœna mori crudelis erat, sed vivere pejus.
Otia, delicias perdunt, discuntque labores,
550 Qui cultore Deo fructum telluris habebant,

VARIÆ LECTIONES.

531. Vat., *Audens omnipotens p. n. tenebras*.
532. Vat., *Rupis et ex foliis.... contexta caducis :* lacuna relinquitur ad vocem *vestis, aut aliam*.
533. Vat. et alii, *aspectus obstare*. Vat., *Deo.* Sirm., *Dei*. Vat., *Voce reatus*. Sirm., *v. reatum*, ex conjectura *aspectanti*.
536. Sic Vat.; in Azagr., *Et reus excusat se, non et p.* Sirm., *Et r. excusat, sed non p*.
537. Vat., *s. cordis;* ad marg. *cladis*.
538. Vat., *seu pro ceu*.
539. In Vict. hic versus proxime succedit versui 480, sed in eo legitur *ac scelus*.

540. Vat., *reatum ;* alii, *reatu*.
541. Vat., *si* pro *sed*
542. Sirm., Vict. et in nexu litterarum obscura Vat., *inter*. Azagr., *index*.
545. Vict., *ac vitæ.* Vat., *Et vita est, morsque simul sententia....* deest reliquum.
546. Vict., *mors de utroque negatur*.
547. Vat., *Ulla v. c. lumine m.*, supra *limine*. Alii, *limite*.
548. Vat., *v. pœnis;* ad marg., *pejus*.
549. Vat., *ora delicias*.
550. Vat., *t. habebat*.

NOTÆ.

vino videbatur, qui tamen hoc modo restituebat *Quin res exanimes* (scilicet prædicunt pluvias) *cum testa ardente lucerna Scintillat oleum fungis crescentibus imbre*. Dracontius imitatur Virgilium l. 1 Georg., v. 390, *Nec nocturna quidem carpentes pensa puellæ Nescivere hiemem, testa cum ardente viderent Scintillare oleum, et putres concrescere fungos*. Ex his versibus collatis cum mss. elicui lectionem, quam edidi. Cum aer humidus esse cœperit, favilla, quæ cum fumo solet egredi, prohibita aeris crassitie residet in lucerna et fungorum imaginem reddit, ut Virgilii interpretes explicant. Vide etiam Apuleium l. 11 Metam. ante med.

532. Redit ad id quod dixerat v. 498. Rivinus conjicit *Rupis;* an *ex foliis vestis contexta caducis Aspectus cohibere Dei ?* Recte esset *an*, sed sensus idem est; intelligitur enim *et an ex*, etc.

533. Sirmondus edidit *Aspectus obstare Dei;* sed parum Latine id diceretur. Rivinus ex ingenio *Aspectu cohibere Dei*. Ex Vat. conjicio *Aspectanti obstare Deo*. Posset etiam *Aspectis obstare Dei :* nam olim *aspectus, aspecti*, declinabatur ex Nonio c. 8, n. 15, qui duo Accii exempla allegat. Reliqua sic legit Rivinus, *Tum voce creatum, Crimine femineo se sed peccasse, fatetur Infelix conjux, in conjuge facta retundit, Et reus excusat, sed non purgandus habetur*. At s c participem, etc. Sirmondus legit et interpungit *Tunc voce reatum, Crimine femineo semet peccasse fatetur. Infelix conjux, in conjuge facta redundat, Et reus excusat, sed non purgandus agebat. Et sic participem*, etc. Multo clariora hæc sunt, ut a nobis restituuntur, *Tum voce ret actus*, Adam, infelix conjux, voce Dei retractus, quod eleganter dicitur de illo qui unde fugerat eo vi reducitur. Fatetur Adam semet peccasse inductum a femina, adeoque *in conjuge facta redundat*, hoc est peccatum parim in conjugem rejicit. *Redundo* cum accusativo, ut Statius l. iv silv. 3, v. 71, de fluvio ait : *Pandis talia faucibus redundat*. Elegantius esset *in conjugem*, s d poetice non male est *in conjuge*. Lucretius l. vi, v. 712, *Nilus in æstate crescit, campisque redundat*. Vide Gifanium in Indice. Venusta est lectio Vat., *Et reus accusat, sed non purgandus agebat*, quam librarii non intelligentes perverterunt. Adam non solum se excusavit, verum etiam accusabat uxorem, cum ipse esset reus. Additur *se ! non*

purgandus agebat, et melius esset *sed non purgatus agebat*. Verbum *agere* proprie eis convenit, qui res suas jure persequuntur, et actionem adversus alios intentant : quo sensu *actor* opponitur *reo*. Adam ergo, qui reus erat quique purgari non poterat, partes actoris sibi arrogavit.

537. Forte legendum *cladi Conscius ascivit socius*, vel *cladis Conscius ascivit sociam*. Nec male est *cordis*.

538. *Conscius* al solute pro reo a Plauto Seneca in tragœd. aliisque adhibetur. Rivinus legit *ceu femina posset :* aliæ editiones et mss., *possit*.

539. Libr. 11, v. 401, *Ad sæva piacula*. Libr. 111, v. 263, *Tam sæva piacula*.

540. In Fabricio mendum est *rerelare*, quod jam emendaverat Weitzius per *relevare*. Prima editio Vict. habet etiam *relevare*. Significat autem *relevare* minuere, levem facere. Plinius in Paneg. c. 49, *Ut studium omnium, laboremque et tanquam exactor intenderes, et tanquam particeps sociusque relevares*.

544. Libr. 11, v. 467, *Scelus omne peractum Respicit auctorem, sociosque cunctosque ministros Implicat*. Confer etiam l. 11, v. 419, *Non sociant pœnæ, quos non junxere reatus*. Lucanus l. v, v. 289, *Rheni mihi Cæsar in undis Dux erat, hic socius. Facinus quos inquinat, æquat*. Arator l. 1, v. 472, de Saphira : *Cadit impia conjux Supplicio percussa pari, quia crimine ab uno Fit commune nefas, quoties scelus ante peractum Consensus facit esse suum*.

543. Weitzius affirmat se restituisse *nam* pro *non*. In editione prima Vict. et in secunda Fabricii invenio *nam*. Fortasse exemplaria Fabricii variant.

545. Libr. 11, v. 697, *Levis est sententia cœli*.

546. Legendum puto *Supplicium felix :* nam in omnibus his versibus est acumen et quædam oppositio : *Censura pietate severa, vitæ mortisque simul sententia, supplicium felix quo mors datur atque negatur ultio vitalis cohibita limine mortis*.

547. Legi etiam potest *limite mortis*. Intelligitur autem ultio in vitam hominis, cui tot ærumnis obnoxio felicitatis genus est mori, ut vers. seq. declaratur, et explicatius vers. 555, *Et vitæ mors metu datur cum fine malorum*. Eodem recidit, si dicatur, ultionem cohiberi *limite mortis vitalis*, quod magis mihi probatur.

548. Forte, *vivere pejor*, videlicet pœna.

Agricola dominus quam nondum verterat un-
[quam.
Ipse rigator erat, sator, altor, messor, arator.
Offendunt hunc ambo pium : truduntur ab horto,
Perpetui flores nec sunt sub jure reorum,
555 Et vitæ mors meta datur cum fine malorum.
Magna Dei pietas, venia qui temperat iras.

Vita gravis hominum subducitur impete mortis,
190 Quæ recidiva magis conversis corde
[re urgit.
Mors mundanorum requies est certa laborum,
560 **191** Et male viventi præstatur fine salutis.
Continuans quodcunque nocet pravumque bo-
[numque.

VARIÆ LECTIONES.

551. Sirm. ita; Vat., *Agricolam Dominum q. non diviserat unquam :* forte est *quæ non.*
552. Vat., *sator alter messor;* alii, *s. auctor, m.*
553. Vat., *o. hunc a.* Sirm., *o. nunc. a.* Azagr., *o. tunc a.* Vict., *o. hæc a.* In Vat., *ortu* pro *horto.*

554. Azagr. ita; Sirm., *p. floris, non est s.* Vict., *p. floris, nec est s.* Vat., *perpetui floris, nec habet s.*
556. Sic Vat.; in aliis, *p. semper qui.*
558. Ita Vat.; cæteri, *m. vivaci corde r.*
559. Vat., *r. vel certa.*

NOTÆ.

551. Vict. facit cum Sirm., sed Fabricius pro *quam* edidit *cum* per errorem, in quem Weitzius etiam incidit. Rivinus suspicatur *Agricolæ vomis cum nondum verteret agrum*. Barthius, lib. VII Advers., cap. 20, spurium hunc versum putat, quo dempto clarissima est sententia. Ex Vat. conjici potest *Agricolam dominum quæ nondum viderat unquam*. Verba Genes. II, 5, hæc sunt : *Et homo non erat, qui operaretur terram.*

552. Ex mendo Vat. *alter*, lego *altor* potius quam *auctor* cum éditis. Vide lib. III, vers. 315, cum nota. Cicero lib. II de Natur. deor., c. 34, *Omnium rerum, quæ natura administrantur, seminator, et sator, et parens. ut ita dicam, atque educator, et altor est mundus.*

553. Rivinus conjicit *Offendunt hæc ambo pium* vel *Deum*, ut *hæc* ponatur pro *hi*. Sententia Vat. recte procedit.

554. Scriptura Vat. reformari ita potest *truduntur ab horto Perpetui floris, nec adest sub jure reorum.* Pro est scriptores sequioris ætatis, ut Commodianus, Sedulius et alii, usurpant *adest.*

555. Prudentius hymn. V Per., vers. 527, *Finem malorum præstitit Mortis supremus exitus.*

558. Barthius lib. XXXV Advers., cap. 10, *recidivus* exponit *vitæ restitutus, et velut excisa stirpe repullulans*, quod hoc exemplo Dracontii confirmat et alio Paulini ad Nicetam de Christo : *Recidivus Abel pascit effusi pretio redemptos Sanguinis agnos.* Barthio opponit Rivinus, quod hoc Dracontii loco *recidiva* est a *recido*, non a *cædo*. Verum dubium non est quin *recidivus* pro renascenti sumatur, sive a *cædo* trahat originem, ut multi putant, sive a *recido* pro recurrere : nam recidere dicuntur quæ redeunt seu recurrunt. Virgilius lib. X, vers. 58, *Dum Latium Teucri, recidivaque mœnia quærunt :* ubi Servius interpretatur *renascentia*, et a *cædo* videtur deducere *recidivus*. Alii minus apte *mœnia quæ bis ceciderunt* exponunt. Deberet quidem secunda in *recidivus* esse longa, si a *cædo recidivus* diceretur, sed in derivatis sæpe variat quantitas. Charisius hoc discrimen inter *recidivus*, et *redivivus* agnoscit, quod REDIVIVA dicimus *quæ post interitum redeunt*, RECIDIVA *quæ ex suo casu restituuntur*. Si hoc discrimen semper servaretur, hoc loco potius legendum esset *Quæ rediviva magis.* In editis est *vivaci corde resurgit*, quod de anima post obitum corporis superstite intelligi potest. In Vat. *conversis corde* accipio de resurrectione etiam corporum, quæ justis hominibus ad æternam felicitatem concedetur : de qua resurrectione postea multis argumentis agit Dracontius a vers. 621.

559. Rivinus putat hunc versum esse Eugenii Toletani, qui epigramm. 4 de bono pacis ait : *Pax fessis requies, pax denique certa laboris,* ubi ego mallem *meta laboris.* Imo cum in Dracontii versu Vat. habeat *requies vel certa*, non absonum esset legere *requies vel meta*, sumpto *vel* pro *et*, intelligitur enim *est*, etiamsi non exprimatur. Sic vers. 555, *Et vitæ mors meta datur cum fine malorum.* Quod autem hic versus Eugenii sit, non assentior Rivino : exstat enim in Vict. et Vat., in quibus nullam esse opinor Eugenii corre-

ctionem. Imitatus ergo est Dracontium Eugenius epigrammate illo suo. Quod attinet ad explicationem hujus et duorum sequentium versuum, audiendus est Barthius lib. LIV Advers., cap. 9, *Ita enim censet Michael Glycas lib. 1 Annal. cum aliis priscis Patribus, sine mortis auxilio post lapsum primum parentem in perpetuis hujus, quas meritus erat, vitæ miseriis victurum fuisse : Deum autem misertum infinitarum ærumnarum pro pœna simul, et solatio mortem introduxisse. Producit autem Glycas testes, et fundamenta hujus sibi assertionis Basilium, Chrysostomum, Gregorium Nazianzenum et Anastasium Sinaitam.... Sed his admissis sciendum est, nos minime terminum malis imponere, cum post vitam insolentem mortui fuerimus, sed crimina nostra simul, et eorum pœnam in aliam mortem, quæ nunquam moritura est, continuare : qua de re sic optime scribit Joannes Saresburiensis lib. XI de Nugis curialium, c. 27, ex vetustiore quodam scriptore ecclesiastico : Unum est, inquit, quod totis mentis et corporis viribus fugiendum est : quid illud sit, quæris? turpitudo et totius species inhonesti. Hæc enim faciunt, mortem non esse terminum malorum, sed antecedentium et succedentium copulam. Quam eamdem sententiam nobis proposuit etiam Dracontius..... Mors mundanorum,* etc. Idem Barthius, lib. VII, cap. 20, explicans versum, *Et male viventi præstatur fine salutis*, ait : *Præstare est beneficio quem aliquo afficere. Mors eo fine beneficii instar datur mortalibus, ut salutis tandem sint compotes.* Alio vero loco, ut animadvertit Rivinus, vel fortasse ad hunc locum manu scripsit Barthius, legendum esse, *Et male viventi præstat finire saluti,* quod rejicit Rivinus exponens *fine salutis*, hoc est salutis causa. Equidem sententiam obscuram adhuc permanere puto : nam si mors est requies laborum iis tantum qui bene vivunt, quo pacto præstatur male viventi fine salutis, nempe salutis causa, vel ut compotes salutis sint? Et quid, rogo, est mortem continuare quodcunque nocet pravumque bonumque ? Nam bonum cui nocet ? Et si continuat mors quodcunque nocet, male viventi cur datur salutis causa vel fine ? Rivinus mallet *Continuans quodcunque necat pravumque bonumque.* Sed difficultas eadem est, sive *necat* sive *nocet* legas. Existimo igitur hanc esse Dracontii mentem, quod mors est requies laborum hujus vitæ, et homini male, hoc est in ærumnis et miseriis viventi præstatur beneficii et gratiæ loco, quia morte molestiæ hujus vitæ finiuntur. Versus *Continuans quodcunque nocet* cum versu sequenti conjungi posset, ut Deus sit continuans vitas hominum et quodcunque eis nocet, adversa et prospera. Nisi mavis ita legere *Continuum quodcunque nocet pravumque bonumque*, vel *Continuans* neutrorum more, hoc est quodcunque continuans vel continuum, sive pravum sive bonum sit, nocet, quod demum mihi unice placet : ut sensus sit, etiam bona hujus vitæ, si perpetua essent, fastidium allatura, cum nec vere bona sint. Tum vers. seq. legere poteris *Solus in æternum bonus est regnator, et auctor Virtus trina Deus.* Matth. XIX, 17, *Quid me interrogas de bono? Unus est bonus Deus.*

Solus in æternum Deus est regnator, et auctor,
Virtus trina Deus, triplex Deus omnis et unus,
De quo speratum conceditur omne benignum,
565 Et quæcunque jubet, præsumptio nulla fefellit,
Nec deest effectus faciendi tempore eodem :
192 Quem penes et sensu præcordia muta lo-
[quuntur,
Et, lingua reticente, sonat super æthera sermo,
Ac mens pura Deum potius quam lingua pre-
[catur.
570 Ergo operis memor ipse sui Deüs imperat am-
[bos

Sedibus egressos placidis, dominentur ut orbi,
Ac totum, quod mundus habet, sub jure tene-
[rent;
Et quod floret humus, viridis quod germinat
[herba,
Quod spicat messis, quod ramis parturit arbor,
575 **193** Quod gemmant vites, quod amœna co-
[mantia frondent,
Flumina quod mittunt fontes, quod fluctuat æ-
[quor,
Quod pelagi trahit unda, fretum quod littora
[tundit,

VARIÆ LECTIONES.

563. Ita Vat.; alii, *Virtus una Deus, trinus Deus omnis et unus.*
565. Azagr., *nulla fefellit.* Vat., *Nec quemcunque mens præsumpsit pura fefellit.* Sirm., *præsumptio nulla refellit.*
566. Vat., *Victurum effectus non desint tempore eodem.*
567. Azagr., Vict., *Penes quem sensum primordia multa loquuntur.* Sirm., *Quem penes et sensus primordia multa loquuntur.* Vat., *Penes quem sensu præcordia muta loquuntur.*
568. Sirm., *Et voce reticente sonat super æthera sermo.* Vict., *Et sermo retinente sonat super æthera voce.* Vat., *Et lingua reticente sonat subterra sereno;* ad marg., *sermo* pro *sereno.*
569. Vict., *hac mens.*

570. Sirm., Vict., *i. sui tunc i.* Azagr., *i. Deus tunc i.* Vat., *i. sui Deus i.*
571. Vat., *dominentur in orbe.*
572. Vict., *jure tenetur.*
573. Vat., *At q. f. h. v. q. germinet h.*
574. Vat., *Quod spicant messes; quod ramos p. arbos.*
575. Vat., *quod geminant v.*
576. Vat., *Flumina quod mutant fontes, quod fluctuat æquor.* Sirm., *Flumina, quod mittunt fontes, quod fluctuat amnis.* Azagr. ita, sed *æquor* pro *amnis;* sic etiam Vict., sed *fundit* et *æquor* pro *fluctuat æquor.*
577. Sirm. cum Vict. distinguit *unda freti, quod.* Vat., *tundat* pro *tundunt.* Omnes, *freti.*

NOTÆ.

563. De hoc versu dictum in proleg. num. 109 et seq., ubi de orthodoxa Dracontii doctrina contra Arianam impietatem verba feci. Legesis not. lib. II, vers. 69.
564. Epist. Cath. Jacobi cap. 1, vers. 17, *Omne datum optimum et omne donum perfectum desursum est descendens a patre luminum.*
565. *Præsumptio* pro *audacia*, nimia confidentia, obstinata animi præparatione a Tertulliano, Severo Sulpicio, Apuleio et similibus scriptoribus sumitur. Nonnunquam tamen in bonam partem accipitur pro fiducia.
566. Ex Vat. conjectura oritur *fefellit Victurum, effectus nec desunt tempore eodem,* vel *Victorem*, etc.
567. Rivinus putat scriptum *Quem mens, et sensus primordia muta loquuntur.* Barthius lib. VII, cap. 20, legit *Quem penes et sensus primordia muta loquuntur,* et explicat de elementis rerum omnium a Deo conditis. Rivinus contra censet hoc loco preces tacitas, ab animo profectas, linguæ et sermoni claro opponi : cui explicationi non obscure scriptura nostra favet.
568. Weitzius legit cum Vict., et *retinente voce* exponit *retenta.* Rivino nec Weitzius, nec Sirmondus placet : quomodo enim ait, *sermo, sonat, voce, si reticente?* Spernit vero, quod Weitzius ait *retinente* pro *retenta?* Ipse autem conjectat *Et sermo recinente sonat super æthera voce.* Facile refellitur Rivinus si nostram quoque scripturam oppugnet : nam acumen Dracontii in eo est quod preces internas animi sonare lingua reticente dicat, ut vers. præc. *præcordia muta loquuntur* simili oxymoro, et vers. seq. *mens potius quam lingua precatur*, quo præcedentia declarantur. Paulinus Petrocorius sæpe hujusmodi clamores cordis, reticente lingua, commemorat, Dracontium, ut puto, imitatus, ut lib. 1, vers. 186, *Ad Dominum rursus fletus, suspiria sursum, Et gemitus, clamor cordis, vox magna tacentis;* lib. III, vers. 334, *Cor clamat, si lingua tacet;* lib. V, vers. 425, *Corde humilis, celsus merito, sine murmure clamans;* lib. VI, vers. 9, *Clamantia corda Allegant proprias sine voce et murmure causas.* Dracontius rursus lib. II, vers. 592 *Exaudis,* *quod lingua tacet sub corac loquaci;* et vers. 605, *Largitur peccata reis sine voce rogatus Pectoris affectu, secreta mente, fide, spe.* Vide etiam vers. 751, lib. I.
571. Legendum arbitror *Sedibus egressos placidis dominarier orbi*, et vers. seq. *sub jure tenere*, aut *Sedibus exire placidis, dominentur ut orbi,* etc. Sed prius illud magis placet.
572. Barthius, lib. VII, cap. 20, legit *sub jure tenetor.* Rivinus, *Si t. q. m. h. s. i. tenetur.*
574. *Spicare* est spicas emittere, translate acuere, ut *inspico.* De eo verbo videndus Barthius lib. XXIX Advers., cap. 11; Turnebus lib. XXI, cap. 25. Dracontius iterum vers. 587, *Ventus spicat aristas.*
575. *Geminare* de vitibus dicunt Columella, Varro, et alii pro *gemmam*, sive *oculum emittere.* Alibi etiam Dracontius ita loquitur, ut l. II, v. 220, *Palmite gemmato post pampinus admovet uvas.* Confer v. 719 l. I. Weitzius explicat *amœna comantia, amœne comantia*, ut *amœna* positum sit adverbialiter, vel duo adjectiva *amœna comantia* ait esse. Sirmondus distinguit (quod videtur etiam velle Weitzius) *amœna comantia frondent Flumina*, quasi flumina amœna comantia frondeant propter arbores quæ circa flumina solent frondere, ut Weitzius in indice clare affirmat. Verum *amœna comantia* sunt loca amœna, quæ ipsa frondescunt : humus enim, arbores et silvæ comantes dicuntur. *Amœna* absolute ponitur pro locis amœnis. Tacitus III Annal., 1, *Per amœna Asiæ et Achaiæ.*
576. Barthius loc. cit. legit *Flumina quod mittunt, fontes quod fundit et æquor.* Rivinus intelligit flumina a fontibus mitti et ab æquore fundi; sed suspicatur *Flumina quod mittunt, quod fontes, fundit et æquor.* In nostra scriptura sententia est quod flumina a fontibus mittuntur, quod æquor fluctibus valet, hæc omnia data sunt usibus humanis, ut quod spicat messis, quod gemmant vites, quod floret humus, etc.
577. Distinctio, sive interpunctio Sirmondi et veterum editionum merito rejicitur a Rivino, qui legit *freti quod littora tundunt* cum Barthio et Weitzio, et *freti* sumit pro nominativo plurali exemplo Lucretii, qui dixit *fretus* pro *mari:* Verum Lucretius, ut alii

Murmure quod venti flantes vaga marmora
[crispant,
Quod generant terræ, quod flumina, pontus,
[et aer,
580 **194** Usibus humanis data sunt hæc cuncta
[venire.
Ut similis qui factus erat de pulvere Christo,
His dominaretur cunctis sub carne creatis;
Corpora corporibus servirent cuncta subacta.
Spiritus interea servit sine corpore ven-
[tus,
585 Ventus agit nubes, in nubila crassior aer

Cogitur : hinc imbres veniunt, placidumque se-
[renum.
Ventus alit fructus, et ventus spicat aristas,
195 Ventilat æstivo quas flatu mollior aura,
Deflorat fructus, et decutit arbore flores,
590 Flatibus accendit flammas, et temperat æstus,
Flatibus alternis redeunt commercia vitæ,
Itque, reditque suos repetendo spiritus haustus,
Et reduci vento fibræ pulmonis anhelant,
Faucibus excurrens et naribus aura vicissim
595 Vitales animat per membra tepentia sensus,
Atque modo gelidis, calidis nunc flatibus ora

VARIÆ LECTIONES.

579. Vat., *generant terra, quod flamma* p. Vict.,
v. et œther.
581. Vict., *similis qua f.*
582. Vict., *is dominaretur.*
585. Vat., *n. crassius aer.*
586. Azagr., *hoc pro hinc.* Vict., *placidumque serenum.* Vat., *C. huc imbres v. placidumque serenum.* Sirm., *hinc i. v. placidosque serenus Ventus.* Sic Azagr.
587. Vat., Vict., Azagr., *fluctus.* Sirm., *fructus.*
588. Vict., *quæ pro quas.* Vat., *Ven ilet œ. quas f.*

m. aura, sed videtur correctum per *aura.*
589. Vict., *f. atque excutit a.*
591. Vat., *F. alterius r. commercia vitæ;* editi, *alternis r. comitantia vitæ.*
592. Vat., *spiritus austrus.*
593. Srm., *et duci vento;* reliqui, *et reduci vento.*
594. Vat., *excurrens et n.;* alii, *e. in n.*
595. Ita Vict. Sirm., *v. recreat.* p. Azagr., *vita læta animat* p. Vat., *Vitales animæ per m. repentia s.*
596. Vat., *et modo quæ g.*

NOTÆ.

multi veteres, non *fretus freti* dixerunt, sed *fretus, fretus*, ut facile esset probare. Ex Vatic. igitur lego *fretum quod littora tundit* : possis etiam *freta quod littora tundunt*, producto *a* in *freta* ratione cæsuræ. Catullus carm. 11 et Fur. et Aurel., v. 4, *Litus..... tunditur unda.* Horatius Epod. xvii, v. 55, *Saxa..... Neptunio alto tundit hibernus salo.*
578. Barthius, l. vii, c. 20, putat legendum *flantes vagum in œthera crispant*, vel *vaga in aera* ut *aer* sit neutrum. Melius l. xxxii, cap. 49, lectionem vulgatam retinet, multisque exemplis probat *marmor* interdum sonare æquor. Acumen Dracontii in eo situm est, ut *vaga* cum *marmora* conjungat. Ambrosius dixit etiam *æquore crispanti*. Ejus verba ascripsi ad v. 149. Consule etiam notam ad vers. 238, *Et crispante freto*
581. Rivinus exponens versum 571, *Sedibus egressos placidis dominentur ut orbi*, obiter emendat hunc versum et legit *Et similis, qua factus erat de pulvere, Christo Is dominaretur cunctis.* Nunc vero ait egregie Sirmondum legere *Ut similis qui factus erat de pulvere Christo*, scilicet Verbo ; sed deesse quis fuerit qui dominari deberet, homo scilicet, qui Salvatori suo quoad carnem excepto peccato similis conditus fuerat. Cum editio Rivini erroribus typographicis referta sit, vix veram ejus mentem multis in locis assequi possumus. Existimo eum scripturam Sirmondi approbare ac solum mutare, vers. seq., *His dominaretur* in *Is dominaretur*, ut intelligatur homo, qui dominaturus erat. Sed cum dicatur *qui factus erat de pulvere similis Christo*, satis intelligitur hunc ipsum hominem esse, qui dominari deberet. De similitudine hominis cum Christo vide notam ad v. 359.
582. Forte *sub carne creatus.*
584. Cum dixerit corpora omnia homini servire, addit ventum etiam eidem servire, etiamsi non habeat corpus. Sumit autem corpus pro eo quod oculis videri et percipi clare potest. Hinc aer spiritus etiam dicitur et spiritus ad animum significandum transfertur.
585. Virgilius, l. 1 Georg., v. 462, *Ventus agat nubes.* Cicero de Natur. deor. l. ii, c. 39, *Aer concretus in nubes cogitur.* Virgilius, l. v, v. 20, *In nubem cogitur aer.* Etiam in Vulgata eadem est phrasis cap. xxxvii Job, v. 21, *Subito aer cogetur in nubes, et ventus transiens fugabit eas.*

586. Sirmondus *hinc imbres veniunt, placidosque serenus Ventus alit fructus.* Melius videtur *placidumque serenum, ut tranquillum serenum.* Libr. ii, v. 801, *Splendente sereno*, et hoc l. i, v. 68, *Violare serenum.* Ex vento enim non solum *imbres veniunt*, sed etiam *serenitas* : nam vento nubes fugantur, ut ex cap. cit. Job patet, quem locum Dracontius exprimere videtur. *Serenum* absolute pro serenitate adhibetur non modo a poetis, verum etiam a Catone, Livio, Plinio, Suetonio.
587. In hoc versu et in vers. 589 Fabricius et Weitzius cum Vict. legunt *fluctus* : Sirm., *fructus*, quod præferendum est.
588. Rivinus cum veteribus editionibus *quæ*, Sirmondus *quos*, ut referat ad *fructus* in vers. seq. In Vat, *quas* refertur ad *aristas.*
589. *Deflorare* et *defloratus* legitur apud Livium, Quintilianum et Gellium : etsi enim varient lectiones, tamen hoc Dracontii loco confirmatur usus verbi *defloro* pro florem adimo, vel arbore flores excutio. Weitzius ait, *deflorare* in Symmacho esse seligere. Tertullianus *deflorationem* dixit. Tentari etiam possit in Dracontio *Dat flores ventus*, vel *dat flori fructus.*
591. Scripturam Vat. *commercia vitæ* facile probabis præ altera vulgata *comitantia vitæ.* Vocabuli *commercium* mirus est usus apud scriptores. Alcimus, l. i, v. 99, *Spina rigens crebris inter commercia nodis Diffundit duplicem costarum ex ordine cratem.* Desunt hi versus in nonnullis editionibus. Pulmonis officium describit idem Alcimus l. 1, v. 105, *Additur et tenui pascendus ab aere pulmo, Qui concepta trahens lenti spiramina flatus, Accipiat reddens, reddat, quas sumpserat auras, Inque vicem crebro pellatur anhelitus haustu.* Barthius, l. xxxii Advers. cap. 8, cum Fabricio legit in Alcimo *Ut concepta* et *Perque vices crebro* : et notat illud *accipiat reddens* pulchre a Dracontio expressum *reducis* vocabulo *Et reduci*, etc., v. 593.
593. In Sirm. *duci* videtur mendum typographicum. Vide notam ad v. 594.
596. Prudentius, Apoth. v. 837, *Perspice, quam varios fundamus ab ore vapores, Spiramus quoties animæ sufflabilis auras. Nunc flatum tepidum calor exhalatus anhelat, Rorantes nebulas udis de faucibus efflans, Cum libet, in gelidum flabrati frigore ventum Spiritus existit tenuis, et sibilat aer.*

Illustrata vigent, et tangunt flabra palatum.
196 Non hæc humanis tantum spiramina mem-
[bris
Sunt data, sed cunctis animantibus aura re-
[currit.
600 Spiritus ille Dei, quo corpora cunctá moventur,
Omnia complectens agitat, fovet, inserit, urget,
Unde genus diversa trahunt et semina rerum,
Moles et immensa, mittenda e fonte perenni.
Artificis formata manu digesta vomuntur
605 **197** Ordine cuncta suo : manet irrevocabile,
[munus,
Nec tamen intereunt pereuntia lege diurna.
Quis neget undifluos procedere fontibus amnes

Quorum jam reditus non unquam sperat origo?
Incessanter aquas licet evomat impete pleno,
610 Jacturam tamen unda negat sentire fluenti,
Omnibus hic mos est de flammis tollere flam-
[mas,
Nec minuit quidquam detractus ab ignibus ignis.
Damna aliena solent aliorum lucra parare.
Hi quæstus cui damna parant? in fomite flammæ
615 **198** Detractæ cui forte jubar succiditur igni?
Nec carnale genus minuit fetura creando.
Ecce dedit homini plusquam sibi rex Deus au-
[ctor.
Formantur virtute Dei mas unus, et una,
Et multos creat unus homo, mansura propago

VARIÆ LECTIONES.

597. Vat., *tangunt labra p.* Vict., *tangit flabra p.*
598. Vat., *hæc brumanis t.*
603. Vat., *Mollis ab immenso mittenda fonte perenni.* Sirm., *Mobilis immenso veniens e fonte perenni :* sic Vict., sed *nobilis* pro *mobilis.*
604. Vat., *vomuntur;* alii, *moventur.*
607. Vat., p. *montibus a.*
608. Ita Vat. Sirm., r. *nunquam speravit o.* Vict., r. *nunquam sperabit v.*
609. Vict., *Quas incessanter licet evomit i. p.*
611. Azagr., *hominibus* pro *omnibus.* Vat., *his* pro *hic,* aut *is.* Vict., *t. flammam.*

612. Azagr., *N. m. unquam detractis ab ignibus ignes.*
614. Sirm., *Hic quæstus non damna parant : in fomite flammis Detractis auferte jubar, succiditur ignis :* sic Vict., sed *his* pro *hic,* et *succenditur* pro *succiditur.* Azagr., *In quæstus non damna parant in fomite flammas Detractæ cui forte jubar subducitur ignis.* Vat., ut edidi.
616. Vict., *m. fortuna c.*
617. Vat., *homini linguam sibi.*
618. Vat., *formantur;* alii, *formatur.*

NOTÆ.

597. Pro *Illustrata* fortasse aliud scripsit Dracontius, vel certe *illustrata* significat perlustrata, ut dicam ad v. 43 lib. II. *Flabra* a *flatu* vox poetica est.
598. Prudentius II contra Symm., v. 811, *Addo aliud, nostros potant animalia fontes,... nostra intrat et ipsos Aura canes, animatque levi fera corpora flatu.* Multa habet Prudentius a vers. 7801. II contra Symm., *Non nego communem cunctis viventibus usum Aeris, astrorum, pelagi,* etc., quæ simillima sunt his quæ Dracontius edisserit et quæ fortasse is legerit.
600. De spiritu divino nunc agit, de quo iterum lib. II, v. 32 seqq., simillimis verbis et sententiis.
602. Barthius conjicit *Unde genus diversa trahunt et semina rerum Nubilia : immenso venit ens e fonte. Perenni Artificis formata manu, digesta moventur Ordine cuncta suo.* Explicat vero : Suprema illa et substantiarum omnium fons *ens* dicitur ex sacra etiam Scriptura, ubi Dominus Deus loquitur : *Qui est,* etc.... Omne ergo ens ab immenso illo omniumque summo fonte proficiscitur. *Nubilia* autem, quia vitæ ex alto venientes nubunt velut corporibus, etc. Addit autem, conjecturas has esse, et vix invenire apud auctorem suum fidem. Difficile quidem est veram scripturam invenire. In lectione Vat. hic est sensus : A Deo genus trahunt semina rerum et diversa, et molis immensæ, mittenda e fonte perenni. Vel lege *Unde genus diversa trahunt, et semina rerum Mobilium immenso veniunt e fonte perenni.* Res mobiles eruunt res, quæ moventur, aut moveri possunt, aut res mutabiles, quarum aliæ aliis succedunt : nam de his incipit loqui, et hoc sensu videtur accipiendum *moventur* v. 600, hoc est mutantur, et vers. 601 *urget,* videlicet impellit, propellit. Verum cum lib. II, v. 33, *moles immensa* hoc eodem in argumento de mundo dicatur, lectio et interpunctio hæc probabilis occurrit, quæ nonnullis certa visa est, *Unde genus diversa trahunt et semina rerum, Moles et immensa mittenda e fonte perenni,* etc. Nempe moles immensa correpto *e* in *moles,* ut in *fames* et similibus fecit Prudentius, sive malis scribere *molis* in nominativo. Huc etiam facit Virgilii versus l. VI, *Spiritus intus alit, totamque infusa per artus Mens agitat motem.*
604. Aptius videtur *vomuntur* quam *moventur :* nam præcedit *mittenda e fonte perenni,* ac fortasse scri-

ptum fuit *Artificis formante manu digesta vomuntur.* Vomere, ut effundere, est large emittere. Virgilius II Georg., v. 462, *Mane salutantum totis vomit ædibus undam.* Vide v. 609, *Licet evomat.*
605. Quærat aliquis cur munus hoc dicat *irrevocabile,* cum versu seq. fateatur eas res perire lege diurna. Dracontius de rerum perenni successione hic agit. Omnia igitur ordine suo producuntur, adeoque alia aliis succedunt : hoc ergo est irrevocabile munus, ut series rerum non interrumpatur.
606. Oxymorum et oppositio : *pereuntia* non intereunt, quia etsi pereant, alia tamen ejusdem generis continua serie subrogantur. Exemplis, quæ adducuntur, res manifesta fit.
607. Ecclesiastes cap. 1, v. 7, *Ad locum, unde exeunt flumina, revertuntur, ut iterum fluant.* Origo igitur non sperat reditus, quia occultum est, qua via flumina ad locum, unde exeunt, redeant. *Undifluus* pro *undosus* vix ante Dracontii sæculum invenietur.
609. Hieronymus dixit *incessabiliter,* Zeno imperator et Apollinaris Sidonius *incessanter.*
610. *Unda fluenti* seu fluminis non sentit jacturam. Non male esset *Jacturam tamen inde negat sentire fluentum.* Inde et *unda* sæpe confunduntur in mss.
613. Barthius l. II Advers., cap. 19, hanc regulam in universa natura dominari ait, et eleganter hoc versu a Dracontio exprimi.
614. In tam variis lectionibus scriptura Vat. præferenda videtur, cujus hic est sensus. Cum ex aliorum lucris damna aliorum soleant evenire, quæstus, quibus ignis ex igne accenditur, cui damna inferunt? Cui igni succiditur jubar ex eo quod inde flamma detrahatur? Hæc autem sententia clarior erit si legatur *in fomite flammis Detractis, cui forte jubar subducitur igni? Jubar* pro quovis splendore poni solet : sic v. 659, *Jubar ignis anheli;* lib. III, v. 2, *Jubar ætheris. Succiditur* est subsecatur; *subducitur* erit detrahitur, subripitur, ut v. 557, *Vita gravis hominum subducitur impete mortis;* et v. 668, *Humani auroræ subductus morte diurna.* In *fomite flammæ detractæ* intelligitur in ipsa materia arida flammæ, quæ ex alio igne excipitur.
616. De *fetura* vide v. 453

CARMEN DE DEO. LIB. I.

620 Maxima fit generis, quam parvula fudit origo. A
Parva Deo fuerant succedere nata peremptis,
Ni consumpta daret post sæcla resurgere vitæ.
Sed ne sit fixum, reditus non esse sepultis,
Cordibus illorum, qui legis sancta profanant,
625 Annua conspiciant agris frumenta renasci
199 Mortua per sulcos terram findentis aratri.
Major et ex truncis surgit radicibus arbor,
Et foliis vestita viret redeuntibus annis.
Pampinus uviferæ vitis sarmenta revestit,
630 Et gemmata rosis redeunt virgulta ruboris.

Ambrosio reduces rumpuntur cortice fructus,
Queis est vita fugax, et par cum flore senectus.
Fit rediviva virens et crinibus herba renatis.
Ligna renascentur reduci sub germine cuncta :
635 **200** Quæ nunc herba fuit, lignum jacet, herba
[futura.
Squameus exuitur stellato tegmine serpens
Pelle renascenti, rursus redeunte juventa,
Reptat hians anguis per sibila guttura pan-
[dens.
Frontibus arboreis amittunt cornua cervi,

VARIÆ LECTIONES.

620. Vict., *g. quets p.* Vat., *fudit;* alii, *fundit.*
621. Vict., *Parvula divini fuerat succedere cura parentis.* Sirm., *Parva Deo fuerat succedere cura peremptis.* Vat. ut hic editur, sed scribit *perentis.*
622. Vict., *ne consumpta.*
623. Vat., *Sed.... fixum r. n. e. s.*, deest *ne sit.*
625. Sirm., *conspiciunt.* Vat., Vict., *conspiciant.*
627. Vict., *ex trunci s.*
629. Azagr., *pampinis uvifera.* Vat., *pampinus uvi fete v.*, ex quo *uviferæ.* Idem Vat., *armenta* pro *sarmenta.* Sirm., Vict., *pampinus uvifera v. s. r.*
630. Ita Vat. in Sirm., *et geminata sui r.* Azagr., *et tempta rosei r.* Vict., *et geminata rosei r.*

631. Vat., *rumpunt de cortice.*
632. Vat., *Quis est vita fugax et pari flore senectus.* Sirm., Vict., *Et cui vita fugax, et par cum flore se-*
B *nectus.*
633. Vat., *Fit rediviva florens et c. h. r.*
634. Vat., *sub tegmine c.*
635. Vat., *quæ non herba f.*
636. Vat., *s. exutus s.*
638. Vat., *per singula g. pendens;* ad marg., *per sibila.*
639. Ita Sirm. et Vict.; in Azagr., *frondibus a.* Vat., *Fontibus a. a. c. corvi*, sed forte fuit *cervi*

NOTÆ.

620. Barthius ex ingenio *quis parvula fundus origo.*
621. In Vict. longior est uno pede hic versus : quod vitium ut effugeret Fabricius, edidit *Parvula divini succedere cura perennis, Ne consumpta daret.* Barthius ad marginem alleverat *Par vult divini succedere cura perennis, Ne consumpta vacet.* Rivinus explicat : Minor cura fuisset facere ut nova succrescerent, quam ut in nihilum redacta resurgerent. Vera est hæc explica- C tio, sed quæ in nostra scriptura maxime eminet. *Parva Deo fuerant* pro *parvum*, vel *parum Deo fuerat*, ut lib. II, v. 286, *Parva putant homines fluctus transire nocentes.* Cæterum a Dracontio scriptum censeo *Parva Deo cura succedere nata peremptis*, vel *Parva Dei cura succedere*, etc. Ovidius, l. I Met., v. 47, *Numero distinxit eodem Cura Dei.* Id ut multo magis elegans est, subintellecto *erat*, vel *fuisset*, ita facilius exscriptorum captum superabat, qui propterea, omisso *cura*, *fuerant* intruserunt.
622. *Post sæcla*, post mundi sæcula. Vide notam ad v. 86.
624. *Legis sancta* pro legem sanctam, ut *vana rumorum*, et similia. Psal. LXXXVI, v. 52, *Si justitias meas profanaverint.* Fabricius perperam interpungit *reditus non esse sepultis Cordibus illorum, qui legis sancta profanant.*
625. Tertullianus de Judicio : *Arida sic vacuis redduntur semina terris, Et penitus fixis putrescunt mortua sulcis. Nonne animatur et hinc reparatis culmus aristis, Atque iterum vivis flavescunt fortia grunis, Consurguntque novæ vario cum fenore messes?* Et lib. II contra Marcionem : *In grano latet arbor, et hoc nisi terra sepultum Putrescat, non dat decoratos arbore fructus.* Vide, si placet, quæ adnotavi ad Prudentium l. II contra Symm., v. 194.
627. Melius est *truncis*, hoc est truncatis radicibus, quam *trunci*, quod cum Vict. Fabricius aliæque veteres editiones exhibent.
629. Ex Vat. expromitur *uviferæ*, quod jam Barthius excogitaverat. *Uvifer* usurpatur a Silio et Statio, *revestio* a Tertulliano.
630. Mirum videtur Rivino, nec Fabricium, nec Weitzium, nec Sirmondum emendasse *Et gemmata* pro *Et geminata.* Rejicit etiam conjecturam Barthii legentis *rubetis* pro *ruboris.* Certe *gemmata* habemus in Vat., quæ lectio comprobatur v. 179, *Floribus ambrosiis gemmato cespite victus.* Sed adhuc quærenda est syntaxis hujus versus. Quid enim est *virgulta sui ruboris*, aut *gemmata rosis virgulta ruboris?* Mihi placeret *Et gemmata roseo redeunt virgulta rubore*, ut *roseo* sit dissyllabum, et significet *pulchro, florido*; sic enim accipitur *roseus*, ut dicam ad vers. 717. Posset etiam conjectari *Et gemmata rosei redeunt virgulta ruboris*, aut *Gemmata roseo redeunt virgulta rubore :*
C supervacanea est enim conjunctio *et*, cum postrema in *gemmata* ratione cæsuræ produci possit.
632. Rivinus legebat *Est cui vita fugax* : qui testatur, Barthium divinos hosce duos dilaudasse versiculos. Scriptura Vat. bona est et melior fortasse si legas *Queis et vita fugax, et par cum flore senectus.* Verbum substantivum *est* sæpe eleganter omittitur.
633. In editione Matritensi *Sit rediviva* : sed cum non indicetur diversa alia lectio, credam, *sit* excidisse typographo pro *fit.* Crines et comæ herbarum a poetis passim celebrantur, ut aliis in locis jam notavi.
634. Rivinus censet, legendum *grana* pro *ligna*, et v. seq. *granum* pro *lignum.* Sic Tertullianus dixit, *In grano latet arbor*, cujus verba vide in nota ad v. 625.
635. Barthius ex conjectura *lignum jacit*, hoc est subjicit : clarius esset *lignum facit.* Sed ego existimo Dracontium neque a Rivino neque a Barthio intellectum : sumit enim Dracontius *lignum* hoc vers., et *ligna* vers. sup. pro materia arborum, vel virgulto-
D rum separata a radice, et igni, aut operi alicui apta : hinc Italis Hispanisque *legna* et *lena.* Ait ergo Dracontius cuncta hujusmodi ligna jam mortua reduci sub germine renasci, et illud quod prius herba et germen fuit postea jacere lignum in terra, ex quo ligno in stercus converso fecundatur ager, et mutua successione herba renascitur.
636. Plinius, l. X, cap. 67, sect. 86, *Salamandra, animal lacerti figura, stellatum.* Ovidius de stellione l. v Met., v. 460, *Aptumque colori Nomen habet, variis stellatus corpora guttis.* De re vero ipsa Plinius, l. VIII, c. 27, sect. 41, ut Tertullianum, Isidorum, Lucretium, Ovidium innumerosque alios omittam.
639. Hildebertus in Physiol. carm. de cervo : *Se juvenemque facit, cornua quando jacit.* Plinius, l. VIII, c. 32, sect. 50, *Cornua mares* (cervi) *habent, solique animalium omnibus annis stato veris tempore amittunt*, etc. Virgilius, l. I Æn., v 193, *Capita alta ferentes Cornibus arboreis sternit.*

640 Anguibus assumptis sed mox palmata resur- A
   [gunt.
   Aereas enudat aves jam penna vetusta,
   Et nova subvestit reparatas pluma volucres.
201 Mortua præterea cæcorum lumina du-
   [dum,
   Nube tenebrarum discussa, luce recepta,
645 Ad visus rediere suos, vultusque sepulti
   Nocturnos perpessa dies oculatur imago.
   Mortua pars hominis quoties, pars viva jacebat,
   Funera viva gerens, vivax in morte cadaver,
   Ac sine morte tamen vitali in morte perem-
   [pta ?
650 Et rediviva salus reduci per membra vapore
   Nascitur, et calidus repetit vitalia sensus,

Ossa tenens, venasque ciens, udansque me-
   [dullas.
Phœnicis exactam renovat Deus igne juven-
   [tam,
202 Combustusque senex tumulo procedit
   [adultus.
655 Consumens dat membra rogus sine sorte se-
   [pulcri,
   Ignibus exstinctis jam mortua flamma resurgit,
   Redditur ignis edax redivivo lumine candens,
   Et scintilla volans incendia vasta reducit :
   Et quod fumus erat, stridet jubar ignis anheli.
660 Igne vago rutilatur apex, fax cætera lambit,
   Et cinis exstinctus gelida moriente favilla
   Tollitur alta petens erecto crine vagatus.

VARIÆ LECTIONES.

640. Vict., *a. adsumptis s.* Vat., *unguibus absum-* B
ptis s.
641. Vat. ita; Sirm., Vict., *Aeriæ nudantur aves,
cum penna vetusta* · sic Azagrens., sed *cum pinna vetusta est.*
645. Azagr., *v. redire s.*
646. Vat., *d. occultotur i.*
647. Ita Vat. et Azagr.; in Sirm. et Vict., *pars una
iacebat.*
648. Vat., *gemens*; alii, *gerens.*
649. Vat., *v. in morte*; alii, *v. m.*
650. Vat., *redivina*; sed videtur correctum per *rediviva.*
651. Vat., *intalia* pro *vitalia.*

652. Ita Vat.; in Sirm. et Vict.; *c. sudansque medullas.* Azagr., *c. gignensque m.*
653. Vict. *Phœnici exactam.* Sirm., *Phœnicis exhaustam.* Azagr., *Phœnicis exactam r.* Vat., *Fenicis
exacta me renovat.*
654. Vat. incipit *Ex....* et nihil aliud hujus versus
habet.
657. Vat., *e divino l.*
658. Vict., *vorax*; alii, *rolans.*
661. Hic versus abest ab editis ; exstat in Vat., ubi
civis legitur pro *cinis.*
662. Ita Vat.; in aliis, *Et cœlum repetens erecto
crine vagatur.*

NOTÆ.

640. Vide Eleg. Dracontii v. 67. Isidorus, ex Plinio
loc. cit., Origene homil. 2 in Cant., et Servio ad
eclog. 8 Virgilii, docet l. XII Orig., cap. 1, cervos inimicos esse serpentium, qui *cum se gravatos in infir-* C
*mitate persenserint, spiritu narium eos extrahunt de
cavernis, et superata pernicie veneni eorum pabulo re-
parantur.* Fortasse præstiterit cum Vat. legere *ab-
sumptis.* Cur palmata cornua cervorum dicantur, vide
notam ad v. 275.
641. Plinius, l. x, c. 24, avium quædam genera recenset quæ pennas amittunt et mutant. In aliorum
lectione *cum penna vetusta* intelligitur, cum penna
vetusta est : non enim *penna* in auferendi casu esse
potest.
642. Forcellinus verbum *subvestio* prætermisit, cui
nec inter barbara quidem locum dedit.
643. Miracula referuntur ex evangelica historia :
quibus tamen locus opportunior esset post alia naturæ mirabilia opera, quæ deinde enumerantur, scilicet post v. 682, *Mane resurgentem.*
646. Oxymorum *nocturnos dies.* Tertulliani verbum
est *oculare.*
647. Lib. II, v. 124, *Mortua pars hominis, pars al-* D
tera viva jacebat.
648. Oxymora *Funera viva, cadaver vivax in morte.*
Lib. III, v. 598, *Cum vivum terra cadaver Sorbuit*; et
v. 505, *Funere vivo.*
649. Iterum oxymora *perempta sine morte* (scilicet
pars hominis), *vitali in morte.* Eadem est sententia.
652. Rivinus lectionem veterum editionum *sudansque medullas* exponit *irrigans, perfundens medullas,*
sed præferre videtur *sudansque medullis,* ut in lusu
Gallieni, *Totis sudate medullis.* Scriptura Vat. proba
est, sed præferendum videtur *udansque medullas,* hoc
est, madefaciens : quo verbo Macrobius et Augustinus
utuntur ; et a *ciens udansque* facile potuit fieri *sudansque.* Humorem medullis Dracontius etiam l. III,
v. 613, attribuit, *Humor ut absumplas intraverit ante
medullas.*

653. De syllaba media in *Phœnicis* vide notam ad
v. 526. Phœnicis historiam, sive fabulam tot scriptores præsertim poetæ memorant, ut infinitum esset
eorum catalogum conficere. Videri imprimis possunt
carmen Claudiani de Phœnice et elegia sub Lactantii
nomine de eodem argumento. Scriptura Sirm. *exhaustam* rectum habet sensum : sed melius videtur
exactam cum Vat., ut apud Ciceronem I Tuscul.,
cap. 39, *Eorum autem, qui exacta ætate moriuntur,
fortuna laudatur.*
654. Barthius, ad Claudianum p. 985 edit. 2 et
988 in notis ad carmen de Phœnice, hos Dracontii
versus laudat, quibus non ipse Phœnix, sed ejus senex, seu senecta comburi dicitur, et *sine sorte sepulcri,* ut Claudianus ait, *falsisque sepulcris.*
656. Mortua flamma quæ resurgit est ipse phœnix
qui hic describitur ex imitatione Claudiani : *Arcanum
radiant oculi jubar, igneus ora Cingit honos, rutilo cognatum vertice sidus Attollit cristatus apex, tenebras-
que serena Luce secat.* Dracontius potius videtur asserere, post ignem quo combustus est phœnix, exstinctum, inde novas flammas erumpere, ex quibus novus phœnix prodit.
657. Phœnix, qui renascitur, primum est verm s
lactei coloris. Lactantius de Phœnice : *Hinc animal
primum sine membris fertur oriri, Sed fertur vermis
lacteus esse color.*
658. Rivinus prætulit etiam *Et scintilla volans ;* sed
non male est *vorax.*
660. *Rutilatur* passive Plinius, Martianus Capella,
alii. Barthius conjicit *fax cerea lambit.* Sed clarius est
fax cætera lambit. Nimirum sensus est : Apex capitis
igni quasi ardet, cæteras partes corporis flamma leviter tangit, quia non tam rutilo ignis colore splendent. Lambere de flamma leviter tangente, neque
comburente Virgilius II Æneid., v. 683, *Tactuque innoxia molli Lambere flamma comas, et circum tempora
pasci.*

CARMEN DE DEO. LIB. I.

Mortua lux sub luce cadit, perit aurea luna,
Atque per ascensus, et cornua colligit ignes,
665 **203** Et dum cæca latet, reparato lumine ful-
[get,
Mentiturque diem lux frigida, solis imago.
Lucifero redeunte polo moriuntur et astra.
Nuntius auroræ subductus morte diurna
Lucifer exstinctas reficit per sidera flammas,
670 Et nocturnus eques jubar emicat igne corusco.

A Roscida puniceum spargens aurora ruborem
204 Ducit ubique diem, periturum noctis ab
[umbris:
Et tamen hæc de sole perit, quo missa rube-
[bat.
Sol oculus cœli, famulus super astra tonantis,
675 Cujus ab immensis languescunt sidera flam-
[mis,
Ni gelidis animetur aquis per cærula ponti.

VARIÆ LECTIONES.

663. Ita Vat.; cæteri, m. nox s.
664. Vat., per assensus et.
665. Vict., latent. Vat., dum cœlo latet r.
670. Sirm., Vict., exhinc nocturnis i. Azagr. ita, sed nocturnus. Vat., Et nocet unus eques i. e. i. c.
673. Vat., Sole premit commissa rubebat; ad marg., B

obscure, perit. Vict., petit.
674. Vat., sola cujus cœli.
675. Vict., ab aspectu l. s. cœli.
676. Vict., ne g. animetur a. Sirm.; ni g. animetur a. Vat., ni g. animantur a.; supra, animentur.

NOTÆ.

663. Hactenus omnes legerunt *Mortua nox sub luce cadit*, quod confirmant simili sententia ex v. 116, *Prima dies nam lucis erat, mors una tenebris.* Sed scriptura Vat. huic loco maxime convenit: exempla enim apponuntur luminum, quæ sub majori luce moriuntur, et postea rursus comparent. Luna aurea dicitur a Virgilio l. I Georg., v. 431, et ab Ovidio l. x Metam., v. 448.

664. Virgilius, l. I Georg., v. 427, *Luna revertentes cum primum colligit ignes. Ascensus siderum* apud Plinium l. xxix, c. 4, significat eorum elevationem supra horizontem, ut nonnulli explicant. Dracontius *ascensus* lunæ sumit pro incremento et tempore quo crescit. Sed vix dubito quin legendum sit *accessus.* Macrobius l. I in Somn. Scip., cap. 11, *Nec dubium est quin ipsa* (luna) *sit mortalium corporum et auctor; et conditrix; adeo ut nonnulla corpora sub luminis ejus* C ACCESSU *patiantur augmenta, et hac decrescente minuantur.* Fortasse etiam in Plinio legendum est *accessu siderum;* nam de incremento lunæ loquitur loc. cit.

666. Drepanius in hymno trium puerorum: *Hinc gelido fulgens collaudet lumine luna.* Supra, vers. 52, *Quid lunæ frigidus orbis,* ubi dixi, cur *frigida* luna dicatur.

668. Supra, vers. 557, *Subducitur impete mortis,* et l. III, vers. 114, *Puerosque neci subduceret.* Mors diurna est mors quam lucifero dies infert.

669. Lucifer per sidera, nempe noctis tempore, reficit suas flammas, sive clare lucet. Vide not. ad vers. 682.

670. Barthius legebat *Exit nocturnis* (hoc est tenebris), *jubar emicat igne corusco.* Sane scriptura vulgata obscura est *Ex hinc nocturnis jubar emicat igne corusco,* quæ facilius reformari posset *Exhinc nocturnum jubar.* Ex Vat. lumen aliquod accipimus, ex D quo hic locus restituatur, scilicet *Et nocturnus eques jubar emicat igne corusco.* Favet etiam Azagr., *Exhinc nocturnus jubar:* ex hoc igitur codice et ex depravata lectione Vat., *Et nocet unus eques,* conficitur *Et nocturnus eques.* Adeo nulla est tam corrupta scriptura ex qua interdum fructus aliquis non percipiatur. Notandum etiam est, reconditam Dracontii doctrinam imperitis librariis occasionem corrumpendi ejus carmina dedisse. Poetæ, ut lunæ bigas, soli quadrigas, sic lucifero equum tribuebant. Statius, lib. vi Thebaid., vers. 237, *Roscida jam novies cœlo dimiserat astra Lucifer, et totidem lunæ prævehebat ignes Mutato nocturnus equo.* Claudianus, lib. II de Raptu Proserp., vers. 121, *Dum meus humectat flaventes lucifer agros Roranti provectus equo.* Ovidius, II Fast., vers. 314. *Hesperus et fusco roscidus ibat equo,* et Met. lib. xv, vers. 189, *Cumque albo lucifer exit Clarus equo.* Dicitur *nocturnus eques jubar* per appositionem, nisi malis legere *Et nocturno equo jubar emi-*

cat. In masculino genere *jubar aureus* dixit Severus in carmine de Ætna, et Ennius apud Priscianum, lib. v, *Interea fugit albus jubar Hyperionis cursum:* quod de lucifero accipio, qui oriente sole fugit. Alii legunt *Hyperionis cursu.*

674. Aurora *roscida* dicitur ab Ovidio, Seneca in trag., et Corippo. Virgilius, lib. xii, vers. 77, *Cum primum crastina cœlo Puniceis invecta rotis aurora rubebit.*

673. Barthius legit *quoi missa. Quo missa* est *a quo missa;* quia auroræ splendor solem nuntiat et a sole oritur. Fabricius et Weitzius cum Vict. ediderunt *de sole petit,* neque adverterunt errorem, qui clarus esse videtur: nam sensus est, auroram splendore solis obrutam perire.

674. Ambrosius Hexaemer. lib. iv, cap. 1, *Sol oculus est mundi, jucunditas diei,* etc.; et de arca et Noë, cap. 7, *Ipsi* (sol et luna) *sunt quidam mundi oculi.* Dracontius in Eleg. vers. 243, *Sol oculus cœli.* Ovidius iv Met., vers. 227, *Omnia qui video, per quem videt omnia tellus, Mundi oculus.* Alii legunt *Mundi oculis, mihi crede, places,* eodem sensu ut sol oculus mundi dicatur. Capella in hymno solis, lib. II, *Mundanusque oculus, fulgor splendentis Olympi.* Ægyptii insculpebant sceptrum, in eoque speciem oculi exprimebant, quo signo Osirim monstrabant, significantes cum solem esse, *quia solem Jovis oculum appellat antiquitas,* ait Macrobius lib. I Saturn., cap. 21. Vide Barthium lib. xi Advers., cap. 3, et Roam lib. I Singular., cap. 13. Solem *famulum* Dei dixit etiam Prudentius lib. I contra Symm., vers. 343.

675. Forte *languescunt,* ut cohæreat cum vers. seq. *Ni gelidis animetur aquis.*

676. Rivinus lectionem Sirmondi videtur approbare *Ni gelidis animentur aquis,* quia sidera in altero hemisphærio quasi reviviscunt refrigeratione marina. In Sirmondo *animetur* Rivino fortasse videtur mendum typographicum: sed in edit. Matritensi idem verbum profertur, neque ex cod. Azagr. discrepantia notatur. Barthius aliquid aliud latere credens pro *animentur* substituebat vel *vannentur,* vel *pascantur. Vannere* est Vanno seu cribro fruges movere, ventilare, cribrare. Sed *vanni* sidera quid sit non assequor. *Pascantur* non aliam sensum habet quam *animentur.* In Sirm. et Azagr. scriptura *animetur* poterit intelligi sol. Ad vers. 24 et 25 probavi flammas et ignes cœlestes ex contrario elemento, aqua scilicet nutriri, ut veterum quidem erat opinio: cui assum præbet experientia, quia cernimus stellas tunc maxime scintillare, cum viciniores sunt horizonti, aut cum frigidus et gelidus est aer. Sententia ergo Dracontii hæc esse poterit: Sidera ob immensum ardorem solis deficient, nisi aquis ponti animentur. Sed cum Dracontius docere videatur vers. 224, stellas solis lumine non minus quam lunam fulgere,

205 Occidit ipse dies, super æquora sole ca-
[dente,
Æquore mersus obit, novus æquore mane re-
[surgit.
Vespere nocturno radiata luce rubentem
680 Purpureis abscondit aquis, redditque diurne
Depositum natura suum sub nocte sepultum,
Mane resurgentem, de fluctibus orbe refecto.
Tot simul exemplis moniti, defuncta renasci
Credamus virtute Dei, qua cuncta creavit,
685 Et generata vigent sub nutritore Tonante :

206 Qui cum regna poli teneat stellantis, et
[alti,
Aera concludit, terram levat, æquora solvit;
Et totum capit una manus, quod sermo creavit.
Unus ubique Deus, dum jussio rumperet una,
690 Qui tantum pius est, quantum decet omnipo-
[tentem,
Et nulla virtute minor, nisi verberis irâ,
Et voto, nam sponte bonus pietatis amore.
207 Quem mens pura juvat hominum, non
[victima supplex,

VARIÆ LECTIONES.

677. Vat., *occidet ipse.*
678. Ita Azagr. et Vat., sed Vat. *abit* pro *obit.* Sirm., *et quo demersus n.* Vict., *et quo conversus n.*
679. Sirm., *nocturno hunc radiata.* Vict., *hac* pro *hunc.* Vat., *nocturno radiat ulixe rubentem.*
680. Vat., *P. attollit aquis.* Vict., Vat., *diurnæ.*
681. Vict. *dispositum n.*
682. Ita Vat.; in Azagr., *f. ore recepto.* Sirm., Vict., *f. orbe recepto.*
684. Vict., *qua.* Sirm., *quæ.* In Vat. deest hic versus.
685. Azagr., *tonanti..* Vat., *tonantem;* ex correctione *tonante.*
686. Azagr., *teneat stillantis et.* Vict., *s. et aptum Aera c.*
689. Vict., *dum jussu r. ima.* Vat., *Unus ubique..... dum jussio r. una.* Deest *Deus.*
692. Editi, *Sed votis, et sponte bonus, pietate et amore.* Vat., *Sed voto nam sponte bonus pietatis amore.* Hinc *Et voto,* etc., ut editum est.

NOTÆ.

præferenda est lectio Sirmondi *Ni gelidis animetur aquis,* scilicet nisi sol aquis pasceretur, tantus ejus esset ardor, ut sidera deficerent, et ab immenso splendore solis obscurarentur. Nisi dicamus Dracontium modo ex quorumdam, modo ex aliorum diversa sententia loqui.

677. Simili modo id explicat Tertullianus de Jud. Dom. *Sidera cuncta cadunt, iterumque renata nitescunt, Et dies in densa moritur cum lumine nocte, Occidit et jam nox rebus mox luce retectis, Jamque suis alia atque alia dies surgit ab astris, Solque cadit, splendorifero qui lumine clarus, Lux perit umbrato venienti vespere mundo :* quæ omnia ad resurrectionem corporum comprobandam profert. Barthius duo hemistichia transposita hoc loco censebat : sed in nostra lectione omnia recte se habent.

679. Ex Vat. bene omittitur *hunc* vel *hac* post *nocturno;* sed addi posset post *radiata,* scilicet *radiata hunc luce.*

680. Weitzius *purpureas aquas* intelligit propter radiorum solis fulgorem. Mare purpureum dicitur vers. 78, ubi plura de hoc epitheto disputavi. Barthius lib. XXXIII Advers., cap. 16, legit *redditque diurnæ,* et intelligit *luci.* Rivinus existimat apponendam esse parenthesim *aquis (redditque diurne Depositum natura suum sub nocte sepultum) Mane,* etc. Sirm., *diurne,* adverbium, a *diurnus,* quod placet, etiamsi non occurrat exemplum. Ponitur pro *die* vel singulis diebus. Lib. III, vers. 602, *Et lacrymas intende meas, quas fundo diurne.*

681. Barthius loc. cit. eleganter *depositum* naturæ solem a Dracontio appellari ait, quod similibus exemplis confirmat. Sed hic advertendum est, depositum rei veluti mortuæ dici : quo etiam respicit Lactantius in carmine de Phœnice : *Depositi tanti nec timet illa fidem.* Hinc depositum a Christianis sepulchrum dictum : et *depositus* pro *mortuus,* vel potius *humo mandatus* in veteribus inscriptionibus Christianis sæpius reperitur.

682. Rivinus scribendum opinatur *orbe reducti,* ut sensus constet. Verum egregie constat sensus, si cum Vat. scribatur *orbe refecto,* scilicet orbe solis refecto fluctibus. Vide notam ad vers. 25 et 676, *Reficere flammas,* supra, vers. 669.

684. Forte *qua cuncta creata, Et generata vigent.*

686. Weitzius legit *et aptum Aera,* et in indice exponit *contiguum, connexum.*

688. Lactantius, sive Fortunatus, sive quis alius auctor carminis de Resurrectione Domini : *Cujus clauduntur cuncta pugillo,* Venantius Fortunatus in hymno de B. Virgine : *Mundum pugillo continens Ventris sub arca clausus est.* Pulchre ait Dracontius omnia quæ sermone seu voce Dei creata sunt una ejus manu contineri.

689. Cum in Vat. desit vox *Deus,* conjectura duci potest an legendum sit *quod sermo creavit Unus ubique Dei, dum jussio rumperat una,* vel *sermo creavit Unus, ubique chaos dum jussio rumperet una.* Qui tantum, etc., ut vers. 685, *Qui cum;* vers. 693, *Quem mens,* etc., ubi intelligitur Deus. Obscurum est *Deus, dum jussio rumperet una,* vel *dum jussu rumperet ima.* Barthius rumperet explicat, dum rumpere posset. Sed rei obscuritas non tollitur. Clarum erit, si legas *dum vox erumperet una,* vel si accipias *rumperet* pro *erumperet,* scilicet dum jussio rumperet una, quasi erumperet, ut *verto* pro *everto* ponitur, et similia alia sunt exempla. Sed mihi verosimilius videtur a Dracontio scriptum *dum jussio rumperet unum.:* libenter enim Dracontius veterum peculiares quasdam phrases imitatur. *Rumpere vocem* pro aperire viam voci dixerunt Virgilius, Ovidius, Silius et alii. *Rumpere questus* pro queri Virgilius IV Æn., vers. 553, *Tantos illa suo rumpebat pectore questus.* Claudianus, lib. II de Rapt. Proserp., vers. 249, *Et questus ad nubila rupit inanes.* Sic melius quam alii *fundit inanes.* Silius lib. IV, vers. 458, *Gemitumque ad sidera rupit.* Hinc *rumpere jussum* pro jubere. Legendum igitur, ut ego arbitror, *quod sermo creavit, Unus ubique Deus dum jussum rumperet unum,* vel *quod sermo creavit Unus, ubique Deus dum jussum rumperet unum :* et venustatem habet *una manus, unus sermo, unum jussum.*

690. Vide notam ad vers. 30 et seqq., et ad vers. 88.

692. Lib. III, vers. 16, *Justitiæ monitor, sed plus pietatis amator.* Lego autem *Et voto,* videlicet et voluntate puniendi. Sententiam eamdem versibus persequitur Mar. Victor. lib. I Genes., vers. 462, *Sed sancta parentis Desperare vetat pietas, clementia cujus (Fas dixisse mihi, fas sit quoque dicta probasse) Justitiam excedit,* etc. Apud Rivinum quidam tentabat *Sed totus est sponte bonus,* quod Rivino non arridebat.

693. Vide comment. ad Prudentium hymn. 10 Perist., vers. 346. Intellige victimam sine mento pura Deo non placere.

CARMEN DE DEO. LIB. I.

Ut se pœniteant sceleris mala vota reorum,
695 Et nova succedant animorum corda piorum.
Ille etenim Deus est, quem nulla retardat
[origo,
Cujus ab aspectu montes, et saxa fluescunt
In cineres, et pulvis erit, quæ dura rigebat:
Qui, visa tellure simul, mox pondera mundi
700 Concutit, et subitum monstrat vaga terra tre-
[morem,

208 Ac formidatos ostendit pendula motus.
Alveus expavit violento vertice torrens,
Dum reduces sentiret aquas, et sisteret am-
[nem
Visa Dei facies, et marmora glauca fugaret
705 Gurgitis æquorei, quo mundus cingitur omnis,
Et pelago spatiante fretis, ac littoris æstu.
209 Qui de thesauris ventorum flamina mit
[tit,

VARIÆ LECTIONES.

695. Sirm., Vict., *succedant*. Vat., *succendant*. Azagr., *succendent*.
696. Vat., *l. enim d. q. n. retraxit o*.
697. Sirm., Vict., *fluiscunt*. Azagr., *fluescunt*. Vat., *fluuntur*; ad marg., *fluescunt*.
698. Sic Vat., Sirm., *erit; quem dura ligabant*. Vict., *quod*.
699. Vat., *semel; alii, simul mox*.

700. Editi, *subito*. Vat., *subitum*.
701. Vat., *ac formidatus*.
702. Ita Vat.; in Azagr., *violento v. turgens*. Sirm., Vict., *violato v. turgens*.
703. Vat. *s. amnes*.
706. Vat. *l. œstus*.
707. Vict., *flamina*. Sirm., *flumina*. Vat., *Et jud..... aurus ventorum flammea mittit*.

NOTÆ.

694. Mirum videtur Rivino, et est quidem mirum active *pœniteant se sceleris*. Suspicatur *Aut si pœniteat sceleris*, id est, nisi mens pura adsit (ut vers. præc. dixit), saltem cor accedat contritum. Leviori mutatione restituetur *Ut si pœniteant sceleris mala vota reorum*, aut *Ut sic pœniteant*, aut *Ausi pœniteant*, etc. In Elegia, v. 100, *Si sceleris facti mens rea pœniteat*, et v. 304, *Ni peccata dolens pœniteat sceleris*. Cum simili nominativo rarum est *pœniteo*, sed ita tamen usurpatur a Pacuvio, Justino et Livio: etsi apud hunc varia est lectio.

695. Cur Rivino magis placeat cum Weitzio *voce piorum* quam cum cæteris *corda piorum*, causam non video. Quid quod in Weitzio mendum typographicum puto *voce piorum*? Nam Weitzius Fabricium sequitur ducem, neque ab eo discedit unquam, quin rationem emendationis proferat: hoc autem loco penitus silet.

696. Sensus verborum obvius est, Deum verum esse, qui sine principio est: sed ex versibus seqq. colligi potest, *quem nulla retardat origo* significare potestatem Dei in rebus illico creandis. Eodem respicit Vat., *retraxit*.

697. Isaias, cap. LXIV, v. 1, *A facie tua montes defluent*; v. 3, *A facie tua montes defluxerunt*. Augustinus etiam verbo *fluesco* usus est. Guntherus imitari videtur Dracontium in præf. l. x, *Urbs fluit in cinerem*: et l. x, v. 470, *Castrensibus oppida flammis In cineres collapsa fluunt*. Rivinus scribit *fluiscunt* in erratis. Vide notam ad v. 443, l. III.

698. Fabricius et Weitzius cum Vict., *quod dura ligabant*. Rivinus conjicit *pulvis erit, quem gleba ligabat*, vel *quem rura ligabant*. Verum hic sermo adhuc est de saxis in cinerem et pulverem redactis. Retinenda igitur est lectio Vat. *pulvis erit, quæ dura rigebat*, hoc est quæ antea saxum erat. *Pulvis* in genere feminino, quod minus usitatum est, librarios ad corrumpendum locum movit.

699. Psal. XVII, v. 8; Psal. LXXVI, v. 19; et CIII, v. 32, *Qui respicit terram, et facit eam tremere*. Majus id est quam quod de Jove ethnici dicunt: *Nutu tremefecit Olympum*. Vide notam ad v. 704. Scriptura Vat. sustineri posset: nam *semel* pro *simul* interdum ponitur.

701. Intellige montes ipsos quasi pendulos videri. Verba cap. IX, v. 5 et 6 Jobi sunt: *Qui transtulit montes, et nescierunt hi quos subvertit in furore suo. Qui commovet terram de loco suo, et columnæ ejus concutiuntur*. Quæ de terræ violento motu Dracontius exponit, ut plerique interpretes. At Didacus Stunica (Zuñiga) Augustinianus, sæculi XVI politus auctor, in Comment. in Jobum existimat hunc locum explicari posse ex sententia Pythagoricorum opinantium terram moveri natura sua. Denique, ait, *nullus dabitur Scripturæ sacrosanctæ locus, qui tam aperte dicat terram non moveri, quam hic moveri dicit*. Hanc opinionem acriter refellit Pineda ad loc. cit. Job.

702. *Alveus violato vertice turgens* in Sirm. lectione est alveus aquis ad originem retortis tumidus. In nostra scriptura est alveus exæstuans, inundans et impetu fluens, qui dum ita flueret, expavit, quod reduces sentiret aquas. Refertur miraculum aquarum Jordanis, quæ steterunt, ut illac populus Israel transiret. Josue cap. III, v. 15, *Jordanis autem ripas alvei sui tempore messis impleverat*. Id nostra lectione indicatur: quod sequitur vers. 16 scripturam Sirmondi confirmat: *Steterunt aquæ descendentes in loco uno, et ad instar montis intumescentes apparebant procul*.

703. Prudentius hymn. 12 Cath., vers. 178, *Refluentis amnis alveo*.

704. Sic v. 697, *Cujus ab aspectu*, et v. 699, *Qui visa tellure*. Psal. LXXVI, v. 17, *Viderunt te aquæ, Deus, viderunt te aquæ, et timuerunt*. Alibi in sacris litteris *a facie Dei, a facie tua*. Ponitur *facies* pro præsentia, unde a scriptoribus ecclesiasticis frequenter usurpatum est *in facie mundi, in facie Ecclesiæ, in facie publica*, et simpliciter *in facie* pro palam. Ludovicus Legionensis de nominib. Christi nomen hoc Christi proprium esse ait *faciem Dei*, aut *faciem* (Hispanice *fazes*), quia sæpe in sacra Scriptura *facies Dei Christus* esse intelligitur. Postrema verba hujus versus pertinent ad miraculum maris Rubri, quod interruptum iter populo Israel præbuit, ut fusius narratur lib. II, v. 160 seqq. Planior esset sententia, si legeretur *Visa Dei facies: hæc marmora glauca fugavit*. Sed aliud magis poeticum est. Vide Exod. c. XIV.

705. Prudentius l. I contra Symm., præf. v. 10, *Cœrulei prœlia gurgitis*. Virgilius, Ovidius, Statius aliique simili modo *gurges* pro mari usurpant. Libr. II, v. 485, iterum *Gurgitis æquorei*. Pro terra ponitur *mundus*. Mela in princ. oper., *Terra sublimis cingitur undique mari*. Nonnulli universam terram insulam appellarunt.

706. Obscurus versus et, nisi fallor, corruptus. Vide num restituendum sit *Et pelago spatiante fretis fit littus in æstu*. Spatiari est diffundi, crescere, ut in his verbis Plinii l. V, c. 9, sect. 10, *Nilus certis diebus auctu magno per totam spatiatus Ægyptum*. Fit ergo littus, quod est terra mari adjacens, in ipso æstu maris agitati, et undas glomerantis, dum sese in alia freta diffundit. De eodem prodigio Prudentius hymn. 5 Cath., v. 65, *Præbent rupta locum stagna viantibus Riparum in faciem pervia*.

707. Job cap. XXVIII, v. 25 et 26; Psal. CXXXIV, v. 7, *Educens nubes ab extremo terræ: fulgura in plus*

Et frenat rapidas in tempestate procellas
Grandinis, atque nivis, qui novit, quæ sit
[origo.
710 Qui dat fulmineos collisis nubibus ignes,
Qui laxas abscondit aquas, et continet imbres,
Qui scit, quo nitidus crystallus ventre crea-
[tur;

A

210 Candida materies, glacies duratur aqua-
[rum.
Qui noctes hiemis producit sole minore,
715 Et solis protendit iter flammantibus horis :
Qui lunæ saltus statuit, solisque labores;
211 Qui roseis stellare nemus, vel floribus
[agros

VARIÆ LECTIONES

708. Vat., Vict., *rapidas*. Sirm., *rabidas*.
709. Vat., *nivis venientis quæ*.
710. Hic versus deest in Vat.
711. Vat., *Qui saxis abscondit aquas et condidit ignes*. Sirm., Vict., *Qui laxas abscondit aquas, et continet imbres* : sic Azagr., nisi quod *latas* habet pro *laxas*.

712. Azagr., *creatus*; alii, *creatur*.
713. Vat., *mutatur*; alii, *imitatur*. Vict., *hiberna*, pro *aquarum*.
716. Editi, *Qui phœbi saltus statuit, lunæque labores*. Vat., *Qua lunæ saltus statuit, solisque labores*.
717. Vat., *rosis*, Vict., *roseis*. Sirm., *rosulis*. Vat., *stillare* pro *stellare*.

NOTÆ

viam fecit. Qui proaucit ventos de thesauris suis. Vide notam ad v. 711, et Corderium ad loc. cit. Job. Sirmondi lectio *flumina mittit* tolerari nequit.
708. Melius videtur *rapidas* quam *rabidas*. Vide notam ad v. 312. *Mittitur, ut vincat currens orbata procellas*. Libr. II, v. 454, *Præcipis, ut rapidæ perturbent cuncta procellæ*.
709. Job cap. XXXVIII, v. 22, *Nunquid ingressus es thesauros nivis, aut thesauros grandinis aspexisti?* Ovidius libr. XV Met., v. 69, *Quid Deus, unde nives, quæ fulminis esset origo.*
710. Job cap. XXXVII, v. 2 et seqq., cum expositione laudati Corderii. Observandum vero est Deum ibi dici *tonare mirabiliter, lumen ejus esse super terminos terræ*, sed disertis verbis non exprimi, ab eo mitti fulmina, quod tamen in his verbis interpretes intelligunt.
711. In Vat. scriptura excogitari potest an sermo sit de grandine, quæ est aqua quodammodo saxo abscondita : qua de causa Hispanis *piedra* dicitur : Claudianus de Consul. Mallii Theod., v. 108, *Quis trahat imbriferas nubes, quo saxa créentur Grandinis, unde rigor nivibus*. Verba ejusdem Vat.; *condidit ignes*, intelligi etiam possent de igne qui latet in saxis, et emicat dum colliduntur. Sed lectio vulgata est præferenda : Dracontius enim ex Jobi libro præcipue divinam majestatem commendat. Cap. XXVIII, v. 28 Jobi : *Quis est pluviæ pater? vel quis genuit stillas roris?* et cap. XXVIII, v. 25 et 26, *Qui fecit ventis pondus, et aquas appendit in mensura. Quando ponebat pluviis legem, et viam procellis sonantibus*. Et cap. XXVI, v. 8, *Qui ligat aquas in nubibus suis*. Hebræi quatuor claves Deo attribuebant, quas ille nec ulli quidem Seraphino dedisset, quarum primam clavem pluviæ vocabant.
712. Crystallus gen. masc. rarum. Job cap. XXXVIII, v. 29 seq., *De cujus utero egressa est glacies? et gelu de cœlo quis genuit? In similitudinem lapidis aquæ durantur, et superficies abyssi constringitur*. Primo versiculo interrogatur, ex cujus utero glacies prodeat : altero commemoratur aquæ congelatio, ex qua crystallus fit, ut exponit Corderius, quamvis plerique de solo gelu id explicent. Gaspar Sanctius Comment. in Job opinioni Corderii nonnihil favet. Dracontius de crystallo accipere videtur interrogationem cui respondet alter versiculus, quo asseritur in similitudinem lapidis aquas durari. Hoc ipsum explicat Dracontius vers. seq.
713. Weitzius *candidam materiem* ait esse margaritam aut unionem. Rivinus conjiciebat *glacies imitata nivales*, quia crystallus imitari nives dicitur a Cinna. Barthius ad marginem adnotaverat *glacies imitatur Iberas*, nempe Iberiæ, sed ad Claudian. pag. 1031 legit *glacies meditatur hibernas*. Weitzius cum Vict., *glacies imitatur hibernas*. Prima in *hibernus* ab *hieme* producitur, ab *Hi'ernia* corripitur. Omnes hæ lectiones facile ex eo rejiciuntur quod Dracontius

B

libri Jobi sententiam complecti, et de crystallo exponere voluit. Ex *mutatur* in Vat. conficio hanc lectionem *glacies duratur aquarum*. Verba libri Jobi sunt *aquæ durantur*. Sed non omittam alias conjecturas, quæ sin minus probentur, certe non displicebunt. Jobi liber habet : *Superficies abyssi constringitur*. Hoc recte exprimetur per *facies duratur aquarum*. Suspicor etiam legendum *Candida mater ei glacie durata per annos, aut Candida mater nix glacie d. p. a., aut C. mater ei glacies d. p. a.*, quod etsi remotum videatur, tamen ex Isidoro, qui fortasse hunc versum allegare voluerit, confirmari potest. Ita ergo Isidorus l. XVI, c. 13, *Crystallus resplendens, et aquosus colore traditur, quod* NIX SIT GLACIE DURATA PER ANNOS. Candida mater, seu candida materies est nix. Ut autem legi possit *Candida mater ei*, ratio illa suadet, quod apud Jobum primum agitur de patre pluviæ, deinde de matre glaciei, sive crystalli, et Dracontius vers. sup. ait : *Quo nitidus crystallus ventre creatur*. Cui apposite respondet, *Candida mater ei glacie durata per annos*. Claudiani duo (aliis tria) exstant epigrammata de crystallo, in cujus medio aqua resoluta cernebatur : *Nec potuit toto mentiri corpore gemmam, Sed medio mansit proditor orbe latex*. Marbodus in libro Evacis de gemmis Isidorum et fortasse Dracontium respicit cap. 41, *Crystallus glacies multos durata per annos, Ut placuit doctis, qui sic scripsere, quibusdam, Grandinis antiquæ frigus tenet, atque colorem. Pars negat*, etc. Negat scilicet Solinus. Harduinus ad Plinium l. XXXVI, sect. 9, glaciem, ex qua crystallus fit, ait esse succum in terræ visceribus, atque inter caules frigoris vi conglutinatum et coactum.
714. Ut longi soles dicuntur de diebus longis; sic soles minores de diebus brevibus. Adisis Barthium ad Statium I. V Theb., v. 460.
715. Non semel verbo *flammo* usus est Dracontius, ut Statius aliique. Exempla more suo congessit Barthius in not. ad argumentum libr. III Thebaid., v. 5.
716. Intelligo, inquit Weitzius, declinationem solis a partibus australibus ad septentrionales, et vice versa recursum ab istis ad illas : ne quis ad anilem hæc trahat fabulam qua sol in festo Resurrectionis dominicæ saltum efficere perhibetur. Alii vero in die festo Nativitatis S. Joannis Baptistæ solem saltare pueriliter fabulantur : quod tamen jam nunc, ut opinor, nec pueri credunt. Luna laborare dicitur a poetis, dum deficit, ejusque defectus labores vocantur. Hac ratione nititur scriptura vulgata. Sed præferenda est lectio Vat. Dracontius enim Virgilium l. I Æn. in fine, imitatur : *Hic canit errantem lunam, solisque labores. Errores lunæ saltus a Dracontio dicuntur*. Idem Virgilius l. II Georg. vers. 478, *Defectus solis varios, lunæque labores* : quo in loco de eclipsi solis, et lunæ loquitur ; sed in altero de utriusque cursu.
717. Primigenia videtur lectio *roseis*. Sirmondus fortasse ex ingenio restituit *rosulis*: quanquam l. II,

C

D

Imperat; autumni qui dulcia poma saporat,
Et fragiles gemmis variat in vitibus uvas,
720 Ut cibus, et potus sint ubera dulcia musti;
212 Qui dat corvorum pullis alimenta, facit-
[que,
Noverit ut vultur, qua sit regione cadaver,
Dux odor, atque sagax quem mos invitat ad
[escam,

Præpetis aut aquilæ senio renovare juventam,
725 **213** Quæ rostro crescente famem tolerabat
[obunco,
Qui pascit, quodcunque creat, pietate paren-
[tis,
Vitæ certa salus per mille pericula mortis,
Debilibus virtus, opulentia major egenis,

VARIÆ LECTIONES.

718. Vat., *poma saporant.*
719. Vict., *f. hiemis variat sub v.* Vat. cum Sirm., sed *uvæ pro uvas.*
721. Abest hic versus a Vat.
722. Vat. *noverat et vultur.*
723. Sirm., *Dux odor usque sagax quem mox i.* Vat., *dux odor atque sagax quem mox i.* Vict., *dux, rectorque sagax quem.*

724. Ita Sirm. et Vat.; in Vict., *præcipit aut Azagr., a. senium renovare juventa.*
725. Vat., *f. tolerabit ab unco.*
726. Sirm., *Quæcunque.* Azagr., Vict., Vat., *quodcunque.*
727. Vat., *vita certa.*
728. Vat., *v. opulenta m.*

NOTÆ.

v. 441, occurrit, *Et rosulas proferret hiems.* Sed *rosei flores*, hoc est pulchri a mult s dicuntur, ut a Claudiano de magnete v. 29, qui tamen versu mox allegando *stellata rosis* dixit. Boethius l. I, carm. 2, fortasse imitatione Dracontii : *Quis veris placidas temperet horas, ut terras roseis floribus ornet.* Tertullianus de Judicio Domini versus ined., *Et roseis nivea crispantur floribus arva :* ex quod obiter corrigam secundum versum hujus poematis, quem in pluribus editionibus ita ingenio scriptum est : *Et verni roseas titulabit floribus auras.* Lego : *Et vernas roseis titulabit floribus auras.* Ager eleganter *stellare floribus* dicitur, ut cœlum florere sideribus. Vide Gifanium Ind. Lucr. verbo *floreo.* Claudianus l. II de Raptu Pros., vers. 130, *Hæc graditur stellata rosis.* Mar. Victor l. I Genes., *Sidereos hic terra vibrat distincta calores*, lege *colores.* Prius dixerat : *Astraque distinctis cœlum pingentia zonis, Floribus æthereis varios vibrare colores.*
718. Sirmondus distinguit *Imperat autumni, qui.* Non probo. Autumno fructus tribuuntur, non flores : cujus symbolum est cornu copiæ uvis, et pomis refertum. Forcellinus ad barbara rejecit *saporo, saporas,* quo usos indicat Dracontium et Petrum Chrysologum. Admittit vero adjectivum *sapo atus,* quod certe magis usitatum est.
719. Rivinus excogitaverat *plenis*, sed agnovit melius esse in Sirm. *gemmis.* De gemmis vitis dictum jam supra ad v. 575. Propertius, l. IV, eleg. 2, vers. 13, *Prima mihi variat liventibus uva racemis.* Dicuntur uvæ fragiles, quia vitis ipsæ fragiles sunt, vel quia vitreæ sunt, et *vitreus* et *fragilis* pro eodem sumi solent. Publius Syrus in Mim. *Fortuna vitrea est, tum cum splendet, frangitur.* Vel denique quia uvæ quodammodo franguntur et facile rumpuntur.
720. Ut matrum ubera cibum, et potum filiis præbent, sic uvæ, quæ sunt veluti ubera vitis, hominibus cibum et potum ministrant. Pulchra hac metaphora usus etiam est Columella, l. III, al. IV, c. 21, *Quibus* (vitibus) *alma tellus annua vice, velut æterno quodam puerperio læta, mortalibus distenta musto demittit ubera :* quæ verba corruptissime olim legebantur in antiquis editionibus, sed feliciter postea restituta sunt; neque aliter ea exhibet codex ms. Columellæ in Bibliotheca Altierana. Alioquin *uber* significat etiam fertilitatem, ubertatem, ut *uber agri, uber glebæ,* et de vitibus Virgilius II Georg. v. 275, *In denso non segnior ubere Bacchus;* Claudianus, Columella et alii.
721. Psal. CXLVI, v. 9, *Qui dat jumentis escam ipsorum, et pullis corvorum invocantibus eum.* Jobi c. XXXVIII, v. 41. Lucæ cap. XII, v. 24. Pullos corvorum a parentibus derelinqui multi narrant. Confer Pinedam et Corderium ad loc. cit. Job, ut alios omittam.

722. Jobi c. XXXIX, v. 30, Proverb. cap. XXX, v. 17, Matth. c. XXIV, v. 28, Lucæ cap. XVII, v. 37. Quibus in locis aquila cadaveribus pasci dicitur. Dracontius cum Septuaginta, Hieronymo et aliis vulturem nominat, quia aquilæ, quæ corpora exanima sectantur, speciem referunt vulturis : nam aliæ aquilæ cadavera non tangunt. Ad commune aquilarum genus vultur et milvus a plerisque reducuntur.
723. Isidorus, l. XII Orig., c. 7, *Vultures autem, sicut et aquilæ, etiam ultra maria cadavera sentiunt : alius quippe volantes multa quæ montium obscuritate celantur, ex alto illæ conspiciunt.* Ubi non eximia odorandi facultas commendatur, quod putat Forcellinus verbo *Vultur,* sed oculorum acumen. Quod attinet ad scripturam hujus versus, cum prius legeretur, *Dux, rectorque sagax quem mox,* Sirmondus restituit *Dux odor usque sagax quem mox invitat ad escam. Nihil potuit Sirmondus, neque Dracontius melius,* ait Rivinus. Nihilominus præfero lectionem quam ex Vat. promo, et pro *mox* restituo *mos*, nempe natura ipsa, et instinctus vulturis.
724. Rivino commodius ad sensum videtur *Præcipit aut aquilæ.* Aliud mallem pro *præcipit aut præpetis ;* forte *Præsciat aut aquila,* vel potius *Perpetis aut aquilæ,* quæ scilicet perpes dicatur, quia, cum ad senectutem deveniat, juvenescit. Lectio Azagr. probabilis est. Arator, l. II, v. 528 seqq., fuse narrat qua ratione aquila senium deponat. Barthius, l. XXXII, c. 3, eos versus cum retulisset, addidit eam de aquila historiam seu fabulam alio loco, quantum quidem meminerat, se non legisse quam apud Aldhelmum in libro Ænigmatum, qui forte Aratorem expresserit. Verum longe antiquior Aratore est hæc historia, et ipse Barthius ad Claudianum præf. tertii consul. Honorii ex Hieronymo epist. ad *Præsidium* (quam illi vulgo abjudicant), Aratorem et Aldhelmum eam narrationem sumpsisse existimat, ex Paulino aquilæ juventutem alio modo renovari ostendit. Ansam hujusmodi narrationibus præbuerunt verba psalmi CII, v. 5, *Renovabitur, ut aquilæ, juventus tua.* Certum ex his est juventutem aquilæ quodammodo renovari : de qua tamen renovatione alii alia dicunt. Dracontius secutus est Augustinum in psal. cit., et Epiphanium in Physiolog., qui tradunt senescentem aquilam rostrum, quod nimis aduncum factum comestionem impedit, ad lapidem allidere, quo rupto cibum sumit ac juvenescit, et *fit in ea quædam resurrectio,* ait Augustinus. Consule Petavium in Animadvers. ad Epiph. Physiol. cap. 4. Adde Hildebertum Cenomanensem in Physiologo carm. de aquila. Nonnulli de mutatione pennarum qua aves quodammodo juvenescunt, verba psalmi exponunt.
725. In Vat. *tolerabit,* forte est pro *toleravit.* Rostrum *aduncum* et *obuncum* dicitur, et utriusque vo-

Auxilium miseris, spes, et defensio pressis,
730 Fessorum virtus, dans nutrimenta salutis.
Qui facit, æternam mortalia lege latenti
Membra tegant animam vento spirante loquaci.
Qui lunæ crescente globo jubet æquora cre-
[scant
214 Fluctibus adjectis, crescant cum fonti-
[bus amnes,
735 Crescat et inclusum capite genus omne cere-
[bri,
Et minuantur aquæ, luna minuente, liquentes,

A

Ac decrescente decrescant lege perenni.
215 Qui reges et regna domat, sternitque
[potentes ;
Dejicit elatos, et mergit ab arce superbos,
740 Atque oppressores Deus opprimit, et pius
[ultor
Elevat elisos, et consolatur adactos
Luctibus et damnis, et vulnera sæva do-
[lentes.
Est nobis vexata salus ? pietate medelam .
Impendis tu, sancte, tuam medicamine nullo,

VARIÆ LECTIONES.

731. Vat., *qui facit æterna mortalia.* Alii, *q. f. æternam ut mortalia.*
732. Vat., *animum v.*
733. Vict., *jubet , ut mare crescat.*
734. Vat., Sirm., *abjectis.* Azagr. ,Vict., *adjectis.*
735. Vict. *i. capiti g.* Vat. *i. capitur g.*
736. Ita Vat., sed videtur scriptum *muniente* pro *minuente.* Sirm. *l. m. liquores.* Vict. *Et minuatur aqua, luna minuente, minore, ac decrescenti decrescant lege perenni.*

B

737. Vat. *Ut decrescente decrescunt l. p.* Sirm. *Ac decrescenti decrescant l. p.*
741. Vat., *consolatur abactos*; editi, *c. adactos.*
742. Vict., *ictibus et d.*
743. Sirm. , Vict. , *Tu nobis, invicte Deus p. m.* ; sic Azagr., sed *tunc* pro *tu.* Vat., *Et novis vexata salus p. m.*, ex quo locum restitui.
744. Sirm., *Impendis, cui cuncta salus medicamine nullo est* ; sic Vict., sed *tu* pro *cui*, et *nullo Quod sine est.* Vat. ut hic editum est, sed *cui* pro *tu.*

NOTÆ.

cabuli sunt proba exempla. In Vat. *ab unco* est pro *obunco;* nisi malis retinere *ab unco*, scilicet famem tolerabat a rostro unco crescente, vel, rostro crescente, famem a rostri unco tolerabat.
729. Libr. II, v. 685, *Major defensio pressis.* Plura alia similia loc. cit.
730. Paulo ante dixit v. 728, *Debilibus virtus* : nempe libens eadem verba sæpe repetit. Alioquin legi posset *Fessorum vires* aut *Fessorum robur*. Rivinus ex conjectura *dans nutrimenta solutis*, videlicet solutis morbo aut ætate. Melior est lectio codicum.
731. Eleganter omittitur *ut* post *facio*, ut in Vat. et v. 733, *Jubet, æquora crescant*. Persæpe tamen additur, atque hoc loco addi potest. Mortalia membra æternam animam tegunt, quia caro est veluti amictus, carcer, vinculum animæ. Hæc animæ cum corpore unio *lege latenti* fit : non enim quidquam recentes philosophi profecerunt, qui prolixos commentarios de re hac, necessario mortalibus obscura, conscripserunt.
733. Rivinus Sirmondo affingit, quod legat *jubet, æthera crescant*, vel potius hic est unus e multis erroribus typographicis Rivini ; nam in Sirmondo invenio *jubet, æquora crescant*. Æstus maris reciprocus cum motu lunæ tam certam habet connexionem, ut illum ex hoc pendere non immerito multi philosophi opinentur. Sed Dracontius loquitur de motu quo, crescente luna, crescit mare, et, decrescente, decrescit. Isidorus de Natur. rer., c. 18, Dracontium videtur describere : *Luna crescente, crescunt omnes fluctus, atque ea minuente, minuuntur.* Ita enim legendum est, non, ut in editione recentiori Matritensi video, *crescunt omnes fructus.* Revera Dracontius non solum mare crescere ait, sed etiam amnes cum fontibus. De euriporum motibus consentit Basilius Hexaem. homil. 6. Seneca, l. III Quæst. nat., c. 26, disserit cur flumina quædam æstate augeantur, et unam ex rationibus a sideribus peti observat. Luna crescente et decrescente humores omnes crescere et minui, in nota ad v. 755 constabit.
734. Præferendum est *Adjectis fluctibus*, quia mare crescit, dum fluctus augentur, et quasi adjiciuntur. Isidorus loc. cit., *Crescunt omnes fluctus.*
735. Utrovis modo dici potest *inclusum capite*, postrema producta ob cæsuram, vel *inclusum capiti.* Totam hanc sententiam Dracontius in elegia rursus illustrat v. 235 seqq., ubi v. 241, *Ipsa medulla latens observat cornua lunæ, Observant lunæ tecta cerebra globos.* Hinc lunatici. Vide Macrobii verba in not.

C

D

ad v. 664. Isidorus, l. XII Orig., cap. 6, num. 48, ex Palladio lib. ult. cap. 6, *Omnium enim clausorum maris animalium atque concharum incremento lunæ membra turgescunt, defectu evacuantur. Luna enim cum in augmento fuerit, auget humorem ; cum vero in defectum venerit, humores minuuntur.* Plinius, l. II, cap. 99, *Accedensque* (luna) *corpora implet, abscedens inaniat.* Vide Palladium l. XIII, tit. 1, de Medullis. Alcimus l. I de Cerebris, Fulgentius Placiades l. II Myth. versus finem. Confer Apuleium Met. l. XI initio, Manilium Procem. l. II, v. 93, Oppianum l. v Halieut., v. 589 seqq., Aulum Gellium l. XX, c. 8, *De iis quæ habere συμπαθειαν videntur cum luna augescente ac senescente*, Nonnum Dionys. 5 , v. 162, Basilium Hexaem. hom. 6, versus finem, Ambrosium Hexaem. l. IV, c. 7, num. 29, dissertationes Rivini de Venilia et Salacia. quas ipse indicat.
736. Rivinus Sirmondo attribuit *Et minuantur aqua, luna minuente liquores*, et ipse ex conjectura melius putat *Et minuantur aquæ, luna minuente, liquores.* At in Sirmondo ita plane lego *Et minuantur aquæ luna minuente liquores* , ac solum diversa interpunctio est in Rivino, ex qua clarior redditur sententia. *Luna minuente* pro *imminuta* dixit etiam Isidorus laudatus ad v. 735, et Dracontius in Elegia v. 238, qui *minuo* neutrorum more ponit v. 240, *Hæc eadem minuunt, Cynthia dum minuit.* A. Gellius l. I, c. 3, *Famæ minuentis* dixit, quanquam alii legunt *famæ imminentis.* Corippus v. 51 præfation., *Suspiciens minuentis cornua lunæ.* Palladius, l. III , tit. 24, *Si minuente luna seratur.* Cæsar l. III de Bello Gall., cap. 12, *Rursus minuente æstu.* Sic *augere* pro *augeri* dicunt Sallustius, Cato, Lucretius.
738. Ex cantico B. Virginis Lucæ cap. I.
740. Forte *et pius ultro.* Cæterum bene est *pius ultor.* Prudentius Cath. hymn. 6 , v. 95 , *Idem tamen benignus Ultor retundit iram.*
741. Libr. II, vers. 741, habet *pœnis adactos. Abactos*. vel *adactos* videtur significare *subactos.* Ac dici posset *consolaturque subactos.* Statius etiam dixit *adactum* pro *subactum* l. I Theb., v. 19 , *Bisque jugo Rhenum, bis adactum legibus Istrum.*
744. Pro *Impendis* Rivinus conjicit *Impertis.* Sed *impendere* pro *conferre* etiam in usu est , et occurrit l. III, v. 248, *Impendat,* etc. Lectionem Sirmondi *cui cuncta salus medicamine nullo est*, exponit Rivinus , quem alias nec ipsa quidem salus, si maxime velit, servare posset (ut Comicus ait) , *tu Deus medelam impertis.* Præfero scripturam Vat. Poetæ Christiani libenter *sancte* usurpant, cum Deum alloquuntur. Libr.

745 Quod species terrena parat languoris ad æstus. Spes hominum intendens, et vota precantia
[complens,
Aspice despectum, dejectum attolle parumper,
216 Confusumque juva, quia pœnitet esse
[nocentem,
Ut valeam memorare tuas hoc carmine laudes,

750 Quas potero : nam nemo valet narrare creatus
Vel modicum facientis opus : quo mens mea
[clamat,
Pectore contuso lacrymans, et voce fideli.
Obses sermo tuus nostro nam corde tenetur,
Quo te promittis nimia pietate parentem.

VARIÆ LECTIONES.

745. Vict., *languoris adepti.* Sirm., *l. ad œstus.* Vat, *p, sermonis l. ad œstu.*
746. Editi, *cernens* ; Vat., *intendens.*
747. Vat., *Aspice dejectum, despectum attolle parumper*, sic Vict., sed *tolle* pro *attolle.* Sirm., *Aspice despectum, dejectum tolle parumper.*
748. Ita Vat. ; alii, *confessumque juva, quem p.*
749. Vat., *memorare* ; alii, *narrare.*

751. Vat., *Vel modicum fas litis opus quod mens mea clamat.* Sirm., *V. m. facientis o. quod mens rea c* Vict. ita, sed *quod mente reclamet.*
755. Vat., *Obsess...... tuus. n. n. c. t.* deest *sermo.*
754. Hic est postremus versus in Sirm., Vict. et Azagr. In Vat. illico additur *Omnipotens æterne Deus*, quo hemistichio concluditur primus liber. Verum id initium est libri secundi, ut clarum est.

NOTÆ.

II, v. 597, *Ante videns primum medicinam, sancte parasti, Quam faceres hominem*, et libr. III, v. 598, *Nostris, sancte, tuas*, etc.
745. *Species* sumitur pro condimentis, aromatibus, medicamentis : idemque vocabulum, aut aliud ex eo ductum, in linguas vulgares, in Germanicam etiam manavit. Serenus in fine, sive Vindicianus, sive Marcellus in carmine de Medic., *Adde et aromaticas species, quas mittit Eous.* Vide Martian. Dig. l. XXXIX, tit. 4. leg. ult., *Languor de quovis morbo recte dicitur.*
746. Barthius volebat *Spes hominum curans.* Scriptura Vat. vera est, quasi *intendens in spes hominum* omisso *in.* Libr. III, v. 602, *Et lacrymas intende meas, quas fundo diurne.* In orationibus ecclesiasticis Deus preces hominum intendere dicitur. Hoc loco poterit etiam exponi, *spes, et fiduciam hominum augens.*
747. Pro *parumper* conjectura Barthii est *per impar*, quod non intelligo. Rivinus mallet *per auram*, vel *per umbras*, scilicet dejectum. Non video cur *parumper* displicere debeat. Hoc loco *parumper* significare potest *cito, velociter*, ut apud Ennium I Annal., *Te nunc, sancta precor Venus, et genetrix patris nostri,*

Ut me de cœlo visas cognata parumper. Vide notam ad v. 4 libr. II.
748. Non male est *Confessumque*, sed *Confusumque juva* magis huic loco congruit post *despectum, dejectum. Confusus* pro perturbato aliqua animi affectione, mœrore, metu, terrore ab ethnicis etiam usurpatur ; apud ecclesiasticos scriptores obvia est ea vox de iis quos criminum pœnitet, et pudet uti etiam *confusio.*
749. Vide prolegomena, num. 85.
751. Forte *Vel minimum factoris opus.* Verum hic *modicus* pro exiguo sumitur. Cicero Paradox. 6, *Mea pecunia est ad vulgi opinionem mediocris, ad tuam nulla, ad meam modica.* Rivino magis probatur scriptura Sirmondi *quod mens rea clamat*, quam Barthii conjectura *quod mente celebret.* Mihi placet lectio Vat. De clamore mentis ad Deum dixi ad v. 568.
752. *Pectora contundere* in gemitu et lacrymis solemne etiam fuit ethnicis. Seneca, Thyest. vers. 1046 : *Pectora illiso sonent Contusa planctu.* Petronius, Satir. c. 81, *Verberabam ægrum planctibus pectus.* Adde vers. 577 libr. III et seqq. cum notis, ubi plura proferam.

LIBER SECUNDUS.

217 Omnipotens æterne Deus, spes unica
[mundi,
Inventor, genitor, nutritor, rector, ama-
[tor
Cunctorum, quæ mundus habet, quæ celsa
[polorum,

Quæ cœli secreta tegunt, produntque pa-
[rumper,
5 **218** Sidereus quod ab axe globus super astra
[rotatur,
Pendula quod tremula vibrant face sidera
[flammas,

SCRIPTURA COD. VAT.

Hoc hemistichium, ut modo dixi, sic mutilum finem claudit libri I in cod. Vat.
3. *Cunctarum quæ.*

5. *Astra rotatum.*
6. *Vibrat. f.*

NOTÆ.

1. Postrema verba supplevi ex Sedulio, cujus integer est hic versus paulo post initium libr. I, *Omnipotens æterne Deus, spes unica mundi.* Et Dracontius quidem phrasi sacræ Scripturæ persæpe Deum spem appellat, ut paulo post v. 31, *Spes hominum*, et v. 584, *Conditor et spes*, et lib. I, vers. 434, *Spes, opifex, dominus, rector, dux, arbiter, index*, et Eleg. v. 1, *Rex immense Deus, cunctorum conditor, et spes.*
2. *Nutritor* Deus, ut l. I, v. 685, *Sub nutritore Tonante*, et vers. 552, *Ipse rigator erat, sator, altor, messor, arator.* Deus etiam est amator cunctorum, quæ condidit. Sapient. cap. XI, v. 25, *Diligis enim omnia quæ sunt, et nihil odisti eorum quæ fecisti.*
3. *Celsa polorum*, ut *dulcia rerum*, et similia, nisi mavis legere *tecta polorum*, vel *templa polorum.* Sed l. III, v. 542, similiter *Celsa poli.*
4. Mox. v. 47, *Nec cœli secreta vacant.* Claudianus initio lib. I de Raptu Proserp., *Et vestri secreta poli*,

quod is de inferis dicit. Auctor incertus de laudibus Domini sub Constantino : *Ad summi secreta poli, qua lucidus æther Pigra vetat proprio succendere nubila cœlo.* Legam *succedere. Parumper* est interim, paulisper, parvo tempere, aliquando paulatim, ut Servius putat, vel cito, velociter, ut Nonius, c. 4, interpretatur illud Virgilii l. VI Æn., vers. 382, *Pulsusque parumper Corde dolor*, ubi Servius advertit ex aliorum sententia *parumper* esse valde parum. Hoc loco videtur significare aliquantulum, aliqua ex parte. Nam cœli secreta ita latent, ut tamen sese hominibus aliqua ex parte manifesta reddant, quantum quidem satis est ad Dei potentiam agnoscendam et prædicandam.
6. *Sidera pendula* sunt, quia cœlo fixa quasi pendent. Cogitabam an oporteret legere *Splendida quod tremula. Vibrare* pro *splendere, micare* poni solet sine accusativo, sed semper hic subintelligitur, ut *vi-*

Et stellæ sub luce latent, sub nocte refulgent, A 15
Nuntius auroræ quod lucifer emicat ardens,
Ut fuget astra poli, fugiturus lucis habenas,
10. Quod calor est solis, quo splendet frigida
[luna,
Partita cum fratre vices, sua tempora lustrans,
Ne simul invadant mundum sine luce tenebræ, 20
Credaturque chaos spatio sub noctis adesse,
Quod tu, cum faceres mundum, virtute ne-
[casti.

219 Tu Deus inspiras, ut sol auriga vocetur,
Non quia vectus equis est quattuor axe rotato,
Sed quia perfectus sol quattuor ex elementis
Quattuor alternat solers auriga colores;
220 Permutat jussus sol tempora quattuor
[anni,
Non ausus transire vices sub lege perenni
Præfixas ditione tua, non ille vapores
Auget sponte sua, medios nec temperat ignes,
Aut gelidum dat forte jubar, nisi præduce jussu

SCRIPTURA COD. VAT.

7. *Et belle s. l. l. s. n. refulget.*
9. *Ut fugat a.*
11. *Partica cum parte v.*

13. *Duos* correctum per *chaos ; postea noctis
abesse.*
14. *Quo tua cum faceres mundum virtute nec astu.*
17. *Sed qui perfectus.*

NOTÆ.

brare flammas, lumen : vibrare enim est projicere, conculere.

7. Vide l. 1, v. 220, *Sed luce premuntur,* etc. , et v. 675. *Cujus ab immensis languescunt sidera flammis,* etc.

8. Libr. I, v. 668, *Nuntius auroræ,* etc.

9. Forte *Et fugat astra.* Horatius, l. III, od. 21, in fin., *Dum rediens fugat astra Phœbus.* Ovidius, Heroid. ep. 2, v. 47 : *Remigiumque dedi, quo me fugiturus abires.* Sic etiam *fugiturus* dixerunt Plinius, Petronius, Statius. *Habenæ lucis* sunt auroræ vel solis : nam etiam auroram quadrigis aut saltem bigis vehi poetæ fluxerunt.

10. Redditur ratio cur luna *frigida* dicatur, l. 1, v. 52 et 666, quia scilicet lumen a sole accipit. Frigida etiam vocatur luna, quia roscida est, et passim dicitur, et quia nocti frigidæ præsidet. Posset conjici *Quod calor est solis, quod splendet frigida luna Partita cum fratre vices.*

11. *Partita* a *partior, partiris* postrema producta ob cæsuram. Sedulius, l. 1, v. 253, ait de sole : *Partitur cum nocte vices, nec semper ubique est.* Tentari potest *Partita cum fratre vice.* In ms. est *parte,* et fortasse scribendum est *patre,* quasi sol pater sit lunæ, quod lumen suum illi impertiatur. Sed nimis frequens est apud poetas lunam sororem solis, solem fratrem lunæ dicere, adeoque hoc potius censeo voluisse Dracontium. *Tempora lunæ* legitur etiam l. 1, v. 73. Ovidius de Remed. amor. v. 585, *tempora Phœbi* dixit : *Tristior idcirco nox est, quam tempora Phœbi.* Ac revera tempora aliud non sunt nisi motus ipse solis , lunæ et stellarum , Genes. cap. I, v. 14 , *Fiant luminaria.... et sint in signa, et tempora, et dies et annos.* Vide v. 52 et seq. libr. I. *Lustrare* est obire, peragrare. Cicero, l. II, cap. 20, de Nat. deor., *Mercurii stella anno fere vertente signiferum lustrat orbem.*

14. Ita restitui versum corruptissimum. Sententia clara est : Si tenebræ noctis sine ulla luce lunæ et siderum mundum invaderent, chaos illud adesse videretur, quod Deus destruxit cum mundum condidit. Libr. I, v. 116, *Prima dies nam lucis erat, mors una tenebris.* Vide notam ad v. 197 hujus l. II. Translate *necare* pro expellere, destruere. Seneca, in Hippol. v. 454, *Quid te coerces, et necas rectam indolem ?*

15. Ovidius, l. II Met., v. 327, *Hic situs est Phaeton, currus auriga paterni. Inspirare* pro *lumen internum inmittere* verbum in Ecclesiæ usu frequens, sed quod ab optimis Latinis scriptoribus prolectum est. Virgilius, VI Æn., v. 11, *Magnam cui mentem, animumque. Delius inspirat vates.* Quintilianus, lib. II, cap. 5, *Quibus viribus inspiret, qua jucunditate permulceat.* Justinus, lib. x, cap. 1, *Qui inspirari solent, fatuari dicuntur.*

17. Capella, l. II in hymno solis : *Quatuor alipedes dicunt te flectere habenis, Quod solus domites, quam dant elementa, quadrigam.* Dracontius originem fabu-

læ de curru solis quærit et explicat. Aratus in Phænom., *Huic quoque illam ob causam, quod aut quadripartitis temporum varietatibus anni circulum peragat, id est, verni, æstatis, autumni, et hiemis : aut quod quadripartito limite diei metitur spatium.* Qui locus ex Fulgentio libr. 1 Mythol. suppletur, *Huic quoque quadrigam ascribunt illam ob causam, quod aut quadripartitis temporum varietatibus anni circulum peragat, aut quod quadrifido limite diei metiatur spatium.* Principia rerum omnium quæ sensibus percipiuntur esse quatuor elementa Empedocles, Hippocrates aliique philosophi statuerunt, qui asserebant *omnia elementa omnibus inesse, sed unumquodque eorum ex eo quod amplius habet, accepisse vocabulum,* ut hanc opinionem explicat Isidorus l. XIII Orig., c. 3. Solem ex igne et aqua maxime constare innuit Dracontius l. I, v. 25. Sed elementa omnia mutuam inter se habent connexionem, et, ut explicat Ambrosius l. III Hexaem., c. 4, aqua quasi duobus brachiis, frigoris, atque humoris, altero terram, altero aerem videtur complecti, frigido quidem terram, aerem humido. Ignis calidus et siccus calore aeri annectitur, siccitate terræ. Ita et aliis alii.

18. Facile esset *calores* pro *colores* legere : nam paulo post quatuor calores solis distinguuntur, æstatis, autumni, hiemis, veris : qui etiam in diversis horis cujuslibet diei notari possunt, et Ovidius l. II Met., v. 134, ait : *Utque ferant æquos et cœlum, et terra calores, Nec preme, nec summum mollie per æthera currum.* Sed scriptura vetus sustineri debet : nam solis colores quatuor in quatuor diei partibus diversi notantur. Aratus in Phænom. : *Unde et ipsis equis condigna nomina posuerunt, id est, Erythræus, Actæon, Lampros, et Philogæus. Erythræus Græce ruber dicitur, quod a matutino lumine rubicundus exsurgat. Actæon lucidus dicitur, quod tertia hora instante lucidior fulgeat. Lampros vero lucens vel ardens dicitur, quod fit, dum ad umbilicum diei contra arcticum conscenderit circulum. Philogæus Græce terram amans dicitur, quod hora nona proclivior vergens occasui pronus incumbat.* Eisdem fere verbis Fulgentius l. I Myth., sed *centratum* pro *contra arcticum.* Alii aliis nom nibus equos solis appellant. Vide Hyg num fab. 185, et Ovidium II Met., vers. 153, *Interea volucres Pyroeis, Eous et Æthon, Solis equi, quartusque Phlegon.*

20. Libr. I, v. 757, similiter *Decrescunt lege perenni.*

21. *Ditione* pro imperio. Cicero, libr. II Leg., c. 7, *Sit igitur hoc a principio persuasum civibus, dominos esse omnium rerum ac moderatores deos, eaque quæ gerantur, eorum geri vi, ditione ac numine.* Pro *calores* ponitur *vapores.*

23. Gelidum dicitur jubar solis hiemis tempore, quia minus calefacit, nec gelu prohibet. Scribi posset *præduce jussu.* Sed *præduæ* etiam solo Dracontio au-

Imperii per sæcla tui sine fine manentis. **A**
25 Militia famulante sua servire fidelis
Oceano, mundo, vel cœlo teste probatur.
Sic opus omne tuum visum est, et non latet or-
[bem.
Te, Deus, auctorem, te norunt omnia pa-
[trem,
Te pariter dominum, qui das exordia rebus,
50 Et finem sine fine paras, exordia nescis :
221 Spes hominum, rerum princeps, mundi-
[que superstes
Sanctus ubique tuus complectitur omnia prin-
[ceps
Spiritus immensam penetrans per sæcula molem :
Ut fusus aer, sic omnia contegit implens,
35 Singula per partes, generaliter omnia nutrit, **B**

Totus ubique juvans, et totus ubique ministrans;
Quæ vibrans natura dedit, quæcunque creantur,
Aut generata valent, hæc spiritus ingerit alumn,
Corporeos artus fovet, erigit, urget, et auget.
40 Continuanda manent, et succidenda labascunt.
222 Mentibus insidit, penetrat caput, ossa,
[medullas.
Pectora, cor, sensus, animam, præcordia, men-
[tem.
Illustrat venas, oculos, et viscera replet.
Quid lædat, quem cuncta gerunt, quo cuncta
[reguntur,
45 Temporis, et spatii quem spiritus omnis, et
[ignis
Laudat, et æternum venerantur cuncta paren-
[tem ?

SCRIPTURA COD. VAT.

25. *Suas s.*
27. *S. o. o. t. visibile n. l. o.*
28. *Te nominis omnia; sed nominis*, obscure.
30. *Fine parens e. noscit.*
34. *Nam quasi fusus aer, sic.*

35. *Singula non partim g.*
37. *Quæ vibrat n.*
40. *S. labuntur.*
41. *M. insidet p.*
44. *Quid letat quem.*

NOTÆ.

ctore mihi probatur : sic alii *præduco* dixerunt. Non male esset *perpete jussu.*

24. Libr. I, v. 86, *Deum post sæcla manentem.* Ilic etiam bene esset *post sæcla.*

25. Libr. hoc, v. 333, *Militia præclara poli*, Sophonias, c. I, v. 5, *Ei eos, qui adorant super tecta militiam cœli*, scilicet solem, lunam et stellas. De solis militia Dracontius l. I, v. 229, *Miles et ipse Dei.* Quod Dominus dicitur Deus Sabaoth sive exercituum, nonnulli interpretantur de astris quæ, veluti acies sub **C** armis ad nutum Dei stantes, exhibentur. Vide Calmetum, Diction. Bib., verbo *Sabaoth.*

26. *Mundus* pro terra, ut l. I, v. 705, *Gurgitis æquorei, quo mundus cingitur omnis.* Simili loquendi ratione *probatur* occurrit libr. I, v. 585, *Quibus apta probatur*, et v. 524, et lib. II, vers. 190, 265, 583, 716, et in Eleg. v. 187 et 295, quanquam nonnullis in locis variant codices. Ovidius II Met., v. 92, *Et patrio pater esse metu probor.*

27. Non constat ratio metri, si legatur *tuum visibile non latet.* Restitui *visum est, et non* : scilicet visum est per solem. De luce libr. I, v 135, *Cujus jussit ope clarescere cuncta creata.*

30. Forte *sine fine parans :* vel *qui das exordia rebus, Et finem; qui fine carens exordia nescis.* Lib. I, vers. 22, *Et merito, quia fine carens primordia nescit.*

31. *Spes Deus*, ut dictum v. 1 hujus libri. *Princeps* usurpatur pro inventore et auctore a Cicerone et aliis. De Deo Dracontius l. I, v. 332 et 399, et l. III, vers. 134. *Superstes* cum genitivo in Cicerone aliisque probatissimis scriptoribus invenitur. Hic locum habere potest prima et propria significatio vocis *superstes*, hoc est, qui super stat, et præsens adest mundo.

32. Genes. cap. I, v. 2, *Et spiritus Dei ferebatur super aquas.* Spiritum sanctum multi interpretantur. De hoc Dei spiritu loquitur Dracontius, ut libr. I, v. 600 et seqq., *Spiritus ille Dei, quo corpora cuncta moventur, Omnia complectens*, etc. Poterit intelligi ipsa natura et virtus divina : nam Deus spiritus sanctus est, ut spiritus substantiam incorpoream significat.

33. Virgilius, VI Æn., v. 726, *Spiritus intus alit, totamque infusa per artus Mens agitat molem.* Dracontius, l. I, v. 605, de mundo, *Moles et immensa.*

34. Non puto Dracontium corripuisse primam in *aer*, quamvis fieri id posse nonnulli dicant. *Ut fusus aer* magis Dracontianum videtur.

35. Scriptura codicis vix sensum verum habere potest, nec dubito quin Dracontius scripserit *per partes :* nam ut nomen *omnia* opponitur nomini *singula*, ita adverbium *generaliter* verbis *per partes*, quæ stant adverbii loco quasi singillatim. Columella l. I, c. 4, *Quod etsi per partes nonnunquam damnosum est, in summa tamen fit compendiosum :* et l. IV, c. 24, paulo post init., *Hæc in universum, illa per partes custodienda sunt.* Vide, infra, v. 183 hujus libr. Post hanc conjecturam ita expositam incidi in verba S. Isidori, lib. I Sentent., cap. 2 : *Nec particulatim Deus implet omnia, sed cum sit idem unus, ubique tamen est totus.* Quo sensu explicari ac retineri poterit scriptura vetus.

36. *Ministrans*, ut ad v. 227 lib. I explicatum est, pro *inserviens* ponitur.

37. *Vibrans*, natura, ut v. 64, de mente Dei : *Simplex, celsa, levis, vibrans, immensa, serena.* Natura vibrans est celerrime agitata, aut etiam micans.

39. Libr. I, vers. 337, *In artus Corporeos*, et vers. 604, *Agitat, fovet, inserit, urget.* Melior erit ordo, si prius legatur *Continuanda*, tum *Corporeos.*

40. Magis videtur e Dracontii acumine, et stylo esse *Succidenda manent*, et *continuanda labascunt.* **D** Verbo *succido* usus etiam est l. I, v. 615. Prima in *labuntur* producitur : idcirco *labascunt* substitui. Verbum *labor* sequiori ævo communem videtur habuisse primam. Victorinus de Machabæis : *Jam locus est melior, quam regna labentia regis*, et paulo ante, *Regnaque, quæ parvo labitantia tempore dantur.* Hæc quidem exempla profert Fabricius in Ind. poet. Christ. Sed in primo legi potest, *labantia*, in secundo *labitantia* est frequentativum a *labo labas*.

41. Libr. I, v. 258, *Frondibus insidens* ab *insido.* Metro adversatur *insidet.*

43. *Illustrare* quandoque est lustrare, perlustrare, qua significatione occurrit idem verbum l. I, v. 597. Cicero, in Somn. Scipion. cap. 4, *Sol.: tanta magnitudine, ut cuncta sua luce illustret, et compleat :* etsi enim id vulgo exponatur pro *splendorem cunctis afferat*, tamen verbum *compleat*, quod sequitur, aliam significationem infert. Frustra aliqui reponunt *sua luce lustret :* nulla enim est ratio cur verbo *illustro* significatio lustrandi aut collustrandi denegetur.

45. Tentabam *quo cuncta reguntur Tempora, vel spatia, quem.* Nihil tamen muto : potest enim intelligi spiritus temporis, et spatii omnis.

DRACONTII CARMINA.

Nec cœli secreta vacant, quæ spiritus auctor **A**
Non habeat virtute tua, quæ solis in orbem,
Lunaresque amplexa globos dominatur, agitque,
50 Quidquid habet pietatis opus, simul æthera
[complens.
Qui nihil est, nisi lege tua servetur in ævum,
Circulus hærebit, nisi jusseris ire meantem :
Et stellatus honos mox sphæra volubilis hæret.
223 Ac mutent elementa vices per circla mo-
[rantes,
55 Et cadat ante diem sublimis machina rerum :
Sed tu lege tua retines, qua cuncta coerces.

Nam quis stare queat contra tua jussa relu-
[ctans ?
Aut tibi quis reputet, si perdere jusseris or-
[bem ?
Quem ipse repente jubens solo sermone creasti,
60 **224** Quo libuit genuisse Deum ante hæc om-
[nia Christum ?
Semine quem verbo conceptum corde ferebas,
Quo sine non unquam fuerat mens sancta pa-
[rentis,
Multa, profunda, potens, solers, pia, provida,
[perpes,

SCRIPTURA COD. VAT.

48. *Quæ solus in orbem.*   **B**
49. *Dominantur, ut videtur.*
50. *Quidquid habet pietatis opus simul...* desunt alia.
53. *Mox fera volubilis.*
56. *Sed te lege.*

58. *Reputet quis perdere.*
60. *D. ante omnia C.*
61. *V. conceptu c.*
62. *Quo sine nonnunquam f.*

NOTÆ.

47. Confer vers. 4, *Quæ cœli secreta tegunt. Vacant* est *vacua*, aut etiam *immunia sunt*, et *libera*.
48. Vide num melius *Non adeat virtute sua* vel *tua*. Bene etiam est *habeat*, ut vers. 44, *Quem cuncta gerunt, quo cuncta reguntur*.
49. Lib. I, vers. 77, *Lunaremque globum*.
50. Mox vers. 114, *Ut faceret virtutis opus;* et in Eleg., vers. 290 et 298, *pietatis opus*. Hoc loco *pietatis opus* est influxus beneficus solis, lunæ et astrorum in terras. Lib. I, vers. 224, *Qui fovet igne pio cœlum, mare, sidera, terras.*
51. Locus hic videtur corruptus. Fortasse trajiciendi sunt versus, prius *Circulus hærebit*, deinde *Qui nihil est.*
53. Forte *hæreat* dissyllabum per synæresin : vel vers. seq. legendum *mutant*, et postea *cadit*. Sententia est : Circulus hærebit, nisi jusseris, ire meantem ; qui nihil est, nisi lege tua servetur in ævum. Nisi enim servetur, illico sphæra volubilis, stellatus honos, seu decus, hærebit, mutabunt elementa vices, et ante diem cadet machina rerum.
54. In Eleg. vers. 247, *Alternant elementa vices*. Contrarium est *mutant*. Rusticus Helpidius de Jesu Christi benef., *Etiam discordia fidas Conservant elementa vices.* Infra vers. 335, *Per sæcula mille morantur*, ex quo conjici possel *per sæcla morantes*. Sed Dracontius voluisse videtur *circla* a *circulum* neutro genere, cujus non habeo exemplum. Syncope *circla* auctoritate Virgilii comprobatur l. III Georg., vers. 166, *Laxos tenui de vimine circlos*. Multa sunt vocabula a veteribus per syncopen contracta, quæ a librariis commutata sunt, quod mendosa crederent. In elogia paracteria, seu repercussoria, ut in mss. codd. vocatur, qua Sedulius facta Salvatoris nostri describit, ultimus versus est, *Cum sancto Spiritu gloria magna Patri*. Nonnulli mutarunt *Spiritui, et Nato gloria magna Patri;* sed jam tempore Bedæ legebatur *Cum sancto Spiritu*, qui in lib. de Arte metrica ait Sedulium neglexisse regulam grammaticæ dispositionis, ut gloriam sanctæ et individuæ Trinitatis clara voce decantaret. At potuit Sedulius dixisse *Flamine cum sancto*, aut *Pneumate cum sancto*. Itaque censeo a Sedulio scriptum *Cum sancto Spiritu*, aut *Spirtu*. Ita etiam lego in Victorino de Jesu Christo Deo et homine : *Tempus erat spritum Patri solvisse Tonantem*. In secundo lib. Carminum Eugenii Toletani, carm. 75, postremus hic est versus : *Pacis et amplexus pariter convertat adulteros*. Diligentissimus Editor cardinalis Lorenzana adnotavit : ADULTEROS *ferri non potest, sed sive legamus* ADULTOS, *nullus sensus elici valet*. Legam igitur *adultros* per syncopen ab *adulteros*; sic et metro et sensui consulitur.
55. *Ante diem est* contra naturæ ordinem, ante tempus a natura stabilitum, ante diem suum, quia, ut ait Virgilius I. x, vers. 467, *Stat sua cuique dies*. Sic *obire diem* est obire diem suum seu mori. Ovidius lib. I Met. vers. 148, *Filius ante diem patrios inquirit in annos*. Cicero aliique *ante tempus* solent dicere.
58. Forte si *perdi jusseris*. *Reputare* pro imputare quasi computationem ineundo. Papinianus l. XI, tit, 7, leg. 17, *Sed si nondum pater dotem recuperaverit, vir solus convenietur, reputaturus patri, quod eo nomine solus exiget*. Interpretatur Dracontius versiculum 10 **C** cap. XI Job : *Si subverterit omnia, vel in unum coarctaverit, quis contradicet ei?* Scilicet quis rationem a Deo exiget, si mundum subverterit? Eadem sententia exstat Sapient. cap. XII, vers. 12, *Quis enim dicet tibi : Quid fecisti ? aut quis stabit contra judicium tuum ?...... Aut quis tibi imputabit, si perierint nationes, quas fecisti?*
60. Posset cum aliquo hiatu retineri *Deum ante omnia Christum*. Vide Broukusium ad el. 12 Propert., vers. 1. Rusticus Helpidius de Christi Jesu beneficiis, *Hoc verbo, quo tanta sator sibi regna paravit, Te quoque regnorum socium, natumque probavit*. Dracontius eamdem loquendi rationem in generatione Filii explicanda tenet quam Prudentius hymn. 3 Cathem., vers. 2, et hymn. 11, vers. 17, ubi ait : *Ex ore quamlibet Patris Sis ortus, et verbo editus, Tamen paterno in pectore Sophia callebas prius. Quæ prompta cœlum condidit, Cœlum, diemque, et cætera*. Virtute Verbi effecta sunt Hæc cuncta : nam *Verbum Deus. Sed ordinatis sæ-* **D** *culis, Rerumque digesto statu, Fundator ipse, et artifex Permansit in Patris sinu*. Et Apoth. vers 524, *Sed Verbo factum Domini, non voce sonora, Sed Verbo, quod semper erat, Verbum caro factum est*. Verbo igitur seu sermone Deus fecit omnia, et verbo etiam genuit Filium suum seu Verbum quod etiamsi caro factum sit, ipsum tamen genitum est, non factum. Cum autem Dracontius dicat *Quo libuit*, et *Deum Christum*, de generatione secunda et temporali eum loqui certum videtur, sed ita ut statim vers. seq. æternam generationem explicet, in qua etiam agnoscit, Verbum Verbo conceptum et genitum. Christus vero ante omnia genitus est, quia ante omnia præfinitus et prædestinatus est. Psal. CIX, v. 3, *Ex utero ante luciferum genui te*. Adsis notas ad loc. cit. Prudentii.
62. Omnino legendum est *non unquam* nam *nonnunquam* catholicæ doctrinæ et orationis totius sententiæ opponitur. Vide prolegom. num. 109 et seq.
63. *Multa* est magna. Cicero Famil. II, ep. 10 : *Nomen nostrum multum est in his locis*.

CARMEN DE DEO. LIB. II.

Simplex, celsa, levis, vibrans, immensa, se-
[rena,
65 Vivida, cunctipatens, mens innumerabilis, una.
Ergo Deo Deus est natus, de lumine lumen.
225 Corde sacer genitus mox constitit ipse
[parenti,
Et consors cum Patre manens, et Spiritus
[unus,
Trina mente Deus, Deus auctor, temporis ex-
[pers,
70 Multiplici virtute potens, pietate modestus
Innumera, cœlis, elementis, fluctibus, astris
Impendens, ut stare queant, famulentur, ado-
[rent,
Angelico de more preces sine fine canentes.
Omnibus his præstat dilato fine manere,
75 Ut vigeant homines, pisces, armenta, volucres,
Et pecus, atque feræ, quidquid natura creavit.

A Quidquid et innumerus diversi sanguinis ortus.
Qui nasci dignatus homo, membratur in artus
Sanguine femineo concretus spiritus almus,
80 Fitque Deus post templa poli sub carne, figura
226 Passibilis, mortalis homo sine fine pe-
[rennis :
Et tenuis per cuncta vapor, jam mollior ignis
Irrepsit, tenerumque parat per viscera cor-
[pus.
Induitur compage Deus, structura ligatur
85 Ossibus, et nervis, pinguescunt intro medullæ,
Hinc cruor, hinc humor, solidatur musculus
[omnis,
Et caro plasmatur. Quid sanctus spiritus illic
Egerit, ipse potens novit, qui cuncta creavit;
B Qualiter aure Deus, verbo fetante marito,
90 Virgineos intrasse sinus dignatur, et alvum,
Terrarum, cœlique capax, atque ignis anheli,

SCRIPTURA COD. VAT.

66. *Ergo Deum Deus ovans ...*, deest reliquum.
73. *Angelica des ne preces s. f. carentes.*
74. *F. carere ;* ad marg., *manere.*
75. *Et vigeant.*
76. *Quod pecus, atque.*
77. *Numquid ad innumeros d. s. ortus.*
78. *Membratur in alvum.*

83. *Irrepsit teneramque p.*
85. *Pinguescunt vitro m.*
87. *Plasmatur quid* obscure legitur ob nexum litterarum.
88. *Potens vetuit quod c.*
89. *V. fetente m.*
91. *C. anhelantis et ignis.*

NOTÆ.

64. *Levis* est placida, lenis, grata : contraria ratione *gravis* de ingrato et molesto dicitur. Poterit etiam intelligi *spiritualis* in *levis*, hoc est sine pondere. De *vibrans* vide notam ad vers. 37. Mens *serena* est læta, felix, prospera : qua de causa ethnici Jovem peculiari titulo *Serenum* et *Serenatorem* appellabant : inde imperatores dicti *serenissimi*.

65. Fortasse melius *cunctiparens*, quo verbo usus est Prudentius, ut *cunctipater* Theodulfus Aurelianensis. *Cunctipotens* etiam dixit Prudentius. Sed cum Virgilius usurpaverit *Omnipatens*, non facile rejiciendum est *cunctipatens*. Mens *innumerabilis* dici poterit ab effectis, ut *una* in natura ipsa. Sed legendum suspicor *cunctipatens, immensurabilis, una.* Salvianus aliique scriptores Christiani vocabulo *immensurabilis* usi sunt, et supra jam dictum est *mens sancta parentis.*

67. Adverbium *mox* significat hoc loco ipsam æternitatem, ut *hodie* psal. II, vers. 7, *Filius meus es tu : ego hodie genui te.* Ad Hebr. c. I, vers. 5.

68. Filius consors seu consubstantialis Patri ostenditur. Vide v. 103 et seqq.

69. De *trina mente* Dei vide dicta proleg. num. 109 et seq. Dracontius l. I, vers. 565, dixit, *Virtus trina Deus,* ut Paulinus poem. 26, natal. 11, *Nam Deus unus Virtus trina Deus.* Sic *trina mens.*

70. Vide l. I, vers. 29. Censeo distinguendum esse *pietate modestus Innumera, cœlis,* ut *multiplici virtute.*

73. *Canentes* in genere cohæret cum cœlis et fluctibus.

77. Mendosus est hic locus, neque satis liquet an cum præcedentibus an cum sequentibus connecti debeat. Fortasse *quidquid natura creatrix Nutrit ad innumeros diversi sanguinis ortus.*

78. Libr. I, vers. 337, *Membratur in artus Corporeos.* Hic forte *in alvo.*

79. Vide quæ notavi ad Prudentium l. II, contra Symm., v. 265 et seq. Nam Prudentius etiam simili modo locutus est, qui de homine Deum loquentem inducit : *Restituendus erat mihimet : submissus in illum Spiritus ipse meus descendit, et edita limo Viscera divinis virtutibus informavit.* Verbum vocatur *spiritus almus.*

80. *Post templa poli* est hoc ipsum, quod in symbolo fidei dicitur, *Descendit de cœlis.* Augustinus serm. 187, al. 27, de tempore : *Quanto magis hoc tantum, et tale Verbum potuit matris uterum, assumpto corpore, fecundare, et de sinu Patris non emigrare ? hinc ad oculos humanos exire, inde mentes angelicas illustrare? hinc ad terras procedere, inde cœlos extendere?* Adde S. Leonem laudandum ad v. 99.

82. Forte *It tenuis.*

83. Forte *Irrepit.*

84. Libr. I vers. 546, de Adamo creato : *Et vocem compago dedit nova machina surgens* sive ex conjectura, *Et vocem compage dedit.* Avitus l. II, v. 96, *Cœlum terra tenet, vili compage levata Regnat humus.* De structura corporis et ossibus manus ait Celsus l. VIII, c. 1, *Oblonga omnia et triangula, structura quadam inter se connectuntur.* Dracontius l. III, vers. 645, *Ædificant hominem longæ fragmenta ruinæ, Ante tamen quam membra forent compage ligata,* etc.

85. Libr. III, ubi agitur de ossibus aridis vitæ restitutis vers. 614, *Jam nervis membra ligantur.* Fortasse legendum *pinguescunt intra medullas Hinc cruor, hinc humor.* Loc cit. v. 612, *Cruoris humor ut absumptus intraverit ante medullas.* Medulla est pinguedo subtilior.

87. De verbo *plasmo* libr. I, v. 336, *Plasmavit per membra virum.*

89. B. Virgo concepit, quia credidit. Fides autem ex auditu. Confer vers. 594. Augustinus serm. 13 de Temp., al. 128, in append., *Viri nesciam sermo Dei maritat.* Sedulius in hymno abecedario : *Intacra nesciens virum Verbo concepit filium.* Ennodius Ticinensis libr. II, hymno 10, *Concepit aure filium .....Quod lingua jecit, semen est.* Sedulius etiam fortasse scripsit *Concepit aure filium.* Vide notam ad vers. 60. Verbo *fetare* utitur Dracontius vers. 247 et Eleg. v.

85. Significat hoc loco fecundare, ut apud S. Augustinum et alios. Columellæ *feto* est fetum edere.

91. *Ignis anheli*, ut l. I, v. 26, *solis anheli*. Vide proleg. num. 137.

Aeris, et pelagi, sed non capiendus ab isdem, **A**
227 Claustra puerperii passus sub lege
[creandi,
Vel quæcunque subit diversi temporis ætas.
95   Hæc fragilis natura jacens humana meretur
De pietate sua, qua non vult perdere mundum,
Quem fecit, sanxitque regens per secla manere.
Ergo ubi corporeos artus dominator, et auctor
Induit, haud cœlum Patri servire reliquit.
100 Nam quicunque sapit, novit, quia sic tulit ar-
[tus,
Et fuit in terris, ut ne cœleste tribunal
Linqueret omnipotens : nunquam sine Patre
[probatus
Filius, et genitor nunquam sine pignore dictus,
Spiritus immensus, sanctus, bonus, arbiter, **B**
[index,
105 Tertius unus idem, primus, mediusque pe-
[rennis.

228 Ast ubi terrenum sumpsit cum corpore
[pondus
Immortale genus, mortalia dura subivit :
Non nisi corpoream hæc possent spectare figu-
[ram.
Nam quæcunque daret princeps miracula carni,
110 Sanctis hæc homines eventibus acta putarent.
Adde, quod humanis vitium est generale ca-
[tervis,
Hoc credant, quod visus habet, spernantque
[relata.
Credimus inde, Deum mundo venisse viden-
[dum,
Ut faceret virtutis opus. Per mille catenas
115 Mentibus obsessis insana clade furoris,
229 Spiritus impatiens animas quascunque
[gravabat,
Tabe fluens quæcunque cutis madefacta rube-
[bat,

SCRIPTURA COD. VAT.

94. *Temporis æstas.*
96. *De p. tua.*
99. *Induit et cœlum.*
102. *Patre obscure.*
103. *Nam pius et genitor.*

108. *C. posset s.* vel *possent.*
110. *Sanctus h. h. e. a. putaret.*
111. *G. catheis,* hoc est *catenis.*
117. *Q. curis m.*

NOTÆ

92. Canit id Ecclesia : *Sancta et immaculata virginitas, quibus te laudibus efferam, nescio : quia quem cœli capere non poterant, tuo gremio contulisti.* Eamdem sententiam repetit Dracontius v. 589.
93. Sedulius l. II, vers. 38, *Rerumque creator Nascendi sub lege fuit.* Ad Galat. c. IV, vers. 4, *Factum ex muliere, factum sub lege.* Puerperium est tempus proxime ante partum et post partum, et dicitur etiam de prole ipsa.
94. *Vel est et.* Infra, v. 336. *Diversi temporis ætas.*
95. *Meretur* est idem ac obtinet, consequitur, ut l. I, v. 156 et alibi.
96. Vide l. I, vers. 30 et seq., et v. 90 et seqq. *De pietate sua,* hoc est Dei.
97. Libr. I, vers. 427, *Tot bona facta Deus non obliviscitur unquam. Quæ propter hominem fecit, sanxitque manere.*
98. *Corporeos artus,* ut v. 39.
99. Depravatus est hic versus, sed sine ulla dubitatione sententia hæc est, Filium sic corporeos artus induisse, ut tamen cœlum non reliquerit. Sequentia verba clara sunt, et sine ullo errore sic expressa in codice. Posset etiam corrigi *haud cœlum Patri sublime reliquit.* Helpidius de Beneficiis J. C. *Nil Patris virtute minor, nunquam ætheris absens.* S. Leo serm. 2 de Nativit. Domini : *Ingreditur hæc infima Jesus Christus Dominus noster, de cœlesti sede descendens, et a paterna gloria non recedens.*
103. Sic ex conjectura : nisi mavis *nunquam sine Patre probatus, Nam prius, et genitor,* etc.
104. Eadem natura divina cum suis omnibus attributis agnoscitur in Patre, Filio, et Spiritu sancto. Libr. I, v. 434, *Spes, opifex, dominus, rector, dux, arbiter, index.* Qua ratione Deus dicatur *index* dixi ad v. 114, l. I.
105. *Idem* est in neutro genere : nam in masculino producitur prima. Id autem ex theologica loquendi ratione factum. Non enim recte dices Spiritum sanctum esse *eumdem* ac Patrem et Filium : id enim sonat eamdem esse personam Patris, Filii et Spiritus sancti. Vere tamen asseres Spiritum sanctum esse *idem* ac Patrem et Filium : quod significat eamdem esse naturam in tribus personis. Paulinus poem. 26,

natal. 14, *Sola Dei natura Deus ; quod Filius, et quod Spiritus, et Pater est :* Arator l. I, vers. 972, Arii et Sabellii contrarias hæreses sic explicat : *Huic fidei* **C** *pugnax cadit Arrius, unum Personas tres esse negans. Sabellius unum, Sed Patrem confessus ait, qui deinde vicissim Filius, et sanctus dicatur Spiritus* IDEM, *Sed totum sit ipse Pater.* In ms. quodam, *Sed totus sit ipse Pater.* Masculina nomina personas indicant, neutra essentiam. Vide comment. ad Prudentium, v. 600 hymn. 10 Perist., *Ex Patre Christus :* HOC *Pater,* QUOD *Filius.* Ac fortasse præstiterit legere *Tertius unum, et idem, primus, mediusque perennis.*
108. *Mortalia dura,* quæ Jesus Christus subivit, non nisi ad veram corporis figuram possent *spectare* seu pertinere. *Spectare* pro *pertinere* plerumque poscit accusativum cum præpositione *ad* : sed invenitur etiam sine ea. Papinianus, Digest. libr. II, tit. 14, leg. 42, *Solvendi necessitas debitorem spectaret.*
109. Sensus hic est : Si in corpore Salvatoris miracula quædam apparuissent, quibus a laboribus hujus vitæ immunis videretur, homines non veram passionem fuisse existimarent.
114. Supra vers. 50, *Pietatis opus.* Libr. III, vers. **D** 211, *Exegit virtutis opus, miracula summa.* Virgilius l. X, v. 468, *Famam extendere factis, Hoc virtutis opus.* Paulinus Petrocorius libr. IV, *Et virtutis opus vitiet præsumptio cordis.* Tertullianus l. V, contra Marcionem, *Ut maneat virtutis opus cum laude perenni.* Miracula vocantur *virtutis opus.* Matth. cap. XIII, vers. 58, *Et non fecit ibi virtutes multas propter incredulitatem eorum.* Hinc *virtus* miraculorum solet dici. Sedulius libr. IV (aliis V), vers. 1, *Has inter virtutis opes jam proxima Paschæ Cœperat esse dies.* In *catenas* conjici posset *catervas,* scilicet *Ut faceret virtutis opus per mille catervas.* Sed catenarum mentio fit ex Marci cap. V, vers. 3, de dæmoniaco : *Qui domicilium habebat in monumentis, et neque catenis jam quisquam poterat eum ligare. Quoniam sæpe compedibus et catenis vinctus dirupisset catenas.*
115. Indicantur miracula Christi, ut de lunatico et dæmoniaco sanato.
117. Hi sunt leprosi, quorum caro maculis rubellitibus aspergi et tabe fluere solet. Et fortasse legen-

CARMEN DE DEO LIB. II.

  Ossibus, et nervis resoluta carne retectis
  Præstatur de clade salus : reparare sepultos
120 Novit, et exanimes iterum revocare saluti.
  Ipse oculos *sanat cæcorum : luminis usum*,
  Ignotumque diem mirantur nosse tenebræ,
  Quem simul ex utero matris natura negavit.
  Mortua pars hominis, pars altera viva jacebat,
125 Utque Deo visus, post sanus, et integer omnis
  Redditur, atque calor vitalis in ossa cucurrit.
  Quod de parte viri, fecit de corpore toto :
  Præstitit orba parens, fleret cum funera nati.
  230 Nec semel ista dedit, namque, ut sit vir-
            [go superstes,
150 Imperat, exsurgit vel Lazarus ante sepultus,

  Quattuor exemptus transacta luce dierum.
  Sanguinis insoliti solitus discurrere fluxus
  De muliere perit, dempto simul amne cruoris.
  Corripit hic febres, ventos compescit in undis,
135 Per quas Christus iter (stringit natura liquorem,
  Cum miraretur), Petro veniente, peregit,
  Fluctibus æquoreis Domini sub pondere victis.
  Vertit aquas, ut vina fluant : mirabile donum,
  Pocula sunt latices, et fluminis ebriat unda.
140 **231** Copia panis abest, et copia panis abundat.
  Millia virtutum sunt admiranda ; sed ut quid
  Miremur, dominum tantum potuisse polorum,
  Discipuli, famulique sui cum tanta per orbem
  Gentibus innumeris omnes fecisse legantur?

SCRIPTURA COD. VAT

121. *Ipse oculos....* cætera desunt.
125. *Usque Dei visus.*
128. *Præstitit orba parens lerecus fine renati.*
129. *Ut fit virgo.* Fuit *iste*, sed correctum est per *ista*.
131. *Q. exemptis t.*

132. *Sanguinis insolitis solitus discurrere sanguis*, exaratum est *sanguinis* nexu litterarum.
135. *Per quos Christus.*
137. *Æ. domum sub.*
141. *Sunt ad admiranda s.*

NOTÆ.

dum est *tumefacta rubebat :* nam tumores etiam indicium sunt lepræ.
118. Paralysis morbus describitur : nam paralysis græce est resolutio. Juvencus libr. II, vers. 76, *Torpentia membra, Officium quorum morbus dissolverat acer.*
119. *De clade* intelligo *expulsa clade.* Notandus est hic usus præpositionis *de*, quæ, cum ad tempus refertur, pro *in* aut *post* sumitur, ut *media de nocte, de die, et similia.*
122. *Tenebras* vocat oculos antea cæcos. *Nosse ignotum diem* oxymorum.
123. *Redundat simul*, ut apud Plautum Amph. II, 1, 12, *Nec potest fieri, uno tempore Homo idem duobus locis ut simul sit.* Vel *simul* est statim, aut omnino.
124. Libr. I, vers. 647, *Mortua pars hominis quoties, pars viva jacebat.*
125. Fortasse melius *Atque Dei jussu post sanus.*
128. E verbis corruptissimis, et re ipsa restitui hunc locum. Non muto *Præstitit*, nam potest retineri pro profuit, aut beneficium impetravit. Lucæ cap. VII, vers. 12, *Cum autem appropinquaret portæ civitatis, ecce defunctus efferebatur filius unicus matris suæ, et hæc vidua erat, et turba civitatis multa cum illa. Quam cum vidisset Dominus, misericordia motus super eam, dixit illi : Noli flere.* Verum a Dracontii manu puto esse, *fecit de corpore toto, Præcocis orba parens fleret cum funera nati*, vel *planctibus orba parens*, etc. *Præcox* est ante tempus maturescens, quod in filium matri præmortuum optime cadit. Lib. III, vers. 392, *Non orbata parens deflevit funera nati.*
129. Filia archisynagogi Jairi, quæ annorum duodecim erat, vitæ reddita est, Matth. cap. IX ; Lucæ cap. VIII ; Marc. cap. V.
130. *Vel* pro *et*, nisi malis positum pro *etiam*.
132. Oppositio, sive oxymorum in *sanguinis insoliti solitus fluxus :* nam lectio codicis *sanguis sanguinis* mendosa est ; posset scribi *decurrere rivus*, sed vers. seq. recurrit *amne cruoris. Decurrere* melius videtur quam *discurrere*. Juvencus lib. II, vers. 389, de hoc sanguinis profluvio : *Carpebat fluxus, lacerans sine fine, cruoris.* Matth. cap. IX, vers. 20, *Et ecce mulier, quæ sanguinis fluxum patiebatur.*
133. Tertia in *muliere* brevis est, sed producitur, quia quatuor breves concurrunt, et in multis similibus vocabulis. Eodem modo infra vers. 660, *Ex eadem muliere virum*, ut in epist. v. 161, *eadem muliere creatus.* Vide etiam vers. 111, lib. III, *Arietem subrocat aris.*

135. Matth. c. XIV. Fortasse est trajectio, scilicet *Cum miraretur, stringit natura liquorem, Per quem Christus iter, Petro veniente, peregit.* Verum adhibita opportuna parenthesi, correctione alia opus non est. Prudentius Apoth. v. 670, *Sustinuit gressum Domini famulus liquor, ac se Mobilitate carens solidos substrinxit ad usus.* Acuta vero est sententia, quod natura præ admiratione strinxerit liquorem. Ea autem est aquæ natura, ut partes ejus, cum nimis stringuntur, seu comprimuntur, consistant, et quodammodo solidæ fiant, ut accidit in gelu. Sic Gellius lib. XVII, c. 8, ait mare omne quod Scythicum dicitur *gelu stringi et consistere.*
137. Victi sunt fluctus, quia vim suam naturalem amiserunt. Conjectura non spernenda est *vinctis* pro *victis* ex vers. 135, *stringit natura liquorem.*
138. Joan. cap. II. *Vertere* hic est mutare. Propertius, eleg. 7, lib. II, v. 31, *Omnia vertuntur, certe vertuntur amores.* Cicero III, de Nat. deor., cap. 12, *Terra in aquam se vertit.*
139. *Latex* proprie est aqua, quamvis de vino et de quovis alio liquore soleat dici. Hic ergo in sensu proprio sumitur *latices :* contra *poculum* cuivis vasi quo bibitur, applicatur, sed peculiari quadam significatione ea vox interdum adhibetur ad vini compotationem declarandam. Cicero Philipp. 2, cap. 25, *Si inter cœnam in tuis immanibus illis poculis hoc tibi accidisset.* Florus lib. II, cap. 10, *Epulantes, ac ludibundos plerosque, ac, ubi essent, præ poculis nescientes.* Dracontius Virgilium imitatur lib. III Georg. vers. 528, *Frondibus et victu pascuntur simplicis herbæ, Pocula sunt fontes liquidi, atque exercita cursu Flumina.* Sed Virgilii sententia est pro vini potione fuisse fontes liquidos, Dracontii verum vinum ex aqua fuisse factum : quod magis explicant sequentia verba : *Et fluminis ebriat unda.* Verbo *ebriare* usus est Macrobius.
140. Matth. cap. XV ; Joan. c. VI.
141. *Virtutes* pro miraculis, ut dictum ad v. 114.
142. Forte *miramur.*
143. *Suus* non semper reciprocum est, sed interdum pro *ejus* aut *illius* adhibetur, ut innumeris exemplis etiam optimorum scriptorum confirmatur.
144. Libr. III, vers. 248. Petrus apostolus dicitur *dux Gentibus innumeris positus sub lege fideli.* Paulinus poem. 26, natal. 11 de martyribus : *Gentibus innumeris semen cœleste fuerunt.*

145 Et simul indociles, doctosque audire moneret
Supplicium post grande crucis, reditumque
       [supernæ
Lucis ad æthereos tractus, thronumque pa-
       rentis.
Cœlestis, veniens cum linguas funderet ignis
Spiritus, alme, tuus, nostro commercia mundo
150 **232** Consona dissimili infundens sermone
       [beatis.
Tu Deus es, quem terra tremit, quem mundus
       [adorat,
Te mandante, pluunt nubes, et ab igne coruscant.
Surgere tu ventos, et crescere turbine facto
Præcipis, ut rapidæ perturbent cuncta procel-
       [læ,
155 Et mare cæruleum rapiant super æthera nimbi. B
Tu rursus reprimis flatus, recidentibus euris,
Et mare purpureum tranquillo marmore tendis,

Ut post unò f eti ludant super æquora pisces,
Horrida monstra natent, et bellua gestiat in-
       [gens.
160 **233** Hoc est nempe fretum, quod se divisit,
       [et hæsit
In partes hinc inde duas : Hebræa propago
Impia regna fugit, Moseo principe gentis,
Rursus aquæ reduces repetunt loca prisca
       [fluentes.
Cum fugitiva manus de fluctibus omnis ad-
       [esset,
165 Tunc demersus obit populus, qui sæva parabat
Israelitarum plebi, quæ facta superstes
Vindice naufragio : tali sub clade aboletur,
Qui fuit ante metus, mox libera turba Tonantis
Mutatum miratur iter ; via prisca salutis
170 Semita mortis erat, nec servans membra se-
       [pulcro.

SCRIPTURA COD. VAT.

145. Prius videtur fuisse *moveret* pro *moneret*.
146. *Redditusque*, vel *redditumque* pro *reditum*, et *superna* pro *supernæ*.
147. *Tractus threnumque* p.
150. *Cum sole dissimili infundens sermone beatis*.
152. *Et ab imbre* c.
161. *Partes in hinc duas;* deest reliquum
163. *Rursus atque reduces*.
165. *Dimersus*.
166. *Hisraelitarum phœbi* q.
167. *Clade deletur*.
169. *Miratur mutatum inter via*.

NOTÆ.

145. Fortasse *Hos simul*, vel *quos simul*. Pro *moneret* non male esset *moveret*. Ex codicis scriptura hic colligitur sensus, quod apostoli ab omnibus Judæis diversarum nationum qui erant Hierosolymis intelligerentur. Act. apost. cap. 11, vers. 6 et seqq., *Facta autem hac voce, convenit multitudo, et mente confusa est, quoniam audiebat unusquisque lingua sua illos loquentes.... Et quomodo nos audivimus unusquisque linguam nostram?.... Audivimus eos loquentes nostris linguis magnalia Dei*.
146. Intelligi potest, post reditum Christi, qui est lux superna, ad æthereos tractus, vel, post reditum ad æthereos tractus lucis supernæ.
147. Qui metri rationem habere velit, facile corriget *tractus, soliumque parentis*. Vide proleg. num. 159 et v. 204 hujus libri.
150. Forte *Quamvis dissimili*. Certe mendum est: *Cum sole dissimili*. Apostoli sunt ii qui dicuntur *beati*. Usitatum fuit a primis sæculis viros sanctis moribus præditos *beatos* appellare, ut contra *miseros* et *infelices* peccatores, et damnatos. Vide notam ad vers. 11 libr. 1, *Et pia vota Dei miseris hinc, inde beatis*. Ad cœlites, quorum cultus permissus est, nunc beati titulus referri solet : in *Romano* vero summo pontifice *Beatitudinis* et *Sanctitatis* appellatio promiscue adhibetur.
151. Eleg. vers. 2 , *Quem timet omne solum*, vel *tremit*, ut alii legunt. Quod res creatæ *adorant* Deum, multis in locis expressum est, ut l. 1, vers. 4, l. 11, vers. 72 et 206.
152. Libr. 1, vers. 710 , *Qui dat fulmineos collisis nubibus ignes*.
154. *Procellæ rapidæ*, ut lib. 1, vers. 708 , expositum est.
155. Libr. 1, vers. 147 , *Cæruleum æquor ponti*.
156. Libr. 1, v. 105, *Recidente ruina*. Ventus cadere sæpe dicitur, et eodem sensu *recidere* dicetur. Sed hoc loco fortasse legendum est *residentibus euris*. Virgilius libr. vii, vers. 27 , *cum venti posuere, omnisque repente resedit Flatus, et in lento luctantur marmore tonsæ*. Conjungit quoque *ventos* et *flatus*.
157. Libr. 1, vers. 78 , *Et mare purpureum*. Vide notam. *Tendere tranquillo marmore* est æquare, in planum extendere maris undas.
158. *Ludant pisces*, ut l. 1, vers. 237, *Luserunt* cum nota. Simile est vers. seq. , *Bellua gestiat ingens*. Si retineatur scriptura codicis, corripietur *a* in *una* adverbio, ut aliquando fit in *frustra, contra, ultra*. Verum libentius legerem, *Ut post strata freti*, aut *Ut post strata freti*. Virgilius : libr. v, vers. 763, *Placidi straverunt æquora venti* : et eclog. 9, v. 57 , *Et nunc omne tibi stratum silet æquor, et omnes (Aspice) ventosi ceciderunt murmuris auræ*.
159. Ambrosius cap. 10, libr. v Hexaem. post Basilium : *Cete, illa immensa genera piscium, æqualia montibus corpora*. Tertullianus de *Judicio Dom., deformia monstra natantum*. Horatius l. 1, od. 3, vers. 18, *Qui siccis oculis monstra natantia*, etc. Virgilius vi Æneid., v. 729, *Et quæ marmoreo fert monstra sub æquore pontus*. In *bellua ingens* intelligitur balæna, aut alia quævis immania cete, ut vocat Virgilius. Vide interpretes Jobi cap. xl, vers. 20 et seqq., et l-aiæ cap. xvii, 1, ubi exponunt quod piscis genus sit Leviathan.
160. Indicatum hoc miraculum est lib. 1, vers. 704. Vide notam, et infra vers. 787 et seqq. hujus libri.
162. Eodem modo Moysis nomen effertur in Eleg. vers. 17, *Moseo dicta prophetæ*. Intellige sub.
163. Lib. 1, vers. 703, *Dum reduces sentiret aquas*. Sed ibi *reduces aquæ* sunt aquæ retro fluentes, hic aquæ in suum locum revertentes : nam *redux* utramque significationem habet. *Rursus reduces repetunt* est pleonasmus, ut dictum et confirmatum exemplis est lib. 1, vers. 111.
165. Latini scriptores plerumque dicunt *demersus*. Tertulliano tribuitur *dimersus*, nisi error hic est.
167. Potest alio etiam modo mendum codicis emendari *Vindice naufragio tali se clade tuetur. Quæ fuit ante timens*, mox, etc., vel *Quæ fuerat metuens, vel quæ facta superstes : Vindice naufragio tali sub clade aboletur*, scilicet populus, qui sæva parabat. In *deletur* prima est longa, nec puto a Dracontio correptam.
170. *Servare membra sepulcro*, ut *servare ossa sepulcro*, et similia apud Prudentium, ut dixi in com-

Africus interea motus virtute jubentis
234 Illæsurus adest, nulla comitante procella,
Delicias portare parans novus ingruit imber,
Innumeras dat nimbus aves, datur esca polorum,
175 Angelica de parte cibus, sitientibus autem
Flumina petra dedit, nullo fodiente ligone.
Et ne plura loquar, tua sunt, quæcunque
[videntur,
Et quæ nemo videt: tibi debent omnia, quod sunt,
Tu tamen ipse, quod es, nulli debere probaris,
180 Et quasi qui debet, sic omnibus omnia reddis.
235 Est tibi cura, Deus, de quidquid ubique
[creasti,
Ne tantum succumbat onus: stat cura minorum,

Et speciale jubes, tanquam generale, tueri.
Sic fit mater humus, qua germina cuncta
[creantur,
185 Sic mare velivolum mercator nauta vagatur,
Telluremque novam circumspicit impiger hospes,
Et complexus amat non cognitus advena cives.
Fœdere concordi, quia vis, elementa tenentur
Tam longa connexa mora, sic juncta ligantur,
190 Ut disjuncta tamen concordi lite probentur.
Si disjuncta fiant, solvetur machina rerum.
236 Si conjuncta forent, omnis natura peri-
[ret.
Tu, Deus omnipotens, nosti, quo feceris
[orbem

SCRIPTURA COD. VAT.

- 173. *Deliciis portare.*
174. *Nimbus aquas d.*
178. *O. quot sunt.*
180. *Et quasi qui debes sic;* sed *quasi* obscure: prius fuit *reddes,* postea factum *reddis.*

181. *Cura de quidquid.*
182. *Nec tantum.*
188. *Concordi quia bis e.,* sed *quia* non clare.
193. *Nosti quod feceris.*

NOTÆ.

ment. ad hymn. 12 Perist., vers. 45. Qua via Israelitæ salutem invenerant, Ægyptii mortem invenerunt. Infamiæ genus ducebant veteres, quod corpora defunctorum sepulcro privarentur. Vide comment. ad Prudent. hymn. 5 Perist. S. Vincentii, vers. 390. Gentiles inhumatorum animas nec in cymbam quidem Charontis recipi posse credebant: Hebræi easdem non prius donari requie comminiscuntur, quam corpus sepulcro mandetur.

171. Ipse Deus, qui ventis imperat, virtutem illis dat, ut surgant. Numer. cap. xi, vers. 31, *Ventus autem egrediens a Domino arreptas trans mare coturnices detulit.* Psal. LXXVII, 26, 27, *Transtulit Austrum de cœlo, et induxit in virtute sua Africum. Et pluit super eos sicut pulverem carnes,* etc. Vide vers. 153, *Surgere tu ventos,* et lib. I, vers. 707.

172. Tentabam *Illusurus adest:* nam ventum placidum ludere dici potest. Sed retinendum est *Illæsurus* ab *illædo,* a quo est *illæsus.* Tertullianus et Lactantius etiam *illæsibilis* usurparunt.

174. Restitui *aves* ex loc. cit. Scripturæ, et Exod. cap. xvi, vers. 4 et seqq., *Ecce ego pluam vobis panes de cœlo.... Ecce gloria Domini apparuit in nube... Factum est ergo vespere, et ascendens coturnix cooperuit castra, mane quoque ros jacuit per circuitum castrorum.*

175. Psal. LXXVII, vers. 24, 25, *Et pluit illis manna ad manducandum, et panem cœli dedit eis. Panem angelorum manducavit homo.* Joan. c. vi, v. 31; Ep. I ad Cor. cap. x, N. 3, *Angelica de parte,* quasi de portione cibi, quæ angelis datur. Suetonius cap. 18 Vitæ Caligulæ: *Equiti Romano contra se hilarius avidiusque vescenti partes suas misit.* Petronius Satyr. c. 33, *Ego quidem pene projeci partem meam: nam videbatur mihi jam in pullum coisse.*

176. Vide Exod. cap. xvii, v. 6, Numeror. cap. xx, v. 11, Epist. I Corinth. cap. x, v. 4.

178. Cap. XLI Job, v. 6, *Quis ante dedit mihi, ut reddam ei? Omnia quæ sub cœlo sunt, mea sunt.* Epist. ad Roman. cap. xi, v. 35, 36, *Quis prior dedit illi, et retribuetur ei? Quoniam ex ipso, et per ipsum, et in ipso sunt omnia.*

179. De hac phrasi *probaris* antea dictum est ad v. 26.

180. Mar. Victor in præfat. v. 57, *Ut fieres justis merces, meritisque piorum, Hoc quoque conferres præstando, ut debitor esses,* Aliter, *Ut fieret virtutis opus, meritisque piorum,* etc. Idem lib. I Genes., v. 529, *Dum quod non meritis, sed tantum sponte benigna Largitur famulis, nostri cupit esse laboris, Et se, quod donat, mavult debere videri.* Sic Fabricius. Alii: *Nostræ laudis opus fieri, quod sponte benigna,* etc. Etsi enim vita æterna bonis hominum operibus reddatur tan-

quam merces, eadem tamen gratia Dei est ob electionem, quæ bona opera præcedit, ob gratiam prævenientem, et auxiliantem, et ob gratiam justificantem, qua homo præditus esse debet, ut ejus opera vitam æternam mereantur, ac denique ob perseverantiam finalem quam nemo potest mereri. Quod si de naturali rerum ordine sermo sit, quem Dracontius hoc loco potissimum, vel unice respicit, Deus sic reddit omnibus omnia, quasi qui debet, quia leges naturæ præscriptas servat.

181. Alio modo emenda, *Et tibi cura, Deus, est quidquid,* vel, *Est tibi cura, Deus, et quidquid.* Sapient. c. xii, v. 13, *Non enim est alius Deus quam tu, cui cura est de omnibus.*

182. *Succumbat,* subtus cadat. Aliud est *succumbere oneri,* nempe subire onus. Stat cura minorum, scilicet omnium cura est Deo. Epist. I Petri cap. v, v. 7, *Omnem sollicitudinem vestram projicientes in eum, quoniam ipsi cura est de vobis.* Vide Psal. LIV, v. 23; Matth. cap. vi, v. 25 seq.; Luc. cap. xxii, v. 16 seqq.

183. Supra v. 33, *Singula per partes, generaliter omnia nutrit.*

184. Lib. I, v. 156, *Nondum mater humus.* Vide notam.

185. Virgilius lib. I Æn., v. 228, *Despiciens mare velivolum.* Vide Macrobium lib. vi Saturn., cap. 5, de hoc epitheto. Naves magis proprie velivolæ dicuntur. *Vagor* cum accusativo apud Propertium lib. II, eleg. 21, v. 21, *Ino etiam prima terras ætate vagata est.* Nonnulli legunt *terris,* sed *terras* præfert Broukusius, uti etiam ediderat Scaliger.

188. Forte *quia vix.* Mallem tamen *Fœdere discordi quamvis elementa te entur,* scilicet *fœdere, quamvis discordi, tenentur.* Postea *disjuncta concordi lite:* amat enim Dracontius hujusmodi oppositiones. De concordia discordi elementorum vide lib. I, v. 142 et seqq., 265, et Eleg. v. 59.

190. De hac constructione verbi *probo* relege notam ad v. 26.

191. Supra v. 55, *Et cadat ante diem sublimis machina rerum.* Facile patiar, legi, *Si disjuncta fuant,* vel *sient,* vel *forent,* idemque dicam v. 133 lib. III. *Si jactura fiat:* nam l. II, vers. 503, producitur prima in *fiunt.* Lucretius, Virgilius, aliique antiquiores *fuam* pro *sim,* vel *fuerim* usurparunt ab antiquo *fuo,* a quo adhuc est *fui* præteritum. In *fiunt* et *fiant* variant poetæ Christiani: alii cum veteribus producunt, alii corripiunt. Vide proleg. num. 139, et notam ad lib. I, v. 82.

193. Melior hæc lectio et interpunctio videtur quam *nosti, quod feceris orbem* Semine, *quo cœlum* etc.

Semine, quo cœlos, solem, lunamque creasti
195 Ex nihilo simul, esse tamen diversa putamus.
Ad nihilum reditura iterum sunt omnia, cum tu
Jusseris esse chaos solus mansure superstes,
Angelicis, hominumque piis venerande catervis.
Qualiter ergo labor nullus fuit ante jubendo,
200 Omnia cum fierent, sic nec labor ullus erit, jam
Jusseris ut finem cum plurima sæcula norint.
Te Seraphim, Cherubimque Deum, Dominum-
[que precantur,
Te chorus angelicus laudat, exercitus orat,
Thronus in excelsis humili te voce precatur,
205 **237** Agmina te astrorum, te signa, et sidera
[laudant
Auctorem confessa suum, te fulmen adorat,
Te tonitrus, hiemesque tremunt, te grando,
[procellæ,

Te glacies, nimbique pavent, te spiritus omnis
Personat, imber, hiems, pelagus, nix, frigus
[et aura.
210 Te tellus fecunda vocat, te suspicit aer,
Unda super cœlos tibi supplicat, et polus om-
[nis,
Flumina te metuunt, et fontes, stagna, palu-
[des
Voce sua laudant, te nubila crassa coruscant,
Te lux alba dies, te nox obscura tenebris
215 Te bona temperies, te tempora cuncta precan-
[tur,
Ver, æstas, autumnus hiems redeuntibus an-
[nis.
238 Per te fetat humus, per te, Deus,
[herba virescit,
Frondescunt silvæ, spirat flos, germinat arbor.

SCRIPTURA COD. VAT.

198. Ange|icas, animasque suis adorande catervis.
201. F. cum plurima s.
203. Videtur scriptum laudant.
204. Tronus inexcessans h.
209. Scribitur asta pro aura.
210. Ut tellus f.
218. Ordo horum versuum in ms. est hic : Frondescunt Quod peccatorum-Illud præterea-Quod cœlo-
Ignibus-Est homo- Nam diversa - Illæc voce - Addo quod-Membrorum-Messis aristatas-Palmite-Et nunquam-Te fera-Turba-Sibilat-Et tibi-Auctorem-Materies-Non angues-Ut vitas-Sed nos-Fecerit-Quod præcepta-Nec modo-Olim primus-Ingratus - Jura- Et semper - Mox quam-Peccavit - Principio nostræ-Damnatur - Contigit-Nec similis-Una lege-Contemptis-Cur non- Vipera-Quid serpens, etc.

NOTÆ.

196. Reditura iterum pleonasmus, de quo ad vers. 114, lib. I, Sed non reditura secundo.
197. Supra v. 13, Credaturque chaos, etc. Sumi solet chaos pro rudi, indigestaque materia, ex qua res postea eductæ sunt. Sed Dracontius chaos intelligit destructionem ipsam rerum omnium ac tenebras quæ mundi creationem præcesserunt, et quæ succederent, si eædem res ad nihilum redigerentur. Mansure superstes, ut v. 31. Mundique superstes:
198. Versus insigniter depravatus. Adorande metro non congruit. Venerande non repugnat. Seneca Hercul. Fur. v. 1248, Perque venerandos piis Canos. Correxi ex simili sententia Prudentii hymn. 10 Perist., v. 536 et seqq., Quandoque cœlum, ceu liber, plicabitur.... Deus superstes solus, et justi simul Cum sempiternis permanebunt angelis. Vide, quæ notavi in comment. ad Prudentium, ubi explicui qua ratione dicatur Deus permanere solus superstes, simulque cum justis et angelis.
200. Clarius esset sic nec labor ullus erit, cum Jusseris, ut finem jam plurima sæcula norint. In scriptura codicis ordo est cum jam jusseris, ut plurima sæcula norint finem: quæ implicata constructio est, sed non absurda.
201. Ut nescire finem pro non finire ponitur, sic noscere finem pro facere, vel capere finem et finire.
204. Supra v. 147 thronus prima producta occurrit. Emendatio etiam hoc loco esset facilis, Excelsusque thronus humili te voce precatur. Sed magis genuinum videtur Thronus in excelsis. Excelsa pro cœlo. Lib. III, v. 17, Celsior excelsis, lib. I, v. 101, Donec ab excelsis. Arator lib. I, v. 91, Cum rector Olympi Evehit excelsis, quiquid suscepit ab imis, ubi frustra Arntzenius tentat excelsi, repugnantibus libris editis, et mss., et sententia ipsa. In excelsis phrasis ecclesiastica est, quæ a bonis Latinitatis auctoribus originem trahit, apud quos sæpe legitur, ab excelso, in excelso pro ab alto, et sublimi loco, in alto, et eminenti loco. Excelsa urbis dixit Plinius. Quinque ordines angelici a Dracontio recensentur, cherubim, seraphim, angeli, virtutes, throni : nam Hebraice virtutes Sabaoth dicuntur, et Sabaoth exercitum sonat. Novem ordines sive chori angelici a plerisque distinguuntur,
et fortasse Dracontius sub exercitus nomine virtutes, et potestates, sub angelici chori angelos et archangelos complecti voluit.
205. Quodnam sit discrimen inter astra, signa et sidera, retuli ex Isodoro ad v. 5 libri I, Quinque plagæ.
206. Confer lib. I, v. 4, et lib. II, v. 15. E cantico trium puerorum et psalmis hæc omnia petita sunt. In hac enumeratione interdum eadem verba repetit, sæpe variat : Deum precari, orare, laudare, confiteri, adorare, tremere, pavere, metuere, personare, vocare, suspicere, supplicare.
212. Forte metuunt, te fontes.
213. Coruscare activum est, cum significat concutere, vibrare ; sed hoc loco significat fulgurare, ut v. 152, Te mandante, pluunt nubes, et ab igne coruscant. Habet autem accusativum te ratione peculiaris significationis : sensus enim est : te laudant nubila, dum coruscant, ut v. 208, Te spiritus omnis, Personat, et clarius v. 223. Te.... genus omne veneni Sibilat ore fero. Nubila crassa sunt densa, spissa, ut aqua crassa, cœlum crassum, nebula crassa, paludes crassæ.
214. Melius Te luce alba dies, vel etiam Te lux alba dies.
215. Eleg. v. 81, Sol dat temperies. Cum neque nimium frigus neque immodicus calor est, temperies dicitur. Ovidius l. I Met., v. 51, Temperiemque dedit mixta cum frigore flamma.
216. Eleg. v. 253, Ver, æstas, autumnus, hiems, redit annus in annuum. Vide notam.
217. Fetat humus, mater fit, fecundatur, aut etiam fetus edit. Vide notam ad vers. 89.
218. Spirat flos, hoc est, odorem effundit. Claudianus lib. II de Raptu Pros., v. 81, Quidquid thuriferis spirat Panchaia silvis. Solet adjungi accusativus, ut spirare odorem, aut adverbium, ut spirare graviter, suaviter. Juvenalis tamen sat. 7, v. 208, simpliciter dixit : Spirantesque crocos. In versibus Bibliothecæ S. Isidori titul. Pigmentarii : Hic spirant cinnama, thura.

Messis aristatas acuit per culmina fruges,
220 Palmite gemmato post pampinus admovet
[uvas.
Et nunquam caritura comis frondescit oliva.
Te fera, te pisces, pecudes, armenta, volucres,
Turba cerastarum laudat, genus omne veneni
Sibilat ore fero, lingua vibrante trisulca,
225 Et tibi, quidquid habet, reputans debere fa-
[tetur.
Auctorem vitæ gaudet stridore minaci
Materies laudare necis, poterasque creator
239 Non angues, non omne nocens permittere
[nasci,
Ut vitas hominum tantum mors una tulisset.
230 Sed nos quæque rei cognoscimus omnia quare
Fecerit ista dari : data sunt per crimina no-
[stra,
Quod præcepta Dei passim contemnimus om-
[nes,
Quod peccatorum retinent tot millia vincla.
Nec modo peccatum subrepsit moribus, olim,
235 Olim primus homo transcendit jussa Tonantis.

Ingratus, quia factus erat cœlestis imago,
Jura potestatis retinens super omnia solus,
Et semper, nisi jussa Dei contemneret au-
[dax,
Mox quam factus erat nullo peccante creatus,
240 Peccavit. Quid nos miseri de crimine nati ?
Principio nostræ peccator originis auctor
Damnatur sub lege necis, vel clade perenni.
240 Contigit, ut nobis similis, heu ! pœna
[maneret,
Nec similis nos culpa tenet : semel incidit
[ille
245 Una lege reus, nos multis legibus error
Contemptis retinet captivos sorte reatus.
Illud prætereo, quod parvi pendimus om-
[nes,
Quod cœlo, tellure, fretis, atque aere toto,
Ignibus æthereis, et lunæ dignior orbe
250 Est homo, quem libuit per se formare Tonan-
[tem.
Nam diversa Dei solo sermone creantur:
Illæc voce creat, nos autem operosius aptat,

SCRIPTURA COD. VAT.

219. M. aristeas a. p. fulmina f.; ad marg., aristatas.
220. P. gemmatum p.
230. Sed nos quoque r. c. o. quod res, pro nos aliud
videtur prius fuisse quod : obscurum est.
232. Præcepti Dei p. contemnim omnes.
233. Quos peccatorum manent tot milia vinclos : ambigue manent.
237. Prius erat potestatus pro potestatis.

239. Mox quod factus.
243. Con.... nobis similis heu pœna manere.
244. Similis vos c.
245. Legibus heros.
246. Sorte reatis : prius erat sorte creatis.
247. I prætereaq.
249. Dignior omni.
252. Illic uxor eat nos autem operarius aptat; prius
optat; operarius dubie.

NOTÆ.

219. Ordinem versuum, quem inversum judico, mutavi. Aristatas, scilicet aristam habentes. Utitur Festus ea voce in Restibilis : Farreo spico, id est aristato.
220. De palmite vide notam ad lib. 1, v. 170. De gemmis vitis eod. l. 1, v. 575. Forte legendum est Palmite gemmatas.
221. Vide notam ad l. 1, v. 166, Et semper vestita comis frondescit oliva.
223. Venuste venenum pro animalibus venenatis.
224. Sibilare aliquem est sibilis explodere, irridere; sed hoc loco sibilat ponitur pro laudat, dum sibilat, ut dixi ad v. 213. Hoc verbo sibilat et aliis lingua vibrante trisulca contrahitur genus omne veneni ad serpentes in genere, quibus proprie sibilum, et lingua vibrans seu micans, et trisulca tribuitur. Virgilius lib. xi, v. 754, Et sibilat ore, et l. ii Æn., v. 475, Et linguis micat ore trisulcis.
226. Stridor serpentibus tribuitur a Silio l. vi, v. 177, et Ovidio l. ix Met., v. 65. Pulchrum epitheton minaci stridore.
227. Materies necis, pro serpente figurate, ut v. 223, venenum.
229. Tulisset, pro abstulisset : simplex pro composito.
230. Forte Sed nos quippe rei : certe quoque mendum est.
231. Quod per crimina nostra animalia nocentia data fuerint, hoc sensu est intelligendum, quod animalia homini in statu innocentiæ non nocuissent, sed ejus potius imperio fuissent subjecta. Præterea controversum est inter interpretes et theologos, an ea animalia quæ nunc sunt ferocia et aliis nocent, in statu innocentiæ mutuo inter se sævirent. Vide Pererium in commentar. ad Genes. cap. I, v. 29.

235. Lucretius l. III, v. 60, Quæ miseros homines cogunt transcendere fines Juris. Tacitus III Annal., cap. 54, Prohibita impune transcenderis. Venuste repetitur olim ex v. præc. Virgilius l. vi, v. 495, Lacerum crudeliter ora, Ora, manusque ambas.
236. Lib. 1, v. 558, Species hominis, cœlestis imago.
237. Infra v. 730, Jura potestatis retinens sub nomine vero.
239. Lego Mox quam, vel Mox quod pro Mox ut. Mox quam pro statim ac Paulus Dig. l. vii, tit. 4, leg. 13, Mox quam a solo separati sint (fructus). Adis Vossium de Serm. constr. cap. 66.
240. Vers. 357, Scelerata propago Nascitur, ex fonte sceleris genus omne meamus.
243. Claudianus lib. II in Eutropium, v. 479, Unaque cuncto Pœna manet generi. Forte Condicta est nobis similis, heu ! pœna manere, vel Contigit ut nobis similis, heu ! pœna maneret, quod magis arridet.
246. Vide num melius captivos sorte creatos, ut v. 240, Miseri de crimine nati.
249. Lib. 1, v. 139, Ignibus æthereis significat ignem elementarem : hoc loco et pro hoc igni, et pro sole, et pro stellis sumi potest.
250. Vide l. 1, v. 350 et seqq.
251. Diversa, scilicet homini vel ab homine.
252. Plautus, Terentius aliique illæc pro illa hæc dicunt. Operosius a Plinio usurpatum. Tertullianus lib. II contra Marcionem cap. 4, Quis denique dignus incolere Dei opera, quam ipsius imago et similitudo ? Eam quoque bonitas, et quidem operantior, operata es non imperiali verbo, sed familiari manu, etiam v blandiente præmisso, Faciamus hominem, etc.
de Resurrect. carn., cap. 5, Caro autem et Dei constitit propter formam.... et amplius n

DRACONTII CARMINA.

Cur non debuimus sontes pejora mereri ? A
Addo, quod innumeræ pestes, mortale minan-
[tes,
255 Membrorum de parte sua dant sæpe salutem.
241 Vipera quid præstet, cauda, et cervice
[recisa,
Quid serpens maculosa juvet, medicina fa-
[tetur.
Aspidis obliquæ quid pinguia membra me-
[dentur,
Informis ursus, fulvus leo, quid lupus au-
[dax;
260 Et quodcunque malum vindex natura creavit,
Miscuit optandam dira cum morte salutem.
Quid quod mortiferis animalibus induit
[auctor, B

Ut sentire queant, reddant sectantibus iras?
Et prorsus non sint non se vexantibus hostes?
265 242 Non pudet hoc homines : gens impor-
[tuna probamur,
Justitiam retinente fera; proh! dedécus in-
[gens,
Anguis agit ira morsus, nos improba turba,
Quamvis justitiam noscentes, temnimus actu
Plectibili : et veniam ignorantia jure meretur.
270 Forte sit et nobis hæc excusatio certa.
Ne furtim noceant, angues quæruntur in her
[bis,
Quærimus immites et per deserta leones,
Ne gregibus pasti vastent cultoribus agros.
Sectatur venator aprum, cui retia figit,
275 Vinea ne pereat sub morsu dentis adunci.

SCRIPTURA COD. VAT.

253. *D. sortes p.*
257. *M. jubet m.*
258. *Obliquæ,* ambigue.
259. *Informis visi f.*
261. *Cum mente s.*
263. *Sectantibus hircas.*
264. *Non sint non sævi dentibus hostes.*

267. *Anguis agit ramis opus n. i. t.*
268. *Quid vos justitiam noscentes terminus actu.*
271. *Nec f. n. augent quæruntur in herbas;* sed *quæruntur* non clarum est.
273. *Gregibus passis v.*
274. *Nectator venator a.*

NOTÆ.

pter prælationem, *ne universitati compararetur.* Prudentius Apoth. v. 1032, cujus habes verba l. I, ad v. 333.
253. Infra v. 329, *Cur non graviora mereri Omnia debuimus, qui sic peccamus inique ?*
254. *Pestes* de animalibus perniciosis dixit etiam Virgilius I Georg., v. 181, et de serpentibus Lucanus l. IX, v. 736, *Mortale minantes,* ut *veniale minatur* v. 486 hujus libri.
255. *De parte sua,* pro *de parte suorum membrorum,* vel legendum *de parte aliqua.*
256. Lib. I, vers. 291 ; Eleg., vers. 65 seq. Vide notam ad loc. cit. lib. I. Glycas lib. I Annal., die 6, pag. 59, docet similiter, ad theriacæ confectionem caput viperæ præcidi una cum cauda.
257. *Maculosa serpens* lib. I, vers. 288.
258. *Obliquus* commune epitheton aliis serpentibus, quasi tortuosus. Aspidis pinguia membra fortasse dicit, quia, ut ait Lucanus lib. IX, vers. 714, *Plenior huic sanguis, et crassi gutta veneni Decidit.* Vulgatum est, ut ait Plinius lib. VIII, cap. 23, sect. 35, *colla aspidum intumescere,* dum scilicet ictum minantur, quod refert etiam Nicander in Theriac., *Cum vero incanduit ira, Et lethum minitans, venientibus obvia sævit, Squalida colla tument, et lato sibilat ore.* Aspidis usus in medicina asseritur etiam Eleg. vers. 65, *Aspis habet mortes, habet et medicamina* D *serpens.* Plinius lib. XXIX, cap. 4, *Præterea constat, contra omnium serpentium ictus quamvis insanabiles, ipsarum serpentium exta imposita auxiliari.* Et lib. XXX, ad strumas sanandas remedium esse ait cum sevo taurino impositum.
lupus etiam aliqua ex parte v. 36, sect. 54 de ursis :
apti. Hæc medicamina censet. De remediis ex
Plinium lib. XXVIII,
æ remedia ex leone
adus Gesnerus Hist.
li, eod. tom. de lupo et
, ex eis fieri solent ex-

quid natura creavit. Na-
alum vindex, quia hæc
ostra ex versu 231.

261. Lego *cum morte,* nam *mente* nec satis in ms. clarum est et falsum videtur.
262. Forte *indidit auctor.* Sed *induit* defendi potest pro indidit, injecit, immisit. Petronius Satyr. cap. 4, *Eloquentiam pueris induunt adhuc nascentibus.* Gellius lib. XII, cap. 5, *Natura... induit nobis... amorem nostri, et charitatem.*
263. Forte *Ut sævire queant.* Pro *hircas* posui *iras :* nam *hira* aut *hilla* intestinum hinc locum minime videtur habere. *Iras reddere,* ut *evomere iram* in aliquem apud Terentium Adelph. III, 2, 14. *Sectari* frequens verbum est in re venatoria.
265. Potest addi interrogatio, *Non pudet hoc homines ?* De verbo *probo* dictum ad vers. 26 hujus libri.
267. Cogitabam *Anguis agit ignarus opus,* vel *agit ignara malum,* vel *agit rancoris opus.* Sed præstat legere *Anguis agit ira morsus.* Lib. I, vers. 269, *Nec semper agit fera vipera morsus.* Passim de serpentibus *morsus* dicitur, quo scilicet venenum infundunt. Comparat angues, qui non nisi vexati mordent, hominibus, qui sæpe sine ulla causa nocent, et justitiam scientes contemnunt. Vide supra vers. 232, et lib. III, vers. 549, *Gens scelerata sumus, nil de pietate merentes.*
268. Forte *Quod nos justitiam,* aut *Quod vel justitiam.*
269. Mox vers. 455, *Plectibiles mores.* Exstat hæc vox in Cod. Theodos. sæpe, et apud Mamertum, aliosque æquales. Forte legendum *Plectibili,* at *veniam,* etc. Avitus lib. II, vers. 53, *Nam crimen acervat Auctor, in ignaro minor est peccante reatus.* Minus bene in nonnullis editis *in ignoto.* Ignorantia veniam jure meretur, quia jure cautum est, ut ignorantes in certis casibus excusentur. Ulpianus lib. III Digest. tit. 2, leg. 11, *Notatur etiam* (infamia) *qui eam duxit : sed si sciens : ignorantia enim excusatur non juris, sed facti.* Vide Barbosam, de Axiomat. jur. axiomate 413. Apud theologos longa est quæstio, neque hujus loci, quænam, et quando ignorantia excuset. Hoc certum poni debet, ignorantiam etiam juris, quæ vere sit invincibilis, a peccato formali excusare.
273. Forte *Ne gregibus sparsis.*
274. Virgilius Eclog. III, vers. 75, *Si dum tu sectaris apros, ego retia servo.* Vide vers. 263.

CARMEN DE DEO. LIB. II.

Cervus ut occumbat, quærit medicina medul- A
[las.
243 Quid nocuit passura lepus? quid dama,
[vel hircus?
Quos medicina jubet hæc ut capiantur ad
[usus?
Ut sub fraude cadant venantum, *aut cuspide*
[*ferri?*
280 Quid pisces nocuere freti? quid turba volu-
[crum?
Pervasit gens nostra fretum, pervaditur
[aer,
Ut capiantur aves ex nulla parte nocentes.
Quæ natura negat, per nos elementa petun-
[tur:
Per pelagus celebratur iter : sejunctus ab B
[undis
285 Navigat, audaces quatiens super æquora re-
[mos.

Parva putant homines fluctus transire no-
[centes,
Insuper armati medias grassantur in undas;
244 Sollicitat glaucumque fretum mucrone
[cruento,
Et bellum ignotis transfert manus hospita
[terris.
290 Non sat erat, terræ tolerant quod bella
[cruenta,
Ut vel *finitimus* tantum produceret hostes.
Impatiens armata manus cur tela propinquis
Implicitant, peraguntque (nefas) civilia bella.
Nec solum civile sat est, socerosque, patres-
[que,
295 Germanosque petunt sævo certamine fratres.
Nec modo tentatur noviter; primordia mundi
Horrendum doluere nefas, hominemque se-
[cundum
Conspexere pii perfusum sanguine fratris.

SCRIPTURA COD. VAT.

277. *N. pessura l.*
279. *Ut sub fraude cadant venantum...* deest reliquum.
280. *Pisces movere f.*
284. *Iter sed jussus ab undis.*
287. *Prius erat in urbes.*

290. *Sat erant terræ tolerant.*
291. *Ut vel... tantum vroduceret hostes :* deest aliquid.
293. *Implisànt p.*
296. Obscure *noviter*, vel *novitàs*.
297. *Nec telum doluere n. hominumque s.*

NOTÆ

276. Eleg. vers. 67, *Cerva salutares pasto serpente medullas Conficit.* Solinus cap. 31 de Cervis : *Patuit, nunquam eos febrescere : quam ob causam confecta ex medullis ipsorum unguenta sedant calores hominum* C *languentium.* Lucanus lib. vi, vers. 673, *Cervi pasti serpente medulla*, quæ usui magiæ etiam adhibebatur, ut idem Lucanus narrat. Vide alia apud Gesnerum Histor. Quadrup., et e recentioribus Bomarium in Diction.
277. Posset corrigi *Quid nocuit per rura lepus?* nam *lepus*, etiam cum sermo est de femina, in masculino genere efferri solet. Sed bene est *passura*, aut, si mavis, *peritura :* nam ex Prisciano lib. v constat, in utroque genere dici posse *lepus*. Cæterum etiam lepores aliquando nocent : Dracontius vero hominum audaciam et libidinem reprehendit, quod etiam ea animalia, quæ parum, aut nihil nocent, et quæ in medicina nullius, aut exigui sunt usus, aliis de causis sectantur et vexant.
278. Lepus, dama et hircus prosunt etiam medicinæ, ut veterum medicorum auctoritate confirmat Gesnerus Histor. Quadruped. Dracontius igitur solum hominibus exprobrat, quod hæc animalia præcipue D ob delicias et luxum venentur.
280. Forte *Quid pisces meruere freti?*
281. Notandum est verbum *pervaditur* passive : etsi enim *pervado* cum accusativo sine præpositione interdum ponatur, ut *Pervasit gens nostra fretum*, tamen præpositio tunc omittitur, quia inest ipsi verbo.
284. *Celebratur iter*, scilicet frequentatur, ut *celebrare viam aliquam* apud Ciceronem et alios. Apertum est mendum *sed jussus*, nec certior alia emendatio occurrit; quam *sejunctus*, nempe homo natura sejunctus ab aqua, etc.
285. Quatere remos nove fortasse, sed pulchre dictum.
286. Lib. i, vers. 624, *Parva Deo fuerant pro parum.*
287. Eleganter *insuper* post *parva*, vel *parum*. Plautus Merc. iv, 2, 1. *Parumne est male rei, quod*

amat hic Demipho, Ni sumptuosus insuper etiam siet? Livius lib. III, cap. 67, *Si culpa in nobis est, auferte imperium indignis, et si id parum est, insuper pœnas expetite. Grassari in undas* venustum etiam est, ut *grassari in senatum, in homines.*
288. Poterat mutari *Sollicitatque fretum glaucum;* sed non est inusitata hujusmodi constructio, et modo raro fiat, cum decore adhibetur. *Sollicitat* videlicet *manus :* si legas *Sollicitant*, connectetur hic versus cum præcedenti.
290. Forte *terræ tulerant quod.*
291. Forte *Et quod finitimus*, aut *vicinus*, aut *rivalis.*
293. *Implicitant* frequentativum ab *implico*, quo usus est Plinius Junior ep. 33, lib. ix, ubi tamen pro *implicitat* nonnulli legunt *implicat.*
294. Fortasse ex imitatione Lucani, qui cecinit *Bella per Æmathios plus quam civilia campos.* Reprehendunt quidem nonnulli, quod *plus quam civilia* dixerit ea bella; sed immerito. Nam bellum civile est, cum cives inter se bellum gerunt : quod si bellum hujusmodi a cognatis ducibus, ut a generis, soceris, patribus, filiis, fratribus inter se dissidentibus excitatum conflatumque fuerit, jure illud voces plus quam civile. Quæ interpretatio Ovidio quoque accommodari potest, qui lib. xii Met., vers. 582, de Neptuno ait : *Sævumque perosus Achillem, Exercet memores plus quam civiliter iras.* Nam Thetis, Achillis mater, erat neptis Neptuni ex Nereo.
295. Catullus in fine epithal. Pelei et Thetidis simili modo frequentiam et magnitudinem criminum describit : *Perfudere manus fraterno sanguine fratres*, etc.
296. *Noviter* pro *nove*, veluti prima vice. Exstat hoc adverbium apud Plautum et Fulgentium Mythologum, et in quadam inscriptione apud Gruterum, pag. 174, num. 7, quæ sæculi iv, et temporis Constantiniani esse creditur. Fortasse legendum est *Nec modo tentatur novitas, primordia mundi.*
297. Lucanus lib. i, vers. 95, *Fraterno orimi maduerunt sanguine muri*, scilicet Romæ

DRACONTII CARMINA

Gessit id impietas, cum primum conditur or-
[bis,
500 **245** Et quasi lex fuerit, miserum sic venit ir
[usum.
Faucibus oblisis cadit a latrone viator.
Quid fur nocturnus pravo velatus in actu,
Ne capiatur, agat, ferro comitante per um-
[bras,
Multorum nos sæva docent exempla prio-
[rum.
505 Quid quod adulterium dulces male venit in
[usus?
Incestique nefas agitat plectenda libido?
Invadunt plures alieni cæspitis agros,
Et domibus junxere domos non jure modesto,

Ac promissa fides non custoditur amico.
510 Nobilium plures decepti fraude clientes,
Canities despecta senum, læsique parentes.
246 Jam genitos utinam tantum fera dextra
[feriret
Et tantum parvis fecisset culpa reatum.
Et necdum natos properant in ventre ferire;
515 Externos, pariterque suos furit impia mater
Conceptus damnare, sui nec cura pericli est.
Quæ bibit impietas truculenta impune vene-
[num?
Repperit hoc quis grande nefas, ut non sibi
[mortem
Hauriat hoc quæcunque bibit? Minus ecce no-
[verca

SCRIPTURA COD. VAT.

299. G. hoc i. et postea conditor o
301. Faucibus obsessis cadit alugrisne viator.
302. N. parvo velatur in actu.
304. M. vos sæva decent e.
305. Quidquid adulterium.
306. Prius erat agitas.
308. D. junxisse d.
310. P. decepit f.

312. Jam genitus utinam : hic versus in ms. ponitur post versum seq.
313. Namque tam parvis.
314. Et nec damnatos properent in
316. D. suos et cura.
317. Quæ vivit impietas.
319. H. hoc quodcunque vivit munus ecce novercam.

NOTÆ.

299. Cum sermo sit de Caino Abelem occidente mendum e re ipsa correxi, quamvis verba longe sint diversa.
301. Restitui oblisis. Prudentius Psychom. vers. 535, obliso collo, et vers. 590, obliso gutture. Cadere a latrone, scilicet manu latronis. Ovidius lib. v Metam., vers. 191, Magna feres tacitas solatia mortis ad umbras, A tanto cecidisse viro. Suetonius in Othone cap. 8 et alii. Latrones dicti viarum obsessores. Juvenalis satyr. 10, vers. 22, Cantabit vacuus coram latrone viator. Cicero pro Milone cap. 21, Non semper viator a latrone, nonnunquam etiam latro a viatore occiditur. Hinc vera lectio cadit a latrone viator.
302. Forte parvo velatus amictu, ut magis expeditus sit. Cicero pro Milone cap. 3, Duodecim tabulæ nocturnum furem quoquo modo, diurnum autem, si se telo defenderit, interfici impune voluerunt : videlicet quia a fure nocturno difficilius cavere possumus.
304. Lib. III, vers. 50, Nos exempla docent damnati divites.
305. Paulo ante simili modo Miserum sic venit in usum.
308. De hac voce modestus vide prolegom. num. 136. Mar. Victor lib. II, vers. 506 Genes., Cum judice missa modesto, etc. In cod. leg. Wisigoth. lib. II, tit. 1, cap. 2, apud Lindenbrogium : Damus modestas simul nobis et subditis leges. Aliis in locis ejusdem codicis modeste cadem significatione usurpatur. In hujusmodi vitia similiter invehitur Juvenalis sat. 14, vers. 141 seqq., Et proferre libet fines, etc. Sed quæ reverentia legum? Quis metus, aut pudor est unquam properantis avari? Exemplum insigne jungendi domibus domus habuerunt veteres in domo aurea Neronis, de qua hoc exstat distichum apud Suetonium cap. 3, Roma domus fiet : Veios migrate, quirites : Si non et Veios occupat ista domus.
310. Fortasse Nobilitas plures decepit. Tertullianus de Judic. Domini : Si raptor grassatus erat, si fraude clientes Distulerat, si mente parum versatus amica. Virgilius lib. VI, vers. 609, Pulsatusve parens, aut fraus innexa clienti. Studium et fidem erga clientes maxime laudabant veteres, ut contra turpe ducebant eos decipere, fallere, deserere. Suetonius in Cæsare cap. 71, Studium et fides erga clientes ne juveni quidem defuerunt.

312. Transposui hos versus, quia sententia id postulare videbatur. Juvenalis sat. 6, vers. 596, Quæ steriles facit, atque homines in ventre necandos Conducit.
313. Parvi et parvuli simpliciter pro pueris et infantibus a Cicerone, Statio, Suetonio aliisque usurpatum.
315. An Internos, pariterque suos? Vel intellige externos, quia filii ad patrem etiam pertinent, aut innuitur, conceptus esse ex patre non legitimo. Furit damnare cum infinitivo probum est. Fortasse a furit melius nova periodus inchoabitur.
316. Conceptus pro fetu, ut lib. I, vers. 390, Conceptus semine nullo. Plinius lib. XXVIII, cap. 19, Conceptus leporis utero exemptus. Suetonius in Domitiano cap. 22, Ut etiam causa mortis exstiterit (fratris filiæ) coactæ conceptum a se abigere. Damnare est damnum inferre fetui, Hispanice danar. Vide Prudentium Hamartig. vers. 650, Damna aures, Pater alme, meas. Sedulius lib. III, vers. 125, Siccisque fluentis Damnavit patulas audax fiducia venas.
317. Venenum vocat medicamentum, quo fetus excutitur et vita privatur. Hieronymus ad Eustoch. de Cust. virg., Nonnullæ, cum se senserint concepisse, de scelere abortii venena medicantur. In concilio Ilerdensi anno 546, can. 2, qui ejusmodi potiones conficiunt, venefici vocantur. Lege Augustini verba ad vers. 522.
518. Ordo et sensus est, Ut quæcunque hoc (venenum) bibit, mortem hauriat non sibi, quia hujusmodi medicamentum mors est fetui, non matri : quia tamen hujus vita in eo scelere nonnunquam periclitatur, supra dixit, Sui nec cura pericli est. Huc pertinent ironicæ laudes quibus Horatius Canidiam prosequitur Epod. 17, in fine : Tibi hospitale pectus, et puræ manus, Tuusque venter partumeius, et tuo Cruore rubros obstetrix pannos lavit, Utcunque fortis exilis puerpera. Quod alii alio modo exponunt. Minucius in Octavio de ethnicis mulieribus : Sunt quæ in ipsis visceribus medicaminibus epotis originem futuri hominis exstinguant, et parricidium faciant antequam pariant. Confer notas Elmenhorstii, Ouzelii et aliorum.
519. Levius crimen ait esse quod committunt novercæ, cum liberos prioris uxoris veneno, aut alio modo occidunt, quam sit scelus matrum, quæ filios

247 Audet in externos genitos, quam mater
[agit rem.
Dextra novercalis jam natos mittit ad umbras,
Ante mori genitrix, quam nasci, pignora co-
[git.
Ne mala sufficerent, faciunt pejora nocentes.
Mortua quin etiam non linquunt membra
[quieti,
Sollicitant animas mortis jam lege quietas
Cantibus infaustis, herbis, atque arte nefanda,
248 Et responsa petunt tenebris de voce se-
[pulcri,
Ut cantavit agens animam in pythone pro-
[phetæ
Infelix Saul. Cur non graviora mereri
Omnia debuimus, qui sic peccamus inique?

Sol, lux, clara dies, luna, stellæque mi-
[cantes,
Vel quæcunque Deo famulantur sidera magno,
Militia præclara poli, vel pontus, et aer,
Et tellus accepta Dei præcepta reservant,
Ac devota pie per sæcula mille morantur;
Nec tam longa movet diversi temporis ætas,
Ut legem servare negent, aut tempora mutent
Contra jura Dei, contra præcepta Tonantis,
Splendet sole dies, illustrat Cynthia noctes,
Et quasi gemmatum distinguunt sidera cœlum,
249 Æstuat undosum pelagus, ceu fluctibus
[astra
Impetat, et terram spumis operire minatur.
Nec tamen egreditur transgresso limite pun-
[ctum:

SCRIPTURA COD. VAT.

320. *Quam*, dubie.
321. *Dextra novercales i. n. m. a. umbras*. Non clare scribitur *dextra*, et prius erat *ad undas*.
322. *A. mortem g. quam n.* scribitur *quam* nexu litterarum.
323. *Nec mala*.
326. *C. infavistis h.*

328, 329. *Et cantavit agens animam aqi n·ct* *prophetæ Fascibus et scelerum cur.*
333. *Militia per clara p.*
335. *Pie sæcula*.
337. *Legem serva negent*.
339. *l. quintia n.*; prius *quintia montes*

NOTÆ.

suos mori cogunt, antequam nascantur. Novercæhac infamia laborant, quod filios prioris uxoris odio prosequantur, præsertim postquam suos ipsæ ediderint, superstitesque habeant. Ovidius lib. I Metam., vers. 147, *Lurida terribiles miscent aconita novercœ*: et Heroid. epist. 12, vers. 187, Medea : *Si tibi sum vilis, communes respice natos. Sæviet in partus sæva noverca meos.*

321. *Dextra novercalis*, ut apud alios *novercalia* odit, *novercales* oculi, *novercalis* animus.

322. Augustinus de Nuptiis et Concup. ad Valerium libr. I, cap. 15, *Aliquando eo usque pervenit hæc libidinosa crudelitas, vel libido crudelis, ut etiam sterilitatis venena procuret, et si nihil valuerit, conceptos fetus aliquo modo intra viscera exstinguat ac fundat, volendo suam prolem prius interire quam vivere, aut, si in utero jam vivebat, occidi antequam nasci.*

323. *Ne mala sufficerent*, hoc est ne mala, quæ fecerunt, sola essent, aut ne mala alia succederent. Prior interpretatio magis placet : nam in canonibus conciliorum sæpe fit mentio adulterii, ex quo hi fœtus concepti sunt, quia plerumque abortus ex illicito concubitu procurantur. In concilio Eliberitano can. 63, *Si qua mulier per adulterium, absente marito, conceperit, idque post facinus occiderit, placuit ei nec in fine dandam esse communionem, eo quod* GEMINAVERIT SCELUS.

324. Fortasse *membra quieta*; idem vero est *linquit membra quieti*, nec rarum est *linquo* cum simili dativo.

325. Forte *jam lege solutas*. In concilio Eliberitano canon exstat 34, *Cereos per diem placuit in cœmeteriis non incendi : inquietandi enim sanctorum spiritus non sunt*. Quæ verba de magiæ genere, quod mox explicabo, intelligenda esse egregie probat Mendoza in ejus concilii Defensione.

326. Herbarum usus magnus erat in magicis carminibus. Horatius contra Canidiam Epod. 5, vers. 21, *Herbasque, quas Iolcos, atque Iberia Mittit, venenorum ferax*. Valer. Flaccus libr. VII, vers. 352 de Medea : *Majora precatur Carmina, majores Hecaten immittere vires Nunc sibi, nec notis stabat contenta venenis. Cingitur inde sinus, et qua sibi fida magis vis Nulla, Promethœæ florem de sanguine fibræ Caucaseum, tonitru nutritaque gramina promit, Quæ sacer*

ille nives inter, tristesque pruinas Durat, editque cruor, cum viscere vultur adeo Tollitur e scopulis, et rostra irrorat aperto. Idem nec longi languescit finibus ævi Immortale virens, idem stat fulmina contra Sanguis, et in mediis florescunt ignibus herbæ. Adde Ovidium de Remed. amor. v. 261, 263.

327. Forte *petunt tenebrosa voce sepulti*, vel *tenebrosa a voce sepulti.*

328. Locus propemodum insanabilis, cui tamen nonnullam medicinam attuli ex historia Saulis, animam Samuelis, e mortuis evocantis, quam Dracontius indicat. Libr. I Reg., cap. XXVIII, v. 7 et seqq., *Dixitque Saul servis suis : Quærite mihi mulierem habentem pythonem... veneruntque ad mulierem nocte, et ait illi : Divina mihi in pythone, et suscita mihi, quem dixero..... Dixit autem Samuel ad Saul : Quare inquietasti me, ut suscitarer?* Posset etiam aliter emendari : *Et cantavit agens animam sub nocte prophetæ*. *Cantavit* sumitur pro *incantavit magicis carminibus*, ut v. 326, *Cantibus infaustis* : nisi malis legere *Incantavit agens*. De hac infami arte evocandi animas e sepulcris Ovidius de Remed. amor. v. 253, *Me duce, non tumulo prodire jubebitur umbra, Non anus infami carmine rumpet humum.*

329. Confer v. 253.

331. Potest etiam interpungi *Sol, lux clara, dies.*

333. Fortasse Dracontius voluit *per clara*, ut *percarus, percautus*. Sed *præclarus* magis est in usu. De astris, militia poli, vide notata ad v. 25, *Militia famulante sua servire fidelis.*

334. *Reservant* compositum pro simplici *servant*.

335. Vide v. 54 et 348, et l. I, v. 142, de verbo *morari*.

336. Vide v. 94 et 388.

339. A Cyntho Deli monte Cynthius dictus Apollo, et Cynthia Diana. Pro luna Cynthiam ponunt Lucanus, Seneca in trag. et alii ; ac rursus Dracontius in Eleg. v. 239.

340. Solinus in fragment. apud Pithœum pag. 267, *Candidus æther Astrigeram faciem nitido gemmavit Olympo.*

341. *Undosum* æquor dicitur a Virgilio l. IV Æn., v. 313.

343. Forte *pontum* pro *punctum*. Retineri potest *punctum* pro minima et individua lineæ parte. Clau-

In sua regna furens confringitur, et redit in se **A**
345 Æstus, et unda maris, *validus licet excitet æquor*
Ventus, et insani feriant sub littora fluctus;
Pendula cæruleum non audet scindere tellus
250 Invasura fretum, tantum contenta mo-
[ratur
Tramite juncta suo, ripis mirantibus æquor,
350 In cumulos, montesque videns insurgere fluctus:
Nec pavet, invaditque, nec illa invaditur undis.
Est homo grande malum, legis transgressor,
[et audax,
Criminis inventor, scelerumque repertor, et
[auctor,
Immemor auctoris, mortis dux, germinis Evæ,
355 Oblitusque sui patris, inimicus, et hostis **B**

Omnibus, atque suus, solus sub tempore parvo
Transgreditur præcepta Dei : scelerata propago
Nascitur, ex fonte sceleris genus omne meamus,
Ex primo quicunque sumus nunc usque creati,
360 Non pietas, non ira Dei nos ulla coërcet.
Sæcula quod fuerant transacta ad tempora Noe,
Et scelus assiduum, vel sæva piacula mundus
Adderet, et nullus hominum retineret honestum,
Nec tamen ulla simul processit poena reorum,
365 **251** Inde gigantæa moles præsumpta rebellat,
Sacrilega cervice tumens, quodcunque valebat,
Aut poterat, *stolido sibi demens arrogat ausu*,
Nil reputando Deo, per quem valet omne,
[quod exstat.
Despexit Dominum velut insuperabilis audax

SCRIPTURA COD. VAT.

345. *Æstus, et unda maris*..... alia desunt.
351. *Nec pavet, invaditque nihil invadit ab undis.*
354. *Dux terminis ævi.*
355. *Oblitusque sui patrans i.*

362. *Et scelus ad sidum vel nova p.*
365. *Inde gigantorum moles.*
368. *Deo per quod v.*
369. *D. sicut i.*

NOTÆ.

dianus lib. I in Rufinum, v. 5. *Præscriptosque mari fines* unum ex argumentis hoc prædicat pro divina providentia, qua res creatæ reguntur. Sedulius lib. I, vers. 62, *Qui maris undisonas fluctu surgente procellas Mergere vicinæ prohibes confinia terræ.* Aldhelmus in procemio libri de Virginit., *Sic quoque fluctivagi refrenas cærula ponti, Mergere ne valeant terrarum littora lymphis, Sed tumidos frangant fluctus obstacula rupis.* Barthius lib. LVI Advers., cap. 1, recte notat, Aldhelmum hoc argumentum corrupisse : non enim jam miraculum est, rupibus obsistentibus, mare non mergere terras : est vero plus quam miraculum, littoribus plano loco allutis, imo impellentibus tam immanibus fluctibus, non sequi unum plures, sed redire cum uno omnes in sese. Unde et pro spirante animali oceanum habuerunt nonnulli philosophi. Hæc fere ille : ex quibus percipitur, quam apte Dracontius hoc in argumento versetur. Simili ratione auctor carminis de Laud. Dom. sub Constantino : *Cujus ad imperium certis mare constitit oris, Nec licet immenso terris excurrere ponto, Planaque montanos includunt littora fluctus.*
344. Cap. XXX Job, vers. 11, *Et dixi: Usque huc venies, et non procedes amplius, et hic confringes tumentes fluctus tuos.* Vide Proverb. cap. VIII, vers. 29. Basilius Seleuc. orat. 1, *Fertur illud* (mare) *quidem fluctibus alte elatum, ubi vero terminos attigerit, revertit, refugitque, et Domini vocem littoribus inscriptam cum intuitum fuerit, curvatis fluctibus termini positorem adorat, cumque terram violente feriat, referitur ac divini imperii memor refertur in fugam.* Tertullianus, sive potius Novatianus lib. de Trinit., cap. 1, *Quo cum fremens fluctus, et ex alto sinu spumans unda venisset, rursum in se rediret, nec terminos concessos excederet, servans jura præscripta : ut divinas leges tanto magis homo custodiret, quanto illas etiam elementa servassent.* Corderius ad cap. 58 Job, vers. 8 seqq., *Clarius autem hæc maris obedientia ad divinum præceptum ostenditur, cum agitatur ventis, et intumescunt fluctus ejus : aliquando enim ita erigit suos fluctus, ut ad coelum pertingere videantur, et tanta vi ac impetu in terram irruit, ut eam penitus obruturum appareat : hoc tamen ipso quod arenæ pulveres infirmos et leves attingit, ita se continet, ut nullatenus illos transgrediatur.*
346. *Forte feriant sua littora*, ut sic melius periodus incipiat *Validus licet*, etc. Virgilius ecl. 9, v. 43. *Huc ades: insani feriant, sine, littora fluctus.*
347. *Scindere fretum*: sic navis scindit aquas, remorum ictu freta scinduntur, fluvii natatu. Terra

vero non scindit mare, quia non prohibet quominus suos fines attingat, neque ipsa in illud irrumpit. Pendula vocatur terra, quia mari tanquam fundamento innixa a Dracontio, aliisque ponitur. Vide lib. I vers. 152, *Et, solidante globo, gravior per inane pependit.*
348. *Moratur*, consistit, cohibetur. Lib. I, vers. 142, *Limitibus contenta suis elementa morantur.* Sæpius hoc verbum *morari* eadem significatione Dracontius usurpat, ut hoc l. II, vers. 54 et 355.
351. Forte *invaditve*.
352. Confer notata ad v. 344 ex Tertulliano et aliis.
354. Forte *terminus ævi* : sed hoc quid sibi velit, non intelligo. Nonnemo suspicatus est *mortis dux, terminis ævi*, ut Adamus fuerit dux mortis, quæ est terminus vitæ humanæ. *Termen* pro termino ab Actio dictum constat ex Varrone l. IV de Ling. Lat., c. 4.
355. *Patris*, Adami, vel Dei : nihil enim occurrit aliud melius pro *patrans*. Et Dracontius quidem sæpissime Deum patrem et parentem vocat.
356. Adamus primus fuit qui solus, cum elementa omnia Deo servirent, paulo postquam creatus fuit, Dei præceptum transgressus est. De ejus peccato v. 235. Adamum posteri imitantur.
358. Fortasse *Nascimur*. De peccato originali supra vers. 240. Hic clarius explicatur dogma catholicum.
362. Posset etiam pro *nova* poni *nota*. Sed *sæva piacula* dixit Dracontius lib. I, vers. 339, *Ad scelus horrendum, vel sæva piacula mortis*, et hoc l. II, vers. 401, *Redeunt ad sæva piacula mores.*
365. *Gigantorum* in secunda declinatione non reperio exemplum : et facile aliquis *gigantæa* mutaverit in *gigantorum*, quod nesciret postremam produci ratione cæsuræ. *Præsumpta* pro *audax*, a quo etiam *præsumptuosus* sequiori ævo factum. Posset versus restitui, *Inde rebellavit moles præsumpta gigantum*. Desumptum id est ex Genes. cap. VI, vers. 4 seqq., *Gigantes erant super terram in diebus illis*.... *isti sunt potentes a sæculo viri famosi. Videns autem Deus, quod multa malitia hominum esset in terra, et cuncta cogitatio cordis intenta esset ad malum omni tempore, poenituit eum, quod fecisset hominem ; et tactus dolore cordis intrinsecus : Delebo, inquit, hominem, quem creavi,* etc. Hanc narrationem multi poetæ Græci, et Catullus in Epith. Pel., et Teth. cum fabulis interpolarunt, ut observavit Grotius lib. I de Verit. Christ. relig., et post hunc alii.
368. Vers. 225, *Et tibi, quidquid habet, reputans debere fatetur*, quod de serpente dictum.

570 Terrigena proles, meruitque infanda propago **A** *Et solum emergens divino condita jussu*
Naufragium terrestre pati, dum littora nusquam   Enatat inter aquas cum mundi civibus arca,
Terra, licet distenta, daret, quod flumina pontus   Conceptu paritura simul juvenesque, senesque,
Obrueret, pontumque nocens absconderet   385 Et pueros, matresque pias, tenerasque puellas.
[imber,   Una dies produxit avum, serosque nepotes.
Cum moribunda fretis silvestria cuncta natarent,   **253** Excepit pariter tellus natosque, patresque,
575 Et genus æquoreum pascens in montibus altis,   Æquævosque facit diversi temporis ortus.
Ac pariter pelagus vastas gestiret in auras,   Non homines tantum fecundior arca refudit.
252 Agmina cum volucrum, quæ protulit,   390 Pace quidem modico dilata est tempore terra:
[unda necaret.   Nam postquam *pelagi cecidit tumor, unda resedit*,
Cum grege nat per rura lupus, venator, et ursus   Diluviumque nocens alta suscepit abyssum,
Mergitur, et nullos metuunt armenta leones.   Littora nudantur, montes, mare, flumina, silvæ,
580 Nam pavor unus erat, totum sors mortis ha-   Apparent fontes, paulatimque arida tellus
[bebat,   595 Redditur, et redeunt cunctis iræque, metusque
Nec qui fleret, erat, cunctos mors una tenebat.   Jam tecta tellure feris gregibusque, avibusque.

SCRIPTURA COD. VAT.

371. *Naufragium terra est repati d.*
372. *Quod*, ambigue.
375. *Æ. pascit in.*
376. *Gestiret in undas.*
378. *Cum greges fit tractura lupus v. e. v.*
382. *Nec solum*..... desunt alia.
384. *Conceptum p.*

B 388. *Et quæ vosque facit.*
390. *Pace quidem modica dilata de littore tenta*; prius erat *littoræ*.
391. *Nam postquam*.... desunt cætera.
392. *Nocens altus s.*
393. *N. monte m.*

NOTÆ:

370. Gigantes e terra natos veteres in fabulis finxerunt, et inde nomen Græcum est quasi *terrigena*. Dracontius l. I, v. 239, omnes homines *terrigenas* vocat, quæ alia est ejus vocabuli significatio.
372. Forte *cum* pro *quod;* sed librarius voluisse videtur *quod*, nam *cum* semper scribit, non *quum*.
375. Horatius diluvium simili modo describit l. I, od. 2, *Omne cum Proteus pecus egit altos Visere montes. Piscium et summa genus hæsit ulmo, Nota quæ sedes fuerat columbis, Et superjecto pavidæ natarunt Æquore damæ.* Irrisisset, opinor, Horatius censuram **C** Senecæ contra Ovidium, de qua nunc dicam ad vers. 378.
376. *Gestiret in auras* (nam *in undas* mendum puto), scilicet auras quasi invaderet.
377. Pisces et pelagus gestiebant, cum auras impeterent; sed volucres necabat aqua, licet ex ea ortum duxerint. Vide lib. I, v. 240.
378. Ovidius l. 1 Metam., vers. 304, *Nat lupus inter oves, fulvos vehit unda leones, Unda vehit tigres*, etc. Seneca Natur. Quæst., cap. 27, l. III, Ovidium hoc loco reprehendens ait: *Non est res satis sobria lascivire devorato orbe terrarum*. Senecæ Muretus Lipsiusque assentiuntur. Sed poetarum ingenia ad philosophorum normam non sunt exigenda. Vide not. ad v. 575.
579. Virgilius eclog. 4, *Nec magnos metuunt armenta leones.*
580. Mar. Victor l. II in Genes, *Cum quadraginta diebus Unius pluviæ furor, et mors una fuisset.* **D**
583. Alcuinus, carm. 199, ex Dracontio, ut puto, *En natat in liquidis mundi cum civibus arca.* Forte *Enatat in*.
584. Forte *Conceptos paritura.* Genes. cap. VII, v. 7, *Et ingressus est Noe, et filii ejus, uxor ejus, et uxores filiorum ejus cum eo in arcam propter aquas diluvii.*
585. *Pueri* sunt filii Noe Sem, Cham et Japheth, *puellæ tenera* uxores eorum. Eædem dici possunt piæ matres, quia ex illis genus hominum propagandum erat post diluvium.
586. Quod eadem dies natos patresque produxerit, ut v. seq. dicitur, nullam habet difficultatem: at quod produxerit avum et nepotes, non intelligitur, nisi credamus, uxores filiorum Noe neptes hujus fuisse: quanquam tunc dicendum fuisset *seras neptes*, aut

seras nepotes, nam *nepos* etiam feminæ aliquando applicatur. *Seri nepotes* apud Valerium Flaccum lib. VIII, vers. 394, sunt, qui multo post nascentur, ut *sera posteritas* apud alios. Sed quo sensu dici poterit, unam diem produxisse avum, et eos qui multo post erant nascituri? Equidem existimo, Dracontium putasse, aliquos filios filiorum Noe ex arca prodiisse, intra arcam scilicet natos: nam quod arcam soli octo homines ingressi fuerint, expressum est in ep. I S. Petri, cap. III, vers. 20, *In qua* (arca) *pauci, id est octo animæ salvæ factæ sunt per aquam.* Æque certum mihi est non nisi octo homines ex arca egressos, neque venit in mentem an alii cum Dracontio opinati fuerint. Mahometus in Alcorano confinxit familiam Noe, excepto Chanaan, aliosque ad 78 vel 80 homines in arcam fuisse introductos. Quod rex Basan nomine Og, arcæ tecto insidens diluvio se subtraxerit, ut tradunt nonnulli Hebræi, quod sibylla Babylonia in arca cum Noe fuerit, ut ipsa refert, quod Philemon sacerdos Ægyptius cum familia sua receperit se in arcam, ut aliqui rabbini olim docuerunt, nugæ sunt et fabulæ. Pererius in cap. VI Genes., disput. 4, lib. x, communem Hebræorum et Christianorum doctorum sententiam esse affirmat, Noe atque filios ejus, quoad fuerint in arca, non dedisse operam generationi. Quo difficilior redditur Dracontii opinio nunc explicata. Fortasse sibyllæ Babyloniæ fidem secutus est Dracontius: nam sibyllarum carmina in pretio apud nonnullos veteres fuerunt. Cum autem hæc sibylla retulerit, se cum viro in arca servatam fuisse, aliqui opinantur, eam diversam non esse ab uxore Noe.
588. Antea vers. 336, *Diversi temporis ætas*; et v. 67, *Diversi sanguinis ortus.*
589. Forte *Nec homines*, et *refudit.*
590. In tantis tenebris non video quid melius tenere possim.
591. Supplevi ex Hilario in Genes., *Postquam diluvii cecidit tumor, unda resedit.*
592. Cum *abyssvs* sit feminei generis, legi potest ac debet *alta*, producta ultima ob cæsuram. Avitus lib. IV, v. 553, *Quæque prius vomuit lethali ex ore fluenta, Objicibus propriis constricta resorbet abyssus.* Nam ex cap. VII Genes., v. 11, in diluvio *rupti sunt omnes fontes abyssi magnæ.*

Impia gens hominum scelerum mox vota re-
[sumit,
Et facinus reparare cupit; ne peraeret usum
254 Criminis illuvies, et tanquam damna su-
[biret,
400 Sic hærent delicta malis grassante reatu,
Sic passim redeunt ad sæva piacula mores,
Pertulit et stadium princeps impune vagari,
Ut revocarentur sociati crimine multo.
Sed postquam in pejus hominum procedere
[vidit
405 Pessima vota Deus, rursus ne peraeret orbem,
Aut impune reos passim dimitteret omnes,
Eligit e cunctis, quos plus peccare videbat,
Supplicio censura Dei super astra coacta.
Et quia diluvium jam non dabit unda secundum,
410 Sulphureas his fundit aquas, nigrumque bitu-
[men

Compluit, et flammis ultricibus imber adussit
Quinque cremans urbes, populos, et mœnia
[damnat,
255 Ignibus æthereis succiso cæspite cocto.
Pinguis et in cineres putrescit gleba soluta
415 Nos sumus auctores nostris, heu! cladibus
[omnes,
Pauperiem, gemitus, mortem, tormenta, do-
[lores
Nos nobis facimus peccando sponte maligne.
Segregat Omnipotens merita pro moribus orbis,
Non sociant pœnæ, quos non junxere reatus.
420 Loth justus, famulusque Dei, sine fraude, fi-
[delis,
Inter tot scelerum turbas pius unus, et insons
Eripitur de morte truci sine crimine visus,
256 Et servatus abit vitæ melioris amator,
Qualiter ereptus Noe servatur in arca

SCRIPTURA COD. VAT.

397. Videtur scriptum *v. resummit.*
400. *M. crassante reatu.*
405. *Vota rursus.*
406. *Omnes,* non clare.
411. *Et flammas v.*
414. *Gleba solutas.*

418. *Moribus,* obscurum est.
422. *De morte crucis sine.*
423. *Et servator abit.*
424. *Q. erectus N.;* dubium an *servatur,* an *servatus* sit scriptum.

NOTÆ.

397. *Vota scelerum,* ut vers. 405, *Pessima vota,* et lib. I, vers. 694, *Mala vota reorum.* Cyprianus de Sodoma: *Sed recidiva hominum pariter cum gente secunda Impietas, iterumque mali nova pullulat ætas:* videlicet post diluvium. *Resumere vota sceleris,* ut Claudianus l. II in Rufinum, vers. 444, *Sed redit in faciem, scelerumque immane resumit Ingenium.*

399. *Tanquam damna subiret,* scilicet gens hominum, si perderet usum criminis. Confer l. I, vers. 475 seq.

401. Vide v. 362.

402. Obscurum id est. Sensus hic videtur esse: Permisit Deus homines impune vagari, ut crimine multo sociati revocarentur. *Princeps* pro Deo, ut dictum ad vers. 31. *Vagari stadium* cum accusativo, ut vers. 185, *Sic mare velivolum mercator nauta vagatur.* Eugenius Toletanus in oratione ad Deum ait: *Et vitæ stadium placido percurrere passu.* Vide num melius *Pertuleratque diu princeps i. v.,* aut *Pertulit atque diu princeps i. v.,* aut *Pertulit et stadium princeps i. v.,* aut *Pertulit et studium præceps i. v.,* ut intelligatur Deus ex v. 405.

404. Lib. I, vers. 476, *Procedere pejus Ausum quippe nefas.*

407. Suspicor trajectionem esse ac prius legendum *Supplicio censura,* etc., deinde *Eligit e cunctis.*

409. Genes. cap. IX, vers. 11.

410. *His,* nempe quos plus peccare videbat. Loquitur, ut vides, de Sodomitis. Genes. cap. XIX.

411. Forte *flammis ultricibus irruit imber,* aut *imber adurit.* *Compluo* Varronis verbum.

412. Pentapolis, ut nomen præfert, est regio quinque urbibus constans. Sed non omnes illæ quinque urbes igni absumptæ sunt: nam Segor precibus Loth ab incendio liberata est, reliquæ Sodoma, Gomorrha, Adama, Seboim cœlesti igne perierunt. Dracontius ergo nomen regionis Latinis verbis expressit, ut cap. x Sapient., vers. 6, *Hæc justum a pereuntibus impiis liberavit fugientem, descendente igne in Pentapolin.* Traditum etiam est, quædam oppidula, quæ his urbibus subjecta erant, incendio simul periisse. Præter hanc Pentapolin Palæstinæ fuere plures aliæ in diversis orbis partibus Pentapoles nominatæ.

413. Mar. Victor libr. III, vers. 778, Genes., de eodem incendio, *Depressisque cavos consumpto cæspite campis Pandunt arva sinus.*

414. *Putrescit a putris* ea significatione, qua *putris* est solubilis, solutus, flaccidus. Statius libr. VI Theb., vers. 234, dixit *putres cineres.* Vide Eleg. vers. 84, *putris arena.* Mar. Victor libr. cit., vers. 776, *In cineres donec cautes, tellusque resultans Transeat, ac penitus mersæ solvantur arenæ.* Intelligi etiam poterit de fructibus, de quibus Cyprianus Carmine Sodomæ: *Solvitur in cinerem, fit vana favillaque pomum.*

415. Albinovanus Consol. ad Liviam, vers. 12, *Fortior ut possis cladibus esse tuis.*

417. Hæc omnia ex arce Dei descendere docuit Dracontius libr. I, vers. 13 seqq. Sed etiam tunc peccatis hominum tribuit, quod Deus iram suam in eos exerceat. Merentur autem homines istiusmodi pœnas non solum ob peccatum originale, verum etiam ob alia, quæ quisque private committit, et a quibus nemo in hac vita liber est. Cæterum graviora quædam supplicia, quibus Deus urbes ac regna nonnunquam affligit, mores hominum palam corruptos et publica scelera plerumque puniunt.

418. Vide libr. I, vers. 12 et 541 seqq., et libr. II, vers. 467 seqq., et 808, quibus in locis eadem sententia repetitur. Hoc loco Dracontius Abrahami verba ad Deum exprimit, Genes. cap. XVIII, vers. 25, *Absit a te ut rem hanc facias, et occidas justum cum impio, fiatque justus, sicut impius: non est hoc tuum.* Verum etsi Deus post hominum obitum merita pro moribus uniuscujusque certissime segregabit, et interdum etiam in hac vita innocentes homines liberet, ne cum impiis supplicio aliquo absorbeantur, tamen nonnunquam patitur illos eadem pœna, seu calamitate temporali involvi. Olim quidem hic cursus divinæ providentiæ erat, ut mala temporalia improbis, bona probis fere acciderent: ex quo amici Jobi decepti universim colligebant neminem innocentem in hac vita flagellari. Vide c. IV Job.

421. *Turbas scelerum,* scilicet sceleratorum metonymice, ut apud Terentium, et sæpe apud Plautum *scelus* pro scelerato ponitur.

422. Lego *de morte truci,* ut vers. 703. *Et revocans a morte truci.*

CARMEN DE DEO. LIB. II.

425 Nec generale malum sensit specialior hospes.
Tot gens nostra malis nondum correpta vel
[audet
.riminibus laxare fores sine fronte pudoris,
Supplicia et scelerum non damnat prava, sed
[auget.
Hinc obscena fames, morbi, mors, luctus, ege-
[stas,
430 Tædia, bella, lues, clades, jactura, labores.
Nam sic factus homo fuerat, primordia nostra,
Ut volucres; pascendus erat sine clade laboris,
Vomere non terram proscinderet, atque ligone,
Non peregrina vagus rapidis deposceret undis,
435 Committens animam ventis, et fluctibus audax,
257 Sponte parans fructum, vinum et de fon-
[tibus uvæ
In morem fluvialis aquæ; longæva liquores
Semper oliva virens, certo non tempore ferret,
Mella darent vepres, sentis sudaret amomum,
440 Omnis ager pigmenta daret vernantibus her-
[bis,
Et rosulas proferret hiems, servaret et æstas
Lilia purpurea, flos omnis staret odore,
Nec marceret honos violæ pallore decenti,
Non niger, aut albus tantum color esset in
[agnis,
445 Sed rubicunda daret pretiosus vellera sandix,
Lanigeras vestiret oves et muricis ostrum,
258 Fabula certa foret Phrixei velleris aurum,
Famam *scenarum verax narratio ferret*
Per populos, certamque fidem sine crimine
[tanto.

SCRIPTURA COD. VAT.

425. *Specialior hostis.*
426. *Malis non vel correpta.*
427. *Laxare frenos sic f.*
429. *morbi mox luctus.*

433. *Atque ligones.*
436. *Innuitur fontibus in nexu litterarum.*
438. *Semper olivarum certo.*
448. *Famam scenei verax ... deest reliquum.*

NOTÆ.

425. Lego *specialior hospes* : etsi enim olim *hostis* significaverit peregrinum, censeo tamen Dracontium ex sui temporis usu scripsisse *hospes*. Loth vero hospes erat, tum quia advena, tum etiam quia hospitio angelos exceperat. *Specialis* est peculiaris, cui opponitur *generalis*.
427. Fortasse *laxare jugum*, ut apud Silium libr. XI, vers. 17. Sic alii *laxare frenos*, *laxare habenas*; sed *frenos* non stat cum metro. Plinius libr. XXXII, c. 2, sect. 5, dixit *laxare fores*, quod ad metaphoram trahi valet. Conjici etiam potest *nondum correpta*, vel *audax Criminibus laxat frenos.*
428. Forte *Supplicia et scelera.* Augentur vero supplicia scelerum, cum augentur ipsa scelera. Hinc obscena fames, morbi, etc.
429. *Obscena fames*, infausta, apud Virgilium et alios.
431. Potest interpungi *Nam sic factus homo fuerat, primordia nostra; Ut volucres, pascendus erat*, etc.
432. Lucretius libr. v, vers. 370, *Cladem importare pericli.* De providentia Dei erga aves Matth. cap. VI, vers. 26, et cap. X, vers. 29. Prudentius, Psych. v. 617 seqq., idem argumentum exponit.
433. Confer l. 1, v. 449 seqq.
435. *Committere* pro tradere in dubio eventu, ut *committere se navigationi, viæ, periculo*, et apud Justinum l. II, cap. 12, *committere salutem navibus.* Dracontius Juvenalem imitatur sat. 12, vers. 157, *I nunc, et ventis animam committe dolato Confisus ligno.* Claudianus in præfat. ad libr. I de Raptu Proserp. *Qui dubiis ausus committere flatibus alnum.* Horatius l. I, od. 3, vers. 9, *Illi robur, et æs triplex Circa pectus erat, qui fragilem truci Commisit pelago ratem Primus.* Veteres ethnici navigationis usum vehementer in suis scriptis improbabant, et contra deorum voluntatem inventum asserebant. Columella in præfat. : *An bellum perosis maris, et negotiationis alea sit optabilior, ut rupto fœdere naturæ terrestre animal homo ventorum et maris objectus iræ se fluctibus audeat credere.* Adisis Barthium libr. XVII Advers., cap. 9, et Ovidium I Met., v. 94 seqq.
438. Libr. I, vers. 166, *Et semper vestita comis frondescit oliva.* Sensus est quod oliva quovis anni tempore fructus proferret.
439. Libr. I, vers. 199, *Non apibus labor est*, etc. Virgilius eclog. 4, v. 30, *Et duræ quercus sudabunt roscida mella.* Ovidius I Met., vers. 112, *Flavaque de viridi stillabant ilice mella.*

440. Libr. I, vers. 176, *Generans pigmenta per herbas.*
441. Libr. I, vers. 717, nonnulli legunt *Qui rosulis stellare nemus;* alii aliter. Etiam hoc loco legi posset *Atque rosas proferret.*
442. Staret, permaneret, semper vigeret et odore sustineretur, ac constaret. Virgilius VI Æn., vers. 300, *Stant lumina flamma.*
443. Ovidius l. I Met., vers. 107, *Ver erat æternum, placidique tepentibus auris Mulcebant zephyri natos sine semine flores.*
445. Virgilius eclog. 4, vers. 45, *Sponte sua sandix pascentes vestiet agnos.* Ex quo versu nonnulli colligunt, sandicem herbam esse qua pasti agni colore sandicino tingerentur : atque ita Virgilium intellexit Servius, et Plinius libr. XXXV, sect. 23, cap. 6, qui tamen ipse docet, sandicem genus esse rubri coloris fictitii, cujus conficiendi modum explicat. Dracontius innuit sandicem herbam non esse, sed agnos sandicis colorem habituros: etsi Virgilius quoque eodem sensu exponi valet, quod agni dum vulgo pascuntur, vellere se induerent coloris sandicini, ut de murice fere idem affirmat. Cum autem Plinius sandicem inter viliores colores recenseat, quæri potest cur pretiosum Dracontius vocet. Non alia de causa, opinor, nisi quia vellera eo colore tincta pretiosa sunt, vel quod is color pretiosus est in velleribus.
446. Virgilius eclog. 4, vers. 43, *Ipse sed in pratis aries jam suave rubenti Murice, jam croceo mutabit vellera luto.*
447. *Phrixei* recte habet ms., alii minus bene scribunt *Phryxeus.* Ovidius Heroid. epist. 6, vers. 104, *Aurea Phrixeæ terga revellit ovis*, et epist. 18, vers. 103, *Invideo Phrixo, quem per freta tristia tutum Aurea lanigero vellere vexit ovis.* Phrixus ariete deaurato vectus Colchos pervenit, ubi arietem immolavit, et pellem inauratam in templo Martis posuit, quam Jason ope Medeæ abstulit. Vide Hyginum fabul. 3, Ovidium et alios mythologos.
448. Sic divinans reposui. De Medeæ tragœdia agi puto, quæ passim in scenis veterum exponebatur. Horatius in Arte vers. 185, *Nec pueros coram populo Medea trucidet. Famam* ergo *scenarum*, vel, si mavis, *scenæi* more Lucretiano intelligo famam velleris aurei, quod prodidit Medea. Tunc enim sine crimine Medeæ vellera aurea homines viderent, et fidem narrationi de eis præstarent. *Scenæ* verbum sæpe adhibetur, cum scelera in tragœdiis exhibita indicantur. Cicero

450 Viscera non terræ tantum pretiosa metallum **A**
Servarent abstrusa nimis, nec gemma lateret;
Omnia sed passim facies telluris haberet,
Omnibus in terris regio non indiga mercis,
Vilior illa foret populis, portantibus euris.
455 At nunc plectibiles humanæ mentis ubique
Dulcia subducunt mores, et amara ministrant.
Forsitan opponant homines delicta fatendo,
Angelicum peccasse genus, quod purior aer,
259 Et super astra polus, vel cœli regna tene-
[bant.
460 Ante tribunal erant, ubi casta, et sancta vide-
[rent
Corporis expertes terreni ponderis omnes :
Et sic error eos tenuit, crimenque nefandum.

Quid homines miseri, fragili sub tegmine carnis
Captivos quos membra tenent, et corporis usus?
465 Sic vobis responsa dabo : Quid culpa aliena
Objicitur? purgare potest, quod gessit iniquus,
Alterius quodcunque nefas? scelus omne pera-
[ctum
Respicit auctorem, socios, cunctosque ministros
Implicat, et solos facinus, quos inquinat, urget.
470 Inde magis mens nostra rea est, quod pœna
[secuta est
Cœlestes famulos, his nec gravis ira pepercit.
260 Sideris innumeri cecidit pars tertia cœlo,
Cum duce pulsa suo; superum vindicta coercet
Agmina cœlicolum, pereuntia clade perenni.
475 Militiæ pars tanta poli districta sine usu

SCRIPTURA COD. VAT.

454. *Populis peccantibus euros.*   **B**
456. *amara ministrans.*
460. Ex *castra* correctum *casta.*
462. *Et sic terror eos.*
465. *Obscure quid.*

469 *l. e. solus f. quoa s. v.*
470. *Quod,* dubie.
473 *C. d. p. suos superans v. coercens.*
474. *C. perentia c. p.*
475. *Militia pars tanta poli distincta sine usu.*

NOTÆ.

III de Natur. deor., cap. 27, *Nec vero scena solum referta est his sceleribus, sed multo vita communis pene majoribus.* Virgilius IV Æn., vers. 471, *Scenis agitatus Orestes.*
450. Ovidius I Met., vers. 138, *Itum est in viscera terræ, Quasque recondiderat, Stygiisque admoverat umbris, Effodiuntur opes.*
451. Vide l. I, v. 505 seq.
452. *Facies telluris est summa et extima pars terræ* : inde *superficies* dicta. Virgilius eclog. 4, vers. 39, *Omnis feret omnia tellus.*
453. Virgilius loc. cit., vers. 138, *Cedet et ipse mari vector, nec nautica pinus Mutabit merces.* Forte *regio* **C** *nulla indiga mercis.*
454. Lego *portantibus euris,* vel quod venti ipsi sine navibus merces portarent, vel quod euri juvarent, ut omnis ferret omnia tellus. Vide libr. I, vers. 197.
455. *Plectibiles mores,* ut vers. 269, *plectibilis actus.* E solo peccato originali omnes hujus vitæ calamitates originem ducunt, sed ita ut peculiaribus hominum peccatis magnopere augeantur.
458. *Purior aer,* ut l. I, vers. 334, Eleg. vers. 89. Argumentum petitum est ex cap. IV Jobi vers. 18, *Ecce qui serviunt ei, non sunt stabiles, et in angelis suis reperit pravitatem. Quanto magis hi qui habitant domos luteas, qui terrenum habent fundamentum, consumentur velut a tinea?*
460. Solium Dei vers. 101, vocatur *cœleste tribunal.*
461. Expende num melius *Corporis expertes, terreni et ponderis omnes.* Prudentius hymn. 5 Per., v. 163, sic etiam de corpore : *Vas est solutum ac fictile,* **D** *Quocunque frangendum modo,* ex Apostolo II Cor., c. IV, vers. 7. Dracontius ex libro Jobi sumit et explicat verba *terrenum fundamentum.* Sic etiam Apostolus II ad Cor., cap. V, vers. 1, *Si terrestris domus nostra hujus habitationis dissolvatur.* Sapient. cap. IX, vers. 15, *Corpus enim, quod corrumpitur, aggravat animam, et terrena inhabitatio deprimit sensum multa cogitantem.* Nimirum corpus carcer est animæ.
465. Culpam alienam neminem excusare apertum est, et docet Epiphanius epist. ad Hieronym. inter Hieronymi epistolas 91, al. 73, *Quasi multitudo peccantium scelus minuat et non numerositate lignorum major gehennæ flamma succrescat* : et Hieronymus initio libr. I contra Rufinum : *Quasi culpam numerus peccantium minuat.*
469. Ex Lucano l. V, vers. 290, *Facinus quos in-*
quinat, æquat. Arator libr. I, vers. 501, *Nec pœna sequestrat, Quos par culpa ligat.* Vide notam ad l. I, vers. 541, et l. II, vers. 418, et leg. 22 cod. de Pœnis, qua a pœna submoventur, *quos reos sceleris societas non facit....* ·*Peccata igitur suos teneant auctores, nec ulterius progrediatur metus, quam reperiatur delictum.*
470. Cicero de Haruspic. respons. cap. 18, *Ut quisquam pœnam, quæ sequeretur illud scelus, scire posset.* Sic Horatius l. III, od. 2, *Raro antecedentem scelestum Deseruit pede pœna claudo.*
472. De numero angelorum auctor Cœlest. Hierarch. sub Dionysii Areopagitæ nomine ait cap. 14, *Eloquiorum de angelis traditionem milies eorum esse millia dicere, summos illos quos adhibemus numeros, in seipsos glomerando ac multiplicando, quo per hos aperte declararet cœlestium essentiarum ordines a nobis numerari non posse,* Isaias cap. XIV, v. 12, *Quomodo cecidisti de cœlo,* Lucifer, etc., quod de diabolo plerique exponunt. Cap. XII Apoc., vers. 4 seqq., *Et cauda ejus* (draconis) *trahebat tertiam partem stellarum cœli, et misit eas in terram. Et factum est prœlium magnum in cœlo : Michael et angeli ejus prœliabantur cum dracone.... et projectus est draco ille magnus.... et angeli ejus cum illo missi sunt.* Allegorice de angelis etiam intelliguntur verba illa cap. XXV Jobi, v. 5, *Ecce luna etiam non splendet, et stellæ non sunt mundæ in conspectu ejus. Quanto magis homo putredo, et filius hominis vermis?*
473. *Superum,* scilicet Michaelis et angelorum ejus : vel lege *superat vindicta coercens,* aut *superans vindicta coercet Agmina cœlicolum.*
474. *Clade perenni,* ut l. I, vers. 467, *Incurrant non fraude sua, sed clade perenni,* et apud Tertullianum l. I contra Marcionem, *Periturus morte perenni.*
475. *Militia poli* dicta etiam sunt astra vers. 355. De angelis cap. XXV Jobi, v. 3, *Nunquid est numerus militum ejus?* Genes. cap. XXXII, vers. 1, *Jacob quoque abiit itinere, quo cœperat : fueruntque ei obviam angeli Dei. Quos cum vidisset, ait : Castra Dei sunt hæc.* Lib. III Reg., cap. XXII, vers. 19, *Vidi Dominum sedentem super solium suum, et omnem exercitum cœli assistentem ei a dextris et a sinistris.* Angeli phrasi ecclesiastica sæpe militia cœlestis dicuntur. E sacris Litteris multis in locis constat angelos sæpe habitu militari se conspiciendos præbuisse, modo in equis decoros, modo gladium evaginatum tenentes, modo loricis igneis et hyacinthinis indutos, scilicet ad defensionem bonorum oaratos, et quasi sospitatores in

Debuerat nostros ultro compescere mores :
Et tamen in nobis nullus timor exstitit unquam.
Quis canis allatret, vibices si ora leonis,
260 Colla, caputque ferant, et sanguine fulva
  [rubescant?
480 An solis pereunte die, simul objice terra,
Sidera despiciant umbram, qua cuncta teguntur,
Et superare putent crassas tenui igne tenebras?
Aut sitiente freto jactet se pellere rivus,
Quam nec magna sitim possunt sedare fluenta
485 *Gurgitis æquorei, cunctus si fluctuet amnis?*
Sed quia cœlestis pietas veniale minatur,
Plusque coruscantes flammas, quam fulmina
  [vibrat,
Aut si fulmen habet, montes, et culmina tangit,
Arboribusque caput, cedros, celsasque cupres-
  [sos,
490 Ut terrore domet potius, quam clade profanos,
Est nobis contemptus atrox, animusque nocendi

262 Omnibus est nobis : pietas tamen alma
  [Parentis
Indulgere volens cito, quam punire parata,
Misit ab arce pium cœli per sidera Christum,
495 Qui virtute sua serpentis frangeret artes,
Per vexilla crucis hostis populando cohortes,
Præcipiti jactu quas celsa palatia cœli
Exsilio trusere gravi sub perpete culpa.
Expavit Judæa Deum post viscera matris
500 Maxima tot populis dantem miracula Christum.
Invida continuo, semet læsura, profanam
Sacrilega tenet arte viam livoris iniqui,
Et quærit peritura dolos, quibus improba perdat
Insontem, sanctum rea, noxia, callida, fallax.
505 Et pretium dat turba : Dei commercia fiunt,
263 Discipulo vendente suo, funesta duobus.
Venditor infelix, sed non felicior emptor,
Pars pretium perdit, perdit pars altera mer-
  [cem.

SCRIPTURA COD. VAT.

476. N. *ultra v.*
478. *Quis c. inlatret vivices si terga l.*
479. *Fulva rubescunt.*
480. *Aut solis.*
482. *S. putant c.*
483. *Aut siccante freto jacte....* alia desunt.
484. *Quam nec legendis possunt s. f.*
487. *Plusque, et quam in nexu litterarum.*

489. *Arboribusque capit cedros, celsasque cypressus.*
491. *Est nobis contemptus arax, animique nocent.*
Omnibus et nobis p.
492. *Alma nocentes.*
493. *Quam,* ambigue.
497. *Præcepit jactu quas.*
501. *I. c. semel læsura profanæ.*

NOTÆ.

prælio. Pro *districta,* hoc est *punita,* vel *constricta,* et *illigata,* forte legendum *disjecta.* Mendum etiam videtur *sine usu :* sensus autem est, partem tantam militiæ poli ab honore, quo gaudebat, et quasi usu et exercitio militari dejectam fuisse ; vel, si mavis, angelis peccantibus locum aut defensionis aut pœnitentiæ nullum fuisse relictum.
478. *Allatro* in usu est apud poetas aliosque. *Inlatro* non reperio alibi, ac proinde mendum pu o *inlatret* pro *allatret.* Cum in *vibices* prima et secunda producantur, corrigendum censui *vibices si ora,* ac revera magis congruere videtur *ora* quam *terga.*
480. Descriptio noctis. Dies, qui a sole efficitur, perit nocte. Libr. i, v. 672, *Ducit ubique diem, periturum noctis ab umbris,* et v. 677, *Occidit ipse dies super æquora sole cadente.* Noctis vero umbræ efficiuntur a terra soli objecta. Cicero libr. ii de Natur. deor., cap. 19, *Ipsa enim umbra terræ soli officiens noctem efficit.*
483. Sic restitui locum fere insanabilem. Sensus est : an rivulus jactet, se pellere posse sitim oceani, quam nec magni fluvii sedare possunt, etiamsi omnes confluant in mare ? Fortasse legendum erit *siccan'e* pro *siccato,* ut *minuente* pro *minuto, crispante* pro *crispato, solidante* pro *solidato.*
485. Libr. i, vers. 705, *Gurgitis æquorei, quo mundus cingitur omnis.* Fortasse distinguendum *sedare fluenta, Gurgitis æquorei cunctus si fluctuet amnis,* ut amnes æquorei sive in mare influentes indicentur.
486. Vide vers. 121 Eleg., *Veniale minaris.* Argumentum hoc fuse pertractatum fuit libr. i, vers. 29 seqq., et sæpe alibi. Confer etiam Pisidem de mundi opificio vers. 457, *Tu intendis arcum sæpe,* etc.
487. Claudianus in ii cousul. Stilicon., al. l. iii, vers. 167, *Fulmina vibrat Jupiter;* Ovidius libr. ii de Ponto, el. 2, *Sed placidus, facilisque parens, veniæque paratus, Et qui fulmineo sæpe sine igne tonat.*
488. Horatius l. ii, od. 10, *Feriuntque summos Fulmina montes.*
489. Forte *Arboreumque caput.*

492. Fortasse *pietas tamen alma nocenti Indulgere volens.*
493. Legerem *Indulgere volens, cito nec punire parata.* llic certe Dracontii sensus est. Libr. i, vers. 95, *Corrigit errantem, nec punit morte repente.*
494. *Ab arce pro a cœlo. Sidera* cœli alibi Dracontius dixit. Prudentius Apoth. vers. 615, *Vidimus hunc,* aiunt, *puerum per sidera ferri ;* qua loquendi ratione non sidere vectum puerum, aut a magis visum, sed Christi ortum per sidus annuntiatum in comment. ad Prudentium ostendi loc. cit.
495. Dæmon serpentis nomine frequenter a Patribus indicatur, cui *artes* et *astus* tribuuntur, ut Christo virtus.
497. *Præcipiti jactu,* ut libr. iii, v. 597.
498. *Perpete culpa,* quia locus et tempus pœnitentiæ angelis relicta non sunt, ac semper in eis prava voluntas perseverat. Libr. iii, vers. 65, *Sæva incendia mortis, Quæ sine fine manent, et stant sub perpete nexu;* et v. 72, *sub perpete pœna.* Severus sanctus, sive Endelechius in carm. bucol. *Signum prosit idem perpete sæculo.*
499. Expaveo in præterito, et cum accusativo frequenter occurrit apud poetas et alios.
501. Forte *læsura, profana.*
503. Oppositio in *peritura,* et *perdat* venuste adhibita.
505. Producitur prima in *fiunt,* quod arguit, errorem fortasse esse hoc libr., vers. 191, *Si disjuncta fiant,* et l. iii, vers. 135, *Si jactura fiat.* Nam facilius credam in tam depravatis codicibus mendum irrepsisse, quam Dracontium in eadem syllaba variasse. De hoc crimine Judææ Sedulius libr. iv, al. 5, *Nexibus astrictum Judas ut vidit iniquus, Diriguit, scelerisque sui commercia reddens Incassum, facti pretium, non facta reliquit.*
508. Magis e Dracontii genio videretur *Pars pretium perdit, perdit pars utraque mercem,* nam quod in emptione venditione emptor perdat pretium, venditor mercem, nihil mirum est. Sane verum etiam esset,

Proficit in nobis, qui non contraximus, em-
[ptus:
510. Sanguine distracti maculatur venditor, emptor,
Quo meus nostra sacri mundabitur imbre
[cruoris.
Ah scelus atque nefas! insontem turba reorum
Supplicio, quo digna fuit, cruce, verbere, ferro
Affligit, lethique vias, et limina mortis
515 Ingerit æterno, cui lex ab origine mundi
Nec fuit initium nasci, nec finis obisse.
Ergo salutaris quod passio membra peremit,
Fecit abire diem, solis restantibus horis,

264 Et noctem sub luce dedit, rediere tene-
[bræ,
520 Sed sine more suo, violata lege polorum.
Tum niger axis erat, quem lurida palla tege-
[bat.
Candida sanguineum monstravit luna ruborem,
Cardine sub gemino nox importuna pependit,
Et planxit natura Deum, monumenta piorum
525 Clausa patent, plures mundo rediere sepulti,
Et vitam mors ipsa dedit; dum vita perennis
Limina mortis adit, Stygii tremuere ministri,
Effugiunt tormenta reos, invita pepercit

SCRIPTURA COD. VAT.

510. *D. maculator v.*
511. *S. Maculabitur i.*
518. *D. soli restantibus b.*
520. *Sed sine moro s.*

521. *Et plaxit n.*
525. *M. redire s.*
527. *Lumina m. adit, ut tremuere.*

NOTÆ

si diceretur *Utraque pars pretium, mercem pars utraque perdit.* Sed fortasse Dracontius hoc ipsum innuit,
nimirum *Pars pretium perdit*, scilicet emptor Judas,
perdit pars altera mercem, nempe Judæi emptores.

510. *Distracti, venditi. Distrahere* pro vendere, alie-
nare verbum familiare jurisconsultis atque aliis etiam,
ut Lucilio, Gellio, Suetonio, Justino, Tacito.

511. Forte *mundabitur amne cruoris*, ut infra vers.
601. Ad Hebræos cap. ix, vers. 14, *Quanto magis
sanguis Christi.... emundabit conscientiam nostram,*
etc. Joann. Ep. I, c. I, vers. 7, *Et sanguis Jesu Christi
filii ejus emundat nos ab omni peccato.* Apocal. c. I,
vers. 5; Epist. I Petri, c. I, v. 19.

515. *Ingerere supplicia* recte dicitur : sic *ingerere
vias* lethi, nam tormenta viæ lethi sunt. Fortasse
mendum cubat in *cui lex ab origine mundi*. Sensus hic
elici potest : cui lex fuit ab æternitate neque habere
initium nascendo, neque finem moriendo. Vel *ab origine mundi* intellige, quod ita prædestinatus est Christus ante mundi constitutionem, ut neque initium
haberet nascendo, neque finem moriendo. Vide num
oporteat legere *cui lex ab origine mundo Nec fuit initium nasci*, hoc est, lex ab origine ejus fuit nec initium nasci mundo, nec finis obisse.

516. *Initium prima producta*, ut dictum l. 1, v. 131.

518. Supra vers. 480, *dies solis* dicitur; sed hic
melius videtur ita distinguere, ut solis horas resti-
tisse intelligatur, ut vers. seq., *Et noctem sub luce
dedit.* Vide Matth. cap. xxvii, vers. 45, ubi hæ tenebræ referuntur.

520. *Sine more suo*, quia ante tempus redierunt, et
cum adhuc sol esset super terram.

521. *Palla vestis muliebris*, quæ, sicut et palium,
eleganter nocti tribuitur. Vide exempla in comment.
ad Prudentium, hymn. 5 Cathem., v. 27, 28.

523. *Cardine sub gemino*, quia ab altero sol aberat,
in altero obscuratus erat. *Pependit nox*, quia quasi
suspensa et dubia hærebat. Victorinus de J. C. Deo
et homine : *Nox fuit illa dies : confusa nube premebat
Arva, domosque chaos, fixus stetit impiger axis.*

525. Matth. cap. xxvii, vers. 52 seq.

528. De hac opinione, qua nonnulli Patres affirmarunt pœnas inferorum die resurrectionis dominicæ
mitigatas fuisse, pluribus egi in prolegomenis ad
Prudentium, cap. 18. Addo nunc Aratorem, qui libr.
I, vers. 232, sic loquentem inducit apostolum Petrum :
*Pavidis resplenduit umbris Pallida regna petens, pro-
pria quem luce coruscum Non potuit fuscare chaos :
fugere dolores, Infernus tunc esse timet, nullumque
coercens In se pœna redit, nova tortor ad otia languet.
Tartara mæsta gemunt, quia vincula cuncta quiescunt.
Mors ibi quid faceret, quo vitæ portitor ibat?* Aratoris
auctoritas ponderis nonnullius esse debet, quod ejus

carmen Vigilio papæ dicatum, ab eoque susceptum in
ecclesia S. Petri ad vincula Romæ magnis acclama-
tionibus fuit recitatum. Cujus rei historia ita a Labbeo refertur, et post Labbeum ab aliis passim, ut
ambo Aratoris libri septem vicibus distinctis diebus
dicantur auditi : quod ipsum ego in Hymnodia Hispanica, pag. 105 seq., num. 131, indicavi, et in comment. ad Prudentium hymn. 12 Per., v. 5, p. 1190,
diserte affirmavi. Verum cum codicem ipsum Vaticanum, quem scriptores allegant, postea inspexerim,
comperi rem in eo codice ita se habere, sed aliter
narrari in vetustiori codice reginæ Sueciæ, num. 598
scilicet : *Atque eo Aratore recitante, distinctis diebus
ambo libri m sunt vicibus auditi, cum uno die medietas
libri tantummodo legeretur propter repetitiones assiduas,
quas cum favore multiplici postulabant. Eadem recitatio
facta est his diebus I idus Apr. II, XV kal. Mai. III, VIII idus
Mai. Quarto vero die III kal. Jun.* Mendum igitur est in
Vaticano codice num. 1665, *septem vicibus* pro III *vicibus* : non enim totum opus Aratoris sæpius est recitatum, sed distinctis quatuor diebus ita fuit per lectum, ut singulis diebus medietas unius libri tantummodo legeretur, quod alio, ut spero, tempore
locupletius confirmabo. Ut redeam ad opinionem
quorumdam veterum de pœnis damnatorum aliquando
mitigatis, huic eidem sententiæ favet S. Ildefonsus,
sive quivis alius sit auctor serm. 5 de Assumptione
Deiparæ pag. 364, tom. I edit. Matrit. Patrum Tole-
tanor. : *Totus mundus hodie condigna jubilatione lætatur, et gaudet : tartarus tantummodo ululat, fremit et
submurmurat ; quoniam gaudium, et lætitia hujus diei
claustris infernalibus inclusis aliquod remedium et refrigerium præstat.* Non audent, ut opinor, *ministri tartarei hodie attingere suos captivos quos recolunt redemptos illius sanguine qui pro mundi salute est dignatus
nasci de virgine.* In indice librorum expurgandorum
Brasichellensis id notatur pag. 285 seq. : *Videtur
S. Ildefonsus in sermone 5 de Assumptione Deiparæ
hyperbolice locutus, nisi forsan opinionem Aurelii Prudentii imitari voluit, qui nocte resurrectionis Christi
inferis pœnarum ferias indulsit. Cum tot sint veteres
scriptores pro hac opinione, quibus nunc ex mss.
accedit Dracontius, placet repetere sententiam Petavii tom. III, libr. III de Angelis, cap. 7 : Propterea
non temere tanquam absurda est explodenda sanctissi-
morum Patrum hæc opinio, quamvis a communi sensu
catholicorum hoc tempore sit aliena.* Nec dissimile est
judicium commendatissimi editoris Patrum T. letano-
rum eminentissimi cardinalis de Lorenzana in nota
ad cit. serm. S. Ildefonsi : *Quid? adeone absonum est
et inauditum aliquod vel his (damnatis) levamen suarum pœnarum contingere posse, quæ tamen non ideo
sint aliquando finem habituræ?* In quam sententiam

235 Tortorum metuenda manus, lux funditur
[umbris,
250 D scensum comitata Dei, simul orbe fugata.
Tartarus infelix nunquam satiabilis umbris,
Et solitus gaudere neci, turbatur amare,
266 Et supplex augmenta dolet, nam damna
[futura
Hæc augmenta dabant; animas, quas claustra
tenebant
555 Carceris æterni, redituras lucis ad usus

Infremit, et legem violari deflet Averni.
Luminis impatiens, ut jam remearet ad auras
Æthereas, orat Dominum, regemque polo-
[rum,
Ne gravet omnem Hecaten jubar insupera-
[bile Christus;
540 **267** Aut spoliet toto nigros simul agmine m-
[nes,
Ad superos revocans animas virtute parentis.
Tertius interea processit lucifer astris

SCRIPTURA COD. VAT.

530. *D. commutata d.*
554. *C. tenebat.*
538. *Æ. optat d.*

539. *Hecatos omne gravat jubar.*
541. Dubium *parentis* an *perentis* voluerit librarius.

NOTÆ.

multa egregie disserit. Vide Joann. Baptistam Gener. tom. IV Theolog., part. 2, tract. 3, l.b. III, c. 2, qui observat ab Odilone abbate in serm. de Assumpt. Deiparæ Prudentium e se transcriptum. Verum sermo hic Odilonis diversus non est a sermone quem sub Ildefonsi nomine Generius ipse laudat : ex quo scilicet verba nos protulimus. Confer Bibliothec. Cluniacens. tom. I, col. 461.

530. Arator vers. 61 lib. I, *Ad manes ingressa dies, fugitiva relinquunt Astra polum, comitata Deum.* Fortasse imitari voluit Dracontium ; sed longe melius Dracontius de luce, *Descensum comitata Dei, simul orbe fugata,* quoniam tenebræ factæ fuerant super universam terram ; nam astra, nihil est causæ cur polum reliquisse dicantur ac conjungantur cum die ad manes ingressa.

531. *Satiabilis* ad barbara rejectum est a Forcellino. Sed cum *insatiabilis* frequenter usurpetur, vel solius Dracontii auctoritate Latinis accensendum est *satiabilis*. Tartarus avidus, inexpletus, insatiabilis dici solet a poetis. Fortunatus in eleg. de Resurrectione Domini : *Inferus insaturabiliter cava guttura pandens, Qui rapuit semper, fit tua præda, Deus.*

552. *Neci,* ablativus more usitato a Lucre io aliisque. Nec repugnabo si legas *nece,* producta postrema ratione cæsuræ.

533. Inferorum nomine vocatur locus quo justorum animæ ante Christi resurrectionem detinebantur : quo etiam nomine locus quo damnati æternis pœnis torquentur, comprehenditur. Erat tamen sinus Abrahæ a suppliciorum loco separatus, ut ex uno in alium iter non pateret, quod ex historia, sive parabola Lazari et divitis constat Lucæ cap. XVI. Hujus rei imitatione gentiles in inferis campos Elysios collocarunt, qui ab impiorum sede moro impenetrabili et igneo flumine discreti erant. Virgilius l. VI, vers. 536, *Dextera, quæ Ditis magni sub mœnia tendit, Hac iter Elysium nobis : at læva malorum Exercet pœnas et ad impia tartara mittit. Respicit Æneas subito, et sub rupe sinistra Mœnia lata videt, triplici circumdata muro, Quæ rapidus flammis ambit torrentibus amnis Tartareus Phlegethon, torquetque sonantia saxa. Porta adversa ingens, solidoque adamante columnæ, Vis ut nulla virum, non ipsi exscindere ferro Cœlicolæ valeant : stat ferrea turris ad auras.* Innuit autem Virgilius, impiorum gemitus ad beatorum sedes pervenire : *Hinc exaudiri gemitus, et sæva sonare Verbera : tum stridor ferri, tractæque catenæ.* De sinu Abrahæ Tertullianus lib. III contra Marcionem : *Sub corpore terræ In parte ignota quidam locus exstat apertus, Luce sua fretus, Abrahæ sinus iste vocatur, Altior a tenebris, longe semotus ab igne, Sub terra tamen,* etc. Dracontius ipsum sinum Abrahæ *carcerem æternum* videtur vocare, quia neque inde quidem animæ liberatæ fuissent, nisi Christus illuc descendens de morte ac de mortis lege, quæ mox *lex Averni* dicitur, triumphasset.

536. Prudentius hymn. 9 Cath., v. 75, de his qui cum Christo resurrexerunt : *Lege versa limen atrum jam recalcandum patet.* Fortunatus in eleg. de Resurrectione : *Legibus inferni oppressis,* etc. *Defleo* cum infinitivo, ut *fleo* apud Valer. Flaccum l. I, v. 633.

537. Fortunatus loc. cit., *Expavitque chaos luminis ore premi.* In missali Isidoriano feria 4 post Resurrectionem : *Judicem suum ipsa etiam pœna contremuit : quia natura horribilium tenebrarum præsentia sui fulgoris et vetata* (hebetata) *jam tunc timuit judicari.*

538. Quamvis *opto* pro *quæro, volo, peto* suini possit, tamen hoc loco cum accusativo clarius. est *orat*.

539. Hecate in cœlo Luna dicta, in terris Lucina et Diana, in inferis Proserpina. Pro inferis ponitur. Ovidius lib. XIV Metam., vers. 405, *Et magicis Hecaten ululatibus orat.* Fortasse legendum *Ne gravet ora Hecates jubar,* etc., nam tria ora illi tribuebantur. Virgilius l. IV Æn., vers. 514, *Tergeminamque Hecaten, tria virginis ora Dianæ.* Ovidius l. I Fastor., vers. 141, *Ora vides Hecates in tres vergentia partes.* Observandum vero est veteres Christianos in suis carminibus libere usos fuisse nominibus fabulosis, et sæpe fabulas ipsas respexisse, etiam cum de mysteriis sacratissimis religionis nostræ verba facerent, non quod fabulis assensum præberent, sed ut eas irriderent, vel saltem res veras fabulis adumbratas ostenderent. De Curtio, qui præcipiti jactu in vastum telluris hiatum demersus est, multa habet Dracontius lib. II, vers. 599 seqq., quæ fabulas veterum olent ; sed tunc magis excusari potest, quod argumentum profanum pertractat : quædam tamen huc facientia notavi ad vers. 405. Nonnus in cap. XI Joann. dum exponit Lazarum a mortuis revocatum, pluribus versibus ad fabulas ethnicorum de inferis allud t, quasi Pluto sollicite circa fluvium Lethen animam Lazari quæsierit, neque invenerit. Heinsius in exercitationibus in Nonnum libertatem hanc commemorandi fabulas reprehendit, sed ea potissimum ratione quod Nonnus interpretem Evangelii Joannis agit, in quo certe nullum appret fabularum vestigium. In aliis poetis Christianis minus id reprehendendum est.

540. Christus quidem animas damnatorum ex inferis non erat extracturus : sed poetice describitur pavor dæmonum, quasi id timeeent. In poemate veteri sine auctoris nomine inscrip o *Triumphus Christi,* edito post Juvencum per Theodorum Poelmannum Basileæ, similia habentur : *Rex cœli ut Christus Phlegethontis regna subivit, Princeps regali Pluto prospexit ab aula, Ad sua dum sensit concurrere limina Christum. O socii,* exclamat, *jam tempus sumere tela, Quandoquidem hic sanie perfusus membra propinquet Prædaturus opes nostras, umbrasque, animasque,* etc. Hic etiam auctor adjungendus iis est qui tormenta cessasse, dum Christus ad inferos descendit, existimabat : *Et quid multa? silent gemitus, tormenta, dolores.*

542. Christum resurrexisse, cum adhuc tenebræ

Oceano splendente die, redit almus ab umbris
Rex reduci vita, magna comitante caterva.
545 Discipuli reducem læti videre magistrum.
Inde reversus habere petit sua regna triumphans,
Dexter in arce sedens, consors genitoris amatus;
268 Judicio venturus erit post sæcla futuro
Reddere mercedem cunctis, quam quisque me-
[retur,
550 Ad dextram, lævamque jubens astare catervas,
Exigit ut meritum vitæ pravæque, bonæque.
Si scelus est, et grande nefas tempsisse po-
[tentem,
Factorem temerasse suum quod crimen habetur?

Et tamen indultor mansit post funera carnis,
555 Pœniteat si forte reos, clementius audit,
Datque repente pius veniam, donatque reatum.
Juda miser veniam si vel speraret, haberet :
Sed memor infandæ tamen et sine nomine culpæ
Credidit infelix nihil jam veniale mereri,
560 Judicioque suo veniæ subtractus abivit.
269 Redditur argentum, scelerata ad colla
[pependit,
Vix tandem justus, nam nec permansit avarus,
Suspensus obiit, se mox ultore severo.
Vincula rumpuntur, cecidit, crepuitque ca-
daver,

SCRIPTURA COD. VAT.

543. S. *diem* r.
544. *Rex reduci cum vita.*
546. *Reversus habitare petit:* scriptum erat *triumphus*, correctum *triumphans*.

548. Ex *judico* correctum *judicio*.
550. Prius *cathenas*, ex quo factum *cathervas* pro *catervas*.
563. Prius erat *severe*

NOTÆ.

essent, ex Evangelio constat : media nocte resurrexisse, multorum fuit opinio. Dracontius indicat resurrectionem contigisse cum lucifer exortus est, et oceano splendescere lux diei cœpit. Sic etiam Victorinus de J. C. Deo et homine : *Regia forte poli tum primum lumen agebat, Æternum testata diem, clarus ut per orbem Cuspide fulminea noctis diviserat umbram Stellifico temone jubar, Deus ultor ab umbris Ecce redit.* Hæc eadem sententia plurium veterum et recentiorum est, et sacris Scripturis innititur, ut probant Maldonatus et Calmetus. Hac de causa Christiani olim Romæ jejunium vigiliæ Paschatis ad auroram usque protrahebant et in benedictione cerei paschalis canit Ecclesia : *Flammas ejus lucifer matutinus inveniat: ille, inquam, lucifer qui nescit occasum ; ille qui, regressus ab inferis, humano generi serenus illuxit.*

546. Pro *habitare* aliud legendum est : *habere* eadem fere gaudet significatione.

547. *Arx* simpliciter pro *cœlo*, ut vers. 494. *In arce* valet etiam *in alto, in sublimi.* Supra vers. 68, *Et consors cum Patre manens.* Quod Filius consors Patris dicitur, eadem natura Filii et Patris ostenditur. Drepanius de Cereo pasch., *Te colimus, natumque tuum, quem cuncta tuentem, Et tibi consortem verbo genitore creasti.*

548. *Post sæcla* phrasis propria Dracontii, hoc est *post mundi* ætatem. Adisis notam ad v. 86 lib. I.

551. Forte *Exiget ut meritum vitæ pravæve, bonæve.*
552. Forte *tempsisse parentem.*

556. *Donatque reatum* pro remittit, condonat, elegans phrasis. Ovidius l. II de Ponto, ep. 7, vers. 51, *Culpa gravis precibus donatur sæpe suorum.* Prudentius Psych. vers. 781, *Cuncta offensacula donat.* Tertullianus l. I contra Marcionem : *Facta per errorem miseris Deus omnia donat.* Dracontius infra vers. 605 simili verbo : *Largitur peccata reis sine voce rogatus.*

557. Scilicet vel Juda miser, si speraset, veniam a Deo habuisset. *Juda* ita etiam effertur a Prudentio Dittoch. vers. 155, ut contra G.anium in comment. probavi : quod more Latinorum fit, et ut ul. ima corripiatur.

558. Nomen jam habet *Deicidium*, seu *Christicidium.* Sed ante Judam certe non habuit. Vide l. III, vers. 262, ubi de suicidio loquens ait Dracontius : *Hoc facinus nec nomen habet.*

559. *Nihil* per synæresin monosyllabum : vel scribe *nil.* Veniale vox Macrobii, Ammiani, Sidonii.

560. Mihi placet lectio codicis *Judicioque suo.* Sed cum in mss. sæpe *judicium* et *indicium* confusa sint, non nemo suspicabitur legendum *Indicioque suo.* Arntzenius Miscellan. cap. 5 in Aratore præfert cum editione Aldi et Basileensi *Indicio tali :* quia, inquit,

delator fuit Judas. Sed in Aratore etiam sensus postulat *Judicio :* sic enim ait l. I, vers. 141 seq., *Crimenque retractans Judicio tali permisit membra furori, Aeris ut medio communi poneret hosti Debita pœna locum.* Id autem Judas fecit *judicio suo*, non *indicio*, quo Salvatorem detulit. Sedulius l. IV, al. 5, *Se quoque morte petit, tanquam tunc sanior esset, Cum scelus ulcisci præcurreret . . . . Lenior ira quidem tanto pro crimine culpæ, Cunctorum cui nulla foret par pœna malorum.* Dracontius simili modo lib. III, vers. 42, *Judicio punita suo mens semper avara Dat pœnas.* Ait ergo Dracontius Judam credidisse, nullum sibi locum esse veniæ, et hoc suo judicio veniæ subtractum manus sibi intulisse. Utitur verbo Matthæi cap. XXVII, vers. 5, *Et abiens laqueo se suspendit,* et Lucæ Act. apost. cap. I, vers. 25, *De quo prævaricatus est Judas, ut abiret in locum suum.*

561. *Ad colla pependit* pro *e collo* vel *collo pependit.* Libr. I, vers. 259, *Ad ramos infixa.* Pro *redditur* mallem *reddidit.*

562. *Vix tandem justus,* hoc est vix tandem speciem aliquam justitiæ præ se tulit, non quod justus revera fuerit, sed quod avarus esse desiit. *Vix tandem* refertur ad tempus. Cicero III Famil., init. ep. 9, *Vix tandem legi litteras dignas Appio.*

563. Non ægre feram, si legas *obiit semel ultore,* producta ultima in *semel* ratione cæsuræ.

564. Judas, ut ex Matthæo constat cap. XXVII, vers. 5, *Laqueo se suspendit :* Lucas I Act. ap., vers. 18, addit : *Et suspensus crepuit medius, et diffusa sunt omnia viscera ejus.* Patres et interpretes diversas inierunt rationes, ut id quo pacto acciderit explicarent. Alii narrant corporis pondere ramum cui hærebat inclinasse, et alicujus ope a more tunc liberatum, non multo post hydropisi correptum crepuisse. Alii referunt ex arbore qua pendebat opportune ad alicujus fuisse ereptum, et deinde e sublimi loco præcipitem se egisse, quo viscera diffusa sunt. Alii censent, vita jam functum, in cloacam projectum crepuisse. Alii opinantur Judam desperatione adactum et quasi strangulatum corruisse pronum, et se præcipitasse et disruptum fuisse. Œcumenius in Acta tenet Judam, confracto laqueo, quo suspensus erat, medium crepuisse, quæ est hæc ipsa sententia Dracontii. Papias, ab Œcumenio allegatus, scripsit Judam ad impietatis exemplum tunc in hoc mundo permansisse : qui ita corpore inflatus fuit, ut progredi non posset, et a curru denique compressus crepuit. Vide Gronovium Exercitat. academ. de pernicie et casu Judæ; Calmetum in Diction. Biblic. verb. *Judas*, Dissertat. Andreæ Austen de genere mortis Judæ, et Diatribam Joannis Warneccii de suspendio Judæ.

565 Viscera fusa fluunt, hinc cor crudele patescit, A
Funestatque diem de corpore tabe madenti.
Legimus, innumeras veniam meruisse ca-
[tervas
270 Judæa de gente reas, mortisque minis-
[tros
Optima perpetuæ sumpsisse hæc munera vitæ,
570 Quorum Paulus erat caput exstans grande ma-
[lorum :
Et tamen ipse fuit legis post crimina doctor;
Martyrium Stephano qui fecerat, inde recepit,
Et meruit plenam, quam contulit ante, coro-
[nam,
In se vera Dei confirmans verba probavit :
575 Hoc patietur homo, quod quisquam fecerit ulli.
Sed bonus excepit, quod tunc male fecit ini- B
[quus,
Quod populos, gentesque docens convertit
[eundo

Per mare, per terras, ut Christi nomen ado-
[rent,
Gentilesque deos, et cordibus idola pellant,
580 **271** Mars cadat ex animo, pereant Saturnus
[et Arcas
Juppiter, atque Venus, Titania, Juno, Cupido,
Vel quicunque dii ficti sermone vetusto
Credantur nil posse, simul nihil esse proben-
[tur.
Solus ubique Deus, rerum fons, conditor, et
[spes,
585 Idem semper eris, quod et es, quod et ante
[fuisti,
Nil addens, minuensve tibi crescentibus annis.
Tempora mutantur, te nunquam sæcula mutant,
Qualem prima dies, talem simul ultima noscet.
Cum te non caperent cœli, terræque, fretum-
[que,
590 Aeris et spatium, modico te corde reponis

SCRIPTURA COD. VAT.

565. V. fusa huic cor c.
569. Sumpsisse munera.
580. Saturnus et aras.

582. D. ficto s.
585. Eris quod es, quod et a.
590. Ac. is et spatium.

NOTÆ

565. Alio modo corrigi potest mendum, videlicet
Viscera fudit humi cor et crudele patescit.
567. Certum videtur plures e Judæis qui mortem
Christi procuraverant, aliosque e gentilibus qui eam
intulerant, veniam a Deo fuisse consecutos, cum pro
eis Dominus in cruce pendens oraverit et exauditus
fuerit pro sua reverentia, ut ait Apostolus ad Hebr.
cap. v, vers. 7. Vide Arnoldi abbatis Bonæ-Vallis C
tractat. de Septem Verbis Domini in cruce in Biblioth. Patrum.
569. Lib. III, vers. 455, *Quæ nos æternæ speramus
munera vitæ*. Sumpsisse munera non cohæret cum
metro: hinc sumpsisse hæc munera, aut venisse ad
munera, vel mortisque ministri Optima perpetuæ sumpserunt munera vitæ, vel sumpsisse præmia vitæ, producta ultima in sumpsisse ob prædictionis sequentis.
Sedulius, l. I, vers. 340, *Aurea perpetuæ capietis
præmia vitæ*.
570. *Exstans* per pleonasmum, vel significat super-
eminens. Paulus caput eorum dicitur qui Ecclesiam
et Jesum Christum in membris suis perdere et exstinguere conabantur. Vide epist. I ad Timoth., cap. I,
vers. 13, et Act. apost. cap. VIII et XXII.
572. Recte prima in *Stephano* corripitur, quæ tamen eadem minus bene in Elegia producitur vers.
171, nisi legendum sit, ut puto, *Ante alios Stephanus*.
Verbum *facere* amplissimæ significationis est, et pro D
afferre cum dativo ponitur, ut *facere alicui medicinam,
remedium, perniciem, mortem*. Ex martyrio Stephani
Paulus martyrium recepit, quia illius precibus ad
fidem Jesu Christi conversus est, pro qua martyrio
coronatus est.
573. Fortasse alludit ad nomen Stephani, quod
Græce coronam significat.
575. Intelligo cap. VII Matth., vers. 2, *In quo enim
judicaveritis, judicabimini, et in qua mensura mensi
fueritis, remetietur vobis*. Quæ sententia multis aliis
in locis sacræ paginæ refertur. Nec dissimile est
quod ait Apostolus ad Ephes. cap. VI, vers. 8, *Scientes quoniam unusquisque quodcunque fecerit bonum,
hoc recipiet a Domino*.
576. Martyrium quod iniquus intulerat Stephano,
excepit ipse bonus.
577. Paulus gentium doctor nuncupatur. Damasus
carm. 7, *Gentibus ac populis jussus prædicere vera*.

579. *Idola* media correpta, ut in Eleg. vers 96,
Cum Dominum norint, idola vana colunt. Sic semper
idola efferunt Prudentius, Arator aliique innumeri
Christiani poetæ. Rationem hujus consuetudinis reddidi in prolegom. ad Prudentium num. 208.
580. *Arcas* fuit filius Jovis ex Calisto, quam postea
Ursam majorem in cœlo fecerunt poetæ, ut Arcada Arctophilaca seu Booten. Hoc loco adjectivum
videtur *Arcas*, ut Jupiter Arcas dicatur, quia natus
est in Arcadia, ut multi asserunt; alii in Creta malunt. Poterit etiam accipi *Arcas* pro Mercurio, qui
natus est in Cyllene Arcadiæ monte, adeoque a multis Arcas et Arcadius dictus est. Statius absolute pro
Mercurio Arcada posuit l. v, silv. 1, vers. 107.
581. *Titania* est Diana, soror Solis, qui Titan dicitur. Ovidius lib. III Met., vers. 173, *Dumque ibi
perluitur solita Titania lympha* : et l. IV. Fast. vers.
943, *Cum Phrygis Assuraci Titania fratre relicto* : ubi
aliqui legunt *Tithonia*.
582. Lib. III, vers. 514, *Conficti sermone Dei*, etc.
583. *Probentur*, ut supra vers. 26 dixi.
584. Deus spes, ut dictum in nota ad vers. 1 hujus libri.
585. Lib. III, vers. 523, *Qui sæcula mutat, Nec
mutant hunc sæcla tamen, quia, quod fuit, hoc est,
Hoc erit æternum*. Eleg. vers. 8, *Idem semper eris,
qui es modo, vel fueras*.
590. Hoc ipsum est quod canit Ecclesia de Deipara : *Quem cœli capere non poterant, tuo gremio contulisti*, ut animadverti ad vers. 92, ubi similis est
sententia : *Sed non capiendus ab isdem*. Inter carmina Damasi poem. 2, et post carmina Claudiani :
*Mortalia corda Artificem texere poli, mundique sublimo
Pectore : qui totum late complectitur orbem, Et qui
non spatiis terræ, non æquoris undis, Nec capitur cœlo,
parvos confluxit in artus*. Vide etiam hymnum Fortunati, *Quem terra, pontus, æthera*, etc. Quod autem
ait Dracontius, *Modico te corde reponis Pectoris humani*, figurate loquitur cum multis Patribus, ut innuat, B. Virginem prius mente quam utero concepisse. Notandum est multas hujusmodi locutiones
figuratas e poetis Christianis præsertim desumptas
in officio ecclesiastico retineri, ut in Responsorio
quinto Circumcisionis : *Confirmatum est cor Virginis,
in quo divina mysteria, angelo nuntiante, concepit* : et

272 Pectoris humani, conceptus mente fideli. A
Exaudis, quod lingua tacet sub corde loquaci,
Ante futura vides, penes et te nulla futura,
Sint licet, Omnipotens, præsentia cuncta vi-
[dentur,
595 Aut transacta magis nobis ventura creantur.
Sic peccaturos homines tu Spiritus auctor
Antevidens primum medicinam, sancte, parasti,
Quam faceres hominem : indulgentia prompta
[reatum

273 Prævenit, et facinus venia præcedit ini-
[quum.
600 Christus enim datus est nobis, spes una sa-
[lutis,
Qui nos'ra hic peccata lavet pius amne cruoris:
Et licet ipse ferat maculas et crimina nostra,
Immaculatus adest tamen agnus, et unicus
[hæres
274 Semper viventis, semper victurus et ipse.
605 Largitur peccata reis sine voce rogatus

SCRIPTURA COD. VAT.

593. P nes t. n.
596. Qui peccaturos.
598. Quam faces h.; dubie prompta.

599. Perunit et f.
601. Nostra huic peccata.
603. Scribitur immaculatus, et obscure tamen.

NOTÆ.

Ibidem ex hymno abecedario Sedulii : *Domus pudici pectoris Templum repente fit Dei, Intacta nesciens viruni Verbo concepit filium.* Contra errorem asserentium Deiparam corde, non utero, concepisse, consule quæ notavi ad Prudentii Apotheos. vers. 585, *Virginitas, et prompta fides Christum bibit alvo Cordis*, ubi nunc occurrit legendum ex conjectura *bibit alto Cordis*, quamvis bene etiam est *alvo*; nam sequitur : *et intactis condit parituia latebris*.

591. S. Leo serm. 1 de Nativit. Domini, c. 1, *Virgo regia Davidicæ stirpis eligitur, quæ sacro gravidanda fetu, divinam, humanamque prolem prius conciperet mente quam corpore.* Vide notam ad vers. 89 hujus libri, ubi versibus seqq. declarat Dracontius veram Christi conceptionem in utero De'paræ: *Virgineos intrasse sinus dignatur, et alvum Terrarum, cœlique capax.*

592. C'amor cordis tacente lingua explicatus est lib. I, vers. 568.

593. Forte *An'e futura fides, potius tibi nulla futura, Sint licet, Omnipotens*.

594. Forte *Scilicet, Omnipotens*. Deo præsentia omnia sunt, etiam quæ nobis futura aut jam transacta sunt. Solet scilicet æternitas comparari puncto seu centro, quod unum simul pluribus lineis ad peripheriam ductis coexistit. Potest tamen de Deo recte ad humanæ mentis captum verbum præteriti et futuri poni. Augustinus tractat. 99 in Joan. num. 5, *Quamvis enim natura illa immutabilis non recipiat* FUIT *et* ERIT, *sed tantum* EST....*tamen propter mutabilitatem temporum, in quibus versatur nostra mortalitas et nostra mutabilitas, non mendaciter dicimus et* FUIT, *et* ERIT, *et* EST, etc. Vide Raynaudum Theolog. Natur., dist. 7, quæst. 1, art. 7, ubi fuse æternitatem explicat.

595. Infra vers. 752, *Vel cui cuncta patent, per quem sunt omnia quot sunt, Et transacta simul, quæ sunt quandoque futura.* Videtur esse sensus: Deo cuncta præsentia, aut potius transacta videntur, quæ nobis ventura sunt. Vel lege *Et transacta simul, et quæ ventura creantur.* Ponitur ventura creantur pro creabuntur, vel creantur, intelligitur de æterna rerum prædefinitione et divina providentia.

597. Lib. I, vers. 745, *Pietate medelam Impendis tu, sancte, tuam medicamine nullo.*

598. Libr. I vers. 88, *Sic indulgentia pœnam Prævenit.*

600. Sic Ecclesia in Nativitate Domini canit: *Christus natus est nobis.* Epist. 1 ad Thessalon. cap. V, vers. 9' seq.: *Quoniam non posuit nos Deus in iram, sed in acquisitionem salutis per Dominum nostrum Jesum Christum, qui mortuus est pro nobis.* Theologi nonnulli docent Christum prædestinatum fuisse, ut finem omnium, quæ Deus creaturus erat; ante prævisum peccatum originale: alii post prævisum peccatum originale, sed ante prævisa peccata aliorum hominum actualia. Dracontius videtur docere, prius (scilicet ratione et modo nostro concipiendi) prædestinatum fuisse Christum, quam decreta esset hominis creatio. Sed verius puto Dracontium non tam subtili ratiocinatione hoc argumentum pertractasse, ac solum asserere Chri-tum ab æterno prædestinatum fuisse antequam homo crearetur : adeoque indulgentia et venia in hac Christi prædestinatione reatum et facinus præcedunt.

601. Forte *Qui nostra peccata lavet*, producta ultima in nostra ratione cæsuræ, nam *hic*, aut *hac*, aut *huic* abundat. Vide vers. 511, *Quo mens nostra sacri mundabitur imbre cruoris*.

602. Joann. cap. I, vers. 29, *Vidit Joannes Jesum venientem ad se, et ait : Ecce Agnus Dei, ecce qui tollit peccatum mundi.* Recte Dracontius *ferat maculas*; hoc enim est *tollit*, scilicet feri, portat. Ep. I Petri cap. II, v. 24, *Qui peccata nostra ipse pertulit in corpore suo super lignum.* Cap. LIII Isaiæ, vers. 4, *Vere languores nostros ipse tulit, et dolores nostros ipse portavit.... Et posuit Dominus in eo iniquitatem omnium nostrum.... Et quasi agnus coram tondente se obmutescet.... Et iniquitates eorum ipse portabit.... Et ipse peccata multorum tulit.* S. Joannes Evangelista in ep. I eodem illo suo verbo usus est, cap. III, vers. 5, *Et scitis quia ille apparuit; ut peccata nostra tolleret, et peccatum in eo non est.* Christus igitur quodammodo peccata mundi ab hominibus abstulit, et supra se tulit, sive in corpore suo pertulit.

603. Sæpe in sacris Litteris Jesus Christus *agnus* vocatur; quod a veteribus Christianis in multis adhuc exstantibus monumentis et imaginibus expressum apparet. De hoc Salvatoris cognomine mira doctrina, et sublimi quadam theologia disputat Ludovicus de Leon, Augustiniani ordinis theologus in primis gravis et elegans in aureo opere Hispanico de nominibus Christi : quem, vehementer dolui, cum olim vidi in quibusdam mss. schedis pessime habitum, quasi monstra doceret, a theologo scilicet alicujus nominis, ut infra sunt tempora, sed pretii sane exigui, nisi quod privata sua judicia theologica, nugis canoris referta, magno pretio ipse æstimabat. Christus etiam dicitur unicus hæres Patris ex psal. II, vers. 8. Prudentius hymn. 12 Cath., vers. 81, *Summo Patri Hæres creatur unicus.*

604. Deus *vivens* phrasi sacræ Scripturæ dicitur, ut distinguatur a falsis diis gentilium, qui vere mortui sunt. Hieronymus l. III Comment. in Matth., c. 16: *Petrus ex persona omnium apostolorum profitetur: Tu es Christus Filius Dei vivi. Deum vivum appellat ad distinctionem eorum deorum qui putantur dii, sed mortui sunt.* Æternitas Filii declaratur, qui semper victurus ipse est, imo est ipsa vita.

605. *Largitur*, condonat, ut v. 556, *Donatque reatum.* Tacitus Annal. III, cap. 70, *Injurias reipublicæ ne largiretur*; hoc est, ne condonaret injurias reipublicæ illatas.

Pectoris affectu, secreta mente, fide, spe.
Cum sit ubique, Deus, semper præstare pa-
   [ratus,
Tardius accipimus heu! nostro corde morati.
Oderunt pia vota moras, festinus adoptat,
610 Ut præstet, si quæ nos purget causa morandi.
Arb'trio posuit clemens Deus omnia nostro,
275 Libera mens hominum est peccare, aut
   [v' vere sancte,
Libera vota dedit, quando sperare velimus,
Credere si placeat, facile est nam posse mereri.

A 615 Credidit Abraham, Dom'noque est factus ami-
   [cus.
Confectus senio, membris marcentibus ævo,
Inter avos atavosque fuit, sed prolis egenus,
276 (Haud soboles Ismael erat) frustraque
   [maritus
Officii genitoris iners; algente vapore
620 Germinis exstinctus cecidit genitalibus ignis,
Et fecundus amor, quem jam subduxerat ætas.
Nec solus steriles retinebat marcidus artus.
Femina deterius præmortua membra trahebat

SCRIPTURA COD. VAT

607. *Cum fit ubique.*
608. *H. nostra corda m.*
610. *Ut præstet quam nos quò purget causa mereri,* B
sed *quam ambigue.*
612. *Vivere sanctæ.*

616. *M. remeantibus ævo.*
618. *At soboles impubes e.*
622. *M. astus.*
623. *D. pro mortua membra.*

NOTÆ.

606. De oratione cordis vide libr. I, vers. 567 seq.
607. *Præstare* pro prodesse, vel potius pro præstare beneficia.
609. S. Ambrosius libr. II Comment. in Luc., cap. 1, num. 19, *Nescit tarda molim'na Spiritus sancti gratia.* Dracontius lib. I, vers. 11, *Et pia vota Dei.*
610. Versus non solum obscurus, sed etiam mendosus. Puto, misericordiam Dei commendari, qua etiam sero ad se conversos recipit.
611. Libertas indifferentir, qualis a SS. Patribus explicatur. Et ut totum hunc locum simul sub oculos ponamus, Dracontius gratiam Dei, libertatisque arbitrium ita exponit. Deus semper præstare gratiam paratus est. Apocal. cap. III, vers. 20, *Ecce sto ad* C *ostium et pulso: si quis audierit vocem meam, et aperuerit mihi januam, intrabo ad illum.* Quod autem homines gratiam hanc non recipiant, aut tardius accipiant, eorum culpa est, qui proprio corde, seu voluntate morantur. S. Thomas quæst. 14 de Verit. art. 11, ad primum: *Hoc enim ad divinam prov'dentiam pertinet, ut cuilibet providear de necessariis ad salutem, dummodo ex ejus par te non impediatur.* Ex quo patet quod qui accipiunt, donum Dei accipiunt: quamvis enim liberum sit homini gratia prævento vivere sancte, tamen si sancte vivit, donum hoc Dei est, qui voluntatem præparavit, ut bene viveret. Deus enim, cum stat ad ostium et pulsat, primam gratiam confert, sine qua voluntas sancte vivere non potest. Deus autem ita gratia sua præveniens hominem, odio habet hujus moras et resistentiam: sed cum nolit mortem peccatoris, exspectat ut convertatur auxilio gratiæ prævenientis adjutus. Semper justificationis exordium in adultis a Dei præveniente gratia per Christum Jesum, D qui datus est nobis spes una salutis, sumendum est, sed ita ut homines libere cooperentur gratiæ, cum peccare possint eam rejiciendo. Synodus Tridentina, sess. 6, cap. 5: *Ut qui per peccata a Deo aversi erant per ejus excitantem atque adjuvantem gratiam ad convertendum se ad suam ipsorum justificationem eidem gratiæ libere assentiendo, et cooperando disponantur, ita ut, tangente Deo cor hominis per Spiritus sancti illuminationem, neque homo ipse nihil omnino agat inspirationem illam recipiens,* QUIPPE QUI ILLAM ET ABJICERE POTEST, *neque tamen sine gratia Dei movere se ad justitiam coram illo liberà sua voluntate possit: unde in sacris Litteris cum dicitur: Convertimini ad me, et ego convertar ad vos, libertatis nostræ admonemur.* — *Cum respondemus: Converte nos, Domine, ad te et convertemur,* DEI NOS GRATIA PRÆVENIRI *confitemur.* Libera ergo vota quæ habet homo, sperandi, quando velit, credendi, si placeat, ut ait Dracontius, nihil sunt aliud nisi ipsa voluntas hominis gratia Dei supernaturali

excitata et prævenita, quam potest abjicere, si velit, aut ei assentiri, si placeat. Et hic quidem est actus primus, sive potentia voluntatis proxime expedita ad credendum. In ipso vero actu secundo bonæ supernaturalis operationis voluntas adjuvatur a Deo non solum simultaneo generali concursu, sed et maxime influxu physico gratiæ supernaturalis, sive hæc gratia cooperans re distinguatur a gratia præveniente, ut multi docent, sive non distinguatur, ut alii malunt. Bona enim operatio ita homini libera est, ut simul donum Dei sit ratione gratiæ excitantis et adjuvantis.
614. Duplicem sensum habere possunt hæc verba: *facile est nam posse mereri;* vel facilis est potentia merendi, vel facile est mereri potentiam, scilicet credendi. Primus sensus huic loco congruit. Sumitur vero *mereri* pro accipere, obtinere, ut sæpe alias a Dracontio. Vide libr. I, vers. 156. Cum vers. 608 de bona voluntate, dixerit, *Tardius accipimus,* nunc ait, facile esse mereri seu accipere dona Dei, quia voluntatis nostræ gratia præparatæ est consentire, adeoque sic consentiendo pœnitentiæ donum accipere. Quasi dicat, pœnitentia non res aliqua difficilis, et extra nos posita est: eam enim dat nobis Deus *sine voce rogatus pectoris affectu, secreta mente, fide, spe.*
615. Ep. ad Roman. cap. IV, vers. 3, *Credidit Abraham Deo, et reputatum est illi ad justitiam,* ex Genes. cap. XV, v. 6. Vide Prudentium in præfat. Psych.
616. Lego *membris marcentibus,* ut v. 622, *Retinebat marcidus artus.*
617. Abraham in ea ætate erat ut avus atavusque esse potuisset: erat ergo quasi unus ex avis atavisque. Sic dicitur *esse inter mortuos, esse in senioribus;* et Græco more *esse in sanctis* pro *esse sanctum,* seniorem, mortuum.
618. Posset aliter restitui *Non hæres Israel erat.* Sed retineo *soboles* ex ep. ad Roman. cap. IX, vers. 7: *Neque qui semen sunt Abrahæ, omnes filii; sed in Isaac vocabitur tibi semen.* Conjici posset *Ismaël impubes erat,* correpta ultima in *impubes,* ut in *fames,* et similibus apud Prudentium: sed sensus minus commodus redditur.
619. *Iners* cum genitivo Nævius libr. I Bell. Pun. apud Macrobium I. VI Saturn., cap. 5. *Vapor* pro calore, ut passim apud alios, et infra v. 631, *Fecundus per membra vapor discurrit utrique.*
623. Lego *præmortua,* quo verbo utuntur Ovidius, Livius, Suetonius, alii. Vel lege *emortua* ex ep. ad Roman. cap. IV, vers. 19, *Nec consideravit corpus suum emortuum... et emortuam vulvam Saræ:* quo vocabulo Plautus etiam, Pliniusque utuntur.

Spes ge~~~~ ~~~~~~~, et vis materna peracta.
525 Augebat spem sola fides, *præsumptio simplex*.
 Frigida progeniem senibus natura negarat.
 Flebile conjugii portabant nomen inane;
277 Spes tantum juvenilis erat, crescentibus
   annis.
 Affuit his prolem spondens cum gente nepo-
   [tum.
630 Non hos certa fides, nec spes incerta fefellit.
 Fecundus per membra vapor discurrit utrique,
 Dulcior et gelidis irrepsit flamma medullis,
 — Miranturque senes redivivo fomite venas
 In sobolem caluisse suas: animatus anhelat.
635 Inter membra puer vinetus compagibus arctis.
 Intumuere sinus rugis pereuntibus alvi,
 Dum tantum sit mater anus paritura prophe-
   [tam :
 Et sterilis, fecunda parens miratur, et hæret,

Sic uterum crevisse suum, tenerasque puellas
640 Consulit, et trepidans tanquam nova nupta re-
   [quirit.
 Sæpe verecundos faciunt nova gaudia vultus,
 Fructus honestatis datus est de ventre pudo-
   [ris.
278 Sic licet unius genitor post sæcla creati,
 Gentibus et populis tamen est pater unus
   [origo.
645 Omnis arena maris, vel flammea sidera cœli
 Æquantur numero Benedicti germinis apte.
 Nam cui terra datur, et cœli sancta parantur,
 Rectius æquatis geminis hinc inde elementis.
 Sara, socerque simul Dominum petiere ro-
   [gantes,
B 650 Illa virum meruit stabilem post funera septem,
 Hic visum, fugiunt cum paupertate tenebræ,
 Et gemino capit orbe diem, reducesque sereno.

SCRIPTURA COD. VAT.

624. Prius erat *revidens*, factum *recidens*.
625. Augebat spes sola fides presum .... deest reliquum.
 626. *Natura negaret*.
630. *Nos hos certa*.
631. *D'scurrit uritque*.
633. *Senes recidivo somite v.*
634. *In sobole caluisse*.
635. *Arctis*, non clare.

636. *Pereuntibus ani*, prius *avi*.
637. *Dum tamen sit mater*.
638. *Et steris fecunda*.
645. *Maris vel flumina s.*
646. *Æquatur numero*.
648. *R. æquatur g.*
650. *Post obscure scribitur*.
651. *Hinc visum*.
652. *G. caput o.*

NOTÆ.

624. De verbo *recido* vide l. 1, v. 105, et l. 11, vers. 156. Cogitabam *vis materna perempta*, ut *membra præmortua*. Sed *peracta* videtur probum, ut apud Statium l. xi, vers. 746, *Viresque peractas*, hoc est, consumptas, exhaustas.

625. Suppleo *præsumptio simplex*, nam libr. iii, vers. 248, fides *præsumptio simplex* dicitur : *Impendat quid pura fides, præsumptio simplex*. Ponitur *præsumptio* pro fiducia, et utroque loco de Abrahami fide sermo est. Judith cap. ix, vers. 17, *Exaudi me miseram deprecantem, et de tua misericordia præsumentem*. Spartianus in Adriano cap. 2 : *Habuit autem præsumptionem imperii mox futuri ex fano*, etc. Plinius l. ix, ep. 3, *Alius alium, ego beatissimum existimo, qui bonæ mansuræque famæ præsumptione perfruitur, certusque posteritatis cum futura gloria vivit*. Posset legi *Augebat spes sola fidem, præsumptio simplex :* verum tam fides quam spes præsumptio recte dicitur.

626. Forte *negabat*.

627. Sterilitas dedecori erat apud Hebræos, ut notum est. Paulinus carm. de S. Joanne Baptista : *Sed quod in opprobrium matrum posuere priores, Prole carens, sterilem ducebat mœsta senectam. Flebile inane* duo adjectiva uni substantivo apposita, de quibus multa alii commentatores poetarum.

629. Genes. cap. xvii, vers. 1 seqq., *Apparuit ei Dominus, dixitque ad eum... Et ex illa* (Sara) *dabo tibi filium*, etc.

630. Certa fides erat, quia certo futurum id credidit Abraham : spes vero incerta dicitur, quia *contra spem in spem credidit*, ut ait apostolus Paulus ad Rom. cap. iv, vers. 18.

632. Medullæ prius *gelidæ* erant. Sed, me non invito, leges *Dulcior egelidis*, hoc est quæ flamma ipsa gelu amiserant. Catullus carm. 46 ad seipsum : *Jam ver egelidos refert tepores*.

633. Verius videtur *redivivo*, quam *recidivo*. Vide notam ad v. 558 lib. i. Etsi autem grammatici veteres *recidivus* et *redivivus* eadem fere significatione agnoverint, tamen probabile est scriptores antiquiores semper dixisse *redivivus*, ex quo depravate factum

fuerit *recidivus* pro rena centi, recurrenti ac redivivo.

C 634. Libr. i, vers. 262, *Animantur, anhelant*. Melius videtur *In sobolem* quam *in sobole*.

637. Forte *Cum tantum*, hoc est, tam magnum. Fuit Isaac patriarcha et propheta, cui scilicet Deus promissa posteritatis augendæ renovavit, Genes. cap. xxvi, vers. 24, qui etiam prophetæ partes egit, cum Jacob benedixit, et post Jacob Esau.

639. *Puellas* vocat puerperas aut quæ jam peperevunt. Horatius l. iii, od. 22, *Quæ laborantes utero puellas*. Sexcenta alia sunt hujusmodi exempla, ex quibus id colligi potest, puellas dictas feminas in ea ætate qua liberis operam dare possunt.

643. Forte *Scilicet unius*. Bene tamen est *Sic licet*. Abraham licet genitor unius, post sæclum, vel longum temporis spatium generati, tamen pater est gentibus, et populis, etc. *Post sæcla* fortasse imitatione Virgilii lib. viii, v. 508, *Sed mihi tarda gelu, sœclisque effeta senectus Invidet imperium*.

645. Genes. cap. xxii, v. 17.

D 646. Lib. iii, vers. 163, *Benedicti lata propago* de eodem Isaac. Forte *benedicti germinis Isac*; sed apte est retinendum : nam ait apte æquata duo elementa numero bene licti germinis, cœlum et terram quia, cui terra datur, cœlum etiam paratur.

647. *Cœli sancta*, ut *legis sancta* l. 1, v. 624. *Sanctum* ponitur etiam pro *templo*.

649. In codice scribitur *Sarra*. Eodem die orabant Sara Raguelis filia, et Tobias senior, postea socer Saræ, et ut refertur cap. iii Tob., vers. 24, *In illo tempore exauditæ sunt preces amborum in conspectu gloriæ summi Dei*. Historia hæc toto eo libro narratur, et satis pervulgata est.

651. Tobias filius simul cum uxore divitias attulit.

652. *Orbes* simpliciter pro oculis, ut apud Prudentium ac plures alios veteres. Lib. i, vers. 345, *Orbe micant gemino*, etc., et rursus l. iii, vers. 262, *gemino orbi*. Ovidius l. i Amor., el. 8, *Et gemino lumen ab orbe venit*.

Lumine sunt acies post nubila crassa micantes. A
David adulterii facinus homicida peregit,
655 Sed scelus agnoscens culpas impune fatetur,
279 Sic reus et veniam sceleri sub voce me-
[retur
Credulus, et Domini famulus post, atque fide-
[lis,
Attestante Deo, coelesti voce vocatus,
In tantum ut regem faceret post crimina natum
660 Ex eadem muliere virum, cui tempore partus
Omnia concessit merito genitoris amati.
Fleverat Ezechias : sub puncto temporis uno,
Et prece primori vitam, et tria lustra mere-
[tur.
Murmure sub tacito sterilem defleverat Anna
665 **280** Materiem ; fecunda redit per vota priora, B
Et non est ultra vox exspectata secunda.
Hi solas fudere preces, jejunia nulla,

Nam nec tempus erat longum, quo vota pia-
[rent,
Cum nec plena fuit cunctis poscentibus hora,
670 Qua votum meruere suum pietate Tonantis
Quod vetus, atque novum duo Testamenta lo-
[quuntur,
Millia tot subito veniam meruisse reorum,
Pro quibus una semel vox est, aut nulla pre-
[cata.
Exegit quid plena fides, et credula, dixi.
675 Quid non credentes mercantur, dicere cura
[est.
Incurrit culpam sancti pater ille Joannis,
281 Pontificis loca sacra tenens, magnusque
[sacerdos,
Credere cunctatus Domini promissa Tonantis,
Angelico senior monitus sermone repente.
680 Mox vindicta datur per longa silentia linguae,

SCRIPTURA COD. VAT.

653. *Lumina sunt.*
657. *F. post statque fidelis.*
663. *Et prece primo dicavit et t. l. m.*

667. *Hi sola fudere.*
675. *Dicere curae.*

NOTÆ.

655. Eleg. vers. 159 de eodem David : *Confessus facinus veniam pro clade meretur Noxius impune*, etc. Vide l. I, vers. 34. Agnoscens David scelus, confessus illud est, quia fieri vix potest, ut homo serio gravitatem criminum perpendat, quin ea detestetur.

656. Forte *veniam sceleris. Sub voce*, quia statim ac dixit, *Peccavi Domino*, Nathan reposuit, *Dominus quoque transtulit peccatum tuum*, ut narratur Reg. l. C II, cap. XII, vers. 13.

657. Interpungi potest *meretur, Credulus.* David Dei servus saepius vocatus est post adulterii crimen remissum, ut in Veteri Testamento sacerdotes et prophetae famuli Dei appellari solent; ex quo ad Christianos, peculiari ratione Dei servitio addictos, eadem vox defluxit. Sed de David verbum *fidelis* pronuntiatum post id temporis in sacris Litteris non invenio ; laudes vero quae illi tribuuntur hoc ipsum sonant.

659. De hac phrasi *In tantum ut* vide comment. d Prudentium vers. 153 Hamart. Reperitur ea quidem in Vulgata lib. I Reg., cap. I, vers. 6, *In tantum, ut exprobraret;* sed non idcirco minus a bonis linguae Latinae scriptoribus cum decore adhibetur.

660. *Muliere tertia producta*, ut in epist. vers. 161, *Insuper et Salomon eadem muliere creatus.* Sic v. 111, lib. III, *arietem*, et *muliere* hoc l. II, v. 133. *Eadem* est dissyllabum contractis per synaeresin dua- D bus primis, ut *Una eademque via* in ablativo apud Virgilium.

661. Arbitror, scribendum *merito genitoris amato*, scilicet Salomoni amato genitoris meritis. Reg. lib. II, c. XII, vers. 24 seq., *Quae genuit filium, et vocavit nomen ejus Salomon, et Dominus dilexit eum. Misitque in manu Nathan prophetae, et vocavit nomen ejus Amabilis Domino* (Jedidiah), *eo quod diligeret eum Dominus.*

662. Lib. IV Reg., cap. XX, vers. 4, *Et antequam egrederetur Isaias mediam partem atrii*, etc. *Haec dicit Dominus : ... Audivi orationem tuam, et vidi lacrymas tuas, et ecce sanavi te ..., Et addam diebus tuis quindecim annos.* Hinc versum depravatum restitui. Posset etiam legi *Et prece primum vitam ad tria lustra meretur.* Sed melius est *Et prece primori*, ut v. 665, Per vota priora, et v. 673, Pro quibus una semel vox est, aut nulla precata. Eadem enim est sententia.

664. *Murmur* de oratione quae submissa voce fit,

saepe dicitur. In officio IsiJoriano sabbato sancto in oratione ad benedicendos diaconos : *Ut in omnibus tuorum beneficiorum sentientes benedictionem lucernae cereique immurmurent.* Hoc loco clarior vox aut etiam cantus exprimitur. Vide comment. ad Prudent. praefat. l. I contra Symmach., vers. 36. De hac Anna, matre Samuelis, l. I Reg., cap. I, vers. 13, *Porro Anna loquebatur in corde suo, tantumque labia illius movebantur, et vox penitus non audiebatur.*

665. Nonne melius *sterilem defleverat Anna Matricem?* Lib. I Reg., cap. I, v. 5, *Dominus autem concluserat vulvam ejus.* Pro receptaculo fetus in feminis matrix ponitur a Vegetio l. I Rei veter., cap. 5, et Plinio l. XXVII, c. 10, ubi tamen Harduinus legit *arteriam* pro *matricem.*

668. *Vota* hic sunt preces : *pioreni* est veluti *satisfacerent.* Propertius l. III, el. 17, al. 18, vers. 17 :
Nam quid Medeae, referam, quo tempore matris Iram
natorum caede piavit amor?

669. *Cum* pro *quandoquidem* cum indicativo apud Ciceronem aliosque bonos auctores occurrit.

670. *Votum* etiam sumitur pro re quae desideratur, ut hoc loco. Meruere, obtinuere, ut saepe alias.

671. Dracontius poetam agit qualem describit, sibique optabat Claudianus Mamertus in Carm. contra poetas vanos ad collegam : *His precor, his potius studiumque, operamque legendis, Scribendisque vove : cane grandia coepta Tonantis, Scribe creaturam verbo primordia rerum, Et chaos ante diem, primaeque-crepuscula lucis, Quaeque dehinc variis elementa per omnia saeclis Dicta, vel acta Deo per sancta volumina disces, Quae docuit tabulis legalibus indita Moses, Aut evangelici quae lex Nova Testamenti Signat, operta prius retegens mysteria Christum. Tunc te divinum vere memorabo poetam.* Vides poema Dracontii descriptum.

674. Forte *Exegit quod plena fides :* sed melius *quid*, ut vers. seq.

675. Forte *dicere quaeram*, vel *dicere curo*, vel *dicere cur est?* vel *dicere curae est*, aut *cura est*, ut loquitur Plautus. Mereri commune est ad praemium et ad poenam.

676. Eleg., v. 39, *Liquit et antistes verus pater ille Joannis*, etc.

679. Fortasse distinguendum *sermone : repente Mox vindicta datur*, ut dicitur *subito repente :* vel *repente* refertur ad *credere.* Vide Lucae cap. I.

Donec ventris onus bis quinis mensibus actis
Fundatur de ventre puer sub sorte beata.
Tu, Deus omnipotens, rerum cœlestis origo,
Tu pius, et clemens, et consolator haberis,
685 Tempore tristitiæ major defensio pressis.
Erigit elisos, relevat tua dextra jacentes,
Consovet abjectos, et semper pascit egentes,
Pocula larga parans sitientibus alma ministrat.
Nescius irarum monitis, non clade coerces
690 Peccatum, sine clade reos clementior audis
282 Ante preces, veniaque juvas; non ira
[furorem
Excitat, ut jubeas vel juste occidere sontes.
Plus pius es quam justus : agis non ergo severus,

Errantes punis, sed mitis corrigis omnes
695 Sub pietate bonus, pœnæ cessante flagello.
Et quoties commotus eris, placidissimus exstas,
Nil immite jubens, levis est sententia cœli :
Rex pie, supplicium cunctis revocabile dictas,
283 Ut, si peccantes agnoscant corde rea-
[tus,
700 Et damnent meliore animo delicta priora;
Sint, quibus ignoscas, sed non semel ista re-
[laxas,
Sæpius indulgens, ostendens limina mortis,
Et revocans a morte truci, quos culpa præ-
[mebat
Faucibus inferni raptas inducere formas.

SCRIPTURA COD. VAT.

682. *Fundatur de.*
684. *Consolator herilis.*
685. *Pressis*, dubie.
688. Scriptum est *arva*; ad marg., *alma.*
689. Videtur scriptum *coercens.*
691. *Preces veniale jubens non.*

692. Prius *sortes;* correctum *sontes.*
695. *Bonus pene cessante.*
697. *Nil in mente jubens, lenis e. s. c.*
700. *Et damnet m.*
702. Videtur correctum *indulges* ex *indulgens.*
704. *Raptos;* supra *raptas.*

NOTÆ.

681. A. Gellius l. III, cap. 16, ex veterum medicorum et philosophorum sententia docet, *gigni hominem septimo rarenter, nunquam octavo, sæpe nono, sæpius numero decimo mense, eumque esse hominem gignendi summum finem, decem menses, non inceptos, sed exactos.* Aliquando tamen octavo mense, atque undecimo etiam natum hominem ex Varrone refert.

682. *Fundi* appo-ite dicitur de partu facili, et non laborioso. Libr. II, vers. ultim., *Sub sorte piorum.*

685. Libr. I, vers. 729, *Spes, et defensio pressis.* Pro *oppressis* ponitur *pressis,* quod verbum ad animum quoque transfertur, sed addi solet *mœrore, luctu,* aut aliquid hujusmodi.

686. Libr. I, vers. 741, *Elevat elisos,* et l. II, vers. 722, *Erigis oppressos.* Psal. CXLV, vers. 8, *Dominus erigit elisos.*

687. Psal. cit. CXLV, vers. 7, *Dat escam esurientibus.*

688. *Alma* fortasse est *dextra,* aut *alma pocula:* et intelligi id potest de manna et coturnicibus. Libentius tamen legam *Pocula larga parans sitientibus, atque ministrans.*

689. Libr. I, vers. 85, *Ostentis ventura monens,* etc. Libr. III, vers. 16, *Justitiæ monitor, sed plus pietatis amator.* Libr. II, vers. 490, *Ut terrore domet potius quam clade profanos.*

690. Supra vers. 555, *Clementius audit.* Paulinus carm. 6 de S. Joanne Baptista : *Quamvis Dei pietas, quamque exorabile numen ! Pœnituisse sat est.* Auctor carminis de Laudib. Domini : *Tu casti rectique tenax, et flectere leges Post crimen facilis.* Scribebat hic auctor sub Constantino, et ex tempore quo floruit et styli similitudine subit animum suspicari eum disjunctum non esse a nostro Juvenco. Uterque Constantini laudibus carmen claudit. Sic ille : *At nunc tu dominum meritis, pietate parentem, Imperio facilem, vivendi lege magistrum, Edictisque parem, quæ lex tibi condita sancit, Victorem, lætumque pares mihi Constantinum, Hoc meli..s fetu terris nihil ante dedisti, Nec dabis; exæquent utinam sua pignora patrem.* Juvencus vero : *Hæc mihi pax Christi tribuit, pax hæc mihi sæcli, Quam fovet indulgens terræ regnator apertæ Constantinus, adest cui gratia digna merenti. Qui solus regum sacri sibi nominis horret Imponi pondus, quo justis dignior actis Æternam capiat divina in sæcula vitam Per dominum lucis Christum, qui in sæcula regnat.* Sic mss. Vat., alii paulo aliter.

691. Antea vers. 486, *Veniale minatur:* sed hoc loco verius puto *veniaque juvans,* quam *veniale jubens.*

693. Sæpe de hac sententia actum. Paulinus poem. ultim. fere iisdem verbis : *Corripiensque tamen veniam dabit omnibus unam, Remque novam dicam, nec me dixisse pigebit, Plusque pius, quam justus erit :* ubi superflua videtur conjunctio in *plusque pius,* ac fortasse legendum : *plus pius est quam justus erit.* Victorinus de J. C. Deo et homine : *Magis indulgentia semper, Quam vindicta placet.*

694. Libr. I, vers. 95, *Corrigit errantem, nec punit morte repente.*

695. Libr. I, vers. 435, *Continua bonitate pius.* In Eleg. vers. 188, *Commodus Augustus vir pietate bonus.*

696. *Placidissimus exstas* pro es, ut vers. 751, *Solus enim Dominus, Dominum qui non habet, exstat.* Sed potest etiam accipi pro *eminere, prominere,* quæ propria ejus verbi significatio. Sententia deprompta ex Habacuc cap. III, vers. 2, *Cum iratus fueris, misericordiæ recordaberis.* Pro irato *commotus* Virgilius l. I Æn., vers. 126, *Graviter commotus.* Ita etiam Suetonius, Claudianus et alii.

697. Libr. I, vers. 544, *Exsurgit censura Dei pietate severa.*

698. Vide l. I, vers. 31 et 91. Supplicium dicit revocabile, ut contra munus Dei *irrevocabile.* Libr. I, vers. 605, *Manet irrevocabile munus :* et Juvencus l. I, vers. 74, *Quare promissis manet irrevocabile donum.*

701. *Sed* pro *imo* ponitur, aut pro *et,* ut l. III, vers. 17, *Celsior excelsis specie sed pulchrior omni.* Cum ponitur pro *imo,* sæpe additur *etiam* aut *et.* Cicero Attic. l. III, epist. 15, *Hic mihi primum meum consilium defuit, sed etiam obfuit,* quanquam id aliter ab aliis editum est. Val. Flaccus lib. V, vers. 391, *In te animos, sed et omnia nostra repono.* Simpliciter Phædrus l. IV, fab. 17, *Odore ... sed multo replent.*

702. Supra vers. 514, *Lethique vias, et limina mortis.* Libr. I Reg., cap. II, vers. 6, *Dominus mortificat, et vivificat, deducit ad inferos, et reducit.* Deuteron. c. XXXII, vers. 39; Tob. cap. XIII, v. 2.

703. Supra vers. 422, *Eripitur de morte truci.*

704. Sensus videtur esse, quos culpæ eo pertrahebant, ut animas suas faucibus inferni inducerent, sive inferrent. Exprimit verba Sapient. cap. XVI, vers. 13, *Tu es enim, Domine, qui vitæ et mortis habes potestatem; et deducis ad portas mortis, et reducis. Raptus* usurpatur pro violenta et immatura morte præreptus, ut apud Statium libr. II, silva 1, vers. 208, *Hic finis rapto.* Potest etiam intelligi ra-

705 Hi soli pereunt, semper quos esse profanos.
Constiterit, sine fine mali peccare volentes.
Criminis et pœnæ limes semel unus habetur.
Et poteras servare malos pius usque senectam,
284 Ut damnare simul horrenda piacula nos-
[sent,
710 Et veniam sperare tuam, sed major habetur
Hic ratio, nam impune diu peccare nocen-
[tum
Si fuerit permissa manus, turbata repente
Mens insontis erit, mox pœnitet esse mode-
[stum,
Optaturque nefas, et plus pia turba nocetur,

A 715 Improba quam rabies, atque improba vota fa-
[tigant.
285 Quid quod eterranti mora non brevis esse
[probatur,
Servaturque diu veniæ, si desinat audax
Illicitum tentare nefas? nam gaudia cœlo
Conversus dat quisque reus ; sibi quisque me-
[delas
720 Arbitretur homo, culpas sub voce relinquit.
Vox tua cum sileat, tua sed sententia clamat.
Erigis oppressos humiles, sternisque superbos,
Tu captivorum rumpendo noxia vincla,
Colla levas attrita jugis cervice soluta,

SCRIPTURA COD. VAT.

712. *Si fuerat permissa*, et videtur scriptum *præ-missa*.

713. *Mox penitens se moderatum.*
716. Videtur scriptum *quidquidet*.

NOTÆ.

ptatas, seu *tractas formas*. Equidem *formas* pro animis non reperio quis dixerit. Suspicor Dracontium, qui sæpe veterum verbis loquitur, respexisse ad Virgilium l. vi, v. 614, *Inclusi pœnam exspectant : ne quære doceri, Quam pœnam, aut quæ forma viros, fortunave mersit*. Servius vero *formam* exponit regulam, quod ad nos nihil attinet.

705. Vide l. i, vers. 93 seqq.

707. Libr. i, vers. 118, *Lux noctis limes, et umbræ*. Sententia hujus loci est, pœnam non sequi nisi eum, qui in eodem crimine perseverare voluerit, aut damnare scelera sua noluerit.

708. *Usque* sæpe præpositioni *ad* conjungitur, quæ tamen nonnunquam omittitur, ut iterum l. iii, vers. 607, *Sit virtus usque senectam*, et alibi. Ex sacra Scriptura colligitur impios plerumque ad senectutem non pervenire. Psal. liv, vers. 24 : *Viri sanguinum et dolosi non dimidiabunt dies suos*. Psal. lvii, vers. 10 : *Priusquam intelligerent spinæ vestræ rhamnum, sicut viventes, sic in ira absorbet eos*. Cap. xv Jobi, vers. 32 : *Ante quam dies ejus impleantur, peribit*.

712. Retineri poterit *Si fuerat*, tempus pro tempore, ut in Eleg. vers. 294, *Quæ fuerat pietas?* Sed verius est *Si fuerit*.

713. Nulla alia conjectura ad sanandum locum corruptum opportunior occurrit, quam *mox pœnitet esse modestum*. Hoc vocabulum *modestus* varia significatione sæpe adhibere Dracontium, animadverti in prolegom. num. 136. Quæstio proponi potest cur Deus impios quosdam, antequam convertantur, vita privet, alios diutius in criminibus vivere permittat, ut denique convertantur antequam e vita decedant : cui quæstioni aliud respondere nequit, nisi justa et inscrutabilia esse Dei judicia. Verum Dracontius impios cum impiis non confert, sed de impiis qui ante senectutem moriuntur, quærit cur Deus eos, cum ad senectam usque conservare possit, ut ad bonam frugem se recipiant, ante id tempus de medio tollit. Sunt certe scelerati aliqui homines, qui etiam cum ad senectutem pervenerint, non proinde meliores evadunt, imo gravioribus criminibus obruuntur. Sed sunt alii qui, si diutius viverent, converterentur. De his ergo respondet Dracontius primum oportere ut improbi non d'u permittantur impune peccare, ne malo sint exemplo bonis; deinde non brevem moram concedi peccatoribus, ut veniam obtineant, si velint. Ecclesiastes cap. viii, vers. 11 : *Etenim quia non profertur cito contra malos sententia, absque timore ullo filii hominum perpetrant mala*. Lege Lorinum in comment. ad hunc loc. Eodem pertinet quod dicitur psal. ix, vers. 2, *Dum superbit impius, incenditur pauper*; et cap. xvii Jobi, vers. 8 : *Stupebunt justi super hoc ; et innocens contra hypocritas suscitabitur*. Etsi autem, ut vers. seq. additur, *tenebit justus viam suam, et mundis manibus addet fortitudinem*, ta-

B men negari nequit, aliquos prospera improborum felicitate permoveri, ut viam virtutis deserant. Euripides in Dictye : *Jam sæpe vidi, sæpe et indigne tuli Bonos sequentes moris exemplum mali*. Sophocles in Alete : *Malos profanis prosatos genitoribus Florere rebus prosperis visu grave, Stirpem bonorum rursus ingenio probo Malis subactos cladibus mersos premi. Disponere aliter cura debuerat Deum Mortalium res : nam pios decuit palam Bona largitate consequi cœlestium, Contra scelestos paria criminibus suis Supplicia aperte luere dis ultoribus : Ita res secundas nemo jactaret malus*. Claudianus vero in hac mentis agitatione pro divina providentia sic concludebat libr. i contra Rufinum, initio : *Abstulit hunc tandem Rufini pœna tumultum, Absolvitque deos. Jam non ad culmina rerum Injustos crevisse queror ; tolluntur in altum, Ut lapsu graviore ruant*.

716. Usus hujus verbi *probatur* expositus est in nota ad vers. 26.

718. Errantem veniæ diu servari probat, quia gaudia dat cœlo, quisquis convertitur. Lucæ cap. xv, vers. 10 : *Ita dico vobis, gaudium erit coram angelis Dei super uno peccatore pœnitentiam agente*.

719. Primum *quisque* sumi potest pro *unusquisque*, sed secundum *sibi quisque medelas* accipi debet pro *quisquis, quicunque*; quam significationem ejus nominis confirmavi in comment. ad Prudentium hymn. 7 Cath., vers. 216. Hæc est altera ratio cur brevis censenda non est mora, quæ erranti conceditur, quia facilis est pœnitentia, ac spatio temporis exiguo peragi potest, scilicet cum supernaturalis gratiæ auxilio.

720. *Arbitretur* est *arbitrando sibi quærat, adjudicet, expendat*. Pro *requirit* rectius puto *relinquit* : nam requirimus quæ abesse ægre ferimus. Sententia eadem est ac vers. 656, *Sic reus et veniam sceleri sub voce meretur*. Confer etiam lib. iii, vers. 240 seq. Isaiæ cap. xxx, vers. 19 : *Plorans nequaquam plorabis : miserans miserebitur tui : ad vocem clamoris tui, statim ut

D audierit, respondebit tibi*. Fabricius in comment. poetar. Christ. advertit Alcimum in *arbitris* secundam produxisse : sed cum muta et liquida sequantur, jure suo usus est Alcimus, quo eodem in *arbitretur* utitur Dracontius.

721. *Sed* hoc loco pro *tamen* ponitur notanda significatione.

722. Confer vers. 686. Tertullianus lib. i, *Oppressis veniam dare promptus, solvere tinctos*. Psal. cxlvi, v. 6 : *Suscipiens mansuetos Dominus, humilians autem peccatores usque ad terram*. Vide etiam canticum Deiparæ *Magnificat*.

723. Psal. cxlv, v. 7 : *Dominus solvit compeditos*.

724. Prudentius in præfat. Psych., *Attrita boüs colla*, et hymn. 1 Perist., *Attrita colla gravibus circulis*.

DRACONTII CARMINA.

725 Et proceres servire facis, famulosque jubere,
Paupertate, jubes, opulentos turpis egestas
Urgeat, et ditas opibus bene largus egentes.
286 Ima levas, et celsa premis, præsumpta
[coercens
Atteris, et tenues adjecto robore firmas,
730 Jura potestatis retinens sub nomine vero,
Solus enim Dominus, Dominum qui non habet,
[exstat ;
Vel cui cuncta patent, per quem sunt omnia,
[quot sunt,
Et transacta simul, quæ sunt quandoque fu-
[tura.
Qui dedit elysios justis, et tartara pravis,
735 Qui placidis, sævisque jubet procedere solem,
Et lunam, stellasque vagas, et sidera cuncta,
Imperat et pluvias nullo discrimine fundi.

Nec ratione caret pietas generaliter una,
Mercedem justis, injustis munera nobis-
740 Prorogat, ut vel sic nos convertamur ad illum:
Illectos donis, non pœnis mutat adactos.
287 Exspectat pia vota Deus, non thura re-
[quirit,
Victima sola placet purgatæ mentis honestas.
Nec tamen expensis, sed puro corde litandus.
745 Pectore contritos, genibus cum pectore flexos,
Suppliciterque suos pandentes fletibus actus
Exaudit : nam si quis erit miseratus egentis,
Texerit et nudos, inopes defenderit, insons,
Contentusque suis, alienis non inhiarit,
750 Si impetrare velit, velut impetrare meretur,
Effectus faciles oratio pura reportat,
Quam non impugnat cujusque precatio tristis.
288 Et fortasse juvat pauper, peccata relaxat

SCRIPTURA COD. VAT.

727. *Vestiat et ditet o.*
728. *Præsumpta coactus,* sed *præsumpta* ambigue.
732. *Cuncta parent :* non clarum est *quæ sunt,* vel *quot sunt,* vel *quod sunt.*
737. *D. fundit.*
746. *Suppliciterque suos pandentes fletibus...* deest postremum verbum.
750. *Si imperare velit velut imperet ita meretur;* sed *imperet* obscurum est.
751. *Reportet,* supra *reportat.*
753. Scriptum est *juvat : pauper p.* et *pauper* in nexu litterarum.

NOTÆ.

726. Ex cantico B. Virginis, et alio Annæ lib. 1 Reg., cap. II.
728. *Præsumpta,* hoc est superba, audacter confidentia, significatione ævi sequioris, ut *præsumptor, præsumptio.* Vide vers. 365.
730. Supra vers. 257, *Jura potestatis retinens super omnia solus.*
731. *Exstare* et *constare* a Lucretio pro *esse* interdum usurpari, notat Gifanius in Indice. Confer vers. 696 hujus libri, et vers. 247 lib. III, et Eleg. vers. 156.
733. Similia occurrunt supra v. 594 seq., ubi æternitas explicatur.
734. *Elysios,* subaudi *campos.* Sic *elysios* simpliciter ponunt Martialis, Lucanus et alii. Frequentius *elysium* neutro genere dicitur, aut *elysius* adjective cum substantivo expresso.
735. Ex Matth. cap. V, vers. 45. Plura in hanc sententiam Prudentius lib. II contra Symm., vers. 780 seqq., *Non nego communem cunctis viventibus usum Aeris, astrorum,* etc. Adisis nostrum comment. in eum locum, et not. ad vers. 598, lib. I Dracontii. Lib. I, vers. 456, *Placidus* opponitur etiam *cruento,* aut *sævo.*
737. Posset retineri *fundit* cum hac distinctione *sidera cuncta Imperat, et pluvias. Imperare lunam, stellas,* ut *imperare naves, pecuniam, tributa, arma,* præsertim si legas *sidera cœlo Imperat :* aut intelligendum est *imperat procedere.* Sed planior et verior est lectio quam ascripsi.
740. Gregorius Magnus lib. XVI Moral., cap. 12 : *Malorum domos Dominus bonis implet, quia etiam ingratis sua dona non denegat, ut aut benignitatem conditoris erubescant, aut ad bonitatem redeant, aut redire omnimodo contemnentes, inde illic gravius puniantur,* etc.
741. Lib. I, vers. 741, *Et consolatur adactos Luctibus.* Ita convertimur ad Deum, ut Deus nos mutet, seu convertat. Vide notam ad vers. 611.
742. Isaiæ cap. XXX, vers. 18 : *Propterea exspectat Dominus, ut misereatur vestri, et ideo exaltabitur parcens vobis.*
743. Ex psal. L, vers. 18 : *Quoniam si voluisses sacrificium,* etc. Vide comment. ad Prudentium hymn. 10 Per., vers. 346.

745. Ex psal. cit. vers. 19 : *Cor contritum et humiliatum, Deus, non despicies :* et psal. CXLVI, vers. 3 : *Qui sanat contritos corde,* etc. Forte legendum *genibus cum pectore flexis.*
746. Forte *suos plangentes fletibus actus.* De hoc nomine *actus, actus* dixi in comment. ad Prudentium hymn. 2 Cath., vers. 107. Ponitur pro actione etiam a Cicerone, Quintiliano, Lucano, Claudiano aliisque antiquis, et supra a Dracontio vers. 268, *Temnimus actu Plectibili.*
747. *Miseratus* admittit genitivum, ut infra vers. 762. Sed hoc loco bene esset *miseratus egentes,* ut postea *nudos, inopes.*
750. Cogitabam *Si imperitare velit, velut imperitare meretur.* Verum neque id neque aliud quod edidi, penitus mihi placet.
752. *Tristis* poterit referri ad *cujusque,* scilicet precatio alicujus infelicis aut mœrentis. Precatio vero hoc loco sonat imprecationem, quamvis sæpius pro simplici obsecratione ponatur : nisi malis intelligere *precationem tristem,* ut ita clarius imprecationem significet. Imprecari aliis malum in vindictam damni ab ipsis illati nullo modo licet. Vide Suarium tom: II de Relig. lib. I, cap. 19. Deum vero nonnunquam istiusmodi imprecationes exaudire, colligitur ex historia quam narrat S. Augustinus serm. 322, al. 34, de Diversis, et lib. XXII de Civit., cap. 8. Quin audimus Salvianum lib. VII de Providentia ? *Jam vero illud cujusmodi, aut quam grave, genere quidem dispar, sed iniquitate non dispar, nisi hoc dispar forte, quia majus ? Proscriptiones dico orphanorum, viduarum afflictiones, pauperum cruces, qui ingemiscentes quotidie ad Deum, ac finem malorum imprecantes, et quod gravissimum est, interdum vi nimiæ amaritudinis etiam adventum hostium postulantes, aliquando a Deo impetrarunt, ut eversionem tandem a barbaris in commune tolerarent quam soli a Romanis antea toleraverant.*
753. Relaxare peccata dixit etiam Dracontius vers. 505 Eleg. Interpungi etiam potest *Quam non impugnat cujusque precatio tristis, Et fortasse juvat. Pauper peccata relaxat Pastus, et indutus.* Scilicet quam oratio oppressorum non impugnat, imo fortasse juvat. Tob. cap. IV, vers. 11 : *Quoniam eleemosyna ab omni*

CARMEN DE DEO. LIB. II.

Pastus et indutus, viduæ, pupillus et æger,
Et defensus inops plus, quam scis, quærere
　　　　　　　　　　　　　　　　　[possunt.
Vestibus, expensis, epulis de more Tabitha
Expendebat opes, miseris alimenta ministrans.
Nunquid ad annorum numerum cuicunque mo-
　　　　　　　　　　　　　　　　　[desta
Addidit, et vitam longum produxit in ævum?
760 Et meruit tamen ipsa jacens post funera vitam
Amissam reparare suam, testantibus illis,
Queis proprias fundebat opes miserata ro-
　　　　　　　　　　　　　　　　　[gantum.
Petrus enim medicus fuerat, medicina catervæ
289 Paupertatis erant; cœlis extorsit egestas,

Quod voluit. Nos turba rapax calcamus egenos,
Conferimusque nihil: forsan spoliamus avari
Pauperiem, si forte ferat quodcunque decorum,
Exspectamus adhuc, det pauper xenia nobis,
Afferat et prædam potius: de nobile pauper
770 Jam modo dives eget, cui confert indiga dextra,
290 Non sibi mendicans, quod diviti, usibus
　　　　　　　　　　　　　　　　　[addit.
Quidquid agamus ad hæc sceleris, fraudisque,
　　　　　　　　　　　　　　　　　[dolique
Supplicio dignum, differt punire benignus,
Ut, si pœniteat, magis indulgere paratus;
775 Qui facit angelicas flamma crepitare cohor-
　　　　　　　　　　　　　　　　　[tes.

SCRIPTURA COD. VAT.

755. *Inops plus quam suum quærere:* obscure B
quam.
756. *Epulas de morte davita.*
757. *E. opus m.*
758. Scriptum apparet *nunquam* pro *nunquid.*
762. *Qui proprias.*

767. *Decorem,* supra *decorum.*
768. *Adhuc de paupere sevia nobis :* non ciare *paupere.*
769. *Afferat et præda potiatur de nobile pauper.*
771. *Divitibus :* correctum *divitis.*

NOTÆ.

peccato et a morte liberat. Orationes pauperum quantum prosint, explicat Chrysostomus homil. 21 in cap. ix Act. apostol.

755. Forte *plus quam das, reddere possunt,* vel *plus quam vis.*

756. Forte *Vestibus, et tunicis, epulis* ex Act. apost. cap. ix, vers. 39 : *Et circumsteterunt illum* (Petrum) *omnes viduæ flentes, et ostendentes ei tunicas et vestes, quas faciebat illis Dorcas.* De nomine Græco *Dorcadis,* quæ Tabitha Hebraice vocatur, vide Gifanium Ind. Lucret. verbo *Dorcas.* Similis mutationis exempla etiam nunc sunt in usu, ut cum *Quercetanus* appellatur is qui Hispanice dicitur *De la encina,* aut *Siliceus,* qui *Guigeno.*

759. Similis phrasis lib. iii, vers. 286, *Et vitam longo produceret ævo.*

761. *Testantibus* pro *obtestantibus, invocantibus* : aut etiam pro *præsentibus, testificantibus.*

762. Arator lib. 1 de eadem Tabitha, vers. 857, *Mansuras fundebat opes.* In appendice 1 ad carmina S. Damasi pag. 243, *Hæc mihi cura fuit nudos vestire petentes, Fundere pauperibus quidquid concesserat annus.*

764. Vis orationis et precum egregie expressa. In sacris Litteris similes sunt sententiæ. S c Exodi cap. xxxii, vers. 10, Dominus Moysi oranti dicebat : *Dimitte me, ut irascatur furor meus contra eos.* S. Hieronymus ex Ezechielis cap. xiii, vers. 5, colligit, quod *Dei sententia sanctorum precibus frangitur,* quod in comment. ad eum locum nervose confirmat.

765. Salvianus more suo hæc ita graviter declamat l. iv de Provid. : *Quotusquisque enim juxta divitem pauper aut intactus, aut tutus est? Si quidem persuasionibu præpotentum, aut sua homines imbecilli, aut etiam seipsos cum suis pariter amittunt, ut non immerito de utrisque personis sacer sermo testatus sit* (Eccli. c. xiii, vers. 23). *Venatio leonis onager in eremo, sic pascua sunt divitum pauperes. Quamvis tyrannidem hanc non pauperes tantum, sed pene universitas patitur generis humani. Quid enim omnium aliud dignitas sublimium quam proscriptio civitatum? Aut quid aliud quorumdam quos taceo præfectura quam præda? Nulla siquidem major est pauperculorum* (forte *populorum*) *depopulatio quam potestas.* Aliæ editiones multum variant.

768. Hic et sequens versus insanabiles videntur : medicinam, quæ opportuna mihi occurrit, attuli. *Xenia* sunt quælibet munera mitti solita ab amicis,

a clientibus, ab aliis, ut videri potest in libro Martialis, qui *Xenia* inscribitur. Prima brevis est, sed producitur etiam a Græcis poetis, et posteriori ævo, ad annum scilicet 1314, producta est ab Adolpho quodam in fabulis contra mulieres apud Leyserum Histor. poet. ævi : *Xenia multa Paris castæ donat mulieri.* Posset conjici *pauper det serica nobis* : nam *sericum* et *serica* in plurali numero pro veste serica usurpantur.

769. Non solum, ait Dracontius, xenia a paupere petimus, sed etiam prædam; quia divites bona pauperum, a quibus munera exigunt, quodammodo prædantur. Cicero v in Verrem, al. lib. iii, cap. 50, *Marimos quæstus prædasque fecisse.* Dracontius libr. iii, v. 75 : *Aut qui aliena rapit prædo temerarius audax, Cujus facta gemens plangit spoliatus egenus? Hi nam sunt quos sola juvant convivia prædæ.* Cap. i Isaiæ, vers. 23 : *Principes tui infideles, socii furum : omnes diligunt munera et retributiones.* De xeniis vero id lege civili cantum est D. libr. i, tit. 16, leg. 6 : *Non vero in totum xeniis abstinere debebit proconsul, sed modum adjicere : neque morose in totum abstineat, neque avare modum xeniorum excedat.*

770. Libr. iii, vers. 39, *Bene dives egenus, Semper avarus inops, pauper sub divite nummo.*

771. Pulchre et vere dictum, quasi pauperes non sibi, sed divitibus, qui omnia undique conradunt, mendicent. Vel propter hos solos versiculos dignum maxime erat hoc Dracontii carmen, quod non lateret diutius.

772. Aliqui viri docti improbant *ad hæc,* vel *adhæc,* et in Cicerone, Sallustio, Tacito et aliis antiquis ubi id reperitur, reponunt *adhuc.* Sed cum optima exemplaria exhibeant *ad hæc,* temere id mutabitur in *adhuc.* Consule Vossium de Analog. l. iv, c. 21.

773. Clementia Dei, supplicium differentis, aliis in locis laudata est, ut l. i, vers. 50 et seqq.

774. Forte *Ac, si pœniteat.* Deus vocat homines ad pœnitentiam, quia non vult mortem peccatoris, sed magis ut convertatur et vivat.

775. Bonitas Dei erga homines commendari videtur, quod eos ad pœnitentiam invitet et exspectet, cum malos angelos in æternum ignem conjecerit. Vide vers. 470 et seqq.: *Inde magis mens nostra rea est, quod pœna secuta sit Coelestes famulos. Crepitare flamma* pro *ardere cum aliquo sonitu.* Tibullus l. ii, eleg. 5, vers. 81: *Ut succensa sacris crepitet bene laurea flammis.* Plinius l. xxxi, cap 7, de *ale Tragasæo

Nam pia turba Dei sunt spiritus igneus omnis: A
Quamvis ipse Deus se prodidit igne loquaci,
291 Cum jubar ignitum Domini rubus asper
[haberet,
Et lacrymas populi pro libertate gementis
780 Diceret ante suum Deus ascendisse tribunal.
Se tamen asseruit sublimibus alma potestas
Descendisse polis, ut quæ captiva jacebat,
Libera turba foret, domini victura superstes.
Mox sua promissor perfecit verba fidelis,
785 Excussoque jugo deduxit per mare Rubrum,
Candida dux fuerat nubes, flammæque columna;
Fluctibus æquoreis gemina de parte ligatis,
In scopulum pelagi jam non latrantibus undis,
Transierat salsos ponti sine remige fluctus,
790 Et pedibus siccis iter est navale peractum.
Laudavere Deum populus de morte natantum,
Sexus uterque Deo magnis in laude choreis
Certatim resonant, et palmis tympana pulsant,

292 Et ce'ebrant, vincente Deo, sa'tando
[triumphum.
795 Non gladiis, jaculisque datis, missisve sagit-
[tis
Gens oppressa perit; sed tantum surgere jussa
Arma elementa Deo, nullum fusura cruorem;
Et tamen innumeras faciunt sine sanguine mor-
[tes.
Una eademque die populis datur ecce duobus
800 Ira furens, pietasque simul : sine nubibus ullis
Diluvio periere gravi, splendente sereno.
Omnibus ostendit Domini sententia lata,
Quid peccata creent, quid justi vita meretur,
Quid bona simplicitas, quid noxia vota repor-
[tent,
B 805 Quid pius, aut humilis, quid et impius, atque
[superbus,
Quid ferus, aut mitis, quid clemens, quidve
[cruentus,

SCRIPTURA COD. VAT.

776. *Igneus omnes.*
777. *Quamvis et ipse Deus.*
778. *Dubie asper haberet.*
781. *Asseruit merito sis alma.*
782. *Captiva jacebant.*
785. *Et uterque jugo d. p. m. r.*

789. *Transierat falsos p.*
796. *Sed tantum fugere jussa.*
799. *Datur esca duobus.*
802. *Ostendit domum sententia.*
806. *Mitis, quidq id clemensve cruentus, sed quidquid non clarum est.*

NOTÆ.

et Acanthio : *In igne nec crepitat, nec exsilit.* Sic *flamma crepitans* et similia. Sed qua ratione crepitare flamma possunt angeli, qui sunt *Corporis expertes terreni ponderis omnes*, ut ait Dracontius vers. 461? C Huic difficultati respondere potest ex vers. seqq., quod potestati Dei subjectus est ignis, quo scilicet possit etiam spiritus puniri, et quod ipse Deus igne crepitanti apparuit in rubo, quia igne uti potest ad puniendum et ad bene faciendum. Ex vers. seq. explicatio alia verior eruitur, ut nunc dicam.

776. Videtur omnino legendum *omnis* pro *omnes* : nam *igneus* poscit *omnis*, et spiritus ratione metri in singulari est. Ex hoc versu aperte colligitur sermonem esse de bonis angelis, qui sunt pia turba Dei, et igni comparantur. Psal. ciii, vers. 4 : *Qui facis angelos tuos spiritus, et ministros tuos ignem urentem.* Quæ verba in ep. ad Hebr. cap. i, v. 7, repetuntur, sed *oros ignem urentem* est *flammam ignis*, et additur vers. 14 : *Nonne omnes sunt administratorii spiritus in ministerium missi propter eos, qui hæreditatem capiunt sautis ?*

777. Fortasse *Quid quod et ipse Deus.* Ignem symbolum esse divinitatis, ex multis sacræ Scripturæ locis ostenditur. *Igne loquaci*, quia in igne loquebatur D Deus. Vide comment. ad Prudentii Dittochæum, vers. 20. Sic enim inscripsi ex veteribus editis et mss. opus quod alii Enchiridion aut Diptychon vocant : de quo Dittochæi titulo etsi plura dixerim, tamen addendum est nonnullos putare Dittochæum appellari a δύο-ός et χάος, quia probatatis exempla ex *duplici* Testamento complectitur. Auctor mihi est Nicolaus du Mortier Etym. sacr.

778. Libr. i, vers. 615, *jubar* tribuitur igni. Exodi cap. iii. vers. 2, verba sunt : *Apparuitque ei Dominus in flamma ignis de medio rubi*, etc.

781. Posset scribi *asseruit merito bis alma*, vel *merito sic*, sed quo sensu? pro *sublimibus* bene etiam esset *excelsis.* Si legere velis *merito sic alma*, intelligere poteris rationem reddi a Deo cur sic in rubo apparuerit.

782. Ex d. cap. iii, vers. 8, *Descendi ut liberarem*, etc.

783. *Domini* intelligo Pharaonis, cui Israel serviebat. Supra vers. 166 de eode n prodigio : *Israelitarum plebi, quæ facta superstes Vindice naufragio*, etc. *Superstes* cum genitivo vers. 51, *Mundique superstes.* Alcimus l. v prope finem : *Inspector cladis propriæ, gentisque superstes.*

785. Forte *Eruptosque jugo deduxit.*

788. *Latrantibus undis*, frequens id poetis. Confer vers. 160 et seqq. hujus libri.

789. Forte *Transierant.*

791. Exod. cap. xiv et xv, Sapient. cap. x, vers. 20: *Et decantaverunt, Domine, nomen sanctum tuum, et victricem manum tuam laudavere pariter.*

793. Tympanorum diversa fuere genera, ut videri potest in Antiq. explic. Montfauc. tom. III. Quædam bacillo pulsabantur, alia digitis, aut palmis. Ovidius iv Fast., vers. 342, *Et feriunt molles taurea terga manus.* Lucretius l. ii, vers. 618, *Tympana tenta tonant palmis.* Catullus carm. lxiii de Nupt. Pel. vers. 261, *Plangebant alii proceris tympana palmis.*

794. Saltando, ut paulo ante *choreis.* Exodi cap. xv, vers. 20 : *Cum tympanis et choris.* Chorus est multitudo canentium vel saltantium aut canentium simul et saltantium.

798. *Mortes* in plurali usitatum ab aliis, sed notandum præsertim cum verbo *facio.*

801. Claudianus de bello Getic., v. 49, *Splendere serenum.* De hoc verbo *serenum* vide notam ad vers. 586, l. i.

804. *Simplicitas* pro innocentia, ut ex opposito *noxia vota.* Vide vers.69 Eleg. Cap. xx Genes., vers. 5 : *In simplicitate cordis mei, et munditia manuum mearum feci hoc.* Sic *simplex*, *simpliciter* pro innocenti, innocenter in sacris Litteris.

805. *Humilis*, ut superbo opponitur, vox Christianorum scriptorum, ut Prudentii et æqualium. Forte atque *humilis.*

806. Forte *quid clemens, quidque cruentus, aut quidve cruentus.*

Dapsilis, et largus, qu'd prædo, aut raptor ava- A   Agmina condemnant mores, atque agmina pur-
    [rus.   [gant.

SCRIPTURA COD. VAT.

07. *Quid prædæ aut raptor.*

NOTÆ.

807. *Dapsilis*, Græca vox, *largus, copiosus*: ea utuntur Plautus, Columella, Apuleius, Dionysius Cato in Distich. moral., alii. Lego *prædo* pro *prædæ*, ut l. III, vers. 75: *Aut qui aliena rapit prædo temerarius audax.*

808. Redit ad id quod dixit vers. 418, *Segregat Omnipotens merita.*

LIBER TERTIUS.

293 Luminis æterni, lunæ lux, lucis origo,   B
Orbis, et astrorum, jubar ætheris, aeris auctor,
Pax elementorum, naturæ conditor, et fons,
Sideris innumeri numerus quem non latet
    [omnis,
5 Nomina dans astris, et stellas cursibus aptans,
Immotosque jubens septem constare triones:
294 Axe licet volvente polos, stant sidera
    [pigra,
Qui numeras cunctas, quas præfert littus, are-
    [nas,
Per freta cuncta maris totum *quas continet*
    [*æquor.*
10 Omnia nosse Deum, quia condidit omnia solus,
Quis dubitet? Quod nosse jubes, cœlestia norunt,

Quod tu scire vetas, ignorant omnia cœlo.
Missa cadunt, hiemesque cient comitante fra-
    [gore,
Verberis ignoti volitant per inane flagella,
15 Et rutila radians crinitum missile flamma
Justitiæ monitor, sed plus pietatis amator,
Celsior excelsis, specie sed pulchrior omni,
Virtutum virtus, dulcedine dulcior omni,
Lucidior luce, vel lumine clarior omni,
20 Editor omnipotens, sed non tamen edite ab
    [ullo,
Qui placidos pluviis das descendentibus imbres.
295 Sic annona datur cunc is animantibus
    [esca,
Et natura parens per tempora cuncta ministrat,

SCRIPTURA COD. VAT.

6. *Immobilisque jubes.*   C   11. *N. Jubet c.*
7. *Polos stant s.*   14. *Ignoti violant per.*
8. *Quas præfert l.*   15. *Et rutila ut radians.*
9. *Per freta cuncta maris totum factura quæ....* 19. *Lucidus o. .... vel l. c. o,*
desunt litteræ extremæ.   21. *Das discedentibus imbres.*

NOTÆ.

1. *Sol lumen immensum* dicitur libr. I, vers. 221. Hoc etiam loco sol intelligi potest in verbis *Luminis æterni.* Tertullianus de Deo l. IV, *Profundæ lucis origo Fons vitæ*, etc. Mar. Victor in præfat. ad Genes., *Tu vita, et genitor vitæ, lucisque profundæ, Tu lux vera, Deus, tu rerum causa, vigorque.* Dracontius l. I, vers. 131, *Initium factis lucem dat lucis origo.* Missale Isidorianum sabbato sancto in oratione ad benedicendum lucernam: *Domine Deus noster, unici luminis lumen, fons luminis lumen, auctor luminum.* Merobaudes de Christo: *Nunc genitus, qui semper eras, lucisque repertor.*

2. *Jubar ætheris*, ut l. I, vers. 615, igni tribuitur *jubar*, et l. II, vers. 778, *Jubar ignitum.*

3. De elementorum concordia vide l. I, vers. 142 et seqq.

4. Libr. II, vers. 472, *Sideris innumeri*, quod ibi de angelis dictum. Libr. I, vers. 219, de stellis, *Agminis innumeri.*

5. Libr. I, vers. 218, *Cursibus aptavit*, videlicet stellas. Fortasse legendum *das, aptas, jubes.* Sedulus initio libr. I, *Qui stellas numeras, quarum tu nomina solus, Signa, potestates, cursus, loca, tempora nosti.*

6. Virgilius l. III Æn., vers. 518, *Postquam cuncta videt cœlo constare sereno.* Septem triones immoti dicuntur constare, quia semper videntur. *Pigri et inoccidui* ab aliis poetis vocantur, cujus rei ratio ex vers. seq. intelligitur, *Immobilisque*, aut *immobilesque* metro adversatur.

9. Non satis percipitur quid velit Dracontius dicere: sed non longe videtur fuisse a sententia quam supplevi.

10. Scientia divina eodem arguendi modo laudata etiam est l. I, vers. 500 seqq. *Cui cuncta patescunt, Et merito, quia cuncta facit, fecitque jubendo.*

11. *Cœlestia* pro angelis, vel pro omnibus quæ sunt in cœlo, ut vers. seq. explicatur. Videtur id petitum ex Marc. cap. XIII, vers. 32: *De die autem illo vel hora nemo scit neque angeli, in cœlo, neque Filius, nisi Pater.*

13. *Missa* flagella, ut arbitror.

14. *For.e ignoti vacuum per inane.*

15. *Missilia* sunt quævis arma, quæ jaciuntur seu mittuntur. Sermo est, ut puto, de cometa quo homines terrentur. Confer v. 60 et seqq. l. I.

16. Repete dicta l. I, vers. 640, l. II, v. 689, aliisque in loc s.

17. *Excelsa* libr. II, v. 204; l. I, v. 436, *Et culmine celsior omni.* Fortasse leg. nndum *specie vel pulchrior, vel sed* ponitur pro *et.* Vide notam ad vers. 701 l. br. II. Loc. cit. l. I in Vat. codice pariter legitur *Simplicitate bonus, sed culmine celsior omni:* quæ scriptura, collata cum aliis Dracontii locis, videtur anteferenda.

21. Fortasse *Qui placidas pluviis das discedentibus auras.* Sed retinendum potius *pluviis* et *imbres* per hendiadyn, unum per duo. Libr. I, vers. 452, *Imbriferis semper pluviis absentibus uber Cespes.* Sic Tertullianus de Judic., *Tempora fecundant pulchris Dei munera donis.* Paulinus eodem modo poem. 32 natal. 16, *Multa mihi variis tribuisti munera donis:* quamvis enim aliqui inter *munus* et *donum* discrimen hoc ponant, quod *munus* est *donum* cum causa, tamen hoc discrimen a plerisque negligitur, nec curatur certe a Tertulliano et Paulino.

Sic plumis vestitur avis, sic frondibus herbæ,
25 Sic calamos nutrita seges stans armat aristis,
Et tunicis vestita ceres pubescit adulta.
Sic viridis flavescit ager sine semine jacto :
Creditor extorquet sub vomere fenus arator,
Usura præstatur edax, centesima grandis

296 Redditur, ac parens votis credentis avari
Debitor exoptat millesima reddere lucra.
Non exactorem pudor inficit, aut dolor ullus
Afficit exactum : contraria vota duorum
Conveniunt, solusque dolet captator iniquus
35 **297** Annonæ, pretiique vorax, inimicus amicis,

SCRIPTURA COD. VAT.

25. *Armat aristas.*
28. *C. subvenire fenus a.*
29. *Præstator edax.*

30. *Redditur atque placet rota reddentis avarus.*
32. *Pudor imprimit aut.*

NOTÆ.

24. Vide not. ad vers. 255 l. 1.
25. Vide not. ad vers. 254 l. 1. Forte legendum *Sic calamis nutrita seges stans armat aristas.* Sed scriptura textus comprobatur ex eleg. vers. 231, *Segetes vi or armat aristis.*
26. *Ceres* pro grano ipso frumenti videtur poni. *Pubesco* transferri eleganter solet ad herbas et plantas. Cicero de Natur. Deor. l. 1, c. 2 : *Cœtique mutationes, quibus omnia quæ terra gignat, maturata pubescant,* et l. II, c. 19 : *Pubescunt, maturitatemque assequuntur, quæ oriuntur e terra.*
27. Posset conjici *Sic viridis florescit ager.* Sed Dracontius adhuc sermonem habere videtur de segete, qua ager primum virescit, postea flavescit, et Virgilium imitator ecl. 4 vers. 28, *Molli paulatim flavescet campus arista.* Sic *flava ceres, flavum arvum, flaventia culta, flavæ spicæ.* Columella l. x, vers. 311, *Sed cum maturis flavebit messis aristis,* ubi aliqui legunt *flammebit* : sed libentius legerem *flavescet* ex Virgilio. *Sine semine jacto,* quia, cum a Deo seges educta est, nullum jactum fuit semen. Legi etiam posset *Sic viridis flavescit ager : sic semine jacto Creditor extorquet,* etc. Quod magis cohæret cum versibus seqq. In scriptura codicis, quam *retineo,* sententia fortasse similis est ei quam explicat auctor incertus de laudibus Domini sub Constantino : *Utque humana salus securum duceret ævum, Sponte salutares de cespite surgitis herbæ : Has Pater ipse serit nutu, non vomere dives.*
28. Colonus comparatur creditori, qui fenus exigit ab arvo. Ambrosius Hexaem. l. III, c. 8, num. 55, *Feneratam terra restituit quod accepit, et usurarum cumulo multiplicatum :* et l. III de Offic., c. 6, *Fecunda terra multiplicatum reddit quod acceperat, fidelis ager feneratos solet restituere proventus.* Cicero de Senect. cap. 15, *Terra nunquam recusat imperium, nec unquam sine usura reddit, quod accepit, sed alias minore, plerumque majore cum fenore.* Vide notam Gronovii.
29. Sic restitui scripturam depravatam, ut sensus sit agrum optare reddere maximam usuram. Lucanus l. 1, vers. 181, *Hinc usura vorax, acidumque in tempora fenus;* alii *in tempore fenus. Sic usura edax. Centesima usura* est in qua unum pro centum singulis mensibus solvitur, hoc est singulis annis duodecim pro centum. Hæc erat usura gravissima, aliæ erant minores. Seneca l. VII de Benef., c. 10, *sanguinolentas* vocat centesimas. De usuris centesimis exstant observationes Jo. Frid. Gronovii.
30. Fortasse ex Virgilio procem. Æn., *Ut quamvis avido parerent arva colono.*
31. Cum hic debitor sit ager, dubium oritur cur dicatur exoptare reddere millesima lucra. Nam millesima usura est in qua unum pro mille singulis mensibus penditur : quod exiguum sane fenus est, nempe duodecim pro mille singulis annis. Qu d autem ager optet usuram magnam reddere ex v. 33 colligitur : *Contraria vota duorum Conveniunt.* Existimo ergo, millesima hæc lucra esse ultra usuram centesimam : nam erant apud Romanos, qui centesimis non erant contenti, et alia lucra majora expetebant. Cicero ad Attic. l. v, ep. ult. : *Clamare omnes qui aderant, nihil impudentius Scaptio, qui centesimis cum anatocismo (usura usuræ) contentus non esset : alii, nihil stultius. Mihi autem impudens magis quam stultus videbatur. Nam aut bono nomine contentus centesimis erat, aut non bono quaternas centesimas sperabat.*
32. *Pudor inficit,* ut l. 1, vers. 342, *Totos rubor inficit artus :* nisi malis legere *pudor impedit.*
33. *Exactus* pro eo, a quo exigitur pecunia, nove dictum videatur, ac fortasse id esset nunc exemplum veteris scriptoris, nisi A. Gellius illud nobis conservisset l. XV, c. 14, ubi exscribit verba Q. Metelli Numidici : *Socios ad senatum questum flentes venisse, sese pecunias maximas exactos esse;* et Cæcilii : *Ego illud minus nihilo exigor portorium :* quod A. Gellio Græca figura dictum videtur. Contraria vota coloni et agri sunt, qu a accipere et reddere contraria inter se sunt, et plerumque creditor optat exigere, debitor renuit reddere. Conveniunt vero vota, quia ager optat reddere, et colonus accipere.
34. Opportune in eos invehitur, qui annonam comprimunt, ut carior fiat, et pretium eorum arbitratu crescat. *Incettatori* vocant Itali. Mirum caruisse, nisi fallor, Latinos veteres nomine proprio quo pestiferos hos homines appellarent. *Dardanarios* ignota vocis origine ab Ulpiano et Paulo in Digestis allegatos invenio. Monopolium affine vitium est. Suetonius de Tiberio cap. 71 refert illum sermone Græco abstinuisse maxime in senatu, *adeo quidem ut* MONO-POLIUM *nominaturus, prius veniam postularit, quod sibi verbo peregrino utendum esset.* Monopolia non omnia ejusdem generis sunt. Agunt de his theologi morales. Vide Molinæi de Just. et Jur. tract. 2, disp. 345, ubi de recondentibus ac asservantibus merces in tempus caritatis disserit. Dracontius in tota hac disputatione contra captatores annonæ sententias et verba S. Ambrosii expromit. Sic enim Ambrosius l. III de Offic., c. 6 : *Et alius ait : Captans pretia frumenti maledictus in plebe* (Proverb. cap. 11).... *Cur ad fraudem convertis naturæ industriam et indulgentiam? cur invides usibus hominum publicos partus? cur populis minuis abundantiam? cur affectas inopiam? cur optari facis ac pauperibus sterilitatem? Cum enim non sentiant beneficia fecunditatis, te auctionante pretium, te condente frumentum, optant potius nihil nasci, quam te de fame publica negotiari. Ambis frumentorum indigentiam, alimentorum penuriam, uberis soli partus ingemiscis, fles publicam fertilitatem, horrea frugum plena deploras . . . . Latrocinium hoc, an fenus appellem? . . . Lucrum tuum damnum publicum est . . . . . Legisti, quemadmodum hunc frumentarii pretii captatorem exponat in Evangelio Dominus Jesus? . . . . Nesciebat quid faceret,* quasi ei alimenta deessent, hærebat in ambiguo. *Non capiebant horrea annonam,* et ille se egere credebat. Locus ab Ambrosio allegatus Proverb. cap. XI, vers. 26, sic habet in Vulgata : *Qui abscondit frumenta, maledicetur in populis: benedictio autem super caput vendentium.*
35. *Vorax,* ut vers. 29, *usura edax,* et notandum *vorax pretii* cum gignendi casu, vel pretii captator est *vorax,* hac distinctione *captator iniquus* Annonæ pretiique vorax.

Omnibus adversus, populis insontibus hostis.
Nam sua damna vocat mundi compendia pulchra,
Nil opibus propriis quacunque ex parte minutis.
Exstinctam dolet esse famem, bene dives egenus,
40 Semper avarus inops, pauper sub divite nummo
Æstuat, et custos alieni ruris, et auri,
Judicio punita suo mens semper avara
Dat pœnas, animi quæ sedem nescit amare :
298 Diligit hæredem, cui servat cuncta fidelis.
45 Nec bona præsentis hic tantum perdere vitæ
Contingit miseris : perdunt bona cuncta futura.
Nunquid eris pius, alme Deus, jam morte per-
[empto?
Illi quippe, magis qui proditur impius in se,
Et sibi, vel cunctis solatia tota negavit?

A 50 Nos exempla docent damnati divitis, ingens
Pauperis et requies, qui post sua membra beatus
Abrahæ portante sinu per sæcla quiescit.
299 Divitis exstincti tormenta exspectat ege-
[stas,
Immitesque vias alterna sorte rependit.
55 Serica quem tenuis, quem mollia lina gravabant,
Qui solet æstivum membris sudantibus ostrum
Poscere, deposito confractus murice denso,
Cujus et in digitis non sedit crassius aurum,
Et licet exiguæ non ferret pondera gemmæ,
60 Inter anhelantes tormenta ultricia flammas
Supplicium crudele luens exæstuat ardens,
Et tolerat, poscitque rogans, ardente palato,
Ut gelidum digito mereatur lingua liquorem.

SCRIPTURA COD. VAT.

37. *Vocat compendia pulchria mundi.*
39. *Exstincta modulet esse.*
41. *Æstuat et custos alieni thuris adoret :* prius erat *exluat* pro *æ tuat.*
43. *P. animique sedem.*
44. *Diligat h.*

B 49. *Tota negabit.*
50. *Non exempla decent d.*
55. *Serica que tenuis quod m.*
56. *Membrisque sudantibus.*
59. *Inferret :* correctum *ferret.*

NOTÆ.

39. Libr. II, vers. 770, *Jam modo dives eget,* etc.
40. *Sub divite nummo,* ut l. I, v. 317, *divitis auri :* de quo epitheto dixi ad eum locum.
41. Distingui potest *sub divite nummo, Æstuat et custos.* Juvenalis sat. 14, vers. 302 : *Tantis parta malis cura majore, metuque Servantur : misera est magni custodia census.* Ecclesiastes cap. VI, vers. 2, de avaro : *Nec tribuit ei potestatem Deus ut comedat ex eo, sed homo extraneus vorabit illud.* Plena est sacra Scriptura hujusmodi sententiis contra avaros : pleni scriptorum gentilium et Christianorum libri.
43. *Sedem animi* vocat corpus, quod amare nescit avarus, qui bona sua hæredi servat, cum ipse sordide vivat.
44. Avarus, qui corpus suum non diligit, diligit hæredem. Columbanus in ep. ad Hunaldum ex Dracontio hæc : *Divitias cumulans, dum sese nescit amare, Plus amat hæredem, servat cui cuncta fidelis.* In P. Syri Mimis, vers. 60, *Avarus, nisi cum moritur, nil recte facit.*
48. *Impius,* hoc est crudelis, non pius, seu non clemens. Libr. I, vers. 277, *Impia terribiles producit terra leones.* Vide Eleg. vers. 70.
50. Libr. II, vers. 504, *Multorum nos sæva docent exempla priorum.* Hoc l. III, vers. 96, *Abrahæ doceant jam nos exempla parentis.* Forte legendum *divitis igni.*
51. Notanda phrasis *post sua membra,* post obitum, post membra relicta.
52. Videtur accipere *sinum* pro gremio Abrahæ, ut multi explicant, delatum fuisse Lazarum in sinum D Abrahæ, tanquam dilectum filium in ulnas et sinum patris. Paulinus poem. 17 ad Nicetam, vers. fin. : *Tunc, precor, nostri nimium memento, Et patris sancti gremio recumbens, Roscido nobis digito furentem Discute flammam.* Verba Lucæ sunt cap. XVI, vers. 22 : *Et portaretur ab angelis in sinum Abrahæ.* Maldonatus observat, eum qui in conviviis proximus cuique esset, in ejus recumbere sinum; ex qua consuetudine locum hunc exponit. Communi usu receptum est, ut sinus Abrahæ dicatur locus subterraneus, in quo Abraham cum aliis sanctis Patribus ante resurrectionem Christi quiescebat : et hanc quoque sententiam explicationem verba Dracontii admittunt. Julianus Toletanus l. II Prognost., cap. 3 : *Sinum Abrahæ requiem Patris, vel secretum quietis, seu etiam paradisum significare, multiplicium doctorum sententiis definitum*

esse non ambigo. Paulo aliter id legitur in editione Matritensi, quam eminentissimus cardinalis Lorenzana, sæpe a me laudatus, nunquam tamen satis pro meritis laudandus, ad exemplar editionum Duacenæ et Lipsiensis adornavit. Secutus ego sum membranas veteres, quas ad manus habeo, sæculo XII non posteriores, ut censeo : quibuscum editionem Matritensem contuli. Dolendum utique est, codicem ms. hujus operis, quem unum, ut videtur, habebat Hispania, in monasterio Cisterciensium nuncupato *de la Espina,*
C anno 1731 incendio absumptum fuisse. Eum codicem viderat Ambrosius Morales.
53. Manu Dracontii scriptum puto *tormenta spectat,* producto *a* in *tormenta* ob sp dictionis sequentis. Sed retineri potest scriptura codicis : tormenta, vel *expecto,* pro *specto* aliquando ponitur, ut exemplis probavi ad vers. 556 l. I, *Ac procul exspectat virides jumenta per agros.* Hac significatione nonnulli scribendum censent *exspecto.*
54. Ad imitationem Virgilii libr. VI, vers. 121, *Alterna morte redimit.*
55. Fortasse *Serica quem vestis, quem :* vel in *serica tenuis* intelligendum est *vestis.*
56. Imitatio et explicatio Juvenalis sat. 1, vers. 28 seqq. : *Crispinus, tyrias humero revocante lacernas, Ventilet æstivum digitis sudantibus aurum, Nec sufferre queat majoris pondera gemmæ.*
57. *Confractus* mollitiem divitis notat. Purpura densa et graviori deposita, poscebat æstate aliam te-
D nuem et leviorem. *Ostrum* et *murex* nonnihil distinguuntur : sed a scriptoribus passim pro eadem re promiscue usurpantur.
58. De æstate adhuc sermo est qua divites neque annulum aureum graviorem, nec pondus gemmæ l cet exiguæ sufferre valent.
60. *Anhelantis* et *anhelus* epitheton ignis a Dracontio sæpe adhibitum. Vide prolegom. num. 157.
61. *Crudelis pœna divit* Ovidius l. II Met., vers. 612. Crudele supplicium hoc loco est durum, grave et nunquam finiendum. Libr. I, vers. 548, *Pœna mori crudelis erat.*
62. Fortasse *Nec tolerat :* nam tolerare est patienter ferre. Cum vero antea dixerit *non ferret pondera gemmæ,* recte nunc ait *et tolerat,* hoc est perpetitur, suffert.

Sed negat hoc immane chaos, crudele profun- **A**
[dum.
65 **300** Dividit inter aquas, et sæva incendia
[mortis,
Quæ sine fine manent, et stant sub perpete nexu.
Et miser hic, qui dives erat, non vixit egenter,
Vestibus indutus Tyriis processit, et ostro,
Delicias convexit edax, reus inde vocatus,
70 Pauperibus miseris quod trux alimenta negabat.
Nam sibi dives erat dapibus conviva repletus.
Si tales damnare decet sub perpete pœna,
Qui sibi, non aliis proprium defundere curant,
Quid passurus erit, qui nec sibi præstitit unquam,
75 Aut qui aliena rapit prædo temerarius audax,
Cujus facta gemens plangit spoliatus egenus?
Hi nam sunt, quos sola juvant convivia prædæ, **B**
Gutturis, et ventris curam sine laude ferentes,
301 Ignari, quia quisquis erit præsentis amator
80 Vitæ, animæque suæ, non diligit ille, sed odit.

Contemptor vitæ magis hic servator habetur.
Nil opus est præferre Deo : sententia prisca
[est,
Summum crede nefas animam præferre pudori.
Quam sit grande nefas animam præferre datori,
85 Demere dum liceat, quidquid dedit, et cui con-
[fert?
Ergo Deum si corda colant, et mens venere-
[tur.
Nil opus est præferre Deo, Deus omnis amor sit
Ante animam, *simul et vitæ præsentis amorem*
Postponat mens pura Deo, totamque salutem
90 Rejiciat, contemnat opes, patrimonia damnet,
Et securus erit vitæ melioris amator
Temporibus sine fine datis, sine limite perpes.
302 Quod spectat finem, fragile est, totumque
[caducum.
Quam sit insipiens contemnere velle pe-
[renne,

SCRIPTURA COD. VAT.

68. Scriptum videtur, *præcessit.*
73. *P. defendere c.*
76. *Gemens plaudit s.*
77. *Conviva prædæ.*
79. *Ignaris quia.*

86. *Si vera colunt.*
88. *Ante animamque simul....* desunt cætera.
90. Obscure *patrimonia.*
92. *Dati sint limite perpes :* dubie *perpes.*

NOTÆ.

64. Lucæ cap. xvi, vers. 26 : *Inter nos et vos chaos magnum firmatum est.* In hymno ad vesperas Ascensionis qui S. Ambrosio ascribitur, *Perrumpis infernum chaos.* Potest etiam interpungi *chaos, crudele, profundum.* Sed melius est *crudele profundum*, ut **C** Lucretius alliique *profundum pro* profunditate, seu altitudine usurpant.

65. *Aquas,* hoc est sinum Abrahæ, ex quo refrigerium dives postulabat.

66. Æternitas pœnarum clarioribus verbis asseri nequit. Vide l. ii, v. 498, *Sub perpete nexu,* hoc est carcere æterno, ut inferi vocantur l. ii, v. 555.

69. *Convexit,* undique ad se traxit a *conveho.* Seneca de Consol. ad Helviam cap. 9, *Undique convehunt : omnia nota fastidienti gulæ.* Plerumque divites delicias undique convehunt, qua, ut ait Juvenalis sat. 11, vers. ult., *Voluptates commendat rarior usus.*

70. S. Gregorius part. 2 Pastor., admonit. 22, de his avaris : *Tot enim quotidie perimunt, quot morientium pauperum apud se subsidia abscondunt..... Neque enim dives in Evangelio..... aliena rapuisse, sed infructuose propriis usus fuisse perhibetur.*

71. Claudianus in Fescenn., sive od. 1 in nupt. Honor., *Epulisque jam repleto.* Conviva est, qui convivium præbet : dives igitur hic sibi conviva dicitur. **D**

75. Vix poterit explicari potest *proprium defendere curant.* Restitui *defundere* aut *diffundere :* nam *defundo* et *diffundo* in mss. confusa sunt, et pro eodem accipi solent : adeoque ex *defundere* error manavit *defendere.* Libr. ii, v. 762, *Quéis proprias fundebat opes.*

75. Ambrosius l. iii de Offic., c. 3, *Quod si non licet non dare, quomodo detrahere licet?... Servorum tamen occulti furta, divitum rapinæ publicæ.*

76. Nonne melius, *Cujus furta gemens plangit?*
77. Vide l. ii, vers. 769.

78. Forte *sine laude gerentes. Sine laude* dedecus innuit, ut *illaudatus* apud Virgilium, de quo verbo videndus A. Gellius l. ii, cap. 6.

80. Ex Joann. cap. xii, vers. 25 : *Qui amat animam suam, perdet eam, et qui odit animam suam in hoc mundo, in vitam æternam custodit eam.* Quod Matthæus, Marcus et Lucas uno ore confirmant.

83. Ex Juvenali sat. 8, vers. 83, integer versus desumptus.
84. Iterum vers. 131 eadem sententia.
85. Forte *et quod confert.*
86. Forte *Ergo Deum sic corda colant.*
88. Supplevi ex vers. 79 seq. Si quid alii melius afferant, ultro accipiam. Synesius ex depravatis scriptorum veterum codicibus id commodi erui volebat, ut ingenia ad aliquid simile tentandum exercerentur. Cum enim in Dione sive de vitæ suæ instituto versus finem commemorasset, codices Dionis quos habebat corruptos esse, addidit : *Ita cum id quod ad narrationis seriem deest, intelligentia supplere atque attexere cogitur, neque subjecta habet oculis omnia, ad simile aliquid audendum per sese fit exercitatior, eoque consuescit, ut ab aliis non pendeat, sed intra seipsam contineat. Etenim corrupti isti libri mentem, quæ oculis præsit, desiderare videntur. Hoc ipsis etiam adolescentibus Pythagoræ doctrina præcipiebat, partim ut un uscujusque indolis periculum faceret, partim ut exercitationis id loco esset.* Quantum vero ipse Synesius valeret ingenio in hujusmodi exercitationis genere, lege, si placet, in nota ad vers. 409. Interea animadvertere te velim, quam antiquum sit, codices corruptos inveniri, atque eorum supplementa excogitata fuisse. Utinam in his operibus quæ ad nos pervenerunt ea supplementa internoscere liceret !

92. *Perpes,* scilicet perpetuus amator melioris vitæ.

93. *Spectat* pro *exspectat,* vox Plauti est, et Ciceroni tribuitur, ut contrario modo *exspecto* pro *specto* supra ad vers. 53 expositum. Cæterum hoc loco *spectat* pro *aspicit, respicit,* stare potest.

94. Conjicat aliquis *Insipiens quam sit,* ut ita melius metro consulat. Sed præterquam quod hujusmodi inonosyllaba apud veteres communem quantitatem mihi videntur habuisse, in *sit* peculiaris est ratio, cur produci valeat : nam *sit* factum est ex *siet.* Cicero in Orat. cap. 47, sict *plenum est*, sit *imminutum, licet, utare utroque.* Lucretius, Terentius, Plautus passim *siem* et *sies* utuntur. Vide Gifanium Indic. Lucr. lii. Arator l. i, vers. 976, in editis habet : *Sed totum sit ut ipse Pater,* sed in duobus codicibus bibliothecæ

95 Et modico quæsisse die peritura repente,
    Abrahæ doceant jam nos exempla parentis,
    Qui natum senior susceptum tardius unum
    Spe cito contempsit, jussus produxit ad aram,
    Aptavitque neci nimia pietate cruentus;
100 Nudato mucrone pater, ferus ille sacerdos
    Stabat in officio jam jam feriturus amatum,
    Et pius immitis, non tristis fronte doloris,
    303 Non lacrymis undando genas, non ungui-
    [bus ora
    Dilacerans; lamenta silent, et verbera cessant.
105 Nato peccati pietas secura minatur
    Exitium : sine morte truci pro funere nati
    Sic solum exhibito nata est immensa propago,
    Hostia grata jacens, et victima mente quieta

A   Displicuit, placuitque simul, quia corde fideli
110 Et pater obtulerat, nec natus vota negabat.
    Mox pater omnipotens arietem subrogat aris
    Hostia præstatur non orbatura parentes.
    Si deus ullus erat Saturnus falcifer unquam,
    304 Hoc faceret, puerosque neci subduceret
    [omnes,
115 Annua quos pietas flebat miseranda parentum.
    Heu! non orbaret dilecto pignore patres,
    Qui planctus, mortesque facit per vota rogatus.
    Num verus Deus est, munus qui majus ademit,
    Quam præstare potest? Cui natos præstitit un-
    [*quam?*
120 Nam Deus omnipotens, verus Deus, omnia
    [præstans,

SCRIPTURA COD. VAT.

104. *Dilatans lamenta*: fuit *cessent*, correctum B apparet.
cessant.
105. *Non dat peccatoribus pietas s. m.*
106. *Sine morte crucis pro.*
107. Omnino desideratur hic versus: sed lacuna
116. *Pignore natos.*
117. *P. montesque facit per sera rogatus.*
118, 119. *Nescio sed minus est a quo deplangit ade-*
mit Quam præstare potest.... deest reliquum.

NOTÆ.

Vaticanæ, altero Palatino num. 1716, altero Vaticano num. 1665 scriptum a prima manu invenio, *Sed totum sit ipse Pater*, supra vero, ut in editis: sed prima lectio verior est. Capella cum observasset priscos corripere solitos *it* et *et*, et alia finita in *t*, censuit hæc omnia esse communia. Vide Ricciolium part. 4 P ios., reg. 6.

95. *Modico* pro brevi. Vide notam ad vers. 751, lib. I.

96. Confer v. 50 cum nota.

98. *Contempsit*, hoc est abjecit, deseruit. Infra v. 414, *Natos contempsit*, et *Urbem*, Sic Virgilius l. IV Georg., vers. 104 de apibus: *Contemnuntque favos, et frigida tecta relinquunt.* Sic sperno pro abjicere post Ennium Prudentius Psych. vers. 149. *Perfida signa abicit, monumentaque tristia longe Spernit.* In Dracontio distingui poterit *Spe, cito contempsit iussus, produxit ad aram.*

99. *Pietas* pro clementia sæpe a Dracontio ponitur; sed hoc loco sonat religionem et obedientiam erga Deum, quæ nimia, scilicet magna, recte dicitur. *Nimius* pro multus, plurimus, hyperbole est etiam scriptoribus ethnicis haud ignota, ut *nimis* pro *valde*. Hoc et seqq. versibus oppositiones fiunt Dracontio familiares *pietate cruentus*, *nudato mucrone pater*, *ferus sacerdos*, *feriturus amatum*, *pius immitis*.

101. *Stabat* constantiam denotat, et dicitur hoc verbum de militibus qui in acie certamini se paratos exhibent. Grammaticorum regula sit, *ferio* carere præterito, et supino. Servius tamen ad l. VII Æn., vers. 498, dixit *feriturus*, et Charisius l. III in verbis defectivis præteritum *ferii* et supinum *feritum* verbo *ferio* adjudicat. In vetustioribus scriptoribus exempla non comparent.

103. *Undando* ponitur cum accusativo pro inundando. Ita eo verbo utuntur Statius et alii.

104. *Verbera*, ut vers. præc. *non unguibus ora Dilacerans*. Ictus qui in lamentis et planctibus fiunt *verbera* sæpe dicuntur. Vide notas ad vers. 377 seq.

105. Lego *Nato peccati pietas secura*: neque enim alia conjectura certior occurrit. *Pietas secura peccati*, hoc est, sine timore peccati. Ovidius l. XII Met., vers. 190, *Sint tua vota, licet, dixit, secura repulsæ: Elige, quid voveas.* Vide not. ad v. 164 et 438.

106. Lego *sine morte truci*, ut l. II, vers. 703, *Et revocans a morte truci.*

108. *Victima* est major, ut vitulus. *hostia* minor, ut agnus. Sæpe tamen unum pro altero ponitur. Etiam

B   gentiles observarunt hostias quæ vehementius reluctassent diis non placuisse: *quæ autem stetisset oblata, hanc volenti numini dari existimabant. Hinc noster* (Virgilius), *Et ductus cornu stabit sacer hircus ad aras.* Hæc Macrobius lib. III Saturn., cap. 5, qu m videre juvabit.

109. Deo *displicuit, placuitque*, videlicet noluit Deus innocentem victimam immolari, et utriusque patris ac filii voluntatem approbavit. Hujusmodi oppositionibus, ut dixi, plenus est Dracontius. *Corde fideli*, ut Alcimus l. 1, paulo post initium: *Cui mente fideli Impendat famulam longævo in tempore vitam.*

C   111. Terta in *arietem* brevis est, sed producitur, quia tres breves concurrunt, ut in *muliere* sæpius factum a Dracontio. Vide notam ad vers. 155 et 660 lib. II. Statius produxit etiam tertiam in *arietibus* lib II Theb., v. 492, al. 490: *Apparet aut celsum crebris arietibus urbis.* Nonnulli dicunt tertiam cum secunda per synæresin conjungi, ut ita prim producti possit. Sed ob solam synæresin prima produci non debet; aliud est, cum secunda tanquam consonans pronuntiatur: tunc enim prima producitur, secunda vim habet consonantis, et tertia corripitur, ut in *ariete* pes dactylus fieri solet.

113. Commodianus Instruct. 4, *Saturnusque senex, si Deus, quando senescit? Aut si Deus erat, cur natos ille vorabat Terroribus actus?* sed quia Deus non erat ille, *Viscera natorum rabie monstrosa sumebat.* Vide quæ notavi in comment. ad Prudent. l. II contra Symmach., vers. 296, *Cædibus infantum fument Saturnia sacra.* Commodianus de filiis Saturni loquitur,

D   quos is devorabat; Prudentius et Dracontius de aliorum infantibus qui Saturnalionum diebus festis ante adventum Herculis in Italia immolabantur, qui mos in Africa longo tempore invaluit. *Falcifer* cognomen proprium est Saturni, de quo Macrobius l. 1 Saturn., c. 7 et 8. Nonnemo *falcigerum* vocat. Falx Saturno tribuitur, quod agriculturam homines docuerit, aut quod tempus indicet, quo omnia metuntur.

114. *Neci subduceret*, ut l. I, v. 668. *Subductus morte*, et vers. 557 ejusdem l. 1, *subducitur impete mortis.* Quare *neci* positum pro *nece* puto, ut v. 552, *Et solitus gaudere neci.*

116. Forte *pignore matres.* Verum *patres* pro *patre* et *matre* rectum est. Sic positum videtur ab Ovidio IV Met., vers. 61, *Sed vetuere patres*, et plura sunt exempla in veteribus inscriptionibus, præsertim apud Gruterum, ut pag. 692, num. 1, *M. Justinus Secundi-*

Non cupit insontum mortes, vitasque nocentum
Non cito consumit, veniae dum cuncta res rvat.
Nam quod Isac jussit *collum submittere cultro;*
Non crudelis erat concessum auferre parenti
125 Per patris tam grande nefas, aut jura probare
305 Censuit amborum; non est tentator ha-
[bendus,
Aut ignarus erat, quem mens humana lateret:
Cum ratione jubet fieri, quæcunque jubebit.
Sed voluit monstrare Deus, qua mente rogetur,
130 Qualiter omnipotens se vult, et jussit amari.
Ostendit cunctis, ut nil præponere unquam
Debeat æterno Domino, qui cuncta creavit,
Cujus amore pio sunt contemnenda pericla,
Vel quæcunque placent animis, et quidquid
[amatur.
135 **306** Si jactura fiat, præstat compendia
[damnum,
Temporis exigui si sint dispendia vitæ,
Semper at æternæ felicia lucra dabuntur.
Nec nudo sermone decet promittere tanta.
Quid pater Abraham, quid Isac meruisse le-
[guntur?
140 Horum posteritas replevit gentibus orbem.
Barbaries nec sola datur de germine justo,
Et Romana manus hocce est de sanguine fusa.

SCRIPTURA COD. VAT.

123. *Non quod Isaac jussit.... alia desunt, et quod obscurum est.*
128. *Fieri quacunque j.*
129. *Deus qua mente; sed qua videtur esse quia.*
131. *Nil præponeret unquam.*
132. *Qui ambigue.*
133. *Prius videtur fuisse pericle.*

135. *Sic jactura fiat.*
137. *S. et æ.*
138. *Videtur scriptum præmittere.*
139. *Quid Isaac m.*
140. *P. replebit g.*
142. *Manus hoc deest de s.*

NOTÆ.

nus, et Primania (al. *Primana*) *Marcellina Patres am-missione ejus* (filii) *orbati.*

121. Clementiam Dei similibus verbis laudata est l. 1, vers. 30 seqq., ac passim alibi. Vide lib. III, v. 657 seqq.

123. Primam in *Isaac* corripuit etiam vers. 139, sed produxit v. 155.

124. *Auferre*, hoc est ad auferendum, vel ut auferret, ut *facilis cedere*, et similia. Deus non decreverat Isaac, quem ipse concesserat, auferre parenti per parricidium ab hoc committendum : nec tamen voluit experiri et tentare utriusque voluntatem, quasi ignarus esset mentis humanæ. Ratione quidem permotus jubet D us fieri quæcunque jubet. Qua ergo ratione jussit Isaac immolari? ut nobis exemplo Abrahæ monstraret, quo pacto vellet amari, ut nihil ipsi unquam præponatur.

126. Genes. cap. XXII, vers. 1, dicitur, *Tentavit Deus Abraham*, quod repetitur Judith cap. VIII, vers. 22, et ad Hebr. cap. XI, vers. 17. Dracontius ergo hæc verba explicat ad sensum Ep. cath. Jacobi cap. 1, vers. 13 : *Nemo, cum tentatur, dicat quoniam a Deo tentatur : Deus enim intentator malorum est ; ipse autem neminem tentat.* Dupl x tentatio distinguitur, altera quæ decipit, aut in fraudem inducit, altera quæ probat. Prima Deo nullo modo convenit, altera ita Deo convenit ut non probet quasi voluntatis humanæ inscius, sed ut homini occa-ionem merendi præbeat, eum virtutibus exerceat, atque exemplo bono alios confirmet. S. Julianus antistes Toletanus libr. I Antikeimenon, num. 57, s c quæstionem proponit et resolvit : *Quomodo in Deuteronomio* (cap. XIII, vers. 3) *Moyses dicat : Tentat vos Dominus Deus vester : et e contra Jacobus apostolus prædicet : Deus neminem tentat? Responsio. Duas esse tentationes, in Scripturis sanctis solet intelligi : una quæ decipit, altera quæ probat. Secundum eam quæ probat dictum est : Tentat vos Dominus Deus vester. Secundum eam vero quæ decipit, Jacobus apostolus prædicat : Deus neminem tentat.* Hujus operis editionem vidi parum cognitam, Coloniæ ex officina Eucharii Cervicorni 1540, in tres libros divisam, ex codice vetustissimo bibliothecæ Fuldensis, ut in præfatione testatur Henricus Sachsius, cui opus ipsum alicubi afflictum est, quod anonymum prodierit. Andreas Schottus verum auct rem primus indicavit, quod in editione Matritensi eminentissimus cardinalis Lorenzana novis documentis confirmavit. Hoc Juliani opus plerique in duos tantum libros partiuntur.

131. Lego *præponier* usitata paragoge, sed librario tamen ignota. Redit ad sententiam vers. 82 *Nil opus est præferre Deo.*

134. Prudentius in præfat. Psychom., vers. 5 : *Senile pignus qui dicavit victimæ, Docens, ad aram cum litare quis velit. Quod dulce cordi, quod pium, quod unicum, Deo libenter offerendum credito.*

135. Forte *Si jactura fuat*, vel *siet*. Vide notam ad vers. 505 lib. II, *Compendia* et *damna* inter se confert etiam supra vers. 57.

137. Lego *Semper at æternæ:* nec superfluum est *semper*, nam *semper æternæ* idem est ac *sempiternæ.*

140. Rectius est *replevit:* nam *replebit* eo vitio scriptum videtur quo *b* pro *v*, et contra in mss. sæpe reperitur.

141. Notum est a Romanis *barbariem* et *barbariam* dictam omnem regionem præter Italiam, et Græciam, et gentes quæ hujusmodi externas regiones incolebant.

142. Forte *hoc est*. Germen justum, ex quo barbaries et Romana manus pacis amatores et immites prodicunt, est Isaac. Ab ejus primo filio Esau gentile genus originem ducit, a filio minore Jacob Israelitæ orti sunt. Sed verumne est, Romanos ex Esau originem trahere? Sententia quidem hæc est Dracontii, sed quam difficile sit probatu auctoribus confirmare. Mahometani narrant Esau, quem *Ais* vocant, filium fuisse Roum, ex quo Græci Romanique imperatores prognati sunt. Orientalium traditio est, sub Abdone Hebræorum judice Idumæos (qui sunt Esau posteri) in Italiam coloniam duxisse, ex qua Lati ni et Romuli repetenda est origo. Alii ex Tzepho nepote Esau ex filio, comite Æneæ, ut fabulantur, progenitos Romanos fingunt. Fazellus lib. VIII Decad. prior. de reb. Sicul., cap. unic., duas inscriptiones Chaldæas affert quæ olim Panormi legebantur. Earum altera marmoreo saxo insculpta erat, et Gulielmo secundo rerum potiente ab Abramo genere Damasceno Latine sic versa est : *Vivente Isaac filio Abrahæ, et regnante in Idumæa, atque in valle Damascena Esau, filio Isaac, ingens Hebræorum manus, quibus adjuncti sunt multi Damasceni, atque Phœnices, profecti in hanc triangularem insulam sedes perpetuas locaverunt in hoc amoenissimo loco, quem Panormum nominaverunt.* Altera inscriptio in vetustis quadratisque saxis insculpta, quibus veteris urbis porta quam *Patitelli* appellant est excitata, sic ab homine Syro anno 1470 Latine reddita luit : *Non est alius Deus præter unum Deum. Non est alius potens præter eumdem Deum.*

307 Dat major gentile genus germanus, et
[hostis,
Et minor eduxit, qui munera pacis amarent.
145 Subjiciat quisquam. Sanctorum vera propago
Pacis amatores merito, justeque creavit.
Nunquid et immites, qui gaudent sanguine fuso,
Debuerat proferre simul feritate cruentos?
Hæc illum responsa doment, faciantque silere,
150 Non agnoscit iners animi, rationis egenus.
Tempora quod mundi rebus sunt capta duabus:
Aut pax est, aut bella fremunt, quodcunque
[duorum
Alterutrum mox tempus habet, nec tertia res
[est,
Tempora quæ teneat. Dedit ergo tempora prin-
[ceps
155 **308** Omnia perpetuo generi manifestius Isac.

Ætatem mundi retinens descendit origo,
Continuans dominata manet per sæcula mundi.
Nec tempus retinet tantum, spatiatur in orbem,
Qua profert, tollitque diem sol, luminis index,
160 Qua nescit lustrare polos, qua flammeus urit,
Imperat et pelago; cœlum possedit origo.
Sancta prophetarum, tenet et loca magna pio-
[rum
Omnia possedit benedicti lata propago.
Sed nec solus erat, quem spes secura futuri
165 Egregie faceret præsentem tempere vitam.
Ignea tres pueros fornax exceperat ardens
Nomine pro Domini; sed mox tepuere calores,
309 Frigidus ignis erat, gelidis incendia
[flammis
Mirantur cecidisse, simul non fervor anhelat
170 Torridus, aut adytum lambebat flamma camini.

SCRIPTURA COD. VAT.

144. *Eduxit quod munera pacis amantes.*
148. *Proferre* dubie.
149. R. *domant* f.
151. C. *duobus.*
152. *Aut pax aut bella fremunt quodcunque duorum;* sed *quodcunque* obscure.

154. *Tempora quæ teneant.*
155. *Perpetui generi.*
159. *Qui profert.*
160. *Polos quam flammeus.*
162. Distinguitur *tenet : et.*
170. *Torridus aut aditum.*

NOTÆ.

Neque est alius victor præter eumdem, quem colimus Deum. Hujus turris præfectus est Saphu, filius Eliphar, filii Esau, fratris Jacob, filii Abraham, et turri quidem ipsi nomen est Baich: sed turri huic proximæ nomen est Pharat. Hinc etiam repeti posset origo Romanorum ex Esau. Videri potest Calmetus in Diction. Bibl. verbo *Esau*, qui hujusmodi fabulas a Judæis confictas affirmat, ut nomini Romano odium creent; quas tamen a nonnullis Christianis auctoribus adoptatas fuisse miratur.

144. Sic melius visum est restituere, quam scripturam codicis conservare.
145. Forte *Suscipiat quisquam.* Sensus idem est; reponat *quisquam.*
146. *Juste* pro *jure, legitime*, recte ponitur. *Merito justeque* quasi *merito jureque, merito et jure.*
147. Genes. cap. xxvii, vers. 40, Isaac ad Esau: *Erit bened ctio tua: Vives in gladio.* Quamvis autem Israelitæ bellorum etiam gloria claruerint, sed multo magis commercio atque artibus pacis. Esau, prout primogeniti jura vendidit et amisit, figuram refert Israelitarum, quibus Christum profiteri nolentibus in regni cœlestis hæreditate successerunt gentiles ad fidem Jesu Christi conversi. Inde vero Esau, ut sanguinolentus erat, typus est gentilium, qui immites et feritate cruenti erant, ac fuso sanguine gaudebant.
149. *Illum*, scilicet qui *subjecit*, et reposuit: *Sanctorum vera propago*, etc.
150. *Iners* cum genitivo, ut l. 11, vers. 619. Prudentius hymn. 10 Cath., vers. 82, *Quam sit rationis egenis Mordax et amara medela.*
151. Forte *sunt apta duabus:* sed retinendum *capta* pro *occupata.*
153. Eleg. vers. 257, *Tempora sunt pacis, vel tempora certa cruoris. Otia tempus habent, militiæque labor.* Hinc supra legendum *sunt capta,* et vers. seq. *Tempora quæ teneat.* Sensus hoc loco est, quodcunque tempus habetur vel tenetur ab alterutro eorum, vel a pace, vel a bello.
154. *Princeps* pro Deo, ut l. 11, v. 31. Vide notam.
157. Poterit interpungi *descendit origo Continuans, dominata manet.* De verbo *continuo* vide notam ad vers. 559 l. 1. *Dominata* poterit esse passivum *do-*

minata per sæcula, quod tamen minus probo. *Sæcula mundi* aliquando Dracontius vocat *sæcula* absolute, ut l. 1, vers. 622, *Post sæcla resurgere vitæ.*
159. *Profert* orientem indicat, *tollit* occidentem, ut vers. seq. duo poli et zona torrida indicantur. De vocabulo *index* lege not. ad l. 1, vers. 114.
160. Infra vers. 305, *Qua flammeus axis.* Drepanius de cereo paschali: *Qua flammeus orbem Sol agit, occidui qua meta secunda diei est, Et qua prima patet redituræ janua lucis.*
161. Distinguit inter originem Esau et Jacob: hujus proli cœlum et loca magna piorum, sinum scilicet Abrahæ concedit, non vero alteri, nisi postquam gentiles in locum Israel successerunt, fidem Jesu Christi amplexi.
163. *Benedicti*, hoc est Isaac, ut ex vers. seq. colligitur. Vide Genes. cap. xxii, vers. 18, et lib. 11, vers. 646, *Æquantur numero benedicti germinis apte.*
164. *Secura futuri*, id est certa vitæ futuræ obtinendæ: nam *securus* cum genitivo varios habet usus. Aliquando *securus* est negligens, et is qui curam deposuit aliquando est certus rei obtinendæ, aliquando tutus et sine timore alicujus rei. Lucanus l. viii, vers. 784, *Securus veniæ*, ut hoc loco *secura futuri.* Vide notam ad vers. 105 et 438 hujus libri.
166. *Ignea ardens* duo adjectiva uni substantivo apposita.
167. Nomen Domini sæpe in sacris Litteris ipsum Deum significat, et majestatem ejus denotat. Inde Christiani nomen Christi confiteri, et pro nomine Christi pati dicebantur in Actis veteribus. *Tepuere* hoc loco est *deferbuere, calorem remiscrunt.* Lucanus l. iv, vers. 284, *Paulatim cadit ira ferox, mentesque tepescunt.* Martialis l. 11, ep. 1, *Te conviva leget mixto quicunque, sed ante, Incipiat positus quam tepuisse calix.* Congerunter plures oppositiones, quales Dracontio familiares esse jam observavi, *tepuere calores, frigidus ignis, gelidis flammis, fervor torridus non anhelat.*
169. De fervore *anhelante* vide notam ad l. 1, vers. 26.
170. Forte *ast aditum* pro *aut:* nam videtur indicari quod cum tres pueri illæsi essent *in medio camino ignis ardentis*, viros illos qui in fornacem eos

Crinibus ign'tis jejuna alimenta recusat A
Fastidita fames, rejecto fomite pingui,
Non fuit ignis edax : quem roris spiritus afflans
Imbrifer exstinxit, mitissimus angelus intrans,
175 Cujus erat similis divinæ prolis imago.
Non vestis flammata viris, non crinis adustus,
Flamma nec extremæ læsit vestigia plantæ,
310 Conculcata licet toties gradientibus illis.
Illæsos pueros expavit Persa tyrannus :
180 Egrediantur, ait dominum confessus eorum

Plenius, atque suum solium jubet omnis adoret
Parthicus, imperio subjectus regis, et aulæ.
Sæva Danielem rabies, atque ora leonum
Non tetigere pium, cui destinat insuper escam
185 Magna Dei pietas, jejuno utroque leone.
Quis petit, et vixit venator inermis arenam ?
311 Amphitheatrales qui non tremuere fu-
  [rores,
Cum crepitante sono productus verberat auras,
Longius assistens Massylum ex arte lacessit,

SCRIPTURA COD. VAT.

171. A. recusant.
176. Non ventis flammata.
177. Prima nec.
178. Illis, pro diversa scriptura illic.
181. Plenus atque suum solum jubet omnis adoret ;
sed omnis non clare.   B

185. Utroque leonem.
186. I. harena.
187. Obscure qui.
188. S. productor verberet a.
189. A. mansilum ex.

NOTÆ.

miserant, interfecit flamma ignis, ut narratur cap. III Daniel., vers. 23 et vers. 47 : Et effundebatur flamma super fornacem cubitis quadraginta novem, et erupit, et incendit quos reperit juxta fornacem de Chaldæis. Ac conjecturæ locus est, legendum Mirantur cecidisse, sinu non fervor anhelat Torridus, ast aditum, etc. Nam apud Danielem legitur in medium fornacis ignis ardentis, in medio camino ignis ardentis, in medio flammæ, in medio ignis, quod sinu recte exprimitur. Non tamen dissimulabo lambo pro tactu levi et innoxio flammæ interdum accipi : ex quo incerta redditur lectio et conjectura, aut aliud verbum quærendum pro lambebat.

171. Crines non solum cometis et stellis tribuuntur, verum etiam igni. Val. Flaccus l. I, vers. 208, Protulit ut crinem densis luctatus in extis Ignis. Sic C coma ignis apud Senecam in Œdip. vers. 311, Albinovanum ad Liviam vers. 256, Catullum carm. 60 nuptiali vers. 77 seq. cum nota Vulpii. Possit etiam intelligi de crinibus trium puerorum non igni combustis, sed splendentibus in morem ignis. Prima explicatio verior est. Infra enim sermo est de crinibus puerorum. De verbo ignio, et ignitus vide comment. ad Prudent. hymn. 10 Perist. vers. 1078.

172. Conjicit aliquis Fastiditque famem, ut flamma jejuna recusaverit alimenta, et fastidierit famem. Lectio codicis eo pertinet, ut fames ignis jejuna recusaverit fastidita alimenta. Quadrat in hunc locum quod sanctus Basilius homil. 4 de laudibus jejunii tres hos pueros in fornace ignis illæsos amianto comparat.

173. Daniel. cap. III, vers. 50 : Et fecit (angelus) medium fornacis quasi ventum roris flantem.
175. Loc. cit. Daniel. vers. 92 : Et species quarti similis Filio Dei.
177. Loc. cit. vers. 50 : Et non tetigit eos omnino D ignis. Mendum ergo clarum est prima pro flamma.
181. Plenius confessus est Dominum, quia antea quidem confessus illum fuerat, cum Daniel interpretatus illi fuit somnium, sed non ita plene, ac postea, cum tres pueros e fornace egredi jussit. Prius dixerat Daniel. cap. II, vers. 47 : Vere Deus vester Deus deorum est, et Dominus regum, et revelans mysteria. Postea vero Daniel. cap. III, vers. 96 seqq. ait : A me ergo positum est hoc decretum, ut omnis populus, tribus et lingua, quæcunque locuta fuerit blasphemiam contra Deum Sidrach, Misac, et Addenago, dispereat, et domus ejus vastetur : neque enim est alius deus qui possit ita salvare.... Nabuchodonosor rex omnibus populis, gentibus et linguis qui habitant in universa terra, pax vobis multiplicetur. Signa et mirabilia fecit apud me Deus excelsus. Placuit ergo mihi prædicare signa ejus, quia magna sunt, et mirabilia ejus, quia fortia ; et

regnum ejus regnum sempiternum, et potestas ejus in generationem et generationem. Quibus hi Dracontii versus dilucide explicantur. Atque suum pro atque ejus, videlicet Domini.

185. Prima in Danielem corripitur, duæ sequentes producuntur, quod in hujuscemodi nominibus propriis exterorum absurdum non est. Plerique duas primas corripiunt, aut ex secunda et tertia synæresin faciunt.

185. Sic l. I, vers. 556 : Magna Dei pietas. Sed quid est jejuno utroque leone? nam leones erant septem. Suspicor utrinque leone, vel jejuno ventre leonum. Non enim judico explicationem idoneam expromi posse ex cap. XIV Daniel., vers. 31 : Porro in lacu erant leones septem, et dabantur eis duo corpora quotidie, et duæ oves : et tunc non data sunt eis, ut devorarent Danielem, quasi Dracontius innuat leones utriusque cibi jejunos fuisse. Forte respicit ad picturas veteres, quibus Daniel inter duos leones exhibetur. Suspicio cujusdam est legendum Magna Dei pietas. Jejuno utroque leonem Quis petit et vixit venator inermis arena ?

186. Sensus est quis inermis venator cum feris luctatus est, qui non fuerit occisus ? Simili phrasi Exod. cap. XXXIII, vers. 20 : Non enim videbit me homo, et vivet. Ut venatio dicitur non solum de ferarum per nmora et agros persecutione, sed etiam de spectaculo venatorio, ita etiam venator sumitur pro bestiario, qui cum feris pugnat in amphitheatro. Bestiarii alii, qui mercede conducebantur aut ultro se offerebant, armati in arenam descendebant, alii ob scelera ad bestias damnati, his inermes objiciebantur.

187. Claudianus de Mallii consulatu vers. 298, Perfossique ruant, populo pallente, leones.

188. Productus, venator, bestiarius. Lucanus l. IV, vers. 708, Fatalis arenæ Muneribus non ira vetus concurrere cogit Productos. Sic etiam histriones in scenam produci dicuntur. Poterit tamen retineri productor pro magistro, qui producit feram, et sollicitat ad pugnam crepitante sono, aut flagello. Martialis de Spectac. ep. 21 : Sollicitant pavidi dum rhinocerota magistri, etc.

189. Massylum, videlicet leonem, vel melius pro Massylorum ex arte. Virgilius l. VI, vers. 59 : Penitusque repostas Massylum gentes. Statius l. II, silv. 5, Occidis, altarum vastator docte ferarum, Non grege Massylo, curvaque indagine clausus. Grex Massylus, grex venatorum gentis Massyliæ sive in Numidia, sive in Libya prope Getulos. Pro Mauritanis passim ponuntur. Quod si vers. præced. legas productor, interrogatio eidem apponi poterit : et hoc versu incipiet nova periodus Longius a sistens, scilicet venu-

190 Lintea fluxa trahens: venabula longa tenen- A
[tur
Poplite subnixo, duro sub pelle lacerto,
Inguinibus strictis, nudato pectore sursum?
312 Cum residens caveis inter spectacula festa
Vota facit populus, *valido ne bestia morsu*
195 *Sanguinis humani sanie perfusa madescat.*

Quando duos pariter suscepit arena leones,
Praesidio si porta fugae spatiosior obstet.
Clausa, patensque simul bisseno cardine verso,
313 Hinc vir adest, atque inde fera, stan-
[unus ad unum.
200 Hinc armata manus ferro, hinc dentibus ora.
Et tamen auxilio supra caput imminet alter,

SCRIPTURA COD. VAT.

190. *Longa tenenti.*
192. *Inguinibus strictis mutato pectore visa*; sed *visa*, an *jusa*, dubium est, nec clarum *pectore*.
193. Scriptum *redens*, correctum *recidens*.
194, 195. Vota facit populus, ne valida bestia nota

Sanguinis ab o...... desiderantur caetera.
197. *Praesidio si capta fugae spatiosior orbis.*
199. *Hinc vir adest atque vir fera stans unus ad unum.*

NOTAE.

tor quem antea nominavit. Venatores longe stantes feras provocabant, ut cum impetu incurrerent et facilius eluderentur.

190. Cernere adhuc licet bestiarios in antiq. Explic. Montfauconii tom. III, part. 2, libr. IV, cap. 8, ubi e pictura Nasoniani sepulcri repraesentatur venatio leonum in septo : venatores sunt inguinibus strictis, et ex zona lintea nonnihil demissa fluunt : brachia nuda ostenduntur. Sed nec venabula gerunt, nec sagittas, ac solum praegrandibus clypeis armati apparent. Diversae igitur erant venandi rationes. Et a Dracontio quidem venator ita exhiberi videtur, ut alia manu linteis fluitantibus feram lacesseret, alia venabula teneret. Venabulum proprium venatorum telum est. Vide Martialem l. XIV, epigr. 30 et 31, *Si dejecta geres longo venabula rostro, Hic brevis in grandem cominus ibit aprum.* De cultro venatorio loquitur. Scripsi *tenentur*, quod clarius videtur. Si retineas *tenenti*, id cohaerebit cum *lacerto*.

191. *Poplite submisso* dixit Ovidius Metam. l. VII, vers. 191, et Valer. Flaccus l. VI, vers. 245. Sed melius hoc loco est *subnixo*, quia poples terrae nititur, ut venator feram irruentem excipiat. Forte *dura sub pelle*; sed bene etiam est *duro lacerto*.

192. Forte scribendum *nudato pectore supra*, aut *nudato pectore dextro*. Idem usus exprimi videtur a Juvenali sat. 1, vers. 23, *Cum tener uxorem ducat spado. Maevia Tuscum Figat aprum, et nuda teneat venabula mamma.* Nam feminas in arenam descendisse constat, quod satyra dignum censet Juvenalis.

193. *Caveis*, quia triplex erat cavea, ima, media, summa.

194. Verum puto *valido ne bestia morsu* : nam *morsus* de bestiis passim dicitur. Lucretius l. v, v. 1321, *Morsibus affixae validis atque unguibus uncis.* Exponit Dracontius vota populi precantis, ne venator a fera dilanietur, ut vers. 201, *Morsibus illisis ne bestia membra jacentis Vexet, et horrorem faciat dilecta voluptas.* Ac negari nequit interdum haec fuisse vota populi, ut homo victor contra feram evaderet. Sed scriptores veteres Christiani hanc crudelitatem Romanis objiciebant, quod ex miserabili et cruenta hominum morte voluptatem caperent. Vide quae observavi ad Prudentium l. II, contra Symm. vers. 1098. Christianorum imperatorum aetate, cum gladiatorius ludus sublatus jam erat, sed perseverabat adhuc venatio ludicra, Cassiodorius l. v Variar., ep. 42, hunc ludum crudelem et sanguinariam voluptatem vocat, et de venatore seu bestiario ait : *Voluptatem praestat sanguine suo, et infelici sorte constrictus festinat populo placere, qui eum non optat evadere.*

197. Locus sane difficilis cui aliqua medicina, si fieri possit, succurrendum. Dracontius eo tendit ut ostendat in amphitheatro contra duos leones venatorem unum quamvis armatum stare non posse, nisi alius venator auxilium ferat. Hinc enim colligit Danielem inermem sola mirabili Dei virtute ab ore leonum fuisse liberatum. Difficultas solum haec est, quaenam consuetudo veterum in amphitheatrali ve-

natione indicetur his versibus : *Praesidio si capta fugae spatiosior orbis Clausa patensque simul bisseno cardine verso.* Primum lego *si porta pro si capta* : nam versus sequens ad portam aliquam refertur, quae proinde in hoc versu nominari debet. Pro *orbis* lego *obstet* : nam aliquod verbum requiritur, ut caeteris vocabulis sensus reddatur, et *obstet* sententiae congruit, scilicet *si obstet praesidio fugae.* Sed *porta spatiosior* qua ratione fugae obstare potest? Id versu seq. explicatur.

198. De diversis ostiis quae erant in amphitheatro sermo hic est. Cassiodorius libr. V Var., ep. 42, de amphitheatro Titi loquens ait : *Alii tribus, ut ita dixerim, dispositis ostiolis paratam in se rabiem provocare praesumunt, in patenti area cancellosis se positibus occulentes, modo facies, modo terga monstrantes, ut mirum sit, evadere, quos ita respicis per leonum ungues, dentesque volitare.* Haec ostiola ad nos pertinere non puto. Propius ad rem nostram faciunt, quae libr. III Variar., ep. 51, de circo Augusti et ludo quadrigarum verba faciens habet : *Bissena quippe ostia ad duodecim signa posuerunt. Haec ab hermulis funibus demissis subita aequalitate panduntur.* Ex quibus verbis Scaliger Lect. Auson. l. I, cap. 25, exponit versus Ausonii : *Ostia quot pro parte aperit stridentia circus, Excepto medium quod patet ad s'adium.* Omnia illa duodecim ostia aperiebantur simul miro artificio, automata machinatione hermularum, sive sigillariorum, ut explicat Scaliger. Lipsius cap. 8 de Amphitheatro censet partim subterraneos cavos fuisse in quibus ferae reconderentur, partim depositas eas fuisse in caveis sub interiore porticu, e qua portulae et aditus plures pertinent in arenam, quae in Romano Titi amphitheatro non tam clare patent : omnia enim ruinis aggesta et obruta, sed clarissime Veronae cernuntur. Ex his caveis ferae cum impetu in arenam immittebantur, et post pugnam iterum in eas immittebantur. Seneca de ira : *Curriculi rotarumque versata facies leonem redigit in caveam.* Easdem portas intelligit Statius libr. II, silv. 5, de leone mansueto : *Stat cardine aperto Infelix cavea, et clausis circum undique portis, Hoc licuisse nefas pavidi timuere leones.* Itaque Dracontius, hunc morem respiciens, ostia duodecim *bisseno cardine* expressa commemorat, quae miro artificio simul omnia paterent, ut ferae e caveis egrederentur, ac illico clausae manerent, ne in caveas sese reciperent.

199. In *fera* producitur *a* ob st dictionis sequentis. Conjiciebam *stant unus ad unum*, vel *stat unus ad unum*, producto *stat* ob rationes quas attuli ad vers. 94.

200. *Ferro, hinc* cum hiatu, praesertim quia aspiratio vim consonantis apud veteres aliquando habebat. Venustus est istiusmodi hiatus in penthemimeri. Martialis de Spectac. epigr. 27, de Carpophoro pugnante cum bestiis : *Haec armata manus Hydrae mors una fuisset.*

201. Plures in arenam venatores descendebant, ut mutuam opem sibi ferrent. Martialis loc. cit.

Morsibus illisis ne bestia membra jacentis
Vexet, et horrorem faciat dilecta voluptas.
Quis, rogo, tam sævas rabies compescere
  [vindex
205 **314** Armatus præsumpsit homo? clarissimus
  [ille
Alcides, quem monstra ferunt domuisse ne-
  [fanda,
Qui virtute polos meruisse est dictus, et astra,
Vix unum exstinxit captum per colla leo-
  [nem,

Si tamen huic verax per sæcula fama locuta
  [est.
210 Sed hic plena fides hominis pietate To-
  [nantis
Exegit virtutis opus, miracula summa.
Ille Dei famulus fuerat, non sorte Dianæ,
315 Quæ solet insontum fuso gaudere
  [cruore,
Sanguinis humani nunquam satiata, catervis
215 Hospitibus cæsis, humana tabe madescens
Taurica per Colchos crudelis virginis ara.

SCRIPTURA COD. VAT.

203. *Et honorem faciat.*
205. *C. illo.*

212. *Non forte Dianæ.*

NOTÆ.

epigr. 23, *Hunc leo cum fugeret, præceps in tela cucurrit.* Tam certo ictu venabula dirigebat Carpophorus (ait Martialis), ut feræ illum fugerent, et ita præcipites, ut in aliorum venatorum tela incurrerent, quasi minus timerent ab aliis interfici quam a Carpophoro.

202. *Illisis,* ut Horatius l. II, sat. 1, vers. 77: *Fragili quærens illidere dentem, Offendet solido,* et Lucretius l. IV, vers. 1073: *Dentes illidunt sæpe labellis.*

203. *Voluptas* peculiari quadam significatione spectacula significat. Adsis comment. ad l. II Prudentii contra Symm. vers. 1125, et hymn. 6 Perist. v. 66, et notas Petri Brossei ad Cassiodorium l. Variar., ep. 42.

204. Suspicor *compescier unus.* Id saltem intelligi debet. Revertitur Dracontius ad Danielem, qui solus inter septem leones rabida fame exagitatus victor evasit, quamvis inermis. *Sævas rabies* pro leonibus sævis quos fames fatigabat. Virgilius libr. IX, vers. 63, *Collecta fatigat edendi Ex longo rabies,* et libr. II Æn., vers. 356, *Quos improba ventris Exegit cæcos rabies.* Daniel. cap. XIV, vers. 31: *Porro in lacu erant leones septem, et dabantur eis duo corpora quotidie, et duæ oves: et tunc non data sunt eis, ut devorarent Danielem.* Hinc tentari possit *Quis, rogo, tam sævas rabies compescere septem.*

208. Auctor de laudibus Herculis inter Claudiani opera de hoc Nemæo leone: *Selisque lacertis Grandia corripiens eliso guttura morsu, Imbellem fractis prosternis faucibus hostem.* Quippe vulneribus leo ille confici non poterat, ut mythologi tradunt. Hoc primum Herculis facinus ponit Apollodorus libr. II de deor. Orig.

209. *Forte hæc,* vel *hoc* pro *huic.*

210. *Sed* producitur ob aspirationem vocis sequentis. Vide vers. 200 et notam ad vers. 94 de hujusmodi monosyllabis, quæ communi quantitate esse prædita videntur. Fidei tribuitur hoc miraculum Daniel. cap. VI, vers. 23: *Eductusque est Daniel de lacu, et nulla læsio inventa est in eo, quia credidit Deo suo.*

211. *Virtus* de miraculis in sacris Litteris dicitur, ut notavi ad libr. II, v. 114, *Ut faceret virtutis opus.* Hoc autem loco virtutis nomen recte etiam ponitur, quia propria quadam significatione virtus athletis tribuebatur. Prudentius hymn. 4 Per. vers. 101, *Noster, et nostra puer in palæstra Arte virtutis, fideique olivo,* etc. Etsi autem diversi erant ludi athletarum, gladiatorum et venatorum, nihilominus etiam gladiatoribus et venatoribus virtus eodem sensu ascribitur.

212. *Sorte Dianæ,* intelligo *ministerio Dianæ,* phrasi ex sacris Litteris, et usu Israelitarum petita: nam sacerdotes et levitæ munus serviendi templo sortiebantur per vices. Juvencus l. I, vers. 45, *Sed cum sorte adytis, arisque inferret odores Zacharias.* Nonnulli ediderunt *forte,* sed *sorte* vera est lectio, quæ duobus antiquissimis codicibus Vaticanis confirmatur. Paulo ante ait Juvencus vers. 38, *Zacharias, vicibus cui templum cura tueri,* quod eodem pertinet. Confer Barthium l. XI Advers., cap. 12. Erat igitur Daniel famulus Dei viventis, ut eum vocavit Darius, non ministerio, aut tutelæ Dianæ addictus. Neque sine certa ratione mentio Dianæ fit: non enim solum venatio rustica, sed et ludicra in tutela Dianæ erat. Martialis de Spectac. epigr. 12, *Inter Cæsareæ discrimina sæva Dianæ:* ita vocat venationem ludicram. Claudianus de Consul. Mallii vers. 291, *Amphitheatrali faveat Latonia pompæ.* Cassiodorius libr. V, ep. 42, *Spectaculum tantum fabricis clarum, sed actione deterrimum, in honore Scythicæ Dianæ repertum, quæ sanguinis effusione gaudebat.* Vide Mazochium Comment. in Campani amphitheatri titulum cap. 5, et Petrum Taffinum de Anno sæcul., et Lud. sæcul. part. 1, cap. 8.

214. Sic interpungo. *Satiata* cum genitivo. Silius l. IV, vers. 437, *Titanum bello satiatam sanguinis hastam.* Ovidius libr. VII Metam., vers. 808, *Tutus eram jaculo: sed cum satiata ferinæ Dextera cædis erat, repetebam frigus et umbram.* Postea catervis hospitibus cæsis, ut Lucanus libr. V, vers. 11, *Hospes in externis audivit curia tectis.* Multi alii *hospes* adjective ponunt. Neque invitus legerem *catervis Hospitium cæsis* in genitivo plurali pro *hospitum,* ut *hæreditatium, civitatium.* Severus in Ætna vers. 127, *Quod si diversas emittat terra canales Hospitium fluviorum:* ubi tamen nonnulli aiunt *hospitium* esse accusativum, ut canales sint hospitium fluviorum.

216. *Taurica,* quia Diana in Taurica Chersoneso (nunc *la Crimea*) colebatur, cui Tauri, populi Scythiæ Europææ, hospites suos immolabant. Ovidius l. IV Trist., eleg. 4, vers. 63, *Nec procul a nobis locus est, ubi Taurica dira Cæde pharetratæ pascitur ara deæ.* Juvenalis sat. 15. vers. 114, *Mæot.de Sævior ara Ægyptus: quippe illa nefandi Taurica sacri Inventrix homines (ut jam quæ carmina tradunt Digna fide credas) tantum immolat.* Scite etiam virginis mentio facta. Athanasius Contra gentes num. 25, *Scythæ enim, qui Taurici dicuntur, virgini suæ sic appellatæ* (Dianæ) *naufragos, et quoscunque ex Græcis ceperunt pro hostiis jugulant.* PER COLCHOS, qua regio Colchorum patet. Colchis *Mengrelia* nunc dicta inter Pontum Euxinum ad occidentem, et Iberiam ad orientem. Olim omnes qui littora Ponti Euxini incolebant hospites immolabant, atque idcirco ab antiquis Pontus AXENUS, inhospitalis, dictus fuit postea *Euxinus* sive hospitalis. Crudelitas vero aræ Dianæ in Taurica Chersoneso comprehendebat etiam Colchos. Thoas enim rex fuit Tauricæ Chersonesi, cui Colchi subjecti erant. Ovidius l. III Ex Ponto eleg. 2, vers. 59, *Regna Thoas habuit Mæotide cla-*

Petrus apostolico digne subnixus honore,
Discipulus Domini, crucis almæ signifer et
[dux
Gentibus innumeris positus sub lege fideli,
220 **316** Retia post pelagi vilissimâ piscis
[aquosi
Præco Dei solers, et veri dogmatis index,
Janitor æthereus, vel primus in orbe sa
[cerdos,

Temporibus nostris Christo regnante tonan-
[ter,
317 Quanta, docens populos, turbis miracula
[fecit,
225 Impendens Asiæ nulla mercede salutem,
Europæque simul nixus virtute magistri?
Et ne Roma diu nesciret munera Christi,
Hanc, Paulo comitante, petit, pia jussa sequendo.
Exorans precibus Magum per celsa volantem

SCRIPTURA COD. VAT.

221. *Prego Dei.*
223. *Nostris;* ad marg. *placidis.*

228. *Jussa secundo.*
229. *Exorat precibus magnum per.*

NOTÆ.

rus in ora, Nec fuit Euxinis notior alter aquis. Hyginus, fabul. 261, narrat Orestem cum Pylade Colchos petiisse, ac captum ut Dianæ Tauricæ immolaretur, occiso Thoante, simulacrum Deæ sustulisse.

217. Petrus cæteris apostolis præfertur, ejusque principatus clare astruitur. *Crucis almæ signifer, dux gentibus innumeris positus sub lege fideli, præco dei solers, veri dogmatis index, janitor æthereus, primus in orbe sacerdos, Domini vices agens.*

219. Potestas regendi omnem Ecclesiam, Petro, ejusque successoribus concessa, his verbis clare exprimitur. Cum enim necessario agnoscendus sit dux aliquis in terris, gentibus innumeris, scilicet universæ Ecclesiæ positus ad fidei depositum custodiendum, quisnam alius hic dux esse potest, nisi Petrus ejusque successor Romanus pontifex? Hoc antiquitatis testimonium pro cathedra Petri et perpetuæ Hispanorum erga sedem apostolicam Romanam venerationis argumentum, denuo prolatum e tenebris, libenti animo innumeris aliis adjungimus, parvam scilicet guttam Oceano, sed nonnullius tamen pretii additamentum, neque prorsus indignum, quod honori, meritis, incomparabili virtuti, immortali nomini SS. D. N. PII VI Domini vices agentis consecremus.

220. *Post vilissima retia aquosi piscis pelagi.* Virgilius libr. IV Georg., v. 235, de Pleiade: *Aut eadem sidus fugiens ubi piscis aquosi Tristior hibernas cœlo descendit in undas.* A Dracontio piscis aquosus dicitur, quia extra aquas vivere nequit.

221. Tertullianus de Judic. Dom., *Præconesque Dei* (horrendum) *sæpe fugastis.* Noe *præco justitiæ* appellatur a S. Petro Ep. II. c. II, vers. 5, *Veri dogmatis index* elogium magis peculiare Petri est, ut vers. 159, *Sol luminis index.* Vide notam ad l. I, vers. 114.

222. Hilarius Comment. in cap. XVI Matth., num. 7: *O beatus cœli janitor, cujus arbitrio claves æterni aditus traduntur.* In hymno SS. apostolorum Petri et Pauli ad vesp., qui Elpidi uxori Boethii tribuitur: *Mundi magister, atque cœli janitor.* Alcuinus carm. 81, *Piscator quondam, cœli nunc janitor almus.* Victorinus de Jesu Christo Deo et homine: *Petro sublime locutus: Claves sume poli, cujus tu janitor esto.* Strabo Carmine de S. Petro: *Janitor æthereæ recludens gemina vitæ.* Editor notat mendum esse in *gemina.* Corrigam *limina.* Eadem ratione *claviger* dicitur Petrus in hymno laudum omnium sanctorum: *Summique cœli claviger.* Apud ethnicos *cœli janitor* erat Janus.

223. Inepte in ms. aliquis emendabat *Temporibus placidis.* Probum est *Temporibus nostris,* nempe temporibus nostræ Christianæ religionis. Hactenus exempla credentium ex Veteri Testamento Dracontius posuit, nunc ex historia ecclesiastica Petrum principem apostolorum miracula sua fiducia in Deum operantem proponit. In Missali Mozarabico, missa celebratur de S. Martino, in cujus Oratione post nomina sic legimus: *Hunc etiam virum quem cælicolis ammirandum martyribus adgregatum etatis nostre tempora protulerunt: jubeas auxilium nostris ferre temporibus.* Lesleus in elegantibus doctisque notis, *Hinc patet,* ait, *quam vetustus fuerit in Hispania cultus S. Martini, et quam vetusta sit hæc missa.* Sed ut facile credam, vetustum esse in Hispania cultum S. Martini, et vetustam missam, ita minime credo, hanc orationem scriptam fuisse a ætate, aut sæculo, quo Martinus obiit. Nam *ætas nostra, tempora nostra* opponuntur antiquioribus temporibus, quibus multorum sanguine martyrum Ecciesia nobilitabatur: quo sensu etiam post unum et alterum sæculum apposite ea oratio conscribi et recitari potuit, qua tempora pacis Ecclesiæ *tempora nostra* dicuntur, nisi etiam in hac oratione *tempora nostra* de temporibus religionis Christianæ malis accipere. In Dracontio explicatio patet ex sequentibus verbis, *Christo regnante tonanter*: retineri enim potest *tonanter,* cum similibus adverbiis alibi utatur Dracontius, ut dixi prolegom. num. 135. Non tamen ægre feram, si legas *tonante.*

226. *Simul* pro *similiter* novum non est. Cicero Verr. 2, al. act. I, c. 4: *Cujus prætura urbana ædium sacrarum fuit, publicorumque operum depopulatio: simul in jure dicundo bonorum, possessionumque contra omnium instituta addictio et condonatio.* Petrus nixus virtute magistri ex Act. apost. c. 3 v. 12 et seqq. *Aut nos quid intuemini, quasi nostra virtute, aut potestate fecerimus hunc ambulare? etc.*

228. *Paulo comitante,* non quod Romam eodem tempore Petrus et Paulus advenerint, sed quia simul in hac urbe commorati fuerunt, cum Petrus longe ante Paulum venisset.

229. Primam in *magus* antiquiores corripuerunt. Nihilominus restituo *Magum,* quod tanquam nomen proprium Simoni attribuitum libere a Dracontio, et more suo producta prima effertur. Accedit exemplum Sedulii in dedicatione ad Theodosium Augustum, *Insidias regis, Magorum præmia doctos Discipulos.* Qui versus auctoris veteris certe sunt, sed multi negant Sedulii esse. Quod attinet ad historiam Simonis Magi a Dracontio descriptam, ea quidem vulgo satis nota est et ab idoneis auctoribus olim tradita: Arnobio libr. II contra Gentes, Constitutionum apostolicarum scriptore, Lucifero Calaritano aliisque legatis Liberii pontificis ad Eusebium Vercellensem scribentibus, Cyrillo Hierosolymitano catechesi 6 illuminatorum, Eusebio lib. II Hist. eccles. c. 12, Epiphanio hæresi 21, Augustino lib. de Hæres., Theodoreto lib. I Hæretic. fabul. cap. 1, Maximo Taurinensi serm. 5, olim S. Ambrosio ascripto, Dungalo in fine Responsion., Isidoris, Hispalensi, et Pelusiota, Sulpicio Severo, Basilio Seleuciensi, Philastrio, Paciano, Petro Chrysologo, innumerisque aliis Christianis, ut ethnicos præteream Suetonium et Dionem, qui non quidem aperte, sed aliquo tamen modo idem factum innuunt. Non omittam commune totius Ecclesiæ Gothicæ suffragium, quæ in festo SS. apostolorum Petri et Pauli hanc historiam commemorabat, ut legitur in Missali

230   **318** Simona mendacem sternit, spectante Ne-
             [rone.
     Ficta Dei proles nimia est collapsa ruina.
     329 Sic imitatorem sed non imitabilis ignis,
     Fulmina mentitum, perculsum fulmine vero

        Sacrilegum cecidisse ferunt Salmonea regem.
235 Ecce, quid alma fides exegit ab arce Tonantis,
     Ut vitas, mortesque daret sermone fideli.
     Mors cita, vita redux, verbo mandante, recurrit.
     Naturæ famulatus adest servire paratus,

SCRIPTURA COD. VAT.

232. *Sic imitarem sea non.*
233. *P. culmine vero.*
234. *Salmonia regna.*

235. *Quid*, vel *quod*.
238. *N. famulatur adest.*

NOTÆ.

Isidoriano post Sanctus : *Christe Fili Dei, qui nebulosa magice artis in Symonis præsumptione prestigia apostolice concertationis veritate prodita destruxisti. Quem frustra celorum ascensum aeris mollitionibus appetentem decepta demonum inlusione jactantia altius exstulit gravius elidendum,* etc. Eidem sententiæ confirmandæ accedat nunc Dracontius. Verum opiniones quædam historicæ, ut satis per se liqueat, sua sidera habent sua tempora. Docrinæ nunc exquisitum genus viget multa, olim stabilita, negandi, plura in dubium revocandi. Ac mecum sæpe quærere soleo quid causæ sit cur nunc historiæ quædam tanquam aperte falsæ rejiciantur, quæ olim a majoribus nostris pro certis habebantur. An novæ aliquæ rationes inventæ sunt, quæ eos latuerint ? Nullæ omnino in plerisque hujusmodi rebus. An acutius nos videmus ? Vellem, id ita esset, nisi eo jam impiorum quorumdam hominum audacia processisset, ut sacrosancta omnia religionis christianæ dogmata licenter convellere conentur. Sed, ut ad Simonem Magum redeam, ejus volatum et casum nuper adversus criticas recentium quorumdam observationes Cajetanus Golt brevi sed docta diatriba asseruit, quæ in Diario ecclesiastico Romano anni 1787, num. 4 et 48, tota neque immerito inserta est. Hoc eodem in argumento erudite etiam versatus est, et Cotelerium nervose refutavit Lesleus in notis ad Missale Mixtum, sive Isidorianum pag. 578 et seq. Vide etiam Fogginium de Itin. rom. S. Petri, et Philippum Laurentium Dionysium sacr. basil. Vatic. Monum. pag. 198.

230. Sedulius lib. iii, al. l. iv, vers. 113, eadem quantitate *Simonis* nomen protulit: *Stagna petit parvaque sedens in Simonis alno.* Alii primam et secundam corripiunt, alii utramque producunt. Petrus Aurorarius in libris Machabæorum cum Dracontio et Sedulio facit : *Simonis ut natos perimat cum patre, laborat.* Ex ms. Vat. id profero. In codice Dracontii scribitur *Symona,* ut in Missali Isidoriano.

231. Simon Magus Samariæ gentem magicis artibus et præstigiis adeo illuserat, ut pro virtute Dei haberetur. Act. apost. cap. viii, vers. 10 : *Cui auscultabant omnes a minimo usque ad maximum, dicentes: Hic est virtus Dei, quæ vocatur magna.* Attendebant autem eum, propter quod multo tempore magiis suis dementasset eos. Deinde vero sacro baptismate suscepto cum potestatem conferendi Spiritum sanctum pecunia emere voluisset, repulsamque tulisset ab apostolo Petro, multis Orientis provinciis peragratis, Romam venit, ubi se Christum esse comminiscebatur, et ad Deum, quem patrem suum jactabat, se evolaturum palam edicebat. Exstant adhuc ex quodam ejus libro verba apud S. Hieronymum in Matth. xxiv, quibus de se dicebat : Ego sum sermo Dei, ego sum speciosus, ego paracletus, ego omnia Dei. His de causis a Dracontio appellatur *ficta Dei proles.* An autem a Romanis pro deo unquam habitus fuerit, nondum liquet. Ex S. Justino multi referunt, jussu senatus honori Simonis Magi statuam in insula Tiberina erectam fuisse hac adjecta inscriptione : SIMONI DEO SANCTO, sive SIMONI SANCTO ET DEO. Justinum deceptum fuisse ex aliqua statua et inscriptione quæ Semoni Sanco Deo Fidio posita fuerit, simile vero non videtur : sed multi tamen viri critici verissimum id esse arbitrantur. Huic controversiæ causam potissimum dedit lapis ad Tiberis ripam sæculo xvi effossus cum hac epigraphe, quam ex epistola Julii Jacobonii ad Muretum anno 1574 data subjicio :

SEMONI
SANCO
DEO . FIDIO
SACRUM
SEXTVS . POMPEIVS . S. P. F.
COL . MVSSIANVS
QVINQVENNALIS
DECVR
BIDENTALIS
DONVM . DEDIT.

Repertus fuerat lapis paulo ante quam Jacobonius litteras ad Muretum daret. Hanc inscriptionem non Simoni Mago, sed Semoni Sanco, seu Sango deo Sabino positam fuisse, nunc omnes consentiunt ; sed tum cum effossus est lapis, multi secus sentiebant. « Vix me heri vespere (inquit Jacobonius) a quorumdam hominum conventu honeste dissolvi, quibus obfirmato animo asseverantibus, lapidem nuper ad Tiberis ripam effossum, Semoni Sanco Deo Fidio inscriptum, Simonem illum Magum designare, cum omnino ipse adversarer, ludibrio omnibus ac despectui esse cœpi. Cumque de quodam Fidio Sango vel Sanco legisse me aliquando affirmarem, Semonesque terrenos deos antiquitus fuisse appellatos, tum magis a quibusdam irridebar, qui Sancum Sabina lingua Magum Semonemque, quam Simonem Hebraice dici malebant. » Sententiam Jacobonii multis confirmavit Muretus. Revera præter scriptores veteres, apud quos mentio Semonis Sanci sæpe occurrit, nonnulli sunt lapides eidem inscripti apud Gruterum et alios ; sed nonnunquam legitur *Sancto* pro *Sanco,* et *Sempatri* aut *Semipatri* pro *Semoni.* Nihilominus statuam quam Simoni Mago dedicatam se vidisse Romæ testatur Justinus, nunquam exstitisse affirmare non ausim. Justini auctoritatem tuentur Calmetus in dissert. de Simone Mago, Fogginius de Roman. S. Petri Itin., Travasa, Grotius, Mazochius, alii.

232. Contrahit narrationem Virgilii l. vi, vers. 585 : *Vidi et crudeles dantem Salmonea pœnas, Dum flammas Jovis, et sonitus imitatur Olympi. Quatuor hic invectus equis, et lampada quassans Per Graium populos, mediæque per Elidis urbem Ibat, ovans, divumque sibi poscebat honorem. Demens, qui nimbos, et non imitabile fulmen Ære, et cornipedum cursu simularat equorum. At pater omnipotens densa inter nubila telum Contorsit (non ille faces, nec fumea tædis Lumine) præcipitemque immani turbine adegit.* Vide Claudianum in fin. l. ii contra Rufinum.

236. *Vitas* ex versu 225 et seq., et libr. ii, vers. 756 et seqq., ubi Tabithæ e mortuis resurrectio describitur. *Mortes* Simonis Magi, Ananiæ et Saphiræ Act. apost. cap. v.

258. Lego *Naturæ famulatus.* Cicero l. iii Offic., cap. 33. *Quam miser virtutis famulatus servientis voluptati! Famulatus* et *paratus* sibi consonant, ut in versibus Leoninis, quod in multis versibus optimorum poetarum casu aliquando factum occurrit. Figurate vero ponitur. *Naturæ famulatus* pro *natura famulans.* Posset etiam legi *servire paratæ.*

320 Obsequitur, Dominique vices cognoscit
[agentem.
Exigit hoc simplex spes, vox pia, vota fidelis.
Omnia nam constat precibus cito posse mereri,
Vivere quos libuit sub tali tramite vitæ.
Quod si cuncta velim miracula currere solers,
Non mihi sufficient mortalis tempora vitæ,
Multa licet maneant sub quovis limite longo.
Sed ne forte legat hæc carmina nostra profanus,
Quem lateat lex sancta Dei, nec credulus ex-
[stet,
Impendat quid pura fides, præsumptio simplex;
Nec tamen æternum modico pro tempore quærat,
321 Et neget, Abraham tantum fecisse bea-
[tum,
Vel quoscunque docet sancta Scriptura fideles:
Historias currant Danaum, gentisque Quirinæ.
Qua pro laude sua, vel qua pro regno alieno,
Mentibus infectis animosæ cladis amore,
Ausi omnes scelerare manus de morte suo-
[rum,
Aut certe de strage sua. Menecea Creontis
322 Statius ostendit, qui fuso sponte cruore,
Ut pater orbatus furiarum regna teneret,

SCRIPTURA COD. VAT.

240. *Hoc semper spes sors pia.*
241. Prius in codice, *Vivere quos*, postea *Omnia nam.*
243. *Qui si cuncta.*
245. *M. sub quo vis milite longo* : prius erat *longe.*

249. Dubium *præ* an *pro*; obscurum etiam *quærat.*
253. *Quid pro l. s. v. quid.*
255. *Aut si omnes.*
257. Ambigue *quia pro qui.*

NOTÆ.

240. Sic ex conjectura. *Simplex spes*, ut vers. 248, *Præsumptio simplex*. Vide notam ad vers. 625 libr. II. Non deerit tamen, cui magis arrideat scriptura codicis *Exigit hoc semper spes*. Pro *vota fidelis* recte aliquis conjecit *vita fidelis*, hoc est ad Christianam fidem exacta. Non male. *Sors pia* sustineri posset ex nota ad vers. 212. Pro *vota fidelis* non male esset *sermo fidelis*, ut vers. 236. Suspicabar *bucca fidelis*. Mart. alis l. I, epigr. 42. *Bucca loquax dixit* : et undenam Itali Hispaniqué *bocca*, et *boca* dicunt os, nisi a *bucca?* Exigit est perficit, ut vers. 241, *Exegit virtutis opus*. Horatius l. III, od. ult., v. 1, *Exegi monumentum ære perennius*. Quanquam hoc versu *exigit* potius ponitur pro obtinet reposcendo et exigendo, ut vers. 235, *Ecce, quid alma fides exegit ab ance Tonantis.*

241. Vide notam ad vers. 720 l. II.

242. Libr. I, vers. 12, *Pro certo tramite vitæ*. Trajectio horum versuum visa fuit necessaria : nisi legas *vota fidelis. Vivere quem libuit sub tali tramite vitæ. Omnia nam constat precibus cito posse mereri* : passive *mereri.*

243. *Currere* pro *percurrere*, ut vers. 252, *Historias currant Danaum*. Dixi de hoc usu verbi *curro* ad Prudent. hymn. 12 Perist., vers. 52, *Currere stadium, mare curritur* apud antiquiores invenitur.

247. *Nec credulus exstet*, nec credat. *Exstet* pro *sit*. Vide notam ad v. 731 l. II.

248. *Impendat*, conferat, ut libr. I, vers. 744 et vers. 550 hujus libri, *Exhibet, impendit, præbet*. Hoc autem loco pro *insumat, ponat, laboret* poterit accipi: sed prima significatio confirmatur ex Eleg. vers. 165 et 191. *Præsumptio simplex* quid sit, explicui ad vers. 625 l. II.

249. *Nec tamen quærat* profanus : vel corrige *Et tamen*, nempe pura fides æternum modico pro tempore quærit. *Modico* pro *exiguo*, ut alibi dictum. Ep. II ad Cor., c. IV, vers. 17: *Id enim, quod in præsenti est momen meum et leve tribulationis nostræ, supra modum in sublimitate æternum gloriæ pondus operatur in nobis.*

250. *Tantum fecisse*. Cicero Verr. IV, al. lib. II, cap. 54 : *Ne miremini qua ratione hic tantum apud istum libertus potuerit.*

252. *Quirinus* nomen Romuli non ignotum. Illud dubium an pro Romano adjective dici possit : nam in Horatio quidem , Propertio et Ovidio adjective invenitur, sed mutant nonnulli, et legunt *Quirini* in genitivo. Hic Dracontii locus confirmat, adjective poni posse *Quirinus*. Si repugnes, eadem facilitate qua in aliis hic quoque emendabis *gentisque Quirini*. Conjectura non mala est *currat*, scilicet profanus

Sed defendi potest *currant*, quasi ex uno ad omnes profanos oratio convertatur.

253. Secundum *quid* obscurum est in nexu litterarum. Putabam *Quid pro laude sua, vel quid pro regno alieno Mentibus infectis animosæ cladis amore*. Nempe *quid fecerunt?* Aut ita, ut periodus continuaretur usque ad *ausi?* cum interrogatione, cui responderent sequentia *Omnes scelerare*, etc., videlicet *Quid ausi? aut Quid ausi omnes? Scelerare manus*, etc. Præfero scripturam quam edidi ex conjectura. *Qua, qua* geminatum significat *partim, part m*, vel *cum, tum*. Infinita sunt exempla. Plautus Trin. IV, 3, 35 : *Leges mori serviunt, mores autem rapere properant qua sacrum, qua publicum*. Livius lib. II, cap. 35. *Usique sunt qua suis quisque, qua totius ordinis viribus*. Legerem etiam libenter *Qui pro laude sua, vel qui pro regno alieno*, scilicet alii pro laude sua, alii pro regno alieno. Nam idiotismus linguæ Italicæ et Hispanicæ similis est *Chi, chi, Quien, y quien, Alius, alius*; qui idiotismus ex phrasi Latina ortus videtur. *Qui, et qui*, quæ sequiori ævo invaluerit. Dracontium vero scripsisse *qui, vel qui*, inde etiam suadetur quod Virgilium lib. VI imitatur, ubi crimina damnatorum recensens ait vers. 621 : *Vendidit hic auro patriam..... hic thalamum invasit natæ*, et postea subjungit, *Ausi omnes immane nefas*, ut Dracontius vers. 255, *Ausi omnes scelerare manus*, etc.

254. *Mentibus infectis amore*, corruptis, et quasi veneno imbutis.

255. *Suorum* sine alio nomine Cicero ad Attic. lib. XIV, epist. 12, *Octavius, quem quidem sui Cæsarem salutabant, Philippus non*. Dracontius suos consanguineos maxime intelligit, ut ex allatis exemplis colligitur. Infra vers. 327, *Orbatricesque suorum*. Hac significatione Livius lib. I, cap. 58 : *Lucretiam sedentem mæstam in cubiculo inveniunt : adventu suorum lacrymæ obortæ.*

256. *Certe* videtur poni pro *etiam*, imo, ut ex vers. 262 colligitur. Statius, aliique scribunt *Menæcea* prima correpta, secunda producta, tertia et quarta correptis lib. X, vers. 614, *Sentitque Menœcea-posci*. Dracontius licentia in his nominibus propriis sibi familiari utitur. Menœceus, Creontis Thebanorum regis filius, cum oraculum editum fuisset, *Cadat generis quicunque novissimus exstat Viperei : datur hoc tantum victoria pacto, se gladio percussit, et de muris urbis præcipitem dedit*. Rem narrat Statius lib. X.

258. Creon ad Menœceum : *Ne perge meos orbare penates*. Statius loc. cit. *Furiarum regna*, quia Creon frater Jocastæ erat, socer Œdipi, et hujus regni hæres fuit, ut paulo post narratur.

Thebanos proprio perfudit sanguine muros.
260 Si consanguineos scelus est jugulare propin-
[quos,
Est furiale nefas in se convertere ferrum.
Hoc facinus nec nomen habet, sed nemo pro-
[fecto
Miretur hominum tam sæva piacula gentis.
Non aliter potuit sceptrum transire profanum
265 Ad successores, quod gesserat Œdipus un-
[quam.
Jam ferus ipse Creon Iocastæ proximus hæres,
323 Et germanus erat : quasi lex est ipsius
[aulæ
Criminibus, lacrymisque ducum sua regna di-
[care.

Codrus Apollineæ tripodis responsa requi-
[rit :
270 Accipit infelix, alieni causa triumphi ;
Vestibus indutus famuli petit arma tyranni,
Nam cui bella negant, fecerunt jurgia mortem :
In dubiis mors est inopem simulare tyranno.
Ausa Leonidæ, nocturnaque bella legantur.
275 **324** Castra inimica petens invasit nocte si-
[lenti,
Et fuit una cohors tantum munita tenebris.
Nox erat umbro viris, manus hæc confusa pe-
[riclis,
Spe mortis præsumpta suæ ; qui luce repulsa
Millenos petiere viros spernendo salutem.
280 Invadunt populos, obscura strage cruentant,

SCRIPTURA COD. VAT.

259. S. *mures.*
260. *Vulgare* pro *jugulare.*
261. *Et f. nefas visæ c. f.*
265. *Gesserat hidipus u.*
268. Ambiguum *dicari*, an *dicare* sit scriptum.

269. *Responsa rescivit.*
271. *Famuli post arma.*
272. *Fecerunt viria mortem.*
278. Dubium *qui*, an *quæ*, an aliud sit legendum.

NOTÆ.

259. Statius loc. cit. *Sanguine tunc spargit turres, et mœnia lustrat.*

262. L b. II, vers. 558, de Juda : *Sed memor infandæ tamen et sine nomine culpæ.* Martialis furorem crimen hoc vocavit lib. II, epigr. 80, *Hostem cum fugeret, se Fannius ipse peremit. Hic, rogo, non furor est, ne moriare, mori?* Seneca epist. 58, *Sic mori, vinci est.* Constantiam non nemo desiderat in Seneca, quod nihilominus Catonem, qui seipsum occiderit, ne in manus Cæsaris deveniret, laudaverit. Sed fortasse Seneca in diversa causa se occidendi discrimen aliquod reponeret. A Dracontio gravitas criminis denotatur, quod nomine caret, quasi infandum, et quia raro committitur. At nostra ætate hoc facinus et *suicidii* nomen habet, et frequentissimum est; nec defuerunt impii, et amentes homines, qui tam immane nefas laudibus fuerint prosecuti.

263. *Sæva piacula*, ut lib. I, vers. 539; lib. II, vers. 401. *Hominum* magis referendum est ad *nemo* quam ad *gentis.* Nemo hominum tam sæva piacula ejus gentis miretur.

265. Œdipus, filius Laii Thebanorum regis, et Jocastæ. Ignarus patrem interfecit, et matrem in matrimonium duxit ; inde oculos sibi eruit, exsulque voluntarius Athenas concessit.

266. *Iocastæ* quadrisyllabum est. Hæc propter nefas, et quia Eteocles et Polynices, ejus ex Œdipo filii, mutuis se vulneribus confecerant, manus sibi intulit. Creon regnum, post Laii obitum a se occupatum, Œdipo, quod Sphingis ænigma solverat, simulque Jocastam in matrimonium tradiderat. Occisa Jocasta, tanquam hujus hæres successit Creon. Conferendus est cum aliis Hyginus fab. 66 et 67, nam implicata est apud veteres scriptores tota hæc narratio sive fabula.

269. Pro *rescivit* lego *requirit*, seu *petivit*. Horatius lib. III, od. 19, vers. 2 : *Codrus, pro patria non timidus mori.* Justinus lib. II, cap. 6 : *Atheniensium eo tempore rex Codrus erat, qui et responso Dei et præceptis hostium cognitis, permutato regis habitu pannosus, sarmenta collo gerens, castra hostium ingreditur. Ibi in turba obsistentium a milite, quem falce astu vulneraverat, interficitur. Cognito regis corpore, Dorienses sine prælio discedunt.* Adde Valer. Maximum, lib. V, cap. 6 Alii Thraces, alii Laconas pro Doriensibus scribunt.

270. Poterit etiam interpungi *Accipit : infelix, alicui causa triumphi.* Nominativus appositus est *causa.* Vide vers. 507 similem nominativum.

272. Forte *Et cui*, vel *Tum cui.* In *viria* lego *jurgia* ex Virgilio eclog. 5, vers. 11, *Aut Alconis habes laudes, aut jurgia Codri.* Sic enim plerique Virgilium exponunt de rege Atheniensium : quanquam fortasse nomen pastoris *Codrus* apud eum est.

273. Forte *Indubia mors est*, aut *Indubie mors est.* Sententia est inopiam simulatam mortem attulisse, nisi malis explicare, inopiam regibus pro morte esse, vel mortem afferre.

274. Prælium Leonidæ ad Thermopylas contra Xerxis exercitum ab aliis alio modo narratur. Dracontius Diodorum Siculum lib. XI Histor. secutus ducem videtur qui refert universos Lacedæmonios, qui duce Leonida ad Thermopylas pugnarunt et occubuerunt, numerum quingentorum non superasse. Tum addit : *Hi imperio obsequentes conferto sub noctem agmine in castra Persarum irrumpunt. Barbari, quibus improvisum hoc et repentinum, magno cum tumultu ac sine ordine e tabernaculis concursant, et quia copias Trachinio adjunctas perlisse, omnesque Græcorum exercitus sibi incumbere opinantur, consternati trepidant. Magna igitur a Leonidanis Persarum strages edita, majorque ab ipsis inter sese Persis, dum hostem ab amico non dignoscunt. Nam quia nulla per noctem veri cognitio, et pavor totis invalescebat castris, non mirum, fædam tunc hostium cædem fuisse commissam. Mutuis enim cædibus grassantur, nec ulla rerum conditio certi quid explorari sinit : propterea quod nec ducis imperium, nec tesseræ inquisitio, nec certus animorum status esset.* Herodotus die proximo commissum tradit. Justinus lib. II narrat *prælium a principio noctis in majorem diei partem tractum.*

278. Justinus loc. cit., *Ut qui sciant se pugnare non spe victoriæ, sed in mortis ultionem. Præsumpta* pro *præsumens*, ut vers. 728 lib. II. Verba hæc *qui luce repulsa* vix ullum idoneum sensum habere possunt, nisi intelligamus, Spartanos post solis occasum prælium aggressos. Eodem modo legi poterit *quæ* (cohors), *luce repulsa*, etc.

279. *Millenos* indefinite positum pro multis millibus virorum.

280. *Populos*, quia ex innumerabilibus gentibus Xerxis exercitus constabat. Justinus refert, Xerxem septingenta millia de regno armasse et trecenta millia de auxiliis. Diodorus lib. XI refert hunc titulum Lacedæmoniis qui ad Thermopylas occubuerunt inscriptum ; *Myriades quondam repulere hic marte du-*

Dum nescit quem quisque ferit, cui quisque
[repugnat,
Obtruncat socium, carum prosternit amicum,
Amputat ignarus fratrem, jugulatque propin-
[quum.
Dum pater obscura defensus nocte putatur,
285 Sic ibi procubuit nati pietate peremptus.
Viveret, et vitam longo produceret ævo,
Ni sobolem genitor nimiæ pietatis haberet :
325 Fœdere namque reus punitur crimine
[sancto.

Nec reor, esse nefas Persis occidere patres,
290 Quos sua jura probant thalamis asciscere ma-
[tres.
Ara Philenorum Libycas possedit arenas.
326 Portio telluris fratrum concessa furori,
Solis adusta rotis, nigris infecta venenis,
Ignibus æthereis, gelidis obsessa cerastis,
295 Inter serpentum glacies, atque aeris æstus
Ignorat mutare vices per tempora tellus,
Puniceum retinens ingenti sole ruborem.

SCRIPTURA COD. VAT.

281. *Dum nescit quæcunque ferit quicunque repúgnat :* obscure *quicunque.*
283. *Fratrem jugulatque p.*
284. *O. defensi n. p.*
285. *Sic ubi procubuit.*

287. *Hi sobolem*, in nexu litterarum *haberet.*
288. *Fœdera : nam rerum punitur crimine sancto.*
292. *Portio telluris concessa* .... desiderantur extrema verba.

NOTÆ.

centas *Mille quater Pelopis de regione viri.* Omnes demum eodem loco post immensam illam Persarum stragem cecidisse, in alio elogio sepulcrali apud eumdem Diodorum innuitur lib. cit. *Dic, hospes, Spartæ, quod nostra hic ossa quiescunt, Dum patriæ leges fortiter exsequimur.*
281. Ex Diodori verbis ad vers. 274 ascriptis facile hæc intelliguntur.
284. Non invenio apud hujus belli historicos peculiare aliquod factum, quo pater a filio exstinctus dicatur. Dracontius, ut opinor, ex verisimili narrat in ea rerum perturbatione, qualem Diodori verbis ad vers. 274 descripsimus, patrem aliquem a filio fortiter et pie, quippe pro patria, pugnante, imprudenter occisum; sed obscura mihi adhuc est hæc narratio, præsertim cum corruptus sit versus 288.
286. Similia verba lib. II, vers. 759.
287. Supra vers. 99 de Abraham filium immolaturo : *Aptavitque neci nimia pietate cruentus.*
288. Quid Dracontii manu scriptum fuerit non assequor : et tamen scribo *Fœdere namque reus*, scilicet pater, qui in eadem causa erat in qua filius, adeoque fœdere hoc reus, ut filius est parricidio reus, *punitur crimine sancto*, nempe crimine quod cum nimia pietate erat conjunctum. Vide l. II vers. 409, *Facinus quos inquinat, urget.* Prudentius in Hamartigenia de vipera quæ a catulis, intra uterum perrumpentibus latera, occiditur, ait vers. 597, *Æstuat interno pietatis crimine mater*, quia pietas est, quod fetus patrem, in coitu a matre peremptum, ulciscitur, crimen vero, quod matrem occidit. Eodem sensu Dracontius, *Punitur crimine sancto.*
289. Ex historia Persarum id petitum. Herodotus libr. I, cap. 137 : *Suum autem patrem, aut matrem aiunt neminem unquam occidisse :* verum quotquot horum forte acciderunt, omni necessitate excussa, hos tandem deprehensos tradunt aut subdititios, aut spurios. *Quippe verisimile nequaquam videri aiunt, ut is qui verus parens sit a proprio filio interimatur.* Vide Barnabam Brissonium libr. II de Regno Persarum, pag. 197, qui accurate de his agit.
290. Brissonius loc. cit., pag. 213, probat jus fuisse apud Persas matres in matrimonium sibi asciscere ex Philone in libr. de Special. Leg., Tertulliano Apologet., Minucio, Catullo, Diogene Laertio, Strabone. Plura addunt Wowerus et Elmenhorstius ad Minucium : *Jus est apud Persas misceri cum mathibus.* Incestas hujusmodi nuptias Alexandrum, Dario victo, inhibuisse, auctor est Plutarchus in libr. de ejus Fortuna. Sed Theodoretus, Contra Græcos orat. 9 de legibus, affirmat connubia matrum, sororum, filiarum, quæ apud Persas ex Zaradæ instituto permittebantur, audita, et accepta religione Christiana, abolita fuisse. « Persicæ, inquit, nationes, quæ jam pridem Zaradæ legibus utebantur, matrum, sororum,

filiarum connubiis susque deque commixtæ, remque justissimam arbitrantes id quod erat facinus injustissimum, audita piscatorum lege, atque accepta, Zaradæ leges ut iniquitatem maximam conculcarunt, evangelicamque temperantiam protinus amplexæ sunt. » Fortasse Alexander inhibuit ejusmodi incesta matrimonia, et post Alexandrum Persæ veterem morem renovarunt. Eusebius libr. vi, c. 8, Præpar. evang., addit eos, etiamsi e Perside exierint, hanc consuetudinem incestorum connubiorum retinere.
291. Alii *Phyleni* scribunt, alii *Philæni*; alii, ut in codice Vat., *Phileni.* Historia multorum litteris consignata est. Valerius Maximus libr. v, cap. 6 : *Cum inter Carthaginem et Cyrenas de margine agri pertinacissima contentio esset, ad ultimum placuit utrinque, eodem tempore juvenes mitti, et locum in quem ii convenissent, finem ambobus haberi populis. Verum hoc pactum Carthaginiensium duo fratres nomine Phileni perfidia præcurrere, citra constitutam horam maturato gressu in longius promotis terminis. Quod cum intellexissent Cyrenensium juvenes, diu de fallacia eorum questi, postremo acerbitate conditionis injuriam discutere conati sunt. Dixerunt namque, sic eum finem ratum fore, si Philenos se ibi obrui passi essent; sed consilio eventus non respondit : illi enim, nulla interposita mora, corpora sua his terra operienda tradiderunt.* Hæc fere eadem Sallustius de Bello Jugurth., qui addit : *Carthaginenses in eo loco Philenis fratribus aras consecravere.* Nomen loco hæsit *Aræ Philenorum* : de quo videndus Mela libr. I, cap. 3, de Africa Minori. Intelligitur ergo quid velit Dracontius. Phileni fratres, eo facto quo aras de suo nomine dictas promeruerunt, Libycas arenas Carthaginiensibus possidendas consecuti sunt.
293. Sallustius loc. cit., *Ager in medio arenosus erat, una specie : neque flumen, neque mons erat qui fines eorum discerneret.* Pro hoc agro pugnatum est.
294. Opponit ignes æthereos gelidis cerastis : quod repetit vers. seq. Isidorus l. XII Orig., cap. 4 : *Omne autem venenum frigidum est, et ideo anima quæ ignea est, fugit venenum frigidum.* Hinc frigidus anguis, gelidum venenum, et similia. Lucanus libr. IX, v. 716, de aspide : *Ipsa caloris egens gelidum non transit in orbem;* et v. 864, de serpentibus in genere : *Calidoque vapore Alliciunt gelidas nocturno frigore pestes.*
296. Lucanus libr. IX de Libya, v. 455. *Tem eries vitalis abest .... et immotis annum non sentit arenis.* Inter humanæ vitæ commoda ponitur *mutare vices.* Alcimus initio l. I, *Temporibus sortita vices.* Auctor carminis de Laudibus Domini sub Constantino : *Et vice jucunda mortalibus addere fructum.* Confer eleg. vers. 247, *Alternant elementa vices, et tempora mutant.* Libr. II, vers. 54, alia significatione dictum, *Ac mutent elementa vices*, nempe *invertant.*
297. Forsasse alludit ad nomen *Punicus, Phœni-*

Illic securi spatiantur ubique chelydri,
Defendit quos flamma nocens, quos terra per-
  [usta
500 **327** Tot desertorum, quorum sub jure tenen-
  [tur.
Quid facerent fratres, si florea rura petissent,
Si tellus fecunda foret nimis ubere glebæ?
Aut si vipereis non esset noxia tellus
Flatibus, et nullas mandarent sibila mortes?
505 Nonne pererrantes issent, qua flammeus axis,
Extendit qua zona polos rubicunda colore,
Aut hiemis glacies æterno frigore tristis
328 Semper anhelantis torpet ignara vapo-
  [ris?

A

Hæc plaga germanos nunquam prohiberet eun-
  [tes,
510 Limite sed posito niveas mensura pruinas
Finderet, et Scythicas retineret tracta palu-
  [des,
Quæ Romanus amor patres implere coegit,
Dicere, si valeam, vero sermone probabo.
Optima nam vindex exempla, ac pessima Bru-
  [tus,
515 Horror amorque novus, civis pius, impius au-
  [ctor,
Jure pater patriæ, natis et regibus hostis,
Atque pudicitiæ læsæ castissimus ultor

SCRIPTURA COD. VAT.

298. Scribitur *celidri*.
299. *Nocens quos nulla potestas*.
300. *Et sibi sertorum quorum*.
301. *Si florea jura p*.
302. *Foret minus ubere*.
305. *Nonne ver exinos i*

B

508. A. *torpens ı*.
511. *Et squaticas r. tacta p*.
312. *Obscure patres*.
314. *Bruchus* pro *Brutus*.
515. *Honor amorque novus cujus pius impius autor*.
517. *Castissimus auctor*.

NOTÆ.

ceus, et *Phœnicius* : nam *Punicus* pro *Puniceo* seu rubicundo reperitur, et *Phœnicius* color non procul abest a puniceo. Nomina vero sunt Carthaginiensium *Phœnices*, *Pœni*, *Punici* : INGENTI SOLE, ut Lucanus l. IX, vers. 432, *Sub nimio projecta die, vicina perusti Ætheris exurit messes*. Alii, *sub nimio porrecta die*.
299. Ita emendavi ex conjectura. Posset etiam *nocens, et arena perusta*. Lucanus l. IX, vers. 757, *Famem dipsas habet terris adjuta perustis;* et infra vers. 863, *Tu quisquis Superum commercia nostra perosus, Hinc torrente plaga, dubiis hinc syrtibus orbem Abrumpens, medio posuisti limite mortes, Per secreta tui bellum civile recessus Vadit, et arcani miles tibi conscius orbis Claustra petit mundi*. Ex quo alia conjectura oritur *nocens, terræque recessus, Et desertorum*.
300. *Sub jure tenerent* dixit Dracontius l. I, vers. 572.
301. Simile illud Lucani libr. I, v. 96, *Nec pretium tanti tellus, pontusque furoris Tunc erat : exiguum dominos commisit asylum*. Virgilius l. IV Æn., vers. 311, *Quid, si non arva aliena, domosque Ignotas peteres?*
502. Lego *nimis* pro *minus* : nam hæc in mss. sæpe confunduntur. Lucanus vers. 869 libr. IX : *Impatiens me solum cereris, cultore negato, Damnasti*.
304. Lucanus loc. cit., vers. 736, *Sibilaque effundens cunctas terrentia pestes, Ante venena nocens,* scilicet basiliscus. Dracontius serpentes quaslibet intelligit. Libr. I, vers. 289, de serpente : *Atra venena nocens misura e flatibus oris, Et subito sparsura graves per sibila mortes*. Notanda etiam est phrasis *mandarent sibila mortes*, cujus simile exstat exemplum in Juvenali sat. 10, vers. 52 : *Cum fortunæ ipse minaci Mandaret laqueum, et Mandare suspendium alicui* in Apuleio libr. IX Metam., vers. fin.
305. Hoc etiam loco scriptura misere depravata multis conjecturis ansam præbet. Sententia est Philenus, si de uberiori terra obtinenda dissensio orta fuisset, libenter peragraturos fuisse mundi partes quaslibet, sive quæ sub zona torrida solis æstum patiuntur, sive quæ perpetua glacie rigent sub utroque polo. Legat aliquis *Nonne per Euxinos issent* : sed quo sensu id explicabitur? Melius videretur *Nonne per extrema ivissent*, vel *Nonne peregrini ivissent*. Legere malo *pererrantes*, quia id clarius est, quamvis a scriptura cod. remotius. QUA FLAMMEUS AXIS zonam torridam innuit, ut vers. 160 *de sole, Qua nescit lustrare polos, qua flammeus urit*.

C

D

306. Distinctius explicatur zona torrida. Suspicabitur aliquis *Ostendit qua zona polos*, in sphæra scilicet recta. Sed Dracontius fortasse respicit Virgilium l. VII, vers. 226 : *Et si quem extenta plagarum Quatuor in medio dirimit plaga solis iniqui*. Plaga solis iniqui extenta in medio quatuor plagarum est zona torrida. *Extenta* vero in Virgilio est extensa, et in Dracontio *extendit zona polos* idem sonat ac zona extensa est cœlo. Poterit autem legi, *Extendit ubi zona polos*.
307. Pulchre explicatur perpetuum frigus quo sub polis tellus vel unda premitur. Ovidius II, ex Ponto, epist. 7, vers. 63 : *Tristior ista Terra sub ambobus non jacet ulla polis*.
508. *Anhelantis vaporis* phrasi Dracontio familiari, ut dixi prolegom. num. 157.
309. *Quid facerent fratres*, ait Dracontius, si florea rura petissent? Issent etiam ad plagam, quæ septentrioni subjecta jacet, si opus esset. At, inquit, hæc plaga liberum ipsis cursum relinqueret, ut sine rivali a pruinis septentrionis mensura regni acquirendi ad Scythicas usque paludes protraheretur. Adeo regio tristis est, et nulli invidenda!
310. Virgilius libr. XII, vers. 898, *Limes agro positus, litem ut discernere aruis*.
511. Legi posset *tuta*, sed melius est *tracta* pro *protracta*, ut *tractum bellum, tracta comitia*. Mæotis palus sinus est maris supra Pontum Euxinum, cui Mæotæ, Scythiæ Europææ populi, nomen fecerunt. Columella l. VIII, cap. 8, *Scythica stagna Mæotidis eluant*. RETINERET, occuparet. Lucretius l. IV, v. 415, *Terrarum millia multa, Quæ variæ retinent gentes, et sæcla ferarum*.
313. Duplex interpungendi ratio occurrit, *Dicere si valeam, vero sermone probabo, ostendam*, etc., vel *Dicere, si valeam, vero sermone probabo, experiar dicere*, si possim.
314. *Exempla* pro *exemplum*, ut Sedulius l. V, vers. 22, *Et grata suis exempla relinquens* : quam loquendi rationem illustravit Wopkensius ad Minucii verba : *Cogitanti imperia terrena, quibus exempla utique de cœlo*.
515. Forte *Terror, amorque novus, civis pius, impius auctor*. Brutus exemplum fuit horroris seu terroris in filios, et amoris erga patriam. Libr. I, v. 552, ex ms. Vat. restitui *altor* pro *auctor*, quod in editis legebatur. Hoc etiam loco melius videtur *altor*, sed retineri potest *auctor*, nempe auctor filiorum vitæ et mortis, ut vers. 529.

Post regale nefas, quoa castæ gessit adulter,
329 Invasor thalami genialis, prædo pudoris.
520 Quod scelus admisit, postquam fera regna tyranni
Expulit, et gemino perstrinxit cónsule Romam,
Annua festivis disponens fascibus acta?
330 Regia bella gerens, naturæ bella peregit,
Membra cruore suo perfudit ab hoste reversus
525 Consul, et in sobolis vertit pia colla secures
Hostibus aptatas, funesta fraude profanas,

Civibus hostiles, orbatricesque suorum.
Ibat in exsequias juvenum exsecranda senectus,
Unus erat vitæ natorum, et funeris auctor.
530 Hoc scelus admissum tam sævo crimine non
[est.
Dulcis amor patriæ, qui patrem fecit amarum,
Aut fecit non esse patrem jam prole perempta.
Pro quibus arma tulit, hoc se qui pignore privat?
331 Alter erat senior, qui natam perculit ense,

SCRIPTURA COD. VAT.

518. Scribitur *caste* pro *castæ*.
519. Jam *maritalis genialis prædo pudoris*.
520. S. *amisit*, p.
525. *Consulet et sobolis*.

531. *Patriæ*, et *qui in nexu litterarum*.
833. *Pro quibus arma tulit hostes qui pignore probent:*
magis *probent* videtur quam *probet*.
534. *Qui natum perculit*.

NOTÆ.

318. Suspicor *quod castæ ingessit*, ut vers. 374, *Ingessit pietas inimica dolorem. Injuriam regiam, scelus regium* vocat Livius libr. I. Post *nefas quod gessit Tarquinius*, filius Tarquinii Superbi, regis Romanorum, *adulter castæ*, scilicet Lucretiæ. Tacitus l. III Annal., cap. 24, *Adulterosque earum* (filiæ ac neptis) *punivit*. Potest etiam intelligi *quod castæ gessit adulter*, hoc est castæ Lucretiæ ingessit. *Dux Romanæ pudicitiæ* Lucretia vocatur a Valerio Maximo l. VI, c. 1.
319. In Jam *maritalis genialis* lego *Invasor thalami genialis*. Infra vers. 484, *Invasit thalamos*, et de eodem violento stupro vers. 506, *Post maculam thalami*. Virgilius l. VI, vers. 623, *Hic thalamum invasit natæ*. INVASOR verbum est Aurelii Victoris, Constantini imperatoris, et æqualium. *Thalamus genialis*, qui in nuptiis in honorem Genii sternitur. Cicero pro Cluentio cap. 5 : *Lectum illum genialem, quem biennio ante filiæ suæ nubenti straverat, in eadem domo sibi ornari*, *et sterni*, *expulsa atque exturbata filia jubet*. Vide comment. ad vers. 256 libr. I Prudentii contra Symmach., *Jam gravidæ fulcrum geniale paratur*. Arnobius absolute libr. IV dixit, *Genialibus alieniis insultare*; ubi alii legunt *genitalibus alienis*. Paulo ante Arnobius dixerat *genialis lectuli expugnationem*. In Dracontio expende num melius sit *Jure maritali genialis prædo pudoris*, hoc est quasi jure maritali, vel *Atque maritalis genialis prædo pudoris*, hoc est genialis prædo pudoris maritalis, vel *jam matronalis genialis prædo pudoris*. Ovidius de eadem Lucretia libr. II Fast., vers. 828, *Et matronales exuere genæ*. Macrobius in re alia l. V, cap. 17 : *Regina non solum de penetralibus reverentiæ matronalis educitur, sed et per urbem mediam cogitur facere discursus*.
520. Orosius l. II, cap. 5 : *Anno post Urbem conditam 244, Brutus, primus apud Romanos consul, primum conditorem Romæque non solum exæquare parricidio, sed et vincere studuit* : *quippe duos filios suos adolescentes, totidemque uxoris suæ fratres Vitellios juvenes, revocandorum in Urbem regum placito insimulatos, in concionem protraxit, virgis cecidit, securique percussit*. Sarisberiensis l. V, cap. 11 de Nugis curialium, rationes affert quibus Brutus a scelere possit excusari, sed concludit : *Brutum deliquisse consentiam facile, eo quod excesserit medicina modum*.
521. *Perstrinxit*, valde strinxit, quia, ut refert Livius l. II cap. 1, *jurejurando adegit, neminem Romæ passuros regnare*. Eodem pertinet quod ibidem ait Livius : *Liberatis autem originem inde magis, quia annuum imperium consulare factum est, quam quod deminutum quidquam sit ex regia potestate, numeres*.
522. Fascibus virgarum, quibus alligata erat securis, usi etiam erant Romæ reges. Idem honos ad consules transiit, et ad alios magistratus, sed præcipue ad consules, ita ut pro ipso consulatu sæpe fasces ponantur, atque hoc sensu festivi dici possunt. Acta

sunt commentarii, quibus res gestæ perscribebantur, notato nomine consulum sub quo acciderant.
523. *Naturæ bella*, quia filios contra naturæ impulsum et jus occidit.
524. *Ab hoste reversus*, intelligo postquam Tarquinios expulerat : nam Livius, ante bellum quod a Tarquiniis imminebat, conjurationem filiorum Bruti aliorumque nobilium adolescentium pro Tarquinio rege conflatam refert.
526. Fraus legis apud Jurisconsultos est cum fit, quod lex fieri noluit, sed non vetuit. Hoc autem loco melius *fraus* accipitur pro damno, ut apud Horatium carm. Sec., vel pro scelere. Cicero pro Rabirio cap. 9 : *Nam si C. Rabirius fraudem capitalem admisit*, etc. Sic alibi *impiam et inexpiabilem fraudem* dixit.
527. *Orbatrices*, ut Ovidius l. XIII Metam., vers. 500 : *Exitium Trojæ, nostriquæ orbator Achilles*.
528. *Exsecranda senectus*, figurate *exsecrandus senex*. Emphasin habet *Ibat in exsequias*, nam *ire in aliquem* est aggredi aliquem tanquam hostem. Virgilius l. IX, vers. 425 : *Simul ense recluso Ibat in Euryalum*. Poetarum peculiaris est phrasis *ire exsequias* pro *ire ad exsequias*, *prosequi exsequias*. Terentius Phorm. v, 8, 37 : *Exsequias Chremeti, quibus est commodum ire, hem, tempus est*. Aliter *jam tempus est*. Ovidius l. II Amor., el. 6, vers. 2 : *Occidit, exsequias ite frequenter ite, piæ volucres*. Silius libr. XV, vers. 394 : *Vos, ite superbæ Exsequias animæ, et cinerem donate supremi Muneris officio*.
531. Virgilius l. IV libr. VI, vers. 822, de eodem Bruto : *Infelix, utcunque ferent ea fata minores : Vincet amor patriæ, laudumque immensa cupido*.
533. Quod hactenus dixit, *Hoc scelus admissum tam sævo crimine non est*, etc., videtur esse excusatio Bruti ab aliquo proposita, cui respondet Dracontius, *Pro quibus arma tulit, hoc se qui pignore privat?* vel *tulit hic*, se *qui pignore privat?* vel *Pro quibus arma tulit? hostes quos pignore privat?* Brutus, cum filios suos occidebat, pro quibus arma tulit? Cur non potius pro suis quam pro aliis? Quod si dicas pro patria ipsum arma tulisse, quos hostes filius privabat? Nam se, qui certe hostis non erat, privabat liberis. Hæc videtur esse ratiocinatio Dracontii, ut colligat, Brutum a scelere liberari non posse. Verum patriam nobismetipsis cariorem esse debere non propterea negandum est. Peccavit igitur Brutus, sed quia, ut aiebat Sarisberiensis, medicina modum excessit.
534. Historiam Virginii, Virginiam filiam occidentis, pluribus persequitur Livius libr. III, cap. 44, seqq., paucis Orosius libr. II, cap. 13 : *Maxima Appii Claudii libido auxit invidiam, qui, ut Virginiæ virgini stuprum inferret, prius servitutis causam intulit ; quam ob rem adactus Virginius pater dolore libertatis, et pudore dedecoris, protractam ad servitutem filiam in conspectu populi pius parricida prostravit*. Hac occasione plebs

335 'Quando dolens genitor planctus de pignore fecit, A 550 Mirantur populi; quia captus amore pudoris
   Prævenit affectus, ne corde premenda libido   Hostis erat generis, prolis mors, sanguinis hau-
   Tolleret ingenti cum libertate pudorem.   [stor.
   Causa pudicitiæ naturæ jura diremit,   Quid Torquata manus? nato pro laude peri-
   Libertatis amor vicit pietatis amorem.   [clum
340 Immemor hinc generis factus, non immemor   Intulit ostendens, quæ sit censura parentis.
                                            [Urbis, Nam neque culpa fuit. Patriæ pugnando trium-
   Sanguinis oblitus fecit de patre novercam.   [phum
   Virginis eximiæ pater impius esse recusat,   355 Vulneribus dedit ille suis, quibus hoste perempto
   Ne sit avus famuli, pondus ditionis honestas   **333** Contigit exstingui, tanquam superata ju-
   332 Extimuit; formido fuit lasciva voluptas,   [ventus.
345 Illicitosque thoros obsceno crimine captos   Quamvis nemo sua stravit post bella cohortes,
   Horruit iratus : gemitus, vincente dolore,   Relliquias cladis gladio feriente necavit.
   Fudit virginei truculentus funeris hæres.   Addo, quod invictum, dantemque ex hoste
   Libertatis opus solatia planctibus egit.   [tropæa
   Militis armati tantum potuisse dolorem,   B 360 Mœnibus eripuit patriæ de clade duelli.

SCRIPTURA COD. VAT.

336. *Perimit affectus ne corde :* dubium *premenda,* 346. *Horruit iratos gemitus virtute dolores Fundit*
an *probanda,* an aliud.   *virginei.*
339. *Amor vincit p.*   348. Scribitur *plantibus.*
340. *Non immemor orbis.*   350. *Miratur :* obscure *quia.*
341. *Patre* ambigue.   351. *Sanguinis hostis.*
343. *Avus famulus p.*   358. *R. gladiis gladio fervente necabit.*
345. *I. choros o.*   359. Videtur scriptum *addo quod invictum.*
                                                   360. *Mœnibus ereptis p.*

NOTÆ.

Aventinum montem occupavit, et Appium Claudium, 550. *Forte qui captus.*
aliosque decemviros abdicare se magistratu coegit. 351. Bis *hostis* non placet. Lego igitur *sanguinis*
335. Planctus Virginii et querelas sceleris Appii *haustor,* nempe sanguinis sui in filia. Virgilius l. vi,
Claudii ad milites exponit Livius loc. cit., cap. 50. vers. 835, *Projice tela manu, sanguis meus.* Ab *haurio*
336. Forte *Affectus perimit.* Sed *Prævenit affectus* e *haustor* dixit Lucanus. *Haurire cruorem, sanguinem,*
re videtur esse. Nam Virginius, cum videret filiam in C usitatum est.
servitutem M. Claudii et stuprum A. Claudii decem- 352. T. Manlius Torquatus consul, cum ejus filius
viri rapi, veniam ab hoc postulavit percuorem nu- contra edictum, quamvis prospere, adversus Metium
tricem coram filia, verusne ipse pater esset : qua provocantem pugnasset, illum securi feriri jussit. Li-
venia data, a lanio cultro arrepto, *Hoc te uno quo pos-* vius l. viii, cap. 7; Orosius l. iii, cap. 9, aliique multi.
sum, ait, *modo, filia, in libertatem vindico.* Prævenit 353. Paulo post vers. 431, *Pro laude periclum In-*
ergo affectio paterni animi, ne Appii Claudii libido *tulit.* Utrobique *periculum* pro interitu. Arnobius l. i,
pudorem filiæ cum libertate tolleret.   paulo post initium : *Terrarum validissimis motibus*
338. Supra vers. 525 ; *Naturæ bella peregit.* Posset *tremefactæ nutant usque ad periculum civitates.*
accipi *diremit* pro *rupit :* sed melius pro *divisit,* nam 355. *Vulneribus suis,* quæ ipse inflixerat. Virgilius
Dracontius libertatem Virginiæ , et patris amorem l. ii Æn., vers. 436, *Vulnere tardus Ulyssi.*
tanquam naturæ jura considerat, ut ex vers. seq. patet. 555. *Tanquam superata juventus,* perinde ac si ju-
340. Lego *immemor Urbis.* Sic Livius libr. viii, cap. venis hic filius Torquati superatus fuisset. *Juventus*
7, de Manlio Torquato, cædem filii decernente : *Meque* simili figura, ac vers. 328, *Exsecranda senectus.* Li-
in eam necessitatem adduxisti, ut aut reipublicæ mihi, vius loc. cit. *Præceps ad id certamen agitur, quo vin-*
aut mei, meorumque obliviscendum sit.   *ceret, an vinceretur, non multum interesset.*
341. De infamia qua novercæ laborant, dictum ad   357. Forte, *nemo suas.*
vers. 321 lib. ii.   358. *Necavit.* Quisnam ? Torquatus pater, an *nemo* ?
343. Cum Appius Claudius inique decrevisset, Vir- Hoc secundum magis probo. Cum T. Manlius, con-
giniam in servitutem sui clientis M. Claudii vindican- sulis filius, Geminium Metium, qui equitibus Tuscu-
dam esse, filii Virginiæ etiam pro servis habiti fuissent, D lanis præerat, singulari certamine vicisset, nemo
Honestas ergo Virginii extimuit pondus servitutis. tamen post hujus duellum cohortes Latinorum stra-
346. Alia conjectura hæc reformari possunt *Hor-* vit, aut reliquias cladis necavit, adeoque edictum
ruit : iratus gemuit, nataeque cruorem Fudit Virginiæ consulum maxima ex parte observatum est. Nihilo-
truculentus funeris hæres , Libertatis honor solatia minus Manlius pater filium morti addixit. For asse
planctibus egit.   autem Dracontius intelligit Manlium filium vulnere
347. Suspicor *Virginiæ;* sed non male est *virginei,* aliquo fuisse a Metio affectum; nam vers. 355 ait,
quia patri solatio erat quod filia corrupta non fuisset. *Vulneribus dedit ille suis.* Hoc posito, *reliquias cladis*
Val. Maximus l. vi, cap. 1, *Virginius... deductam in* explicare possumus Manlium filium, quem pater ne-
forum puellam occidit, pudicæque interemptor, quam cavit. Livius Manlium vulneratum non indicat. Vide
corruptæ pater esse maluit.   notam ad vers. 360.
348. Sensus est, Virginius solatium suis planctibus 359. Livius loc. cit., *Spoliisque lectis ad suos re-*
ex libertate, quæ consecuta est decemviratu abolito, *vectus, cum ovante gaudio turma in castra, atque inde*
cepit : vel Virginius solabatur , quod injuriam ser- *ad prætorium ad patrem tendit; ignarus fati futuriqae,*
vitutis a filia repulisset. Poterit alio modo interpungi *laus an pœna merita esset, Ut me omnes, inquit, pater,*
Fudit, virginei truculentus funeris hæres Libertatis opus, *tuo sanguine ortum vere ferrent, provocatus equestria*
solatia planctibus, egit, ut *solatia* sit accusativus appo- *hæc spolia capta ex hoste cæso porto.*
situs. Vide vers. 114 lib. ii, et vers. 211 libr. hujus, 560. Lego *eripuit.* Sensus est : filium de clade
Exegit virtutis opus, Infra vers. 415 occurrit *Liberta-* duelli reversum occidit, patriamque eo privavit. Hinc
tis opem; sed hoc loco *opus* opportunius est.   comprobatur interpretatio, *reliquias cladis* esse ipsum

Quis, rogo, dux pœnas unquam est victoribus A
  [ausus?
Aut quis adoratum, populo laudante per urbes,
Inter victrices audax post bella cohortes,
334 Atque triumphales post horrida prælia
  ] currus
365 Percuteret sublime caput, lamenta triumphis
Jungeret, et lætis misceret tristia rebus?
Oppressit votiva dolor, festiva recedunt,
Publica funereo turbantur gaudia luctu.
Pœnituit vicisse ducem, cui gloria mortem
370 Intulit, et miles bellorum prospera flevit.
Dum lueret victor pœnas virtutis honestæ,

Maxima justitium victoria grande paravit,
Vindicat hostiles gemitus fera dextra parentis,
Sanguinis ingessit pietas inimica dolorem,
375 **335** Barbara quem rabies hostili cuspide
  [missa.
Pullati proceres, vadimonia nulla fuissent,
Crinibus effusis lacerasset pectora palmis
Illustris matrona dolens, plebeia lacertos,
Scinderet ungue secans vultus pia turba mo-
  [destos.
380 Ut quondam Iliades fleverunt Hectora matres,
Nympharum ceu turba suum tunc planxit Achil-
  [lem,

SCRIPTURA COD. VAT.

361. *Princeps inique est victoribus ausus*: ambigue B *inique* scriptum.
362. *Aut quis adoratur* p.
367. *Votiva dolo* f.
369. *P. vcisse ducem*.
372. *M. justitiæ v.*: dubie *grande*.

373. *H. genitus f. d. paretis*.
374. *S. ingressit* p.
376. *Prius fuisset;* supra *fuissent*.
378. *Scribitur plebea*.
380. *Fleverunt pectora matres*.

NOTÆ.

juvenem Manlium. Poterit etiam ex conjectura legi *Addo, quod invictum, dantemque ex hoste trophea* (supple *necavit*), *Mœnibus erepta patriæ de clade duelli*, videlicet quibus ornaretur patria, vel *erecta patriæ*.
364. Forte scriptum est *princeps unquam victoribus ausus*, sed nullus eruitur sensus, nisi corrigas *Quis, rogo, dux princeps tale est victoribus ausus? Audere talia* Virgilii, Ovidii et aliorum est. Cum dativo *audere* vim dixit Tacitus l. xii Annal., cap. 55 : *Vim cultoribus ac oppidanis... audebant*. Idem l. ii, cap. 40 : *Nec Tiberius pœnam ejus palam ausus, in secreta palatii parte interfici jussit*. Poterit ergo restitui *Quis,* C *rogo, dux pœnas unquam est victoribus ausus? Quis unquam dux militem pœna affecit, quod vicisset?*
367. *Votivus* significat id quod ad votum spectat, adeoque ea quæ ex voto in testimonium accepti beneficii fiunt, *votiva* appellantur : quæ significatio ab hoc loco aliena non est. Sed posteriori ævo *votivum* sumebatur etiam pro jucundo, grato, et quod ex voto succedit. Prudentius hymn. 2 Per., vers. 330, *Votiva mors est martyri*. Adde Trebellium Pollionem, Apuleium et horum æquales.
368. Livius loc. cit. : *Tum libero conquestu coortæ voces sunt, ut neque lamentis neque exsecrationibus parceretur, spoliisque confectum juvenis corpus, quantum militaribus studiis funus ullum concelebrari potest, exstructo extra vallum rogo cremaretur.*
370. Prudentius Psych. vers. 695 dixit *prospera nostra*. Lucanus l. v, vers. 781, *prospera belli*, et l. vii, vers. 107, *prospera rerum*.
372. Lego *justitium*, quod erat juris dicendi intermissio, et aliorum munerum cessatio ob luctum pu- D blicum. Vide comment. ad Prudentium hymn. 5 Cath., vers. 80, *Arcis justitium triste tyrannicæ*. Ad totum hunc Dracontii locum illustrandum maxime facit descriptio justitii in Consolat. Albinovani ad Liviam : *Mœsta domus plangore sonat : cui figere lætus Parta sua dominus voverat arma manu. Urbs gemit, et vultum miserabilis induit unum : Gentibus adversis forma sit illa, precor. Incerti clauduntque domos, strepitantque per urbem; Hic illic pavidi clamque palamque dolent. Jura silent, mutæque tacent sine vindice leges, Aspicitur toto purpura nulla loco. Dique latent templis,* etc.
373. *Hostes gemuerunt ob occisum Metium* : sed hos gemitus vindicavit, ultus est parens occisoris, exstincto filio.
374. *Pietas inimica sui sanguinis dolorem Romanis ingessit, quem ingessisset barbara rabies, hostili cuspide missa*. Pietas Manlii erga patriam inimica

fuit sui sanguinis in filio. Vide notam ad vers. 551.
375. Livius cuspidis etiam mentionem facit : *Cum infestis cuspidibus concurrissent*, etc.
376. Juvenalis sat. 3, vers. 213, *Pullati proceres; differt-vadimonia prætor*. Prudentius hymn. 7 Jejunant., vers 151, *Squalent recincta veste pullati patres*. Proceres in luctu publico lugubrem et atram vestem sumebant. Vadimonium est sponsio sistendi se judicio ad certam diem ; quod in justitio et luctu publico differebatur. *Fuissent* mutatio temporis pro *fuerunt*, ut vers. seq. *lacerasset* pro *laceravit*, vers. 379 *scinderet* pro *scidit*. Facilis esset restitutio *vadimonia nulla fuerunt, Crinibus effusis laceravit pectora palmis, Conscidit ungue secans vultus pia turba modestos*. Sed temporum modos varie poetæ Christiani transponunt, ut ostendit Barthius lib. xli Advers., c. 24, exemplo Prudentii, et lib. xxii, c. 6, exemplis scriptorum Christianorum cadentis ævi ; lib. vero xxix, cap. 16, probat hunc fuisse modum, moremque loquendi antiquis bonis scriptoribus usitatum.
377. Doloris indicia in feminis plangentibus. Petronius Satyr. cap. 3, *Funus passis prosequi crinibus, aut nudatum pectus in conspectu frequentiæ plangere*. Confer. vers. 752 l. i.
378. Brachia et lacertos etiam in fletu percutere frequens erat. Ovidius lib. ix Met., vers. 635, *A pectore vestem Deripuit, planxitque suos furibunda lacertos*. Lucanus l. ii, vers. 37 : *Scissa genas, planctu livente atra lacertos*. Claudianus lib. ii, de Rapt. Pros., vers. 248, *planctuque lacertos Verberat*. Quo loco Barthius plura similia colligit, et ab aliis antea hunc veterum morem non observatum existimat.
379. Antea vers. 103, *Non unguibus ora Dilacerans*. Ovidius l. iii Trist., eleg. 3, vers. 51, *Parce tamen lacerare genas, nec scinde capillos*. Alibi *Sauciat ungue genas*. Dracontius videtur ita distinguere at illustrium matronarum proprium fuerit lacerare pectora; plebeiarum, lacertos; gentis modestioris, vultum. Alii passim hæc omnia cuilibet hominum classi attribuunt.
380. Homerus in fine Iliados. Albinovanus in Consol. ad Liviam aliis quidem exemplis, sed simili forma, *Sic flevit Clymene, sic et Clymeneides altæ*, etc.
381. *Nympharum*, puto, virginum filiarum regis Lycomedis, cum inter eas habitu femineo Achilles delitescens, detectus ab Ulysse est, et ad bellum Trojanum ductus. Statius in Achilleide unius Deidamiæ planctus commemorat. Fortasse intelligendus est planctus Tethidis matris Achillis, aliarumque Nereidum, quibus vere congruit nympharum nomen.

336 Ut Brutum planxit mœsta cum plebe se-
[natus,
Non ætas, non sexus erat, qui funus acerbum
Non gemeret reputando suum : Torquata propago
585 Sic est plancta diu scelere prostrata parentis.
Scævola flammipotens dextram contemnere
[dignus
Constituit punire manum, licet ipse fefellit,
Non manus, audaces animos : plus præstitit
[error;
337 Ut sine morte ducis vir tantum laudis
[haberet.
390 Non Romana nurus doluit per bella maritum,

Non genitor natum planxit, non nata parentem,
Non orbata parens deflevit funera nati,
Non Germanorum mortes flevere sorores.
Nec bellum pax ulla ligat, pretiumve redemit :
395 Una manus bellum tantum compressit inermis.
Quid ? Romanus eques vasto telluris hiatu
Præcipiti jactu demersus sponte per umbras
Curtius ingemuit, cum vivum terra cadaver
Sorbuit, armato deterrens funere manes?
400 Fortis, et incolumis populo mirante sepultus
Vir galeatus adhuc ferrato corpore visus
338 Inter tartareas sic descendisse tenebras.
Pallida gens Erebi, pœnarum portio tristis,
Tertia sors, quæ lucis inops damnata laborat.

SCRIPTURA COD. VAT.

386. *F. dextræ c.*
387. *Licet in se f.*
389. *Et sine.*

397. *I. dimersus s.*
398. *Quum vinum terra.*
404. *Sors qua lucis inops*

NOTÆ.

382. Intelligo Brutum, de quo dictum est vers. 514 seqq. Nescio vero an sermo sit de funere filiorum quos securi feriri jussit. Sic enim Livius lib. II, cap. 5 : *Stabant deligati ad palum nobilissimi juvenes, sed ab cæteris, velut ab ignotis capitibus, consulis liberi omnium in se averterant oculos, miserebatque non pœnæ magis homines quàm sceleris quo pœnam meriti essent : illos eo potissimum anno patriam liberatam, patrem liberatorem, consulatum ortum ex domo Junia, patres, plebem, quidquid deorum hominumque Romanorum esset, induxisse in animum, ut Superbo quondam regi, tum infesto exsuli proderent.*

385. Livius lib. VII, cap. 12, *Ita bello gesto, præmiis, pœnaque pro cujusque merito persolutis, T. Manlius Romam rediit : cui venienti seniores tantum obviam exiisse constat : juventutem et tunc, et omni vita deinde aversatam eum exsecratamque.* Clarius Orosius l. III, cap. 9, *Manlius quamvis victor, occursum tamen nobilium juvenum Romanorum, qui legitime exhiberi solet, triumphans parricida non meruit.* Addit Val. Maximus lib. IX, c. 5, *Miseri sunt æqualis nimis aspere puniti.*

386. Arnobius lib. III, prope medium : *Flammipotens Vulcanus fabricetur his enses.* Dracontio *flammipotens* est *flammam potens sustinere.* Poetæ libere similia nomina, ut *ignipotens, bellipotens,* etc., usurpant. Notatum tamen est Ovidium vix unquam tali genere nominum compositorum usum fuisse. *Dignus* cum infinitivo sæpe jungitur : hoc loco *dignus contemnere* idem est ac *dignus qui contemneret,* quoniam audax et temerarius fuit : vel eo sensu quem Val. Maximus exprimit lib. III, cap. 3 : *Perosus enim, credo, dexteram suam, quod ejus ministerio in cæde regis uti nequisset, injectam foculo exuri passus est.*

387. Suspicabitur aliquis *licet ense fefellit;* sed præstat legere *licet ipse fefellit,. Non manus.* Mutius puniebat manum, quod in cæde regis errasset. Martialis lib. I, epigr. 22 : *Dum peteret regem decepta satellite dextra, Injecit sacris se peritura focis... Major deceptæ fama est et gloria dextræ, Si non errasset, fecerat illa minus.* Reponit Dracontius; non dextra erravit, quæ revera perculit quem petivit, sed ipse Mutius, qui per errorem existimavit scribam regis esse ipsum regem, vel certe dubitans ictum peregit. Livius lib. II, cap. 12 : *Ibi cum stipendium forte militibus daretur, et scriba cum rege sedens pari fere ornatu multa ageret, eum milites vulgo adirent, timens* (Mutius) *sciscitari uter Porsena esset, ne ignorando regem, semetipse aperiret quis esset, quo temere traxit fortuna facinus, scribam pro rege obtruncat.*

389. Val. Maximus loc. cit., *Urbi se cum æternæ gloriæ cognomine* SCÆVOLAM *reddidit :* sic dictum a manu sinistra qua una postea utebatur.

390. Porsena Mutii audacia et patientia, nec minus suo periculo permotus, ultro pacis conditiones tulit Romanis. *Nurus* pro quavis femina præsertim conjugata satis usitatum. *Per bella,* propter bella, bello occisum, aut in periculo constitutum. *Per* pro *propter* Plautus, Plinius et alii usurpant.

396. Distingui etiam poterit *Quid Romanus eques ? Vasto,* etc., sine alia interrogatione.

397. Lib. II, vers. 497, *Præcipiti jactu quas,* etc. Tertullianus usus est verbo *dimersus,* sed frequentius est *demersus :* et in simili re Horatius lib. III, od. 16, vers. 11, *Concidit auguris Argivi domus ob lucrum. Demersa excidio.* Vates Argivus est Amphiaraus, qui terræ hiatu absortus est, ut mox dicam.

398. Forte *Curtius insiluit,* scilicet si hæc dicantur sine interrogatione. Sed *ingemuit* sumptum videtur ex Statio lib. VII, in fine, de Amphiarao : *Respexitque cadens cœlum, campumque coire Ingemuit.* Dracontius negat, ingemuisse Curtium, cum interrogat *Quid ?..... Ingemuit? Vivum cadaver* oppositio, de qua lib. I, vers. 648.

399. Ex conjectura legi poterit *deterret,* ut nova periodus incipiat in *Armato.* Si retineatur *deterrens,* id refertur ad *cadaver.* Imitatio est Statii initio lib. VIII de Amphiarao demerso : *Armato turbavit funere manes.*

401. Livius lib. VII, cap. 6, rem hanc sive fabulam (ipse enim dubitat) narrat. Cum oraculi responsum fuisset voraginem in medio foro apertam solum ea re qua plurimum populus valeret, expleri posse, Curtius interpretatus id arma virtutemque esse, equo quam poterat maxime exornato insidens, armatus se in specum immisit.

403. *Pœnarum portio,* quasi hæreditas, ut vers. seq. *sors.* Epitheton *tristis* proprium est inferorum : ex quo *Acheron* quasi sine gaudio. Itaque in S. Augustino de Genes. ad lit. lib. XII, c. 34, num. 66, legendum est, originem nominis Græci inferorum sonare, *quod nihil suave habeant,* non vero *quod nihil in se habeant.* Julianus Toletanus lib. II Prognost., cap. 5, verba Augustini profert, et in codice ms., quem ego contuli, habet *nihil suave;* quod etiam editio Lipsiensis expressit. Et sensus ipse id postulat : præcedunt enim hæc verba : *Inferiora sunt omnia tristiora. Unde et in Græca lingua origo nominis quo appellantur inferi, pro eo quod nihil suave habeant, resonare perhibetur.* Idem fere sonat ᾅδης.

404. Vide notam ad lib. I, vers. 67, *Tertia sors Erebi;* et 469, *Præsensit pietatis inops.* Lucretius lib. III, vers. 1026, *Lucis egenus Tartarus.*

405 Credidit, Alcidem prædam repetisse secundam,
Aut alium vatem casus revocasse sinistros,
Amphiarae, tuos, quem perfida vendidit uxor.
Quid Romana fides? Legatio Punica misso
Consule testatur. Reditu promissa fideli
410 339Regulus implevit, horrendæ mortis amator,
Otia contemnens, magnum cum plebe senatum
Compulit infelix ad inexorabile pactum,
Captis lege data, pœnarum ut vincula ferrent.
Immemor uxoris natos contempsit, et Urbem,
415 Libertatis opem nec ferrea vincla tenebant.
Captivum tum forte ducem jam liber agebat
Inter patricios, prætores, atque tribunos

340 Plebis adorandæ, domuit quæ viribus
[orbem.
Institit occidi, ne esset post bella superstes
420 Hostis Elissæus, quem par fortuna tenebat
Cum duce Trojugenum : qui pacta luce re-
[versus,
In sua membra ruens, tormentis intulit artus,
Pervigil exstingui gavisus lumine nudo,
Ut plus terreret Tyrios de morte minaci,
425 Quam gladiis, cum bella daret, pugnamque
[cieret :
Mox senis emeritum formidavere cadaver.
Intemerata fides ad quæ fera bella Saguntum

SCRIPTURA COD. VAT.

408. *Quid Romana fides legatio Punica missus.*
409. Hic versus incipit cum *T*, et nihil aliud habet.
411. *Odia constituens m.*
413. *Captis lege data pœnarum in viscera ferrum.*

414. *Et urbes.*
418. Obscure *que* : scribitur *adorande*.
420. Scribitur *Eliseus.*
421. *T. qui tempora luce :* dubie *qui.*

NOTÆ.

405. De Herculis descensu ad inferos dictum ad lib. I, vers. 74. Eum describit Seneca in Hercul. Fur. Confer etiam notam ad lib. II, vers. 539. Antonius de Escobar et Mendoza in Præloquio de stylo sacræ Scripturæ observat, per imitationem Scripturæ citare fabulas gentilium, ut Titanum, Centaurorum, Cocyti, noctis Orci filiæ, Arturi et Orionis, non quod fabulas approbet sacer textus, *sed ut modo loquendi vulgi sese accommodet.* Relege notam ad lib. II, vers. 539.

407. Cum in fatis esset, ut si vates Amphiaraus ad bellum Thebanum iret, non inde reverteretur, ab ejus uxore dono monilis aurei corrupta proditus est, et ad bellum perductus, in quo dum fortiter pugnaret, terræ hiatu cum quadrigis absumptus est. Vide Hyginum fab. 75, et Statium in fin. lib. VII et init. lib. VIII Theb.

409. Synesio aliquo mihi nunc opus esset ad hunc locum restituendum. Nam Synesius in Dione, sive de vitæ suæ instituto utilitatem, quæ ex libris depravatis supplendis percipi potest, exponit, et de se ita libere profitetur : *Ego vero apud alium quemlibet neminem, sed apud te tamen ex rei veritate gloriabor. Sæpenumero libri calamitatem exspectandam non esse censeo, ut mihi boni aliquid contingat : sed sublatis oculis me ad ipsum opus exerceo, nè momento quidem intermittens, sed pro re nota suggeretis, et perinde ac si legerem, quidquid consequens esse videtur, a me excogitatum annectens. Deinde ea quæ dicuntur cum iis quæ scripta sunt confero, ac memini me sæpius eumdem non modo sensum, verum etiam sermonem assecutum : alias sententiam ipsam solerter ita conjectatus sum, ut si quid verborum dissideret, id tamen mirifice ad operis coagmentationem esset excogitatum. Quod si sensus diversus esset, nihilominus libri illius auctori congruebat : et is erat, quem, si in animum incidisset, nequaquam contemneret..... Ita mihi Deus animum indidit, tractabile quoddam expressorum in verbis ac moribus conceptaculum. Quod si in depravatis libris animi attentionem exercere contendissem, ad eam perfectionem tentantis habitum natura deduxisset.* Ego quidem similiter tentavi, et locum, ut potui, supplevi ex conjectura. Possis etiam interpungere *legatio Punica, misso Consule, testatur? Reditu,* etc. Celeberrimum est hoc M. Atilii Reguli factum. Florus lib. II, cap. 2 : *Vivus in manus hostium venit fortissimus imperator. Sed ille quidem par tantæ calamitati fuit. Nam nec Punico carcere fractus est, nec legatione suscepta. Quippe diversa, quam hostes mandaverant, censuit, ne pax fieret, nec commutatio captivorum reciperetur. Sed nec illo voluntario ad hostes suos reditu, nec ultimo sive carce-*

ris seu crucis supplicio deformata majestas. Carthaginiensibus juraverat, si captivi eorum redditi non forent, ad eos se rediturum. Val. Maximus lib. I, cap. 1, num. 14.

411. Censuerat Regulus, ne pax fieret, neu captivi commutarentur. Contempsit ergo otia sua, et patriæ. *Otia* pacem indicant, et bello opponuntur. Eleg. vers. 258, *Otia tempus habent, militiæque labor.* Virgilius lib. VI, vers. 813, *Otia qui rumpet patriæ,* etc.

413. Sic restituo ex verbis Flori

414. Supra vers. 540, *Immemor hinc generis.* Contemnere pro abjicere, deserere, ut vers. 98 de Abrahamo, qui natum *spe cito contempsit.*

415. Suspicabitur aliquis legendum *Libertatis opus,* ut alibi, *virtutis opus, pietatis opus,* et hoc lib. vers. 348, *libertatis opus.* Sed bene hoc loco est *opem* pro auxilio, viribus, potentia et facultate juvandi. In Eleg. vers. 167, *Ipse inimicorum Salomon non colla poposcit, Dum peteret Dominum, sed sapientis opem.*

416. Suspicor *Captivum tum sorte ducem.* Regulus jam liber, si captivos reddendos censuisset, aut si regredi noluisset, agebat ducem captivum, se pro duce captivo gerebat. Vel sensus hic est : dux qui captivus erat, jam libertate gaudebat Romæ, sed occidi voluit ne Carthaginienses captivi redderentur.

419. *Insisto* pro *persisto* cum infinitivo exemplo optimorum scriptorum Ciceronis, Nepotis, Livii.

420. Elisæus vel potius Elissæus pro Carthaginiensi sæpe a Silio ponitur. Infra vers. 500, *Urbis Elissææ.*

421. *Par cum duce* pro *par ac ducem. Par* cum ablativo et præpositione *cum* bene Latinum est. *Trojugenæ* Romani a Trojanis ortum ducentes. Juvenalis sat. 1, vers. 100, *Ipsos Trojugenas* vocat nobiles Romanos. Livius lib. XXV, cap. 12, ex veteri carmine : *Amnem Trojugena Cannam Romane fuge.*

422. *Tormentis intulit artus,* dedit se in tormenta.

423. A. Gellius lib. VI, cap. 4, ex Tuberonis historiis sic narrat mortem Reguli : *In atras et profundas tenebras eum claudebant; ac diu post, ubi erat visus sol ardentissimus, repente educebant, et adversus ictus solis oppositum continebant, atque intendere in cœlum oculos cogebant, palpebras quoque ejus, ne connivere posset, sursum ac deorsum diductas insuebant.*

424. *De superfluum* est, ut apud alios. Vide notam ad vers. 409. Addit Florus loc. cit., *Imo his omnibus admirabilior, quid aliud quam victus de victoribus, quia Carthago non cesserat, de fortuna triumphavit?*

425. *Dare bella* pro *inferre, facere,* ut *dare stragem, perniciem, dolorem.*

426. Pulchre *emeritum cadaver,* quod plene suo munere functum fuerat.

Compulit, atque ıamem, vel sæva incendia
[mortis?
Annibal inclusis, nullo surgente reatu,
430 Præter quod fuerant humanæ gentis amici,
341 Crimen amicitiam reputans, pro laude
[periclum
Intulit, et pœnas exegit ab urbe fideli,
Perfida quas lueret sub justo vindice turba.
Intoleranda semel toleravit mensibus octo,
435 Quæ nec sponte fidem violat, nec clade coacta:
Victa caterva tamen, gladios ut vinceret hostis,
Incendit patriæ populum cum mœnibus urbis,
Et sibi dat cum morte faces, secura sepulcri
Poscit ab igne neces, hostis sua mira trium-
[pho
440 **342** Subducens, et colla jugo : rogus omnibus
[unus,

Mœnia sunt patria, et tumulus, cinis omnibus
[idem,
Signorum vis magna, ducum monumenta soluta
In cineres jacuere suos cum mœnibus urbis.
Nec juga Romani fuerant metuenda senatus :
445 Parcere victor amat, sed debellare superbos
Urget, et hortatur veniam implorare, suetus
Pacis, et armorum similes portare triumphos :
Invenisse magis, cui dent post bella salutem,
Quam bellis punire volunt. Sic urbs tamen
[illa
450 Libera cuncta sua flammis civilibus ussit,
Non iram metuens clari post bella senatus,
Sed veniam : qui liber erat, servire recusat,
Et pavor est Afro dominanti subdere colla.
Mentibus ingenuis nec tunc promissa patebant,
455 **343** Quæ nos æternæ speramus munera vitæ.

SCRIPTURA COD. VAT.

429. A. inclusos n.
431. Crimen amicitiæ r.
432. Impulit et.
433. Justo judice turba.
435. Qui nec sponte ridens violat n. c. c.
436. Victa caterve a me gladios.
437. Incedit patriæ populis cum m. u.
438. Fuges pro faces.
441. Hæc mœnia sunt patria, et tumulus cinis omnibus ignis.

442. Signum... reliqua desiderantur.
446. H. venia indonare suevit.
448. Invenire magis.
449. Quam vellis p. v. sic tamen illa.
450. Libera conspirans flammis.
452. Qui ambigue.
453. Nec pavor est dominanti. . alia desunt.
454. Mentibus ingenuis ne... hic etiam versus sic mutilus est.

NOTÆ.

428. Vers. 65, Sæva incendia mortis.
429. Rursus vers. 508, Ut rea procubuit, nullo surgente reatu!
430. Facile ad communiorem Latine loquendi usum hæc revocari possent Præter quam quod erant. Sed in scriptoribus hujus ævi nonnullæ phrases sunt retinendæ etiam sine exemplo antiquiorum, quæ notam bonæ Latinitatis præ se ferunt, et veriores inde magis probantur, quia linguæ vulgares, a Latina profectæ, similem loquendi modum retinent. Præter quod perinde est ac præter id quod. Non dissimili sensu Plautus Pers. III, 1, 87 : Virgo atque mulier nulla erit quin sit mala, Quæ præter sapiet, quam placet parentibus; et Terentius Heaut. I, 1, 7 : Quod mihi videre præter ætatem tuam Facere, et præter quam res te adhortatur tua. In Dracontio scribi pariter posset Præter quam fuerant. Sed Vossius, de Construct. serm. cap. 26, ostendit recte dici præter quod pro pæter illud quod exemplo Cæsaris de Bello Gall. lib. I: Frumentum omne, præter quod secum portaturi erant, comburunt, et Ciceronis epist. 3, lib. V, ad Attic., Nullas enim (litteras) adhuc acceperam, præter quæ binæ semel in Trebulano redditæ sunt.
432. Ver. u 352, Nato pro laude periclum Intulit. Hic ergo Intulit.
433. Malo sub justo vindice. Judex et vindex in mss. sæpe confunduntur.
434. Semel pro omnino; quæ penitus intoleranda erant, gens fidelis mensibus octo toleravit. Cicero ad Attic. lib. XIV, epist. 13 : Etenim ille (Antonius), quoniam semel induxit animum, sibi licere quod vellet, fecisset nihilominus me invito. Poterit etiam accipi pro una vice, ut significetur, neque exiguo tempore fuisse tolerabilia quæ octo mensibus Saguntus toleravit.
436. Expende num melius Victa caterva tamen, clades ut vinceret hostis: nam hæc duo verba in ms. alibi etiam sunt inter se commutata.
437. Paulo post vers. 443 iterum Cum mœnibus urbis.

438. Putabam cum morte fugam; sed magis e re videtur faces, quæ scilicet rogo deserviant. Secura sepulcri, nil curans sepulcrum. Ovidius lib. I Trist., eleg. 1, vers. 49, Denique securus-famæ, liber, ire memento, Nec tibi sit lecto displicuisse pudor. Statius vero alia significatione lib. XII, vers. 780, Vade, atra datura Supplicia, extremique tamen secure sepulcri, hoc est deposita cura sepulcri, quod certo habebis. Consule notam ad vers. 105 hujus libri.
459. Sua mira, ut Plautus dixit nimia mira, tanta mira.
440. Cyprianus in carm. Sodomæ : Tota rogus regio est.
443. Lib. I, vers. 697 : Et saxa fluescunt In cineres. Horatius lib. IV, od. 13, vers. ult.: Dilapsam in cineres facem. Alcuinus carm. 178 vet. ed. dixit In cineres solvens mœnia.
444. Si Saguntini Annibali se subjecissent, non propterea metuere debuissent juga, seu crudelitatem Romanorum, cum iterum Saguntum recepissent, ut vers. 451 enucleatius exponitur.
445. Ex Virgilio l. VI, vers. 853, Parcere subjectis, et debellare superbos.
446. Urget debellare. Horatius lib. II, od. 18, vers. 20, Marisque Baiis obstrepentis urges Submovere littora. Suetus trisyllabum, ut vers. 663, sueta. Fortasse legeudum et hortatus veniam implorare suevit a sueo.
448. Mutatio numeri non infrequens est scriptoribus : sed præcipue locum habet, cum ex numero singulari nominis, multitudinem comprehendens, ad numerum pluralem fit progressus. Cui dent senatus, senatores, Romani.
452. Sed veniam metuens, quia committere nolebat, ut venia digna censeretur. Neque immerito legas quia libera erat, servire recusat.
453. Sic supplebam ex conjectura.
455. Vide l. II, vers. 569. Tertullianus lib. de Judic. Dom., vers. fin., Sic quoque cœlestis capitis munera vitæ.

CARMEN DE DEO. LIB. III.

Sed ne forte viris tantum data verba putentur,
Et quasi sexus iners fragili sub corpore mollis
Laudis opus metuens, ne sit sibi fama superstes
Tormentis, sequitur quæ vita æterna, recuset
460 Plurima dona Dei, laudis mala femina summæ
Materiem retinere potest; audacius illis
Deprensis nihil est, animos de crimine sumunt,
344 Datque nimis grandem mulieribus ira furorem.
Unde igitur furiale nefas assumere possunt,
465 Inde pios animi rapiant sub pectore motus,

Et faciant, quod honesta decet, quod fama pudoris
Exigit, et vitæ prodest sub laude futuræ.
Judith Holofernem castissima finxit amare,
Castra ducis metuenda viris ingressa virago.
470 Inter belligeros fremitus, et tela cruenta,
Inter et ensiferas sævo sub marte catervas
Ingreditur vestita fide, vestita pudore,
Et quod tanta manus non est aggressa virorum,
Nocte sub obscura perfecit femina sola,
475 Et duce truncato viduavit castra tyranni.
345 Quæ caput apprensum proceris portavit ad urbem :
Civibus una dedit cum libertate triumphum.

SCRIPTURA COD. VAT.

A
456. V. putantur.
458. Laudis honos m. n. sit tibi fama s.
459. Tormentis quæsitam vita æterna recuset : dubium an quæsitas, an quæsitam.
460. Femina sume, supra summe.
462. Scribitur deprehensis.
463. Grandem vulneribus ira.

B
464. I. furie n.
466. Et faciunt q.
468. Ludit Olofernem.
471. Ensiferæ s. s. m. catervæ.
476. Videtur scriptum caput ad patrem, sed patrem non clare : proceres pro proceris.

NOTÆ

456. Dare verba interdum significat decipere, quasi inaniter promittere; sed aliquando tamen idem est ac verba facere. Arator l. II, vers. 40, Antiochi dictam de nomine visitat urbem Paulus, et extemplo properat dare verba catervis. Val. Flaccus l. VII, vers. 251, Talia verba dabat. Dracontius iterum in Eleg. vers. 48, Ne mutilante sono verba ligata daret. Sic Virgilius dicta dare, Ovidius sortem dare. Vide Barthium l. IX Advers., cap. 9, et Withovium Specim. Gunth., pag. 96.

457. Eleg. vers. 218, Femina sexus iners.

458. Ita locum insigniter depravatum corrigo, ut sensus hic sit : ne feminæ metuentes, ne superstes sit earum fama tormentis, quibus succedit vita æterna, recusent plurima dona Dei, aut nullum bonum opus aggrediantur, sciendum est feminas multis Dei muneribus præditas esse, quibus ad summam laudem eniti possint. Ut enim audacius illis deprensis nihil est, ita, si velint, pios animi motus ad quævis ardua virtutum opera tentanda possunt concipere.

460. In mala femina cernere licet dona Dei, sive ingenitas quasdam virtutes naturales, quæ materiem summæ laudis præbere possunt. Præterea affectionibus animi seu passionibus naturalibus, quæ ad malum inclinant, tam feminæ quam viri bene et ad bonum uti possunt. Augustinus lib. XIV de Civit. Dei, cap. 9 : *Apud nos juxta Scripturas sacras sanctamque doctrinam cives sanctæ civitatis Dei in hujus vitæ peregrinatione secundum Deum viventes, metuunt cupiuntque, dolent gaudentque. Et quia rectus est amor eorum, istas omnes affectiones rectas habent.* Vide Nic. Lancicium de Induc. et gradib. Profect. in virt. cap. 4, num. 9.

461. Ex Juvenali sat. 6, vers. 284 : *Nihil est audacius illis Deprensis iram, atque animos a crimine sumunt* : et vers. 97 de eisdem feminis : *Fortem animum præstant rebus quas turpiter audent* ; et vers. 457 : *Nil non permittit mulier sibi, turpe putat nil, Cum virides gemmas collo circumdedit, et cum Auribus extentis magnos commisit elenchos. Intolerabilius nihil est quam femina dives.* P. Syrus in Mim. vers. 436, *Malo in consilio feminæ vincunt viros.*

463. Idem Juvenalis sat. 10, v. 328, *Mulier sævissima tunc est, Cum stimulos odio pudor admovet.* Mar. Victor in epist. ad Salmonem abbatem : *Ista quidem Salmon, sunt nostri crimina sexus. Sed levis est vestra vitiorum morbus in urbe, Si non feminei magis exarsere furores. Ante diem, Salmon, tenebris nox humida condet, quam possim mores hujus percurrere turbæ.* Lego mulieribus, tertia producta, ut l. II, vers. 133 aliisque in locis.

464. Lego furiale nefas, ut vers. 261, *Est furiale nefas.*

465. Fortasse animi capiunt. Sed rapiunt majus aliquid innuit, quasi per vim, cito, festinanter sumunt, arripiunt. Cicero l. III de Orat., c. 40, in verbis Ennii : *Vive, Ulysses, dum licet : Oculis postremum lumen radiatum rape,* id expendit : *Non dixit, cape, non, pete : haberet enim moram sperantis diutius esse sese victurum.*

466. Lego faciant, ut vers. præced. rapiant. Feminas enim Dracontius ad virtutem hortatur. Conjiciebam quod honos doceat, quod. At defendi potest *quod honesta decet,* scilicet quod decet honestatem. *Honestum* sumitur pro *honestate.* Cicero l. I Offic., cap. 5, *Facies honesti si oculis cerneretur, mirabiles amores excitaret sapientiæ.* Lucanus l. II, vers. 389, *Justitiæ cultor, rigidi servator honesti.*

467. *Vita sub laude futura* est vita beata.

471. Statius l. IV, vers. 321, *Et ensiferas inter potes ire catervas?*

472. Vide Alcimum de Virginit. v. 407 : *Hinc pudor, inde fides, internis fortior armis,* etc., et Paulinum poem. 23, natal. 8, *Induit alma fides,* etc.

474. Cap. XIV Judith, vers. 16, *Una mulier Hebræa fecit confusionem in domo regis Nabuchodonosor.*

D 475. Virgilius l. VIII, vers. 571, *Tam multis viduasset civibus urbem.* Duce truncato ex libro Judith cap. XIII, vers. 10 : *Et evoluit corpus ejus truncum;* et cap. XIV, vers. 4 : *Et invenerint eum truncum,* etc. Paulinus carm. 25, natal. 8 : *Barbara truncato victrix duce castra fugavit.* Apollinaris Sidonius in Eucharist. ad Faustum vers. 11 : *Quique manum Judith ferientem colla Holofernis Jubisti, exciso jacuit cum gutture truncus.*

476. Sic melius, quam *apprendens* vel *adprendens.* In singulari *proceris,* ut Juvenalis sat. 8, vers. 26 : *Agnosco procerem : salve, Getulice, seu tu Silanus.* In Capitolino cap. 2 Maximin. Casaubonus et plerique legunt *procer.* dissentiente tamen Salmasio. Negarunt grammatici antiqui in singulari usurpari *procer,* sed potior mihi est auctoritas Juvenalis, imo et solius Dracontii.

Femineo mucrone perit dux fortis et audax,
Quem non bella domant, domuit promissa vo-
[luptas,
480 Hæc sperata licet, non est perfecta libido :
Et certæ noctis pœnas persolvit adulter,
Impollutus adhuc nullo sub crimine facti.
Semiramis dulces, Nino viduata marito,
346 Invasit thalamos et regnum prolis ama-
[tæ.
485 Exhibet infelix incesto pectore matrem,
Et sibi socrus erat fili turpissima conjux :
Bella diu gessit juvenem mentita sub armis.
Quis neget iratæ Tomyris crudelia bella
Cum duce Persarum Cyro sub laude peracta?
490 Ultrix facta sui post tristia funera nati,
Dum regale caput dimissum sanguine multo
Clausit in utre cruor, quem mens furiata dolore

Fuderat, innumera juvenum cervice recisa.
Casta quod Evadne fecit Capaneia conjux,
495 Dum post sulfureos jaculati fulminis ictus
Ignibus appositis arderent ossa mariti,
Conscendit mox viva rogos, viduamne voca-
[mus,
Quæ simul infernas cum conjuge venit ad um-
[bras?
347 Dives Dido fugax, exstincti conjugis
[ultrix,
500 Urbis Elisææ perfectis mœnibus ample,
Ipsa pyram manibus propriis construxit, et
[aram,
Quam pedibus furiata suis conscendit, et arsit.
Impulit ad flammas accurrere funere vivo
Aut amor Æneæ, aut venientis terror Hiar-
[bæ.

SCRIPTURA COD. VAT.

483. *Femina prima ducum uno viduata marito.*
488. *Neget exqrite Tamiris.*
495. *Cervice recissa.*
498. *Infernam c. c. venit ad urbem :* pro urbem prius aliud fuerat.

499. Prius *uroem,* correctum *ultrix*
501. *Contruxit ut aram.*
503. *A. funera viva.*
504. *Æneæ veniens aut terror*

NOTÆ.

479. *Promissa voluptas,* quam sibi ipse promiserat, ambiguo responso Judithæ deceptus. Cap. xii, vers. 13 : *Quæ ego sum, ut contradicam Domino meo ?* Judith invitabatur aperte ad cœnam, occulte ad flagitium : apertum verborum sensum secuta, se Holoferni obsequio paratam ostendit : Holofernes tectum alium verborum sensum spectabat. Nonnulli, putant Judutham Holoferni legitimum matrimonium contraxisse ; quæ tamen interpretatio minus verbis et menti Dracontii congruere videtur.

481. *Certæ noctis,* sibi constitutæ, quam certo sibi promiserat. *Nox* sæpe pro ipso vetito concubitu ponitur. In Anthologia Latina tom. IV edit. Pisaur., pag. 502 : *Dum noctis pretium tuæ requiro,* quod epigramma inter alia Martiali ascripta legitur. Prudentius l. 1 contra Symmach., vers. 443 : *Hoc pretium noctis persolvit honore Liber.* Sic passim loquuntur Cicero, Horatius, Ovidius, Statius, Plautus, Terentius, alii. In plurali num. Juvenalis sat. 1, vers. 37 : *Qui testamenta merentur Noctibus.*

482. *Impollutus* verbum Taciti et posterioris ævi.

483. In scriptura codicis corrupta omnino legendum puto *Semiramis* et *Nino,* quorum certe fit mentio. Nec refert quod alii in *Semiramis* primam corripiant et secundam producant, et primam in *Nino* brevem faciant : nam Dracontius aliique ejus æquales in nominibus propriis liberiores erant. Prudentius in *Ninivitæ* a *Nino* primam similiter produxit vers. 131 hymni 7 Cath.: *In Ninivitas se coactus percito.* Simili modo Theodulfus Aurelianensis in versibus præfixis fronti Bibliorum : *Ninivis ei vitam nomine mundus habet..* Alii in *Ninive* primam corripiunt, secundam producunt.

484. *Invasit thalamos,* etc., vide notam ad vers. 319. Justinus l. 1, cap. 4, de Semiramide, *Simulat se pro uxore Nini filium, pro femina puerum... Magnas deinde res gessit, quarum amplitudine, ubi invidiam superatam putat, quæ sit, fatetur... Ad postremum cum concubitum filii petisset, ab eodem interfecta est.*

486. Mater est socrus conjugis filii. Semiramis igitur, quæ filii conjugium affectabat, sibi erat socrus.

488. Forte *Quis neget orbatæ Tomyris.* Alii scribunt *Thamiris.* De ea Val. Maximus lib. x, cap. 9 : *Caput*

Cyri abscissum in utrem humano sanguine repletum dimitti jussit, exprobrans illi insatiabilem cruoris sitim, simulque pœnas occisi ab eo filii sui exigens. Herodotus l. 1, cap. 214, eamdem historiam refert, quamvis multa alia de exitu Cyri narrari fateatur.

489. Alii primam in *Cyrus* producunt.
491. Putabam *demersum;* sed Val. Maximus verbo *dimitti* in eadem re usus est.
492. *Clausit in utre cruor,* quod tantus fuerit cruor, ut caput cooperuerit et quasi clauserit.
494. Hyginus, fabul. 256, inter castissimas numerat Evadnen conjugem Capanei. In *Capanea* lego *Capaneia conjux.* Statius l. xii, vers. 545, *Ausa ante alias Capaneia conjux.*
495. Capaneus ad Thebas periisse dicitur fulmine percussus. Vide Statium in fin. l. x. *Jaculatus* passive in Lucano reperitur.
497. Hyginus, fabul. 243, Statius in fine Thebaidos, *Conscendit,* ut vers. 502.
499. Dido, Elissa etiam, seu Elisa vocata, cum Pygmalion ejus frater Sichæum conjugem obtruncasset thesauris hujus inhians, Tyro clam aufugit, effossis et asportatis secum thesauris. Omnia ergo hujus versus verba notandam habent significationem : *dives, fugax, ultrix conjugis exstincti.*
501. Scriptura codicis *pyram construxit, ut aram,* aliquo pacto defendi potest, sed non videtur vera. *Contruxit* pro *construxit* error clarus est.
502. Supra vers. 497, *Conscendit mox viva rogos.* Virgilius l. iv, vers. 646, de Didone : *Conscendit furibunda rogos.*
505. *Funere vivo,* ut vers. 398, *vivum cadaver,* l. 1, vers. 648, *funera viva,* et vers. seq. *vitali in morte.* Simile oxymorum est in Victorino de J. C., *Vim patiens hominum vitali morte sepultus.* Dido gladio seipsam occidit, sed in pyra, qua ejus corpus comburendum erat.
504. Macrobius Saturn. l. v, cap. 17, commemorat, ita eleganter a Virgilio amores Didonis fuisse digestos, *ut fabula lascivientis Didonis, quam falsam novit universitas, per tot tamen sæcula.speciem veritatis obtineat, et pro vero per ora omnium volitet.* Justinus, l. xviii, Hiarbam regem Mauritaniæ sub belli denuntiatione nuptias Didus petiisse refert. Regina vero, *pyra in ultima parte urbis exstructa, velut placatura viri manes, inferiasque ante nuptias missura, multas*

CARMEN DE DEO. LIB. III.

505 Quid formosa nurus, populo spectante, pu- A
          [dica
 Post maculam thalami Lucretia casta peregit,
 Quam tulit infelix, alieni pœna pudoris?
348 Ut rea procubuit, nullo surgente reatu!
 Concidit ense suo, mansitque superstes adulter,
510 Qui solus feriendus erat mercede pudoris.
 Millia femineis numerantur ubique catervis
 Exempla scelerum modicæ vel laudis amore :
 Aut certe fecere pie pro numine vano
349 Conficti sermone Dei, quem fabula men-
          [dax
515 Extulit, et miseros incassum orare coegit,
 Unde nihil lucri, sed vitæ damna tulere,

Cum sit nemo Deus, nisi noster ubique tremen-
         [dus;
Omnia præcepti solo sermone creantur
Ipsius imperio, per quem sunt cuncta per
         [ævum.
52) Ecce Deus verus, de quo nil fingitur, in quem
Fabula nulla cadit, quem nunquam verba,
         [diserti
Exornant, aut sorde notant, cui tempora nil
         [dant,
Aut relevant, currente die : qui sæcula mutat,
Nec mutant hunc sæcla tamen, quia, quod fuit,
         [hoc est,
525 Hoc erit æternus : qui præsens constat ubique,

SCRIPTURA COD. VAT

514. *Dei quos f.*
515. *Incassum adorare coegit.*
516. *Nihil Christi sed.*
522. *Aut forte rotant cui.*
525. *Aut recolunt c.*

B 524. *Sæcula nec tamen* . . . . . desunt alia, sed illico integer versus ponitur *Nec mutant hunc*, etc., adeoque *Sæcula nec tamen* initium mendosum est versus hujus *Nec mutant*

NOTÆ.

hostias cædit, et sumpto gladio pyram conscendit, atque ita ad populum respiciens, ituram se ad virum, sicut præceperant, dixit, vitamque gladio finivit. Non desunt tamen qui Virgilii narrationem testimoniis veterum velint confirmare : quam opinionem refellit Ruæus initio comment. l. iv Æneid.

505. Livius l. i, cap. 57, de Lucretia : *Tum forma, tum spectata castitas incitat.* Lucretia nuntium ad patrem et ad virum miserat, ut cum singulis fidelibus amicis ad se venirent, quibus præsentibus Tarquinii facinus narravit, et cultro se confodit.

507. *Tulit,* abstulit. Virgilius eclog. 9, vers. 51 : *Omnia fert ætas, animum quoque.* Vel *tulit,* supra se tulit, ut pro ea mortem subiret, phrasi ecclesiastica, ut dictum ad vers. 602 l. ii : *Et licet ipse ferat maculas et crimina nostra.* ALIENI PŒNA PUDORIS est casus appositionis, ut vers 270 : *Accipit infelix, alieni causa triumphi.* Fuit ergo Lucretia sibi pœna alieni dedecoris. *Pudor* metonymice ponitur pro dedecore, præsertim ex illicito concubitu permanante. Ovidius Heroid. ep. 11, vers. 79, *Irruit, et nostrum vulgat clamore pudorem.* Justinus l. iii, cap. 4, *Ex his nati ob notam materni pudoris Parthenii sunt vocati.*

508. Vide supra vers. 429.

510. *Mercede pudoris,* ut vers. 507, *pœna pudoris.* Pro pœna aut supplicio *merces.* Livius l. xxxix, cap. 55, *Debuisse gravem temeritatis mercedem statui.*

511. *Femineis catervis,* in femineis catervis. Fortasse *femineæ catervæ* legendum. Feminarum indolem et ingenium simili elogio persecutus est Fridericus Furius Cæriolanus in opere quod inscribitur *Bononia,* lib. ii, pag. 281 seq., *Quid enim si superiores et laudabiliores viris inveniuntur ?* . . . . *Lege omnes omnium ætatum annales et historias, cognosces feminas castas, pudicas,* etc., *quæ ita in omni virtutum genere eminuerunt,* etc. *Nolo recensere Semiramim, Lucretiam,* etc. *Quid tibi multa millia virginum, conjugum et viduarum memorem?* Hoc vero est discrimen inter Cæriolanum et Dracontium, quod hic feminas ad veræ virtutis laudem adhortatur, ille ita ratiocinatur, ut concludat lectionem versionis vulgaris sacrorum librorum sine ullo discrimine omnibus esse concedendam : ex quo intelliges quam inepte in Catalogo Bibliothecæ Hulsianæ tom. IV, pag. 337, hic liber Cæriolani collocatus fuerit in classe eorum qui de Roma et statu ecclesiastico, sive ditione Romani pontificis agunt, perinde quasi descriptionem civitatis Bononiæ contineret, cum *Bononia* inscriptus fuerit, quia dialogum explicat inter Cæriolanum et Bono-

niam Siculum, theologum et rectorem Lovaniensem. En titulum operis rari : *Friderici Furii Cæriolani Valentini Bononia, sive de Libris sacris in vernaculam linguam convertendis libri duo ad Franciscum Bovadillium Mendozium cardinalem Burgensem. Basileæ per Joannem Oporinum. Ex officina Michaelis Martini Stellæ,* 1556, mense Martio, in-8. Nescio vero an magis ridicula sit allucinatio hypercritici Baylii, qui in Diction. verb. *Furius* affirmat Federicum Furium nomine Cæriolani vocatum fuisse, quia natus fuerat Valentiæ ; allegatque Nic. Antonium, quem ait scripsisse incolas regni Valentini vulgo appellari *Seriols,*
C et hac de causa Furium cognominatum *Scriolanum.* Accipe verba Nic. Antonii, quæ exscripsit etiam Baylius : «Federicus Furius Seriolanus (vulgari appellatione Valentinæ gentis, ex cujus regni urbe primaria oriundus erat, SERIOL dictus) non alio aptiori potest elogio commendari,» etc. His, ut vides, solum innuit Nic. Antonius, Federicum ex vulgari suo cognomine *Seriol* sibi fecisse nomen *Scriolanus.* Cæterum cognomina ejus hæc duo erant *Furio Ceriol.* Quædam de ejus genere et familia ex Actis beatif. et canoniz. B. Nicolai Factoris, alia de munere historici regii, quod gessit, ejusque scriptis historicis ex præfatione Joannis Matallii ad libros Hieronymi Osorii de rebus Emmanuelis Lusitaniæ regis adderem, nisi hic locus alienus esset.

513. *Pie,* opus quod pietatis aliquam speciem præ se ferret : nam vera pietas *pro numine vano* nulla est.

514. Forte *Conficto sermone Deum, quos,* vel *Fictorum sermone Deum, quos.* Lib. ii, vers. 582, *Vel qui-*
D *cunque Dei ficti sermone vetusto.*

516. Lego *lucri* pro *Christi* ; nullus enim est sensus *Unde nihil Christi.*

518. Lib. ii, vers. 59, *Quem ipse repente jubens solo sermone creasti.*

521. Forte *verba diserta.*

522. Sic ex conjectura legi potest, nisi malis aut *forte notant,* aut *sorte notant.* Sed *notare,* sorde recte dicitur. Cicero pro Quint., in fine : *Ne is* . . . . *dedecore, macula, turpissimaque ignominia notetur.*

523. Forte *Aut minuunt,* ut l. ii, vers. 586, *Nil addens, minuensve tibi* ; vel *Aut demunt,* ut Eleg. vers. 9 : *Nil addit demitque tibi tam longa vetustas.* Scribo *relevant,* quia *relevare* ponitur etiam pro *minuere.* Plinius in Paneg. cap. 19. Vide not. ad vers. 540, l. i.

524. Lib. ii, vers. 587, *Tempora mutantur te nunquam sæcula mutant.*

Omnia cum tollat, minuatque volatile tempus,
350 Incrementa Deus, vel decrementa recu-
[sat;
Idem semper erit, nunquam mutabilis ævo,
Qui cum sit dominus, se vult tamen esse pa-
[rentem.
530 Exhibet, impendit, præbet, testatur, adoptat
Nos genitos vocitare suos: nos ergo fideles
Vivere debuimus, tanquam factoris imago,
Quos deceat factura Dei pietate magistra.
Rex pie, bellantum comitata potentia supplex
535 Fit, quodcunque jubes: effectus jussa sequun-
[tur.
Stat famulans natura Deo, constructa elementis,
Nescia, quid jubeas, donec præcepta repente
Audiat, et Domino citius parere laborat,

Exsultans jussisse sibi, gavisa ministrat,
540 351 Perficit injuncta placido sermone jubentis,
Et rerum natura parens famulata tremiscit
Per quem celsa poli, tellus, mare, sidera con-
[stant,
Et gestit servire pavens. Quota portio rerum
Nos sumus audaces, ut contemnamus acerbe
545 Imperium cœleste truces? præcepta sequatur
Nostra, Deique simul, qui vult, sua vota venire.
Cum nos jussa Dei fieri contemnimus ultro,
Nec sumus ignari, quid sit fas, quidve nefastum,
Gens scelerata sumus, nil de pietate merentes.
550 352 Quorum primus ego plus quam peccator
[habendus.
Quando fatebor enim, scelerum simul esse
[reatum

SCRIPTURA COD. VAT.

526. *Omnia qui tollit, minuitque v. t.*
536. *Stans famulans.*
539. *E. vixisse s. g. ministra.*

543. *Et gessit servile pavens.*
545. *l. c. truces pacare loquetur:* correctum *loquatur.*
546. *Venire;* ad marg. est *mereri.*

NOTÆ.

526. *Minuitque volatile tempus* in scriptura codicis, ut vers. 523, *Qui sæcula mutat.* Ovidius lib. x Met., vers. 519, *Labitur occulte, fallitque volatilis ætas.* Suspicor *Omnia cum tollat, minuatque volatile tempus, Incrementa Deus,* etc. Illud mihi certum, Columbanum in ep. ad Hunaldum hunc versum expressisse : *Omnia dat, tollit, minuitque volatile tempus,* quem versum aliis Dracontii immixtum refert: adeoque conjecturam meam sequi volo.

528. Eleg. vers. 7, *Omnia permutans, nullo mutabilis ævo, Idem semper eris.*

529. De patris nomine quo Deus vult vocari, consule notam ad l. i, vers. 81.

530. De verbo *impendo* pro *confero* vide notam ad vers. 248. *Adoptare* peculiari significatione est aliquem in filii locum assumere, proprio nomine imposito. Hinc additur, *Nos genitos vocitare suos.* Deus enim nos in familiam suam nomenque filiorum suorum per gratiam adoptat. Fortasse etiam *adoptat* sumitur pro *optat.*

531. *Genitus* substantive pro filio. Vide comment. ad Prudentium hymn. 5 Cath., vers. 157. Joannis ep. 1, cap. iii, vers. 1 : *Videte, qualem charitatem dedit nobis Pater, ut filii Dei nominemur, et simus.* Chrysostomus hom. 14 in Matth., *Patrem se magis quam Deum voluit dici, ut nobis magnam fiduciam daret ad petendum.* Dracontius in fin. l. iii, *Obses sermo tuus nostro nam corde tenetur, Quo te promittis nimia pietate parentem.*

532. Vide lib. i, vers. 338, *Species hominis, cœlestis imago.*

533. *Factura* pro opere facto et creatura sæpe ponitur a scriptoribus Christianis. Confer comment. ad Prudentium Apoth. vers. 304. Hoc loco potius sonat ipsam actionem, sive compositionem, quo sensu Plinius et Gellius ea voce utuntur. *Pietate magistra,* ut *luce magistra, ritu magistro,* qualia multa in poetis reperire licet.

534. Lib. ii, vers. 698, eodem modo : *Rex pie; Obscura sententia* et fortasse mendosa scriptura. Tentabam *Rex pie, bellantum cui tota potentia supplex, Fit, quodcunque jubes.* Vel *Rex pie, bellantum comitata potentia, semper Fit quodcunque jubes.*

539. *Ministrat* eo sensu quo l. i, vers. 227 : *Quæcunque ministrant.* Forte *Exsultat jussisse sibi, gavisa ministra Perficit.* Sedulius l. 1, vers. 222, al. 257 : *Nempe creatori, cujus quæcunque videntur, Seu quæcunque latent, et rerum machina serva est, Omne suum famulatur opus, sequiturque jubentis Imperium, quocunque trahit sententia nutus.* Cellarius edidit *et rerum machina sermo est.* Sed Wopkensius in Miscell. crit. restituit ex aliis libris *serva est,* et mox conjicit *sequiturque jubentis Imperii, quocunque trahit sententia. nutum.*

541. *Tremisco* cum accusativo Virgilius et alii. In multis veteribus libris scribitur *tremesco,* atque ita etiam legitur in codice Vat., sed communior scriptura est *tremisco.*

542. *Celsa poli,* ut l. ii, vers. 3, *celsa polorum.*

543. Sic restituo. Gestit servire pavens natura. nam eadem gavisa ministrat, et famulata tremiscit, quibus verborum oppositionibus sæpe utitur Dracontius. Cogitabam *Cui gestit servire pecus.* QUOTA PORTIO, quanta portio. Lucretius l. vi, vers. 650, *Et videas, cœlum summai totius unum Quam sit parvula pars, et quam multesima constet, Et quota pars homo sit terrai totius unus?*

545. In mendo cubat hic locus. Hemistichium vers. seq. invenio apud Alcuinum, Dracontii sæpe imitatorem, carm. 179, quod monostichis constat, et inter alia habet, *Impleat ipse Dei, qui vult, sua vota venire,* nempe impleat Dei vota, qui vult sua sibi vota succedere : quanquam mihi potius placet opinio Canisii, qui in append. tom. I Var. lect. hoc carmen S. Columbano ex quodam ms. attribuit, cujus ex epistola ad Hunaldum nonnullis versibus huc sunt allati. In recenti editione Alcuini inter opera dubia hoc carmen relatum est. Locum correxi, ut potui, non ut desideravi. Vellem, medicinam tulisset noster Petrus Chacon, de quo Nicius Erythræus in Pinacotheca : *Omnino habebat hoc, ut in sanandis veterum librorum plagis nemo ipso melius medicinam faceret, adeo ut auctorum eorumdem animi, ut somniavit Pythagoras, immigrasse in ipsum, suamque eidem de iis rebus, quæ erant in quæstione, sententiam quodammodo aperuisse viderentur.*

547. Nullum erit peccatum metri, si legas *facere contemnimus.*

548. Libr. ii, vers. 267, *Nos improba turba, Quamvis justitiam noscentes temnimus actu Plectibili.*

550. Imitatio Apostoli I ad Tim., cap. i, vers. 15, *Quorum* (peccatorum) *primus ego sum.* Tota hæc confessio Dracontii quo pertineat, fuse disputatum fuit in prolegomenis cap. 13.

551. Forte *scelera simul, atque reatum Pectoris, et carnis?* vel *scelerum numerum, atque reatum.*

CARMEN DE DEO. LIB. III.

  Pectoris, et carnis? non si mihi ferrea vox sit, A
Ora tot exsurgant, quot dentes ossibus albent,
Aut mihi sint linguæ, quantos caput omne
           [capillos
555 Pectinat, explebo numerum sine fraude fidelem.
Sed satis est dixisse reum sub crimine cuncto.
Quod tua jussa vetant, solus peccasse fatebor,
Omne, quod horrescis, non me fecisse negabo.
Quid prodest cuicunque nefas celare peractum,
560 Cum judex, et testis ades Deus unus, et idem?
Sacrilega quasi mente putem, non omnia nosse,
353 Aut aliquid nescire Deum. Sibi fraude
           [nocebit
Mens mea quod reticet, cum, si confessio
           [simplex
Indicet admissum, venia sperata sequetur. B
565 Qui negat, ipse sibi veniam jam sponte negavit.
Ergo ego confiteor miseranda mente reatum
Plenum, grande malum, non uno crimine
           [partum.
Nam scelus omne meum numeros superabit
           [arenæ

  Littoris, et pelagi vincent mala nostra liquo-
           [res.
570 Non puto diluvium tantos punisse reatus,
Quantos ipse gero culparum pondere pressus.
Flumina me scelerum rapiunt, quatiuntque
           [procellæ,
Et peccatorum torrens simul obruit unda;
354 Me delictorum merserunt fluctibus amnes,
575 Usque animam venit unda meam, gravis horror
           [aquarum.
Hei mihi! quod facinus non uno tempore gestum.
Ut mea facta luam, tempus convenit in unum.
Nunc ubi sit pietas, ubi sit miseratio prisca,
Aut tua quo, Domine, clementia nota recessit?
580 Oblitusne mei es? precor, obliviscere ne me,
Omnipotens, sed facta mea: gravor undique
           [pressus,
Vincla ligant, tormenta domant, consumit
           [egestas;
Ludibrium generis, dolor omnibus, atque ini-
           [micus
Factus, et exutus magna de parte bonorum,

SCRIPTURA COD. VAT.

554. *Q. capit o.*
562. *Deum cui fraude.*
569. Scribitur *lictoris.*

579. *D. elementa n.*
583. Obscure *inimicus.*

NOTÆ.

552. Auctor incertus de Laudibus Domini sub Constantino : *Non ego ferrato tegerer si viscera muro, Ferrea vox, linguæque forent mihi mille canenti,* etc. Virgilius lib. vi, vers. 625, *Non mihi si linguæ centum* C *sint, oraque centum, Ferrea vox,* etc. Sic passim poetæ ethnici et Christiani difficultatem singillatim explicandi rem aliquam solent exprimere. Quod autem Dracontius hunc versum, et non raro alios verbo monosyllabo concludit, rectene id fiat, controversum est inter aliquos. Labbeus in Nov. Bibl. mss., pag. 68, ex bibliotheca Gabrielis Naudæi cit it anonymi dialogum, *An recte versus monosyllabis verbis claudatur, et quibusnam, adversus Thomam Corream,* qui Bononiæ libros de eloquentia, elegia et epigrammate scripserat. Præstantissimorum poetarum exempla patent omnibus.

555. Virgilius lib. xii, vers. 36, *Campique ingentes ossibus albent.*

554. *Quantos* pro *quot* usitatum bonis Latinitatis auctoribus, Senecæ, Propertio, Statio, Claudiano, aliis.

555. *Pectinare* verbum Plinii et Apuleii. David sec'era sua capillis capitis sui comparabat psalmo D xxxiv, vers. 13, *Comprehenderunt me iniquitates meæ, et non potui, ut viderem. Multiplicatæ sunt super capillos capitis mei.* Dracontius hyperbolem longius protrahit.

556. *Reum,* scilicet me. *Cunctus* in singulari apud Virgilium, Ciceronem ac plures alios occurrit, ut *cunctus orbis, a cuncto populo.*

558. *Horresco* cum accusativo Virgilius, Statius, Val. Flaccus.

560. Jerem. c. xxix, vers. 23.

561. Vide l. i, vers. 497 seqq., *Sacrilegos,* etc., et v. 531 seqq. ejusdem l. i.

562. Lego *sibi* pro *cui* : nam etiam cum interrogatione *cui fraude nocebit Mens mea quod reticet?* non satis expeditus est sensus. Joan. ep. I, c. i, vers. 8 seq., *Si dixerimus, quoniam peccatum non habemus, ipsi nos seducimus.... Si confiteamur peccata nostra, fidelis est et justus, ut remittat nobis peccata nostra.* Lib. III Reg., c. viii, v. 46 seqq.

563. Forte *quod si.* In codice scriptum est *cum si.* Potest accipi *cum* pro *quando* adversative. Martialis l. vii, ep. 83, *Certior in nostro carmine vultus erit. Casibus hic nullis, nullis delebilis annis Vivet, Apelleum cum morietur opus.* Videlicet morietur imago picta Cæcilii Secundi, sed non vultus ejus in carmine meo expressus.

564. *Admissum* pro scelere Livius, Tacitus, alii. Non male esset *venia sperata sequetur.* Sed defendi potest *sequetur* cum *quum,* ut nunc dicebam.

565. *Qui negat,* nempe crimina, *admissum scelus.*

568. In codice est *superabit,* non *superavit,* ut vers. seq. *vincent,* videlicet si numerare velim scelera mea, superabunt arenam littoris, vincent undas pelagi. In sacris Litteris sæpe magna aliqua multitudo arenæ maris comparatur. Theodulfus Aurelianensis lib. iv, carm. 4, vers. 296 : *Ipse Deo, fateor, peccamina multa peregi, Quæ superant numero temet, arena maris, Et pluviæ guttas, maris undam, sidera, cœli, Herbarum frutices, germina cuncta soli. Hæc sunt, ærumnas ego cur sim missus in istas, Esse nec ut debent sunt mala tanta mihi.*

570. Verbis ex sacra Scriptura petitis exaggerate sua crimina Dracontius fatetur. Hermannus Hugo in Piis desideriis lib. i, carm. 11, in hanc sententiam exponit verba psalmi lxviii, v. 16, *Non me demergat tempestas aquæ, neque absorbeat me profundum,* etc.

573. Psal. xvii, vers. 5 : *Torrentes iniquitatis conturbaverunt me;* et psal. xxxvii, vers. 5 : *Quoniam iniquitates meæ supergressæ sunt caput meum.*

575. Ex citato psalmo lxviii: vers. 2, *Intraverunt aquæ usque ad animam meam.* Ovidius Trist. lib. ii, vers. 101 : *Nec mihi pars nocuit de gurgite parva, sed omnes Pressere hoc fluctus, oceanusque caput.*

581. Inter sententias P. Syri Mimi vers. 825 : *Res optima est, non exstirpare sceleratos, sed scelera.* Prosper epigr. 8 : *Denique committunt homines mala crimina semper, Dat spatium, ut pereant crimina, non homines.* Et epigr. 44 : *Legem spernentes odit cum legis amator, Non homines odit, sed reprobat quod agunt.*

584. Forte *Fractus et exutus.* Vers. 593, *Quem sic fregere dolores.*

585 Crinibus intonsus, pannis squalentibus usus;
Notus et ignotus desunt, abiere parentes,
Me quibus impendi, mox dedidicere propinqui,
Vel quicunque fuit, subito discessit amicus.
Agmina servorum fugiunt, tempsere clientes,
590 **355** Nec doluere meam tanta sub clade rui-
[nam:
Irascente Deo, solatia cuncta negantur.
Hoc superest, ut vita cadat, nisi parcere
[mitis
Jusseris afflicto, quem sic fregere dolores.
Punisti errantem, nunc jam miserere fatentis.
595 **356** Pœnitet en peccasse nimis, jam parce
[flagello:

Nam nequeo tolerare miser tot cladibus actus.
Aspice, quæso satis, fprecibus ne clauseris
[aures
Nostris, sancte, tuas, qui das præcepta beni-
[gnus,
Ira hominis cum sole cadat de corde furentis,
600 Et veniam nox ipsa ferat: qui præcipis, ut sit,
Fac fieri, quod et ipse jubes, miserere rogantis,
Et lacrymas intende meas, quas fundo diurne:
Tristis, et extenso prostratus corpore plango.
Me miserum! qui tanta fero, cui tanta parasti
605 Supplicia scelerum: merear licet acrius uri,
Munere percipiam Domini, redeunte favore,
Quidquid amara dies et tempora dura tulerunt.

SCRIPTURA COD. VAT.

587. *Et q. i. m. didicere p.*
592. *S. vita ut c.*
594. *M. fatenti.*
596. *Actis,* supra *actus.*
597. *Accipe q.*
599. *Corde fruentis.*
602. *Fundo divine.*
605. *Supplicii scelerum peccans licet acrius uri.*

606. *Munera percipiam d.* Scribitur *percipiam.*
607. *Dies tempus quodcunque desisit.* Post hunc versum in ms. ordo versuum hic est. *Quidquid amara* - *Obsessamque* - *Et sontem* - *Interpres mentis* - *Atque voluntatis* - *Verbere distinctas* - *Omne nefas* - *Dentibus adduntur* - *Lucem redde,* et alii, ut hic eduntur usque ad *Ut bene verba,* post quem sequitur *Accedunt humeris,* et alii, ut hic repræsentantur.

NOTÆ.

585. Habitus reorum apud Romanos vulgo notus, coma intonsa, vestis obsoleta et squalens.

586. Similia sunt in psal. xxxvii. *Parentes* pro consanguineis accipio significatione jam tunc usitata, quæ ad vulgares linguas postea permanavit. Hieronymus lib. ii contra Rufinum sub init., *Nisi forte parentes militari, vulgarique sermone cognatos, et affines nominat.* Hoc certe sermone locuti sunt Capitolinus, Lampridius, Curtius, Julius Firmicus, ut alios sequioris ævi omittam, nonnullos etiam antiquiores, quorum tamen non certa est sententia.

587. Sustineri potest *Et quibus impendi:* nam *impendo* pro *conferre, præbere,* ponitur a Dracontio vers. 530. Verius tamen puto *Me quibus impendi.*

589. Euripides in Alceste vers. 208, *Non enim omnes famuli bene volunt dominis, Ut benevoli accedant in malis.* Oportet ut magna fuerit Dracontio servorum copia. De origine servorum pulchre Alcimus ratiocinatur lib. iv, ubi agens de diluvii tempore ait: *Nam servos nondum dederat natura vocari, Nec dominos famulis discernere noverat ordo, Nam primus maculam servili nomine sensit Hujus natorum medius, qui forte cachinno Detectum periit misero spectamine patrem, Materiamque sui risit deformior ortus, Et plus jam turpis nudato simplice nequam. Quod postquam sanctus potuit cognoscere Noe, Natum germanis famulum dedit: inde repertum est Tale jugum, cuncti nam semine nascimur uno. Servitii causam certe ferisse reatus Cernitur, et liber peccans fit crimine servus. Si rursum nexu famulans stringatur honesti Natales faciens sibimet, jam nobilis hic est.* Sic ex vet. edit. Moltheri, ubi legitur *Distectum* pro *detectum,* Romanorum divitiæ cum in aliis rebus, tum in magno servorum numero sitæ erant. C. Cæcilius Claudius Isidorus servorum quatuor millia sedecim testamento reliquisse dicitur, quamvis civili bello multas opes perdidisset. Crassus solos architectos et fabros in servis habebat ad quingentos. Seneca de Tranquill. Animi cap. 8, *Feliciorem tu,* inquit, *Demetrium Pompeianum vocas, quem non puduit locupletiorem esse Pompeio? Numerus illi quotidie servorum, velut imperatori exercitus, referebatur.* Vide Lipsium in not. et lib. ii, cap. 15, de magnit. Rom. Quod ergo non solum servos, sed etiam agmina servorum Dracontius memorat, satis innuit, se fortunæ bonis abundasse, aut etiam e viris primariis unum aliquem fuisse. Id ipsum hoc loco verbum *clientes* indicat. Lib. ii, vers. 310, *Nobilium plures decepti fraude clientes.*

590. Supra vers. 585 ait *dolor omnibus;* cur igitur nunc, *Nec doluere,* etc. Discrimen hoc est quod hoc versu *Neu doluere* ingratus animus servis, clientibus, amicis, propinquis objicitur, quod non ita Dracontii sortem doluerint, ut remedium aliquod, quantum in ipsis esset, saltem consolatoriis verbis afferrent. At versu 585 affirmat se ludibrium generis factum, dolorem omnibus, atque inimicum, quia ex suo casu ut ludibrium, sic dolor in familiares redundare debuit. Doluerunt ergo non sortem Dracontii, sed suum damnum, vel si sortem Dracontii dolebant, se non dolere fingebant, pro inimicis se gerentes.

591. Eleg. vers. 29, *Irascente Deo, mentes mutantur, et artus.*

593. Ovidius l. iii Trist., eleg. ult., vers. 35, *Ingenium fregere meum mala.* Sic *frangi dolore, molestia, cura,* et similia.

594. Scriptum puto *miserere fatentis,* ut vers. 601, *miserere rogantis,* et alibi etiam cum genitivo. Defendi tamen potest *miserere fatenti.* Corippus l. ii, vers. 402, *Dominus servis miseratus egenis.* Diomedes l. i edit. Putsch., col. 294, ut Latinum agnoscit *misereor tibi,* ac sunt exempla in Hygino, Declamat. Quintiliani et aliis.

595. *Parce flagello,* abstine a flagello, ut *parce metu.*

598. *Sancte* de Deo, ut vers. 661. Vide notam l. i, vers. 744. Sic Juvencus, Prudentius, alii loquuntur.

599. Eleg. vers. 155, *Ne sol cadat intrans,* etc. Ex Apostolo ad Ephes. cap. iv, vers. 26 : *Sol non occidat super iracundiam vestram.*

600. Forte qui *præcipis* hoc sic.

602. *Et lacrymas intende,* ut l. i, vers. 746, *Spes hominum intendens.* Pro *diu,* aut *omnibus diebus,* aut *diuturne* positum *diurne. Diurnum* proprie est quod ad diem pertinet, ut *nocturnum* quod ad noctem. Sed pro *diuturno* usurpari posse *diurnum,* quibusdam Ciceronis locis ostenditur, quamvis nonnulli malint legere *diuturnum.*

603. Habitus supplicantium et orantium. Cicero pro Ligario cap. 5 : *Quod nos domi petimus precibus et lacrymis prostrati ad pedes.* Subit etiam animum conjectura de supplicio nervi, quo corpora cum indebantur et prosternebantur: id tamen minus placet.

607. *Tulerunt* pro *abstulerunt.* Vide notam ad vers. 507; vel lege *Quidquid amara dies, quodcunque et tempus ademit.*

CARMEN DE DEO. LIB. III.

357 Lucem redde, precor, qui tempora sub- A
[trahis Iob -
Aspera, restituens quidquid malus hostis ade-
[mit;
610 Arida qui reparas antiquis mortibus ossa,
Quæ membris rediere suis, clamante propheta,
Atque homines factura jubes reptare, cruoris
Humor ut absumptas intraverit ante medullas.
Nascuntur venæ, jam nervis membra ligantur,
615 Jam tegit ossa cutis, multos distenta per artus;
Quærunt colla caput, constringit guttura cer-
[vix,
Verticis eximii replentur et ossa cerebro;

Inde duces oculi gemmato lumine vibrant,
358 Et palpebra tegunt luces, mundantque
[fenestras :
620 Scena capillorum, fundens a fronte coronam,
Tempus, et omne caput vestit de crine deco-
[rum,
Atque supercilium gemino supereminet orbi.
Naribus abductis duplex data semita vento,
Et geminæ rubuere genæ, lanugine malæ
625 **359** Crispantur revirentis adhuc post ossa se-
[nectæ
Mortua temporibus multis, olimque sepulta.
Ordine muratum dentes cinxere palatum,

SCRIPTURA COD. VAT.

608. *Lucito redde procul qui tempora subtra Hiob;* B
ad marg. *precor pro procul.*
612. *F. jubent reptante cruore.*
613. *Humor ad a.*
615. *C. multas distenta per artes.*
616. *G. cervis.*
618. *O geminato l.*

619. *Et palpebra tegunt lucis mandantque fenestras.*
620. *Sceva capillorum funde a fronte coronam.*
623. *N. obductis dupplex d.*
624. *G. rubere g.*
625. *Crispantur ventis adhuc p. o. s.*
627. *O. moratum d.*

NOTÆ.

608. Hi versus in codice turbati et transpositi videntur. Eos ita collocavi, ut orationi et sententiæ congruere censui. Forte legendum *Lucida redde, precor.* Exemplo Jobi, quo utitur, multa se amisisse Dracontius innuit.
610. Visio Ezechielis cap. XXXVII : *Et dimisit me in medio campi, qui erat plenus ossibus.... Erant autem multa valde super faciem campi, siccæque vehementer... Vaticinare de ossibus istis, et dices eis: Ossa arida, audite verbum Domini.*
612. Forte *Atque homines factura juvant, reptante* C *cruore*, vel *Atque homines factura jubes replere cruorem.*
613. Humorem medullis tribuit, ut l. I, vers. 652, *Venasque ciens, udansque medullas.* Isidorus l. XI Orig., cap. 4, *Medullæ appellatæ, quod madefaciant ossa, irrigant enim, et confortant. Ossa igitur arida, quæ factura homines erant, prius intus medullis instruuntur.*
614. Ezechielis cap. cit. : *Et ecce super ea nervi, et carnes ascenderunt, et extenta est in eis cutis desuper.* Cicero libr. II de Natur. deor., cap. 55 : *Quid dicam de ossibus? quæ subjecta corpori mirabiles commissuras habent.... Huc adde nervos, a quibus artus continentur.... qui sicut venæ et arteriæ a corde tractæ, et profectæ in corpus omne ducuntur.* Celsus l. II, c. 10, *Juncta enim est vena arteriis, his nervi.*
616. Ezechiel cap. cit. : *Factus est autem sonitus, prophetante me, et ecce commotio; et accesserunt ossa ad ossa, unumquodque ad juncturam suam.* Colli pars anterior est gula, posterior cervix.
617. *Vertex est ea pars, qua capilli capitis colli-* D *guntur, et in qua cæsaries vertitur.* Isidorus l. XI Orig., cap. 1.
618. Cicero l. II de Natur. deor., *Oculi tanquam speculatores altissimum locum obtinent.* In codice est *geminato* minus recte. Vide l. I, vers. 255 et 345. *Vibrant* pro micant.
619. Cicero cap. 57, l. II de Nat. deor., *Palpebræque, quæ sunt tegumenta oculorum.... aptissime factæ, et ad claudendas pupillas* (al. *pupulas*), *ne quid incideret, et ad aperiendas.... Muniæque sunt palpebræ tanquam vallo pilorum.... Latent præterea utiliter, et excelsis undique partibus sæpiuntur.* Confer Ambrosium l. VI Hexaem., cap. 9, et Isidorum l. XI Orig., cap. 1, cum notis Grialis. Conjiciebam in Dracontio *Et palpebra tegit luces, munitque fenestras.* Palpebra in singul. numero dixit Celsus l. V, cap. 28, sect. 23. In neutro genere *palpebrum* dici testatur Nonius cap. 3,

Palpebrum genere neutro consuetudo dici vult, palpebræ femin. Ex quo retineri potest *Et palpebra tegunt luces* : tum pro *mandantque* legendum est potius *mundantque fenestras.* Pro oculis ponit *luces*, ut Ovidius, Statius, Rutilius et alii. Neque ab hac significatione longe abest Cicero in Arato vers. 96, *Illæ quæ fulgent luces ex ore corusco*, quamvis proprie de stellis loquatur. Fenestras pro oculis pariter usurpavit Prudentius Hamart. vers. 870 : *Impediuntque vagas obducto humore fenestras.* Vide comment. ad eum Prudentii locum. De oculis mystice exponunt nonnulli verba Jeremiæ c. IX, vers. 21, *Quia ascendit mors per fenestras nostras*, et Isaiæ c. LX, vers. 8, *Qui sunt isti qui, ut nubes volant et quasi columbæ ad fenestras suas?* Quod si legas *mundantque fenestras*, id ex Isidoro l. XI Orig., cap. 1, explicari potest : *In summitate autem palpebrarum locis. quibus se utræque clausæ continguunt, exstant adnati ordine servato pili, tutelam oculis ministrantes, ne irruentes* (al. *irruente sorde*) *facile injurias excipiant, et ex eo noceantur, ut pulveris, vel cujuscunque crassioris materiæ arceant contactum, aut ipsum quoque aerem concidendo mitificent, quo tenuem atque serenum faciant visum.*
620. *Scena* proprie significat tentorium, tabernaculum, umbraculum ex frondibus : hinc translate *scena capillorum.* Ovidius l. XIII Met., vers. 718 : *Coma plurima torvos Prominet in vultus, humerosque, ut lucus, obumbrat.*
621. Sæpius in plurali dicitur *tempora*, et hoc etiam loco dici posset *Tempora, et omne caput.* Verum *tempus* in singulari significat etiam utrumque tempus. *Omne caput* pro *totum caput*, ut supra vers. 554, *Quantos caput omne capillos.* Capilli vestis capitis sunt, ut constat ex nota ad vers. 344, l. I, *Facti, ut et decorem præstent, et cerebrum adversus frigus muniant, atque a sole defendant*, ut tradit Isidorus l. XI Orig., cap. 1.
622. Libr. I, vers. 345, *Orbe micant gemino* de oculis, et l. II, vers. 652, *Et gemino capit orbe diem.* Vide notam.
623. Lego *Naribus abductis*, quasi separatis et recedentibus, ut duplex via pateat.
624. Vide l. I, vers. 342 et 395, quibus in locis rubor genis tribuitur. Plinius l. XI, c. 37, sect. 58, de genis : *Pudoris hæc sedes : ibi magis ostenditur rubor.*
627. Lego *muratum*, quæ vox est Vegetii. *Moratum* nihil hoc loco significat, *muratum* apposite exhibet dentes tanquam muros quibus cingitur palatum.

Ut bene verba sonent, ipsis modulantibus, ora : **A**
Obsessamque donant densata repagula linguam,
630 Et sontem factura latet, sermonibus oris
Interpres mentis, secreti pectoris index,
Atque voluntatis tacitæ, vel cordis imago
Verbere distinctas spargit per murmura voces,
Omne nefas, atque omne bonum dictura lo-
[quendo:
635 Dentibus adduntur rubicundo labra flabello.
360 Acceduntt humeris remorum more lacerti,
Brachia junguntur, vola nascitur, et manus
[omnis.

Unguibus armantur digiti sub dispare forma,
Curvis spina latus complectitur aspera costis,
640 Pectora circumstant crates, jugulique ligantur.
Cætera membrorum currit propago per artus,
Usibus, officiis aptantur cuncta ministra,
Ædificant hominem longæ fragmenta ruinæ.
361 Ante tamen quam membra forent com-
[page ligata,
645 Jam prior auris erat, quæ audivit verba Tonantis.
Persarum *dominus* timuit post regna bubul-
[cum
Inter prata pecus, qui post regnavit in arce.

SCRIPTURA COD. VAT.

628. *Et bene.*
629. *R. lingua.* · **B**
630. *Et pontem factura jacet sermonibus oris.*
632. *E. . . . tantis tacitæ vel cordis imago :* sic
mutilus est hic versus.

635. *Dentibus aduritur r. l. f.*
644. *Compago ligata.*
646. *Persarum timuit post regna bubulcus :* deest
dominus, aut simile verbum.
647. *Pecus si post.*

NOTÆ.

628. Eleg. vers. 47, *Tacitæ modulamina linguæ.*
Cicero libr. II de Nat. deor., cap. 59 : *Deinde in ore
sita lingua est, finita dentibus. Ea vocem immoderate
profusam fingit et terminat : quæ sonos vocis distinctos
et pressos efficit, cum et ad dentes et ad alias partes
pellit oris. Itaque plectri similem linguam nostri solent
dicere, chordarum dentes, nares cornibus iis qui ad nervos resonant in cantibus.*
629. A. Gellius l. I, cap. 15 : *Ulyssem contra Homerus, virum sapienti facundia præditum, vocem mittere ait non ex ore, sed ex pectore.... petulantiæque
verborum coercendæ vallum esse oppositum dentium,
luculenter dixerit, ut loquendi temeritas non cordis tantum custodia, atque vigilia custodiatur, sed et quibus-* **C**
*dam quasi excubiis in ore positis sæpiatur. Homerica
de quibus supra dixi hæc sunt :* 'Αλλ' ὅτε δὴ ῥ' ὅπα τε
μεγάλην ἐκ στήθεος ἵη, Τέκνον ἐμὸν, ποῖόν σε ἔπος φύγεν
ἕρκος ὀδόντων. *Ast ubi jam magnam fudit de pectore
vocem, Dentis claustra iui vox qualis, nata, reliquit.*
630. Forte *Et sontem factura latet secessibus oris.*
Vide notam ad vers. 57 libr. I, ubi sermo est de lingua mala.
632. Ambrosius l. VI Hexaem., cap. 9 : *Quid est
igitur os hominis, nisi quoddam sermonis adytum, fons
disputationis, aula verborum, promptuarium voluntatis.* Plura ibi Ambrosius de mirabili structura corporis humani.
633. Avitus libr. I, vers. 87 : *Flexilis arctatur recavo sic lingua palato, Pressus ut in camera pulsantis
verbere plectri Percusso resonet modulatus in aere
sermo.*
635. Propertius, l. II, eleg. 18, v. 59, produxit
primam in *flabellum. Et modo pavonis caudæ flabella* **D**
superbi; sed corripuit Ovidius III Amor., el. 2, *Quos
faciant nostra mota flabella manu.* Ubi tamen alii
legunt, *Quos faciat nostra mota tabella manu;* uti
etiam alio in loco *flagello,* vel *tabella* pro *flabello,*
ne in *flabello* corripiatur prima. Sed plerumque
istius modi correctiones fiunt non tam auctoritate veterum exemplarium, quam præjudicata opinione
editorum. Labra, ut lingua, non male flabello, quo
scilicet ventus excitatur, comparari possunt. Cicero
pro Flacco cap. 25 : *Cujus lingua, quasi flabello sedi-
tionis, illa tum est egentium concio ventilata.* Eugenius
Toletanus in præfat. ad sua carmina : *Nec metuas
libris æmula flabra tuis,* qui versus in codice Vat.
Alexandr., num. 1560, sic legitur : *Nec vereare libris æmula flabra tuis.*
636. Ex Celso l. VIII, cap. 1 et 10, brachium est
membrum hominis a cubito ad manum. Reliqua pars
a cubito ad humerum a Celso dicitur os humeri, sive
humerus, ab aliis lacerti : nam humerus frequen-

tius pars illa vocatur a qua lacerti et brachia dependent.
637. Prudentius Apoth. v. 859 : *Nunquid manus
articulatim Est digesta Dei? nunquid vola? nunquid et
ungues Claudere flexibiles ?*
639. *Spina,* series vertebrarum in dorso, unde
Hispanis *espinazo.* Ovidius l. VIII Met., vers. 804,
*Ossa sub incurvis exstabant arida lumbis, Ventris erat
pro ventre locus, pendere putares Pectus, et a spinæ
tantummodo crate teneri.*
640. De crate vel cratibus pectoris vide comment.
ad Prudentium, v. 891 Apoth., et hymn. 5 Per.,
vers. 148. Juguli sunt duo ossa, *claviculæ* dicta, quæ
sunt supra summas costas unde collum incipit : nec
male legeres *jugulisque ligantur.* Vide Heisterum
Comp. anatom. num. 444. Huic toti descriptioni corporis humani plenius intelligendæ utile cum primis
est opus, quod paucis ante annis prodiit : *Tabulæ
anatomicæ ex archetypis egregii pictoris Petri Berretini
Cortonensis expressæ, in æs incisæ. Alteram hanc
editionem recensuit, nothas iconas expunxit, perpetuas
explicationes adjecit Franciscus Petraglia philosophiæ
et medicinæ professor. Romæ,* 1788.
641. *Propago* translate est progenies, quo sensu
prima corripi solet : proprie est ramus vitis, aut
alterius arboris, qui in terram demittitur, ut reno-
vetur actis radicibus, qua significatione prima deducitur. Hanc significationem ad ossa hominis renovata transfert Dracontius.
642. Forte *cuncta ministrant, Ædificant.* Cæterum
ministra adjective probum est exemplo Ciceronis,
Lucretii, Ovidii et aliorum.
644. Melius *compage ligata,* quam *compago ligata.*
Vide lib. I, not., vers. 346 et lib. II, vers. 84, *Induitur compage Deus, structura ligatur Ossibus. Compages,* et *compage* apud poetas Christianos sæpe occurrit.
645. Pulchre : nam commotio ossium facta est
antequam membra singula formarentur, sed non poterant commoveri, ut voci Domini obedirent, nisi
eam audirent : quod perinde est ac si dicas audiri
Deum etiam sine aurium ministerio. Joann. cap. V,
vers. 25 : *Venit hora, et nunc est, quando mortui audient vocem Filii Dei, et qui audierint, vivent.... Qui in
monumentis sunt, audient vocem Filii Dei.*
646. Supplevi *dominus,* ut constet versus et sensus. Eadem historia non dissimilibus verbis renar-
ratur in Eleg. vers. 31 seqq., ex Daniel. cap. IV, vers.
30 seqq.
647. *Pecus,* bos : nam vers. præc. ait, *Timuit post
regna bubulcum,* et in Eleg. factum bovem aperte
dicit : *Erravit per prata vagus,... Et qui homo bos*

Me, rogo, jam repara sub libertate solutum,
Clade, catenarum ferrato pondere pressum.
650 Sit vitae requies, animae sint otia fessae,
Sit secura quies, sit nox cum munere noctis,
Sit fortuna redux, sit virtus usque senectam,
Sit venerandus honos, et quidquid vita preca-
[tur,
Aut amissa dolet, totum pietate reforma.
655 **362** Nosco, quid iratus, vel quid mitissimus
[ipse
Des, pater: adverto, non est formido salutis,
Sed veniam sperare licet. Res ipsa probavit,
Quod vivus sum: mortis inops pietate reservor,
Non ira, nam si Domini gravis ira fuisset,
660 Non me differres, subita sed morte necares,
Ne peterem veniam, quam nunquam, sancte,
[negasti,

Aut ut non essem prorsus, cui parcere posses.
Servatum reparare jube pietate sueta,
Ut merear cantare tuas per carmina laudes.
665 Quamvis nemo tua praeconia congrua dixit,
Aut unquam dicturus erit : nam formula laudis
Temporibus tribus ire solet, tu temporis ex-
[pers,
Nunquid habes, Deus, ante tuum? vel post
[cadit in te?
363 Si laudator abest, narrator plenus at
[esset:
670 Sed quis opus narrare tuum sermone valebit?
Suspexisse Deum satis est de corde trementer,
Et lacrymis, precibusque piis veneranter adire.
Sint reduces vires, mens sana in corpore sano,
Sit mihi longa dies felici tramite vitae,
675 Sit secura domus, felix numerosa propago.

SCRIPTURA COD. VAT.

650. A, sunt otia.
654. Aut amissa dolent t.
655. Dubium, quod, an quid.
657. Speraret licet.
659. Non iram nam.

662. Pro cui videtur qui.
668. Dubium, nunquid, an nunquod.
669. Plenus adesset.
673. Sint reduces tenuis m.
675. Sit homo vel perlex felix.

NOTAE.

fuerat. Nabuchodonosor post septem annos, sive tempora bonae menti redditus est, et regnavit in arce, hoc est in aula Babylonis. Libr. I, vers. 739 : Dejicit elatos, et mergit ab arce superbos. Vide comment. ad Prudentium, hymn. 5 Cath. vers. 80 : Arcis justitium triste tyrannicae.
650. Suspicor hos quinque versus trajiciendos esse post vers. 672, Et lacrymis.
651. Munere noctis, somno. In fabulis nox est mater aut nutrix somni. Euripides in Oreste vers. 174, O veneranda, veneranda nox, Dans somnos Laboriosis hominibus.
652. Fortunae reducis templum Romae erectum erat : cui multi lapides nummique inscripti adhuc exstant. Dracontius veteris sui status fortunam reducem a Deo petebat et sperabat : ethnici numen Fortunae tribuebant, quod etiam Juvenalis in fine sat. 10 reprehendit. Usque senectam, ut dixi ad vers. 708 lib. II.
653. Forte et quidquid vota precantur, Aut quae amissa dolent.
654. Possis legere Amissumve dolet, ut melius amissum cohaereat cum quidquid. At quidquid vim pluralis numeri habet. Propertius lib. IV, eleg. 5, in fine, Quisquis amas, scabris hoc bustum caedite saxis. Dracontius in Eleg. vers. 15 : Quidquid agunt homines, bona, tristia, prospera, prava.
656. Formido est metus vehementior, quique diu permanet, et horrorem conjunctum habet : quo sensu formido salutis amittendae a spe veniae removetur.
658. Inops hic rebus applicatur quibus egemus : hoc loco inops mortis est a morte exemptus, nondum mortuus. Nec perperam interpunges Quod vivus sum mortis inops, pietate reservor.
660. Adisis libr. I, vers. 29 seqq. Eodem enim identidem revolvitur Dracontius, ut Dei clementiam commendet.
661. Sancte, ut dixi ad vers. 598.
662. Vide num melius prorsus, qui poscere possem.
663. Sueta trisyllabum, ut vers. 446.
664. Confer lib. I, vers. 749, Ut valeam memorare tuas hoc carmine laudes. Quod autem Dracontius nunc petit, ut Deus servatum reparet ad divinas laudes cantandas per carmina, non tam hoc carmen praesens innuit quam alia. Per denotat modum; aut idem est ac carminibus cantare.

665. Non male esset nemo tibi praeconia congrua. De hoc vocabulo congruus dixi ad Prudentium Cath. hymn. 11, vers. 110. Latinius est congruens.
666. Tria tempora orandi Deum mane, vespere et meridie explicui ad Prudentium hymn. 3 Cath., vers. 86.
667. Eleg. vers. 5, Et temporis expers.
668. Ante et post more substantivi ponuntur. Vide de hoc argumento lib. II, vers. 752 seq. Prosper epigr. 41, Nec serum aut properum sibi sentit in ordine rerum, Cui cuncta assistunt acta et agenda simul. Quod epigramma est de providentia Dei et in aliis editionibus septimo loco ponitur.
669. Plenus at esset melius ex conjectura mihi visum quam, plenus adesset.
671. Trementer posset mutari in trementi ; sed retinendum est etiam sine exemplo. Sic vers. seq. veneranter adire. Vide prolegom. num. 135.
672. Veneranter, dictum de adverbio lib. I, vers. 4. Adde Theodulfum Aurelianensem lib. I, carm. 13 : Annua sic etiam veneranter festa canamus.
673. Mendum in codice aliis conjecturis ansam praebet, ut Sint reditus tenues, vel Sic victus tenuis. Praefero Sint reduces vires, quia vere fractae erant Dracontii vires, ut ex vers. 593 liquet. Eugenius Toletanus in oratione ad Deum carm. 1, l. I, Sit comes alma salus, et sufficientia victus, Absint divitiae, etc. Paulinus in precatione ad Deum carm. 5, Sim tenui victu..... Non animo doleam, non corpore. Alia verba Dracontii desumpta sunt ex Juvenali sat. 10, vers. 356, Orandum est, ut sit mens sana in corpore sano.
674. Paulinus in precatione matutina ad Deum poem. 4 : Exaudi, si justa precor, ne sit mihi tristis Ulla dies, placidam nox rumpat nulla quietem.
675. Ad hujus versus restitutionem alias conjecturas indicabo : Sit domus, atque uxor felix, numerosa propago. Sit sine labe domus, felix. Adsit laeta domus, quod postremum hemistichium Paulini est in precatione matutina, qui pergit, epulisque alludat inemptis Verna satur, fidusque comes, nitidusque minister, Morigera et conjux, charaque ex conjuge nati. Ex eodem Paulino in precatione secunda conjicias in Dracontio Sim genitor semper, felix. Paulinus habet Et semper genitor sine vulnere nominis hujus. Veteres felicitatis genus ducebant plures habere liberos. Ovidius libr. 6 Metam., vers. 153, de Niobe : Nes

364. Sit sine tormentis post corpus vita futura, A
Et requies animæ, qua mox purgata quiescat.
Judicio, Deus alme, tuo detur inde triumphus,

Inter odoratos flores et amœna vireta
680 Ad nemus æthereum veniam, sedesque beatas,
365 Et grates exceptus agam de fasce malorum.

SCRIPTURA COD. VAT.

677. *Qua nox purgata.*
679. *Adoratos,* supra *odoratos.*

680. *Quamvis ad æternum venit s. v.*
684. *Et gratias exceptus agam ex fasce malorum.*

NOTÆ.

genus amborum, magnique potentia regni Sic placuere illi, quamvis ea cuncta placerent. Ut sua progenies ; et felicissima matrum Dicta foret Niobe, si non sibi visa fuisset. Contempsit enim Latonam, quia, ut aiebat, *Huc natas adjice septem, Et totidem juvenes, et mox generosque, nurusque. Quærite nunc, habeat quam nostra superbia causam.... Illa duobus Facta parens: uteri pars est hæc septima nostri. Sum felix, quis enim neget?* Hæc autem superbia causa fuit cur in saxum cum liberis converteretur, ut fingunt mythologi. Juvenalis non probat, hujusmodi vota fieri ab hominibus, ut fecunda sit uxor, sat. 10, vers. 350, *Nos animorum Impulsu, et cæca, magnaque cupidine ducti, Conjugium petimus partumque uxoris: at illis Notum, qui pueri, qualisque futura sit uxor.* Nihilominus numerosa soboles in Veteri præsertim Testamento tanquam virtutis præmium repræsentatur, ut in psal. cxxvii, vers. 3 seq., *Uxor tua, sicut vitis abundans in lateribus domus tuæ. Filii tui, sicut novellæ olivarum in circuitu mensæ tuæ. Ecce sic benedicetur homo qui timet Dominum.* Præterea Dracontius non tam Deum rogare videtur, ut multitudinem liberorum ipsi concederet, quam ut numerosa proles, quam jam habebat, felix esset. Nam de ejus filiis accipio quod ait Eleg. vers. 283, *Si ipse ego peccavi, quænam est, rogo, culpa meorum, Quos simul exagitat frigus, inopsque fames?*

677. Ignis purgatorius non obscure innuitur. Egregia sunt quæ in hanc sententiam Julianus Toletanus lib. ii, c. 10 Prognost. ex Juliano Pomerio affert: *Spiritus illi, qui nec tam perfectæ sanctitatis hinc exeunt, ut ire in paradisum statim post depositionem suorum corporum possint, nec tam criminose ac damnabiliter vivunt, aut ita in suis criminibus perseverant, ut cum diabolo et angelis ejus damnari mereantur. Ecclesia pro eis hic efficaciter supplicante, ac pœnis medicinalibus expiati corpora sua cum beata immortalitate recipient, ac regni cœlestis facti participes, in eo sine ullo defectu suæ beatitudinis permanebunt.* Sequor membranas veteres alibi laudatas.

678. Intelligo judicium extremum, ut vers. 548, lib. ii, *Judicio venturus erit post sæcla futuro.* In detur prima corripitur, ut in *demus* lib. i, vers. 361. Vide notam et adde Ademarum in acrosticho apud Mabillonium in Analect. t. I, p. 418 : *Xenia Ademarus dederim libi Italia cur mox Rite tuum scire est, unde reposco detur.*

679. Describitur paradisus cœlestis imitatione rerum, quas sensu percipimus. Paulinus poemat. 55 de Obitu Celsi vers. finem vocat *æterna vireta.* Tertullianus de Judicio Domini, *Ire per antiquum semper florentia regna, Promissas per opes, per semper amœna vireta.* Helpidius, Histor. Vet. et Nov. Test., *Sacrati nemoris Domino per amœna vireta Felix latro duce, hospitium vitale meretur.* In appendice 9 ad carmina Damasi, pag. 244 : *Inde per eximios paradisi regnat odores, Tempore continuo vernant ubi gramina quævis.* Auctor incertus de Bebiani Baptismo : *Ætherii secreta poli, sedesque beatas.... Narrat et ætherii cœleste nemus paradisi.* Virgilius lib. vi, vers. 638, de campis Elysiis : *Devenere locos lætos, et amœna vireta Fortunatorum nemorum, sedesque beatas,* quem locum, ut vides, imitatur Dracontius.

680. Forte *Ad nemus æternum.* Paulinus poem. 37 ex ep. ad Severum ad picturam martyrum : *Inter floriferi cœleste nemus paradisi.* Hinc melius videtur *Ad nemus ætherium.* Libr. ii, vers. 147 : *Lucis ad ætherios tractus.* Tertullianus de Judic. Dom. : *Et nemora alta tenent florenti tempore cœlum.*

681. Simili modo orationem suam concludit Eugenius: *Cumque suprema dies mortis patefecerit urnam. Concede veniam, cui tollit culpa coronam.* De hujusmodi precibus plura congessi in prolegom. ad Prudentium, cap. 19. Addo versus Engelmodi episcopi ad Rathbertum abbatem tom. IX Bibl. Patrum, part. 2, pag. 897, Coloniæ, 1618 : *Cum rex altithronus mundum discreverit urna Judicii.... Sed tu, sancte, precor mediis te oppone periclis, Auxiliisque pio defendens rore misellum, Fumificos pœnæ placidus compesce vapores.* Forte *Auxiliique pio.* Fascis malorum sunt dæmones et impii æterno igni damnati. Isaias c. xxiv, vers. 22 : *Et congregabuntur in congregatione unius fascis in lacum et claudentur ibi in carcere.* Matth. cap. xiii, vers. 30 : *Colligite primum zizania, et alligate ea in fasciculos ad comburendum :* et vers. 40 : *Sicut ergo colliguntur zizania, et igni comburuntur, sic erit in consummatione sæculi.* Hieronymus ad cap. cit. Isaiæ : *Hos igitur principes, qui suum non servaverunt gradum, congregabit Dominus in die judicii, quasi in uno fasce pariter colligatos, et mittet in lacum inferni.... juxta illud quod ait Dominus* (Matth. cap. xxv) : *Ite in ignem æternum,* etc. Putant aliqui damnatos pro varietate scelerum in varios fasces esse colligandos, ut avari colligentur cum avaris, luxuriosi cum luxuriosis, etc. Dicam hoc loco quod multis aliis dixisse C potui, nec debet omnino omitti. Dracontius aliique primi Christiani poetæ ita sæpe argumentum suum tractant, ut cum puro Latino sermone utantur, tamen phrases et sententias ipsas sacræ Scripturæ venustæ inserant et accumulent: quod iis qui gustu litteraturæ ecclesiasticæ præditi sunt, valde jucundum accidit, aliis qui doctrinam sacram parum callent, aut ne callere quidem curant, vehementer displicet, quod non doctas fabulas et argumenta rerum, qualia in fabulatoribus ipsi legunt, poetæ nostri sectentur. At in Virgilio Gellius, Macrobius et alii, si quid ex veteri augurum disciplina, aut jure pontificio inveniebant scite depromptum, summis laudibus efferebant. Cur igitur in poetis Christianis sublimem theologiam et recon ditam sacrarum Litterarum doctrinam non mirabimur? Utar exemplo quod hic locus offert. Dracontius extremum diem judicii ita repræsentat, ut ex una parte, sinistra scilicet, considerentur malos tanquam uno fasce colligatos, quia et inter se confusi et igni præ parati sunt. Ab hoc fasce excipi, seu eximi rogat et D addi insonti populo. Sancti sunt populus electus Dei psalmo cxlviii, vers. 14: *Hymnus omnibus sanctis ejus, filiis Israel, populo appropinquanti sibi:* Passim populum suum Deus Israel vocat, et in Israel electos ad vitam æternam quæ etiam sors justorum dicitur. Psal. cxxiv, vers. 3 : *Quia non relinquet Dominus virgam peccatorum super sortem justorum.* Et Dracontius l. ii, vers. 682, *Sub sorte beata.* Sors erat portio hæreditatis quæ cuique obtigerat apud Hebræos. Vide notam ad vers. 212. Justorum autem ipse Deus est hæreditas. Psal. xv, vers. 5 : *Dominus pars hæreditatis meæ et calicis mei : tu es qui restitues hæreditatem meam mihi.* Hæc restitutio fit justis, cum Deo post obitum fruuntur, sed plene tunc fiet cum post resurrectionem animo et corpore erunt beati. Contraria modo se habet sors impiorum. Ecclesiasticus cap. vi, vers. 4 : *Anima enim nequam disperdet, qui se habet, et in gaudium inimicis dat illum ; et deducet in sortem impiorum,* videlicet in pœnas æternas impiis præpa-

682 366 Additus insonti populo sub sorte piorum.

NOTÆ.

ratas. De eadem impiorum portione, seu sorte Jobus cap. xxiv, vers. 18: *Maledicta sit pars ejus in terra, nec ambulet per viam vinedrum.* Ad nimium calorem transeat *ab aquis nivium, et usque ad inferos peccatum illius.* Quem ad locum multa in hanc sententiam disserit Corderius.

682. Mentio populi in extremo judicio explicando scite, et ex eadem sacrarum Litterarum plena cognitione, quam proxime dicebam, facta est. Julianus Toletanus l. iii Progn., c. 54: *Ecce ait Psalmista: Advocabit cœlum desursum et terram, ut discerneret populum suum. Quid est quod dicit, discernere populum suum, nisi per judicium separare bonos et malos, tanquam oves ab hœdis: nam oves tunc statuet a dextris, hœdos autem a sinistris.* Locus a Juliano allegatus est psalmi xlix, v. 4. Plura alia sub styli acumen subeunt: sed prætermittenda sunt, nam et ea quæ protuli fortasse abundant, et satietati lectorum medendum est, si fieri possit, cum plerique nunc sint, quibus jure versiculum Martialis lib. xi, initio, accommodes: *Libros non legit ille, sed libellos.*

DRACONTII SATISFACTIO

AD

GUNTHARIUM REGEM WANDALORUM

DUM ESSET IN VINCULIS

367 Rex immense Deus, cunctorum conditor,
 [et spes,
Quem timet omne solum, qui regis igne po-
 [lum:
Sidera, flamma, dies, quem, sol, nox, luna fa-
 [tentur
368 Auctorem, dominum sæcula cuncta
 [probant:

B 5 Principio, seu fine carens, et temporis expers,
Nescius alterni, nec vice functus agis
Omnia permutans, nullo mutabilis ævo,
Idem semper eris qui es modo, vel fueras.
Nil addit, demitque tibi tam longa vetustas:
10 Omnia tempus habent, nam tibi tempus abest.
Qui mentes hominum, qua vis, per singula ducis,
Et quocunque jubes, dirigis ingenia.

VARIÆ LECTIONES.

1. Sirm., *Rex æterne Deus, auctor, rectorque serenus.* Cum Sirmondiano codice consentit codex Azagrensis, ubi discrepantiam inter eos non exprimo. Textus scripturam codicis Vaticani repræsentat.

2. Sirm., *quem tremit o.*

5. Hic versus et sequens desunt in Sirm.

8. Sirm., *Posthac s. e. q. e. m. v. fueris.* Azagr., *noster* pro *posthac.*

9. Sirm., *nil confert d.* Azagrens., *nil addit d.*

11. Sirm., *Tu m. h. quamvis per s. d.*

12. Sirm., *Effingisque bonis candida corda viris.*

NOTÆ.

1. Hoc initium expressit Eugenius Toletanus in oratione ad Deum: *Rex Deus immense, quo constat machina mundi.* Sic enim potius legendum quam *Rex Deus, immensi quo constat machina mundi.* Videsis prolegom. num. 66. Dracontius sæpe phrases et sententias Carminis de Deo in hanc Elegiam transfert, quarum nonnullas indicabo. Lib. ii, vers. 584: *Solus ubique Deus, rerum fons, conditor, et spes.* Confer notam ad l. ii, v. 1.

2. Melius fortasse videatur *Quem tremit omne solum* cum Sirm. Sic lib. ii, vers. 151: *Tu Deus es quem terra trem t,* et l. iii, vers. 544: *Et rerum natura parens famulata tremiscit.* Sed cum in codice Vat. legatur *timet,* hoc potius manu auctoris scriptum credendum est. *Qui regis igne polum,* ut l. i, vers. 224, *Qui fovet igne pio cœlum,* etc. Vide notam ad vers. 25 l. i.

5. Rivinus ita ut editum est distinguendum ait. Sirmondus interpunxerat *Sidera, flamma, dies, quem sol, nox.* Hoc argumentum in libris de Deo sæpius est pertractatum. Vide l. i, v. 5 seqq., cum notis.

5. Lib. iii, vers. 667.: *Tu temporis expers.* Dudo Decanus S. Quintini in præfat. ad l. i Actor. Normanniæ ducum: *Exsors principii et sine fine manens.* Fortasse legendum *Exsors principii es, et sine fine manens.* In primo certe versu ejus poematis mendum est, quod obiter corrigam: *O trinum specimen, tria summa, virgo Deus unus:* lege *tria summa, vigor Deus unus.* Desumpta enim verba sunt ex primo versu præf.

1 Apoth. Prudentii: *Est tria summa Deus, trinum* C *specimen, vigor unus.* Idem Dudo lib. iii, p. 102: *Qui tria summa manet, trinum specimen, vigor unus.* Dracontius *seu* pro *et* usurpat. Vide Dig. lib. xxxiv, tit. 2, leg. 31.

6. *Alterni et vice* varietatem et vicissitudinem denotant. Infra vers. 247: *Alternant elementa vices, et tempora mutant.*

7. Lib. iii, vers. 525: *Qui sæcula mutat,* et vers. 528: *Idem semper erit, nullo mutabilis ævo.*

8. Rivinus ex conjectura pro *fueris* legerat *fueras,* quod revera in nostro codice exstat. Lib. ii, vers. 585: *Idem semper eris, quod et es, quod et ante fuisti.*

9. Lib. ii, vers. 586: *Nil addens, minuensve tibi.*

10. *Nam* pro *vero, autem,* aliquando ponitur, ut si dicas *Omnia tempus habent, sed tibi tempus abest.* De hoc usu particulæ *nam* Forcellinus, cui propemodum accedit Tursellinus de Partic., dum eam anteoccupationi inservire tradit.

11. *Quamvis* in Sirmondo ineptum est. Vat. recte, D *qua vis.*

12. Non video cur interpolator, omisso egregio Dracontii versu, alium effinxerit. *Dirigere ingenia* est hominum mores, indolem, dirigere, ducere. Amplificat enim, quod vers. præc. dixit. Dracontii sententia est, a Deo esse omnia quæ homini accidunt, prospera et adversa: homines esse bonos Deo adjuvante, malos permittente. Neque obest verbum *jubes:* nam etiamsi id accipere velis de jussu Dei ad actiones bonas et illicitas, eodem sensu proferri id potest quo lib. II Reg., cap. xvi, vers. 10, de Semei dici-

369 Qui facis iratus, homines contraria
[velle,
Propitiusque jubes, ut bona cuncta gerant.
15 . Quidquid agunt homines, bona, tristia, pro-
[spera, prava,

Hoc fieri admittunt ira favorque Dei.
Hoc tua verba probant Moseo dicta prophetæ,
370 Quod duraturus cor Pharaonis eras.
Sic mea corda Deus, nostro peccante reatu
20. Temporis immodici, pellit ad illicita.

VARIÆ LECTIONES.

13. Sirm., *Qui facis iratus homini contraria bella.* Azagr., *iratos homines.*
14. Sirm., *cuncta gerat.* Azagr., *cuncta reguent.* In Vat. est *gerat,* supra *gerant.*
15. Hoc distichum in duo dividitur a Sirm., *Quidquid agunt homines, bona, prospera, sancta, modesta, Te faciente, fiunt quo bona cuncta fiunt. E contra adversa, probrosa, maligna, inhonesta Tu fieri pateris;*
16. Scribitur in Vat. *ammittunt,* et *fabor.*
17. Sirm., *Hæc tua lex docuit Moyse præscripta notante.* Azagr., *Mose.*
18. Sirm., *Cum perduratum cor Pharaonis ait.*
19. Sirm., *Sic me lingua, Deus lingua patrante eatum.* Azagr., *sic mea corda Deus.*
20. Sirm., *Noxia culpa ligans traxit ad inlicita.*

NOTÆ.

tur: *Dominus enim præcepit ei ut malediceret David.* Dracontius enim non tantum sententias, sed et verba ipsa a sacris Litteris persæpe mutuatur.
13. Sirmondi scriptura, sive interpolatoris correctio longe abest a Dracontii acumine. Deus, ait Dracontius, cum iratus homini est ac vult illum punire, facit eum velle sibi contraria ac nocitura. Hæc autem voluntas hominis, qui rem sibi nocituram appetit, sæpe nullum habet admixtum crimen. Quod si hujusmodi actio seu voluntas scelere infecta sit, etiam tunc fit a Deo non volente, sed permittente peccatum; quo tamen ut ejus etiam effectis, utitur ad hominem cui iratus est puniendum.
14. In Sirm. *gerat* refertur ad hominem vers. præc. Sed cum in Vat. vers. præc. sit *homines,* necessum est *gerant.* Deus jubet homines, quibus propitius est, opera bona ipsisque profutura facere. Fortasse legendum est *Propitiusque juvas.* Primam in *propitius* produci posse, ostendi in prolegom. ad Prudentium, n. 205. —
15. Juvenalis sat. 1, vers. 86: *Quidquid agunt homines, votum, timor, ira, voluptas.* In hoc disticho patet quam mutatum Dracontium nobis ejus interpolator reddiderit. Dracontius affirmat, omnia regi divina providentia, bona, tristia, prospera, prava, quæ vel favore Dei, vel ira proveniunt: nempe bona, prospera favore, tristia, prava ira. Sibi ubique constans l. 1, vers. 18, ait: *Omnia quæ veniunt, bona, gaudia, tristia, acerba, Descendunt ex arce Dei, de sede Tonantis.* Quod vero nunc ait *prava,* intelligit adversa, distorta. Vide l. 1, vers. 561. Quamvis autem *prava* explicare velis scelerate facta, tamen Dracontius caute adhibet verbum *admittunt,* quod favori Dei volentis, et iræ ejusdem permittentis convenit. Interpolator distinctius voluit exponere ea quæ Deus tanquam auctor facit, et ea quæ solum permittit, et virtutes ac vitia, quod Dracontius omisit, diserte commemoravit. Rivinus in Sirmondi versibus legit *Tu facis, ut fiant, qui bona cuncta facis,* pro *Te faciente, fiunt, quo bona cuncta fiunt.* Absurdum certe non esset si Dracontius primam in *fiunt* cum Prudentio et aliis corripuisset: imo aliquando corripuisse ex libris de Deo colligi potest. Vide notata ad l. III, vers. 155. Verum ex hoc Elegiæ versu solum arguitur, interpolatorem Dracontii primam in *fiunt* brevem fecisse, quin Rivini correctio necessaria sit.
16. Libr. I, vers. 10, etiam memorat *variis sub casibus iras, Et pia vota Dei,* quibus adversa et prospera tribuit. *Admitto* significationem habet concedendi, approbandi ac permittendi, et hoc loco communem utrique rei.
17. Libr. II, vers. 162, eodem modo *Moseo principe gentis.*
18. Hoc loco interpolator corrigere voluit Dracontium, qui verba Domini ad Moysem ita refert, *Quod duraturus cor Pharaonis eras.* Non placuit id interpolatori, qui propterea substituit, *Cor induratum cum Pharaonis ait.* Ac certe Exodi cap. VII, vers. 13, di-

citur *inauratum est cor Pharaonis.* Sed cum antea Dominus Moysi dixerit cap. IV, vers. 21: *Ego indurabo cor ejus, et non dimittet populum,* Dracontius hæc ipsa verba respexit quæ argumento ejus magis congruunt. Ostendit enim Deum cor hominis indurare, quod exemplo suo confirmat. Sæpe in sacris Litteris hujusmodi locutiones occurrunt. Apostolus ad Roman. cap. IX, vers. 17 et seq.: *Dicit enim Scriptura Pharaoni: Quia in hoc ipsum excitavi te, ut ostendam in te virtutem meam, et ut annuntietur nomen meum in universa terra. Ergo cujus vult misereretur, et quem vult indurat.* Isaias cap. LXIII, vers. 17: *Quare errare nos fecisti, Domine, de viis tuis; indurasti cor nostrum ne timeremus te.* Omitto innumera alia quæ tamen ita intelligi debent, ut nullo modo Deus auctor peccati credatur, quod Calvinus impie asserebat. Hieronymus ad loc. cit. Isaiæ col. 757 sic ait: *Non quo Deus errolis causa sit, et duritiæ, sed quo illius patientia nostrum exspectantis salutem, dum non corripit delinquentes, causa erroris duritiæque videatur.* Augustinus epist. 194, al. 105, num. 14, col. 719: *Nec obdurat Deus impertiendo malitiam, sed non impertiendo misericordiam,* et tract. 53 in Joann. cap. XII, num. 6, col. 646: *Sic enim excæcat, sic obdurat Deus, deserendo, et non adjuvando.* S. Thomas in Epist. ad Romanos cap. IX, lect. 5, distincte ac præcise: *Dicendum quod Deus non dicitur indurare aliquos directe, quasi in eis causet malitiam, sed indirecte, in quantum scilicet ex his quæ facit in homine intus vel extra, homo sumit occasionem peccati et hoc ipse Deus permittit. Unde non dicitur indurare quasi immittendo malitiam, sed non apponendo gratiam.*
19. Rivinus scripturam Sirmondi sic emendabat: *Sic me, sancte Deus, lingua patrante reatum, Noxia culpa ligans traxit ad illicita.* Genuina lectio Vat. his quæ præcedunt ac sequuntur multo est congruentior, quam interpolator de industria mutavit, difficultate deterritus vers. seq. explicanda. Animadvertenda nunc est mutatio numeri *mea corda, nostro reatu,* quæ Christianis antiquis scriptoribus familiaris est. Victor Vitensis l. 1, de Persecutione Vandalica, *Nobis, ad quem custodia pertinebat.* Plura exempla congerit Barthius l. XLII Advers., cap. 13, qui testatur optimis scriptoribus hanc mutationem numeri inusitatam non fuisse.
20. Suum temporis immodici reatum accusat Dracontius. Libr. III, vers. 576: *Hei mihi! quod facinus non uno tempore gestum, Ut mea facta luam, tempus convenit in unum.* Ait se a Deo compulsum ad illicita in pœnam inveteratorum scelerum. Sed potestne dici quod Deus *pellit ad illicita?* Potest eodem sensu quo Deus excæcare, obdurare, tradere in passiones ignominiæ dicitur. Augustinus de Grat. et Liber. Arb. cap. 21, n. 43, col. 742: *Satis, quantum existimo, manifestatur, operari Deum in cordibus hominum ad inclinandas eorum voluntates, quocunque voluerit, sive ad bona pro sua misericordia, sive ad mala pro meritis eorum, judicio utique suo, aliquando aperto, aliquando*

371 Ut qui facta ducum possem narrare meo-
[cum,
Nominis Asdingui bella triumphigera,
Unde mihi merces posset cum laude salutis
Munere regnantis magna venire simul,
25 Præmia despicerem, tacitis tot regibus almis,
372 Et peterem subito certa pericla miser.
Quis, nisi cœlesti demens compulsus ab ira,
Aspera cuncta petat, prospera cuncta negel?

Irascente Deo, mentes mutantur, et artus,
50 Vertuntur sensus, vertitur et species.
Persarum regem Babylonæ regna tenentem
Post decus imperii quis neget esse bovem?
Et diadematem turparunt cornua frontem,
373 Mugitus pecudis verba fuere duci.
55 Agricolam timuit post Parthica regna b. bul-
[cum,
Submisitque pavens regia colla jugo.

VARIÆ LECTIONES.

21. Sirm., n. tuorum. Azagr., meorum.
22. Pro hoc versu et duobus seqq. in Sirm. hic est unicus : *Unde mihi possent dona venire simul. Præmia despicerem*, etc.
25. Sirm., *tacitis*. Azagr., *tactis*.
27. Sirm., *Quo nisi cœlestis Domini conspectus ad æthram*. Azagr., *D. conceptus ab æthra*.
28. Sirm., *Aspera cuncta premunt, prospera nulla juvant.* Az., *premat* pro *premunt*. Vat., *negat* pro *neget*.
29. Sirm., *Irascente Deo, membra mutantur, et artus*. In Vat. videtur potius *actus* quam *artus*.
51. Sirm., r. *Babylonica* r. Azagr., *Babylonum*.
52. Sirm., *P. d. i. novimus e. b.*
53. Sirm., *tum diadematem.*
54. Sirm., *fuere ducis.*
55. Hic versus cum seq. omnino deest in Sirm.

NOTÆ.

occulto, semper tamen justo. Cum autem ex Augustini dictis nonnulli tanquam absurdum colligerent, quod per potentiam Deus homines ad peccata compellat, Prosper Aquitanus pro Augustino respondit in Respons. ad capitul. calumn. Gallor. xi : *Nullus catholicorum dixit aut dicit quod Deus homines pie recteque viventes per potentiam in peccata compellat*... Cum vero aliquos a Deo aut traditos desideriis suis, aut obduratos legimus, aut relictos, magnis peccatis suis hoc ipsos meruisse profitemur. Sed, ut distinctione S. Thomæ nuper exposita utamur, Deus pellit ad illicita in pœnam peccatorum præcedentium non directe, sed indirecte. Revera exemplum quod in se Dracontius exhibet ejusmodi est, ut explicationi S. Thomæ egregie respondeat. Dracontius enim carmen ediderat in laudem nescio cujus quo animus regis Vandalorum vehementer offensus est; quo carmine se coram Deo etiam fatetur peccasse. Ait ergo : Deus, qui crimina mea vetera punire voluit, eo me adduxit ut despicerem præmia quæ ex regis laudibus possem sperare, et certa pericula, alio laudato, peterem. S. Thomas loc. citat. sic rem hanc pulchre explicat : *Ad bona inclinat* (Deus) *hominum voluntates directe, et per se tanquam actor* (al. auctor) *bonorum; ad malum autem dicitur inclinare vel suscitare homines occasionaliter, in quantum scilicet Deus homini aliquid proponit vel interius vel exterius, quod, quantum est de se, est inductivum ad bonum, sed homo propter suam malitiam perverse utitur ad malum.... Et hoc modo circa Pharaonem accidit, qui, cum a Deo excitaretur ad regni sui tutelam, abusus est hac excitatione in crudelitatem.* Patres doctoresque Ecclesiæ ita semper exponunt Deum inclinare ad bonum vel ad malum voluntates hominum, ut libertas indifferentiæ sarta tecta homini relinquatur. Dracontius, qui hoc loco tradit Deum corda hominum quo vult inclinare, pellere ad illicita, indurare, de libero arbitrio quid sentiret aperte declaravit libr. ii, vers. 614 : *Arbitrio posuit clemens Deus omnia nostro, Libera mens hominum est peccare, aut vivere sancte.*
22. Vandali *Asdingui* dicti, ut uberius disserui num. 94 prolegom. *Triumphiger* nomen vel sola Dracontii auctoritate Latinis accensendum, ut *belliger* et similia.
23. Intelligo *cum laude salutis* cum prospero vitæ statu.
25. Reges Vandalorum plures præcesserant antequam Hispaniam occupassent.
27. Primigenia scriptura hujus versus difficultatem interpolatori creaverat, quod eamdem doctrinam repetat quæ in versibus præcedentibus declarata est, nempe Deum indirecte obdurare, excæcare, tra-

dere hominem suis desideriis, et ad illicita pellere in pœnam peccatorum. Rivinus, lectione Sirmondi minime contentus, tentabat *Quem nisi salvasset Domini conspectus ab æthra, Aspera cuncta premunt, prospera nulla juvant.* Adeo fallaces sæpius sunt conjecturæ, et a vero scriptorum sensu aberrat t.
28. *Neget*, recuset, neget sibi.
29. Libr. iii, vers. 591, *Irascente Deo, solatia cuncta negantur.*
30. *Species*, figura. Libr. i, v. 358, *Species hominis*. Hinc melius videretur vers. præc. *actus* quam *artus* : nam si dixisset, *mutantur et artus*, inutile esset addere *Vertuntur sensus, vertitur et species*. Non tamen male est *artus*, quia quod sequitur est explicatio ejusdem sententiæ, ut *sensus* respondeant mentibus, *species* artubus. Accedit Alcuinum carm. 178, quo Dracontium imitatur, ita habere, *Sic ventura dies mentes mutabit et artus.*
31. Facile est legere *Babylonica*, aut *Babylonum*, aut *Babylonis*. Sed non muto scripturam Vat. Libr. i, vers. 520 : *Flammantes viridesque tulit Babylonia crustas*. Similiter *Babylona, Babylonæ*, dici poterit. Historia hæc Nabuchodonosori indicata est l. iii, v. 646.
33. Rivinus in textu legit *Tum diadematem*, in notis *Tum diadematam*, sed discrepantiam non animadvertit, ut dubitari possit, an in notis mendum sit *diadematam*. Sane *diadematus* magis Latinum est, cum a Plinio adhibitum fuerit; sed verius est in Dracontio *diadema'em*, qua voce usus etiam est Theodulfus. Illud vero nimis acute objicit Rivinus Danielem non referre Nabuchodonosori enata fuisse cornua. Aliis verbis hæc controversia solet proponi, an Nabuchodono-or vere figuram bovis induerit, an solum a mente alienatus ipse se bovem cred derit. Verba Danielis sunt cap. iv, vers. 30 : *Sermo completus est super Nabuchodonosor, et ex hominibus abjectus est, et fenum ut bos comedit, et rore cœli corpus ejus infectum est : donec capilli ejus in similitudinem aquilarum crescerent, et ungues ejus quasi avium.* Calmetus in disse tatione præfixa ad Danielem de metamorphosi Nabuchodonosoris varias hinc inde opiniones refert et refellit. Sententia fuit Bodini Nabuchodonosorem in verum taurum forma corporis et mente transiisse. Alii vulgo existimant non animam tauri, sed externam tantum speciem illum induisse. Communior magisque probata sententia est Nabuchodonosorem in phrenesin incidisse : quo morbo turbata phantasia se bovem esse rex sibi persuaserit.
55. Lib. iii, vers. 646, *Timuit post regna bubulcum.* Aratro etiam subjectum fuisse Nabuchodonosorem credere Dracontius videtur.

Erravit per prata vagus, mala gramina pastus, *A*
Et qui homo bos fuerat, de bove factus homo
[est.
Liquit et antistes verus pater ille Joannis,
40 Elinguisque fuit voce tacente silens.
Ast ego peccando regi dominoque, Deoque,
Pejor sum factus, deteriorque cane.
374 Vulnera vexati curat sua lingua molossi,
Heu! mea quippe mihi vulnera lingua dedit.
45 Sed qui restituit pecudis post membra tyranni,
Ut fieret rediens ungula fissa manus,

Quique reformavit tacitæ modulamina lin-
[guæ,
Ne mutilante sono verba ligata daret,
Ipse meo domino Deus imperat, atque jubebit,
50 **375** Ut me restituat, respiciatque pius.
Servet, avi ut laudes dicam, patriasque, suas-
[que,
Perque suas proles regia vota canam.
Culpa quidem gravis est, venia sed digna rea
[tus,
Quod sine peccati crimine nemo fuit.

VARIÆ LECTIONES.

38. Sirm., *Et qui bos fuerat, de bove factus homo est.*
41. Sirm. interpungit *regi, dominoque Deoque.*
43. Sirm., *curat. Azagr., curant.*
44. Sirm., *heu me! quippe.*
45. Sirm., *membra tyrannum.*
46. Sirm., *Ut fieret rediens in sua regna bonus.*
47. Sirm., *taciti m. verbi.*

48. Sirm., *Ut mutilata sonos lingua ligata daret.*
49. Sirm., *Ipse meis parcet erratis, atque jubebit.*
50. Sirm., *Ut me respiciat, restituatque pius.* In *B* Azagr. videtur esse ut in Vat.
51. Versus 51 et 52 absunt a Sirm.
53. In Vat. nota in *venia* innuit legendum *veniam,* aut esse in auferendi casu

NOTÆ.

37. Lib. III, vers. 647, *Inter prata pecus.* Lib. I, vers. 274, *Et per prata vagum sequitur sua bucula taurum.* Virgilius l. II Æneid., vers. 471, *Coluber mala gramina pastus.*

39. Rivinus ex conjectura *Quid? quod et antistes, iterum pater ille Joannis Eloquitur, fuerat voce sed ante silens.* Sed retinenda est scriptura vetus, quæ etiam in exemplaribus interpolatis eadem conservatur. Lib. II, vers. 676, *Incurri culpam sancti pater ille Joannis.* Pro *deliquit* positum est *liquit,* nempe peccavit, incurrit culpam, defecit. Simplicia pro compositis sæpe sumuntur, ut *verto* pro *everto, fero* pro *aufero.* Linqui dicitur is quem vires deficiunt, et Curtius active in partic. præs. usus eo verbo est lib. VI, cap. 4 : *Linquente spiritu, pariter ac sanguine, moribundus in arma procubuit.*

40. Rivinus notat tautologiam *elinguis, tacente, silens.* Verum in Dracontio sæpe hujusmodi verborum repetitiones occurrunt.

41. Sirmondus ita interpungit, ut Deus *dominus* dicatur : sed superflua tunc esset conjunctio *que* in *dominoque.* Dracontius regem vocat dominum, ut v. 107 : *Post te, summe Deus, regi dominoque reus sum,* et vers. 410 : *Rex dominusque meus semper ubique pius.*

42. *Cane pejor* proverbii genus, de quo vide comment. ad Prudentium, hymn. 5 Perist., vers. 147, et Apoth., v. 216, *Cane milite pejor :* nam *miles canis molossus* est. Hæc de libidine Eugenii non esse ci pienda, contra Barthium recte probat Rivinus. Sed ego pro Eugenio Dracontium verum Elegiæ auctorem intelligo : nam elegia, ut in ms. Vat. exstat, etiam a *D* correctione Eugenii omnino immunis est.

43. Lingua vexati molossi curat sua vulnera. Lectio Azagr. retineri nequit.

44. Lingua vulnera dedit Dracontio, quia recitaverat carmen, quod regi displicuit. Sæpe *lingua* pro eloquentia, interdum pro carmine ponitur. Lib. I, vers. 168 : *Linguæ laurus honos solvit donanda poetis.* Paulinus poem. 15, natal. 4 : *Annua vota mihi remeant, simul annua linguæ Debita :* et poem. 16, natal. 5 : *Gaudia, quo famulæ rata debeo munera linguæ.* Itaque etiamsi Dracontius carmen illud non recitaverit, recte tamen culpam in linguam, nempe in carmen rejicit.

45. Clarior est lectio Sirmondi *tyrannum* quam *tyranni* in Vatic. Verum id ita explicari potest ; qui post membra pecudis restituit, seu fecit, ut manus tyranni fieret ex fis a ungula : aut *post* est adverbium.

46. *Ungula* est calceus corneus eorum animalium quæ digitos non habent.

48. Rivinus confidenter legit *Ut mutata sonos lingua ligata daret.* Sirmondi lectio hunc sensum habet, ut lingua ante ligata et mutilata sonos ederet. Nostræ scripturæ sententia est : Deus reformavit linguam ne ederet verba ligata et truncata, hoc est ut clare loqueretur. Plinius l. VII, cap. 16 : *Dentes serie structuræ atque magnitudine mutilantes mollientesque, aut hebetantes verba.* Ponitur *mutilante sono* pro *mutilato sono,* nam hujusmodi participia significationem passivam *G* habere solent. Possis etiam legere *Ne mutilata sono.* Ac fortasse Dracontius ætatem senis Zachariæ repræsentat : in qua verba trunca et mutilata proferri solent, cum organa modulationi linguæ servientia magna ex parte vitiata sint. Lib. III, v. 628, a t dentes cinxisse palatum, *Ut lene verba sonent, ipsis modulantibus, ora.* Deus igitur ita reformavit modulamina linguæ Zachariæ, ut, quamvis esset senex, distincte tamen et perspicue loqueretur. *Dare verba* pro loqui cum aliis usurpat Dracontius l. III, vers. 456.

49. Rivinus lectionem Sirmondi sic castigat : *Ipse meis parcet erratis, utque pudebit, Tum me respiciet, restituetque pius.* Vera lectio invenitur in codice nostro : Deus ipse, qui has mutationes effecit, regi domino meo imperat ac jubebit ut libertati me restituat.

50. Non displicet trajecti verborum in Sirmondo *Ut me respiciat, restituatque pius. Respicere* in sacris profanisque litteris accipitur pro *aspicere juvandi causa,* ut notum est, Fortunæ respicientis fanum Romæ videtur fuisse, cui multi lapides inscripti exstant.

51. Quisnam sit is avus et pater regis, quorum laudes canere volebat Dracontius, disputatum est in prolegom. num. 406 et 111.

52. *Suas* pro *ejus,* ut sæpe Dracontius posuit. Fortasse legendum *Postque suas proles,* aut *Proque sua prole.* Potest retineri per, ut vota regia sint per proles. Inservit enim præpositio *per* ad jurandum, adeoque trahi etiam poterit ad vovendum et desiderandum.

53. Sirmondus interpungit *Culpa quidem gravis est, venia sed digna, reatus.* Malo *venia sed digna reatus, digna, cui reatus venia concedatur.*

54. Joann. ep. I, cap. I, vers. 10 : *Si dixerimus quoniam non peccavimus, mendacem facimus eum.* L b. III Reg., c. VIII, vers. 46 : *Non est enim homo qui non peccet.* In distichis Dionysii Catonis l. I, *Nemo sine crimine vivit.*

55 Nam Deus omnipotens potuit, dum conderet A
        [orbem,
    Tristibus amotis gaudia sola dare.
    Sed diversa creans, et discordantia, junxit
    Et bona mixta malis, et mala mixta bonis.
    Sic elementa potens contraria miscuit auctor,
60 **376** Humida cum siccis, ignea cum gelidis.
    Littera doctiloquax apibus cognata refertur,
    Queis datur, ut habeant vulnera, castra, fa-
        [vos.
    Cerat dat ingenium pueris, primordia sensus,
    Inde fit, ut prosit littera, vel noceat :

65 Aspis habet mortes, habet et medicamina ser-
        [pens,
    Vipera sæpe juvat, vipera sæpe nocet.
    Cerva salutares pasto serpente medullas
    377 Conficit, et pellunt ipsa venena neces.
    Materies ferri simplex, et noxia fertur,
70 Impius inde nocet, rusticus inde placet.
    Ipsa parit gemmas pretiosos terra lapillos,
    Ipsa dat et vepres, spinea ligna, rosas.
    Delicias, mortesque parat mare fluctibus altum,
    Et generat pelagi conchula divitias.
75 Aera temperies auris vitalibus aptat,

VARIÆ LECTIONES.

56. Sirm., *a. optima s.*
57. Sirm., *jussit.* Azagr., *jungit.*
61. Sirm., *cognata probatur.*
62. Vat. scribit *fabos.* Sirm., *vulnera mella simul.*
64. Sirm., *ut præstet l.*
65. Sirm., *mortem.* Azagr., *mortes.*

67. Vat., *medellas.* Sirm., *Cerva salutaris pasto ser-*
    B *pente medela est.*
68. Sirm., *Conficiunt, pellunt i. v. n.* Azagr., *pel-*
    luntque i.
69. Sirm., *Ma'eria f. s. e. n. constat.*
74. In Vat. scribitur *concula.*

NOTÆ.

55. Rationem affert cur Deus peccata hominum permittat, cum possit impedire, nempe ut in peccati venia clementia Dei resplendeat. Ut enim in physico rerum ordine Deus ad majorem orbis pulchritudinem non solum bona et læta, sed adversa etiam et tristia creavit, ita in ordine morali bona præcipit et jubet, sed permittit mala, ut ex ipsis malis bona faciat, quæ sine malis fieri non possent. Augustinus Enchirid. cap. 11 : *Illud quod malum dicitur bene ordinatum, et suo loco positum, eminentius commendat bona, ut magis placeant et laudabiliora sint, dum comparantur malis.* Vide etiam l. ii de Ordine, c. 4.

56. Lib. i, vers. 18 : *Omnia quæ veniunt, bona, gaudia, tristia, acerba.*
58. Vide l. i, vers. 294 et seqq., cum notis. In Goldoni comœdia *il Moliere* legi hunc versum.
59. Discors elementorum concordia explicata est lib. i, vers. 142 aliisque in locis.
60. Ovidius l. i Met., vers. 19 : *Frigida pugnabant calidis, humentia siccis.* Apuleius l. i de Mundo post med., *Uvidis arida, et glacialibus flammida* (natura) *confudit.* Aer est humidus, terra sicca, ignis calidus, aqua frigida.
61. *Doctiloquus* Ennius, Martianus Capella et alii dixerunt. *Doctiloquax* apud antiquiores Dracontio non invenitur. Lectio Sirmondi *cognata probatur* confirmari potest simili loquendi modo sæpe a Dracontio usitato, ut dixi ad l. ii, vers. 26 : *Cognata refertur* sapit etiam stylum Dracontii, ut vers. 69, *noxia fertur.* Litteræ cognationem habent cum apibus, quia olim discebantur in tabellis cera illitis, et sicut apes spiculo nocent, melle et favis prosunt, sic etiam litteræ habent, unde prosint et noceant : nam litteras aliquando nocere expertus ipse Dracontius est. Nocent autem non solum iis qui imbuti illis sunt, sed etiam aliis.
62. Ut producitur ob aspirationem sequentis dictionis. Sirmondi scriptura probabilis est : sed verius videtur *vulnera, castra, favos;* nam ut sua sunt bella apibus, sic etiam litteratis.
63. Ille versus a S. Isidoro allegatus est, ut dixi num. 8 prolegom. Primordia sensus sunt prima scientiarum elementa. Sensus pro intelligentia et cogitatione sæpe ponitur. Lib. i, vers. 567, nonnulli legunt *sensus primordia,* pro quo ego scripsi *sensu præcordia.* Lucretius l. iv, vers. 554, dixit *Primordia vocum.*
64. Rivinus in Sirmondi lectione *præstet* vidit nullo negotio scribi posse *prosit.* Sed nihil mutandum censui, quia *præstare* pro *prodesse,* aut saltem pro *be-*

neficium præstare accipi solet, ut probat Barthius l. xxix Advers., cap. 6. Verum cum in primigenia non interpolata elegia *prosit* legatur, hoc retinendum est.

65. Lib. ii, vers. 258, *Aspidis obliquæ quid pinguia membra medentur,* etc. Vide notam ad vers. 291 lib. i.
66. Vide lib. ii, vers. 256.
67. Scriptura Sirmondi commodum sensum habet, quo spectat etiam in Vat. *Cerva salutares pasto serpente medellas Conficit.* Sed vera lectio est *medullas.* Lib. ii, vers. 276 : *Cervus ut cccumbat, quærit medi-*
C *cina medullas.* Confer notam ad eum locum, ex qua constat medullas cervi a medicis salutares existimari. *Cerva* sæpe adhibetur a poetis nullo habito respectu generis, ut marem et feminam significet. Virgilius lib. iv Æn., vers. 69 : *Qualis conjecta ce va sagitta.* Similia plura congessit Broeckusius ad Tibul'um, l. iv, carm. 3, vers. 13.
68. Ausonius epigr. 10 in Eumpinam, vers. 12 : *Et cum fata volunt, bina venena juvant.* Conjunctio *que* in Azagr. non est necessaria. Sic v. 246, *Damna, vel augmentum dant elementa, ferunt.*
69. *Materies* sic Dracontius et alii poetæ frequentius quam *materia.* Pro *innocua* ponitur *simplex,* ut vers. 191, 223, et *simplicitas* vers. 173. Vide notam ad libr. ii, vers. 801.
70. Ut *pius* Dracontio est clemens, mitis, ita *impius* crudelis, immitis. Rivinus de milite id dictum interpretatur, qui impius a Virgilio et Lucano dicitur.
D 71. Rivinus non male suspicatur *Ipsa parit gemmas, steriles et terra lapillos, Ipsa rosas, et dat, spinea ligna, vepres.* Interpolatori Sirmondi cum Dracontio convenit : quo magis vetus lectio confirmatur. Nec sane correctione indiget. Ipsa terra parit gemmas, pretiosos lapillos (accusativus appositionis), et ipsa dat vepres, spinea ligna, rosas.
72. Ovidius de Remed. amor. v. 45 : *Terra salutiferas herbas, eademque nocentes Nutrit, et urticæ proxima sæpe rosa est.*
74. Diminutivo *conchula* utuntur Celsus et Valerius Maximus. In conchis piscium nascuntur margaritæ, de quibus Plinius libr. ix, cap. 35. Propertius libr. iii, eleg. 11, vers. 6 : *Et venit e rubro concha Erycina salo.*
75. *Temperies* sumi solet pro temperata cœli constitutione. *Auris vitalibus,* vitæ, spiritui, quo videlicet respiramus et aspiramus.

Quæ corrupta dies eripit, atque animas.
Aspera, vel facilis retinet natura volucres,
Blanda columba avis est, aspera vultur avis.
378 Nubibus aggestis pluviæ, nix, grando,
[pruina
80 Gignuntur vicibus, igne, vapore, gelu.
Sol dat temperies, species gratissima mundi,
Cuncta creanda parans, cuncta creata fo-
[vens.
Per quem fetat humus flores, et messis ari-
[stas,
Sole perustús ager putris arena jacet.

A 85 **379.** Corpora sol reficit radiis et corpora ve-
[xat,
Solibus alternis itque, reditque salus.
Omnia nec mala sunt, nec sunt bona sidera
[cœli,
Lucifer hoc docuit, Sirius hoc monuit.
Temperies cœli medium nec possidet orbem.
90 Nam de quinque plagis vix habet ipsa duas.
Quod cœlum, quod terra, fretum, quod purior
[aer
Non meruere simul, hoc homo quando ha-
[beat?
Culpa mihi fuerat dominos reticere modestos,

VARIÆ LECTIONES.

76. Sirm., *Q. c. d. corripit, atque animos.* Azagr., B
ut in Vat., *eripit atque animas.*
77. Sirm., *Diras vel placidas retinet n. v.*
79. Azagr., *grando pruinæ.*
80. Sirm., *Gignuntur vicibus, ordine, lege poli.*
81. Sirm., *Solis temperie species g. m.* Azagr.,
sultat pro solis.
82. Sirm., *parit, et fovet.* Azagr. cum Vat., *pa-rans et fovens.*

83. In Vat. scrib'tur *fetat.* Sirm., *per quam fuelat.*
88. Sirm., *L. h. d. sidus et hoc docuit.* Azagr., *L. h. d. Sirius hoc docuit.*
91. Azagr., *quod terra creat q.*
92. Sirm., *hoc modo quando habet.* Azagr., *hoc homo quando habet.*
93. Azagr., *reticere molestos.*

NOTÆ.

76. Temperies corrupta eripit hominibus dies atque animas, hoc est breviorem hominum vitam efficit. *Dies pro vita* Statius libr. II Theb., vers. 657 : *Nunc arma, diemque. Projice. Quid sequeris timidæ compendia vitæ?*
77. Libr. I, vers. 456, dist'nguit inter aves placidas et ore cruentas.
78. *Blanda columba* Ovidius libr. II Amor., eleg. 6, vers. 56.
80. Interpolator penitus sensum hujus versus invertit. *Vicibus* est per vices, alternatim. Columella l. II, cap. 2 initio : *Quæ qualitates inter s· mixtæ vicibus, et alternatæ plurimas efficiunt agrorum varietates.* Ait ergo Dracontius pluviam, nivem, grandinem, pruinam gigni igni, vapore, gelu, seu frigore vicissim, vel ita ut hæc per vices misceantur et alternentur. Isidorus de Natur. rer. cap. 33 : *Aquæ amarissimæ maris vapore subtili, calore aereo suspenduntur.. Ibique igne solis decoctæ in dulcem pluviarum saporem vertuntur.* Et cap. 34 : *Plerumque glacialibus ventorum flatibus rigentes aquæ solidantur in nivem.* Et cap. 35 : *Aquæ nubium rigore ventorum stringuntur in glaciem, atque durescunt.* Vide Ambrosium libr. II Hexaem., cap. 3 et 4, quem sæpe Dracontius et Isidorus sequuntur, ut ipse Basilium secutus est.
81. Capella libr. II in hymno solis : *Nam medium tu curris iter, dans solus amicam Temperiem superis.* TEMPERIES in plurali, intelligo varias anni tempestates. Isidorus de Nat. rer. cap. 17 : *Cui (sol)* ideo *Deus diversa cursus constituit loca et tempora, ne dum semper in iisdem moraretur locis, quotidiano ea vapore consumeret. Sed ut Clemens ait* (libr. VIII Recognit., cap. 22), *diversos accipit cursus, quibus aeris temperies pro ratione temporum dispensetur, et ordo vicissitudinum permutationumque servetur.* Ausonius in Eclogar. 2 : *Omnia quæ vario rerum metimur in actu, Astrorum dominatus agit, terrenaque tantum Membra homini, e superis fortuna, et spiritus auris Septeno moderanda choro : sed præsidet ollis Sortitus regimen nitidæ sol aureus æthræ. Nec sola in nobis moderatur tempora vitæ, Dum breve solliciti spatium producimus ævi. Creditur occultasque satus, et tempora vitæ Materno ducenda utero formare videndo.* Hæc caute.
82. Vide l. I, vers. 24 et seqq., et vers. 224 : *Qui fovet igne pio cœlum,* etc. Libr. I, vers. 9, notavi, Dracontium cum aliis antiquis scriptoribus verbum *creandi* accipere pro *educere,* vel *formare* : quo multi nunc utuntur ad significandam productionem ex nihilo. Animadvertit vero Mariana ad c. I Genes., v. 1, quæstionem esse ad theologos ablegandam, an creatio sit ex nihilo productio : *Id contendam,* addit, *ex vi vocis et proprietate sermonis id non significari.* Peculiaris ergo significatio, qua creatio definitur a philosophis et theologis effectio rei ex nihilo, vetus quidem est, sed ad usum scholæ instituta.
83. Libr. II, vers. 217, *Fetat humus,* e c. Confer C notam ad vers. 89 libr. II.
84. Isidorus de Nat. rer. cap. 17 : *Et cum sit iste minister bonus (sol) genitus ad vicissitudines temporum moderandas, tamen ubi secundum voluntatem Dei correptio mortalibus datur, incandescit acrius, et ut mundum vehementioribus flammis, et perturbatur aer, et plaga hominum, et corrup io terris injicitur, et lues animantibus, et pestilens per omnia mortalibus annus inducitur.* Quod autem ait Dracontius *putris arena,* hoc est arida et sicca, veteres secutus est duces. Propertius libr. VI, eleg. 3, vers. 59 : *Quæ tellus sit lenta gelu, quæ putris ab æstu.* Statius libr. IV Theb., vers. 728 : *Tunc sole putris, tum pulvere tellus Exhalat calidam nubem,* et silv. III, libr. IV, vers. 126 : *Qui fœdum nemus et putres arenas.* Lucanus simili significatione libr. VIII, v. 830 : *Totaque in Æthiopum putres solvaris arenas.*
86. It pro abit. Lucretius libr. III ; vers. 527 : *Denique sæpe hominem paulatim cernimus ire, Et* D *membratim vitalem deperdere sensum.*
88. Rivinus, qui cum Sirmondo legit *sidus et hoc docuit,* interpretatur hoc *sidus* esse stellam Jacob, et *luciferum Satanam.* Dracontius aliud longe diversum cogitabat, qui de Sirio stella in ore caniculæ loquitur, cui luciferum opponit. Calores immodici sunt, cum Sirius conjungitur cum so'e, quo tempore corpora morbo affici solent, ex quo caniculam seu canem hoc sidus dictum aliqui affirmant.
89. *Temperies cœli zona seu plaga temperata.* Ovidius libr. I Met., vers. 50, de zonis : *Nix tegit alta duas, tot'dem inter utramque locavit, Temperiemque dedit mixta cum frigore flamma.*
91. Libr. I, vers. 554, *Non purior aer.*
92. Rivinus conjicit *Non meruere simul, hoc modo quartus habet.* Aer namque modo temperatos est ex humido et calido, cœlum (id est ignis) siccum et calidum, terra sicca et frigida, aqua humida et frigida. Hæc ille totidem verbis. Sane mendosa illico

380 Ignotumque mihi scribere, nec domi-
       [num.
95   Qualis et ingratos sequitur, qui mente profana,
       Cum Dominum norint, idola vana colunt.
       Israelitarum populum sic culpa tenebat,
       Quando Deum oblitus flans vitulum coluit.
       Et tamen indulges veniam poscentibus, auctor,
100   Si sceleris facti mens rea pœniteat.
       Te precor, Omnipotens, te, quem decet esse
       [benignum,
       Quem non ulla juvat ultio, sed venia,
381 Cujus sancta manus sustentat corda re-
       [gentum,
       Et pius inclinas mox, ubicunque jubes.

A 105 Te coram primum me carminis illius, ausu
       Quod male disposui, pœnitet, et fateor.
       Post te, summe Deus, regi dominoque reus
       [sum,
       Cujus ab imperio posco gemens veniam.
       Imperet armato pietas tua, prospera mandet
110   Rex dominusque meus, semper ubique pius.
       Nec mihi dissimilis, quam quod solet esse ca-
       [tervis,
       Sit pietate tua, sit bonus, et placidus.
       Nam tua sunt, quæcunque gerit, quæcunque ju-
       [bebit,
       Judiciumque Dei regia verba ferunt.
115   Exorent hæc pauca Deum, qui mentis opertæ

VARIÆ LECTIONES.

94. Sirm., *Scribere nec dominum.* Vat., *scribere vel aominum.*
97. In Vat. scribitur *Israhel'tarum.*
98. Sirm., *Quando oblita Deum plebs vitulum coluit.* In Vat. videtur esse *flens* pro *flans.*
99. Sirm., *indulges.* In Vat. etiam *indulgens.* Ex conjectura *indulges.*
100. Sirm., *Contulit, et legem post mala facta dedit.*
101. Sirm., *O. quem sat decet.*
102. Sirm., *Et quem nulla juvat v. s. v.*
105. Vat., *carminis ullius ausu.* Sirm., *Coram te*

B *primum me, carminis illius orsa.*
106. Sirm., *pœnitet, en fateor.*
109. Azagr., *i. armata p.* Sirm. distinguit *mandet, Rex.*
110. Azagr., *Rex Deus omnipotens semper ubique pius.*
111. Sirm., *solet omnibus esse.*
112. Sirm., *sit pi tate sua, sit.*
113. In Sirm. pro hoc et aliis quatuor versibus seqq. solus est hic : *Te nunc summe precor, magnorum maxime regum, Pectore,* etc.

NOTÆ.

apparet scriptura Sirmondi *hoc modo quando habet: Sed* conjectura Rivini vix ullum sensum admittit. Lectio Vat. confirmatur codice Azagr., ubi tamen mendum e t *habet* pro *habeat.* Sententia Dracontii est : cum in rebus omnibus creatis mixta sint bona malis, quando aliquis erit homo, qui semper bonus et nullo crimine maculatus sit? Vide notam ad l. II, v. 458, et Synonyma S. Isidori, l. I.

94. Rivinus suspicatur legendum *Agnatumque mihi scribere nec dominum;* sed neque ipse rationem suspicionis affert, neque ego video ullam. In Vat. est *vel* pro *nec :* hoc secundum magis placet. Culpa fuit Dracontii reticere suos dominos, atque alium laudare, qui ignotus illi , nec dominus erat. Poterit explicari scriptura Vat. hoc pacto : culpa fuit reticere dominos modestos, aliumque ignotum laudare, etiamsi fuisset dominus. De hac culpa Dracontii egi in prolegom, num. 90.

96. *Idola* secunda correpta, ut libr. II, vers. 579.
97. Ut in hoc codice scribitur *Israhelitarum* cum aspiratione post primum *a*, sic in alio codice Vaticano, ex quo tres libros de Deo extraxi, scribitur l. II, v. 166, cum aspiratione in principio *Hisraelitarum.* Hæc scriptura usitata est, ut cernitur in veteri inscriptione basilicæ S. Clementis Romæ, quam vulgavit Eduardus Vitry in diatriba de tumulo T. Flavii Clementis martyris.

98. Certum mihi est a manu Dracontii esse *flans*, quod alii non intelligentes versum corruperunt. Cap. XXXII Exod., vers. 4 : *Quas cum ille (Aron inaures) accepisset, formavit opere fusorio, et fecit ex eis vitulum conflatilem.* Pro *conflare* seu *metalla igne mollire et fundere* ponitur *flans.* Plinius libr. XXXVI, cap. 19 : *Phrygius lapis uritur ante vino perfusus, flaturque follibus, donec rubescat.* Sic *flata pecunia, æs flatum, ære fando, feriundo.*

99. Forte *Et tamen indulget veniam poscentibus auc'or.*

100. In fine carminis ad senatorem apostatam sub Tertulliani nomine : *Suffecit peccare semel, desiste veteri. Non erit in culpa, quem pœnitet ante fuisse.* Pœniteat cum nominativo pro *mentem reem pœniteat.* Vide libr. I, vers. 694, et infra vers. 394.

102. Ezechiel. cap. XVIII, vers. 23 : *Nunquid voluntatis meæ est mors impii, dicit Dominus Deus, et non ut convertatur a viis suis, et vivat?* Vide l. I, vers. 29 et seqq., et vers. 96 cum notis.

103. *Cor regis in manu Domini, quocunque voluerit, inclinabit illud.* Proverb. cap. XXI, vers. 1.

105. In nostro codice *ullius* pro *illius* retineri posset, sed melius videtur *illius.*

109. Hic etiam legendum conjicit Rivinus *agnato* pro *armato*, ut vers. 94 *agnatum* pro *ignotum.*

110. Octavianus Augustus, ut refert Suetonius cap. 53, *Domini appellationem, ut maledictum et opprobrium semper exhorruit.* Alii imperatores non solum *domini*, sed *dei* etiam appellationem usu parunt. Inde ad Christianos imperatores et reges *domini* titulus permanavit. Procedente tempore hic honos sacerdotibus et nobilibus delatus est, postea quibusvis aliis hominibus sine ullo discrimine.

111. Adverte phrasim, *Dissimilis non sit mihi, quam quod solet*, etc., videlicet non sit mihi alius quam qui solet esse catervis. Cicero l. II ad A tic., ep. 3, *Quod non est dissimile, atque ire in Solonium.* Huc facit vers. 151 cum nota.

114. Ad Roman. cap. XIII, vers. 4, de principe : *Dei enim minister est tibi in bonum. Si autem malum feceris, time : non enim sine causa gladium portat. Dei enim minister est, vindex in iram ei qui malum agit.*

115. Prosper. epigr. 95, *Linquantur secreta Deo, qui, si quid opertum est, Inspicit, et nullis indiget indiciis.* Anonymus in carmine apologetico Romanæ curiæ tom. IV Analector. Mabillonii v. 923 : *His tibi nostra manus, cuinam secreta licebit Cernere corda procul, non dabit artis opus. Solus habet secreta Deus cognoscere mentis.* Eruditum est hoc carmen, et supra captum sæculi XIII, quo exaratum est, elegans, nisi quod multis locis corruptum est, ut cum Aprilus Hispanus, alter ex interlocutoribus, de efficacia munerum loquens, ait : *Præterea video, quod si non jungitur axis, Tardius incæptum continuatur iter. Lege si non ungitur axis,* ita enim habet adagium tritum Hispanorum.

382 Sensibus ætheriis condita vota videt.
Ad te nunc, princeps, mea vela retorqueo sup-
[plex,
Pectore, mente rogans, voce, manuque pe-
[tens.
Da dextram misero, veniam concede precanti,
120 Tempore tam longo non decet ira pium.
Namque inimicorum culpis veniale minaris,
Captivosque tuos deliciis epulas.
Puniat, ut sit, quod Christus, tu parcis iniquis,
Vindice quo regnas, quo vigilante, viges.
125 Qui pereunt bello, soli moriuntur ut hostes,
Qui superest pugnæ, vivat ut ipse, jubes.
Captivus securus agit, solusque rebellis
383 Formidat mortem, præda quieta se-
[det.
Conservas animas, victum super ipse ministras,
130 Ne sit vita gravis, subripiente fame.
Nemo cadet sub jure tuo, sub morte cruenta,

Scit se victurum qui volet esse tuus.
Turba rebellantum quoties duravit in armis,
Vinceret, aut certe præda fuisset iners.
135 Securus sine morte manus dat hostibus hostis,
Nam bene conservas colla subacta jugo.
Sic leo terribile fremit horridus ore cruento,
Unguibus excussis, dente minante neces:
Aërius iratus crispato lumine ferri,
140 Et mora si fuerit, acrius inde furit.
384 At si venator trepidans venabula ponat,
Territus et jaceat, mox perit ira cadens.
Temnit prædo cibos, quos non facit ipse cada-
[ver,
Ac ferus ignoscit, ceu satis accipiat.
145 Et dat prostrato veniam sine vulnere victo,
Ore verecundo dejiciens oculos.
Sic tua, regnator, non impia frangitur ira,
Cum confessus erit crimina gesta reus.
Ignoscendo pius nobis imitare Tonantem,

VARIÆ LECTIONES.

119. Sirm., *concede fatenti.*
121. Hic aliique novem versus seqq. omnino desunt in Sirm. usque ad v. 131, *Nemo cadet.* In Vat. *namque*, obscure.
125. Vat., *moriuntur in hostes.*
131. Sirm., *c. de jure tuo.* Azagr. cum Vat., *sub jure.*
132. Azagr., *scit esse victurum.*

133. Hi quatuor versus usque ad vers. 137 desunt in Sirm. In Vat. *foravit* pro *duravit.*
137. Sirm., *leo terribilis fremit.*
139. Sirm., *Acriter ardescit crispato l. f.*
144. Sirm., *ceu atis.* Azagr. cum Vat., *ceu satis.*
145. Sirm., *vulnere victor.*
146. In Vat. et Sirm. scribitur *deiciens.*
149. In Vat., *non vis* pro *nobis.*

NOTÆ.

116. Conjiciat aliquis *Sensibus internis*, nempe hominis. Sed *ætheriis* positum est pro *divinis, cœlestibus.* Deus divina sua et infinita intelligentia videt occulta vota hominum.
117. Vela orationis, carminis, allegoria oratoribus ac maxime poetis frequens. *Retorquere vela* Ovidius Trist. libr. 1, eleg. 1, vers. 84 : *Semper ab Euboicis vela retorquet aquis.*
121. Fortasse legendum *Nam qui inimicorum*, etc., ut protrahatur hæc periodus usque ad vers. 124. *Veniale* adverbii more, ut l. II, vers. 486, *Veniale minatur.* Contrarium est *Mortale minantes* l. II, vers. 154.
122. In usu communi est *epulor, epularis*; Priscianus tamen lib. VIII de Verbis communibus refert veteres usurpasse etiam *epulo, epulas.*
123. Implicata syntaxis est hujus versus, ita explicanda. Ut sit quod Christus puniat, tu parcis iniquis, nimirum non omnia crimina punis, sed quædam Dei judicio et vindictæ relinquis.
125. Non censeo scripsisse Dracontium *soli moriuntur ii hostes.* Lego *moriuntur ut hostes*, nam *in hostes* quid significet vix intelligi potest, nisi forte *in* sumatur pro *apud.* Cicero in prœm. Parad., *Cato autem perfectus mea sententia stoicus, et ea sentit quæ non sane probantur in vulgus.* Putabam *soli moriuntur in armis*, vel *in ense.* Lucanus l. II, vers. 263 : *Quis nolit in isto Ense mori?* Sed alii legunt *ab isto.* Melior erit lectio *soli moriuntur in armis*, imitatione Ciceronis pro Ligario, cap. 6 : *Cognita vero clementia tua, quis non eam victoriam probet, in qua occiderit nemo nisi armatus.*
128. *Sedet*, scilicet captivi, qui quietem amant, tuti sunt, otiosi et nullo labore vexati.
129. Paulo ante vers. 122, *Deliciis epulas.* Pro *insuper* non raro usurpatur *super* a Virgilio, Horatio et aliis.
130. *Subripiente*, paulatim consumente fame vitam.
133. Pro *foravit* nihil opportunius venit in mentem quam *duravit :* verum neque id penitus placet, neque hic et sequens versus satis inter se cohærent.

135. *Dat* est brevis ad regulas prosodiæ, sed hoc loco producitur ob aspirationem vocis sequentis.
136. In prolegom. num. 111 ex Orosio ostendit barbaros, qui Hispaniam occuparunt, post primas bellorum clades nonnullam clementiæ laudem obtinuisse.
137. *Terribile* adverbii more, ut vers. 121, *veniale minaris.* Sic *dulce, suave,* et similia passim occurrunt. Virgilius libr. I Æn. vers. 300, de furore bellico : *Fremet horridus ore cruento.*
138. *Excussis*, jactatis, concussis. Virgilius l. XII, vers. 6 : *Tum demum movet arma leo, gaudetque comantes Excutiens cervice toros.... et fremit ore cruento.*
139. Servius ad loc. Virgilii : *Hæc enim leonum natura est, ut nisi laces iti irasci nequeant.* Lumen ferri est splendor e ferro venabuli emicans. Val. Flaccus l. III, vers. 100 : *Seseque a lumine ferri Sustinuit præceps.* Statius libr. IX Theb., vers. 802 : *Sed ferri lumine diro Turbatus sonipes.* Crispatur ferrum seu telum, cum quassatur, seu vibratur. Virgilius l. XII Æn., vers. 165 : *Bina manu lato crispans hastilia ferro*; qui versus ex libr. I repetitus est.
140. *Mora*, scilicet pugnæ, sive in resistendo. Prudentius Hamart. v. 210, *Pugnæ nodumque moramque* post Virgilium l. X, vers. 428. Similiter Lucanus, Silius, alii.
142. Ovidius libr. III Trist., eleg. 5, vers. 33 : *Corpora magnanimo satis est prostrasse leoni, Pugna suum finem, cum jacet hostis, habet.* Plinius libr. VIII, cap. 16, *Leoni tantum ex feris clementia in supplices : prostratis parcit.*
145. Rivinus ex conjectura *Temnit prædo cibos, quos non facit ipse, cadaver Haud ferus agnoscit, hoc avis accipiat;* hoc est avis rapax.
146. *Dejicere oculos* Cicero, Quintilianus aliique dixerunt.
147. Scilicet frangitur ira non impia, seu non crudelis.
149. Ovidius l. II Trist., vers. 59 : *Tu quoque, cum patriæ rector dicare, paterque, Utere more Dei, nomen habentis idem.* Claudianus de IV cons. Honorii vers.

SATISFACTIO AD GUNTHARIUM.

150 Qui indulget culpis, et veniam tribuit.
Principis imperium simile est, ac regna polo-
[rum,
Ut canit ad populos pagina sancta Dei :
385 Sacrilegis referens cœlestia jura catervi,
Cinctus apostolica discipulante manu.
155 Nonne Dei præcepta jubent, ne sol cadat intrans,
Irascente alio, sed pius exstet homo?
Rex inimicorum populis mucrone pepercit
David, et hic sceleris certus adulter inest.
Confessus facinus, veniam pro clade meretur,
160 Noxius impune, vel sine morte reus.

Insuper et Salomon eadem muliere creatus,
Quæ scelus admisit, munus honoris habet.
386 Non fit Abessalon hæres de conjuge natus,
Sed sceleris fructus sceptra paterna tenet.
165 Ecce, quid impendit patris clementia parcens,
Ut sibi regna daret, ut daret et soboli.
Ipse inimicorum Salomon non colla poposcit,
Dum peteret Dominum, sed sapientis opem.
Exstitit hic prudens, quia noluit esse cruentus,
170 Pacificusque fuit, consiliique tenax.
Stephanus, ante alios lapidum sub grandine
[martyr,

VARIÆ LECTIONES.

151. Vat., *ad regna polorum*. Sirm., *ad regna superna*.
154. Sirm., *Vinctus apostolica, discipulaque manu*. Azagr., *Vinctus a. discipulante m.*
156. Sirm., *I. a, ne malus exstet homo*.
158. Sirm., *David et sceleris certus adulter erat*.
160. In Vat. deest vox ultima *reus*.

162. In Vat. scribitur *ammisit*.
163. Sirm., *Non fuit hic Salomon casta de conjuge natus.*
166. Ita Sirm.; in Vat. desunt verba hæc *ut-daret et soboli*; versus incipit *Ut sibi regna daret et sub...* In Azagr., *Ut sibi regnaret, hæc daret et soboli.*
168. Sirm., *cum peteret.*

NOTÆ.

2^6 : *Sis pius in primis : nom cum vineamur in omni Munere, sola deos æquat clementia nobis*. Cicero pro Ligario in fin., *Homines enim ad deos nulla re propius accedunt quam salutem hominibus dando*.
151. Lego *s mile est, ac regna* : quæ phrasis simili modo a Dracontio v. 111 usurpata, sed librariis ignota, occasionem errori dedit. Cicero libr. v Tuscul., cap 3 : *Pythagoram respondisse, similem sibi videri vitam hominum et mercatum*. Livius libr. vi, cap. 28 : *Jactabant, similem pavorem inde ac fugam fore, ac bello Gallico fuerit*. Columella libr. vii, cap. 5: *Ovem pulmonariam similiter, ut suem, curare convenit*. Poterit etiam legi *simile est, ut regna*; *simile est, et regna*.
152. Puto indicari parabolam quam affert Lucas cap. xix, vers. 12 et seqq. : *Homo quidam nobil s abiit in regionem longinquam accipere sibi regnum, et reverti*, etc. Ex Evangelio certe hanc sententiam Dracontius sumit, ut ex vers. seqq. manifestum est. Clementiam virtutem principum maxime propriam esse ostendit Petrus Ribadeneyra libr. ii, cap. 18 egregii operis de principe Christiano, quod paucis ante annis Matriti recusum est.
153. *Referens* est Deus, non pagina : nam vers. seq. est *cinctus*. Perinde quasi dixisset *ut canit Deus*, sic progreditur, quia *pagina sancta Dei* ponitur pro *Deus*. Hæc figura vocatur mutatio, seu varietas generis, aut etiam relatio ad rem potius quam ad vocem. Ennius lib. x Annal. apud Priscianum lib. i : *Insignita fere tum millia militum octo Duxit delectos bellum tolerare potentes*. Consule Gifanium in Lucretium verbo *Generis mutatio*, et Andream Schottum in Vindiciis Ciceronis, cap. 8.
154. Latinius videtur *discipulaque*; sed non ausim mutare *discipulante*, quod non solum exstat in Vat., sed et in Azagrens. conservatur: quod verbum nescio quid sequioris antiquitatis præ se fert, ut *principante, abbatiante*, et similia. Isidorus in glossis indicat *discipulati* pro *edocti*.
155. Libr. iii, vers. 599, idem præceptum exponitur. Vide notam.
156. *Pius exstet homo*, pius et mitis sit homo, qui iratus fuerit. *Exstet* pro *sit*, ut dixi ad l. ii, vers. 751.
157. Notanda est phrasis *populis mucrone pepercit*; ita populis veniam dedit, ut mucrone in eos non uteretur. *Parcere mucrone* est abstinere a mucrone, *parcere populis* est condonare.
158. *Sceleris certus adulter*, certo scelere adulterii inquinatus. Non male Sirmondus *certus adulter erat*; sed retineo *inest*, ut vers. seq. meretur. *Inest* pro *est*.

159. Libr. ii, vers. 654 seqq. Davidis crimen, et pœnitentia enarratur.
160. Loc. cit. vers. 655, *Culpas impune fatetur* : et l. i, vers. 34, *Sic impune reis licuit peccasse fatendo*.
161. Lib. ii, v. 660, *Ex eadem mul ere virum*, etc. De quantitate tertiæ in *muliere* vide Abbonem t. JV Annal. Bened. Mabillonii in append., num. 6.
163. Interpolator Sirmondi mutavit hunc versum, fortasse quia videtur eo indicari Salomonem adulterio genitum fuisse. Verum Dracontius satis mentem suam declarat, quod Salomon genitus eadem muliere, quæ scelus adulterii ante admiserat, adeoque hoc sensu fructus sceleris, regnum adeptus est, non Absalom, quamvis hic natus fuerit ex conjuge Davidis, quæ ad hujus conjugium non per adulterium pervenit: quod clarius loc. cit. l. ii asseritur, ubi Dracontius ait, Iactum regem eum qui ex Bethsabee, *ex eadem muliere post crimina* natus fuerat. Absalom vocatur etiam *Abessalon* aut *Abessalom*. In distichis, quæ de rebus diversis utriusque Testamenti in basilica Ambrosiana scripta sunt, tom V Collect. poet. Pisaur., pag. 158 : *Pendet Absalon astrictus in arbore guttur*. Melius scribitur *Abessalon* aut *Abessalom* cum Prudentio Hauart. vers. 577 et 580, ex LXX interpretibus, qui ita Græce id nomen efferunt.
164. *Sceleris* per metonymiam pro sceleratæ feminæ, vel feminæ quæ olim scelere adulterii inquinata fuerat, ex quo tandem in conjugium Davidis vocata est.
165. *Impendit*, confert, ut vers. 191: *Ecce, quid impendit homini clementia simplex*.
167. *Colla*, gladio secanda, vel quia dare collum est victum se fateri: nam bello captorum colla pedibus proterebantur, et vinculis constringebantur. Propertius l. ii, el. 8, vers. 19 : *India quin, Auguste, tuo dat colla triumpho*.
168. *Peteret Dominum*, ut apud Ovidium l. vii Met., vers. 296, *Petit hoc Ætelida munus*, ad quem locum plura similia proferunt Heinsius et Burmannus, qui tamen putant dubia hæc omnia esse. Hoc et am loco reponi posset *Dum petit a Domino*. Rivinus legit in corrigendis *sed sapientiæ opem*. Venustius est *sapientis opem*, id est sapientiam.
170. *Consilique tenax*. Sic tenacem propositi dicunt Horatius, Ovidius, alii.
171. Libr. ii, vers. 572, *Martyrium Stephano*. Eadem quantitate posset hoc loco *Ante alios Stephanus*, quod fortasse verum est. Non tamen a ms. codice recedam, cum poetæ Christiani in nominibus propriis variare soleant.

387 Hostibus orabat sponte suis veniam. A
Hæc bona simplicitas præstat jejuna cruoris,
Vir sine morte furens nil habet ipse necis.
175 Cæsar ubique potens hosti post bella pepercit,
Et quod erat pejus, civis et hostis erat.
Sponte f. eqkatem redhibens reparavit honores
Inde vocatus abiit dignus honore Dei.
Cujus ab imperio surgens et origine Cæsar
180 Augustus meruit tempus habere pium.
Tempore namque eodem est natus de virgine
[Christus,

Cujus et emicuit stella per astra poli.
Dux princeps Romanus erat de principe Titus,
388 Si non præstaret, dicere sæpe solens;
185 Perdidimus hac luce diem, si nulla dedisset
Non exoratus præstita supplicibus.
Alter ait princeps modico sermone probatus
Commodus Augustus, vir pietate bonus :
Nobile præceptum, rectores, discite, post me,
190 Sit bonus in vita, qui volet esse deus.
389 Ecce, quid impendit homini clementia
[simplex,

VARIÆ LECTIONES.

172. Azagr., *pro hostibus* σ.
174. In Vat., *gerens* pro *furens*.
177. Sirm., *f. retinens reparavit h.*; in Vat., *redhibens paravit*.
178. Sirm., *honore pater.* Azagr., *honore puer*.
181. Sirm., *eodem natus sine est*.

186. Sirm., *mox exoratus*.
187. Sirm., *Alter item princeps modico sermone probatur.* Azagr., *A. item p. m. s. profatur.* Vat., *A. ait p. m. s. poeta*.
190. Sirm., *qui volet esse Dei*.

NOTÆ.

173. *Jejuna* cum gignendi casu probum est, et a Cicerone usurpatum.
174. Vir qui non ita irascitur, ut inimicis mortem inferat, neque ipse ab aliis necabitur: quod tamen non semper accidere, exemplo Julii Cæsaris, quod sequitur, ostendi posset. In Vat. *gerens* fortasse positum est pro *regens*.
176. Venia minus dignus est civis, qui hostili animo erga alium se gerit.
177. In Sirm. *retinens* fortasse indicat, Cæsarem retinuisse imperium. Verius videtur *redhibens* hosti *facultatem*, vel potius *facultates*, id est restituens bona, patrimonium. Cicero ad Quintum Fratrem l. 1, ep. 3, post med., *Quasi vero nunc me non tuæ facultates sustineant*.
178. *Abit* pro *obit*. Vocatus *dignus honore Dei*, dignus a suis habitus, qui Deus vocaretur apotheosi ethnica: vel quem sui dignum honore Dei vocarunt, sive habuerunt.
180. *Tempus pium* propter pacem in universo orbe, et natum eo tempore Christum, ut vers. seq. explicatur. De hoc tempore Virgilius libr. 1 Æn., v. 295, *Aspera tum positis mitescent sæcula bellis, Cana fides*, etc.
181. *Eodem* dissyllabum per synæresin, ut *eadem* in ablativo. Quia mitis et pacificus fuit Augustus, ejus tempore nasci Jesum Christum voluisse colligit.
182. *Cujus*, Christi: nam quædam prodigia, et flammas, quæ de Augusto referuntur, a Dracontio indicari non puto.
183. Ausonius in Cæsaribus corripit primam in *Titus*, *At Titus orbis amor rapitur florentibus annis* cum Ennio. Sed in Antholog. apud Burmannum, et tom. IV C. llect. poet. Lat. Pisaur. legitur epigramma, in quo prima in *Titus* producitur: *Orbis delicias, et Titum, et Vespasianum Terrarum dominos hæc capit urna duos.* Verba illa *de principe* videntur referenda ad *dicere*.
184. *Præstasset* pro *præstitisset*, ut *præstatum* pro *præstitum*, non esset inusitatum. Sensus est: si nihil præstitisset, si nullum beneficium contulisset, aut si non profuisset. Confer supra notam ad vers. 64.
186. Clarior est sententia in Sirm. script. *Mox*: sed in Vat. recte se habet *Non*; si non exoratus supplicibus nulla dedisset præstita aut dona: quamvis enim duæ sint negationes, tamen duo sunt verba quibus illæ commode aptantur. *Præstita* substantive ponitur. Eutropius l. vii: *Facilitatis tantæ fuit* (Titus) *et liberalitatis, ut nulli qui hquam negaret.... Præterea cum quadam die in cæna recordatus fuisset, nihil se illo die cuiquam præstitisse, dixerit: Amici, hodie diem perdidi.*
187. In Vat. est *sermone poeta*, sed videtur legen-

dum *sermone probatus*, vel *profatus*. Lectio Sirmondi similibus exemplis indicatis lib. II ad vers. 26 comprobari potest.
188. L. Antoninus Commodus, qui Commodi nomine plerumque intelligitur, hostis humani generis judicabatur. Hujus pater fuit M. Aurelius Antoninus Philosophus nuncupatus, cujus clementia et bonitas summis laudibus ab ethnicis celebrata est. Vide ejus Vitam, auctore Geo: Stanhope, præmissam libris ejus duodecim de rebus suis, et lib. II ejusdem Antonini, num. 17, cum commentariis Thomæ Gatakeri. Hujus enim imperatoris a Dracontio laudatur sententia.
189. *Rectores discite post me*, qui post me regnaturi estis.
190. Interpolator Sirmondi mutavit *esse Deus* in *esse Dei.* Rivinus errorem agnovit et correxit *esse Deum*: talem scilicet post mortem. Idem est sensus in Vat., *qui volet esse Deus.* Hoc sane Dracontius ex persona imperatoris gentilis pronuntiat. Nam post obitum imperatoribus, si meriti bene essent, honores divini a senatu decernebantur. Supra de Cæsare vers. 178, *Inde vocatus abit dignus honore Dei.* Præceptum ergo est bonum in vita esse debere, cui in obitu cœlestes honores jure merito tribuantur: neque istiusmodi honores, si decernantur, illis convenire, qui in vita boni non fuerint. Alio sensu Ausonius edyll. 15 aiebat: *Quosdam Constat nolle deos fieri*, ut ex sequentibus patet: *Iuturna reclamat: Quo vitam dedit æternam? cur mortis adempta est Conditio?* Imperatores Christiani vanas et ridiculas ejusmodi apotheoses sustulerunt. Quædam tamen vestigia in nonnullis vocabulis hæserunt, ut cum constitutiones Principum *divales* appellantur. In libris Carolinis sæculo VIII Constantinus et Irene irridentur, quod rescripta sui *divalia* appellarent. Sed in Hispania idem usus antea vigebat, ut observavi in proleg. num. 26. Decretum enim regis dicebatur *decretum divale*, et *decretum divalis observantiæ*. Et Justinianus de emendatione codicis et secunda ejus editione ait: *Jussimus.... eum* (codicem) *nostri numinis auctoritate nitentem in omnibus judiciis, solum quantum ad divales constitutiones pertinet, frequentari.* Illud vero mirum, imperatores ethnicos, etiamsi nullum Deum esse crederent, tamen divinos honores affectasse. Similis est dementia quorumdam nunc hominum, qui, cum templa omnia cum religione funditus everti optent, tamen ægre ferunt, si sui gregales aut magistri, a quibus impietatem edocti sunt, post obitum honore sepulcri in templis priventur. Solemni ritu peracta nunc ipsum est translatio ossium Volteri ad templum Parisiense S. Genovefæ: quam ridiculam apotheosin aliquis hoc tetrasticho

SATISFACTIO AD GUNTHARIUM.

Ut præstet bona dans conferat atque animæ. A
Ne facias populum mendacem, qui tibi clamat
Vocibus innumeris, Rex dominusque pius.
195 Ut vox vera sonet DOMINUS, sic vera PIUS sit :
Orbis in ore volat publica merx procerum.
Fama ducum merx est bellis collecta cruentis,
Ex quibus occurrit sæpe reatus atrox.
Gloria bellorum ducibus, populisque; triumphos
200 **390** In commune datos dividit Armipotens.
Nam ducibus solis præstat clementia laudem,
Non habet hæc comitem, participemque negat

Dicit, In arma pares fuimus cum principe, miles :
Me pugnante, comes, victor ab hoste redis.
205 Nunquid ut ignoscat rector, pars militis instat?
391 Soli, qui ignoscit, gloria laudis erit.
Qui fovet adversus hostes certamina Martis
Horrida concurrens, vincit in arma fremens.
Rex, qui dat veniam subjecto, et temperat iras,
210 Plus quam turba, facit, qui sua corda domat.
Te Deus aspiciens effundere nolle cruorem,
Ut sine peccato, non sine laude daret,
Contulit absenti terræ, pelagique triumphos :

VARIÆ LECTIONES.

192. Sirm., *Ut præstet vitam, conferat atque animum*; sic Azagr., sed *animam*.
193. Hi quatuor versus non exstant in Sirm. usque ad *Fama ducum*.
196. Scribitur in Vat., *puplica*.
197. Sirm., *mors.* Vat., *mos.*
198. Azagr., *excurrit* pro *occurrit*.
199. Sirm., *populisque triumphus*.

200. Sirm., *In c. datum d. Omnipotens*.
201. Sirm., *d. tantum p*.
203. Sirm., *in arma simul fuimus*.
204. Sirm., *ab hoste redit*.
207. Hic versus et sequens desunt in Sirm. Pro *fovet* in Vat. est *fodit*.
213. Vat., *consulit absenti*.

NOTÆ.

prosecutus est : *Regia templa tenet Volterus, pellere reges Qui solio studuit, qui supera arce Deum. Impia sic hominum sibi fæx extorquet honores, Quos nec principibus vult dare, nec superis.*
192. Sententia in scriptura Sirmondi huic loco opportuna non est : in Vat. obscura est, sed ita explicatur. Homines qui boni mitesque sunt, dum vivunt, post mortem digni sunt, qui honoribus decorentur etiam ex sententia imperatoris ethnici. Clementia igitur præstat et confert animæ bona. *Præstat bona dans* est idem ac præstat et dat bona.
195. Ut populi te vero cordis affectu *dominum* vocent, fac ut vere te *pium* vocare possint.
196. *Merx procerum*, intelligo famam principum. Merx est res quæ emitur et venditur. Sed de quavis re mala atque etiam de homine malo dicitur *mala merx*, quo sensu quævis res bona *bona merx* vocari potest, adeoque merx simpliciter hoc loco pro opinione bona vel mala sumi videtur, quæ scilicet in ore orbis volat, vel ab eo pendet. Hæc interpretatio ex sequentibus versibus evidentior redditur.
197. In Sirm. *mors*, et in Vat. *mos* nullam idoneam significationem habent. Lego igitur *merx*, ut idem verbum ex vers. super. repetatur.
199. Retineo scripturam Vat. Gloria bellorum ad duces et ad exercitum simul spectat. Posset interpungi *Gloria bellorum ducibus, populisque triumphos In commune datos dividit armipotens*, ut gloria armipotens dividat triumphos ducibus populisque. Prior explicatio magis arridet. Sententia expressa est ex Cicerone in oratione ad Cæsarem pro Marcello, ubi ait cap. 2 : *Nam bellicas laudes solent quidam extenuare verbis, easque detrahere ducibus, communicare cum multis* (al. *cum militibus*), *ne propriæ sint imperatorum. Et certe in armis militum virtus, locorum opportunitas, auxilia sociorum, classes, conmeatus multum juvant : maximam vero partem quasi suo jure fortuna sibi vindicat, et quidquid est prospere gestum, id pene omne ducit suum. At vero hujus gloriæ, C. Cæsar, quam es paulo ante adeptus, socium habes neminem, etc.* Et cap. 4 : *Hæc enim res unius est propria Cæsaris, cæteræ, duce te, gestæ, magnæ illæ quidem, sed tamen multo magnoque comitatu : hujus autem rei tu idem et dux es et comes.* Loquitur, ut notum est, de clementia qua Cæsar Marcello pepercerat. Ovidius, ut alicubi notatum lego, hoc disticho eamdem sententiam complexus est : *Gloria vincendi juncta est cum mil.te, Cæsar; Cæsar, parcendi gloria tota tua est.* Dracontius amplificationem Ciceronis imitatur, ut conferenti patebit.

200. *In commune* phrasis bene Latina. Cicero lib. II de Invent., c. 3, *Ex nostro quoque nonnihil in commune contulimus.* Adde Livium, Tacitum, Phædrum, alios. In Sirmondo est *omnipotens*; sed *armipotens* melius huic loco convenit : quod verbum rursus legitur vers. 299, *Inclytus armipotens*, hoc tamen discrimine quod hic pro Deo ponitur, ibi epitheton est regis cujusdam Vandalorum.
202. *Negat*, recusat. Supra vers. 28, *Prospera cuncta negat*.
203. *In arma pares*, hoc est ad pugnandum pares certare pares. Latinum etiam est *fuimus in arma*, vel *ad arma*. Varro apud Nonium cap. 2, num. 499, *Tum ad me fuerunt, qui libellionem esse sciebant*. Cicero ad Attic. l. x, ep. 4, post med. : *Curio fuit ad me sane diu;* et ep. 18, *Commodum ad te dederam litteras de pluribus rebus, cum ad me bene mane Dionysius fuit.* Hispanum idioma, Latinitatis retinentissimum, pro *ivi, ivit, ivimus*, etc., habet *fui, fue, fuimos*.
204. Interpungendum videtur *Me pugnante, comes, victor ab hoste redis*, et fortasse comitis dignitas innuitur. Sed potius *comes* innuit verba Ciceronis *magno comitatu... dux es, et comes*.
205. Libenter legerem *intrat* pro *instat*, et Hispanismum mihi videre videor, quo *intrare* is dicitur qui in re aliqua negotium suum gerit, aut vocatus accedit. Latine etiam *intrare* sumitur interdum pro *se insinuare*. Cicero pro Flacco cap. 10, *Intrabo etiam magis. Qui gessit, non adest*.
208. Fortasse distinguendum *Martis, Horrida concurrens vincit in arma fremens*, scilicet concurrens in horrida arma, vincit fremens.
210. Forte *facit, cum sua corda domet*. Proverbior. cap. XVI, vers. 32 : *Melior est patiens viro forti, et qui dominatur animo suo, expugnatore urbium.* Hinc divinabam *Plus quam turma facit, qui sua corda domat*.
212. Etiam in bello justo occisio hominis nonnullam maculam occisori infert, quam peccatum vocat Dracontius, non eo sensu quo peccatum crimen est, sed prout peccatum est quævis labes et infamia, aut, ut dicunt theologi, defectus lenitatis, ex quo irregularitas contrahitur. Ecclesia enim semper a sanguinis effusione abhorruit, ut multis probat Gonzalez ad cap. Petitio de Homicidio v Decret. Eadem erat ethnicorum opinio. Æneas apud Virgilium l. II, vers. 717 : *Tu, genitor, cape sacra manu, patriosque Penates. Me bello e tanto digressum, et cæde recenti, Attrectare nefas, donec me flumine vivo Abluero*. Vide Macrobium l. III Saturn., c. 1.

Ansila testatur, Maurus ubique jacet.
215 Quod pereunt hostes, regis fortuna vocatur,
Quod pereunt populi, temporis ordo regit.
392 Nam si debilitas faceret discurrere mor-
[tes,
Non caderent pueri, aut femina sexus iners.
Omnia tempus agit, cum tempore cuncta tra-
[huntur,

A 220 Tempora eunt vitæ, tempora mortis eunt.
Sex sunt ætates hominum procul usque sene-
[ctam,
Hæ distincta tenent tempora quæque sua.
Nunquid adultorum strepitus infantia simplex
393 Vindicat, aut fremitus pigra senectus
[habet?
225 Non catulaster agit puerilia, non puer audet

VARIÆ LECTIONES.

214. In Vat. scribitur *Marus*.
216. Sirm., *ordo gerit*.
217. Hoc distichum abest a Sirm.
219. Hic versus non erat in Sirm., aut legi non poterat : eum habet Azagr., ubi *cuncta creantur*.
220. Sirm., *T. sunt vitæ. t. m. erant*.
221. Sirm., *h. cujus que senectæ*.

222. Sirm., *et distincta*.
223. Sirm., *nunquid adulterii strepitus*.
224. Sirm., *pigra senecta gerit*.
225. Sirm., *non catulastra gerit puerilia*. In Vat. prius *catulaster*, non clare, ex quo videtur factum *catulaster*.

NOTÆ.

214. Quisnam fuerit hic Ansila, et quænam prælia cum Mauris indicentur hoc loco, quæsitum est in prolegom. num. 100 et seqq.
215. Vide verba Ciceronis allata ad vers. 199 qui clementiam Cæsaris pergens laudare, ait cap. 2 : *Quin etiam illa ipsa rerum humanarum domina fortuna in istius societatem gloriæ se non offert*. Victoria in bellis fortunæ imperatoris tribui solebat. Barthius ad Statium l. II Theb., vers. 197, plura exempla affert, et in his hunc Dracontii locum laudat, uti etiam in not's ad Claudianum pag. 507; ex Otherto vero in Vita Henrici IV recitat *Regis tamen fortuna vicit*, quod imitatione veterum dictum putat. Plutarchus de fortuna Romanorum tractatum unum edidit, aliumque de fortuna et virtute Alexandri Magni.
216. Mutationes populorum et conversiones regnorum attribuit ordini temporis a Deo scilicet præfinito. Ecclesiastes cap. I, vers. 4 : *Generatio præterit, et generatio advenit*. Franciscus Vallesius, Sacr. Philos. cap. 62, putavit hoc loco significari generationum perpetuitatem per circulationem, quem Cornelius a Lapide in comment. refellit.
217. *Discurrere* sumi puto pro *alio abire*, nisi malis legere *discedere*. Sententia in id recidere videtur : si mors debilibus parceret, nec pueri, nec feminæ obirent. Nimirum non est potentium regum virtus, quæ populos sibi repugnantes evertit, sed ordo temporum a Deo stabilitus ejusmodi mutationes efficit aut exigit : pereunt enim etiam pueri debiles et sexus iners femineus, quibus bella non obsunt aut obesse non deberent. Hanc interpretationem ex loco alioqui difficili et fortasse corrupto eruere licet : sed aliam mallem.
218. Lib. III, vers. 457, *Et quasi sexus iners* de feminis.
219. Ecclesiastes cap. III, vers. 1 : *Omnia tempus habent.... Tempus nascendi, et tempus moriendi*. Columbanus in ep. ad Hunaldum hunc Dracontii versum cum aliis ejusdem Dracontii inserit ac præmittit : *Pulchre veridici cecinit vox talia vatis, Tempora dinumerans ævi vitæque caducæ, Omnia tempus agit, cum tempore cuncta trahuntur*. Quibus in verbis veridicum vatem Dracontium appellari, cujus alios versus in eamdem sententiam Columbanus affert, probabiliter censeo. In Collectaneis sacris Patricii Flemingi nota ad versus Columbani hæc est, VATIS, *quis iste vates, scire non liquet, nisi eo forte nomine Salomonem comprehendi voluerit, qui illam temporis partitionem, quam Sanctus hic commendat, tradidit*. Verum cum Columbanus septem Dracontii versus, eoque amplius illico proferat, in quibus quædam sunt a Salomone prætermissa, vix dubitandum est quin Dracontium veridicum vatem vocaverit, neque dubitasset adnotator Columbani, si, unde versus illi deprompti essent, intellexisset. Paulo ante dixerat idem Columbanus :

B *Sint tibi divitiæ divinæ dogmata legis, Sanctorumque patrum castæ moderamina vitæ, Omnia quæ dociles scripserunt carmine vates*, ubi satis distinguit sacras Litteras, SS. Patres et poetas Christianos, quos vates appellat, et ex quibus multa promit.
221. *Usque senectam* sine ad occurrit etiam l. II, vers. 708, et lib. III, vers. 652. Sed hominum ætates recenset Eugenius Toletanus in versibus recapitulationis Hexaemeri relatis in prolegom. num. 21, *Sex sunt ætates homini*, etc.
223. Eugenius loc. cit. dixit etiam *infantia simplex*. In Sirm. *adulterii* mendum est, aut correctio interpolatoris. Dracontius certe *adultorum* scripsit : opponit enim infantiam et senectutem juventuti. Sex ætates hominis ita ab Isidoro distinguuntur l. XI Orig., cap. 2, *Infantia, pueritia, adolescentia, juventus, gravitas, atque senectus;* infantia ad annum septimum, pueritia ad annum decimum quartum, adolescentia ad annum vigesimum octavum, juventus ad annum
C quinquagesimum, gravitas, quæ est declinatio a juventute in senectutem, ad septuagesimum annum, senectus deinde usque ad obitum. Ab Eugenio Toletano quinta ætas vocatur senecta gravis, salta senium. Idem tertiam ætatem appellat *adultam*; sed adultorum strepitus et fremitus, quos Dracontius memorat, juventuti magis conveniunt. Vide prolegom. num. 24.
224. *Senectus*, postrema correpta, ut *palus* apud Horatium, et *servitus* apud Paulinum. In elegiis sub Corn. Galli sive Galli Maximiani nomine vulgatis, eleg. 1, *Continuos gemitus ægra senectus habet*.
225. *Ca'ulastra gerit* in Sirm. mendum est, quod nonnullorum exercuit ingenia. Rivinus ait Barthium ad marginem (puto in notis ad Claudianum, pag. 507) ascripsisse *catulastra* esse crepundia, sed locum pro derelicto habuisse. Baunius in editione operum omnium Sirmondi, quam Parisiis procuravit, interpretatus fuerat, *catulastra* esse catulos ex charta, vel
D ligno, qualibus icunculis pueri oblectari consuevere runt; sed in præfatione ad tom. II ait se postea in Phloxeni aliorumque veterum glossariis Latino-Græcis, a Carolo Labbeo collectis, invenisse *Catulaster* Βούπαις, *Catulester* πάλληξ, quod lectorum judicio relinquit. Forcellinus in Lexico verbo *Catlaster* observat hanc vocem Vitruvio restitutam fuisse a Turnebo libr. XXIV Advers., cap. 7, pro eo quod legebatur *catastos* l. VI I, c. 4, et *catlastri* formam, quam habet Charisius libr. I, contractam esse ex *catulaster*, quod in diminutivis ex catulis ponit Priscianus libr. III. Forcellinus *ca'ulaster* exponit *grandior puer, adolescentulus*, et inde formari ait *catulastra, æ, puella jam grandis et viri patiens*, atque ita intelligit hunc Dracontii locum, *Non catulastra gerit puerilia*. Verum Rivinus jam multo antea correxerat *Non catulaster agit puerilia*, qui animadvertit Desiderium Heraldum

SATISFACTIO AD GUNTHARIUM.

Attrectare tener Martia tela manu.
Non furit in venerem nondum pubentibus annis,
394 Nec sub flore genæ marcidus est ju-
[venis.
Maturus tractat, gemit et tremebunda senectus,
230 Nescia fervoris, vel levitatis inops.
Nunquid mox natas segetes viror armat aristis,
Floribus aut genitis fructus inest subito?
Novimus astra poli confectos perdere cursus,
Transactasque simul sic repetisse vias.
235 Tempore luna suo crescit vel deficit orbe,
Cujus ad ætatem plurima lege notant.

395 Nam, luna crescente, fretum crementa
[resumit,
Qua m'nuente polis, est minor unda maris.
Cynthia dum crescit, fontes et flumina crescunt,
240 Hæc eadem minuunt, Cynthia dum minuit.
Ipsa medulla latens observat cornua lunæ,
Observant lunæ tecta cerebra globos.
Sol, oculus cœli, radians fuscatur ab umbra,
Et tamen ad solitas itque reditque plagas.
245 Ac recipit facies priscas, lucesque resumit :
Damna, vel augmentum dant elementa, fe-
[runt.

VARIÆ LECTIONES.

228. Pro hoc versu in Sirm. est hic alius : *Nec fetum partus femina reddit anus.*
230. Hic est postremus versus in elegia a Sirmondo edita. Alii 22 adduntur in editione Matritensi ex cod. Azagr.
231. Azagr., *Nunquid nata seges homines mox armat agrestes.*
236. Azagr., *plurima sæpe fiunt.*
237. Azagr., *f. incrementa r.*
238. Azagr., *m. poli est m. u. manus.*

239. In Vat. scribitur *Quintia* pro *Cynthia*.
240. Azagr., *Et minuuntur item, Cynthia dum minuit.*
241. In Vat. *obscurat;* correctum manu secunda *observat.*
242. Azagr., *Servant et lunæ t. c. g.*
245. Azagr., *Accipiunt facies crispas, lucemque resumunt.*
246. Azagr.. *Ordine cuncta suo sidera fixa polo.* In Vat. sic scribitur hic versus : *Damnave lamentum dantque elementa ferunt.*

NOTÆ.

l. 1 Advers. in glossis Græco-Latinis Stephani recte restituisse Βούπαις, *catulaster*, cum legeretur *catulaster*. Βούπαις est adolescens grandis et pinguis, quasi juvencus aut bovis filius : quod Latini *catulastri* nomine exprimunt. Hoc Dracontii versu pueritia et adolescentia inter se conferuntur.

226. Horatius l. III, cd. 24, *Nescit equo rudis Hærere ingenuus puer, Venarique timet, ludere doctior*. Modoinus episcopus in eleg. ad Theodulfum Aurelianensem : *Utiliter puer in primis non militat annis, Digna sed expertus præmia tiro rapit*.

227. Qui nondum pubes est non furit in venerem, nec juvenis, cum primum pubescit, marcidus est, quales sunt senes. Pueritia, juventus et senectus hoc disticho inter se comparantur. Ausonius edyll. 12 de membris : *Indicat in pueris septennia prima novus dens, Pubentes annos robustior anticipat vox*.

228. Libr. II, vers. 622, de Abrahamo jam sene : *Nec solus steriles retinebat marcidus artus*. Valer. Maximus lib. VII, c. 7, num. 4, *Marcidam senectutem tuam*, etc. Plerumque in numero plurali genæ, *genarum* dicitur. Dracontius singulari numero usus etiam est l. 1, vers. 542, *Gena pulchra rubore*, imitatus antiquiores Ennium et Suetonium.

229. Columbanus in ep. ad Hunaldum : *In mentemque tibi veniat tremebunda senectus*. Matura ætas est gravitas seu declinatio a juventute in senectutem : tremebunda senectus est extrema et decrepita senectus, sive senium. *Tractat*, intellige negotia, causas, res, rempublicam, quorum administratio ad viros jam graves potissimum pertinet.

230. Ad negotia gerenda necessaria sunt fervor, seu vigor animi, et levitas seu agilitas, quæ in senibus desiderantur. *Levitatis inops*, ut *pietatis inops* l. 1. vers. 469.

231. Pro *viror* fortasse *vigor* legendum est. *Viror* vox Palladii, Apuleii, Vopisci. *Armat aristis*, ut l. III, vers. 25. Ovidius de Remed. amor., vers. 189, *Temporibus certis maturam rusticus uvam Deligit, et nudo sub pede musta fluunt. Temporibus certis desectas alligat herbas, et tonsam raro pectine verrit humum*.

233. Sic de sole Salomon Ecclesiastæ cap. 1, vers. 5, *Oritur sol, et occidit, et ad locum suum revertitur; ibique renascens, gyrat per meridiem, et flectitur ad aquilonem : lustrans universa in circuitu pergit spiritus, et in circulos suos revertitur*. Quod ait *perdere cursus*, intellige quia vestigium cursus nullum superest postquam sol recessit; vel quia ita sol cursus conficit, ut quasi non confecerit, sic transactas vias denuo repetat. Similis est sententia v. 250, *Amittunt cursus perpete lege poli*.

235. *Vel deficit*, hoc est vel decrescit; non enim sermo est de eclipsi, quæ defectus solet dici, ut colligitur ex exemplis quæ subjiciuntur.

236. Lunæ cursus menstruus in ætates dividitur. Sic dicitur *senium lunæ* et *luna senescens*. Hinc ætas lunæ, nisi intelligas, quod magis placet, lege lunæ plurima notari ad humanæ vitæ usus, ut vers. 250, *Lege poli*.

237. *Crementum* ex Varrone apud Nonium c. 2, num. 767, verbo *Suctu*, et Plinii pro *incrementum* usurpant Juvencus l. II, vers. 826, Arator et alii Christiani scriptores. De æstu maris, dum luna crescit vel minuitur, dictum abunde est ad l. 1, vers. 733.

238. Vide notam ad l. 1. vers. 736, *Et minuantur aquæ, luna minuente, liquentes*.

239. In codice Vat. est mendum *Quintia* pro *Cynthia*, quod pro Diana et luna ponitur, ut *Cynthius* pro Apolline. Vide notam ad l. II, vers. 539, *Illustrat Cynthia noctes*. Incrementum et decrementum fontium et fluminum, crescente vel decrescente luna, affirmatur eodem modo l. 1, vers. 754.

240. *Minuunt, minuit*, neutrorum more. Vide notam ad l. 1, vers. 736.

241. Quod medulla in ossibus latens et cerebrum observent cornua lunæ, explicatum et confirmatum est ad libr. 1, vers. 735.

242. Libr. II, vers. 49, *Lunaresque amplexa globos*.

243. Libr. I, vers. 674, *Sol oculus cœli*, etc., cum nota. *Fuscatur ab umbra* intelligo *occidit*, seu interposita terra lucem non emittit, ac libenti animo legerem *fuscatur ab unda* ex dicendis ad v. 245, sermo enim esse videtur non de eclipsi solis, sed de ejus occasu et ortu ex Ecclesiastæ loco allegato ad v. 233.

245. Scriptura codicis Azagr. clarior est; sed lectio primigenia exhibetur a nostro codice, quæ fortasse, quia obscurior est, ab interpolatore fuit mutata. Dracontius sententiam repetit, quam sæpe amplexus est, solem vires ab undis resumere; ex quo colligit ipsum elementum, aquam videli et, damnum et augmentum soli afferre, ut enim ait l. 1, vers. 677 : *Occidit ipse dies, super æquora sole cadente, Æquore mersus obit, novus æquore mane resurgit*. Vide notam ad v. 676, l. II.

246. *Dant, ferunt*, hoc est *dant, auferunt* : nam aqua maris soli dat damnum et augmentum, et ca-

396 Alternant elementa vices et tempora mu-
[tant,
Tempus habent noctes, tempus et ipse dies.
Accipiunt augmenta dies, noctesque vicissim,
250 Amittunt cursus perpete lege poli.
Tempora sunt florum, retinet sua tempora
[messis,
Tempus et autumnum, tempus habet hiemes.
397 Ver, æstas, autumnus, hiems, redit an-
[nus in annum,

Quatuor alternant tempora temporibus.
255 Omnia cum redeant, homini sua non redit ætas,
Sed velut acris avis, sic fugitiva volat.
Tempora sunt pacis, vel tempora certa cruoris,
Otia tempus habent, militiæque labor.
398 Tempora gaudendi, sunt tempora certa
[dolendi,
260 Tempora dant lucrum, tempora damna ferunt.
Nubila tempus habent, et tempora certa sere-
[num:

VARIÆ LECTIONES.

247. Azagr., *Damna vel augmenta rebus elementa dederunt.*
250. Azagr., *Et minuunt cursus perpete lege poli.*
251. Azagr., *Tempora sic flores retinent, sic tempora messes.*

252. Azagr., *Et cum lege redit vitis amœnus honor:* hic est postremus versus in Azagrensi codice.
253. Hic et sequentes versus usque ad finem Elegiæ exstant in solo codice Vaticano.
255. Vat., *hominis sua.*

NOTÆ.

dem aufert damnum et augmentum sensu explicato in nota præc. Fortasse legendum *Damna vel augmentum dant, quæ elementa ferunt*, sed ita ut eadem sit sententia. Dracontii stylum magis refert scriptura edita. Vide v. 68.
247. Ovidius l. xv Met., v. 409, *Alternare vices.* Vide l. ii Dracontii, v. 10 et 54, et l. iii, vers. 296, cum notis. Barthius l. lvi Advers., cap. 1, explicans versum Claudani l. i in Rufinum, initio, *Et lucis noctisque vices*, elegantissime et eruditissime id dictum affirmat, quia sunt depensæ velut eæ successiones, nec unquam non servatæ; quod multis similibus exemplis confirmat et adducit hunc versum ex Columbano, quem auctorem veterem ac probum etiam inter poetas vocat, nisi cum tanto auctori aut spuria ascribuntur, aut genuina male corrumpuntur. Advertit perperam in vulgatis libris editum esse *alimenta vices* pro *elementa vices*. Cæterum hunc ipsum versum cum multis aliis Columbanum a Dracontio accepisse, probatum est in prolegom. num. 8. Et Dracontius quidem sæpe verbum *vices* adhibet ad successiones rerum et temporum declarandas. Arnulfus Luxoviensis de innovat. vern. ex Dracontio aut ex Columbano (nam Luxoviense monasterium a Columbano fundatum fuit), *Alternant et opus, et opes elementa vicissim.* Vide etiam auctorem Panegyrici ad Pisonem, vers 132, *Ipsa subit natura vices, variataque cursus Ordinat,* etc.
249. Barthius libr. cit. Advers. lvi, c. 1, in versibus Columbani legit, *Accipiunt alimenta dies*, opinor, ex Lect. antiq. Canisii : sed Columbanus apud Sirmondum habet *augmenta*, quæ vera est lectio. Auctor carminis de laudibus Domini sub Constantino : *Sic annum placuit variis intexere formis, Et vice jucunda mortalibus addere fructum, Neu semper prolixa dies nimis ureret orbem, Neve brevis justum raperet nascentibus ignem : Ac ne perpetuo quateret labor omnia nisu, Dat requiem fessis hominum nox roscida curis.*
250. *Amittunt cursus,* decrescunt. In Azagr. clarior est sententia, sed non propterea verior.
251. Scriptura genuina nostri codicis confirmatur versibus Columbani, in quibus ita hic versus legitur. Interpolator in Azagr. arbitratu suo mutationem invexit. Ovidius vers. 187 de Remed. : *Poma dat autumnus, formosa est messibus æstas, Ver præbet flores, igne levatur hiems.*
252. Posset legi *Tempus et autumnus, tempus habent hiemes.* Hactenus codicis Azagrensis ope usi sumus; ac locus ipse postulat ut eminentissimus cardinali Lorenzana gratias singulares agamus, quod non solum Patrum Toletanorum magnificentissimam editionem curaverit, verum etiam ex intimis bibliothecarum Hispaniæ recessibus vetera hujusmodi monumenta primus magno ecclesiasticæ litteraturæ bono promulgaverit. Quid igitur causæ esse putem,

vel potius dicam (nam plures animo causæ subeunt) cur auctor Nuntiorum ecclesiasticorum Parisiensium anno 1788 in eximium præsulem invectus, rationem etiam et modum ei præscribere ausus fuerit, quo melius tempus collocaret? Ille quidem occasionem male dicendi sumpsit ex oratione anno 1778 (non 1787, ut legitur in Nuntiis Parisiensibus) ad Catholicum regem Carolum iii ab archiepiscopo edita nomine Regii Theologorum cœtus Matritensis, ad immaculatæ Virginis Mariæ Conceptionis mysterium promovendum instituti, in quo cœtu auctor Nuntiorum Academiam Complutensem intelligi debere inepte censuit et pronuntiavit, quia scilicet Matriti nulla est Universitas. Equidem non difficulter mihi persuaserim piam hanc et doctam, summoque plausu ubique receptam Orationem, *Super hodierno hujus sancti mysterii* (immaculatæ Conceptionis) *cultu, piaque de illo sententia ad ulteriorem certitudinis gradum merito provehenda* stomachum scriptori Nuntiorum movisse : sed alias præterea subesse ejusmodi offensionis causas suspicor, in quas ne inquirere quidem lubet. Quærerem tamen ab eo an reprehensione etiam dignum existimet quod eminentissimus cardinalis, posthabitis ejus consiliis, hoc ipso anno 1791 Instructionem pastoralem sui prædecessoris archiepiscopi Toletani Valero, nova vero superiori Praxim auxilia spiritualia iis præstandi qui extremo agone vexantur, auctore Ludovico de la Puente, communi populorum utilitati typis recudi jusserit?
253. Libr. ii, vers. 216, *Ver, æstas, autumnus, hiems redeuntibus annis.* Sic etiam Cujacius epigr. libr. iv, *Ver, æstas, autumnus, hiems sunt quatuor anni Tempora,* quod in notis ad Columbani carmina animadversum est. Et Joannes Owen l. vii, epigr. 53 edit. expurg., *Ver, æstas, autumnus, hiems sunt integer annus.*
254. *Alternant* neutrorum more, scilicet variant. Ita Plinius, Virgilius et alii.
255. Non *male hominis* in codice Vat., sed cum Columbanus exscripserit *homini*, id præferendum videtur.
257. Ecclesiastes cap. iii, vers. 8, *Tempus belli, et tempus pacis.* Libr. iii, vers. 152, *Aut pax est, aut bella fremunt.* etc. Auctor Panegyrici ad P.sonem vers. 127, *Nec semper in armis Bellica turba manet,* etc.
258. Ovidius libr. i de Ponto, el. 6, v. 10, *Qua sinit officium, militiæque labor.*
259. Loc. cit. Ecclesiastes v. 4, *Tempus flendi, et tempus ridendi.* Sirmondus in epistola Columbani sic distinguit. Posset etiam *Tempora gaudendi sunt, tempora certa dolendi.*
260. Ecclesiastes loc. cit. vers. 6, *Tempus acquirendi, et tempus perdendi.*
261. *Et tempora certa serenum* habet, *serenum* substantive pro *serenitas,* ut l. i, vers. 586, *Placidumque*

Tempora servare jussit et ipse Deus.
Horam quæsivit faciens miracula Christus,
Horam speravit passio sancta crucis.
265 Cur irascaris mihi, cur sic dignior ira
Tam magni regis judicer esse tua?
Quando per ætherias aqu'la volitante rapinas
Præda, cibusque fuit passer, hirundo, picus?
Quando fames rabidi quamvis jejuna leonis,
270 Ut sit, adoptavit, faucibus esca lepus?
Devorat egregios ingenti corpore tauros,
399 Et rapiunt aquilæ nebrida membra
[pedes.
Dat semel iratus veniam post vulnera pardus,
Nec reduces morsus dat feritate pia.
275 Despicit irasci pastoribus optima tigris,
Despicit et talpas flammeus ore draco.
Fulmina non feriunt reptantia gramina terris,
Nec modicas salices flamma trisulca cremat.
Sed feriunt celsas pulsantes nubila cedros,
280 Et montes vastos, proxima saxa polo.
Sontes peccantes tantum sua culpa fatigat,

A Ecce etiam insontes noxia pœna petit.
Si ipse ego peccavi, quænam est, rogo, culpa
[meorum,
Quos simul exagitat frigus, inopsque fames?
285 Diluvio periere rei sine clade piorum,
400 Loth bonus, et justus tollitur ex So-
[domis.
Si non humani generis peccata fuissent,
Unde pium nomen posset habere Deus?
Sed quia dat veniam populis, peccata relaxans,
290 Per pietatis opus nomen habet placidum.
Si veniam frater fratri donare jubetur,
Quid rex subjectis, et dominus famulis?
Si justis solem Dominus, pluviasque dedisset,
Nec daret injustis, quæ fuerat pietas?
B 295 Non quærit veniam, qui nil peccasse probatur,
Nonne manus medici languida membra pe-
[tunt?
Materiem laudis præbet tibi culpa reorum,
Et titulos famæ dat pietatis opus.
Inclytus armipotens, vestræ pietatis origo,

VARIÆ LECTIONES.

265. Vat., *Ut mihi irascaris qui sim dignior ira.*
272. Vat., *aquilæ membrida membra.*

277. Vat., *flumina non feriunt.*
299. In Vat. obscure *vestræ.*

NOTÆ.

serenum. Horatius libr. II, od. 9, *Non semper imbres nubibus hispidos Manant in agros,* etc. Auctor Panegyrici ad Pisonem vers. 134, *Non semper fluidis adopertus nubibus æther Aurea terrificis obcæcat sidera nimbis. Cessat hiems, madidos et siccat vere capillos.*
262. *Servare* defendi potest : servari videretur melius. Accipi potest pro *observare* ex dictis ad vers. 520 seq. libr. I.
263. Joan. cap. II, vers. 4, *Nondum venit hora mea,* quæ verba dixit Jesus cum a matre rogaretur ut aquam in vinum converteret, aut certe vinum, quod deerat in nuptiis, provideret.
264. Joann. cap. XIII, vers. 1, *Sciens Jesus, quia venit hora ejus, ut transeat ex hoc mundo ad Patrem,* etc.
265. Sic restituo locum corruptum. Hactenus Dracontius rerum enumeratione probavit, conversiones regnorum tribuendas esse ordini temporis, quod omnia agit et quocum omnia trahuntur. Redit nunc ad argumentum : se venia dignum ait, non solum quia regem clementem decet reo prostrato parcere, sed quia ipse Dracontius is est qui tam magni regis ira dignus non sit judicandus.
268. *Picus* avis parva uncorum unguium. Vide Plinium l. x, cap. 18. Prima a veteribus producitur.
269. *Fames leonis* pro leone famelico. Vide notam ad l. I, v. 282.
270. Clarius esset *Optavit ut sit.* Sed non male est *adoptavit* pro optavit, elegit. Verbum compositum pro simplici.
271. Virgilius IV Georg., 541, *Quatuor eximios præstanti corpore tauros.* Leo in tauros sævit, aquila in hinnulos et damas, ut vers. seq. exponitur.
272. Lego *nebrida membra.* Nebros νεβρός est pullus cervi, nec non dama. Hinc *nebris, nebridos,* vestis ex pelle hinnuli seu damæ, qua Bacchus, bacchantes et venatores utebantur. *Nebridus* adjective a νεβρός a Dracontio formatur. Conjiciebam *grandia membra.*
273. Quod pardus post vulnera prima iterum non mordeat, non invenio, quisnam scriptum reliquerit. Quædam tamen mansuetudinis exempla in pardis inveniri apud Gesnerum et Jonstonum in Histor. Quadrup. legas.
274. *Feritate pia* oppositio, qualis sæpe a Dracontio adhibetur.

275. Pro *pastoribus* reponendum censebam *balantibus* : nam substantive *balantes* significat oves apud Virgilium, Lucretium et alios. Sed retineo *pastoribus* eo sensu quo Claudianus describens leonem, qui rabiem in armos juvencæ exigit, addit libr. II de Rapt.
C Proserp., vers. 213, *Et v les pastorum despicit iras.*
276. *Flammeus,* sic *flammea lumina.* Sunt autem dracones acutissimi visus, qui proinde a δέρκω, *video,* sic appellantur. Probum esset et forte verum est *Despicit et talpis,* ut subaudiatur *irasci.*
279. Libr. II, vers. 488, *Aut si fulmen habet, montes et culmina tangit, Arboribusque caput, cedros, celsasque cupressos.* Vide notam. Ovidius de Remed. amor., vers. 369, *Perflant altissima venti, Summa petunt dextra fulmina missa Jovis.*
280. Seneca Herc. Oet., vers. 493, *Qua celsus astris inserit Pindus caput.* Silius l. VI, vers. 2, *Nubiferos montes et saxa minantia cœlo.*
281. Vide l. II, v. 419 seqq.
283. Liberos Dracontii intelligo ex l. III, vers. 675, *Felix numerosa propago,* ut in nota explicui.
290. *Pietatis opus* iterum vers. 298, Libr. II, vers. 50, *Quidquid habet pietatis opus.* Nomen placidum et nomen pium vers. 288 idem est, scilicet nomen clementis seu mitis.
D 291. Matth: cap. v, vers. 43 seqq.; cap. XVIII, vers. 15 seqq.; Lucæ cap. XVII, vers. 3 seqq.
293. Ex Matth. cap. v, vers. 44 seqq. : *Benefa ite his qui oderunt vos... Ut sitis filii Patris vestri, qui in cœlis est, qui solem suum oriri facit super bonos et malos, et pluit super justos et injustos. Si enim diligitis eos qui vos diligunt, quam mercedem habebitis? Nonne et publicani hoc faciunt?*
295. Probatur de hac phrasi vide notam ad vers. 26 l. II.
296. Medicorum opem ægri implorant. Matth. cap. IX, vers. 12 : *Non est opus valentibus medicis, sed male habentibus.*
297. Ovidius Trist. l. II, vers. 31 : *Sed, nisi peccassem, quid tu concedere posses? Materiem veniæ sors tibi nostra dedit.*
299. Pater aut avus aliquis Guntharii hoc loco laudatur. Relege cap. 11 prolegom. Quamvis ad solum regem referatur sermo, tamen nomen *vestræ* adhibe-

500 Et doctus, genio pronior ad veniam;
401 Non homini ignosco, dixit, sed lingua
[meretur :
Hic reus, et doctus Vincomalus fuerat.
Non lædunt delicta Deum, sed læditur auctor,
Ni peccata dolens pœniteat sceleris.
505 Qui poscit hac lege Deum, ut peccata relaxet,
Debet et ipse suo parcere ubique reo.
Non semel ignosci dixit lex sancta reatum,

A

Sed quoties culpa est, sit toties venia.
Dicam regnanti domino pia verba prophetæ:
310 Etsi peccavi, sum tamen ipse tuus.
Da veniam, miserere, precor, succurre roganti;
Pristina sufficiant verbera, vincla, fames.
Sessorem, dum carpit iter, si cornea pulsans
402 Ungula concutiat quadrupedantis equi,
Verbere corrigitur culpa, plectente flagello,
316 Non simul abscissi crura, pedesque jacent.

VARIÆ LECTIONES.

302. Vat., *Hic reus et doctus vinco malos fuerat.*
313. Vat., *si cornea palpans.*
316. In Vat. videtur scriptum *abscisi* pro *abscissi,*

vel etiam *abscissa.* Hic ultimus est versus hujus Elegiæ in Vat. cod., cui adduntur verba *Explicit Satisfactio Dracontii,* etc.

NOTÆ

tur, quod jam tum usitari cœptum, ad linguas vulgares deinde transiit. In versionibus vulgaribus sacris vetus mos diutius hæsit, qui etiam paulatim excidit. Vernetus novem edidit epistolas de formula in versionibus præsertim sacris adhibenda, *Tu aut Vos:* illud eligit, quia antiquius et gravius.

300. Ovidius libr. I de Ponto, el. 6, vers. 5 : *Non cadit in mores feritas inamabilis istos, Nec minus a studiis dissidet illa tuis. Artibus ingenuis, quarum tibi maxima cura est, Pectora mollescunt, asperitasque fugit.* Et l. III de Arte, vers. 545, *Scilicet ingenium placida mollimur ab arte, Et studio mores convenienter eunt.* Eadem est sententia libr. II de Ponto, eleg. 9, vers. 47 seqq. Baco de Verulamio l. I de Augm. scient. observat. tumultuariam cognitionem flectere potius in contrarium.

302. Vincomalus, qui cum Opilione postea fuit consul, aut alius aliquanto eo antiquior. Confer cit. cap. 11 prolegom.

303. Non lædunt delicta Deum, *qui lædi nunquam potest,* ut ait Hieronymus Comment. in Hierem. libr II, cap. 7. Quodam tamen sensu peccatum est offensa Dei, affectu peccantis, non effectu, ut distinguunt theologi. Vide etiam interpretes ad Jobi cap. xxxv, vers. 6 : *Si peccaveris, quid ei nocebis?*

304. Supra vers. 100 eadem syntaxi, *Si sceleris facti mens rea pœniteat.*

305. *Peccata relaxat,* ut vers. 289, *peccata relaxans* pro *remittens.* Sic *relaxare claustra, fores.* Potestas ecclesiastica ligandi et solvendi symbolo clavium exprimitur.

306. Ex oratione dominica sumptum.

307. Ex Matth. cap. xviii, v. 21 et 22; Lucæ cap. xvii, vers. 4. Sic enim interpretes sacri verba Salvatoris

B exponunt, ut numerus finitus pro infinito ponatur, et toties venia concedatur quoties culpa fuerit.

310. Fortasse ex Sapient. c. xv, v. 2 : *Etenim si peccaverimus, tui sumus.* Sententia eadem eruitur ex pluribus aliis locis Scripturæ, ut psal. cxix, vers. 94: psal. cxxxviii, vers. 8 seqq.; Isaiæ cap. xliv, v. 5.

313. Lego *cornea pulsans :* nam *palpans* vix ullo commodo sensu explicari potest. Silius libr. xvii, vers. 156 : *Quadrupedem elatis pulsantem calcibus auras.* Ovidius l. vi Met., v. 218, *Campus Assiduis pulsatus equis.* Lucanus l. vi, v. 83, de equis : *Ungula frondentem discussit cornea campum.*

314. Ennius apud Macrobium l. vi Saturn., cap. 1, *Totam quatit ungula terram;* et alibi, *Summo sonitu quatit ungula terram;* et alibi, *Plausu cava concutit ungula terram;* et Virgilius l. viii, vers. 596, *Quadrupedante putrem sonitu quatit ungula campum.* Uterque de equis loquitur. Plinius l. viii, c. 45, *Equo juxta quadrupedante.*

C 316. In codice, evanescentibus litteris, ut fere accidit in extremis veterum codicum paginis, vix legi potest *abscisi* aut *abscisa.* Sententia clara est : sessor culpam equi flagello corrigit, neque illi crura pedesque abscindit. Clare etiam legitur post hunc versum, *Explicit Satisfactio Dracontii,* etc., ea characteris forma quam ad pag. 59 æri incisam exhibui. Itaque cum plane constet auctorem hujus elegiæ Dracontium esse, minime licet dubitare quin idem sit auctor trium librorum carminis de Deo. De utroque enim hoc poemate affirmare possumus, quod de comœdiis Menandri Andria et Perinthia Terentius in prolog. Andriæ : *Qui utramvis recte norit, ambas noverit. Non ita dissimili sunt argumento.* Addam *oratione et stylo.*

INDICES IN PRUDENTIUM.

INDEX VERBORUM ET PHRASIUM.

A. designat *Apotheosin,* C. *Cathemerinωn,* D. *Dittochæum,* H. *Hamartigeniam,* P. *Peristephanωn,* Ps. *Psychomachiam,* S. I. *Contra Symmachum lib.* I, S. II. *Contra Symmachum lib.* II, Pr. *Præfationem,* Prol. *Prologum Carminum,* Ep. *Epilogum, Numerus romanus post* C. *numerum hymni Cathemerinωn, post* P. *numerum hymni Peristephanωn; numerus Arabicus, versum.*

A

Abdi gremio, C. x, 135.
Abdidit se mœrens, C. ix, 80.
Abditis in angulis, P. II, 81.
Abdomina suilla, P. x, 918.
Ab cit, *abjicit,* Ps. 149.
Abjuncta quadrupes, S. II, 816.
Abjunctæ plagæ, P. II, 441.
Abjurare nomen, A. 225.
Abluturus, A. 684.

Abolla palmata, S. I, 556.
Abomineris tangere, P. v, 180.
Abscidere, A. 950.
Absistere, P. I, 64.
Abyssus fervens, H. 833.
Abysso abde caput, Ps. 91.
Acroma, acroama festivum, P. II, 521.
Acta littor s secreti, S. I, 136.
Actu, vel arcu aliquid complecti, Ps. 836.
Actu mundi, *motu,* C. iv, 77.
Acuminatus, P. v, 259

Ad procinctus nata gens, S. II, 512.
Ad usque pedes, Ps. 634.
Adacto gladio, Ps. 49.
Addere studiis partem noctis, C. I, 11.
Addictis hastæ censibus, Ps. 874.
Addic.t amori, H. 534.
Addubitare, Ps. 623.
Adeso succo, C. x, 104.
Adhinnit mœchus, S. I, 58.
Adjicere Libori tempus, C. I, 12.
Adolescere in annos calidos, P. II, 329.
Adoperta tenebris, P. III, 58.
Adorata puella, *Eulalia*, P. IV, 38
Adoptivus, H. 48.
Adsies, P. II, 569.
Adulta messis, S. II, 939.
Adultera culta, *ager vitiosus*, H. 216.
Advolat nuntius, C. IV, 55.
Advolvi plantis, A. 457. Tumulo, P. IX, 3.
Ædicula, P. XI, 184.
Ædituus, P. IX, 17.
Æger corruptel·s animi et corporis, P. XI, 177. Moratum tædio, P. v, 333.
Æger viril us, S. II, 322.
Ægis, *clypeus cœlestis*, S. II, 631.
Æmula lux diei, *lychnus*, C. v, 27.
Æmulæ avenæ, A. 2, Pr. 46.
Æmulator hosti·, H. Pr. 51.
Ænigmata, *munni*, P. II, 118. *Vultus*, C. x, 136.
Ænipes, S. I, 551.
Æquiparabile, H. 79.
Æquiparare laudibus, C. III, 85.
Æquor *chartæ, ceræ*, P. IX, 55.
Æquore, *planitie*, P. XI, 185.
Æquoreus portus, P. XI, 48.
Æquoreæ procellæ, H. 109.
Aerias per auras, S. I, 418.
Aerio rore, C. III, 75.
Ærugo scabra, S. I, 440.
Ærugine obducta, Ps. 601.
Æstibus rapidis pontus invius, C. v, 85.
Æstu vitiorum fluctuat, H. 278.
Æstuante culpa, C. IV, 23.
Æstuosus fervor, P. x, 489.
Ætatula, P. x, 614, 677.
Æthra, C. VI, 35; C. XII, 56; sidere·, H. 816.
Ævo intermino, P. v, 298.
Affatim plenus, C. VIII, 15; refectus, C. IX, 59.
Affatu brevi, P. II, 400.
Afficit nares horrore, P. II, 590.
Afflatu edita *anima*, Ps. 906.
Agere triumphum ex aliquo, Ps. 530.
Agere morte, P. XI, 64.
Agit animalis homo vitam, *vivit more pecorum*, A. 159.
Agitabile, vel vegetabile ingenium, H. 546.
Agon, *certamen*, P. v, 135. Laudis, P. I, 181.
Agninus, Ps. 795.
Albescit polus, *lucescit*, C. II, 3.
Albidus color, C. v, 84.
Ales diei nuntius, C. I, 1. Arundo, *sagitta*, Ps. 523.
Almonia picea. C. v, 19. Simplex, Ps. 610.
Allambere, H. 155.
Allophylus, H. 500.
Almo jejunio, C. VII, 209.
Altaris ara, C. VII, 203.
Alternans se motibus suis, H. 722.
Altius reposta antra, P. VIII, 51.
Altrix, C. XII, 81.
Altrinsecus, P. v, 65.
Alumna pacis oliva, C. III, 53. Alumni carceris, P. v, 137.
Luminis, P. II, 205.
Alumnus grex, *schola*, P. IX, 31.
Alvo bibit Christum virginitas, A. 585.
Amasionum fraudes, P. x, 182.
Amat fraus obtegi, C. II, 22. Amat sexus gignere sobolem, S. II, 224.
Ambage fallere, C. VI, 48.
Ambire Christum, P. II, 492.
Ambrosius liquor, P. XIII, 12
Amburi, H. 785.
Amictus pellibus, C. VII, 62.
Amœnus vapor, P. x, 3 1.
Amnicus liquor, P. VI, 81.
Amor habendi, Ps. 478.
Amphitheatralis pompa, S. I, 585.
Ampliatis successibus, P. x, 139.
Anathema, Ps. 540. Anathemata regni externi, H. 461.
Ancipites recessus, P. XI, 165.

Ancipiti exitu, P. x, 784.
Anfractibus spretis, P. XI, 37.
Angelicæ species, A. 47. Angelici cœtus, A. 552.
Angoribus excruciari, A. 86.
Anguiferum caput, H. 131.
Anguina verba, P. v, 176.
Anguini crines, Ps. 560.
Anguinus fucus, H. 114.
Anhela Deo rude pectus Eulalia P. III, 34. Anhelat fluctum, A. 681. Anhelis fornacibus, A. 132. Anhelus vulnere, Ps. 165.
Anhelitus venti, C. v, 101.
Anicla, *anicula*, P. VI, 149.
Animalis, *belluinus*, A. 189.
Animator et factor, P. x, 788
Animosa virgo, P. III, 37. Fides, Ps. 874.
Annales chartæ, S. I, 597.
Anterior chao, S. II, 96. Numero, H. 38.
Antiquitas referi, P. x, 32.
Antistes prædicat Deum, P. XI, 226. Domini intonat, A. 406.
Antra Apollinis, S. I, 202.
Antro sub pectoris, Ps. 774.
Antrum pectoris, Ps. 6.
Anxietas, Ps. 464.
Apertius quid? A. 43.
Aperto vultu, A. 535.
Apex mentis, S. II, 628. Montis, C. VII, 136.
Apice editiore, P. XI, 224. Apices flammarum, H. 862. Saxorum, P. XI, 127. Apices, *litteræ*, P. IX, 53 Rerum, P. XI, 18.
Apostoli fontes, S. I, 551. Apostolici oris, H. 522.
Apparatus funerum, P. x, 756.
Appellare ad quem, P. x, 818.
Applicat necem, P. IX, 64.
Apta nox turpibus, C. II, 25.
Aptare pro eligere, S. II, 51.
Aquai, *archaismus*, A. 702.
Aquilæ victrices, *legiones*, Ps. 615.
Aquosus humor, C. VIII, 62.
Ara altaris, C. VII, 205.
Arator C. II, 40. Ruris Libyci, S. II, 936.
Arctoa sidera, C. XII, 13.
Arcus triumphalis, S. II, 555.
Ardenter sitire quid, P. II, 189.
Ardescit in iras, A. 318.
Area *chartæ in libro*, P. IX, 51. Stelligera, C. v, 145.
Arena *amphitheatri*, S. II, 1111. Infamis, S. II, 1127.
Arens dextera, P. II, 155.
Argilla, H. 190.
Arguit canities, Prol. 25 seq.
Arietare ærato rostro, H. 489.
Aristifera seges, C. III, 52.
Armamenta, H. 580.
Armare animos Pr. I. 11.
Armaria scriptorum, A. 377.
Armental s vie, *pastor*, C. VII, 166.
Armipotens ratio, Ps. 502.
Aromate tinctus, P. XIV, 72. Aromatis spiramen, A. 758.
Arripere jussa, P. v, 468.
Ars patris est, *opus*, S. I, 12.
Arthrisis, P. x, 495.
Articulatim, A. 859.
Artifex peritus crucis, P. v, 254. Secandi, P. x, 890. Pœnarum, P. IX, 53.
Artubus, *membris*, C. VII, 177. Ulcerosis, P. II, 155.
Arvina, C. VII, 9. P. v, 229.
Arula S. I, 257.
Arundo aurea, *pertica*, Ps. 826.
Arx ætheris, Ps. 642. Frontis, H. 268. Rationis, S. I, 212.
Ascensus *substant*., P. VII, 54.
Ascitur in P. II, 526.
Asperat sapor, Ps. 431. Pectus hydris, P. x, 273.
Aspergine culparum, A. 957. Morum, H. 948. Salis, P. v, 225.
Asperi casus, Prol. 15.
Asperrimus dolor, P. II, 218.
Assertor divum, S. I, 626. Dei, P. x, 1.
Assimilatus nomine, et ore S. I, 307. Assimilatis monstris, S. II, 59.
Assuescit pollere regno, S. I, 511.
Assuetus bello, Ps. 556.
Assultus cassi, Ps. 144.
Astus *plur*., S. I, 74.
Astutia versipellis, A. pr. II, 26.
Astrologus pernox, A. 618.
Asylum S. I, 196.
Atomi, A. 954.

Atra sorordia, A. 126. Formido, P. x, 276. Ambages, C. vi, 48.
Sub auctionibus, P. ii, 78.
Auctor luminis, P. x, 318. Mœnium, P. ii, 416. Salutis, C. iv, 12.
Avenæ vacuæ, H. 218.
Auferte lectulos, C. i, 5.
Augusta urbs, *Roma*, P. xi, 199.
Augustior ore, P. v, 283.
Augustissime dux, S. ii, 1114.
Aula cœlestis, P. xiv, 62.
Aulæa mollia, P. v, 566.
Auræ madentes aromatum, P. x, 333. Populares, S. ii, 153.
Auratus amictus, S. i, 624.
Aure ab dextra, *parte, latere*, Ps. 138.
Aurea pompa tori, P. iii, 111.
Aureolis laquearibus, P. iii, 197.
Auris stolida, H. 657.
Auritæ mortis leges, A. 767.
Aurulenta lux, P. xii, 49.
Auspicato conditum, P. x, 414.
Auspicibus, S. i, 278.
Austeritas fascibus est, P. ii, 525.
Aversus vultum, P. xiv, 41.
Avia longa, C. v, 40. Perplexa, S. ii, 903.
Axe sub gelido, P. iii, 179.
Axis ætherius, S. i, 144. Poli, P. i, 88.
Azymon similaginis, A. 583.

B

Bacca pacis alumna, *oliva*, C. iii, 55.
Baccæ catenarum (*vide* Boia).
Bacchantia gaudia mundi, H. 575.
Bacchatus apertis jugulis, S. ii, 671.
Balantis sanguine, A. 332.
Balatibus querulis, H. 222.
Balbutire, P. x, 12.
Balsama diffundunt, P. xi, 194. Destillant A. 482. Desudant surculo, C. v, 117.
Baptisma datum cui, P. ii, 575. Baptismate lotus, A. 697
Barathrum, P. v, 249.
Barbara gens linguis, A. 194.
Barbaricæ habenæ, H. 436. Barbarici sinus, *vestes*, A. 143.
Barbaries fera, *barbari*, H. 100.
Barbis hirsuta cutis solvitur, P. x, 559.
Bardus, A. 296.
Beatus o terque quaterque, et septies, P. ii, 529 *seq*.
Bellatrix, Ps. 155. Roma, S. ii, 489.
Belligerum regnum, Ps. 806.
Belluinæ fauces, C. vii, 114.
Bestiales villi, C. vii, 153.
Bibere naufragium, P. xi, 74. Bibere illecebras, H. 514. Errorem cum lacte, S. ii, 202. Bibere ore rogum, P. iii, 160. Bibit alvo Christum virginitas, A. 585.
Bibulæ arenæ, P. xi, 141.
Bifestus dies, P. xii, 66.
Bifida lux, H. 3, 93.
Bifido æquore C. v, 68.
Bifori cardine, Ps. 666.
Biformia arcana, Ps. 761.
Biformis portenti errore, Ps. 569.
Bifrons Janus, P. ii, 449.
Bigas boves S. i, 361.
Bimaris Corinthus S. ii, 551.
Bipennis publica, P. i, 55.
Bisulcæ ungulæ, P. i, 44. P. x, 73.
Bitumen, P. v, 199.
Bivus pluribus anceps, S. ii, 849.
Bivium hiulcum, H. 790.
Blasphemare Christum, A. 317.
Blasphemia plural., Ps. 715.
Blasphemus, P. i, 75.
Boris atrita colla, Ps. pr. 53.
Boiis illigata colla, P. i, 40.
Bombus tumidus, A. 843.
Bombyx, purpura P. x, 512.
Borræ, *boreæ*, Ps. 847.
Botryonis opima vallis, H. 477.
Brabii palma, P. v, 538.
Brachia arborum, C. iii, 54.
Bractea tegit gypsum, S. i, 456.
Bracteulis fulgor, P. x, 1025.
Bracteolis crepitare, Ps. 553.
Bruti genulitas, P. i, 94. Brutum scitum Cæsaris, P. v, 66.
Bubulæ ofellæ, P. x, 583.

Bubulcus, P. x, 195.
Buculæ, Ps. pr. 51.
Buccina vasta signum dabit, C. xi, 105.
Bullis fulgentia cingula, Ps. 475.
Bustis prodire, C. ix, 99.
Bustuali antro, C. ix, 52.
Buxa cerata, P. ix, 49.

C

Cachinnos (per) solvi, P. x, 226.
Cadit in faciem, A. 550. In vitium, P. x, 989.
Cæmentum, vel cæmento struere, A. 815.
Cærulæ noctis, C. v, 41.
Cæruleas animas, S. i, 424.
Cæsa, vel cæca rupes, S. i, 210.
Cæsa ense virius, P. i, 49.
Cæsaries, C. iv, 61. Deflua, P. xiii, 50
Calami sulcus, *versus*, A. 596.
Calamum piscis sequitur, C. iii, 48.
Calamosque, tubasque, A. 148.
Calathus, C. iii, 70. Calathi florum, P. iii, 203.
Calcant pedibus, C. v, 124.
Calcata morte, A. 1065.
Calcatrix mundi, Ps. 557.
Calce mera, *pede nudo*, P. vi, 91.
Calcibus reluctari, Ps. 596.
Calculare, P. ii, 151.
Catens in culpam sanguis, P. ii, 213.
Calente sole, C. vii, 207.
Calentem Christo puellulam, P. xiv, 12.
Calentes exempla domi congesta, S. ii, 9.
Calentia vota, P. xiv, 76.
Catentis nequitiæ carmen, H. 517.
Caligo scinditur, C. ii, 5. Solis spiculo percutitur, C. ii, 6.
Caligantes animæ, S. i, 291.
Callus pectoris, P. v, 177.
Calor laudis, Ps. 24.
Caltha, C. v, 114.
Calui, *rasi sacricolæ*, S. i, 651.
Caminis coxerat, C. xii, 196.
Camœna, C. ii, 26. C. ix, 5.
Camœnas reddere, *hymnos*, P. vi, 155.
Camurus, *curvus*, P. xii, 55.
Candida gaudia, Ps. 901.
Candidatæ cohortes, P. i, 67.
Candidiore toga, S. i, 547.
Candidius nive linguæ genus, P. xiii, 11.
Candidulus grex, C. iii, 157.
Candidus dies, C. ix, 77.
Canina facundia, H. 401.
Canities irrepsit seni, Prol. 25.
Caniformis Anubis, A. 195.
Conis miles, *castrensis*, A. 216.
Canistris portare, P. 17, 15.
Cantamen magicum, S. ii, 176.
Capax alvus, C. vii, 115.
Capax Christi, P. ii, 376. Capax justi, A. 8·5. Capax virtutis, S. ii, 162. Virtutum, P. x, 745.
Capessere cœlum, P. v, 568. Pugnam, Ps. 574
Capit auras unas pius et impius, S. ii, 783.
Capit nil diurnum nox, P. x, 590.
Capitalis criminis reus, S. ii, 804.
Captator lupus, P. v, 19.
Caput est Christicolis, P. xi, 80. Excitata, P iv, 13. Natale vitiorum, H. 205. Sæculi Roma, P. x, 167.
Carbasea palla, Ps. 186.
Carcere membrorum septæ animæ, H. 918.
Carceralis cæcitas, P. v, 269. Stipes, P. v, 552.
Carcereæ catenæ, S. ii, 492.
Cardine portæ, S. ii, 685.
Cardo rotat annum, P. 5.
Cardo mundi, C. xi, 107.
Carens sole quarto, *mortuus* a quatuor *diebus*, C. ix, 16.
Carens vitiis, C. iii, 140.
Cariosa vetustas, C. x, 141.
Cariosi dii, S. i, 454.
Carmen nequitiæ, H. 518.
Carnale vinculum, P. ii, 487.
Carnalis stirpis genus, A. 985.
Carnaliter, A. 768.
Carnea lex, A. 370.
Carnificina, P. iii, 146.
Carnulenta pectora, P. x, 572.
Carpimus escas, C. viii, 76.
Carpunt semitam pecudes, S. ii, 875. Ungulæ membra, P. x, 695.
Casa pudici cordis, Ps. pr. 62.

INDEX VERBORUM ET PHRASIUM.

Casas culmo texere, S. II, 298.
Cassi ictus dentium, C. VII, 116.
Castæ parcimoniæ, C. VII, 5.
Castrata animum recisum virginitas, H. 957.
Castum sapere, *caste*, C. II, 52.
Catamitus, S. I, 70.
Catasta, P. II, 399. Catastæ *plur.*, P. VI, 33.
Catastæ igneæ, P. I, 86.
Catena mortis, C. XI, 47.
Catenato subtemine, Ps. 674.
Cathedra, P. II, 462.
Catholica fides, Prol. 39. P. XI, 24. Catholicum templum, Ps. 107.
Caula, H. 223. P. XI, 245.
Cauter, P. V, 230. Cauteribus cremari, P. X, 490.
Cautis, *cautes*, P. X, 701.
Cavernosi meatus aurium, H. 519.
Cavillo mimico, P. II, 518.
Cedit nox, C. I, 72.
Census patrius, Ps. 581. Censibus hastæ addictis, Ps. 875.
Censura, *dignitas*, P. II, 326.
Centifidum iter, S. II, 889.
Centuplex fructus, C. VII, 220.
Centuplicatos agrorum fructus redigere, S. II, 1050.
Ceræ pugillares, P. IX, 15.
Cerata buxa, *pugillares*, P. IX, 49.
Cerastæ virides, H. 155.
Ceraunis fulvis radiare, Ps. 470.
Cerebrum ebrium, H. pr. 57.
Ceremoniæ, cærimoniæ, S. I pr., 5.
Cernua vipera, C. III, 149. Cernuo ore, C. VII, 43.
Cernuat ora senex, S. I, 380.
Certante voto, H. pr., 6.
Certatim, C. V, 139. A. 685.
Cervicula, P. X, 856.
Cespes fumat vervece cæso, P. X, 187. Cespite ab im C. X, 123. Cespite et thure, A. 187, P. V, 50.
Cesserat omne robur, P. V, 122.
Chalybs colla ambit, P. I, 72. Chalybem procudere S. I, 50.
Chaos noctis æternæ, C. IX, 81. Chao anteriori, S. II, 96. Intereunte, P. III, 55.
Charaxare, P. X, 557.
Charisma, P. XIII, 61.
Chartæ annales, S. I, 597.
Chartula, P. I, 75. Chartulæ vivaces, P. X, 1118.
Charybdis sanguinis, C. VI, 107.
Chelydri virides, S. I, 150.
Chelys casta, *musica*, A. 588.
Chirographum, P. I, 61.
Chirurgus, P. X, 501.
Chlamydem gestare, S. II, 50.
Choreæ fideles, C. IX, 1.
Chrisma, A 495. Pacificum, C. V, 156. Perenne, Ps 361. Chrismate innotatum, C. VI, 128.
Christicolæ, C. III, 56. C. VIII, 80. C. X, 57. Christicolum genus, P. III, 72.
Christigena domus, H. 787.
Christipotens, S. II, 709.
Cicatrix criminum, P. II, 287.
Cicatricum per vias, P. X, 796.
Ciere quem vocibus, C. I, 81. Litius, S. II, 401.
Cinisculus, C. X, 143.
Cinnama spirant, C. V, 118.
Cippo devotus, A. 295.
Circulator, P. X, 503.
Circuli *catenarum*, P. I, 72.
Circulis reciprocatis dies administrat sol. P. X, 574.
Circumferrier, S. I, 423.
Circumflua copia, H. 355.
Circumfluit auro, S. I, 418.
Circumfremere, C. IV, 79.
Circumligat alas, H. 811.
Circumplicare, P. X, 272.
Circumsepire, Ps. 755.
Circumsaltare, S. I, 135.
Circumvagus, Ps. 812.
Cirri exstructi, Ps. 184.
Cita gradu, P. III, 61.
Citi iambici, Ep. 7.
Citharœdus, S. II, 525.
Claro candore, C. X, 49.
Classicum clangere, C. V, 48. Triste, C. I, 42.
Clava Herculea, H. 402.
Claudere vocem loquentis, P. V, 97.
Claustra, *locus clausus*, P. II, 41.
Clausula meriti pax, Ps. 778. Omnium rerum, C. IX, 11.

Clementia tempestatis, S. II, 1012.
Clerus, P. IV, 78.
Cliens lapidum, P. III, 82.
Clivoso margine callis, H. 794.
Cluo, cluis, Ps. II. Cluere virtutibus, C. IX, 107. Cluit gloria, S. II, 584.
Cluunt ornamenta, S. I, 505.
Clypeata Minerva, S. II, 854.
Coæternus, A. 795.
Coævi sanguinis, C. XII, 137.
Coagula (per) coit, C. III, 68
Coagula concreta, H. 869.
Coaptare, Ps. 557.
Cocile caput, A. 325.
Cœlicola, S. I, 170.
Cœlipotens, A. 660.
Cœlitus, C. XII, 79, Ps. 65.
Cœnosum solum, S. I. 640. Cœnoso sanguine, Ps. 51.
Coercere lege, C. VIII, 4.
Cogens in unum, P. II, 144.
Cognatum malum, S. II, 47.
Cognitor, *judex*, P. X, 205, 571.
Cognominatus, C. IX, 11.
Cohæres gloriæ, P. V, 575.
Coibat palla sinu collecta, Ps. 186. Coire in unum gratiam, P. II, 442. Coit in solidum natura tenuis ac fluxa, P. X, 948.
Coinquinatus vitiis, C. VI, 53.
Colla vincis subdita solvit, H. 469. Fractus, C. IX, 90.
Collaudabilis, H. 692.
Collaudare, C. IX, 27.
Collega crucis, P. V, 299. Collegia sensus alti, C. X, 56.
Colligit se cicatrix, P. V, 142.
Collinere ore signato, A. 559.
Collitus melle, C. V, 16.
Colliquefacta, Ps. 426.
Collucis, *colluces* conjugat, P. V, 10.
Colluctari cui, H. 521.
Collumino, S. II, 830.
Colluvionibus, P. XIV, 126.
Color redit rebus, C. II, 7.
Colorare inepta vultu serio, C. II, 36.
Coloribus liquidis expressus, P. IX, 95.
Columba sidere lapsa, C. III, 165.
Columna lucis, C. XII, 168.
Columnari luce, H. 476.
Columnifer radius, P. III, 52.
Colymbus, P. XII, 36.
Coma herbarum, C. VIII, 46. Oleris, C. III, 65. Comantibus foliis, P. III, 206.
Combibere crucem, P. X, 650. Deum medullis, C. IV, 18. Combiberunt secula vetusta crucem, P. X, 650.
Cometa tristis, C. XII, 21.
Commenti genus novellum, P. VI, 58.
Cominus astant, C. IV, 49.
Commissuræ, Ps. 679, 828.
Committere sulcis semina, S. I, 1023.
Commorior, P. V, 41.
Commune (in), Ps. 727.
Commune est vivere, S. II, 806
Commutabile iter, H. 757. Tempus, 889.
Commercia, Ps. 34. S. II, 614.
Compaginare nodis, P. X, 890.
Compago ossuum, P. V, 111.
Compendia brevis summæ, A. 175.
Compendiosus exitus, P. II, 535.
Compertum fando retro, P. 5, 256
Comperpetuus, A. 271.
Competenter plecti, P. X, 118.
Compita perfidorum, A. 2, pr. 7.
Complexu fovere, P. VII, 5.
Complices cujus sectæ, P. X, 822.
Complicis de semine, H. 614.
Composuit digitis corpus, A. 859.
Comprimere arctis dentibus os, P. X, 903.
Conatibus summis luctari, S. II, 149.
Concalescunt pectora, P. I, 52.
Concavo inani, P. X, 977.
Concentibus inflat tubam, S. II, 68
Conceptacula alvi, P. X, 781.
Concilia festa, C. V, 138.
Conciliabula, A. 710.
Concinere mira laudum, P. X, 4.
Concipere inania somnia, S, II, 46
Concitat se in supremam sententiam, P. X, 812.
Concolor error, S. II, 871.
Concordia consors, Ps. 824.
Concrepitare fragor virgarum *cœpit*, P XI, 56.

Concreta coagula, H. 869. Malarum rerum cupido, C. vi, 119.
Concreto crine, S. 1, 491.
Concretus aer, H. 849. Auditus, A. 586.
Conculcare sacra gentium, Prol. 40.
Concussus acerbo cassu, Ps. 798.
Concutit horror artus, P. 1, 115.
Condere jura, C. x, 115. Vaginæ gladium, Ps. 105.
Conditor orbis, C. xII, 154. Rerum, C. iv, 9. Temporum aureorum, P. x, 206.
Condomare, C. vii, 98.
Confectos artus tenuare, C. viii, 54.
Conferre pedem, congredi, S. 1, 647.
Confertos cuneos, Ps. 670.
Confessor Christi, P. ix, 55.
Confinia viscerum, P. x, 887.
Conflatilis Juppiter, P. x, 295.
Confluo gurgite, C. v, 76.
Confœderentur, P. 11, 437.
Confovet in gremio, P. xi, 158.
Confragosa, C. vii, 55.
Confrequentare, P. 1, 9.
Congemiscens, P. 11, 411.
Congenitus, Ps. 221. S. 11, 610.
Congerere vota prece, C. v, 159.
Congeries, S. 1 pr., 21.
Congeriem (ad) usque, C. iv, 30.
Conglobat in cuneum, P. xi, 191.
Conglobatus fumus, C. vii, 157.
Congrege nexu tenere quem, S. 11, 634.
Congressa est mors Deo, P. x, 606.
Congrua meritis rependere, C. xi, 110.
Congruens ad usum, Ep. 22.
Conjectare animo, S. 11, 97.
Conjugalis proles, Ps. pr. 11.
Conjuratas insidias moliri S. 1, 556.
Connubium nexile, C. 111, 75.
Conscripti patres, S. 1, 604.
Consecrare se cui regendum, S. 1, 566.
Consepto paradisi limite, Ps. 224.
Conserunt se viarum divortia, A. pr. secunda, 9.
Consessus, H. 372.
Consorti fœdere, Ps. 77.
Consortia viarum, S. 11, 900.
Conspicabili ore, P. x, 653.
Constipata officia, P. xi, 49.
Constratus rogus, P. 11, 335.
Consultor patriæ, A. 452.
Consuesco, consuefacio, A. 725.
Consummabile ævum, Ps. 816.
Contactibus, A. 955.
Contagio sordium, C. vii, 55.
Contaminatis moribus, C. vii, 65.
Contemptor Dei, P. 11, 262.
Contenti vesci, A. 711.
Continuare dies hymnis, Prol. 37.
Conto petere, Ps. 116.
Contra refert his, P. v, 145.
Contractior orbis, S. 1, 522.
Contractus vel'contactus frigore, S. 1 pr., 11.
Contrectabilis, A. 959.
Contristare amaro unguine, A. 545.
Contumax fastidio, C. vii, 89. In tyrannum, C. xii, 150.
Doloribus, P. x, 714.
Couvertibilis, A. 276.
Convexa (ad) H. 852.
Convexi regia cœli, S. 11, 126.
Conviolare, Ps. 598. P. vi, 56.
Conviciator, P. v, 102.
Convivale carmen, H. 517.
Convolutis artubus, C. 1, 85.
Conum (in) cæsus, Ps. 871.
Cophinus, A. 719.
Copiæ præmiorum, P. x, 1135.
Coquebant venena hostem Christiani nominis, P. v, 378.
Coquebat iram, P. v, 591.
Corde alto suspirans, P. x, 926. Cordis scabies P. 11, 256.
Cornicinum æra, Ps. 656.
Corniger fluvius, S. 11, 605.
Cornix stridula, A. 298.
Cornuta facies, S. 11, 555.
Coronare larga dextera, P. v, 500.
Corporale ergastulum, P. v, 558.
Corpusculum, P. x, 805.
Corruptela tori, S. 1, 161.
Corruptissimus, A. 408; H. pr. 36.
Cortice libri, arbor, A. 541.

Corticeus, C. 111, 43.
Corusca dextra Dei, P. iv, 9. Coruscum ignibus caput, P. vi, 2.
Corvus Apollineus, S. 11, 566.
Crassum perspicit, P. x, 436.
Crates, corpus humanum, C. viii, 89. Costæ, P. 111, 148.
Costarum, P. xi, 57.
Creamen, creatura, H. 505.
Creatrix procerum urbs, P. iv, 191. Virtus, P. v, 474.
Creatura, H. 506.
Credere cum quarto casu, A. 580.
Cremandus mundus, H. 735.
Crematio, P. vi, 88.
Crepans flamma, P. 111, 156.
Crepidines littorum, C. ix, 112.
Crepundia, P. 111, 19. Pueri, A. 645.
Crimen pietatis, H. 597.
Criminosus, P. x, 878.
Crinalis acus, Ps. 448.
Crinita agmina, P. xi, 55.
Crispata hasta, Ps. 122.
Crispo liquore, P. x, 284.
Croceus vesper rubet, S. 11 pr., 4.
Crucis vexillum, A. 448. Figura, C. vi, 152.
Cruci affixus, P. 11, 22. Suffixus, P. x, 585.
Crucifer Christus, C. 111, 1.
Cruciabile iter, P. 446.
Cruciamina lethi, C. x, 90.
Cruciatibus densis, A. 70.
Cruda vis virum, S. 11, 704. Præcordia hominum, P. xiii 19. Vulnera, P. v, 556. Crudum exemplum nostræ sortis P. x, 465. Crudus stupor, S. 1, 75.
Cruentatus, S. 11, 128.
Crumenis infarcire, Ps. 459.
Culpa morum, C. 6, 49.
Culparum seges, C. vii, 208.
Cumulatim, A. 717, 759.
Cunabula deorum, S. 11, 1.
Cunctiparens, H. 931; P. xiv, 128.
Cunctipotens, P. vii, 56.
Cunctis in ævum sæculis, P. v, 576.
Cuneus militaris, H. 422. Adversus hostium, Ps. 197
Cunei conferti, milit., Ps. 670.
Cunulæ, C. vii, 164; C. xi, 98.
Cupidines frenare, C. vii, 21.
Cupidineus, Ps. 61.
Cupressus, A. 465.
Cura Dei, homo, Ps. 622.
Curam impendere rei, C. x, 45. Adhibere, S. 1, 21
Curriculis, vitæ annis, P. 111, 11.
Curvare caput sub, C. iv, 41. Ante pedes, A. 455.
Curulis sella, S. 1, 549.
Curvi tramites viarum, C. vii, 48.
Cute exuitur vultus, P. xiii, 29.
Cyanea stagna, Ps. 858.
Cyaneæ nymphæ, S. 1, 302.
Cymba spumantia lacte, A. 472.

D

Dabit hic exemplum, P. 11, 551.
Dactylico pede, P. 111, 209. Strophio, C. 111, 28.
Dæmonicæ aræ, P. vi, 56. Dæmonica sacra, P. 111, 75.
Damnare tenebris barbaros, P. 11, 585.
Damnosa vita, H. 951.
Dapes inemptæ, C. vii, 58.
Dator luminis, P. v, 276. Animæ, H. 951. Verborum, P. x, 930.
De hostia avertere ora, P. x, 289.
Deasciatus stipes, P. x, 581.
Debeo tibi magnas grates, P. x, 562.
Decedere solitis, S. 11, 312.
Deciduus imber, C. 111, 79.
Decidit sors in vatem, C. vii, 110.
Declivia vitæ pondera, H. 847.
Decoctum robur, S. 11, 530.
Decolor, niger, C. v, 69. Decolorus, P. x, 115.
Decrepito leoni, H. 559.
Decursis mensibus, P. xi, 195.
Decutit aspidem, S. 1 pr., 57.
Dedecorare, P. iv, 112.
Dedicare se caduco mysterio, H. pr. 45.
Dedita Christo Roma, P. 11, 2.
Dedignari censum pulvereum, H. 955.
Defæcare membra, abluere, C. vii, 74.
Defit medela, C. iv, 85. Quod ævo, P. ix, 66.
Deflua cæsaries, P. xiii, 70.
Defluens coma, demissa, P. x 275.
Defuga Christi, P. 1, 42.

INDEX VERBORUM ET PHRASIUM.

Defundere ve. diffundere, P. xi, 194.
Degener vini, atque somni, C. vii, 12.
Degenerem trepidatio prodit, Ps. 248.
Dehiscere, P. v, 482; P. vii, 50.
Dehonestare caput, P. x, 763.
Deitas, A. 1009. Deitatis fons, A. 76. Speculum homo, 634.
Delibuta comas, Ps. 512.
Deliquium fluidum, H. 751.
Deliramenta Platonis, A. 200.
Deminuere, diminuere, A. 281
Demorari vota, P. xiv, 76.
Demutabilis, A. 276.
Deus frequens, P. v, 218.
Denseo, densere, C. v, 53. Densere congeriem, S. i pr., 21.
Deponere supercilium, Ps. 287.
Depositor patris, A. 179.
Deprendere veri latebras, S. ii, 76.
Depulsus lacte puer, P. x, 665.
Deputemus præmiis legale damnum, P. x, 830.
Derogat, denegat, C. vii, 173.
Descensos gradus, A. 1007.
Desine ab unco, P. xi, 64.
Desistere peccare, C. i, 64.
Despectans fastu, Ps. 182.
Destructilis, P. x, 548.
Desudata balsama, C. v, 118.
Detorsit retro faciem, P. ii, 568.
Detumescere, P. x, 145.
Deverticulum vel diverticulum, S. ii, 819.
Devexo axe, C. viii, 11.
Devorare spe aurum, P. ii, 154. Oscula haustu, H. 610.
Devotus tippo Deucalionum, A. 295.
Devovere carmen cui, C. pr., 42.
Devium iter, A. Pr. 2, 16. Devia silvæ, C. viii, 56.
Dextra indoles, Ps. 895.
Dia, cælestia, C. xii, 90.
Diademate posito, A. 491. Diadema rutilum, S. i, 422.
Pulchrum, P. iv, 21. Regium, P. x, 763.
Dialectica vox, H. 124.
Dicatæ escæ, sacratæ, C. viii, 75.
Dicari mysteriis, P. x, 218.
Dictu scelus, A. 822.
Didita vel dedita pecunia, P. ii, 94.
Diecula, C. vii, 96.
Diem lucis insuetæ donare, P. x, 955.
Difflata in humum agmina, C. v, 103.
Difflato pulvere, H. 587.
Diffluens potu et cibo, C. vii, 16.
Diffluit in luxum, S. i, 125.
Diffluunt sudoribus, P. x, 456.
Digestim, P. ii, 129.
Digitis eminulis, P. iii, 122.
Digladiabile discidium, C. iii, 148.
Digna superare in isto munere, P. iv, 64.
Dignoscere, P. x, 1157.
Dilancinata, P. v, 156.
Dilaniata lingua, Ps. 424.
Diluvii sub tempore, S. ii, 557.
Dimensio sanguinis, P. x, 1126
Dinumerare, H. 36; P. xi, 234.
Dira relatu dogmata, A. 1.
Diriguit pernox astrologus, A. 617.
Diruit mortem morte, P. ii, 19.
Discincta juventus, Ps. 822.
Discludere, H. 848, 905.
Discolorus, discolor, P. x, 302.
Discordes linguis, S. ii, 585.
Discretio carpit cumulum, H. 26.
Discriminatis coloribus, P. x, 350.
Discruciatibus, H. 854.
Discursibus terere silicem, S. i, 582.
Discursus lupercorum, S. ii, 862.
Discutit tenebras de pectore, P. xiii, 26.
Disjicit membra morbus, P. ii, 209.
Disparare nexa nervis vincula, P. x, 888.
Disparili sorte, S. ii, 573.
Dispendia, ambages, C. xii, 174. Flexuosa, C. vii, 49.
Dispendio sanguinis, P. i, 25.
Dispensare opes, P. ii, 44.
Dispergier, A. 474.
Dissecare fidem minutis ambagibus, A. pr. ii, 21.
Dissertator, A. 782.
Dissicit, disjicit membra, P. ii, 209.
Dissipare vera, C. vi, 45.
Dissipator triumphi hostici, Ps. pr., 54.
Dissociabile nil firmum, Ps. 703.

Dissociari, C. x, 15.
Dissolubilis cardo, C. ix, 72.
Dissona cultu regna, S. ii, 585.
Dissoni ritus plur., P. ii, 427.
Distenta uterum mater, H. 585.
Distincta vice, A. 682.
Ditio effrenis, potestas enormis, S. i, 318. Ditione coercet, S. ii, 658. Urgebat, P. vii, 8. Ditionibus æquis, pari potestate, S. ii, 419.
Ditior, P. ii, 116, 312.
Ditissima tartara, Ps. 521.
Diva caro, Ps. 76. Hierosolyma, Ps. 812. Divi gentium, P. v, 92. Divos fingere, P. i, 69.
Divaricatis cruribus, P. v, 252.
Dividuus Deus, H. 7.
Divinitas, P. x, 245, 440.
Divisor deitatis, H. 2.
Divortia duo, H. 4.
Divortia obliqua, A. ii pr., 9.
Diurna nocte, A. 629.
Diutina ætas, P. x, 1116.
Docta psallere, P. x, 857.
Dogma, P. ii, 95. Remissum, C. viii, 8. Doctrina, C. vii, 197. Novellum, Christ., P. x, 583. Sophiæ, S. i, 34.
Dolatu forata gemma, Ps. 855.
Domina Ecclesia, C. xi, 187.
Dominatibus, H. 515.
Dominatio, H. 31, 540.
Dominator, A. 448.
Dominatrix rerum, A. 88.
Dona conscientiæ, Ep. 3.
Donare aliquid hostico ferro, P. i, 27.
Donaria, P. x, 543.
Donatrix, P. xi, 171.
Dracones, vexilla, C. v, 56.
Dubitabile pectus, A. 581.
Ducere vicem sortis humanæ, C. vii, 213
Ducere vitam, H. 953.
Ducitur annus solis recursu, P. x, 575.
Dulcia pro cibis dulcibus, Ps. 99.
Dulcimodi psalmi, Ps. 664.
Dumus, P. xi, 129.
Duplicat vota, P. xii, 64.
Dux ibat illis, P. vi, 10.

E

Eam inane resolutus in nihilum, S. ii, 107.
Ebenum, nigrum, C. ii, 71.
Eblanditis virtutibus, Ps. 528
Ebrium linteolum, humectum, C. v, 18. Ebria veneris, C. xi, 92.
Ecclesiarum anguli, P. ii, 82
Ecclesia tenus, P. x, 43.
Eccum, ecce, P. x, 1006.
Echo, P. x, 980.
Ecquis, et quis erit, qui, S. ii, 84.
Edacitas, P. x, 810.
Edax senium, A. 1073.
Edentulæ, P. x, 305.
Editor, P. xi, 224.
Editos de sexu duplici natos, P. x, 179.
Eductus sub imagine avita, S. ii, 9.
Efferatus mundus, P. iv, 110.
Efferatis furoribus, C. ix, 55.
Efferre se sideribus altius, S. ii, 479.
Effetus malis, P. ii, 215.
Efficax ars seminandis erroribus, P. x, 271.
Effigiare animam, A. 807. Hominem, C. x, 1.
Effingere statuis membra, S. ii, 750.
Eillaus spumeas salivas, P. i, 101.
Effrena mens, P. x, 966.
Effudit signa Dominus, H. 468.
Effundit se amaris dictis in vocem, Ps. 203.
Effusus de senili partu, C. vii, 59.
Effusa corpora, nata, C. xii, 111.
Effusæ turmæ, Ps. 178.
Egenus lucis, S. i, 377. Rationis, S. i, 81.
Egressus tuta silentia, S. ii pr., 44.
Ejecta solo herba, S. ii, 982.
Ejulantes, G. vii, 145.
Elaqueare, S. ii, 147.
Elicitus sanguis, P. ii, 140.
Elinguis, P. x, 2. Elingula humus, P. v, 72.
Eliquare metalla, H. 260.
Eloquii Romani decus, S. i, 651. Eloquii ventis tumet, S. ii pr., 58.
Elumbe virus, P. ii, 216. Elumbis animus, Ps. 314
Eluvies sanguinis, P. xi, 46.

Emancipator, C. vii, 184.
Emblemata *in poculis*, Ps. 527.
Emicat, *nascitur subito*, C. ix, 27. Sol resurgens, C. ii, 56.
Eminulis digitis, P. iii, 122.
Emotæ curæ, Ps. 629.
Enervatum robur, S. ii, 143.
Enitor *cum infinitivo*, P. v, 163.
Enuntiatrix sensuum lingua, P. x, 771.
Eoa plaga pandit polum, P. iii, 63. Munera, C. xii, 62.
Eoum sidus, *phosphorus*, C. ii, 67.
Ephebus, C. ix, 43. Mollis, P. xiv, 72.
Episcopalis, P. vi, 11; xiii, 33.
Episcopus, P. ii, 29; vii, 22, 51.
Eque, *et ex*, C. iii, 193; ix, 99.
Erat cernere, P. xi, 131.
Ergastulum, *carcer*, P. v, 241. Corporale, P. v, 358.
Erigit ad coelum supinas facies, A. 501.
Erubescit error, C. iii, 118.
Erumpit alloquio, Ps. 749.
Esse azymon, *edere*, A. 353. Exemplo, A. 58.
Ethicis (ex) præsumere, H. 381.
Evangelicus libellus, A. 15.
Evectus gradu militiæ, Prol. 20.
Eviscerandum corpus eculeo, P. x, 109.
Eviscerata carne, P. x, 1058.
Evolutos post mille consules, P. x, 407.
Exactor auri et sanguinis, P. ii, 48.
Exaggerati thesauri, P. ii, 87.
Examina divum, H. 97. Pauperum, P. ii, 180.
Exarmatus, Ps. 49.
Excellentiæ acris heros, P. x, 52.
Excellentior ordo, *senatorius*, S. i, 571.
Excessu moderaminis, S. ii, 990.
Excidere se, *castrare*, P. x, 1059
Excidit animis sitis eremi, Ps. 371.
Excipere imperium alicujus, C. iii, 124.
Excitare faciem in coelum, C. iv, 70.
Excitata caput, P. iv, 15.
Excitator mentium, C. i, 5.
Excitus in furias, P. iii, 96.
Excruciare fidem, P: iii, 90.
Excruciabilis exitii, P. iii, 115.
Excruciatibus, P. xiv, 19.
Excubat spiritus, C. i, 80.
Excussus, us, *substant.*, P. v, 226.
Exedenda morbis membra, P. i, 26.
Exemplum dare, *puniri*, P. ii, 381.
Exercitus labore, C. i, 23.
Exerere præcepta, *exsequi*, P: xiv, 63.
Exfibulare, Ps. 635.
Exhæres, P. ii, 79.
Exhibere ad cultum, C. viii, 50.
Exinuare, exsinuare, P. xi, 222.
Exitialis dies, S. ii, 567.
Exitium luas pro, P. x, 94.
Exorabilis terror, C. vii, 99.
Exotica secta, Ps. 759.
Expedit arctas latebras, P. ix, 88.
Expedita corda, C. iv, 51. Litteris crux, P. x, 623.
Expiare, C. vii, 7; C. xii, 163; P. i, 102.
Expolita ære pelvis, Ep. 16.
Exporrecta cubili, H. 856.
Expressa liquidis coloribus, P. ix, 95.
Expresserat crimen urna voluta, C. vii, 112.
Exprimere stylo, P. x, 1124.
Exsecutor, P. xiii, 16.
Exsequialia verba, P. xiv, 51.
Exsibilare, P. v, 176.
Exsilit liber in auras spiritus, P. xiv, 92.
Exsors dolorum, P. v, 160.
Exstinctor, C. vi, 102.
Exstirpata procellis silva, H. 240.
Exsul aviti laris, S. ii, 734.
Exsultans gallus, C. i, 67.
Exta litare, S. ii, 779.
Exterminat Paulus Jovem, P. ii, 469.
Extima cutis, Ps. 692. Extimum vestis, C. ix, 40.
Extorque, *ultim. brev.*, P. v, 60.
Extuberat cervix plumbo, P. x, 117.
Exuere stultitiam, Prol. 35.
Exulcerare, P. x, 1095.
Exuvias pontificales deponere, S. i, 318.
Exusserant cor venena, P. v, 580.

F

Fabrica, *pificium*, C. xi, 44. Fabrica corpusculi, P. x 305.

Fabrili manu, P. v, 69.
Fabriliter, A. 519.
Fabro deitatis figmine, A. 1053.
Fabula, *narratio rei veræ*, H. pr. 25. Fabulam scurra saltas, P. ii, 520.
Faces fumificæ livoris, P. xiv, 108.
Facessat, *abeat*, C. ii, 95; A. 659. Facessite, *itc*, P. iv, 77.
Faciem (in) riparum, C. v, 66.
Faciles rapi ad vincula, H. 429.
Factor, *creator*, C. x, 150. Aquæ, A. 667. Orbis, P. ii, 413.
Factura Dei, *subst.*, A. 792, 856.
Facundissimus, S. ii, 19.
Facundo ore doctor, P. iv, 18.
Falernum, *vinum*, C. ix, 28; Ps. 568.
Falsificatis spoliis, H. 549.
Falsiloquus, A. 107.
Fames impia, Ps. 479.
Famosum tropæum, Ps. 64. Famosus ardor, *amores*, S. i, 116.
Famula Deo mens, C. x, 166.
Famulantia elementa, S. ii, 805.
Fanaticus, A. 440; P. x, 1061.
Fanti, *dicenti*, P. vi, 43.
Farra, S. ii, 910. Spicea, S. ii, 217.
Fasces, *lictores*, P. iii, 65.
Fasciolis cingere, S. ii, 1007.
Fastidia prægnantis, C. xi, 54.
Fastigia famæ scandit, H. 457.
Fastorum arce potiri, *consulem fieri*, S. i, 59β.
Fastos condunt consules, S. ii, 426.
Fatales prunæ, *Vestæ*, S. ii, 1086. Fatalis sors, S. ii, 459. Fatalia nihil sunt, S. ii, 485. Fataliter, S. ii, 369.
Fato peccante, S. ii, 469.
Fatiscere, C. ix, 51; C. x, 96. Fatiscens corpus, C. vi, 149.
Fatus debilis, *substant.*, P. x, 988. Fatus secretos promere, A. 591.
Fauces portæ, Ps. 663.
Fautrix flentium, C. vii, 175.
Favillæ indices Gomorrheorum criminum, P. v, 103. De favillis coeunt membra, C. ix, 100.
Favus sudat, C. iii, 72.
Fax, et incitator, P. x, 67.
Faxo, P. v, 101. Ego, teratur, Ps. 249.
Felices animæ, quibus, P. i, 97.
Felle alto stomachatus, P. v, 595.
Felle libero effundit iram, P. ix, 46.
Fenestræ corporales, P. x, 454.
Fera, *scil.* Eulalia, *eodem sensu quo* ferox ingenii, P. iii, 59.
Feralis bestia, Ps. 719. Domus, *carcer*, P. v, 312.
Ferale monstrum, Ps. 363. Regnum, A. 361.
Ferax gloriæ, P. x, 779.
Fercula regalia, *magorum dona*, A. 609. Spoliorum ducere, S. ii, 581.
Feriæ scholarum, P. ix, 76.
Feriata freta, P. vi, 156. Feriatum *somno* pectus, C vi, 27.
Ferini ritus, S. i, 80. Ferino gutture, C. vii, 122.
Ferit æthera clamor nauticus, S. ii pr., 12.
Feritas gentium, P. ii, 11. Feritate tyranni, S. i, 46.
Fermentati mores crimine, A. 334.
Ferox ingenii, *fortis*, P. iii, 52.
Ferrata legio, S. ii, 33. Ferratæ acies, C. v, 48.
Ferre finem peccandi, C. i, 56. Ferre gressum quo, C. v, 41. Poenam, P. x, 1086.
Ferrea fata cogunt ad facinus, S. ii, 462.
Ferri in vesaniam, P. x, 1003.
Ferrugine lugubri, C. ix, 79.
Ferrugineus, Ps. 385.
Ferulæ crepantes, Prol. 8.
Festa vox, A. 149. Festum, *subst.*, C. viii, 14. Festa, *subst.*, P. ii, 432; xi, 254.
Fetida libido, P. ii, 245.
Fibula, C. vii, 157; Ps. 449.
Fictilis Minerva, A. 455. Olla, Ep. 17. Ulva, A. 764.
Fictor, C. x, 153.
Fidelis, *Christianus*, P. ii, 443. Turba, P. v, 534. Fideles paginæ, C. ix, 26.
Fidicula, fidicla, P. x, 481; 550.
Fidissimus, C. vi, 78. Fidissimi obsides, P. ii, 458.
Figebat spiculis dolor gementem, P. v, 424. Figere oscula, S. i, 550.
Figmen, A. 798. Figmine fabro, A. 1035.
Figmentum animæ, S. ii, 213.
Figurare, *typum cujus esse*, Ps. 67.

Fingere figuram, C. xii, 184.
Finis exsors, *mortis*, H. pr. 24. Fluctuum, *littus*, C. vii, 128. *Sub* fine ultimo, Prol. 54.
Fiscella, P. v, 491.
Fiscus *principis*, P. ii, 90.
Fissile lignum, S. ii, 283.
Fissa voluntas, Ps. 760.
Fixus *supplicio*, C. vi, 64. Fixis vultibus in, C. xii, 54.
Flabilis res, A. 867.
Flabrale frigus, A. 841.
Flagellum, *surculus*, C. vii, 159. Pro plaga, A. 360.
Flagrantiam sedare, P. x, 754.
Flagrare pervicaci audacia, P. x, 63.
Flammicomi ignes, Ps. 775.
Flammeolum, Ps. 449.
Flare rosas, spernere, P. iii, 21:
Flatile virus, H. 531.
Flatus, *anima*, P. iii, 169.
Flavescere, S. ii, 659.
Flavicomantes, A. 493.
Flebile officium, P. iii, 185. Flebilis hora, H. 943.
Flebiliter, P. iii, 119.
Flectere in diverticulum, S. ii, 848. Sensus, S. ii, 411
Fletu perluere, P. iv, 193.
Flexa sententia, S. ii, 311.
Flexu in plateæ, P. xiv, 59.
Flexuosæ fraudes, C. vi, 145. Flexuosa dispendia C. vii, 49.
Flexura, *subst.*, H. 652.
Flocci facere, P. x, 140.
Floret fraude fertili, H. pr. 55.
Florulentus, P. vii, 94.
Fluctiagi greges, C. iii, 46.
Fluctuans sub pudore, P. x, 676. Fluctuat veritas dubia fide, P. x, 654.
Fluctus frangitur, C. vii, 128.
Fluenta pura, S. ii, 789. Fluentis infusis, S. ii, 933.
Fluitantibus exsiliis, A. 541.
Fluit orbis large ubere fecundo, S. ii, 931. Fluxit labor diei, C. vi, 9.
Follibus cavis recoqui, P. v, 70.
Fomes peccati, A. 942.
Fonticulus, C. v, 116.
F ormabile os, A. 1034.
Fornice (in) mundi, A. 624.
Fortior fortissimorum, P. v, 294.
Fossor, *agricola*, H. pr. 1.
Forare, P. x, 986.
Fotibus aucta gloria, S. ii, 583. Benignis recreari, P. x, 530.
Fovere quiete dulci fessum corpus, C. vi, 122.
Fragile votum, H. 756.
Fragmina generosa, C. x, 128.
Fragor rogantum, P. ii, 181.
Fragosa vox, P. x, 994. Fragosæ rupes, P. v, 445. Fragosi turbines, C. vii, 94.
Fragrare nardo, C. xi, 68. Fragrans odor, C. xii, 70.
Frangere bella, P. iii, 53.
Fraudare ab exsequiis, P. xi, 146.
Fraudari solitis sumptibus, S. ii, 912.
Frenare mundum habenis impositis, S. ii, 584. Rabiem, S. ii, 601. Frenarier, ora lupatis, Ps. 191.
Frenos urbium regere, Prol. 17.
Frendit, P. v, 393.
Frequentia criminum, C. vii, 29.
Freta sæculi, C. v, 109.
Frivola famæ vacuæ, Ps. 231.
Frixus sartagine, P. x, 759.
Frondicoma loca, C. iii, 102.
Frugescunt rarius agri, S. ii, 913.
Frugiferæ cymbæ, S. ii, 940.
Frustatim, Ps. 720.
Frustrantia dona, A. 640.
Frutetum, P. v, 409.
Fucis colorum pictus, P. ix, 10. Illitus, C. ii, 59. Ludere, S. ii, 44.
Fuimus per quinquennia decem, *vixi*, Prol. 1 et 2.
Fulgida moneta, P. ii, 55. Fulgidus sol, C. i, 9.
Fulgurat argento ex solido, P. xi, 184. Splendore lucis cæcitas, P. v, 270.
Fuligo sulphuris, P. v, 198.
Fuliginosi lares, P. x, 261.
Fulmen dicendi, S. i, 650. Crucis, C. xi, 113.
Fultus jure potestatis, S. i, 563. Togam, P. x, 1015.
Fulvum munus aurum, H. 635.
Fumat sanguis, P. ii, 70.
Fumeo fomite, S. i pr., 25.
Fumificæ faces, P. iii, 118.

Fumosi lapides, H. 404. Fumosa numina, C. xii, 197.
Funale textum, P. v, 469.
Fundali stridore, Ps. 293.
Fundamine jacto, Ps. 825.
Fundator, C. xi, 27.
Fundit opes ager, *copiose profert*, C. iii, 51.
Fundus tenebrosus, Ps. 93.
Funera tegebant infaustas Cannas, S. ii, 568.
Funerabat natum supremis fletibus, C. ix, 44.
Funereus horror, A. 755. Sarcophagus, C. ii, 202.
Furialia arma, Ps. 580. Furialibus dictis, Ps. 510.
Furiare greges, vel raptare, D. 144.
Furiata lues, P. iii, 26.
Furiis incensus, S. ii, 863.
Furores sedare, Ps. 697. Furoribus percitus, C. ix, 83.
Furtivo igne calere, S. i, 171.
Furva culpa, C. i, 74.
Fusa vox multis rictibus, P. x, 567.
Fuscat fuligo, P. x, 1117.
Fuscum cogitare, C. ii, 14.
Fusile numen, C. iv, 40. Fusilis, P. x, 284.
Futile et ridiculum, A. 248. Frendens, H. 560

G

Galeatus vertex, Ps. 117.
Garrula vorba, P. x, 747.
Gaudia (in) solvi, S. ii, 1013.
Gaza dives, Ps. pr., 24.
Gehenna, C. vi, 111. Gehennæ incola, P. i, 111.
Gemello numero, H. 96.
Gemmans torus, Ps. 62. Gemmantia germina, H. 228.
Genealogus, A. 315.
Geniale torijus, P. xiii, 24. Geniales illecebræ, C. iii, 144. Genialis hiems, P. iii, 203. Honor, P. iii, 105.
Genitalis sedes, *paradisus*, C. x, 167. Stirps, H. 573.
Genitrix Dei, Ps. 584. Urbs piorum, P. iv, 22.
Gentile vulgus, P. x, 464. Gentilis stupor, P. vii, 78.
Gentiles nugæ, S. i, 575.
Gentilitas, P. i, 91. P. x, 1086.
Gerens hominem Deus, C. iii, 139.
Germanitas, H. pr., 41.
Germina, *filii*, C. xi, 46. Germine nobilis, P. iii, 1. Germinis masculini, P. x, 1069.
Gestamen tunicæ, Ps. 614. Corporis, A. 4.
Gestator innocui corporis, A. 933.
Gigantes, H. 499. Giganteis lacertis, H. 147.
Gignenda ad sæcula, A. pr. 6.
Glauco speculamine, A. 20.
Glaucomate (sub) vidit, H. 85.
Gliscit, H. 561.
Globi dierum et noctium, *sol et luna*, P. x, 527. Globi Romani, S. ii, 507. Globus legionum, Ps. 172. Oris, P. x, 844. Solis, P. x, 557. Globus solis, lunæ, C. ix, 13.
Glomerare fas nefas, C. iii, 151.
Glorificare, H. 966.
Glutinans carnem sermone *deus*, C. xi, 52. Glutinat usum carnis, Ps. 79.
Glutine illitus, C. iii, 45.
Grabatus, P. v, 207.
Gradus militiæ, Prol. 19.
Granaria Sardorum, S. ii, 942.
Grandævus, S. ii, 416.
Grande loqui, Ps. 285.
Grandescere, A. 728.
Grassarier usu longo, H. 349. Grassantia crimina, Ps. 468.
Grates reddere, C. iv, 75.
Gratetur humus, C. xi, 10.
Gratia ciborum, C. vii, 188
Gravis numine, C. iii, 142.
Gregalis plebs, P. v, 591.
Gressum intendere, Ps. 276. Gressu reflectit percito, C. vii, 131. Gressum qua tulerant, C. v, 41.
Grex candidulus *de ovibus*, C. ii, 157. Christianus, P. x, 57. Immolatorum tener, C. xii, 130.
Grunnitibus, A. 416. Grunnitum strepere, P. x, 993.
Gula ferina, P. x, 810.
Gurges avaritiæ, H. 255. Gurgitibus Styx abdit, Ps. 520.
Gustare saporem, P. iv, 187.
Gustatus, *subst.*, Ps. 430.
Guttatim, C. v, 22.
Gymnadis licentia, P. x, 190.
Gypsus, *simulacrum*, A. 458.
Gyro porrecto, S. i, 521.

H

Habet, hoc habet, *vincentis vox*, Ps. 53.
Habilis thalamis, S. ii, 1079.

Habitabile deo corpus, S. II, 268.
Habitacula, C. x, 40.
Habitatio, H. 952.
Habitator, Ps. 745.
Hactenus exsul, Ps. 250.
Halantis animæ figmentum, S. II, 215.
Halitus carbonum, P. v, 220.
Harmonia vocis, P. x, 976.
Haruspex, S. II, 770. Numa, A. 215.
Hastæ addictis censibus, Ps. 873.
Haurire illecebras, Ps. 315. Mysterium cæcis sensibus, P. x, 590. Doloris vulnus, C. vII, 142.
Haustibus vorare, C. IV, 45.
Hebdomadi sextæ, A. 987.
Hebetat lux, S. I, 421.
Hecatombe, P. x, 1051.
Hendecasyllabi, P. vi, 162.
Herilem ad usum, Ep. 22.
Heros acris excellentiæ, P. x, 52.
Herus, *deus*, A. 40 et 160.
Hiantia labra, P. x, 940.
Hiat lupus, C. III, 169.

Dei res, C. III, 14.
Immodicæ dapes, C. III, 174.
Immolator, C. XII, 48. Immolator squalidus, H. pr. 49.
Impacatus, Ps. 774.
Impassibilis, A. 84.
Impastus, *non pastus*, C. IV, 99.
Impeditum onus corporis, C. vIII, 5.
Impendere curam, S. II, 1020.
Impenetrabile tegmen, Ps. 565. Impenetrabile auro, Ps. 516.
Imperator spiritus, C. vII, 200.
Imperitus fuci, P. x, 635.
Imperium excipere, C. III, 124.
Imperterritus, P. x, 57.
Impexa virgo, C. vII, 153.
Impiare sanguine ferrum, P. xIV, 36. Vitiis, C. VI, 54.
Impiati sæculi reus, P. x, 88.
Implacabilis, P. x, 867.
Impleat omnem spem Deus, C. x, 138. Implet dicta jubentis, P. x, 556.
Impressu pectoris, Ps. 275.
Impuratus, P. x, 491.

Inferiæ, S. 1, 587.
Infernalis Juppiter, S. 1, 588.
Inferna regna, A. 635. Infernus gurges, S. 1, 355.
Inficere foco, H. 275.
Inficiari, A. 128.
Inficiatrix, Ps. 650.
Infirmare fidem, H. 181.
Infit, P. x, 113.
Inflant nos mala, C. 1, 93.
Inflatus superbit, P. x, 150.
Inflictos casus, A. 1084.
Influens succulentis obtutibus, P. x, 433. Influentem cœlo spiritum hauriens, C. ix, 6.
Informata edictis urbs, S. 1, 507.
Infracto genu claudus, P. 11, 149.
Infula, A. 486. Infulata domus, P. iv, 79. Infulatus, C. 1v, 3. Infulatus mitra, P. x, 1013.
Infusor fidei, C. iv, 11.
Ingenium ignitum, H. 545.
Ingerere lumen, C. 1, 100. Virus cui, H. 552.
Ingloria virtus, H. 694.
Ingratissima gens, A. 547.
Ingressibus trinis, Ps. 843.
Inhærere solitis, S. 11, 367.
Inhospitali loco, C. vii, 186.
Injecta Deo convicia, H. 636.
Innatus, nunquam natus, A. 246.
Innectier ulnas, Ps. 557.
Innocuæ epulæ, C. 111, 63.
Innuba femina, virgo, C. 111, 123. Martyr, P. xiv, 120.
Innumero sidere, C. v, 5.
Innupta femina, Ps. 74.
Inoffenso aere, Ps. 735.
Inolescere vermes, H. 828. Cultus, S. 11, 681.
Inopertus, C. 111, 117.
Inornatus, Ps. 819.
Insatiabilis, Ps. 541.
Insatiatus amor habendi, Ps. 478.
Inscripta Christo pagina, P. x, 1119.
Insecabile, H. pr. 61.
Insecutor Christi, persecutor, C. xii, 127.
Insertabo coronis atria, S. 11, 726.
Insertato cultro, A. 464.
Insidiator, H. 129.
Insidiosus, Ps. 261.
Insignem meriti virum, P. vii, 1.
Insincera acies oculorum, H. 4.
Inspatiari, exspatiari, A. 150.
Insistere vadis, S. 11 pr., 66.
Instat terminus, Prol. 4.
Instauratio, A. 1071.
Institor, C. 11, 40.
Instinctu, S. 11, 668.
Insuescere, active, C. ix, 93.
Insufflare, P. x, 920.
Insulsa libamina, H. pr. 28. Insulsus usus, S. 1, 213.
Intemerata puella, C. 111, 143. Intemeratus, A. 936.
Intemperans tacendi, P. 11, 253.
Intemperata viscera, C. vii, 8.
Intemporalis, æternus, P. x, 516.
Intendere acrius aciem, S. 11, 99.
Intendit os in puellam, P. xiv, 43.
Interceptus utero puer, A. 589.
Interemptor, C. xii, 114.
Intererat splendor, C. vi, 43.
Interfari, S. 11, 67.
Interlabitur, amnis, S. 11, 605.
Interlucere, Ps. 354.
Intermina longis sæclis, S. 11, 106. Interminum ævum, P. v, 298. Interminus, sine termino, C. xii, 59.
Internoscere, Ps. 790.
Interpolare, A. 11 pr., 48.
Intimare gesta, P. x, 1111.
Intonans, clamans, P. v, 93.
Intrinsecus, P. 11, 240. Alter, P. v, 157.
Introspicere, P. v, 517.
Introitus luminis arctus, Ps. 666.
Inventa pœnæ nova, P. xi, 84.
Inverecundus lepos, C. vii, 15.
Invigilare saluti, S. 11, 335.
Invisibilis, A. 123.
Inussit facinus, S. 11, 670.
Inusta cutis laminis, P. 11, 486.
Ira fellis implacabilis, P. x, 867. Iram refrenat, C. vii, 172.
Ire in furias, P. xi, 60.
Irremotus, P. v, 408.
Irrepsit canities seni, Prol. 23.

Irritamen, H. 523.
Irritatus odiis, C. v, 70.
Irrogare mortem, C. iv, 98.
Iter anni, S. 11, 974. Iter viandi, S. 11, 772.

J

Jactantia, subst., C. vii, 86.
Jactantius se inferre, Ps. 181. Jactatas animas mille laboribus, C. v, 111.
Jactibus vacuis, Ps. 156.
Jacturam ferre salutis, Ps. 898.
Jam jam, C. 1, 73. Jam jamque, C. 1, 20. Jam jamque futurum, A. 627.
Janitor vinculorum, P. v, 346.
Janua æternitatis, P. 11, 464. Janua solis, oriens, C. xii, 26.
Jecur gelidum pudicitiæ, Ps. 258. Jecur incolume, sine affect., C. 111, 180.
Jejunare, C. vii, 178; P. vi, 54.
Jejuni calami, S. 11, 962.
Jubar, C. 11, 77.
Juga (ad) Christi cogere, P. iv, 48.
Juga (sub) premere, C. 111, 170.
Jugales, equi, P. xi, 87.
Jugibus catenis, P. 1, 80.
Jugiter, C. iv, 54; C. xii, 161.
Juncea pectora, P. 111, 152.
Junctim, A. 798.
Jura condere, C. x, 115.
Juratæ sorores, Ps. 755.
Jurgia armant animos, Prol. 13.
Jus cautum et statutum, C. xii, 145.
Jus (in) cujus venire, C. xi, 58.
Justificatus baptismate, A. 881.
Justitium triste, C. v, 80.

L

Labarum, vexillum, S. 1, 488.
Labefacto corpore, P. xi, 119.
Labem inferre cui, Prol. 41.
Laborans plus quam mortale, A. 37.
Laceratio vulnifica, P. 111, 147.
Lacrymabilis, Ps. 667. Illa sors non est, Ps. 404.
Lacrymæ olentes, cereæ guttæ, C. v, 22.
Lactat hortatu, C. viii, 19. Lactantibus horis, A. 613.
acte de avaritiæ creata crimina, Ps. 469.
Lacteolis agnis, P. xi, 245. Lacteolus spiritus, P. 111, 165.
Lacteus candor, C. 11, 70.
Lacunæ vulnerum, P. v, 415.
Lacus leonum, C. iv, 65.
Lætificus successus, S. 11, 564.
Lamenta rigant genas, P. vi, 82.
Lances auratæ, parapsides, A. 609.
Lancinari, P. x, 460.
Lancinatores gregum, P. x, 1037.
Languidulus, C. v, 143.
Laniari uncis, P. v, 174. Membra feris, P. 111, 117.
Laniena Hippocratica, P. x, 498.
Lapides fumosi, simulacra, H. 404.
Lappæ, C. viii, 42.
Lapsante gradu, S. 11 pr., 55.
Lapsus fluminum, C. ix, 112.
Lare avito, domo, S. 11, 611.
Largitor bonorum, C. iv, 74. Largitor dierum, A. 701. Largitor perennis, Deus, S. 11, 114.
Largo dogmate, A. 711.
Larvas placare sanguine, S. 11, 859.
Latebrosæ foveæ, P. xi, 154. Latebrosus amnis, A. 750.
Latenter, C. vii, 105.
Latices nivei, lac, C. 111, 67.
Latrat foro facundia, H. 401.
Latrator Anubis, S. 11, 551.
Latrones, tyranni, P. iv, 186.
Laureatus morte superba, P. xii, 6.
Laurigeri ministri, S. 1, 217.
Lavit, C. vii, 73.
Laxa voluntas, H. 676.
Laxat arva glacies, P. 111, 204.
Laxior libertas, S. 1, 335. Laxiore flatu, C. vii, 24.
Laxum jugum voluptatum, C. vii, 182.
Lectulus soporus, æger, C. 1, 6.
Lege versa, contra naturam, C. ix, 75.
Legifer, Moses, P. 11, 363.
Legirupis viribus, H. 258.
Lene jacens via, non ardua, H. 796.
Leniter frenare, C. viii, 3.
Leno solvendi pudoris, H. 260.

Lepta solatia, Ps. 233.
Lex noxialis, C. ix, 18.
Liba impia, C. iii, 182. Liba, *cibus*, C. iv, 69. Liba agitnus, C. v, 140.
Liber soporis, C. i, 47. Liber vinclis corporis, Prol. 45.
Libraın justam ponere, P. iv, 11.
Libri cortice, A. 341.
Licenter, C. vii, 16. Fingere, P. x, 216.
Licia, S. ii, 1105.
Licito jactantius, H. 170.
Ligamina pectoris, *vitæ*. P. ix, 86.
Lilia rosis intermixta, Ps. 882.
Limare rubiginem, C. vii, 205.
Limbus *in veste*, Ps. 188; S. ii, 576.
Linquere quietem, C. i, 19.
Linteolum ebrium, C. v, 18. Palliolum, P. iii, 180.
Liquabile saxum, H. 743.
Liquata vascula, P. x, 560.
Liquens polus, P. i, 88.
Liquescit *diabolus*, C. vi, 146.
Liquida ratio, C. iii, 190. Vox, S. i, 638.
Liquitur vis roris, P. v, 232.
Litamen, H. pr. 50.
Litare jejuniorum victimam, C. vii, 5.
Litigiosa argumenta, A. 208.
Litterulis signata sepulcra, P. xi, 7.
Littoris ora, P. xi, 47.
Littus *fluminis*, C. v, 45.
Lituis ciet, S. ii, 401.
Liventes oculi, H. 152.
Lividum cor, C. v, 7.
Livores roscidi, P. x, 705.
Locare curarum in parte, S. ii, 416.
Loquaces undarum scatebræ, C. v, 89.
Loquelis verba conjunxit, A. 34.
Lotus et unctus, *Christianus*, A. 487.
Lubrica lingua, lubricum linguæ, C. i, 62.
Lubricat clivum, P. x i, 33.
Lubricus error, C. iii, 118. Lubricum lumen, P. xiv, 45.
Luces, *plur. a lux*, H. 95.
Lucida supplicii præmia, P. xi, 22.
Lucifer surgit oceano, C. v, 150.
Luciferum pastum quærere, Ps. 625.
Lucisator, C. iii, 1.
Lucra avara, C. ii, 44.
Lucrari quæstibus, C. ii, 33.
Luctamen conserere, P. v, 215. Inire, Ps. 176. Luctamen inire ingenii, S. i, 645.
Luctarier, P. x, 631.
Luctifico carmine, H. 450. Pulvere, S. ii, 508.
Luculenter disserere, P. x, 22.
Ludibundus, P. ii, 409.
Ludius saltat, P. x, 222.
Lues incentiva, H. 249.
Lumina, *oculi*, C. ix, 34; Ps. 44.
Lumina nescia solis, cæcitas, C. x, 79.
Luminat atria nitor, P. iii, 192. Frontem, P. v, 127.
Lunari lampade, C. v, 6.
Lupa, *meretrix*, Ps. 47.
Lupatis frenari, Ps. 191.
Lupino rictu, P. i, 98.
Lurida rota solis, A. 626.
Lustrales pecudes, S. ii, 1106.
Luteus homo, C. iii, 138.
Lutulenta libido, Ps. 87.
Lux, *dies*, P. x, 573.
Lux emicat, C. i, 15.
Luxuriant vitea brachia, C. iii, 54.
Luxuriat præfertile germen, S. ii, 1025.
Lymphaticum pecus, C. ix, 57. Venenum, H. pr. 59.
Lymphatis furiis, C. xi, 92.

M

Maceries ambit hortos, H, 226.
Macie lapillorum dura arva, S. ii, 1024.
Machina trina rerum, C. ix, 14.
Macte, C. ix, 106.
Madentes auræ aromatum, P. x, 563
Mage, *magis*, P. iii, 9.
Magico murmure, S. i, 96.
Magistra invicta, Ps. 164.
Magistri criminum, P. v, 78.
Majestas terrigena, S. i, 189.
Major exemplis, C. viii, 7.
Male fabris suadelis, H. 714.
Male fortia fila, S. ii, 455.
Male pertinax, Prol. 14.
Malesuada, C. iii, 113. Malesuada luxuries, Ps 404.

Malignitates, P. ii, 260.
Malignum murmurans, P. v, 417
Mammonea fides, H. 428.
Manceps carceris, P. v, 343.
Mancipari tartaro, P. x, 475. Mancipata vita, C. xi, 59
Mancipium ludibriorum, P. xiv, 30. Mancipium gehennæ, H. 128.
Mancum claudicat, P. ii, 231.
Mandat otia flatibus, A. 657.
Manes petere, Ps. 92.
Manicis innexus, *catenis*, H. 434.
Maniplis stuppeis, P. x, 864.
Manus, *exercitus*, C. v, 46.
Mapalia, Ps. pr. 46.
Mansuefactus, C. vii, 84.
Mane novo, C. ii, 15.
Marcent tartara suppliciis mitibus, C. v, 135
Marcida oblectamine frequenti scintilla mentis, C. vii, 18.
Margaritum, Ps. 873; P. x, 648.
Maritæ conjuges, P. i, 119.
Maritat, A. 569.
Marsupia exesa, Ps. 600. A marsupio inanis, P. ii, 104
Martyrii sanguine, P. iii, 9.
Masculinum germen, P. x, 1069.
Massæ contagia, A. 1051.
Mastigophori, S. ii, 516.
Mastruca, *vestis*, S. ii, 698.
Mathesis, S. ii, 478, 893.
Mater castitas, C. xi, 14.
Medela amara, C. x, 85.
Mediator nostri et Omnipotentis Filius, A. 174.
Medica aqua, A. 702.
Medicabilis, A. 695. Medicabilis voluptas, C. vi, 24.
Medicata sagitta, H. 339. Medicato vulnere, II. 538.
Meditamine rerum, Ps. 234.
Meditantur aristas, C. x, 124.
Medullitus, H. 394.
Melior consiliis ætas, S. ii, 322.
Mella Cecropia, C. iii, 71.
Melodum, C. ix, 2.
Melos canere, C. v, 125.
Membra orbis, H. 247.
Membratim, P. v, 112.
Memor vescendi, C. vii, 161.
Mensis affatim plenis, C. viii, 14.
Mensurabile spatium, A. 813.
Menstrua luna, C. xi, 10.
Menstrualis sphæra, *luna*, P. x, 538.
Mentiri formain, H. 265.
Mersare, S. ii pr., 59.
Merso sole, C. v, 5.
Mersus fornix, *depressus*, P. v, 243.
Meta noctis clauditur, C. i, 79. Interiore, S. i, 324.
Micat arte loquendi, H. 201.
Micantior sole, C. v, 44.
Milleformis, milliformis, C. ix, 53.
Mimica solemnia, S. i, 631.
Minari framea, vel frameam, Ps. 525.
Mira laudum, P. x, 4.
Miserari inopum, Ps. 380.
Mitia, *matura*, C. iii, 77.
Mitifica verba, P. vii, 42.
Mixtim, H. 78.
Mobile ingenium, H. 546.
Mobilis lingua, Prol. 45.
Moderamen legum, Prol. 16.
Moderatrix lingua, P. x, 978.
Modicum salis, P. iii, 122.
Moechus primus, S. i, 58.
Moenibus tutis, Ps. 671. Moenium auctor, P. ii, 416.
Molæ lapis, P. vii, 23.
Molare pondus, P. v, 489.
Molares uvidi, *dentes*, C. vii, 119.
Molle succincta Diana, P. x, 281.
Mollescere cultu, H. 282.
Mollitus, *placatus*, C. vii, 171.
Moneta fulgida, P. ii, 56. Monetæ effigies, Ps. 526.
Monilia fulva, P. iii, 22.
Monstruosa idola, P. ii, 7.
Montes monetæ, P. ii, 56.
Morbi terrarum, S. ii, 987.
More proprio vivere, S. ii, 85.
Mors abolet omnia, Prol. 30.
Morsus stipitis, P. v, 271. Morsum pericula, P. x, 30.
Mortes hominum, S. ii, 1092. Noxiorum, P. v, 154.
Mortiferum lignum, A. 68.
Mortificata corpora, C. x, 93.

INDEX VERBORUM ET PHRASIUM.

Motatus uterus, H. 596.
Mucronibus strictis, Ps. 705
Mucculentæ nares, P. II, 282.
Multicolora prata, C. III, 104.
Multifidum iter, S. II, 773.
Multiformis facies, C. VI, 57.
Multinodum germen, C. VII, 139.
Mundialis aula, P. I, 41. Gloria, C. I, 90.
Mundo obsequente, C. IV, 57.
Munimine, A. 535.
Murices petrarum, P. v, 446. Murices, *purpura*, C. VII, 156.
Murmurans Christum sub pectore, S. I pr., 56.
Murmure magico, S. I, 96.
Mussare, H. 775.
Muta mola quiescit, S. II, 949.
Mutua post multi sermonis, A. 39
Mysteriarches, P. II, 550.
Mysticæ dapes, C. v, 108. Mysticum lavacrum, P. VI, 2. Jus, P. x, 1063.

N

Næniæ inanes, C. II, 54.
Nascitur terris Christus, C. XI, 3.
Nasse puppini, S. I pr., 60.
Natale solum, S. II, 155. Natalibus horis, Ps. 216. Natalibus ortus non usitatis, C. VII, 56.
Natatibus fota, C. v, 143. Natatu puro, A. 684.
Natatiles feræ, P. I, 332.
Natio excors, *pecora*, C. XI, 83.
Naturaliter, C. VII, 181.
Nebulonis nequitia, S. I, 82.
Nebuloso errore, S. I, 153.
Nectar ambrosium, S. I, 276. Nectare fragrare, II, 68
Peccati capti, H. 153.
Nefasta limina, P. II, 479.
Negator, C. I, 57. Negatrix gens, A. 550.
Nemea pellis pro Nemæa, S. I. 118.
Nemo dies, *nullus*, P. x, 744. Deorum, P. x, 257.
Nequior, *comparat.*, P. x, 892.
Nequiter corrupta lascivia, C. VII, 87.
Nequitias serere, H. 592.
Nervo impulsa *sagitta*, Ps. 524.
Nervosa juventa, S. I, 320.
Nescia cœli mens, S. II, 874. Solis lumina, C. x, 79.
Nescius sonorum surdus, C. IX, 64.
Nexibus implicitus, P. XI, 78.
Nexile connubium, C. III, 75.
Nigrans honor argenti pro *sordescens*, Ps. 528.
Nigrantes nubes, S. I, 412.
Nigrior tenebris, P. v, 242.
Nimbos equitum depellere, S. II, 702. Nimbus te orum Ps. 129.
Ninguidus, C. v, 97. Ninguidus boreas, A. 661.
Nivali pietate. S. II, 260.
Niveus pulvis ardet, P. XIII, 78
Nix capitis, *cani*, Prol. 27.
Nobiles vel mobiles flammæ pro lucernis, C. v, 26.
Nocticola Indus, *niger*, H. 654.
Noctua Tritonia, S. II, 575.
Nodus tenax, P. XI, 103.
Nolis, velisne, P. x, 170.
Nomisma, numisma, P. II, 96.
Non sapis? A. 555.
Norma rationis et artis, A. 207.
Notis cruentis faciem secat, P. x, 550.
Novalia culta, S. II, 1013.
Novellum sæculum, C. XI, 39. Templum, C. XII, 188.
Noxa lethalis, C. I, 75.
Noxialis carcer, P. x, 1107. Noxialis lex, C. IX, 18. Stipes, P. x, 114.
Nubes jaculorum, Ps. 154.
Nubigenæ nimbi, H. 485.
Nubila sordida gentilitatis, P. XIV, 111.
Nugator, C. II, 52. Nugatrix, Ps. 458.
Numerosiores turbæ, P. IV, 57.
Nundinatus, P. x, 969.
Nutantem spe futuri boni domum, P. IX, 104.
Nutu numinis vocato, C. VIII, 70

O

Obambulans, P. v, 324.
Obambulat lupus, C. III, 159
Obbrutescere, H. 651.
Obducta fax, *velata*, C. XII, 20.
Obire conjugium, S. I, 169.
Obitus carnis, Prol. 29.
Objectare neci, A. 5.
Objice vitreo, H. 869. Discladi, H. 902.

Oblacterare, P. x, 913.
Oblectamine miro tenere mentes, S. II, 145
Oblitus stupro, *ab oblino*, P. II, 446.
Obliviale poclum, C. VI, 16.
Oblivio premit sensum, C. I. 87.
Obludo tibi, H. 6.
Obnubere caput, A. 650.
Obsecundare jussis, C. IX, 39.
Obsequela, C. VII, 51; C. VIII, 19. Obsequelam præstare cuj, Ep. 32.
Obsequentum cura, C. VIII, 57.
Obsequium solvere, C. III, 33.
Obsessor liminis, *custos*, P. v, 510.
Obside visu, A. 162. Obsides spei, P. II, 437.
Obsita nugis ingenia, S. I, 575.
Obsoletum vasculum, Ep. 26.
Obsordescere, A. 146.
Obstinate, *adverb.*, P. x, 64.
Obstinatio prædurat callum pectoris, P. v, 178.
Obstrangulata mens, C. VII, 10.
Obstupefactus, P. III, 175.
Obtemperanter, P. II, 112.
Obtinet unus esse et fuisse deus, P. x, 517.
Obtrudere os, P. v, 95.
Obtutibus, *oculis*, P. II, 145, 278. P. x, 433
Occasus, *mors*, C. IX, 105.
Occidualis, oceanus, S. II, 597.
Occulto sub ipso cordis, Ps. 489
Odori esse, P. x, 555.
Ofellæ bubulæ, P. x, 585.
Offensacula donat, Ps. 781. Offensaculo fixus lapis, A pr. sec. 33.
Offensacula (per) ire, Ps. 484
Officium flebile, P. III, 185. Officia, P. XI, 50.
Oleagina radix, A. 339.
Olida acerra, A. 198. Olidus cultus, vel solitus., S. I, 498.
Olivo fidei unctus, P. IV, 102.
Olli, *illi*, H. 544. Ollis, *illis*, H. 730.
Oluscula, S. II, 865. P. x, 282.
Omina dextra, S. II, 564.
Omnicolor, P. XII, 39.
Omniformis, P. x, 539.
Omnigenæ partes, S. II, 515.
Omniparens, C. III, 2. S. II, 476.
Omnipater Deus, P. III, 70.
Omnipollens Deus, A. pr. sec. 19.
Omnipotentiæ Dei est, S. II pr., 26.
Operatio, munificentia, Ps. 573.
Operti stratis, C. I, 18.
Operto obscuro, Ps. 745.
Opifex fallendi, Ps. 260. Verborum morumque, A. 805
Oppalluit, P. I, 92.
Oppansa cornua, Ps. 410.
Oppetere, *mori*, P. II, 329.
Oppetere morte gloriosa, P. x, 65.
Optio datur, P. II, 217.
Opulens muneribus, P. XI, 218.
Ora littoris, P. XI, 47.
Orarium, P. I, 86.
Orator ad thronum, P. v, 548.
Orbes, *oculi*, C. IX, 56.
Orbis Persicus, C. XII, 25. Pœnus, P. IV, 61. Vexatus P. IV, 82.
Orbita sacris libris notat, H. 777. Orbita solis media est, C. III, 87.
Ordinari sæculis, C. XI, 25.
Organa musica, A. 589.
Organum verborum, *lingua*, P. x, 929. Organum oris P. x, 2.
Orsa pia, *verba*, C. IV, 96.
Oscine parra, S. II, 570.
Ossuum compago, P. v, 111.
Ostrum, *purpura*, P. x, 910.
Ostentamen, Ps. 204.
Ostentant messes suas jugera, S. II, 1058.
Ostentatrix, Ps. 439.
Ovans, P. III, 169. P. v, 8.

P

Pacifer hæres regni, Ps. 805.
Pacificus, C. v, 156. Ps. 729.
Pactus mercede, P. x, 970.
Pagana gens, *rustica*, C. XI, 87. Paganus, *ethnicus*, P x, 1009.
Paginæ fideles, C. IX, 26.
Pago deditus, P. x, 296. Pago impliciti, S. I, 620.

Palæstra *Christiana*, P. IV, 101. Palæstra gloriæ, P. v, 213.
Palæstricus ephebus, P. x, 188.
Palantes gemini, A. 625.
Palatii Latii, S. II, 1102.
Palatinus minister, A. 481.
Palla carbasea, Ps. 186. Palla fusca polum suffudit, H. 86. Palla lucida, H. 868.
Palmas tendere ad, C. IV, 52. Palmas vincla premunt, P. v, 236. Palmam præstare, P. II, 52. Palma mortis, P. VII, 55. Palma parta, P. IV, 406. Palma inde nata, *victoria*, P. IV, 77.
Palmata abolla, S. I, 556.
Palmula *remi*, P. v, 462.
Palpamen tenerum, H. 505.
Palpas famulos remissco dogmate, C. VIII, 8.
Palpat spes iners, Ps. 235.
Palpebrales setæ, H. 872.
Palpitans infans, C. XII, 121.
Pangere, *canere*, C. IX, 5. P. v, 524. Pangere psalmis, P. IV, 148.
Pansis brachiis, C. XII, 170.
Papa, *episcopus*, P. XI, 127
Paraclitus, C. v, 160.
Paradisi regiones, H. 859. Paradisicolæ, H. 928. Paradisi limite consepto, Ps. 224.
Parapsis, Ps. 552. Ep. 18.
Paratus abolere, C. x, 18. Dicere, P. x, 923. Obsequi P. II, 111.
Paratu gemino, C. IV, 54. Paratus hos, P. x, 919.
Parens, *metropolis*, P. IV, 61.
Parili concentu, C. v, 122.
Paritura virgo, H. 575.
Parricidalis manus, H. pr. 14.
Parsimoniis *plural.*, C. VII, 5.
Particeps angelorum, P. v, 9. articulatim, A. 1078.
Parturiunt pectora, H. 570.
Pascendus, Ps. 618.
Pascha nostrum, A. 548, 555.
Passibilis, A. 6.
Passio festa, P. XI, 196. Passio, *martyrium*, P. II, 55, 550. P. x, 854. Passio peracta est, P. v, 292. P. x, 1109.
Passio tingit martyrem, P. VII, 18.
Pasti carnibus, P. v, 100. Funere materno pasti nati, H. 620. Pasta sanguine voluptas, S. I, 585. Pastus visceribus, C. IV, 1.
Pastus animæ Deus, C. IV, 55.
Patefecit hiatum, Ps. 271. Patefacta terra, C. x, 159.
Patens ad omne vulnus, Ps. 246.
Pati ictum sub ense persecutoris, P. I, 28.
Patibulum ascendere, P. x, 641.
Patriarcha, Ps. 544.
Patricida Absalon, H. 565.
Paulo infecundior annus, S. II, 954.
Paupertinis armis, Ps. 198.
Peccamina crebra, H. 619. Peccaminum fomes, P. x, 517. Peccaminum vincula, C. IV, 96.
Peccator, C. XI, 101. H. 622. Peccatrix anima, Prol. 35. Femina, H. 754.
Peccatum vetus, C. I, 99.
Pectine dentium, P. x, 954.
Pectoris impressu, Ps. 275.
Pede dextro, *feliciter*, S. II, 79.
Pedestre carmen, Ep. 12.
Pedicis illaqueare, C. III, 42.
Pegmatis compages, P. x, 1017.
Pelagus concavum, C. v, 72.
Pellacia, H. 637.
Pelliti habitus, Ps. 226.
Pendere parvi, P. x, 478.
Pendula via, C. IX, 50.
Penetrabile, Ps. 837.
Penetralia cordis, H. 542. Sectæ, S. II, 93.
Penetrans arundo vitam, H. 558.
Penetrator operti, H. 875.
Pennigera victoria, S. II, 55.
Pensilis, P. x, 452.
Peperere necem, C. III, 185
Pera, Ps. 613.
Peragrans sensu oculisque annos, H. 913.
Perarmare, C. VI, 86.
Percensere, A. 585.
Percito gressu, C. VII, 151.
Percucurrit, P. I, 11. P. XI, 21.
Percussor, P. IX, 61.
Perdomitor mortis, C. IV, 12.
Peregit ictum, P. I, 93. Sitim, VI, 69.

Peregri, *peregre*, P. IV, 89
Peremptor, H. pr. 19.
Pererrare osculis, P. v, 358.
Peresis panibus, C. IX, 88. Peresum pure putri, S. I, 17.
Perflabilis more noti, S. I, 188.
Perflamine, A. 692.
Perfurit, H. 564.
Peritus crucis artifex, P. v, 254.
Perluere fletu, P. IV, 195.
Permadescere, P. x, 1010.
Pernox cura, P. v, 511.
Perpensa vitæ regula, P. x, 507.
Perpetem salutem, P. x, 470. Perpetis lucis usus, C. XI, 111.
Perplexius errat, S. II, 847.
Perquam ridiculum, A. 240.
Persecutor, P. I, 28. Persecutoris gladius, P. v, 154.
Persona patriæ, S. I, 600.
Personasse, Ep. 54.
Perspicax acumine, C. VII, 25.
Persuasum habuit, S. I, 285.
Persultanti hæc, *superbe narranti*, P. XI, 77. Persultat vox, H. pr., 10. Persultant crimina, Ps. 468.
Pertinax studium, Prol. 14.
Pervigil, C. v, 45. Cura, S. II, 1021.
Pessum mergere, S. II pr., 36.
Petulanter, Ps. 514. Petulantius, *adverb.*, P. XIV, 41.
Pexus honor capitis, C. VIII, 25.
Phalanges culparum, Ps. 816. Phalanx plebeia, P. XI, 201.
Phaleratus equus, Ps. 195.
Phantasma, Ps. 712. A. 1051. Per phantasmata, H. 59.
Phaselus, *navis*, P. v, 498. S. II, 529.
Philippi, *nummi*, P. II, 102.
Physicorum dogmata, S. II, 205.
Piaclum, *syncop.*, P. x, 219. Piacula commissa, A. 544.
Piamina vulnerum, C. IX, 33.
Piata sanguine mens, P. v, 361.
Picta rebus divinis, A. 789.
Pietas Scythica, S. II, 294.
Piger anguis, *frigidus*, C. III, 154.
Pigmentis cutis illita, H. 275.
Pignora, *liberi*, P. XI, 210.
Pigrescere, A. 480.
Pinnatæ vel pennatæ sagittæ, H. 498.
Pinus, *hasta*, Ps. 121.
Piratis mare servit, S. II, 790
Placabilis ira, C. VI, 203.
Placidissimus, S. II, 593.
Placitus Deo vir, P. VII, 2.
Plaga mundi, *tractus*, Ps. 714.
Plasma Dei, C. III, 185.
Plasmasse, A. 865. Plasmata res, *anima*, A. 866.
Plateis in totis, P. IV, 71.
Plebium, *genitiv.*, P. x, 709.
Plectere, ac ferire, C. VII, 104.
Plectiles syllogismi, A. pr. sec. 24
Plectitur vox fidelis, P. I, 48.
Pleno senatu, S. I, 609.
Pleurisis, P. x, 483.
Plicabitur cœlum, P. x, 556.
Plumigera series, C. III, 44.
Pluvio frigore, S. I pr., 14.
Poclum obliviale, C. VI, 16.
Pœnalis labor, P. II, 192.
Pollere supero regno, S. I, 545.
Pollice docto tenuit, Ps. 364.
Pomiferum nemus, C. III, 76.
Pompa funeris, P. x, 1082. Supplicii, P. I, 81.
Pondera malorum, P. x, 1134.
Pontificales exuviæ, S. I, 548.
Popularibus auris se ostentare, S. II, 155.
Populator bruchus, H. 228.
Porgere, *porrigere*, S. I, 275.
Porrum et cepe, S. II, 866.
Portat in exitum, C. v, 120.
Porticibus umbrosis, P. XI, 164.
Portitor ciborum, P. IV, 406.
Positæ leges, P. x, 944.
Postliminio redit, H. 852.
Potesse, *posse*, P. x, 805.
Potestas summa implebat artus, A. 644.
Potis est, *potest*, H. 37. Si potis est, S. I pr., 84
Præcalidus, S. I pr., 67. S. II, 520.
Præcinctus, P. v, 14. Ps. 454.
Præcinxit latus ense, P. II, 502.
Præcinit lucem gallus, C. I, 2,
Præcluens potestas, C. IV, 57

INDEX VERBORUM ET PHRASIUM.

Præco lucis, *gallus*, C. I, 54.
Præcucurrit, C. VII, 47.
Prædestinare, C. XII, 68.
Prædives pietate, P. IV, 59. Prædivite cultu, S. I, 416.
Prædulce carmen, P. V, 514.
Prædurat plantas ad iter formido pericli, Ps. 446. Præurat obstinatio, P. V, 178.
Præfixa cruci spes hominum, C. V, 96.
Præfultus torus, P. V, 353.
Prælambens fluvius, C. V, 120.
Prælia gerere, Ps. 499.
Præliber, *valde liber*, A. 87.
Præmetuere, S. II, 681.
Præmicare, P. I, 84.
Præminens, C. XI, 109. Culmine ædes, P. X, 549.
Prænatare, P. VII, 75.
Prænitere veste, P. II, 234.
Prænuncupatus, C. VII, 179.
Prænuntiatrix, P. II, 30.
Prænuntius, *Joannes*. C. VII, 102.
Præpetibus punctis, P. IX, 24.
Præpollens Arelas, P. IV, 35.
Præsepis tui, C. XI, 77. Præsepibus vacuis C. VII, 170. *Ad* præsepia, C. XI, 86.
Præsiccus, P. V, 141.
Præstare palmam cui, P. II, 52.
Præstigiator, C. VI, 140.
Præstitit se visibilem, A. 81.
Præstrictus voce cujus, C. VII, 44.
Præsul furoris, C. XI, 115
Prætexta toga, P. X, 143.
Prævalida manus, *exercitus*, C. V, 46.
Prævium fulgur, C. V, 45.
Precanda ara thure et cespite, P. V, 51.
Pretiosius nil luce, C. V, 131.
Primitivus, P. X, 828.
Primitus, P. II, 131. P. X, 942.
Primoplastus, C. IX, 17.
Princeps, Adam, A. 911.
Princeps, *Cæsar*, Prol. 20. P. V, 27.
Probabiles preces, P. IX, 98.
Procaciter, P. IV, 43.
Procellosum mare, C. VII, 108.
Processibus dierum, C. VII, 121.
Procinctus angelicus, *exercitus*, H. 915. *Ad* procinctus natus, S. II, 512. Procinctum solvere, *finita expeditione*, Ps. 606.
Prodiga cruoris fides, P. II, 18.
Prodigialia monstra, S. I, 451. Prodigialia signa, H. 467.
Proditrix fama, P. I, 11.
Profanator, A. 178.
Profanavit vetus fas, P. V, 894.
Profarier, P. X, 959.
Profunditas, P. VII, 48.
Profundo vasto emersisse, S. I, 369.
Projectius, *vilius*, P. X, 153.
Prolapsum ex ore nefas, C. I, 38.
Proluit se multo haustu, S. I, 126.
Promus, P. II, 160.
Properanter ire, P. IV, 14.
Propheticus, C. VII, 179.
Propitiabile os, P. XIV, 150.
Propitiata, *martyr*. P. III, 215.
Prosapia deorum, P. X, 180. Patrum, C. XI, 89. Peccatorum, A. 958.
Prosatus patre, P. VI, 46.
Proscenia, H. 568.
Prospera nostra vulnerat, Ps. 695.
Prosperum Christum fore, *propitium*, P. IX, 4.
Presubigit pede, P. III, 130.
Properanda mundi pericula, H. 844.
Protervitas lasciva, Prol. 10.
Protinus, C. IV, 43. C. IX, 4 et 41.
Providenter, P. X, 19.
Provolvitur arenis, C. VII, 155.
Prunæ fatales, *Vestæ*, S. I, 1086
Prurit prodere silenda, P. II, 254. Quid non pruriat malorum, A. pr., sec. 18.
Psallente caterva, Ps. 648.
Psalmi dulcimodi, Ps. 664. Psalmis pangere, P. IV, 148.
Psaltria, D. 156.
Pubertas, A. 575.
Publicitus, P. XIV, 58.
Pudescit, C. II, 26. A. 776.
Pudibunda lumina, Ps. 44. Pudicitia, P. III, 155.
Puellari sanguine, A. 105.
Puellula torva, P. III, 103.
Puerpera virgo, C. IX, 19

Puerperiis, H. 618.
Pugillares ceræ, P. IX, 15.
Pugnatrix, Ps. 681.
Pullati patres, C. VII. 131.
Pullulascere. P. X, 882.
Pullulat, A. 912.
Pulsibus, H. 672.
Pulvinar divum, A. 187. Jovis, S. I, 610. Pulvinaria deorum, P. X, 1036.
Pumices salsi, C. VII, 129.
Punctis sequi dicta, P. IX, 24.
Puncto tenui transit pœna, P. VI, 95
Puniceus, C. III, 80.
Pupula parva, H. 874.
Pure de putri, S. I. 17.
Purgamen, C. VII, 80. Aquæ, P. VI, 50
Purpura sanguinis, P. III, 140.
Purpurans, *cruentus*, C. VI, 82. Purpurans cruor, P. V, 559.
Purpurei proceres, *martyres*, P. IV, 192.
Pusio, C. XI, 13. C. XII, 104.
Pusiola, P. III, 20.
Putredines viscerum, C. IX, 51.
Putrefactus, C. X, 42. A. 761.
Putrescens, P. IV, 151.
Putris, C. VII, 9. A. 816.
Pyra crepitante, P. II, 15.
Pyram texit ustor, P. X, 846
Pyra silvestria, S. II, 945.

Q

Quadrifluus amnis, C. III, 105.
Quæsitor, *judex*, C. VI, 89. P. XI, 63
Qualus, *corbis*, C. IX, 58.
Quamlibet, *quamvis*, C. VII, 53. C. XI, 17
Quandoque, *olim*, *aliquando*, A. 53.
Quandoque futurum, Ps. 232. P. II 474.
Quaternæ ter petræ, C. XII, 177.
Quernæ glandes, S. II, 945.
Qui sis, quis sis, A. 419.
Quia nam, S. I, 53.
Quidquid id est, H. 891. Quidquid id est, quod fueram, Prol. 50.
Quinis diebus octies labentibus, C. VII, 187.
Quinquennia decem, Prol. 1.
Quo proficit, C. XII, 153.
Quodcunque terrarum jacet, P. II, 431.
Quota pars est, S. I, 579.
Quotannis, S. I, 113.
Quousque, P. X, 868.

R

Rabidum os *lupi*, C. III, 159.
Racemi, S. II, 218.
Radiare ceraunis, Ps. 470.
Radicitus, P. X, 891.
Ramenta auri, Ps. 457.
Rapax laudis dextera, C. VII, 217.
Raptat togatum forensis gloria, C. II, 41.
Rara culpa morum, C. VI, 49.
Rarissima hominum pars, S. I, 592.
Rarescit, S. I, 457.
Rasile lignum, Ps. 155. Rasiles scopuli, *idola*, P. III, 69.
Rasum ei dolatum, C. XI, 199.
Rate, *nave*, S. I pr., 8,
Raucisoni leones, C. IV, 58.
Reatum clangere, C. XI, 104. Reatum solvere, C. VII, 175. Reatus peste, H. 929.
Rebar, P. XI, 54.
Rebelles idolii, *cum genitiv*., P. XI, 54.
Reboans oceanus, H. 102. Tuba, A. 586.
Recalcandum limen, C. IX, 75.
Recalenti aspergine, P. XI, 143. Recalente fonte, P. II, 145. Recalescere, Ps. 59.
Recavo palato, Ps. 422.
Receptor civium, C. XII, 144
Recessu cordis, C. IV, 27.
Recidere pecuniam, Ep. 6.
Recidiva semina, S. II, 821.
Recinens, S. I, 63.
Reciprocatis circulis, P. X, 574.
Recline corpus, C. VI, 150.
Recrementum, A. II pr., 54.
Recrudescunt plagæ, P. X, 798.
Recursibus volutis, C. VI, 38.
Recurva in volam manus, P. II, 242.
Reddere grates, C. IV. 75. Jus bonis, Prol. 45
Redemptrix, P. X, 774.

Redigere fructus in horrea, S. II, 1059.
Redimire sertis. S. II, 723.
Redimita frons, H. 268. Redimitus comas, C. III, 30.
Redux fuga, C. v, 104.
Refectus, *recreatus*, P. v, 332.
Reflectit se gressu percito in, C. VII, 152.
Refrenare iram, C. VII, 172.
Refugæ viæ, P. XI, 102. Refugo honore, A. 582.
Refugere errores, S. I, 507.
Refundere, *reddere*, P. x, 790.
Refusus cœlo spiritus, P. x, 535.
Regale unguentum, Ps. 561. Regalia fercula, A. 609.
Regifico cultu, P. XI, 216.
Regius morbus, P. II, 264. Regia urbs, *Roma*, P. II, 46.
Reglutinare, P. x, 874.
Regnator, C. XII, 54.
Relapso gurgite, Ps. 634.
Relaxat sopor artus, C. VI, 11.
Religamine croceo, Ps. 339.
Relisa fronte, P. IX, 48.
Relligionibus fœdis, S. I, 514.
Relucere, P. VI, 3. P. x, 435.
Remeabilis, A. 1030.
Remeare ad superos, C. III, 200.
Remensus polus, *passiv.*, H. 850. Remenso marmore, P. v, 494.
Renarrare, H. 855.
Renascitur prisca effigies, C. III, 194.
Renidere, P. v, 131. Renidet gaudio, P. x, 712. Renident prata floribus, P. XII, 54.
Renuente metro, P. IV, 162.
Renutare, H. 774.
Reparare viscera mortua, C. III, 192.
Repagula portæ, S. II, 739.
Rependitur pretium, C. x, 78.
Repercussos sonos, P. x, 933.
Repertor, C. IV, 9.
Repexus corona, P. x, 1014.
Replicare, *renarrare*, P. XI, 4.
Repromissa spes, C. I, 46.
Rere, *putes*, P. v, 154.
Resculpere, Ps. pr., 51.
Reserare aurem loquelis, A. 578.
Resolubilis, S. II, 229. Resolubile corpus, C. x, 149.
Resono sistro, Ps. 435.
Res populi, *publica*, Ps. 757.
Respectare, H. 737.
Respergere, P. x, 13.
Respergine, *ablat.*, S. I, 502.
Restagnat cruor, P. x, 1053.
Restillare, S. II, 287.
Resudare, C. x, 107. Crapolam, C. VII, 9.
Resulcare, P. v, 144.
Resultare, A. 588.
Retentare, H. 108.
Retexere texta. C. x, 16.
Retinacula vitæ, P. IX, 87. Retinaculis astringi, S. I pr., 64. Retinaclis premi, S. II, 147. Retinaculorum vincla, P. IV, 195.
Retortæ in terga manus, S. II, 559.
Retundere iram, C. VI, 94. Retusus, Retunsus, P. x, 972.
Revenire, A. 1064.
Revincta oleis, P. IV, 55. Revinctus sertis, P. x, 1022.
Revocabilis, H. 740.
Revolant fuga, C. v, 104.
Revolvere sulcos calami, A. 596.
Revulserat comam, P. x, 761.
Rex convivii, C. IX, 30.
Rhetoricum os, S. I pr., 77.
Rhododaphne, H. 254.
Rictibus, C. v, 31. Rictu spumanti, Ps. 115.
Ridente sereno, A. 665.
Rigant genas lamenta, P. VI, 82. Rigante somno, C. VI, 28.
Rigor mortis, C. I, 69.
Rimante ingenio, Ps. 790.
Rimosa cymba, P. XI, 69.
Rite precari, C. III, 172.
Rogat veniam de Minerva, P. XIV, 27.
Romphæa, P. v, 189.
Romphealis, *per e*, C. VII, 93.
Rorantes nebulæ, A. 840.
Rorem fontis et lavacri subire, *baptizari*, C. VI, 126.
Rore olei, C. v, 13. Quietis, A. 894.
Rorulenta gramina, C. VII 168.
Rosæ spolia, C. III, 21.
Roscida nox, C. v, 149. Roscidi livores P. x, 705.

Rostrum æratum, H. 488.
Rosulenta prata, P. III, 199.
Rota solis, P. XIV, 96. A. 626.
Rotantur sæcla, S. II, 877. Orbis membra, H. 247.
Rotari ac furere, P. x, 1063. Rotari malis, C. IV, 82. Rotata millia annorum, C. XI, 29. Rotat cardo annum, Prol. 3. Rotat vortex, Ps. 95.
Rotatiles trochæi, Ep. 8.
Rubigo pectoris, C. VII, 205.
Rubrica minatur, S. II, 461.
Ructabat cœnam, Ps. 516. Ructata, *emissa*, A. 95
Ructamine spurco, H. 466.
Ruere in facinus, C. III, 152.
Rumpere vincula, C. I, 98.
Russeola sanies, P. XI, 150.
Russo stemmate, P. x, 908.
Rusticulæ lupæ, S. I, 107.
Rusticus poeta, P. II, 574.
Rutilæ coronæ, H. 926.
Rutilante numine, P. III, 142.

S

Sacellum, C. IV, 21. P. k, 215
Sacer Christi, P. XI, 2.
Sacra gentium, Prol. 40.
Sacramenti donatrix mensa, P. XI, 171.
Sacrare, *sacrificare*, P. x, 730. 911. Hymnos, C. IV, 75.
Sacrario exstructo, *ara*, C. v, 140.
Sacricolæ, S. I, 618. Sacricolæ reges, S. I pr., 4
Sæculo servire, P. I, 59.
Sale, cespite, thure, A. 187.
Salix, ferulæ, P. x, 703.
Saltatrix ebria, Ps. 580.
Salubriter, P. x, 502.
Salum refluum, C. v, 86.
Salutifera facies, C. III, 7.
Salutigeros ortus, P. XI, 235
Salvator, P. I, 113.
Sanctificante fide, C. III, 13.
Sanctiloquus, sanctilogus Lucas, A. 1002.
Sanguis, *genus*, P. IV, 179.
Sanguineum supplicium, P. XI, 22.
Sanguinolentus, S. I, 452.
Sapiant fercula Deum, C. III, 16.
Saporus, C. IV, 94.
Sarcophagus, C. III, 202.
Sarculati horti, P. x, 264.
Sarmenta, S. II pr., 24.
Sartagines, Ps. x, 299.
Satellites noctis, *dæmones*, C. I, 44.
Satiatus ex propheta, C. IV, 91.
Sator, *pater*, S. x, 69. C. XII, 87. Sator credentium, *pater*, C. XII, 47. Sator pudoris, *auctor*, C. IV, 11.
Saxigeno semine, C. v, 8.
Scabra seges, C. VII, 208. Scabri murices, P. II, 446.
Scabrosa sorde ablutus, Ps. 106.
Scandalum, A. pr. sec. 35.
Scatebræ loquaces, C. v, 90.
Scelus est dictu, A. 822.
Sceptra gestare, P. v, 22. Gubernare, S. I, 38.
Scholare murmur, P. IX, 16.
Schisma Novati, P. XI, 19.
Scirpea fila, C. IV, 15.
Sciscitator, C. VII, 193.
Scissura domestica, Ps. 756.
Scitum brutum Cæsaris, P. v, 66.
Scopulum collo trahere, *saxum*, P. VII, 75.
Scortator, S. I, 106.
Scribitur nummus, P. II, 120.
Scrinia litterarum, P. XIII, 7.
Scrobes insidiosæ, Ps. 261.
Scrupei recessus, P. v, 447.
Sculptile in ære, P. x, 266.
Scyphus aureus, Ep. 15.
Secessus altos costarum pandere, P. XI, 58.
Secreta mentis, C. II, 16.
Sectari iter, S. II, 45.
Sectatores Christi, C. VII, 198.
Securem Ausoniam Christo inclinare, S. I, 558. Secures tingere, Ps. 402.
Secutor, S. II, 1100.
Seges scabra culparum, C. VII, 208.
Segregatim, H. pr. 39.
Segrege forma. H. 803. Regno, H. 66. Segregem esse *remotum*, C. VII, 28.
Sella, *curulis*, P. x, 145. Sella curulis, S. I, 549
Semetra dissona, Ps. 829

Semicombustus, P. x, 859.
Semidea Roma, S. i, 165.
Semiferus Golia, H. 784.
Seminecem tollunt, P. xiv, 50.
Semipes, *homo claudus*, P. ii, 180.
Semiviro comitatu, S. i, 125.
Semiustulatus, P. ii, 548.
Senectam non novit parta gloria, S. i, 544.
Sensa somniantum, C. vi, 41.
Sensualis ædes *de anima*, P. x. 547.
Sensus humanos tendere, A. 260.
Senta situ loca, P. iii, 47. Senta rubus, A. 55.
Separe ductu, A. 245.
Sepes lillorcæ, S. i pr., 15.
Sepes inter deusas, S. i, 108.
Seps insueta, *aspis*, S. i pr., 74.
Septemplex cœlum, C. vii, 56.
Septicollis arx, *Roma*, P. x, 415.
Septuennis puer, P. x, 656.
Septus grege multo, P. ix, 21. Floribus, C. x, 155.
Lege, C. viii, 5.
Sepulcrales favillæ, S. i, 97. Sepultum pectus crimine, C. i, 55. Sepulta lumina, *cœcitas*, C. ix, 54.
Sequestra carnie, H. 912.
Sequestrare, C. x, 127.
Sequitur, ut, C. vii, 18.
Serenare, C. x, 80.
Serere crimina, H. 577.
Serica toga, P. x, 1015.
Series plumigera, C. iii, 44.
Serrata regula, P. v, 217.
Servit mare piratis, S. ii, 790.
Severæ industriæ vir, C. vii, 67.
Severum vivitur, *severe*, C. ii, 54.
Sibila colla, C. ix, 90.
Sicubi, P. xi, 47.
Sigillati salis cautes, H. 745.
Sigillum, *simulacrum*, P. x, 235.
Signa garrulorum verborum, P. x, 747.
Signacula Christi, S. i, 568.
Signatores, C. xii, 66.
Silendus, P. iv, 181.
Silva stipularum, S. ii, 965.
Silvicolæ, S. ii, 524.
Similaginis azymon, A. 555.
Simplices, *pueri*, C. xii, 151.
Singultat, singultit unda, C. xii, 124.
Singultibus, C. vii, 127.
Sinistra bella, S. ii, 685.
Sinuamina riparum, P. vii, 54. Sinuamine subter, Ps. 571.
Sinuoso pectore, H. 199.
Sinus barbarici, *laxæ vestes*, A. 145.
Sirio vapore, C. xii, 22.
Sistro resono, Ps. 455.
Sistunt ad aram de laborum fructibus, H. pr. 5.
Sitienter haurire, C. iv, 188.
Sitiunt spem fontis, A. 685.
Sitium est in tua manu, ut, P. x, 780.
Situ obduci, P. x, 1117. Situs tenebrarum, C. i, 45.
Socors vita, C. i, 54.
Sodalitas, P. i, 55.
Solatia lenta, Ps. 255.
Sole quarto, *die*, C. ix, 46.
Soles venturi, *dies*, H. 914.
Solidare, A. 167; S. ii, 550. Solidante liquore, A. 654.
Solitudines, C. vii, 61.
Solo perdomitus, *pede*, P. xiv, 116.
Solum pes, *solea*, C. iii, 129; P. vii, 65. Sola pendulus A. 666.
Solubilia elementa, H. 505. Solubilis carnis, P. x, 507. Dextra, A. 514.
Solvere curas in otia, Ps. 729. Solvere peccatum, C. i, 99. Solvere tecta flammis, S. ii, 698. Solvi per cachinnos, P. x, 226. Solvit sacra sacerdos, P. xii, 65. Somnia vana, C. i, 88. Somno data res, P. x, 56. Somnum disjicere, C. i, 97. Perpeti, C. i, 67. Somnus opprimit pectus, C. i, 55.
Sonipes superbit, Ps. 190.
Sonorum nescius, *surdus*, C. ix, 64.
Sophiæ dogma, S. i, 54.
Sophistæ sæculi, P. v, 608.
Soporati oculi rore quietis, H. 894.
Sopori servire, C. i, 52.
Sordes nequitiæ, Prol. 12.
Sordescere, H. 458.
Sordet crimine, H. 119.
Sordidus cultu invenusto, C. viii, 22.
Sordidulus, S. i, 69.

Sors fatalis incumbit rei, S. ii, 459. Sors humana, C. vii, 214. Ultima P. i, 54. Sortes deum, *oracula*, S. i, 262.
Spargebat iram, A. 520.
Spectamine morum, Ps. 913.
Spectator Deus, P. v, 297.
Spectatrix, Ps. 118.
Speculator astat, C. ii, 105.
Speculamen, A. 20.
Speculatrix pupula, H. 508.
Spem mittere in ævum, S. i, 511.
Spernere cubile, C. i, 10.
Spes, qua speramus, C. 47, 48.
Sphæra menstrualis, *luna*, P. x, 538.
Sphragitis, P. x, 1076.
Spicula gnosia, C. v, 52. Dolorum, P. x, 579. Spiculum solis, *radius*, C. ii, 6.
Spinifera rubus, C. v, 51.
Spiramen aromatis, A. 758. Spiramina vocis, Ps. 117.
Spiramine cœpta anima, A. 871.
Spiritalis, P. x, 14, 578.
Spirare majora, S. ii, 479.
Sprerunt, D. 54.
Spumea mulctra, C. iii, 66. Spumeæ salivæ, P. i, 101.
Spurcamen, C. ix, 56.
Spurcavit lacænas, S. i, 60.
Sputamen, A. 676.
Squalere siti, S. ii, 925. Veterno, S. i, 7. Catenis carceris, S. i, 492.
Squalidum tempus, C. ii, 17.
Squama thoracis, Ps. 680.
Squamosa agmina, P. v, 414. Squamosa thorax, H. 425.
Stagna, *mare*, C. v, 65.
Stare sub armis, S. ii, 728.
Stata dona, S. ii, 1005.
Statione moveri, H. 501.
Status vitæ pulcherrjmus, P. ii, 271.
Stellantibus saxis, *gemmis*, Ps. 865.
Stelliger axis, H. 906.
Stemma russum, P. x, 908. Stemma jejunii, C. vii, 81.
Stemmata apostolorum, C. xii, 180. Stemmate pila radiant, S. i, 486. Pollere, P. i, 4. Stemmati honos accedit, P. x, 131.
Stertit animus in præcordiis, C. xii, 20.
Stigmare, P. x, 1080.
Stillat cruor, Ps. 700. Guttatim lacrymis, C. v, 22.
Stipati juvenes, P. xi, 79.
Stipendia angelorum vocant hinc, P. i, 66.
Stipularum silva, S. ii, 965.
Stomachante fermento, H. 195.
Stomachus pugnax, S. ii, 629.
Stomachatus alto felle, P. x, 595.
Stramenta testarum, P. v, 522.
Stramine de roseo, H. 858.
Strangulant clausum locum angusta saxa, P. v, 244.
Strangulatrix, P. x, 1105.
Stratum segne, C. i, 18.
Strictis mucronibus, Ps. 705.
Strictura, S. ii, 286.
Stridulis punctis fervens, P. v, 227. Stridulom sonare, P. x, 995.
Strophæ sycophantarum, A. pr. sec. 25.
Strophium, C. iii, 29; Ps. 449. Dactylicum, C. iii, 28.
Structile simulacrum, H. 190.
Structum serpente flagellum, Ps. 685.
Strues carbonum, P. v, 219.
Strumæ turgidæ, P. ii, 258.
Stulta edicta, C. xii, 141.
Stupor habet quem, P. vii, 78.
Stuppa *lychni*, C. v, 20.
Stuprator, P. x, 221.
Stylis confossus, P. ix, 14. Stylo exprimere, P. x, 1124.
Stylus Hebræus, A. 579. Stylus sacer, S. i pr, 60.
Suadela, H. 714.
Sub colore gloriæ, P. x, 81.
Subcuba, succuba, P. x, 192.
Subditis cervicibus, P. ii, 489. Subditus orbis mansuescit, P. ii, 439.
Subjacere casibus, Prol. 15.
Subjectans caput, P. x, 1054.
Subjectio, H. 701.
Subigere legem, C. i, 70.
Subjugare, C. vii, 11.
Subjugatum septies, P. x, 777. Subjugatis hostibus, P. x, 419.
Subjugales belluæ, P. x, 555.
Subjungier, S. ii, 586.
Subsidit murmur, A. 848.
Sublimat largo flamine bombum, A. 845.

Sublime tollere, *in sublime*, P. x, 697. Sublime aperire
oculos, S. I, 593.
Subnotare summulam, P. II, 132.
Substantia, P. x, 476. Substantia mixta, S. II, 212.
Subtacitus, H. 174.
Subtemine catenato, Ps. 674.
Subterna antra, S. I, 392. Subterna nocte, H. 922
Subterranea (per), P. xI, 67.
Subvolavit cœlo spiritus, P. x, 553
Suburbani populi, P. xI, 42.
Successibus ampliatus, P. x, 439.
Succulentis obtutibus, P. x, 435.
Succumbere curis, S. II, 103. Letho, S. II, 703.
Suda redit facies, Ps. 658.
Sudare impar prælium, C. II, 76. Sudata bella, S. II, 530.
Sudoribus tantis, *labore*, H. 484.
Sudum prænitens, C. VII, 80.
Sues spurca, *singul.*, S. II, 813.
Suetus frendere, C. IX, 52.
Suffixus cruci, P. x, 588.
Sufflabilis anima, A. 858.
Sufflamen, Ps. 416.
Suffragantes martyres, P. I, 16
Suggillare, *suggerere*, P. x, 999.
Sulcator, S. II, 939.
Sulci ungularum, P. v, 338. Sulcus marmorum, P. IV, 194. Sulcus calami, *scripta linea*, A. 596. Stellæ, C. xII, 53.
Summa aure quid intelligere, S. II, 1033. Summum corus, *cutis*, Ps. 796.
Summula, P. II, 132.
Superbit inflatus, P. x, 149
Superbus, *in bon. partem*, P. vI, 8.
Supercalcare ruinam, Ps. 236.
Supercilium deponere, Ps. 287.
Supereminere, Ps. 195, 737.
Superfit, S. I, 982.
Superfusus, A. 668.
Superimponere, Ps. 266.
Superingeri, C. IV, 87.
Supervacuus, H. 452; Ps. 154.
Supinat faciem, Ps. 281. Supinata cervice, P. xI, 83.
Supplicatio intenta, C. I, 83.
Supplicator, P. I, 14.
Suppliciter tendit manus, S. II pr., 28.
Supra hominem, S. I, 100.
Surgere ex inani cinere, S. II, 208. Surgunt mœnia, S. II, 75.
Sursum versus, A. 1003.
Susceptat, A. 548.
Suspendere lacrymas, C. x, 118.
Suspirare avara lucra, C. II, 44.
Susurrat fama quid, S. II, 919.
Suta foliis tegmina, C. III, 119.
Sutile vinclum, P. IV, 24. Sutiles lapilli, C. VII, 158.
Sycophanta, A. pr. sec. 25.
Symbolum (in), P. II, 438.
Symphonia, S. II, 527.
Syrmate vestigia verrit, Ps. 362.

T

Tabentibus membris, A. 817.
Tabescunt nives, C. VII, 207.
Tabiflua crates, *corpus*, A. 891.
Tæniolæ, S. II, 1103.
Tartara (in) mergi, S. I, 26.
Tauricornis, P. x, 222.
Taurina exta, P. x, 918.
Tela ingenii, S. II, 761.
Temo regit jugum, C. v, 147.
Temperare laborem, C. vI, 25.
Tempus quietis, *nox*, C. I, 66.
Tenax ad revertentes janua, *clausa*, C. IX, 75.
Tenebrosus mos, S. II, 244. Tenebrosum cor, A. 127.
Teneri lege sua, S. II, 70.
Tenerum lac, C. III, 70.
Tenor, A. 832.
Tenta viscera, C. III, 175.
Tentare vias æternas, S. I, 510.
Tenuare artus, *jejunio*, C. VIII, 54.
Tenuis cibus, C. III, 172.
Tenus aure, S. II, 729. Crate, P. III, 148. Fundo, P. xIII, 85. Tactu, Ps. 692.
Tepefactus, Ps. 900.
Tepens glacies, P. III, 204. Tepentes prunæ, P. II, 544.
Tædæ, A. 136.
Tepescit scintilla, C. VII, 19

Terere vias, S. II, 879.
Teretem nodum nectere, Ps. 187.
Tergeminos fratres, P. vI, 55.
Tergum dat fugitivus, Ps. 436. Tergum freti tumidum, S. II pr., 45.
Terminus instat, Prol. 4. Termini vitæ, C. I, 53.
Terrificæ catervæ, H. 419.
Terrigena majestas, S. I, 189. Terrigenæ phalanges, Ps. 816.
Terrulentus, H. pr., 5; P. II, 195. Terrulenter, P. I, 578.
Testari salutem principis, P. x, 996.
Testator, C. xII, 87.
Testeum fragmen, P. v, 535.
Testificatus, H. 340.
Testudo oris, P. x, 952.
Testula, C. v, 17. Testularum fragmina, P. v, 277.
Tetra pix, C. II, 69. Tetrum flagrat, C. IV, 22. Tetrius malorum, P. xIV, 110. Teterrimus, P. x, 451.
Texere pyram, *struere*, P. x, 847. Sæcula sæculis, C. v, 164.
Textiles setæ, C. VII, 132. Textilis candor, P. I, 89.
Textura, A. 1017.
Thorax squamosus, H. 423.
Thronus summus, H. pr., 10. Ad thronum orator, P. v, 48.
Thuribulum, A. 479.
Thurifero de grege unus, A. 292.
Thymus, C. III, 74.
Tiara Assyria, Assyrius, A. 143.
Tinctus criminibus, P. xIII, 58.
Tingere vestigia, P. VII, 62. Tingo, *de martyrio*, P. VII, 18.
Tirones, Ps. 236.
Titubante fide, A. 582. Titubanti voce, A. 741. Titubet ne fides, P. VII, 44.
Tituli tumulis incisi, P. xI, 3. Titulis auctus, S. I, 593. Titulus Pauli, P. xII, 45.
Toga, *ætas virilis*, Prol. 8. Toga quirinalis, P. II, 419.
Togata nobilitas, P. IV, 73. Togata urbs, *Roma*, P. II, 40. Togatus, *civis*, C. II, 59.
Tonans, *Deus*, C. vI, 81. Celsa tonantis, P. vI 98. Tonantis filius, A. 171.
Toreumata, Ps. 570.
Tori lacertorum, P. v, 424.
Tormenta adhibere, S. II, 189.
Torti errores, *perplexi*, A. pr. sec. 8.
Tortiles ventris recessus, mæandri, C. VII, 124.
Tortuosus serpens, C. vI, 141.
Tortus tortore acrior, P. v, 132
Tractare arma, S. II, 26.
Tractum sine fine carmen, S. I, 638
Tractus signorum *cœli*, A. 616.
Traduce carnis, A. 913.
Tragœdiæ tantæ series, P. x, 1113.
Trahere noctem, C. v, 137. Vim gladii pectus ad imum, P. xIV, 78.
Trajector nebulæ, H. 875.
Transadigo lumine ultima littora, H. 882
Transfigere, C. xII, 109; Ps. 50.
Transformare se in, Ps. 552.
Transmigratio gentis, H. 448.
Transvolvere, C. xI, 50.
Tremefacta onus suum, C. III, 78. Tremefecit, P. IV, 82, P. vI, 93.
Tres hiemes quater attigerat, P. III, 12.
Triformis trinitas, Ps. pr. 45.
Trilicem thoraca, Ps. 125.
Trilinguia colla, C. II, 128,
Trina pietas, C. III, 20. Trinitas, C. vI, 5; Ps. vI, 6. Trinitas triformis, Ps. pr. 45.
Tripicti versiculi, A. 581.
Tristifico lacu, C. v, 93. Tristificus tyrannus, C. IV, 76.
Trisulco sermone, H. 202
Triticea seges, H. 218.
Triumphali vultu, S. I, 411.
Triumphare ritum barbarum, P. II, 4
Triumphator togatus, S. I, 339.
Triumphum parere, P. IV, 78
Tropæum referre, C. vI, 104. Tropæa et hoste referre, S. I, 540. Tropæum famosum, Ps. 64.
Trulla, *vas*, P. x, 299.
Truncare ferro, P. x, 877.
Tuba, *grandiloquentia*, C. III, 81.
Tubarum sub fine, H. 917
Tulit sors quid, P. I, 34.
Tumescit honore, S. II, 154
Tumulosus, D. 154

INDEX VERBORUM ET PHRASIUM.

Turbatrix pacis, Ps. 668.
Turbidi animi, Prol. 13.
Turbiduli sensus, A. 208.
Turbinibus discissis, C. v, 110.
Turbulentis viribus, P. ii, 13.
Turgidæ pectorum strumæ, P. ii, 258.
Turibulum. *Vide* Thuribulum.
Turmæ effusæ, Ps. 178.
Turritum caput, Ps. 183.
Tutacula fida, S. ii, 387.
Tutamen, P. v, 343.
Tutor opum, S. i, 454.
Tympanum, C. ix, 5.
Tyrannide, P. x, 1092.

U

Ulcerosa morbis membra, C. ix, 31.
Ulna, *cubitus*, P. ii, 136; xi, 139.
Ultima dementia est, P. x, 376.
Ultrix, A. 511; S. i, 495.
Ululamina, C. x, 114.
Ululanda, P. ii, 119. Ululavit urbem, H. 451.
Ulva fictilis, A. 764.
Umbonis equini impulsu, Ps. 255. Umbonibus æquis, P. xi, 201.
Umbrabat cupressus, A. 463.
Umbraculum. C. vi, 140.
Umbræ, *manes*, A. 474; S. i, 355.
Umbriferum nemus, H. 795.
Uncis laniari, P. v, 174.
Unctor stipitis, A. 295.
Unctus, *Christianus*, A. 487.
Undatim, P. x, 857.
Ungue ab imo usque ad capillum, P. i, 110.
Unguen chrismatis, C. x, 156.
Ungulæ bisulcæ, P. x, 75. Ungula tortoris, P. v, 120.
Unicoloræ animæ, H. 819.
Unicultor, P. xiii, 91.
Unimodæ compages, Ps. 768.
Urbici alumni, P. ii, 370.
Urbicremæ nubes, H. 726.
Urente propagine, H. 569.
Urget, C. x, 60. Urget animus, H. 389.
Urna sortis, C. vii, 112.
Usibus aptare, Ep. 27.
Usquequaque, P. x, 975.
Ustor texit pyram, P. x, 847.
Ustuire, P. x, 885.
Usu longo proficere, S. ii, 316.
Uvidi molares, C. vii, 119.

V

Vacat nubilo frons, P. v, 126. Vacat nox nulla, quin Prol. 58.
Vacuus cruoris, P. iv, 86. Vacuus a crimine, A. 899. Vacuum inane, C. x, 146.
Vadis fluitantibus, P. vii, 46.
Vagantes dæmones, C. i, 37.
Vagat *pro* vagatur, C. vi, 29.
Vagientes, C. iv, 163.
Vaginæ condere, Ps. 103.
Vanescit, C. vii, 209.
Vaporat halitum, P. v, 220
Vaporiferos ignes, A. 134.
Vaporus ardor, P. vi, 115.
Vas, *corpus*, C. vii, 198.
Vasculum, Ep. 26.
Vastare cædibus justos, P. v, 85.
Vectibus obseratis, P. v, 349.
Vegeta gula, H. 322.
Vegetamina vitæ, H. 298.
Vegetata, C. x, 7.
Vellere opposito cœlum nigrescit, H. 909.
Vena rebellis, Ps. 142.
Venatrix virgo, *Diana*, S. ii, 494
Venerator, A. 292.
Venia ligni, *beneficio*, C. v, 94.
Veniabile, H. 935.
Venire in armis, P. x, 53.
Ventilator urbis, P. x, 78.
Ventilatur mens in cerebro, H. pr. 57.
Ventis eloquii tumere, S. ii pr., 58.
Ventosa ambitio, H. 399. Ventosa subdolus arte, A. 963.
Ventosa fama, H. 457. Ventosa virago, Ps. 194.
Ventris lacuna, C. ix, 65.
Verbigena, C. iii, 2.
Verbositas, P. x, 331.
Vernans orbis, C. xi, 62. Vernat herbarum coma, C. viii, 46.

Verrunt hiemem venti, A. 663.
Versatile lethum, Ps. 571.
Versicolorus paries, S. ii, 56. Versicolores aves, H. 294.
Versipellis astutia, A. pr. sec. 26.
Versis hastis, S. ii, 30.
Verticem revincta oleis, P. iv, 53.
Vertigo rotarum, Ps. 414. Vertigine torta, A. 202.
Vervece cæso, P. x, 487.
Vesania sibi est hostis, Ps. 160.
Vesci dogmate, A. 711.
Vesci intus spe, S. ii, 1047.
Vestigia antiqui moris, S. ii, 501.
Vestire floribus, P. v, 279.
Vestirier, Ps. 39.
Vetant abire, C. iii, 45.
Veternum depellere, C, xi, 64. Veterna silentia, C. ix, 68.
Vexatrix hominum, Ps. 58.
Vexatus orbis, P. iv, 82.
Vexillifera, Ps. 419.
Via credendi, Ps. pr. 1. Viæ cicatricum, P. x, 796. Viam dedit cunctis ad resurgendum, P. x, 540.
Viantem spoliare, H. 208. Viantes, C. v, 65
Vibrat impexis lappis, C. viii, 42.
Vicatim, H. 403.
Vice distincta, A. 682. Inversa, P. ii, 289. Mirifica, C. iii, 161. Vice noctis tertiæ, C. vii, 126. Palljoli, P. iii, 180.
Vice templi consecrata pectora, C. iv, 17. Vicem unam, paremque sortis humanæ ducere, C. vii, 214. Vices convertere, H. 890. Variare, *ibid*.
Vicibus certis, C. v, 2.
Vicinitas lucis, C. i, 41.
Vicinus dies, Prol. 4.
Victima jejuniorum, C. vii, 5.
Victus femur debile, C. ii, 79.
Vieto ab ore, S. i, 508. Vieto pectore, C. vii, 57.
Vile nil virtutem decet, S. ii, 751.
Villis bestialibus, C. vii, 153. Villoso corpore, S. ii, 301.
Vincitur cura, *minor est*, C. viii, 57.
Vincla sæcli, P. ii, 584. Vincla corporis, Prol. 44.
Vincula noctis, C. i, 98. Rumpere, *ibid*. Vinculum insigne frontis, C. vii, 159.
Vindicavit nullam ciborum gratiam, C. vii, 188.
Vinxerant silentia veterna linguam, C. ix, 68.
Viperina dogmata, A. sec. pr., 11.
Virago ventosa, Ps. 194.
Vireta amœna, C. iii, 101; H. 795.
Virginalis partus, C. vii, 2.
Virguncula, S. i, 64.
Vir severæ industriæ, C. vii, 67.
Viribus (pro), C. viii, 196.
Virtutem nil vile decet, S. ii, 751
Viscera dicata, C. iv, 20. Viscera tenta, C. iii, 475.
Viscereus, A. 1026.
Viscosus pastus inescat, H. 822.
Visco vimina illinere, H. 807.
Visibilis gloria, C. v, 158.
Visibus integris, P. xiv, 60. Siccis, P. x, 740.
Vitalia, C. ix, 63. Vitalia plebis, S. i, 336. Vitaliarum pere, Ps. 691.
Vitea rura, H. 227.
Vitiabilis, H. 215; A. 1046.
Vitiare, violare planitiem scrobibus, Ps. 261.
Vittata arbor, S. ii, 1009. Vittatus pontifex, P. ii, 525.
Vivaces chartulæ, P. x, 1115. Vivax laus recolat, P. iv, 159. Vivax flamma, C. v, 17. Vivacius quærere abdita, S. ii, 352.
Vivificare, A. 466.
Viviscere, A. 902.
Vixdum, C. viii, 10; P. x, 346.
Vocat ad pœnam, P. vi, 22.
Vocator gentium, P. ii, 461
Volans vita, Prol. 22.
Volubilis sol, Prol. 3.
Volucer currus, S. ii, 83.
Volupe est, ut, P. ix, 41.
Volutabrum, A. 907.
Volvit sidera cursus unus, H. 891
Vorare haustibus, C. iv, 45.
Vortex rotat, Ps. 93.
Votiva mors est martyri, P. ii, 350. Votivo de ponte, S. ii, 293. Votivus dolor, P. x, 1060.
Votum est vobis, *cum infinit.*, Ps. 595.
Vulniferos imbres, Ps. 173.
Vulnifica laceratio, P. iii, 147. Vulnificum acumen, C. iii, 49. Vulnificus morsus, S. i pr., 81.
Vulsis nexibus, P. v, 523.
Vultuosus, P. x, 172

Z

Zephyro impellente, S. ıı, 787.

Zizania, A. pr. sec. 56.
Zonis avulsis, Ps. 653.
Zoroastreos susurros, A. 494.

INDEX RERUM ET NOMINUM
QUÆ IN CARMINIBUS PRUDENTII, GLOSSIS VETERIBUS, PROLEGOMENIS ET COMMENTARIIS OCCURRUNT.

A

A in compositis Græcis, ut in *atomus*, corripitur, 484.
Aaron, secunda producta, 662. Aaronis virga, *ibid.*
Abacuc, Habacuc, 279.
Abbati Olivieri Giordani Annibal, 1050.
Abbo, 197.
Abdias, 1193.
Abdicatus soli, 1208.
Abel, 495, 1134. An sæculo exstinctus, 496. Abel et Cain, anima et corpus, 667. Abelis picturæ in cœmeteriis, 496.
Abire ad plures, 1029.
Abjunctus, 855, 922 *seq.*
Abluiturus, abluturus, 482.
Aboleo unde dictum, 250. *Abolere mortem*, 552.
Abolla palmata, 746 *seq.*
Aborigenes, 787.
Abraham, 405, 577 *seq.* Abrahæ sinus, 565. Abrahæ cccxvııı vernaculi quid significent, 3, 165. Abraham Dominum excepit, 668.
Abraxæa, 704.
Absalon, Abessalon, 542
Abscidere, 483. *Abscisus*, abscissus, 976.
Absis, absida, 270, 635.
Abstinentia a carnibus, 145 *seqq.*, 261. In Hispania, 277. A potu vini in jejunio, 1029 *seq.* A sanguine et suffocato, 147.
Abyssus pro inferis, 469.
Accentus vis, 755. Accentus et quantitatis in Græcis varietas, 181, 193, 195.
Accusativus pro adverbio, 248.
Acerra olida, solida, 420.
Acervus pro cumulo frumenti, 505, 856. Acervus lapidum pro Termino, 855. Acervus Mercurii, *ibid.*
Acestes, 789.
Achacoso Hispanice, 1239.
Achan, Achar, 634.
Acisclus, 964. Acisculi in familia Valeria, *ibid*
Acroama, acroma, 913.
Acta apostolor. ı, 634; ı, vı, vıı, 686; ıı, 248; ııı, x, 687; ıv, 896; vı, 234, 987; vı, vıı, 918; ıx, 136; x, 688; xıv, 1151, xvı, 1003; xvıı, xvıı, 649 *seqq.*; xxııı, 354.
Acta littoris, ubi olim lupanaria, 709.
Acta S. Theclæ, 230.
Actiaca pugna, 808.
Actus, 280. Pro *actione*, 256. *Actus* et *artus* in mss. confusi, 416.
Acumen styli, 1057.
Acus crinalis, 827.
A. D. scribendum, non *ad diem* calend., 564.
Adam creatus, 265. Terreni corporis apex, 488. Adam et Eva, 665. Adam filius Dei, 488. Primus et vetus homo, 468. Gratia Adamo collata, 477. An Satanas ipsi texuerit ficulnea tegmina, 667. E paradiso exsulare jussus, 609.
Adamannus Scotus, 1115, 1212.
Addicere, vendere, 661, 896.
Addubitare, 640.
Adjutorium *quo*, et adjutorium *sine quo non*, an eodem nodo ab omnibus theologis explicetur, 477, 1235.
Admissionales palatini, 56.
Ado, 155, 884, 917, 1209 *seq*. Controversiam de Hippovtis implicuit, 1165.
Adonis, 1086.
Adonius versus, 200.
Adoptio ab imperatoribus usitata, 804. *Adoptivus, ibid.*
Ador, 564.
Adorsus, adorlus, 510.
Adpello an recte scribatur, 689.
Adrianus, *vide* Hadrianus.
Adsies pro *adsis*, 958.
Advocati, *vide* Scholastici.
Ædificium Fidei et Concordiæ, 656. Ædificium Prudentii quid sit, 45.
Ægis, 819. Minervæ, 1091.

Ægyptium frumentum Romam advectum, 847. Ægyptii dei, *vide* Deus.
Ælianus, 770.
Ælius pons, 1201.
Ælius Spartianus, 195.
Æmilia Hilaria Deo devota, 857.
Æmilianus judex, imperator, 1028.
Æmonia o brevi, 188.
Æneadæ secunda brevi, 188.
Ænigma, 560. Pro nummis signatis, 899. Ænigma, quod vulgo creditur esse in præfatione Psychomachiæ, non est ænigma, 3. Dissolvitur, 163 *seqq.* Ænigma Latini Latinii, 174 *seq.* Ænigma de Christo, 596. Ænigma sive *enigma* prima correpta, 176, 188 *seq.*
Ænipedes, æripedes, 204, 728, tribuitur Ovidio
Æolia, 725.
Æquor, 1057, 1182. *Æquorei amnes*, 937.
Aer e brevi, 188. Neutro genere, 191.
Ærarium, 897. Cur in Saturni templo, 1084.
Aerius, spiritualis, 512.
Æschylus, 818, 993.
Æsculapium, templum Æsculapii, 418. Æsculapius, 1089. Gallina aut gallus ei sacrificabatur, 421.
Æsopus, 1065.
Æstiva, 833.
Æstuare cum accusativo, 325. Sitim, sitem, 910. Æstus maris, 1018.
Ætates quatuor hominis, 658.
Ætutula, 1119.
Æternitas Verbi, 410. Æternitatis definitio, 1096.
Æternum præmium, 780. Supplicium, 779, 1113.
Æther neutro genere, 191. An *er* corripiat, 552.
Æthicus, 835.
Æthiopum opinio de animabus quæ igni purgantur, 204.
Ætna, 725.
Ævum inviliabile, insatiabile, inviolabile, 641.
Affamen, 506.
Affatim secunda correpta, 329.
Affuerit, afuerit, 952.
Airanius, 384, 787.
Africa unde dicta, 331. Africæ frumentum Romam advectum, 847.
Agape martyr, 965.
Agatharcides, 289.
Agenitus, 478.
Agere verbum in sacrificiis usitatum, 295. *Agere liba*, *ibid.* *Agere*, vivere, 677.
Agger pro via, 855.
Agila, 964.
Agnellus Nicolaus, 995.
Agnes martyr, 985, 1169. Ejus hymnus, 1215 *seqq.* An *Hagnes* scribi debeat, 1215.
Aginus, 655.
Agnorum, et hædorum discrimen extremi judicii die, 159 *seq.*
Agnus Dei in cereis imaginibus, 270 *seq.* Agnus niveus symbolum justorum, *ibid.* Agnus sæpe Christum significat, *ibid.*
Agobardus, 177, 525. Prudentii imitator, 1057.
Agon primus laudis martyrium, secundus confessio, 982.
Agrætius, 710.
Agricola G. notatus, 561. Martinus, 474.
Agrippa, 1201.
Aguiar Didacus de, 929.
Aguirre Joseph de, cardinalis, 18.
Agylla *Cerveiri*, 789.
Alabandenses, 716.
Alamannus, Alamanus, 834.
Alaricus, 822. Vasis sacris basilicæ S. Petri pepercit, 152.
Alba vetus, Alba, Albanum, 1184.
Albæ vestes baptismi, 270.
Albania villa, 857.
Albati Romani diebus festis, 745.
Albogalerus, 1214.
Albricus philosophus, 699, 1139.

INDEX RERUM ET NOMINUM.

Alcæus, 717.
Alcaici dactylici versus, 202.
Alcala de Henares an sit Complutum, 968 *seq.*, 1259.
Alcazar Ludovicus, 657, 1112.
Alciatus, 34.
Alcides, *vide* Hercules.
Alcimus, *vide* Avitus.
Alcinous, 144.
Alcmena, 702, 1086.
Alcuinus, 675.
Aldelhelmus, Aldhelmus, 127, 737.
A'drete Bernardus, 969.
Aldrovandus Ulysse-, 175.
Aldus, 89 *seqq.* Prudentium laudat, 211. Correctus, 247 *et sæpe ı·ías.* Romæ Prudenti in non edidit, 888. Ab aliis aliter allegatus, 703, 717, 741, 767, 809, 826. 999. Aldina Prudentii editio an dupl x, 84, 218 *seq.*, 457, 491, 523, 568, 621, 632, 640, 676, 853. Aldina poetarum Christianorum editio, 219.
Aldus, *vide* Manutius.
Alethius, 1194.
Alexander Magnus, 535, 811, 1029.
Alexander Natalis rejectus, 116.
Alexander Severus, 1167.
Alexandri (S.) inscriptio an genuina, 553, 1019.
Alexandro Alexander ab, 25.
Algircii, 959.
Algidus, Alcidus, 809.
Alleluia, 280.
Allitus ab *allino,* 499.
Alloıhylus pro Philistæo, 558, 674. Y correpto, 176, 181, 183, 558.
Alludo, 1128.
Almachius martyr an sit Telemachus, 51.
Almeloveenisis, 229.
Almo rivulus, 1079.
Alpes, 758. Binæ, 954.
Alpha et α, 189, 556.
Alphabeto Græco errores fundati, 356.
Al ar, 675. Altare sempiternum, 985. Altarium multitudo apud cath licos, 719. Altaris et aræ distinctio, 1020. *Vide* Ara.
Alternare, 554.
Althelmus, 552, 1037.
Altrinsecus, 204, 989.
Alumni qui dicantur, 958.
Alva Petrus notatus, 116.
Alvarez Emmanuel, 180.
Alytarcha urbis Antiochenæ, 867.
Ama ultima brevi, 194.
Amadutius Joan. Christoph., 590.
Amalec, 591.
Ama thea capra, 1119.
Amantius præses, 1041.
Amarus potus, 272.
Amasiones, 204, 1081.
Amata cur vestalis diceretur, 859.
Ambages, umbago, 841.
Ambire prædam rictibus incruentis, 278.
Ambitiosi, 908 *seq.*
Ambitus, ambitio, 910.
Ambro, 524.
Ambro-ium unguentum, 1251.
Ambrosius (S.), 55, 89, 95, 117, 122, 145, 154, 166 *seq.*, 169, 252 *seq.*, 258, 240 *seq.*, 247, 254, 299, 311, 315, 358, 552, 598, 410, 481, 490, 495, 497, 578, 599 *seq.*, 824, 852, 877, 891, 855, 958, 940, 1054, 1056, 1060 *seq.*, 1074, 1191, 1195, 1201. Symmacho refragatur, 695.
Ambrosius Autpertus, 578.
Ambubaia tibia, 808.
Amen in Veteri et Novo Testamento, 280.
Amenta, amentare, 617.
Amethys'us, 659, 664.
Amiantus lapis, 1057.
Ammianus, 235, 400, 444, 615, 651, 747, 764, 800, 851, 876, 915, 916, 997, 1015, 1045, 1069, 1078 *seq.*, 1206, 1254, 1259.
Ammonis simulacrum, 795. Oraculum, 445.
Amnis torrentis descriptio, 518. *Amnicus,* 1046.
Amœnus an poeta diversus a Prudentio, 665 *seq.* Amœnus cur dictus Prudentius, 46 *seq.*
Amoriani, 716.
Amoris descriptio, 626.
Amorrhæus, 552.
Amos ix, 572.
Amphilochius, 516.
Amphitheatrum, 751, 1050.
Ampliari, 1076.

Amplo censu. sensu, 854.
Amuleta sacra, 952.
Amyclæ, 811.
Ana amnis, 957 *seq.*
Anacreon, 226.
Anatema'a mitræ, 555.
Anapæstici dimetri versus, 201.
Anastasis, templum, 686.
Anastasius Bibliotli., 1185.
Anastasius Sinaita, 515.
Anathema tertia producta, 255. Communi, 654.
Anchises, 711.
Anchora in annulis Chris.ianorum, 271.
Ancus rex Rom., 714.
Ancyrani, 716.
Andreas Joannes, 286.
Andreas secunda producta, 181.
Andromachus senator luper alia de endebat, 1079.
Aufractu, 1179.
Angeli, 101. Ipsorum natura, 478. Ex nihilo, 512. Spirituales, *ibid.* Eorum ordines, 419. Angeli, publici et privati custodes, 800. Nationum, ecclesiarum, 981. Pastores admonent, 678. Angelorum peccatum superbia et invidia, 512. *Angelus* in Veteri Testamento cur Filius aliquando vocetur, 403.
Angelici hæretici, 512.
Angilbertus Medio'anensis episcopus, 1042.
Anguinus, onguineus, 508, 656, 667.
Angu s sidus, 487.
Anhelare cum accusandi casu, 480.
Anhelitus imbrifer, 291.
Anianus, 1115.
Anicia Juliana, 748. An'ciana familia, 745. Anicius Auchensis Bassus, 746, 748. Anicius Hermogenianus Olybrius, 746. Anicius Julianus, 746.
Anicla, anula, amula, 1059.
Anima non est pars Dei, 475. Nec ex Adamo propagata, 480. A Deo flante inspirata, oris divini opus, 470. Ejus natura, 1098. In mortalitas, 778. Ignis, ignea, liquida, et elementum cur et quo sensu ci atur, 140 *seqq.* Anima 'spiritualis cœpis inferni qui torquetur, 145, 470. Animæ æternum supplicium, 565. Igne torquetur, 481. Anima germana, soror carnis, 475. Animas ob peccata in corpora humana dejectas esse, e ror est, 552. Animam hominis qui corpoream crediderint, 145 Animæ sanctorum sub altari quo sensu requiescere dicuntur, 961. Animæ piorum detineri post obitum in sinu Abrahæ, quibam docuerint, 562. Animæ sanctæ post obitum, si nihil purgandum habeant, statim ad cœlum evolant, et Dei visione fruuntur, 562, 56, 961, 1006, 1053. Anima ru a nullum sanctius templum, 960 *scq.* An'ma in columbæ specie e corpore egressa, 955. Animæ naturaliter Christianæ testimonium de Deo uno, 419. Animæ forma feminea efficiæ, 955.
Animæ colorum viventes, 658.
Animalia ex ovo nasci quid sit, 544.
Animosa fides, 661.
Animus a vitiis purgandus, 855 *seqq.*
Anneus Cornutus, 559.
Anneus Florus, 197.
Annibal a Romæ mœnibus repulsus, 821.
Anniorum familia, 745.
Annuli Christiani rum quibus symbolis'insigniti, 271, 883.
Annulus fidem significat, 885.
Annuntiatio dominica, 677.
Ansaldi Carolus Augustinus, 16, 52, 40. Prudentium laudat, 215. Libros contra Symmach um Italice reddidit, 99, 689. Notatur, *ibi l.*
Ansaldus castus Innocens, 1128. Notatur, 259.
Anser pervigil, 825.
Anterior, 505.
Antichristus, sanguinis charybdis, 505.
Antidicomarianitæ hæretici, 596.
Antinous consecratus, 722 *seq.* Novum sidus. confictum, *ibid.*
Antiochiæ nomen Christianorum cœpit, 985.
Antiochus, 120, 812.
Antipater Thessalonicensis, 255.
Antiphona o correpto, 181.
Antiquitatis ecclesiasticæ plura monumenta perierunt, 118.
Antiquitatis studiosus Prudentius, 191, 205.
Antiquitatum Romanarum et Christianarum scriptores passim Prudentium celebrant, 217.
An ominus martyr, 255.
Antonius (S.), 253.
Antonius Nicolaus, 11 *seq.*, 15, 19 *seqq.*, 25, 25, 36, 39, 44, 48, 56, 65, 75, 151, 159, 225. Notatus, 85.
Anub's, 804, 1089.

Apathos prima brevi, 484.
Apella quasi sine pelle, 484.
Apellare Cæsarem vel ad Cæsarem, 1153.
Apelles acer, 767.
Apes non indulgere concubitu an verum si, 265.
Aphidnæ, 811.
Apices pro summo honore, 501.
Apicius, 282, 361.
Apocalypsis, I, 576; 1 et xx, 504; II, 156; III, 612; III, xx, xxxi, 981; iv, v, 688; vi, 588, 961, 1113; vii, 971; xii. 656; xvii, 305; xxi, 338, 637, 913, 935.
Apocalypsis, sive revelatio S. Joannis, 688.
Apodemius martyr, 979 seq.
Apollo, 804. Pascens pecus, 1082. Sol, 725.
Apollodorus, 699, 811, 1159.
Apollodorus architectus, 1257.
Apollonius, 792.
Apologiæ nimis frequentes, 28. Apologia pro Romanis pontificibus sæc. iv contra Ammialum, 1224.
Apostoli et martyres olim præcipue colebantur, 232.
Apostoli messores Domini, 281. Eorum numerus designatus, 672 seq. Ia duodecim lapidibus Jordanis, 311.
Apostoli Pauli Epistolæ *ad Coloss.* i, 409, 512; iii, 535.
I ad Corinth. i, 1118; ii, 1117; iv, 277; vii, 418; x, 284, 353; xi, 267, 1251; xii, 906; xv, 651; xiv, 280, 1120; xv, 268, 576, 778, 1048 seq. *II ad Corinth.* iii, 433; iv, 996; vi, 880. *Ad Ephes.* i, 419; ii, 557, 637, 680; iv, 632; vi, 115; ix, 113. *Ad Galat.* ii, 1121; iv, 724; v, 550, 1111. *Ad Hebr.* 1, 921, 1107; xi, 1021; xii, 646 *Ad Philipp.* ii, 223, 1195; ii, 505. *Ad Roman.* i, 1156; ii, 577; v, 490; vii, 258; viii, 559, 1207; ix, 400; xi, 433. *I ad Thessal.* iv, 523; xiii, 2, 5, 705 seq.; xiv, 1256. *II ad Thessal.* ii, 319. *I ad Timoth.* vi, 519. *II ad Timoth.* i, 1195; ii, 9 5.
Apotheosis, vera significatio, 402. Apotheosis liber quo pacto inscribendus, 595. Ipsius argumentum, 597.
Apotheosis Christi, 432, 493. Ethnicorum, 432.
Appendix Belgica Indicis Romani, 155.
Appia via, 1184.
Apricus unde dictum, 531.
Aptare, 761.
Apuleius, 567, 524, 627, 637, 852 seq., 930, 931, 992, 1149, 1165, 1170, 1215.
Aqua intercus, 696.
Aqua interdici quid sit, 115.
Aquæ lustralis origo, 1195. Cur in sacratioribus hebdomadæ majoris diebus ea non adhibetur, *ibid.*
Aquai pro *aquæ,* 465 seq.
Aquarium vas, 680.
Aquila armiger Jovis, 702. Eburnea, 1077. Numen Victoriæ, 770. Rapiens Ganymedem, 1087.
Aquilones sævi, 460.
Ara, vide cespes, cespititia. Ara Victoriæ, 36, 48. Aræ in templis, 104. Aræ et altaris discrimen, 326, 1068, 1180.
Arato secunda brevi, 195.
Arator, 87 seq., 192, 193, 259, 522, 565, 462, 615, 815, 1189 seq. Imitator Prudentii, 760.
Aratus, 699.
Arbiter, *vide* Petronius.
Arbitror, verbum consideratissimum, 1187.
Arbor aliqua in singulis agris sacra, 835. Vi fata, 1094.
Arbores terminales, 835. Villatæ, coronatæ, lucernis illuminatæ, *ibid. seq.*
Arca, 894-899. Arcarii, *ibid. seq.* Arca illata templo a Salomone, 654. A Jeremia sepulta, an in triumpho a Tito portata, ejusque arcui insculpta, 654, 1254. Arca Ecclesiæ, arcanum cœlestis domus, 900. Arca Noe, 667.
Arcanicus, Arcadius, 705 seq.
Arcadius, 761 seq., 867.
Arcarii, *vide* Arca.
Archidiaconus, *vide* Diaconus.
Archigallus, 807.
Archippus, 1086.
Arcta lex, 525.
Arctis Titi, vide Titus.
Arelas, 964, 968.
Ἄρες ἄρες dicunt poetæ Græci, 185.
Aretas, 305.
Arevalus Joannes, 41.
Argelatus Philippus, 100.
Argensola Barthol. Leonardo notatus, 888, 1058 seq. Vide Leonardo.
Argi, 804.
Argos navis, 706 seq.
Argumenta librorum Prudentii ab ipso exposita, 251 seq.
Argumenti negantis imbecillitas, 1083, 1156, 1143, 1202.
Ariadne, Ariadnes corona, 709.
Ariani, 570.
Arias, Hispanus antiquus, 888.

Arias Montanus Benedictus, 1181
Aridus liquor de calce, 1210.
Aringhus Paulus, 140, 214.
Aristarchus Homeri esse negabat versum, quem non probabat, 190.
Aristenætus, 963.
Aristo chirurgus, 1139. Chius, 599.
Aristoteles, 912. Nervosus, 421.
Arius, *vide* Arrius.
Arizzi, 905.
Armarium, 436.
Armenorum fabula de lumine divinitus accenso, 128.
Armiger, 448.
— Arnobius, 291, 339, 349, 403, 403, 502, 512, 528, 582, 609, 614, 696, 701, 707 seq., 760, 765, 787 seq., 795, 807, 846, 848, 866, 873, 882, 916, 948, 990, 996, 998 seq., 1066, 1078, 1080, 1084 seq., 1091, 1095 seq., 1101, 1114, 1134, 1141, 1198.
Arnulphus imitator Prudentii, 217, 455, 1156.
Aromata in funeribus, 136. Aromata Persica, 1099.
Aroma in singulari, 1220.
Arrius, 633. Penultima correpta, 176, 181, 185 *eq.*
Arteaga Stephanus, 418.
Arthrisis, *arthresis,* 1109 seq.
Aritius, 581, 626.
Ars Patris, Dei, quo sensu, 696.
Artus a matre calidi, 609.
Arula, 204, vox Ciceronis.
Arundo Parthica, 540.
Arvina, 311.
Aræ ab arcu, 449 seq.; Aulæ, 290. Imperium, 899 seq.
Arx ætheris, 642. Arx vel arcus, 811 seq.
Asbes'ina sindon nuper reperta, 1037.
Ascendere in crucem, 1121.
Ascia, 1100.
Asclepiadeus versus, 198. Ejus inventor Asclepiades, non Æsculapius, sive Asclepios, *ibid.* Asclepiades penultima producta, 176, 185. Asclepiades præfectus, 1087.
Asconius Pedianus, 559, 484.
Asia, Asia minor, 807.
Asino stultitia indicatur, 671.
Aspasius, 1219.
Aspicere, in Deo misereri est, 310 seq.
Asspirat o sæpe addita, sæpe detracta, 609.
Assemanus Jos. Simonius, 687.
Asserere Deum, 1151.
Assertor divum, Dei, 754.
Assimulatus, vel *assimilatus Dens,* vel *deis,* 725.
Assuescit pro *consuefacit,* 463, 74.
Assumere hominem de Verbo, 469, 783.
Assur principis victoria, 554.
Asterie, 701.
Astræa virgo, 592.
Astrorum nomina, 457 seq.
Asturius, 968.
Asylum, 714.
Athanasius (S.), 308, 501, 1085. Athanasianum symbolum, 141.
Athenæ, 819 seq.
Athenæus, 1087.
Athenagoras, 569, 722, 1104.
Athenienses Victoriam involucrem repræsentabant, 764.
Atheus a brevi, 484.
Athletæ, 1001. Oleo inungebantur, 974. Athletarum ludus, 867. Licentia, 1082.
Atlas, 705.
Atomi prima brevi, 484. Prima rerum principia ο sententia Epicureorum, *ibid.*
Atqui, atquin, 559.
Attica copia, 456.
Atticum mel, 291.
Attilius Serranus, 1077.
Attis, Atys, 769.
Atto, 638.
Atys, *vide* Attis, Gallus.
Au in o sæpe a veteribus commutatum, 572, 746.
Auctio, actio fallax, 669.
Auctoritas Prudentii, et æqualium quanti habenda, 181.
Aud, haul pro *aut,* 554.
Audientia pro *auditu*, 204, 1145.
Auditus concretus, 434.
Augurius, *vide* Fructuosus.
Auguro, auguror, 500.
Augustalis lector Fructuosi, 1032.
Augusti omnes imperatores dicti, 899.
Augustinus (S.), 51, 108 seq., 116, 152, 158 seq., 147 seq., 147, 156 seq., 166, 238, 246 seq., 219, 257, 280 seq., 318, 541, 588, 595, 404, 451, 434, 431, 459, 469, 478, 480,

INDEX RERUM ET NOMINUM.

505, 505, 550, 512, 552, 554, 578, 662, 710, 825, 875 *seq.*, 895, 916, 920, 925, 1001 *seq.*, 1030, 1095, 1189, 1193, 1202, 1210, 1255. Cur scripsit libros de Civitate Dei, 821. Non docu t philosophorum virtutes esse vitia, 725. Ejus confessio peccatorum diversa a confessione Prudentii, 8.
Augustinus Antonius, 1139.
Augustinus Eugubinus, 489.
Augustus, 1083. Imperator, 799. Ejus tituli, *ibid.* Forum construxit, 717. Aram et statuam Victoriæ in curia Julia collocavit, 693, 764. Deus consecratus, ab eo mensis Augustus, 720. An reddiderit oracula, 722. Ejus epistolæ fragmentum, 661.
Augustus in *angustus* mutatum, 705.
Aula pro templo et ædificiis sacris, 599, 830.
Aulæa, 1010.
Aulisius Dominicus, 1059.
Auloles, Autoles, Autololes, 854 *seq.*
Auræ populares, 777.
Aurarii dicti ab aura, qui favebant, 237.
Aurea ætas non eodem felicitatis genere a poetis descripta, 700.
Aurelianus primus donavit oracia, quibus populus uteretur ad favorem, 237.
Aureliorum familia, 23 *seq.*
Aurel us et Valerius au nomen ejusdem famiæ, 19.
Aureo humo piscari, 755.
Aureolus, 489.
Auri *fragmenta*, *ramenta*, 627.
Aurora, 246.
Aurulentus, 204, 1198.
Aurus pro *aureo*, 781.
Aurum ven*e*num glor æ, 905. *Vide* Avaritia.
Ausonius, 55, 156, 185, 188 *seq*., 193 *seq.*, 199. 226, 254, 298, 527, 558, 504, 606, 678, 755 *seq.*, 775, 854, 857, 954 *seq.*, 988, 1055 *seq.*, 1057, 1186, 1225. Sæpius spondæum secundo loco iambici dimetri admisit, 185. Ejus epigramma de Hispali, non de Emerita, 957.
Auspicia consulatus, 1076 *seq.*
Autpertus, *vide* Amb osius.
Auxilius grammaticus, 194.
Avari, 908 *seq*
Avariliæ objecta ecclesiasticis, 651. Lupo comparata, 628. Mendax Bellona, 636. Avaritiæ descriptio, 627. Comitatus, 628.
Aves et pisces eodem loco a Christianis veteribus habiti, 146 *seq.*
Aves *oscines*, *alites*, 815.
Avienus, 775, 875.
Avitus Alcimus, 26, 117, 161, 179, 206, 250, 289, 295, 506, 408, 411, 430, 442, 515, 517, 521, 525, 555, 581, 590. Imitator Prudentium, 217, 525, 465, 478, 625.
Azara Joseph Nicolaus, 96.
Azyma y correpto, 178, 181.
Azymi panes ex similagine, saccharo, lacte, ovis, 453.

B

Babylon, 811. Babylonica captivitas, 555.
Baccæ, *baccæ*, *bacchæ*, 281 *seq*.
Bacchica Nisi, 754.
Bacchinius Benedictus, 808.
Bacchus, 707 *seq.*, 754, 804. Juvenis, 1091.
Bactra ultima, 456.
B etriani sagittis caput coronabant, 338.
Budit Hispaniæ, 917.
Bælis, 957 *seq*.
Bæturia, 957.
Bage, 582.
Bahal coctile, 432.
Baii damnatæ theses, 725.
Baillet Hadrianus, 217.
Balæna, 520. An illi sint dentes, 1233.
Balbus Joannes, 26.
Balduinus Benedictus, 287, 444.
Ballerinii fratres, 567, 1232.
Balneorum nomina baptisterio attributa, 599.
Balthus, 442, 721.
Bandinius Angelus Maria, 70, 162, 680, 726. Rejicitur, 741.
Bandurius Anselmus, 1104.
Bañerus, 699.
Baptismus, *baptisma*, *baptisterium*, *baptizo*, 163, 598 *seq.*, 620. Baptismi conferendi tempus, 270. Baptismus *gratia Christi* dictus, 477, 1049, 1234 *seq*. Baptismus per immersionem et aspersionem, 507. Baptismus sanguinis, 1042. Baptismus Christi, 679. Baptismus Joannis a Baptismo Christi diversus, et quo sensu peccata remiserit, 517.
Baptisterii nomina diversa, 599. Baptisteria Christianorum, 1030. Virorum et feminarum separata, 507. Baptisterium Romæ an olim multiplex, 1196. Lateranum, 751. Quod laudat Prudentius, ubinam fuerit, 1047 *seq*. Baptis eriis suppositæ reliquiæ, 1048.
Baptizandi an penitus nudi aquæ immergerentur, 507.
Baptizari pro mortuis, 1048.
Bararas, Barulus martyr, 1421.
Barbam radere et alere, 1206.
Barcinon, Barchinon, 967.
Bardaici, Bardi, Bardus, 450.
Barnabæ Epistola, 167.
Baronius Cæsar, 51, 216, 459. Notatus, 128, 746, 1030.
Barrus, 450.
Barthius Gaspar, 1, 26, 29, 3, 49 *seg*, 51 *seq.*, 75. Notatus, 161, 185, 192, 197, 28, 291, 587, 678, 765, 788, 924, 985, 1021, 1208, 1210, 1217, 1229. Ejus fides in allegandis mss. an fluxa, 73, 175.
Bartolaccius Vincentius, 735.
Bartholus Petrus, Sancies, 284.
Baruffaldi Hieronymus, 89, 1219.
Basilica S. Pauli, 1198. S. Petri, 1194 *eq*.
Basilicarum appellatio, 599.
Basilii Porphyrogeniti Menologium, 414.
Basilius (S.), 274, 517, 407, 451, 859.
Basnagius Samuel notatus, 575.
Ba-sorum familia, 747 *seq*. B ssula, 748.
Batavorum laboriosa ingenia, 99.
Bayer Franciscus, Perez, 888. Male *Patris* nomine citatus, 85.
Baylius Petrus, 11, 15, 17, 44, 105. Notatus, 140 *seq.*, 148, 152, 772, 778. Ejus oppugnatores de Manichæis, 148.
Beatitudo æterna quando conferatur, 155.
Beberius Henricus, 216.
Becmanus Christian s, 29, 77, 177, 181, 216.
Beda, 23, 25, 31, 196, 199, 207, 578, 587, 684, 1000, 1031, 1225.
Belia pro *Belial*, 646. Duabus primis productis, 639.
Beliade synæres facta, 509, 515.
Bellarminus, 116, 156, 162.
Bellicia Modesta vestalis, 951.
Bellona, 610. Ejus sacerdotes, 1154 *seq.*
Bellonius Petrus, 680.
Belzebul, Beelzibul, 1004.
Bembus, 1051. Notatus, 528, 687.
Benedictus XIV, 120, 233.
Benedictus (S.), 147.
Reneficia ii apparitores, milites, 1027.
Bergius M., 543.
Bergomensis Philippus, 44.
Bernardus (S.), 504, 510, 687. Imitator Prudentii, 438.
Be nardus Eduardus, 72, 107.
Bernardus Lucensis, 27.
Beroinius, 388.
Berthaldus Petrus, 326, 988. Notatus, 1068.
Bertius Joan. Laurentius, 150, 268, 619.
Beryllus, 639, 614. *E brevi*, 176, 182 *seq.*, 188, 659 *seq*.
Besse'ius Fridericus, 464. Notatus, 1080.
Bestiarum morientium morsus mortiferi, 1066. Bestiis Christiani objecti, 880.
Bethleem, Bethlém, caput orbis, 675. Prima correpta, 584.
Beza refellitur, 419.
Biblia Moguntina an his edita, 491.
Bibliotheca pro Bibliis sacris, 522.
Bibliotheca Hispana sub S. P. *Peregrini* nomine an habeat auctorem Andream Scottum, 44.
Bibliotheca Patrum, 92, 139.
Bibliotheca Alexandrina, *vide* Bibl. Rom. Sapientiæ, Angelica, 58, 81, 86 *seqq.*, 90. Anglicana, 69, 72. Barberina, 80 *seq.*, 219. Bernensis, 1161, Bodleiana, 69, 75, 90, 95. Bustidiana, 76. Cantabrigiensis, 72. Casanatensis, 81. Ejus index notatur, 84, 97. Casinensis, 69. Colbertina, 70. Collegii Romani, 57, 81, 87, 178, 1161. Dublinensis, 70, 75. Ducis Althemps, 66 *seq*. Dunelmensis, 71. Etoracensis, 72. Eduardi Bernardi, 72. Florentina Benedictinorum, 69. Gaddiana Florentina, 72. Gottoniana, 69. Henrici Jones, 72. Hibernæ bibliothecæ, 69, 72. Hispana, 870. Isaaci Vossii, 72. Laurentiana Florentina, 70 *seq.*, 162. Lipsiensis, 70. S. Martini de Seez, 70. Mediolanensis, 56, 69, 77. PP. Minimorum in monte Pincio, 90. Monasterii B. Mariæ de Becco, 70. Murbacensis, 70. Numburgana, 76. Patavina, 69. Parisiensis regia, 69 *seq.*, 73 *seqq.*, 88, D. N. PII VI, 90. Pragensis, 67 *seq*. Otthoboniana, 66-87, Oxoniensis, 75. Ratisbonensis, 57, 67 *seq*. Ricardiana Florentina, 72, 158. S. Salvatoris Bononiæ, 56. San-Germanensis, 70. Sapientiæ Romana, 81, 85 *seq.*, 90, 468, 471, 475. S. Silvestri, 64. Telleriana, 87. Thomæ Gale, 72. Thuana, 78. Vaticana, 56 *seqq.*, 175. Veneta S. Marci, 87. Viceocnsis, 67 *seqq*. S. Victoris Parisiensis, 70. Urbinas, 57.

Bibliothecarum ecclesiasticarum scriptores plurimum Prudentium commendant, 217.
Bifrontus, 204.
Bigotius Emericus, 77.
Bilis obliqua, 631.
Binghamus refellitur, 325, 528, 535.
Bipennis, 879.
Bipes e brevi, 194.
Bivar Franciscus notatus, 59, 228, 978, 1228.
Bivium vitæ, 837 seq. Virtutis et vitii, 560.
Bizanti. Vide Ph lipp i.
Blancbinus Franciscus, 808. Joseph not..tus, 182, 519, 889, 959, 960, 1176.
Blasphemare, blasphemus, 404. Blasphemium, 645. Blasphemus, secunda longa, 500.
Bobus ex bovibus, prima brevi, 185.
Bodiæ, 582.
Bodoniana, sive Parmensis typographia laudata, 6, 9 i.
Boethius, Boetius, 201, 608. Imitator Prudentii 624, 651.
Bogæ, boiæ, boigæ, 582.
Boghe apud Insubres, 582.
Boherius Joannes, 78.
Boia, 878. Antiquæ boiæ ectypum, ibid. Boia Italis carnifex, 582.
Boissardus, 831 seq.
Boldetius Marc. Ant., 107, 217, 1163.
Bollandiani, 27. Plures Prudentii hym os illus ratos ediderunt, 97. Notati, 923, 1060.
Bombycinæ vestes, 522.
Bona card., 217, 456.
Bona vel mala quænam dicantur a Prudentio, 250.
Bonifierius Jac., 279, 519.
Bongarsius Jacobus, 76.
Boni et mali qui dicuntur, 228.
Bonorum operum utilitas, 1098.
Booz, 560.
Bordeau, Gallice un le dictum, 709.
Borgia em. card. Stephanus, 13, 183, 535, 574, 68, 878, 1189, 1199.
Boria Dominicus Ignatius notatus, 935 seq
Bornerus Gas, ar, 76, 212.
Boreæ algida ætas, 658.
Borschius Olaus e Andreas, 207.
Bos et asi us an præsepi Domini astiterint, 573.
Boschius Joan. Carolus card., 178.
Bosius, 284.
Bosphoreum jugum, 236.
Bossuet Jacobus Benignus Prudentium ad usum Delphini edi suasit, 214.
Botryon, 556.
Boves castrati, 720. Immolandi coronabantur, 1151.
Brabium, bravium, brabeum, 1022.
Brachia vitibus attributa, 690.
Bracteolæ, bra teolæ, 617. Bractealis, 204.
Braschellensis Joan. Maria, 158, 1189.
Braulio, 107.
Brennus Gallus, 812.
Breviarium Cæsaraugustanum, 54, 972. Isidorianum, 54, 137. An e pensis cardinalis Ximenez editum, 82. Romanum, 235, 251, 253, 515.
Briett Brienus Philippus, 47, 217.
Brisonius Barnabas, 117, 245, 282, 1022.
Brito Guilielmus, 187.
Britanni eruditi notantur, 1251.
Brocardus, 575.
Bronfius, vide Bacchus.
Brosseus, 731.
Broverius Matthæus, 1182.
Brower Christophorus, 216, 414.
Bruchus, 517.
Brugensis Franciscus, 117, 672.
Bruno Coloniensis antistes omnibus suis ecclesiis carmina Prudentii donavit, 209.
Bruti fasces, 747.
Brutum scitum, 989.
Bubulus sanguis, 1149.
Buchnerus Augustus interpres Prudentii, 93. Notatus, 336.
Bucula, 881.
Bulengerus, 445.
Buonarrotius, 533.
Burchardus, 575.
Burgus cur balnea calida Hispanis dicta, 162.
Burghesiani horti, 1150.
Burmannus Petrus junior, 221, 319. Notatus, 844.
Burriel Marcus Andreas, 84.
Bustinzuria Joseph, 526.
Bu tialis, bu tulis, vox Sidonii, 204.

Bustis Bernardinus de, 216.
Buxo plerumque scribebant veteres, 1053
Buxtorfius, 903.

C

Cabo Esparto, Cabo Espartel Hispanis quid, 423.
Cadahalso Hispanice, 880.
Cado vini corpus repræsentatum, quasi vino an uia exprimatur, 525, 558.
Cæcilianus martyr, 979 seq.
Cæcina, 762.
Cæcus qui visum recepit, 681.
Cælu Aurelianus, 994.
Cæremoniæ, cerimoniæ, 089.
Cæremoniale episcoporum, 935.
Cærula nox, 254.
Cæsar, 890.
Cæsaraugusta, 970 seqq. Fueritne patria Prudentii, 10 seqq. An Prudentii carmina Ibid. edita, 86. Aliæ editiones ibi factæ, ibid. An Cæsaraugustæ nati omnes martyres Cæsaraugustani, 974 seq.
Cæsarea Mauritaniæ, 966.
Cæsarius Arelatensis, 211, 250, 542. Imitator Prudentii, 294.
Cæsuræ vis in producenda vocali brevi, 187, 471. 693, 704, 732, 727, 767, 774 784, 792, 807 seq., 859, 1209.
Cagionevole Italice, 1259.
Cain, 493 seq. Cain et Abel, caro et anima, 667
Caiphæ domus, 684.
Ca us (S.), 982,
Caius presbyter, 1191.
Calabozo Hispanis, 803.
Calagurris an patria Prudentii, 10 seqq.; 20 seqq. An patria SS. Hemeterii et Celedonii, 887 seq. Ejus baptisterium, 1018. Calagurris Fibularia prope Oscam, 184. Nassica, quæ nunc Calahorra di itur, 888, 967.
Calamistrum, 627.
Calamitates, quæ accidebant, Christianis ab ethnicis objiciebantur, 821.
Calamus, 261.
Calathus, 262.
Calcare flores felicitatis genus, 294.
Calcatrix, calcator, 658.
Calce mera, 1033.
Calceamenta, calcamenta, 1072. Calce mentum tertia brevi, 176, 181.
Calculare, 900 seq.
Calerc exempla, 762.
Calendarium Romanum, 761, 1078
Calices olim ex qua materia, 983.
Caligulæ crudelitas, 949.
Calixti disputationes ad Prudentium, 95.
Callum de animo, 998.
Calmetus Augustinus, 240, 544, 833.
Calogerana opuscula, 599, 1219.
Calphurnianus præses, 948.
Calpurnius, 945.
Calpurnius Bassus, 725.
Calthum neutro genere, 292 seq.
Calumniæ Christianis objectæ, 247.
Calvi sacerdotes Isidis, 734.
Calvinus rejicitur, 118.
Camerarius Joachimus rejectus, 103, 910, 1063.
Camers Joannes, 420, 798.
Camillus, 827, 890.
Camœnæ, 259.
Campanus, Campania, 829, 1185.
Campus Romuleus, Martius, 712.
Camuri arcus, 1199.
Cancellierius Franciscus, 259, 243, 802, 878, 1048, 1201, 1240.
Cancri sidus, 458.
Candelæ in exsequiis, 554.
Candidati cur ita dicti, 745. Candidati martyres, 881, 971, 978, 1037, 1040.
Candidulus grex, 270.
Candidus, 294, 1184.
Canes femineo genere, 855. Canis convivium de sal latibus proprie, 993. Cane milite pejor, 423. Cane pejus: canes furiæ, 993. Canes a Gothis in aciem ducti, i id.
Cangius Carolus, 673.
Canisius Henricus, 679.
Canisiris sepulcra comparata, 914.
Canities propria episcopi senioris, 1176 seq.
Canuæ, 813.
Canones apostolorum, 152.
Canopica regna, 946. Canopus, 1089.
Cantabra an fuerint labara, 740.

Cantamen, 204. Magicum, 1205. Vox Propertii et Apulei.
Castiferius, 1100.
Cantor tragicus, 513.
Cantus ecclesiasticus, 250.
Cantus galli in Evangeliis an sit clangor forensis buccinæ, 259.
Canus Melchior notatus, 116.
Capella Joannes, 980. Martianus, 195, 201, 250, 697, 859, 985.
Capella gnosia, 1119.
Caper cur Baccho cæditur, 708.
Capi de vestalibus, 859. Capiendi vestales formula, 859.
Capillorum ornatus antiquus, 603 *seq.*
Capitolia pro templis, 712, 716. *Capitolia* qui 1 sint, 445.
Duo Romæ, alia alibi, 856.
Capitolinus, 457, 755.
Capitum divisio in carminibus Prudentii, 402.
Capta agna, 1188.
Captivi ante currum triumpha'em, 555.
Caput unicum religionis Christianæ, 815. Urbium, 1026.
Caput velare subjectionis signum in feminis, 267.
Cara Hispanice unde, 1150.
Caracalla, 1205.
Carcer, 878, 1002. *Carceralis, carcereus*, 201, 1004.
Carceris antrum, 802. Tenebræ, 1027. Carcerem læti adibant martyres, 1027.
Cardinalium tituli, 1012.
Cardo, 226.
Cardulus Fulvius, 1103. Notatus, *ibid.*
Carices, carectum, 1013.
Cariosa ve ustas, 361.
Carmen exsequiale, 359.
Carnaliter, carnalis, 204, 449.
Carneus, vox S. Augustini, 681.
Carnifices extra urbem habitabant, 879. Pasti carnibus, 992.
Carnium abstinentia, 145 *seqq.*
Carnulentus, 204, 1099.
Caro soror animæ, 499.
Carolus Calvus, 1160.
Carolus III, rex Hispan., 267.
Carpentum, 865.
Carpocrates hæreticus, 596.
Carræ, 814.
Carrillo Martinus, 10, 16.
Cartabon Hispanis, 656.
Carthagines diversæ, 964.
Casalius, 234.
C saubonus Isaacus, 177, 189.
Casperius, 245.
Cassander Georgius, 282.
Cassianus, 28, 122, 145, 1050.
Cassianus martyr Cæsaraugust., 979.
Cassianus martyr Forocornelensis, 1050 *seqq.* Non fuit episcopus, *ibid.* Ejus pictura vetus, 1051 *seq.*
Cassianus martyr Tingitanus, 919.
Cassiodorius, 14, 528, 725, 751, 746. Notatus, 826. Ejus nomina, 25.
Castalio Joseph, 175.
Castaniza Joannes, 578.
Castellanus Petrus, 147.
Castihanismus Romanæ linguæ similis, 929.
Castilla Franc., 929.
Castor et Pollux, 701, 713, 717.
Castrensis porta, 615.
Cat cumba, 1164. *Vide* Cœmeteria.
Catafalco Italice, 880.
Cata'ogus testium veritatis, 26, 216.
Catalogus verborum rariorum Prudentii cum aliis verbis Latinis ex editione Giselini, 204.
Catamitus, Cathamitus, Catamintus, 702.
Cataracta, 1156.
Catasta, 879 *seq.*, 920, 1028. 1107.
Catena cur quidam dictus, 914.
Catenæ martyrum, 874.
Cathedra Petri, 1164. Cathedræ descriptio, 1186.
Cathemerinon inscriptio unde petita, 234
Catholicæ Ecclesiæ appellatio Prudentio, Hispanisque multum debet, 170 *seqq.* Catholici regis regnique cognomen jure Hispanis datum, 172. Catholicum nomen Theodosii lege impositum, 171. Catholicum templum, 598.
Catilina, 745 *seq.*
Cato, 249, 1185. Catones, 923. Catonum concilium, 745.
Catomo, cathomo suspendi, cædi, *catomidiare*, 858, 1125.
Catullus, 144, 187 *seq.*, 235, 251, 708 *seq.*, 756, 758, 763, 936, 951, 966, 991, 1014, 1059.
Caucasea de cote, 441.
Cauchius Joannes, 78. Notatus, 800.

Caula, Græce aula, 1188.
Causæ pro mo bis, *causaria militio*, 875.
Cauter, cauterium, 1001, 1009.
Cavalieri Jos. Ant. hymn.m S. Cassiani vertit Italice, 100. Notatur, *ibid.*
Cavalletto it hee, 1075.
Cavallus Ludovicus notatus, 279, 584, 803. Ejus observationes mss. in hymnos Breviarii Romani confutantur, 178 *seq.*
Cave e brevi, 191.
Cavea, 1051.
Cavernis ruptis, 1003.
Caveus Guil. notatus, 152 *scq.*
Cavillum nimicum, 914.
Carus, 990. Pro inani, 484.
Cedo, da, 1047.
Ce Iherius Remigius, 217. Notatus, 224.
Celedonius martyr, 870 *seq.*, 1187.
Cella illustris, senatus, 719.
Ce larius Christophorus, 20, 205. Interpres Prudentii, 95. Prudentium laudat, 214. Notatus, 83, 95, 180 *eq.*, 186, 194, 215, 240, 296, 507, 565, 588, 590, 426, 467, 595, 612, 666, 690, 696, 792, 789, 850, 872 *seq.*, 855 *seq.*, 900, 919 *seq.*, 945, 996, 1008, 1011, 1021. 1025, 1055, 1059, 1060, 1069, 1092, 1126, 1157 *seq.*, 1152, 1167, 1181, 1185, 1201, 1224.
Celsus, 1156.
Celte an in veteri inscriptione exstet 1057.
Cemno Italice, 1155.
Censibus hastæ addictis, 664.
Censorinus, 800, 1095.
Censura, severitas, 915.
Centumcellus indecl., 185.
Centuplex, centiplex, 328. *Centuplicat* s, vox Fulgentii Mythologi, 204.
Centuriatores Magdeburgenses notati, 111 *seqq.*
Cepo Hispanice, 1003.
Cepillo Hispanice, 1100.
Cera in femore statuarum affixa vota, 715.
Cerauna, 628.
Cercopithecus, 859.
Cerda Jo. Lud., 180, 1094.
Cere, nunc *Ceri*, Ceretanus ager, 789.
Ceres, 812, 845. Quærens Proserpinam, 1087.
Cereus paschalis, 121 *seqq.*, 129, 285. Thus ipsi*induum*, 285. Cereorum usus, 896. Cereæ candelæ in templis, 104, 118 *seqq.* Cerei neophytorum, 282 *seq.* Cerei olentes, 285. Cerei picti, 129. Cereos cur gestent recens baptizati, 465.
Cerinthus hæreticus, 596.
Cernere, 358, 785.
Cernuare, 728.
Cesaria prima correpta, 184.
Cespes quid sit, 263, 988. Gramen campus, 1191. Cespititia ara, 418, 989, 1081 *seq.* Cespititium tribunal in castris, 618 *seq.*
Cete, quod Jonam devoravit, 320.
Cethecus, 852.
Cethegus, 745.
Chalcedon gemma, 650, 664. Postrema brevi, 176, 188.
Cha cidius, 580, 955.
Chamillardus Stephanus auctor editionis ad usum Delphini, 4, 6, 16, 58, 92. Prudentium laudat, 214. Ejus editio ad trutinam revocatur, 94 *seq.*, 214, 224. Notatur, 80, 161, 177, 180, 194, 199, 228, 240, 248, 287, 274, 297, 500, 510, 541, 545, 565, 597, 407, 410, 420, 424, 455, 455, 467, 474, 485, 506, 555 *seq.*, 595, 597, 601, 650, 659, 646, 649, 685, 691, 758, 775, 837, 850, 865, 875, 885, 895, 908, 944, 957, 971 *seq.*, 994, 996 *seqq.*, 1008, 1012 *seq.*, 1022, 1027, 1051, 1053. 1044, 1047, 1064, 1077, 1097, 1126, 1165, 1185, 1189, 1195, 1204, 1212, 1220, 1258.
Chananeus, 531.
Chao ant rior, antiquior, 775. Chao æternæ noctis, 544.
Charax re, 1114 *seq.*
Charcarias pis is, 520.
Chari substantive, 1176.
Charisma, 1 producta, 176, 182, 597, 856.
Charon, 751.
Chaufepie Jacobus Georgius, 148.
Chelydri colubri, racemi, 708.
Chelys, 457.
Chemnitius rejectus, 956.
Chersonesus, 1257.
Cherubim et Seraphim, 274. An sit error dicere, *Qui sedes super Cherubim et Seraphim*, 275.
Chiesa Peregrina, 62, 1169.
Childebertus, 975. Toletanæ Ecclesiæ thesaurum expilavit, 155.
Chionia martyr, 965.

Chirographum, 886
Chiron centaurus, 700.
Chirotheca ferrea, 1169.
Chirurgi periphrasis, 1139. Chirurgus jam olim a medico distinctus, *ibid*.
Olivea e brevi, 188.
Choriambicus versus, 198.
Choulius, 1079.
Chrisma, 297, 307. Chrismatis donum, 686.
Christiana religio sanguine martyrum crevit, 753.
Christiani secundi Israelis posteri, 877. Fratres vocati, 896. Olim lavacrum frequentabant, 253. Grex candidulus, 269 *seq*. Pro fide mori desiderabant, 915. Qua ratione calumnias depellerent, 247. Excedere sacris gentilium jubebantur, 447. Cur interdum militiam abjicerent, 875. Filios ethnicorum docebant, 1033. Bona Ecclesiae offerebant, sed liberos non exhaeredabant, 896 *seq*. Liberos Deo offerebant, 931. Ob id dignitates evecti an ad aedes apostolorum rite accurrere consueverint, 747. An omnes olim voverint paupertatem, 893.
Christiani veteres. *Vide* Preces, Stationes, Cantus ecclesiasticus, Jejunium, Cultus, Deus, Genuum inflexio.
Christianis scelera impii ethnici objiciebant, 894 *seq*. Quod imperitos, et muliercula ad se pellicerent, 1029, 1070. Bella et calamitates, 821. Quod idola despuerent, 750. Eorum defensio, *ibid*. Cur ipsis ethnici objiciebant nullas illos aras et templa habere, 599. Impietas ipsis objecta, 1102.
Christianorum nomen, 985. Multitudo ante Diocletianum, 927. Bona opera, 105. Mos invocandi Deum ad singulas actiones, 333. Nocturni congressus, 893 *seq*. Studium in colligendis, comportendis et conservandis reliquiis martyrum, 1025, 1176 *seq*. Pietas in sepeliendis mortuis, 356, 1019. *Christianos ad leonem, ad bestias*, gentilium acclamatio, 880.
Christianus nomen, *catholicus* cognomen, 171.
Christina regina, 221.
Christus Deus in veteribus inscriptionibus, 799. Filius Dei, 101. Filius Patris naturalis, non adoptivus, 504. Christus Verbum per prolepsim, 279, 483, 526. An assumpserit hominem, 486. Splendor paternae gloriae, 921. Lux et aurum, 906. Secundus et novus homo, 268. Factus nobis justitia quo sensu, 416. Columba a Prudentio dictus, 271. Lapis angularis, 657, 680, 1237. Piscis stabilis, 284. Ambulans per mare, 682, 1017. Quo tempore resurrexit, 211. Ad inferos vere descendit, an ad omnia inferorum loca, etiam ubi torquentur damnati, 274, 343.
Christi duae naturae, 103. Progenitores a S. Josepho ad Adamum septuaginta quinque, 487. Regnum perpetuum, 424. Laus utrumque an perforatum, 345. *Christi* nomine Verbum intelligit Prudentius, 322. Christi monogramma, 741. In vexillis, 823. Ejus miracula, 538, 460. Christi nomina hymno veteri comprehensa, 186.
Christo myrrhatum vinum oblatum, 1029.
Christum induisse corpus an sit dicendum, 370. Media nocte ad homines judicandos esse venturum, olim credebant Christiani, 126, 241.
Chrysogonus martyr, 963.
Chrysolithus, 659, 664.
Chrysoprasus, chrysoprasis, 183, 664. Quae quantitas syllabarum hujus vocis, 660.
Chrysostomus S. Joannes, 127, 157, 259, 317, 465, 521, 550, 601, 887, 950, 1074, 1107, 1116, 1122, 1145 *seq*.
Chytreus David, 217.
Ciampinius Joann., 1037.
Cibus nullus Christianis vetitus, 146.
Cicero, 2, 29, 154, 145, 190, 228, 251 *seq*., 257, 267, 277, 296, 299, 301, 338, 351, 368, 523, 566, 580, 597, 702, 756, 764, 778, 786, 794, 847, 901, 915. 927, 950, 955, 904, 1027, 1057, 1064, 1090 *seq*., 1103, 1122, 1124, 1140, 1143, 1163, 1182, 1187.
Cicero Romam liberat, 743. Ciceroni Symmachus comparatus, 755.
Cicero Quintus, 193.
Cielo de la boca Hispanice palatum, 1143.
Ciere, 4, 7.
Cincius, 793.
Cinctus gabinus, 1150 *seq*.
Cineres corporum ab aliis cineribus qua ratione olim separati, 1036 *seq*.
Cingulum militiae, 875.
Cinis de corporibus etiam non combustis, 561.
Cinna, 963.
Cinnama rara, 295.
Cinus, 1152 *seq*.
Cippus, compes, 1005.
Circulatores, 1094.
Circumforanei eruditi, 1254.

Circuminsessio personarum, 367.
Citharoedae, 521.
Civitates quae martyrum quorumdam patrocinio gaudent, 106 *seqq*.
Civitatis coelestis descriptio, 636 *seq*.
Clang re re quavis ave 1015.
Clarissimi, 53 *seq*.
Clarius Daniel, 219.
Clarkius, 148.
Classenius Daniel, 119.
Claudia familia, vestalis, 931.
Claudianus, 234, 285, 293, 458, 443, 528, 697, 742, 764, 822 *seqq*., 826 *seq*., 829, 847, 876, 1027, 1036. An primus omnium praelationem carminibus affixerit, 236.
Claudianus Mamercus, 1232.
Claudius imperator, 567.
Claudius Marius Victor, 550.
Claudius Taurinensis, 208, 233
Claudorum tria genera, 902. Claudus, qui g essum recepit, 687.
Clava inter philosophorum insignia, 530. Clavae nodosae, 877.
Claverius Steph., 1213.
Clavi, 877.
Clemens (S.), 689.
Clemens Alexandrinus, 148, 166, 170, 259, 271, 376, 443, 536, 753.
Clementum familia, 19, 24.
Cleopatra, 625, 795.
Clepere, 656.
Clericus Joan. notatus, 105, 142, 145 *seq*., 156, 194, 230, 230, 367, 526.
Cliens, 918 *seq*.
Clinici, Clinice, 507, 421. Clinicus deus Aesculapius, *ibid*.
Cloacina dea, 811.
Clodius Hermogenianus Caesarius, 1150.
Clodus, Claudus, 687.
Cluo, 277 *seq*.
Coaevus, 388.
Coagulare, coagulum, 262, 371, 1231.
Coccum spectabile, 674.
Codex canonum Ecclesiae Hispaniae, 133, 148, 257, 1206, Justiniani, 738. *Vide* Justinianeus codex. Theodosianus. *Vide* Theodosianus codex. Perantiquus Ecclesiae Veliternae, 186, 556, 578.
Codex Veronensis officii Gothici, 123. Codices mss. Prudentii, 56 *seqq*. Quibus notis indicentur in commenta iis, 218 *seqq*. Vaticanorum characteres expressi, 59, 62
Coeli numero plurali, 918.
Coeli et terrae Filius, 699.
Coelitus, 381.
Coelum libro et aliis rebus comparatum, 1113. Septemplex, 313. *Coelum p o aere*, 724.
Coemeteria Romana, Neapolita a. 1164, 1178. Coemeterium, 555. *Vide* Crypta.
Coenarum luxus, 620.
Coenosus a coena et *coeno*, 593. Venter, 1171.
Cognitio judicii, 1170.
Cognomina quae scriptores ab exscriptorum liberalitate acceperunt, 47.
Cohaerare non est Prudentii verbum, 1137.
Coinquino, 302
Coire vulnera, 1138.
Colendi Deum ritus varii, 249 *seq*.
Colerus Christophorus, 57.
Collina porta, 821.
Collucis, colluces, 985.
Collumino, vox Apulei et Servii, 204.
Colobarsus haereticus, 536.
Colonia Dominicus, 1130.
Colores in nocte, 246.
Colossum, Colosseum, 781.
Coluber viridis, 269.
Columba symbolum animae, 323, 933. Saepe Christianos justos significat, 271. Aliquando sanctitate n Ecclesiae, *ibi* . An Christum significet, *ibid*. Columba in annulis Christianorum, 271. Columbae specie Spiritus sanctus apparens, 271. Columbae aureae et argenteae super lavacra et altaria, 271.
Columbanus, 474. Imitator Prudentii, 639 *seq*.
Columella, 676, 789, 847, 1089.
Columna ad quam flagellatus est Christus adhuc Romae exstat, et qua ratione id factum, 684. Columna Trajana, 1150 *seq*. Columnae alligari soliti, qui verberabantur. 684. Columnae lacteae, diaconi, 987. Columnae templum Caesaris augustanum, 59.
Colymbus, 1196. *Colymbades Olivae*, *ibid*.
Coure Bacchi et Apollinis, 1091.

Combefis Franciscus 168, 516.
Comes Natalis, 693.
Cometæ, 379.
Comicorum veterum licentia in metris, 195, 193.
Comitatus principis, 53.
Comitianus Andreas, 212.
Comminiscor, commentor, 1004.
Commodianus, 191.
Commodus imperator, 1154.
Communia multa justis et injustis, 853 seqq. Omnibus animantibus, 853.
Communicatio idiomatum, 403.
Communio sanguinis et patriæ specialis titulos cultus sanctorum, 1154 seq.
Communionis paschalis origo, 125.
Como Ignatius, 83. Notatus, 895, 905, 933.
Compacta, 552.
Comparativa pro superlativis, 584, 1006.
Comperpetum, 204, 427.
Competa, competum, 5 8, 852.
Complex, 204, 546.
Complutum, 968 seq. An sit *Alcala de Henares*, ibid, 1239.
Cenamen, 506.
Conceptio immaculata Deiparæ ex Prudentio, 115 seqq, 267.
Conciliabula, 464.
Concilium Aurelianense, 447. Barcinonense, 987, 1206. Bracarense I, 504, 514; II, 552. Cæsaraugustanum, 85). Carthaginense III, 859; IV, 903. Cojacense in Hispania, 1206. Constantinopolitanum IV, 596. Eliberitanum, 170. Ejus canon de picturis, 110. Laodicenum, 135. Lateranum III, 512. Nicænum II, 706. Siumiense, 452. Toletanum I, 122, 228, 276, 428. Quo anno celebratum, 228; IV, 252, 280, 469; XVI, 492. Toletanum sive Hispaniense, 276 Tridentinum, 28, 477.
Concinnus, 914 seq.
Concionandi mos vetus, 1183.
Conclave, 1007.
Concordiæ descriptio, 642.
Concreta coagula, 366.
Concursus ad martyrum sepulcra, 1011.
Condere vaginæ gladium, 513.
Con'essio, martyrium, 593.
Confessores quodam sensu martyres sunt, 253. *Confessores, confessio* secundum agon laudis, 982. Quando coepit cultus publicus confessorum, 252.
Confirmationis sacramentum, 507, 245, 447 seq., 619
Confœderare, 922.
Congerere vota, 295.
Conglutinare, 571.
Congreg. tim, 204, 522.
Congrex, vox Ausonii, Solini, Apulei, 204.
Congruus congrue, 577.
Conjux, conjunx, 729. *Conjugium terrestre, mortale,* 711.
Conjugis a jugis u producto, 566.
Connili in plagam, 602.
Connubia civibus Romanis cum barbaris olim vetita, postea permissa, 816 seqq.
Gonopeus e brevi, 618.
Conscius stimulos co. scientiæ indicat, 277.
Conscribillare, 1009.
Conservatores populi Romani mauus quotannis S. Laurentio offerunt, 932.
Consessus, 528, 732.
Consilii vel consilius melior, 791.
Conspicabilis, 204, 1120.
Consonas litteras veteres non implicabant, 499. Consonantes geminatæ, ut syllabæ breves producantur, 791.
Constantina versus, 57, 60, 71, 1224. Templum S. Agnetis construxit, 1224.
Constantinus imperator, 472. Ejus visio, 284. Signo crucis vicit, 738. Lumina in pervigilio Paschæ auxit, 127. Fecit basilicam S. Pauli, quæ destructa fuit, ut alia augustior fieret, 1178. *Ultor* dictus, 740. Non est is quem sæpe ut *principem* laudat Prudentius, 690 seq., 925. Ejus pietas, 1008. In templis ornandis, 152. Ejus lex cont, a gladiatores, 868. Victoria contra Maxentium, 739 seq. Idibus, 876. Arcus et inscriptio ex archetypo correcta, 740.
Constantius imperator arim Victoria evertit, 695, 697.
Constitutiones apostolicæ, 127, 254.
Consuescit, consuetudo, 465.
Consuetudines veteres variæ, 1186 seq.
Consulares, 54.
Consules Romæ, 798. Extra Romam, 54. Suffecti, 55 seq. Pullos pascebant, ut inde augurium caperent, 1076 seq. Pro annis, 1119.
Contactu, contagio, 432

Contelorius Felix, 895.
Contentiones stultæ, 102.
Conticinium, 255.
Contineo, et contino, 546.
Contractus, contactus frigore, 690.
Conus, 660, 1237.
Conventiculum, Ecclesia, 892.
Convertibilis, 428.
Corduba, 964.
Corinthus bimaris, Corinthium æs, 795.
Corippus, 428, 1130. Imitator Prudentii, 217, 615, 727, 757.
Cornelius Gallus, 1156. P. dr. 1179, 1193. Sæcularis, 895. Severus, 519.
Corniger Hesperidum, 816. *Corniger,* fluvii cur dicti, 816. Cornua fluminum, *i d.*
Cornix augur aquæ, 430.
Cornutus, 735.
Corona civica, 936. Ex hedera poetis tributa, 29. Martyrii, 983, 1214. Coronæ in sacrificiis, 1151. In cœlis, 911.
Corpus antrum, carcer, ergastulum, vas, vinculum animæ, 144, 255, 525, 552, 570, 670, 1010. Vas fictile, 996, 1006.
Corpus opus dextræ, animæ oris, 490. Corpori et animæ pœna constituta, 481. Corporis resurrectio, 779. Corpus peccatoris æternum puniendum, *ibid.* Corporis partes aliæ aliis diis consecratæ, 445. Corpora martyrum sub altari olim collocabantur; supra altare neque nunc quidem licet ea collocare, 960, 985, 1020.
Corporatis, 204, 1010.
Corradus, 860.
Corsinius Eduardus, 895.
Cortina, 442. *Regia,* 1012.
Corvinus, 812 seq.
Corvus Eliæ, 1013.
Corybantes, 806, 858, 1238. Corybantia æra, 1085.
Cos pro *caute,* rupe, 572, 441.
Cosmus Hierosolymitanus, 90. Monachus Ægyptius, 1053.
Cossus, 890.
Costadorus Anselmus, 899.
Costerus Abrahamus notatus, 117.
Cotelerius Joan. Bapt., 167.
Cotes, Cotæa, Cotia, Cotta, Cottes, Cottiæ, Alpes, Cottiana juga, cottus, 425, 954, 969.
Covarrubias Sebast., 929.
Constant Petrus, 417, 588.
Crapula, 277.
Crassa obstacula, 542.
Crassi clades, 814.
Crates tabiflua, 478. Crates pro costis, 954.
Craticula ferrea, 999 seq. S. Laurentii, 917, 1169 seq.
Creamen, 204, 506. Creatio mutidi, 101. Creatarum rerum corruptio, *ibid.* Cre tura nulla impeccabilis, 478.
Credere monitum, Deum, Christum, 454, 1124.
Credulitas, 431.
Crementius (S.), 982.
Cremera, 815.
Cremutius Cordus, 882.
Cremius Thomas, 117.
Crepida e brevi, 188.
Crepo, crepavi, 1129.
Crepundia, 944.
Creta, 804.
Crimina; an Prudentius a in hac voce produxerit, 173.
Crinis odorus, 954. Crines, comæ de vineis, 694. Crine concreto, 740. Crinita agmina, *ibid.* et 1168. Criniti agri, 816 seq.
Crinitus Petrus, 25, 72, 244. Reficitur, 757.
Criobolium, 1149 seq.
Criti, sacri, 614.
Crocodilus, crocoditis numen Ægypti, 859, 1089.
Cropus, grossus, 623.
Croina, 825.
Cruci mei, 204.
Cruciatuum quatuor præcipua genera, 1012. Cruciatus martyrum in ecclesia S. Stephani in monte Cœlio depicti, 1169.
Crucifixionis diversa genera, 1092.
Crudelitas deorum gentilium, 1154 seq. Gentilium in torquendis martyribus, 1138. Romanorum in ludis, 865.
Crumena, cruminula, 627.
Cruore perpeti, 540.
Crux Domini, 4. Significata per litteram T, 466. Virgæ Aaronis comparata, 662. Ligno securis incidenti significata, 291. Lignum venerabile, 623. In solo pingi non debet, 738. In titulum erecta, axa, 1012. In frontibus imperatorum, 740. Gemmata in vexillis, ex solido auro in

hastis, 737 seqq. Mu'tis expressa signis, 1119 seq. Coronata, seu circulo inclusa, seu cui corona erat imposita, 446. Crucis elogia, 444 seq. Adoratio, 105, 10), 508. Figura, 585. Potentia, 672, 737. Signum in cœlo, 577. Supplicium, 951, 1170. Crucis signum aliquando fuit pecudum salus, 508. Imago in præliis, 618. Signum in corde, fronte et ore, 508. Cruce signata frons ante pugnam, 825. Crucis signum e fronte Christianorum delere conabantur ethnici, 1129. Cruc's triumphi, 446 seq. Crucem pingi non prohibuit Theodosius, 757. Cruces non semp·r altæ, 1170. In cruce avium et bestiarum lania'ui corpora relicta, ib.d.

Crux pro quovis cruciatu, 482, 891, 1006.
Cruz Joanna Agnes, 929.
Cryptæ descriptio, 1178 seqq. In cryptis quædam cubicula clariora, 1180. *Vide* Cœmeteria.
Crystallus, 660.
Ctesiphon e brevi, 188.
Cubiculi dicta sepulera martyrum, 1181. *Cubicularii* quina a dicti, 556, 1181. *Cubilia* de lupanari, 705 seq.
Cucufas martyr, 967.
Cucurbita an Jonam teverit, 521.
Cudworthus Rudulphus, 418. Notatus, 769, 782.
Cui : diversa quanti a, hujus voci•, 170, 182 seq., 185. Dissyllabum, 234, 962. Monosyllabum breve, 271.
Cuique dactylus, 195, 507 seq., 719, 765, 772
Cujus habetei is, *cujum* pecus, *cuja* res, 231.
Culleus, 1016.
Culmen quid sit, 256, 668.
Cultri fer. ei, 1169.
Cultus deorum, 591. Latriæ et duliæ, 1061. Cultus muliebris instrumenta, 520. Templorum, 785 seq.
Cumæ oracula, 443.
Cunctiparens, cunctipater, cunctipotens, cunctipotent'a, 571, 758, 947.
Cunula, 576.
Cuperus Gisbertus, 553.
Cur pro q'iia, 231, 759.
Cura sepeliendi, 1177.
Curculio, 856.
Curii, Curius, 812.
Currere servorum proprium, 1079. Cum accusativo, 974, 1199.
Cursus teli, 540.
Curtius Q., 584, 795.
Cyane, cyaneæ nymphæ, 725. *Cyaneus*, 2 producta, 176, 185.
Cybebe, Cybele, 715, 1082. Mater deum, 1154 seq. Ejus nudipedalia, s atua, sacra, 1077 seq., 1082 seq. Sacerdotes seipsos castrabant, 68.
Cifiæ, vide Notæ.
Cymba, cumba, 682, 690, 1016.
Cynocephalus, 754.
Cynthius, *vide* Apollo.
Cyprianus (S.), 33, 154, 160, 196, 240, 237 seq., 504, 555 seq., 620 seq., 637, 858, 864, 891, 915, 916, 964, 977, 992 seqq., 1075, 1085, 1107, 1120, 1187, 1238. E us codex ms., 74. Hymnus, 1202 seq. An fuerit magus, *ibi l.*, 1225.
Cyprianus Ernestus Salomon, 22, 41 s·q.
Cyrillus (S.) Alexandrinus, 40, 396, 402, 5 3. Hierosolymitanus, 419.
Cytherea, *vide* Venus.
Cytheron e brevi, 189.

D

Dactylicum carmen, 198. Dactylicus Archilochius versus, 202, 1230.
Dæmon o brevi, 176, 181, 188, 840 seq. Caput vitiorum, 515. Missus in porcos, 682. Sub Triviæ nomine, 750. Dæmones, 101. Natura non sunt mali, 514. Sunt meri spiritus, 990. Nomina deorum habent, 439, 990. In statuis idolorum, 990. An supplicii expertes, donec extremum judicium veniat, 509. Ardere sese fatentur, 440. Quamvis sine corpore, cruciantur igni, 143. Superbia ipsorum quanta, 515. An in aere nocte versentur, et gallicinio terreantur, 238. An loca immunda frequentare gaudeant, 549.
Dæmoniaci, 885. Cur in sepulcris habitarent, 541.
Dæmonicus, 948.
Daha, Daæ, 851.
Damascenus S. Joannes, 90, 548.
Damasus (S.), 142, 859, 946, 1005, 1027, 1194 seq. Ejus versus, 57, 60, 71. S. Ambrosio mittit libellum Christianorum, senatorum contra Symmachum, 695. Ejus versus de S. Agnete, 1224. Apologia pro eo contra Marcellinum, *ibid.*
Damiani S. Petrus. 1051
Damnare, 548. Damnatorum numerus an exiguus, 148, 150. Sedes, 566, *vide* Pœnæ damnatorum. Ad mortem damnati myrrhatum vinum bibebant, 1029.

Danae a Jove corrupta, 702.
Danar Hispanice, 548.
Dandinus Hieronymus, 66.
Danielis cap. III, 548, 415 seq., 898 ; v, 965 ; vi, 267 ; xiv, 278.
Dapes inemptæ, 279.
Dares, *vide* Devonius.
Data facibus, 951. *Date*, 828.
Datianus, 948. Ejus inscriptio, 987 seq.
Dausqueius, 754.
David, 614, 622. Goliam sternit, 674. Ejus regnum, 673.
Davidica, Davitica, 560.
Davisius Joannes, 167.
De superfluum, 400, 587, 591.
Deascialus stipes, 1100.
Decalere, 514.
Decemviri, 798.
Decii persecutio, 820.
Decolor, decolorus, 562, 886.
Decon ari, 514.
De Crousaz, 148.
Deculcare, 514.
Decutit aspidem, 692.
Defit, deest, 231, 1228.
Defuga, 204, 877.
Defundo, diffundo, 631.
Defunctorum corpora quo more olim sepulta, 133.
Dehonesto, 1 producta, 1150.
Deipara *innupta virgo*, 483 Deum edere meruit, 269. E us virginitas in partu, et post partum, 576. Deiparam corde, et non utero concepisse, error est, 43. Deiparæ antiphona in officio ecclesiastico, 250. Ejus orantis expansis manibus imago vetus, 1054 seq.
Deitas pro divinitate, 401.
De ibuta, 2 producta, 176, 182, 185, 616.
Delicia, deliciæ, 722 seq.
Delitare, 514.
Delos, 1258.
Delphi, 804, 1238.
Delphinus epis opus, 747.
Delrius Mart. Ant., 454, 709.
Delubra quid sint, 1105.
Delumbis, 616.
Demsterus, 757.
Demutabilis, 428.
Denseo, denses, et denso, densas, 288, 554, 760, 691.
Depositor, 417.
Derogare, denegare, 524.
Derisus, derisio, 1088.
Descendit plaga, 587.
Desertum singul., 464.
Desertus, quasi satus *a desero*, hoc est *sero*, 852, 1100.
Desilit, desiluit, 856.
Despuere, contemnere. 750.
Destinere, destinare, distinare. 815, 1029.
Destructilis, destructibilis, 1093.
Destructus, dis ructus, 517.
Detumescere, 1076.
Deucaliones per contemptum, 429.
Deuteronom. cap. II, 1028 ; v x, 555
Deus unus, non solus, 588. Ejus natura, 109 seq. Igneus, ignis, 349, 920 Immensus et ubique præsens, 102, 286, 727. D u n præsentem veteres Christiani semper cogitabant, 247. Oculis corporeis cerni nequit, 403. Repertor orbis, ar ifex, 275, 697. Fons animarum, bonorum omnium, 500, 873. Caput virtutum, 515. Non est auctor mali, quod permittit, 101, 148. Cur cum prohibere possit peccata, non prohibeat, 547. Pluit super justos et injustos, 855 seq. Gratæ victimæ ipsi offerende, 579. In formando homine an humana h figuram induerit, 489. In rebus creandis nullis usus instrumentis, 1097. Deus pro arca fœderis, 654. Deus ignotus Atheniensium, 990. Dei manus, et digiti quo sensu, 489. Deus *mens* dictus, 1231. Dei plures ab ethnicis admissi, 418, 782, 852, 858, 840, 842. Rejecti, 754. Apud Romanos initio pauci, 792. Ægyptij, Latini, 859, 1089. Municipes, 792. Deorum multitudo ac varietas, 792 seq., 1125. Impudicitia, bella, 1081, 1084 seq. Irridentur, 699 seqq., 718.
Devonius Josephus, 80. Imitator Prudentii, 217, 600.
Devolæ Deo, virgines Christianæ, 857.
Dexter filius Paciani episcopi Barcinon., 171. Ejus chronicon suppositum, 18, 58 seq.
Dextra *rapax laudis*, 527.
Diabolus fur, latro, prædo, 529. Leo rugiens, 281, 512. Perditor, 275. Serpens tortuosus, 509. Ejus invidia, 510, 515. An se Deum crediderit, 515. A Christo increpatus in tergum ruerii, 326.
Diaconus primus, 892, 917. Ejus munus, 902 seq. The-

INDEX RERUM ET NOMINUM.

sauro Ecclesiæ præerat, 892. Crucem portabat, et Evangelium legebat, 957. *Vide* Levita. Diaconi septem, 892.
Apud Hispanos, 987. Martyres in carceribus visebant, 1009. Diaconi cardinales, 893.
Diadema abjicere doloris signum, 325.
Dialœphe. 325. *Vide* Hiatus.
Diana, 728 seq.; 804. Ephesia, 718. Taurica, 752. Venatrix, 1091.
Dianæ succinctæ crura, 729. *Dianium*, 418.
Diarium litter. Hall., 10.
Diastema, 3 correpta, 188.
Dicare victimæ, 579.
Dicte mons, 806. Dictæi, *vide* Corybantes.
Dictionarium Acad. Hispan., 162, 1143, 1239. Taurinense notatum, 505.
Didita, dedita, 897.
Diecula, 518.
Dies polyturgi, 1201.
Diespiter, *vide* Juppiter.
Diez de Aux Ludovicus II, 16. Prudentium Hispanice reddidit, 98.
Diffundo, 821, 1183.
Digesta, 2, 28, 628, 816, seq., 853, 896, 1148.
Digestim, 204.
Digitis eminulis, 952.
Dilancinare, 204.
Dii municipes, 804.
Diminuo, deminuo, 811.
Dio, 721, 764, 1257.
Diocletianus, 949, 971, 987, 908, 1041.
Dio Ionus Sicul s, 519, 1206.
Diomedis tentoria ad Trojam, 840.
Dionysia, *vide* Bacchus.
Dionysius (S.), 409. Halicarnasseus, 819, 861 seq. Philippus Laurent., 747.
Doscorus martyr, 989.
Dios lado Rasm., 44, 870.
Diphthongus in Græcis ob vocalem sequentem sæpe corripitur, 199. Diphthongi, Græcæ a Latinis cortæ, læ, 188.
Diptychon Pruden'ii, *Diptychion*, 45, 666.
His manibus in sepulcris Christianorum ex negligentia inscriptum, 735. D. M. aut D. MA. in sepulcr s Christianorum quid significent, *ibid*.
Discedere discessus, 891.
Discedite, formula in sacrificiis et in militia usitata, 215.
Discidium, dissidium, 269.
Discipulis amarus magister, 1054. Discipulorum Chris'i numerus, 672. In Vulgata septuaginta duo, in textu Græco septuaginta, 287.
Discordia, 620, 643 seq.
Di colorus, discolor, 1094.
Discruciatus, tormen'a, 204.
Discursus nudi juvenum, 858.
Discutere quid sit, 83.
Disjicit dissicit, 906.
D spera brevi, 176, 182.
Disparilis, 204, vox Ciceronis, Varronis, Plinii.
Dispensus pro *dispensatus*, vel a verbo *dispendo*, 753.
Dispuere, despuere, 620.
Dissertare, 599, 470.
Dissice, 245
Dissolui ilis, 343.
Ditis sacraria, 730. Diti immolati homines, 787 seq.
Dittochæum Prudentii, 43. Cur ita dictum, 688. Factum pro picturis ecclesiarum, *ibid*. Inscriptiones hujus operis, 665.
Dira, dia, ratio, 703.
Diversoria, sive collegia Christianorum tempore S. Augustini, 249.
Diverticulum, 837.
Divinitas ab idololatris divisa per sexus, 1080.
Divinum auxilium majus justis collatum, ubi plus periculi, 278.
Divisio Deo non convenit, 783.
Divisio capitum Psychomachiæ, 578.
Divitiæ naturam vertunt, 335. Divitiarum usus in templis defensus, 130 seq.
Divus pro sancto, 595.
D cere, 1212.
Doddwelus Henr. rejectus, 971.
Dod na mendax, 445.
Dolatus, dolamen, 637.
Dolitus, 381.
Doloris signa, 325. Dolores anxii, 1001.
Dominica *in Albis*, 270.
Dominor cum patr.o ersu, 231.
Donus quid significet, 1061.

onare offensacula, remittere. 632. *Donaria, ibid*.
Donatus, 518, 864, 933. Ejus grammatica ms., 68.
Donatus Alexander, 450.
Dormientes mortui cur dicantur, 355. Dormire in Domino, 1181. Dormientes (SS. septem), 355, 687. Ipsorum historia, 280.
Draco cur Baccho sacer, 708. Transfixus cruce sub imagine Constantini, 875 seq. Draconarii, *ibid*. Dracones quasi a insignia militaria, 288, 825, 875 seq.
Dracontius, 521.
Drepanius Florus, 128, 282, 453, 587.
Dresserus Matth., 216.
Druentia flumen, 1095.
Drusius Joannes, 164.
Drusus, 721.
Dryades, 723.
Duaugius notatus, 257.
Dudo, 596. Imitator Prudentii, 217, 226, 1160.
Ducæus Fronto, 183, 766.
Duces Romani, 812.
Duellum, 590.
Duita, prima correpta, secunda producta, 176, 180.
Duitæ, 497.
Dulcia nimia, 625.
Dungalus, 23, 54, 208.
Duo pro *duos*, 464.
Dupinius, 25.
Durantus, 501.
Du Verdier Antonius, 95.
Dux Bethlem, 584. *Lux alieni*, vel *alicujus*, 841.

E

E in ablativo breve, 1111. E in *i* veteres sæpe vertebant, 598.
E longum Græcum per e scriptum, 188. In multis vocabulis Latinis corripitur, *ibid*.
Eadem in accusativo plurali a producto, 195, 871.
Eurinus prima producta a Græcis, 153.
Ebenus et *Ebenum*, 254.
Ebion, ebionitæ, 451, 596.
Eblanditis v rtutibu, 617.
Eburna aquila, 728. Eburneis rastris solum vertere, 753.
Ecclesia, 2 correpta, 181. Templum, 680. Sponsæ comparata, 913. Ecclesiæ caput unicum, 689. Nomina diversa, 598, *seq*., 1072. Veteris opes in communi, 893. Veteris descriptio, 903. 1188 *seq*. Veteris paupertas cum recenti comparata, 896. An Ecclesiæ peculiare nomen sit *domus salu'is*, 1072. Ecclesiasticorum vitia modeste reprehendenda, 631.
Eccles'astes cap. xi, 368.
Ecclesiastici cap. iii, 773; xv, 335; xxi, 841; xxiv, 367.
Eccum, ecce, 913 seq. 1149.
Eckherardus junior, 1115.
Ecstasis, *vide* Jo. Evang.
Ecquis et quis, 418.
Eculeus, 992, 1072 seq., 1107 seqq.
Edentulæ, 1093.
Edicta, 742. Diocletiani et Galerii contra Christianos, 1066. Veterum imperatorum adversus hæreticos, 173.
Editio duplex carminum an a Prudentio facta, 191, 238, 351, 585. Editiones Prudentii, 4 *seq*., 25, 79 *seqq*. Aldi an duplex, an triplex, an unica, 81 *seq*. *Vide* Aldus. Daventriensis ad annum 1498. Revocanda, 80 *seq*. Sichardi, 57, Romana præsens, 4 *seqq*. Ordo ab aliis diversus in ea servatus, 8. Quid in ea præst tum, quod attinet ad lectiones variantes, 99 *seq*. Editiones Prudentii *ex recensione* Giselini inscriptæ cur mendosæ, 91, 93. Veteres mendosæ, 191. Quibus notis in commentariis indicentur, 218.
Eductus, educatus, 762.
Effigio, 330, 472, 536, 664.
Efformo non est Latinum, 203
Efrenis, effrenus, 603.
Egeria, 767.
Egesippus, 1192.
Ego cogito, an hæc propositio sit fundamentum sciendi, 421.
Ekkehardus, 8.
Elaqueare, 776
Electra filia Atlantis, 703.
Electrum, electreum, 781.
Eleemosyna occulta, et laus inde exsurgens, 527. Eleemosynas ii maxime faciunt qui templis divitias contulerunt, 130.
Elementum quo sensu dicatur anima, 140 seqq. Elementorum apotheosis, 724 *seq*., 1100.
Elim lucus in eremo, 672.
Elinguis, 1063.
Elisabeth a Deipara salutata, 434.
Elitus ab *elino*, 1010.

Elmenhorstius Everardus, 78, 321, 511 seq.
Elogia sepolcralia olim communia, et vulgaria, 520.
Eloqui, 1064.
Elumbis, 816.
Elutus, 2 brevi, 176, 1010.
Emblemata, 899.
Emergere, 366.
Emerita ubi sita, 957 seq., 958. S. Eulaliæ patria, 942 seq. Emeritæ non est applicandum epigramma quod a n Ausonii, 957 seq—
Enicare quid sit, 253, 1221.
Eminulus, 932.
Eminus, 684.
Emmanuel, 456.
Empedocles, 955.
Encratia (S.) Encrates, Encratis, Engratia, 17, 975 seq., 1240.
Eneco prima brevi, 196.
Energima, energema penultima brevi, 176, 188, 353, 438 seq.
Energumeni, 439.
Enervo prima correpta, enervatum, inervatum, 176, 198, 532 seq., 776.
Enigma, vide Ænigma.
Enim prima correpta, 188.
Enyuto Hispanis unde, 659.
Ennius, 584.
Ennodius, 122 seq., 286, 567, 871, 1048, 1080, 1194 seq. Imitator Prudentii, 1197.
Enodis, enodus, 521.
Enormis, 1 correpta, 195 seq.
Entelechia Aristotelis, 350.
Enuntialrix, 1130.
Eous an primam plerumque habeat longam, 253.
Epexegesis Prudentio familiaris, 591, 518, 560; 565, 578 seq., 668, 709, 767, 772.
Ephemerides Romanæ, 38, 766 seq.
Ephesus, 804, 1258.
Ephraim, 392.
Ephremus Syrus, 235.
Epicharmi de anima et corpore sententia, 110.
Epicureorum error de anima, 112.
Epigramma pro epitaphio, 1161. Ha usus est Petronius.
Epilogus carminum Prudentii et aliorum, 1225, seq.
Epimenidis somnium ad 57 annos, 687.
Episcopi cathedra in ecclesia, 1206.
Episto a dicta est præfatio, 233.
Epitectus, 144.
Epitheta an geminari possint, 717.
Epona, 419.
Equidem, 1158.
Equiria Martia sacra, 712.
Equona dea, 420.
Equus superbus, 605.
Erasmus interpres Prudentii, 87, 89, 93, 94, 561. Prudentium laudat, 1211. Imitatur, 214. Refellitur, 419. Notatur, 570.
Eremus secunda correpta, 176, 181, 188, 201, 624, 674. Vox ecclesiastica, 291.
Ergastulum, 739.
Erichtho, 1137.
Eridanus, 816.
Error proprie de somniis, 501.
Erix mons Siciliæ, 713.
Es finita interdum corripiuntur, 189, 223, 505. Formata per is, 177. Es sæpe mutatur in est, 540. Es et is finitu, 194, 369, 629, 631, 755, 785, 833, 1013, 1135, 1182.
Esau an mari Rubro nomen dederit, 289.
Essæi, 313.
Essentia divina una, trina, æterna, 401.
Estius quanti fecerit Prudentium, 114 seq., 216.
Et quis, ecquis, 418, 762, 772.
Ethicis e correpto, 515.
Ethnici rustici, ruricolæ, 755. Ironice docti, et periti vocati a Christianis, 1095. Statuis vincula injiciebant, ne Dei aufugerent, 718. An plures deos agnoverint, an solum plures perfectiones unius Dei, 418.
Etymologiæ ineptissimæ, 432.
Eucharistiæ columbæ aureæ a S. Basilio infusæ, 271. In pervigilio Paschæ, 125. An ab ethnicis cognita, 804. Eucharistiæ doctrina catholica, 442. Dogma, 621.
Eucherius Lugdunensis, 167, 169. Imitator Prudentii, 585.
Eucherius Stiliconis filius paganus, 823.
Eugenius IV, 1048. Toletanus, 51, 161, 975. Imitator Prudentii, 508 seq. Ejus humilitas, 31. Codex ms., 74.

Eugenius Tyrannus, 697, 733, 757, 825, 844. Arum Victoriæ restituit, 693.
Eulalia, 941 seqq., 968. Eulalia Emeritensis notior quam Barcinonensis. Martyrium Emeritensis vere a Prudentio descriptum, 941.
Eulogius (S), 830. Vide Fructuosus. Cordubensis, 964, 966. Inopia librorum laborabat, 947.
Eumenides variæ, 628, 728.
Eumorphio miles, 1017.
Eunapius, 1055.
Eunomius, 407.
Euphrates, 558.
Euripides, 144, 519, 1076. Tertia producta, 193.
Europa, 804. Ipsius raptus, 701.
Eurydices fabula, 556.
Eusebius ep. Alex., 689. Cæsariensis, 125 seq., 152, 156, 253, 599, 758, 903, 1005, 1065, 1068, 1115, 1156, 1145, 1158, 1191. Emissenus, 802, 1121.
Eustathius Antiochen., 546, 502, 963, 1135.
Eustratius martyr, 1005.
Euthymius, 515, 362.
Eutrapelia, 258.
Eutropius, 646, 715.
Eutychius Ægyptius, 1192.
Eva quando condita, 266. Eva et Adam, 665.
Evander, 789.
Evangelia in titulos, et capitula olim divisa, 486. Evangelium infantiæ, 776.
Eventius, Evotius martyr, 979 seq.
Evo'vere de volumine, 688.
Evomere animas colorum, 658. Evomere librum an metaphora indecora, 455.
Exactor auri, 893.
Examen quis a corripuerit, 122. Examen divum, 507.
Excellit, 432.
Excelsa in sacris Litteris, 792.
Excire, 446. In re magica, 704.
Exuitus sec. brevi, 180.
Excruciabilis, 204. Vox Plauti.
Excruciatus, tormentum, 204.
Excussus, excussio, 1001.
Exemplus carceri, 1007.
Exerere lacertos, 590. Exerere, instituta perficere, 989.
Exfibulare, 204, 641.
Exhortamen, 506.
Exodi cap. I, 522, 555; II, 389; III, 286, 670; IV, 670, XII, 454; XIII, 286; XIV, 286, 642, 670; XV, 291, 504, 672; XVI, 556, 674; XVII, 591, 624; XX, 453, 670; XXI, 275; XXXI, 590, 432; XXXII, ibid. et 918; XXXIV, 513, 590, 455, 918.
Exoletus, 1087.
Exorbitare, 1173.
Exorcismus, 885, 991. Exorcismi dæmones urunt, 440.
Exoticus, externus, 650.
Experimentum i producto, 920.
Exsecro, exsecror, 500.
Executor, 1204 seq.
Exsequiarum ritus defensi, 135. Honos, 554. Exsequialis, 204, vox Ovidii et Statii.
Exsibilare verba anguina, 204, 997 seq., vox Ciceronis, Suetonii, Senecæ.
Exsinuare, 204, 1185 seq.
Exstimulare, 618.
Exstinctum, exsuctum, exutum, ea uctum corpus, 659.
Exstingui cur dicatur homo cum moritur, 145.
Exstructum sacrarium, præparatum, 295.
Exsufflare, irridere, 1142.
Exta, 420. In sacrificiis adhibita, 835.
Extensio oculei propria, 992 seq.
Extorquo, extorqueo, 989.
Extrahere animas, 821.
Extremadura, 958.
Extremum judicium, 965, 981. Extremum orbis judicium per ignem, 570. Cur proximum Patres credebant, 1024.
Exuctum, vide exstinctum.
Exuere stultitiam, 231.
Exuperantius martyr, 1169.
Exutus glaciem, 441.
Eyb vel Eiib Albertus, 695.
Ezechiæ domus, 676.
Ezechiel. cap. XVII, 513; XXXVII, 514, 558.

F

Faber Petrus, 521, 916.
Fabius Cunctator, 829. Fabii an tercentum, an omnes ex eadem familia, 813.
Fabrettus Raphael notatus, 1151.

Fabri Zachæi impudentia, qui *a* in *examen corripi* contendebat, 422.
Fabricius triumphalis, 812.
Fabricius, Georgius Prudentium laudat, 211. In operibus quæ edebat, corrumpendis ingeniosus, 111. Interpres Prudentii, 11, 20, 23, 28, 76, 92. Notatus, 103, 161, 2 5, 304, 361, 375, 409, 412, 461, 501, 531, 666, 679, 885, 1047 seq., 1082 seq., 1070, 1038, 1101, 1119, 1157, 1215. Ejus commentarii expurgati in Indice Belgii, 1160 seq.
Fabricius Jo. Albertus, 10. seq., 41 seq., 49, 60, 111. Notatus, 666, 752.
Fabriliter, 204.
Fabula infantis farre contecti, 895.
Fac intervallo ancipiti, 1122.
Facciolatus notatus, 205, 540.
Faces, 992. Ardentes, 877, 931, 951. Furiarum propriæ, 992. Sulphureæ arma libidinis, *ibid.* Supremæ, 1051.
Factitamentum, 430.
Factura, creatura, 204, 450, vox Plinii et Gellii.
Facundus Hermianensis, 502.
Falsificare, *falsificus*, 204, 541.
Fumes blanda, 278. Pecuniæ, 895. Publica Romæ, 615, 842, 845. Sæpe populos affixit, 849.
Familiæ nobiles Romanæ ad Christum conversæ, 745 seq.
Famulus adjective, 506.
Fanatici Bellonæ, Isidis, Serapidis, 1151 seq.
Fando, 1005.
Fas de religione, 1102. *Fas* et *jura*, 1140.
Fasces, 1159. Magistratuum, 947.
Pascinus a Vestalibus cultus, 860.
Fasti, 731. Consulares, 11, 21. Pro annis, 1119. Fasti et fastus, 435.
Fastidia in partu Deiparæ an fuerint, 571, 1233. Fastidia doctâ, 635.
Fastum Hispanis non objicit Prudentius, 650.
Fati necessitas libertati obest; etiamsi voluntas ad volendum adigatur, 801.
Fatus, loquela, 1117.
Fauni, 1088.
Faustus martyr, 965, 979.
Faustus Reiensis, 168, 471, 1250.
Favilla pro reliquiis defunctorum, 1069. Pro minuto pulvere, 779. *Vide* Cinis.
Favor quibus signis exhibebatur, 237.
Fax unde dicatur, 234.
Fea Carolus, 735, 741, 1089, 1199, 1257.
Febris dea, 311.
Felbingerus Jerem. 580.
Felicitas æterna : de modo ejus et loco diversa sensérunt SS. Patres, 153.
Felix martyr, 966 seq. Cæsaraugustanus, 979 seq. Nolanus, 1005. Ejus miracula, et sepulcrum, 108, 159. Papa, 960. In Pincis (S.), 1055. Prælect. prætor, 168.
Fellus Joann. reprehenditur, 957.
Feminarum luxus, 519 seqq.
Feminal, 1215.
Fera Eulalia quid sit, 945.
Fercula, 625, 814. Medicata, 524.
Ferdinandi ducis Parmensis pietas, 128.
Ferdinandus episcop. Paderbonensis, 1213.
Ferdinandus Mendoza, 170.
Ferentina sacra, 1149.
Feriatæ manus, 1055.
Feriæ sub Stygge, 294.
Feriri, *feriri gladio*, 1195.
Fermentum, 455, 515.
Ferox pro forti, 945.
Ferrarius Philippus, 10.
Ferreras Joannes, 25.
Ferrugo, 619.
Ferrus Franciscus, 66.
Fertilis in herbam, 401.
Ferula, 226 seq.
Ferus pro equo, 1174.
Fervo, *fervere vitiis*, 711.
Fescennina carmina, 721.
Fessa, *Fezza*, *Fez*, 909.
Festones Italice, 1012, 1182.
Festum substantive, 311.
Festus, 263, 285, 502, 341, 420, 582, 741, 787, 862, 1027, 1059, 1142.
Fevre Guido Gallice vertit Prudentium, 98.
Fiam prima brevi, 176, 195, 717, 1032 seq.
Fibula vestiaria, 523.
Ficoronus Franciscus, 818.
Fidele volumen, 535. *Fideles* chorei paginæ, *ibid.* Le-
giones, 1104. *Fidelis* vox ecclesiastica, 203. Pro Christiano, 204, 285. Fide dignus, 1145.
Fides virgo, 592. Prima, sed non sola placet Deo, 1098. Quo sensu omnia sanctificet, 258. Fides Christiana sub ethnicis imperatoribus jactata, 692. Fidei descriptio, 590. Allocutio, 635. Laudes, 646, *Fidei* secunda producta, 675, 875, 1104.
Fides militum, *exercitus*, *exercituum*, 1104.
Fiduciæ, 878, 1075, 1108, 1114.
Figere verbum mathematicum, 803.
Figmen, 204. *Figmentum*, 481, vox Gellii et Ammiani.
Figulus Wolfangus, 474.
Figuræ crucis, 1119 seq. Figuræ poetarum palliati errores, 191.
Filesacus Joannes, 1095.
Filius Dei; *vide* Verbum, Christus. Filius solus Verbum notionale Patris, 407. Ex Patre ortus, sed non per abscissionem, 428. Corde Patris genitus, 596. *Filius unicus uni*, 505. Imago Dei, 409. Patris, *ibid.* et 504. Consiliarius, mens, animus, ratio Patris, 410. Spiritus, 416, 442, 461, 785. *Spiritus sanctus* dictus, 677. Cur in Veteri Testamento apparebat, 418. An solus se videndum præbuerit in Veteri Testamento, 405. In figura angeli, qui excussit flammam ignis Babylonici, 413.
Filii prophetarum ligna cædentes, 676.
Fingere de corporis formatione, 466.
Fiscus, 897.
Fissum jecur, victimæ, 650.
Flabra is, *flabraris*, 204, 474.
Flacci catalogus, 125.
Flagrantia, 1128.
Flamen, 930. *Flamewm* sive *flammenm*, 266, 860.
Flaminia via, 755.
Flaminis Romani corona laurea, 416.
Flammivomus, *flammivomus*, 651.
Flare, spernere, 944.
Flatus anima vocata, 144. *Flatus coruscus*, 257.
Flavianus, 1122. Martyr, 1055.
Flavicomantes pueri an fuerint Germani, 448.
Flere rosas, 944. Pro stillare, 1126.
Fletus Christianorum in precibus proprius, 212. Judith, Davidis, Ezechiæ, *ibid.*
Flexus plateæ, 1217.
Flora dea, 722, 812.
Florere sepulcris, 935.
Flores in funeribus, 155 seqq. In sepulcris martyrum, 155. In templis, *ibid.*, 159. Floribus ornata sepulcra, 9 9.
Flores pro coronis, 591 seq.
Flores salmorum Prudentii Trecensis, 62 seq.
Florez Henricus, 19 seq., 213. Notatus, 957, 1058.
Florulentus, 1082.
Florum mixtura in coronis, 619. Florum usus, *ibid.*
Florus, 430, 516, 795, 797 seqq, 813, 818, 1006.
Fluctual seges, 846.
Fluere et diffluere de luxuria et *libidinosis*, 618.
Fluminibus *lumbere*, *mordere*, *radere*, *stringere* passim tritmtur, 527.
Fœnus unde dictum, 19.
Fogginius Petrus, Franciscus, 748, 1078. Quæstionem de majori reproborum numero non resolvit, 150.
Folia odorifera, 293.
Fomes peccati, 481.
Fons animarum, boni, bonorum omnium Deus, 275, 549. Fons vitæ, quem sitit anima, 1127; Fons in atrio basilicæ S. Petri, 1194 seqq.
Fonseca et Figueroa Joannes, 766.
Fontaninus, 1240.
Fontenelle rejicitur, 442.
Fontes ante fores ecclesiarum, 1194.
Fontes xii, et palmæ lxx, 672.
Fori, *fora*, *fores*, 1167 seq.
Forare, 204, vox Columellæ, Plauti, Macrobii.
Forcellinus, 203, 252.
Forceps ferreus, 1169.
Forensis gloria quid significet, 247.
Forma quid sit, 237.
Formula, *Quod bonum*, *felix*, 554.
Forner Rudolphus, 898.
Fornix, *fornicari*, 458, 547.
Forsterus Sebastianus, 471.
Fortiter fortissimorum, 1009.
Fortitudo Christiani hominis cum peculiari auxilio Dei, 811.
Fortunatianus, 787.
Fortunæ deæ halitus, 715.
Fortunatus Venantius, 139, 160, 185, 192, 196, 207, 297, 536, 561, 597, 458, 599, 659 seq., 981, 1191. Imitator Prudentii, 217, 536 seq., 345, 432, 496, 1049, 1226 seq.

Fortunati codex ms , 74.
Forum locus martyriis destinatus, 956. Suppliciis, 1056.
Forum Cornelii, vide Imola.
Fossa ponti, 557.
Fotus, fomentum, 204. Vox Plinii.
Foxius non fuit architectus monasterii Scorialensis, 953.
Fr producunt vocalem brevem praecedentem, 474, 1000, 1515.
Fracastororus, 597.
Fragitides, sph agitides, 1135 seq.
Fragmen nimium micarum, 685.
Fragro et flagro promiscue olim scriptum, 277.
Frangenda pericula, 591.
Frangere de luxuria, 616, 620. Frangere fasces in corpora, 534.
Fra'res et sorores nomina ambigua, 896. Fratres nomen Christianorum, 896, 1028.
Fratricida, 497.
Freretus exploditur, 755. Ejus inanis philosophia, 749.
Fridegodus, 639.
Frigidus, exstinctus, 597.
Frigus plurium, 690.
Fr.vola, res frivolae, 753.
Froilanus (S.) episcop., 15.
Fromesta Hispanice accentum habet in prima, 181.
Frondes in templis sparsae, 155. Frondibus cingere domos observatio paganis ni, ibid. Frondes aeternae olivae, 686.
Frontinus, 296.
Fronto martyr, 979 seq.
Fructuosus, et socii Eulogii, et Augurius, 965 eqq., 1025 seqq.
Fructus centup'ex centup'icatus, 856. Tricesimus, sexagesimus, centesimus quibus conveniat, 858
Frugescere, 204, 844.
Frumenta Romam unde advecta, 847 seq.
Fruminius II ep.scop. Legionensis, 1180.
Frustra a brevi, 172, 875.
Fucis il·ita, 231, 254.
Fucus in pictura, 1052, 1171.
Fuisti, fuimus verba energica, 1029.
Fulgentius (S.), 503. Placiades, 699.
Fulgidus pro fulgens, 294. Vox antiquata, et restituta, 204, 256.
Fulvum, rutilum, 515.
Fumosa numina, 393.
Funali, vel fundali stridore, 204, 614. Funalis vox est Statii et Suetonii.
Funambuli, funirepi, 528.
Fundis oppidum, indeclinabile Fund.s in sexto casu, 185.
Funera, caedes, 653. Funera Christianorum, 135 seqq. Funera, corpora defunctorum, 815. Funere unhe us, 604.
Funerare, 204, verbum Plinii et Suetonii.
Funis tormentum, 995.
Furca collo eorum inserta, qui igni combu ebant r, 1054. Furca collo inserta martyres in ignem conjecti, 1156.
Furcifer, 914.
Furiae tres quid sint, 588.
Furiare, 682.
Furius Antias verbis in escere delectabatur, 841.
Furta, concubitus illiciti, 1081.
Fusus pro natus, 556. Fusus utero, 515.

G

Gabinus, vide Cinctus.
Gabriel ad Mariam, 677. Secunda producta, 924.
Gades, 717.
Gaetulus, 851.
Gagathes, 1078.
Gaius, vide Cains.
Galaula, 854 seq.
Galerius Maximianus, 948 seq. Maximinus Daza, 1041.
In Gallaecia quo anno inductus fuerit mos consecrandi coreum paschalem, 121.
Galla dius Andreas annotator Prudentii, 92, 210. Notatus, 182, 240, 278, 284. 505, 556, 448, 468, 604, 612, 616 seq., 663, 676, 721, 759, 940, 997, 1031, 1102, 1129, 1118.
Galletius Petrus Aloysius, 221 seq., 1191.
Galli imago quid significet, 234, 244. Frequenter occurit in coemeteriis Christianis, ibid. seq
Galli Cybeles sacerdotes, 807, 1085.
Gallicinium, 234 seq.
Gallienus Caesar, 1028, 1206.
Ga lisa Lucianus, 225.

Gallonius Ant , 8. Ejus tabulae, 1169.
Galterus innua'or Prudentii, 600, 618.
Gaudutius Bapt., 293.
Ganea, ganeum, ganeo, 618. Ganeo prima correpta, 176, 128, 185. Ganeones, 908 seq.
Ganges, Gangis, 816.
Ganymedes, 702, 1087.
Garamans, Garamas, 854.
Garampius em. card. Joseph, 1197.
Garcia Michael, 422.
Garcia de la Huerta Petrus, 98, 766.
Gattackerus, 1185.
Gaudentius Brix. 126 seq., 509
Garaeus Alardus, 1750.
Gedeonis trecenti milites quid significent, 165 seq.
Gehenna, 577.
Gelasius I, 1189. Scripsit contra lupercalia, 1079.
Gellius, 352, 359, 562, 625, 859, 865, 954, 956, 1080, 1131.
Geloni, 441.
Gemini sidus, 458.
Gemmae civitatis coelestis, 658 seq , 664.
Gemmare, gemmatus, 594.
Genealogus, 204, vox Ciceronis.
Generatio aeterna, 503. Generationes ab Adamo ad Christum, 486.
Genesis cap. i, 337, 450, 525, 1096 ; ii, 2 5 seq , 1251 ; iii, 515, 554, 609; iv, 4, 495, 667, 1154; vii, 667; x, 510 ; xi seqq., 578 ; xviii, 405, 618 ; xix, 451; xxiii, 668 ; xxiv, 267; xxxii, 254; xxxv, 755; xl, xli, 502; xlii, 1148; xlix, 1128; lvi, 669.
Genesius (S.), 968. 1054.
Genial's, 268. Genialis honor, 950. Genialis hiems, 979. Geniale fulcrum, 721. Geniales Dei, 268. Geniales lecti, 816.
Genii gentilium irridentur, 795 seqq.
Genitor pro Deo, 332. Genitus pro Filio, 297.
Gen·us populi Romani in nummis, 830. Genius publicus, ibid. Genium qui libri habeant, ibid.
Gennadius, 22, 41, 196.
Gentiles an crediderint statuis inesse divinitatem, 7-9. In deo um honorem sibi vulnera infer bant, 1154 seq. Eorum theologia varia , 782. Statuas amplexabantur, 1216.
Genua misericordiae consecrata, 4 5. Genuum inflexio, 250.
Genus pro natura, 502, 504, 526 seq.
Georgius Augustinus An'., 1205. Dominicus, 284, 800. Georgius episcopus Arianus sub Juli no occisus, 1015.
Gerasenos a producto, 440.
Gergesei, 552
Germanicus, 725, 729.
Germanus (S.), 169.
Gersen Joannes an auctor libri de Imitatione Christi, 10.
Gerunda, 966 seq.
Gerundensis Joannes, 11.
Gerundia in do habent do commune, 255.
Geryon, 717.
Getae, 441.
Gifanius obertus, 57, 78, 216. An notas ms in Prud ntium reliquerit, 626, 775. Notatus, 195, 405, 484, 602, 721, 754, 775, 861, 919, 966, 1025, 1094, 1221.
Gilbertus, 157.
Gildas sapiens, 197, 547. Gildi regis oratio superstitiosa, 162.
Giovenazzius Vitus Maria, 100, 108, 168, 175, 185, 264, 844, 867, 987, 1055.
Giovine Italis quis dicatur, 555.
Giraldus Lilius notatus, 211.
Giselinus Victor, 12 scqq., 20", 205 seq. Interpres Prudentii, 76. 88 seq. 92, 94. Prudentium laudat, 2 2. Notatus, 155, 208, 250, 240, 517, 518, 470, 495, 514, 522, 615, 621, 647, 673, 677, 681, 758, 772, 824 seq., 871, 877, 895, 985, 1008, 1047, 1054, 1089 seq. 1110, 1191.
Gladius ex ore Christi, et in manu ejus, 504 Gladio leriatur formula, 951, 1211. Gladio feriri major ignominia, quam securi, 1195. Gladio stipius quam securi percussi martyres, 877, 879. Gladio cur fere s mper cesserint m rtyres, 884, 1219.
Gladiatores Marti, vel Saturno, vel Diti dicati, 750. A quo sublati, 867 seq. Nonnulli e piti, 834. Occidi jussi, 868. Gladiatorius ludus, 751, 864. Prohibitus 51, 867 seq.
Glandes ilignae, quernae, 787. Clandibus primi homines vesci soliti, ibid.
Glandorfius, 14, 19, 23.
Garca, 856.

G aucoma, 404.
Globus, 805. Lunæ, et solis, 1096. Oris palpitantis, 1133.
Glorifico, 575.
Gloriosa mors martyrum, 916.
Gloriosa virginum, 534.
Glossarii cujusdam Latinitatis scriptor, 8.
Glossatores veteres notati, 228, 273, 275, 312, 516 seq. 499, 693, 703, 743, 749, 867, 925, 9.9, 1209.
Glossarum etymologiæ plerumque ineptæ, 422.
Glossemata ms. in Prudentium, 65 seq, 73 seqq.
G utinare, 371. Usum carnis, 596.
Glycas, 1235.
Glyconius versus, 198.
Gnossia spicula, 288. Capella, 119.
Gnotisci, 470 seq. An tam perversi quam vulgo creditur, 895.
Godeau Antonius, 217.
Goes Damianus, 294.
Goldastus Melchior, 8.
Goliath, 614
Goltzius Hubertus, 899.
Gomorrhææ ruinæ, 563.
Gonsalus de Salas Jos. Ant. 1033.
Gonzalez Ludovicus, 929.
Gordianus imp., 437.
Gorgonæ caput, 1091.
Goricius Melchior : ejus expensis Breviarium Isidorianum editum, 82.
Gorius Ant. Franc., 575.
Gothescalcus, 258 seq., 588.
Gothi, Getæ, 822.
Gothofredus notatus, 913.
Gothus, 425.
Gottus em. card. 1227.
Gra atus, 1 correpta, 188.
Gracchus-Mithræ superstitionem evertit, 748. Ejus familia, 748.
Gra caris, 967.
Gradivus, 1 communi, 183. Vide Mars.
Gradus in Urbe, unde panis distribuebatur, 570 seq.
Gradu facili, 275 seq.
Græciæ officinis dii orti, 1090.
Græcismi in Prudentio, 624, 637, 648, 682, 944, 1073, 1150.
Græcorum poetarum licentia, 183.
Grævius Jo. Georg., 78.
Graffiare Italice, 1039.
Gramen, 544.
Grammaticis parum fidendum, 502.
G ande loqui, 613.
Grando pro adversa fortuna, 972. De ictibus plumbitarum, 1074.
Grangæus Joannes interpres Prudent i, 92 seq., 689. Notatus, 733.
Gratia Christi major quam gratia Ad mo collata, 477.
Gratia major necessaria est in statu naturæ lapsæ, quam in statu naturæ integræ, ibid. Gratia ci er m, 525.
Gratias agebant martyres ad suppl ci m ducti, 1212.
Gratianus, 171; Aram Victoriæ ui uit, 665.
Gravina Joseph Maria, 504.
Grega is, 1011 seq.
Gregorius VI, 1175. XIII, 1169. Bæticus, 1 0
Gregorius Magnus, 125, 158, 232, 258, 5 6, 1183, 1191, 1230.
Gregorius Nazianzenus, 123 seq, 316, 446, 513, 587, 1202, 1206, 1212.
Gregorius Nyssenus, 478, 502, 1051.
Gregorius Thaumaturgus, 349.
Gregorius Turonensis, 13, 166, 298, 444, 684, 870, 967, 1190, 1200. Imitator Prudentii, 1056 seq.
Gremium sepulcri, 560.
Gressus laxati, damnati, 687.
Gretzerus Jacobus, 508.
Griales Joannes, 254.
Gronovius Jo. Fridericus notatus, 670, 792.
Grotius Hugo, 117.
Gruterus Janus, 76 seq.
Guadalquibir Bætis, 938.
Guadalupe Aquæ Lupi e, ibid.
Guadiana amnis An, ibid.
Guasco Eugenius, 520.
Gulielmus, 137.
Guntherus monachus, 673.
Gutherius Jacobus, 36.
Guyetus Carolus, 124.
Guzman Joannes, 929.
Gymnadis licentia, 1082.

Gymnosophistæ, 550.
Gynæceum, 3 brevi, 618.
Gypseæ imagines, 753.

H

H aspiratio instar consonantis synalœpham nonnunquam arcet, 1056.
Habacuc, diversæ scripturæ hujus nominis et varia quantitas, 279. Habac. cap. ii. 1056; iii, 573.
Habere, habitare, 788.
Habitaculum, 534.
Habitus, forma 550. Forma statuarum, 715. Habitus et conatus militaris, 602.
Haceldama, Hacheldemach sæculo xii adhuc retinebat nomen, 683.
Hacha Hispanice, 1100.
Hadrianus tertia brevi, vel potius synære i facta ex secunda et tertia, 177, 183, 185.
Hadrianus I, 1183, 1200.
Hadrianus imper., 716, 722 seq., 1237. Hadriani moles, 1201. Pons, 1201.
Hæresis, vide Heresis.
Hæretici laudant et excusant Prudentium, 1 seq. SS. Patres sibi adversari facile patiuntur, 111. Suas cæremonias extollunt, alias catholicorum irrident, 456. Primis sæculis an occasionem dederint calumniis contra Christianos, 893.
Halicarnasseus, vide Dionysius.
Hamartigenia an pars Apotheosis, 491.
Hambre Hispanice, 524.
Hanc animam vox magnanima, 1208.
Hannibal, vide Annibal.
Harduinus Jo notatus, 1163.
Hartmannus imitator Prudentii, 217, 678.
Haruspicum responsa, 721.
Haurire cum lacte, 1124.
Hebe, 702, 1080.
Hebræi an solum caput vituli aurei effinxerint, 432. Per orbem dispersi, 431. Martyrum suppliciis insistebant, 1031. Sepulcra in viis publicis collocabat t, 753. Sub Juliano Apostata ligonibus argenteis usi, dum templum instaurare voluerunt, 755. Ipsorum Pascha, 454. In Christianos odium, 434, 712. Cæci as, 435.
Hebrus, 804.
Hecate, 729.
Hecatombe, 2 producta, 176, 1153. Quid sit, 1153.
Hectorem pro Hectora, 193.
Hedera an Jonam texerit, 522. Baccho sacra, 259.
Heinsius Nicol. adnotator Prudentii, 77, 93 seq. An præferendus Chamillardo, 94. An plures ejus editiones exsient, 94, 95. Prudentium laudat, 213. Ejus editio, 223 seq. Notatus, 161, 224, 249, 234, 291, 365, 588, 592, 415, 441, 458, 465, 467, 629 seq., 635, 638 seq., 650, 655, 665 seq., 690, 694, 705 seq., 717, 721, 750, 744 seq., 750, 767 seq., 772, 773, 779 seq., 793, 802, 806, 817, 833, 837, 850, 879, 885, 908, 912, 954, 957, 950, 975, 997, 1023, 1044, 1080, 1097, 1122, 1152, 1191.
Helena, 701.
Helias sacerdos, 512.
Helim locus in eremo, 672.
Heliodorus, 255.
Heliogabalus, 1196.
Hellespontus, 706.
Helpidius Rusticus, 46, 583, 659, 947.
Hemeterius, 870, seq., 967.
Hendecasyllabi versus, 198, 1040.
Henichius Joannes, 16.
Henricus, vide Hericus.
Hepar e brevi, 188.
Hepf disputationes ad Prudentium, 95.
Heraclitus I brevi, 179.
Heraclius scriptor, 767.
Heraldus Desiderius notatus, 134, 909.
Herbidus, 659.
Hercules, 706 seq , 717, 1085, 1097. Hydram Lernæam occid.t, 1158 seq. A doctis colebatur, 550. Ejus imago, 1092. Herculea clava, 550.
Herculeus pro Hercules, 706 seq.
Heres Pa ris summi Filius, 585.
Hersis prima brevi, 178, 181, 252, 505, 646, 674.
Hericus Altissiodorensis, 160, 180, 660, 1029. Imitator Prudentii, 217, 531, 353, 536, 500, 872.
Hermenegildus (S.) martyr. 125, 162.
Hermione, 701.
Hormogenianus Olybrius, 746.
Hermolaus, 188.
Hero les infantes occidit, 678, 1128.
Herolianus, 928.

Heroes Christiani, 306. *Heros o brevi*, 4069, 105. *Heros Tobias*, 357. *Heros impius* Pharao, 506.
Herrera Joannes, 933.
Heruartius Jo. Frid., 1078.
Herus Laurentius, 100.
Heruetus Gentianus, 132.
Hesperia, 1212.
Hessels Joannes, 857.
Hesychius, 1170.
Hetruria, *vide* Tuscia.
Hetrusci, 806 *seq*.
Heumannus, notatus, 287.
Hevæi, 352.
Hexameter herous peritLosyllabus versus, 1250.
Hiatus personæ in tragœdiis, 818, *seq*.
Hiatus in versu, 325, 382, 588, 592. In Prudentio, 426, 526, 583, 585, 593, 587, 626, 650, 777, 781, 805, 874, 991, 997, 1057, 1060, 1115, 1134, 1139, 1142 *seq*.
Hibridæ voces, 337.
Hieremias, *vide* Jeremias.
Hierico, 337.
Hieronymus (S.) 27, 29, 111, 126, 128, 154 *seq*., 138, 148, 171, 252, 262, 275, 280, 314 *seq*., 575 *seq*., 585 *seq*. 423, 425, 431, 469, 476, 532, 616, 651, 685, 681, 718, 710, 746, 748, 751, 807 *seq*., 822, 882, 903, 928, 932, 992, 1002, 1055, 165, 1091, 1142, 1178, 1191, 1211, 1223, 1224.
Hiernsalem, *tide* Jerusalem.
Hilario (S.), 252 *seq*.
Hilarius (S), 145, 151, 173, 232, 344, 451, 599, 1054, 1098.
Hilar us papa, 1185.
Hildebertus, 1215.
Hildebrandus Joachimus impugnatus, 420.
Bildegarius episc., 77.
Hincmarus Rhemensis, 168, 229, 230, 596, 588.
Hippo, 419.
Hippocratica media producta, 1110.
Hippolyti, quot fuerint martyres, 1162. Hippolytus miles, 1165. Ejus Acta apocrypha, 1171 *seq*. Hippolyti pictura non exprimebat militem. Hippolystum, 1175.
Hippolytus martyr, 926 *seq*., 985, 1161 *seqq*. Presbyter Antioch., 1165. Hippolyti cœmeterium, 1179, 1181. Templum, 118. Hippolytus in Breviario Isidoriano, 57. Hippolytus scriptor, 1161, 1166.
Hippolytus Phœdræ causa raptatus equis, 769.
Hircinum sidus, 458.
Hircosi cynici, 420, *seq*.
Hispalis, laudatur in quodam epigrammate Ausonii, 957.
Hispana lingua orationes et carmina verbis communibus etiam linguæ Latinæ, 929.
Hispania vere catholica, 172. Ejus martyres laudat præcipue Prudentius, 870. An ipsi Prudentius luxum tribuat, 613, 630.
Hispaniolus Ptolom., 179, 183.
Historiæ ecclesiasticæ scriptores passim Prudentium laudant, 216.
Hi us pro *Jesus*, 186.
Hoc habet, Hoc habe, 595.
Hœdi, vel hædi, *tide* Agni.
Hœschelius, 76
Holofernes, 594.
Holstenius Lucas moribundus hymnum Exsequiarum sibi recitari voluit, 215.
Homerus, 761, 963. Negligens metri, 190.
Homo, an primam in hac voce produxerit Prudentius, 177, 180. Homo an conditus ad imaginem Verbi, 431. Quid a pecude differat, 777. Spectare Superna jussus, 748. Ipsius creatio, lapsus, 101, 105. Hominis ætates, 790. *Homo omnium horarum*, 554. Homines, si libere non peccant, puniri non debent, 801 *seq*. Hominum æqualitas, 527. Diversa studia, 249. Studia varia, 1221.
Homousion, 526.
Homuncionitæ, 102, 432, 451, 470.
Honestas, 611.
Honorius Augustod., 42.
Honorius imper., 695, 761, 823, 807. Simulacra deorum primu n permis t ornatus gratis, deinde prohibuit, 741. Basilicam S. Pauli perfecit, 119.
Honorius I., 121.
Hopperus Marcus, 212.
Hora solvendi jejunii, 1050.
Horæ ad usum diœcesis Lugdunensis, 387.
Horatius, 4, 58, 136, 181 *seq*., 188, 205, 219, 259, 262, 272, 277, 279, 281, 288, 295, 29, 510, 512, 558, 556, 597, 448, 490, 501, 513, 533, 556, 562, 598, 632, 682, 706, 714, 720, 735, 739, 758, 786, 810, 852, 862,
891, 900, 914, 929, 930, 988, 997, 1015, 1012, 1031, 1045 *seq*., 1060, 1082, 1091, 1111, 14_2, 1158, 1170, 1184, 1200, 1215, 1217, 1226 *seq*., 1251, 1255. Nominibus in *osus* delectatus, 593 Ejus cum Prudentio comparatio, 206, 217.
Hordisius Lucas, 474.
Horror algidus, 886. In religionibus, 714, 1091.
Horstius Matthæus, 614.
Hospinianus Rodulphus, rejectus, 121 s *qq*., 872, 1162.
Hospita, 194. *Trinitas*, 586.
Hospite aratro, 608.
Huc ades, 803.
Huetius Petrus Daniel, 7, 115, 145, 1 5. 1 9. Prudentium ad usum Delphini excudi persuasit, 214.
Hugo Hermannus, 801.
Huguenoti appellatio originis obscuræ, 736.
Humanæ victimæ, 731 *seq*.
Humilis, humil.tas, humilitas sanctorum, 28, 29, 607, 611, humilitati descriptio, 607.
Hunnus, 834.
Hurtado Thomas, 884.
Ilyacinthus in florem conversus, 1082. Gemma, 639, 664.
Hyalus, 1199 *seq*.
Hydra Lernæa cæsa et combusta, 1158 *seq*.
Hydrinus, 204.
Hydrius puer, 455.
Hydrops, 909.
Hyginus, 140, 699, 700, 752, 1051.
Hylas, 707.
Hymnarium, 9. V. Thomasii, 125, 282. Correctione indiget, 243.
Hymnio, himnista, 204, 887.
Hymnodia Hispanica corrigitur, 122, 201.
H mnus matutinus, sive ad pullorum cantum, 215 Vespertinus ad incensionem lucernæ, 122. Martyrum ad vesperas, 290. Nominum Christi ex cod. ms., 186. De missione S. Spiritus an sit Prudentii, 51*seq*. S. Romani udatus, 191. S. Vincentii in Brev. Moz. 34 *seq* Hymni 5 Cathem. tantus, 121 *seqq*. Hvmni Breviarii Romani b s correcti, 235. Defensi, 178, 803. Hymni Breviarii Mozarabici plures fortasse sunt Prudentiani, 966. Hymni duo postremi Cathem, an loco movendi, 254. Hymn in exsequiis, 551. Hymni *Virgo Dei genitrix, Corde natus ex parentis, Fidii anguis immolatum*: quinam eorum auctores, 27. Hymnorum expositio, 85, 95. Hymnos canendi vetus consuetudo, 251.

I

I et H Græcæ litteræ quid significent, 167.
Iambus pes citus, 1227. Iambicus trimeter versus, 201. Iambici Anacreontici versus, 199. Quos pedes admittant, *ibid*. Iambici senarii, 199. Iambicus dimeter versus, 198.
Ibanez Erhavarri Bern., 17.
Iberia, 871. Iberus flumen, 815. Iberus Nasco, 20 *seq*., 954.
Ibis numen Ægypti, 1089.
Idaliæ rosæ, 807, 1258.
Ide mons, 715.
Idea, secunda producta, 181.
Idiaquez Franciscus Xaver., 546.
Idiomatum communicatio, 1121.
Idolum secunda correpta, 176, 181, 191, 193, 621, 691, 768, 771, 948, 1105. Pro Deo ficticio, ecclesiastica, 252.
Idolis divinitatem inesse putabant gentiles, 983.
Idola irridentur, 990, 1095 *seq*., 1100. Eorum cultus, 569. Prohibitus, 48, 741. Ea conculcare quandonam licuerit, 952. Idololatria, 692, 646, 948, 925. Ejus origo, 710, 714. Vestigia, 719, 1077. Novi conatus pro ea, 696. *Idololatris, idololatrix*, 551, 908 *seq*. Ido ium, 418, 749, 755, 1168. In idollo recuinbere, 418. *Idolium* tertia co repta, 176.
IHV, IHM pro *Iesu*, et *Iesum*: IHS, IHC pro *Iesus*, 186.
Iesus synæresi facta ex ie, 177, 181, 185, 185 *seq*., 424, 448, 469, 482, 487, 681 *seq*., 677, 682
Iesus nomen, 4. Per e et significatum, 166. *Salvator*, 591.
Ignatius martyr, 378.
Ignem in undis quærere, 1137.
Igneus deus, *ignea* anima, 145, 275, 670.
Igni interdici, 145.
Ignio, ign tus, 204, 1136.
Ignis deus, anima, 479, 561, 1099.
Ignis ultimum tormentum, 993. Supplicia, 879, 951, 1158 *seq*. Igni feræ, aut gladios succedebat, 999. Iguis in rubo, 670. Sodomiticus an fuer t fulmen, 452. Igni æterno anim e peccatorum puniuntur, 779. An is mitigari possit, 1230 *Vide Pœna*.

Ignonluinum, 616.
Ildefonsus (S.), 270, 5(2, 672.
Ilex, inlex, illix, 617.
Ill citare, illectare, 841.
Iludibria, 627.
Illuminatio, baptismus, 463.
Illotus, illotus, 481.
Ima carceris, 1002.
Imago convivii Galilæi, 681. Domini, SS. Cassiani, Hippolyti et Simeonis Stylitæ Romæ passim, 109 seq. Prudentii, 40. Sepu'cri Chris.i e nummo veteri, 685. Imagines veteres Christi, 685 seq. Antiquæ bovis et asini ad præsepe Domini, 575. In templo S. Felicis-Nolani, 109. Imagines sanctorum, 104, 109. S. Martin , et S. Paulini adhuc viventis collocatæ in templo, 151. Imaginum pluvium prigo, 1012. Imagines in sepulcris veteribus, 687. In hoc opere delineatæ, 8. Auctorum primæ litteræ codicum apjungi solitæ, 40.
Imbecilus e brevi, 176, 181.
Imber lapidum, saxeus, imbre, imbri, 688.
Imbuere tenebras, 293.
Imi atores Prudentii, 160, 217, 226, 607, 613, 640, 922, 923, 935, 1057.
Immansuetus, 689.
Immensitas Dei, 459.
Immensurabile, 472.
Imminere, 1067.
Immorari spiculo, 1066.
Imola an patria S. Cassiani, 1050.
impar a brevi, 176, 182.
Impusibilis, 204. Vox Lactantii et Tertulliani.
Impedimenta matrimonii cum hæreticis a concilio Elliberitano initium ducunt, 170.
Impensus, 976.
Imperativa primæ, secundæ et quartæ conjugationis ultimam syllabam olim corripiebant, 194.
Imperitia objecta Christianis, 1070.
Impetritus, 581.
Impiare, 204, 302.
Impietas Christianis objecta, 1074, 1134.
Impios inter piosque sunt aliqui, 151.
Imponere manum, 657.
Impossibilis, 473.
Impotens, valde potens, 287.
Imprimere silicem osculis, imprimere osculum; impressa oscula, 713, 1134.
Improbus lictor, labor, 1114.
In præpositio sæpe auget, 287, 689, 802, 1000.
Inadustus, 413.
Inæstimabilis, 1095.
Incapax, 204, 410.
Incarnatio Verbi, 101. Incarnationis mysterium an dæmoni clare perspectum fuerit, 526, 440 seq.
Incensum pro thure vox antiquissima, 429.
Incentivus, incentivum, 204, 481.
Incerare, 204, 713. Genua, 444.
Incerti carmen in laudem Prudentii, correctum ad ms. epd., 208 Excud. Goldasti, 240. Ex cod. Bongarsiano, 210.
Incircumcisus, 622.
Incircumscriptus, 204, 476.
Incitus, incitatus, 991.
Inconstantia rerum, 851 seq. Romanorum in retractandis legibus, 790.
Incorporatis, 1010.
Incredulus, 451.
Incruens, 8, 0, 982.
Incussus, incussio, 1001.
Inclytus, 278.
Indages, indago, 204, 837. Vox Claudiani Mamerci.
Inde domo, 1203.
Index biblioth. Cassanat. notatus, 614. Index expirgatorius Belgii, 1160 seq. Brassichellensis, 158, 562.
Indoci is, 266. Pro *doci i*, 633, 710. Pro *non docili*, 693, 756.
Indoles, 927, 942. Indoles *trina*, 585.
Indomia ilis, 204, vox Plauti.
Induciæ, 900.
Induperator, 710.
Indus decolor, 558.
Ineptia, ineptiæ, 710.
Energima, vide *Energima*.
Inermare, 555. Inerme virus, 263. Inermis, *sine nuis*, 634. Inermans, 169.
Inervo, innervo, 552. Vide *enervo*.
Infamium, 646.
In arcire, infarcire, 627.
Inferi, vide Pœna, ignis æternus.

Infernalis, 562.
Infideles ad interiorem ecclesiæ partem n-n progrediebantur, 1072.
Influit; impluit imber, 854.
Infractus pro *fractio*, 620.
Infrequens, valde frequens, 1000.
Insula quid sit, 555. Insulæ a villa discrimen, 862. Insulatus David, 335.
Ingelidus, 862.
Ingenia liberiora castigantur, 427.
Ingenium, 802. Ingenii luciamen inire, 755.
Ingenitus, 478.
Ingenuus, 261.
Inlustris an recte scribatur, 689.
In medium influere, 836.
Innalus, non natus, 204, 409.
Innitor, innecto, 552.
Innocentes anni, 1125.
Innocentes infantes occisi, 678, 1128.
Innocentius I, 51; III, 157; 883.
Innuba Eva, 266. Innuba virgo, innupto uxore, 485.
Innumerabiles martyres Cæsaraugusiani, 108, 970.
Innupta Deipara, 593.
Innormis, enormis, 195.
Inquietare, 1070.
Insani vapores, 445.
Inscriptio Bassi, 748. Constantini, 740. Principi, 753. Vide Salia, Stilico, Vettonia.
Inscriptiones antiquæ basilicæ S. Pauli, 1198. Diocletiani, 949. Hymnorum non videntur esse a Prudentii manu, 887. Symmachi, Nicomachi, 843.
Insignis cum genit., 1168.
Insistere, 760.
Instaurare, 549.
Institor, 248 seq.
Instruere, 1212.
Instrumenta martyrii, 1169. In honorem transierunt triumphi, *ibid. seqq.* Terrea circa ignem uniformum, Larium efficia, 928 seq.
Instrumentum pro testamento, 509.
Insubjectus, 204, 555.
Insuesci; consuefaci, 468. Insuetus, assuetus, 694.
Insufflare, irridere, 1142.
Intactæ anus, 945.
In tantum, 511, 814.
Intemporalis, 204, 1098.
Intereceptus, 194, 196, 638.
Interefectus, 194, 196, 597.
Interminus, interminabilis, 204, 581, 775.
Intestabilis, 1070.
Intimare, 1158.
Intolerantia religionum diversarum in Ecclesia catholica auctores habet Constantium, Theodosium aliosque pios et antiquos imperatores, 447 seq.
In usque, 315, 1141.
Inventor luminis Deus, 285.
Inversa vice, 912.
Investitus, nudus, 766.
Invidi, 908 seq.
Invisibilis, 412.
Invocatio sanctorum, 105, 875, 940, 1055, 1060 seq. 1065, 1181, 1224. Carminibus et hymnis publice decantata probata, 935.
Involare, 476.
Involucrum, involuclum, 5 b, exj, 176, 182, 237, 510, 605.
Ionius o brevi, 188.
Iræ descrptio, 610.
Irenæus, 470, 250, 550, 562, 462, 504, 456, 577.
Irene martyr, 965. Soror Damasi, 859.
Iremotus, 204, 1014.
Irritamen, 204, 510, vox Ovidii.
Isaac immolandus, 1125.
Isæus, 562.
Isaias cap. 11, 234, 575; 1V, 466, 112, VI, 275, XI, 450, IX, 571, 440, XI, 584, XXXIV, 1115, XLIV, 369, XLV, 419, LI, 1258, LXI, 1255, LXIV, 588, LXV, 562.
Isaias serra dissectus, 1021.
Isidorus, 16, 123, 129, 168 seq., 207, 226, 215 seq., 23, 243, 261 seq., 272, 274, 279, 510, 579, 585, 414, 422, 442, 449, 451, 455, 469, 474, 476, 493, 499, 520, 524, 527, 550, 554, 558, 578, 592, 618, 655, 672, 675, 700, 704, 755, 755, 785, 795, 808, 822 seq., 865, 865, 868, 894, 929, 954 seq., 965, 987, 992, 1034, 1064, 1081, 1095, 1103, 1143. Imitator Prudentii, 935. An ejus sint versus de ipsius bibliotheca, 207.
Isidorus Pelus., 419, 520.
Isis, 804, 859. Pennis vulturinis, 770. Ejus minima solemnia, 754.

Islandia, 567.
Is a, 8, 24, 34, 91 seq., 94 seq.. 224. Ipsius scripta, 1160. Glossae auctiores, 666. Non omnes in judicium vocatae, 422, 1109. Correctus, 236 seqq., 255, 289, 513, 550, 555, 555, 571, 577, 450, 528, 550, 595, 725, 825, 857, 859, 866, 481, 975, 1030, 1014, 1064, 1151, 1165, 1167, 1180, 1256 seq. Notatus, 184, 227, 229 seq., 274, 276 seq., 299, 564, 422, 472 seq., 489, 499, 516, 520, 555, 585, 627, 696, 698, 700, 717, 752 seq., 749, 762, 775, 782 seq., 794, 815, 825, 854, 859 seq., 875, 881, 899, 914 seq., 925, 925, 949, 975, 980, 985, 1005, 1017, 1085, 1092, 1109, 1111, 1192, 1199, 1201, 1215, 1256, 1257.
Israelis captivitas, 555, 676.
Ister, 415,
Isus, Isa pro Iesus, 186.
Italus, dux, 719.
Iter Israelitarum per mare, 670.
Itinerarium Antonini mart., 255; Burdigalense, 670.

J

Jacob patriarcha, 405. Cum Domino luctans, 254.
Jacobi Epist. cap. III, 1140.
Jacobonius Julius, 175.
Jacobus Benevent., 58.
Jacula solis, 246.
Jam in nam mutatum, 417, 545.
Janiculum, 1167. Janiculi ad radices molae, 848.
Janningus, 1199.
Janua, vide Balbus Joannes.
Januarius (S.), 965, 978.
Janus, 719, 925.
Japones, 545.
Jaquelotus, 148.
Jason Cyrenaeus, 1129.
Jaspis, 659, 664.
Jebusaei, 552.
Jecur in sacrificiis, 945.
Jejunare, 524. Jejunium, 510 seq., 611. Festum, jus dicatum, victima sacrum dictum, 511, 528, 1050. Qua hora solutum, 528. Jejunii necessitas, 529, 555. Utilitas, 272. Jejunia strictiora aliquando ab episcopis indicta, 1050. Jejunii quadragesimalis origo, 525 Jejunii quadragesimalis et stationum discrimen, 528. Jejunium a catholicis an auctum, an relaxatum, 525. Jejunii diversae consuetudines, 147, 550. Jejunium sabbati, 272. Christi, 528.
Jeremias, 554.
Jerem. cap. I Thren., 554.
Jerusalem arcam suscepit, 654.
Jericon, 557, 675.
Jesse radix, 581.
Jesu Liberius a, 58.
Joannes Bapt., 515 seq. Ejus passio, 681. Imago ipsius Christum baptizantis ex veteri numismate, 252.
Joannes, vide Chrysostomus.
Joannes Climacus, 155, 158.
Joannes Damascenus, 157.
Joannes Evang. an in somnis viderit res in Apocalypsi narratas, 504, 569. Ejus Evangelii extrema verba de numero, an de pondere librorum intelligenda, 461.
Joann. cap. I, 558, 595, 514, 1117; II, 680; IV, 1127; V, 577, 462; VI, 542, 417 seq.; VIII, 546; IX, 558, 462, 681; XI, 540, 468, 685; XV, 694; XVIII, 455; XIX, 1126.
Joannes Scotus Erigena, 1160.
Job patiens, 604. Job cap. VI, 965; VII, 502; XIX, 1057.
Jocus, 625. S. Laurentii in tyrannum an laudandus, 920.
Jocus et ludus quid differant, 258.
Joelis cap. III, 572.
Jonas, 520 seqq. Sub cucurbita in vitro antiquo quid probet, 522.
Jonas Aurelianensis imitator Prudentii, 607.
Jonathas, 622..
Jordanis conversus retrorsum, 591. Ejus XII lapides, 675. In Jordane veteres Christiani baptizari expetebant, 252.
Joseph interpres somniorum, a fratribus agnitus, 669. Ejus historia, 502. Ab uxore Pharaonis an sollicitatus, 1252.
Joseph Michael a S., 52, 47.
Josephus Hebraeus, 452, 556, 920.
Josue cap. II, 675; III, 591; IV, 591, 675; VI, 556; VII, 654, 1146.
Jovinianus, 695, 1209.
Jovis imagines, 701, 1091. Stupra, 1081, 1085.
Jovis Latiaris templum in monte Albano, 792.
Jovis specie Augustus repraesentatus, 720.
Jovius, 86.
Jubeo tibi, 1001. Jubeo, ut, 489, 1059.
Jubilaei annus, jubilous, 486, 1255.
Juda pro Judas, 685 seq. Juda patriarcha, 448.

Judaei, vide Hebraei.
Judaicus, secunda producta, 179, 181.
Judaismus in vocabulorum Hebraeorum quantitate religiose observanda, 184.
Judas quo sensu mercatus agrum, 654. Laqueo suspensus, 685.
Judicium extremum, 576 seq., 568, 211, 246. Cur ad dexterum judicis latus eo die transferri Prudentius oraverit, 159 seqq.
Judicum cap. XIV, XV, 674.
Judith. cap. VII, 249; XIII, 594.
Jugum Christi suave, 528.
Jugurtha, 745.
Julia Augusti filia, 720.
Julia Ctaphronia Deo d vota, 851
Julianus Apostata 24, 414, 697, 1019, 1055, 1078 seq., 1129, 1149. Aram Victoriae res I ubi, 695. Ejus sacrificia, 448. Serapis vultu exsculptus, 770. Annus ejus obitus, 1250.
Julianus archipresb. commentarius, 59, 1251.
Julianus episc. Tolet., 1212.
Julius Firmicus, 702
Julius martyr, Julia, 979.
Julius obsequens. 1091.
Julius Ascanius, 924.
Junceus, 9 5.
Junius Bissus, 747.
Juno, 715, 924. Ejus imago, 1092. Junonis specie Livia efficta, 720. Junones duae, 724
Juppiter, 700 seqq., 104. Rex, tyrannus, 1087. Stator, ejus imago, 1105. Latiaris, an ili vi timae humanae immolatae, 752.
Juramentum per salutem, vel gentium principis, 1138.
Jurare flumina barbari soliti, 822.
Juretus Franciscus interpres Prudentii, 78, 90, 95. Notatus, 715, 790, 806.
Juribus hastae addictis, 661.
Jurisconsultorum canina facundia, 550. Pertinacia obtinendi, 227.
Jus reddere quid sit, 228. Juris duae partes, ibid.
Jussio augusta, 55.
Justi am ci Dei, 1164.
Justificare animam, justificus, 477.
Justinianeus codex, 172, 758, 1145.
Justinianus, 171, 867.
Justinus martyr, 250 seq., 280, 926 seq., 1104, 1112, 1115.
Justitia, 611. Hujus vitae qualis, 28.
Justitium, 290.
Justus agit tutus iter, 670.
Justus et Pastor, 968.
Juvenalis, 179, 187, 226, 228, 295, 420, 519, 554, 546, 557, 559, 605 seq., 609, 616, 619, 625 635, 678, 700, 721 seq., 727, 755, 756, 771, 787, 797, 801, 812 seq., 818 seq., 859, 841, 862, 864 seqq., 900, 925, 950, 1055, 1070, 1076, 1080, 1085 seqq., 1088 seqq., 1116, 1125, 1125, 1150, 1170, 1181.
Juvencus Tauri sidus, 458.
Juvencus, 87 seqq., 161, 477, 251, 255, 286, 515, 517, 529, 565, 585, 440, 511, 612, 651, 679, 828, 1226. Qua invocatione in suo poemate usus, 252. Juvenci non est liber in Genesim sub ejus nomine editus, 196.
Juventa, juventus, juventus, 861.

K

Kalendae an calendae scribendum, 565
Kalendae Januariae, 719. Kalendarum observationes prohibitae, 15.
Kempius Martinus castigandus, 951.
Kimchius, 908, 1259.
Kingius Guilielmus, 148.
Kirchmannus Joannes, 565.

L

Labarum, prima communi, 740. Labarum Constantini, ibid. Imperatorum, 825.
Labbeus Petrus, 1192.
Labbeus Philippus, 155.
Labes, la' em inferre, 252.
Labieni scripta combusta, 882.
Laborum, vide Labarum.
Lac pressum, 262. Lac de succo herbarum, 401. De succo plantarum, 849.
Lacedaemon, 701, 785, 1257. Ultima brevi, 176, 185, 188, 785.
Lacedaemonii, 806 seq. Victoriam involucrem exprimebant, 764.
Lachesis, 801.

Lacones unâ sola littera o responderunt Alexandro, 189.
Lacrymæ præ gaudio, 456. Christianorum ad sepulcra martyrum, 1061. Ethnicorum ad aras deorum longe diversæ, 1061. *Vide* Fletus.
Lactantius, 126, 135, 139, 286, 293, 306, 356, 373, 577, 593, 408, 459 *seq*., 446, 490, 511, 588, 600, 653, 700, 703, 707, 717, 751, 776, 779, 837, 865, 913, 916, 952, 1011, 1028, 1045, 1084, 1098, 1154, 1176, 1204. Lactantius ms., 58.
   Lactantibus horis, 457.
   Lacte depulsus, 1122.
   Lactentis oris indoles, ibid.
   Lacteolus, 678, 953, 1188.
   Lacteus, 953.
   Lacto, 329, 457, 1235.
   Lacunæ vulnerum, 993.
   Lacus myrrhæ, 671.
   Laertius, 593.
   Lætâ, quam laudat S. Hieronymus, 718.
   Lambere, 408.
   Lambinus notatus, 1187.
   Lamius Jo. notatus, 156.
   Laminæ ardentes, 989, 999, 1108. *Lamna*, *lammina*, 755.
   Lampas Christi, 594.
   Lampades, *vide* Faces.
   Lampadius, 747.
   Lampius Barcin., 747.
   Lampridius, 1154, 1196.
   Lampsacus, 1257.
   Lancea in cœmeteriis reperta, 1169
   Lancino, 996.
   Languidus voce vocem, 616. *Languiduli natatus*, 296.
   Lanista, 864.
   Lauzoni Antonius, 359.
   Lapidatio, 686.
   Lapide Cornel us a, 275
   Lapides et saxa pro diis, 985, 990. Instrumenta martyrii, 1045.
   Lapis pro idolo, 715, 948. *Lapis fixus*, 400. Lapis angularis, *vide* Christus.
   LapiusJo. Hieron., 750.
   La Placette, 148.
   Lappæ, 531.
   Lardum unde dictum, 929.
   Larentina, Laurentina , 812.
   Lares, 928. Ferreis instrumentis circa ignem insculpti, 929. Fuliginosi, eorum cultus, 1089 *seq.*
   Largitas, *vide* Operatio.
   Larralde Jo. Ignat., 870.
   Larvæ scenicæ, 818.
   Lascivus aspectus punitur, 1218.
   Lastanosa Vinc. Jo., 222.
   Latæ procinctus, 806.
   Laterana basilica, 751.
   Lateranense oratorium sacrum S. Laurentio, 953.
   Latere Christi an sanguis, et aqua divisis limitibus fluxerit, 546.
   Latina via, 755.
   Latinitas non est Augustei sæculi finibus concludenda, 205. Prudentii, 205 *seqq.*
   Latinius Latinus, 219. *Scps* pro *spes* in Prudentio restituit, ejus hac de re ænigma, 172 *seq.* Notatus, 229, 1061, 1239.
   Latium unde dictum, 699.
   Latro bonus in quem locum a Chisto perductus, 365.
   Latrones persecutores Christianorum, 1023, 1148.
   Latus utrumque Christi an perforatum, 684 *seq.*
   Laurentius martyr, 888 *seqq.*, 1169 *seq.* Crucem manu ferens, 937. Ejus martyrium quis verterit in dubium, *ibid.* Cultus Romæ, 932. Monumenta vetera hujus cultus, *ibid. seq.*, 956 *seq.* Ecclesiæ, 926, 931 *seq.* Imagines antiquæ, 937. Patria, 889, 955, 958 *seq.*
   Lauretanus Mich., 1169.
   Lauretus Hier., 271, 497.
   Lavacrum, 2 brevi, 182.
   Laverna, Laberna, 839.
   Lazarus, 370. Resuscitatus, 467 *seq.*, 685.
   Lazzeri Petrus, 555, 930. Notatus, 955.
   Lea pro *leo*, 194.
   Leander Hispal., 1001.
   Lebetes sepulcris insculpti, 1169.
   Le Brunius, 747.
   Lectica, 865.
   Lectisternium, 998.
   Lectus Jacobus, 93.
   Lectus ferreus, 917, 999 *seq.* Lectulus quo jacuit S. Vincentius diu asservatus, 107.

Leda, 701, 717.
Legem credendi lex statuat supplicandi, 241.
Legere ossa, 1036.
Leges metricæ a poetis Christianis observatæ, 180. Leges arctæ, atræ, 985. Auritæ, 468. Minantur, 778, 1085.
Legis et Evangelii discrimen, 102 *seq.*
Legio an patria SS. Hemeterii et Celedonii, 887 *seq.*
Legula, *lingula*, 1146.
Leibnitzius, 148.
Lemma in stemmate Hispaniæ TANTO MONTA, et aliud posterius PLUS ULTRA, a quibus inventa, 86. Lemmata carminum Prudentii, 402, 417, 578, 587. An ea sint a Prudentio, 1048, 1050.
Lenis Vincentius, 1235.
Lentus de patiente, 600.
Leo verbum antiquum, 230.
Leo Magnus (S.), 276, 346, 512, 578, 713, 820, 100', 1194, 1200. Imitator Prudentii, 922, 965.
Leo *sidus*, 457.
Leotricus episc., 77.
Leonardo et Argensola Lupercius, et Bartholomæus 10 *seqq. Vide* Argensola.
Leontinus Ager, 847.
Leopardus Paulus, 385.
Lequien Joannes, 518.
Lerna palus, 1158.
Lesleus Alexander, 871.
Lessius, 936.
Lethæa vis, *somnus*, 299.
Levana dea, 607.
Levare corpora martyrum, 1020.
Levita, 892, 987.
Levitici cap. III, 1098, XXV, 486 *seqq.*
Lex Moysi data, 670. *Lex* pro naturæ propensione, 850.
Lex Curia, 1074. Lex Julia, Scantinia, 1085.
Liba in sacrificiis, 1095.
Liber vitæ, 871, 981.
Liber emissus non revocatur, 58.
Liber de S. Maria et obstetrice, 576.
Liber, *vide* Bacchus. Liberi imago, 1001.
Liberius a Jesu, 128. Refellitur, 704.
Liberius papa, 1195.
Libertas arbitrii, 105, 113, 541 *seq.*, 551 *seq.*, 727, 801, 803.
Libido in venis, jecore, fibris, 594. Sodomita, 592. Libidinis et mortis consensio, 596. Libidines veterum intolerabiles, 522.
Libram tenere, 965.
Libratus an active, 602.
Libri Christianorum ab ethnicis combusti, 882, 998.
Libros comburendi mos, 998. Quando Romæ cœperit, 882. Libros sacros Christiani venerabantur, 456.
Libum, 272.
Liburnæ turritæ, 808 *seq.*
L bya, 804, 1203.
Licentiæ poetarum, 185 *scq.*
Licentius paganus, 752.
Licini tonsoris sepulcrum, 755.
Licinius imbrex, 1087.
Ligneæ feminæ, 953.
Lignum, c mpes, 1005.
Lignum vitæ, 266.
Ligonibus aureis terram fodere, 755.
Ligorius Pyrrhus, 865.
Liguria, 825.
Limbus Veneris, 814.
Limina templorum exosculari Christiani sciliti: limina apostolorum quid, 930.
Linnus de corpore humano, 525.
Linea texta, lui usus, 225.
Lingua pro eloquentia, 1065. Plectro comparata, 1024, 1145 *seq.*
Linguetus, 119.
Lingula, ligula, 1146.
Lippomanus Aloysius, 97.
Lipsius rejicitur, 864.
Liquabile, 204, vox Apuleii.
L quidum quid proprie sit, 114. *Liquidum serenum*, 734.
Liquor et *liquidum* pro spiritu et spirituali, 140 *seq.*, 410, 465, 779.
Lisca Franciscus, 831.
Litamen, 204, vox Statii.
Litania, 511.
Litare, 511, 579.
Lites calumniosæ, 538.
Livia Juliæ nomine vocata, 720, 721. Ejus apotheosis, 720.
Livius, 762, 764, 798, 862 *seq*., 865, 967, 1110, 1158.

PATROL. LX. 32

Llares Hispanice, 929.
Loaysa Garsias, 10, 18.
Loci mulierum, 1217.
Locuples, 272.
Locus æ, 1 brevi, 679. Locustæ, quibus vescebatur S. Joannes Bapt., 315.
Longobardi, 430.
Longum pro *longe*, 977.
Lopez Ayala Ignat., 590.
Lopez de Barrera Dominicus, 148, 287.
Lorenzana Em. Franc. Ant., 215, 257, 308, 673, 880. Breviarium et Missale Isidorianum magnificentius et correctius edidit, 83.
Lorica, 601.
Lorinus, 555, 1233.
Loth, 550. Fugiens Sodomam, 555. Ejus uxor, 556. An ejus statua adhuc permaneat, *ibid*.
Lotus capillata, 866.
Lotterus Melchior, 1067. Editor hymni S. Romani, 1062.
Lubricare clivum, 1196.
Lubricus fallax, 1235.
Lucanus, 266, 290, 512, 701, 705, 853, 903, 1034, 1131, 1177. Ejus sententia, *Cælo tegitur, qui non habet urnam*. Inepta, 1177. Codex ms., 68.
Lucæ cap. i, 454, 677 seq., 785; iii, 517; iv, 523, 440; vii, 540; viii, 559 seqq., 401, 682; ix, 649; x, 871; xii, 912; xiii, 841; xv, 531; xx, 400; xxii, 610.
Lucellum, 249.
Lucernæ benedictio, 296. Lucernæ veteres Christianorum, 284. Lucernarium, 122.
Luchinius Franc. M, 820.
Luchius Mich. Aug., 538.
Luci et montes idolorum sedes, 1028.
Lucianus, 447, 718, 819.
Lucifer Calarit., 1107.
Lucifer diabolus, 512. Planeta, 381.
Lucilius, 484, 711, 1110.
Lucilla, 1008.
Lucina Juno, Diana, 781. *Lucinæ horæ*, *ibid*.
Lucisator, 257.
Lucovicus, 101.
Lucius martyr, 1115.
Lucius Rangonus Venustus, 1180.
Lucorum superstitio, 736.
Lucretius, 16, 181, 185, 216, 234 seq., 261, 267, 293, 299, 355, 531, 626, 713, 745, 774, 787, 790, 855, 919, 1122, 1182, 1187. Ejus de anima sententia, 142.
Luctantibus horis, 487.
Luctus emortualis, 559.
Ludere, pingere, ornare, 1176, 1198. *Ludere homicidia*, 868 seq. *Ludere pœnas*, 821.
Ludewig us Joann. Petrus Prudentium laudat, 215. Notatus, 152.
Ludimagistri, 1035.
Ludus Lotto dictus, 628.
Luere fœdera intercepta, 738.
Lugubris duabus primis correptis, 182, 341, 1223.
Lumen et numen sæpe inter se commutata, 436. *Lumen de lumine*, 1096. Lumen divinitus accensum, 128. Lumen novum Sabbati paschalis, 121. Antiquissimo tempore in pervigilio Paschæ oblatum, 121. Lumen S. sepulcri, 282.
Lumino, luminas, 856, 994. Luminium usus apud Hebræos et Romanos, 120. In ecclesiis usus et copia, 118 seqq., 121).
Lunæ cultus, 728 seq. Lunæ currui equi, muli, juvenci, juvencæ affinguntur, 729. Lunæ in circulo sedes Antinoo excogitata, 722.
Lupa, 592. Meretrix, 1118. Uxor Faustuli, 705. Lupanar, 592, 705 Publicum, 1216. Lupanaris varia nomina, 1217. Lupanaria collocata in vicis angustis, 1217.
Lupercalia, 853. Quandonam abolita, 1079. Lupercorum tria collegia, 930. Scuticæ, verbera, 1079.
Lupercus martyr, 979.
Lupius Ant. M., 507.
Lupus Ferrariensis, 500.
Lusitania, 957, 968.
Lustra, lupanaria, 705.
Luteola-serta, 619.
Luteus, 489.
Lutherus, 1180. Rejicitur, 118, 353, 570.
Lutulenta libido, 596.
Lux *fulva*, 345.
Luxuria commune vitium, 630. Oculos invadit, 592. Ejus descriptio, 615 seq. Luxuria veterum in marmoribus, 783. Lu us, 627. An Hispanorum proprius, 650. Luxus in supellectile libraria, 6. Vestium, 619 seq.
Lycetus Fortunius, 284.

Lydius, ludius, 1085 seq.
Lynces Bacchi, 708.
Lymphaticum, 541.
Lyra in annulis, 271.
Lyristes, e brevi, 195.

M

Mabillonius Jo., 58.
Macedonius hæret., 570.
Macedum, macetum, 811.
Maceria, maceries, 517.
Macero, e producto, 350.
Machabæi septem fratres, 1021. Eorum martyrium, 1129 seq.
Machab. lib. II, cap. vii, 1021, 1131.
Macharius, 31.
Machera, e brevi, 189.
Macies lapillorum, 855.
Macrobius, 201, 205, 259, 533, 681, 929, 1030, 1100.
Macrus Dominicus notatus, 1182, 1232
Maculæ, foramina retis, 260.
Mæander, prima correpta, 190, 509, 520.
Mænades ore colubros dilacerabant, 708.
Mæra Lucis, 76.
Maffeius Scipio, 899.
Magdalena (S. Maria), 242.
Magdel urgenses refellnntur, 101 seq., 111, 1240.
Magi Deum in stella non viderunt, 592. An putayerint Deum per stellam descendisse, 589. Christum vere adoraverunt, 583, 456 seq Non fuerunt Sinenses, 580. Eorum munera, 678. Adventus in sarcophagis, 832.
Magia, 705 seq., 1268. Secunda producta, 177, 180. Christianis objecta, 1157.
Magicus sæpe *in magnus* commutatum, 770.
Magister morum, 793.
Magistris Simon de, 220, 414, 1162.
Magnus, 1108.
Magnentius tyrannus 697.
Magnes, magnetica acus an Romanis cognita, 1078.
Magnus discipulorum, 653.
Magnu, Ovidius, *Magnus* Claudianus cur dicti, 26.
Ma-a, 703.
Maiales, 1100.
Maiansius Gregorius, 85.
Majestas pro divinitate, 405. An ultimam corripiat, 298.
Major cur Prudentius dictus, 26.
Major pro *maximus*, 584.
Mala sunt, quæ nonnulli vocant bona, 243.
Maldonatus Joannes, 120.
Malebolge et *malebolgie* quid Italis sint, 162.
Malefabrum, 204.
Malesuadus et *malesuasus*, 667.
Mallus Hispanice, 260.
Malvenda Thomas, 306. Quid egerit in expurgandis libris ad indicem Brassichellensis conficiendum, 159.
Mamachius Thomas Maria, 282, 667.
Mambre illex, 668.
Mamertinus carcer, 802, 1047 seq.
Mammon, mammona, 880. *Mammoneus*, 204.
Mamotrectum, 257.
Manecps carceris, 204, 1009.
Mancipatus, 569.
Mancosi, vide Philippi.
Manes di, 632 seq.
Manes hæreticus, 495.
Manichæi, 395, 402, 514. Oppugnati, 490. Eorum error super abstinentia a carnibus, 145. De duobus principiis a Prudentio eversus, 118.
Manilius, 173, 260, 448, 458, 519, 528, 787.
Manna eucharistiæ figura, 621. Manna et coturnices, 671.
Manrique Alfonsus, 98.
Mans esarum, 318.
Mansuetudo Christiana, 865.
Mantuanus Baptista, 179. Petrus notatus, 974.
Manuale Liblicum, 91, 186, 666.
Manutius Aldus P. filius, 250. *Vide* Aldus.
Mapalia, mappalia, 583.
Mara, 711.
Maræ aquæ, 672.
Maran Prudentius, 1203.
Marangonius Joannes impugnatur, 118.
Marcellinus, *vide* Ammianus.
Marcellus scriptor, 249.
Marcellus (S.), 887 seq.
Marchand Prosper, 44.
Marci cap. i, 410; ii, *ibid*.; v, 510, 449, 632, 1067; vi, 610; vii, 542; xiv, 239, 637; xv, 684.

Marcianus J. C., 1220.
Marcion, 393, 493. Secunda longa, 177, 183. Penultima longa, et ultima brevi, 497. Ejus Antitheses, 509. *Marcionita*, 2 brevi, vel synæresi facta ex secunda et tertia, 183, 185, 497, 509. Marcionitæ, 102, 451, 494, 550. Cur Caino comparati, 497.
Marcus Areth. ep., 1036.
Marcus ep. Taluontis. 90.
Marcus hæreticus, 336.
Marcus Maximus commentitius, 978.
Marcus (S.) monachus, 583.
Marcus prænomen Pruden ii, 26, 72.
Mare Magnum, 670. Mare Rubrum seu Erythræum, 288. Israelitis apertum, 613.
Margarinus de la Bigne, 139.
Margarita, 2 producta, 176, 181. Margaritæ portarum civitatis cœlestis, 657. *Margaritum* neutro genere, 661. Secunda brevi, 1121.
Maria, secunda brevi, 677, *vide* Deipara.
Mariæ reginæ Lusitaniæ pietas, 483.
Mariana Jo., 10.
Marieta Joannes, 20.
Mariettus Joannes, 56 *seq.*, 68, 100. Ejus codex, 701, 721.
Marinius Cajetanus, 71.
Maris æstus causa, 1018.
Marius, 743.
Marius Mercator. 431.
Marius Victor, 513, 596, 559, 651, 778.
Marlianus Ludovicus invenit lemma PLUS ULTRA, 86.
Marmorum plura genera, 783.
Marquezius Emmanuel, 483.
Marsi, 806.
M rsupia, marsuppia, 639.
Marsyas, 2 producta, 193.
Marteue Edmundus, 56.
Marti Emmanuel, 31.
Martialis, 156, 183, 226, 253, 267, 293 *seq.*, 598, 800, 839, 854, 963, 1036, 1053, 1069, 1182.
Martialis martyr, 963, 979.
Martinellius. 953.
Martinez Mag s'er, 929.
Martinus (S.), 160. An primus confessorum obtinuerit cultum, 232.
Martinus Brac. (S.), 504, 719.
Martinus Legionensis (S.), 675, 704.
Martyrarii, 1181.
Martyres, *testes*, 874. Divinitati accepti ab Ammiano Intelliguntur, 253. A judicibus condemnati, gratias illis agebant, 1115. In torment s hymnos canebant, 1007. Quibus in locis cruciati, 879. Ab equis discerpti, 1175 *seq.* Exsectis linguis, locuti, 1143. Tarde mori compulsi, 916. Visebantur in carceribus a Christianis, 1008. Martyres ottodecim Cæsaraugustani, 961 *seqq.* Martyrum alacritas ad subeundam mortem, 879. Animi robur, 1034. Copia, 743, 820 *seq.*, 933, 1165. Catenas et vulnera Christiani exosculabantur, 1008. Corpora in mare projecta, 1015. An solemnis cultus a translatione maxime cœperit, 1020. Eorum corpora sub altari, 1180. Patrocinium, 104.
Martyrium nobilitat, 1075. Duplex, 253. Baptismus sanguinis, 875. Martyrio quando se offerre liceat, 932 *seq.*
Martyrium Ecclesia, 253.
Martyrologi Prudentio non præferendi, 1163.
Martyrologium cur a martyribus dictum, 233. Ecclesiæ Germanicæ, 941. Romanum, 211.
Massa candida Cæsaraugustana, 970. Uticensis, 1209 *seq.*
Massonus Papyrius, 1050.
Massoretæ, 184.
Massyli, 969.
Mastigophori, marrucophori, 806.
Mastruca, mastruga, 806, 822 *seq.*
Matamoros Alf. Garcia, 16.
Mater castitas, *mater* virtus, 566.
Maternus, a longo, 39.
Mathesis, secunda correpta, 176, 181, 188, 803, 841. Astrologia, 803.
Matres in liberis torquentur, 1121.
Matthæi cap. I, 486; I, 510, 384, 677, 678; III, 679, 779; IV, 523, 757; V, 653, 779, 854; VI, 527, 559, 640 *seq.*, 880, VII, 682, 841, 1121; VIII, 539, 541, 577, 440, 682; IX, 340, 483; X, 640 *seq.*, 653, 883, 1063; XI, 528, 410, 975; XII, 650; XIII, 401, 661, 854, 1225; XIV, 340, 681 s*q.*, 737, 1017; XV, 341, 452, 542; XVI, 241; XVII, 549, 1159; XIX, 572, 657; XX, 1128; XXI, 270, 679; XXII, 881, 898; XXIII, 584; XXIV, 236, 239, 376; XXV, 160; XXVI, 684; XXVII, 547, 683, 683; XXVIII, 683.
Matthæus, Mattheus, 485.

Matthæus Senensis, 1169.
Matthias, 2 producta, 181.
Matuta, 812.
Matutinus martyr, 979.
Maurelius a Marco Aurelio dictus, 26.
Maxentius tyrannus, 758.
Maximianus Herculeus, 948 *seq.*, 987, 1041, 1159.
Maximus confessor, 168.
Maximus Taurin., 242, 719.
Maximus martyr, 471.
Maximus præses, 1041.
Maximus tyrannus, 697, 755, 757, 809.
Mazochius Alexius Symmachus, 117, 323.
Mazzolari Joseph, 1178.
Mea, monosyllabum, 185.
Metallas Hispanice, *medaglie* Italice, 899.
Mediator, 203, 366, 651.
Medicabilis somnus, 299.
Medicus chirurgus, 1159.
Medio die non cernere solem splendentem, 750.
Mediobarbus Biragus Franciscus, 722.
Meditamen, 610.
Meditari, 539. Canitiem, 944. Christum sub ipso sopore 510. Vulnera, prælia, 625.
Medusa, 1091.
Megæra, 750.
Megalesia, 754, 1078.
Mel Atticum, 265. Cibus abstinentium, 265. Silvestre quo usus est S. Joannes Baptista, 316.
Mela Pomponius, 11, 567.
Melanchthon, 1160.
Melanthes, 792.
Melchisedech, 383.
Melodus, 204, vox Ausonii.
Membra texta, 874.
Membra urbis, 800.
Memor episcopus, 1176 *seq.*
Memphis, 846.
Mena Joannes de, 929.
Menardus Hugo, 167. 747. Claudius, 431.
Menchaca Rochus, 56.
Mendicare stuprum, 909.
Mens humilis, 607.
Mensa pro altari, 1181. Mensæ in sacrificiis pro aris, 720.
Mense nono ac decimo gignitur homo, 1131.
Mensurabile, 472.
Mensurius episcop., 132.
Mentis templum, 783 *seq.* Velocitas, 471.
Mentor, 1092.
Mercurius, 703 *seq.*, 807. Fur, 1082. In Abraxæis Michael dictus, 704.
Mercurius Trismeg., 704.
Merenda Antonius Maria notatus, 1224.
Meretrices prostitutæ, 1217.
Merqitdre, mersitare, 682.
Meritoria, 557.
Meritum de congruo, 269.
Merohaudes scholasticus Hispanus, 51, 283, 375, 687, 832.
Merulentus, 709.
Merus, 404, 829.
Metalli eruendi pœna, 903.
Metaphrastes, 1202.
Methodius martyr, 428, 515.
Metra, quibus utitur Prudentius, 198 *seqq.* Metri peccata Prudentio objecta, 176 *seqq.*
Meursius Jo. notatus, 154.
Meus varie usurpatur, 996.
Mexia Petrus, 937.
Meyerus Jacobus interpres Prudentii, 67.
Mica thuris, 932.
Michael a S. Josepho notatus, 253.
Migliore Cajet., 752, 1172.
Milia et *millia*, 800.
Militare Christianorum sacramentum, 799.
Milites in cute puncti, 1136.
Militia palatina, 52 *seq.*
Millino Benedictus, 903.
Milvius pons, 759.
Minii, 914.
Miina pro iodina, 466.
Minerva, 712 *seq.*, 804. Clypeata, 810. Ejus imago, 1091.
Minervium. templum, 418.
Mingarellius Jo an. Aloysius, 56. Notatus, 108.
Miniana Jos. Emm., 866.
Minister vini, 338.
Ministeria, 931. Pro ministris, 782, 1168.

Mimma, migma, mmmax, ardor, 706, 709, 781. Furor, 754 Ignis, 860. De hac voce videri potest Goldastus Parænet. Veter. part. I, pag. 394 et 454.
Minores pro posteris, 700.
Minucius Felix, 134, 247, 256, 259, 513, 521, 405, 418, 439 seq., 472, 511, 699, 715, 718, 720, 726, 729, 735, 737, 740, 750, 754, 760, 779, 812, 858, 842, 850, 852, 895, 898, 913, 916, 948, 965, 990, 1028, 1061, 1074, 1080, 1092 seq., 1095, 1100, 1105, 1119, 1154, 1157. -
Miracula Christi, 680 *seqq.* Miracula patrandi virtus a Deo communicata martyribus, 886. Miracula ad sepulcra martyrum, 139, 885, 1021.
Miræus Aubertus, 41 *seq.*
Mirandulanus Jo. Franc. Picus, 216, 722.
Mirmillo, secutor, 867.
Miscere, 571.
Miseratio, *vide* Operatio.
Miseror cum genit. 1060.
Missæ plures in eodem die 'esto, 1201. Missæ sacrificium supra martyrum sepulcra et ossa, 960, 1020.
Missale Isidorianum, 85. Mozarabicum, 157. Vetus ms., 158. Vetus, 588.
Mithræ superstitio, 748.
Mithridates, 812.
Mitificus, mirificus, 204, 575, 675, 1044.
Mitra, 1 correpta, 629. Insigne sacerdotum, 1150
Mixtis cineribus, 1058.
Modena Leo, 455.
Moderamen, 405, 615.
Modero, moderas, 406.
Mœnia, munia, 655.
Mohedani notati, 789.
Mola, 420. Molæ aquariæ, 818.
Moles de sepulcro, 1164.
Molina Ludovicus, 1037.
Mol næus refutatus, 719.
Mollerus Andreas interpres Prudentii, 95, 564. Notatus, 564.
Mo'tia micarum, 465.
Moloch idolum an sit Saturnus, an infantes in i bus honorem vere combusti, 788.
Molocrum, 182.
Mombritius, 1041.
Monachis codices vett. mss. debemus, 190. An culpandi sint, quod codices Prudentii vitiaverint, 190 seq.
Monceius Franc., 432.
Moneta, 894.
Monilibus intexta nomina, 963.
Monomachia Davidis et Goliath, 814.
Monstra, dii, 755, 757, 881, 923.
Monstruosus, 204, vox Ciceronis.
Montanistæ jejunia protrahebant, 1050.
Montchault Petrus Prudentium Gallice vertit, 98.
Montes monetæ, 894.
Montfauconius Bern., 44, 56.
Monuit mihi mendum in nonnullis Plauti editionibus, 505.
Monumenta, monimenta, 1160.
Mopsus Joannes, 474.
Morales Ambr. notatus, 184.
Morbi utiles, 905. Morbi et medicinæ metaphora, 697.
Mo bus regius, 910.
Morcellus Steph. Ant., 766, 1019 seq
Morellus Federicus, 750. Jacobu , 889.
Moret Joseph, 20.
Mori undus, mortalis, 549.
Morinus rejectus, 971.
Morlancs Barth. commentarios mss. in Prudentium et alios reliquit, 222.
Mors dira, dura, 874. Inextricabilis, 916. Pallens, pallida, 978.
Morsus stipitis, 1004.
Mortem aboleri, consumi, 482. *Mortes* plurali numero, 751.
Morticinus, 1100 seq.
Mortificatus, 204, vox Tertul'iani.
Mos vetus quando retinendus, 771 *seq.*, 785 *seqq.*
Moses Bar-Cepha, 562.
Moucsso, 1137.
Moyses, 405 *seq.*, 670 *sqq.*, 918. Præsul justitiæ, 290. An duas tantum quadragesimas observaverit, 515. An proprie sacerdos, 1235.
Mozo Hispanice, 555.
Mozzius Aloysius, 485.
Mozzius Marc. Ant. Italice reddidit librum Peristephan., 100, 1058.
Muculentus, 204, vox Arnobii.
Mulctrum, mulctralia, 262.

Mulieres viris infirmiores, non tamen specie diversæ, 521. Deformes ad deorum ministeria se conferebant, 574.
Muller M. D., 214.
Multicolorus, 204, 1094.
Multinodis, 204, 521.
Mumulus L., 793.
Mundialis, 204, 243.
Mundus, 279. Vox ecclesiastica, 243. Servit, non judicat, 854. Mundus muliebris, 627. *Mundus tenebrarum harum* quid sit, 114.
Munera Dei, 775 seq. Munus juventæ, 584.
Muratorius notatus, 108, 191, 229, 570, 951, 970, 1182, 1250 seq.
Muretus Marc. Ant., 189, 699.
Murices petrarum, 1013.
Murmellius Jo. interpres Prudentii, 84, 92, 93. Notatus, 1065.
Murmur pro voce submissa, 866, 875, 954. *Murmura, rola*, 954. *Murmurare*, voce submissa loqui, 1061. *Murmurare sub pectore Christum*, 691. Murmur arcanum magorum, 446, 704.
Museum Borgianum Velitris, 555, 575 *sqq.*
Museum Pio Clementinum, 748, 893. Vaticanum, 250, 555, 885
Musica organica veterum, 858. Musica instrumenta in ecclesiis, 457. Musici, qui melodias in carmina Prudentii ediderunt, 474. Musici soni, *ibid.*
Musiva pictura, 1200.
Musonius, 1055.
Mutatio generis, 805.
Mutatio origo peccati, 478.
Mi tulare normam argutam, 656
Mylæus Christoph., 216.
Myron, 1090.
Mysteriarches, 917.
Mysterium, 2 correpta, 181.

N

Nabuchodonosor, 415.
Nænia, 568. Numæ, 929.
Nama non est Latinum, 1232.
Nani Alemarini Petrus, 89.
Naogeorgeus, 121.
Napææ, 725.
Napoli Ludovicus hymnum S. Cassiani vertit Italice, 100. Notatur, *ibid.*
Narbo, 964, 968.
Nardinus Famianus, 1257.
Nasamones, 795.
Natalis martyrum duplex, 938. Natalis sanctorum, imperatoris, Romani pontificis, epi-coporum, 1185.
Natatus, 645, 1252.
Nationes, gentiles, 1099.
Naufragii supplicium, 1171.
Navarrus Emmanuel, 800.
Naves Antonii an majores navibus Augusti, 808 seq.
Navis in annulis Christianorum, 271. *Navis male suta sutilis*, 1171.
- Naxera Dominicus, 201.
Naxus, 715.
Nazareni, Nazaræi, 985. Christiani sic dicti, 745, 1067.
Nazarius, 759.
Nebrissa Ælius Antonius interpres Prudentii, 84, 92 *seq.* Non fuit episcopus, 85. Invent lemma TANTO MONTA, 86. De eo judicium aliorum, 94. An catalogum verborum Prudentii fecerit, 203. Notatus, 184, 22 *sq* , 280, 517, 550, 566, 630, 647, 884, 886, 895, 947, 964, 976, 991, 1005, 1009, 1045, 1065, 1087, 1098, 1145 *s q.*
Nebrissensis sub nomine artem edidit Joann. Ludovic . la Cerda, 180.
Ne'ulo, nebulosus, 555.
Nec olim, nuper, 1122.
Nec pueri putant, 1125
Nectar, 919, 1005. *Nectar mellis olens*, 263. *Nectar pectoris*, 1131.
Neæræ meretrices dictæ, 709, 1087.
Nefrendes, 1100.
Nemea pellis, 707.
Nemesianus, 1055, 1229.
Nemesis, 701.
Nemesius, 549.
Nemo dies, nemo divum, hominum, 204, 815, 1123.
Nemrod, Nebroth, 510.
Neptunus, 725.
Nequitia proprie inertiam significat, 29.
Neratia Vestalis, 951.
Nero, 1195. Ejus persecutio, 820. Ludebat pœnis Christianorum, 821. Post obitum floribus a nonnullis honoratus, 154.

Nerones, 725
Nerva, 725.
Nervo pulsa fugit, 617.
Nervus, compes, 1003.
Nescienter, 204, 597, vox S. Augustini.
Nestor, 1102. *Nestorem*, 193.
Nestorius hæreticus, 402, 452. Ejus scripta combusta, 172.
Nicæni Patres, 165, 585.
Nicander, 178.
Nicephorus, 147, 844, 1003.
Nicetas, 127. Episc., 129, 160.
Nicomachus Dexter idololatriæ defensor, 843 seq.
Nidor, 468, 919.
Nieremberg Jo. Eus., 116.
Nigrante velamine, 919.
Nilus, 816. Ejus fons, 846. Nilicolæ, 804.
Nimbus pro nube, 506. Nimbus cœlitum, 727 seq.
Ninguidus, 935.
Ninivitarum pœnitentia, 521 seq.
Niobes fabula, 556.
Niseus, 754. *Vide* Bacchus.
Nividus Latinum non est, 935.
Nobiles martyres, 979. Nobilium exemptio a quæstione, 1075.
Noctua cur Palladi consecrata, 814.
Nocturnæ congregationes prohibitæ Christianis, 217.
Nodus pro mora, 516.
Noe, 667.
Noemi, 559.
Nolanus, 1 correpta, 1185.
Nomen Christianorum, Christi, 1075. Nomen simpliciter pro nomine Christi, *ibid*. *Nomen trinum* in Trinitate, 587. Nomen scribentis episto'am ex olim præmitti debuerit nomini ejus ad quem scribebatur, 183. Nomina propria per duas ultimas litteras scribi solebant, 168. Nomina urbium indeclinat ilia per quartum aut sextum casum, 185. Nomina propria poetæ varia quantitate efferre solent, 185 seq., 859. Nomina propria facile corrumpuntur, 835. Nominum propriorum deriv.tio, 19. Nominum varietas post reipublicæ casum, 843. Nominum mediæ ætatis lex duplex, 23. Nomina in *en*, ut *lateramen*, 856. In *osus*, 595. Nomina deorum in plurali numero per contemptum, 418, 429. Nomina pro adverbiis libenter usurpat Prudentius, 248. Nomina Hebraica, eorum orthographia et prosodia, 196, 275.
Nomisma, 898.
Non capit, 410.
Non felix, infelix, 988.
Nona hora solvebatur jejunium, 1050.
Nonius, 162, 249, 428, 768, 788, 1096, 1110.
Nonius Ludov., 10.
Nonnus, Christianus scriptor, 1121.
Notæ, compendia litterarum, 871, 955, 1051, 1053 seq.
Notarii veteres, 1051, 1053 seq.
Notkerus Balbulus, 8, 209, 224.
Notus tener, 104.
Nova verba videri facit incuria vetustatis, 203.
Novatores novitatem in antiquitate quærentes, 120. Ipsorum effrenis libido, 298.
Novatus, Novatianus, 1162 seqq.
Novellæ imperatorum, 354.
Novensiles dii, 793 seq.
Noveri nus, 5 producta, 180.
Novitas religionis Christianis objecta, 1102, 1116.
Nox fraudis et mendaciorum mater, 247.
Noxialis, 204.
Nu ere, 266. De actu conjugali, 453 De re venerea, 593. *Nubere uxori* non recte dicitur, nisi cum quis a ridetur, 267.
Nubilum nubes, triste, tristitia, 994.
Nudipedalia Cybeles, 1077 seq. Nudipedes qui adorarent, 1032 seq.
Nugæ, 369. Idolorum cultus, idola, 758, 927. Pro libidinoso, libidinibus, 218, 519. Nugatrix acies, 623.
Numa, 714, 767. Superstitionum auctor, 703. Ipsius arx, 705. Simp vium, nænix, 429. Superstitio, 569, 1102.
Numantia quo loco sita, 11.
Numen dolatum, rasum, sectile, 593. Numen trinum, 587.
Numeror. cap. xiii, 556; xx, 682; xxi, 671.
Numerus, 1177. An sit in Trinitate, 502. Minor majori in senatu cedebat, 752. Pluralis per contemptum, 1102.
Numina, qui, 805.
Numisma, *vide* Nomisma.
Numitor, 714.
Nummi veteres cum alpha, et ω, 556. *Nummus, numus* unde dictus, 8 3 seq.
Nundinor, 1115 seq.

Nunez de Castro Alfonsus, 1259.
Nurus, 589.
Nutamen, 506.
Nymphæ natantes, 725, 1088.
Nymphæum an de baptisterio dictum, 599.

O

O in adverbiis *porro*, et aliis an semper producatur, 511. In gerundiis commune, *ibid*.
O Græcum vocabatur *ou*, 188. o per o scriptum, *ibid*. Sæpe a Latinis corripitur, *ibid*.
Ob præpositione composita, 623.
Obblatero, obblactero, 204, 1111 seq. *Obblateratus* tribuitur Apuleio.
Obbrutesco, 5 8.
Obeliscus solis nunc Romæ erigitur, 726.
Obex, fem. genere, 543.
Oblatio cereorum, 296 seq Oblatio cerei ad altare S. Laurentii ex veteri monumento expressa, 952.
Oblectamen, 506.
Obliso collo; 634. Gutture, 638. *Obliso, o lito robore*, 617.
Obliviale poculum, 204, 299.
Obludo, 204, 500, vox Plauti.
Obscuritatis vitium male Prudentio imputatur, 3.
O' sequela, 204, 514, 1228, vox Plauti et Sallustii.
Obsitus pannis, 911.
Obsonia deorum, 1093.
Obstetrix an Deiparæ astiterit, 376.
Obstrangulatus, 204.
Obtrectatores, 908 seq.
Occidentale imperium luxuriæ deditum, 615. *Occiduus*, occidens, 204, 942 seq. *Occidualis*, 204.
Oceanus Neptunus, 725.
Oculorum descriptio, 366. Oculi fenestræ animæ, *ibid*. Lubrici, 1218. Vagi, 616. *In morte*, vel *in mortem elisi*, 591 Oculorum tunicæ senæ, 5C6. Oculos attollendi mos inter orandum, 691. *Oculus retorius, irretorius*, 1092.
Odericus Gaspar Aloysius notatus, 800.
Odor liquidus, 564. Odores in luneribus, 153 seqq.
OEdipus, 791.
Offa, ofella, 520, 1100.
Offendicula, offensacula, 629.
Officia, comitatus prætoris, 1168.
Officium Isidorianum, 123. Parvum Deiparæ, 384.
Offosus, effosus, 905.
Ohienart Arnaldus, 20.
Olea, pacis insigne, 644.
Olearius Gottefridus, 715.
Olentes lacrymæ, 285.
Olerum veneratio, 1090.
Oleum in martyrum sepulcris, 140. *Oleum et operam perdere*, 971.
Olim de futuro, 1034.
O iveti mons, et an in eo impressa vestigia Christi, 686.
Ollæ inter numina, 1090. *Olli Dei, olla numina*, *ibid*.
Oloternes, *vide* Holofernes.
Olybrii duo celebres, ipsorum familia, 746.
Olympus unde d ctus, 700.
Omniformis, 204, 1097, vox Apuleii et Sidonii. *Omnigenus*, 696 seq. *Omnipatis, omnipatris*, 947. *Omnipotens*, 204, 598. *Omnitenens, omnicreator, omniparens*, 204, 257.
Omophagia, ophiophagia, 708.
Omphala, 1087.
Operatio, opus misericordiæ, 637.
Operta, 1180.
Opinio, 500.
Opis uxor Saturni, 700.
Oppansis, oppassis, 625.
Oppetere, 915.
O pidum, urbs, 888, 1008.
Oprimentum, 628.
Optatus Afer, 132, 507, 903, 1008.
Optatus martyr, 979.
Optio carceris, 1009.
Opulens, 204, 1185, vox Sallustii et Apuleii.
Oracula sibyllina, 443. Oracula, Christo nato, evanuerunt, 412 Oracula de religione Christiana, 921. Oracula an nato Salvatore cessaverint; an meræ fuerint sacerdotum imposturæ; an aliquod oraculum ab Augusto datum, 721 seq. Oraculum de puero Hebræo, 443.
Orare simpuvium Numæ, 929 seq.
Orarium, 204, 257, 885 seq. Orario martyres gladio feriendi oculos sibi ligabant, 884.
Oratio ad Deum brachiis expansis, 278, 1034. Orationis plurium vis, 295. Oratio Christi in horto, 1253. Oratio in fine Hamartigeniæ, 151 seqq. Orationes ante cibum, 257. Vespere, mane et meridie, 264. *Vide* Preces.

Orba mater, orbare, 340.
Orbes pro oculis, 339. Orbes cavati, 901.
Orbicularia, 1043.
Orbita, 1173.
Ordo operum Prudentii, 53, 3), 61 *seqq* , 96, 208, 364, 393, 494, 1 62, 1089, 1161. Ordo hymnorum varius, 889. Ordo hymnorum Peristeph. varius, 961.
Ordo Romanus, 123, 284, 289.
Ordonez de Zevallos Petrus, 444.
Ordonius III rex Hispan., 162, 387.
Organa, 414. Eorum antiquitas, 458. In Hispania, 415. Quando invecta in Galliam, *ibid.* Pneumatica, hydraulica, 415, 438. *Organuudi* verbum, 415.
Orgia, 713, 894 *seq.*
Orichalcum, aurichalcum, prima brevi, 188, 728.
Orientius, 280, 338, 685.
Origenes, o correpto, 188.
Origenes, 238, 730, 1192. Ejus error de anima, 145.
Orion, 1 communi, 188.
Ornare pulvinar, 929 *seq.*
Ornatrices, 320, 606.
Ornatus, leno pudoris, 319. Ornatus templorum, 118, 633.
Orosius Paulus, 152, 430, 689, 763, 823 *seqq.*, 855, 922, 923, 1238. Historiam suam contra gentilium querelas scripsit, 821.
Orpha an Goliæ mater, 339.
Orthographia codd. Prudentii, 39 *seqq.*, 97, 99. Orthographia e lapidibus difficile colligitur, 823.
Ortiz Alfonsus Breviarium Isidorianum emendavit, 82.
Os belluæ, ebur, 1077.
Osanna, 280.
Oscula pacis Chr'stianis objecta, 507. Osculandi limina templorum mos, 1085. Sepulcra martyrum, 1101. Cur limen Jovis osculari nefas, 1085.
Oscines aves, 813.
Oseæ cap. ii, 781; xii, 234.
Osiander Lucas, 16, 104, 151.
Osiris, 754.
Osius episcopus, 380.
Osuilegium in funeribus, 136, 1076. *Ossua ossuum,* 935 *seq.*, 993.
Ostentamen, 506.
Ostia Tiberina, 1166 *seq.*
Ostiensis via, 1197.
Ostrum scopuli nativum, 785.
Osus finita in, 593.
Otto imperator, 209.
Otto (S.), 307.
Ovranio llahce accentum habet in prima, 181.
Ouzelius Jac. notatus, 321.
Ovare, 1189.
Ovecus eprisc., 883 *seq.*
Ovidius, 59, 163, 187, 237 *seq.*, 232, 239, 293, 293 *seq.*, 310, 330, 339 *s q ,* 352, 361, 432, 598, 606, 612, 624, 691, 700, 712, 727, 7 4, 788, 796, 833, 838, 847, 852, 862, 866, 913, 919, 934, 949 *seq.*, 991, 1131, 1163, 1181, 1226, 1253.
Ovis amissa, 331. Ovis candida animæ candorem significat, 270.

P

Pacnomius (S.), 1230.
Pacianus Barcin., 170.
Pacis descriptio, 641.
Padus, 823.
Pæan, 334.
Pagani unde sic dicti, 736. Eorum nomen quando primum occurrat, *ibid.* Paganismus *error veterum,* 696. Paganus de ethnico, 689. Paganalia festa, paganicæ feriæ, 1093. Pagus p o idololatria, 733, 1093.
Palæphatus, 699.
Palæstra, 327, 806 *seq.*, 974. Palæstrici, 1082.
Palatium, Palatia, Roma, 865. Palatinus mons, 830.
Palatum unde dictum, 1143.
Palladii lares, 928. Palladium, 714, 810, 849, 865, 867, 928.
Palladius, 334, 577, 536.
Pallas, *vide* Minerva.
Palliola, 1177.
Pallium archiep., 1214.
Pallium noctis, 286.
Pallor deus, 511.
Palma martyrii, 1048. An sola probet martyrium, *ibid.*
Pa mala, 746 *seq.* Pa'matica, 747.
Palomino Franciscus Hispanice vertit Prudentium, 98.
Palpamen, 204.
Pa'pebra'is, 204.
Palus, u brevi, 182.
Pamelius, 196, 801.

Pancirolus Guidus, 54.
Panes et pisces multiplicati, 682.
Pangere pro canere, 343. *Pangere puncta, clavos, p'antam,* 1059.
Panis gradilis, 750.
Pannonia, 826, 1040.
Pansus, 591.
Pantomimi, 914. Ipsorum licentia, 1085 *seq.*
Pamvinius Onuphrius, 14.
Papa nomen olim episcopis commun , 1175.
Papebrochius notatus, 969.
Papulæ, 1109.
Paraclitus, tertia correpta, 177, 179, 181, 188.
Paradisi nomine quid intelligatur, 562. Paradisus desriptus, 263.
Parapsis, parabsis, paropsis, 635, 1228.
Parcæ, 801.
Parce vivendum, 777.
Pareo, præsto esse, 782.
Paries dealbatus, 354.
Parmensis editio Prudentii, 93 *seqq.*
Parochi an primo Ecclesiæ tempore exstiterint, 1166 1172.
Paros, 785.
Parra, parrha, 813.
Parthasius Janus, 889. Editio plurium hymnorum Prudenti. ab eo procurata, *ibid.*
Parricidarum pœna, 1016, 1240. *Parricida'is,* vox Justini et Flori, 204.
Parthenius, vide Mazzolari.
Parthi, 814.
Paschal Ant. Raym., 38.
Paschalinus Lælius, 320.
Paschalius Carolus, 169.
Paschasius, 1230.
Paschasius Radbertus, 660.
Passerius Joann. Bapt., 284.
Passibilis, 204, vox Arnobii et Tertulliani.
Passio vox ecclesiastica, 203, 345, 1136. Passio Salvatoris, 684.
Passus, pansus, 623, 692.
Pastor ovem humeris portans in sacris calicibus, 270.
Pastor martyr, 968.
Pastus sanguine, 751, 1026 *seq.*
Pater quo sensu *fons d itatis,* 409. Auctor Filii, 426.
Pater et Filius, alius et alius, non aliud et aliud, 1117 *seq.*
Paternus, a brevi, 39.
Patiens episcop., 1050.
Patientiæ descriptio, 600.
Patinus, 716.
Patres maxime veri theologi, 841. Cum pauci ab aliis dissentiunt , non reddunt expositionem sacræ Scripturæ incertam, 241.
Patria martyrum duplex, 938. Patriam martyrum sæpius tacuit Prudentius, 888, 938, 963 *seq.*
Patripassiani, 102, 402, 431.
Patrium profundum, 410.
Patroni martyres et sancti recte dicti, 872, 910.
Paulæ (S.) lacrymæ, 29.
Pauli apost. Commemoratio, 1200.
Pauliani hæretici, 452.
Paulina uxor Pammachii, 134 *seq.*
Paulinus Biterrens s, 1080.
Paulinus Nolanus, 46, 54, 129, 131, 137, 160, 168 *seq.*, 178, 181, 185, 191 *seq.*, 194, 236, 270 *seq.*, 275, 280, 284 *seq.*, 297, 314, 317, 323, 336, 338, 360, 362, 370, 439, 481, 504, 555 *seq.*, 558, 584, 587, 609. 633, 657, 658, 672. 688, 732, 766, 823, 842, 881, 930 *seq.*, 968 *seqq.*, 983, 993, 1003, 1012, 1021, 1038, 1048 *seq.*, 1118, 1163, 1180 *seq.*, 1186, 1188, 1194, 1225. Ejus conversio, 757. Ejus filiolus Complutí sepultus, 747, 968. Fortasse auctor est hymni de Spiritu S., 54. Ornatum templi promovit, 130. Ejusdem epigramma de sua et S. Martini imagine, 131.
Paulus apostolus, quem vipera momordit, sed non læsit, 689 *seqq.* Vas electionis, 688. *Vide* Apostolus. Ejus hymnus, 1188 *seqq.*
Paulo- martyr, 968
Paulus Nazarbensis, 242.
Paulus Samosatenus, 432.
Paulus V, 100.
Pauperes Ecclesia olim alebat, 902. Ante fores ecclesiæ aderant, *ibid.* In cœnaculis habitabant, 730. *Paupertinus,* 907.
Pavii impudentia retunditur, 857 *seq.*, 860 *seq.*
Pavimenta vermiculata in templis, 959.
Pavor deus, 511.

Pax corporis defuncti, 936.
Peccamen, 201, 547, 506, 676, 836.
- Peccata quot modis exprima! Prudentius, 254. *Peccata remittere*, 484. *Peccatrix*, peccator voces ecclesiastica, 251. Peccatum originale, 102, 268, 275, 547, 480 seq., 549, 802.
Pectines, instrumenta martyrii, 1169.
Pecua, pecudes, 1096.
Peculator an dixerit Prudentius, 650.
Pecunia a quibus primum signata, 898. Signo Christi quando figurari cœpit, *ibid.* Pecuniæ amor, 519.
Pedagogus, pro pædagogus, e brevi, 189.
Pedros, et Riera Joseph, 944.
Pegma, 1131.
Pelagiani, 268, 481.
Pelagius (B.) puer Hispanus martyr, 209.
Pelagius episcopus, 14.
Pelles habitus primorum hominum, 609, 787, 825.
Pellex, 1081.
Pelficer et Saforcada Jo. Ant., 11.
Pelusium, 1259.
Penates, 849. Dii, 714. Penates Trojæ, 923.
Per in *præ* commutatum, 628, 872.
Percenseo et *percenseo*, 546.
Perduro, 626.
Peregre, peregri, 972.
Peregrinationes sacræ, 375, 872, 118.
Perez, *vide* Bayer.
Perez de Oliva Ferdinandus, 929.
Perfidi, infideles, 569, 991, 1014, 1168.
Perflabilis anima, 145.
Perforare, 546.
Pergameo sub lare, 849.
Pericula properanda, 863.
Peristephanon libri inscriptiones, 870.
Perizonius, 385.
- Perkinsius, 152 *seq.*
Perosus tolerare, 943.
Persecutio Christianorum in Hispania, 849, 971. Persecutio ultima crudelissima, 1065. Persecutiones Christianæ religionis sub imperatoribus Romanis, 820 *seq.*
Persephone, 446.
Perses rex, 812.
Persicus orbis, 580.
Persius, 150, 188, 226, 235, 262, 294, 529, 616, 801, 855, 904, 950, 1080. Ejus dictum *In sancto quid facit aurum* refellitur, 150.
Personæ scenicæ, 818 *seq.*
Personasse, 1229.
Perspicuum metallum, 1183.
Perstringo, 651.
Persuasio, 915 *seq.*
Pertinacia obtinendi, 227.
Pervigilii Veneris auctor, 1082. Pervigilium Paschæ celeberrimum, 121. *Vide* Pœnæ damnatorum.
Pes candidus, 294.
Pessum mergere, 758.
Petasus, 807.
Petavius Dionysius Prudentium quanti fecerit, 216. Notatus, 461, 489.
Petiscus Joseph, 209.
Petraglia Franciscus, 87, 1052.
Petronius Arbiter, 557, 644, 756, 1055, 1217.
Petronius Probianus, 746.
Petrus apostolus caput Ecclesiæ, 170. Petra Ecclesiæ ex sensu communi Ecclesiæ in hymno S. Ambrosn, 241. Pastor, geni or, nutritor dictus, 751, 1197. Ad Christum per undas tendens, 757 *seqq.* Claudum sanat, 687. Cum Christum ne avit, vere peccavit, sed tamen intus servavit, 240. Ejus lacrymæ, 242. Visio, 687. Capite inverso Romæ cruci affixus fuit, 1192. Ipsius sepulcrum Romæ, 108. Principatus, 757, 924, 1195. Petrus et Paulus apostoli, 1169, 1188 *seqq.* Petri et Pauli celebritas, 1189. An eodem anno martyrio coronati, *ibid.*
Petri Epist. I, cap. II, 400, 1097 *seq.*; III, 521; v, 236, 284, 510, 512; Epist. II, cap. III, 577, 1208.
Petrus Chrysologus, 565.
Petrus Comestor, 562, 1191.
Petrus Lucensis refellitur, 454.
Petrus martyr hæreticus reprehensus, 109.
Petrus Cæsaraug., 27 *seq.*
Petrus Ven., 214, 235.
Petulantia, 625.
Peutingerus, 534.
Peverati Angelus interpres Prudentii, 223. Notatus, 872, 1002, 1084 *seq.*, 1087. 1231.
Phœbadius, *vide* Phœbadius.
Phædromus, o correpto, 181.

Phaetontis fabula, 535.
Phalecii versus, 198.
Phantasmatici hæretici, 102, 402, 483 *seq.*
Pharao submersus in mari, 670. Ejus somnium, 669.
Pharos, 290.
Pheréponus Joannes, 547.
Pherezeus, 552.
Phidias, 1092.
Philelphus, 58.
Philippus apostolus, 412.
Philippus, 2 correpta, 181.
Philippus et Salia coss., 24.
Philippus Bergom., 210. Imperator, 126. Presbyter, 509.
Philippi II regis catholici jussu index expurgatorius in Belgio confectus, 1167.
Philippi, monetæ genus, 898.
Philo Hebræus, 513, 519
Philosophi ethnici verum aliquando invenerunt, sed SS. Patribus non conferendi, 590. Philosophi recentes quid differant ab antiquis, 421. An in rerum principiis quidquam profecerint, 427. Philosophi reges, 698. Philosophia vana, 103. Philosophorum barba, pallium, clava, 550.
Philostratus, 713.
Philyra nympha, 700.
Phinees ex traditione Judæorum fuit Helias, 312.
Phlegon vetus scriptor, 344.
Phœbadius, 509, 371.
Phœbi furores, 554.
Phœdrus, 690, 1068.
Phonascus, 1 brevi, 188.
Photiniani, 596.
Photinus, 451 *seq.*, 653.
Photius, 145, 289, 1189.
Phrenesis, 2 correpta, 176, 181, 188, 509, 1110. *Phrenesis, phrenitis*, 509.
Phrygii, 806 *seq.*
Physici quinam dicti, 780.
Piamina vulnerum, 559.
Piazza Barth., 1167.
Piccartus Michael, 216, 591.
Picens, ad agrum Picentinum pertinens, 1184.
Pictura agni sub cruce, 270. Ceris liquentibus, 766. Idololatriam auxit, *ibid.* Vetus cum umbris, 1175. Picturæ veteres sacræ, 1054. In abside ecclesiarum, 270. In calicibus, *ibid.* In cœmeteriis, 983. In ecclesiis, 46, 1175. *Vide* Abel, Magi.
Picus rex, 719. *Vide* Mirandulanus.
Pierinis Ornatricis inscriptio, 606.
Pierius Joannes, 899.
Pietas! interjective, 516.
Pigmenta, 521.
Pignora, pignera, 629, 710, 1185.
Pignorius Laur., 174, 525.
Pilentum, 865.
Pinaria domus, 707.
Pineda Joannes, 555.
Pingendi ratio vetus, 876. Pingendi oleo consuetudo antiqua, 766 *seq.*
Pinius notatus, 1179.
Pinna templi, traditio vulgaris de ea, 679.
Pinus Cybele sacra, 1082 *seq.*
Pisces avesque eodem loco a Christianis veteribus habebantur, 146 *seq.* Pisces in fontibus aquæ lustralis in culpti Romæ, 599. Piscina baptisterium, *pisciculi* Christiani, *piscis* Christus dictus, 5-9. Piscis in annulis Christianorum, 271. Piscis symbolum Jesu Christi, 599.
Piso, 795.
Pithœus Petrus, 679, 852.
Pius VI, 128. Ipsius biblio heca locupletissima, 218. Augustea ejusdem munificentia, 726.
Plaga perfida, ferruda, 442.
Planetæ, 422.
Planities styli apta ad secandum, 1057.
Plasma, 546. *Plasmatus*, 204.
Platea, e brevi, 188.
Platesius Lippus, 56.
Plato, 147, 352, 580. Barbatus, 420 *seq.* Ejus sententia, 698. Platonicorum error, defunctorum animas in dæmonas converti, 541.
Plautus, 195, 505, 611, 699, 758 *seq.*, 862, 900, 909, 1056, 1110, 1150.
Plaza Benedictus notatus, 116, 504.
Plebicolæ Gracchi, 748.
Plebis Romanæ conversio ad Christum, 750.
Pleurisis, pleuresis, 1108.
Plinius, 10, 254, 260, 516, 561, 458, 465, 522, 545, 614, 687, 865 *seq.*, 927, 1057, 1087, 1094, 1151, 1169, 1200.
Plinius, junior, 814, 1034, 1098.

Plumarius, plumeæ vestes, 522, 523.
Plumbatæ, 1075 seq. Ex museo Vati ano, 1169, 1210.
Plumbo suffuso statuæ retinentur, 718.
Plutarchus, 420, 443, 865, 1029.
Plutonis an secunda corripiatur, 730, 992. Ejus sacrificia, 751 seq.
Podagra nodosa, 1109.
Podium, 866.
Poema unum diversis metris compactum, 397.
Pœna crimini respondens, 912.
Pœnæ æternæ timor homines coercet, 778. Pœnæ damnatorum in pervigilio Paschæ an mitigen ur, 156 seqq. Pœnæ pro carnificibus, Furiis, 1116.
Pœnalis labor, 903.
Poesis secunda correpta, 176, 181, 188. Poesis idololatriam auxit, 766.
Poetæ non sunt reprehendendi, quod frequenter syllabas breves propter vocalis sequentis geminam consonantem producunt, 186. Cur veniam petant, cum nomina propria diverso intervallo quantitatis efferunt, 185. Poetæ infra secundos an probandi, 203. Poetæ Christiani theologis utiles, 1048 seq. Ascititiam e libris sapientum eruditionem non spernebant, 190. Non sunt revocandi ad consuetudinem sæculi Augusti, 189. Minus a sæculo Augusti in syllabarum quantitate recedunt, quam Terentius, Ennius, Plautus, *ibid*. Licentia poetica sæpe usi, 185. Ratione cæsuræ syllabas breves sæpius producebant, 186. Sæpe corripiunt vocalem, cui succedit vox incipiens a *sc*, *sp*, *st*, *z*, 186 seq. Ω, η et α in vocales breves interdum non sine ratione convertebant, 188. Poetæ Christiani ab Aldo editi, 80 seq., 219. An sæpius a Fabricio, 88 seq. Cur Fabricii commentarii in nonnullis exemplaribus desi lerentur, 89. Poetarum omnium corpus, 92. Poetices cognitio necessaria est ad carmina SS. Patrum emendate cudenda, 192.
Politianus Angelus, 865.
Pollentinum bellum, 826.
Pol'ere, 872.
Pollicem vertere, 865.
Pollubrum, 182.
Pollucis equum suffire, 418.
Polop Antonius, 872.
Polycletus, e brevi, 1090.
Poma cibus jejunantium, 263.
Pomarantius, 1109.
Pomæria, pomaria, 1178.
Pompa ostentatrix, 626. Qua muliercula ad lupanar ducebantur, 862. Qua ducebantur sacra, *ibid.*
Pompeianæ acies, 450.
Pompilius, vide Numa.
Pomponius, vide Mela.
Ponderamentum, 531.
Pone respectans, 1153.
Ponte Ludovicus a, 906.
Pontificalis Lber, 152.
Pontificis R mani primatus a Prudentio assentus, 111.
Pontius diaconus, 931, 1202.
Pope Blount Thomas, 217.
Popina, 557 seq.
Populares Aaron, 1256.
Populosus, 970.
Populus pro multitudine, 1165. *Virtutum*, 633.
Porcelana, 945.
Porro, porricio, 289.
Porta S eciosa, 687. Portæ Castrenses, 32, 643.
Portenta de diis, 735, 810.
Portio lu is, 329.
Portitor, 1013.
Portus Romanus, 1167 seq.
Possevinus Antonius, 16.
Postellus Guilielmus, 87.
Postes pro oculis, 563.
Potestas, an *a* corripiat, 208. *Pot stas scelerum*, 552.
Potusse pro *posse*, 1132.
Potitius, 707.
Poti un. 2 communi, 530.
Potius bisyllabum, 185.
Potro Hispanice, 1072.
Povius Bartholomæus, 54.
Pozzo Franciscus, 96.
Pr producunt brevem præcedentem, 963, 1140.
Præco Dei, 689. Præco fideles ad ecclesiam vocans, *ibid.* Præco lingua, 1150. Præconis munus, 553.
Prædes inare, 585. Prædestinatorum numerus, 130. Cur a Prudentio auctus videatur, 304.
Præduro, 626.
Præeo prima longa, 1078.
Præfatio Prudentii, 36, 40, 42. Omnium operum, 235.
Præfationes carminum a quibus adhibitæ, *ibid.*

Præfectus, prætorio et Urbi, 34, 893.
Præficæ, 558.
Præfulgii, 449.
Præfultus torus, 1008.
Præjudiciis religio Christiana non nititur, 745.
Prælambere, 293, 527.
Præliari venti in mari dicuntur, 690.
Præminens, 577.
Prænuncupo, 204, 324.
Prænuntiatrix, 892.
Præpositivus, 157.
Præpotens Deos, 505.
Præputium, 2 longa, 559.
Præsepe Domini an Romæ existat, 372 seq.
Præsides, 52.
Præstigiæ, præstrigiæ, 897. Circulatorum, 1094. *Præstigiator* et *præstrigiator*, 309. *Præstringo, perstringo*, 631, 816.
Præsul pro duce, 390. *Furoris*, 378. Justitiæ, 290.
Prætexta togæ, 1078.
Pratum cœleste, 551.
Precanda tibi a a, 988 seq.
Precationes quibus horis faciendæ, 254 seq.
Preces oriente sole et ad Orientem respicientes Christiani fundebant, 250 seq. *Vide* Orationes. Preces Christianorum post cibum, 274. Ante somnum, 297. Quibus moribundus Deo commendatur, 562. Preces gentilium, 1080 seq.
Prelum unde dictum, 289.
Premo pro *imprimo*, 977.
Pretium, 976.
Priapus, Priapeia, 705 seq.
Primasius, 1156.
Primitivus, 204, vox Columellæ.
Primitivus (S.), 979 seq.
Primoplastus, 557.
Princeps, a Prudent o laudatus, Theodosius, non Constantinus, 925. *Princeps ad mortis iter*, 596. Principes an possint quædam mala permittere, 149. Principes, cum sacrificabant, regalibus insignibus e uspicui, 447. *Principalis vi.a*, 1104.
Principia rerum difficile inveniuntur, 427.
Priorius notatus, 1030.
Priscianus, 187, 189, 300, 1185.
Priscillianistæ, 393, 512, 514.
Proæresius, 1055.
Proba Falconia, 219.
Proba filia Sexti Petronii Probi, 746.
Probinus, 716.
Proborum familia, 745.
Probus, scriptor, 339.
Proceres, capita tribuum, 1078.
Procinctus, 805, 1105.
Procopius, 818.
Prodigia de diis, 741.
Prodius vel *prodigus ignis*, 428 seq.
Profundum patrium, 642.
Proles, e brevi, 1155.
Promerita, 755, 780, 829.
Promisce, promiscue, 1088.
Promus, promuscondus, 902.
Prona voluptas, 329.
Propago degener, 395.
Propertius, 237, 257, 361, 572, 589, 715, 788, 808 seq., 812, 847, 860, 1056.
Prophetæ testes Testamenti Novi, 385. Prophetarum obscuritas unde, 1055. *Prophetare*, 1212.
Propina, 557 s q.
Pro, itius, 1 producta, 177. *Propitiabilis*, 204, vox Ennii.
Propola, 1 producta, 182, 557.
Proprietates relativæ in Trinitate, 505.
Proserpina, 728 seq.
Prosiluit, prosiliit, 448.
Prosper Aquitanicus, 90, 257, 259, 268, 358, 454, 584, 820, 1117 seq, 1125.
Prosper Tiro, 205.
Prospera multa, 805.
Prosperare, 204, 1040.
Prosubigo, 955.
Protinus, 336.
Protoevangelium S. Jacobi, 376.
Proverb. cap. I, 1233; IX, 660; X, 857; XVI, 1233; XXIV, 28; XXV, 775, XXVI, 855.
Proximinus, 55, 1250. Cleri, 53. Scriniorum, *ibid.*
Proximus, vicinus, 1021.
Prudentius M. Aurelius Clemens Hispaniensis, 665 Ejus patria, 10 seqq., 698, 714. Non certo de ea constat,

22. Ipsius natalis annus, 23 seq. Familia, et nomina, 25 seqq. Ætas prima et adolescentia, 27. Defenditur a criminibus imputatis, 28 seq., 759. An constet de innocentia vitæ ipsius, 227. Fuit jureconsultus, 31. Ipsius munera, 52 seqq. Fuit Proximus scriniorum, 33. Non fuit consul, 33 seq. Neque præfectus prætorio aut Urbi, 34 seq. Quo anno venerit Romam, 36. Quo tempore scripserit, 36 seq. Quo anno obierit, 38. Ejus humilitas, 759, 1228. Pietas, 1229. An militaverit, 643. An uxorem duxerit, 1061. An pauper fuerit, 1227. An alicui piæ societati aggregatus, 249. Ipsius imago, 225. In codice Bernensi nimbo ornata, 1089. Divus nuncupatus, 889, 1251, 1253. Sanctus, 1203. Admirabilis ipsius theologia, 427. Catholicus vates recte nuncupatus, 172. Antiquitatis studiosus, 603, 633, 783. Græcas litteras an ignoraverit, 621 seq. Ejus prosodia a multis defensa, 193. Plura de eo conficta, 58 seq. Quædam de eodem peculiaria ex codd. mss., 58, 60, 64, seq. Quo anno scripserit contra Symmachum, 827. Conatus Symmachi repressit, 695 Prudentii fides in actis martyrum enarrandis, 911 seq., 917 seq., 1033, 1062 seq., 1162 seqq., 1187, 1202. An sacrificanti Juliano adfuerit, 441. Non adfuit martyrio Eucratidis, 977.

Prudentii opera, 41 seqq. Quidam hymni, 80. Versus in Hygini operibus inserti, 725, 729. Libri de Trinitate, 44. Liber de Columba, de Oceano, ibid. Ædificium, 45. Monomachia, ibid. Dittochæum, ibid. seqq., 65. Carmen de fide, 75. Conclusio, 96. Ejus fortasse sunt multi hymni Breviarii Mozarabici, 966. An ejus editio duplex, 648. An a S. Hieronymo laudatus, 75. Laudatus ab aliis, l sqq., 12, 23, 29 seq., 47, 54, 66, 73, 101 seqq., 113, 165, 190 seq. 199, 206, toto cap. 28, 234, 251, 285, 286, 333, 349, 361, 393, 417, 437, 464, 472, 489, 495, 500, 523, 587, 626, 652, 721, 927, 988, 1024, 1049. Ejus carmina qui corruperint, 465, 767. Imitatores, 217. Vide Imitatores. Interpretes, 75. Editores, 75 seqq. Vide Editiones. Ipsius versiones vulgares, 93, 98. In usum scholarum, 87, 93. An pueris prælegi debeat, 212, 215. Ipsius carmina studiorum liberalium honores petentibus proposita, 212.

Prudentius præceptor Walafridi, 27.
Prudentius Trecensis, 26, 55, 65, 1250. Ejus Flores psalmorum a Trombellio editi, 221.
Prurire, 910.
Psalm. ii, 384; vii, 504; xxii, 331; xxiii, 331; xxxii, 337; xxxv, 1127; lxiv, 410; lxxix, 275; xcviii, 1253, cix, 336; cxv, 1135; cxviii, 679; cxxii, 1155; cxxxvi, 535, 676; cxlv, 337; cxlviii, 348.
Psalterium ms., 162. Psalterium, e correpto, 181.
Psaltria, 681.
Pseudomenon, 421.
Psychomachia Græce reddita, 100. Ipsius capita an a monachis distincta, 191. Inscriptiones ejusdem, 577 seq., 587.
Ptisana, i brevi, 188.
Publius martyr, 979.
Publius Mimus, 914.
Pudescere, 204, 670, vox Minucii. Pudet, ac piget, 227. Pudicitia virgo, 592. Ipsius descriptio, ibid. Pudor, 611.
Puella duodecennis, 950.
Puer pro ministro, 448. Puer Barulas martyr, 1121. Pueri servi nuncupati, 533. Pueri tres in camino ignis, 413. Pueri virgis cædebantur, 1125.
Pueyo Silvester, 1251.
Pugiles meretrices, 709.
Pugillaris, u brevi, 176, 182. Pugillares ceræ, 1052, 1056, seq. Pugillus, pugnus, mensuræ genus, 361, 1052.
Pugillo continere, claudere, 561.
Pugna spiritualis : plures libri hoc titulo, 578. Pugnæ apparatus, 601.
Pullarii, pullos farre pascere, 1076.
Pulmannus Theodor., 23, 76, 88.
Pulto, pulso, 1079.
Pulverea via in mari Rubro, 336.
Pulvinar deorum, 998, 1134. Jovis, 752.
Puncta, notæ, 1054, 1059. Puncta stridula, 1001. Puncti, puncta foramina nervi, 1004 Pungere puncta, 1059.
Punica fides, 442.
Pupugerat, 2 producta, 1088.
Purgatorius ignis, 103, 151, 154 seq.
Purpura, imperator, 445.
Pusiola, 944.
Puteo Franciscus, notatus, 927 seq
Putris, putrefactus prima ancipiti, 912, 1132.
Pyra ad comburendos martyres, 1051. Pyræ celeriter exstructæ, 1133.
Pyreneus, tertia brevi, 176, 182 seq., 188. Pyrenei montes quousque protendantur, 13. Alpes dicti, 954 seq.
Pyrrha, 1102.
Pyrrho Guill. notatus, 868.

Pyrrhus rex, 812.
Pythagoras suum Ipse dixit ab Ægyptiis didicit, 337. Ejus littera, 360. Pythagoreorum error super abstinentia a carnibus, 143.

Q

Quacunque jubetur, 468.
Quadragesimæ tempore olim cognitio criminalium quæstionum inhibita, 329. An etiam spectacula, ibid.
Quadrupes, e brevi, 176, 194.
Quæstio, quæstionati, 1170.
Quamlibet subjicitur, 366.
Quassare caput, 455.
Que productum, 755.
Quenstedius Jo. Andr., 16.
Quercetanus Leonard., 211.
Querolus comœdia, 197.
Qui sis, quis sis, 440, 1114.
Qui male agit, odit lucem, 247.
Quia enim, qu a nam, 699.
Quibus in fine periodi, 915.
Quidam in contemptum, 705.
Quidnam pro cur, 619.
Quintiliani hæretici, 693.
Quintilianus, 711, 822.
Quintilianus martyr, 979
Quintus an præn men Prudentii, 23. Quintus Clodius Fabianus, 1150.
Quirici hymnus, 911.
Quirinus martyr, 1040 seqq.
Qu isque pro quisquis 327, 399, 652, 802 seq., 1073 1084 seq.
Quisquis es, 270. De ignotis vulgo, 1104.
Quoi pro cui, 193.
Quoque pro adhuc, 978.

R

Raab meretrix, 673.
Rabanus Maurus, 117, 208, 316, 626, 740.
Radii capitis, 727 seq.
Radix linguæ, 1140.
Rainaldus Federicus, 175.
Rajas Paulus Albinianus, 18.
Rancidæ, raucidæ cantilenæ, 1094 seq.
Rapere c rpora martyrum, 1037.
Rapin Renatus, 217.
Rapta pellis, 1022. Raptare, 249. Raptus virginum sacrarum vel invitarum capitali sententia punitus, 915.
Rarescit bractea, 733.
Raspe Dominus R. E., 763.
Rastrum, rastellum, 755, 786.
Ratio summa, media, infima, 424. Ratio et regio sæpe inter se librariorum vitio depravata, 424. Ratio comes sacerdotum, 631.
Rationale Mosaicum, 631.
Rationis egenus, 357.
Ratpertus, 224.
Ratus an a producere possit, 193, 1141.
Ravago Franciscus, 84.
Raviggiuolo Italice, 202.
Raynaudus Theoph., 242.
Re sæpe producitur in verbis compositis recido, etc., 477. Aliquando auget, 1087.
Rebellis cum genit., 1168.
Recamo Hispanice, 1182.
Recavum palatum, 625. Speculum, 1182.
Recearedus rex catholicus a concilio Toletano in dictus, 172. Longe post Prudentium vixit, 228.
Recensitus, recensetus, recensus, 486, 1177.
Recentia correcta, 786.
Recento, 976.
Receptor, 589.
Recessus, 277.
Recidiva prælia, 622.
Recingi, discingi, 703, 1087.
Recino, recanto, 1087.
Recline, reclive, 309, 1010.
Rectores provinciarum, 32.
Reddere, respondere, 763, 1071.
Redimitus, secunda producta, 176, 182, 641.
Refluus Jordanis, 673
Reformatores hæretici non reformati, 119.
Refrixit cultus deorum, 927.
Refugæ viæ, 1175.
Reges philosophi, 698. Reges Romæ, 798.
Regesta, 1159 seq.
Reggius Jos. Antonius, 38, 93, 139, 174, 221, 608, 1056.

Regula serrata, 1000.
Regum lib. I, cap. iv. 654; xiv, xv, 622; xvi, 674; xvii, 614, 674; xviii, 371; xxi, 598; lib. II, cap. xv, 542; lib III, cap. vi, 673; vii, 512, 1015; x, 675; lib IV, cap. vi, xvii, 676.
Rei apud Romanos comam alebant, 740, 883, 1168.
Rejon de Silva Did. Ant. 767.
Relapso gurgite, 642.
Religio Christiana victim s humanas de medio sustulit, 732. Religi nis Christianae causa Deus orbem Romae subjecit, 815 *seqq*. Religionis Christianae veritas, 715 *seq*. Unitas sub uno capite, 921 *seq*.
Religiosi ordines adumbrati, 219.
Reliquiae sanctorum, 103. Plures sub uno conclavi Caesaraugustae reconditae, 107 seq. Supra altare ex veteri consuetudine collocari possunt, 960. Quo pacto ad nos devenerint, 1025. Earum cultus, 1008 seq., 1176 s q. Veneratio, 872, 960, 1147.
Relligio duplici ll a poetis scribitur, 794.
Remus, Romulus, 788, 1258.
Remus Georgius, 216. Notatus, 161, 254, 540.
Renatus taurobolio, 1149.
Reni tere, 994.
Renutare, 558.
R pagula portae, 828.
Repexus, 1150.
Requenus Vincentius, 766.
Res, patrimo nium, 914.
Rescidpere. 203, 584.
Resendius Luc. Andr., 941.
Respersum vinum, 741.
Responsa, oracula, 858.
Restaurare, 549.
R sulto, 205
Resurrectio mortuorum, 103, 317, 534, 549. Ostenditur ex cura sepulcris debita, 135 s q. Resurrectio carporum, 1024. Carnis, 491 *seq*. In eodem corpore, 492. Resurgentium cum Christo corpora an caelo invecta, 347.
Retento, 976.
Retexere pro renarrare, 976. *Retexere texta*, 551.
Retiarius, 865.
Retinacula, 693.
Retorquere, 514.
Retundere gladium, 802.
Retunsis tartibus, 1146.
Reus Christi, 940.
Reuschius Joan., 474.
Revelli, *revulsi* a revello, 1064.
Revincio, 1087.
Revocare nequitiam, 950.
Revoluti dies, 205.
Rex populus, 731. Rex convivii, 558. Pro domino, *ibid*.
Rhadagaisus, 826.
Rhea Silvia, 711-*seq*.
Rhenones, 823.
Rhenus, 813.
Rhodiginius, 770.
Rhododaphne, 517.
Rhodos, 804.
Ri conjunctivi communi intervallo, 180. A plerisque Hispanis sermone soluto producitur, *ibid*.
Ribera Franciscus, 541, 655.
Ricamo Italice, 1182.
Ricciolius Jo. Bapt., 178. Non semper illi fidendum, 196. Notatus, 177, 245, 255, 589.
Ricey Joan. Ant , 1184.
Rivaltius Nicolaus, 55.
Rigor flexus, 881.
Risco Emmanuel, 10 15 *seqq*., 25, 27 *seqq*. Prudentium laudat, 215. Notatus, 122, 1048.
Rittershusius Conr., 76.
Ritterus Joan. Chr., 55.
Ritus ecclesiastici, 104. Eorum origo et antiquitas, 118 *seq*. Norma congruentius ex iv saeculo , quam ex praecedentibus petitur, *ibid*. Ritus funebres, 363. Ritus gentilium plures ex S. Litteris fluxerunt, 119. Ritus nonnulli cur in gentilibus damnati, in Christianis approbati, 156. *Ritus, rictus ferini*, 705.
Rivetus Andreas, 20, 153.
Rivius Joannes, 211.
Roa Mart notatus, 1182.
Robigus, 511.
Robin Paschalis Gallice convertit quaedam carmina Prudentii, 98
Rodriguez de Castro Joseph, 11. Notatus, 962. De Leon Joannes, 929.
Rogus constratus, 917.

Roma aeterna, 716. Urbs augusta, 1185. Regina, 755. Imperii domina, 449. Caput saeculi, gentium, 922. Summum caput saeculi, 1079. Patria communis, 698, 816. Dea dicta, 716. *seq*. A quibus culta, *ibid*. Ad Christum conversa merito caput orbis catholi i, 920 *seqq*. Ejus imago cum vulturibus, 796. Templum, 850, 1257. Diversi status, 798 *seq*. Ipsius plena conversio ad Christum, 742. Romae idololatria exstincta, 650. Nonnulli nobiles du paganismum retinuerunt, 752. Ossa martyrum rite coaptata, 1176. Cur Deus illi orbem subjecit, 814. Romani an aliquando sexagenarios e ponte praecipitare consueverint, 787. Linguam suam propagabant, 921. Deos omnes colebant, et cur nihilominus Christianos vexabant, 712, 792 *seq*. Veterum luxuria, 613. Superstitio, 713. Preces in oppugnationibus urbium, 794 *seq*. Romani imperii amplitudo inservit Ecclesiae catholicae fundandae, 814 *seq*. Romana nobilitas idolorum cultui addicta usque ad Theodosii imperium, 925.
Romani pontifices saeculi iv injuria ab Ammiano reprehensi, 651.
Romanus martyr, 1062 s qq.
Romanae lingua Hispana 929.
Romphealis secunda brevi, 176, 188, 203.
Romulea in domo, 1215.
Ro nuli casa, 788 *seq*.
Rorulentus, 324.
Ros supernus, gratia coelestis, 1064. Ros de vino, 620.
Roschmannus Ant., 1050 *seq*.
Roscius Hortinus Jul., 1169.
Roseus color a poetis caelo invectus, 728.
Rosinus Joannes, 226.
Rostra, 1167 *seq*.
Rosulentus, rosatus, rosulatus, 205, 259. *Rosulentus* vox Capellae.
Rosweydus Heribertus, 25.
Roswitha poetria, 209.
Rotare, volvere de anni conversione, 226.
Rotgerus, 209.
Rottendorphius Bern., 77.
Ruaeus Carolus, 789.
Rua'dus, 865.
Rubigo, prima brevi, 176, 598, 629. *Vide* Robigus.
Rubrica cur lex dicta, 801. Rubricae in libris ritualibus, *ibid*.
Rubrum mare dehiscens, 1017.
Rubus ardens, 407.
Ructamen, 205, 206. *Ructare* an metaphora indecora, 410.
Rude pectus, 945. *Rudis* pro novo, 268, 476, 479, 609, 786.
Rudolphus Scholasticus, 1042.
Rudus aeris, 465.
Ruffinus Aquil., 257, 405.
Ruggerius Constantinus notatus, 1162.
Ruinart Theodoricus plures Prudentii hymnos edidit, et illustravit, 18, 25, 97. Notatus, 898, 915, 923, 946, 957, 961, 1014, 1059, 1122, 1166.
Ruperius Tuitiensis, 129, 137, 168, 210, 284, 358, 590, 885 *seq*., 920, 1189, 1195.
Ruschius Achilles, 1162.
Russeola sanies, 1176.
Rusticulae, *rusticolae*, 705.
Rustrum, 755.
Rutgersius Janus, 714.
Ruth, 55.
Rutilius, 754.

S.

Sabaoth, 275.
Sabaria, 1042.
Sabbatinius Paulus, 374.
Sabbatum, sabbaticus annus, 486. Sabbati paschalis pervigilium, 282.
Sabellianl, 102, 451.
Sabellius, 593. Quid differat a Patripassianis, 402.
Sabinus, 719.
Sacchinus Franc., 150, 747.
Sacer cum genit, 1162 *seq*.
Sacerdos, propheta, 334. Sacerdos quo sensu Moyses, 589. 1253. Sacerdotia gentilium quando abolita, 867. Sacerdotes vittati et coronati, 415. Mitrati, infulati, 1150. Sacerdotes gentilium in spectaculis, 867. Qui sibi nots inferebant, 1157. Ritus peculiaris in obitu horum sacerdotum, *ibid*.
Sacra via, 716, 1257.
Sacra ferre, ducere, 862.
Sacramentarium Gelasianum, 1201. S. Leonis nomine, 959.
Sacramentum militare, 1156.

Sacrare, 1141. Templum, 1198.
Sacrariis militare, 875. Sacrarium pro altari, 1020.
Sacrum triste, 868.
Sæcula sæculorum, 548.
Sæ uh x defensio, 209. Sæculo IV doctrina et pietas viguit, 942. Sæculum pro mundo, 292. Pro orbe, 1079. Sæculum an nonagesimo nono, an centesimo finiatur anno, 228.
Sævitas, 1108.
Sagit æ, sarissæ, 756. Sagittæ, sidus, 458.
Sagittarius G spar, 845. Castigatus, 917, 953, 988.
Saguntus, 974.
Sagus adjective, 450.
Sal, salsa mola in sacrificiis. 952 seq.
Sala Augustinus notatus, 941 seq., 947.
Salaria via, 755. Salarium, ibid.
Sale armenta delectantur, 557. Sa'e pro salo, 230.
Salex, salix, 1125.
Salia Hispaniæ flumen, non patria Prudentii, 12 seqq
Salia et Philippus consules, 14, 21. Saliæ consulatus, 229. Inscriptiones, 14, 229.
Salti sacerdotes, 707.
Salis, sale, sal, 1001. Salis tormentum, ibid.
Salix amara, 676.
Sallengre Albertus, 1150.
Salmasius Claudius notatus, 196, 292, 662.
Salomon pacifer, 654. Templum ædificat, 675.
Salomoni Petrus, 930.
Saltatio cynedica, 1085. Fabularum, 914 seq.
Saltatrix virgo, 681.
Salubris, u correpto, 1223.
Salus æterna non est in qualibet secta, 857.
Salutare, salutatio, 1182.
Salvianus, 196, 431, 777, 847, 1077. Imitator Prudentii, 620.
Salvinius an libros Peristeph. Italice converterit, 100.
Samnites, 806. Samnitis, 1184 seq.
Samosateni, 596
Samson leonem necat, vulpes capit, 674.
Samuel, 622.
Sancta dearum, sancte deorum, 584.
Sancta-Mauræus Carolus Prudentium ad usum Delphini edi curavit, 214.
Sancta sanctorum, 1068.
Sancti appellabantur Christiani, 897, 904.
Sanctiloquus, sanctilogus, 486.
Sanctio in lege, 801.
Sanctius Franc., 585.
Sanctorum interces o, 1059 seq. Invocatio, 1022, 1214. Reliquiæ, invocatio, cultus, 103 seqq., 109 seq. Sanctorum chori excipiunt justorum animas, 1011.
Sunctum, templum, 904.
Sandov l Jo. Franc., 1086.
Sanftl Cotomanus, 68.
Sanguis ex latere Christi martyrium, aqua baptismum indicat, 683. Sanguis Christianorum semen, 925 Sanguis martyrum in magno honore, 872. Accurate conservatus, 955, 1038 seq., 1177. Sanguinis effusio de quovis martyrio, 1042, 1191 seq.
Saniosus, 595.
Sannazarius, 573.
Santenius Laurentius, 236.
Santeuil Jo. Bapt., 947.
Sapientes cum ad senectutem accedunt, se ad alteram vitam diligentius præparant, 231.
Sapient. cap. 1, 817; II, 540; IV, 313; XV, 766, 948; XVIII, 502.
Sapor martyriorum, 982.
Saporus pro sapido, 205, 282, vox Lactantii.
Sapphicus versus, 200.
Sapphirus. 659, 664.
Sara, 585 seq., 668.
Sarahala, -14.
Sarbievius Casimirus auctor hymni correcti Ad regias agni dapes, 178.
Sarcio, sarcino, 1140.
Sarcophagus, 274.
Sardicense concilium, 51.
Sardinia, secunda producta, 177, 185, 818. Ejus frumentum Romani advectum, 847
Sardonius lapis, 651, 664.
Sardonyx, 6 9, 664.
Sarmentitii dicti Caristiani, 1031, 1156.
Satellites di ti canes, 993.
Saturnini, prima brevi, 184. Saturnini quatuor an alia nomina haberent metro repugnantia, 978 seq.
Saturnus, 693 seq., 719. Latens, 1.84. Origo deorum in Italia, 700. Imagines ejus, 699. Lapides, 754. Infantes ci-
dem immolati, 788. Saturnalia, 925. Saturnia mœnia, 699.
Satyri, 708.
Saubertus Joannes, 1079.
Saules dux ethnicus, 825.
Savaro Joannes, 250.
Saxa inscripta, 1109. Saxa pro diis, ride Lapides. Saxum teluni pudicitiæ, 593.
Sc, sp, si an voeules proxime præcedentes producant, 186, 394, 429.
Scabiei templum, 511.
Scaliger Joseph Prudentium laudat, 217. Notatus, 365, 957.
Scaliger Julius Cæsar notatus, 199, 237, 1226.
Scandalum, 400.
Scanduit, excanduit, 518.
Scantinius Aricinus, 1084.
Scariot, 655.
Scaturientes auræ sermonis, 1114.
Sceptra liliis et rosis ornata, 662.
Schefferus Joannes, 809.
Schelhornius, 1161.
Schelstratus notatus, 942.
Schema, 360, 392.
Schoenobatæ, 528.
Scholastici quinam dicti, 31. Ad sacerdotium non poterant promoveri, ibid.
Scholiastes Juvenalis, 819, 1084. Persii, 579.
Schottus Andreas, 44.
Schulzius Jo. Henr., 763.
Schurtzfleischius Conradus Samuel, 458.
Scipio eburneus, 1077. Insigne consulatus, 728.
Scirpus, 285.
Sclavus de Varo, 58.
Scobina, scofina, 755.
Scopuli rasiles, idola, 947.
Scoria, o brevi, 188.
Scorialense templum et monasterium, 955. Ejus primus architectus, ibid.
Scorpionum supplicium, 877, 1105.
Scortum, 909.
Scotorum feritas, 425.
Scribæ Hierosolymitani, 1035.
Scribere enc usto, 801.
Scribere nummos alicui, 900.
Scripta combusta, 172.
Scriptores pii historias falsas pro apologis sæpe adhibent, 845. Scriptorum insigniorum lapsus cur notandi, 240
Scriptura veterum in tabulis, 1056. Runica, 1059. Scripturæ Romanæ prima ætas, 74. Scripturæ sacræ locus idem duos sensus habere potest, 241. Scripturæ sacræ interpretes sæpe Prudentium sequuntur, 216.
Scrobis, scrobes, 755.
Sculpere, 584.
Scupoli Laurentius, 578.
Scutulatæ vestes, 522.
Scythæ an patres suos senes e ponte præcipitare consueverint, 787.
Se pro eum, 1149.
Secius, setius, 570.
Sectilis quercus, 1077.
Securem, securim, 747. Securi in erdum percussi martyres, 877, 879. Vide Gladius.
Secutor, 865, 867.
Sedere arrogantiam exprimit, 864.
Sedulius, 58, 86, 192, 196, 219. 269, 271, 313, 554, 575, 385, 407, 430, 464, 678, 913, 1079. An auctor Duttochæi, 665 seq. Imitator Prudentii, 570. Ejus editio opera Parrhasii, 889.
Segetus Thomas, 1075.
Segmenta, 1222.
Segregis, 205, 512, vox Senecæ.
Seldenus Joannes, 699.
Sella curulis, 728. Sellæ, 1076.
Selvaggius Jul. Laur, 1072.
Semaxii Christiani dicti, 1054.
Semel Germanice, 454.
Semen ignis, 1137.
Semetra, 656.
Semiferi hippocentauri, 1174.
Semijejunia, vide Jejunium, Stationes.
Semijudæi, 431.
Semina recidi a, rediviva, 836.
Semiustulatus, 917.
Sempiternus, i correpto, 179.
Senarii iambici, 199.
Senatus in locis consecratis congregari solebat, 749. Romanus de religionibus judicabat, 717. In labaro Constantini nomen Christi adoravit, 740. Conversus ad Christum,

744. Ejus elogia, 745. Laudes, 950. Senatus, martyres, 979.

Seneca pater, sive alius auctor controversiarum, 3, 788, 882, 1066, 1217. Philosophus, 510, 601, 816 seq., 835, 863, 950 seq., 999, 1072, 1115, 1192, 1200. Tragicus, 199, 564, 1222. Ipsins de novo orbe vaticinium rejicitur, 567.
Senescere, 552.
Senflius Ludovicus, 474.
Senior de familia, 555.
Senones fugati, 822.
Senor Hispanice, 555.
Sensualis, 205, vox Apuleii et Tertulliani.
Sensuum descriptio, 525.
Sentire, 572.
Sentix, sentis, 856.
Sentus, senticosus, 856.
Senum prudentia, eorumque deliria, 452.
Separ, 205, vox Valerii Flacci, Statii, Solini.
Sepeliendi martyrum corpora difficulias, 1019. Sepulcra dealbata, 554. Sepulcra intra Urbem an olim exstiterint, 713. An in ecclesiis, 1178. In viis publicis, 733. Sepulcra martyrum floribus ornata, 155. Frequentata, 872. Sepulcri honos, 354. Eo rei et martyres privati, 1011. Sepulcris martyrum per foramina oraria, nardus, oleum immittebantur, 1021 seq. Sepulcrum cum æ diphthongo, 189. Sepulcrum Christi, 685. Ol.m in nummis descriptum, ibid. Sepulcrum martyrum præfertur patriæ, 981.
Sequestrare, 205, 360.
Sequi, 1054.
Serapis, 809, 859. Secunda correpta, 859.
Serarius Nicolaus, 559.
Serenus Q., 188, 1110.
Serere crimina, 545. Nummos, 703.
Seres, sericæ vestes, 522, 908, 1259.
Sergii aut Servii Polensis confictum testamentum, 197, 1057.
Series plumigera, 281.
Serpens æneus in eremo, 671. In mysterio conceptionis prostratus pingitur, 269. Serpenti an naturale serpere, 515.
Serranus Thomas, 422.
Serryus Hyac. notatus, 575.
Serta de carminibus, 939.
Servare de cubiculariis, 1181. Servare ossa, 1197. Reliquias martyrum, 982.
Servius, 187, 193, 195, 251, 257, 255, 291, 442, 526, 619, 755, 855, 850, 856, 865, 895, 955, 958, 1078, 1128, 1140, 1199.
Sessio auctoritatem indicat, 1055.
Sestertius, sestertium, 896.
Severanus, 284.
Severus imper., 723.
Severus Rhetor, 508. Severus Sulpicius, 215, 538, 755, 1142.
Sexagenarios de ponte dejicere quid sit, 787.
Sexagesimus fructus in Evangelio, 1223.
Sextus Anicius Olybrius, Anicius Probinus, Anicius Probus, Anicius Petronius Probus, Petronius Probus, 746.
Sexus deorum gentilium diversus, 1080 seq.
Si bene commemini, 1187.
Si potis est, 694, 950.
Siberus Adamus Theodorus interpres Prud., 92.
Sibila colla, 546.
Sibylla, 400. Ejus vaticinium, 572. Sibyllina carmina, 445.
Sic producitur, 721, 767.
Sica, 645.
Sichardus Jo. interpres Prudentii, 87. Notatus, 513 et sæpe alibi. Ejus editio, 1250.
Siciliæ frumentum, 847. Sermo mixtus, 557.
Siculus Flaccus, 852 seq.
Sicut erat, 279.
Sidonius, 179, 183, 195, 206, 230 seq., 581, 430, 847, 1186, 1206. Imitator Prudentii, 217, 446, 756, 760.
Sigebertus, 49, 210.
Sigilium, statua, 810, 1077.
Signa cœlestia, 457. Alia amant, alia non amant, 458.
Signa, notæ, 1054 seq. Signa verborum, 1128.
Signaculum sacramentum confirmationis, 507.
Signore Italice, 555.
Sigonius Carolus, 26.
Silicis Romani color, 750.
Siliquæ, 262.
Silus, 309, 506, 758, 1072.
S loa piscina, 681. An sit eadem ac Bethsaida, 462.
Silvanus Calagurrit. 19.
Silvanus traditor, 132.
Silvester pontifex, 552.

Simon Magus, 512.
Simonidis error, 589.
Simpl citas virtus, 611.
Simplus, simplex, 1158
Simpuvium, 929 seq.
Simulacra cæca, surda, 713. Lapides, stipites, columnæ an formæ humanæ rudia lineamenta semper prætulerint, 715. Simulacra deorum ævum passura, 735 seq. Tabo respersa, 741. Ornatus gratia permissa, 926. Vide Idola.
Simulacrum, a brevi, 182.
Sinai, 670.
Singultare, 587.
Sinner I. R. notatus, 1051.
Sinnius Capito, 787.
Sinuamen, 660, 1014. Lateris flexi, 756, vox Juvenci.
Sinus, 277. Sinu ossa defunctorum collecta, 1037. Sinus Abrahæ, 562 seq.
Sion, prima producta, 555.
Sirletus cardinalis, 174.
Sirmondus Jac. notatus, 814.
Sirpus pro scirpo, 285.
Siscia, Sisseg, 104.
Sisti de reo, 894.
Sistrum, 625, 808.
Sithonius, o brevi, 188.
Situs, 275.
Sive tu deus es, sive tu dea, 1080 seq.
S. Leger abbas, notatus, 83.
Smaragdus, 1 producta, 176, 182, 659, 664.
Smetius, 821.
Smyrnei, 716.
Sobrietas, 611, 627. Ejus descriptio, 618.
Socordes, 1 correpta, 176, 258, 412, 1125. Sucordia unde dicta, 258.
Socrates, 352, 570, 1122. Cur moriturus gallum consecravit Æsculapio, 421.
Sodomita, Sodomitis, 592. Sodomita cinis, 998 seq. Sodomiticum incendium, 555, 592.
Sol pro deo habitus, 725. Solis statuæ descriptio, 727 seq. Solis quadrigæ, lunæ bigæ, 727.
Solecismus, 2 brevi, 194.
Soleæ feminarum, 444.
Solinus, 354, 577.
Solium pro sepulcro, 109.
Solum pro pede, 267, 1222. Pro pedis planta, 461, 1192. Pro solea, 1045.
Solvi, diffluere, 1111.
Sombrero Hispanice, 807.
Somni descriptio, 299. Somnia aliquando a Deo, 501. Quæ vera accidunt, ad casum sæpe pertinent, 501. Somnia impiorum, 502. Somniorum causæ, 500. Visus, 568 seq. Somnium visio a mysticis dicitur, 504, 687. Somnus imago mortis, 238.
Sophia, sapientia, 568. Secunda producta, 181.
Sophistæ dicti Christiani, 1102.
Sordes de avari ia, 1111. De idolis, 1080. Sordidus de diabolo, 990 seq.
Sorites, 424.
Sorek, 1259.
Sozomenus, 892, 1186.
Sp brevem dictionis præcedentis producunt, 1124.
Spartianus, 607, 716, 1125.
Spectacula impia, 730 seq.
Speculator, 650. Speculamen, 205.
Spei descriptio, 607.
Spernere, abjicere, 605.
Spes futuræ vitæ ab ethnicis irrisa, 916.
Sphæra sive sphera, prima brevi, 176, 188 seq, 1115.
Sphingis ænigma, 791.
Sphragitides, 1155.
Spicula radiorum, 506. Spiculum, 216.
Spiegelius Jacobus, 16. Interpres Prudentii, 86, 92, 94, 554. Prudentium laudat, 215. Notatus, 514, 517.
Spinarum vincula texunt segetem, 855. Spinifera rubus, 286.
Spirare odorem non vulgarem significat, 295. Spirare Paraclitum recte Filius dicitur, 297.
Spiritualia corpora nunquam dixit Prudentius, 273.
Spiritus, prima brevi, 177. Spiritus unde dicatur, 144. Spiritus volens, volans, 926. Sp ritus sanctus candidus dictus, 276. Filius appellari potest spiritus, 297. An visibili specie super omnes quos Joannes baptizabat, S. iritus sanctus descenderit, 516. Spiritus sancti a Patre, Filioque processio, 276, 297, 596.
Spondaici versus, 197.
Spongia sanguis martyrum colligebatur, 1177.
Spurcamen, 205.
Sq producunt vocalem præcedentem, 645.

Si brevem dictionis præcedentis producunt, 545, 675.
Stagna profundi, 557.
Stamma, stagma, 1141.
Stantes Christiani interdum orabant, 250. *Stare de meretricibus*, 1217. Ministris convenit, 557.
Statera bonorum et malorum operum, 965.
Stationes, 230, 887, 1029 seq. *Vide Jejunium.*
Statius, 268, 588, 527, 606, 645, 812, 855, 849, 854, 1070, 1120.
Statuæ initio erant columnæ, stipites, lapides, 1078. Ceris versicoloribus pictæ, 714.
Stella quæ apparuit Magis, 578 *seq.*, 456 *seq.*, 1255. An puer stella magorum ferretur, 457.
Stemma, 518, 592 *seq.*, 871 *seq.* Hispaniæ, 86. *Russum*, 1141.
Stephanus Carolus, 634.
Stephanus Antioc ., 1056
Stephanus protomartyr, 918. Prima corona, 687. Ejus passio, 686.
Stercalus, 925.
Stewechius, 881.
Stigmare, 205.
Stilicouis laudes, 824 *seq.*, 1258. Quo anno obierit, *ibid.* Ejus nomen adhuc in nonnullis marmoribus legitur, *ibid.* Ejus inscriptio ex autographo correcta, 824 *seq.* Ejus perfidia, 826 *seq.*
Stipes, 844. Compes, 1004, 1022. Pro termino descetus, 1100.
Stirpare, exstirpare, 518.
Stirps, 662.
Stoa Quintianus, 514.
Stobæus, 599.
Stoici, 726.
Stola diaconorum, 987.
Stomachus, stomachri, 515.
Strabo Walafridus, 10, 25, 51, 45, 186, 1201. Imitator Prudentii, 1227.
Stramenta testarum, 1007.
Strangulare clausum, tenere clausum, 1002.
Strangulatrix manus, 1158.
Strictura, 205, 786.
Strophæ, strophas nectere, 914. *Strophium*, 260, 966.
Strozzi Philippi impium testamentum, 156.
Structile saxum, 657.
Structum serpente flagellum, 644.
Stuckius Joann. Guil., 421.
Stylis confossi, 1052, 1055 *seq.* Styli duæ partes, *stylum vertere, stylo depascere*, 1057.
Styx unde dicatur, 294.
Sua monosyllabum, 185.
Suarez Franciscus, 571.
Suaviloquus, 293 *seu.*
Sub tempore, 775.
Subictus, 1221.
Subigo, 955.
Subjectio, 205.
Subjugare, 1150.
Sublidere, 205.
Sublimare, 205, 475.
Sublime, in sublime, 1125.
Subsellia, 1069.
Subsistentiam quartam in Deo jure negant plerique theologi, 425, 1234.
Sublemen, sublemnen, 644.
Subterna antra, 751. Subternus, 205, 570.
Suburra, 1167 *seq.*
Subus, prima brevi, 185.
Successus martyr, 979.
Succina, sucina, 944.
Succuba, 1082.
Succulenti oculi, 1105.
Succus, sucus, 508.
Sudare prælium, 254. Sudare bella, 811.
Sudes, 551 *seq.*
Sudum, 919.
Sues, suis, sus, 855. Sues quibus diis immolati, 1100.
Suetonius, 154, 720 *seq.*, 786, 799, 859, 866 *seq.*, 914, 1052, 1061, 1064, 1116, 1171.
Suevius poeta vetus, 1109.
Sufflabilis, 205. Sufflamen, 624.
Suggillare, 1148.
Suidas, 456.
Su phureus, 597.
Sume e pœnam meam, 996.
Summa auris, 855.
Summo tius Petrus notatus, 211
Summula, 901.
Summus discipulorum, 655.

Superbi, 908 *seq.* Superbia virago, 607. Ejus descriptio, 605 *scq. Superbus* in bonam partem, 917.
Supercilium sedes superbiæ, 615.
Superfio, 205. Vox Plauti et Columellæ.
Supernasci, 426.
Superne, 5 communi, 258.
Superstitio coronandi arbores diu perseveravit, 851. Hæreticorum, 119. Superstitio an hoc sæculo magis quam impietas vigeat, 119. Superstitiones ethnicorum, 1077 *seqq.*
Supinus de molli, superbo, 1080.
Suppetiæ a suppeto, 261.
Surius, 97.
Susceptare, 451.
Suspiria confessa vim libertatis, 759.
Sutiles hyacinti, sutiles lapilli, sutile vinclum, 520, 965.
Sycophanta, 599.
Sylla, 795.
Syllaba brevis ob sequentis vocis geminam consonantem producta, 177.
Syllogismi plectiles, 599.
Sylvius Franciscus, 25.
Symbolo fidei quando additum *Filioque*, 276. Symbolum Athanasianum, 474, 505.
Symmachus, 55, 56, 90, 645, 745, 752, 845, 847, 867, 1200. Pontifex major, 842 *seq.* Ad eum spectat inscriptio Romæ exstans, 845. Ejus filius et pater, *ibid.*, 851. An a senatu missus ad imperatores, 850 *seq.* Ejus nomine inscriptio vulgata. 851. An apostata, 444. Viperæ comparatus, 692. Aram Victoriæ restitui postulat, 695. Ejus eloquentia, 760. Exaggerata, 784 *seq.* Ejus objecta, 761 *seqq.* Ipsius relatio Honorio oblata, 850, 845.
Symmetra, 656.
Symphonia, 808.
Symphorianus, 1219.
Symposius, 755, 1057.
Synæresis, 185, 555 497, 509, 677.
Synalœpha, 588.
Synnas, 785. Synnadenses, 716.
Syri a piscibus et columbis abstinebant, 146.
Syrma, 619.
Syrtes, 445. Syrtium prima significatio, 512.
Syxti passio, 891. *Xistus*, an *Sistus*, an *Syxtus* scribendum, *ibid.* An gladio cæsus, an cruci affixus, *ibid.*
Syxtus III, 1185.
Syxtus Senensis, 16.

T

T littera quid significet, 166.
Tabula, planities, 1182.
Tace, ultima brevi, 194.
Tacitus, 616, 648, 720, 788, 821, 856, 882, 951, 1057
Tactus deorum efficax, 1221.
Tænaro, 467.
Tæniola, 862.
Tagus, 815 *seq.*
Talentum pro argento, 1182.
Tamaio Salazar Joannes, 207.
Tamaio Vargas Thomas, 10.
Taranto Italice acceptum habet in prima, 181.
Taratrum, 755.
Tarentus, 829.
Tarquinius, 400.
Tarraco, 965. Caput provinciæ Tarraconensis, 1058. Sitne patria Prudentii, 15, 1058. An patria SS. Fructuosi et soc., 1025. Tarraconense amphitheatrum, 1031.
Tarrafa Franciscus, 27.
Tartarottus Hieron., 1051.
Tartarum graveolens, 912.
Tassus, 545.
Tatianus, 722.
Tau littera, 164 *seq.*
Taubmannus Trid., 26.
Taurica sacra, 752, 1254.
Taurobolium, 1149 *seqq.*
Taurorum ludus, 528.
Taylorius Hieremias refellitur, 555.
Te a diei, 246.
Telemachi martyrium, 50.
Tellus an spinas tulisset, si Adam non peccasset, 516.
Temenothuritani, 716.
Tempesta, 1169.
Tempestas, 2 corrept ., 195.
Templa olim in montibus, 792. Templa piganorum primum sepulcra, 715. Pro fanis idolorum, 925. Templa deorum Romæ, 712 *seq.* Templa Christianorum versus orientem exstructa, 251. Templa an in honorem viventium unquam consecrata, 978. Templa cur veteres Christiani in animi

justorum esse dicerent, 960 *seq.* Templi Salomonis ædificatio, 675. Templi Capitolini tria delubra, 712. Templorum nomen inter Christianos, 538 *seq.*, 903. Ornatus, 130, 895, 958 *seq.* Tecta inaurata, 1059, 1185. Aurea, 1194, 1198. Templum Constantinopolitanum, Hierosolymitanum, 152. Templum Romæ et Veneris, 716 *seq.*, 1240.

Templum Dei in animo, 276, 653, 960, 1097.
Templo, tenlo, 333, 1118.
Temulentus, 1 et 2 communi, 709.
Tenebræ in passione Domini an super solam Judæam, 341.

Tenus pro *usque ad,* 1067.
Teolius Joseph interpres Prudentii, 78, 95 *seqq.* Prudentium laudat, 213. Notatur, 83, 88, 91, 123 *seq.*, 163, 180, 208, 224, 252, 218, 251, 253 *seq.*, 284, 287, 291, 296, 299, 313, 316, 324, 333, 336, 338, 316, 318, 365, 371, 388, 390, 391, 399, 413, 421 *seq.*, 426 *seq.*, 433, 437, 438, 463 *seqq.*, 469, 477, 480, 483, 493 *seq.*, 497, 509 *seq.*, 513, 523, 533 *seqq.*, 535, 537, 543, *seq.*, 547, 553, 568, 570, 572, 579 *seq.*, 603, 624 631, 653, 658 *seq.*, 668, 683, 690, 701, 747, 731, 763, 769, 771, 775 *seq.*, 780, 784, 791, 817, 824, 840, 848, 830, 859, 864, 874, 885, 885, 888, 900, 906, 909 *seq.*, 912, 929, 934, 936, 945, 947, 956 *seq.*, 963, 966, 972, 978, 995, 997, 1000, 1011, 1018, 1045, 1054, 1057, 1064, 1059, 1 94, 1108, 1118, 1120. 112), 1152, 1162, 1179, 1185, 1190 *seq.*, 1195, 1207 *seq.*, 1211.

Terentianus Maurus, 190, 200 *seq.*, 233.
Terentius, 4, 226, 314, 472, 593, 854, 911, 1023, 1079.
Teresiæ (S.) humilitas, 29.
Tergum freti, 739.
Terminus pro deo habitus, 400. Quo ritu colebatur, 852. Coronatus, 853. Termini effigiati, 852.
Terra in fine mundi an penitus destruenda, 962 *seq.* *Terræ et Cœli filius,* 699. Terram sole breviorem qui negaverint, 720.

Terrulentus, 205, 903.
Tertullianus, 125, 134. 145, 147, 151, 163, 182, 195 *seq.*, 231, 243, 247, 230, 257, 285 *seq.*, 270 *s q.*, 274, 293, 360, 367 *seq.*, 591, 419, 430 *seqq.*, 471, 497, 500, 507, 509, 519, 533, 536, 563, 586, 506, 606, 700, 712, 717, 719, 752, 750, 766, 790, 792, 794, 797, 803, 825, 856, 858, 896, 8.8, 923, 1050, 1054, 1083, 1 95, 1100, 1115, 1148, 1203. Non est auctor carminis contra Marcionem, 497.

Te-ta, cranium, 1129 *seq.*
Testamen, 306. Testamentum Novum, 585.
Testarum fragmenta, supplicium, 103.
Testes, martyres, 874, 969.
Testudo, 437.
Tetamus Benedictus, 483.
Tetragonos, 5 correpta, 193.
Texit polus annos, 831.
Texta de corpore, 552. Linea, spinea, squamosa ferri, 601, 661. Textum substantive, 1017, 1152.
Thales, e brevi, 193.
Thailefeus Cilix, 212.
Thallus, 544.
Tharsis, 519.
Thascius, Cyprianus, 1210.
Theatri veteris obscenitas, 523. Ipsius cum recenti comparatio, 1083. Theatrum Marcelli, 866. Saguntinum, *ibid.*
Tnebæ, 804.
Theodatus papa, 121.
Theodoretus, 50, 132, 346, 473, 755, 1008, 1097.
Theodoricus rex, 1031.
Theodorus Gadareus. 1130.
Theodorus Studita, 414.
Theodosianus codex, 31 *seqq.*, 36, 48, 50, 171 *seq.*, 228, 252, 329, 599, 616, 696 *seqq.*, 755, 741, 755, 817, 839, 854, 867, 877 *seq.*, 926, 1003, 1052, 1075, 1200.
Theodosius M., 171. Idololatriæ eversor, 925 *seq.* Permisit simulacra, ut ornatui essent, 741. Acta Eugenii rescidit, 695. Symmacho adversatur, 695. Fecit basilicam S. Pauli, 1198. Signo crucis signum prælio dedit, 825. A Prudentio laudatus, 696 *seq.*, 753, 743, 819, 925.
Theodotus, 145.
Theodulfus Aurelianensis, 183, 207, 283, 298, 494, 571, 589, 6 '6, 858, 917. Imitator Prudentii, 217, 682.
Theodulus puer, 1122.
Theognides, 233.
Theologi auctoritate Prudentii dogmata fidei confirmant, 216.
Theophanes, 90
Theophilus Antioch., 410.
Theophilus presb., 767.
Theophrastus, 589 *seq.*
Theophridus abbas, 552.
Theophylactus, 515, 546, 562.
Thersilia Paulini uxor, 747.

Theseus, 709.
Thessala venena, 1157 *seq.*
Thessalia magicis artibus famosa, 703 *seq. Thessalicus, Thess dius, ibid.*
Theta littera quid significet, 166.
Thomas (S.), 138, 258, 500, 505, 513.
Thomasius Jacobus, 251. *V.* Card., 65, 97.
Thomassinus, 124, 1053
Threnara, 467.
Thronus, 411.
Thule ultima, 567.
Thurificare, thurif.r grex, 429. Thuris mica, acervi in sacrificiis, 952, 988.
Thyrsus, 1091.
Tiara, 414.
Tiberis, 816. Ejus inundatio, 1045 *seq.* Tiberina palus, 1190.
Tiberius Nero, 720 *seq.*
Tibullus, 188, 1056, 1100.
Tigil'um, 801.
Tigrides Ba chi, 708.
Tillemont, 20.
Timoris opus, 1203.
Timotheus Michael, 253.
Timotheus poeta, 201.
Tineæ, tiniæ, 639.
Tingis, 969.
Tiraboschius Hier., 415
Tiraquellus Andr., 216.
Titi Livii codicum subscriptiones, 844.
Tituli Ecclesiæ Romanæ, 1012. Titulus, 364. Pro epitaphio, sepulcro, memoria basilicæ, velis ante aras, cruce, 537, 943, 978, 1012, 1163, 1197. Titulus crucis triplex, 437. Titulus sacerdotii, 1012.
Titus, 723. Ejus arcus, 450, 654, 1877, 1234.
Tobiæ cap. 11, 357.
Toga, 226 *seq.*, 1076. Candida. 745.
Toledo Joann. Bapt , 953.
Toletanæ Ecclesiæ magnificentia in sacra supellectile 153.
Toletus Franciscus, 903.
Tollius Jacobus, 808.
Tonare, de eloquentibus, 760.
Tonsuræ ecclesiasticæ antiquitas, 1206.
Topazon, topazus, 659, 664.
Toreumata, 620 *seq.*
Tormenta plura, 951.
Torques, torquarii, 881.
Torrentius Lævinus, 77.
Torri ius, 1201.
Torto verbere, 446.
Torus gemmatus, gemmans, 334.
Tournelyus, 557, 1234.
Trabea, 728.
Tractare, episcopale verbum, 1212.
Tractus inexplicili, 269.
Trajanus, 725, 725. Intra Urbem sepultus; ejus ossa in urna aurea sub columna sita, 713.
Trajectiones in versibus Prudentii, 172 *seq.*
Transadigit, 567.
Transfugium, 8 5.
Transire una pedum, 1175.
Trato de cuerda, traito di corda Hispanice et Italice, 993, 1072.
Trautson Domini de, 374.
Trebellius Pollio, 177, 189, 778, 1131.
Tria in Trinitate. 596, 425.
Tribunal, 1076. Ecclesiæ, 927 *seq.*, 1186.
Tribuun militum, 881.
Trigonos, 2 correpta, 193.
Trilingua vipera, *bilingue* caput, 814.
Trina deitas, majestas, pietas, potestas, virtus, 259, 596.
Trina fallendi potestas, 768. Rerum machina, 557.
Trinitas divina, 102, 367, 595 *seq.*, 430, 501 *seq.*, 505, 1117 *seq. Vide* Nomen, Numen. Trinitas an numeretur, 502. Trinitatis doxologia, 425. Mysterium, 663. Modeste investigandum, 427.
Trinodis, ti modus, 321.
Trinum specimen, 593. Nomen, numen, 559, 658.
Tripectorus, ? 62.
Tripes, e brevi, 194.
T, ipicius, 203.
Tripl x, trina deitas, 588.
Tripolitani, 764.
Triptolemus, 843.
Tristanus a S. Amante Joannes, 633.
Tristificus pro amaro, 291, 672. *Tristis* pro amaro, 434. Pro improbo, 343.

INDEX RERUM ET NOMINUM.

Trithemius, 25, 42 seq.
Triumphare active, 551. Triumphator vox non valde antiqua, 259, 744. Triumphi apparatus, 827 seq. Triumphi Romanorum, 812. Triumphus nobilis, 581.
Triumviratus, 798.
Trivia, 750.
Trochaicus versus, 201, 534. Trochaicus Archilochius, 200. Trochæi rotatiles, 443, 1227.
Troja, 849 seq.
Trombellius Chrysost., 221.
Tropæa, 812. De sepulcris martyrum, 1191.
Tros, Æneas, 719.
Trugillo Thomas, 27.
Tua monosyllabum, 185.
Tuba de eloquentia, 771.
Tuccia vestalis, 951.
Tulichus Hermannus 1067.
Tullianum carcer, 802, 1002.
Tullius Tiro, 1054.
Tullus, 714.
Tumba, 978, 1164.
Tumor, superbia, 1076.
Tumulos complecti, 954. Tumulus, sepulcrum, 957.
Tunica molesta, 951.
Turcarum modestia in vestibus, 519.
Turduli, 957.
Turibius Asturic., 512.
Turnebus Adrianus, 216.
Turre Philippus a, 964.
Turres Romanæ, 1213 seq.
Tuscia vetus, 789, 825, 1258.
Tutaculum, 205.
Tuticanus, 185.
Tutilo, 224.
Tyrannos quos vocet Prudentius, 697.
Tyri regina superbia, avaritia, 558.
Tyrrenus 789.

U

U pro o apud veteres, 551.
Ubera bina, 262. Tenta, ibid. Gemelli fontes, 1124.
Uda humus, 295.
Ugonius Pomp., 1194.
Ulillas, 1059.
Ulloa Alfonsus, 86.
Ulna, 902, 1177.
Ulpianus, 859, 1167.
Ulpius Egnatius, 1149.
Ulti ogo Hispanice, 1225.
Ultor mtis benignus, 519.
Ululamen, 205.
Umbo equinus, 612.
Umbra imitatio corporis, 471. De idolis, 756. Umbrarum populus, 295.
Unci, 877, 1072, 1169 seq. Stridentes, tridentes, 997. Uncorum usus, ibid.
Unctiones terminorum, 714 seq. Unctor stipitis, 429.
Unda pro copia, 1135. De vino, 620, 681.
Unde 1052 Undequaque parum Latinum, 1125.
Ungendi ritus apud ethnicos, 429, 444 seq., 711, 852 seq.
Unguen chrismatis, 297. Unguenta et odores in conviviis Christiani respuebant, 259. Unguenta ad martyrum sepulcra, 1183.
Ungues ferrei, 909, 1169. Unguis imus, 886. Ungulæ, 909, 992 seq., 1108, 1114, 1169 Instrumentum martyrii, 877 seq. Bisulcæ, 1005, 1070, 1169.
Unicolorus, unicolor, 551.
Unio hypostatica, 571.
Unio vitæ, 402, 417.
Unitas essentiæ divinæ, 501, 504, 526.
Urbanus martyr, 979.
Urbanus VIII, 235, 253, 1195.
Urbicremæ nubes, 585.
Urbs Roma, urbici Romani, 958.
Urna, 468. Urnæ sepulcrales, 561, 1038.
Ursæ major et minor, 579. Ursi an in Africa generentur, 789.
Usque an pro ad usque, 641.
Ustuire, ustulare, 1159.
Usuardus, 1046. Ejus martyrologia vetusta, 980.
Ut an produci possit, 1156.
Utraque in nominativo plurali a producto, 177, 193, 195, 550, 948.
Uxoricidæ pœna, 1016, 1240.

V

Vacca Proserpinæ oblata, 729
Vagare pro vagari, 500.
Vagus oculis, oculos, 616.
Valens imperator, 697.
Valentia, 984. 1008.
Valentia Gregorius, 1214.
Valentianus Greg., 235.
Valentinianus senior, 697. Senior et junior, 695.
Valeria familia, 964.
Valerianus imp., 1206.
Valerianus episcop. 18, 37, 59, 1161 seqq., 1240.
Valerius, Valerianus episc, 11, 18 seq.
Valerius episc. Cæsaraug., 971. An plures Valerii, ibid. In familia Valeria sæpe erat unus aliquis flamen : ejusdem nummi, ibid
Valerius Flaccus, 188, 709, 981, 1210.
Valerius Maximus, 511, 788. 1077, 1135.
Valerius Probus, 54. Cornelius, 2.3.
Valesius Henricus notatus, 747.
Valla Laurentius, 1118.
Vallarsius Dominicus, 748.
Valsecchius Antoninus, 749. Virginius, 40.
Van-Dale Ant. rejicitur, 442.
Vanierus Jacobus, 528.
Vapor, calor, 917. 1055.
Vaporus, 205, 1055, 1152.
Variantium lectionum delectus, 218.
Varietas in nonnullis adjunctis historiæ veritatem non destruit, 1063, 1068.
Varo, vide Sclavus.
Varro, 201, 231, 216, 249, 260, 514, 551, 768, 788, 894, 1082.
Vas animæ, vide corpus. Vas symbolum corporis - 525. Vasa, quibus sanguis martyrum asservatur, verum signum martyrii, 107, 1045, 1177. Vasa sacra aurea et argentea, 893. Vasa, quibus Christiani veteres utebantur, sacris imaginibus decorata, 335.
Vasæus Joannes, 16, 25.
Vasconia, 20 seq.
Vasquez Gabriel, 952.
Vaticanus olim contemptus, 747. Vaticanæ basilicæ secretarium, 245.
Vatinius, P. 718.
Vavassorius Franc., 685.
V. C. pro viro clarissimo, 32, 54.
Vegetumen, 205, 506.
Vegetius, 464, 799, 876, 881.
Vegius Maphæus, 1048.
Vehicula Vestalium, 865.
Veios colonia, indeclinabile Veios in quarto casu, 185.
Veitzius, vide Weitzius.
Vela ad ornatum templorum, 827. In fenestris et januis, 828. Pura et picta ante aras, 1012. Velamina leretri, 555. Velare caput debent feminæ, 858. Veli susceptio a voto virginitatis differebat, 859.
Velleius, 789.
Vellus unde dictum, 551.
Venantius, vide Fortunatus.
Venena, 575. Venenum gloriæ, 905 seq.
Veneratio sanctorum, 875. Sepulcrorum martyrum, 1101.
Veneti agri, 825.
Venia a venio, 291. Veniabilis, 205, vox Sidonii.
Venio, 1 correpta, 188.
Ventilare, 205, vox Propertii, Ovidii et aliorum; ventilator Quintiliani.
Ventosa eloquentia, 756.
Venus, 711, 722, 804. Armata, 810. Erycina, 715. Libitina, 596. Victrix, 811. Vide Templum.
Venustas, 626.
Vera Ludovicus, 578.
Verba sæpe uniuntur in codd., 862. In Prudentio exscriptorum inscitia unit, vel separata, 551. 639, 1000, 1022, 1225 seq. Simplicia pro compositis, 1199. Duplici modo dicti, 418. Duplicem et contrariam habentia significationem, 765, 1087. Ab ob composita, 905, 1142. Plura in escere, 814 seq. Secundæ et tertiæ conjugationis simul, 189, 452, 546, 985, 989. Cum quarto casu conjuncta plura apud Prudentium, 571. Verba sordida, 571.
Verbena in sacrificiis, 446.
Verbera dicuntur notæ, scriptio, 1059, verberator, verberatio, 1055.
Verbigena, 257.
Verbositas, 1114.
Verbum, et sermo de secunda persona Trinitatis, 298. Verbum, an sermo melius dicatur pro logos, 120. Verbum Verbo ditum, 506 seq. Verbum Verbo genitum an Filius dici possit, 257. Verbum spiritus dici possit, 370. Verbum Christus per prolepsin, 522, 405. Verbum, qui, 805.
Veritas simplex, 857.
Verna, vernula, 580.

Vernare, 1007.
Verrere mare, cœlum, 461.
Verres, 1100.
Verrius Flaccus, 748, 794 seq., 1148.
Versa vice, 912.
Versicolorus, 205, 562, vocabu'um Plauti, et Ulpiani.
Versipellis astutia, 347.
Versus fistularis, 410. Spondaicus, 638. Versus partim exleges, partim metro alligati, 197. Maccaronici an a veteribus usitati, ibid. Versus in baptisteriis, 1048.
Vertere pro evertere, 750. Vertere pollicem, 865. Solum, 267, 865.
Vertex, et vortex, 597.
Vertus impugnatur, 120.
Veru quid sit, 718.
Vervex, 1081 seq., 1100.
Vespasianus deus fieri nolebat, 452.
Vespertinus populus, Christiani, 621.
Vesta, 714, 894. Unde dicta, 860. Inter deos Penates, 929. Ejus templum, 705. Simulacrum, 850. Ejus sacra subter humum fiebant, 866. Vestalis ignis, 928. Ipsius origo, 894 seq. Vestales, 391. An comium alerent, 866. Fascinum colebant, 705. In theatro ubi sederent, 866. Vitam populi redimebant, 865. Quo ætatis anno nubere potera t, 860 seq. Quando abolitæ, 867. Vestalibus virginibus negata emolumenta, 693, 842 seqq. Vestalium virginitas quibus vitiis obnoxia, 855 seqq. Ornatus, 862. Ignis, 925. Sepulcra intra urbem, 713. Imagines, 931. Vestali igne exstincto, mali aliquid portendi credebant Romani, 862.
Vestes barbaricæ, 414.
Vestibus auratis mor ui obvolvebantur, 533. Vestis plumarum, 632.
Vestigia tingere, 758.
Vestii se æquor aristis, 847.
Vetera ex novis plerique judicant, 125. Veteres an diversa ratione a nostra lychnos confecerint, 285.
Veternus, veternosus, 205, 542, 696, vox Apuleii et Fulgentii Mythol.
Vettonia, secunda ancipiti, 957. Ejus inscriptio, ibid.
Vetustas prisca, 980 seq., 1009, 1033.
Vexo verbum energicum, 339.
Vezzosi Ant. Franc., 223.
Viæ sepulcris notæ, 735.
Viantes, 205, 398.
Vibrare, fulgere, 301.
Vicarii provinciarum, 55.
Vice versa non dicebant veteres, 912.
Vicelius Georgius, 97.
Vicini, et proximi, 1021.
Victimæ coronatæ cupressu, 445. Humanæ, 787 seq. Placentes deo, 1098 seq.
Victor Vitensis, 554, 995.
Victor Zacharias, 26.
Victores arma templis affigebant, 598.
Victoria (S.) 964 seq.
Victoria qua arte paratur; ejus definitio, 763 seqq. Victoriæ aureæ, 764.
Victoria dea, 695, 742, 770, 782 seqq., 1103. Virgo, 762. Pede suspensa, instabilis, 763. Cur vultur dicatur, 770 Imagine accipitris expressa, ibid. Plerumque alis, nonnunquam sine alis, 763. Ejus ara, statua, 695. Templa, 762. Simulacrum descriptum, 765. Victoriam deam poesis, pictura, superstitio confinxerunt, 766.
Victorianus, 844.
Victorina martyr, 1169.
Victorinus, 187, 1033. Ad fidem conversus, 809, 923.
Victorinus episc. 565.
Victorinus Pictav., 467.
Victorius Claudius Marius, 417.
Victorius Franciscus, 186, 233, 555, 574. Notatus, 827, 831 seq.
Vida Hieronymus, 572.
Vide ultima brevi, 194.
Viduæ virginibus comparatæ, 913.
Vietus, vigetus, 314, 583, 742, 787. An secunda sit brevis, 314.
Vigilantius hæreticus, 121, 925. Reliquiarum martyrum hostis, 1061.
Vigilare in sacris Litteris diligentiam notat, 236.
Vigilius martyr, 360.
Vigilius papa, 1190.
Vigilius Tap., 481, 1120.
Vigor mortis, culpæ, 211.
Villalpandus Jo. Bapt., 654.
Vincentius Bellov., 210.
Vincentius Lirin., 231.
Vincentius (S.) martyr, 17, 971, 984 seqq, 1163. Ejus hymnus ineditus, 984. Ipsius sanguis e nare, 973. Stola, ibid.
Vincula pro calceo, 287.
Vincula pristinorum peccaminum, 347. Vincula S. Petri, 878.
Vindobinus, et Quer. lt Michael Joann., 985.
Vina Tarraconensia, Hispana, 963 seq. Vini et colubri similitudo, 708. Vini usus in funeribus, 156. Vino respersus rogus, 1036. Vinum ex aqua, 680. Vinum mane non sumebant Judæi, 248.
Violare, 612.
Vipera, 691. Ejus partus, 545 seq. Viperina dogmata, 597.
Viretum, 265.
Virgæ, quibus martyres cædebantur, 878, 1125, 1168 seq.
Virgilius, 9, 154 seqq., 188, 231, 233 seqq., 252, 257, 259, 262, 265, 268, 275 seq., 279, 288, 291 seqq., 296, 299, 301, 316, 331, 336, 358 seqq., 544, 546, 549, 554, 561, 572, 584, 400, 408, 420, 428, 431, 433, 435, 451, 456, 458, 461, 467, 469, 489, 506, 511, 521, 523, 525, 528, 530, 533, 558, 583, 587, 591, 593, 597, 600 seqq., 614, 613, 618, 620, 625, 628, 630, 632, 635 seq., 644, 653 seq., 658, 660, 662, 668, 676, 682, 686, 690, 691, 699 seq., 704, 706 seqq., 714, 717, 728 seq., 735 seq., 751, 754, 756 seq., 769, 771, 778, 786, 789, 791 seq., 797, 805, 809 seqq., 813, 818, 821 seqq., 828, 836, 845 seqq., 854 seqq., 860 seq., 865, 881, 886, 895, 905, 912, 917, 925 seq., 929, 933 seq., 943, 955, 959, 963, 966, 669, 986, 1002 seq., 1014 seqq., 1021, 1026, 1034, 1056, 1042, 1066, 1072, 1087, 1092, 1094, 1104, 1109, 1111, 1116, 1138, 1151, 1154, 1140, 1144, 1180, 1184, 1209, 1218, 1221 seq., 1226, 1231 seq.
Virginal, 205, 1214 seq.
Virgine natum Christum, qua ratione poterant scire Judæi, 526. Virgines Christianæ a teneris annis Deo devotæ, 857, 859, 1216. Ad lupanar ductæ, 1217. Earum præmia, 1225 seq. Raptus, 915. Virgines virtutes dictæ, 592. Virgineus honos, 955. Virginitas Deiparæ, 453 In partu, 571. Diabolo ignota, 526. Virginitas pro virgine, 1036. Virginitatis laudes, 915. Præmium, 857 seq. Virgo, signum cœleste, prodit amatores, 458.
Viri clarissimi, 52. Virorum effeminati mores, 619.
Virtus fragilis, 722. Virtus mater, 579 seq. Virtus non intellecta, 554. Virtus vivendi causa, 616. Virtutes et vitia quasi personæ, 578. Virtutes angelorum nomen, 419.
Vis major, magna, 626. Vis pro multitudine, 368.
Viscus, visceratio, 1058, 1110. Viscereus, 205.
Visere et visitare in mysterio Incarnationis, 568.
Visibilis, visivus, 297.
Vita æterna, 697. Postera, 1019. Volans, 229. Vitæ causa, 616.
Vitia furiæ dicta, 588. Specie virtutum fallunt, 554, 655. Vitia animi comparata morbis, 9 8 seqq. Vitiare, 612. Vitiabilis, 205.
Vitruvius, 674.
Vittæ ab infula discrimen, 862. Vittas deponebant vestales, cum nubebant, 862.
Vitterus Corradus, 68.
Vitulus aureus ex mente Aaronis an fuerit Cherub, 452.
Vide Hebræi.
Vivere cum accusativo, 1206, 1211. Vivere de statuis, 463.
- Vives Joann. Lud., 211.
Vivine, an mortui plures sint, 1029. Vivificare, virificus, 416. Viviscere, vivescere, 479. Vivus, immortalis, 549.
Vocabula ecclesiastica non respuenda, 180. 326. Vocabula Græco-Latina, 486, 551, 656. E Græco derivata, ubi quantitas ab accentu discordat, quamnam servent regulam, 181, 193, 195, 1110. Vide Verba.
Vocis instrumenta, 1143.
Vola, 475 seq.
Vologesus, 154.
Volumina vetera, 1031.
Volupe est, 1033.
Voluptas, 626. De spectaculis, 751, 838, 1031. Voluptas vincenda, 776. Voluptatis amarus exitus, 625. Voluptatum tribunus, 868.
Volubrum, 479.
Vomere de magna copia, 1183
Vopiscus 257, 522, 648, 1166.
Voragine Jacobus de, 66.
Votex; et vertex, 597. Vorticibus tortis, 1045 seq.
Vossius Gerardus notatus, 994.
Vossius Joannes Gerardus, 699. Notatus, 35, 180 seq., 324, 547.
Vossius Isaacus, 72, 77.
Vota, suffragia, 788. Vota religiosa, 931. Statuis affixa, 444. Votivus pons, 788. Votum est, 622.

Vulcanus, 725.
Vulgaræ quid sint, 162.
Vulgata lectio *Et ipsa conteret caput tuum* ex Prudentio confirmatur, 115 *seq.*
Vulgi descriptio, 780.
Vulnera, crimina, casus adversæ fortunæ, 1051. *Vulnerare* ad res inanimas trahitur, 645. Vulnus lateris Christi, 546. An duplex, 425, 1049 *seq.*
Vulpius Joan. Ant., 251, 705.
Vultuosus, *vultuose*, 1080.
Vulturis imago quid Ægyptiis indicet. 770. Vulturum omen, 796, 1118.

W

Walafridus, *vide* Strabo.
Wandelbertus imitator Prudentii, 217, 226.
Wasius Christophorus, 185, 194.
Weitzius Franciscus, 93.
Weitzius Joannes interpres Prudentii, 5, 76, 92, 94. Notatus, 85, 238, 251, 258, 276, 285, 548, 400, 458, 460, 525 *seq.*, 571, 600, 609, 620, 635 *seq.*, 658, 640, 647, 651, 659, 662, 682, 717, 744, 781, 791, 796, 809, 812, 846, 855, 885, 892, 896, 902, 905, 907, 923 *seq.*, 956, 965, 995, 997, 1022, 1028 *seq.*, 1047 *seq.*, 1075, 1076, 1115, 1148, 1191, 1194, 1216, 1258.
Wesselingius Petrus, 152.
Widmanus Carolus, 76.
Wilkius Andreas interpres Prudentii, 91 *seq.*, 455.

Willibaldus (S.), 253.
Winckelmann Joan., 755, 1078.
Wipertus imitator Prudentii, 1076, 1115.
Wistremiri episc. Tolet. epitaphium commentitium, 1251.
Wowerus Joann., 566.
Wuoflinus Werinherus, 76.

X

Xerophagia, 265.
Xiphilinus, 716, 1205, 1257.
Xistus, *vide* Systus.

Y

Ysus pro Iesus, 186.

Z

Zaccagni Laurentius, 62 *seq.*, 221, 1250.
Zacharias Franc. Ant., 124, 170, 565, 599, 1149, 1214.
Zaleucus, 519.
Zan vocales proxime præcedentes producat, 187.
Zarabanda Hispanice, 1085.
Zehnerus Joachim, 76.
Zeno Veronensis, 126 *seq.*, 567, 576, 410, 599, 925, 1252.
Zephyrinus papa, 1191.
Zirardinus Antonius, 31.
Zoellus, Zoilus, 964 *seq.*
Zonaras notatus, 867.
Zosimus papa, 121 *seq.*

INDICES IN DRACONTIUM.

INDEX VERBORUM ET PHRASIUM.

Numerus Romanus indicat libros carminis de Deo, littera S *Satisfactionem sive Elegiam; numerus Arabicus designat numerum versuum.*

A

Ab arce, II, 494. Arce mergit superbos, I, 759. Arce Tonantis, III, 255. Aspectu, II, 697. Axe rotatur, II, 5. Excelsis, I, 101. Flammis languescunt sidera, I, 625. Fronte, III, 620. Hoste redis, S. 204. Igne suo, I, 209. Imperio veniunt, I, 227. Umbris periturum, I, 972.
Abessalon, S. 165.
Abest tibi tempus, S. 10.
Abire diem, II, 518.
Abivit Juda, II, 560.
Abrahæ exempla, III, 96.
Abrahæ sinu, III, 52.
Abraham beatum, III, 250.
Abraham pater, III, 159.
Abscissi pedes, S. 516.
Abscondit aquas, I, 711. Aquis, I, 680.
Abstrusa nimis, II, 451.
Abyssus, II, 592.
Accedunt humeris, III, 656.
Accendit flammas, I, 590.
Accipiat satis, S. 144.
Accipit fenus, I, 401.
Accipiunt augmenta dies, S. 249.
Accurrere ad flammas, III, 505.
Accusat reus, I, 556.
Acerbe, III, 544.
Acerbum funus, III, 585.
Achillem, III, 581.
Acris avis, S. 256.
Acrius furit, S. 140. Iratus, S. 159. Uri, III, 605.
Acta annua, III, 522. De fluctibus, I, 150.
Actu plectibili, II, 268.
Actus plectibiles, II, 456.
Actus tot cladibus, III, 596.
Acuit messis fruges per culmina, II, 219. Seges aristas, I, 254.
Adactos luctibus, I, 744. Pœnis, II, 741.
Ad æstus, I, 745. Ætatem, S. 236. Annorum numerum, II, 758. Auras, II, 558. Colla pependit, II, 561. Dextram, lævamque astare, II, 550. Flammas, III, 505. Hæc, II, 772. Nihilum reditura, II, 196. Quos usus? II, 278. Ramos, I, 259. Solitas plagas, S. 244. Visus rediere suos, I, 645. Usum, I, 447. Usus lucis, II, 555. Vulnera, I, 297.
Adde, quod, II, 111.
Addere crimina peccatis, I, 109.
Addictum vestro sub jure manebit, I, 415.

Addidit nunquid ad annorum numerum cuiquam, II, 759.
Addit regionibus, I, 218. Usibus divitis, II, 771.
Additus insonti populo, III, 682. Addo, quod, II, 254.
Adest per colla, I, 247.
Adire lacrymis, precibusque Deum, III, 672.
Adit corda, I, 471.
Aditus mortis, I, 489.
Adjecto robore, II, 728.
Adjutoria, I, 561.
Admiranda sunt, II, 141.
Admisit scelus, III, 520. S. 162.
Admissum indicet, III, 564.
Admissum scelus, III, 550.
Admittunt hoc fieri, S. 16.
Admovet uvas, II 220.
Adoptat festinus, II, 609.
Adoptat nos genitos vocitare suos, III, 550.
Adorandæ plebis, III. 418.
Advena, II, 187.
Adversus omnibus, III, 56.
Adulta ceres, III, 26. Virgo, I, 585.
Adulter, III, 518, 481, 509.
Adulter inest, S. 158.
Adulterii facinus, II, 654.
Adulterum strepitus, S. 225.
Adultus procedit, I, 654.
Adunci dentis, II, 275.
Adurit calor, I, 298.
Adusta solis rotis, III, 295.
Adustus crinis, III, 176.
Ædificant hominem, III, 645.
Æneæ amor, III, 504.
Æquantur numero, II, 646.
Æquævos facit, II, 588.
Æquor cæruleum ponti, I, 147.
Æquore mersus, I, 678.
Æquorei gurgitis, I, 705; II, 485.
Æquoreis fluctibus, II, 157, 787.
Æquoreum genus, II, 575.
Æreas aves, I, 641.
Æstivo flatu, I, 588. Æstivum ostrum, III, 56.
Æstu littoris, I, 706. Æstus aeris, III, 295.
Æstuat pelagus, I, 541.
Ætas non redit homini, S. 255.
Ætates hominum, S. 221.
Æternæ vitæ, III, 455. Æterni carceris, II, 555

INDICES IN DRACONTIUM.

Æterno ingerit, ii, 514. Æterno frigore, iii, 507.
Æternum parentem, ii, 46.
Æthereas auras, ii, 559.
Æthereis ignibus, ii, 249, 413; iii, 294.
Æthereus janitor Petrus, iii, 222.
Ætherias rapinas, S. 267.
Ætheriis sensibus, S. 116.
Ætherios tractus, ii, 147.
Ævi meta, i, 126. Ævo longo, iii, 286. Ævo nullo, S. 7.
Affectibus, i, 444. Affectus, i, 16. Affectus novos, i, 592.
Affectu pectoris, i, 606.
Afflicto parcere, iii, 593.
Affligit supplicio, ii, 514.
Africa, i, 513. Africus, ii, 171.
Agebat liber ducem captivum, iii, 416.
Agebat non purgandus, i, 536.
Aggestis nubibus, S. 79.
Agis non severus, ii, 693.
Agit morsus, i, 296. Nubes, i, 585. Omnia tempus, S. 219. Puerilia, S. 223. Securus, S. 127. Totum, i, 228.
Agitat nefas, ii, 506.
Agmina astrorum, ii, 205. Cœlicolum, ii, 474. Volucrum, ii, 577. Condemnant mores, ii, 808. Servorum fugiunt, iii, 589.
Agminis innumeri, i, 219.
Agnita membra, i, 494.
Agnoscant corde reatus, ii, 699.
Aggreditur aures, i, 470.
Agricola dominus, i, 551.
Agricolam, i, 511. Bubulcum, S. 55.
Albent ossibus dentes, iii, 553.
Albentes pennæ, i, 246.
Alcidem, iii, 405. Alcides, iii, 206.
Algente vapore, ii, 619.
Alieno tempore, i, 75.
Alit fructus, i, 587.
Allatret, ii, 477.
Alma aqua, i, 138. Domus, i, 555. Fides, iii, 255. Pietas, ii, 492. Potestas, ii, 781.
Almæ crucis, iii, 218.
Alme Deus, iii, 678.
Almis regibus, S. 25.
Almus rex, ii, 545. Spiritus, ii, 58, 79.
Alterna sorte, ii. 54.
Alternant elementa vices, S. 247. Quatuor tempora temporibus, S. 254.
Alternat colores, ii, 18.
Alterni nescius, S. 6.
Alternis solibus, S. 86.
Altor, i, 552.
Altum mare, S. 75.
Alveus torrens, i, 702.
Amara dies, iii, 607. Ministrant, ii, 456.
Amarum patrem, iii, 551.
Amat parcere, iii, 448. Amat, qui terret, i, 88.
Amatæ prolis, iii, 484.
Amator cunctorum, ii, 2. Horrendæ mortis, iii, 410. Pietatis, iii, 16. Vitæ, iii, 91. Vitæ præsentis, iii, 79.
Amatores pacis, iii, 146.
Ambo sibi requies, i, 569.
Ambrosias messes, i, 509.
Ambrosiis floribus, i, 179.
Ambrosio cortice, i, 651.
Ambrosium munus, i, 525.
Amica nimis solis, i, 527.
Amicus Domino factus, ii, 615.
Amittunt cornua, i, 659. Cursus, S. 250.
Amoe cruoris, ii, 155, 601.
Amœna comantia, i, 575. Vireta, iii, 679.
Amœne, i, 184.
Amomum, i, 528; ii, 439.
Amore cladis animosæ, iii, 254. Cujus sunt contemnenda pericla, iii, 155. Laudis, iii, 312.
Amotis tristibus, S. 56.
Amphiaræ, iii, 407.
Amphitheatrales furores, iii, 187.
Ample, iii, 500.
Amputat fratrem, iii, 285.
Angelica de parte, ii, 175.
Angelicas cohortes, ii, 775.
Angelico sermone, ii, 679.
Angelicum genus, ii, 458.
Angelicus chorus, ii, 203.
Angelus, iii, 174.
Anguibus assumptis, i, 640.
Anguis, i, 658.
Anhelant, i, 262, 593.
Anhelantes flammas, iii, 60.
Anhelantis vaporis, iii, 508.

Anhelat fervor, iii, 169. Puer, ii, 654.
Anheli ignis, i, 659; ii, 91. Solis, i, 187.
Anhelus sol, i, 26.
Animal rationis amicum, i, 529.
Animalia multa, i, 526.
Animantia, i. 272.
Animantibus cunctis, i, 599.
Animat sensus, i, 595.
Animatus anhelat puer, ii, 654.
Animentur aquis, i, 676.
Animi concors, i, 568.
Animosæ cladis, iii, 254.
Anni fructus, tempora, i, 182.
Annibal, iii, 229.
Annona, iii, 22. Annonæ captator, iii, 25.
Annua acta, iii, 322. Frumenta, i, 625. Pietas, iii, 115.
Annus in annum redit, S. 253.
Ansila testatur, S. 214.
Ante alios, S. 171. Diem, ii, 55. Oculos, i, 568, 593. Polos, i, 117. Suum tribunal, ii, 780. Tribunal, ii, 400.
Antistes verus, S. 59.
Apex montis, i, 158. Cristatus, i, 248.
Apibus labor est, i, 199.
Apollineæ tripodis responsa, iii, 269.
Apostolica manus, S. 154. Apostolico honore, iii, 217.
Appositis ignibus, iii, 496.
Apta probatur, i, 585.
Aptans stellas cursibus, iii, 5.
Aptant campos, i, 165.
Aptantur usibus, iii, 642.
Aptat aera auris, S. 75. Nos, ii, 232.
Aptatas hostibus, iii, 526.
Aptavit neci, iii, 99. Cursibus, i, 218.
Aquosi piscis, iii, 220.
Ara Philenorum, i, 291.
Arator, i, 552. Creditor, iii, 28.
Aratri sulcos, i, 626.
Arbiter, i, 434. Spiritus, ii, 104.
Arbitretur sibi medelas, ii, 720.
Arbitrio commissa, i, 404. Marito, i, 455. Nostro posui omnia Deus, ii, 611.
Arboreis comis, i, 184. Frontibus, i, 659. Arboreos saltus, i, 551.
Arce, ii, 547. Dei, i, 15. Tonantis, iii, 255.
Ardens ignea fornax, iii, 166.
Ardente lucerna, i, 529. Palato, iii, 62.
Ardet carbunculus, i, 522.
Arena maris, ii, 645.
Arena suscepit duos leones, iii, 196.
Arenas, i, 156; iii, 8, 291.
Arida arena, i, 305. Materies, i, 155. Ossa, ii, 610. Tellus, iii, 394.
Aristæ puniceæ sanguine, i, 64.
Aristas, i, 234. Spicat, i, 587.
Aristatas fruges, ii, 219.
Aristis armat, S. 251. Seges calamos, iii, 25
Armantur digiti unguibus, iii, 658.
Armat aristis seges, S. 251.
Armata fronte, i, 275. Manus, ii, 292; iii, 200. Dentibus ora, iii, 200.
Armatas unguibus, i, 457.
Armato funere, iii, 599. Armato imperet, S. 109.
Armipotens, S. 200, 299.
Arte nefanda, i, 526.
Artificis manu, i, 604.
Ascendisse ante suum tribunal, ii, 780.
Ascensus, i, 664.
Asciscere thalamis matres, iii, 290.
Ascivit participem, i, 558.
Asdingui nominis, S. 22.
Asiæ, iii, 225.
Aspera avis, S. 78. Cuncta, S. 28. Rupibus horret, i, 160
Aspis habet mortes, S. 65.
Aspidis obliquæ, ii, 258.
Assiduum scelus, ii, 362.
Assumere nefas, iii, 464.
Assumit punire, i, 31.
Assumptis anguibus, i, 640. His, i, 475.
Astare ante oculos, i, 588. Astare catervas, ii, 550.
Astra poli, S. 253.
Atavos, ii, 617.
Atra venena, i, 289.
Atteris præsumpta, ii, 728.
Attestante Deo, ii, 658.
Attrectare manu tela, S. 226.
Attrita colla jugis, ii, 724.
Auctor aeris, iii, 2. Conjugis, i, 589. Omnibus, i, 455. Vitæ et funeris, iii, 529.

INDEX VERBORUM ET PHRASIUM.

Auctorem confessa suum, I, 4; II, 206.
Audaces animos, III, 388. Remos, II; 285.
Audacius illis deprensis nihil est, III, 461.
Audet attrectare, S. 225. In genitos, II, 520.
Auferre concessum parenti, III, 124.
Augustus Cæsar, S. 180.
Aurea cornua lunæ, I, 121. Luna, I, 665.
Aures mortis limina, I; 490.
Aureus color, I, 245.
Auriga sol, II, 15. Solers, II, 18.
Auris vitalibus, S. 75.
Aurora roscida, I, 671. Auroræ nuntius, I, 668; II, 8. Auroram præmiserat, I, 204.
Ausa Leonidæ, III, 274.
Ausu male disposui, S. 105.
Avarus inops, III, 40.
Averni legem, II, 556.
Axe micat, I, 409. Axe rotato, II; 16.

B

Babylonæ regna, S. 31.
Balsama, I, 324.
Barbara rabies, III, 575.
Barbaries, II, 141.
Beatas sedes, III, 680.
Beati, *justi*, I; 11.
Bella naturæ peregit, III, 525.
Bellantes fluctus, I, 501.
Bellantum, III, 554.
Belligeros fremitus, III, 470.
Bellua ingens, II, 159.
Bene constructa, I, 127. Bene credebant, I, 447. Bene dives egenus, III, 39. Bene largus, II, 726.
Benedicti germinis, II, 646.
Benedicti propago, III, 165.
Benignum omne, I, 564.
Benignus differt punire, II, 775.
Bestia incedit, I, 286.
Bini ibant, I, 457.
Bis quinis mensibus actis, II, 681.
Bisseno cardine verso, III, 198.
Bitumen nigrum, II, 410.
Blanda avis, S. 78. Consortia, I, 565. Pocula, I, 201.
Blandi sopores, I, 592.
Bona facta, I, 427. Futura, III, 46. Mixta malis; S. 58.
Bonorum magna de parte, III, 584.
Bonus est Deus homini malo, I, 455.
Bonus pietate, S. 188.
Bonus sit in vita, S. 190.
Brachia junguntur, III, 657.
Brevitas formæ, I, 249.
Brutum planxit, III, 582.
Brutus, II, 514.
Bubulcum, III, 846. Agricolam, S. 55.
Bucula, I, 274, 527.

C

Cadat ex animo, II, 580. Ira hominis cum sole, III, 569.
Sol intrans, S. 155. Vita, III, 592.
Cadens ira, S. 142.
Cadente sole, I, 677.
Caderent pueri, S. 218.
Cadet sub jure tuo sub morte, S. 151.
Cadit a latrone, II, 301. In te, III, 668.
Caducis foliis, I, 552.
Caducum, III, 95.
Cæca latet luna, I, 665.
Cærula ponti, I, 676. Vasta, I, 257.
Cæruleum æquor, I, 147. Fretum, II, 547. Mare, II, 155. similis, I, 581.
Cæruleus pallore dies, I, 76.
Cæsar ubique potens, S. 178.
Cæsar Augustus, S. 179.
Cæsareos per agros, I, 324.
Cæsaries intonsa, I, 595.
Cætera propago, III, 641.
Calcamus egenos, II, 765.
Calcando profanant, I, 497.
Calefacta præcordia, I, 541.
Calidæ aquæ, I, 65.
Calidus sensus, I, 651.
Calor (lux) genitis, I, 120.
Calores tepuere, III, 167.
Caluisse venas in sobolem, II, 654.
Caminos, I, 502.
Candens ignis, I, 657.
Candida luna, I, 212; II, 522. Nubes, II, 786.
Cane pejor, S. 42.
Canescunt prata, I, 191.
Canit ad populos, S. 152.

Canities senum, II, 511.
Canora voce, I, 249.
Cantare per carmina laudes; III, 684.
Capaneia conjux, III, 494.
Capax cœli, II, 91. Conjugii sobolisque, I, 385.
Caperent cœli te, II, 589.
Capiendus ab iisdem, II, 92.
Capilli surgunt, I, 544.
Capit diem gemino orbe, II, 632.
Capit insontem, I, 478.
Capit una manus, I, 688.
Captator iniquus, III, 54.
Captiva jacebat, II, 782.
Captivorum vincla, II, 725.
Captivos retinent, II, 246. Tenent, II, 464.
Captivos tuos, S. 122.
Captivum ducem, III, 416.
Captivus, S. 127.
Captos toros obsceno crimine, III, 545.
Captus amore pudoris, III, 550.
Caput grande malorum, II, 570. Omne malorum, I, 460.
Carbunculus, I, 522.
Cardine sub gemino, II, 525.
Cardine verso, III, 198.
Cardo pudoris, I, 124.
Carens principio seu fine, S. 5.
Carmine memorare laudes, I, 749.
Carnale genus, I, 616.
Carpit iter, S. 513.
Casta viderent, II, 460.
Castissima, III, 468. Castissimus, III, 517.
Catervæ paupertatis erant medicina, II, 763.
Catulaster S. 225.
Causa communis, I, 545. Duorum, I, 570. Quæ fuisset fieri, I, 598.
Cecidisse incendia, III, 169.
Cedros celsas S. 279.
Celantur ei, I, 150.
Celare nefas, III, 559.
Celebrant triumphum, II, 794.
Celebratur iter, II, 284.
Celsa poli, III, 542. Polorum, II, 3.
Celsior culmine omni, I, 436. Excelsis, III, 17.
Censura Dei, I, 544; II, 408. Parentis, III, 555. Tonantis, I, 92.
Centesima usura, III, 29.
Cerastæ, I, 297.
Cerastarum turba; II, 225.
Cerebra tecta S., 242.
Cerebro replentur ossa, III, 617.
Ceres pubescit, III, 26.
Certamina Martis S., 207.
Certatim resonant, II, 793.
Cerva S., 67. Cervi, I, 659.
Cervice soluta, II, 724.
Cervix constringit guttura, III, 615.
Cespes uber, I, 455.
Cespite cocto, II, 413. Gemmato, I, 179.
Cespite diremit, I, 516.
Cespitis alieni, II, 507.
Cessant verbera, III, 104.
Cessante flagello, II, 695.
Chalybis massa, I, 502.
Chaos, II, 15. Esse, II, 197. Immane, III, 64.
Cherubim, II, 202.
Choreis magnis, II, 792.
Christus S., 181, 263. Christo regnante, III, 225. Christo similis, I, 581.
Cicutas formasse ceris, I, 199.
Cient hiemes, III, 15. Venas, I, 652.
Ciere flammas, I, 422.
Cieret pugnam, III, 425.
Cinctus apostolica discipulante manu S., 154.
Cingitur mundus, I, 705.
Cingitur valle, I, 705.
Cinnamon, I, 526.
Circulus hærebit, II, 52.
Circumscripta, I, 479.
Circumscriptor, I, 480.
Circumspicit, II, 186.
Circumventa, I, 479.
Cita mors, II, 257.
Civibus mundi, II, 338.
Civilia bella, II, 295.
Clade, II, 119, 167, 690; III, 649. S. 285.
Clade coacta, III, 435.
Clade coerces, II, 689.
Clade domet, II, 490.

Clade furoris, II, 118. Laboris, II, 452.
Clade perenni, I, 48; II, 242, 474. Repentina, I, 50.
Clade sub tanta, III, 590.
Cladibus nostris, II, 418.
Cladibus tot actus, III, 596.
Clamat sententia, II, 721.
Clamat tibi, S. 194.
Clarescere, I, 155.
Clarior lumine omni, III, 19.
Clausa, patensque simul, III, 198
Clausit in utre cruor, III, 492.
Claustra carceris æterni, II, 554. Puerperii, II, 93.
Clementior audis, II, 690.
Clementius audit, II, 535.
Clientes, II, 510; III, 589.
Coacta elementa, I, 265.
Codrus, III, 269.
Coegit implere, III, 312.
Cœleste imperium, III, 545.
Cœlestes tumulos, II, 471.
Cœlestia noruut, III, 11.
Cœlestis imago, I, 358; II, 256. Origo, II, 685.
Coerces cuncta, II, 56.
Coercet vindicta, II, 475.
Cogitur in nubila, I, 586.
Cogitur sudor, I, 451.
Cognata apibus, S. 61. Fidelis, I, 80.
Cohibet pœnam, I, 51.
Cohibetur limine, I, 547.
Colchos, III, 216.
Colla caput quærunt, III, 616.
Colla fera leonum, I, 506.
Colla inimicorum non poposcit, S. 167.
Collapsa ruina, III, 251.
Collaudant Dominum meruisse creari, I, 295.
Collecta bellis, S. 197.
Colligit ignes, I, 664.
Collisis nubibus, I, 710.
Collustrat axes, I, 212.
Columba blanda avis, S. 78.
Columna flammæ, II, 786.
Comantia amœna, I, 575.
Comas arboribus movet, I, 194.
Combustus senex, I, 651.
Comedit, I, 481.
Comesis dapibus, I, 492.
Cometes, I, 60.
Comis arboreis, I, 184.
Comis nunquam caritura oliva, II, 221.
Conds intonsa, I, 595. Vestita, I, 166, 255. Vestitur, I, 184.
Comitante caterva, II, 544. Ferro, II, 395. Fragore, III, 14. Quiete, I, 211.
Commercia, II, 149.
Commercia Dei fiunt, II, 505.
Commercia vitæ, I, 591.
Committens animam ventis, II, 455.
Commodus Augustus, S. 188.
Commotus eris, II, 696.
Communes auras, I, 197.
Compage, II, 84; III, 644.
Compagibus arctis, II, 655.
Compago, I, 546.
Compendia, I, 14. Mundi, III, 57.
Compescere mores, II, 476.
Compescit ventos, III, 154.
Complens vota, I, 746.
Compluit, I, 411.
Compresserat astra, I, 205.
Compresst tantum bellum, III, 595.
Compulit ad bella, III, 228. Ad pastum, III, 412. Compulsus ab ira cœlesti, S. 27.
Concava saxa, I, 514.
Concede veniam, S. 119.
Conceptus mente fideli, II, 591. Semine nullo, I, 390.
Conceptus suos, II, 516.
Conchula pelagi, S. 74.
Concidit ense suo, III, 509.
Concludit aera, I, 687.
Concordant, I, 266.
Concordi lite, II, 190.
Concretus sanguine, II, 79.
Conculcata, III, 178.
Concurrere votis, I, 568.
Concutiens acra, I, 241.
Concutit pondera mundi, I, 700.
Condemnant mores agmina, II, 80.
Conditor ævi, I, 450. Cunctorum, I, 1. Naturæ, III, 5.

Conditor Deus, II, 584.
Confectos cursus, S. 255
Confectus senio, II, 616.
Conferat animæ, S. 192.
Conferimus nihil, II, 768.
Confereret cum quo, I, 559.
Confert cui indiga dextra, II, 770.
Confessa suum auctorem, II, 206.
Confessio simplex, III, 565.
Confessus Dominum, III, 180. Facinus, S. 159.
Conficit medullas salutares, S. 68.
Conflicti sermone Dei, III, 514.
Confirmans in se, II, 574.
Confovet abjectos, II, 687.
Confracta sonant, I, 265.
Confractus murice, III, 57.
Confringitur, II, 544.
Confusa periclis, III, 277.
Confusum juva, I, 748.
Congrua præconia, III, 664.
Conjugium se quisque vocet, I, 565.
Conjunxit in unum, I, 399.
Conjuratis procellis, I, 189.
Conrodat viscera, I, 504.
Consanguineos propinquos, III, 260.
Conscendit pyram, III, 502. Rogos, III, 497.
Conscius socius, I, 558.
Conservas animas, S. 129. Bene colla subacta jugo, S. 156.
Conservat fidem, I, 81.
Consolator, II, 684.
Consors cum Patre, II, 68.
Consors genitoris amati, II, 547.
Consorte carens, I, 559.
Consortia blanda, I, 565.
Conspicitur nova forma viri, I, 539.
Constant per quem celsa poli, III, 542.
Constare triones, III, 6.
Constitit ante oculos, I, 595. Parenti, II, 87.
Constituit punire manum, III, 587.
Constructa natura elementis, III, 556.
Construxt pyram, III, 501.
Consumens rogus, I, 655.
Consumit egestas, III, 582. Vitas, III, 122.
Contempsit natos, III, 414.
Contemptor vitæ, III, 81.
Contenta suis limitibus, I, 142.
Contentus suis, II, 748.
Contexta cutis, I, 581. Vestis ex foliis, I, 552.
Contigit quibus exstingui, III, 586.
Continet imbres, I, 711. Orbis, I, 155.
Contiugit miseris, III, 45.
Continua bonitate, I, 455.
Continuanda maneni, II, 40.
Continuans, III, 156. Quodcunque nocet, I, 561
Coutinuo, II, 501.
Contritos pectore, II, 745.
Contulit absenti triumphos, S. 215. Coronam, II, 575
Lora, I, 216.
Contuso pectore, I, 752.
Contusum venenum, I, 465.
Convenit in unum tempus, III, 577.
Conversis corde, I, 555.
Conversus reus, II, 719.
Convertamur ad illum, II, 740.
Convexa cœli, I, 156.
Convexit delicias, III, 69.
Conviva repletus, III, 71.
Convivia prædæ, III, 77.
Copia panis, II, 140.
Copulate jugales, I, 407.
Coquantur poma, I, 198.
Coram te S. 105.
Corda nova, I, 695. Regentum, S. 105.
Corde fluenti, I, 155. Fugata, I, 484.
Cordis lumina, I, 475.
Cornea ungula, S. 515.
Cornibus erectis, I, 515. Somnigeris, I, 212.
Cornua lunæ, S. 241.
Corpoream figuram, II, 108.
Corpore ferrato, III, 401. Nuda, I, 594.
Corporeos artus, I, 558; II, 59, 98.
Corporibus nudis, I, 440.
Correpta malis, II, 426.
Corripit febres, II, 154.
Corrumpere tempora, I, 210
Corrupta temperies, S. 76.
Coruscant, II, 152.
Coruscantes flammas, II, 487.

INDEX VERBORUM ET PHRASIUM.

Coruscant te II, 213.
Corusco igne I, 670, sole I, 222.
Coruscum lumen, I, 134.
Corvorum pullis, I, 720.
Corvus, I, 527.
Corymbos obliquos, I, 169.
Costa, I, 375, 582, 400.
Costis curvis, III, 659.
Crassa nubila, II, 213, 633.
Crassas tenebras, II, 482.
Crassior aer, I, 585.
Crassius aurum, III, 58.
Crates circumstant pectora, III, 640.
Creant mortes et monstra, I, 61.
Creatrix natura, I, 27.
Crede nefas summum, III, 83.
Creditur licitum esse nefas, I, 498.
Credula corda, I, 466. Fides, 674.
Credulus, II, 637. Exstet, III, 247.
Creent peccata, II, 803.
Cremat salices, S. 278.
Crementa resumit, S. 257.
Creon ferus, III, 266.
Creontis, III, 236.
Crepitante flamma, II, 775. Sono, III, 188. Volatu, I, 241.
Crepuit cadaver, II, 364.
Crescente luna, S. 237.
Crescentibus annis, II, 586, 628.
Crescere ventos, II, 153.
Crescite, I, 404.
Crimina gesta, S. 148.
Crimine sancto, III, 288.
Crine erecto, I, 662.
Crinibus effusis, III, 377. Ignitis, III, 171. Herba renatis, I, 653.
Crinis adustus, III, 176.
Crinitum missile, III, 15.
Crispante freto, I, 258.
Crispantur lanugine malæ, III, 623.
Crispato lumine ferri, S. 139.
Cristatus apex, I, 248.
Croceus plumæ color, I, 243.
Crudele profundum, III, 64. Supplicium, III, 61.
Crudeli funere, I, 462.
Crudelia bella, III, 488.
Cruenta tela, III, 470.
Cruentant, III, 280.
Cruentas ore, I, 456.
Cruenti s feritate, III, 148.
Cruentus nimia pietate, III, 99.
Cruoris amne, II, 601.
Crustas, I, 520.
Crystallus nitidus, I, 712.
Cucurrit in ossa, II, 126. Per membra, I, 54.
Cultore Deo, I, 550.
Cum duce, III, 421. Duce suo, II, 473. Fine malorum, I, 555. Gente, II, 629. Laude, S. 25. Mœnibus, III, 457, 443. Morte, III, 458. Plebe, III, 582, 411. Quo conferret, I, 559. Ratione, III, 128. Sole, III, 599. Tempore, S. 219.
Cuncta animalia, I, 252. Corpora, I, 600. Sidera, I, 250.
Cuncta per cuncta, I, 292.
Cunctatus credere, II, 678.
Cunctipatens, II, 63.
Cunctis poscentibus, II, 689.
Cuncto crimine, III, 556.
Cupido, II, 581.
Cura sui pericli, II, 516.
Curam gutturis et ventris, I, 78.
Currant historias, III, 232.
Currens pictura, I, 251.
Currente die, III, 525.
Currere miracula, III, 243.
Currit per artus, III, 641.
Curtius, III, 398.
Curvat littora, I, 159.
Cuspide hos ili, III, 575.
Custode nullo, I, 285.
Custoditur fides, II, 509.
Cutis ossa tegit, III, 615.
Cynthia, II, 559. Dum crescit, S. 259. Dum minuit S. 240.
Cyro, III, 489.

D

Da dextram misero, S. 119.
Da veniam, S. 511.
Dabant damna, II, 554.
Dabit diluvium, II, 409.
Dabuntur lucra, III, 157.

Damna aliena, I, 613. Putantur, I, 475. Subiret. II, 599. Vitæ, III, 516.
Damna sua vocat compendia mundi, III, 37.
Damnare piacula, II, 709.
Damnata laborat, III, 404.
Damnati divitis, III, 50.
Damnent delicta priora, II, 700.
Damnum, I, 14. Præstat compendia, III, 135.
Damus exempla, I, 519.
Danaum, II, 252.
Danielem, III, 185.
Dans astris nomina, III, 5.
Dant cui nil tempora, III, 522.
Dant, ferunt, S. 246. Lucrum, S. 260. Munus, I, 325. Reatum, I, 494. Salutem, II, 255.
Dantem ex hoste tropæa, III, 359. Miracula, II, 500.
Dantur flumina supra cœlos, I, 157.
Dapsilis, II, 807.
Dare gaudia, S. 56. Signa per tempora, I, 53.
Darent mella vepres, II, 439.
Daret bella, III, 425. Dolorem, I, 575. Pigmenta, II, 440. Regna, S. 166. Resurgere, I, 622. Vellera, II, 445. Verba ligata, S. 48. Vitas, III, 236.
Das exordia rebus, II, 29. Placidos imbres, III, 21. Præcepta benignus, III, 598.
Dat gaudia cœlo, II, 719. Genus, III, 143. Ignes, I, 710. Ingenium cera pueris, S. 63. Ira grandem furorem, III, 463. Jubar, II, 25. Membra, I, 635. Morsus, S. 274. Nimbus aquas, II, 174. Pretium, II, 505. Pœnas, III, 43. Sol temperies, S. 81. Tempora metis, I, 126. Veniam, II, 556, S. 145, 209, 273, 289. Vepres, S. 72.
Data est possessio mundus, I, 354.
Data fontibus, I, 164. Lege captis, III, 413. Semita duplex vento, III, 625.
Data sunt multa locis variis, I, 304. Spiramina, I, 599. Usibus humanis, I, 580. Verba viris, III, 456.
Datis jaculis, II, 795. Sine fine, III, 92.
Datori, III, 84.
Datos in commune triumphos, S. 200.
Datur apibus, ut habeant, S. 62. Annona, III, 22. Atque negatur mors, I, 516. Casus, I, 570. De germine justo, III, 141. Esca polorum, II, 174. His humus, I, 402. In tumulos, I, 160. Lux, I, 147. Mors meta, I, 555. Populis ira, pietasque simul, II, 749. Vindicta, II, 680.
Datus est fructus, II, 642. Locus, I, 454. Nobis Christus, I, 600.
David, S. 158, II, 634.
De bove factus homo, S. 38. Clade præstatur salus, II, 119. Conjuge natus, S. 163. Corde, III, 671. Corde cadat, III, 599. Corpore, II, 566. Crimine nati, II, 240. Crimine summunt animos, III, 462. Crine decorum, III, 621. Fasce, III, 684. Flamine molli, I, 194. Flammis tollere flammas, I, 611. Fluctibus, II, 164. Fluctibus refecto, I, 682. Fonte irrigare, I, 431. Fontibus uvæ, II, 456. Germine, III, 141. More, II, 757. Morte, II, 791. Morte minaci, III, 424. Morte suorum, III, 255. Muliere, II, 133. Parte, II, 175. Parte brevi, I, 583. Parte fecit, II, 128. Parte gemina, II, 787. Parte magna, III, 584. Parte sua, II, 255. Patre, III, 341. Pietate sua, II, 96. Pignore, III, 533. Principe, S. 185. Prole, I, 407. Pulvere, I, 506. Pulvere factum, I, 536. Pulvere factus, I, 581. Qua pararat, I, 374. Quidquid, II, 181. Quinque plagis, S. 90. Quo speratum, I, 864. Sanguine fusa, III, 142. Semine vestro, I, 405. Simili pulvere, I, 578. Sole perit, I, 673. Sole perusta, I, 527. Sole rubentem, I, 425. Strage sua, III, 256. Ventre, II, 682. Ventre pudoris, II, 642. Virgine natus, S. 181. Voce sepulcri, II, 527.
Debellare superbos, III, 445.
Debent tibi omnia, quod sunt, II, 178.
Debilitas, S. 217.
Debitor, I, 401, III, 51.
Decantat varias voces, I, 256.
Deceat quos factura Dei, III, 555.
Decenti pallore, II, 445.
Decet esse virum, I, 363. Honesta, III, 466. Te esse benignum, S. 101.
Decorat lingua, I, 248.
Decorum quodcunque, II, 767.
Decrementa, III, 527.
Decrescente luna decrescant aquæ, I, 757.
Decus astrorum, I, 121. Imperii, S. 52.
Decutit flores, I, 589.
Dedit elysios justis, II, 734. Flumina, II, 176. Homini plus quam sibi rex Deus, I, 617. Mihi vulnera, S. 44. Noctem, I, 519. Triumphum, III, 477. Triumphum patriæ, III, 353. Vitam, II, 526. Vocem, I, 346. Vota libera, II, 613.
Deficit vel crescit luna, S. 233.
Deflet violari, II, 536.
Defleverat, II 664.

Deflevit funera, iii, 392.
Deflorat fructus, i, 589.
Deformis limus, i, 537.
Defossa tellure, i, 505.
Defuncta renasci, i, 687.
Dejectum attolle, i, 747.
Dejiciens oculos, S. 146.
Dejicit elatos, i, 759.
Deliciæ fluent, i, 414.
Deliciis hominum, i, 485.
Delicta, ii, 400. Fatendo, ii, 457. Non lædunt Deum, S. 505. Priora, ii, 700. Sequendo, i, 97.
Delictorum amnes, iii, 574.
Demere liceat, iii, 85. Particulam, i, 374.
Demersa profundo, i, 151.
Demersus, ii, 165, iii, 397.
Demit tibi, S. 9.
Demus adjutoria, i, 361.
Densata repagula, iii, 629.
Dent salutem, iii, 448.
Dente contusum, i, 465.
Dentes cinxere palatum, iii, 627.
Deo magno, ii, 352.
Depingit figuris, i, 205.
Deposcere peregrina, ii, 434.
Deposito murice, iii, 57.
Depositum suum, i, 681.
Deprensis, iii, 462.
Descendat in armos, i, 282.
Descendisse inter tenebras tartareas, iii, 402. Polis, ii, 782.
Descensum Dei, ii, 550.
Designans saporem, i, 512.
Desinat tentare, ii, 717.
Despecta cavities, ii, 511.
Despectum aspice, i, 747.
Despicerem præmia, S. 25.
Despicit irasci, S. 275. Talpas, S. 276.
Destinat escam, iii, 184.
Destituunt cœlum, i, 220.
Desunt notus et ignotus, iii, 586.
Deterior cane, S. 42.
Deterrens manes, iii, 399.
Detractæ flammæ, i, 615.
Detractus ab ignibus ignis, i, 612.
Detur triumphus, iii, 678.
Deum Seraphim, Cherubimque, ii, 202.
Deus auctor Dominusque, i, 114. Auctor, spes, opifex, etc., i, 433. Auctor temporis expers, etc. ii, 69. Princeps; i, 599. Inventor, genitor, nutritor, etc., ii, 2. Naturæ, cœlique, i, 86. Omnis amor, iii, 87. Regnator et auctor, etc., i, 562. Rex immense, conditor, etc., S. 1. Ubique clarus, i, 128. Nunquam maculabilis, *ibid.* Ubique solus, rerum fons, etc., ii, 584. Verus, de quo nil fingitur, etc., iii, 520.
Devorat tauros, S. 721.
Devota pie, ii, 553.
Dexter in arce sedens, ii, 547.
Diadematem frontem, S. 55.
Dianæ sorte, iii, 212.
Dicare regna criminibus, ii, 268.
Dictas supplicium revocabile, ii, 698.
Dido fugax, iii, 499.
Differres me, iii, 660.
Differt punire, ii, 775.
Diffundens amnes, i, 178.
Digesta, i, 604.
Digestio ventris, i, 486.
Digiti Tonantis, i, 597.
Digne subnixus, ii, 217.
Dignior ira, S. 285. Orbe lunæ est homo, ii, 249.
Dignus honore Dei, S. 178.
Dilato fine, ii, 74.
Diluvio, S. 285. Gravi, ii, 801.
Diluvium, iii, 570. Dabit, ii, 409. Nocens, ii, 592.
Dimitteret impune, iii, 406.
Diremit jura naturæ, iii, 538. Multa, i, 316.
Dirigis ingenia, S. 12.
Discedere solem, i, 417.
Discessit amicus, iii, 583.
Discipulante manu, S. 154.
Discipulis, ii, 345.
Discipulus Domini, iii, 218.
Discit perferre, i, 68.
Discolor pluma, i, 230.
Discordantia, S. 57.
Discordent inter se, i, 265.
Discunt labores, i, 549.
Discurrens dama, i, 279.

Discurrere ii, 152.
Discurrit vapor, ii, 631.
Discussa nube, i, 644.
Diserti verba, iii, 521.
Dispare forma, iii, 638.
Dispendia vitæ, iii, 136.
Displicuit placuitque simul, iii, 109.
Disponens acta, iii, 522.
Disposui male, S. 106.
Dissimilis nec mihi quam quod solet esse caterris, S. 111
Dissipat tenebras, i, 410.
Distenta per artus cutis, iii, 615. Terra, ii, 372.
Distincta tempora, S. 222.
Distinguunt sidera cœlum, ii, 540.
Distracii sanguine, ii, 510.
Distribuit loca, i, 293. Tempora i, 216. Terris, i, 513.
Districta, i, 190.
Ditas egentes, ii, 726.
Ditione tua, ii, 21.
Ditionis pondus, iii, 343.
Ditior India, i, 518.
Diurna lege, i, 606. Luce, i, 425. Morte, i, 668.
Diurne, i, 680; iii, 602.
Diversa, ii, 251.
Diversi temporis ætas, ii, 94, 556. Ortus, ii, 588.
Dives sibi, iii, 71.
Dividit inter aquas et incendia, iii, 65. Triumphos, S 200.
Dividitur contexta cutis, ii, 581.
Divinæ prolis, iii, 173.
Divisit se, ii, 160.
Divite nummo, iii, 40.
Divitis auri, i, 517. Damnati, iii, 50.
Dixisse reum, iii, 556.
Doceant nos exempla, iii, 96.
Doctiloquix littera, S. 61.
Doctor legis, ii, 571.
Dolens peccata, S. 504.
Dolentes vulnera, i, 742.
Dolet augmenta, ii, 553.
Dolor omnibus factus, iii, 585.
Doluere nefas, ii, 297. Ruinam, iii, 590.
Doluit per bella maritum, iii, 590.
Domant linguam, iii, 629. Tormenta, iii, 582.
Domari vomere, rastro, i, 449.
Domat glacies, i, 190. Sua corda, S. 210.
Doment illum hæc responsa, iii, 149.
Domet terrore, ii, 490.
Dominanter, i, 531.
Dominaretur his, i, 582.
Dominator, i, 355.
Dominatur aqua, i, 138.
Dominaturum cunctis, i, 555.
Dominentur orbi, i, 571.
Domuit viribus orbem, iii, 418. Voluptas, iii, 479.
Dona Dei, ii, 460.
Donare veniam, S. 291.
Donat reatum, ii, 556.
Draco flammeus, S. 276.
Dracones, i, 514.
Duas de quinque, S. 90.
Duces oculi, iii, 618.
Ducis per singula, S. 11.
Ducit ubique diem, i, 672.
Ducta fila, i, 525.
Dulcedine dulcior omni, iii, 18.
Dulcedo recurrat, i, 565.
Dulcia subducunt, i, 456.
Dulcifluis fontibus, i, 164.
Dulcior flamma, ii, 652.
Dulcis amor patriæ, iii, 551.
Duratur glacies, i, 715.
Duraturus cor, S. 18.
Durescit fluctus in ossa, i, 254.
Durescunt ova, i, 261.
Dux fuerat nubes, ii, 786. Mortis, ii, 554

E

Eat movere, i, 285
Ebria vinea, i, 171.
Ebriat unda, ii, 159.
Eburnea monstra, i, 507.
Ecce quid impendit, S. 165, 191.
Edax, iii, 69, Ignis, i, 657, iii, 175. Livor, i, 465. Usura, iii, 29.
Edidit aura flatus, i, 193. Die tertia æquor, i, 147.
Editor omnipotens, iii, 20.
Eductis fetibus, i, 266.

INDEX VERBORUM ET PHRASIUM.

Eduxit minor, III, 144. Sub sole novo, I, 177.
Effectus faciles, II, 751. Jussa sequuntur, III, 555.
Effectus nec deest, I, 566.
Effeta marito, I, 511.
Effugiunt tormenta reos, II, 528.
Effundere cruorem, S. 211.
Effusis crinibus, III, 577.
Egenter vixit, III, 67.
Egenus prolis, II, 617. Rationis, III, 150.
Egestas exspectat, III, 55
Eget modo dives, II, 770.
Egit ignibus, I, 216. Solatia planctibus, III, 348.
Elatos dejicit, I, 759.
Elementa, I, 405. Coacta, I, 265. Contraria miscuit auctor, S. 59. Dant, ferunt damna, vel augmentum, S. 246. Morantur, I, 142. Mutent vices, II, 54. Per nos petuntur, II, 283. Rident, I, 208. Tenentur foedere, II, 188.
Elementis, III, 556. Ex quatuor, II, 17.
Elevat elisos, I, 741.
Elinguis voce tacente silens, S. 40
Eligit e cunctis, II, 407.
Elisos elevat, I, 741. Erigit, II, 686.
Elissææ urbis, III, 500.
Elissæus hostis, III, 420.
Elysios, II, 754.
Emeritum cadaver, III, 426.
Emicuit stella, S. 182.
Eminet apex, I, 248.
Enatat arca, II, 585.
Ensiferas catervas, III, 471.
Enudat aves, I, 641.
Epulas deliciis, S. 122.
Erat poena mori, I, 548.
Erebi gens, III, 405.
Erecto crine, I, 662.
Erigis oppressos, II, 722.
Eripit dies atque animas, S. 76.
Eripitur de morte, II, 422.
Errantes per prata, I, 495. Punis, II, 694.
Erravit per prata, S. 57.
Eruitur tellus, I, 151.
Erumpunt juvenci, I, 275.
Et merito, I, 22, 501.
Et veniet, II, 525.
Eunt tempora vitæ, S. 220.
Europæ, III, 226.
Evadne, II, 494.
Eventibus, II, 110.
Evomat aquas, I, 609.
Evomit folium, I, 254.
Ex coitu genitor, I, 389.
Ex nihilo, II, 195.
Ex nulla parte, II, 282.
Ex utero matris, II, 125.
Exacta spatia, I, 476.
Exactam juventam, I, 655.
Exactorem, III, 52.
Exactum afficit, III, 55.
Exæstuat ardens, III, 61.
Exagitat frigus, S. 284.
Exanimes, II, 120. Res, I, 529.
Excelsis celsior, III, 17.
Exceperat pueros fornax, III, 166.
Excepit bonus, quod fecit iniquus, II, 576.
Exceptus de fasce malorum, III, 681.
Excitat ira furorem, II, 692.
Excurrens aura faucibus, et naribus, I, 594.
Excusatio certa, II, 270.
Excussis unguibus, S. 138.
Excutitur somno, I, 587.
Exegit ab arce, III, 255. Poenas, III, 432. Quid fides, II, 674. Virtutis opus, II, 211.
Exempla docent nos, III, 50. Optima, ac pessima, III, 514. Priorum, II, 304. Scelerum, III, 512.
Exhibet matrem, III, 485. Nidos, I, 256.
Exigit fama, III, 467. Hoc spes, III, 240.
Exit alveus, I, 62.
Exorans precibus, III, 229.
Exoratus, S. 186.
Exordia das, II, 29. Nescit, II, 50
Exorent Deum, S. 115.
Exornant verba, III, 522.
Expavit alveus, I, 702. Deum, II, 499. Pueros, III, 179.
Expensis non litandus, II, 743.
Expers temporis, II, 69, III, 668. S. 5.
Expertes corporis, II, 461.
Explebo numerum, III, 555.
Expugnanda per anguem, I, 468.
Expulit regna, III, 521.

Exsangues manes, I, 69.
Exsecranda senectus, III, 528.
Exsilit inde, I, 240.
Exspectamus adhuc, II, 768.
Exspectat, *aspicit*, III, 55.
Exspectat Deus pia vota II, 742. Procul, I, 556
Exspectata non est vox, II, 666.
Exstans caput, II, 570.
Exstat placidissimus, II, 696. Solus II, 751.
Exstet homo pius, S. I, 156.
Exstinctus cecidit ignis, II, 620. Cinis, I, 661
Exstirpanda manus reorum, I, 107.
Exstitit hic prudens, S. 163.
Exsurgant tot ora, III, 555.
Exsurgens aura, I, 195.
Exsurgit censura Dei, I, 544.
Extendit polos, III, 306.
Extenso corpore, III, 605.
Extimuit, III, 544.
Extorquet fenus, III, 28.
Extorsit egestas coelis, quod voluit, II, 764.
Extremæ plantæ vestigia, III, 177.
Exuitur tegmine, I, 656.
Exutus de parte, II, 584.
Ezechias, II, 662.

F

Fabula certa foret, III, 447. Mendax, III, 514.
Fac fieri, quod et ipse jubes, III, 601.
Faceret discurrere mortes, S. 217. Temnere III, 165.
Faciant silere, II, 149.
Facias ne populum mendacem, S. 195.
Faciens miracula, S. 265.
Facies dei, I, 704. Telluris, II, 452.
Facile est posse mereri, II, 614.
Facimus nobis pauperiem, II, 417.
Facinus hoc nec nomen habet, III, 262.
Facis servire, II, 725.
Facit crepitare, II, 775. Ipse cibos cadaver, S. 143.
Faciunt gaudia verecundos vultus, II, 641.
Facta ducum, S. 21. Sui ultrix, III, 490.
Facti crimine, II, 482.
Facto demus, I, 561.
Factoris imago, II, 552.
Factum de pulvere, I, 536.
Factura cibos, I, 239
Factus ad usus, I, 552. Immemor, III, 540
Falcifer, III, 113.
Fama ducum, S. 197. Pudoris, III, 466.
Fames Leonis, S. 269. Massyla, I, 282.
Famulans Deo, III, 556.
Famulante militia, II, 25.
Famulata natura, III, 541.
Fasce malorum, III, 681.
Fascibus festivis, II, 522.
Fastidita, III, 172.
Fatentur auctorem, S. 3.
Fatetur medicina, II, 257.
Fatigat sua culpa, S. 281.
Favore Dei, I, 141.
Fecerat martyrium Stephano, II, 572.
Fecere pie, III, 513.
Fecit de patre novercam, III, 341. Jubendo, I, 501. Miracula turbis, III, 224. Non esse patrem, III, 352. Patrem amarum, III, 551. Planctus de pignore, III, 555.
Fecundior arca, II, 389.
Fecundos artus, II, 494.
Fecundus amor, II, 621. Vapor, II, 651.
Fefellit nulla præsumptio, I, 565.
Femineis catervis, III, 511.
Femineo crimine, I, 554. Mucrone, III, 478. Sanguine, II, 79.
Fenestras, *oculos*, III, 619.
Fenus accipit, I, 401.
Fera bella, III, 227. Dextra parentis, II, 575. Regna, III, 520.
Ferarum genus, I, 284, 458.
Ferat maculas, II, 602. Nox ipsa veniam, III, 600. Quodunque decorum, II, 767.
Feriente gladio, III, 558.
Ferit nullum censura, I, 92.
Feritate cruentos, III, 148. Pia, S. 274
Feriturus, III, 101.
Feriunt cedros, S. 279.
Ferrato corpore, III, 401. Pondere catenarum, III, 649.
Ferrea vincla, III, 415. Vox, III, 552.
Ferret pondera, III, 59.
Ferri viscera, I, 505.
Fertur sententia, I, 545. Simplex et noxia, S. 69.

INDICES IN DRACONTIUM.

Ferunt damna, S. 260. Regia verba judicium Dei, S. 114.
Fessæ animæ, III, 650.
Fessorum virtus, I, 750.
Festinus adoptat, II, 609.
Festiva recedunt, III, 567.
Festivis fascibus, III, 522.
Fetante verbo marito, II, 89.
Fetat humus, II, 217. Humus flores, messis aristas S. 85.
Fetibus eductis, I, 266.
Fetura, I, 616.
Fetus aeris et pelagi, I, 405.
Fiant disjuncta, II, 191.
Fiat jactura, III, 155.
Fibræ pulmonis, I, 595.
Ficta Dei proles, III, 251.
Fidelem sine fraude numerum, III, 555.
Fideles, III, 251. Ambo, I, 569. Vivere debuimus, III 531.
Fideli lege III, 249. Mente, II, 591. Sermone, III, 256. Voce, I, 752. Urbe, III, 452.
Fidelis promissor, II, 784. Servat, III, 44. Servire, II, 25.
Fides intemerata, III, 227. Plena, III, 210.
Figit retia apro, II, 274.
Figuras proprii generis, I, 58.
Findentis terram, I, 626.
Finderet mensura, III, 511.
Fine carens, I, 22. Dilato, II, 74. Salutis, I, 560.
Finem sine fine paras, II, 50.
Finxit amare, III, 468.
Fissa ungula, S. 46.
Fiunt commercia, II, 505.
Fixit limitibus, I, 217. Tempora, I, 295.
Fixum sit, I, 625.
Flabello rubicundo, III, 655.
Flabra tangunt palatum, I, 597.
Flagella verberis, III, 14.
Flagello fluitante, I, 170. Pœnæ, II, 695.
Flamina mittit, I, 707.
Flamine molli, I, 194.
Flammantes crustas, II, 520.
Flammantibus horis, I, 715.
Flammata, III, 176.
Flammatis radiis, I, 188.
Flammea sidera, I, 219.
Flammeus axis, III, 505. Ignis, I, 144. Ore draco, S. 276. Ornatus, I, 214. Urit, III, 160.
Flammipotens, III, 586.
Flammis gelidis, III, 168.
Flans vitulum coluit, S. 98.
Flatibus alternis, I, 591. Ora illustrata vigent, I, 596. Oris, I, 289. Vipereis, III, 504.
Flavescit ager, III, 27.
Flebile nomen inane conjugii, II, 627.
Flevit prospera, III, 570.
Flexos genibus, II, 745.
Flore genæ, S. 228.
Florea regna, I, 535. Rura, III, 501.
Florentia rura, I, 175.
Floret humus, I, 185, 575.
Fluctibus immensis, I, 118.
Fluctuat æquor, I, 576. Nemus, I, 196.
Fluctuet amnis, II, 485.
Fluctus bellantes, I, 501.
Fluent deliciæ, I, 414.
Fluenta gorgitis, II, 484.
Fluenti unda, I, 610.
Fluescunt saxa, I, 697.
Fluido natatu, I, 237.
Fluitante flagello, I, 170
Flumina scelerum, III, 572.
Fluvialis aquæ, II, 457.
Fodiente ligone, II, 176.
Fœdere concordi, II, 188.
Fomite flammæ, I, 614. Pingui, III, 172.
Fons naturæ, III, 5. Rerum, II, 584.
Formantur virtute Dei, I, 618.
Formare, I, 397. Cicutas, I, 199. De pulvere, I, 578. Hominem, II, 250.
Formata manu, I, 604.
Formatur adulta, I, 385. Animal, I, 330.
Formicæ, I, 527.
Formidat mortem, S. 128.
Formidatos motus, I, 701.
Formidavere emeritum senis cadaver, III, 426.
Formido fuit lasciva voluptas, III 544. Salutis, III, 656.
Formula laudis, III, 666.

Fornace liquescit, I, 504.
Fornax ignea, III, 166.
Forsitan opponant, II, 457.
Fortia corda, I, 468.
Fortuna, III, 420. Regis, S. 215.
Fovens creata, S. 82.
Fovent mentes, I, 424.
Fovet certamina, S. 207. Igne pio, I, 224.
Fragile est, III, 95.
Fragiles uvas, I, 718.
Fragili sub corpore mollis, 457. Suo tegmine carnis, II, 463.
Fragilis natura, II, 95.
Fragmenta ruinæ, III, 645.
Frangens graviori pondere, I, 106.
Frangeret artes, II, 495.
Frangitur ira, S. 147.
Frater fratri veniam donare jubetur, S. 291.
Fraude decepti, II, 510. Nocebit sibi, III, 562. Sua, I, 267. Truci, I, 492.
Fraudes luporum, I, 278.
Fregere dolores, II, 595.
Fremitus, S. 224.
Fremunt bella, III, 152.
Frenat procellas, I, 708.
Freta glauca, I, 148. Pigra, I, 501.
Frigida luna, II, 10. Lux, I, 666. Natura, II, 626.
Frigidus carbunculus, I, 522. Ignis, III, 168.
Frondent amœna comantia, I, 575.
Frondescit, I, 166. Oliva, II, 221.
Frondescunt silvæ, II, 218.
Frondibus impulsis, I, 195. In textis, I, 185.
Fronte doloris, III, 102.
Fructus anni, I, 182. Honestatis datus est, II, 642. Sceleris, S. 164.
Frui ante bonis, I, 84.
Frumenta annua, I, 625.
Frustra maritus, II, 618.
Fudere preces, II, 667.
Fugaret marmora, I, 704.
Fugax cervus, I, 275. Vita, I, 652.
Fugitiva manus, II, 164. Volat, S. 256.
Fugiturus, II, 9.
Fugiunt tenebræ, II, 651.
Fulgor cœli, I, 122.
Fulmineos ignes, I, 710.
Functus vice, S. 6.
Fundebat opes proprias illis, II, 762.
Funderet linguas, II, 148.
Fundi pluvias, II, 757.
Fundit amomum, I, 528. Odorem, I, 174.
Funditur lux umbris, I, 529.
Fundo lacrymas, III, 602.
Fundunt voces, I, 242.
Funduntur munera, I, 517.
Funere armato, III, 599. Vivo, III, 505.
Funereæ sepultæ pestes, I, 70.
Funereo dente, I, 462. Luctu, III, 568.
Funereos cibos, I, 482.
Funesta duobus, II, 506. Fraude, III, 526.
Funestat diem, II, 566.
Fungis crescentibus imbre, I, 530.
Fur opifex vult esse suus, I, 577.
Furens in sua membra, III, 422. In sua regna, II, 544. Ira, II, 800.
Furiale nefas, III, 261.
Furiarum regna, III, 258.
Furiata, III, 502. Dolore mens, III, 492.
Furit damnare, II, 515. In venerem, S. 227. Turbo, I, 189. Unda maris, I, 298.
Furtim noceant, II, 271.
Fusa de hoc sanguine, III, 142.
Fuscata lampade, I, 77.
Fuscatur ab umbra, S. 245.
Fuso sponte cruore, III, 257.
Fusura cruorem, II, 797.

G

Galeatus vir, III, 401.
Garrula silva, I, 256.
Gaudent sanguine fuso, III, 147.
Gaudere cruore, III, 215.
Gaudet laudare, II, 226.
Gavisa ministrat, III, 559. Quod esset, I, 547.
Gavisus exstingui, III, 425.
Gelato humore, I, 255.
Gelida favilla, I, 661.
Gelidis cerastis, III, 294. Flammis, III, 168. Medullis, II, 652. Pruinis, I, 191.

INDEX VERBORUM ET PHRASIUM.

Gelidum liquorem, iii, 63.
Gementis pro libertate, ii, 779.
Gemeret, iii, 384.
Gemit senectus, S. 229.
Gemina de parte, ii, 787.
Gemma lateret, ii, 451.
Gemmant vites, i, 575.
Gemmantia lumina, i, 543.
Gemmantur oculi aquis, i, 255.
Gemmas, i, 506. Eximias, i, 518.
Gemmata rosis, i, 650.
Gemmato cespite, i, 179. Lumine, iii, 618. Palmite, ii, 220.
Gemmatum cœlum, ii, 340
Gemmis pretiosis, i, 321. Variat in vitibus uvas, i, 718.
Gena pulchra rubore, i, 342.
Genæ flore, S. 228. Rubuere, i, 342.
Generale malum, ii, 425. Tueri, ii, 183. Vitium, ii, 111.
Generaliter, ii, 58, 758.
Generant terræ, i, 378.
Generat pelagi conchula divitias, S. 74.
Genialis, iii, 519.
Genibus flexos, ii, 745.
Genio pronior ad veniam, S. 300.
Genitalibus, ii, 620.
Genitis floribus, S. 232.
Genitoris amati, ii, 681.
Genitos externos, ii, 520. Suos, iii, 551.
Genitus corde, ii, 67.
Gens cerebri, iii, 403. Plumea, i, 240. Scelerata sumus, iii, 549.
Gente nepotum, ii, 629.
Gentiles deos, ii, 579.
Genuere novos affectus, i, 592.
Genus angelicum, ii, 458. Carnale, i, 616. Æquoreum, ii, 575. Gentile, iii, 145. Hominum, i, 524. Immortale, ii, 4, iii, 316.
107. Pecudum, ferarum, i, 458.
Genus omne cerebri, i, 755. Pecudum, ferarum, i, 284.
Veneni, ii, 225.
Gerant bona, S. 14.
Gerens funera, i, 618. Omnia pulchra, i, 596.
Germanorum mortes flevere sorores, iii, 595.
Germina cuncta, ii, 184.
Germinat arbor, ii, 218. Herba, i, 573.
Gero reatus, iii, 571.
Gestiat belua, ii, 159.
Gestiret, ii, 376.
Gignit animantia, i, 272.
Gignitur omne genus, i, 284.
Gignuntur pluviæ vicibus, S. 80.
Glacies aquarum, i, 713. Districta, i, 190. Serpentum iii, 295.
Glaucum fretum, ii, 288.
Globo lunæ, i, 755. Solidante, i, 152.
Globos lunæ, S. 242. Lunares, ii, 49.
Globum lunarem, i, 77. Solis, i, 206.
Globus sidereus, ii, 5.
Glomeratis fontibus, i, 138.
Gloria bellorum, S. 199. Laudis, S. 206
Gradientibus illis, iii, 178.
Gradus temporis, i, 542.
Grande caput, ii, 570. Malum, ii, 352, iii, 567. Nefas, ii, 352, ii, 84, 125. Supplicium, ii, 146. Tonat, i 502.
Grandem furorem, ii, 463
Grandine lapidum, S. 171
Grandinis ictus, i, 190.
Grassante reatu, ii, 400
Grassantur in undas. ii, 287.
Gratia solis lux, i, 120.
Gravabant mollia lina, iii, 55.
Gravabat animas, ii. 116.
Graves mortes, i, 290.
Gravis ira, ii, 471, iii, 659. Vita, S. 130.
Gravor undique pressus, iii, 581.
Grues, i, 527.
Gurgitis æquorei, i, 705, ii, 485.

H

Habebat totum, i, 380.
Habenas lucis, ii, 9.
Habendus non est tentator, iii, 126
Habens instar montis, i, 286.
Habent noctes et dies tempus, S. 248. Nubila tempus S. 261. Otia tempus, S. 258.
Habere tempus pium, S. 180.
Haberet jubar, ii, 778. Veniam, ii, 557.
Habet fremitus, S. 224. Ictus, i, 296. Mortes, medicamina, S. 63. Nil necis, S. 474. Nomen pium, S. 288. Nomen placidum, S. 290. Tempus autumnum, S. 252.
Habetur major hic ratio, ii. 710. Servator, ii, 81, Unus

limes, ii, 707.
Hac luce, S. 183.
Hærent delicta malis, ii. 400.
Hæres proximus, iii, 266.
Hamos mordaces, ii, 507.
Hauriat mortem, r, 319.
Haustus suos, ii, 392.
Hectora, iii, 580.
Herculei furores, i, 71.
Hesterna gaudia, i, 424.
Hians anguis, i, 287, 658.
Hiarbæ terror, iii, 504.
Hiatu telluris, ii, 596.
Hinc inde, i, 184.
Hirundo, i, 527. S. 268.
Hoc superest, ut vita cadat, iii, 592.
Holofernem, iii, 468.
Homicida, ii. 654.
Honestæ virtutis, iii, 571.
Honestas extimuit pondus ditionis, iii, 343. Fallatur, i, 463. Purgatæ mentis, ii, 743.
Honestum moribus, i, 442. Retineret, ii, 363.
Honor (lux) agricolis, i, 125.
Honos stellatus, ii, 53. Violæ, ii, 445.
Horrescis, iii. 558.
Horrida certamina, S. 208. Monstra, ii, 139. Prælia, iii, 564.
Horridus Leo, S. 137.
Horror gravis aquarum, iii, 575.
Hospita manus, ii, 289.
Hospitibus cæsis, iii, 215.
Hostia grata, iii, 408.
Hostiles civibus, iii, 527. Gemitus, iii, 375.
Hostili cuspide, ii, 575.
Hostis generis, iii, 551. Insontibus populis, iii, 56. Natis, iii, 516.
Humana mens, iii, 127.
Humanæ gentis, iii, 430.
Humani generis, S. 287.
Humanis catervis, ii, 111. Membris i 598
Humida cum siccis, S. 60.
Humiles oppressos, ii, 722.
Humili voce, ii, 204.
Humilis, ii, 805.
Hyacinthus fulgens, i, 247.

I

Ibant per flores, i, 457.
Ibat in exsequias, iii. 328.
Ictus grandinis, i, 190.
Idola pellant, ii, 579. Vana colant, S. 96.
Ignara vaporis, ii, 508.
Igne fovet, i, 24. Loquaci, ii, 777. Resolvens, i, 23. Salutis, i, 206.
Ignea cum gelidis, S. 60. Fornax, iii, 166.
Igneus spiritus, ii, 776.
Ignibus æthereis, i, 139; iii, 294.
Iguis frigidus, ii, 168.
Ignitis crinibus, iii, 171.
Ig. itum jubar, ii, 778.
Ignorantia veniam jure meretur, ii, 269.
Ignorat mutare, iii, 298.
Ignoscat rector, S. 519.
Ignoscendo pius imitare Tonantem, S. 149.
Ignosci semel, S. 307.
Ignotum diem, ii, 122.
Iliades matres, iii, 380.
Illæsos pueros, iii, 179.
Illæsurus, ii, 172.
Illectos donis, ii, 741.
Illicita, S. 20.
Illicitos toros, iii, 545.
Illicitum, i, 446, 493. Nefas, ii, 718
Illisis morsibus, iii, 202.
Illud prætereo, ii, 247.
Illustrat noctes, ii, 359. Venas, ii, 45.
Illustrata ora, i, 597.
Illuvies, ii, 599.
Ima levas, ii, 727.
Imago cœlestis homo, i, 358. Christi, i, 525. Cordis, iii, 652. Cujus, ii, 173. Factoris, iii, 532. Solis, i, 666.
Imbre cruoris, ii, 511.
Imbres placidos pluviis desendentibus, iii, 21.
Imbrifer spiritus, ii, 174.
Imbrifers pluviis, i, 432.
Imbutus fraudibus, i, 460
Imitabilis, iii, 232.
Immaculatus, ii, 605.
Immane chaos, iii 64.

Immemor auctoris, II, 381. Generis, III, 540. Uxoris, III, 414.
Immensam molem, II, 54.
Imminet imber, I, 522. Supra caput, III, 201.
Immites leones, II, 272. Vias, III, 54.
Immittat hamos, I, 507.
Immobilis, I, 195.
Immodici temporis, S. 20.
Immortale genus, II, 107.
Impatiens luminis, II, 558.
Impendat quid pura fides, III, 218.
Impendens Asiæ salutem, III, 225. Innumera cœlis, II, 71.
Impendi quibus me, III, 587.
Impendis medelam, I, 744.
Imperat pelago, III, 161.
Imperio cujus, S. 108, 179.
Imperium principis, S. 151.
Impertitura medelas, I, 291.
Impetat astra fluctibus, II, 542.
Impete mortis, I, 557. Pleno, I, 609. Terribili, I, 102.
Impia gens, II, 597. Mater, II, 515. Terra, I, 277.
Impiger hospes, II, 186.
Impius auctor, III, 515. In se, III, 48. Inde nocet, S. 70. Pater, III, 542.
Implicat socios, II, 469.
Implicitant, II, 295.
Impollutus adhuc, III, 482.
Importuna gens, II, 263. Nox, II, 525.
Improba rabies, improba vota, II, 715.
Impugnata vicissim, I, 145.
Impulit ad flammas accurrere, III, 505.
Impulsis frondibus, I, 195.
Impune dimitteret, II, 406. Fatetur culpas, II, 655. Noxius, S. 160. Peccare, II, 711. Peccasse fatendo, I, 34, Triumphat, I, 480. Vagari, II, 402.
In ævum longum, II, 759.
In arce, II, 547. Regnavit, III, 647. Arma fremens, S. 208. Pares fuimus cum principe, S. 205. Cineres fluescunt, I, 698. Cineres jacuere suos, III, 445. Cineres soluta, II, 414. Commune datos triumphos, S. 200. Extremos gemitus, I, 105. Laude, II, 792. Messe, I, 544. Morem, II, 437. Morte futurus, I, 482. Morte vivax, I, 648. Officio, III, 101. Orbe, I, 169; III, 222. Ore orbis, S. 196. Pejus procedere, II, 404. Quem fabula nulla cadit, II, 520. Scopulum, II, 788. Se confirmans, II, 574. Se impius, III, 48. Soporem, I, 572. Sua membra, III, 422. Tantum ut, II, 659. Unum tempus, II, 577. Usus pignoris, I, 260.
Inane I, 152.
Incassum, III, 515.
Incendia mortis, III, 65, 228.
Incertus color, I, 510.
Incessanter, I, 609.
Incesti nefas, II, 506.
Incesto pectore, III, 485.
Inclinas, ubicunque voles, S. 104.
Includit ossibus medullas, I, 544.
Inclusum capite, I, 735.
Inclytus, S. 299.
Incolumis, III, 400.
Incrementa, II, 527.
Increpat hos, I, 496.
Incurrant realum, II, 467.
Incurrit culpam, II, 676.
Inde fit, ut, S. 64. Furit, S. 440.
Indens tædia, vel gaudia, I, 518.
Index, I, 434. Luminis, III, 159. Pectoris, III, 631. Spiritus, II, 104. Temporis, I, 125. Veri dogmatis, II, 221.
India, I, 176, 518, 567.
Indiga dextra, II, 770.
Indignatio regum, I, 17.
Indociles, II, 145.
Inducere formas, II, 704.
Induit auctor animalibus, ut, II, 265. Artus, II, 99. Jubar, I, 217.
Induitur compage, II, 84.
Indulgens sæpius, II, 702.
Indulgentia pœnam prævenit, I, 88. Prompta, II, 598.
Indulgere paratus, II, 774. Voleus, II, 495.
Indulges veniam poscentibus, S. 99.
Indulget culpis, S. 150.
Indultor mansit, II, 554.
Inermis manus, III, 595.
Iners animi, III. 150. Officii genitoris, II, 619. Præda, S. 154. Sexus, III, 457, S. 218.
Inest fructus, S. 232. Fructus anni, I, 182.
Inexorabile pactum, III, 412.
Infanda propago, II, 370.
Infandæ culoæ, II, 558.

Infantia pubes, I, 566. Simplex, S. 225.
Infaustis canibus, II, 526.
Infecta venenis, III, 295.
Infectis mentibus, III, 254.
Inferni faucibus, II, 704.
Inficit artus, I, 542.
Infixa ad ramos, I, 259.
Informis, II, 239.
Infremit animas redituras, II, 556.
Infusus spiritus, II, 540.
Ingeniti sanguinis, I, 406.
Ingenti corpore, S. 271. Libertate, III, 557. Sole, III, 297.
Ingenuis mentibus, III, 454.
Ingerit æterno, II, 515. Ore cibos, I, 472. Spiritus, II, 58.
Ingravat incautum, I, 106.
Ingruit imber, II, 175.
Inguinibus strictis, III, 192.
Inhiarit alienis, II, 749.
Inimica sanguinis pietas, III, 574.
Inique peccamus, II, 550.
Initium, II, 516. Factis, I, 152.
Injustis daret, S. 294.
Innocuis cordibus, I, 566.
Innumera cervice, III, 495.
Innumerabilis, II, 65
Innumeras, II, 567.
Innumeri sideris, II, 472.
Innumeris gentibus, III, 219. Vocibus, S. 195.
Innumeros diversi sanguinis ortus, II, 77.
Inopes defenderit, II, 748.
Inops defensus, II, 755. Fames, S. 284. Levitatis, S. 230. Lucis, III, 404. Mortis, III, 658. Pietatis I. 469.
Inquinat facinus, II, 469.
Insana clade, II, 118.
Insani fluctus, II, 545.
Insidens frondibus, I, 258.
Insidiosus, I, 471.
Insidit mentibus, II, 41.
Insipiens sit, III, 94.
Insons, II, 748.
Insontes, S. 282.
Insonti populo, III, 682.
Insontibus populis, III, 36.
Insontis mens, II, 715.
Insontum cruore, III, 215. Mortes, III, 121.
Inspecta tellure, I, 513
Inspiras, ut, II, 15.
Instar montis, I, 286.
Instat pars militis, S. 205.
Institit occidi, III, 419.
Insuper et, S. 161.
Insuperabile jubar, II, 559.
Insuperabilis, II, 569.
Insurgere in cumulos, II, 550.
Intactæ herbæ, I, 269.
Intemerata fides, III, 427
Intende meas lacrymas, III, 602.
Intendens spes hominum, I, 746.
Inter aves, atavosque fuit, II, 617. Belligeros fremitus, III, 470. Odoratos flores, III, 679. Patritios, III, 417. Prata pecus, II, 647. Prata vagum, I, 285. Tartareas tenebras descendisse, III, 402.
Interest, I, 542.
Interior tellus, I, 526.
Interpres mentis, III, 631.
Intexis frondibus, I, 185.
Intoleranda toleravit, III, 454.
Intonsa comis, I, 595.
Intonsus crinibus, III, 585.
Intrans sol cadat, S. 155.
Intulit artus tormentis, III, 422. Gloria mortem III, 5 Periculum pro laude, III, 555, 452.
Intumuere sinus, II, 656.
Invadunt agros, II, 507. Populos, III, 280.
Invasit, III, 275.
Invasura, II, 548.
Inventor criminis, II, 555.
Invidiæ mordacis, I, 464.
Invitat ad escam, I, 725
Ira non impia, S. 147. Irruit, I, 102. Irascente alio, S. 155. Deo, III, 591, S. 29.
Ire amnes, I, 551. Per saltus, I, 551. Solet formula laudis, III, 668.
Irrepsit flamma medullis, II, 652. Ignis, II, 85. Serpens I, 459.
Irrevocabile munus, I, 605.
Irruit ira, I, 102.

Isac, III, 123, 139, 155.
Israelitarum populum, S. 97.
It surculus in auras, I, 165. Vitis, I, 169.
Iterum reditura, II, 196. Revocare, II, 130.
Itque, reditque, I, 592. Ad solitas plagas, S. 214. Salus, S. 86.

J

Jaceat territus, S. 142.
Jacebat captiva, II, 782. Pars hominis, II, 124.
Jacebunt freta, I, 501.
Jacent abscissa crura, II, 516.
Jacet lignum, I, 655. Ubique, S. 214.
Jacit oculos, I, 548.
Jactura fiat, II, 135.
Jacturam sentire, I, 610.
Jacuere in cineres suos, II, 443.
Jaculati fulminis, III, 493.
Jam jam, III, 101.
Janitor æthereus, III, 222.
Jejuna alimenta, III, 171. Fames, S. 263. Cruoris, S. 175.
Jejunia nulla, II, 667.
Joannis pater, II, 676, S. 39.
Jocastæ hæres, III, 266.
Jubar, I, 615. Ætheris, III, 2. Æthereum, I, 118. Emicat, I, 670. Gelidum, II, 25. Indu t, I, 217. Ignis, I, 639.
Ignitum, II, 778. Insuperabile, II, 539. Solis, I, 409. Vibrare, I, 422.
Jubebit, ut, S. 49 seq.
Jubes, ut S. 126.
Jubet ire lunam secundam, I, 209. Radiare, I, 206
Juda miser, II, 557,
Judæa, II, 499.
Judæa de gente, II, 568,
Judice visu, I, 517.
Judicio suo, II, 560; III, 42. Tuo, III, 678. Venturus, II, 548.
Judicium Dei, S. 114.
Judith, III, 468.
Jugales novos, I, 407.
Jugulat propinquum, III, 283.
Juguli, III, 640.
Jumenta, I, 270, 556.
Juno, II, 581.
Junvere reatus, II, 419.
Jupiter, II, 581.
Jura naturæ, III, 558. Potestatis, II, 257, 729.
Jussa domari, I, 449. Creavit, I, 402.
Jusseris, ut, II, 201.
Jussit ad usum, I, 447. Officia, numeros, et nomina stellis, I, 215.
Jussu Tonantis, I, 141.
ussus produxit, III, 98. Sol, II, 19.
Juste creavit, III, 146.
Justi vita, II, 805.
Justis solem, pluviasque dedisset, S. 293. Dedit, II, 754.
Justitium grande, III, 572.
Juvat mens pura Deum, I, 693. Quem non ultio, sed venia, S. 102.
Juvenilis spes, II, 628.

L

Labor est, I, 199.
Laborat parere, II, 558. Sol, II, 229.
Labores olis, I, 716.
Lacerasset pectora palmis, III, 577.
Lacerti, III, 633.
Lacertos lacerasset, III, 578.
Lacrymæ dant munus odoris, I, 525.
Lædat flores, I, 198.
Læditur auctor, S. 503.
Læsi parentes, II, 511.
Læsura semet, II, 501.
Lætitiæ munera, I, 172.
Lambebat flamma, III, 170
Lambit fax, I, 660
Lamenta silent, III, 104. Triumphis jungeret, III, 565.
Languescunt sidera a flammis, I, 675.
Languoris ad æstus, I, 745.
Lanigeras oves, II, 446.
Lanugine malæ crispantur, III, 624.
Lapillos niveos, I, 519. Pretiosos, S. 74.
Largitur peccata reis, II, 605.
Lasciva voluptas, III, 544.
Lata sententia, II, 802.
Lateat quem lex, III, 247.
Lateret quem mens humana, III, 127.
Latrantibus undis, II, 788.

Laudavere Deum populus, II, 791.
Laurus honos linguæ, I, 168.
Lavet peccata, II, 6J1.
Lazarus, II, 130.
Legantur bella, III, 274.
Legatio Punica, III, 408.
Lege diurna, I, 606. Hac, S. 505. Latenti, I, 751. Notant, S. 256. Perenni, I, 737. Poli, S. 230. Tua, II, 52, 56.
Legis sancta, I, 624.
Leguntur meruisse, III, 139.
Leonidæ ausa, II, 274.
Leonum colla, I, 506.
Lepus, S. 270.
Levas colla attrita, II, 724. Ima, II, 727
Levat terram, I, 687.
Levitatis inops, S. 250.
Lex sancta, S. 307. Sancta Dei, III, 247.
Libera mens est peccare aut vivere sancte, II, 612. Vota dedit, II, 613.
Libertatis amor, III, 339. Opem, II, 415.
Librantur in aera, I, 264.
Libycas arenas, III, 291.
Licitum, I, 493.
Ligant vincla, III, 582.
Ligantur juguli, III, 640. Juncta, II, 189. Membra nervis, III, 614. Nervi, I, 235.
Ligat bellum pax, III, 394. Causa communis utrumque, I, 543.
Ligata compage, III, 644. Verba, S. 48.
Ligatis fluctibus, II, 787.
Ligatur ossibus, II, 84.
Lilia candida, I, 66.
Limatur in artus, I, 550.
Limes criminis, et poenæ unus, II, 707. Noctis, I, 118.
Limina mortis, II, 514, 527, 702.
Limite posito, III, 310.
Limitibus suis, I, 142.
Limus deformis, I. 537.
Lingua suadæ mali, I, 490.
Lintea fluxa, III, 190.
Liquentes aquæ, I, 756.
Liquescat lornace, I, 504.
Liquescunt, I, 148.
Liquit, deliquit, S. 39.
Liquores ferret, II, 457. Molles, I, 154. Pelagi, II. 569.
Litandus puro corde, II, 744.
Lite concordi, II, 190.
Littore nudato, I, 78.
Livor edax, I, 465.
Loca piorum, III, 162. Sacra, II, 677.
Longa dies, III, 674.
Longæva, II, 457.
Longius assistens, III, 189.
Loquaces nidos, I, 255.
Loquaci igne, II, 777. Vento, I, 732.
Loquuntur volucres, I, 56.
Loth, II, 420. S. 286.
Luam mea facta, III, 577
Luce diurna, I, 423. Hac, S. 185. Repulsa, III, 277. Sexta, I, 115.
Lucent primordia mundi, I, 127.
Lucifer, I, 669, S. 88. Ardens, II, 8. Tertius, II, 542.
Lucifero redeunte, I, 667.
Luciferum, I, 422.
Lucis origo, I, 132.
Lucra dabuntur, III, 157.
Lucretia casta, II, 506.
Ludant pisces, II, 158.
Ludibrium generis, III, 583.
Luens supplicium, III, 61.
Lueret poenas, III, 574, 433.
Lumen coruscum, I, 134.
Lumine ferri, S. 159. Nudo, III, 423.
Luminis immensi, I, 221.
Luna brevis, I, 115. Crescente, S. 237. Minuente, S. 258. Crescit, vel deficit orbe, S. 255.
Lunæ cornua aurea, I, 121. Frigidus orbis, I, 52 Tempora I, 75.
Lunarem globum, I, 77.
Lunares globos, II, 49.
Lunari luce, I, 419.
Lunato dente, I, 280
Lurida palla, II, 521.
Luserunt pisces, I, 237.
Lustra tria, II, 663.
Lustrans tempora, II, 11.
Lustrare polos, III, 160,

Lux causa diei, I, 117. Datur, *ibid.* Facies rebus, 119.
Ibi plura de luce. Jubar æthereum, I, 118. Lunæ, III, 1.

M

Machina nova, I, 546. Rerum, II, 191. Sublimis rerum, II, 55.
Maculabilis, I, 128.
Maculam thalami, III, 306.
Maculatur, II, 510.
Maculosa serpens, I, 288; II, 217.
Madefacta cutis, II, 117.
Madenti tabe, II, 566.
Madescens tabe, III, 215.
Magistra pietate, III, 553
Magum Simona, II, 229.
Major opulentia egenis, I, 728.
Mala gramina, S. 37. Lingua, I, 57. Mixta bonis, S. 58.
Male frangens. I, 509. Venit in usus, II, 505. Venturas, I, 509.
Maligno sermone, I, 470.
Malorum doctrina, I, 474. Fasce, III, 684.
Mandante te, II, 152. Verbo, III, 257.
Mandarent nullas mortes, III, 504.
Mandet prospera, S. 109.
Manebit addictum, I, 413.
Manens, II, 68.
Manent commissa, I, 404.
Manentis sine fine, II, 24.
Manes deterrens, III, 599.
Manes exsangues, I, 69.
Manet irrevocabile munus, I, 605.
Manibus propriis, III, 501
Manifestius, III, 135.
Mansit indultor, II, 554.
Manus confusa periclis, III, 277. Dat hostis, S. 135. Medici, S. 236. Nocentum, II, 712. Reorum, I, 107, Romana, III, 142. Tanta virorum, III, 475.
Ma centibus herbis, I. 190. Membris ævo, II, 616
Marceret honos, II, 445.
Marcidus, II, 622, S. 228.
Mare purpureum, I, 78.
Marito verbo, II, 89.
Marmora glauca I, 704.
Marmore tranquillo, II, 157.
Mars, II, 580.
Martia tela, S. 226.
Martis certamina, S. 207.
Martyrium fecerat Stephano, II, 572. Recepit, *ibid.*
Massa chalybis, I, 502.
Massyla fames, I, 282.
Massylum, III, 189.
Mater anus, II, 184. Humus, I, 156, 657.
Materiem amoris, I 391. Laudis, III, 461, S. 297. Sterilem, II, 665.
Materies candida, I, 713. Ferri, S. 69. Necis, II, 227
Materna vis, I, 624.
Matrona illustris, III, 578. Plebeia, *ibid.*
Matura virgo, I, 384.
Maturus tractat, S. 229
Maurus ubique jacet, S. 214.
Me miserum, III, 604.
Me pugnante, S. 201.
Meamus ex fonte sceleris, II, 358.
Meantem ire, II, 52.
Medelas. I, 291.
Medicamina, S. 65.
Medicamine nullo, I, 744.
Medici ia salutis, I, 202.
Medicus fuerat Petrus, II, 765.
Medios ignes, II, 22.
Meditatur prælia, I, 281.
Medium cœli orbem, S. 89
Medulla latens, S. 241.
Medullas absumptas, III, 613. Medicina quærit, II, 276. Salutares, S. 67. Udans, I, 652.
Meliore animo, II, 700.
Melioris vitæ amator, II, 423.
Mella pocula futura, I, 201. Mellitum venenum, I, 461.
Membrata globis, I, 262.
Membratur, II, 78. In artus, I, 557.
Memor sui operis, I, 571
Memorare laudes, I, 749.
Mendacem populum, S. 193. Simona, III, 250.
Mendicans non sibi, II, 771
Menerea, III, 236.
Mens avara, II, 42. Sana in corpore sano, III, 675.
Mensura finderet, II, 310.
Mentiri rosam, I, 65.
Mentita furores, I, 71. Juvenem sub armis, III, 487.

Mentitum fulmina, III, 253.
Mentitur diem, I, 666.
Mercede nulla, III, 225. Pudoris, III, 510.
Mercator nauta, II, 185.
Mercedem justis, munera injustis prorogat, II, 759.
Merces mihi posset venire, S. 25.
Mercis non indiga, II, 455.
Merear cantare, III, 664.
Mereatur lingua liquorem, III, 63.
Merentes nil de pietate, III, 549.
Mereri graviora, II, 529. Pejora, II, 255. Precibus omnia, III, 241. Veniale, II, 559. Veniam, I, 53.
Meretur lingua, S. 301. Mercedem, II, 519. *Obtinet,* I, 156. Tria lustra, II, 663. Veniam, II, 268. Veniam sceleri, II, 636.
Mergit ab arce superbos, I, 759. Flumina, I, 158.
Meritis morum, I, 12.
Mer to genitoris, II, 661. Justeque, III, 146.
Meritum vitæ, II, 551.
Mersus obit, I, 678.
Meruere, *habuere,* S. 92. Votum suum, I, 670.
Meruisse creari, I, 243. Veniam, II, 567, 672. Virtute polos, III, 207.
Meruit coronam, II, 575. *Obtinuit,* I, 140, 150. Pati, II, 570. Tempus habere pium, S. 180. Virum stabilem, II, 650.
Vitam reparare suam, II, 760.
Merx, S. 196.
Messis feret aristas, S. 85.
Messor, I, 552.
Metalla, I, 505.
Metuenda juga, III, 444. Manus, II, 529. Viris castra, III, 469.
Micant lumina visus, I, 345.
Micat polo, I, 60.
Miles Dei sol, I, 229.
Milia exempla, III, 511. Tot peccatorum, II, 235. Tot reorum, II, 672. Virtutum, II, 141.
Militia famulante, II, 25. Poli, II, 335.
Militiæ labor, S. 258. Poli, II, 475.
Millenos petiere viros, III, 278.
Minante dente neces, S. 158. Mortale, II, 254
Minantur mundo, I, 82.
Minaris veniale culpis, S. 121.
Minatur exitium, II, 105. Monstra, I, 507. Operire, II, 343. Pœnam, I, 31. Veniale, II, 486.
Minatus mortes, I, 280.
Ministrans miseris alimenta, II, 757. Ubique, II, 36.
Ministrant, I, 228.
Ministras victum, S. 129.
Ministrat natura, II, 25.
Ministros mortis, II, 568.
Minor nulla virtute, nisi verberis ira, I, 691.
Minorum cura, I, 182.
Minuens tibi nil, II, 586.
Minuente luna, I, 756. Luna rolis, S. 238.
Minuunt hæc, minuit Cynthia, S. 240.
Mira sua, III, 459.
Mirabile donum, II, 158.
Miracula summa, III, 211.
Mirante populo, III, 400.
Mirantibus ripis æquor, II, 549.
Mirantur tenebræ, II, 122.
Mirata diem, I, 417.
Miratur iter, II, 169. Se, 552.
Misceret tristia rebus lætis, III, 564.
Miscuit salutem cum morte, I, 261.
Miseranda mente, III, 566. Pietas, III, 119.
Miserata rogantum, II, 762.
Miseratio prisca, III, 578.
Miseratus, I, 561. Egentis, II, 747.
Miserere latentis, III, 594. Rogantis, III, 601
Miseri, *peccatores,* I, 11.
Missa cuspide hostili, III, 575.
Missile crinitum, III, 15.
Missura e flatibus oris, I, 289.
Mitis corrigis, II, 694.
Mitissimus, III, 174, 655
Mittenda e fonte, I, 605
Mittit flamina de thesauris ventorum, I, 707.
Mittunt fontes flumina, I, 576.
Mixta mala bonis, bona malis, S. 58.
Moderanter, I, 94.
Moderatior omnibus, I, 551.
Modesta fronte, I, 461. Tabitha, II, 758.
Modesto jure, II, 508.
Modestos dominos, S. 95. Vultus, III, 379.
Modestus pietate, II, 70. Virtute, I, 29. 435.
Modicæ laudis, III, 512.
Modicas salices, S. 278

INDEX VERBORUM ET PHRASIUM.

Modico corde, II, 590. Die, III, 95. Sermone, S. 187. Pro tempore, III, 249.
Modulamina tacitæ linguæ, S. 47.
Modulamine blando, I, 242.
Modulantibus dentibus, III, 628.
Mœnia cœli, I, 3.
Moles immensa, I, 603.
Molli flamine, I, 194. Tepore, I, 261.
Mollia corda, I, 471. Lina, III, 55.
Mollior aura, I, 192, 598. Ignis, II, 82.
Molossi lingua, S. 43.
Molossos raucos, I, 279
Moneant venturum, I, 326.
Moniti exemplis, I, 683.
Monitis coerces, II, 689.
Monitor justitiæ, III, 16.
Monstrat mensura, I, 225. Terra tremorem, I, 700.
Monstravit ruborem, II, 322.
Montibus Hircanis, I, 311.
Monumenta clausa patent, II, 525.
Mora si fuerit, S. 140.
Morantes vices, II, 54.
Morantur I, 142, 146. Per sæcula mille, 535.
Moratur contenta, II, 548.
Mordaces hamos, 1, 507.
Mordacis invidiæ, I, 464.
More ferarum, I, 439. Remorum, III, 656
Moribunda, II, 574.
Moriente favilla, I, 661.
Moriuntur astra, I, 667.
Mors erat prolis, III, 331. Una tenebris, I, 116
Mortale minantes, II, 254.
Mortalia dura, II, 107.
Mortalibus, I, 521.
Mortalis vitæ, III, 244.
Mortes, I, 280, 290. Et monstra, I, 61. Insontum, III, 121.
Nullas, III, 504.
Mortibus antiquis, III, 610.
Mortiferis, II, 262.
Mortis fraudibus, 1, 460. Incendia, III, 65. Limina, I, 490.
Mortua lumina, I, 643. Lux, I, 663. Ossa, III, 626.
Mos hic est omnibus, I, 611.
Moseo, II, 162. Prophetæ, S. 17.
Moventem corde hæc viderat, I, 360.
Movere bella, I, 283.
Movet arboribus comas, I, 194. Arma leo, I, 295.
Movetur vento cum fronde, I, 258.
Mox natas segetes, S. 231.
Mucrone cruento, II, 288. femineo, III, 478. Nudato, III, 100.
Mugire solum, I, 74.
Mugitus pecudis, S. 54.
Muliere, II, 680. Eadem creatus, S. 161.
Multiplici virtute potens, II, 70.
Multo crimine, II, 403.
Mundabitur, II, 511.
Mundanorum laborum requies, I, 359.
Mundior pars, I, 487.
Munera æternæ vitæ speramus, III, 455. Lætitiæ, I, 172. Pacis, III, 144. Perpetuæ vitæ, II, 569.
Munere noctis, III, 631. Regnantis, S. 24.
Munita tenebris, III, 276.
Munus honoris, S. 162.
Muricis ostrum, II, 446.
Murmure tacito, II, 664.
Murus ramorum, I, 183.
Musculus humor erat, I, 254. Omnis, II, 86.
Musti ubera, I, 719.
Mutabilis nullo ævo, S. 7. Nunquam ævo, III, 528.
Mutant te nunquam sæcula, II, 587. Tempora, S. 247.
Mutantur mentes et artus, S. 29. Tempora, II, 587.
Mutat nos Deus illectos donis, II, 741, Sæcula, III, 523.
Mutilante sono verba daret, S. 48.

N

Nardi flores, I, 528.
Narrare sermone opus, III, 670.
Narrator, III, 669.
Nascuntur venæ, III, 614.
Natatu fluido, I, 237.
Natura aspera, vel fragilis, S. 77. Conservat fidem I, 81. Dedit, I, 9. Parens, III, 541.
Naturæ jussu, I, 332.
Natus de conjuge, S. 163. De virgine, S. 181.
Naufragium, II, 571.
Navale iter, II, 790.
Navigerum mare, I, 149.
Nebrida membra, S. 272.

Nec fallit hiems, I, 525. Mirum, I, 222, 525. Mora, I, 571. Nomen habet, III, 262. Rubor ullus erat, I, 445. Ratione caret, II, 738. Semel, II, 129.
Neci gaudere, II, 552.
Nectaris æthereī, I, 200.
Ne facias, S. 193. Plura, II, 177. Sit fixum, I, 623.
Nefanda monstra, III, 206.
Nefastum, III, 548.
Negat participem, S. 202. Sentire, I, 610. Victuram, I, 517.
Negato fructu, I, 448.
Negavit sibi jam sponte veniam, III, 563.
Negent servare, II, 357.
Neget prospera, S. 28.
Nemo creatus, I, 750. Deus sit, III, 517.
Nemus domus alma, I, 355.
Neque culpa fuit, III, 354.
Nerone spectante, II, 250.
Nescia corda ruboris, I, 440. Fervoris, S. 230. Mens illis, I, 398. Mentiri, I, 80. Quid jubeas, III, 537.
Nesciat tempora, I, 182.
Nescire latebras, I, 551
Nescaret munera, III, 227.
Nescis exorda II, 30.
Nescisse dapes, I, 475.
Nescit lustrare polos, III, 160. Omne genus pecudum, I, 458.
Nescite saporem, I, 415.
Nescius alterni, S. 6. Irarum, II, 689.
Nigris venenis, III, 295.
Nimia pietate, I, 751. Pietate cruentus, III, 99.
Nitent candore, I, 244.
Nitidis de fontibus, I, 193.
Niveas pruinas, III, 310.
Niveo candore, I, 244. Corpore, I, 594.
Nixus virtute, III, 226.
Nobile præceptum, S. 189.
Nobilitant Persida littora, I, 321.
Nocens imber, II, 575.
Nocentes ex nulla parte, II, 282.
Nocentum manus, II, 712. Vitas, III, 121.
Nocetur pia turba, II, 714.
Nocte sub obscura, III, 474. Silenti, III, 275
Noctis certæ pœnas, II, 481.
Nocturna bella, III, 274.
Nocturno vespere, I, 679.
Nocturnos dies, I, 646.
Nocturnus eques, I, 670. Fur, II, 302.
Noe, II, 561, 424.
Nolle pares, I, 367.
Nomen non habet, III, 262.
Nomine pro Domini, III, 167.
Non fugit artificem, I, 502. Imitabilis, III, 232. Læsus, I, 53. Latet agricolam, I, 311. Semel, II, 701. Si mihi ferrea vox sit, III, 332. Solum decet esse virum, I, 363. Uno crimine, III, 367. Uno tempore, II, 376.
Norint Dominum, S. 96.
Noscere in uxore, I, 580.
Nosse diem, II, 122.
Notato serpente, I, 514.
Noverca, II, 519.
Novercalis dextra, II, 321
Novercam, III, 341.
Noverit consortia, I, 364.
Noviter, II, 296.
Nox cum munere noctis, III, 631.
Noxia femina, I, 478. Magis, I, 488. Vipereis flatibus, III, 503.
Nube tenebrarum, I, 644.
Nudantur littora, II, 393.
Nudato littore, I, 78. Mucrone, III, 100.
Nudo lumine, III, 423. Sermone, III, 158.
Nullo custode, I, 283. Discrimine, II, 737. Pronibente, I, 375. Sub pollice, I, 525. Velamine tecta, I, 395.
Numero crescente, minore, I, 213.
Numerosa propago, III, 675.
Numerus sideris innumeri, III, 4.
Nomine vano, III, 513.
Nuntius auroræ, I, 668 ; II, 8.
Nurus formosa, III, 505.
Nutant poma, I, 196.
Nutrimenta salutis, I, 750.
Nutrita ova, I, 265.
Nutrite natis nepotes, I, 406.
Nutritor Deus, II, 2.
Nutritore Tonante, I, 685.
Nympha profundi, I, 594.
Nympharum turba, III, 381.

O

Objice terra, ii, 480.
Obliquans latus, i, 281.
Oblitus Deum, S. 98. Mei. iii, 580. Sanguinis, iii, 541. Sui, ii, 555.
Obliviscere ne me, iii, 580.
Obruei et pontus flumina, ii, 575.
Obruit unda, i.i, 575.
Obscena fames, ii 429.
Obsceno crimine, iii, 545.
Obsequitur, iii, 239.
Observant globos lunæ, S. 212.
Observat cornua lunæ, S. 241.
Obses sermo, i, 755.
Obsessa cerastis, iii, 294.
Obsessam linguam, iii, 629.
Obsessis mentibus, ii, 115.
Obtruncat socium, iii, 282.
Obtunsi, i, 499.
Obunco rostro, i, 725.
Occidit dies, ii, 677.
Occumbat cervos, ii, 276.
Occurrit ex quibus reatus, S. 198.
Ocellis, i, 246.
Oculatur, i, 646.
Oculus cœli, i, 674, S. 245.
Oderunt moras, ii, 609.
Odoratas messes, i, 458.
Odoratos flores, iii, 679.
Odor dux, i, 725.
Odores divinos, i, 508. Permiscentur, i, 175
Odoriferis herbis, i, 180.
Odoris munus, i, 525.
Officii genitoris, ii, 619.
Olim, olim, ii, 254 seq.
Omne nefas, atque omne bonum, iii, 654. Nocens, ii, 228. Quod horrescis, iii, 558. Suum, i, 500.
Omnia concessit, ii, 661. Graviora, ii, 550. Tempus agit S. 219. Tempus habent, S. 10.
Omnipotens, i, 560, 405, 417, 491; ii, 102, 195, 418, 685; iii, 20, 111, 120, 150, 581, S. 55, 101. Omnipotens æterne Deus, ii, 1. Deus, i, 551
Omnipotentem, i, 690.
Onus ventris, ii, 681.
Opacis deliciis, i, 455.
Opacus, i, 185.
Opem libertatis, iii, 415. Pietatis, i, 429.
Operire terram spumis, ii, 545.
Opertæ mentis, S. 115.
Opifex, i, 454.
Oppressores opprimit Deus, i, 740.
Optatur nefas, i, 714.
Opulentus, ii, 726.
Opus auctoris primum, i, 124. Libertatis, ii, 548. Pietatis, ii, 50, S. 290, 298. Virtutis, ii, 114; iii, 211.
Orabat hostibus suis veniam, S. 172.
Orba parens, ii, 128.
Orbaret pignore patres, iii, 116.
Orbata, i, 512. Parens, iii, 592.
Orbatrices suorum, iii, 527.
Orbatura parentes, iii, 112.
Orbatus pater, iii, 258.
Orbe crescit, vel decrescit luna, S. 255. Gemino, i, 545; ii, 652. Lunæ, ii, 249.
Orbi gemino, ocultis, iii, 622.
Ordine temporis, S. 216. Suo, 605.
Ore cruento, S. 157.
Origo descendit, iii, 156. Fudit, i, 620. Lucis, iii, 1. Non sperat reditus, i, 608. Prolis, i, 485. Pudoris, i, 445. Sancta prophetarum, iii, 161. Vestræ pietatis S. 299.
Ornat color, i, 245. Pluma, i, 250.
Ornatus cœli, i, 214.
Ortus diversi sanguinis, ii, 77.
Oscula jungebant, i, 414.
Ostendit motus, i, 701.
Ostentat sidera, i, 250.
Ostentis monens, i, 85.
Ostro indutus, iii, 68.
Ostrum æstivum, iii, 56. Muricis, ii, 446.
Otia animæ fessæ, iii, 650.

P

Pabula montis erant, i, 267.
Pacificus fuit, S. 170.
Pacis amatores, iii, 146.
Pagina sancta Dei, S. 152.
Palatia cœli, ii, 497.
Palato ardente, iii, 62. Spumante, i, 40.

Palla lurida, ii, 521.
Pallida gens erebi, iii, 405.
Pallore fugato, i, 65.
Palmata cornua, i, 640.
Palmatis cornibus, i, 275.
Palmite gemmato, ii, 220.
Palpebra, iii, 619.
Pampineos campos, i, 171.
Pampinus, i, 629; ii, 220.
Pandens guttura, i, 658.
Pannis squalentibus usus, iii, 585.
Par animi concors, i, 568. Cum flore senectus, i, 652.
Fortuna, iii, 420. Sententia damnat, quos par culpa tenet, i, 541.
Parans creanda, S. 82. Venenum, i, 462
Parant damna, i, 614.
Parare damna, i, 615.
Parasti medicinam, ii, 597.
Parat delicias, mortesque, S. 75.
Paratus indulgere, si pœniteat, ii, 774. In sæcla, i, 251.
Præstare, ii, 607. Servire, iii, 258.
Paravit justitiam, iii, 572.
Parcat peccare, i, 96.
Parce flagello, iii, 595.
Parcens clementia impendit, S. 165.
Parcere reo suo, S. 506.
Pardus, S. 273.
Parens Deus, i, 81. Natura, i, 272; ii, 25. Tellus, i, 174
Parentes abiere, iii, 586.
Pares fuimus cum principe, S. 205. Velle et nolle, i, 367.
Paribus votis, i, 568.
Parit terra gemmas, S. 71.
Pars militis, S. 205.
Parte angelica, ii, 175.
Parthica regna, S. 55.
Parthicus, iii, 182.
Participans, i, 82.
Participem cladis, i, 557. Generis, i, 562. Negat, S. 202.
Particulam, i, 574.
Partita cum fratre vices, ii, 41.
Partum malum non uno crimine, iii, 567.
Parturit, i, 167. Arbor, i, 574.
Parumper, i, 559, 747; ii, 4.
Parva Deo fuerant, i, 621. Putant, ii, 286.
Parvi pendimus, ii, 247.
Parvis fecisset culpa reatum, ii, 515.
Parvula origo, i, 620.
Pascenda, i, 270.
Pascentia radiis, i, 26.
Pasci aquis, i, 26.
Passer, S. 268.
Passibilis, ii, 81.
Passim dimitteret, ii, 406. Per prata, i, 187.
Passio peremit, ii, 517. Sancta crucis, S. 264.
Passura fraudes, i, 278.
Pastus et indutus, ii, 754. Mala gramina, S. 57. Serpente, S. 67.
Pater patriæ, iii, 516 Ille Joannis, i, 676
Paterna sceptra, S. 164.
Patescit cor, ii, 565.
Patescunt, i, 500.
Patricios, iii. 417.
Patrimonia damnet, iii, 90
Patuit doctrina, i, 474.
Paulatim, ii, 594.
Paulo comitante, iii, 228:
Pauperiem, ii, 416, 768.
Pavent te, ii, 208.
Pax elementorum, iii, 5.
Peccando regi, S. 41.
Peccante reatu, S. 19.
Peccasse, quod tua jussa vetant, iii, 557.
Pectinat caput capillos, iii, 555.
Pectore læto, i, 85. Mente rogans, S. 118.
Pectoris humani corde, ii, 591.
Pecudum genus, i, 284, 458.
Pecus utile bellis, i, 276.
Pedes aquilæ, S. 272.
Pedibus siccis, ii, 790. Suis, iii, 502.
Pellant cordibus, ii, 579.
Pellit ad illicita, S. 20.
Pellunt ipsa venena neces, S. 68.
Pendent ex arbore, i, 186. Mella foliis, i, 201.
Pendentibus uvis, i, 172.
Pendula poma, i, 196. Sidera, i, 6. Tellus, ii, 547. Terra, i, 701.
Penes te, ii, 595.
Penetrans molem, ii, 54.

Penetrat caput, ii, 41.
Pennantur, i, 262.
Pennigerum nemus, i, 260.
Pensatur brevitas voce, i, 249.
Pependit ad colla, ii, 561. Nox, ii, 525.
Pepercit invita, ii, 528. Mucrone populis, S. 157.
Per agros, i, 388. Anguem, i, 486. Artus, iii, 641. Ascensus, i, 644. Astra poli, S. 182. Cærula, i, 257. Cærula ponti, i, 676. Carmina, iii, 664. Celsa volantem, iii, 229. Colchos, ii, 216. Colla captum, ii, 208. Crimina nostra, ii, 251. Culmina, ii, 219. Cuncta, i, 292, 548; iii, 82. Cuncta tonantem, i, 226. Deserta, ii, 272. Ævum, iii, 519. Florea regna, i, 555. Flores, i, 457. Freta, iii, 9. Herbas, i, 176. Inane, i. 132; iii, 14. Mare eundo, ii, 578. Mare Rubrum, ii, 785. Membra, ii, 595, 630; ii, 651. Mille catenas, ii, 114. Mille colores, i, 510. Mille pericula mortis, i, 727. Montes, i, 514. Murmura, iii, 655. Nos petuntur, ii, 285. Orbem, ii, 145. Opus, S. 290. Pelagus, ii, 284. Populos, ii, 449. Prata, i, 187, 495. Prata vagum, i, 274. Prata vagus, S. 57. Quem, iii, 542. Quem fetat, S. 85. Quem sunt, ii, 752; iii, 519. Quem valet, ii, 568. Rapinas, S. 267. Sæcla, i, 28; ii, 24, 97; iii, 52. Sæcula, iii, 209. Sæcula mundi, iii, 156. Sibila, i, 290, 658. Sidera, i, 669; ii, 494. Sidera fulsit, i, 214. Silentia, ii, 680. Singula ducis, S. 11. Sulcos, i, 626. Tam grande nefas, iii, 125. Te fetat humus, herba virescit, ii, 217. Tempora, iii, 298. Tempora cuncta, iii, 25. Tot facta, i, 115. Vexilla, ii, 496. Viscera, i, 288; ii, 85. Umbras, ii, 505; iii, 597. Vota priora, ii, 665. Urbes, iii, 562.
Peractum iter, ii, 790. Nefas, iii, 559. Scelus, ii, 467.
Peragunt bella, ii, 295.
Perculit ense, iii, 554.
Perculsum fulmine, iii, 255.
Percuteret sublime caput, iii, 565.
Perdere bona, iii, 45. Contectos cursus, S. 255.
Perdidimus hac luce diem, S. 185.
Perdit pretium, mercem, ii, 507.
Perdunt bona, ii, 46.
Pereat vinea, ii, 275.
Peregit facinus, ii, 654. Naturæ bella, iii, 525.
Peregrina deposceret, ii, 454.
Peremit membra, ii, 517.
Perempta in morte, i, 694. Prole, iii, 552.
Perempto hoste, iii, 555. Morte, iii, 47.
Perenne contemnere, ii, 94.
Perenni, i, 185. Clade, i, 467; ii, 242, 474. Fonte, i, 605. Lege, i, 757. Sub lege, ii, 20.
Perennis sine fine, ii, 81. Spiritus, ii, 105. Vita, ii, 526.
Pereunt bello, S. 125.
Pereunte die, ii, 480.
Pereuntia non intereunt, i, 606.
Pereuntibus rugis alvi, ii, 656.
Perfecit sua verba, ii, 784.
Perfecta libido, iii, 480.
Perfectis mœnibus, iii, 500.
Perferre diem, i, 68. Volucres, i, 457.
Perficit injuncta, iii, 540.
Perfida turba, iii, 455. Uxor, iii, 407.
Perflabant naribus undas, i, 258.
Perfudit cruore suo membra, iii, 524. Sanguine, ii, 259.
Perfundit lumine, i, 207.
Perfusum sanguine, ii, 298.
Perit de sole, i, 675. Ira cadens, S. 142. Luna, i, 665.
Peritura repente, ii, 96.
Periturum diem noctis ab umbris, i, 672.
Permansit avarus, ii, 562.
Permiscentur odores, i, 175.
Permissa peccare, ii, 712.
Permixta bonis, i, 474.
Permutans omnia, S. 7.
Permutat tempora, ii, 19.
Perpes mens, ii, 65.
Perpessa dies nocturnos, i, 646.
Perpete culpa, ii, 498. Lege poli, S. 250. Nexu, iii, 66.
P. oba, iii, 75.
Perpetuæ vitæ, ii, 569.
Perpetui flores, i, 554.
Persa tyrannus, iii, 179.
Persarum regem, S. 51.
Persida, i, 521.
Persis, iii, 285.
Persolvit pœnas, iii, 481.
Personat te, ii, 209.
Perstando maligne, i, 95.
Perstat homo, i, 97.
Perstrinxit gemino consule Romam, iii, 521.
Perturbent cuncta, ii, 154.
Perusta, i, 527.
Perustus sole, S. 84.
Pervaditur aer ii, 281.

Pervasit fretum, ii, 281.
Pervigil, iii, 425.
Petat aspera, S. 28.
Peterem pericla, S. 26.
Peteret Dominum, S. 168.
Petiere viros, ii, 279.
Petit pœna noxia insontes, S. 282.
Petrus, ii, 765; iii, 217.
Petunt certamine fratres, ii, 295. Languida membra manus medici, S. 296.
Petuntur per nos, ii, 85.
Pharaonis, S. 18.
Philenorum, iii, 291.
Phœnice, i, 526.
Phœnicis juventam, i, 655.
Phrixei velleris aurum, ii, 447.
Pia colla, iii, 525. Feritate, S. 274. Jussa, iii, 228. Turba, ii, 714; iii, 579. Turba Dei, ii, 776. Verba prophetæ, S. 509. Voce, i, 470. Vota, ii, 747. Vota Dei, i, 11.
Piacula, ii, 582. Horrenda, ii, 709. Sæva, ii, 401; iii, 265. Sæva mortis, i, 559.
Piarent vota, ii, 668.
Pias matres, ii, 505.
Pictus floribus, i, 179.
Picus, S. 268.
Pie rex, ii, 698; iii, 554.
Pietas Dei magna, iii, 185. Æterna, i, 20. Generaliter una, ii, 758. Parentis, ii, 492. Sancta, i, 29. Tua, S. 109.
Pietate bonus, S. 188. Magistra, iii, 555. Nati peremptus, iii, 285, Nimia, i, 754. Parentis, i, 81, 726. Reforma, iii, 654. Reservor, ii, 658. Severa, i, 544. Sueta, iii, 665. Topantis, ii, 670; iii, 210. Tua, S. 112.
Pietatis amore, i, 100, 692. Amorem, iii, 559. Nimiæ sobolem, iii, 287. Opus, ii, 50. S. 290, 298.
Pigmenta, ii, 440. Generans, i, 176.
Pignore dilecto, ii, 116.
Pigra freta, i, 501. Sidera, iii, 7.
Pinguescunt, ii, 85.
Pingula membra, ii, 258.
Pinguis gleba, ii, 414.
Pio amore, iii, 155. Igne, i, 224. Lacte, i, 586.
Piorum loca, iii, 162. Sorte, iii, 682.
Pios motus animi, iii, 465.
Pium Christum, ii, 494. Ira non decet, S. 120. Nomen, S. 288. Tempus, S. 180.
Pius bonitate, i, 455. Christus, ii, 601. Civis, iii, 515. E plus quam justus, ii, 695. Exstet homo, S. 156. Immitis, iii, 102. Poteras, ii, 708. Semper ubique, S. 110. Ultor, i, 740.
Placent animis, iii, 154.
Placidas aves, i, 456.
Placidi flatus, ii, 192.
Placidis, sævisque, ii, 755. Sedibus, i, 571.
Placidissimus exstas, ii, 695.
Placido sermone, iii, 540.
Placidum nomen, S. 290.
Placidum Tonantem, i, 1.
Placidus sit, S. 112.
Plagæ quinque, i, 5.
Plagis quinque, S. 90.
Plancta diu est, iii, 585.
Plango, iii, 605.
Planitie, i, 159.
Planxit Achillem, ii, 581. Deu n natura, ii, 524. Natum, iii, 591.
Plasma, i, 450.
Plasmatur caro, ii, 87.
Plasmavit per membra virum, i, 556.
Plausibus commotis, i, 257.
Plectenda libido, ii, 506.
Plectente flagello, S. 515.
Plectibiles actus, ii, 455.
Plectibili actu, ii, 268.
Plena fides, ii, 674; iii, 210. Non fuit hora poscentibus, ii, 689.
Plenam coronam, ii, 575.
Plenus amor, i, 579. Narrator, iii, 669.
Plorant virgulta balsama, i, 524.
Pluit imber aquas calidas, i, 65.
Plumea gens, i, 240.
Plus præstitit error, iii, 588.
Plus quam peccator habendus, iii, 550.
Plus quam turba facit, S. 210.
Pluunt nubes, ii, 152.
Pluvialis hiems, i, 510.
Pocula larga, ii, 688. Sunt latices, ii, 159.
Pœna plectente, i, 98. Pudoris, iii, 507.
Pœniteant se sceleris, i, 694.
Pœniteat mens rea sceleris facti, S. 100. Sceleris dolens

peccata, S. 504. Si forte reos, ii, 535.
Pœnitet en peccasse nimis, iii, 595. Esse nocentem, i, 748. Me carminis, et fateor, S. 106.
Promtuit nescisse, i, 472. Vicisse ducem, ii, 369.
Poli septem, i, 5.
Polo rutilante, i, 205.
Polorum dominum, ii, 142. Sphæra, i, 225.
Poma coquantur, i, 198. Dulcia, i, 717. Pendula, i, 196.
Profert, i, 167.
Pomaria, i, 411.
Ponat venabula, S. 141.
Pondera gemmæ, iii, 59. Mundi, i, 699
Pondere culparum, iii, 571.
Pondus ditionis, iii, 515.
Pontificis loca sacra tenens, ii, 677.
Poplite subnixo, iii, 191.
Populando cohortes, ii, 496.
Populo insonti, iii, 682.
Populus laudavere, ii, 791.
Portabant nomen inane, ii, 627.
Portante sinu, iii, 52.
Portare delicias, ii, 175. Triumphos, iii, 447.
Portendant mala, i, 85.
Portio hæc, i, 528. Telluris, iii, 292. Tristis pœnarum, iii, 405.
Poscere ostrum, i.i, 57. Poscit ab igne neces, iii, 459. Rogans, iii, 62.
Posco gemens veniam ab imperio, S. 109.
Positus dux, iii, 219.
Possedit arenas, iii, 291. Cœlum, iii, 161. Omnia, iii, 165
Post bella, iii, 565, 448. S. 175. Corpus, iii, 676. Crimina, ii, 571, 659. Cuncta, i, 239. Decus imperii, S. 52. Funera, ii, 760; iii, 490. Funera carnis, ii, 554. Funera septem, ii, 650. Ictus, iii, 495. Maculam, iii, 506. Me S. 189. Membra, S. 45. Nubila, ii, 655. Ossa, iii, 625. Prælia, iii, 564. Regale nefas, iii, 518. Regna, iii, 616. S. 55. Retia, iii, 220. Sæclá, i, 622; ii, 645. Sæcla futuro, ii, 548. Sæcla manere, i, 86. Sua membra beatus, iii, 51. Te, S. 107. Templa poli, ii, 80. Viscera, ii, 499. Vulnera, S. 275.
Posteritas horum, iii, 140.
Potens auctor, ii, 59.
Præ mente legant, i, 2.
Præbet culpa materiem laudis, S. 297.
Præcedit venia lacinus, ii, 599.
Præcepta audiat, iii, 557.
Præcepti solo sermone, iii, 518.
Præcipiti jactu, ii, 497; iii, 597.
Præco Dei, iii, 221.
Præconia, iii, 664.
Præcordia, i, 541. Muta loquuntur, i, 568.
Præda cibusque fuit, S. 268. Iners, S. 154. Quieta sedet, S. 128.
Prædicit vim, i, 515.
Prædicunt pluvias, i, 528.
Prædo, ii, 807. Cibos temuit, S. 143. Pudoris, iii, 319. Temerarius, iii, 75.
Præduce jussu, ii, 25.
Præferre animam pudori, iii, 83. Datori, iii, 84. Nil deo, iii, 82, 87.
Præfixas vices, ii, 21.
Præmiserat undis, i, 204.
Præmissa est, i, 132.
Præmonet ante, i, 40. Se inde cavendum, i, 87.
Præpetis aquilæ, i, 724.
Prærumpit hiatum, i, 67.
Præsagia non fallunt, i, 528.
Præscire futura, i, 519.
Præsens constat ubique, iii, 525.
Præsensit, i, 469.
Præsentem vitam, iii, 165.
Præsentis vitæ, iii, 45, 79.
Præstaret, S. 184.
Præstat clementia laudem, S. 20.. Compendia damnum iii, 135. Hoc, S. 175.
Præsta ur hostia, iii, 112.
Præstet bona d ns, S. 192.
Præstitit nec sibi, iii, 74.
Præsumpsit homo, iii, 205.
Præsumpta atteris, ii, 727. Manus spe mortis, iii, 277. Moles, ii, 365.
Præsumptio, i, 565. Simplex, ii, 248.
Præter quod fuerant, iii, 450.
Prætores, iii, 417.
Prævenit iter, i, 134. Reatum indulgentia, ii, 599
Pravis dedit tartara, ii, 754.
Precatio, ii, 75.
Precatur Deum mens potius quam lingua, i, 570. Vita iii, 653.
Precibus ne clauseris aures, iii, 597.

Premebat culpa, ii, 705.
Premis celsa, ii, 727.
Premuntur luce, i, 220.
Pressis defensio, i, 729; ii, 685.
Pressum clade, iii, 649.
Pressus gravor, iii, 581.
Pressus pondere culparum, iii, 571.
Prima dies lucis erat, i, 116.
Primordia mundi, i, 122, 127; ii, 296. Nescit, i, 22. Nostra, i, 432. Sensus, S. 65.
Princeps, i, 552, 578, 599; ii, 109. Deus, iii, 154. Rerum, ii, 31. Spiritus, ii, 53.
Principe gentis, ii, 162. Luce, i, 152.
Pristina verbera, S. 512.
Pro clade, S. 159. Laude sua, iii, 285. Libertate, ii, 779. Meritis, i, 12. Moribus, ii, 418. Nomine, ii, 167. Numine vano, iii, 513. Quibus arma tulit, iii, 555. Radicibus, i, 155.
Regione plagæ, i, 500. Regno alieno, iii, 255. Tempore, i, 229 seq.; iii, 249. Tramite vitæ, i, 12.
Pro laude periclum intulit, iii, 552, 431
Probamur gens importuna, ii, 265.
Probant dominum, S. 4. Jura sua, iii, 290.
Probare jura, iii, 125.
Probaris debere, ii, 179.
Probatur apta, i, 585. Fidelis, ii, 26. Nil peccasse, S. 295. Non esse brevis mora, ii, 716. Scire, i, 524.
Probatus nunquam sine Patre, ii, 105.
Probavit res ipsa, iii, 657. Vera verba Dei, ii, 574.
Probentur disjuncta, ii, 190. Nihil esse, ii, 585.
Procedere fontibus amnes, i, 607. In pejus, i, 476; ii, 404. Solem, iii, 755.
Procedit tumulo. i, 654.
Procella comitante, ii, 172.
Procellas vincat, i, 512.
Proceres, ii, 725. Pullati, iii, 576.
Proceris capui, iii, 476.
Processerat dies, i, 271.
Processit lucifer, ii, 542. Pœna, ii, 364
Procubuit, iii, 285, 508.
Procul usque sene tam, S. 221.
Prodidit se, ii, 777.
Prodit metalla, i, 505.
Proditor corvus, i, 55.
Pro litur impius in se, ii, 48.
Producere cœlo, i, 69.
Produceret hostes, ii, 291. Vitam, iii, 286.
Producit noctes, i, 714.
Produxit vitam, ii, 789.
Profana mente, S. 95.
Profanam viam, ii, 501.
Profanant jura Dei, i, 497. Sancta, i, 624.
Profanas, iii, 526.
Profanos, ii, 705. Domet, ii, 490.
Profanum sceptrum, iii, 265.
Profanus, i, 96; iii, 246.
Profecto, i, 495.
Proferre diem, i, 211.
Profundi animalia, i, 252. Nympha, i, 594.
Profundo vasto, i, 151.
Profundum crudele, iii, 64.
Prohiberet euntes, iii, 509.
Projicere, i, 450.
Promissa Tonantis, ii, 678. Promissor fidelis, ii, 784.
Promitur anguis, ii, 287. Herba, i, 165.
Promittis te nimia pietate parentem, i, 754.
Promittit fontes, i, 512. Saxis gemmas, i, 506.
Pronior ad veniam, S. 500.
Propago mansura, i, 619. Membrorum, iii, 641. Numerosa, iii, 675. Sanctorum, iii, 145. Terrens, i, 41. Torquata, iii, 584.
Properant ferire, ii, 514.
Propheta clamante, iii, 611.
Prophetæ verba, S. 509.
Prophetarum origo, iii, 162.
Propinquos consanguineos, iii, 260.
Propitius jubes, S. 14.
Proprium, iii, 73.
Propter hominem, i, 428. Solatia, i, 557.
Prorogat mercedem justis, ii, 740.
Prorumpit equus, i, 276.
Proscinderet terram vomere, ii, 455.
Prospera bellorum, iii, 570. Cuncta, S. 28. Mandet, S. 9.
Prosternit amicum, iii, 282.
Prostrata scelere parentis, iii, 585.
Prostrato dat veniam, S. 145.
Prostratus extenso corpore, iii, 605.
Protendit iter solis, i, 715.
Providus undæ, i, 511.

Proxima saxa polo, S. 280.
Psyllus, I, 515.
Pubentibus annis, S. 227.
Pubescit ceres, III, 26.
Publica gaudia, III, 368. Merx, S. 196. Oscula, I, 444.
Pudenda membra, I, 485. Quæque, I, 443.
Pudicitiæ causa, III, 338. Læsæ, III, 517.
Pudorem didicisse, I, 491.
Pudoris origo, I, 443. Ventre, II, 642.
Puerilia, S. 225.
Puerperii claustra, II, 95.
Pullati proceres, III, 376.
Pulmonis fibræ, I. 593.
Pulsantes nubila cedros, S. 279.
Punctum non egreditur, II, 343.
Punica legatio, III, 408.
Puniceum ruborem, I, 671; III, 297.
Puniceas sanguine, I, 64.
Punisse tantos reatus, III, 570.
Punisti errantem, III, 594.
Punit morte repente, I, 93.
Pupillus, II, 754.
Pura fides, III, 248.
Purgant mores agmina, II, 808.
Purgare potest, II, 466.
Purgata anima quiescat, III, 677.
Purgatæ mentis, II, 743.
Purior aer, I, 354; II, 458. S. 91.
Puro cœlo, I, 410.
Puros fontibus amnes, I, 549.
Purpura vestit aves, I, 244.
Purpurea lilia, II, 442.
Purpureis aquis, I, 680.
Purpureum luciferum, I, 421. Mare, I, 78; II, 157.
Putantur damna, I, 475.
Putatur mundior, I, 487.
Putentur data, III, 456.
Putrescit gleba, II, 414.
Putris arena, S. 84.

Q

Quacunque ex parte, I, 129; III, 38.
Quadrupedantis equi ungula, S. 514.
Quæcunque obscura geruntur, I, 151.
Quæ fuerat pietas? S. 294.
Quærit dolos, II, 503. Opem sceleris, I, 465. Veniam, S. 295.
Quærunt foliis, vel rupe latebras, I, 498.
Quæsivit horam, S. 263.
Qualem prima dies, talem simul ultima noscet, II, 558.
Qualiter, II, 89, 198, 424; III, 130.
Quanta spes præmissa est, I, 132.
Quantos capillos, III, 554.
Quasi nympha, I, 594.
Quatiens remos, II, 285. Venenum, I, 287.
Quatitur flatibus, I, 188. Mare undis, I, 149.
Quatiunt procellæ, III, 572.
Quem penes, I, 567.
Quem quisque ferit, cui quisque repugnat, III, 281.
Quicunque datur casus, I, 370.
Quid nocuit? II, 277. Peccavere, I, 50. Quod, II, 262, 716.
Quidquid agunt homines, S. 15.
Quinque plagæ, I, 5.
Quirinæ gentis, III, 252.
Quis neget? I, 75. 607. Petit, et vixit? III, 186.
Quocunque jubes, S. 12. Labore, I, 450.
Quod crimen habetur, II, 555. Erat pejus, S. 176. Floret humus, quod germinat herba, etc., I, 575. Instat, I, 520.
Quo merito, I, 554. Missa rubebat, I, 673. Recessit, III, 579.
Quota portio rerum nos sumus, III, 543.
Quoties culpa est, sit toties venia, S. 308.

R

Rabies leonum, III, 183. Sævas, III, 204.
Rabidi leonis, S. 269.
Racemis, I, 177.
Radiare globum, I, 206. Sidera, I, 420.
Radiata luce, I, 679.
Radiato vertice, I, 221.
Rana, I, 527.
Rapax turba, II, 765.
Rapiant mare, II, 155. Pios motus, III, 463.
Rapidæ procellæ, II, 154.
Rapidas procellas, I, 708.
Rapidis undis, II, 454.
Rapit aliena, III, 75. Messes, I, 309. Rapitur de corde, I, 155.

Rapiunt me scelerum flumina, III, 572. Nebrida membra, S. 272.
Raptor avarus, II, 807.
Rastro domari, I, 449.
Rationis amicum, I, 529.
Raucos molossos, II, 279.
Reatu, III, 429. Grassante, II, 400. Temporis immodici, S. 19.
Reatum, I, 466, 494, 540; III, 566. Donare, II, 556. Fecisset culpa, II, 313. Ignosci, S. 307. Pectoris et carnis, III, 551. Prævenit indulgentia II, 599.
Reatus, II, 699. Atrox, S. 198.
Rebellant contra naturam, I, 59.
Rebellantum turba, S. 133.
Rebellis formidat, S. 127.
Recensent voce, I, 2.
Recepit sua membra, I, 400. Martyrium, II, 572.
Recepta luce, I, 644.
Recidens spes, II, 624.
Recidente ruina, I, 105.
Recidentibus euris, II, 156.
Recidiva vita, I, 558.
Recipit facies priscas, S. 245.
Recisa cervice, II, 256; III, 495.
Recurrat dulcedo cordibus, I, 365.
Recurrit aura cunctis, I, 599. Mors, III, 257.
Recusat alimenta, III, 171. Deus incrementa, vel decrementa, III, 527. Esse, II, 342. Servire, III, 432.
Reddere mercedem cunctis, II, 549. Millesima lucra, III, 31.
Redderet tristem, I, 576.
Reddis omnia omnibus, II, 180.
Reddit diurne, I, 680.
Redditur argentum, II, 561. Arida tellus, II, 595. Candens, I, 637. Sanus, II, 126. Usura, III, 50.
Redeant omnia, S. 253.
Redemit pretium bellum, III, 594.
Redeunt commercia, I, 591. Iræ cunctis, II, 595. Mores ad sæva piacula, II, 401. Sua lumina cœlo, I, 503.
Redeunte favore, III, 606. Juventa, I, 637.
Redeuntibus annis, I, 628; II, 216.
Rediere ad visus suos, I, 643. Mundo, II, 525. Suis membris, III, 611.
Redis victor ab hoste, S. 204.
Redit fecunda, II, 665. In se, II, 544. Ver, æstas, autumnus, hiems, S. 235.
Reditura mox marito, I, 382. Secundo, I, 111.
Redituras lucis ad usus, II, 535.
Reditus *in plurali*, I, 607, 625.
Rediviva herba, I, 633. Salus, I, 650.
Redivivo fomite, II, 633. Lumine, I, 657.
Redolent fructibus, I, 175.
Reducem diem, I, 423. Magistrum, II, 545.
Reduces, III, 673. Acies, II, 632. Aquæ, II, 163. Aquas, I, 703. Fructus, I, 631. Morsus, S. 274.
Reducis salutis, I, 516.
Reduci sub germine, I, 634. Vapore, I, 630. Vento, I, 595. Vita, II, 544.
Reducit vasta incendia, I, 658.
Redundat in conjuge facta, I, 555.
Redux fortuna, III, 652. Vita, III, 237.
Refecto orbe, I, 682.
Referens jura catervis, S. 185.
Refertur cognata, S. 61.
Reficit flammas, I, 669. Sol, corpora, S. 85.
Reforma totum, III, 654.
Reformavit modulamina linguæ, S. 47.
Refundit, I, 28. Arca, II, 589.
Regale caput, III, 491. Nefas, III, 518.
Regentum corda, S. 103.
Regia bella, III, 325. Colla, S. 36. Verba, S. 114. Vota S. 52.
Regionibus cœli, I, 218.
Regis igne polum, S. 2.
Regit ordo temporis, S. 216.
Regna cœli, II, 459. Polorum, S. 151.
Regnanti Domino, S. 309.
Regnantis munere, S. 24.
Regnator, I, 562, S. 147.
Regulus, III, 410.
Rejecto fomite, III, 172.
Rejiciat salutem, III, 90.
Relata spernunt, II, 112.
Relaxans peccata populis, S. 288.
Relaxas ista, II, 701.
Relaxat peccata, II, 755.
Relaxet peccata, S. 505.
Relevare reatum, I, 540.

Relevat jacentes, II, 686.
Relliquias, III, 358.
Reluctans, II, 57.
Remeare lumen, I, 418.
Remearet ad auras, II 558.
Remeat sua costa viro, I, 400.
Renascenti pelle, I, 657.
Renascentur ligna, I, 654.
Renasci, I, 625. Defuncta, I, 683.
Renatis crinibus, I, 655.
Renovare aquilæ juventam, I, 729.
Renovat juventam, I, 655.
Repagula densata, III, 629.
Reparare facinus, II, 398. Sepultos, II, 119. Servatum, III, 665. Vitam amissam, II. 761.
Reparas ossa arida, III, 610.
Reparatas volucres, I, 642.
Reparato lumine, I, 665.
Reparavit honores, S. 177.
Rependit alterna sorte, III, 54.
Repertor sceleris, II, 553.
Repetendo haustus, I, 592.
Repetisse prædam secundam, III, 405. Vias transactas, S. 234.
Repetit vitalia, I, 651.
Repit squamis, I, 288.
Replete solum de semine vestro, I, 405.
Repletus conviva, III, 71.
Replevit orbem gentibus, III, 140.
Reponis te corde, II, 590.
Reportat oratio effectus faciles, II, 751.
Reportent, II, 804.
Reprimis flatus, II, 156.
Reptantia gramina terris, S. 277.
Reptat anguis, I, 638.
Repulsa luce, III, 277.
Reputando nil Deo, II, 568. Suum funus, III, 584.
Reputans crimen, II, 431. Tibi debere fatetur, II, 225.
Reputet tibi, II, 58.
Requies animæ, III, 677. Cordis, I, 569. Lux ægris, I, 125. Pauperis, III, 51. Vitæ, III, 650.
Requirit de se, I, 357.
Reserantur lumina, I, 473.
Reservant præcepta, II, 334.
Reservat veniæ, III, 122.
Reservor pietate, III, 658.
Resoluta carne, II, 118.
Respiciat auctorem, II, 468. Me, 50.
Responsa dabo, II, 465. Petunt, II. 527.
Restantibus horis, II, 518.
Restinguit flammas, I, 145.
Resumit, S. 237, 243. Vota scelerum, II, 597.
Resurgentem mane, I, 682.
Resurgere vitæ, I, 622.
Resurgit flamma, I, 656. Novus, I, 678. Vita, I, 558.
Resurgunt cornua, I, 640.
Retardat origo nulla Deum, I, 696.
Retectis ossibus, II, 118.
Retia pelagi, III, 220.
Retibus fallat pisces, I, 508.
Reticente lingua, I, 569.
Reticent sibila, I, 514.
Reticere dominos, S. 93.
Retinebat steriles artus, II, 623.
Retinens ætatem mundi, III, 156. Inter se, I, 28. Jura, II, 257, 730. Ruborem, III, 297.
Retinente fera justitiam, II, 266.
Retinere materiem laudis, III, 461.
Retineret honestum, II, 563.
Retinet natura aspera vel facilis volucres, S. 77. Sua tempora messis, S. 251. Tempus, III, 157.
Retorqueo mea vela ad te, S. 117.
Retractus voce, I, 533.
Reus sum regi, S. 108.
Revestit sarmenta, I, 629.
Revocabile supplicium, II, 698.
Revocans a morte, II, 705. Animas, II, 541.
Revocarentur sociati crimine multo, II, 405.
Revocare saluti exanimes, II, 120.
Revocasse casus sinistros, II, 406.
Revocata gaudia, I, 424.
Rex dominusque meus, S. 110. Dominusque pius, S. 195.
Rident elementa, I, 208.
Ridere tenebras, I, 426.
Rigare de fonte, I, 451.
Rigator, I, 552.
Riget in scopulos, I, 161
Ritu pecudum, I, 439.

Rogetur mente, III, 129.
Rogus omnibus unus, III, 440.
Roma, III, 227.
Romam, III, 321.
Romana fides, III, 408. Manus. III, 142. Nurus, III, 590.
Romani senatus, III, 444.
Romanus amor, III, 312. Dux, S. 183. Eques, III, 396.
Roris spiritus, III. 173.
Rosaria, I, 437.
Roscida aurora, I, 671. Tellus, I, 63.
Roseis floribus, I, 717.
Roseo honore, I, 522.
Rosulas proferret, II, 441.
Rotato axe, II, 16.
Rotatur, II, 5.
Rotavit axe, I, 217.
Rubebat cutis, II, 117.
Rubens sanguis, I, 341
Rubentem luce, I, 679. De sole, I, 425.
Rubescant sanguine, II, 479.
Rubicunda vellera, II, 445. Zona, III, 506.
Rubicundior alveus, I, 62.
Rubicundo flabello, III, 655.
Rubigo latens, I, 504.
Rubore pulchra, I, 595.
Rubor erat, I, 445. Inficit artus, I, 542.
Ruboris nescia, I, 440.
Rubra littora, I, 319.
Ruhrum mare, II, 785.
Rubuere genæ, I, 542; III, 624.
Rubus asper, II, 778. Infelix, I, 66.
Rudes, I, 442.
Rudibus pennis, 4, 252, 264. Racemis, I, 177.
Rudis virgo, I, 584.
Rumpendo vincla, II, 723.
Rumperet jussio, 689.
Rumpuntur fructus, I, 631. Ova, I, 263. Vincula, II, 564.
Rupis latebras, I, 352.
Rursus redeunte, I, 637. Repetunt, II, 163.
Rusticus inde placet, S. 70.
Rutila flamma, III, 15.
Rutilante polo, I, 205.
Rutilatur apex, I, 560.
Rutilo ortu, I, 271.

S

Sacerdos ferus, III, 100. In orbe primus, III, 222. Magnus, II, 677.
Sacrilega arte, II, 502. Cervice tumens, II, 366. Mente, III, 561.
Sacrilegis catervis, S. 153.
Sacrilegos, I, 497.
Sacrilegum, III, 254.
Sagax mos, I, 723.
Saguntum, III, 427.
Salmonea regem, III, 254.
Salomon, S. 167.
Salsos fluctus, II, 789.
Saltus lunæ, I, 716.
Salus certa vitæ, I, 727.
Salutares medullas, S. 67.
Salutaris flamma, I, 207. Passio, II, 517.
Salutifero vapore, I, 208.
Sana mens in corpore sano, III, 675.
Sancta cœli, II, 647. Legis, I, 624. Manus, S. 103. Viderent, II, 460.
Sancte, Deus, I, 744; II, 597; III, 598, 662.
Sanctorum propago, III, 145.
Sandix pretiosus, II, 445.
Sanguineum ruborem, II, 522.
Sanguinis inimica pietas, III, 574. Oblitus, III, 541.
Sanxit manere, I, 428; II, 97. Natura, I, 416.
Sapit quicunque, II, 100. Quid pravum, I, 482.
Saporat poma, I, 717.
Saporem designans, I, 512.
Sara, II, 648.
Sarmenta vitis, I, 629.
Satiabilis nunquam umbris, II, 551.
Satiata nunquam sanguinis, III, 214.
Sator, I, 552.
Saturnus, II, 580. Falcifer, III, 113.
Saxa polo proxima, S. 280.
Saxea pars, I, 157.
Saxeus imber, I, 510.
Scævola, III, 586.
Scelerare manus, III, 255.
Scelerata gens, III, 519.
Scelerata propago, II, 557.

INDEX VERBORUM ET PHRASIUM.

Sceleris certus adulter, S. 138.
Scena capillorum, III, 620.
Sceptra paterna, S. 164.
Scithycas paludes, III, 311.
Scindere fretum, II, 347.
Scinderet ungue secans vultus, III, 379.
Scintillare oleum, I, 530.
Sciutilla volans, I, 638.
Scire ventura, I, 524.
Scribere ignotum nec dominum, S. 94.
Scriptura sancta, III, 251.
Scrutator aquarum, I, 508.
Secans ungue, III, 379.
Secreta cœli, II, 4, 47. Mente, II, 606.
Secretior, I, 441.
Secreti pectoris, III, 651.
Secunda vox non est ultra exspectata, II, 666.
Secundo redi ura, I, 111.
Secura futuri, III, 164. Quies, III, 651. Sepulcri, III, 453.
Secures vertit, III, 325.
Securi spatiantur, III, 298.
Securus sine morte dat manus, S. 135.
Secuta est pœna famulos, II, 470.
Sedem animi, III, 43.
Sedes beatas, III, 680.
Sede Tonantis, I, 19.
Sedet præda quieta, S. 128.
Sedit in digitis aurum, III, 58.
Seducta, S. 477.
Segregat merita, II, 418.
Semel assumptis, I, 475. Dat veniam, S. 275. Inspecta, I, 315. Intoleranda, III, 434.
Semina rerum, I. 602.
Semine, I, 590. Verbo, II, 61.
Semita mortis, II, 170.
Semper viventis hæres, II, 604.
Senatum magnum, III, 411.
Senatus, III, 382. Clari, III, 451. Romani, III, 444.
Senectus pigra, S. 224. Tremebunda, S. 229.
Sensibus æthereis, S. 116.
Sensim, I, 382.
Sensit malum, II, 425.
Sententia prisca est, III, 82.
Sentiet iratum furorem, I, 98.
Sentiret aquas reduces, I, 703.
Sentis, II, 459.
Sentit Dominum, I, 226. Futurum, I, 525.
Senuissent herbæ, I, 269.
Se præter, I, 451.
Septem poli, I, 5.
Sepultos incolumis, III, 400.
Sequetur venia, III, 364.
Sequitur bucula taurum, I, 274. Culpa ingratos, S. 93.
Seraphim, II, 202.
Sereno cœlo, I, 420. Lumine, II, 652. Splendente, II, 801.
Serenum placidum, I, 586. *Serenitas*, I, 68. S. 281.
Seres, I, 325.
Serica, II, 55.
Sermo creavit, I, 638.
Sermone narrare opus, III, 670.
Sermonibus oris, III, 650.
Seros nepotes, II, 386.
Serpens, I, 459, 480, 636. Habet medicamina, S. 65.
Serpente notato, I, 514.
Serpentis artes, II, 495.
Servans membra sepulcro, II, 170.
Servare figuras proprii generis, I, 58. Legem, II, 337. Malos, II, 708.
Servare tempora jussit, S. 262.
Servat cuncta hæredi, III, 44.
Servator vitæ, II, 81.
Servatur veniæ, II, 717.
Servetur in ævum, II, 51.
Servirent corpora corporibus, I, 383.
Servit spiritus, I, 584.
Sessorem, S. 513.
Severa pietate, I, 544.
Sexta luce, I, 115.
Sexus iners, III, 457. S. 218. Uterque, II, 792.
Sibila, I, 290. Dum reticent, I, 514. Nullas mandarent mortes, III, 304.
Sibilat te, II, 224.
Sidera cœli, S. 87.
Sidereus globus, II, 5.
Sideris innumeri, II, 472; III, 4.
Signa mortis, I, 516. Poli, I, 522.
Signifer almæ crucis, III, 218.

Silentia linguæ, II, 680.
Silvestria cuncta, II, 374.
Simile est, ac regna polorum, S. 151.
Similes pacis et armorum triumphi, III, 447.
Similes divinæ prolis, III, 175.
Simona Magum, III, 230.
Simplex, I, 383. Clementia, S. 191. Confessio, III, 563. Et noxia, S. 69. Infantia, S. 225. Præsumptio, III, 248.
Simplicitas bona, II, 804. S. 175. Cadat, I, 466. Cognita, I, 484. Ovium, I, 278.
Simplicitate bonus, I, 456.
Simpliciter, I, 459.
Simul, II, 195. D mpto, II, 133. Invadant, II, 12. Negavit, II, 223. Noscet, II, 588. Orbe fugata, II, 530. Processit, II, 304. Visa, I, 699.
Simulare inopem, III, 275.
Sine clade, II, 690. Clade laboris, II, 432. Clade piorum, S. 285. Corpore, I, 584. Crimine visus, II, 422. Fine, I, 21; II, 24, 30, 75; III, 73. Fine mali, II, 706. Fine manent, III, 66. Fine perennis, II, 81. Flatibus ullis, I, 513. Fraude, II, 420; III, 555. Fronte pudoris, II, 427. Laude, III, 78. Lege, I, 482. Mente, I, 539. More suo, II, 520. Morte, S. 135. Morte ducis, III, 389. More furens vir, S. 174. Morte reus, S. 160. Nomine culpæ, II, 588. Nube serenus, I, 502. Nubibus, II, 800. Peccati crimine nemo fuit, S. 54. Pecc. to, non sine laude daret, S. 212. Remige, II, 789. Semine jacto, III, 27. Sorte sepulcri, I, 655. Tormentis, III, 676. Voce rogatus, II, 605. Vulnere, S. 145.
Sinistros casus, III, 406.
Sirius, S. 88.
Sisteret amnem, I, 703.
Sitientibus undas, I, 79.
Sit tibi pignus uterque, I, 366.
Sociante supplicio duos, I, 540.
Sociant pœnæ, II, 419.
Sociati crimine, II, 403.
Socrus erat sibi, III, 486.
Sodomis, S. 286.
Solantur graves tenebras, I, 419.
Solatia cuncta negantur, III, 391. Tota, III, 49.
Sole minore, I, 714.
Solens dicere, S. 184.
Sol oculus cœli, I, 674. S. 245.
Solibus alternis, S. 86.
Solidante globo, I, 132.
Solidantur in corpus aquæ, I, 253. Pennæ, I, 246.
Solidatur, II, 86.
Solitus gaudere, II, 552.
Sollicitant animas, II, 325. Fretum, II, 828.
Solum omne timet Deum, S. 2.
Soluta cervice, II, 724. In cineres, II, 414.
Solutum sub libertate, III, 648.
Solvetur machina rerum, II, 191.
Solvit æquora, I, 687. Arenas, I, 156. Donanda, I, 168.
Solvuntur membra in soporem, I, 372.
Somnigeris cornibus, I, 212.
Sonat sermo, I, 569.
Sonent verba ora, III, 628.
Sontes occidere, II, 692. Peccantes, S. 281.
Sopita quies, I, 591.
Sorbuit terra, III, 399.
Sors mortis, II, 380. Tertia Erebus, I, 67.
Sorte, II, 246. Alterna, III, 54. Beata, II, 682. Dianæ, III, 212. Piorum, III, 682.
Sortita est Africa, I, 315.
Sortitur tellus, I, 306.
Spargens ruborem, I, 671.
Spargit per murmura voces, III, 633.
Sparsura mortes, I, 290.
Spatia exacta, I, 476.
Spatiante pelago fretis, I, 706.
Spatiantur securi, III, 298.
Spatiatur in orbem, III, 157.
Spatio sub noctis, II, 13.
Spatium aeris, II, 590.
Speciale tueri, II, 183.
Specialior, II, 425.
Specie pulchrior omni, III, 17.
Species gratissima, S. 81. Hominis, I, 358. Terrena, I, 745.
Spe contempsit, III, 98.
Spe mortis, III, 277.
Spectacula festa, III, 193.
Spectante Nerone, III, 230. Populo, III, 505.
Spectat finem, III, 95.
Sperare dies, I, 426. Veniam, III, 657.
Sperata venia sequetur, III, 564.
Sperata voluptas, III, 480.
Sperat procellas, I, 509.
Speravit horam, S. 264.

INDICES IN DRACONTIUM

Spernendo salutem, III, 279.
Spes Deus, II, 584. S. 1. Generis recidens, II, 624. Hominum Deus, II, 31. Secura futuri, III, 164. Una salutis, II, 600.
  Sphæra polorum, I, 225.
  Spicat aristas, I, 587. Messis, I, 574
  Spicis acuit, I, 254.
  Spina aspera latus complectitur, III, 639.
  Spinea ligua, S. 72.
  Spiramina, I, 598.
  Spirante vento loquaci, I, 752.
  Spirat flos, II, 218.
  Spiritus auctor, II, 596. Dei, I, 600. Igneus, II, 776. Roris, III, 175.
  Splendet sole dies, II, 339.
  Splendor flammæ, I, 123.
  Spoliamus avari pauperiem, II, 767.
  Spoliatus egenus, III, 76.
  Spoliet manes agmine, II, 540.
  Spondens munera, I, 172.
  Spondet victurum, I, 517.
  Sponte bonus, I, 692. Sua, II, 22. Parans fructum, II, 456. Peccando, II, 417.
  Spumante palato, I, 462.
  Spumantia bella, I, 283.
  Spumantibus undis, I, 149.
  Spumat aper, I, 280.
  Squalentibus pannis usus, III, 585.
  Squameus serpens, I, 656.
  Squamoso corpore, I, 459.
  Stabat in officio, III, 101.
  Stabilem virum, II, 650.
  Stans seges, III, 25. Una voluntas, I, 367.
  Stant sidera pigra, III, 7. Sub nexu, III, 66.
  Stare queant, II, 72.
  Staret flos-odore, II, 442. Origo, I, 445.
  Stat cura minorum, II, 182.
  Statius ostendit, III, 237.
  Stellas alieno tempore visas, I, 75.
  Stellantis poli, I, 686.
  Stellare nemus, I, 716.
  Stellato tegmine, I, 658.
  Stellatus honos, II, 53.
  Stephano, II, 572.
  Stephanus, S. 171.
  Steriles artus, II, 622.
  Sternis superbos, II, 722.
  Sternit Simona, III, 230. Potentes, I, 738.
  Strage obscura, III, 280.
  Strepitus adultorum, S. 223.
  Stridet jubar, I, 659.
  Stridore minaci, II, 226.
  Stringenti gurgite, I, 530.
  Stringit liquorem, II, 135.
  Stringitur frondibus, I, 186.
  Structura ligatur, II, 84.
  Sua costa, I, 375, 400. Membra, I, 380, 400.
  Suada mali, I, 490.
  Subacta colla, S. 156. Cuncta, I, 583.
  Sub armis, III, 487. Cardine, II, 523. Carne, II, 80. Carne creatis, I, 582. Clade, II, 167; III, 590. Corpore, III, 457. Crimine, III, 482. Crimine cuncto, III, 536. Dente, I, 287, 462. Dispare forma, III, 638. Divite nummo, III, 40. Fraude cadant, II, 279. Fronte modesta, I, 464. Flore genæ juvenis, S. 228. Germine, I, 634. Grandine lapidum, S. 471. Jure, I, 413, 554. Jure tenentur, III, 300. Jure tenerent, I, 571. Jure tuo, S. 131. Laude futuræ vitæ, II, 467. Laude peracta bella, III, 489. Lege, I, 144, 228, 448. Lege creandi, II, 93. Lege fideli, III, 219. Lege necis, II, 242. Lege perenni, II, 20. Libertate, III, 648. Littora feriant, II, 346. Luce, II, 519. Luce cadit, I, 663. Luce latent, II, 7. Morsu, II, 275. Morte cruenta, S. 131. Nocte, I, 681. Nocte refulgent, II, 7. Nomine vero, II, 750. Nutritore, I, 683. Obscura nocte, III, 474. Pectore, III, 465. Pelle, III, 191. Perpete culpa, II, 498. Perpete nexu, III, 66. Perpete pœna, III, 73. Phœnice, I, 526. Pietate bonus, I, 695. Pondere, II, 137. Puncto temporis uno, II, 662. Sole corusco, I, 222. Sole novo, I, 177. Sorte beata, II, 682. Sorte piorum, III, 682. Spatio noctis, II, 13. Tacito murmure, II, 664. Tali tramite vitæ, III, 242. Tempore parvo, II, 556. Tempore primo, I, 250. Terris, I, 511. Tirone die, I, 231. Vere, I, 183. Vere novo, I, 230. Voce, II, 656, 720. Voce pia, I, 470. Vindice lueret pœnas, III, 435.
    Subarundinat, I, 171.
    Subducens sua mira triumpho, III, 440.
    Subducere opem, I, 429.
    Subduceret neci pueros, III, 114.
    Subducitur costa, I, 581. Vita, I, 557.
    Subductus morte, I, 668.

Subducunt dulcia, II, 456
Subduxerat ætas amorem, II, 621.
Subjiciat quisquam, III, 143.
Sublevat cœlum aer, I, 408.
Sublime caput, III, 565.
Submisit colla jugo, S. 36.
Subnixo poplite, III, 191.
Subnixus honore, III, 217.
Subrepsit peccatum, II, 254.
Subripiente fame, S. 130.
Subrogat arietem, III, 111.
Subtexunt aera, I, 252.
Subtractus veniæ, II, 560.
Subvestit pluma, I, 642.
Succedere nata peremptis, I, 621.
Successores, III, 265.
Successus, I, 16.
Succidenda, II, 40.
Succiditur, I, 613.
Succiso cespite, II, 415.
Succumbat onus, II, 182.
Succurre roganti, S. 311.
Succurrens non erit ullus, I, 452.
Sudantibus membris, III, 56.
Sudant mella, I, 200.
Sudaret sentis amomum, II, 459.
Sueta pietate, III, 665.
Sufficiant pristina verbera, S. 312.
Sulphureas aquas, II, 410.
Sulphureos ictus, III, 495.
Sumere licebit, I, 411.
Sumunt animos de crimine, III, 462.
Suo reo, S. 306.
Suorum de morte, III, 255. Orbatrices securæ, III, 527.
Superabit numeros arenæ, II, 568.
Super æquora, II, 158, 285. Æquora sole cadente, I, 677. Æthera, I, 569, II, 153. Astra, I, 423, 674; II, 5, 408, 459. Insuper, S. 129. Omnia, II, 257.
Superata juventus, III, 556.
Supercilium gemino supereminet orbi, III, 622.
Superest pugnæ, S. 126.
Superstes Domini victura, II, 783. Facta, II, 166. Fama, III, 458. Mansit, III, 509. Mansure, II, 197. Mundi, II, 31. Post bella, III, 419. Sit, II, 129.
Supinant, I, 162.
Supinat oculos, I, 371.
Supplex dolet, II, 553. Victima, I, 693
Supplicia scelerum, III, 605.
Supplicibus, S. 186.
Supplicio dignum, II, 775. Sociante duos, I, 540.
Suppliciter, II, 746.
Surgens ab imperio et origine, S. 179. Laudare, I, 346
Surgente nullo reatu, III, 229, III, 508.
Surgentem ex æquore, I, 421.
Surgere ventos, II, 135.
Surgit arbor, I, 627.
Surgunt capilli, I, 544.
Suscepit arena angues, I, 505. Arena leones, III, 196
Susceptum natum, III, 97.
Suspensus obiit, II, 565.
Suspexisse Deum de corde, III, 671.
Sustentat aves, I, 456. Corda, S. 103.
Sustineat caminos, I, 503.

T

Tabe fluens, II, 117. Humana, III, 215.
Tabitha, II, 757.
Tacet polus, I, 503.
Tacitæ linguæ, S. 47
Tacitis tot regibus, S. 25.
Tacitus requirit, I, 587.
Tali sub clade, II, 167.
Tanquam si diceret, I, 362. Superata juventus, III, 556.
Tangunt flabra palatum, I, 597.
Tanta fero, III, 604.
Tantum fecisse, III, 250. Laudis, III, 589. Potuisse, III, 549.
Tardat adesse, I, 525.
Tardius, III, 97. Accipimus, II, 608.
Tartara, II, 754.
Tartareas tenebras, III, 402.
Tartarus infelix, II, 531.
Taurica ara, III, 216.
Tauros egregios, S. 271.
Tecta polorum, I., 140. Tellure, II, 396. Velamine, I, 593.
Tegant animam, I, 752.
Tegentes foliis, I, 493.
Tegmine carnis, II, 463.
Tegunt, produntque, II, 4.

INDEX VERBORUM ET PHRASIUM.

Telluris fructum, i, 550.
Temerarius, iii, 78.
Temerasse factorem suum, ii, 553.
Temperat æstus, i, 590. Auras, i, 197. Ictus, i, 94. Ignes, i, 239; ii, 22. Iras, S. 209. Iras venia, i, 556. Undas, i, 500.
Temperies, S. 89. Aera aptat auris, S. 75. Bona, ii, 215. Templa poli, i, 3, ii, 80.
Tempora anni, i, 182. Florum, S. 231. Gaudendi, dolendi, S. 259. Lustrans, ii, 11. Mortalis vitæ, iii, 244. Mundi, iii, 151. Pacis, cruoris, S. 257. Tenebrarum noctis, i, 210. Vitæ, mortis eunt, S. 220.
Tempore eodem, S. 181. Non uno, i, 294. Partus, ii, 660. Tam longo, S. 120.
Temporibus multis, iii, 626. Nostris, iii, 225. Tribus, iii, 667.
Temporis vices, i, 425.
Tempsere clientes, iii, 589.
Tempus et omne caput, iii, 621.
Tenax consilii, S. 170.
Tendit mare, ii, 157.
Tenebat culpa, S. 97.
Tenens ossa, i, 652.
Tenentem regna, S. 51.
Tenentur sub jure, iii, 500.
Teneras puellas, ii, 585, 659.
Tenereut sub jure, i, 671.
Teneret regna, iii, 258.
Tener puer, S. 222.
Tenet culpa nos, ii, 244. Sceptra, S. 164. Viam, ii, 502. Loca, iii, 162.
Tenetur corde, i, 755.
Tenorem servant, i, 144.
Tensa jacet, i, 159.
Tentant volatus, i, 261.
Tentare nefas, ii, 718.
Tentat maritum, i, 477.
Tentator, iii, 126.
Tenuem aera, i, 252.
Tenues firmas, ii, 728.
Tenui igne, ii, 482.
Tenuit eos crimen, ii, 462. Præcordia sanguis, i, 341.
Tepentia membra, i, 595.
Teporat glaciem, i, 145.
Tepuere calores, iii, 167.
Terrena propago, i, 418. Species, i, 745.
Terreni ponderis, ii, 461.
Terrenum pondus, ii, 106.
Terreret plus tyrios de morte minaci, quam gladiis, iii, 424.
Terribile fremit, S. 137.
Terribiles leones, i, 277.
Terrigena profes, ii, 570.
Terrigenis, i, 239.
Tertia res non est, iii, 155. Sors, iii, 404.
Testamenta duo, ii, 671.
Testante Deo, i, 520.
Testantibus illis, ii, 761.
Testis ardente lucerna scintillare oleum, i, 529.
Texerit nudos, ii, 748.
Thebanos muros, iii, 259.
Thesauris ventorum, i, 707.
Thomyris, iii, 488.
Thronum parentis, ii, 147.
Thronus, ii, 204.
Tigris optima, S. 275.
Tinxit lilia, i, 66.
Tirone die, i, 251.
Titania, ii, 581.
Titulos famæ dat, S. 298.
Tius, S. 185.
Tolerabat famem, i, 725. Tolerant bella, ii, 290.
Tolerare nequeo miser, iii, 596.
Tollere flammas de flammis, i, 611.
Tolleret pudorem, iii, 557.
Tollit diem sol, iii, 159.
Tollitur alta petens, i, 662. Ex Sodomis, S. 286.
Tollunt ad vulnera colla, i, 297.
Tonante, i, 685.
Tonantem, i, 1; ii, 250. S. 149.
Tonantem per cuncta, i, 226.
Tonanter, iii, 225.
Tonan i ore, i, 496.
Tonantis, i, 19, 92, 141, 597, 674; ii, 168, 255, 558, 670, 678; iii, 210, 255, 645.
Tonat polus, i, 302.
Tomenta domant, iii, 582.
Tormentis, iii, 459, 676. Intulit artus, iii, 422.
Toros illicitos, iii, 345.

Torpet ignara vaporis, iii, 308.
Torquata manus, iii, 352. Propago, iii, 384.
Torrens alveus, i, 702. Peccatorum unda, iii, 575.
Torta vitis, i, 109.
Torridus fervor, iii, 170.
Tortorum manus, ii, 529.
Torvus aper, i, 281.
Toto de corde, i, 379.
Tractat maturus, S. 229.
Trahebat membra præmortua, ii, 625.
Trahens fluxa lintea, iii, 190.
Trahit unda, i, 577.
Trahunt fila Seres, i, 525. Genus, i, 602.
Trahuntur cuncta cum corpore, S. 219.
Tramite felici vitæ, iii, 674. Suo, ii, 549. Vitæ, i, 12, 242.
Transacta luce, ii, 131. Simul, ii, 755.
Transactas vias, S. 254.
Transcendit jussa, ii 235.
Transfert bellum terris ignotis, ii, 289.
Transgreditur præcepta, ii, 557.
Transgresso limite, ii, 545.
Transgressor legis, ii, 582.
Transire ad successores, iii, 264. Fluctus, ii, 286. Vices, ii, 20.
Tremebunda senectus, S. 229.
Tremendus ubique, iii, 517.
Trementer, iii, 671.
Tremiscit, iii, 541.
Tremit terra Deum, ii, 131.
Tremorem subitum, i, 700.
Tremula face, ii, 6.
Tremunt te, ii, 207.
Trepidans tanquam nova nupta, ii, 640.
Trepidum diem, i, 211.
Tribuit veniam, S. 150.
Tribunal, ii, 460. Ante suum, ii, 780. Coeleste, ii, 101.
Tribunos, iii, 417.
Trina mente Deus, ii, 69. Virtus Deus, i, 565.
Triones septem, iii, 6.
Triplex Deus, i, 565.
Tripodis, ii, 269.
Tristibus amotis, S. 56.
Tristis glacies, iii, 507.
Trisulca flamma, S. 278. Lingua, ii, 224.
Triumphales currus, iii, 364.
Triumphat, i, 480.
Triumphigera bella, S. 22.
Triumphos terræ, pelagique, S. 215.
Trojugenum, iii, 421.
Truci fraude, i, 492.
Truculenta, ii, 517.
Truculentus hæres, iii, 547.
Truduntur ab horto, i, 555.
Truncato duce, iii, 475.
Truncis radicibus, i, 627.
Trusere exsilio, ii, 498.
Trux, iii, 70
Tua ira tam magni regis, S. 266.
Tulere damna vitæ, iii, 516.
Tulisset vitas, ii, 229.
Tulit maculam, iii, 507.
Tumentibus annis, ii, 584.
Tumidi colles, i, 162.
Tundunt littora, i, 577.
Turbantur luctu gaudia, iii, 568.
Turbas scelerum, ii, 421.
Turbata mens, ii, 715.
Turbatur amare, ii, 532.
Turba volucrum, ii, 280.
Turbine facto, ii, 153.
Turbo furit, i, 189.
Turparunt cornua frontem, S. 55.
Turpis habetur, i, 486. Egestas, ii, 726.
Turpissima conjux fili, iii, 486.
Tuus sum, S. 510.
Tympana palmis pulsant, ii, 795.
Tyranni castra, iii, 475. Regna, ii, 520.
Tyrannus Persa, iii, 179.
Tyriis vestibus, iii, 68.
Tyrios terreret, iii, 424.

U

Ubera musti, i, 719.
Uber cespes, i, 452.
Ubere glebæ, iii, 502.
Udans medullas, i, 652.
Ultore severo, ii, 565.
Ultor pius, i, 740.
Ultricia tormenta, iii, 60.
Ultricibus flammis, ii, 411.

Ultrix conjugis exstincti, iii, 499.
Ultrix facta sui, iii, 490.
Umbo erat nox, iii, 277.
Umbrarum exercitus, i, 72.
Unda beata, i, 140. Cruores inficit, i, 61.
Undando lacrymis genas, iii, 105.
Undantis agri, i, 164.
Unde genus trahunt, i, 602. Nihil, iii, 516. Requirat, i, 535. Scirent, i, 442.
Undifluos amnes, i, 607.
Undisonas ripas, i, 350.
Undosum pelagus, ii, 341.
Unguibus tenacibus, i, 259.
Ungula equi concutiat, S. 514. Fissa rediens fieret manus, S. 46.
Unicus hæres, ii, 603.
Unus ad unum, iii, 194.
Urgeat imber, i, 510.
Urget facinus, ii, 469. Spiritus, i, 601; ii, 59. Verhare, i, 260.
Usibus divitis quod addit, ii, 771. Humanis, i, 580.
Usque animam, iii, 575. Senectam, ii, 652, 708. S. 221.
Usum criminis, ii, 598.
Usura edax, ii, 29.
Usus corporis, ii, 464. Lucis, ii, 535.
Utile bellis, i, 276.
Ut rea procubuit, iii, 508.
Uviferæ vitis, i, 629.

V

Vadimonia, iii, 576.
Vagabunda ales, i, 237.
Vagas stellas, ii, 736.
Vaga terra, i, 700.
Vagatur mare, ii, 185. Umbra, i, 195.
Vagatus, i, 662.
Vago igne, i, 660.
Vagum inter prata, i, 285. Per prata, i, 274.
Valle profunda, i, 161.
Vapore algente, ii, 619. Reduci, i, 650. Salutifero, i, 208.
Vapores auget, ii, 21.
Vaporis anhelantis, iii, 508.
Vapor tenuis, ii, 82. Urget, i, 260.
Variat uvas, i, 718.
Variis sub casibus, i, 10.
Vasta mœnia, i, 658.
Vastent agros cultoribus, ii, 275.
Vastos montes, S. 280.
Velamine tecta, i, 593.
Vel, et, i, 266. Qualem, i, 397.
Velivolum mare, ii, 185.
Velle contraria, S. 13. Pares, i, 367.
Venabula longa, iii, 190. Ponat, S. 141.
Venator, ii, 274. Inermis, iii, 186. Trepidans, S. 141.
Vendidit quem perfida uxor, iii, 407.
Venenis nigris, iii, 293.
Venerandus honos, iii, 655.
Veneranter adire, iii, 672. Adorent, i, 4.
Venerem furit in, S. 227.
Veniæ reservat, iii, 122.
Veniale mereri, ii, 339. Minaris, S. 121. Minatur, ii, 486.
Veniam sperare, ii, 709.
Venire usibus humanis data sunt, i, 580.
Veniret de corde, i, 379.
Venit alta quies, i, 371. In usum, ii, 500. In usus, ii, 505.
Veniunt imbres, i, 586. Producuntur, i, 294.
Ventilat aura, i, 588.
Ventre creatur, i, 712.
Ventris onus, ii, 681.
Ventura scire, i, 524.
Venturum moneant, i, 526.
Venturus judicio, ii, 548.
Venus, ii, 581.
Verax fama, iii, 209.
Verberat auras, iii, 188. Ictus grandinis, i, 191. Palmes, i, 170.
Verbere corrigitur culpa, S. 315. Distinctas voces spargit, iii, 633.
Verberis ignoti, ii, 14. Ira, i, 691.
Verecundo ore, S. 146.
Verecundos vultus, iii, 641.
Vere novo, i, 250.
Vernantibus herbis, ii, 440.
Vernare nemus, i, 260.
Ver perpetuum, i, 197.
Verterat tellurem, i, 531.
Vorticis eximii, iii, 617.
Vertit aquas, ii, 138. Secures in sobolis colla, iii, 325.
Vertitur species, S. 50.

Vertuntur sensus, S. 50.
Vestigia extremæ plantæ, iii, 177.
Vestiret oves, ii, 446.
Vestita ceres tunicis, ii, 26. Comis, i, 166, 184, 235. Fide, vestita pudore, iii, 472. Foliis, i, 628.
Vestiti aves, i, 244. Caput, iii, 621.
Vestitur avis plumis, frondibus herbæ, iii, 24.
Veterana in sæcla, i, 251.
Vetustas longa, S. 9.
Vetusto sermone, r, 582.
Vexat corpora, S. 83.
Vexati molossi, S. 43.
Vexet membra, iii, 203.
Vexilla crucis, ii, 496.
Vi ablata, i, 575.
Viam livoris, ii, 502.
Vias lethi, ii, 514.
Vibices, ii, 477.
Vibrans mens, ii, 64. Natura, ii, 37.
Vibrante lingua, ii, 224.
Vibrant flammas, ii, 6. Oculi, iii, 618.
Vibrare jubar, i, 422.
Vibrat fulmina, ii, 487.
Vice functus, S. 6.
Vices alternant, S. 247. Domini agentem, iii, 239. Mutare, iii, 296. Mutent, ii, 54; Partita, ii, 11. Temporis, i, 425. Transire, ii, 20.
Vicibus gignuntur pluviæ, igne, vapore, gelu, S. 80.
Vicissim, i, 394. Accipiunt, S. 249.
Victima mente quieta, iii, 108. Supplex, i, 693.
Victrices cohortes, iii, 565.
Victura superstes, ii, 783.
Victurus semper, ii, 604.
Vidit quinta dies, i, 232.
Viduæ, pupillus, ii, 754.
Viduamne vocamus, iii, 497.
Viduata marito, iii, 483.
Viduavit, iii, 475.
Vigilante, S. 124.
Vilior illa foret, ii, 454.
Vilissima retia, iii, 220.
Vim veneni, i, 515.
Vincente Deo, ii, 794.
Vincomalus, S. 502.
Vindex natura, ii, 260.
Vindicat, S. 224. Gemitus, iii, 373.
Vindice naufragio, ii, 167. Quo, S. 124.
Vindicta coercens, i, 101. Datur, ii, 680.
Violæ pallore decenti, ii, 443.
Viola est mentita rosam, i, 63.
Violare serenum, i, 68.
Violari legem, ii, 356.
Violata lege, ii, 520. Mente, i, 481.
Violento vertice, i, 702.
Vipera, ii, 256. Juvat, nocet, S. 66.
Viperea natio, i, 521.
Vipereis flatibus, iii, 505.
Vipereo pectore, i, 461.
Vipereos angues, i, 505.
Virago, iii, 469.
Virentes campos, i, 551. Lucos, i, 438.
Vireta amoena, iii, 679.
Virginei funeris, iii, 347.
Virgineos sinus, ii, 90.
Virginis eximiæ, iii, 542.
Virgulta redeunt, i, 630.
Virides agros, i, 536. Crustas, i, 520. Aves pennæ reddunt, i, 250.
Viror armat aristis segetes, S. 231.
Virtus debilibus, i, 723.
Virtute Dei, i, 330, 684. Jubentis, ii, 171. Parentis, ii, 541.
Virtutis opus, ii, 114.
Virtutum virtus, iii, 18.
Visa Dei facies, i, 704.
Viscera ferri, i, 503. Terræ, ii, 450.
Vis materna peracta, ii, 624.
Visus habet id, ii, 112. Suos, i, 645.
Vitæ melioris, iii, 91.
Vita futura post corpus, iii, 676.
Vitales sensus, i, 593.
Vitalia repetit, i, 651.
Vitalibus auris, S. 75.
Vitali in morte, i, 649.
Vitalis calor, ii, 126.
Vitium est generale, ii, 111. Peccantis, i, 95.
Viva funera, i, 648.
Vivax cadaver, i, 648. Medicina, i, 202.
Vivida mens, ii, 65. Ora, i, 70.

Vivo funere, III, 505.
Vivum cadaver, III, 398.
Vixit egenter, III, 67.
Vix tandem justus, II, 562.
Vocatus dignus, S. 178. Reus, III, 69.
Voce cœlesti vocatus, II, 648. Fideli, I, 732. Manuque petens, S. 118. Recensent, I, 2. Tacente, S. 40.
Voribus innumeris, S. 195.
Vocitare, II, 551.
Vola nascitur, III, 637.
Volante aquila, S. 267.
Volat in ore orbis, S. 196.
Volatus tentant, I, 265.
Volet esse Deus, S. 190. Esse tuus, S. 152.
Volitant flagella, III, 14.
Volubilis, II, 53.
Voluptas dilecta, III, 205. Honesta, I, 414. Promissa, III, 479.

Volutat, I, 358.
Volvente axe polos, III, 7.
Vomere domari, I, 449.
Vomuntur digesta, I, 604.
Vorax pretii, III, 55.
Vota condita, S. 116. Contraria duorum conveniunt; III, 53. Dei, I, 11. Facit, III, 194. Fidelis, III, 240. Improba, II, 715. Libera, II, 613. Mala reorum, I, 694. Meliora, I, 110. Negabat, III, 110. Noxia, II, 804. Pessima, II, 405. Pia, II, 609, 742. Piarent, II, 668. Precantia, I, 746. Priora, II, 665. Regia canam, S. 52. Scelerum, II, 597.
Votiva oppressit, II, 567.
Votum meruere, II, 670.
Vulneribus suis, III, 555.
Vult se amari, III, 130. Se esse parentem, III, 529.
Vultur aspera avis, S. 78.

Z

Zona rubicunda, III, 506.

INDEX RERUM ET NOMINUM

QUÆ IN CARMINIBUS DRAGONTII, PROLEGOMENIS ET NOTIS REFERUNTUR.

A

Abactus, 215.
Abad Didacus Joseph, 56.
Abbo, 585. Notatus, 117.
Abel a Caino occisus, 244.
Abessalon, Abessalom, Abissalon, 386.
Abire in locum suum, 269.
Abit, obit, 387.
Abortus procuratio horribile scelus, 246.
Abrahæ fides, 275 seqq. Obedientia et fides, 502 seq. Sinus, 298 seq.
Absalon, 386.
Abunazarius, 90.
Accessus lunæ, 205.
Accius, 187.
Acheron, 338.
Achillem fleverunt Nymphæ, 535.
Acta apostolorum cap. I, 269; II, 251; III, 317; V, 519; VIII, 270, 518; IX, 288.
Acta, commentarii, 523.
Acta tellus de fluctibus, 159.
Actiones malæ, Deo permittente, fiunt, 368 seqq.
Actor, et reos, 187.
Actus, actus, 287.
Adamas in crustas fractus, 163.
Adamitæ, 185.
Adam quot diebus in paradiso commoratus, 175. Ejus scientia ante peccatum, 182.
Ad colla pependit, 269.
Ademarus, 564.
Adest pro *est*, 189.
Ad hæc, adhæc bene Latinum, 290.
Adire manum, 180.
Adjectiva duo uni substantivo apposita, 104, 277, 308.
Adjutorium viri uxor, 169.
Admissum, scelus, 555.
Admittere, 569.
Adolescentia, 392 seq.
Adolphus 289. Ejus fabulæ, 52.
Adoptio filiorum Dei per gratiam, 550.
Adopto pro *opto*, 350, 598.
Adorant res omnes creatæ Deum, 252.
Ad ramos infixa, 154.
Adulta virgo, nubilis, 171.
Adulterii consuetudo, 245.
Adulter cum genitivo, 529. Certus sceleris, 385.
Adultros, 225.
Æneas an causa mortis Didus, 547.
Æquor ponti, 159.
Aer neutrum, 193. Prima correpta, 221. Aer nocet, et prodest, 577.
Æsopi fabulæ, 51.
Ætates sex hominis, 21, 592 seq.
Æterna vita præsenti vitæ præferenda, 501.
Æternitas, 286. Dei, 271 seq., 362 seq., 368. Pœnarum in inferis, 500. Ejus descriptio, 122.
Æthera, ætheræ, æthra, æther neutrum, 118.
Æthiopia ferax draconum, 162.
Aetus æmulus Bonifacii, 78.
Affectionibus seu passionibus animi bene uti possumus, 345 seq.
Affectus, 121. Adami et Evæ, 177.
Africa leonibus abundat, 160. Serpentibus infecta, 526 seq.

Africanitas an insit Dracontio, 82.
Ager debitori comparatur, 291.
Agnus in veteribus monumentis Christi typus, 274.
Agobardus, 117.
Aguirrius card., 10.
Alanus Magnus, 50 seq.
Alaudæ unde dictæ, 152.
Albinovanus, 255, 509, 554.
Alcesta carmen, 41.
Alcimus, 25, 53, 55, 56, 119, 122, 128, 144, 161, 170, 177 seq., 184 seq., 195, 214, 226, 242, 255, 291, 505, 514, 355, 359.
Alcuinus, 131, 159, 252, 516, 342, 351, 572.
Aldhelmus, 212. Antiquis poetis Christianis inferior, 249.
Aldrovandus, 158.
Alexander Magnus an incestas Persarum nuptias prohibuerit, 525.
Alexander Natalis, 51, 59
Algebra vetus, 58.
Allatius Leo, 4.
Alternant neutrorum more, 597.
Alternus et *vice* varietatem denotant, 568.
Altor Deus, 189.
Ambrosia herba, ambrosii odores, 161.
Ambrosius junior, 25, 134.
Ambrosius (S.), 56, 122, 127, 154 seqq., 139, 147, 167, 204, 214, 219, 252, 274, 297, 338 seq., 378.
Ammianus, 4.
Amœna absolute pro locis amœnis, 195.
Amomis in plur., 167.
Amphiaraus demersus, 357 seq.
Amphitheatralis venationis descriptio, 310 seqq.
Amphitheatrum, 515. Ejus diversæ portæ et aditus, *ibid.*
Amsagha flumen, 76.
Anatocismus, usura usuræ, 296.
Andaluzia olim tota Hispania, 90. Ab *Andalos*, non a Vandalis nuncupata, *ibid.*
Angeli, ignis urens dicti, 290. Mali in peccato constantes, 362. Eorum diversi ordines, 257. Ingens numerus, 260. Peccatum, *ibid.* Ipsos peccasse excusatio idonea non est hominibus, 258 seq.
Anhelantes, 299.
Anhelus, 104, 125, 299.
Animæ e sepulcris magica arte evocatæ, 248. Eas quarum corpora inhumata sunt, in cymbam Charontis non recipi fingebant ethnici, 255.
Animalia aliis in statu innocentiæ non nocuissent, 259. An in paradiso fuerint cum Adamo, 168 seq., 179.
Anna Samuelis mater, 280.
Annonæ captatores improbi, 296 seq.
Anonymus poeta, 581. *Vide* Auctor.
Anseaticæ civitates, 77.
Anses Gothorum, 77.
Ansila quisnam fuerit, 75 seq., 591.
Antala seu Antallas Maurus, 76.
Ante diem, 225.
Ante more substantivi, 562.
Anthologia Latina, 100, 545.
Anticlaudianus, 50 seq.
Anti non semper est *contra*, 51.
Antonius Nicol., 10, 90, 348. Contra falsorum chronicorum auctores incensus, 27. Ejus bibliotheca vetus, opus posthumum, 36.
Aper spumans, 157.

Apex avium, cristæ, 155. Montis, 140.
Apocalyps., c. III, 151, 155, 274; VI, 155; XII, 260.
Apollodorus, 129, 514.
Apotheosis gentilium, 95, 588.
Appii Claudii libido, 551.
Apuleius, 158, 175 *seq.*, 185, 187, 214, 527, 576.
Aqua et igne omnia constant, 122 *seq.* Aqua et ignis concordant in educendis fetibus, 155. Aqua flammas cœli temperat, 158. In vinum conversa, 250.
Aquæ veræ supra cœlos, 157.
Aquilæ juventus renovata, 212 *seq.*
Aquileges, 184 *seq.*
Aquilius Severus, 29.
Aquosus piscis, 516.
Arabia cinnami ferax, 164.
Aræ Philenorum, 525 *seq.*
Arator, 15, 17, 51, 117, 188, 212, 227, 259, 264, 268, 502, 545. Dracontium imitatur, 265. Ejus Carminis recitatio in ecclesia S. Petri ad vincula quatuor diebus peracta, 264 *seq.*
Aratus, 219, 558.
Arbitretur secunda producta, 285.
Arbores nonnullæ semper florentes duplici ratione, 141.
Arcadius martyr Hispanus, 88.
Arcæ Noe an alii inclusi præter octo homines, 252.
Arcas Jupiter, Mercurius, 271.
Arenæ in plur. num., 140.
Arenæ maris magna multitudo comparari solita, 555.
Arevalo Rodericus Sanctius, 90.
Argumentum carminis de Deo, 111 *seq.*
Ariani, *vide* Gothi.
Ariete tertia producta, 505.
Aristarchus, 15, 110.
Aristatus, 258.
Arius, 228.
Arma ferarum, 155.
Armi duri aprorum, 157.
Armipotens, 590.
Arnobius, 517, 529, 552, 556.
Arnoldus abbas, 270.
Arntzenius, 178. Castigatur, 257. Refellitur, 268.
Arnulfus Luxoviensis, 596.
Artibus ingenuis pectora molliescunt, 400.
Aræ, aula, 591. Pro cœlo, 121, 267.
Ascensus lunæ et siderum, 205.
Asdinguorum gens, Vandali, 70 *seq.*, 571.
Aspectus, aspecti, 187.
Aspiratio brevem dictionis præcedentis producit, 105, 128, 176, 515.
Aspis, 241. Remedia ex aspide, *ibid*. Habet medicamina, 576.
Assyrium amomum, 165.
Athanagildus rex, 26.
Athanasius (S.), 4, 144, 515.
Atilanus episc. Pampilon., 81.
Attila, 76.
Attrita colla jugis, 285.
Auctor carminis de laudibus Herculis, 157. Carminis sub Constantino, 249, 282, 295, 526. Incertus de Bebiani baptismo, 564. Incertus de laudibus Domini, 217, 596. Panegyrici ad Pisonem, 596 *seq.*
Audere talia, vim alicui, 555.
Augusti circus, 515.
Augustinus (S.), 21, 87, 155, 142, 170, 215, 226, 247, 272, 287, 558, 545, 570 *seq.*, 575.
Aulus Gellius, 5, 158, 214, 250, 241, 281, 296, 500, 540, 599.
Aura communis omnibus, 195 *seq.*
Aures limina mortis, 182.
Aurorarius, *vide* Petrus Rigensis.
Aurora roscida, 205 *seq.*
Ausonius, 10, 118, 515, 577 *seq.*, 587 *seq.*, 594.
Austen Andreas, 269.
Autumni symbolum cornu copiæ, 214.
Avari objurgatio, 289 *seq.*, 217 *seq.*
Aves aliæ cruentæ, aliæ placidæ, 577. Quædam amittunt et mutant pennas, 200. Creatio earum ex aquis, 152.
Avienus, 51, 162.
Avitus, *vide* Alcimus.
Azagra Michael Ruiz, 11, 55 *seq.*, 41

B

Babylona, Babylonæ, 572.
Babylonia smaragdis abundat, 165.
Bacchus lætitiæ dator, 145.
Bætica a Vandalis nomen non accepit, 90.
Bailletus, 50.
Balearicæ insulæ a Vandalis expugnatæ, 77, 80.
Balsamum, 165 *seq.*

Bandinius Angelus M. 20.
Barbaries de quibus gentibus dicatur, 506.
Barbari imperium Romanum turbantes, 71 *seq.* Qui Hispaniam occuparunt, 72 *seqq.* Qui Hispaniam invaserunt, mites effecti, 86.
Barbosa, 242.
Baronius, 28.
Barros Alfonsus, 151.
Barthius, 47 *seq.* Deceptus, 56. Ejus de Dracontio judicium expenditur, 102. Ipsius elogium, quo Sirmondum laudat, 46. Refellitur, 97 *seq.*, 158, 152, 175, 200, 575
Basan rex nomine Og, 255.
Basilius (S.), 127, 155, 214.
Basilius Seleuciensis, 249, 517.
Baune Jacobus (de la), 12, 48.
Byerius, 54, 45.
Baylii allucinatio, 518.
Beati pro sanctis, 120. Titulus, *Beatitudo*, 252.
Beda, 20, 55, 70, 225.
B et *V* in mss. commutata, 158, 506.
Belisarius poeta, 29.
Bellantes fluctus, 160.
Bella plus quam civilia quænam dici possunt, 244.
Bellarmini liber de Script. eccles. auctus, 50.
Bellator equus 156.
Bellorum gloria ducibus militibusque communis, 590 *seq.*
Berretinus Petrus, 560.
Bestia ii, 510 *seqq.*
Bethsabee, 586.
Bibliotheca Altrerana, 212. Angelica, 45. Bobiensis monasterii, 25 *seq.*, 52 *seq.* Coisliana, 4. Cottoniana, 49. Florentina Laurentiana, 19 *seq.*, 50. Fuldensis, 505. Gabrielis Naudæi, 552. Laudunensis, 55. Parisiensis S. Victoris, 12. Patrum per Margarinum de la Bigne, 29, 47. Petaviana, 41. Regia Parisiensis, 18, 59 *seq.* San-Germanensis. 56. Vallicellana, 59. Vill-Umbrosana, 56.
Bibliotheca monasterii *De la Espina* incendio absumpta, 298.
Bibliothecæ Hulsianæ catalogus emendatur, 548.
Bigne Margarinus de la, 44, 47.
Bini ibant, 176.
Bivarius Franc. commentator pseudo-dextri, 28.
Bobiense monasterium, 25 *seq.*
Bodinus rejicitur, 572.
Boethius, 58, 146, 211.
Bomarius, 245.
Bona hujus vitæ vere bona non sunt, 191. Mixta malis, 575.
Bonifacius Comes, 78 *seq.*, 87.
Boninus Monbritius, 55.
Bononia cur sic dictus liber Cæriolani, 548.
Brachia, 560. Percutere in fletu olim solemne, 555.
Brasichellensis, *vide* Index.
Braulio, 55.
Breviarium Isidorianum, 59.
Bridefortus Ramesiensis, 20.
Brissonius Barnabas, 525.
Brosseus Petrus, 515.
Brouckusius, 145, 227, 577.
Browerus, 49.
Brutus filium morti addicens, 528 *seqq.* Eum planxit Senatus, 556.
Bucca, os, 520.
Bucula prædicit pluvias, 186. *Vide* Vitula.
Bullantes fluctus, 160.
Burmannus, 16.
Burriel Andreas Marcus, 42.

C

Cadere a latrone, 248.
Cæcilius, 256.
Cælius Aurelianus, 182.
Cæriolanus Federicus Furius cur ita dictus, 548.
Cærula, mare, 151.
Cæruleum mare, 159.
Cæsar Julius, 214, 541, 587.
Cæsarei agri, 165 *seq.*
Cæsaries de muliebri coma, 175.
Cæsuræ ratione vocalis brevis producta, 105.
Cain fratrem occidit, 244.
Caius Cæcilius Claudius Isidorus servis et divitiis abundavit, 555.
Cajetanus Thomas de Vio refellitur, 170.
Calaber quidam poeta, 54.
Calamitates ex peccato originali profectæ, 258.
Calmetus, 155.
Calvinus refellitur, 570.
Cane pejor, 575.
Cannella, seu *Canela* an sit cinnamum veterum, 164.

Canescunt prata pruinis, 145.
Cabgius, 179.
Caninius Rufus, 29.
Canisius, 596.
Capaneus demersus, 346 seq.
Capella, 219, 502, 578.
Capilli vestis capitis, 358. Eorum *messis, vestis, merx*, 167. Eos scindere indicium doloris, 355.
Capitolinus, 314, 345.
Captatores annonæ castigati, 296 *seq.*
Carbunculus, 165.
Carmen de judicio, 52 *seq.* de septem diebus, 20.
Caroltni libri, 388 *seq.*
Carpophorus bestiarius, 313.
Casaubonus, 545.
Cassiodorius, 79, 155, 512 *seqq.*, 516.
Castinus, 87, 96.
Catalogus biblioth. Casanatensis, 51.
Cato, 156. Dionysius, *vide* Dionysius Cato.
Catulaster, 595.
Catullu, 111, 195, 277, 292, 509
Caveæ in amphitheatro, 515.
Cavea triplex, 512.
Cedere, concedere, 178.
Ceillierius Remigius, 31, 101.
Celebratur iter, 245.
Cellarius, 551.
Celo cum dativo, 137.
Celsa poli, 551. *Polorum*, 217.
Celsus, 121, 185, 226, 357 *seq.*, 560.
Censorinus, 166.
Censorius Hispali jugulatus, 77.
Centones ex Dracontio et aliis, 41.
Ceponius episc. Hisp., 45, 155.
Cerda Joann. Lud., 155.
Cerebra crescunt, crescente luna, 214. Observant lunam, 595.
Ceres, pro grano, 295.
Ceriol, *vide* Cæriolanus.
Certe pro etiam, 521.
Cerva a poetis pro mare, et femina ponitur, 576.
Cervi fugaces, palmatis cornibus, 156, 200. Cornua omnibus annis mutant, 200. Eorum medulla utilis medicinæ, 242, 576.
Cervix, 357.
Cespes gemmatus, 144.
Cespes pro terra, 162.
Chacon Petrus in sanandis veterum librorum plagis laudatus, 351.
Chaldæi, 165.
Chaos 256. Inter sinum Abrahæ et damnatos, 299.
Chaos, noctes, et tenebræ laudant Deum, 119.
Character Gothicus dictus *cordellato*, 58 *seq.*
Charisius, 190, 502, 593.
Charlataneriæ eruditorum specimen, 110.
Chindasuinthus rex, 8. Sui epitaphii auctor videtur, 99 *seq.*
Chorus, 292.
Christiani Romæ olim jejunium vigiliæ Paschatis ad auroram protrahebant, 267.
Christicidium, 268.
Christus agnus, qui tollit peccata mundi, 275. Datus est nobis, ut nos redimeret a peccatis, 262. Qua hora resurrexit, 267. Horam faciendi miracula, et patiendi speravit, 598. Unicus hæres patris, 275. Ipsius ortus et stella, 587. Miracula, 228 *seq.* Prædestinatio, 275.
Chrysostomus, 170, 288, 550.
Cicero, 120, 125, 126, 130, 135, 142, 149, 159, 175, 186, 189, 194, 201, 218, 220, 222, 224, 251, 245, 258 *seqq.*, 269, 285, 289, 295 *seqq.*, 502, 517, 519, 521, 529 *seq.*, 541, 544, 549, 556 *ad* 560, 581 *seqq.*, 587, 590 *seq.* Lucretii carmen correxit, 146.
Cicutæ, 146.
Cinnamum, cinnamomum, cinnamolgus avis, 164 *seq.*
Circlus, 225. *Circulum* neutr. gener., *ibid.*
Clamor cordis, 272. Mentis ad Deum, 216.
Claudianus, 60, 124, 128 *seqq.*, 145, 157, 163, 172, 201 *seqq.*, 206, 209 *seq.*, 258, 240, 255, 256, 260, 284, 500, 511, 514 *seq.*, 584, 596, 599.
Claudianus Mamertus, 280.
Claviger cœli Petrus, 316.
Clemens (S.), 578.
Clementia principum propria virtus, 585. Clementiæ laudes, 589. Ejus laus tota principi confertur, 590 *seq.* Ea homines ad Deum accedunt, 584.
Clientes a nobilibus decepti, 245.
Coacta elementa, 155.
Codex Justinian., 259, 589. Legum Wisigoth., 245. Theodosian., 5, 242.

Codices mss. diligenter conferendi, 11. Etiam imperite scripti utiles sunt, 107. Antiquitus corrupti et suppleti, 501.
Codrus pro patria occumbens, 525.
Cœlestia, angeli, 294.
Cœli mœnia, templa, etc., 118.
Cœli septem apud veteres, 119.
Colchi suos hospites immolabant, 315.
Colla captorum bello proterebantur pedibus, 586.
Collectio Pisaurensis poetarum mendose edita, 122.
Collum, 357.
Colonus creditori comparatur, 295.
Colores avium diversi, 152. Quatuor solis, 219.
Columbanus, 23, 55, 46, 298, 549, 551, 592, 594, 596. A Dracontio plures versus mutuantur, 6, 25
Columella, 29, 155, 169, 211, 221, 257, 295, 528, 578, 584.
Cometæ olim fatales crediti, 127 *seq.*
Commercia vitæ, 195.
Committere, 256.
Commodianus, 158, 505 *seq.*
Commodus imperator, 95. Augustus, 588.
Commotus, iratus, 282.
Compages, 226, 361.
Compago, 167.
Compar pro conjuge, 169.
Compendium, 121.
Complosionis exemplum, 105.
Compluo, 254.
Conceptionis immaculatæ mysterio promovendo cœtus theologorum Matriti institutus, 597.
Conceptus pro fetu, 246.
Conchula, 577.
Concilium Eliberitanum, 247. Ilerdense, 246. Toletanum, XIII, 51. Tridentinum, 275.
Concordia gratiæ et libertatis, 274.
Conferre, 169.
Confractus, 299.
Confusio, confusus, 216.
Congruus, 562.
Conjecturæ editorum Dracontii inter varias lectiones non recensentur, 109. Hominum de occultis et futuris, 185 *seq.*
Conjuratis procellis, 145.
Connexio versuum Dracontii, qui nunc eduntur, cum aliis antea editis, 65 *seq.*
Conscius, 188.
Consilii tenax, 586.
Constitutiones apostolicæ, 317.
Constructio figurata, 157, 160.
Contemnere, abjicere, deserere, 502, 559.
Continuans, 508.
Continuum quodlibet nocet, 191.
Conversiones regnorum, 591 *seq.*
Convexa cœli, 137.
Copula prima brevi, 174.
Coqui de fructibus maturescentibus, 146.
Corderius Balthasar, 140.
Cordis clamor reticente voce, 192.
Cor fluens, cor cœli, 140.
Cor regis in manu Domini, 581.
Corippus, 55 *seq.*, 169, 214, 555.
Cornix pluviam prænuntiat, 126.
Corporis humani structura, 557 *seqq.*
Corpus aggravat animam, 259. Animæ velut amictus, 215. Imago animæ, 166. Sedes animi, 297. An de vento dici possit, 194.
Correa Thomas, 552.
Correctionis adhibitæ in Dracontii versibus ratio, 108.
Corvi pullos suos derelinquunt, 212. Ventura monent, 126.
Coruscare, 257.
Cotelerius, 518.
Crassus plurimos habebat servos, 555.
Crates pectoris, 560.
Creare pro educere, 119. Quid proprie apud veteres significat, 578.
Crementum, 595.
Creon, 521 *seq.*
Crepitare flamma, 290.
Crines de igni, 509.
Crisias, poema, 52 *seq.*
Crispante freto, 151.
Crispare de mari, 195.
Crispari, 585.
Cristatus apex, 155.
Crudele supplicium, 299.
Crudelis auferre, 504.

Crustæ marmorum, gemmarum, 163.
Crystallus ex qua materia fiat, 209 seq. Mascul. gener., *ibid.*
Culpa aliena neminem excusat, 259.
Cuncta per cuncta, 150.
Cunctipatens, cunctiparens, cunctipater, cunctipotens, 224.
Cunctus in singulari, 552.
Cura est dicere, 280.
Currere pro *percurrere*, 520.
Curtius in specum se immittens, 557 seq.
Curtius Quintus, 354, 375.
Custodia divitiarum misera, 297.
Cynthia Diana, luna, 248, 395.
Cyprianus, 25, 43, 165, 168, 171, 253, 235, 242.
Cyrillus Hierosolymitanus, 317.
Cyrus victus a Thomyri, 346. *Cyrus* prima producta, *ibid.*

D

Dæmoniaci, 228 seq.
Dæmoni artes et astus tribuuntur, 262.
Damæ fugaces et timidi, 137.
Dama medicinæ utilis, 243.
Damascenus, 168.
Damasus, 29, 270 seq., 564. Ejus editio postrema Romana castigata, 120. Non est auctor versuum quorumdam editorum sub ejus nomine, 143.
Damnare damar Hispanice, 246.
Danielem varia quantitate syllabarum, 510.
Daniel inter leones, 510 seqq. In picturis antiquis inter duos tantum leones repræsentari solet, *ibid.*
Danielis cap. IV, 561, 572; VI, 514; XIII, 509 seq.; XIV, 514.
Dantur pro *locantur*, 137.
Dapsilis, largus, 292.
Dare bella, 540. *Dare verba*, loqui, 543, 574.
Dardanarii, 296 seq.
Daumius Christianus, 142.
David adulterii culpam fatetur, et veniam obtinet, 278. Ejus crimen et pœnitentia, 385.
Decanto, 154.
Decianus, 29.
De clade, 229.
Decorat media producta, 155.
Defleo cum infinitivo, 266.
Deflorare, 193.
Defunctorum corpora sepulcro privari infame, 253.
Defundo, diffundo, 500.
Deicidium, 268.
Deipara concepit, quia credidit, 226. Gremio contulit, quem cœli capere non poterant, *ibid.*, 271. Non concepit corde, 271.
Dejicere oculos, 584.
Demersus, dimersus, 253.
Dentes, 359.
Depingere, 147.
Depositum, depositus, 205.
De sub dente, 179.
De superfluum, 146, 340.
Detur, demus prima brevi, 169 seq., 364.
Deus vivens, 274. Adamo costam cum fenore reddidit, 173. Origo rerum, etc., 281 seqq. Origo lucis, 137, 293 Nutritor, spes hominum, 217. Super omnia amandus, 301. Solus dominus, 286. Parentem se dici vult, 550. In igne apparuit, 291 seq. Exspectat pia vota, non thura requirit, 287. Gratiam semper præstare paratus, 274. Vitæ certa salus, 213. Superstes cum angelis et justis, 236. Diligit omnia quæ sunt, 217. Dirigit ingenia hominum, quocunque jubet, 368. Patienter agit propter homines, 132 seq. Non punit, nisi prius admonest, 131. Non vult mortem peccatoris, 124, 290. Odio habet peccatoris moras, 274. Sæpe peccatoribus indulget, 283. Quo sensu tentavit Abraham, 304 seq. Quo sensu indurat corda hominum, 570 seqq. Solus secreta cordium novit, 381 seq. Mortificat et vivificat, 283. Dei bonitas et justitia, 286. Bonitas erga homines, 176. Benignitas et clementia, 281 seq. Clementia, 290, 504, 584. Clementia major quam justitia, 206, 294. Clementia Dei differentis supplicium, 362. Etiam irati clementia, 117. Favor et ira, 569. Ira in Veteri Testamento a prophetis, post Christi adventum prodigiis prænuntiata, 124. Laudes, 567 seq. Omnipotentia, 207 seqq. Potentia, æternitas, 549 seq. Providentia ipsius reguntur omnia, 369. Ejus voluntati nemo resistit. 225. Ipsius sunt omnia; ipse vero nihil cuiquam debet, sed quasi qui debet, sic reddit omnibus omnia, 251. Pugillo ejus omnia continentur, 206. Deo cura est de omnibus, 253. Nihil ipsi præferendum, 505. Deum nullæ tenebræ obscurant, nihil latet, 156 seq. Ipsum non lædunt peccata, 401. Deo vel jubente vel permittente, fiunt omnia, 119 seqq.
Deus is qui bene de aliis meretur ab antiquis dictus, 150.
Deuteronom. cap. XIII, 305; XXXII, 283.

Dextri commentitii chronicum, 28.
Diana venationis rusticæ et ludicræ præses, 514. Ejus crudelitas, 315.
Diarium ecclesiasticum Romanum, 518.
Dictionarium Academiæ Hispan., 70.
Dido s'ipsam occidens, 547.
Didymus, dux Romanus, 72.
Diei et nocts vicissitudo, 203.
Digesta, 168, 215, 225, 228, 242, 289, 296.
Digestio, 182.
Digiti, 560.
Diluvii universalis descriptio, 231 seq.
Dimersus, demersus, 235.
Dio Cassius, 70.
Diodorus Siculus, 323 seq.
Diogenes Laertius, 325.
Diomedes grammaticus, 355.
Dionysius Areopagita, 239. Cato, 292, 375. Philippus Laur., 518.
Dioscorides, 144.
Discipulante, 385.
Discolor, 135.
Discurrere, 137, 392.
Dissimilis quam quod, 381.
Distrahere, vendere, 263.
Dittochæum Prudentii cur ita inscriptum, 290 seq.
Diurne adverbium, 205, 336.
Divale decretum, 8, 22.
Divales dictæ constitutiones imperatorum, 388 seq.
Divaricari, 68.
Diversa, hoc est alia, 210.
Dives aurum, 162. Nummus, 297.
Dives avarus Evangelii, 299 seq.
Divinos honores affectarunt etiam qui nullum Deum esse credebant, 589.
Divites delicias undique convehunt, 500.
Divitum intoleranda avaritia, 289.
Divus, an de sanctis dici possit, 29.
Doctiloquax, 376.
Doloris indicia, 335.
Dominanter, 104, 165.
Dominata, 508.
Domini appellatio, 381.
Domus avium, 168.
Donare reatum, 268.
Donatus, 23.
Doni et muneris distinctio, 295.
Dorcas seu Tabitha, 288.
Draco acutissimi visus, 599.
Dracones inter incendia jugis æstus in Æthiopia, 162.
Dracon Stratonicæus, 53.
Draconitius idem ac Dracontius, 32.
Dracontii varii, 3 seqq., 28, 30.
Dracontius fuit palatinus, vel certe dives, 93. Anno circiter 425. Scribebat, 74 seq. Dum esset in vinculis, sua carmina composuit, 65 seqq. Non scripsit in Africa, 80 seqq. Verus auctor carminis de Deo, et Satisfactionis, 59 seq. Ejus scopus, 16, 62 seq. Dei clementia argumentum carminis de Deo, 111 seq. Theodosio Juniori non scripsit Elegiam, 31 seq. Vandalorum regi, non Theodosio Juniori Satisfactionem misit, 65 seqq. Regem hæreticum Vandalorum non laudavit, 85 seq. Ejus doct ina orthodoxa, 105 191. Antiarianus, 85 seq. In Indice Brasichellensis nulla censura perstrictus, 45. A quibusdam sanctus nuncupatus, 29. Culpam suam exponit, 579 seqq. Verbis sacræ Scripturæ sua crimina exaggerat, 555. Poetam agit, qualem describit Claud. Mamertus, 280. Veridicus vates a Columbano dictus, 392. Honestam precatur secessum, 45. Prudentium videtur legisse, 196. Metaphoris delectatus, 155. Multa confertim paucis verbis solet dicere, 164. Sui similis in versibus antea, et nunc primum editis, 65 seq. Ab Eugenio Toletano correctus, 7 seqq. ad 21. Eugenio præferendus, 22. Mendis adhuc scatet, 102. Dracontii ætas, patria, 26. Liberi, 361, 399. Servi, clientes, 354 seq. Ærumnæ, 67. Confessio et pœnitentia, 96 seq, 332, 370. Crimen quodnam, 96 seq. Horribilia fuisse ejus crimina ex humili illius confessione non est arguendum, 97 seq. Oratio ad Deum, 215 seq. Stylus, Latinitas, prosodia, 101 seq. Tautologia, 375. Carmina qua via in Italia conservata, 94. Reperta, 1. Eum venisse in Italiam probabile, 95. Romæ statuam ipsi erectam conjiciunt, 93 seq. Ejus memoria apud Isidorum, 3 seq. Apud Ildefonsum, 212 seq. Versus apud Columbanum, 6, 23. Carmina vetera dicta a Columbano, 85. Laudes, 101. Diversa de eo judicia, *ibi '*., seq. Memoria apud recentes scriptores, 24 seqq. Codices mss. 52 seqq. E mss. codicibus editus, 107. Editiones, 45 seqq. Versus multis in locis trajecti, 180. Carmina interpolata, 89 seqq. Quid ab interpolatoribus mutatum, 91 seqq. An alii præter Eugenium ipsum interpolaverint,

ibid. Notæ in ipsum, 41 seq. *Vide* etiam Hexaemeron, Satisfactio, Oxymorum, Repetitiones, Pleonasmus, Synonyma.
 Dracontius prima longa, 15.
 Drepanius Florus, 135, 163, 203, 267 seq., 308.
 Ducangius, 70.
 Dudo, 568.
 Dulcifluus, 141.
 Dungalus, 23, 317.
 Dupinius, 101.

E

 Ebria vinea, 143.
 Ebriare, 231.
 Ecclesia in precibus multas locutiones figuratas e poetis sacris sumpsit, 271.
 Ecclesiastes cap. I, 197, 391, 394; III, 392, 397, seq.; VI, 297; VIII, 284.
 Ecclesiasticus cap. VI, 363; XIII, 289; XIV, 133; XVII, 169.
 Editores primi operum antiquorum multa ex ingenio addiderunt, 12. Operum in Germania castigantur, 48.
 Effeta marito, 161.
 Egelidus, 277.
 Egenus rationis, 507.
 Elementa inter se comparata, 579. Dant et auferunt damnum et augmentum, 595 seq. Quatuor omnia omnibus insunt ex sententia quorumdam, 219. Eorum concordia discors. 158 seq., 233, 373. Pax, 295.
 Elephas, 158, 161.
 Elissa, *vide* Dido.
 Elmenhorstius, 246, 325.
 Elpis Boethii uxor, 516.
 Elysii campi, 266.
 Elysii, hoc est Elysium, 286.
 Emendationes in scriptis antiquis aliquando necessariæ, 111.
 Emortuus, 276.
 Endelechius, 262.
 Engelmodus, 564.
 Ennius, 117, 149, 203, 216, 344, 383, 387, 394, 402.
 Ennodius Ticinensis, 23, 226.
 Eodem dissyllabum, 387.
 Ephraim cur vitulæ comparetur, 156.
 Epiphanius, 213, 234, 317.
 Epitheta bina, *vide* Adjectiva.
 Epulo, epulas, 582.
 Equi solis, 219 seq.
 Equus pecus utile bellis, 156.
 Erumpere, 156.
 Esau sanguinolentus, 307. An Romanorum origo, 306 seq.
 Escobar Antonius, 338.
 Etiennot Claudius, 32.
 Et productum, 168.
 Euclides, 58.
 Eugenii Toletani primi memoria aliquando intermissa, 8. Eugenius Toletanus III, 190, 228, 251, 360, 363, 367, 392. Dracontium correxit, 7 seqq. Interpolator Dracontii, 91 seq. Elegiam Dracontii recognovit, 26. Auctor Satisfactionis non est, 60 seq. An auctor epitaphii Chindasuinthi, 99 seq. An auctor hymni de S. Dionysio, 59. Immoderatum tmesis usum irridet, 117. Se *misellum* vocat, 120. Ejus vita defensa, 97 seq. Ejus opera, 49 seq. Ipsius elogium a S. Ildefonso compositum, 21 seqq. Ejus carmen emendatum, 84. Non sunt ejus omnes versus qui ei ascribuntur, 99 seq.
 Euripides, 284, 334, 361.
 Eusebianum Chronicum, 110.
 Eusebius Cæsariensis, 317, 325.
 Eutropius, 588.
 Eutychianus martyr Hispanus, 88.
 Euxinus pontus, 515.
 Eva ex Adami costa formata, 170. Adamum fefellit, 181. Plus quam per unum diem in paradiso commorata, 175. Nymphæ profundi comparata, 172.
 Evacis carmen, 52.
 Evadne Capanei conjux, 546 seq.
 Evomere, 153.
 Exactus is, a quo aliquid exigitur, 296.
 Excelsa, 294. Cœlum, 152, 257.
 Exempla pro exemplum, 528.
 Exige e, 520.
 Exodus cap. III, 291; IV, 370; VII, *ibid.*; XIV, 208, 234, 249; XVII, 234; XXII, 289, 530; XXXIII, 510.
 Expaveo cum accusativo, 262.
 Exspecto pro *aspecto*, 168. Pro *specto*, 299.
 Extas pro *es*, 282, 286.
 Exsiet, sit, 320.
 Ezechiæ fletus et oratio, 279.

Ezechiel cap. XVIII, 380. Ipsius visio de ossibus aridis pulchre descripta, 387 seqq.

F

 Fabricius Georg. editor Dracontii, 26, 44. Correctus, 138, 156, 159, 194, 198, 200, 222, 285. Joann. Albert., 4. Notatus, 44.
 Fabulæ Latinæ antiquæ, 51 seq. Earum mentio in sacris Litteris, 338.
 Facere martyrium alicui, 270.
 Facies nomen Christi, 208. *Telluris*, 258.
 Facibus, quos inquinat, æquit, 259.
 Factura, opus factum, 350.
 Facultates, bona, 587.
 Falcifer Saturnus, 304.
 Faltonia Proba, 41.
 Fames Massyla, 137.
 Famulatus, famulatus, 319.
 Fasces consulum, 329.
 Fascis malorum in extremo judicio, 364, seq.
 Favor sæpe in mss. mutatum in *fabor*, 138.
 Fazellus, 306.
 Felicitas in statu innocentiæ, 236 seq.
 Feminæ contra feras-pugnantes in amphitheatro, 311 seq. Earum indoles et ingenium, 348. Vitia et virtutes, 345 seqq. Feminis deprehensis nihil audacius, *ibid.*
 Fenestræ, oculi, 58.
 Feræ in silvis educantur. 160. Ferarum et pecudum discrimen, 125.
 Ferti ferituras, 302.
 Fernandez Vinjoy Emm. Jos., 181.
 Feronia, fertilitas, 178.
 Ferre maculas, tollere, portare, 274.
 Ferrum noxium et innocuum, 577.
 Festus Avienus, 29, 258.
 Fetare, 226, 258.
 Fetura, 178 seq.
 Fiant brevi prima, 105. Prima antipiti, 235.
 Fiat prima correpta, 306.
 Fichettus Alexander, 45.
 Fideli corde, 303.
 Fides miracula operatur, 314.
 Fient prima brevi, 150.
 Filii Dei homines justi, 350.
 Filius Dei consors Patris, 267 seq. Ejus generatio æterna a Dracontio explicata, 224.
 Fiunt prima correpta, 369. Prima producta, 262.
 Flabellum prima correpta, 339 seq.
 Flabrum, 196.
 Flagella vitis, 142.
 F ammare, 210.
 Flammipotens, 336.
 Flare pro *conflare*, 380.
 Flavescere, 295.
 Flemingus Patricius, 7, 392.
 Florianus abbas, 15.
 Florentinius Franc. M., 52.
 Florere sideribus, 211.
 Florezius Henricus, 90. Deceptus, 9, 41, seq.
 Florus, 231, 339 seq.
 Fluesco, fluisco, 207.
 Flumina, unde exeunt, eo revertuntur, 197.
 Fogginius Petrus Franc. notatus, 34 seq., 110.
 Forcellinus refellitur, 212.
 Formido quid sit, 362.
 Fornax Babylonica, 308 seq.
 Fortunæ reducis templum, 361.
 Fortuna cum adversa est, omnes fugiunt, 334. Regum, 591.
 Fortunatæ insulæ, 178.
 Fortunatus Venantius, 29, 49, 56, 118, 206, 265 seq., 271.
 Fragiles uvæ, 211.
 Fraus, damnum, scelus, 330.
 Freinshemii Joannis supplementa, 110.
 Fretus, fretus; fretus, freti, 193.
 Frigida luna, 218. Luna, stella Saturni, 125.
 Fructus in paradiso facilius prodibant, quam extra post Adami peccatum, 142.
 Fuerat pro *fuerit*, 284.
 Fugiturus, 218.
 Fumus in arma, ad arma, 390.
 Fulgentius Placiades mythologus, 214, 219, 244.
 Fulgentius (S.), 29.
 Fulmina feriunt montes, 399.
 Funcius, 31. Notatus, 27.
 Fundere opes, 288.
 Fundi de partu facili, 281.
 Furent pro *forent* in mss., 150.

Furit damnare, 246.
Furius, vetus poeta, 130.
Furius, *vide* Cæriolanus.
Fur nocturnus, 245.

G

Ga'banum, galbanum, 152.
Galfridus de Vino Salvo, 106.
Gallandius editor Dracontii, 48. Notatur, 5, 185.
Gallienus, 201.
Garru a silva, 154.
Gatakerus Thomas, 388.
Gaudium in cœlo pro peccatore pœnitentiam agente, 285.
Gel·to humore, 151.
Gemmæ in India et mari Rubro, 162. Inter rupes, 184;
Gemmæ vitis, 211.
Gemmare, gemmari, 151. De vitibus, 193.
Gemmatum lumen oculorum, 337.
Genæ pudoris sedes, 358 seq. Genarum rubor, 166.
Gena in singulari, 394.
Gener Joann. Bapt., 263.
Generis mutatio, 154, 385.
Genesis cap. 1, 125, 154, 175, 218, 221; 11, 142, 147, 168 *seq.*, 177 *seq.*, 189; vi, 251; vii, 252 *seq.*; ix, 254; xv, 275; xviii, 132, 253; xix, 254; xx, 292; xxii, 505, 505; xxvi, 277; xxvii, 124, 507; xxxii, 260.
Genialis thalamus, 329.
Genitus pro filio, 350.
Gensericus, 72 *seqq.*, 82 *seq.* An Guntharii mortis auctor, 89. Ejus crudelitas in catholicos, *ibid.*
Gesnerus Conradus, 241.
Gifan us, 125. Rejicitur, 268.
Gigantum superbia, 251.
Gislebertus, abbas, 41.
Globus lunæ, solis, 129, 147.
Glycas, 123, 127, 141, 190, 241.
Godigisclus Vandalorum rex, 72.
Godogesi us Vandalus, 74.
Goldastus, 6, 25. Notatur, 28.
Goldoni Carolus, 375.
Golt Cajetanus. 318.
Gontharis, *vide* Guntharius.
Gonzalez, 391.
Gothi in Africa Ariani, 87.
Gothofredus Jacobus, 5.
Gothorum Arianorum hæresis, 85.
Græcismus, 152.
Grande adverbii loco, 160.
Grandinem verberare metaphora, 145.
Grandinis origo, 209.
Grassari, 243.
Gratia Dei præveniens, et adjuvans, et libertas hominis, 274.
Gravitas, seu virilitas, 393.
Gregorius Magnus, 25, 124, 131, 134, 286, 300. Turonensis, 88.
Gregori secunda producta, 106.
Grialius, Grial Joannes, 5, 27.
Gronovius Joann. Frid., 269, 296.
Grotius Hugo, 71, 251, 319.
Grues prædicunt pluvias, 186.
Gruterus, 244, 304.
Guante unde dictum, 70.
Gundericus, *vide* Guntharius.
Guntabundus rex Vandalorum in Africa, 75 *seq.*, 82 *seq.* Arianus, 85.
Guntharius Vandalorum rex, ad quem scripsit Dracontius, 74 *seq.* Impie manus in basilicam S. Vincentii injecit, 89. Ejus infelix obitus, 86 *seqq.*
Guntherus, 138.
Gurges pro mari, 208.

H

Habacuc, cap. iii, 283.
Habenæ lucis, 218.
Habere ictum, 159.
Hadrianus imperator, 29.
Hæreditas justorum Deus, 364.
Harduinus, 210.
Hauberti chronicum suppositicium, 29.
Hauptius Christophorus, 110.
Haustor sanguinis, 352.
Hecate tergemina, 266 *seq.*
Hectora fleverunt Iliades, 335.
Heinsius Nicol., 267.
Heisterus, 360.
Helpidius, 20, 227, 364.
Hendiadys, unum per duo, 294
Heraclides, 4.
Heraldus Desiderius, 393.

Herbarum usus in rebus magicis, 247.
Hercules, Index, 133. Alcestin ab inferis revocavit, 129. Cerberum ad Eurystheum adduxit, *ibid.* Leonem exstinxit, 314. Ejus descensus ad inferos, 338.
Herodotus, 325 *seq.*, 346.
Hexaemeri scriptores, 154 *seq.*
Hexaemeri titulus non convenit poemati Dracontii, 62 *seq.*
Hexaemeron quinam versibus scripserint, 25. Dracontii olim editum opus imperfectum, 61 *seqq.*
Hiarbas rex procus Didonis, 347.
Hiatus, 170 224. Aliquando venustus, 313 *seq.*
Hibernus, 210.
Hieronymus (S.), 4, 246, 239, 274, 289, 354, 370, 401. Ejus versus, 56.
Hilarius, 23, 33, 43, 130, 140, 180, 233, 316.
Hildebertus Cenomanensis, 52 *seq.*, 56, 155, 200, 213.
Hilla, 241.
Hippodamia carmen, 41.
Hippolytus Africanus, 135.
Hira, 241.
Hispania poetarum sacrorum ferax, 27 *seq.* Heliconis æmula, 29.
Hispani codices veteres in bibliotheca Vallicellana, 59.
Hispanorum quorumdam veterum humilitas, seu modestia Christiana, 101.
Hispanum idioma Latinitatis retinentissimum, 390.
Hisraelitæ, *vide* Israhelitæ.
Historicæ opiniones sua sidera habent, 318.
Holofernes occisus a Judith, 344 *seq.*
Holstenius, 179.
Homerus, 335, 339. A multis emendatus, 15.
Homines anguibus pejores, 242. Felicitate impiorum aliquando permoventur, ut deserant virtutem, 284. Fragiles, 239. Pœnam metuere debent, cum Deus angelis peccantibus non pepercerit, 239.
Hominum audacia, 245. Deo resistentium impudentia, 351. Immensorum monstra, 162. Scelera, 250. Voluntates quo sensu ad malum inclinat Deus, 370 *seq.* Usibus data sunt omnia quæ in terris existunt, 193 *seq.*
Homo decimo mense sæpius gignitur, 281. Manu a Deo factus, 240. Christo similis, 194. Imago Christi, 185. Ab omni crimine immunis esse nequit, 379. Patietur id. quod alteri fecerit, 270. Ipsius creatio, 165 *seq.*
Honorius Augustodunensis, 23.
Honestum, honestas, 344.
Horatius, 5, 122, 128, 139, 142 *seq.*, 156, 160, 162, 193, 218, 232, 246 *seq.*, 251, 256, 258, 260, 277, 313, 320, 323, 350, 337, 342, 393, 598.
Hortus Eden, 144.
Hospes adjective, 315.
Hospitium genitivus plural., 515
Hostia et victima, 303.
Hostiæ, quæ reluctarentur, diis non placuisse traditum ab antiquis, *ibid.*
Hostis, peregrinus, 236.
Hugo Hermannus, 353.
Humeri, 360.
Humida luna, 129.
Humilis, 292.
Humilitatis Christianæ verba propria, 96 *seq.*
Humores crescunt, crescente luna, 214.
Hyginus, 129, 220, 258, 315, 538, 346.
Hyphe, 103.
Hyrcanæ tigres, 161.

I

Idacius, 43, 72 *seq.*, 77, 79, 86, 89, 94, 96
Idem neut. gen. de Patre, Filio et Spiritu Sancto, 228.
Idola media correpta, 105, 270 *seq.*, 380.
Idolorum vana numina, 348 *seq.*
Idume, 164.
Idumæi an coloniam in Italiam duxerint, 306 *seq.*
Igne cuncta foventur, 147.
Igne loquaci, 290.
Ignes cœlestes aqua nutriri, credidit antiquitas, 204.
Igni et aqua interdici. 123.
Igni et aqua omnia constant, 122 *seq.*
Ignis divinitatis symbolum, 290. Purgatorius, 364. Virtus, 112.
Ignis et unda concordant in educendis fetibus volucrum, 135.
Ignis ex igni detrahitur sine aliorum damno, 197.
Ignitus, 309.
Ignorantia an excuset, 242.
Ildefonsus, 263. Ejus de Dracontio judicium 21 *ad* 24.
Ilduinus abbas, 8.
Illæc pro *illa hæc*, 240.
Illæsurus, illæsibilis, 254.
Illaudatus, 300.

Illidere dentes, 315.
Illustrare, 222.
Illu trata, 193 *seq.*
Imago cœlestis homo, 166. Dei relucet in corpore hominis, *ibid.*
Imber sanguinis, lapidum, lactis, etc., 128.
Imbriferæ pluviæ, 178.
Immensa adverbii more, 166. *Immense* postrema brevi, *ibid.*
Immensitas Dei, 221 *seq.*
Immensurabilis, 224 *seq.*
Impendo, confero, 330.
Impendere, 215, 320.
Impendit, confert, 386.
Imperare naves, etc., 286.
Impete, impetu, 132.
Impii plerumque ad senectutem non perveniunt, 283 *seq.*
Impiorum hujus sæculi conatus, 318.
Impius, crudelis, 298, 377. Immitis, 156.
Implicitant, 244.
Impollutus, 343.
Imprecationes Deus nonnunquam exaudit, 287 *seq.*
Inane pro spatio inani, 139.
Incessabiliter, 197.
Incessanter, 104.
In commune, 390.
Inconstantia rerum, 159 *seq.*
Inde et *unda* confusa in mss., 197.
Index Deus, 133, 176.
Index expurgatorius per Joann. M. Brasichellensem, 29, 44, 84, 263. Expurgatorius jussu Philippi II editus, 44. Ms. biblioth. reg. Paris., 31, 39.
India an montes aureos habeat, 162. Odorum et gemmarum ferax, 161.
Indicium et *judicium* in mss. sæpe confusa, 268.
Induere, 241. Jubar vel jubare, 149.
Indulgentia reatum et pœnam peccatorum prævenit, 131, 272.
Iners cum genitivo, 276, 307.
Infantia, 392 *seq.* Pubes Evæ, 172.
Inferi, sinus Abrahæ, 266.
Ingenia in calamitate jacent, 103.
Ingerere supplicia, 265.
Inghirami Thomas Phædrus, 24, 33.
Initium prima producta, 137.
Innocentia primorum parentum, 177.
Innocentius versui hexametro qua ratione insertum, 106
Inops lucis, 338. Mortis, 362. Pietatis, 180.
In pro apud, 382.
Inscriptio Semoni Sanco posita, 318.
Insido, *insidis*, 154.
Insisto cum infinitivo, 340.
Inspirare, 219.
Insuper post *parum*, 245.
In tantum, *ut*, 279.
Intendere preces, spes, lacrymas, 245.
Inter avos, atavosque esse, 275.
Interrogationis nota olim apposita verbo, unde incipit interrogatio, 59.
Intrare, 390.
Invasor, 329.
Ira digni non sunt miseri, 398.
Ire de aqua, 167.
Ire in exsequias, 330.
Isaac patriarcha et propheta, 277. Hostia grata Deo, 303 *seq.*
Isac prima communi, 106.
Isaiæ cap. i, 289; xiv, 260; xliv, 365; xxx, 285, 287; xliv, 401; li, 144; liii, 275; lx, 558; lxiii, 370; lxiv, 207.
Isidorus (S.), 7, 19, 21, 23, 29, 72, 85, 87, 89, 94, 110, 119, 122 *seq.*, 126, 137, 139 *seq.*, 142, 144, 146, 150, 152, 158, 162 *seq.*, 200, 209, 213 *seq.*; 219, 326, 357 *seq.*, 376, 378 *seq.* An auctor versuum, qui ejus bibliothecæ inscripti dicuntur, 143. Dracontii primus meminit, 5 *seq.*
Isidorus Pelusiota, 517.
Israelitarum transitus per mare Rubrum, 294.
Israhelitæ, *Hisraelitæ*, Israelitæ, 380.
Israel meretrici comparatur, 156.
Itigius Thomas, 45. Refellitur, 29.
It productum, 168. Pro *abit*, 379.

J

Jacere oculos per cuncta, 167.
Jacob et Esau distinctio, 307 *seq.*
Jacobi Epist. cath. cap. i, 191, 303.
Jacobonius, 318 *seq.*
Jaculatus passive, 346.

Jairi archisynagogi filia, 230.
Jam et *tam* sæpe in mss. confusa, 127.
Janitor cœli Petrus, 316.
Jejuna cruoris, 387.
Jeremias, cap. ix, 338.
Joannis cap. i, 275; v, 361; vi, 231; ix, 155; xii, 301. Epist. i, cap. i, 353, 375; iii, 273, 330.
Joannes, *vide* Chrysostomus.
Joannis Bapt. caput inventum, 81.
Jobi cap. i, 140; iv, 255, 259; ix, 208; xi, 223; xvii, 284; xxiv, 366; xxv, 260; xxvi, 209; xxviii, *ibid.*; xxv, 249; xxxii, 285; x xxv, 401; xxxvii, 194, 209; xxxvii, 209, 212; xxxix, 212; xli, 254.
Jocasta, 322.
Jonstonus, 399.
Jordanis aquæ retro fluentes, 208.
Iornandes, 71.
Josephus Hebræus, 131.
Josue cap. iii, 208.
Jubar, 197. *Ætheris*, 295. Mascul. gener., 203.
Jubere officia stellis, 149
Judæa balsamifera regio, 164.
Judæ casus ab aliis aliter narratur, 269. Crimen infandum, 268 *seq.* Scelus, 262 *seq.*
Judæi Christum occidunt, 262. Eorum fabulæ de origine Romanorum, 306 *seq.*
Judex et *vindex* in mss. confusa, 341.
Judicium extremum, 364.
Judicium et *indicium* in mss. sæpe confusa, 268.
Judith cap. ix, 276; xii, 345; xiii, *ibid.*; xiv, 344 *seq.* Holofernem occidens, *ibid.*
Juguli, 360.
Julianus Pomerius, 364.
Julianus supposititius, 4.
Julianus Toletanus, 303, 338, 364, 366. Ejus membranæ veteres, 298.
Julius Firmicus, 334.
Jumenta pro feris, pecudibus, 185.
Justificatio in adultis, 274 *seq.*
Justinus historicus, 219, 323 *seq.*, 346, 348
Justinus martyr, 318.
Justitiæ et pietatis divinæ opera, 120 *seq.*
Justitium describitur, 334.
Juvenalis, 119 *seq.*, 124, 143, 238, 243 *seq.*, 256, 297 299, 301, 311, 315, 327, 335, 343 *seq.*, 343, 361, 363.
Juvenca, *vide* vitula.
Juvencus, 25, 29, 43, 56, 229 *seq.*, 314, 393. An ipsi ascribendum sit carmen anonymum sub Constantino scriptum de laudibus Domini, 282.
Juventus, 392 *seq. Juventus* pro juvene, 332.

K

Kalendarii elucidatio, 58.
Kœnig rejicitur, 27.
Krantzius Albertus, 87.

L

Labbeus Carolus, 393. Philippus, 40 *seq.*
Labi prima correpta, 221 *seq.*
Labitantia regna, 222.
Labra, 389.
Lacerti, 360. Eorum in fletu percussio, 335.
Lacrymæ plantarum, 164.
Lactantius, 201, 206.
Lacunæ in Dracontio suppletæ, 109.
Lambere, 202.
Lampridius, 132, 334.
Lancicius Nicolaus, 343.
Languor, 215.
Lapide Cornelius a, 392.
Lapilli nivei margaritæ, *virides* smaragdi, 163.
Largiri peccata, 274.
Latex, 250.
Latini sermonis termini, 104.
Latrantibus undis, 291.
Latro, 243.
Laudes pro recte factis, 121.
Laurea poetarum et triumphantium, 142.
Laxare jugum, 256.
Lazari resurrectio, 250.
Lazarus in sinum Abrahæ portatus, 298.
Lazius Wolfangus, 74. Refellitur, 77 *seq.*
Leander (S.), 29.
Lectionaria vetera, 59.
Lectiones variantes qua ratione expositæ in hac editione, 108.
Legionensis, *vide* Leon Lud.
Legna Italice, 200. *Lena* Hispanice, *ibid.*
Leo (S.), 227, 272.
Leo medicinæ utilis, 241. Non sævit in leporem, 398. Ejus clementia in supplices, 383 *seq.*

Leogoras Syracusanus, 110.
Leonidæ ausa, 323 seqq.
Leonini versus, 319.
Leon Ludovicus de, 208. Vindicatus, 273.
Lepores interdum nocent, 243.
Leprosi, 229.
Lepus medicinæ prodest, 243.
Lesleus notatus, 310.
Leviathan, 233.
Levis Eugenius versus quosdam S. Damaso nuper falso attribuit, 143.
Leyserus notatus, 37, 48.
Liberius poeta, 29.
Liberorum copia felicitatis genus, 363
Libertas indifferentiæ, 274 seq., 371.
Librari in aera, 134.
Licentius poeta, 174.
Licinianus, 29.
Lignum, 200.
Limari, 165.
Limato dente, 157.
Lindenbrogius, 243.
Lingua mala hominis, 126, 282. Repagulis obsessa, 359. Trisulca, 238.
Lingua pro eloquentia, carmine, 374.
Linguæ vulgares retinent plures phrases ex sermone Latino sequioris ævi, 340 seq.
Linquere, delinquere, 373.
Lipsius, 110. Notatur, 252.
Liquescere de mari, 139.
Litteræ apibus cognatæ, 376.
Livius, 127, 132, 243, 321, 328 seq., 331 ad 337, 340, 347, 584.
Loquaces nidi, 153.
Lorenzana em. card., 9, 22, 59, 100, 225, 263, 298, 303. Edidit Dracontium, 48 seq. Vindicatus, 397.
Lorinus, 284.
Loth liberatus ex incendio Sodomæ, 233 seq.
Lucanus, 29, 122, 129, 158 ad 161, 174, 183, 185, 188, 241, 244, 259, 296, 308, 313, 326 seq., 334 seq., 344, 379, 382, 401. Vindicatur, 244.
Lucas cap. I, 213; VII, 229; XII, 212; XV, 283; XVI, 298; XVII, 212, 400 seq., XIX, 384; XXII, 138.
Luces, oculi, 358.
Lucifer, 218. Equo vectus, 203. Sidus benignum, 379.
Lucifer Calaritanus, 317.
Lucilius, 3. Tmesin frequenter adhibebat, 118.
Lucis elogium, 133 seq. Origo Deus, 293.
Lucra aliorum damno aliis sunt, 197.
Lucretia casta, 328 seq., 317 seq.
Lucretius, 23, 123, 130, 139, 144, 151, 175 seq., 187, 239, 236, 292, 312, 328, 338, 351, 376, 379.
Luctus publicus, 335.
Ludere de piscibus, 151, 252.
Lumen ferri, 383.
Luna, 218. Aurea, 202. Crescens, et decrescens, et varia inde effecta, 394 seq. Frigida solis imago, 203. Cur frigida dicatur, 125. Ejus varia effecta in terras, 213 seq.
Lunaris globus, 129.
Lunatici, 214, 228 seq.
Lunato dente, 157.
Luporum fraudes, insidiæ, 156 seq.
Lupus medicinæ prodest, 241.
Lustrare, 218.
Lux mors tenebrarum, 134. Mortua sub luce majori, 202.
Lybia carbunculis abundat, 163.

M

Mabillonius, 58.
Macrobius, 140, 182, 203 seq., 231, 233, 276, 303 seq., 329, 347, 391, 402.
Maculabilis vox Latinis adjungenda, 136.
Maculosa serpens, 241.
Mæotis palus, 328.
Magia, 247 seq.
Magus prima producta, 317.
Mahometanorum fabulæ de origine Romanorum, 306.
Mahometi fabulæ de diluvio, 232 seq.
Mala cur Deus permittat, 375. Deo permittente fiunt, 369. Mixta bonis, 375. Per crimina data sunt, 241. Quæ præter exspectationem accidunt, gravius afficiunt, 151. Temporalia improbis probisque accidunt, 233.
Malæ lanugine crispantur, 338 seq.
Mali cur a Deo non serventur ad senectam, ut convertantur, 283 seq.
Malvenda Thomas, 57, 144.
Manilius, 128, 144, 214.
Manlius, *vide* Torquatus.
Manna Israelitis datum, 234.

Mansius, 32.
Mantuanus Joann., B. 56.
Marbodus, 52 seq., 210.
Marcellinus, 81.
Marcellus, 213.
Marcidus, 394.
Marcus cap. V, 228; XIII, 294.
Marcus Aurelius Antoninus, 388.
Marcus poeta, 58.
Mare an terra altius, 140. A terra recedens, 129. Delicias mortemque parat, 377. Rubrum interruptum, 208, 233. Ejus æstus, 393. Æstus reciprocus, 213. Augmentum, et decrementum ex luna, *ibid.* seq. Descriptio, 139. Mari certi sunt præscripti termini, 249.
Margaritæ, 377.
Mariana, 90.
Maritis imbribus, 179.
Marito arbitrio, 178.
Marius Victor, 66, 84, 117, 119, 123, 126, 130 seq., 137, 139 seq., 142 seq., 147, 151 seqq., 153, 163, 167, 170 seq., 178, 180 seq., 183, 206, 211, 234, 243, 232, 233, 295, 344.
Marmora vaga, mare, 193.
Marsi, 185.
Martialis, 13, 29, 117, 122, 133, 137, 309, 311, 315 seq., 320, 322, 336, 343, 383.
Martini S. cultus in Hispania vetus, 316. Ejus missa an eo sæculo facta, quo obiit, *ibid.*
Martinus Dumiensis, 40, 46.
Masculina nomina in Trinitate personas indicant, neutra naturam, 228.
Massylæ feræ, 157.
Massylum, Massylorum, 311.
Matallius Joannes, 348.
Materies arida, 140. *Necis* pro serpente, 238. Magis poeticum quam *materia*, 377.
Matres nefariæ abortum procurantes, 246.
Matrix, 280.
Matth. cap. V, 286, 400; VI, 233; VII, 270; IX, 400; XIII, 363; XV, 231; XVI, 183; XVIII, 400 seq.; XIX, 191; XXIV, 212; XXV, 363; XXVII, 263 seq., 269.
Mauri a Vandalis victi, 78 seq.
Maximi chronicon commentitium, 50.
Maximinus episc. Arianus, 87.
Maximus Taurinensis, 317.
Mayansius, 37, 42.
Mazochius Symmachus, 313.
Medeæ tragœdia, 238.
Medicina ex serpentibus, 158.
Medicorum opem ægri implorant, 400.
Medulla, 226. Observat lunam, 393.
Medullæ crescunt, crescente luna, 214.
Medullis humor tribuitur, 201, 337.
Mela, 326.
Membrari, 133, 166.
Menardus, 7.
Menckenius Jo. Burch., 110.
Menda in codicibus mss. reperta diligenter adnotanda, 108. Etiam levissima in antiquis scriptoribus molestiam exhibent, 107.
Mendici non sibi, sed divitibus avaris mendicant, 290.
Mendoza Ferdinandus, 247.
Menecea duabus primis correptis, tertia producta, 321 seq.
Menœceus, 321 seq.
Merces pro pœna, 348.
Mereri, 227, 280.
Merita segregat Deus, 233.
Merito justeque, 307.
Merobaudes Hispanus, 93, 293.
Merx de quavis re, 389.
Mesne præses de, 33.
Metallorum scrutatores, 184.
Metaphoræ Dracontio frequentes, 153.
Methodus in editione Dracontii observata, 107.
Metronianus, 29.
Miles Dei, sol, 150.
Militia poli, angeli, 260. Astra, 248. Sol, astra, 220.
Ministra adjective, 360.
Ministrare, 150, 350.
Minucius Felix, 246, 323, 328.
Minuo neutrorum more, 214.
Minus, et nimis in mss. confusa, 327.
Miræus, 30.
Mira sua, 344.
Miscellanea Lipsiensia, 110.
Misereor cum dativo, 333.
Misericordiæ opera, 287.
Miseri pro improbis, 120. Peccatores, 232.
Miseros se sancti modeste præscribebant, 120.
Missale Isidorianum, 266, 293, 316 seq.

INDEX RERUM ET NOMINUM.

Missilia, 294.
Moderanter, 104.
Moderatior, 165.
Modestum jus, 245.
Modestus, 284. Varia significatione, 104, 123 *seq.*
Modicus, brevis, 302. Exiguus, 216, 320.
Modoinus, 395.
Moles secunda brevi, 196.
Molina Ludovicus, 296.
Molossi rauci, latratores, 157.
Molossus, 375 *seq.*
Mombritius, 55.
Monopolium damnatur, 296 *seq.*
Monosyllaba quæ brevia dicuntur, communia videntur, 168.
Monosyllabis verbis an recte claudatur versus, 552.
Monstra diversa, 124 *seq.*, 127. Eburnea, elephanti, 160 *seq.* Maris, 252 *seq.*
Montfauconius, 4, 52 *seq.*, 292.
Morales Ambrosius, 33, 90. Notatur, 75 *seq.*
Mora pugnæ, 385 *seq.*
Morari, 248, 250.
Morelius Guilielmus editor Dracontii, 24 *seq.*, 52, 45
Mores condemnant, et purgant homines, 292.
Moreti auctor, 134.
Mors homini beneficii loco data, 189. Pœna simul et solatium, 190.
Morsus de serpentibus, 242.
Mortes in plur. num., 292.
Mortier Nicol. Du, 291.
Mortui audient vocem Dei, 361.
Mortui resurrectio, 229.
Mosantus Briosius Jac., 166.
Mox pro æternitate, 225.
Mox quam, 259.
Mundus unde dictus, 136. An vere primo, an autumno creatus, 146. Non momento temporis, sed sex diebus conditus, 60.
Mundus pro terra, 149, 208, 220.
Mugitus terræ, 129.
Muliere tertia producta, 230, 279, 385.
Mulieribus tertia producta, 344.
Multa mens, 224.
Munus a dono distinguitur, 295. Dei irrevocabile, 197, 282. *Munus noctis*, somnus, 361.
Muratorius, 143.
Muratum palatum, 359.
Murelus, 2. Notatur, 252.
Murex et ostrum, 299.
Murmur, oratio submissa voce, 279.
Mutatio generis, 134, 385. Numeri, 342, 370, 400. Temporis, 159, 335.
Mutilante sono, 374.
Mutius Scævola, 336 *seq.*

N

Nabuchodonosor ex homine bos, 361. An vere figuram bovis induerit, 372. Confitetur Dominum, 310.
Nævius, 276.
Nam pro *vero*, 368.
Namsius Franciscus, 110.
Nares, 338.
Natabundus, 134.
Natura famulatur Deo, 350 *seq.* Fidelis in prognosticis, 130. Subit vices, 159 *seq.* Ejus varietas, 377 *seq.*
Naudæus Gabriel, 352.
Navigationis inventum in odio apud veteres, 256 *seq.*
Navigerum mare, 139.
Nebrida membra, 399.
Nebrissensis, 90.
Necare, 219.
Neci in ablativo, 265.
Neci subducere, 504.
Negat, recusat, 590.
Nemo hominum, 522.
Nemus ætherium, paradisus cœlestis, 364.
Nescire finem, 256.
Nicander, 241.
Nicephorus Callistus, 23.
Nicolaus Factor (B.), 348.
Vidi quarumdam avium pretiosæ epulæ, 164.
Nilus (S.), 4.
Nimis, et *minus* in mss. confusa, 327
Nimius, multus, 302.
Ninive varia quantitate, 513.
Ninus conjux Semiramidis, 345.
Niobe in saxum conversa, 363.
Niveum, canum mare, 175.
Nivis origo, 209.
Nix capitis de canitie, 143.

Nobilium fraudes, 245.
Noctis descriptio, 261. Noctis et diei vicissitudo, 205.
Noe et filii in arca generationi operam non dederunt, 235. E diluvio liberatus, 252.
Nomen Domini Christi, 308. Placidum et pium, 400.
Nominum propriorum expensa quantitas, 105 *seq.*, 164.
Varia apud Christianos poetas, 15.
Nonius, 150, 187, 217, 390, 395.
Nonnus Panopolitanus, 110, 214, 267.
Noscere finem, 236.
Notare sorde, 349.
Notæ in Dracontium cujus sint generis, 109.
Novatianus, 249.
Novercarum infamia, 331. Odium in liberos prioris uxoris, 246 *seq.*
Noviter, 244.
Noxia animalia aut non semper veniunt, aut non semper nocent, 189.
Nox mater somni, 361.
Nox pro vetito concubitu, 345.
Nubila crassa, 237.
Numeror. cap. xi, 233; xx, 234.
Nuntii ecclesiastici Parisienses refelluntur, 59".
Nurus, quævis femina, 337.

O

Oblique ruere, 157.
Obliquus serpens, 241.
Oblisus, 245.
Obscena fames, 256.
Obstinati a Deo puniuntur, 283.
Obtentus, obtentus, 185.
Occisio hominis etiam justa irregularitatem inducit, 391.
Oceanus a nonnullis pro spirante animali habitus, 219.
Ocelli, radices pennarum, 152.
Octavianus Augustus, 381, 387. Romanus, 6.
Oculi, 357. An ultimi formentur, 167.
Odilo, 265.
Odor pro specie, seu re, ex qua odor emanat, 143.
Odores divini, 161. In India producuntur, *ibid.*
OEcumenius, 269.
OEdipus, 322.
OE rex Basan, 253.
Olearius Joann. Gottefridus, 31.
Omne caput, totum caput, 358.
Omniparens, 174.
Omnipotens, 224.
Oppianus, 126, 158, 214.
Oppositiones acutæ, vide Oxymora.
Optare, 266.
Opus pietatis, virtutis, 20 *seq.*, 228.
Orandi tria tempora, 362.
Orationes pauperum quantum prosint, 288 *seq*
Orbatrices, 330.
Orbes, oculi, 278.
Orentius, 29, 181.
Origenes, 200.
Origo pudoris, 177.
Orontius, sive Orientius, *vide* Orentius.
Orosius, 77, 86, 329, 332, 336.
Oseas cap. ii et x, 156.
Osiris Ægyptiis sol erat, 204.
Osorius Hieronymus, 348.
Ostensus, 183.
Ostia amphitheatri, 312 *seq.*
Ostrum et murex, 299.
Otbertus, 391.
Otia de pace, 339.
Ouzelius, 246.
Ovidius, 103, 118, 122 *seq.*, 129, 140, 155 *seq.*, 156 *seq.*, 160 *seq.*, 165, 167 *seqq.*, 173, 178, 198, 202 *seqq.*, 218 *seqq.*, 225, 237 *seq.*, 244 *seq.*, 247 *seq.*, 252, 257 *seq.*, 260, 266 *seqq.*, 271, 278, 292, 299, 303 *seq.*, 311, 315, 527, 529 *seq.*, 535, 541, 548 *seq.*, 555, 558, 560, 563, 576 *seq.*, 579, 582, 584, 590, 594, 596 *seq*, 599 *seqq.* *Flammipotens*, et similibus nominibus vix usus, 336.
Ovium simplicitas, 156.
Owen Joann., 597.
Oxymera Dracontii, 103, 154, 171 *seq*, 188, 192 *seq* 197, 201, 229, 303, 509, 537, 547, 599.

P

Pacianus, 317.
Pacuvius, 207.
Palatum, 359.
Palearius Aonius ridiculus imitator Virgilii, 110.
Palladius, 4, 214, 594.
Palla, vestis muliebris, 264.
Palmata cervorum cornua, 156.
Palmes vitis, 142.

Palpebra femin., *palpebrum* neutr., 358.
Palpebræ, 358.
Pambo abbas, 4.
Panormi inscriptiones Chaldaicæ, 306.
Papias Vocabularista, 7, 70. 269.
Paradisus cœlestis, 364. Hortus Domini, 144. Quinam eum in India collocaverint, 143 *seq*.
Paralysis, 229.
Parce flagello, 356.
Parcere mucrone populis, 385.
Par cum infinitivo, 169. Pro conjuge, *ibid*.
Par cum duce, 340.
Pardus non dat reduces morsus, 399.
Parentes, cognati, et affines, 554.
Parricidæ, 246.
Pars, portio cibi, 234.
Participare, 130.
Partiri vices, 218.
Parturire de arboribus, 141 *seq*.
Parumper, 216 *seq*.
Parva pro parum, 198, 243.
Parvi et *parvuli* pro pueris, 246.
Pascentius comes, 87.
Paschasius martyr Hispanus, 88.
Pastilli ex vipera, 158 *seq*.
Puter de eo qui bene meritus est, 130.
Patrem nostrum Deum Christiani a J. C. edocti appellamus, 130.
Patres de patre et matre, 304.
Paulinus, 119, 124, 131, 156, 158, 190, 231, 276, 281 *seq*., 295, 298, 344 *seq*., 565 *seq*., 374.
Paulinus Petrocorius, 119 *seq*., 175, 192, 228.
Paulus doctor gentium, 270. Romæ cum Petro commoratus, 317.
Pauli epist. I ad Corinth. cap. IV, 320 ; VII, 171; x. 254; II ad Cor., c. IV, 259; v, *ibid*. Ad Ephes. c. IV, 356; VI, 270. Ad Galat. IV, 227; VI, 133. Ad Hebr. I, 290; v, 270; IX, 263; XI, 303; XII, 131. Ad Rom. IV, 275 *seqq*. ; IX, 270, 276; XI, 234; XIII, 381. I ad Thessal. v, 133, 273. I ad Timoth. I, 270, 252.
Pauperum bona divites rapiunt, 289. Causa defensa contra avaros, 300.
Pax sub Augusto, 387.
Peccatis hominum medicina a Deo præparata, 272 *seq*.
Peccatores obstinati graviter a Deo puniuntur, 133.
Peccata fatentes veniam merentur, 124.
Peccatoribus munera confert Deus, ut convertantur, 286.
Peccatum quo sensu est offensa Dei, 401. Originale, 230.
Pectinare, 332.
Pectus, 360.
Pecudes et feræ, 125.
Pendula terra, 230. *Sidera*, 218.
Pennari, pennescere, 155.
Pentapolis Palæstinæ, aliæ Pentapoles, 254 *seq*.
Per carmina, 362. *Per cuncta*, per omnia, 119, 139, 167. *Per partes*, 221.
Per, propter, 337.
Perclarus, præclarus, 248.
Pererius, 168.
Perez Joann. Bapt., 9. *Vide* Bayer.
Perfundere mundum lumine, 147.
Periochæ, 16 *seq*.
Perpes nexus, 300.
Persæ a parricidio maxime abhorrebant, 325. Eisdem jus erat cum matribus commisceri, *ibid*.
Persis gemmis nobilis, 165.
Persius, 131.
Pervaditur aer, 245.
Pervigilium Veneris, 146.
Petavius, 81, 134, 263.
Petere cum duobus accusativis, 386.
Petraglia Franciscus, 360.
Petrocorius, *vide* Paulinus.
Petronius Arbiter, 168, 216, 241, 335.
Petrus ambulans super aquas, 250. Tabitham a morte revocavit, 288. Ejus et successorum principatus in Ecclesia, 313 *seq*.
Petri epist. I c. II, 275; III, 252; v, 233. Epist. II, c. II, 316; III, 152 *seq*.
Petrus Chrysologus, 211. Rigensis, 17, 23, 318.
Phædrus, 51, 285. Ejus fabularum supplementum, 110 *Vide* Inghirami Phædrus.
Pharaonis cor obduratum a Deo, 93, 570.
Philastrius, 317.
Philemon Ægyptius, 253.
Phileni fratres se vivos comburi passi sunt, 525 *seq*.
Philippinæ insulæ cinnami feraces, 164.

Philo, 325.
Philoxenus, 393.
Phœnix avis, 164. Ejus fabula, 201 *seq*.
Phœnice media brevi, 164.
Phœnicis media brevi, 201.
Phœnicius adjectivum, 164.
Phrixus, 258.
Piacula sæva, 188, 230.
Picus avis prima correpta, 398
Pietas Dei argumentum carminis de Deo, 111 *seq*. Parentis, 130. Pro clementia, 120. Pro religione, 302. Pietatis et justiti e divinæ opera, 120 *seq*.
Pigmenta, pigmentarium, 143.
Pineda Joannes, 208.
Pingere terram floribus, 144.
Pisces pertimescunt mare furens, 126 *seq*. Piscium creatio, 150 *seq*. Castitas, 127. Providentia in suo genere conservando, *ibid*.
Pisides, 23, 140, 261.
Pithœus, 248.
Pium lac, 172.
Pius VI, 316.
Placidus, mitis, 117.
Plagæ quinque cœlestes, 118.
Plasmare, 163 *seq*., 226.
Platonis versus, 56.
Plausus avium, 154.
Plautus, 2, 124, 130, 134, 168, 229, 243, 321, 341.
Plectibilis, 242.
Plenus amor, 171.
Pleonasmus, 133, 148, 233, 256.
Plinius, 127 *seq*., 136, 138, 140 *seq*., 144, 146, 148, 150, 152 *ad* 156, 158 *seqq*., 163, 165, 178, 185, 200, 203, 209 214, 241, 246, 256 *seq*., 276, 280, 290, 359, 374, 377, 380, 398. 402.
Plinius Junior, 188, 244, 349.
Pluo cum accusativo, 128.
Plutarchus, 325, 391.
Pluviæ clavis, 209.
Pocula, 230 *seq*.
Pœna par afficit quos par culpa tenet, 188.
Pœnæ inferorum die resurrectionis dominicæ an mitigatæ, 264 *seq*. Peccatorum, 253.
Non differenda, 133.
Pœniteat cum nominativo, 380.
Pœnitentia interna brevi spatio temporis peragi potest, 283. Non differenda, 133.
Pœnitere varia syntaxi, 207.
Poetæ ex fertilitate sæpe synonyma conjungunt, 139.
Malis oppressi parum ingenio valent, 103. Græci et Latin e sacris litteris quædam sumpserunt, 231.
Poetæ Christiani et res ingeniosi, 102. Poetis ethnicis suis æqualibus non inferiores, 174. Ab antiquioribus versus integros mutuabantur, 61. Sacrarum Litterarum recondita doctrina præstantes, 364 *seq*. In suis carminibus fabularum meminerunt, 267.
Poetarum Christianorum licentia in nominum propriorum quan i ate, 103 *seq*.
Poetarum Christianorum editiones multum inter se discrepant, 171.
Pomum de omni genere fructuum, 142, 143.
Poplite subnixo, submisso, 311.
Populi pro bestiariis, et contra ipsos diversa vota, 312.
Populus Dei, sancti, 364. Insons in extremo judicii die, 366.
Portendere, 130.
Portio pœnarum, 358.
Possevinus, 31.
Post et *per* in mss. confusa, 231.
Post more substantivi, 362.
Post sæcla, 131, 198, 268. *Mundi sæcla*, 131. *Templa poli*, 223.
Pr producunt ultimam brevem dictionis præcedentis 270.
Præco Dei, 316.
Præcox, 229.
Prædux, 220.
Præfationes duæ ab antiquis usitatæ, 13.
Præmortuus, 276.
Præsagia ex animantibus, 126.
Præstare, 229. Prodesse, 274, 376.
Præstita substantive, 388.
Præsumpta pro *præsumens*, 324.
Præsumptio, 191. Fiducia, 276.
Præsumptu-, præsumptuosus, 231. Superbus, 286.
Præter quod, 340.
Prasinus, 163.
Precatio, imprecatio, 287.
Preces corde magis quam ore promendæ, 192. Pro extremo judicio, 364.

INDEX RERUM ET NOMINUM.

Primordia, 576. Mundi, 156.
Princeps, Deus, 165, 224, 254, 507.
Principalis, 22.
Principes ministri Dei sunt in bonum, 384.
Priscianus, 203, 245, 582, 585, 595.
Pro atur nil peccasse, 400. Servire fidelis, 220.
Probo, synaxis hujus verbi, 186.
Probus M. Valerius, 15.
Probus martyr Hispanus, 88.
Procellas vincere, 162.
Procellæ rapidæ, 209.
Procer in singulari, 545.
Procopius, 72, 75, 78, 89.
Proditor, 126.
Productus in arenam, 511.
Proferre, 141 seq.
Profundum, profunditas, 299. Pro *mari*, 172 seq.
Prognostica, 126, 185 seq.
Propagatio hominum in statu naturæ integræ, 177.
Propago vario intervallo quantitatis, 560.
Propertius, 130, 211, 224, 230, 235, 280, 359, 562, 577, 579.
Propitius prima producta, 569.
Prorumpere, 156.
Prosodia Dracontii, 105.
Prosper Aquitanus, 46, 78, 88, 117 seq., 120, 122, 131 seq., 354, 562, 571, 581. Ejus epigrammata, 52.
Prospera belli, bellorum, 534.
Prospicio, 127.
Prov. III,131; VIII, 249; XI, 29²; XVI, 591; XXI, 581; XXX, 212.
Proverbium Hispanum, 582.
Provid. Dei 255. In perpetua successione hominum, 198.
Providentiæ divinæ ratio, 284.
Prudentius, 15, 22, 29, 84, 119, 122, 124, 126, 134, 137, 140, 148, 160, 165, 178, 181, 189, 195, 199, 204, 207, 215, 224, 230, 233, 256, 240, 243, 256, 259, 262, 264, 266, 268, 272, 275, 278, 285, 302, 304, 507, 509, 513, 520, 529, 534, 545, 556, 558, 560, 565, 575, 584, 586. Ejus versus apud Columbanum, 6. Ipsius vita defensa, 97.
Psalm. IX, 281; XV, 365; XVII, 207, 553; XXXVII, 553; XLIX, 566; L, 287; LIV, 255, 38 ; LVII, 285; LXVIII, 555; LXXVI, 207 ; LXXVII, 253 ; LXXXII, 198 ; CII, 212; CIII, 207, 290; CIX, 224 ; CXXIV, 565; CXXVII, 564; CXXV, 140; CXXXVI, 209; CXLV, 281, 285; CXLVI, 285; CXLVIII, 565.
Psylli Africæ populi, 5, 185.
Pubesco de herbis, 295.
Pubis pro pubes, 172.
Publius Syrus, 211.
Pudor culpam consequitur, 177. Pro dedecore, 518.
Puellæ, puerperæ, 277.
Puente (Lud. de la), 597.
Pueritia, 595.
Puerperium, 227.
Pulmonis officium, 195.
Pulvis gen. femin., 207.
Puniceus rubor, 326.
Purpureæ aquæ, 205.
Pu purpum mare, 129 seq.
Purpureus color pro quovis pulchro colore, 129.
Putrescere, 235.
Putris arena, 579.
Pygmalion, 547.

Q

Qua, qua, 521.
Quadrantis practica, 58.
Quadriga cur soli attribuitur, 219.
Quadrupedantis equi ungula pulsat, 401 seq.
Quanti pro quot, 552.
Quatere remos, 213. Venenum, 158.
Quercetanus, 288.
Qui vel qui, alius, alius, 521.
Quidquid cum plur. num. habet, 562.
Quintilianus, 219.
Quintus metellus Numidicus, 295.
Quippe trissyllabum, 180.
Quirinus adjective, 521.
Quisque pro quisquis, 285.
Quota portio, 551.
Quum pro quando, 555. Pro *quando, uidem*, 280.

R

Rabies sævæ, 514.
Racemi arborum aromaticarum, 144.
Raderus, 175.
Rapere, 544. *Squamas*, 158.
Raptus, morte præreptus, 285.
Rarior usus commendat voluptates, 50)
Ratbertus Corbeiensis imitator Dracontii, 121.
Raynaudus Theophilus, 272.
Recapitulare, 19.
R. capitulatio in sacris Litteris, 19.

Recapitulationes carminum, 16 seq.
Reccesuinthus rex, 9.
Recidere, 152. Ventum, 232.
Recidivi, et redivivi discrimen, 190.
Recidivus, 277.
Reddere iras, 244.
Redire secundo, rursus, 155.
Redivivus, *vide* Recidivus.
Reduces aquæ, 255.
Redundare, 187.
Refertur cognata, 579.
Refundere, 125.
Reggius Joseph, 166.
Regis clementia propria, 596 seq
Reguli fides, et constantia, 555 seqq;
Reg. I, c. 1, 279; c. II, 285, 28³; c. XXVIII, 248, II, c. XII, 279. III, c. VIII, 555, 575; c. XXII, 269, IV; c. X, 279.
Relaxare peccata, 288, 401.
Relevare, 188.
Remedia e serpentibus, 178 seq
Reorum habitus, 554, 556.
Repente, mox, 281.
Repetitiones Dracont. familiares, 119, 156, 147, 162, 213.
Repit prima brevi, 158.
Repletus convica, 590.
Reponere, 159.
Reponit pro deponit, 158.
Reputare, 225.
Reservo pro servo, 248.
Respiratio et aspiratio, 19.
Resumere rota scelerum, 255.
Resurrectio corporum, 198 seqq.
Retorquere vela, 582.
Revestio, 199.
Rhenanus beatus, 111.
Ribadeneyra Petrus, 585.
Rident elementa, 148
Ridere, non *curare*, 175.
Riga, *vide* Petrus Rigensis.
Rigere in scopulos, in nivem, 144.
Rigordus, 159.
Rittershusius Conradus, 101.
Rivinus Andreas editor Dracontii, 47. Ejus editio men dis scatet, 194. Notatus, 7, 15, 20, 37, 60, 155 *ad* 138, 147, 152, 154, 164, 166, 172, 181, 186, 19', 200, 207, 572.
Roa Martinus, 121.
Rodericus archiep. Tolet., 90.
Rodriguez de Castro Joseph deceptus, 36 seq., 42, 45
Roman de la Higuera Hieronymus, 57.
Romani an ex Esau originem ducant, 506. Eorum clementia, 542. Crudelitas in ludis, 512. Virtus, 528 seqq.
Romanus pontifex Christi vicarius, 516.
Roscidus, 128.
Rosei flores, 211.
Roseus, 199.
Rosulæ, 211, 257.
Rosweydus Heribertus, 4.
Ruæus Carolus, 547.
Rubigo latens conrode is viscera ferri, 184.
Rubri maris gemmæ, 102 seq.
Rudis, recens, 155.
Ruinartus, 11. Notatur, 72.
Ruiz, *vide* Azagra.
Rumpere varia significatione, 206.
Rupertus refellitur, 155.
Rursus redire, repetere, referre, reddere, 155.
Rusticus Helpidius, 225 sqq.
Rutilatur passive, 202.
Rutilius, 558.

S

Sabaoth, 257. Dominus cur Deus dictus, 220.
Sabellius, 228.
Sachsius Henricus, 505.
Sæcula mundi, 508.
Sagax de hominum genere, 20.
Sagda gemma, 165.
Sagunti fides, et clades 540 seqq.
Sallustius, 226.
Salmasius, 152.
Salmoneus sacrilegus, 519.
Salomon concessus precibus patris David, 279. Hæres Davidis, 586.
Salomon exscriptor Papiæ, 7.
Salutifer, salutiger, 148.
Salvianus, 124, 224, 287, 289.
Samuelis an ma e mortuis evocata, 248.
Sancire, 175.
Sancta cæli, 278. Legis, 198.

Sancte, Deus, 215, 356, 562.
Sanctius, Sanchez Gaspir, 210.
Sandicinus color, 257. Sandix, *ibid*
Sanguinis profluvium, 230.
Sapere pro *scire*, 182.
Sap. IX, 259; X, 254, 291; XII, 225; XV, 401; XVI, 285.
Saporo, *saporatus*, 211.
Sara anus ex sene Abraham concipiens, 276 *seq*.
Sara Raguelis filia, 278.
Sarisberiensis vel Sarisburiensis Joan. 53, 158, 190, 329.
Sassius, 55.
Satiabilis, 265.
Satiata sanguinis, 515.
Satisfactio Dracontii falso titulo antea insignita, 65 *seq*.
Saturni crudelitas, 304 *seq*. Stella, 125.
Saül consulens mulierem habentem pythonem, 248.
Scaliger, 255, 515.
Scævola dexteram foculo injiciens, 336 *seq*
Scaptii feneratoris impudentia, 298.
Scelera exs irpanda sunt, non scelerati, 334. Hominum frequentia omni tempore, 244.
Scelus pro *scelerato*, 235.
Scena capillorum, 353. Scenæ, 258.
Scholtus Andreas, 305, 385.
Schroderus, 178.
Scientia divina, 185 *seqq*., 294.
Scindere fretum, 249.
Scintillare oleum pluviæ imminentis indicium, 186 *seq*.
Scorpius non semper in ictu, 159. Extra Africam non est venenatus, *ibid*.
Scripta veterum cur scriptis recentium præferri soleant, 2. Plura corrupta, 15.
Scriptores in suis scriptis vivunt, 1.
Scrutarius laudat scruta, 3.
Scrutator aquarum, piscator, 184.
Seherus Wolff., 47, 138.
Secreta cœli, 217.
Sectari, 241. Passive, 162.
Secundo redire, 135.
Securus varia significatione, 305, 307, 341.
Secululeiæ quænam mulieres dictæ, 156.
Sed pro *et* 294. Pro *imo, aut et*, 285. Pro *tamen*, 285.
Sedulius, 13 *seq*., 41, 118, 155, 149, 217 *seq*., 223, 226 *seqq*., 246, 249, 264, 269 *seq*., 272, 295, 317, 350.
Semel, omnino, 341. Pro *Simul*, 207.
Semina rerum diversis terris distributa, 162.
Semiramis filii thalamum invasit, 345 *seq*
Semo Sancus Deus Fidius, 318.
Sempronius Gracchus, 117.
Senium, 8, 16.
Seneca philos., 127, 214, 300, 315, 522, 535. E us censura contra Ovidium irridenda, 251 *seq*. Seneca trag. 29, 120, 128, 163, 216, 219, 256, 242, 309, 338, 399.
Senectus, senium, 21, 395. Pro *senex*, 350.
Senectus, u correpto, 395.
Senes non despiciendi, 243.
Senium florum, 155.
Sensus, 375.
Sentire apte de divinitate, 117.
Separatio piorum ab impiis in extremo judicio, 365 *seq*.
Septentriones, 293 *seq*.
Sequi de feminis quæ viros amoris causa sectantur, 156.
Sequitur pœna scelus, 259.
Sequor pro *narro*, 120.
Serenum substantive, 128, 194, 292.
Serenus Sammonicus, 215.
Serenus, serenator, serenissimi, 224.
Seres, 163.
Seri nepotes, 252.
Sericum, serica, 289.
Serpens in terris aridis, 160. Medicinæ prodest, 158.
Stellato tegmine exuitur. 200
Serpens diabolus non impune triumphavit 181.
Serpentes Africæ, 526 *seq*.
Servare membra sepulcro, 235.
Servi Dei quinam dicti, 279.
Servi dominis parum fideles, 334. Servorum origo, magnus numerus apud Romanos, 335.
Servius, 175, 190, 200, 217, 257, 285, 302, 583.
Servitus, u brevi, 393.
Seu pro *et*, 368.
Severinus episcopus, 46.
Severus poeta, 205, 315. Sanctus, 262.
Sextilius Hemina, 27.
Sibilare, 258.
Sibylla Babylonia, 255.
Sibyllini versus de judicio, 53.
Sichæus Dido conjux, 347.
Sidera pendula, 218. Sub sole latent, 149.

Sideris innumeri numerus, 293.
Siderum ortus, et obitus, 204 *seq*
Sidonius Apollinaris, 77 *seq*., 94, 348.
Sient pro *sint*, 150.
Silheeus, *Guigeno*. 288.
Silingui Vandali, 73.
Silius Italicus, 29, 153, 180, 206, 258, 256, 518, 330, 401.
Simile ac, 384.
Simonis Magi volatus et casus a multis narratus, a Dracontio confirmatus, 317. An Romæ statua illi erecta, 318.
Simonis secunda correpta, 318.
Simulex, innocuus, innocens, 156, 377.
Simplicitas, innocentia, 182, 292.
Simul pro *omnino*, 173. Pro *Similiter*, 317. Superfluum, 229.
Sine laude, illaudatus, 300.
Sinus Abrahæ, 266.
Sirius sidus noxium, 379.
Sirmondus editor Dracontii, 43. Laudatus a Barthio, 46. Quo codice usus in editione Dracontii, 39. Emendatus, 150, 159, 168, 182, 200, 209. Notatus, 10 *seq*.
Sit communi intervallo, 302. Productum, 168.
Soboles numerosa in Vet. Test. virtutis præmium, 364.
Socrates, 4.
Sodomitarum supplicium, 234 *seq*.
Sol, 218. Aquis pasci dictus, 204. Auriga cur vocetur, 219. Luminis index, 308. Nocet, et prodest 378 *seq*. Oculus soli, 204. Vires ab undis resumit, 395. Iosius caput radiis ornatum, 149. Cursus, 394.
Solis, lunæ et astrorum creatio, 147 *seq*.
Solem in fes o Resu rectionis dominicæ et Na ivitatis S. Joannis Baptistæ saltare fabulosum est, 214.
Soles longi, minores, 210.
Solidante globo, 159.
Solinus, 1 0 *ad* 163, 242, 248.
Somnifer, *somniger*, 148.
Somnus Adimo immissus qualis, 170.
Sophocles, 284.
Sophonias, cap. I, 220
Sors impiorum, 364 *seq*. Piorum beata, *ibid*
Sorte Dianæ, 314.
Sozomenus, 4.
Sp producenti brevem dictionis præcedentis, 137.
Spartianus, 276.
Spatiari, 209.
Species, 215, 372
Spectare, 228.
Specto pro *exspecto*, 302.
Sperare pro *metuere*, 184.
Spernere, abjicere, 302.
Spes hominum Deus, 217.
Sphæræ tractatus, 58.
Spicare, 192 *seq*.
Spina in dorso, 560.
Spirat flos, 258.
Spiritu divino omnia moventur, 196.
Spiritu da tylus, 132.
Spiritus de Verbo divino, 225.
Spir tus sanctus omnia complectens, et penetrans, 221.
Spiritus igni puri possunt, 290.
Spiritus et *Spiritus*, 225.
Spondere, 184.
Spumare de apro, 157.
Spumat palatum serpentis, 179.
Si producenti brevem dictionis præcedentis, 313.
Stanhope Geo., 388.
Stare, 257. Constantiam denotat, 302
Statius, 13, 134, 149, 157, 160, 168, 172, 175, 184, 187, 207, 215, 253, 285, 305, 311, 315, 321 *seq*., 357 *seq*., 341, 344, 346, 377, 379, 583.
Stella quæ Christum annuntiavit, 262.
Stellare floribus, 211.
Stellarum, signorum et astrorum differentia, 119.
Stellas num demonstratum sit a sole lucem non recipere, 150.
Stephani glossæ Græco-Latinæ, 595.
Stephanus pro inimicis oravit, 387. Martyrio coronatus, 270.
Ste hamus prima producta, 105, 396.
Sterilitas dedecori erat apud Hebræos, 276.
Stilico Vandalus, 71.
Strabo, seu Strabus, 316.
Stridor de serpentibus, 258.
Stringere ripas, 167.
Structura corporis, 226.
Stunica Didacus castigatus, 208.
Styli diversitas sæpe incerta, 82.
Suada mali, 185. *Suada* trisyllabum, *ibid*.
Suarius, 170.

Sub sorte beata, 281.
Subarundinare, 143.
Subducitur, 197.
Subductus morte, 205.
Subtexere, 153.
Subvestio, 200.
Successio continua rerum, 197.
Successus, 121.
Succiditur, 197.
Succumbere, 235.
Succussus, 121.
Suetonius, 243 seq., 296, 381.
Suetus trisyllabum, 342, 362.
Suffegmar flumen, 76.
Sui, consanguinei, 321.
Suicidii infandum crimen, 322.
Sulpicius Apollinaris, 16.
Sulpicius Severus, 317.
Super pro *insuper*, 383.
Supercilium, 338.
Superstes cum genitivo, 221, 291.
Supinat oculos, 170.
Supplementa vetera codicum, 301. In antiquis scriptoribus an sine reprehensione adhiberi possint, 109.
Supplicium Dei revocabile, 282.
Surgens laudare, 167.
Suus pro *ejus*, 251, 310, 373.
Syncopes peculiaria exempla, 223.
Synesius ex depravatis codicibus mss. quid commoi eruebat, 301. Peritus conjiciendi veram scripturam in libris depravatis, 338 seq.
Synonyma frequenter a Dracontio adhibita in rebus quas e sacris Litteris profert, 118.
Synopsis librorum carminis de Deo, 111 seqq.
Syrus Mimus P. 298, 343, 353.

T

T finita inter communia censentur a Capella, 302.
Tabitha orationibus pauperum a morte revocata, 288.
Tacitus, 193, 232, 274, 329, 335.
Taffidus Petrus, 315.
Taio, 100.
Tam et *jam*, *tam* et *tum* sæpe in mss. confusa, 127.
Tamayo de Salazar Joann., 143.
Tantum fecisse, 521.
Tarquinius adult. Lucretiæ, 347. Superbus expulsus, 329.
Tartarus insatiabilis, 263.
Taurica Diana, 315.
Temperies, 237. Cœli, 379. Varia, 577.
Temperies in plurali, 378.
Tempora lunæ, 129. Lunæ, phœbi, 218. *Nostra*, 316. Pacis et belli, 307.
Tempo.um vicissit dines, 396 seqq.
Tempus pro *tempora*, 358.
Tendere mare, 232.
Tenebræ ante mundum conditum non sunt dicendæ nox, 135. Diurnæ, 128 seq. In Christi obitu, 265 seq.
Tene ræ, oculi cæci, 229.
Tenor de diversis rebus, 158.
Tentatio duplex, 303.
Teporare, *teporatus*, 158.
Tepuere, calorem remiserunt, 308.
Terentius, 151, 158, 241, 330, 341, 402.
Terra mater communis, 140, 143. Partim fretum sustinet, partim a freto sustinetur, 174. Ejus creatio, 140. Tertia die arbores maturosque fructus produxit, 142. Universa a nonnullis insula dicta, 208. Cum usura reddit quod accipit, 293. Gemmas, vepres, rosas parit, 577. Violentus ejus motus, 208.
Terrena propago, homines, 175.
Terrero Stephanus, 70.
Terribile adverbii more, 383.
Terrigenæ, gigantes, 251. Homines, 151.
Tertia sors, Erebus, 128.
Tertullianus, 43, 51, 118, 131 seq., 139, 145, 153, 161, 163, 166, 161, 176, 178, 181, 198, 205, 211, 228, 232, 240, 245, 249, 265, 268, 285, 295, 316, 343, 364, 386.
Testantibus, obtestantibus, 288.
Thebanum bellum, 322.
Theodelinda regina, 24.
Theodoretus, 317, 325.
Theodosio Juniori scripta non est elegia Dracontii, 66.
Theodulf s Aurelian., 25, 29, 53, 221, 343, 355, 363, 372.
Theologiense monasterium, 12.
Theriace, 158 seq., 241.
Thomas (S.), 274, 370 seq.
Thomasius Ven., 50.
Thronus prima correpta, 103. Prima producta, 231, 236.
Tiberius, 2).
Tiberius Græco sermone abstinebat, 296.

Tibullus, 128, 141, 145, 162, 167, 175, 290, 377.
Ticonius, 19.
Tigris velox, 161. Ejus generosus animus, 390.
Tiro adjective, 150.
Titania, Diana, 271.
Titi amphitheatrum, 315. Sententia, 387 seq.
Titus prima producta, 387.
Tmesis figura ridicule adhibita, 117.
Tobias cap. III, 278; IV, 288; XIII, 285.
Tobias senior Deum orat, 278.
Toelmannus Simon, 47, 178.
Tolerare, 299.
Toletani Patres simul editi, 48.
Tomyris victoria de Cyro, 316.
Tonans, Deus, 117,
Tonanter, 104.
Torquatus consul filium morti adjudicans, 332 seqq
Tractare, 394.
Trascendere jussa, 239.
Travasa, 319.
Trementer, 104, 363.
Tremesco et *tremisco*, 331
Tremisco cum accusativo, *ibi*.
Trepidus dies, 148.
Tres pueri in camino ignis ardentis, 308 seqq.
Trina mente Deus, 225.
Trina virtus, et similia de SS. Trinitate, 81.
Trinitatis mysterium, 191.
Tristes inferi cur d cti, 338.
Triumphiger, 371.
Trojugenæ, Romani, 340.
Trombellius, 58 seq.
Tu an *vos* in versionibus sacris adhibendum, 400.
Tubero historicus, 340.
Tulisset pro *abstulisset*, 239.
Tumentes anni, 171 seq.
Tundere, 193.
Tuibius. 43.
Turnebus, 193.
Tursellinus Horatius, 368.
Tympanorum diversa genera, 291.

U

Uber, ubertas, 212.
Udare medullas, 201.
Una postrema brevi, 232.
Unda et *inde* in mss. confusa, 197.
Undare, 141. Cum accusativo, 303.
Undifluus, 197.
Undisonus, 167.
Undosum pelagus, 249.
Ungula, 374.
Unicomalus, 81.
Unio animæ cum corpore lege latenti fit, 213.
Urgeo cum infinitivo, 342.
Ursa feta, 161.
Ursus, et ex eo remedia, 241.
Usque sine ad, 283. *Usque senectam* sine *ad*, 361, 392.
Usura centesima, millesima, 296.
Ut post *facio* et *jubeo* sæpe omittitur, 213.
Uvæ ubera vitis, 211.
Uvifer, 199.
Uxor fecunda felix credita, 362 seq.

V

V et *B* in mss. confusa, 158, 306.
Vacare, 222.
Vaccula, vide Vitula.
Vadimonium, 335.
Vagabunda secunda brevi, 154.
Vagari cum accusativo, 254.
Vago, *vagas*, 154.
Vagor cum accusativo, 235.
Valeri archiep. Tolet. instructio pastoralis, 397.
Valerius Flaccus, 119, 151, 247, 252, 266, 285, 309, 311, 343, 383.
Valerius Maximus, 325, 328, 329, 352, 356, 359, 346.
Vallesius Franciscus, 391.
Vandali in Hispania an Ariani fuerint, 86. In odio apud Hispanos, 89. Eorum historia exposita, 71. Ipsorum in Africam irruptiones et transitus, 78. Ipsorum regi Satisfactionem misit Dracontius, 65. Eorum reges, 70, 174.
Vandalica persecutio in Africa, 88. In Hispania, *ibid*.
Vandalusia non est vetus nomen Bæticæ, 90.
Vannere, 201.
Vapor, calor, 148, 276.
Vaporare, 122.
Varietas in natura, 159 seq.
Varro, 162, 590, 593.
Vasæus Joann., 90. Notatur, 26.
Vaticanæ basilicæ tabularum, 17.

Vazquez del Marmol Joann., 9.
Vegetius, 280, 359.
Vel pro *et*, 155, 227.
Velivo'um mare, velivo'æ naves, 235.
Velle pro *voluntas*, 15, 169.
Velleius Paterculus, 111.
Vellus aureum, 258.
Venabula, 511.
Venantius, *vide* Fortunatus.
Venatio ludicra, 510 *seqq.*
Venena sæpe pellunt neces, 577.
Venenum omne frigidum, 526. Serpentum in dente vel morsu, 158. Sub dente, 179. Medicamentum, 246. Pro animalibus venenatis, 238.
Venerater, 104, 118, 365.
Venia inimicis concedenda, 585 *seqq.*, eam concedere debet, qui veniam ab alio sperat, 404.
Veniale, 258. Adverbii more, 582.
Venti virtute Dei surgunt., 233. Eorum thesauri, 209.
Ventus nubes affert, et fugat, 194. Spiritus sine corpore, 194.
Verbera in planctu, 503.
Verbum consubstantiale Patri, 223. Descendit de cœlis, et de Patris sinu non emigravit, 225 *seq.* Verbo genitum, 224. Spiritus dictum, 225.
Vere.undus, 55 *seq.*, 58.
Verinianus dux Romanus, 72
Vernetus, 400.
Veronense amphitheatrum, 513.
Vertere, 230.
Vertex capitis, 357.
Vespasianus Surrentinus, 54.
Vesliri comis, 145. Pennis, 155.
Veterana sæcla, 150.
Veteranus Federicus, 50.
Vibrare, 218, 258, 357.
Vices, 218, 225. *Alternare*, 396.
Vicibus, 578.
Vicissitudines rerum, 596 *seqq.*
Victima et hostia, 505.
Victor, *vide* Marius Victor.
Victor Vitensis, 76, 370.
Victorinus, 222 *seq.*, 264, 267, 282, 516, 347.
Victorinus Fab. Max., 56.
Victorinus Pictaviensis, 56.
Victorinus Statorius, 29.
Victorinus, *vide* Marius Victor.
Victovales, 81.
Vigilius pontifex, 15.
Wincemalus Baparensis episc., 81 *seq.*
Vincomalus, 401. Quisnam fuerit, 80 *seqq.*
Vindex et *judex* in mss. confusa, 541.
Vindicianus, 215.
Violæ pallentes, albæ, purpureæ, 128.
Vipera medicinæ prodest, 158. Sæpe juvat, 376.
Vipera natio, 185.

Viperei angues, 160.
Virgilius, 118, 120, 125, 125, 128, 158, 145, 145, 149, 155, 157, 161, 167, 169, 171, 174, 178, 185, 186, 190, 194, 196, 200 202, 204, 206, 211, 217, 219, 221, 225, 228, 251, 258, 242, 245, 249, 252, 257, 266, 278, 282, 295, 295, 299, 502, 311, 514, 516, 519, 525, 527, 550, 552, 559, 542, 544, 547, 564, 575, 576, 585, 587, 591, 598, 402. A Tucca et. Vario correctus, 15. Ejus supplementa inepta, 110.
Virginius Virginiam filiam occidens, 551 *seq.*
Virilitas, 595.
Viror, 594.
Virtus de athletis, 514. Pro miraculis, 228, 514.
Vita æterna merces et gratia, 254.
Vita S. Philiberti, 70.
Vitruv us, 595.
Vitry Eduardus, 580.
Vitula symbol. impudicitiæ, 156. Sequitur taurum, *ibid.*
Vix tandem, 269.
Vola, 560.
Volterraneus Raphael, 24.
Volteri ridicula apotheosis, 589.
Voluptas de spectaculis, 515.
Voluptas sanguinaria ludicræ venationis, 512.
Vomere, 196.
Vouk Cornelius Valerius, 155.
Vopiscus, 152, 591.
Vophensius Thomas, 119, 528.
Vorax pretii, 297.
Vos an *tu* in versionibus sacris a hibendum, 400.
Vossius Gerard Joann, 259. Ejus error, 27.
Vota hominum, 565; mala, 135; preces, 280; scelerum, 255.
Vulcanius Bonaventura, 71.
Vultures, 212.
Vultus laceratio in fletu, 555.

W

W in *Gu* mutatum, 69.
Wandali et *Guandali* idem, *ibid.*
Wantus, 70.
Warneccius Joann., 259.
Weitzius editor Dracontii, 45. Notatus, 136, 158, 155 *seq.* 159, 194, 200.
Winodamus, 81.
Withovius, 545.
Wowerus, 525.

X

Xenia prima producta, 289, 564.
Xeniis an omnino abstinendum, 289.
Xerxis exercitus ad Thermopylas, 525 *seq.*

Z

Zaccagnius Laurentius, 55, 51.
Zacharias pater Joann. Bapt. vocis usum amisit, 575 *seq.*
Ejus culpa et venia, 280 *seq*
Zaradæ leges, 525.
Zehnerus Joachimus, 45.
Zenodotus Ephesius, 110.
Zona torrida, 527. Zonæ aliæ, *ibid. seq.* Quinque, 148.

ORDO RERUM QUÆ IN HOC TOMO CONTINENTUR.

PRUDENTIUS.

Psychomachia. 11
Liber primus contra Symmachum. 111
Liber II contra Symmachum. 177
LIBER PERISTEPHANON. 275
HYMNUS PRIMUS. — In honorem SS. martyrum Hemeterii et Celedonii. *Ibid.*
HYMNUS II. — Passio S. Laurentii. 294
HYMNUS III. — In honorem B. Eulaliæ martyris. 540
HYMNUS IV. — In honorem XVIII martyrum Cæsaraug. 557
HYMNUS V. — Passio S. Vincentii martyris. 578
HYMNUS VI. — In honorem BB. martyrum Fructuosi ep sc. Eccl. Tarracon., et Augurii Eulogiique diaconorum. 411
HYMNUS VII. — In honorem beati martyris Quirini. 424
HYMNUS VIII. — De loco in quo martyres passi sunt. 450
HYMNUS IX. — Passio S. Cassiani Forocorneliensis. 452
HYMNUS X. — Passio S. Romani martyris. 444
HYMNUS XI. — De passione S. Hippolyti martyris. 550
HYMNUS XII. — Passio apostolorum Petri et Pauli. 536
HYMNUS XIII. — Passio S. Cypriani martyris. 163
HYMNUS XIV. — Passio S. Agnetis virginis. 580
Epilogus. 591

DRACONTIUS.

Epistola dedicatoria. 595
PROLEGOMENA in carmina Dracontii. 599
CAPUT PRIMUM. — Dracontii apud veteres prima memoria. S. Isidori de eo testimonium. S. Columbinus plures versus a Dracontio mutuatus est. *Ibid.*
CAP. II. — S. Eugenius Toletanus Hexaemeron Dracontii emendavit. 604
CAP. III. — S. Ildefonsi judicium de Dracontio a S. Eugenio emendato. Dracontii opus inter libros sæculi x indicatum. 615
CAP. IV. — Dracontii memoria apud recentes scriptores, renovata, et diversæ de eo opiniones. 618
CAP. V. — Codices manuscripti Dracontii. 621
CAP. VI. — Editiones Dracontii. 629
CAP. VII. — Dracontii duo codices mss. bibl. Vaticanæ cæteris auctiores, quorum nulla mentio apud alios. 654
CAP. VIII. — Dracontius carminis *de Deo* et *Satisfactionis* auctor. 640
CAP. IX. — Dracontius carmen de Deo et Satisfactionem ad regem Vandalorum composuit dum esset in vinculis. 644
CAP. X. — Sub Gunthario Vandalorum rege in Hispania scribebat Dracontius. 648
CAP. XI. — Nonnullæ rationes quibus Dracontius in Africa scripsisse dicatur, proponuntur et expenduntur. 654
CAP. XII. — Carmina Dracontii ab antiquis interpolata. Conjectura de statua Dracontio Romæ erecta. 660
CAP. XIII. — Confessio et pœnitentia Dracontii. 665
CAP. XIV. — Stylus, Latinitas et prosodia Dracontii. 168
CAP. XV. — Methodus in edit. Dracontii observata. 672
CAP. XVI. — Argumentum et synopsis in lib. de Deo. 675
CARMEN DE DEO. 679
Liber primus. *Ibid.*
Liber II. 769
Liber III. 857
SATISFACTIO ad Guntharium regem Vandalorum. 901

FINIS TOMI SEXAGESIMI.

www.ingramcontent.com/pod-product-compliance
Lightning Source LLC
Chambersburg PA
CBHW070830230426
43667CB00011B/1749